JN436497

민법개정과 민법학

김재형 · 박인환 편
한국민사법학회

박영사

발간사

1958년 민법제정 이후 67년이 지났습니다. 그 사이에 정치, 경제, 사회, 문화, 그리고 과학기술이 민법제정 당시에는 상상할 수 없을 정도로 바뀌었습니다. 그러나 민법의 재산편은 거의 개정되지 않았습니다. 사회가 변하고 시대가 바뀜에 따라 국민이 사회·경제적 활동을 하는 데 그 기초가 되는 민법을 개정하는 것은 너무나 당연한 일입니다. 민법의 현대화는 시대사적 과제입니다.

2000년대에 들어와 민법제정 당시 참조했던 여러 나라의 민법이 대폭 개정되었습니다. 2001년 독일의 채권법 현대화는 우리 학계에도 커다란 충격을 던져주었습니다. 일본민법, 프랑스민법 등 주요 국가의 민법전이 잇달아 대폭 개정되었으며, 2020년에는 중국민법이 제정되었습니다. 2005년부터는 「국제물품매매에 관한 유엔협약」이 우리나라에서도 적용되고 있고, 유럽계약법원칙을 비롯한 국제모델법도 세계 각국의 민법개정에 중대한 영향을 끼치고 있습니다.

법무부는 1999년 「민법(재산법) 개정특별분과위원회」와 2009년 「민법개정위원회」를 설치하여 민법 중 재산편에 관한 대폭적인 개정을 위한 민법개정안을 마련하였습니다. 그러나 안타깝게도 두 차례의 민법개정작업은 성공하지 못했습니다. 국회에서 제대로 심의조차 이루어지지 못하고 민법개정안이 대부분 폐기되었습니다.

2023년 6월 법무부 「민법개정위원회」가 다시 설치되었습니다. 학설과 판례를 반영하여 민법의 현실적합성을 높이고 세계적 입법 동향을 참고하여 민법을 현대화하기 위한 것입니다. 그러나 이번 개정작업에서는 그동안 민법개정안이 국회에서 통과되지 않았던 점을 고려하여 국회에서 현실적으로 통과될 수 있는 개정안을 만들고자 하였습니다. 민법 중 계약법에 관한 개정안은 2025년 2월 7일 입법예고를 하고 11월 6일 법제처 심의를 마쳤습니다. 조만간 정부안으로 확정되어 국회에 제출될 것으로 예상됩니다. 민법개정위원회는 계약법 개정안에 이어 현재 담보법에 관한 예비초안을 작성하여 검토하고 있는 중입니다.

한국민사법학회는 민법제정 당시 민법초안을 연구하기 위해 만들어진 민법초안연구회, 그 후신인 민사법연구회를 모태로 하고 있습니다. 민법개정과 민사특별법의 입법과정에서도 중요한 역할을 해왔습니다. 지난 20여 년 동안 민법개정은 민사법학계의 주요 연구주제였습니다. 한국민사법학회에서 발간하는 학술지인 『민사법학』에도 민법개정에 관한 논문이 수십 편에 달합니다.

제가 한국민사법학회장으로 재임하던 2024년에는 학회의 4차례 정기학술대회 중 하계학술대회와 동계학술대회에서 민법개정에 관한 주제를 다루었습니다. 법무부 민법개정위원회의 민법개정안을 소개할 뿐만 아니라, 민법개정안에 대한 학계의 연구성과를 모으고 의견을 수렴하고자 하였습니다. 민법개정안의 구체적 내용에 관해서는 여러 의견이 나올 수밖에 없지만, 이제 매듭을 짓고 다음 단계로 나아가야 할 것이라고 생각합니다. 이러한 의미에서 2024년 6월 한국민사법학회 하계학술대회에서는 민법개정이 이루어지기를 소망하면서 "우리 모두 힘을 모아 민법개정을 실현합시다."라는 구호를 만들어보기도 했습니다.

이 책자는 2023년부터 진행되고 있는 법무부 민법개정 작업에 관한 민사법학계의 다양한 의견과 연구 성과를 모은 것입니다. 이것이 더 나은 민법개정안을 마련하고 민사법학의 발전에 기여할 수 있기를 기대합니다. 민법개정에 관한 연구가 넓고 깊다면 민법개정을 가로막는 것이 무엇이든 간에 이를 해결할 수 있는 묘책도 나올 것이라고 생각합니다.

저는 현재 시점에서 민법개정이 민사법학계에서 가장 중요한 과제라고 보아 이에 관한 연구를 모아 단행본으로 출간하는 것을 제안하였습니다. 앞으로도 민법의 주요 주제에 관하여 민사법학자들이 함께 참여하는 단행본 발간이 이어지기를 기대합니다.

이 책자를 내는 데 많은 분들의 도움을 받았습니다. 무엇보다도 민법개정에 관한 훌륭한 논문을 써주신 필자 여러분께 감사합니다. 이 책자를 발간하는 데 지원과 성원을 해주신 한국민사법학회 박수곤 회장님과 이준형 수석부회장님을 비롯한 회원 여러분께 감사합니다. 박인환 교수는 책자를 기획하고 원고를 모아 편집을 하는 데 온갖 정성을 다했습니다. 세심하게 편집을 해준 박영사 편집부에도 감사합니다.

2025년 11월 21일

김재형
서울대학교 법학전문대학원 교수

축사

– 민법개정의 여정을 기록하며 –

이 뜻깊은 논문집의 발간을 진심으로 축하드립니다.

1999년 제1기 민법개정위원회가 구성된 이래, 우리 민법학계는 25년에 가까운 세월 동안 민법의 현대화와 개선을 위한 긴 여정을 걸어왔습니다. 비록 제1기와 제2기 민법개정위원회의 개정안이 국회에서 채택되지 못한 아쉬움이 있었지만, 그 과정에서 축적된 논의와 성찰은 결코 헛되지 않았습니다. 2023년 제3기 민법개정위원회가 구성되어 선대 위원회의 성과를 계승하며 새로운 개정작업을 이어가고 있는 것은, 바로 그러한 학문적 토대가 있었기에 가능한 일이었습니다.

특히 2024년 이후 민법학계의 많은 동료 교수님들이 제3기 민법개정위원회의 작업에 발맞추어 다양하고 깊이 있는 연구 성과를 발표해 주신 것은 우리 민법학계의 저력을 보여주는 것이라 생각합니다. 이 논문집이 더욱 의미 있는 것은, 민법총칙, 물권법, 채권법에 이르기까지 민법 전 영역에 걸친 풍성한 개정 논의를 담고 있다는 점입니다. 법률행위와 대리, 소멸시효와 같은 민법총칙 분야에서의 기본적인 제도부터, 물권변동과 담보물권의 현대화, 그리고 채권법의 각종 계약 유형과 불법행위책임을 포함한 민사책임의 다양한 영역에 이르기까지, 각 분야의 전문가들이 자신의 영역에서 새로운 개정 제안을 제시하거나 민법개정위원회의 개정안에 대해 건설적인 비판과 대안을 제시하는 논문들은 민법개정 작업이 단순히 민법개정위원회만의 과업이 아니라 우리 학계 전체가 함께 고민하는 공동의 작업임을 입증하는 것입니다.

이러한 소중한 학문적 성과들을 한 권의 책으로 묶어내는 작업은 그 자체로 큰 의미를 지닙니다. 민법개정은 한 시대의 법적·사회적·경제적 요청을 반영하는 역사적 과정입니다. 훗날 우리 민법이 어떤 모습으로 개정되든, 이 논문집은 21세기 초반 한국 민법학계가 무엇을 고민하고 어떤 방향을 모색했는지를 보여주는 귀중한 기록이 될 것입니다.

특히 김재형 교수님께서 이 작업을 주도해 주신 것은 더욱 의미가 깊습니다. 오랜 세월 학계와 실무를 두루 경험하시며 우리 민법의 발전을 위해 헌신해 오신 분께서 이러한 기록 작업의 중요성을 인식하고 실천에 옮기신 것은, 후학들에게도 큰 귀감이 될 것입니다.

우리 학계의 구성원 모두가 강조하는 바와 같이, 민법은 시민사회의 기본법입니다. 그 개정 작업은 단순한 조문의 수정을 넘어서, 우리 사회가 지향하는 가치와 질서를 재정립하는 일입니다. 이 논문집에 수록된 연구들이 입법자와 실무가, 그리고 후속 연구자들에게 깊은 통찰을 제공하고, 궁극적으로 더 나은 민법의 탄생에 기여하기를 기대합니다.

다시 한번 이 논문집의 발간을 축하드리며, 민법개정이라는 시대적 과업에 함께 동참하고 계신 모든 분들께 깊은 경의를 표합니다.

2025년 11월 21일

박수곤

한국민사법학회장

차례

제 1 편

총론·비교법 1

제 2 편

민법총칙 119

제 3 편

채권총론 263

제1편

총론 · 비교법

일본 개정민법과 2024년 법무부 민법개정안

윤태영, 김기환, 김은아, 김병선, 류일현, 송재일, 신지혜, 조경임*

국문초록

한국민사법학회 산하 소규모연구회 중 하나인 동아시아비교민법연구회에서는 법무부 민법개정안에 대하여 회원들이 범위를 나누어 일본 구민법, 메이지민법, 2017년 일본 개정민법과 비교연구를 한 바 있다. 이에 회원들의 의견 가운데 특기할 만한 의견이 있는 부분을 정리하였다.

제3조의2와 관련하여, 의사무능력자라는 표현은 현재의 'UN장애인권리협약'에도 배치되는 표현으로서 왜곡될 우려가 있으므로 사용하지 않는 것이 바람직하다고 생각한다. 만약 그래도 규정하고자 한다면 의사표시 부분에서 '의사무능력자'라는 용어 대신에 '의사능력이 없는 상태' 등 사람 중심의 표현이 아닌 현상 중심의 표현을 사용하여야 한다고 본다.

제124조와 관련하여, 자기계약·쌍방대리의 경우에 법률행위의 효과를 명확히 하여야 할 필요가 있다. 따라서 "... 당사자 쌍방을 대리하지 못한다"라는 표현을 "... 당사자 쌍방을 대리한 경우 그 의사표시는 본인에 대하여 효력이 없다"로 수정하는 것이 좋다고 생각한다.

제387조와 관련하여, "채권자는 채무자에 대하여 채무의 이행을 청구할 수 있다."는 내용의 규정을 신설하는 점에 대해서는 찬성한다. 다만 제387조의 표제를 '채권자의 이행청구권'에서 '채권의 청구력'으로 수정할 것을 제안한다.

제390조와 관련하여, 당사자의 약정이나 법률 규정에 의하여 무과실책임 또는 엄격책임을

* 이 글은 정리자 윤태영(아주대 법학전문대학원 교수) 이외에 민사법학회 산하 동아시아비교민법연구회 회원들 중 개정안에 대해 의견을 주신 김기환(서울시립대 법학전문대학원 교수), 김병선(이화여대 법학전문대학원 교수), 김은아(숭실대 법학과 교수), 류일현(성균관대 동아시아법정치연구소 연구원), 송재일(명지대 법학과 교수), 신지혜(한국외대 법학전문대학원 교수), 조경임(충남대 법학전문대학원 교수)(총 8분) 회원의 의견을 단순히 정리하여 2024. 12. 14. 경희대에서 진행된 민사법학회 동계학술대회에 발표한 것이다.

도출하는 것은 굳이 규정을 두지 않더라도 민법 제390조의 해석에 의하여 충분히 도출할 수 있는 내용으로서 '책임 없는 사유'로 대체하는 것에 대하여는 의문을 제기한다. 특히 책임 없는 사유로 규정하는 경우 이것이 정확히 무엇을 의미하는 것인지 쉽게 파악할 수 없다.

제395조는 채무자의 귀책사유를 요건으로 하는 전보배상책임에 관한 규정이다. 그런데 최고를 요하지 않는 경우를 나열하고 있는 제2항 1호에서, '채무를 이행할 수 없는 경우'라고만 규정하여, 채무자의 책임 없는 사유로 채무를 이행할 수 없는 경우에도 최고 없이 전보배상을 청구할 수 있는 것처럼 잘못 읽힐 수 있다.

제537조 및 제538조와 관련하여, 해제제도와 위험부담제도의 작용의 차이나 운용상 문제들을 고려하면 두 제도의 병존을 유지하는 개정안의 입장은 타당하다고 생각된다. 다만 개정안이 해제제도와 위험부담제도를 병존하게 하는 입장을 취하면서, 두 제도의 적용영역에 관해서 규율하지 않고 있는 것은 문제점으로 지적할 수 있다.

제564조와 관련하여, '예약'이라는 단어가 일반 시민의 거래생활에서는 다른 의미로 사용되고 있는 것을 감안하면, 예약의 정의 규정을 두는 것에 찬성한다. 단, 이어지는 제2항과의 자연스러운 연결을 고려하여 "예약이란 ~ 이다."는 형식으로 표현 수정을 제안한다.

일본민법과의 비교 분석에서 우리 개정안의 중요한 점을 꼽는다면 일본민법에서 개정의 필요성이 있으나 결과적으로 포기하고 학설에 맡긴 부분에 대해서도 개정 내용도 포함되어 있다는 점이다. 나아가 일본민법 개정 내용보다 진일보하고 있고 대다수의 개정안에 대해 찬성하는 회원들이 많았다. 다만 일본에서 종래 잘못된 관행으로 되어 있는 점이 개정으로까지 이어진 내용이나 논의과정에서 많이 비판받았던 부분도 우리 민법 개정에 동일하게 반영된 점도 있어 이 부분은 향후 추가적 논의가 필요하다고 생각한다.

Ⅰ. 머리말

동아시아비교민법연구회는 민사법학회 산하에 소규모연구회를 두기로 한 2006년 '메이지민법연구회'로 설립되어, 우리 민법 제정에 많은 참고가 되었지만 분석이 거의 없었던 메이지민법의 입법이유서, 속기록 등에 대한 연구를 지속해왔다. 당시의 기록에 대한 회원들의 번역 및 연구를 마무리하고, 일부 성과는 민사법학회를 통해 공유한 바 있다. 메이지민법 자료에 대한 연구를 어느 정도 일단락지은 2015년부터는 일본민법 개정작업에 대한 내용을 포함하여 중국, 대만의 민법뿐만 아니라 만주민법 등에 대해서도 연구를 확장하고자 연구회명을 '동아시아비교민법연구회'(이하 '연구회'라 한다)

로 바꾸었다. 연구회는 2017년 6월 개정 공포된 일본 개정민법[1]에 대한 연구를 지속하는 한편, 매월 온라인으로 친상법 입법이유서 및 속기록 강독회도 학습원대학 명예교수인 오카타카시(岡孝) 교수, 이나다타츠키(稲田龍樹) 교수의 참여와 협력으로 함께 진행하고 있다. 이번 법무부 민법개정안에 대하여는 일본 구민법, 메이지민법, 2017년 개정민법과 비교 연구를 하고자 희망하는 18분의 회원이 범위를 나누어 연구를 진행하였다. 이하의 내용은 회원들의 의견 가운데 특기할 만한 의견이 있는 부분을 발췌하여 정리한 것이다.

Ⅱ. 법무부 개정안에 대한 검토 의견

1. 의사능력

현행 민법	기초위원회 예비초안	검토위원회 의견	개정안
(신설)	제3조의2(의사능력) 의사능력이 없는 사람의 의사표시는 무효로 한다.	제2절 의사표시 제106조의2(의사능력) ① 의사능력이 없는 사람의 의사표시는 무효로 한다. ② 의사무능력자는 그 행위로 인하여 받은 이익이 현존하는 한도에서 반환할 책임이 있다.	제3조의2(의사능력) 의사능력이 없는 사람의 의사표시는 무효로 한다.

현행과 같이 의사능력에 관한 명시적 규정을 두지 않거나, 만약 둔다면 다음과 같이 개정하는 것이 어떤가 주장한다. 그 이유로는 의사무능력자라는 표현은 현재의 'UN장애인권리협약'에도 배치되는 표현으로서, '의사능력이 없는 사람'이나 '의사무능력자'라는 용어를 사용하는 것은 바람직하지 않다고 생각하기 때문이다.

제2절 의사표시
제106조의2(의사능력) ① 의사능력이 없는 상태에서 한 의사표시는 무효로 한다.
② 제1항의 의사표시를 한 자는 그 행위로 인하여 받은 이익이 현존하는 한도에서 반환할 책임이 있다.

우리 민법 제정 논의과정에서는 의사능력에 대한 특별한 의견이 없어 의용민법(메이지민법)의 입법 취지를 살펴보면, 의사능력 규정을 두지 않은 이유를 다음과 같이 설명하고 있다.

---

1) 2017년 4월 14일 중의원을 통과하고, 2017년 5월 26일 참의원을 통과하여 6월 2일 공포된 일본 개정민법은 2020년 4월 1일부터 시행되었다. 이번 개정은 주로 민법의 '제3편 채권'을 개정하는 것이나, '제1편 총칙'도 일부 개정되었다.

즉, 메이지민법에서는 행위능력이 없는 자를 둘로 나누는(무능력자 및 제한적 능력자) 독일 민법체계에 따르지 않고 프랑스법의 용례에 따라 행위능력만을 능력으로 하였다고 한다.[2] 여기서 무능력자라는 용어는 제한적 능력자를 의미하며, 무능력자라고 사용하는 것은 당시 법전의 문장을 간결하게 하여야 한다는 입법 방침에 따라 부득이하게 줄여서 사용한 단어이다.[3] 따라서, 의사능력이 없는 상태에서 한 의사표시는 의사가 결여되어 있기 때문에 법률행위가 성립하지 않게 되어 더 나아가 무효 여부를 논할 것이 아니라고 한다.[4]

메이지민법에서 '행위무능력'이라고 하여 '무능력'이라는 용어를 사용하였지만 이것은 원칙적으로 용어를 간명하게 하기 위해 사용한 것이고, 처음부터 행위능력이 '無'능력이 아니라 현행법과 같이 '制限'능력이라는 취지로 규정하였다. 따라서 무효가 아니라 제한적 행위능력자의 행위를 취소할 수 있는 법률행위로 구성한 것이다. 이처럼 입법 의도는 행위능력의 제한(제한적 행위능력 제도)만을 규정하는 데 그쳤으나, 그 후의 학설은 행위무능력 및 행위무능력자의 표현을 사용하고, 더 나아가 제한적 행위능력도 의사능력이 불충분한 사람의 전형적인 유형으로 파악하는 경향이 있어 왔다. 나아가 능력론을 논할 때 의사무능력을 객관적으로 일원화한 제도가 행위무능력으로 오해하는 경우도 있었다.

이처럼 '의사무능력자'라는 용어는 왜곡될 우려가 있으므로 사용하지 않는 것이 바람직하고, 그렇게 보면 행위능력 부분에 규정하는 것이 아니라, 만약 그래도 규정하고자 한다면 의사표시 부분에 규정하는 것이 바람직하다고 본다. 또한 '의사무능력자'라는 용어 대신에 '의사능력이 없는 상태' 등 사람 중심의 표현이 아닌 현상 중심의 표현을 사용하여야 한다고 본다.

참고로 일본 개정민법은 제3조의2에서 "법률행위의 당사자가 의사표시를 한 때에 의사능력을 가지지 않은 경우에는, 그 법률행위는 무효로 한다."고 규정하고 있다. 이렇게 신설한 이유는 고령화사회의 진전에 따라 판단능력이 감퇴한 고령자를 둘러싼 재산거래상 분쟁이 증가하고 있는 점도 고려하였다고 한다. 즉, 성년후견제도 등에 의해 일정한 대응을 도모하는 것이 가능하지만 판단능력이 저하한 고령자 모두에게 이러한 제도의 이용을 요구하는 것은 비현실적으로, 의사능력에 관하여 명문으로 규정하는 것이 상당하기 때문이라고 한다.[5] 중간시안에서는 의사능력 규정의 위치를 법률행위 부분에

2) 梅謙次郎, 民法要義巻之一 総則編, 明法堂刊､明治29年6月国 立国会図書館デジタルコレクション, 10면.
3) 福島正夫編, 明治民法の制定と穂積文書, 民法成立過程研究会, 1956年, 112면.
4) 富井政章, 民法総論第二巻, 八尾書店, 1897年, 152－153면.
5) 部会資料 73A 25면.

두는 것으로 제안하였으나('제2 의사능력'), 최종적으로는 인(제1편 제2장)의 부분으로 옮겨졌다. 그 이유는 의사능력은 사람의 능력으로, 행위능력의 전제로 되는 것이라는 전통적인 이해에 따라 개정법의 규정 배치가 타당하다고 한다. 다만 이렇게 개정한 것에 대한 반대의견으로서, 의사능력은 일률적으로 정하는 것이 아니라 대상으로 되는 행위마다 다르므로 제3조의2에 두는 것은 체계에 맞지 않는다는 비판이 있다.[6] 이 위치와 관련하여서는, 전통적인 이해에 따른 것이라고는 하지만 원래의 입법취지에 맞지 않고 그 후의 학설계수 과정에서 잘못 파악된 것이 고착화된 것으로 보인다. 뿐만 아니라, 일본의 현행 제한능력에 대한 입법체계는 UN장애인권리협약에 배치되는 부분이 많은데 의사능력의 규정을 통해 이를 더욱 고착화하는 것이 아닌지 우려된다.

일본 개정민법에서 의사능력의 의의에 대해서는 명문화하지 않았는데, 다양한 견해가 존재하기 때문이다.[7] 즉 의사능력이란 최소한의 획일적인 능력을 말하는 것인가, 행위의 성질에 따라 다른 낮은 정도를 말하는 것인가, 그래도 최소한의 높은 합리적인 판단능력을 말하는 것인가 하는 3단계 정도로 견해가 나뉜다고 하는 지적이 있다. 따라서 이렇게 다양하게 견해가 나뉘어져 있어 그 의의에 대해서는 규정화하지 않고 여전히 해석에 맡기기로 하였다.

법적 효과와 관련한 입법제안으로서, 상대적 무효는 취소와 유사하기 때문에 효과를 취소 가능하다고 하는 제안도 존재하였다고 한다. 그러나 효과를 취소 가능하다고 하면 후견인 등 취소권을 현실적으로 행사할 수 있는 자가 없는 경우에는 사실상 그 법률행위가 그대로 유효하게 되어버린다는 점과, 취소권의 행사 기간에는 제한이 있는 점에서 의사능력을 결한 상태에서 법률행위를 한 자를 보호하는 취지에 반한다는 지적이 많아 무효로 유지하였다.

개정 과정에서 후견제도와 마찬가지로 의사능력을 가지지 않은 자에 관하여도 일상생활에 관한 행위의 특칙을 두자는 취지의 입법 제안이 있었다.[8] 이것은 자기결정의 존중 및 노멀라이제이션의 이념을 의사능력을 가지지 않은 자에게도 적용하고자 하는 취지이다. 그러나 의사능력을 가지지 않은 자에 관해서는 이 특칙을 두지 않았는데 그 이유로서, 의사능력이 없었던 경우에는 그 행위는 무효라고 하는 이유를 전제로 입안되고 있는 점, 계약의 상대방이 의사능력을 가지지 않은 자일 경우, 외형상은 일상생활에 관한 것이라고 간주되는 행위를 불필요하게 반복하게 하여 이 규정을 무력화할 우려가 있는 점 등이 지적되었다.[9]

---

6) 第76回　会議議事録 36~37면.
7) 第30回　会議議事録 45면 이하
8) 部会資料 73A 26면.

2. 자기계약, 쌍방대리

현행 민법	기초위원회 예비초안	검토위원회 의견	개정안
第124조(자기계약, 쌍방대리) 대리인은 본인의 허락이 없으면 본인을 위하여 자기와 법률행위를 하거나 동일한 법률행위에 관하여 당사자 쌍방을 대리하지 못한다. 그러나 채무의 이행은 할 수 있다.	제124조(자기계약, 쌍방대리) 대리인이 본인의 이름으로 자기와 법률행위를 하거나 동일한 법률행위에 관하여 당사자 쌍방을 대리하는 경우, 대리권 없이 대리한 것으로 본다. 그러나 본인의 허락이 있거나 이행기가 도래한 채무의 변제 그 밖에 이해상반하지 아니한 행위인 때에는 그러하지 아니하다. 〔또는: 그러나 본인이 권리만을 얻거나 의무만을 면하는 행위인 때에는 그러하지 아니하다.〕	제124조(자기계약, 쌍방대리) 대리인은 본인이 허락하지 않으면 본인을 위하여 자기와 법률행위를 하거나 동일한 법률행위에 관하여 당사자 쌍방을 대리하지 못한다. 그러나 채무의 이행 또는 본인이 권리만을 얻거나 의무만을 면하는 행위를 하는 때에는 그러하지 아니하다.	제124조(자기계약·쌍방대리) 대리인은 본인의 허락이 없으면 본인을 위하여 자기와 법률행위를 하거나 동일한 법률행위에 관하여 당사자 쌍방을 대리하지 못한다. 다만, 채무의 이행 또는 본인이 권리만을 얻거나 의무만을 면하는 행위를 하는 때에는 그러하지 아니하다.

자기계약·쌍방대리의 경우 법률행위의 효과를 명확히 하여야 할 필요가 있다고 본다. 따라서 "당사자 쌍방을 대리하지 못한다"라는 표현을 "당사자 쌍방을 대리하는 경우 그 의사표시는 본인에 대하여 효력이 없다"로 수정하는 것이 좋다고 생각된다. 이것은 현행 민법 제130조 무권대리의 효력 규정이나 대리권남용에 관한 개정 제안 규정 제126조의2와 같이 그 효력을 명확히 할 필요에서 나온다.

제124조(자기계약, 쌍방대리)
대리인은 본인이 허락하지 않으면, 본인을 위하여 자기와 법률행위를 하거나 동일한 법률행위에 관하여 당사자 쌍방을 대리하는 경우 그 의사표시는 본인에 대하여 효력이 없다. 그러나 채무의 이행 또는 본인이 권리만을 얻거나 의무만을 면하는 행위를 하는 때에는 그러하지 아니하다.

개정위원회의 검토의견은, "대리권 없이 대리한 것으로 본다"는 민법에 흔하지 않은 표현이라는 이유로 종전과 같이 "쌍방을 대리하지 못한다"로 변경하고자 한 것이다. 이와 달리 일본민법 제108조는 자기계약 및 쌍방대리의 효력에 관하여 종전의 학설과 판례를 받아들여 무권대리임을 명확히 하는 표현인 "대리권 없이 대리한 것으로 본다"

9) 第10回　会議議事録 23면.

고 개정하였다.

이와 같은 표현이 우리 민법에 흔하지 않은 표현임은 사실이나, 이를 명시할 경우 무권대리임을 명확히 할 수 있다고 본다. 또한 "대리하는 경우 그 의사표시는 본인에 대하여 효력이 없다."로 변경한다면 개정위원의 검토의견에도 부합한다고 본다.[10]

참고로 일본 개정민법 제108조는 제1항에서 "대리인이 자기를 상대방으로 하는 행위를 한 경우 또는 당사자 쌍방의 대리인으로서 행위를 한 경우에는 당해 행위는 대리권이 없는 자가 한 행위로 본다."고 규정하고 있다.[11] 제1항은 민법 제108조 본문이 자기계약 및 쌍방대리를 대상으로 하는 규정임을 보다 명확히 함과 동시에, 자기계약 및 쌍방대리의 효력에 대해 이를 무권대리인과 동일하게 취급하여 본인이 추인의 의사표시를 하지 않는 한 당연히 효력불귀속이라는 판례법리[12]를 명문화한 것이다. 자기계약 및 쌍방대리의 특성상 대리행위의 상대방과의 관계에서 表見代理 규정의 적용이 문제될 일은 없다. 한편, 대리행위의 상대방으로부터의 전득자와의 관계에서는 본인이 전득자의 악의를 주장 입증한 경우에만 본인은 대리행위에 대한 책임을 면할 수 있다는 판례[13]가 계속 참조될 것을 상정하고 있다. 다만, 상기 판례법리에 대해서는 자기계약 및 쌍방대리는 대외적으로나 대내적으로나 대리권 범위 내의 행위이므로 무권대리인과 동일하게 취급하는 것은 타당하지 않다는 지적이 있으며, 이러한 지적을 바탕으로 본인이 효력불귀속의 의사표시를 함으로써 효력불귀속으로 할 수 있다는 구성을 채택해야 한다는 생각이 있다.

3. 채권자의 이행청구권

현행 민법	기초위원회 예비초안	검토위원회 의견	개정안
(신설)	제387조(채권자의 이행청구권) 채권자는 채무자에 대하여 채무의 이행을 청구할 수 있다. 다만 다음 각호의 경우에는 그러하지 아니하다. 1. 채무를 이행할 수 없는 경우 2. 이행에 관한 채무자의 부담과 채권자의 이익 사이에 현저	제387조(채권자의 이행청구권) ① 채권자는 채무자에 대하여 채무의 이행을 청구할 수있다. ② 채무자가 임의로 채무를 이행하지 아니한 때에는 채권자는 그 강제이행을 법원에 청구할 수 있다. ③ 채무의 성질상 허용되지 않는 경우 또는 채무를 이행할 수 없거나 그 밖에	제387조 (채권자의 이행청구권) 채권자는 채무자에 대하여 채무의 이행을 청구할

10) 현행 민법 제130조(무권대리), 개정안 제126조의2(대리권남용) 참조.

11) 본문 중 개정시안 제108조 제1항 및 개정시안에 대한 입법이유는 法務省民事局参事官室, 民法(債権関係)の改正に関する中間試案(概要付き), 2013(平成２５年) 3月, 11－12면의 내용을 번역한 것이다.

12) 最判昭和４７年４月４日民集２６巻３号 373면 頁等.

13) 위 最判昭和４７年４月４日等.

	한 불균형이 있음을 이유로 채무자가 이행을 거절하는 경우	이에 준하는 사유가 있는 경우에는 제1항 및 제2항에 따른 청구를 할 수 없다.	수 있다.

"채권자는 채무자에 대하여 채무의 이행을 청구할 수 있다."는 내용의 규정을 신설하는 점에 대해서는 찬성한다. 다만 제387조의 표제를 '채권자의 이행청구권'에서 '채권의 청구력'으로 수정할 것을 제안한다.

그동안 우리의 민법학계에서는 이행청구권의 개념, 효력 등 그 법적 성격에 대해 별다른 논의가 없었다. 조문으로 이행청구력에 관해 명시한다면, 채권 및 이행청구권의 효력(권능) 등 법적 성격에 대한 이해가 높아질 것이라고 생각된다. 이하는 같은 내용의 규정 신설을 고민하였던 일본에서의 논의이다.[14] 규정 내용의 정확한 의미 및 규정을 신설하는 의의에 대한 이해에 도움이 될 듯하여 전재(轉載)하고자 한다.

1. 채권이라는 권리에 근거하여 채권자는 급부행위를 청구할 수 있다. 채권에는 청구가능한 상태가 내포되어 있으며 그 작용을 통하여 재화가 채권자에게 귀속하는 것이 법적으로 승인되어 있다(후자로부터 급부보유력이 도출된다). 그러므로 채권자는 청구력을 기본적 권능의 하나로서 가질 수 있다. 이를 통해 채권자는 채권의 성립(원인)을 주장입증하기만 하면 채무자에 대하여 이행청구를 할 수 있다는 것이 도출된다.

   이 경우 채무자가 임의로 이행하지 않는 때에 채권으로부터 여러 권능이 전개되는데, 그 중 하나가 소구력(재판상의 청구력)이다. 채권자가 소송을 통해 채권의 실현을 구할 수 있다고 하는 권능이다.

   나아가 승소 후에도 여전히 채무자가 이행을 하지 않는 때에는 법원의 조력을 얻어 채권의 실현을 받을 수 있는 권능이 채권에 구비되어 있어야 한다. 채권에 강제력이 있다는 것인데, 이러한 채권의 강제력은 채권의 청구력을 기초로 하는 것이다.

2. 이러한 종류의 준칙을 굳이 민법전 중에 규정으로서 둘 필요가 있는가 하는 의견이 있을지 모르겠다. 그럼에도 법률전문가가 아닌 일반시민에게도 알기 쉬운 민법이라는 점에서 채권에 관한 기본원칙을 법전 속에 둔다는 의미가 있으며, 나아가 채권자는 채권의 성립(원인)을 주장·입증하기만 한다면 채무자에 대하여 이행청구를 할 수 있다는 것이 원칙이라는 것을 보여준다는 점에서, 법률전문가에게도 의미가 있다. 더욱이 본 제안은

14) 詳解 債権法改正の基本方針 II. 契約および債権一般(1), 民法(債權法)改正檢討委員會 編. 商事法務, 184-188면[번역본으로는, 일본민법(채권편) 개정검토위원회 編, 법무부 譯, 채권법개정의 기본방침, 2009, 227면 이하].

채권에 내재하는 청구권능으로부터 전개되는 채권자의 제권능의 기초를 나타낸다는 점에서 학리적으로도 의미를 가지는 것이다.

3. 물론 채권에 관하여 위와 같은 기본구조를 채용하고, 본 제안과 같은 준칙을 설치한 때에도 불소구의 합의, 불집행의 합의를 하는 것은 현행 민법하에서와 동일하며, 사적 자치의 관점에서 허용된다.

다만, 제387조의 표제(채권자의 이행청구권)가 규정의 내용을 명확히 드러내고 있지 않고 오해를 조장할 수 있다. 앞서 소개한 일본채권법 개정의 기본방침에서 설명하고 있는 바와 같이, "채권자는 채무자에 대하여 채무의 이행을 청구할 수 있다."는 내용은 채권의 효력 중 청구력(청구권능)에 관한 것이다. 청구권이라는 표현은, 권리를 그 작용 방식을 기준으로 분류할 때에 지배권·형성권·항변권과 대비되는 넓은 개념, 즉 일정한 행위를 청구할 수 있는 권리(①)[15]를 가리키는 데 사용되기도 하고, 특정인을 상대로 일정한 급부(행위)를 청구할 수 있는 권리(②)를 의미하기도 하며, 채권의 효력이나 권능 중 하나로 소구력, 집행력, 급부보유력과 함께 열거되는 이행청구력(③)을 지칭하기도 한다.[16] 민법학에서의 이행청구권은 일반적으로 특정인을 상대로 의무 이행을 구하는 실체적 권리(②)의 의미로 사용된다.[17] 이러한 이행청구권은 '이행청구력'(이행청구권능), 법원에 소송을 제기할 수 있는 '소구력'(재판청구권능, 소구권능), 판결을 받아 그 집행을 강제할 수 있는 '강제집행력'(집행권능)을 그 효력으로 가진다.[18] 제387조는 이행청구권의 효력 가운데 '청구력'에 관한 규정이며, 강제집행력에 관해서는 제389조에서 별도로 규정한다.

이는 일본채권법 개정과정의 논의에서도 잘 드러나고 있다. 채권법 개정의 기본방침에서의 표제는 [3.1.1.53] '채권과 청구력'인데, 이하는 채권관계의 개정에 관한 중간논

15) 예를 들어, 저당권자의 경매청구권(제363조, 제365조)은 특정 사인(私人)이 아닌 국가(사법기관이나 집행기관)에 대한 절차적 청구권으로, 그 작용 방식을 기준으로 분류할 때에 지배권·형성권·항변권과 대비되는 '일정한 행위를 청구할 수 있는 권리'를 의미하는 광의의 청구권 개념에 포함된다. 민사소송 실무에서는 원고가 소(訴)에 의해 그 당부의 심판을 구하는 주장, 즉 권리 및 법률관계에 관하여 확인을 구하거나 법률관계의 형성을 구하는 때에도 확인청구, 형성청구라고 하여 청구권이라는 표현을 사용하는데, 이때의 청구권 역시 마찬가지로 넓은 개념이다.

16) 奥田昌道, 請求権概念の生成と展開, 創文社, 昭和54年 참조.

17) 郭潤直 編, 民法注解[VIII], 債權(1), 2004, 호문혁 집필부분, 35면; 本城武雄·宮本健蔵, 債權法總論(市民社会の法制度,3) 第2版, 嵯峨野書院, 2001. 4., 1면; 田山輝明, 債權總論, (民法 要義, 4), 成文堂, 2011.4., 第3版, 3면 등.; 한편 민법 재산편 조문은 청구권이라는 표현을 형성권 혹은 절차적 권리를 가리키는 데에도 사용한다. 지상권자나 임차인의 갱신청구권, 각종 매수청구권(민법 제283조, 제643조, 제646조) 등은 형성권이므로 청구권이라는 표현은 적절하지 않다.

18) 이행청구권에는 채권관계에서 발생하는 채권적 이행청구권, 물권에 기초한 물권적 이행청구권, 신분관계에서 발생하는 가족법상 이행청구권 등이 있다.

점정리와 보족설명(平成２３年５月 法務省民事局参事官室)【部会資料５－２第１，２［１면］】의 내용이다.

"채권자는 채무자에 대하여 채무의 이행을 청구할 수 있다."는 내용은 채권의 여러 효력 가운데 '청구력'에 관한 규정임.

"채권자에게는 청구력(채권자가 채무자에게 자발적으로 이행하라고 청구할 수 있는 권능), 급부유지력(채무자가 한 급부를 적법하게 유지할 수 있는 권능), 소구력(채권자가 채무자에게 소송을 통해 이행을 청구할 수 있는 권능), 집행력 · 강제력(급부 판결이 확정되어도 채무자가 자발적으로 이행하지 않는 경우, 강제 집행절차를 통해 국가 기관에 의해 채권의 내용을 실현할 수 있는 권능)이 인정되며, 이들 권능을 통칭하여 '이행청구권'이라고도 하는데, 채권의 여러 권능 중 이행의 강제에 관한 권능은 일본민법 414조[19]에 규정되어 있는 반면, 채권자에게 청구력이나 소구력 등의 기본적인 권능이 인정된다는 것을 확인하는 명문의 규정이 없으므로, 이를 확인하는 규정을 두는 방향으로 검토함"

"제3회 회의에서는 채권자가 채무자에게 자발적인 이행을 청구할 수 있는 것(청구력)이나 소송을 통해 이행을 청구할 수 있는 것(소구력) 등의 기본적인 권능을 가지고 있다는 것을 확인하는 명문 규정을 두는 것에 찬성하는 의견이 다수 있었으며, 이에 대해 특별한 이의는 없었음. 또한, 채권의 내용 등에 따라 채권자에게 청구력이 인정되더라도 강제력이 인정되지 않는 경우가 있다는 점을 고려하여, 청구력 등에 관한 규정은 이행의 강제에 관한 규정(민법 제414조)과는 구별하여 마련해야 한다는 의견이 다수 있었음"

기초위원회의 예비초안 보고서, 검토위원회의 검토보고서는 이행청구권, 강제집행청구권이라는 표현을 사용하고 있는데, 이는 그 이행청구권이 형성권, 청구권, 항변권과 같은 층위의 청구권을 가리키는 것인지, 아니면 채권의 권능으로서의 이행청구력을 가리키는 것인지에 관해 혼란을 가중할 수 있다고 본다. 용어의 명확한 사용에 관한 문제의식은 DCFR Intr.에도 잘 드러나 있다.[20] 이상의 점을 종합적으로 고려하여, 제387조의 표제를 '채권의 청구력'으로 수정할 것을 제안한다.

---

19) 414条 (履行の強制)

1. 債務者が任意に債務の履行をしないときは、債権者は、民事執行法その他強制執行の手続に関する法令の規定に従い、直接強制、代替執行、間接強制その他の方法による履行の強制を裁判所に請求することができる。ただし、債務の性質がこれを許さないときは、この限りでない。
2. 前項の規定は、損害賠償の請求を妨げない。

20) DCFR Intr. 44. ....the word "claim" in the sense of a demand based on the assertion of a right and sometimes in the sense of a right to performance. The DCFR uses "claim" only in the first sense and uses a "right to performance" where this is what is meant.

4. 채무불이행과 손해배상

현행 민법	기초위원회 예비초안	검토위원회 의견	개정안
제390조(채무불이행과 손해배상) 채무자가 채무의 내용에 좇은 이행을 하지 아니한 때에는 채권자는 손해배상을 청구할 수 있다. 그러나 채무자의 고의나 과실없이 이행할 수 없게 된 때에는 그러하지 아니하다.	제390조(채무불이행과 손해배상) ① 채무자가 채무의 내용에 좇은 이행을 하지 아니한 때에는 채권자는 손해배상을 청구할 수 있다. 그러나 채무자의 책임 없는 사유로 이행이 이루어지지 아니한 때에는 그러하지 아니하다. ② 채무자는 법률 또는 당사자의 약정에 의하여 달리 정하여지지 아니하는 한 자신의 고의 또는 과실에 대해 책임이 있다.	제390조(채무불이행과 손해배상) ① 채무자가 채무의 내용에 좇은 이행을 하지 아니한 때에는 채권자는 손해배상을 청구할 수 있다. 그러나 채무자의 고의나 과실 없이 이행이 이루어지지 아니한 때에는 그러하지 아니하다. ② 당사자는 약정으로 채무자에게 고의 또는 과실이 없는 경우에도 채무자가 제1항에 따른 손해배상 책임을 진다고 정할 수 있다.	제390조(채무불이행과 손해배상) ① 채무자가 채무의 내용에 좇은 이행을 하지 아니한 때에는 채권자는 손해배상을 청구할 수 있다. 다만, 채무자에게 책임 없는 사유로 그 이행이 이루어지지 아니한 때에는 그러하지 아니하다. ② 법률 또는 당사자의 약정에 의하여 달리 정하여지지 아니하는 한 채무자는 자신의 고의 또는 과실에 대하여 책임이 있다.

프랑스민법과 영미법은 채무불이행 책임에 있어 채무자의 고의 과실을 요하지 않는 주의를 채택하고 있다. 이와 달리 우리 민법은 독일민법과 같이 채무자의 고의 과실을 채무불이행 책임의 요건으로 하고 있다. 다만, 증명책임에 있어서 채권자가 채무자의 고의 과실을 증명하여야 하는 것은 아니고 채무자가 자신의 고의 과실이 없었다는 점을 증명하여야 하도록 규정하고 있다. 기초위원회 예비초안은 이러한 틀을 유지하는 가운데 '고의 과실 없음'을 '책임 없는 사유'로 대체하여 규정하고 있는 것으로 보인다. 이는 당사자의 약정이나 법률 규정에 의하여 무과실책임으로 규율하는 사안을 포섭하기 위한 취지라고 생각된다.

이러한 개정 내용에 대하여, 첫째, 채무자의 고의 과실, 즉 채무자의 귀책사유를 채무불이행책임의 요건으로 삼는 주의를 유지하는 것은 타당하다고 생각한다. 채무자가 자신에게 부과된 주의의무를 다하였음에도 채무자에게 손해배상책임을 부과하는 것은 문제가 있다. 이는 채무자에게 과도한 주의의무를 부과하는 결과를 초래한다. 프랑스 민법은 불가항력을 확장하여 채무자에게 면책을 부여하고 있는데 그 결과 채무자에게 과책(고의 과실)이 없는 경우 불가항력에 의하여 면책이 되는 경우가 많다.[21] 둘째, 고의 과실 없음을 책임 없

21) 보다 상세한 내용은 김기환, "채무불이행의 면책사유로서의 불가항력", 「민사법학」, 제107호,

는 사유로 대체하는 것에 대하여는 반대한다. 당사자의 약정이나 법률 규정에 의하여 무과실책임 또는 엄격책임을 도출하는 것은 굳이 규정을 두지 않더라도 민법 제390조의 해석에 의하여 충분히 도출할 수 있는 내용이다. 책임 없는 사유로 규정하는 경우 이것이 정확히 무엇을 의미하는 것인지 쉽게 파악할 수 없고 여러 가지 해석상 다양한 견해를 발생시킬 수 있다. 극단적으로는 일본과 같이 과실책임주의를 탈피한 것으로 해석할 여지도 있다. 이러한 개정이 초래하는 이익이 크지 않은 반면 그로 인한 혼란은 작지 않다고 생각된다.

일본민법 개정과정에서의 논의를 소개하면 다음과 같다. 개정 전 일본민법 제415조 전단의 '채무의 본지에 따른 이행을 하지 않을 때'를 구체화하고 명확화하여야 한다는 논의가 있었다. '채무의 본지에 따른 이행을 하지 않을 때'(민법 제415조 전단)와 같은 포괄적인 요건은 유지하자는 의견도 있었다.[22] 동조 후단의 '이행을 할 수 없게 된 때'에 물리적 불능뿐만 아니라 판례가 인정하는 사회통념상 불능을 포함할 것인지 검토할 필요가 있다는 의견이 개진되었다.[23] '채무자의 책임에 귀속할 사유'라는 요건이 이행불능에 대하여만 규정하고 있는 점에 관하여, 제415조 후단이 규정하는 이행불능과 그 이외의 채무불이행을 구별하지 않고, 채무불이행 일반에 대하여 통일적인 면책요건을 정하는 방향으로 검토하자는 의견이 있었다.[24] 그에 따라 채무불이행에 의한 손해배상 및 그 면책사유에 관한 제415조를 다음과 같이 개정하자는 의견이 제기되었다.[25]

1. 채무자가 채무의 본지에 따른 이행을 할 수 없는 경우(채무이행이 불능인 경우를 포함) 채권자는 이로 인한 손해에 대한 배상을 청구할 수 있다.

2. 1.의 채무불이행이 계약 또는 기타 해당 채무의 발생의 원인 및 거래상의 사회통념에 비추어 채무자의 책임에 귀속할 수 없는 사유에 의한 것인 경우는 채권자는 그 채무불이행에 의해 발생한 손해의 배상을 청구할 수 없다.

이행불능 이외의 재부불이행에 대해서노 채무사의 책임으로 귀속할 수 없는 사유로 인한 것일 경우의 면책이 인정되는 것을 명확히 하였다. 주장입증책임의 점에 대해서도, 손해배상의 청구를 하는 채권자 측에서, 그 채무불이행이 채무자의 책임으로 귀속해야 할 사유로 인한 것임을 주장 입증하여야 한다. 또한 그 채무가 계약에 의해 발생한 경우에 대해서는, 그 채무불이행이 해당 계약의 취지에 비추어 채무자의 책임으로 돌아갈 수

2024, 65면.

22) 部会資料 5-2 第2, 2(6), 27면.
23) 部会資料 5-2 第2, 2(1), 21면.
24) 部会資料 5-2 第2, 3(1), 28면.
25) 部会資料 79-1, 7면.

없는 사유에 의한 것일 때 채무자의 면책이 인정됨을 분명히 하였다.

중간시안에서는 계약 이외의 원인에 의해 생긴 채무에 대해서도, 그 불이행이 그 채무가 생긴 원인 그 외의 사정에 비추어 채무자의 책임에 귀속할 수 없는 사유에 의한 것일 때는, 채무자는 그 불이행에 의한 손해배상의 책임을 지지 않는 취지의 규율을 두는 것으로 하고 있었다(중간시안 제10,1 (3) 참조), 그러나 이행의 불능, 손해배상의 범위, 특정물의 인도의 경우의 주의의무에 대하여 규율하고 있는 다른 민법 조항에서는 채권 일반에 관한 규율을 정한 다음에, 계약에 의해 생긴 채권을 다루고 있으므로 이와 마찬가지로 규율하기 위하여 여기에서도 채권 일반에 대한 면책사유에 관한 규율을 정한 다음 계약에 따라 발생한 채권에 대해서는 해당 계약의 취지에 비추어 면책사유의 유무를 판단하는 취지를 명기하는 방식을 채용하기로 했다.

덧붙여 민법 제415조 전단의 '채무의 본지에 따른 이행을 하지 않을 때'라고 하는 개념은, 동조 후단의 '이행을 할 수 없게 되었을 때'(이행불능)를 포함한다고 점을 명확히 하였다. 또한 동조 전단의 '그 채무의 본지에 따른 이행을 하지 않을 때'라고 하는 표현과 민법 제541조의 '그 채무의 이행을 하지 않는 경우'의 표현을 통일하는 것이 상당하다고 생각된다. 따라서 초안 (1)에서는 동법 제415조 전단과 후단을 통합함에 있어 '채무자가 채무를 이행하지 않을 때 (채무 이행 불능일 때를 포함한다)'라는 표현을 사용하기로 했다.[26)]

한편, '채무자의 책임에 귀속하여야 할 사유'의 의미는, 조문상 반드시 분명하지는 않지만, 전통적으로는 채무불이행에 의한 손해배상책임의 귀책근거를 과실책임주의(고의·과실이 없는 경우에는 책임을 지지 않는다고 하는 사고방식)에 요구해, '채무자의 책임에 돌려야 할 사유'의 의미를, 고의·과실 또는 신의칙상 이와 동일시해야 할 사유라고 이해하는 견해가 통설로 되어 왔다. 이에 반해 판례는 반드시 이러한 귀책근거와 판단기준을 채용하고 있는 것은 아니며, 또한 '채무자의 책임에 귀속하여야 할 사유'의 의미를 계약에서 분리된 채무자의 부주의로 해석하고 있는 것도 아니라는 견해가 있다. 이런 입장에서 '채무자의 책임에 귀속할 사유'의 의미도 귀책근거를 계약의 구속력에 요구하는 것을 전제로 검토해야 한다는 견해가 제시되었다. 한편, 귀책근거를 계약의 구속력에만 요구하는 것에 대해서는 그것이 거래실무에 미치는 악영향을 우려하는 의견도 있었다. 이에 대해서는, 여기서 말하는 '계약'이 계약서의 기재 내용을 의미하는 것이 아니라, 당사자 간의 합의 내용을 해당 합의에 관한 여러 사정을 고려하여 규범적으로 평가함으로써 도출된다는 지적이 있었다.

26) 部会資料 68A, 5면.

이상의 논의에 근거하여, 채무불이행에 의한 손해배상책임의 귀책근거를 계약의 구속력에 요구하는 것이 타당하지만, 만일 귀책근거를 계약의 구속력에 요구한 경우에는 손해배상책임의 면책 처리는 어떻게 되는 것이 적절한가 하는 점에 대해, 판례의 입장과의 무결성, 거래 실무에 미치는 영향, 채무의 종류에 의한 차이의 유무 등에 유의하면서 추가적인 검토가 필요하다는 의견이 개진되었다.[27]

또한 채무자의 귀책사유에 의한 이행지체 후에 채무자의 귀책사유에 의하지 않는 이행불능이 발생한 경우에도 이행지체에 빠졌기 때문에 해당 이행불능이 발생했다는 관계가 인정되는 한, 전보배상 청구가 인정된다고 하는 판례법리를 명문화하는 것이 타당하다는 견해가 개진되었다.[28]

이행지체에 빠진 채무자에 대한 전보배상의 요건으로 해제가 필요한지 여부는 현행법상 불분명하지만, 이 점에 관해서는 해제하지 않고 이행청구권과 전보배상청구권을 선택적으로 행사할 수 있도록 하는 것이 바람직하다는 견해가 있었다. 이러한 견해에 근거해 이행지체에 빠진 채무자에 대하여 상당기간을 정하여 최고를 해도 이행이 없는 경우(민법 제541조 참조) 등에는 채권자는 계약을 해제하지 않고도 배상 청구를 할 수 있는 것으로 하자는 의견이 개진되었다.[29]

5. 위험부담

현행 민법	기초위원회 예비초안	검토위원회 의견	개정안
第537조(채무자 위험부담주의) 쌍무계약의 당사자 일방의 채무가 당사사 쌍방의 책임없는 사유로 이행할 수 없게 된 때에는 채무자는 상대방의 이행을 청구하지 못한다. 第538조(채권자	第537조(채무자의 위험부담) ① 쌍무계약의 당사자 일방의 채무가 당사자 쌍방에게 책임없는 사유로 이행할 수 없는 경우에는 채무자는 상대방의 이행을 청구하지 못한다. ② 제1항의 경우에 당사자의 원상회복의무에 대하여는 제548조, 제549조를 준용한다. ③ 상대방이 제399조의2 제1항에 따라 권리의 이전 또는 이익의 상환을 청구하는	第537조(채무자의 위험부담) ① (기초위원회 예비초안 찬성) ② (1안) 쌍무계약의 당사자 일방의 채무가 당사자 쌍방의 책임 없는 사유로 이행할 수 없는 경우에는 해제의 의사표시가 있는	第537조(채무자의 위험부담) ① 쌍무계약의 당사자 일방의 채무가 당사자 쌍방에게 책임없는 사유로 이행할 수 없는 경우에는 채무자는 상대방의 이행을 청구하지 못한다. ② 제1항의 경우에 당사자의 원상회복의무에 대하여는 제548조, 제549조를 준용한다. ③ 상대방이 제399조의2 제1항에 따라 권리의 이전 또는 이익의 상환을 청구하는

27) 部会資料５－２ 第２，３(2)，28면
28) 部会資料５－２ 第２，３(3)，34면.
29) 部会資料５－２ 第２，２(2)，22면.

귀책사유로 인한 이행불능) ① 쌍무계약의 당사자 일방의 채무가 채권자의 책임 있는 사유로 이행할 수 없게 된 때에는 채무자는 상대방의 이행을 청구할 수 있다. 채권자의 수령지체 중에 당사자 쌍방의 책임 없는 사유로 이행할 수 없게 된 때에도 같다. ② 전항의 경우에 채무자는 자기의 채무를 면함으로써 이익을 얻은 때에는 이를 채권자에게 상환하여야 한다.	경우에 채무자는 상대방의 이행을 청구할 수 있다. 이 때 이전할 권리 또는 상환할 이익의 가치가 본래의 채무보다 작으면 상대방의 채무는 그에 비례하여 감소한다. 제538조(채권자의위험부담) ① 쌍무계약 당사자 일방의 채무가 채권자에게 책임 있는 사유로 이행할 수 없게 된 경우에는 채무자는 상대방의 이행을 청구할 수 있다. 채권자의 수령지체 중에 당사자 쌍방에게 책임 없는 사유로 이행할 수 없는 경우에도 같다. ② 제1항의 경우에 채무자는 자기의 채무를 면함으로써 이익을 얻은 때에는 이를 채권자에게 상환하여야 한다.	것으로 본다. (2안) 제1항의 경우 당사자가 해제의 의사표시를 한 것으로 본다. ③ (기초위원회 예비초안 찬성) 제538조(채권자의위험부담) (기초위원회 예비초안 찬성)	경우에 채무자는 상대방의 이행을 청구할 수 있다. 이 때 이전할 권리 또는 상환할 이익의 가치가 본래의 채무보다 작으면 상대방의 채무는 그에 비례하여 감소한다. 제538조(채권자의 위험부담) ① 쌍무계약 당사자 일방의 채무가 채권자에게 책임 있는 사유로 이행할 수 없게 된 경우에는 채무자는 상대방의 이행을 청구할 수 있다. 채권자의 수령지체 중에 당사자 쌍방에게 책임 없는 사유로 이행할 수 없는 경우에도 같다. ② 제1항의 경우에 채무자는 자기의 채무를 면함으로써 이익을 얻은 때에는 이를 채권자에게 상환하여야 한다.

현행 민법에서 해제 제도는 채무자의 책임 있는 사유에 의한 이행불능을 다루고, 위험부담 제도는 채무자의 책임 없는 사유로 인한 이행불능을 다루고 있으므로, 해제와 위험부담의 교착이라는 문제는 생기지 않았다. 개정안은 기본적으로 현행 민법의 위험부담 규정을 그대로 승계하고 있으며, 다른 한편 계약해제에 채무자의 귀책사유를 요구하지 않기로 하여, 채무의 이행이 불능인 경우 채권자는 최고 없이 바로 계약을 해제할 수 있도록 하고 있는바(개정안 제544조 제1항, 제2항 제1호 참조), 개정안에 따르면 제도 간의 교착이 발생하게 된다. 즉, ① 이행불능에 관한 채무자의 귀책사유 유무를 기준으로는 해제와 위험부담 제도를 구분할 수 없고, ② 이행불능의 경우 채권자가 반대채무로부터 해방되기 위해서는, 해제에 의할 때에는 채권자의 해제의 의사표시가 필요한 반면, 위험부담에 의할 때에는 채권자의 의사 여하에 관계없이 당연히 반대채무가 소멸하는 것으로 된다. 반대채무로부터의 해방이라는 동일한 목적을 가지면서, 해제에 의할 때에는 해제의 의사표시를 하여야 반대채무를 면하게 되고, 위험부담에 의할 때에는 당연히 반대채무가 소멸한다는 것은 제도의 모순이라고 할 수 있다.

2017년 개정 일본민법상 위험부담제도-반대채무의 이행거절권 구성에 대해 살펴보면 다음과 같다.[30)]

1) 2017년 개정된 일본민법에서는 해제에 채무자의 귀책사유를 필요로 하지 않는 한편, 위험부담에 관해서는 그 효과를 '반대채무의 소멸'이 아니라 채권자의 '반대채무의 이행거절권'으로 재구성하여 해제제도와 병존하는 방안을 채용하였다. 일본민법 제536조 제1항은 당사자 쌍방에게 책임 없는 사유로 인한 이행불능의 경우에 채권자는 반대급부의 이행을 거절할 수 있다고 규정하였다.[31)] 채권자가 자기의 반대급부의무를 확정적으로 소멸하게 하고 싶다면 계약해제를 하여야 한다. 또한 채무자가 채권자의 반대급부채무의 이행을 구하는 소를 제기한 경우, 피고인 채권자가 제536조 제1항의 이행거절권을 주장하면 청구기각판결이 내려지게 된다.
2) 주장입증책임의 관점에서 제536조 제1항의 위험부담에 의하여 반대급부채무의 이행을 거절하려는 채권자는 채무자의 채무가 이행불능으로 된 것만 주장입증하면 되고, 그에 대하여 채권자에 의한 이행거절 주장을 배척하려는 채무자가 이행불능에 관하여 채권자에게 귀책사유가 있다는 것을 주장입증하여야 한다. 이행불능에 대하여 채권자에게 귀책사유가 있는 경우에는 제536조 제2항이 적용되어 채권자는 자기의 반대급부채무의 이행을 거절할 수 없다.
3) 다만 '반대채무에 대한 이행거절권' 구성에 대해서는 일본에서도 반대채무를 이미 이행한 경우의 반환청구 가부, 압류나 채권양도에 의하여 반대채권을 취득한 제3자에 대하여 이행거절권 주장 가부, 매매목적물이 전전 매매된 경우의 전득자 등 쌍무계약의 당사자가 아닌 제3자에 대한 항변권 주장의 제한, 쌍무계약의 무효 · 취소 · 해제의 경우 일방 당사자의 부당이득반환 내지 원상회복채무가 이행불능으로 된 때에 반대채무가 이행거절권을 가진 채 존속하는 등 여러 가지 문제점들이 지적되고 있다.

해제의 요건으로서 채무자의 귀책사유를 요구하지 않는 것은, 해제를 불이행에 의하여 계약을 유지할 이익을 잃은 채권자(및 채무자)를 계약의 구속력으로부터 해방하는

30) 위험부담에 관한 2017년 일본민법 개정의 경과와 내용에 관해서 김병선, "위험부담에 관한 일본 개정 민법 고찰", 「재산법연구」, 제35권 제1호, 2018; 김병선, "일본 개정민법 제536조 제2항에 관한 고찰 — 역무제공결약에서 반대채무의 이행청구권의 발생근거", 「아주법학」, 제12권 제1호, 2018; 김병선, "일본 개정 민법상 목적물의 멸실에 관한 위험의 이전", 「법학논집」, 제22권 제4호, 2018 참조.

31) 채무의 이행이 불능으로 되지 않았으나 이행되지 않는 경우에 채권자가 자기의 반대채무의 이행을 거절하는 근거로 기능하는 것이 동시이행의 항변권(제533조)인 것에 대하여 채무의 이행이 불능으로 된 경우에 채권자가 자기의 반대채무의 이행을 거절하는 근거로 기능하는 것이 제536조 제1항의 이행거절권이라고 정리된다.

제도로 파악하는 것으로, 귀책사유 유무에 관계없이 계약을 한 목적이 달성될 수 없는 정도의 중대한 불이행은 해제를 정당화한다는 사고에 기초를 두고 있다. 해제에 관한 이러한 사고의 전환은 거래의 실무나 해제에 관한 근래의 국제적인 계약법 규범의 동향에 따른 것으로 타당하다고 생각된다. 또한 해제제도와 위험부담제도의 작용의 차이나 운용상 문제들을 고려하면 두 제도의 병존을 유지하는 개정안의 입장은 타당하다고 생각된다. 다만 개정안이 해제제도와 위험부담제도를 병존하게 하는 입장을 취하면서, 두 제도의 적용영역에 관해서 규율하지 않고 있는 것은 문제점으로 지적할 수 있다. 단적으로 당사자 쌍방의 책임없는 사유로 급부가 불능으로 된 경우 반대급부의무는, 위험부담에 의하면 소멸하지만 다른 한편 해제의 의사표시가 없는 한 소멸하지 않는다(급부가 불능으로 된 채무의 채무자가 채권자에 대하여 반대급부의무의 이행을 청구한다면 그 결론은 어떻게 될 것인가?). 이 문제에 관하여 따로 규정을 두지 않더라도, 적어도 개정이유에서 이에 대한 설명이 필요하다고 생각된다.

6. 계속적 계약의 해지

현행 민법	기초위원회 예비초안	검토위원회 의견	개정안
(신설)	제546조(계속적 계약의 해지) ① 존속기간이 정해진 계속적 계약은 당사자 일방이 계약상 의무를 위반하여 상대방이 계약관계를 그대로 유지할 것을 기대하기 어려운 경우에는 그 상대방은 즉시 이를 해지할 수 있다. ② 법률 또는 계약에 달리 정한 바가 없으면, 존속기간을 정하지 아니한 계속적 계약은 당사자 일방이 언제든지 해지할 수 있다. 이 경우 상대방이 해지의 통고를 받은 날로부터 상당한 기간이 경과하면 해지의 효력이 생긴다.	제546조(계속적 계약의 해지) ① 계속적 계약에서 당사자 일방이 계약상 의무를 위반하여 상대방이 계약을 그대로 유지할 것을 합리적으로 기대하기 어려운 경우에는 그 상대방은 이를 해지할 수 있다. ② 계속적 계약에서 존속기간을 정하지 아니한 경우에는 당사자 일방은 언제든지 계약을 해지할 수 있다. 이 경우 상대방이 해지의 통고를 받은 날로부터 상당한 기간이 경과하면 해지의 효력이 생긴다.	제546조(계속적 계약의 해지) ① 계속적 계약에서 당사자 일방이 계약상 의무를 위반하여 상대방이 계약을 그대로 유지할 것을 기대하기 어려운 경우에는 상대방은 즉시 이를 해지할 수 있다. ② 계속적 계약에서 존속기간을 정하지 아니한 경우에는 당사자 일방은 언제든지 계약을 해지할 수 있다. 이 경우 상대방이 해지의 통고를 받은 날부터 상당한 기간이 경과하면 해지의 효력이 생긴다.

계속적 계약에 관하여, 일회적 계약과는 다른 계약 해소 사유를 두는 것이 타당하다고 본다. 또한 제2항과 같이 존속기간이 정하여지지 않은 계약에서 당사자에게 계약의

종료를 통해 계약의 구속력에서 벗어날 수 있도록 하는 근거를 마련한 것은 타당하다고 사료된다. 그러나 제1항은 일반적인 채무불이행으로 인한 해제와 요건이 유사하여, 채무불이행으로 인한 해제의 요건·효과와의 관계 정리가 필요하다고 생각된다.

참고로 일본채권법 개정 과정에서는 계속적 계약의 종료에 관한 규정을 두는 것에 관해 논의가 이루어졌으나, 결국 조항 신설은 이루어지지 못하였다. 이를 살펴보면 다음과 같다.

계속적 계약의 종료에 관하여는, 기간의 정함이 있는 계속적 계약의 경우와, 기간의 정함이 없는 계속적 계약의 경우를 나누어 규정을 두는 방안이 제안되었다. 먼저 전자에 관하여는, 계약 기간 만료로 계약이 종료됨을 명시하고, 당사자 일방이 계약 갱신을 요청한 경우 당해 계약의 취지, 계약에서 정한 기간의 길이, 종전의 갱신 유무 및 그 경위 기타 사정에 비추어 당해 계약을 존속시킴에 정당한 사유가 있다고 인정되는 때에는 당해 계약은 종전과 동일한 조건으로 갱신된다고 간주하되, 그 기간의 정함이 없는 것으로 하는 규정을 두는 것이 제안되었다. 그러나 여기에 대하여는 해석론에 맡기는 것이 좋다는 반론이 있었고, 계속적 계약의 태양에는 다양한 유형이 존재하기 때문에 갱신에 관해 일률적으로 적용할 규정을 두는 것은 곤란하다는 지적이 있었다.[32)]

다음으로 후자에 관하여는, 계약 당사자 일방이 상대방에 대하여 언제든지 해지[33)]를 요청할 수 있고, 이러한 해지 요청이 있는 때에는 당해 계약은 해지 요청일부터 상당한 기간이 경과하면 종료하는 것으로 제안되었다, 해지 요청에 상당한 예고기간이 부가된 경우는 그 예고기간이 경과하면 종료하나, 당해 계약의 취지, 계약체결부터 해지 요청까지의 기간의 길이, 예고기간의 유무 기타 사정에 비추어 당해 계약을 존속시킴에 있어 정당한 사유가 있다고 인정되는 경우에는 당해 계약이 그 해지 요청에 의해서는 종료되지 않는다는 규정을 두는 것이 제안되었다. 그러나 여기에 대하여도 역시 해석론에 맡겨야 한다는 반론과, 계속적 계약의 태양에는 다양한 유형이 존재하기 때문에 해지 요청에 관해 일률적으로 적용할 규정을 두는 것은 곤란하다는 지적이 있었다.[34)]

한편 계속적 계약의 해지에 관해서는 소급효가 없다는 점을 명시하는 규정도 제안되었는데, 이것은 계약 해지에 관한 일반적 이해를 명문화한 것으로 평가되었다.[35)] 이와

32) 民法 (債権関係) の改正に関する中間的な論点整理 392면, 部会資料 48. 49면.

33) 일본민법에서는 해제와 해지를 구별하지 않고 모두 '해제'라는 표현을 쓰고 있고, 이 부분에서는 '해약(解約)'이라는 표현을 쓰고 있으나, 본 보고서에서는 이해의 편의상 '해지'라는 용어를 사용하였다. 한편 일본채권법상 해약은 '장래에 향한 계약 해소'를 의미하며, 해제와 구별된다는 설명으로, 笠井修 · 下村正明 · 吉永一行, ユーリカ民法. 3, 債権総論 · 契約総論, 法律文化社, 2023, 128면 참조.

34) 民法 (債権関係) の改正に関する中間的な論点整理 393면, 部会資料 48, 45면.

35) 民法 (債権関係) の改正に関する中間的な論点整理 394면, 部会資料 48, 57면.

더불어 채무불이행을 이유로 하는 계속적 계약의 해제,[36] 소비자·사업자 간 계속적 계약의 해제,[37] 다수당사자형 계속적 계약에 관한 일반 규정 도입 여부,[38] 분할이행계약에 관한 일반 규정 도입 여부[39] 등에 관하여도 계속적 계약의 일환으로 논의가 이루어졌다. 그러나 공개 의견조회 과정에서 계속적 계약의 적용 범위가 불명확하고 거래 실무에 혼란을 초래할 우려가 있다는 점, 계속적 계약의 해소 가부에 관해 구체적 기준을 나타낸 최고재판소 판례도 없고 명문화는 시기상조라는 점, 계속적 계약은 다양하여 일률적으로 적용할 규정을 두기에 적당하지 않은 점, 기간의 정함이 있는 계약의 경우 기간만료로 계약이 종료하는 것이 당사자의 의사인 점 등을 이유로 반대의견이 강하게 제기되어 명문 규정을 두지 않고 논의를 종료하는 것으로 정리되었다.[40]

7. 매매의 일방예약

현행 민법	기초위원회 예비초안	검토위원회 의견	개정안
第564조(매매의 일방예약) ① 매매의 일방예약은 상대방이 매매를 완결할 의사를 표시하는 때에 매매의 효력이 생긴다. ② 전항의 의사표시의 기간을 정하지 아니한 때에는 예약자는 상당한 기간을 정하여 매매완결 여부의 확답을 상	제534조의2(예약) ① 당사자는 장래 체결할 계약에 관하여 예약을 할 수 있다. ② 당사자는 계약을 완결할 의사를 표시하여 일방적으로 계약을 성립시킬 수 있는 권리를 당사자 일방 또는 쌍방에게 부여하는 예약을 할 수 있다. ③ 제2항의 의사표시의 기간을 정하지 아니한 때에는 예약자는 상당한 기간을 정하여 계약 완결 여부의 확답을 상대방에게 최고할 수 있다. 예약자가 기간 내에 확답을 받지 못한 때에	(1안)제564조(매매의 일방예약) ① 매매의 일방예약은 상대방이 매매를 완결할 의사를 표시하는 때에 매매의 효력이 생긴다. ② 제1항의 의사표시의 기간을 정하지 아니한 때에는 예약자는 상당한 기간을 정하여 계약 완결 여부의 확답을 상대방에게 최고할 수 있다. 예약자가 그 기간 내에 확답을 받지 못한 때에는 예약은 그 효력을 잃는다. ③ 제1항의 예약에 따라 성립할 계약이 방식을 요하는 경우 그 방식은 예약에 대해서도 적용된다. (2안) 제534조의2(예약) ① (기초위원회 예비초안 찬성) ② (기초위원회 예비초안 찬성) ③ 제2항의 의사표시의 기간을	제534조의2(예약) ① 당사자는 장래 체결할 계약에 관하여 예약을 할 수 있다. ② 당사자는 계약을 완결할 의사를 표시하여 일방적으로 계약을 성립시킬 수 있는 권리를 당사자 일방 또는 쌍방에게 부여하는 예약을 할 수 있다. ③ 제2항의 의사표시의 기간을 정하지 아니한 때에는 예약자는 상당한 기간을 정하여 계약을 완결할 것인지 여부의 확답을 상대방에게 촉구할 수

36) 部会資料, 48, 54면.
37) 部会資料, 48, 55면.
38) 部会資料, 48, 58면.
39) 部会資料, 48, 59면.
40) 部会資料, 70A, 67면.

대방에게 최고할 수 있다. ③ 예약자가 전항의 기간 내에 확답을 받지 못한 때에는 예약은 그 효력을 잃는다.	는 예약은 그 효력을 잃는다. ④ 예약에 따라 성립할 계약이 방식을 요하는 경우 그 방식은 예약에 대해서도 적용된다. 第564조 (삭제)	정하지 아니한 때에는 예약자는 상당한 기간을 정하여 계약 완결 여부의 확답을 상대방에게 최고할 수 있다. 예약자가 그 기간 내에 확답을 받지 못한 때에는 예약은 그 효력을 잃는다. ④ (기초위원회 예비초안 찬성) 第564조 (삭제) * 제2안의 경우 삭제 찬성	있다. 예약자가 그 기간 내에 확답을 받지 못한 때에는 예약은 그 효력을 잃는다. ④ 예약에 따라 성립할 계약이 방식을 요하는 경우에 그 방식은 예약에도 적용된다. 第564조 (삭제)

예약이라는 단어가 일반 시민의 거래생활에서는 다른 의미로 사용되고 있는 것을 감안하면, 예약의 정의 규정을 두는 것에 찬성한다. 단, 이어지는 제2항과의 자연스러운 연결을 고려하여 "예약이란 ~ 이다."는 형식으로 표현 수정이 어떤가 제안해본다. 다만 안 제2항과 같이 명시하지 않아도 계약자유의 원칙에 따라 쌍방예약이 배제되는 것은 아니며, 검토위의 지적(69면)과 같이 기초위 안 제3항과의 정합성에도 의문이 있다고 본다. 또한 요물계약의 예약에 대한 추가규정 신설도 의문인데, 본계약이 요물계약의 경우 예약이라는 방식으로 이를 우회하는 것을 염려하는 취지는 이해되지만, 명문의 규정이 없어도 해석을 통해 그와 같은 형식 회피는 규율할 수 있다고 판단된다. 따라서 검토위의 지적(69면)과 같이 신중하게 접근할 필요가 있다고 생각한다. 예약규정을 채권총칙으로 이전해야 한다는 취지에는 찬성한다. 검토위의 지적(68면)과 같이 실제적 의미가 크지 않은 반면 매매총칙을 두고 있는 매매법의 구성체계에 부담이 된다면, 오히려 다른 계약 유형과는 달리 매매계약과 관련해서만 '총칙'을 두어야 하는지에 대한 추가적인 검토가 필요하다고 본다.

참고로 일본채권법 개정에서는 매매의 예약에 관한 규정을 수정하고자 하였으나 이후 개정에서 반영되지 않았다. 해당 규정을 수정하려는 이유는 우리 민법의 개정 이유와 거의 동일하다. 당초에는 매매의 일방예약의 정의규정의 필요성, 쌍방예약의 규정상 배제 부정, 요식계약의 예약시 방식의 필요성, 예약완결권 행사기간이 있는 경우의 규정 등에 대하여 규정 명확화, 알기 쉬운 민법의 측면에서 구상하였다.[41] 증여의 예약도 매매의 일방예약처럼 담보적으로 사용될 수 있으므로, 조문의 배열을 계약총칙 쪽으로 옮기거나 계약총칙과 계약각칙 사이에 따로 묶는 형태의 제안도 있었다.[42] 중간시안의 매매 예약에 관한 규정[43]은 다음과 같다. 즉, "민법 제556조 제1항의 규율을 고쳐, 매매의

41) 部会資料, 15-1, 2-3면.
42) 일본 법제심의회 민법(채권관계) 부회 제14회 회의 의사록 4면(松本).

예약이란 당사자 일방 또는 상대방에 대하여 미리 정해진 내용의 매매계약을 단독의 의사표시로 성립시킬 권리를 준다는 내용의 당사자 간 합의를 말하는 것으로 한다."

요식계약의 예약 방식과 관련하여 일본에서는 민법은 물론이고 특별법에서도 일정한 매매를 요식행위로 하는 규정이 없으며, 예약완결권 행사로 인하여 요식행위인 본계약이 요식 없이 성립한다는 것은 해석상 있을 수 없다는 지적에 따라 중간시안에 채택되지 않았다. 예약규정의 배열에 관하여 실제 매매 이외의 계약에서 어느 정도 활용되고 있는지 분명하지 않으며, 가장 전형적으로 예약이 사용되는 매매에 예약 관련 규정을 두고 다른 유상계약에 준용할 것인지 검토할 수 있으므로 종래 배치를 유지하는 것으로 하였다.

민법(채권관계) 개정에 관한 요강안에서는 채택되지 않았는데, 쌍방예약을 더하는 실익이 없는 반면, 편무예약, 쌍무예약을 배제하는 것으로 보인다는 의견으로 요강안에서는 제외하였다.[44] 예약의 정의를 규정한다고 하지만 종전의 일방예약/쌍방예약의 정의를 규정하는데 그치고 있었다.[45] 그로 인하여 쌍무/편무예약이 법문상 예약의 범위에 들지 못하는 오류가 있었다고 판단한다.

8. 수급인의 담보책임

현행 민법	기초위원회 예비초안	검토위원회 의견	개정안
第667조(수급인의 담보책임) ① 완성된 목적물 또는 완성 전의 성취된 부분에 하자가 있는 때에는 도급인은 수급인에 대하여 상당한 기간을 정하여 그 하자의 보수를 청구할 수 있다. 그러나 하자가 중요하지 아니한 경우에 그 보수에 과다한 비용을 요할 때에는 그러하지 아니하다. ② 도급인은 하자의 보수에 갈음하여 또는 보수와 함께 손해배상을 청구할 수 있다. ③ 전항의 경우에는 第536조의 규정을 준용한다.	第667조 (삭제)	第667조(수급인의 담보책임) 완성된 목적물 또는 완성 전 성취된 부분에 하자가 있는 때에는 도급인은 수급인에 대하여 第571조부터 第573조까지 및 第574조 第1항의 규정에 따른 권리를 행사할 수 있다.	第667조(완성 전의 하자로 인한 수급인의 책임) 수급인은 완성 전 성취된 부분에 하자가 있는때에도 도급인에 대하여 그 하자로 인한 책임을 진다. ② (삭제) ③ (삭제)

43) 중간시안 제35 1 매매의 예약(민법 제556조 관계).
44) 部会資料, 75A, 33면.
45) 일본 법제심의회 민법(채권관계) 부회 제52회 회의 의사록 3면 이하의 中田의 발언 참조.

도급은 매매와 본질적으로 같은데, 구체적으로는 다른 측면도 존재하기에 이를 반영한 검토위원회 안이 가장 타당하다고 생각한다. 수급인의 담보책임이 갖는 중요성, 도급의 특성에 따라 완성된 목적물뿐만 아니라 완성 전 성취된 부분에 대한 담보책임의 추급을 뒷받침할 필요가 있다는 점을 고려할 때, 도급인의 담보책임 근거로 매매규정을 100% 준용하기 보다는 구체적으로 열거하는 방식이 타당하다고 본다. 이는 도급과 매매가 유상계약이란 점에서는 동일하지만, 도급은 결과를 중시하는 매매와 달리 일의 완성에 따른 행위, 신뢰관계가 바탕이 되기 때문이다.

일본채권법 개정과정에서도 이러한 점이 논의되었고, 개정법은 도급의 담보책임에 매매규정을 준용하되, 하자담보책임이 아닌 계약부적합책임으로 그 내용이 전면적으로 바뀌었다. 하지만 일본 논의를 살펴보면 개정법에 대한 비판적 견해도 있어 우리 민법 개정에서는 이를 타산지석으로 삼아야 한다고 생각한다. 따라서 기본 민법의 테두리는 유지하되, 최대한 일반인이 쉽게 법을 이해할 수 있도록 순화하고 논리를 정치화하는 선에서 개정을 하는 것이 바람직하다고 본다.

일본 개정민법에서는 도급계약을 매매계약과 동일하게 보고, 도급에서 담보책임규정을 매매의 담보책임규정에 준용하게 하였다. 다만, 매매의 담보책임규정에서 '하자담보책임'을 삭제하고 '계약부적합책임'으로 전환하였다. 이렇게 규정을 신설한 이유로서, 개정법은 매매에서 현행법상 '하자담보책임'을 폐지하고, 인도된 목적물이 '계약내용에 적합하지 않는 것에 대한 책임(계약부적합책임)'이라는 개념을 새롭게 도입한 것이다. 계약부적합책임의 내용으로 추완청구권, 보수감액청구권, 손해배상청구권, 계약해제권이 인정된다. 이러한 매매규정이 도급을 비롯한 유상계약 전반에 준용하도록 하여 도급에서 종류 또는 품질이 계약내용에 적합한 일의 목적물을 인도하도록 유도하였다. 이를 통해 조문의 수를 줄이고, 일반인도 쉽게 법을 이해할 수 있다는 측면에서 법의 현대화에 기여하였다고 본다.

그러나 개정법에 대한 비판적 견해도 있다. 도급은 전통적으로 타인의 노무를 이용하는 계약이며, 매매와 달리 일의 완성이라는 행위가 중시된다. 이에 따라 매매와 달리 도급에서는 타인에 대한 신뢰관계나 행위가 전제되는 계약이므로 100% 매매규정을 준용하기에는 문제가 있다. 중간시안에서도 이러한 의견이 개진되었다. 또한 계약부적합의 판단을 어떻게 할 것인가를 입법론으로 해결한 것이 아니라 해석론에 미루는 것에 불과하고, 기존 법보다 더 복잡하게 문제를 만들고 있다는 비판이 있다.[46]

---

46) 法制審議會民法(債權關係)部會 第88-2, 58면.

Ⅲ. 맺음말

이상 일본 메이지민법의 제정 취지, 2017년 개정민법 및 개정과정에서의 논의를 바탕으로 일본민법과 법무부 민법개정안에 대하여 비교 분석해 보았다, 또한 법무부 요청에 따라 개정안에 대한 찬반 의견을 제시하였는데, 이 글은 반대의견이나 특별히 추가 의견이 있는 내용 중심으로만 정리한 것이다. 이 이외에도 많은 의견이 있었으나 이 글에서는 지면 관계상 개정안 자문의견서에 의견을 주신 분들의 의견 가운데 1개씩만 취사 선택하였다.

일본민법과의 비교 분석에서 우리 민법개정안에서 보여지는 중요한 점은, 일본민법에서 개정의 필요성이 있으나 결과적으로 포기하고 학설에 맡긴 부분에 대한 개정내용도 포함되어 있다는 점이다. 또한 일본민법 개정 내용보다 진일보하고 있어 대다수의 개정안에 대해 찬성하는 회원들이 많았다. 다만, 일본에서 종래 잘못된 관행으로 되어 있는 점이 개정으로까지 이어진 내용이나 논의과정에서 많이 비판받았던 부분도 우리 민법 개정에 동일하게 반영된 점도 있어 이 부분은 향후 추가적 논의가 필요하다고 생각한다.

프랑스 및 벨기에 개정민법과 2024년 법무부 민법개정안*

김현진**

국문초록

본 논문은 2024년 대한민국 법무부가 제안한 민법 일부개정안 중 계약법 개정안을 대상으로, 그 입법취지와 규율체계를 분석하고 2016년 프랑스 및 2022년 벨기에의 채권법 개정과 비교하여 한국 개정안의 구조적 특징과 입법적 시사점을 도출한다. 기존 연구들이 개정안의 타당성이나 필요성을 개별 조항 단위에서 검토한 데 비해, 본 논문은 프랑스와 벨기에의 개정이 계약의 성립·이행·종료 전 과정을 어떻게 재구성하였는지를 비교 분석의 틀로 삼아, 한국 개정안이 이를 어떤 방식으로 수용·조정하고 있는지를 입법사적 맥락 속에서 조명한다.

프랑스는 계약자유의 원칙과 형평의 원칙 간의 균형을 새롭게 설정하며 협상, 사정변경, 불이행책임 등 계약 전반의 규율을 현대화하였고, 벨기에는 법적 확실성과 접근성을 제고하기 위해 조문 체계를 전면적으로 재편하였다. 반면 한국의 2024년 개정안은 민법의 전통적 체계를 유지하면서도 의사능력의 명문화, 부당한 간섭에 의한 의사표시를 규정하여 의사형성의 자유 보장, 대리권 남용의 입법화, 사정변경 원칙의 도입, 매도인의 담보책임의 성격 재규명, 공서양속 및 강행규정의 명확화 등 실질적 개혁을 시도한 점에서, 전면개편형이 아닌 기본구조 계승형 점진적 현대화의 성격을 지닌다.

본 연구는 한국의 개정안과 프랑스 및 벨기에 개정 법률의 입법 배경과 주요 조항을 비교하며, 각국의 개정이 계약법 발전에 미치는 영향과 법적 시사점을 평가한다. 비교법적 고찰을 통해 한국 개정안이 계약법의 기본원리를 현대적 계약사회에 부합하도록 재정립하려는 시도임을 밝히며, 향후 계약법 해석과 입법과정에서 체계적 정합성과 실질적 공정성을 확보하기 위한 방향을 제시한다.

Ⅰ. 들어가며

먼저 이 글은 한불민사법학회의 회원으로서 프랑스민법을 비교 연구하는 비교법학자의 입장에서 개정안을 검토하여 발표해달라는 요청에 따라 작성한 것이다. (그리하여 한 주제를 깊이있게 천착한 논문이라기 보다는 개정안의 주요내용에 관하여 비교법적 관점에서 개괄적으로 검토한 것임을 밝혀둔다) 2017년 설립된 한불민사법학회는 우리 민법의 제정에 영향을 주어 그 해석에 많은 참고가 되었음에도 제대로 된 연구가 부족했던 프랑스민법상 여러 제도 및 개정법에 대하여 이를 소개하고 우리 민법과의 비교 연구를 활발히 하는 한편, 국제학술교류를 지속적으로 하여 왔다.[1)] 그리하여 2021년에는 약 5년간 회원들의 협업한 성과물로서 개정 채권법에 대한 해설서인 「개정 프랑스채권법 해제[2)]」를 발간하였고, 2023년 프랑스민법전 전체를 완역한 「프랑스민법전[3)]」을 출간하였다. 나아가 2025년 5월에는 「Droit de la Coreé du Sud」를 프랑스 출판사 LGDJ를 통해 출간함으로써[4)] 한국법을 프랑스어로 최초로 소개하였다.

필자는 2022년 6월 민사법학회에서 발표를 하면서, 2004년 자크 시라크(Jacques Chirac) 프랑스 대통령이 피에르 카탈라(Pierre Catala) 교수에게 프랑스민법 개정의 위업을 맡긴 것[5)]을 언급하며, 우리나라에도 그런 일이 일어나기를 희망한다고 언급한 적이 있다.[6)] 그런데 불과 1년 만에 그 상상이 현실이 되어 당시 법무부장관은 양창수 교수를 위원장으로 하는 '법무부 민법개정위원회(이하 '민법개정위원회'라고 한다)'를 출범시켰다.[7)] 그러던 어느 날 위원장님으로부터 벨기에민법전의 번역이 필요한데 그 역할을 해 줄 수

---

* 이 논문은 2024. 12.14. 경희대에서 진행된 한국민사법학회 동계학술대회에서 발표한 글을 보완한 것이다. 토론자로서 의미있는 지적을 해 주신 고세일 교수님과 김성미 교수님께 깊은 감사를 드린다.

** 인하대학교 법학전문대학원 교수

1) 가령 2016년 이래 앙리까삐땅 세계대회에 매년 회원들이 참가하여 한국 측 보고서를 작성하였으며, 2025년 6월 16일부터 18일까지 서울대에서 "인공지능과 법(Intelligence Artificielle et le Droit)" 이라는 주제로 세계대회를 성황리에 개최하였다. 26개국 160여 명이 참석하여 심도있는 국제교류가 이루어졌다.

2) 한불민사법학회, 개정 프랑스채권법 해제, 2021.

3) (사)한불민사법학회, 프랑스민법전, 2023.

4) Collectif, Droit de la Corée du Sud, LGDJ, 2025.

5) 법실무계와 법학계로부터 프랑스채권법 개정의 필요성이 주장되자, 2004. 3. 11. 시라크(J. Chirac) 대통령은 파리 소르본느대학교에서 개최된 프랑스민법전 제정 200주년 기념식에서 카탈라(P. Catala) 교수에게 공식적으로 프랑스채권법을 개정하는 임무를 부여하였다.

6) 2022년 6월 18일 충남대 법전원에서 개최된 한국민사법학회·한국법제연구원 2022년 공동학술대회에서 발표, 김현진, "담보법 개정에 관한 단상-특별법상 담보제도의 민법전 편입을 중심으로-", 「민사법학」, 제100호, 2022, 384면 이하 참조.

7) 2023. 7. 10. 자 법률신문(https://www.lawtimes.co.kr/news/189116).

있겠느냐는 전화를 받고 이에 화답하면서 필자는 벨기에민법과 조우하게 되었다. 후술하는 바와 같이 벨기에채권법은 가장 최근 개정된 민법전이라는 점에서 의미가 있다. 즉 필자가 벨기에민법전에 관심을 갖고 또 번역[8]을 하게 된 계기는 바로 민법개정위원회에 자료를 제공하기 위함이었다. 이러한 계기로 필자는 프랑스민법전과 벨기에민법전의 개정의 배경 및 취지를 검토하고 개정 조문을 번역하고 해석하는 연구를 진행하여 왔다.

Ⅱ. 연구대상 및 범위

1. 2024년 법무부 계약법 개정안

2023년 6월 위촉되어 활동을 시작한 민법개정위원회는 첫 번째 과제로 민법의 계약과 관련된 규정들 중 일반 계약법 부분을 대상으로 하는 개정안을 마련하기로 하였다. 그리하여 1년여의 작업 끝에 법률행위·채무불이행·담보책임에 관한 개정안을 준비하여 법무부에 제출하였고, 2024년 10월 '계약법 개정안' 작업을 마치고 계약법 개정이유서를 공개하였다.[9] 개정이유서에 따르면, 계약법 개정안 작업의 목적은 ① 확립된 해석을 문언에 반영하고, ② 종래 규정으로 판단하기 어려웠던 문제를 입법적으로 해결하는 새로운 규범을 도입하며, ③ 국제적인 입법 동향에 부응하여 규율 내용을 전반적으로 현대화하는 것이었다.[10] 민법개정위원회는 기초위원회의 초안작업, 검토위원회의 비판적 검토[11], 전체위원회의 자문과 심의를 거쳐[12] 마련되었다. 그리고 그 과정에서 대륙법의 대표격인 프랑스민법과 최근 개정된 벨기에민법을 포함한 여러 국가의 입법례가 검토되었다. 위와 같이 성안된 계약법 개정안은 2025년 2월 7일 입법예고되었다.

2. 2016년 프랑스채권법의 개정

1804년 3월 21일 "프랑스 국민의 민법전(Le Code civil des Français)"이라는 명칭으로 공포된 프랑스민법전은, 나폴레옹 황제(Napoleon Bonaparte)의 역사적 위업 가운데 하나로 220년의 유구한 역사를 지니고 있다. 프랑스민법전은 로마법의 전통에 맞추어 인스티튜치오 체계(Institutionens system)[13]를 취하여 인(Des personnes), 물건 및 소유권의 다양

---

8) 김현진·박준혁 역, 벨기에민법전－ (제1권 및 제5권) 계약편, 2024.
9) 법무부 민법개정위원회 홈페이지(https://civillawrevision.co.kr/board/news/33) 참조.
10) 법무부 민법개정위원회, 계약법 개정이유서 (2024), 2면.
11) 법무부 민법개정위원회 검토위원회, 민법 개정 예비초안에 대한 검토의견서 (2024. 4).
12) 법무부 민법개정위원회, 계약법 개정이유서 (2024), 2면.
13) 인스티튜치오는 로마법상 법학제요(法學提要)를 가리키는데, 인스티튜치오체계란 각 대상에 따라 관련 조항을 모아 차례차례 배치하는 시스템으로, 프랑스민법, 이탈리아민법 등이 대표적이다. 한

한 변형(Des biens et des différentes modifications de la propriété), 소유권을 취득하는 다양한 양태(Des différentes manieres dont on acquiert la propriét)의 총 3권으로 구성되어 있다. 제정 이래 인법(人法), 가족법, 담보법, 회사법 등 지속적으로 부분 개정이 있었지만, 채권법과 계약법은 개정을 위한 노력에도 불구하고[14] 개정이 이루어지지 않았다.

그러다가 2016년 2월 10일 오르도낭스(ordonnance)[15]에 의해서 비로소 채권법이 전면 개정되었다. 즉 채권관계의 발생연원(제3권 제3편, 계약법 총칙에 해당), 채권의 일반적 법률관계(제4편, 채권법 총론에 해당), 증거법(제4bis편)이 개정된 것이다.[16] 그리고 채권법 개정 후 학자들로부터의 비판을 수용하여 2018년 4월 20일 자 계약법, 채권법의 일반과 채권의 증거에 관한 오르도낭스를 개정하기 위한 법률 제2018-287호[17]가 제정되어 채권법을 보충하거나 변경하였다.

면, 판덱텐은 로마법 대전의 학설휘찬을 의미하고, 판덱텐체계(Pandekten system)는 독일민법전, 일본 민법전 및 대한민국 민법전과 같이 총칙, 물권, 채권, 친족, 상속의 5편으로 구성되고 일반적인 내용은 총칙에 담겨 있다는 특징을 갖는다.

14) 물론 프랑스에서는 민법개정을 위한 노력이 계속 있었는데, 가령 먼저 위에 언급된 카탈라 교수의 주도 하에 Catala 초안(Avant Projet de Catala)이 작성되어 2005년 9월 22일 법무부장관에게 제출되었다. 한편 프랑수와 떼레(François Terré) 교수 주도 하에 2008년 계약법초안, 2011년 책임법초안, 2013년 채권일반법과 시효법의 초안으로 구성된 Terré 초안(Avant Projet de Terré)이 법무부장관에게 제출되었다(상세한 분석은 F. TERRÉ (dir.), Pour une réforme du droit des contrats, Dalloz, coll. « Thèmes et commentaires » déc. 2008; F. TERRÉ (dir.), Pour une réforme du régimes général des obligations,» Dalloz, coll. « Thèmes et commentaires », avr. 2013.참조). 그리고 2013년 10월 23일 떼레 초안을 기본으로 까탈라 초안을 참조하여 계약법초안, 책임법초안, 채권법초안으로 구성된 법무부 초안(Avant Projet de Chancellerie)이 작성되었다.

15) Ordonnance n° 2016-131 du 10 février 2016 portant réforme du droit des contrats, du régime général et de la preuve des obligations. 오르도낭스란 원래 법률의 영역에 속하는 사항을 정부가 시정방침의 수행을 위하여 의회의 승인을 얻어 제정하는 행정입법의 일종으로, 헌법 제38조에 근거한 수권법에 그 기간 및 대상이 제한되어 있다. 오르도낭스는 의회의 승인을 받기 까지는 행정입법으로서 가치를 가지나 승인 후에는 법률로서 가치를 획득한다(G.Cornu, *Vocabualire juridi-que,* 9e éd., puf, 2011. pp.710-711).

16) 그 개정 과정 및 개정 조문의 해석에 관하여는 우선, 한불민사법학회, 개정프랑스채권법 해제, 2021, 참조; G. Chantepie et M. Latina, La réforme du droit des obligations, 2e éd., Dalloz, 2018; O. Deshayes, Th. Genicon et Y.-M. Laithier, Réforme du droit des contrats, du régime général et de la preuve des obligations, 2e éd., LexisNexis, 2018: M. Julienne, La régime géneral des obli-gations après la réforme, LGDJ, 2017.

17) Loi n° 2018-287 u 20 avri atifiant l'Ordonnance n° 2016-131 du 10 février 2016 portant réforme du droit des contrats, du régime général et de la preuve des obligations.

3. 2022년 벨기에채권법의 개정

벨기에민법전은 좀 복잡한데 그 역사적 배경을 보면, 1793년 프랑스 혁명군이 오스트리아령 네덜란드(현 벨기에)를 점령하면서 벨기에는 프랑스에 합병되었고, 1804년 프랑스민법전이 제정 공포되면서 벨기에에도 프랑스민법전이 적용되었다. 이후에도 벨기에에서는 프랑스민법전이 그대로 사용되다가,[18] 2014년 벨기에에 샤를 미셸총리가 이끄는 연합정부가 들어서고, 루뱅대 법학 교수 출신의 코엔 긴스가 법무부 장관이 되면서, 재성문화(recodification)라는 거대한 프로젝트가 구상되었다.[19] 1804년 이래 벨기에에서 2세기 동안 축적된 판례와 학설에 대한 접근을 편하게 하고 읽기 쉽게 한다는 취지로 새 벨기에민법전을 제정하기로 하였다.[20]

그리하여 "2019년 4월 13일 신민법의 제정 및 제8권 증거의 신설에 관한 법률[21]"에 따라 벨기에는 2020년 11월 1일부터 새 민법전이 시행되었고, 이때부터 1804년 민법은 "구 민법전(ancien Code civil)"이라고 명명되었다.[22] 최종적으로 민법 개정이 이루어지면 10권으로 구성될 것이지만, 현재는 8권만이 제정되어 시행되고 있다. 그리하여 아직 개정작업이 진행되고 있는 영역은 여전히 구민법이 적용된다.[23]

---

18) 1815년 나폴레옹이 패하고 빈회의 결정에 따라 벨기에는 네덜란드에 편입되어 네덜란드 연합왕국이 형성되었으나, 카톨릭 신자가 다수였던 벨기에는 개신교를 신봉하는 네덜란드의 지배를 받아들일 수 없었다. 1830년 벨기에는 독립전쟁을 일으켰고 1831년 강대국에 의해 벨기에의 독립과 중립을 인정받았다. 레오폴드 1세를 초대국왕으로 추대하며 입헌군주제 국가가 된 벨기에 왕국은 나폴레옹 민법을 계속 시행하기로 선언하였고, 국회는 벨기에 민법 초안을 곧 작성할 것이라고 약속하였다. 이후 민법 성문화 프로젝트가 여러 차례 시도되었으나 실패하였다.

19) 2016년 긴스 장관은 "내일의 법을 향한 도약(Le saut vers le droit de demain)"이라는 제목으로 기본법인 '민법, 형법, 형사소송법의 현대화 계획'을 발표하였다. 2017년 새 벨기에 민법 초안 작성 작업을 위한 6개의 위원회가 만들어졌는데, 각 위원회는 성별, 지역, 언어 등이 고려되어 균형있게 구성되었다. 해당 분야의 전문가로서, 프랑스어와 네덜란드어를 구사할 수 있는 사람으로, 위원별로 2명에서 6명의 법학교수(프랑스어권 교수 1명, 네덜란드어권 교수 1명 이상)로 구성되었다. 2018년 12월, 야당의 불신임 발의의 위협으로 미셸 총리가 사임하자, 성문화 프로젝트가 백지화될 우려가 있었으나, 하원은 법안을 검토하기로 결정하였고, 마침내 개정을 위한 법률이 2019년 4월 4일 하원 본회의에서 채택되면서, 새 벨기에민법전을 총 10권으로 구성하기로 결정하였다. 각 권은 목차의 순서와 관계없이 각 위원회의 초안 작성 속도와 필요성에 따라 제정이 이루어지고 있다.

20) 2017년 새 벨기에 민법 초안 작성 작업을 위한 6개의 위원회가 만들어졌는데, 각 위원회는 성별, 지역, 언어 등을 고려하여, 해당 분야의 전문가인 법학교수들(프랑스어권 교수 1명, 네덜란드어권 교수 1명 이상)로 구성되었다. 채권법 개정 위원회는 Patrick Wéry 교수(위원장) 및 Sophie Stijns 교수가 맡았다.

21) Loi du 13 avril 2019 créant le (nouveau) Code civil et y insérant le livre 8 《La preuve》.

22) 벨기에 법무부 사이트(https://justice.belgium.be/fr/bwcc).

23) 현행 벨기에민법은 새 민법(제1권~제6권 및 제8권)과 구 민법(제1권 인법과 제2권 물권과 소유권의 변형, 제3권 소유권을 취득하는 방법 중 전형계약, 우선특권과 저당권, 주거임대차, 농장임대차, 상가임대차 등)이 혼재되어 구성되어 있다.

대개정작업의 네 번째 성과로 '2022년 4월 28일 민법전의 제4권 채권관계에 관한 법률(Loi du 28 avril 2022 portant le livre 5《Les obligations》du Code civil)'[24]에 의해 벨기에민법전의 현재 제1권 및 제5권의 모습이 갖춰졌으며, 2023년 1월 1일부터 시행되었다.[25] 독일민법전은 논리적 정합성 또는 완전성은 뛰어나나 접근가능성 및 간결성이 부족하고, 프랑스 민법전은 간결하나 논리적 정합성이 약하다고 파악하여 새 벨기에 민법전은 민법 총칙에 해당하는 제1권을 신설하여 12조문을 두면서, 제5권에서 채권관계라는 제목하에 270조문을 두었다. 벨기에의 2022년 계약법 개정은, 접근가능성, 법적안정성, 단순화. 현대화, 통일성, 경쟁성을 목적으로 하였다.[26]

4. 연구범위

2024년 법무부의 개정안은 제1편 민법총칙과 제3편 채권에 걸쳐 이루어졌다. 법률행위·채무불이행·담보책임에 관한 현행 민법규정을 대상으로, 확립된 해석을 반영하거나 입법적으로 해결하는 새로운 규범을 도입하였다. 그리하여 채권법의 현대화라는 국제적 입법 동향에 부응하여 규율 내용이 전반적으로 현대화되었다. 서로 경쟁하듯 비슷

제목	제정여부	시행일	비고
제1권 총칙	O	2023. 1. 1.	
제2권 개인, 가족 및 부부간 재산관계	△	2022. 7. 1.	제3편(부부간 재산관계)만 개정
제3권 물권	O	2021. 9. 1.	
제4권 상속, 증여 및 유언	O	2022. 7. 1.	
제5권 채권관계	O	2023. 1. 1.	
제6권 계약외책임	O	2025. 1. 1.	
제7권 계약각칙	X		초안작성중
제8권 증거	O	2020. 11. 1.	
제9권 담보	O	2026. 1. 1.	제1편(인적담보)만 개정
제10권 시효	X		초안작성중

<현행 새 벨기에 민법전의 체제와 개정상황 >

24) Loi du 28 avril 2022 portant le livre 5《Les obligations》du Code civil. 채권법과 관련한 초안의 작성은 Patrick Wéry 교수와 Sophie Stijns 교수를 중심으로 한 위원회에서 마련되었으며, 이 초안을 기초로 계속적인 연구 및 개정작업이 진행되었다. 이후 벨기에 하원에서 공개한 자료에 따르면(하원 문서 55K1803), 민법의 제4권 채권법에 관한 개정안(Projet de loi portant le livre 5 "Les obligations" du Code civil)이 2021년 2월 24일 하원에 제출됨을 시작으로 그 논의가 하원에서 시작되어, 2022년 4월 21일 본회의를 통과하였다.

25) 벨기에민법전의 채권법개정 전반에 개관은, 김현진·박준혁 역, 앞 책 10면 이하 참조; Thomas Derval, Rafaël Jafferali, et Benoît Kohl(dir), *La réforme du droit des obligations, Présentation générales des livres 1er et 5 di nouveau Code civil,* Larcier, 2023; *La réforme du droit des obli-gations, Le projet de la Commission de réforme du droit des obligations*, La Charte, 2018; R. Jafferali, *Le livre 5 du Code civil et le mouveau droit des contrat,* Larcier, 2023 참조.

26) R. Jafferali, "Présentation et objectifs de la réforme du droit des obligations," *Le Livre 5 du Code civil et le nouveau droit des contrats,* Larcier, 2022. 8면 이하 참조.

한 규율로 커플링되어 가고 있음은 개정 프랑스채권법이나 새 벨기에 민법전의 제1권 및 제5권의 내용과의 비교를 통해 그 유사성 및 차이점을 확인할 수 있었다.

법무부 용역 보고서에 따르면, 검토위원회는 민법 개정안 예비초안에 대하여, 계약법 법률행위, 계약법 총론, 계약법 각론으로 나누어 검토가 진행되었다.[27] 민법총칙, 채권총론 및 채권각론의 구분과는 다소 이질적인 이러한 접근방식은 판덱텐체계가 아닌 인스티튜치오 체계를 취한 프랑스 민법전의 관점에서 보면 자연스럽다. 프랑스민법전 제3권의 소유권을 취득하는 다양한 양태 중 제3편 채권관계의 발생연원은 제1부속편인 계약에서, 제1절 성립(예약), 제2절 유효성(의사표시의 하자와 대리. 내용), 제3절 형식, 제4절 제재를 규정한다. 제3장에서 계약의 해석을, 제4장에서 계약의 효력을 규정하며 사정변경의 원칙을 제5절 계약의 불이행에서 동시이행의 항변, 해제, 손해배상을 다룬다. 그리고 제6편 매매, 제4장 매도인의 의무 가운데 제3절에서 매도인의 담보책임을 규율하고 있다.

이하에서는 개정안의 주요 조문을 개정 프랑스민법전 및 개정 벨기에민법전의 조항과 비교하면서 개정안에 대한 의견을 제안하고자 한다. 법무부의 개정안은 민법개정위원회가 기초위원회 예비초안과 검토위원회의 의견을 참조하여 성안한 2024년 10월 개정안만을 비교대상으로 삼는다.

Ⅲ. 구체적 조문의 비교와 검토 의견

1. 개요

법무부의 계약법 개정 조문을 프랑스의 민법 체제와 개정된 벨기에민법의 그것과 비교하려니 각각 그 체제가 상이하므로, 계약법 법률행위, 계약법 총론, 계약법 각론을 우리나라 민법의 조문 순으로 비교 분석한다. 먼저, 법률행위에서는 제3조의 2(의사능력), 제110조의2(부당한 간섭에 의한 의사표시), 대리영역에서 제118조(임의대리권과 그 범위), 제124조(자기계약·쌍방대리) 제2항의 예외 및 제124조의2(대리권의 남용), 제105조(강행규정과 임의규정), 제106조(법률행위의 해석)를 비교 분석한다. 다음으로 계약법 총론에서는 정비된 계약성립에 관한 제527조(계약의 성립), 이행청구 및 신설된 대상청구권에 관한 제399조(대상청구권), 제539조(제3자를 위한 계약), 신설된 제538조의2(사정변경), 제

27) 책임연구원 김형석, 민법 개정안(계약법 총론) 예비초안 연구 (2023년 법무부 연구용역 보고서)(2023. 12); 책임연구원 안병하, 민법 개정안(계약법 법률행위) 예비초안 연구 (2023년 법무부 연구용역 보고서)(2023. 12); 책임연구원 이준현, 민법 개정안(계약법 각론) 예비초안 연구 (2023년 법무부 연구용역 보고서)(2023. 12).

536조(동시이행의 항변권) 및 제397조(금전채무 불이행에 대한 특칙)에서의 개정사항을 검토한다. 마지막으로, 계약법 각론에서 제534조의2(예약) 및 매매, 도급, 여행계약에 규정된 담보책임 규정을 전면적인 계약책임화(제569조 이하, 제667조 이하, 제674조의6 이하)하였는바 제574조(손해배상), 제575조(매수인의 악의), 제576조(권리행사기간)에서의 개정사항을 간략히 살펴본다.

2. 계약법 법률행위과 관련하여

가. 의사능력

법무부 개정안	프랑스민법	개정 벨기에민법
*[28]제3조(권리능력의 존속기간) 사람은 생존한 동안 권리와 의무의 주체가 된다.	제414조 성년은 만 18세로 정해진다. 이 나이가 되면 각자는 자신이 향유할 수 있는 권리를 행사할 수 있다.	없음
제3조의2(의사능력) 의사능력이 없는 사람의 의사표시는 무효로 한다. *제4조(성년) 사람은 19세로 성년에 이르게 된다. *제1063조(피성년후견인의 유언능력) ① 피성년후견인은 의사능력이 회복된 때에만 유언을 할 수 있다. ② 제1항의 경우에는 의사가 심신 회복의 상태를 유언서에 부기하고 서명날인하여야 한다.	제414-1조 유효한 행위를 하기 위해서는 온전한 정신상태에 있어야 한다. 정신장애를 이유로 무효를 주장하는 사람은 행위 당시에 그 사유가 존재했음을 증명하여야 한다.[29] 제901조 무상양여를 하기 위해서는 온전한 정신상태에 있어야 한다.[30] 의사에 착오, 사기, 강박에 의한 하자가 있는 경우 그 무상양여는 무효이다. 제1129조 제414-1조에 따라, 계약에 유효하게 합의하기 위해서는 온전한 정신상태에 있어야 한다.[31]	제1.3.조 법률행위 ② 법률에 반대의 규정이 없는 한, 자연인이든 법인이든 모든 사람은 자신의 권리를 향유할 능력과 행사할 능력을 갖는다.[32]

[표 1] 의사능력 관련 조항의 비교

28) *가 붙은 조문은 이번에 개정된 조문은 아니지만 관련된 조문이다.
29) (사)한불민사법학회, 프랑스민법전, 2023, 323면. 이하의 프랑스민법전의 번역은 위 책에 따랐다.
30) 위 책의 번역에 따르면, 제901조 무상양여를 하기 위해서는 <u>정신이 건강해야</u> 한다. 589면. 그러나 원어는 il faut être sain d'esprit로 같다.
31) 위 책의 번역에 따르면, 제1129조 제414-1조에 따라, 계약에 유효하게 합의하기 위해서는 <u>의사능력이 있어야</u> 한다. p.685. 그러나 원어는 il faut être sain d'esprit로 같다.
32) 김현진·박준혁 역, 앞의 책, 27면. 이하의 벨기에민법전의 번역은 이 책에 따랐다.

(1) 의사능력 : 법무부 개정안

개정안은 의사능력에 관한 규정을 신설한다. 대륙법계에 속하는 다수 국가의 민법이 법률행위의 효력 요건으로 그 행위를 한 자에게 일정한 정신적 능력이 있을 것을 요하는 것과 달리, 현행 민법은 명시적인 규율을 두고 있지는 않았다. 다만, 이를 유언능력과 관련하여 제1063조에서 규정하고 있었다. 유효한 의사표시를 하기 위하여서는 의사능력이 있어야 함을 당연한 규범으로 전제하여, 이를 중요한 법률행위 유형의 하나인 유언의 경우에서 확인하였던 것이다.

이제 개정안은 총칙에 제3조의 2를 두어 "의사능력"이라는 표제하에 "의사능력이 없는 사람의 의사표시는 무효로 한다."고 규정함으로써 의사능력의 내용을 구체적으로 표현하지 않고 단순히 의사능력을 결여한 자의 법률행위가 무효라는 점을 확인하고 있다. 이는 제1063조에 대한 관계에서 해당 규정이 "의사능력"이라는 표현을 사용한 것과 궤를 같이 한다. 그리고 제한능력자의 법률행위는 취소할 수 있는 것과 달리 의사능력 없는 자의 의사표시는 무효이고 이는 무효를 주장하는 자가 법률행위 당시 의사능력이 없었음을 주장입증해야 할 것이다. 대법원은, 종래 통설에 따라[33] "의사능력이란 자신의 행위의 의미나 결과를 정상적인 인식력과 예기력을 바탕으로 합리적으로 판단할 수 있는 정신적 능력 내지는 지능"으로 정의한 바 있다.[34]

그런데 의사능력 규정이 신설된 이유를 생각해 보면, 우리 사회가 고령화사회에 진입함에 따라 판단능력이 감퇴한 고령자를 둘러싼 재산거래상 분쟁이 증가하고 있는 현실, 성년후견제도가 존재함에도 판단능력이 저하된 고령자 모두에게 이러한 제도의 이용을 요구하는 것은 비현실적이고 그리 활발하게 이용되고 있지 않다는 점에서, 의사능력에 관하여 명문으로 규정할 필요가 있었을 것이다.

법전 내 위치와 관련하여 의사능력은 사람의 능력이므로, 행위능력의 전제가 되는 것이라는 전통적인 이해에 따라 법률행위나 계약총론이 아닌 제1편 민법총칙 제2장 제2설 능력에서 제3조(권리능력의 존속기간)과 제4조(성년)의 사이에 배지한 것으로 보인다. 제4조는 19세가 되면 성년자가 됨을 규정하고 있으나, 제4조의 의미는 성년자는 행위능력이 있음을 전제로 하는 것으로, 이는 제5조에서 제8조까지 미성년자의 행위능력을, 나아가 제9조부터 제17조까지 제한능력자의 행위능력을 규정하고 있다는 점에서 확인된다.

33) 곽윤직 · 김재형, 민법총칙, 109면.
34) 대판 2009.1.15., 2008다58367.

그런데 의사무능력자의 부당이득 반환의무에 대하여는, "제한능력자는 그 행위로 인하여 받은 이익이 현존하는 한도에서 상환할 책임이 있다."는 제141조 단서와 같은 내용을 신설하고 있지는 않다, 그리하여 의사능력이 없는 자에 대하여 이를 유추적용하고 있는 판례[35]를 실정화할 것인지 여부가 문제되는데, 개정이유서에 따르면 개정안은 이를 명확히 규정하기로 하고. 그 위치는 현행 제141조 단서보다는 체계상 적절한 위치인 부당이득법에 두기로 하였다.[36] 2025년 2월 7일 입법예고된 개정안에 따르면 제748조에 제3항을 두어 이 문제를 다루고 있다.[37] 이러한 태도는 타당한바, 급부의 반환을 한 곳에 모아 통일적으로 규율할 필요가 있고 이는 프랑스민법전 제4편 채권관계의 일반적 규율, 제5장 급부반환(Les restitutions)을 참고할 수 있을 것이다.[38]

(2) "온전한 정신상태에 있을 것" : 프랑스민법

프랑스민법상 의사능력과 관련한 규율은 다음과 같은 특징이 있다. 첫째 프랑스민법은 의사능력이라는 표현을 사용하지 않고 의사능력의 의미를 정의하여 "온전한 정신상태에 있어야 한다(il faut être sain d'esprit)"고 규정한다. 둘째, 민법전의 세 곳에서 이를 규율하고 있다. 먼저 제1권 인의 제11편 성년 및 법률에 의하여 보호되는 성년자에서 제414－1조는 "유효한 행위를 하기 위해서는 온전한 정신상태에 있어야 한다"고 규정하면서, 친절하게도 증명책임 관련하여, "정신장애를 이유로 무효를 주장하는 사람은 행위당시에 그 사유가 존재했음을 증명하여야 한다."고 선언한다. 한편, 제3권 소유권을 취득하는 다양한 양태, 제2편 무상양여에서 제901조는 "생전증여나 유언과 같은 무상양여를 하기 위해서는 온전한 정신상태에 있어야 한다"고 규정한다. 우리 민법 제1063조와 유사하다. 다른 한편, 2016년 개정으로 계약의 유효성을 다루는 제3편 채권관계의 발생연원, 제1부속편 계약 제2절에서 제1129조는 제414－1조에 따라, "계약에 유효하게 합의를 하기 위해서는 의사능력이 있어야 한다."고 규정하기에 이른다. 즉 제414－1조에서 의사능력의 일반 규정을, 제901조에서 특별규정을 두고 있었으나, 2016년 채권법 개정으

---

35) 대판 2009.1.15. 2008다58367. 의사무능력자가 자신이 소유하는 부동산에 근저당권을 설정해 주고 금융기관으로부터 금원을 대출받아 이를 제3자에게 대여한 사안에서, 대출로 받은 이익이 위 제3자에 대한 대여금채권 또는 부당이득반환채권의 형태로 현존하므로, 금융기관은 대출거래약정 등의 무효에 따른 원상회복으로서 위 대출금 자체의 반환을 구할 수는 없더라도 현존 이익인 위 채권의 양도를 구할 수 있다고 본 사례.

36) 법무부 민법개정위원회, 계약법 개정이유서(2024), 190면.

37) 민법 제748조(수익자의 반환범위) ③ 의사무능력자와 제한능력자는 그 행위로 인하여 받은 이익이 현존한 한도에서 제747조의 책임이 있다.

38) 제1352조에서 제1352－9조에 이르기까지 10조문을 두고 있는데, 이를 소개한 국내문헌으로, 이은희, "개정 프랑스민법전상 급부반환", 「법학연구」, 2017, 제28권 제1호, 35면 이하 참조.

로 제1129조에서 위 일반원칙을 계약법에 받아들여, 계약을 성립시키기 위한 유효한 합의를 하려면 당사자에게 의사능력이 있을 것을 규정하고 있는 것이다. 그런데 프랑스 민법상 "계약은 채권관계를 발생, 변경, 이전 또는 소멸시키는 것을 목적으로 하는 2인 또는 수인 사이의 합의"이고, 이러한 합의는 법률행위에 필요한 요소이므로 본조는 계약뿐만 아니라 모든 법률행위에 필요한 의사표시의 유효요건이다.[39] 당사자들의 합의는 계약이 유효하기 위한 요건이므로(제1128조 제1호), 의사무능력은 계약을 무효로 한다. 그리고 의사무능력을 이유로 하는 무효는 정신이 온전하지 않은 당사자의 이익을 보호하고자 하는 것으로 상대적 무효사유이다(제1179조). 이러한 무효화소권은 계약당사자가 제414-2조에서 정한 절차를 따라 행사하여야 한다. 프랑스의 상대적 무효는 우리나라 민법의 취소와 유사한 측면이 있어 당해 법률이 보호하고자 하는 자에 의해서만 주장될 수 있고 추인으로 치유될 수 있다(제1181조).

참고로 프랑스법전에서 능력(La capacité)은 제2절 계약의 유효성, 제2부속절 능력과 대리에서 제1145조 이하에서 다루어지고, 제한능력은 계약체결에 대한 제한능력(L'incapacité de contracter)으로 표현된다. 그리고 제1352-2조에서 "친권미해방 미성년자나 피보호성년자가 부담하는 반환의무는, 그가 무효로 된 행위로부터 얻은 이익을 한도로 감축된다."고 규정할 뿐 "온전하지 않은 정신상태"에서 법률행위를 한 자의 반환의무에 대해서는 명시적 규정이 없다. 그러나 상대적 무효의 원인으로 무효화소권에 따르므로 제1352-2조가 유추적용될 것이다.

(3) 규정 부재: 벨기에민법

반면, 벨기에민법은 의사능력에 관한 명시적 규정을 두고 있지 않으며 다만 제1.3조에서 포괄적으로 권리능력과 행위능력을 규정하고 있다.

39) 한불민사법학회, 개정프랑스채권법 해제, 2021, 103면 이하 참조.

나. 의사표시의 하자: 부당간섭

법무부 개정안	프랑스민법	개정 벨기에민법
제110조의2(부당한 간섭에 의한 의사표시) ① 심리적 의존 상태 또는 긴밀한 신뢰관계에 의하여 의사의 형성에 부당한 간섭을 받아 행하여진 의사표시는 그러한 간섭이 없었다면 이를 아니하였을 것이라고 합리적으로 인정되는 때에는 취소할 수 있다. **② 제1항의 경우 제110조 제2항, 제3항을 준용한다.** *제110조(사기, 강박에 의한 의사표시) ② 상대방 있는 의사표시에 관하여 제삼자가 사기나 강박을 행한 경우에는 상대방이 그 사실을 알았거나 알 수 있었을 경우에 한하여 그 의사표시를 취소할 수 있다. ③ 제1항 및 제2항의 의사표시 취소는 선의의 제3자에게 대항하지 못한다	제1143조 일방 당사자가, 타방 당사자가 처한 자신에 대한 종속상태를 남용하여, 그 타방 당사자로 하여금 이러한 강요상태가 없었더라면 부담하지 않았을 의무를 부담하게 하고 그 의무부담으로부터 명백히 과도한 이익을 얻은 경우에도 강박이 있다. *제909조 수유능력	제5.37조 사정의 남용 ① 사정의 남용이란, 계약체결 시 당사자 중 일방이 상대방의 취약한 지위와 관련된 사정을 남용하여, 급부 사이에 명백한 불균형이 존재하는 경우이다. ② 이러한 경우, 약자인 당사자는 법원에 의해 채무의 조정을, 그 남용이 결정적이라면 상대적 무효를 주장할 수 있다.

[표 2] 부당한 간섭에 의한 의사표시 관련 조항의 비교

(1) 부당한 간섭에 의한 의사표시 : 법무부 개정안

개정안은 부당위압으로 야기된 의사표시에 대한 규정을 신설한다. 현행 민법상 의사표시의 하자는 착오 및 사기·강박에 의한 의사표시를 규정하고 취소할 수 있는 행위로 한다. 그런데 여기서 강박이란 장차 해악이 초래될 것을 고지하여 공포심을 일으키는 행위로서, 해악은 피강박자에게 불리한 것으로 그 종류나 방법을 불문하지만 이미 의사결정의 자유가 제한된 상태를 전제로 한다.[40] 그리하여 당사자 일방이 상대방에 대한 강한 경외심을 품고 있거나 정신적 의존상태에 있는 등 상대방의 부당한 영향하에 있어 자율적인 의사 형성을 행사할 수 없는 상태에서 의사표시를 하게 된 경우, 위법한 기망행위 또는 공포심 야기에 해당하지 않는 한, 현행 민법상 보호되기 어렵다. 선량한 풍속 사회질서 위반 내지 폭리행위의 문제로 대처할 수 밖에 없으나 이는 일반조항의 적용에 따른 해결이 가지는 법적인 불명확함 그리고 그 효과가 절대적 무효라는 점에서 개정이유서에 따르면 기인한 "다루기 무거운 도구"에 해당한다.[41] 부당한 영향력하에서 간섭

40) 지원림, 민법강의 제20판, 2023, 95면.
41) 법무부 민법개정위원회, 계약법 개정이유서, 216면.

을 행하는 타인은 사기 또는 강박조차 할 필요가 없을 정도로 기존에 영향력을 가지고 있기에 사기 또는 강박을 하지 아니한 것인데, 그럼에도 불구하고 사기 또는 강박에 준하는 보호를 의사표시자에게 부여하지 아니한다면, 평가모순의 가능성이 발생할 수 있어 이를 보호하고자 함이 본조의 취지이다.[42]

주지하다시피, 이는 커먼로 국가에서 부당위압(undue influence)이라고 명명되어 온 법리로, 당사자 일방이 상대방의 부당한 영향을 받아 자유로운 판단을 행사할 수 었었다고 인정되는 경우 계약을 해소할 수 있도록 한다. 일반적인 강박(duress)이 커먼로 법원에 의하여 발전된 법리인데 반해, 부당위압은 형평법원(equity)에 의해 발전되어 온 것이다. 또한, 전통적으로 증여 등 무상행위를 중심으로 발전되어 왔다는 점에서 강박과 결을 달리 한다. 그 요건으로 특별한 관계가 있어야 하는데, 한 당사자가 상대방이 자신의 복리에 반하지 행동을 하지 않을 것이라는 전제가 정당화될 수 있는 신뢰관계가 존재하는 경우인데, 가령 부모와 자식관계, 성직자와 신도, 의사와 환자, 남편과 아내 등이다. 또는 지배관계에 있어서도 인정된다.[43]

개정안은 요건으로 1) 표의자가 심리적 의존 상태 또는 긴밀한 신뢰관계에 있을 것, 2) 의사표시 당시 의사의 형성에 부당한 간섭을 받을 것, 3) 그러한 간섭이 없었다면 그러한 의사표시를 아니하였을 것이라는 인과관계가 합리적으로 인정될 것을 요한다. 1) 요건은 법적 안정성의 관점에서 엄격하게 해석되어야 하는데, '심리적 의존 상태'는 개별 사안에서 의사표시자가 타인에게 정신적으로 강하게 종속된 상태에 있어 그 타인의 지시 또는 암시에 의하여 의사 형성의 자유가 심중히 간섭을 받는다는 사정이 분명히 드러나는 상태를 말한다. '긴밀한 신뢰관계'는 부모와 자녀, 후견인과 피후견인, 충실의무 있는 대리인과 본인, 의사와 환자 등 의사표시자가 상대방의 보호를 기대할 수 있고 그러한 기대가 법률이나 사회관념에 의할 때 충분히 정당화되는 관계를 말한다. 2) 요건은 그러한 상태로 인하여 의사표시자가 "의사의 형성에 부당한 간섭을 받"을 것으로, "부당함"은 사기 · 강박에서와 마찬가지로 위법성의 관점에서 판단할 수 있을 것인데, 행태적 그리고 결과적 요소를 종합적으로 고려하여야 할 것이다. 즉 영향력을 행사한 자의 고의나 종속상태를 이용할 의사, 피해자의 구체적인 처지, 기존의 관계 패턴 등이 고려되어야 하는 동시에, 결과의 측면에서 무상행위라면 이익 부여의 의외성, 유상행위라면 급부와 반대급부의 불균형 등이 함께 상관적으로 형량되어야 할 것이다.[44] 그러나 프랑스민법에서와 같은 부당한 간섭을 한 자의 과도히 명백한 불이익을 요하지는 않는다. 이

42) 법무부 민법개정위원회, 계약법 개정이유서, 215면.
43) 엄동섭, 미국계약법 II, 2012, 85면 이하.
44) 법무부 민법개정위원회, 계약법 개정이유서, 219면.

와 같은 상태의 존재 및 의사에 대한 영향에 대하여서는 이를 주장하는 자가 증명책임을 진다. 3) 요건인 부당한 간섭과 의사표시 사이 인과관계는 "그러한 간섭이 없었다면 이 [의사표시]를 아니하였을 것이라고 합리적으로 인정되는 때"라고 표현되어 있는데, 부당한 간섭과 의사표시 사이에 주관적 인과관계 및 객관적 인과관계가 요구된다고 해석하여야 할 것이다. 즉 그러한 부당한 간섭이 없었다면 의사표시자가 그러한 의사표시를 하지 아니하였을 것이라고 인정될 수 있어야 할 뿐만 아니라, 평균인도 그러한 처지라면 동일한 의사표시를 하지 아니하였을 것이라고 인정될 수 있어야 할 것이다.

그 효과로 절대적 무효를 관철하는 것보다는 의사표시자가 부당한 간섭으로 벗어난 상태에서 법률행위를 유지할 것인지 여부를 스스로 결정할 수 있는 선택지를 주는 것이 보다 유연한 해결일 것이므로 이러한 요건이 충족된 의사표시는 사기 강박에 준하여 취소할 수 있도록 한 것이다. 이와 같이 사기 강박에 준하여 규율하다보니, 상대방 있는 의사표시에 관하여 제삼자가 부당한 간섭을 한 경우에는 상대방이 그 사실을 알았거나 알 수 있었을 때에 한하여 취소할 수 있고, 선의의 제3자에게 대항하지 못하게 된다.

그런데 이 조문의 효용은 유상계약보다는 유언이나 증여와 같은 무상행위에서 활용가치가 높을 것으로 보인다. 영국에서 유언자의 자유로운 의지를 파괴하고 그의 유언을 다른 사람의 유언으로 대체할 정도의 영향력이 행사되는 경우, 해당 유언으로부터 부당한 이득을 얻은 자가 유언자와 신뢰관계를 유지하고 유언자의 작성에 적극적이거나 능동적이었다면, 유언의 검인신청자, 즉 그 유언의 효력을 주장하는 자가 그 유언이 부당한 영향력의 행사에 의하여 유인된 것이 아니라는 점을 증명하여야 할 부담을 지도록 한다.[45] 즉 유언의 효력을 다투는 자가 유언 당시 유언자가 부당한 영향력의 행사가 있었음을 주장 입증한다면 유언의 효력이 있음을 주장하는 자가 유언 당시 유언자에게 유언능력이 있었음을 입증할 것이 요구되는 것이다. 이는 프랑스민법전 제909조의 수유능력과도 일맥 상통한다. 부당한 간섭에 의한 의사표시 조항의 도입이 유언문화에 어떠한 영향을 줄 수 있을지 고려하여야 할 것이다.

그런데 '부당한 간섭에 의한 의사표시'라는 표현은 영미법상 undue influence의 번역이라는 점에서 이질적이다. 오히려 "심리적 의존상태의 남용"이라는 표현이 더 직관적이고 개정안이 그 효과에 대하여 사기·강박 규정을 준용하는 방식이라면 굳이 하자 있는 의사표시의 한 유형을 추가할 것이 아니라 후술하는 바와 같이, 프랑스민법전처럼 강박의 한 유형으로 포섭하여 규정하는 것이 더 적절해 보인다.

---

45) J. Dukeminier & R. H. Sitkoff, Wills, Trusts, and Estates, 9th ed, Wolters Kluewer, 2013, 283 이하 참조.

(2) 강박의 한 유형으로서 "종속상태의 남용": 프랑스민법

합의의 하자가 착오, 사기, 강박 순으로 규정되었던 개정 전 프랑스민법전은 2016년 오르도낭스 개정으로 착오, 사기, 강박 순으로 규정되면서, 강박의 한 유형으로 제1143조가 신설되었다.[46] 개정 프랑스민법 제1143조는 일방 당사자가 상대방이 처한 자신에 대한 종속 상태(l'état de dépendance)를 남용하여 의무를 부담하게 하고 과도한 이익을 얻은 경우를 강박과 동치하고 있다. 이 규정은 의사표시자가 기존에 가지고 있던 공포 상태를 이용한 경우에도 강박을 인정하였던 판례를 배경으로 하여 전개된 새로운 규율로, 여기서 종속은 경제적 종속 외에 심리적 종속도 포함한다. 그런데 이 조문이 규정하는 하자는 새로운 종류의 하자가 아니어서, 착오, 사기, 강박 외에 약함(faiblesse)이라는 네 번째 하자가 도입된 것이 아니다.[47] 즉 제1140조가 정의하고 있는 강박의 한 유형으로, 본조의 강박도 제1140조의 요건을 충족하여야 한다. 이러한 접근은 우리나라가 착오, 사기, 강박 외에 별도의 하자사유로 부당간섭에 의한 의사표시의 취소를 규정하는 점과 접근방법이 다르다.

요건을 보면, 1) 종속상태를 야기한 자는 계약 당사자이어야 하고, 2) 상대방이 종속상태에 처해 있어야 하며, 3) 일방이 종속상태를 남용하여야 하고, 4) 상대방이 이러한 강요상태가 없었더라면 부담하지 않았을 의무를 부담했어야 하고, 5) 일방이 그 의무부담으로부터 명백히 과도한 이익을 얻어야 한다. 여기서 4)는 종속상태에 있는 사람이 한 의무부담과 그에게 가해진 압력 사이에 인과관계가 있어야 한다는 점이다. 여기서 의무부담(engagement)은 채무와 동의어로 종속상태를 남용하지 않았더라도 계약을 체결하였을 것이지만 다른 의무부담, 즉 계약내용이 달라졌을 것임을 증명하면 된다. 5)의 명백히 과도한 이익은 반대급부가 그 기준이 될 것이다. 본조는 효과에 대하여는 아무런 규정을 하고 있지 않으므로 강박의 효과와 같은데 계약의 무효원인이 되고(제1131조), 강박은 과책에 해당하므로 손해를 입은 당사자는 계약외책임에 근거한 손해배상을 청구할 수 있다(제1178조 제4항). 그러나 법관은 직권으로든 피해당사자의 청구에 의하여든, 일방의 명백하게 과도한 이익을 없애는 방법으로 계약을 조정하거나 수정할 수 없다.

한편, 프랑스민법전은 무상양여에서 부당한 위압과 관련하여 독특한 규정을 두고 있다. 민법 제909조에 따르면, 질병으로 사망한 자를 그 질병을 앓는 중에 돌보았던 의사, 약사, 의료보조인 및 성직자는 그 환자가 질병의 투병 기간 중 그들을 위해 행한 생

---

46) 본조는 누구에게 종속상태에 있어야 하는지 규율되어 있지 않아 계약 당사자가 계약 상대방이 아닌 제3에 종속된 상태에 있더라도 본조가 적용될 수 있는지 의문이 제기되자, 2018년 변경법률에 의하여 '해석적 성격'의 개정을 통해 '자신에 대한'이라는 문구가 추가되어 현재 상태의 조문이 되었다. 동조에 대한 해설은 우선, 한불민사법학회, 개정프랑스채권법 해제, 126면 이하 참조.

47) O. Deshayes, Th. Genicon et Y.-M. Laithier, *Réforme du droit des contrats, du régime général et de la preuve des obligations*, 2ème éd., LexisNexis, 2018, p.212.

전 또는 유언상의 처분에 의한 이익을 취할 수 없다. 또 성년자를 보호하는 재판상 수임인과 자신의 이름으로 역할을 수행하는 법인은 그들이 보호하는 사람이 무상양여를 한 날이 언제이든 그들을 위하여 했었을 생전 또는 유언상의 처분에 의하여 이익을 취할 수 없다고 규정한다. 이는 무상양여에서 수유능력, 즉 유증을 받을 수 있는 자격을 의미하는데,[48] 판례에 의하면, 제909조에 의한 수유능력의 제한은 엄격하게 해석되어야 하며 법관에 의해 자의적 방식으로 적용될 수 없다.[49]

(3) "사정의 남용": 벨기에민법

벨기에민법은 "계약체결시 당사자 중 일방이 상대방의 취약한 지위와 관련된 사정을 남용하여, 급부 사이에 명백한 불균형이 존재하는 경우"를 "사정의 남용"이라는 별도의 하자사유로 한다. 그리고 그 효과로 사기의 경우 "상대방이 의도적으로 행한 속임수에 의해 당사자가 기만당한 경우에만(제5.35조)", 강박의 경우 "일방 당사자가 신체적이나 도덕적 완전성, 또는 당사자나 그의 친족의 재산에 대한 상당한 피해를 끼칠 계약상대방의 부당한 강요 하에 계약을 체결한 경우에만(제5:36조)" 무효사유가 되는 점과 달리, 사정의 남용의 경우 그 남용이 결정적이라면 상대적 무효를 주장할 수 있으나, "약자인 당사자는 법원에 채무의 조정을" 주장할 수 있다는 점에서 차이가 있다.

(4) 검토

프랑스민법은 제1143조에서 종속상태의 남용을 강박의 한 유형으로 포섭하여 규율하고 있으며, 이는 강박 개념 내부의 다양화를 통해 종속성 내지 심리적 의존 하에서의 부당한 계약을 규율하는 방식이다. 반면, 개정 벨기에민법은 "사정의 남용(abus de circonstances)"이라는 별도의 개념을 통해 유사한 상황을 포섭하고 있으나, 그 효과는 상대적 무효 내지 계약 조정으로 제한되며 강박 개념과의 체계적 통합은 이루어지지 않는다. 커먼로 역시 undue influence를 전통적으로 에쿼리(equity)법원에서의 독립된 원리로 취급하며, 그 요건은 보다 구체적이되 케이스로우(case law)중심의 판단에 의존한다.

이러한 규율방식에 비추어 볼 때, 한국민법 개정안이 "부당한 간섭에 의한 의사표시"를 별도 조항으로 신설한 점은 실체법적 명확성과 법적 예측가능성을 제고한다는 측면에서 입법정책적으로 타당한 접근이라 할 수 있다. 특히, 고령화와 같은 사회구조적 변화 속에서 심리적 의존관계 내지 비대칭적 신뢰관계를 배경으로 한 비자발적 계약체결이 증가하고 있는 현실에서, 일반조항(제103조, 제110조)이나 제한능력 규정을 통한 해

48) 김현진, "프랑스민법상 유증.", 「민사법학」, 제59호, 2012, 448면.

49) Pau, 28 févr, 1968: *JCP* 1968. Ⅱ. 15538. note Pageot.

결은 그 해석상의 불확실성과 법원의 자의적 판단 여지를 남긴다.

나아가 프랑스식 체계와 달리 강박 개념 자체를 다소 좁게 해석해 온 한국 판례 실무의 경향상, 프랑스식 강박의 확장된 개념으로 해당 사안을 포섭하기보다는, 하자 있는 의사표시의 새로운 유형으로 부당간섭을 명문화하는 것이 더 현실적인 해결방식이라 할 수 있다. 물론 제1143조의 구조처럼 강박의 하위 유형으로 통합하는 방식도 체계적 일관성 측면에서 고려해볼 수 있으나, 입법취지가 강박과 사기의 개념 사이에서 발생하는 보호의 공백을 보완하려는 것이라면, 현재와 같은 독립된 조문 신설이 오히려 실무상 활용성과 입법의 가시성을 높인다.

결론적으로, 한국의 개정안이 대륙법 전통과 커먼로의 규범적 요소를 절충하면서도 독립된 조문을 통해 실정법화한 방식은 사법적 안정성과 해석상의 명확성을 동시에 도모하려는 것으로, 프랑스식 통합보다는 오히려 현행 입법 환경에 적합한 방향이라 평가할 수 있다.

다. 행위능력과 대리: 대리권

(1) 수권행위

법무부 개정안	프랑스민법	개정 벨기에민법
제118조(임의대리권과 그 범위)① 임의대리권은 대리인이 될 자에 대한 본인의 의사표시에 의하여 수여된다. ② 권한의 범위가 정하여지지 아니한 대리인은 다음 각 호의 행위만을 할 수 있다. 1. 보존행위 2. 대리의 목적인 물건이나 권리의 성질을 변하게 하지 아니하는 범위에서 이를 이용 또는 개량하는 행위	제1153조 법정대리인, 재판상 대리인 또는 약정대리인은 자신에게 부여된 권한의 범위 내에서만 행위할 자격이 있다. *제1984조 ① 위임은 한 사람이 위임인을 위하여 위임인의 이름으로 무언가를 할 수 있는 권한을 다른 사람에게 부여하는 행위이다. ② 위임계약은 수임인의 승낙에 의해서만 성립된다.	제1.8조 대리 §1. 대리는 다른 사람을 위하여 제3자와 법률행위를 할 수 있는 권한을 부여받은 경우에 발생한다. §2. 대리권은 법률행위, 재판상 결정 또는 법률에 의해 발생한다.

[표 3] 수권행위 관련 조항의 비교

개정안은 현행 제118조 내용을 유지하되 제2항으로 배치하고, 제1항에서는 그 전제로서 종래 학설에서 인정되고 있는 수권행위에 관한 내용을 신설한다. "수권행위"란 본인이 다른 이에게 대리권을 수여하는 행위로, 우리 민법의 해석상 상대방 있는 단독행위라고 해석된다. "대리인은 행위능력자임을 요하지 아니한다"는 제117조, 대리권의 부여(제120조)

내지 수여(제128조 전문) 및 철회(제119조, 제128조 단서)라는 표현을 고려할 때 그러하다.

나폴레옹 민법전 제정자들은 위임계약이 법정대리와 재판상 대리의 흠결을 보충할 수 있다고 생각하여 대리에 관한 규정을 별도로 두지 않았다. 그러나 다른 입법례들의 영향을 받아 개정 프랑스채권법은 제2절 계약의 유효성 하에 행위능력 규정 다음에 대리에 관한 규정을 신설하였다. 그 첫 조문이 제1153조로 대리의 발생원인으로 법률, 재판, 약정을 드는데, 약정대리가 바로 수권행위에 의하여 대리권이 부여되는 우리의 임의대리이다. 그러나 프랑스의 수권행위는 본인이 자신을 대신하여 행동할 것을 승낙한 사람에게 법률행위를 대신할 수 있는 권한을 자발적으로 부여하는 것으로, 의사의 합치로 의무가 발생하기 때문에 이는 제1984조 이하에서 규정하는 위임계약을 의미한다[50]는 점에서 우리 민법과 다르다.

새 벨기에민법전도 제1편 총칙편에서 대리권은 법률행위나 재판상 결정 또는 법률에 의해 발생함을 명시하여 수권행위에 따른 임의대리와 재판상 대리 및 법정대리가 있음을 분명히 하고 있다.

(2) 자기계약 · 쌍방대리

법무부 개정안	프랑스민법	개정 벨기에민법
제124조(자기계약 · 쌍방대리) 대리인은 본인의 허락이 없으면 본인을 위하여 자기와 법률행위를 하거나 동일한 법률행위에 관하여 당사자 쌍방을 대리하지 못한다. **다만, 채무의 이행 또는 본인이 권리만을 얻거나 의무만을 면하는 행위를 하는 때에는 그러하지 아니하다.**	제1161조 ① 자연인에 대한 대리의 경우, 대리인은 이해가 대립되는 계약의 여러 당사자의 계산으로 행위할 수 없고, 자신의 계산으로 본인과 계약할 수 없다. ② 이러한 경우 대리인이 한 행위는 무효이지만, 법률이 그것을 허용하는 때 또는 본인이 허가하거나 추인한 때에는 그러하지 아니하다.	제1.8조 대리 §6. 타인을 위하여 법률행위를 행하여야 하는 사람은 누구든지 피대리인의 상대방이 되거나 이해 상충의 경우 개입하지 말아야 한다. 이러한 법률행위는 본인이 명시적 또는 묵시적으로 동의하지 않는 한 효력이 없다.

[표 4] 자기계약 · 쌍방대리 관련 조항의 비교

개정안은 자기계약·쌍방대리의 예외 사유를 "본인이 권리만을 얻거나 의무만을 면하는 행위"까지 확장한다. 현행민법은 자기계약·쌍방대리의 예외로서 채무의 이행만을 들고 있었으나, 제124조의 입법목적은 자기계약·쌍방대리에 전형적으로 나타나는 이해상반이

50) G. Chantepie et M. Latina, *La réforme du droit des obligations*, 2ème éd., Dalloz, 2018, nos 374-376.

라고 보아, 목적론적 축소해석으로 본인에 해를 미치지 아니한 자기계약·쌍방대리는 유효하다는 해석이 우세하였고,[51] 판례도 같았다.[52] 개정안은 이러한 경향을 반영한 것이다.

개정 프랑스민법은 대리제도를 신설하면서 제1161조에서 쌍방대리(나아가 다수대리) 및 자기계약의 효력을 무효라고 규정한다.[53] 그리고 이해가 대립되는 쌍방대리 및 자기계약이 무효라는 법문의 반대해석상 이해가 대립되지 아니한 쌍방대리 및 자기계약은 가능하고 나아가 이해가 대립되어 무효라도 사전에 법률이 허용하거나 본인이 허가한 경우 또는 사후에 본인이 추인한 경우[54] 예외적으로 유효하다고 규정한다.

우리 민법은 자기계약·쌍방대리가 금지된다고 규율할 뿐 위반시 효과에 대해 규정하고 있지 않으나, 금지되는 자기계약·쌍방대리는 무권대리로서 본인에 대하여 효력이 없다고 본다.[55] 그리고 이러한 제한은 본인의 이익을 위한 것이므로 본인이 사후에 추인한 경우 유효하게 될 것이다.

새 벨기에민법전 역시 대리제도를 신설하면서 자기계약·쌍방대리를 하지 않아야 하고 그 경우 본인이 명시적 또는 묵시적으로 동의하지 않는 한 그러한 대리행위는 무효라고 선언하고 있다.

(3) 대리권의 남용

법무부 개정안	프랑스민법	개정 벨기에민법
제124조의2(대리권의 남용) ① 대리인이 자신 또는 제3자의 이익을 위하여 그 권한을 남용하여 대리행위를 한 경우에 상대방이 그 사정을 알았거나 중대한 과실로 알지 못한 때에는 대리행위는 본인에 대하여 효력이 생기지 아니한다. **② 제1항의 경우에 제130조부터 제133조까지의 규정을 준용한다.** **③ 제1항의 무효는 선의의 제3자에게 대항하지 못한다.**	제1157조 대리인이 그 권한을 남용하여 본인을 해한 경우, 제3자가 그 남용을 알았거나 모를 수 없었다면 본인은 대리행위의 무효를 원용할 수 있다.	없음

[표 5] 대리권남용 관련 조항의 비교

51) 양창수 편집대표, 민법주해[III], 제2판, 2022, 596면(김상중 집필).
52) 민법 제921조에 대한 것으로, 대판 1981.10.13., 81다649.
53) 한불민사법학회, 개정프랑스채권법 해제, 167면 이하 참조.
54) 다만 본인에 의한 사후추인의 경우 무권대리나 월권대리의 추인(ratifier: 소급효 있음)이 아니라 제1182조의 무효행위의 추인(confimer: 소급효 없음, 새로운 법률행위임)이 되어야 한다는 견해로, G. Chantepie/M. Latina, *op. cit.*, n° 399.
55) 지원림, 앞의 책, 165면.

개정안은 대리권의 남용에 관한 규정을 신설한다. 본인이 수여한 대리권 내에서 대리인이 본인의 이익에 반하여 자기 또는 타인의 이익을 추구하는 법률행위를 체결하는 경우 강학상 '대리권의 남용'의 문제로 다루어져 왔다. 다수설과 주류의 판례[56]는 대리권의 남용이 있어도 일단 법적으로 적법한 대리행위가 있으므로 그 자체로 유효한 대리행위의 효력을 부정할 수 없다는 관점에서, 상대방이 이러한 대리권남용을 알았거나 알 수 있었던 경우 대리행위의 효력이 본인에게 귀속하지 아니한다고 하며, 그 근거로 이익상황이 제107조의 비진의표시와 유사하여 상대방이 대리권남용을 알았거나 알 수 있었던 경우에는 제107조 제1항 단서를 유추적용한다고 설명하였다.[57]

그리하여 개정안은, 상대방을 보호가치 없게 하는 주관적 요건으로 경과실의 고려는 제107조 제1항 단서의 유추적용이라는 해법에 수반했던 것으로, 새로운 입법에서 필연적으로 따라야 할 모델이라고는 말할 수 없다고 보아, 상대방이 악의이거나 중과실이 있는 경우로 정하였고, 상대방이 보호가치 없는 경우 무권대리에 준하는 법률효과를 인정하여 본인의 추인 가능성을 열어두었다.

개정 프랑스채권법은 제1157조에서 권한을 남용한 대리에 대한 제재를 규정하면서 그 효과를 상대적 무효로 하고 있다. 객관적으로 판단되는 무권대리와 월권대리와 달리, 대리권의 남용은 주관적으로 판단된다.[58] 이러한 차이로 무권대리와 월권대리의 효력은 본인에게 대항할 수 없는 것으로(제1156조), 이는 본인이 동의하지 않았고 대리권을 부여하지 않았기 때문에 대리인과 계약자인 제3자 사이에 체결된 행위는 본인을 구속하지 않음을 확인해 줄 뿐이고, 다만 본인이 추인(ratification)을 하면 법률행위의 하자가 치유되어 제1204조 제3항이 유추적용되어 소급한다.[59] 반면, 대리권의 남용의 경우, 본인은 계약의 효력이 자신에게 발생하지 못하게 할 뿐만이 아니라 그 계약의 완전한 소멸을 청구할 수 있다. 본조는 사익의 보호를 목적으로 하므로 본인만이 원용할 수 있는 상대적 무효이다. 이와 같이 무효를 원용하기 위해서는 1) 대리권남용으로 본인에게 손해가 발생하여야 하고, 2) 계약자인 제3자가 권한 남용을 알았거나 알 수 있었어야 한다. 제3자가 선의인 경우 본인은 법률행위에 구속되지만 대리인에게 그 책임을 물을 수 있다.[60] 본조에는 제1156조 제3항과 같은 (무권대리의) 추인에 대한 규정이 없으나, 제1182조에

---

56) 대판 1975.3.25., 74다1452.

57) 곽윤직 · 김재형, 민법총칙, 제9판, 2013, 349면.

58) 과거 프랑스 학설과 판례는 객관적으로 판단되는 무권대리와 주관적 동기를 고려하는 남용을 동등하게 취급하여 남용 사례도 무권대리로 취급하였다(Ghestin, Jamin et Billiau, *Traité de droit civil. Les effets du contrat,* 3ᵉ éd., 2001, nº 958).

59) 한불민사법학회, 개정 프랑스채권법 해제, 160-161면.

60) O. Deshayes, Th. Genicon et Y.-M. Laithier, *op. cit.,* p.285.

의해 무효행위의 추인을 할 수 있을 것이다.

벨기에민법은 대리권의 남용에 대하여 별도의 규정을 두고 있지 않다.

라. 강행규정과 공서양속

법무부 개정안	프랑스민법	개정 벨기에민법
*제103조 (반사회질서의 법률행위) 선량한 풍속 기타 사회질서에 위반한 사항을 내용으로 하는 법률행위는 무효로 한다. **제105조(강행규정과 임의규정)** **① 법률행위가 법령 중 강행규정을 위반하는 경우에는 법령에 달리 정한 바가 없으면 이를 무효로 한다.** **② 법률행위의 당사자가 법령 중 강행규정 아닌 규정과 다른 의사를 표시한 때에는 그 의사에 의한다.**	제6조 누구도, 개별적 합의에 의하여, 공적질서와 선량한 풍속에 관련한 법률을 위반할 수 없다. 제1102조 ② 계약의 자유는 공적질서에 관한 규정에 위반하는 것을 허용하지 아니한다. 제1162조 계약은 그 조항에 의하여도 공적질서에 반할 수 없고, 계약당사자들이 그 의도를 인식하였는지 여부와 관계없이 그 목적에 의하여서도 공적 질서에 반할 수 없다.	제1.3.조 법률행위 ③ 공적 질서와 강행규정은 경시될 수 없다. ④ 국가 또는 공동체의 본질적인 이익에 영향을 미치거나 사법에서 경제적, 도덕적, 사회적 또는 환경적 질서와 같이 사회의 기반이 되는 법적 토대를 확립하는 법률 규정은 공적질서이다. ⑤ 법률에 의해 더 약하다고 간주되는 당사자를 보호하기 위해 제정된 법률 규정은 강행규정이다.

[표 6] 강행규정과 공서양속 관련 조항의 비교

(1) 강행규정의 정의 및 임의규정과의 구별: 법무부 개정안

개정안은 강행규정과 임의규정의 의의를 명확히 규정한다. 현재 통설은 현행 민법 제105조[61]의 "법령 중의 선량한 풍속 기타 사회질서에 관계 있는 규정"을 강행규정으로 이해하여, 강행규정이 아닌 임의규정의 경우 당사자들이 다른 합의에 의하여 그 적용을 배제할 수 있다는 취지를 규정한 것으로 설명한다.[62] 그러나 선량한 풍속 기타 사회질서는 실질적 위법성으로 법질서 전체의 평가를 의미하는 것이어서 해석의 결과일 뿐 그 기준이 될 수 없다는 비판이 있고,[63] 현재 판례의 "있는 법"에 따르면 강행규정은 "법령 중의 선량한 풍속 기타 사회질서에 관계 있는 규정"으로 정의될 수 없다는 점에서도 문

61) 민법 제105조(임의규정) 법률행위의 당사자가 법령 중의 선량한 풍속 기타 사회질서에 관계없는 규정과 다른 의사를 표시한 때에는 그 의사에 의한다.
62) 곽윤직·김재형, 민법총칙, 제9판, 2013, 274-275면.
63) 김용덕 편집대표, 주석 민법 총칙(2), 제5판, 2019, 536면(이동진 집필).

제가 있다.[64] 즉 현행 규정은 강행규정 위반도 공적질서의 위반으로 파악하는 관점에서 있는 것이나, 이는 공서양속 위반과 강행규정 위반을 구별하는 우리의 전통적인 설명과는 조화되기 쉽지 아니하다.[65] 그리하여 개정안은 제105조를 개정하여 강행규정에 반하는 법률행위는 무효임과 임의규정을 수정·배제하는 법률행위가 가능함을 규정한다.

(2) 공적질서의 위반의 한 유형: 프랑스민법

개정 프랑스 민법은 강행규정 위반을 공적질서(ordre public) 위반으로 파악한다. 그리하여 프랑스 조문을 번역할 때, ordre public을 "강행규정"으로 하여야 할지, "공적질서"로 하여야 할지 논의하다가 단어에 충실하게 "공적질서"로 통일하였다. 그리하여 "누구도, 개별적 합의에 의하여, 공적질서와 선량한 풍속에 관련한 법률을 위반할 수 없"고(제6조), "계약의 자유는 공적질서에 관한 규정에 위반하는 것을 허용하지 아니하"며(제1102조), "계약은 그 조항에 의하여도, 계약당사자들이 그 의도를 인식하였는지 여부와 관계없이 그 목적에 의하여서도 공적 질서에 반할 수 없"다(제1162조). 그 외 인체의 존중의 규정들은 공적질서에 속하고(제16-9조), 사망 시 상속권 있는 배우자의 임시주거권을 규정한 제763조[66]는 공적질서라고 규정하고 있다. 그런데 위 조항들은 공공질서를 강행규정으로 치환하면 더욱 문맥이 잘 통한다는 점에서 여전히 의문이 남는다.

(3) 공적질서와 강행규정의 정의 및 구별: 벨기에민법

개정 벨기에채권법은 이러한 문제점을 인식하였는지, 제1.3조에서 공적질서와 강행규정을 명확하게 구분하여 규율하고 있다. 먼저 공적질서와 강행규정은 경시될 수 없다고 선언한 뒤(제3항), 공적질서(ordre public)는 '국가 또는 공동체의 본질적인 이익에 영향을 미치거나 사법에서 경제적, 도덕적, 사회적 또는 환경적 질서와 같이 사회의 기반이 되는 법적 토대를 확립하는 법률 규정'이고(제4항), 강행규정(régles imperatives)은 '법률에 의해 더 약하다고 간주되는 당사자를 보호하기 위해 제정된 법률 규정'(제5항)이라고 정의 내린다. 명료하고 정확한 정의규정이다. 그런데 흥미로운 점은 벨기에민법전을 보면

64) 양창수 편집대표, 민법주해[III], 제2판, 2022, 215면 이하(윤태식 집필).

65) 법무부 민법개정위원회, 계약법 개정이유서, 196면.

66) 프랑스민법 제763조 ① 사망 시에, 상속권 있는 배우자가 부부에게 속하거나 그 전부가 상속재산에 속하는 주거를 주된 거주로 실제로 점유하고 있다면, 그는 그 주거는 물론 그 주거에 구비되었고 상속재산에 포함된 동산을 1년 동안 당연히 무상으로 향유한다. ② 배우자의 거주가 주택임대차 또는 공유부분만큼 망인에게 속하는 주거에 의하여 보장되었다면, 차임 또는 점유보상금은 그 지급에 따라 1년 동안은 상속재산에 의하여 그에게 상환된다. ③ 본조에 규정된 권리는 상속권이 아니고 혼인의 직접적 효과로 본다. ④ 본조는 공적 질서이다(다만, (사)한불민사법학회, 프랑스 민법전, 501면은 "강행규정"이라고 번역하고 있다).

공적질서와 강행규정은 항상 붙어서 사용된다는 점이다. 가령, 시간 경과에 따른 법률의 적용에 관한 제1.2조 제3항은 '제2항의 예외로, 신법률이 공적질서 또는 강행규정이 아닌 (생략) 경우, 본 법률하에서 체결된 계약에는 구법이 적용된다'고 규정한다. 제5권 채권관계 조항은, '그 문구 또는 범위에서 전체 또는 일부가 강행규정이거나 공적질서에 따른 것임이 명백하지 않는 한, 보충적'이라고(제5.3조 제2항)은 규정함으로써, 채권법 규정이 임의규정임을 명확히 하고 있다. 나아가 '급부가 공적질서 또는 강행규정에 반하는 상황을 조성하거나 유지하는 경우 그 급부는 불법'이고(제5.51조), '꼬즈가 공적질서 또는 강행규정에 반하는 경우 그 꼬즈는 불법'이라고(제5.56조) 규정하고 있다. 프랑스민법과 벨기에민법의 태도를 고려할 때, 과연 강행법규와 공적질서를 구분하는 실익이 무엇인지 생각하게 된다.

마. 법률행위의 해석

개정안은 법률행위의 해석에 관한 몇 가지 준칙을 규정한다. 그런데 이러한 준칙은 프랑스민법과 벨기에민법에서도 유사하게 확인된다. 먼저 개정안 제106조 제1항의 당사자가 공통으로 이해한 의미가 존재한다면 그와는 다른 표시는 중요하지 아니하다는 진의의 우선 준칙은 프랑스민법 제1188조 제1항과 벨기에 신민법 제5.64조에서 규율한다. 다음으로, 상대방이 있는 의사표시의 경우 상대방의 위치에서 상대방이 알았거나 알 수 있었던 사정 및 평균인이 합리적으로 이해하였을 사정을 참작하여 해석한다는 평균인의 이해 준칙은 프랑스민법 제1188조 제2항에서 발견된다. 마지막으로, 그 성질, 목적 및 경위, 당사자의 언행, 거래 관행 등 당사자들을 둘러싼 일체의 사정을 고려하여 신의성실에 좇아 해석할 것을 규정하고 있다.

그런데 더 나아가 개정 프랑스민법 제1189조와 개정 벨기에민법 제5.6조 제4호는 계약해석의 정합성, 즉 전체목적에 비추어 논리적으로 일관되게 해석되어야 한다는 점을 규정하고, 프랑스민법 제1190조와 벨기에민법 제5.66조는 의미가 불명확한 경우 강자에게 불리, 약자에게 유리하게 해석되어야 한다는 준칙을 규정한다. 즉 우리나라의 약관에 유사한 부합계약은 작성자에게 불리하게 해석되어야 하고, 이는 우리나라 약관의 규제에 관한 법률 제5조 제2항과 궤를 같이 한다. 그리고 교섭을 통해 이루어지는 일반계약의 경우 채권자에게 불리하게 해석될 것을 규정하고 있다. 또한 한 조항이 두 가지 의미로 해석될 경우 효력이 있는 것으로 해석되어야 한다(프랑스민법 제1191조, 벨기에민법 제5.65조). 이러한 해석 준칙은 조문에 명시적으로 규정되어 있지 않더라도 계약을 해석함에 있어 당연히 인정된다.

법무부 개정안	개정 프랑스민법	개정 벨기에민법
제106조(법률행위의 해석) ① 당사자가 합의한 공통의 의사가 있는 경우 이와 다른 표시는 법률행위의 내용에 영향을 미치지 아니한다. **② 상대방 있는 의사표시는 상대방이 알았거나 알 수 있었을 의사표시자의 의사에 따라 해석하여야 한다. 의사표시자의 의사를 알 수 없는 때에는 상대방이 합리적으로 이해하였을 내용에 따라 해석하여야 한다.** **③ 법률행위는 그 성질, 목적 및 경위, 당사자의 언행, 거래 관행, 그 밖의 사정을 고려하여 신의성실에 좇아 해석하여야 한다.** *약관의 규제에 관한 법률 제5조(약관의 해석) ① 약관은 신의성실의 원칙에 따라 공정하게 해석되어야 하며 고객에 따라 다르게 해석되어서는 아니 된다. ② 약관의 뜻이 명백하지 아니한 경우에는 고객에게 유리하게 해석되어야 한다.	제1188조 ① 계약은 그 문언의 문리적 의미에 그치기보다는 당사자의 공통의 의사에 따라 해석된다. ② 이러한 의사가 드러날 수 없는 경우, 계약은 동일한 상황에 처한 합리적인 사람이 부여하였을 의미에 따라 해석된다. 제1189조 ① 모든 계약 조항은, 전체 행위의 일관성을 준수하는 의미를 각 조항에 부여하면서, 서로 연관되어 해석된다. ② 당사자 공통의 의사에서, 수 개의 계약이 동일한 거래에 공조하는 경우, 이들 계약은 이 거래와 관련하여 해석된다. 제1190조 의미가 불분명한 경우, 교섭계약은 채권자에게 불리하고 채무자에게 유리하게 해석되고, 부합계약은 이를 제안한 자에게 불리하게 해석된다. 제1191조 한 조항이 두 가지 의미로 해석될 수 있는 경우, 그 조항에 효력을 부여하는 의미가 그 조항에 아무 효력도 발생시키지 않는 의미에 우선한다. 제1192조 누구도 명확하고 정확한 조항을 해석하여 그 의미를 변질시킬 수 없다.	제5.64조 진정한 의사의 우선 ① 계약에서는 약관의 문언적 의미보다는 계약 당사자의 공통된 의사를 확인해야 한다. ② 그러나, 계약이 서면으로 확인되는 경우, 계약에 내재된 요소와 계약이 성립되고 이행된 상황을 고려하여, 계약에 대하여 서면의 범위와 명백히 양립할 수 없는 해석을 할 수 없다. 제5.65조 진정한 의사의 탐색 당사자들의 공통된 의사가 무엇인지 확인하기 위해 특히 다음 각 호의 지침을 고려한다. 1. 한 조항이 두 가지 의미를 가질 수 있는 경우, 그 용어는 아무런 효과를 발생 할 수 없는 의미보다는 약간의 효과를 가질 수 있는 의미로 이해되어야 한다.(이하 생략)67) 제5.66조 의심스러운 경우의 해석 ① 당사자의 공통 의사가 의심스러운 경우, 계약 각칙에 고유한 규칙과 별도로, 다음 각 호가 적용된다: 1. 부합계약은 계약 초안을 작성한 당사자에게 불리하게 해석된다; 2. 면책조항은 채무의 채무자에게 불리하게 해석된다; 3. 다른 모든 경우에는, 그 조항의 수혜자에게 불리하게 해석된다. ② 소비자계약은 경제법전 제6조 37항에 따라 해석된다.

[표 7] 법률행위의 해석 관련 조항의 비교

67) 벨기에민법 제5.65조 2. 두 가지 의미를 가질 수 있는 용어는 계약의 주제에 가장 적합한 의미로 이해되어야 한다. 3. 모호한 것은 지역 및 분야의 관행과 당사자 간의 통상적 관계에 부합하게 해석해야 한다. 4. 계약의 모든 조항은, 각 조항에 전체 행위으로부터 도출되는 의미를 부여하면서,

3. 계약법 총론과 관련하여

가. 이행청구권

법무부 개정안	개정 프랑스민법	개정 벨기에민법
제387조(채권자의 이행청구권) 채권자는 채무자에 대하여 채무의 이행을 청구할 수 있다.	제1221조 채권자는, 최고를 한 후 그 이행이 불가능하거나 선의인 채무자의 이행비용과 채권자의 이익 사이에 명백한 불균형이 있는 경우를 제외하고, 현실이행을 소구할 수 있다.	제5.84조 현실이행청구권 채권자는 제5.234조 내지 제5.236조에 따라 채무의 현실이행을 요구할 수 있다.

[표 8] 이행청구권 관련 조항의 비교

채권자가 채권의 효력으로 채무자를 상대로 이행을 청구할 수 있는 권리를 가진다는 점은 현행 민법은 이를 명시적으로 규정하고 있지 않았으나, 우리 민법이 당연히 전제하고 있는 명제였다. 개정안은 이행청구권은 채권자의 가장 기본적인 구제수단이라는 점에서, 이를 "제2절 채권의 효력"의 첫 조문으로 규정하여 국민이 민법을 통해 권리를 명확히 인식할 수 있도록 하고자 하였다. 새 벨기에민법전의 제5.84조도 동일하게 채무의 현실이행을 청구할 수 있음을 선언하고 있다. 다만, 프랑스민법 제1221조와 유사하게 제안된 "이행에 관한 채무자의 부담과 채권자의 이익 사이에 현저한 불균형이 있음을 이유로 채무자가 이행을 거절하는 경우에도 제1항 단서와 같다."는 제2항은 최종 보고서에서 채택되지 않았다.

나. 대상청구권

법무부 개정안	프랑스민법 및 벨기에민법
제399조의2(대상청구권) ① 이행을 할 수 없게 하는 원인에 기하여 채무자가 채권의 목적에 갈음하여 권리를 취득하거나 이익을 받은 경우에 채권자는 그 권리의 이전 또는 이익의 상환을 청구할 수 있다. ② 채권자가 제1항에 따라 권리를 이전받거나 이익을 상환받는 경우에 채무불이행으로 인한 손해배상의 액수는 그 가액만큼 감축된다.	규정 없음

[표 9] 대상청구권 관련 조항의 비교

각각 해석되어야 한다. 5. 계약이 체결된 용어가 아무리 일반적이라 하더라도, 당사자들이 계약을 체결하려는 의도가 있는 것으로 보이는 사항만을 포함한다. 6. 계약에서 채무를 설명하기 위해 한 경우를 표현한 경우, 채무가 법적으로 이해되는 범위를 표현되지 않은 경우로 제한하는 의도가 있다고 간주되지 않는다. 7. 당사자 간에 분쟁이 발생하기 전에 계약에 이루어진 이행은 계약을 해석할 때 고려된다.

개정안은 판례[68]와 학설이 인정하는 대상청구권(代償請求權)에 관한 규정을 신설하였다. 그런데 그 요건 및 효과의 해석과 관련하여서는 불분명하다. 일반적으로 '대상(代償)'이란 채무자가 그 채무의 이행을 후발적으로 불능하게 하는 사정으로 인해 얻는 경제적 이익으로 원래의 급부에 갈음하는 것을 의미하는데, 가령, 매매의 목적이 된 부동산이 공권력에 의해 수용된 경우 매도인이 소유자로서 취득하는 수용보상금, 매매 목적물이 멸실된 경우에 매도인이 가지는 보험금청구권 등이 있다. 그렇다면 위와 같은 주는 채무 외에 하는 채무의 이행불능의 경우에도 대상청구권이 인정되는지, 물건 자체를 갈음하는 이익 외에 채무자의 법률행위로부터 발생한 이익도 그 대상이 되는지, 나아가 채권자의 선해 즉 채무의 목적인 급부의 객관적 가액을 상회하는 이익이나 권리가 발생하는 경우 반환범위가 어떠한지 등 쟁점이 있다.[69] 그러나 이에 대하여는 견해의 대립이 있고 아직 충분히 논의되지 않아 결론에 대한 우세한 견해가 없으므로 섣불리 명문화한다기 보다는 해석에 위임하고 향후 연구가 충분히 이루어진 후 개정을 준비하는 것이 바람직하다고 생각한다.[70] 한편, 프랑스와 벨기에 역시 판례상 대상청구권이 인정되고 있으나 이를 입법화하지는 않았다.

다. 계약의 불이행으로 인한 손해배상: 금전채무 불이행에 대한 특칙

법무부 개정안	개정 프랑스민법	개정 벨기에민법
제397조(금전채무 불이행에 대한 특칙) ① 금전채무 불이행의 손해배상액은 법정이율에 의한다. 다만, 법정이율을 초과하는 약정이율이 있으면 법령의 제한을 위반하지 아니하는 범위에서 그 이율에 의한다. ② 제1항의 손해배상에 관하여 채권자는 손해의 증명을 요하지 아니하고 채무자는 과실 없음을 항변하지 못한다. ③ 고의 또는 중대한 과실에 의한 채무불이행의 경우에 제1	제1231-6조 ① 금전채무의 변제를 지체함으로 인한 손해배상책임은 최고를 받은 때부터 법정이율의 이자로 구성된다. ② 제1항의 손해배상은 채권자가 어떠한 손실도 증명할 의무를 부담함이 없이 책임이 있다. ③ 채권자는, 지체 중인 자신의 채무자가 고의로 지체와 관계없는 손해를	제5.240조 연체적 이자 ①재판 외 회복 비용의 회수와 별도로, 금액채무의 이행의 지연으로 발생한 손해배상은 법정 이율에 따라 배타적으로 이루어지며, 법률이나 계약으로 정해진 예외의 경우에는 그러하지 아니하다. ② 연체적 이자는 채권자가 손해의 존재나 범위를 증명할 필요 없이 발생한다. ③ 연체적 이자는 최고한 날로부터 발생하며, 법률이나 계약에 따라 당연히 부과되는 경우에는 예외로 한다.

68) 대법원 1992. 5. 12. 선고 92다4581, 4598 판결 등.
69) 김형석, "대상청구권", 서울대「법학」, 제55권 제4호, 2014, 105-107면 참조.
70) 동지, 책임연구원 김형석, 민법 개정안(계약법 총론) 예비초안 연구(2023년 법무부 연구용역 보고서)(2023. 12), 14면.

항의 손해배상은 채권자의 추가적인 손해배상 청구에 영향을 미치지 아니한다.	발생시킨 경우에는, 지연손해와 구별되는 손해배상을 받을 수 있다.	④ 채무자의 의도적 과책이 있는 경우, 손해배상은 법정 이율을 초과할 수 있다.

[표 10] 금전채무 불이행 관련 조항의 비교

개정안은 제1항에서 약정이율이 법정이율이 미달하는 경우에 관한 판례를 반영하고, 제3항에서 이율에 따른 지연배상 외에 추가적 손해배상이 가능한 경우를 규정한다. 현행 민법 제397조 제2항은 의용민법을 통하여 프랑스민법의 태도가 계수된 것인데, 금전은 그 활용에 따라서 얻을 수 있는 이익의 크기가 매우 상이할 수 있어, 이를 구체적으로 확인하고 입증하는 데에는 어려움이 따르는 한편, 금전에서는 통상 이자에 상당하는 이익이 발생한다는 것이 일반적인 경험에 부합하므로, 민법은 채무자가 법정 또는 약정이율에 해당하는 금액에 대하여서는 무과실의 손해배상책임을 부담하는 대신, 채권자는 그 이상의 손해를 입증하여도 배상을 구할 수 없는 것으로 한다는 것이 그 취지였다.[71]

그러나 입법정책적으로 지연이자를 넘어서는 손해에 대하여 채권자가 인과관계 및 채무자의 예견가능성을 증명할 때 그 배상을 인정할 것인지 여부에 대하여 논의가 있었다. 프랑스민법은 원래 추가적인 손해배상을 부정하는 태도를 취하고 있었으나, 1990년 개정으로 제1153조 제4항을 추가하여 고의(mauvaise foi)에 의한 지체의 경우 지연이자 외의 손해배상도 청구할 수 있도록 개정하였고, 현행 제1231-6조가 되었다.[72] 개정 벨기에민법도 제5.240조에서 채무자의 의도적 과책(de faute intentionnelle)이 있는 경우에 한정하여, 이 경우 금전채무 불이행시 손해배상은 법정 이율을 초과할 수 있다고 규정하고 있다.

이와 같은 배상 가능성을 인정하면 인과관계나 손해 증명과 관련해 법원과 당사자의 부담이 증가하는 문제는 발생할 우려가 있으나, 프랑스민법처럼 이를 고의의 불이행, 벨기에민법처럼 의도적 과책에 한정한다면 이 난점은 상당 부분 대처할 수 있을 것이다.[73] 개정안은 제3항에서 채무자의 고의 또는 중과실로 인한 불이행의 경우 채권자가 지연이자를 넘어서는 추가적 배상을 청구할 수 있는 가능성을 인정한다.

---

71) Terré, Simler et Lequette, *Droit Civil. Les obligations,* 8e ed., 2002, no 6.
72) 이 조문에 대한 해설은, 한불민사법학회, 개정 프랑스채권법 해제, 348-349면 참조.
73) 同旨 법무부 민법개정위원회, 계약법 개정이유서, 50면.

라. 계약의 성립

법무부 개정안	개정 프랑스민법	개정 벨기에민법
第527조(계약의 성립) 계약은 당사자가 법적 구속을 받을 의사로 그 내용을 확정할 수 있는 합의에 이르면 성립한다.		제5.4조 계약의 정의 계약 또는 합의는 법적 효력을 발생시킬 의도로 둘 이상의 당사자 간에 이루어지는 의사의 합치이다. 제5.27조 유효성 조건 ① 계약이 유효하려면 다음 조건이 충족되어야 한다: 1. 각 당사자의 자유롭고 정보에 입각한 동의 2. 각 당사자의 계약체결 능력 3. 확정가능하고 적법한 목적물 4. 적법한 꼬즈 ② 유효성 조건은 계약체결 시점에 평가된다.

[표 11] 계약성립 관련 조항의 비교

현행 민법은 계약성립에 관한 일반 원칙을 두고 있지 않았다. 그런데 계약은 청약과 승낙의 합치 외에도, 실무자의 교섭으로 마련된 초안에 책임 있는 양 당사자가 동의하거나 집단적 의사표시가 합치되는 경우 등 다양한 방식으로 성립할 수 있다. 따라서 계약은 당사자가 법적 구속을 받을 의사를 가지고 그 내용을 확정할 수 있는 합의에 이르면 성립한다는 점을 명시하여 모든 계약성립을 포괄할 수 있는 원칙규정을 마련하고자 하였다.

마. 불안의 항변

개정안은 불안의 항변권과 관련해 원시적 사정도 거절사유가 됨을 분명히 한다. 종래 학설에서 불안의 항변권의 요건인 "이행이 곤란할 현저한 사유"가 후발적으로 발생한 경우에 한정되는지 아니면 원시적 사유이나 당사자들이 간과한 경우에도 적용되는지 여부에 대해 논의[74]가 있었고, 판례는 일반론에서는 방론으로 "계약성립 후" 발생한 사정에 한정하고 있으나[75] 실제 사건에서는 원시적 사정도 고려하고 있다.[76] 불안의 항변권의 취지가 당사자가 인수하지 아니한 선이행위험을 배제하는 것이라면, 이를 후발적 사유에 한정해 제한적으로 규율할 이유는 없다. 계약에서 예견한 상태 이상으로 상대

74) 김동훈, "불안의 항변권과 매수인의 대금지급거절권의 비교", 국민대 「법학논총」, 제20권 제1호, 2007, 270－271면 참조.

75) 대판 1990.11.23., 90다카24335.

76) 가령, 계약체결 시점에 토지 활용을 좌절시키는 공법상 제한을 알지 못하고 공사로부터 토지를 매수하고 선이행의무를 부담한 사안에서 이를 허용하였다(대판 1997.7.25., 97다5541).

방의 재산상태가 악화되어 "이행이 곤란할 현저한 사유"가 있는 경우에까지 선이행을 강제하는 것은 선이행의무자가 인수한 위험을 넘는 것으로 그에게 불리하므로 그러한 사유가 있는 경우에 선이행의무자는 신의칙에 비추어 자신의 선이행을 거절함으로써 상대의 무자력위험을 회피하고 자신의 지위를 담보할 수 있도록 하는 것이 타당할 것이다.

개정 전 프랑스민법은 동시이행항변권에 대한 일반규정이 존재하지 않았고 매매(제1612조, 제1651조 및 제1653조), 교환(제1704조) 및 유상임치(제1948조)와 같은 쌍무계약에서만 인정될 뿐이었다. 그러나 판례는 채무가 상호의존성, 견련성 내지 상관성에 있음을 근거로 쌍무계약 나아가 계약관계가 아니 쌍무관계에도 동시이행항변권을 인정하여 이행 내지 계약의 정지라는 효과를 주었고 이러한 판례를 수용하여 제1219조에서는 통상의 동시이행항변권을, 제1220조는 "불안의 항변권"을 규정하게 되었다.[77] 제1220조는 매매에 인정되던 불안의 항변권(제1633조[78])을 일반화한 것으로, 예견된 불이행에 대한 항변권, 불이행위험에 대한 항변권 내지 장래불이행에 대한 항변권으로 부른다. 벨기에 민법 제5.239조 §2도 그 내용이 매우 유사하여 1) 계약상대방이 이행기에 이행하지 않을 것이 명백하고 2) 그 불이행의 결과가 그에게 충분히 중대하다는 요건이 갖추어지면, 당사자 일방은 자신의 채무이행을 정지할 수 있다.

법무부 개정안	개정 프랑스민법	개정 벨기에민법
제536조(동시이행의 항변권) ① 쌍무계약의 당사자 일방은 상대방이 그 채무 이행을 제공할 때까지 자기의 채무 이행을 거절할 수 있다. 다만, 상대방의 채무가 변제기에 이르지 아니한 때에는 그러하지 아니하다. ② 당사자 일방이 상대방에게 먼저 이행하여야 할 경우에 상대방에게 이행이 곤란한 현저한 사유가 있음을 계약 성립 전에 과실 없이 알 수 없었던 때에는 자기	제1219조 당사자 일방은, 자신의 채무가 이행가능할지라도, 상대방이 그 채무를 이행하지 않고 그 불이행이 충분히 중대한 경우에는, 자신의 채무의 이행을 거절할 수 있다. 제1220조 당사자 일방은, 자신의 계약상대방이 이행기에 이행하지 않을 것이 명백하고 그 불이행의 결과가 그에게 충분히 중대한 경우에는, 자신의 채	제5.239조 동시이행의 항변권 §2. 채권자는 채무자가 이행기에 채무를 이행하지 않을 것이 명확하고 그 불이행의 결과가 자신에게 충분히 중대한 것이 명확한 경우 자신의 채무이행을 정지할 수 있다. 채권자는 채무자가 자신의 채무의 정당한 이행의 충분한 담보를 제공한 경우,

77) 한불민사법학회, 개정 프랑스채권법 해제, 311면.

78) 프랑스민법 제1613조 매매 이후 매수인이 파산 또는 지급불능에 빠진 결과, 매도인이 대가를 상실할 긴박한 위험에 처하였다면, 매도인이 변제의 유예를 허여하였더라도, 그는 더 이상 인도할 의무를 부담하지 아니한다. 매수인이 기한에 변제할 보증인을 매도인에게 제공한 때에는 그러하지 아니하다.

의 채무 이행을 거절할 수 있다. 다만, 상대방이 상당한 담보를 제공한 때에는 그러하지 아니하다.	무이행을 정지할 수 있다. 채무이행의 정지는 가장 빠른 기간 내에 통지되어야 한다.	더 이상 자신의 채무이행을 정지할 수 없다.

[표 12] 불안의 항변권 관련 조항의 비교

바. 제3자를 위한 계약

법무부 개정안	개정 프랑스민법	개정 벨기에민법
제539조(제3자를 위한 계약) ① 계약에 의하여 당사자 일방이 제3자에게 이행할 것을 약정한 때에는 그 제3자는 채무자에게 직접 그 이행을 청구할 수 있다. **② 제1항의 계약은 장래에 특정될 수 있는 자를 위하여서도 할 수있다.** **③ 제1항의 경우에 제3자의 권리는 그가 채무자에 대하여 계약이익을 받을 의사를 표시함으로써 발생한다. 제3자의 권리는 제1항의 계약에 관한 당사자 사이의 권리 · 의무에 영향을 미치지 아니한다.**	제1205조 ① 누구나 타인을 위하여 계약할 수 있다. ② 요약자인 계약의 일방당사자는 낙약자인 타방 당사자에게 제3자 즉, 수익자의 이익을 위하여 급부를 이행할 것을 약속하게 할 수 있다. 수익자는 장래의 사람이 될 수도 있지만 구체적으로 지정되거나 약속의 이행 시에는 확정될 수 있어야 한다. 제1209조 요약자 자신도 낙약자에게 낙약자가 수익자에게 부담하는 의무를 이행할 것을 청구할 수 있다.	제5.107조 제3자를 위한 계약 ① 계약은 제3자에게 특정 의무의 이행을 요구할 수 있는 권리를 부여할 수 있다. ② 제3자를 위한 계약은 즉시 낙약자에 대한 직접적인 권리를 발생시키며 계약 당사자의 권리에는 영향을 미치지 않는다. ④ 수익자는 확정가능해야 한다. 제3자가 존재하고 이행 기한이 도래할 때 확정되면 족하다.

[표 13] 제3자를 위한 계약 관련 조항의 비교

개정안은 제3자를 위한 계약에 관한 현행 민법의 한자 표기를 한글화하면서, 장래 특정될 제3자, 보상관계에 대한 효과, 청구권 이외의 효과의 부여에 대한 규정을 신설한다. 개정안 제539조 제2항은 제3자를 위한 계약체결 시점에 수익자를 특정할 수 있는 기준만 정하면 충분하고, 현실적으로 특정되어 있거나 현존하여야 할 필요는 없다는 점을 명시하였다. 이는 개정된 프랑스민법 제1205조 제2항 및 개정된 벨기에민법 제5.107조 제4항에서도 동일한 규정이 확인된다.

한편, 종래 보상관계에서 요약자는 낙약자를 상대로 수익자에게 직접 이행할 것을 청구할 권리가 있고[79], 낙약자의 채무불이행을 이유로 계약을 해제할 수 있다고 해석되었다.[80] 전자는 개정 프랑스민법 제1209조에서 확인되는데, 후자는 논란의 여지가 있어

79) 곽윤직, 채권각론, 제6판, 2003, 78면.

그동안 우리 학설과 판례가 해석으로 도달한 이상의 내용을 적절하게 규범화할 필요에 따라 그러한 내용을 함축적으로 표현하는 개정된 벨기에 신민법 제5.107조 제2항을 참고하여[81] 제539조 제3항 제2문을 신설하였다.

사. 사정변경과 예견불능

법무부 개정안	개정 프랑스민법	개정 벨기에민법
제538조의2(사정변경) ① 계약성립의 기초가 된 사정이 현저히 변경되었고 당사자가 계약성립 당시 이를 합리적으로 예견할 수 없었던 경우에, 그로 인하여 계약을 그대로 유지하는 것이 당사자의 이해에 중대한 불균형을 초래하는 때에는 당사자 일방은 상대방에 대하여 계약의 수정을 청구할 수 있다. ② 계약의 수정이 가능하지 아니한 때 또는 그 수정이 변경된 사정 아래에서 사회관념상 당사자에게 기대될 수 없는 때에는 당사자는 계약을 해제 또는 해지할 수 있다.	제1195조 ① 계약의 체결 당시에 예견하지 못하였던 사정의 변화로 그 이행이 위험을 인수한 적이 없는 일방에게 과도한 부담이 된다면, 그 일방은 상대방에게 재교섭을 요구할 수 있다. 그 일방은 재교섭 중에도 자신의 채무는 계속하여 이행하여야 한다. ② 재교섭이 거절되거나 실패한 경우, 당사자들은 그들이 정한 날짜와 조건에 따라 계약을 해제할 것을 합의할 수 있고, 또는 합의에 의하여 법원에게 계약을 조정하여 줄 것을 요구할 수 있다. 상당한 기간 내에 합의가 없을 경우, 법원은 일방의 청구에 의하여 계약을 수정하거나 그가 정하는 날짜와 조건에 따라 계약을 종료시킬 수 있다.	제5.74조 사정의 변경 ① 각 당사자는 이행 비용이 증가하거나 반대급부의 가치가 감소하여 이행이 더욱 부담이 된 경우에도 채무를 이행하여야 한다. ② 그러나 채무자는 다음 각 호의 조건이 충족되는 경우 채권자에게 계약을 조정하거나 종료할 목적으로 재협상을 요청할 수 있다: 1. 사정의 변경으로 인해 계약의 이행이 합리적으로 요구될 수 없을 정도로 지나치게 부담스러운 경우; 2. 계약체결 당시 변경 사항을 예측할 수 없었던 경우; 3. 변경이 제5.225조의 의미 내에서 채무자에게 귀책사유가 없는 경우; 4. 채무자가 위험을 감수하지 않은 경우; 그리고 5. 법률 또는 계약이 이러한 가능성을 배제하지 않는 경우. ③ 양 당사자는 재협상 기간 동안 채무를 계속 이행해야 한다. ④ 합리적인 기간 내에 재협상이 거부되거나 실패하는 경우, 법원은 당사자 일방의 요청에 따라 당사자가 사정의 변경을 고려하였다면 계약체결 당시 합리적으로 합의하였을 내용에 부합하도록 계약을 조정하거나, 또는 사정의 변경에 앞설 수 없는 날짜에 법원이 정한 방식에 따라 계약의 전부 또는 일부를 종료할 수 있다. ⑤ 소송은 약식 절차로 제기되어 심리된다.

[표 14] 사정변경 관련 조항의 비교

80) 곽윤직, 채권각론, 79면; 대판 1970.2.24., 69다1410,1411.
81) 법무부 민법개정위원회, 계약법 개정이유서, 83면.

(1) 사정변경 : 법무부 개정안

개정안은 사정변경 법리규정을 신설한다. 만일 계약체결의 기초가 되는 사정이 당사자가 예견할 수 없었던 사태의 발생으로 변경되어 계약내용대로 구속력을 인정하여 이행케 함이 일방 당사자에게 가혹한 결과를 가져온다면 어떻게 해야 할까? 계약의 효력을 그대로 유지시켜야 할까? 아니면 불리한 당사자를 위해 계약내용을 수정하거나 해소시킬 수 있는 권리를 당사자나 법원에 인정하여야 할까? 이러한 논의는 당사자 간 합의의 결과인 계약은 지켜져야 한다(Pacta sunt servanda)는 계약법의 대원칙의 예외를 인정할 것인가의 문제이다. 이는 오래전부터 다투어진 쟁점으로, 우리나라와 일본은 "사정변경의 원칙[82)]"으로, 독일은 행위기초론(Die Lehre von der Geschäftsgrundlage)에 기해,[83)] 영미법은 계약목적달성불능의 법리(the doctrine of frustration)에 의해, 프랑스는 예견불능이론으로 설명한다.

개정안은 사정변경의 요건으로 첫째, 계약성립의 기초가 된 사정이 현저히 변경되었을 것, 둘째, 당사자가 계약성립 당시 이를 합리적으로 예견할 수 없었을 것, 셋째, 그로 인하여 계약을 그대로 유지하는 것이 당사자의 이해에 중대한 불균형을 초래할 것을 요한다.

개정안은 사정변경의 효과로서 당사자 일방은 상대방에 대하여 계약의 수정을 청구할 수 있고, 계약의 수정이 가능하지 아니하거나 그 수정이 변경된 사정 아래에서 사회관념상 당사자에게 기대될 수 없는 때에는 당사자는 계약을 해제 또는 해지할 수 있다. 즉 계약 수정에 관한 법원의 개입은 인정하지 않고 당사자의 계약해제권만을 인정하고 있다. 다만, 당사자의 재교섭의무에 대하여서는 규정하지 아니하였는데, 실제 사정변경을 이유로 하는 분쟁이 발생하는 경우 당사자 사이에서는 재교섭 자체가 거부되었거나 재교섭이실패된 사안이 통상일 것이므로 이를 계약의 수정이나 해제·해지의 전제로 정하는 것은 그 의미가 크지 아니하고,[84)] 그러한 재교섭의무의 법적 성질 및 효과 등에 대

---

82) '사정변경의 원칙'이라는 용어는 독일에서 유학한 세 명의 일본 학자 등의 저술에서 비롯된 것으로, 우리나라에서 사정변경 관련 논의는 손주찬 교수의 "物權變動과 事情變更의 原則－梨大病院賣買事件에 즈음하여－" 법조 제6권 제7·8호(1957. 8.), 34면 이하 논문에서 시작된 것이라고 한다(정상현, "프랑스 민법상 예견불능이론과 우리 민법에의 시사점", 「민사법학」, 제41권, (2008. 6.), 각주 2). 일본민법은 사정변경의 원칙을 인정하는 명문규정은 없으나 학설과 판례에 의하여 이를 인정하고 있다.

83) 2002년 개정 독일민법 제313조에 신설된 행위기초의 결여에 대해서는, 정진명, "사정변경 원칙의 명문화 방안", 「비교사법」, 제18권 제3호, 2011 참조; 개정 전 독일의 논의에 대해서는 이영준, "사정변경의 법리에 관한 연구－독일의 행위기초론을 중심으로－", 「사법논집」, 제5집, 1974, 67면 이하 참조.

84) 법무부 민법개정위원회, 계약법 개정이유서, 2024, 79－80면.

하여 추가적인 논란이 발생할 수 있어 재교섭의무의 도입은 법률관계를 복잡하게 할 뿐이고 그 실익이 크지 않기 때문이다.[85]

개정안 제538조의 2는 '계약의 효력'에 위치하는바, 원래의 계약이 사정변경에 따라 계약내용이 변경되어나 종료된다는 점에서 적절한 조문의 위치라고 생각한다.

(2) 예견불능 : 프랑스민법

개정 프랑스민법은 예견불능이론(La théorie de l'imprévision)을 전면적으로 수용하였는바, 개정 채권법이 이룩한 가장 큰 개혁 가운데 하나로 평가받는다. 본조는 계약 이행단계에서 발생한 계약의 중대한 불균형을 예견불능이론을 통하여 수정하여 계약적 정의를 실현하고자 하는 규정이다. 파기원은 일관되게 채무자에게 어떠한 결과가 발생할지라도, 불예견성을 이유로 법관이 계약을 무효화하거나 수정하는 것을 금지하였다.[86]

제1195조는 세 가지를 요구한다. 첫째, 계약의 체결시 예견하지 못한 사정의 변경이 발생하고, 둘째, 그로 인하여 일방 당사자의 이행에 과도한 부담이 발생하며, 셋째, 일방 당사자가 사정의 변경으로 인한 위험을 인수한 적이 없어야 한다. 첫째 요건은 계약의 경제성을 급작스럽게 변화시킬 사정으로, 계약체결시 근본적으로 예견할 수 없었던 사건의 돌발적인 발생이 있어야 한다. 둘째 요건인 사정변경으로 채무의 이행이 과도하게 부담스러운 채무자는 본조를 원용하여 불균형의 수정 또는 해제를 시도하거나, 채권자가 청구한 강제집행에서 제1221조의 "채무자의 비용과 채권자의 이익 사이의 명백한 불균형"을 주장할 수도 있고, 나아가, 이행이 불가능하다면, 채무자는 불가항력에 관한 제1218조를 주장할 수 있을 것이다.[87] 셋째 요건은 소극적 요건으로, 본조는 공적 질서에 관한 규정이 아니므로,[88] 만약 당사자가 위험을 인수하는 조항, 이른바 역경조항(clause de hardship)을 통해 사전에 미리 그 위험을 인수하였다면 사정변경으로 인하여 계약의 경제적 의미가 위험하게 된다고 하더라도 계약은 그대로 효력을 갖는다.

위 세 요건이 충족되면, 1단계로 일방 당사자는 상대방에게 재교섭을 요구할 수 있다(본조 제1항 제1문). 이 경우 상대방에게 재교섭에 응할 의무는 없고 재교섭의 자유만

---

85) 법무부 민법개정위원회, 계약법 개정이유서, 80면.

86) 파기원은 크라뽀느 운하(Canal de Craponne) 판결로 널리 알려진 1876년 3월 6일 판결(Civ., 6 mars 1876, *D.* 1876. 1. 193.)에서 법관에게 계약 변경권을 인정한 하급심 판결을 무효화하면서, 계약의 불가침성(l'intangibilité des contrats)을 이유로, "어떠한 경우에도, 그 판단이 아무리 형평에 부합해 보인다고 할지라도, 법원에 당사자들의 합의를 수정하거나 당사자들에 의해 자유롭게 합의한 조항을 새로운 조항으로 대체하기 위하여 시간과 사정을 고려할 권한이 부여되지 않는다."고 판시하였다.

87) G. Chantepie et M. Latina, *op. cit.,* n° 526, p.476.

88) O. Deshayes, Th. Genicon et Y.-M. Laithier, *op. cit.,* p.438.

있을 뿐이다. 그리하여 재교섭에 응하지 않았다고 하여 어떠한 과책을 구성하지 않는다. 그리고 그 일방은 재교섭 중에도 계약이 정지되는 것은 않으므로 자신의 채무는 계속하여 이행하여야 한다. 이로써 입법자는 이행지연으로 인한 분쟁을 저지하고자 한다. 재교섭이 무산될 경우 2단계로 당사자들은 합의에 의하여 계약을 종료하거나 법원에 조정을 요청할 수 있다(본조 제2항 제1문). 만약 합의가 이루어지지 않는다면 3단계 최종조치로 일방 당사자의 요청에 따라 법원이 개입하여 전권을 행사하도록 한다(본조 제2항 제2문). 법원은 계약을 수정하거나 당사자 일방이 정하는 날짜와 조건에 따라 계약을 종료시킬 수 있다.

(3) 사정변경 : 벨기에민법

한편, 개정 벨기에민법은 프랑스민법과 달리 예견불가능이론을 받아들이지 않고 사정의 변경(Changement de circonstances)이란 용어를 사용한다. 특징은 제5.74조 본조 제1항에서 계약준수 원칙, 즉 '각 당사자는 이행 비용이 증가하거나 반대급부의 가치가 감소하여 이행이 더욱 부담이 된 경우에도 채무를 이행하여야'함을 선언한다. 그런 후 사정변경의 예외를 비교적 상세하게 규율한다. 사정변경의 예외가 인정되기 위해서는, 첫째, 사정변경으로 인해 계약의 이행이 합리적으로 요구될 수 없을 정도로 지나치게 부담스럽고, 둘째, 계약체결 당시 변경 사항을 예측할 수 없었으며, 셋째, 사정변경이 채무자에게 귀책사유가 없고, 넷째, 채무자가 위험을 감수하지 않았으며, 다섯째, 법률 또는 계약이 이러한 가능성을 배제하지 않았어야 한다. 즉 본조는 강행규정이 아니므로 만약 당사자가 위험을 인수하는 조항을 통해 사전에 미리 그 위험을 인수하였다면 계약은 그대로 효력을 갖는다.

이러한 요건이 충족되면 양 당사자는 재교섭을 할 수 있으나 재교섭 기간 동안 채무는 계속 이행되어야 한다. 만약 합리적인 기간 내에 재교섭이 거부되거나 실패한다면, 법원은 당사자 일방의 요청에 따라 당사자가 사정의 변경을 고려하였다면 계약체결 당시 합리적으로 합의하였을 내용에 부합하도록 계약을 조정하거나, 또는 사정의 변경 이후의 날짜에 법원이 정한 방식에 따라 계약의 전부 또는 일부를 종료할 수 있다. 또한 소송경제를 위하여 소송은 약식 절차로 제기되어 심리된다.

4. 계약법 각론과 관련하여

가. 예약

법무부 개정안	개정 프랑스민법
제534조의2(예약) ① 당사자는 장래 체결할 계약에 관하여 예약을 할 수 있다. ② 당사자는 계약을 완결할 의사를 표시하여 일방적으로 계약을 성립시킬 수 있는 권리를 당사자 일방 또는 쌍방에게 부여하는 예약을 할 수 있다. ③ 제2항의 의사표시의 기간을 정하지 아니한 때에는 예약자는 상당한 기간을 정하여 계약을 완결할 것인지 여부의 확답을 상대방에게 촉구할 수 있다. 예약자가 그 기간 내에 확답을 받지 못한 때에는 예약은 그 효력을 잃는다. ④ 예약에 따라 성립할 계약이 방식을 요하는 경우에 그 방식은 예약에도 적용된다.	제1124조 ① 일방예약은 예약자인 일방 당사자가 수혜자인 타방 당사자에게 본질적인 내용이 확정되어 있는 계약의 체결을 위한 선택권을 부여하는 계약으로, 계약의 성립을 위해서는 수혜자의 의사표시만이 결여되어 있다. ② 수혜자에게 선택을 위하여 주어진 기간 동안의 예약철회는 약속된 계약의 성립을 방해하지 아니한다. ③ 일방예약의 존재를 이를 알고 있었던 제3자와 일방예약을 위반하여 체결된 계약은 무효이다.

[표 15] 예약 관련 조항의 비교

2024년 개정안은 예약을 기존 매매 파트에서 제거하고, 계약총칙 내에서 일반화하여 규율하였다(제534조의2). 이는 예약이 특정 계약유형에 한정되지 않고, 계약 전반에 걸쳐 활용 가능한 사전약정의 일반화 경향을 반영한 것이다. 특히 계약체결시 수익자가 특정되어 있지 않더라도, 장래 특정 가능성만으로도 유효성을 인정한다는 점에서, 기존의 현실적 특정 요건을 완화하였다. 또한, 개정안 제3항은 상대방에게 상당한 기간을 정하여 확답을 촉구할 수 있도록 하여, 법적 구속력 확보와 함께 계약 형성의 유연성도 동시에 추구하고 있다. 이는 법적 안정성과 자율성 간의 균형을 의식한 조문 구성으로 평가할 수 있다.

개정 프랑스민법은 제1124조에서 일방예약을 규율하며, 본질적 계약 내용이 확정되어 있고, 예약자의 일방적 의사표시만으로 계약이 성립할 수 있음을 전제로 수혜자에게 법적 청구권을 인정한다.[89] 프랑스 판례는 예약을 위반하고 체결된 계약이 제3자의 악의에 의해 체결된 경우, 예약에 기한 우선권자의 계약 무효 주장권까지 인정하고 있으며, 이는 예약의 법적 강제력을 실질적으로 본계약 수준으로 끌어올린 것이다. 특히 개정 프랑스민법은 2016년 개정을 통해, 계약의 무효사유로서 예약 위반을 명시하였으며, 예약이 단지 도덕적 의무가 아닌 구체적 법적 권리로서 기능한다는 점을 명확히 했다.

89) 이에 대한 해설은, 한불민사법학회, 개정 프랑스채권법 해제, 87면 이하 참조.

예약은 당사자 일방이 향후 특정 조건하에서 계약을 체결할 수 있는 권리를 확보하기 위하여 체결하는 계약이다. 이는 향후의 본계약 체결을 유도하거나 배타적 교섭권을 설정하는 도구로 활용되며, 특히 부동산 거래, 주식양도, 프랜차이즈 계약 등에서 선이행적 법적 안정성을 확보하는 수단으로 기능한다. 이러한 점에서 예약은 단순한 신의칙상의 신뢰관계를 넘어서 법적 구속력을 가지는 약정으로 간주된다. 한국 개정안은 예약을 일반계약의 구조로 끌어올림으로써 계약 전 단계에서의 권리구조를 제도적으로 정비했다는 점에서 의의가 크다. 다만, 프랑스법처럼 예약의 위반에 대한 제3자와의 계약 무효 인정 여부, 예약과 옵션계약의 구조적 경계, 예약자의 일방적 확정의사표시와 수혜자의 확정거절 간의 권리충돌 문제등에 대해 판례 축적이 아직 부족하다는 점에서, 향후 실무적 해석론의 정립이 과제로 남는다. 또한, 장래 특정성 요건의 해석 범위에 대해서도 비교법적 검토가 필요하다.

벨기에민법은 계약각론에 대하여는 아직 개정이 이루어지지 않았다.

나. 매도인의 담보책임

법무부 개정안	프랑스민법[90]
제574조(수량 부족, 일부 멸실) 삭제	
제574조(손해배상) 매매의 목적인 권리 또는 물건에 하자가 있는 경우에 매수인은 제390조에 의하여 손해배상을 청구할 수 있다. 이 경우 매도인의 추완 이행이 부적절하게 행하여진 때에는 매수인은 제395조 제1항의 최고 없이 이행에 갈음하는 손해배상을 청구할 수 있다.	제1645조 매도인은 목적물의 하자를 알고 있었다면, 그는 받았던 대금의 반환 이외에 매수인이 입은 모든 손해를 배상하여야 한다
제575조(매수인의 악의) 매매 당시 그 목적물에 물건의 하자가 있다는 사정을 알았던 매수인은 제571조부터 제574조까지의 규정에 따른 권리를 행사할 수 없다.	제1641조 매매목적물상의 숨은 하자가 이를 그 정해진 용도에 따라 사용하기에 부적합하게 하는 것이거나, 매수인이 하자의 존재를 알았다면 이를 매수하지 않았거나 그 대금을 더 적게 지급하였을 만큼 그 용도를 상당히 감소시키는 것인 경우, 매도인은 그 하자에 대하여 담보책임을 진다.
제576조(권리행사기간) 매매의 목적인 물건에 하자가 있는 경우에 매수인이 그 사실을 안 날부터 1년 내에 매도인에게 그 통지를 발송하지	제1648조 ① 해제의 원인이 되는 하자로 인한 소는 하자를 발견한 때부터 2년의 기간 내에 매수인에 의하여 제기되어야 한다.

아니하면 제571조부터 제574조까지의 규정에 따른 권리를 행사할 수 없다. 다만, 매도인이 하자를 알면서 고지하지 아니하였거나 중대한 과실로 알지 못한 때에는 그러하지 아니하다.	

[표 16] 매도인의 담보책임 관련 조항의 비교

(1) 일원론적 접근: 개정안

개정안은 매도인의 담보책임에 관한 특별 규정을 삭제하고 이를 일반 계약책임으로 통합한다.[91] 즉 채무불이행 책임과 담보책임을 동일한 법리로 해석하는 즉, 매도인의 담보책임을 채무불이행의 일종으로 보고, 계약의무를 위반한 결과 발생하는 모든 법적 책임을 하나의 체계로 통합하여 규율하는 일원적 구조의 세계적 추세를 따른 것으로 보인다.[92] 개정안에 따르면, 수량 부족, 일부 멸실에 관한 제574조는 삭제되어, 이제 물건의 하자에 관한 규정의 적용을 받도록 한다. 종래 권리의 하자 특히 타인권리의 매매를 이유로 하는 담보책임에 기한 손해배상은 이행이익 배상으로 해석되었고,[93] 물건의 하자로 인하여 확대손해가 발생한 경우 매수인은 일반 채무불이행책임을 근거로 손해배상을 청구할 수 있었다.[94] 개정안은 동일한 결과가 일반 계약책임으로서 발생하도록 규율하고 있다.[95] 개정안은 권리의 하자 또는 물건의 하자를 이유로 하는 손해배상책임과 관련하여 일반 규정의 적용을 확인하는 규정을 두어 이상의 내용을 명백히 한다. 지체책임이나 완전성 이익의 배상이 문제되는 경우 제390조의 적용으로 해결된다(제574조).

---

90) 계약각칙 즉 특별계약에 대하여는 프랑스민법과 벨기에민법의 개정이 아직 이루어지지 않았다. 그리하여 비교대상은 1804년 프랑스민법전이다. 벨기에민법전의 경우 제1645조, 제1641조에서 프랑스민법전과 동일한 내용을 규정하고 있다. 다만 제1648조는 하자로 인한 소송은 하자의 성질과 매매가 이루어진 장소의 관습에 따라 짧은 기간 내에 매수인에 의해 제기되어야 한다고 규정한다. 한편, 벨기에민법전은 L 2004-09-01/38, 제3조에 의해 제4절 소비자에 대한 판매에 관한 규정을 두어(2005년 1월 1일 시행) 소비자에 대한 판매자의 담보책임에 대하여 특별규정을 두고 있다. 이에 대하여는 다루지 않기로 한다.

91) 담보책임 관련 개정안의 기본방향에 관하여는 법무부 민법개정위원회, 계약법 개정이유서, 108면 이하 참조.

92) 독일은 2002년 채무법 현대화 개정(Modernisierung des Schuldrechts)을 통해 이원적 구조를 폐지하고 일원적 구조로 전환함에 따라 담보책임 규정이 사라지고, 채무불이행 일반 규정이 모든 계약 위반 사항을 포괄하게 되었다. 일본도 2020년 민법 개정을 통해 하자담보책임을 폐지하고, 채무불이행 책임 체계 내에서 해석하도록 하여, 매수인은 이행청구, 손해배상청구, 계약해제등 일반 채무불이행 법리에 따라 구제를 받는다.

93) 대판(전) 1967.5.18., 66다2618; 대판 1981.7.7., 80다3122; 대판 1993.1.19., 92다37727.

94) 대판 1989.11.14., 89다카15298; 대판 1997.5.7., 96다39455; 대판 2004.7.22., 2002다51586.

95) 법무부 민법개정위원회, 계약법 개정이유서, 120면 이하.

(2) 이원론적 접근: 프랑스민법

그런데 프랑스민법전은 제1641조에서 제1649조에 걸치는 9개의 조문을 두어 하자담보책임에 관하여 별도의 법원리를 규정하고 있어, 하자담보책임은 일반의 채무불이행책임과는 다른 독립한 법체계를 구성한다. 즉 채무불이행 책임과 담보책임을 별개의 개념으로 유지하여, 담보책임은 채무불이행과 무관하게, 매매계약에서 매도인이 제공하는 대상(물건, 권리)의 하자에 대해 자동적으로 발생하는 별개의 책임이라고 보고 있다. 그런데, 프랑스는 민법상 "전통적인 숨겨진 하자(vices cachés)"에 대한 매도인의 담보책임 외에 프랑스 소비자법전(Code de la consommation)상 소비자 보호 목적의 "물품적합성 결여(Défaut de conformité)"라는 개념이 별도로 존재하며, 적용 범위와 입증책임이 다르다는 점에 주의하여야 한다. 일반적으로 기대되는 품질을 갖추지 못한 경우 적합성 결여로 간주되며, 소비자는 대체품 제공, 수리, 가격 인하, 계약해제 요구를 할 수 있고, 무과실 책임으로 2022년 개정으로 구매 후 2년 이내 발견된 결함은 제조 또는 매도인의 책임으로 추정된다. 그리하여, 매매된 물품이 정상적인 사용이 불가능할 정도로 심각한 하자가 있는데, 매수인이 계약체결 당시 인지하지 못한 하자이고, 그 하자로 인해 정상적인 사용이 불가능하거나, 가치를 현저히 저하시킬 경우 매수인은 민법상 담보책임을 물러 환불, 수리, 손해배상을 청구할 수 있다. 매도인의 과실 여부와 관계없이 책임을 부담하지만, 하자의 입증책임은 매수인에게 있다.

(3) 물건의 하자와 귀책사유

다만 개정안에서 매도인의 귀책사유와 관련하여서는 권리의 하자와 물건의 하자를 구별하여 살펴볼 필요가 있다. 먼저 권리의 하자의 경우, 종래 우리 민법에서 권리의 하자를 이유로 하는 매수인의 이행이익 손해배상청구권은 매도인의 귀책사유를 전제로 하지 않는 무과실책임으로 설명되고 있었다. 이러한 결과는 프랑스민법에서도 마찬가지로 해석되고 있었다.[96] 다음으로 물건의 하자로 인한 손해배상의 경우, 현행 민법의 적용에서 물건의 하자를 이유로 하는 일반적 손해배상에서 판례는 일관하여 귀책사유를 요구하고 있다.[97] 프랑스민법은 물건의 하자의 경우 제1645조가 악의의 매도인에 대하여서만 손해배상 책임을 지우고 있지만, 판례가 영업적 매도인의 경우 악의를 간주하여 이행이익 배상을 허용하고 있다.[98] 그러나 우리 민법의 해석상, 그리고 정책적으로도, 물건

96) 남효순, "프랑스민법에서의 매도인의 담보책임(I)", 서울대 「법학」, 제34권 제1호, 1993, 170－171면 및 182면 참조.

97) 대판 1997.5.7., 96다39455.

98) Malaurie, Aynés et Gauthier, Les contrats spéciaux, 10e éd., 2018, no 411.

의 하자를 이유로 매도인에게 무과실의 이행이익책임을 지우는 결과는 인정하기 어렵다고 할 것이다.[99] 그리하여 개정안은 물건의 하자를 이유로 하는 손해배상책임의 경우 귀책사유 판단은 일반 규정에 의하는 것으로 하며, 별도의 규율을 두지 아니한다.

한편, 개정안 제575조는 매수인이 악의인 경우 담보책임을 청구할 수 없도록 하는데, 프랑스민법 제1641조는 매도인이 담보책임을 지기 위해서는 하자가 "숨은" 것임을 요구하여 유사한 요건을 두고 있음을 확인할 수 있다.

(4) 권리행사기간

권리행사기간과 관련하여, 개정안은 현행 민법의 구조를 유지하되, 종래 제척기간의 형태로 규정되어 있는 내용을 하자 통지의 형태로 규율하여 상법과의 기능적 일관성을 도모하는 동시에 그 기간을 1년으로 연장하여 매수인에게 불리하지 아니하도록 한다.[100] 프랑스민법은 별도로 하자 통지의무를 규정하지 아니하고 종래 "단기에"(dans un bref délai) 행사될 것을 정하였으나 2005년 개정으로 제1648조에서 하자를 발견한 날로부터 2년 내에 소를 제기하도록 개정되었다. 그런데 프랑스의 경우 소 제기를 전제하므로 2년이라는 기간을 두고 있지만, 재판 외에서 하자의 통지만을 요구하는 우리 민법의 경우 하자를 발견한 때로부터 1년의 기간은 적당한 것으로 보인다.

Ⅳ. 정리 및 결론

본 논문은 2024년 대한민국 법무부가 입법예고한 계약법 개정안을 중심으로, 개정 프랑스채권법과 개정벨기에채권법을 조문 단위로 비교함으로써 그 규범구조와 입법적 지향점을 조망하였다. 전체적으로는 각국의 계약법이 유사한 사회적 요청과 법제적 과제를 공유하면서도, 상이한 법문화적 토대와 체계에 따라 다양한 방식으로 그 해답을 구성하고 있음을 확인할 수 있었다. 나폴레옹 민법전에서 출발하여 개정작업 이후 각자의 길을 가고 있는 프랑스민법과 벨기에민법을 비교하는 작업은 의미있고 도전적이었다.

특히 신설된 조문인 '부당간섭에 의한 의사표시'와 관련하여, 프랑스는 이를 '강박의 하위 유형'으로, 벨기에는 '사정의 남용'이라는 독립 규정으로 각각 규율하고 있는 반면, 한국 개정안은 이를 독자적인 조항으로 신설하고 사기·강박과 병렬 구조를 취하였다. 이는 동일한 보호 요청에 대한 서로 다른 법기술적 응답으로, 입법형식과 체계의 차이를 통해 각국의 법문화적 특성이 드러난다. 개정안과 개정 프랑스채권법 및 개정 벨기에민법전에서

99) 법무부 민법개정위원회, 계약법 개정이유서, 132면.
100) 법무부 민법개정위원회, 계약법 개정이유서, 138면.

취지는 동일하지만 각각 “부당간섭”, “종속상태의 남용이라는 강박의 한 유형”, “사정의 남용”이라는 각기 다른 용어를 사용하고 구체적 접근방법이 상이하다는 점에서 흥미롭다.

다음으로 ‘사정변경’과 관련해서도, 벨기에민법은 한국 개정안과 유사하게 ‘사정의 변경’이라는 표현을 채택하고 있으나, 그 효과에서 재교섭과 조정, 법원의 개입을 통한 계약 수정 및 종료까지 허용하는 점에서, 계약 수정에 법원의 개입을 배제하고 당사자의 해제권만을 인정하는 한국 개정안과는 구조적 차이를 보인다. 반면, 프랑스는 ‘예견불능’ 이론을 도입하여, 계약체결시 예측 불가능한 상황에 대응하는 해석론적 장치를 조문화하였다.

그 외에도, 대리제도의 수권행위, 자기계약·쌍방대리의 제한, 대리권의 남용에 대한 규율은 세 법체계 모두 유사한 구조를 보이되, 세부적 효과와 요건은 상이하며, 이는 향후 실무 적용의 주요 비교법적 관찰지점이 될 것이다. 한편, 개정안에 신설된 의사능력 규정은 개정 프랑스채권법에서는 “온전한 정신상태”라는 개념으로 규율되는 한편, 개정 벨기에민법은 이러한 조항을 두고 있지 않다. 반면, 강행규정과 임의규정의 규율을 보면, 개정 프랑스채권법은 강행규정을 공적질서에 포함되는 것으로 보는 듯함에 반해, 개정 벨기에민법은 강행규정과 공적질서의 정의를 두고 명확히 구분하되 두 단어를 붙여 사용하고 있음을 확인할 수 있었다. 용어의 개념과 번역에 있어서의 어려움과 미묘한 차이의 중요성을 절감하였다.

담보책임의 성질과 관련하여, 프랑스민법과 벨기에민법은 담보책임을 일반 채무불이행책임과 다른 별도의 법정책임으로 보고 있음에 반해, 우리나라 개정안은 담보책임을 채무불이행 책임으로 성질을 규명하고 있다는 점에서 향후 비교한다면 의미있는 비교법적 연구가 될 것이다.

한국, 프랑스, 벨기에의 민법 개정작업은 현재 진행 중이다. 가장 먼저 테이프를 끊은 프랑스도 계약외책임과 계약각칙의 개정이 답보를 거듭하고 있다. 2020년 7월 29일 상원에 제출된 계약외책임 개정안은 아직도 교착상태에 빠져 있다.[101] 2017년 앙리까삐탕협회가 마련하여 총리에게 제출하였던 계약각칙 개정안에 대하여 2020년 협회는 업데이트하는 작업을 진행하였다.[102] 그리고 2022년 7월 Philippe Stoffel-Munck 교수가 의장을 맡은 위원회로부터 2022년 계약책임 개정초안이 마련되어 2024년 4월 15일 법률 제 2024-346호로 채택되었다.[103]

벨기에는 제8권 증거, 제3권 물권, 제2권 3장 부부의 재산관계, 제4권 상속, 증여 및 유언, 제5권 채권관계, 제1권 총칙 순으로 개정이 이루어졌고, 제6권 계약외책임이 2025

---

101) https://www.dalloz-actualite.fr/flash/senat-veut-avancer-sur-reforme-de-responsabilite-civile
102) https://www.henricapitant.org/actions/offre-de-reforme-du-droit-des-contrats-speciaux/
103) 프랑스 상원 사이트(https://www.senat.fr/rap/l23-634/l23-63410.html).

년 1월 1일부터 시행 중이다. 계약법 개혁을 위한 장관급 위원회는 제7권 계약각칙에 대한 제안서를 작성하여 2024년 10월 1일까지 공개의견을 받았다.[104] 제9권 담보법 중 제1편 인적담보는 2026년 1월 1일부터 시행될 예정이고, 제2편 물적담보는 아직 개정작업 중이다.[105] 제10권 시효법은 아직 초안 작성 중이다. 그리고 제2권 인, 가족은 아직 개정 작업이 이루어지고 있지 않았다.

이와 달리, 한국은 이제 막 걸음마를 뗀 단계이다. 작년 출범한 민법개정위원회의 첫 결과물인 "계약법 개정안"이 2025년 2월 7일 입법예고 되었고,[106] 두 번째 단계로 담보법 개정작업이 진행중이다. 결론적으로, 본 연구는 개정안의 주요 조항들을 비교법적으로 검토함으로써 한국 계약법 개정의 지향점과 잠재적 쟁점을 조망하였다. 단일 제도 비교를 넘어, 동일한 법현상에 대한 상이한 규율방식과 그 정책적 기저를 밝히는 작업은 향후 민법 전면개정 논의에 있어 중요한 참조점이 될 수 있으며, 비교법은 단순한 도입 모델을 넘어서, 자국 법체계의 독자성과 정합성을 성찰하는 거울로 작용해야 할 것이다. 민법 개정을 위해 앞으로 가야 할 길을 생각하며 로버트 프로스트의 시로 마무리에 갈음하고자 한다.

The woods are lovely, dark and deep(숲은 사랑스럽고 어둡고 깊다),
But I have promises to keep(하지만 나는 지켜야 할 약속이 있으니).,
And miles to go before I sleep(잠들기 전 가야 할 길이),
And miles to go before I sleep(잠들기 전 가야 할 길이 멀다.[107])

104) 벨기에 법무부 사이트에 민법전의 권별 개정 경과와 시행일, 그리고 현재 개정 상황이 잘 정리되어 있다(https://justice.belgium.be/fr/bwcc).

105) 벨기에 국회 사이트에서 담보법 초안을 다운받아 그 내용을 확인할 수 있다. 프랑스어와 독일어 두버전이 제공된다(https://www.lachambre.be/FLWB/PDF/55/3825/55K3825001.pdf.

106) https://www.moleg.go.kr/lawinfo/makingInfo.mo?mid=a10104010000&lawSeq=81672&lawCd=0&law-Type=TYPE5&pageCnt=50¤tPage=1&keyField=lmNm&keyWord=%EB%AF%BC%EB%B2%95&stYdFmt=&edYdFmt=&lsClsCd=%EB%B2%95%EB%A5%A0&cptOfiOrgCd=).

107) 로버트 프로스트, "눈 오는 저녁 숲에 멈춰 서서(Stopping by Woods on a Snowy Evening)"

법무부 〈민법 일부개정법률안〉의 분석과 비판

이진기*

국문초록

이 글은 2025년 2월 7일 법무부가 입법예고한 '민법 일부개정법률안'(공고번호 제2025-35호)을 검토·평가한 것이다. 이는 법무부 민법개정위원회 운영규정」에 근거하여 조직된 민법개정위원회(이하 개정위원회)의 양창수 위원장이 2024년 9월부터 10월까지 '법률신문'에 연속게재한 '민법 중 계약관련 규정에 대한 개정안 개요' [I]-[6]의 기본골격과 목차를 있는 그대로 좇아 그곳에 언급된 개정안의 법률규정을 조문별로, 그리고 필요한 경우 관련되는 약간의 개정안 법률규정을 추가하는 형식으로 이루어진다. 다만 초록에서 개별조항에 관한 평가와 검토까지 소개하는 것은 적절하지 않으므로 본문의 내용으로 넘긴다.

민법은 대한민국의 기본법률이다. 개정작업도 그 위상에 걸맞게 수행되어야 하며, 그 결과물도 걸작품Meisterstück이어야 한다. 개정되는 민법은 마땅히 개정위원회가 노력을 집중하여 지금까지 축적된 모든 민법학의 역량을 쏟아붓고 여기에 나머지 민법학자와 법률가, 그리고 일반시민의 동의를 얻은 작품이어야 한다. 그러나 민법개정의 출발에서 현재에 이르기까지 부족한 부분이 상당하다.

특정 목적의 달성을 위하여 일부 민법규정의 신설·개정을 목적으로 삼은 개정을 제외하면, 지난 2004년의 개정안이 민법의 전면개정(소개정?)을 다룬 사실상 최초의 시도이며, 이번 전부개정안은 2회의 좌절 끝에 마련된 3차 개정안이다. 이전 개정안들이 좌초한 원인은 개정의

* 성균관대학교 법학전문대학원 교수, 법학박사.

수요가 절실하지 않은 사정과 정확하고 제대로 된 민법이론의 부재에서 확인된다.

법률의 제·개정은 그 자체로 목적이 되어야 하며, 제대로 된 설계와 그 뒤에 굳건히 자리잡은 법이론이 '근본적인 개정'의 시작이다. 그리고 법관이 법과 양심에 따라 독립하여 재판하여야 하듯이(「헌법」 §103), 법률의 제·개정자는 법이론과 양심에 따라 국민을 위한 법을 만들어야 한다. 그럼에도 이전 개정안과 거의 유사한 문제의식이 이번 개정안에서도 또한 개선되지 않는 채 그대로 발견된다. 개정위원회의 선량한 의도와 열정에도 불구하고, 개정안은 그에 적용된 민법이론이 불완전하고 그 체계가 정비되지 않아 자랑스러운 대한민국 민법전이 되기에 몹시 모자란다(아래의 [개정안 비판 개요] 참조).

우리가 바라고 가져야 하는 민법개정안은 熱과 誠을 가지고 민법에 다가서는 사람은 누구든지 쉽고 읽고 이해하고 공감할 수 있는 것이어야 하며, 그 안에 민법이론이 녹아서 뒷받침하는 것이어야 한다. 한편 좌절된 이전 개정작업의 경험과 성과는 이번 개정안의 준비에 교훈을 주는 훌륭한 환경을 제공하지만, 개정안의 현실은 그 반대이다. '민법의 체계화', '불명확한 법률문제의 입법적 해결'과 '쉬운 글 바른 말의 사용' 등 개정안이 표방하는 이념은 과거부터 되풀이되는 약방의 감초문이지만, 정작 '지을 약'이 없다는 것이 문제이다. 개정위원회가 신설하거나 개정하려는 민법규정의 체계와 내용이 그 현황을 여실히 보여준다. 겉으로는 거창하지만 속이 빈 '민법의 현대화와 글로벌 스탠더드'는 더 하다. 중요한 것은 공허한 구호가 아니라 멋진 조문화이다.

민법은 시민의 법이다. 그런데 민법개정안은 최소한의 기본평가절차조차 거치지 않고 기습 예고된 졸속안이다. 좋은 시민의 법이 되기 위하여는 시민의 말을 들어야 한다. 시민은 백인백색이다. 그럴수록 더욱 다른 사람의 말에 귀를 기울여야 한다. 이를 위하여 여유롭게 묵히는 시간을 가지는 것이 오히려 좋은 민법개정안을 만드는 지름길이 될 수 있을 것이다.

[시작하며]

I. '민법 일부개정법률안'의 현황

2025년 2월 7일 법무부는 '민법 일부개정법률안'을 입법예고(공고번호 제2025-35호)하였다. 이는 2023년 6월 28일 법무부 훈령 제1476호로 제정된 「법무부 민법개정위원회 운영규정」에 근거하여 조직된 양창수 전 대법관을 위원장으로 하는 민법개정위원회(이하 개정위원회)가 마련한 <계약법 관련 규정에 대한 개정안>이다(이하 개정안 또는 <안>).[1)]

민법개정안은 1. 변화된 사회·경제·문화적 현실과 글로벌 스탠더드를 반영하고, 2. 법적 안정성과 우리 사회·경제의 안정적 발전을 위하여 경제활동의 기본법을 형성하는 민법개정이 시급하고 중대한 국가적 과제이므로 "국민이 쉽고 유용하게 쓸 수 있는 민법"을 만드는 것을 개정이유로 한다. 이를 바탕으로 민법개정은 판례와 학설로 형성된 해석과 법리를 조문화하여 민법의 규범력을 높이고 불명확한 법률문제를 입법적으로 해결하며, 그 과정에서 세계의 입법동향을 반영하여 규율내용을 현대화하고 '쉬운 글 바른 말'을 사용하여 국민의 접근성과 신뢰성을 높이는 것을 목적으로 한다.

민법은 대한민국의 기본법률이다. 이는 현재의 법률생활에 쓰고 적용함에 그다지 불편이 없다. 이럼에도 개정위원회는 타협적인 일반론을 제시하는 정도에 그치고 개정이 진정으로 절실한 이유를 제대로 밝히지 않는다. 또한 첨부된 조문별 제·개정 이유서만으로는 개정이유를 온전히 파악하기 어렵다. 여기에 개정안에 관하여 민법학계와 법원, 변호사협회와 경제계의 의견을 폭넓게 수렴하고 깊은 검토와 토론을 거쳐야 한다. 그러나 개정안은 공청회 등 적절하고 객관적인 최소한의 기본평가절차조차 거치지 않고 기습예고된 법률안이다. 더구나 개정작업에 참여한 25명 안팎의 인원이 민법학계와 실무를 대표하지도 않는다.[2)] 물론 지금의 정국 아래에서 '설마 개정안이 입법될 수 있을까'라고 낙관한 민법학자들의 잘못을 부정할 수는 없다. 아무튼 민법의 개정은 그에 걸맞는 무르익은 입법역량, 즉 성숙한 민법학과 축적된 실무의 판결례, 그리고 열정적이고 신중한 입법자세를 요구한다. 나아가 민법을 지엽적으로 조금씩 손댈 것이 아니라 이론과 체계로 무장하여 제대로 바꾸어야 한다.

개정위원회는 "개정안에 따른 민법의 현대화는 민사적 법률생활에서 타당한 해결

---

1) 위원회방식의 공동작업에 의한 법률의 제·개정에 관하여 '위원회는 책임과 자기비판을 희석하고 연령이 높은 측에서의 의문과 고집을 유리하게 하고 높은 법학수준을 가진 젊은 구성원을 중간 이하로 낮추는 부작용에 노출된다. 그럼에도 공동작업자의 객관성과 열정, 그리고 개인역량이 결함없는 법률소재의 협업에 대한 담보로 작동한다'고 평가한 Fr.Wieacker, Privatrechtsgeschichte der Neuzeit, 2.Aufl., 1967, §23 (474) 참조. 그리고 이글에서, Windscheid案 또는 內田案 등과 같이, 앞으로 제·개정안을 제·개정위원회의 장의 이름을 붙여 부를 것을 제안하여, 이러한 측면에서 2025년 개정안은 <양창수개정안>이다. 이는 위원장의 공로를 기리는 동시에 책임입법을 도모하여 제·개정입법을 평가하는 소중한 의미를 가진다. 이에 관한 예시로 「2022년 독일채무법 현대화법률」의 제정에 관하여 FS f. Cl.-W,Canaris zum 70. Geburtst., 2007, Claus-Wilhelm Canaris, 특히 IX.

2) 이밖에 법률전문가로 제정위원회를 채우고 그 성과물을 공개·논의하여야 한다는 G.Filangieri, La scienza della legislazione, Venezia, 1780-1785의 주장과 1인, 그것도 가능하면 지역적·국가적 이해관계와 무관한 외국인이 법률을 기초하여야 한다는 J.Bentham, A Fragment on Government, ed. with an Introduction by F.C.Montague, 1891의 입법이론을 소개한 H.Coing, Europäisches Privatrecht Bd.II: 19.Jh., 1989, §2 (9f.) 참조.

및 법적 안정성을 모두 크게 개선하여 국민의 편익을 높이는 동시에 분쟁 비용의 저감에 기여할 것으로 기대된다."고 결론짓고, "민법의 개정은 그 자체로 대한민국 법문화 전반의 진작에 기여할 뿐 아니라, 수준높은 민법으로 대표되는 국제사회에서의 위상을 제고하는 효과를 수반할 것으로 예상된다."고 한다. 이는 우리 모두가 바라는 희망사항이지만, 유감스럽게도 우리 눈앞에 둔 개정안은 시민의 요구와 거리가 있어 보인다. 무엇보다 '수준높은 민법'의 판단은 개정위원회가 아니라 일반 시민과 법률가의 몫이다.

II. 〈민법개정안〉, 무엇이 문제인가?

민법은 자유와 평등을 기본가치로 하고 민법학의 성과에 터잡아 합리화와 체계화를 추구하는 근대민법전이다. 그런데 2004년의 개정안, 2013년의 개정시안과 2024년의 개정안은 모두 민법이 '잘 만들어진 법전'이라는 평가에서 출발한 것으로 판단된다. 그렇지 않다면 신민법전의 편찬이 화두가 되었어야 할 것이다. 개정위원회는 이전의 개정안들이 "국회의 일정 기타 여러 가지 이유로 아쉽게도 법률로 성립하지 못하였다"고 하지만, 이는 개정이 좌절된 핵심원인이 이들이 미완성의 작품인 탓임을 희석하는 것에 불과하다.

개정위원회는 민법총칙편, 물권편과 채권편의 "근본적인 개정을 통하여 민법을 현대화함으로써 확립된 해석을 민법에 반영하는 동시에 입법자가 예상할 수 없었던 다종·다양한 법적 문제에 대하여 선제적으로 대응할 입법의 필요성이 대두"하였다고 설명한다. 하지만 이는 개정의도를 합리화·정당화하는 충분한 사유가 되기에 모자란다. 법률의 제·개정은 그 자체로서 목적이 되어야 하며, 막연하고 모호한 구호가 아니라 제대로 된 법이론이 그 시작이다.

개정위원회의 선량한 의도와 열정에도 불구하고 개정안은 걸작품과 거리가 멀고 영원하고 자랑스러운 기념비적 대한민국 민법전*monumentum aere perennius*이 되기에 모자란다. 그럼에도 가능하면 단기간 내에 높아진 민법학의 수준과 현대사회의 요구를 수용하여 개선된 민법전을 바라는 우리의 욕구를 외면하여서도 안 된다. 다음에서는 일단 개정안이 놓치거나 앞으로의 개선에 반영되어야 할 기본사항을 일반화하여 서술하고, 이어서 독일민법전의 법률규정을 주로 참조하여 개정안의 개별 개정·신설규정을 검토·평가한다.

1. 민법의 체계화?

현행법제는 '市民의 法'인 민법과 「상법」을 비롯한 민사특별법을 준별한다. 개정위원회가 기꺼이 인용한 1980년의 국제물품매매계약에 관한 국제연합협약CISG과 2002년에 최종완결된 유럽계약법원칙PECL 등의 모델규칙은 -비록 매매와 계약으로 규율대상을 한정하지만- 이름과 달리 민·상법통일규칙으로서 최상의 이성있는 행위주체를 전제하는 '商人의 法'이다.[3] 미국의 리스테이트먼트Restatement와 통일상법전UCC도 마찬가지이다. 따라서 이들의 조항을 민법전에 수용하는 작업은 '민법이 어떻게 되어야 하는가'와 '무엇을 어떻게 개정할 것인가'에 관한 기본철학과 개정방향의 설정과 불가분의 관계를 형성한다. 이들과의 관계설정을 포기한 개정은 전통적인 근대민법전의 체계를 파괴하고 그 대열에서 이탈할 위험에서 결코 자유로울 수 없다. 이밖에 최근 소비자관계－과 디지털제조물관련규정 등 유럽연합 차원의 명령과 입법지침을 민법에 담으려는 경향도 또한 주목된다. 양창수 위원장은 유럽의 사법통일흐름이 소기의 성과(?)를 거두었다고 하지만, 이는 여전히 그 공과가 다투어지는 영역이다. 더구나 「소비자기본법」과 「전자상거래법」 등 특별법률로 가득한 현행법제에서 이들을 굳이 민법에 편입할 절박한 사정도 없다.

좋은 민법을 위하여 우선 확실하고 설득력 있는 개정이념을 제시하고 민법이론과 실무를 반영하여 좋은 규정과 고쳐야 할 규정을 가리는 일관되고 일목요연한 기준을 수록하는 改正要綱의 작성이 선행되어야 한다.[4]

이정표의 부재는 개정안을 편의적·임의적이고 들쑥날쑥한 체계부조화로 만든 주범이다. 예를 들면, 개정위원회는 §§404－526의 120여 개 조항 중에서 §153을 흡수통합하는 §468만을 유일한 개정대상으로 하고 1998년의 외환유동성위기 이후 활용빈도가 급증한 채권자대위권과 －취소권, 현대사회의 거래생활에서 빠질 수 없는 다수당사자의 채권관계와 채권양도·채무인수를 전혀 손대지 않았으며, 심지어 1999년 구성된 법무부 <법무자문위원회 민법(재산법)개정특별분과위원회>가 심도있게 다룬 보증채무마저 빠뜨린다. 무엇보다 보증채무는 보증계약을 원인으로 하는 채무이다. 그 반면에 비용상환청구권 등 부당이득관련 조항들이 민법의 곳곳에 산재함에도 개정위원회는 §141 단서만을 삭제하여 <안> §748 III으로 옮긴다. 이러한 불균형은 '근본적인 개정'은커녕 원칙 없는 임의개정을 증언하는 주요자료이다. 이러한 모습은 1999년의 개정위원회가 민법전의 기본체제와 편서를 건드리지 않고 검토사항을 미리 못박지 않고 규정 전반을 전반적으로 음미(?)하여 개정사항을 점차 정하여 갈 것을 개정의 기본방침으로 한 것의 연장(?)으로 여겨진다.[5] 그러나 민법의 개정이 한가로운 산책이 되어서는 안 된다. 이와 관련하

---

3) 특히 J.O.Honnold/H.M.Flechtner, Uniform Law for International Sales under the 1980 United Nations Convention, 4.ed., 2009, 48－49 참조.

4) 한편 양창수 위원장이 언급한 '개정 작업의 기본방침'은 요강Grundsätze이 아니라 개정계획 또는 -순서Arbeitsprogramm이다. 이와 비교하여 현행민법의 제정에 관하여 1948년의 법전편찬위원회는 같은 해 민법기초위원회가 재산편에 관하여 완성한 민법기초요강을 계승한 사실(양창수, 민법연구 3, 1994, 자료(84－115)와 민법전의 역사적 성립과정(117－157, 특히 124 이하 참조))에 미루어 최소한의 개정기준은 갖추었던 것으로 짐작된다.

5) 양창수, "민법개정작업의 경과와 채권편의 개정검토 사항(채권총칙)", 「민사법학」, 제19호, 2001, 11－38면, 특히 13면.

여 -그 실현가능 여부는 묻지 않고- 1999년 개정위원회가 '민법(재산법)개정의 작업(안)'이라는 문건에서 현실적합성의 강화, 민법전의 포괄성과 통일성의 확보와 제고, 국민이 쉽게 이해·접근할 수 있고 논리적으로 탄탄한 구성을 가진 민법을 개정목표로 하여 후대에 부끄럽지 않은 민법전을 만들어 나갈 것을 천명한 사실이 주목된다.[6] 개정의 결과물이 언제나 긍정효를 가지는 것이 아니고 바랄 수도 없지만, 적어도 법률을 다루는 사람과 법률을 알기 바라는 시민 모두가 납득할 정도가 되어야 한다.

2. 민법의 현대화와 글로벌 스탠더드?

개정위원회가 강조하는 '현대화'와 '변화된 사회·경제·문화적 현실과 글로벌 스탠더드'가 몹시 막연하다. 개정안이 중점인용하는 CISG는 1980년, 네덜란드민법은 1990년에 만들어진 것으로 이제 더 이상 새롭지 않다. 이를 본받는 것은 낡은(?) 차를 버리고 중고차를 사면서 이전 차보다는 새 차니까 괜찮다는 것과 다르지 않다. 또 새 차가 언제나 좋은 것도 아니다. 반면에 개정안은 조합에 법인격을 수여하는 독일민법 §706 등 진정한 의미의 현대적 조항을 아예 검토조차 하지 않는다. 이밖에 개정안이 설정한 과제를 긍정할 경우에도 개정 또는 신설하는 법률조항에 대한 수요가 실증조사로 뒷받침되어야 하나, 그 누락은 치명적 약점이다. 이와 함께 <안> §3-2(의사능력, 독일민법 §105 I) 또는 §399-2(대상청구권, 독일민법 §285[개정전 §281]) 등 이미 19세기부터 존치하지만 그 효용가치가 현저히 떨어지는 규정을 있는 그대로 -그것도 때로는 거칠고 조악하게- 번역·수용한 경우도 빈번하다. 그럼에도 개정위원회는 이러한 역전상황을 제대로 해명하지 않는다.

개정위원회는 속 빈 정체불명의 구호를 외칠 것이 아니라 멋진 조문화로 증명하여야 한다. 민법이론과 달리, 민법은 세계화와 친하지 않은 국내법률이다. 따라서 남의 개정이 우리의 개정을 합리화하지 않고 남을 따를 이유도 없다: 민법이론과 거래실정을 반영하여 우리의 요구에 충실한tailor-made 민법이 현대민법이고, 잘 만들어져서 모범이 되는 민법이 글로벌민법이다. 다만 이성을 함께하는 시민의 법이라는 사실에서 민법은 이성에서 출발한 다른 민법전과 이념과 법률규정을 공유한다.

세상은 넓고 크다. 네덜란드민법전, 개정전의 프랑스민법전과 중복되는 이탈리아민법전[7]과 심지어 법률후진국인 중공민법전(중화인민공화국 민법전을 말한다. 1930년 국민당 정부가 제정·시행한 중화민국[중국]민법전과 구별하기 위함이다)의 입법동향까지 주시·인용할 불가피한 사정이 없다. 하물며 벨기에민법전은 여전히 개정 중이다. 여러 민법전을

6) 양창수, 「민사법학」, 제19호, 2001, 14-17면.
7) 19세기 프랑스민법전의 영향과 프랑스법권에 관한 개관은 Coing, Europ. PR 2, §3 II (13f.)와 §6 (29ff.).

두루 섭렵할 것이 아니라 독일민법전과 프랑스민법전과 같은 유수한 주요 근대민법전의 민법이론과 규정을 하나하나 정확하게 면밀히 검토·이해하여 개정에 반영하는 치밀하고 배려깊은 노력이 선행되어야 한다. 이러한 비교법적 접근과 고찰을 위하여 법학으로 무장한 매의 눈으로 현행법률을 정확하고 철저히 이해·인식하고 그 입법을 반성하는 작업이 선행되어야 한다. 개정은 개선이어야 하고, 개정민법은 갓 담은 포도주가 아니라 묵은장이 되어야 한다.

이밖에 개정안은 '다종·다양한 법적인 문제에 대하여 선제적으로 대응할 입법의 필요성'까지 언급한다. 그러나 성급한 예방입법은 법률의 속성에 반하고 그러한 조항도 확인되지 않으며, 오히려 <안> §110-2 등은 정반대이다.

3. 불명확한 법률문제의 입법적 해결?

개정위원회는 <안> §3-2, §106, §387, §468, §535, §539 II 등 일반적·주의적 선언규정과 정리규정을 신설한다. 그러나 <안> §3-2와 같이 민법체계에 적합하지 않거나 이를 파괴하는 조항, 원칙과 예외가 역전된 <안> §106 II과 §546, 폐지된 고정환율제에 천착하는 <안> §378, 개정실익이 의문인 <안> §535, 그리고 겉으로는 괜찮지만 실제로는 2% 부족한 <안> §§395 II와 544 II, §569 등 쉬운 이해를 가로막는 장애물이 적지 않다. 여기에 덧붙여 <안> §106 III과 §379에서와 같이 규범적 해석의 이름으로 미화된 지침의 제공은 사적자치를 위축하게 하고 국가의 개입을 규범화하는 사실관계지향적·계몽적 후견입법을 만들 위험이 상당하다. 나아가 <안> §395-2, §542-2 등 민법이론과 실무의 판례법리를 제대로 이식하지 않은 조항도 드물지 않고, <안> §§527-534와 같이 구성이 몹시 복잡하여 이해를 저해하는 규정마저 발견된다. 이들은 너무나 기교적·인위적이어서 법학전공자조차 한 호흡으로 읽을 수 없을 정도이다. 알 수 없는 법률규정은 명확할 수 없다.

나아가 개정안은 '합리적으로 인정되는 때에는'(<안> §§109 I, 110-2), '이미 그 채무를 이행할 수 없었다는 사정은'(<안> §535), '합리적으로 예견할 수 없었던 경우에'와 '사회관념상'(<안> §538-2), '그러한 전제가 없는 경우에는'(<안> §570) 등과 같이 민법학과 실무의 해석의 확정을 기다리는 열린 개념을 선호하는 경향이 뚜렷하다. 그러나 이는 입법을 맡은 담당자로서의 책임을 회피하고 스스로 불명확의 문을 열고 시민으로부터 멀어지는 기만이 될 수 있다.[8] 적당히 타협하는 법률개념을 피하고 법문을 단순·명쾌하게 구성하여야 한다.

---

8) 학문에 의한 날카로운 각인과 법형성을 장래의 숙제로 남길 때에는 지배적 견해가 입법자가 의도하거나 예견한 범위를 압도하는 '제정안의 위축'이 생길 수 있다는 정확한 비판으로 이미 E.I.Bekker, System und Sprache des Entwurfes eines Bürgerlichen Gesetzbuches für das Deutsche Reich [= Beiträge zur Erläuterung und Beurteilung des Entwurfes eines Bürgerlichen

4. '쉬운 글 바른 말'의 사용?

개정안은 또한 "민법의 문언을 한글화하고 어려운 한자어, 어색한 표현, 어법에 맞지 않는 문장을 쉬운 글과 바른 말로 수정함"을 개정이유로 한다. 그러나 정작 개정·신설된 <안> §530 II, §539 I 등 곳곳에서 아름다운 우리말과 거리가 먼 비문이 확인되고, 심지어 <안> §395−2와 §544−2, §399−2 등과 같이 낯선 번역투의 법문과 <안> §538−2 I, II 등 좋은 우리말과 거리가 먼 표현이 도처에 출현한다. 또한 <안> §395−2와 §544−2는 모순된 내용을 담은 실패한 조항이다. 이밖에 신설한 <안> §106 II 본문 등 심지어 법학을 전공한 사람에게조차 암호문과 같이 이해가 힘겨운 조항들이 개정이유를 무색하게 하며, <안> §110−2 I 등도 다르지 않다. '쉬운 글 바른 말'은 '읽기 쉬운 말'이어야 한다. 내용은 차지하고 쉽게 읽을 수 없는 법률은 결코 좋은 법률이 아니다.

마지막으로 개정안의 개정·신설규정에서 특히 時制에 대한 배려가 부족하다.[9] 법의 세계에서 시제는 법률효과를 결정하는 중요한 요소이므로, 이를 정확히 적시하는 것이 입법의 시작이다. 지금도 법문을 다듬는 작업을 시작하기에 늦지 않다.

양창수 위원장은 2024년 9월부터 10월까지 법률신문에 '아직 정부 내부의 것'(미공개안)으로 소개하면서 '민법 중 계약관련 규정에 대한 개정안 개요' [1]−[6]을 연속게재하였다. 그런데 이는 이제 입법예고로 '모두의 것'이다. 다음에서는 "개정안에 대하여 기탄 없는 의견 개진을 바란다."는 양창수 위원장의 격려에 용기를 얻고 동료 교수들에게 자문하여 법률신문의 연재순서에 대응하여 개정안의 개별조항을 검토·평가한다(로마 숫자로 매겨진 번호는 법률신문의 목차이다).

[개성안 비판 개요]

제1. 계약관련 규정에 대한 '민법 일부개정법률안' 비판 [I]

I. 개정안 제3조의2 (의사능력)의 신설

현행 민법	개정안
	제3조의2 (의사능력) 의사능력이 없는 사람의 의사표시는 무효로 한다.

1. <안> §3−2는 독일민법 §105를 모방하여 의사능력이 없는 사람의 의사표시[법

Gesetzbuches für das Deutsche Reich, 2.Heft], 1888, 77f.

9) 특히 이진기, 읽기 쉬운 민법, 2024의 각 소문해설 참소.

률행위]를 무효로 선언한다.[10] 그러나 첫눈에 신선하게 보이는 <안> §3-2는 현행민법의 체계와 조화되지 않고 오히려 제한행위능력자의 의사표시를 무효로 하는 민법전(독일민법 §104, §105 I)과 어울리는 조항이다. 민법은 의사무능력자와 행위무능력자의 의사표시를 무효로 하는 규정을 알지 못하며, 법정대리인의 동의없는 미성년자의 의사표시와 피성년후견인이 단독으로 한 의사표시는 단지 취소할 수 있는 의사표시일 뿐이다(§5, §10 I).

2. <안> §3-2는 '의사능력'과 '의사능력이 없는 사람'을 개념정의하지 않고 그 기준도 제시하지 않는다. 이 때문에 이를 원용하는 사람이 스스로 의사능력에 관한 사항을 증명하여야 하므로 규정이익이 현저히 훼손된다. 의사능력은 의사표시의 의미·내용을 인식하고 자기결정을 할 수 있는 지위로서 정상적인 인식력과 예기력을 바탕으로 자신의 행위의 의미와 결과를 합리적으로 판단할 수 있는 정신적 능력 또는 지능이고, 그 유무는 구체적 법률행위에 관하여 개별확정된다(대판 2022.05.26., 2019다213344). 다만 제한능력자의 법률행위가 취소되는 경우 그 효과(원상회복)에 관한 §141 단서를 대체하여 신설하려는 <안> §748 III이 의사무능력자를 개념화한 사실에서 의사능력이 없는 사람을 행위무능력자(독일민법 §105 I)와 무의식과 일시적 정신활동의 장애상태에 있는 사람(독일민법 §105 I)을 묶은 넓은 개념으로 이해할 수 있다.

법률거래에 참여할 능력이 없는 의사무능력자는 원칙적으로 절대보호되어야 한다. §1063 I는 유언에 관하여 의사능력을 가지는 사람만이 유언할 수 있도록 하여 의사무능력자의 유언기회를 처음부터 배제한다. 이를 두고 양창수 위원장은 "통설과 판례는 의사능력이 없는 자의 법률행위는 무효로 보고 있다."고 하지만 이는 처음부터 의사표시를 할 수 없는 능력의 부존재라는 실질이 아니라 법률효과에서 접근한 설명일 뿐이다: '없는 것은 효과를 가질 수 없다.' 의사무능력자의 의사는 법적으로 실재하지 않고 -호의관계에서와 같이- 설령 표시되더라도 법적 고려의 대상이 될 수 없으므로 규정가치도 없다.

3. 「정신적 제약으로 사무를 처리할 능력의 지속적 결여」로 성년후견개시가 심판된 피성년후견인의 의사표시[법률행위]는 언제나 취소할 수 있다(§9 I과 §10 I). §9 I과 <안> §3-2의 의사무능력의 관계가 명확하지 않지만, 전자가 후자를 포함하는 것은 명백하다. 그런데 정작 법정절차를 밟아 성년후견개시의 심판을 받은 사람의 의사표시는 취소로 비로소 무효가 되지만, 그렇지 않은 의사무능력자의 의사표시는 즉시 무효가 되어야 하는 기이한 불협화음을 피할 수 없다. 이 때문에 빚어지는 혼란을 해소하는 쉬

10) 이에 관한 해설로 이병준, "2024년 민법개정가안 중 법률행위 총칙(강행규정, 법률행위 해석 등)에 관한 분석", 「민사법학」, 제108호, 2024, 57-91면 참조.

운 방법은 청구권과 권리구제방법의 경합을 인정하고 무효와 취소의 이중효를 받아들이는 것이지만, 이는 간단한 것을 힘들여 복잡하게 만드는 잘못이다.

<안> §3-2를 신설할 것이 아니라 쉽고 간단하게 -지금과 같이- 의사능력이 없는 사람의 의사표시를 부존재 또는 불성립으로 취급하고 그 효과에 무효의 법리를 적용하면 그만이다.

4. 개정위원회는 <안> §3-2의 신설에 따르는 후속조치로 §141 단서를 삭제하고 <안> §748 III로 「의사무능력자와 제한능력자는 그 행위로 인하여 받은 이익이 현존한 한도에서 제747조의 책임이 있다.」를 신설한다. 그러나 이는 <안> §3-2의 신설이 없으면 불필요하고, 더구나 비용상환청구권을 비롯한 부당이득반환규정이 민법 곳곳에 산재함에도 유독 §141 단서만을 <안> §748 III으로 옮길 필연적인 이유도 없다.[11] 나아가 이는 제한능력자의 법률행위가 취소되는 경우 일반 시민에게 §141만이 아니라 <안> §141 I과 <안> §748 III을 엮어서 살펴야 하는 부담을 주는 현학적·고압적 입법이다.

민법의 기본틀을 벗어나고 §1063 I과 모순되는 <안> §3-2는 괜히 긁어 부스럼 만드는 무의미한 조항이므로 이를 신설할 정당한 이유가 없다.

제2. 계약관련 규정에 대한 '민법 일부개정법률안' 비판 [Ⅱ]

II. 개정안 제106조

현행 민법	개정안
제106조 (사실인 관습) 법령 중의 선량한 풍속 기타 사회질서에 관계없는 규정과 다른 관습이 있는 경우에 당사자의 의사가 명확하지 아니한 때에는 그 관습에 의한다.	제106조 (의사표시의 해석) ① 당사자가 합의한 공통의 의사가 있는 경우 이와 다른 표시는 법률행위의 내용에 영향을 미치지 아니한다. ② 상대방 있는 의사표시는 상대방이 알았거나 알 수 있었을 표의자의 의사에 따라 해석하여야 한다. 표의자의 의사를 알 수 없는 때에는 상대방이 합리적으로 이해하였을 내용에 따라 해석하여야 한다. ③ 법률행위는 그 성질, 목적 및 경위, 당사자의 언행, 거래관행, 그 밖의 사정을 고려하여 신의성실에 좇아 해석하여야 한다.

1. 양창수 위원장은 (**임의규정**)을 조문제목으로 하는 §105가 법률행위 해석의 기준이라는 차원에서 규율하므로 여기에서 강행적 성질을 가지는 법규정이 법률행위의 효력에 미치는 영향을 정면에서 규정하는 것이 바람직하다고 한다. 그러나 이는 오해이다.

11) 이밖에 <안> §748 III이 침해부당이득까지 포괄할 수 있다는 지적과 함께 그 신설을 지지하는 이병준, 「민사법학」 제108호, 2024, 67면 이하.

§105는 사적자치의 범위와 한계로 「선량한 풍속 기타 사회질서」를 설정하는 규정이다. 그리고 이미 §103와 −비록 견해는 갈리지만− §104만으로 사회질서에 관한 규정, 즉 강행규정을 위반하는 법률행위의 효력(무효)를 규율하기에 넉넉하다. 이밖에 <안> §105 I 「법률행위가 법령 중 강행규정을 위반하는 경우에는 법령에 달리 정한 바가 없으면 이를 무효로 한다.」는 §103의 반복이므로 이를 둘 실익이 없고 심지어 법문마저 투박한 非文이다: '법령에 다른 규정이 없으면, 강행규정을 위반하는 법률행위는 무효이다.' 구태여 중복규정하는 것이 개정자의 뜻이 아니라면 강행규정의 확정과 사회질서와의 관계를 민법학과 실무에 맡길 것이 아니라 개정에서 그 의미·내용을 구체화하여야 한다.

2. 개정위원회는 사실인 관습만이 해석의 결정적 기준이 되는 것이 아니라는 이유로 §106이 의의가 크지 않다고 평가절하한다. 그러나 §106은 단순히 해석의 기준만을 제시하는 조항이 아니라 §105와 한 몸을 이루어 '주관적 법'[권리]을 만드는 의사요소를 규범화하고 사적자치의 범위를 정하는 조항이다: 사실인 관습은 의사의 부분을 형성하며, 사회질서를 일탈하는 사실인 관습은 관습으로 존재할 수 없다. 여기에서 사실인 관습은 §532, §568, §656과 §674−5에서와 같이 어느 법률행위가 속하는 거래영역에서 표시된 의사를 보충하는 보편화된 관행을 말한다. 거래에 참여하는 사람은 낮은 비용으로 높은 효율을 추구하며, 사실인 관습이 그 빈틈을 메운다: 우리는 그냥 '짜장면 주세요'라고만 할 뿐 식탁과 의자, 수저, 물과 단무지, 그리고 그 이행방법까지 말하지 않는다.

3. <안> §106은 의사표시의 해석기준으로 규범적 해석을 조문화한 사실에서 나름 의미를 가질 수 있다. 하지만 이는 법학을 배운 사람이 마땅히 가지고 가져야 하는 해석방법이다.

(1) 먼저 오표시무해의 원칙*falsa demonstratio non nocet*을 조문화한 <안> §106 I은 합의를 전제하는 계약조항이므로 −의사표시와 계약을 분별하는 현행 민법과 <개정안>의 체계를 존중할 때에는− <안> §533 언저리에 위치하는 것이 나을 것이다. 그리고 I의 법문이 바로 읽고 해석하기에 몹시 난해하다. II를 참고하면 아마도 「합의한 공통의 의사」가 아니라 '공동의 인식'이 적절하게 보인다.

(2) 다음으로 독일민법 §133을 본받은 <안> §106 II는 총체적 난국이다. 1문은 표의자의 주관적 의사를 앞세운다. 그러나 의사표시는, 다른 사정이 없으면, 표의자의 진의를 알 수 없는 수령자의 시각aus Empfängershorizont에서 해석하는 것이 원칙이다. 이를 고려하여 2문을 1문으로 옮겨야 한다. 2문에서 '수령자의 시각에서'를 법문화하여 「상대방이 합리적으로 이해하였을 내용에 따」른 해석을 요구하는 단서는 수동적 지위에 있는 수령자에게 기대할 수 없는 과중한 부담이며, 이는 증명책임에 관한 다툼만을 부를 뿐이다. 그리고 「표의자의 의사를 알 수 없는 때에는」을 '표의자의 의사가 명확하지 않

는 때에는'으로 고쳐야 한다: 알 수 없는 의사는 의사가 될 수 없다. 아무튼 <안> §106 II 1문이 이미 2문의 규정내용을 포함하므로 2문을 삭제하더라도 문제되지 않는다.

(3) I과 II의 관계에서 II가 원칙이고 I이 예외이다. 그리고 상대방이 이미 표의자의 의사를 안 때에는 I만으로 충분하고 II 1문의 「알았거나」는 일정 부분 I의 규정내용과 중복된다.

(4) 마지막으로 대법원판례에 일상화된 용례를 조문화한 III은 이미 친족·상속편에 일반화·보편화된 입법양식(§908-2 III, §909-2 IV, §936 IV 등)과 결을 같이 하는 조항이다. 그러나 이처럼 법원을 대상으로 하는 후견문구까지 구태여 법조법으로 분류되는 민법에 둘 것인지는 의문이다.

4. <안> §106은 사적자치의 가치와 범위를 담은 §105와 §106의 의미·내용을 왜곡한 과잉개정이다. 설령 이를 개정하려고 할 때에도 세련되고 일의적인 법문으로 다듬어야 한다.

이에 덧붙여 개정안은 의사표시와 법률행위를 구분하지 않으며, 법률행위도 의사표시를 요건사실로 하므로 구별의 실익이 크지 않다.[12] 이는 취소, 대리권수여, 해제와 상계 등 하나의 의사표시로 성립하는 단독행위에서 특히 그러하다. 순수하게 법률이론의 시각에서만 바라보면, 취소의 객체는 반드시 의사표시로 제한되어야 한다.

III. 착오에 관한 개정안 제109조

현행 민법	개정안
제109조 (착오로 인한 의사표시) ① 의사표시는 법률행위의 내용의 중요부분에 착오가 있는 때에는 취소할 수 있다. 그러나 그 착오가 표의자의 중대한 과실로 인한 때에는 취소하지 못한다.	**제109조 (착오로 인한 의사표시)** ① 다음 각 호의 착오로 인한 의사표시는 의사표시자가 착오 없이 사실을 알았다면 그러한 의사표시를 하지 아니하였을 것이라고 합리적으로 인정되는 때에는 취소할 수 있다.
〈신 설〉	1. 의사표시의 내용에 상응하는 의사가 없는 경우 2. 법률행위의 필수적인 기초가 된 사정에 관한 착오 3. 상대방이 유발한 착오
〈신 설〉	② 착오가 의사표시자의 중대한 과실로 인한 때에는 취소하지 못한다. 다만 상대방이 그 착오를 알았거나 중대한 과실로 알지 못한 때에는 그러하지 아니하다.
〈신 설〉	③ 제1항의 의사표시 취소는 선의의 제3자에게 대항하지 못한다.

12) 이미 Motive zum BGB I, 1897, 126: "Die Ausdrücke Willenserklärung und Rechtsgeschäft sind der Regel nach als gleichbedeutend gebraucht."

1. 현행 §109와 마찬가지로 <안> §109도 착오를 개념정의하지 않고 이를 당연한 것으로 전제하고 그 확정을 법학과 실무에 맡긴다. 대판 2011.06.09., 2010다99798에 따르면 착오는 표시된 의사와 진의가 일치하지 않는 의사표시로서 표의자가 이를 알지 못하는 것, 즉 표의자의 인식과 그 대조사실이 어긋나는 것이다. §109 I에서 착오는 그 종류를 가리지 않고 그것이 법률행위의 내용에 관한 것으로 그것이 없었다면 의사표시를 하지 않았을 중요한 것이어야 하며, 그 증명책임은 착오를 이유로 취소하는 표의자에게 있다(대판 2008.01.17., 2007다74188; 대판 2020.03.26., 2019다288232).

2. 대판 2028.08.01., 2024다206760 등의 판시이유를 되풀이하는 <안> §109는 법률을 배운 사람조차 쉽게 이해할 수 없을 정도로 고압적·추상적이고 좋은 우리말과 동떨어진 불친절한 개정이다.

(1) I 본문에서 「착오 없이 사실을 알았다면」은 일종의 중복표현으로서 이를 '진의와 표시된 의사의 불일치를 알았다면'으로 대체하여야 한다. 또한 I 단서에서 「합리적으로」가 모호하다. 합리는 객관과 같은 뜻이므로 표의자가 아니라 理性人이 그 판단의 주체이다. 그러나 이는 표의자의 보호를 이념으로 하는 착오취소와 조화되지 않는다. 게다가 II 본문이 중대한 과실을 취소를 배제하는 요건으로 하기 때문에 이는 더욱 불필요하다. 다음으로 1호부터 3호는 I 본문을 적용하기 위한 요건인 동시에 착오의 모습을 구체화한 것이다. 그런데 1호('경우')와 2호와 3호('착오')에서 법문의 흐름이 일관되지 않는다.

(2) 1호 「의사표시의 내용에 상응하는 의사가 없는 경우」는 착오의 정의이므로 없어도 그만인 사족이다: I 본문과 1호를 이으면 '착오가 있는 경우 착오를 이유로 취소할 수 있다.'로 정리된다. 다만 2호와 대비하여 「의사표시의 내용」을 내용의 착오로 제한규정한 것으로 선해할 여지도 있으나, 굳이 현행 §109에 관한 민법학과 실무의 해석을 버리고 제한규정할 정당한 이유가 없고 시민에게 이를 이해할 것을 바라는 것도 무리이다.

(3) 2호는 스위스채무법(OR) §24 I Nr.4의 eine notwendige Grundlage des Vertrages를 「법률행위의 필수적인 기초가 된 사정」으로 옮겨서 동기의 착오를 법률행위의 내용으로 객관화·규범화한 것이다. 그러나 「필수적인 기초가 된 사정」, 특히 '필수적'과 '기초'가 막연하다. 착오취소의 취지를 고려하면 이는 원칙적으로 표의자에게 가치있는 주관적 사정이어야 하지만, 공동착오까지 기초에 관한 착오에 포섭하는 개정안에서 이는 확실하지 않다.

동기를 법률행위의 내용으로 삼는 합의까지는 필요없지만 동기가 알려지거나 표시되어 그 내용이 된 경우 이를 무효사유(§103) 또는 취소사유(§109)로 새긴 대판 1996.04.26., 94다34432와 대판 1998.02.10., 97다44737을 따르면, 동기의 착오도 내용의 착오이다. 그런데 2호와 II 단서를 조합하면, 중과실이 없는 표의자는 동기가 알려지지 않은 때에도 법률행위를 취소할 수 있다는 결론에 이른다. 아무리 표의자의 보호가 착오 취소의 목적이더라도 표의자가 스스로 초래하고 상대방이 알 수 없는 사정까지 취소사유로 삼는 것은 상식과 맞지 않는 기울어진 입법이다. 이밖에 개정안은 상대방의 보호를 위하여 신뢰손해 또는 이행이익의 상실손해의 배상을 언급하는 민법학의 성과를 전혀 돌아보지 않는다.[13)]

개정안은 주된 급부에 영향을 주는 공동착오를 기초에 관한 착오로 파악한다. 하지만 경제적 불이익이 없으면 내용의 중요부분의 착오가 아니라는 대판 1999.02.23., 98다47924를 따를 경우 민법에서 공동의 착오를 논할 이익이 별로 없다. 표의자와 상대방이 동시에 경제적 불이익을 입는 경우는 거의 상상할 수 없기 때문이다.

(4) 대판 1991.03.27., 90다카27440을 수용하여 신설한 3호에서 상대방이 유발한 착오는 그에게 알려진 착오이므로 이는 II 단서에 포섭될 수 있다: 시민에게 민법을 교육할 목적이 아니라면 3호는 없어도 그만이다. 이처럼 판결이 있다고 하여 언제나 신설·개정으로 이어질 것은 아니다. 이밖에 개정안에서 과실에 의한 유발의 인정 여부는 법학과 실무에 맡겨진다. 결론적으로 <안> I 1호부터 3호는 불필요하거나 독립의 규정가치가 거의 없는 반복입법이다.

3. II 단서는 표의자에게 착오에 관하여 중과실이 있더라도 상대방의 악의 또는 중과실이 있는 때에는 취소를 허용한다. 그러나 이는 취소를 원칙으로 하는 <안> §109에는 부적절한 사항이다. 의사표시를 수령하는 것 외에 아무것도 하지 않은 상대방의 심리상태는 원칙적으로 취소기준이 될 수 없고 이는 특히 일방적 의사표시로 성립하는 단독행위에는 처음부터 적용될 수 없다. 다만 예외무효를 예정하는 진의 아닌 의사표시(§107 I)에 관하여는 그렇지 않다.

4. 현행 §109로도 착오의 법률문제에 대처하기에 조금도 부족함이 없다. 오히려 <안> §109는 －민법이론과 실무를 구체화하려는 본래의 순수한 의욕에도 불구하고－ '합리적으로', '필수적인 기초' 등 모호하고 현학적인 불확정개념, 꼬인 법문과 중복되는 내용, 그리고 '취소할 수 있다→없다→다시 있다'로 연결되는 복잡한 논리구조 때문에 오히려 시민의 접근을 가로막는 혼란스러운 조항이다.[14)] 그러나 법률규정은 가능하면

---

13) 신뢰손해의 배상을 지지하면서 이를 계약책임으로 인식하는 최근의 연구로 문헌과 함께 박희호, "착오로 인한 취소와 손해배상책임 －착오에 관한 제109조 개정안과 관련하여－", 「비교사법」, 제32권 제1호, 2025, 127－157면. 149면 이하.

14) 이미 Ch. de Montesquieu. L'esprit des lois, 1758, L.29 Chap.16(여기에서는 Paris, 1844, 401－403을 인용함) '법의 제정에서 준수할 사항.'(Choses à observer dans la composition des lois.)에서 법의 문체가 간결(consis)·단순(simple)하여야 한다는 것, 법의 언어가 모든 사람에게 같은 생각을

단순·명쾌하여야 한다. 이밖에 <안> §§107−110과 이를 준용하는 신설 §110−2가 전혀 손대지 않은 「의사표시의 무효는[취소는] ... 선의의 제3자에게 대항하지 못한다.」는 예쁜 우리말과 거리가 멀다. 이 기회에 일괄하여 '표의자는 무효로[취소로] ... 대항하지 못한다.'로 쳐야 한다.

IV. 부당간섭에 의한 법률행위의 취소에 관한 개정안 제110조의2의 신설

현행 민법	개정안
〈신 설〉	**제110조의2 (부당한 간섭에 의한 의사표시)** ① 심리적 의존 상태 또는 긴밀한 신뢰관계에 의하여 의사의 형성에 부당한 간섭을 받아 행하여진 의사표시는 그러한 간섭이 없었다면 이를 아니하였을 것이라고 합리적으로 인정되는 때에는 이를 취소할 수 있다. ② 제1항의 경우 제110조 제2항, 제3항을 준용한다.

1. <안> §110−2는 현대사회의 수요를 반영하여 사기·강박의 모델에 준하여 부당한 간섭을 제도화하는 신설규정이다.[15] 지금까지 현행 민법, 독일민법과 스위스민법전은 <안> §110−2 I의 규정내용을 양속위반 또는 폭리로 규율한다. 이에 대하여 개정위원회는 양속위반의 적용이 일반조항에 의한 해결이 가지는 법적 불명확함과 절대적 무효의 효과 때문에 "다루기 무거운" 도구라고 비판한다. 이밖에 <안> §110−2의 규율내용을 §104로 대처하는 것도 가능하지만, 표의자의 '경솔, 무경험 또는 궁박'을 요건사실로 하고 유상행위만을 규율대상으로 하는 §104는 「부당한 간섭」과 일치하지 않는다. 한편 민법은 친권의 행사와 후견사무에 관하여 선관주의의무를 법정하므로(§921, §949−3) 표의자는 제한적으로 그 위반에 대하여 손해배상으로 구제될 수 있다(독일민법 §825 참조). 이밖에, 필요한 경우, 의사능력에 관한 민법이론을 부당한 간섭에 유추적용하는 해결방안도 가능할 것이다. 그러나 이들만으로는 타인의 부당한 간섭으로 의사를 형성·표

일깨우는 것이 필수적(Il est essentiel que les paroles des lois réveillent chez tous les hommes les mêmes idées.)이고 '중대한 사항은 전적으로 상대적'(une chose considérable est entièrement rel−ative)일 수밖에 없다는 이유로 '중대한'(considérable)과 '불안'(inquiétude) 등 모호한 열린 개념의 폐단을 지적하고, 법은 중간의 지적 능력을 가진 사람(gens de médiocre entendement)을 위하여 제정되어야 하고 결코 '현학적'(inquiétude)이어서는 안되며, 끝으로 부당한 억압이 되지 않도록(같은 뜻에서 또한 I.Kant, Beantwortung der Frage: Was ist Aufklärung, in: Berlinische Monatschrift, 1784, Heft 12, 481−494 [Nachdr. Frankfurt, 2015], 488f.) 확실한 순결함(정의, une certaine candeur)이 법 안에 있어야 한다고 역설한다.

15) 또한 김형석, "법 개정안에서 의사표시의 유효성", 「민사법학」, 제108호, 2024, 93−122면, 111면 이하.

시한 표의자의 완벽한 구제에는 모자란다. 이것이 <안> §110-2의 도입이유이다.

<안> §110-2 I은 무엇보다 민법학과 실무에 의한 구체화를 기약하는 일반조항이다: 「심리적 의존 상태 또는 긴밀한 신뢰관계에 의하여 의사의 형성에 부당한 간섭을 받아 행하여진 의사표시」(§104 참조). 양창수 위원장도 「심리적 의존 상태 또는 긴밀한 신뢰관계」가 일종의 개방개념임을 인식하고 법적 안정성의 시각에서 이를 엄격해석할 것을 강조한다. 아무튼 민법의 피적용자인 시민을 시험대에 올리는 것은 적절하지 않다.

2. <안> §110-2의 「부당한 간섭」은 표의자의 심리상태와 불가분의 관계에 있는 개념이다. 그런데 이것이 의사표시를 하지 않았을 것으로 「합리적으로 인정될 때」와 결합하는 순간 <안> §110-2는 그 효용가치를 상당 부분 잃을 수밖에 없다. 부당위압의 신설취지와 표의자의 주관을 객관의 눈으로 판단하는 것은 서로 모순되기 때문이다. 나아가 「부당한 간섭」과 사회질서의 위반(§104), 신의칙(§2 I), 그리고 강박(§110, 대판 2010.02.11., 2009다72643 참조)과의 상호관계의 해명과 경계의 확정이 여전히 숙제로 남는다. 이를 단순히 청구권 또는 구제수단의 경합으로 넘기는 것은 궁색하다.

아무튼 <안> §110-2는 §103과 부분적으로 §104, 그리고 §110을 압도하는 수퍼一般條項이 될 수밖에 없다. 타협적이고 적당한 「부당한 간섭」은 그 개방성과 포용성 때문에 표의자가 쉽게 기댈 수 있는 '쓰기 좋은 무기'로 가장 적합하기 때문이다. 마지막으로 <안> §110-2 I은 의사표시의 상대방을 특정하지 않지만, II이 §110 II를 준용하는 사실에서 간섭인이 아닌 제3자도 상대방이 될 수 있다. 이 때문에 제3자의 지위가 침해될 위험에서 자유로울 수 없다.

3. 개정위원회는 부당한 간섭으로 유언하거나 채무에 관하여 이해관계가 없음에도 밀접한 가족관계의 영향으로 담보를 제공하는 행위 등을 <안> §110-2의 적용대상으로 예시한다. 유언은 언제든지 철회할 수 있는 상대방 없는 단독행위이므로(§1108) 유언자가 생존하는 동안 취소는 사실상 불필요하고 민법도 특별한 취소규정을 알지 못한다. 다만 §109 I과 §110 I, II의 사정이 있으면 상속인과 수증자 등 유언자의 승계인도 §140에 따라 유언을 취소할 수 있다. 그렇지만 징표해석Andeutungsauslegung으로 유언자의 의사를 추단할 수 있는 사정이 인정되지 않으면, 유언에 최상의 가치를 두어야 하고 함부로 취소를 허용할 것이 아니다.

4. <안> §110-2의 요건을 충족하는 경우에도 표의자는 §146에 따라 추인할 수 있는 날부터 3년, 법률행위[의사표시]를 한 날부터 10년이 지나면 더 이상 취소권을 행사할 수 없다(§110 III을 준용하는 <안> §110-2 II 참조). 그러나 이는 -개정위원회가 예시한 가족관계의 영향이 있는 경우 등에서와 같이- 그 성질상 법률행위를 한 때부터 장

기간을 전제할 수밖에 없는 <안> §110-2의 규정가치를 떨어뜨려 사실상 쓸모없게 만들 수 있다. 반대로 상대방과 제3자의 보호는, 비록 입법의 몫이지만, 강박에는 일반제척기간을 적용하면서 그보다 정도가 약한 '부당한 간섭'에 더 긴 취소기간을 법정하는 것도 어색하다. 아무튼 취소기간에 관한 규정의 흠결은 결정적인 입법의 결함이다. 이와 함께 부당한 간섭의 존재에 관한 증명책임을 법정하여야 한다.

선량한 입법의도와 사회·경제적 수요에도 불구하고 이를 규범체계에 수용하는 실정법률화와 그를 위한 입법능력은 차원을 달리하는 문제이다. <안> §110-2은 의욕이 앞서 새로운 분쟁의 불씨를 만드는, 득보다 실이 큰 입법이다. 이는, §1004-2로 신설된 상속권상실제도와 「양성평등기본법」의 '성희롱' 등과 비슷하게, 법률체계를 흐리고 이미 적지 않은 일반조항에 새로운 일반조항을 더하는 무리한 입법이다. 신중에 신중을 더하여 진정으로 '쓸 수 있는 규정'이 아니면 차라리 묵히는 여유를 누려야 한다.

현행 민법	개정안
第137條 (法律行爲의一部無效) 法律行爲의一部分이無效인때에는그全部를無效로한다. 그러나그無效部分이없더라도法律行爲를하였을것이라고認定될때에는나머지部分은無效가되지아니한다.	**제137조 (법률행위의 일부무효)** 법률행위의 일부분이 무효인 때에는 나머지 부분은 효력이 있다. 그러나 그 나머지 부분만으로는 법률행위를 하지 아니하였을 것이라고 인정될 때에는 전부를 무효로 한다.

1. 개정위원회는 "법률행위 일부가 무효이더라도 일단 나머지 부분을 유효하게 존속시키려는 것이 당사자의 일반적인 의사이고, 효율성의 관점에서도 법률행위 전체를 무효로 보는 것보다는 나머지 부분만이라도 유효로 보아 존속시키는 것이 타당"하다는 근거로 §137의 전부무효 원칙을 '일부무효 원칙'으로 개정한다. 이는 법률행위의 효과에 관한 민법규정의 합리성을 제고하고 전부무효 원칙으로 인한 사회적 비용을 절감하는 것을 정당화사유로 한다.

2. 일부무효의 원칙화는 민법체계를 깨뜨릴 위험에서 자유롭지 않다. §137은 §103, 즉 사회질서의 위반으로 인한 무효를 주된 규율대상으로 하고, §103은 다시 강행법규를 포함하여 현행법질서의 법적 확신이 실현하려는 사회의 가치를 내용으로 한다. 이처럼 §103에 따라 법률행위의 일부가 무효로 선언되는 사실을 외면하고 나머지 부분을 유효로 하는 <안> §137은 현행법체계가 수호하는 기본가치와 모순된다. 반면에 §§107과 108의 무효는 §137까지 끌어들일 필요도 없이 당사자의 자유의사에 그 해결을 맡기면 충분할 것이다.

3. <안> §137 본문은 동시에 §103과 함께 사법의 기저를 이루는 큰 이상을 표현하는 불법원인급여에 관한 §746(대판 [전] 1979.11.13., 79다483)을 부정하는 부작용을 수반한다: §746은 불법의 원인으로 재산을 급여하거나 노무를 제공한 경우 이익의 반환을 배제하여 소극적으로 법적 정의를 유지하는 것을 취지로 하는 규정이다. 그러나 잔여부분의 유효를 원칙으로 하는 <안> §137는 입법자와 대법원이 애써 금지한 급부의 [일부]반환을 실질상 허용하는 위험한 결과를 부를 수 있다. 민법이론과 −체계를 일탈한 법률은 첫 단추부터 잘못 끼운 입법이다.

4. 개정규정만을 떼어놓으면 얼핏 그럴듯하게 보이더라도 민법의 전체질서와 화합하지 않는 즉흥적인 개정은 결코 옳을 수 없으며, <안> §137이 바로 그 경우이다. 눈앞에 아른거리는 성급한 개정이 아니라 체계를 조망하는 진지하고 사려깊은 법학적 접근방법이 절실하다. 끝으로 일부무효 원칙의 수요는 「약관법」 §16, 「이자제한법」 §2 III과 「대부업법」 §8 IV 등 특별법으로도 얼마든지 충족될 수 있다.

제3. 계약관련 규정에 대한 '민법 일부개정법률안' 비판 [Ⅲ]

V. 자기계약(자기행위)·쌍방대리에 관한 규정보완(〈안〉 제124조 단서)

현행 민법	개정안
제124조 (자기계약, 쌍방대리) [본문] 그러나 채무의 이행은 할 수 있다.	**제124조 (자기계약, 쌍방대리)** [본문] 그러나 채무의 이행 또는 권리만을 얻거나 의무만을 면하는 행위를 하는 때에는 그러하지 아니하다.

1. 본인을 위하는 의사(본인의 이름과 계산으로)와 대리인의 자기를 위한 의사가 충돌하는 자기계약과 쌍방대리는 무권대리로서 대리가 아니다. 다만 §124 단서는 이른바 중립적 법률행위에 해당하는 채무이행을 그 예외로 한다. 독일민법 §181도 자기행위를 채무의 이행으로 제한한다.

2. (1) 개정위원회는 <안> §124 단서에서 부담 없는 증여 등 본인이 권리만을 얻거나 면제계약 등 채무를 면하는 절대적 이익행위로 예외사유를 확장한다. 이는 이익충돌의 위험이 없음을 근거로 한다. 그러나 절대적 이익행위의 일반규범화는 경계하여야 한다. 이는 본인에게 이익이 강제되는 결과를 동반할 위험에서 자유롭지 않다. 그러나 "어느 누구도 그의 의사에 반하여 이익이 강제되어서는 안 된다." (제3자를 위한 계약에 관한 §539[16]와 제3자의 변제에 관한 §469 II, 그리고 아래의 <안> §542−2의 설명 참조)

이와 비교하면, §5 I 단서는 미성년자가 이익만을 얻는 절대적 이익행위에 확정적 효력을 부여하는 조항이다. 그러나 이는 본인의 지위를 가진 미성년자가 행위자라는 사실에서 대리인이 본인의 이름으로 법률행위를 하는 <안> §124 단서와 차별화된다.

(2) 백 보 양보하여 설령 <안> §124 단서를 그대로 둘 경우에도 단서를 '대리인이 본인의 채무를 이행하는 때 또는 본인이 권리만을 얻거나 의무를 면하는 행위를 하는 때에는 그렇지 않다.'로 풀어서 써야 한다.

Ⅵ. 대리권의 남용에 관한 제124조의2의 신설

현행 민법	개정안
〈신 설〉	**제124조의2 (대리권의 남용)** ① 대리인이 자신 또는 제3자의 이익을 위하여 그 권한을 남용하여 대리행위를 한 경우에 상대방이 그 사정을 알았거나 중대한 과실로 알지 못한 때에는 대리행위는 본인에 대하여 효력이 생기지 아니한다. ② 제1항의 경우에 제130조부터 제133조까지의 규정을 준용한다. ③ 제1항의 무효는 선의의 제3자에게 대항하지 못한다.

1. <안> §124–2는 민법학의 연구성과와 대판 1987.10.13., 86다카1522 등 실무의 대리권남용이론을 수용하고 비교법적 상황을 고려하여 신설하는 조항이다.

2. 대리는 본인의 이익을 위한 제도이며, 대리행위는 대리인이 본인의 이름과 계산으로 하는 법률행위[의사표시]이다. 본인을 위하는 의사 없이 대리권을 남용하는 행위는 본인과의 관계에서 결코 대리행위가 될 수 없으므로 그 효과가 직접 대리인에게 귀속되어야 한다. 하지만 그 사정을 모르는 상대방과의 관계에서는, 그것이 대리권의 범위 내의 것일 때에는, 이는 적법한 대리행위의 외관을 가지므로 대리의 효과를 부여하여야 한다. 위험은 그로부터 이익을 얻는 사람[본인]에게 귀속되어야 하기 때문이다*periculum est cuius commodum est*. 이때 상대방이 대리권의 남용을 알았거나 알 수 있었던 경우가 문제된다. 그 해결을 위하여 다수견해와 실무는 이익상황이 비슷한 §107 I 단서를 유추적용한다. 그러나 이를 위하여는 진의의 부존재를 의제하여야 하고, 이는 다시 번거롭고 인위적인 논리조작을 거쳐야 한다. 한편 일반조항은 가능하면 최후에 적용되어야 하므로 §2 II의 권리남용을 적극동원하는 것[17]은 자제하여야 한다.

16) 또한 계약의 당사자가 제3자에 대하여 가진 채권에 관한 채무를 면제하는 계약도 제3자를 위한 계약에 준하는 것으로서 유효하다는 대판 2004.09.03., 2002다37405 참조.

17) 별개의 대리권남용 법리를 구축하는 것이 더 체계적이라는 이동진, "대리권남용소고", 「민사법학」, 제109호, 2024, 3–55연은 <안> §124의2를 지지하면서 "대리권·대표권남용의 근거는 권리

3. 대리권남용은 적법한 대리권을 전제하는 사실에서 무권대리와 구분된다. 그럼에도 대리권남용은 본인을 위하는 의사가 없어 대리의 실질을 가질 수 없기 때문에 무권대리와 이익상황을 같이 한다. 이것이 무권대리에 관한 §§130−135의 규정을 그 성질이 허용하는 범위에서 대리권남용에 유추적용하기 위한 계기이고, 개정위원회도 "무권대리에 준하는 법률효과"라고 한다. 그런데 개정위원회는 §135를 적용하지 않는다고 하지만 <안> §124−2 I은 −경과실을 중대한 과실로 바꾼 것을 제외하면− 실제로는 현행 §130과 §135 I과 II 전단을 묶은 것이고 무권대리에 관한 §§131−133은 사적자치의 원칙에 따르는 당연한 조항이므로 II는 별다른 규정이익이 없다.

(1) <안> §124−2 I은 '대리권을 남용하는 행위는 본인에 대하여 효력이 있다.'는 원칙을 생략하고 그 효력이 배제되는 예외만을 담는다. 원칙과 예외로 이어지는 친절한 입법이 아쉽다.

I은 악의와 −§135 II 전단을 벗어나서 추상적 경과실이 아닌− 중대한 과실의 부존재를 상대방의 보호요건으로 하여 그의 보호를 강화한다. 이 때문에 추상적 경과실의 부재를 기준으로 하는 표현대리에 관한 조항은 더 이상 대리권남용에 적용될 수 없다. 이에 관하여 양창수 위원장은 "단순한 과실이 있다는 이유만으로 대리의 효력을 부정하는 것은 대리 제도의 기능과 신뢰성의 관점에서 적절하다고 말하기는 어렵다"고 한다. 그러나 실무에서 대리권남용은 주로 친권행사(대판 2011.12.22., 2011다64669)와 상행위(대판 1997.08.26., 96다36753)에 집중되므로 중대한 과실의 법제화가 가져올 이득이 그다지 크지 않을 것으로 짐작된다. 그렇지 않으면 중대한 과실을 채용하는 이익이 실태조사에 의하여 증명되어야 한다.

(2) 마지막으로 <안> §124−2 III의 「제3자」는 I의 「제3자」와 달리 대리행위를 기초로 새로운 이해관계를 맺고 인도·등기 등의 방법으로 외형상 확정적 권리를 취득한 사람을 의미한다. 이는 신뢰보호를 대입한 것으로, 표의자로부터 유래하는 잘못된 의사표시, 즉 진의 아닌 의사표시(§107), 통정허위표시(§108)와 착오로 인한 의사표시(§109)에 관하여 각 II가 선의를 제3자를 보호하는 것과 형평을 유지하는 입법이다.

4. <안> §124−2의 신설은 그 동안 민법학과 실무에서 무르익은 대리권남용을 제도화하고 대립되는 해석을 정리하여 무권대리에 근접한 해결방식을 정비한 측면에서 일응 설득력을 가진다. 그러나 복잡한 구성의 <안> §124−2를 반드시 독립신설하여야 하는 것은 아니다. 이를 §130 II 또는 §135 III으로 하여 −'중대한 과실'을 별론으로 하고− 「대리인이 대리권을 남용하는 경우 무권대리에 관한 규정을 적용한다. 그러나 본인은 그 무효로 선의의 제3자에게 대항할 수 없다.」로 경제적으로 재구성할 수 있다.

남용에서 찾아야 한다"고 하고 대리인 측 요건을 보다 넓힐 필요가 있다고 덧붙인다.

VII. 외화채권에서 채권자의 급부대용권 확인 (제378조)

현행 민법	개정안
제378조 (동전) 채권액이 다른 나라 통화로 지정된 때에는 채무자는 지급할 때에 있어서의 이행지의 환금시가에 의하여 우리나라 통화로 변제할 수 있다.	**제378조 (외화채권)** 채권액이 다른 나라 통화로 지정된 때에는 지급시 이행지의 환율에 의하여 채무자는 우리나라 통화로 변제할 수 있고, 채권자는 우리나라 통화로 지급할 것을 청구할 수 있다.

1. <안> §378은 화폐의 실질가치를 전제로 하는 고정환율제에 터잡은 대판 (전) 1991.03.12., 90다2147을 모범으로 대용청구권을 입법한 개정규정이다. 그러나 이는 환율제도의 본질과 자유시장경제질서를 돌보지 않은 탁상개정의 전형으로서 관리변동환율제를 채택한 현대사회의 거래생활에 쓸 수 없는 조항이다. 이는 동시에 대법원판결례를 비판없이 기계적으로 수용하는 경우 이로 인하여 발생할 수 있는 위험을 경고한다.

2. <안> §378에서,

(1) 「환율」이 개정취지를 퇴색하게 한다. 외환유동성위기가 고조되었던 1998년 고정환율제를 포기하고 관리변동환율제를 채용한 정부와 한국은행의 조치로 환율은 이제 지역별, 금융기관별, 그리고 외환시장이 열리는 아침부터 저녁까지 끊임없이 움직이는 유동개념이다. 그러한 불확정개념은 기준이 될 수 없고 되어서도 안 된다. 시중에 사용되는 기준환율은 매도·매수가확정의 출발이 되는 그때그때의(일별) 환율을 뜻하는 편의적·기능적 용어로서, 한국은행 금융통화위원회가 물가상승률, 경제성장률, 국제금융시장 동향과 가계부채 등을 반영하여 년 8회의 정기회의와 임시회의에서 확정·유지하는 기준금리[이율]와 성질을 완전히 달리한다.

(2) <안> §378에서 '이행지'는 약정하거나 법정된 이행지와 현실이행지의 이중적 의미가 될 수 있으므로 이를 명확히 하여야 하고, '지급시'도 가능하면 '현실제공하는 때'(§460 참조)로 정비하여야 한다.

3. 다음으로 채무자는 그의 선택으로 「우리나라 통화로 변제할 수 있」다. 그 결과 채권자는 꼼짝없이 채무자가 변제제공하는 원화를 수령하여야 한다. 그러나 쿠바에서 원화를 지급하는 것은 아무런 소용이 없다. 이밖에 일정한 요건 아래 수령을 거부할 수 있는 길을 채권자에게 열어야 한다. 반대로 채권자가 우리나라 통화로 지급할 것을 청구하는 경우 그 비용은 채권자의 부담으로 하여야 한다(§473 단서 참조).

4. 지난 시대의 고정환율제에 적합한 <안> §378은 −임의규정임을 감안하더라도− 좌표를 잃은 시대착오적 개정조항이다. 관리변동환율제와 맞도록 §378을 '다른 의사표시

가[약정이] 없으면, 채무자는 현실제공할 때의 환율에 의하여 이행지의 통화로 변제할 수 있다.'로 고치고, 금융실무에 자문하여 환율확정을 위한 기준시기와 기준장소를 구체화하여 정비하여야 한다.

VIII. 법정이율에서 변동이율제의 도입(제379조의 개정과 상법 제54조의 삭제)

현행 민법	개정안
제379조 (법정이율) 이자있는 채권의 이율은 다른 법률의 규정이나 당사자의 약정이 없으면 연 5푼으로 한다.	**제379조 (법정이율)** 이자 있는 채권의 이율은 다른 법률의 규정이나 당사자의 약정이 없으면 한국은행에서 정하는 기준금리, 시장에서 통용되는 이율, 그밖의 경제 사정의 변동을 고려하여 대통령령으로 정한다.
상법 제54조 (상사법정이율) 상행위로 인한 채무의 법정이율은 년 6푼으로 한다.	〈삭 제〉

1. 민법 §379는 년 5%, 상법 §54는 년 6%의 고정이율을 법정이율로 한다. 이는 유스티니아누스 1세 황제기를 즈음하여 종전의 년 10%(년 1할)와 12%(월 1부)의 이율에서 기독교의 영향으로 감경된 이율을 수용한 역사적 경험칙을 담은 제도이다. 이를 포기하고 변화하는 경제사정에 적합하게 경제현실과 이율을 연동하는 변동이율을 채용하는 <안> §379는 획기적 전환으로서 매력있는 개정안이 될 수 있다.

2. 그러나 말과 달리 이율의 확정이 경제사정을 제때에 반영하지 못하고 뒷북치는 경우가 허다하고 이 때문에 <안> §379의 규정목적이 현저히 훼손될 수 있다. 비슷한 현상이 「주택임대차법」 §7과 「상가건물임대차법」 §11, 「이자제한법」 §2 I과 「이자제한법 제2조제1항의 최고이자율에 관한 규정」, 「대부업법」 §8 I과 「동 시행령」 §5 I 등에서 확인된다. 또한 지연이자와 중간이자의 공제 등에 관하여 이율의 변동에 따른 계산의 복잡화도 피할 수 없는 불편이다. 이를 인식한 양창수 위원장도 "실무의 법형성을 기대하는 것이 적절하다."고 부언한다.

3. 대통령을 가르치는 「한국은행에서 ... 경제 사정의 변동을 고려하여」가 기준금리(2025년 10월 23일 현재 2.50%의 한국중앙은행 기준금리)와 시장 대출금리(최고 19.99%의 신용할부금리)의 간극이 매우 큰 금융시장의 상황을 제대로 반영하지 못하고 '경제 사정의 변동'도 지나치게 애매모호하여 법정이율의 확정을 위한 기준이 되기에 몹시 부족하여 오히려 혼란만을 초래하는 계몽적·후견적 사족이다. 이 부분을 삭제하고 다른 개별법률에서와 같이 「대통령령으로 정한다.」로 줄이면 그만이다. 지나침은 모자람만 못하다.

4. 한편 고정이율제는 특히 장기의 신용조달에 관하여 채권자와 채무자에게 골고루

위험을 분배하는 형평관념을 담은 조항이다(비슷하게 다른 의사표시가 없으면 중등품질의 물건로 이행하게 하는 §375 I 참조). 고정이율제는 또한 각 경제주체[시민]가 확정된 이율에서 출발하여 미래를 명확하게 예측·설계하고 그들의 재산을 안정적으로 관리·운용하기 위한 기초로서 긍정적인 기능을 가진다. 이와 비교하여 실물경제를 있는 그대로 반영하는 것을 개정명목으로 하는 변동이율제로의 전환은 채권자, 채무자 또는 금융이용자가 홀로 이율변동의 위험을 전부 떠안아야 하는 몹시 가혹한 제도가 될 위험이 상당하다. 이것이 변동이율제로의 전환에 앞서 반드시 국민의 수요와 의식에 관한 실증조사를 거쳐야 하는 이유이다.

IX. 채권자의 이행청구권에 관한 규정 신설(제387조)

현행 민법	개정안
〈신 설〉	**제387조 (채권자의 이행청구권)** 채권자는 채무자에 대하여 채무의 이행을 청구할 수 있다.

1. 개정위원회는 2013년 개정시안에 따라 §387을 신설하고 현행 §387을 §388로, 그리고 현행 §388을 §388－2로 고친다. 그런데 독일민법 §241 I 1문(또한 독일민법 §194 I 참조)을 불완전하게 옮긴 <안> §387도 또한 후견의 강박관념에 사로잡힌 정리입법(?)의 전형이다.[18]

법률개념의 정의는 입법자가 그의 말을 직접 설명·확정하여 그의 말과 관념, 즉 규범목적을 연결하는 다리이다. 하지만 고도로 추상화된 민법전에서 입법자는 정의하여야 할 것만을 정의하는 것으로 자제하여야 한다. 그렇지 않으면 신의성실, 관습법, 법률행위, 무효와 취소, 동의와 승낙 등 법률효과의 확정에 요구되는 기본개념 전부를 일일이 정의하여야 할 것이지만, 이는 지나치다.[19] 또한 법전은 교과서[해설서]가 아니므로 굳이 정의할 것도 많지 않다. 특별법령의 경우, 대체로 §2에서, 독립의 정의규정을 두는 것이 일반화된 상례이다.

2. 이행청구권은 채권의 본질적 내용이며 효력이다(대판 2015.10.29., 2012다14975 참조). 그러나 이의 규정화는 민법 전체의 체계에서 균형을 잃은 과잉조치가 될 수 있다: 민법은 물권과 소유권, 계약과 상속권 등 기본개념을 정의하는 규정을 알지 못한다. 더

18) 종전 채권편의 개정규정에 관한 평가는 이진기, 민법 채권편의 개정안에 대한 비판적 고찰, 「재산법연구」, 제21권 제2호, 2005, 63－93면과 이진기, "민법중 개정법률안에 대한 의견", 「민사법학」, 제42호, 2008, 3－42면 참조.

19) 이미 Bekker, System und Sprache des Entwurfes, 21f., 46ff.

구나 개정작업이 개념을 정리하는 조항의 신설에 몰두할 정도로 한가하지도 않으며 한가하여서도 안 된다.

3. 양창수 위원장은 채권의 효력(제3편 제1장 제2절)에서 이행청구권을 규정하고 그 예외 또는 소멸은 학설의 추이에 맡기는 것이 적절하다고 서술한다. 그런데 이행청구권의 예외와 소멸의 의미가 분명하지 않은 탓에 학설의 몫이 무엇인지 알 수 없지만, 개정이유는 답을 제시하지 않는다. 민법 제3편 제1장 제6절(§§460–507)이 채권소멸에 관한 기본요건과 효과를 구체화하여 법정하므로 적어도 소멸에 관하여 민법학의 역할은 제한될 수밖에 없을 것이다.

4. 변제에 관한 민법 §§460–486은 六何原則6W1H, 즉 '법률원인(왜)'와 '누가, 누구에게, 어디서, 무엇을, 어떻게'와 '법률효과'(채무의 소멸)를 규정하면서도 유독 '언제'만에는 소홀하여 오직 §468에서 변제기 전의 변제를 규범화하는 정도에 그친다.

차라리 이 기회에 현행 §387을 §468로 옮기고 변제기 전의 변제에 관한 현행 §468의 조문번호를 §468–2로 바꾼 후에 그 예외로 기한의 이익의 상실[박탈]에 관한 현행 §388을 <안> §468–3의 자리로 위치변경하는 것이 훨씬 합리적·체계적이다. 이처럼 §387과 §388을 묶어 변제의 節로 옮겨서 '변제기(이행기)→변제기 전의 변제[기한의 이익의 포기]→기한의 이익의 박탈'의 순서로 '언제'를 채우는 것이 변제요건을 일목요연하게 정돈하여 시민의 부담을 덜고 이해를 쉽게 하는 正道이다.

제4. 계약관련 규정에 대한 '민법 일부개정법률안' 비판 [Ⅳ]

현행민법전은 의사표시와 법률행위(민법총칙[§§103–113]) → 채권관계법(채권총칙[§§373–526]) → 채권의 발생원인과 그 내용(계약[§§527–733] → 법정채권관계[§§734–766])의 순서로 짜여진 것이며, <개정안>도 같다. 반면에 같은 판덱텐체계를 채용한 독일민법전은 일단 서로 보완관계를 이루는 법률행위와 계약성립에 관한 조항들을 함께 묶어 민법총칙편에 규율한 다음 여기에 채권관계법을 직접 연결하는 구조를 가진다. 이러한 차이를 살피지 않고 낭만적으로 독일민법전의 체계를 본받거나 그 규정을 있는 그대로 수용하는 채무불이행에 관한 개정안 규정들은 우리 민법의 체계를 파괴하는 엇박자에서 결코 자유로울 수 없다.

X. 손해배상의 방법으로 원상회복 예외적 허용 및 정기금 배상 확장(제394조 등)

현행 민법	개정안
제394조 (손해배상의 방법) 다른 의사표시가 없으면 손해는 금전으로 배상한다.	**제394조 (손해배상의 방법)** ① 다른 의사표시가 없으면 손해는 금전으로 배상한다. 그러나 손해가 금전배상만으로 전보되지 아니하는 경우에는, 채권자는 금전배상에 갈음하거나 그와 함께 손해전보에 적절한 작위 또는 부작위를 청구할 수 있다.
	② 법원은 신체 또는 건강 침해, 그 밖의 필요한 경우 손해를 정기금으로 배상할 것을 명할 수 있고 그 이행을 확보하기 위하여 상당한 담보를 제공하게 할 수 있다.
제751조 (재산 이외의 손해의 배상) ② 법원은 전항의 손해배상을 정기금채무로 지급할 것을 명할 수 있고 그 이행을 확보하기 위하여 상당한 담보의 제공을 명할 수 있다.	**제751조 (재산 이외의 손해의 배상)** 〈삭 제〉
제764조 (명예훼손의 경우의 특칙) 타인의 명예를 훼손한 자에 대하여는 법원은 피해자의 청구에 의하여 손해배상에 갈음하거나 손해배상과 함께 명예회복에 적당한 처분을 명할 수 있다.	〈삭 제〉

1. <안> §394는 §394를 계승하면서 금전배상에 갈음하거나 손해전보에 필요한 작위 또는 부작위를 입법화한 조항이다. 여기에서 작위 또는 부작위청구는 손해배상과 직접 관계없는 채권자의 고유한 권리이다. §394는 흔히 금전배상을 원칙화한 것으로 해석되지만 사적자치가 손해배상의 원칙이다: 「다른 의사표시가 없으면」. 이처럼 현행민법의 손해배상의 방법으로 원상회복은 의사영역에 해당하는 사항이다.[20] 그리고 §394의 「다른 의사표시」를 채무불이행 전의 이루어진 채권자와 채무자의 합의를 의미한다. 채무를 불이행하거나 불볍행위를 저지른 후에 채권자와 채무자가 손해배상에 관하여 금전배상과 다른 합의를 하는 것은 사적자치의 원칙상 당연하므로, 구태여 이를 둘 정당한 이유가 없다. 이로 인하여 「다른 의사표시」는 예견가능성이 배제된 불법행위와 처음부터 어울리지 않는다.

20) 대판 2022.03.11., 2018다231550: "우리나라 손해배상제도의 근본이념은 피해자 등이 실제 입은 손해를 전보함으로써 손해가 발생하기 전 상태로 회복시키는 것이었다."

2. (1) 신설한 <안> §394 I 단서, 특히 「금전배상만으로 전보되지 않으면」이 본문의 「다른 의사표시가 없으면」과 어울리지 않는다. 민법은 손해배상의 방법과 내용을 채권자와 채무자의 의사에 유보한다. 단서는 입법자가 깊숙이 관여한 후견적·계몽적 예시조항이 될 수 있다. 오히려 모호하고 타협적으로 방치되고 교과서와 주석서에서도 자세한 논의를 볼 수 없는 「(손해배상의 방법에 관하여?) 다른 의사표시가 없으면」의 의미·내용과 그 존재시기를 구체화하는 개정노력이 아쉽다.

(2) <안> §394 I 단서에서 「작위 또는 부작위」의 이해가 몹시 곤란하다.[21] 작위가 원상회복을 포함함은 부정할 수 없지만, '부작위'의 의미와 그 효용가치가 특히 의문이다. 그리고 부작위청구는 원칙적으로 채권이 절대적 법익[절대권] 또는 그와 유사한 급부의 보호를 목적으로 하는 경우로 제한인정되어야 하며, 이때에는 다시 §214와의 관계가 심도있게 구명되어야 한다. 채권 자체는 절대적 법익을 구성하지 않는다.

한편 금전배상을 갈음하거나 손해전보에 적절한 작위 또는 부작위를 청구하는 경우 금전배상의 배제 여부에 관한 판단은 민법학과 실무에 맡겨진다(<안> §395와 그의 입법이유 참조). 양창수 위원장은 "원상회복 배상은 금전배상이 불충분한 경우에 한정하여 허용하는 것이 적절하다."고 하면서 이를 "금전배상만으로는 채권자의 손해가 충분히 전보될 수 없는 사례"로 설명하므로, 이들은 금전배상과 병존하고 이를 보완하는 구제수단이어야 한다(<안> §395 참조). 그렇지만 예컨대 사용대차와 임대차에서 원상회복은 기본구제수단이다(§615 본문 참조). 아무튼 단서는 '손해배상을 갈음하여 또는 이와 함께 작위 또는 부작위를 청구할 수 있다.'가 제대로이다. 또한 채권자의 보호를 어느 정도까지 확장할 것인지가 계속 의문으로 남는다.

3. 채권자는 채무자가 이행하지 않을 수 있다는 사실을 알 수 있었고 알아야 하므로 스스로 채무불이행의 위험을 대비하여야 한다. 이처럼 예견가능성이 지배하는 채무불이행의 세계와 그렇지 않은 불법행위는 처음부터 출발을 달리한다. 그럼에도 중복규정이 될 수 있다는 이유를 들어 §751과 §764를 통합하는 형태의 <안> §394는 이러한 사정을 돌아보지 않는다. 또한 §763이 채무불이행에 관한 규정을 준용하는 사실이 <안> §394 II의 신설을 정당화하지도 않는다. 무리한 결합은 오히려 법률의 이해에 부담을 줄 뿐이다.

4. II의 신설은 −개정위원회가 채권법의 불법행위법화를 의도한 것이 아니라면− 청구권의 경합을 일반화하고 민법체계를 파괴하는 부정효를 가진다. 채무불이행에 관하

---

21) 같은 문제의식으로 김현수, "손해배상에 관한 민법 개정 예비초안 검토", 「민사법학」, 제108호, 2024, 177−220면, 특히 193면: "새고의 여지가 있다."

여 정기금배상은 상례가 아니다. 실무도 또한 명예훼손과 생명과 신체, 그리고 건강침해의 대표사례를 이루는 의료사고를 불법행위로 규율한다. 그리고 채무자에 대한 징계효는 채무불이행책임의 본질이 될 수 없다. 나아가 판결로 손해배상을 정기금의 형태로 지급하게 하는 것은 '한번 채무자를 영원한 채무자'로 만들고 일반채무를 담보부채권으로 바꾸어 채무자의 지위를 악화하는 나쁜 처분이다. 입법자는 채권자의 산타클로스가 아니고 되어서도 안 된다. 이밖에 II의 관철을 위하여 개정위원회는 채무를 이행하지 않은 모든 채무자가 아니라 유독 금전채무자만을 특별취급하는 합리적인 이유를 밝혀야 한다. 끝으로, 개정안 전반에 두드러진 현상(병폐?)이지만, II와 같이 법원의 개입권한을 끝없이 확장하는 입법은 재고하여야 한다.

XI. 전보배상에 관한 규정 정비(제395조)

현행 민법	개정안
제395조 (이행지체와 전보배상) 채무자가 채무의 이행을 지체한 경우에 채권자가 상당한 기간을 정하여 이행을 최고하여도 그 기간내에 이행하지 아니하거나 지체후의 이행이 채권자에게 이익이 없는 때에는 채권자는 수령을 거절하고 이행에 갈음한 손해배상을 청구할 수 있다.	**제395조 (전보배상)** ① 채무자가 채무의 내용에 좇은 이행을 하지 아니하는 경우에 채권자가 상당한 기간을 정하여 이행을 최고하였음에도 채무자가 그 기간내에 이행하지 아니하는 때에는 채권자는 이행에 갈음하는 손해배상을 청구할 수 있다.
	② 다음 각 호의 경우에는 제1항의 최고를 요하지 아니한다. 1. 채무를 이행할 수 없는 경우 2. 제1항의 최고에도 불구하고 기간 내에 이행되지 아니할 것이 명백한 경우 3. 채무자가 미리 이행을 거절하는 경우 4. 지체 후의 이행이 채권자에게 이익이 없는 경우
	③ 제2항 제1호부터 제3호까지의 경우 채권자는 이행기가 도래하기 전이라도 이행에 갈음하는 손해배상을 청구할 수 있다.
	④ 채권자가 이행에 갈음하는 손해배상을 청구한 경우에는 이로써 이행청구권은 소멸한다.

1. 19세기의 국어를 억지차용한 듯한 <안> §395는 전보배상의 요건과 효과를 명확히 하는 측면에서 개정가치를 가진다. 이는 §390을 전제하며, I의 「채무의 내용에 좇은 이행을 하지 아니하는 경우」(또한 §460)가 이를 확인한다. 이것이 <안> §395 I이 채무자의 유책사유를 요건으로 하면서도 이를 명문화하지 않은 이유로 추측된다. 현행민법에서와 마찬가지로 <안> §395는 <안> §544와 불가분의 관계를 이루는 조항이므로 이는 <안> §544와 지적사항을 공유한다.

2. II 1호부터 3호의 사정도 이행기가 도래한 이후에 발생하는 것이어야 하고, 이것이 III의 「이행기가 도래하기 전이라도」와 어울리는 해석이다. 이를 2호와 연결하면 채무자의 주관적 불능에는 1호의 「채무를 이행할 수 없는 경우」가 아니라 2호가 적용되어야 할 것이다. 그런데 이행기 후의 객관적 불능에는 §392가 적용되어야 하므로 1호의 규정가치가 의문이다. 다음으로 3호에서 채무자가 이행을 거절하는 경우 전보배상을 청구할 수 있음은 물론이지만, 「미리」는 쓸모가 없다. 끝으로 4호는 이전과 달리 「지체 후의 이행」으로 법문을 개선하지만 이 또한 「채무의 내용에 좇은 이행을 하지 아니하는 경우」에 속하므로 법문을 통일하여야 한다.

3. II 1호부터 3호를 전제하는 III에서 2호, 특히 「최고에도 불구하고」는 애당초 III과 어울릴 수 없으므로 이를 수정 또는 삭제하여야 한다. 이행기 전의 최고는 기한의 이익을 누리는 채무자에 대한 구속효가 없어 낭비에 그친다(§153 I = <안> §468 I 참조).

4. 전보배상의 청구로 이행청구권이 소멸한다는 IV는 I 후단 「채권자는 이행에 갈음하는 손해배상을 청구할 수 있다」와 겹치는 주의적 후견규정이다. 양창수 위원장은 "전보배상청구권이 인정된다는 것만으로 채권자가 언제나 이행청구를 할 수 없게 되는 것은 아니"라고 한다. 하지만 IV는 손해배상을 청구할 수 있는 때가 아니라 이미 청구한 손해배상을 예정한다: 「손해배상을 청구한 경우」. IV는 시제를 실패한 대표사례이다.

IV는 이행청구권의 소멸을 명확히 하는 의미 외에 규정가치가 전혀 없다. 갈음은 '다른 것으로 바꾸어 대신함'(표준국어대사전, <갈음>)을 뜻한다. 더욱이 전보배상은 채무이행[1차적 급부]을 더 이상 기대할 수 없는 경우 인정되는 2차적 급부이므로 이를 청구한 채권자에게 이행이익이 더 이상 존재하지 않는다. 법률은 단순·명쾌하여야 한다.

XII. 지출 비용의 배상에 관한 규정 신설(제395조의2)

현행 민법	개정안
〈신 설〉	제395조의2 (지출 비용의 배상) 채권자는 이행에 갈음하는 손해배상 대신 채무가 이행될 것을 믿고 지출한 상당한 비용의 배상을 청구할 수 있다.

1. 신뢰손해의 배상의 내용으로 하는 <안> §395의2는 일종의 형평조항이다. 그런데 이는 그 본질에서 계약에 전유한 조항으로서 –그 내용의 옳고 그름은 별론으로 하고– 채권관계를 규율대상으로 하는 채권총칙 편의 규정으로 적합하지 않은, '자리를 잘못 잡은 조항'이다. 순수한 채권관계에서 이행을 위한 지출비용은 채무자의 관심사가 아니다. 채

권자가 이행을 믿고 비용을 지출하는 경우는 보통 상상하기 어렵고, §473은 변제비용을 채무자의 부담으로 한다. 또한 채권자-채무자관계는, 다른 사정이 없으면, 협력관계가 아님을 주의하여야 한다.

2. 개정위원회는 독일민법 §284를 신설근거로 예시한다. 그러나 법이 다르면 그 체계와 해석도 달라져야 한다. 독일민법전은 먼저 의사표시(법률행위)와 계약을 묶어 규정한 다음 채권관계로 넘어가는 체계를 가진다. 이 때문에 계약과 관련된 규정을 채권관계에 편입하는 것이 자연스럽다. 이와 달리 현행 민법은 의사표시와 법률행위를 §§103 이하에, 그리고 계약을 §§527 이하(채권각칙)에 별도로 둔다. 이러한 까닭으로 계약관계규정을 함부로 채권관계(채권총칙) 아래에 배치할 것이 아니다. 개정위원회가 인용한 대판 2006.02.10., 2003다15501도 순수한 채권관계가 아니라 위탁계약의 해지에 관한 판결례이다.

XIII. 금전채무 불이행에 대한 특칙 정비(제397조)

현행 민법	개정안
제397조(금전채무불이행에 대한 특칙) ① 금전채무불이행의 손해배상액은 법정이율에 의한다. 그러나 법령의 제한에 위반하지 아니한 약정이율이 있으면 그 이율에 의한다.	**제397조 (금전채무불이행에 대한 특칙)** ① 금전채무 불이행의 손해배상액은 법정이율에 의한다. 그러나 법정이율을 초과하는 약정이율이 있으면 법령의 제한에 위반하지 아니하는 범위에서 그 이율에 의한다.
〈신 설〉	③ 고의 또는 중대한 과실에 의한 채무불이행의 경우에 제1항의 손해배상은 채권자의 추가적인 손해배상 청구에 영향을 미치지 아니한다.

1. <안> §397 I은 금전지급을 고유한 급부내용으로 하는 채무로 제한적용된다. 여기에서 I의 손해배상과 III의 손해배상의 관계가 의문이다. 개정위원회는 §§685, 705와 958을 들어 "민법에는 당해 금전채무에 관하여 지연이자 외에 추가적 손해배상을 명하는 규정이 없지 않다"고 한다. 그러나 이들은 일의 처리 또는 공동사업의 경영을 내용으로 하는 위임과 조합관계의 본질을 이루는 주된 채무가 아니고 이에 부수하여 수임인 또는 각 조합원이 위임인 또는 조합에 반환하여야 할 금전이 있는 경우 그 반환의무에 보충적용되는 조항이다. 이들을 III의 신설이유로 삼는 것은 부적절하며, 굳이 찾을 때에도 §548 II와 §551의 관계를 들어야 할 것이다. 금전의 미반환이 주된 채무를 위반하는 경우 손해배상은 당연하다.

2. (1) <안> §397 III은 "중대한 과실은 고의이다."*culpa lata dolus est*의 법리를 규범화한 조항이다. 그러나 이 公式의 일반화는 경계하여야 한다. 그리고 입법이유에 함께 언급된 스위스채무법 §106 I은 채무자가 그에게 유책사유가 없음을 증명하지 못하는 경우를 규율대상으로 하므로 참고할 것이 아니다.

(2) 채무자의 고의 또는 중대한 과실로 채무불이행한 경우 추가적 손해배상을 인정하는 III은 자칫 민사책임의 징벌화가 될 수 있다. 그리고 −옳고 그름은 별론으로 하고− 이를 금전채무의 불이행으로 한정하여 특칙화할 정당한 이유도 없다. 독일민법 §288 IV도 고의 또는 중과실의 요건 없이 "그밖의 손해의 주장이 배제되지 않는다."고만 한다.

(3) 추가적 손해배상을 긍정하는 III은 §393 II의 적용을 가로막는 잘못이 될 수 있다. 채권자는 §393 II에 따라 채무자가 알았거나 알 수 있었던 경우 특별한 사정으로 인한 손해의 배상을 청구할 수 있고 이를 위하여 채무자의 추상적 경과실만을 요구한다.

(4) III은 또한 약정이율이 법정이율보다 낮은 경우에는 지연손해금은 법정이율을 따른다는 대판 2009.12.24., 2009다85342를 폐기할 때에만 정당화될 수 있다. 약정이율이 법정이율보다 높은 경우 이를 따른다는 §397 I과 이를 수정하는 대판 2009다85342가 이미 손해배상의 관념을 전제하기 때문이다. 이밖에 부득이하게 III을 신설할 때에도 「소송촉진법」 §3, 「대부업법」 §8 등과의 관계설정이 여전히 미완의 과제로 남는다. 결론적으로 <안> §397 III과 같이 불완전한 입법은 하지 않음만 못하다.

XIV. 위약금 일반의 감액가능성 인정(제398조)

현행 민법	개성안
제398조 (배상액의 예정) ① 당사자는 채무불이행에 관한 손해배상액을 예정할 수 있다.	**제398조 (위약금)** ① 당사자는 채무불이행에 관하여 위약금을 약정할 수 있다.
② 손해배상의 예정액이 부당히 과다한 경우에는 법원은 적당히 감액할 수 있다.	② 위약금 약정은 채무자에게 책임 있는 채무불이행으로 인한 손해배상액을 예정한 것으로 추정한다. 이 경우 다른 의사표시가 없으면 채권자는 실제의 손해와 관계없이 예정된 위약금액을 청구할 수 있다.
③ 손해배상액의 예정은 이행의 청구나 계약의 해제에 영향을 미치지 아니한다.	③ 위약금이 부당히 과다한 경우에는 법원은 적당히 감액할 수 있다.

④ 위약금의 약정은 손해배상액의 예정으로 추정한다.	④ 위약금 약정은 이행청구나 계약 해제에 영향을 미치지 아니한다.
⑤ 당사자가 금전이 아닌 것으로써 손해의 배상에 충당할 것을 예정한 경우에도 전4항의 규정을 준용한다.	⑤ 당사자가 금전이 아닌 것으로써 손해배상에 충당하기로 예정한 경우에도 제1항부터 제4항까지의 규정을 준용한다.

1. <안> §398 I－IV는 종전의 순서를 바꾸고 배상액의 예정조항을 위약벌과 손해배상액의 예정을 포괄하는 위약금조항으로 변경하는 개정이다. I은 사적자치의 원칙를 반영하는 조항이다. 그리고 II에서 「책임 있는 채무불이행」은 위약금을 청구할 수 있는 요건을 명확히 하는 가치가 인정된다.

2. (1) 위약금약정을 채무자의 책임있는 채무불이행으로 인한 손해배상액의 예정으로 추정하는 II 본문과 IV의 관계가 의문이다. 순수하게 논리적으로만 보면, 채무불이행을 원인으로 이미 위약금을 받은 채권자가 다시 이행을 청구하였으나 이를 따르지 않은 채무자는 §390에 따라 채무불이행을 원인으로 손해배상을 하여야 한다(또한 §551 참조). 그러나 이는 이중의 손해배상으로서 형평에 어긋나는 결과가 될 수 있다. 이러한 모순상황은 II 본문이 '채무자에게 책임 있는 채무불이행'을 요건화한 결과이다. 입법에 의한 해결이 바람직하다.

(2) V에서 「금전이 아닌 것으로써 손해배상으로 충당하기로 예정한 경우에도」를 '금전 이외의 것을 손해배상액으로 예정한 경우'로 줄일 수 있다. 그럼에도 사적자치를 반영하는 V를 '금전 또는 다른 물건으로'를 고쳐서 I과 결합하거나 '위약금은 금전일 것은 요구되지 않는다.'를 I의 2문으로 신설하는 방안도 얼마든지 가능할 것이다. 법률규정은 단순·명쾌하여야 하며, 괜히 길게 늘어놓는 규정은 나쁜 규정이다.

XV. 대상청구권에 관한 규정 신설(제399조의2)

현행 민법	개정안
〈신 설〉	제399조의2 (대상청구권) ① 이행을 할 수 없게 하는 원인에 기하여 채무자가 채권의 목적에 갈음하여 권리를 취득하거나 이익을 받은 경우에 채권자는 그 권리의 이전 또는 이익의 상환을 청구할 수 있다.
	② 채권자가 제1항에 따라 권리를 이전받거나 이익을 상환받는 경우에 채무불이행으로 인한 손해배상의 액수는 그 가액만큼 감축된다.

1. 독일민법 §285를 본받은 <안> §399-2는 불완전한 번역과 추상적이고 막연한 열린 개념이 동반하는 이해와 적용의 곤란을 증언하는 조항이다.

2. 대상청구권은 채무자에게 아무런 불이익을 수반하지 않는다.[22] 그런데 I에서 -아마도 상당인과관계를 분명히 하기 위하여 집어넣은- 「이행을 할 수 없게 하는 원인」이 지나치게 추상적이어서 그 확정이 민법학과 실무에 맡겨진다. 그렇지만 해석의 다툼을 미리 막는 것이 입법자의 의무이다. 아무튼 이는 주관적·객관적 불능을 포함하는 사실상 불능을 의미하는 것으로 새겨야 한다(독일민법 §285 I→§275 I 참조).

다음으로 「권리를 취득하거나 이익을 받은 경우」에서 '권리'와 '이익'의 관계가 불분명하다. 이와 비교하여 독일민법 §285 I은 '배상 또는 배상청구권을 취득하는 경우'로 구체화한다. 일반적으로 이익은 배상과 배상청구권은 물론 권리까지 포함하는 상위개념이다. 이들의 관계를 말끔하게 정리하여야 한다. 그리고 대상청구는 채권의 목적, 즉 급부 자체가 아니라 '주는 채무'에 관하여 급부목적물을 객체로 하는 경우가 일반적이므로 사용된 법문 「채권의 목적[급부]에 갈음하여」도 부정확하다.

3. 채무불이행상황을 전제하는 <안> §399-2 II는 발생시기의 확정이 없이 모호하게 막연히 「채무불이행으로 인한 손해배상」이라고만 하며, 특히 「채무불이행」(이행불능?)이 아주 모호하다. 구체적인 사안을 제시·안내하는 친절한 개정태도가 아쉽다. 한편 민법에서 <안> §399-2의 위치를 고려하면 여기에서 채무불이행은 채무자의 고의·과실로 인한 채무불이행이어야 하지만, 이는 다시 조문제목 (**대상청구권**)과 맞지 않게 된다. 대상청구권은 채무자의 고의·과실을 발생요건으로 하지 않기 때문이다. 이러한 측면에서 II는 시작부터 실패한 조항이다.

(1) 아무튼 조문제목의 취지를 존중할 때에는 채무불이행으로 1. 주관적 불능으로 생기는 대상청구의 상황과 2. 이행지체 후의 이행불능의 사례를 고려할 수 있으며, 2.의 경우 §392가 직접적용되어야 한다. 그리고 독일민법 §285 II(채권자가 급부를 갈음하여 손해배상을 청구할 수 있는 경우, 그가 제1항에 규정된 권리를 행사하는 때에는, 손해배상은 취득한 배상 또는 배상청구권의 가치의 정도로 감경된다)도 1.만으로 한정하여 규율대상으로 한다. 이렇게 해석하지 않으면 <안> §399-2 II는 언제나 채권자에게만 이익을 주는 조항이 되어야 하지만, 이 또한 형평에 반하는 결과를 부를 수 있다.

(2) II의 법문은 제한적이지만 -아직까지 그 의미·내용이 말끔하게 정리되지 않은- 대상급부의무[청구권]의 정신을 담은 §538 II의 법문과 그 해석[23]을 연상하게 한다: 여

22) 같은 취지에서 윤진수, "대상청구권의 경제적 분석", 「비교사법」, 제32권 제1호, 2025, 271-296면.

23) 「전항의 경우에 채무자는 자기의 채무를 면함으로써 <u>이익을 얻은 때에는 이를 채권자에게 상환하여야</u> 한다.」 곽윤직, 채권각론, 2000, [38] (85면)는 그 이익이 부당이득이기 때문이라고 한다. 그

기에서 이익을 '대상으로 취득하는 것'으로 새길 수 있다. 그럼에도 II는 여전히 독립의 존재가치가 없는 소모적·후견적 장식에 그친다. 채무불이행을 원인으로 손해의 일부만을 배상받은 채권자가 여전히 나머지 부분의 손해에 대한 배상을 청구할 수 있음은 자명하다. 대상청구의 행사가 이행을 갈음하는 것은 아니기 때문이다. 이 때문에 구태여 II를 명문화하지 않더라도 채권자는 나머지 부분의 이행을 청구할 권리를 잃지 않는다. 그리고 채무자에게 변제를 강제하거나 채권자에게 우선변제효를 부여하는 내용이 수반되지 않은 현재 상태로 이는 거의 쓸 수 없다: 대상청구는 일반채권자를 우선변제권자로 만들지 않으며, 변제와 그 상대방의 선택은 채무자의 자유선택에 속하는 사항일 뿐이다.

4. 없는 것보다 나을 수 있지만 −순수한 민법이론의 관심이 아니라면− 대상청구권의 법제화는 절박하지 않고 그 효용가치도 뚜렷하지 않다. 그리고 현행 민법에서도 대상의 이념은 분명히 확인된다(§342 참조). 게다가 대판 1996.12.10., 94다42825으로 본격화된 대상청구권의 논의도 주로 수용보상공탁금의 출급청구권(대판 2002.02.28., 99다23901) 등 토지수용관계로 한정된다. 이밖에 1. 대상청구권의 명문규정이 없는 현재에도 법률분쟁의 해결에 불편이 없고 2. 대상청구권의 행사가 일반채권자를 우선변제효 있는 채권자로 만들지 않고, 3. 압류, 가압류 등 「민사집행법」의 구제수단이 정비된 상태이며(「집행법」 §229 III, §231 등 참조), 4. −비록 전혀 바람직하지 않지만− 사실상 우선변제권을 확보할 수 있는 채권자대위권(§404)의 적용영역을 끊임없이 확장하는 실무관행을 고려할 때 그 신설을 재검토하여야 한다.[24)]

러나 이 사정이 진정으로 부당이득의 요건을 충족하는지 의문이다. 이밖에 교과서는 '이익'을 적극이익과 소극이익을 포함하는 넓은 개념으로 새기며, 실무는 채무를 면하는 것과 이익 사이에 상당인과관계를 요구한다(대판 1993.05.25., 92다31125). 지출하지 않은 변제비용(§473)이 소극이익의 대표사례이고(김형배, 채권각론 <계약법>, 2001, 174). 곽윤직, 채권각론, 2000, [38] (84면 이하)는 구체적 사례를 들지 않는다. 이와 달리 재취업과 같이 채무자의 적극행위에 의한 소득을 이익에 포함하는 문제는 상당인과관계의 판단에 따를 수 있으나, 이는 그 성질상 §538 II가 아니라 손익상계의 관할사항이 될 것이다. 나아가 고의로 이행불능을 일으킨 채권자에게 불능으로 아낀 비용을 지급하도록 강제하는 것은 오히려 신의칙에 반한다. 이것이 §496과 §746, 그리고 타인의 부주의를 이용하여 고의로 불법행위를 저지른 사람은 그 부주의를 이유로 책임감경을 주장할 수 없다는 대판 2010.07.08., 2010다21276 등, 그리고 고의의 불법행위는 미리 면책될 수 없다는 원칙과 이념을 같이 하는 해석이다.

24) 문헌소개와 함께 대상청구권에 관한 명문규정이 없는 것이 여전히 민법의 흠이라는 이동진, "이행청구, 강제이행, 전보배상 및 대상청구 개정안 관견", 「민사법학」, 제108호, 2024, 147−175면, 특히 167면.

제5. 계약관련 규정에 대한 '민법 일부개정법률안' 비판 [V]

XVI. 계약성립에 관한 규정 정비(제529조 이하 및 상법 제51조)

현행 민법	개정안
제527조(계약의 청약의 구속력) 계약의 청약은 이를 철회하지 못한다.	〈삭 제〉
제528조(승낙기간을 정한 계약의 청약) ① 승낙의 기간을 정한 계약의 청약은 청약자가 그 기간 내에 승낙의 통지를 받지 못한 때에는 그 효력을 잃는다. ② 승낙의 통지가 전항의 기간후에 도달한 경우에 보통 그 기간내에 도달할 수 있는 발송인 때에는 청약자는 지체없이 상대방에게 그 연착의 통지를 하여야 한다. 그러나 그 도달전에 지연의 통지를 발송한 때에는 그러하지 아니하다. ③ 청약자가 전항의 통지를 하지 아니한 때에는 승낙의 통지는 연착되지 아니한 것으로 본다.	〈삭 제〉
제529조(승낙기간을 정하지 아니한 계약의 청약) 승낙의 기간을 정하지 아니한 계약의 청약은 청약자가 상당한 기간내에 승낙의 통지를 받지 못한 때에는 그 효력을 잃는다.	**제529조 (청약의 철회)** ① 청약은 계약이 성립하기까지 철회할 수 있다. 철회의 의사표시는 상대방이 승낙의 의사표시를 발송하기 전에 상대방에게 도달하여야 한다. ② 다음 각 호의 경우에는 청약을 철회할 수 없다. 1. 청약자가 승낙기간을 정하였거나 청약을 철회하지 아니하겠다고 표시한 경우 2. 청약이 철회되지 아니하리라고 믿을 만한 정당한 이유가 상대방에게 있는 경우
제530조(연착된 승낙의 효력) 전2조의 경우에 연착된 승낙은 청약자가 이를 새 청약으로 볼 수 있다.	**제530조 (격지자 사이 청약의 실효)** ① 청약은 그에 대한 거절이 청약자에게 도달하면 그 효력을 잃는다. ② 청약은 승낙이 청약자가 정한 승낙기간 안에, 그 기간을 정하지 아니한 경우에는 상당한 기간 안에 청약자에게 도달하지 아니하면 그 효력을 잃는다.
제531조(격지자간의 계약성립시기) 격지자간	**제531조 (대화자 사이 청약의 실효)**

의 계약은 승낙의 통지를 발송한 때에 성립한다.	대화자 사이에서 계약의 청약은 상대방이 즉시 승낙하지 아니하면 그 효력을 잃는다. 다만 청약자의 다른 의사표시가 있는 경우에는 그러하지 아니하다.
제532조(의사실현에 의한 계약성립) 청약자의 의사표시나 관습에 의하여 승낙의 통지가 필요하지 아니한 경우에는 계약은 승낙의 의사표시로 인정되는 사실이 있는 때에 성립한다.	**제532조 (연착한 승낙)** ① 승낙이 연착하였어도 청약자가 상대방에게 승낙으로서 효력이 있다는 뜻을 지체없이 통지한 경우에는 승낙은 연착하지 아니한 것으로 본다. ② 연착한 승낙이라도 통상적으로 제530조 제2항의 기간 안에 도달할 수 있도록 발송된 경우에는 승낙을 연착하지 아니한 것으로 본다. 다만, 청약자가 상대방에게 청약이 효력을 잃었음을 지체없이 통지한 경우에는 그렇지 아니하다.
제533조(교차청약) 당사자간에 동일한 내용의 청약이 상호교차된 경우에는 양청약이 상대방에게 도달한 때에 계약이 성립한다.	**제533조 (변경된 승낙)** ① 승낙자가 청약에 대하여 조건을 붙이거나 변경을 가하여 승낙한 때에는 그 청약의 거절과 동시에 새로 청약한 것으로 본다. ② 제1항에도 불구하고 그 조건이나 변경으로 인하여 청약의 내용이 실질적으로 변경되지 아니하는 경우에는 다음 각 호에 해당하지 아니하는 한 승낙으로 본다. 1. 청약자가 그 조건이나 변경을 허용하지 아니하겠다고 미리 표시한 때 2. 청약자가 그 조건이나 변경에 대하여 지체 없이 이의를 제기한 때
제534조(변경을 가한 승낙) 승낙자가 청약에 대하여 조건을 붙이거나 변경을 가하여 승낙한 때에는 그 청약의 거절과 동시에 새로 청약한 것으로 본다.	**제534조 (계약의 성립시기)** ① 계약은 승낙이 청약자에게 도달한 때에 성립한다. ② 청약자의 의사표시나 관습에 의하여 승낙의 통지가 필요하지 아니한 경우에는 계약은 승낙의 의사표시로 인정되는 사실이 있는 때에 성립한다. ③ 당사자 사이에 동일한 내용의 청약이 서로 교차된 경우에는 각 청약이 상대방에게 모두 도달한 때에 계약이 성립한다.
상법 제51조 (대화자간의 청약의 구속력) 대화자간의 계약의 청약은 상대방이 즉시 승낙하지 아니한 때에는 그 효력을 잃는다.	〈삭 제〉

1. <안> §§527-534는 개정형식을 빌린 재편으로서 그야말로 개악이며 총체적 재앙이다. 개정안은 청약의 구속력을 법정하는 §527을 대체하여 1980년의 CISG §16 I과 2002년에 최종완성된 PECL 2:202 I 전단을 있는 그대로 번역하여 <안> §529 I로 옮기고 발신주의를 채택한 §531을 도달주의로 대체하는 것을 골자로 한다. 하지만 CISG는 겉모습과 달리 상인을 주된 피적용자로 하는 협약이고, PECL도 유럽상법European Lex Mercatoria의 일부이다. 이와 달리 민법은 시민의 법이다. 개정안은 대화자 사이의 계약성립에 관하여 「상법」 §51을 수용한다.

2. (1) §527의 삭제와 청약철회를 허용하는 <안> §529 I의 신설은 §111 I을 기본규정으로 하여 도달에 의사표시의 구속력을 일반화하는 민법의 기본태도(§§382 II, 383 II, 452 II, 543 II, 679 I, 취소에 관한 §§143, 733, 1024, 1075 등)를 벗어난다. 이러한 태도를 채택·강행하기 위하여는 정당한 사유를 밝혀야 한다. 이밖에도 사업자가 청약하는 경우 그에게 임의철회를 허용하는 것은 일반 소비자에게 걷잡을 수 없이 손해가 확대될 수 있는 위험을 막기 어렵다.

한편 <안> §529 I은 법문의 표현에서 §456을 떠올리게 한다: 「채무자와 제3자간의 계약에 의한 채무인수는 채권자의 승낙이 있을 때까지 당사자는 이를 철회하거나 변경할 수 있다.」 이때 채무자와의 계약에 의한 계약인수는 -제3자를 위한 계약(§539)의 성립 여부와 관계없이(대판 1997.10.24., 97다28698 참조)- 채권자가 승낙하지 않으면 효력이 생기지 않는다. 이처럼 처음부터 유효한 청약의 철회와 아직 효력이 생기지 않은 채무인수의 철회는 이익상황을 완전히 달리하므로 이들을 서로 연결할 것이 아니다.

(2) §527의 삭제근거는 견강부회식으로 프랑스민법의 이해를 그르친 허구이며 억지이다. 개정위원회는 "프랑스에서도 [청약이] 구속력이 없는 것이 원칙"이라고 강변하지만, 이는 프랑스민법을 오해한 것이다: 프랑스민법도 현행 민법과 마찬가지로 청약의 구속력을 법정하고 그 철회를 허용하지 않는다(§§1115, 1116 I[25]). 다만 -일방예약에 관하여 판례를 중심으로 형성된 이론을 수용하여- 청약자가 위법하게 함부로 청약을 철회하는 경우 계약체결을 인정하지 않고 손해배상의무를 지운다(§1116 II[26]). 이 해법은, 위법한 청약의 철회를 무효화하고 계약성립을 인정하는 경우와 비교하여, 기능상 효율적·합리적이고 법률관계를 단순화하는 이익을 가지는 동시에 사적자치를 극대화하는 장점이 있다. 청약의 철회를 의욕하는 청약자는 계약이 체결되더라도 어차피 이를 이행하지

25) Art.1115 C.c. Elle peut être librement rétractée tant qu'elle n'est pas parvenue à son destinataire. Art.1116 I C.c. Elle ne peut être rétractée avant l'expiration du délai fixé par son auteur ou, à défaut, l'issue d'un délai raisonnable.

26) Art.1116 II C.c. La rétractation de l'offre en violation de cette interdiction empêche la conclusion du contrat.

않을 것이기 때문이다.

그런데 <안> §529 I과 같은 식이라면 –손해배상을 대가로 하여– 청약이 아닌 다른 의사표시에 관하여도 그 구속력을 배제하고 자유철회를 일반화하여 허용하지 않을 이유가 없다. 그러나 이것은 자기의 말을 지키는 선량한 시민Ein Mann, ein Wort을 전제하는 민법의 존재를 부정하는 것과 다름아니다. 이밖에 <안> §529 II 2호「청약이 철회되지 아니하리라고 믿을 만한 정당한 이유가 상대방에게 있는 경우」가 처음부터 법관의 판단에 방치된, 애매하기 그지없는 열린 조항이다. 제대로 만들어야 한다.

3. (1) <안> §534 I은 현행 §531에 따른 계약성립의 발신주의를 폐지하고 §111 I의 원칙으로 회귀하여 도달주의를 일원화하는 개정이다.

(2) 그런데 계약의 성립시기를 발신하는 때로 앞당기는 §531이 반드시 시대착오적인 것은 아니며, 나름의 이익을 가진다. 발신주의는 승낙자에게 그 위험으로 이행을 준비하는 시간을 주고 특히 보험계약 등의 경우 승낙자의 이익보호에 훨씬 기여한다. 더욱이 도서지역 등 아직도 통신수단의 미비 또는 국가안보 등의 이유로 우편을 사용하는 지역이 상당하고, 게다가 디도스사태 등 해킹 또는 데이터센터나 국가정보관리원 전산실 화재로 일어날 수 있는 블랙아웃을 비롯한 비상사태의 위험에서 자유롭지도 않다.

(3) 도달주의의 원칙화는 무엇보다 <안> §529 I 1문「계약이 성립하기까지」, 즉 청약자에게 승낙의 의사표시가 도달할 때까지(<안> §534 I)와 명백히 충돌하는 2문「상대방이 승낙의 의사표시를 발송하기 전에」 앞에서 좌절될 수밖에 없다: 철회위험에서 벗어나려는 승낙자는 꼼짝없이 승낙사실과 그 내용을 증명하여야 한다. 이는 격지자 사이의 계약에 관하여 형식적 발신주의에도 불구하고 사실상 도달주의로 운용되던 현행 §531에 관한 지금까지의 관행을 넘어 보다 엄격화된 '실질적 발신주의'를 강제하는 획기적인 혁신입법(?)이다. 그러나 이는 다시 도달주의를 원칙화하는 <안> §534 I의 개정의도와 정면충돌한다.

(4) 이밖에 개정안은 청약의 임의철회를 허용하므로 청약에 기초하여 계약성립을 의제하는 교차청약(<안> §534 III)이 문제된다. 철회의 기회가 각 청약자에게 유보되기 때문이다.

4. <안> §§527–534은 아름다운 우리말과 거리가 멀고 중복이 현저하며, 규정내용마저 혼미하다. 먼저 <안> §532 II 단서는 <안> §529 I과 중복이다. 그리고 법률언어의 시각에서 <안> §530 II[27]와 §531 단서는 좋은 우리말과 거리가 먼 꼬인 법문이

27) '청약자가 승낙기간을 정한 경우 그 기간 안에, 그렇지 않은 경우 상당한 기간 안에 승낙이 청약자에게 도달하지 않으면, 청약은 효력을 잃는다.'

다.[28] 이밖에 예컨대 <안> §530 I과 II를 함께 묶을 수 있고 <안> §531[29]은 단문화가 가능하다. 법률규정이 이 정도까지 복잡할 필요는 없다.

XVII. 원시적 불능 법리의 폐지(제535조)

현행 민법	개정안
제535조 (계약체결상의 과실) ① 목적이 불능한 계약을 체결할 때에 그 불능을 알았거나 알 수 있었을 자는 상대방이 그 계약의 유효를 믿었음으로 인하여 받은 손해를 배상하여야 한다. 그러나 그 배상액은 계약이 유효함으로 인하여 생길 이익액을 넘지 못한다. ② 전항의 규정은 상대방이 그 불능을 알았거나 알 수 있었을 경우에는 적용하지 아니한다.	제535조 (계약체결시의 불능) 계약을 체결하는 때에 이미 그 채무를 이행할 수 없었다는 사정은 계약의 효력에 영향을 미치지 아니한다.

1. 법률의 제·개정을 위하여 수요와 이익이 있어야 한다. 현행 민법에서 주관적 원시적 불능은 계약의 성립을 방해하는 사유가 될 수 없다(§§569, 570 본문 참조). 따라서 §535 I의 「목적이 불능한 계약」은 －경제적 불능과 같이 경험칙 또는 거래관념에 비추어 채권자가 채권만족을 기대할 수 없는 경우를 포함하여－ 원시적 객관적 불능으로 제한된다. 같은 이유에서 <안> §535의 「이행할 수 없었다는 사정」도 마찬가지로 새겨야 한다.

<안> §535에서 「계약의 효력」을 '계약의 유효'로 대체하여야 한다. 이는 이행청구와 그 불이행에 따르는 이행이익의 상실에 관하여 이미를 가진다. 그러나 원시적 객관적 불능의 경우 이행이익이 있을 수 없고 따라서 그 상실손해의 배상도 상상할 수 없어 계약의 유효를 인정하여야 할 정당한 근거가 존재하지 않는다.[30] 처음부터 객관적으로 불능인 것은 어느 누구도 이행할 수 없고(독일민법 §275 I 참조), 의사가 불능을 가능으로 만들지 않는다.

2. PECL 4:102 전단만을 옮긴 <안> §535는 원시적 객관적 불능의 급부를 목적으로

28) '다만 청약자가 다른 의사를 표시한 때에는 그렇지 않다.'

29) '다른 의사표시가 없는 때에는 대화자 사이의 청약은 상대방이 즉시 승낙하지 않으면 그 효력을 잃는다.' 이와 관련하여 상대방도 또한 다른 의사표시를 할 수 있다고 새겨야 한다.

30) 이와 달리 이계정, "원시적 불능과 민법 제535조의 개정", 「민사법학」, 제109호, 2024, 57－89면, 78면은 "원시적 불능인 계약의 불이행으로 인한 이행이익의 손해는 특별손해로도 인정될 수 있다."고 하지만 이는 특정의 법적 의미·내용을 오해하고 원시적 불능에도 불구하고 급부목적물이 본래 종류물인 경우에 제한인용될 수 있는 주장에 그친다. 이때에는 차라리 §393 II를 원칙규정화하는 것이 정공법일 것이다.

하는 계약을 무효로 예정하는 §535를 폐지하고 이를 유효화한다.[31] 그뿐이다. 실무에서, 강행법규위반의 급부를 목적으로 하는 계약사안(대판 2011.07.28., 2010다1203 · 1210; 대판 2017.08.29., 2016다212524[채무이행이 법률로 금지되어 그의 실현이 법률상 불가능한 경우] 등)과 약간의 교과서사례를 제외하면, 원시적 객관적 불능이 쟁점화된 사례가 거의 없다.

3. 개정위원회는 개정근거로 급부장애Leistungshindernis에 관한 독일민법 §311a을 적시하지만, 이는 <안> §535과 규정내용을 완전히 달리한다. 독일민법 §311a I이 적용지시하는 §275에서 급부장애는 객관적 불능만이 아니라 주관적 불능, 신의칙에 반하여 이행에 과다한 비용이 드는 경우, 그리고 반대급부와 비교하여 채무자가 직접 이행하여야 하는 급부가 기대불가능한 경우를 아우르는 넓은 개념이다. 비교는 비교할 수 있는 것을 대상으로 하여야 한다.

4. 결론적으로 <안> §535은 법률효과가 흠결되고 법률현실에서 적용가치가 거의 없는 미완성의 규정으로서 고치지 않는 것만 못하다. 법률은 민법이론을 논의하는 장이 아니다.

XVIII. 불안의 항변권에 관한 규정 정비(제536조 제2항)

현행 민법	개정안
제536조 (동시이행의 항변권) ② 당사자 일방이 상대방에게 먼저 이행하여야 할 경우에 상대방의 이행이 곤란할 현저한 사유가 있는 때에는 전항 본문과 같다.	② 당사자 일방이 상대방에게 먼저 이행하여야 할 경우에 상대방에게 이행이 곤란한 현저한 사유가 있음을 계약 성립 전에 과실 없이 알 수 없었던 때에는 자기의 채무 이행을 거절할 수 있다. 그러나 상대방이 상당한 담보를 제공한 때에는 그러하지 아니하다.

1. 양창수 위원장은 실무를 참조하여 '계약 성립 후' 발생한 사정(대판 1990.11.23., 90다카24335)만이 아니라 원시적 사정을 이행이 곤란한 현저한 사유에 포함(대판 1997.07.25., 97다5541)하는 것이 정책적으로 타당하다는 것을 <안> §536 II의 개정이유로 든다. 그러나 선량한 의도에도 불구하고 마치 원시적 사유만을 담는 것처럼 「계약 성립 전에 과실 없이 알 수 없었던 때에는」으로 명문화한 <안> §536 II를 개선하여야 한다. 이 때문에 현행 §536 II를 그대로 두는 것이 차라리 나을 것이다. 이밖에, 위험인수의 의사가 명확히 표시되지 않은 때까지, −백 보 양보하여 일방의 악의를 넘어− 그의 선의 · 무과실까지 불안의 항변의 행사요건화하는 입법태도는 의문이다. 끝으로 「상당한

31) 원시적 불능과 후발적 불능이 같은 결과를 부른다는 것을 들어 <안> §535를 지지하는 이계정, 「민사법학」, 제109호, 2024 특히 72면 이하 참조.

담보를 제공한 때에는」는 '제공하는 때에는'이 되어야 한다.

2. 민법은 쌍무계약으로 제한하여 동시이행의 항변과 불안의 항변, 그리고 위험부담에 관한 §§536–538을 둔다. 그런데 §567에 의하여 유상계약에 적용되는 매매에 관한 §568 II와 §585도 또한 동시이행관계를 내용으로 한다. 그리고 불안의 항변은 본래 –급부와 반대급부의 이행기가 동일한 순수한 쌍무계약이 아니라– 유상계약에 고유한 제도이다(§588 참조). 효율적인 법학교육과 원활한 실무의 운용을 위하여 서구민법전에서 유례를 찾기 어려운 유상계약·쌍무계약의 이원구조를 깨고 이들의 관계를 조화롭게 통합·정비하여 단일화하는 작업이 절실하며, 이것이 바로 개정자가 해야 할 일이다.[32)]

XIX. 사정변경으로 인한 계약수정과 해제의 규정(제538조의2)

현행 민법	개정안
〈신 설〉	제538조의2 (사정 변경) ① 계약 성립의 기초가 된 사정이 현저히 변경되었고 당사자가 계약 성립 당시 이를 합리적으로 예견할 수 없었던 경우에, 그로 인하여 계약을 그대로 유지하는 것이 당사자의 이해에 중대한 불균형을 초래하는 때에는 당사자 일방은 상대방에 대하여 계약의 수정을 청구할 수 있다.
	② 계약의 수정이 가능하지 아니한 때 또는 그 수정이 변경된 사정 아래에서 사회관념상 당사자에게 기대될 수 없는 때에는 당사자는 계약을 해제 또는 해지할 수 있다.

1. 사정변경의 원칙은 채권계약을 체결할 때 예견할 수 없었던 계약의 기초가 된 사정의 현저한 변경이 일어나는 경우 계약준수가 어느 당사자에게 기대될 수 없는 경우 그의 이익을 위하여 계약의 수정 또는 해제·해지를 인정하는 제도이다(독일민법 §313 I[33)]). 개정위원회는 대법원이 비교적 근자에 이르러 사정변경으로 인한 계약의 해제·해지를 인정하는 것을 '성문화되지 않은 제도'로 기정사실화하고 이를 "민법에 수용할 때에 그 내용을 구체적으로 어떻게 마련할 것인가 하는 것"을 입법과제로 설정하여

32) 자세한 내용은 이진기, "기본개념의 가치와 계약의 종류에 관한 약간의 제언 –우리가 잊은 법률조항, 특히 민법 제568조 제2항을 중심으로–", 「성균관법학」, 제32권 제4호, 2020, 51–96면 참조.

33) 독일민법 §313 ① 계약의 기초가 된 사정이 계약체결 후에 현저히 변경되고 당사자들이 그 변경을 예견하였더라면 계약을 체결하지 않았거나 다른 내용으로 체결하였을 경우, 개별사안의 모든 사정, 특히 계약의 또는 법률의 위험분배를 참작하면 일방에게 변경되지 않은 계약의 준수가 기대될 수 없는 때에는 계약의 조정이 청구될 수 있다. ③ 계약의 조정이 가능하지 않거나 일방에게 기대할 수 없는 때에는 불이익을 입는 당사자는 계약을 해제할 수 있다. 계속적 채무관계의 경우 해지권이 해제권을 대체한다.

<안> §538－2를 신설하는 것이다.

사정은 계약목적의 실현과 관계되는 사정이어야 하고 사정변경은 법률행위의 당사자와 무관한 外的 事情의 變更이어야 한다. 천재지변, 2020년에 발발하여 온 세계를 뒤흔든 코로나19 팬데믹사태와 러시아－우크라이나전쟁 등이 전형적인 사례를 형성한다. 그런데 민법이 시행된 1960년 1월 1일부터 지금까지 진정한 의미에서 예견불가능한 사정변경을 법률쟁점화한 사례는 정작 눈에 띄지 않는다.[34] 한편 대판 (전) 2013.09.26., 2013다26746(키코사건)과 포기한 소유권의 사용·수익권능의 회복에 관한 대판 (전) 2019.01.24., 2016다264556 등은 오직 번거로운 민법이론의 도입·적용을 회피하고 피해자를 구제하고 분쟁을 해결할 목적으로 '韓國的(?)' 事情을 동원한 것으로 볼 수 있다. 아무튼 '사정'은 좁게 새겨야 하고 함부로 인용할 것이 아니다.

2. (1) I의 법문은 대판 2020.05.14., 2016다12175의 판시사항을 거의 그대로 반복한 것이다. 여기에서 사정은 객관적이고 계약체결시에 당사자들에게 공동되는 관념으로서 그에 대한 예견은 계약당사자를 기준으로 판단한다. 이 때문에 I의 「합리적으로」가 매우 부적절하고 II의 「사회관념상」도 마찬가지이다. 이들을 삭제함이 마땅하다. 그리고 계약은 성립하는 것이 아니라 체결하는 것임으로 I의 「계약 성립」을 '계약체결'로 고쳐야 한다. 화려한 법률개념이 아니라 적절한 법률개념이 좋은 법률을 만든다.

(2) 사정변경의 원칙은 대부분 민법이 적용대상으로 하는 일반 시민이 아니라 商人을 위한 法領域에 속한다. 상인은 최상의 이성적 존재이며, 이들을 위한 사정변경을 제도화할 정도로 한가하지도 않고 설령 제도로 수용하더라도 반드시 민법에 두어야 할 정당한 이유도 없다. 이밖에 교통과 통신의 발달로 정보의 공유와 위험의 대비가 가능한 현대사회에서 경험칙 또는 사회통념상 사정변경의 의미가 현격히 축소된 상태이다.

3. <안> §538－2은 수정청구를 기본구제수단으로, 그리고 해제·해지를 보충적 구제수단으로 한다. 양창수 위원장은 수정청구권이 형성권의 성질을 가진다고 설명하지만, 이를 청구권으로 해석하여야 한다.[35] 1. 이를 형성권으로 볼 때에는 그 행사의 구속력 때문에 후속의 해제·해지가 배제되어야 하고, 2. 수정청구로 수정이 언제나 실현되는 것도 아니며, 3. 수정요구가 좌절될 때에는 이는 손해배상으로 제재되어야 (4) 개정안

---

34) 이와 비교하여 정작 코로나19 사태를 맞은 국토교통부의 조치에 의한 국제선운항의 중단으로 면세점사업을 위하여 임차한 목적물의 사용·수익이 불가능하게 된 사안에서 사정변경의 원칙을 외면하고 §537의 적용으로 대응한 대판 2025.05.01., 2024다293580 참조. 한편 2000.09.29. 개정된 「상가임대차법」 §11 I과 §11－2가 사정변경에 관한 특별규정인지는 여전히 분명하지 않다. 다만 －입법 자체에 관하여는 의문이 있을 수 있지만－ 차임감액청구권을 내용으로 하는 이들 조항의 규범목적을 고려할 때에는 특별규정으로 새기는 것은 지나친 확대해석이 될 수 있다.

35) 같은 견해로 안병하, "계약의 해제", 「민사법학」, 제109호, 2024, 91－119면, 100면.

도 재교섭을 당사자의 자율에 맡기기 때문이다. 이처럼 수정권의 내용과 그 행사의 효과가 미확정으로 열려 있는 막연한 권리는 형성권이 될 수 없다. 이밖에 수정의 판단과 내용확정에 관한 최종권한이 법원의 손으로 넘어가지만, 수정의 구체화를 둘러싸고 여러 편의 논문을 작성할 정도의 논란이 여전히 숙제로 남겨진다.

마지막으로 개정안은 팬데믹사태와 같이 변경된 사정이 다시 일상으로 돌아가는 경우 사정변경을 인정하여야 하는 기간, 그 사정이 종료하여 정상화되는 종료시기와 그에 따른 효과, 즉 이전 상태로의 복귀, 재수정 또는 권리소멸에 관한 규율을 전혀 해명하지 않고 방치하는 반쪽의 입법이다.

4. 사정변경의 원칙을 담은 <안> §538-2는 아직 현실화되지 않은 장래의 발생가능한 사건을 대비하는 규정이다. 그런데 현행 민법은 채무자의 고의·과실을 채무불이행요건(§390)으로 하면서도 신의칙(§2 I; 또한 대판 2024.02.15., 2023다295442 등), 동시이행과 불안의 항변(§536, §568 II), 채무자위험부담주의(§537[36]), 채무자의 고의·과실없는 계약의 해제·해지(§§538, 601, 673) 등 그 기능과 효과에서 사정변경에 관한 규정을 원용함이 없이 이를 대용하거나 보완할 수 있는 제도를 가진 좋은 법률이다. 이들은 앞으로 생길 수 있는 사정변경에 대처하기에 완전히 부족하지 않다.

입법[개정]은 현실의 장이며, 현실의 법률상태와 연계되지 않은 법학연구는 기껏해야 찻잔 속의 태풍일 뿐이다. 법률분쟁의 해결에 필요한 경우 때로는 법학논의를 옆으로 밀어두는 독일민법 입법자의 결단은 이를 보여주는 훌륭한 자료이다.

XX. 제3자를 위한 계약에 관한 규정 보완(제539조 제2항, 제3항 및 제542조의2)

현행 민법	개정안
제539조 (제삼자를 위한 계약) ② 전항의 경우에 제삼자의 권리는 그 제삼자가 채무자에 대하여 계약의 이익을 받을 의사를 표시한 때에 생긴다.	**제539조 (제3자를 위한 계약)** ② 제1항의 계약은 장래에 특정될 수 있는 자를 위하여서도 할 수 있다.
	③ 제1항의 경우에 제3자의 권리는 그가 채무자에 대하여 계약 이익을 받을 의사를 표시함으로써 발생한다. 제3자의 권리는 제1항의 계약에 관한 당사자 사이의 권리·의무에 영향을 미치지 아니한다.
〈신 설〉	**제542조의2 (준용규정)** 제539조부터 제542조까지의 규정은 제3자가 채무자에 대한 관계에서 이행청구권 외에 다른 권리를 취득하거나 의무를 면하는 경우에 준용한다.

36) 앞의 대판 2025.05.01., 2024다293580 (주34) 참조.

1. 본래의 §539 II를 III 본문으로 하고 II과 III 단서를 신설하는 <안> §539는 제3자를 위한 계약[37]의 기본틀을 유지하면서 법적 안정과 명확을 목적으로 민법학과 실무가 도달한 내용을 적절하게 규범화하는 개정이다. 다만 II의 「장래에 특정될 수 있는 자를 위하여서도 할 수 있다.」가 몹시 거슬린다. 이를 '제1항의 계약을 체결한 후에 제3자를 확정할 수 있다.' 등 읽기 쉽게 고쳐야 한다. 다음으로 신설한 III 단서는 법률관계를 명확하게 하는 소득과 동시에 개정의도를 역행하여 제3자의 권리가 생긴 후에는 당사자는 이를 변경·소멸할 수 없다는 내용의 §541과의 관계를 흐리는 폐단을 동반한다. 자초위난이다. 장래의 해석으로 떠넘길 것이 아니라 당사자 사이의 권리·의무의 효력과 그 한계를 명확히 하여야 한다.

2. <안> §542-2는 §§539-542의 적용을 제3자가 채권을 취득하는 경우를 넘어 그밖의 권리를 취득하거나 의무를 면하는 경우로 확장하는 조항이다. 실무는 낙약자가 제3자에 대하여 가지는 청구권을 행사하지 않도록 하는 경우(대판 2005.01.12., 2004다46922)와 그가 제3자에 대하여 가지는 채권에 관한 채무를 면제하는 내용의 계약에 §539를 적용한다(대판 2003.09.03., 2003다37405). 그러나 <안> §542-2를 낙약자가 제3자와 채무면제계약을 체결하는 경우로 제한적용하여야 한다(<안> §124 참조). 낙약자가 그가 제3자에 대하여 가지는 권리를 행사하지 않을 의무를 지거나 단독의 의사표시로 제3자에게 채무면제의 의사를 표시할 의무를 지는 때(§506)에는 제3자의 이익을 위하여 <안> §542-2는 적용이 없다고 할 것이다(앞의 <안> §124와 그 해설 참조).

제6. 계약관련 규정에 대한 '민법 일부개정법률안' 비판 [VI·끝]

XXI. 계속적 계약의 해지에 관한 일반규정 신설(제546조)

현행 민법	개정안
〈신 설〉	제546조 (계속적 계약의 해지) ① 계속적 계약에서 당사자 일방이 계약상 의무를 위반하여 상대방이 계약을 그대로 유지할 것을 기대하기 어려운 경우에는 상대방은 즉시 이를 해지할 수 있다.
	② 계속적 계약에서 존속기간을 정하지 아니한 경우에는 당사자 일방은 언제든지 계약을 해지할 수 있다. 이 경우 상대방이 해지의 통고를 받은 날부터 상당한 기간이 경과하면 해지의 효력이 생긴다.

37) 자세한 내용은 이진기, "제3자를 위한 계약의 재인식을 위한 시론", 「민사법학」, 제71호, 2015, 365-400면 참조.

1. §543 I를 전제로 계속적 계약의 해지를 규율대상으로 하는 <안> §546은 –독일 민법 §313 III과 §314 I을 조합하여– 통상해지와 특별해지를 실정법률화한 것이다. 그런데 흔히 임대차, 고용 등 일정기간 동안 계속하는 급부의무를 지는 계약으로 정의되는 일시적·계속적 계약은 사실 절대적 구분방법이 아니라 그 판단기준이 모호한 편의적·기능적 개념이고, 사용대차 또는 건축계약으로 대표되는 도급이 그 증거이다. 이들의 구분은 처음부터 완전할 수 없고 민법도 해제와 해지를 철저하게 나누지도 않는다(특히 여행계약에 관한 §§674–2 이하 참조).[38] 또한 해지의 일반규정화는 해제에 관한 <안> §544 II에 대응하는 특별해지에 관한 내용을 동반하여야 할 것이지만, 개정위원회는 이를 계속 입법의 공백으로 남긴다.

2. 다음으로 <안> §546 II는 존속기간을 정하지 않은 계속적 계약의 해지에 관한 조항이다. 양창수 위원장은 해지사유로 신뢰관계의 파괴를 들지만, II 본문에서 이는 전혀 문제되지 않는다. 한편 <안> §546 II의 신설로 §635, §660과 §699가 존재가치를 잃게 되므로 이를 반영하는 후속입법이 수반되어야 한다. 그렇지 않으면 통상해지에 관한 일반조항으로서 II의 가치가 반감될 수밖에 없다.

다음으로 II 단서에서 부자연스러운 「해지의 통고를 받은 날부터」은 임대차(§635 II)와 고용(§§639 II, 660 II) 등에서 일상화된 표현이다. 그러나 이를 §111 I과 같이 '해지의 통지가 도달한 날부터'로 통일할 수 있다.

3. <안> §546 I에서는 상대방이, 그리고 II에서는 일방이 해지의 주체이다. 일목요연한 개념의 사용이 아쉽다. 그리고 I의 법문이 한눈에 와닿지 않도록 껄끄럽게 축조된 상태이다.[39] 이밖에 II 단서는 「해지의 효력이 생긴다.」고 하여 다시 해지의 효과에 관한 §550의 적용을 간접지시하는 복잡한 다층구조를 가진다.

4. <안> §546은 <안> §387 등과 함께 일반규정을 선호하는 개정위원회의 태도를 보이는 규정이다. 입법정책적으로 <안> §546의 신설을 위하여 §543 I과 §550을 한 군데로 모으고 법문을 깨끗하게 다듬는 지혜가 요청된다. 그리고 I과 II를 바꾸어 통상해지[원칙]와 특별해지[예외]의 순서로 재배치하는 것이 훨씬 자연스럽다.

이밖에 –양창수 위원장도 인정하듯이– 계속적 채권관계의 유형에 따라 해지의 모습도 제각각이고, 이는 단순히 <안> §546의 신설만으로 극복될 성질의 것이 아니다.

---

38) 곽윤직, 채권각론, 2000, [17] (34 이하)도 "이 구별은, 계속적 채권관계가 무엇이며 어떠한 특질이 있는냐에 의미가 있는 것"이며 "이 나눔의 표준은 ... 급부가 ... 어떤 시간 동안[시간적 계속성] 계속해서 행하여져야 하느냐에 있다."고 서술한다.

39) '계속적 계약에서 당사자 일방이 계약에서부터 생기는 의무를 위반하는 경우, 상대방이 계약을 유지하기 어려운 때에는, 그는 이를 즉시 해지할 수 있다.'

이러한 사정을 종합하면 <안> §546을 두더라도 그 규정이익은 처음부터 제한적일 수 밖에 없다.

XXII. 법정해제의 요건에 관한 규정 정비(제544조)

<table>
<tr><th>현행 민법</th><th>개정안</th></tr>
<tr><td rowspan="3">제544조 (이행지체와 해제)
당사자 일방이 그 채무를 이행하지 아니하는 때에는 상대방은 상당한 기간을 정하여 그 이행을 최고하고 그 기간내에 이행하지 아니한 때에는 계약을 해제할 수 있다. 그러나 채무자가 미리 이행하지 아니할 의사를 표시한 경우에는 최고를 요하지 아니한다.

제545조 (정기행위와 해제)
계약의 성질 또는 당사자의 의사표시에 의하여 일정한 시일 또는 일정한 기간내에 이행하지 아니하면 계약의 목적을 달성할 수 없을 경우에 당사자 일방이 그 시기에 이행하지 아니한 때에는 상대방은 전조의 최고를 하지 아니하고 계약을 해제할 수 있다.</td><td>제544조 (계약불이행과 해제)
① 당사자 일방이 그 채무의 내용에 좇은 이행을 하지 아니한 때에는 채권자는 상당한 기간을 정하여 그 이행을 최고하고 그 기간 내에 이행하지 아니한 때에는 계약을 해제할 수 있다. 다만, 불이행이 경미하여 계약의 목적을 달성할 수 있는 경우에는 그러하지 아니하다.</td></tr>
<tr><td>② 다음 각호의 경우에는 제1항의 최고를 요하지 아니한다.
1. 채무를 이행할 수 없는 경우
2. 제1항의 최고에도 불구하고 기간 내에 이행되지 아니할 것이 명백한 경우
3. 채무자가 미리 이행을 거절하는 경우
4. 일정한 시일 또는 기간 내에 이행하지 아니하면 그 목적을 달성할 수 없는 계약에서 채무자가 그 시기에 이행하지 아니하거나 그 밖에 지체 후의 이행이 채권자에게 이익이 없는 경우</td></tr>
<tr><td>③ 제2항 제1호부터 제3호까지의 경우 채권자는 이행기가 도래하기 전이라도 계약을 해제할 수 있다.</td></tr>
</table>

1. 해제는 유상계약의 당사자 일방이 상대방의 채무불이행을 이유로 계약의 구속력에서 벗어나는 길을 여는 제도이다. 무상계약에서 해제의 의미는 극히 제한적이고 해제의 수요는 손해배상으로 충분히 달성될 수 있다. 현행 민법에서와 동일하게 <안> §544[40]는 채무불이행에 관한 <안> §395와 불가분의 관계를 형성하는 조항이므로 <안> §544는 그에 관한 설명을 공유한다.

2. <안> §544는 해제에 관한 일반조항이다: 채권자는 채무불이행한 채무자가 최고에도 불구하고 완전하게 이행하지 않은 경우 또는 II의 사유가 있는 경우 최고없이 해제할 수 있다. 개정위원회는 채무불이행만을 해제요건으로 하고 채무자의 책임있는 사유

40) <안> §544의 해설은 안병하, 「민사법학」, 제109호, 2025, 특히 100면 이하 참조.

를 여기에서 삭제하며, 의도하여 변경한 조문제목 (**계약불이행과 해제**)가 이를 확인한다.

그럼에도 유책사유는 여전히 법정해제권의 실질적 요건으로 작용할 수밖에 없다[41]: II 1호를 제외하면, 이행기가 지난 후에 여전히 이행이 가능함에도 채권자의 최고에도 불구하고 이행을 제공하지 않거나 정하여진 기간에 이행을 제공하지 않은 채무자는 잘못을 저지른 것이다. 그리고 2호부터 4호와 연결하면, II 1호의 「채무를 이행할 수 없는 경우」는 주관적·객관적 불능을 포함한다. 주관적 불능의 경우 채무자의 잘못이 인정되며, 다만 채무불이행상태에서의 객관적 불능의 경우 §392가 적용된다. 아무튼 II 1호는 이때에도 해제를 허용하는 것으로 보이지만, 이는 §537의 적용과 효과에 아무런 영향도 미치지 않는다. 이처럼 이행기 이후의 이행불능으로 인한 법정해제는 결국 채무자의 잘못으로 의제된다. 한편 채권자의 책임있는 사유에 의한 채무불이행은 <안> §545의 관건으로 넘겨진다.

3. 이행기가 도래하기 전의 최고는 무가치하다. 그럼에도 III에서 이행기의 경과를 내용으로 하는 II 2호를 적용하는 부분은 좌표를 잃은 억지입법이다. 다만 : '제1항의 최고에도 불구하고.' 이는 의욕을 앞세운 성급한 입법의 결과로 추측된다.

4. <안> §545 (**채권자에게 책임있는 경우**) 「채무불이행이 채권자의 책임 있는 사유에 의한 경우 채권자는 제544조에 따른 해제를 할 수 없다.」는 채무불이행이 채권자의 책임 있는 사유로 인한 경우 채권자의 해제를 배제한다. 이는 채무자가 계약의 1차적 목적으로 삼은 현실만족을 확보할 수 있도록 하기 위함이다. 그러나 <안> §545는 없어도 그만인, 문외한을 교육하는 주의규정 또는 전시용의 확인규정이다.

그렇지만 유책채권자에게 해제권을 인정하더라도 사정이 달라지지 않는다. 채권자의 책임있는 사유로 이행할 수 없게 된 채무자는 급부의무에서 벗어나고(§538), 채무자는 대체로 금전채권자이므로 그 채무불이행과 해제로 취득하는 손해배상청구권(§551)이 사실상 차이가 없다. 또한 스스로 중대한 채무불이행을 일으킨 채권자가 그 사유로 해제하는 것은 신의칙에 반하므로(대판 1987.04.28. 85다카971 등 참조) 마땅히 그의 해제기회가 봉쇄되어야 한다. 될 수 있으면 지나치게 기교적이고 복잡하게 꼬인 법률의 논리구조를 최대한 피하여야 한다.

41) 이러한 취지로 이미 이진기, 법정해제의 효과에 관한 연구 -요건론과 관련하여-", 「비교사법」, 제11권 제2호, 2004 113-143면, 특히 124면 이하 참조.

XXIII. 해제의 효과에 관한 규정 정비(제548조)

현행 민법	개정안
제548조 (해제의 효과, 원상회복의무) ② 전항의 경우에 반환할 금전에는 그 받은 날로부터 이자를 가하여야 한다.	**제548조 (해제의 효과, 원상회복의무)** ② 제1항에 따라 금전을 반환하여야 할 경우에는 그 받은 날부터 이자를 붙여 반환하여야 하고, 목적물을 반환하여야 할 경우에는 그로부터 수취한 과실도 반환하여야 한다.
	③ 각 당사자가 상대방으로부터 받은 목적물 또는 그로부터 수취한 과실을 반환할 수 없는 때에는 그 가액을 반환하여야 한다. 그러나 상대방에게 책임 있는 사유로 반환할 수 없는 범위에서는 그러하지 아니하다.

1. <안> §548 II와 III은 해제의 효과를 구체화하는 조항이다. 양창수 위원장은 "해제의 효과에 대해서는 종래 그것이 소급효를 가지는지 여부와 관련해 논의가 있었지만, 이는 법률구성 차원의 논의이고 실제 결과에서 큰 차이를 가져오는 경우는 거의 없었다."라고 하지만, 지금까지 해제의 효과에 관하여 전개된 학설논쟁을 돌아 볼 때에 이는 의문이다.

2. II는 현재의 민법해석을 수용하여 수취한 과실을 반환범위에 포함하는 입법이다. 그러나 1. '수취할 수 있었으나 수취하지 않은 과실'가치의 반환에 관한 판단과 2. 매매에서 과실귀속에 관한 §587과의 관계가 계속 공백으로 남는다.[42] 그 결과 II는 반환범위에 관한 일반규정(?)이 되기에 모자란다.

XXIV. 담보책임의 계약책임화 및 체계 재구성(제569조 이하)

개정위원회에 따르면, 담보책임의 개정은 매도인의 담보책임을 법정책임에서 하자 없는 권리를 이전·인도할 계약책임으로 전환·일원화하는 것을 목적으로 한다.[43] 그런데 진정한 통합은 채무불이행으로 인한 손해배상채무(§390)에서 고의·과실요건을 들어낼 때에 비로소 가능할 것이지만, 이는 현행 민법의 체계와 맞지 않을 뿐 아니라 채무불이행책임과 불법행위책임을 묶어 규율하기 위하여 애쓰는 개정안에서 고의·과실요건을 배제하는 것은 거의 실현불가능한 목표이다. 이밖에 개정안은 현행 §577과 §§580－582

42) 또한 안병하, 「민사법학」, 제109호, 2025, 109면: "'최종안'은 침묵을 택했다."

43) 이에 관한 비개정위원에 의한 최근 연구로 백경일, "매도인의 담보책임에 관한 민법개정안 검토 II -효과, 권리행사기간-", 「민사법학」, 제108호, 2024, 221－256면, 이는 '책임구조의 단순화'와 구제수단으로서 '추완청구권의 일반화'를 개정안의 특징으로 언급하지만 아래의 논의와 같이 그 성과는 미미하다.

를 삭제한다. 담보책임에 관한 개정안은 법정해제에 관한 개정안과 함께 2002년 독일의 「채무법의 현대화법률」을 연상하게 한다.[44)]

A. 권리의 하자[45)]로 인한 책임

현행 민법	개정안
제569조 (타인의 권리의 매매) 매매의 목적이 된 권리가 타인에게 속한 경우에는 매도인은 그 권리를 취득하여 매수인에게 이전하여야 한다.	**제569조 (하자없는 권리의 이전)** ① 매매의 목적인 권리가 타인에게 속한 경우에 매도인은 그 권리를 취득하여 매수인에게 이전하여야 한다. ② 매도인은 매수인에게 대항할 수 있는 제3자의 권리가 없는 상태로 매매의 목적인 권리를 이전하여야 한다.

1. 양창수 위원장은 §569를 "대표적 권리 하자 유형(?)인 타인 권리의 매매"에 관한 것으로 설명하지만, 이는 민법이론과 다르다. 자유시장경제질서와 물권변동의 형식주의를 원칙으로 하는 현행 민법 아래에서 타인 권리의 매매는 하자가 아니다. §569는 순수한 담보규정이 아니라 §568 I의 매도인의 권리이전의무를 구체화하는 당연조항이다. 따라서 §570의 「전조의 경우에」의 의미·내용을 과장할 정당한 사유도 없다. 권리의 하자는 권리를 이전하지 못하는 때 또는 온전하게 이전하지 않은 때에 인정되는 책임이므로 차라리 §568 I을 그 근거로 제시했어야 할 것이다.

2. 양창수 위원장은 <안> §569 II가 "권리의 하자와 관련된 매도인의 재산권이전의무를 일반적으로 정한다"고 설명한다. 그러나 §569 II는 가까이는 완전한 권리의 이전을 내용으로 하는 I의, 그리고 멀리는 §568 I의 재현이며, 그 존재가치도 명확화와 교육효에 그친다. 그뿐이다. 구태여 중복조항을 두어야 할 이유는 없다.

이와 함께 개정위원회는 II의 신설로 현행 §575를 대체한다. 그러나 바로 이것이 중대한 입법의 하자이다. §575를 삭제한 지금 「제3자의 권리가 없는 상태로」만으로는 지역권 또는 임차권과 같이 매매목적의 권리를 위한 권리가 없는 경우(§575 II)를 규율하는 조항이 실종되기 때문이다.[46)] 이밖에 채권을 비롯하여 매수인에게 대항할 수 없는 권리

---

44) Schuldrechtsmodernisierung 2002: Becksche Gesetzesdokumentationen, zusammengestellt und eingeleitet v. Cl.－W.Canaris, 2002, 특히 XX－XXVIII 참조.

45) 현행민법에서 권리의 하자담보책임의 구조와 내용은 이진기, "권리의 하자담보책임 다시 읽기", 「민사법학」, 제104호, 2023, 151－186면 참조.

46) 이와 함께 §584의 권리를 「양도한 행위」를 구체화하여야 한다.

는 어차피 법적 고려에서 제외되므로 II의 「매수인에게 대항할 수 있는」이 없어도 무방한, 그야말로 여유로운 과잉친절이다(§386 단서 등 참조).[47]

B. 물건의 하자로 인한 책임(제570조)

현행 민법	개정안
제570조 (동전-매도인의 담보책임) 전조의 경우에 매도인이 그 권리를 취득하여 매수인에게 이전할 수 없는 때에는 매수인은 계약을 해제할 수 있다. 그러나 매수인이 계약당시 그 권리가 매도인에게 속하지 아니함을 안 때에는 손해배상을 청구하지 못한다.	**제570조 (하자 없는 물건의 인도)** 매도인은 매수인에게 종류, 수량, 품질 등에 관하여 합의된 성상(性狀)을 갖춘 매매 목적물을 인도하여야 한다. 그 성상이 합의되지 아니한 경우에는 계약의 전제가 되는 사용에 적합한 성상을 갖추어야 하며, 그러한 전제가 없는 경우에는 통상적인 사용에 적합한 성상을 갖추어야 한다.

1. 물건의 하자에 관한 <안> §570 1문은 계약 당사자의 의사(사적자치)에 따른 물건의 성질을[주관적 하자], 2문은 이에 보충하여 합의가 없는 경우 가정적 또는 객관적 물건의 인도[객관적 하자]의 순으로 규율한다. 이는 주관적 하자개념을 원칙화하는 동시에 '성상'을 물건의 종류, 수량, 품질 등으로 정의하는 조항으로 이해된다. 그런데 '숨은 하자'와 '보증한 성상의 결여'가 물건의 하자를 구성하므로 주관적 하자개념이 이미 관철된 상태이다. 이밖에 2문에서 지나친 번역투의 「계약의 전제가 되는 사용」은 추측건대 독일민법 §434 II Nr.2의 die nach dem Vertrag vorausgesetzte Verwendung을 있는 그대로 옮긴 것으로서 '계약으로 목적하는 용도' 또는 줄여서 '계약의 목적'으로 충분하다.

2. 독일민법 §434를 모범으로 하여 이를 축약한 것으로 여겨지는 <안> §570에 관하여는 앞의 A. 1.의 서술이 그대로 유효하다. 정리하면, 개정위원회의 선량한 의도에도 불구하고 현재의 모습에서 <안> §§571-584만이 실질적인 의미에서 고유한 담보책임규정을 구성한다. 그리고 <안> §569와 §570은 진정한 계약- 또는 담보책임규정이 아니며, 매도인의 의무를 자세히 하는 이상의 것이 될 수 없다.

C. 책임의 내용

다음에서는 주요한 담보책임규정을 대상으로 핵심사항만을 제시 · 평가한다.

47) 「매수인에게 대항할 수 있는 제3자의 권리가 없는 상태」는 곧 '부담이 없는 완전한 권리'를 뜻한다.

1. 추완이행(제571조)

개정안
제571조 (추완이행) ① 매매의 목적인 권리 또는 물건에 하자가 있는 경우에 매수인은 매도인에 대하여 하자의 제거 또는 하자 없는 권리의 이전이나 물건의 인도를 청구할 수 있다. ② 매수인이 청구하는 추완이행의 방법이 목적물의 가치, 하자의 정도 등을 고려하여 매도인에게 과도한 불이익을 야기하는 때에는 매도인은 이를 거절할 수 있다.

(1) I은 추완청구권과 완전물급부청구권을 내용으로 한다. 그런데 하자담보책임은 그 본질에서 이행을 선행사실로 하는 불완전이행이므로 I의 「매매의 목적인 권리 또는 물건」은 '이전된 권리 또는 인도된 물건'이 되어야 한다. 나아가 규정이 없는 현재 상태에서도 하자가 존재하는 경우 추완이행청구가 거래의 상례이므로 이는 특별히 조문화할 무게를 가지지 않는다.

(2) II는 불확정개념으로 가득찬 조항이다. 마치 매수인이 추완방법까지 지정할 수 있는 것처럼 표현하는 「매수인이 청구하는 추완이행의 방법」을 개선하여야 한다. 그리고 「매도인에게 과도한 불이익을 야기하는 때」에서 과도한 불이익의 의미·내용이 몹시 모호하다: '과다한 비용?' 마지막으로 거절의 효과가 실종된 상태이다. 이를 <안> §572 I 단서(해제)와 §574 2문(전보배상)과 연결하여 부드럽게 통합할 필요가 있다. 마지막으로 <안> §571은 매도인이 적법하게 추완이행을 거절하는 경우 그 대안이 될 수 있는 구제수단을 제시하지 않는다. <안> §574 2문과 연결하는 입법적 개선으로 의문을 말끔히 제거하는 것이 바람직하다.

2. 해제(제572조)

개정안
제572조 (해제) ① 매매의 목적인 권리 또는 물건에 하자가 있는 경우에 매수인은 제543조, 제544조 및 제547조에 의하여 계약을 해제할 수 있다. 이 경우 매도인의 추완이행이 부적절하게 행하여진 때에는 매수인은 제544조 제1항 본문의 최고 없이 계약을 해제할 수 있다. ② 매수인이 매매 당시 그 목적인 권리의 일부가 타인에게 속한다는 사정을 알고 있었던 때에는 계약을 해제할 수 없다. 매매의 목적인 권리 또는 물건에 지상권, 지역권, 전세권, 질권, 유치권 또는 대항력 있는 임차권이 존재한다는 사정을 알고 있었던 때에도 같다.

(1) I 1문의 「제543조, 제544조 및 제547조에 의하여」는 '제544조의 요건이 충족되는 때에는' 또는 '제544조에 따라'로 축약할 수 있다. 그러나 I 2문에서 부적절한 추완이행만

으로는 해제요건이 되기에 부족하고, <안> §574 2문에서도 같다.

(2) 권리와 물건의 하자를 모아서 언급하는 I과 뜬금없이 태도를 바꾸어 권리의 부동산매매에서 권리의 하자를 열거하는 II의 연결관계가 몹시 부자연스럽다. 또한 II에서 「알고 있었던 경우」를 '알았거나 중대한 과실로 모른 경우'로 고쳐야 한다. 한편 §575 I을 거의 그대로 승계한 <안> §572 II 2문의 규정이익이 의문이다. 부동산을 매수하면서 부동산등기부를 열람하지 않은 것은 그 자체로 중대한 과실이다.[48] 뿐만 아니라 II는 <안> §575와 그대로 겹치므로 법문을 조정하여야 한다.

3. 대금감액(제573조)

개정안
제573조 (대금감액) ① 매매의 목적인 권리 또는 물건에 하자가 있는 경우에 매수인은 대금의 감액을 청구할 수 있다. 이 경우 제543조, 제547조를 준용한다. ② 제1항의 경우에 대금은 하자로 인하여 매매 당시 목적물의 가치가 감소되는 비율에 따라 감액된다. ③ 상당하게 산정된 하자 제거의 비용은 제2항에 따라 감액되는 금액으로 추정한다.

(1) 대금감액과 해제는 서로 어울릴 수 없으므로 I 단서 「이 경우 제543조, 제547조를 준용한다.」의 의미·기능을 파악하기 힘들다. 만일 개정위원회가 대금감액을 일부해제로 구성하는 것을 의도하였다면, 이를 <안> §573이 아니라 <안> §572 아래에 통합하였어야 할 것이다.

(2) II과 III에서 가치감소를 산정하는 주체가 특정되지 않는다. 감정인 또는 법관이 확정할 때에는 「상당한」은 이미 전제된 사실이므로 불합리한 사족이다.

4. 손해배상(제574조)

개정안
제574조 (손해배상) 매매의 목적인 권리 또는 물건에 하자가 있는 경우에 매수인은 제390조에 의하여 손해배상을 청구할 수 있다. 이 경우 매도인의 추완이행이 부적절하게 행하여진 때에는 매수인은 제395조 제1항의 최고 없이 이행에 갈음하는 손해배상을 청구할 수 있다.

지배적 견해에 따라 수량부족과 일부멸실에 관한 §574를 수정하여 물건의 하자에 편입하는 개정안은 정당하다.

그러나 1문이 역시 계몽적·훈시적 주의규정이다. 정히 이를 신설하려고 하는 때에

48) 대판 1979.07.24., 79다827 참조.

는 손해배상을 청구할 수 있는 요건으로 '고의 · 과실'까지 집어넣어야 한다. 후견에 가까운 친절(?)을 추구하는 개정위원회가 유독 <안> §574에서는 말을 아끼는 이유를 납득하기 어렵다.

그리고 분명하지는 않지만 -해석으로 구체화되어야 하는- 2문의 부적절한 추완이행과 <안> §544의 채무불이행이 중첩된다. 해제를 위하여는 부적절한 추완이행만으로 부족하며, 부적절의 판단이 또한 해석의 과제로 남는다.

5. 매수인의 악의(제575조)

개정안
제575조 (매수인의 악의) 매매 당시 그 목적물에 물건의 하자가 있다는 사정을 알았던 매수인은 제571조부터 제574조까지의 규정에 따른 권리를 행사할 수 없다.

안타깝게도 <안> §575는 매수인이 악의인 경우 해제만을 배제하는 <안> §572 II와 제대로 중복되므로 「제571조부터 제574조까지의 규정」을 '제571조 제1항, 제572조 제1항과 제573조 제1항, 그리고 제574조'로 선명하게 고치거나 <안> §572 I과 제대로 연결되지 않는 II에서 「알고 있었던 때」를 삭제함이 마땅하다. 그 밖에 앞의 <안> §572에 관한 해설 (2) 참조.

[마치며]

'잘 될 거야'라는 장미빛 낙관론으로 가득 찬 개정위원회의 태도는 결코 탓할 것이 아니다. 그러나 그것이 개정방향과 개정- 또는 신설규정의 옳음을 보장하지도 않는다. 간략히 요약하면:

1. 개정요강이 없어 개정의 무게가 개정위원회의 '자유로운' 시각에 좌우된다.

2. 정의규정과 계몽적 · 후견적 주의규정의 신설, 그리고 대세에 영향을 주지 않는 잔가지를 건드리는 개정 · 신설조항이 개정안의 도처에서 확인된다. 민법은 法曹法이고, 민법을 쓰는 사람들도 지속적으로 후견교육을 받아야 할 정도까지 어리석지는 않다.

3. 개정작업을 위한 기간이 길지 않은 탓인지 알 수 없으나, 과다하게 반복되거나 겹치는 조항과 지나친 압축으로 체계와 구체적인 내용이 실종된 조항이 곳곳에서 눈에 띈다. 경제적이고 이해하기 쉬운 친절한 입법을 상기하여야 한다.

4. 열린 개념의 남용과 모호한 개정태도로 법률규정의 내용확정을 민법학과 특히

실무, 즉 법관에 의한 규범적(?) 해석에 유보하는 경우가 압도한다. 좋은 법률규정의 표현방식은 결코 쉽지 않으며 그를 위한 기준도 없다. 이 때문에 개정에 앞서 법률개념과 법률용어를 선행적으로 정비하여야 한다.[49] 이들이 개정위원회의 세심한 배려가 더욱 절실한 이유이다.

5. <안> §394와 §544 등 법문의 구성이 지나치게 복잡하고 현학적이어서 법학을 배운 전문인의 능숙한 손이 개입하지 않으면 규정의 이해조차 곤란한 경우마저 적지 않다.

6. 불명확하거나 반대로 난해한 조항, 그리고 지나치게 복잡하게 축조된 법문과 도저히 21세기의 우리말로 볼 수 없는 법문도 상당하다.[50] 화려한 수식어로 장식된 현란한 문체가 좋은 법률규정과 동의어는 아니다. 귀에 익고 편한 말로 바꾸어야 한다.

대한민국 국민은 '우리의 법'이 되는 민법개정안에 대한 정당한 가치인정에 관하여 중대한 이해관계를 가진다. 잘 만들어진 개정규정은 쓰레기더미에서 자라는 기생식물로부터 민법을 보호한다. 더욱이 좋은 민법개정안은 개정위원회에도 좋은 일이다. 그러나 현재의 개정안은 이와 거리가 먼 '만들다 만 법률안'으로 여겨진다. 법률문제의 해결이 아니라 법학자에게 논문거리를 제공하는 법률은 멋진 법률과 거리가 멀다. 이밖에 개정규정의 법문을 세련되게 다듬는 작업을 후일로 미루는 것은 개정하지 않겠다는 다짐과 다르지 않다. 말이 바뀌면 뜻도 달라지기 때문이다. 개정은 완전을 추구하면서 정리하는 개선이 되어야 하고 숙제를 남겨서는 곤란하다.

---

49) 대표적으로 완성된 법률개념을 구분하지 않는 학문은 이성체계Vernunftssystem가 아니라는 I.Kant, Anhang, erläutender Bemerkungen zu den metaphysischen Anfangsgründen der Rechtslehre, in: Metaphysik der Sitten, 1797, Nr.1 참조.

50) 대표적으로 '그러하지 아니하다'. 민법전의 법률규정의 법문과 시제에 관한 상세한 내용은 이진기, 읽기 쉬운 민법, 2024의 조항별 해설 참조.

제2편

민법총칙

2024년 민법개정가안 중 법률행위 총칙 (강행규정, 법률행위 해석 등)에 대한 분석*

이병준**

국문초록

본 논문은 2024년 민법개정가안 중 법률행위 총칙 규정에 관한 내용을 소개하고 분석한 글이다. 본 논문에서는 전체에 대한 체계적인 조망 후 개별적으로 중요하게 개정된 내용을 분석하였다.

(1) 법률행위 요건 신설 조문에 대하여는 기본적으로 찬성한다. 다만 조문의 내용을 "법률행위는 법률효과의 발생을 목적으로 하는 의사가 요구되며, 이러한 의사는 표시에 의하여 표명된다"는 내용으로 수정하게 되면 법률행위의 주요 구성요소인 의사표시의 주관적 요소로서 의사와 객관적 요소로서 표시가 분명해 질 수 있다고 생각된다.

(2) 의사능력 조문의 신설에 대하여도 찬성하는 바이다. 다만 판례에서 인정되고 있는 사안 중 제한행위능력 제도의 보완적 측면에서 의사무능력으로 인한 무효가 인정되고 있으므로 이러한 성격에 부합하게 행위능력 뒤에 의사능력에 관한 규정(제17조의2)을 두는 것이 타당하다. 그리고 보완적 성격을 더 강조하기 위하여 "일시적 의식의 상실 또는 질병, 장애, 노령, 그 밖의 사유로 인한 정신적 제약으로 의사능력이 없는 상태에서 한 의사표시는 무효이다"라는 내용으로 규정할 수도 있다.

부당이득반환과 관련하여 제748조 제3항에 신설하는 것에는 기본적으로 찬성한다. 다만 침해부당이득에 대하여 적용되지 않도록 다음과 같이 문구를 수정하는 것도 가능해 보인다: "의사무능력 내지 제한행위능력을 이유로 법률상 원인 없게 되어 급여 받은 재산 또는 제공

---

* 이 논문은 민사법학 제108호에 게재된 것을 수록하였다.
본 논문은 2024년 한국민사법학회 하계학술대회에서 발표한 글이다. 이때 좋은 토론하여 주신 이화여자대학교의 권태상 교수님과 동아대학교의 손홍락 교수님, 익명의 심사자 분들에게 감사의 말씀을 드립니다. 본 연구는 고려대학교 법학전문대학원 인성신진학자 연구비에 의하여 수행되었다.
** 고려대학교 법학전문대학원 교수.

받은 노무를 반환해야 하는 경우에는 이익이 현존한 한도에서 제747조의 책임이 있다."

(3) 불공정한 법률행위에 관한 규정 개정에서 용어를 변경하고 주관적 요건을 "그 밖의 사정"으로 확대하는 것에 기본적으로 찬성한다. 이 규정은 구체적이고 개별적인 사안에 대하여 약자를 보호하기 위한 규정이므로 장기적으로 일반적 약자인 소비자를 보호하기 위한 규정들도 민법으로 편입되기를 희망한다.

(4) 강행규정과 임의규정에 관한 개정내용에 대하여 기본적으로 찬성한다. 검토위원회 안은 입법자가 사법 및 공법적 금지내용을 일치시킬 수 있는 등 많은 장점도 있지만, 행정입법을 통하여 과도한 금지규정을 가지고 있는 우리 법 현실에 맞는지는 충분한 검토가 필요하다.

(5) 법률행위 해석에 관한 규정의 신설에도 찬성한다. 다만 고려할 수 있는 주관적 요소로서 "공통된 의사"와 "중과실로 알지 못하는" 경우로 그 표현을 수정하는 것이 적절한 것으로 생각된다.

Ⅰ. 들어가며

1. 2023년 민법개정작업의 개관

민법개정작업이 법무부를 통하여 2023년도에 재개되었다. 이번 개정작업은 한국민사법학회 회원과 실무가들을 중심으로 구성된 위원회에서, 조문의 초안을 만들고 다듬는 기초위원회, 해당 초안을 검토하는 검토위원회 그리고 중요 쟁점을 논의하는 전체위원회를 구성하여 진행되었다. 기초위원회는 3개의 보고서를 작성하여 예비초안을 제시하였고, 법률행위 전론에 관한 예비초안의 내용은 강원대학교의 안병하 교수님께서 책임연구원으로 작성하신 보고서에 담겨 있다.[1] 필자가 속한 검토위원회에서는 이 보고서의 내용을 기초로 논의한 후 보고서를 통해 수정의견을 제시하였다.[2] 그 후 기초위원회에서 수정의견을 바탕으로 (공개적 논의를 위한 잠정적) 최종안을 제시하였다. 그러면서 법률행위의 요건에 관한 규정 그리고 강행규정과 임의규정에 관한 규정에 대해서는 내용을 열어두었는데, 전체위원회에서 이에 대한 논의를 진행하였으나 아직 최종안은 공개되지 않은 상태이다.

---

1) 법무부, 민법 개정안(계약법 법률행위) 예비초안 연구, 2023(책임연구원 안병하).

2) 법무부 민법개정위원회 검토위원회, 민법 개정 예비초안에 대한 검토의견서, 2024. <https://civillawrevision.co.kr/board/news/24>

2. 본고의 범위와 순서

본 논문은 법률행위 중 총론에 관한 규정(민법 제1편 제5장 제1절)의 개정안 내용을 소개하는 것을 그 목적으로 한다. 본 논문에서는 문구의 수정만이 문제된 조문은 제외하고, 논란이 많았거나 대폭적인 수정이 이루어진 조문을 소개하는 것을 방향으로 잡았다. 논의의 순서는 먼저 전체 체계를 개관한 후(Ⅱ), 개별 조문의 내용을 소개하려고 한다(Ⅲ). 개별 조문은 ① 법률행위 요건에 관한 신설 조항, ② 의사능력에 관한 신설 조항, ③ 불공정한 법률행위에 관한 조항, ④ 강행규정과 임의규정에 관한 조항, ⑤ 법률행위의 해석 조항이다.

본 논문에 앞서 반드시 밝히고 싶은 것은, 논문의 내용이 다소 비판적으로 보일지 모르겠으나, 이는 한국민사법학회 학술대회에서의 발표자라는 소임을 다하기 위한 것임을 말씀드린다. 현재 개정안의 내용은 앞서 언급한 바와 같이 아주 훌륭한 보고서를 바탕으로 만들어졌으며, 모든 개정위원들의 진지하고 심도 있는 검토를 통하여 검증되었다. 그리고 이전 두 번의 민법 개정작업 내용을 상당히 수용하고 비교법적으로 충실한 검토가 이루어진 개정안을 제시하였다. 따라서 기본적으로 민법개정안에 찬성하는 입장이지만, 여전히 검토할 여지가 있는 부분에 대한 추가 논의를 위하여 몇 가지 내용을 적시하였을 뿐이라는 점을 밝힌다.

Ⅱ. 조문 체계의 개관

1. 현행 민법의 체계와 문제점

법률행위 총론에 관한 현행 민법 제103조에서 제106조의 규정을 보면, 무엇보다 '선량한 풍속 기타 사회질서'라는 표현이 계속하여 사용되고 있다. 제105조와 제106조에서 '선량한 풍속 기타 사회질서'라는 표현을 사용하고 있는 것은 강행규정의 용어를 직접 사용하지 않기 위한 것으로 이해되고 있다.[3] 그러나 학설은 이미 강행규정이 반드시 '선량한 풍속 기타 사회질서'에 위반하는 경우로 제한되지 않는다는 입장이므로[4] 이 표현은 반드시 수정되어야 할 내용에 해당한다. 더군다나 사적자치의 실현을 내용으로 하는 법률행위 개념과 관련된 총칙규정에서 지나치게 '선량한 풍속 기타 사회질서'가 강조되

---

3) 제105조가 강행법규 위반의 법률행위가 무효임을 간접적으로 규정하고 있다는 입장으로 곽윤직/김재형, 민법총칙, 제9판, 2013, 274면.

4) 양창수 편집대표, 민법주해[Ⅲ], 제2판, 2022, 216면(윤태식); 김용덕 편집대표, 주석민법 총칙(2), 제5판, 2019, 536면(이동진). 그에 반하여 법령 중의 선량한 풍속 기타 사회질서에 관계 있는 규정을 강행규정으로 이해하는 견해로 곽윤직/김재형, 민법총칙, 제9판, 2013, 274–275면.

는 것은 바람직하지 않다고 생각된다. 왜냐하면 '선량한 풍속 기타 사회질서'는 법률행위가 갖는 사회적 · 내재적 한계를 의미하는 것이고,[5] 법률행위 개념이 표방하고자 하는 사적자치의 원칙에 대한 제한원리를 담고 있다는 측면에서의 관련성은 있지만 그 이상 자체와는 거리가 있기 때문이다.[6]

또한 제103조와 제104조가 법률행위의 사회적 타당성에 관한 규정으로서 법률행위 내용에 대한 한계를 정하는 규정이라고 한다면, 제105조는 임의규정에 반하는 법률행위도 효력을 갖는다는 점을 밝힌 규정이고, 제106조는 사실상 관습의 보충적용에 관한 규정이라고 볼 수 있다.[7] 이러한 점을 기초로 비교법적 측면에서 다른 나라의 법률행위에 관한 장에 있는 내용과 비교하여 보면 우리의 법률행위 총칙규정은 많은 아쉬움을 남긴다. 따라서 2004년도 개정작업에서 법률행위의 해석 조항에 관한 논의와 2009년 개정작업 때에도 모두규정으로서 법률행위에 관한 일반규정[8] 및 법률행위 방식에 관한 규정[9]이 논의되었었다.[10]

2. 기초위원회 예비초안의 체계

기초위원회 예비초안에서는 기본적으로 법률행위 모두규정의 신설을 제안하면서, 이 조항이 신설되면 제103조에 법률행위 모두규정을 두고 현행 민법 제103조와 제104조를 제104조로 묶을 것을 조심스럽게 대안으로 제안하고 있다. 또한 임의규정에 관한 현행 민법 제105조를 확대하여 강행규정과 임의규정에 관한 내용을 담도록 제안하고 있다. 마지막으로 많이 사용되지 않은 사실인 관습에 관한 제106조를 대신하여 검토안으로 법률행위의 해석에 관한 규정을 둘 것을 제안하고 있다.[11] 이러한 개정방향은 현행 민법에 관한 학계의 지적과 2004년도와 2009년도 개정작업의 내용을 부분적으로 수용하는 입장이다. 기초위원회 예비초안에 대하여 검토위원회에서는 기본적인 방향성에 모두

---

5) 양창수 편집대표, 민법주해[Ⅲ], 제2판, 2022, 90면(권영준).
6) 제105조가 사적자치 원칙의 선언임과 동시에 그 한계를 규율한 것이라고 일반적으로 이해하고 있다. 이와 같은 지적으로 양창수 편집대표, 민법주해[Ⅲ], 제2판, 2022, 52면(최수정).
7) 제106조가 보충규정 내지 해석규정인지에 관하여 견해가 대립하고 있다. 이에 관하여 자세한 것은 양창수 편집대표, 민법주해[Ⅲ], 제2판, 2022, 264면 이하(윤태식) 참조.
8) 제102조의2(법률행위) 법률행위에 의한 권리와 의무의 발생, 변경 및 소멸은 의사표시의 내용에 따라 그 효력이 생긴다.
9) 제102조의3(법률행위의 방식) ① 법률행위는 서면 그 밖의 방식을 요하지 아니한다. 그러나 법률에 특별한 규정이 있거나 당사자간에 다른 약정이 있을 때에는 그러하지 아니하다.
② 의사표시는 전자적 방식으로 행하여질 수 있다.
10) 이에 관하여 자세한 것은 지원림, "계약 및 법률행위법 개정의 방향과 내용 – 민법개정위원회 제1 · 2기 제1분과위원회의 결과보고 –", 「고려법학」, 제64호, 2012, 3면 이하 참조.
11) 그 밖에 의사능력에 관한 규정을 제3조의2로 신설할 것을 제안하고 있다.

찬성하였다.

사적자치의 기본원칙을 실현하는 개념인 법률행위 개념과 관련된 모두규정을 두는 것은 중요한 의미를 가지고 있다. 특히 이는 사적자치의 제한원리에 관한 현행 민법 제103조와 제104조 규정에 비하면 사적자치를 강조하는 의미를 갖는다고 할 수 있다. 이전 개정작업에서 해당 규정이 선언적 규정이라는 비판과 함께 그 규정내용이 불완전하다는 문제점이 제기되어 기존의 개정논의에 반영하지 못하였다. 이번 개정작업에서도 검토위원회는 이러한 규정내용의 취지는 충분히 공감하지만, 규정내용의 불완전성으로 인하여 개정안에서 제외할 것을 제안하였다.[12)]

2023년 개정위원회의 기본적인 개정방향을 고려하면 아무리 선언적 규정내용이라도 민법의 기본원리와 개념에 관한 내용은 명시할 필요가 있다고 본다. 이러한 측면에서 법률행위 개념에 관한 규정내용을 다시 정비하여 개정에 포함시킬 수 있도록 추가적인 검토가 필요하다고 생각된다. 이때 2013년 개정작업 때 검토하였던 "법률행위의 방식"에 관한 규정내용까지 추가적으로 검토하는 것도 고려해 볼 수 있다. 특히 법률행위의 방식에 관한 2013년 개정안은 방식의 자유를 규정하는 내용(제1항)과 함께 전자적 방식에 관한 내용(제2항)까지 담고 있어 민법의 현대화에 기여하는 한편, 특별법인 「전자문서 및 전자거래 기본법」과의 연계가 가능한 내용을 담고 있다고 생각된다.

Ⅲ. 개별 조문의 개정 사항

1. 법률행위 요건에 관한 규정의 신설

현행 민법	기초위원회 예비초안	검토위원회 의견	기초위원회 최종안
(신설)	<u>제○조(법률행위)</u> <u>법률행위는 법률효과의 발생을 내용으로 하는 의사표시를 요한다.</u>	<u>삭제 제안</u>	<u>전체위원회 상정</u>
[2004] / [2013] 없음			

(1) 기초위원회 예비초안

기초위원회에서는 선도적으로 법률행위 요건에 관한 규정의 신설을 제안하였다. 독일 민법에는 법률행위 자체에 관한 규정이 없으나, 최근 민법 개정을 한 여러 나라(네덜란드, 프랑스, 중화인민공화국, 캄보디아 등)에서 법률행위에 관한 규정을 신설하고 있다는

12) 법무부 민법개정위원회 검토위원회, 민법 개정 예비초안에 대한 검토의견서, 2024, 123면.

점에 착안한 것이다. 그러면서 법률행위의 개념 정의처럼 교과서적인 서술보다 법률행위 요건을 규정하는 방식을 택한 네덜란드 민법규정을 참조하여 예비초안을 조문화하여 제시하였다.[13)]

(2) 검토위원회 의견

검토위원회에서는 법률행위라는 핵심 개념에 관한 규정의 신설 취지 자체에는 공감하나, 기초위원회에서 제시한 개정시안 내용대로는 신설하지 않을 것을 제안하였다. 먼저 기초위원회 역시 위와 같은 정의규정 자체의 신설에 관하여 회의적 입장을 갖고 있는 것으로 보인다는 분석이며,[14)] 또한 의사표시만이 법률행위의 요건이 아닌 경우도 있으므로 예비초안의 규정내용이 불완전한 측면이 없지 않다는 점에서 이번 개정 대상에서 제외할 것을 제안하였다.[15)]

(3) 전체위원회에서의 논의내용

전체위원회에서는 논의가 상당히 대립하였다. 법률행위 규정의 상징적 의미를 감안하고 친절한 민법을 지향해야 한다는 측면에서 사적자치의 원칙을 상징하는 법률행위에 관한 기본규정을 두어야 한다는 기초위원회 안에 찬성하면서도, 규정내용의 문구를 수정하면 좋겠다는 의견과, 요건을 설시하는 규정보다 정의규정 형태로 두는 것이 더 명확하다는 의견도 있었지만, 법률행위 개념 자체가 잘못되었다는 지적[16)]에서부터 실무적으로 의미가 없는 조문을 둘 필요가 없다는 비판적 의견도 있었다.

(4) 의미 있는 법률행위 규정의 신설 필요성

기초위원회와 검토위원회 모두 법률행위에 관한 규정을 두고자 하는 점에는 기본적

---

13) 법무부, 민법 개정안(계약법 법률행위) 예비초안 연구, 2023, 4면(책임연구원 안병하).

14) 법무부, 민법 개정안(계약법 법률행위) 예비초안 연구, 2023, 4면(책임연구원 안병하)에서 일본 개정작업의 반대의견이 있어 도입되지 않은 점을 지적하고 있다.

15) 법무부 민법개정위원회 검토위원회, 「민법 개정 예비초안에 대한 검토의견서」, 2024, 123면.

16) 이러한 내용의 개정의견은 2004년 민법개정 작업에서 주장되었다. 즉 법률행위 개념을 대신하여 "권리형성행위"로 용어변경이 필요하다는 견해(하경효 위원)가 주장되었으나, 결국 개정대상에서 제외되었다(법무부 민법개정자료발간팀 편, 「2004년 법무부 민법 개정안」, 총칙 · 물권, 2012, 159면 및 161면 참조). 일본 학자들이 독일어인 "Rechtsgeschäft"를 설권행위(設權行爲)로 번역하여야 할 것을 독일민법을 계수할 당시 이 개념의 민법총론적 의미와 사적자치의 이념에 대한 이해가 부족하여 법률행위라는 용어로 번역하였던 문제점이 있다는 지적으로 신유철, "우리 民法의 自畵像과 未來像 – 독일 민법의 영향과 교훈 –", 「민사법학」, 제52호, 2010, 21면 각주 114번 및 23면; 최윤석, "스위스채무법 2020 총칙초안(OR 2020)에 관한 연구 – 우리 민법 개정시 고려해야 할 쟁점들을 중심으로 –", 「저스티스」, 제178호, 2020, 152면 참조.

으로 찬성하고 있다. 그러나 적절한 규정내용을 찾지 못하였다는 측면에서 검토위원회는 반대하고 있다. 기존의 입법과정에서도 선언적 규정일 뿐만 아니라, 적절하면서 법률행위규정이 갖는 상징적 의미에 부합하는 규정안을 찾지 못하였다는 점에서 개정안 마련에 실패한 것은 마찬가지였다.

물론 법률행위에 관한 개념규정은 실질적인 내용을 담지 못할 가능성이 크다.[17] 그렇지만 현 개정작업에서 다른 주요 장에서는 상징적인 모두규정을 신설하면서[예: 이행청구권(제387조), 계약의 성립(제527조) 등] 법률행위에 관한 장에서 모두규정을 두지 않은 것은 균형이 맞지 않다고 생각된다. 법률행위에 관한 규정은 심장부(Herzstück), 즉 민법의 핵심적 용어에 해당한다.[18] 법률행위는 헌법상 행위의 자유,[19] 더 정확하게는 "개인이 자신의 의사에 따라 법률관계를 스스로 형성할 수 있는" 사적자치[20]를 실현하는 것이 개인에게 가장 중요한 제도이기 때문이다.[21]

그러나 문제는 현 기초위원회 개정시안에 담긴 규정의 내용이다. "법률행위는 법률효과의 발생을 내용으로 하는 의사표시를 요한다"는 규정은 기본적으로 의사표시가 필수적인 법률행위의 구성요소라는 점을 강조하고 있는 것으로 생각된다. 그러나 법률행위는 의사표시를 필수적인 구성요소로 하지만, 이를 통하여 당사자가 확정되어야 하고 구체적인 법률행위의 내용인 급부목적이 확정되어야만 법률행위로서 성립할 수 있다.[22] 이러한 측면을 고려하면 이 규정은 다소 불완전한 내용을 담고 있다.

그렇다면 기초위원회 보고서에서 주로 참고한 네덜란드민법의 규정내용을 자세히 살펴보는 것이 필요하다. 해당 규정내용을 기초위원회에서 충실히 반영하지 않은 것으로 보이기 때문이다. 네덜란드민법에 있는 해당 규정내용을 보면 다음과 같다:[23]

17) 이에 반하여 토론자인 손홍락 교수님은 실질적 의미를 가질 수 있다는 긍정적 입장에서 재판규범으로서의 역할까지 할 수 있다고 평가하였다.
18) Staudinger/Schiemann, Eckpfeiler des Zivilrechts, D. Das Rechtsgeschäft, 2022, D1.
19) 헌법재판소는 계약자유의 원칙을 헌법상의 행복추구권 안에 함축된 일반적 행동 자유권으로부터 파생된 것이라고 파악하였다(헌법재판소 1991. 6. 3. 89헌마2004 전원재판부). 이에 대하여 이은형, "민법 제103조와 제104조에서 사적자치에 대한 규제", 「법학연구」, 제52집, 2017, 163면 참조.
20) 이러한 표현으로 Flume, Allgemeiner Teil des Bürgerlichen Rechts II: Das Rechtsgeschäft, 3. Aufl. 1979, §1, 1 (S. 2).
21) 같은 취지로 양창수 편집대표, 민법주해[Ⅲ], 제2판, 2022, 8-9면(최수정).
22) 양창수 편집대표, 민법주해[Ⅲ], 제2판, 2022, 30면(최수정).
23) 한글 번역은 박영복, "네덜란드 民法의 재편찬: 그 체계 및 내용의 조망", 「EU연구」, 제3권, 1997, 134면을 참조한 것이다.

Art. 3:33
Een rechtshandeling vereist een op een rechtsgevolg gerichte wil die zich door een verklaring heeft geopenbaard.
법률행위는 법률효과의 발생을 목적으로 하는 의사를 전제로 하며, 이는 표시에 의하여 표명된다.
(영) A juridical act requires an intention to produce juridical effects, which intention has man-ifested itself by a declaration.[24]
(독) Ein Rechtsgeschäft erfordert einen auf Rechtsfolge gerichteten Willen, der sich in einer Erklärung offenbart.[25]
(국) 법률행위는 법률효과의 발생을 목적으로 하는 의사가 요구되며, 이러한 의사는 표시에 의하여 표명된다.

네덜란드민법 주석서에 의하면 본 조항을 통하여 실무에서 구체적으로 적용할 수 있는 표지를 마련하기 위한 법률행위의 요건을 설정하려는 목적을 가지고 있다고 한다.[26] 그리고 이 표현을 사용함으로써 특정 이론을 선택한 것은 아니라고 한다. 본 조항은 명시적 또는 묵시적 의사표시 없이는 법률행위가 존재할 수 없음을 선언하고 있는 것이다.[27] 즉, 본 조항은 의사와 표시가 법률행위의 성립요건임을 정하고 있는 것으로 생각된다.

이 규정은 우리가 익히 알고 있는 법률행위의 개념 정의에 해당하며,[28] 주관적 요소인 의사와 객관적 요소인 표시로 나누고 있다. 따라서 법률행위의 요건을 규정하고 있는 모두규정에서 법률행위의 이러한 기본적 요소를 충분히 담고 있는 방식으로 규정하는 것이 타당하다고 생각된다.[29]

---

24) 영문 번역은 Busch/Hondius/van Kooten/Schelhaas/Schrama, The Principles of European Contract Law and Dutch Law, 2002, p. 76을 참조하였다.
25) Hartkamp, Einführung in das neue Niederländische Schuldrecht - Teil Ⅰ: Rechtsgeschäfte und Verträge, AcP 191(1991), 399를 참조하였다.
26) Hijma, in: T&C Burgerlijk Wetboek, art. 3:33 BW, aant. 1.
27) Hijma, in: T&C Burgerlijk Wetboek, art. 3:33 BW, aant. 4.
28) 다양한 법률행위 개념 정의에 관하여 자세한 것은 양창수 편집대표, 민법주해[Ⅲ], 제2판, 2022, 2면(최수정) 참조.
29) 학술대회에서 순천대학교 박영목 교수님은 의사가 없는 경우에, 본 규정에 따라 요건이 결여된 경우 그 법률효과가 어떻게 될 것인지에 대하여 질의를 하였다. 의사표시 자체가 본 규정에서 법률행위의 요건이므로 의사표시 자체가 없으면 법률행위는 성립하지 않을 것이나, 의사가 표시된 내용과 불일치할 때의 문제는 효력발생요건의 문제에 해당할 것이다. 즉, 본 규정이 도입되더라도 기존의 학설상 논의에는 변화가 없을 것으로 생각된다.

2. 의사능력에 관한 규정의 신설

현행 민법	기초위원회 예비초안	검토위원회 의견	기초위원회 최종안
(신설)	제3조의2(의사능력) 의사능력이 없는 사람의 의사표시는 무효로 한다.	제2절 의사표시 제106조의2(의사능력) ① 의사능력이 없는 사람의 의사표시는 무효로 한다. ② 의사무능력자는 그 행위로 인하여 받은 이익이 현존하는 한도에서 반환할 책임이 있다.	제3조의2(의사능력) 의사능력이 없는 사람의 의사표시는 무효로 한다.
[2004] / [2013] 없음			

(1) 기초위원회 예비초안

기초위원회에서는 학설[30]과 판례[31]에서 의사무능력자의 법률행위를 무효로 보는 법리를 명문화하는 안을 제안하였다. 그러면서 우리 민법이 유언에서 의사능력개념을 전제로 하고 있다는 점(제1063조 제1항), 다양한 입법례에서 의사능력에 관한 규정을 두고 있는 점, 정신적 능력에 제약이 있는 경우에는 재판을 받지 아니한 자의 법률행위 효력을 제한할 필요가 있다는 점을 논거로 설득력 있게 제시하고 있다.[32]

구체적인 법률규정의 내용과 관련하여 세 가지 쟁점을 검토하고 있다. 첫째는 무효라는 법률효과 이외의 다른 법률효과를 둘 것인지, 둘째는 의사능력 개념을 별도로 서술할 것인지에 관해서이다.[33] 그러나 결국 기존의 학설과 판례와 동일하게 의사능력이 결여된 경우에 무효라는 법률효과를 부여하고, 의사능력 개념은 별도로 제시하지 않는 쪽으로 결정을 내렸다. 세 번째로, 의사무능력자의 부당이득 반환의무에 관한 제141조 단서와 같은 내용을 인정하고 있는 판례[34]를 명문화하는 제안을 하였다. 다만 조문의 위치는 제748조 제3항에 두는 것으로 제안하였다.[35]

30) 곽윤직/김재형, 민법총칙, 제9판, 2013, 109−110면.
31) 대법원 2009. 1. 15. 선고 2008다58367 판결.
32) 법무부, 민법 개정안(계약법 법률행위) 예비초안 연구, 2023, 5−6면(책임연구원 안병하). 그러면서 우리 민법이 의사능력이라는 개념을 알지 못한다는 일부 견해(이은영, 민법총칙, 제5판, 2009, 155면; 이진기, “법률행위능력과 의사능력 제도에 대한 비판적 검토”, 「민사법학」, 제46호, 2009, 281면)를 비판하고 있다.
33) 법무부, 민법 개정안(계약법 법률행위) 예비초안 연구, 2023, 6−7면(책임연구원 안병하).
34) 대법원 2009. 1. 15. 선고 2008다58367 판결.
35) 법무부, 민법 개정안(계약법 법률행위) 예비초안 연구, 2023, 90면(책임연구원 안병하).

(2) 검토위원회 의견

학설과 판례에서 인정하던 방식대로 규정하려는 기초위원회 예비초안의 도입 취지와 내용에 대해서 검토위원회는 전반적으로 찬성하였다. 다만 검토위원회에서는 조문의 위치에 관하여 이견이 존재하였다.

의사능력규정의 체계적 위치는 권리능력 규정(제3조) 뒤에 두는 기초위원회 안에 추가하여 행위능력규정 뒤에 두는 안(이 경우엔 제17조의2) 그리고 의사표시 절에 두는 안(검토위원회 안)을 생각할 수 있다고 보았다. 그러면서 의사능력의 정의 없이 위의 기초위원회 초안과 같이 무효의 효과를 정하는 방식은 민법전 총칙의 편제상 제5장 제2절 "의사표시"의 첫 조문으로 두는 것이 바람직하다고 보았다. 추가적으로 당시 국회에 계류 중이었던 인격권의 도입에 관한 개정안(민법 제3조의2 신설)[36] 통과 시 조문의 위치를 수정해야 한다는 점 또한 고려할 필요가 있다는 점도 논거로 제기하였다.[37]

의사무능력을 이유로 한 무효의 경우 현존이익의 반환책임을 밝히는 규정의 위치와 관련하여 이를 부당이득에 관한 제748조에서 정할 경우, 문언의 표현 여하에 따라서는 급부부당이득 이외에 침해부당이득에 대하여도 적용될 수 있어서 불필요한 논의를 유발하는 등 바람직하지 않다는 입장을 취하였다.[38] 이에 검토위원회는 의사표시에 관한 절에서 제106조의2 제2항의 추가 신설을 제안하였다.

(3) 기초위원회 최종안

기초위원회는 원안을 유지한 상태로 최종안을 제안하였다.

(4) 규정의 위치에 대한 재고 필요성

의사능력에 관하여 규정 내용을 신설하는 것은 전적으로 동의하는 바이다. 그러나 검토위원회에서 지적하고 있는 바대로 의사능력에 관한 규정의 위치를 재고할 필요가 있다.

<u>(가) 의사능력에 관한 조문의 위치</u>

의사능력의 기본적 개념을 생각하면 기초위원회 안처럼 행위능력 조문 앞에 오는 것이 타당하다. 그러나 의사능력 제도가 판례와 학설에 의하여 인정되어 온 취지를 생각하면 오히려 행위능력 개념 뒤에 오는 것이 타당하다. 의사능력 개념을 별도로 인정하게

---

36) 민법 일부개정법률안(윤미향 의원 대표발의), 의안번호 제2117124, 2022.8.31. 동 법안은 2024년 5월 29일 제21대 국회가 임기만료됨으로써 폐기되었다.

37) 법무부 민법개정위원회 검토위원회, 민법 개정 예비초안에 대한 검토의견서, 2024, 124면.

38) 법무부 민법개정위원회 검토위원회, 민법 개정 예비초안에 대한 검토의견서, 2024, 124면.

된 것은 거래안전 등의 이유로 획일적으로 행위능력 유무를 판단하는 것에 대한 보완적 제도를 인정할 필요가 있었기 때문이다.[39] 즉 구체적인 법률행위를 할 때 법률행위의 의미를 제대로 파악할 수 있는 능력이 없는 자를 보호할 필요가 있었기 때문이다.

나이와 법원의 심판에 따라 획일적 보호를 하는 행위능력 제도의 보완적 기능을 현재 의사능력 개념이 하고 있기 때문에 이를 행위능력 제도 뒤에 위치시키는 것이 타당하다고 생각된다. 구체적으로 우리 판례를 보면 의사능력이 문제된 사례는 주로 고령자 내지 지적장애인에게 의사능력이 결여된 경우이다.[40] 이러한 측면을 고려한다면, 의사표시에 관한 일반조항 형식의 규정을 두지 않고 독일 민법규정(제105조 제2항)처럼 일시적 의식의 상실 또는 질병, 장애, 노령, 또는 그 밖의 사유로 인한 정신적 제약으로 의사능력이 없는 경우에 그 효력을 무효로 선언하는 것도 방법이라고 생각된다.[41][42]

(나) 부당이득 반환범위와 관련한 조문의 내용

의사무능력자와 제한능력자의 반환범위에 대한 개정안 제748조 제3항과 관련하여서는 의사무능력자에 대하여 학설과 판례에서 유추적용되었던 것을 명문으로 인정하는 한편,[43] 표현을 그대로 둔 채 그 위치만 제141조 단서에서 제748조 제3항으로 옮기는 것이 개정안의 내용이다. 그러나 제748조 제3항이 현행법 제141조 단서에서 사용하던 "행위로 인하여 받은 이익"이라는 표현을 그대로 사용하는 이상 문언상으로는 급부부당이

---

39) 이를 적절히 지적하는 문헌으로 이진기, "법률행위능력과 의사능력 제도에 대한 비판적 검토", 「민사법학」 제46호, 2009, 282면 이하.

40) 최근 판례에 의하면 정신상태 감정 결과 '지능지수 52, 사회지수 50(사회연령 9세)'라는 진단을 받은 지적장애인의 대출약정에 관한 사건이었다(대법원 2022. 5. 26. 선고 2019다213344 판결). 이에 대한 평석으로 박철홍, "지적장애가 있는 사람의 의사능력에 대한 판단 기준과 경계선급 지능장애가 있는 사람에 대한 낙인효과에 대하여 : 대법원 2022. 5. 26. 선고 2019다213344 판결에 대한 평석을 중심으로", 「사법」, 제67호, 2024; 이승현, "지적 장애인의 의사능력의 판단기준 : 대법원 2022.5.26. 선고 2019다213344 판결의 검토", 「고려법학」, 제100호, 2021.

41) 해당 규정 안에서도 제1항은 행위무능력, 제2항은 의사무능력의 순서로 규정하고 있다.

42) 이에 추가하여 유언과 관련하여, 유언적령에 관한 제1061조 규정을 먼저 두고 제한능력자의 유언에 관한 제1062조 뒤에 의사능력을 바탕으로 한 피성년후견자의 유언능력에 관한 규정을 제1063조에 두고 있다. 그런데 우리 학설은 유언능력을 의사능력의 문제로 보아 재산적 행위에 요구되는 정도의 능력을 갖추고 있어야 할 필요는 없으며, 사물에 관한 판단력, 즉 의사능력만 가지고 있으면 유언을 할 수 있으며 유언능력이 결여된 자의 유언은 무효로 보고 있다(김주수/김상용, 친족·상속법, 제12판, 2015, 755면; 정소민, "유언능력에 관한 연구", 「법학논총」, 제35권 제2호, 2018, 84면). 의사능력에 관한 규정을 제2장 제1절 능력에 두는 것은 타당하지만, 유언에 관한 규정내용을 참고하면 행위능력규정 뒤인 제17조의2로 두는 것이 현재 민법 조문의 편제와 조문 순서에 부합한다고 생각된다는 논거를 폈다. 그러나 학술대회 토론자인 김태관 교수님은 유언에 관한 제1063조는 행위능력 제도의 예외적인 경우로 피성년후견인의 의사능력이 회복된 경우에 관한 규정이므로 참조하기 어렵다는 지적을 하였고 타당하고 생각되어 이 논거는 더 이상 근거로 제시하지 않기로 하였다.

43) 양창수 편집대표, 민법주해[Ⅳ], 제2판, 2022, 83면(이동진).

득뿐만 아니라, 침해부당이득 사례까지 포괄하게 된다는 검토위원회의 지적은 타당한 것으로 생각된다. 제141조 단서의 규정으로 있을 때에는 법률행위 취소에 따른 부당이득 문제이므로 급부부당이득의 경우에만 적용되는 것이 분명하였지만,[44] 제748조로 옮기면서 이와 같은 문제가 발생하게 되었다.

독일에서의 논의를 보면 의사무능력자와 제한능력자의 반환책임과 관련하여 급부부당이득과 비급부부당이득을 분명히 구분하고 있다.[45] 급부부당이득의 경우에 모든 이익을 반환해야 한다면 법률행위로 인한 구속으로부터 벗어나게 하려는 보호목적을 달성하지 못하게 된다. 왜냐하면 받은 이익을 모두 반환해야 한다면 부당이득법을 통하여 법률행위가 유효한 상태와 동일하게 실현되는 결과가 발생할 수 있기 때문이다. 따라서 법률행위의 구속으로부터 벗어나게 하려는 목적을 실현하기 위해서는 부당이득 반환범위도 제한하는 것이 필요하다. 그에 반하여 침해부당이득의 경우에는 이러한 보호목적이 존재하지 않기 때문에 제한하는 것이 불필요하다는 것이다.

기초위원회가 보고 있는 바와 같이 의사무능력자와 제한능력자의 반환책임을 제한하는 현행 민법 제141조 단서는 부당이득에 있어 수익자의 반환범위를 정한 민법 제748조의 특칙에 해당하므로[46] 그 규정의 위치는 제141조에 두는 것보다 제748조에 두는 것이 타당하다. 또한 불법원인반환급여에 관한 제747조는 그 적용범위가 급부부당이득에 한정되는 조문이므로 해당 조문에서 "재산을 급여하거나 노무를 제공한"이라는 표현을 차용하여 "의사무능력자와 제한능력자는 그 행위로 급여 받은 재산 또는 제공 받는 노무로 인한 이익이 현존한 한도에서 제747조의 책임이 있다"로 수정하는 것이 타당하다고 생각된다. 이 문구가 들어가게 된다면 급부부당이득이라는 점이 명백히 드러나서 행위능력 또는 의사능력 결여에 따른 법률행위의 취소 또는 무효 시에 부당이득 반환범위를 결정하는 것이라는 점이 분명하게 드러날 수 있다고 본다.

또한 현행법 해석에서도 부당이득이 발생한 사유가 바로 의사무능력 내지 제한행위능력으로 인한 무효 내지 취소된 경우로 제한해석되고 있다.[47] 그런데 원래 제141조의 단서에 규정되었을 때에도 그 취소사유에 대한 명확한 제한이 없었던 것이므로 적절하게 규정의 내용을 제한해석하면 충분할 것이라고 생각될 수도 있다. 또는 "의사무능력

---

44) 제141조 단서는 제한능력자가 제한능력을 이유로 적법·유효하게 법률행위를 취소한 경우에 한하여 적용된다[양창수 편집대표, 민법주해[IV], 제2판, 2022, 83면(이동진)].

45) MüKoBGB/Spickhoff, §108 Rn. 39–41; BeckOK BGB/Wendtland, §108 Rn. 15; HK–BGB/Dörner, §106 Rn. 11; Stadler, BGB AT, § 23 Rn. 35; Staudinger/Steinrötter, JuS 2012, 104.

46) 양창수 편집대표, 민법주해[IV], 제2판, 2022, 82면(이동진); 대법원 2009. 1. 15. 선고 2008다58367 판결.

47) 양창수 편집대표, 민법주해[IV], 제2판, 2022, 82면(이동진).

내지 제한행위능력을 이유로 법률상 원인 없게 되어 급여 받은 재산 또는 제공 받은 노무를 반환해야 하는 경우에는 이익이 현존한 한도에서 제747조의 책임이 있다"는 내용으로 수정하여 규정의 제도적 취지에 부합하도록 표현하는 것도 가능하다고 생각된다.

3. 불공정한 법률행위(제104조)

현행 민법	기초위원회 예비초안	검토위원회 의견	기초위원회 최종안
제104조(불공정한 법률행위) 당사자의 궁박, 경솔 또는 무경험으로 인하여 현저하게 공정을 잃은 법률행위는 무효로 한다.	**제104조(불공정한 법률행위)** 당사자의 급박한 곤궁 상태 또는 판단력 내지 경험의 부족 등을 이용함으로써 현저하게 공정을 잃은 법률행위는 무효로 한다.	**제104조(불공정한 법률행위)** 당사자의 **곤궁하고 절박한 사정, 판단력 또는 경험의 부족 그 밖의 사정으로 인하여** 현저하게 공정을 잃은 법률행위는 무효로 한다.	**제104조(불공정한 법률행위)** 당사자의 **곤궁하고 절박한 사정, 판단력 또는 경험의 부족, 그 밖의 사정으로 인하여** 현저하게 공정을 잃은 법률행위는 무효로 한다.
[2004] **제104조(불공정한 법률행위)** 당사자의 궁박, 판단력의 부족 또는 무경험으로 인하여 현저하게 공정을 잃은 법률행위는 무효로 한다. [2013] 없음[48]			

(1) 기초위원회 예비초안

기초위원회에서 제시한 예비초안은 이전의 개정작업을 반영하여 판례[49]가 인정하여 오던 해의를 반영한 것이다. 그러면서 비교법적인 다양한 예를 들면서 이러한 해의가 반영되고 있음을 밝히고 있다. 그리고 2004년 개정안의 입장을 수용하여 "경솔"을 대신하여 "판단력의 부족"으로 주관적 요건을 대체하고 있다.[50]

또한 중요한 수정내용으로 주관적 사유에 "등"을 붙임으로써 그 확대 가능성을 마련하고 있으나, 보고서에는 그에 관한 이유를 명확하게 밝히고 있진 않다.[51]

---

48) 2013년 예비초안 준비 중 분과 단계에서의 잠정 합의안: "당사자의 궁박한 상태 또는 판단능력 내지 경험의 부족 등을 이용함으로써 현저하게 부당한 법률행위는 무효로 한다."

49) 대법원 1991. 7. 9. 선고 91다5907 판결.

50) 법무부, 민법 개정안(계약법 법률행위) 예비초안 연구, 2023, 11－12면(책임연구원 안병하).

51) 2013년 예비초안을 따른 것으로 보인다. 그러나 "등"을 추가하여 구체적인 거래상황을 고려한 포괄적이고 유연한 판단을 하자고 제안한 것은 2004년 민법개정 때 공청회에서 제시된 의견이었다(안법영 교수)(법무부 민법개정자료발간팀 편, 2004년 법무부 민법 개정안, 총칙·물권, 2012, 165면). 하지만 그 당시 개정위원들은 "등"이라는 용어는 불확정 개념으로 바람직하지 않으며 너무 요건이 너무 개방적이게 된다는 이유로 반대의 입장을 취하였다(법무부 민법개정자료발간팀 편, 2004년 법무부 민법 개정안, 총칙·물권, 2012, 166면).

(2) 검토위원회 의견

검토위원회에서는 용어의 표현을 수정할 것을 제안하였고, 특히 "등"이라는 표현은 민법에서 많이 사용하지 않으므로 "그 밖의 사정으로"라는 표현으로 수정할 것을 제안하였다. 그러면서 객관적 요건에서 "현저하게 불공정"이라는 요건이 있으므로 주관적 사유의 확대로 인하여 그 적용범위가 부당하게 확대될 가능성은 없는 것으로 보고 개정에 찬성하는 견해를 밝혔다.[52] 다만 해의를 입법화하는 것에 대하여는 학설이 대립할 뿐만 아니라, 판례에서 일관되게 해의를 요구하는 것도 아니어서 부정적인 입장을 피력하였다.[53]

그리고 기초위원회 안 제110조의2에서 "부당한 영향력에 따른 의사표시의 취소" 규정을 신설하는 것과 관련하여 본조와 중첩 적용될 가능성이 있어 무효라는 법률효과를 가져올 수 있음을 지적하였다.[54] 이러한 문제점을 기초위원회에서도 충분히 인식하고 있으나, 앞으로 판례에서 그 한계를 적절하게 사례군의 형성을 통하여 제공할 것으로 기대된다는 입장을 취하였다.

(3) 기초위원회 최종안

기초위원회는 검토위원회의 의견을 모두 받아들여 최종안을 제안하였다.

(4) 민법의 인간상과 약자보호의 확대

현행 민법은 인간이 이성적 능력을 가지고 있다는 근대민법의 인간상을 바탕으로 하고 있다. 따라서 능력이 떨어지는 자의 보호, 불균형한 상황에서의 계약체결 등에 대해서는 일반법인 민법 안에 그 규정내용이 많지 않음은 사실이다. 이러한 측면에서 이번 개정에서 제104조의 적용범위를 넓히고[55] 제110조의2에서 "부당한 영향력에 따른 의사표시의 취소" 규정을 신설[56]하는 것은 약자보호 제도를 확대하였다는 측면에서 매우 환영할 만한 일이다. 이는 민법이 보증계약 및 여행계약에 관한 규정을 신설함으로써 약자보호 제도를 늘리고 있는 추세와도 부합한다.[57]

---

52) 법무부 민법개정위원회 검토위원회, 민법 개정 예비초안에 대한 검토의견서, 2024, 126면.

53) 법무부 민법개정위원회 검토위원회, 민법 개정 예비초안에 대한 검토의견서, 2024, 126면.

54) 법무부 민법개정위원회 검토위원회, 민법 개정 예비초안에 대한 검토의견서, 2024, 127면.

55) 일반법인 소비자계약법이 존재하지 않은 상황에서 소비자의 '상황적 취약성'에 일반적 해결방법으로서 불공정한 법률행위가 기능해야 한다는 논문으로 윤태영/김민주, "취약한 계약당사자 보호를 위한 민법상 과제 – 능력 제한으로부터 불공정한 법률행위의 전환을 통한 해결을 모색하며 –", 「민사법학」, 제100호, 2022 참조.

56) 법무부, 민법 개정안(계약법 법률행위) 예비초안 연구, 2023, 40면 이하 참조(책임연구원 안병하).

57) 이에 관하여 자세한 것은 서희석, "한국의 최근 민법개정과 소비자법 – 보증 · 여행에 관한 「2015

다만 이것에 머물러서는 안 된다. 왜냐하면 양 제도 모두 구체적인 계약체결 상황에서 개별적인 보호를 도모하고 있기 때문이다. 거래생활에서 전형적으로 보호가 필요한 상황에서 소비자를 보호하는 소비자계약법에 관한 규정을 민법에 편입할 필요가 있다.[58] 이번 개정작업에서는 소비자계약법 편입이 목적이 아니기 때문에 빠져 있지만, 다음번 개정작업에는 반드시 검토를 거쳐 민법에 편입해야 하는 분야라고 생각된다.

(5) 해의 내지 이용하려는 의사 요건

기초위원회 예비초안에서는 2013년 민법개정 작업 때 논의를 반영하여 "해의" 내지 "이용하려는 의사"라는 판례 입장을 반영하여 요건으로 추가하는 안을 마련하였다. 그러나 검토위원회에서는 이를 삭제할 것을 권고하였고, 기초위원회에서 이를 받아들인 수정된 형태로 최종안을 제시하였다. 검토위원회는 판례에서 반드시 "해의"를 요건으로 하지 않음을 설명하고 있지만, 초기의 판례는 해의를 요구하지 않았어도, 근래에 들어 이를 요구하는 것이 판례의 입장이라는 분석이 있다는 점도 감안할 필요가 있다.[59]

4. 강행규정과 임의규정(제105조)

현행 민법	기초위원회 예비초안	검토위원회 의견	기초위원회 최종안
제105조(임의규정) 법률행위의 당사자가 법령 중의 선량한 풍속 기타 사회질서에 관계없는 규정과 다른 의사를 표시한 때에는 그 의사에 의한다.	**제105조(강행규정과 임의규정)** ① 법령 중 강행규정에 위반하는 법률행위는 무효로 한다. ② 법률행위의 당사자가 법령 중 강행규정 아닌 규정과 다른 의사를 표시한 때에는 그 의사에 의한다.	제105조(강행규정과 임의규정) ① 법률행위가 일정한 행위를 금지하는 법령을 위반하여 행해진 경우 그 법률행위는 무효로 한다. 그러나 법령의 내용과 목적에 비추어 이와 달리 볼 수 있는 경우에는 그러하지 아니하다. ② 법률행위의 당사자가 임의규정과 다른 의사를 표시한 때에는 그 의사에 따른다.	전체회의 상정 (강행규정 일반에 대한 규율방식)
[2004] / [2013] 없음			

년 개정민법」을 중심으로 -", 「소비자법연구」, 제6권 제2호, 2020 참조.

58) 구체적인 편입방안으로 이병준, "민법 내 소비자계약법 일반제도의 신설", 「민사법학」, 제102호, 2023 참조. 나아가 김상중, "한국의 소비자계약법제 개관과 개선 제안", 「소비자법연구」, 제8권 제2호, 2022; 서희석, "소비자사법의 일반화의 가능성", 「법학연구」, 제51권 제3호, 2010; 김진우, "소비자계약법의 민법전으로의 통합을 위한 시론적 고찰", 「법학논총」, 제23권, 2010.

59) 양창수 편집대표, 민법주해[Ⅲ], 제2판, 2022, 201면(권영준).

(1) 기초위원회 예비초안

기초위원회 예비초안에서 본 규정 개정의 출발점은 – 앞에서 지적한 바와 같이 – "법령 중 선량한 풍속 기타 사회질서에 관계있는 규정"이 강행규정을 대신하는 개념으로 사용될 수 없다는 문제점에 있다.[60] 그러면서 설득력 있게 선량한 풍속 기타 사회질서 위반의 경우와 강행법규 위반의 문제가 구분되는 경우를 제746조의 "불법" 개념과 명의신탁에 관한 판례입장을 통하여 제시하고 있다.

그러면서 강행규정 위반에 대하여 무효를 선언하고 있는 다양한 입법례를 근거로 강행규정 위반의 경우 무효이고 임의규정의 경우는 당사자가 정한 내용이 유효하다는 내용을 제1항과 제2항에 담은 개정시안을 제시하였다.[61]

(2) 검토위원회 의견

검토위원회에서는 기초위원회 예비초안이 현행 민법 제105조 규정(임의규정)을 유지하는 한편 강행규정의 의미를 보다 분명히 하고 있으므로 개정 취지에는 찬동한다는 의견이었다. 다만 강행규정에 관한 기초위원회 안 제105조 제1항의 내용 수정과 함께 표현의 일부 수정을 제안하였다.[62]

기초위원회 예비초안 제105조 제1항은 강행규정에 반하는 행위가 사법상으로 무효임을 확인해 주는 당연한 내용만을 규정하고 있다. 이에 검토위원회는 판례에서 많이 문제되는 강행규정성이 법률규정의 해석을 통하여 확정되는 사항을 반영한 수정안 제1항을 제안하여 위 규정이 보다 실제적 의미를 갖도록 제안하였다. 즉, 금지규정에서 정한 내용이 강행규정인지 여부가 불명확한 경우에 강행규정성 여부가 법령의 내용과 목적을 고려한 해석에 의하여 판단되어야 한다는 법리를 설시하고 있는 판례의 입장을 반영하였다. 또한 기초위원회 예비초안 제105조 제1항에 의하면 강행규정 위반의 경우 절대적 무효의 효과만을 갖는다고 이해될 소지가 있는데, 실제로 당해 금지규정의 입법 목적에 따라 절대적 무효가 아니라 당사자 사이의 상대적 무효의 효과, 일부무효, 유동적 무효 등 다양한 무효의 효과(판례의 입장)를 가져야 할 경우도 있음을 보다 분명하게 표현해야 할 필요가 있다고 보았다. 이에 검토위원회는 독일민법 제134조,[63] 판례의 표현[64] 등을

60) 법무부, 민법 개정안(계약법 법률행위) 예비초안 연구, 2023, 13면 이하(책임연구원 안병하).

61) 법무부, 민법 개정안(계약법 법률행위) 예비초안 연구, 2023, 14면(책임연구원 안병하).

62) 법무부 민법개정위원회 검토위원회, 민법 개정 예비초안에 대한 검토의견서, 2024, 128면 이하.

63) **독일 민법 제134조(법률상 금지)** 법률의 금지에 위반하는 법률행위는, 그 법률로부터 달리 해석되지 아니하는 한, 무효이다.

64) 대법원 2021. 4. 29. 선고 2017다261943 판결: 사법상의 계약 기타 법률행위가 일정한 행위를 금지하는 구체적 법규정을 위반하여 행하여진 경우에 그 법률행위가 무효인가 또는 법원이 법률행위 내용의 실현에 대한 조력을 거부하거나 기타 다른 내용으로 그 효력이 제한되는가의 여부는 당해

반영하여 수정안 제105조 제1항, 특히 단서를 추가 제안하였다.[65)]

(3) 전체위원회에서의 논의내용

전체위원회에서도 강행규정의 규율방식에 대하여 의견이 나뉘었다. 기초위원회 안으로 충분하다는 견해도 있었으나, 동어 반복적인 기초적 내용만 담고 있다는 비판적 견해도 존재했다. 또한 검토위원회 안에 대하여도 기준을 마련한다는 의미에서 긍정적인 견해도 많이 주장되었지만, 그에 반하여 금지규정에 대하여 원칙적 무효로 한다면 현재 판례 경향과 맞지 않고 과도한 행정입법이 이루어지고 있는 현재 입법 상황에 부합하지 않는다고 지적하는 견해도 있었다.

(4) 제1항의 강행규정 규율방식

(가) 검토위원회 안의 내용

기초위원회에서 제시하고 있는 "강행규정에 위반하는 법률행위는 무효로 한다"라는 안은 강행규정의 성격을 갖는 규정이 자체적으로 정해진 사법적 효력, 즉 무효의 효력을 확인하는 내용을 담고 있다. 그에 반하여 "법률행위가 일정한 행위를 금지하는 법령을 위반하여 행해진 경우 그 법률행위는 무효로 한다"는 검토위원회 안은 명시적으로 강행규정성이 규정되어 있지 않은 금지규정의 경우 해당 규정의 강행규정성을 법률의 해석을 통하여 확정하는 해석지침을 제공하고 있다. 이 내용은 상호 배치되지 않으므로 함께 규정할 수 있다고 생각된다.[66)] 예컨대 「유럽 민사법의 공통 기준안」(Draft Common Frame of Reference, 이하 'DCFR')에서는 이 두 가지 사항을 모두 규정하고 있는 것으로 보인다.[67)]

법규정이 가지는 넓은 의미에서의 법률효과에 관한 문제의 일환으로서, 그 법규정의 해석 여하에 의하여 정하여진다. 따라서 그 점에 관한 명문의 정함이 있다면 당연히 이에 따라야 할 것이고, **그러한 정함이 없는 때에는 종국적으로 그 금지규정의 목적과 의미에 비추어 그에 반하는 법률행위의 무효 기타 효력 제한이 요구되는지를 검토하여 이를 정할 것이다.**

65) 또한 기초위원회 예비초안 표현 중에서 "법령 중"이라는 표현을 삭제하였다. 현행 민법에서는 "법령 중"이라는 표현이 "규정"을 수식하고 있으므로 이 규정이 법령상의 규정인지 아니면 계약상의 규정인지가 불분명하므로 이를 특정할 필요가 있다. 그러나 강행규정이나 임의규정이라는 표현을 통하여 이미 법령상의 규정이라는 것이 드러나므로 "법령 중"이라는 표현은 불필요하다. 또한 예비초안 제2항에서 임의규정이라는 표현을 이미 표제에서 사용하고 있으므로 임의규정을 소극적으로 '강행규정이 아닌 규정'으로 표현할 필요 없이 바로 '임의규정'이라는 표현을 직접적으로 사용하면 되므로 표현의 수정을 제안하였다.

66) 이처럼 DCFR의 규정을 긍정적으로 평가하고 있는 문헌으로 강윤희, "법률행위의 일부가 강행법규를 위반한 경우의 법률관계(대법원 2016. 11. 18. 선고 2013다42236 판결)", 「저스티스」, 제160호, 2017, 256면 이하.

67) von Bar 등, 비교민법총서 1: 유럽 민사법의 공통 기준안: 총칙 · 계약편(DCFR 제1권~제4권), 법무

II.-7:302: Contracts infringing mandatory rules

(1) Where a contract is not void under the preceding Article but infringes a mandatory rule of law, the effects of that infringement on the validity of the contract are the effects, if any, expressly prescribed by that mandatory rule.

(2) Where the mandatory rule does not expressly prescribe the effects of an infringement on the validity of a contract, a court may;

(a) declare the contract to be valid;

(b) avoid the contract, with retrospective effect, in whole or in part; or

(c) modify the contract or its effects.

(3) A decision reached under paragraph (2) should be an appropriate and proportional response to the infringement, having regard to all relevant circumstances, including:

(a) the purpose of the rule which has been infringed;

(b) the category of persons for whose protection the rule exists;

(c) any sanction that may be imposed under the rule infringed;

(d) the seriousness of the infringement;

(e) whether the infringement was intentional; and

(f) the closeness of the relationship between the infringement and the contract.

II-7:302 강행규정을 위반하는 계약

(1) 전조 하에서 계약이 무효는 아니나 강행규정을 위반하는 경우에, 그러한 위반이 계약의 효력에 대하여 가지는 효과는 그 강행규정에 의하여 명시적으로 규정된 바가 있으면 그와 같이 규정된 효력으로 한다.

(2) 강행규정이 계약의 효력에 대한 위반의 효과에 대하여 명시적으로 정하고 있지 아니한 경우, 법원은

(a) 계약을 유효한 것으로 선언하거나,

(b) 계약의 전부 또는 일부를 소급적으로 취소하거나, 또는

(c) 계약 또는 그 효과를 수정할 수 있다.

(3) 제2항에 따른 결정은 다음을 포함한 모든 관련 사정을 고려한 위반에 대한 적절하고 비례적인 조치이어야 한다.

(a) 위반된 규정의 목적,

(b) 그 규정이 보호하려는 자의 범위,

(c) 위반된 규정하에서 부과될 여하한 제재,

(d) 위반의 중대성,

(e) 위반이 고의적이었는지 여부, 및

(f) 위반과 계약 간의 관계의 밀접성.

부(안태용 역), 2012, 251면의 번역을 참고한 것이다.

법원에서는 일정한 행위를 금지하는 규정, 즉 금지규정의 강행규정성을 판단하는 법률의 해석원칙을 설정하고 이를 판단하는 경우가 늘어나고 있다. 판례에서 "사법상의 계약 기타 법률행위가 일정한 행위를 금지하는 구체적 법규정을 위반하여 행해진 경우에 법률행위가 무효인가 또는 법원이 법률행위 내용의 실현에 대한 조력을 거부하거나 다른 내용으로 효력을 제한하여야 하는가 여부는, 당해 법률규정이 가지는 넓은 의미에서의 법률효과에 관한 문제로서, 법규정의 해석에 따라 정해진다. 따라서 그 점에 대한 명문의 정함이 있다면 그에 따라야 할 것이고, 그러한 정함이 없는 때에는 종국적으로 금지규정의 목적과 의미에 비추어 그에 반하는 법률행위의 무효 기타 효력 제한이 요구되는지를 검토하여 이를 정할 것이다"라고 판시하고 있다.[68] 법률규정에서 형사법적 규정, 행정법적 규정 등이 일정한 행위를 금지하는 경우 단순한 단속규정성을 넘어서 사법적 효력을 부정하는 효력규정으로서 강행규정성을 갖는지에 관한 법률규정의 해석 문제를 검토위원회 안에 담는 형태로 입법화하는 것이 더 의미가 있다고 생각한다. 이를 통하여 법률규정과 법률행위를 통한 규율의 관계, 즉 법률이 어느 한도에서 법률행위를 통한 규율을 허용하는지에 관한 원칙을 좀 더 의미 있게 설정할 수 있는 계기가 민법 안에 마련될 수 있을 것이다.

강행규정은 기본적으로 해당 규정에서 그 무효의 법률효과를 명시적으로 규정하고 있는지 여부에 따라 명시적으로 이를 규정하는 완전한 규정과 해석을 통하여 그 무효의 효과를 도출해야 하는 불완전한 규정으로 나눌 수 있다.[69] 완전한 규정의 경우에는 이미 법률을 통하여 명확하게 해당 법률효과가 이미 규정되어 있으므로 검토위원회의 안 본문이 적용될 여지가 없다. 본 안은 금지규정에서 사법적 법률효과를 명시적으로 규정하지 않은 불완전한 규정에 대하여 적용된다. 물론 이러한 형태의 불완전한 규정이 완전한 규정보다 더 많고 판례에서 불완전한 규정의 강행규정성을 판단해야 할 경우가 늘어나고 있음은 이미 지적하였다.

또한 검토위원회 안은 단서에서 제시하고 있는 "법령의 내용과 목적"을 기준으로 법률규정의 해석을 통한 해석원리를 제공함으로써, 법률규정에서 명시적으로 정하지 않지만 법률규정의 해석을 통하여 무효라는 사법적 법률효과를 도출하는 경우에 관한 규정이라고 볼 수 있다. 더 나아가서 금지규정 위반이 사법적 효력이 있는지 여부를 판단함에 있어서 무효를 원칙으로 하지만, "법령의 내용과 목적"에 비추어 다른 법률효과가 발생할 수 있음을 단서에서 규정하고 있다. 이때 무효와 유효 중 하나의 법률효과를 선

---

68) 대법원 2018. 10. 12. 선고 2015다219528 판결.

69) 이러한 개념구분과 각 사례유형에 대하여 자세한 것은 MüKoBGB/Armbrüster, §134 Rn. 4–7 참조.

택적으로 결정해야 하는 것이 아니다. 해당 금지규정의 입법목적상 절대적 무효가 아닌 당사자 사이의 상대적 무효만을 갖는 경우, 일부무효, 유동적 무효 등 다양한 무효의 효과를 또한 생각할 수 있다. 따라서 단서는 법률의 내용과 목적에 부합하게 더 유연한 해석을 할 수 있는 가능성을 열어주고 있다.[70]

(나) 검토위원회안에 따른 근본적 변화에 대한 고려 필요

그런데 기초위원회 안에 의하면 독일민법 제134조에서와 같이 원칙적으로 금지규정은 강행규정으로서 무효이다. 그리고 해당 금지규정에서 담고 있는 형사적 처벌 내지 행정적 처벌과 같은 명시적으로 규정된 법률효과만 발생하는 것이 타당하고, 금지규정에 의하여 보호를 받는 당사자가 법률행위의 사법적 효력을 유지할 것을 원하고 공익의 침해가 없다고 주장한다면 그 사법적 효력은 예외적으로 유효할 수 있게 된다.

현재 판례가 강행규정성을 인정하는 사례가 늘어나고 있기는 하지만,[71] 아직 많다고 볼 수 없고 이는 금지규정이 원칙적으로 무효라는 입장에서 출발하고 있지 않은 데에서 기인하는 것이라 생각한다. 따라서 기초위원회 수정안대로 개정을 하면 금지규정을 강행규정으로 판단하여 사법적 무효의 효과를 인정하는 경우가 늘어날 것으로 보인다. 이에 대하여 긍정적 논거를 생각해 보면 첫째, 금지규정에서 금지하고 있는 행위를 위반한 경우에 사법적 무효라는 효과를 부여함으로써 금지규정을 위반한 법률행위에 법적 효력을 부여하여 급부청구권을 인정하는 모순을 시정한다는 측면에서 사법규정과 공법규정의 통일성을 도모할 수 있다는 장점이 있다.[72] 둘째, 법률행위에 대한 내용통제 규정으로서의 의미 있는 규정을 신설하게 된다.[73] 셋째, 단서에 의하면 해당 규정의 내용과 목적을 기초로 무효와 다른 법률효과를 인정할 수 있으므로 다양한 법률효과(예: 일부무효, 유동적 무효, 상대적 무효 등)를 인정할 가능성이 발생하게 된다. 독일의 학설과 판례를 참고하여 계약의 이행 단계에 따라 금지규정을 위반한 경우에 계약의 효력을 다르게 보아야 한다는 견해가 힘을 얻을 수 있다.[74] 즉 금지규정의 원칙적 무효를 인정하게 되면 계약이 이행되지 않은 상태에서는 급부청구권을 부정하기 위하여 무효를 인정하지만, 일단 이행된 경우에는 유효를 인정할 필요성이 더 많아질 것으로 여겨진다.[75]

---

70) 이와 같은 입장으로 독일민법에 관하여 Staudinger/Seibl/Fischinger/Hengstberger, 2021, §134 Rn. 2; Beater, Der Gesetzesbegriff von §134 BGB - zur Anwendbarkeit der Vorschrift auf Verfassungs- und Satzungsnormen, allgemeine Rechtsgrundsätze und Gesetzesumgehungen, AcP 197(1977), 510 ff.

71) 판례의 소개로 양창수 편집대표, 민법주해[Ⅲ], 제2판, 2022, 227면 이하(윤태식) 참조.

72) 독일민법에 대하여 이러한 평가로 NK-BGB/Looschelders, §134 Rn. 1; Staudinger/Seibl/ Fischinger Hengstberger, 2021, §134 Rn. 1.

73) MüKoBGB/Armbrüster, §134 Rn. 1; Staudinger/Seibl/Fischinger/Hengstberger, 2021, §134 Rn. 2.

74) 이행단계설에 대하여 자세한 것은 이은영, 민법총칙, 제5판, 2009, 396면 이하 참조.

75) 이행된 상태에서 강행법규 위반을 인정한 판례에 대한 비판적인 평석으로 이병준, "강행규정 위

부정적 논거로는 행정입법의 남발로 인하여 우리 법제에 금지규정이 너무 많이 존재하는데, 원칙적인 무효를 인정하게 되면 지나치게 많은 금지규정에 무효라는 법률효과를 인정할 가능성이 높아지게 된다.[76] 이것이 현실이므로 부정적 논거도 무시하지 못한다. 이러한 점 역시 고려하여 입법을 하는 것이 필요하다고 생각된다.

5. 법률행위의 해석

현행 민법	기초위원회 예비초안	검토위원회 의견	기초위원회 최종안
제106조(사실인 관습) 법령 중의 선량한 풍속 기타 사회질서에 관계없는 규정과 다른 관습이 있는 경우에 당사자의 의사가 명확하지 아니한 때에는 그 관습에 의한다.	제106조(사실인 관습) 법령 중 강행규정과 다른 관습이 있는 경우에 당사자의 의사가 명확하지 아니한 때에는 그 관습에 의한다. (검토안) **제106조(법률행위의 해석)** ① 상대방 있는 의사표시는 상대방이 알았거나 알 수 있었을 표의자의 의사에 따라 해석하여야 한다. 표의자의 의사를 확인할 수 없는 때에는 상대방과 같은 부류의 합리적인 자가 그와 같은 상황에서 이해하는 바에 따라 해석하여야 한다. ② 계약에서 당사자가 합의한 공통의 의사가 확인되는 경우, 당사자가 표시에서 사용한 다른 표현은 법률행위의 내용에 영향을 미치지 아니한다. ③ 제1항 및 제2항의 경	**제106조(법률행위의 해석)** ① 법률행위는 당사자의 의사에 따라 해석하여야 한다. ② 당사자 사이에 공통된 의사(or *진의*)가 있는 경우, 당사자가 이와 달리 표시하였더라도 그 표시는 법률행위의 내용에 영향을 미치지 아니한다. ③ 상대방 있는 의사표시의 경우 상대방이 표의자의 진의를 알았거나 알 수 있었을 때에는 그 진의에 따라 해석하여야 한다. ④ 상대방이 표의자의 진의를 알 수 없거나 그 진의를 확인할 수 없는 때에는 상대방이 합리적인 사람이라면 이해하였을 내용에 따라 해석하여야 한다. ⑤ 법률행위는 법률행위의 성질, 목적과 경	**** 현행 제106조와 같은 규정은 두지 아니함** **제106조(법률행위의 해석)** ① 당사자가 합의한 공통의 의사가 있는 경우 **이와 다른 표시는** 법률행위의 내용에 영향을 미치지 아니한다. ② 상대방 있는 의사표시는 상대방이 알았거나 알 수 있었을 표의자의 의사에 따라 해석하여야 한다. 표의자의 의사를 알 수 없는 때에는 상대방이 합리적으로 이해하였을 내용에 따라 해석하여야 한다. ③ 법률행위는 그 성질, 목적 및 경위, 당사자의 언행,

반과 물권적 효력 – 대법원 2021. 9. 30. 선고 2016다252560 판결에 대한 평석 –", 「고려법학」, 제105호, 2022.

76) 이와 같은 지적으로 김재형, "법률에 위반한 법률행위 – 이른바 강행법규의 판단기준을 중심으로 –", 「민사판례연구」, 제26권, 2004.

	우, 법률행위의 성질과 목적, 신의성실, 거래에서 관습과 관행, 행위 당시의 상황 및 당사자의 의사표시 전후 언행을 포함하여 관련된 모든 사정을 고려하여야 한다.	위, 법률행위 전후 당사자의 언행, 거래관행과 관습, 그 밖의 사정을 고려하여 신의성실의 원칙에 따라 해석하여야 한다.	거래관행, 그 밖의 사정을 고려하여 신의성실에 좇아 해석하여야 한다.

[2004] **제106조(법률행위의 해석)** ① 법률행위의 해석에 있어서는 표현된 문언에 구애받지 아니하고 당사자의 진정한 의사를 밝혀야 한다.
② 법률행위는 당사자가 의도한 목적, 거래관행 그 밖의 사정을 고려하여 신의성실의 원칙에 따라 해석하여야 한다.
[2013 잠정안] **제106조(법률행위의 해석)** ① 법률행위는 당사자의 의사에 따라 해석하여야 한다.
② 상대방 있는 의사표시는 상대방이 알았거나 알 수 있었을 표의자의 의사에 따라 해석하여야 한다. 표의자의 의사를 확인할 수 없는 경우에는 상대방과 같은 부류의 합리적인 자가 그와 같은 상황에서 이해한 바에 따라 해석해야 한다.
③ 제1항 또는 제2항의 해석에 있어서 법률행위의 성질과 목적, 행위 당시의 상황 및 당사자의 언행을 포함하여 관련된 모든 사정을 고려하여야 한다.

(1) 기초위원회 예비초안

기초위원회 예비초안에서는 사실인 관습에 관한 현행 제106조의 자구수정을 제안하고 있다. 그러면서 해당 규정이 법률행위의 해석이라는 틀 안에서 이해되고 있음을 강조하면서[77] 법률행위의 해석에 관한 검토안을 제시하고 있다.

기초위원회에서는 기존의 학설과 판례를 검토한 후 다양한 입법례와 국제규범을 분석하여 ① 진의의 우선, ② 거래 관행과 관습의 고려, ③ 신의성실의 고려, ④ 평균인의 이해, ⑤ 계약체결의 상황 고려, ⑥ 당사자 사이의 관행, ⑦ 사후 행태의 고려, ⑧ 계약 전체 정합성 고려, ⑨ 작성자 불리 등 법률행위 내지 계약의 해석에서 고려될 수 있는 다양한 요소들을 확인한 후 우리 판례의 입장과 크게 다르지 않음을 보여 주고 있다.[78] 그러면서 2013년 개정시안을 출발점으로 하여 위의 내용을 적절히 반영하여 개정안을 제시하였다.

(2) 검토위원회 의견

검토위원회는 기초위원회의 검토안을 기준으로 법률행위 해석의 기준을 제시하는 규정을 신설할 것을 제안하고 있다. 검토위원회의 논의과정에서 '법률행위의 해석' 규정

77) 법무부, 「민법 개정안(계약법 법률행위) 예비초안 연구」, 2023, 16면(책임연구원 안병하).
78) 법무부, 「민법 개정안(계약법 법률행위) 예비초안 연구」, 2023, 21면(책임연구원 안병하).

의 표현 및 내용 구성의 어려움, 판례 등 실무에서의 구체적 판단의 중요성 등에 비추어 규정의 신설을 유보하자는 의견도 제시되었으나, 민법 주요 법리를 명확하게 규정할 필요가 있다고 보아 '법률행위의 해석' 규정을 신설할 것을 제안하기로 하였다.[79]

'법률행위의 해석'에 관한 규정을 신설하기로 한 후 검토위원회는 2004년 개정안, 2013년 잠정안, 기초위원회 검토안 등을 비교분석 하면서 다음과 같은 신설 규정내용의 대강을 마련하였다. ① 해석 목표의 명확한 제시(당사자의 의사 탐구), ② 판례 등에서 이미 승인된 법리의 반영(가령 오표시무해의 법리, 상대방의 합리적 관점), ③ 현행 민법 제106조의 '사실인 관습' 규정의 삭제가 주된 개정내용이다.

검토위원회는 기초위원회 검토안 역시 위와 같은 대강을 전제로 구성되어 있다고 판단하였는데, 다만 기초위원회 검토안 제1항 제1문과 제2문의 표현에서 이 같은 의미가 곧바로 드러나지 않는다고 평가하였다.[80] 이에 검토위원회는 ① 제1항에 법률행위 해석의 목표를 제시하는 규정을 두고(2004년 개정안, 2013년 잠정안 참고), ② 그 다음에 당사자의 진의에 부합하는 해석의 규정을 둔 후(2013년 잠정안 제2항 제1문 = 기초위원회 검토안 제1항 제1문. 유럽계약법원칙 제2항), ③ 상대방의 합리적 관점에 따른, 이른바 규범적 해석의 규정과 중요 해석의 기준을 제시하는 규정 체계가 바람직하다고 여겼다. 검토위원회는 이 같은 대강과 조문의 체계 하에 자체 수정안을 제시하였다.[81]

(3) 기초위원회 최종안

검토위원회에서는 이러한 규정들 앞에 당사자의 의사가 우선함을 선언하는 규정을 두려고 하였으나, 기초위원회 최종안 제1항과 제2항 제1문도 이러한 원칙을 전제로 하고 있으므로 두지 않은 것으로 보인다. 그 밖에는 검토위원회에서 제시한 표현상의 수정내용을 적절히 반영하여 최종안을 마련하였다.

(4) 해석규정의 구조

2004년 개정안은 독일민법을 참조하였으나,[82] 2013년도 잠정안의 경우에는 그 사이

---

79) 법무부 민법개정위원회 검토위원회, 「민법 개정 예비초안에 대한 검토의견서」, 2024, 130면.

80) 가령 기초위원회 검토안 제1항 제1문에서는 "상대방이 ... 알 수 있었을 표의자의 의사"에 따라 해석되어야 한다고 표현하고 있는데, 이 같은 해석의 내용이 제2문에서 표현한 "상대방과 같은 부류의 합리적인 자"의 관점에 따른 해석내용과 어떠한 관계가 있는지 등에 관하여 명확하지 않아서, 검토위원회는 표현수정 또는 보완 등이 필요하다고 여겼다.

81) 법무부 민법개정위원회 검토위원회, 「민법 개정 예비초안에 대한 검토의견서」, 2024, 131면 이하 참조.

82) 현행 민법 제106조의 문제점과 2004년 개정안을 자세히 평가하는 문헌으로 김진우, "민법 제106조의 문제점과 개정론", 「법조」, 제53권 제2호, 2004, 98면 이하 참조.

의 연구 성과와 국제규범을 반영한 것이다.[83] 현재 최종안은 기본적으로 국제규범의 규정내용을 그대로 차용하고 있다.

이 논리구조는 다음과 같다.[84] 제1항에서는 당사자의 합의된 의사가 확인된 경우 표시된 문언보다 우위에 두어야 한다는 원칙을 선언하고 있다. 제2항 제1문은 당사자가 설혹 잘못 표시한 경우라도 상대방이 표의자의 의사를 알았거나 알 수 있었던 경우에는 의사대로 해석해야 함을 규정하고 있다.[85] 양 규정 모두 표시된 내용보다 의사가 우선함을 선언하고 있는 규정들이다. 제2항 제2문에서는 표의자의 의사를 확인할 수 없는 경우, 즉 앞의 두 가지 경우에 해당하지 않은 경우에는 표시된 내용을 바탕으로 합리적인 사람을 상정하여 해석할 것을 규정하고 있다. 마지막으로 제3항에서는 해석함에 있어서 고려해야 할 요소들인 "성질, 목적 및 경위, 당사자의 언행, 거래관행, 그 밖의 사정"을 열거하고 신의성실의 원칙에 따른 해석 원칙을 제시하고 있다.

(5) 고려할 수 있는 주관적 요소의 세밀화 필요

오표시무해의 원칙을 선언하고 있는 우리 판례는 "의사합치"라는 표현을 사용하고 있다.[86] 그러나 독일 문헌을 보면 오표시무해의 원칙은 당사자가 합의를 본 경우는 물론 수령자가 우연히 표의자가 원한 내용을 알고 있는 경우에도 적용하고 있다.[87] 그리고 수령자가 표의자의 의사를 안 경우면 충분하고 표의자의 의사를 수령자가 자신의 의사로 할(zu eigen machen) 필요까지는 없다고 한다.[88] 왜냐하면 의사합치의 문제는 계약

83) 이에 관한 대표적인 문헌으로 윤진수, "계약 해석의 방법에 관한 국제적 동향과 한국법", 「비교사법」, 제12권 제4호, 2005 참조.

84) 유럽계약법원칙 제5:101조 해석의 일반 규칙에 관한 해설 참조(올 란도·휴 빌 편/김재형 역, 「유럽계약법원칙: 제1·2부」, 2013, 437면 이하).

85) 학술대회에서 순천대 박영목 교수는 이 규정과 비진의표시에 관한 제107조의 관계에 대하여 질의하였다. 제107조에서는 표시된 내용대로 객관적으로 해석을 한 후 의사를 알았거나 알 수 있었는지를 물어 표시된 내용이 유무효를 따지는 것이므로 이사표시 해석을 통하여 바로 표시된 것과 상관없이 의사를 앞세우는 본 조의 규정이 적용될 여지가 없다고 생각된다.

86) 대법원 1993. 10. 26. 선고 93다2629, 2636(병합) 판결: 부동산의 매매계약에 있어 쌍방당사자가 모두 특정의 갑 토지를 계약의 목적물로 삼았으나 그 목적물의 지번 등에 관하여 착오를 일으켜 계약을 체결함에 있어서는 계약서상 그 목적물을 갑 토지와는 별개인 을 토지로 표시하였다 하여도 갑 토지에 관하여 이를 매매의 목적물로 한다는 쌍방당사자의 의사합치가 있은 이상 위 매매계약은 갑 토지에 관하여 성립한 것으로 보아야 할 것이고 을 토지에 관하여 매매계약이 체결된 것으로 보아서는 안 될 것이며, 만일 을 토지에 관하여 위 매매계약을 원인으로 하여 매수인 명의로 소유권이전등기가 경료되었다면 이는 원인이 없이 경료된 것으로서 무효이다. 이와 유사하게 오표시무해의 원칙이 "상호 일치하는 합의"하는 사례군에 적용되어야 한다고 보는 견해로 이동형, "법률행위해석 방법으로서 자연적 해석과 규범적 해석", 「저스티스」, 제132호, 2012, 16면.

87) Staudinger/Singer, §133 Rn. 13.

88) BGH NJW 1984, 721; Neuner, AT, §35 Rn. 28.

의 성립 단계에서 문제되는 것이고 이해의 영역에서는 관련이 없기 때문이라고 설명한다. 이와 동일하게 우리 학설에도 '일치된 이해'는 인식된 착오와 공통의 착오 사안을 합친 경우에 존재한다고 보는 견해가 주장되고 있다.[89)]

이러한 측면을 고려한다면 제1항에서 사용되고 있는 "합의된 의사"는 너무 협소하고 합의된 것이 아니더라도 우연히 일치하는 경우 또한 당사자의 의사를 기초로 해석을 할 수 있어야 한다는 측면에서 검토위원회는 "공통된 의사"라는 표현을 사용해야 한다고 주장한 것으로 생각된다.[90)] 하지만 제2항 제1문에서 상대방이 알았거나 알 수 있었을 경우에도 표의자의 의사에 따라 해석되어야 하므로 우연히 안 경우를 제2항 제1문에 포섭된 것으로 해석한다면 제1항에서 "합의된 의사"로 좁게 규정하여도 무방한 것으로 볼 여지도 있다. 그러나 제2항 제1문에 적용되는 사례군에는 상대방이 표의자의 의사를 알았거나 알 수 없었으나, 우연히 의사가 일치하는 사례군은 여전히 포섭될 수 없는 것으로 생각된다. 이러한 측면을 고려하면 "합의된 의사"라는 표현보다 "일치하는 의사"가 더 적합한 것으로 생각된다.

기초위원회 최종안에서는 제1항에서 오표시무해의 원칙적인 사례군을 받아들이는 한편 제2항에서 국제규범에 맞추어 이를 확장하고 있다. 이에 따라 "상대방이 알았거나 알 수 있었을 표의자의 의사"도 고려하도록 하고 있다. 이와 같이 상대방이 안 경우뿐만 아니라, 알 수 있었을 경우까지 확장하는 것은 국제물품매매법 제8조에 기초하고 있는 것으로 생각된다. 그런데 국제물품매매법은 귀속가능한 표지로서 제8조 제1항에서는 상대방이 표의자의 의도를 "모를 수 없었던 경우(could not have been unaware)"를 사용하고 있다.[91)] 독일과 우리의 문헌에서는 통상적으로 이는 중과실과 동일한 의미를 갖는 것으로 이해하고 있다.[92)] 하지만 국내법적인 개념으로 이를 설명하기보다는 국제규범은 그 자체로 이해하는 것이 타당하므로,[93)] 상대방의 의사가 특별히 쉽게 인식할 수 있어서

---

89) 현소혜, "오표시 무해의 원칙(falsa demonstratio non nocet)에 관한 소고", 「홍익법학」, 제11권 제3호, 2010, 141면.

90) 이처럼 일치하여 이해하는 경우에 오표시무해의 원칙을 적용해야 한다고 보는 견해로 서광민, "법률행위의 해석", 「강원법학」 제14권, 2001, 242면; 남효순, "법률행위의 해석의 쟁점 – 법률행위 해석의 본질 및 방법에 관하여 –", 「서울대학교 법학」 제41권 제1호, 2000, 155면.

91) 그리고 이러한 표현은 다른 조문에서도 동일한 표현을 발견할 수 있다(제35조 제3항, 제40조, 제42조 제1항, 제2항 제a호). 이 표현은 해석규정과 관련하여 다른 입법통일 규범에도 반영되었다(Art. 4.2 I PICC; Art. 5:101 II PECL).

92) 최창열, "유엔 물품매매법(CISG)에서의 계약의 해석", 「국제거래법연구」 제21권 제2호, 2012, 50면; 김민중, "국제물품매매계약에서 당사자의 표시 기타 행위의 해석원칙 – 유엔매매법 제8조를 중심으로 –", 「전북대학교 법학연구」, 제33집, 2011, 64면.

93) 하지만 제8조 제1항의 "모를 수 없었던 경우"의 해석은 이를 중과실로 해석하든, 아니면 이를 법조문 자체를 기초로 해석하든 그 차이는 크지 않을 것이라는 견해로 김화, "유엔통일매매법

사용된 표현과 당사자의 의사가 다른지를 물어보는 것이 상당히 요구되는 것으로 이해하는 것이 타당하다고 한다. 이러한 점을 고려하면 국제물품매매법 제8조 제1항에서 생각하였던 것은 통상의 경과실로 당사자의 의사를 모른 경우까지 포섭하는 것은 아닌 것으로 생각된다. 그런데 현재 기초위원회 최종안에서 사용하고 있는 "알 수 있었던"이라는 문구를 보면 이는 중과실로 알지 못하는 경우뿐만 아니라, 경과실로 알지 못하는 경우까지 포괄하고 있는 것으로 보인다.94) 따라서 현재 안은 기존의 국제규범보다 당사자의 의사를 고려할 수 있는 경우를 보다 더 확장하고 있는 것으로 해석된다.95)

앞서 언급하였듯이 당사자의 의사가 동일한 경우, 즉 공통된 의사가 존재하는 경우가 전통적인 오표시무해의 원칙의 적용범위이다. 국제물품매매법은 이를 "모를 수 없었던 경우"로 확장하고 있는 것이다. 이러한 확장은 따라서 중과실까지만 인정되는 것이지 경과실까지 포함하는 것은 아니다. 오표시무해의 원칙과 관련하여 상대방이 표의자의 의사를 알 수 있었던 경우에 관한 사례군도 해당 원칙에 포함시킬 것인지에 관하여 논의가 있기는 하다. 상대방이 표의자의 내심의 의사를 인식한 경우와 과실로 이를 인식하지 못한 경우를 동일하게 취급하여서는 안 된다는 측면에서 부정적인 입장이 다수의 견해이자 정설로 이해된다.96) 왜냐하면 상대방이 표의자가 잘못 표시한 것까지 인식할 의무 내지 책무를 부과하는 것은 과도하기 때문이다. 이러한 측면을 고려하였을 때 표현을 중과실로 이해할 수 있도록 수정하는 것이 타당한 것으로 생각된다.

Ⅳ. 나가며

본 논문을 통하여 법률행위 총칙에 해당하는 개정안의 내용을 살펴보았다. 본 개정안은 기본적으로 현행법의 문제점을 적절히 해결할 수 있으며, 비교법적인 측면에서 합당한 규율내용을 참고하여 적절한 안을 제시하고 있다고 평가된다. 특히 기존의 민법개

(CISG)에서의 의사표시의 해석", 「한양법학」, 제44집, 2013, 287면.

94) 이러한 측면에서 국제물품매매법상 표현이 다르다고 지적하는 문헌으로 김민중, "국제물품매매계약에서 당사자의 표시 기타 행위의 해석원칙 – 유엔매매법 제8조를 중심으로 –", 「전북대학교 법학연구」, 제33집, 2011, 64면.

95) 상대방이 표의자의 의사를 알 수 있는 사례군까지 포괄하여 오표시무해의 원칙을 이해하는 견해도 주장되고 있다. 이에 따라 오표시무해의 원칙을 의사와 표시가 일치하지 않은 경우에 표시행위의 문자적, 언어적 의미에 구속되지 않고 의사표사자의 실제 의사에 따라 의사표시가 해석되는 원칙으로 이해하면서 그 적용범위를 넓게 이해하는 견해로 김상훈, "피상속인의 의사표시 해석과 오표시무해의 원칙 – 서울고등법원 2022. 5. 11. 선고 2021나2028110 판결을 중심으로 –", 「가족법연구」, 제36권 제2호, 2022, 281면.

96) 현소혜, "오표시 무해의 원칙(falsa demonstratio non nocet)에 관한 소고", 「홍익법학」, 제11권 제3호, 2010, 143면; 송덕수, 민법상의 착오에 관한 연구, 서울대학교 박사학위논문, 1989, 43면.

정안 작업을 수용하여 무난한 개정안을 제시하고 있다고 생각된다. 다만 다음과 같은 점을 추가로 고려할 수 있어서 제시해 본다.

(1) 법률행위의 요건 신설 조문에 대해서는 기본적으로 찬성한다. 다만 조문의 내용을 "법률행위는 법률효과의 발생을 목적으로 하는 의사가 요구되며, 이러한 의사는 표시에 의하여 표명된다"는 내용으로 수정하게 되면 법률행위의 주요 구성요소인 의사표시의 주관적 요소로서 의사와 객관적 요소로서 표시가 분명해 질 수 있다고 생각된다.

(2) 의사능력 조문의 신설에 대하여도 찬성하는 바이다. 다만 판례에서 인정되고 있는 사안 중 제한행위능력 제도의 보완적 측면에서 의사무능력으로 인한 무효가 인정되고 있으므로 이러한 성격에 부합하게 행위능력 뒤에 의사능력에 관한 규정(제17조의2)을 두는 것이 타당하다. 그리고 보완적 성격을 더 강조하기 위하여 "일시적 의식의 상실 또는 질병, 장애, 노령, 그 밖의 사유로 인한 정신적 제약으로 의사능력이 없는 상태에서 한 의사표시는 무효이다"라는 내용으로 규정할 수도 있다.

부당이득반환과 관련하여 제748조 제3항에 신설하는 것에는 기본적으로 찬성한다. 다만 침해부당이득에 대하여 적용되지 않도록 다음과 같이 문구를 수정하는 것도 가능해 보인다: "의사무능력 내지 제한행위능력을 이유로 법률상 원인 없게 되어 급여 받은 재산 또는 제공 받은 노무를 반환해야 하는 경우에는 이익이 현존한 한도에서 제747조의 책임이 있다."

(3) 불공정한 법률행위에 관한 규정 개정에서 용어를 변경하고 주관적 요건을 "그 밖의 사정"으로 확대하는 것에 기본적으로 찬성한다. 이 규정은 구체적이고 개별적인 사안에 대하여 약자를 보호하기 위한 규정이므로 장기적으로 일반적 약자인 소비자를 보호하기 위한 규정들도 민법으로 편입되기를 희망한다.

(4) 강행규정과 임의규정에 관한 개정내용에 대하여 기본적으로 찬성한다. 검토위원회 안은 입법자가 사법 및 공법적 금지내용을 일치시킬 수 있는 등 많은 장점도 있지만, 행정입법을 통하여 과도한 금지규정을 가지고 있는 우리 법 현실에 맞는지는 충분한 검토가 필요하다.

(5) 법률행위의 해석에 관한 규정 신설에도 찬성한다. 다만 고려할 수 있는 주관적 요소로서 "공통된 의사"와 "중과실로 알지 못하는" 경우로 그 표현을 수정하는 것이 적절한 것으로 생각된다.

민법개정안에서 의사표시의 유효성*

김형석**

국문초록

이 글은 2023년 6월 16일 출범한 민법개정위원회가 의사표시의 유효성과 관련해 제안한 민법 개정안의 주요 내용을 입법정책적으로 그리고 비교법적으로 분석한다.

우선 개정안은 제107조, 제108조, 제110조의 규정은 사소한 표현의 수정 외에는 현행법을 유지하고 있다.

그다음, 착오에 관한 제109조의 개정안은 기초착오와 상대방 유발 착오를 명시적으로 취소사유로 하고, 중요 부분 요건의 문언을 수정하여 주관적 인과관계와 객관적 인과관계를 보다 명확히 하며, 의사표시자의 중과실이 있더라도 상대방에게 중과실이 있는 경우 예외적으로 취소를 허용한다. 이는 종래 판례의 태도 및 비교법적인 인식을 반영한 것이다. 반면 과실 있는 의사표시자의 배상책임은 받아들이지 아니하며, 쌍방 공통의 착오의 경우 계약 수정 가능성은 명시적으로 언급하지 않고 해석에 맡기는 방향을 취하였다.

한편 제110조의2의 신설은 의사표시자가 심리적 의존 상태 또는 긴밀한 신뢰관계로 인해 의사 형성에 부당한 간섭을 받아 의사표시를 한 경우를 새로운 취소사유로 인정함으로써, 영미의 부당위압 법리를 도입하여 사기·강박에 준하는 의사 자율 보호를 시도하고 있다.

이상의 개정 제안의 내용과 방향은 우리 학설과 판례의 도달점을 적절히 반영한 것으로, 비교법적으로도 최근의 입법 경향에 부합한다.

* 이 논문은 민사법학 제180에 게재된 것을 수록하였다.
이 논문은 서울대학교 법학연구소의 2024학년도 학술연구비 지원을 받았다(서울대학교 법학발전재단 출연).

** 서울대학교 법학전문대학원 교수.

Ⅰ. 도입

우리 민법에서 의사표시의 유효성에 관한 규정(민법 제107조 내지 제110조[1])은 실정화되어 있는 법률행위 규율에서 중요한 한 영역을 차지하고 있다. 이는 오래전부터 바로 의사표시의 유효성이라는 쟁점을 둘러싸고 전통적인 의사표시 이론의 논쟁이 진행되었다는 사실[2]로부터 이해될 수 있을 뿐만 아니라, 이 규정들이 적용되는 사건들이 실무에서 가지는 중요성에 의해서도 설명될 수 있다.[3] 이러한 사정을 고려할 때, 우리 민법을 개정하여 현대화하려는 작업에서 의사표시의 유효성에 관한 규정의 입법론적 검토는 피할 수 없는 과제이다.

그렇다면 두 차례에 걸친 민법 개정작업에서 의사표시의 유효성에 관한 규정의 개정이 고려되었다는 것은 자연스러운 일이다. 2004년 개정안은 착오에 관한 제109조에 "당사자, 물건의 성질 그 밖의 법률행위의 동기에 착오가 있는 경우에도 그 착오가 거래의 본질적 사정에 관한 것인 때에는 제1항을 준용한다"라는 제2항을 삽입하면서,[4] 착오를 이유로 의사표시를 취소한 자의 신뢰이익 배상책임을 명하는 규율의 신설을 제안하였다.[5] 반면 2013년의 민법 개정시안을 준비하는 과정에서는 법률행위 규정의 개정과 관련해 분과위원회에서 논의가 있었으나,[6] 결국 개정위원회가 그 작업을 마무리하지 못하고 활동을 종료함으로써 개정시안이 제출되지 못하였다.

2023년 6월 16일 출범한 민법개정위원회는 지난 두 차례의 개정작업을 이어 의사표시의 유효성과 관련해서도 개정을 제안하고 있다. 이러한 개정 제안은 이전의 작업을 진행하는 과정에서 논의된 정책적 내용을 참조할 수 있었을 뿐만 아니라, 이후 축적된 우리 학계의 연구 성과와 실무의 경향을 흡수할 수 있었고, 더 나아가 최근 외국의 민법 개정에 관한 동향도 고려할 수 있었다는 점에서 후발자의 이점을 활용할 수 있었다. 그 작업의 결과로 이제 착오에 관한 제109조의 개정 그리고 부당한 간섭을 받은 의사표시를 규율하는 제110조의2의 신설이 제안되었다. 나머지 규정의 개정은 표기의 현대화에 그쳤다. 아래에서는 개정과 신설이 제안된 부분의 내용을 자세히 살펴보기로 한다. 그러나 그 이전에 내용의 개정이 제안되지 아니한 나머지 규정에 대해서도 간단히 언급하기로 한다.

---

1) 아래에서 법률의 명칭을 지시하지 않고 인용하는 조문은 민법의 조문이다. 다만 문맥상 개정 제안의 조문을 지시함이 명백한 때에는 그러하지 아니하다.
2) 이호정, "사회정형적 행위론의 연구(1)", 「서울대 경제논집」, 제XIII권 제1호, 1974, 161면 이하 참조.
3) 양창수 편집대표, 민법주해[III], 제2판, 2022, 279면 이하(김형석) 참조.
4) 법무부, 민법(재산편) 개정 자료집, 2004, 152면 이하 = 법무부 민법개정자료 발간팀 편, 2004년 법무부 민법 개정안 총칙 · 물권편, 2012, 179면 이하.
5) 법무부 (주 4), 172면 이하 = 법무부 민법개정자료 발간팀 편 (주 4), 199면 이하.
6) 지원림, "계약 및 법률행위법의 개정 방향", 「민사법학」, 제48호, 2010, 3면 이하 참조.

Ⅱ. 내용의 개정이 제안되지 아니한 규정들

이번 개정 제안에서는 비진의표시에 관한 제107조, 허위표시에 관한 제108조, 사기·강박에 의한 의사표시에 관한 제110조의 내용을 변경하는 개정은 제안되지 않았으며, 그 표기를 한글화하면서 일부 수정하는 것에 그쳤다.

1. 비진의표시와 허위표시

우선 제107조와 제108조에 대해서는 2004년 개정안이나 2013년 개정시안도 그 개정을 고려하지 않았다.[7] 그리고 이 규정들로부터 발생하는 해석론적인 쟁점 역시 입법에 의해 해결될 성질은 아니라고 보인다.[8] 그러므로 이번 개정 제안이 제107조 및 제108조와 관련해 개정안을 제출하지 아니한 것은 충분히 이해할 수 있는 결과라고 말할 수 있다.

현행 민법	개정 제안
第107條(眞意아닌意思表示) ①意思表示는表意者가眞意아님을알고한것이라도그效力이있다.그러나相對方이表意者의眞意아님을알았거나이를알수있었을境遇에는無效로한다. ②前項의意思表示의無效는善意의第三者에게對抗하지못한다.	제107조(진의 아닌 의사표시) ① 의사표시자가 진의 아님을 알고 한 의사표시라도 효력이 있다. 그러나 상대방이 의사표시자의 진의 아님을 알았거나 이를 알 수 있었을 경우에는 무효로 한다. ② 제1항의 의사표시의 무효는 선의의 제3자에게 대항하지 못한다.
第108條(通情한虛僞의意思表示) ①相對方과通情한虛僞의意思表示는無效로한다. ②前項의意思表示의無效는善意의第三者에게對抗하지못한다.	제108조(통정한 허위의 의사표시) ① 상대방과 통정한 허위의 의사표시는 무효로 한다. ② 제1항의 의사표시의 무효는 선의의 제3자에게 대항하지 못한다.
第110條(詐欺,强迫에依한意思表示) ①詐欺나强迫에依한意思表示는取消할수있다. ②相對方있는意思表示에關하여第三者가詐欺나强迫을行한境遇에는相對方이그事實을알았거나알수있었을境遇에限하여그意思表示를取消할수있다.	제110조(사기·강박에 의한 의사표시) ① 사기 또는 강박에 의한 의사표시는 취소할 수 있다. ② 상대방 있는 의사표시에 관하여 제3자가 사기 또는 강박을 행한 경우에는 상대방이 그 사실을 알았거나 알 수 있었을 경우에 한하여 그 의사표시를 취소할 수 있다.

7) 비진의표시와 관련해 일본 개정과정에서 고려되어 민법 개정에 반영된 사항(중간시안 제3 1, 동법 제93조 제1항 단서, 제2항)은 이미 우리 입법자가 선구적으로 해결하였다(또한 네덜란드 민법 제3:35조, 제3:36조 참조).

8) 민법주해[III] (주 3), 278면 이하(김형석) 참조.

③前2項의意思表示의取消는善意의第三者에게 對抗하지못한다.	③ 제1항 및 제2항의 의사표시의 취소는 선의의 제3자에게 대항하지 못한다.

2. 사기 · 강박에 의한 의사표시

반면 제110조에 대해서는 입법정책적으로 고려할 사항이 없지는 않다.

(1) 2013년 개정시안 준비과정에서는 사기와 강박을 구별하여 강박의 경우 제3자의 강박이 있더라도 제한 없이 취소할 수 있는 가능성을 고려하였다.[9] 사기의 경우 기망을 당한 본인의 잘못도 있기 마련이나 강박의 경우에는 그렇다고 말하기 어려우므로 양자를 동일시하는 것은 적절하지 않다는 것이다.[10] 실제로 대륙법 전통의 많은 입법은 제3자의 강박의 경우에는 상대방의 인식가능성 등과 무관하게 취소를 허용한다(프랑스민법 제1142조, 독일민법 제123조 제2항, 일본민법 제96조 제2항, 이탈리아민법 제1434조, 스위스채무법 제29조, 중화인민공화국 민법 제150조 등).[11] 그러나 제3자의 사기 · 강박을 동일하게 취급하는 입법이나 모델규칙도 적지 않다(오스트리아민법 제875조, 네덜란드민법 제3:44조 제5항, PECL 제4:111조 제2항, PICC 제3.2.8조 제2항 등). 이러한 현황에서 현행 제110조 제2항의 규율이 정책적으로 결함이 있다고 말하기는 어려울 것이다. 그렇다면 후자가 "입법상 진보적"이라고 판단한[12] 우리 입법자의 판단을 존중하는 것이 바람직하다.

(2) 제110조 제2항과 관련해, 통설과 판례는 상대방의 대리인 등 상대방과 동일시할 수 있는 자는 제110조 제2항에서 말하는 제3자에 해당하지 않는다고 해석한다.[13] 그에 따르면 상대방의 대리인이 사기 · 강박을 하였다면 통상 제110조 제2항의 제3자로 볼 수 없다(상법 제16조 참조). 여기서 대리인은 법정대리인과 임의대리인을 포함하며, 법인의 기관도 포함된다. 간접대리의 본인이나 명의수탁자도 제3자라고 해서는 안 될 것이라고 한다. 물론 단순히 피용자라는 사실만으로 그의 활동이 의사표시의 상대방에 귀속하여 제3자가 아니라고 단정할 것은 아니며,[14] 관련 거래와 관련해 상대방의 영역에서 영향을 미칠 수 있는 위치에서 관여하였어야 한다. 예컨대 교섭권한을 가지고 있는 피용자가

9) 지원림 (주 6), 20-21면 참조.
10) 지원림 (주 6), 20-21면.
11) 이는 연혁적으로 강박소권(actio quod metus causa)이 상대방이 아닌 제3자를 상대로도 행사할 수 있는 대물소권(actio in rem)의 일종이었다는 점에서 기인한다. Schermaier in Schmoeckel/Rückert/Zimmermann hrsg., Historischer-kritischer Kommentar zum BGB, Band I, 2003, §§116-124 Rn. 108ff.; Coing, Europäisches Privatrecht, Band II, 1989, S. 450ff.; 송덕수, "사기 · 강박에 의한 의사표시", 이대 「사회과학논집」, 제10집, 1990, 70면 이하 등 참조.
12) 양창수 편, 민법전 제정자료 집성, 2023, 242면.
13) 전거와 함께 민법주해[III] (주 3), 464면 이하(김형석) 참조.
14) 大判 1998.1.23., 96다41496, 공보 1998, 578.

그러할 것이다. 재판례에 나타난 사례를 보면, 은행의 출장소장이 어음할인을 해 주면서 기망행위를 하여 금전소비대차 및 연대보증계약을 체결하여 그 금액을 자신이 인출·사용한 경우[15]나 상호신용금고의 직원이 기망 및 횡령 행위를 한 경우[16] 등이 그러하다. 더 나아가 고용관계 기타 지시종속관계가 없더라도 상대방과 제3자 사이에 이익을 함께 하는 밀접한 관계가 존재하고 그 제3자가 상대방의 영역에서 거래에 관여하였다면, 제110조 제2항에서 말하는 제3자가 아니라고 할 가능성이 있다. 그래서 예컨대 甲이 乙이 다른 부동산을 교환으로 제공하겠다는 거짓말을 믿고 乙의 처형 丙에게 자신의 부동산 소유권을 이전한 경우, 甲의 소유권 이전은 실제로 乙에 대한 것으로 乙과 丙은 동일시 될 수 있다고 한다.[17] 또한 금융리스에서 리스물건 공급자가 리스회사에 대해 기망을 한 경우, 이는 제3자의 기망이 아니며 공급자는 리스이용자의 영역으로 귀속된다고 보아야 한다.[18] 반면 채무자가 보증인을 기망하여 보증을 인수하게 하거나 물상보증인을 기망하여 저당권을 설정하게 한 경우, 채무자가 채권자와 동일시된다고 할 수 없으므로 원칙적으로 제110조 제2항에 따라 제3자로 취급되어야 하며,[19] 이는 채권자가 담보를 요구하였던 경우에도 그러하다.

이러한 내용은 입법정책적으로 제110조 제2항에 반영되는 것이 고려될 수 있다.[20] 문제는 그 문언이다. "상대방이 제3자의 행위에 관여한 경우"(오스트리아민법 제875조 제2문), "당사자가 그 행위에 책임 있는 제3자(a third person for whose acts a party is responsible) 또는 당사자의 동의를 받아 계약체결에 관여하는 자"(PECL 제4:111조 제1항; PICC 제3.2.8조 제1항도 비슷하다), "상대방으로부터 계약체결에 관하여 매개할 것을 위탁받은 자 또는 상대방의 대리인"(일본 중간시안 제3 3 (2)), "당사자의 대리인이나 사무관리자, 피용자" "공모자인 제3자"(개정된 프랑스민법 제1138조) 등이 발견되나, 어느 것이나 만족스러운 문언이라고 말하기는 어렵다고 생각된다. 기본적으로 신뢰 보호의 가치가 있는지 여부가 문제되고 있는 상대방을 위해 의사표시에 관여하는 자라는 점이 표현되어야 할 것이나, 다양한 입법례에서 나타나듯 이에 관한 적절한 문언을 안출하는 것이 용이하지는 않은 것이다.

2013년 개정시안을 준비하는 과정에서는 제110조 제2항에 "다만 상대방의 대리인과

---

15) 大判 1999.2.23., 98다60828, 공보 1999, 555.
16) 大判 1998.1.23., 96다41496, 공보 1998, 578.
17) 大判 2004.4.16., 2004다94, 법률신문 제3266호, 10면.
18) 大判 1997.11.28., 97다26098, 집 45-3, 337.
19) 연대보증에 대해 大判 1996.7.30., 95다6861, 집 44-2, 52.
20) 일본채권법 개정작업에서도 이러한 입법을 염두에 두고 있었으나(중간시안 제3 3 (2)), 법률에는 반영되지 못하였다.

같이 의사표시와 연관하여 상대방과 동일시할 수 있는 자"의 사기를 상대방의 사기와 동일시하는 가안을 준비하기도 하였다.[21] 그러나 "연관하여" "동일시할 수 있는"과 같은 문언도 그 내용이 명확하다고 말하기는 어렵다. 민법개정위원회의 기초위원회에서는 고려하였던 "다만 제3자가 상대방의 대리인 등 상대방을 위하여 의사표시에 관여하는 자인 때에는 그러하지 아니하다"는 단서도 마찬가지이다. 이렇게 적절한 문언을 성안하는 것이 쉽지 않다면, 학설과 판례에서 다툼이 없는 이 법리에 대해서 굳이 성문화를 하는 것보다는 기존과 마찬가지로 현행규정을 그대로 유지하면서 해석으로 문제되는 자를 제3자로 볼 수 있는지 아니면 상대방으로 보아야 할 것인지 판단하는 해결이 정책적으로 온당하다고 생각된다.

(3) 그 밖에 입법을 고려할 수 있는 쟁점으로는, 제3자를 위한 계약에서 계약의 당사자가 아닌 수익자가 낙약자에 대해 사기·강박을 하였으나 요약자가 선의·무과실인 경우 또는 제3자가 낙약자에 대해 사기·강박을 하였고 요약자는 선의·무과실이나 수익자가 알았거나 알 수 있었을 경우에 낙약자의 취소를 인정할 것인지의 문제가 있다. 이에 대해서는 독일민법 제123조 제2항 제2문이 규율을 하고 있고, 학설에서 긍정과 부정이 대립한다.[22] 그러나 이러한 사례는 실제로 잘 발생하지 않는 것으로 보이고, 이를 특히 규율하는 다른 입법례도 찾기 어려우므로, 이에 대한 규율을 신설할 필요는 없다고 평가된다.

(4) 마지막으로 사기·강박에 의한 의사표시와 관련하여 그 요건을 부연하는 입법도 고려할 여지가 있다. 우리 민법은 직관적으로 사기 또는 강박이라는 문언만으로 취소사유를 정하고 있다. 현재 일반적인 해석은 이를 이중의 고의에 의해 수반된 기망 또는 공포심 유발로 이해하고 있다.[23] 그렇다면 예컨대 제110조의 요건을 이러한 해석을 반영해 보다 상세하게 규정하는 것도 가능할 것이다. 그러나 사기 또는 강박이라는 문언 자체가 이미 고의의 의미를 함축하고 있을 뿐만 아니라(형법 제347조 참조), 그러한 고의의 사기 또는 강박은 통상 위법할 것이므로 종래에 다툼이 없었던 문언을 굳이 부연하여 규정할 만한 실익은 없다고 생각된다. 그렇다면 제110조 제1항은 현행규정의 문언과 내용을 그대로 승계해도 무방할 것이다.

21) 지원림 (주 6), 21면.
22) 이에 대해서는 전거와 함께 민법주해[III] (주 3), 466–467면(김형석) 참조.
23) 전거와 함께 민법주해[III] (주 3), 442면 이하, 453면 이하(김형석) 참조.

Ⅲ. 착오로 인한 의사표시

현행 제109조에 따르면 착오를 이유로 의사표시를 취소할 수 있기 위해서는 착오가 ① 법률행위 내용에 관한 것으로, ② 그 중요 부분에 관한 것이어야 하며, ③ 착오 상태에 있었던 것에 표의자의 중과실이 없어야 한다. 이 규정은 취소할 수 있는 착오의 구체적인 요건을 특정하지 아니하고 "법률행위의 내용의 중요 부분"에 착오가 있을 것만을 정한다는 점에서, 백지규정 내지 일반조항의 모습을 가지고 있다고 평가할 수 있다.[24] 따라서 학설에서 그 내용의 구체화에 관하여 어떠한 이론적 지침이 필요하였을 것이라는 사정은 자연스럽다. 이에 종래 통설은 제109조를 기본적으로 독일의 착오이론의 관점에서 이해하고 있었고, 그에 따라 특히 원칙적으로는 고려되어서는 안 된다고 설명되는 동기착오가 어떠한 경우에 취소권을 발생시키는지의 쟁점에 관하여 논쟁이 계속되고 있었다. 반면 판례는 기본적인 접근의 출발점 자체는 통설과 같이하나, 실제 결과에 있어서는 비교법적으로 널리 관찰되는 경향에 부합하는 내용의 재판례를 형성하고 있었다.

현행 민법	개정 제안
第109條(錯誤로因한意思表示) ①意思表示는法律行爲의內容의重要部分에錯誤가있는때에는取消할수있다.그러나그錯誤가表意者의重大한過失로因한때에는取消하지못한다. ②前項의意思表示의取消는善意의第三者에게對抗하지못한다.	제109조(착오로 인한 의사표시) ① 다음 각 호의 착오로 인한 의사표시는 의사표시자가 착오 없이 사실을 알았다면 그러한 의사표시를 하지 아니하였을 것이라고 합리적으로 인정되는 때에는 취소할 수 있다. 1. 의사표시의 내용에 상응하는 의사가 없는 경우 2. 법률행위의 필수적인 기초가 된 사정에 관한 착오 3. 상대방이 유발한 착오 ② 착오가 의사표시자의 중대한 과실로 인한 때에는 취소하지 못한다. 다만 상대방이 그 착오를 알았거나 중대한 과실로 알지 못한 때에는 그러하지 아니하다. ③ 제1항의 취소는 선의의 제3자에게 대항하지 못한다.

1. 동기의 착오

"법률행위의 내용"에 관한 착오인지 여부와 관련해 종래 통설은 이를 독일의 의사표시 이론에 따른 착오 유형론에 의지해 설명하고 있다. 즉 의사와 표시의 불일치가 나타나는 표시착오[25]와 내용착오[26]는 법률행위의 내용에 관한 착오라고 바로 인정하지만,

24) 양창수, "주채무자의 신용에 관한 보증인의 착오", 「민법연구」, 제2권, 1991, 25면.
25) 大判 2014.11.27., 2013다49794, 공보 2015, 9.
26) 大判 1993.10.22., 93다14912, 공보 1993, 3153; 1997.11.28., 97다32772,32789, 공보 1998, 84;

이른바 동기에 관한 착오는 그 자체만으로는 법률행위의 내용에 관한 착오는 아니라고 한다. 그런데 실제 실무상 제기되는 착오 사례에서는 대부분 동기의 착오가 문제되므로, 어느 범위에서 동기의 착오를 법률행위의 내용에 관한 착오로 취급해야 하는지의 해석론적 쟁점에 직면하게 되었다.

(1) 이에 ① 종래 다수설과 판례의 일반론은 동기가 상대방에게 표시되어 법률행위의 내용이 되면 그때에는 제109조 제1항의 요건에 따라 취소가 가능하다고 설명한다.[27] ② 그러나 이에 대해서는 동기의 표시만으로 동기가 법률행위의 내용이 될 수는 없다는 비판이 제기되고 있었고, 그래서 동기의 착오는 어떠한 경우에도 고려되지 않는다는 학설도 주장된다.[28] ③ 한편 (독일민법 제119조 제2항에 준하여) 동기의 착오이더라도 그것이 거래에 본질적인 사람 또는 물건의 성상에 관한 착오인 경우에는 표시착오나 내용착오와 동등한 가치를 가지므로, 그 경우 제109조 제1항을 유추하여 취소권을 인정할 수 있다는 학설도 유력하나,[29] 이 역시 동기는 법률행위의 내용이 될 수 없다는 통설의 전제를 공유하는 학설이다. 반면 ④ 제109조 제1항의 입법연혁이나 문언에 비추어 동기의 착오가 배제된다고 볼 이유는 없으므로 동기의 착오도 제109조 제1항의 요건에 따라 중요부분에 대한 것이고 표의자에게 중과실이 없다면 취소를 허용해야 한다는 견해도 주장된다.[30] 이 견해 중 일부는 특히 상대방이 표의자가 착오하고 있음을 알았거나 알 수 있을 경우에만 중요 부분의 착오라고 해석하여 취소를 보다 제한하고 있다.[31]

(2) 그러나 구체적인 사건에서 판례가 실제로 판단하는 모습은 그것이 판시의 모두에서 전개하는 일반론에만 의지해서는 충분히 파악할 수 없다. 일단 착오가 동기에 있다는 사정은 주로 취소를 배제할 때 그 이유제시로 사용된다.[32] 반면 동기의 착오임에도 취소를 허용하는 경우, 그 판단은 주로 착오가 중요 부분에 해당하는지 여부에 의하여 결정되는 것으로 보인다.[33]

2005.5.27., 2004다43824, 집 53, 64.

27) 예컨대 곽윤직, 민법총칙, 제7판, 2002, 238-239면; 大判 1998.2.10., 97다44737, 공보 1998, 686.
28) 송덕수, 민법총칙, 제7판, 2024, 293면.
29) 이영준, 민법총칙, 개정증보판, 2007, 407면.
30) 고상용, 민법총칙, 제3판, 2003, 415-416면.
31) 김형배, "동기의 착오", 「민법학연구」, 1986, 103-105면.
32) 예컨대 大判 1991.11.12., 91다10732, 공보 1992, 89.
33) 예컨대 大判 1998.2.10., 97다44737, 공보 1998, 686는 도로사업을 위한 협의매수에서 감정평가인의 착오로 자연녹지 개발제한구역을 생산녹지로 잘못 평가하여 85% 과다책정된 금액으로 대금이 결정된 사안에서 판례는 매도인(지방자치단체)의 취소를 인정하였는데, 시가의 착오라는 점을 인정하면서도 "이 사건은 정당한 평가액을 기준으로 무려 85%나 과다하게 평가된 경우로서 그 가격 차이의 정도가 현저할 뿐만 아니라, 원고는 지방자치단체로서 법령의 규정에 따라 정당하게 평가된 금액을 기준으로 협의매수를 하고 또한 협의가 성립되지 않는 경우 수용 등의 절차를 거쳐 사

그런데 이렇게 판례가 취소를 허용한 동기의 착오를 내용적으로 살펴보면 그것이 스위스채무법이 기초착오(Grundlagenirrtum)라고 정하는 유형에 해당한다는 사실을 어렵지 않게 인식할 수 있다(동법 제24조 제1항 제4호 참조). 즉 케겔의 명료한 표현에 따르면 "합의된 동기에 관한 착오"[34]의 사례이다. 이 경우 계약 당사자들은 일정한 동기를 전제로 하여 그 동기와 관련지워 자신들의 급부의무의 내용을 정한다.[35] 고려청자가 진품임을 전제로 하여 매매대금의 액수를 약정하고,[36] 상대방이 건축사 자격 있음을 전제로 도급 급부의 내용과 보수의 액수를 약정하며,[37] 현행법에 따를 때 부과될 것으로 예상하는 양도소득세 액수를 기준으로 대금을 정해 매매를 체결한다.[38] 여기서 중요한 점은 동기가 당사자들 합의에 의해서 그들의 급부의무를 구체화하는 기초사정으로 전제되었는지 여부이다.

이러한 접근법은, 앞서 살펴본 대로 스위스채무법이 명시적으로 정하고 있을 뿐만 아니라, 프랑스민법 개정 전 제1110조의 해석에서 지배적인 관점인 동시에 독일민법 제119조 제2항의 해석과 관련해 유력한 견해이며,[39] 오스트리아민법에서 취소할 수 있는 착오 유형의 하나인 이른바 협의의 행위착오(동법 제871조 제1항 참조)도 이러한 의미로 이해되고 있다.[40] 그리고 개정된 프랑스민법 제1132조 내지 제1135조는 합의가 그러한 동기를 결정적으로 고려하였는지 여부를 기준으로 함으로써 판례의 태도를 이어 기초착오적 고려를 입법화하였다. 마찬가지로 개정된 일본민법 제95조 제1항 제2호, 제2항 역시 명시적으로 기초착오를 취소할 수 있는 것으로 하여 동기의 착오를 규율하였다.

착오가 중요 부분에 해당하는지 여부를 기준으로 판단하는 판례가 기초착오의 사례에 취소를 인정하게 되는 결과는 사물논리적으로 생각해 본다면 자연스럽다. 동기의 계약내용으로의 편입이라는 기준과 객관적 인과관계의 기준은 상당부분 중첩되기 때문이

업에 필요한 토지를 취득하도록 되어 있"는 사정을 고려할 때 "그처럼 과다하게 잘못 평가된 금액을 기준으로 협의매수계약을 체결하지 않았으리라는 점은 명백"하여 "원고의 매수대금액 결정의 동기는 이 사건 협의매수계약 내용의 중요한 부분을 이루고 있다"고 하였다.

34) Kegel, AcP 150 (1949), 356, 362.

35) Malaurie, Aynès et Stoffel-Munck, Les obligations, 10e éd., 2018, n° 500: "착오자가 반대급부에서 염두에 두고 있던 결정적 성상".

36) 大判 1997.8.22., 96다26657, 공보 1997, 2786.

37) 大判 2003.4.11., 2002다70884, 공보 2003, 1169.

38) 大判 1994.6.10., 93다24810, 공보 1994, 1920.

39) Kötz, *European Contract Law*, 2nd ed., 2017, p. 156 sqq.; Terré, Simler et Lequette, *Les obligations*, 10e éd., 2009, n° 217; Medicus/Petersen, *Allgemeiner Teil des BGB*, 11. Aufl., 2016, Rn. 767ff. 및 인용된 전거 참조.

40) Bydlisnki, "Das österreichische Irrtumsrecht als Ergebnis und Gegenstand beweglichen Systemdenkens", *Festschrift für Stoll*, 2001, S. 119; Bollenberger in Koziol/Bydlinski/Bollenberger (Hrsg.), *Kurzkommentar zum ABGB*, 3. Aufl., 2010, §871 Rn. 7ff.

다.[41] 판례에 따라 착오와 의사표시 사이에 객관적 인과관계도 존재할 때 "중요 부분"의 착오가 있다고 해석한다면, 착오의 중요성 평가에서 표의자의 순수 주관적인 평가를 넘어서 평균인의 객관적 평가가 전면에 드러나게 된다. 그런데 이러한 평균인의 객관적 평가는 계약의 상대방 역시 의사표시 해석에서 고려해야 하는 부분이므로, 결과적으로 그러한 동기는 계약내용으로 편입되는 경우가 많을 수밖에 없을 것이다. 그래서 잘못된 동기와 계약 사이에 객관적 인과관계가 있는 경우, 그 동기는 계약내용으로 편입되어 취소를 정당화하는 사정일 가능성이 높다.

그리고 이렇게 이해한다면 동기의 착오에 관한 판례의 일반론도 보다 적절한 맥락에서 이해할 수 있다. 실제로 대법원이 가령 동기의 착오를 이유로 취소할 수 있으려면 "그 동기를 당해 의사표시의 내용으로 삼을 것을 상대방에게 표시하고 의사표시의 해석상 법률행위의 내용으로 되어 있다고 인정되면 충분하고 당사자들 사이에 별도로 그 동기를 의사표시의 내용으로 삼기로 하는 합의까지 이루어질 필요는 없"다고 말할 때,[42] 이를 동기가 표시되면 그것이 자동으로 법률행위의 내용이 되어 취소를 가능하게 한다고 기계적으로 이해할 이유는 전혀 없다. 여기서 중요한 것은 "의사표시의 해석상 법률행위의 내용으로 되어 있다고 인정"되는지 여부이고 동기의 표시 문제는 말하자면 동기가 효과의사를 구체화하는 요소로서 의사표시의 내용이어야 함을 표현하는 것으로 설명되어야 한다. 마찬가지로 "동기를 의사표시의 내용으로 삼기로 하는 합의"가 필요 없다는 판시도 동기가 의사표시의 내용으로 표시되어 "해석상 법률행위의 내용으로 되어 있다고 인정"되면 충분하지, 동기를 의사표시의 내용으로 하는 별도의 추가합의가 필요하지는 않다는 의미로 받아들여야 한다. 이렇게 바라보면 판례의 일반론은 앞서 제시한 설명과 충분히 합치될 수 있는 태도를 보인다고도 말할 수 있다. 즉 동기의 표시는 "해석상 법률행위의 내용으로 되어 있다고 인정"하기 위해 참조하는 요소에 지나지 않으며, 그러한 동기는 의사표시에서 급부의무를 구체화하는 방법으로 함께 표시되면 충분한 것이지 별도로 그에 관한 합의가 요구되는 것은 아니다.[43]

관련해 상대방이 동기를 인식하였거나 인식할 수 있었다면 착오 취소를 허용해야 한다는 관점은 그 자체로는 채택하기 어렵다고 생각된다. 동기가 표시되어 상대방이 동기를 알았거나 그 밖의 방법으로 알 수 있었던 경우라고 하더라도, 계약에서 그 동기가

41) 김형석, 계약자유와 계약책임, 2024, 112－113면.

42) 大判 1998.2.10., 97다44737, 공보 1998, 686.

43) 실제로 일본 판례에서도 동기의 표시라는 사실이 아니라 표시에 의해 동기가 의사표시의 내용에 편입된다는 사실에 강조점이 있다는 점에 대해 森田宏樹, "民法九十五條(動機の錯誤を中心として)", 廣中俊雄 · 星野英一 編, 民法典の百年 II, 1998, 184면 이하 참조.

급부의무를 구체화하는 전제이자 기초로서 합의되지 아니한 상태에서는 정보 위험은 공유되지 않고 착오자 일방에 머무를 수밖에 없기 때문이다. 물론 상대방이 인식하였거나 인식할 수 있었던 사정은 동기가 법률행위의 기초사정으로 전제되어 있는지 여부를 해석할 때 중요한 요소로 고려될 것이다.

(3) 이상의 내용에 따른다면, 우리 민법의 착오규정을 개정할 때 취소할 수 있는 동기의 착오의 요건으로는 우선 비교법상 보편적으로 승인되고 있으며 우리 판례도 실제로 적용하고 있는 기초착오의 유형을 명시하는 입법이 적절하다. 따라서 개정 제안이 "법률행위의 필수적인 기초가 된 사정에 관한 착오"(제1항 제2호)를 취소할 수 있는 착오로 명시하는 태도는 타당하다고 생각된다.

이에 대해 2004년 개정안은 강하게 독일민법 제119조 제2항에 의지하는 개정을 제안하였었다(위의 I. 1. 참조). 그러나 이 규정은 독일 내부에서 그리고 비교법학에서 명확한 규율 구상이 결여되어 있다거나[44] 혼란스럽고 평가적으로 만족스럽지 못한[45] 입법이라고 비판을 받고 있어, 이를 그대로 채택하는 것은 주저된다. 게다가 이 개정안을 채택하더라도, 독일의 법상황에서 그러하듯 "거래의 본질적 사정"에 해당하는지 여부를 판단할 때 결국 상당 부분 기초착오적인 고려가 동원될 수밖에 없다. 그렇다면 사태를 직시하여 취소할 수 있는 동기의 착오 유형으로 바로 기초착오를 도입하는 입법이 정도에 해당할 것이다.

한편 2013년 개정시안의 준비과정에서는 취소할 수 있는 동기의 착오에 대하여 유럽 계약법 원칙(PECL) 제4:103조의 규율에 좇아 개정을 시도하였던 것으로 보인다.[46] 실제로 유럽계약법원칙의 이 규정의 내용은 결과에 있어 실질적으로 기초착오 법리와 일

---

44) Medicus/Petersen (주 39), Rn. 767.

45) Kramer, *Der Irrtum beim Vertragsschuluss*, 1998, Rn. 20 (S. 36).

46) 지원림 (주 6), 19면 주 47에 의하면 분과 차원에서는 다음과 같은 가안이 작성되었다고 한다. 그러나 이는 이후 개정시안에서 확정되지 않았다.

제109조(착오로 의한 의사표시) ① 착오로 인하여 의사표시를 한 자는, 만약 그와 같은 착오가 없었더라면 그 의사표시를 하지 않았을 것이라고 볼 수 있는 경우에 한하여, 다음 중 어느 하나에 해당하는 때에는 그 의사표시를 취소할 수 있다.

1. 상대방이 그 착오를 알았거나 알 수 있었을 때
2. 상대방이 그 착오의 원인을 제공한 때
3. 상대방도 동일한 착오에 빠진 때
4. 취소로 인하여 불이익을 입을 상대방이 없는 때

② 제1항에도 불구하고 다음 중 어느 하나에 해당하는 때에는 표의자는 의사표시를 취소할 수 없다.

1. 표의자가 중대한 과실로 착오에 빠진 때. 그러나 상대방에게도 제1항 제1호 내지 제3호의 사유에 중대한 과실이 있었던 때에는 표의자는 의사표시를 취소할 수 있다.
2. 표의자가 착오 사실을 알고도 상당한 기간 내에 취소하지 아니한 때

③ 제1항의 의사표시의 취소는 선의의 제3자에게 대항하지 못한다.

치한다. 이는 동조 제1항 (a) (ii), (iii)과 제2항 (b)의 상호작용에 의해 그러하다.[47] 우선 동기가 계약에 편입되지 않은 경우, 그에 대한 착오는 착오자 일방의 위험영역에 속하므로 취소는 인정되지 않는다(PECL 제4:103조 제2항 (b)).[48] 반면 계약 당사자들이 특정 동기를 계약의 기초로 편입한 경우에는 그에 대한 착오는 고려된다. 많은 사안에서 그러한 동기착오는 쌍방 공통의 착오로서 고려될 것이지만(PECL 제4:103 제1항 (a) (iii)), 일방 당사자에게만 착오가 있었다고 하더라도 상대방은 그 착오를 알았거나 알 수 있었고 신의칙상 착오를 정정해야 하므로 마찬가지로 고려된다(PECL 제4:103조 제1항 (a) (ii)).[49] 예컨대 甲이 乙에게 고려청자를 매도하면서 당사자들이 진품으로 전제하여 매매대금을 1억 원으로 정한 경우(아래 서술에 대해 위의 II. 1. (3) 참조), 甲과 乙 모두 이를 진품으로 믿었다면 PECL 제4:103조 제1항 (a) (iii)에 따라 취소권이 발생하고, 乙은 이를 진품으로 믿었으나 甲이 모조품임을 알았거나 알 수 있었으면서도 진품을 전제로 가격을 정하고 乙을 착오상태에 그대로 둔 경우에는 PECL 제4:103조 제1항 (a) (ii)에 따라 취소권이 발생한다. 한편 甲이 모조품 고려청자를 10만 원에 전시하였는데 乙이 이를 진품으로 믿고 구입하였다가 나중에 모조품임을 발견한 경우, 甲이 乙의 동기착오를 인식하였거나 인식할 수 있었다고 하더라도 그러한 착오는 고려되지 않는다. 이는 PECL 제4:103조 제2항 (b)에 따르면 乙이 인수한 위험이기 때문이다. 따라서 고려되기 위해 동기가 계약의 기초로 편입되어야 한다는 기준과 유럽계약법원칙의 다원적 기준은 기능적으로 등가적이라는 사실이 확인된다. 그런데 이상의 비교에 따르면 2013년 개정시안 준비과정에서 분과에서 제안되었던 가안(주 46 참조)의 제1항 제1호의 입법에는 의문이 있다. 유럽계약법원칙과 같은 규정이 적절하게 작동하기 위해서는 제4:103조 제1항 (a) (ii)의 후단 부분과 동조 제2항 (b)가 규율의 필수적인 구성 부분임에도, 개정시안의 준비 작업은 이 내용을 누락하고서 규정을 안출하였다. 전체 규율에서 의도된 기능적 맥락의 중요 부분을 과감하게 생략하고 유럽계약법원칙 제4:103조의 일부만을 도입하려는 시도가 적절한 입법이라고는 평가할 수 없다고 생각된다. 그리고 우리 실무의 관점에서 유럽계약법원칙과 같은 규율 형식보다는 기초착오라는 유형을 설정하는 것이 보다 손쉬운 이해와 적용을 가능하게 할 것으로 예상된다.

(4) 더 나아가 대법원은 일찍부터 동기착오이더라도 상대방이 이를 야기한 때에는 착오자에게 취소권을 인정하는 판례를 형성하였다. 다만 초기 판결[50]의 사안은 증여계

---

47) 김형석 (주 41), 138－139면.

48) 란도·빌 편, 유럽계약법원칙 제1·2부, 김재형 역, 2013, 352－353면의 설명 및 사례 참조.

49) 란도·빌 편 (주 48), 348－349면의 설명 및 사례 참조.

50) 大判 1978.7.11., 78다719, 공보 1978, 10978.

약에 관한 착오가 문제되었기 때문에 특별한 취급을 받았다고 평가할 여지가 있다. 또한 신용보증기금이 허위의 거래상황확인서를 믿고 신용보증을 한 사안에 대한 재판례[51] 등 유사한 일련의 판결도 위험인수를 내용으로 하는 보증의 취소가 문제되므로 역시 이를 일반화하기는 쉽지 않았다. 그러나 대법원은 이후 유상계약이 문제된 사건에서도 같은 법리를 확인하였다.[52] 이러한 태도는 학설에서도 지지를 받고 있으며,[53] 비교법적으로 우세한 경향에도 부합한다(오스트리아민법 제871조, 네덜란드민법 제6:228조 제1항 (a), PECL 제4:103조 제1항 (a) (i), PICC 제3.2.2조 제1항 (a), 영미의 부실표시 법리[54] 등 참조).[55]

한편 대법원은 공통의 동기착오의 경우 취소를 인정하면서도 보충적 해석에 의한 계약내용의 조정 가능성을 인정하고 있다. 즉 판례에 따르면 쌍방 공통의 동기착오의 경우 계약의 보충적 해석에 의하여 "계약의 목적, 거래관행, 적용법규, 신의칙 등에 비추어 객관적으로 추인되는 정당한 이익조정 의사"에 따른 계약내용을 인정할 수 있다.[56] 그러나 보충적 계약해석에 의해 계약수정이 가능하지 아니한 경우에는 제109조 제1항의 요건이 충족되는 이상 착오자의 취소권 행사를 허용하고 있다.[57] 이러한 판례 역시 대체로 학설의 지지를 받고 있으며,[58] 공통의 착오를 명시적으로 고려하는 입법례와 모델규칙도 존재한다(네덜란드민법 제6:228조 제1항 (c), PECL 제1:103조 제1항 (a) (iii), PICC 제3.2.2조 제1항 (a) 등 참조).[59]

(5) 그렇다면 현재 판례의 "있는 법"에서 고려되는 동기의 착오는 기초착오와 상대방이 유발한 착오이며, 이는 다른 나라의 입법 및 판례 그리고 모델규칙에서도 고려되는 착오로 파악되고 있다. 따라서 민법의 개정에서는 이 두 유형의 착오를 명시적으로 취소할 수 있는 착오로 규율하는 것이 적절하며, 그러한 관점에서 개정 제안의 태도는 수긍할 수 있는 것이다(제109조 제1항 제2호, 제3호).

한편 쌍방 공통의 착오와 관련해, 그것이 취소권을 부여한다는 규율은 별도로 필요

---

51) 大判 1987.7.21., 85다카2339, 집 35-2, 284.
52) 大判 1991.3.27., 90다카27440, 공보 1996, 1276.
53) 전거와 함께 민법주해[III] (주 3), 400면(김형석) 참조.
54) 이호정, 영국 계약법, 2003, 209면 이하 참조.
55) Kramer (주 45), Rn. 31 (S. 52ff.) 참조. 독일민법에서는 계약체결상의 과실책임을 매개로 하는 계약해소 청구권에 의해 실질적으로 동일한 효과가 달성된다. 박인환, "독일법상 정보제공의무 위반을 이유로 하는 계약해소청구권", 「민사법학」, 제27호, 2005, 133면 이하 참조. 일본채권법 개정 과정에서는 이에 관한 규율을 둘 것을 고려하였으나(중간시안 제3 2 (2) イ), 입법에는 이르지 못하였다.
56) 大判 2006.11.23., 2005다13288, 공보 2007, 24 참조.
57) 大判 1994.6.10., 93다24810, 공보 1994, 1920.
58) 전거와 함께 민법주해[III] (주 3), 397-398면(김형석) 참조.
59) Kramer (주 45), Rn. 42 (S. 66)도 참조. 독일민법은 이 경우 주관적 행위기초의 상실 법리에 의해 실질적으로 동일한 결과에 도달한다(동법 제313조 제2항).

하지 않다. 왜냐하면 계약의 부수적 사항이 아니라 주된 급부에 영향을 주는 사항에 관한 쌍방 공통의 착오라면, 그것은 당연히 법률행위의 전제가 되는 기초에 관한 착오로서 이미 취소를 정당화할 것이기 때문이다. 따라서 쌍방 공통의 착오의 경우 도입이 고려될 수 있는 규율은 당사자들이 착오가 없었더라면 다른 내용의 계약을 체결할 것이라고 인정되어 보충적 계약해석으로 그 내용의 계약으로 수정되어 유지된다는 효과를 명시적으로 선언할 것인지 여부이다. 그러나 이는 착오법의 쟁점이 아니라 보충적 계약해석의 가능성을 선언하는 조문을 명시적으로 채택할 것인지의 문제이므로, 착오규정의 맥락에서 이를 새삼 규정할 이유는 없다고 생각된다. 게다가 입법적으로 보충적 계약해석을 명시적으로 정하는 예도 쉽게 찾기 어렵다(다만 PICC 제4.8조, 일본 중간시안 제29 3 참조). 그렇다면 쌍방 공통의 착오의 경우 계약 수정은 종래 학설·판례가 인정하고 있는 보충적 계약해석의 법리에 따라 수행되면 충분할 것이라고 생각된다.

2. 표시착오와 내용착오

앞서 살펴보았지만(위의 III. 1. (1) 참조), 표시착오와 내용착오가 법률행위의 중요 부분에 관한 것인 한 그 내용에 관한 착오로서 취소권을 발생시킨다는 해석은 학설·판례에서 지배적이다. 그러므로 이러한 "의사와 표시의 불일치"에 해당하는 착오 유형 역시 고려되는 착오로 규정할 필요가 있다. 개정 제안도 제109조 제1항 제1호에서 이를 명시적으로 언급하고 있다. 다만 추가적으로 고려할 정책적 사항이 없지는 않다. 종래 상대방이 착오를 알았거나 알 수 있었을 때에만 표의자가 의사표시를 취소할 수 있다는 주장도 유력하였으므로(주 31 참조) 이러한 제한을 입법적으로 수용할 것인지 여부를 고려해야 하는 것이다. 이러한 제한은 실제로 모델규칙에서도 고려되고 있다(PECL 제4:104조, PICC 제3.2.3조). 그러나 착오자가 취소하기 위해서 착오가 법률행위 내용의 중요 부분에 관한 것이어야 한다는 요건을 요구하는 제109조 제1항에서는 상대방의 인식가능성을 추가로 요구하여 착오 취소를 가중 제한할 필요는 없다고 생각된다.

계약의 일방 당사자가 상대방의 표시착오 또는 내용착오를 인식하였을 뿐만 아니라 그로부터 상대방이 의욕하는 효과의사도 추단할 수 있다면, 계약해석이 착오 취소에 우선하므로 그 계약은 착오자가 본래 의욕한 효과의사의 내용에 따라 효력을 가질 것이다.[60] 따라서 표시착오 또는 내용착오에서 인식가능성의 문제는 일방 당사자가 상대방이 표시착오 또는 내용착오에 빠져있음은 인식할 수 있지만 그 효과의사는 추측할 수 없는 경우에 제기된다.[61] 그렇다면 예컨대 매도인이 워드프로세서로 매수청약서를 작성

60) 전거와 함께 민법주해[III] (주 3), 374면 이하(김형석) 참조.

하면서 자신에게 불리하게 매매대금을 오타하였으나 평균인의 주의를 다한 매수인이 이를 눈치채지 못하고 승낙한 경우에, 매도인은 착오를 이유로 매매를 취소할 수 있는가? 여기서 상대방의 인식가능성을 요구하면 착오 취소는 배제되고 거래의 안전은 도모될 것이다. 그러나 이렇게 인식가능성을 요구하지 않더라도 통상 상대방을 보호할 수 있을 것으로 예상된다.[62] 평균인의 주의를 다한 매수인이 매매대금의 "이상함"을 발견할 수 없었다면, 이는 통상 오타한 매매대금이 계약의 교섭가능한 범위에 있음을 지시할 것이다. 그렇다면 객관적 인과관계가 결여되어 그러한 착오는 법률행위 내용의 중요 부분에 관한 착오가 아니라고 할 수 있다. 반대로 표시착오가 계약내용의 중요 부분에 관한 착오라면 이는 많은 경우 상대방에게 무엇인가 "이상하다"는 느낌을 줄 수밖에 없을 것이다.[63] 이렇게 살펴보면 중요 부분 요건과 인식가능성 요건은 상당 부분 기능적으로 중첩된다. 그렇다면 착오가 이미 그 자체로 의사와 표시의 불일치에서 기인하는 이상, 굳이 법률이 명시적으로 언급하지 아니하는 요건이 추가되어야만 법률행위의 내용에 관한 착오가 된다고 볼 이유는 없다고 생각된다. 우리 민법의 경우 중과실의 착오자의 취소권이 배제되어 상대방을 보호할 수 있다는 점을 고려하면 더욱 그러하다.[64]

한편 전달기관의 착오를 표시착오에 준하는 규정을 둘 것인지도 문제 되지만(독일 민법 제120조, 스위스채무법 제27조 등), 명시적 규율이 없어도 해석상 당연히 그러한 결과가 인정된다는 입법자의 평가[65]를 받아들인다면 굳이 이를 명시적으로 규정할 필요는 없다고 생각된다.

---

61) 란도 · 빌 편 (주 48), 367면.

62) 고상용 (주 30), 435면 참조.

63) 大判 2014.11.27., 2013다49794, 공보 2015, 9 참조. 이 사건에서 甲 증권사의 직원 A가 파생상품인 미국 달러 선물스프레드 15,000계약의 매수주문을 입력하면서 주문가격란에 0.80원을 입력해야 함에도 '.'를 찍지 않아 80원으로 입력하자, 乙 증권사의 직원 B는 1.1원으로 선물스프레드 332계약의 매도를 입력해 두었다가, 이 주문이 80원에 체결되자 거래화면에 나온 매수호가 80원을 클릭하여 주문가격을 80원으로, 주문수량을 300계약으로 하여 매도주문을 하고, 이후 주문가격과 주문수량을 고정하여 불과 몇 초 만에 추가로 28회의 매도주문을 하였다. B는 이 거래가 있기 전까지 이 사건 선물스프레드에 대하여 하루 1,000계약 이상의 주문은 하지 않았으나, 이 사건 거래 당일에는 10,000계약의 주문을 하였다. 대법원은 계약내용의 중요 부분의 착오를 이유로 취소를 받아들인 원심을 시인하였는데, 여기서 판결이 설시하는 대로 소통착오가 B에게 인식하였다는 점은 이후 그의 주문행태를 살펴보면 의문의 여지가 없다.

64) 大判 2014.11.27. (주 63)에서 대법원은 표의자의 중과실을 인정하였지만 "상대방이 표의자의 착오를 알고 이를 이용한 경우에는 그 착오가 표의자의 중대한 과실로 인한 것이라고 하더라도 표의자는 그 의사표시를 취소할 수 있다고 할 것"이라는 이유로 취소를 허용하였다.

65) 양창수 편 (주 12), 233-234면 참조.

3. 중요 부분에 관한 착오

"중요 부분"의 의미에 관해서는 의용민법 이래 통설과 판례에서 확고한 해석이 정착되어 있다. 즉 "중요 부분"의 판단 기준은 착오의 주관적 현저성과 객관적 현저성을 들고 있다.[66] 주관적 현저성은 "표의자가 그러한 착오가 없었더라면 그 의사표시를 하지 않았으리라고 생각될 정도"의 중요성이고, 객관적 중요성은 "보통 일반인도 표의자의 처지에 있었더라면 그러한 의사표시를 하지 않았으리라고 생각될 정도"의 현저성을 의미한다. 요컨대 중요 부분 요건은 착오와 법률행위 사이의 주관적 인과관계와 객관적 인과관계를 의미한다.

중요 부분에 관한 착오일 것을 요구하는 규율은 법률행위의 사소한 사항에 관한 착오의 경우 취소를 억제함으로써 법적 안정성을 도모하며, 앞서 살펴보았듯이 상대방의 인식가능성이라는 요건과 기능적인 상관성을 가지고 있어 상대방의 신뢰 보호에도 기여한다. 이러한 측면은 이미 종래 실무에서 충분히 검증되었다고 말할 수 있다. 그러한 의미에서 이 요건은 민법 개정에서도 유지하는 것이 바람직하다.

다만 종래 법학교육을 받는 사람이 아니라면 "중요 부분에 관한 착오"라는 문언에서 바로 인과관계의 의미를 읽어내는 것이 용이하지 않은 것은 사실이다. 따라서 이를 직접적으로 나타내는 표현을 채택하는 것이 입법적으로 바람직할 것이다. 개정 제안은 이를 "의사표시자가 착오 없이 사실을 알았다면 그러한 의사표시를 하지 아니하였을 것이라고 합리적으로 인정되는 때"라고 정한다(제109조 제1항). 이 문언은 독일민법 제119조 제1항을 연상시키며("그가 그 사실을 알고 또 사정을 합리적으로 판단하였다면 의사표시를 하지 아니하였으리라고 인정되는 때"[67]), 독일에서 그러하듯 주관적 인과관계와 객관적 인과관계를 정한 것으로 이해된다. 즉 의사표시자가 착오 없이 사실을 알았다면 의사표시를 하지 않았어야 하며, 더 나아가 그렇게 의사표시를 하지 아니하였을 것이라는 사정이 합리적으로 인정되어야 한다는 즉 평균인의 관점에서도 상당한 것이어야 한다는 의미인 것이다.[68] 그렇다면 개정 제안의 이 표현은 "중요 부분에 관한 착오"를 요구하는 현행 제109조 제1항의 문언과 그 의미에서 차이가 없다고 평가할 수 있다.

---

66) 대표적으로 大判 1998.2.10., 97다44737, 공보 1998, 686; 곽윤직·김재형, 민법총칙, 제9판, 2013, 318-319면 참조.

67) 번역은 양창수 역, 독일 민법전, 2024, 67면.

68) Mansel in Jauernig, Bürgerliches Gesetzbuch, 19. Aufl., 2023, § 119 Rn. 18: "착오자가 **주관적으로** '그 사실을 알고'(즉 그의 주관적 관점으로부터) 그리고 **객관적으로** '사정을 합리적으로 판단하였다면'(즉 합리적인 인간으로서[…]) 의사표시를 하지 아니하였을 경우"(강조는 원문).

4. 의사표시자의 중과실

의사표시 상대방의 보호와 관련해서, 착오와 의사표시 사이의 인과관계가 상대방 보호의 기능을 수행하고 있음은 앞서 보았다(위의 III. 2., 3. 참조). 더 나아가 상대방의 보호를 위해 현행규정이 채택하고 있는 또 하나의 해법, 즉 표의자에게 중과실이 있는 경우 취소를 배제한다는 규율도 승계하는 것이 타당할 것이다. 관련하여 취소권을 배제하는 사유를 표의자의 단순 과실로 조정하는 문제를 생각해 볼 수도 있을 것이나, 종래 판례를 고려할 때 굳이 여기서 변경을 시도할 필요는 없다고 보인다(PICC 제3.2.2조 제2항 (a)도 참조). 재판례를 살펴보면, 중과실을 신중하게 인정함으로써 의사표시자의 자율과 상대방의 신뢰 보호 사이에 적절한 수준의 균형을 유지하고 있다고 생각되기 때문이다. 그래서 예컨대 공장을 경영하는 자가 새로운 공장을 설립할 목적으로 토지를 매수함에 있어 그 토지 위에 공장을 건축할 수 있는지 여부를 관할관청에 알아보지 아니한 경우[69] 또는 신용보증기금의 신용보증서를 담보로 금융채권자금을 대출해 준 금융기관이 위 대출자금이 모두 상환되지 않았음에도 착오로 신용보증기금에게 신용보증서 담보설정 해지를 통지한 경우, 착오자에게 중대한 과실이 있다[70]고 하였음에 반하여, 고려청자로 알고 매수한 도자기가 진품이 아닌 것으로 밝혀진 경우 개인 소장자인 매수인이 그 출처의 조회나 전문적 감정인의 감정 없이 매수하였다거나,[71] 아파트 설계용역계약에서 상대방의 건축사 자격 유무를 조사하지 아니하여 그의 무자격을 알지 못하였다는 사정만으로는 중과실이 인정되지 않는다고 한다.[72]

다만 판례에 따르면 그 예외로서 상대방이 표의자의 착오를 알고서 이를 이용한 경우에는 그 착오가 표의자의 중대한 과실로 인한 것이라고 하더라도 표의자는 의사표시를 취소할 수 있다고 한다.[73] 그러한 경우 상대방의 신뢰는 보호 가치가 없으므로, 이러한 예외는 정당한 것으로 입법에 반영할 필요가 있다. 그러나 상대방의 신뢰가 보호를 받을 만하지 않다는 평가적 관점에서 살펴본다면, 상대방이 착오를 이용할 의도까지 요구할 필요는 없으며 착오를 인식하여 거래로 나아갔다는 사정만으로 충분하다고 해야 한다.[74] 게다가 현실에서 양자를 구별해 판단하는 것은 쉽지 않으므로, 그러한 미묘한 차이가 취소권 부여라는 중대한 효과를 좌우하게 하는 규율은 정책적으로 타당하지 않을 것이다. 더 나아가 개정된 일본민법 제95조 제3항은 상대방이 표의자의 착오를 중대

69) 大判 1993.6.29., 92다38881, 공보 1993, 2122; 大判 2000.5.12., 99다64995, 공보 2000, 1393도 참조.
70) 大判 2000.5.12., 99다64995, 공보 2000, 1393.
71) 大判 1997.8.22., 96다26657, 공보 1997, 2786.
72) 大判 2003.4.11., 2002다70884, 공보 2003, 1169.
73) 大判 2014.11.27. (주 63).
74) 양창수, "표의자의 중과실 있는 착오와 상대방의 악의 등", 법률신문, 2023.8.21. 참조.

한 과실로 인식하지 못한 경우와 상대방도 공통의 착오에 있었던 경우도 예외 사유로 하여 취소를 가능하게 한다. 실제로 실무에서 인식을 적극적으로 증명하는 것이 어려워 중과실을 지시하는 간접사실에 의해 인식을 추단할 실무상 필요가 존재한다. 뿐만 아니라 도저히 간과할 수 없는 착오를 외면한 중과실 있는 상대방의 신뢰까지 보호할 필요는 없다고 생각된다. 그러므로 상대방의 이용 의사를 검토할 것도 없이, 상대방이 착오를 인식하였거나 중과실로 인식하지 못하였다고 인정된다면 즉 적어도 평균인에게 착오 사실이 명백히 드러난다면 의사표시자의 중과실에도 불구하고 착오 취소를 허용하는 것이 바람직하다. 개정 제안도 이러한 규율을 채택하였고(제109조 제2항), 타당하다고 생각된다. 실제로 대법원이 착오의 이용을 언급한 것도 명문의 규정이 없는 상황에서 선례와의 관계에서 명백한 사안부터 예외를 인정하려는 법형성의 맥락에서 나온 것으로 추측된다.[75] 한편 쌍방 공통의 착오의 경우에도 마찬가지로 상대방 신뢰 보호의 필요가 없으므로 이를 예외로서 명시적으로 규정하여도 무방할 것이나, 규범의 목적에 비추어 상대방이 의사표시자의 착오 사실을 알았다는 사정에 포섭될 수도 있으므로 목적론적 해석에 의하여 상대방이 착오 사실을 알았다는 사정으로 처리할 수 있을 것으로 예상된다.

한편 2004년 개정안에서와 같은 의사표시자의 배상책임은 도입하지 않는 것이 타당하다고 생각된다.[76] 이는 이미 입법자가 의사표시자 보호를 위해 민법 제정 당시에 배척한 바일 뿐만 아니라,[77] 비교법적으로 손해배상을 고려하는 입법은 독일이나 스위스 등 소수이며 다수는 의사표시자의 유책성을 이유로 착오를 고려하지 않는 경향을 보인다.[78] 종래 실무에서도 그러한 배상책임이 없다는 이유로 부당한 결과가 발생하였다는 사정은 쉽게 관찰되지 아니한다.

Ⅳ. 부당한 간섭에 의한 의사표시

현행 민법	개정 제안
(신설)	제110조의2(부당한 간섭에 의한 의사표시) ① 심리적 의존 상태 또는 긴밀한 신뢰관계에 의하여 의사의 형성에 부당한 간섭을 받아 행하여진 의사표시는 그러한 간섭이 없었다면 이를 아니하였을 것이라고 합리적으로 인정되는 때에는 취소할 수 있다. ② 제1항의 경우 제110조 제2항, 제3항을 준용한다.

75) 양창수 (주 74) 참조.

76) 이를 긍정하는 견해도 유력하지만(이영준 (주 29), 437면; 송덕수 (주 28), 310면 등), 판례는 부정한다(大判 1997.8.22., 97다13023, 공보 1997, 2800).

77) 양창수 편 (주 12), 236면 이하.

78) Kramer (주 45), Rn. 32ff. (S. 58ff.).

1. 문제의 소재

의사표시자가 자율적인 의사 형성에 타인의 의도적 간섭을 받아 의사표시를 하게 된 경우, 현행 민법에서 보호는 그러한 간섭이 고의의 위법한 기망행위 또는 공포심 야기에 해당하는 때에만 부여되고 있다(제110조). 이는 로마법 이래의 전통에 따른 것이다.[79] 그러나 의사표시자가 타인에 대하여 강하게 심적으로 의존하고 있거나, 경외심을 품고 있거나, 그 타인과 사이에 밀접한 신뢰관계가 존재하는 경우, 그 타인은 사기 또는 강박에 이르지 아니하는 단순한 언명만으로도 의사표시자의 의사 형성에 부당한 간섭을 줄 수 있는 가능성을 가진다. 이때 사기 또는 강박에 준하는 보호를 의사표시자에게 부여하지 않는다면, 평가모순의 가능성이 발생할 수 있다. 부당한 간섭을 행하는 타인은 사기 또는 강박조차 할 필요가 없을 정도로 기존에 영향력을 가지고 있기에 사기 또는 강박을 하지 아니한 것인데, 그럼에도 불구하고 의사표시를 유효한 것으로 존속시킨다면 동등한 정도로 의사 형성의 간섭을 받은 의사표시자 사이에서 상이한 취급이 행해질 위험이 있기 때문이다.

2. 비교법

(1) 이러한 사례들은 커먼로에서 이른바 부당위압(undue influence)의 법리에 의해 해결된다. 부당위압은 당사자 일방이 상대방의 부당한 영향 내지 비양심적인 위협을 받아 자유로운 판단을 행사할 수 없었다고 인정되는 경우에 계약을 해소할 수 있도록 하는 형평법의 법리로, 위협의 방법은 문제되지 않으며 그 범위는 당사자 사이의 지식·경험 등에 관한 불평등 내지 신뢰관계의 악용 등을 포함하는 등 탄력성을 가지는 구제수단이다.[80] 이에 직접 대응하는 법리가 없는 대륙법은 그러한 사안에서 결국 영향력을 부당하게 이용하여 의사에 간섭한 자의 비난가능한 행태, 의사표시자가 처하였던 상태, 법률행위 내용의 부당성 등을 종합적으로 고려하여 선량한 풍속 사회질서 위반 내지 폭리행위를 인정하는 방법으로 대처할 수밖에 없다.[81] 예컨대 노령이나 질병으로 심리적으로 취약한 상태의 유언자가 각별한 신뢰관계에 있는 종교지도자, 의사, 사실상 후견인, 동거인 등에게 강하게 심적으로 의존된 상태에서 그 영향으로 유언을 하는 경우, 영미에서는 부당위압의 법리에서 해결의 실마리를 찾지만,[82] 대륙법계에서는 유언자 의사를 조

79) 민법주해[III] (주 3), 434면 이하(김형석) 참조.

80) 木下毅, 英米契約法の理論, 第2版, 1985, 354-355면. 그 자세한 내용은 이호정 (주 54), 248면 이하; 엄동섭, 미국 계약법 II, 2012, 85면 이하 참조.

81) 츠바이게르트·쾨츠, 비교사법제도론, 양창수 역, 1997, 199면; Vicente, *Comparative Law of Obligations*, 2021, p.153 참조.

82) Probert, *Family and Succession Law in England and Wales*, 3rd ed., 2013, n. 513 sqq.; McGovern,

종하는 그 타인 행태의 비난가능성과 유언에 따라 발생하게 될 관계인들의 재산상태 변화 등을 종합적으로 고려해서 양속위반을 인정해야 한다고 한다.[83] 마찬가지로 채무 부담에 아무런 이해관계가 없으면서도 밀접한 가족관계의 영향을 받아 전적으로 이 고려에 기초해 담보를 제공한 자의 보호와 관련해[84] 커먼로는 부당위압의 법리에 따른 취소를 허용하고 있음에 반해 독일의 판례와 학설은 이를 양속위반의 문제로 취급하고 있다.[85] 그런데 양속위반에 의한 해결은 일반조항의 적용에 의한 해결이 가지는 법적인 불명확함 그리고 절대적 무효라는 효과 때문에 부당위압과 비교할 때 "다루기 무거운" 도구에 해당한다는 사실을 부정하기는 어렵다. 그러한 의미에서 부당위압의 법리는 폭리행위와 평가적·구조적으로 유사성을 가지면서도 대륙법의 폭리행위나 강박 규율이 도움을 주기 어려운 사안에서 구제수단을 제공할 수 있다는 장점이 있다고도 말할 수 있다.[86]

(2) 실제로 20세기 중후반 이후 개정된 민법이나 최근 모델규칙에서는 대륙법적인 접근법에 부당위압의 법리를 접목하려는 시도가 관찰된다. 선구적으로는 네덜란드민법 제3:44조를 들 수 있다. 동조 제1항에 따르면 법률행위는 그것이 강박, 사기 또는 "상황의 남용"(misbruik van omstandigheden)에 의해 성립한 경우 취소할 수 있는데, 동조 제4항에 따르면 상대방이 궁박, 의존, 경솔, 비정상적 정신상태 또는 경험 부족과 같은 특별한 상황으로 인해 법적 행위를 수행하도록 유도된다는 사정을 알고 있거나 알았어야 하는 자가 이를 제지해야 함을 알았거나 알았어야 함에도 불구하고 그 법률행위의 성립을 촉진한 경우에 상황의 남용이 존재한다. 종래 폭리행위의 요건에서 급부와 반대급부의 불균형을 제거하여 순수하게 의사 간섭이라는 관점에서 포착한 다음, 부당위압의 특징적 요소인 "의존"을 추가하였다는 점에서 특징이 있다.[87] 한편 유럽계약법원칙은 폭리행위의 요소와 부당위압의 요소를 결합하여 규정하면서[88] 그 법률효과를 —영미법에 따라[89] — 취소로 통일하여, "당사자가 상대방에게 의존하였거나 그와 신뢰관계가 있었던 경우,

---

Kurtz and English, *Wills, Trusts and Estates*, 4th ed., 2010, p.326 sqq. 참조.

83) 이동진, "불륜관계의 상대방에 대한 유증과 공서양속", 「비교사법」, 제13권 제4호, 2006, 32면; Frank /Helms, *Erbrecht*, 7. Aufl., 2018, §3 Rn. 13 참조.

84) 이는 로마법 이래 나타나는 유구한 사안 유형이다. Modestin. D. 20, 1, 26, 1 참조.

85) 전거와 함께 김형석 (주 41), 24–26면, 29–30면 참조.

86) 관련해 du Plessis, "Threats and Excessive Benefits or Unfair Advantage", MacQueen and Zimmermann ed., *European Contract Law: Scots and South African Perspectives*, 2006, p.151 sqq. 참조.

87) Hartkamp, Lillema and ter Heide, *Contract Law in the Netherlands*, 2011, n. 86 참조.

88) Lohsse in Jansen and Zimmermann ed., *Commentaries on European Contract Laws*, 2018, Art. 4:109 n. 5: "하나의 타협적 해결".

89) 이호정 (주 54) , 252면; 엄동섭 (주 80), 88면 참조.

경제적으로 궁박하거나 긴급한 필요가 있었던 경우, 또는 경솔, 무지, 무경험이었거나 교섭기술이 부족하였던 경우"에 "상대방이 이러한 사정을 알았거나 알았어야 하고, 제반사정이나 계약목적에 비추어 당사자의 처리를 매우 불공정한 방법으로 이용하거나 과도한 이익을 얻는" 때에는 당사자가 계약을 취소할 수 있다고 정한다(PECL 제4:109조 제1항). 국제상사계약원칙도 비슷하다(PICC 제3.2.7조 제1항).

한편 개정된 프랑스민법 제1143조는 일방 당사자가 상대방이 처한 자신에 대한 종속상태(l'état de dépendance)를 남용하여 의무를 부담하게 하고 과도한 이익을 얻은 경우를 강박과 동치하고 있다. 이 규정은 의사표시자가 기존에 가지고 있던 공포상태를 이용한 경우에도 강박을 인정하였던 판례를 배경으로 하여 전개된 새로운 규율로,[90] 여기서 종속은 경제적 종속 외에 심리적 종속도 포함하여 예컨대 종교 종파의 구성원이 체결한 계약 등도 그 적용례로 언급된다.[91] 그렇다면 프랑스민법 제1143조는 부당위압적 요소를 포함한다고 보아야 할 것이다.[92] 그러한 의미에서 이 규정은 왜곡된 합의에 대한 제재를 규정할 뿐 급부의 불균형을 제재하는 것은 아니라고 설명되고 있는 것이다.[93] 이와 비슷하게 벨기에 신민법 제5:37조도 계약체결시 당사자 일방이 상대방의 취약한 지위와 결부된 상황을 남용함으로써 급부 사이에 현저한 불균형이 존재하는 경우 "상황의 남용"(abus de circontances)이 존재한다고 정하고 상대적 무효의 효과를 명하는데(동법 제5:33조 제1항, 제2항), 여기서 '사정'은 궁박, 경솔, 무경험 등 피해자의 취약한 지위(position de faiblesse) 또는 상대방의 경제적·직위상 우월성(supériorité économique ou fonctionelle)을 의미한다고 설명되고 있어[94] 해석상 부당위압의 요소를 반영할 여지가 있다고 보인다(네덜란드민법의 용어를 사용한 점도 주목할 만하다).

3. 규율의 방향

(1) 입법론적으로는 이상의 입법과 모델규칙을 따라 부당위압에 관한 규정을 신설하는 것이 적절하다고 생각된다. 이에 제기될 수 있는 반론으로 이러한 새로운 규범이 우리 법실무에 법적인 불안정을 야기할 수 있다는 우려가 있을 수 있다. 그러나 앞서 보

90) Chénéde, *Le nouveau droit des obligations et des contrats*, 2016, n°s 23.162, 23.163.

91) Chénéde (주 90), n° 23.164.

92) Deshayes, Genicon et Laithier, *Réforme du droit des contrats, du régime général et de la preuve des obligations*, 2016, p. 223-224 참조: "[…] 심적 또는 감정적인 종속을 포함하며, 따라서 그 밖에 행위능력과 의사능력이 있으며 무상행위에 적용될 수 있는 특별 규정의 혜택을 받지 못하는 자들을 보호".

93) 한불민사법학회, 개정 프랑스 채권법 해제, 2021, 127면(이은희).

94) Derval, Jafferali et Kohl, *La réforme du droit des obligations*, 2023, p.228-229.

았지만(위의 IV. 2. (1) 참조) 부당위압에 관한 규정이 없다면 그것이 감당해야 하는 분쟁 결국 양속위반이나 폭리행위라는 관점에서 해결될 수밖에 없다. 그러나 의사 형성에 간섭을 받은 의사표시자가 양속위반이나 폭리행위를 원용하여 구제를 받는 방법은 일반조항의 적용으로 제반사정을 고려한 포괄적인 이익형량을 전제로 하는 부담스럽고 까다로운 권리 주장이 될 것으로 예상된다. 오히려 의사에 대한 부당한 간섭이라는 관점에서 입안된 보다 구체적인 규율이 있을 때 간섭을 받은 피해자로서는 사태의 핵심에 해당하는 사실을 주장·증명하여 보호의 필요성을 보다 적실히 보일 수 있을 것이라고 생각된다.

(2) 다만 쟁점은 입법의 방향이다. 즉 부당위압 규정의 성안에는 두 가지 접근을 상정할 수 있으며, 이 중 하나를 선택하거나 결합할 수 있을 것이다. 하나는 부당한 영향력의 행사를 궁박·경솔·무경험 등과 병치되는 요소로 추가하여 폭리행위의 연장선상에서 규율하는 것으로, 급부와 반대급부의 불균형이라는 요소를 강조하는 입법이다. 다른 하나는 의사의 자율에 대한 침해라는 관점에서 규율하는 것으로, 사기·강박과 마찬가지로 의사 형성에 대한 부당한 간섭이라는 요소를 전면에 세우는 입법이다. 앞서 보았지만 네덜란드민법은 후자의 입장이며, 프랑스민법이나 벨기에민법도 급부와 반대급부의 불균형을 요구하기는 하지만 규율의 중점은 의사의 보호에 있다. 반면 유럽계약법원칙과 국제상사계약원칙은 양자를 타협적으로 결합하는 규율을 채택하였다. 구체적인 차이는 요건 차원에서 폭리성에 이를 정도의 불균형을 요구할 것인지 여부, 그리고 효과 차원에서 이를 무효로 할 것인지 아니면 취소할 수 있는 것으로 할 것인지 여부 등에서 나타나게 될 것이다.

이는 입법정책적인 문제로, 여러 해결이 가능할 것이다. 그러나 이번 개정에서는 폭리행위 모델보다는 사기·강박 모델에 준하여 규율하는 것이 정책적으로 바람직하다고 생각된다. 우선 부당위압은 유상계약이 아닌 유언이나 증여와 같은 무상행위에서도 문제될 수 있으므로, 기존 제104조에 연결하는 폭리행위 모델은 그 적용범위가 제한되어 입법적으로 활용의 가치가 제약될 것으로 예상된다. 또한 그 효과 역시 절대적 무효를 관철하는 것보다는 의사표시자가 부당한 간섭으로 벗어난 상태에서 법률행위를 유지할 것인지 여부를 결정할 수 있는 선택지를 주는 것이 보다 유연한 해결을 가능하게 할 것이다. 이는 비슷한 이익상황이 존재하는 사기·강박의 경우와 다를 바가 없다. 그렇다면 부당위압에 관한 규율은 사기·강박에 준하여 취소사유로 정하는 입법이 바람직하다. 그러한 의미에서 개정 제안 제110조의2 제1항의 입법 방향은 타당하다고 생각된다. 그리고 이러한 입법 방향에 따를 때, 제110조 제2항과 제3항을 준용하는 것은 당연하게 수반되는 내용이라고 할 수 있다.

(3) 개정 제안 제110조의2 제1항의 문언은 부당위압을 이유로 하는 취소의 요건을 "심리적 의존 상태 또는 긴밀한 신뢰관계에 의하여 의사의 형성에 부당한 간섭을 받아 행하여진 의사표시는 그러한 간섭이 없었다면 이를 아니하였을 것이라고 합리적으로 인정되는 때"로 정하고 있다.

"심리적 의존 상태 또는 긴밀한 신뢰관계"라는 문언은 유럽계약법원칙의 예를 참고한 것으로 보인다. 법적 안정성의 관점에서 이 요건은 엄격하게 해석되어야 한다고 생각된다. 심리적 의존 상태는 개별 사안에서 의사표시자가 타인에게 정신적으로 강하게 종속된 상태에 있어 그 타인의 지시 또는 암시에 의하여 의사 형성의 자유가 심중히 간섭을 받는다는 사정이 분명히 드러나는 상태를 말한다. 긴밀한 신뢰관계는 부모와 자녀, 후견인과 피후견인, 충실의무 있는 대리인과 본인, 의사와 환자 등 의사표시자가 상대방의 보호를 기대할 수 있고 그러한 기대가 법률이나 사회관념에 의할 때 충분히 정당화되는 관계를 말한다.

물론 제110조의2에 따른 취소가 정당화되기 위해서는 그러한 상태로 인하여 의사표시자가 "의사의 형성에 부당한 간섭을 받아"야 한다. 상태의 존재 및 의사에 대한 영향에 대해서는 이를 주장하는 자가 증명책임을 진다. 새로운 규율을 조심스럽게 정착시켜야 하는 우리 처지에서 커먼로에서와 같이[95] 일정한 신뢰관계의 존재만으로 부당한 간섭을 추정해서는 안 된다고 생각된다.[96] 간섭은 언제나 당해 사건에서 이를 주장하는 자에 의하여 구체적으로 주장·증명되어야 한다. 한편 의사에 대한 간섭의 "부당함"은 사기·강박에서와 마찬가지로 위법성의 관점에서 판단할 수 있을 것인데, 행태적 요소와 결과적 요소를 종합적으로 고려해야 할 것이다. 즉 한편으로 영향력을 행사한 자의 고의, 종속상태를 이용할 의사, 피해자의 구체적 처지, 기존의 관계 패턴 등이 고려되어야 하는 동시에, 다른 한편으로 결과의 측면에서 무상행위에서 이익 부여의 의외성이나 유상행위에서 급부와 반대급부의 불균형 등이 함께 상관적으로 형량되어야 하는 것이다.[97]

더 나아가 부당한 간섭과 의사표시 사이에는 당연히 인과관계가 있어야 한다.[98] 개정 제안은 "그러한 간섭이 없었다면 이[의사표시]를 아니하였을 것이라고 합리적으로

95) 이호정 (주 54), 250–252면; Treitel, *The Law of Contract*, 15th ed. by Peel, 2020, n. 10–020 sqq.

96) 예컨대 대륙법을 기초로 커먼로가 혼합된 스코틀랜드에서도 부당위압의 법리는 수용하였으나 커먼로의 추정은 인정되지 않고 있다. MacQueen and Thomson, *Contract Law in Scotland*, 4th ed., 2016, n. 4.29.

97) 엄동섭 (주 80), 88면; Treitel (주 95), n. 10–016 참조.

98) Treitel (주 95), n. 10–017.

인정되는 때"라는 문언으로 표시한다. 이는 앞서 살펴본 개정 제안 제109조 제1항에서 주관적 인과관계와 객관적 인과관계를 표현한 문언과 유사한 표현을 사용하고 있으므로 (위의 III. 3. 참조), 체계적 해석에 비추어 여기서도 부당한 간섭과 의사표시 사이에 주관적 인과관계 및 객관적 인과관계가 요구된다고 해석해야 할 것이다. 즉 그러한 부당한 간섭이 없었다면 의사표시자가 그러한 의사표시를 하지 않았을 것이라고 인정될 수 있어야 할 뿐만 아니라, 평균인도 그러한 처지라면 동일한 의사표시를 하지 않았을 것이라고 인정될 수 있어야 한다.

개정 제안의 제104조는 폭리행위를 "당사자의 급박한 곤궁 상태 또는 판단력 내지 경험의 부족 등을 이용함으로써 현저하게 공정을 잃은 법률행위"(강조는 필자)라고 규정하고 있다. 그러므로 당사자 일방의 심적 의존이나 신뢰관계를 상대방이 이용하여 하게 한 현저하게 공정을 잃은 법률행위는 폭리행위의 요건도 충족할 수 있다. 즉 유상행위에서 급부와 반대급부의 불균형이 단순 부당위압의 정도를 넘어서 현저하게 공정을 잃은 정도까지 도달한 사안에서, 그 법률행위는 폭리행위로 무효가 될 수 있다. 물론 제104조가 적용될 때 규범의 목적은 의사표시자의 의사에 대한 간섭보다는 의사표시자의 취약상태를 이용하여 폭리가 취해졌다는 사정에 보다 강조점을 두게 될 것이다.

V. 맺음말

지금까지 민법개정안에서 의사표시의 유효성에 관한 개정 제안을 입법정책적으로 그리고 비교법적으로 검토하였다. 글의 성격상 결론을 몇 가지 명제로 제시하는 것은 아마도 적절하지 않을 것이다. 그 대신 개정안의 규율을 전체적으로 평가한다면, 의사표시의 유효성에 관한 개정 제안은 세부적으로는 이견이 있을 수 있겠지만 전반적인 규율에 있어서 정책적으로 올바른 방향을 지시하고 있다고 생각된다. 이후 개정안이 입법 절차를 거쳐 법률로 성립하여, 우리 학계와 실무가 도달한 인식이 현행법으로서 이후 법적 거래와 생활에 적용될 수 있게 되기를 희망한다.

착오로 인한 취소와 손해배상책임*

– 착오에 관한 제109조 개정안과 관련하여 –

박희호**

국문초록

제109조의 착오에 관한 현행 민법규정은 착오자에게 취소를 인정하되 착오자의 상대방에 대한 손해배상책임은 규정하고 있지 않아 일부 학설은 입법자의 의사를 근거로 착오자의 상대방에 대한 배상책임을 부정하는 것이 타당하다는 입장을 취한다. 하지만 민법 제정 당시의 입법자의 의사는 입법에 참고하였던 중요한 비교법적 자료인 독일의 입법과정이나 현행 규정에 대한 잘못된 정보를 바탕으로 형성된 것이었다. 온전한 비교법적 조사가 있었더라면 오히려 독일의 경우와 마찬가지로 착오자의 취소로 인한 손해배상에 관한 규정을 두었을 것이고 추후 해석론을 통하여서라도 착오자의 상대방 보호의 방안을 찾아야 했음에도 대법원은 일부 학설과 마찬가지로 착오자의 손해배상책임을 인정하지 않고 있다. 이러한 상황에서 2024년 법무부 주관의 민법개정위원회에서 이에 대한 민법개정안을 발표하였다. 이 개정안에 따르면 착오자의 상대방에 대한 보호필요성이 있으면, 즉 상대방이 의사시자의 착오의 상황을 몰랐고 그에 대하여 상대방의 과실이 없으면 의사표시 착오자의 취소권을 배세하는 내용을 딤고 있다. 하지민 이러한 개정안은 의사표시자의 진정한 의사가 아니라 전적으로 상대방의 신뢰에 기초하여 의사표시의 효력을 결정하는 것으로 사적 자치의 원칙에 반한다. 사적 자치의 원칙을 인정하면서도 착오자의 상대방 보호를 위하여서는 의사표시자에게 착오로 인한 취소권을 인정하되 상대방에 대하여는 신뢰이익을 배상하도록 하는 것이 타당하다. 이 경우 발생하는 손해배상책임은 계약책임의 본질을 갖는 것으로 보아야 한다. 계약의 체결과정에서는 상대방에 대하여 주의의

* 이 논문은 2024.12.14. 한국민사법학회 동계학술대회에서 발표된 것을 수정하여 비교사법 제32권 1호(2025.2.)에 게재된 것을 수록하였다.

** 한국외국어대학교 법학전문대학원 교수.

무가 발생하게 되는 것이므로 비록 계약이 유효하게 체결되지 않았다고 하더라도 이 손해배상 책임은 계약과 관련하여 자신의 약속에 대한 책임의 성질을 갖기 때문이다.

Ⅰ. 서론

1. 착오자의 손해배상책임에 관한 학설 및 판례의 검토

(1) 학설의 현황

착오 취소로 인한 손해배상의 문제에 대하여 우리 민법은 아무런 규정을 두고 있지 않다. 이러한 민법의 태도에도 불구하고 학설은 대체로 착오로 인한 취소에 대하여 책임이 있는 자에게 배상책임을 인정하고 있다. 다만 그 본질과 관련하여 계약책임설과 불법행위책임설이 나뉘어 있다. 계약책임설[1]은 계약상의 의무는 급부의무가 전부가 아니며 그 밖에도 - 그것을 주의의무, 보호의무, 성실의무. 기본채무 이외의 용태의무라고 하건 - 신의칙에 의하여 계약의 성립과정에서 이미 존재하는 것이므로 이러한 의무에 대한 침해도 계약책임으로 다루어야 한다는 입장이다.[2] 이에 반하여 불법행위책임설[3]은 우리 불법행위법은 일반규정을 두어 재산상의 손해에 대하여도 적용이 가능하므로 절대적 법익의 침해만을 구성요건으로 하는 독일의 경우와 달리 불법행위책임을 인정할 수 있다는 입장이다. 계약책임설과 불법행위책임설은 계약체결과정에서 과실이 있는 사람이 그로 인하여 상대방에게 발생한 손해에 책임을 인정하여야 한다는 데에서 동일한 입장을 취하고 있는 것이다.

이에 반하여 일부 학설[4]은 착오로 인한 취소의 경우를 포함한 계약체결상의 과실책임은 입법론으로는 주장할 수 있으나 민법 제535조의 원시적 불능의 경우를 제외하고는 아무런 규정도 없는 상황에서 그 책임을 인정할 수 없다는 입장을 취한다. 그 근거로 민법제정과정에서 표의자에게 경과실이 있는 경우에 배상책임을 인정하자는 수정안을 국회가 부결한 입법자의 태도를 존중하여야 한다는 것이다.[5] 그런데 책임부정설이 입법자의 의사를 그 근거로 제시한 것에 대하여는 많은 의문이 든다.

---

1) 곽윤직, 채권각론, 2014, 53면 이하; 김형배, 채권각론, 1997, 119면; 박영복/박희호, 계약법, 2024, 45면; 송덕수, 채권법각론, 2019, 64면 등. 이은영, 채권각론, 2007, 123면은 민법 제535조의 원시적 불능으로 인한 책임에 대하여 '계약책임에 가까운 법정책임'이라는 입장에서 계약의 무효, 취소의 경우 이를 유추 적용할 수 있다는 입장이다.

2) 특히 곽윤직, 채권각론, 2014, 53면.

3) 양창수, "계약체결상의 과실", 민법연구 I, 2004, 392면.

4) 김준호, 채권각칙, 2007, 59면; 김증한/김학동, 민법총칙, 2001, 351면; 주석 채권각칙(I), 193면(전하은 집필부분).

5) 김증한/김학동, 민법총칙, 2001, 351면; 법무부 민법개정위원회, 계약법 개정이유서, 2024(이하 이유서), 211면.

현재 우리 민법 제109조의 내용은 민법 제정 당시 민법안 제104조의 내용과 대체로 일치한다. 민법안 제104조는 "(1) 의사표시는 법률행위에 중대한 착오가 있는 때에는 취소할 수 있다. 그러나 그 착오가 표의자의 중대한 과실에 인한 때에는 취소하지 못한다. (2) 전항 의사표시의 취소는 선의의 제3자에게 대항하지 못한다."고 규정하고 있었다. 이 규정에서 "법률행위에 중대한 착오"라는 문구가 "법률행위의 내용의 중요부분에 관한 착오"로 수정되어[6] 그 내용을 구체화하였다는 점 외에 다른 수정 사항은 발견되지 않는다.

그런데 이러한 민법안에 대한 국회의 논의과정에서, 김병호 의원은 의견서를 통하여, 현석호 의원 외 19인은 수정안(이하 '현석호 수정안')을 통하여, 경과실로 인한 착오 취소의 경우에 착오 취소자에게 상대방에 대한 손해배상책임을 부담하도록 해야 한다는 제안을 한다.[7] 특히 현석호 수정안은 구체적으로 민법안의 제104조에 제3항을 추가하여 "(3) 법률행위가 착오로 인하여 취소되었을 경우에 표의자에게 경과실이 있을 때에도 그 법률행위가 유효하다고 믿음으로써 손해를 받은 자에게 그 손해를 배상하여야 한다. 그러나 그 손해는 그 법률행위가 유효함으로써 가질 이익을 초과할 수 없다"는 규정을 두자고 제안한다.

그런데 의회의 논의과정에서 법제사법위원장 대리인 장경근 의원은 스위스민법 제23조와 달리 '독일민법이 손해배상에 관한 규정이 없다'고 설명하면서 현석호의 수정안은 "첨단을 걷는 대진보적인 입법"으로 그보다는 "중간적인 진보적 입법을 하는 것"이 타당하다고 주장한다.[8] 이에 대하여 현석호 의원은 "장경근 의원은 독일민법에는 입법례가 아니라고 하지만 제가 알기에는 독일민법"[9]도 이러한 입법례, 즉 착오 취소로 인한 상대방의 손해를 착오자가 배상할 의무를 지우는 입법례에 속한다고 정정을 해 준다. 그런데 장경근 의원은 다시 나와서 "이제 104조는 초안의 입장을 취할 수도 있고 현석호 의원의 입장을 취할 수도 있습니다. 입법례도 갈라져 있습니다."라고 하여 여전히 독일민법에는 착오 취소자의 손해배상책임이 없다는 점을 강조하고 있다. 그 이후 현석호 의원의 수정안을 지지하는 김선태 의원의 주가 설명에도 불구하고 수정안은 재석(在席) 106인, 가(可)에 28표, 부(否)에 한 표도 없이 미결(未決)이 되었고, 결국 이 수정안은 폐기가 되었다.[10]

이러한 의회의 논의과정을 보면 먼저 국회의 법률전문가들이 모여 있었을 법제사법

---

6) 이는 당시 법제사법위원회의 수정안이 그대로 채택된 것이다. 이에 대하여는 양창수(편), 민법전 제정자료 집성, 2023, 234면 참조.
7) 양창수(편), 민법전 제정자료 집성, 2023, 234면 이하.
8) 양창수(편), 민법전 제정자료 집성, 2023, 236면 이하. 특히 237면.
9) 양창수(편), 민법전 제정자료 집성, 2023, 239면.
10) 양창수(편), 민법전 제정자료 집성, 2023, 241면.

위원회가 독일민법이 착오자에 대하여 아무런 책임을 묻지 않는다는 점을 강조하여 다른 의원들에게 잘못된 정보를 주었을 것이고 이를 바탕으로 표결이 이루어졌다는 점은 민법의 제정과정에서 중대한 오류가 있었음을 잘 보여준다. 비록 법제사법위원회의 설명에 대하여 현석호 의원이 비교법적 오류를 수정하려고 시도하였지만 "제가 알기로는"이라는 표현을 사용하면서 매우 소극적으로 대응하고 있던 상황에서 현석호 수정안이 다른 국회의원들에게 설득력 있게 받아들여졌을지 의문이다. 민법 제정 당시 비교법적으로 매우 중요한 자료로 여겨졌을 독일민법의 태도에 대한 잘못된 정보는 현재의 민법 제109조에 해당하는 민법안 제104조의 의결과정에서 매우 큰 영향을 미쳤을 것이다.

착오 취소의 경우에 손해배상책임을 부정하였다는 입법자의 의사를 의심하도록 하는 또 하나의 논거는 현석호 의원의 수정안에 대한 표결이 106인의 재석 중 가(可)가 28표였던 반면 부(否)는 한 표도 없어 미결(未決)로 폐기되었다는 점이다. 이러한 정황은 착오 취소로 인한 손해배상에 찬성하는 의견을 가진 소신있는 국회의원들만 투표를 하였고 그에 대한 지식이 없었을 대다수의 의원들은 아예 투표에 참여하지 않은 것으로 보아야 한다.

결국 제109조가 손해배상책임에 관한 규정을 두지 않은 점에 비추어 입법자의 의도가 손해배상책임을 부정하고 있다고 단정하는 것은 타당하지 않고 따라서 입법자의 의사를 기준으로 과실 있는 착오자의 손해배상책임을 부정하는 것은 설득력이 떨어진다. 오히려 계약체결상 과실에 관한 민법 제535조의 입법 취지를 설명하면서 "무효한 계약을 체결하는데 과실이 있는 자는 상대방에 대하여 그 계약을 유효하다고 오신하였기 때문에 입은 손해를 배상할 의무만이라도 부담시키지 않는다면, 형평을 심히 잃는 결과가 된다"고 설명한 것은 착오 취소로 인한 무효의 경우에도 당연히 적용되어야 하는 것이 더 논리적이다. 계약체결상의 과실책임을 제창한 예링이 파운드(Pfund, 약 500g)를 첸트너(Centner, 약 50kg)로 잘못 주문한 표시상의 착오, 친구를 통하여 엽궐련 1/4상자를 주문하도록 하였는데 친구가 잘못 이해하고 4상자를 주문한 경우 및 당시 큰 논란을 불러일으킨 전신사건(Telegraphen-Fall)[11]인 표시기관의 착오를 중심으로 자신의 이론을 펼

---

11) Urtheil des Landgerichts zu Köln vom 29. Juli 1856 die Haftpflicht bei telegraphischen Briefen betreffend, Zeitschrift für Deutsches Recht 19(1859), 456. 이 사건에서 바일러(Weiller)회사는 쾰른에 있는 오펜하임(Oppenheim)회사로부터 특정 주식을 매도(Verkauf)하라는 전신을 받고 곧 해당 주식을 매도하였다. 그 후 바일러에서 매도한 주식을 오펜하임에게 보내 줄 것을 요청하는 과정에서, 오펜하임이 프랑크푸르트 전신회사를 통하여 그 주식을 매수(Kauf)하라고 전신을 보내줄 것을 요청하였는데 잘못하여 매도(Verkauf)라고 바일러에게 연락이 간 것이 확인되었다. 그 후 주식은 가격이 크게 상승하였고 바일러는 매도한 주식을 상환하느라 큰 손해를 입게 되었다. 지방법원은 오펜하임의 착오를 인정하고 판결을 통하여 오펜하임이 바일러에게 발생한 손해를 배상하도록

치면서[12]은 그 논거로 로마법상의 두 가지 손해배상의 사례, 즉 소유나 거래가 금지된 성물, 공공재와 같은 금제물을 거래한 경우[13]나 존재하지도 않는 유산(Erbschaft)을 매매하는 경우[14]를 제시하고 있다는 점[15]은 불능과 착오 취소가 동일한 성질의 것이고 따라서 법률적 취급도 동일하여야 한다는 것을 보여주는 중요한 근거가 된다.

더욱이 현행 민법이 채택하고 있는 중과실로 인한 착오의 경우에 의사표시의 효력을 그대로 인정하는 입장은 빈트샤이트가 독일민법의 제정 당시에 취했던 입장으로[16] 그도 경과실의 경우에는 의사표시의 착오자에게 신뢰이익의 배상책임을 인정하였고[17], 실제로 이러한 독일민법의 입법안에도 반영이 되었었다.[18] 독일의 민법 제정과정이나 그 이후의 독일민법의 입장에 관하여 온전한 연구가 있었더라면 민법의 입법자는 착오 취소자에게 상대방에 대한 손해배상책임을 인정하였을 것이다.

결론적으로 원시적 불능의 무효와 착오 취소로 인한 무효의 동질성에 대한 이해와 함께 독일민법 제정과정 및 독일민법에 대한 온전한 조사가 있었더라면 현행 민법의 제정 이후에라도 착오 취소로 인한 손해배상에 대한 문제를 제535조의 유추적용을 통하여 해결하는 것은 필자의 입장에서는 당연한 논리적 결과로 보인다.

(2) 대법원의 입장

대법원[19]은 계약체결상의 과실책임의 유형 중 하나인 계약교섭의 부당한 중도파기에 대하여는 그 위법성을 인정하여 상대방에 대한 신뢰이익의 배상책임을 인정한다. 반면 착오로 인한 취소자의 손해배상책임에 대하여는 계약책임은 물론 불법행위 자체의

하였다. 이 판결의 주된 내용에 대하여는 HKK/Schermaier, Band I. §§116−124 Rn. 86. 참조.

12) Jhering, Culpa in contrahendo, S. 331f.
13) D. 18, 1, 62, 1.
14) D. 18, 4, 8−9.
15) Jhering, Culpa in contrahendo, S. 333ff.
16) Windscheid, Wille und Willenserklärung, AcP 63 (1880), S. 99ff.
17) Windscheid, Wille und Willenserklärung, AcP 63 (1880), S. 104f. 이에 대하여는 HKK/Schermaier, Band I, §§116−124, Rn. 88, Fn. 574. 참조.
18) 독일민법 제1법안(Entwurf I) 제99조는
"제98조의 규정에 의하여 무효인 의사표시도 착오자가 중과실인 경우에는 효력이 있다.
(Die nach den Vorschriften §. 98 für nichtig zu erachtende Willenserklärung ist gültig, wenn dem Urheber derselben grobe Fahrlässigkeit zur Last fällt.)
착오자에게 중과실이 아닌 과실이 있는 경우 그는 수령자에 대하여 제97조 제3항에 따른 손해배상책임을 진다"
(Fällt dem Urheber eine Fahrlässigkeit zur Last, welche keine grobe ist, so haftet derselbe dem Empfänger für Schadensersatz nach Maßgabe des §. 97 Abs. 3)
고 규정하였다.
19) 대판 2003. 4. 11. 2001다53059.

성립을 부정한다.[20]

"불법행위로 인한 손해배상책임이 성립하기 위하여는 가해자의 고의 또는 과실 이외에 행위의 위법성이 요구되므로 ... 과실이 있다고 하더라도 민법 제109조에서 중과실이 없는 착오자의 착오를 이유로 한 의사표시의 취소를 허용하고 있는 이상 ... 그 착오를 이유로 ... 계약을 취소한 것이 위법하다고 할 수는 없다"[21]고 설명한다. 즉 법률이 착오자의 취소를 허용하고 있으므로 계약의 취소가 위법하지 않고 따라서 불법행위가 성립하지 않는다는 논리이다. 판례의 이러한 논리는 착오로 인한 취소의 경우에 위법성을 묻는 질문의 대상을 착오자의 '과실'이 아닌 '취소'에 초점을 맞춘 것으로 타당하지 않다. 이미 예링이 자신의 논문 "계약체결상의 과실"에 밝힌 바와 같이, 착오에 있어서 "피고에 대한 비난은 계약이 무효라는 것에 있는 것이 아니라 - 이는 피고가 아니라 법률에 근거한 것이다 - 피고가 무효의 원인을 알고도 계약을 체결하여 원고에게 간접적으로 손해를 입혔다는 점에 있"[22]기 때문이다. 상대방에게 손해를 발생하도록 한 것은 형식적이며 절차적인 취소가 아니라 실질적 원인인 착오자의 과실에 있는 것이다.

만약 판례의 태도가 중대한 과실의 경우에는 착오 취소를 허용하지 않고 과실로 인한 착오는 취소가 허용되므로 과실로 인한 착오만으로는 그 위법성이 인정되지 않는다는 설명이라고 하더라도 이 또한 타당하지 않다. 중대한 과실로 인한 착오에 대하여 '취소를 허용하지 않겠다'는 민법의 태도가 '과실에 대하여서 손해배상책임을 지우지 않겠다'는 의미는 아니기 때문이다. 예를 들어 단순승인을 한 상속인은 상속채무초과사실을 중대한 과실없이 알지 못한 경우 3개월 이내에 한정승인을 할 수 있다(제1019조 제3항). 하지만 그 경우에도 민법은 상속채무가 상속재산을 초과함을 알지 못한 데 과실이 있는 상속인에게 상속채권자나 유증받은 자에게 손해배상을 하도록 하고 있다(제1038조 제1항 후문).[23] 중과실로 인한 특정한 권리의 부정과 과실로 인한 손해배상책임이 구별되어야 함을 보여주는 좋은 예라고 할 것이다.

당황스러운 논리에도 불구하고 후술하는 바와 같이 착오 취소자의 불법행위책임을 부정하는 대법원의 태도는 타당하다. 하지만 이는 계약책임을 인정하는 한도에서이고

---

20) 대판 1997. 8. 22. 97다13023.
21) 대판 1997. 8. 22. 97다13023.
22) "Der Vorwurf, den er im zweiten Fall dem Beklagten macht, besteht nicht darin, daß der Contract ungültig ist - das hat nicht der Beklagte, sondern das Gesetz zu verantworten - sondern darin, daß der Beklagte, der den Ungültigkeitsgrund hätte wissen müssen, nichtsdestoweniger den Contract abgeschlossen und dadurch mittelbar den Kläger in Schaden gebracht hat(Ihering, Culpa in contrahendo, S. 431.).
23) 박영복/박희호, 계약법, 2024, 46면 (주 2).

계약책임과 불법행위책임을 모두 부정하여 착오자의 잘못을 상대방에게 전가하도록 한 것은 일반인의 관념에 반하는 것으로 타당하지 않다.

2. 개정의 필요성

학자들의 대체적인 의견이나 주장과 달리 대법원이 견지하는 확립된 원칙인 판례는 그와 관련된 법률상 이해관계 당사자들에게 직접적인 영향을 미친다. 착오와 관련하여 착오자의 책임을 부정하는 판례의 입장이 고수되는 한 아무런 잘못이 없는 상대방은 그로 인하여 발생하는 손해를 스스로 감수하는 불합리를 감수하여야 한다. 이러한 불합리를 시정하는 방안은 결국 입법론으로, 민법을 개정하는 방법밖에 없을 것이다. 그런데 마침 이러한 상황에서 민법개정위원회가 2024년에 민법 제109조에 대한 개정안을 발표하였다.[24] 하지만 착오 취소에 대한 불합리가 개정안을 통하여 시정될 것이라는 필자의 기대는 충족되지 못하였다. 개정안은 민법 제109조에 대한 판례나 학설의 태도를 수용하는 현상유지의 입장을 보이고 있기 때문이다. 본고에서는 법무부 민법개정위원회가 발표한 민법 제109조의 개정안이 이러한 현상유지의 입장을 보인 이유가 무엇인지에 대하여 분석하고 검토한 후 나름대로의 수정 의견을 개진하려고 한다.

3. 검토의 순서

민법개정위원회의 2024년 민법 개정안 제109조의 내용을 먼저 살펴보아야 할 것이다. 이번 법무부 개정안은 제109조에 대한 개정을 시도하고 있음에도 착오자의 손해배상에 관한 내용은 추가되지 않았는데, 그에 대하여 민법개정위원회가 제시한 근거를 먼저 검토할 필요가 있다.

다음으로 착오 취소에 있어서 상대방 보호의 필요성에 대한 비교법적인 현황을 소개할 필요가 있다. 민법개정위원회는 착오 취소와 관련한 각국의 입법례들을 검토하여 이번 개정안에 반영한 것으로 보이는데 참고한 비교법적 입법례에 대하여 어떠한 평가를 하였고 그러한 입법례를 어떠한 방식으로 반영하였는지 알아볼 필요가 있다. 이 과정에서 비교법적 입법례에 대한 필자 나름대로의 평가와 우리 민법 제109조의 개정에 적합한 입법례를 선택할 필요가 있을 것이다. 그 후 민법 제109조의 개정안의 내용이 문제가 없는지를 다시 검토하고 나름대로의 수정안을 제시하려고 한다.

끝으로 착오 취소에 대한 손해배상책임의 성질에 대하여 다시금 검토할 필요가 있을 것이다. 민법이 개정되지 않거나 필자가 제시한 수정안이 채택이 되더라도 손해배상

---

24) 이유서, 204면 이하.

배상책임의 법적 성질의 문제는 여전히 논란이 될 것이기 때문이다. 이 과정에서 예링의 계약체결상의 과실책임의 성질에 대한 입장은 현재에도 여전히 설득력이 있다는 점에서 함께 소개하여 참고하도록 한다.

Ⅱ. 민법 개정안 제109조의 내용에 대한 개관

2024년 법무부 민법개정위원회에 의하여 발표된 개정안 제109조[25]는 다음과 같다:

제109조(착오로 인한 의사표시)

① 다음 각 호의 착오로 인한 의사표시는 의사표시자가 착오 없이 사실을 알았다면 그러한 의사표시를 하지 아니하였을 것이라고 합리적으로 인정되는 때에는 취소할 수 있다.

1. 의사표시의 내용에 상응하는 의사가 없는 경우
2. 법률행위의 필수적인 기초가 된 사정에 관한 착오
3. 상대방이 유발한 착오

② 착오가 의사표시자의 중대한 과실로 인한 때에는 취소하지 못한다. 다만 상대방이 그 착오를 알았거나 중대한 과실로 알지 못한 때에는 그러하지 아니하다.

③ 제1항의 의사표시 취소는 선의의 제3자에게 대항하지 못한다.

민법 제109조의 개정안과 관련하여 민법개정위원회의 이유서에 따르면 동조는 착오 및 그 취소와 관련하여 내용적으로 현재의 법률상황에 대한 실질적인 변경을 시도하지 않는다.

먼저 동조 제1항 제1호는 '의사와 표시의 불일치'에 관한 종래의 표시의 착오와 내용의 착오의 내용을 그대로 수용한 것이다.[26] 그리고 동항 제2호는 종래의 동기의 착오 중 판례[27]에 의하여 법률행위의 중요 부분으로 인정받아 착오 취소가 가능한 사례들이 스위스채무법 제24조 제1항 제4호의 기초 착오의 유형에 해당한다고 보아 이를 개정안에 추가한 것이라고 설명한다.[28] 판례가 인정하는 취소 가능한 동기의 착오를 입법화한 것에 불과한 것이라는 설명이다. 그리고 동항 제3호의 상대방이 유발한 동기의 착오도 상대방이 유발한 착오에 대한 판례[29]의 입장을 그대로 입법화하려는 것이다. 끝으로 동조 제1항 본문의 "의사표시자가 착오 없이 사실을 알았다면 그러한 의사표시를 하지 아

25) 이유서, 204면.
26) 이유서, 208면.
27) 대판 1994. 6. 10. 93다24810; 대판 1997. 8. 22. 96다26657; 대판 2003. 4. 11. 2002다70884 등.
28) 이유서, 206면.
29) 1978. 7. 11. 78다719; 1987. 7. 21. 85다카2339 등.

니하였을 것이라고 합리적으로 인정되는 때"는 현행 민법 제109조의 법률행위 내용의 '중요부분'인지의 여부에 대한 대법원의 입장을 독일민법의 제119조 제1항을 참고하여 입법화하려는 것이라고 설명한다.[30] 중요 부분에 관한 착오로부터 인과관계의 의미를 읽어 내는 것이 용이하지 않으므로 이를 명확히 하기 위하여 표현을 바꾼 것에 불과한 것이다.[31]

그 외에 개정안 제109조 제2항 및 제3항은 기본적으로 현행 민법의 규정을 그대로 수용하고 있다. 개정안 제2항 단서에 "다만 상대방이 그 착오를 알았거나 중대한 과실로 알지 못한 때에는 그러하지 아니하다"는 내용을 추가하고 있는데 이것도 상대방이 중대한 과실로 인한 착오의 사실을 알고 이를 이용한 경우 취소할 수 있도록 한다는 판례[32]의 입장을 학설[33]의 내용을 반영하여 명문화한 것이라고 한다.[34]

결론적으로 민법 제109조에 대한 개정안은 현행 민법 제109조의 내용에 판례의 이론을 추가한 것일 뿐 개정안을 통하여서는 현재의 법률적 상황, 즉 착오자의 상대방에 대한 손해배상책임은 여전히 부정하게 된다. 중과실이 아닌 '경과실'로 착오에 빠져서 의사표시를 한 경우 착오 취소자는 자신의 의사표시를 취소할 수 있고 그로 인하여 계약이 좌절된 상대방이 받은 손해에 대하여 착오자는 아무런 책임을 지지 않는 상황이 개정안이 실현된다고 하더라도 계속되는 것이다.

여기서 민법개정위원회가 현재의 상황을 개선하지 않는 이유가 궁금한 것은 당연하다. 개정이유서는 착오자의 상대방에 대한 손해배상책임을 부정하는 개정안을 채택한 이유와 관련하여 개정안이 착오를 고려하지 않는 외국의 입법례를 따르는 것으로 설명한다.[35] 이하에서는 민법개정위원회가 실제로 고려하고 있는 외국의 비교법적인 상황을 먼저 짚어볼 필요가 있다. 그 이후에 민법개정위원회가 채택하려고 하는 비교법적인 경향과 민법 제109조에 대한 개정안의 태도를 검토할 필요가 있다.

---

30) 이유서, 209면.
31) 이유서, 209면.
32) 대판 2014. 11. 27. 2013다49794.
33) 양창수, "표의자의 중과실 있는 착오와 상대방의 악의 등", 법률신문, 2023. 8. 21.(이유서, 210면)
34) 이유서, 210면.
35) 이유서, 211면은 의사표시자의 배상책임을 도입하지 아니하는 이유로 "이는 이미 입법자가 의사표시자 보호를 위하여 민법 제정 당시에 배척한 바일 뿐만 아니라(양창수 편, 민법전 제정 자료집성, 236면 이하), 비교법적으로 손해배상을 고려하는 입법은 독일이나 스위스 등 소수이며 다수는 의사표시자의 유책성을 이유로 착오를 고려하지 아니한 경향을 보인다(Kramer, Der Irrtum beim Vertragsschluss, 1998, Rn. 32ff.)."고 설명한다.

Ⅲ. 착오자의 상대방의 보호에 관한 두 가지 모델의 시작

민법개정위원회가 이유서[36]에서 적시한 것처럼 비교법적으로 보면 착오 취소의 상대방에 대한 보호의 방식은 크게 두 가지의 유형을 보인다. 착오를 원인으로 한 의사표시의 취소를 광범위하게 인정하되 상대방의 손해를 배상해 주는 방식과 착오로 인한 의사표시의 취소 자체를 엄격하게 제한하여 착오자의 상대방을 보호하는 방식이다. 이러한 보호 방식의 유형의 구별은 로마법 시대를 지나 대륙법이 발전하는 과정에서 자연법학자들의 의사표시에 대한 입장 차이에서부터 시작된다.

1. 로마법 시대의 착오와 불합의

로마법에는 착오의 문제와 관련한 정돈된 일반원칙이나 법규정을 찾을 수 없다.[37] 그 이유는 당시 법률행위에 매우 엄격한 요식주의가 적용되어 의사(voluntas)가 아닌 오직 표시(verba)만이 중요한 것으로 여겨졌기 때문이다.[38] 원칙적으로 행위자의 내부적인 의사는 다루지 않았던 것이다. 하지만 착오의 문제가 전혀 제기되지 않은 것은 아니고, 그러한 경우 개별적인 사례에서 구체적으로 타당한 해결책을 강구하였다. 하지만 그 경우에도 현대적 의미의 의사표시의 착오의 문제가 아닌 불합의의 문제로 다루어졌다.[39] 이에 따라 착오자의 상대방 보호와 관련한 논의도 발견되지 않는다.

그 이유에 대하여 착오의 경우가 매우 제한적으로 인정되었을 뿐만 아니라 현재와 같은 원격지 거래나 신용거래가 아닌 시장에서의 현금거래가 기본이었고 당사자 사이의 착오를 유발할 전신(telegram)과 같은 장치가 아직 개발되지 않아 특별한 분쟁이 발생하지 않았을 것이라고 추측할 뿐이다.[40]

2. 약속의 관념과 의사표시의 착오

르네상스를 거치며 해상무역의 원격지 거래가 발달하게 되고 신용거래가 증가함과 더불어, 자연법 시대에 이르러서는 채무의 형성이 계약의 체결이 아닌 당사자 일방의 약속(promissio)에 의한다는 관념이 등장하였다.[41] 그리고 이러한 일방의 약속의 관념은 착

---

36) 이유서, 211면.

37) 현승종/조규창, 로마법(2004), 436면; HKK/Schermaier, Band I, §§116－124, Rn. 93.

38) Zimmermann, The Law of Obligations(1996), p.602.

39) HKK/Schermaier, Band I, §§116－124, Rn. 52. 대표적으로 Ulpian D. 18, 1, 9: “매도인과 매수인 사이에 매매에 관한 합의가 존재해야 한다는 것은 명백하다. 그렇지 않고 당사자가 매매(의 계약유형)에 대하여, 매매가격이나 그 외의 다른 사항(예를 들어 매매목적물)에 관하여 합의가 이루어지 않으면 매매는 유효하게 체결되지 않은 것이다.”(Corpus Iuris Civilis, III, S. 443)

40) Zimmermann, The Law of Obligations(1996), pp.602 － 604.

오를 불합의의 문제가 아닌 의사표시(declaratio voluntatis)의 문제로 옮겨가게 하였다.[42) 계약의 체결에 통상 청약과 승낙이라고 하는 두 개의 약속, 즉 두 개의 의사표시가 필요하게 되면서 당사자 사이의 불합의의 경우와 달리 각각의 당사자에게 의사표시와 관련한 착오가 발생할 수 있게 되었고, 그에 따라 착오자와 착오의 상대방이 구별되게 된 것이다. 그리고 그 지점에서 의사에 합치하는 표시를 하지 못한 착오자와 그 상대방의 보호에 대한 문제가 발생하게 되었다.

이와 관련하여 먼저 그로티우스(Grotius)는 법률이 어떠한 사실을 기반하여 제정되었는데 그 사실이 진실이 아니게 되면 법률이 효력을 갖지 못하는 것과 마찬가지로 전제되지 않은 사실을 기반으로 한 착오의 약속도 효력을 갖지 못한다고 보았다.[43) 착오로 인한 의사표시의 효력을 부정한 것이다. 다만 그로티우스는 사실에 대한 진실 여부를 찾거나 자신의 진정한 의미를 표현하는데 있어서 부주의한 경우, 그로 인하여 상대방에게 손해를 가한 경우 그 손해를 배상하여야 한다고 보았다.[44) 착오자의 진실된 의사와 상대방의 신뢰라는 두 이익을 무효와 손해배상을 통하여 상호 조정하려고 하였던 것이다.

이에 반하여 같은 자연법 학자였던 푸펜도르프(Pufendorf)는 홉스의 사회계약론에 영향을 받은 자신의 언어론에서 '언어에는 해당 언어공동체가 부여한 의미가 부여되어야 한다'[45)는 원칙을 수립한다. 그리고 그의 승계자인 토마지우스(Thomasius)는 "착오는 착오자를 해하지 않는다"(error nocet erranti)[46)는 원칙을 세워 의사표시자의 착오를 계약의 효력과 관련한 고려에서 배제할 것을 주장한다.

착오자의 상대방을 보호하려는 자연법학자들의 관심에 뿌리를 둔 두 유형은 그 이후 판덱텐법학을 거치며 현대의 입법례에 영향을 미치게 된다.

41) Grotius, The Rights of War and Peace (Edited by Haakonssen, 2003) Book II, Chapter XI pp.699.
42) HKK/Schermaier, Band I, §§116－124, Rn. 53.
43) Grotius, The Rights of War and Peace (Edited by Haakonssen, 2003) Book II, Chapter XI p.710.
44) "If the Promiser were negligent, in searching out the Truth of it, or in expressing his own Sense, and thereby caused any Damages to the other, the Promiser shall be obliged to repair it"(Grotius, The Rights of War and Peace (Edited by Haakonssen, 2003) Book II, Chapter XI p. 711). HKK/Schermaier, Band I, §§116－124, Rn. 53도 참조.
45) Pufendorf, De officio hominis es civis iuxta legen naturalem(1673), lib I, cap. X, §2(HKK/Schermaier, Band I, §§116－124, Rn. 3 참조).
46) Thomasius, Institutiones jurisprudentiae, divinae(1724), lib II, cap. VII, §39(HKK/Schermaier, Band I, §§116－124, Rn. 94.).

Ⅳ. 착오자와 상대방 보호에 관한 두 입법례

1. 오스트리아민법과 이 모델을 수용한 다른 입법례

토마지우스의 이론은 이를 이어받은 그 후 학자들[47]의 예외에 대한 인정이나 순화 과정을 거쳐 오스트리아민법(제871조)에 입법화되었고 이를 모델로 이탈리아민법전(제1428조)[48], 유럽계약법원칙(제4:103조 제1항)[49], Unidroit(제3.5조)에도 수용되었다.[50] 이 규정들의 공통점은 (1) 착오가 주요 부분에 관한 것이거나 본질적인 경우에 (2) 착오자의 상대방이 착오에 관하여 알았거나 알 수 있었을 경우에만 취소할 수 있도록 한다는 점이다.

예를 들어 오스트리아민법 제871조 제1항은 "표시되거나 상대방에게 도달한 당사자 일방의 의사가 주요 사항이거나 본질적 성상과 관련한 표시의 착오인 경우, 상대방에 의하여 그러한 착오에 빠지게 되었거나 상대방에게 착오의 상황이 명백한 경우, 그리고 적시에 명시된 경우에는 그는 구속받지 않는다."[51]고 규정하고 있다.

이 규정에 의하여 구체적으로 착오자가 자신의 의사표시에 구속되지 않을[52] 요건으로는[53] 먼저 (1) 당사자 일방에게 표시의 착오가 있어야 한다. 여기서 표시의 착오

---

47) Grundling, Achenwall, Martini 같은 학자들이 토마지우스의 이론을 이어받아 발전시켰다고 한다(HKK/Schermaier, Band I, §§116-124, Rn. 94.)

48) 第1428條 (錯誤에 의한 取消) 錯誤는 본질적이고, 다른 契約當事者가 인식할 수 있는 것인 때에는 契約의 取消原因이 된다(이창희 (譯) 이탈리아 민법전 - 법제처 홈페이지 지식창고(https://www.moleg.go.kr/mpbleg/mpblegInfo.mo?mid=a10402020000&mpb_leg_pst_seq=126851¤tPage=3&&keyField=ALL&keyWord=%EC%9D%B4%ED%83%88%EB%A6%AC%EC%95%84%20%EB%AF%BC%EB%B2%95%EC%A0%84&yr=&mn=)).

49) 제4:103조 사실 또는 법에 관한 본질적인 착오

(1) 당사자는 다음의 경우에 계약의 체결 시에 존재하는 사실 또는 법에 관한 착오를 이유로 계약을 취소할 수 있다.

(a) (i) 착오가 상대방이 제공한 정보에 의해 야기되었거나 또는

(ii) 상대방이 착오를 알았거나 알았어야 했고, 착오자를 착오상태에 놓아두는 것이 신의성실과 공정거래에 반하거나 또는

(iii) 상대방이 동일한 착오에 빠진 경우 그리고

(b) 착오자가 진실을 알았더라면 계약을 체결하지 않았거나 본질적으로 다른 내용으로만 계약을 체결하였을 것이라는 점을 상대방이 알았거나 알았어야 하는 경우

50) HKK/Schermaier, Band I, §§116-124, S. 475, Fn. 605.

51) § 871. (1) War ein Teil über den Inhalt der von ihm abgegebenen oder dem anderen zugegangenen Erklärung in einem Irrtum befangen, der die Hauptsache oder wesentliche Beschaffenheit derselben betrifft, worauf die Absicht vorzüglich gerichtet und erklärt wurde, so entsteht für ihn keine Verbindlichkeit, falls der Irrtum durch den anderen veranlaßt war, oder diesem aus den Umständen offenbar auffallen mußte oder noch rechtzeitig aufgeklärt wurde.

52) 다수설에 따를 경우 법문과 달리 의사표시의 효력이 부정되는 것이 아니라 소송이나 항변을 통하여 취소권을 행사해야 하는 것으로 해석된다(Kurzkomm/Bollenberger, §871, Rn. 19).

53) Praxiskomm/Apathy/Riedler, ABGB, Bd. 4, §871, Rn. 5ff.

(Erklärungsirrtum)란 상대방의 입장에서 표시자가 의도한 것과 달리 표시된 것으로 우리가 알고 있는 착오의 유형인 내용의 착오와 표시의 착오를 모두 포함하는 것으로,[54] 단순한 동기의 착오는 배제된다.[55] 그리고 (2) 착오가 의사표시 내용의 주요 사항이거나 본질적 성상에 관한 것이어야 한다. 이는 착오가 내용의 본질적인 부분에 관련될 것을 요구하는 것으로 착오를 알았더라면 계약을 체결하지 않았을 것이라는 인과관계의 판단을 따르게 된다.[56]

여기까지는 우리 민법의 태도와 크게 다르지 않아 보인다. 하지만 세 번째의 선택적 요건은 우리 민법의 태도와 많은 차이를 보인다. 즉 착오자가 착오로 인하여 계약을 취소하기 위하여는 상대방에 의하여 착오가 야기된 경우이거나, 상대방에게 착오의 상황이 명백한 경우, 또는 착오자가 착오의 사실이 있다는 것을 적시에 명시한 경우이어야 한다.

먼저 착오가 상대방에게 야기된 경우도 우리 민법 개정안 제109조 제1항 제3호에 대응하는 것으로 그 의미에 있어서 크게 다른 내용은 없다.

두 번째 선택적 요건인 상대방에게 착오의 상황이 명백한 경우는 의사표시의 상대방이 의사표시자의 착오를 알았거나 최소한 착오를 의심할 수 있는 상황이 있음을 의미한다.[57] 이 경우 착오를 인식하지 못함에 상대방에게 과실이 있으면 충분하고 중과실이 요구되지 않는다.[58] 이 두 번째 요건에 의하여 착오자의 취소권은 크게 제한되는데, 이 점이 오스트리아민법과 이를 수용한 다른 입법례가 갖는 착오 취소의 특징이다. 즉 상대방이 착오에 대한 인식가능성이 없다면, 다른 말로 상대방의 신뢰를 보호할 필요성이 있다고 인정된다면 착오자는 의사를 취소하지 못하게 되는 것이다. 착오자의 의사표시에 대한 상대방의 신뢰를 우선적으로 여기는 것으로 이를 신뢰이론(Vertrauenstheorie)[59]이라고 한다.

마지막 선택적 요건인 착오가 적시에 명시된 경우는 착오의 상대방이 계약의 유효를 기반으로 법적, 경제적인 처분을 하지 않거나 어떤 기회를 상실하지 않아 손해가 발생하기 이전에 착오자가 착오의 사실을 그에게 알린 경우를 의미한다. 오스트리아의 최고재판소(Oberster Gerichthof)는 나아가 공통의 착오의 경우, 당사자 모두에게 착오로 인한 취소권을 인정한다.[60]

---

54) AaO., Rn. 7.
55) AaO., Rn. 10.
56) AaO., Rn. 16.
57) JBl 1998, 178: OGH 9.7.1997, 3 Ob 2043/96d.
58) Praxiskomm/Apathy/Riedler, ABGB, Bd. 4, §871, Rn. 24.
59) Praxiskomm/Apathy/Riedler, ABGB, Bd. 4, §871, Rn. 1; HKK/Schermaier, Band I, §§116-124, Rn. 94.
60) SZ 36/22; 44/59; JBl 1974, 144 등.

크라머(Kramer)는 상기의 국가 이외에도 스칸디나비아계약법(Art. 32 Abs. 1), 헝가리 민법(제210조 제1항), 체코민법(제49조), 폴란드민법(제84조 제1항), 이집트민법(제120조), 이스라엘 계약법(제14조 a), 영미법(제2차 리스테이트먼트 제152조 제1항)도 계약의 취소를 위하여 상대방의 인식가능성을 요구한다고 설명한다.[61)]

2. 착오 취소를 인정하되 착오자에게 손해배상책임을 지우는 입법례

이와 대비되는 입법례로 독일민법과 스위스민법을 들 수 있다. 독일과 스위스의 입법례는 착오자에게 취소권을 부여하되 상대방 보호를 위하여 그에게 손해배상책임을 부담시킨다. 다만 구체적인 요건에 있어서는 법률규정상 약간의 차이를 보인다.

(1) 독일민법

독일민법 제119조는 제1항에서 "의사표시를 함에 있어서 내용에 착오가 있었거나 그러한 내용의 의사를 전혀 표시하지 않으려 했던 사람은, 그가 상황을 인식하고 해당 사안에 대한 합리적인 평가를 하였다면 그러한 의사표시를 하지 않았으리라고 인정되는 경우, 그 의사표시를 취소할 수 있다"고 하고 동조 제2항에서 "사람이나 물건의 성상에 관한 착오가 거래에 있어서 본질적인 경우 의사표시의 내용의 착오로 본다."고 규정한다.

이 규정에 따라 착오자가 취소권을 행사하기 위하여는 먼저 의사표시자가 '내용의 착오'나 그 내용의 의사를 전혀 표시하지 않으려 했던 '표시의 착오', 또는 사람이나 물건의 '거래에 있어 본질적인 성상의 착오'가 있어야 한다. 여기서 성상이 '거래에 있어서 본질적인지'의 여부는 그 상태나 전제된 내구성에 따라 거래목적물의 가치평가에 영향을 미치는 물리적, 실제적 혹은 법률적 상황인지의 여부를 거래관념에 비추어 판단한다.[62)] 다음으로 착오자에게 착오가 없었더라면 그러한 의사표시를 하지 않았어야 하는 인과관계가 인정되어야 한다. 인과관계의 판단은 착오자의 주관적인 관점에서뿐만 아니라 제3자의 객관적인 관점에서도 충족되어야 한다.[63)] 이러한 요건이 충족되면 착오자는 자신의 과실이나 중과실의 여부와 상관없이 의사표시를 취소할 수 있다.

한편 독일민법 제122조 제1항은 "의사표시가 ... 제120조에 따라 취소되는 경우, 표

---

61) Kramer, Der Irrtum beim Vertragsschluss(1998), S. 48f. 영미법의 일방 착오(unilateral mitake)와 관련하여서는 가정준, "미국계약법의 구조와 이해", 「재산법연구」, 제23권 제3호, 2007, 36면 이하; Peel, Treitel on the Law of Contract(2015), p.8–47 참조.

62) RGZ 64, 266(269); BGHZ 34, 32(41).

63) Münchkomm/Armbrüster, BGB, Band 1, §119, Rn. 151f.; Erman/Palm, BGB, Band I, §119, Rn. 54.

시자는 그 의사표시가 상대방에게 전달된 경우에는 그 상대방에게, 그 외의 경우에는 제3자에게, 상대방이나 제3자가 의사표시의 유효를 믿음으로 인하여 입은 손해를 배상하여야 한다"고 하여 착오자가 자신의 의사표시를 취소하는 경우 착오자에게 상대방에 대한 신뢰이익의 배상책임을 부과한다. 다만 동조 제2항에 따라 "피해자가 무효나 취소의 원인을 알았거나 과실로 인하여 알지 못한 경우(알아야만 했던 경우)에는 손해배상의무가 발생하지 않는다." 결국 독일에서는 착오로 의사표시를 취소하는 자는 착오자의 과실이 인정되지 않는 경우에도, 상대방의 인식가능성이 인정되지 않는 한, 상대방의 손해를 배상하여야 한다(무과실책임).[64]

(2) 스위스채무법

스위스채무법은 계약의 취소와 관련하여 제23조에서 제26조에서 상세한 규정을 두고 있다.

먼저 스위스채무법 제23조는 "계약은 체결 당시에 본질적 착오의 상태에 있던 자를 구속하지 못한다."[65]고 규정하고 있다. 이 조항의 '불구속성'(Unverbindlichkeit)에 대하여 무효설, 취소설, 일부무효설의 학설이 대립하나 다수설과 연방대법원(Bundesgericht)은 취소설의 입장에서 이 규정에 의해 착오자에게 취소권이 부여된 것으로 이해한다.[66] 따라서 본질적 착오의 상태에서 계약을 체결한 사람은 계약을 취소할 수 있게 된다.

그리고 본질적인 착오에 대하여 동법 제24조는 이를 상세히 열거한다; "1. 착오자가 동의하기로 표시한 계약과 다른 계약을 체결하려 하였던 경우, 2. 착오자의 의사가 그가 표시한 것과 다른 사물에 대한 것이었거나, 특정한 사람에 대하여 계약이 체결된 경우에는 다른 사람에 대한 것이었던 경우, 3. 착오자가 그의 의사보다 훨씬 큰 범위의 급부를 약속하거나 반대급부를 하기로 약속한 경우, 4. 착오가 거래의 신의칙에 비추어 착오자에게 계약의 필수적 기초라고 여겨질 특정의 사정에 관한 것인 경우"에 본질적 착오로 본다. 즉 계약 유형의 착오, 동일성의 착오, 수량의 착오 및 기초사정의 착오의 경우에 본질적 착오로 보아 취소권을 행사할 수 있다.

동법 제25조는 착오의 취소에 대한 소극적 요건을 규정하여 동조 제1항에서 "착오의 주장은 그것이 신의와 성실에 반하는 경우 허용되지 않는다"고 하고 제1항의 원칙에

64) Münchkomm/Armbrüster, BGB, Band 1, §122, Rn. 2; Erman/Palm, BGB, Band I, §122, Rn. 1; BGH NJW, 1969, 1380.
65) OR §23 "Der Vertrag ist für denjenigen unverbindlich, der sich beim Abschluss in einem wesentlichen Irrtum befunden hat."
66) BGE 114 II 143. 스위스의 학설 및 판례에 대하여는 Baselkomm/Schwenzer, OR I, §23, Rn. 8f.

대한 예시로 제2항에서 "특히 착오자가 이해한대로의 계약에 상대방이 동의한 경우에는 그 계약이 효력을 갖게 된다"고 하여 계약의 전환(Konversion)[67]을 규정한다. 이와 관련하여 스위스 연방대법원은 상대방의 비용으로 투기를 하기 위하여 −예를 들어 물품의 시장가격의 추이에 따라 적당한 시기에 취소할 지의 여부나 시기를 정하기 위하여− 취소권의 제척기간으로 정해진 스위스채무법 제31조 제1항의 1년을 기다리는 것과 같이 과도한 지체 후 취소권(ungebührliche Verzögerung der Anfechtung)을 행사하는 것은 신의칙에 반한다고 보았다.[68] 반면 착오가 착오자의 과실에 의하여 발생한 경우에는 그것만으로는 신의칙에 반하지 않아 착오자는 취소권을 행사할 수 있다는 입장이다.[69] 결국 이 조항에도 불구하고 과실로 인해 착오에 빠진 의사표시자도 독일의 경우와 같이 착오를 이유로 취소권을 행사할 수 있게 된다.

끝으로 동법 제26조는 제1항에서 착오자에 대한 손해배상책임을 규정한다; "과실로 인하여 착오에 빠진 착오자가 계약의 유효성을 부정하는 경우, 그는 계약의 소멸로 발생한 손해에 대하여 배상할 의무를 진다. 그러나 상대방이 착오를 알았거나 알았어야 했을 경우에는 그러하지 아니하다"고 규정한다. 이 규정에 따라 손해배상의 범위는 상대방이 계약을 위한 협상에 전혀 참여하지 않았을 상태로의 회복인 소극적 계약이익(negative Vertragsinteresse), 즉 신뢰이익으로 제한된다. 다만 동조 제2항은 "형평(Billigkeit)에 비추어 법원은 추가적인 손해의 배상을 인정할 수 있다"고 하여 형평에 기초한 배상범위의 확장의 여지를 열어두고 있다.

이러한 스위스채무법의 착오에 대한 내용을 정리해 보면 착오자는 표시의 착오나 내용의 착오, 기초 사정의 착오의 경우에 특별한 사정이 없는 한 아무런 제한 없이 계약을 취소할 수 있다. 반면 과실로 착오에 빠진 착오자는 취소로 인하여 계약의 상대방에 대하여 신뢰이익을 배상하여야 한다.

3. 소결

독일과 스위스의 두 입법례에서 착오로 인한 취소의 요건에 있어서는 큰 차이를 보이지 않는다. 계약의 중요 부분에 착오가 있는 경우에는 귀책사유의 여부와 상관없이 착오자는 자신의 의사표시를 취소할 수 있다. 하지만 손해배상책임의 발생 요건에서는 약간의 차이를 보인다. 독일민법의 경우에는 착오의 발생 원인에 대하여 착오자에게 귀책사유가 있느냐의 여부를 묻지 않고 손해배상책임이 인정되는데, 스위스채무법의 경우에

---

67) Baselkomm/Schwenzer, OR I, §25, Rn. 8.
68) BGE 108 II 105.
69) BGE 105 II 26; 91 II 280 등.

는 착오자가 '과실로' 착오에 빠져 의사표시를 한 경우에만 착오자의 손해배상책임이 인정된다. 그런데 이러한 법률상 규정과 달리 스위스의 연방대법원과 학설은 독일과 유사하게 착오자의 손해배상책임에 대하여 실질적으로 과실을 요구하고 있지 않다.[70] 표시상의 착오에 대하여는 실무상 과실이 항상 인정되고 기초 사정의 착오의 경우에는 무과실책임을 인정하는 것이다.[71]

결국 착오로 인한 취소뿐만 아니라 취소로 인한 손해배상의 요건과 관련하여서도 두 입법례는 차이를 보이지 않고 있다. 의사표시의 착오자는 – 과실이나 중과실이 있다고 하더라도 – 계약을 언제든지 취소할 수 있고, 취소자는 상대방에 대하여는 – 착오자의 과실 여부와 상관없이 – 신뢰이익을 배상하여야 한다.

Ⅴ. 민법 제109조의 개정안에 대한 검토

이러한 두 가지 비교법적 입법 모델과 관련하여 민법 제109조의 개정안은 현재 우리나라의 착오 취소와 관련한 법률 상황이 불합리하지 않다는 전제에서 실질적으로 아무런 내용적 변화를 주지 않았다. 여기서 민법개정위원회가 바라보는 현재의 법률 상황이 구체적으로 어떠한 지를 검토할 필요가 있다.

1. 민법개정위원회가 인정하는 착오와 관련한 현재의 법률 상황

이유서는 착오자의 상대방을 위하여 중대한 과실로 인한 착오의 경우에는 착오를 배제하는 규정을 승계한다고 하면서, "관련하여 취소권을 배제하는 사유를 표의자의 단순 과실로 조정하는 문제를 생각하여 볼 수도 있을 것이나, 종래 판례를 고려할 때 굳이 여기서 변경을 시도할 필요는 없다고 여겨진다"[72]고 하였다. 그러면서 그 근거로 "재판례를 살펴보면, 중과실을 신중하게 인정함으로써 의사표시자의 자율과 상대방의 신뢰보호 사이에 적질한 수준의 균형을 유지하고 있다고 생각되기 때문"[73]이라는 것이다.

즉 현재의 법률상황에 비추어 보면 판례는 중대한 과실뿐만 아니라 경과실의 경우에도 착오자의 취소권을 허용하지 않고 있으므로 착오자에게 상대방에 대한 손해배상책임을 인정하지 않더라도 부당하지 않다는 것이다. 이는 현재 착오와 관련한 우리나라의 법률 상황이 - 정도의 차이는 있겠지만 - 상대방의 보호필요성이 있는 경우 이외에는

70) BGE 113 II 29; 113 II 31; BGer, 10.6.2009, 4A_99/2009; Baselkomm/Schwenzer, OR I, §26, Rn. 2; Handkomm/Dasser, OR §26, 2.

71) Baselkomm/Schwenzer, OR I, §26, Rn. 2.

72) 이유서, 210면.

73) 이유서, 210면.

착오를 고려하지 아니하는 오스트리아의 입법례와 유사한 것으로 비교법적 경향에 부응한다는 것이다.[74] 하지만 민법개정위원회의 이러한 입장은 현재 법률 상황의 불합리를 용인하는 것으로 타당하지 않고 민법의 기본 원칙인 사적자치의 원칙에도 부응하지 않아 개선이 필요해 보인다.

2. 민법개정위원회의 입장에 대한 비판

(1) 중과실 판단의 이중적 태도의 부당성

민법개정위원회가 잘 지적하다시피 실제로 대법원은 착오에 대한 중과실의 판단에 있어서 매우 너그러운 태도를 보인다. 공장을 경영하는 자가 공장이 협소하여 새로운 공장을 설립할 목적으로 토지를 매수함에 있어 토지상에 공장을 건축할 수 있는지 여부를 관할관청에 알아보지 않은 것,[75] 신용보증기금의 신용보증서를 담보로 금융채권자금을 대출해 준 금융기관이 위 대출자금이 모두 상환되지 않았음에도 착오로 신용보증기금에게 신용보증서 담보설정 해지를 통지한 것[76] 등이 착오자의 취소를 배제할 만큼 "보통 요구되는 주의를 현저하게 결여한" 중대한 과실에 해당하는지 의심스러운 것임에도 중대한 과실이 있는 것으로 보아 착오로 인한 취소를 인정한다.[77] 하지만 중대한 과실(culpa lata)은 전통적으로 악의(dolus)에 준하는 것으로 위 사안의 경우에 착오자에게 인식이 있을 정도의 과실이 있을 경우에만 인정되어야 한다.

이러한 대법원의 태도는 '중대한 과실'의 기준을 엄격하게 해석할 경우 의사표시자의 자기결정권 보호에 미흡할 수 있기 때문이라는 점을 감안하면 이해가 간다. 즉 착오자의 착오를 인정하여 계약의 효력을 소멸시키는 것이 합리적이라는 판단 아래에서 구체적 타당성을 위하여 중대한 과실을 보다 너그럽게 해석한 것이다. 하지만 중과실에 대한 이러한 대법원의 태도를 민법 전체의 체계적 측면에서 지지만 할 수는 없다. 왜냐하면 민법은 중과실과 경과실을 엄격하게 구별하고 있음에도 대법원이 착오의 경우에 대하여서만 중과실을 경과실에 준하여 너그럽게 해석하게 되면 다른 규정의 중과실에 대한 이중적 판단 척도를 인정하는 것이 되기 때문이다.

이러한 문제점이 발견되고 있는 상황에서 민법 제109조에 대하여 개정을 하지 않는다면 모를까, 이왕 이에 대한 개정을 시도하려고 하였다면 판례의 '있는 법'[78]을 민법전에 수용하는 일보다 이 규정에 대한 개정을 통하여 판례의 태도가 시정될 수 있도록

74) 이유서, 210면.
75) 대판 1993. 6. 29. 92다38881.
76) 대판 2000. 5. 12. 99다64995.
77) 이유서, 210면.
78) 이유서, 210면.

하는 것이 우선되어야 한다. 예를 들어 '경과실'로 인한 착오의 경우에도 취소권을 제한하는 방향으로 개정을 하게 된다면 중과실에 대하여 판례의 이중성의 문제는 해결되는 것이다. 판례의 문제점을 인식하고서도 민법개정위원회가 그와 관련한 최소한의 개정 시도를 하지 않은 것은 문제가 있어 보인다.

(2) 계약자유 원칙의 침해 우려

과실로 인한 착오의 경우에 취소권을 제한하는 현재의 법률상황을 유지하려는 민법 제109조의 개정안은 그 이유서에서 밝히듯이 독일이나 스위스의 입법례가 아니라 오스트리아[79]나 영미법[80]의 신뢰이론에 바탕을 둔 입법례를 따르려는 의도가 있기 때문이다. 다만 독일이나 스위스의 착오로 인한 제한 없는 취소의 경우와 달리 과실로 인한 착오 취소의 경우로 취소권을 제한하려 한다는 점에서 정도의 차이를 보일 뿐이다.

하지만 이러한 신뢰이론에 바탕을 둔 입법례는 당사자의 의사에 기초한 자유로운 법률관계의 형성이라는 사적자치의 원칙을 침해할 우려가 있다는 점에서 우리 민법의 개정으로 받아들이기에 적절하지 않아 보인다.

민법개정위원회가 받아들이려는 신뢰이론은 2가지 단계를 통하여 의사표시의 효력 여부를 판단한다. 첫 단계는 의사표시가 있느냐의 여부이다. 그리고 만약 의사표시가 있다고 인정된다면 두 번째 단계는 상대방의 신뢰를 보호해 줄 필요가 있느냐이다.[81] 상대방에 대한 신뢰를 보호할 필요성이 인정된다고 하면 그 의사표시는 표시자의 진의와 관계없이 효력을 갖게 되는 것이다.

그런데 이러한 신뢰이론에 바탕을 둔 입법례 중의 하나인 영미법계의 사법학자 길모어가 1974년에 내놓은 '계약의 죽음'(The Death of Contract)[82]이라는 저서는 민법 제109조의 개정안을 검토하는 상황에서 우리의 주목을 끌기에 충분하다. 이 책에서 길모어는 계약이 이미 사망하였다고 선언한다.[83] 계약의 유효성은 더 이상 당사자의 진정한 의사에 의해서 판단될 수 없고 오히려 상대방의 신뢰에 의하여 판단되어야 한다는 것이다.

---

79) Praxiskomm/Apathy/Riedler, ABGB, Bd. 4, §871, Rn. 1; HKK/Schermaier, Band I, §§116–124, Rn. 94.

80) Peel, Treitel on the Law of Contract(2015), p.8–047.

81) Kurzkomm/Bollenberger, §871, Rn. 1.

82) Gilmore, The Death of Contract, 1974.

83) Gilmore, The Death of Contract, pp.87. 길모어는 계약이 당사자의 신뢰를 통하여 불법행위에 통합되는 과정에 가장 중요한 역할을 한 것으로 '약속의 금반언'(promissory estoppel)의 역할을 든다. 약속의 금반언에 대하여는 가정준, "미국계약법의 구조와 이해", 「재산법연구」, 제23권 제3호, 2007, 32면 이하; 윤남순, "미국 계약법상 Promissory Estoppel 법리 연구", 「상사판례연구」, 제25집 제2권, 2012, 3면 이하 참조.

따라서 계약이 불법행위법에 흡수되어야 한다는 것이다.[84] 그는 그러한 의미에서 법학교육의 첫 해에 학생들이 별도로 배우는 계약(Contracts)과 불법행위(Torts) 과정을 통합하여 'Contorts'(Contracts + Torts)라는 하나의 과정으로 만들어야 한다고 제안한다.

계약의 효력의 발생 여부를 의사표시자의 진의가 아니라 상대방의 신뢰를 기준으로 판단한다는 것은 계약에 불법행위의 법리를 적용하는 것이 된다. 이는 마치 "내 의사표시가 길에 구덩이를 파놓아 당신이 그곳에 빠지게 되는 것과 같다. 나는 당신에게 피해를 입힌 것이고 나는 그 피해를 보전해야 하는 것"[85]으로 보아야 하기 때문이다. 하지만 의사표시는 그러한 방식으로 이해될 수 없다. 의사표시는 내가 스스로 나의 의사를 통하여 법적 자유의 영역을 넓히고 그와 관련하여 발생하는 채무를 스스로 부담하겠다는 표의자의 행동의 자유, 경제적 자유의 핵심이 되는 수단인 것이지, 불법행위에서의 가해행위와 같이 누구에게 피해를 주는 수단이 되고 따라서 법률이 그 피해를 막기 위하여 제재해야 하는 행위가 아닌 것이다.

의사표시의 효력의 근거를 신뢰에 두는 것은 길모어가 선언한 바와 같이 계약의 사망을 초래할 뿐이다. 계약의 효력을 표시자의 진의가 아니라 다른 외부적 요인에 의해 결정하게 한다면 계약법의 영역은 더 이상 필요가 없게 된다. 계약법은 태생적으로 당사자의 자기결정(Selbst-Bestimmung)에 따른 채무 부담을 내용으로 하기 때문이다. 여기서 사비니의 의사표시의 효력에 대한 명확한 주장을 다시 한번 음미할 필요가 있다.

> "본질적으로 의사(Wille)가 유일하게 중요하며 효력을 갖는 것으로 여겨져야 한다. 다만 의사는 내부에 보이지 않는 사건이므로 우리는 이에 대한 표식이 필요한 것이고 그를 통하여 타인은 그 의사를 인식하게 되는데, 이렇게 의사가 공개되는 표식이 바로 표시(Erklärung)인 것이다."[86]

내심의 의사를 공개하는 수단으로서의 표시를 보고 의사표시자의 의사를 추측할 수 있고 그에 대한 신뢰가 발생하는 것은 당연한 일이지만 그렇다고 의사표시자의 의사의

---

84) Gilmore, The Death of Contract, p.90.

85) Fried, Contract as Promise(2015), p. 10. 윤남순, "미국 계약법상 Promissory Estoppel 법리 연구", 「상사판례연구」, 제25집 제2권, 2012, 11면 이하도 참조.

86) "Denn eigentlich muss der Wille an sich als das einzig Wichtige und Wirksame gedacht werden, und nur weil er ein inneres unsichtbares Ereignis ist, bedürfen wir eines Zeichens, woran er von anderen erkannt werden könne, und dieses Zeichen, wodurch sich der Wille offenbart, ist eben die Erklärung"(Savigny, System des heutigen römischen Rechts, Band III, 1840, S. 258)

실현, 즉 사적 자치를 내용으로 하는 '계약법의 영역'에서 표시자의 진의가 아닌 의사표시의 표시에 중점을 두고 상대방의 신뢰로 인한 의사표시자의 채무의 부담을 인정한다면, 더 이상 계약법은 독립적인 존재가치가 없다. 신뢰이론에 따를 경우 표의자의 의사표시가 착오없이 이루어진 경우 그에 대한 상대방의 신뢰는 그 의사표시에 부응할 것이므로 그 의사표시대로 효력을 발생하게 된다. 그런데 신뢰이론은 표의자의 의사표시에 착오가 있었고 그렇게 이루어진 의사와 표시가 불일치한 경우에도 상대방이 표의자의 '진의와 다른 표시내용'에 신뢰를 주었으므로 그 표시된 대로 의사표시가 효과가 발생하여야 한다고 본다. 이러한 신뢰이론은 결론적으로 표의자의 진의와 상관없이 표시에 계약법상 효과를 부여하게 되므로, 계약 효력의 법적 근거는 – 착오가 있건 없건 – 표의자의 의사와 관계없는 '상대방의 신뢰'에서 찾게 된다. 이러한 상황이라면 계약법의 영역에서도 더 이상 자기 구속의 사적자치라는 것은 존재하지 않게 되고 상대방의 신뢰에 의한 타인구속(Fremdbestimmung)만을 허용하는 것이 된다. 이는 프라이드가 지적하다시피 다른 사람에게 손해를 끼치지 말아야 한다(neminem laedere)는 불법행위의 법리가 계약법을 지배하게 되는 것이고 길모어의 '계약의 죽음'이라는 명제에 대하여 우리는 이를 거부할 더 이상의 명분을 잃게 된다. 사적자치의 원칙을 민법의 최고 원리로 인정하는 우리 민법의 상황에서 신뢰이론을 수용한 입법례를 따르려는 민법 제109조의 개정안은 받아들이기 어렵다.

Ⅵ. 개정안에 대한 구체적인 수정 제안

1. 개정안 제109조 제1항에 대한 제안

현재의 법률 상황, 즉 현행 민법의 규정과 그에 대한 판례의 수용은 일부 가능할 것이다. 예를 들어 '상대방이 유발한 착오'(개정안 제109조 제1항 제3호)가 그것이다. 그 외에 법률내용의 투명성을 담보하기 위하여 표시의 착오나 내용의 착오의 의미를 담는 '의사표시의 내용에 상응하는 의사가 없는 경우'(개정안 제109조 제1항 제1호)나 동기의 착오 중 법률행위의 내용으로 인정할 만한 '법률행위의 필수적 기초가 된 사정에 관한 착오'(개정안 제109조 제1항 제2호)를 두는 것에 대하여도 다른 의견이 없다. 다만 착오와 취소 사이의 인과관계와 관련하여서는 "합리적 인과관계"를 그 요건으로 하는데, 개정안에서는 주관적 인과관계가 배제되고 오직 제3자에 의한 객관적 인과관계만을 요구하는 내용으로 오해될 수 있어 자구의 수정이 필요해 보인다. 의사표시자가 착오 없이 사실을 알았다면 그러한 의사표시를 하지 아니하였을 것이라고 "합리적으로 인정되는 때"라고 하면

인과관계의 판단을 취소자의 입장을 고려하지 않고 합리적인 제3자가 사후적으로 전체적인 정황을 고려하여 인과관계의 문제를 판단하는 것으로 해석되기 때문이다. 독일 민법의 경우와 같이 '합리적으로'를 규정의 앞부분으로 이동시켜 '표시자가 착오 없이 사실을 알았다면'의 다음에 두게 되면, 취소자의 입장에서 합리적 판단을 하는 것으로 이해될 수 있으므로 의사표시자의 입장에서 뿐만 아니라 제3자의 합리성도 담보하게 되어 주관적 인과관계와 객관적 인과관계를 모두 인정하게 된다. 이렇게 되면 의사표시자가 - 제3자의 경우와 달리 - 스스로 위험을 감수하고 특정 내용의 의사표시를 하는 경우에는 개정안 제109조 제1항에 의하면 제3자의 입장에서 취소를 인정할 수 있게 되지만, 필자의 수정 제안에 따를 경우에는 이미 주관적 인과관계가 인정되지 않아 의사표시를 취소하지 못하게 된다.

2. 개정안 제109조 제2항에 대한 제안

개정안 제109조 제2항은 삭제를 제안한다. 먼저 착오가 중과실에 의한 경우 취소를 제한하면서 다시 상대방의 중과실의 경우 취소를 가능하도록 하는 규정 방식은 중과실로 인한 차단의 효과를 다시 중과실로 해제하는 것이어서 법률내용을 복잡하게 만들 것이다.

더욱이 민법개정위원회는 상술한 바와 같이[87] 착오자의 '취소를 제한하는 중과실'을 경과실을 포함하는 것으로 이해하고 있는 반면 그 '취소를 다시 허용하도록 하는 중과실'은 상대방의 착오에 대한 인식에 상응하는 '도저히 간과할 수 없는 착오를 외면한 중과실'[88]로 보아, 같은 조항 자체 내에서 중과실에 대한 이중적 판단 기준을 스스로 허용한다는 비판을 면할 수 없다. 민법개정위원회가 인정하다시피 중과실은 상대방의 인식을 증명하기가 어려워 중과실을 지시하는 간접사실을 통하여 인식을 추단하도록 하는 역할을 한다.[89] 인식이라는 고의와 경과실을 구별하는 한 중과실은 경과실과 엄격히 구별되어야 하는 개념인 것이다. 취소의 제한사유로서 중과실에 대한 판례의 태도를 수용할 것이었으면 중과실자의 착오 취소를 다시 허용하도록 하는 경우로 차라리 판례에 따라 '표의자의 착오를 알고 이용한 경우'[90]를 요건으로 정하는 것이 더 타당하다.

나아가 자신의 중과실에 의한 착오로 발생한 손해를 중과실로 그 착오의 사실을 알

---

87) V. 1.

88) 이유서, 201면.

89) 이유서, 201면은 "실제로 실무에서 인식을 적극적으로 증명하는 것이 어려워 중과실을 지시하는 간접사실에 의하여 인식을 추단할 실무상 필요가 존재한다."고 한다.

90) 대판 2014. 11. 27. 2013다48794.

지 못한 상대방에게 전가하는 것이 일반인의 건전한 거래 관념에 부합하지 않다는 점도 문제이다. 특히 중과실로 인식하지 못한 선의의 제3자(개정안 제109조 제3항)는 착오로부터 보호를 받는데 왜 중과실의 선의의 상대방은 왜 보호의 영역에서 배제되어야 하는지 의문이 든다.

마지막으로 위에서 살핀 바와 같이 중과실이든 경과실이든 자신의 진의가 아닌 의사표시의 취소를 부정함으로써 상대방의 신뢰만을 근거로 진의 아닌 의사표시를 강제하는 것은 계약법의 본질에 반한다.

결국 민법 개정안 제109조의 제2항은 모두 삭제할 것을 제안한다. 이 경우 선의의 제3자 보호를 위한 제3항은 제2항으로 옮기게 될 것이다.

3. 개정안 제109조 제3항에 대한 제안

민법 제109조의 개정안 제1항 및 제2항에 대한 수정이 이루어지게 되면 착오 취소자의 상대방 보호의 문제가 발생함은 물론이다. 여기서 취소의 경우에 발생하는 상대방의 손해를 배상할 착오 취소자의 책임에 관한 규정이 필요하게 된다. 따라서 민법 제정당시 현석호 수정안[91]과 같이 제3항을 추가하여 손해배상에 관한 규정을 추가하기를 제안한다. 구체적으로 손해배상의 요건과 그 범위가 문제될 것이다.

위에서 살펴본 바와 같이[92] 착오자의 과실을 배상책임의 요건으로 하는 지와 관련하여 비교법적으로 독일민법(제122조)은 무과실책임을, 스위스채무법(제26조)은 과실책임을 정하고 있다. 민법제정당시 현석호 수정안[93]은 착오에 관한 제104조에 제3항을 추가하여 "법률행위가 착오로 인하여 취소되었을 경우에 표의자에게 경과실이 있을 때에도 그 법률행위를 유효하다고 믿음으로써 손해를 받은 자에게 그 손해를 배상하여야 한다."고 하여 내용상 스위스채무법의 입법례를 따를 것을 제안하였다. 하지만 스위스의 학설과 판례는 상술한 바[94]와 같이 독일민법과 같이 손해배상에 대하여 무과실책임으로 운용하고 있다. 작오로 인한 불이익을 착오자의 상대방이 아니라 착오자가 – 비록 과실이 없더라도 – 스스로 착오에 대한 책임을 부담하는 것이 거래의 관념에 부합한다는 점에서 우리 민법의 경우에도 착오자의 무과실책임을 긍정하는 것이 타당하다. 반면 상대방이 착오에 대하여 인식하였거나 인식할 수 있었을 경우에는 손해배상책임을 부정하여야 할 것이다.

91) 양창수(편), 민법전 제정자료 집성, 2023, 235면 이하.
92) IV.
93) 양창수(편), 민법전 제정자료 집성, 2023, 235면 이하.
94) IV. 2.

또한 의사표시가 취소되면 법률행위는 처음부터 무효가 되므로 상대방에 대하여 이행이익이 아니라 계약이 아닌 계약의 유효를 신뢰함으로써 받은 손해, 즉 신뢰이익을 착오 취소자에게 배상하도록 것이 타당하다.

4. 민법 개정안 제109조에 대한 수정안

지금까지 민법개정위원회의 민법 제109조에 대한 개정안에 대한 분석과 비판에 따른 필자의 수정된 제안은 다음과 같다.

제109조(착오로 인한 의사표시)

① 다음 각 호의 착오로 인한 의사표시는 표시자가 착오 없이 사실을 알았다면 합리적으로 그러한 의사표시를 하지 아니하였을 것이라고 인정되는 때에는 취소할 수 있다.

1. 의사표시의 내용에 상응하는 의사가 없는 경우
2. 의사표시의 필수적인 기초가 된 사정을 오인한 경우
3. 상대방에 의하여 착오가 유발된 경우

② 제1항의 의사표시의 취소는 선의의 제3자에게 대항하지 못한다.

③ 제1항에 따라 의사표시가 취소된 경우 표시자는 상대방 있는 의사표시의 경우에는 상대방에게, 그 외의 경우에는 제3자에게 의사표시의 유효를 믿었음으로 인하여 받은 손해를 배상하여야 한다. 그러나 피해자가 착오를 알았거나 알 수 있었을 경우에는 그러하지 아니한다.

Ⅶ. 착오 취소로 인한 손해배상책임의 법적 성격

끝으로 개정안에 대하여 수정 제안된 필자의 제109조의 손해배상책임의 법적 성질을 다룰 필요가 있다. 위에서 소개한 바와 같이 우리나라는 착오로 인한 취소권자의 손해배상책임에 대하여 계약책임설과 불법행위책임설이 대립하고 있다.[95] 이러한 상황이라면 민법 제109조에 손해배상책임규정이 추가되어 규정된다고 하더라도 이러한 논쟁은 계속될 것이고 이러한 손해배상책임의 법적 성질에 대하여 필자로서도 입장을 밝힐 필요가 있을 것이다.

95) I. 1. (1).

1. 불법행위책임설에 대한 비판

먼저 불법행위책임설은 책임부정설과 마찬가지로 계약체결상의 과실책임에 대하여 입법자의 의사가 원시적 불능의 경우에 대하여서만 인정하고 있으므로 착오 취소로 인한 손해배상책임을 계약책임으로 구성할 수는 없고, 다만 "상대방을 부당하게 계약으로 끌어 들인 행태"는 사회적으로 용인할 수 없는 것이므로 민법 제750조의 위법행위로 보는 것이 타당하다는 입장을 보인다.[96] 하지만 이미 상술한 바와 같이[97] 민법 제109조에 손해배상책임을 명시하지 않은 것은 입법자의 의사가 잘못된 비교법적 지식에 기반한 것이기 때문이며 올바른 정보에 의했더라면 오히려 손해배상책임을 규정하였을 것으로 보인다는 점에서 타당하지 않다.

다만 상대방을 부당하게 계약으로 끌어들인 행태가 불법행위에 해당한다는 주장은 이를 세밀하게 검토할 필요가 있다. 실제로 예링은 "피고에 대한 비난(Vorwurf)은 계약이 무효라는 것에 있는 것이 아니라 - 이는 피고가 아니라 법률에 근거한 것이다 - 피고가 무효의 원인을 알고도 계약을 체결하여 원고에게 간접적으로 손해를 입혔다는 점에 있"[98]다고 하여 불법행위책임설이 주장하는 위법성 인정의 논거와 매우 유사한 설명을 한다. 다만 예링은 그러한 비난을 불법행위책임설과 달리 계약책임상 요건으로 구성한다는 점에서 차이가 보인다.

그러면 예링의 비난, 즉 "무효의 원인을 알고도 계약을 체결한 것"이 불법행위의 위법성 요건을 정말 충족할 수 있을까? 예를 들어 착오에 빠진 사람이 물건을 사겠다고 하고 그 물건을 받은 후에 그 물건이 자신이 원하던 물건이 아닌 것을 알고 취소를 하였다면 그것이 불법을 저지른 것인가? 필자는 이러한 행위만으로 착오 취소자가 불법행위를 저질렀다고 여기지 않는다. "불법행위로 인한 손해배상책임이 성립하기 위하여는 가해자의 고의 또는 과실 이외에 행위의 위법성이 요구되므로 ... 과실이 있다고 하더라도 ... 그 착오를 이유로 ... 계약을 취소한 것이 위법하다고 할 수는 없다"[99]는 대법원의 불법행위책임을 부정하는 태도는 상술한 바와 같이[100] 그 논거에 있어서 문제가 있더라도 그 위법성을 부정하는 법리적 측면은 타당하다고 할 수 있다. 그러한 행위가 불법행위책

96) 양창수, "계약체결상의 과실", 민법연구 I, 2004, 391면 이하.

97) I. 1. (1).

98) "Der Vorwurf, den er im zweiten Fall dem Beklagten macht, besteht nicht darin, daß der Contract ungültig ist - das hat nicht der Beklagte, sondern das Gesetz zu verantworten - sondern darin, daß der Beklagte, der den Ungültigkeitsgrund hätte wissen müssen, nichtsdestoweniger den Contract abgeschlossen und dadurch mittelbar den Kläger in Schaden gebracht hat(Ihering, Culpa in contrahendo, S. 431.).

99) 대판 1997. 8. 22. 97다13023.

100) I. 1. (2).

임설에서 주장하는 바와 같이 착오에 빠지고 의사표시를 취소하는 것만으로 '사회적으로 보아 허용되지 않는 행위'라고 볼 수 없기 때문이다.[101]

2. 계약책임으로서의 손해배상책임

착오 취소로 인한 손해배상의 문제는 계약책임의 관점에서 판단하는 것이 타당하다. 여기서 대법원이 불법행위책임을 부정하면서 동시에 계약책임도 부정하는 이유에 대하여 검토할 필요가 있다.

대법원이 착오 취소의 경우에 발생하는 손해의 문제에 대하여 - 불법행위책임 구성에 대하여는 검토라도 하면서 - 계약책임에 대한 언급 자체를 하지 않는 이유는 계약이 취소가 되어 처음부터 무효가 되면 당사자 사이에는 제3자 관계 즉, 타인관계만 있게 된다고 보기 때문이다.[102] 즉 계약이 무효가 된 경우 당사자 사이에는 어떠한 법률관계도 존재하지 않는 '진공의 상태'에 놓이게 된다고 보는 것이다. 이러한 타인관계에서는 예링이 적시한 바와 같이 상대방에게 어떤 것을 적극적으로 해 주어야 할 의무가 전혀 발생하지 않게 된다.[103] 예를 들어 호의로 최근의 주가나 그 주가에 영향을 미치는 중요한 정치 사안에 관한 소식을 잘못 전달한 경우에도 그 호의자에게는 전혀 배상책임이 발생하지 않는 것이다.[104]

하지만 외형상 계약이 체결되었고 그 계약이 처음부터 무효라고 밝혀진 경우 우리나라의 대법원과 같이 계약 당사자 사이를 완전한 타인관계로 보는 것은 타당하지 않다. 이러한 주장에 대하여 예링은 금제물[105]이나 존재하지도 않는 유산(Erbschaft)[106]에 대한 매매계약이 불능이더라도 계약상 손해배상책임을 인정하는 학설휘찬의 내용을 근거로 무효의 효력에 대하여 다음과 같이 반박한다.

101) 양창수, "계약체결상의 과실", 민법연구 I, 2004, 390면.
102) 실제로 대법원은 "무효인 법률행위는 그 법률행위가 성립한 당초부터 당연히 효력이 발생하지 않는 것이므로, 무효인 법률행위에 따른 법률효과를 침해하는 것처럼 보이는 위법행위나 채무불이행이 있다고 하여도 법률효과의 침해에 따른 손해는 없는 것이므로 그 손해배상을 청구할 수는 없다"(대판 2003. 3. 28. 2002다72125)는 입장이다.
103) Jhering, Culpa in contrahendo, S. 363.
104) Jhering, Culpa in contrahendo, S. 332.
105) D. 18, 1, 62, 1.
106) D. 18, 4, 8-9.

"무효(Nichtigkeit)라고 했을 때 계약이 전부 효력이 없는 것을 의미한다면 그로부터 매매계약의 소(actio empti)가 나온다는 것은 넌센스(Unding)다. 매매계약의 소가 주어졌다면 이는 그 계약이 특정의 어떤 효과를 발생하였다는 것이고, 따라서 무효의 표현은 정확하게 말하자면 단지 제한된 의미만을 갖는다는 것으로, 전부가 아니라 특정한 효력의 부재만을 뜻하게 되는 것이다."[107)]

따라서 계약이 무효가 된다고 하더라도 계약의 주된 목적인 이행의무는 소멸 (혹은 불발생) 하겠지만 이행과 관련이 없는 의무(Verbindlichkeiten), 예를 들어 이행된 목적물이나 보증금의 반환의무, 손해배상의무는 발생할 수 있게 되는 것이다.[108)]

그렇다면 계약체결에 임하는 사람 사이에는 어떠한 의무가 어떠한 방식으로 발생하는 것일까?

"계약을 체결하는 사람은 비계약적인 교제의 순전히 소극적인 의무영역으로부터 적극적인 계약의 영역에 진입하는 사람으로, 작위를 통한 과실(culpa in faciendo)의 영역에서 부작위(culpa in non faciendo)의 영역, 즉 적극적인 주의(diligentia)의 영역으로 진입하는 것이고, 이를 통하여 그가 부담하게 되는 첫 번째의 일반적인 의무는 계약을 체결함에 그에 필요한 주의를 보여야 한다는 것이다"[109)]

즉 타인관계에 있던 사람이 계약을 체결하기 위하여 협상을 시작하게 되면 계약의 효력에 영향을 미치는 방해 사유가 없는지를 검토해야 할 주의의무가 비로소 발생하는데 부주의로 방해사유가 있음에도 계약관계를 외견상으로나마 발생시킨 경우에는 그 의무를 위반한 것이 되는 것이다. 그리고 이 의무는 계약이 무효가 되는 경우에도 여전히 당사자들 사이에 남아 그 위반에 따른 손해배상책임을 발생시키는 것이다. 특히 예링은 이러한 계약체결상의 과실의 경우 외견상 성립한 '계약을 실행하는 과정에서' 상대방에게 손해가 발생하였다는 점을 강조한다.

107) Jhering, Culpa in contrahendo, S. 351.
108) Jhering, Culpa in contrahendo, S. 352.
109) Jhering, Culpa in contrahendo, S. 363.

"**의도한 계약관계**의 기회에 과실이 범해졌고, 당사자 일방이 다른 사람에 의하여 제안되고 **외견상 성립하게 된 계약**을 실행하면서 손해가 발생하게 되었다."[110]

이러한 예링의 설명은 주의의무의 위반이 타인 사이에 발생하는 불법행위책임을 발생한다는 것이 아님을 명확히 한다. 일방의 주의의무는 타인관계에서 계약관계로 진입하려는 과정에서 비로소 발생한 것이고, 계약이 무효이지만 외견상 성립하게 된 계약을 실행하는 과정에서 그렇게 발생한 주의의무의 위반으로 손해배상책임에 이르게 된 것이다. 따라서 착오자의 손해배상책임은 타인관계에서 발생하는 것이 아니라 무효인 계약관계, 이행의무는 없지만 기타의 의무는 여전히 존재하는 법률관계에서 발생한 것이다. 이러한 관점에서 착오 취소로 인한 손해배상책임은 유발책임(Veranlassungshaftung)[111]이 아니며 자신의 약속에 대한 효력을 부정하게 하는 주의의무를 위반으로 결국 그 '약속을 지키지 못한' 계약책임으로 보는 것이 타당하다.[112] 다만 손해배상책임의 범위는 책임있는 자의 의무위반을 기준으로 결정될 것이다. 따라서 이행의무가 아닌 주의의무를 위반한 착오자에 대하여는 주의의무를 위반하지 않았으면 있었을 상태 즉, 착오가 없었더라면 기존의 의사표시를 하지 않았을 것이므로 결국 착오자는 상대방이 자신의 의사표시 내지는 계약의 유효를 믿음으로써 발생한 신뢰이익을 배상하면 된다.

Ⅷ. 결론

제109조의 착오에 관한 현행 민법규정은 착오자에게 취소를 인정하되 착오자의 상대방에 대한 손해배상책임은 규정하고 있지 않다. 이러한 규정 태도에 대하여 일부 학설은 입법자의 의사를 근거로 착오자의 상대방에 대한 배상책임을 부정하는 것이 타당하다는 입장을 취한다. 하지만 민법 제정 당시의 입법자의 의사는 입법에 참고하였던 중요한 비교법적 자료인 독일의 입법과정이나 현행규정에 대한 잘못된 정보를 바탕으로 형성된 것이었다. 온전한 비교법적 조사가 있었더라면 오히려 독일의 경우와 마찬가지로 착오자의 취소로 인한 손해배상에 관한 규정을 두었을 것이다. 그러한 상황이라면 추후

---

110) "Bei letzterem wird die culpa begangen bei Gelegenheit eines **intendirten Contractverhältnisses**, der eine Theil ist dadurch in Schaden gerathen, daß er einen ihm von Andern proponirten und dem äußern **Hergang** nach zu Stande gekommenen Vertrag ausführte." Jhering, Culpa in contrahendo, S. 332. 굵은 글씨는 예링 교수가 그 표현을 강조하기 위하여 직접 추가한 것이다.

111) Vgl. HKK/Schermaier, Band I, §§116–124, Rn. 95.

112) Flume, Das Rechtsgeschäft(1992), S. 423.

해석론을 통하여서라도 착오자의 상대방 보호의 방안을 찾아야 했음에도 대법원은 일부 학설과 마찬가지로 착오자의 손해배상책임을 인정하지 않고 있다.

이러한 상황에서 2024년 법무부 주관의 민법개정위원회에서 이에 대한 민법개정안을 발표하였다. 이 개정안에 따르면 착오자의 상대방에 대한 보호필요성이 있으면, 즉 상대방이 의사표시자의 착오의 상황을 몰랐고 그에 대하여 상대방의 과실이 없으면 의사표시 착오자의 취소권을 배제하는 내용을 담고 있다. 하지만 이러한 개정안은 의사표시자의 진정한 의사가 아니라 전적으로 상대방의 신뢰에 기초하여 의사표시의 효력을 결정하는 것으로 사적자치의 원칙에 반한다. 사적자치의 원칙을 인정하면서도 착오자의 상대방 보호를 위하여서는 의사표시자에게 착오로 인한 취소권을 인정하되 상대방에 대하여는 신뢰이익을 배상하도록 하는 것이 타당하다.

이 경우 발생하는 손해배상책임은 계약책임의 본질을 갖는 것으로 보아야 한다. 계약의 체결과정에서는 상대방에 대하여 주의의무가 발생하게 되는 것이므로 비록 계약이 유효하게 체결되지 않았다고 하더라도 이 손해배상책임은 계약과 관련하여 자신의 약속에 대한 책임의 성질을 갖기 때문이다.

대리권남용 소고(小考)*

– 법인 대표권 제한·남용에 대한 고찰을 포함하여 –

이동진**

국문초록

대리권남용은 대리법 밖에서 판례·학설에 의하여 발전된 대표적인 법분야로, 근래 민법개정 작업에서 그 실정화가 검토되고 있고, 그 사이 선의의 제3자 보호, 이른바 대표권제한 등에 관하여 새로운 논의가 대두하고 있는 분야이다. 이 글에서는 이러한 관점에서 임의대리, 상법상 정형적·포괄적 대리 및 법인대표와 법정대리를 포괄하여 대리권·대표권남용의 법리를 재조명하였다. 비교법적 관점에서 대리권남용과 관련된 사안을 살펴 일정한 사안유형에서 나라마다 다소간 다른 요건하에 구제가 주어지고 있음을 확인하고, 우리 법도 같은 범위에서, 즉 내부적 의무위반에 대하여 보다 넓게 구제를 부여할 필요가 있으며, 그 요건을 상대방의 악의 또는 중과실로 통일하고, 효과와 관련하여서는 선의의 제3자를 보호하여야 함을 논증한다. 이는 종래 이른바 정형적·포괄적 대리권·대표권제한을 대리권남용과 통합하는 것을 포함한다.

* 이 논문은 민사법학 제109호에 게재된 것을 수록하였다.
이 글은 2024. 12. 14.(토) 경희대학교에서 열린 한국민사법학회 2024년 동계학술대회 민법의 주요 쟁점에서 발표한 글을 수정·보완한 것이다. 이 글의 초고에 대하여 유익한 논평을 해준 지정토론자 박설아 교수, 황재호 변호사와 익명의 심사위원들에게 감사드린다.

** 서울대학교 법학전문대학원 교수.

Ⅰ. 서론

대리권남용은 대리법에서 직접적인 규정 없이 판례·학설이 발전시켜 온 대표적인 법리이다. 이는 일반적으로 대리인이 대리권의 범위에는 속하지만 본인이 아닌 대리인 자신 또는 제3자의 이익을 위하여 대리행위를 한 경우를 가리킨다고 설명된다. 판례는 여기에 민법 제107조 제1항 단서를 유추하여 그러한 사정을 상대방이 알았거나 알 수 있었으면 대리행위의 효력을 부정할 수 있게 하되(그러나 뒤에서 보듯 이러한 판례 이해가 정확한 것인지는 좀 더 따져볼 필요가 있다),[1] 같은 조 제2항도 유추하여 그 무효로 선의의 제3자에게 대항하지 못한다고[2] 한다. 그러나 학설로는 민법 제107조의 유추 또는 선의의 제3자에 대한 대항불능에 반대하는 견해도 유력하다. 다른 한편 이러한 문제가 제기되고 그 법리가 민법전 밖에서 형성된 것은 대리의 독립성 또는 무인성(無因性)과 관련이 있다고 설명하고는 한다.[3]

근래의 민법개정 기초작업은 이 법리의 실정화를 검토대상에 포함시켰다. 2009년 법무부에 설치된 민법개정위원회 제1분과위원회는 대체로 판례를 따르되 상대방의 악의 또는 중과실로 요건을 수정하고 그 무효로 악의 또는 중과실이 없는 제3자에게 대항할 수 없게 하는 규정 신설을 제안하였고,[4] 2023년 법무부에 설치된 민법개정위원회 기초위원회는[5] 대체로 판례를 따르되 상대방의 악의 또는 중과실로 그 요건을 수정하는 신설을 제안하였다.[6] 최근 공개된 법무부 민법개정위원회 편 계약법 개정이유서, 2024, 235면은 이를 유지하면서도 "제1항의 무효는 선의의 제3자에게 대항하지 못한다"는 제3

---

1) 대법원 1987. 7. 7. 선고 86다카1004 판결 등 다수.

2) 대법원 2018. 4. 26. 선고 2016다3201 판결.

3) 우선, 양창수 편집대표, 민법주해[III], 제2판, 2022, 539면(김상중 집필부분).

4) 제***조(代理權濫用) ① 대리인이 그 권한 내에서 본인의 이익에 반하여 자기 또는 타인의 이익을 위하여 의사표시를 한 경우에도 제1항과 같다. 그러나 상대방이 그 사정을 알았거나 알지 못함에 중대한 과실이 있을 때에는 그러하지 아니하다.
② 제1항의 경우에 第三者가 권한남용의 사실에 대하여 선의이고 또한 중대한 과실이 없었던 때에는, 본인은 제1항 단서에 의한 대리행위의 무효를 그 제삼자에게 대항할 수 없다.
이준형, "현행 대리규정에 관한 입법론적 검토", 「민사법의 이론과 실무」, 제14권 제1호, 2010, 57-58면. 그러나 최종적으로는 개정대상에서 제외하는 것으로 하였다. 법무부 민법개정자료발간팀 편 2013년 법무부 민법개정시안(조문편), 2013, 17면.

5) 2023년 법무부에 설치된 (제3기) 민법개정위원회의 운영방식과 '기초위원회'에 대하여는 "[인터뷰] 65년 만에 민법 전면 개정 추진하는 양창수 민법개정위원장", 법률신문 2023. 7. 10.자 참조.

6) 제124조의2(대리권의 남용) ① 대리인이 그 권한 내에서 본인의 이름으로 한 의사표시가 자신의 이익을 위하는 등 그 권한을 남용하여 본인의 이익에 반하는 경우에, 상대방이 그 사정을 알았거나 중대한 과실로 알지 못한 때에는 그 의사표시는 본인에 대하여 효력이 생기지 아니한다.
② 제1항 및 제2항의 경우에 제130조 내지 제133조의 규정을 준용한다.
안병하, 민법 개정안(계약법 법률행위) 예비초안 연구 (2023년 법무부 연구용역 보고서), 75면 이하.

항을 추가하고 있다.

이 글에서는 대리권남용의 법리를 재검토하고자 한다. 먼저, 이 법리가 처음 발전한 독일과 우리 논의에 많은 영향을 준 일본을 중심으로, 그러나 그 이외의 나라도 시야에 넣어, 비교법적 고찰을 행한다. 다음, 이에 터 잡아 대리권남용에 관한 여러 쟁점을 재검토하여 이 법리를 종합적으로 재구성한다. 종래 논의의 중심을 이루었던 임의대리뿐 아니라 법정대리, 나아가 대리에 관한 규정을 준용(민법 제59조 제2항)하는 법인대표도, 부분적으로, 시야에 넣는다.

Ⅱ. 비교법적 고찰

1. 독일

(1) 판례

(가) 통모·가담

(a) 대리권남용 법리가 처음 발전한 곳은 독일이다. 독일민법(Bürgerliches Gesetzbuch) 제정 전인 1866년 라반트(Laband)는 당시의 독일일반상법(ADHGB)하에서 대리의 내부관계와 외부관계, 즉 대리권을 분리하여야 한다고 주장하였다.[7] 이 견해는 곧 통설이 되었고,[8] 독일민법은 수권행위를 독립적인 단독행위로 봄(제167조)으로써 이를 수용하였다.[9] 이를 대리권의 (내부관계에 대한) 무인성(無因性)이라고 한다.[10] 그 결과 내부관계상 의무위반은 원칙적으로 대리행위의 효력에 영향을 주지 아니하게 되었다. 독일에서는 대표도 (기관)대리이므로 대리권남용과 대표권남용을 반드시 구별하지는 아니한다는 점도 유의할 필요가 있다.[11]

---

7) Laband, “Die Stellvertretung bei dem Abschluß von Rechtsgeschäften nach dem ADHGB”, ZHG 10 (1866), 183, 203 ff. 이후 국법학자로 잘 알려지게 되는 그 라반트이다.

8) 이 점은 Windscheid, Lehrbuch des Pandektenrechts I. Bd., 1862, S. 160 f.가 대리권을 위임의 외부관계로 본 데 반하여 Windscheid, Lehrbuch des Pandektenrechts I. Bd., 2. Auf., 1867, S. 174 f. 에서는 라반트의 논문을 인용하면서 입장을 변경한 데서도 드러난다. Müller−Freienfels, “Die Abstraktion der Vollmachterteilung im 19. Jh.”, Coing/Wilhelm (Hrsg) Wissenschaft und Kodifikation des Privatrechts im 19. Jh., Bd. III, 1977, S. 194 f.

9) Motive Bd. I, 1888, S. 229.

10) 무인성에는 어떤 행위의 효력이 그 원인행위의 효력에 의존하지 아니한다는 뜻 이외에 어떤 행위의 내용이 그 원인행위의 내용에 의존하지 아니한다는 뜻이 있는데, 여기에서 문제되는 것은 후자이다.

11) 우선 용어상 구별이 없다. 독일유한회사법(GmbHG) 제35조 제1항 제1문; 독일주식법(AktG) 제78조 제1항 제1문 참조. 그러나 기관대리에 관하여는 대리인설과 기관설이 대립하는 등 몇몇, 대리권남용과는 무관한 고유성도 있다. MüKoBGB/Schubert, 9. Aufl., 2021, §164 Rn. 28 ff.

(b) 판례·학설은 ① 대리인과 상대방이 통모하여 본인에게 불리한 행위를 의식적으로 한 경우와 ② 그 밖의 대리권남용을 구분한다. 전자(前者)에 대하여는 일찍부터 무효라는 판례가 확립되었다. 당초에는 권리남용으로, 점차 독일민법 제138조, 제826조의 양속(良俗)위반으로 다루었다.[12] 대리인에게 뇌물을 제공하고 계약한 경우가 그 대표적인 예이다.[13]

<u>(나) 그 밖의 대리권남용</u>

반면 후자(後者), 즉 통모가 없었던 경우 당초에는, 상거래상의 필요를 위한 정형화된 포괄적 대리권, 가령 지배인이나 이사회의 대리권에서 남용항변을 일체 부정하였다가,[14] 대리인이 "업주의 의사에 반함을 구체적으로 의식하고 있었고" 상대방도 그러한 사정을 알고 있었다면 악의의 항변(exceptio doli)이 인정된다고 하는 단계를 거쳐,[15] 상대방이 알았어야 하였다면 같은 항변이 인정된다는 데까지 나아갔다.[16] 독일연방대법원(BGH) 1960. 2. 18. 판결은 합명회사(OHG) 업무집행사원의 대리권은 무제한적이고 제한할 수도 없으나, 그때에도 기관대리권의 남용은 인정되는바, 이를 위해서는 그의 대리권 원용이 신의칙에 반하면 족하고 상대방의 악의가 필요한 것은 아니라고 하였다.[17]

나아가 독일연방대법원 1964. 3. 25. 판결은 모(母)가 그 자신의 영업을 위하여 딸의 법정대리인으로서 딸이 상속한 농장 위에 토지채무를 부담시킨 것은 무효라면서, 대리권남용에 터 잡은 권리남용 항변에는 법정대리와 법률행위에 의한 대리의 구별이 없음을 확인하고, 일반적으로 "대리인이 의사표시에 의하여 그의 본인에 대한 관계에서 정해진 대리자격을 유월"할 것을 요구함으로써[18] '대리인이 의식적으로 본인의 이익에 반하는 대리행위를 하였어야 한다'는 요건도 폐기하였다. 그리하여 대리인의 고의·과실도, 지시위반인지 목적위반인지 기타 의무위반인지(주 34 참조)도, 본인의 불이익 유무도 묻

12) RGZ 136, 359; BGH NJW 1989, 26; NJW-RR 2016, 1138 등.

13) BGH NJW 1962, 1099; 1973, 363; BGHZ 141, 357. 보험대리인에 의한 보험계약체결에서도 비슷한 문제가 있는데, 여기에서는 무효 인정에 더 신중하다. BGH NJW 2002, 1497; BeckOGK/Huber, 1.11.2021, BGB §164 Rn. 87.1.

14) ROHGE 5, 294. 주식회사 이사회가 주주총회 결의 없이 회사를 대리(대표)하여 소비대차를 한 것이 무효인지를 판단하면서, 독일일반상법(ADHGB) 입법자료에 비추어볼 때 이사회의 대리(대표)권이 제한될 수는 없고, 주주총회의 결의를 거치지 아니하였다는 사정을 상대방이 알았더라도 이는 원칙적으로 유효하며, "모든 (내부적) 자격유월이 회사의 이익에 반하는 것은 아니므로" 이것이 일반적으로 신의칙에 반한다고 할 수도 없다고 하였다.

15) RGZ 15, 206.

16) 판례 전개과정의 상세한 분석은 Tietz, Vertretungsmacht und Vertretungsbefugnis im Recht der BGB-Vollmacht und der Prokura, 1990, S. 207 ff. 참조.

17) BGH WM 1960, 611. 오히려 무제한적 대리권을 갖는다는 점이 과실로 족한 이유로 꼽혔다. 다만, 비영리법인의 기관대리권은 정관으로 (대외적으로도) 제한할 수 있다는 점에 주의(독일민법 제25조).

18) BGH WM 1964, 505.

지 아니하고 대리권남용을 인정하는 것이 확고한 판례가 되었다.[19] 대신 같은 판결은 상대방의 선의로는 충분하지 아니하고 전체 사정에 비추어 쌍방의 이익을 형량하여야 한다고 하여[20] 상대방 인식 요건을 강화하였다. 이는 상대방에게는 적극적 조사의무가 없고 대리권의 행사가 눈에 띄게 의심스럽게 이루어졌다는 등 의심의 근거가 있어야 한다는 1966. 2. 28. 판결로 이어졌다.[21] 다른 한편 1968. 3. 25. 판결은 수표에 배서한 지배인의 대리권남용과 이를 수표 소지인이 알 수 있었음을 인정하면서도, 본인이 감독을 게을리하여 대리권남용에 이르렀음을 증명한 경우에는 본인 보호의 전부 또는 그 일부가 신의칙상 배제될 수 있다고 하여 소구(遡求)책임에서 과실상계 유사의 결과를 도출하였다.[22]

요컨대 독일판례는 이른바 그 밖의 대리권남용에서는 대리인이 내부관계상 의무에 위반하면 그것이 목적위반이든 지시위반이든 기타 의무위반이든, 불이익 유무와 고의·과실도 따지지 아니한 채, 임의대리는 물론, 법정대리, 특히 지배인이나 유한회사 업무집행사원, 주식회사의 이사회 등 정형화된 포괄적 대리/기관대리에서도[23] 대리권남용을 인정한다. 다만, 상대방에게 충분한 의심의 계기가 있었어야 하고 이익형량이 필요하다. 대리권남용의 항변이 인정될 때에도 본인의 감독과실이 있으면 일부 면책이 가능하다. 대리권남용 항변의 법적 근거는 신의칙, 구체적으로는 권리남용(독일민법 제242조)이다.

(2) 학설

(가) 법적 구성·효과

(a) 학설은 당초 이른바 내재적 접근을 취하였다. 키프(Kipp)는 대리권이 대리인에게 본인을 '고의로 해할' 권한을 부여하지는 아니한다면서 상대방이 선의이면 독일민법 제179조에 따라 대리인 책임을 인정하고, '악의'면 제177조 이하에 따라 무권대리로 보아야 한다고 하였다.[24] 지버트(Siebert)는 공동체 사고로부터 도출된 권리와 의무의 통일성을 들어 대리인의 (내부적) 의무가 대리권 자체를 제한한다면서 객관적 의무위반을 남용의 기준으로 내세우되, '권리남용 여부를 판단함에 있어서는 쌍방을 고려하여야' 한다는 점을 들어 상대방에게 '인식 가능'한지를 따진다. 그 또한 권리남용을 권리 내재적 한계

---

19) BGH NJW 1966, 1911; 1984, 1461; 1990, 384; 1999, 2883. 또한, Schubert(주 11), Rn. 230; Tietz(주 16), S. 227 f.
20) Tietz(주 16), S. 228 f.
21) BGH NJW 1966, 1911.
22) BGHZ 50, 112.
23) BGH ZIP 2006, 1391.
24) Kipp, "Zur Lehre von der Vertretung ohne Vertretungsmacht", FG RG, II. Bd., 1929, S. 286 f.

로 보는 그 자신의 입장을 따라 이것이 무권대리라고 한다.[25] 이러한 견해(無權代理說)가 이후 1960년대까지 (우리 학설도 자주 참고한) 주요 교과서, 주석서에 널리 수용된다.[26]

그러나 오늘날 통설은 외재적 해결, 즉 판례의 권리남용 항변을 지지한다(權利濫用說). 객관적 의무위반으로 족하지 아니하고 상대방의 인식 가능성까지 고려하여야 한다는 점에서 알 수 있듯 대리권남용은 무권대리와 다르고, 과실상계 유사의 처리 등 해결의 유연성의 측면에서도 권리남용 구성이 낫다는 것이다.[27] 다만 이때에도 무권대리에 관한 독일민법 제177조를 유추하여 본인이 추인할 수 있다고 보는 것이 보통이다.[28] 그 밖에 계약체결상 과실책임(원상회복)으로 계약해소 또는 적절한 내용으로의 수정을 청구할 수 있다거나,[29] 사기에 관한 독일민법 제123조를 유추하여 취소권을 인정하여야 한다는 견해도[30] 있다.

(b) 반면 통모 사안의 경우 통설도, 판례와 같이, 독일민법 제138조 위반이 된다고 본다.[31] 다만 이때 본인이 (무권대리에 관한 독일민법 제177조를 유추하여) 무효인 대리행위를 추인할 수 있는가 하는 문제가 있는데, 통설은 이를 긍정한다.[32]

(나) 구체적 요건

그 요건으로는 객관적 의무위반이 필요하다는 것이 오늘날의 통설이다.[33] 하인리히 슈톨(Heinrich Stoll)이 대리권남용 사안을 대리권행사가 ⓐ 본인의 지시나 내부관계상 의무에 반하는 경우[의무위반(Pflichtwidrigkeit)], ⓑ 그 행위가 비전형적이어서 수권의 의미와 목적에 반함이 명백한 경우[목적위반(Zweckwidrigkeit)], ⓒ 신뢰를 악용하여 본인의 이익을 무시한 채 자기 또는 제3자의 이익을 추구한 경우[충실위반(Treuwidrigkeit)]로 나누고, 목적위반은 상대방이 이를 알았어야 했을 때, 의무위반은 상대방이 알았을 때 각각 대리권남용이 되나, 충실위반은 원칙적으로 대리권남용이 되지 아니한다고 한 바 있

25) Siebert, "Zur Lehre vom Mißbrauch der Vertretungsmacht", ZGesStW 95 (1935), 629.
26) 이러한 평가로, Schott, "Der Mißbrauch der Vertretungsmacht", AcP 171 (1971), 385, 391. Lehman/Hübner, Larenz, Enneccerus/Nipperdey, Staudinger/Coing을 인용한다. 같은 방향의, 보다 근래의 문헌으로, Frotz, Verkehrsschutz im Vertretungsrecht, 1972, S. 328 ff.; Prölss, "Vertretung ohne Vertretungsmacht", JuS 1985, 577.
27) Schubert(주 11), Rn. 235 및 그곳에 인용된 문헌, 논거는 Schott(주 26), S. 394 f. 참조.
28) Schubert(주 11), Rn. 239 및 그곳에 인용된 문헌 참조. 또한, OLG München NJW-RR 2017, 649; BGHZ 141, 357.
29) Stoll, "Der Mißbrauch der Vertretungsmacht", FS Lehmann, 1937, S. 121, 138.
30) Vedder, Missbrauch der Vertretungsmacht, 2007, S. 140 ff.
31) Schubert(주 11), Rn. 227 및 그곳에 인용된 문헌 참조. 같은 평가로, Vedder(주 30), S. 132.
32) 우선 Huber(주 13), Rn. 88 및 그곳에 인용된 문헌들 참조. 또한, OLG Düsseldorf ZIP 2021, 571. 내용의 양속위반이 아닌 제반 사정상 양속위반이므로 유추 없이 양속위반 법리 내에서 권리남용으로 해결할 수 있다는 견해로, Schubert(주 11), Rn. 228. 그러나 부정설도 소수 주장되고 있다.
33) 우선 Huber(주 13), Rn. 89; Schubert(주 11), Rn. 231 및 그곳에 인용된 문헌 참조.

으나,[34] 플루메(Flume)가 위와 같은 구별이 곤란하다는 비판을 한 이래 더는 언급되지 아니하고 있다.[35] 다만 대리인에게 의무위반에 대한 고의가 있어야 하는가,[36] 과실로 족한가,[37] 과실도 필요 없는가(통설)[38] 하는 점은 여전히 다투어진다. 다른 한편 상대방이 객관적 의무위반 사실을 알았을 때 대리권남용이 인정된다는 데는 이론(異論)이 없으나, 알지 못하였다면 그러한 점이 객관적으로 명백하여야 한다는 견해가[39] 유력하다. 중과실을 내세우는 견해도 결론적으로 같다고 이해된다.[40] 근래에는 대리인 요건을 강화하는 것을 전제로, 상대방의 인식 가능성은 오히려 따질 필요가 없다는 견해도 주장되고 있다.[41]

2. 일본

(1) 판례

독일의 대리권남용 논의는 일본민법(학)에 직·간접적으로 영향을 주었다. 그러나 일본 고유의 전개도 있었고, 판례·통설은 오히려 그 결과였다.

일본민법(民法) 중 대리부분을 기초한 토미이 마사아키(富井政章)는 수권행위의 원인행위에 대한 독자성을 인정하는 전제하에 이를 단독행위로 보았다.[42] 다른 한편 그는

34) Stoll(주 29), S. 134 ff. 그는 이를 대리권의 범위 해석의 문제로 본다. 즉, 의무위반이 무권대리가 되려면 애초에 (내부관계상 의무만 설정할 것이 아니라) 대리권을 제한하였어야 했으나 목적위반의 경우 이미 해석상 무권대리라는 것이다.

35) Flume, Allgemeiner Teil des Bürgerlichen Rechts, Bd. 2, Das Rechtsgeschäft, 3. Aufl., 1979, S. 790.

36) 그러한 견해로 Vedder(주 30), S. 38 f. 그는 대리법의 주요 이익 중 하나로 거래 상대방이 대리인과 거래할 용의가 있게 하여야 한다는 점을 들고, 거래 상대방 입장에서 본인과 직접 거래할 때 그의 이익을 관철시킬 수 있는 것처럼 대리인과 거래할 때에도 그의 이익을 관철시킬 수 있어야 하는데, 본인의 최선의 이익을 추구할 의무에 위반하는 경우 대리권남용이 된다면 그것이 불가능해진다는 점을 논거로 삼는다. 그는 이를 기회균등의 관점에서 정당화하면서 아울러 본인은 자신에 대하여 의무를 지지 아니한다는 점에서 이를 본인이 법률행위로 정의한 이익에 반하는 경우로 대체한다. 본인도 과실로 자신이 정의한 이익에 반하는 거래를 할 수 있으므로 과실은 배제되어야 한다는 것이다.

37) Tietz(주 16), S. 275 f. 과실이 없는 대리인이 내부관계에서 본인에 대하여 책임을 지지 아니함에도 외부관계에서 무권대리인의 책임을 지는 것은 합리적이지 아니하다고 한다.

38) Flume(주 35), S. 789 und 791; Frotz(주 26), S. 623; Huber(주 13), Rn. 89 f.; Siebert(주 25), S. 650 und 652; Schubert(주 11), Rn. 233 ff.; Tank, "Der Mißbrauch von Vertretungsmacht und Verfügungsbefugnis", NJW 1969, 6, 9.

39) Flume(주 35), S. 789.

40) 가령 Schott(주 26), S. 397 f.; Schubert(주 11), Rn. 232 und 236 f.

41) Vedder(주 30), S. 57 ff. 그는 그 대신 상대방에게 신뢰이익배상책임을 인정한다.

42) 平山也寸志, 代理権濫用の研究, 2018, 35-36頁. 이후 주장된 와가쯔마 사케에(我妻栄)의 계약설도 독자성은 인정한다. 我妻栄, 新訂 民法総則, 1965, 334頁 以下. 이에 대하여 독자성을 부정하는 견해로, 森島昭夫, "委任と代理", 契約法大系IV(雇傭·請負·委任), 1963, 297頁 以下.

제9회 제국의회 중의원 민법중수정안위원회 심의에서 대리인이 스스로 소비하는 등 자기 이익을 꾀하는 대리행위의 효과도 일본민법 제99조(민법 제114조와 같다)에 따라 본인에게 미친다고 함으로써, 그 당시 독일의 판례·통설과 같이, 대리권남용의 고려를 부정하였다.[43)]

일본민법 제정 직후 판례도 대체로 같았다. 대리인의 지위를 남용하여 부정하게 자기 이익을 꾀한 경우에도 일본민법 제99조가 적용된다는 것이다.[44)] 그러나 이후 하급심에서 일본민법 제93조의 심리유보에 의하여 무효를 인정한 예,[45)] 일본민법 제110조(민법 제126조와 같다)를 적용하여 타인의 이익을 꾀할 목적으로 한 행위는 권한 외의 행위이고 제3자가 권한 있다고 믿을 만한 정당한 이유가 있을 때에는 유효하다고 한 예[46)] 등이 나왔다. 일본대심원(大審院)은 1941. 5. 1. 판결에서 일본민법 제93조(심리유보)에 의하되, 이를 직접 적용하지 아니한 채 '준거'로 삼아 해결하는 입장을 채택하였다.[47)] 그러나 다른 한편 같은 법원 1936. 3. 10. 판결에서는 대표권남용과 관련하여 "이사의 대리권에 가한 제한은 이를 선의의 제3자에게 대항할 수 없다"고 정한 일본민법 제54조를[48)] 적용하여, 자기 이익을 꾀할 목적이었다는 사정은 내부관계에서 문제가 될 뿐 선의의 상대방에게 대항할 수 없으나 악의의 제3자에게는 대항할 수 있다고 하였다.[49)]

이후 일본최고재판소(最高裁判所)는 심리유보설로 그 입장을 정리하였다. 일본최고재판소 1964. 9. 5. 판결은 회사의 대표자가 자기의 이익을 위하여 회사 소유의 건물을 매도한 사안에서 "주식회사의 대표이사가, 자기의 이익을 위하여 표면상 회사의 대표자로서 법률행위를 한 경우, 상대방이 위 대표이사의 진의를 알았거나 알 수 있었을 때에는, 민법 제93조 단서의 규정을 유추하여, 위 법률행위는 그 효력을 발생하지 아니하는 것으로 풀이함이 상당하다"고 하였고,[50)] 1966. 9. 22. 판결은 주식회사 대표이사가 업무

---

43) 平山也寸志(주 42), 70–71頁.

44) 日大判 1905(明治38). 6. 10. 民錄11·919; 1906(明治39). 3. 20. 民錄12·275. 이후 같은 취지로, 日大判 1915(大正4). 2. 15. 民錄21·99; 1917(大正6). 7. 21. 民錄23·1168.

45) 東京控訴院 1911(明治44)(ネ)119号, 新聞812号; 東京地判 1913(大正2). 11. 12. 新聞912号21頁.

46) 大阪控判 1914(大正3). 4. 16. 新聞951号27頁.

47) 日大判 1941(昭和15). 5. 1. 新聞4712号14頁.

48) 현재는 일본민법과 일본상법에서 해당부분이 삭제되고 별도의 법령으로 옮겨갔다. 그러나 규율내용이 달라진 것은 아니다.
일본 일반사단법인 및 일반재단법인에 관한 법률 제77조(일반사단법인의 대표) 4 대표이사는, 일반사단법인의 업무에 관한 일체의 재판상 또는 재판외 행위를 할 권한을 갖는다.
5 전항의 권한에 가하여진 제한은, 선의의 제3자에게 대항할 수 없다.
일본회사법 제394조(주식회사의 대표) 4 대표이사는, 주식회사의 업무에 관하여, 일체의 재판상 또는 재판외의 행위를 할 권한을 갖는다.
5 전항의 권한에 가하여진 제한은, 선의의 제3자에게 대항할 수 없다.

49) 日大判 1936(昭和10). 3. 10. 新聞3833号18頁.

집행상 중요사항은 이사회 결의를 거쳐야 한다고 정한 정관규정에도 불구하고 영업의 기초가 되는 제조공장을 이사회 결의 없이 양도한 사안에서 "위 거래행위는, 내부적 의사결정을 결한 데 그치므로, 원칙적으로 유효하고, 다만 상대방이 위 결의를 거치지 아니한 것을 알았거나 알 수 있었을 때에 한하여 무효라고 풀이함이 상당"하다고 하였다.[51] 1968. 4. 20. 판결은 "심리유보의 유추는, 법인의 대표기관이나 상업사용인의 권한에 한하지 아니하고, 널리 대리권남용의 문제로서 일반적으로 입론"한 것이라고 하였고,[52] 1992. 12. 10. 판결은 실제로 친권자의 법정대리권 남용에 심리유보 규정을 유추하였다.[53] 종전에 보였던 다른 이론구성은 이제 더는 보이지 아니한다.[54]

다른 한편 일본최고재판소 1970. 11. 14. 판결은 대리인이 자기 이익을 꾀할 목적으로 수표보증을 한 사안에서 그 수취인이 남용사실을 알지 못한 데 과실이 있다면 무효이나, 위 수표가 체납처분으로 압류되었고 그 "압류 당시, 위 사실을 알지 못하였음을 주장 입증한 경우에는, [일본]민법 제94조 제2항의 규정을 유추하여" 위 무효로 대항할 수 없다고 한다.[55]

(2) 학설과 입법

(가) 법적 구성

위와 같은 일본판례의 전개는, 일본민법 제54조를 제외하면, 학설의 영향을 받은 것이었다. 이시자카 오토시로(石坂音四郎)는 1916년 일본민법 제99조를 적용한 日大判 1915(大正4). 2. 15.(주 44)에 대한 평석에서 이미 일본민법 제93조(심리유보)를 적용하여 해결할 것을 주장한 바 있다. 대리에서는 법률효과가 본인에게 귀속하면 족하고 사실상의 이익이 대리인에게 귀속하는 것은 무방한데, 대리행위를 한 이상 법률효과는 본인에게 귀속시키려는 것이므로 대리 자체는 성립하나, 본인의 명의를 쓰고 있어도 진실로 본

---

50) 日最判 1964(昭和38). 9. 5. 民集17(8) · 909.

51) 日最判 1964(昭和40). 9. 22. 民集19(6) · 1656. 심리유보설을 따랐다고 이해된다. 豊島雄作, "代表取締役の専断的行為の効力について", 北大法学ジュニア · リサーチ · ジャーナル7号(2000)73頁.

52) 日最判 1968(昭和42). 4. 20. 民集21(3) · 697.

53) 日最判 1992(平成4). 12 10. 民集46(9) · 2727.

54) 대표권남용에 일본민법 제54조를 적용한 예는 하급심에 소수 보일 뿐이다. 大阪高判 1961(昭和35). 5. 14. 判時229号39頁("금원차입행위가 대표자의 권한남용행위인 경우에도 회사의 목적범위 밖으로 되는 것은 아니다. 금원차입행위가 대표자의 권한남용행위인 경우로서 상대방이 악의라면, [일본]상법 제261조 제3항, 제78조, [일본]민법 제54조에 의하여, 회사에게 책임이 없다고 하는 데 지나지 아니한다"). 그 밖에 일반 악의의 항변, 권리남용 및 신의칙으로 해결한 하급심 재판례가 있다. 名古屋高判 1977(昭和51). 11. 29. 判時851号198頁.

55) 日最判 1970(昭44). 11. 14. 民集23(11) · 2023. 일본민법 제94조 제2항은 허위표시에서 제3자 대항에 관한 규정이다.

인의 명의를 쓸 의사가 있는지 없는지 명백하지 아니하다는 것이다.[56] 와가쯔마 사카에(我妻栄)도 이를 따랐다.[57] 이후 이에 대하여 대리권을 남용하는 대리인에게도 대리의사는 존재하므로 심리유보 규정을 직접 적용할 수는 없다는 지적이 있었으나, 이 견해는 심리유보의 유추, 준용 내지 가탁(假託)이라거나,[58] 의사표시가 이루어진 경우 그 배후에 있는 사정을 상대방에 대하여 주장할 수 있는지 여부에 관한 규정으로 일본민법 제93조를 재해석하는 전제하에 대리권남용도 배후의 내부관계(위임에 있어 선관주의의무 등)를 상대방에게 주장할 수 있는지 여부의 문제라는[59] 견해로 그 모습을 조금 바꾸어 유지되었다(心理留保說). 일본 특유의 논의가 단기간 내 통설·판례로 정착된 예이다.

그보다 조금 뒤부터 주로 지배인이나 회사 대표자의 권한남용을 염두에 두고, 이들의 권한을 일정범위로 정하고 등기하게 하여 거래의 안전을 도모하고 있음을 고려하면 구체적 사정의 조사를 요구해서는 아니 된다면서 악의의 제3자에 한하여 권리남용의 항변을 인정하여야 한다는 견해가 주장되었다.[60] 권리남용, 신의칙, 악의의 항변으로 해결하여야 한다는 이 견해(權利濫用·信義則說)는 이후 독일 학설을 참조하여 더 유력해지고 있다.[61] 또한 역시 독일 학설을 참조하여 내부관계는 본인에의 효과귀속에 중요한 요소라면서 대리권의 범위도 유인(有因)이라는 전제하에 표현대리로 해결하자는 견해(表見代理說)도 있다.[62] 다른 한편 상법학에서는 일본민법 제54조, 일본상법(商法) 제261조 제3항, 제78조 제2항에 의하여 해결하여야 한다는 견해(代表權制限說)도[63] 여전히 주장되고 있다.

(나) 구체적 요건과 효과

그 요건과 관련하여서는 대리인의 배임의도를 전제하는 것이 보통이다. 한 견해는 대리인에 대하여 수권한 경우 대리권의 범위는 내부관계와 일치하는 것이 원칙인데, 내부관계에서 생기는 대리인의 의무 모두가 대리권의 범위를 제한한다고 생각되지는 아니하고, 특히 수임인의 주의의무의 경우에 그러하다면서, 대리인이 특히 주의를 기울여 고가로 매각할 수 있었음에도 저가로 매각하였다 하여 무권대리가 될 수는 없다고 한다.

---

56) 石坂音四郞, "判批", 法協34卷(1916)12号129頁 以下.

57) 我妻栄, 民法総則, 1931, 479頁.

58) 於保不二雄, "判批", 民商50卷(1965)4号60頁 以下; 我妻栄(주 42), 344頁; 星野英一, 民法概論 I, 1981, 136頁 以下 등. 와가쯔마 사카에 자신도 견해를 바꾸어 이에 가담하였다는 점에 눈에 띈다.

59) 中舍寬樹, "代理人の権限濫用行為と民法九三条の役割", 名法90号(1982)92頁 以下.

60) 竹田省, "判批", 民商7卷(1939)2号160頁 以下.

61) 가령 高橋三知雄, 代理理論の研究, 1977, 205, 243頁 以下; 四宮和夫, 民法総則 第4版, 1987, 240頁; 土橋正, "代理権の濫用", 森泉章教授還曆記念論集, 1989, 129頁 以下.

62) 伊藤進, "ドイツにおける「代理権の濫用」理論", 明大法論49号(1977)54頁 以下; 福永礼治, "代理権の濫用に関する一試論(一)", 上智法論22卷2号(1979)129頁 以下; 同, "代理権の濫用に関する一試論(二·完)" 上智法論22卷3号(1979)177頁 以下.

63) 가령 前田庸, 會社法入門 第4版, 2009, 384頁.

상대방에게 대리인의 의무위반을 방지할 적극적 의무를 부담시킬 수는 없기 때문이다. 그리하여 고의로 본인에 대하여 손해를 가할 의도를 갖고 대리행위를 하였고 상대방이 그 의도를 알고 가담한 경우 일본민법 제90조(공서양속)에 반하여 무효라고 한다.[64] 다른 견해는 대리인 없이 직접 거래하였다면 자기 이익을 관철시킬 수 있고 상대방에게 이를 지적하여 방지할 부수적 의무는 존재하지 아니하는바, 대리인이 개입한 경우에도 같아야 한다고 한다.[65]

그러나 근래에는 대리인에게 배임적 의도가 있을 필요는 없다는 견해도 유력하다. 객관적 남용으로 족하다거나,[66] 대리인에게 과실만 있을 때에도 대리권남용이 된다거나,[67] 지배권·대표권남용의 문제는, 그 위험을 기업가·회사에게 부담시킨다는 기본시각에서 거래안전을 꾀하는 것이므로 대리인에게 기업가 이익을 해할 의도가 있는지 여부는 문제가 되지 아니한다는 것이다.[68] 이들은 모두 권리남용·신의칙 또는 무권대리·표현대리설을 취한다.

상대방의 인식 요건에 대하여는 악의 또는 과실을 요구하는 것이 일반적이나, 악의 또는 무중과실로 제한하는 견해,[69] 아예 악의로 제한하는 견해도[70] 있다. 나아가 그 효과와 관련하여 본인에게 감독과실이 있다면 과실상계적 처리가 가능하다는 견해도 주장되고 있다.[71]

(다) 2017년 개정 일본민법 제107조

2017년 개정 일본민법 제107조는 “대리인이 자기 또는 제3자의 이익을 꾀할 목적으로 대리권의 범위 내의 행위를 한 경우에, 상대방이 그 목적을 알았거나, 또는 알 수 있었을 때에는, 그 행위는, 대리권을 갖지 아니한 자가 한 행위로 본다”고 정하여 종래 판례·통설의 요건에 따라 대리권남용을 실정화하면서도 그 효과는 무권대리에 준하는 것으로 하였다.

규정신설이 논의된 가장 중요한 이유는 단순 과실이 있는 경우에도 보호하는 것이 거래의 안전을 지나치게 해하는 것 아닌가 하는 점에 있었다. 당초 악의·중과실로 제한

64) 大西耕三, 代理の研究, 1928, 275頁 以下.
65) 中島秀二, “濫用代理権批判”, 幾代通先生献呈論集, 1993, 99頁 以下.
66) 高橋三知雄(주 61), 233頁 以下; 伊藤進(주 62), 82頁 以下; 森泉章, 公益法人の現状と理論, 1982, 111頁; 福永礼治, “民法ウークショップ代理権の濫用”, 私法57号(1995)149頁 以下.
67) 田沼柾, “わが国における代理権の濫用”, 中央大学大学院研究年報9号(1979)8頁 以下.
68) 篠田四郎, “共同支配(代表)と支配權(代表權)の濫用”, 長尾還暦記念 名城法学別冊 86(1986), 322頁.
69) 森泉章(주 66), 112頁 以下; 星野英一(주 58), 136頁(알 수 있었다 함은 누가 보아도 그 사정을 알 수밖에 없는, 통상은 중과실이라고 부르는 경우를 가리킨다고 한다).
70) 平野裕之, 民法総則, 2003, 335頁 以下.
71) 森泉章(주 66), 111頁; 伊藤進(주 62), 82頁 以下; 中島秀二(주 65), 77頁 以下.

하는 방향이 쟁점이 된 까닭이다. 그러나 곧 제3자, 즉 전득자 보호와 무효로 할지, 본인이 효과불귀속을 주장할 수 있게 할지도 문제 되었다.[72] 결국 상대방 측 요건은 판례를 따르되 대리권남용의 효과는 무권대리의제, 즉 효과불귀속을 택하는 타협이 이루어졌다. 제3자 보호는, 이미 판례상 확립된, 허위표시에 관한 일본민법 제94조 제2항의 유추에 맡기면 된다고 보았다.[73]

3. 그 밖의 나라들

(1) 프랑스·오스트리아

(가) 프랑스

(a) 반면 프랑스민법(Code civil)은 대리를 위임의 일부로 관념한다.[74] 대리와 대표는 용어와 법리상 구별되지 아니하나 대표에 고유한 측면이 있음은 인식되고 있다.[75]

그 결과 (특히 임의)대리권의 범위는 원칙적으로 위임계약에 따른다. 프랑스민법 제1989조 제1문은 "수임인은 위임계약에서 정해진 범위를 넘는 어떠한 행위도 할 수 없다"고 함으로써 이를 드러낸다.[76] 예컨대 법인의 이사가 정관상 사원총회나 다른 기관의 사전승인을 받아야 하는 행위를 단독으로 한 경우 무권대리(대표)로 무효가 된다. 위임 조건을 무시한 대리행위도 같다.[77] 다만 그 효과가 대항불능(inopposabilité)인지, 상대적 무효(취소에 가깝다)인지, 절대적 무효인지는 다투어졌다.[78]

다른 한편, 월권대리(excès pouvoir; dépassement de pouvoir)인지 여부는 객관적으로 판단한다는 전제하에, 대리인이 권한 내에서, 그러나 주관적으로 다른 목적을 추구하여 대리행위를 한 경우는 대리권남용(abus de pouvoir; détrourement de pouvoir)이라는 별도의

---

72) 그 경위에 관하여 상세한 것은, 平山也寸志(주 42), 321頁 以下. 甲案은 판례처럼 악의 또는 과실 요건에 무효를, 乙案은 악의 또는 중과실 요건에 효과불귀속(무권대리)을 그 내용으로 하였다.

73) 民法(債權法)改正檢討委員會 編 詳解·債権法改正の基本方針 I — 序論·総則, 2009, 245-246頁.

74) Représentation, in: Rép.dr.civ., Dalloz, juillet 2017, n° 10 et s (par Mathey); JCl.Civ. Art. 1984 à 1990 — Fasc. 10 : MANDAT. — Définition et caractères distinctifs, 22 août 2016, n° 11 (par Mekki et Jacob). 프랑스민법 제1984조 제1항도 참조.

75) JCl.Civ. Art. 1153 à 1161 — Fasc. unique : CONTRAT. — Représentation, 31 août 2023, n° 20 (par Storck).

76) JCl.Civ. Art. 1984 à 1990 — Fasc. 20 : MANDAT. — Condition de validite, 1er février 2020, n° 27 (par Mekki et Jacob).

77) Storck(주 75), n° 56. 또한, Cass. com., 17 janv. 2018, n° 16-22.285. 프랑스법상 비영리사단(법인)임원의 기관대리권(대표권)의 범위는 정형화되어 있지 아니하고 정관에 따른다. Rodriguez, Association, in: Rép.dr.soc., Dalloz, octobre 2018, n° 156 et s. 반면 회사 이사에게는 정형적·포괄적 권한이 인정되어 목적위반과 (좁은 의미의/프랑스법적 의미의) 대리권남용만 무효가 되는 것으로 보인다. Saintoures, Société civile, in: Rép.dr.civ., Dalloz, mars 2012, n° 91 et s.

78) Mathey(주 74), n° 84 et s.

범주로 다룬다.79) 대리인에게 재량이 부여되어 있을 때 객관적 권한유월을 인정할 수 없음을 전제로 그 '남용'을 문제 삼는 관점이다. 이때에는 계약 원인(cause)이 불법이거나 대리인 측의 사기(fraude)가 있을 것 등이 요구되었다. 이는 자기 이익의 추구와 통모 등 행위방식의 불법성이 필요하다는 뜻이다.80)

그러나 월권대리든 대리권남용이든 상대방이 대리권의 존재를 믿었고 그러한 믿음에 정당한 이유가 있다면, 판례·학설에 의하여 발전되어온, 표현위임(mandat apparent)의 법리의 적용대상이 되어 무효를 주장하지 못한다.81)

(b) 이러한 태도는 2016년 프랑스민법 개정으로 바뀌었다.

먼저, 개정법은 계약성립에 관한 규정에 대리에 관한 일련의 규정을 신설하여 이를 위임과 분리하였다. 그러나 위임규정이 바뀐 것은 아니므로 대리와 위임의 관계에는 여전히 불분명한 점이 있다.

나아가 제1156조 제1항은 "무권 또는 월권대리는 본인에 대하여 대항할 수 없으나, 상대방이 본인의 행동이나 표시로 인하여 대리인에게 권한이 있다고 믿었고 그 믿음에 정당한 이유가 있을 때는 그러하지 아니하다"고 하여 월권대리와 표현위임을 차례로 규정하였다. 그리고 바로 뒤 제1157조에서 "대리인이 본인에게 불이익하게 그 권한을 남용한 경우 상대방이 그 남용을 알았거나 모를 수 없었다면 본인은 무효를 주장할 수 있다"고 하여 대리권남용을 따로 입법하였다. 월권대리와 대리권남용을 체계, 요건 및 효과에서 구별하고 대리권남용의 대리인 측 요건을 완화하면서 상대방 인식 요건은 강화하였음을 알 수 있다.82)

(나) 오스트리아

오스트리아일반민법(Allgemeines bürgerliches Gesetzbuch) 제1002조 이하도 위임에 관한 규율에 대리를 포함시킨다. 그러나 오늘날의 해석은 위임과 대리를 구별하고, 후자에 기관대리도 포함시키고 있다.83)

오스트리아일반민법 제1016조는 월권대리가 무효라고 정한다. 그러나 판례·학설은 위임과 대리의 구분에 따라 월권대리와 대리권남용도 엄격히 구별한다. 내부관계상 의

---

79) Mathey(주 74), n° 83, 96 et s.

80) Cass. civ. 29 novembre 1972, Bull. civ., III, n° 647; com., 27 avr. 1979, D.1980, IR 199; crim., 24 sept. 1991, n° 90-85.939. Storck, Essai sur le mécanisme de la représentation dans les actes juri-diques, 1982, n° 197-213. 이 법리는 행정법상 재량남용을 참고한 것이다.

81) Ghestin, Jamin et Billiau, Traité de droit civil, les effects du contrat, 3e éd., 2001, n° 958. 또한 JCl.Civ. Art. 1984 à 1990 - Fasc. 30 : MANDAT. - Preuve de l'existence et de l'eténdue du mandat, 1er septembre 2020, n° 19 (par Mekki et Jacob).

82) 김은아, "대리권남용의 법적처리에 관한 연구", 「비교사법」, 통권 제87호, 2019, 331-333면.

83) KKB/P. Bydlinski, 2005, §1002, Rz. 1-3 und 12.

무에 반하면서도 외부관계에서 월권대리가 되지 아니하는 경우, 원칙적으로 대리는 유효하고, 예외적으로 통모, 즉 대리인과 상대방이 본인을 해할 의도를 갖고 협력한 경우에 한하여 양속(良俗)위반이 된다.[84] 반면 그 밖의 대리권남용 사안에 대한 판례의 태도는 통일되어 있지 아니하다. 당초에는 대리인의 가해의도 및 그 상대방의 인식 또는 인식 가능성을 중요하게 보았으나,[85] 그 뒤에는 대리인의 내부적 제한을 위반한다는 의식을 문제 삼지 아니하였다.[86] 상대방 측 요건도 인식을 문제 삼은 판결에서부터 중과실로 족하다고 한 판결을 거쳐, 과실로 족하다고 한 판결에 이르기까지 다양하다.[87] 학설 또한 내부적 자격의 객관적 유월과 가해의도, 본인의 불이익 외에 상대방의 높은 가담정도까지 요구하는 견해에서부터[88] 대리인의 객관적 의무위반과 상대방의 인식만 요구하는 견해,[89] 대리인의 객관적 의무위반과 상대방의 인식 가능성으로 족하다는 견해에[90] 이르기까지 다기(多岐)하다.

(2) 미국·스위스

<u>(가) 미국</u>

미국 대리법도 대리와 그 원인관계를 명확히 구분하지 아니한다.[91] 대리인에는 특정대리인 이외에 일반대리인(general agent)이 있는데, 후자는 특정 영업에 관계된 모든 행위를 할 수 있는 대리인으로서 지배인과 유사하다. 법인의 임원(officer)은 대리인이라고 하지 아니하나 일정한 맥락에서는 대리인의 지위를 가진다.[92]

대리권(actual authority)의 범위는 원칙적으로 원인관계가 정한다. 계약해석 문제의 일종이다. 이때 신인관계(信認關係; fiduciary relationship)로서의 성격이 계약해석의 일반원

---

84) OGH SZ 52/90; 4 Ob 2298/96m; 7 Ob 2350/96f.
85) OGH 7 Ob 2343/96a; 7 Ob 108/97a.
86) OGH 3 Ob 1043/95 HS 26.449.
87) OGH SZ 62/218 (인식); RdW 1997, 655 (중과실), HS XXVI/1, HS 26.449 (단순과실)
88) Rummel/Strasser, 3. Aufl., 2000, §§ 1016, 1017 Rz 23.
89) P. Bydlinski, "Der sogenannte 'Missbrauch' unbeschränkbarer Vertretungsmacht", FS Franz Bydlinski, Im Dienste der Gerechtigkeit, 2000, S. 19 ff.
90) Koziol/Welser, Grundriss des Bürgerlichen Rechts I, 12. Aufl., 2001, S. 193 f.
91) In re Glenn, 502 B.R. 516 (Bankr. N.D. Ill. 2013: ""대리"라 함은 본인이 대리인의 행동을 통제할 권한을 갖고 대리인은 본인의 법률관계에 영향을 미칠 권한을 갖는 두 법적 주체 사이의 계약적인 신인(信認)관계를 말한다.").
92) Ryan v. Wisconsin Department of Taxation, 242 Wis. 491 (1943); Bourdeau, Romualdo, Eclavea, Gustafson, and Martin, 3 Am.Jur.2d Agency §§3, 5 and 6, February 2020 Update. 미국법상 법인임원의 대리권은 정관에 따르고, 정형화되어 있지 아니하다. 그 이외에 이사회가 수권할 수 있다. Van Arsdale et al., 18B Am.Jur.2d Corporations §§1293, 1366, 1370, August 2024 Update. 한편 후견인(guardian, ward)은 대리인으로 보지 아니한다.

칙에 개입할 수 있다.[93] 대리인이 원인관계상 본인의 표시와 그의 목적을 자신의 입장에서 맥락과 신인의무(fiduciary duty)에 비추어 합리적으로 해석하였을 때 그 행위를 할 권한이 있다고 믿었다면 대리권이 있다.[94] 본인의 지시는 바로 대리권을 제한하므로 지시위반은 곧 무권대리가 된다.[95] 숨은 제한(secret limitations), 즉 내부관계에서만 이루어진 지시나 제한도, 상대방에게 알려졌다면, 같다.[96] 이사회결의를 요하는 사항에 이사회결의가 없었다면 그 또한 무권대리이다.[97] 그 밖에 대리인이 자기 이익을 추구한 경우 또는 본인의 이익을 해한 경우에도 그 효과는 본인에게 귀속되지 아니한다.[98]

그러나 다른 한편 본인이 대리권이 있다고 볼 만한 외관을 작출하였고, 상대방이 대리권이 있다고 믿었고 믿은 데 합리적인 이유가 있으면 외관대리권(apparent authority)이 인정될 수 있다.[99] 본인의 지시로 대리권이 제한된 경우, 숨은 제한인 경우에도 같다.[100] 특히 일반대리인(general agent)과 거래하는 상대방은 의심스러운 사정을 알기 전까지는 숨은 제한이나 지시가 있는지 여부를 문의할 의무가 없다.[101]

(나) 스위스

스위스채무법(Obligationenrecht) 제32조 이하는 대리를 위임과 구분하고 있고, 판례·학설도 기본관계와 대리를 구별하는 데 이론(異論)이 없다.[102] 판례도 처음에는 대리인과 상대방이 통모한 경우 스위스민법(Zivilgesetzbuch) 제2조 제2항의 권리남용으로 보는[103] 외에는 엄격한 무인성을 고수하여 지시에 위반한 대리권행사는 기본관계에만 관련되고 대리권 자체와는 무관하다고 하였다.[104] 당시 학설도 독일과 같이 대리와 기본관계를 엄격하게 분리하는 전제하에 대리권의 외적 한계 내에 있으나 본인의 지시 기타

---

93) Alerus Financial, N.A. v. Western State Bank, 2008 ND 104, 750 N.W.2d 412 (N.D. 2008); Bourdeau, et al.(주 92), §65.

94) Restatement Third, Agency §2.01; Bourdeau, et al.(주 92), §66.

95) Walton v. Mariner Health of Maryland, Inc., 391 Md. 643 (2006); Bourdeau, et al.(주 92), §76.

96) Bourdeau, et al.(주 92), §78.

97) 가령 Molasky Enterprises, Inc. v. Cards, Inc., 615 S.W.2d 83 (Mo. Ct. App. 1981). 여기에도 외관대리의 법리가 적용됨은 물론이다. Van Arsdale et al.(주 92), §1296.

98) Merritt, Flebotte, Wilson, Webb & Caruso, PLLC v. Hemmings, 196 N.C. App. 600, 676 S.E.2d 79 (2009); U.S. v. Hilton, 701 F.3d 959 (4th Cir. 2012); Bourdeau, et al.(주 92), §79.

99) Themis Capital, LLC v. Democratic Republic of Congo, 35 F. Supp. 3d 457 (S.D. N.Y. 2014); Restatement (Third) of Agency §2.03; Bourdeau, et al.(주 92), §§72 ff.

100) Lyons Milling Co. v. Goffe & Carkener, 46 F.2d 241 (C.C.A. 10th Cir. 1931); Bourdeau, et al.(주 92), §§76 and 78.

101) Bourdeau, et al.(주 92), §82.

102) BGE 72 II 372; BSK/Watter, 7. Aufl., 2020, Art. 33 OR N. 12; BK/Zäch/Künzler, 2. Aufl., 2014, Art. 32 OR N 160.

103) BGE 52 II 360; 77 II 138.

104) BGE 77 II 141.

기본관계상 이익에 반하는 행위를 한 때에도 대리효과는 발생하고 오직 통모한 경우에만 그러하지 아니하다고 보고 있었다.[105]

그러나 이후 대리가 기본관계로부터 엄격하게 독립적일 이유는 없다는 학설이 힘을 얻어, 지금은 대리인이 대리권의 범위 내에 있으나 본인의 지시나 드러난(ersichtliche) 본인의 기본관계상 이익에 반하는 행위를 한 때에도 무권대리라는 것이 다수설이다.[106] 스위스연방대법원(BGE)도 1973년 한 판결에서 별다른 근거 제시 없이 본인의 지시를 위반한 대리행위도 무권대리라고 하였고,[107] 2013년에는 학설을 인용하면서 인식할 수 있었던 본인 이익에 반하는 대리권행사는 무권대리라고 한다.[108] 다만 상대방에게 선의이고 중과실 없는 경우 스위스민법 제3조 제2항의 일반적 선의 보호로 보호될 수 있다.[109] 주식회사 기관대리도 같다.[110]

Ⅲ. 대리권남용 법리의 재검토

1. 판례·학설

(1) 판례

<u>(가) 법적 구성과 상대방 측 요건</u>

(a) 대법원 1999. 9. 3. 선고 97다56099 판결은 신축아파트 분양업무를 위임받은 대리인이 외상으로 분양하고도 분양대금완납으로 기재된 분양계약서, 영수증을 교부해주었을 뿐 아니라 그 수분양자의 수분양권 양도까지 승인해준 것은, "위임 취지에 반하는 배임행위"로서 상대방이 그에 "적극 가담한 공범임이 명백하여 […] 사회질서에 반하는 법률행위로서 무효"라고 한 바 있다. 통모 사안에서 공서양속(민법 제103조) 위반 주장이 받아들여진 예이다.[111] 상대방이 배임행위에 적극 가담하여야[112] 한다는 점 이외에 그

105) Egger, "Missbrauch der Vertretungsmacht", FG Wieland, 1934, S. 59 f.

106) Watter(주 102), N 17; von Moos, Die Haftung des Vertreters ohne Vollmacht nach Art. 39 OR, 2017, S. 52 ff. 및 그곳에 인용된 문헌 참조.

107) BGE 99 II 44 f.

108) BGer 9F_5/2013 E.4.1.

109) BGE 45 II 122.

110) Watter, "Zur Vertretung im Handelsrecht", ZSR 2013, 541.

111) 다른 한편 대법원 1987. 7. 7. 선고 86다카1004 판결(이른바 명성사건)에서는 원고가 은행 지점장대리와 사이에 그의 횡령에 관하여 상대방과 "통정한 것이 아니면 적어도" 그의 "예금계약의사표시를 진의가 아닌 것으로 알거나 알았"으므로 무효라는 주장이 있었다. 비진의표시와 허위표시 주장으로 보이는데, 법원은 증명되지 아니하였다는 이유로 배척하였다.

112) 배임행위 적극 가담은 본래 부동산 이중양도에 관한 판례에서 나온 것이다. 그 고려요소에 관하여는 김용덕 편집대표 주석민법 [총칙 2] 제5판, 2019, 493면 이하(이동진 집필부분) 참조.

구체적 판단요소는 분명하지 아니하다. 그러나 적극 가담이 있었으나 '그 밖의 대리권남용'의 법리를 적용한 예도 있다.[113)]

(b) 반면 상대방의 인식 내지 인식 가능성이 문제된 대부분의 사건에서 주류적 판례는 민법 제107조 제1항 단서를 유추하고, 상대방이 남용사실을 알았거나 알 수 있었는지를 묻는다.

비영리법인 대표권남용의 리딩케이스(leading case)인 대법원 1975. 3. 25. 선고 74다1452 판결은 대한지기공업협동조합 이사장직무대행자가 유용(流用)목적으로 조합 명의로 은행에서 돈을 빌린 사안에서 "민법 제107조 단서를 유추"하였고, 이후 대리권남용에 관한 리딩케이스인 대법원 1987. 7. 7. 선고 86다카1004 판결도[114)] 민법 "제107조 제1항 단서의 유추해석상" 대리권남용은 본인의 대리행위로 성립할 수 없어 본인은 대리인의 행위에 대하여 아무런 책임도 없다면서, "상대방이 대리인의 표시의사가 진의아님을 알거나 알 수 있었는가의 여부는 표의자인 대리인과 상대방 사이에 있었던 의사표시의 형성과정과 그 내용 및 그로 인하여 나타나는 효과 등을 객관적인 사정에 따라 합리적으로 판단하여야 할 것"이라고 하였다. 이러한 판례는 최근에 이르기까지 계속되고 있다.[115)]

반면 주식회사 대표권남용의 리딩케이스인 대법원 1987. 10. 13. 선고 86다카1522 판결은 "행위의 상대방이 그와 같은 정을 알았던 경우에는 그로 인하여 취득한 권리를 회사에 대하여 주장하는 것이 신의칙에 반하므로 회사는 상대방의 악의를 입증하여 그 행위의 효과를 부인할 수 있"다면서, 원심이 "권한을 남용하여 한 행위임을 거래의 상대방이 중대한 과실로 알지 못하였을 때에도 회사가 상대방에 대하여 그 행위의 효력을 부인할 수 있는 것처럼 설시한 부분은 잘못"이라고 하여, 신의칙을 근거로 삼으면서 상대방의 악의를 요구하였다. 대법원 1990. 3. 13. 선고 89다카24360 판결은 "상대방이 대표이사의 진의를 알았거나 알 수 있었을 때에는 그로 인하여 취득한 권리를 회사에 대하여 주장하는 것은 신의칙에 반하는 것이므로 회사는 상대방의 악의를 입증하여 그 행위의 효력을 부인할 수 있다"고 하여 이를 따르되 적어도 그 추상론에서는 상대방의 과실로 족하다고 하였다. 이 유형의 판례 또한, 과실로 족하다는 부분을 포함하여, 최근까지 계속되고 있다.[116)]

---

113) 대법원 2009. 6. 25. 선고 2008다13838 판결(민법 제107조 제1항 단서 유추); 2016. 8. 24. 선고 2016다222453 판결(신의칙).

114) 평석으로, 이용훈, "은행대리의 대리의사 흠결과 예금계약의 성립", 민사판례연구[X], 1998, 106면 이하. 비슷한 사건으로 대법원 1996. 4. 26. 선고 94다29850 판결.

115) 가령 대법원 2018. 4. 26. 선고 2016다3201 판결.

116) 대법원 2016. 8. 24. 선고 2016다222453 판결.

상대방이 알 수 있었는지 여부에 관하여는[117] 표현대리에서와 같은 추상적 조회의무를[118] 언급하지 아니한 채, 정규금리보다 훨씬 높은 이자가 지급되었고, 은행의 특정 지점에서만 그 거래가 가능하였으며, 별도의 암호를 사용하였고 예금거래신청서의 금액란을 빈칸으로 두어야 했으며, 수기식(手記式) 통장을 사용하였다는 등 '비정상적' 사정,[119] 실질적으로 소외 1에게 대출하기 위하여 원고는 소외회사 직원들에게 대출하고, 직원들은 이 대출금을 원고 금고에 정기예탁을 한 후, 원고가 다시 이를 피고조합 지소장인 소외 2에게 피고조합에 정기예금을 하는 형식으로 돈을 맡기고, 소외 2가 피고조합의 이름을 빌려 소외 1에게 대출하는 '비정상적' 방법,[120] 고객이 특정 직원을 통해서만 거래하였고 고객 명의 통장 잔고가 없어지는 대신 그 직원으로부터 잔액증명서나 보관증만을 교부받았으며 그 직원을 통하지 아니한 채 이 잔액증명서나 보관증으로 증권회사로부터 인출할 수 없었다는 사정부터[121] 언급하곤 한다. 그러나 중과실이 요구되지 아니한다는 점 또한 거듭 확인하고 있다.[122]

(나) 대리행위 요건

(a) 판례상 대리권남용이 인정된 사안 대부분은 정형적·포괄적 대리권·대표권과 관계되어 있었다.[123] 대표권은 그 자체 정형적·포괄적이므로(민법 제59조 제1항 본문, 제60조, 상법 제389조 제3항, 제209조 제1항 참조) 대표권남용이 이에 해당함은 물론이지만,[124] 그 밖에도 압도적 다수의 사건이 지배인 또는 부분적 포괄대리인을 가진 상업사용인의 정형적·포괄적 대리권(상법 제11조 제1항, 제15조 제1항)에 관한 것이다. 대법원 1999. 3. 9. 선고 97다7721 판결은 은행 지점장의 자금 유용 목적 어음할인 및 담보목적 어음 교

117) 상대방이 알았는지 여부와 관련하여서는 인식귀속(Wissenszurechnung)이 문제될 수 있다. 대법원 2009. 6. 25. 선고 2008다13838 판결은 양도성예금증서의 보호예수가 대리권남용에 해당하는지 여부와 관련하여 상대방 회사의 자금관리·운용에 관하여 포괄적 대리권을 가진 자가 그러한 사정을 알고 있었다면 상대방이 알고 있었다고 보아야 한다고 한다.

118) 표현대리에서 상대방의 추상적 조회의무에 관하여는, 양창수 편집대표 민법주해[III] 제2판, 2022, 660-661면(김상중 집필부분) 참조.

119) 대법원 1987. 7. 7. 선고 86다카1004 판결(주 114). 같은 취지로 대법원 1996. 4. 26. 선고 94다29850 판결; 1999. 1. 15. 선고 98다39602 판결.

120) 대법원 1998. 2. 27. 선고 97다24382 판결.

121) 대법원 2001. 1. 19. 선고 2000다20694 판결.

122) 대법원 1987. 7. 7. 선고 86다카1004 판결(주 114) 등 다수. 이는 뒤에 보는 사용자책임과의 관련상 명확히 언급되곤 했던 것으로 보인다.

123) 같은 취지의 지적으로 김정호, "대리권남용의 법리구성", 「고려대 법학논집」, 제33집, 1997, 607면.

124) 리딩케이스인 대법원 1975. 3. 25. 선고 74다1452 판결의 경우 비영리사단 대표자의 대표권남용이 문제되었다. 중소기업협동조합은 민법상 사단으로서 그 이사장 또는 이사장직무대행자에게는 조합의 사무에 관하여 포괄적 대표권이 있다. 중소기업협동조합법(1973. 1. 15. 법률 제2438호로 개정된 것) 제10조, 제48조. 현재도 같다. 또한, 대법원 2004. 3. 26. 선고 2003다34045 판결.

부에 대하여,[125] 위 1987. 7. 7. 선고 86다카1004 판결(주 114) 및 1987. 11. 10. 선고 87다카1557 판결은 상업은행 혜화동지점 지점장대리 □□□의 명성그룹 사업자금 조달목적 예금수신거래에 대하여, 2002. 11. 26. 선고 2001다5876 판결은 신용협동조합 상무의 유용 목적 예금수취에 대하여, 2001. 1. 19. 선고 2000다20694 판결은 증권회사 직원의 채권 및 채권매수대금 임의 운용에 대하여, 2008. 7. 10. 선고 2006다43767 판결은 중소기업유통센터 특판영업파트장 또는 과장이 '비정상거래'를 진행한 사안에서 각각 대리권남용을 인정하였는데, 이들이 모두 이 유형에 속한다. 다른 한편 대법원 2011. 12. 22. 선고 2011다64669 판결에서는 이혼 후 친권자인 모(母)가 사망하자 9년 만에 친권을 회복한[126] 부(父)가 모(母)가 남긴 상속재산인 답(畓)을 매도하고 그 매매대금을 수령한 것이[127] 대리권남용이 되었는데, 여기에서 친권자의 법정대리권도 정형적·포괄적 대리권(민법 제920조 본문)에 속한다.

이들의 경우 이미 법령상 대리권의 범위가 정형적·포괄적이므로 대리권남용이 대리권범위 내에서 이루어진 행위라는 점에는 별 의문이 없다.

(b) 반면 임의대리에서는 대리권의 범위 획정이 우선 문제 되는데, 이것이 정면에서 설시된 예는 드물다. 다만, 대법원 1999. 9. 3. 선고 97다56099 판결은 회사로부터 신축아파트 분양업무를 위임받은 대리인이 외상 분양하면서 '분양대금완납'이라고 기재된 분양계약서, 영수증을 교부해주고 그 수분양권의 양도를 승인한 행위는 그 "위임 취지에 반하는 배임행위"로서 "위임계약상 [···] 기본대리권의 범위를 벗어나는 행위임이 분명"하다고 한 바 있다. (앞서 본 반사회질서의 행위라는 측면 외에) 임의대리에서 내부관계상 위임범위가 무권대리를 도출하는 데 일정한 역할을 하고 있는 것이다.

(c) 다른 한편 대법원 1987. 7. 7. 선고 86다카1004 판결(주 114)은 "이 사건 예금계약이 위 지점장 대리인 위 소외 □□□과 원고 사이에 이루어졌고 또 위 소외 □□□이 당좌담당 대리여서 예금업무에 관하여는 피고은행을 대리할 권한이 없다고 하더라도 상대방인 원고로서는 위 소외 □□□에게 그와 같은 권한이 있는 것으로 믿는 데에 정당한 이유가 있다고 보여지므로 위 예금계약은 일응 피고은행에게 그 효력이 있는 것으로 보여지겠지만"이라고 하여, 표현대리권(민법 제126조)에 터 잡아 대리권남용을 인정한다.[128]

---

125) 대법원 1999. 3. 9. 선고 97다7721 판결. 역시 지배인의 약속어음 발행이 문제된 예로 대법원 2014. 2. 27. 선고 2011다33535 판결도 참조.

126) 2011. 5. 19. 민법개정 전에는 단독친권자인 부모 일방이 사망하면 자동적으로 다른 일방의 친권이 회복되었다. 대법원 1994. 4. 29. 선고 94다1302 판결, 구 호적예규 제449-1호 제10조.

127) 사실관계는 제1심인 수원지방법원 2010. 9. 3. 선고 2009가단79329 판결 참조.

128) 대법원 2013. 7. 11. 선고 2013다5091 판결은 표현대표이사(상법 제395조)의 대표권남용이 문제

(다) 대리인 측 요건

(a) 나아가 대리인·대표자의 대리권·대표권남용이 있어야 한다. 상대방의 악의 또는 과실도 남용에 대한 것이다. 문제는 무엇이 대리권·대표권남용인가 하는 점인데, 앞서 본 바와 같이 단지 '진의 아님'을 언급한 예도 있으나 주류적 판례는 "본인의 의사나 이익에 반하여 자기 또는 제3자의 이익을 위하여 배임적인 의도로" 할 것(대리권남용),[129] "회사의 영리목적과 관계없이 자기 또는 제3자의 이익을 도모할 목적으로" 할 것(대표권남용)을[130] 요구한다. 이 점은 (대표권남용의 경우) 민법 제107조 제1항 단서를 유추하는지, 신의칙에 의하는지와 관계가 없다.[131] 이들 판례 중 대다수는 당사자가 자기 또는 제3자의 이익을 위하여 대리권·대표권을 행사하였다는 점을 남용 주장의 근거로 들었기에 그와 같이 판단된 것으로 보이나, 하급심 재판례 중에는 대리인의 목적 내지 동기를 문제 삼아 결론을 대리권남용 주장을 배척한 예도 여럿 있다.

그러나 대법원 2013. 7. 11. 선고 2013다5091 판결은 원고회사가 피고회사와 사이에 피고회사의 신주를 제3자배정방식으로 인수해주기로 약정하면서 "주가가 일정 수준 이상 하락할 경우 주식매수의무를 부담하는 내용의 이 사건 연대보증계약을 체결하였다는 사정만으로는 □□□가 피고의 영리목적에 관계없이 자신 또는 알티전자의 이익을 도모할 목적만으로 이 사건 연대보증계약을 체결하였다고 단정할 수 없"다고 하였다.[132] 또, 대법원 1997. 1. 24. 선고 96다43928 판결, 대법원 2009. 1. 30. 선고 2008다73731 판결은 친권자인 모(母)가 자(子)의 재산을 그 시가(媤家) 측에 양도한 사안에서 "친권자가 자(子)를 대리하는 법률행위는 친권자와 자(子) 사이의 이해상반행위에 해당하지 않는 한, 그것을 할 것인가 아닌가는 자(子)를 위하여 친권을 행사하는 친권자가 자(子)를 둘러싼 여러 사정을 고려하여 행할 수 있는 재량에 맡겨진 것으로 보아야 할 것이므로, 이와 같이 친권자가 자(子)를 대리하여 행한 자(子) 소유의 재산에 대한 처분행위에 대해서는 그것이 사실상 자(子)의 이익을 무시하고 친권자 본인 혹은 제3자의 이익을 도모하는 것만을 목적으로 하여 이루어졌다고 하는 등 친권자에게 자(子)를 대리할 권한을 수여한 법의 취지에 현저히 반한다고 인정되는 사정이 존재하지 않는 한 친권자에 의한 대리권의 남용에 해당한다고 쉽게 단정지을 수 없다"고 하였다. 이들 판례는 위 추상적 법리 중 뒷부분, 즉 "자기 또는 제3자의 이익을 위하여" 행사하였는지가 아닌 앞부분 "본인의 의사

된 바 있으나, 당해 사안에서는 대표권남용이 부정되었다.

129) 대법원 1987. 7. 7. 선고 86다카1004 판결(주 114) 등 다수.

130) 대법원 1987. 10. 13. 선고 86다카1522 판결 등 다수. 이러한 법리가 민법상 비영리법인에 대하여도 타당하다는 것으로, 대법원 2004. 3. 26. 선고 2003다34045 판결.

131) 가령 대법원 1987. 10. 13. 선고 86다카1522 판결.

132) 사실관계는 그 원심인 서울고등법원 2012. 11. 30. 선고 2012나49379 판결 참소.

나 이익” 또는 “회사의 영리목적”에의 부합 여부, 이를 위한 재량의 합리적 행사 여부에 독자적인 기능이 있고 이를 배임의도로 다 파악할 수 없음을 시사한다.

(b) 반면 지배인에 대한 내부관계상 지시, 절차 등 제한은 대리권남용이 아닌 상법 제11조 제3항의 대리권제한의 문제로, 주식회사 대표이사가 정관에 따라 이사회 결의를 거치게 되어 있는 거래를 이사회 결의 없이 한 경우는 대표권남용이 아닌 상법 제389조 제3항, 제209조 제2항의 대표권제한의 문제로 다루어지고 있다. 대법원 1997. 8. 26. 선고 96다36753 판결은 소외인이 “피고은행의 지배인으로서 위 출장소의 영업에 관한 포괄적인 대리권을 가진다고 할 것이므로 비록 피고은행의 규정에 의하여 이 사건과 같은 융통어음의 배서가 금지되고 있다고 하더라도 이는 피고은행이 내부적으로 정한 지배인의 대리권에 대한 제한이라고 볼 것인바, 원고가 이 사건 어음을 취득하면서 위 대리권 제한 사실을 알았다는 점에 대하여 입증이 없는 한, 피고은행은 원고에게 배서인으로서의 소구책임을 진다”고 하고, 1997. 8. 29. 선고 97다18059 판결은 주식회사 “대표이사는 [⋯] 재판상 또는 재판 외의 일체의 행위를 할 수 있고, 이러한 대표권 그 자체는 성질상 제한될 수 없는 것이지만 대외적인 업무 집행에 관한 결정 권한으로서의 대표권은 법률의 규정에 의하여 제한될 뿐만 아니라 회사의 정관, 이사회의 결의 등의 내부적 절차 또는 내규 등에 의하여 내부적으로 제한될 수 있”다면서 이러한 내부적 제한 위반에 대하여는 상법 제398조 제3항, 제209조가 적용된다고 하였다. 대법원 2021. 2. 18. 선고 2015다45451 전원합의체 판결도 주식회사의 정관, 이사회의 결의 등 내부적 절차, 규정 등에 따른 내부적 제한위반에 대하여 대표권남용이 아닌 상법 제398조 제3항, 제209조를 적용함으로써 이를 재확인한다. 나아가 판례는 이들 규정의 ‘악의’를 악의 또는 중과실로 해석상 완화하고 있다.133)

한편 대법원 2003. 7. 22. 선고 2002다64780 판결은 비법인사단 정관에서 일정한 사항은 이사회의 결의를 거치게 한 경우, 이는 “대표권을 제한하는 규정에 해당하는 것이므로, 거래 상대방이 그와 같은 대표권 제한 및 그 위반 사실을 알았거나 과실로 인하여 이를 알지 못한 때에는 그 거래행위가 무효로 된다고 봄이 상당하며, 이 경우 그 거래 상대방이 대표권 제한 및 그 위반 사실을 알았거나 알지 못한 데에 과실이 있다는 사정은 그 거래의 무효를 주장하는 측이 이를 주장·입증하여야” 한다고 한다.134)

---

133) 대법원 1997. 8. 26. 선고 96다36753 판결. 또한, 대법원 2007. 4. 19. 선고 2004다60072, 60089 전원합의체 판결의 다수의견도 참조.

134) 같은 취지로, 대법원 2007. 4. 19. 선고 2004다60072, 60089 전원합의체 판결. 이것이 대표권남용의 법리의 적용이라는 견해로, 윤진수, “2007년도 주요 민법 관련 판례 회고”, 서울대 「법학」, 제49권 제1호, 2008, 348면, 민법 제126조의 표현대리라는 견해로, 제철웅, “단체와 법인”, 「민사법학」, 제36호, 2007, 100면 및 주 24(이 견해는 “정당한 사유”의 증명책임이 본인에게 있다고 한

(라) 효과

(a) 대리권남용이 인정되면 그 대리행위가 "본인의 대리행위로 성립할 수 없"어[135] 본인이 그 행위의 효과를 부인할 수 있고,[136] 상대방이 본인에 대하여 그로 인한 권리취득을 주장할 수 없다.[137] 대표권남용 및 본인에게 대항할 수 있는 대리권·대표권'제한'의 효과도 대체로 같다.

특히 다수의 사안에서는 과실이 있다는 이유로 대리권·대표권남용이 받아들여진 뒤 사용자책임(민법 제756조 제1항) 또는 법인책임(민법 제31조 제1항)이 인용되었다. 이른바 거래적 불법행위로서 상대방(피해자)에게 대리행위가 사무/업무집행과 관련이 없음을 알지 못한 데 중과실은 없다는 것이다. 그 대신 광범위한 과실상계가 이루어지곤 한다.[138]

(b) 대법원 2011. 12. 22. 선고 2011다64669 판결은 "친권자의 대리행위가 객관적으로 볼 때 미성년자 본인에게는 경제적인 손실만을 초래하는 반면, 친권자나 제3자에게는 경제적인 이익을 가져오는 행위이고 그 행위의 상대방이 이러한 사실을 알았거나 알 수 있었을 때에는 민법 제107조 제1항 단서의 규정을 유추적용하여 행위의 효과가 자에게는 미치지 않는다고 해석함이 상당"하다고 하면서도, "선의의 제3자에 대하여는 같은 조 제2항의 규정을 유추적용하여 누구도 그와 같은 사정을 들어 대항할 수 없으며, 제3자가 악의라는 사실에 관한 주장·증명책임은 그 무효를 주장하는 자에게 있다"고 한다. 즉 무효는 법정대리권의 남용일 때조차도 선의의 제3자에게 대항하지 못하는 것이다.

한편 대법원 1997. 8. 26. 선고 96다36753 판결은 "지배인이 내부적인 대리권제한 규정에 위배하여 어음행위를 한 경우, 이러한 대리권의 제한에 대항할 수 있는 제3자의 범위에는 그 지배인으로부터 직접 어음을 취득한 상대방뿐만 아니라 그로부터 어음을 다시 배서양도받은 제3취득자도 포함된다고 할 것"이라고 한다. 이는 적어도 어음행위의 경우 직접 상대방에 대하여 악의 또는 중과실 요건이 갖추어지지 아니하여 무효가 아닐 때에도 전득자에 대하여 위 요건이 갖추어지면 무효가 된다는 취지이다.

(2) 학설

(가) 법적 구성과 요건

(a) 민법학의 통설은 민법 제107조 제1항 단서를 유추하여 대리권남용을 규율하려

다).

135) 대법원 1987. 7. 7. 선고 86다카1004 판결.

136) 대법원 1987. 10. 13. 선고 86다카1522 판결.

137) 대법원 1990. 3. 13. 선고 89다카24360 판결.

138) 대리의 경우 대법원 1987. 7. 7. 선고 86다카1004 판결(주 114) 등, 대표의 경우 대법원 2004. 3. 26. 선고 2003다34045 판결 등.

고 한다(非眞意表示說). 대리인에게 배임의도가 있고 그러한 사정을 상대방이 알았거나 알 수 있었을 때에는 비진의표시는 아니나 그 이익상황은 비슷하므로 민법 제107조 제1항 단서를 유추할 수 있다고 한다.[139)]

그러나 신의칙(민법 제2조 제1항) 내지 권리남용금지(민법 제2조 제2항)를 적용하여야 한다는 견해(信義則·權利濫用說)도 근래에는 매우 유력하고,[140)] 상법학에서는 이것이 오랫동안 다수설이었다.[141)] 그밖에 대리권·대표권이 대리인·대표자의 배임행위 실현에 악용되어 그 독립성의 존재의의에 반하게 되는 경우 대리권·대표권 자체가, 그 내재적 한계를 넘어, 부정된다는 견해(無權代理·表見代理說)도 있다.[142)]

비진의표시설은 대리행위가 대리인 또는 제3자의 이익을 위하여 배임적으로 이루어질 것("진의 아님")과 그러한 사정을 상대방이 알았거나 알 수 있었을 것을 요건으로 내세운다.[143)]

반면 신의칙·권리남용설과 무권대리·표현대리설에서는 구체적 요건에 관하여도 조금 다른 견해가 주장되고 있다. 대리인의 배임적 행위를 전제하는 예도 있지만,[144)] 지시 또는 내부적 제한 위반, 본인에게 불리한 행위, 자기 또는 제3자의 이익을 위한 행위 등 내부관계에서의 구속에 객관적으로 반하는 행위이면 족하고 대리인의 고의·과실은 중요하지 아니하다는 견해가[145)] 유력한 것이다. 상대방의 인식 가능성의 경우 신의칙·

---

139) 곽윤직·김재형, 민법총칙 제9판, 2013, 330, 349면; 김은아(주 82), 340면 이하; 문홍안, "대리권의 남용", 「Jurist」, 제409호, 2006, 386면; 이기용, "대리권의 남용", 「비교사법」, 통권 제3호, 1995, 327면; 이용훈(주 114), 124면; 장재현, "제3자를 위한 대리권행사", 경북대 「법학논고」, 제27집, 2007, 421면; 정해상, "대리권남용에 대한 당사자의 책임이론", 「중앙법학」, 제4집 제2호, 2002, 260면.

140) 고상룡, 민법총칙 제3판, 2003, 501면; 명순구, 민법총칙, 2005, 448면; 송덕수, 민법총칙 제4판, 2018, 320-322면; 지원림, 민법강의 제21판, 2024, 289면(무권대리·표현대리설에서 개설); 하경효, "대리권 남용시의 대리효과 부인의 근거와 요건", 한국민법이론의 발전(I) 총칙·물권편, 1999, 143면 이하.

141) 김정호(주 123), 620면 이하; 이동흡, "대표이사의 대리권남용행위", 「재판자료」, 제38집, 1987, 124면; 정동윤, "대표이사의 대표권남용행위의 효력", 법률신문 1989.1.12.자, 10면.

142) 김상중, "대리제도와 제3자의 보호: 대리권남용과 표현대리를 중심으로", 「비교사법」, 통권 제89호, 2020, 16-18면; 김증한·김학동, 민법총칙 제10판, 2013, 408면; 백태승, 민법총칙 제6판, 2014, 460면; 손지열, "대표권의 남용", 민사판례연구[XI], 1989, 14-15면; 안춘수, "대리권 남용", 연세대 「법학연구」, 제5권, 1995, 150면 이하; 이영준, 민법총칙 개정증보판, 2007, 553면.

143) 명시하여 객관적으로 내부관계상의 의무에 반하는 대리행위라 하더라도 대리인에게 주관적 의도가 없으면 대리권남용이라고 할 수 없다고 설명하는 것으로 정해상(주 139), 264면, 대리인에게 주관적 요건을 요구하지 아니하는 데 명시적으로 반대하는 것으로 이기용(주 139), 326면.

144) 김증한·김학동(주 142), 519면; 명순구(주 140), 444면; 지원림(주 140), 165면; 하경효(주 140), 143면(본인에게 불이익한 행위일 것도 요구한다).

145) 백태승(주 142), 460면; 안춘수(주 142), 143-144면. 한편, 이영준(주 142), 554면은 객관적인 배임행위, 즉 대리인이 본인의 불이익으로 자기 이익을 위하는 행위가 있어야 한다면서도 고의·과

권리남용설은 악의 또는 중과실을 요구하는 것이 보통이나,[146] 악의 또는 명백한 남용을 요구하는 견해도 있고,[147] 악의일 때에 한하여 효과귀속의 부인을 인정하는 견해도 있다.[148] 무권대리설도 비슷하나, 표현대리설은 이를 민법 제126조의 "정당한 사유" 판단에 맡긴다. 상대방의 인식 가능성을 악의 또는 중과실 내지 명백한 남용으로 제한하는 견해 중에는 과실을 요건으로 하면 상대방에게 대리권남용 여부를 조사할 의무를 부과하는 셈이 된다고 비판하는 것이 있다.[149]

그 밖에 근래에는 법적 구성에 대하여는 명확한 입장을 밝히지 아니한 채, 주로 독일의 베더(Vedder)의 논의에 의지하여, 내부관계에서 본인이 정한 본인의 이익에 반하는 행위를 고의로 한 경우에 한하여 대리권남용을 인정하여야 한다면서, 그렇게 하지 아니하면 거래 상대방의 불확실성 제거와 (본인과 직접 거래할 때와) 동일한 교섭·체결 기회의 제공이라는 (본인의) 이익이 무시된다는 견해도 주장되고 있다.[150]

(b) 나아가 기존의 견해가 모두 그 이론구성은 물론 결론에서도 부당하다면서, 대리권남용은 유권대리이므로 본인에게 효과가 귀속된다는 점을 인정하는 전제하에 불법행위책임을 물음으로써 해결함이 타당하다는 견해(不法行爲責任說)도 있다.[151] 이 견해는 대리권남용에 상대방이 모의하는 등 적극 개입한 경우에 한하여 민법 제103조에 따라 무효가 된다고 한다.[152]

(나) 적용범위

(a) 임의대리에서 대리권남용의 적용범위 문제는 결국 수권행위의 해석문제이다. 한 견해는 수권행위를 해석함에 있어 '내부관계에서보다 더 넓은 대리권을 수여할 본인의 이익'이 결정적 의미를 가진다면서, 법률행위에 의하여 수여되거나 제한이 가능한 대리권은 내부관계에서 허용되는 정도보다 넓은 범위에서 인정되어야 한다고 한다.[153]

(b) 표현대리의 남용이 인정되는지도 논란거리이다. 통설은 이를 인정하나,[154] 불법

실은 요하지 아니한다고 하는데, 이러한 서술이 "자기 이익을 위하는"과 조화되는지 의문이다.

146) 고상룡(주 140), 501면; 김증한·김학동(주 142), 519면; 명순구(주 140), 448면; 송덕수(주 140), 321면; 이동흡(주 141), 124면; 정동윤(주 141), 10면.

147) 이영준(주 142), 554면; 하경효(주 140), 143-144면.

148) 송덕수(주 140), 321면("비록 그 과실이 중대하다 하더라도").

149) 송덕수(주 140), 321면; 이영준(주 142), 554면; 지원림(주 140), 165면; 하경효(주 140), 145면 이하.

150) 정신동, "대리권 남용 시 대리효과 부인을 위한 (임의)대리인의 주관적 요건", 하경효 교수 정년기념논문집 계약과 책임, 2017, 84-89면.

151) 정상현, "대리권 남용행위의 유형분석에 따른 법률관계 재검토", 「성균관법학」, 제29권 제1호, 2017, 275-276면.

152) 정상현, "반사회적 대리권 남용행위의 법률관계 고찰", 「저스티스」, 통권 제144호, 2014, 138면 이하. 그 밖에 공서양속 위반을 인정하는 것으로, 이영준(주 142), 552면; 하경효(주 140), 144면 이하.

153) 정신동(주 150), 77, 80-84면.

154) 김정호(주 123), 628면; 김상중(주 142), 12면; 송덕수(주 140), 322면; 윤일구, "민법 제126조의

행위책임설은 이 또한 부정하고 표현대리에 의한 효과귀속을 전제로 불법행위책임을 인정하여야 한다고 한다. 대리권남용은 유권대리를 전제하는바 표현대리가 무권대리라면 표현대리권의 남용은 불가능하고 표현대리를 유권대리로 보는 이른바 행위·규율분리설을 따를 때에도 표현대리가 유권대리라고 하면서 여기에 대리권남용 법리를 적용하면 같은 행위가 다시 무권대리가 되는 기이한 결과가 되어 역시 문제라는 것이다.[155)]

(c) 다른 한편, 지배권 등 상법상 정형적·포괄적 대리권의 '제한'은 내부적 제한을 말하고, 상법 제11조 제2항, 제15조 제2항에 의하여 처리되며 그 '남용'은 영업주가 아닌 자신 또는 제3자의 이익을 위하여 대리행위를 한 경우로서 (민법상) 대리권남용의 문제라는 것이 상법학의 통설이다.[156)] 그리고 주식회사 대표이사의 대표권'제한'은 법률상 제한과 내부적 제한으로 나누어 상법 제374조, 제375조 등에 따라 주주총회의 결의가 필요한 행위를 그 결의 없이 한 경우에는 전자(前者)에 해당하고 (절대적) 무효인 반면, 정관이나 이사회규칙 등으로 주주총회 또는 이사회의 결의를 요한다고 정한 경우는 후자(後者), 즉 내부적 제한으로 상법 제389조 제3항, 제209조 제2항에 의한다는 것이 상법학의 통설이다.[157)] 그리고 대표권'남용'은, 정형적·포괄적 대리권과 마찬가지로, 회사가 아닌 자기 또는 제3자의 이익을 위한 행위로 (좁게) 정의된다.[158)] 반면 민법 제60조는, 일본민법 제54조(주 48 참조) 및 위 상법규정들과 달리, "이사의 대표권에 대한 제한은 등기하지 아니하면 제3자에게 대항하지 못한다"고 규정하는바, 이때 제3자는 문언대로 선·악의를 묻지 아니하고 모든 제3자를 가리킨다는 견해(무제한설)도 있으나, 악의의 제3자는 포함되지 아니한다는 견해(제한설)도 유력하게 주장되어 왔다. 제한설은 거래안전이 덜 중요한 민법, 비영리법인에서는 선·악의를 묻지 아니하고 모든 제3자에게 대표권 제한을 대항할 수 없게 하면서 거래안전이 더 중요한 상법에서는 선의의 제3자만 보호하는 일본상법규정을 그대로 이어받은, 두 법이 조율없이 각각 입법되면서 생긴 평가모순을 해석상 해소하려는 시도라고 할 수 있다.[159)]

표현대리와 대리권남용의 관계", 한국법학회 법학연구 제52권(2013), 166, 184−185면.

155) 정상현, "대리권 남용행위에 대한 효과차단의 근거와 대리본질론의 역할 재검토", 법조 통권 제737호(2019), 294면 이하.

156) 가령 송옥렬, 상법강의 제10판, 2020, 29, 31−33, 40면.

157) 우선 송옥렬(주 156), 1018−1019면. 대법원 2012. 4. 12. 선고 2011다106143 판결(상법 제374조). 다만 지배주주가 주주총회결의가 있었던 것 같은 외관을 작출한 경우 등에는 그러하지 아니하는 취지의 판례로 대법원 1995. 9. 15. 선고 95다13302 판결. 특히 논란이 있었던 것은 이사회 결의를 결한 경우로서, 유효인지, 악의인 때에 한하여 무효인지, 악의·중과실인 때에 한하여 무효인지, 악의 또는 과실이 있으면 무효인지가 다투어졌다. 대법원 2021. 2. 18. 선고 2015다45451 전원합의체 판결.

158) 송옥렬(주 156), 1021면 이하.

159) 우선, 김용덕 편집대표 주석민법 [총칙 2] 제5판, 2019, 819면 이하(문영화 집필부분) 참조.

(d) 친권자·후견인 등의 법정대리권에 대하여 대리권남용 법리가 적용된다는 데는 별 이론(異論)이 없다.[160] 다만, 친권자·후견인 등의 법정대리권의 남용에서도 똑같이 상대방의 악의 또는 과실이 요구되는지에 대하여는 견해가 갈린다. 통설은 같은 요건이 적용된다고 하나,[161] 제한능력자 보호라는 민법의 근본결단을 존중하여 상대방 보호요건은 문제 삼지 아니하여야 한다는 견해도 있다.[162]

(다) 효과

(a) 대리권남용의 효과는 무효 내지 효과불귀속이라고 설명하는 것이 보통이다.[163] 그러나 이를 전제하면서도 (본인이 아닌) 상대방이 무권대리를 주장할 수는 없다는 견해가 있다.[164] 신의칙·권리남용설에 따르면 이미 이행된 경우 부당이득반환을 근거 지우기 어렵다는 비판이 있으나 신의칙·권리남용설은 "무효에 준하여" 부당이득반환도 구할 수 있다고 한다.[165] 다른 한편 어느 견해든 무권대리인의 책임(민법 제135조)은 물을 수 없다고 한다.[166]

그러나 불법행위책임설에서는 전부 또는 전무(all or nothing)의 해결은 부당하다면서 (과실 있는 상대방의 본인에 대한) 불법행위책임과 과실상계로 손해를 분배해야 한다고 한다.[167]

(b) 대리권남용으로 인한 무효 내지 효과불귀속을 제3자에 대하여 대항할 수 있는가? 종래에도 이 문제를 다룬 드문 문헌은 비진의표시설에서는 민법 제107조 제2항을 유추할 수 있고 신의칙·권리남용설에서도 이익형량을 거치면 선의의 전득자에게는 무효주장을 할 수 없을 것이라고 하였다.[168] 민법 제107조 제2항의 유추를 정당화하기 쉽다는 점을 비진의표시설의 한 장점으로 드는 예도 있다.[169] 다만, 이러한 논리가 친권자

160) 송덕수(주 140), 318면; 이영준(주 142), 555면; 지원림(주 140), 165면; 하경효(주 140), 148면.

161) 김상중(주 142), 24-25면; 윤진수, "친권자와 자녀 사이의 이해상반행위 및 친권자의 대리권 남용", 민사재판의 제문제 제11권, 2002 =「민법논고 IV」, 2009, 406면 이하; 서종희, "대리권(친권)남용과 선의의 제3자 보호",「외법논집」, 제43권 제3호, 2019, 12면.

162) 지원림, "대리권의 남용과 선의의 제3자", 법률신문 2018. 7. 9.자.

163) 곽윤직·김재형(주 139), 349면(효과불귀속); 김증한·김학동(주 142), 517면(무효); 송덕수(주 140), 321면; 지원림(주 140), 165면.

164) 송덕수(주 140), 321면.

165) 송덕수(주 140), 321면.

166) 물을 수 있다는 것이 무권대리설의 결론이라면서 이는 법적으로나 타당성 면에서나 옳지 아니하다는 것으로, 송덕수(주 140), 321-322면, 대리권남용이 인정되는 한 상대방의 보호가치 역시 부정되어 표현대리는 물론 무권대리인책임도 물을 수 없다는 것으로 지원림(주 140), 165면, 유권대리이므로 무권대리인책임은 물을 수 없다는 것으로, 김대정, 민법총칙, 2012, 1095면.

167) 정상현(주 151), 126면 이하. 무효구성 자체를 비판하지 아니하면서 (독일식의) 과실상계적 처리를 시사하는 것으로 서종희(주 161), 10면.

168) 손지열(주 142), 12면; 송덕수, "대리행위와 민법 제107조",「고시연구」, 제17권 제7호, 1990, 120면.

169) 김은아(주 82), 344, 349-350면.

· 후견인 등의 법정대리권이 남용된 때에도 적용되는가 하는 점은 다투어진다. 긍정하는 견해가 있는가 하면,[170] 제한능력자 보호제도의 취지에 비추어 이를 부정하는 견해도 있다.[171] 다른 한편, 무권대리 · 표현대리설에서는 제3자 보호는 어려울 것이라는 추측이 많았으나, 근래에는 이 경우에도 같은 법리에 따라 선의 · 무과실의 제3자가 보호될 수 있다는 견해가 주장되고 있다.[172] 불법행위책임설에서는 공모가 있었던 경우가 아닌 한 선 · 악의와 관계없이 제3자는 보호된다고 한다.[173]

2. 검토

(1) 인정 여부와 상대방 측 요건

(가) 대리의 내부관계에 대한 독립성

(a) 지배인 · 부분적 포괄대리권을 가진 사용인의 대리권(상법 제11조 제1항, 제15조 제1항)은 정형적 · 포괄적이고 바로 그것이 그 제도의 핵심이다. 지배인은 바로 그 때문에 상업등기의 대상이 된다(상법 제13조).[174] 지배인 · 부분적 포괄대리권을 가진 사용인의 대리권은 원칙적으로 제한할 수 없고, 제한하여도 '내부관계에서만 효력을 가진(다고 설명된)다.'[175]

대리권은 외부관계에서 본인에게 효력을 귀속시킬 수 있는 권능으로서 내부관계와는 관련이 없다. 그러나 지배인 · 부분적 포괄대리권을 가진 사용인과 영업주 사이에도 고용 · 위임 등의 내부관계가 있는 것이 보통이다. 부분적 포괄대리권을 가진 사용인의 경우 상법 제15조 제1항이 "특정한 종류 또는 특정한 사항에 대한 위임"을 받을 것을 요구하고 있기도 하다.[176] 이때 내부관계상 결제와 같은 절차나 범위 제한이 있다는 점은, 앞서 본 바와 같이 법률상, 대리권의 범위에 영향을 줄 수 없다.[177] 그러나 그렇다고 내부관계

---

170) 서종희(주 161), 14면 이하.
171) 지원림(주 162), 같은 곳.
172) 김상중(주 142), 19면 이하.
173) 정상현 · 박석일, "친권자에 의한 배임적 대리행위와 제3자 보호에 관한 판례 재검토", 「저스티스」, 통권 제178호, 2020, 515면 이하.
174) 지배인 제도는 독일일반상법(ADHGB)에서 처음 법정화되었고, 이후 거의 그 모습 그대로 이어져온 제도로서 대리인등기부와 관련되어 있다. 이동원 · 권순일 편집대표 주석상법[총칙 · 상행위] 제5판, 2023, 128면(고홍석 집필부분); MüKoHGB/Krebs, 5. Aufl., 2021, Vor § 48 Rn. 3 ff. 다만, 우리 및 일본법의 모법(母法)인 독일법에서는 선의의 제3자에게도 대항할 수 없다는 차이가 있다.
175) 지배인에 대하여는, 고홍석(주 174), 141-142면, 부분적 포괄대리권을 가진 사용인에 대하여는, 이동원 · 권순일 편집대표 주석상법[총칙 · 상행위] 제5판, 2023, 199면 이하(고홍석 집필부분) 각 참조.
176) 이는 법률행위의 위임을 포함하여야 한다. 대법원 2007. 8. 23. 선고 2007다23425 판결. 학설상의 논의는 고홍석(주 175), 201-202면 참조.
177) 고홍석(주 174), 151-152면; 同(주 175), 202-203면.

에서 일정한 절차와 범위에서만 대리권을 '행사'할 의무를 지울 수 없는 것은 아니고 또 그러한 의무가, 묵시적으로라도, 존재하는 것이 오히려 보통이다. 이는 상법이 원활한 거래를 촉진하고 보호하기 위하여 기본관계와 대리권을 분리한 예인 것이다. 그렇다면 나아가 지배인·부분적 포괄대리권을 가진 사용인의 대리권을 '제한'하는 정함만 있는 경우에도 이는 내부관계상 그와 같이 대리권을 '행사하지 아니할' 의무를 지우는 것으로 (재)해석되어야 한다. 대리권제한은 '내부관계에서만 효력을 가진다'는 바로 그러한 뜻이다.

이러한 사정은 역시 그 권한을 정형적·포괄적으로 정한 대표의 경우에도 같다. 주주총회나 이사회의 결의를 요구하거나 대표권의 범위를 제한하더라도 원칙적으로 내부적 의무의 의미를 가질 뿐이다.

(b) 나아가 민법상의 임의대리의 경우에도 내부관계와 대리권은 구분되고, 또 구분할 이유가 있다. 우선, 민법 제128조는 일본민법의 예를 따라 "법률행위에 의하여 수여된 대리권"과 "그 원인된 법률관계"를 구별하고 그 원인된 "법률관계의 종료전에" 본인이 "수권행위"만을 "철회"하는 것을 인정한다. 기본관계와 대리의 구별을 전제한 규정이다.[178] 대리는 총칙으로, 위임계약은 계약각칙으로 명확히 나누어놓았다. 때문에 판례도 "위임과 대리권수여는 별개의 독립된 행위로서 위임은 위임자와 수임자간의 내부적인 채권채무관계를 말하고 대리권은 대리인의 행위가 본인에게 미치는 대외적 자격을 말"한다고 한다.[179] 좀 더 중요한 점은 본인에게 대리인에게 내부관계에서 해도 되는 것(Vertretungsbefugnis)보다 대외적으로 더 넓은 권한(Vertretungsmacht)을 부여할 만한 이유가 종종 있다는 사실이다.[180] 대리인을 내세움으로써 그의 전문적인 능력을 이용하거나 본인의 신원을 숨기는 등 대리인의 활동이 그 영업에 특히 중요할 때에는 상대방으로 하여금 그 대리인과 거래할 용의(用意)를 강화하기 위하여 대리인에게 단순하고 정형화된 상당한 권한이 부여된 것과 같은 외관을 만들어야 할 수 있기 때문이다.[181] 거래현실에서 실은 임원 기타 포괄적 권한을 갖고 있지 아니한, 일정범위의 대외활동만 위임받은 대리인에게 실질에 맞지 아니하는 '전무', '상무'와 같은 직함을 수고 그렇게 표기된 명함을 쓰게 하는 일을 종종 볼 수 있는 이유이다. 본인이 내부관계보다 더 넓은 대리권을 대외적으로 부여하고자 한다면 이를 막을 이유는 없다. 기본관계와 대리권의 구분은 우리 법질서의 태도일 뿐 아니라 입법론적으로도 타당하다.[182]

---

178) 일본민법도 본래 그러한 취지였다. 앞의 주 42 참조. 정신동(주 150), 67면은 "우리 현행 민법은 구민법에서와 달리 대리권 수여행위와 기초적 내부관계를 구별"한다고 하나, 오해의 소지가 있다.

179) 대법원 1962. 5. 24. 선고 4294민상251, 252 판결.

180) 용어 및 양자의 구별은 Tietz(주 16), S. 3 ff.

181) 이러한 유인에 대한 포괄적 분석으로 Vedder(주 30), S. 9 ff.; 정신동(주 150), 80면 이하.

182) 이 점에서 기본관계와 대리를 구별한 것은 명백한 발전이다. Dölle, "Juristische Entdeckungen",

(나) 대리권남용 법리의 필요성과 상대방 측 요건

(a) 이처럼 내부관계에서 대리인이 해도 되는 것보다 대리권이 더 넓은 범위에서 인정되는 경우 대리인이 대리권의 범위 내에 있으나 내부적으로 본인에 대한 의무에 반하는 행위를 한 데 대하여 내부관계에 따라 본인에게 (계약)책임을 진다는 데는 의문이 없다. 그렇다면 상대방에 대하여는 늘 유권대리로 본인이 책임을 져야 하는가?

지배인 등의 지위를 부여하거나 내부관계보다 넓은 범위의 대리권을 수여하는 경우 본인은 내부관계상 의무와 대리권의 범위의 분리가능성을 이용하여 거래를 촉진함으로써 자기 이익을 증대한다. 그 대신 대리인의 부당한 행위의 위험을 인수하는 비용을 치른다. (대리인의 선임·감독과 사후책임추궁을 통한 통제까지 고려할 때) 위 증가한 대리인비용보다 증대된 이익이 더 크리라고 예상하였기 때문이다. 그러한 한 대리권의 독립성과 그 이용은 효율적이고, 막을 이유가 없다. 그러나 대리권의 범위 내라 하더라도 내부관계상 해서는 안 되는 대리행위라는 점을 상대방이 알았다면 반드시 그러하다고 할 수 없다. 이러한 대리행위는 본인 입장에서는 (법경제학적 관점에서) '사고(事故; accident)'이고, 선임·감독상의 주의와 사후책임추궁을 통하여 가능한 한 방지하여야 한다. 그런데 대리행위에는 대리인과 상대방만 관여하고 본인은 관여하지 아니하므로 이를 낮은 비용으로 방지하는 효과적 감독장치를 두는 데 한계가 있다. 반면 적어도 대리행위가 내부관계상 해서는 안 되는 것임을 알았던("악의") 상대방은 그 거래에 응하지 아니함으로써 별 비용 없이 이를 방지할 수 있다. 그렇다면 상대방에게 방지유인을 제공할 필요가 있을 것이다.[183] 대리권남용 법리가 필요하고 제법 보편적인 이유이다.

(b) 상대방 측에는 어떤 요건이 갖추어져야 대리권남용이라고 할 수 있는가? 상대방이 악의인 경우는 본인과 상대방 중 상대방이 대리권남용이라는 '사고'를 더 낮은 비용으로 회피할 수 있는 최소비용회피자(the least cost avoider)이므로 마땅히 남용의 효과를 부인함으로써 그 비용을 상대방에게 내부화(internalize)시켜야 한다. 나아가 상대방이 알지 못한 데 중대한 과실이 있을 때에도 같다. 한편으로는 상대방의 주의비용이 매우 낮아 여전히 그가 최소비용회피자이고, 다른 한편으로는 악의의 증명이 늘 쉽지만은 아니

Verhandlungen des 42. Deutschen Juristentages II, 1959, S. 4 ff.는 이를 법적 발견 중 하나로 꼽는다. 기본관계의 유·무효 또는 취소·해제·해지가 대리권에 영향을 주는가 하는 점은 그와 별개의 문제인데, 민법 제129조 등의 존재를 고려할 때 영향을 줌이 '원칙'이라고 보아야 할 것이다. 상세는 김상중(주 3), 531–533면. 그러나 당사자가 달리 정할 수 있음은 물론이다. 민법 제128조도 임의규정으로 해석된다. 양창수 편집대표 민법주해[III] 제2판, 2022, 674면(김상중 집필 부분).

183) 대체로 같은 취지의 법경제학적 분석으로, 윤진수, "법의 해석과 적용에서 경제적 효율의 고려는 가능한가?", 서울대 「법학」, 제50권 제1호, 2009, 68면 이하(다만 결론에 있어서는, 별다른 근거 제시 없이, 과실로 족하다고 한 판례가 경제적으로 효율적이라고 평가한다).

하여 악의를 고수하면 오판위험(특히 false negative)이 상당할 수 있기 때문이다.[184] 독일과 우리의 학설 일부에서 주장하는 명백성은 이를 객관화한 것으로, 중과실을 위와 같은 의미로 쓰는 한 차이는 없다.

단순과실은 어떠한가? 상대방에게 적극적 조사의무를 지우는 것은 적절하지 아니하다. 내부관계보다 넓은 범위의 대리권을 인정하는 목적 자체에 반하기 때문이다. 그러나 과실을 규정하는 주의의무는 충전을 요하는 백지개념이다. 과실기준을 채택한다 하여 당연히 적극적 조사의무가 인정되리라고 볼 근거는 없고, 재판실무가 그렇게 운영되어 왔다고 하기도 어렵다.[185]

오히려 문제는 판례가 과실만 있어도 대리권남용의 법리에 따라 대리행위의 효과를 부인한 다음 남용사실을 알지 못한 데 중과실만 없으면 되는[186] 사용자책임을 인정하여 과실상계를 행해왔다는 점이다. 과실 요건을 버리고 명백성 요건 또는 중과실 요건을 택하면 이러한 해결은 사실상 곤란해질 것이다.[187] 그러므로 중과실과 과실을 어떻게 규정할 것인지가[188] 아니라 사용자책임을 통하여 책임을 분배할 필요가 과연 있는가 하는 점이 관건이다. 부정하여야 할 것이다. 하나의 '사고'에 여러 사람이 관여하였을 때 책임을 배분하는 것은 두 사람 모두 주의하여야 그 사고를 막을 수 있을 때이다. 각자의 기여가 '순차적(successive)'이어서 한 사람의 주의만으로 막을 수 있는 경우, 즉 단 한 사람

184) "중대한"과 "과실" 모두 불확정법개념이나, 여기에서는 상대방에게 제1차적 조사의무를 지우지는 아니한다는 의미를 포함한다. 대리행위를 전후하여 의심할 만한 뚜렷한 계기가 있을 때에나 조사의무가 발생할 수 있고, 그렇지 아니한 이상 제반 사정에 비추어 남용을 모르기 어려웠던 때에 한하여, 악의에 준하는 취급을 한다는 것이다.

185) 같은 취지에서 판례가 상대방 과실을 신중하게 판단하므로 실무적으로 별 무리가 없다는 것으로, 김대정(주 166), 1095면. 이른바 대표권제한(내부적 의무위반)에 관한 것이지만 대법원 2021. 2. 18. 선고 2015다45451 전원합의체 판결에서 대법관 박상옥, 민유숙, 김상환, 노태악의 반대의견도 종래 판례가 특별한 사정이 없는 한 거래 상대방으로서는 회사의 대표자가 거래에 필요한 회사의 내부절차는 마쳤을 것으로 신뢰하였다고 보는 것이 일반 경험칙에 부합하는 해석이라고 해온 점(대법원 2014. 6. 26. 선고 2012다73530 판결 등)을 지적하고 있다. 星野英一(주 58), 136頁(앞의 주 69)도 참조.

186) 이른바 거래적 불법행위에서는 피해자에게 악의 또는 중대한 과실이 있으면 사용자책임이 인정되지 아니한다. 대법원 1969. 7. 22. 선고 69다702 판결; 1971. 3. 23. 선고 71다186 판결; 1974. 11. 12. 선고 74다1169 판결; 1983. 6. 28. 선고 83다카217 판결. 이와 관련하여 판례가 당초에는 사무집행관련성 자체를 부정하였다가 근래에는 (일본 판례의 발전을 따라) 피해자의 보호가치를 부정하고 있다는 주장으로, 이충상, "대리권남용·무권대리로 인한 사용자책임", 「인권과 정의」, 통권 제466호, 2017, 48−49면.

187) 위 대법원 2021. 2. 18. 선고 2015다45451 전원합의체 판결에서 대법관 박상옥, 민유숙, 김상환, 노태악의 반대의견도, 이른바 대표권제한에 관하여, 이 점을 지적한다.

188) 그러나 이러한 방향의 비판으로 이충상(주 186), 51−51면("거의 고의에 가까운 것"이라는 판시를 피하여야 한다고 한다).

의 최소비용회피자가 존재하는 경우에는 그에게 모든 부담을 지우는 것이 효율적이다.[189] 그런데 대리권남용의 경우 대리행위에는 상대방만 관여하고 본인은 관여하지 아니하며, 상대방이 거의 비용 없이 남용을 알 수 있었을 때에 한하여 이를 인정한다. 본인의 선임·감독상의 주의는 대개 구체적 대리행위 자체에는 미치지 아니하는 그 전단계(가령 채용, 수권행위 단계)의 문제이다. 상대방의 인식 요건이 적절하게 엄격하게 운영되는 한 이 '사고'는, 대리행위 단계에 이르면, 상대방이 단독으로 막을 수 있는 사고이다.[190] 그럼에도 대리권남용을 인정한 다음 사용자책임에서 과실상계하는 것은, 아마도 대리권을 수여한 본인에게도 일부 책임은 있는 것 아닌가 하는 형평감각에서, 사용자책임에서 피해자의 중과실 인정에 지나치게 엄격한 태도를 취한[191] 결과일 것이다. 또 대리권남용에서 상대방의 과실을 지나치게 너그럽게 인정하게 할 유인이기도 하다. 재판례에서 두 측면 모두를 엿볼 수 있다. 오히려 근래 민법개정안(주 4, 6의 본문)과 같이 대리권남용부터 중과실을 요구하고 사용자책임에 의한 책임분배는 최소화하는 쪽이 낫다. 비교법적으로도 "충분한 의심의 계기"(독일), "모를 수 없었다면"(프랑스), '중과실'(스위스)과 같이 과실보다는 다소 엄격한 기준을 제시하거나 그 실제 운용이 다른 단순과실과는 다르다는 설명(일본)이 이루어지는 것을 흔히 볼 수 있다.

(c) 이는 친권자·후견인의 대리권남용에서도 타당하다. 상대방이 인식할 수 없었던 남용도 고려하면 사실상 법률이 정한 대리권의 범위를 무시하고 무권대리의 범위를 넓히는 셈이 된다. 그렇게 하면 상대방으로서는 법정대리인과의 거래 자체를 꺼리게 되어 오히려 제한능력자를 위한 법정대리제도의 취지에 반한다. 비교법적으로도 법정대리인의 대리권남용에서 상대방의 인식 가능성을 묻지 아니하는 예는 찾아보기 어렵다.[192]

(다) 불법행위책임설과 무권대리·표현대리설의 검토

(a) 이상의 결론은 불법행위설과 무권대리·표현대리설의 타당성에 대하여도 의미가 있다. 판례는 대리행위의 효력을 부인하면서 본인의 불법행위책임을 인정하는 반면, 불법행위책임설은 대리행위는 유효한 채로 두고 상대방의 불법행위책임을 인정한다. 그러나 대리권남용에서 단순과실이 아닌 중과실을 요구하여야 하는 것과 같은 이유에서[193]

189) 우선, 이동진, "공동불법행위, 구상, 과실상계의 경제적 분석", 「법경제학연구」, 제9권 제1호, 2016, 76면 이하 참조.

190) 본인은 상대방이 막을 수 없었던 대리권남용의 위험을 일정범위에서 선임·감독상 주의로 줄이고, 나머지는 인수한다.

191) (일본판례와 비교하여) 그러한 취지의 비판으로 이충상(주 186), 53면 이하.

192) 다만, 법정대리의 특성을 고려하여 구체적 사정에 따라 주의의무의 수준을 높이는 것은 고려할 수 있을 것이다. 비슷한 취지로, Stoll(주 29), S. 127 ff.

193) 심지어 Vedder(주 30), S. 57 ff.는 상대방의 인식 가능성은 문제 삼지 아니하고 S. 143 ff.에서 신뢰이익배상을 인정함으로써 상대방의 소극적 신뢰를 보호하려 한다. 그러나 이는 내부관계에서

불법행위책임을 인정하는 경우에도 (실질적으로는) 중과실을 요건으로 하여야 하고, 그러한 한 과실상계의 여지도 없다. 그렇다면 굳이 대리권남용을 부정하고 대리행위에 응한 것이 불법행위라면서 손해배상을 인정하여 우회할 이유도 없을 것이다. 비교법적으로도 대리권남용의 경우 대리행위의 효력 자체를 부인하는 것이, 대리의 독립성·무인성을 인정하는 나라에서조차, 보편적이다.

(b) 다른 한편, 대리권남용은 무권대리와 구별된다. 대리인과 거래하는 상대방은 대리인인지 및 대리권의 범위 내인지를 조사할 책무를 진다. 표현대리는 제한적으로 인정된다. 반면 일단 대리인이고 대리권의 범위 내이면 상대방으로서는 내부관계를 조사할 필요 없이 대리행위에 응하면 된다. 대리권남용은 예외적으로만 인정된다. 앞서 본 바와 같이 그 판단기준도 (과실과 중과실로) 구별된다. 대리권의 범위와 관계되어 대리권남용과 비교되곤 하는 민법 제126조의 경우 "믿을 만한 정당한 이유"는, 그 법문에 충실하게, 대리행위의 유효를 주장하는 상대방이 증명하여야 한다.[194] 반면 대리권남용에서는 일응 남용사실과 그러한 점을 상대방이 알았거나 알지 못한 데 중대한 과실이 있음을 본인이 주장·증명하여야 한다. 양자는 연속선상에 있는 제도가 아니다. 때문에 무권대리라면서 상대방이 악의이거나 중과실이 있을 때에 한하여 무권대리라고 하면 이 경우는 왜 상대방의 주관적 사정이 대리권의 범위를 정하는 데 고려되는가 하는 비판을 받게 된다. 민법에 마침 표현대리 규정이 있음을 들어 표현대리로 구성하면 전형적인 월권대리와 대리권남용에서 제126조의 "정당한 이유"를 달리 해석하거나 거꾸로 대리권남용을 지나치게 너그럽게 고려하여야 한다. 무엇보다도 대리권·대표권남용이 주로 문제되는 정형적·포괄적 대리권·대표권에서 무권대리설은 법문에 반한다.[195] 대리권남용은 내부관계에, 무권대리·표현대리는 외부관계에 근거한다. 대리권남용이 대리의 독립성이 의도한 거래안전을 '사실상' 깨뜨리는 측면이 있다 하여 그것이 무권대리가 되지는 아니한다.

보다 넓은 대리권을 부여한 취지에 반하여 사실상 대리권의 독립성을 무의미하게 만드는 것이다.

194) 고상룡(주 140), 578면; 이영준(주 142), 639면 등. 근래에는 이 견해의 지지자가 늘고 있다. 또한 대법원 1968. 6. 18. 선고 68다694 판결도 참조. 그러나 본인이 상대방의 악의 또는 과실을 주장·증명하여야 한다는 견해로 양창수 편집대표 민법주해[III] 제2판, 2022, 653-654면(김상중 집필부분). 이와 관련하여서는 민법 제126조가 표현대리 규정 내지 유형 중에서도 특히 남용위험이 큰 경우라는 점에 유의할 필요가 있다. 민법 제125조와 제129조의 표현대리의 경우 '특정 범위의' 대리권수여의 외관을 전제하므로 그 존부에 대한 신뢰만이 문제되는 반면, 제126조의 표현대리에서는 기본대리권의 범위를 벗어난 대리행위가 문제되는데, 본래 대리권의 범위를 조사할 책임은 상대방에게 있고, 단지 대리인의 말을 믿는 것만으로 '정당'하다고 할 수는 없기 때문이다. 곽윤직·김재형(주 139), 369면; 이영준(주 142), 633면. 또한, 최문기, "민법 제126조의 표현대리에 있어서 본인과 상대방의 귀책요소에 관한 일고찰", 「재산법연구」, 제30권 제3호, 2020, 136면 이하.

195) 김성호(주 123), 619-622면.

(2) 대리인 측 요건

(가) 내부관계상의 의무와 대리권의 범위의 구별

(a) 대리권의 범위를 규정하는 방식에는 제한이 없다. 대리를 위임의 일부로 파악하는 미국, 프랑스의 예에서 보듯 대리인이 할 수 있는 법률행위의 종류, 금액, 대상 등을 제한하는 것은 물론 공동대리(민법 제119조 단서)와 같은 대리권행사의 방법을 제한하는 것도 대리권의 범위규정에 해당할 수 있다.[196] 본인이나 그의 다른 대리인·사용자의 사전동의·승인을 받을 것을 조건으로 거는 방식으로 대외적 권한의 범위를 제한할 수도 있다.[197]

그런데 지배인, 부분적 포괄대리권을 갖고 있는 사용인, 법인의 대표자는 정형적·포괄적 대리권·대표권을 갖고, 그러한 지위로 선임된 이상 영업주·본인도 이를 변경할 수 없(다고 설명하곤 한)다. 그러므로 대외적인 대리권(Vertretungsmacht)제한을 의도하여 그러한 내용의 의사표시를 하거나 약정을 하거나 정관으로 규정하였다 하여 대외적인 대리권을 제한하는 효력이 생기지는 아니한다. 그 결과 내부적인 대리권 행사자격(Vertretungsbefugnis)의 제한, 즉 내부관계상 의무로서의 효력만 남는다. 이러한 사안에서 내부관계상 의무와 대리권의 구분이 간단한 이유이다.

(b) 임의대리는 어떠한가? 대리권의 범위가 수권행위에 의하여 정해지고, 결국 수권행위의 해석 문제라는 점에는 의문이 없다. 수권행위는 상대방 있는 단독행위이고,[198] 이때 상대방은 대리인을 가리킨다.[199] 그 결과 내부관계인 위임·고용·조합 등과 수권행위의 당사자가 일치하게 된다. 본인이 내부관계에서보다 넓은 범위의 대리권을 부여할 수는 있다. 그러나 불분명할 때에는 내부관계에서 부여된 자격과 일치하는 대리권이 부여되었다고 해석함이 원칙일 것이다.[200] 본인이 대리인의 행위를 이러저러한 방식으로 제한한 것은 위임범위를 명확히 하고 지위남용을 막기 위함일 터인데 그 경제적·사실적 의도에 가장 부합하는 법적 구성은 대리권 자체의 제한이기 때문이다. 이는 기본관

---

196) 공동대리인 중 1인이 단독으로 한 대리행위는 무권대리가 되고, 표현대리 규정이 적용될 수 있다는 점에 대하여는 양창수 편집대표 민법주해[III] 제2판, 2022, 569-570면(김상중 집필부분).

197) Tietz(주 16), S. 170. 앞의 주 77도 참조.

198) 오늘날의 압도적 통설이다. 우선, 김상중(주 3), 530-531면.

199) 역시 통설. 김상중(주 3), 531면. 그러나 독일민법 제167조 제1항과 같이 내부적 수권 이외에 외부적 수권, 즉 상대방에 대한 의사표시에 의한 수권도 가능하다는 것으로 이영준(주 142), 527면. 그와 같이 구성하는 것이 불가능하지는 아니하나 수권행위의 수령자는 그로 인하여 권한을 부여받는 자가 되는 것이 자연스럽고, 민법 제125조의 표현대리는 무권대리를 전제한 규정으로 읽히는바, 상대방에 대한 수권(외부적 수권)을 인정하면 (규범적 해석을 고려할 때) 민법 제125조는 유권대리가 되는바, 굳이 그와 같이 구성할 이유는 없을 것이다.

200) Tietz(주 16), S. 123, 171-178.

계와 대리권을 구분하지 아니하는 법제(프랑스, 미국, 스위스)의 당연한 결론이기도 하다. 위 대법원 1999. 9. 3. 선고 97다56099 판결도 위임계약에서 대리권의 범위를 도출하고 있다.

이에 대하여 내부관계보다 더 넓은 범위에서 대리권을 수여함으로써 상대방이 대리인에 의한 거래에 응할 용의(用意)를 강화할 이유가 본인에게도 있다는 점을 들어 수권행위를 규범적으로 넓게 해석하여야 한다는 견해(주 153의 본문)가 있다. 그러나 본인에게 그러한 유인(incentive)이 '있을 수 있다' 하여 일반적으로 그러한 유인이 있다고 할 수는 없다. 이러한 유인은 본인이 영업주, 대리인이 사용자의 지위에서 계속 · 반복적으로 대리행위를 하는 경우에 전형적으로 존재하는데, 이 경우에는 이미 상법 제11조 제1항, 제15조가[201] 적용된다. 그 이외의, 본인이 일회적 거래를 위하여 대리권을 수여한 경우, 본인에게 그러한 유인이 일반적으로 존재한다고 할 수는 없다. 드러난 대리권제한의사의 효력 내지 작용을, 있는지 없는지 모르는 본인의 거래촉진 필요를 들어 축소할 만한 '규범적' 근거는 존재하지 아니한다.

(c) 대리권남용은 대리권 내의 권한남용을, 무권대리 · 표현대리는 대리권 밖의 행위를 규율하므로 작동하는 평면이 다르다. 무권대리라 하더라도 표현대리가 인정되는 한 다시 그 범위 내에서 대리권남용을 문제 삼는 데 어떠한 논리적 모순도 없다. 애초에 평가대상인 사유 자체가 다른 것이 보통이다. 가령 대법원 1987. 7. 7. 선고 86다카1004 판결(주 114)의 경우 무권대리 · 표현대리는 당좌담당임에도 예금거래를 할 대리권이 있거나 있는 것처럼 다루어야 할지에, 대리권남용은 그 거래가 은행이 아닌 당좌담당자 본인 또는 제3자의 이익을 위한 것임을 고려할지에 관계한다. 이러한 경우 본인이 대리권남용의 흠을 주장하는데 상대방이 무권대리를 주장하여 이를 막거나 (그 결론은 어차피 무효이다) 나아가 무권대리이나 표현대리가 성립하므로 대리권남용의 흠을 본인이 주장할 수 없다고 할 수 있다는 것은 터무니없다.[202]

임의대리에서는 같은 사유를 무권대리와 대리권남용 양쪽으로 주장할 여지가 있다. 대리권범위 제한인지, 내부적 제한인지가 해석의 문제이기 때문이다. 그러나 결론에는 영향이 없다.

<u>(나) 내부관계상 의무·제한위반과 대리인의 고의·과실</u>

(a) 판례 · 통설은 대리인이 본인의 이익이 아닌 대리인 자신 또는 제3자의 이익을 위하여 대리행위를 한 경우를 대리권남용으로 정의한다. 그리고 판례와 유력한 학설은

---

201) 상법 제15조 제1항은 회사의 부장, 차장, 과장, 계장, 대리, 주임 등의 명칭을 가진 상업사용인이나 경리담당이사, 판매담당이사 등의 사용인겸무이사 일반에 적용된다. 고홍석(주 175), 199면.

202) 이 점과 관련하여서는 무효인 법률행위도 취소할 수 있다는 이른바 이중효(二重效)도 참고가 된다.

나아가 대리인의 대리권남용에 상대방이 통모하여 본인에게 불이익을 입힌 경우 민법 제103조 위반을 인정한다. 대리인이 본인의 이익이 아닌 대리인 자신 또는 제3자의 이익을 위하여 대리행위를 한 경우가 대리권남용에 해당한다는 점에는 별 의문이 없다. 그중 특히 중한 경우로서 상대방이 통모하여 가담한 경우에 민법 제103조 위반을, 중첩적으로, 인정하는 것도 가능하다.

그러나 이러한 경우가 대리권남용에 해당한다 하여 이러한 경우만 대리권남용에 해당한다고 할 수는 없다. 이 경우만 대리권남용으로 파악하는 것은 대리권남용의 문제가 내부관계와 대리권의 분리·독립에서 비롯하였다는 설명과도 일관되지 아니한다. 물론 전형적인 내부관계, 가령 위임·고용·조합상 대리인은 신의칙상 본인에 대하여 충실의무(Treuepflicht)를 지므로,[203] 대리인의 배임행위가 그 위반이라는 의미에서 내부관계와 대리권의 분리·독립의 결과라고 할 수는 있다.[204] 그러나 다른 한편 내부관계상 대리인의 본인에 대한 의무가 충실의무에 한하지 아니한다는 데에는 의문이 없다. 약정이나 임의규정에 따라 인정되는 여러 의무가 있다. 그중 충실의무 위반만 특별 취급할 이유가 없다. 하인리히 슈톨은 ⓐ 의무위반(Pflichtwidrigkeit), ⓑ 목적위반(Zweckwidrigkeit), ⓒ 충실위반 중 앞의 둘은 대리권남용이나 충실위반은 오히려 대리권남용이 아니라고 주장하였다(주 34의 본문).

(b) 상법 제11조 제3항, 제15조 제2항, 제209조 제2항 및 제389조 제2항은 지배인, 부분적 포괄대리인, 회사 대표사원 또는 대표이사의 정형적·포괄적 대리권·대표권의 "제한"은 선의의 제3자에게 대항하지 못한다고 규정한다. 이때 '제3자'는 우선은 (본인이 아닌) 거래 상대방을 의미한다. 이들 규정은 일본상법에서 유래하였고, 그 외에 유사한 입법례를 찾기 어렵다. 이들의 해석과 관련하여서는 "대표권의 제한"이라는 표제하에 "이사의 대리권에 가한 제한은 이로써 선의의 제3자에게 대항할 수 없다"고 규정한[205] 2008년 개정 전 일본민법 제54조가 참고가 된다. 이 규정은 본래 그 바로 앞의, "이사는

203) Tietz(주 16), S. 133 ff.

204) 대리권남용을 내부관계상 선관주의의무·충실의무 위반으로 파악하는 것으로 김증한·김학동(주 142), 516면. 그러나 그중 충실의무 위반에는 대리인의 주관적 측면도 고려된다는 특징이 있다. 위임과 대리를 완전히 분리하지는 아니하는 프랑스에서 지시 위반 등은 무권대리로 다루면서 이 경우만 대리권남용으로 본 것을 이러한 관점에서 이해할 수 있다. 물론 이 모두를 무권대리로 다루는 미국의 예에서 알 수 있듯, 이러한 구분이 필연적인 것은 아니다.

205) 이 규정의 본문이 "대리인"이라는 표현을 쓴 것은 우연이 아니다. 일본민법의 기초자들은 대표와 대리를 실질적으로 구별하지는 아니한 채 용어만 달리한 것이었기 때문이다. 林良平·前田達明 編集 新版注釈民法(2) 総則(2) 法人·物, 1991, 349頁 以下(藤原弘道 執筆). 우리 민법은 이를 의식적으로 "대표"로 바꾸는 한편, 제59조 제2항으로 "법인의 대표에 관하여는 대리에 관한 규정을 준용한다"는 규정을 신설하였다. 양창수 편 민법전 제정자료 집성. 총칙·물권·채권, 2023, 192-193면.

모든 법인의 사무에 대하여 법인을 대표한다. 다만 정관의 규정 또는 기부행위의 취지에 위반할 수 없고 또 사단법인에 존재하는 총회의 결의에 따를 것을 요한다"는 일본민법 제53조를 전제하였다. 정관규정, 기부행위, 총회결의에 반하는 대표권 행사를 규율하는 것이다. 일본민법의 입법자는 독일법이 대표권을 정형적·포괄적으로 정하면서 대외적 제한을 불허하거나 대표권을 제한하려면 등기하게 한 것을 의식하면서도[206] 좀 더 완화된 규율로서 상대방의 선·악의에 따라 달리 다루고자 하였다.[207] 일본상법 해당 규정에는 일본민법 제53조와 같은 규정이 없으나 그 또한 일본민법 제53조와 같은 규율을 전제하고 있고, 정관규정, 기부행위, 총회결의에 의한 제한은, 그 자체는, 내부적 제한이라고 이해되었다.[208]

즉, 이미 상법 제11조 제3항, 제15조 제2항, 제209조 제2항, 제389조 제2항이 내부적 제한위반에 대한 규정이었다. 이들 규정 입법 당시는 아직 충실위반, 즉 대리인의 배임행위에 대하여'는' 대리권남용이 승인되지 아니하였을 때이다. 민법에는 이러한 규정이 없으나 민법이 주로 염두에 둔 일회적 수권·대리행위의 경우 이른바 내부적 제한의 문제는 극히 드물게만 발생할 수 있다. 앞서 본 바와 같이 일회적 수권·대리의 경우 아예 대리권 자체를 제한하기 마련이고 대리권은 더 넓게 두면서 내부관계에서만 의무를 부과하는 것은 내부관계가 계속적 성질을 지니는 경우에서 흔히 볼 수 있는 것이기 때문이다. 즉, 이 상황에 관한 전체 법질서의 태도는 오히려 위 상법규정이 밝히고 있고, 그것은 충실위반은 별론, 적어도 이른바 내부적 제한위반, 가령 정관 또는 내부규정상의

206) 독일은 비영리법인의 경우 기관대리권의 대외적 제한을 허용하되(앞의 주 17) 등기하지 아니하면 악의 또는 과실 있는 제3자에 대하여 이를 주장할 수 없게 하나(독일민법 제70조, 제68조) 회사에서는 기관대리권의 대외적 제한을 허용하지 아니하고, 프랑스도 비영리사단의 경우 기관대리권의 범위를 정관으로 정할 수 있으나 회사는 이를 정형화한다(앞의 주 17, 77 참조). 일본민법은 모두 악의의 제3자에게 대항할 수 없다고 규정하고(앞의 주 48 참조) 미국에서는 모두 정관으로 제한할 수 있게 한다(앞의 주 92 참조).

207) 林良平·前田達明 編集 新版注釈民法(2) 総則(2) 法人·物, 1991, 376頁 以下(藤原弘道 執筆).

208) 물론, 상법 제209조 제2항은 "전항의 권한에 대한 제한", 즉 정형적·포괄적 대표권의 제한이라고 하여 대외적 권한의 제한처럼 읽힐 소지를 남기고 있다. 이는 이에 대응하는 일본상법규정도 같다. 그러나 "제한"이 행사의 내부적 제한을 뜻한다고 읽지 못할 이유는 없고, 무엇보다도 종래의 해석이 내부적 제한을 주된 적용영역으로 포섭하고 있었다. 이와 관련하여서는 대외적 제한은 정관기재 외에 등기도 필요한데, 등기의 대상은 어차피 제한되어 있다는 점에 주의하여야 한다. 상법 제317조 제2항 제9호, 제10호, 양창수 편집대표 민법주해[II] 제2판, 2022, 210−212면(천경훈 집필부분, 비영리법인도 등기실무상 이사 중 일부만 대표권을 부여하거나 공동대표를 부여하는 등기만 가능하다고 한다). 몇몇 판례는 총회 또는 이사회의 결의를 거치게 하는 정관에 대하여 '대표권제한'이라면서 등기하지 아니하였다는 점을 들어 대항할 수 없다고 하나[대법원 1987. 11. 24. 선고 86다카2484 판결; 1992. 2. 14. 선고 91다24564 판결; 2014. 9. 4. 선고 2011다51540 판결; 김용덕 편집대표 주석민법 [총칙 2] 제5판, 2019, 814−815면(문영화 집필부분)], 이들은 애초에 등기할 수가 없는 것이나.

제한(절차), 총회, 이사회 등에 의한 지시 위반은 고려하여야 한다는 취지이다. 사실 이는 당연하다. 앞서 본 바와 같이 충실위반보다도 내부적 의무위반이 더 통제될 필요가 크기 때문이다.

그런데 권한유월과 권한(내)남용의 구분에 따를 때 이들은 모두 후자, 즉 대리권·대표권의 (권한내)남용에 해당한다.[209] 이 경우에'는' 대리권·대표권남용을, 상대방 '악의'를 요건으로, 고려하겠다는 것은, 이들 규정을 입법할 당시로서는 매우 전향적인 태도였다. 이러한 사정은 같은 규정이 없는 임의대리에서 예외적으로 내부관계보다 대리권이 더 넓고 내부관계상 사전승인 등 절차, 제한 또는 본인지시의 위반이 문제되었을 때에도 고려하여야 할 것이다.

이는 상법 제11조 제3항, 제15조 제2항, 제209조 제2항, 제389조 제2항을 대리권남용에 대한 '예시'로 봄으로써 달성할 수 있다. 이들 규정의 표제와 본문에서 대리권'제한'이라는 표현을 쓴 것은 잘못이다. 마치 대외적인 대리권 자체의 '제한'처럼 읽힐 우려가 있기 때문이다. 그러나 판례·학설은 이미 그러한 오해를 해석상 제거해왔다.[210] 판례가 대리권·대표권'남용'에서는 악의 또는 과실을 요구하는 반면 이들 대리권·대표권'제한'에서는 악의 또는 중과실을 요구한다는 문제는[211] 앞서 본 바와 같이 대리권·대표권'남용'에서도 악의 또는 중과실을 요구함으로써 해소될 수 있다. 이들 규정이 그 법문상 '악의'만을 요구하고 해석상 중과실까지만 확장되었다는 점은 좁은 의미의 대리권'남용'에서도 악의 또는 중과실을 요구하여야 하는 이유이기도 하다. 구체적 규정 또는 지시위반보다 충실위반이 더 널리 고려되는 것은 모순적이기 때문이다. 대리권·대표권남용이 널리 인정되고 있는 오늘날 상법 제11조 제3항, 제15조 제2항, 제209조 제2항, 제389조 제2항은 그 역사적 사명을 다하였다. 이들은 이제는 오히려 용어와 요건에서 혼란

---

209) 이들 규정이 결국은 대리권남용의 문제를 다루고 있다는 점은 또한, 石原全, "支配人の権限濫用について", 一橋論叢95巻2号(1986) 251頁 以下도 참조.

210) 이들 규정이 내부적 제한에 관한 것이라는 점은 앞의 주 155, 156 참조. 민법은 제59조 제1항에서 "이사는 법인의 사무에 관하여 각자 법인을 대표한다. 그러나 정관에 규정한 취지에 위반할 수 없고 특히 사단법인 총회의 의결에 의하여야 한다"고 규정하고, 제60조에서 "이사의 대표권에 대한 제한은 등기하지 아니하면 제3자에게 대항하지 못한다"고 규정하여 이와 다른데, 이때에도 정관이나 총회의 제한은 내부적 제한으로 이해되고 그중 (명문규정에는 없으나) 일부만이 등기될 수 있으며, 그러한 제한만이 대외적으로 대표권을 제한하는 효력을 가진다고 이해된다. 김증한·김학동(주 142), 224면; 양창수, "법인 이사의 대표권 제한에 관한 약간의 문제", 김두희박사 화갑기념논문집, 1987 = 「민법연구」, 제1권, 1991, 126면 이하. 그러나 이사의 대표권'제한'은 대내적인 것도 등기하여야 한다는 것으로, 남효순, "민법상 이사의 대표권제한", 서울대 「법학」, 제50권 제3호, 2009, 132면 이하.

211) 대법원 2021. 2. 18. 선고 2015다45451 전원합의체 판결에서 대법관 박상옥, 민유숙, 김상환, 노태악의 반대의견도 이 문제를 지적한다.

을 초래하고 있고 민법 제60조와 평가모순을 초래하므로[212] 아예 삭제함이 바람직하다. 이 규정의 모법(母法)을 이루는 일본에서 판례가 이미 이렇게 해석하고 있음은 앞서 본 바와 같다(주 51 참조).

상법 제11조 제3항, 제15조 제2항, 제209조 제2항, 제389조 제2항은 대리인의 고의·과실을 묻지 아니한다. 마찬가지로 내부적 의무위반을 원인으로 하는 대리권·대표권 남용에서도 대리인·대표자의 고의·과실은 묻지 아니함이 타당하다. 비교법적으로도 객관적 의무위반과 상대방의 인식 가능성만으로 이미 대리행위의 귀속을 부인하는 예가 다수이고(독일, 프랑스, 미국, 스위스),[213] 판례도 자연인인 "본인의 의사나 이익"이나 본인인 "회사의 영리목적" 등을 통하여 배임의사가 명확하지 아니한 사안에서 대리권남용을 인정하고 있기도 하다.[214]

(c) 이에 대하여 한 견해는 대리거래의 상대방에게 대리인 없이 거래한 경우와 동일한 거래기회를 주어야 한다는 이유를 들어 대리인에게 고의가 있을 때로 대리권남용을 제한하려고 한다.[215] 대리인이 '고의로 대리권을 남용할 위험'이 대리거래 특유의 것임은 분명하다. 그러나 역으로 그것이 그 경우만 대리거래 특유의 위험임을 뜻하지는 아니한다. 애초에 상대방이 정관 기타 규정 등이 정한 절차, 한계를 넘은 대리행위, 본인의 지시 내지 단체 총회·이사회 결의에 반하는 대리행위임을 알고 있거나 손쉽게 알 수 있었음에도 대리인·대표자가 개입하였다는 이유만으로 이를 '이용'할 수 있어야 한다는 것은 납득하기 어렵다. 이러한 이유에서 고의 요건을 도입할 일은 아니다.

---

212) 각국의 상황은 앞의 주 206 참조. 이것이 역전되어 민법에서는 악의의 제3자에게도 대항할 수 있게 하면서 상법에서는 선의의 제3자에게만 대항할 수 있게 한 예는 우리뿐이고, 이는 평가모순이다.

213) 일본에서도 법인대표, 특히 회사법 판례는 이러한 점을 고려한다. 앞의 주 51 참조. 오스트리아는 좀 더 엄격하나 적어도 자기 또는 제3자의 이익추구를 요구하지는 아니한다. 앞의 주 89, 90 참조.

214) 민법상 비영리법인의 지배구조가 널리 임의규정에 맡겨져 있고, 상법상 회사 중에도 그러한 예가 적지 아니하나, 주식회사의 지배구조에 관한 규정 중 상당수는 강행규정이다. 때문에 이른바 '법령상의 제한'이 생기는데, 이는 법령의 요청이라는 점에서 내부적 의무부과에 그친다고 해석할 수도 있고 대외적 대표권제한이기도 하다고 해석할 수도 있는 것이다. 개별규정의 해석 문제이나, 특히 "중요한 자산의 처분 및 양도, 대규모 재산의 차입, 지배인의 선임 또는 해임과 지점의 설치·이전 또는 폐지 등 회사의 업무집행을 이사회의 결의"에 맡긴 상법 제393조 제1항의 경우 상당부분이 내부적인 사항에 국한되어 있고 사유도 다소 모호하여 '법령상의 제한'인지 '내부적 제한'인지 논란의 대상이 되어왔다. 이 점은 대법원 2021. 2. 18. 선고 2015다45451 전원합의체 판결의 한 쟁점이기도 한데, 다수의견은 이 경우도 내부적 제한으로 본 반면, 대법관 박상옥, 민유숙, 김상환, 노태악의 반대의견은 이 경우를 '법령상 제한'으로 구분하고 그에 대하여 상법 제209조 제2항이 아닌 독자적인 법리에 따라 악의 또는 과실이 있으면 무효라고 보아야 한다고 한다.

215) 성신농(주 150), 84번 이하.

그러나 대리인의 선량한 관리자로서의 주의의무 위반에 대하여 사후적으로 대리권남용으로 구성한다면 위 견해가 우려하는 바를 정면에서 실현하게 된다.[216] 이러한 경우를 대리권남용으로 포섭하는 것은 대리인이 개입한 거래에서 본인을 직접 거래할 때보다 더 우대하는 결과를 낳는다. 프랑스에서 대리권남용이 당초에는 일종의 재량 남용으로 이해되었다는 점(주 80)을 참고할 필요가 있다. 선량한 관리자로서의 주의의무 위반은 그 위반이 중대·명백한 정도에 이르렀을 때에 한하여 남용으로 봄이 상당하다.

판례도 절차나 지시 위반에서 대리권·대표권'제한'으로 문제 삼거나 배임의도가 있는 경우 대리권·대표권'남용'으로 다룰 뿐 단순한 주의의무 위반에 대하여 대리권남용을 인정하지는 아니한다. 친권자의 법정대리권에서 미성년자녀의 복리를 추구할 의무와 선량한 관리자로서의 주의의무(민법 제912조, 제922조) 위반 여부와 관련하여서도 친권자의 재량을 강조하고 있다. 판례가, 특히 제한능력자 보호의 취지에 비추어볼 때, 친권자의 재량을 너무 넓게 인정하는 것 아닌가 하는 비판은[217] 별론으로 하더라도, 그 판단도식은 주목할 필요가 있다.

(다) 비진의표시설과 신의칙·권리남용설의 검토

(a) 비진의표시설은 대리권남용의 가장 전형적인 예인 대리인이 본인이 아닌 대리인 자신 또는 제3자의 이익을 추구하는 경우를 염두에 두고 직관적으로 사안이 비슷하고 규율의 적절해보이는 규정을 유추한 것이었다. 한 견해가 눈앞의 사안을 염두에 두고 심리유보로 해결한 것이 곧바로 학설·판례에 수용되는 바람에 엄밀히는 비진의표시가 아니고 요건도 적절하지 아니하다는 점이 인식된 뒤에도 약간의 수정만 거친 채 계속 통설의 지위를 누렸다고 할 수 있다. 그러나 배임적 대리행위가 비진의표시가 아님은 물론, 그 유추 가능성을 긍정하더라도 이는 대리권남용 중 충실위반에만 관계하고 다른 대리권남용의 유형과는 그나마 비슷하지도 아니하다. 상대방 인식 가능성 요건도 과도하게 엄격하다. 비진의표시설의 암시적(suggestive) 힘이 전체 문제를 인식하고 해결하는 데 오히려 방해가 된다.

(b) 결국 대리권남용의 현행법상 근거는 신의칙·권리남용(민법 제2조)에서 구할 수밖에 없다. 이에 대하여는 대리법 밖에서 해결책을 찾고 일반조항으로 도피한다는 비판이 제기되곤 하나, 명문규정이 없을 때 (대리권의 독립성이라는) 법제도의 내재적 한계를 고려하는 법적 근거로 일반조항을 쓰는 것이 잘못은 아니다. 다만, 신의칙·권리남용설

216) 가령 고가로 매도할 수 있음에도 부주의하여 저가로 매도하는 경우. 앞의 주 65 참조.

217) 이에 대하여는 윤진수(주 161), 409면 이하 참조. 같은 곳은 "친권자에게 자녀의 이익을 무시하고 자기 또는 제3자의 이익을 도모하는 것만을 목적으로 한다는 주관적 요건"을 요구하여 임의대리보다 더 엄격한 태도를 취하는 데 비판적이다.

의 근거를 중과실 등 구체적 요건에서 찾는 것은 부적절하다. 독일 판례의 전개에서도 확인할 수 있듯 신의칙·권리남용설은 제반 사정에 비추어 상대방의 유권대리 주장이 신의칙에 반하거나 권리남용으로 허용되지 아니한다는 취지일 뿐, 그러한 결론에 이르게 하는 제반 사정으로서 악의나 중과실을 논리적으로 요구하지는 아니하기 때문이다.

(3) 대리권남용의 효과

(가) 무효와 추인가능성, 무권대리인의 책임

(a) 대리권을 남용한 대리행위의 효력을 그러한 점을 알았거나 알지 못한 데 중과실이 있는 상대방이 주장하는 것은 신의칙에 반하여 권리남용이다. 그러한 한 본인은 이러한 대리행위를 무효에 준하는 것으로 다룰 수 있다.

그러나 본인이 대리행위의 효력을 주장하는 것이 신의칙에 반하여 권리남용이 되지는 아니한다(주 164의 본문 참조). 대리권남용은 본인에 대한 효과불귀속이라는 측면에서 무권대리와 유사하고 법률관계가 유동적임을 고려할 때 보다 명확하고 합리적인 규율을 갖춘 무권대리의 추인 및 상대방의 최고 등에 관한 민법 제130조 내지 제133조를 유추함이 바람직하다. 독일의 통설과 2023년 민법개정위원회 기초위원회의 개정안(주 6)도 그러한 취지이다.[218]

대리인과 상대방이 통모하여 본인에게 불이익을 가한, 민법 제103조에도 반하는 경우에는 좀 더 따져볼 점이 있다. 본인보호만을 위하여 민법 제103조 위반을 인정하는 것이라면 추인을 인정할 수 있으나,[219] 공공의 이익도 보호하기 위한 것일 때에는 그렇지 아니하다.[220]

(b) 이 경우에도 무권대리인의 책임에 관한 민법 제135조는 유추될 여지가 없다. 상대방이 대리권남용을 알았거나 중대한 과실로 알지 못하였어야 비로소 무권대리와 유사

218) 다만, 상대방의 철회권을 규정한 민법 제134조는 준용하지 아니하고 있다. 민법 제134조 단서는 상대방이 무권대리임을 안 때에는 상대방의 철회권을 배제하므로 상대방이 악의인 때는 어차피 철회할 수 없으나 중과실인 때에는 철회를 인정할 여지가 없지 아니하다. 그러나 대리권남용은 유권대리의 일종이라는 점에 비추면 상대방의 철회권에는 어색한 점도 있다.

219) 이 경우 민법 제103조 위반에도 불구하고 본인의 추인을 인정할 수 있다는 점에 대하여는 이동진(주 112), 475면. 대법원 2013. 11. 28. 선고 2010다91803 판결도 법인의 대표자가 한 매매계약이 법인에 대한 배임행위에 해당하고 그 매매계약 상대방이 배임행위를 유인·교사하거나 배임행위의 전과정에 관여하는 등 배임행위에 적극 가담한 경우에는 그 매매계약이 반사회적 법률행위에 해당하여 무효로 될 수 있지만, 이때 매매계약을 무효로 한 이유는 본인인 법인의 이익을 보호하기 위한 데에 있는 것이어서, 무효 원인이 소멸된 후 본인인 법인의 진정한 의사로 무효임을 알고 추인한 때에는 새로운 법률행위로 그 효력이 생길 수 있다고 한다.

220) 이러한 점에 주목하여 추인을 부정하는 것으로, Sethe, “Zivilrechtliche Rechtsfolgen der Korruption am Beispiel von Bankgeschäften”, WM 1998, 2309.

한 법률관계가 되는데, 이때에는 이미 민법 제135조 제2항에 의하여 무권대리인책임이 배제되기 때문이다. 독일에서와 달리(주 37 참조), 무권대리인책임을 근거로 본인의 과실을 요구할 수 없는 이유이기도 하다.

(나) 제3자에 대한 대항가능성

(a) 그러나 이러한 무효는 선의의 제3자에게 대항하지 못한다. 이 점은 대리권남용의 규율근거를 어디에서 찾는지와는 무관하다.

민법은 일정한 공시(公示)요건의 충족을 이유로 일반적으로 그 취득자를 보호하는 이른바 공신(公信)의 원칙을, 특히 부동산에 관하여, 채택하지 아니한다. 대신 비진의표시, 허위표시, 착오, 사기·강박(민법 제107조 제2항, 제108조 제2항, 제109조 제3항, 제110조 제3항)으로 인한 무효는 널리 선의의 제3자에게 대항할 수 없게 한다. 이 규정에서 '선의'의 대상은 ㉠ 비진의표시, 허위표시 등으로 작출된 구체적 법률행위일 수도,[221] ㉡ 그에 터 잡아 이루어진 권리변동일 수도 있다. 적극적 표상이 요구되지 아니하기 때문이다. 특히 ㉡의 경우 상대방의 직접 전득자에 한하지 아니한다. 전전득자(轉轉得者)로서는 전전자(前前者)의 권리취득원인이 무엇인지에 관심이 없고 어떠한 구체적 표상도 가지지 아니하는 것이 보통이다.[222] 이들 규정은 이 한도에서 공신의 원칙과 같은 기능을 한다. 이들 규정이 그처럼 규율하는 근거는 무엇보다도 본인이 비진의표시, 허위표시를 하였거나 착오·사기·강박 등 흠이 있을지언정 그와 같은 의사표시를 하였다는 데 있다.[223] 이러한 사정은 그 자체 추가적 조사 없이 외관을 존중할 이유가 된다. 다른 한편 그러한 의사표시의 외관이 본인에게 귀속될 수 없는 제한능력자의 경우 이러한 규정을 두지 아니하고 있다.

표현대리는 무권대리이고 본인의 외관작출은 대리행위가 아닌 그 전단계의 대리권에 관계할 뿐이다. 때문에 본인의 외관작출(대리권 수여의 표시, 기본권대리권의 존재, 과거의 대리권)만으로 정형화된 보호를 꾀할 수 없다. 상대방의 신뢰, 즉 선의·무과실(민법 제125조, 제129조)이나 권한 내임을 "믿을 만한 정당한 이유"는 대리인의 구체적 대리행위를 계기로 대리권의 외관과 관련하여 존재하여야 한다. 표현대리는 ㉠은 보호하나 ㉡은

---

221) 대법원 2000. 7. 6. 선고 99다51258 판결; 2006. 3. 10. 선고 2002다1321 판결 참조. 이에 비판적인 견해로 제철웅, "불성립한 보증채무를 이행한 보증인의 보호와 민법 제108조 제2항", 「민사법학」 제21호, 2002, 286면 이하. 그러나 이러한 해석은 우선 법문과 잘 조화되지 아니하고 (맥락을 떠나 그 무효로 대항할 수 없다는 것은 오히려 이러한 경우를 제1차적 대상으로 한다) 실질적으로도 타당하다고 할 수 없다.

222) 민법 제107조 제2항, 제108조 제2항 등에서 '선의'는 이러한 경우도 보호한다. 우선 김상중, "계약의 무효·취소, 해제와 제3자의 보호 - 비교법적 고찰을 통한 우리 판결례의 해명과 해석적 제언 -", 「민사법학」, 제59호, 2012, 158-159면.

223) 가령 양창수 편집대표 민법주해[III] 제2판, 2022, 329면(김형석 집필부분).

보호하지 아니한다. 표현대리에서 '선의'는 구체적인 표상을 요구하는 것이다. 그러므로 대리행위의 상대방이 아닌 그 전득자에게 표현대리 규정을 적용한다 하더라도[224] 사실상 실익이 없다. 대리행위에 관여하지 아니하는 제3자가 자신의 전자(前者)의 권리취득을 막연히 신뢰하는 것을 넘어 그의 권리취득이 대리행위에 터 잡고 있고 또 그것이 권한에 터 잡고 있다는, 그로서는 대개 알지 못하고 알 수도 없으며 권리취득 자체에는 그 외관이 포함되지 아니하는 사항을 구체적으로 신뢰하는 상황은 상정하기 어렵기 때문이다. 이때 신뢰는 대리행위에 응할지 여부를 결정하기 위한 것이므로 대리행위 전에, 그 상대방에게 있어야 하고, 대리행위 후 상대방의 전득자의 신뢰와는 무관한 것이기도 하다.[225]

반면 대리권남용은 다르다. 대리권남용은 유권대리이므로 대리인의 대리행위는, 비진의표시, 허위표시, 착오·사기·강박처럼 일응 본인에게 귀속되는 특정 법률행위의 외관을 창출하고 이미 그 구체적 법률행위가 본인에게 귀속한다. 본인이 사기·강박을 당하였을 때조차도 그러한 구체적 사정은 물론 법률행위의 구체적 내용도 전혀 모르는 채 단지 상대방의 권리취득의 외관을 보고 법률상 이해관계를 맺은 제3자가 보호된다면(민법 제110조 제3항), 대리권남용의 경우에도 상대방의 권리취득의 외관을 보고 이해관계를 맺은 전득자를 일률적으로 보호함이 균형에 맞다.[226] 민법 제107조 제2항(또는 제108조 제2항)을 유추하여야 할 것이다. 비교법적으로도 공시(公示)에 터 잡은 제3자 보호 제도를 갖춘 나라(독일 등)는 별론, 그렇지 아니한 나라(일본)에서는 개별적 제3자 보호규정(가령 허위표시 규정)의 유추로 대리권남용 상대방의 전득자를 보호하곤 한다.[227]

이는 대리행위의 상대방에게는 남용에 대한 악의 또는 중과실이 없었는데 그 뒤의 제3자에 이르러 비로소 악의 또는 중과실이 있었을 때 대리권남용이 인정되는지와 구별되는 문제이다. 어음·수표행위로서 발행·교부, 배서·교부의 경우 권리이전과 어음·수표금지급채무, 소구(遡求)책임의 인수 두 효과를 포함하고,[228] 어음·수표 권면(券面)에 표시되어 행위 자체가 (대리행위의 현명을 포함하여) 교부 상대방이 아닌 그 뒤의 제3자에

224) 주지하는 바와 같이 이 점에 대하여는 학설상 논란이 있다. 김상중(주 196), 648−650면.

225) 대법원 1999. 12. 24. 선고 99다13201 판결 등은 어음행위의 위조에 관하여 표현대리 규정이 적용 또는 유추되기는 하나 이를 주장할 수 있는 것은 직접 상대방뿐이라고 한다. 이에 반대하는 것으로 김상중(주 142), 27면 이하. 무권대리·표현대리에 민법 제107조 제2항, 제108조 제2항을 유추할 수 있는가 하는 문제는 별개이나, 그 또한 부정할 것이다. 표현대리는 무권대리이고, 이는 본인이 그러한 외관을 작출하는 데 대하여 정형화된 책임을 질 이유가 없음을 뜻한다는 점에서 이러한 일률적 책임을 지우기에 적당하지 아니하다. 어음·수표의 표현대리행위도 마찬가지이다.

226) 이 한도에서는 대리권남용이 사기취소와 이익상황이 유사하다는 Vedder(주 30), S. 45 ff.도 참조.

227) 비교법적 개관은 김상중(주 222), 141면 이하.

228) 어음·수표행위에서 권리이전·취득효는 선의취득(어음법 제16조, 수표법 제21조)으로 갈음할 수 있고, 배서 등에 의한 책임은 선전양도되는 것이 아니라 현재의 권리자에 대하여 직접 진다.

게 그대로 전달될 수 있다. 때문에 이 사안유형에서는 그 뒤의 제3자에 대하여 대리권남용을 적용할 여지가 있다. 대법원 1997. 8. 26. 선고 96다36753 판결도 은행 출장소장이 융통어음의 배서를 금하는 은행규정에 반하여 융통어음에 배서하였고 이를 담보로 대출이 이루어진 사안에서, "지배인이 내부적인 대리권제한 규정에 위배하여 어음행위를 한 경우, 이러한 대리권의 제한에 대항할 수 있는 제3자의 범위에는 그 지배인으로부터 직접 어음을 취득한 상대방뿐만 아니라 그로부터 어음을 다시 배서양도받은 제3취득자도 포함된다"고 하였다.[229] 상법 제11조 제3항이 대리권남용의 한 예인 이상 이는 대리권남용 일반에도 참고가 된다. 그러나 그 이외의 법률행위에서는 대개 그 상대방에 대하여는 유효하나 전득자에 대하여는 무효인 경우 상대방에 대한 유효가 사실상 무력화되는 등 착잡한 법률관계가 발생한다. 일반적으로 이를 허용할 수는 없다.

전체적으로 2009년 민법개정위원회 제1분과위원회 초안 제3항은, 그 예외적 성격에 비추어도, 적당하지 아니하다. 오히려 판례의 접근이 타당하다.

(b) 이는 정형적·포괄적 대리·대표는 물론, 법정대리에서도 타당하다. 유권대리라는 점에 차이가 없기 때문이다. 법정대리에서도 대리권남용의 위험은 원칙적으로 본인에게 귀속한다.

Ⅳ. 결론

1. 대리의 독립성은 인정하는 것이 더 합리적일 뿐 아니라 우리 법과도 맞는다. 그러한 한 대리권남용의 법리는 필요하고, 이를 무권대리로 구성하는 것보다 별개의 대리권남용 법리를 구축하는 것이 더 체계적이다. 대표도 같다. 상법상 정형적·포괄적 대리, 법정대리 및 (포괄적으로 구성된) 대표의 경우 기본관계상 의무와 대리권·대표권의 분리가 불가피하고 실제로 흔하다. 이러한 분리는 임의대리에서도 가능하나, 불분명한 경우에는 내부관계상 권한과 대외적 권한이 원칙적으로 일치한다고 해석함이 옳다.

2. 비교법적으로 대리권·대표권남용은 대리인·대표자가 본인·단체가 아닌 대리인 자신 또는 제3자의 이익을 도모할 목적으로 배임적 대리행위를 한 경우뿐 아니라 널리 내부관계상의 의무 위반에 적용된다. 이를 배임적 대리행위로 제한한 것은 이 법리 발전 초기 일본 학설과 판례의 특수한 형성과정의 문제일 뿐이고, 합리적 근거가 없다. 무권대리이든 대리권남용이든 규정상 절차나 한도, 지시의 위반 모두 대리행위의 효과를 부인하는 근거가 된다. 우리 법에서도 같게 보아야 할 것이다.

---

229) 이 점에 대한 학설대립의 소개는 우선, 고홍석(주 174), 155-156면(위 판결을 비한정설에 따른 것으로 볼 수도 있으나 어음행위에 한정된 판단으로 볼 수도 있다고 한다).

3. 다른 한편, 배임적 대리행위의 경우 충실의무 위반으로서 대리인의 주관적 목적, 의도가 고려될 수 있으나, 객관적 의무위반, 특히 규정된 절차나 한도, 지시 위반의 경우 그러한 점은 문제되지 아니한다. 다만, 단순한 선량한 관리자로서의 주의의무위반을 남용의 근거로 삼는 것은 부적절하고, 오히려 재량남용의 관점에서 한계를 정할 필요가 있다. 이는 제대로 이해된 판례와도 대체로 부합한다.

4. 판례는 대리권·대표권남용 일반에 관하여는 민법 제107조를 유추하면서도, 상법 제11조 제3항, 제15조 제2항, 제209조 제2항, 제389조 제3항 위반으로 포섭되는 경우에는 이들 규정에 의하여, 악의 또는 중대한 과실을 요건으로 내세운다. 일본 판례를 따라 민법 제107조를 유추하고 여기에서는 악의 또는 과실을 요구하였으나 다른 한편 상법 제11조 제3항, 제15조 제2항, 제209조 제2항, 제389조 제3항이 따로 존재하고 문언상 선의만을 요구한 데 따른 것이다. 그러나 위 상법규정들은 일본과 우리 특유의 규정으로서, 대리권남용의 초기형태, 그 예시이다. 이들은 대리권·대표권남용 법리에 통합되어야 한다. 이는 대리권·대표권남용에서 상대방 측 요건을 악의 또는 중과실로 통일(하고 위 상법규정들은 삭제)함으로써 달성될 수 있다. 이는 대리권·대표권남용을 인정한 뒤 다시 사용자책임을 묻는 종래의 해결도 대부분 폐기되어야 함을 뜻한다.

5. 대리권남용의 효과는 본인에의 효과불귀속이라는 의미에서 무효이나, 본인은 원칙적으로 추인할 수 있다. 이와 관련하여서는 무권대리 규정을 유추함이 상당하다. 다만, 통모가 있었던 사안 중에는 공서양속에 반할 뿐 아니라 추인할 수도 없는 경우가 있을 수 있다. 대리권남용이 인정되는 경우에도 이는 유권대리이므로 민법 제107조 제2항 또는 제108조 제2항을 유추하여 선의의 제3자에 대하여는 그 무효로 대항할 수 없다고 봄이 옳다.

6. 이러한 결론은 친권자·후견인의 법정대리권의 남용에 대하여도 타당하다. 비교법적으로도 이러한 태도가 더 일반적이다.

7. 현행법상 대리권·대표권남용의 근거는 권리남용에서 찾아야 한다. 그러나 이미 이 법리가 위와 같은 형태로 발전하면서 상당히 복잡한 형태를 띠고 있고 또 부분적으로 실정적 근거도 존재하는 한 입법에 반대할 이유는 없다. 이때에는 최근의 개정안과 같이 상대방 측 요건을 악의 또는 중과실로 하고 무권대리의 효과를 준용하되 선의의 제3자에게 대항할 수 없게 함이 타당하다. 다만, 대리인 측 요건을 보다 넓힐 필요가 있는데, 제안된 현재의 규정이 이를 충분히 담고 있는지는 반드시 분명하지는 아니하다.

기한 이익 상실에 관한 민법규정의 개정*

김기환**

국문초록

민법 제388조는 채무자가 담보를 감소시키거나 약정한 담보를 제공하지 않은 경우에는 채무자는 기한의 이익을 주장하지 못한다고 규정하고 있다. 최근 민법개정 논의에서는 이 규정을 제한하여 채무자의 유책사유에 의하여 담보가 감소하거나 제공되지 않은 경우에 한정하여 기한 이익을 주장하지 못하도록 개정할 것을 제안하고 있다. 그러나 다음의 이유로 이 규정을 삭제하는 것이 타당하다고 생각한다.

첫째, 담보의 감소나 미제공은 채무불이행 책임이나 강제이행, 저당물 보충 청구로 규율할 수 있고 이에 의하여 규율하는 것이 타당하다. 담보의 불충분한 정도가 미약하여 나머지 담보로 채무를 확보할 수 있는 경우에는 손해배상책임으로 규율하면 족하다. 채무 확보가 어려운 경우에는 계약 해제를 통하여 기한이익 상실에 준하는 결과를 달성할 수 있다. 강제이행을 통해 약정한 담보권을 설정받을 수도 있다.

둘째, 기한 이익의 상실이 적합하지 않은 채무가 상당수 있다. 공연 계약, 제작물공급계약, 공사도급계약, 특정물 매매계약이 그러하다. 이러한 채무까지 포괄하여 규율하는 채권총칙 부분에 기한 이익 상실에 관한 규정을 두는 것은 타당하지 않다.

셋째, 비교법적으로 프랑스와 일본에서 이와 유사한 규정을 두고 있는데 그 근거가 명확하지 않고 프랑스에서는 이를 제한적으로 해석하여 운영하고 있다. 독일에서는 이를 변형한 내용으로 소비대차계약과 저당권 부분에 관련 규정을 두고 있을 뿐이다.

---

* 이 논문은 명지법학 제23권 제1호에 게재된 것을 수록하였다.
이 논문은 2024. 6. 27. 한국민사법학회 산하 민법개정검토위원회 3분과 위원회에서 제387조 내지 제389조에 대한 민법 개정을 주제로 발표한 내용 중 일부를 수정 및 보완하여 작성한 것이다. 다수의 개선 방안을 개진해 주신 익명의 심사위원들께 감사의 말씀을 드린다.

** 서울시립대학교 법학전문대학원 부교수. 법학박사.

넷째, 실무에서는 채권자에게 매우 유리한 기한 이익 상실 약정을 약관 등에 삽입하여 담보가 불충분하게 되는 상황을 대비하고 있다. 채권자에게 지나치게 유리한 기한 이익 상실 약정을 하는 것은 규제할 필요가 있다. 이러한 약정을 두지 않는 경우 담보의 감소 또는 미제공 시 반드시 즉시 이행을 받는 것이 당사자의 의사에 부합하는 것인지 명확하지 않다. 계약에서 그러한 의사를 발견할 수 있다면 계약해제나 손해배상청구의 원인이 될 수 있고 이로 규율하면 된다. 그러한 의사가 없고 저당물보충청구의 대상도 되지 않는다면 오히려 기한 이익을 상실시킬 권리를 포기한 것으로 보는 것이 타당하다.

Ⅰ. 서론

우리 민법 제153조 제1항[1]에서 기한은 채무자의 이익을 위한 것으로 추정한다고 규정하고 제388조에서 채무자가 담보를 손상, 감소 또는 멸실하게 하거나, 채무자가 담보제공의 의무를 이행하지 아니한 때 채무자는 기한의 이익을 주장하지 못한다고 규정하고 있다. 이는 프랑스민법전의 규정이 일본을 거쳐 우리나라에 들어온 것이다. 최근의 법무부 민법개정위원회에서는 이 규정에 대하여 채무자가 책임 있는 사유로 담보를 손상, 감소 또는 멸실[2]하게 하거나 채무자가 책임 있는 사유로 담보제공의 의무를 이행하지 아니한 때 기한의 이익을 주장하지 못하는 것으로 개정할 것을 제안하였다.[3] 이는 프랑스에서 해당 규정을 채무자의 과책이 있는 경우로 제한하여 해석하는 것에 영향을 받았다고 설명하고 있다.[4]

이 규정을 제한하여 해석할 필요는 충분히 인정할 수 있다. 담보가 일부 감소하기는 하였지만, 여전히 채무의 변제를 확보하기에 부족함이 없을 수 있다. 또한 채권자나 제3자의 잘못으로 담보가 감소한 경우에까지 채무자가 기한의 이익을 주장할 수 없고 즉시 채무를 변제하도록 하는 것은 채무자에게 지나치게 가혹하고 이를 정당화할 근거도 부족하다. 또한 이 규정은 채권총칙 부분에 위치하여 원칙적으로 모든 채권에 적용되는 것을 상정하고 있다. 그러나 실제에 있어서는 소비대차계약에 주로 적용되는 것이고 그 외

1) 이하 민법은 법명을 생략한다.
2) 이하에서 이들을 구별할 실익이 없는 경우에는 “손상, 감소 또는 멸실”을 “감소”로 약칭한다.
3) 김형석, 서울대학교 산학연구소(김형석), 민법 개정안(계약법 총론) 예비초안 연구, 법무부 연구용역 보고서, 2023, 17면. 이하 “김형석”으로 인용한다.
4) 김형석, 위의 보고서, 17면.

의 계약에는 적용하기에 부적합한 측면이 있다.

프랑스에서는 기한 이익의 상실과 더불어 채무불이행 책임이 인정된다고 해석하고 있다. 우리 법의 해석에 있어서도 담보의 감소나 미제공의 경우에 채무자에게 기한 이익 상실의 불이익과 더불어 계약의 해지, 손해배상 등 채무불이행에 따른 책임을 부담하게 할 수 있을 것이다. 이에 더하여 채권자는 담보 설정 청구나 담보 보충 청구도 할 수 있을 것이다.

이러한 여러 가지 측면을 고려하여 본다면 이 규정에 대한 개정은 불가피한 측면이 있다. 본고에서는 이 규정에 대한 외국의 논의를 살펴보고 이를 바탕으로 이 규정의 개정 방향에 대하여 중점적으로 논의하고자 한다.

Ⅱ. 비교법적 검토

1. 프랑스

우리 법의 모체가 된 프랑스민법전의 규정은 제1305-4조이다.[5] 이 규정은 채무자가 기한의 이익을 주장할 수 없는 사유에 대하여 담보를 제공하지 않거나 담보를 감소시킨 경우로 한정하고 있다. 2016년 채권법 개정에 의하여 '약속한 담보를 제공하지 않는 경우'가 추가되었다. 담보의 감소란 담보로 인해 발생하는 권리의 전부 또는 일부의 손실 또는 실제 담보의 대상을 구성하는 가치의 일부 또는 전부 손실을 의미한다.[6] 따

---

5) 프랑스 민법전 제1305-3조

① 채권자 또는 당사자 쌍방의 이익으로 정하는 것이 법률, 당사자의 의사 또는 제반 사정에 기인되지 않는 경우에는, 기한은 채무자의 이익이 된다.

② 자기의 배타적 이익으로 기한이 설정된 당사자는 상대방의 동의없이 이를 포기할 수 있다.

제1305-4조

채무자는 채권자에게 약속한 담보를 제공하지 않거나 채무에 관한 담보를 감소시킨 경우, 기한의 이익을 주장할 수 없다.

제1305-5조

채무자의 기한의 이익의 상실은 다른 공동채무자에 대해서는 주장하지 못하고, 그가 연대채무자인 경우에도 마찬가지이다.

6) Cass. com., 9 nov. 1965, n° 63-11.242 : Bull. civ. III, n° 566(회사의 주식으로 질권을 설정한 경우, 경영자가 경영실패로 회사를 망하게 하고 그 결과 담보로 제공한 주식의 가치가 하락한 경우); CA Paris, 1re ch., 27 juin 1978 : JurisData n° 1978-000750(채무자가 생명보험을 담보로 제공하였는데 보험료 납부를 하지 않아 담보가 소멸된 경우); A. Colin et H. Capitant par L. Julliot de la Morandière, Traité de droit civil, t. II : Dalloz, 1959, n° 1704; L. Josserand, Cours de droit civil positif français, t. II : Recueil-Sirey, 3e éd., 1939, n° 734; G. Ripert et J. Boulanger, Traité de droit civil d'après le traité de M. Planiol, t. II : LGDJ, 1957, n° 1486. Cité par JCl Civil Code art. 1305, n. 179.

라서 담보를 멸실, 손상시킨 경우도 담보를 감소시킨 것에 포함된다고 해석할 수 있다. 2016년 채권법 개정 전의 규정(제1188조[7]))에서는 채무자의 파산도 기한 상실 사유로 포함하고 있었으나 1985. 1. 25. 법률에서 이를 삭제하였다.[8] 한편 상법전에서는 보호 및 회생 절차를 개시하는 판결은 기한을 상실시키지 않고 이에 반하는 약정은 효력이 없다고 규정한다.[9] 채무자의 사망은 경우에 따라서는 기한 상실의 사유가 될 수 있다.[10]

"기한의 이익을 주장할 수 없다"고 규정한 것은 잘못이라고 지적하는 문헌이 있다.[11] 채무자는 기한의 이익을 주장할 권리를 상실하는 것이 아니라 기한을 주장할 권리를 상실한다는 것이다. 따라서 "기한을 주장할 수 없다"고 규정하는 것이 타당하다고 한다. 이는 임의규정으로서 당사자가 이를 포기하거나 달리 약정할 수 있다.[12]

여기서 담보는 책임재산(droit de gage général, 제2285조)을 의미하는 것은 아니다.[13] 이 규정과 거의 같은 내용을 규정한, 2016년 채권법 개정 전의 제1188조에 대하여 파기원은 채무자의 과책을 요구하는 것으로 해석하였다.[14] 이러한 해석은 제2314조[15]에서 채권자가 자신의 과책으로 보증인이 대위할 권리를 상실한 경우 보증인이 면책되는 것과 일맥상통하는 것이다.[16] 채무자의 과책 없이 제3자의 행위나 불가항력으로 담보가 감소한 경우에는 개정 전 민법의 제2020조[17](개정 후 2301조) 및 제2131조[18]가 적용된다

7) 제1188조 채무자는 파산했거나 계약에 따라 채권자에게 제공한 담보를 자신의 행위로 감소시킨 경우 더 이상 기간의 이익을 주장할 수 없다.

8) JurisClasseur Civil Code Art. 1305 à 1305-5 - Fasc. unique, par Marc Mignot, Première publication : 28 mars 2023, n. 169. 이하 "JCl Civil Code art. 1305"로 인용한다.

9) 상법전 제L.622-29조 및 제L.631-14조.

10) 예컨대 제280조 제1항 제1문 "채무자인 부부 일방이 사망한 때, 보상급부의 형태가 어떠하든 그 변제는 상속재산으로부터 선취된다." 이혼 등의 사유로 인하여 배우자간 발생한 정기금의 부상급부의무가 배우자 일방의 사망에 의하여 기한을 상실하고 그 원본을 바로 변제하여야 하는 것이 된다.

11) JCl Civil Code art. 1305, n. 170.

12) M. Planiol et G. Ripert, par G. Gabolde, *Traité pratique de droit civil français, Les obligations*, 2e partie, t. VII : LGDJ, 1954, n° 1015, p. 356. Cité par JCl Civil Code art. 1305, n. 181.

13) CA Metz, ch. civ., 16 déc. 1868 : DP 1869, 2, p. 206. Cité par JCl Civil Code art. 1305, n. 171.

14) JCl Civil Code art. 1305 n. 175.

15) 제2314조

① 채권자의 권리의 대위가 채권자의 귀책사유로 그의 이익을 위하여 더이상 행사될 수 없게 된 때, 보증인은 자신이 입은 손해의 한도에서 책임을 면한다.

② 모든 반대 약정은 기재되지 않은 것으로 본다.

③ 보증인은 담보권 실행방법의 선택에 대하여 채권자의 책임을 물을 수 없다.

16) JCl Civil Code art. 1305, n. 175.

17) 제2020조

① 채권자가 임의로 또는 재판에 의해 받은 보증인이 이후에 무자력상태가 되면 다른 보증인을 제공해야 한다.

② 이 규정은 채권자가 특정인을 보증인으로 요구한 합의에 의해서 보증인이 제공된 경우에 한하여

고 설명하였다.[19] 그리하여 채무자의 과책 없이 담보가 감소한 경우에는 채무자는 다른 담보를 제공하여 기한의 이익을 계속 누릴 수 있다고 해석하였다.

채무자의 과책이 반드시 채무자의 고의나 악의를 요구하는 것은 아니다.[20] 채권자가 담보의 등기를 해태한 행위로 인하여 담보가 감소하게 된 경우에는 이 규정이 적용되지 않고 따라서 채무자는 기한을 상실하지 않는다.[21] 담보 그 자체, 제3자의 행위, 불가항력에 의한 경우도 마찬가지이다.[22] 담보의 감소가 채권자에 의해 묵시적 또는 명시적으로 받아들여진 경우에도 마찬가지이다. 예컨대 채권자가 채무자가 제공한 건물에 대하여 채무를 담보하기 위하여 저당권을 설정받은 후 채무자가 채무자의 종전의 채권자 중 일부에게 같은 건물에 대하여 또 다른 저당권을 설정한 것을 알았을 때,[23] 저당권을 설정받은 채권자가 해당 건물이 상가 임대로 제공되어 시장가치가 감소했다는 사실을 알았을 때[24] 등의 사례에서 그러하다. 채무자가 담보제공 약속을 하고 이를 이행하지 않은 경우 **채무불이행책임이 동시에 발생**할 수 있다.[25] 채무자는 담보를 제공하라는 최고를 받은 후 상당한 기간 내에 담보를 제공함으로써 채무불이행 책임을 면할 수 있고 동시에 기한 상실도 면할 수 있다.[26]

2. 독일

독일민법은 급부시기를 알 수 없는 경우에는 즉시 청구할 수 있다고 규정한다(독일

예외가 인정된다.

18) 제2131조
마찬가지로, 저당권의 대상이 되는 건물이 멸실 또는 악화되어 채권자의 담보를 위하여 불충분하게 된 경우, 채권자는 즉시 상환을 청구하거나 저당물 보충을 받을 수 있다.

19) C. Demolombe, Traité des contrats ou des obligations conventionnelles en général, t. XXV, 1869, n. 693.

20) CA Aix, 29 nov. 1905 : DP 1908, 2, p. 118[담보로 제공된 영업재산(fonds de commerce)의 가치가 채무자와 공동사업자의 다툼으로 인하여 하락한 사안에서 채무자의 고의가 요구되지는 않는다고 판단하였다]. Cité par JCl Civil Code art. 1305, n. 176.

21) Cass. req., 24 juill. 1878 : DP 1879, 1, p. 336 ; S. 1879, 1, p. 455. Cité par JCl Civil Code 1305, n. 177.

22) Cass. req., 23 juin 1919 : S. 1920, 1, p. 134(채무자에게 귀속할 수 없는 사유로 등기가 무효가 되었고 그에 따라 저당권이 소멸한 경우). Cité par JCl Civil Code art. 1305, n. 177.

23) CA Bourges, 10 mai 1892 : DP 1892, 2, p. 455. Cité par JCl Civil Code art. 1305, n. 177.

24) CA Paris, 2e ch., sect. B, 17 déc. 1982 : JurisData n° 1982-028184.

25) JCl Civil Code art. 1305, n. 178.

26) G. Baudry-Lacantinerie et L. Barde, *Traité théorique et pratique de droit civil, Des obligations*, t. II : Lib. de la soc. du recueil général des lois et des arrêts, 1907, n° 1020; C. Demolombe, *Traité des contrats ou des obligations conventionnelles en général*, t. XXV : A. Durand et Hachette et Cie, 1878, n° 679. Cité par JCl Civil Code art. 1305, n. 178.

민법 제271조 제1항).[27] 또한 급부시기가 정해진 경우 기한의 이익은 채무자에게 있는 것으로 추정한다(독일민법 제271조 제2항). 이러한 내용은 우리 민법 제387조 제2항 및 제153조와 같다고 평가할 수 있다. 그러나 담보의 감소 또는 미제공 시 기한 이익을 상실한다는 내용을 총칙 부분에 두고 있지는 않다. 총칙에는 담보 보충에 관한 규정을 두고 있고(독일민법 제240조[28]) 기한 이익 상실과 유사한 내용은 저당권(독일민법 제1133조[29])과 소비대차(독일민법 제490조 제1항[30])의 부분에서 규정하고 있다.[31]

(1) 담보 보충

우선 독일민법 제240조에서 "제공된 담보가 채권자(Berechtigten)의 과책(Verschulden) 없이 불충분하게 되는 경우에는 이를 보충하거나 다른 담보를 제공하여야 한다."라고 규정하고 있다. 여기서 담보가 불충분하게 되는 것은 담보가 멸실, 악화 또는 가격이 하락하거나 피담보채무의 금액이 증가하는 것을 의미한다.[32] 통화가치 하락 등 경제 전반에 영향을 주는 상황은 이에 해당하지 않는다고 해석한다.[33] 담보의 제공 이후에 불충분하게 되어야 하고 처음부터 담보가 불충분하였던 경우는 이 규정이 적용되지 않는다.[34] 또한 담보의 가치하락 위험을 처음부터 예상하고 인수하였던 경우에는 이 규정이 적용

---

27) 제271조 [급부시기]
① 급부의 시기가 정하여지지 아니하고 제반사정으로부터도 이를 추단할 수 없는 경우에는, 채권자는 즉시 급부를 청구할 수 있고, 채무자는 즉시 이를 실행할 수 있다.
② 급부의 시기가 정하여진 경우에, 의심스러운 때에는, 채권자는 그 시기 전에 급부를 청구할 수 없으나, 채무자는 이를 미리 실행할 수 있다.

28) 제240조 [보충의무]
제공된 담보가 권리자의 과책(Verschulden) 없이 불충분하게 되는 경우에는 이를 보충하거나 다른 담보를 제공하여야 한다.

29) 제1133조 [저당권의 상대방의 위태화]
토지의 훼손으로 인하여 저당권의 담보력이 위태롭게 되는 경우에 채권자는 소유자에 대하여 그 위험의 제거를 위한 상당한 기간을 정할 수 있다. 토지의 개량 또는 다른 저당권의 설정에 의하여 그 위험이 제거되지 아니한 때에는 채권자는 그 기간이 경과한 후에 즉시 토지로부터 만족을 구할 수 있다. 채권이 무이자이고 또한 아직 이행기가 도래하지 아니한 경우에는 채권자는 채권액에서 지급시부터 이행기까지의 기간에 대한 법정이자를 공제한 금액만을 취득할 수 있다.

30) 제490조 [특별해지권] ① 차주의 재산상태 또는 대차금을 위하여 설정된 담보의 가치가 현저히 악화하였거나 악화할 우려가 있고 그로 인하여 담보를 실행하더라도 대차금의 반환이 위태롭게 되는 때에는, 대주는 대차금의 지급 전에는 의심스러운 때에는 언제나, 그 지급 후에는 통례적으로만 소비대차계약을 즉시 해지할 수 있다.

31) 독일민법전의 번역은 양창수 역, 2018년판 독일민법전, 2018을 주로 참고하였다.

32) Münchener Kommentar zum BGB/Grothe, 9. Auflage 2021, BGB §240, Rn. 1.

33) RG HRR 1936, 184; vgl. auch OLG Stuttgart BB 1950, 659. Zitiert von Münchener Kommentar zum BGB/Grothe, 9. Auflage 2021, BGB §240, Rn. 1.

34) Münchener Kommentar zum BGB/Grothe, 9. Auflage 2021, BGB §240, Rn. 1.

되지 않는다.[35] 예컨대 독일에서는 임대인이 임차보증금을 받은 후 이를 금융기관에 저축예금의 형태로 예치하여야 하는데, 당사자들이 (보다 위험이 큰) 다른 예탁방식을 하기로 약정한 경우에는 그 위험을 임차인이 부담하여야 한다는 것이다.

채권자의 과책으로 인한 담보의 불충분은 이 규정이 적용되지 않는다. 채권자와 채무자 모두의 과책인 경우에는 공동과책에 관한 제254조를 유추하여 담보 보충이 일부 인정될 수 있다.[36]

담보보충은 특정한 형태의 담보에 국한하지 않고 제232조에 따라 채무자가 선택하여 금전 공탁, 저당권 설정, 자격 있는 보증인의 설정(die Stellung eines tauglichen Bürgen) 등 적정한 담보를 제공할 수 있다.[37]

담보가 불충분한 것은 채권자가 이를 증명하여야 한다.[38] 채무자는 채권자의 과책으로 담보가 불충분하게 되었다는 것을 증명하여 이를 면할 수 있다.

(2) 저당물 위험 제거

다음으로 제1133조에 의하면 저당물인 토지의 훼손으로 저당권의 담보력이 위태롭게 되는 경우에 채권자는 소유자에게 그 위험의 제거를 위한 상당한 기간을 정할 수 있고 그 기간이 경과한 후에도 토지의 개량이나 다른 저당권의 설정에 의하여 위험이 제거되지 않은 때에는 즉시 저당물로부터 만족을 얻을 수 있다. 이 규정은 저당권의 피담보채권의 이행기가 도래하기 전에 저당물이 악화되는 경우 즉시 만족을 얻을 수 있도록 하는 규정이다.[39] 저당권설정자가 저당물을 사용하고 관리하기 때문에 그에 대한 책임을 부담하도록 하는 취지를 가지고 있다.[40] 실무에서는 담보물이 위태로운 경우 대출계약을 즉시 해지할 수 있도록 하는 특약을 두는 것이 보통이기 때문에 이 규정이 별로 활용되지는 않는다고 한다.[41]

이 규정은 우리 민법 제362조에 대응하는 규정이다. 다만, 독일민법의 경우에는 저당물의 훼손 원인을 요건으로 하지 않고 저당물 보충을 위한 기간을 정하고 그 기간이 도과하는 경우 저당물로부터 만족을 얻을 수 있도록 규정하는데 그치는데 반하여 우리

35) Münchener Kommentar zum BGB/Grothe, 9. Auflage 2021, BGB §240, Rn. 1.
36) Münchener Kommentar zum BGB/Grothe, 9. Auflage 2021, BGB §240, Rn. 1.
37) Münchener Kommentar zum BGB/Grothe, 9. Auflage 2021, BGB §240, Rn. 2.
38) Münchener Kommentar zum BGB/Grothe, 9. Auflage 2021, BGB §240, Rn. 3.
39) 또한 제1134조와 제1135조에서 채권자에게 저당물을 훼손할 우려가 있는 간섭에 대하여 부작위를 소구할 수 있는 근거를 부여하고 있다.
40) Mot. III 668, 670, 672. Zitiert von Münchener Kommentar zum BGB/Lieder, 9. Auflage 2023, BGB §1133, Rn. 1.
41) Münchener Kommentar zum BGB/Lieder, 9. Auflage 2023, BGB §1133, Rn. 1.

민법의 경우에는 저당권설정자의 책임 있는 사유에 의하여 저당물의 가액이 감소하여야 한다고 하고 저당권자가 저당권설정자에게 담보물 보충을 이행청구할 수 있도록 하고 있다는 차이가 있다.

(3) 소비대차의 특별해지

또한 제490조 제1항에 의하면 소비대차계약을 체결한 후 차주 본인의 재산상태 또는 대여금을 위하여 설정된 담보의 가치가 현저히 악화하였거나 악화할 우려가 있고 그로 인하여 담보를 실행하더라도 차용금의 반환이 위대롭게 되는 때에는, 대주는 소비대차계약을 즉시 해지(fristlos kündigen)할 수 있다. 대주는 대여금의 지급 전에는 의심스러운 때에는 언제나 즉시 해지를 할 수 있지만 이미 대여금을 지급한 후에는 즉시 해지를 하는 것이 통상적인(in der Regel) 것으로 인정되어야 한다. 이는 처음 상태가 유지되는 조건으로 의무가 유지된다는 조항(clausula rebus sic stantibus)의 특수한 한 형태이다.[42] 이는 차주의 통상해지권과 병행하여 인정되는 권리이다.[43]

즉시 해지란 해지의 최고 없이 해지할 수 있다는 의미이다.[44] 대주에게 손해배상청구권이 인정되는 것은 아니다.[45] 차주의 유책사유는 요건이 아니다.[46] 유책사유가 없는 경우가 대부분일 것이다. 일부 해지가 인정되느냐의 문제가 있다. 담보로 변제가 확보되는 부분을 넘는 한도에서 해지를 하는 것이다. 해지되지 않고 남은 금액이 차주에게 도움이 되지 않을 수 있고 차주에게 남은 금액에 대한 이자지급 부담을 준다는 의미에서 일부 해지는 인정되지 않는다고 해석하는 견해가 있다.[47] 반대로 하급심 재판례에서는 일부 해지도 가능하고 이 경우 차주가 남은 금액을 상환하는 경우에는 중도상환수수료(Vorfälligkeitsentschädigung)를 부과할 수도 있다고 판단하였다.[48]

이 규정은 우리 민법의 기한 이익의 상실규정과 상당히 유사한 내용을 가지고 있다. 다만, 우리 민법과 달리 소비대차계약에 국한하여 이러한 내용을 적용하고 있다. 또한 요건에 있어서 차용금의 반환이 위태로울 것을 요구하고 있어 우리 민법의 규정과 차이가 있다. 효과에 있어서도 소비대차계약을 즉시 해지하여 대여금을 반환받도록 하고 있어, 기한 이익 상실에 의한 이행청구를 인정하는 우리 민법의 규정과 차이가 있다.

---

42) Münchener Kommentar zum BGB/K. P. Berger, 8. Auflage 2019, BGB §490, Rn. 1.
43) Münchener Kommentar zum BGB/K. P. Berger, 8. Auflage 2019, BGB §490, Rn. 2.
44) Münchener Kommentar zum BGB/K. P. Berger, 8. Auflage 2019, BGB §490, Rn. 20.
45) Münchener Kommentar zum BGB/K. P. Berger, 8. Auflage 2019, BGB §490, Rn. 20.
46) Münchener Kommentar zum BGB/K. P. Berger, 8. Auflage 2019, BGB §490, Rn. 5.
47) Münchener Kommentar zum BGB/K. P. Berger, 8. Auflage 2019, BGB §490, Rn. 20.
48) OLG Celle BKR 2009, 416 (418).

3. 일본

구민법 재산편[49] 제405조[50]에서는 채무자가 파산 또는 현저한 무자력이 된 경우(제1호), 재산의 많은 부분을 양도하거나 그 많은 부분이 다른 채권자의 압류를 받게 된 경우(제2호), 채무자가 제공된 특별한 담보를 훼멸 또는 감소하거나 그 예약한 담보를 제공하지 않은 경우(제3호), 전보이자를 지급하지 않은 경우(제4호), 채권자의 청구로 인해 권리에 있는 기한의 이익을 상실한다고 규정하였다. 책임 재산에 대하여 많은 부분이 양도 또는 압류된 경우와 이자를 지급하지 않은 경우가 추가되어 있고 채권자의 청구로 기한 이익을 상실하도록 한 것에 특색이 있다고 보여진다.

이 규정은 민법 제137조[51]로 변경되어 일본 민법에 들어오게 되었다. 채무자가 파산의 선고를 받은 경우(제1호), 담보를 훼멸하거나 그것을 감소시킨 경우(제2호), 담보를 제공하는 의무를 부담한 경우에 그것을 제공하지 않은 경우(제3호) 채무자는 기한의 이익을 주장할 수 없다고 규정하였다.

이와 같이 수정한 이유를 보면[52] 이 규정은 기성법전 재산편 제405조와 거의 같은

---

49) 브아소나드 민법의 관계 조항으로 일본 메이지 민법의 기초가 되었다. 일본메이지민법수정안이유서에서는 기성법전(旣成法典)이라고 칭한다. 박인환, "일본 메이지민법(채권편: 제399조－제414조)의 입법이유", 「법학논총」, 제36권 제2호, 2016, 151면 주9.

50) 구민법 재산편 제405조
채무자는 아래의 경우에 채권자의 청구로 인해 권리상의 기한의 이익을 상실한다.
1. 채무자가 파산 또는 현저한 무자력이 된 경우
2. 채무자가 재산의 많은 부분을 양도하거나 그 많은 부분이 다른 채권자의 압류를 받게 된 경우
3. 채무자가 제공된 특별한 담보를 훼멸 또는 감소하거나 예약한 담보를 제공하지 않은 경우
4. 채무자가 전보이자를 지급하지 않은 경우

51) 민법 제137조
아래의 경우에는 채무자는 기한의 이익을 주장할 수 없다.
1. 채무자가 파산의 선고를 받은 경우
2. 채무자가 담보를 훼멸하거나 그것을 감소시킨 경우
3. 채무자가 담보를 제공하는 의무를 부담한 경우에 그것을 제공하지 않은 때

52) 廣中俊雄 編著「未定稿本 民法修正案(前三編)理由書」, 有斐閣, 1987, 제137조 부분. (이유) 본조는 **기성법전 재산편 제405조와 거의 그 주의를 동일**하게 하여 채무자는 기한의 이익을 상실하는 경우를 규정함으로써 제136조의 예외를 정하였다. **기성법전은 채권자의 측면**으로부터 관찰하여 채권자의 청구로 인하여 채무자는 기한의 이익을 상실한다고 하였다. 그러나 **기한은 채무자의 이익을 위하여 정해진 것**으로 함이 원칙으로 하는 것이 된다면 본안은 채무자의 측면으로부터 관찰하여 본조의 규정을 두었다. 따라서 본조 제1호에서 가자(家資) 분산의 일을 기재하게 하는 것은 **가자 분산은 파산에 포함**하여야 하므로 단지 파산의 선고로 하였다.
다음으로 본조 제2호는 기성법전 제405조 제3호와 동일하여 기성법전에는 특별담보로 되는 자구를 사용하였다. 그러나 기성법전은 담보편 제1조에 채무자의 재산은 총 채권자의 공동담보가 된다고 하는 것과 같은 견해를 취하였기 때문에 그것과 조화하기 위하여 그와 같은 자구를 사용하였지만 원래 담보로 한 이상은 특별히 정하는 것이 당연하여 본안은 단지 담보로 칭하였다. 또한 본조 제3호는 기성법전 제405조 제3호를 간략하게 한 것에 불과하므로 따로 설명을 요하지 않는다.

내용으로 수정하였는데, 기성법전은 채권자의 측면으로부터 관찰하여 채권자의 청구로 인하여 채무자는 기한의 이익을 상실한다고 하였지만, 기한은 채무자의 이익을 위하여 정해진 것으로 함이 원칙이므로 채무자의 측면에서 규정하였다. 또한 기존규정 제1호의 가자(家資) 분산, 즉 무자력은 파산에 포함하여야 하므로 단지 파산의 선고만 규정하는 것으로 하였다. 그리고 재산의 양도 또는 압류에 관한 내용(기존규정 제2호)은 제1호 및 제3호의 규정에 의하여 명확하고 파산법에서도 이를 규율하고 있으므로 삭제하였다. 이자 미지급에 관한 동조 제4호는 계약해제의 규정에 해당하므로 이를 삭제하였다.

그 후 이 규정의 "훼멸"을 "멸실 또는 손상"으로 개정하였고[53] 이것이 오늘날까지 이어져 오고 있다. 이 규정은 2017년 개정에도 영향을 받지 않았다. 우리 민법의 규정과는 달리 파산절차 개시를 규정하고 있다. 이는 프랑스의 종전 규정에 영향을 받은 것으로 보인다.

4. 소결

기한 이익 상실에 관한 우리 규정은 프랑스의 규정이 일본을 거쳐 들어온 것으로 판단된다. 프랑스는 파기원에서 이 규정을 제한적으로 해석하여 채무자의 과책이 필요한 것으로 운용하고 있다. 또한 채무불이행 책임과의 경합을 인정하고 있다. 일본에서 이 규정을 도입하는 과정에서 이 규정이 필요한 이유에 대한 특별한 문제 의식은 없었던 것으로 보인다. 독일에서는 이러한 규정을 두지 않고 있다. 다만, 채권자의 과책 없이 담보가 부족하게 된 경우에는 담보 보충을 청구할 수 있도록 하고 있다. 또한 저당권에 관한 규정에서 일정한 기간을 부여한 후 담보로부터 채권의 만족을 얻을 수 있도록 하고 있고 소비대차에 관한 규정에서 담보부족으로 차용금의 변제가 위태롭게 될 경우 계약을 즉시 해지할 수 있도록 하고 있다.

이러한 내용에 비추어 보면 기한 이익의 상실에 관한 규정을 비판적으로 바라볼 필요가 있다. 우리 민법에서도 기한 이익 상실규정을 제한적으로 해석하거나 삭제하고 채무불이행 책임을 활용하는 것을 생각해 볼 수 있다. 이 규정을 유지하더라도 채권총칙이 아니라 소비대차계약 부분으로 이동하여 규율할 필요가 있다.

기성법전 **제405조 제2호의 규정은 이미 본조 제1호 및 제3호의 규정에 의하여 명확**할 뿐만 아니라 파산법을 두게 된 이상 그 필요를 발견할 수 없어 이를 삭제하였다.

또한 동조 **제4호**의 규정은 여러 국가의 법전에 그 예를 볼 수 없는 규정이므로 채무불이행에 따른 해제조건으로 보아 **계약해제의 규정 중에 삽입**하여야 하는 것이 되어 여기서는 그것을 삭제하였다.

53) 민법 제137조(기한 이익의 상실) 다음에 게재한 경우에 채무자는 기한의 이익을 주장할 수 없다.
1. 채무자가 파산절차 개시의 결정을 받았을 때.
2. 채무자가 담보를 멸실, 손상 또는 감소시켰을 때.
3. 채무자가 담보를 제공할 의무를 지는 경우에 이를 제공하지 않을 때.

Ⅲ. 국내의 논의

1. 기존의 논의

우리 민법 제388조에서 규정하고 있는 채무자가 담보를 손상, 감소 또는 멸실하게 한 때의 의미에 대하여 채무자는 채무자 본인뿐만 아니라 법정대리인과 이행보조자의 행위도 포함한다고 설명한다.[54] 물상보증인이나 제3취득자에 의하여 담보가 감소되거나 미제공된 경우에도 기한의 이익이 상실된다고 주장하는 견해가 있다.[55] 이에 대하여 채무자는 물상보증인을 통제할 방법이 없다는 점, 채권자는 물상보증인에게 불법행위로 인한 손해배상청구를 할 수 있다는 점을 근거로 이를 비판하는 견해가 유력하게 제기된다.[56] 또한 기한부채권은 파산 선고시에 변제기에 이른 것으로 본다(채무자 회생 및 파산에 관한 법률 제425조). 일본에서는 이러한 내용을 민법에 직접 규정하고 있지만, 우리는 도산법에서 규율하고 있다는 차이가 있다.

현행규정은 채무자의 유책사유를 요건으로 하고 있지 않다. 이에 대하여 채무자의 고의 또는 과실이 필요하지 않다고 해석하는 불요설이 기존의 다수설을 차지하고 있었다.[57] 이행기까지 기다리게 하는 것은 채권자와 채무자 사이의 신의칙상 객관적 균형을 깨뜨린다는 점, 기한 이익 상실의 근거가 채권보전에 있다는 점을 근거로 제시한다. 그러나 최근에는 채무자의 고의 또는 과실이 필요하다는 견해가 유력하게 제기되고 있다.[58] 우리 민법상 과실책임 원칙에 비추어 채무자의 유책사유가 없는 경우에 불이익을

---

54) 어인의, "기한의 이익", 「고시계」 1990년 2월호(통권 제396호), 1990, 68면. 이에 대하여 채무자의 감독하에 있는 무능력자나 이행보조자에게까지 인적 범위를 확장할 근거가 부족하다고 주장하며 채무자 자신의 행위로 한정하여야 한다는 견해로 곽윤직 편집대표, 민법주해(Ⅸ), 채권(2), 1995, 137면(양창수 집필부분).

55) 주석민법, 채권총칙(1)(제3판), 한국사법행정학회, 제388조, 395면, 396면(이은영). 이준현, "저당권 설정자에 의한 담보의 훼손·멸실 또는 담보 불제공과 기한의 이익 상실", 「저스티스」, 제97호, 2007, 32면에서 재인용.

56) 이준현, 위의 논문, 33면.

57) 곽윤직/김재형, 채권총론(민법강의Ⅲ), 제7판, 2023, 89면; 김상용, 「채권총론(제3판)」, 화산미디어, 2016, 114면; 김증한/김학동, 채권총론, 1998, 98면(담보가 멸실된 때에는 채무자의 고의나 과실 여부와 관계 없이 채무자의 신용이 없어진 것은 마찬가지라는 점을 그 근거로 제시한다); 김형배, 채권총론(제2판), 1999, 180면(담보가 손상된 경우에 채권자로 하여금 기한의 도래를 기다려 청구를 하도록 하는 것은 채권자와 채무자간의 신의칙상 객관적 균형을 깨뜨린다고 설명한다); 주석민법, 민법총칙(3)(제5판), 2019, 706-707면(남성민)(채무이행에 대한 신뢰를 훼손하는 채무자 측의 사정이 있을 때 기한 이익을 계속 부여할 수 없다고 기술한다).

58) 민법주해(Ⅸ), 채권(2), 1995, 137-138면(양창수 집필부분)(신의칙상 객관적 균형이 무엇인지 의미가 불분명하고 우리 민법의 기초인 귀책성 원칙이 이 경우에도 관철되어야 한다고 주장한다. 또한 담보물의 성질상 위험이 실현되어 담보가 손상된 경우에는 어떤 견해를 취하든 기한이익 상실은 인정되지 않는다고 설명한다); 양창수/김형석, 민법3(권리의 보전과 담보), 2012, 369면(저당

채무자에게 귀속시킬 근거가 없다는 점을 근거로 제시한다.

채무자 측의 유책사유를 요하는지 여부에 관한 논의와는 별도로 담보의 감소 또는 미제공로 인하여 피담보채무의 변제를 받지 못할 현저한 우려가 있는 경우에 한하여 기한 이익을 상실한다는 주장이 제기되었다.[59] 이 견해는 제362조의 저당물보충청구권에서는 채무자나 물상보증인 등의 행위에 의해 저당물의 가액이 현저하게 감소될 것을 요구하고 피담보채무의 변제를 받지 못할 우려는 요구하지 않는다는 점을 환기한다. 기한 이익 상실에 관한 제388조의 규정에 의해 채무자에게 즉시 채무를 변제하게 하는 것은 채무자에게 지나치게 가혹한 것이기 때문에 제362조의 내용보다 엄격하게 해석하여야 한다고 설명한다.

2. 법무부 민법개정위원회의 논의

(1) 기초위원회 예비초안

법무부는 2023. 6. 16. 민법개정위원회를 조직하였다.[60] 기초위원회에서 예비초안을 만들면 검토위원회에서 의견을 주고 다시 기초위원회에서 최종안을 만드는 방식으로 운영되고 있다. 제388조에 대하여는 종래 학설상 다툼이 있었다고 지적하면서 "담보의 멸실 등이 채무자에게 귀책되어야 하며 따라서 불가항력이나 자연력에 의한 경우 기한 이익 상실은 일어나지 않는다"는 프랑스의 해석을 받아들여 채무자에게 책임 있는 사유로 담보가 손상, 감소 또는 멸실한 때(제1호), 채무자가 책임 있는 사유로 담보제공의 의무를 이행하지 아니한 때(제2호) 채무자는 변제기한의 이익을 주장할 수 없는 것으로 제안하였다.[61] 이 규정의 위치에 대하여도 체계상 적절한 위치는 이행 지체가 아니라 채무 변제라고 보아 제468조에 두는 것으로 제안하였다. 그러나 아래의 검토위원회의 의견을 받아들여 최종안은 다시 이행지체 부분으로 돌아가서 제388조의2에서 규정하는 것으로 하였다.

(2) 검토위원회 의견

검토위원회에서는 기한 이익의 상실은 변제의 국면이 아니라 이행 청구의 국면과 관련된 것이고 제468조의 조문 표제와도 맞지 않으므로 변제에 관한 부분으로 이동하는

권자 자신에게만 귀책되는 사유 또는 저당물이 가지는 성질상 위험의 발현의 경우에는 기한 이익이 상실되지 않는다고 설명한다); 이준현, 앞의 논문, 29면; 주석민법, 물권(4)(제3판), 2000, 160면(권순일); 주석민법, 채권총칙(1)(제4판), 2013, 563면(지원림).

59) 이준현, 앞의 논문, 43면.

60) 이계정, "추완청구권과 민법 개정", 「민사법학」, 제105호, 2023, 103면. 양창수 전 대법관을 위원장으로 김재형 전 대법관을 검토위원장으로 위촉하였다. https://www.moj.go.kr/bbs/moj/189/572146/artclView.do

61) 김형석, 앞의 보고서, 18면.

것이 적절하지 않다는 의견을 피력하였다.[62] 책임 있는 사유 요건을 추가할 것인지에 대하여는 찬성과 반대의 견해가 모두 있었는데 이를 추가하는 경우 입법 이유가 심도 있게 보완되어야 할 것이라는 의견이 제시되었다.

(3) 정리

이러한 내용을 정리하면 아래의 표와 같다.

현행 민법	기초위원회 예비초안	검토위원회 의견
제153조 (기한의 이익과 그 포기) ①기한은 채무자의 이익을 위한 것으로 추정한다. ② 기한의 이익은 이를 포기할 수 있다. 그러나 상대방의 이익을 해하지 못한다.	제153조 (삭제)	기초위원회 예비초안 찬성
제388조(기한의 이익의 상실) 채무자는 다음 각호의 경우에는 기한의 이익을 주장하지 못한다. 1. 채무자가 담보를 손상, 감소 또는 멸실하게 한 때 2. 채무자가 담보제공의 의무를 이행하지 아니한 때	제388조를 제468조 제3항로 이동하는 것을 제안한다. (최종안) 제388조의2(변제기한 이익의 상실) 채무자는 다음 각 호의 경우에는 변제기한의 이익을 주장하지 못한다. 1. 채무자에게 책임 있는 사유로 담보가 손상, 감소 또는 멸실한 때 2. 채무자가 책임 있는 사유로 담보제공의 의무를 이행하지 아니한 때	제468조 제3항의 경우 원래 위치인 제388조에 두는 것이 바람직하므로 추가 검토가 필요하다.
제468조 (변제기전의 변제) 당사자의 특별한 의사표시가 없으면 변제기 전이라도 채무자는 변제할 수 있다. 그러나 상대방의 손해는 배상하여야 한다.	제468조 (변제기 전의 변제) ① 채무의 변제기한은 채무자의 이익을 위한 것으로 추정한다. ② 당사자의 특별한 의사표시가 없으면 채무자는 제1항의 이익을 포기하고 변제기 전이라도 변제할 수 있다. 그러나 상대방의 손해는 배상하여야 한다. ③ 채무자는 다음 각호의 경우에는 제1항의 이익을 주장하지 못한다.	책임 있는 사유를 요할 것인지 추가 검토가 필요하다.

62) 검토위원회 의견은 법무부 민법개정위원회 홈페이지에서 볼 수 있다. https://civillawrevision.co.kr/board/news/24

	1. 채무자가 책임 있는 사유로 담보를 손상, 감소 또는 멸실하게 한 때 2. 채무자가 책임 있는 사유로 담보제공의 의무를 이행하지 아니한 때 (최종안) 제468조(변제기 전의 변제) ① 채무의 변제기한은 채무자의 이익을 위한 것으로 추정한다. ② 당사자의 특별한 의사표시가 없으면 채무자는 제1항의 이익을 포기하고 변제기 전이라도 변제할 수 있다. 그러나 상대방의 손해를 배상하여야 한다.	
[2004년 개정안] (없음) [2013년 개정안] (없음)		

Ⅳ. 규정 삭제의 필요성

이러한 내용을 종합하여 볼 때 채무자가 담보제공 의무를 이행하지 아니하거나 담보를 감소시킨 경우 기한의 이익을 주장할 수 없도록 하는 현행 민법규정은 삭제할 필요가 있다. 그 이유는 다음과 같다.

1. 채무불이행책임 구성

담보의 제공하고 이를 유지하는 것은 계약상 채무자의 의무에 포함된다고 볼 수 있다. 따라서 이를 위반하는 것은 채무자가 고의 또는 과실이 없다는 점을 증명하지 못하는 한 채무불이행책임을 구성한다. 예컨대 금전을 대차하면서 약속했던 근저당권을 설정해 주지 않는 경우 채권자인 금전대여자는 이를 이유로 소비대차계약을 해제하고 대여한 금전의 반환과 손해배상을 청구할 수 있을 것이다. 반면 담보제공의무나 담보유지의무가 해제사유가 되지 않는 부수적 의무에 그치는 경우도 있을 것이다. 특히 다수의 담보를 제공하기로 하고 일부를 제공하지 않거나 다수의 담보 중 일부를 감소시킨 경우에는 남은 담보로 채무의 이행을 담보하는데 문제가 없는 경우라면 해제사유가 되기는 어려울 것이다. 이러한 경우에는 기한 이익 상실 사유로 보기에도 무리라고 할 것이다. 이와 같이 담보제공과 관련된 기한 이익 상실은 채무불이행책임으로 규율하면 족하고 일률적으로 기한 이익을 상실시키는 규정은 그 근거가 미약하고 채무자에게 지나치게 부당한 측면이 있다.

2. 기한 이익 상실이 문제되는 채무의 유형

기한 이익 상실이 문제되는 채무의 유형을 생각해 볼 수 필요가 있다. 첫째, 자금을 대여하면서 차주로부터 그에 대한 담보를 제공받는 유형이다. 소비대차계약이 이에 해당한다. 이 경우에는 담보의 감소 또는 미제공으로 채무변제의 확보에 위험을 초래하는 경우 채무불이행책임이 발생할 수 있다. 그리하여 기본적으로 담보의 보충, 제공, 손해배상을 청구할 수 있을 것이다. 위험이 현저한 경우 계약을 해제하고 대여금의 반환을 청구할 수 있을 것이다.

둘째, 특정물 인도 및 사용을 위하여 담보를 설정하는 유형이다. 매매나 임대차계약이 이에 해당한다. 임차인의 유책사유로 배상의무가 발생하여 그 결과 임차보증금이 불충분하게 된 경우 이에 해당할 수 있다. 이 경우 보증금 감소를 이유로 바로 임대차계약을 해제하는 것이 타당하다고 보기는 어렵다. 임대인은 임차인에게 보증금을 보충할 기회를 부여하고 이를 이행하지 않은 경우 해제나 손해배상 등 채무불이행책임을 청구할 수 있을 것이다.

셋째, 하는 급부인 용역 급부를 위하여 담보를 설정하는 유형이다. 특정 가수가 일정한 날에 공연을 하기로 하고 이를 확실히 하기 위하여 담보를 설정하는 경우를 상정할 수 있다. 담보가 감소하거나 미제공된 경우 기한 이익을 상실하는 것은 타당하지 않다. 채무자가 특정일에 급부를 이행하는 것에 의미가 있는 것이고 계약내용에 비추어 볼 때 이행기를 앞당기는 것은 아무런 의미가 없다.

이와 같이 기한 이익 상실이 문제되는 사안은 통상 채무불이행책임으로 규율하는 것이 타당하다. 담보의 감소 또는 미제공이 중요하지 않은 경우에는 손해배상으로 처리하는 것이 타당하고 이것이 중요한 경우에는 해제나 해지를 통해 규율하는 것이 타당하다. 가수의 공연 사안과 같이 기한을 앞당기는 것이 의미가 없는 경우도 있다. 기한 이익 상실을 통해 이행청구권의 강제이행을 도모할 수 있기는 하다. 그러나 이러한 경우에는 기한 이익 상실 특약을 통해 이러한 내용을 분명히 할 필요가 있다. 강제이행이 채무자에게 미치는 중요한 불이익을 고려하여야 하기 때문이다. 예컨대 매매계약을 체결하면서 매도인이 인도채무를 확실시 하기 위하여 별도의 담보를 제공하였는데 담보가 후에 멸실된 경우 매수인은 담보 보충이나 손해배상을 통해 구제받는 것이 타당하다. 담보의 감소 또는 미제공이 있는 경우 기한 상실을 통해 이행기 전에 매매목적물의 인도 및 소유권이전에 관한 청구권을 행사할 수 있도록 하는 것은 당사자의 의사에 부합하는지는 사안 별로 다를 수밖에 없다.

넷째, 특정물 매매계약의 유형이다. 매매목적물이 부동산인 경우에는 소유권이전등기의 가등기를 경료하여 그 이행을 확실하게 할 수 있다. 동산 매매의 경우에는 양도담보를 이용할 수 있을 것이다. 이와 같이 목적물 자체에 대하여 가등기를 경료하거나 담보권을 설정하면 족하다. 그 목적물이 멸실, 훼손 또는 가치하락하는 경우 이에 대하여 기한 이익을 상실시키는 것은 합당하지 않다. 기한 이익을 상실시키고 훼손된 목적물을 인도받는 것은 통상적인 당사자의 의사와는 거리가 멀기 때문이다. 이러한 사안은 계약의 해제나 손해배상으로 규율하여야 한다. 매수인이 이러한 경우를 예상하여 하자가 있는 목적물이라도 신속하게 인도받기를 원하였다면 이를 기한 상실 특약의 형태로 계약내용에 포함할 필요가 있었던 것이고 그러한 특약 없이 일반적으로 이러한 내용을 인정할 타당한 근거는 찾기 어렵다.

다섯째, 제작물공급계약의 유형이다. 매매 당시 매매목적물이 존재하지 않고 이를 제작하여 공급하는 계약인 경우에는 별도의 담보를 제공하여야 할 것이다. 이러한 경우 별도로 제공한 담보를 감소시키거나 제공하지 않는 경우에 목적물을 즉시 제작하여 인도하는 것이 당사자의 의사에 합치하는 것이라고 보기는 어려울 것이다.

이러한 내용은 공사도급계약에서도 마찬가지이다. 담보가 충분하지 않고 계약의 이행이 불명확한 경우에는 매수인이 이를 판단하여 추가로 담보권 설정 청구를 하거나 계약을 해제 또는 손해배상청구를 할 수 있도록 하면 된다. 기한 이익 상실을 통해 이행청구권을 즉시 실현하는 것은 당사자 간에 기한 상실 약정이 있는 경우에 한하여 인정하는 것이 타당하다.

3. 담보권 설정의 강제이행 또는 저당물 보충 청구

채무자가 약속한 담보를 제공하지 않는 경우에는 이에 대한 이행청구권이 채권자에게 있으므로 채권자는 법원을 통해 강제이행을 할 수 있다. 또한 저당권설정자의 책임있는 사유로 인한 저당물의 멸실, 감소 등으로 그 가액이 현저히 감소된 때에는 저당권자는 저당권설정자에게 원상회복이나 상당한 담보제공을 청구할 수 있다(제362조). 담보의 감소로 기한 이익의 상실이 문제되는 사안 중 상당수가 저당권에 관한 것인데 채권자는 저당물 보충 청구에 의하여 구제받을 수 있다. 보증채무에 있어서도 보증인이 변제자력이 없게 된 때에는 채권자는 보증인의 변경을 청구할 수 있다(제431조 제2항). 이러한 규율은 기한 이익 상실에 관한 제388조의 그것에 비하여 보다 세밀하게 당사자의 이익을 조정하는 것이라고 볼 수 있다. 이러한 내용이 없는 담보, 가령 채권질권이나 동산양도담보의 경우에는 달리 약정이 없는 한 담보권 설정 이후 담보 감소의 위험을 채권자가 부담하였다고 해석하는 것이 보다 타당할 것이다.

4. 기한 이익 상실 약정

담보의 감소 또는 미제공의 사안은 원칙적으로 채무불이행으로 규율하고 예외적으로 당사자 사이에 기한 이익의 상실 약정이 있는 경우에 한하여 즉시 이행청구권을 할 수 있도록 하는 것이 타당하다. 채권자가 기한 이익을 상실시킬 수 있도록 하는 것은 공연계약, 제작물공급계약, 공사도급계약 등 많은 사안에서 계약을 체결하는 목적과 동떨어져 있고 특정물의 매매계약은 가등기나 양도담보를 통해 목적 달성이 가능하기 때문이다.

소비대차 계약의 경우 담보의 감소나 미제공이 있을 때 기한 이익 상실을 인정하는 것이 채권자에게 더 유리하게 될 수 있다. 계약의 해제나 손해배상청구의 경우 상당 기간을 정하여 최고를 하여야 전보배상이나 부당이득반환을 청구할 수 있다. 반면 기한 이익 상실은 즉시 이행기가 도래하기 때문에 채권자에게 더 유리하다. 이러한 차이는 채권자가 이행기가 도래한 채권을 자동채권으로 하여 상계를 하여 채무자의 다른 채권자에게 대항할 수 있게 한다. 상계를 통해 채권의 우선적 만족을 얻을 수 있는 것은 채권자에게 결정적인 의미가 있다. 따라서 제388조에서 규율하는 특정 담보의 감소나 미제공에 국한하지 않고 채무자의 다른 재산에 대하여 압류명령이 있는 경우에도 기한 이익을 상실하도록 특약을 두는 경우가 많다. 특히 금융기관은 금전대여를 할 때 예금 거래를 하도록 유도하고 예금채권에 대하여 압류나 가압류 명령이 발송되는 경우 대여금채권의 이행기가 도래하도록 특약을 두고 있다.[63]

이러한 특약에 의하여 채권자가 우선적 채권 만족을 얻도록 하는 것이 타당한 것인가? 상계의 대상이 되는 채권이 밀접한 관계(견련관계)가 있는 경우에는 상계를 통한 우선적 만족을 인정하는 것이 타당하다. 그러나 그러한 관계가 없는 채권에 대하여 다른 채권자 보다 우선하여 만족을 얻도록 할 합리적인 근거는 찾아보기 어렵다.[64] 기한 이

63) 예컨대 우리은행의 은행 여신거래 기본약관(기업용, 2021. 3) 제7조 제1항 제1호 "채무자에 관하여 다음 각 호에서 정한 사유 중 하나라도 발생한 경우에는, 은행으로부터의 독촉·통지 등이 없어도, 채무자는 당연히 은행에 대한 모든 채무의 기한의 이익을 상실하여(지급보증거래에 있어서의 사전구상채무 발생을 포함합니다. 이하 같습니다), 곧 이를 갚아야 할 의무를 집니다. 1. 제 예치금 기타 은행에 대한 채권에 대하여 가압류·압류명령이나 체납처분 압류통지가 발송된 때 또는 기타의 방법에 의한 강제집행개시나 체납처분 착수가 있는 때. 다만, 담보재산이 존재하는 채무의 경우에는 채권회수에 중대한 지장이 있는 때에만 가압류를 사유로 기한의 이익을 상실합니다."

64) 김기환, 상계, 2018, 230면.

익의 상실 약정이 있는 경우에도 이러한 문제점이 발견되는 상황에서 기한 이익의 약정 없이 민법의 규정에 의하여 채권자에게 기한 이익 상실 권한을 부여하는 것은 더욱 신중하게 생각할 필요가 있다.

5. 담보 감소로 인한 특별해지권

이러한 점을 고려할 때 기한의 이익 상실에 관한 제388조는 삭제하는 것이 타당하다. 이 규정을 유지하는 경우에는 이를 채권총칙에서 소비대차 부분으로 이동하여 소비대차계약에 국한하여 아래와 같은 규정을 적용하는 것이 타당하다.

제601조의2(담보 감소로 인한 특별해지권) 차용물을 위하여 제공된 담보의 가치가 차주의 고의 또는 과실에 의하여 현저하게 악화하고 그로 인하여 담보를 실행하더라도 차용물의 반환이 위태롭게 될 경우에는 대주는 소비대차계약을 즉시 해지할 수 있다.

6. 이행기 전 이행거절과의 관계

기한 이익 상실은 이행기 전 이행거절과 맥락이 닿아 있다고 볼 수 있다. 채무자가 이행기 전 이행거절을 한 경우에 채권자에게 손해배상청구권이 발생하고 소멸시효도 바로 진행한다. 손해배상청구권은 이행청구권을 근거로 하고 이행청구권이 변형된 것으로 볼 수 있는데[65] 이행청구권에 붙어 있는 기한 이익이 상실되어 손해배상청구권이 발생한다고 보는 것이다.

담보를 감소시킨 경우 기한 이익이 상실된다면 이행 거절의 경우에도 기한 이익이 상실된다고 평가할 여지가 있다. 그러나 담보 감소의 경우에 기한 이익을 상실시키는 것이 부당한 것과 같이, 이행 거절의 경우에 기한 이익을 상실시키는 것도 타당하지 않다. 채무자가 이행 거절을 하는 취지는 통상 채무자에게 이행을 할 수 없는 사정이 있음을 미리 밝히는 것이다. 그런데 기한 이익을 상실하게 하고 바로 이행 청구를 하는 것은 이러한 통상적인 채무자의 의사에 맞지 않고 채무자의 어려운 사정을 이용하여 상황을 더욱 악화시킬 뿐이다. 채무이행과정에서 채무자와 채권자는 서로 채무이행에 관한 정보를 원활하게 제공할 필요가 있다. 채무이행에 채권자의 협력이 필요한 경우가 많고 채무불이행이 예상된다면 채권자가 이에 대응할 수 있는 시간을 줄 수 있기 때문이다. 그런데 채무자가 이행이 어려운 사정을 솔직하게 고지하였다는 것을 기화로 채무자에게 이행기 전의 이행 또는 강제이행을 강요하는 것은 타당하지 않다. 이는 채무자가 이행기

65) 성승현, "이행기 전 이행거절의 경우에 채권자의 이행청구권 행사와 손해경감의무", 「법학연구」, 제34권 제1호, 2023, 188면.

전에 채무 이행에 관한 정보를 제공하는 것을 꺼리게 하는 결과를 초래할 것이다.

이행기 전 이행 거절에서 채권관계를 종료하고자 하는 채무자의 의사를 도출할 여지는 있다. 그러한 경우에는 손해배상책임을 인정할 수 있을 것이다. 그러나 채무자의 이행기 전 이행 거절로부터 이행기 전 이행청구 및 강제이행을 용인하는 채무자의 의사를 도출하기는 어렵다. 채무자의 의사로부터 근거를 찾지 못하는 한 신의성실의 원칙이나 채권자의 불안만 가지고는 기한 이익을 상실시킬 근거가 충분하다고 보기 어렵다. 기한 이익 상실에 관한 제388조는 삭제되어야 할 규정이고 이 규정을 이행기 전 이행거절을 정당화하는 간접적인 근거로 활용하는 것은 타당하지 않다.

V. 결론

기한 이익 상실에 관한 제388조의 규정은 삭제하는 것이 타당하다. 첫째, 비교법적으로 볼 때 프랑스와 일본에서 이러한 규정을 두고 있고 독일은 이러한 규정을 두고 있지 않다. 프랑스와 일본에서도 이러한 규정이 왜 필요한지 그 근거가 뚜렷하지 않다. 둘째, 담보의 감소 또는 미제공이 문제되는 대부분의 사안은 채무불이행책임을 통하여 적절히 규율할 수 있다. 그 정도와 계약 해석에 따라 채권자에게 담보 보충 청구, 손해배상청구, 계약해제 등의 구제수단을 인정할 수 있고 그것으로 충분하다. 셋째, 기한 이익의 상실을 인정하는 것은 공연계약, 제작물공급계약, 공사계약, 특정물매매계약 등 상당수 사안에서 계약목적이나 당사자의 의사에 맞지 않은 엉뚱한 결과를 초래한다. 넷째, 채권자에게 즉각적인 이행청구권을 부여하는 것은 사전에 당사자가 기한 이익 상실 약정을 한 경우에 국한하여 인정하면 된다. 이를 일반적인 경우에 모두 인정할 필요는 없다.

제3편

채권총론

이행청구, 강제이행, 전보배상 및 대상청구 개정안 관견(管見)*

이동진**

국문초록

이 글에서는 2023년부터 활동한 제3기 민법개정위원회가 2024년 발표한 계약법 개정안 중 이행청구, 강제이행, 전보배상 및 대상청구에 관한 민법 제387조, 제389조, 제395조, 제399조의2를 소개, 검토한다. 이들은 각각 이행청구권의 원칙적 긍정과 채무자 책임 있는 불능에서 그 배제, 구체적 집행방법에 관한 규정의 삭제, 이행지체와 전보배상에 관한 규정의 전보배상 요건에 관한 규정으로의 전면적 개편 및 해제법과의 동화(同化), 이행기 전 이행거절과 명백한 이행곤란의 입법, 대상청구권 규정의 신설로 요약될 수 있다. 이들 중 이행기 전 이행곤란을 제외하면 어느 것이나 현재의 법적 규율의 실질을 변경하지 아니한 채 그사이 판례·학설의 발전을 입법적으로 수용하고 체제를 정비하는 취지이다. 심지어 대상청구권에 관한 개정안은 논란의 대상 대부분을 해결하지 아니한 채 남겨두었다. 이러한 기본방향은 65년 넘게 개정이 이루어지지 못한 민법의, 특히 그중에서도 범용성이 높고 매우 많은 거래와 선례에 관계하는 계약법의 개정이 고려하여야 할 여러 제약에 비추어 납득할 만하다.

* 이 논문은 민사법학 제109호에 게재된 것을 수록하였다.
이 논문은 2024. 6. 21.~6. 22. 부산대학교에서 열린 2024년 한국민사법학회 하계학술대회에서 발표한 글을 수정·보완한 것이다. 학술대회에서 지정토론을 맡은 임병석, 진도왕 교수와 플로에서 유익한 토론을 해준 참가자들 및 익명의 심사위원들에게 감사드린다.

** 서울대학교 법학전문대학원 교수.

Ⅰ. 서론

1. 「민법」 중 제1, 2, 3편, 이른바 재산법은 1958년 제정 이래 지금에 이르기까지 65년이 넘는 기간 동안 소소한 개정을 거쳤을 뿐[1] 원형(原形)을 그대로 유지하고 있다. 개정이 빈번하게 이루어져 이제는 제정 당시와 비교하기 어려운 모습이 된 제4, 5편, 가족법과 다르다.[2] 같은 기간 동안 재산 관계와 거래에 관한 사회변화가 가족관계의 그것만큼 크지는 아니하였다 하여도, 재산법의 규율이 가족법의 그것보다 일반·추상적이어서 사회변화에 적응하기 쉽다 하여도, 지나친 감이 있다. 「민법」은 애초에 우리의 규율대상과 가치를 충분히 고려하여 제정되었다고 할 수 없는 계수법이고, 그사이 사회변화도 빨라져 지난 20여 년간 민법-재산법도 세계 곳곳에서 전면개정이 이루어지고 있었다.

재산법 전면개정 노력이 없었던 것은 아니다. 법무부는 1999년과 2009년 두 차례에 걸쳐 위원회를 구성하고 재산법 전면개정을 시도하였다. 그러나 그 결과 도출된 두 개정안 중 실제로 「민법」 개정에 이른 것은 극히 일부였고,[3] 대부분 발의에 이르지 못하였거나 발의 후 국회 회기만료로 폐기되었다. 법무부는 2023년 6월 다시 '제3기' 민법개정위원회를 구성, 재산법 전면개정을 준비하고 있다. 그 첫 작업으로 2024년 6월까지 민법 제103조부터 제154조까지, 제373조부터 제402조까지, 제527조부터 제553조까지, 제563조부터 제595조까지 및 제664조부터 제674조까지, 즉 계약법 개정안을 구성하여, 일응의 안이 공개되었다.[4]

---

1) 규율내용이 달라진 실질적 개정은 1984. 4. 10. 구분지상권 신설 및 전세권법 개정, 2001. 12. 29. 민법 제52조의2, 제60조의2 신설, 2015. 2. 3. 보증법 개정 및 여행계약법 신설, 2016. 1. 6. 민법 제651조 삭제, 2020. 10. 20. 민법 제766조 제3항 신설, 2022. 12. 27. 나이 계산에 관한 제158조 및 관련 규정 개정에 그친다. 횟수로도 6회이거니와 재산법의 근간을 이루는 중요 제도와는 별 관계가 없었다.

2) 규율 내용이 달라진 실질적 개정만도 1962. 12. 29. 법정분가 신설, 1977. 12. 31. 유류분 신설, 1990. 1. 13. 친족관계의 범위와 호주제 개정, 면접교섭권과 이혼시 재산분할청구권 신설, 사후양자와 서양자, 유언양자 폐지, 가족법에서 남녀평등의 관철, 기여분과 분묘 등의 승계, 특별연고자에 대한 분여 신설, 2002. 1. 4. 특별한정승인 신설, 2005. 3. 31. 호주제와 동성동본금혼의 폐지 및 여자의 대혼(待婚)기간 폐지, 친생부인 개정, 친양자 신설, 기여분 개정, 특별한정승인 개정, 2007. 12. 21. 협의이혼법 개정, 2011. 3. 7. 성년후견법 개정, 2011. 5. 19. 친권자 지정 관련 규정 개정, 2014. 10. 15. 친권남용법 개정, 2016. 12. 2. 제837조의2 개정, 2017. 10. 31. 제844조 제3항, 제854조의2, 제855조의2 신설, 2021. 1. 26. 제915조 삭제 및 관련 규정 개정, 2022. 12. 13. 제1019조 제4항 신설 및 관련 규정 개정으로 총 12회에 이르고 그중 다수가 가족법의 근간을 이루는 제도의 개정이었다.

3) 2009년부터 시작된 개정작업의 성과는 2011년 성년후견법 개정, 2015년 보증법 개정과 여행계약법 신설로 이어졌다.

4) 작업의 기본방침과 진행방식에 관하여는 "[인터뷰] 65년 만에 민법 전면 개정 추진하는 양창수 민법개정위원장", 법률신문 2023. 7. 10.자(= https://www.lawtimes.co.kr/news/189116) 참조.

2. 이 글에서는 그중 채무불이행법, 특히 이행청구와 강제이행, 전보배상, 대상청구에 관한 부분을 검토하고자 한다. 대체로 채무불이행에 대한 구제(remedy)[5] 중 일반 손해배상법 부분을 제외한 나머지에 해당한다. 우선 현재 논의되고 있는 개정안이 무엇을 의도하고 있(다고 해석되)는지를 살펴보고, 그 의의와 당부에 대한 나름의 의견을 제시한다.

필자는 제3기 민법개정위원회 검토위원회와[6] 전체위원회에 참여하였다. 이 경험은 이 글과 관련하여서도 참조가 되나, 이 글 및 이 글의 분석은 그와 별개임을 밝혀두기로 한다.

Ⅱ. 이행청구와 강제이행

1. 현행법과 개정안

먼저 이행청구와 강제이행에 관한 규정부터 본다. 현행법과 2024년 6월 현재 기초위원회의 '최종안'은[7] 다음과 같다.

현행법	기초위원회 '최종안'
(신설)	제387조(채권자의 이행청구권) 채권자는 채무자에 대하여 채무의 이행을 청구할 수 있다. 다만 채무자에게 책임 없는 사유로 채무를 이행할 수 없는 경우에는 그러하지 아니하다.
제389조(강제이행) ① 채무자가 임의로 채무를 이행하지 아니한 때에는 채권자는 그 강제이행을 법원에 청구할 수 있다. 그러나 채무의 성질이 강제이행을 하지 못할 것인 때에는 그러하지 아니하다. ② 전항의 채무가 법률행위를 목적으로 한 때에는 채무자의 의사표시에 갈음할 재판을 청	제389조(강제이행) ① 채무자가 임의로 채무를 이행하지 아니한 경우에는 채권자는 그 강제이행을 법원에 청구할 수 있다. 그러나 채무의 성질이 강제이행을 하지 못할 것인 때에는 그러하지 아니하다.

5) 가령 김형석, 계약자유와 계약책임, 2024, 228면 이하는 "계약 불이행에 따른 책임"이라는 표제하에 "구제수단(1): 이행의 강제", "구제수단(2): 이행에 갈음한 손해배상", "구제수단(3): 이행불능과 대상청구권"의 세 장을 배치하고 있다.

6) 제3기 민법개정위원회의 운영방식과 '기초위원회', '검토위원회'에 대하여는 "[인터뷰] 65년 만에 민법 전면 개정 추진하는 양창수 민법개정위원장"(주 4) 참조.

7) 이 표현은 전체회의 자료에 기재된 것이다. 그러나 이 기초위원회의 '최종안' 또한 향후 논의 과정에 열려 있고 개정안 자체는 기초위원회가 확정하는 것으로 예정되어 있으므로 실질적으로 '최종'이라고 할 수 있을지는 전혀 분명하지 아니하다.

구할 수 있고 채무자의 일신에 전속하지 아니한 작위를 목적으로 한 때에는 채무자의 비용으로 제3자에게 이를 하게 할 것을 법원에 청구할 수 있다. ③ 그 채무가 부작위를 목적으로 한 경우에 채무자가 이에 위반한 때에는 채무자의 비용으로써 그 위반한 것을 제각하고 장래에 대한 적당한 처분을 법원에 청구할 수 있다. ④ 전3항의 규정은 손해배상의 청구에 영향을 미치지 아니한다.	② 제1항은 손해배상의 청구에 영향을 미치지 아니한다.

기초위원회 '최종안' 중 제389조 부분은 기초위원회가 처음 제안한 '예비초안'과[8] 같았다. 그러나 제387조 예비초안은 조금 다르다. 한편, 검토위원회는 제389조를 삭제하고 제387조를 다음과 같이 개정하여 이에 통합하자는 의견을[9] 제시하였다.

기초위원회 예비초안	검토위원회 의견
제387조(채권자의 이행청구권) ① 채권자는 채무자에 대하여 채무의 이행을 청구할 수 있다. 다만 채무자의 책임 없는 사유로 채무를 이행할 수 없는 범위에서는 그러하지 아니하다. ② 이행에 관한 채무자의 부담과 채권자의 이익 사이에 현저한 불균형이 있음을 이유로 채무자가 이행을 거절하는 경우에도 제1항 단서와 같다.	제387조(채권자의 이행청구권) ① 채권자는 채무자에 대하여 채무의 이행을 청구할 수 있다. ② 채무자가 임의로 채무를 이행하지 아니한 때에는 채권자는 그 강제이행을 법원에 청구할 수 있다. ③ 채무의 성질상 허용되지 않는 경우 또는 채무를 이행할 수 없거나 그 밖에 이에 준하는 사유가 있는 경우에는 제1항 및 제2항에 따른 청구를 할 수 없다.

다른 한편, 기초위원회는 제389조 제2항, 제3항의 삭제에 대응하여 이들을 민사집행법으로 옮기는 개정도 제안하였다.[10]

---

8) 서울대학교 산학협력단(책임연구원 김형석), 민법 개정안(계약법 총론) 예비초안 연구, 2023. 12 (2023년 법무부 연구용역 보고서), 9면 이하.

9) 법무부 민법개정위원회 검토위원회, 민법 개정 예비초안에 대한 검토의견서, 2024. 4, 4면 이하. 검토위원회의 의견은 반드시 개정안의 형태일 필요가 없었으나 대부분 수정된 개정안을 제안하는 형태를 취하였다. 다른 한편, 위 검토위원회의 의견은, 그곳에 기재된 바와 같이, 검토위원회에서 일응 합의된 것은 아니었고, 기초위원회의 재고를 위하여 1안으로 제시한 것이었다.

10) 관련 규정은 다음과 같다.

2. 해석과 전망, 평가

(1) 현행법에는 이른바 채권의 일반적 효력을 직접 선언하는 규정이 없다. 제389조 제1항이 "강제이행을 법원에 청구할 수 있다"고 규정한 데서, 그리고 제2항 이하가 명백히 강제집행을 지시하는 데서, 원칙적 집행력과 그 논리적 전제로서 소구력(訴求力)을, 그리고 다시 그 논리적 전제로서 이행청구권을 읽어낼 수 있을 뿐이다.

그러나 이러한 상태가 바람직하다고 할 수는 없다. 제3편 제1장 제2절 채권의 효력이, 뜬금없이, 지체책임(제387조)으로 시작해 기한의 이익의 상실(제388조)과 강제이행(제389조)으로 이어져, 그냥 읽어서는 그 논리구조를 파악하기 어려운 것이 「민법」과 같은 전면적·포괄적 입법에서 장점일 수는 없다.[11] 비교법적으로는 독일민법(Bürgerliches Gesetzbuch) 제241조 제1항,[12] 2016년 개정 프랑스민법(Code civil) 제1221조[13] 등 이행청구권에 관한 규정을 둔 예가 여럿이다.[14] 특정이행(specific performance)을 형평법(equity)

현행법	기초위원회 예비초안
제260조(대체집행) ① 민법 제389조 제2항 후단과 제3항의 경우에는 제1심 법원은 채권자의 신청에 따라 민법의 규정에 의한 결정을 하여야 한다. ② 채권자는 제1항의 행위에 필요한 비용을 미리 지급할 것을 채무자에게 명하는 결정을 신청할 수 있다. 다만, 뒷날 그 초과비용을 청구할 권리는 영향을 받지 아니한다. ③ 제1항과 제2항의 신청에 관한 재판에 대하여는 즉시항고할 수 있다.	제260조(대체집행) ① 채무가 채무자의 일신에 전속하지 아니한 작위를 목적으로 하는 때에는 제1심 법원은 제1심 법원은 채권자의 신청에 따라 채무자의 비용으로 제3자가 이를 하도록 하는 결정을 하여야 한다. ② 채무가 부작위를 목적으로 하는 경우에 채무자가 이에 위반한 때에는 제1심 법원은 채권자의 신청에 따라 채무자의 비용으로써 그 위반한 것을 제거하고 장래에 대한 적당한 처분을 명하는 결정을 하여야 한다. ③ 채권자는 제1항 및 제2항의 행위에 필요한 비용을 미리 지급할 것을 채무자에게 명하는 결정을 신청할 수 있다. 다만, 뒷날 그 초과비용을 청구할 권리는 영향을 받지 아니한다. ④ 제1항 내지 제3항의 신청에 관한 재판에 대하여는 즉시항고할 수 있다.

11) 이 점을 가령 우리 「민법」의 '당연한 것은 규정하지 아니한다'는 특징으로 뒷받침하기는 어렵다. 그 대표적인 예로 꼽히는 법률행위 규정이 '법률행위는 법적 구속력이 있다'로 시작하지 아니하는 것은, 오히려 판덱텐체계(Pandektensystem)의 특성이다. 단체법상 행위와 단독행위까지 시야에 넣어보면 법률행위가 일반적으로 법적 구속력이 있다는 것은 사실이 아니고, 계약에 관해서라면, 불완전하지만 계약 각칙 규정이 그 내용대로 구속력이 있음을 드러내고 있다(가령 제563조, 제568조). 법률행위법의 과제는 이들 모두, 즉 단체법상 행위와 단독행위, 계약이 일응 효력이 있는 것처럼 보일 때 그것이 그렇지 아니한 공통의 사유를 규정하는 것이다. 법률행위론이라는 제목하에 논의하는 여러 문제, 특히 효력 근거는 암묵적으로 계약을 전제하고 있고, 그 범위를 벗어나는 순간 불완전해진다. 오히려 물권편, 채권편은 논리적 완결성을 가지고 있다.

12) 독일민법 제241조(채무관계로부터의 의무들) (1) 채권자는 채무관계에 터 잡아 채무자에게 급여청구를 할 권한이 있다. 급여는 부작위일 수 있다.

13) 2016년 개정 프랑스민법 제1341조 채권자는 채무이행에 대한 권리를 가진다. 그는 법률이 정한 요건에 따라 이에 대하여 채무자를 강제할 수 있다.

14) 그 밖에 오스트리아일반민법(Allgemeines bürgerliches Gesetzbuch) 제859조도 참조.

상 예외적으로만, 법관의 재량에 의하여, 인정하는 영미법이나 인도채무 외의 채무의 강제이행을 부정한 1804년 프랑스민법에서도[15] 알 수 있듯 이행청구권의 원칙적 인정이 입법주의와 무관하게 당연한 것이라고 할 수는 없다.[16] 「민법」이 어떤 태도를 취하는지 명문으로 밝힘이 바람직하다.[17] 이 규정은 2004년 개정안에는 없었으나 2013년 개정안에는 제386조의2로 있었던 것이기도 하다.

(2) 흥미를 끄는 것은 기초위원회 '최종안' 제387조 단서이다. 이 규정은 '채무자에게 책임 없는 사유로' 인하여 '채무를 이행할 수 없는 경우'에 한하여 이행청구권을 배제한다.

그중 뒷부분이 이행불능을 가리킨다는 점은 명백하다. 문제는 앞부분, 즉 '채무자에게 책임 없는 사유'로 인한 불능만을 제외하는 태도이다. 이는 채무자에게 책임 없는 사유로 불능이 된 경우 그 채무자는 그 채무로부터 (대체 없이) 해방됨을 뜻한다. 쌍무계약의 경우 제537조가 "당사자쌍방의 책임없는 사유로 이행할 수 없게 된 때에는 채무자는 상대방의 이행을 청구하지 못한다"고 규정하는 데 대응한다. 두 규정 모두 이행청구를 하지 못하는 데 그치지 아니하고 그 이행청구권의 기초가 된 채권관계 자체가 소멸한다.

그렇다면 채무자에게 책임 있는 사유로 이행할 수 없게 된 경우는 어떻게 되는가? 이 규정의 입법방식은 2002년 개정 전 독일민법 제275조 제1항을 연상시킨다.[18] 사실 개정 전 독일민법 제275조 제1항과 관련하여서는 독일에서도 논란이 있었다. 불능이면 책임 있는 사유로 인한 경우라 하더라도 당연히 채무가 없는 것 아닌가("impossibilium

15) 2016년 개정 전 프랑스민법 제1142조 모든 하는 또는 하지 아니하는 채무는, 채무자 측의 불이행이 있을 때에는, 손해배상으로 해소된다.
주지하는 바와 같이 이 규정은 1970년대 이후 판례·학설에 의하여 제한해석되었다. 그러나 이전에는 실제로 인도채무가 아닌 한 그 불이행에도 불구하고 금전배상을 구할 수 있을 뿐이었다.

16) Treitel, "Remedies for Breach of Contract (courses of action open to a party aggrieved)", Int'l encyclopedia of comparative law, Vol. 7, Ch. 16-1, 1976, pp. 8 ff. 또한, Riehm, Der Grundsatz der Naturalerfüllung, 2015, S. 64 ff.

17) 근래 국제중재나 국제분쟁과 관련하여 한국법의 태도를 설명하여야 하는 일이 늘고 있는데, 이때에도 법조문(의 번역)이 출발점이 되곤 하므로, 법조문만으로도 그 내용의 대강을 파악할 수 있게 규정하는 데는 실천적 이익도 있다.

18) 2002년 개정 전 독일민법 제275조 (1) 채무자는, 급여가 채무관계의 발생 후에 생긴 그에게 책임이 없는 사정의 결과로 불가능해진 한, 급여의무에서 벗어난다(frei).
그러나 당시에도 객관적 불능이 증명되면 이행청구는 기각되었고, 귀책사유가 있을 때 실천적 이유에서 객관적 불능에 대한 증거수집을 포기하고 집행불능으로 인한 대상청구(2002년 개정 전 독일민법 제283조, 독일민사소송법 제893조)에 의하게 하였을 뿐이며(RGZ 54, 28), 이는 비판의 대상이었다. MünchKommBGB/Emmerich, 1979, § 275 Rn. 84 ff. 현행법 해석상 불능에 의한 급여의무로부터의 해방에 귀책사유 유무가 문제 되지 아니한다는 데는 이론(異論)이 없다. 물론 이로써 모든 문제가 해명된 것은 아니다. MünchKommBGB/Ernst, 9. Aufl., 2022, §275 Rn. 4 f.

nulla est obligatio"), 적어도 이행청구는 할 수 없는 것 아닌가 하는 것이다. 압도적 다수설은 그러한 결론을 인정하고, 법문이 부적절하다고 보았다.[19] 그러나 입법자가 로마법에 알려진 "perpetuatio obligationis"를 수용한 것이고 급여가 불능이 되더라도 이행청구권이 존속한다면서, 금전배상만을 구할 수 있었던 로마법에서는 오히려 그 근거로서 (면책되지 아니하는 한) 이행청구권이 존속할 필요가 있었다는 점을 지적하는 견해도 있다. 이 견해는 이행청구권의 전보배상청구권으로의 '전형(轉形)'은 규정 밖의 문제라면서, 이는 채무자 보호를 위하여 일정 요건하에서만 이루어지는바, '확인된' 불능만 이행청구를 배제한다고 한다.[20] 불능 여부가 다투어지는 경우 이행청구권이 유지되며, 채무자는, 그 주장에 따르더라도 책임이 있는 불능을 주장·증명하기 위하여 이행판결을 지연시킬 수는 없고, 불능인지 여부는 집행단계에서 가리면 된다고 한다. 이행청구와 전보배상청구 사이의 선택권은 채권자에게만 주어진다는 것이다.[21]

개정 전 독일민법과 달리 기초위원회 '최종안'의 제387조 단서는 관련 논의에도 불구하고 기초위원회 '초안'에서부터 유지된 것으로 그대로 입법된다면 (독일에서처럼) 편집상 과오라고 할 수는 없고, 적절한 해석이 부여되어야 한다. 물론 책임 없는 불능이 면책된다 하여 책임 있는 불능에서는 당연히 이행청구권이 존속하고 소구할 수 있다는 결론(반대해석)이 도출되지는 아니한다. 그러나 향후 독일에서와 같은 논란이 초래될 가능성은 있다. 이와 관련하여서는 민사집행법 제41조 제2항은 이른바 집행불능으로 인한 대상청구를 언급하나,[22] 민법에는 2002년 개정 전 독일민법 제283조와[23] 같은 규정이 없다는 점에 유의할 필요가 있다.[24] 결과적으로 초안의 규정만으로는 제537조에서와 같

19) Staudinger/Löwisch, 13. Aufl., 1995, §275 Rn. 56; Soergel/Wiedemann, 12. Aufl., 1990, §280 Rn. 27 ff.; Roth, "Das nachträgliche Unvermögen des Schuldners", JuS 1968, 101, 102.

20) H.H.Jakobs, Unmöglichkeit und Nichterfüllung, 1969. S. 75 und 230 ff.

21) U.Huber, Leistungsstörungen, Band. II (Handbuch des Schuldrechts Band. 9/II), 1999, S. 773 ff., 805, 810. 앞의 주 16도 참조. 한편, "perpetuatio obligationis"에 대하여는 양창수, "원시적 불능론 (1)", 서울대 법학 제27권 제2·3호(1986), 142-143면도 참조.

22) 민사집행법 제41조(집행개시의 요건) ② 다른 의무의 집행이 불가능한 때에 그에 갈음하여 집행할 수 있다는 것을 내용으로 하는 집행권원의 집행은 채권자가 그 집행이 불가능하다는 것을 증명하여야만 개시할 수 있다.

23) 2002년 개정 전 독일민법 제283조 (1) 채무자가 패소 확정판결을 받으면, 채권자는 급여의 실행에 적절한 기간을 정하여 그 기간이 경과하면 급여의 수령을 거절할 것임을 표시할 수 있다. 그 기간이 경과하면 채권자는 급여가 적시에 시행되지 아니하는 한 불이행으로 인한 손해배상을 구할 수 있다. 손해배상의무는 급여가 채무자에게 책임이 없는 사정의 결과로 불능이 된 때에는 발생하지 아니한다.

24) 집행불능을 원인으로 하는 대상청구를 해석상 인정할 수는 있다. 가령 김형석, "이행에 갈음한 손해배상", 비교사법 제28권 제2호(2021) = 계약자유와 계약책임(주 5), 308-309면. 또한, 대법원 1975. 5. 13. 선고 75다308 판결. 그러나 집행불능을 원인으로 하는 대상청구가 2002년 개정 전 독일민법 제283조의 기능을 완전히 인수할 수는 없다.

이 채권관계 자체의 존부를 결정짓는 기초로서 이행청구권의 존속이 선언되었을 뿐[25) 좁은 의미의, 특정 행위의 요구를 내용으로 하는, 이행청구권의 한계라는 보다 실천적인 문제에 대한 답을 제시하였다고 보기는 어렵다. 그렇다면 책임 없는 이행불능을 이행'청구권'의 한계가 아닌 면책 내지 채무소멸 원인으로, 아마도 다른 위치에, 규정하는 것이 더 나을 수도 있겠다. 2002년 개정 전 독일민법 제275조 제1항이나 2016년 개정 전 프랑스민법 제1302조(2016년 개정 프랑스민법 제1351조)가 그러하다.

좁은 의미의, 특정 행위의 요구를 내용으로 하는 이행청구권의 한계에 대하여는 현행법도 규정을 두지 아니한다. 그러나 근래 비교법적 동향은 다르다. 2020년 개정 일본민법 제412조의2 제1항,[26) 2002년 개정 독일민법 제275조 제1항,[27) 2016년 프랑스민법 제1221조,[28) 유럽계약법원칙(PECL) 제9:102조,[29) 2016년 개정 UNIDROIT국제상사계약원칙(PICC) 제7.2.2조[30) 모두 채무자의 책임 유무를 묻지 아니하고 불능만으로 이행청구권이 배제된다고 정하고 있다.

(3) 불능만 배제 사유로 정할 것인가 하는 점도 문제이다. 기초위원회의 예비초안은 '채무자의 부담과 채권자의 이익' 사이의 불균형을 이유로 하는 이행거절의 항변권을 정하고 있었다. 비교법적으로는 2002년 개정 독일민법 제275조 제2항, 제3항과[31) 비슷하

---

25) 이러한 제1차적 이행청구권 개념에 대하여는 森田 修, 契約責任の法學的構造, 1999, 65頁 以下; Riehm(주 16), 219 ff. 참조. 뒤의 문헌은 실체법과 절차법을 구분하는 한 이와 같이 이해함이 타당하다고 한다.

26) 2020년 개정 일본민법 제412조의2(이행불능) (1) 채무의 이행이 계약 그 밖의 채무의 발생원인 및 거래상의 사회통념에 비추어 불능인 때에는, 채권자는, 그 채무의 이행을 청구할 수 없다.
이에 대하여는 우선, 박영복, "이행청구권의 한계사유로서의「이행불능」 - 일본 개정 민법을 주요 소재로 한 비교법적 검토 -",「외법논집」, 제44권 제1호, 2020, 126면 이하.

27) 2002년 개정 전 독일민법 제275조(급여의무의 배제) (1) 급여청구권은, 이것이 채무자나 어느 누구에게도 불가능한 한, 배제된다.
이 규정에 대하여는 우선, 정진명, "이행청구권의 한계와 계약규범 - 불능 법리의 재편을 중심으로 -",「재산법연구」, 제33권 제4호, 2017, 3면 이하.

28) 2016년 개정 프랑스민법 제1221조 채권자는, 최고 후에, 이행이 불가능하거나 선의의 채무자에 대한 비용과 그 채권자의 이익 사이에 명백한 불균형이 존재하는 경우가 아닌 한 현실집행(exécution en nature)을 구할(poursuivre) 수 있다.

29) PECL 제9:102조(비금전채무) (2) 특정이행은, 그러나, 다음의 경우에는 받을 수 없다:
(a) 이행이 부적법하거나 불능인 때; 또는

30) PICC 2016 제7.2.2조(비금전채무의 이행) 금전지급채무가 아닌 채무를 부담하는 당사자가 이행하지 아니하는 때에는, 상대방 당사자는 다음의 경우가 아닌 한 이행을 청구할 수 있다:
(a) 이행이 법적으로 또는 사실상 불능이거나;

31) 2002년 개정 독일민법 제275조(급여의무의 배제) (2) 채무자는, 급여가 채무관계의 내용과 신의성실의 요청을 고려할 때 채권자의 급여이익과 중대한 불균형관계에 있는 비용을 요하는 한, 그 급여를 거절할 수 있다. 채무자에게 기대되는 노력을 정함에 있어서는 채무자가 급여장애에 책임이 있는지 여부도 고려하여야 한다.

다. 그러나 2016년 프랑스민법 제1221조(주 28), PECL 제9:102조 제2항,[32] PICC 제7.2.2조도[33] 항변권이 아닐 뿐 이를 불능과 대등한 이행청구권의 배제 사유로 정하고 있다. 그러한 규정을 둔다면 판례·통설이 이른바 사실적 불능으로 불능 개념 내에서 해결해 온, 그러나 엄밀한 의미에서, 또는 일상어(日常語)로, '불능'이라고 할 수는 없는 사안 유형을[34] 분리, 독립시키는 의미가 있었을 것이다. 그러나 사실적 불능을 일종의 '불능'으로 받아들여 온 우리 법률가들에게는 낯설고, 항변권 구성은, 더욱 낯선 것이었다.[35] 해당 부분은 기초위원회 '최종안'에서는 빠졌다.

(4) 기초위원회 '최종안'은 제389조 제1항, 제4항을 존치 시키면서 제2항, 제3항은 삭제하고 「민사집행법」 제260조만 대응 개정한다. 2020년 개정 일본민법 제414조와[36] 같다. 제389조 제1항, 제2항은 「민사집행법」 제260조, 제263조에 의하여 완전히, 즉 그 내용 전부는 물론 그 이상의 (절차적) 사항까지 포함하여 규율되고 있고, 그 자체 실체법이 아닌 집행법이므로,[37] 규정 순화를 위하여 민법에서 삭제한 것으로, 수긍할 만하다. 2013년 개정안도 제389조에서 제1항만을 남기는 것으로 하고 있었다.

이에 대하여 검토위원회는 강제이행에 관한 규정을 이행청구권에 관한 규정과 통합적으로 규율하는 대안을 제안하였다. 비교법적으로 이행청구권에 관한 규정과 강제이행

---

(3) 채무자는 나아가 급여를 개인적으로(직접; persönlich) 제공하여야 하는데 그것이 그의 급여를 방해하는 장애와 채권자의 급여이익을 형량할 때 기대될 수 없을 때에도 그 급여를 거절할 수 있다. 위 규정, 특히 제3항에 대하여는 우선, 서종희, "불능에 의한 급부의무의 소멸 – 독일민법 제275조 제3항의 개인적 불능을 중심으로 –", 「재산법연구」, 제38권 제1호, 2021, 3면 이하.

32) PECL 제9:102조(비금전채무) (2) 특정이행은, 그러나, 다음의 경우에는 받을 수 없다:
(b) 이행이 채무자에게 비합리적인 노력이나 비용을 초래하는 경우; 또는

33) PICC 2016 제7.2.2조(비금전채무의 이행) 한 사람이 금전을 지급하는 채무 이외의 채무를 부담하는 당사자가 이행하지 아니하는 때에는, 상대방 당사자는 다음의 경우가 아닌 한 이행을 청구할 수 있다.
(b) 이행, 또는 상당한 경우, 집행이 비합리적으로 부담이 되거나 비용이 많이 드는 경우; 또는

34) 서울대학교 산학협력단(주 8), 9–10면. 또한, 김용덕 편집대표 주석민법[채권총칙 1] 제5판, 2020, 667면 이하(김상중 집필부분)도 참조.

35) 엄밀한 의미의 불능이 아닌 경우 채무자가 과도한 부담에도 불구하고 이행하겠다고 하면 이행청구권과 이행의무가 소멸하였고 쌍무계약이라면 반대급여청구권도 소멸하였다고 할 수 있을지 의문이다. 독일민사집행법 제888조 제1항과 관련하여 불능과 현저한 불균형의 구분은 Riehm(주 16), S. 436 f. 일본민법 개정과정에서 있었던 비슷한 제안과 그 포기에 대하여는 박영복(주 26), 134면 이하.

36) 2020년 개정 일본민법 제414조(이행의 강제) (1) 채무자가 임의로 채무의 이행을 하지 아니한 때에는, 채권자는, 민사집행법 그 밖의 강제집행의 절차에 관한 법령의 규정에 좇아, 직접강제, 대체집행, 간접강제 그 밖의 방법에 의한 이행의 강제를 재판소에 청구할 수 있다. 다만, 채무의 성질이 이를 허용하지 아니하는 때에는, 그러하지 아니하다.
(2) 전항의 규정은, 손해배상의 청구를 막지 아니한다.

37) 鈴木忠一·三ケ月章 編集 注解民事執行法(5), 1985, 39頁 以下(富越和厚 執筆).

에 관한 규정을 둘 다 민법에 두는 예는 (프랑스민법 정도를 제외하면) 드물다는 것이다. 이는 이행청구권을 앞서 본 의미가 전혀 아닌, 일종의 구제(remedy)로 규정할 때 가능한 접근이다.[38] 양자를 구별하지 아니하고 통합하여 규정한 예로 언급된[39] PECL 제9:102조 제2항이나[40] 거의 같은 내용의 PICC 제7.2.2조는[41] 이행청구권을 제한적으로 인정하고 일종의 구제로 위치지운다. 그 인정범위에 있어서 영미법보다 다소 넓지만 대륙법보다는 상당히 좁고, 체계적으로는 영미법에 친화적인 일종의 '절충'이다.

그러나 이러한 접근은 우리 민법 및 그에 대한 지배적 이해와 잘 연결되지 아니한다. 판결절차와 집행절차가 엄격히 구분되어 있는 우리 법에서 집행가능성이 판결·소구(訴求)가능성을 좌우할 이유는 없고, 전통적으로도 특정 내용을 갖는 이행청구권의 배제사유로서 불능과 이행청구권을 전제로 그 강제집행을 배제하는 사유는 구별되어온 것이다.[42]

오히려 검토하여야 할 점은 제389조 제1항, 제4항을 「민법」에 남길 것인지 여부이다. 기초위원회는 제389조 제1항이 원칙 규정이라는 전제하에[43] 이 규정을 남겨두었다. 제4항은 당연한 사항이나 제1항을 남겨두는 만큼 남겨두었을 뿐이다. 그러나 같은 규정

38) 독일민법에 대하여 그러한 (과격한) 개정을 제안한 것으로, U.Huber, "Leistungsstörungen", in: BMJ (hrsg) Gutachten und Vorschläge zur Überarbeitung des Schuldrechts, 1982. 그러나 이와 같은 구상은 2002년 개정에서 받아들여지지 아니하였다. Riehm(주 16), S. 219 ff.도 참조.

39) 법무부 민법개정위원회 검토위원회(주 9), 5-6면, 특히 주 1 참조.

40) PECL 제9:102조(비금전채무) (2) 특정이행은, 그러나, 다음의 경우에는 받을 수 없다:
(c) 이행이 인적 성격의 용역 또는 일의 제공으로 이루어져 있거나 개인적 관계에 의존하는 경우, 또는
(d) 피해 당사자가 다른 곳에서 합리적으로 이행을 받을 수 있는 경우
(3) 피해 당사자가 불이행을 알았거나 알았어야 했던 때로부터 합리적 시간 내에 특정이행을 구하지 아니한 때에는 특정이익을 구할 권리를 잃는다.

41) PICC 2016 제7.2.2조(비금전채무의 이행) 한 사람이 금전을 지급하는 채무 이외의 채무를 부담하는 당사자가 이행하지 아니하는 때에는, 상대방 당사자는 다음의 경우가 아닌 한 이행을 청구할 수 있다
(c) 이행을 청구할 권리가 있는 사람이 다른 곳에서 합리적으로 이행을 받을 수 있는 경우; 또는
(d) 이행이 전적으로 인적 성격을 가지는 경우; 또는
(e) 이행을 청구할 권리가 있는 사람이 불이행을 알았거나 알았어야 했던 때로부터 합리적 시간 내에 이행을 구하지 아니한 경우.

42) 후자에는 예술가 또는 학자의 창작의무, 부부간 동거의무, 혼인예약 등 채무의 성질상 강제하여서는 그 목적을 달성할 수 없거나 채무자의 인격보호를 위하여 강제는 허용되지 아니하는 경우, 제3자의 협력이 필요한 경우가 포함된다. 이들은 이행청구 및 소구(訴求)를 배제하는 사유는 아니다. 磯村 保 編集 新注釈民法(8) 債権(1), 2022, 404頁 以下(吉政知広 執筆).

43) 김형석, "강제이행", 서울대「법학」, 제46권 제4호, 2005 = 계약자유와 계약책임(주 5), 257-263면. 또한, 서울대학교 산학협력단(주 8), 20-21면. 그러나 일본민법 제414조가 남은 이유는 이와 다르다. 2020년 개정 일본민법의 입법자는 이행청구권의 한계에 관한 제412조의2 제1항의 전제로서 청구력에 관한 규정이 있어야 한다는 생각에서 이 규정을 남겼던 것이다. 吉政知広(주 42), 382頁 以下.

이 직접강제에 제한되지 아니하는 원칙규정이라 하더라도 여전히 집행법 규정인 만큼 이를, 특히 이행청구권에 관한 규정을 신설하는 마당에, 「민법」에 남겨둘 필요는 없지 않을까? 「민법」은 이행청구권과 집행청구권 사이에 위치한 '판결'청구권에 관하여도 규정을 두지 아니한다.

(5) 2013년 개정안은 이행청구권에 관한 규정을 제386조의2로 할 것을 제안하였다. 반면 기초위원회의 '최종안'은 지체책임에 관한 제387조를 제388조로 이동시키고 제387조에 이행청구권을 신설하는 한편 종전의 제388조는 제388조의2로 이동하는 것으로 하고 있다.[44] 채권의 효력 중 가장 기본이 되는 이행청구권을 해당 절 모두에 규정하되, 해당 절이 첫 규정부터 가지번호가 나오는 것을 피하기 위함이다. 다행히도 현행법 제387조, 제388조는 재판례에서 잘 인용되지 아니하는 조문이어서 옮기는 부담이 크지 아니하기도 하다.[45]

그러나 기초위원회 '최종안'은 강제이행에 관한 제389조는 종전 위치에 그대로 두었다. 그 결과 '채권의 효력' 절은 이행청구권(제387조)－지체책임(제388조)－기한이익의 상실(제388조의2)－강제이행(제389조)－채무불이행과 손해배상(제390조)…의 순으로 배치되게 되었다. 현행법과의 연속성을 고려할 때 타협이 필요하나, 제388조의 지체책임이 일응 지연배상을 가리키는 한, 특히 강제이행 규정의 위치는, 체계적이라고 하기는 어렵다.

Ⅲ. 전보배상

1. 현행법과 개정안

다음으로 전보배상에 관한 제395조를 본다. 기초위원회 '최종안'은 다음과 같다.

---

44) 기초위원회 예비초안은 현행법 제388조를 제468조 제3항으로 옮기는 것으로 이 문제를 해결하려고 하였다. 그러나 변제/이행기한에는 채권자가 이행을 청구할 수 있는 시점과 채무자가 변제해도 되는 시점의 두 문제가 있고 제388조는 전자, 제468조는 후자를 규율하는바, 체계적으로 제388조의 규율내용을 변제에 관한, 채무자의 변제행위를 규율하는 제468조에 옮기는 것이 어색하다는 문제가 있다.

45) 조문 재배열의 현실적 문제는 주로 판례 데이터베이스 활용과 관련되어 있다.

현행법	개정안
第395조(이행지체와 전보배상) 채무자가 채무의 이행을 지체한 경우에 채권자가 상당한 기간을 정하여 이행을 최고하여도 그 기간내에 이행하지 아니하거나 지체후의 이행이 채권자에게 이익이 없는 때에는 채권자는 수령을 거절하고 이행에 갈음한 손해배상을 청구할 수 있다.	第395조(전보배상) ① 채무자가 채무의 내용에 좇은 이행을 하지 아니하는 경우에 채권자가 상당한 기간을 정하여 이행을 최고하였음에도 채무자가 그 기간 내에 이행하지 아니하는 때에는 채권자는 이행에 갈음하는 손해배상을 청구할 수 있다. ② 다음 각 호의 경우에는 제1항의 최고를 요하지 아니한다. 1. 채무를 이행할 수 없는 경우 2. 제1항의 최고에도 불구하고 기간 내에 이행되지 아니할 것이 명백한 경우 3. 채무자가 미리 이행을 거절하는 경우 4. 지체 후의 이행이 채권자에게 이익이 없는 경우 ③ 제2항 제1호부터 제3호까지의 경우 채권자는 이행기가 도래하기 전이라도 이행에 갈음하는 손해배상을 청구할 수 있다.

기초위원회 '최종안'은 사실상 기초위원회 예비초안과 동일하나, 예비초안에는 "④ 제1항에 따라 이행에 갈음한 손해배상을 청구하는 경우 채권자는 채권의 이행을 청구할 수 없다. ⑤ 쌍무계약의 경우 이행에 갈음한 손해배상을 청구하는 채권자는 자신의 반대채무를 이행하여야 한다"는 두 항이 더 있었다. 검토위원회의 의견은 예비초안에서 제4항, 제5항을 삭제하고 그 대신 제1항에, 현행법과 같이, "수령을 거절하고"를 추가하는 외에 문언을 다듬는 취지이다. 기초위원회 '최종안'은 "수령을 거절하고"를 삭제하겠다는 예비초안의 입장은 유지하고 제4항, 제5항은 검토위원회 의견과 같이 삭제하였다.

다른 한편, 이 규정은 계약해제에 관한 기초위원회 '최종안' 제544조와 대응되는 규정이다. 기초위원회 '최종안'은 이행지체와 해제에 관한 제544조, 정기행위와 해제에 관한 제545조, 이행불능과 해제에 관한 제546조를 통폐합하여 '계약불이행과 해제'라는 표제의 제544조에 이를 규정하고, 제545조에는 채권자에게 책임 있는 경우 해제 배제를, 제546조에는 계속적 계약의 해지를 규정하는 것으로 하였는데, 그중 제544조 개정안은 대체로 제395조 개정과 같은 구조와 문언을 취하고 있다.[46)]

46) 다만 제544조 제1항은 단서에 "그러나 불이행이 경미하여 계약의 목적을 달성할 수 있는 경우에는 그러하지 아니하다"는 규정을 두고 있는바, 이는 제395조에는 없는 표시이나, 그러나 제395조

2. 해석과 전망, 평가

(1) 현행법 제395조의 표제는 '이행지체와 전보배상'이고, 실제로 "채무자가 채무의 이행을 지체한 경우"를 규율대상으로 삼고 있다. 그 기능은 이행청구권이 존재함에도 불구하고 전보배상청구권을 발생시키는 데 있다. 이 규정은 독자적인 손해배상청구권 근거 규정이 아니라 이행청구권과 병존하는 지연배상 대신 이행청구권에 갈음하는 전보배상을 인정하기 위한 추가 요건을 정하고 있는 것이다. 이는 이행불능의 경우 당연히 전보배상이, 그리고 전보배상만이 인정됨을 전제하는 태도처럼 읽힌다.

반면 기초위원회 '최종안' 제395조의 표제는 '전보배상'이고, 그 규율대상도 "채무자가 채무의 내용에 좇은 이행을 하지 아니하는 경우", 즉 채무불이행 일반이다. 그리하여 이행불능은 제2항 제1호에서 최고 없이 곧바로 전보배상을 구할 수 있는 사유로 다루어지고 있다. 이러한 태도는 채무불이행의 유형을 구분하고 각 유형에 일정한 법률효과를 부여하는 규율방식에서 벗어나 각각의 구제수단마다 독자적인 요건을 규율하는, 즉 유형적 접근에서 구제수단 중심의 접근으로의 전환을 뜻하고,[47] 그 자체 타당하다고 보인다. 비교법적으로는 오늘날 이와 같은 접근을 취하지 아니하는 예를 오히려 찾기 어렵다.

(2) 그렇다면 그 구체적 사유는 어떠한가? 제395조는 일방의 이행청구권을 전보배상청구권으로 전환하는 규정인 반면, 제544조 이하는 계약 자체를 소멸시켜 이행청구권을 없애고 그럼에도 불구하고 남은 손해배상(제551조)만 구할 수 있게 하는 규정이다. 甲이 100을 지급하고 乙로부터 X를 받기로 하였는데 乙이 계약을 위반하여 甲이 120의 손해를 입었다면, 제395조는 甲에게 자신의 X 이행청구권 + 20의 손해배상 대신에 120의 전보배상을 받고 乙은 약속한 대금 100을 받게 하는 규정인 반면, 제544조 이하는 甲이 계약을 해제하고 여전히 남은 20의 손해배상을 받게 하는 규정인 것이다.[48] 물론 전보배상은 (계약상) 급여가치 교환 자체는 유지하는 반면, 계약해제는 그러하지 아니하다는

와 관련하여서도 양적 또는 질적 일부 불이행이 있을 때 전부에 대하여 전보배상을 구할 수 있는가 하는 점은 문제가 된다.

47) 우선, 김상중, "채무불이행법의 새로운 이해를 위한 시도 – 채무구조론과 '요건적 유형론'의 극복을 통하여 –", 「비교사법」, 통권 제45호, 2009, 1면 이하, 특히 30–33면; 이동진, "채무불이행법의 과거, 현재, 미래", 청헌 김증한 교수 30주기 추모논문집 우리 법 70년 변화와 전망. 사법을 중심으로, 2018, 454–456면.

48) 김용덕 편집대표 주석민법[채권총칙 1] 제5판, 2020, 925면(문주형 집필부분). 이때 甲과 乙이 손해배상청구권과 대금지급청구권을 상계할 수 있음은 물론이다. 그러나 교환계약과 같이 甲도 비금전채무를 부담하는 경우에는 제395조와 제544조 이하의 귀결이 다르다. 나아가 편무계약의 경우 계약해제에 관한 규율로는 대응할 수 없기도 하다. 비교법적으로 계약해제 제도는 쌍무계약에 국한되어 있는 예가 많고, 연혁적으로도 그러한 성격을 갖고 있기도 하다. 이동진, "쌍무계약해제의 요건으로서 이행최고와 이행제공: 대법원 2022. 10. 27. 선고 2022다238053 판결", 「영남법학」, 제57호, 2023, 98–99면.

차이가 있다. 양자의 차이는 특히 해제권자에게 손해가 되는 계약(losing contract)에서 두드러진다. 이 점에서 두 규정이 기능 등가적이라고만 할 수는 없다.[49] 그러나 이행청구권의 우위를 엄격하게 유지하는 한 계약해제가 인정될 정도면 이미 전보배상은 인정되어야 한다는 데는 별 의문이 없다. 실제로 이행청구권의 우위가 인정되는[50] 독일민법의 경우 2002년 개정 제281조, 제325조가[51] 일치한다. 상황이 같은 2020년 개정 일본민법 제415조, 제541조, 제542조도[52] 그러하다. 반면 이행청구권의 우위를 말하기 어려운 법

49) 그러나 양자의 기능 등가성을 강조하는 것으로, 김형석, "이행에 갈음한 손해배상", 「비교사법」, 제28권 제2호, 2021 = 계약자유와 계약책임(주 5), 278면 이하; 서울대학교 산학협력단(주 8), 34－35면.

50) 계약법에서 이행청구권의 우위에 대하여는 Riehm(주 16), S. 219 ff.

51) 2002년 개정 독일민법 제281조(하지 아니하거나 채무에 좇아 하지 아니한 급여로 인한 전보배상)
(1) 채무자가 이행기가 도래한 급여를 행하지 아니하거나 채무에 좇아 하지 아니한 이상, 채권자는, 그가 채무자에게 급여 또는 추완을 위한 적절한 기간을 정하였으나 효과가 없었던(erfolglos) 때에는, 제280조 제1항의 요건하에 전보배상을 청구할 수 있다. 채무자가 일부급여를 한 때에는, 채권자는 그 일부급여에 어떠한 이익도 없을 때에 한하여 급여 전부에 갈음하는 손해배상을 구할 수 있다. 채무자가 채무에 좇지 아니한 급여를 하였다면, 채권자는 그 의무위반이 현저하지 아니한(unerheblich) 때에 한하여 급여 전부에 갈음하는 손해배상을 구할 수 있다.
(2) 기간설정은, 채무자가 급여를 진지하고 종국적으로 거절하였거나 쌍방의 이익을 형량할 때 손해배상청구권의 즉시 행사를 정당화할 만한 특별한 사정이 존재할 때에는, 필요하지 아니하다.
(3) 의무위반의 종류에 비추어 기간설정이 고려되지 아니한다면 계고(Abmachung)가 대신한다.
(4) 급여청구권은, 채권자가 전보배상을 청구하는 즉시, 배제된다.
(5) 채권자가 급여 전부에 갈음하는 손해배상을 청구하면, 채무자에게는 급여된 것을 제346조부터 제348조에 따라 반환받을 권리가 생긴다.
제323조(하지 아니하거나 계약에 적합하지 아니하게 한 급여로 인한 해제) (1) 쌍무계약에서 채무자가 이행기가 도래한 급여를 행하지 아니하거나 계약에 적합하지 아니하게 행하면, 채권자는, 채무자에게 급여 또는 추완을 위하여 적절한 기간을 정하였으나 효과가 없었던(erfolglos) 때에는, 계약을 해제할 수 있다.
(2) 기간설정은 다음의 경우 필요하지 아니하다
1. 채무자가 급여를 진지하고 종국적으로 거절하거나,
2. 채무자가 급여를 계약에서 정한 기일까지 또는 계약에서 정한 기간 내에 행하는 것이, 기일 또는 기간에 부합하는 급여가 채권자가 채무자에게 계약체결 전 한 통지 또는 기타 계약체결에 수반한 사정들에 비추어 채권자에게 본질적임에도 불구하고, 이를 하지 아니하였거나, 또는
3. 계약에 적합하지 아니한 급여의 경우 쌍방 이익을 형량할 때 즉시 해제를 정당화할 만한 특별한 사정이 존재하는 경우.
(3) 의무위반의 종류에 비추어 기간설정이 고려되지 한다면 계고(Abmachung)가 대신한다.
(4) 채권자는 해제의 요건이 발생할 것임이 명백한 때에는 급여의 이행기 전 이미 해제할 수 있다.
(5) 채무자가 일부급여를 행하였다면, 채권자는 일부급여에 이익이 없을 때에 한하여 전체 계약을 해제할 수 있다. 채무자가 계약에 좇지 아니한 급여를 하였다면, 채권자는 그 의무위반이 현저하지 아니한(unerheblich) 때에는 계약을 해제하지 못한다.
(6) 채권자가 그에게 해제권을 부여할 사정에 대하여 단독으로 또는 압도적으로 책임이 있거나 그가 수령지체 중인 시점에 채무자에게 책임 없는 사정이 발생한 때에는 해제는 배제된다.

52) 2020년 개정 일본민법 제415조(채무불이행에 의한 손해배상) (2) 전항의 규정에 의한 손해배상청구를 할 수 있는 경우에, 채권자는, 다음에 든 때에는, 채무의 이행에 갈음하는 손해배상의 청구

제에서는 양자가 분리된다. 특정이행이 일반적으로 인정되지는 아니하는 영미법에서는 전보배상이 원칙적으로, 계약위반이 있으면 별다른 부가요건 없이 곧바로 인정되고, 이행청구가 일반적으로 인정되는 2016년 프랑스민법 제1224조, 제1231조도 전보배상에 더 너그러운 것이다.[53)]

이행청구권의 원칙적 의미와 우위를 고수하는 한, 현행법에서든 개정법에서든 전보배상의 요건은 계약해제와 거의 같을 수밖에 없다. 그런데 현행법은 제395조에서 이행지체에서 이행최고 후 해제와 채권자에게 이익이 없음을 이유로 하는 즉시 해제를, 제544조 이하에서 채무불이행 일반에서 이행최고 후 해제,[54)] 또는 이행거절, 정기행위, 이

를 할 수 있다.

1. 채무의 이행이 불능인 때.
2. 채무자가 그 채무의 이행을 거절하는 의사를 명확히 표시한 때.
3. 채무가 계약에 의하여 생긴 것인 경우에, 그 계약이 해제되거나 채무의 불이행에 의하여 계약의 해제권이 발생한 때.

第541조(최고에 의한 해제) 당사자 일방이 그 채무를 이행하지 아니한 경우에, 상대방이 상당한 기간을 정하여 그 이행을 최고하고, 그 기간 내에 이행이 없는 때에는, 상대방은, 계약을 해제할 수 있다. 다만, 그 기간을 경과한 때 채무의 불이행이 그 계약 및 거래상의 사회통념에 비추어 경미한 때에는, 그러하지 아니하다.

第542조(최고에 의하지 아니한 해제) 다음에서 든 경우에는, 채권자는, 전조의 최고를 하지 아니하고, 바로 계약의 해제를 할 수 있다.

1. 채무의 전부의 이행이 불능인 때.
2. 채무자가 그 채무의 전부의 이행을 거절하는 의사를 명확히 표시한 때.
3. 채무 일부의 이행이 불능인 경우 또는 채무자가 그 채무 일부의 이행을 거절하는 의사를 명확히 표시한 경우로서, 잔존하는 부분만으로는 계약을 한 목적을 달성할 수 없는 때.
4. 계약의 성질 또는 당사자의 의사표시에 의하여, 특정 일시 또는 일정 기간내에 이행을 하지 아니하면 계약을 한 목적을 달성할 수 없는 경우로서, 채무자가 이행하지 아니하고 그 시기를 경과한 때.
5. 전 각호에서 든 경우 외에, 채무자가 그 채무의 이행을 하지 아니하고, 채권자가 전조의 최고를 하고도 계약을 한 목적을 달성하기에 충분한 이행이 이루어지지 아니할 것임이 분명한 때.

(2) 다음에서 든 경우에는, 채권자는, 전조의 최고를 하지 아니하고, 바로 계약의 일부의 해제를 할 수 있다.

1. 채무의 일부의 이행이 불능인 때.
2. 채무자가 그 채무의 일부의 이행을 거절하는 의사를 명확히 표시한 때.

53) 2016년 개정 프랑스민법 제1224조 해제는 해제조항의 적용 또는, 충분히 중대한 불이행인 경우에, 채권자의 채무자에 대한 통지나 법원의 재판에 의하여 이루어진다.
제1231조 불이행이 확정적이지 아니한 이상, 채무자가 미리 합리적인 기간 내에 이행할 것을 최고하였을 때에 한하여 손해배상의 의무가 있다.
이에 대하여는 森田 修(주 25), 115頁 以下. 우리 법에 대하여 이러한 접근방향을 지시하는 것으로, 신국미, "계약상의 이행청구권", 「안암법학」, 제30호, 2009, 240면 이하; 정진명(주 27), 29면 이하.

54) 제544조가 그 표제에도 불구하고 이행지체뿐 아니라 채무불이행 일반에 적용될 수 있다는 점에 대하여는 이동진(주 48), 98면 주 6; 北居 功, "解除要件規定の構造論―解釈論および立法論の視点から―", 전남대 「법학논총」, 제36권 제1호, 2016, 168-175면.

행불능을 이유로 하는 즉시 해제를 각각 규정한다. 양자의 괴리는 이행불능을 원인으로 한 (최고 없는) 전보배상청구권은 제395조의 규율대상이 아니라 이미, 제390조에 의하여, 인정되고, 정기행위에서 지체는 불능에 준한다고 해석함으로써 좁힐 수 있으나, 여전히 제544조 단서는 이행거절을 명시적으로 정하는 반면, 제395조는 '지체후의 이행이 채권자에게 이익이 없는 때'라는 일반적인 규정형식을 취하고 있다는 문제가 있다. 그 결과 보다 구체적이고 폐쇄적인 제544조 이하로 제395조의 내용을 충전할 수밖에 없었다.[55] 그런 태도라면 아예 입법에 반영하는 것이 나을 것이다.

(3) 오히려 문제는 이행청구권의 우위를 어느 정도로, 어떻게 인정하고 관철할 것인가 하는 점이다. 이와 관련하여 현행법에서 '수령을 거절하고'가 삭제된 점과 기초위원회 예비초안 중 제4항이 삭제된 부분이 주목된다. 기초위원회 예비초안 중 제4항이 삭제된 것은, 이렇게 규정하는 경우 전보배상을 '청구'하기만 하면 이미 더는 이행을 청구할 수 없게 된다는 점과 관계되어 있다. 2002년 개정 독일민법 제281조 제5항(주 51)은 실제로 그러한 일종의 형성효를 가지는 준법률행위적 표시를 규정한 것으로 이해된다.[56] 그러나 이는 상당한 기간을 정하여 최고하면서 그 기간이 지나면 수령을 거절하겠다는 뜻까지 포함시키지는 아니하는 우리에게는,[57] 거래관념상, 당혹스러운 결과이다. 기초위원회 '최종안' 제4항은 전보배상 '청구'만으로 이행청구권이 배제된다는 규율을 포기함으로써 이 경우 전보배상을 청구하되 번의(翻意)하여 다시 이행청구를 하거나 변제를 수령할 가능성을 열어두었다. 또한 '수령을 거절하고'를 삭제하여 채무자에게 전보배상을 청구받고도 전보배상 대신에 이행을 할 가능성도 열었다. 물론 개별적으로 채권자의 번의(翻意)가, 채무자의 이행이 더는 허용되지 아니하는 상황이 있을 수 있다. 그러나 그러한 점에 대한 규율은, 필요한 때에는, 판례·학설이 찾아야 할 것이다.

(4) 나아가 전보배상의 요건을 더 완화하여도 큰 문제가 없을지 모른다. 어차피 채무자에게도 이행이라는 선택지가 부여되어 있기 때문이다. 그러나 이 점이 충분히 분명하다고 할 수는 없다. 「민법」의 해석상 이행청구권의 우위가 어느 정도는 존재한다고 이해되고 있고,[58] 그러한 한 계약해제에 준하는 일정한 요건을 갖추어야 전보배상도 청구

55) 가령 문주형(주 48), 927면은 즉시 전보배상을 청구할 수 있는 경우로 정기행위와 (이행기 전 이행거절을 포함한) 이행거절을 든다.

56) MünchKommBGB/Emmerich, 9. Aufl., 2022, §281 Rn. 107 f.

57) 2002년 개정 전 독일민법 제283조 제1항은 전보배상의 요건으로서 최고에 그 기간이 지나면 수령을 거절할 것이라는 뜻을 포함시키고 있었다. 2002년 개정 후의 논의에 관하여는 성승현, "채무불이행법 개정안에 대한 사념", 이화여대 「법학논집」, 통권 제84호, 2023, 29면 이하 참조.

58) 김형석, "이행에 갈음한 손해배상", 「비교사법」, 제28권 제2호, 2021 = 계약자유와 계약책임(주 5), 282-286면.

할 수 있다는 규율도 얼마든지 생각할 수 있으며, 적어도 지금까지의 이해와 연속적이다. 기초위원회 '최종안'은 최고 없이 해제 또는 전보배상을 할 수 있다는 점에 별 의문이 없는 이행불능과 이행거절을 양쪽 모두에 규정하고 일반조항으로서 채권자에게 이익이 없는 경우를 남겨두어 정기행위를 포섭할 수 있게 하는 한편,[59] 그 합리성에 대하여는 의문이 없으나 법문상 뒷받침은 부족했던[60] 이른바 이행기 전 이행거절(anticipatory repudiation)의 법리를 명문화함으로써 이를 달성하고 있다.

반면, "제1항의 최고에도 불구하고 기간 내에 이행되지 아니할 것이 명백한 경우" 부분은 현행법을 바꾸는 실질적 개정에 해당한다. 지금까지 판례 · 학설은 이러한 경우에 최고 없는, 특히 이행기 전의 전보배상청구(및 해제)는 인정하지 아니하였다. 그러나 주관적으로 이행을 거절할 의사를 분명히 한 경우처럼 객관적으로 이행이 이루어지지 아니할 것임이 명백한 경우도 전보배상(및 해제)을 인정할 만한 합리적인 이유가 있다.[61] 계약해제에 관한 것이지만 2002년 개정 독일민법 제323조 제4항이 대체로 비슷한 규정을 두었고, PECL 제9:304조,[62] PICC 제7.3.3조도[63] 그러하다. 계약의 효력을 유지하면서 더는 이행하지 못할 것임이 분명한 당사자에게 서둘러 책임을 묻고 적절한 대안을 모색하는 것을 허용하지 아니할 이유는 없다. 전보배상에 대하여도 같은 규율을 도입한 것은 합리적이다.

비교법적으로는 본질적 불이행(fundamental breach)을 계약해제의 원칙적 요건으로 삼고, 그 구체화와 관련하여 이행거절, 이행불능 등을 고려하는 예도 많다. 영미법은 물론 (약간의 표지변경이 있었던) 2016년 개정 프랑스민법, 국제물품매매계약에 관한 국제연

---

59) 독일법상 계약해제의 일반요건으로서 '채권자에게 이익이 없는 경우'에 대하여는 우선 김형석, "이행에 갈음한 손해배상", 「비교사법」, 제28권 제2호, 2021 = 계약자유와 계약책임(주 5), 290-293면. 또한, 이동진(주 48), 100-101면 참조. 기초위원회 '최종안'은 제544조 제2항 제4호에서는 "일정한 시일 또는 기간 내에 이행하지 아니하면 그 목적을 달성할 수 없는 계약에서 채무자가 그 시기에 이행하지 아니하거나 그 밖에 지체 후의 이행이 채권자에게 이익이 없는 경우"라고 하여 이와 같은 예시 관계를 명확히 규정한다. 위 독일민법 제323조 제2항 제2호와 제281조 제3항(주 51)도 비슷하다. 이러한 예시가 반드시 필요한 것은 아니나 현행법 제545조가 삭제되었다고 오해되지 아니하게 하는 효과가 있다. 반면 제395조에는 예시 부분이 반영되지 아니하였는데, 이는 채권총칙규정에 "계약"이라는 표현이 나오는 것을 가급적 피하기 위함이라고 보인다.

60) 이동진(주 47), 460-461면.

61) 가령 공사진행상황에 비추어 완공기한까지 완공될 수 없음이 명백한, 그러나 이행거절은 없는 건설도급계약을 생각해보라.

62) PECL 제9:304조(예상된 불이행 anticipatory non-performance) 당사자 일방의 이행기 전에 그에 의한 본질적 불이행이 있으리라는 점이 명백한 경우, 상대방 당사자는 계약을 해제할 수 있다.

63) PICC 2016 제7.3.3조(예상된 불이행 anticipatory non-performance) 당사자 일방의 이행일 전에 그 당사자에 의한 본질적 불이행이 있으리라는 점이 명백한 경우, 상대방 당사자는 계약을 해제할 수 있다.

합협약(CISG) 제25조, PECL 제9:301조, PICC 제7.3.1조도 그러하다. 그러나 이를 전보배상의 요건과 관련하여 받아들이는 것은 비교법적으로 유례가 드물고 주저되는 바가 있다.[64] 그렇다고 계약해제에서는 '본질적 불이행'을 내세우고 전보배상에서는 종전 기준으로 돌아간다면 그 또한 어색하고 부적절하다. 전보배상의 요건을, 위 입법례처럼, 전면적으로 완화한다면 전보배상 요건의 급격한 변화를 초래한다. 정작 주된 개정대상인 계약해제와 관련하여서는 별 실익 없는 변경으로[65] 실무의 연속성을 해할 우려만 높음에도 말이다. 기초위원회 '최종안'은 제544조와 관련하여서도 '본질적 불이행' 표지를 채택하지 아니하여 연속성을 확보하였다.

이 규정에 대하여는 2004년에는 별다른 개정제안이 없었고, 2013년에는 이미 현재와 유사한 개정안이 마련된 바 있다.[66] 2013년 개정안과의 차이는, 현행법의 '수령을 거절하고' 부분을 결국 삭제하고 '지체' 대신 채무불이행 일반에 대하여 규정을 마련하며, 추완청구권에 관한 규정을 채권 각칙 매매로 옮긴 점 이외에는, 주로 규정 구조와 관계한다. 취향의 문제일 텐데, 기초위원회 '최종안' 쪽이, 필자로서는, 더 나아 보인다.

(5) 기초위원회 예비초안 제5항은 당연한 법리라는 이유로 최종안에서 삭제되었다. 이 규정은 과거 독일 판례가 이른바 대(大)손해배상과 소(小)손해배상을 구분하여 채권자가 자기 채무를 이행하지 아니한 채 그 가치를 공제하고 남은 손해만 전보배상을 구하는 것을 허용한 데서 비롯한다.[67] 우리는 그렇지 아니하다는 취지인 것이다. 그러나 독일법의 이와 같은 구분은 2002년 개정 전 독일민법상 계약을 해제한 경우 손해배상청구도 할 수 없어, 전보배상 규정을 통하여 계약해제와 같은 효과를 거두면서도 손해배상도 받을 수 있게 하려는 시도였다.[68] 제551조를 두어 해제에도 불구하고 손해배상을 인

---

64) 이와 관련하여서는 계약해제 없는 전보배상이 계약을 가급적 유지하는, 그리하여 이행청구권의 우위를 전제한 입법이라는 점이 고려되어야 한다. 이 경우 실체법적 기간해결이 적절한 균형을 추구하고 있다는 점은 우선, Riehm(주 16), S. 274 ff. CISG나 PECL은 해석상 계약을 해제하여야 전보배상을 청구할 수 있도록 하고 있다. 서울대학교 산학협력단(주 8), 37-38면.

65) 서울대학교 산학협력단(주 8), 36면.

66) 2013년 민법개정안 제395조(전보배상) ① 채무자가 채무의 이행을 지체한 경우에 채권자는 다음 각 호의 사유가 있는 때에는 수령을 거절하고 이행에 갈음하는 손해배상을 청구할 수 있다.
1. 채권자가 상당한 기간을 정하여 이행을 최고하였으나 채무자가 그 기간 내에 이행하지 아니하는 경우.
2. 채권자가 상당한 기간을 정하여 이행을 최고하더라도 그 기간 내에 이행되지 아니할 것이 명백한 경우.
3. 지체 후 이행이 채권자에게 이익이 없거나 불합리한 부담을 주는 경우.
② 채무자가 미리 이행하지 아니할 의사를 표시한 경우에는 채권자는 이행기 전에도 이행에 갈음하는 손해배상을 청구할 수 잇다.
③ 채무자의 불완전이행에 대하여 채권자가 추완을 청구할 수 있는 경우에 제1항을 준용한다.

67) 서울대학교 산학협력단(주 8), 36-37면.

정하고 있는 우리에게는 제기되지 아니한 문제고, 우리 법의 해석에 별 의문이 없었으므로, 굳이 둘 필요가 없는 규정이었다.

Ⅳ. 대상청구권

1. 현행법과 개정안

끝으로 대상청구권에 관한 개정안을 본다.

현행법	기초위원회 '최종안'
(신설)	제399조의2(대상청구권) ① 이행을 할 수 없게 하는 원인에 기하여 채무자가 채권의 목적에 갈음하여 권리를 취득하거나 이익을 받은 경우에, 채권자는 그 권리의 이전 또는 이익의 상환을 청구할 수 있다. ② 채권자가 제1항에 따라 권리를 이전받거나 이익을 상환받는 경우에 채무불이행으로 인한 손해배상의 액수는 그 가액만큼 감축된다.

이 규정에 대응하여 위험부담에 대하여도 다음 개정이 예정되어 있다.

현행법	기초위원회 '최종안'
제537조(채무자의 위험부담) (신설)	제537조(채무자의 위험부담)[69] ③ 상대방이 제399조의2 제1항에 따라 권리의 이전 또는 이익의 상환을 청구하는 경우에 채무자는 상대방의 이행을 청구할 수 있다. 이때 이전할 권리 또는 상환할 이익의 가치가 본래의 채무보다 작으면 상대방의 채무는 그에 비례하여 감소한다.

기초위원회의 예비초안도 대체로 비슷하나 예비초안은 대상청구권 규정을 이행청구권에 관한 제387조 바로 뒤, 즉 제387조의2에 두는 것으로 하고 있었다.[70]

2. 해석과 전망, 평가

(1) 「민법」에는 대상청구권에 관한 규정이, 제1083조를 제외하면,[71] 없다. 그러나

68) 우선, 김형석, "이행에 갈음한 손해배상", 「비교사법」, 제28권 제2호, 2021 = 계약자유와 계약책임(주 5), 294면 이하.

69) 제537조 제1항, 제2항은, 별도의 논문이 예정되어 있는, 위험부담에 관한 개정이다.

70) 서울대학교 산학협력단(주 8), 12-13면.

71) 제1083조(유증의 물상대위성) 유증자가 유증 목적물의 멸실, 훼손 또는 점유의 침해로 인하여 제3자에게 손해배상을 청구할 권리가 있는 때에는 그 권리를 유증의 목적으로 한 것으로 본다.

학설은 일찍부터 공평을 근거로 대상청구권을 인정해왔다. 대법원도 1992년 매매목적토지가 수용되어 매도인이 그 보상금을 수령하자 매수인이 매도인을 상대로 보상금 상당액의 지급을 구하는 소를 제기한 사건에서 이는 "소유권이전등기의무의 이행불능을 발생케 한 원인인 토지수용으로 인하여 이 사건 토지의 대상인 보상금을 취득하였음을 이유로 그 보상금의 지급을 구하는 것으로서 이른바 대상청구권을 행사하는 취지"라고 해석하고, "민법에는 이행불능의 효과로서 […] 대상청구권을 규정하고 있지 않으나 해석상 대상청구권을 부정할 이유가 없"다는 지극히 단순한 이유만으로 이를 인정한 이래,[72] 일관하여 이행불능의 효과로서 대상청구권을 인정해왔다.[73]

대상청구권의 이론적 근거에 대한 본격적 논의가 이루어진 것은 취득시효 완성 후 목적물이 지방자치단체에 협의매수되어 등기명의인이 보상금을 수령하자 취득시효완성자가 등기명의인을 상대로 보상금 상당의 부당이득반환청구를 한 대법원 1996. 12. 10. 선고 94다42825 판결에 이르러서였다. 대법원은 위 '부당이득반환청구'가 대상청구라는 (타당한) 전제하에, 이 경우 "이행불능 전에 등기명의자에 대하여 […] 그 권리를 주장하였거나 그 취득기간 만료를 원인으로 한 등기청구권을 행사하였어야 하고, 그 이행불능 전에 위와 같은 권리의 주장이나 행사에 이르지 않았다면 대상청구권을 행사할 수 없다고 봄이 공평의 관념에 부합"한다고 하였다. 위 판결 자체는 계약법상 대상청구권에 대하여도, 위 취득시효완성자의 대상청구권에 대하여도 추가적인 논증을 하지 아니하였으나, 이 판결에 이르기까지, 그리고 그 이후 여러 논의가 이루어졌다. 오늘날 통설은 민법 곳곳(제342조, 제370조, 제399조, 제480조, 제1083조 등)에 있는 '대위'규정의 배후에 있는 '어떤 사람에게 귀속된 재산가치가 그 기초에 존재하는 경제적 관계에 비추어 다른 권리자에게 속해야 할 경우 그 재산가치는 후자에게 이전되어야 한다'는 사고의 (전체)유추, 이른바 채권관계의 연장효(Fortwirkung), 및 제538조 제2항, 손익상계의 법리 등을 이유로 대상청구권을 인정하고 있다.[74]

그러나 대상청구권을 인정하는 명문규정이 없다는 점은 여전히 「민법」의 흠이다. 비교법적으로도 독일민법 제285조 제1항,[75] 2020년 개정 일본민법 제422조의2[76] 및

72) 대법원 1992. 5. 12. 선고 92다4581, 4598 판결.

73) 가령 대법원 1994. 12. 9. 선고 94다25025 판결 등.

74) 관련 문헌은 우선, 이동진(주 47), 477면. 또한, 김형석, "대상청구권", 서울대「법학」, 제55권 제4호, 2014 = 계약자유와 계약책임(주 5), 318-319면.

75) 독일민법 제285조(대상의 인도) (1) 채무자가 급여가 제275조 제1항부터 제3항까지에 따라 제공될 필요가 없게 하는 사정으로 말미암아 채무를 부담하는 대상(對象; Gegenstand)에 갈음하여 대체(Ersatz) 또는 대체청구권(Ersatzanspruch)을 취득한 때에는, 채권자는 대체(Ersatz)로 수령한 것의 반환 또는 대체청구권의 양도를 청구할 수 있다.
(2) 채권자가 급여에 갈음하여 손해배상을 청구할 수 있을 때에는, 이는, 그가 제1항에서 정한 권

2016년 개정 전 프랑스민법 제1303조가[77] 관련 규정을 두고 있다.[78] 나아가 대상청구권의 범위와 관련하여서도 여러 입법주의가 있다. 독일, 일본은 일반적으로 대상청구권을 인정하나, 프랑스민법은 좀 더 제한적으로, 과책 없는 불능에 한하여 인정하고(주 77), 영미법은 훨씬 더 제한적이다.[79] 이에 관하여는 심지어 우리 법의 해석과 관련하여서도 학설상 논란이 있다. 우리나라에서는 별 논란이 없었으나 도대체 대상청구권자가 대상청구권을 원용할지 여부를 선택할 수 있는지에 관하여도 비교법적으로는 다투어지고 있다. 이들 문제는 명문규정을 두어 정리함이 적절할 것이다. 2004년 개정안은 이에 대응하는 규정을 마련하지 아니하였으나 2013년 개정안은 대체로 같은 취지의 규정이, 각각 같은 위치에, 있었다.

(2) 대상청구권을 인정하는 한 그 요건이 ① 이행청구권의 존재, ② 그 이행불능, ③ 불능을 초래한 동일 원인으로 인한 대상(代償)의 취득(및 ④ 양자의 '동일성') 정도로 요약될 수 있다는 데는 대체로 의견이 일치한다.[80] 또한, 쌍무계약에서 제537조가 적용되어 본래는 계약이 소급적으로 소멸하여야 하는 경우 대상청구권을 '행사'하면 급여목적물이 대상(代償)으로 변경되어 계약이 '부활'한다는 데도 의견이 일치한다.[81] 기초위원회

리를 행사한 때에는, 받은 대체 또는 대체청구권의 가치만큼 감축된다.

76) 2020년 개정 일본민법 제422조의2(대상청구권) 채무자가, 그 채무의 이행이 불능으로 된 것과 같은 원인에 의하여 채무의 목적물의 대상(代償)에 해당하는 권리 또는 이익을 취득한 때에는, 채권자는, 그 받은 손해액의 한도에서, 채무자에 대하여, 그 권리의 이전 또는 그 이익의 상환을 구할 수 있다.

77) 2016년 개정 전 프랑스민법 제1303조 물건이 채무자의 과책 없이 멸실되거나 거래될 수 없게 된 때에는, 그가 이 물건과 관련하여 어떤 권리나 소권(action)을 보상받는다면, 그는 그것들을 그 채권자에게 양도하여야 한다.

의사주의하에서 이 규정에는 별 기능이 없었으나[남효순, "프랑스 민법상의 대상청구권", 비교법실무연구회 편 판례실무연구[I], 1997, 447-448면], 2016년 개정 프랑스민법은 여전히 같은 규정을 둔다.

2016년 개정 프랑스민법 제1451조의1 (2) 그는 그러나 그 물건에 부속된 권리와 소권(action)들을 그 채권자에게 양도하여야 한다.

그의 해석에 대하여는 JurisClasseur Civil Code, Art. 1351 et 1351-1 - Fasc. unique : Impossibilité d'exécution, 2021, §§93 et suiv. (par Bories).

78) 그러나 오스트리아, 스위스는 명문규정 없이 해석으로 인정한다. 비교법의 개관은, Bollenberger, Das stellvertretende Commodum. Die Ersatzherausgabe im österreichischen und deutschen Schuldrecht unter Berücksichtigung weiterer Rechtsordnungen, 1999, S. 10-16, 50-53, 130 ff., 153-156.

79) Dobbs, Law of Remedies. Damages-Equity-Restitution, 2nd ed. Vol. 3, 1993, §12.1(1), 12.7(4). Bollenberger(주 78), S. 136 ff. 나아가, 이성호, "미국법상 대상청구권의 인정여부", 판례실무연구[I](주 77), 502면도 참조. 이는 특정이행(specific performance)이 제한되어 있다는 점과도 관련이 있다. 김형석, "대상청구권", 서울대 「법학」, 제55권 제4호, 2014 = 계약자유와 계약책임(주 5), 331-332면.

80) 우선 김상중(주 34), 693면.

'최종안' 제399조의2 제1항, 제538조 제3항 본문은 이러한 내용을 적절히 표현하고 있다.

또한, 기초위원회 '최종안' 제537조 제3항은 쌍무계약에서 채무자의 책임 없이 급여가 불능이 되고 채무자가 급여의무에서 벗어나는 대신 반대급여청구권도 상실하는 경우에 대상청구권이 인정됨을 명확히 하고 있다. 주지하는 바와 같이 일부 학설은 이 경우 대상청구권의 인정에 반대하나, 판례(주 72) · 통설은 이를 긍정하고, 또 긍정함이 타당하다.[82] 다른 한편, 기초위원회 '최종안' 제399조의2 제2항은 채무자의 책임 있는 급여불능의 경우에도 대상청구권이 인정되고 이때 이행청구권에 갈음하는 범위에서 대상청구권이 전보배상청구권을 갈음한다는 점을 명시한다. 이 두 규정을 종합하면 대상청구권은 이행청구권의 연장 내지 변형이고 불능에 책임이 있는지 여부와는 무관하게 성립한다는, 이미 판례 · 통설이 취하는, 결론이 도출될 수 있다. 그 또한 타당하고, 종래의 학설대립을 종식시키는 개정이 될 것이나, 현재의 법상태를 변경하는 것은 아니다.

그런데 판례는 특이하게도 교환계약에서 쌍방 교환 목적 토지가 모두 협의매수된 경우 더는 대상청구권을 인정할 수 없다는 입장을 취한다.[83] 기초위원회 '최종안'은 이러한 예외를 규정하지 아니하나, 기초위원회가 이 사안 유형을 염두에 둔 흔적도 없으므로[84] 이 규정을 가리켜 판례를 뒤집는 입법적 결정이 있었다고 할 수는 없을 것이다. 이 판례는 부당한 것이지만 말이다.[85]

(3) 종래 이른바 물건 자체를 갈음하는 이익(commodum ex re) 이외에 법률행위에 의한 이익(commodum ex negotiatione)도 대상청구권에 파악되는지, 그리고 대상청구권의 범위가 채권자의 손해로 제한되는지 크게 다투어졌다.[86] 전자의 경우 판례는 수용보상금

---

81) 우선 김상중(주 34), 698면. 또한, 대법원 2009. 5. 28. 선고 2008다98655, 98662 판결.

82) 김형석, "대상청구권", 서울대 「법학」, 제55권 제4호, 2014 = 계약자유와 계약책임(주 5), 335-339면; 윤진수 · 이동진, "계약법의 법경제학", 김일중 · 김두얼 편 법경제학 이론과 응용, 2011, 233-234면.

83) 대법원 1996. 6. 25. 선고 95다6601 판결. 판례는 당해 사안이 각 채무자의 책임있는 불능이라고 본다. 그러나 이러한 결론이 쌍방 채무 모두가 불능인 경우 널리 적용되는 것인지, 아니면 쌍방 채무 모두가 책임 있는 불능인 경우에만 적용되는 것인지는 반드시 분명하지 아니하다. 구체적으로 논거를 제시하지는 아니하나 이 판결의 결론에 찬성하는 취지로 김상중(주 34), 698면. 성중모, "민법개정위원회 대상청구권 개정안의 법리적 검토", 「일감법학」, 제37호, 2017, 157-158면은 대상청구권이 이른바 관계사고에 기초한다면서 이 경우까지 관계를 인정하기 어렵다는 점에서 그 근거를 찾는다. 독일의 경우 별다른 언급이 없으나 채권자에게 책임 있는 불능에도 불구하고 대상청구권을 행사할 수 있는바(BGH WM 1987, 986, 988; RGZ 111, 298, 303), 이를 고려할 필요가 있을 것이다.

84) 서울대학교 산학협력단(주 8), 13-14면은 이 문제를 전혀 언급하지 아니할 뿐 아니라, 기본적으로 여러 쟁점에 대하여 학설상 우세한 관점이 없으므로 판례 · 통설이 합의할 수 있는 수준에서의 내용만을 규정에 담겠다는 의도를 밝히고 있다.

85) 윤진수 · 이동진(주 82), 240-242면.

86) 관련 문헌 및 논의는 우선, 김형석, "대상청구권", 서울대 「법학」, 제55권 제4호, 2014 = 계약자유

이외에 협의매수 보상금에 대하여도 대상청구권을 인정하고 있으나,[87] 협의매수에 응하지 아니하면 수용이 이루어질 것이 예정되어 있다는 특성이 있어 이를 가리켜 본래의 의미의 '법률행위에 의한 이익'이라고 보기가 주저된다. 보험금청구권에 대하여 대상청구권을 인정한 판례도 있으나,[88] 비교법적으로도 '법률행위에 의한 이익'에 대상청구권을 인정할 수 있는지 여부와 관계없이 보험금에 대한 대상청구권은 인정하는 것이 보통이므로 이를 들어 판례의 태도를 말할 수는 없다. 기초위원회 '최종안'은 이 점을 의식적으로 학설·판례에 맡겼다. 이는 현재의 법상태와 그 불확실성을 해소하지 아니하는 것이나, 명문규정 없이 인정되고 있는 대상청구권에 법적 근거를 부여하는 기능은 할 수 있고, 이 쟁점에 대하여 합의를 이루어 개정을 추진하기를 기대하기는 매우 어렵다는 점에 비추어 이해할 수 있다.[89]

후자의 경우 일부 견해와 2020년 개정 일본민법은 채권자의 손해에 제한된다는 입장을 취한다.[90] 그러나 다수의 견해는 손해로 제한된다고 보지 아니한다. 판례는 분명하지 아니한데,[91] 이는 무엇보다도 전형적인 '법률행위에 의한 이익', 특히 객관적 가치를 초과하는 전매대금이 문제 되지 아니하는 한 대상(代償)이 대개 손해를 한도로 발생하기 때문이다.[92] 앞서 언급한 바와 같이 판례는 전형적인 '법률행위에 의한 이익'에 대한 대상청구권 사안을 다룬 바 없다. 그런 사례가 나온다 하더라도 그것이 객관적 가치를 명백히 초과하는 예는 더 드물 수밖에 없다. 대상청구권 못지아니하게 부당이득법과도 관계되어 극히 이론적인 논란을 끌어들이는 한편, 적어도 대상청구권과 관련하여서는 현실성이 상당히 떨어지는[93] 쟁점인 만큼, 입법 단계에서 굳이 해결하려고 할 필요는 없다.[94]

와 계약책임(주 5), 341면 이하; 김상중(주 34), 696-697, 699면 이하; 이동진(주 47), 478-479면 참조.

87) 대법원 1996. 6. 25. 선고 95다6601 판결; 2003. 11. 14. 선고 2003다35482 판결 등. 나아가 판례는 협의매수가 채무자의 책임 있는 불능이라고 하는데, 여기에는 의문이 없지 아니하다.

88) 대법원 2016. 10. 27. 선고 2013다7769 판결.

89) 그러나 대상청구권을 입법하는 경우 법률행위에 의한 이익이 제외됨을 명시하여야 한다는 것으로 성중모(주 83), 171면. 다만, 이 견해는 대상청구권이 채무자위험부담주의를 취하는 우리 민법과 그다지 정합적이지 아니하다는 이해에 터 잡고 있음에 주의할 필요가 있다.

90) 이 쟁점은 비교법적으로도 입장이 제법 갈린다. 우선, 위 Bollenberger(주 78) 및 주 79의 문헌.

91) 이 맥락에서 흔히 언급되는 대법원 2008. 6. 12. 선고 2005두5956 판결과 2016. 10. 27. 선고 2013다7769 판결은 모두 이 점이 쟁점이 된 사건이 아니었다. 애초에 매매대금은 대상청구권을 제한하는 '손해'의 기준이 아니기 때문이다.

92) 손해배상청구권, 수용보상금 청구권 및 이를 염두에 두고 산정되는 협의매수 보상금, 보험금청구권 등이 그 예이다.

93) 서울대학교 산학협력단(주 8), 13면.

94) 그러나 대상청구권을 입법하는 경우 초과이익이 제외됨을 명시하여야 한다는 것으로 성중모(주

그 밖에 '대위(代位)'에 관한 규정과 달리 제1083조는 그 자체 대상청구권에 관한 규정이다. 특정유증의 경우 판례·통설은 채권적 효과만 있다고 보므로 기초위원회 '최종안' 제399조의2가 적용될 수 있는 사안이기도 하다. 그러나 제1083조가 규정하는 범위는 더 좁으므로 이를 그대로 두면 해석상 논란이 생길 수 있다. 입법론적으로는 제1083조를 삭제하는 것을 검토할 필요가 있다.[95]

(4) 기초위원회 '최종안'은 이를 제399조의2, 즉 채무불이행법의 마지막에 위치 지웠다. 이는 2013년 개정안과 같고 이행청구권 바로 뒤에 둔 기초위원회 예비초안과 다르다. 손해배상과 구별되는 별개의 구제수단이고 손해배상에 관한 언급이 포함되어 있다는 점에서 제399조의2에 두는 것도, 이행청구권의 변형으로 채무자에게 책임 있는 사유를 전제하지 아니한다는 점에서 제387조의2에 두는 것도 그 나름 합리적이다. 둘 사이에 우열은 없다고 보인다.

V. 결론

제387조, 제389조, 제395조 및 제399조의2 개정안은 기본적으로 충분히 조심스러운 태도를 견지하고 있다. 현행법의 기본 틀 중 이미 판례·학설에 의하여 해체되고 있던 일부 영역을 제외한 나머지는 유지하면서 판례·학설은 반영, 발전시키는 것이 기조라고 할 수 있다. 필자로서는 '이행청구권'의 한계를 '책임 없는' 불능으로 규정한 점, 강제이행청구에 관한 규정을 일부 남긴 점, 이행청구 및 이행과 전보배상 사이의 전환을 명확히 규정하지 아니한 점 정도가 좀 더 생각해볼 부분이라고 여겨지나, 그중 어느 것도 급격한 규율변경이 아니고, 근본적으로 반대할 이유까시는 없나. 전보배상의 요건을 확대한 것은 개선이고, 대상청구권 규정의 신설은 대체로 해석상 인정 여부 및 그 범위에 머무르고 있는 우리의 논의를 보다 구체적인 논점으로 옮겨가게 하는 데 기여할 수도 있다. 이행청구권의 우위와 그 한계에 관한 규율 또한, 당장 현재의 논의상황을 바꾸는 것은 아니나, 장기적으로 보다 심중한 논의를 촉발하는 계기가 될지도 모른다.

이미 현행법을 전제로 무수한 계약이 체결되고 이행되고 있고 또 매우 많은 수의 계약 관련 분쟁이 제기되었거나 처리 중인 상황에서, 계약법, 그중에서도 일반 계약법에 해당하는 일반 채무불이행법을 근본적으로 변경하기란 쉽지 아니하다. 범용성이 극히 높은 만큼 그간 쌓인 판례와 학설 자체, 심지어는 검색 가능한 데이터베이스까지도, 이

---

82), 171면. 이에 대하여는 앞의 주 89도 참조.

95) 독일민법은 이러한 규정을 두지 아니하고 제285조의 대상청구권이 유증청구권에 적용된다고 본다. KG ZEV 1999, 494; Emmerich(주 56), Rn. 9.

제는 매우 큰 자산이라는 점 또한 유의하여야 한다. 제정 후 65년이 넘게 바뀌지 아니한 「민법」 규정으로 계약사회, 거래사회라 부르는 데 손색이 없는 경제 대국까지 성장한 이상, 이 시점의 민법 전면개정은 지금까지와의 연속성을 충분히 확보하면서, 살아 있는 법, 실제 법과 법전 내의 문자 사이의 괴리를, 필요한 만큼은, 줄이고, 지금부터 기대되는 발전을 위한 기본적인 틀을 미묘하게 조정하는 작업이어야 한다. 근래의 국회 입법 과정에 비추면, 그러한 신중함과 조심성 없이 그 문턱을 넘을 가능성은 사실상 없기도 하다. 「민법」 같은 대(大)법전, 추상도와 범용성이 높은 기본법으로 무려 65년이 넘게 개정되지 못한 법전은 더 그렇다. 이 글이 다룬 주제에 관한, 대체로 연속성이 높고 안전해 보이는 개정안에 기본적으로 찬성할 수밖에 없는 이유이다.

채무불이행의 면책사유로서의 불가항력*

– 프랑스에서의 논의를 중심으로 –

김기환 **

국문초록

프랑스민법은 채무불이행으로 인한 손해배상책임에 대하여 무과실책임과 불가항력에 의한 면책을 규정하고 있다. 그러나 실제 운용에 있어서는 불가항력 사유를 확장하여 해석함으로써 우리나라가 취하고 있는 과실책임주의와 유사하게 운용하고 있다. 프랑스의 학계에서도 채무불이행의 면책사유인 불가항력을 과책 없음과 동일하게 보는 견해가 유력하다. 채무불이행으로 인한 손해배상채무는 원래의 채무의 변형으로서 원래의 채무의 주의의무 또는 성실의무의 기준에 의하여 손해배상채무의 발생도 좌우된다는 것이다. 한편으로 선량한 관리자의 주의의무를 부과하면서 다른 한편에서는 그보다 높은 주의의무를 다하지 않으면 손해배상책임이 발생한다고 하는 것은 모순이라고 볼 여지가 있다.

특히 주의의무의 정도는 법률 또는 당사자의 합의에 의하여 변경될 수 있다는 점에 주목하여야 한다. 이러한 변경 내용을 무시하고 무조건 항거불능성을 요구하면서 매우 높은 주의의무를 부과하고 이를 하지 못한 경우 손해배상을 하여야 한다고 하는 것은 타당하지 않다. 우리 민법에서도 선량한 관리자의 주의를 하는 것을 기본으로 한다(제374조, 제681조). 다만, 경우에 따라서 자기 재산과 동일한 주의를 하도록 하는 경우도 있다(제695조, 제922조). 또한 당사자의 합의로 무과실책임으로 주의의무의 정도를 강화하거나 과실에 의한 채무불이행에 대하여 면책하는 것으로 주의의무의 정도를 약화할 수도 있다.

획일적으로 모든 경우에 채무자에게 매우 높은 주의의무를 부과하면서 채무이행을 강제하고

---

* 이 논문은 민사법학 제107호에 게재된 것을 수록하였다.
본 논문은 2024년도 충남대학교 교내연구비에 의해 지원되었다. 다수의 개선 방향을 개진해 주신 익명의 심사위원들께 감사의 말씀을 드린다.
** 서울시립대학교 법학전문대학원 부교수.

사실상 이행이 불능한 때가 아닌 한 채무자에게 채무불이행의 책임을 발생시킬 타당한 이유를 발견하기 어렵다. 법률의 규정 또는 당사자의 합의에 의하여 채무자에게 요구되는 주의의무 또는 성실의무를 완수하였다면 채무불이행이 있더라도 손해배상책임을 면제해 주는 것이 합리적이고 타당하다고 할 것이다.

Ⅰ. 서론

우리 민법은 채무자가 채무의 내용에 따른 이행을 하지 않더라도 그것이 채무자의 고의나 과실 없이 이행할 수 없게 된 경우에는 손해배상 책임을 면제하고 있다(제390조 단서). 이는 과실을 책임의 기초로 하는 것으로서 과실책임주의라고 할 수 있다. 과실책임주의 하에서는 과실 없음을 증명하면 손해배상책임이 면제되기 때문에 불가항력을 따로 증명할 필요가 없다. 불가항력의 요건을 채무자의 과실 없음의 그것보다 엄격하게 하여 전쟁, 천재지변 등 매우 특별한 상황에서만 불가항력을 인정하는 것도 가능하게 된다.

프랑스에서 불법행위책임이 성립하기 위하여는 과책이 있어야 한다(프랑스민법전 제1240조). 과책은 우리 법의 고의, 과실에 상응하는 개념이다.[1)][2)] 프랑스민법은 불법행위

---

1) 프랑스민법상 계약상 책임에 있어서 과책에 관한 문헌으로 Paul Esmein, "Le fondement de la responsabilité contractuelle rapprochée de la responsabilité délictuelle", RTD 1933, 627; Pierre Wigny, "Responsabilité Contractuelle et Force Majeure", RTD 1935, 19; André Tunc, "Force ma-jeure et absence de faute en matière contractuelle", RTD 1945, 235; B. Starck, "Domaine et Fondement de la responsabilité sans faute", RTD 1958, 475; André Plancqueel, "Obligation de moyens, obligations de résultat", RTD 1972, 334; Denise Nguyen Thanh-Bourgeais, "Contribution a l'étude de la faute contractuelle: la faute dolosive et sa place actuelle dans la gamme des fautes", RTD 1973, 496; Philippe le Tourneau, "La Verdeur de la faute dans la responsablité civile (ou de la relativité de son déclin)", RTD 1988, 505; Denis Tallon, "L'inexécution du contrat: pour une autre présentation", RTD 1994, 223; Philippe Remy, "La ≪responsabilité contractuelle≫: his-toire d'un faux concept", RTD 1997, 323; Jacques Moury, "Force majeure: éloge de la sobriété", RTD 2004, 471; Laurène Gratton, "Le dommage déduit de la faute", RTD 2013, 275; Aurélie Cappello, "La faute civile et la violation des règles régissant une activité sportive ou pro-fessionnelle", RTD 2013, 777; Maxime Barba, "La force majeure procédurale", RTD 2022, 287. 이하에서 외국 문헌은 저자의 성(nom)으로 인용한다.

2) 통상 "기존에 존재하는 의무의 위반"으로 정의된다. Cappello, op. cit., p.777. 파기원 판결도 이러한 입장에 있다고 보인다. 기존 회사와 상의하지 않고 기존 회사의 직원(공인회계사)에 대한 서류를 유출한 사안에서 비록 공인회계사에 관한 직업 윤리 규율을 알지 못하였다고 하더라도 그와

책임은 과책을 요건으로 하면서도(제1240조)[3] 채무불이행책임은 불가항력을 면책사유로 규정하고 있다. 채무를 이행하지 않으면 책임을 부담하여야 하고 강제이행, 손해배상, 해제 등이 그 책임의 내용인데(제1217조), 불가항력에 의한 불이행이었음을 증명하면 손해배상책임을 면할 수 있다는 것이다(제1218조 제1항, 제1231-1조).[4] 프랑스는 불가항력이 면책사유이기 때문에 채무불이행 상황에서 불가항력 사유가 있다는 것을 증명하는 것이 중요하고 과책 없음은 면책사유로서 의미가 없다. 다만, 불가항력이 과책 없음과 실질적으로 같은 것이라면 채무불이행책임 역시 불법행위책임과 마찬가지로 과책을 전제로 한다는 이론적인 의미가 있다. 또한 불가항력이 실질적으로 과책 없음과 같은 것이 아닌가 하는 비교법적 의문이 있을 수 있다.

독일민법은 채무를 이행하지 않더라도 채무자가 자신에게 책임(과책)이 없음을 증명하는 경우에는 손해배상의무를 면한다고 규정한다(제280조 제1항 단서). 일본의 경우에는 종전에 독일과 마찬가지로 과실책임주의의 입장을 취하고 있었다.[5] 그러나 2017년 민법 개정을 통해 채무불이행이 "계약 기타 채무의 발생원인 및 거래상 사회통념에 비추어 채무자의 책임으로 돌아갈 수 없는 사유"에 의한 것인 때에는 손해배상책임을 면할 수 있도록 하고 있다(제415조 제1항 단서). 이에 대하여 기존의 과실책임주의를 탈피한 것이라는 해석이 있다.[6] 프랑스의 불가항력에 의한 면책주의에 가깝게 되었다는 것이다.[7]

같이 서류를 넘겨준 행위는 부정경쟁이 되어 배상책임이 성립한다고 판단하였다. Cass. com. 29 avr. 1997, n° 94-21424.

3) 불법행위책임에서도 객관주의 책임의 경향으로 무과실책임을 인정하는 경우가 있다. 자신의 행위 또는 자신이 관리하는 물건으로 인하여 다른 사람이 손해를 입은 경우에 그 행위 또는 물건에 비정상적인 것(anormalité)이 있었다면 배상을 하여야 한다. Tourneau, op. cit., p.511. 파기원은 개정 전 민법전 제1384조 제1항의 물건의 관리자책임에 대해 과책의 추정(증명책임의 전환)이 아니라 책임의 추정이라고 판단하였다(물건의 관리자는 자신의 과책 없음이 아니라 피해자의 과책을 증명하여야 책임을 면할 수 있다). Cass. ch. réunies 13 févr. 1930. Cité par Tourneau, op. cit., p.512. 다만, 행정책임에서는 과책주의가 유지되고 있다. Tourneau, op. cit., p.511.

4) 프랑스에서는 여전히 과책이 민사책임의 중심이자 유일하게 진정한 원인으로 남아 있다고 설명하고 있다. Starck, op. cit., n° 5.

5) 개정 전 일본민법 제415조(채무불이행에 따른 손해배상)
채무자가 채무의 본지에 따른 이행을 하지 않은 때에는 채권자는 이로 인해 발생한 손해의 배상을 청구할 수 있다. 채무자의 귀책사유에 의하여 이행을 할 수 없게 된 때에도 동일하다.

6) 일본의 이러한 개정에 대하여 "귀책사유란「채무자의 고의·과실 또는 신의칙상 그것과 같이 보아야 할 사유」라고 하는 전통적 통설의 사고방식은, 개정법하에서는 더 이상 해석론으로서도 유지될 수 없다고 하는 것을 나타내고 있다"(과실책임주의의 불채용)고 설명한다. 정태윤, "일본 개정민법(채권관계) 중 주요 부분에 관한 개관",「민사법학」, 제82호, 2018, 266면. 일본 민법 개정 논의과정에서도 과실책임주의를 부정한다는 점을 분명히 하였다. 송영민, "일본 민법상의 채무불이행에 의한 손해배상청구권의 발생요건",「국제거래와 법」, 제33호, 2022, 38면. 그러나 사견으로는 법조문의 내용만을 기준으로 할 때 과실책임주의를 부정한다는 결론이 도출될 수 있는지 의문이 있다. 향후 법원의 판결이나 학계의 논의를 기다려볼 필요가 있다.

유럽통일매매법과 국제상사계약원칙, 유럽계약법원칙 등 국제모델법 역시 채무불이행으로 인한 손해배상책임은 채무자의 귀책사유와 무관하게 발생한다는 입장을 취하고 있다.[8)]

이러한 입법례를 고려하여 볼 때 우리도 채무불이행책임에 있어 과실책임주의를 벗어나 불가항력을 면책사유로 하는 방향으로 민법개정을 추진하여야 한다는 주장이 대두될 수 있다. 그러나 이러한 주장을 함에 있어서는 선결되어야 할 문제가 있다. 프랑스의 불가항력 면책주의가 독일의 과실책임주의와 실제에 있어서 과연 다른 것인가 하는 문제가 그것이다. 양자가 다르지 않다면 불가항력을 면책사유로 하는 민법개정은 실익이 없는 것이 된다. 오히려 불가항력의 개념에 대한 혼선만 초래할 우려가 있다.

종전에 프랑스의 채무불이행 면책사유로서 불가항력을 다룬 국내 논문이 있었다.[9)] 그러나 불가항력이 적용되는 구체적인 사안을 분석하여 과실책임주의와 실질적으로 어떤 차이가 있는지 비교한 논문은 보이지 않는다. 불가항력의 개념은 채무불이행책임의 근간과 맞닿아 있는 만큼 이를 정확히 살펴보는 것은 중요한 의의를 가진다고 생각된다. 불가항력은 불법행위책임의 면책사유로 작용할 수 있고 금전채무(제397조 제2항)나 무과실책임이 문제되는 영역에서도 면책사유가 될 수 있다. 이러한 영역에서는 과책의 개념이 전제되어 있기 때문에 불가항력을 과책 없음으로 해석할 여지는 거의 없고 전쟁이나 천재지변 등 보다 엄격한 의미로 불가항력을 해석하게 된다. 본고에서는 채무불이행의 면책사유에 초점을 두고 불가항력이 과책 없음과 유사하게 운용될 가능성을 중심으로 논의를 하고자 한다.

프랑스와 우리나라의 면책사유의 체계가 다르기 때문에 이론적인 논의를 하기에 앞서 프랑스 법원이 구체적인 사안에서 어떠한 판단을 하였는지를 먼저 중점적으로 검토할 필요가 있다. 다양한 판례 사안을 염두에 둔 이후에 불가항력을 과책 없음과 동일하게 볼 수 있는지에 관한 세부적인 이론적 논의를 살펴보는 것이 타당할 것이다.

2016년 프랑스 채권법이 전면적으로 개정되었다. 그러나 불가항력을 판단하는 기준이 되는 과책, 즉 주의의무위반과 관련한 주요 내용은 바뀌지 않았다. 프랑스에서 불가항력에 대한 논의는 대부분이 채권법 개정 전에 이루어졌고 주목할 만한 새로운 논의는 보

---

7) 손해배상의 근거에 대하여 채무불이행 자체에서 찾고 있으며 예외적으로 계약상의 위험 분배 범위의 바깥에 있는 장해에 따른 손해에 대해서만 면책을 인정할 수 있다고 한다. 法制審議会 民法(債權関係) 部會資料 5－2, 18頁.

8) 김철수, "일본민법 개정안에서의 매도인의 담보책임과 한국민법 개정에의 시사", 「법학연구」, 제28권 제1호, 2017, 291면.

9) 여하윤, "프랑스 민법상 채무불이행으로 인한 손해배상책임의 구조", 「법조」, 제72권 제4호, 2023, 421면; 이은희, "프랑스민법상 불가항력에 의한 이행불능", 「서울대학교 法學」, 제59권 제3호, 2018, 53면.

이지 않는다. 또한 우리 민법은 개정 전 프랑스민법전을 바탕으로 입법되었기 때문에 우리 민법을 해석함에 있어서는 개정 전 프랑스민법전 규정을 중심으로 살펴볼 필요가 있다. 본 논문에서는 2016년 프랑스민법전 개정 전의 규정에 중점을 두어 논의하기로 한다.

Ⅱ. 불가항력의 의의

1. 불가항력의 개념

2016년 개정된 프랑스민법전 제1218조 제1항은 불가항력의 개념에 관해 다음과 같이 규정하고 있다.[10] "채무자의 통제를 벗어나 계약의 체결 당시에 합리적으로 예견을 할 수 없었고 또 그 효과가 적절한 조치에 의해서 회피될 수 없었던 사건에 의하여 채무자가 자신의 채무이행이 방해받은 경우에는, 계약에 있어서 불가항력이 존재한다."[11] 외부성, 예견불가성, 항거불능성이 그 요건이다. 채무자의 통제하에 있는 원인이 아니어야 하고, 채무자가 계약 당시 예측할 수 없었던 것이어야 하고, 채무자가 항거할 수 없는 것이어야 한다.

항거불능성만이 불가항력의 유일한 요건이라고 설명하는 견해가 있고[12] 이러한 입장의 재판례도 있다.[13] 항거불능성과 구별하여 회피불가성(inévitabilité)을 불가항력의 요건으로 드는 견해도 있다.[14] 엄격하게 예견불가성을 요구할 것은 아니고 통상적으로

---

10) 프랑스에서는 담보책임의 경우 채무자는 불가항력에 대하여도 면책될 수 없다고 한다. JurisClasseur Notarial Répertoire, V° Vente – Fasc. 280, Jérôme Huet, Première publication: 25 août 2020, n° 1. 불법행위책임은 불가항력에 의한 면책이 가능하다. Viney, Geneviève Viney et Patrice Jourdain, Les conditions de la responsabilité, Traité de droit civil, dir. Jacques Ghestin, 3e éd., LGDJ, 2006, n° 404.

11) **Article 1218** Il y a force majeure en matière contractuelle lorsqu'un événement échappant au contrôle du débiteur, qui ne pouvait être raisonnablement prévu lors de la conclusion du contrat et dont les effets ne peuvent être évités par des mesures appropriées, empêche l'exécution de son obligation par le débiteur.

12) Moury, *op. cit.*, n° 5. 외부성과 예측불가성은 불가항력의 적절한 요건으로 분석될 수 없다고 설명한다.

13) Civ. 1re, 9 mars 1994, *RTD* civ. 1994, 870, obs. P. Jourdain; 6 nov. 2002, *Bull. civ.* II, n° 245; *RTD civ.* 2003, 301, obs. P. Jourdain. 반면, 23 janv. 2003, *Bull. civ.* II, n° 18, *D.* 2003. 2465, note V. Depadt-Sebag; *RTD* civ. 2003, 301, obs. P. Jourdain.

14) P.-H. Antonmattei, *Contribution á l'étude de la force majeure*, LGDJ, 1992, n° 86; P.-H. Antonmattei, "Ouragan sur la force majeure", *JCP* 1996, 3907, n° 7 무장강도에 의해 물건을 빼앗긴 경우 이는 항거불능은 될 수 있으나 회피불능은 될 수 없다고 설명한다. 무장강도에 항거할 수는 없으나 그러한 일을 사전에 회피할 수 있는 있었다는 의미이다. 반면 번개(foudre)에 의해 화재가 발생하였고 이를 완벽하게 통제할 수 있었던 경우에는 회피불능은 될 수 있으나 항거불능은 될 수 없다고 한다. 번개에 의해 화재가 발생하는 것을 사전에 회피할 수는 없었으나 화재가 일어

(normalement) 예견할 수 없었던 것이면 족하다고 설명하기도 한다.[15] 그러나 파기원은 전원합의체 결정에서 예견불가성 요건이 필요하다는 점을 강조하였다.[16] 불가항력의 성립 여부가 명확하지 않은 상황에서는 신의칙을 통해 채무자가 면책될 여지가 있다.[17]

제1218조 제2항은 불가항력이 있는 경우 그 효과에 관하여 다음과 같이 규정하여 일시적 방해의 불가항력과 확정적 방해의 불가항력을 구분하고 있다. "방해가 일시적일 경우에, 방해로 인한 이행의 지연이 계약의 해제를 정당화하지 않는 한 채무의 이행은 정지된다. 방해가 확정적일 경우 계약은 당연히 해제되고 당사자들은 제1351조와 제1351-1조에 정해진 요건에 따라 자신들의 채무를 면한다." 제1351조와 제1351-1조는 이행불능에 관한 규정이다. 불가항력은 다양한 유형이 있고 사안별로 계약에 미치는 영향이 다르다. 따라서 일시적인 방해에 해당하는 것도 있고 확정적인 방해에 해당하는 것도 있다. 각각의 경우에 따라 그 효과 또한 이행정지와 이행불능으로 달라지게 될 것이다.[18] 파기원도 불가항력은 그것이 유지된 기간에 국한하여 채무자의 채무이행과 손해배상책임을 면제한다고 판시하였다.[19] 그리하여 임대인이 폭풍우로 인하여 임대목적인 건물의 지붕이 파손된 사안에서 임대인은 폭풍우는 불가항력에 해당하여 임대인은 건물을 임차인에게 인도할 의무를 일시적으로 면하지만 9월이 경과한 후에는 이를 수리하여 임차인이 사용할 수 있도록 할 의무를 부담한다고 판단하였다.

2. 불가항력의 연혁

불가항력은 로마법에서부터 계약책임의 면책사유로서 논의되었고 시대를 거치면서도 논의의 중심에서 벗어나지 않은 중요한 주제로 다루어졌다. 따라서 불가항력의 변천을 살펴보는 것이 불가항력과 관련된 여러 쟁점의 핵심을 이해하는데 큰 도움이 될 수 있다.

로마법에서 채무자는 약속된 급부를 제공하지 않은 경우 항상 책임을 부담하였다.

난 이후 이를 진압할 수는 있었을 것이므로 항거불능은 아니라는 것이다.

15) F. Terré, P. Simler, Y. Lequette et F. Chénedé, *Les obligation*, 13e ed., Dalloz, 2022, n° 1023.

16) *Bull. civ.* 2006, Ass. Plén. n° 5 et 6; *D.* 2006, 1577, note P. Jourdain, 1566; chron. Noguéro, Defrénois, 1216, note E. Savaux; JCP 2006, II. 10087, note P. Grosser; *RDC* 2006, 1207, note G. Viney; *JCP E* 2006, 2224, obs. Ch. Stoffel-Munck; *RTD civ.* 2006, 776, obs. P. Jourdain, GAJC, t. 2, n° 183-184.

17) Moury, op. cit., n° 22. 파기원도 재정적 어려움이, 불가항력을 구성하지는 않더라도, 사회보장 분담금채무자에게 신의칙상 혜택을 부여할 수 있다고 판단하였다. 그리하여 채무자에게 지연손해금을 면제할 수 있다고 판시하였다. Cass. civ. 2e, 26 mai 1956, D. 1956. 573.

18) Jean-Christophe Saint-Pau, *Juris Classeur code civil* art. 1231 à 1231-7 fasc. 11-30, 7 décembre 2022, n° 39. 이하 "*JCl* 1231 fasc. 11-30"로 인용한다.

19) Cass. 3e civ., 22 févr. 2006, n° 05-12.032 : JurisData n° 2006-032298.

물건을 제공하여야 하는 급부의 경우 다른 약정이 없는 한 이를 수령한 채권자의 권리는 추탈(éviction)되지 않아야 하고 그 물건을 유용하게 사용하며 가질 수 있어야 하였다.[20] 이는 채무자의 과책과 관계 없이 담보책임으로 보장되었다.

이러한 엄격한 책임주의에 대한 면책사유로서 불가항력이 제기되었다.[21] "불가능한 것이 채무가 될 수는 없다."[22] 그리하여 채무자는 약속된 결과를 얻는 것이 예견할 수 없고 항거할 수 없는 외부적 힘에 직면하였음을 증명하여 면책될 수 있었다. 이러한 것은 목적물 이전이나 인도와 같은 결과채무에 적용되는 논의이다. 위임이나 의료[23]와 같은 수단채무의 경우에는 결과 발생이 보장되지 않고 채무자가 성실히 의무이행을 하였는지가 문제되기 때문에 채권자는 채무자가 성실한 채무 이행을 하지 않았음을 증명하여야 한다.[24] 따라서 처음부터 불가항력에 의한 면책이 문제되지 않고 채무자가 성실한 이행을 하지 않았을 경우 인정되는 과책의 여부가 면책의 기준이 된다.

그 후 법의 발달에 따라 과책이 계약상 책임의 유일한 근거로 자리잡게 되었다.[25] 그 결과 불가항력의 개념이 무엇인지가 기준이 되기보다는 과책의 내용이 되는, 채무자에게 요구되는 성실의무의 내용과 정도가 중요하게 되었고 결과채무에 있어서도 이러한 성실의무의 내용을 분석하는 것이 의미를 가지게 되었다. 이와 같이 성실의무의 내용에 중점을 둠에 따라 불가항력의 개념은 공허한 것이 되었다.

1850년에서 1870년까지는 계약상 책임과 불법행위책임의 구별 또는 대립을 주장하는 이론이 대두되었다.[26] 일반적으로 불법행위책임에 있어서는 과책의 증명이 필요하지

---

20) Remy, *op. cit.*, n° 4.

21) Tunc, *op. cit.*, n° 16.

22) D. 50, 17, 185, 0 Cels. 8 dig. Impossibilium nulla obligatio est.

23) 의사의 정보제공의무 위반과 같은 인격권 침해의 사안에서는 침해 자체에 의하여 과책과 손해가 모두 동시에 인정될 수 있다. Gratton, *op. cit.*, p.278, 파기원도 같은 입장이다. Civ. 1re, 12 juin 2012, n° 11−18327. 사안을 보면 의사가 환자에게 새로운 치료방법에 대하여 설명하지 않고 이를 적용하여 치료하였다. 이 새로운 치료방법은 알려진 위험이 없고 자주 실제적인 효과를 발생한다는 평판이 있었다. 원심에서는 의사가 새로운 치료방법에 대하여 환자에게 정보제공을 하였다면 환자가 기존의 전통적인 수술을 택하였을 것이라는 점이 증명되지 않았다고 하여 손해배상청구를 기각하였다. 파기원은 환자가 사전 동의를 할 기회가 박탈되어 필연적으로 손해를 입었다고 판단하고 원심판결을 파기하였다. 이는 불법행위책임에 대한 사안이다. 채무불이행책임의 관점에서도 마찬가지 결론을 이끌어낼 수 있을 것이다. 즉 계약당사자가 계약상 중요한 정보를 계약상대방에게 제공하지 않았다면 그는 이로 인하여 계약상대방이 입은 정신적 손해를 배상하여야 할 것이다.

24) Plancqueel, *op. cit.*, p.335. 이러한 종전의 설명에 대하여 플랑켈(Plancqueel) 자신은 결과채무, 수단채무의 구별이 중요한 것이 아니고 애초 당사자의 계약내용이 결과를 가져오는 것에 초점이 있느냐 성실한 의무이행에 초점이 있느냐 하는 것이 중요하다고 주장한다. *Ibid.*, p.337.

25) Tunc, *op. cit.*, n° 16.

26) Demolombe, *Traité des contrats et obligations*, t. VIII, n° 450 ; Huc, t. VII, n° 95 ; Labbé, note au *S.* 1886.4.25. Cité par Remy, *op. cit.*, n° 9.

만, 계약상 책임에 있어서는 과책은 추정된다는 것이다. 채무자는 계약상 책임을 면하기 위하여 외부적 원인, 불가항력, 우연한 사건(cas fortuits)[27][28]을 증명하여야 한다고 설명되었다.[29] 즉 불가항력이 시작하는 곳에서 계약상 책임은 멈춘다는 것이다.

20세기 초 플라뇰(Planiol)도 과책을 강조하여 계약에 의하여 원래의 채무가 발생하고 타인을 해하지 않아야 한다는 일반적 의무의 위반(채무불이행)에 의해 손해배상채무가 발생한다고 설명하였다.[30] 그는 이러한 일반적 의무는 법률에 의하여 발생하는 것이고 이를 계약에 포함하더라도 계약상 의무가 되는 것은 아니라고 하였다.[31] 이러한 의무에 속하는 것으로 사람과 물건에 폭력을 가하지 않는 것, 타인을 해하는 기망을 하지 않는 것, 일정한 힘이나 능력이 요구되지만 자신이 그러한 정도로 힘이나 능력을 가지고 있지 않은 상황에서는 그러한 행위를 하지 않는 것, 자신이 가지고 있는 위험한 물건 또는 자신이 돌보는 사람에 대하여 충분한 감독을 하지 않는 것을 제시하였다.[32] 그는 또한 법률위반의 과책과 채무불이행의 과책이 증명에 있어서 차이를 보이는 것은 타당하지 않고 하나의 과책으로 통합하여 보아야 한다고 주장하였다.[33]

에스망(Esmein)도 이에 동조하여 불법행위책임과 계약상 책임은 동일한 원칙에 의해 규율되어야 한다고 주장하였다.[34] 의무(obligation)를 다하지 못한 과책에 대한 제재라는 하나의 책임 사상에 기초하기 때문이라고 하였다. 그리고 그러한 의무의 기초는 사회질서(l'ordre social)라고 하였다.[35] 이에 따라 계약상 책임에 있어서도 과책은 법률상 의무(une obligation legal)의 불이행이라고 보았다. 계약 당사자가 하기로 한 약속(les engage-

---

27) 에스망(Esmein)은 불가항력과 우연한 사건을 다음과 같이 구분하여 설명하였다. Esmein, *op. cit.*, n° 26. 불가항력은 채무자 측의 외부에 발생한 사건을 말한다. 폭풍, 홍수, 전쟁, 침공, 폭동, 정부행위, 제3자행위가 이에 속한다. 우연한 사건은 채무자 측의 의무 영역의 내부에서 보다 일반적인 방식으로 발생하는 익명의 사건을 말한다. 화재, 보일러 등 물질의 폭발이 이에 속한다, 이러한 정의를 바탕으로 에스망은 불가항력은 면책사유가 되고 우연한 사건은 면책사유가 되지 않는다고 설명하였다. 다만, 개정 전 민법전 제1147조, 제1933조, 제1784조에서와 같이 양자를 같은 의미로 사용한 경우도 많다고 지적하였다. Esmein, *op. cit.*, n° 14. 다른 한편 불가항력과 우연한 사건은 서로 번갈아가며 그리고 구별 없이 사용되기 때문에 양자의 구별을 확립하기 위하여 민법전을 파고드는 것은 무의미하다는 설명으로 Moury, *op. cit.*, n° 2.

28) 이를 우연한 사정 또는 사고라고 번역하는 문헌으로 조인영, "불가항력(Force majeure)의 의미와 효과", 「법조」, 제69권 제4호, 2020, 175면.

29) Remy, *op. cit.*, n° 9.

30) Planiol, *Traité élémentaire*, 3e éd., 1905, t. II, p. 830. Cité par Remy, *op. cit.*, n° 13. 플라뇰이 독일 민법전 제정 작업에서 영향을 받았다고 설명한다. *Ibid.*

31) Planiol, *Traité élémentaire*, 3e éd., 1905, t. II, n° 1857. Cité par Remy, *op. cit.*, n° 12.

32) Planiol, *Traité élémentaire*, 3e éd., 1905, t. II, n° 865. Cité par Remy, *op. cit.*, n° 12.

33) Planiol, *Traité élémentaire*, 3e éd., 1905, t. II, n° 877. Cité par Remy, *op. cit.*, n° 12.

34) Esmein, *op. cit.*, p.687.

35) Esmein, *op. cit.*, p.692.

ments)을 이행하도록 법률이 의무를 부과하였기 때문에 이를 하지 않은 것은 법률상 의무의 불이행이라는 것이다.

그러나 계약상 책임과 불법행위책임의 통일은 불가능하다고 주장하는 견해도 유력하다.[36] 계약상 책임은 필연적으로 변제의 기능을 가지고 있기 때문에 불법행위책임과는 구별된다는 것이다. 그에 따라 채무불이행의 손해배상책임은 계약에서 기대한 이익을 얻는데 주안점이 있는데 불법행위책임에서는 그러한 것이 없다고 설명한다.

1930년 경 프랑스의 주류적 견해는 계약상 책임의 근거를 과책에서 찾았다.[37] 이는 불가항력을 과책 없음과 동일하게 볼 수 있는 이론적 근거 중 하나가 된다. 채무불이행으로 인한 손해배상책임에 있어서 명시적으로 과실책임주의를 취하는 우리 민법 또한 그 책임의 근거는 고의 또는 과실, 즉 과책에서 찾을 수 있다. 향후 우리 민법에 대하여 계약상 손해배상책임에서 과실책임주의를 탈피하는 형태의 개정을 하더라도 여전히 과책은 책임의 중요한 근거가 될 수 있다는 점을 시사한다.

Ⅲ. 불가항력의 요건

1. 외부성

외부성(extériorité)은 채무자의 통제를 벗어나서(제1218조 제1항), 채무자의 외부에 있거나 채무자와 관계 없는 사유에 의하여 채무불이행이 발생하는 것을 의미한다.[38] 질병, 실직, 파업, 징역(금고)과 같은 사유는 채무자의 통제범위 내에 있는 것으로 볼 여지가 있다. 반면 감염병으로 인한 공장폐쇄, 전쟁, 천재지변 등은 채무자의 통제범위를 벗어나는 것이 된다. 채무자의 통제범위 내에 있는 경우라고 하더라도 경우에 따라서는 불가항력이 인정될 수 있기 때문에 항거불능성[39]이 불가항력의 핵심적인 기준이라고 볼 수

---

36) Remy, *op. cit.*, n° 45.

37) 채무불이행책임과 불법행위책임은 과책이라는 하나의 성질을 가지지만 그 정당성을 스스로의 의사에 두느냐 아니면 법률에 두느냐에 따라 달라진다고 보는 것이 다수의견이라고 설명한다. Brun, *Rapports et domaines des responsabilités contractuelle et délictuelle*, Lyon, 1930. Cité par Remy, op. cit., n° 16. 그 후 수단채무와 결과채무를 구분하고 결과채무를 불법행위의 엄격책임에 대응시키는 이론이 등장하고 안전의무가 계약상 채무에 포함된다는 점이 제시됨으로써 불법행위책임과 채무불이행책임을 유사한 틀로 바라보는 견해가 대두되었다. Remy, op. cit., n° 25 그러나 이러한 이원론적 체계가 완전히 확립되었는지는 확실하지 않고, 계약책임은 필연적으로 개인의 행위에 대한 책임이므로 계약책임을 야기한 사실(faits générateurs)과 불법행위책임을 야기하는 사실을 일치시키거나 통합할 여지가 있게 된다. Remy, op. cit., n° 31.

38) Terré, *op. cit.*, n° 750.

39) 이를 항거불능성으로 번역하는 문헌으로 조인영, "불가항력(Force majeure)의 의미와 효과", 「법조」, 제69권 제4호, 2020, 176면.

있다. 외부성 요건은 최소한 그 형태(forme)로는 포기되었다고 하거나[40] 외부성에 대하여 사실상 귀속가능성의 결여라고 평가하는 견해도 있다.[41]

채무자 자신이 사건의 원인이 되는 경우에는 외부성 요건이 충족되지 않는다. 예컨대 파기원은 상가 임차인의 잘못으로 행정청이 임대차의 대상인 식당 및 주점 시설을 폐쇄되었고 임차인이 이를 불가항력이라고 주장한 사안에서 이는 채무자의 잘못으로 인한 것이므로 불가항력으로 볼 수 없다고 판단하였다.[42]

외부성에 반대되는 가장 극단적인 예로 채무자의 고의에 의한 채무불이행을 들 수 있다. 채무자의 고의에 의한 채무불이행은 불가항력이 되지 않는다. 계약 당시에 그러한 면책조항을 두더라도 무효이다.[43] 계약에 의하여 채무자에게 채무를 이행하여야 하는 의무를 부여하면서 동시에 채무자가 임의로 이를 위반할 수 있도록 하는 것은 계약의 성질상 허용될 수 없기 때문이다.

외부성 요건을 이해하기 위해 외부성 인정 여부가 문제된 다양한 사례를 살펴볼 필요가 있다. 파기원은 채무자가 형사구속으로 채무이행을 할 수 없는 것은 자신의 과책에 기인한 것으로 불가항력이 아니라고 판단하였다.[44] 반면 파업이나 실업에 의한 이행불능이 된 경우 불가항력에 의한 이행불능의 유형에 포함하여 면책된다고 판단한 바 있다.[45]

(1) 구체적 예

파기원은 채무자의 실업이 금전채무의 불이행책임을 면하게 하는 불가항력에 해당된다고 판단하였다.[46] 사안을 보면, 건설조합의 지분에 관한 청약자(souscripteurs)가 자금요청(appels de fonds)에 응하여 자금을 지급하지 못하고 주택배정(locaux correspondants)을 받지 못하였다. 청약자들은 자신의 불이행에 대한 면책사유로 남편의 실직상태를 주장하였다. 항소법원은 이 주장에 대하여 검토하지 않았다. 파기원은 그러한 실직상태가 채무 이행을 방해하는 성격을 가지는 것이었는지 여부에 관하여 원심법원이 심리하지 않았다는 이유로 원심판결을 파기하였다.

이에 대하여 "종류물은 멸실되지 않는다(Genera non pereunt)"는 격언을 인용하며 금전채무의 불이행에서 불가항력의 면책사유는 인정되기 어렵다고 비판하는 견해가 있

40) P. Malaurie, L. Aynes, et P. Stoffel-Munck, *Droit des Obligation*, 12e ed., LGDJ, 2022, n° 602.
41) P. Jourdain, obs. *RTD* civ. 2020. 895.
42) Cass. civ. 3e, 20 nov. 1985, n° 84-16225, *Bull. civ. III*, n° 148.
43) Wigny, *op. cit.*, p.94.
44) Cass. soc., 15 oct. 1996, n° 93-43.668.
45) *JCl* 1231 fasc. 11-30, n° 28.
46) Cass. civ. 3e, 19 avr. 1972, *RTD* civ. 1973, 581.

다.[47] 금전채무의 경우에는 이행할 수 있는 다른 수단이 결여될 수 없다는 취지이다.

또한 실직상태가 불가항력이 되기 위하여는 다음의 내용을 충족하여야 한다고 주장하는 견해가 있다.[48] 첫째, 실직이 자신의 잘못으로 인하여 초래된 것이라면 외부성 요건을 충족할 수 없고 불가항력에 해당할 수 없다고 설명한다. 실직 후 더 이상 구직활동을 하지 않고 있는 경우에도 불가항력 면책을 받을 수 없다고 주장한다. 둘째, 실직상태로 인하여 단지 이행이 좀 더 어려워지거나 부담이 되는 정도로는 불가항력이 될 수 없다. 실업수당의 도움을 통하여 자금요청에 응할 수 있었다면 그것이 자신의 생활에 가혹한 제한을 초래하는 것이라고 하더라도 불가능한 것이라고 볼 수는 없다. 불가항력의 항거불능성은 될 수 없고 이행의 어려움이 있는 것에 불과한 것이다. 불가항력의 불능은 상대적 불능이 아니라 절대적 불능이고 채무자의 개성이나 행위 방법과는 독립적으로 판단되어야 한다. 즉 같은 외부적 상황에 놓인 성실한 통상적인 개인과 비교하여 추상적으로 판단해야 한다. 셋째, 예측불가성의 측면에서 계약체결 당시, 즉 위 사안에서 조합원이 청약을 할 때에 이미 실직을 염려하는 상태에 있었다면 그리하여 자금지급이 어렵다는 점을 예견하였다면 불가항력이 될 수 없다.

생각건대 실직이 금전채무에 대한 불가항력이 될 여지가 있다는 파기원의 판단은 프랑스에서 채무불이행으로서의 불가항력이 어떤 것인지 잘 보여준다. 우리나라의 경우 금전채무불이행의 손해배상에 대하여 채무자는 과실 없음을 항변하지 못한다고 규정하고 있다(제397조 제2항). 따라서 우리나라의 경우 실직을 이유로 금전채무불이행의 면책을 주장하는 것이 받아들여지기는 어려울 것이다. 프랑스의 경우 채무불이행으로 인한 손해배상책임에 채무자의 과책을 요구하지 않기 때문에 금전채무불이행에 대한 이와 같은 특칙도 필요 없게 된다. 그러나 파기원이 불가항력을 넓게 보기 때문에 금전채무에 대하여도 실직을 이유로 면책을 주장할 여지가 있게 되었다. 과실책임주의를 취하는 우리나라보다 이를 취하지 않는 프랑스에서 면책범위가 더 넓어지게 된 것이다.

(2) 특수 문제-파업

종전에 파업에 관하여 채무자의 면책사유가 되지 않는다는 견해가 다수였다.[49] 기

47) G. Durry, note sous Cass. civ. 3e, 19 avr. 1972, *RTD* civ. 1973, 581.

48) H. Souleau, note sous Cass. civ. 3e, 19 avr. 1972, *D.* 1973, 205.

49) Harnelet, *La grive*, thèse Paris, 1903; Schoux, *Les grèves maritimes*, thèse Paris, 1910; Radouant, *Du cas fortuit et de la force majeure*, thèse Paris, 1920, p. 141; Puecb, *Les grèves et leurs con-séquences sur l'exécution du contrat de transport*, thèse Paris, 1921, Pandectes belges, v° Grève, n° 73 et 74. Contra, Aniot, *De la répercussion des grèves sur l'exécution des contrats* (*Annales de droit commercial*, 1903.65); Dambrun, *Effets juridiques de la grève*, thèse Marseille, 1912. Cité par

업 측에서 노동자 측이 요구하는 조건을 수용함으로써 파업을 중단할 수 있었다는 점을 근거로 한다. 즉 기업이 노동자에게 노동조건을 양보하지 않아 파업이 발생하게 된 경우에는 채무불이행책임을 면할 수 없다.[50] 그리하여 파업으로 인하여 채무가 이행되지 않은 경우 노동조건을 수용하여도 파업을 면할 수 없었던 것이 아니라면 해당 회사는 고객에게 이행되지 않은 주문에 대한 손해배상을 하여야 하였다.

이에 대한 반박으로 사용자는 노동자의 요구에 대하여 자유롭게 항거할 수 있고 새로운 노동조건을 설정할 권리를 가진다고 주장이 제기된다.[51] 사용자의 이러한 권리는 사용자가 파업을 종결시키고 매도인으로서 고객의 주문을 이행하여야 하는 의무보다 우위에 있다는 것이다.

오늘날에는 기업의 결정으로 인한 파업과 같이 내부의 요인에 의한 파업의 경우에는 불가항력으로 인정되지 않지만, 정부 정책으로 인한 파업과 같이 외부의 요인에 의한 파업은 불가항력이 인정된다고 설명한다.[52] 파기원은 노동조건 등에 대한 기업의 결정으로 인해 파업이 발생한 경우에도 불가항력이 될 수 있다고 판단한 바 있다.[53]

파업이나 질병이 불가항력의 사유가 된다는 점에서 외부성은 불가항력의 요건이 아니라는 설명도 있다.[54] 외부성을 인정하기 어려운 경우에도 채무자가 충분한 주의를 한 경우에 면책을 인정한 재판례도 다수 있다. 예컨대 채무자가 당시 과학과 경험칙에 의해 요구되는 주의를 다하였다면 면책된다고 판단한 재판례, 교통서비스를 양허 받은 자가 전선을 연장하는 과정에서 과책이 없었다면 누전에 대한 책임이 없다고 판단한 재판례, 민간 비행기가 모든 감시가 불가능한 사정에 의하여 사고가 발생한 경우라면 우연한 사건이라고 판단한 재판례가 그러하다.[55]

2. 예견불능

예견불가성은 계약체결시에 예측할 수 있었던 사유에 의하여 채무불이행이 된 경우에는 불가항력이 인정될 수 없다는 것이다. 계약체결시를 기준으로 예견불능 여부를 판단한다. 엄밀한 의미에서 예견불가성을 불가항력의 요건으로 보기에는 어려운 측면이 있다.[56] 아래 재판례에서도 예측가능한 원인에 의해 채무가 이행되지 않은 사안에서도

Wigny, *op. cit.*, p.60.

50) Wigny, *op. cit.*, p.61.

51) *Ibid.*, p.61.

52) S. Porchy−Simon, *Droit des Obligations 2024*, 16e ed., Dalloz, 2023, n° 532.

53) Cass. civ. 1re, 6 oct. 1993, *JCP* 1993. II. 22154, note Ph. Waquet.

54) Cass. comm. 23 janv. 1968, *RTD civ.* 1969, 137, note G. Durry.

55) Wigny, *op. cit.*, p.75.

불가항력을 인정하였다. 즉 계약 당사자가 계약체결 당시 어떤 위험을 예상하고 이를 일방 당사자가 감수한 것으로 볼 수 있다면 불가항력 면책을 논하기 전에 그러한 내용에 의하여 책임 여부를 판단하여야 한다.

(1) 정부의 계약 승인 철회

인도차이나의 한 도시에서 정부의 승인을 요하는 계약을 체결하였는데 후에 정부의 승인이 철회된 사안에서 파기원은 그 도시는 채무불이행책임에 대하여 면제된다고 판단하였다.[57] 도시가 승인 철회에 대하여 예견하였다고 하더라도, 별다른 유보가 없는 상황에서, 도시가 그러한 책임을 감수하기로 하였거나 과책을 범하였다는 결론을 도출할 수는 없다고 보았다.

(2) 코메디 프랑세즈의 호출

코메디 프랑세즈 단원이 휴가 중 모스크바 순회 극단과 출연 계약을 체결하였다. 계약 당사자들은 휴가가 취소될 수 있다는 것을 알고 있었다. 코메디 프랑세즈의 행정실에서 갑자기 해당 단원을 파리로 호출하였다. 해당 단원은 불가항력을 원용할 수 있는가? 이에 대해 센느 지방법원은 불가항력으로 면책된다고 판단하였다.[58] 해당 단원이 모스크바 순회 극단과의 계약시에 코메디 프랑세즈로부터 이러한 종류의 호출이 있을 때 이를 무시할 생각을 할 수 없었다고 판단하였다. 또한 모스크바 순회 극단도 이러한 위험을 인식하고 이를 충분히 감수할 생각을 가지고 계약을 하였다고 보았다. 당사자들이 계약 당시 위험을 인식하고 채권자가 이를 인수하기로 하고 나중에 그러한 위험이 실현된 경우에는 채무자는 불가항력으로 면책될 수 있다는 점을 보여주는 판결이다. 내부적인 요인이고 예측이 가능하였고 항거불능으로 보기도 어렵다는 점에서 불가항력에 해당하기 보기는 어렵고 과책 없음으로 설명하는 것이 보다 더 용이하다고 생각된다.

(3) 철로 투신

또 다른 사안을 보면 피해자가 지하철역의 선로에 자신의 몸을 던졌는데 지하철 열차가 이를 미처 피하지 못하고 그 위로 지나갔다. 그 결과 피해자가 사망하였다. 파기원은 열차 기관사의 입장에서 이러한 피해자의 행위는 예견할 수 없고 항거할 수 없는 것

---

56) *Ibid.*, p.91.

57) Cass. civ., 11 févr. 1896, D. P. 96.1.349, Choai c. Le Van Hué. Cité par Wigny, *op. cit.*, p.91.

58) Trib. civ. Seine, 23 oct. 1912, Rec. Gaz. Pal., 1912.2.416, Baret c. Dame Piérat. Cité par Wigny, *op. cit.*, p.91.

으로서 불가항력에 해당하여 지하철 운영회사인 파리교통공사(RATP)는 면책된다고 판단하였다.[59] 파리교통공사 입장에서는 어떤 확률로 이러한 사고가 발생한다고 충분히 예상할 수 있었을 것이다. 또한 스크린도어를 설치하였다면 이러한 사고를 방지할 수도 있었을 것이다. 그런 의미에서 역시 엄격한 의미의 불가항력 사안으로 보기는 어렵다. 이러한 재판례는 파기원이 불가항력에 관하여 과책 없음과 비슷한 완화된 기준을 적용하고 있음을 나타낸다고 볼 수 있다.

3. 항거불능성

항거불능성은 채무자의 입장에서 채무불이행을 막는 것을 기대할 수 없었다는 의미이다. 객관적으로 이행을 할 수 없는 불능의 상황을 말하는 것은 아니다. 채무자가 느끼는 공포의 정도가 패닉에 이를 정도로 심한 경우에는 불가항력이 인정될 수 있다.[60] 적이 해당 지역을 침략한 상황에서 임차인이 임차한 부동산을 버리고 도망가는 경우, 배의 선장이 전쟁 중 바다로 나가기를 거부하는 경우, 질병을 우려하여 채무자가 채무이행을 거부하는 경우가 이에 해당한다. 이러한 경우에 법원은 공포의 정당성을 심사하여 각각의 채무자에 대하여 배상책임에 대한 면책을 할 수 있다.[61] 공포의 성격은 문제되지 않고, 공포의 정도가 심할 경우 정신적 불능으로 볼 수 있다.[62]

(1) 철도 승객 보호

파기원은 조현병 환자가 열차 승객을 선로로 끌고 가 공격한 행위는 철도회사 입장에서는 불가항력이라고 판단하였다.[63] 사안을 보면 발레리(Valéry B) 씨는 2010. 1. 29. RER 열차 플랫폼에 있다가 열차가 역에 진입하는 순간 갑자기 아브델마록(Abdelmalok C) 씨에 의해 벨트에 감겨 선로로 끌려갔다. 선로에 떨어진 두 사람은 들어오는 열차에 깔려 바로 사망하였다. 테러 및 기타 범죄 행위 피해자를 위한 보증 기금(FGTI)은 발레리(Valéry B) 씨의 상속인에게 먼저 손해배상을 하였다. 그 뒤 해당 역을 관리한 프랑스국유철도(SNCF)에 구상청구를 하였다. 원심법원은 FGTI의 구상청구를 기각하였다.

이에 FGTI는 다음과 같은 이유로 상고하였다. 첫째, SNCF가 배상책임을 면하기 위해서는 이러한 충돌의 예견불가성과 항거불능성을 증명하여야 한다. 플랫폼에 스크린도어(façade)를 설치하였다면 이를 막을 수 있었을 것이다. 둘째, 가해자의 행위가 항거불

59) Cass. Ass. Plén. 14 avr. 2006, n° 04-18902, *JCP* 2006. II. 10087, note P. Grosser.
60) Wigny, *op. cit.*, p.59.
61) *Ibid.*, p.59.
62) *Ibid.*, p.60.
63) Cass. civ. 2e, 8 févr. 2018, n° 17-10516.

가능하였다는 점, 그에 따라 사고에 따른 손해배상의무를 면한다는 점을 주장하기 위하여 SNCF는 플랫폼에 스크린도어 설치가 기술적으로 불가능하였다는 것을 주장하였는데 SNCF 스스로 이를 증명할 책임을 부담한다. 그러나 원심법원은 증명책임을 전환하여 원고로 하여금 이를 증명하도록 하였는데 이는 민법 제1315조[64]를 위반한 것이다.

그러나 파기원은 다음의 이유로 상고를 기각하였다. 가해자가 조현병을 앓고 있었다는 점, 가해자와 피해자는 서로 알지 못하였고 말다툼도 없었다는 점, 공격행위의 개시 시점과 열차 충돌 사이의 시간적 간격이 짧았다는 점, 범죄 수사 결과 범행은 고의로 저질러졌고 자살을 한 것으로 결론지었고, 그러한 폭행을 예방하거나 예방할 수 있는 감시 장치나 시설이 없었다는 점, 스크린도어 설치가 유일한 예방 방법이 될 수 있었지만, 이를 모든 승강장에 설치하는 것은 공사 규모가 너무 크고 SNCF가 플랫폼의 소유권을 보유하고 있지도 않았기 때문에 이를 기대하기 어려웠던 점, 증명책임의 전환 없이도 제3자의 행위가 불가항력 존재를 도출하는 예측불가하고 항거불가한 성격을 가지고 있다는 것을 증명할 수 있다는 점을 제시하였다.

이 판결은 불가항력의 항거불능성이 현실적으로 합리적으로 기대되는 수준으로 사고 예방 조치를 하면 인정될 수 있다는 점을 시사하고 있다. 따라서 불가항력의 기준이 과실 없음의 기준과 다르지 않다는 점을 뒷받침하는 예가 된다고 판단된다.

(2) 코로나로 인한 건물 폐쇄

파기원은 임차인이 코로나 감염으로 건물(locaux)이 폐쇄되어 임차한 물건을 이용할 수 없었다는 것은 해제나 채무유예의 사유가 될 수 없다고 판단하였다.[65] 사안을 보면 임대인인 부동산 회사(Foncière Saint-Louis)가 2017. 11. 13. 슈퍼마켓으로 사용되는 상업용 건물을 임차인(Action France)에게 임대했다. 임차인은 코로나(COVID-19) 전염병 퇴치를 위한 정부 조치로 인해 일반인을 수용할 수 없다는 점을 들어 임대인에게 차임 및 관리비 지급 중단을 통보하였다. 임대인은 2020. 6. 2. 2020년 2분기 차임 전액에 해당하는 금액에 대하여 임차인의 계좌를 귀속압류(saisie-attribution)[66]했다. 임차인은 2020. 7. 3. 임대인을 상대로 하여 집행법원에 압류 해제 및 손해배상청구의 소를 제기했다. 임차인은 보건비상상태가 불가항력 상황에 해당한다고 주장하였다.

---

64) 개정 전 민법전 제1315조 ①채무의 이행을 청구하는 자는 채무를 증명하여야 한다. ② 반대로 면책을 주장하는 자는 변제 또는 자신의 채무를 소멸시킨 사실을 증명하여야 한다.

65) Cass. civ. 3e, 30 juin 2022, n° 21-20190, *JCP E* 2022. 1376, obs. Th. Genicon, YM Laithier et O. Deshayes.

66) 채무자의 금전 청구권을 압류하는 조치이다. 제3채무자는 채무자에게 지급할 책임을 여전히 부담하고 채무자는 받은 금전을 함부로 사용할 수 없다.

원심법원은 임대인은 그 자체로 사용할 수 있는 건물을 인도하였고 임차인은 차임 지급이 불능이 아니라는 점을 인정하였다는 점을 들어 임차인이 계약에 규정된 목적에 따라 건물을 사용할 수 없었다는 이유로 불가항력을 원용하는 것은 정당화되지 않는다고 판단하고 임차인의 청구를 기각하였다. 이에 임차인은 상고하였다.

파기원은 상고를 기각하였다. 민법 제1218조에 따르면 채권자가 반대급부를 받을 수 없다는 이유로 불가항력을 원용하여 계약의 해지 또는 채무의 유예를 구할 수 없다고 설시하였다.

계약의 일방 당사자(임차인)는 상대방이 이행하여야 할 반대급부(건물의 사용)가 불가항력으로 좌절되었음을 이유로 자신의 채무(차임지급의무)를 면책받을 수는 없다는 원칙이 도출된다. 이러한 것이 상가임대차에 국한하지 않고 민법 전반에 적용된다는 점을 시사한 판결이라고 평가한다.[67] 즉 이러한 경우 면책을 허용하면, 반대급부에 대한 담보(지급보장)의 합의가 없음에도 계약의 일방 당사자는 반대급부에 대한 불이행의 위험을 상대방에게 전가하게 되는 문제가 발생한다는 것이다.[68] 임대인은 목적물을 인도하면 자신의 채무이행을 다한 것이고 임차인이 어떤 용도로 그것을 사용하려고 한 것인지는 임차인의 계약 동기에 불과하다고 설명한다.

반면 채무의 이행에 채권자의 협조가 필요한 급부의 경우 채권자가 그러한 협조를 하는 것이 불가항력으로 인해 제한된다면 채무자는 불가항력을 주장할 수 있다. 외국어 교사가 제자에게 억양을 연습하게 하는 개인 교습의 경우 이에 해당한다.[69] 즉 상대방의 협력의무 또는 수령의무의 불능을 이유로 자신의 급부의 불가항력을 주장하는 것은 가능하다. 이는 채권자가 반대급부로부터 이익을 얻지 못한 것은 아니고 단지 자신의 급부가 이행되지 않았을 뿐이다.

계약조항으로 이러한 내용을 변경하는 것은 가능하다.[70] 사안을 보면 I부인과 M씨는 2019. 2. 5., 결혼식(2020. 6. 27.와 2020. 6. 28.)을 앞두고 A & P 리셉션 회사(이하 "회사"라 한다)와 호텔 예식장 계약을 체결하고 1,650유로의 보증금(acompte)을 지불했다. 계약서에는 고객이 행사를 무효화(취소)하는 경우 불가항력의 경우를 제외하고는 예식장 사용 금액 전액을 회사에 지불해야 한다고 명시되어 있다.

I부인과 M씨는 2020. 4. 21. Covid 19 전염병과 관련된 보건 위기로 인해 예식장 사

67) Th. Genicon, YM Laithier et O. Deshayes, "Les dettes de loyers commerciaux en période Covid－19 : à propos d'une jurisprudence de crise", *JCP E* 2022, 1376, n° 31.
68) *Ibid.*, n° 33.
69) *Ibid.*, n° 34.
70) Cass. civ. 1re, 6 juill. 2022, n° 21－11310.

용 연기를 회사에 요청하였다. 또한 2020. 5. 11.에는 불가항력의 존재를 주장하며 계약 해지 및 보증금 반환을 청구하였다. 이들은 2020. 6. 4. 보증금 상환과 관련하여 회사로부터 1,650유로 및 법정 이자를 지급받도록 하는 명령을 받았다. 회사는 추가 금액을 지급받아야 한다고 주장하며 이의를 제기했다.

원심법원에서는 보건 위기가 진행 중이었고 아직 그것이 끝나지 않았다는 사실은 계약을 해지하고 회사가 보증금을 반환하도록 하는 명령을 정당화한다고 판단하였다. 회사는 이에 상고하였다. 보건 위기 사태가 위 커플의 채무이행에 방해가 되지 않고 다만 반대급부를 향유하는 것을 방해할 뿐이라고 주장하였다. 또한 금전채무는 불가항력을 원용하여 면책될 수 없다고 주장하였다.

파기원은 불가항력 사유의 해당 여부의 판단은 사실심 법원의 전권이라고 설시하며 상고를 기각하였다. 또한 금전채무에 대해 불가항력을 원용할 수 없다는 주장도 근거가 없다고 판단하였다.

이 사안은 불가항력을 제외하고 고객이 회사에게 예식장 사용 대금을 지급한다는 조항이 계약에 삽입되어 있었다. 이를 해석할 때 금전채무 이행이 불가항력인 경우를 말하는지, 아니면 예식장 이용이 불가항력인지 여부를 해석하여야 한다. 원심법원은 코로나 감염병 확산에 의한 보건 위기로 인해 예식장을 이용할 수 없었던 것도 해당 계약의 불가항력 조항에 해당하는 사유가 된다는 해석을 택한 것으로 보인다. 즉 이러한 조항이 없었다면 불가항력이 인정되기 어려웠을 것으로 생각된다.

(3) 질병

종전에 파기원은 채무자가 아픈 것만 가지고는 불가항력이 되지 않는다는 취지로 판단하였다.[71] 사안을 보면 어떤 부부가 빵집을 인수하기로 하고 이를 위반시 1만 프랑을 지급하기로 하였다. 부부는 빵집을 인수하지 못하였고 위약금도 지급하지 않았다. 부부는 의사의 진단서를 제출하며 남편의 건강 악화를 면책사유로 주장하였다. 원심법원은 이러한 주장을 받아들였으나 파기원은 질병의 예견불가성과 극복불가성(insurmontable)[72]을 증명하지 못하였다는 이유로 원심판결을 파기하였다.

이에 대하여 다음의 이유로 찬동하는 견해가 있다.[73] 첫째, 문제가 되는 채무는 빵

71) Cass. comm. 23 janv. 1968, *RTD civ.* 1969, 137.
72) 채무불이행 상황을 극복할 수 없다는 의미이므로 실질적으로 항거불능성과 같은 의미로 생각된다. 당시 민법전에 불가항력에 대한 정의규정이 없었기 때문에 다양한 용어로 불가항력 상황을 설명한 것으로 볼 수 있다.
73) G. Durry, note sous Comm. 23 janv. 1968, *RTD civ.* 1969, 137.

집을 사는 것을 내용으로 하는 것이 아니고 금전 지급을 내용은 하는 것이다. 금전채무는 불가항력의 면책사유가 인정될 수 없다. 둘째, 빵집 취득을 채무의 내용으로 보는 경우에도 부부는 능력있는 자를 고용하여 빵집을 운영하는 방법을 선택할 수 있기 때문에 이행이 좀 어려워졌다고 할 수 있을 뿐이고 이행불능이 정당화되는 것은 아니다.

그 후 파기원은 전체회의 결정으로 극복할 수 없는 질병이 불가항력이 된다고 판단하였다.[74] 사안을 보면 채무자는 기계 제작을 주문받았는데 계약체결 후 신체의 일부가 일시적으로 불능이 되고 그 후 감염과 중대한 질병으로 인해 사망하였다. 채무자의 상속인을 대상으로 손해배상을 제기하였다. 파기원은 이는 계약체결시에 예상할 수 없었고 채무자가 사망할 만큼 중대하여 항거할 수도 없었으므로 불가항력으로 면책된다고 판단하였다. 이에 대하여 찬동하면서 외부성 요건은 해당 사유가 채무자의 의사에 관계 없이 발생한 것이라면 충족한다고 설명하는 견해가 있다.[75] 생각건대 채무자의 입장에서 다른 사람에게 의뢰하여 기계 제작을 할 수도 없는 상황이었는지 의문이 있다. 그런 의미에서 엄격한 의미의 불가항력 사안으로 보기에는 어려운 측면이 있다.

(4) 정부의 행위

군주행위(fait de prince) 이론은 공권력의 일방적인 행사에 의하여 채무불이행이 되는 경우 책임이 면제되고 정부는 계약상대자의 손실을 보상해야 한다는 이론이다.[76] 이는 행정계약에서 나온 이론으로, 행정계약의 당사자인 정부가 공권력을 행사하여 계약상대자가 계약을 이행할 수 없게 된 경우에 대한 것이다. 오늘날에는 사법상 계약에도 적용되고 있다.[77] 예컨대 화산 폭발의 우려가 있는 상황에서 정부가 병원에게 대피 및 영업중단 명령을 한 경우 그것이 항거불능의 요건을 충족하기 때문에 불가항력이 되어 채무불이행책임을 면하게 한다.[78] 항거불능에까지 이르지 않는 경우에는 고려 요소 중 하나가 된다.[79] 예컨대 파기원은 외국인 노동허가 갱신이 거부되어 근로계약을 이행할 수 없게 되어 해고보상금을 청구한 사안에서 원고의 청구를 기각하였다.[80]

---

74) Cass. Ass. Plén. 14 avr. 2006, n° 02-11168, *JCP* 2006. II. 10087, note P. Grosser.
75) Cass. Ass. Plén. 14 avr. 2006, *D.* 2006. 1131, note I. Gallmeister.
76) Laurent Richer et François Lichère, *Droit des contrats administratifs*, 12e éd., LGDJ, 2021, p.302.
77) Fanny Luxembourg, "Le fait du prince : convergence du droit privé et du droit public", JCP 2008, I, 119.
78) Cass. soc. 19 nov. 1980, *Bull. civ.* V, n° 834.
79) Terré, *op. cit.*, n° 851.
80) Cass. soc. 4 juill. 1978, *D* 1980, jur. 30.

4. 소결

불가항력의 요건은 파기원에 의해 인정되어 오다가 이제는 민법 제1218조 제1항에 반영되었고 이제는 이 규정으로부터 바로 도출할 수 있다. 즉, ① 채무자의 통제를 벗어나(외부성) ② 계약의 체결 당시에 합리적으로 예견을 할 수 없었고(예견불능) ③ 그 효과가 적절한 조치에 의해서 회피될 수 없었던(항거불가성) 사건이다. 항거불가성이 핵심이 되는 요건이고 외부성과 예견불능은 이를 보조하는 요건이다. 즉 채무자가 채무불이행의 상황을 야기하였거나 계약체결시 이를 예상할 수 있었다면 항거할 수 없는 경우에도 불가항력은 인정되기 어렵다.

Ⅳ. 불가항력과 과책 없음의 관계

1. 도입

이러한 내용을 바탕으로 본격적으로 불가항력과 과책 없음이 어떤 관계에 있는지 살펴볼 필요가 있다. 프랑스에서는 불가항력이 면책사유이기 때문에 채무불이행이 발생한 경우 불가항력이 있는지만 검토하면 되고 과책에 관한 논의를 할 필요가 없다. 이러한 논의는 과책이 불법행위와 채무불이행 모두의 바탕이 된다는 이론적 측면에서 전개된다. 또한 채무불이행책임의 요건으로 고의 또는 과실을 요구하는 독일법과의 비교의 관점에서도 의미를 가진다.

우리법에 있어서도 이러한 논의는 다음과 같은 의미를 가진다. 첫째, 민법개정과 관련하여 과실책임주의를 탈피하는 방향으로 개정할 것인가 여부에 관하여 판단 기준을 정립할 수 있다. 둘째, 우리나라의 채무불이행책임이 과실책임주의를 취한다는 점을 전제로 관련 쟁점에 있어서 논지를 전개하는 경우가 있다. 예컨대 특별손해의 배상에 있어 채무자가 이를 예견가능한 기준 시점을 채무불이행시로 보는 것이 통설과 판례의 입장인데 그 근거 중 하나가 우리법이 채무불이행에 의한 손해배상책임의 요건으로 채무자의 귀책사유를 요하고 있다는 것이다.[81] 그러나 프랑스에서 채무불이행책임의 면제사유로 작용하는 불가항력이 실질적으로 과책 없음과 같은 것이라면 이러한 주장의 근거가 상당 부분 퇴색할 수밖에 없다. 우리 민법의 개정과 해석에 있어 비교법적 연구가 상당한 영향을 주고 있기 때문에 외국법에 대한 정확한 이해가 중요한 의미를 가진다. 셋째, 우리법에 있어서 불가항력의 개념을 확립하고 이를 활용하는데 있어 중요한 시사점을 얻을 수 있다. 우리는 불가항력을 전쟁, 천재지변 등 엄격한 의미로 해석하고 이에 관한

81) 김형석, 민법 개정안(계약법 총론) 예비조안 연구, 2023년 법무부 연구용역 보고서, 2023, 27면.

재판례도 적은 편이다. 그러나 현재 천재지변과 전쟁 등 위기상황이 발생할 가능성이 높아지고 있어 이에 대비하는 논의가 긴요하다. 프랑스에서 불가항력의 개념이 유동적으로 활용되고 과책 없음과 유사하게 운용되는 내용을 살펴봄으로써 우리법의 불가항력도 보다 유연하게 해석할 여지가 있게 된다. 넷째, 불가항력은 무과실책임이 문제되는 영역에서 중요한 면책사유로 작용할 수 있다. 가령 불가항력은 불법행위로 인한 손해배상책임의 면책사유가 된다. 무과실책임을 인정하는 불법행위 영역에 있어서는 불가항력이 중요한 면책사유로 작용하게 된다.[82] 고의 또는 과실을 요건으로 하는 일반불법행위에 있어서도 불가항력이 면책사유로 작용할 수는 있다.[83] 그러나 가해자의 고의 또는 과실을 증명하는 과정에서 불가항력에 해당하지 않는다는 점이 거의 자동적으로 증명되기 때문에 불가항력을 별도로 주장할 이유가 없게 된다.

2. 주의의무 또는 성실의무의 정도

불가항력의 핵심 요건은 항거불능성이다. 외부성이나 예견불가성 요건은 항거불능성 요건이 충족되었을 때 보충적으로 작용한다. 즉 채무불이행이 항거불능한 상황으로 인한 것이라는 점이 밝혀진 경우에도 그것이 채무자가 유발한 것이었거나 채무자가 예상할 수 있었던 것이라면 불가항력으로 인정될 수 없다는 것이다. 외부성이나 예견불가성 요건이 필요하지 않다고 하는 일부의 논의도[84] 이러한 맥락에서 나온 것이라고 볼 수 있다.

항거불능성이 요구하는 채무자의 주의가 과연 어떤 수준을 요구하는가 하는 문제가 과책과 관련하여 의미가 있다. 불가항력에서 요구하는 항거불능의 정도가 과책을 인정하는데 필요한 주의의무의 정도와 일치한다면 불가항력과 과책 없음이 결국 같은 요건이라는 결론에 도달할 수 있기 때문이다. 즉 항거불능이라고 하여 채무자에게 아예 불가

---

82) 「환경오염피해 배상책임 및 구제에 관한 법률」 제6조(사업자의 환경오염피해에 대한 무과실책임) ① 시설의 설치·운영과 관련하여 환경오염피해가 발생한 때에는 해당 시설의 사업자가 그 피해를 배상하여야 한다. 다만, 그 피해가 전쟁·내란·폭동 또는 천재지변, 그 밖의 불가항력으로 인한 경우에는 그러하지 아니하다.

83) 상법 제796조. 대법원 1983. 3. 22. 선고 82다카1533 전원합의체 판결. "해상운송에 있어서 운송물의 선박적부 시에 고박. 고정장치를 시행하였으나 이를 튼튼히 하지 아니하였기 때문에 항해 중 그 고박. 고정장치가 풀어져서 운송물이 동요되어 파손되었다면 특단의 사정이 없는 한 불법행위의 책임조건인 선박사용인의 과실을 인정할 수 있고 불법행위로 인한 손해 배상청구에 대하여 운송인이 불가항력에 의한 사고라는 이유로 그 불법행위 책임을 면하려면 그 풍랑이 선적 당시 예견 불가능한 정도의 천재지변에 속하고 사전에 이로 인한 손해발생의 예방조치가 불가능하였음이 인정되어야 한다."

84) Malaurie, *op. cit.*, n° 602; Tunc, *op. cit.*, n° 18; Cass. civ. 2e, 8 févr. 2018, n° 17–10516. 사견으로는 철로 사고는 충분히 예견할 수 있는 것이었다고 생각한다.

능한 것을 요구할 수는 없고, 매우 높은 수준의 주의를 할 것을 요구하거나 아니면 합리적인 주의를 할 것을 요구할 수 있을 뿐이다. 만약 항거불능이 합리적인 주의 또는 선량한 관리자의 주의를 할 것을 요구하는 것이라면 과책에서 요구되는 주의의무와 일치하기 때문에 불가항력은 곧 과책 없음을 의미하는 것이라고 볼 수 여지가 커진다. 다음과 같이 두 가지로 나누어 살펴보기로 한다.

첫째, 최고도의 주의를 요하는 것으로 보는 경우에는 비록 비용이 과다하게 많이 들더라도 채무이행을 하여야 한다고 보는 입장이 된다. 이에 의하면 채무자가 질병에 걸린 경우에도 채무자는 다른 사람을 고용하여 채무이행을 할 수 있다고 볼 여지가 있다. 파업의 경우에도 비싼 임금을 지급하고 대체인력을 채용하여 채무이행을 할 수 있다고 보게 된다. 열차 운영회사는 조현병 환자가 승객을 공격할 가능성을 예상할 수 있다면 스크린 도어를 설치하거나 역사 입구에 금속탐지기를 설치하여 사람들이 위험한 물건을 가지고 역사에 들어오지 못하게 할 수 있다.

둘째, 선량한 관리자[85]의 주의의무를 부여하는 것이다. 과실과 같은 정도의 성실의무를 하면 족하다고 보는 것이다.[86][87] 채무이행을 위하여 채무자에게 과다한 성실의무를 부여하는 것은 법 경제에 반한다. 채무이행으로 얻는 사회적 효용보다 채무이행에 드는 비용이 더 많아질 수 있기 때문이다. 또한 이러한 의무를 부과하는 것은 채무자에게

85) "일본 구민법 재산편 제334조가 로마법상의 개념인 '선량한 가장'을 '선량한 관리자'로 대체하였고, 일본민법이 구민법 재산편 제334조를 수정하여 제400조를 입법하였다는 점에서 일본민법이 로마법에 그 입법연혁을 두고 있다"는 설명으로 서희석, "일본 개정채권법 개관 : 채권총칙(1)", 「민사법학」, 제100호, 2022, 394면.

86) 일본 민법의 해석에 있어서도 선관주의의무 위반을 귀책사유와 같은 것으로 해석하고 있다. ; 平井宜雄, 『債権総論[第2版]』(弘文堂, 1994), 22頁; 道垣内弘人, 善管注意義務をめぐって, 法学教室 305号(2006.2) 38頁. 서희석, 위의 논문, 396면에서 재인용.

87) 불가항력의 개념을 과책 없음으로 해석한 견해에 대한 소개로 Wigny, op. cit., p.74. 또한 불가항력과 과책은 서로 배제하는 개념－즉 불가항력이 인정되면 과책이 인정될 수 없고 과책이 인정되면 불가항력이 인정될 수 없다는 의미－으로 보는 것이 오늘날(2004년) 거의 일치된 견해라고 하고 결과채무의 채무자나 관리자는 자신의 과책 없음을 증명해야 면책될 수 있다고 하는 문헌으로 Moury, op. cit., n° 5. 불가항력을 과책 없음과 동일하게 보는 것이 지배적인 견해라고 설명하는 박사학위논문(thèse)으로 P.－H. Antonmattei, Contribution á l'étude de la force majeure, LGDJ, 1992, n° 200. 독일의 과책 없음의 기준이 개념적으로 독창적이기는 하지만 실무에 있어서는 프랑스의 불가항력 기준과 중요한 차이가 없다고 설명하는 최근의 박사학위논문으로 Zoe Jacquemin, Payer, Réparer, Punir, LGDJ, 2021, n° 40 et 170. 그러나 교과서와 주석서에는 이러한 논의를 소개하고 있지 않다는 점에서 이를 통설로 보기에는 무리가 있다고 생각된다. 가령 Viney, op. cit., n° 393; JCl 1231 fasc. 11－30, n° 26; Terré, op. cit., n° 749에는 이러한 논의에 관한 언급이 없다. 프랑스에서 불가항력과 과책 없음을 비교하는 논의는 채무불이행책임도 과책을 기반으로 하고 있다는 이론적인 의미를 가지는 것에 그치기 때문이라고 생각해 볼 수 있다. 프랑스에서 이러한 견해가 유력하게 대두되었고 학자들의 상당한 지지를 받았다는 정도로 이해하면 될 것이다.

필요 이상의 지나친 부담을 주는 것이 될 수 있다. 따라서 통상적인 채무자에게 요구되는 성실의무 정도를 부과하는 것이 족하다고 생각할 수 있다.

이와 같이 불가항력에서 요구하는 성실의무 또는 주의의무의 정도는 두 가지가 있다. 하나는 채무자에게 합리적인 성실함(de bon père de famille)만을 요구하면서 불가항력에 일반적으로 부과하는 예견불가성과 항거불능성을 삭제하는 것이다. 다른 하나는 채무자에게 절대적으로 극복할 수 없는 장애가 아닌 한 모든 장애를 이겨내야 한다고 할 정도로 채무자의 성실의무 또는 주의의무의 정도를 높이는 것이다.

전자를 택하는 경우에는 과책 없음과 불가항력 사이에 절대적인 상관관계가 있게 된다.[88] 어떤 저항력 또는 파괴력이 채무자가 이행하기로 한 행동력이나 보호력을 지배하면 이는 바로 면책사유가 된다.[89] 이에 따르면 선관주의를 하는 것으로는 극복될 수 없고 오직 높은 정도의 성실의무를 행함으로써 극복될 수 있었을 장애는 과책 없음 및 불가항력에 해당하게 된다. 그리고 이러한 장애를 예상하거나 예상할 수 있었다고 하더라도 불가항력이 인정된다. 예견할 수 있는 장애인지, 극복할 수 있는 장애인지 여부가 기준이 되는 것이 아니라 극복되어야 하는 장애인지 여부가 기준이 된다.[90] 예컨대, 지하철 승강장에 스크린도어를 설치하였다면 조현병 환자의 가해사건을 막을 수 있었을 것이라고 하여도 재정 등 여러 가지 사정을 검토하여 스크린도어가 설치되어야 하는 것은 아니라는 판단에 도달하는 경우에는 여전히 채무자의 불이행은 불가항력에 의한 것에 해당하여 면책된다고 볼 수 있는 것이다. 즉 모든 것은 예측가능하고 항거할 수 없는 것은 없기 때문에[91] 불가항력의 요건을 엄격하게 해석하는 것은 가능하지 않다.[92]

2차 세계대전 당시 프랑스의 어느 철도역의 장은 독일군이 온다는 예상을 하고 물품을 헐값에 매각하였다. 이에 대하여 렌(Rennes) 법원은 독일권의 도착이나 약탈 가능성과 같이 아직 실현되지 않은 사건에 대한 두려움은 불가항력이 될 수 없다고 판단하였다.[93]

---

88) Tunc, *op. cit.*, n° 18.
89) *Ibid.*
90) *Ibid.*.
91) *Ibid.*, n° 13.
92) 우리 대법원은 불가항력의 개념을 비교적 엄격하게 해석하고 있다. "**예상할 수 없는 자연재해인 동일본 대지진과 쓰나미**가 도시바의 생산 설비에 직접적인 피해를 주지 않았다 하더라도 일본 내 전반적인 산업활동에 심각한 타격을 가하였을 것임이 경험칙상 인정되므로, 원심이 인정한 것처럼 이를 불가항력으로 보기는 어렵더라도 그러한 사정이 도시바의 이 사건 전기기관차 부품 생산 공정에 전혀 영향을 미치지 않았다고 단정하기 어려우며, 대지진에 따른 피해복구를 위하여 도시바와 같은 철도차량 제작사는 해외 수주 물품의 적시 납품보다 일본 내 사회기반시설 복구에 역량을 우선 투입할 것을 요구받았을 것임이 추단된다." 대법원 2018. 11. 29. 선고 2014다233480 판결.
93) Rennes, 2 juillet 1951, *Gas. Pal.*, 1941.2.393. Cité par Tunc, *op. cit.*, n° 14.

이러한 판결에 대하여 비판하는 견해가 있다.[94] 역장은 적의 징발 또는 약탈 전에 수취인이 상품을 가져갈 수 없는 상황에서 계약상으로뿐만 아니라 국가적으로 올바른 판단을 하였다는 것이다. 이러한 상황에서 항거할 수 없는 수준의 불가항력을 요구하는 것은 역장으로 하여금 수동적으로 적의 징발이나 약탈을 기다리도록 만들 뿐이다. 사회적 또는 도덕적 과책의 범위를 넘어 채무자에게 성실한 평균인을 상회하는 주의의무를 부과하는 것은 법의 사회적 성격을 망각한 것이고 현실적인 근거를 결여한 책임을 부과하는 것이다.[95] 이는 결국 더 많은 반대급부를 요구하거나 계약내용에 면책 조항을 대거 포함하는 것으로 귀결될 수 있다. 많은 약점과 태만을 가진 보통 사람이 아니라 성실하고 조심스러운 선량한 가부장을 기준으로 하면 족할 것이다. 불가항력에서 문제가 되는 계약상 책임 자체는 이행불능시 발생한다. 이는 항거불능성이 본질적으로 계약이 부여하는 성실의무의 정도에 따른 상대적인 개념이라는 것을 의미한다.[96]

요컨대 채무불이행에 의한 손해배상의 면책요건인 불가항력에 대하여 높은 기준을 요구하면 채무자의 주의의무 또한 채무의 내용에 포함된 것보다 높은 수준을 요구하게 되는 모순적인 결과가 발생하게 된다. 이를 방지하기 위하여 불가항력이 요구하는 주의 정도는 과책의 그것과 맞출 필요가 있다.

3. 원래의 채무와 손해배상채무의 관계

이러한 결론은 원래의 채무와 손해배상채무가 동일한 채무의 변형관계에 있다는 것을 전제로 한다. 원래의 채무와 독립적으로 손해배상채무가 발생하는 것으로 본다면 원래의 채무의 주의 의무 정도에 얽매이지 않아도 될 것이다. 그러나 손해배상채무는 원래의 채무의 변형이기 때문에 원래의 채무의 주의의무가 손해배상채무의 발생에도 그대로 적용된다.

이러한 내용은 원래의 채무에 대한 담보가 손해배상채무에 대한 담보로서의 기능을 한다는 점에서도 뚜렷이 드러난다.[97] 즉 경개의 경우 원래의 채무에 대한 담보는 특별한 의사표시가 없다면 소멸하는 것인데 손해배상채무의 경우에 특별한 의사표시가 없더라도 원래의 채무에 대한 담보가 승계된다.

이에 대하여 원래의 채무의 담보가 처음부터 손해배상채무의 발생을 염두에 둔 것이라고 볼 여지도 있다. 그러나 그와 같이 본다면 아직 발생하지 않은 장래의 채무에 대

94) Tunc, *op. cit.*, n° 14.
95) *Ibid.*
96) Wigny, *op. cit.*, p.75; Tunc, *op. cit.*, n° 17.
97) Wigny, *op. cit.*, p.81.

한 담보를 설정한 것이 된다는 문제가 있다. 장래 채무에 대한 담보는 담보의 등기시가 아니라 피담보채무의 발생시를 기준으로 담보의 우선순위가 결정된다.[98] 그러나 손해배상채무의 경우에는 원래의 채무를 피담보채무로 하여야 하는데 담보의 우선순위는 담보의 등기시를 기준으로 정하여야 한다. 따라서 손해배상채무를 장래 채무로 보는 것은 무리가 있다.

생각건대 손해배상채무(전보배상)는 독립한 하나의 채무이기는 하나 원래의 채무가 채무불이행책임을 원인으로 동일성을 유지하면서 변형된 것으로 볼 수 있다. 따라서 상계와 압류의 경합 문제 등에 있어 손해배상채무의 이행기와 성립 시기를 원래의 채무의 그것으로 의제할 수 있는 여지가 있게 된다.[99]

4. 민법규정의 해석

이러한 내용은 프랑스민법에서도 그 근거를 찾을 수 있다. 2016년 개정 전 프랑스민법전[100] 제1142조는 "모든 작위 또는 부작위 채무는 채무자 측의 불이행이 있는 경우 손해배상으로 해결된다."라고 규정하였다.[101][102] 같은 법전 제1137조 제1항은 "물건의 보존을 보장하는 채무를 부담한 자는, 그 약정이 당사자 중 하나의 이용을 목적으로 하는 것이거나 당사자들의 공동 사용을 목적으로 하는 것이거나 관계 없이, 선량한 가부장의 모든 주의를 하여야 한다."고 규정하였다.[103][104]

이 규정의 취지에 대하여 원래의 채무가 아니라 손해배상채무로 변형된 것을 염두에 둔 것이라고 해석하는 입장이 있다.[105] 즉, 원래의 주는 채무 또는 하는 채무를 이행

---

98) *Ibid.*, p. 81.

99) 김기환, "채무의 견련관계가 상계에 미치는 영향", 「민사법학」, 제67호, 2014, 93면.

100) 불가항력에 관한 논의는 주로 2016년 개정 전 규정에 관하여 이루어졌다. 개정 전 민법이 또한 우리 민법 제정에 직접적인 영향을 준 것이기 때문에 살펴볼 의미가 적지 않다고 생각한다.

101) 다만, 채권자는 의무를 위반하여 만들어진 것을 파괴할 것을 요구할 권리가 있고, 손해배상 채권에는 영향을 주지 않고 채무자의 비용으로 자신이 직접 그것을 파괴하도록 할 권한을 부여받을 수 있다(제1143조). 또한 채권자는 불이행의 경우 채무자가 비용을 부담하고 채권자 스스로 채무를 이행하도록 권한을 부여받을 수도 있다(제1144조).

102) 개정 민법전은 "채무가 이행되지 않았거나 또는 불완전하게 이행된 당사자는 불이행의 결과에 대한 배상을 청구할 수 있다"라고 규정하고 있다(제1217조 제1항).

103) 이 규정의 주의 의무의 정도에 대하여 절대적이고 객관적인 불능을 요구하는 것이라는 설명으로 Wigny, op. cit., p.23.

104) 개정 민법전에는 '합리적인 주의'라는 표현을 사용하고 있다. 예컨대 제1806조 "임차인은 가축의 보존을 위해 합리적인 주의를 기울여야 한다." 제1880조 "차주는 차용물의 관리 및 보존에 있어서 합리적인 주의를 기울일 책임이 있다. 차주는 물건의 성질 또는 약정에 의하여 정해진 용도로만 물건을 사용할 수 있다. 이를 위반하는 경우, 필요하다면 손해배상책임을 진다." 제1962조 제1항 제2문 "재판상 관리인은 압류재산의 보존을 위하여 합리적인 주의를 다하여야 한다."

105) Wigny, *op. cit.*, p.50.

할 수 없게 된 경우, 원래 채무가 발생하는 것의 기준이 아니라 손해배상채무가 발생하는 기준이 바로 채무자가 선량한 가부장의 주의를 하였는지의 여부라는 것이다. 채무불이행이 있는 경우 채무자는 채무불이행의 책임을 부담하거나 불가항력으로 면책될 것이다. 이는 기존에 어떠한 채무가 있는 것을 전제로 한다.[106] 채무자에게 선량한 가부장의 주의를 넘은 주의의무가 있다고 볼 수는 없기 때문에 선량한 가부장의 주의를 다한 채무자는 책임을 면한다고 보는 것이다.

채무이행이 여전히 가능한 경우에는 선량한 가부장의 주의를 하지 않은 때에도 채무불이행은 문제되지 않고 현실로 채무를 이행할 의무가 있다. 채무를 이행할 수 없게 된 경우에 비로소 선량한 가부장의 주의를 하였는지 여부가 의미를 가지고 이를 기준으로 채무불이행책임이 발생한다.[107] 이러한 맥락에서 개정 전 민법전 제1147조의 불능을 절대적, 객관적인 불능으로 보고,[108] 그러한 불능이 되기 전 단계에서는 손해배상책임은 발생하지 않고 채무자는 여전히 현실이행을 하여야 한다고 설명하는 견해가 있다.[109] 즉 선량한 가부장의 주의로는 이행할 수 없는 단계라고 하더라도 그보다 높은 주의로 이행을 할 수 있다면 이행불능이나 불가항력은 아니고(따라서 손해배상책임은 문제되지 않는다), 현실이행을 하여야 한다는 것이다. 채무이행을 하는 것이 객관적, 절대적으로 불능이 된 이후에 비로소 선량한 가부장의 주의를 하지 않은 채무자는 손해배상책임을 부담한다는 입장이다.

이에 반하여 이행불능에서 불능의 개념은 불가항력의 요소가 아니라 과책의 존재를 위하여 필요한 것이라고 주장하는 견해가 있다.[110] 즉 선량한 가부장의 주의를 하여도 이행할 수 없는 경우에는 이행불능이 된다는 것이다.[111]

또한 개정 전 민법전 제1137조 제2항은 "이 채무는 특정 계약에 따라 확대 또는 축소될 수 있는데 이에 대한 효과는 해당 편(titre)에서 규정한다."라고 규정하였다. 이 규정

---

106) *Ibid.*, p.51.

107) 반면 결과채무나 수단채무에 관계 없이 채무불이행에 있어 과책은 요건이 아니고 과책을 논하는 것은 쓸모가 없고 해로운 것이라는 견해도 있다. Tallon, op. cit., n° 16. 참고로, 이 논문은 채무불이행시 손해배상만 인정되는 것이 아니라 강제이행이나 해제와 같은 다른 구제수단이 경합하여 인정된다는 점을 강조하고 있다. Ibid., n° 45.

108) 파기원도 이러한 입장이다. Cass. civ., 19 nov. 1873, D. P. 74.1.200, Barotle c. Renant et Vincienne; Cons. d'Et., 19 janv. 1909, D. P. 1910.3.89, Compagnie transatlantique c. Etat; Req., 22 févr. 1910, R. M., 1923.736, S. 1911. 1. 448, Maurel et Prom c. Soc. comm. du Soudan; Cass. civ., 4 août 1916, S. 1916.1.17, Maison Agnès c. Maalderinck; 8 déc. 1926, S. 1927.1.4, Elghosi, Aboab c. Epoux Tréville. Cité par Wigny, op. cit., p.49.

109) *Ibid.*, p.54.

110) *Ibid.*, p.52.

111) *Ibid.*, p.53.

에 따라 수치인(dépositaire, 제1927조,[112] 제1928조)과 수임인(제1992조[113])에 대하여 주의의무가 약화되어 있다.[114] 또한 당사자의 합의로 주의의무의 정도를 달리 정할 수도 있다. 이와 같이 주의의무가 약화된 경우에도 불가항력을 요구하여 높은 주의의무를 부과하여야 하는 것인지 의문이 있다.[115]

아울러 개정 전 민법전 제1147조는 "채무자는 채무불이행이나 이행지체에 대하여 그러한 불이행이 자신에게 귀속될 수 없는 외부 원인으로 발생한 것을 증명하지 못하는 경우에는 비록 자신에게 악의가 없었던 경우에도 그로 인한 손해를 배상하여야 한다."라고 규정하였다.[116] 채무자는 채무불이행책임을 면하기 위하여 제1137조 제1항의 선량한 가부장의 주의를 다하였음(과책 없음에 해당)을 증명하는 것이 아니라 제1147조의 불가항력을 증명하여야 한다. 이는 과책 없음의 증명이 곧 불가항력의 존재 증명과 같다는 의미가 된다고 볼 수 있다.[117] 같은 법전 제1148조에서도 "채무자가 불가항력이나 우연한 사건으로 인하여, 자신이 이행하기로 한 것을 인도하거나 행하지 못하였거나, 자신에게 금지되었던 것을 행한 경우에는 손해배상책임이 발생하지 않는다."고 규정하고 있다.

또한 개정 전 민법전 제1245조는 "특정물의 채무자는, 물건에 발생한 손상이 채무자 자신 또는 그의 책임하에 있는 사람의 행위나 과책에 의하여 일어난 것이거나 그의 이행 지체 후에 일어난 것이 아닌 한, 인도할 때 그것이 있었던 상태로 물건을 넘겨 줌으로써 면책된다."라고 규정하고 있다.[118] 즉 채무자 측의 과책이 없었던 경우에는 특정물에 발생한 손상에 대하여 책임을 면할 수 있다는 것이다. 개정 전 민법전 제1302조[119]

---

112) 제1927조 임치물의 보관에 있어서 수치인은 자기 소유의 물건을 보관할 때 그가 기울이는 것과 동일한 정도의 주의를 기울여야 한다.

113) 제1992조 ① 수임인은 고의뿐만 아니라, 자신의 사무관리 중 저지른 과실에도 책임을 진다. ② 그러나 과실에 관한 책임은 보수를 받는 위임보다 무상 위임에 덜 엄격히 적용된다.

114) 이들 규정은 2016년 개정의 대상에 포함되지 않았다. 현재에도 동일하다.

115) Wigny, *op. cit.*, p.24.

116) 개정 민법전은 제1231-1조에서 불가항력을 기준으로 하여 규정을 두고 있다. "채무자는, 필요한 경우, 이행이 불가항력에 의하여 방해되었음을 증명하지 못하는 한, 채무의 불이행으로 인한 것이든, 이행의 지체로 인한 것이든 손해배상의 책임을 진다."

117) 이에 대하여 제1137조를 수단채무, 제1147조를 결과채무에 대한 규정을 보는 견해도 있다. Rémy, op. cit., n° 30.

118) 개정 민법전은 제1342-5조에서 종전의 "행위나 과책" 부분을 과책을 삭제하여 "행위"만 남겨둔 형태로 변경하여 규정하고 있다. "특정물 인도채무의 채무자는 채권자에게 목적물을 현 상태대로 인도하면 면책되나, 목적물이 훼손된 경우에는 그 훼손이 채무자 또는 그가 책임져야 할 사람의 행위로 인한 것이 아님을 증명하여야 한다."

119) 제1302조
①채무의 목적인 특정물이 멸실하거나 판매될 수 없거나 그 존재를 완전히 알 수 없을 정도로 손상된 경우에는 그 물건이 채무자의 과책 없이 멸실하거나 손상되었고 그것이 이행 지체 전에 발생하였다면 채무는 소멸한다.

제1항에서도 "채무의 목적인 특정물이 멸실하거나(périr) 판매될 수 없거나 그 존재를 완전히 알 수 없을 정도로 손상된(se perd) 경우에는 그 물건이 채무자의 과책 없이 멸실하거나 손상되었고 그것이 이행지체 전에 발생하였다면 채무는 소멸한다."라고 규정하여 채무자의 과책을 기준으로 책임을 정하고 있다.[120] 이는 제1245조의 원칙을 재확인하는 것이다.[121]

개별 계약유형과 질물 보존에 관한 다음의 세부규정에서도 같은 내용을 볼 수 있다. "임차인은 가축 보호에 대하여 선량한 가부장의 주의[122]를 하여야 한다."(제1806조), "임차인이 우연한 사건(cas fortuits)에 대하여 책임을 지는 경우는 그의 과책이 우연한 사건에 앞서 존재하였고 그러한 과책이 없었더라면 멸실(perte)이 발생하지 않았을 경우에 한한다."(제1807조) "(사용)차주는 차용물의 관리 및 보존에 있어서 선량한 가부장의 주의[123]를 기울일 책임이 있다. 차주는 물건의 성질 또는 약정에 의하여 정해진 용도로만 물건을 사용할 수 있다. 이를 위반하는 경우, 필요하다면 손해배상책임을 진다."(제1880조), "차용물이 대차에 따른 사용의 결과만으로 훼손되었고 차주 측에게는 어떠한 과책도 없는 경우, 차주는 훼손에 대한 책임을 지지 않는다."(제1884조)[124] "채권자는 계약 또는 일반계약상 채무의 편에 세워진 규율에 따라, 자신의 과실(négligence)에 의하여 발생할 수 있는 질물의 멸실(perte) 또는 훼손(détérioration)에 대하여 책임을 부담한다. 채무자는 채권자가 질권(gage)을 보존하기 위해 지출한 유익비와 필요비를 채권자에게 지급하여야 한다."(제2080조)[125] 반면 상품운송 계약(제1784조[126])이나 호텔 계약(제1953조[127]),

---

②채무자가 지체 중이라도 채무자가 우연한 사건(cas fortuits)에 대하여는 책임을 부담하지 않고 또한 채권자에게 그 특정물을 인도하였더라도 채권자의 집에서 마찬가지로 멸실되었을 것이라면 채무는 소멸한다.

③채무자는 자신이 주장하는 우연한 사건을 증명할 책임을 부담한다.

④그러나 절취된 물건이 멸실되거나 손상된 경우에는 그 절취한 자는 대금반환을 면하지 못한다.

120) 개정 민법전도 유사한 규정을 두고 있다. 제1351조 "급부 이행의 불능은 불가항력에 의해 발생하고 확정적인 경우에 그 한도에서 채무자를 면책시키지만, 채무자가 이를 부담하기로 약정했거나 이미 이행을 지체한 경우에는 그러하지 아니하다."

121) 다만, 제1302조 제2항 및 제3항에서는 이행지체 중이라도 채무자가 우연한 사건을 증명하는 경우에는 책임을 지지 않는다고 규정하고 있다. 제1302조 제1항에서는 이행지체 중에 특정물에 발생한 손상에 대하여는 채무자에게 책임을 부과하고 있다. 이를 종합하면 이행지체 중에는 과책 없음의 증명으로는 족하지 않고 우연한 사건, 즉 불가항력의 증명을 하여야 면책된다는 것이다. 이는 과책 없음과 불가항력이 구별됨을 전제로 하고 불가항력을 증명하기 위해서는 과책 없음보다 더 높은 정도의 성실의무를 하였음을 증명하여야 함을 의미한다고 볼 수 있다.

122) 현재는 합리적인 주의로 개정되었다.

123) 2014. 8. 4. 법률 제2014-873호 제26조에 의하여 "선량한 가부장(en bon père de famille)"의 주의가 "합리적인(raisonnablement)" 주의로 개정되었다. 나머지 부분은 동일하다.

124) 2024. 2. 4. 현재에도 같은 내용이다.

125) 2006. 3. 23. 오르도낭스 제2006-346호 제56조에 의해 삭제되었다.

제1954조)에서는 과책이 없더라도 책임을 부담하도록 하고 불가항력을 증명하여야 면책될 수 있도록 규정하고 있다.[128)]

특히 계약 당시에는 예상할 수 없었던 사유로 채무자가 이행을 할 수 없게 된 경우에도 채무자에게 손해배상책임을 부담하게 하는 것이 타당한 것인지 의문이 있다.[129)] 같은 법전 제1150조에서도 "채무자는 채무가 이행되지 않은 것이 고의에 의한 것이 아닌 한 계약 당시 예상되었거나 예상될 수 있었던 손해배상에 대하여만 책임을 부담한다."라고 규정하고 있다.[130)]

불가항력에 대하여 채무자가 상상할 수 있는 최고도의 성실의무를 부과하는 경우에는 불가항력의 존재가 있으면 과책 없음이 되지만, 과책 없음이 바로 불가항력의 존재가 되는 것은 아니다. 그러나 불가항력에 해당하는 사안의 목록이 있는 것도 아니고 불가항력이 어떠한 정확한 특성을 가지고 있는 것이 아니다.[131)] 예측할 수 없는 것은 없고 항거할 수 없는 것은 거의 없다. 따라서 불가항력의 존재를 증명하는 것이 아니라 채무자가 성실의무를 다하지 않았음을 증명할 수밖에 없다.

이를 검토할 때 두 가지 요소를 고려하여야 한다.[132)] 하나는 채무의 정확한 내용이다. 즉 채무의 내용이 채무자에게 보통의 주의의무를 부과하는지 높은 주의의무를 부과하는지 아니면 아예 감시의무를 부과하지 않는 것인지 보아야 한다. 다른 하나는 채무자가 봉착한 어려움이 무엇이고 이에 대한 채무자의 대응(attitude)은 어떠한 것이었는지 보아야 한다. 그 어려움과 대응을 비교하여 채무자가 그 어려움을 지배하였어야 한다는 결

---

126) 민법전 제1784조
그들(육상 및 해상운송인)은 자신에게 맡겨진 물건의 멸실 또는 훼손에 대한 책임을 부담한다. 다만, 그들이 그 물건이 우연한 사건 또는 불가항력에 의하여 멸실 또는 훼손되었음을 증명하는 경우에는 그러하지 아니하다.

127) 개정전 민법전
제1952조
그들(호텔업자)는 여행객의 물건에 대한 도난이나 손상에 대하여 책임을 부담한다. 그 도난이나 손상이 하인이나 호텔 직원, 호텔에 드나드는 외부인에 의하여 발행하였다고 하더라도 그러하다.
제1953조
그들은 무력 또는 불가항력에 의하여 이루어진 도난에 대하여는 책임을 부담하지 않는다.

128) Plancqueel, *op. cit.*, p.338, fn. 2.

129) Wigny, op. cit., p.23. 계약 당시에 문제가 없었던 것으로 보였던 채무자의 거래 은행이 해당 계약을 체결한 이후 파산하여 채무자가 금전채무의 이행을 할 수 없게 된 경우를 제시하고 있다.

130) 개정 민법전에서는 제1231-3조에서 '중대한 과책'을 추가한 규정을 두고 있다. "채무자는, 계약의 체결시에 예상하였거나 예상할 수 있었던 손해에 대하여만 배상책임을 지지만, 불이행이 중대한 과책 또는 의도적인 과책에 의한 것인 경우에는 제외한다."

131) Tunc, *op. cit.*, n° 3.

132) *Ibid.*

론이 나오는 경우에는 그는 채무이행을 다하지 않은 것이고 책임을 부담하여야 한다. 반대로 그 어려움을 물리쳐야 할 의무가 없었다는 결론이 나오는 경우에는 그는 채무를 다한 것이고 면책되어야 한다.

요컨대 법률규정에서 채무자에게 합리적인 주의를 요구하고 있고 이와 다른 약정이 없는 상황에서 불가항력에 대하여 이보다 높은 주의의무를 부과하는 것은 타당하지 않다는 것이다. 불가항력이 요구하는 주의 정도에 대한 규정이 없는 상황에서는 법률 규정이 요구하는 주의 정도를 기준으로 이를 해석하여야 할 것이다.

5. 증명 문제

불가항력을 증명하는 것과 과책 없음을 증명하는 것의 유사성에 주목하여야 한다. 과책은 계약상 책임의 기초를 구성한다.[133] 과책 없이는 책임 또한 없다.[134] 채무를 이행하지 않은 것이 일종의 과책이다.[135] 과책 없음을 증명하는 것은 채무자가 성실하게 채무이행을 하였음(conduite diligente)을 증명하는 것이다.[136] 채무자에게 과책이 없었음을 증명하기 위해서는 채무자의 이행과정을 지속적으로 지켜본 사람의 믿을 수 있는 증언이 필요하다.[137] 불이행의 원인을 식별할 수 있고 그것이 불가항력에 해당한다는 것을 증명하는 경우에만 과책 없음의 증명이 가능하다. 그 외에는 채무자가 성실하게 채무이행을 하였음을 증명하는 것이 가능할 뿐이다. 즉 불가항력의 증명은 많은 경우에 과책 없음의 증명으로 갈음할 수 있다. 채무자가 채무이행을 위하여 필요한 조치를 하였으나 채무불이행을 막을 수 없었다는 것이다. 이는 손해가 발생한 그 시점에 그 손해배상의 원인이 되는 채무이행과 관련하여 채무자가 성실하게 조치를 하였음을 증명하는 것이다. 채무자가 성실하게 이행하였음에도 당사자들이 원하는 결과가 발생하지 않은 것은 불가항력이 개입하였음을 의미한다.[138]

성실하게 채무이행을 하였다는 것은 통상적으로 결과를 초래할 수 있는 행위를 하였고 장애의 원인을 배제할 수 있는 예방조치를 하였음을 의미한다. 반면 불가항력의 증명은 결과 달성을 방해한 구체적 사실을 증명하는 것이다. 따라서 채무자는 성실한 채무이행을 증명하든 불가항력을 증명하든 모두 과책 없음의 증명을 주장하는 것이 된다.[139]

---

133) *Ibid.*, n° 9.
134) Wigny, *op. cit.*, p.22.
135) Esmein, *op. cit.*, n° 2.
136) Tunc, *op. cit.*, n° 5.
137) *Ibid.*, n° 8.
138) *Ibid.*, n° 9.
139) Tunc, *op. cit.*, n° 5. 에스망(Esmein)도 채무를 이행하지 않은 채무자가 면책을 주장하기 위해서는 단순히 외부 원인을 증명하는 것으로는 부족하고 채무자 측의 과책 없음을 증명하여야 한다

이에 의하면 채무자는 자신이 성실하게 채무이행을 하였음을 증명하는 것으로 족하고 자신이 처한 불가항력의 구체적 사안에 대한 증명을 할 필요는 없게 된다. 예컨대 말을 구입하려는 매수인이 말을 시험 삼아 타보는 과정에서 말이 날뛰어 말이 다치게 된 경우[140] 그 말이 매수인의 과책으로 그렇게 된 경우에는 매수인이 책임을 부담하지만 매수인의 과책과 무관하게 그렇게 된 경우에는 매수인이 책임을 부담하지 않는다. 말이 다친 원인을 알 수 없는 경우에 매수인은 자신이 평소에 말을 많이 다루어 본 사람이고 말을 탈 때 필요한 주의와 조치를 취하였음을 보여주어야 한다. 또 다른 예로 고객의 자동차를 인수하여 수리하기로 한 수리공이 수리를 하는 과정에서 자동차에서 화재가 나고 그 원인을 알 수 없는 경우[141] 수리공은 자신이 필요한 주의와 조치를 다하였음을 증명하여야 한다. 즉 채무자는 불가항력의 증명에 갈음하여 자신이 채무의 이행을 위하여 필요한 성실의무를 다하였음을 증명하여야 한다.

우리 법의 경우에는 불가항력을 증명하면 특별한 사정이 없는 한 자동적으로 과실 없음의 증명이 될 수 있다. 불가항력의 기준의 과실 없음의 그것보다 높기 때문이다. 프랑스의 경우에는 불가항력의 요건이 외부성, 예견불가성, 항거불능성으로 별도로 존재한다. 실제에 대부분의 사안에 있어서 이러한 불가항력의 요건을 증명하는 것이 과책 없음을 증명하는 것과 다르지 않다. 채무이행에 요구되는 주의의무는 채무이행을 방해하는 외부 요인을 예방하고 제거하는 것을 포함하기 때문이다.

6. 소결

계약체결 당시 채무자가 채무불이행의 원인을 예상할 수 없었다고 하더라도 채무자가 고의로 채무를 이행하지 않았다면 불가항력의 외부성과 항거불능성의 요건을 충족할 수 없다. 채무자가 과실로 채무를 이행하지 않았다면, 즉 주의의무와 성실의무[142]를 위반하였다면 예측불가성과 항거불능성 요건을 충족할 수 없다. 채무를 불이행하게 하는 사유를 예측할 수 있었다면 이를 회피하고 채무를 이행하는 것이 주의의무와 성실의무를 다하는 것이기 때문이다. 이와 같이 불가항력의 개념 자체가 과실 개념과 맞닿아 있

고 설명하였다. 즉 물건의 멸실이 절도나 화재에 의한 것임을 증명하는 것으로 충분하지 않고 그것이 채무자의 과책 없이 이루어졌다는 점까지 증명하여야 면책될 수 있다는 것이다. Esmein, *op. cit.,* n° 15.

140) Cass. civ., 9 mars 1892, *D. P.* 92.1.226. Cité par Tunc, *op. cit.,* n° 5.

141) Req., 9 juillet 1934, *D.* 1934. 506. Cité par Tunc, *op. cit.,* n° 5.

142) 주의의무는 불이행의 결과를 방지하여야 한다는 개념이고 성실의무는 채무이행을 위해 필요한 조치를 적극적으로 하여야 한다는 개념으로 양자는 채무 이행에 필요한 채무자의 행위의 일면을 강조한 것이라고 생각된다.

다. 채무불이행의 원인이 되는 사건이 불가항력에 의한 것이었다면 이는 성실의무를 다하여도 이를 피할 수 없었던 것이 된다. 또한 성실의무를 다하여도 그 사건을 피할 수 없었다면 이는 불가항력이다.

이와 달리 불가항력을 천재지변과 같이 고도의 주의의무를 하여도 막을 수 없는 사건에 한정하려는 견해가 있을 수 있다. 천재지변에 미치지 못하는 대부분의 사건은 불가항력이 될 수 없다는 것이다. 이와 같이 채무불이행책임의 범위를 확대하는 것이 무과실책임주의를 취하는 취지에 부합할 수는 있다.

그러나 이에 대하여는 그와 같이 높은 주의의무와 성실의무를 부과하는 이유는 무엇인지, 필요 이상의 높은 주의의무를 채무자에게 부과할 합당한 이유가 있는지 의문을 제기할 수 있다. 채무자는 자신의 직업적 능력 내에서는 이행할 것을 청약한 것이고 채권자는 그러한 청약이 가지고 있는 자연적 제약과 함께 이를 승낙한 것이다.[143] 따라서 달리 약정이 없다면 계약상 급부는 해당 채무자가 제공할 수 있는 총체적 노력을 대상으로 한다고 보아야 한다.

요컨대 채무자가 부담하는 주의의무의 정도는 달리 약정이 없다면 원칙적으로 선량한 관리자의 주의 또는 합리적인 주의이다. 민법의 제반규정이 이를 정하고 있다. 손해배상채무는 원래의 채무의 변형이기 때문에 그 또한 합리적인 주의를 기준으로 하여야 한다. 불가항력의 증명에 있어서도 사실상 과책 없음의 증명과 동일하다는 점도 주목할 필요가 있다.

V. 우리 법에의 시사점

프랑스의 채무불이행책임의 면책사유인 불가항력의 개념에 대하여는 이를 과책 없음과 동일하게 보는 견해가 유력하다(각주 87 참조). 채무불이행으로 인한 손해배상채무는 원래의 채무의 변형으로서 원래의 채무의 주의의무 또는 성실의무의 기준에 의하여 손해배상채무의 발생도 좌우된다는 것이다. 한편으로 선량한 관리자의 주의의무를 부과하면서 다른 한편에서는 그보다 높은 주의의무를 다하지 않으면 손해배상책임이 발생한다고 하는 것은 모순이라고 볼 여지가 크다.

특히 주의의무의 정도는 법률 또는 당사자의 합의에 의하여 변경될 수 있다는 점에 주목하여야 한다.[144] 이러한 변경내용을 무시하고 무조건 항거불능성을 요구하면서 매

143) Wigny, *op. cit.*, p.45.

144) 프랑스에서는 항공기 운항으로 지상의 사람이나 재산에게 발생한 손해에 대하여 항공기 운영자는 무과실책임을 부담하였는데 이는 불가항력으로도 면책될 수 없도록 규정한 바 있다. 항공법

우 높은 주의의무를 부과하고 이를 하지 못한 경우 손해배상을 하여야 한다고 하는 것은 타당하지 않다. 우리 민법에서도 선량한 관리자의 주의를 하는 것을 기본으로 한다(제374조, 제681조). 다만, 경우에 따라서 자기 재산과 동일한 주의를 하도록 하는 경우도 있다(제695조, 제922조). 또한 당사자의 합의로 무과실책임으로 주의의무의 정도를 강화하거나 과실에 의한 채무불이행에 대하여 면책하는 것으로 주의의무의 정도를 약화할 수도 있다.

획일적으로 모든 경우에 채무자에게 매우 높은 주의의무를 부과하면서 채무이행을 강제하고 사실상 이행이 불능한 때가 아닌 한 채무자에게 채무불이행의 책임을 발생시킬 타당한 이유를 발견하기 어렵다. 법률의 규정 또는 당사자의 합의에 의하여 채무자에게 요구되는 주의의무 또는 성실의무를 완수하였다면 채무불이행이 있더라도 손해배상책임을 면제해 주는 것이 합리적이고 타당하다고 할 것이다.

프랑스의 법원 또한 상술한 바와 같이 불가항력의 개념을 완화하여 과책 없음에 준하여 적용하고 있다. 실직이 금전채무에 대한 불가항력이 될 여지가 있다는 파기원의 판단은 프랑스에서 채무불이행으로서의 불가항력이 어떤 것인지 잘 보여준다. 우리나라의 경우 금전채무불이행의 손해배상에 대하여 채무자는 과실 없음을 항변하지 못한다고 규정하고 있다(제397조 제2항). 따라서 우리나라의 경우 실직을 이유로 금전채무불이행의 면책을 주장하는 것이 받아들여지기는 어려울 것이다. 프랑스의 경우 채무불이행으로 인한 손해배상책임에 채무자의 과책을 요구하지 않기 때문에 금전채무불이행에 대한 이와 같은 특칙도 필요 없게 된다. 그러나 파기원이 불가항력을 넓게 보기 때문에 금전채무에 대하여도 실직을 이유로 면책을 주장할 여지가 있게 되었다. 과실책임주의를 취하는 우리나라보다 이를 취하지 않는 프랑스에서 면책범위가 더 넓어지게 된 것이다. 이는 향후 우리나라에서도 과실 판단을 다소 너그럽게 할 필요도 있다는 점을 시사한다.

우리 민법은 이미 과실책임주의를 취하고 귀책사유 없음을 채무자에게 증명하도록 규정하고 있기 때문에 불가항력의 요건을 완화할 필요는 없다.[145][146] 만약 우리 민법에

전(Code de l'Aviation) 제53조. Starck, *op. cit.*, n° 7.

145) 우리 대법원은 불가항력을 인정하기 위해서는 높은 수준의 주의 의무를 충족할 것을 요구하고 있다. 대법원 2008. 7. 10. 선고 2008다15940,15957 판결, 대법원 2007. 8. 23. 선고 2005다59475,59482,59499 판결. "불가항력을 이유로 지체상금 지급책임을 면하려면 입주지연의 원인이 그 사업자의 지배영역 밖에서 발생한 사건으로서 그 사업자가 통상의 수단을 다하였어도 이를 예상하거나 방지하는 것이 불가능하였음이 인정되어야 한다." 이들 사안에서 대법원은 유적발굴이나 시공사의 부도로 인해 아파트공사가 지연된 경우에도 지체상금지급의 면책사유가 될 수는 없다고 판단하였다. 불가항력에 관한 전반적인 국내 판례의 내용은 조인영, 앞의 논문, 173면 이하 참조.

146) 최근 우리나라에서도 법무부의 주도로 민법의 전면 개정이 추진되고 있다. 이계정, "추완청구권

있어서도 손해배상책임의 과실책임주의를 탈피하고 불가항력을 면책사유로 개정한다고 한다면 프랑스와 마찬가지로 불가항력의 기준을 완화하여 과실책임주의를 취하는 것과 유사한 결론으로 되도록 불가항력의 범위를 확대할 수 있을 것이다.

민법의 다양한 책임 영역에서 불가항력이 개입될 수 있다.[147] 담보책임, 채무불이행 또는 불법행위로 인한 손해배상책임에서 불가항력의 적용 여부가 문제될 수 있고, 물권적 청구권의 행사에 있어서도 불가항력에 의한 영구적 또는 일시적 면책이 가능한지 문제될 수 있다. 면책사유로서 불가항력은 절대적으로 내용이 고정되어 있는 개념이 아니다. 책임 발생의 원인이 되는 의무의 내용과 다른 면책사유에 따라 변동될 수 있는 개념이라고 볼 수 있다.

Ⅵ. 결론

채무불이행으로 인한 손해배상책임에 있어 과실책임주의를 탈피하는 것이 세계 각국의 민법 개정의 흐름에 부합하는 것처럼 보일 수 있다. 그러나 실제에 있어서는 그 차이가 생각만큼 크지 않다. 과실책임주의를 탈피할 경우에도 불가항력의 요건을 완화하여 넓은 범위의 면책사유를 만들어 낼 수 있기 때문이다. 그렇게 된다면 과실책임주의를 취했던 경우와 큰 변화가 없게 될 것이고 불가항력의 개념을 이분화하여 활용하여야 하는 혼선이 발생할 수 있다. 가령 종전의 불가항력은 엄격한 불가항력이 되고 종전의 고의, 과실은 완화된 불가항력이 되는 이원화된 개념의 도출이 필요하게 될 수 있다.

현행 민법의 체계와 같이 과실책임주의를 원칙으로 하고 예외적으로 법률의 규정이

과 민법 개정", 「민사법학」, 제105호, 2023, 103면. 이에 관한 기초위원회 예비초안에서는 종전의 제390조를 다음과 같이 개정하려는 의견을 개진하였다.

제390조(채무불이행과 손해배상) ① 채무자가 채무의 내용에 좇은 이행을 하지 아니한 때에는 채권자는 손해배상을 청구할 수 있다. 그러나 채무자의 책임 없는 사유로 이행이 이루어지지 아니한 때에는 그러하지 아니하다. ② 채무자는 법률 또는 당사자의 약정에 의하여 달리 정하여지지 아니하는 한 자신의 고의 또는 과실에 대해 책임이 있다.

현행 민법은 제390조 제1항 단서에서 "그러나 채무자의 고의나 과실 없이 이행할 수 없게 된 때에는 그러하지 아니하다."라고 규정하고 있다. '고의나 과실 없이' 부분을 '책임 없는 사유로'로 개정하려는 것이다. 이러한 개정 제안은 현행규정과 그 내용은 동일하나 종래 해석으로 인정된 내용을 보다 명확히 하기 위한 것이라고 설명하고 있다. 즉 종래의 통설이 귀책사유는 원칙적으로 고의 또는 과실을 내용으로 하지만, 법률의 규정 또는 당사자의 계약으로 이를 가중되거나 경감할 수 있었는데 이러한 것을 민법 개정에 반영한다는 것이다. 김형석, 민법 개정안(계약법 총론) 예비초안 연구, 법무부 연구용역 보고서, 2023, 22면.

147) 프랑스도 무과실책임을 부담하는 동물의 사용자 책임 등 다양한 영역에서 불가항력이 작용하고 있다. Viney, *op. cit.*, n° 404. 불가항력은 형사책임의 면제사유로도 작용한다. Antonmattei, Contribution à l'étude de la force majeure, n° 209.

나 당사자의 약정에 의하여 무과실책임을 인정하는 것이 타당하다고 생각한다. 과실책임주의하에서는 불가항력의 사안에서는 이미 당사자의 고의, 과실이 인정되지 않을 것이기 때문에 당사자는 이미 면책되었을 것이고 불가항력까지 문제될 소지는 거의 없다. 예외적으로 무과실책임이 인정되는 경우에는 불가항력인 경우에까지 책임이 발생한다고 할 것인지 불가항력의 경우에는 책임을 면제할 것인지 검토하여야 한다. 과실책임주의를 취하는 경우에는 매우 높은 주의의무까지 다하여도 막을 수 없었던 외부 원인으로 한정하여 불가항력을 인정하는 것이 가능하게 된다. 그리하여 무과실책임의 사안에서 천재지변 등 특별한 사정이 있는 경우에 한하여 불가항력에 의한 면책을 인정할 수도 있다. 이러한 2단계의 주의의무 구조는 계약의 당사자가 보다 분명하게 자신의 책임 발생에 관하여 예상을 할 수 있고 이에 대응할 수 있다는 장점이 있다.

채무불이행에 의한 손해배상의 범위* **

김기환***

국문초록

채무자는 자신의 책임이 없다는 점을 증명하지 못하는 한 채무불이행으로 인한 손해를 배상하여야 한다. 채무가 발생한 후에 채무자가 비로소 인지하였거나 인지할 수 있었던 채권자의 특별손해에 대하여 채무자에게 배상책임을 지울 수 있는지 문제된다. 채무자는 채무 발생에 관한 의사결정을 할 때 채무불이행시 발생할 손해배상액에 대하여도 고려를 할 것이고 자신이 감당할 수 없을 정도로 배상액이 커질 수 있는 경우에는 그러한 거래 또는 행위에 참여하지 않으려고 하였을 것이다. 채무자가 이에 참여하는 경우에도 손해발생에 대비하여 필요한 조항을 계약에 삽입하여 자신의 부담을 줄일 수 있었을 것이다. 채권자 또한 특별손해가 발생할 가능성을 인지하였다면 이를 채무자에게 고지하여 채무자가 채무발생에 관한 의사결정을 하는데 이러한 사정을 참작하고 그 손해발생에 대비할 수 있도록 할 필요가 있다.

고의나 중대한 과실에 의한 채무불이행은 다르게 보아야 한다. 채무자가 계약체결 이후 특별손해를 인지할 수 있었음에도 불구하고 고의 또는 중대한 과실로 채무를 이행하지 않은 경우에는 이에 대하여 손해배상을 하게 할 필요가 있다. 고의는 과실보다 비난가능성의 정도가 크고 특별손해에 대한 배상을 면제하는 것은 자칫 채무자에게 도덕적 해이를 불러올 수 있다. 중대한 과실은 고의의 증명이 쉽지 않다는 것을 참작한 것이므로 고의와 마찬가지로 평가할 수 있

---

* 이 논문은 법조 제73권 제3호에 게재된 것을 수록하였다.
이 연구는 2023년과 2024년도 충남대학교 교육·연구 및 학생지도비에 의해 지원되었다. This work was supported by Chungnam National University.

** 이 논문은 2023. 12. 26. 한국민사법학회 산하 민법개정검토위원회 3분과 위원회에서 손해배상방법 및 세부범위를 주제로 발표한 내용 중 일부를 수정 및 보완하여 작성한 것이다. 다수의 개선방안을 개진해 주신 익명의 심사위원들께 감사의 말씀을 드린다.

*** 서울시립대학교 법학전문대학원 부교수, 법학박사.

을 것이다.

이러한 점에 비추어 볼 때 손해배상의 범위에 관한 민법 제393조는 다음과 같이 개정하는 것이 타당하다.

민법 제393조(손해배상의 범위) ① 채무자는 채무불이행으로 인한 통상의 손해를 배상하여야 한다. ② 특별한 사정으로 인한 손해는 채무자가 채무 성립 당시 그 사정을 알았거나 알 수 있었을 때에 한하여 배상할 책임이 있다. 채무자가 고의 또는 중대한 과실로 채무를 불이행한 때에는 불이행 당시 그 사정을 알았거나 알 수 있었을 손해에 대하여도 배상할 책임이 있다.

Ⅰ. 서론

채무자는 채권자에게 채무를 이행하여야 한다. 이를 이행하지 않는 경우 채권자의 선택에 따라서 법원을 통한 강제이행을 당하거나 손해배상을 하여야 한다.[1] 강제이행의 경우에는 이행청구권이 법원을 통해 실현되는 것으로 볼 수 있다. 손해배상의 경우 채무자의 유책사유로 이행청구권이 실현되지 않아 발생한 손해를 채무자가 전보하도록 하는 것이다. 그런 의미에서 채무불이행책임에 있어서의 손해배상채무는 이행채무가 변형된 것으로 볼 여지가 있다.

채무자의 잘못으로 채무이행에 갈음하여 손해배상을 받는 경우 그 범위를 정하는 문제가 있다. 이행이 된 것과 동일한 상태를 만들어 주는 것이 원칙이다. 그러나 그 세부범위를 정함에 있어서 다음 사항에 대하여 고려할 필요가 있다.

첫째, 상당인과관계이다. 채무불이행과 아무런 관련이 없는 손해에 대하여 배상을 청구할 수는 없다. 채무불이행을 원인으로 하여 발생한 손해에 한하여 배상책임이 인정된다. 또한 그 인과관계는 단순히 조건부인 것으로 충분하지 않다. 채무불이행이 있으면 통상적으로 발생하는 손해라고 인정될 수 있어야 한다. 둘째, 예견가능성이다. 채무자가 예견할 수 있었던 손해에 국한하여 배상을 인정할 필요가 있다. 이를 초과하는 손해에 대한 배상을 요구하는 것은 채무자의 책임범위를 넘어간다고 볼 수 있다. 채무자의 주의의무는 손해에 대한 채무자의 예견가능성과 밀접한 관계가 있다. 채무불이행으로 인하여 발생할 수 있는 손해액이 커지는 만큼 채무자가 기울여야 할 주의의무의 노력과 비용도 증가할 수밖에 없다. 셋째, 채무자가 계약체결시 그 위험을 인수한 손해이다. 채무

1) 손해배상은 넓은 의미로 보면 금전배상에 그치지 않고 원상회복을 포함한다.

자의 의사에 의하여 채무가 발생하는 경우 채무자는 채무가 발생한 시점에 향후 발생할 수 있는 손해의 크기를 예상하고 채무 발생 여부를 결정할 것이다. 계약상 채무와 같이 대부분의 약정 채무가 그러할 것이고 법정 채무도 그 발생과정에서 채무자의 의사가 관여하는 경우가 많다. 채무자는 신적인 존재가 아니므로 채무자의 과실에 의한 손해배상은 계약체결 시 채무자가 예상할 수 있었던 한도로 그 범위를 제한할 필요가 있다.

본 논문에서는 이러한 사항을 염두에 두고 채무불이행으로 인한 손해배상의 범위를 어떻게 정할 것인지 논의해 보기로 한다. 채무자의 예견가능성과 관련된 특별손해의 배상에 초점을 두고자 한다.[2] 손해배상책임의 연혁과 기능을 고찰하고 다른 나라의 사례를 소개하여 보다 심화된 논의를 전개할 필요가 있다. 특히 프랑스의 손해배상법에 대한 소개는 아직 미진한 부분이 있으므로 이에 대한 논의를 중점적으로 소개하고자 한다.

Ⅱ. 손해배상의 연혁

함무라비 법전에 이미 채무불이행시 손해배상에 관한 상세한 규정이 있었다.

“만약 채권자가 채무자의 곡식이나 은의 채권을 가지고 그 상환을 주장하고 그를 감옥에 가두었는데, 채무자가 감옥에서 자연사한 경우, 채권자는 상환을 요구할 수 없다.”(제115조)[3]

“사람이 타인에게 맡긴 재산이 그곳에서 도난이나 약탈을 받아 주인의 것과 함께 상실된 경우, 과책이 있는 그 집의 주인은 맡긴 재산을 모두 대체하여야 하고 재산의 주인에게 이를 완전히 배상하여야 한다. 그 집의 주인은 잃어버린 것을 추적해 그것을 도둑으로부터 받을 수 있다.”(제125조)

함무라비 법전에서는 채무불이행을 한 경우 채무자가 채무이행을 할 때까지 가두도록 하였고 경우에 따라서는 완전배상을 하도록 하고 배상자대위를 인정하였다. 불법행위에 대하여는 “눈에는 눈, 이에는 이”(제196조 이하)라는 동해보복의 원칙이 적용되었지만, 채무불이행의 손해배상에 관하여는 동해보복의 원칙이 아닌 다른 규율이 적용되고 손해배상이 인정되었음을 확인할 수 있다. 또한 임치된 재산이 수치인의 과책으로 멸실된 경우 이를 완전히 배상할 것을 요구하였다(제125조 제1문). 그리고 수치인의 배상자대위도 인정하였다(동조 제2문).

---

2) 이행이익 및 신뢰이익, 적극손해 및 소극손해 등에 대한 논의는 김기환, “미국 국가계약법상 임의해지와 신뢰이익 배상”, 「재산법연구」, 제38권 제2호, 2021, 88면 이하.

3) <https://remacle.org/bloodwolf/erudits/amourabi/code.htm> (이하 함무라비 법전 규정은 동일한 출처임)

로마법에서는 초기부터 채무불이행은 채권자와 채무자 사이에 해결되어야 하는 책임법의 문제로 다루어졌다.[4] 로마법에서 채무를 변제하지 않은 채무자를 처벌하였다는 설명은 정확한 것이 아니다.

불법행위로 인한 손해배상에 관하여 처음에는 사적 처벌(보복)과 결합되어 규율되었으나 점차 국가에 의한 형벌 체계가 자리잡게 되었다. 오늘날에는 불법행위의 손해배상도 피해의 회복에 중점을 두고 민사책임의 영역에서 채무불이행에 의한 손해배상과 함께 규율되고 있다.

손해배상에서 피해구제에 본격적으로 중점을 두기 시작한 것은 13세기경 교회법의 영향하에서 이루어졌다.[5] 이는 가해자의 과책의 정도에 관계 없이 완전한 손해배상이 이루어져야 한다는 것을 의미하였고 또한 피해자가 자신이 입은 손해 이상으로 배상을 받는 것도 허용되지 않는다는 것을 의미하였다.[6]

Ⅲ. 손해배상의 기능

손해배상의 방법과 세부범위를 정하기 위해서는 손해배상이 어떤 기능을 가지는지 고찰할 필요가 있다. 채권자가 입은 손해를 회복하는 것인가, 채무자에게 제재를 가하는 것인가. 계약상 채권자에게 주어지는 이익을 보호하는 것인가, 채무자가 계약을 이행하는 충분한 유인을 제공하는 것인가. 채무불이행시 채무자에게 금전배상을 명하는 것은 채무자에게 **채무내용과 상이한** 급부를 제공하도록 하는 것이 되어 채무자에게 큰 부담으로 작용할 수 있다.

고법(l'Ancien Droit)시대[7]의 학자들, 특히 도마(Domat)와 포티에(Pothier)는 채무불이행의 과책을 약속의 위반으로 보았고 계약상 손해배상에 대하여 **등가물에 의한 이행**

---

4) Okko Behrends, Römisches Recht—Von den Anfängen bis heute, Atticus & epiStoa, 2022, p.214. 이하 외국 문헌은 **저자의 성**으로 인용한다.

5) Marie—Sophie Bondon, Le principe de réparation intégrale du préjudice, presses universitaires d'aix—marseille, 2020, n° 31. 자유의지를 누리는 개인에게 책임을 부여하여, 남에게 해를 끼치지 않고 남에게 정당한 의무를 다하고 정직하게 살아야 하는 의무를 부담하였다. 또한 손해배상에 있어서 피해를 회복하여 피해자를 이전 상태(statu quo ante)를 두는 것에 중점을 두었다. 이는 억제(répression)에 중점을 두는 것과 구별되었다.

6) *Ibid.*, n° 4.

7) 프랑스에서는 앙시앵 레짐 군주제(Ancien Régime Monarchy)에서 시행된 법을 고법이라고 한다. 프랑스 혁명시에 새로운 입법 원칙과 법적 관행에 기초하여 "신법"(현대 프랑스 법)을 확립하였고 그 이전까지의 법을 구법이라고 한다. 프랑스 북부에서는 수세기에 걸쳐 이루어진 관행(usages)과 특권(privilèges)에 기초한 관습법이 적용되었고, 프랑스 남부에서는 로마법의 적용을 받았고 종종 성문법이 제정되었다. <https://fr.wikipedia.org/wiki/Ancien_Droit>

(exécution par équivalent)을 지향하는 기능을 부여하였다.[8] 그러나 플라뇰(Planiol)은 계약과 불법행위에 공통된 과책의 개념을 주장하였고 상대방의 손해를 배상하여야 한다는 계약상 책임이론을 창안하였다.[9] 손해배상이 등가물에 의한 이행이라면 이행이익의 배상을 초과하는 손해배상은 이루어지기 어려울 것이다. 그러나 불법행위에 의한 손해배상과 마찬가지로 피해의 구제에 초점이 있다면 이행이익을 넘는 금액의 배상도 가능할 것이다.

프랑스의 최고법원인 파기원은 채무불이행 또는 이행지체로 인해 채권자에게 지급되는 손해배상은 작위의무 또는 부작위의무를 이행하는 수단이라고 판시하였다.[10] 이는 손해배상이 등가물에 의한 이행으로서의 성격에 가깝다는 것을 의미한다고 볼 수 있다.[11] 채권자의 회복은 손해에 대한 보상뿐만 아니라 미이행채무로 남아 있는 급부를 이행하는 것(couvrir)을 전제로 하는데, 이것이 **변제**기능으로서의 손해배상이다.[12] 그러나 손해배상으로 지급된 금액이 반드시 계약의 목적을 달성하는 데 사용되는 것은 아니므로 계약 이행과 동일시하기 어렵다는 지적도 있다.[13] 손해배상은 변제를 대체하는 기능을 가지지만 변제는 아니라는 것이다.[14]

Ⅳ. 손해배상의 범위

손해배상의 범위를 생생하게 이해하기 위하여 구체적 사례를 통해 논의를 시작하고자 한다. 갑 일행(이하 "갑"이라고 한다)은 다음 주 화요일 새벽 5시 공항으로 가는 버스를 예약하였다. 미국에 가는 비행기를 타기 위한 것이다. 버스기사 을은 늦잠을 자서 제 시간에 오지 못하였다. 그 결과 갑은 비행기를 놓치고 비행기표 상당의 손해를 입게 되었다. 을의 손해배상액은 얼마인가? 완전배상주의에 의한다면 비행기표 손해를 배상하여야 할 것이다. 이를 상당인과관계로 접근한다면 버스의 운송 채무불이행과 비행기표 손해 사이에 상당인과관계가 있다고 볼 수 있는가?

---

8) Ph. Rémy, "La «responsabilité contractuelle»; histoire d'un faux concept", RTD civ. 1997, 323, n° 8 et 30.

9) Rémy, op. cit., n° 43. 이에 반대하여 도마와 포티에의 문헌에서 이미 계약상 책임의 요소를 발견할 수 있다는 견해로 G. Viney, "La responsabilité contractuelle en question", in : Le contrat au début du XXIe siècle : Études offertes à Jacques Ghestin, LGDJ, 2001, p.929. Cité par Zoé Jacquemin, Payer, Réparer, Punir, LGDJ, Lextenso, 2021, n° 96.

10) Cass. soc., 4 déc. 2002, n° 00-44303.

11) Jacquemin, *op. cit.*, n° 104.

12) Jacquemin, *op. cit.*, n° 113.

13) Jacquemin, *op. cit.*, n° 111.

14) Jacquemin, *op. cit.*, n° 112.

예견가능성, 즉 통상손해와 특별손해의 문제로 보면 어떠한가? 공항을 간다는 얘기가 없이 예약을 하였다면[15] 비행기표 손해는 특별손해에 해당하고 예견가능성을 인정하기 어려워 배상받을 수 없을 것이다. 그러나 갑이 공항에 간다는 얘기를 미리 하였다면 을은 버스가 늦을 경우 비행기표 손해를 입을 수 있다고 생각할 수 있을 것이다. 그러나 비행기표가 어떤 것인지에 관하여 예견가능성이 있다고 할 수 있을 것인가? 미국 가는 비행기인지, 일본 가는 비행기인지, 1등석인지 이코노미석인지에 대하여도 예견가능성이 있다고 할 것인가? 예약 당시에는 아무 얘기도 없었다가 출발 바로 전날에 공항에 간다는 얘기를 한 경우는 어떠한가? 특별손해에 대한 배상가능성이 있다면 버스기사로서는 손해배상보험에 가입할 필요가 있고 요금을 더 받을 필요도 있지 않을까?

갑이 미국에서 업무를 보고 바로 이어서 브라질로 갈 예정이었는데 비행기를 놓치는 바람에 브라질로 갈 비행기도 연달아 놓치게 되었다. 브라질 비행기표 손해도 배상받을 수 있는가? 상당인과관계가 있다고 볼 수 있는가? 미국을 거쳐 브라질에 간다는 계획을 미리 을에게 얘기해 주었다면 어떠한가?

이러한 문제의식을 가지고 논의를 이어가고자 한다. 외국에서의 논의를 개략적으로 살펴본 다음 우리나라의 개정 논의를 본다.

1. 비교법적 고찰

가. 프랑스

프랑스 파기원은 “계약상 책임의 본질은 불이행한 채무의 채권자를 가해 행위가 발생하지 않았다면 처하게 되었을 상황에 두는 것”이라고 설시하였다.[16] 이는 **완전배상주의**(la réparation intégrale)에 해당한다.[17] 그러나 법원에 상당한 재량(une part d'arbitraire)이 부여되고 경제적, 사법적, 윤리적 한계가 있다.[18] 법원은 당사자의 청구에 구애받지 않고 일시금이나 정기금 지급을 명할 수 있다.[19]

사후에 손해의 내용에 관한 확정적인 변경이 있거나 통화가치 하락 등의 변화가 있

---

15) 버스의 경우 목적지를 고지하고 예약을 하는 것이 일반적일 것이다. 여기서는 택시처럼 목적지 없는 예약을 가정해 본다.

16) Cass. com., 10 janv. 2012, n° 10－26.837.

17) JurisClasseur Notarial Répertoire, Responsabilité civile - fasc. 201, par Fabrice Leduc, Première publication : 15 mai 2024, n° 50. 다만, 금액이 특정되고 개인에 대한 것이고 합법적인 손해이어야 하고 계약상 책임의 경우 예견가능하여야 한다. 피해자가 입은 각 손해와 이에 대한 보상 사이에 엄격한 동등 관계가 존재해야 한다는 의미이다.

18) JurisClasseur Notarial Répertoire, Responsabilité civile - fasc. 201, n° 73.

19) Cass. 2e civ., 2 déc. 1992 : Bull. civ. II, n° 295 ; Cass. 2e civ., 19 mars 1997 : Bull. civ. II, n° 86. Cité par JurisClasseur Notarial Répertoire, Responsabilité civile - fasc. 201, n° 17.

는 경우에는 손해배상액을 조정할 수 있다. 프랑스에서는 종래 과책이 있을 것이 요구되었지만, 과책의 객관화[20] 및 무과실책임의 발전에 따라 과책은 사라지게 되었다.[21]

완전배상원칙상 배상책임자의 **과책의 정도**는 배상의 범위에 영향을 미치지 않아야 한다.[22] 즉 손해에 상응하는 배상이 이루어져야 하는 것이고 그것이 중대한 과책에 의하여 발생하였다고 하여 더 큰 배상이 이루어지는 것은 아니다. 배상금은 손해의 총액과 동일해야 하며 이를 초과할 수 없다.[23] 프랑스는 채무불이행책임의 요건으로 과책을 요하지 않고 불가항력에 의한 경우에 면책될 수 있도록 하고 있다. 피해자나 배상책임자의 재정 상황에 대한 고려도 하지 아니한다.[24] 가정적 손해(un préjudice hypothétique)는 배상할 수 없다.[25]

파기원은 미성년 자녀의 부주의로 지방자치단체(Béthune)의 건물에 화재가 발생하여 피해가 발생한 사안에서 피해자인 지방자치단체가 건물에 대하여 화재보험에 가입하여 보험금을 받을 수 있다고 하더라도 피해자는 가해자에게 배상을 받을 권리가 있고 보험자는 가해자에 대한 배상청구를 대위할 수 있다고 판시하였다.[26]

피해물품의 복원 또는 교체로 인하여 피해자가 기존의 물건이 갖는 시장가액보다 더 높은 새로운 물건의 가액을 얻게 되었다고 하여 그 감가상각액(un coefficient de vé-tusté)을 배상액에서 공제할 필요는 없다.[27] 예컨대 피해자의 구형 자동차가 파손되었는데 가해자로부터 신형 자동차를 제공받은 경우가 이에 해당한다고 볼 수 있다. 이는 피해자가 별도의 비용지출 없이 손해배상액만 가지고 피해 물품을 재건할 수 있을 만큼 배상액이 충분해야 한다는 취지라고 볼 수 있다.[28]

---

20) 프랑스 민법전 제414-3조, 행위 당시 가해자가 정신장애에 있었더라도 손해배상이무를 부담한다.

21) JurisClasseur Notarial Répertoire, Responsabilité civile - fasc. 201, n° 1.

22) Cass. civ., 26 mai 1913 : D. 1916, I, p. 171 ; Cass. civ., 21 oct. 1946 : JCP G 1946, II, 3348, P. L. P. ; Cass. 2e civ., 8 mai 1964 : JCP G 1965, II, 14410, P. Esmein("발생한 손해를 보상하는 데 필요한 배상은 손해의 가치에 따라 계산되어야 하며, 과책의 심각성은 배상 금액에 영향을 미치지 않아야 한다"). Cité par JurisClasseur Notarial Répertoire, Responsabilité civile - fasc. 201, n° 52.

23) JurisClasseur Notarial Répertoire, Responsabilité civile - fasc. 201, n° 54.

24) Cass. crim., 4 déc. 1969 : Bull. crim. n° 326 ; Cass. crim., 17 déc. 1970 : D. 1971, comm. p. 41 ; Cass. 2e civ., 21 juill. 1982 : Bull. civ. II, n° 109. Cité par JurisClasseur Notarial Répertoire, Responsabilité civile - fasc. 201, n° 52.

25) JurisClasseur Notarial Répertoire, Responsabilité civile - fasc. 201, n° 53.

26) Cass. crim., 6 déc. 2016, n° 15-87.649; H. Groutel, "Victime d'un dommage matériel déjà in-demnisée par son assureur", RCA 2017, comm. n° 66.

27) Cass. 3e civ., 6 nov. 2013, n° 12-25.816. 임차한 레스토랑 주방 바닥이 가라앉는 현상이 발생하여 임대인이 전기 및 배관 공사를 다시 하였는데 원심법원은 이에 대하여 40%의 감가상각율을 적용하였다. 파기원은 피해자에게 손실이나 이익을 초래하지 않고 입은 손해를 배상하여야 하는 손해배상의 원칙에 반한다는 이유로 원심판결 중 감가상각율을 적용한 부분을 파기하였다.

28) JurisClasseur Notarial Répertoire, Responsabilité civile - fasc. 201, n° 64.

프랑스민법에서 채무자의 과책 여부는 손해배상책임의 요건이 아니다.[29] 따라서 과책의 정도가 배상의 범위에 영향을 주지 않는다는 결론이 자연스럽게 도출된다. 그러나 프랑스의 입장의 경우에도 실제 그 운용에 있어서는 채무불이행책임의 요건으로 채무자의 유책(Vertretenmüssen)을 요구하는 독일의 입장(독일민법 제276조, 제280조 제1항)과 다르지 않다는 설명이 있다.[30] 책임이 있다는 것이 추정되기 때문에 독일의 유책주의는 책임이 없는 자를 면책하기 위하여 작동한다는 점, 그 내용에 있어서도 과책이 없다는 것은 프랑스법상 외부 원인에 의해 채무불이행이 발생한 것과 유사하다는 점, 독일법상 책임이 인정되지 않는 사안에 대하여 프랑스법에서도 같은 결론을 내릴 것으로 보이는 점[31]을 그 근거로 제시한다. 프랑스에서는 불가항력을 과책 없음과 동일하게 보는 입장이 유력하게 제기되었다.[32]

프랑스민법전은 2016년 개정 전에도 채무자가 고의(dol)로 채무를 불이행한 것이 아닌 한, 계약시 예견하였거나 예견할 수 있었던 손해를 배상한다고 규정하고 있었다(제1150조). 그럼에도 이를 완전배상주의라고 설명하고 있다.

프랑스민법에서 계약체결시 채무자의 예견가능성을 기준으로 손해배상범위를 제한한 것에 대하여는 사적자치(autonomie de la volonté, 의사결정의 자율)를 그 이유로 제시한다.[33] 즉 계약 당사자는 계약으로 기대되는 이득뿐만 아니라 그 불이행시 예상되는 손

29) Jacquemin, *op. cit.*, n° 170.

30) *Ibid.*, n° 40. 이는 결과채무(obligation de résultat)에서뿐만 아니라 수단채무(obligation de moy-ens)의 경우도 마찬가지라고 한다. Ibid., n° 170. 생각건대, 수단채무는 채무의 내용을 성실하게 수행하는 것을 내용으로 하기 때문에 성실하게 수행하지 않는다는 것 자체가 책임 있는 사유가 될 것이다. 따라서 수단채무에서는 개념적으로 독일의 유책주의와 프랑스의 무과책주의가 차이가 없게 된다고 할 것이다.

31) 불가항력(force majeure)과 과책 없음(absence de faute)의 유사성(rapprochement) 및 상관관계(corrélation)를 강조하다는 문헌으로 A. Tunc, "Force majeure et absence de faute en matière contractuelle", RTD civ., 1945. p.235. 그 이유로 첫째, 민법(2016년 개정 전의 민법을 말한다) 제1147조, 제1245조, 1302조 등을 비교하여 볼 때 민법전의 입안자가 양 개념에 차이를 두지 않았다(ibid., p. 238). 둘째, 증명에 있어서는 불가항력의 증명과 성실한 이행(conduite diligente)의 증명을 서로 비교하여야 한다(ibid., p.239). 불가항력의 경우 결과의 실현을 방해한 사실을 증명하여야 하고, 성실한 이행은 결과로 통상 이어질 행위가 이루어졌고 방해 원인을 제거할 통상적인 예방조치(les précautions)를 하였음을 증명하여야 한다(ibid., p.239). 채무자는 양자의 경우 모두 과책이 없다는 것을 증명하면 된다. 즉 채무자가 자신의 행위의 일반적인 성실함을 증명할 수 있다면 이를 통해 자신이 처한 불가항력 사안을 증명하는 것은 면제된다(ibid., p.239). 한편, 담보책임의 경우에는 그 개념 정의상 불가항력의 사안에서도 채무자가 책임을 부담하는 것이라고 설명하는 문헌으로 JurisClasseur Notarial Répertoire, Vente – fasc. 280, par Jérôme Huet, Première publication: 25 août 2020, n° 1(담보책임은 불가항력도 채무자를 면책시킬 수 없는 강화된 결과책임이다).

32) P. Antonmattei, Contribution à l'étude de la force majeure, LGDJ, 1992, n° 200.

33) Jacquemin, *op. cit.*, n° 230.

해의 위험도 고려하여 채무를 부담하는 계약을 체결하도록 하는 것이 맞다는 것이다.[34] 채무자는 자신이 약속한 것뿐만 아니라 약속을 지키지 못한 경우 책임질 것에 대하여도 대처할 수 있어야 한다는 것이다. 이는 또한 계약 당사자들이 계약체결시 계약으로 얻는 이익(enjeux)에 대한 정보제공을 하도록 촉진하는 것이다.[35]

파기원은 처음에 제1149조(개정후 제1231－2조에 해당)를 원칙규정, 제1150조(제1231－3조에 해당)를 예외규정으로 해석하였다.[36] 그리하여 완전배상주의에 대하여 예견가능성을 통해 그 배상범위를 축소하는 제1150조를 제한적으로 해석하였다. 이는 손해의 발생 원인(cause)에 대한 예견가능 여부를 기준으로 하는 것이고 그 손해의 범위(quotité)에 대한 예견가능 여부를 기준으로 하는 것은 아니었다.[37]

그러나 그 후 파기원은 입장을 전환하여,[38] 예견가능한 손해는 손해의 범위를 예견할 수 있었는지를 기준으로 하여야 한다고 판단하였다.[39] 또한 프랑스민법전에서도 여관업자 및 호텔업자는 업자 측의 과책이 없는 한 객실요금의 100배까지로 한정하여 손해배상책임을 부담하도록 하여(제1953조 제3항) 완전배상주의에 대한 예외를 인정하였다. 파기원은 특히 여객운송계약과 관련하여 계약체결시에 특별히 표시하지 않는 한 운송업자는 운송지연으로 인한 결과를 알 수 없다고 판단하였다.[40] 승객이 파리행 기차의 연

---

34) H. Mazeaud, L. Mazeaud, J. Mazeaud, Leçons de droit civil, t. 2, Obligations: théorie générale. Biens: droit de propriété et ses démembrements, 1956, n° 629; B. Starck, H. Roland, L. Boyer, Droit civil, Les obligations 2. Contrat, 6e éd., 1998, n° 1671; J. Carbonnier, Droit civil, t. 4, Les obligations, 22e éd., 2000, n° 157. Cité par Jacquemin, *op. cit.*, n° 230.

35) Y.－M. Laithier, *Étude comparative des sanctions de l'inexécution du contrat,* LGDJ, 2004, n° 94. Cité par Jacquemin, *op. cit.*, n° 230.

36) François Terré, Philippe Simler, François Chénedé, Yves Lequette, *Droit civil : les obligations*, 13e éd., Dalloz, 2022, n° 833.

37) Pau 11 août 1903, DP 1904. 2. 302 ; Paris, 22 déc. 1910, Gaz. Pal, 1911, 1, 606, Cité par Terré, *op. cit.*, n° 833.

38) G. Viney, P. Jourdain, S. Carval, *Les effets de la responsabilité, Traité de droit civil*, dir. J. Ghest－in, 4e éd., LGDJ, 2017, n° 520. 이 문헌에서는 또한 예견가능성 규정(개정 전 민법전 제1150조)의 내용을 유지하여야 한다고 주장하는 박사학위논문을 소개하고 있다. I. Souleau, *La prévisibilité du dommage contractuel (défense et illustration de l'art. 1150 du Code civil)*, thèse (dactyl.) Paris II, 1979, n° 537.

39) Cass. civ. 1re, 3 juin 1998, *Bull. civ.* I, n° 199, *JCP* 1999, II, 10010. 운전사가 별다른 감시 없이 차를 외딴 곳에 주차하였는데 관광객이 차안에 둔 가방이 도난당한 사안에서 원심법원은 운전사의 과실을 인정하였고 여행 프로그램에 비추어 볼 때 가방 안에 값비싼 물건이 있을 것으로 예상할 수 있었다고 판단하고 손해 전부를 배상하라고 판결하였다. 파기원은 상고를 기각하였다.

40) Cass. civ. 1re, 28 avr. 2011 n° 10－15056, RTD civ. 2011. 547, obs. P. Jourdain, D. 2011, 1725. note M. Bacache, RDC 2011, 1156, obs. Y.－M. Laithier(Laithier는 단순히 채무자에게 사정을 통지하는 것만으로는 부족하고 채무자가 책임 리스크를 부담하였을 것이 요구된다고 주장한다); Cass. civ. 1re, 23 juin 2011, no 10－11.539, RDC 2011. 1157, obs. Y.－M. Laithier; Cass. civ. 1re, 26

착으로 인하여 쿠바행 비행기를 놓치게 된 사안에서 원심법원은 비행기 요금에 대한 손해배상을 인정하였다. 파기원은 기차회사가 승객이 비행기를 탈 예정인지에 대하여 통보받은 적이 없고 비행기 요금의 손해에 대한 예견가능성이 있었다는 근거를 제시하지 않았다고 판단하여 원심판결을 파기하였다. 열차운송회사가 계약체결시에 기차여행 목적지가 최종목적지가 아니라는 점을 예측할 수 없었다고 판시하였다.

파기원은 또한 중대한 과책을 고의적인 과책과 동일하다고 판단하였다.[41] 이는 2016년 개정민법전 제1231－3조에 반영되었다.[42] 고의적인 과책이 있는 경우에는 불법행위책임을 부담하기 때문에 제1231－3조의 제한에 걸리지 않는다는 견해도 있으나 이러한 견해는 채무불이행책임과 불법행위책임은 경합하지 않는다는 판례[43]에 반하고 고의적인 과책이 아닌 경우에도 불법행위책임이 성립할 수 있다는 점에서 받아들이기 어렵다는 지적이 있다.[44]

특별손해의 예견가능시점을 계약체결시로 한다면 어떤 특별손해의 발생가능성을 인지하면서 고의 또는 과실로 불이행을 하는 채무자에게 충분한 제재를 가하지 못하고 채권자의 피해회복에도 미진하게 된다는 문제가 있다. 완전배상원칙을 고려한다면 적어

---

sept. 2012, D. 2012. 2305, CCC 2012, n° 275, RCA 2012, n° 330(기차가 4시간 연착되어 변호사가 고객과의 약속을 지킬 수 없었던 사안에서 원심법원은 수임료 500 유로, 고객의 신뢰상실 1000 유로, 정신적 손해 500 유로를 배상하라고 판결하였으나 파기원은 예견가능성이 없었다는 이유로 기차요금인 104 유로 및 이에 대한 법정이자를 초과한 부분은 파기하였다); Cass. civ. 3e, 14 mars 2012, RDC 2012. 768, obs. Y.－M. Laithier(하수급인의 이행지체로 수급인이 도급인에게 중대한 위약금을 지급하였고 수급인이 하수급인에게 이에 대한 배상을 청구한 사안이다. 원심법원은 배상 청구를 상당 부분 인용하였다. 파기원은 예견가능 여부에 대한 판단을 하지 않았다는 이유로 원심판결을 파기하였다. 이에 대하여 Laithier는 배상의 무게가 계약체결시 채무자가 감수해야 하는 위험과 관련이 있는지 여부가 중요하다고 주장한다. 특히 임무의 난이도, 제공된 정보, 작업에서 예상되는 이익, 보험에서 제공하는 보증 등을 고려하여야 한다고 설명한다).

41) Cass. civ. 29 juin 1932, DP 1933. 1. 49, note L. Josserand; Req. 24 oct. 1932, DP 1932. 1. 176; Cass. civ. 29 juin 1948, JCP 1949. II. 4660, note R. Rodière.

42) 프랑스민법전

제1231조 불이행이 확정적이지 않는 한, 채무자가 합리적인 기간 내에 이행할 것을 사전에 최고받은 경우에만 손해배상의 의무가 있다.

제1231－1조 채무자는, 필요한 경우, 이행이 불가항력에 의하여 방해되었음을 증명하지 못하는 한, 채무의 불이행으로 인한 것이든, 이행의 지체로 인한 것이든 손해배상의 책임을 진다.

제1231－2조 채권자에게 지불되어야 할 손해배상은, 일반적으로 채권자가 입은 손실과 상실한 이익으로 하지만, 이하의 예외 및 수정이 있는 경우에는 제외한다.

제1231－3조 채무자는, 계약의 체결시에 예상하였거나 예상할 수 있었던 손해에 대하여만 배상책임을 지지만. 불이행이 중대한 과책 또는 의도적인 과책에 의한 것인 경우에는 제외한다.

제1231－4조 계약의 불이행이 중대한 과책 또는 의도적인 과책으로 인한 것일 경우에도 손해배상은 불이행으로 인한 즉각적이고 직접적인 손해의 배상만을 포함한다.

43) Cass. civ. 1re, 19 mars 2002, *CCC* 2002, comm. 106, obs. L. Leveneur.

44) Terré, *op. cit.*, n° 834.

도 채무자가 특별손해의 발생가능성을 알 수 있는 상황에서 고의로 채무를 불이행한 경우에는 인과관계가 단절되지 않는 한 특별손해를 전부 배상하는 것이 타당할 것이다.

나. 독일

독일민법은 "손해배상의무를 부담하는 자는 배상의무를 지우는 사정이 없었다면 존재하였을 상태를 회복하여야 한다."고 규정한다(제249조[45] 제1항). 독일의 판례와 학설은 이를 완전배상주의로 해석하고 있다. 손해배상범위의 제한을 위한 별도의 규정을 두고 있지 않으며, 기본적으로 예견가능성에 따라 손해배상범위를 달리하지도 않는다. 인과관계(Kausalität) 판단 내지 귀속(Zurechnung) 문제가 손해배상범위와 관련하여 중요한 기준이 되고 상당인과관계설이나 규범목적설 등이 주장된다.

상당인과관계설(Adäquanztheorie)은 조건공식(conditio-sine-qua-non-Formel)을 충족하는 원인을 그 결과로 이어질 개연성(Wahrscheinlichkeit)에 따라 세분화한 것이다.[46] 이 개념은 긍정적 측면과 부정적 측면에서 정의할 수 있다. 긍정적 정의는 그러한 결과의 발생가능성이 크게 올라가야 한다는 것이다. 부정적 정의는 본질적으로 피해의 원인에 좌우되지 않고 예외적인 상황을 통해서만 결과로 이어진 것이 아니어야 한다는 것이다. 양자는 본질적으로 거의 다르지 않다.[47] 이를 사후적(ex-post) 입장이 아니라 사전적(ex-ante) 입장에서 판단한다. 사건이 발생하기 전의 입장에서, 손해를 발생시킨 채무자의 개인 인지능력이 아니라, 최적의 관찰자(optimalen Beobachter)가 채무자의 상황에서 어떤 상황을 인식했는지에 따라 결정된다.[48] 이러한 설명은 과실에 의한 불이행에 국한된다. 채무불이행이 고의에 의하여 발생한 경우에는, 결과가 완전히 이상하고 예상할 수 없는 경우에도 손해배상책임을 부담한다.[49] 독일에서도 고의에 의한 채무불이행시에는 배상의 범위가 확대된다는 점을 주목하여 볼 필요가 있다. 또한 독일민법 제276조 제3항

---

45) 독일민법전 제249조 [손해배상의 방법과 범위]

① 손해배상의무를 부담하는 자는 배상의무를 지우는 사정이 없었다면 존재하였을 상태를 회복하여야 한다.

② 사람에 대한 침해 또는 물건의 훼손을 이유로 손해배상이 행하여지는 경우 채권자는 원상회복에 갈음하여 그에 필요한 금액을 청구할 수 있다. 물건 훼손의 경우 제1문에 따라 필요한 금액에 실제로 부과된 부가가치세만이 포함된다.

46) Münchener Kommentar zum BGB/Oetker, 9. Aufl. 2022, §249 Rn. 109.

47) Münchener Kommentar zum BGB/Oetker, 9. Aufl. 2022, §249 Rn. 110.

48) Münchener Kommentar zum BGB/Oetker, 9. Aufl. 2022, §249 Rn. 111.

49) BGHZ 79, 259, 262. 이에 대하여 비판적인 문헌으로 Münchener Kommentar zum BGB/Oetker, 9. Aufl. 2022, §249 Rn. 113(조카가 삼촌을 살해할 목적으로 비행기에 탑승하게 권유하였다고 하더라도 실제로 사고 발생의 위험에 기여하지 않았다면 비행기 추락에 대한 책임을 부담할 수 없다는 취지이나).

은 채무자는 사전에 고의의 의한 책임에 대하여 면제될 수 없다고 규정한다.[50] 책임 제한 약정은 유효하지만 고의에 의한 채무불이행에 대하여는 그 약정이 적용되지 않는다는 것이다.

독일 판례에서 상당인과관계를 긍정한 사례는 다음과 같다.[51] 부상을 당한 후 부상을 치료하는 과정에서 의학적 실수로 인해 손상이 발생한 경우.[52] 부상자가 신체적 부상으로 인해 입원치료를 받고 있던 중 병원 내 인플루엔자 감염으로 사망한 경우.[53] 부상에 따른 다리 절단으로 인해 안정성이 부족하여 낙상 사고가 발생한 경우.[54] 예방접종 후 발생확률이 0.01% 불과한 부작용이 발생한 경우.[55] 채무불이행이 있은 후 공공보조금이 취소된 경우.[56] 승인된 폭죽이 판매되었는데 이로 인해 어린이가 화상을 입은 경우.[57]

반면 상당인과관계를 부정한 사례는 다음과 같다. 높은 고도에서 저고도로 비행한 결과 보통의 동물에는 영향이 없었지만 이러한 것에 민감한 은여우가 폐사한 경우.[58] 사고로 인하여 수술을 하기는 하였는데 사고로 인한 것이 아닌 상태를 제거하기 위한 수술을 실시하던 중 합병증이 발생하여 부상자가 사망한 경우.[59] 모욕과 가벼운 폭행에 흥분하여 뇌출혈을 한 경우.[60] 사고를 목격한 자가 그 충격으로 인해 심각한 정신적 손상을 입은 경우.[61]

상당인과관계설은 책임 제한에 대한 어떠한 유의미한 기준을 제공하지 못한다는 평가가 많다.[62][63] 규범목적설이 보다 명확한 판단기준을 제시한다고 볼 수 있다. 그러나

---

50) 이 규정은 이행보조자의 행위에 대하여는 적용되지 않는다. 독일민법 제278조 제2문.

51) Münchener Kommentar zum BGB/Oetker, 9. Aufl. 2022, §249 Rn. 114. 불법행위에도 상당인과관계가 적용되기 때문에 여기서 소개한 재판례 중 상당수는 불법행위에 대한 것이다.

52) BGH NJW 1963, 1672. "사람의 경험상 부상을 당한 사람에게 일어날 수 있는 일, 특히 의료과실은 가해자에게 귀속될 수 있다. 일반적으로 발생하는 유형의 결과가 발생할 객관적인 가능성이 미미한 정도로 증가했다는 것만으로도 충분하다."

53) RGZ 105, 264, 265. Zitiert von Münchener Kommentar zum BGB/Oetker, 9. Aufl. 2022, §249 Rn. 114.

54) BGH VersR 1971, 442, 443. Zitiert von Münchener Kommentar zum BGB/Oetker, 9. Aufl. 2022, §249 Rn. 114.

55) BGH NJW 1955, 1876. "조건과 결과 사이의 상당성에 대한 질문은 그러한 결과의 발생 빈도의 수치적 비율에 기초하여 순전히 논리적이고 추상적인 방식으로 대답할 수 없다."

56) OLG Brandenburg OLG−NL 2003, 4. 교육과정을 개설하지 않아 수강 시간 부족으로 보조금 지급이 철회된 사안이다.

57) OLG Düsseldorf VersR 1996, 118. 7세 아이의 주머니에서 폭죽이 불타서 화상으로 4주간 입원을 한 사안에서 6000마르크의 손해배상을 인정하였다.

58) RGZ 158, 34. Zitiert von Münchener Kommentar zum BGB/Oetker, 9. Aufl. 2022, §249 Rn. 115.

59) BGH NJW 1957, 1475.

60) BGH NJW 1976, 1143, 1144.

61) AG Rudolstadt SP 2005, 192. Zitiert von Münchener Kommentar zum BGB/Oetker, 9. Aufl. 2022, §249 Rn. 115.

규범목적의 근거를 제시할 수 없는 경우도 있고 실제 사례에 있어 규범목적설과 상당인과관계설은 차이가 크지 않다. 때문에 독일에서는 일차적으로 상당인과관계를 통해 인과관계가 인정된 다음 규범목적설을 통해 책임귀속을 조정하는 것이 타당하다고 설명한다.[64)]

규범목적설(Normzwecktheorie)은 해당 규범이 보호하려는 내용을 파악하여 이에 해당하는 한도에서 책임을 인정하려는 입장이다. 예컨대 시속 50킬로의 속도 제한 규범의 경우 운전자가 신속하게 반응하지 못해 발생하는 피해를 방지하기 위한 것이다. 이는 특정 위치에 운전차량이 일찍 도달하는 것을 막기 위한 것이 아니다. 따라서 어떤 위치에서 속도 위반을 하였더라도 그것이 다른 위치에서 발생한 사고의 원인이 되는 것은 아니다.[65)] 예컨대 광화문에서 속도 위반을 하였더라도 신촌에서 속도 위반을 하지 않았다면 앞의 속도 위반은 사고의 원인이 되지 않는다.[66)] 이러한 내용은 불법행위책임에 대한 내용으로 보인다. 채무불이행책임에 대하여도 이러한 내용을 적용할 수 있다. 예컨대 앞의 버스 사례에서 갑이 지각으로 인해 그다음 번 비행기를 탑승하고 그 비행기가 추락하게 되었다고 하여도 이러한 추락으로 인한 손해는 계약의 목적상 버스 운전사인 을의 채무불이행에 귀속될 수 없다. 버스 예약의 목적은 제시간에 도착하여 비행기를 탑승하기 위한 것이다. 비행기 사고를 면하기 위한 것은 아니다. 다음번 비행기를 탑승하였다고 하여 비행기 추락의 위험이 더 높아진 것도 아니다.

상당인과관계 판단의 기초가 되는 사정에 대하여는 객관설, 주관설, 절충설을 제시하고 있다.[67)] 즉 객관설은 행위 당시에 발생한 모든 사정을 기초로 판단한다. 주관설은 행위자가 행위시에 인식하거나 인식할 수 있었던 사정을 기초로 판단한다. 절충설은 행위시에 일반인이 인식할 수 있었던 경우와 행위자가 특별히 알고 있었던 사정을 판단의 기초로 한다.

---

62) Münchener Kommentar zum BGB/Oetker, 9. Aufl. 2022, §249 Rn. 116.

63) 이를 소개하는 국내 문헌으로는 위계찬, “독일민법상 인과관계 및 손해의 귀속”, 「財産法硏究」, 제31권 제2호, 2014, 88면.

64) Münchener Kommentar zum BGB/Oetker, 9. Aufl. 2022, §249 Rn. 119.

65) NJW 1988, 58. 안개가 짙은 상황에서 과속을 하여 사고를 일으켰다고 하더라도 그 후에 감소된 속도로 따라오는 차량과의 후방 충돌이 된 것에 대하여 책임을 지지는 않는다.

66) 이와 유사하게 형사사건에서 인과관계를 부정한 판결로 대법원 1983. 8. 23. 선고 82도3222 판결. “피고인 운전의 차가 이미 정차하였음에도 뒤쫓아오던 차의 충돌로 인하여 앞차를 충격하여 사고가 발생한 경우, 설사 피고인에게 안전거리를 준수치 않은 위법이 있었다 할지라도 그것이 이 사건 피해결과에 대하여 인과관계가 있다고 단정할 수 없다.”

67) 사동천, “손해배상의 범위”, 「홍익법학」, 제18권 제1호, 2017, 324면. 형법에서 마찬가지의 이론이 소개되고 있다. 최신중요 형법판례총론, 2022, 80면.

다. 일본

손해배상의 범위에 관한 일본 민법규정(제416조[68])은 우리 민법규정과 마찬가지로 통상손해, 특별손해의 기준에 의한 규율을 택하고 있다. 이 규정의 해석과 관련하여 해당 규정의 입법 당시의 논의를 살펴볼 필요가 있다. 민법 제정 당시 구민법 재산편[69]에서는 계약시를 기준으로 예견가능한 손해를 배상하도록 하고 채무자의 고의에 의한 손해는 예견가능성 여부를 묻지 않고 모두 배상하도록 규정하고 있었다.[70] 그러나 1896년 제정된 일본민법은 이 규정을 수정하였다. 이에 대한 일본메이지민법수정안이유서를 보면[71] 채무자의 과책의 정도에 따라 배상책임을 다르게 하는 것에 대하여, 법원에서 당

---

68) 제416조(손해배상의 범위)

① 채무불이행에 대한 손해배상의 청구는 이에 의하여 통상 발생할 손해의 배상을 하게 하는 것을 그 목적으로 한다.

② 특별한 사정에 의하여 발생한 손해라 하더라도 당사자가 그 사정을 예견했어야 할 때에는 채권자는 그 배상을 청구할 수 있다.

69) 메이지민법의 기초인 브아소나드 민법의 관계 조항이다. 일본메이지민법수정안이유서에서는 기성법전(既成法典)이라고 칭한다. 박인환, "일본 메이지민법(채권편: 제399조–제414조)의 입법이유", 「법학논총」, 제36권 제2호, 2016, 51면 주9.

70) 구민법 재산편 제385조

① 손해배상은 채권자가 받게 된 손실의 배상 및 그 상실할 이득의 전보를 포함한다.

② 그러나 채무자의 악의 또는 과실만에 의해 발생한 불이행 또는 지연에 대한 손해배상은 당사자가 합의 시에 예견하거나 예견할 수 있었던 손실과 이득의 상실만을 포함한다.

③ 악의의 경우에 있어서는 예견할 수 없었던 손해라고 하더라도 불이행으로부터 발생한 결과에서 피할 수 없었던 것인 경우에는 채무자는 그 배상을 부담한다.

71) 廣中俊雄 編著「未定稿本 民法修正案(前三編)理由書」, 有斐閣, 1987, 제416조 부분. (이유) "손해배상의 금액을 정하는 표준에 대하여는 여러 국가의 입법례가 구구하여 용이하게 그 가부를 판별할 수 없다. 본조는 즉 기성법전재산편 제385조에 수정을 가하여 그 표준을 적당히 지정한다. 먼저 당연히 그 관계는 직접적인 것을 요하는 것인지 아니면 장차 간접적인 관계도 포함해야 하는 것인지를 법문에 기재하는 것은 감히 복잡함을 더하는 것에 불과하여 그와 같은 구별을 하는 것을 하지 않고 단지 채권자에게 손해와 불이행 사이에 인과관계가 있음을 증명할 수 있다면 그 배상청구권을 인정하는 주의를 취하였다. 즉 채무자는 채무의 불이행으로 인하여 통상 발생할 손해를 배상하도록 하였다.

다음으로 기성법전은 채권자의 손해가 채무자의 의사에 의한 경우와 아닌 경우를 구별하여 배상액의 표준을 정하였다. 2–3개의 **입법례는 다시 악의중과실 및 경과실과 같은 층계를 구별하여 그것에 의하여 채무자 책임의 정도를 다르게** 하였다. 그러나 채무관계에 따라야 할 채무자로 하여금 배상을 하게 하는 것이 필요하다. 그 자의 도의적 또는 심리적 상황에 의하여 그 표준을 정함은 결코 손해를 받게 된 채권자를 만족하게 하는 배상의 본지에 적합하다고 말할 수 없다. 채무**자의 도의상 책임의 경중은 재판관이 그에 당하여 마땅히 그것을 참작할 수 있다고 하더라도, 특히 그것을 법문에 명시할 필요가 없**고 법률의 정면(正面)에 있어서 손해배상의 표준은 전적으로 채권자가 받은 손해에 의하는 것이 정당하다. 따라서 그 본안은 기성법전의 주의를 바꾸어 채무자의 악의 또는 과실에 따라 배상액의 표준을 정하는 것을 지양하고 단지 채권자가 채무의 불이행으로 인하여 받게 된 손해에 비추어 배상액을 정해야 하는 것으로 하여 그 결과 기성법전재산편 제385조 제3항의 규정을 삭제하고 오히려 넓게 그것을 인정한다. 채권자가 인과관계를 증명하

연히 이를 고려할 수 있는 것이고 이를 법률에 규정할 필요는 없다고 판단하였다. 또한 손해가 통상의 원인에 의한 것에 해당한다면, 계약 당시 예견하거나 예견할 수 있었던 손해뿐만 아니라 **계약 후에 예견하거나 예견할 수 있었던 손해도 배상하는 것이 당연**하다고 보았다.

오늘날 일본의 통설과 판례는 예견가능성의 시점과 관련하여 채무불이행시를 기준으로 하여야 한다는 견해를 취하고 있다.[72] 즉, 특별한 사정에 관해 예견가능성을 요구하는 것은 채무자가 예견할 수 없는 사정으로 인해 발생한 손해에 대해 책임을 지는 것은 가혹하기 때문이며, 이 취지에 비추어 계약시에 예견되지 않았더라도 **이행시**기에 특별한 사정을 알게 된 이상 책임을 져도 가혹하지 않다는 것이다. 우리 대법원이 채무자가 이행기까지 알았거나 알 수 있었던 특별손해에 대하여 배상책임을 인정하는 것은[73] 일본의 영향을 받은 것으로 보인다. 일본의 해당 규정은 2017년 민법개정에서도 변경되지 않았다.[74]

생각건대 이러한 일본의 입법은 관련 쟁점에 대하여 당시에 충분한 인식을 하고 있었다는 점에서 의의가 있었다고 판단된다. 다만, 계약체결시를 기준으로 예견가능성을

는 한, 채무자가 선의였는가 악의였는가를 묻지 않고 채무자로 하여금 손해배상의 책임을 부담하도록 하는 것은 이미 설명한 바로서, 손해를 예견할 수 있었는지 아닌지는 굳이 물을 것이 아니게 된다.

기성법전은 배상의 범위에 대하여 예견하거나 예견할 수 있는 손해와 예견할 수 없는 손해를 구별하여 합의 당시에 예견되는 것을 인정하는 것은 크게 좁은 규정이라고 하지 않을 수 없다. 왜냐하면 예견한 사실은 단지 손해 자체에 그치지 않는다. 또한 합의 당시에 한하지 않고 채무자가 손해를 발생할 사정을 예견하거나 예견할 수 있었던 경우뿐만 아니라 **합의 후에 그것을 예견하거나 예견할 수 있었던 경우도 손해배상책임을 부담하는 것은 당연**하기 때문이다. 그리고 그 사정이 손해의 통상의 원인이었던 경우에 채무자가 위의 범위에 따른 배상책임을 부담하여야 하는 것은 이미 본조 제1항의 규정으로 인하여 의문이 없다. 그러나 만일 **특별한 사정에 속한 손해를 통상의 원인으로 인정할 수 없는 경우는 채무자가 가령 그 사정을 예견하거나 예견할 수 있는 경우라도 배상책임이 없다**. 즉 본조 제2항의 명문을 둔 이유는 특별한 사정이라도 당사자가 그것을 예견하거나 예견할 수 있었던 경우에는 그 사정으로 발생한 손해의 배상을 청구할 수 있도록 인정하는 것이다.

기타 기성법전재산편 제385조 제1항은 다수 입법례를 모방하여 손해배상은 채권자가 받게 된 손실 및 상실하게 된 이익의 전보에 이르게까지 규정한다. 그러나 단지 손해로 말할 수 있는 적극적인 손해, 즉 실제로 받게 된 손실 및 소극적 손해, 즉 상실하게 된 이익을 당연히 포함하여야 하므로 그것을 삭제하였다."

72) 平野 裕之, 債權總論, 日本評論社, 2017, 127頁.

73) 대법원 1985. 9. 10. 선고 84다카1532 판결. "민법 제393조 제2항 소정의 특별사정으로 인한 손해배상에 있어서 채무자가 그 사정을 알았거나 알 수 있었는지의 여부를 가리는 시기는 계약체결당시가 아니라 채무의 이행기까지를 기준으로 판단하여야 한다."

74) 김철수, "개정 일본민법에서의 채무불이행법체계", 「강원법학」, 제69권, 2022, 강원대학교 비교법학연구소, 226면.

판단하도록 한 입법례의 핵심 이유인, 채무불이행으로 발생할 위험을 미리 예상하고 계약체결의 의사표시를 할 수 있어야 한다는 점에 대한 논의를 하지 않은 것은 아쉬운 부분이라고 생각된다. 또한 "채무자의 도의상 책임의 경중은 재판관이 그에 당하여 마땅히 그것을 참작할 수 있다고 하더라도, 특히 그것을 법문에 명시할 필요가 없"다는 내용도 근거가 부족하고 납득하기 어렵다. 손해배상에 있어서 채무자의 잘못의 정도와 관계 없이 손해의 전부를 배상하는 것이 원칙인데 법원에서 이를 참작하여 배상액을 정할 수 있다는 것은 모순이기 때문이다.

라. 영미법

영국의 1854년 Hadley V. Baxendale 판결에서 특별손해에 대하여는 "계약위반에 의하여 배상받을 수 있는 손해는 **계약 체결시**에 당사자에 의하여 예견할 수 있었던 손해만으로 한정된다."는 원칙이 확립되었다.[75]

영국에서도 책임을 제한하는 약정은 유효하다. 고의에 의한 채무불이행에 대하여는 통상 이를 적용하지 않는다.[76] 다만, 명시적으로 이러한 경우에도 책임 제한규정이 적용된다는 내용이 포함되어 있는 경우에는 적용이 가능하다.

미국에서 손해배상의 범위에 관한 원칙은 채권자로 하여금 계약이 이행되었더라면 얻었을 지위나 상태에 놓이도록 하는 것이다. 이러한 이익을 얻지 못한 것을 손해라고 할 수 있다. Hadley v. Baxendale 판결에 따라 이러한 손해를 통상손해와 특별손해로 구별할 수 있다.[77]

통상손해(General or direct damages)는 매수인(채권자)의 특정 상황과 관계없이 특정 유형의 위반으로 인해 발생하는 손해이고, 특별손해(Special or consequential damages)는 구매자의 특정 상황으로 인해 통상손해를 넘어서는 손해이다.[78] 통상손해는 위반의 자

---

75) 9 EX. 341.

76) Sze Hai Tong Bank Ltd v. Rambler Cycle Co Ltd [1959] AC 576, 588. 최소한 운송회사가 배송에 관한 의무를 고의로 무시하는 것을 허용하지 않도록 약정이 수정되어야 한다고 판시하였다.

77) Restatement (Second) of Contracts §351 (1981).

§351

① 위반 당사자가 계약체결시 위반의 결과를 예상할 이유가 없었던 손해에 대해서는 손해배상을 받을 수 없다.

② 손해는 위반으로 인해 다음과 같이 발생한 경우에는 위반의 개연적인 결과로 예상할 수 있다. (a) 일반적인 사건과정에서 발생한 경우, 또는 (b) 일반적인 사건의 과정을 넘어 위반 당사자가 알 만한 이유가 있는 특별한 상황의 결과로 발생한 경우.

③ 법원은 일실이익에 대한 배상을 배제하거나, 신뢰로 인해 발생한 손해에 대해서만 배상을 허용하거나, 상황에 따라 불균형한 보상을 피하기 위해 그렇게 하는 것이 공정하다고 판단하는 경우 예상가능한 손해에 대한 손해를 제한할 수 있다.

연스러운(natural) 결과로서, 보통 사람들의 일반적인 경험과 일치하는 것이다.[79] 예컨대 도매업자에게 상품을 판매하는 사람은 자신이 합의한 대로 상품을 인도하지 못하는 경우에는 도매업자가 해당 상품에 대한 합리적인 이익을 상실한다고 예상할 이유가 있다.

특별손해는 계약체결 당시 채무자가 그 손해가 위반의 개연적인 결과라고 예상할 수 있는 이유가 있는 경우에만 배상될 수 있다. 특별손해는 주로 물품(commodity)의 매도인이 계약을 위반한 경우 문제된다.[80] 매수인의 경우 금전 지급 채무를 부담하므로 특별손해가 문제될 여지가 거의 없다.

이와 같이 채무불이행에 의한 손해배상에 있어서 채무자의 예견가능성은 특별손해 배상의 중요한 기준으로 작용한다. 반면 **불법행위에 있어서 예견가능성**은 직접성, 법적 인과관계, 소원성과 함께 불법행위를 인정하는 여러 **고려 요소 중 하나**로 작용한다.[81] 또한 고의에 의한 불법행위의 경우에서 가해자가 인식가능성이 없더라도 인과관계를 인정함에 문제가 없다.[82] 고의에 의한 불법행위의 경우에는 거의 조건적 인과관계를 충족하면 가해자의 고의에 따른 가해행위로 발생한 손해에 대한 배상책임을 인정하는 것이다.

마. 국제협약 및 국제모델법

국제협약 및 국제모델법은 채무불이행으로 인한 손해배상의 범위에 대하여 채무자가 계약체결시 알았거나 알 수 있었던 사정을 기준으로 손해배상액을 정하도록 하고 있다. 국제물품매매계약에 관한 국제연합 협약(CISG) 제74조 제1문은 완전배상원칙을 천명하면서 제2문에서 “그 손해배상액은 위반 당사자가 **계약체결시**에 알았거나 알 수 있었던 사실과 사정에 비추어, 계약위반의 가능한 결과로서 발생할 것을 예견하였거나 예견할 수 있었던 손실을 초과할 수 없다”라고 규정하고 있다.[83][84] UNIDROIT 국제상사계약

78) Melvin Aron Eisenberg, “The Principle of Hadley v. Baxendale”, 80 *Cal. L. Rev.* 563, 565(1992).

79) Restatement (Second) of Contracts §351 (1981).

80) Eisenberg, *op. cit.*, 565.

81) Tony Weir, An Introduction to Tort Law, 2nd ed., Oxford University Press, 2009, p.61. 고세일, “불법행위의 예견가능성과 손해배상범위에 대한 연구”, 「민사법학」, 제66호, 2014, 한국민사법학회(2014), 174면에서 재인용.

82) The Normannia, 62 F. at 471. 이에 대하여 Normannia 법원에서 고의에 의한 불법행위의 경우에는 손해배상범위에 관한 일반 규칙이 적용되지 않는 이유를 설명해야 했을 것이라고 지적하는 견해가 있다. David Robertson, “The Common Sense of Cause in Fact”, 75 Tex. L. Rev. 1765, 1773 (1997) note 30. 고세일 교수는 우리 민법에서도 고의에 의한 위법행위를 한 경우에는 예견가능성에 관계 없이 발생한 손해를 배상하여야 한다고 주장한다. 고세일, 앞의 논문, 177면.

83) 연세대학교 산학협력단(조인영), 손해배상 범위에 대한 국제규범과 민법 개정 방향에 관한 연구, 법무부연구용역보고서, 2022, 42면. 결과손해에 대하여는 인과관계가 인정되지 않는다는 이유로 손해배상의 범위에서 제외할 수도 있을 것이다.

84) 일실이익을 직접손해가 아니라고 보는 견해에 대하여는 공감하기 어렵다. 예컨대 버스운전자의

원칙(PICC)도 제7.4.2조에서 완전배상이라는 표제하에 제1항에서 완전한 배상을 청구할 수 있음을 천명하고 제7.4.4조에서 "불이행당사자는 자신의 불이행으로 인하여 발생할 수 있다고 **계약체결시**에 예견하였거나 합리적으로 예견할 수 있었던 손해에 대하여만 책임이 있다"라고 규정하고 있다. 유럽계약법원칙(PECL)도 제9:502조에서 "채무불이행으로 인해 야기된 손해의 일반적인 배상방식은 채무가 적절하게 이행되었더라면 채권자가 놓이게 되었을 지위에 최대한 가깝게 놓이게 하는 금액으로 한다"라고 규정하면서 제9:503조에서 "채무불이행 당사자는, 채무불이행이 의도적이거나 무모하였거나 중과실에 의한 것이 아닌 한, 그가 **채무의 발생 당시**에 채무불이행의 가능한 결과로서 예견하였거나 합리적으로 예견가능하였던 손실에 대해서만 책임이 있다"라고 규정하고 있다. 유럽공통참조기준초안(DCFR)도 제III.-3:703조에서 "계약이나 다른 법률행위에 의해 발생하는 채무를 부담하는 채무자는, 채무불이행이 의도적이거나 무모하였거나 중과실에 의한 것이 아닌 한, 그가 **채무의 발생 당시**에 채무불이행의 가능한 결과로서 예견하였거나 합리적으로 예견가능하였던 손실에 대해서만 책임이 있다"라고 규정하고 있다.

2. 국내의 논의

우리나라의 현행 민법은 통상손해, 특별손해 개념을 통해 손해배상의 범위를 규율하고 있다. 이는 일본민법[85]과 유사한 것이다.[86] 특별손해 개념을 통해 예측가능한 손해에 대하여만 손해배상을 하는 것은 완전배상원칙과 배치되는 측면이 있다.[87] 이에 대하여 완전배상주의 원칙의 실익은 예견불능의 증명책임을 채무자에게 부담하도록 하는데 있다는 설명이 있다.[88]

우리나라의 통설과 판례는 예견가능성의 기준이 되는 시점에 관하여 채무불이행 시

과실로 승객이 상해를 입어서 1달 동안의 일실이익 손해를 입은 상황을 상정해 보자. 채무불이행으로 상해가 발생하였고 이를 회복하기 위하여 치료비가 필요하다는 점은 자명하다. 그러나 상해를 치료하는 것은 장래효만 있는 것이고 소급적으로 손해가 회복되는 것은 아니다. 일실이익배상은 소급적으로 손해를 회복받지 못하는 **기간에 대한 손해**를 배상하는 것으로 이는 상해로 인한 일차적 손해(직접손해)를 배상하는 것으로 볼 수 있다.

85) 2017년 일본민법 개정 후에도 이러한 입장을 유지하고 있다. 제416조 참조.

86) 소재선, 양승욱, "불법행위책임의 손해배상범위결정에 있어서의 민법 제393조 준용의 타당성에 관한 고찰", 「재산법연구」, 제27권 제3호, 2011, 43면 주 24에 상세한 설명이 있다. 일본민법의 해당 규정은 영국의 Hadley v. Baxendale 판결의 영향을 받은 것이고 이 판결은 다시 프랑스의 포티에(Pothier)의 영향을 받은 것이라고 설명한다.

87) 우리나라는 제한배상주의와 금전배상주의를 택하고 있다고 설명한다. 신국미, "손해배상의 방법으로서 원상회복의 도입", 한양법학(제21권 제1집), 「한양법학회」, 제21권 제1집, 2010, 381면.

88) 곽민희, "국제물품매매계약에 관한 UN 협약상 손해배상범위에 관한 연구", 「동아법학」, 제58호, 2013, 642면.

로 보고 있다.[89] 그 이유로는 첫째, 일반적인 강제이행을 인정하고 있다는 점이다. 이는 채무자가 이행기의 위험을 부담한다는 것을 전제로 하고 있으므로 손해배상의 범위에 있어서도 이행기 또는 불이행시까지의 위험을 채무자가 부담하는 것이 타당하다는 것이다. 대체집행의 경우 특히 이러한 주장이 설득력을 가진다. 둘째, 채무불이행으로 인한 손해배상책임에 채무자의 귀책사유를 요구한다는 점이다. 채무자가 불이행 시점 당시 손해발생을 예상할 수 있었다면 이를 고려하여 채무이행을 위해 더욱 노력하여야 한다.

그러나 이에 대하여는 다음과 같이 반박할 수 있다. 첫째, 강제이행과 손해배상의 위험을 균등하게 맞출 필요는 없다. 강제이행이 유리하다면 채권자로 하여금 강제이행을 선택하도록 할 수 있고 이것이 문제를 야기한다고 보기는 어렵다. 그리고 손해배상이 문제되는 사안에서는 강제이행이 가능하지 않은 경우가 많다. 이행지체의 경우에는 이미 지나가 버린 시간에 대한 손해를 보상하는 것이고 이러한 손해는 강제이행으로 해결되지 않는다. 이행불능의 경우 이미 강제이행이 가능하지 않다.

또한 강제이행(직접강제)은 통상 채무자에게 의외의 타격을 주지 않는다.[90] 예컨대 매도인이 매매 이후 물건의 가격이 급등하여 물건의 인도를 하지 않는다면 강제이행을 통해 물건의 인도를 받을 수 있고 그것이 채무자에게 예상할 수 없었던 손해를 발생시키지는 않을 것이다. 반면 손해배상은 이행불능으로 발생한 손해를 유책한 채무자에게 전가시키는 것이기 때문에 채무자에게 의외의 타격을 줄 수 있다. 예컨대 제작물 공급계약을 체결한 후 공장이 전소되어 물건의 생산 및 인도를 할 수 없게 된 경우 매도인은 계약 후 알 수 있게 된 매수인의 특별손해를 배상하여야 한다면 채무자에게 큰 타격이 될 것이다.[91] 채무자가 자신에게 과실 없음을 증명하지 못하였다고 하여 그것이 채권자의 특별손해까지 제한 없이 배상하도록 하는 것을 정당화하는 것은 아니다. 불행한 사고의 궁극적인 피해자는 채무자 본인이라는 점에서 볼 때 오히려 채무자의 책임범위를 감경해 줄 필요도 있다고 할 것이다.

---

89) 서울대학교 산학연구소(김형석), 민법 개정안(계약법 총론) 예비초안 연구, 법무부 연구용역 보고서, 2023, 27면. 이하 "김형석"으로 인용한다.

90) 대체집행의 경우 통상손해에 대응하는 것이고 특별손해가 문제되는 경우는 거의 없을 것이다. 예컨대 공사비의 상승으로 공사계약을 이행하지 않아 채권자가 대신 공사를 진행한 경우 공사비가 상승한 사정은 통상손해에 해당한다고 할 것이다. 건물이 완공되면 이를 통해 통상적인 기대를 초과하는 이익을 얻을 수 있었던 사정이 채권자에게 있었다면 이는 특별손해에 해당한다. 대체집행을 통해 공사가 완성되어 초과이익을 얻는다면 이로써 오히려 특별손해의 발생을 예방할 수 있다.

91) 통상손해는 채권자의 사정과 관계 없이 해당 채무불이행이 있을 때 전형적으로 발생하는 손해를 의미한다. 통상손해에 있어서는 해당 유형의 채무불이행이 있을 때 일반인이 예견할 수 있었던 손해를 기준으로 한다. 이에 반하여 특별손해는 채무 발생 또는 채무불이행시 채무자가 예견할 수 있었던 채권자의 특수한 사정을 기준으로 한 손해를 의미한다.

둘째, 채무자의 귀책사유를 요구하는 것과 손해배상의 범위는 관계가 없다. 채무자가 계약체결 이후에 채권자에게 손해를 발생시킬 사정을 인지하게 되었다면 그러한 손해의 발생을 방지할 주의의무가 있다. 이를 고의로 위반한 경우에는 도덕적 해이(moral hazard)라고 평가할 수 있으므로 채무자에게 이에 대한 손해배상책임을 부담시키는 것이 타당할 것이다. 그러나 채무자가 그러한 주의의무를 과실로 위반하여 채무를 불이행한 경우에는 채무자가 **불이행 당시** 특별손해의 사정을 알 수 있었다는 이유로 계약체결시 예상할 수 없었던 손해에 대하여도 배상책임을 부담하도록 하는 것은 지나친 것이다. 그 이유는 다음과 같다.

첫째, 채무자는 완벽한 존재가 아니다. 과실에 의한 채무불이행을 어느 정도 용인할 수 있는 측면이 있다는 점에서 볼 때 이러한 경우에 과도한 배상책임을 채무자에게 부과하는 것은 타당하지 않다. 둘째, 채무자가 계약체결시 감수하지 아니한 손해에 대하여까지 배상하도록 하는 것은 과도하게 계약체결을 저해하는 요소로 작용할 수 있다. 셋째, 손해배상의 예견가능성을 계약체결시를 기준으로 하는 프랑스의 경우에도 불가항력을 사실상 과책 없음과 같이 운용하고 있다.[92] 넷째, 채무불이행에 의한 손해배상이 인정되지 않더라도 과실에 의한 **불법행위**가 인정되어 손해배상을 받을 여지가 있다.

최근의 민법개정에 관한 예비초안에서는 특별손해의 예견가능성에 대하여 채무불이행시를 기준으로 하는 기존의 통설 및 판례의 입장을 반영하여 내용을 작성하였다.[93] 그 이유로는 우리 법제가 영미법과는 달리 일반적인 강제이행을 인정하고 있으므로 이행기에 채무자가 부담하게 될 리스크를 추가적으로 고려하여야 한다는 점, 손해배상의 요건으로 채무자의 귀책사유를 요구하고 있다는 점, 채무자가 계약체결시 이후 예견할 수 있는 사정이 있었다면 이를 평가하여 불이행을 예방하여야 한다는 점을 들고 있다.[94] 그러나 일반적인 강제이행을 인정하고 있는 프랑스민법도 계약체결시의 예견가능성을 기준으로 하고 있다는 점, 채무자의 귀책사유는 채무불이행에 대한 것이고 손해의 범위에 대한 것은 아니기 때문에 특별손해의 발생에 귀책사유가 없는 경우에도 이를 배상하여야 하는 것이 될 수 있다는 점, 계약체결시를 기준으로 하더라도 채무자의 입장에서는 여전히 채무불이행으로 인하여 부담하게 될 손해배상의 범위를 정확히 알 수 없고 채무불이행을 하는 경우 그로 인하여 손해배상 외에도 여러 불이익과 위험을 감수하여야 하

---

92) P. Antonmattei, *Contribution à l'étude de la force majeure*, LGDJ, 1992, n° 200. 계약상 책임과 불법행위책임은 모두 과책을 근거로 하고 있고 과책 없음이 곧 불가항력이라고 설명한다.

93) 김형석, 위의 보고서, 26면. 제393조(손해배상의 범위) ① 채무불이행으로 인한 손해배상은 통상의 손해를 그 한도로 한다. ② 특별한 사정으로 인한 손해는 채무자가 채무 성립 당시 또는 이후에 그 사정을 알았거나 알 수 있었을 때에 한하여 배상의 책임이 있다.

94) 김형석, 위의 보고서, 27면.

기 때문에 채무불이행을 예방하는 것이 유리하다고 생각할 수 있다는 점, 채무자가 계약체결시 이후에 특별손해를 예상할 수 있게 된 때 이를 예방하기 위해 주의의무를 더욱 강화하도록 채무자에게 요구하는 것이 오히려 채무자에게 부당한 압박을 가하는 것으로 볼 수 있다는 점에 비추어 본다면 예비초안의 내용은 비판의 여지가 있다고 생각된다.

Ⅴ. 결론

채무불이행에 대한 구제수단으로서 채무자에게 손해배상채무를 부과하는 것은 채무자에게 의외의 부담이 된다. 채무자는 채무의 내용에 따른 급부가 아닌 다른 급부를 하여야 하기 때문이다. 채무자가 채무불이행에 대하여 자신의 유책사유가 없음을 증명하지 못하였기 때문에 그러한 부담이 정당화될 여지가 있다. 그러나 과실에 의한 채무불이행의 경우에는 채무자 역시 불행한 사고로 손해를 입은 측면이 있기 때문에 제한 없는 손해배상을 인정하는 것이 타당하다고 보기는 어렵고 손해배상의 범위를 제한할 필요가 있다.

문제가 되는 것은 채무가 발생한 후에 채무자가 인지할 수 있었던 채권자의 특별손해에 대하여 채무자에게 배상책임을 지울 수 있는가 하는 것이다. 채무자는 채무 발생에 관한 의사결정을 할 때 채무불이행시 발생할 손해배상액에 대하여도 고려를 할 것이다. 자신이 감당할 수 없을 정도로 배상액이 커질 수 있는 경우에는 그러한 거래 또는 행위에 참여하지 않으려고 할 것이다. 채무자가 이에 참여하는 경우에도 손해발생에 대비하여 필요한 조항을 계약에 삽입하여 자신의 부담을 줄이려 할 것으로 예상할 수 있다. 채권자의 입장에서도 자신의 특별손해 가능성을 최대한 채무자에게 고지하여 채무자로 하여금 의사결정을 하는데 이를 참작하고 이러한 손해발생에 대비할 수 있도록 하는 것이 타당하다.

반면 채무자가 계약체결 이후 특별손해를 인지할 수 있었음에도 불구하고 고의로 채무를 이행하지 않은 경우에는 이에 대하여 손해배상을 하게 할 필요가 있다. 고의는 과실 보다 비난가능성의 정도가 크고 도덕적 해이라고 볼 여지가 있기 때문이다. 중대한 과실의 경우에도 고의와 마찬가지로 평가할 수 있을 것이다.[95]

이러한 점에 비추어 볼 때 손해배상의 범위에 관한 민법 제393조는 다음과 같이 개정하는 것이 타당하다.

---

95) 이러한 내용의 입법안으로 사동천, "손해배상의 범위", 「홍익법학」, 제18권 제1호, 2017, 333면. 이 안에 따르면 법원이 채무자의 변제능력을 고려하여 배상액을 경감할 수 있도록 하고 있다.

제393조(손해배상의 범위) ① 채무자는 채무불이행으로 인한 통상의 손해를 배상하여야 한다. ② 특별한 사정으로 인한 손해는 채무자가 채무 성립 당시 그 사정을 알았거나 알 수 있었을 때에 한하여 배상할 책임이 있다. 채무자가 고의 또는 중대한 과실로 채무를 불이행한 때에는 불이행 당시 그 사정을 알았거나 알 수 있었을 손해에 대하여도 배상할 책임이 있다.

현행규정으로는 불이행 당시에 채무자가 특별손해의 사정을 알 수 있었다는 점을 증명하여 특별손해에 대한 배상을 받을 수 있으나 개정안에 의하면 계약체결시에 채무자가 특별손해의 사정을 알 수 있었다는 점을 증명하여야 한다. 다만, 채무자가 고의 또는 중대한 과실로 채무를 불이행한 점을 증명한다면 불이행 당시에 채무자가 알 수 있었던 특별손해를 배상받을 수 있다.

계약의 해제*

- 법무부 민법개정위원회 기초위원회 최종안**을 중심으로 -

안병하***

국문초록

계약 해제는 쌍무계약상의 견련성에 근거한 제도로 계약법상의 특유한 제도이다. 현행 민법은 이를 반영하여 계약총론에 계약 해제에 관한 규정을 두고 있다. 그러나 해제라는 제도 그 자체에 초점을 맞춘 통일적인 규정을 마련하지 못하고 오히려 채무불이행의 유형에 따른 개별적인 규정을 열거하는 것으로 만족하였다. 또한 그 효과에 관한 규정도 너무 간략하여 부당이득법 규정의 도움 없이 문제를 해결하는 데 역부족이었다. 이러한 문제의식하에 기초위원회는 계약 해제에 관한 새로운 규정들을 제안하고 있는데 그 핵심적 내용은 다음과 같다.

1. 먼저 학설과 판례에 의해 인정되어 온 사정변경의 법리를 해제의 한 요건으로 규정하였다. 물론 신의칙에 기초한 이 법리의 특성상 명확한 규정의 정립에는 어느 정도 제한이 따를 수밖에 없었지만 그래도 이러한 명문화 작업을 통하여 계약의 당사자들이 계약체결 당시 예기치 못한 위험에 대한 대비책을 스스로 마련토록 하는 유인을 줄 수 있으며 아울러 실무에 합리적 판단의 기준을 제시해 줄 수 있으리라 기대된다.
2. 계약불이행으로 인한 법정해제와 관련하여 가장 눈에 두드러지는 제안은 계약 해제의 요건으로 채무자의 귀책사유를 요구하지 않는다는 점이다. 이러한 태도의 전환은 쌍무계약의 견

* 이 논문은 민사법학 제109호에 게재된 것을 수록하였다.
이 글은 2024년 한국민사법학회 하계학술대회에서 발표한 것에 약간의 수정을 가한 것이다. 당시 토론을 해주신 이경호, 김대경 교수님께 감사드린다. 학술대회에서 함께 발표했던 분들은 대부분 저번 호에 투고하셔서 글을 게재하셨는데, 필자의 사정으로 인해 투고가 늦어져 편집진에게 부담을 드린 것 같아 죄송스러운 마음 전한다.

** 이하 '최종안'이라 칭한다.

*** 상원대학교 법학전문대학원 교수, Dr. iur.

련관계에 기초한 계약 해제 제도의 본질과 근래의 국제적 경향에 입각한 것으로 보인다. 그리고 몇 가지 예외적 경우를 제외하고는 이행기 도래 후 상당한 기간을 정한 최고를 하였음에도 그 기간 내에 이행이 행해지지 않은 것을 기본적 요건으로 하여 계약의 구속력으로부터 벗어나고자 하는 채권자와 그간 채무의 이행을 위해 노력한 채무자의 이익을 균형있게 고려하고 있다. 이행기 도래 전에 계약해제가 가능함을 명확히 한 점도 눈에 띈다. 다만 채권자의 해제권이 부정되는 채권자의 책임 있는 사유로 인한 채무불이행의 구체적 의미가 무엇인지, 일부 불이행의 경우 계약 전부의 해제가 어떠한 경우에 가능한지 등과 같은 해석상 문제를 남기고 있다.

3. 계약 해제의 효과에 관해서는 우선 직접효과설과 청산관계설의 대립과 같은 이론적 구성에 천착하지 않고 실제 문제의 해결에 집중하는 실용적 모습을 보이고 있다. 해제된 계약이 체결되기 전의 상태로 회복시키려는 원상회복청구권의 취지에 맞추어 원물반환의 원칙에 입각하여 예외적으로 가액반환이 이루어지는 경우와 함께 예외적으로 가액반환조차 면제되는 경우를 규정하고 있다. 또한 종래 이자의 반환에 관해서만 규정이 있었던 것을 넘어 물건의 과실 반환에 관해서도 동일한 취지의 규정을 두고 있다. 이를 통하여 어느 정도 독자적인 원상회복청구권의 내용이 형성되는 계기가 마련되리라 기대해 본다.

Ⅰ. 들어가며

계약 해제는 간단히 말해 계약의 성립으로 발생한 계약의 구속력으로부터 당사자를 해방시켜 그들이 보다 나은 거래를 새롭게 모색할 수 있도록 해주는 계약법상의 중요한 제도이다. 물론 계약준수의 원칙상 그것이 남발되는 것이 결코 바람직하지는 않겠지만 계약관계의 진행과정에서 어쩌면 부닥칠지 모르는 위험에 대한 대비책으로 또는 당사자 간의 신뢰관계가 파탄 난 경우 매끄러운 결별의 수단으로 미리 약정되어 활용되는 경우가 많다. 사적자치의 원칙상 당연히 인정되는 이러한 약정해제와 함께 민법은 법정해제도 운용하고 있는데 증여계약의 특수한 사정을 반영하거나 사회경제적 효용을 감안한 예외적인 몇몇을[1] 제외하면 대부분 쌍무계약 당사자 일방이 그의 채무를 제대로 이행하지 않는 경우 상대방 또한 자신의 채무로부터 벗어날 수 있어야 한다는 견련적 사고를 공통분모로 하고 있다.[2]

---

1) 전자로는 민법 제555조부터 제557조까지, 후자로는 민법 제673조 및 제674조의3 참조.

2) 법정해제의 요건으로 되어 있는 채무불이행이 원칙적으로 쌍무계약에서 서로 견련관계에 서 있는

그럼에도 불구하고 현행 민법은 이를 통일적으로 아우르지 못하고 제544조 이하에서 개별규정들만 열거하고 있을 뿐이었다. 특히 채무불이행의 모든 유형을 담지 못하였을 뿐만 아니라 채무불이행이나 매도인 등의 담보책임으로 발생하는 해제권의 요건도 각기 다르게 규정하고 있었다. 더구나 쌍무계약 양 당사자의 급부 간 견련관계와 직·간접으로 관련되어 해제와 마찬가지로 원래의 1차적 급부청구권의 배제를 전제로 하여 인정되는 전보배상[3]이나 (대가)위험부담의 규정과도 조화되지 않는 모습을 보였다.[4] 해제의 효과에 관한 규정 또한 너무나 간략하게 구성되어 있어 다른 조문을 유추하거나 간접 적용하는 번거로움 없이는 실제 문제를 해결하기에 역부족이었다.[5] 법무부의 2004년 민법 개정안이나 2013년 민법 개정시안 모두 해제와 관련하여 대대적인 개정을 시도하였던 것이 결코 우연이 아닌 것이다. 다른 한편 '코로나 19' 사태를 맞아 그 활용도에 법률가의 지대한 관심이 모아졌고,[6] 근래 연이어 대법원 판결의 근거가 되기도 하였던[7] 사정변경의 법리도 민법에 명문으로 규정함으로써 그 요건과 효과를 보다 명확하게 구현할 필요성도 다분하다.

이번 '최종안'은 이렇게 현행 민법이 보이고 있는 부분적 번잡함과 비효율성을 제거하고, 규율의 틈을 메꾸는 데 주안점을 두었다. 그 과정에서 그간 우리 학계가 함께 노력하여 만들어 낸 기존 개정안이나 개정시안을 주된 참고 자료로 삼음으로써 종래의 논의를 흐트러뜨리지 않으면서도 현재의 수요에 부응하려 한 것이 특징이다. 해제로 범위

주된 급부의무의 불이행을 의미한다는 견해로 MüKoBGB/Ernst, 9. Aufl. 2022, BGB §323 Rn. 13 참조. 다만 이에 대해서 종된 급부의무가 불이행된 경우에도 계약해제가 가능하다는 반대 견해도 있으나(예컨대 BeckOK BGB/H. Schmidt, 70. Ed. 1. 5. 2024, BGB §323 Rn. 4) 어차피 이 견해에서도 독일 민법 제323조 제5항 제1문을 통하여 종된 급부의무의 불이행으로 인한 계약해제를 제한하려 하고 있고, 전자의 견해에서도 견련관계를 엄격하게 해석하지 않기 때문에(MüKoBGB/Ernst, 9. Aufl. 2022, BGB §323 Rn. 14) 두 견해의 결론이 종국적으로 달라지는 것은 아니라 하겠다.

3) 계약해제는 계약상채무를 이행하지 않은 자에게 계약을 상실시키는 것인 반면, 전보배상은 마치 계약이 이행된 것과 같은 경제적 상황을 인위적으로 작출하는 것으로 그 제재의 방향이 미치 반대인 것처럼 보이지만 계약 해제가 손해배상에 아무런 영향을 미치지 않는다는 점을 생각하면(민법 제551조 참조), 양자는 그 최종적 결과에서 그리 큰 차이를 보이지 아니한다.

4) 전보배상과 관련하여서는 민법 제395조와 제544조 및 제545조를 비교해 보면 이를 알 수 있으며, 위험부담과 관련하여서는 민법 제537조에 따라 양 당사자의 급부의무가 모두 소멸하는 경우 이미 이행된 급부의 청산관계에 관한 규정을 두지 않아 결국 판례(가령 대법원 2021. 5. 27. 선고 2017다254228 판결)가 해제의 경우와 달리 부당이득법에 의한 청산을 인정하게 되는 빌미를 제공하였다.

5) 예컨대 민법 제548조 제2항을 물건의 과실에도 유추적용하는 것이나(부당이득법에서는 반대로 제201조의 규정을 금전의 이자에는 적용하지 않음), 원물반환이 불가능한 경우 인정되는 가액반환의 근거규정으로 민법 제747조 제1항을 들 수밖에 없는 것.

6) Covid-19에 대처하기 위해 독일 정부가 영업금지조치를 내린 것을 상가임대차계약의 행위기초에 장애가 생긴 것으로 인정한 BGH, Urt. v. 12. 1. 2022, JuS 2022, 361 참조.

7) 대법원 2020. 12. 10. 선고 2020다254846 판결; 대법원 2021. 6. 30. 선고 2019다276338 판결 참조.

를 좁히면 이러한 노력은 크게 3가지 부분으로 나누어질 수 있는데, 먼저 사정변경 법리를 새로이 규정함으로써 해제 사유를 추가한 것이 그 하나요, 담보책임을 포함한 채무불이행으로 인한 법정해제의 요건을 통합하여 통일적으로 규정한 것이 그 둘이다. 마지막으로 해제의 효과를 보다 구체적으로 규정한 것이 세 번째이다. 이하에서는 이 3가지에 초점을 맞추어 '최종안'의 규정을 분석하고 해석상 논란이 될 수 있는 부분들을 살펴보기로 한다.

Ⅱ. 해제 사유의 추가 - 사정변경의 법리 도입

1. 의의

사정변경의 법리는 대법원 2007. 3. 29. 선고 2004다31302 판결부터 실무에서 그 존재의 의미를 본격적으로 갖게 되었다. 물론 그 이전부터 회사의 채무에 대한 임직원의 계속적 보증과 관련하여 그 임직원이 퇴사한 경우 사정변경을 이유로 보증계약을 해지할 수 있다고 한 판결들이 존재하였지만[8] 이들을 사정변경 법리의 적용례로 보는 것[9]이 과연 옳은가라는 의문을 지울 수 없다.[10] 부당해임이나 부당해고가 아닌 한 임직원의 퇴사는 예견가능한 것일 뿐만 아니라 임직원 스스로 부담하여야 하는 위험이기 때문이다.[11] 이와 마찬가지로 앞서 언급한[12], 사정변경의 법리를 적용한 근래의 판결들에 대해서도 그 사안이 진정 사정변경의 법리가 적용되어야만 했던 것인가에 대해 부정적 견해가 피력되고 있다.[13] 견본주택을 건설하기 위해 토지 임대차계약이 행해졌는데 그

8) 대법원 1990. 2. 27. 선고 89다카1381 판결; 대법원 1992. 11. 24. 선고 92다10890 판결; 대법원 1996. 12. 10. 선고 96다27858 판결 등 다수.

9) 교과서들은 통상 이렇게 설명하고 있다. 가령 송덕수, 민법총칙 6판, 2021, 102면; 지원림, 민법강의 21판, 2024, 61면 참조.

10) 같은 의문을 제기하는 견해로 권영준, "위험배분의 관점에서 본 사정변경의 원칙", 「민사법학」, 제51호, 2010, 214면 참조.

11) 독일 연방일반법원(BGH)도 주채무자의 소득 없는 배우자가 자신의 경제능력을 훨씬 초과하는 액수의 보증을 서 주었는데(이는 주로 혼인관계에 있는 배우자에게로 책임재산이 이탈하는 것을 막기 위해 은행 측에서 요구하는 것임), 후에 주채무자와 보증인이 이혼한 경우 행위기초의 탈락을 인정한 적이 있다(예컨대 BGH, Urt. v. 5. 1. 1995, NJW 1995, 592, 593 f. 참조). 이에 대해 보증인이 책임을 면하려 이혼으로 도피하는 경향을 불러일으킬 뿐만 아니라 이혼이라는 것은 보증인의 위험영역에 속하는 것이라고 비판하는 견해(Medicus/Petersen, Bürgerliches Recht, 29. Aufl., 2023, Franz Vahlen, S. 75 참조)가 있다. 임직원의 퇴사는 이혼과 비교할 수 없을 정도로 자주 일어나는 사정이라는 점에서 우리 대법원 판례를 사정변경의 법리가 적용된 것으로 보는 것은 더욱 힘들 것이다.

12) 각주 7 참조.

13) 여기서는 우선 권영준, "2020년 민법 판례 동향", 서울대학교 「법학」, 제62권 제1호, 2021, 309면 이하; 김형석, "사정변경 법리의 적용 범위", 「저스티스」, 통권 제191호, 2022, 58면 이하 참조.

후 관할청으로부터 임차인의 가설건축물 축조 신고가 반려되어 견본주택을 건설할 수 없게 된 경우나 해외 이주 알선업체와 미국 비숙련 취업 이민을 위한 알선계약을 체결하였는데 이민 허가 후 미국비자의 발급을 받을 수 있는지 여부가 불투명해진 경우 사정변경의 원칙보다는 보충적 해석이나 착오 취소와 같은 법적 수단을 통해 해결하는 것이 바람직 하다는 주장들이 있는 것이다. 이러한 논란의 이유는 무엇보다 사정변경의 법리가 신의칙에 기초하고 있기에 그 요건이 명확하지 아니하고 그 결과 인접 법제도들과의 경계도 불분명하다는 데에 있다. 사정변경 요건의 충족 여부를 판단할 때 참작할 개별적·구체적 사정이 각양각색일 뿐만 아니라 그 대부분이 규범적 평가와 연결되어 있기 때문이다. 사정변경 법리의 효과 또한 그 이론적 정립이 불충분하다는 점에서 그 요건과 마찬가지 상황에 처해 있다. 전형적인 효과로 거론되는 계약의 수정과 계약의 해제 서로 간의 관계가 어떠한 것인지 그리고 그러한 효과의 발생과 관련하여 법원이 어느 정도로 개입할 것인지[14]에 관해서 논의가 분분한 실정이다.[15]

하지만 규정의 새로운 신설은 그에 의해 최소한의 법적 안정성이 확보될 때 의미를 가지는 것이므로[16] '최종안'은 사정변경 법리의 요건과 효과를 가능한 한 명확히 규정하기 위하여 노력을 기울였다. 만약 사정변경 법리에 관한 규정의 신설이 실제로 이루어진다면 이제 사정변경의 법리는 더 이상 계약준수의 원칙에 대한 예외가 아니라, 예기치 못한 위험의 합리적 분배를 통해 계약을 체결한 당사자의 원래 취지가 왜곡되지 않고 실현될 수 있도록 도와주는 제도로 자리매김할 수 있을 것이라 기대하기 때문이다. 그렇다고 하여 신의칙에 뿌리를 두고 있다는 본질상 최후수단으로서 보충성을 숙명적으로 지닌다는 점까지 잊을 것은 아니다.

---

14) 법원의 개입 정도에 관한 대륙법계와 영미법계의 차이에 관해서는 Kötz, Europäisches Vertragsrecht, 2. Aufl. 2015, Mohr Siebeck, S. 422 f. 참조.

15) 예컨대 계약의 수정에 "법원이 관여하도록 함으로써 절차적 통제를 할 필요가 있다"는 견해로 김재형, "계약의 해제·해지, 위험부담, 사정변경에 관한 민법개정안", 서울대학교 「법학」, 제55권 제4호, 2014, 54-55면 참조.

16) 그렇지 않고 너무나도 모호한 요건과 효과로만 점철되어 있다면 통제되지 않는 형평 판단의 통로로 남용될 위험이 있다. 이를 경계하는 목소리로 Eidenmüller, "Der Spinnerei-Fall: Die Lehre von der Geschäftsgrundlage nach der Rechtsprechung des Reichsgerichts und im Lichte der Schuldrechtsmodernisierung", JURA 2001, 824, 830 f. 참조.

“사정변경”이라는 표제를 가진 ‘최종안’ 제538조의 2의 법문은 다음과 같다.

최종안
제538조의 2(사정변경) ① 계약 성립의 기초가 된 사정이 현저히 변경되었고 당사자가 계약 성립 당시 이를 합리적으로 예견할 수 없었던 경우에, 그로 인하여 계약을 그대로 유지하는 것이 당사자의 이해에 중대한 불균형을 초래하는 때에는 당사자 일방은 상대방에 대하여 계약의 수정을 청구할 수 있다. ② 계약의 수정이 가능하지 아니한 때 또는 그 수정이 변경된 사정 아래에서 사회관념상 당사자에게 기대될 수 없는 때에는 당사자는 계약을 해제 또는 해지할 수 있다.

2. 요건의 검토

‘최종안’ 제538조의 2 제1항에 明記되어 있는 요건은 객관적 요건, 주관적 요건, 규범적 요건으로 나누어질 수 있다.

(1) 객관적 요건

먼저 객관적 요건으로 계약 성립의 기초가 된 사정이 현저히 변경될 것이 요구된다. 이에 따르면 사정변경 법리는 우선 모든 법률행위가 아닌 계약에만 적용되는 계약법상의 법리임이 명확해진다. 이 제도가 쌍무계약에서 양 급부 사이의 등가성 파괴를 그 주된 대상으로 하는 것이기 때문이다. 그리고 계약을 체결하는 당사자라면 누구나 전제로 하고 있을 여러 사실관계나 법률관계 중 오로지 계약 성립의 기초가 된 것에 관해서만 초점이 맞추어지며 이러한 사정조차 현저히 변경되지 않는 한 사정변경 법리가 고려의 대상으로 되지 않는다는 점을 분명히 밝히고 있다.

여기서 무엇보다 “계약 성립의 기초가 된 사정”의 의미가 중요하게 다가온다. 단순하게 보면 계약이라는 법률행위를 행하는 당사자의 효과의사가 기초하고 있는 사정이라 할 수 있을 것인데 조금 더 자세히 살펴보면 다음과 같이 설명할 수 있다. 즉 적어도 일방 당사자가 계약체결 시 전제 했던 사정으로서, 만약 그 사정의 변경을 알았더라면 그 당사자가 해당 계약을 체결하지 않았거나 다른 내용으로 체결하였을 정도로 그 당사자에게 중요한 의미를 지닌 것이어야 하며, 상대방 또한 공정의 관점에서 보았을 때 그 사정의 고려를 함께 했어야만 한다고 인정될 정도의 사정을 말한다.[17] 예컨대 불꽃놀이나 가장행렬과 같은 장관을 즐기기 위해 적합한 장소에 위치해 있는 건물의 옥상을 예고된

17) 이러한 개념 정의는 Medicus/Petersen, Bürgerliches Recht, 29. Aufl., 2023, Franz Vahlen, S. 74의 서술을 참조한 것이다. 그들은 이러한 행위기초의 요소를 각각 현실적, 가정적, 규범적 요소라 칭하고 있다.

행사 시간에 맞추어 특별히 비싼 가격에 임차하였다면 그러한 행사가 개최된다는 사정은 옥상 임대차계약 성립의 기초가 될 것이다.[18] 그런데 만약 갑작스런 지진으로 인해 기대한 행사가 취소되었다면 그 기초사정에 현저한 변경이 생긴 것으로 된다.

계약 성립의 기초가 된 사정은 무엇보다 계약의 내용과 구별하여야 한다. 그렇기에 어떠한 사정이 이미 계약의 내용으로 편입되었는지 아니면 계약 성립의 기초사정에 불과한지 판단하기 위해서는 먼저 계약의 해석이 행해질 필요가 있다. 보충적 해석이 사정변경의 법리보다 먼저 적용되어야 할 이유가 여기에 있다.[19] 만일 계약의 내용으로 된 사정이 현저히 변경되는 바람에 급부를 이행하는 것에 너무나 과도한 비용이 든다면 이것은 급부의무의 한계를 정하는 이행불능과 같은 제도로 해결할 문제이지 사정변경의 법리가 적용될 것이 아니다.[20]

대법원은 처음에는 "여기에서 말하는 사정이라 함은 계약의 기초가 되었던 객관적인 사정"이라고 설시하다가[21] 근래에는 "여기에서 말하는 사정이란 당사자들에게 계약 성립의 기초가 된 사정"이라고 슬쩍 표현을 바꾸었다.[22] 이러한 변화가 이른바 독일의 주관적 행위기초론[23]을 염두에 두고 행해진 것인지는 분명하지 않다. 다만 대법원이 종래부터 당사자 쌍방이 계약의 기초가 된 사정에 관해 공통하여 착오에 빠진 경우 보충적 해

18) 비슷한 취지로 Stürner, "Faktische Unmöglichkeit(§275 II BGB) und Störung der Geschäftsgrundlage (§313 BGB) – unmöglich abzugrenzen?", JURA 2010, 721, 725; Eidenmüller, "Der Spinnerei–Fall: Die Lehre von der Geschäftsgrundlage nach der Rechtsprechung des Reichsgerichts und im Lichte der Schuldrechtsmodernisierung", JURA 2001, 824, 828 참조.

19) 보충적 해석이 우선해야 한다는 견해로는 Medicus/Petersen, Bürgerliches Recht, 29. Aufl., 2023, Franz Vahlen, S. 70; Eidenmüller, "Der Spinnerei–Fall: Die Lehre von der Geschäftsgrundlage nach der Rechtsprechung des Reichsgerichts und im Lichte der Schuldrechtsmodernisierung", JURA 2001, 824, 826 f. 참조. 결론에서 "보충적 계약해석이 행해지는 범위에서 사정변경 법리는 별도로 고려할 여지가 없다"는 견해로는 김형석, "사정변경 법리의 적용 범위", 「저스티스」, 통권 제191호, 2022, 49면 참조.

20) 독일의 일반적 견해에 따라(예컨대 BeckOK BGB/Lorenz, BGB §313 Rn. 20) 불균형이 채무자의 비용과 채권자의 급부이익 사이에 불균형이 성립한다면 불능의 문제이고, 채무자의 비용과 채권자의 반대급부 사이의 등가성에 장애가 발생하는 것이라면 사정변경의 문제라고 하는 견해도 국내에 존재한다(김형석, "사정변경 법리의 적용 범위", 「저스티스」, 통권 제191호, 2022, 50–51면 및 거기에 소개된 전거들 참조). 하지만 이러한 구별 표지 보다는 계약 자체에 의해 위험으로 된 사정의 변경인지 아닌지 여부에 따라 양 제도를 구별하려는 견해(Stürner, "Faktische Unmöglichkeit(§275 II BGB) und Störung der Geschäftsgrundlage(§313 BGB) – unmöglich abzugrenzen?", JURA 2010, 721, 723 f. 참조)가 보다 설득력 있는 것으로 보인다.

21) 대법원 2007. 3. 29. 선고 2004다31302 판결; 대법원 2013. 9. 26. 선고 2012다13637 전원합의체 판결 참조.

22) 대법원 2017. 6. 8. 선고 2016다249557 판결; 대법원 2020. 5. 14. 선고 2017다220058 판결; 대법원 2021. 6. 30. 선고 2019다276338 판결 참조.

23) 독일민법 제313조 제2항 참조.

석이 행해질 수 있다는 견해를 견지하고 있음은 주지의 사실이다.[24] 그런데 보충적 해석이 불가능한 경우에는 어떻게 할 것인지, 즉 민법 제109조에 따라 취소를 인정할 것인지 아니면 사정변경의 법리에 따라 해제를 인정할 것인지 문제가 될 것인데 뒤에서 보듯이 취소와 해제의 취지가 다르고 그 청산관계의 내용이 다르다는 점을 고려한다면 이 또한 중요한 문제가 아닐 수 없다. '최종안' 제109조 제1항 제2호가 "법률행위의 필수적인 기초가 된 사정에 관한 착오"를 취소할 수 있는 착오로 규정하고 있다는 점으로 미루어 보면[25] 일견 착오 취소의 방향으로 추가 기우는 듯하지만[26], 양 당사자 모두 계약으로부터 벗어나길 원한다는 관점에서 본다면 이러한 경우에까지 굳이 '최종안' 제109조 제2항에서 현행법과 마찬가지로 요구하는 중대한 과실로 인한 착오가 아니어야 한다는 요건을 요구할 필요가 있을지 의문이다. 아무튼 앞으로의 논의의 진전을 지켜볼 일이다. 이와 관련하여 '최종안' 제538조의 2 제1항이 말하는 사정의 변경이 계약 성립 뒤의 사후적 변경만을 의미하는 것인지 아니면 계약체결 당시 이미 당사자들이 기초로 삼은 사정이 존재하지 않은 것까지 포함하는 것인지 여부도 함께 해결되어야 할 문제일 것이다.

(2) 주관적 요건

다음으로 주관적 요건을 살펴보면 당사자가 계약체결 당시 사정의 현저한 변경을 합리적으로 예견할 수 없었어야 한다. 당사자들이 그러한 사정변경을 예견할 수 있었더라면 통상 그 대비책을 사전에 모색했을 것이므로 실제로 사정변경이 발생하였다고 하여 새로운 위험분배가 필요하지는 않을 것이다. 만일 당사자들이 사정변경을 예견할 수 있었음에도 그 대비책을 마련해 놓지 않았다면 그들은 그러한 사정변경을 대수롭지 않은 것으로 여겼거나 이를 감수할 작정[27]이었을 가능성이 크다. 그러므로 이 경우 또한

---

24) 대법원 2006. 11. 23. 선고 2005다13288 판결; 대법원 2023. 8. 18. 선고 2019다200126 판결 참조.
25) '최종안' 제109조의 내용은 다음과 같다.

> 제109조(착오로 인한 의사표시) ① 다음 각 호의 착오로 인한 의사표시는 의사표시자가 착오 없이 사실을 알았다면 그러한 의사표시를 하지 아니하였을 것이라고 합리적으로 인정되는 때에는 취소할 수 있다.
> 1. 의사표시의 내용에 상응하는 의사가 없는 경우
> 2. 법률행위의 필수적인 기초가 된 사정에 관한 착오
> 3. 상대방이 유발한 착오
>
> ② 착오가 의사표시자의 중대한 과실로 인한 때에는 취소하지 못한다. 다만 상대방이 그 착오를 알았거나 중대한 과실로 알지 못한 때에는 그러하지 아니하다.
> ③ 제1항의 의사표시 취소는 선의의 제3자에게 대항하지 못한다.

26) 장래의 사정에 대한 공통의 착오와 관련하여 착오규정을 선호하는 견해로 김형석, "사정변경 법리의 적용 범위", 「저스티스」, 통권 제191호, 2022, 54-55면 참조.
27) 예컨대 투기거래의 경우.

새로운 위험분배는 필요 없는 것으로 된다.[28] 다만 예외적으로 사정변경의 정도가 당사자들이 사전에 예견했던 범위를 훨씬 벗어나는 경우라면 그러한 변경에 대해서는 예견가능성이 없는 것으로 평가되어 사정변경의 원칙이 적용될 수도 있을 것이다.

대법원은 주관적 요건과 관련하여 예전에는 "사정의 변경이 해제권을 취득하는 당사자에게 책임 없는 사유로 생긴 것"이어야 함을 요구하였다.[29] 그러나 근래 이 또한 슬그머니 그 요건에서 제외하고 있다.[30] 아마도 사정변경에 관한 귀책사유 여부는 이어서 살펴볼 세 번째 요건인 규범적 요건을 판단을 할 때 고려하면 될 것이라 여긴 듯하다. '최종안'도 마찬가지 입장으로 귀책사유 여부를 불문한다. 물론 고의로 사정변경을 야기한 자가 사정변경의 법리에 기한 수정 청구나 해제를 하는 것은 신의칙을 기반으로 하는 이 법리의 성격상 인정되기 어려울 것이다.[31]

(3) 규범적 요건

마지막으로 규범적 요건을 살펴본다. '최종안'은 사정변경으로 인해 계약을 그대로 유지하는 것이 당사자의 이해에 중대한 불균형을 초래할 것을 요구하는데 아마도 사정변경 법리를 적용할 때 가장 많은 논란을 초래할 요건일 것으로 사료된다. 이 법리가 신의칙에 기반하고 있음을 여실히 보여주는 이 요건은 한 마디로 사정변경으로 인해 계약을 유지하는 것이 일방 당사자에게 지나치게 가혹한 것으로 되어 계약내용대로 이행을 요구하는 것이 정의관념상 타당하지 않다고 판단되어야 함을 의미하는 것이다.[32] 이 요건의 충족 여부를 판단하기 위해서는 구체적 사안을 둘러싼 모든 사정을 광범위하게 고려하는 이익형량이 이루어져야 하는데 그 과정에서 특히 법률상 그리고 계약상 이미 행해진 위험분배가 세심히 고려되어야 한다.[33] 원칙적으로 금전 채무자는 법률상 금전 조달의 위험을 스스로 부담하며 확정가격으로 건설공사를 수주한 수급인은 장차 비용이 증가할 수도 있는 위험을 스스로 인수한 것이다. 이러한 위험분배는 원칙적으로 존중되어야 할 것

---

28) BeckOK BGB/Lorenz, BGB §313 Rn. 29 참조.

29) 대법원 2007. 3. 29. 선고 2004다31302 판결; 대법원 2013. 9. 26. 선고 2012다13637 전원합의체 판결 참조.

30) 대법원 2017. 6. 8. 선고 2016다249557 판결; 대법원 2020. 5. 14. 선고 2017다220058 판결; 대법원 2021. 6. 30. 선고 2019다276338 판결 참조.

31) BeckOK BGB/Lorenz, BGB §313 Rn. 28 참조.

32) 유사한 표현으로 Looschelders, Schuldrecht AT, 21. Aufl., 2023, Franz Vahlen, S. 300; Kupfer/Weiß, "Störung der Geschäftsgrundlage", JA 2022, 711, 715 참조.

33) 독일 민법 제313조 제1항; Looschelders, Schuldrecht I, 21. Aufl., 2023, Franz Vahlen, S. 300 참조. 계약에 의해 명시적·묵시적으로 배분된 위험에 대해서는 원칙적으로 사정변경의 법리가 적용되지 않는다는 설명으로 권영준, "위험배분의 관점에서 본 사정변경의 원칙", 「민사법학」, 제51호, 2010, 226면 이하 참조.

이며 예외적으로 입법자나 계약의 당사자가 그러한 위험분배 시 예상하지 못했던 급격한 사정변경의 경우에 한해서 재분배의 작업이 필요하게 될 것이다. 이와 같은 이해는 계약의 당사자로 하여금 합의를 통하여 스스로 위험에 대비하도록 하는 유인으로 작용할 수 있다. 같은 맥락에서 해당분야의 지식과 경험이 많을 뿐 아니라 거래와 관련된 위험을 예측하고 대비할 수 있는 인적·물적 자원을 충분히 갖추고 있는 대기업 등이 당사자로 되는 경우에는 사정변경 법리의 적용에 보다 신중을 기할 필요가 있다.[34)]

3. 효과의 검토

'최종안'은 그 효과로 계약수정 청구권과 계약해제권을 규정하면서 이들 사이에 우선순위를 두어 먼저 계약수정을 청구토록 하고 계약수정이 불가능하거나 기대되기 어려운 경우에 한하여 계약해제를 인정하고 있다. 계약을 유지하는 것이 양 당사자뿐만 아니라 사회경제적으로도 이롭다는 사고에 기초하고 있는 것이다. 이로부터 다음과 같은 설명이 가능하다.

먼저 사정변경 법리의 요건이 충족되었다고 하여 계약이 법에 의해 자동적으로 수정되는 것이 아니라 사정변경으로 인해 불이익을 입게 된 당사자의 수정 청구에 상대방이 응함으로써 비로소 계약이 수정된다는 점이다. 사정변경에 의한 위험의 재분배 또한 원칙적으로 당사자의 의사에 의해 이루어지도록 하는 것은 사적자치의 원칙에 부합할 뿐만 아니라 계약수정에 필요한 제반 사정을 가장 잘 알고 있는 당사자들이 그 수정을 주도하도록 함으로써 효율성도 담보할 수 있다. 이 과정에서 수정 청구의 상대방에게 수정에 협력할 의무를 인정할 것인가라는 논란이 있다. 독일 판례는 이를 인정하면서 동시에 그 위반시 독일민법 제280조 제1항에 따라 손해배상책임이 발생한다고 한다.[35)] 우리의 실무가 앞으로 어떠한 방향으로 움직일지는 아직 예단하기 어렵다. 다만 이와 관련하여 주의할 것은 상대방이 계약수정을 위한 협상을 거절한다고 하더라도 법원을 통해 계약수정을 관철시킬 수 있는 길이 열려있는 만큼 곧바로 계약 해제권을 행사할 수 있는 것은 아니라는 점이다.[36)]

---

34) 이러한 시각은 Kötz, Europäisches Vertragsrecht, 2. Aufl. 2015, Mohr Siebeck, S. 420의 서술에서 영감을 받은 것이다.

35) BGH, Urt. v. 30. 9. 2011, NJW 2012, 373, 376 참조. 이 판결은 구체적 사안에서 불이익을 입은 당사자의 변호사비용을 정당한 이유 없이 협상을 거절한 상대방으로 하여금 배상토록 하였다. 물론 이러한 판례에 대한 비판적 시각도 존재한다. 즉 협력의무를 책무로 구성해야 한다는 견해도 있으며(Looschelders, Schuldrecht AT, 21. Aufl., 2023, Franz Vahlen, S. 302 참조), 아예 이러한 의무나 책무를 인정할 필요가 없다는 견해도 존재한다(Kötz, Europäisches Vertragsrecht, 2. Aufl. 2015, Mohr Siebeck, S. 423 f.).

36) BGH, Urt. v. 30. 9. 2011, NJW 2012, 373, 375 참조.

계약수정 청구권은 명실상부한 청구권으로 규정되었으며 형성권이 아니다. 그러므로 만약 상대방이 계약수정에 협력하지 않는 경우,[37] 계약수정을 원하는 당사자는 원칙적으로 법원에 자신이 원하는 계약의 수정에 대한 상대방 동의의 의사표시에 갈음하는 판결을 소구할 수 있으며 부진정 예비적 병합을 통하여 동시에 수정된 계약에 기한 상대방의 반대급부 이행도 청구할 수 있을 것이다.[38] 우리보다 앞서 유사한 규정을 둔 독일의 실무에서는 곧바로 수정된 급부를 소구할 수 있게 함으로써 사실상 법원의 판결에 의해 계약의 수정이 행해지는 것과 같은 결과를 인정하기도 한다.[39]

계약의 해제나 해지는 이러한 수정조차 좌절된 경우, 즉 계약내용의 수정이 아예 불가능하거나 아니면 이를 당사자에게 요구하는 것이 거래관념에 비추어 비합리적이어서 당사자에게 그 수용을 기대하기 어려울 때 최후의 수단으로 인정된다. 그러므로 사정변경 법리에 기한 계약해제는 이어서 설명할 계약불이행으로 인한 계약해제와 달리 상당한 기간을 정한 최고가 그 선행조건으로 요구되지 않는다. 계약관계의 유지에 더 이상 미련이 없는 상태이기 때문이다.

Ⅲ. 계약 불이행으로 인한 법정해제 요건의 통합

1. 의의

쌍무계약에서 일방 당사자가 계약상 채무의 내용에 좇은 이행을 하지 않는 경우 상대방이 이를 이유로 하여 계약의 구속력으로부터 벗어날 수 있는 길을 열어주는 것이 계약불이행으로 인한 해제의 기능이다. 해제권을 행사함으로써 그는 아직 이행하지 않은 급부를 이행할 필요가 없게 되며 동시에 이미 이행한 급부의 반환을 청구할 수 있게 되는 것이다. 이를 통해 보다 성실한 자를 찾아 새로운 거래를 모색할 기회도 갖게 된다. 이 글의 모두에서 언급했듯이 현행 민법은 이러한 법정해제의 기능에 초점을 맞추어 그 요건을 통일적으로 규정하는 대신 채무불이행 유형마다 개별적으로 그 요건을 날리하여 규정하고 있을 뿐이다. 해제 제도의 본질에 맞춘 것이 아니라 오히려 각 채무불이행의 본질에 맞춘 규정의 모습이다. '최종안'은 이러한 모습에서 탈피하여 해제 그 자체

37) 거래계에서의 평판이나 상대방과의 장기적 관계 유지 등이 거래 당사자에게 중요하다는 점을 생각한다면 상대방이 수정협상에 아예 응하지 않는 경우는 드물 것이다.

38) Wieser, "Der Anspruch auf Vertragsanpassung wegen Störung der Geschäftsgrundlage", JZ 2004, 654, 654 참조.

39) BGH, Urt. v. 30. 9. 2011, NJW 2012, 373, 376 참조.

에 초점을 맞추어 담보책임까지 포함하여 계약불이행과 관련된 모든 법정 해제의 요건을 통일적으로 규율하고자 한다. 이에 관한 규정을 추려보면 다음과 같다.

최종안
제544조(계약불이행과 해제) ① 채무자가 채무의 내용에 좇은 이행을 하지 아니한 때에는 채권자는 상당한 기간을 정하여 그 이행을 최고하고 그 기간 내에 이행하지 아니 한 때에는 계약을 해제할 수 있다. 그러나 불이행이 경미하여 계약의 목적을 달성할 수 있는 경우에는 그러하지 아니하다. ② 다음 각 호의 경우에는 제1항의 최고를 요하지 아니한다. 1. 채무를 이행할 수 없는 경우 2. 제1항의 최고에도 불구하고 기간 내에 이행되지 아니할 것이 명백한 경우 3. 채무자가 미리 이행을 거절하는 경우 4. 일정한 시일 또는 기간 내에 이행하지 아니하면 그 목적을 달성할 수 없는 계약에서 채무자가 그 시기에 이행하지 아니하거나 그 밖에 지체 후의 이행이 채권자에게 이익이 없는 경우 ③ 제2항 제1호부터 제3호까지의 경우 채권자는 이행기가 도래하기 전이라도 계약을 해제할 수 있다. **제545조(채권자에게 책임 있는 경우)** 채무불이행이 채권자의 책임 있는 사유에 의한 경우 채권자는 제544조에 따른 해제를 할 수 없다.

'최종안'의 규정에서 가장 먼저 눈에 띄는 것은 제544조의 표제이다. "채무불이행과 해제" 대신 "계약불이행과 해제"라고 의도적으로 말함으로써 해제가 오로지 계약상 채무의 불이행에 관한 계약법상의 제도임을 분명히 하고 있다. 이와 더불어 채무자의 귀책사유를 필수요소로 하는 채무불이행으로부터 결별하였다는 사실도 간접적으로 드러내고 있다. 이를 염두에 두고 이하에서 구체적 사항들을 살펴보기로 하자.

2. 해제의 요건에 관한 구체적 내용

(1) 기본적 요건

<u>(가) 계약상 채무의 (경미하지 않은) 불이행 – 채무자의 귀책 사유 불요</u>

먼저 '최종안'은 채무자가 채무내용에 좇은 이행을 하지 않을 것을 기초적 요건으로 하고 있다. 여기서 채무는 계약으로 인해 발생한 (주된) 급부의무를 의미하는 것으로 보인다. 그리고 채무내용에 좇은 이행을 하지 않는다는 것에는 이행이 불능인 경우, 이행을 지체한 경우, 이행을 불완전하게 한 경우가 모두 포함된다. 따라서 매도인의 담보책임을 발생시키는 권리나 물건에 (원시적) 하자가 있는 경우 및 매도인의 담보책임 규정이 준용되고 있는 모든 유상계약의 담보책임 발생 사유도 이에 포섭된다.[40] 이로써 '최

종안'은 해제의 기초요건으로서의 계약불이행에 채무자의 귀책사유가 요구되지 않는다는 사실을 묵시적으로 표현하고 있다. 즉 해제를 채무자의 귀책사유와 절연시킨 것이다. 이것은 국제적 추세에 따라[41] 이미 2013년 민법 개정시안이 제시했던 방향인데[42] 그 근거는 쌍무계약상 급부와 반대급부 간의 견련성에서 찾을 수 있다. 쌍무계약에서 스스로 계약에 충실하지 못한 자는 상대방에게 그 의무의 이행을 청구할 수 없다는 사고가 발전하여 단순한 항변권을 넘어서는 해제권을 발생시켰다는 점[43]을 생각한다면 채무자의 책임 없는 사유로 인한 계약불이행의 경우에도 채권자는 자신의 반대급부를 면하기 위하여 계약을 해제할 수 있어야 한다는 것을 알 수 있다. 그리고 바로 이러한 견련성의 고려로부터 다시 계약불이행이 경미하여 계약의 목적을 달성할 수 있는 경우에는 해제권을 행사할 수 없다는 '최종안' 제544조 제1항 단서가 도출되는 것이다. 지나치게 경미한 계약불이행을 이유로 계약해제권을 행사하는 것은 신의칙에 반할 뿐만 아니라 계약불이행이 경미하여 계약 목적 달성에 지장을 초래하지 않는 것이라면 계약을 유지시키는 것이 사회경제적으로도 바람직한 방향일 것이다. 현행 민법이 채무불이행의 경우와 달리 무과실책임인 매도인의 담보책임과 관련하여서는 계약의 목적을 달성할 수 없는 경우에 한하여 해제권을 인정하는 것[44] 또한 동일한 궤도에 서 있는 규정이라 하겠다. 다만 한 가지 주의하여야 할 점은 계약불이행의 경미성 여부에 대한 판단시 단순히 불이행의 정도만 객관적으로 판단할 것이 아니라 그 불이행이 채무자의 고의, 중과실에 기한 것인가 아니면 단순한 경과실로 인한 것인가 여부도 참작하여야 한다는 점이다.[45] 종국적으로는 채무자의 보호필요성 유무에 대한 판단이기 때문이다.

이렇게 해제의 기초가 되는 계약불이행을 채무자의 책임 있는 사유와 절연시키면 그 계약불이행이 채권자의 귀책사유로 인한 것인 경우에도 채권자가 해제권을 행사할

---

40) 예컨대 '최종안' 제572조 제1항의 다음 부분 참조: "매매의 목적인 권리 또는 물건에 하자가 있는 경우에 매수인은 제543조, 제544조 및 제547조에 의하여 계약을 해제할 수 있다."

41) 일단 여기서는 김재형, "계약의 해제·해지, 위험부담, 사정변경에 관한 민법개정안", 서울대학교 「법학」, 제55권 제4호, 2014, 11면 각주 15; 조인영, "계약책임에 관한 국제적 변화와 우리 민법의 향후 과제", 「비교사법」, 제29권 제1호, 2022, 201-201면 참조.

42) 2013년 개정시안 제544조 참조.

43) 계약해제의 연혁에 대한 간략한 설명으로는 Kötz, Europäisches Vertragsrecht, 2. Aufl. 2015, Mohr Siebeck, S. 320 f. 참조.

44) 예컨대 민법 제570조 본문, 제572조 제2항, 제575조 제1항, 제576조 제1항, 제577조, 제580조 제1항 본문, 제581조 제1항 참조.

45) Kötz, Europäisches Vertragsrecht, 2. Aufl. 2015, Mohr Siebeck, S. 402도 동지. 그리고 예컨대 BGH, Urt. v. 24. 3. 2006, NJW 2006, 1960, 1961 f. 참조. BGH는 이 판결에서 매도인이 매매목적물인 아파트의 하자를 악의로 묵비한 경우 그 하자의 제거비용이 그리 크지 않더라도 매수인은 해당 매매계약을 해제할 수 있다고 하였다.

수 있다는 불합리가 생길 수 있다. 그리하여 '최종안' 제545조는 이러한 경우 채권자의 해제권을 부정하고 있다. 동조의 해석상 문제는 해제권 부정을 위해 계약 불이행에 채권자의 책임이 어느 정도까지 개입해야 하는 것인지 명확하지 않다는 점이다. 참고로 독일 민법 제323조 제6항은 채권자에게만 책임이 있거나, 그에게 채무자보다 훨씬 과중한 책임이 있는 경우 또는 그의 수령지체 중에 채무자의 책임 없는 사유로 계약불이행이 발생한 경우에 해제권을 배제하고 있다. '최종안'의 규정 또한 이런 방향으로 해석될 가능성이 클 것이라 생각된다.

(나) 최고의 요구

계약 상대방의 채무불이행만 인정되면 곧바로 해제를 할 수 있는 것이 아니다. 채권자가 이행기 후에 상당한 기간을 정하여 채무자의 이행을 최고하고 채무자가 그 기간 내에 이행하지 않을 것이 추가적으로 요구된다. 이러한 최고 및 그 기간 내 이행이 없을 것이라는 요건은 채권자가 채무자로부터 약정된 급부를 받는 것을 단념하고서 눈을 다른 데로 돌리기 위한 기본적 전제가 된다. 비단 해제의 경우만이 아니라 이행을 갈음하는 전보배상을 청구하는 경우에도 마찬가지로 이러한 최고가 요구된다는 것[46)]으로부터 이를 잘 알 수 있다. 이러한 요구는 계약의 구속력으로부터 어서 빨리 벗어나고자 하는 채권자에 대하여 채무자에게 최소한 한 번만 더 기회를 주어 그 동안에는 계약의 효력을 유지하라는 주문과 함께 채무자에 대해서는 최고기간 동안 채무를 이행하기 위한 노력을 더욱 경주하여 계약내용에 따른 반대급부를 취득하라는 독려를 담고 있는 것으로 이해된다.[47)] 특히 계약이 해제되면 그간 채무자가 채무의 이행을 위해 들인 노력과 비용(예컨대 원자재 매입 및 가공비용 등)이 헛된 것으로 된다는 사정에 대한 경제적 고려가 큰 역할을 한 것으로 보인다.[48)] 물론 계약이 해제된다고 하더라도 채무자는 그러한 노력과 비용의 성과를 채권자 아닌 제3자에게 제공할 수 있을 테지만 그것이 대체물이 아닌 한 그러한 제3자를 구하기도 쉽지 않을뿐더러 설령 구했다고 하더라도 헐값에 넘기는 경우가 다반사일 것이다. 이러한 사회적 손실을 생각한다면 채권자가 채무자의 이행을 거부하기 위해서 최소한 채무자에게 진지한 경고와 함께 마지막 기회를 주도록 하는 것이 그리 부당한 요구는 아닐 것이다.

이러한 최고는 아마도 담보책임의 경우에는 추완청구의 형태로 나타날 것이다. 그러므

---

46) 다음과 같은 '최종안' 제395조 제1항 참조: "채무자가 채무의 내용에 좇은 이행을 하지 아니하는 경우에 채권자가 상당한 기간을 정하여 이행을 최고(催告)하였음에도 채무자가 그 기간 내에 이행하지 아니하는 때에는 채권자는 이행에 갈음하는 손해배상을 청구할 수 있다."

47) BeckOK BGB/H. Schmidt, 70. Ed. 1. 5. 2024, BGB §323 Rn. 1 참조.

48) 이와 관련된 설명으로 Kötz, Vertragsrecht, 2. Aufl., 2012, Mohr Siebeck, S. 384 ff. 참조.

로 상당한 기간 내 추완이 이루어지지 아니한 경우 매수인 등은 계약을 해제할 수 있다고 할 것이다. 그 외 최고시 반드시 상당한 기간의 정함이 있어야 하는 것은 아니라는 점,[49] 상당한 기간을 정한 최고와 함께 해제의 의사표시가 정지조건부로 행해질 수 있다는 점[50] 등 구체적 운영과 관련해서는 현행 민법의 해석과 달리 할 필요가 없으리라 생각된다.

(2) 최고가 면제되는 경우

방금 해제에 앞서 최고를 요구하는 이유를 살펴보았다. 그렇다면 그러한 채무자 보호의 필요가 인정되지 않을 때는 최고라는 번거로운 절차를 밟도록 할 필요가 없을 것이다. '최종안'은 그러한 경우로 (i) 채무를 이행할 수 없는 경우, (ii) 최고에도 불구하고 기간 내에 이행되지 아니할 것이 명백한 경우, (iii) 채무자가 미리 이행을 거절하는 경우, (iv) 일정한 시일 또는 기간 내에 이행하지 아니하면 그 목적을 달성할 수 없는 계약에서 채무자가 그 시기에 이행하지 아니하거나 그 밖에 지체 후의 이행이 채권자에게 이익이 없는 경우를 열거하고 있다.[51] (i)은 이행불능의 경우를, (ii)는 제반 사정을 참작할 때 객관적으로 보아 채무자의 최고기간 내 이행을 기대할 수 없는 경우를, (iii)은 채무자가 이행기 후에[52] 이행을 거절하는 명백하고 종국적인 의사를 표한 경우를, (iv)는 정기행위와 함께 예컨대 채무자의 이행지체로 인해 채권자가 제3자와 체결한 전매계약이 해제되어 채권자가 더 이상 채무자의 이행을 필요로 하지 않게 된 경우를 지칭하는 것이다. 특히 (iv)의 경우가 인정되기 위해서는 계약체결시 채권자가 그러한 사정을 채무자에게 알렸거나 아니면 계약의 내용이나 속성 및 계약체결 당시의 제반 사정에 비추어 지체 후의 이행이 채무자에게 이익이 없음을 채무자가 알 수 있었어야 한다. 채권자의 은밀한 개인적 사정만으로 채무자 보호 조치를 생략할 수는 없기 때문이다. 이러한 4가지 경우의 열거는 예시적 열거가 아니라 한정적 열거로 보아야 할 것이다.

그리고 '최종안'은 위 (i), (ii), (iii)의 경우에는 이행기 도래 전이라도 해제할 수 있음을 명시하고 있다. 그러므로 채무의 이행불능이 그 이행기 전에 확정되거나 이행기 후 최고기간 내에 채무자의 이행이 행해지지 않을 것이 이행기 전에 이미 객관적으로 명확해진 경우 그리고 마지막으로 채무자가 이행기 전에 이행거절의 의사를 명백하고 종국적으로 표시한 경우에 채권자는 이행기를 기다리지 않고 즉시 해제권을 행사할 수 있다.

---

49) 예컨대 대법원 1994. 11. 25. 선고 94다35930 판결 참조.
50) 예컨대 대법원 1992. 12. 22. 선고 92다28549 판결 참조.
51) 이는 '최종안' 제395조 제2항에서 열거하고 있는 전보배상을 위한 최고가 면제되는 경우에 상응하는 것이다.
52) 이행기 전의 이행거절에 대해서는 '최종안' 제544조 제3항이 규정하고 있다.

이와 관련하여 특기할 점은 이행기 전의 해제가 가능한 경우를 열거하고 있던 2013년 민법 개정시안 제544조 제3항이 그 세 번째 경우로 "이행기가 도래하더라도 채무가 이행되지 아니할 것이 명백한 경우"라고 규정하여 그 기준시점을 채무의 이행기로 파악하던 것을 '최종안'은 최고기간 내로 수정하였다는 점이다. 이행기에 채무가 이행되지 아니할 것이 명백하더라도 그 후 추가된 최고기간 내에 이행될 수 있는 경우라면 이행기 전의 해제를 허용하는 것이 합당하지 않을 것이기에 2013년 개정시안의 입장보다 더 적절한 태도라 평가할 수 있을 것이다.

(3) 기타 사항

먼저 이론과 실무 양면에서 관심을 받는 문제는 변제기 후 채권자가 정한 최고기간이 채무자의 이행 없이 도과된 경우의 법적 상태이다. 이 경우 채권자가 해제권을 취득하는 것은 물론인데, 그럼에도 불구하고 그는 계속 이행을 청구할 수 있고 또 (채무자의 과책이 인정되는 한) 이행에 갈음한 손해배상인 전보배상을 청구할 수도 있다고 해야 할 것이다.[53] 그리고 채권자가 이러한 청구를 하였다고 하여 그의 해제권이 소멸하는 것도 아니다. 반대로 채권자가 해제권을 행사하였다면 전보배상청구권은 존속하지만 이행청구권은 소멸한다고 본다. 채권자가 전보배상청구권을 행사했을 때에도 해제권은 존속하지만 이행청구권은 소멸한다. 해제권의 행사나 전보배상청구권의 행사에는 공히 이행청구권의 포기라는 의사가 내포되어 있기 때문이다. 결국 채무자는 채권자의 3가지 선택에 대해 모두 준비를 하고 있어야 하는 어려운 상황에 처하게 되는데 현행 민법 제552조('최종안' 제552조도 거의 동일)는 해제권 행사 여부에 대해 해제권자에게 확답을 촉구할 권리를 인정함으로써 채무자에게 도움을 주고 있다.

다음으로 '최종안'은 일부 불이행에 관한 규정을 신설하지 않았는데, 이 경우 계약 전부를 해제할 수 있는가 아니면 일부만 해제할 수 있는가의 문제가 발생할 수 있다. 먼저 채권자는 채무자의 일부 이행에 대해 그 수령을 거절할 수 있는데 이 경우에는 '최종안' 제544조 요건이 충족되는 한 계약 전부를 해제할 수 있을 것이다. 반대로 채권자가 채무자의 일부 이행을 수령하였다면 우선 채권자의 반대급부가 可分의 것인지 여부를 살펴 그것이 不可分의 것이라면 역시 계약 전부의 해제만이 가능하게 될 것이다. 그렇지 않고 채권자의 반대급부가 가분적이라면 이제 채권자가 이행된 일부 급부에 이익을 가지는지 여부에 따라 전부 해제 또는 일부 해제의 길이 정해지는 것으로 봄이 타당할 것

53) Petersen, Examens–Repetitorium Allgemeines Schuldrecht, 11. Aufl., 2023, C. F. Müller, S. 53 f.; Kötz, Vertragsrecht, 2. Aufl., 2012, Mohr Siebeck, S. 393 참조.

이다.[54] 독일민법 제323조 제5항이 일부 이행의 경우 채권자는 이행된 것에 대해 이익을 가지지 않는 경우에만 계약 전부를 해제할 수 있다고 규정하고 있는데 이러한 규정은 채권자가 일부 이행을 수령하였고 또 채권자의 반대급부가 가분적인 것이라는 전제하에서 비로소 적용되는 것이라 하겠다.

마지막으로 '최종안'은 현행 민법 제553조의 삭제를 제안하고 있다. 해제권자가 고의나 과실로 계약의 목적물을 반환할 수 없거나 이를 현저히 훼손, 가공, 개조한 때 그의 해제권을 소멸시키는 이 규정을 삭제하고자 하는 이유는 '최종안' 제548조 제3항이 이러한 경우 가액반환의 길을 열어두고 있기 때문이다. 이를 삭제함으로써 제553조에서 말하는 해제권자의 고의·과실이 무엇을 가리키는 것인지에 대한 해석상의 어려움 또한 함께 사라지는 반사적 이익도 얻을 수 있다.

Ⅳ. 해제 효과의 구체화

1. 해방효

계약이 해제되면 당사자는 아직 이행하지 않은 급부를 이행할 필요가 없게 된다. 한마디로 당사자들은 계약의 구속력으로부터 벗어나 자유를 되찾게 되는 것이다. 이를 해방효라 부르는데 이것은 해제의 효과에 대한 최소한의 공감대이다. 하지만 이러한 결과가 어떠한 이론 구성을 통해 창출되는 것인가라는 문제부터 견해의 대립이 존재한다. 이른바 직접효과설과 청산관계설의 대립이 그것인데, 우리나라의 다수 학설과 판례가 줄곧 직접효과설의 입장에 서있다는 것은 주지의 사실이다.[55] 이에 따르면 해제권의 행사로 계약은 소급하여 실효되고 따라서 해방효와 함께 그 청산을 위한 부당이득반환관계가 발생하게 된다.[56] 이러한 학설과 판례의 태도가 쉽게 변경될 것 같지도 않고, 현행 민법 제551조('최종안' 제551조도 거의 동일)가 계약이 해제되더라도 계약불이행으로 인한 손해배상을 청구할 수 있다는 입장을 취하고 있는 한[57], 그리고 판례가 해제된 계약의 내용으로 손해배상액의 예정이 약정되어 있었던 경우 해제 후의 손해배상을 원칙적으로

54) 일부 이행의 경우에 관한 이러한 설명은 Kötz, Vertragsrecht, 2. Aufl., 2012, Mohr Siebeck, S. 394에서 많은 시사를 받은 것이다.

55) 송덕수, 채권법각론 제6판, 2023, 143면; 지원림, 민법강의 21판, 2024, 61면 참조. 직접효과설을 취하는 대표적 판결로 예컨대 대법원 1982. 11. 23. 선고 81다카1110 판결 대법원 1995. 3. 24. 선고 94다10061 판결 참조.

56) 이 점에서는 계약이 취소된 경우와 별 차이가 없다.

57) 손해배상의무를 둘러싼 양 이론의 대립에 관해서는 Larenz, Lehrbuch des Schuldrechts Bd. I 14. Aufl., 1987, C. H. Beck, S. 404 ff. 참조.

그것에 따르게 하고 있는 한[58] 실제 결과에서 이론대립의 실익도 그리 크지 않다고 여겨진다. 그래서 '최종안'은 이러한 대립에 천착하지 않고 기존 논의를 전제로 하여 해제의 효과를 보다 구체적으로 규정하는 데에 집중하고 있다. 그 규정을 살펴보면 다음과 같다.

최종안
제548조(해제의 효과, 원상회복의무) ① 당사자 일방이 계약을 해제한 때에는 각 당사자는 상대방에 대하여 원상회복의 의무가 있다. 그러나 제3자의 권리를 해치지 못한다. ② 제1항에 따라 금전을 반환하여야 할 경우에는 그 받은 날부터 이자를 붙여 반환하여야 하고, 목적물을 반환하여야 할 경우에는 그로부터 수취한 과실도 반환하여야 한다. ③ 각 당사자가 상대방으로부터 받은 목적물 또는 그로부터 수취한 과실을 반환할 수 없는 때에는 그 가액을 반환하여야 한다. 그러나 상대방에게 책임 있는 사유로 반환할 수 없는 범위에서는 그러하지 아니하다.

2. 원상회복관계

직접효과설에 따르면 해제에 의해 계약이 소급하여 실효하므로 상대방으로부터 급부를 받은 것이 있으면 그것은 법률상 원인 없이 취득한 것으로 되어 부당이득이 된다. 다만 계약의 구속력으로부터 해방시켜 다른 계약의 체결을 모색할 수 있는 기회를 주는 것을 목적으로 하는 계약해제의 취지를 생각할 때 부당이득법 규정을 그대로 적용하는 것이 합당하지 않으므로[59] 이에 특화된 청산관계를 별도로 규정할 필요가 있다. 이를 부당이득관계의 특별관계로 보아 특별히 원상회복관계라 칭하는데,[60] 그 취지는 계약당사자들을 그들이 계약체결을 하지 않았더라면 처해 있었을 상태로 환원시켜 주려는 것이다. 만약 양 당사자 모두 원상회복의무를 부담한다면 원래의 급부의무 사이에 존재하던 견련관계를 그 회복의무 사이에도 인정하는 것이 형평에 맞을 것이다.[61]

(1) 원물 및 그 과실의 반환

원상회복은 그 취지에 맞게 원칙적으로 원물의 반환으로써 행해져야 한다. 이러한

58) 대법원 2022. 4. 14. 선고 2019다292736(본소), 2019다292743(반소) 판결 참조.

59) 특히 민법 제748조가 선의의 수익자와 악의의 수익자의 반환범위를 달리 정하면서 선의의 수익자에게는 현존이익의 반환의무만 인정하는 것.

60) 가령 대법원 1997. 12. 9. 선고 96다47586 판결: "계약해제의 효과로서의 원상회복의무를 규정한 민법 제548조 제1항 본문은 부당이득에 관한 특별규정의 성격을 가진 것이라 할 것이어서, 그 이익 반환의 범위는 이익의 현존 여부나 선의, 악의에 불문하고 특단의 사유가 없는 한 받은 이익의 전부라 할 것이므로 … ."

61) 민법 제549조('최종안' 제549조의 거의 동일함) 참조.

취지는 '최종안' 제548조 제3항에 암시되어 있다. 그리고 그로부터 수취한 과실이 있다면 이 또한 그대로 반환되어야 한다. 반환의무자의 선의·악의를 불문하고 과실을 반환하도록 하는 것은 그것이 원상회복의 취지에 맞기 때문이다. '최종안' 제548조 제2항은 바로 이러한 사고에 기한 것으로 현행 민법 제548조 제2항이 금전반환시 그 받는 날부터 이자를 가산하도록 하고 있을 뿐 물건의 반환시 과실반환의무에 대해서는 침묵하고 있는 불완전함을 적절하게 메꾸어 주고 있다. 금전에 대한 이자가산의무로부터 곧바로 물건에 대한 과실반환의무가 도출되는 것이 아님은, 판례가 부당이득반환과 관련하여 반대로 물건이 반환되는 경우에만 제201조를 적용할 뿐 금전이 반환되는 경우에는 이를 적용하지 않고 있는 점으로부터 알 수 있기에[62] 이러한 보충은 바람직한 것이다.

사용이익 또한 과실에 준해 다루어지므로 이 또한 반환되어야 할 것이데, 이러한 이익은 그 속성상 원물반환이 불가하므로 후술하는 가액반환의 대상이 될 것이다. 이와 관련하여 주의할 점은 어떤 물건을 소비하여 얻은 효용은 과실에 준하는 사용이익이 아니며, 또 예컨대 임대차나 사용대차 계약에서 임차인이나 사용차주가 누린 사용이익도 과실과 동일시할 것이 아니라는 점이다. 이들은 모두 상대방이 행한 급부의 직접적인 내용을 이루는 것이므로 수령한 급부 그 자체의 반환으로 취급되어야 하는 성질의 사용이익인 것이다.[63]

수취하지 못한 과실도 반환의 대상이 되는지에 관해서는 2013년 민법 개정시안 제안 과정에서 많은 논란이 있었기에[64] 아직 이론적으로 견해가 정리되지 않았다고 보아 '최종안'은 침묵을 택했다. 물론 입법정책의 문제이기도 하겠지만 원상회복이 지향하는 바를 고려한다면 이를 인정하는 것이 타당할 것이라 생각된다. 예컨대 독일민법 제347조 제1항은 반환의무자가 수취 가능했음에도 불구하고 통상의 관리방법에 반하여 수취하지 않은 과실을 반환하도록 하고 있으며 다만 법정해제의 경우 해제권자에 한하여 그 주의의무를 자기 일을 처리할 때 기울이는 정도의 주의의무로 감경하고 있는데 이러한 방향으로 논의가 진전되기를 기대한다.

반환의무자가 자신이 수령한 원물(과실 포함)을 훼손하거나 처분하였다면 그는 그 훼손된 부분을 수선하거나 이미 처분한 것을 재취득하는 등 원물(과실 포함)의 반환을 위해 노력해야 하는가? 물론 그 의무자가 스스로 그렇게 하는 것까지 막을 필요는 없겠지

---

62) 대법원 1993. 5. 14. 선고 92다45025 판결: "쌍무계약이 취소된 경우 선의의 매수인에게 민법 제201조가 적용되어 과실취득권이 인정되는 이상 선의의 매도인에게도 민법 제587조의 유추적용에 의하여 대금의 운용이익 내지 법정이자의 반환을 부정함이 형평에 맞는 것... ."

63) Annuss, "Die Folgen des Rücktritts (§§346 ff. BGB)", JA 2006, 184, 185도 동지.

64) 이에 관해서는 법무부 민법개정자료발간팀(편), 2013년 법무부 민법 개정 시안 채권편 上, 2013, 365, 410-411, 472-473면 참조.

만 후술하는 바와 같이 가액반환의 길이 열려있으므로 원칙적으로 반환의무자에게 수선의무나 재취득의무와 같은 부담이 지워지는 것은 아니라고 하겠다.[65] 그러한 의무는 마치 원상회복을 내용으로 하는 손해배상을 인정하는 것과 같은 결과로 될 것이기 때문이다.

(2) 가액반환

노무나 물건의 사용이익과 같이 그 성질상 원물로 반환될 수 없는 것인 때 또는 급부로 수령한 물건이나 그로부터 수취한 과실이 훼손·멸실, 소비, 처분, 가공됨으로 인하여 원래 상태대로 반환하는 것이 불가능하게 된 경우에는 가액반환의 의무를 부담한다. 현행 민법은 가액반환의무를 규정하고 있지 않았지만 '최종안'은 제548조 제3항에서 이를 규정함으로써 제747조 제1항과는 구별되는 독자적인 청구권의 근거를 마련해주고 있다. 이러한 가액반환의무는 그 의무자의 귀책사유를 요하지 아니하므로 손해배상이 아니다.[66] 만약 반환의무자의 귀책사유로 인해 원물반환이 불가능해졌다면 그는 단순한 가액반환 외에 손해배상도 부담하여야 할 것이다.[67] 그리고 반환의무자가 수령한 물건을 통상의 용법대로 사용함으로써 물건이 낡아진 것까지 가액반환의 대상이 되는 것은 아님을 주의해야 한다.[68] 이러한 사정은 반환의무자의 사용이익 반환의무를 통해 이미 고려되고 있기 때문이다.

가액반환과 관련하여 가장 문제가 되는 것은 반환해야 하는 가액을 어떤 기준에 의해 결정할 것인지이다. 이에는 두 가지 방법이 있을 수 있다. 먼저 당사자가 약정한 가격를 기준으로 하여 가액을 산정하는 방법을 생각해 볼 수 있다. 일방에게 유리한 계약을 체결하였든 아니면 반대로 불리한 계약을 체결하였든 어쨌든 당사자들은 약정한 가격으로써 주관적 등가성을 표시한 것이므로 이를 유지시켜 주는 것이 사적자치의 원칙에 부합한다는 사고를 바탕으로 하는 방법이다.[69] 독일민법이 이 방법을 취하고 있는데[70] 아마도 그들이 해제의 효과와 관련하여 해제된 계약으로 인한 약정채권관계를 그 내용만 청산관계로 바꾸어 그대로 인정하고 있는 것과도 관련이 있으리라 생각된다. 이

---

65) Lorenz, "Grundwissen – Zivilrecht: Rechtsfolgen von Rücktritt und Widerruf", JuS 2011, 871, 872; Annuss, "Die Folgen des Rücktritts (§§346 ff. BGB)", JA 2006, 184, 186 참조.

66) 그러므로 가액배상이라는 용어의 사용은 지양함이 옳다.

67) 물론 수령한 급부를 자신이 계속 보유해도 된다고 생각했던 반환의무자(예컨대 법정해제권을 행사한 자)에게 언제부터 훼손, 멸실, 소비, 처분, 가공 등으로 인한 반환불능에 대해 과실이 있다고 할 것인가라는 문제부터 먼저 해결되어야 할 것이다.

68) 독일민법 제346조 제2항 제3호 단서 참조.

69) Petersen, Examens–Repetitorium Allgemeines Schuldrecht, 11. Aufl., 2023, C. F. Müller, S. 55; Looschelders, Schuldrecht AT, 21. Aufl., 2023, Franz Vahlen, S. 323 참조.

70) 독일민법 제346조 제2항 제2문 참조.

러한 방법에 따를 때에는 예컨대 수령한 급부에 하자가 발견된 경우 당사자 간의 주관적 등가성을 유지하기 위하여 하자 없는 물건의 객관적 시가와 하자가 있는 물건의 객관적 시가의 비율로 당사자들이 약정한 가격에서 감액이 일어나게 된다.[71] 이러한 입장의 문제점으로는 계약상의 유리함과 불리함이 가액반환시에도 그대로 존속하기에 예컨대 자신의 과책으로 인한 계약 불이행으로 해제의 빌미를 제공한 자도 경우에 따라 계약상의 이윤을 계속 보유하게 된다는 사실이 지적된다.[72]

다른 방법은 반환할 가액을 객관적 시가로 정하는 것이다. 종래부터 우리 판례가 취하고 있는 방법으로[73] 직접효과설과 잘 어울리는 것으로 보이며 동시에 계약 전의 상태로 환원시킨다는 원상회복의 취지에도 부합하는 것이라 생각된다.[74] 문제는 급부를 한 시점, 계약 불이행의 시점, 해제의 시점, 원물반환이 불능으로 된 시점 그리고 실제로 반환하는 시점 중 어느 시점을 표준으로 하여 객관적 시가를 산정할 것인가이다. 학설은 해제시를 주장하는 견해도 있고,[75] 경우에 따라 표준시점을 달리 정하는 견해도 있다.[76] 판례는 일관되게 원물반환이 불가능하게 된 시점을 기준으로 하고 있다.[77] '최종안'이

---

71) Kötz, Vertragsrecht, 2. Aufl., 2012, Mohr Siebeck, S. 407; Looschelders, Schuldrecht AT, 21. Aufl., 2023, Franz Vahlen, S. 324 참조.

72) Looschelders, Schuldrecht I, 21. Aufl., 2023, Franz Vahlen, S. 323; Petersen, Examens－Repetitorium Allgemeines Schuldrecht, 11. Aufl., 2023, S. F. Müller, S. 56.

73) 대법원 1994. 9. 13. 선고 94다7942,7959 판결; 대법원 1998. 5. 12. 선고 96다47913 판결; 대법원 2013. 12. 12. 선고 2013다14675 판결 참조.

74) 독일에서 이러한 객관적 가치설을 지지하는 견해로는 Annuss, "Die Folgen des Rücktritts (§§346 ff. BGB)", JA 2006, 184, 186 f. 참조.

75) 대표적으로 송덕수, 채권법각론 제6판, 2023, 150, 151면 참조.

76) 지원림, 민법강의 21판, 2024, 1064면에서는 채무불이행 당시를 기준으로 하되, 노무제공과 같이 원물반환이 성질상 불가능한 경우에는 이행 당시를 기준으로 해야한다는 견해를 취한다.

77) 학설들은 이러한 판례의 태도를 채무불이행 시로 오해하고 있는 듯하다(예컨대 송덕수, 채권법각론 제6판, 2023, 150면; 지원림, 민법강의 21판, 2024, 1064면 각주 25 참조). 그래서 대법원 판례의 핵심부분을 그대로 옮긴다. 대법원 1994. 9. 13. 선고 94다7942,7959 판결: "매매계약의 목적물이 된 과수원에 식재되어 있던 단감나무가 매수인에 의하여 베어져 버리고 같은 수령의 단감나무를 이식하여도 생존할 가능성이 전혀 없어서 과수원 본래의 상태대로의 원상회복이 처음부터 불가능하였던 경우에 있어서의 매수인의 원상회복의무의 범위는, 단감나무가 매수인에 의하여 베어질 당시의 가액 상당이라고 할 것이다."; 대법원 1998. 5. 12. 선고 96다47913 판결: "원상회복의 대상인 제2토지에 관하여 위 송정농업협동조합 앞으로 근저당권설정등기가 경료되고, 위 소외인 앞으로 소유권이전등기가 경료되었다면, 특별한 사정이 없는 한, 피고들의 위 제2토지에 관한 원물반환의무는 이행불능으로 되었고 이로써 원고는 위 제2토지의 위 이행불능 당시의 가액의 반환채권을 가지게 되었다고 할 것이므로, 위와 같은 가액반환채권이 발생한 이상, 원심법원으로서는 위 이행불능 당시의 위 제2토지의 가액에 관한 원고의 주장(원고가 '대상'이라는 용어를 쓰고 있기는 하지만 그 전체적인 취지는 이행불능 당시의 가액의 반환을 구하고 있는 것으로 보인다)과 입증이 미흡하더라도 적극적으로 석명권을 행사하여 주장을 정리함과 함께 입증을 촉구하여야 하고 경우에 따라서는 직권으로라도 그 가액을 심리·판단하여야 할 것이다."; 대법원 2013. 12. 12.

이에 대해 시사를 주고자 하는 바는 없으므로 이러한 판례의 태도는 지속되리라 예상된다.

반환의무자가 원물반환을 불능으로 만드는 사유로 인해 대체이익을 얻었다면 상대방은 가액반환 대신 대상청구권을 행사하여 그 대체이익의 반환을 청구할 수 있는가? 독일 연방일반법원은 아직 판단을 유보하고 있지만 학설에서는 대체로 이를 긍정한다.[78] 우리 학설과 판례의 관점에서 원상회복의무의 본질을 부당이득반환이라 보고 있고, 부당이득반환의 대상으로 代位物의 반환도 인정하는 견해가 존재하므로[79] 이것을 인정하는 것에 큰 장애가 있을 것 같지는 않다.[80] 그리고 결과론적으로 보더라도 혹시라도 代償이 객관적 가치보다 더 크다면 그 차액을 반환의무자에게 남겨 둘 이유는 없다고 생각된다.

3. 가액반환의 면제

'최종안' 제3항 단서는 "상대방에게 책임 있는 사유로 반환할 수 없는 범위에서" 가액반환의무를 면해주고 있다. 원상회복의무의 지향점을 생각하면 이러한 면제는 타당한 것으로 보인다. 여기서 "책임 있는 사유"란 엄격한 의미의 고의나 과실만을 의미하는 것이 아니다. 반환할 수 없다는 사정이 상대방의 책임 영역에 속하는 사유로 초래되었다는 것을 지칭하는 것으로 새김이 옳다.[81] 따라서 예컨대 상대방이 알지 못했고 알 수도 없었던 물건의 하자로 인해 그 물건이 멸실된 경우에도 그 물건의 수령자는 원물반환 및 가액반환의 채무를 면하게 된다. 또 자동차 매매계약이 해제되었는데 그 계약 전에 이루어진 매도인의 범죄 등으로 인해 해당 자동차가 경찰이나 검찰에 의해 압수되어 반환이

선고 2013다14675 판결: "따라서 매도인으로부터 매매 목적물의 소유권을 이전받은 매수인이 매도인의 계약해제 이전에 제3자에게 목적물을 처분하여 계약해제에 따른 원물반환이 불가능하게 된 경우에 매수인은 원상회복의무로서 가액을 반환하여야 하며, 이때에 반환할 금액은 특별한 사정이 없는 한 그 처분 당시의 목적물의 대가 또는 그 시가 상당액(대법원 1995. 5. 12. 선고 94다25551 판결 등 참조)과 처분으로 얻은 이익에 대하여 그 이득일부터의 법정이자를 가산한 금액이다."

78) Lorenz, "Grundwissen – Zivilrecht: Rechtsfolgen von Rücktritt und Widerruf", JuS 2011, 871, 872; Kötz, Vertragsrecht, 2. Aufl., 2012, Mohr Siebeck, S. 409; Looschelders, Schuldrecht AT, 21. Aufl., 2023, Franz Vahlen, S. 324 참조.

79) 지원림, 민법강의 21판, 2024, 1407면 참조.

80) 부당이득법에서는 매매나 교환 등의 법률행위를 통해 얻은 대위물(commodum ex negotiatione)은 대위물 반환의 대상으로 고려하지 않지만(Wieling/Finkenauer, Bereicherungsrecht 5. Aufl., 2020, Springer, S. 78 f.), 계약 해제의 경우에는 손해배상의 청구가 나란히 인정되므로 이와 같은 대상청구권의 제한은 필요 없을 것이라 생각된다.

81) 독일의 유사한 규정(독일민법 제346조 제3항 제1문 제2호 전단)에 대한 동일한 해석론으로 Annuss, "Die Folgen des Rücktritts (§§346 ff. BGB)", JA 2006, 184, 187; Lorenz, "Grundwissen – Zivilrecht: Rechtsfolgen von Rücktritt und Widerruf", JuS 2011, 871, 872; Petersen, Examens-Repetitorium Allgemeines Schuldrecht, 11. Aufl., 2023, C. F. Müller, S. 58 참조.

불가하다면 이 경우에도 매수인은 가액반환의무를 부담하지 않는다.[82] 다만 이렇게 가액반환의무를 면함으로써 반환의무자가 얻은 이익이 있다면 그는 이를 부당이득법에 따라 상대방에게 반환하여야 할 것이다.[83]

V. 글을 맺으며

이상 2023년에 새로이 구성된 법무부 민법개정위원회 소속 기초위원회의 최종안이 계약해제에 관해 제안하고 있는 내용들을 일별해 보았다. 그 제안이 해제와 관련하여 제기된 모든 물음에 답해주고 있는 것은 물론 아니지만, 해제 제도의 운영을 위해 꼭 필요한 부분에 한해서는 현행 민법이나 기존의 개정 제안들보다 조금 더 체계적으로 다듬어진 모습을 보이고 있는 것으로 평가할 만하다. 법은 그 법을 만든 입법자보다 지혜로울 수 있다는 말을 종종 듣는다. 민법개정위원회의 제안이 개정안으로 확정되고 마침내 국회의 의결을 거쳐 민법으로 된다면 그 내용에 관해서 새로운 해석이 다양하게 전개될 것이고 법관에 의한 법형성도 때로는 행해질 것이다. 학계와 실무계를 아우르는 이러한 노력들이 총체적으로 작용하여 실제의 민법을 만들어 나가는 것이리라 믿는다. 그러므로 비록 이번 개정 제안이 완벽하지 않다고 하더라도 그것이 완벽해질 때까지 무작정 개정을 유보할 것이 아니다. 민법이 제정된 지 60년도 더 지났다는 점을 상기한다면 무엇보다 지금은 앞으로 나아가는 개정의 추진력이 중요하다고 생각된다. 개정위원회의 제안을 다듬고 발전시키는 작업은 그러한 입법의 과정에서도 끊임없이 계속되어야 할 것이다. 그 하나의 기초를 이 글이 제공해 줄 수 있다면 분외의 기쁨이라 하겠다.

---

82) 이것은 독일민법 제346조 제3항 제1문 제2호 후단의 예로 거론되는 것이나(Looschelders, Schuldrecht AT, 21. Aufl., 2023, Franz Vahlen, S. 325 참조) '최종안' 제548조 제3항 단서의 문구에 넉넉히 포섭될 것으로 생각된다.

83) 독일민법 제346조 제3항 제2문 참조.

대상청구권의 입법화와 해석론적 쟁점*

- 2024년 민법개정안을 중심으로 -

정다영**

국문초록

2024년 민법개정안은 제399조의2 및 제537조 제3항의 신설을 통해 기존에 판례와 학설을 통해 인정되어 온 대상청구권을 명문화하였다. 대상청구권은 채무의 이행불능으로 인하여 채무자가 채권의 목적에 갈음하여 취득한 권리의 이전 또는 이익의 상환을 구할 수 있는 권리로서, 이행불능 상황에서 채권자와 채무자 간의 형평을 도모하고 계약 정의를 실현하기 위한 제도이다.

그러나 개정안의 명문화에도 불구하고 적용 요건과 범위에 관한 해석론적 공백은 여전히 남아 있다. 본 연구는 프랑스·독일·일본의 입법례와 비교법적 분석을 통해 다음과 같은 주요 해석론적 쟁점들을 검토하였다. 우선, 대상청구권이 공평의 원칙과 이익의 정당한 귀속이라는 법리에 기초하는 점, 급부의 종류에 따라 달리 적용될 이유가 없는 점, 우리 개정안의 포괄적 문언은 하는 채무까지 포섭할 여지를 두고 있다는 점에 비추어, 작위채무나 부작위채무와 같이 하는 채무의 이행불능에 대해서도 대상청구권을 인정함이 타당하다. 다음으로, 원시적 불능에 의한 계약 무효 법리가 2024년 개정안에서 폐기된 이상, 대상청구권 규정의 해석에 있어 원시적 불능이 포함될 수 있다고 보는 것이 체계적 정합성에 부합한다. 또한, 권리나 이익의 발생 원인에 따라 권리귀속을 달리 볼 실질적 이유는 부족하므로, 법률행위로 인한 이익을 배제하지 않는 것이 제도의 실효성 확보와 당사자 간 이익형량에 부합한다. 마지막으로, 채권자가 물권 취득 이전에 별도 노력 없이 초과이익을 취득하는 것은 공평의 관념에 반하므로, 이행불능 당시 시가 상당액까지만 채권자에게 보전해주되, 초과이익에 대하여는 대상청구권을 인정하지 아니함이 형평과 신의칙에 부합한다.

* 이 논문은 법학연구 제36권 제2호에 게재된 것을 수정하였다.
** 충남대학교 법학전문대학원 부교수, 변호사.

2024년 개정안의 대상청구권 규정은 의도적으로 미완의 구성을 취함으로써 법리의 탄력적 발전을 도모하고 있다. 향후 제도의 안착을 위해 비교법적 고찰을 토대로 한 해석론의 정립과 판례의 축적이 요구된다.

Ⅰ. 서론

2023년 6월 구성된 법무부 민법개정위원회는 같은 해 12월 기초위원회에서 예비초안을 마련하였고, 2024년 4월 검토위원회의 심층 검토를 거쳐, 전체위원회의 자문과 심의를 통해 같은 해 10월 최종 민법개정안(이하 "2024년 개정안"이라 한다)을 마련하였다. 이는 2004년과 2013년에 이어 세 번째 시도된 민법 전면 개정작업으로서, 과거의 개정안 및 개정시안이 입법으로 이어지지 못한 점을 고려하여, 기능적 관련성을 기준으로 중요 부분의 개정안을 마련함으로써[1] 실질적 입법 가능성을 한층 높이고자 한 것이다.

대상청구권과 관련한 개정 시도를 살펴보면, 2004년 개정안에서는 대상청구권에 대한 명문규정을 도입하는 문제를 향후 과제로 유보하였던 반면, 2013년 개정시안에서는 명시적인 규정의 신설을 제안하였고, 이에 기반하여 2024년 개정안에서는 제399조의2 및 제537조 제3항에 대상청구권 관련 규정을 신설하는 방향으로 입법을 추진하였다. 이는 이행불능에 따른 이익귀속의 문제에 대한 학설과 판례의 축적된 성과를 입법하고자 한 것으로서, 채권자 보호의 실효성 제고와 법적 형평 실현을 이루고자 한 시도이다.

그러나 개정안의 명문화에도 불구하고 적용 요건과 범위에 관한 해석론적 공백은 여전히 남아 있다. 특히 '하는 채무'에 대한 인정 여부, 원시적 불능의 경우 인정 여부, 법률행위로 인한 이익의 포함 여부, 초과이익의 상환범위 등에 관한 해석론적 정립이 제도의 원만한 징착을 위한 핵심 과제로 제기된다.

본고에서는 먼저 대상청구권의 인정 여부와 2024년 개정안의 내용을 살펴본 후(Ⅱ), 주요국의 입법례에 대한 비교법적 검토를 통해 각국의 접근 방식과 그 특징을 분석한다(Ⅲ). 이어서 2024년 개정안을 둘러싼 주요 해석론적 쟁점들을 체계적으로 검토하고(Ⅳ), 우리 개정안의 의의와 향후 발전 방향에 대한 결론을 제시한다(Ⅴ).

1) 법무부 민법개정위원회, 계약법 개정이유서, 2024.

Ⅱ. 대상청구권의 인정 여부와 명문화

1. 개념 및 법적 구성

대상청구권[2]은 채권관계의 급부가 불능이 됨에 따라 채무자가 본래의 급부를 이행하지 못했지만, 채권의 목적에 갈음할 수 있는 권리나 이익을 취득한 경우, 채권자가 그 권리의 이전이나 이익의 상환을 청구할 수 있도록 인정되는 권리를 의미한다. 이러한 대상청구권에 대해 명문의 규정을 두어 이를 인정하고 있는 나라도 있으나, 그 개념징표, 요건 및 효과에 관하여는 상이한 부분이 있다. 프랑스와 독일 및 일본의 규정은 다음과 같다.

[프랑스민법]

제1218조[3] ① 채무자의 통제를 벗어나 있고, 계약의 체결 당시에 합리적으로 예견할 수 없었으며, 그 효과가 적절한 조치에 의해서 회피될 수 없는 사건이 채무자의 이행을 방해하는 경우, 계약상 불가항력이 존재한다.

② 방해가 일시적인 경우, 방해로 인한 이행의 지연이 계약의 해제를 정당화하지 않는 한 채무의 이행은 정지된다. 방해가 확정적인 경우, 계약은 당연히 해제되고 당사자들은 제1351조와 제1351－1조에 정해진 요건에 따라 자신들의 채무를 면한다.

제1351조[4] 급부이행의 불능이 불가항력에 의하여 발생하고 확정적인 경우에 그 한도에서 채무자는 면책되지만, 채무자가 이를 부담하기로 약정했거나 이미 이행을 지체한 경우에는 그러하지 아니하다.

---

2) '대상청구권'이라는 용어보다 '대체이익청구권'이라는 용어가 더욱 정확하다고 보는 견해도 있다. 김형석, "대상청구권 －민법개정안을 계기로 한 해석론과 입법론－", 서울대학교「법학」, 제55권 제4호, 2014, 103면 이하; 송덕수, "대상청구권의 몇 가지 중요 문제에 관한 개별적인 검토 －특히 보험금과 초과수익을 중심으로－", 전남대학교「법학논총」, 제36권 제1호, 2016, 575－576면.

3) **Article 1218**

Il y a force majeure en matière contractuelle lorsqu'un événement échappant au contrôle du débiteur, qui ne pouvait être raisonnablement prévu lors de la conclusion du contrat et dont les effets ne peuvent être évités par des mesures appropriées, empêche l'exécution de son obligation par le débiteur.

Si l'empêchement est temporaire, l'exécution de l'obligation est suspendue à moins que le retard qui en résulterait ne justifie la résolution du contrat. Si l'empêchement est définitif, le contrat est résolu de plein droit et les parties sont libérées de leurs obligations dans les conditions prévues aux articles 1351 et 1351－1.

4) **Article 1351**

L'impossibilité d'exécuter la prestation libère le débiteur à due concurrence lorsqu'elle procède d'un cas de force majeure et qu'elle est définitive, à moins qu'il n'ait convenu de s'en charger ou qu'il ait été préalablement mis en demeure.

제1351-1조[5] ① 인도해야 할 물건의 멸실로 인하여 이행불능이 발생한 경우, 이행을 지체한 채무자는 채무가 이행되었더라도 멸실이 마찬가지로 발생하였을 것임을 증명하면 채무를 면한다.

② 그러나 채무자는 그 물건에 부속된 권리와 소권을 그의 채권자에게 양도할 의무를 부담한다.

[독일민법]

제285조(대상의 인도)[6] ① 제275조 제1항 내지 제3항[7]에 따라 채무자가 급부를 이행할 필요가 없게 하는 사유로 인하여 채무자가 채무의 목적물에 관하여 대상이나 대상청구권을 취득한 경우, 채권자는 대상으로 수령한 것의 인도 또는 대상청구권의 양도를 청구할 수 있다.

② 채권자가 급부에 갈음하는 손해배상을 청구할 수 있는 경우, 그가 제1항에 따른 권리를 행사한 때에는 그 손해배상은 취득한 대상 또는 대상청구권의 가액만큼 감소한다.

---

5) **Article 1351-1**

Lorsque l'impossibilité d'exécuter résulte de la perte de la chose due, le débiteur mis en demeure est néanmoins libéré s'il prouve que la perte se serait pareillement produite si l'obligation avait été exécutée.

Il est cependant tenu de céder à son créancier les droits et actions attachés à la chose.

6) **§285 Herausgabe des Ersatzes**

(1) Erlangt der Schuldner infolge des Umstands, auf Grund dessen er die Leistung nach §275 Abs. 1 bis 3 nicht zu erbringen braucht, für den geschuldeten Gegenstand einen Ersatz oder einen Ersatzanspruch, so kann der Gläubiger Herausgabe des als Ersatz Empfangenen oder Abtretung des Ersatzanspruchs verlangen.

(2) Kann der Gläubiger statt der Leistung Schadensersatz verlangen, so mindert sich dieser, wenn er von dem in Absatz 1 bestimmten Recht Gebrauch macht, um den Wert des erlangten Ersatzes oder Ersatzanspruchs.

7) **제275조 (급부의무의 배제)** ① 급부가 채무자 또는 모든 사람에게 불능인 경우에는 그 급부에 대한 청구권은 배제된다.

② 급부가 채권관계의 내용과 신의성실의 요청에 비추어 채권자의 급부이익에 대하여 현저한 불균형을 이루는 비용지출을 요구하는 경우에는 채무자는 급부를 거절할 수 있다. 채무자에게 기대될 수 있는 노력을 정함에 있어서는 채무자가 그 급부장애에 대하여 책임 있는지 여부도 고려되어야 한다.

③ 채무자가 급부를 스스로 실행하여야 하는 경우에, 그의 급부를 어렵게 하는 장애사유를 채권자의 급부이익에 대하여 형량하면 채무자에게 그 급부를 기대할 수 없는 때에도 그는 급부를 거절할 수 있다.

④ 채권자의 권리는 제280조, 제283조 내지 제285조, 제311조의a 및 제326조에 의하여 정하여진다.

제326조(급부의무가 배제되는 경우 반대급부로부터의 해방 및 해제)[8] ① 채무자가 제275조 제1항 내지 제3항에 따라 급부를 실행할 필요가 없는 경우, 반대급부청구권은 소멸한다. 일부급부의 경우, 제441조 제3항이 준용된다. 그러나 제1문은 계약이 해제되지 아니한 급부의 부분에 관하여, 채권자가 제275조 제1항 내지 제3항에 따라 급부를 이행할 필요가 없는 때에는 적용되지 아니한다.
② 채무자가 제275조 제1항 내지 제3항에 따라 급부를 이행할 필요가 없게 하는 사유에 대하여 채권자만이 또는 주로 그가 유책한 경우, 또는 그 사유가 채권자가 수령지체에 있는 동안 채무자에게 책임 없이 발생한 경우에는, 채무자는 반대급부청구권을 계속 보유한다. 그러나 그가 급부를 면함으로 인하여 절약한 것 또는 자신의 노동력을 달리 사용함으로써 취득하거나 고의로 취득하지 아니한 것은 공제하여야 한다.
③ 채권자가 제285조에 따라 채무의 목적물에 관하여 취득한 대상 또는 대상청구권의 양도를 청구한 경우, 그는 여전히 반대급부의무를 부담한다. 그러나 대상 또는 대상청구권의 가액이 채무의 목적인 급부의 가액에 미치지 못하는 범위에서, 반대급부는 제441조의 규정에 따라 감소된다.
④ 이 규정에 따라 의무가 없음에도 반대급부가 행하여진 경우, 그 급부된

---

8) §326 **Befreiung von der Gegenleistung und Rücktritt beim Ausschluss der Leistungspflicht**

(1) Braucht der Schuldner nach §275 Abs. 1 bis 3 nicht zu leisten, entfällt der Anspruch auf die Gegenleistung; bei einer Teilleistung findet §441 Abs. 3 entsprechende Anwendung. Satz 1 gilt nicht, wenn der Schuldner im Falle der nicht vertragsgemäßen Leistung die Nacherfüllung nach §275 Abs. 1 bis 3 nicht zu erbringen braucht.

(2) Ist der Gläubiger für den Umstand, auf Grund dessen der Schuldner nach §275 Abs. 1 bis 3 nicht zu leisten braucht, allein oder weit überwiegend verantwortlich oder tritt dieser vom Schuldner nicht zu vertretende Umstand zu einer Zeit ein, zu welcher der Gläubiger im Verzug der Annahme ist, so behält der Schuldner den Anspruch auf die Gegenleistung. Er muss sich jedoch dasjenige anrechnen lassen, was er infolge der Befreiung von der Leistung erspart oder durch anderweitige Verwendung seiner Arbeitskraft erwirbt oder zu erwerben böswillig unterlässt.

(3) Verlangt der Gläubiger nach §285 Herausgabe des für den geschuldeten Gegenstand erlangten Ersatzes oder Abtretung des Ersatzanspruchs, so bleibt er zur Gegenleistung verpflichtet. Diese mindert sich jedoch nach Maßgabe des §441 Abs. 3 insoweit, als der Wert des Ersatzes oder des Ersatzanspruchs hinter dem Wert der geschuldeten Leistung zurückbleibt.

(4) Soweit die nach dieser Vorschrift nicht geschuldete Gegenleistung bewirkt ist, kann das Geleistete nach den §§346 bis 348 zurückgefordert werden.

(5) Braucht der Schuldner nach §275 Abs. 1 bis 3 nicht zu leisten, kann der Gläubiger zurück-treten; auf den Rücktritt findet §323 mit der Maßgabe entsprechende Anwendung, dass die Fristsetzung entbehrlich ist.

것은 제346조 내지 제348조에 따라 반환청구될 수 있다.

⑤ 채무자가 제275조 제1항 내지 제3항에 따라 급부를 이행할 필요가 없는 경우, 채권자는 계약을 해제할 수 있다. 그 해제에 대하여는 제323조가 기간 설정을 요구하지 아니하는 것으로 하여 준용된다.

[일본민법]

제422조의2(대상청구권)[9] 채무자가 그 채무의 이행이 불가능하게 된 것과 동일한 원인으로 인해 그 채무의 목적물의 대가로서 어떠한 권리 또는 이익을 취득한 경우, 채권자는 자신이 입은 손해의 범위 내에서 그 권리의 이전 또는 그 이익의 반환을 채무자에게 청구할 수 있다.

대상청구권에 관한 각국의 규정은 그 구성과 접근방식에서 상당한 차이를 보이고 있어 각국의 법적 사고의 특성이 반영된 다양한 제도적 해결책이 제시되고 있음을 확인할 수 있다. 다만, 그 규정 형식에 있어서는 대체적 급부의 수령을 내용으로 하는 독자적 청구권의 구성을 띠고 있다는 점에서 공통점이 있다.[10] 이는 급부의 반환을 구하는 것이 아니라, 급부의 목적이 전환된 상태에서 그에 상응하는 권리나 이익의 귀속 주체를 채권자로 인정하는 구조를 전제로 한다. 이에 비추어 볼 때, 대상청구권을 본래 채권관계에서 채권의 연장이라거나 대상의 가치와 관계 없이 당연히 채권관계의 목적물이 변경되는 것[11]으로 보기보다는, 종래 채권관계의 존속 내지 종료 여부를 결정할 수 있는 권리[12]라고 봄이 상당하다.

2. 인정 여부에 대한 논의

우리 민법은 대상청구권에 관한 명문규정을 두지 않고 있으며, 그로 인해 인정 여부 및 법적 근거에 대한 논의가 계속되어 왔다.

---

9) **(代償請求権)**
第四百二十二条の二 債務者が､その債務の履行が不能となったのと同一の原因により債務の目的物の代償である権利又は利益を取得したときは､債権者は､その受けた損害の額の限度において､債務者に対し､その権利の移転又はその利益の償還を請求することができる｡

10) 지원림, "대상청구권", 민법학논총(후암 곽윤직선생 고희기념논문집), 1995, 157면.

11) 김대규·전완수, "대상청구권에 대한 입법론적 고찰", 원광대학교 「법학연구」, 제22집 제2권, 2006, 157-158면.

12) 송덕수, "대상청구권", 민사판례연구[XVI], 1994, 48면.

(1) 학설

① 다수설은 이행불능의 효과로서 전보배상청구권과 계약해제권에 더하여 대상청구권을 인정한다. 채무가 이행불능에 이른 경우, 채무자가 채권의 목적에 갈음하여 권리를 취득하거나 이익을 받았다면, 채권자는 그 권리의 이전 또는 이익의 상환을 청구할 수 있다는 것이다.[13] 그 근거로는 "일정한 사람에게 귀속된 재산가치가 그 기초에 존재하는 경제적 관계에 비추어 볼 때 그에게 속하여야 할 것이 아니고 실제로는 다른 권리자에게 속하여야 할 경우에는 그 재산가치는 후자에게 이전되어야 한다"는 대위 또는 대상 법리 내지 정당한 귀속(suum cuique)을 들고 있다. 이러한 법리가 발현된 것으로는 손해배상자의 대위(제399조),[14] 변제자대위(제480조), 물상대위(제342조, 제370조), 유증의 물상대위(제1083조 등) 등이 있으며, 이들 개별규정의 배후에 존재하는 일반적인 법원칙을 법유추(Rechtsanalogie) 내지 전체유추를 통하여 이행불능의 경우에도 유추할 수 있다는 점, 계약에서 당사자들의 기대 및 의무 부담의 의사를 고려하여 이행불능의 경우에도 채권관계의 연장효 내지 계약의 보충적 해석으로서 채무자가 받은 이익을 채권자에게 이전하여야 한다는 점을 들고 있다.[15]

한편, 그 근거를 채무불이행책임에 대한 일반규정(제390조) 및 신의칙(제2조)[16]이나 조리(제1조)[17]에서 찾기도 한다. 계약의 효력발생을 의욕한 당사자의 의사에 따라 대상

---

13) 이하 각주에서는 단행본(주석서 포함)을 먼저, 논문(단행본 수록 논문 포함)을 그 다음 순서로 표기하였다. 곽윤직, 채권총론 제6판, 2003, 87면; 김대정, 채권총론 개정판, 2007, 516－517면; 김상용, 채권총론 제3판, 2016, 123－124면; 김상중 집필부분, 김용담 편집대표, 주석 민법 [채권총칙(1)] 제4판, 2013, 694면; 김주수, 채권총론 제3판, 1999, 133면; 김준호, 민법강의 제24판, 2018, 508－509면; 김증한 · 김학동, 채권총론 제6판, 1998, 169－170면; 김형배 · 김규완 · 김명숙, 민법학강의 제15판, 2016, 923－926면; 송덕수, 채권법총론 제4판, 2018, 145－146면; 양창수 집필부분, 곽윤직 편집대표, 민법주해 [IX] 채권 (2), 1995, 287－292면; 지원림, 민법원론, 2017, 481－482면; 강봉석, "대상청구권의 의의 및 요건", 「민사법학」, 제32호, 2006, 253－254면; 김형석, "대상청구권 －민법개정안을 계기로 한 해석론과 입법론－", 서울대학교 「법학」, 제55권 제4호, 2014, 142면; 송덕수, "대상청구권", 민사판례연구[XVI], 1994, 36－40면; 심준보, "취득시효와 대상청구권", 민사판례연구[XX], 1998, 95면; 양창수, "매매목적토지의 수용과 보상금에 대한 대상청구권 -대법원 1992년 5월 12일 판결 92다4581등 사건－", 민법연구 제3권, 1995, 392－396면; 이은애, "우리 민법상 이른바 대상청구권의 인정", 「사법논집」, 제26집, 1995, 205－206면; 이충훈, "대상청구권", 「연세법학연구」, 제5권 제1호, 1998, 319－320면.

14) 이하 우리 민법에 대해서는 별도 법명의 표시 없이 언급한다.

15) 김증한 · 김학동, 채권총론 제6판, 1998, 169－170면; 양창수 집필부분, 곽윤직 편집대표, 민법주해 [IX] 채권 (2), 1995, 290－291면; 양창수, "매매목적토지의 수용과 보상금에 대한 대상청구권", 민법연구 제3권, 1995, 394－396면.

16) 안법영, "대상청구권의 발전적 형성을 위한 소고 －대법원판결례의 분석과 평가를 중심으로－", 한국민법이론의 발전[II](채권편), 1999, 548면; 안법영, "채권적 대상청구권 -우리 민법의 발전적 형성을 위한 비교법적 소고－", 채권법에 있어서 자유와 책임(김형배교수 화갑기념논문집), 1994, 252면.

청구권을 인정해야 한다는 견해[18]와 유사한 취지에서 채권관계의 연장효(Fortwirkung)를 근거로 삼는 견해도 설득력 있게 주장된다.[19]

② 이와 달리 현행 민법에 명문의 규정이 없는 대상청구권을 폭넓게 인정하기보다는, 가급적 민법에 규정된 제도를 통해 해결을 도모하는 것이 바람직하다는 견해도 존재한다. 이 견해는 제3자의 채권침해, 채권자대위권, 위험부담 등 기존 법리에 의한 해결이 불가능한 경우에 한하여, 권리의 정당한 귀속이라는 법리를 근거로 예외적으로 대상청구권의 인정을 허용한다.[20]

이와 유사한 맥락에서, 대상청구권의 행사는 이행불능에 관한 기존 민법상 제도로는 도저히 수용될 수 없는 불합리한 결과를 시정하기 위한 범위 내에서 제한적으로 인정되어야 한다는 견해도 있다.[21]

③ 나아가 장래 이행을 전제로 한 채권자의 이익은 보호하면서도, 소유자인 채무자의 이익 보호에는 소홀한 태도는 오히려 형평에 반한다는 점을 근거로 대상청구권의 인정을 부정적으로 보는 견해도 제시된다.[22] 다만, 이 견해에서도 입법론적 차원에서는 프랑스나 독일과 같이 명문의 규정을 마련하여 이익 조정의 가능성을 제도적으로 열어두는 방안은 별개의 문제로서 긍정할 여지가 있다고 본다.[23]

(2) 판례

대법원은 매매의 목적인 토지가 수용된 경우 매수인이 매도인에게 보상금의 지급을 구하는 청구를 이른바 대상청구권을 행사하는 취지라고 파악하면서, 우리 민법에는 이

---

17) 이상경, "대상청구권 -대법원 1992.5.12. 선고 제1부 92다4581(본소), 4598(반소) 판결-", 민사재판의 제문제(이시윤박사 화갑기념논문집)(상), 1995, 247, 254-255면.

18) 김대정, 채권총론 개정판, 2007, 517면.

19) 김상중 집필 부분, 김용담 편집대표, 주석 민법 [채권총칙(1)] 제4판, 2013, 694-695면; 양창수 집필부분, 곽윤직 편집대표, 민법주해 [IX] 채권 (2), 1995, 291-292면; 송덕수, "대상청구권에 관한 입법론", 「법조」, 제660호, 2011, 771면; 안법영, "대상청구권의 발전적 형성을 위한 소고 대법원판결례의 분석과 평가를 중심으로-", 한국민법이론의 발전[Ⅱ](채권편), 1999, 546-547면.

20) 윤철홍, 채권총론 3정판, 법원사, 2018, 146-147면; 이은영, 채권총론 제4판, 2009, 230-231면; 최병조 집필부분, 곽윤직 편집대표, 민법주해 [XIII] 채권 (6), 1997, 90-91면; 김상현·이승길, "대상청구권의 인정여부에 관한 일고", 「입법정책」, 제3권 제1호, 2009, 120-121면; 주지홍, "대상청구권의 규범적 근거에 관한 소고", 「연세법학연구」, 제5권 제1호, 1998, 306-308면; 최병조, "대상청구권에 관한 소고 -로마법과의 비교고찰을 중심으로-", 판례실무연구[Ⅰ], 1997, 473면.

21) 이상경, "대상청구권 -대법원 1992.5.12.선고 제1부 92다4581(본소), 4598(반소) 판결-", 민사재판의 제문제(이시윤박사 화갑기념논문집)(상), 1995, 247면.

22) 정상현, "대상청구권의 인정여부에 관한 법리 재검토", 「성균관법학」, 제19권 제3호, 2007, 724-725면; 최원준, "위험부담의 원리와 대상청구권의 인정여부", 「성균관법학」, 제21권 제1호, 2009, 625-626면.

23) 정상현, "대상청구권의 인정여부에 관한 법리 재검토", 「성균관법학」, 제19권 제3호, 2007, 725면.

행불능의 효과로서 채권자의 전보배상청구권과 계약해제권 외에 별도로 대상청구권을 규정하고 있지 않으나 해석상 대상청구권을 부정할 이유가 없다고 판시한 이래로[24] 다수의 판결에서 이행불능의 효과로서 대상청구권을 인정하여 오고 있다.[25][26] 이러한 대상청구권을 행사하기 위해서는 그 전제가 되는 매매계약이 유효하게 성립·존속하여야 함은 물론이다.[27] 또한 판례는 쌍무계약의 경우 반대급부가 이행가능할 것을 요한다.[28] 참고적으로 그 행사범위에 있어서는 채권자의 손해의 한도로 제한되지 않는다고 보았다.[29]

---

24) 대법원 1992. 5. 12. 선고 92다4581, 4598 판결.

25) 대법원 1994. 12. 9 선고 94다25025 판결; 대법원 1995. 1. 12 선고 94누1234 판결; 대법원 1995. 2. 3. 선고 94다27113 판결; 대법원 1995. 7. 28. 선고 95다2074 판결; 대법원 1995. 8. 11 선고 94다21559 판결; 대법원 1995. 12. 22 선고 95다38080 판결; 대법원 2002. 2. 8. 선고 99다23901 판결; 대법원 2012. 6. 28. 선고 2010다71431 판결 등.

26) 한편 점유취득시효로 인한 등기청구권이 이행불능으로 되었음을 이유로 대상청구권을 행사하기 위해서는 그 이행불능 전에 등기명의자에 대하여 점유로 인한 부동산 소유권 취득기간이 만료되었음을 이유로 그 권리를 주장하였거나 그 취득기간 만료를 원인으로 한 등기청구권을 행사하였어야 하고, 그 이행불능 전에 위와 같은 권리의 주장이나 행사에 이르지 않았다면 대상청구권을 행사할 수 없다고 봄이 공평의 관념에 부합한다고 판시하였다. 대법원 1996. 12. 10. 선고 94다43825 판결.

27) 따라서 토지거래허가구역 내의 토지에 관한 매매계약으로서 아직 관할 관청의 허가를 받지 못한 관계로 미완성의 법률행위에 불과하여 소유권이전에 관한 물권적 효력은 물론 채권적 효력도 발생하지 아니하는 유동적 무효 상태의 매매계약이 매매의 목적물인 부동산의 수용으로 인하여 객관적으로 허가가 날 수 없음이 분명해져 확정적으로 무효가 된 경우에는 특별한 사정이 없는 한 대상청구권은 발생하지 아니한다고 본다. 대법원 2008. 10. 23. 선고 2008다54877 판결.

28) 쌍무계약인 위 토지교환계약의 목적물인 제1토지 및 제2토지가 모두 공공사업의 시행자에 의하여 협의취득되거나 수용됨으로써 당사자인 원·피고의 상대방에 대한 각 토지 소유권이전등기의무가 이행불능된 사안에서 당사자 일방이 대상청구권을 행사하려면 상대방에 대하여 반대급부를 이행할 의무가 있다고 보면서, 이 경우 당사자 일방의 반대급부도 그 전부가 이행불능이 되거나 그 일부가 이행불능이 되고 나머지 잔부의 이행만으로는 상대방의 계약목적을 달성할 수 없는 등 상대방에게 아무런 이익이 되지 않는다고 인정되는 때에는, 상대방이 당사자 일방의 대상청구를 거부하는 것이 신의칙에 반한다고 볼 만한 특별한 사정이 없는 한, 당사자 일방은 상대방에 대하여 대상청구권을 행사할 수 없다고 봄이 상당하다고 판시하였다. 대법원 1996. 6. 25. 선고 95다6601 판결.

29) 매매의 목적물이 화재로 소실됨으로써 매도인이 지급받게 되는 화재보험금, 화재공제금에 대하여 매수인의 대상청구권이 인정되는 이상, 매수인은 특별한 사정이 없는 한 목적물에 대하여 지급되는 화재보험금, 화재공제금 전부에 대하여 대상청구권을 행사할 수 있고, 인도의무의 이행불능 당시 매수인이 지급하였거나 지급하기로 약정한 매매대금 상당액의 한도 내로 범위가 제한된다고 할 수 없다. 대법원 2016. 10. 27. 선고 2013다7769 판결. 다만 이 판결에서 유의할 점은 대상청구권의 행사범위가 매매대금 상당액의 한도로 제한되지 않는 근거로, "손해보험은 본래 보험사고로 인하여 생길 피보험자의 재산상 손해의 보상을 목적으로 하는 것으로(상법 제665조), 보험자가 보상할 손해액은 당사자 간에 다른 약정이 없는 이상 손해가 발생한 때와 곳의 가액에 의하여 산정하고(상법 제676조 제1항), 이 점은 손해공제의 경우도 마찬가지"라고 판시한 것이다. 즉 대상청구권에 내재적 특성으로 보기보다는 손해보험과 손해공제의 성격에 기반한 설시를 하였다는 점이 주목할 만하다.

(3) 소결

우리 민법은 대상청구권에 대해 명문의 규정을 두고 있지 아니하나, 다수 학설과 대법원 판례는 일정한 조건 하에 이를 인정하여 왔다. 특히 대법원은 1992년 판결 이래로 다수의 판례에서 이행불능의 효과로서 대상청구권을 인정하여 오고 있어, 해석론적 기반은 이미 확립되어 있었다고 할 수 있다. 더욱이 대상청구권의 입법화에 대하여는 학설상 어느 견해에 의하든 그 필요성 자체를 부정하는 문헌은 보이지 않으며, 대상청구권에 관한 법적 근거 제공이라는 근원적 문제 해결을 위해 입법이 필요하다는 점에서 견해의 일치를 보이고 있다.[30] 따라서 2024년 개정안의 대상청구권 명문화는 해석론과 실무의 요구에 부응하는 시의적절한 입법적 응답으로서 그 의의가 크다고 보인다.

대상청구권이 민법에 명문으로 규정될 경우, 우선 그 존재 자체에 대한 불필요한 논쟁을 종결시켜 법적 안정성을 제고할 수 있으며, 권리 귀속에 관한 해석 기준을 명확히 하여 예측 가능성을 높이는 효과를 기대할 수 있다. 특히 현행 판례가 인정하는 대상청구권의 요건과 범위는 해석의 여지를 상당히 남겨두고 있는바, 명문의 규정을 통해 권리 구조를 제도화함으로써 실무 운영의 일관성과 효율성을 확보할 수 있다.

3. 2024년 개정안에 따른 대상청구권의 명문화

2024년 개정안은 채권자 보호와 형평 실현이라는 입법 목적 하에, 이행불능의 경우 채권자에게 인정되는 대상청구권을 제399조의2에 명문화하고, 그에 수반되는 상대방의 이행의무 조정과 관련하여 제537조 제3항을 신설하였다. 이는 현행 민법이나 2004년 개정안에는 존재하지 않던[31] 입법적 시도로서, 대상청구권 제도를 독자적인 권리로 구성한 명시적 규정이라는 점에서 의의가 크다.

현행 민법	2013년 개정시안	2024년 개정안
〈신 설〉	**제399조의2(대상청구권)** ① 채무의 이행을 불가능하게 한 사유로 채무자가 채권의 목적인 물건이나 권리를 갈음하는 이익을 얻은 경우에는 채권자는 그 이익	**제399조의2(대상청구권)**[32] ① 이행을 할 수 없게 되는 원인에 기하여 채무자가 채권의 목적에 갈음하여 권리를 취득하거나 이익을 받은 경우에 채권자는 그 권리의 이전 또

30) 송덕수, "대상청구권에 관한 입법론", 「법조」, 제60권 제9호, 2011, 63-64, 94면 또한 대상청구권의 입법에 반대하는 문헌은 보이지 않으며 대상청구권에 관한 법적 근거 제공이라는 근원적인 문제 해결을 위해 입법이 필요하다고 본다.

31) 2004년 개정안에서도 대상청구권의 신설을 고려하였으나 채택되지 못하였다. 법무부 민법개정자료 발간팀 편, 2004년 법무부 민법 개정안 채권편 · 부록(민법개정총서 4), 2012, 67면 이하.

	의 상환을 청구할 수 있다. ② 채권자가 채무불이행을 이유로 손해배상을 청구하는 경우에, 제1항에 따라 이익의 상환을 받는 때에는 손해배상액은 그 이익의 가액만큼 감액된다.	는 이익의 상환을 청구할 수 있다. ② 채권자가 제1항에 따라 권리를 이전받거나 이익을 상환받는 경우에 채무불이행으로 인한 손해배상의 액수는 그 가액만큼 감축된다.
제537조(채무자위험부담주의) 〈신 설〉[33]	**제537조(채무자의 위험부담)** ③ 상대방이 제399조의2 제1항에 따라 이익의 상환을 청구하는 경우에는 채무자는 상대방의 이행을 청구할 수 있다. 이 경우에 상환할 이익의 가치가 본래의 채무보다 작으면 상대방의 채무는 그에 비례하여 감소한다.	**제537조(채무자의 위험부담)** ③ 상대방이 제399조의2 제1항에 따라 권리의 이전 또는 이익의 상환을 청구하는 경우 채무자는 상대방의 이행을 청구할 수 있다. 이때 이전할 권리 또는 상환할 이익의 가치가 본래의 채무보다 작으면 상대방의 채무는 그에 비례하여 감소한다.

(1) 제399조의2 신설

판례에 따르면 대상청구권은 주로 시효취득된 부동산이 수용된 경우 보상금[34]이나 매매 목적물에 화재가 발생한 경우 보험금[35]에 대하여 인정되어 왔다.[36] 채무자의

32) 2023년 법무부 연구용역 보고서에서는 대상청구권을 제387조의2로 신설하는 안을 제안한 바 있다. 해당 보고서에서는 규정의 위치를 2013년 개정시안과 달리 제387조(채권자의 이행청구권) 다음에 두고, 문언에서 권리의 취득을 반영하는 표현을 채택할 것을 제안하였다. 서울대학교 산학협력단, 민법개정안(계약법 총론) 예비초안 연구, 2023, 12－14면. 다만 본고에서는 2024년 개정안을 중심으로 서술하기로 한다.

33) 대상청구권과 직접 관련되는 조문은 아니나, 2024년 개정안에서 신설을 제안하는 제537조 제3항의 이해의 편의를 위해 같은 조 제1항과 제2항을 살펴보면 다음과 같다. 다만 본고에서는 현행 민법의 한자 표기를 한글로 표시하였다.

현행 민법	2013년 개정시안	2024년 개정안
제537조(채무자위험부담주의) 쌍무계약의 당사자 일방의 채무가 당사자쌍방의 책임없는 사유로 이행할 수 없게 된 때에는 채무자는 상대방의 이행을 청구하지 못한다.	**제537조(채무자의 위험부담)** ① 쌍무계약의 당사자 일방의 채무가 당사자 쌍방에게 책임 없는 사유로 이행할 수 없게 된 때에는 채무자는 상대방의 이행을 청구하지 못한다. ② 제1항은 상대방의 계약 해제에 영향을 미치지 아니한다.	**제537조(채무자의 위험부담)** ① 쌍무계약의 당사자 일방의 채무가 당사자 쌍방에게 책임 없는 사유로 이행할 수 없는 경우에는 채무자는 상대방의 이행을 청구하지 못한다. ② 제1항의 경우에 당사자의 원상회복의무에 대하여는 제548조, 제549조를 준용한다.

34) 대법원 1994. 12. 9. 선고 94다25025 판결. 동일한 취지의 판례로는 다음이 있다. 대법원 1995. 7. 28. 선고 95다2074 판결; 대법원 1995. 8. 11. 선고 94다21559 판결; 대법원 1995. 12. 5. 선고 95다4209 판결.

귀책 사유 없이 채권의 이행이 불가능하게 되었고, 그와 같이 이행불능된 원인에 기인하여 채무자가 일정한 대상물을 취득하게 된 경우 기존 채권의 연장선상에서 형평의 원칙에 따라 채권자에게 대상청구권을 인정한 것이다. 2024년 개정안 또한 채권적 청구권으로서,[37] 제399조의2 제1항에서 채권의 목적에 갈음하는 권리 또는 이익이라는 개념을 중심으로, 채무자가 이행불능 상황에서 취득한 경제적 이익에 대해 채권자가 반환을 청구할 수 있는 권리를 명시하였다. 그 내용은 기본적으로 기초위원회의 예비초안과 동일하다. 다만 검토위원회에서는 제1항에서 "채권의 목적에 갈음"이라는 표현이 일본어 투라는 점을 고려하여 "채권의 목적을 갈음"으로 수정할 것을 제안하였으나,[38] 최종안에 반영되지는 아니하였다. 개정안의 특징은 단순히 이익의 상환에 그치지 않고, 권리의 이전까지 청구할 수 있도록 구성함으로써 반환청구의 실효성과 실체적 내용을 보완한 데 있다.

같은 조 제2항은 손해배상청구권과 대상청구권의 병존관계를 명확히 정리하면서, 이중 회복을 방지하기 위한 조정 메커니즘으로서 감액규정을 마련하였다. 이는 실질적으로 독일민법 제285조 및 일본민법 제422조의2와 유사한 구조를 취하고 있다.

(2) 제537조 제3항 신설

현행 민법 제537조는 채무자위험부담주의를 선언적으로 규정하는 정도에 그치고 있다. 즉 쌍무계약에서 어느 한 쪽의 급부가 책임 없는 사유로 이행불능이 된 경우, 상대방의 반대급부 청구권이 제한된다는 점에 대하여는 규정하고 있으나, 이행불능으로 인해 발생한 이익이 누구에게 귀속되는지는 언급하지 않고 있다. 이에 2024년 개정안에서는 제3항을 신설하여 대상청구권을 행사한 경우 반대급부 처리 문제를 다룬다. 채권자

---

35) 대법원 2016. 10. 27. 선고 2013다7769 판결. 이 판례에 대한 평석으로는 다음의 논문이 있다. 김상중, "대상청구권의 반환내용 – 대법원 2016. 10. 27. 선고 2013다7769 판결", 「법조」, 제66권 제5호, 2017.

36) 한편, 사해행위취소소송에서 근저당권자의 주장 속에는 가액배상뿐 아니라 대상청구도 함께 구하고 있는 취지로 파악하여, 원고가 대상청구권의 행사로서 피고가 말소될 근저당권설정등기에 기한 근저당권자로서 지급받은 배당금의 반환을 청구할 수도 있다는 판례도 있다. 대법원 2012. 6. 28. 선고 2010다71431 판결. 이 판례에 대한 평석으로는 다음의 논문이 있다. 김민선 · 김제완, "채권자취소권에서 원물반환 불능시 가액배상과 대상청구권: 원상회복으로 말소 확정된 근저당권이 경매로 말소되어 배당되는 경우의 법리 –대상판결: 대법원 2012. 6. 28. 선고 2010다71431 판결", 숭실대학교 「법학논총」, 제51권, 2021.

37) 한편, 물권적 청구권에 대해서도 대상청구권을 인정할 필요가 있다는 취지의 논문으로는 다음의 것이 있다. 정민경 · 김제완 · "일물일권주의와 대상청구권: 토지와 입목의 분리처분 후 수용보상금 분쟁 사례를 통한 시론적 재고찰 –대상판결: 대법원 2021. 8. 19. 선고 2020다266375 판결–", 「연세법학」, 제39호, 2022.

38) 법무부 민법개정위원회 검토위원회, 민법 개정 예비초안에 대한 검토의견서, 2024, 8면.

가 제399조의2 제1항에 따라 권리의 이전 또는 이익의 상환을 청구하는 경우 상대방인 채무자가 일정범위 내에서 반대급부를 청구할 수 있음을 명확히 한 것이다. 특히, 이전할 권리 또는 상환할 이익의 가치가 본래의 채무보다 작으면 채권자의 반대급부의무도 그에 비례하여 감액된다는 점을 규정하였다. 기존에는 판례를 통해 간접적으로만 인정되던 비례적 대가 감액 원리를 명문화함으로써, 채무자와 채권자 간 급부·반대급부 관계의 균형을 제도적으로 보장하려는 시도로 이해된다. 이는 단순히 권리귀속의 문제를 넘어, 계약 전체의 구조적 형평을 고려한 것으로 보인다.

Ⅲ. 비교법적 검토[39)]

1. 역사적 유래

(1) 로마법[40)]

로마법에서 대상청구권은 쌍방의 귀책사유 없이 급부가 후발적으로 불능이 된 경우에 위험부담원칙의 적용으로 인해 초래될 수 있는 불합리를 최소화하려는 정의관념에서 규율되었다.[41)] 로마법대전(Corpus Iuris Civilis)에서는 일반적으로 채무자위험부담주의(periculum est debitoris)를 취하면서도, 매매에 있어서는 채권자위험부담주의(periculum est emptoris)를 취하였는바,[42)43)] 위험을 부담하는 자에게 급부불능으로 발생한 이익을 귀속시킨다(commodum eius debet, cuius periculum est)는 공평의 관념에 따라 대상청구권을 인정하였다.[44)]

구체적으로 살펴보면 매매의 목적인 물건이 확정되고 가격에 대한 합의가 이루어지면 매매계약이 성립(venditio perfecta)하게 되는데,[45)] 이에 따라 물건에 대한 위험이 매수

39) 이하 각국 법의 소개에서 별도의 법명 없이 조문을 언급할 경우, 해당 국가의 민법을 가리킨다.

40) 로마법상 대상청구권에 관하여 자세히 기술한 문헌으로 정상현, "대상청구권의 역사적 의미와 비교법적 고찰 -로마법, 독일민법, 프랑스민법을 중심으로-", 「민사법학」, 제39권 제1호, 2007, 482면 이하; 최병조, "대상청구권에 관한 소고 -로마법과의 비교고찰을 중심으로-", 판례실무연구 [Ⅰ], 1997, 473면 이하 등 참고.

41) Fritz Schulz, *Classical Roman Law* (Clarendon Press 1954) 533.

42) 이태제, 로마법, 1990, 163면; 최병조, 로마법·민법논고, 1999, 438면; 현승종·조규창, 로마법, 1996, 739면.

43) 다만 매도인이 악의이거나 매도인에게 과실이 있던 경우 혹은 매도인이 위험을 인수하거나 목적물의 멸실원인이 이미 존재하던 하자에 기인한 경우에는 예외적으로 매도인이 위험을 부담하였다. Girard, Paul Frédéric, *Manuel élémentaire droit romain,* 8e éd., Librairie Arthur Rousseau, 1929, p. 579 et suiv.; May, Gaston, *Éléments de droit romain,* 3e éd., Paris, 1894, p.371.

44) 조광훈, "대상청구권의 해석상 인정에 따른 문제점 검토", 연세대학교 「법학연구」, 제21권 제4호, 2011, 339면.

45) 다만 매매가 성립하면 위험은 매수인에게 이전한다고 보기도 하고(Paulus, D.h.8.pr; Ist.3.23.3),

인에게 이전된다고 보았다. 따라서 그 이후에 목적물이 당사자의 귀책 사유 없이 멸실되면, 매도인은 물건의 인도의무를 면하는 반면 매수인은 여전히 대금채무를 부담하였다.[46] 이러한 매수인의 대금지급의무에 대응하여, 선과 형평(bonum et aequum)에 따라[47] 매도인은 과실(Frucht)이나 대상이득(stellvertretendes commodum)을 매수인에게 인도하도록 하여[48][49] 대상청구권을 인정하였다.

(2) 게르만법

게르만법에서는 로마법과 달리 채무자위험부담주의를 택하여 물건의 인도 전에는 채무자인 매도인이 위험을 부담하도록 하였다. 매매목적물이 당사자 쌍방의 책임 없는 사유로 멸실되면 매도인의 인도의무뿐 아니라 매수인의 대금지급의무도 소멸하였다. 따라서 게르만법에서는 채무자의 급부멸실로 인한 당사자 간 형평 문제나 부당이득 발생 소지가 적었으므로, 대상청구권을 특별히 인정할 필요성이 크지 않았다.[50]

2. 프랑스민법[51]

(1) 소유권의 이전과 위험의 이전

로마법상의 법리는 보통법을 통해 계승되었고, 이에 따라 프랑스민법 역시 대상청구권을 명문으로 규정하고 있었다.[52] 프랑스에서는 소유권 귀속과 관련하여 의사주의를

물건에 대한 현실적인 지배 내지 인도를 기준으로 위험이 이전한다고 보기도 한다(Paulus, D.h.t.13). 정상현, "대상청구권의 역사적 의미와 비교법적 고찰 -로마법, 독일민법, 프랑스민법을 중심으로-", 「민사법학」, 제39권 제1호, 2007, 482면.

46) 정진명, "위험부담의 역사적 발전과정과 그 의미", 「법사학연구」, 제20호, 1999, 86면.

47) 최병조 집필부분, 곽윤직 편집대표, 민법주해 [XⅢ] 채권 (6), 1997, 72−73면; 김형석, "대상청구권 −민법개정안을 계기로 한 해석론과 입법론−", 서울대학교 「법학」, 제55권 제4호, 2014, 108−109면; 정상현, "대상청구권의 역사적 의미와 비교법적 고찰 -로마법, 독일민법, 프랑스민법을 중심으로−", 「민사법학」, 제39권 제1호, 2007, 479면 이하; 최병조, "대상청구권에 관한 소고 -로마법과의 비교고찰을 중심으로−", 판례연구실무[I], 1997, 473면.

48) Barry Nicholas, *An Introduction to Roman Law* (Clarendon Press 1982) 180; Fritz Schulz, *Classical Roman Law* (Clarendon Press 1954) 531-532; May, Gaston, *Éléments de droit romain,* 3ᵉ éd., Paris, 1894, p.371.

49) 최병조 집필부분, 곽윤직 편집대표, 민법주해 [XⅢ] 채권 (6), 1997, 72면 이하; 정상현, "대상청구권의 역사적 의미와 비교법적 고찰 -로마법, 독일민법, 프랑스민법을 중심으로−", 「민사법학」, 제39권 제1호, 2007, 485−486면.

50) 平野義太郎, 『民法に於けるローマ思想とゲルマン思想』, 有斐閣, 1952, 448, 457-458頁.

51) 프랑스민법상 대상청구권에 관하여 자세히 기술한 문헌으로 남효순, "프랑스민법상의 대상청구권", 판례실무연구[I], 1997, 447면 이하; 정상현, "대상청구권의 역사적 의미와 비교법적 고찰 -로마법, 독일민법, 프랑스민법을 중심으로−", 「민사법학」, 제39권 제1호, 2007, 479면 이하.

52) 구 프랑스민법 제1303조에서는 "채무자의 과실 없이 물건이 멸실되거나 거래할 수 없게 되거나 분실될 경우, 채무자는 그 물건을 배상하는 권리 또는 소권이 있으면 이를 채권자에게 양도하여

취하고 있기 때문에,[53] 매매목적물에 대한 소유권은 매매계약의 성립에 의하여 채권자인 매수인에게 이전된다.[54] 그리고 소유권의 이전은 물건의 위험의 이전을 수반한다(제1196조 제3항 제1문).[55] 따라서 대상청구권 규정의 실익은 크지 않다.

보다 구체적으로 살펴보면, 위험의 분배는 본질적으로 당사자의 의사에 따른다. 계약 당사자들은 각자의 의사에 따라 위험을 어느 한쪽에게 귀속시킬 수 있으며, 그들 스스로 계약의 경제적 균형을 설정한다. 그러나 실제로는 위험 분배에 대해 사전에 고려하지 않은 경우가 많기 때문에, 이러한 경우를 대비한 보충적 규정이 필요하다. 일반적으로 당사자 중 한쪽의 의무가 이행 불가능하게 되면, 상대방의 의무도 소멸된다(Res perit debitori, 손해는 채무자의 부담이다).[56] 그렇다면 불가항력으로 인해 이행이 불가능해진 특정 의무의 채무자가 그 위험을 부담한다. 임대차 계약에서 임대 목적물이 우연한 사고로 멸실되면, 임차인에게 사용·수익을 보장해야 할 채무자인 임대인은 더 이상 이를 이행할 수 없게 되므로 위험을 부담한다. 이때 임차인은 임대료 지급 의무에서도 해방된다.[57] 그런데 소유권 이전을 목적으로 하는 계약에서는 위험이 소유자에게 귀속된다(Res perit domino, 손해는 소유자의 부담이다).[58]

한편, 프랑스는 2016. 2. 10. 제정된 "계약법, 채권법 일반 및 채권의 증명에 관한 개정 오르도낭스(Ordonnance no 2016-131 du 10 février 2016)"를 통해 채권법을 전면 개편하였고, 이 개정법은 같은 해 10. 1.부터 시행되고 있는데, 그 개정내용 중에는 대상청구권에 관한 규정도 포함되어 있는바, 이하에서 구체적으로 살펴보기로 한다.

(2) 이행불능과 불가항력

제1218조에 따르면, 계약상 불가항력은 채무자의 통제를 벗어난 사건으로서, 계약

야 한다"고 규정하고 있었다.

53) 남효순, "프랑스민법상의 대상청구권", 판례실무연구[I], 1997, 447면; 정상현, "대상청구권의 역사적 의미와 비교법적 고찰 -로마법, 독일민법, 프랑스민법을 중심으로-", 「민사법학」, 제39권 제1호, 2007, 493면.

54) Weill, Valerio et François Terré, *Droit civil, Les obligations,* 4e éd., Dalloz, 1986, n° 1091, p.1037.

55) 다만 같은 항 제2문에서는 "그러나 인도의무의 채무자는 제13442조에 따라 지체에 빠진 날부터 위험을 다시 부담하고, 제13511조에 정해진 규정이 적용될 것을 유보한다"고 규정하고 있다.

56) Malaurie, Philippe, Laurent Aynès et Philippe Stoffel-Munck, *Droit des obligations,* 13e éd., LGDJ, 2024, n° 568, p.523.

57) 프랑스민법 제1722조는 이러한 경우 임대차가 당연히 해지됨을 명시하고 있으며, 이와 유사한 원리가 민법 제1788조 및 제1790조를 통해 다른 계약에도 적용된다. 이로부터 학설은 손해는 의무를 이행하지 못하게 된 채무자의 몫(Res perit debitori)이라는 일반원칙을 도출하고 있다.

58) Malaurie, Philippe, Laurent Aynès et Philippe Stoffel-Munck, *Droit des obligations,* 13e éd., LGDJ, 2024, no 569, p.523.

체결 당시 합리적으로 예견할 수 없었고, 적절한 조치를 통해 그 영향을 피할 수 없게 되어 채무자가 자신의 채무를 이행하지 못하게 하는 경우를 말한다. 이 방해가 일시적인 경우, 방해로 인한 이행의 지연이 계약의 해제를 정당화하지 않는 한, 채무의 이행은 정지된다. 이 방해가 확정적인 경우, 계약은 당연히 해제되며, 당사자들은 제1351조 및 제1351-1조에 따라 자신들의 채무에서 해방된다. 제1351조에 따르면 불가항력으로 인해 이행이 불가능하고 그 불가능이 확정적일 경우, 채무자는 그에 상응하는 범위에서 면책된다. 단, 사전에 이 위험을 부담하기로 약정했거나, 이미 최고를 받은 경우는 예외라는 점을 규정하고 있다. 또한 제1351-1조는 이행불능이 급부의 대상인 물건의 멸실에서 비롯된 경우, 채무자가 이미 최고를 받았더라도, 그 멸실이 채무가 이행된 경우에도 마찬가지로 발생했을 것임을 증명하면 면책된다고 하면서 이 경우 채무자는 해당 물건과 관련된 권리 및 소권을 채권자에게 이전할 의무가 있다고 명시한다.

즉, 대상청구권의 전제로서 이행불능이 전제되고, 이행불능의 원인에는 불가항력(force majeure)이 있는데,[59] 불가항력은 채무자가 자신의 채무인 급부나 행위를 이행하는 것을 방해하는 사건으로서[60] 예기치 못한 모든 상황에서 발생할 수 있다. 이는 제3자의 행위로부터 비롯된 것일 수도 있으나, 그 사건이 우연적이며 채무자의 이행을 방해했다는 요건을 충족해야 한다. 유의할 점은 프랑스민법에서 불가항력의 정의는 절대적인 것이 아니라는 점이다. 당사자들은 계약을 통해 그 경계를 조정할 수 있으며, 특정 사실을 우연한 사건으로 간주하거나, 반대로 일부 사건에 대해 불가항력이라는 성격을 부여하지 않도록 정할 수도 있다.[61] 제1218조의 규정이 강행규정이 아니므로, 당사자들은 불가항력이 계약에 아무런 영향을 미치지 않도록 하여 불가항력의 면책 효과 자체를 전면 배제할 수도 있으며, 이는 보증조항(clause de garantie)으로서 제1351조에 명시되어 있다.

계약상의 불가항력에 있어서 핵심은 '방해'에 있으나 이러한 고려만으로는 불가항력이라는 요건을 충족하기에 충분하지 않다.[62] 불가항력은 채무자가 자신의 계약상 약속을 이행하지 않아도 되는 사유가 되기 때문에, 그 요건을 판단함에 있어서는 신중하게 검토하여야 한다.[63] 불가항력의 정의(定義)가 느슨해지면 계약의 구속력 자체를 무의미

59) Bénabent, Alain, *Droit des obligations,* 20e éd., LGDJ, 2023, n° 351, pp.309-310.

60) Cass. (req.), 12 décembre 1922, DP, 1924, 1, p.186.

61) Houtcieff, Dimitri, Droit des contrats, 9e éd., Bruylant, 2024, n° 1015, p.805. 한편, 불가항력의 정의에 대한 계약상의 조정이 예기치 못한 위험을 수반한다는 점을 언급한 문헌으로는 다음의 것이 있다. Klein, Jean, « Les clauses relatives aux événements imprévus: validité? Efficacité? Interprétation? », *Revue des contrats(RDC),* 2021, p.167.

62) Cass. (civ.), 21 février 1940, *JCP G,* 1940, II, 1556, A. BESSON, Cass. (civ.), 21 janvier 1946, *D.,* 1946, jur., p.131; Cass. (com.), 26 octobre 1954, *D.,* 1955, jur., p.213, note J. RADOUANT.

63) Houtcieff, Dimitri, *Droit des contrats,* 9e éd., Bruylant, 2024, n° 1014, p.804.

하게 만들 수도 있기 때문이다.[64] 실제로 프랑스 법원은 불가항력의 요건을 엄격하게 판단하고 있다. 대체적으로 불가항력의 요건으로서 저항불가능성과 예견불가능성, 외부성을 요구하는데, 우선 ① 적절한 조치를 취한다고 하더라도 그 영향을 미할 수 없는 저항불가능성(irrésistibilité)이 요구된다. 같은 상황에 놓인 성실한 채무자라 할지라도 이행을 할 수 없었을 것이라고 판단되어야 하며, 불가능한 것은 누구에게도 요구될 수 없다(à l'impossible nul n'est tenu)는 원칙에 부합해야 한다.[65] 또한 ② 계약체결시를 기준으로[66] 합리적으로 예견할 수 없었던 예견불가능성(imprévisibilité)을 요구한다. 이는 해당 사건이 통상적인 사정에 비추어 통상적으로 예견될 수 있는 것인지 추상적 기준(in abstracto)에 따라 평가된다.[67] 마지막으로 ③ 채무자의 통제를 벗어난 외부성(extériorité)[68]을 요구한다.[69]

제1218조는 불가항력의 원용권자를 채무자에 한정하고 있다.[70] 프랑스 대법원(Cour de cassation)에 따르면 자신에게 제공되었어야 할 급부를 받을 수 없었던 채권자는 불가항력을 근거로 계약해제를 주장할 수 없다고 한다.[71] 이 경우 채권자는 '불가항력'을 원

---

64) Tunc, André, « Absence de faute et force majeure en matière contractuelle », *Revue trimestrielle de droit civil (RTD civ.)*, 1945, p.235.

65) Cass. ass. plén., 14 février 2006, n° 02-11.168, *Bull., ass. plén.*, n° 5, *JCP G*, 2006, II, 10087, P. GROSSER, *Contrats, conc. consom.*, 2006, comm. no 152, L. LEVENEUR, *D.*, 2006, p.1577, note P. JOURDAIN, *RDC*, 2006, p.1083, obs. Y.-M. LAITHIER, *RDC*, 2006, p.1207, obs. G. VINEY.

66) Cass. ass. plén., 14 avr. 2006, *Bull. civ. ass. plén.*, n° 5.

67) Cass. (com.), 5 juillet 2023, n° 22-14.476, *Contrats, conc. consom.*, 2023, comm. 145, obs. L. LEVENEUR.

68) 한편, 대통령에게 제출된 법령 설명 보고서에 따르면, 민법 제1218조는 "계약상 불가항력에 대한 판례상 정의를 재확인하면서, 전통적인 외부성 요건을 배제하고 (...) 예측 불가능성과 저항 불가능성 요건만을 채택한다"고 되어 있으나, 2016년 개정된 프랑스민법의 해석상 여전히 채무자의 통제를 벗어난 사건이라는 점에서의 외부성은 요구하고 있다. Fages, Bertrand, *Droit des obligations*, 13e éd., LGDJ, 2023-2024, n° 323, p. 278; Fabre-Magnan, Muriel, *Droit des obligations*, t. 1, *Contrat et engagement unilatéral*, 6e éd., PUF, 2022, n° 993, p.772. 본고에서는 '외부성'의 문언을 그대로 살렸으나, 그 실질에 있어서는 '통제범위 밖'이라는 의미로 새겨야 할 것이다.

69) 2020년 프랑스 대법원의 판시 또한 여전히 채무자의 통제를 벗어난 사건이어야 함을 설시하고 있다. *Cass. ass. plén.*, 10 juil. 2020, n° 18-18.542, *JCP G* 2020, 1032, note P. OUDOT; *RTD civ.* 2020.895, note P. JOURDAIN. 따라서 채무자의 통제를 벗어난 이상, 기업 내부적 파업이라도 불가항력에 해당할 수 있다고 본다. Cass. (soc.), 6 octobre 1971, n° 71-40.105, *Bull.*, V, n° 542.

70) Demogue, René, *Traité des obligations en général, Sources des obligations*, t. VI, Paris, Rousseau, 1932, n° 595, p.641.

71) 이러한 판례들의 상당수는 불가항력이 자주 원용된 Covid-19 보건위기 시기에 내려졌다. 특히 상업용 임대차 분야에서, 공중 출입 금지 조치로 인해 임대료 납부에 어려움을 겪는 임차인들이 제기한 대량의 소송을 사전에 차단하고자, 채권자는 자신의 의무 이행을 회피하기 위해 불가항력을 주장할 수 없다고 판시하였다. Cass. (3 civ.), 30 juin 2022, n° 21-20.127, FS-B, (1re esp.), n° 21-20.190, FS-B, (2e esp.), et n° 21-19.889, FS-D, (3e esp), *Dalloz actualité*, 4 juillet 2022,

인으로 한 계약해제를 구할 수는 없으나, 불가항력으로 인하여 발생한 채무자의 과실 없는 '불이행'을 근거로 계약해제를 구할 수는 있다.[72)73)]

(3) 대상청구권의 전제

불가항력으로 인해 이행불능이 된 급부의 채무자는 위험을 부담한다. 즉, 자신의 의무에서 해방되는 대신, 상대방에게 아무것도 요구할 수 없다.[74)] 과거 프랑스 판례는 계약 불이행이 당사자 어느 쪽에도 책임이 없고, 불가항력이라는 위험의 발생에 기인한 경우에도 법원의 판결에 따른 해제(resolution judiciaire)가 필요하다고 보았다.[75)] 그러나 현행 제1218조는 방해 사유가 영구적인 경우 계약은 법원의 판결 없이 당연 해제(de plein droit)되는 것으로 규정하고 있다. 따라서 불가항력으로 인한 이행불능은 채무자를 면책시키며, 과실이 없으므로 손해배상책임도 없다.

제1351－1조는 이행불능 상황에서 채권자에게 일정한 가치 회수 수단(action en valeur)을 부여하려는 보호적, 대체적 기능을 수행한다. 즉, 채권자의 이익을 보호하기 위하여 원물(la chose)의 이행이 불가능한 경우 해당 물건에 대해 가입한 물건 보험의 보험자에 대한 손해배상청구권이나 불법행위로 인한 손해를 야기한 제3자에 대한 손해배상청구권과 같이[76)] 그에 부착된 권리를 채권자에게 이전하게 하여 결과적으로 가치의 전

P. GAIARDO, *D.* 2022, p.1445, note D. HOUTCIEFF, *D.* 2022, p.1398, point de vue S. TISSEYRE, *JCP* 2022, doctr. 975, note J. MONÉGER, *Contrats, conc. consom.* 2022, n°s 8－9, comm. 129, obs. L. LEVENEUR, *AJDI* 2022. 605, obs. J.－P. BLATTER, *JT* 2022, n° 255, p.11, obs. X. DELPECH, *RTD com.* 2022. 435, étude F. KENDÉRIAN, *RTD civ.* 2022, p.887 obs. H. BARBIER, *RTD civ.* 2022, p.912, obs. P.－Y. GAUTIER ; Cass. (1 civ.), 25 novembre 2020, n° 19－21.060, publié au Bulletin, *D.*, 2021, p.114, note S. TISSEYRE, *D.*, 2021, p.89, point de vue C. GRIMALDI, *D.*, 2021, p.310, obs. R. BOFFA et M. MEKKI, *AJDI*, 2021, p.118, obs. D. HOUTCIEFF, *AJ contrat*, 2020, p.554, obs. M. MEKKI, *RTD civ.*, 2021, 152, obs. P. JOURDAIN, *RTD civ.*, 2021, p.152, obs. H. BARBIER, *Contrats, conc. consom.*, n° 1, 2021, comm. 1, obs. L. LEVENEUR, *Comm. com. électr.*, 2021, comm. 4, obs. G. LOISEAU, *Gaz. Pal.*, 2021, n° 5, p.17 note C.－M. PEGLION－ZIKA, *Gaz Pal.*, 2021, n° 14, p.31, obs. D. HOUTCIEFF, *RDC*, 2021, n° 1, p.17 note M. LATINA.

72) Cass. (1 civ.), 8 mars 2023, n° 21－24.783, FS－D, Lexbase, la lettre juridique, 23 février 2023, n° 936, note D. HOUTCIEFF; *Gaz. Pal.*, 2023, n° 15, p.8, obs. D. HOUTCIEFF; *Contrats, conc. consom.*, 2023, comm. 92, obs. L. LEVENEUR; *JCP E*, 2023, 1216, n° 8, obs. J.－B. SEUBE.

73) 예를 들어, 보건 조치로 인해 100명의 손님을 수용하기 위해 임차한 공간을 사용할 수 없게 된 채권자는 불가항력을 근거로 해제를 주장할 수는 없다. 그러나 채무자가 "100명을 수용할 수 있다"는 약속을 명확히 한 경우, 채권자는 그 약속이 이행되지 않았다는 이유로 계약해제를 구할 수 있다. 이 경우, 그 불이행이 보건 조치라는 외부 사유로 인한 것이고, 과실이 없다 하더라도 관계없다. Houtcieff, Dimitri, *Droit des contrats*, 9e éd., Bruylant, 2024, n° 1016－1, p.807.

74) Josserand, Louis, *Cours de droit civil positif français*, 3e éd., Paris, Sirey, 1939, n° 366, p.201.

75) Cass. (civ.), 7 février 1934, *DH*, 1934, p.165.

76) Mignot, Marc, « L'impossibilité d'exécuter », in Valerio Forti et Lionel Andreu (dir.), *Le nouveau*

환을 실현(substitution de la valeur à la chose)하는 것이다.[77] 그 취지는 채권자로 하여금 멸실된 대상물과 관련한 권리와 소권을 양수받도록 함으로써, 채무자가 자신의 매도인(또는 제조자)에 대한 청구를 할 수 있게 하거나, 그 멸실에 책임이 있는 제3자로 하여금 손해배상청구를 할 수 있도록 하기 위함이다.[78] 다만, 이 경우 대상의 가액이 원래의 급부보다 크더라도 채무자는 그 전부를 이전해야 하며, 반대로 가액이 더 적은 경우에도 채권자는 그에 만족해야 한다.[79] 유의할 점은 이러한 권리의 이전은 자동으로 이루어지는 것이 아니며, 채무자가 양도할 의무를 부담하게 되는 것이다.

그런데 프랑스에서는 이를 불완전쌍무계약과 완전쌍무계약의 경우로 나누어 구분지어 설명한다. 불완전쌍무계약의 경우 채무자는 물건을 반환할 의무에서는 면책되지만, 그 물건과 관련된 권리 및 청구권은 채권자에게 양도해야 한다. 이 경우에는 대개 불법행위로 책임을 지는 제3자에 대한 청구권이 문제가 된다. 왜냐하면 채무자는 해당 물건의 소유자가 아니므로 통상 자신의 책임에 대해 보험을 가입해 두고 있을 뿐이고, 물건 자체에 대한 보험은 반드시 있는 것은 아니기 때문이다. 한편, 완전쌍무계약의 경우, 제1351-1조는 특히 소유권이 이전되는 계약에서 적용되며, 위험이 즉시 인도받는 채권자에게 전가되는 경우에 적절하게 기능한다. 제1351-1조는 실질적으로는 부당이득의 반환 원칙에서 비롯된 것으로 볼 수 있다고 설명되는데, 이는 단순히 새로운 채무를 발생시키는 기능만 있는 것은 아니다. 법문에서는 채무자가 자신의 권리 및 소권을 양도해야 한다고 명시되어 있으며, 이는 사실상 채권의 계약상 양도가 이루어지는 것으로 간주된다.[80] 한편, 양 당사자가 모두 면책되는 경우, 예를 들어 일방은 불가항력으로, 타방은 쌍무적 관계의 효과로 면책되는 경우 제1351-1조는 적용되지 않으며, 불가항력으로 인해 자신의 의무를 이행하지 못한 채무자는 해당 권리 및 소권을 그대로 보유한다.[81]

---

régime général des obligations, Dalloz, 2016, p.187.

77) Chénedé, François, *Droit des obligations et des contrats,* 3e éd., Dalloz, 2023, n°s 214.220-214.221, pp.289-290.

78) Thiberge, Mathieu, in Thibault Douville (dir.), *La réforme du droit des contrats, du régime général et de la preuve des obligations,* 2e éd., Gualino, 2018, p.385.

79) 남효순, “프랑스민법상의 대상청구권”, 판례실무연구[I], 1997, 454면.

80) Mignot, Marc, « L'impossibilité d'exécuter », in Valerio Forti et Lionel Andreu (dir.), *Le nouveau régime général des obligations,* Dalloz, 2016, p.187.

81) 농촌 및 해양수산법전(Code rural et de la pêche maritime) 제L.411-30조 제Ⅱ항에 따르면 임대차에 포함된 재산이 우연한 사고(cas fortuit)로 인해 전부 또는 일부가 파괴되고, 이로 인해 경작 또는 경영의 경제적 균형이 심각하게 위협받는 경우, 임차인의 요청이 있으면, 임대인은 보험회사로부터 지급받은 금액에 상응하는 범위 내에서 해당 건물이나 동등한 건물을 재건할 의무가 있다. 즉, 보험금청구권은 여전히 임대인에게 있으나, 그 보험금으로 인한 이익을 임차인을 위하여 사용하여야 한다는 것이다.

(4) 대상청구권의 요건

프랑스에서 대상청구권[82]이 성립하기 위해서는 다음과 같은 요건들이 충족되어야 한다.

① 급부의 목적물이 멸실되어 그에 따른 채무가 소멸하여야 한다. 이는 특정물의 인도를 목적으로 하는 급부의무에서 출발하지만, 그 적용범위는 주는 채무뿐 아니라 하는 채무에 대해서도 확장될 수 있다. 다시 말해, 급부의 내용이나 채권의 유형과 무관하게, 그 이행이 불가능해진 경우에 채무자가 이로 인해 새로운 재산적 이익을 취득하였다면, 채권자는 그에 대한 반환을 청구할 수 있다.[83] 여기서 '멸실'에는 자연재해와 같은 자연적 현상에 의한 소멸뿐만 아니라, 제3자의 행위로 인한 분실(예: 절도), 또는 법령에 따른 강제수용, 징발, 거래금지 등과 같은 공권력의 개입에 의한 소멸까지 포함된다. 다만, 목적물에 대한 권리가 이미 채권자에게 이전된 경우에는, 대상이 되는 급부 역시 채권자에게 직접 귀속되므로, 대상청구권이 별도로 성립할 여지가 없다. 일부 멸실의 경우에는 채무자가 잔존 목적물을 인도함으로써 급부의무를 이행할 수 있으며, 그 범위 내에서는 채권자의 반대급부도 유지된다. 이와 같은 상황에서는, 멸실되지 않은 부분과 관련하여 채권자에게 대상청구권이 인정된다.[84]

② 목적물의 멸실은 채무자의 귀책사유 없이 발생하여야 한다. 이는 크게 3가지로 나누어볼 수 있다. (a) 자연적 사건(폭풍, 산사태, 호우, 코로나19 팬데믹과 그로 인한 법령상의 조치 등),[85] (b) 사람 또는 집단에 의한 사회적 행위로 인한 사건(파업, 폭동 등),[86] (c) 공권력의 결정(이는 다시 외환규제, 도시계획과 같은 일반적 조치와 위험건물 점유 금지 등과 같은 특별 조치로 나눌 수 있다).[87][88]

③ 채무자는 멸실된 목적물 대신 권리나 소권을 취득하여야 한다. 이는 채무자가 제3자로부터 보험금, 보상금, 대체 재화를 수령한 경우 등을 포함한다. 그러나 특정물에 대한 권리가 이미 채권자에게 이전된 상태라면, 그에 수반하여 발생한 대체이익 역시 채

---

82) 엄밀히 살펴보면 프랑스 민법 제1351-1조는 일반적인 의미에서의 대상청구권은 아니며 정확히 기술하기 위해서는 '권리 및 소권 이전 의무'라고 해야 할 것이나, 이하에서는 이해의 편의를 위해 '대상청구권'으로 칭한다.

83) Weill, Valerio et François Terré, *Droit civil, Les obligations,* 4e éd., 1986, n° 1091, pp.1036 et suiv.

84) 남효순, "프랑스민법상의 대상청구권", 판례실무연구[I], 1997, 450−451면; 정상현, "대상청구권의 역사적 의미와 비교법적 고찰 -로마법, 독일민법, 프랑스민법을 중심으로−", 「민사법학」, 제39권 제1호, 2007, 496면 이는 개정 전 제1303조에 대한 설명이나 현재에도 여전히 유효하다.

85) Cass. 3$^{°}$ civ., 11 mai 1994, *Bull. civ.,* Ⅲ, n° 94; Cass. 3$^{°}$ civ., 10 déc. 2002, *Bull. civ.,* III, n° 256.

86) 다만 해당 행위가 당사자의 과실로 인한 경우 불법행위책임이 발생할 수 있다. Cass. 1re civ., 14 oct. 2010, *Bull. civ.,* I, n° 198; Cass. 1re civ., 17 nov. 1999, *Bull. civ.,* I, n° 307.

87) 행정처분이 당사자의 과실에 기인한 경우 불가항력 사유에 해당하지 않는다. Cass. com., 30 juin 1992, *D.* 1994.454; Cass. 3e civ., 1er juin 2011, n° 09−70502.

88) Bénabent, Alain, *Droit des obligations,* 20e éd., LGDJ, 2023, n° 357, pp.312 313.

권자에게 직접 귀속되므로, 별도의 대상청구권은 발생하지 않는다.

④ 그리고 채무자가 이행지체 상태인 경우에 한정된다. 개정 이전의 구 프랑스민법 제1303조는 해당 물건이 멸실된 경우 채무자 전원에게 일반적으로 적용되었으나, 현행 프랑스민법 제1351-1조는 이행최고를 받은 경우로서 멸실이 불가피하였음을 입증한 채무자에 대하여만 적용되는 것처럼 보인다. 그러나 학설에서는 여전히 이행 최고 없이 면책된 채무자 또한 그 권리 및 소권을 양도할 의무를 진다고 해석한다.[89)]

(5) 대상청구권의 효과

대상청구권이 인정될 경우 채무자가 취득한 대상의 가액이 원래의 목적물보다 클 경우에는 그 초과분까지 포함하여 전부를 채권자에게 반환하여야 한다. 반대로 대상의 가액이 원래 목적물보다 적은 경우에는, 채권자는 그 부족한 범위까지 감수하여야 하며, 이를 보완할 별도의 청구권은 인정되지 않는다.

3. 독일민법[90)]

(1) 대상청구권 개념의 수용

독일민법(Bürgerliches Gesetzbuch, BGB)의 형성과정에서 중요한 전환점은, 초기 게르만법의 채무자위험부담주의에서 로마법적 전통을 계승한 채권자위험부담주의로의 이행이었다. 게르만법은 물건의 인도 이전에는 매도인이 위험을 부담한다는 원칙을 취하였으나, 독일민법은 보통법 시대를 거치며 로마법에서 발전된 대상청구권 개념을 수용하였다. 이와 같은 전통은 제2편(채권관계법) 제1장(채권관계의 내용)에서 명문화되었으며, 위험부담의 문제를 단순한 채무이행 여부에 국한하지 않고, 이행불능시 채권자의 지위

---

89) Thiberge, Mathieu, in Thibault Douville (dir.), *La réforme du droit des contrats, du régime général et de la preuve des obligations,* 2ᵉ éd., Gualino, 2018, p.390.

90) 독일민법상 대상청구권에 관하여 자세히 기술한 문헌으로는 다음의 논문들이 있다. 김대규·전완수, “대상청구권에 대한 입법론적 고찰”, 원광대학교「법학연구」, 제22집 제2권, 2006, 158−165면; 박진수, “대상청구권의 입법론에 대한 비판적 검토”,「토지법학」, 제28−2호, 2012, 303−309면; 송덕수, “대상청구권에 관한 입법론”,「법조」, 제660호, 2011, 78−91면; 송덕수, “이행불능에 있어서 이른바 대상청구권 -독일민법과의 비교·검토−”, 경찰대「논문집」, 제4집, 1985, 197면 이하; 안경희·박기영, “이행불능과 대상청구권”, 이화여자대학교「법학논집」, 제25권 제4호, 2021, 1−31면; 안법영, “채권적 대상청구권 −우리 민법의 발전적 형성을 위한 비교법적 소고− ”, 채권법에 있어서 자유와 책임(김형배교수 화갑기념논문집), 1994, 238−239면; 오수원, “대상청구권의 인정근거와 적용범위”, 조선대학교「법학논총」, 제18집 제3호, 2011, 306−309면; 임건면, “대상청구권에 관한 소고”,「경남법학」, 제14집, 1998, 142면; 정상현, “대상청구권의 역사적 의미와 비교법적 고찰 -로마법, 독일민법, 프랑스민법을 중심으로−”,「민사법학」, 제39권 제1호, 2007, 500면 이하; 정태윤, “대상청구권과 채무자위험부담주의”,「민사법학」, 제103호, 2023, 9−12면; 주지홍, “대상청구권의 규범적 근거에 관한 소고”, 연세대학교「법학연구」, 제5집 제1권, 1998, 289면 등.

를 실질적으로 보완할 수 있는 권리 구조로 정립하였다. 이러한 발전은 당대의 법학자들이 로마법의 이론적 정합성과 실무상 타당성을 면밀히 분석하고 이를 독일민법 체계 내에 조화롭게 통합하려는 노력의 산물이었다.

독일민법 제285조의 현행 대상청구권 규정은 2002. 1. 1.부터 시행된 채권법 현대화법(Gesetz zur Modernisierung des Schuldrechts vom 26. November 2001, BGBl. I S. 3138)에 의해 신설·개정된 것이다. 이 법률은 독일채권법의 근본적 개혁을 목적으로 하였으며, 입법과정에서 정부 초안(Diskussionsentwurf, 2000. 8. 4.), 연방상원 의견(2001. 7. 13.), 법사위원회 보고(2001. 9. 25.) 등을 거쳐 제정되었다.

대상청구권은 계약상 급부를 이행할 수 없게 된 상황에서 그 급부로부터 파생된 경제적 이익이 정당하게 귀속되어야 할 채권자에게 돌아가지 않는 불공정상태를 시정함으로써,[91] 채권자와 채무자 사이의 형평을 회복하고, 재산적 가치의 부당한 이전을 방지하기 위한 법적 장치이다. 이는 공정의 원칙에 따라 불능으로 된 급부를 대신하여 채무자가 수령한 것을 채권자에게 인도하거나 배상청구권을 양도하도록 함으로써, 대상의 원칙을 명문화한 것이다.[92] 특히 제3자에 의한 채권침해의 경우 채권자에게 제3자에 대한 손해배상청구권을 인정하지 않기 때문에, 채무자가 제3자로부터 받거나 받을 손해배상과 관련하여 대상청구권이 기능한다.[93] 예컨대 채무자가 계약상 인도하기로 한 물건이 우연한 사고로 멸실되면 채무는 소멸되지만, 그 사고로 인해 보험금이나 제3자에 대한 손해배상청구권 등 대신 얻은 이익(stellvertretendes commodum)이 발생한 경우 채권자는 이행불능된 급부 대신 그 보험금 등 보상을 청구할 수 있다.

(2) 대상청구권의 요건

대상청구권이 인정되기 위해서는 몇 가지 조건이 충족되어야 한다.

① 우선, 특정물을 급부할 것을 내용으로 하는 채권이 존재하여야 한다.[94] 급부의

---

91) Emmerich, in: *Münchener Kommentar zum BGB,* 6. Aufl., 2012, §285 Rn. 2.

92) 독일민법 제1초안 입법이유서 참고. *Motive zu dem Entwurfe eines Bürgerlichen Gesetzbuches für das Deutsche Reich,* Band II: Recht der Schuldverhältnisse, Berlin/Leipzig 1888, S. 46; Mugdan, Benno (Hrsg.), *Die gesammten Materialien zum Bürgerlichen Gesetzbuch für das Deutsche Reich,* Band 2: Recht der Schuldverhältnisse, Berlin 1899, S. 25.

93) *Motive zu dem Entwurfe eines Bürgerlichen Gesetzbuches für das Deutsche Reich,* Band II: Recht der Schuldverhältnisse, Berlin/Leipzig 1888, S. 47; Mugdan, Benno (Hrsg.), *Die gesammten Materialien zum Bürgerlichen Gesetzbuch für das Deutsche Reich,* Band 2: Recht der Schuldverhältnisse, Berlin 1899, S. 26.

94) 따라서 종류물 급부의 경우에는 그 물건이 특정되어야만 대상청구권의 대상으로 인정된다. Emmerich, in: *Münchener Kommentar zum BGB,* 6. Aufl., 2012, §285 Rn. 3.

대상은 물건이나 권리와 같이 재산적 가치를 가진 것이어야 하며, 단순한 작위나 부작위와 같은 행위는 해당하지 않는다.95) 이러한 목적물의 급부가 이행불능되어야 하는데, 그 급부불능은 후발적인 불능에 한정하지 아니하고, 원시적 불능의 경우도 포함한다.96)

② 채무자가 급부할 필요가 없게 된 상황과 직접적인 관련성 속에서, 급부의 목적물을 대신하는 경제적 이익(Ersatz)을 취득하였을 때, 채권자는 그 이익에 대해 청구할 수 있다. 여기서 말하는 '대상으로 수령한 것'이란 예컨대 매매대금, 보험금 등과 같이 급부를 대신하는 금전적 또는 재산적 가치의 이익을 의미한다.

③ 급부불능에 있어 채무자의 귀책사유는 필요하지 아니하다.97) 채무자가 정당한 사유로 급부의무에서 면제되어야 한다. 여기에는 급부 자체가 물리적으로 불가능해지는 경우뿐 아니라(제275조 제1항), 급부를 이행하는 것이 형평성에 현저히 반하는 경우(같은 조 제2항)나 채무자에게 과도한 부담이 되는 경우(같은 조 제3항)도 포함된다.

④ 이러한 이익은 급부불능과 인과관계가 있어야 하며, 급부의 목적물과 경제적으로 동일하다고 평가될 수 있어야 한다.98) 동일성 여부는 형식보다는 경제적 기능을 기준으로 판단된다.99)

(3) 대상청구권의 효과

대상청구권은 본질적으로 채권적 권리로서, 물권적 효력이 수반되지 않는다.100) 따

---

95) Emmerich, in: *Münchener Kommentar zum BGB,* 6. Aufl., 2012, §285, Rn. 2; Fikentscher, Wolfgang/Heinemann, Andreas, *Schuldrecht,* 10. Aufl., Berlin 2006, Rn. 444; Looschelders, Dirk, *Schuldrecht. Allgemeiner Teil,* 12. Aufl., München 2014, Rn. 659; Westermann, in: *Erman BGB,* 11. Aufl., 2004, §285 Rn. 3.

96) 현행 독일민법에 따르면 원시적 불능이라도 계약이 유효하기 때문에(제311조의a), 원시적 불능의 경우에도 대상청구권을 인정하고 있다. Emmerich, in: *Münchener Kommentar zum BGB,* 6. Aufl., 2012, §285, Rn. 3; Fikentscher, Wolfgang/Heinemann, Andreas, *Schuldrecht,* 10. Aufl., Berlin 2006, Rn. 442; Looschelders, Dirk, *Schuldrecht. Allgemeiner Teil,* 12. Aufl., München 2014, Rn. 660.

97) Emmerich, in: *Münchener Kommentar zum BGB,* 6. Aufl., 2012, §285, Rn. 3; Fikentscher, Wolfgang/Heinemann, Andreas, *Schuldrecht,* 10. Aufl., Berlin 2006, Rn. 450; Looschelders, Dirk, *Schuldrecht. Allgemeiner Teil,* 12. Aufl., München 2014, Rn. 665; Löwisch, in: Staudingers, *Kommentar zum BGB,* Neubearbeitung, Berlin: Sellier - de Gruyter, 2009, §285 Rn. 29.

98) 송덕수, "이행불능에 있어서 이른바 대상청구권 -독일민법과의 비교·검토-", 경찰대 「논문집」, 제4집, 1985, 207면; 정진명, "대상청구권에 대한 입법론적 소고 -민법개정안을 중심으로-", 「민사법학」, 제68호, 2015, 231면.

99) 따라서 임대목적물이 멸실된 경우, 그 멸실에 따른 보험금은 소유권에 기한 것이므로 동일성이 인정되지 아니하여, 임차인은 임대인에게 대상청구권을 행사하여 보험금을 양도를 청구할 수 없다. Emmerich, in: Münchener Kommentar zum BGB, 6. Aufl., 2012, §285, Rn. 25; Looschelders, Dirk, Schuldrecht. Allgemeiner Teil, 12. Aufl., München 2014, Rn. 663.

100) Westermann, in: *Erman BGB,* 11. Aufl., 2004, §285 Rn. 1; Emmerich, in: *Münchener Kommentar zum BGB,* 6. Aufl., 2012, §285 Rn. 3.

라서 채권자가 대상청구권의 요건을 갖추었다 하더라도, 그 이익은 자동으로 채권자에게 귀속되는 것이 아니라, 청구권의 행사에 의해 비로소 실현된다.[101] 이 권리는 잠재적인 청구권으로서, 채무자는 일방적으로 이행하여 채권자를 수령지체에 빠뜨릴 수 없다. 다수의 견해는 채무자는 자신이 취득한 배상이 채권자의 손해보다 많더라도 그 전부를 채권자에게 반환해야 한다고 보나,[102] 침해부당이득과의 관계를 고려하여 부당이득의 반환범위와 일치시켜야 한다고 보는 견해도 있다.[103]

만약 급부불능이 채무자의 귀책사유에 기인한 경우에는, 채권자는 손해배상청구권을 행사할 수도 있고, 대상청구권을 선택할 수도 있다.[104] 다만 양 권리를 병행 행사하는 경우에는 이중회복을 방지하기 위해 손해배상청구의 범위가 대상청구권을 통해 이미 회수한 금액만큼 제한된다.

쌍무계약의 경우, 당사자 쌍방의 책임 없는 사유로 어느 한쪽의 급부의무가 소멸하고, 그 당사자가 대신하는 이익을 취득하였다면, 상대방은 위험부담 규정에 따라 반대급부의무를 면하거나(제326조 제1항), 대상청구권을 행사할 수 있다. 이 경우에는 여전히 반대급부의무가 유지되지만(제326조 제3항 본문), 대신하는 이익의 가치가 본래 급부보다 적은 경우에는 그에 비례하여 반대급부도 감액될 수 있다(제326조 제3항 단서).

4. 일본민법

(1) 대상청구권의 명문화

대상청구권은 채무자가 이행불능의 사유로 인하여 급부 대신 이익을 취득한 경우, 채권자가 그 이익을 자신의 손해범위 내에서 청구할 수 있는 권리를 말한다. 이는 계약이 정한 급부가 불가능하게 되었을 때, 채무자가 그 불능과 동일한 사유로 새로운 경제적 이익을 얻었다면, 그 이익은 원래 계약의 이행을 기대했던 채권자에게 귀속되어야 한다는 공평의 원칙에서 출발한다.

1966년 최고재판소 판례[105]의 사실관계에 따르면 건물 임차인은 임대인으로부터 장

---

101) Emmerich, in: *Münchener Kommentar zum BGB,* 6. Aufl., 2012, §285, Rn. 29; Fikentscher, Wolfgang/ Heinemann, Andreas, *Schuldrecht,* 10. Aufl., Berlin 2006, Rn. 443.

102) Emmerich, in: *Münchener Kommentar zum BGB,* 6. Aufl., 2012, §285, Rn. 30; Looschelders, Dirk, *Schuldrecht. Allgemeiner Teil,* 12. Aufl., München 2014, Rn. 664; Westermann, in: *Erman BGB,* 11. Aufl., 2004, §285 Rn. 10; Westermann, in: *Erman BGB,* 11. Aufl., 2004, 285 Rn. 10.

103) Löwisch, Manfred, Herausgabe von Ersatzverdienst, *NJW* 2003, 2049, 2051 f; Stoll, Hans, Vorteilsausgleichung bei Leistungsvereitelung, in: Schwenzer, Ingeborg/Hager, Günter (Hrsg.), *Festschrift für Peter Schlechtriem zum 70. Geburtstag,* Tübingen 2003, S. 677 ff.

104) Westermann, in: *Erman BGB,* 11. Aufl., 2004, §285 Rn. 11; Emmerich, in: *Münchener Kommentar zum BGB,* 6. Aufl., 2012, §285 Rn. 35.

차 건물을 양도받기로 약정하였고, 그에 따라 해당 부동산의 가치를 기반으로 기대이익을 가지고 있었다. 그러나 이후 지진으로 인해 건물이 멸실되었고, 임대인인 건물주는 지진보험금을 수령하였다. 이에 임차인은 건물 소실과 동일한 원인(지진)으로 인해 발생한 보험금청구권이 자신에게 귀속되어야 한다며 대상청구권을 주장하였다. 최고재판소는 이 주장을 받아들여, 채무자인 임대인이 급부의무를 이행할 수 없게 된 것과 동일한 원인으로 보험금이라는 이익을 취득한 이상, 그 이익은 계약 상대방인 임차자에게 귀속되어야 한다고 판단하였다. 이 판결에서 최고재판소는 "일반적으로 이행불능을 발생시킨 원인과 동일한 원인에 의해 채무자가 이행의 목적물의 대상으로 판단되는 이익을 얻은 경우에는 공평의 관념에 의거하여 채권자가 채무자에게 위 이행불능에 의해 채권자가 입은 손해를 한도로 하여 그 이익의 상환을 청구할 권리를 인정하는 것이 상당하다"고 설시하였다. 이는 이후 대상청구권의 일반이론 정립의 단초가 되었다.

이러한 판례의 흐름은 이후 하급심 판례에서도 반복적으로 인정되었다. 예컨대 매매계약의 목적물이 제3자의 불법행위로 인해 멸실되고, 매도인이 그 불법행위자에 대한 손해배상청구권을 취득한 경우, 매수인이 그 배상금에 대해 대상청구권을 행사할 수 있는지 여부가 문제가 되었고, 법원은 이행불능과 동일한 원인으로 이익이 발생했는가를 기준으로 판단하여 그 이익의 반환을 명하였다. 이와 같은 판례의 축적은 일본민법 개정의 배경이 되었으며, 결국 2017. 6. 2. 공포된 민법 일부개정법률(平成29年法律第44号)에서는 채무의 이행불능과 동일한 원인으로 발생한 대신하는 권리 또는 이익에 대해 채권자가 그 손해의 범위 내에서 그 이익의 반환을 청구할 수 있도록 명문화하였다. 이 규정은 2020. 4. 1.부터 시행되었으며, 이는 종래 판례에 의해 인정되어 오던 대상청구권을 입법적으로 확정한 것이다.

(2) 대상청구권의 요건

신설된 일본민법 제422조의2는 "채무자가 그 채무의 이행이 불가능하게 된 것과 동일한 원인으로 인해 그 채무의 목적물의 대가로서 어떤 권리 또는 이익을 취득한 경우, 채권자는 자신이 입은 손해의 범위 내에서 그 권리의 이전 또는 이익의 반환을 청구할 수 있다"고 규정한다. 여기서 '이행불능'은 후발적이고 객관적인 불능이어야 하며, 채무자의 단순한 의사에 의한 이행거절은 해당되지 않는다. 또한, '동일한 원인성'이 요구되므로, 이행불능을 초래한 사정과 이익 발생 간에 직접적이고 실질적인 인과관계가 있어야 한다.

---

105) 最高裁 昭和41(1966)年12月23日判決, · 民集20巻10号2090頁 (昭和38(オ)1030).

대체이익으로는 보험금, 손해배상금, 매각대금 등 재산적 가치를 지닌 권리 또는 이익이 포함되며, 단순히 채무자가 어떤 작위나 부작위를 통해 얻은 추상적인 기회나 평판 등의 무형이익은 포함되지 않는다. 청구의 범위는 채권자가 입은 손해액을 초과할 수 없도록 제한되어 있으며, 이는 대상청구권이 어디까지나 손해의 보전을 위한 제도임을 반영한 것이다.

(3) 대상청구권의 행사 및 효과

대상청구권은 손해배상청구권과 병존할 수 있으며, 채무자에게 과실이 있어 손해배상청구가 가능할 경우에도 대상청구권은 별도로 행사될 수 있다. 다만 이 경우 채권자는 이중의 보상을 받을 수 없고, 손해배상액 중 대상청구권을 통해 받은 부분은 공제되는 방식으로 정산된다. 이는 채권자에게 과도한 이득을 부여하지 않으면서도 이익 귀속의 정당성을 확보하려는 입법자의 정책 판단으로 이해된다.

특히 일본에서는 채권자는 권리의 이전 또는 이익의 반환을 채무자에게 청구함에 있어 자신이 입은 손해의 범위 내에서만 청구할 수 있도록 하는 제한을 두고 있다.

5. 소결

프랑스에서는 이행불능시 채권자 보호 메커니즘을 제1351－1조에서 명문화하였는데 목적물이 멸실된 경우 이행을 지체한 채무자는 채무가 이행되었더라도 멸실이 마찬가지로 발생하였을 것임을 증명하면 채무를 면하는 한편, 그 물건에 부속된 권리와 소권을 채권자에게 이전하여야 한다. 프랑스에서 대상청구권의 효과는 이 규정을 통해 인정되며, 특히 보험금 등 대체이익에 대해 채권자가 권리를 주장할 수 있는 근거가 된다. 그러나 이 규정은 목적물 멸실의 경우에 국한되므로, 일반적인 대상청구권 제도로 확장하여 보기에는 다소 무리가 있다. 다만 프랑스에서는 제1303조 이하의 부당이득 규정[106)]

106) **제1303조** 사무관리 및 비채변제 이외의 경우, 타인을 해하여 부당한 이득을 받은 자는 그것에 의하여 손실을 입은 자에 대하여 이득과 손실 중 보다 적은 가액에 상당하는 배상을 하여야 한다.
제1303-1조 이득은 그것이 손실자에 의한 채무의 이행 또는 손실자의 무상양여 의사로 이루어지는 것이 아닌 경우에는 부당한 것이 된다.
제1303-2조 ① 손실이 개인적 이익을 위하여 손실자가 한 행위로부터 발생하면, 배상은 인정되지 아니한다.
② 손실이 손실자의 과책으로 인하여 발생하면, 배상은 법원에 의하여 경감될 수 있다.
제1303-3조 손실자에게 다른 소권이 인정된 때 또는 그 소권에 시효 등과 같은 법적 장애가 있을 경우에는 손실자는 부당이득에 근거한 소권을 가지지 아니한다.
제1303-4조 비용발생일에 확인된 손실 및 청구일에 존재하는 것으로 확인된 이득은 판결일을 기준으로 평가된다. 이득자가 악의인 경우에는 배상하여야 할 금액은 두 가액 중 큰 가액에 상당이 보완적 기능을 하는데, 부당이득 법리는 채권자의 손해와 채무자의 이득 사이에 불공정성의 존재가 핵심이다. 이러한 부당이득은 보충적으로 적용되는데(제1303-3조),[107] 이득과 손해 간 상관관계가 있어야 하며, 실질적으로는 반환이 아닌 보상의 개념으로 파악된다. 개정 전 프랑스민법에 따른 사안이기는 하나, 프랑스 법원에서는 이행불능으로 채무자가 얻은 이익의 반환을 부당이득으로 해결한 사례가 있다. 매매계약에서 매매목적물이 불가항력으로 멸실되고 판매자(채무자)가 보험회사로부터 보험금을 수령한 경우, 그 보험금은 특별한 약정이 있거나 채무자가 이행지체 상태에서 목적물이 멸실된 것이 아닌 한, 판매자의 고유한 재산으로 간주되어 매수인이 이를 청구할 수 없다. 프랑스 법원은 보험금은 피보험자(채무자)의 손해를 보전하기 위한 것이므로, 해당 계약이행 불능으로 인한 매수인(채권자)의 구제는 별도로 손해배상책임이 인정되는 경우에 한해 이루어진다고 보았다.[108] 즉, 채무자에게 과실이 없어 불가항력으로 계약이 해제되는 경우 매수인은 지급한 대금을 돌려받는 것 외에 기대이익을 실현할 수 없고, 채무자가 얻은 보험금이나 제3자 보상금에 대해 직접 권리를 주장하기 어렵다는 것이다. 다만, 채무자가 이미 수령한 보험금 등으로 인해 결과적으로 이익을 보게 되고 매수인은 손해를 입는 불공정이 발생한다면, 부당이득 반환청구를 통해 구제할 가능성이 있다고 보았다. 이 경우 부당이득 법리에 따라 채권자의 손해와 채무자의 이득 중 적은 범위로만 반환이 이루어질 수 있으며, 전면적인 이익귀속은 인정되지 않는다.

독일의 대상청구권 규정을 통해 채권자의 기대이익 보호를 도모하고 있는데, 특히 판례를 통해 그 범위를 거래로부터의 이익까지 확대 해석함으로써 채권자에게 매우 유리한 제도로 운영하고 있다. 채무자의 급부의무가 후발적 불능상태에 있고, 채무자가 불능의 발생 원인과 경제적 동일성이 있는 대체이익을 실제로 취득하였다면, 채권자에게 완전한 이익 귀속을 허용한다. 이 경우 경제적 동일성이 인정된다면 채무자의 행위가 이행불능을 초래한 경우 그로 인한 모든 이익이 이에 포괄된다. 이는 채무자가 이행했다면 해당 이익도 채권자에게 귀속되었을 것이라는 기대이익 보호 논리에 기반하여, 대상청구권을 계약적 권리로 규정함으로써 반환범위를 채권자의 손해액에 제한하지 않고 이익 전부의 귀속을 인정한 것이다. 채권자는 손해배상청구권과 대상청구권을 선택적으로 행사할 수 있으며, 양자가 모두 가능한 경우 이익 가치만큼 손해배상액이 감액된다. 쌍무

하는 것으로 하여야 한다.

107) Chantepie, Gaël et Latina, Mathias, *La réforme du droit des obligations,* Dalloz, 2018, n° 63, p.63.

108) Cass. 1re civ., 16 juin 1982, n° 81-13080 : *RGAT* 1983, p.344, note J. Bigot. Dans le même sens : Cass. 1re civ., 14 févr. 1984, n° 82-14503 : *RGAT* 1985, p.35, note J. Bigot. - Cass. 3e civ., 23 nov. 2010, n° 07-20231 : *RGDA* avr. 2011, p.487, note J. Kullmann.

계약에서는 채권자의 반대급부 이행의무가 잔존하나, 대체이익이 원래 급부 가치보다 적을 경우 대가 감액이 발생한다.

일본 역시 최근 민법 개정을 통해 이 제도를 명문화하면서, 독일의 입법례를 상당 부분 받아들였다. 다만 반환범위와 관련하여 독일은 채권자 손해를 넘는 이득까지 귀속시키는 것과 달리, 일본은 손해범위 내로 제한하는 등 세부에서 차이를 보였다. 일본의 경우 이행불능과 동일한 원인으로 대체이익을 취득하였다면 채권자는 손해의 범위에서만 그 권리의 이전 또는 이익의 반환을 청구할 수 있다. 또한 쌍무계약에서 채권자는 반대급부 이행의무를 지며, 대체이익이 원래 급부보다 적을 경우 대가 감액이 발생한다.

결론적으로 프랑스 법원은 엄격한 요건 해석으로 대상청구권 인정을 제한하는 반면, 독일은 경제적 동일성 개념을 확대 적용하여 다양한 유형의 대체이익을 포괄하는것으로 보인다. 일본은 독일법과 유사한 방향으로 발전 중인 것으로 파악된다. 프랑스의 제한적 접근은 계약 자유 존중 측면에 치우친 결과로 해석된다. 다만 부당이득의 법리에 의존할 경우 법적 예측가능성이 다소 저해된다는 점에서, 독일이나 일본과 같이 보다 명확하게 입법하는 방향이 바람직한 것으로 보인다.

Ⅳ. 주요 쟁점에 대한 해석론

2024년 개정안이 대상청구권을 명문화하였음에도 불구하고 적용 요건과 범위에 관한 해석론적 공백은 여전히 남아 있다. 각 쟁점별로 우리나라 학설상 대립에 관하여는 이미 다수의 선행 연구에서 충실히 검토된 바 있으므로, 본고에서는 입법례를 보유한 주요국과의 비교법적 분석을 통해 개정안의 해서 방향을 모색하고자 한다.

1. 하는 채무에 대한 인정 여부

'주는 채무(급부의무)' 외에 '하는 채무(작위·부작위채무)'의 이행불능의 경우에도 대상청구권을 인정할 것인지는 개정안의 해석상 중요한 쟁점이다. 이에 대한 각국의 입법례와 해석론을 검토함으로써 우리 개정안의 적용범위를 명확히 할 필요가 있다.

(1) 비교법적 검토

1) 프랑스

프랑스에서는 대상청구권 개념이 독일이나 일본과 같이 일반화되어 있지 않아, 작위·부작위채무의 경우를 별도로 논의하고 있지 않은 것으로 보인다. 예컨대 채무내용이 특정 급부의 제공이 아닌 경우(예: 건물을 개축해주기로 한 의무, 경쟁을 하지 않을 의무 등)

에 그것이 이행불능이 되면서 채무자가 어떠한 이익을 얻는 상황은 드물며, 있다 하더라도 채권자는 특별규정이 없으므로 직접 그 이익을 청구할 수 있는 권리가 없다. 이러한 경우 채권자는 채무자의 의무위반에 과실이 있다면 손해배상으로 구제받고, 과실이 없는 이행불능이라면 아무런 구제를 받지 못하게 된다. 부작위채무의 위반으로 채무자가 얻은 이득을 채권자가 박탈할 수 있는지에 대해서는, 위약벌 조항과 같은 특약이나 신의성실 원칙에 의한 별개 논의로 남아 있다.

2) 독일

종래에는 작위·부작위 채무는 목적물에 관한 것이 아님을 근거로 이에 대한 대상청구권의 적용을 부정하는 견해가 다수였다.[109] 그러나 독일민법 제285조에서 이행(Leistung)의 범위를 해석함에 있어 작위채무나 부작위채무의 이행도 포함되는 것으로 새기는 견해가 설득력 있게 주장되고 있다.[110] 이론적으로는 채무내용이 어떤 행위를 하는 것이거나 하지 않는 것이라도, 그 이행이 불가능해진 경우(예: 채무자가 하지 말아야 할 행위를 한 경우) 그 불능을 초래한 원인으로 얻은 이익이 있다면 대상청구권이 인정될 수 있다. 예컨대 경업금지의무를 부담한 채무자가 이를 위반하고 경쟁행위를 하여 경제적 이득을 취한 경우, 채권자는 그 이득의 반환을 구할 수 있다는 해석이 가능하다. 이러한 견해 중 일부는 채무자에게 고의가 있는 경우에만 대상청구권을 인정한다고 보거나,[111] 반환범위를 채권자의 손해 한도로 제한하기도 한다.[112] 그러나 이에 대해서는 독일 민법규정이 작위채무나 부작위채무까지 포괄하는 것으로 보기 어렵다거나, 적용범위와 효과를 혼동하고 있다는 비판 또한 제기된다.[113]

다만 이러한 상황은 주로 손해배상이나 법익 침해로 인한 이득박탈(disgorgement) 형태로 다루어지는 경우가 많아, 독일 실무상 대상청구권이 문제된 사례는 대부분 급부(물건 인도 등)의무에 국한된다.

3) 일본

일본민법 제422조의2는 문언상 채무의 목적물이라는 표현을 사용하여 마치 급부의무(물건이나 권리의 이전)에만 적용되는 것처럼 보인다. 그러나 개정과정에서 주는 채무뿐

---

109) Emmerich, in: Münchener Kommentar zum BGB, 6. Aufl., 2012, §285 Rn. 5 f., 24 ff; Heinrichs, in: Palandt Bürgerliches Gesetzbuch, 79. Aufl., München: C.H. Beck, 2020, §285 Rn. 5.

110) Hartmann, Felix, *Der Anspruch auf das stellvertretende Commodum,* Tübingen 2007, S. 96 ff.; Löwisch, Manfred, Herausgabe von Ersatzverdienst, *NJW* 2003, 2049, 2051 ff.; Helms, Tobias, *Gewinnherausgabe als haftungsrechtliches Problem,* Tübingen 2007, S. 329 f.

111) Bollenberger, Raimund, *Das stellvertretende Commodum,* Wien 1999, S. 173 ff.

112) Löwisch, Manfred, Herausgabe von Ersatzverdienst, *NJW* 2003, 2049, 2050.

113) Regierungsentwurf, BT-Drucks. 14/6040, 2001, S. 144 f.

아니라 하는 채무도 채무로서 중요하므로 굳이 제한할 필요가 없다는 의견이 채택되었다.[114] 따라서 일본에서도 예컨대 채무자가 일정 행위를 이행하지 못하게 된 것과 같은 원인으로 금전적 이익을 얻었다면, 채권자가 그 이익을 청구할 여지가 있다. 다만 현재까지 일본에서 대상청구권이 문제된 사례들은 주로 매매나 임대차 등 급부의무에 관한 것이며, 작위·부작위채무에 직접 적용된 판례는 뚜렷하지 않다.

(2) 소결

작위채무나 부작위채무의 이행불능에 대한 대상청구권 인정 여부는 비교법적으로 통일된 해결 기준이 확립되어 있지 않으나, 각국의 접근 방식에서 일정한 경향을 확인할 수 있다.

프랑스는 대상청구권 개념 자체를 제한적으로만 수용하고 있어, 작위·부작위채무에 대한 확대 적용을 둘러싼 본격적 논의가 전개되지 않고 있다. 이에 따라 채무자가 작위·부작위채무의 불이행으로 이익을 취득한 경우에도, 특별규정이나 당사자 간 약정이 없는 한 채권자의 이익 회수를 위한 법적 구제수단은 제한적이다.

이와 달리 독일과 일본은 급부의무 이외의 채무에 대해서도 대상청구권 적용 가능성을 인정하는 견해가 상당수 있는 것으로 보인다. 독일은 급부 개념을 포괄적으로 해석하여 작위 및 부작위 의무까지 포함시킬 수 있다고 보며, 일본 역시 입법 과정에서 작위채무에 대한 대상청구권 인정을 긍정하는 해석론을 채택하였다. 그러나 양국 모두 실제 분쟁 사례는 주로 전통적 급부의무인 물건 이전 등에 집중되어 있으며, 작위·부작위채무에 대한 직접적 적용은 여전히 제도적 정착 단계에 이르지 못한 상황이다.

지금까지 우리 학설은 '주는 채무'의 불능에 한하여 대상청구권을 인정하는 것이 다수의 견해로 보인다.[115] 그러나 대상청구권을 주는 채무로 한정할 논리적 또는 정책적 이유는 발견하기 어렵다.[116] 일본민법에서 '채무의 목적물'이라는 문구를 사용한 것과 달리, 우리 2024년 개정안에서는 단순히 '채권의 목적'이라고만 표현하여 '하는 채무'의 불능의 경우에도 대상청구권이 인정될 여지를 상대적으로 마련해두고 있다.

---

114) 서종희, "신설된 일본민법상 대상청구권 규정을 계기로 한 입법론적 제언", 「재산법연구」, 제36권 제2호, 2019, 381-417면.

115) 이은애, 우리 민법상 이른바 대상청구권의 인정", 「사법논집」, 제26집, 1995, 211면; 이충훈, "대상청구권", 「연세법학연구」, 제5권 제1호, 1998, 329면; 지원림, "대상청구권", 민법학논총(후암 곽윤직선생 고희기념논문집), 1995, 214면 이하.

116) 김형석, "대상청구권 -민법개정안을 계기로 한 해석론과 입법론", 서울대학교 「법학」, 제55권 제4호, 2014, 140면; 서종희, "신설된 일본민법상 대상청구권 규정을 계기로 한 입법론적 제언", 「재산법연구」, 제36권 제2호, 2019. 410면.

과거 민법 개정 전 독일에서 '하는 채무'에 대해 대상청구권을 부정하였던 까닭은 대상청구권의 반환범위에 제한을 두지 아니하여 자신의 노력이나 재능을 투자하지 아니한 채권자가 과도한 이익을 반환받는 것을 염려한 것으로 보인다.117) 그러나 대상청구권이 공평의 원칙과 이익의 정당한 귀속이라는 법리에 기초하고 있으며, 이러한 원리는 급부의 종류에 따라 달리 적용될 이유가 없다는 점, 2024년 개정안의 문언이 이를 배제하고 있지 않다는 점에서 '하는 채무'의 이행불능에 대해서도 대상청구권을 인정함이 타당하다고 생각한다.118)

2. 원시적 불능의 경우 인정 여부

(1) 비교법적 검토

1) 프랑스

프랑스에서는 원시적 불능에 대해 계약 무효를 원칙으로 하며, 제1351-1조는 이행최고를 받은 경우로서 멸실이 불가피하였음을 입증한 경우를 규정한 점에 비추어 볼 때, 대상청구권은 후발적 불능을 전제로 한 것으로 보인다.

2) 독일

독일민법 제285조는 원시적 불능과 후발적 불능을 구분하지 않고 있다. 이에 따라 채무자가 급부를 대신하는 이익을 취득한 경우, 불능 발생 시점과 무관하게 대상청구권이 인정된다고 보는 것이 다수의 견해이다.119) 이는 채권자 보호를 우선시하는 독일법의 특성 및 원시적 불능이라도 계약이 유효한 점에 기인한 것으로 보인다.

3) 일본

과거 원시적 불능의 경우 계약이 무효라는 전제에서 대상청구권은 후발적 불능의 경우에만 논의될 수 있다는 견해도 있었으나,120) 후발적 불능의 경우 대상청구권을 인정함으로써 이행이익의 배상을 인정하는 데 비해 원시적 불능의 경우 계약체결상 과실에 따라 신뢰이익의 배상만 인정한다면 평가모순으로서 부당하다는 비판이 제기되었다.121) 또한 원시적 불능의 급부를 목적으로 한 계약이라도 계약체결시 당사자의 의사

---

117) 서종희, "신설된 일본민법상 대상청구권 규정을 계기로 한 입법론적 제언", 「재산법연구」, 제36권 제2호, 2019, 409면.

118) 김형석, "대상청구권 －민법개정안을 계기로 한 해석론과 입법론－", 서울대학교 「법학」, 제55권 제4호, 2014, 128－129면; 서종희, "신설된 일본민법상 대상청구권 규정을 계기로 한 입법론적 제언", 「재산법연구」, 제36권 제2호, 2019, 410면; 안법영, "채권적 대상청구권 -우리 민법의 발전적 형성을 위한 비교법적 소고－", 채권법에 있어서 자유와 책임(김형배교수 화갑기념논문집), 1994, 253면.

119) Emmerich, in: *Münchener Kommentar zum BGB*, 6. Aufl., 2012, §285 Rn. 12.

120) 北川善太郎·潮見佳男, 『新版注釈民法(10)Ⅱ 債權(1)』, 有斐閣, 2011, 70頁 이하.

에 따라 유효할 수 있다는 전제에서 대상청구권의 성립을 인정하는 견해도 있었다.[122)]

그런데 개정 일본민법 제412조의2 제2항에서 원시적 불능의 계약이라도 유효함을 전제로 규정한 이상, 현재는 원시적 불능에 대해서도 대상청구권이 인정된다고 보아야 할 것이다.

(2) 소결

우리나라에서는 원시적 불능 급부를 목적으로 하는 계약의 무효를 전제로 그에 따른 손해배상책임을 정하고 있다. 그러나 2024년 개정안에서는 원시적 불능에 따른 계약 무효 법리를 더 이상 채택하지 아니하고 있는바,[123)] 이에 따르면 대상청구권 규정을 해석함에 있어서도 원시적 불능도 포함될 수 있다고 새기는 것이 바람직하다.

3. 법률행위로 인한 이익의 포함 여부

대상청구권의 적용범위에서 급부목적물 자체로부터 얻은 이익(commodum ex re) 외에 채무자의 법률행위에 의하여 얻은 이익(commodum ex negotiatione)의 포함 여부는 입법정책적 선택의 문제이다.[124)]

(1) 비교법적 검토

1) 프랑스

채무자가 자발적 법률행위로 이행불능을 초래한 경우, 외부성 요건을 충족하지 못해 채무자의 채무 면책이 이루어지지 않으며, 채무자는 여전히 본래의 급부를 이행하여야 하고, 따라서 채권자로서는 제1351-1조 제2항에 따른 대상청구권을 행사할 수 없게 된다.

2) 독일

독일민법 제285조는 채무자가 채무의 목적물에 관하여 취득한 대상이나 대상청구권으로 표현하고 '대가'라는 포괄적 개념을 사용하고 있이 그 범위를 한정하지 않는다. 초기에 학설상 해석 논란이 있었으나, 현재 통설[125)]과 판례[126)]는 제285조에 법률행위에 의

---

121) 広中俊雄, 『債権各論(第6版)』, 有斐閣, 1994, 78頁.

122) 潮見佳男, 『債権総論 I (第2版)』, 信山社, 2003, 45頁.

123) **제535조(계약체결시의 불능)** 계약을 체결하는 때에 이미 그 채무를 이행할 수 없었다는 사정은 계약의 효력에 영향을 미치지 아니한다.

124) 김형배, 채권총론 제2판, 1998, 198면; 성중모, "민법개정위원회 대상청구권 개정안의 법리적 검토", 「일감법학」, 제37호, 2017, 159면; 안법영, "채권적 대상청구권 −우리 민법의 발전적 형성을 위한 비교법적 소고−", 채권법에 있어서 자유와 책임(김형배교수 화갑기념논문집), 1994, 237면.

125) Alff, in: *Reichsgerichtskommentar zum Bürgerlichen Gesetzbuch (RGRK)*, 12. Aufl., Berlin: de

하여 얻은 이익도 포함된다는 입장이다. 따라서 채무자가 임의로 목적물을 제3자에게 양도하거나 담보로 제공하여 얻은 이익도 채권자가 대상청구권으로 청구할 수 있다. 이는 채무자가 고의로 이행을 하지 않고 이득을 취하는 도덕적 해이를 방지하고, 계약적 신뢰를 보호하기 위한 해석이다.

3) 일본

일본 민법 제422조의2는 문언상 채무 목적물의 대가로서 취득한 권리 또는 이익으로 규정하여, 이는 목적물이 멸실되어 나온 보험금 등 물건으로부터의 이익 뿐만 아니라 채무자가 목적물을 처분하여 얻은 대금과 같은 거래로부터의 이익도 포함하는 개념으로 이해된다. 입법과정에서도 거래로부터의 이익을 포함시킬지 논의되었고, 독일 판례와 같이 법률행위에 의한 이익까지도 대상으로 포함시키는 것이 타당하다는 견해가 받아들여졌다.

(2) 소결

비교법적으로 볼 때, 프랑스는 대상청구권 개념이 전면적으로 확립되어 있지 않을 뿐 아니라, 채무자가 자발적 법률행위로 이행불능을 초래한 경우, 채무자는 여전히 본래의 급부를 이행하여야 하고, 따라서 채권자로서는 대상청구권을 행사할 수 없게 된다. 반면 독일과 일본은 모두 거래로부터의 이익도 대상청구권의 범위에 포함된다는 점에서 견해가 일치하고 있다. 이는 채무자의 자의적 이행거절 또는 이득 편취를 방지하고, 계약 질서와 신뢰 보호에 부합하기 위함이다.

2024년 개정안에서는 이에 대해 명확하게 규정하고 있지 아니하나, 향후 판례 법리를 정립해 나감에 있어 법률행위로 인한 이익을 포함시킴이 바람직하다. 이익의 발생 원인이 채무자의 자발적 처분인지, 외부적 사유에 의한 것인지에 따라 권리귀속을 달리 볼 실질적 이유는 부족하다. 오히려 채무자가 목적물을 임의 처분하여 이익을 취득한 경우에는, 그 이익의 반환을 인정하지 않는다면 불공정한 결과가 초래되고, 제도의 실효성이 현저히 저하될 수 있다.

Gruyter, 1955, §281, Rn.6; Emmerich, in: *Münchener Kommentar zum BGB,* 6. Aufl., 2012, §285 Rn. 29 f. Heinrichs, in: *Palandt Bürgerliches Gesetzbuch,* 79. Aufl., München: C.H. Beck, 2020, §281, Rn. 1; Larenz, Karl, *Lehrbuch des Schuldrechts,* 1. Band, *Allgemeiner Teil,* 14. Aufl., München: C.H. Beck, 1987, §21; Löwisch, in: *Staudinger Kommentar zum Bürgerlichen Gesetzbuch,* Neubearbeitung, Berlin: Sellier - de Gruyter, 2009, §281, Rn.17; Weidemann, in: *Soergel Kommentar zum Bürgerlichen Gesetzbuch,* 13. Aufl., Stuttgart: Kohlhammer, 2000, §285, Rn. 2.

126) RGZ 91, 260(263); RGZ 92, 369(372 f.); RGZ 105, 84(87 f.); RGZ 115, 31(33 f.); RGZ 138, 45(48).

따라서 명문에서 법률행위로부터 얻은 이익을 직접 규정하지 않더라도, 해석상 이를 배제하지 아니하는 것이 당사자 간 이익형량에 있어 타당한 결과를 도출할 수 있다.

4. 초과이익의 상환 여부

대상청구권 행사시 채무자가 취득한 이익이 원래 급부의 객관적 가치를 초과하는 경우, 그 초과분 상환[127] 여부가 문제된다. 이는 채권자 보호의 한계와 채무자 재산권 존중 간 균형 문제로 귀결되며, 특히 법률행위로 인한 이익의 상환 문제와 연관될 수 있다.

(1) 비교법적 검토

1) 프랑스

대상청구권이 인정될 경우 채무자는 그 물건에 부속된 권리와 소권을 그의 채권자에게 양도할 의무를 부담하며, 그 범위에 제한이 없기 때문에 채무자가 취득한 대상의 가액이 원래의 목적물 가액보다 큰 경우라도 채권자는 그 전액을 청구할 수 있다. 그러나 한편, 대상의 가액이 원래 목적물보다 적다고 하더라도, 독일과는 달리 채권자의 반대급부 이행이 감소하지 아니한다.

2) 독일

독일에서 대상청구권은 채권자의 실제 손해액이나 목적물의 시가와 무관하게 채무자가 얻은 이익 그 자체를 반환 대상으로 한다.[128] 따라서 채무자가 얻은 이익의 가치가 원래 급부의 가치보다 큰 경우 채권자는 그 이익 전부의 반환을 청구할 수 있다.[129][130] 이와 같은 결과를 인정하는 이유는 채무자가 이행불능으로 인해 이익을 얻고 오히려 유리한 처지에 놓이는 것을 막기 위해서이다. 즉, 채무자가 계약을 제대로 이행했다면 얻지 못했을 초과이익까지도 모두 반환시켜, 채무자가 불능으로 인해 이행한 경우보다 나은 지위에 서지 않도록 하는 것이다.

한편, 채권자의 특별한 손해(예를 들어 대체물을 구하느라 추가 비용이 든 경우 등)가 원래 급부의 객관적 가치보다 크더라도, 민법 제285조에 따른 반환청구 자체는 채무자가 취득한 이익의 한도에서만 이루어진다.[131] 채무자의 과실이 있는 경우 채권자는 별도로

127) 2024년 개정안 제399조의2 문언에 따라 '상환'으로 표기하되, 외국의 입법례를 소개함에 있어서는 번역에 충실하게 '반환'으로 표기하였다.

128) RGZ 138, 45(48); BGH NJW 1980, 178; BGH NJW 2006, 2323.

129) Larenz, Karl, *Lehrbuch des Schuldrechts,* 1. Band, *Allgemeiner Teil,* 14. Aufl., München 1987, §21 I b, S. 309.

130) RGZ 138, 45(48); BGH NJW 2006, 2323.

131) BGH NJW 1980, 178.

손해배상청구를 통해 그 초과손해를 청구할 수 있지만, 대상청구권에 의해 반환되는 이익 이상의 금액을 직접 청구할 수 있는 것은 아니다.

따라서 독일에서는 대상청구권의 범위를 채권자의 손해액으로 제한하지 않고, 채무자가 얻은 이익이 크면 그 전부를, 작으면 있는 그대로를 반환하게 한다. 다만 대상이나 대상청구권의 가액이 채무의 목적인 급부의 가액에 미치지 못하는 범위에서, 반대급부는 감소된다.

3) 일본

제422조의2는 명문으로 채권자가 입은 손해의 한도에서 대상청구권을 인정하고 있다. 이는 반환범위에 상한을 두는 규정으로서, 채무자가 얻은 이익이 설령 채권자의 손해보다 많더라도 채권자는 자기 손해를 넘는 금액은 청구할 수 없다는 뜻이다. 이는 독일법과 대비되는 점인데, 일본민법 개정과정에서 이 제한규정을 둘지 여부도 쟁점이 되었으며, 결국 부당이득 등과 같은 다른 반환제도와의 조화를 고려하여 손해액 한도로 제한하는 취지를 명문화하였다.

한편 채권자의 손해가 채무자의 이익보다 큰 경우, 일본에서도 채권자는 우선 대상청구권으로 그 이익 전부(채권자 손해의 일부에 해당)를 회수하고, 채무자에게 과실이 있다면 나머지 초과손해에 대해 손해배상을 청구할 수 있다. 과실이 없는 경우라면 추가 배상은 불가능하며, 결국 채권자는 채무자가 얻은 이익의 범위 내에서만 구제를 받게 된다.

(2) 소결

대상청구권의 상환범위를 어떻게 설정할 것인지는 제도의 성격과 기능을 결정하는 핵심적 쟁점이다. 채권자의 손해액을 기준으로 제한할 것인지, 아니면 채무자가 취득한 이익 전부를 상환 대상으로 삼을 것인지에 따라 제도의 성격과 기능은 크게 달라진다.

1) 비교법적 접근방식의 차이

채무자가 실제로 얻은 이익의 전부를 반환 대상에 포함시키면서 그 이익이 채권자의 손해보다 많더라도 이를 전액 반환하도록 허용하는 입법례는 이익의 정당한 귀속이라는 관점에서 채무자의 부당한 유리(有利)를 제거하려는 기능적 목적에 충실한 것으로 보인다. 이러한 접근은 이행불능으로 인한 채무자의 우월한 지위를 방지하는 구조로서, 계약질서 유지와 신뢰보호라는 민사법 일반원리에 부합한다는 점에서 의의가 있다.

한편, 일본은 반환범위를 채권자의 손해 한도로 제한함으로써 보다 신중하고 절제된 태도를 보이고 있다. 이는 대상청구권을 손해보전 수단으로 위치짓는 관점에서 권리자의 부당한 이득 취득 가능성을 사전에 차단하려는 입법정책적 고려가 작용한 것으로 분석된다.

2) 무제한 반환론의 문제점

채무자가 취득한 이익 전부를 상환 대상으로 하는 접근방식에는 공평의 원칙상 문제가 있다. 2024년 개정안이 하방 위험에 대해 채권자가 손해를 보지 않도록 규정한 상황에서, 상방에 대해서는 채권자가 반대급부만 이행하면 제한 없이 초과이익을 취득할 수 있도록 하는 것은 형평에 어긋난다. 특히 채권자는 물권을 취득하기도 전에 별도의 노력이나 위험 부담 없이 예상보다 큰 대상이익을 차지할 수 있다면, 이는 공평 관념에 반하는 결과를 초래한다.

물론 채권자와 채무자가 이행불능된 목적물에 대해 각자 경제적 판단을 거친 후 계약을 체결하였을 것이기 때문에, 그로 인한 이익은 그들이 한 경제적 판단에 상응하여 배분하면 된다고 볼 수도 있다.[132] 그러나 하방에 대해 채권자가 손해를 보지 않도록 보장하면서도, 상방에 대해서는 채권자가 자신의 반대급부를 이행하기만 하면 선택에 따라 제한 없이 초과이익을 취득할 수 있도록 하는 것은 공평의 원칙상 납득하기 어렵다. 이는 채권자가 우연한 기회로 횡재하게 되는 부당한 결과를 야기할 수 있다.[133]

3) 채권자와 채무자 간 지위의 균형

오히려 채무자가 자신의 수완과 재능을 발휘하여 초과이익을 창출한 경우, 그러한 초과 부분은 채무자가 향유할 만한 지위에 있다고 봄이 타당하다.[134] 만약 채권자가 대상청구권을 통해 초과이익까지 청구할 수 있다면, 법경제학적으로 효율적인 경제적 교환을 발생시킬 수 있는 자발적 계약 파기와 손해 전보를 사전에 차단하는 결과가 된다.

따라서 채무자의 수완이나 재능으로 시가보다 높은 가액으로 전매한 경우, 그러한 전매가액 전부를 채권자에게 귀속시킬 필요는 없으나, 채권자에게 적어도 이행불능 당시 시가 상당액까지는 보전해주는 것이 형평 또는 신의칙에 부합한다. 이는 이행불능으로 인한 채무불이행의 경우와 비교해보아도 타당하다. 예컨대 채무자가 이중양도를 하여 급부 목적물을 타인에게 처분한 가격이 시가를 초과한다고 하더라도, 그를 기준으로 배상액을 산정하지는 않는다. 이에 대해 손해배상과 대상청구권은 별개·독립의 것이므로, 이러한 해석은 논리적 일관성을 잃었다는 비판도 가능하다.[135] 그러나 채무자는 본

132) 제철웅, “대상청구권의 적용범위에 관한 소고”, 「법정고시」, 제3권 제12호(통권 27호), 1997, 98면.

133) 주지홍, “한정종류물의 대상청구권 인정 필요성 및 위험이전과의 관계 －대법원 2016. 10. 27. 선고 2013다7769 판결－”, 부산판례연구회 「판례연구」, 제29집, 2018, 676면.

134) 정다영, “대상청구권의 행사 및 효력범위 －대법원 2016. 10. 27. 선고 2013다7769 판결－”, 「재산법연구」, 제35권 제2호, 2018, 173면.

135) 곽용섭, “대상청구권”, 광주지방법원 「재판실무연구(1997)」, 1998, 189－190면; 김상중, “대상청구권의 반환내용 -대법원 2016. 10. 27. 선고 2013다7769 판결－”, 「법조」, 제725호, 2017, 637면;

래의 급부를 이행했을 때보다 불리한 지위에 놓여서는 아니되며, 설사 채무자가 고의로 이행불능을 초래했더라도 채권자가 원래의 급부를 받은 경우보다 더 유리한 지위에 놓여서도 아니된다.

4) 대상청구권의 이념적 근거 및 소결

이러한 해석은 대상청구권의 역사적 이념과도 부합한다. 로마법에서 인정될 때부터 대상청구권은 대가위험과 밀접하게 결합되어 있었다. 비록 독일민법 제정시 대위원칙으로 설명하면서 채무자의 의사가 대상에 향해져 있다고 보며 공평을 언급하였지만,[136] 쌍무계약에서 채무자위험부담주의를 취하면서도 왜 채권자에게 대상청구권을 인정하는 근본적 이유에 대한 신중한 고찰이 필요하다.

그렇다면 상환범위를 손해액으로 제한할 경우 대상청구권의 실익이 상실되는가? 결론적으로 그렇지 않다. 첫째, 채무자의 자력이 부족한 상황에서 대상청구권은 일반채권자에 대한 일종의 우선권적 지위를 부여함으로써 채권자 보호 기능을 수행한다. 둘째, 손해배상청구권과 달리 채무자의 귀책사유를 요구하지 않아 보다 용이한 구제수단이 될 수 있다. 셋째, 이행불능 시점에서의 객관적 가치를 기준으로 하여 손해 산정의 명확성을 제공한다는 점에서 실무적 의의가 크다.

따라서 이행불능시의 시가를 상회하는 초과이익에 대해서는 그 권리의 이전 또는 이익의 상환을 청구할 수 없다고 보는 것이 대상청구권의 본질적 기능인 급부 균형의 조정과 채권자 보호를 달성하면서도 제도 남용을 방지할 수 있는 합리적 대안이라 할 것이다.

Ⅴ. 결론

대상청구권은 채무의 이행불능으로 인하여 채무자가 채권의 목적에 갈음하여 취득한 권리의 이전 또는 이익의 상환을 구할 수 있는 권리로서, 이행불능 상황에서 채권자와 채무자 간의 형평을 도모하고 계약 정의를 실현하기 위한 핵심적 제도이다. 이는 채무자가 이행불능으로 인해 오히려 유리한 지위에 서게 되는 것을 방지하고, 채권자에게 실질적 구제수단을 제공함으로써 계약 질서의 안정성과 당사자 간 신뢰 관계를 보호하는 기능을 수행한다. 2024년 민법개정안은 제399조의2 및 제537조 제3항의 신설을 통해

안법영, "대상청구권의 발전적 형성을 위한 소고 －대법원판결례의 분석과 평가를 중심으로－", 한국민법이론의 발전[Ⅱ](채권편), 1999, 552면; 주지홍, "한정종류물의 대상청구권 인정 필요성 및 위험이전과의 관계 －대법원 2016. 10. 27. 선고 2013다7769 판결－", 부산판례연구회「판례연구」, 제29집, 2018, 677면.

136) 정태윤, "대상청구권과 채무자위험부담주의", 「민사법학」, 제103호, 2023, 13면.

기존에 판례와 학설을 통해 인정되어 온 대상청구권을 명문화함으로써 우리 계약법 체계에 중요한 전환점을 마련하고자 하는 것이다.

2024년 개정안은 학계의 다양한 견해가 합치되지 않은 현실을 고려하여 조문을 비교적 추상적이고 개방적으로 구성함으로써, 향후 해석론과 판례를 통한 구체적 기준 형성에 여지를 남겨두고 있다.

① 작위채무나 부작위채무의 이행불능에 대한 대상청구권 인정 여부는 비교법적으로 통일된 해결 기준이 확립되어 있지 않으나, 독일과 일본이 확대 적용을 인정하는 추세에 있다. 우리 개정안은 '채권의 목적'이라는 포괄적 문언을 사용하여 하는 채무까지 포섭할 여지를 마련하고 있다. 대상청구권이 공평의 원칙과 이익의 정당한 귀속이라는 법리에 기초하는 이상, 이러한 원리는 급부의 종류에 따라 달리 적용될 이유가 없으므로, 작위·부작위채무의 이행불능에 대해서도 대상청구권을 인정함이 타당하다.

② 2024년 개정안이 제535조를 통해 원시적 불능에 따른 계약 무효 법리를 폐기한 이상, 대상청구권 규정의 해석에 있어서도 원시적 불능이 포함될 수 있다고 보는 것이 체계적 정합성에 부합한다.

③ 독일과 일본은 모두 채무자의 법률행위에 의한 이익도 대상청구권의 범위에 포함시키고 있으며, 이는 채무자의 자의적 이행거절이나 이득 편취를 방지하고 계약 질서와 신뢰 보호에 부합하기 위함이다. 우리 개정안이 이에 대해 명시적으로 규정하지 않았으나, 이익의 발생 원인에 따라 권리귀속을 달리 볼 실질적 이유는 부족하므로, 해석상 법률행위로 인한 이익을 배제하지 않는 것이 제도의 실효성 확보와 당사자 간 이익형량에 부합한다.

④ 채권자가 물권 취득 이전에 별도 노력 없이 초과이익을 취득하는 것은 공평의 관념에 반하며, 채무자의 수완과 재능으로 창출된 초과 부분은 채무자가 향유할 만한 지위에 있다. 따라서 이행불능 당시 시가 상당액까지만 보전해주는 것이 형평과 신의칙에 부합하며, 대상청구권은 여전히 우선권적 지위 부여, 귀책사유 불요, 손해 산정의 명확성 제공이라는 실질적 의의를 갖는다.

2024년 개정안의 대상청구권 규정은 의도적으로 미완의 구성을 취함으로써 법리의 탄력적 발전을 도모하고 있다. 이 제도의 성공적 정착을 위해서는 비교법적 고찰을 토대로 한 정교한 해석론의 구축과 실무례의 축적이 필수적이며, 특히 급부 균형과 형평의 이념에 충실한 법리 발전이 요구된다. 이러한 해석론적 발전을 통해 대상청구권은 우리 채권법 체계 내에서 실질적 의미를 갖는 제도로 자리매김할 수 있을 것이다.

채무불이행책임과 담보책임의 관계 정립*

김재형**

국문초록

민법은 채무불이행책임과 담보책임을 이원적으로 구성하고 있다. 민법의 채권총칙 부분에서 채무불이행책임에 관하여 정하고, 이와 별도로 채권각칙의 전형계약 부분에서 매도인이나 수급인 등의 담보책임을 정하고 있다. 이 두 책임은 그 요건과 효과가 다르다. 채무불이행책임은 과실책임으로 규정된 반면, 담보책임은 무과실책임이다. 담보책임에서 권리 하자와 물건 하자, 특정물 매매와 종류매매, 매매계약과 도급계약 등을 구별하고, 책임의 내용이나 구제수단도 각각 다르게 규정되어 있다.

매도인의 담보책임에 관해서는 전통적으로 법적 성질에 관하여 논란이 많았다. 그 요건과 효과에 관해서도 각양각색의 학설이 난무하여 마치 '학설의 숲'에 빠져있는 것처럼 보인다. 종래에는 매도인의 담보책임을 법정책임으로 보는 견해가 다수였으나, 점차 채무불이행책임설이 유력하게 제기되었고 현재는 이 견해가 다수설이 되었다. 대법원 판례는 담보책임을 채무불이행으로 보고 채무불이행책임과 경합 또는 병존을 인정함으로써, 매수인이나 도급인의 권리구제를 넓게 인정하는 방향으로 전개되었다.

그러나 민법규정 자체에서 이와 같은 내용이 당연히 도출되는 것은 아니다. 민법의 해석론에서 상반되는 결론에 도달하는 경우가 너무나도 많았다. 담보책임에 관해서는 민법전에 쓰여 있는 조문이 거래현실에서 발생하는 문제를 적절하게 규율하는 데 실패하였다고 해도 틀린 말이 아니다. 담보책임에 관한 혼란을 정리하기 위해서는 민법개정을 통해 담보책임의 요건과 효과

* 이 논문은 민사법학 제110호에 게재된 것을 수록하였다.
이 논문은 2025. 1. 23. '한국 민법개정안에 관한 연구'라는 주제로 서울대학교 법학연구소 공동연구 학술대회에서 발표한 내용을 다듬은 것이다. 이 논문은 서울대학교 법학연구소의 2024학년도 학술연구비 지원(공동연구)을 받았다(서울대학교 법학발전재단 출연).

** 서울대학교 법학전문대학원 교수.

를 명확하게 규정하는 것이 필요하다.

법무부는 2023년 6월 민법 재산편 전면개정을 위해 민법개정위원회를 설치하였고, 2024년 계약법 개정안을 발표하였으며, 2025. 2. 7. 민법개정안에 관한 입법예고를 하였다. 이 개정안에서 채무불이행책임과 담보책임의 관계를 어떻게 규율할 것인지는 가장 중요한 문제 중의 하나이다. 필자는 민법개정위원회 검토위원장으로서 개정안을 작성·검토하는 데 관여하였는데, 민법개정에서 담보책임에 관한 규정을 개정하는 것이 반드시 필요하다고 주장하였다.

이 논문에서는 채무불이행책임과 담보책임의 관계에 관하여 학설과 판례를 중심으로 살펴본 다음, 2024년 계약법 개정안을 중심으로 채무불이행책임과 담보책임의 관계를 어떻게 정립하는 것이 바람직한지 검토하였다. 이 개정안은 담보책임의 성질이 채무불이행책임이라는 데서 출발하여 채무불이행책임과 담보책임을 통합적으로 구성하고자 한다. 그러나 두 책임을 완전히 통합한 것은 아니다. 매매나 도급에서 매도인이나 수급인의 하자책임에 관한 규정을 두되, 채무불이행책임과 가급적 합치시키려고 하고 있다. 권리의 하자와 물건의 하자, 특정물매매와 종류매매, 매매계약과 도급계약 사이의 구별을 상당히 높은 수준에서 제거하고 있다. 또한 하자에 대한 매수인 등의 구제수단으로 현행 민법으로 인정되는 계약의 해제와 손해배상 외에도 추완청구권, 대금감액을 새롭게 도입하였다.

담보책임에 관한 논의가 다양했던 만큼, 두 책임의 통합을 어느 정도로 어떠한 방법으로 추구할 것인지, 현재의 판례나 법상황과 어느 정도로 달리 규율하는 것이 바람직한지에 관해서는 여러 가지 논의가 있을 수 있다. 개정안을 작성하는 과정에서도 추완청구권이나 손해배상 등에 관하여 다양한 논의가 있었다. 그러나 현재의 복잡한 법률 규정을 둘러싸고 발생하고 있는 여러 혼란이 이번 민법 개정을 통해 개선될 것이라고 기대되고 있다.

Ⅰ. 서론

민법은 채무불이행책임과 담보책임(擔保責任)[1])을 이원적으로 구성하고 있다. 민법의 채권총칙 부분(제3편 제1장 제2절)에서 채무불이행책임에 관하여 정하고, 이와 별도로 채권각칙의 전형계약 부분(제3편 제2장)에서 매도인이나 수급인 등의 담보책임을 정하고 있다.[2]) 이 두 책임은 그 요건과 효과가 각기 다르다. 채무불이행책임은 과실책임인 반

1) 담보책임이라는 용어의 수정에 관해서는 아래 Ⅲ. 2. (2) 참조.

2) 민법은 매도인의 담보책임(제570조-제584조)을 정하고, 이를 유상계약에 준용하고 있다(제567조). 그 밖에 분할로 인한 담보책임(제270조), 증여자의 담보책임(제559조), 대주의 담보책임(제602조), 수급인의 담보책임(제667조-제672조), 여행주최자의 담보책임(제674조의6-제674조의8),

면, 매도인의 담보책임은 무과실책임이다. 담보책임에서 권리 하자와 물건 하자, 특정물 매매와 종류매매, 매매계약과 도급계약 등을 구별하고 책임의 내용이나 구제수단을 달리 규정하고 있다.

매도인의 담보책임에 관해서는 전통적으로 법적 성질에 관하여 논란이 많았고, 그 요건과 효과에 관해서도 각양각색의 학설이 난무하여 마치 '학설의 숲'에 빠져있는 것처럼 보였다. 종래에는 매도인의 담보책임을 법정책임으로 보는 견해가 다수였으나, 1970년대 후반부터 채무불이행책임설이 유력하게 제기되기 시작하였고, 현재는 이 견해가 다수설이 되었다.[3] 매도인의 담보책임과 채무불이행책임이 경합적으로 적용되는지, 매도인의 담보책임으로 인정되는 손해배상이 이행이익의 배상인지 신뢰이익의 배상인지에 관해서도 학설이 혼란스럽게 전개되었다. 수급인의 담보책임에 관해서는 상대적으로 논의가 많지 않지만, 매도인의 담보책임과 유사한 문제가 내포되어 있다. 판례는 채무불이행책임과 담보책임의 관계를 비롯하여 담보책임의 몇 가지 주요 쟁점에 관해서는 명확한 입장을 취하고 있지만, 여전히 모호한 부분이 많다. 이에 따라 두 책임의 요건과 효과에 관하여 혼란이 발생하고 두 책임 사이의 복잡한 법률관계를 어떻게 이해할 것인지에 관하여 논란이 생기고 있다.

1958년 민법제정 이래 친족·상속편은 호주제 폐지를 비롯하여 중요한 개정이 많았으나, 재산편은 부분적인 개정을 제외하고는 대부분 제정 당시의 모습 그대로이다. 그러나 민법제정 당시 참고했던 독일, 프랑스, 일본의 민법은 이 논문에서 다루는 채무불이행책임과 담보책임을 포함하여 채권법 부분이 대폭 개정되었다. 우리나라에서도 채무불이행책임과 담보책임에 관한 해외의 입법적 논의와 변화를 반영하여 두 책임의 관계를 새롭게 정립해야 한다는 점에 관해 공감대가 형성되고 있다.

민법개정을 통해 담보책임의 요건과 효과를 명확하게 규정하여 현재의 혼돈을 정리하는 것이 바람직함은 두말할 나위가 없다. 이를 위해서는 채무불이행책임과 담보책임을 이원적으로 규율하는 민법의 태도를 유지할 것인지, 아니면 두 책임을 통합적으로 재편할 것인지 결정해야 한다. 이와 같은 두 책임의 관계 정립을 기초로 채무불이행책임과 담보책임에 관하여 각각 요건과 효과, 그리고 권리행사기간을 규정하는 것이 타당한지, 권리 하자와 물건 하자, 특정물 매매와 종류매매, 매도인의 담보책임과 수급인의 담보책임을 구별하고 이들에 대해 구제수단이나 권리행사기간을 따로 정하는 것이 바람직한지에 관하여 검토할 필요가 있다.

공동상속인의 담보책임(제1016조-제1018조), 불특정물 유증의무자의 담보책임(제1082조)에 관하여 규정하고 있다. 이하 법명을 표시하지 않은 조항은 민법의 그것을 가리킨다.

3) 이에 관해서는 아래 Ⅱ.에서 다룬다.

법무부는 민법의 재산편에 관한 전면개정을 위해 민법개정위원회를 세 차례에 걸쳐 설치하였다. 1999년 설치된 법무부 민법개정위원회는 담보책임에 관한 현행 민법의 틀을 유지한 상태에서 몇몇 개정안을 제안하였다.[4] 2009년에 설치된 법무부 민법개정위원회에서는 매도인의 담보책임에 관한 민법개정안을 다루었으나 담당 분과위원회의 개정시안이 전체회의에서 통과되지 못하여 개정안으로 나오지는 못하였다.[5] 법무부는 2023년 6월 민법 재산편 전면개정을 위해 다시 민법개정위원회를 설치하였고,[6] 이 위원회에서 2024년 법률행위·채무불이행·담보책임 등 일반 계약법 규정을 대상으로 하는 「계약법 개정안」을 발표하였다.[7] 이에 따라 법무부는 2025. 2. 7. 「민법일부법률개정안(계약법)」을 입법예고를 하였는데, 담보책임에 관한 개정안이 포함되어 있다.[8] 채무불이행법의 개정 문제는 계약법 개정안에서 핵심을 차지하고, 그 가운데 채무불이행책임과 담보책임의 관계를 어떻게 규율할 것인지는 계약법의 기본틀을 결정하는 가장 중요한 문제 중의 하나이다.

이 논문에서는 채무불이행책임과 담보책임의 관계에 관하여 학설과 판례를 간략하게 살펴본 다음, 위 개정안을 중심으로 채무불이행책임과 담보책임의 관계를 어떻게 정립하는 것이 바람직한지 검토하고자 한다. 매도인의 담보책임을 중심으로 다루지만, 수

---

4) 1999년 2월에 설치된 법무부 민법개정특별분과위원회(위원장 이시윤)는 2004년에 민법개정안을 법무부에 제출하였다. 이 개정안은 그해 10월 21일 국회에 제출되었으나, 국회에서 심의되지 못한 채 국회의원 임기만료로 폐기되었다. 개정안 작성 경위와 내용은 법무부, 2004년 민법(재산편) 개정자료집, 2004에 수록되어 있다. 이하 '2004년 민법개정안'이라 한다.

5) 2009년 2월 출범한 법무부 민법개정위원회(위원장 서민)는 2009년부터 2014년 2월까지 매년 4개 또는 6개의 분과위원회를 설치하여 개정시안 작성을 분담하도록 하였다. 개별 분과위원회에서 분담부분에 관한 최초의 개정시안을 작성하고 실무위원회와 분과위원장단 회의를 거쳐 민법개정위원회 전체회의에 회부되어 확정되었다. 위와 같이 확정된 민법개정시안은 2009년부터 2014년 2월까지 몇 차례에 걸쳐 나왔는데, 채무불이행에 관한 개정안은 대체로 2013년에 확정되었다(이하 '2013년 민법개정안'이라 한다. 매도인의 담보책임에 관해서는 분과위원회안이 마련되었으나, 개정안으로 채택되지 않아 '분과위원회안'이라 한다). 채무불이행법의 개정안 작성 경과에 관해서는 송덕수, "채무불이행에 관한 민법개정시안", 「민사법학」, 제60호, 2012, 151-155면; 송덕수, "채무불이행의 요건", 「민사법학」, 제65호, 2013, 207-209면; 김재형, "채무불이행으로 인한 손해배상에 관한 민법개정안", 「민사법학」, 제65호, 2013, 584면; 김재형, "계약의 해제·해지, 위험부담, 사정변경에 관한 민법개정안", 서울대학교 「법학」, 제55권 제4호, 2014, 3면 이하 참조.

6) 2023년 6월 설치된 법무부 민법개정위원회(위원장 양창수)는 기초위원회에서 예비초안을 작성하고 검토위원회에서 검토한 다음 기초위원회에서 수정하였으며 전체회의는 주요 쟁점을 중심으로 논의하는 방식으로 운영되었다. 이와 같은 방식으로 마련된 계약법 개정안이 2024년에 법무부에 제출되었다. 그 내용은 법무부 민법개정위원회, 계약법 개정이유서, 2024에 수록되어 있다. 또한 기초위원회의 예비초안에 대한 검토위원회의 검토의견은 법무부 민법개정위원회 검토위원회, 민법개정 예비초안에 대한 검토의견서, 2024. 4.에 수록되어 있다. 필자는 민법개정위원회 검토위원장을 맡고 있다.

7) 이 개정안은 '계약법 개정안' 또는 '개정안'이라 한다.

8) 법무부 공고 제2025-35호. 입법예고시에 민법 일부개정법률안 조문별 제·개정이유서가 첨부되었다.

급인의 담보책임도 필요한 범위에서 간략하게 언급하고자 한다.

채무불이행책임과 담보책임을 개별적으로, 그리고 미시적으로 세세하게 살펴보는 것도 중요하고 이에 관한 논문도 여러 차례 발표되었다.[9] 그러나 두 책임의 관계 정립이라는 관점에서 개정안의 내용을 분석한 논문은 찾기 어렵다. 더군다나 세 차례의 민법개정위원회에서 제시한 담보책임에 관한 개정안이 각기 달랐고, 특히 담보책임에 기한 손해배상에 관해서는 무과실책임을 유지한 2013년 민법개정안과 과실책임으로 전환한 2024년 계약법 개정안은 정반대의 결정[10]을 하였는데도 이를 소개하는 글조차 없다. 따라서 두 책임의 관계 정립이라는 관점에서 담보책임에 관한 개정안을 그 작성과정과 함께 조망하는 것은 개정안을 더욱 깊이 있게 이해하여 민법개정논의에 기여할 뿐만 아니라, 개정안이 통과된 이후에 해석론을 전개하는 데에도 도움이 될 것이다.

Ⅱ. 채무불이행책임과 담보책임의 관계

1. 민법규정

채무불이행은 채무가 원래의 내용대로 실현되지 않는 경우를 가리키고, 채무불이행책임이란 채무불이행을 이유로 하여 채무자가 부담하는 법적 불이익을 말한다. 민법은 채무불이행책임의 내용으로 손해배상채무를 정하고(제390조), 채무가 계약으로부터 발생한 경우에는 채권자가 해제권을 가진다고 정하고 있다(제544조–제546조). 매도인의 담보책임은 매매로 매수인이 취득하는 권리 또는 그 객체인 물건에 하자, 즉 흠이나 부적합한 점이 있는 때에 매도인이 매수인에 대하여 부담하는 책임으로서, 채권편 매매의 장에 있는 제570조부터 제584조까지 별도로 정하고 있다. 한편 수급인의 담보책임에 관해서는 도급의 장에 있는 제667조부터 제672조까지 정하고 있다.

담보책임의 법적 성질이 무엇인지, 채무불이행책임과 담보책임이 어떠한 관계에 있는지, 특히 두 책임의 경합 적용을 인정할 것인지에 관해서는 명문의 규정이 없고, 이에 관해서는 학설과 판례에 맡겨져 있다.

---

9) 2013년 민법개정안 중 채무불이행에 관한 여러 논문이 발표되었다(위 주 5에 있는 논문 등 참조). 또한 2024. 6. 21. 한국민사법학회, 법무부, 한국법학원, 부산대학교 법학연구소 주최로 개최된 한국민사법학회 하계학술대회에서 '민법 개정[계약법]의 주요 내용'이라는 대주제로 8개 주제에 관한 논문이 발표되었는데, 그중 3개가 채무불이행에 관한 것이고 3개가 담보책임에 관한 것이다. 한국민사법학회, 민법 개정[계약법]의 주요 내용, 한국민사법학회 하계학술대회 자료집, 2024. 6. 21. 참조.

10) 아래 Ⅲ. 3. (6) 참조.

2. 학설의 전개

(1) 담보책임의 본질론

담보책임의 본질론, 그리고 담보책임과 채무불이행책임의 관계에 관해서는 학설이 여러 갈래로 나누어졌다. 제569조는 타인 권리의 매매에서 타인으로부터 권리를 취득하여 매수인에게 이전의무를 명시적으로 정하고 있고, 제581조는 종류매매에서 목적물에 하자가 있는 때에 하자 없는 물건을 청구할 수 있다고 함으로써, 하자 없는 물건 이전의무를 인정한다. 그러나 제580조는 특정물매매에서 하자 없는 물건을 청구할 수 있는지에 관해서 명시적 규정을 두지 않고 있다. 한편 제462조는 특정물의 인도가 채권의 목적인 때에는 채무자는 이행기의 현상대로 그 물건을 인도하여야 한다고 정하고 있다. 이러한 규정이 어떠한 의미를 갖는지, 특히 매도인이 매수인에게 하자 없는 완전한 권리 또는 물건을 이전할 의무가 있는지를 둘러싸고 담보책임의 본질이나 성질에 관한 논의가 활발하게 전개되었다.

전통적인 다수설은 매도인의 담보책임을 매매계약의 유상성에 비추어 매수인을 보호하고 거래의 안전을 보장하려는 뜻에서 매도인에게 인정되는 법정책임이라고 하였다.[11] 주로 매도인의 하자담보책임을 중심으로 논의되었는데, 특정물 도그마와 원시적 불능 도그마를 전제로 다음과 같이 설명한다. 제462조는 "특정물의 인도가 채권의 목적인 때에는 채무자는 이행기의 현상대로 그 물건을 인도하여야 한다."라고 정하고 있다. 이것은 '하자 있는 특정물의 급부는 하자 없는 완전한 이행'이라는 특정물 도그마를 입법화한 것이라고 한다. 또한 특정물매매에서 하자 있는 물건의 급부는 원시적 일부불능으로서 그 부분에 대해서는 계약이 성립하지 않거나 무효인데, 매도인은 계약체결시의 상태대로 물건을 공급할 의무만을 부담하므로 하자 있는 물건을 급부하더라도 이행의무를 다한 것이라고 한다. 따라서 특정물 매도인의 하자담보책임은 매도인이 채무를 완전히 이행하였는데도 형평의 원칙에 따라 법률이 특별히 인정한 책임이라고 한다.

이에 반하여 물건에 하자가 있는 경우에 인정되는 매도인의 담보책임에 관해서는 법정책임이지만, 권리에 하자가 있는 경우에 인정되는 매도인의 담보책임은 그 본질상 채무불이행책임이라는 견해가 있다.[12] 또한 민법은, 연혁적 이유로, 매도인의 담보책임을 특수한 법정책임으로서 구성·규제하고 있으나, 그 본질은 일종의 채무불이행책임이

11) 김기선, "매도인의 담보책임", 「고시계」, 제37호, 1960, 171－173면; 김기선, 한국채권법각론, 제2전정판, 1982, 132면; 김증한, 채권각론(상), 1984, 142면; 김현태, 신고 채권법각론, 1975, 117면 참조.

12) 최식, 신채권법각론, 1961, 99면 참조. 김증한·김학동, 채권각론, 제7판, 2006, 232－235면은 추탈담보책임 또는 종류물매매의 경우 하자담보책임은 채무불이행책임으로 보고, 특정물매매의 경우 하자담보책임은 법정책임이라고 한다.

라는 견해도 있다.[13)] 즉, 매도인의 담보책임은, 그것이 권리의 하자에 의한 담보책임이든 물건의 하자에 의한 담보책임이든, 모두 그 본질에서는 채무불이행 또는 불완전이행에 대한 책임이며, 다만 연혁적 이유로 근대법에서는 법정책임으로서 규제되어 있을 뿐이라고 한다.[14)]

그러나 점차 권리의 하자로 인한 담보책임이든 물건의 하자로 인한 담보책임이든 매도인의 담보책임을 채무불이행책임으로 보는 견해가 늘어나 다수설이 되었다.[15)] 이 견해는 '매도인에게 하자 없는 완전한 권리 또는 물건의 이전의무가 있다'고 보고 그 위반으로 인한 채무불이행책임의 일종으로 매도인의 담보책임을 파악한다.

채무불이행책임설은 주장하는 학자에 따라 그 논거에 차이가 있고 구체적인 내용이 다른 부분도 있으나, 채무불이행책임설이 타당하다. 학설상 특정물 도그마는 극복되었다고 볼 수 있다. 결국 매매계약 당사자의 약정에 따라 하자가 없는 상태로 권리나 물건을 제공할 의무를 인정할 수 있다. 당사자가 명시적으로 하자 없는 권리 이전 및 물건 인도에 관한 약정을 한 경우는 물론, 그러한 명시적 약정이 없더라도 하자 없는 권리 이전 및 물건 인도를 전제로 계약을 체결하였다고 보아야 한다. 담보책임은 이와 같은 하자 없는 권리나 물건을 제공할 의무를 위반한 것에 대한 책임이다. 하자가 있는 상태로 권리를 이전하거나 물건을 인도했다고 해서 매도인이나 수급인이 계약상 의무를 다한 것으로 볼 수 없다.

---

13) 곽윤직, 채권각론, 제6판, 2003, 136면 참조.

14) 곽윤직(주 13), 137면 참조. 또한 송덕수, 채권법각론, 제7판, 2025, 195면은 매도인의 담보책임에 대해 본질적으로는 채무불이행책임이지만 연혁적인 이유로 법정책임으로 된 것이며, 결국 법정책임이라고 한다.

15) 곽윤직 편, 민법주해(XIV), 1997, 217면 이하(남효순 집필부분); 김대정, "채무불이행책임설에 의한 하자담보책임의 재구성", 「민사법학」, 제9·10호, 1993, 251면; 김대정, "매도인의 담보책임에 관한 민법규정의 개정을 위한 일제언", 「민사법학」, 제49-1호, 2010, 239-245면; 김상용, 채권각론, 2009, 193면; 김재형, "부동산의 미등기전매가 타인의 권리매매에 해당하는지 여부", 민법론 Ⅱ, 2004, 136면(원래는 인권과 정의 제260호, 1998에 발표된 것임); 김주수, 채권각론, 제2판, 1997, 199면; 김형배, "하자담보의 성질", 민법학연구, 1986, 256면; 김형배, 채권각론(계약법), 신정판(제2판), 2001, 318-324면; 김형석, 계약자유와 계약책임, 2024, 403면, 415면; 남효순, "담보책임의 본질론(Ⅱ)," 서울대학교 「법학」, 제35권 2호, 1994, 230면; 오종근, "특정물매매에서의 하자담보책임에 관한 학설사", 한국민법이론의 발전(무암 이영준 박사 화갑기념논문집), 1999, 847면; 이은영, 채권각론, 제5판, 2005, 307면; 황적인, "하자담보책임의 법적 성질", 민법·경제법논집(성헌 황적인 교수 정년기념논문집), 1995, 540-542면(원래 고시계, 제265호, 1979에 발표된 것임); 황적인, 현대민법론 Ⅳ[채권각론], 증보판, 1987, 238면; 황적인, 채권법각론, 2개정판, 1996, 166면 참조.

(2) 채무불이행책임과 담보책임의 경합

담보책임과 채무불이행책임의 경합적 적용을 인정할 것인지는 담보책임의 본질론과는 또 다른 문제이다. 이것은 권리 및 물건의 하자로 말미암아 채무불이행책임과 담보책임, 특히 제580조에 기한 하자담보책임의 요건을 충족하는 경우에 두 책임이 경합적으로 또는 병존적으로 적용될 수 있는지라는 문제이다. 법정책임설에 따라 매매목적물에 하자가 있더라도 채무불이행책임이 성립하지 않는다고 본다면, 원칙적으로 채무불이행책임과 담보책임의 경합은 문제가 되지 않는다. 그러나 채무불이행책임설에 따르면 담보책임이 성립하는 경우에 채무불이행책임도 성립할 수 있기 때문에, 두 책임의 경합 여부가 중요한 문제로 다루어진다.[16]

긍정설은 하자담보책임과 채무불이행책임의 경합 적용을 긍정한다.[17] 이에 반하여 하자담보책임과 채무불이행책임을 경합적으로 인정하는 것은 매매목적물의 하자로 인한 분쟁을 신속하게 해결하기 위하여 둔 특별규정으로서 하자담보책임의 취지에 반할 뿐만 아니라, 하자담보책임을 채무불이행책임의 특칙으로 파악하는 채무불이행책임설의 입장에서는 이론상 용납되기 어렵다는 부정설이 있다.[18] 이러한 입장에서 제580조의 하자담보책임에서 정하는 손해배상은 무과실의 손해배상책임을 인정한 것으로서 그 내용은 이행이익의 배상이 아니라 대금감액을 의미한다고 본다.[19]

특정물의 현상인도의무와 하자 없는 물건을 인도할 의무는 별개의 의무로서 양자가 병존할 수 있음을 인정해야 한다. 제461조에서 특정물의 현상인도의무를 정하고 있다고 해서 그것이 하자 없는 권리를 이전하고 하자 없는 물건을 인도할 의무를 부정하는 것이 아니다. 위 (1)에서 보았듯이, 특정물이든 종류물이든, 매도인의 담보책임은 하자 없는 권리 및 물건을 제공할 의무를 불이행한 것에 대한 책임이다. 매도인이 이러한 의무를 이행하지 않는다면 채무불이행책임과 담보책임의 요건을 동시에 충족할 수 있다.

---

16) 오종근(주 15), 851－852면 참조

17) 고유강, "특정물 하자담보책임으로서의 손해배상", 「민사법학」, 제101호, 2022, 253면; 김재형(주 15), 136면; 김재형, 민법판례분석, 증판, 2021, 255－256면; 김형석(주 15), 386면, 415면; 안법영, "매매목적물 하자로 인한 손해배상", 「민사법학」, 제11·12호, 1995, 225－226면; 양창수, 민법입문, 제9판, 2023, 347면; 이은영(주 15), 313면; 이재근, "하자담보책임과 채무불이행책임의 경합 및 그 손해배상의 범위", 민사판례연구(XXVIII), 2006, 329－345면 참조.

18) 김대정, "매도인의 하자담보책임에 관한 판례의 동향", 「민사법학」, 제15호, 1997, 297－298면; 김대정, "매도인의 담보책임에 관한 민법규정의 개정을 위한 일제언"(주 15), 310－311면; 서광민, "매도인의 하자담보책임", 「민사법학」, 제11·12호, 1995, 188면; 송인권, "매도인의 담보책임과 채무부이행책임의 경합", 「법조」, 제55권 제4호, 2006, 224－227면; 김용덕 편, 주석 민법[채권각칙 2], 제5판, 2021, 311－312면(송인권 집필부분) 참조. 한편 김증한·김학동(주 12), 240－241면은 원칙적으로 부정설을 지지하지만, 제570조와 제581조에 대해서는 예외를 인정한다.

19) 김대정, "매도인의 하자담보책임에 관한 판례의 동향", 「민사법학」, 제15호, 1997, 291－293면 참조.

매매목적물에 권리 하자나 물건 하자가 있는 경우에 채무불이행책임과 담보책임의 요건을 모두 충족하는데도 담보책임이 채무불이행책임의 특칙이라는 이유로 채무불이행책임의 성립을 부정하려면 명확한 법적 근거가 있어야 한다. 수범자인 일반국민의 입장에서 두 책임의 법적 성질이나 민법규정의 체계를 헤아려 어느 하나만을 주장하라고 할 수는 없다. 민법에서 두 개의 규정에서 정하는 요건을 충족하는 경우에는 이 두 규정이 서로 충돌하지 않는 한 원칙적으로 두 규정에서 정한 효과를 경합적으로 또는 병존적으로 인정해야 한다.[20]

민법상 채무불이행책임과 담보책임은 그 요건과 효과 등이 개별적으로 규정되어 있고, 문언상 어느 하나가 인정된다고 해서 다른 책임을 배제하는 형식을 취하고 있지 않다. 입법자의 의사가 두 책임의 경합을 부정하였다고 볼 수도 없다. 민법 제정 당시 이에 관한 명시적 논의를 찾을 수 없다. 당시 학설이 담보책임의 본질을 법정책임으로 파악하고 있었으므로, 입법자의 의사가 두 책임의 경합을 부정하였을 것이라고 추측할 수 있다. 그러나 담보책임의 본질을 채무불이행책임으로 파악하는 것으로 학설과 판례가 바뀐 현 상황에서 위와 같이 추정된 입법자의 의사를 기초로 경합을 부정할 수는 없다. 하자담보책임이 급부와 반대급부 사이의 등가관계를 유지하기 위한 목적으로 규정되었다는 점[21]도 두 책임의 경합을 부정하는 논거로 작용할 수 없다.

법률해석의 방법은 문언해석이 원칙이고, 추가적으로 입법취지나 목적, 입법자의 의사, 법률의 체계와 전체 법질서 등 여러 요소를 고려하여 법률을 해석해야 한다.[22] 채무불이행책임과 담보책임에 관한 문언과 체계, 그리고 목적 등에 비추어 볼 때 채무불이행책임과 담보책임의 요건을 모두 충족한다면 두 책임의 경합 또는 병존을 긍정해야 한다.

한편 제580조, 제581조에서 정한 하자담보책임이 무과실책임임은 분명하고 이 규정에 따라 대금감액에 해당하는 손해를 배상해야 하지만, 제580조의 하자담보책임에서 정한 손해배상이 대금감액에 한정된다고 볼 수는 없다. 특정물매매에 관한 하자담보책임

---

20) 대법원 2018. 9. 13. 선고 2015다78703 판결은 "착오로 인한 취소 제도와 매도인의 하자담보책임 제도는 취지가 서로 다르고, 요건과 효과도 구별된다. 따라서 매매계약 내용의 중요 부분에 착오가 있는 경우 매수인은 매도인의 하자담보책임이 성립하는지와 상관없이 착오를 이유로 매매계약을 취소할 수 있다."라고 판단하였다. 착오 취소의 요건을 충족하는 경우에 하자담보책임의 성립 여부를 따질 필요 없이 착오 취소 주장을 할 수 있어야 한다. 일반 국민의 입장에서 그 성립 여부를 알기 어려운 하자담보책임의 성립 여부를 일일이 가려 착오 취소 주장을 하는 것은 본문에 서술한 것과 같이 기대하기 어려운 일이다. 이 판결도 이론적 논의의 차원을 떠나 이러한 관점에서도 이해할 수 있다.

21) 대법원 2014. 5. 16. 선고 2012다72582 판결 참조.

22) 대법원 2009. 4. 23. 선고 2006다81035 판결; 김재형, "입법과 사법의 경계: 법률해석의 한계", 「민사법학」, 제108호, 2024, 6-26면 참조.

에 관한 제580조는 제한물권 있는 경우에 관한 매도인의 담보책임을 정한 제575조 제1항을 준용하고, 종류물매매에 관한 하자담보책임을 정한 제581조 제1항은 제580조를 준용함으로써, 위 세 조문은 '준용'으로 연결되어 있다. 제575조 제1항 2문에서 정한 손해배상은 용익이 제한됨으로써 발생할 대금의 감소액을 포함한다.[23] 그러나 제한물권으로 말미암아 위와 같은 대금의 감소액을 넘는 손해가 발생한 경우에는 그러한 손해가 대금감소액을 넘는다는 이유로 이행이익 상당액의 배상을 부정할 수는 없다.[24] 또한 종류물매매에서 완전물급부청구권이 인정되기 때문에, 제581조의 손해배상은 이행이익의 배상을 의미한다고 보아야 한다. 따라서 특정물매매에 관한 하자담보책임을 정한 제580조의 손해배상만 대금감액에 한정하는 것은 납득하기 어렵다. 담보책임에서 정한 손해배상의 범위를 대금감액으로 한정하여 채무불이행책임으로 인한 손해배상과 경합할 가능성을 없애거나 대폭 줄이려는 해석론은 받아들일 수 없다.

3. 판례의 흐름

담보책임의 성질에 관해서는 법정책임인지, 채무불이행책임인지를 명시적으로 선언한 대법원 판결은 찾기 어렵다. 대부분의 사안에서 담보책임의 성질에 따라 구체적 사건에서 판결의 결론이 달라지는 것은 아니기 때문이다.[25] 그러나 대법원은 채무불이행책

---

23) 곽윤직(주 13), 145면; 김상용(주 15), 200면; 이은영(주 15), 329면 참조.

24) 대법원 1967. 5. 18. 선고 66다2618 전원합의체 판결은 "매매의 목적이 된 권리가 타인에게 속한 경우에 매도인이 그 권리를 취득하여 매수인에게 이전할 수 없을 때에는 매매의 목적이 된 권리가 매도인에게 속하지 아니함을 알지 못한 매수인이 매도인에게 대하여 손해배상을 청구함에는 매도인은 계약이 완전히 이행된 것과 동일한 경제적 이익을 배상함이 상당할 것이므로 그 손해는 매수인이 입은 손해뿐만 아니라 얻을 수 있었던 이익의 상실도 포함된다."라고 함으로써 타인의 권리매매에서 매도인의 담보책임에 기한 손해배상으로 이행이익의 배상을 인정하였다. 대법원 1993. 1. 19. 선고 92다37727 판결은 "매매의 목적이 된 권리의 일부가 타인에게 속함으로 인하여 매도인이 그 권리를 취득하여 매수인에게 이전할 수 없게 된 때에는 선의의 매수인은 매도인에게 담보책임을 물어 이로 인한 손해배상을 청구할 수 있는바, 이 경우에 매도인이 매수인에 대하여 배상하여야 할 손해액은 원칙적으로 매도인이 매매의 목적이 된 권리의 일부를 취득하여 매수인에게 이전할 수 없게 된 때의 이행불능이 된 권리의 시가, 즉 이행이익 상당액"이라고 하였다. 매매의 목적물에 제한물권이 있는 경우도 권리 하자의 일종으로서 이행이익 상당액을 배상해야 한다고 볼 수 있다.

25) 판례가 권리의 하자로 인한 담보책임을 채무불이행책임으로 보고 있다고 하면서 위 주 24에서 본 대법원 1967. 5. 18. 선고 66다2618 전원합의체 판결 등을 제시하는 경우가 있다. 그러나 타인의 권리매매에서 매도인의 담보책임에 기한 손해배상으로 이행이익의 배상을 인정하였다는 것이 채무불이행책임설의 결정적 근거로 볼 수는 없다. 법정책임설에 따르더라도 이 판결의 결론을 설명할 수도 있기 때문이다.
한편 대법원 2016. 5. 19. 선고 2009다66549 전원합의체 판결은, 원심이 (1) 피고 1 회사가 이 사건 매매 부지 중 1/2 지분을 매도한 매도인으로서 이 사건 오염토양 등에 관하여 손해를 배상할 채무불이행책임을 진다고 판단하고, (2) 민법 제374조와 제462조의 규정이 매매목적물에 하자가

임과 담보책임의 경합에 관해서는 몇 차례에 걸쳐 주요한 판결을 선고하였다. 권리의 하자로 인한 담보책임과 물건의 하자로 인한 담보책임, 그리고 수급인의 담보책임으로 구분하여 살펴보고자 한다.

(1) 권리의 하자로 인한 담보책임과 채무불이행책임의 관계

대법원 1970. 12. 29. 선고 70다2449 판결에서는 타인의 권리매매에 해당하여 매도인의 담보책임이 성립할 수 있는 경우에 채무불이행에 기한 손해배상책임이 성립하는지가 문제되었다. 대법원은 다음과 같이 판단하였다.

> "원고는 이 사건 매매계약 당시 이 사건 토지의 소유권이 피고에게 속하지 아니함을 알고 있었으므로 원고는 민법 제570조 단행에 의하여 피고에게 대하여 이 사건 이행불능을 원인으로 하여 손해배상을 청구할 수 없는 것이고 다만 이 사건 이행불능이 피고의 귀책사유로 인하여 이루어진 것인 때에 한하여 원고는 피고에게 대하여 이로 인한 손해배상을 청구할 수 있는 것이므로 이 사건 이행불능이 피고의 귀책사유로 인한 것인가 아닌가의 점은 원고가 이를 주장 입증하여야 할 것이고, 이행불능이 있었다고 하여 만연 이는 피고의 귀책사유로 인한 것이라고 추정을 할 수는 없는 것이라 할 것이니 원심이 이 점에 관한 입증책임을 마치 피고가 지고 있는 것으로 단정하고 피고의 이 점에 관한 입증이 없는 이상에는 피고의 귀책사유로 인하여 이행불능이 된 것으로 추정한 것은 입증책임의 소재를 전도하고 나아가서 이유불비의 잘못이 있다."

타인의 권리매매에 해당하는 경우에 매수인은 제570조에 따라 계약을 해제하고 손해배상을 청구할 수 있다. 그러나 매수인이 악의인 경우에는 제570조 단서에 따라 손해배상을 청구할 수 없다. 이 판결은 타인의 권리매매에 해당하는 경우에 채무불이행책임의 성립을 긍정하고 있으나, 다만 귀책사유에 관한 증명책임을 채무불이행책임의 일반규정인 제390조와 다르게 보고 있다. 즉, 제390조에 따른 채무불이행책임에서는 채무자가 자기에게 귀책사유가 없다는 사실을 주장·증명하여야 하나, 타인의 권리매매에 해당하고 매수인이 이를 알고 있는 경우에는 그와 반대로 매수인이 매도인에게 귀책사유가 있다는 사실을 주장·증명하여야 한다는 것이다. 그러나 타인의 권리매매에 해당한다고

있음에도 매도인이 이행기의 현상대로 인도한 것만으로써 모든 책임을 면한다는 취지가 아니라고 본 것을 지지하였다. 이것은 원심수긍형 판결이지만 채무불이행책임설의 논거와 일치한다고 볼 수 있다.

해서 채무불이행책임의 성립을 부정할 수 없고, 이러한 경우 귀책사유에 관한 증명책임을 달리 볼 근거도 없다.[26)]

대법원 1993. 11. 23. 선고 93다37328 판결에서도 타인의 권리매매로 인한 매도인의 담보책임과 채무불이행책임의 관계가 문제되었다. 대법원은 다음과 같은 법리를 제시하였다.

> "타인의 권리를 매매의 목적으로 한 경우에 있어서 그 권리를 취득하여 매수인에게 이전하여야 할 매도인의 의무가 매도인의 귀책사유로 인하여 이행불능이 되었다면 매수인이 매도인의 담보책임에 관한 민법 제570조 단서의 규정에 의해 손해배상을 청구할 수 없다 하더라도 채무불이행 일반의 규정(민법 제546조, 제390조)에 좇아서 계약을 해제하고 손해배상을 청구할 수 있다고 할 것이다(당원 1970. 12. 29. 선고 70다2449 판결 참조)."[27)]

이 판결은 위 대법원 1970. 12. 29. 판결을 인용하고 있다. 이 사건에 대한 구체적 판단에서 "피고의 소유권이전등기의무의 이행불능은 피고의 귀책사유로 인한 것이라고 보아야 할 것이고, 그 이행불능이 피고의 귀책사유로 인한 것인 이상 피고로서는 민법 제546조, 제390조 소정의 이행불능으로 인한 손해배상책임을 면할 수 없다."라고 함으로써 채무자인 피고에게 귀책사유가 있다고 보고 이행불능으로 인한 손해배상책임을 인정하고 있다. 따라서 증명책임에 관한 종전의 판례를 그대로 따르고 있다고 볼 수도 있다. 그러나 이 판결에서는 타인의 권리매매의 경우에도 "채무불이행 일반의 규정(민법 제546조, 제390조)에 좇아서 계약을 해제하고 손해배상을 청구할 수 있다."라고 판단하였기 때문에, 이러한 경우 증명책임을 일반채무불이행책임과 동일하게 파악하려고 하였다고 이해할 수도 있다.

(2) 물건의 하자로 인한 담보책임과 채무불이행책임의 관계

대법원 2004. 7. 22. 선고 2002다51586 판결에서는 물건의 하자가 있는 경우에 채무불이행책임과 하자담보책임이 경합적으로 인정되는지 문제되었는데, 대법원은 다음과 같이 이를 긍정하였다.

---

26) 위 판결의 문제점에 대해서는 김재형(주 15), 133-136면 참조.

27) 이 판결에 대한 평석으로는 서민, "매도인의 담보책임과 채무불이행책임의 경합", 민사판례연구(XVII), 1995, 135면 참조.

"매도인이 성토작업을 기화로 다량의 폐기물을 은밀히 매립하고 그 위에 토사를 덮은 다음 도시계획사업을 시행하는 공공사업시행자와 사이에서 정상적인 토지임을 전제로 협의취득절차를 진행하여 이를 매도함으로써 매수자로 하여금 그 토지의 폐기물처리비용 상당의 손해를 입게 하였다면 **매도인은 이른바 불완전이행으로서 채무불이행으로 인한 손해배상책임을 부담하고, 이는 하자 있는 토지의 매매로 인한 민법 제580조 소정의 하자담보책임과 경합적으로 인정된다**고 할 것이다."(굵은 글씨는 강조를 위하여 필자가 한 것임. 이하 같다.)

이 판결은 토지의 소유자가 폐기물을 매립한 다음 토지를 매도한 경우 민법 제580조와 경합하여 채무불이행, 그 가운데 불완전이행으로 인한 손해배상책임을 인정하였다는 점에서 중요한 선례에 해당한다. 특히 이 판결에서는 '두 책임이 경합적으로 인정된다'는 표현을 사용함으로써, 당시 논란이 많았던 두 책임의 경합 문제에 관하여 경합 긍정설을 채택하였다.[28] 또한 이 사건에서 폐기물처리비용이 매매대금을 초과하였는데, 이 판결은 이러한 사정이 원고의 손해배상청구권 행사에 아무런 장애가 되지 않는다고 판단하였는데, 이러한 판단도 중요한 내용이다. 이 사건에서 정상적인 토지임을 전제로 협의취득절차를 진행하였는데, 다량의 폐기물이 매립되어 있다면 그것을 제거하는 비용을 배상하는 것은 이행이익의 배상에 해당한다. 이러한 하자제거비용을 손해배상으로 청구할 수 있다는 것은 채무불이행으로 인한 손해배상의 범위에 관한 제393조를 적용한 당연한 결과라고 할 수 있다.

여기에서 나아가 대법원 2021. 4. 8. 선고 2017다202050 판결에서는 매매목적물인 토지에 폐기물이 매립되어 있는 사안에서 다음과 같이 판단하였다.

"매매의 목적물에 하자가 있는 경우 매수인의 하자담보책임과 채무불이행책임은 별개의

---

28) 이 사건이 대법원에 계류되어 있을 당시 대법원 비교법실무연구회에서 '매도인의 하자담보책임과 채무불이행책임의 관계 및 손해배상의 범위'라는 주제로 위 판결의 원심판결을 대상으로 세미나가 개최되었다. 김대정, "불완전이행과 하자담보책임의 관계", 판례실무연구(Ⅶ), 2004, 413-433면은 하자담보책임과 채무불이행책임의 경합을 부정하였고, 남효순, "하자담보책임상 귀책사유 있는 매도인의 손해배상책임 - 손해배상의 범위와 채무불이행책임의 경합", 판례실무연구(Ⅶ), 2004, 434-464면은 경합 문제에 대한 결론을 유보하였다. 당시 필자는 두 책임의 경합을 긍정하는 의견을 밝혔다.

권원에 의하여 경합적으로 인정된다(대법원 2004. 7. 22. 선고 2002다51586 판결 참조). 이 경우 특별한 사정이 없는 한 **하자를 보수하기 위한 비용은 매도인의 하자담보책임과 채무불이행책임에서 말하는 손해에 해당한다**. 따라서 매매목적물인 토지에 폐기물이 매립되어 있고 매수인이 폐기물을 처리하기 위해 비용이 발생한다면 매수인은 그 비용을 민법 제390조에 따라 채무불이행으로 인한 손해배상으로 청구할 수도 있고, 민법 제580조 제1항에 따라 하자담보책임으로 인한 손해배상으로 청구할 수도 있다."

이 판결은 폐기물처리비용을 제390조에 따른 채무불이행책임뿐만 아니라 제580조에 따른 하자담보책임에 기초하여 손해배상으로 청구할 수 있다고 한 점에서 중요한 선례이다. 이 사건에서 당사자들이 정상적인 토지임을 전제로, 즉 토지에 폐기물이 없는 것을 전제로 매매계약을 체결한 것으로 볼 수 있다. 폐기물이 있는 토지를 인도한 것 자체가 계약 위반, 즉 채무불이행에 해당한다. 이 판결은 매매목적물인 토지에 매립되어 있는 폐기물을 제거하는 비용에 대해서는 매수인이 하자담보책임에 기한 손해배상으로 청구할 수 있어야 한다는 의미이다.

(3) 수급인의 담보책임과 채무불이행책임의 관계

대법원 2004. 8. 20. 선고 2001다70337 판결에서는 액젓 저장탱크의 제작·설치공사 도급계약에 의하여 완성된 저장탱크에 균열이 발생한 경우, "보수비용은 민법 제667조 제2항에 의한 수급인의 하자담보책임 중 하자보수에 갈음하는 손해배상이고, 액젓 변질로 인한 손해배상은 위 하자담보책임을 넘어서 수급인이 도급계약의 내용에 따른 의무를 제대로 이행하지 못함으로 인하여 도급인의 신체·재산에 발생한 손해에 대한 배상으로서 양자는 별개의 권원에 의하여 경합적으로 인정"된다고 판결하였다. 이 판결은 매도인의 하자담보책임에 관한 위 대법원 2004. 7. 22. 선고 2002다51586 판결이 선고된 직후에 나온 것으로서 매도인의 하자담보책임과 같은 맥락이다. 즉, 이 판결은 수급인의 담보책임과 채무불이행책임이 경합적으로 적용될 수 있음을 전제로 하고 있다. 대법원 2020. 1. 30. 선고 2019다268252 판결은 위 판결과 마찬가지로 "도급계약에 따라 완성된 목적물에 하자가 있는 경우, 수급인의 하자담보책임과 채무불이행책임은 별개의 권원에 의하여 경합적으로 인정된다."라고 하였다. 이에 따라 도급인은 수급인의 하자담보책임과 채무불이행책임 가운데 유리한 책임에 기초하여 청구할 수 있다.[29)]

29) 민법 제669조 본문은 완성된 목적물의 하자가 도급인이 제공한 재료의 성질 또는 도급인의 지시

대법원 2020. 6. 11. 선고 2020다201156 판결은 수급인의 채무불이행책임과 하자담보책임의 경합 여부에 관하여 다음과 같이 명확하게 판단하였다.

> "도급계약에 따라 완성된 목적물에 하자가 있는 경우, 수급인의 하자담보책임과 채무불이행책임은 별개의 권원에 의하여 경합적으로 인정된다(대법원 2004. 8. 20. 선고 2001다70337 판결, 대법원 2020. 1. 30. 선고 2019다268252 판결 등 참조). 목적물의 하자를 보수하기 위한 비용은 수급인의 하자담보책임과 채무불이행책임에서 말하는 손해에 해당한다. 따라서 도급인은 하자보수비용을 민법 제667조 제2항에 따라 하자담보책임으로 인한 손해배상으로 청구할 수도 있고, 민법 제390조에 따라 채무불이행으로 인한 손해배상으로 청구할 수도 있다. 하자보수를 갈음하는 손해배상에 관해서는 민법 제667조 제2항에 따른 하자담보책임만이 성립하고 민법 제390조에 따른 채무불이행책임이 성립하지 않는다고 볼 이유가 없다."

민법 제667조는 수급인의 담보책임에 관하여 제1항에서 "완성된 목적물 또는 완성 전의 성취된 부분에 하자가 있는 때에는 도급인은 수급인에 대하여 상당한 기간을 정하여 그 하자의 보수를 청구할 수 있다. 그러나 하자가 중요하지 아니한 경우에 그 보수에 과다한 비용을 요할 때에는 그러하지 아니하다."라고 정하고, 제2항에서 "도급인은 하자의 보수에 갈음하여 또는 보수와 함께 손해배상을 청구할 수 있다."라고 정한다. 매도인의 담보책임에 관한 규정과 달리 도급인의 하자보수청구권을 인정하고 하자보수를 갈음하여 또는 보수와 함께 손해배상을 청구할 수 있다고 정하고 있다. 따라서 하자보수비용을 수급인의 하자담보책임으로 인한 손해배상으로 청구할 수 있다.[30] 이 판결은 이러한 비용을 채무불이행으로 인한 손해배상으로 청구할 수도 있다고 함으로써, 두 책임의 경합 적용을 긍정한다.

에 기인한 때에는 수급인의 하자담보책임에 관한 규정이 적용되지 않는다고 정하고 있다. 이 판결은 위 규정이 수급인의 하자담보책임이 아니라 민법 제390조에 따른 채무불이행책임에는 적용되지 않는다고 하였다.

30) 대법원 2016. 8. 18. 선고 2014다31691, 31707 판결은 "도급계약에서 완성된 목적물에 하자가 있는 경우에 도급인은 수급인에게 그 하자의 보수나 하자의 보수에 갈음한 손해배상을 청구할 수 있다. 이때 하자가 중요한 경우에는 비록 보수에 과다한 비용이 필요하더라도 그 보수에 갈음하는 비용, 즉 실제로 보수에 필요한 비용이 모두 손해배상에 포함된다(대법원 1998. 3. 13. 선고 95다30345 판결 참조). 나아가 완성된 건물 기타 토지의 공작물(이하 '건물 등'이라 한다)에 중대한 하자가 있고 이로 인하여 건물 등이 무너질 위험성이 있어서 보수가 불가능하고 다시 건축할 수밖에 없는 경우에는, 특별한 사정이 없는 한 건물 등을 철거하고 다시 건축하는 데 드는 비용 상당액을 하자로 인한 손해배상으로 청구할 수 있다."라고 판단하였다.

(4) 채무불이행책임과 담보책임의 경합

대법원은 초기에 담보책임의 본질이 무엇인지, 채무불이행책임과 담보책임의 경합이 인정되는지에 관하여 명확한 입장을 밝히지 않았다. 그러나 두 책임이 경합적으로 적용될 수 있는지에 관해서는 판례가 긍정하는 방향으로 형성되었다. 처음에는 권리의 하자로 인한 담보책임에 관하여, 그다음에는 물건의 하자로 인한 담보책임과 수급인의 담보책임에 관하여 두 책임의 경합을 긍정함으로써 경합 긍정설이 판례가 되었다. 이와 같이 경합을 긍정한 판례는 담보책임의 성질에 관한 채무불이행설을 전제로 한 것으로 이해할 수 있고, 매수인이나 도급인의 권리구제를 확충한 것으로 평가할 수 있다.

4. 두 책임의 통합적 규율 모색

담보책임은 매수인이나 도급인을 보호하기 위하여 민법이 특별히 정한 또 하나의 구제수단이라고 볼 수 있다.[31] 담보책임이 무과실책임이지만, 이 규정만으로는 매수인이나 도급인의 권리를 구제하는 데 충분하지 않다. 대법원은 매도인 또는 수급인의 담보책임이 채무불이행책임임을 전제로 담보책임과 채무불이행책임의 경합 또는 병존을 인정하였다. 이로써 두 책임의 경합 문제를 둘러싼 혼란을 정리하고자 하였는데, 이를 통해 하자에 대한 매수인이나 도급인의 권리가 충분하게 보호받을 수 있게 되었다.

필자는 "채무불이행책임과 담보책임을 분리하여 다루는 태도로는 민법에서 담보책임이 차지하는 위치를 적절하게 파악할 수 없다. 담보책임도 채무불이행책임의 일종으로 보아 양자의 요건과 효과를 통일적으로 재구성할 필요가 있다."라고 한 바 있다.[32] 민법의 담보책임 규정은 여러 갈래로 나누어져 있다. 매매인지 도급인지 등 계약의 종류에 따라 다르게 규정하고 있고, 권리의 하자인지 물건의 하자인지에 따라 별도의 규정을 두고 있다. 그 구제수단인 손해배상, 해제, 대금감액, 보수청구에 관해서도 다르게 규율되어 있다. 이들이 채무불이행책임과 그 구제수단과 어떠한 관계에 있는지는 민법규정 자체에서 추출할 수 없다. 학설과 판례가 담보책임의 성질을 채무불이행책임으로 보고 그 경합을 긍정한 것은 담보책임과 채무불이행책임의 통합적 규율을 지향하고 있다고 볼 수 있다.

그러나 위와 같은 판례가 법률규정에서 당연히 나오는 결론은 아니다. 채무불이행책임과 담보책임의 경합이나 병존을 긍정하는 판례가 민법규정과 합치하는지에 관해서는 논란이 있을 수 있다. 담보책임의 복잡한 구조를 단순화하고 채무불이행책임과 담보책임의 관계를 명확하게 정립하기 위해서는 새로운 입법이 필요하다.

---

31) 매도인의 담보책임에 관해서는 양창수, "2004년 민법판례 관견," 민법연구, 제8권, 2007, 445면 참조.

32) 김재형(주 15), 141면 참조.

Ⅲ. 채무불이행책임과 담보책임의 관계 정립을 위한 입법론

1. 개정 방향

담보책임에 관한 입법적 개선에서 가장 중요한 문제는 담보책임과 채무불이행책임의 관계를 어떻게 설정할 것인지이다. 민법은 두 책임을 구분하여 별도로 규정하는 2원적 체제를 취하고 있다. 그러나 독일민법,[33] 일본민법,[34] 국제물품매매계약에 관한 국제연합 협약('유엔통일매매법'이라 한다),[35] UNIDROIT 국제상사계약원칙,[36] 유럽계약법원칙,[37] 유럽공통참조기준초안[38] 등은 매도인의 담보책임을 채무불이행책임에 통합하거나 두 책임을 유지하면서 그 요건과 효과를 정합적으로 규정하는 방향으로 나아가고 있다. 이와 관련하여 3가지 방안[39]을 생각할 수 있다.

첫째, 담보책임과 채무불이행책임을 2원화하는 방안이다. 이 방안을 채택할 경우에는 현행민법의 규정 방식과 체제를 원칙적으로 유지하면서, 현행법 자체의 문제점을 부분적으로 보완하는 범위에서 담보책임에 관한 개정안을 마련하게 된다. 2001년 독일채권법 개정 전의 독일민법[40]과 2017년 일본채권법 개정 전의 일본민법[41]이 이러한 방식을 채택하였다.

둘째, 매매 등 전형계약에서 담보책임 규정을 존속시키되, 그 요건이나 효과를 수정하여 채무불이행책임과 합치하도록 하는 방안이다. 이는 독일[42]과 일본[43]의 개정민법이 채택하고 있다.

셋째, 채무불이행에 관한 포괄적인 개념을 정하고 담보책임에 관한 규정을 두지 않고 채무불이행책임으로 흡수하여 채무불이행책임과 담보책임을 일원화하는 방안이다. 유엔통일매매법, PICC, PECL, DCFR 등 여러 국제규범이 채택하고 있다.[44]

---

33) 담보책임에 관한 독일민법은 2001년 독일채권법 개정으로 대폭 수정되었는데, 이 개정법은 2002. 1. 1.부터 시행되었다.

34) 담보책임에 관한 일본민법은 2017년 대폭 개정되어 2020. 4. 1.부터 시행되었다.

35) United Nations Convention on Contracts for the International Sale of Goods, 'CISG'라는 약칭을 사용한다. 우리나라는 2004. 2. 17. 이 협약에 가입하여 2005. 3. 1.부터 우리나라에서 효력이 발생하였다.

36) UNIDROIT Principles of International Commercial Contracts, 'PICC'라는 약칭을 사용한다.

37) Principles of European Contract Law, 'PECL'이라는 약칭을 사용한다.

38) Draft Common Frame of Reference, 'DCFR'이라는 약칭을 사용한다.

39) 오종근, "민법 담보책임법 개정안", 「법학논집」(이화여대 법학연구소), 제17권 제1호, 2012, 61–62면 참조.

40) Claus–Wilhelm Canaris, 김재형 역, "독일의 채권법 개정: 새로운 매매법", 서울대학교 「법학」, 제43권 제4호, 2002, 349면 참조.

41) 서희석, "일본 개정민법상 매도인의 담보책임의 규율", 「민사법학」, 제109호, 2024, 205면 참조.

42) Canaris(주 40), 350–360면 참조.

43) 서희석(주 41), 225–237면 참조.

첫 번째 방안을 채무불이행과 담보책임의 이원적 구성, 세 번째 방안을 두 책임의 통합적 구성이라고 한다면, 두 번째 방안은 그 중간 형태로서 '채무불이행과 담보책임의 관계 정립' 또는 '두 책임의 실질적 통합 강화'라고 할 수 있다.

2. 법무부 민법개정위원회의 논의와 주요 내용

(1) 2004년 민법개정안에서는 매도인의 담보책임으로 손해배상과 해제 이외에 대금감액을 인정하는 범위를 확대하고 하자보수청구권을 도입하였으며,[45] 그 밖에 권리행사기간 등을 수정하였다.[46] 이것은 채무불이행책임과 담보책임에 관하여 현행 민법이 채택하고 있는 이원적 구성을 유지한 상태에서 그동안 학설상 문제점으로 지적되어 왔던 조항을 개정하고자 한 것이다.[47]

(2) 2009년 설치된 민법개정위원회의 분과위원회[48]에서는 위 3가지 방안 중 첫 번

---

44) Ole Lando/Hugh Beale 편, 김재형 역, 유럽계약법원칙 제1·2부, 2012, 545-549면; 김성연, "하자담보책임과 채무불이행책임의 관계에 관한 비교법적 동향", 「법학연구」(연세대학교 법학연구원), 제26권 제2호, 2016, 11-18면; 조인영, "계약책임에 관한 국제적 변화와 우리 민법의 향후 과제", 「비교사법」, 제29권 제1호, 2022, 199-201면 참조.

45) 개정안 제575조(제한물권 등이 있는 경우와 매도인의 담보책임) ① 매매의 목적물이 지상권, 지역권, 전세권, 질권, 유치권 또는 대항력 있는 임차권의 목적이 된 경우에 매수인이 이를 알지 못한 때에는 매수인은 대금의 감액을 청구할 수 있고 이로 인하여 계약의 목적을 달성할 수 없는 경우에 한하여 계약을 해제할 수 있다. 매수인은 감액청구 또는 계약해제 외에 손해배상을 청구할 수 있다.

개정안 제580조(매도인의 하자담보책임) ① 매매의 목적물에 하자가 있는 때에는 매수인은 대금의 감액을 청구할 수 있고 이로 인하여 계약의 목적을 달성할 수 없는 경우에 한하여 계약을 해제할 수 있다 그러나 매수인이 하자 있는 것을 알았거나 과실로 인하여 이를 알지 못한 때에는 그러하지 아니하다.

② 제1항의 경우에 매수인은 대금감액청구 대신에 상당한 기간을 정하여 하자의 보수를 청구할 수 있다. 그러나 하자보수에 과다한 비용을 요할 때에는 그러하지 아니하다.

46) 개정안 제582조 참조.

47) 이 개정안에 대한 비판적 검토로는 김대정, "매도인의 담보책임에 관한 민법규정의 개정을 위한 일제언"(주 15), 235-333면 참조.

48) 매도인의 담보책임에 관한 개정시안은 채권법 개정안을 담당한 2010년(제2기) 민법개정위원회 제2분과위원회, 2011년(제3기) 민법개정위원회 제4분과위원회, 2012년(제4기) 민법개정위원회 제3분과위원회에서 마련하게 되었다. 위 분과위원회의 분과위원은 매년 일부씩 바뀌었는데, 필자는 2009년부터 민법개정위원으로서 담보제도를 담당하는 분과위원회에 있다가 2011년부터 채권법을 담당하는 위 분과위원회에 위원으로 참여하였다. 2011년 매도인의 담보책임에 관한 개정시안을 마련할 당시 분과위원회는 분과위원장 송덕수 교수, 분과위원 김동훈 교수, 오종근 교수, 정진명 교수, 김재형 교수, 강승준 부장판사, 문용호 변호사로 구성되었다. 위 분과위원회 제14차 회의(2011. 10. 6.), 제15차 회의(2011. 10. 20.), 제16차 회의(2011. 11. 3.), 제17차 회의(2011. 11. 17.), 제18차 회의(2011. 12. 8.), 제19차 회의(2011. 12. 22.) 등에서 오종근 교수가 매도인의 담보책임에 관한 안을 제시하고 분과위원들이 토론을 하여 시안을 확정하였다. 법무부, 법무부 민법개정위원회 회의속기록, 제8권, 법무부 법무심의관실, 2012, 759, 774-894면 참조.

째 방안은 최근 입법례 및 입법모델에 배치되고 세 번째 방안은 지나치게 급격한 변화를 초래한다는 이유로 두 번째 방안을 채택하였다. 즉, 담보책임과 채무불이행책임을 일원화하되 담보책임의 고유성을 인정하기로 하였다. 이에 따라 담보책임은 현행 민법과 마찬가지로 채무불이행책임과 분리하여 매매계약 부분에서 규정하면서도, 채무불이행책임의 요건 및 효과와 담보책임의 요건 및 효과를 광범위하게 일치시켰다. 다만 법률관계의 신속한 확정을 위하여 단기의 권리행사기간을 두거나, 매수인이 선의인 경우에만 담보책임을 인정하는 등 부분적으로 일반 채무불이행책임과 달리 규정하였다.

분과위원회 개정시안의 구체적인 내용을 요약하면 다음과 같다. 첫째, 매도인의 담보책임을 채무불이행책임과 일원화하여 매매의 목적이 된 권리나 목적물의 하자로 인한 손해배상은 제390조에 의하여 청구할 수 있도록 규정한다. 따라서 매도인에게 고의나 과실이 있는 경우에 한하여 손해배상을 청구할 수 있게 된다. 둘째, 매도인의 담보책임에 기한 해제에도 채무불이행에 기한 해제규정[49]을 적용한다. 셋째, 민법개정안에서 불완전이행의 경우에 채권자가 추완청구권을 행사할 수 있다고 규정하고 있는데, 매도인의 담보책임에서도 이를 인정한다(개정시안 제580조, 제581조). 넷째, 매도인의 담보책임 중 일부규정에서 대금감액청구권이 누락되어 있는데, 개정시안은 이를 통일적으로 인정하는 방식으로 규정한다. 다섯째, 매도인의 담보책임을 매매 부분에서 규정하여 매도인의 담보책임에 특유한 권리행사기간 등에 관한 규정을 두기로 한다.[50]

그러나 이에 대해서는 실무위원회에서 매도인의 담보책임에 기한 손해배상의무가 성립하기 위하여 매도인의 귀책사유를 요구하는 것에 반대하였다. 민법개정위원회 전체회의에서 분과위원회의 개정시안에 따라 개정할 것인지 논의하였으나, 다수결에 따라 개정하지 않기로 하였다.[51] 결국 매도인의 담보책임에 관해서는 아무런 개정안이 없게 되었고, 이에 관한 상당한 분량의 논의자료가 법무부에서 나온 자료집에 수록되지 않게 되었다.[52]

(3) 2023년 법무부 민법개정위원회가 출범한 직후 처음으로 개정안의 내용을 다룬 회의에서 담보책임에 관한 개정안을 작성할 것인지 논의하였다.[53] 당시 회의에서 담보

---

49) 계약의 해제에 관한 민법개정안에서는 채무불이행으로 인한 계약해제의 경우에도 귀책사유를 요구하지 않기로 하였다(개정안 제544조).

50) 위 설명은 분과위원회의 회의자료를 정리한 것이다. 상세한 내용은 오종근(주 39), 62－111면 참조.

51) 이에 관해서는 아래 주 100 참조.

52) 법무부 민법개정자료발간팀 편, 2013년 법무부 민법개정시안 채권편(하), 2013에는 증여, 도급 등 전형계약에 관한 개정시안이 수록되어 있으나, 매매에 관한 개정시안은 수록되어 있지 않고, 수급인의 담보책임에 관한 제667조에 관해서는 매도인의 담보책임을 논의한 뒤에 수급인의 담보책임을 논의하기로 한다고 기재되어 있을 뿐이다. 위 책, 195－196면 참조.

53) 2023. 8. 22. 제2차 민법개정위원회 전체회의.

책임을 개정할 필요성에 관해서는 개정위원들의 의견이 거의 일치되었으며, 채무불이행책임과 담보책임의 통합에 관해서는 완전한 통합방식보다는 현행 체계를 유지하되 두 책임의 통합성을 강화하는 방향으로 개정안을 마련하기로 하였다.

이러한 기본방침에 따라 마련된 2024년 계약법 개정안은 "매도인의 담보책임에 관한 특별규정을 삭제하고 이를 일반 계약책임으로 통합"하고 있는데,[54] 주요 내용은 다음과 같다. 첫째, 담보책임 규정의 독자성을 해소하고 일반 채무불이행책임의 체계에 따라 매수인의 구제가 이루어질 수 있도록 한다. 둘째, 하자에 관한 정의규정을 두어 주관적 하자 개념을 원칙으로 하고 객관적 하자 개념을 보조적인 기준으로 사용한다. 셋째, 구제수단을 확충하여 추완이행 청구권을 도입하고 대금감액 청구권의 적용범위를 확대하며, 손해배상은 제390조에 따라 청구할 수 있도록 한다. 넷째, 추완이행 청구권과 다른 구제수단인 해제, 전보배상 또는 대금감액의 관계를 정한다. 다섯째, 권리행사기간의 제한은 물건의 하자를 이유로 하는 책임에만 존속시킨다.[55]

또한 개정안은 수급인의 담보책임도 매도인의 책임과 마찬가지로 채무불이행책임으로 정한다. 매매에 관한 규정은 제567조에 따라 유상계약인 도급에도 준용되므로, 도급의 장에서는 수급인의 책임에 특유한 사항만을 정하는 방향으로 개정안이 마련되었다.[56]

이 개정안은 담보책임 규정을 존속시키되, 그 요건이나 효과를 수정하여 가급적 채무불이행책임과 일치시키고 있다고 볼 수 있다. 이하에서는 항목을 바꾸어 담보책임과 채무불이행책임의 요건과 효과에 관하여 개별적으로 살펴보고자 한다.

3. 채무불이행책임과 담보책임의 관계 정립을 위한 개별적 쟁점

(1) 매도인의 의무: '하자 없는 권리 이전 및 물건 인도 의무'의 인정

제390조는 "채무의 내용에 좇은 이행을 하지 아니한 때"에는 손해배상책임이 있다고 정한다. 이것은 채무불이행에 관한 일반조항으로서 채무불이행책임의 근거가 되는 규정이다. 그 밖에 채무불이행에 관하여 여러 규정을 두고 있다. 위에서 보았듯이 담보책임에서는 매도인이 하자 없는 권리 이전 및 물건 인도 의무를 위반한 것인지를 중심으로 법정책임설과 채무불이행책임설이 대립하였다.[57]

2024년 계약법 개정안은 매도인의 의무로서 '하자 없는 권리 이전 의무'와 '하자 없

54) 법무부 민법개정위원회, 계약법 개정이유서(주 6), 109면 참조.
55) 법무부 민법개정위원회, 계약법 개정이유서(주 6), 109−111면 참조.
56) 아래 Ⅲ. 3. (9) 참조.
57) 위 Ⅱ. 2. 참조.

는 물건 인도 의무'를 명시적으로 규정한다. 개정안 제569조는 '하자 없는 권리의 이전'이라는 제목으로 제1항에서 "매매의 목적인 권리가 타인에게 속한 경우에 매도인은 그 권리를 취득하여 매수인에게 이전하여야 한다."라고 정하고, 제2항에서 "매도인은 매수인에게 대항할 수 있는 제3자의 권리가 없는 상태로 매매의 목적인 권리를 이전하여야 한다."라고 정한다.[58] 개정안 제570조는 '하자 없는 물건의 인도'라는 제목으로 "매도인은 매수인에게 종류, 수량, 품질 등에 관하여 합의된 성상(性狀)을 갖춘 매매 목적물을 인도하여야 한다. 그 성상이 합의되지 아니한 경우에는 계약의 전제가 되는 사용에 적합한 성상을 갖추어야 하며, 그러한 전제가 없는 경우에는 통상적인 사용에 적합한 성상을 갖추어야 한다."라고 정한다.

이 개정안은 매도인의 담보책임의 성질에 관한 법정책임설과 채무불이행책임설의 대립을 해소하기 위한 것이다. 독일민법 제433조 제1항 제2문이 종전과는 달리 매도인은 매수인에게 물건의 하자 및 권리의 하자가 없는 물건을 제공해야 한다는 것을 명시하고 제434조, 제435조에서 물건의 하자와 권리의 하자를 규정한 것[59]과 마찬가지이다. 이러한 의무를 명시적으로 규정한 것이 바람직함은 물론이다.

이 개정안이 통과될 경우 권리나 물건의 하자에 대한 매도인의 책임은 위와 같은 의무를 위반한 것에 대한 책임으로서 채무불이행책임의 일종이라는 점이 분명해진다. 이에 따라 담보책임의 본질에 관한 학설 대립은 사라질 것으로 보인다. 추후에 목적물의 현상인도의무를 정한 제462조[60]도 개정하여 이 규정을 둘러싼 의문을 해소할 수 있으면 더욱 바람직할 것이다.

58) 검토위원회에서는 개정안 제569조 제2항의 표현을 "매도인은 매매의 목적에 관하여 제한이나 부담이 없는 권리를 이전하여야 한다."라고 정할 것을 제안하였다. 매수인에게 대항할 수 있는 제3자의 권리가 없더라도 원인 무효의 등기와 같은 제한이나 부담도 없앨 의무가 있기 때문이다. 대법원 2021. 9. 9. 선고 2018다284233 전원합의체 판결 중 대법관 김재형, 대법관 박정화, 대법관 김선수, 대법관 노태악, 대법관 이흥구의 반대의견에서 "통상적으로 매매계약에서 매도인은 매매목적물에 제한이나 부담이 없는 완전한 소유권이전등기를 이행할 의무를 부담한다(대법원 2000. 11. 28. 선고 2000다8533 판결 등 참조)."라고 하였는데, 위 검토위원회안은 이러한 표현을 차용한 것이다. 법무부 민법개정위원회 검토위원회, 민법개정 예비초안에 대한 검토의견서(주 6), 75면 참조.

59) Canaris(주 40), 350－351면 참조.

60) 김대정, "특정물채무자의 현상인도의무에 관한 민법 제462조의 개정방안", 「중앙법학」, 제16권 제4호, 2014, 37－45면은 이 조항의 삭제를 제안한다.

	채무불이행책임	담보책임(하자책임)
현행법	채무불이행책임 규정 (제390조 등)	권리 하자와 물건 하자, 특정물 매매와 종류매매 구분 하자 없는 권리 이전 의무 및 물건 인도 의무에 관한 통일적 규정 없음
개정안	채무불이행책임에 관한 일부 규정 수정	권리 하자와 물건 하자로 구분 특정물 매매와 종류매매 구분하지 않음 하자 없는 권리 이전 의무 및 물건 인도 의무에 관한 통일적 규정 있음

(2) 하자 개념의 유지와 개념 정의

권리나 물건에 하자가 있는 경우 제390조가 정한 "채무의 내용에 좇은 이행"으로 볼 수 없다. 이것은 채무불이행의 한 유형인 불완전이행 또는 적극적 채권침해가 될 수 있다. 한편 매도인의 담보책임에서는 특히 제580조, 제581조에서 '하자(瑕疵)'라는 개념을 사용하고 있다.

개정안에서 '담보책임'이라는 용어는 단순히 '책임'으로 수정하였다. 이에 따라 매도인의 담보책임은 매도인의 책임[61]으로, 수급인의 담보책임은 수급인의 책임[62]으로 수정하는 등 민법과 민사특별법(예컨대 약관의 규제에 관한 법률 등)에 있는 용어를 모두 바꿀 것을 제안하고 있다. 담보책임은 물적 담보나 인적 담보에서 말하는 '담보'와는 무관한데도 담보라는 용어를 사용하여 혼란을 초래한다. 이 용어를 사용할 경우 채무불이행책임과 다른 별개의 책임이라고 이해될 수 있다. 따라서 굳이 담보책임이라는 표현을 사용할 이유가 없다. 다만 일반 채무불이행책임과 구별하기 위하여 '하자로 인한 매도인의 책임'과 같은 표현을 사용할 수 있고, 개정안은 '하자로 인한 책임'이라는 표현을 사용하고 있는데, 이를 줄여서 '하자책임(瑕疵責任)'이라고 부를 수 있다.

그런데 하자라는 용어를 계약부적합(契約不適合)으로 수정할 것인지 논의하였다. 현행법은 '하자'라는 표현을 사용하지만, 이를 유엔통일매매법에서 사용하는 '계약부적합'[63]이라고 표현할 수 있다. 하자라는 용어에서 채무불이행책임이나 계약책임을 떠올리기 어려운 반면, 계약부적합이라는 용어를 사용한다면 계약부적합책임으로 특정할 수 있다는 점에서 장점이 있다. 이와 같이 용어를 변경한다면 채무불이행책임이나 계약책

61) 개정안 제570조 이하 참조.

62) 개정안 제667조 이하 참조.

63) 유엔통일매매법 제35조 이하에서 계약에 대한 물품의 부적합(lack of conformity)에 관해서 정하고 있다.

임에 따라 개정안을 마련하였다는 강한 인상을 줄 수 있다. 네덜란드민법(제7:17조 이하)이나 일본민법(제562조, 제565조)은 하자 대신 '계약에 적합하지 아니한'이라는 표현, 즉 '계약부적합'이라는 표현을 사용하고 있다.[64] 그러나 독일민법은 2001년 담보책임을 개정하면서 하자라는 용어를 그대로 사용하였다(제433조 이하 참조). 개정안은 현행과 마찬가지로 하자라는 용어를 유지하기로 하였다.

하자담보책임에서 하자를 어떻게 파악할 것인지에 관하여 논란이 있었다. 객관적 하자 개념은 매매 목적물이 통상적으로 가지고 있어야 할 품질·성능을 기준으로 매수인에게 불이익하게 인정되는 목적물의 결함을 말한다. 이에 반하여 주관적 하자 개념은 당사자들이 계약에서 매매 목적물이 가지고 있다고 전제한 성질을 기준으로 그 기준에 미치지 못한 것을 말한다. 매매의 목적물이 거래통념상 기대되는 객관적 성질이나 성능을 갖추지 못한 경우 또는 당사자가 예정하거나 보증한 성질을 갖추지 못한 경우에 하자가 있다고 보아야 한다.[65] 개정안은 주관적 하자 개념을 원칙으로 하되, 객관적 하자 개념으로 보충하는 방식으로 하자 개념을 정한다. 이것은 현재의 통설과 판례를 조문화한 것[66]으로서, 2001년 개정 당시의 독일민법 제434조 제1항,[67] 유엔통일매매법 제35조[68] 등과 유사하다.

---

64) 일본민법은 물건과 권리의 하자에 대한 매도인의 담보책임에서 계약부적합에 대한 채무불이행책임의 특칙으로 재편하였다. 다만 일본의 개정민법 제565조, 제568조, 제569조, 제572조 등에서는 담보책임이라는 용어를 계속 사용함으로써, 담보책임이라는 용어는 존속시키고 있다. 서희석(주 41), 229－230면 참조.

65) 곽윤직(주 13), 148면; 민법주해(XIV)(주 15), 500면 이하; 김재형, 민법판례분석(주 17), 258면; 김형배, 채권각론(주 15), 352면; 김형석(주 15), 453면 이하; 대법원 2000. 1. 18. 선고 98다18506 판결; 대법원 2021. 4. 8. 선고 2017다202050 판결 참조.

66) 법무부 민법개정위원회, 계약법 개정이유서(주 6), 116－119면 참조.

67) 당시 독일민법 제434조는 원칙적으로 물건의 성상에 관한 합의를 기준으로 물건의 하자를 판단하는 주관적 하자 개념을 채택하였는데, 명시적 합의가 없는 경우 계약에서 전제한 용도 또는 통상적인 용도에 적합한지가 물건의 하자를 판단하는 데 보조적 기준으로 기능한다. 여기에서 나아가 위 규정은 제조자의 광고 등에 따라 매수인이 기대할 수 있는 성질도 위에서 말한 성상에 포함되고, 조립을 부적절하게 한 경우도 물건의 하자로 인정된다고 명시하고 있다. Canaris(주 40), 352면 참조. 그 후 2021년 독일민법 개정에서 위 규정은 주관적 요구사항, 객관적 요구사항과 조립상 요구사항을 충족한 경우에 물건의 하자가 있다고 정한 다음, 각 항에서 위 각각의 요구사항을 개별적으로 정하는 방식으로 개정되었다.

68) 제35조 제1항은 "매도인은 계약에서 정한 수량, 품질 및 종류에 적합하고, 계약에서 정한 방법으로 용기에 담겨지거나 포장된 물품을 인도하여야 한다."라고 정하고, 제2항은 "당사자가 달리 합의한 경우를 제외하고, 물품은 다음의 경우에 계약에 적합하지 아니한 것으로 한다."라고 정하면서 이에 해당하는 경우로 "(가) 동종 물품의 통상 사용목적에 맞지 아니한 경우, (나) 계약체결시 매도인에게 명시적 또는 묵시적으로 알려진 특별한 목적에 맞지 아니한 경우. 다만, 그 상황에서 매수인이 매도인의 기술과 판단을 신뢰하지 아니하였거나 또는 신뢰하는 것이 불합리하였다고 인정되는 경우에는 그러하지 아니하다. (다) 매도인이 견본 또는 모형으로 매수인에게 제시한 물품

개정안은 하자 개념을 정하면서 종류, 수량, 품질 등을 특별히 언급함으로써, 특정물 매매에서 비슷한 다른 물건이 인도된 경우, 종류물 매매에서 다른 종류의 물건이 인도된 경우, 특정물이나 종류물 매매에서 목적물의 수량이 약정에 미달하는 경우 등에도 물건의 하자에 해당하게 된다.[69] 이것은 수량이 부족한 경우 또는 다른 물건을 인도한 경우에도 물건의 하자로 다루려는 것이다. 이에 따라 개정안은 수량 부족, 일부 멸실의 경우 매도인의 담보책임을 정하고 있는 현행 민법 제574조에 해당하는 규정을 두지 않는다.

	채무불이행책임	담보책임(하자책임)
현행법	불완전이행에 해당	제580조, 제581조에서 '하자'라는 용어 사용. 하자의 개념 정의 없음.
개정안		권리 하자와 물건 하자로 구분 물건의 하자에 대한 개념 정의

위와 같은 개정안은 권리 하자와 물건 하자 사이, 그리고 특정물 매매와 종류매매 사이의 구별을 없애거나 줄이고 책임의 내용을 단순화한 것이다. 주관적 하자 개념을 채택한 것은 채무불이행책임설에 부합하는 것으로서 채무불이행책임과 담보책임의 관계 정립이라는 관점에서도 긍정적으로 평가할 수 있다.

(3) 추완청구권

(가) 채무자의 이행이 불완전한 경우에 채무자의 이행을 보완하는 것을 추완이라고 한다. 현행 민법에 추완청구권[70]이나 추완권에 관한 명시적인 규정은 없다. 현행법에서는 추완청구가 인정되지 않는다는 견해도 있지만,[71] 통설은 불완전이행의 경우에 추완이 가능하고 또 추완으로써 완전급부를 하는 것이 여러 사정에 비추어 적법한 채무이행이 되는 때에는 채권자에게 추완청구권을 인정한다.[72] 대법원 판결 중에는 위임계약 위반에 대해 추완청구권을 인정하는 것을

의 품질을 가지고 있지 아니한 경우. (라) 그러한 물품에 대하여 통상의 방법으로, 통상의 방법이 없는 경우에는 그 물품을 보존하고 보호하는 데 적절한 방법으로 용기에 담겨지거나 포장되어 있지 아니한 경우."를 열거한다.

69) 2001년 개정 당시의 독일민법 제434조 제3항은 다른 물건을 인도한 경우와 수량 부족을 물건의 하자에 해당한다고 규정하고 있었는데, 현재는 제434조 제5항에서 다른 물건을 인도한 경우에 관해서 정하고 있다.

70) 또는 추완이행청구권이라 한다.

71) 송덕수, 채권법총론, 제6판, 2021, 158면; 2010. 3. 11.「제2기 민법 개정위원회」 제2분과위원회 제3차회의(송덕수 발언부분) 참조.

전제로 한 판결이 있다.[73] 이러한 추완청구권은 원래의 이행청구권이 신의칙에 기하여 수정된 형태라고 할 수 있다.[74] 채무불이행에 대한 구제수단으로서 이행청구권이 인정되므로, 채무를 제대로 이행하지 않은 경우, 즉 불완전이행에 해당하는 경우에 추완을 청구할 수 있다고 보아야 한다. 추완청구권은 채무불이행 가운데 불완전이행 전반에 폭넓게 인정될 수 있고, 그 채무가 법정채권인지 약정채권인지, 그리고 유상계약에서 발생한 것인지 무상계약에서 발생한 것인지와는 상관없이 인정될 수 있다.

한편 불완전이행의 경우에 채무자도 추완이행을 제공함으로써 '채무의 내용에 좇은 이행'을 할 수 있다. 따라서 채권자가 그러한 추완의 제공에도 불구하고 전적으로 새로운 완전급부를 고집하여 그 수령을 거절하면 채권자는 채권자지체의 책임을 부담하게 된다. 결국 그러한 경우에는 채무자는 추완권을 가진다고 할 수 있다.[75]

(나) 2013년 민법개정안에서는 제388조의2(추완청구권)를 신설하여 불완전이행의 경우에 채권자의 추완청구권을 원칙적으로 인정하고, 다만 추완에 과다한 비용을 요하거나 그 밖에 추완을 합리적으로 기대할 수 없는 경우에는 예외적으로 추완청구권을 부정한다.[76] 나아가 전보배상에 관한 규정 등에서도 추완에 관한 규정을 신설한다.[77]

---

72) 곽윤직 · 김재형, 채권총론, 2023, 113면; 곽윤직 편, 민법주해(Ⅸ), 1995, 310면(양창수 집필부분); 김상용, 채권총론, 개정판 증보, 2003, 143면; 김주수, 채권총론, 1988, 125면; 양창수 · 김재형, 계약법, 제4판, 2024, 411면; 오종근, "추완청구권", 「법학논집」(이화여대 법학연구소), 제22권 3호, 2018, 4–5면; 이은영, 채권총론, 제4판, 2009, 242면; 황적인, 현대민법론 Ⅲ[채권총론], 증보판, 1987, 118면 참조.

73) 대법원 1996. 11. 26. 선고 96다27148 판결은 "수임인이 위임계약상의 채무를 제대로 이행하지 아니하였다 하여 위임인이 언제나 최고 없이 바로 그 채무불이행을 이유로 하여 위임계약을 해제할 수 있는 것은 아니고, 아직도 수임인이 위임계약상의 채무를 이행하는 것이 가능하다면 위임인은 수임인에 대하여 상당한 기간을 정하여 그 이행을 최고하고, 수임인이 그 기간 내에 이를 이행하지 아니할 때에 한하여 계약을 해제할 수 있다."라고 판단하였다. 이 판결에서 원고가 피고의 채무불이행에 대하여 "위임계약의 취지에 따른 임대차계약을 체결할 것을 최고"할 수 있음을 전제로 하고 있는데, 이것은 추완청구권이 인정된다는 것을 전제로 한 것으로 볼 수 있다. 민법상 위임계약은 무상계약이 원칙인데도 추완청구권을 인정하였다는 점에서도 주목할 필요가 있다.

74) 민법주해(Ⅸ)(주 72), 310면 참조.

75) 양창수 · 김재형(주 72), 411면 참조.

76) 개정안 제388조의2(추완청구권) 채무자가 채무를 불완전하게 이행한 때에는 채권자는 채무이행의 추완을 청구할 수 있다. 그러나 추완에 과다한 비용을 요하거나 그 밖에 추완을 합리적으로 기대할 수 없는 경우에는 그러하지 아니하다.

77) 개정안 제395조 제3항, 제544조 제2항 제4호 참조. 당시 분과위원회안에서는 매도인의 담보책임에서도 추완청구권에 관한 규정을 두었으나(개정시안 제580조, 제581조), 전체회의에서 매도인의

2024년 계약법 개정안은 채권총칙이 아니라 매도인의 담보책임에서 추완이행에 관한 규정을 둔다. 즉, 개정안 제571조는 '추완이행'이라는 제목으로 "① 매매의 목적인 권리 또는 물건에 하자가 있는 경우에 매수인은 매도인에 대하여 하자의 제거 또는 하자 없는 권리의 이전이나 물건의 인도를 청구할 수 있다. ② 매수인이 청구하는 추완이행의 방법이 목적물의 가치, 하자의 정도 등을 고려하여 매도인에게 과도한 불이익을 야기하는 때에는 매도인은 이를 거절할 수 있다."라고 정한다. 추완이행의 내용으로 '하자의 제거 또는 하자 없는 권리의 이전이나 물건의 인도'를 들고 있다. 검토위원회에서는 이 표현 대신 "하자의 제거 또는 하자 없는 권리의 이전이나 물건의 인도, 그 밖에 추완이행"이라고 수정할 것을 제안하였다.[78] 추완이행의 방법은 위 개정안에서 열거한 것에 한정되지 않고 계약의 종류에 따라 달라질 수 있을 것이다. 그리고 제2항은 추완청구권을 제한하는 사유를 명시하였다.

(다) 논의과정에서 채무불이행책임과 담보책임에 관하여 강한 통합 방식을 지향해야 한다는 입장에서, 특히 추완이행을 2013년 민법개정안[79]과 마찬가지로 채권총칙에서 일반규정으로 정해야 한다는 의견이 있었다.[80] 추완청구권은 이행청구권의 연장선상에 있으므로, 채무불이행에 대한 일반적 구제수단으로 규정할 필요가 있다. 담보책임 규정은 유상계약에 준용되므로, 개정안의 추완청구권 규정도 유상계약에 준용될 것이다. 그러나 위임이나 증여와 같은 무상계약에서도 추완청구권이 적용될 수 있고 계약법 전반에 통용되는 보편적인 채권자의 권리라는 점을 명확하게 할 필요가 있다.[81]

추완청구권에 관한 규정을 채권총칙에 두든 담보책임에 두든 실질적인 차이는 거의 없을 수 있다. 개정안과 같이 추완청구권을 매도인의 담보책임에 관한 규정에 둔다면, 유상계약에는 이 규정이 준용되지만, 그 밖의 계약에는 이 규정이 유추적용될 수 있는지를 개별적으로 검토해야 한다. 이와 달리 추완청구권 규정을 채권총칙에 두고 담보책임 부분에서 개별적인 규정을 둔다면 채무불이행책임과 담보책임의 통일성이 강화될 것이다.

추완청구권에 관한 규정이 없는 현행법에서도 채무불이행에 대한 구제수단으

담보책임에 관한 분과위원회안을 채택하지 않았음은 위에서 본 바와 같다.

78) 법무부 민법개정위원회 검토위원회, 민법개정 예비초안에 대한 검토의견서(주 6), 78-79면 참조.

79) 金재형, "민법상 구제수단의 다양화: 이행 · 추완 · 금지청구권에 관한 민법개정안", 서울대학교 「법학」, 제57권 제4호, 2016, 117-127면 참조.

80) 이계정, "추완청구권과 민법 개정", 「민사법학」, 제105호, 2023, 115-116면 참조.

81) 이계정(주 80), 116면 참조.

로서 추완청구권이 인정된다는 통설[82]에 따른다면, 개정안이 통과된 이후 하자책임으로 인정되는 추완청구권과 별도로, 일반적으로 채무불이행, 그중에서 불완전이행에 대한 구제수단으로서 추완청구권을 인정할 수 있다. 또한 계약법 개정안 제387조는 '채권자의 이행청구권'이라는 제목으로 "채권자는 채무자에 대하여 채무의 이행을 청구할 수 있다."라고 정하고, 제389조 제1항은 강제이행에 관한 현행규정을 유지한다. 이 규정에 따른 이행청구권과 강제이행청구권에 그보다 내용이 작은 추완청구권이 포함되어 있다고 볼 수 있다.[83] 추완청구권은 채무불이행의 한 유형인 불완전이행에 대한 구제수단으로서, 이행청구권에 포함될 수 있는 권리이다. 이 권리는 채무의 종류나 계약의 유상성과는 상관없이 인정될 수 있기 때문에, 채무불이행에 대한 일반적 구제수단으로 인정되어야 할 것이다.[84]

	채무불이행책임	담보책임(하자책임)
현행법	추완청구권 규정 없음 해석론: 긍정설이 다수	추완청구권 규정 없음 다만 수급인의 하자담보책임으로서 하자보수 규정 있음
개정안	추완청구권 규정 없음 해석론으로 긍정할 수도 있음	추완이행청구권 규정 신설

(4) 계약의 해제

(가) 개정안 제544조는 계약불이행[85]으로 인한 해제 요건으로 "채무자가 채무의 내용에 좇은 이행을 하지 아니한 때"를 기본요건으로 정하되, 최고가 필요하다는 것을 원칙으로 하고(제1항 본문), 그 예외를 정한다(제2항). 해제의 기본요건은 채무불이행으로 인한 손해배상(제390조)과 동일한 표현이다. 최고가 필요하다

82) 위 주 72에 있는 문헌 참조.

83) 유럽계약법원칙 제9:102조 제1항은 "불이행의 상대방은 금전지급 이외의 의무에 대하여 특정이행을 청구할 권리가 있으며, 여기에는 결함 있는 이행의 추완청구가 포함된다."라고 정함으로써, 이행청구권과 추완청구권을 하나의 조항에서 규정하고, 제2항에서 그 배제사유도 통일적으로 규정하고 있다.

84) 필자는 2013년 민법개정안에서 추완청구권을 채권총칙편에서 일반적으로 인정하는 것이 "장기적으로 채무불이행책임과 매도인의 담보책임을 일원적으로 구성하기 위한 단초가 될 수 있다."라고 하였다. 김재형(주 79), 125면 참조.

85) 개정안은 이 조항에서 '채무불이행' 대신 '계약불이행'이라는 용어를 사용한다. 검토위원회에서는 '채무불이행'이라는 용어를 사용할 것을 제안한 바 있다. 법무부 민법개정위원회 검토위원회, 민법개정 예비초안에 대한 검토의견서(주 6), 53면 참조.

는 원칙과 그 예외사유도 전보배상에 관한 개정안 제395조와 거의 유사하다. 이것은 손해배상과 마찬가지로 계약해제에 관하여 일반조항주의로 전환한 것이다.[86]

현행 민법에서 채무불이행으로 인한 계약해제에서도 귀책사유를 요건으로 하고 있다고 볼 수 있다. 이행불능에 관한 제546조는 이를 명시하고 있고, 이행지체에 관한 제544조에서는 귀책사유를 정하고 있지 않으나, 통설은 이 경우에도 귀책사유가 필요하다고 한다.[87] 그러나 개정안 제544조는 현행 민법과는 달리 채무불이행의 모든 유형에 대하여 계약해제의 요건으로 귀책사유를 요구하지 않음을 분명히 하고 있다. 이것은 2004년 민법개정안과 다르고 2013년 민법개정안과 동일하다.[88]

해제의 요건에서 본질적 불이행 개념을 도입할 것인지에 관해서는 논란이 있었으나, 경미한 채무불이행을 해제할 수 없는 사유로 정하는 방식으로 규정하였다. 즉, 개정안 제544조 제1항 단서에서 "불이행이 경미하여 계약의 목적을 달성할 수 있는 경우"에는 해제할 수 없도록 하였다. 이 점도 2013년 민법개정안과 마찬가지이다.[89]

(나) 권리 하자와 물건 하자로 인한 해제에 관해서는 개정안 제572조 제1항 제1문에서 "매매의 목적인 권리 또는 물건에 하자가 있는 경우에 매수인은 제543조, 제544조 및 제547조에 의하여 계약을 해제할 수 있다."라고 정한다. 권리의 하자 또는 물건의 하자가 있는 경우 매수인은 해제에 관한 일반규정(제544조 등)에 따라 계약을 해제할 수 있고, 다만 최고가 필요하지 않은 추가적 사유로 부적절한 추완이행이 있는 경우를 정한다.[90] 권리의 하자 또는 물건의 하자가 있는 경우 해제 요건을 채무불이행으로 인한 해제와 통일적으로 규정한 것은 채무불이행책임과 담보책임의 통일을 위해 진전된 태도로서 찬성할 수 있다.

(다) 개정안 제545조는 채권자의 책임 있는 사유로 채무불이행이 발생한 경우에는 해제할 수 없다고 하고 있다. 반면 개정안 제572조 제2항은 매수인이 권리의 일부가 타인에게 속한다는 사정 또는 권리나 물건에 지상권, 지역권, 전세권,

---

86) 김재형, "계약의 해제·해지, 위험부담, 사정변경에 관한 민법개정안"(주 5), 20면 참조.
87) 곽윤직·김재형(주 72), 84면; 곽윤직(주 13), 86면 참조.
88) 김재형, "계약의 해제·해지, 위험부담, 사정변경에 관한 민법개정안"(주 5), 20-21면 참조.
89) 김재형, "계약의 해제·해지, 위험부담, 사정변경에 관한 민법개정안"(주 5), 21-23면 참조.
90) 개정안 제572조 제1항 제2문은 "이 경우 매도인의 추완이행이 부적절하게 행하여진 때에는 매수인은 제544조 제1항 본문의 최고 없이 계약을 해제할 수 있다."라고 정하여 부적절한 추완이행의 경우 최고 없이 계약을 해제할 수 있다고 한다.

질권, 유치권 또는 대항력 있는 임차권이 존재한다는 사정을 알고 있었던 때에는 해제권을 배제하고 있다. 이것은 현행 민법 제572조 제2항, 제575조 제1항과 같은 취지이다. 위와 같은 권리 하자가 있는 경우에는 개정안 제545조가 적용되지 않고 매수인이 이를 알았는지를 기준으로 해제할 수 있는지가 결정된다.

	채무불이행책임	담보책임(하자책임)
현행법	채무불이행으로 인한 계약해제 규정 (제544조-제546조) 귀책사유 필요	담보책임에 기한 해제 요건 개별적으로 규정 귀책사유 불필요
개정안	계약해제 규정 수정 (개정안 제544조, 제545조) 귀책사유 불필요	권리 및 물건 하자에 대해 채무불이행으로 인한 계약해제 규정에 따라 해제하도록 함 귀책사유 불필요

(5) 대금감액 청구권

민법은 권리의 하자와 물건의 하자에 대한 구제수단으로서 대금감액 청구권을 일부 타인 권리의 매매, 수량 부족·일부 멸실의 경우에 인정하고 있다(제572조 제1항, 제574조). 그러나 용익물권의 부담이 있는 경우나 목적물에 하자가 있는 경우에는 이에 관한 규정이 없고 손해배상으로 해결하도록 하고 있다(제575조 제1항, 제580조 제1항, 제581조 제1항).

개정안 제573조는 제1항 제1문에서 "매매의 목적인 권리 또는 물건에 하자가 있는 경우에 매수인은 대금의 감액을 청구할 수 있다."라고 정하고, 제2항에서 "제1항의 경우에 대금은 하자로 인하여 매매 당시 목적물의 가치가 감소되는 비율에 따라 감액된다."라고 정한다. 또한 제3항에서 "상당하게 산정된 하자 제거의 비용은 제2항에 따라 감액되는 금액으로 추정한다."라는 규정을 두고 있다. 이것은 권리 하자와 물건 하자에 대해 일률적으로 대금감액 청구권을 인정한 것이다.

담보책임의 효과로서 권리의 하자인지 물건의 하자인지를 구분하지 않고 통일적으로 대금감액을 인정한 것은 타당하다. 대금감액 청구권은 귀책사유를 요건으로 하지 않고, 실질적으로는 일부 해제와 같은 것으로서, 형성권에 해당한다. 대금감액은 목적물의 가치 감소분만큼 매매대금을 줄이는 것이다. 이것은 신뢰이익의 배상이나 지출비용의 배상과는 상관없다. 대금감액의 최대한은 매매대금에 해당하는 금액이다. 권리 하자 또는 물건 하자로 말미암아 대금액을 넘는 손해가 발생한 경우에는 대금감액으로 해결할 수 없고 손해배상 또는 지출비용 배상 문제가 발생한다.

	채무불이행책임	담보책임(하자책임)
현행법	대금감액 불인정	대금감액 개별적으로 규정
개정안	대금감액 불인정	대금감액 통일적으로 인정

(6) 손해배상청구권

(가) 제390조는 '채무불이행과 손해배상'이라는 제목으로 "채무자가 채무의 내용에 좇은 이행을 하지 아니한 때에는 채권자는 손해배상을 청구할 수 있다. 그러나 채무자의 고의나 과실 없이 이행할 수 없게 된 때에는 그러하지 아니하다."라고 정함으로써, 과실책임의 원칙을 채택하고 있다. 이에 반하여 매도인이나 수급인의 하자담보책임은 무과실책임이다.[91)]

(나) 2024년 계약법 개정안은 제390조를 "① 채무자가 채무의 내용에 좇은 이행을 하지 아니한 때에는 채권자는 손해배상을 청구할 수 있다. 다만, 채무자에게 책임 없는 사유로 그 이행이 이루어지지 아니한 때에는 그러하지 아니하다. ② 법률 또는 당사자의 약정에 의하여 달리 정하여지지 아니하는 한 채무자는 자신의 고의 또는 과실에 대하여 책임이 있다."라고 수정하고 있다. 이것은 현행법과 마찬가지로 과실책임의 원칙을 유지한 것이지만, 제2항을 신설하여 법률이나 계약에서 무과실책임을 정할 수 있음을 명시하였다.

한편 권리 하자 또는 물건 하자를 이유로 손해배상을 청구하려면 현행 민법과 달리 매도인의 귀책사유가 필요하다. 즉, 개정안 제574조 제1문은 '손해배상'이라는 제목으로 "매매의 목적인 권리 또는 물건에 하자가 있는 경우에 매수인은 제390조에 의하여 손해배상을 청구할 수 있다."라고 정한다.[92)] 이것은 권리 또는 물건의 하자에 대한 매도인의 손해배상책임에 대해 과실책임의 원칙을 인정한 것이다.[93)] 매도인이 권리나 물건의 하자를 알았는지와는 상관없다.

---

91) 대법원은 매도인이나 수급인의 하자담보책임은 "법이 특별히 인정한 무과실책임"이라고 한다. 대법원 1980. 11. 11. 선고 80다923 판결; 대법원 1995. 6. 30. 선고 94다23920 판결; 대법원 2004. 8. 20. 선고 2001다70337 판결; 대법원 2016. 10. 19. 선고 2016다208389 전원합의체 판결 중 대법관 이기택, 대법관 김재형의 반대의견 참조.

92) 개정안 제574조 제2문은 "이 경우 매도인의 추완이행이 부적절하게 행하여진 때에는 매수인은 제395조 제1항의 최고 없이 이행에 갈음하는 손해배상을 청구할 수 있다."라고 정하여 부적절한 추완이행이 있는 경우 최고 없이 전보배상을 청구할 수 있다는 내용이다.

93) 이러한 개정안에 대해 찬성하는 견해로는 백경일, "매도인의 담보책임에 관한 민법개정안 검토 II – 효과, 권리행사기간 –", 「민사법학」, 제108호, 2024, 248–250면이 있고, 이에 반대하는 견해로는 이상헌, "「수급인의 담보책임」 개정논의에 대한 검토", 「민사법학」, 제109호, 2024, 175–180면이 있다.

(다) 위와 같은 규정방식은 독일민법 제437조 제3호와 유사하며, 채무불이행책임과 담보책임의 통합적 구성에 접근한 것으로 볼 수 있다.[94] 두 책임을 통합하려면 손해배상에 관하여 우선 과실책임으로 통일하는 방안과 무과실책임으로 통일하는 방안이 있다. 채무불이행을 이유로 한 손해배상책임을 무과실책임으로 전환하고 불가항력 또는 이와 유사한 사유에 한정하여 면책하도록 하는 것도 한 방법일 것이다. 그러나 개정안은 과실책임의 원칙을 유지하면서 당사자의 약정으로 무과실책임을 약정할 수 있도록 하는 방안을 채택하였다.

2013년 민법개정안을 작성할 당시 분과위원회안도 이와 같은 방안을 제시하였는데, 그 이유에 관하여 당시 담당위원은 다음과 같이 설명하였다. '위 개정안은 현행과 달리 대금감액 청구권을 도입하는데, 이것은 매도인의 귀책사유와 상관없이 인정된다. 매수인의 손해 중 신뢰이익의 배상에 해당하는 부분은 대금감액 청구권으로 전보되므로, 손해배상청구권은 대금감액 청구권으로 전보되지 않는 이행이익의 손해가 대상이 된다. 이와 같은 이행이익의 손해는 제390조에 따라 귀책사유를 요건으로 해야 한다. 담보책임에 기한 손해배상에 대해서도 귀책사유를 요구하기로 하면서 물건의 하자가 있는 경우에 채무불이행책임에 관한 규정에 따라 손해배상을 하도록 한 독일의 개정민법 제437조 제3호를 참고하였다.'[95] 위와 같은 설명 가운데 신뢰이익에 관한 부분은 적절하지 않고 매매에서 등가성의 회복은 대금감액이나 계약의 해제를 통해서 해결할 수 있다고 보아야 할 것이다.

당시 분과위원회에서 담보책임에 기한 손해배상책임을 인정하려면 귀책사유가 있어야 한다는 방안에 관해서는 논란이 많았다. 이 방안은 담보책임에 관하여 무과실의 손해배상책임을 정하고 있는 현행법 규정이나 판례의 태도와 다르고 유엔통일매매법[96]이나 유럽계약법원칙[97]과 같은 국제규범이나 국제모델법과도 합치되지 않기 때문이다.[98] 분과위원회에서 이 문제에 관하여 여러 차

---

94) 이 조문의 개정이유에 관해서는 법무부 민법개정위원회, 계약법 개정이유서(주 6), 128-134면 참조.
95) 오종근(주 39), 98면 참조.
96) 유엔통일매매법 제79조 제1항은 "당사자는 그 의무의 불이행이 자신이 통제할 수 없는 장애에 기인하였다는 것과 계약체결시에 그 장애를 고려하거나 또는 그 장애나 그로 인한 결과를 회피하거나 극복하는 것이 합리적으로 기대될 수 없었다는 것을 증명하는 경우에는, 그 의무불이행에 대하여 책임이 없다."라고 정하고 있다.
97) 유럽계약법원칙 제8:108조 제1항은 "당사자의 불이행이 그의 지배를 벗어난 장애사유로 인한 것이며 또한 그 장애사유를 계약의 체결시에 고려하거나, 또는 그 장애사유나 그 결과를 회피하거나 극복하는 것이 합리적으로 기대될 수 없었던 것을 증명하는 경우에는 그의 불이행은 면책된다."라고 정하여 장애사유로 인한 면책에 관하여 정하고 있다. 이러한 면책사유는 불가항력과 유사한 것으로서 유엔통일매매법 제79조 제1항을 모델로 하고 있다. Lando/Beale 편(주 44), 576-583면 참조.
98) 당시 필자가 분과위원으로서 이에 관한 문제를 제기하여 검토하게 되었다. 법무부 민법개정위원

례 장시간 논의하였으나, 결론적으로 매도인의 담보책임에서 손해배상에 관해서는 채무불이행책임과 통합적으로 규율하기 위하여 귀책사유를 요구하는 개정시안을 마련하였다.[99]

그러나 실무위원회에서 분과위원회안은 매도인의 책임 성립을 위하여 귀책사유를 묻지 않고 있는 방향으로 나아가고 있는 근래의 다른 입법례와는 거꾸로 나아가는 것이라고 하면서 반대하였다. 민법개정위원회 전체회의에서 분과위원회안에 따라 개정안을 마련할 것인지 아니면 유보할 것인지 논의하였으나, 다수결로 분과위원회안을 채택하지 않고 매도인의 담보책임에 관한 개정안을 유보하기로 결정하였다.[100]

2024년 법무부 민법개정위원회 검토위원회에서는 매도인의 담보책임에 관하여 2012년에 있었던 민법개정위원회 논의 결과를 참조하여 계약법 개정안이 현행 민법에 따른 하자담보책임의 내용과 큰 차이가 있어서 신중하고 세심하게 검토해야 할 필요가 있다고 보고 다음과 같이 새로운 대안을 제시하였다. 이를 소개하면 다음과 같다.[101]

매도인의 담보책임에서 매수인의 손해는 ① (하자를 이유로 해제하는 경우) 무익하게 된 계약비용, ② 하자제거에 필요한 비용, ③ 하자로 인해 목적물을 취득하지 못하는 경우 가액의 차이인 이행이익의 배상, ④ 하자로 인해 매수인의 생명, 신체, 영업이익 등의 다른 재산상 손해에 미치는 하자확대 손해로 나누어진다. 종래 위의 손해 가운데 ①, ② 유형에 관해서는 매도인의 과실 여부를 묻지 않고 손해배상을 인정하였다. 판례는 매매 목적물인 토지에 폐기물이 매립되어 있는 경우 폐기물처리비용을 하자담보책임에 기한 손해배상으로 인정한다.[102] 이와 유사한 입법례로는 프랑스민법이 있다.[103] 또한 판례는 권리의

회 회의속기록, 제8권(주 48), 774－775, 779－780면 참조.

99) 법무부 민법개정위원회 회의속기록, 제8권(주 48), 774－775, 779－787면 참조.

100) 2012. 8. 27. 제4기(2012년) 민법개정위원회 전체회의(제3차)에서 분과위원회안에 관하여 논의하였으나 결론을 내지 못했다. 그 후 2012. 11. 12. 제4기(2012년) 민법개정위원회 전체회의(제4차)에서 다시 논의한 다음 표결을 하였는데, 당시 참석자 15명 중 9명이 무과실책임설을 지지하였고, 7명이 분과위원회안과 같이 과실책임설을 지지하였으며, 1명은 기권하였다. 제4기(2012년) 민법개정위원회 전체회의(제3차) 회의일지; 제4기(2012년) 민법개정위원회 전체회의(제4차) 회의일지 참조.

101) 법무부 민법개정위원회 검토위원회, 민법개정 예비초안에 대한 검토의견서(주 6), 83－86면 참조.

102) 대법원 2021. 4. 8. 선고 2017다202050 판결 참조.

103) 프랑스민법 제1646조는 "매도인은 목적물의 하자를 알지 못하였다면 대금의 반환과 매수인에게 매매로 인하여 발생한 비용의 상환에 대하여만 책임을 진다."라고 정하고 있다. 프랑스민법 조문 번역은 (사)한불민사법학회, 프랑스민법전, 2023을 따른 것이다. 이하 같다.

하자(제570조부터 제576조까지)로 인한 담보책임에서는 매도인의 과실 여부를 묻지 않고 이행이익의 배상을 인정하고 있다.[104] 프랑스민법은 이와 같은 손해배상을 인정한다.[105]

위 개정안 제574조는 민법 제570조나 제576조에서 정하고 있는 무과실 매도인의 손해배상으로서 이행이익 배상을 인정하고 있는 내용, 그리고 제580조나 제581조의 하자담보책임에 기한 손해배상으로 신뢰손해(하자가 없는 이행을 믿음으로써 입게 된 계약비용) 또는 하자제거비용 등의 손해에 대한 무과실의 책임을 인정해 오던 지금까지의 법리를 크게 변경한 것이다. 위와 같은 법리를 입법을 통해 바꾸어야 한다고 볼 것인지에 관해서는 양론이 있을 수 있다.

하자로 인한 불이익, 이를테면 계약비용이나 하자제거비용에 관해서는 매도인의 과실 여부와 관계없이 매도인이 부담하는 것이 입법정책상 타당하다. 개정안에서 담보책임의 효과로서 하자제거 등을 포함한 추완이행청구권을 신설하였는데, 이에 상응하는 손해배상은 무과실의 담보책임에서도 인정해야 한다고 생각할 수 있다. 위와 같은 불이익이나 위험은 매도인이 부담해야 할 내용으로 매수인에게 귀속시킬 수 없다. 또한 타인 권리의 매매와 같은 권리의 하자가 문제되는 상황에서 매도인이 소유권이전 등을 보장한 것을 전제로 하는 무과실의 손해배상을 인정할 수 있을 것이다.[106] 개정안이 통과될 경우 종래의 법리를 유지해야 한다는 입장에서는 무과실책임을 인정하기로 하는 묵시적 약정, 이를 테면 보장 약정을 넓게 인정하여 과실이 없는 경우에도 이행이익의 배상 또는 하자제거비용의 배상을 인정하려고 할 것이다.[107]

이러한 관점에서 검토위원회에서는 하자로 인한 손해의 유형을 나누어 일정한 경우에는 과실 여부를 묻지 않는 배상책임의 여지를 남겨두는 규정을 마련할 필요가 있다고 판단하였다. 검토위원회 수정안 제574조 제1항은 ① 하자로 인해 무익

---

104) 대법원 1967. 5. 18. 선고 66다2618 전원합의체 판결; 대법원 1973. 3. 13. 선고 72다2207 판결; 대법원 1993. 4. 9. 선고 92다25946 판결 참조.

105) 프랑스민법 제1630조는 "(…) 매수인이 추탈되었다면 매수인은 매도인에게 다음 각호를 청구할 권리를 가진다. 1. 대금의 반환 (…) 4. 손해배상 및 계약의 비용과 합리적 경비."라고 정하고, 프랑스민법 제1633조는 "매매목적물의 가액이 매수인의 행위와 관계없이 추탈 당시 증가하였다면 매도인은 매수인에게 매매대금을 초과하는 금액을 지급하여야 한다."라고 정한다.

106) 물론 매도인의 무과실책임이 개별 사안에 따라 매도인에게 가혹한 경우가 있을 수 있다. 이러한 경우에는 무과실의 하자담보책임에 대해서도 매수인의 관여 정도를 고려하여 과실상계의 법리에 따라 가혹한 결과를 완화할 수 있을 것이다.

107) 개정안 제574조에 관하여 개정안 제390조 제1항의 과실 여부 판단 또는 제2항의 무과실의 보장약정을 통하여 매수인을 보호할 수 있다고 한다. 이준현, 민법 개정안(계약법 각론) 예비초안 연구, 2023, 47면 참조.

하게 된 비용, ② 하자 제거에 필요한 비용 또는 ③ 하자로 인하여 권리 또는 물건을 상실한 경우 그 시가 손해에 관해서는 매도인의 과실 여부를 묻지 않는 배상책임을 인정하는 근거규정을 제안하였다. 위 손해 가운데 특히 ③의 시가 손해에 관하여 권리의 하자 이외에 물건의 하자로 인한 소유권 상실의 경우도 포함할 것인지에 관하여 논의하였는데, 최종적으로는 이를 포함하는 내용으로 제안하였다. 권리 상실에 따른 시가 상당의 손해배상에서 양 유형을 달리 취급해야 할 합리적 이유가 없다고 판단되기 때문이다. 또한 검토위원회는 수정안 제574조 제1항의 손해와 달리 현행 민법에서도 매도인의 귀책사유가 인정되는 경우에 한하여 손해배상책임이 인정되는 손해, 즉 '하자확대손해'를 담보책임에 규율하는 방법을 검토하였다. 즉, 손해를 유형화하여 개별 유형에 따라 근거규정을 이원화하는 방식이다.[108] 그러나 위 수정안 제574조 제2항과 같이 하자에 대한 매도인의 귀책사유가 있는 경우에는 하자확대손해 외에 제1항의 손해에 대해서도 제390조, 제395조의2에 따른 배상책임의 적용 가능성을 열어두는 방식('유책성에 따른 경합 방식')으로 최종 제안하였다. 이 방식이 손해의 유형화라는 판단의 어려움을 상대적으로 완화해 주는 한편, 권리 또는 물건의 하자에 관한 매도인의 귀책사유가 있는 경우에 권리행사기간이라는 측면에서 매수인의 손해배상청구권 행사를 보다 충실하게 보장할 수 있다고 판단하였다.[109]

수정안 제574조 제1항의 손해('신뢰손해'와 시가손해)에 대해서는 매수인이 안 제576조에 따라 하자를 안 날부터 1년 내에 하자발생의 사실을 통지한 경우에 손해배상청구권을 행사할 수 있다. 그러나 하자확대손해의 경우에는 수정안 제574조 제2항에 따라 하자에 대한 매도인의 귀책사유가 있는 경우에 제390조, 제395조의2에 따른 배상청구가 인정된다. 즉, 하자확대손해의 배상에 대해서는 개정안 제576조의 하자통지의무 규정을 적용하지 않는 것이 바람직하다는 것이다. 그렇다면 하자에 대한 매도인의 귀책사유가 인정되고 매수인이 하자확대손해 외에 제1항의 신뢰손해 또는 시가 상당의 손해를 입어서 이들 손해를 매도인에게 배상청구할 수 있는 경우, 하자로 인한 신뢰손해 또는 시가 손해에 대해서도 제390조, 제395조의2가 적용되고 이로써 권리행사기간도 하자확대손해와 동일하게 취급하게 된다. 이것은 현행 민법에서 하자담보책임에 관한 채

108) 손해의 유형화에 따른 이원적 규정방식은 수정안 제574조 제1항에서는 신뢰손해, 시가손해의 손해 유형에 한정하는 반면, 하자확대손해에 관하여는 수정안 제574조 제2항에서 유책성을 전제로 하는 제390조, 제395조의2를 배상책임의 근거규정으로 원용하는 개정내용을 말한다.

109) 법무부 민법개정위원회 검토위원회, 민법개정 예비조안에 대한 검토의견서(주 6), 85-86면 참조.

무불이행설에 따라 채무불이행책임과 담보책임의 경합 또는 병존을 인정하는 내용을 수용한 것이다.[110)]

그동안 민법개정위원회에서 하자책임에 기한 손해배상에 관해서 검토했던 방안은 다음과 같이 세 가지로 단순화해 볼 수 있다. 첫째, 무과실책임으로 하는 방안이다. 현행 민법의 담보책임 규정이 이에 해당하나, 확대손해에 관해서는 과실책임의 원칙이 적용된다. 둘째, 과실책임으로 하는 방안이다. 계약법 개정안과 2012년 분과위원회안이 이에 해당한다. 셋째, 권리나 물건의 하자로 인한 손해를 하자손해와 하자확대손해 등으로 구분하여 하자손해나 하자제거비용 등에 대해서는 과실이 없는 경우에도 손해배상책임을 인정하는 방식이다. 이것은 검토위원회안으로서 현행법의 담보책임을 전제로 형성된 판례의 태도를 수정하여 반영한 것이다.

검토위원회가 제시한 세 번째 방안은 채무불이행책임과 하자책임의 통합적 규율이 필요하다는 시각에서 채택되지 않았고, 손해배상에 관해서는 과실책임의 원칙으로 통합되었다.

(라) 현행 민법에서 손해배상에 관하여 채무불이행책임은 과실책임으로, 담보책임은 무과실책임으로 규정하고 있다. 이에 반하여 개정안은 채무불이행이든 하자책임이든 계약해제에서는 귀책사유를 요구하지 않는 반면, 손해배상에서는 귀책사유를 요구한다. 다만 개정안 제390조 제2항은 무과실의 손해배상책임에 관한 약정이 있는 경우에는 과실책임을 배제할 수 있도록 명시하였다.

이를 표로 정리하면 다음과 같다.

	채무불이행책임	담보책임(하자책임)
현행법	손해배상: 과실책임 원칙	손해배상: 무과실의 담보책임과 채무불이행책임(과실책임)의 경합 인정
개정안	손해배상: 과실책임 원칙	손해배상: 과실책임 원칙

하자책임에 관한 개정안에서 손해배상과 해제에 관해서는 채무불이행책임과 하자책임 사이에 통일성이 높아졌다고 볼 수 있다. 다만 하자책임으로서 인정되는 손해배상책임에서 과실책임으로 정한 것이 타당한 것인지 논란이 있을 수 있다. 이에 따라 계약의 해석을 통해 매도인에게 과실이 없는 경우에도 책임을 인정할 수 있는 범위가 어떠한 경우인지, 특히 보장 약정을 어떠한 경우

110) 법무부 민법개정위원회 검토위원회, 민법개정 예비초안에 대한 검토의견서(주 6), 86면 참조.

에 인정할 수 있는지에 관해서 새로운 논의가 촉발될 것이다.

개정안이 통과될 경우 위 (다)에서 본 개정논의를 참고하여 해석론을 전개할 필요가 있다. 이를테면, 매도인이 매매목적물에 하자가 없다는 진술 · 보장(representations and warranties)을 한 경우[111] 또는 매매목적물의 품질을 보증한 경우에는 개정안 제390조 제2항이 정한 약정에 해당하여 원칙적으로 귀책사유와 상관없이 손해배상책임을 진다는 약정이 있다고 볼 수 있다. 이와 같은 해석론을 통하여 매수인의 권리를 충분히 보장해야 한다.[112]

독일민법 제276조 제1항은 귀책사유를 손해배상의 요건으로 하고 있지만 보장과 조달위험을 인수한 경우 과실 없이 책임을 질 수 있다는 예외를 명시적으로 인정하고 있다. 또한 독일민법 제443조는 물건의 성상 또는 내구성 보장을 인수한 경우에는 그 보장에 따른 권리가 있다고 정하고 있다. 하자책임으로 인한 손해배상을 채무불이행책임과 통합할 경우 독일민법과 같이 보장이나 조달위험을 인수하는 조항을 두는 것도 좋은 해결책이라고 할 수 있다. 개정안은 이에 해당하는 규정을 두고 있지 않지만, 매도인이 권리나 물건에 하자가 없다고 보장하거나 조달위험을 인수한 경우에는 개정안 제390조 제2항에 따라 무과실의 손해배상책임을 진다는 묵시적 약정이 있다고 인정할 수 있을 것이다.

한편 현행 민법에서는 권리나 물건에 하자가 있어서 담보책임에 기한 손해배상책임이 성립하는 경우에 담보책임과 채무불이행책임의 경합 또는 병존을 인정한다. 그러나 개정안에 따르면 하자책임을 일반 채무불이행책임에 대한 특칙으로 볼 수 있기 때문에, 하자책임과 일반 채무불이행책임의 병존이나 경합이 부정될 것으로 보인다.

---

111) 기업인수계약에서 매도인이 대상회사의 상태에 관하여 진술하고 보증하는 진술 · 보증 조항('진술 · 보장 조항'이라고도 한다)을 두는 경우가 많다. 매도인이 대상회사의 상태에 관하여 사실과 달리 진술 · 보증을 하고 이로 말미암아 매수인에게 손해를 입힌 경우에는 계약상 의무를 이행하지 않은 것에 해당하므로 일종의 채무불이행책임이 성립한다. 계약서에 진술 · 보증 조항과 그 위반으로 인한 손해배상 조항이 함께 있다면 그 조항에 따른 손해배상책임을 인정하여야 하고, 무과실책임인지 아니면 민법 제390조 단서가 적용되는 과실책임인지는 계약내용과 그 해석에 따라 결정해야 한다. 이와 달리 계약서에 진술 · 보증 조항만 있고 그 위반으로 인한 손해배상 조항이 없다면 민법 제390조를 비롯한 관련 규정들에 따라 채무불이행책임의 성립 여부를 판단하여야 한다. 대법원 2018. 10. 12. 선고 2017다6108 판결 참조.

112) 기업인수계약에서 이용되기 시작한 진술 · 보장 조항은 최근에는 부동산 매매계약 등 일반적인 계약에서도 사용되고 있다. 권리나 물건의 하자로 인한 손해배상책임의 불확실성에 따른 위험을 예방하기 위하여 진술 · 보장 조항을 두거나 손해배상책임의 요건을 명확하게 정하는 방향으로 계약실무가 바뀐다면, 위와 같은 논의의 실익이 대폭 감소할 것임은 물론이다.

(7) 매수인의 악의

민법에서는 매수인의 악의를 이유로 담보책임을 배제하는 경우가 많다. 타인의 권리매매에 관한 제570조 단서, 권리 일부가 타인에게 속한 경우에 관한 제572조, 수량부족, 일부멸실에 관한 제574조, 제한물권 있는 경우에 관한 제575조에서는 매수인의 악의를 이유로 구제수단을 제한하고, 하자담보책임에 관한 제580조, 제581조는 매수인의 악의 또는 과실을 이유로 구제수단을 제한하고 있다.

개정안 제575조는 "매매 당시 그 목적물에 물건의 하자가 있다는 사정을 알았던 매수인은 제571조부터 제574조까지의 규정에 따른 권리를 행사할 수 없다."라고 정한다. 이것은 권리 하자와 물건 하자를 구별하여 물건 하자에 대해서만 이를 알았던 매수인의 권리행사를 부정한다. 즉, 권리의 하자로 인한 책임에서는 매수인의 선의 여부를 묻지 않고 매수인에게 구제수단을 부여하지만, 물건의 하자로 인한 책임에서는 악의의 매수인에게 구제수단을 배제한다.

검토위원회에서는 이러한 방안에 기본적으로 찬성하며, 다만 매수인이 물건의 하자가 있다는 사정을 알았던 경우뿐만 아니라 중대한 과실로 알지 못했던 경우에도 구제수단을 배제할 것을 제안하였다. 종래 매수인의 '과실' 여부와 그 내용에 관한 논란이 있었는데, 물건의 하자로 인한 담보책임을 묻는 데 매수인의 무과실을 요건으로 하는 규정은 가혹하다고 볼 수 있다. 그러나 매수인이 물건의 하자를 알지 못한 데 중대한 과실이 있는 경우에도 구제수단을 배제해야 한다는 것이다. 독일민법 제442조 제1항 제2문은 매수인에게 중과실이 있는 때에는 담보책임 권리의 행사를 제한하고 있으며, '계약부적합'에 따른 매수인의 구제수단을 정한 유엔통일매매법 제35조 제3항은 '매수인이 물건의 부적합을 모를 수 없었던 경우'에는 매도인의 면책을 인정하고 있다. 또한 매도인이 매수인의 하자 인식 여부에 관한 주관적 사정을 증명하기 곤란한 경우에 중대한 과실에 의한 부지를 원용할 필요가 있다.[113] 그러나 개정안은 물건 하자로 인한 책임에 대한 구제수단을 배제하는 사유를 매수인의 악의로 한정하고 있다.

(8) 권리행사기간

현행 민법은 권리의 일부가 타인에게 속한 경우, 수량 부족 또는 일부 멸실의 경우, 제한물권이 있는 경우와 물건의 하자가 있는 경우에 각각 권리행사기간을 정하고 있다(제572조, 제573조, 제574조, 제575조, 제582조). 그중 물건의 하자가 있는 경우 매수인이 물건의 하자가 있다는 사실을 안 날부터 6개월 내에 권리를 행사하도록 정하고 있다(제582

113) 법무부 민법개정위원회 검토위원회, 민법개정 예비초안에 대한 검토의견서(주 6), 87−88면 참조.

조). 이 권리행사기간은 제척기간에 해당하나, 출소기간 또는 제소기간이 아니라 재판상 또는 재판 외에서 권리행사에 관한 기간이므로 매수인은 위 기간 내에 재판 외에서 권리행사를 함으로써 그 권리를 보존할 수 있다. 재판 외에서 권리행사는 특별한 형식이 필요하지 않으므로 매수인이 매도인에 대하여 적당한 방법으로 물건에 하자가 있음을 통지하고, 계약의 해제나 하자의 보수 또는 손해배상을 구하는 뜻을 표시함으로써 충분하다.[114] 그런데 하자담보에 기한 매수인의 손해배상청구권은 제162조 제1항에 따른 채권 소멸시효의 규정이 적용되고, 제582조의 제척기간 규정으로 인하여 소멸시효 규정의 적용이 배제되지 않으며, 이때 특별한 사정이 없는 한 매수인이 목적물을 인도받은 때부터 소멸시효가 진행한다.[115]

개정안 제576조는 '권리행사기간'이라는 제목으로 "매매의 목적인 물건에 하자가 있는 경우에 매수인이 그 사실을 안 날부터 1년 내에 매도인에게 그 통지를 발송하지 아니하면 제571조부터 제574조까지의 규정에 따른 권리를 행사할 수 없다. 다만, 매도인이 하자를 알면서 고지하지 아니하였거나 중대한 과실로 알지 못한 때에는 그러하지 아니하다."라고 정한다. 이것은 기존의 권리행사기간에 관한 규정을 삭제하고 물건의 하자를 이유로 하는 매수인 구제수단의 권리행사기간에 대해서만 하자통지의무의 형태로 새로이 규정한 것이다. 따라서 권리 하자가 있는 경우에는 권리행사기간의 제한도 없고 하자통지의무도 없지만, 물건 하자가 있는 경우에는 그 사실을 안 날부터 1년 내에 그 통지를 해야 한다. 그러나 매도인에게 하자에 대한 악의 또는 중과실이 있는 경우에는 위와 같은 제한을 받지 않는다.

개정안은 현행 민법규정과 마찬가지로 매수인이 하자를 안 날부터 기산하도록 하였으나, 기간을 6개월에서 1년으로 늘렸다. 또한 개정안은 위 기간 내에 매수인에게 하자통지의무를 부과하는 형태로 규정하고 있으나, 현행 민법에서도 재판 외에서 권리를 행사할 수 있다고 하였으므로, 이 점에서도 실제상 큰 차이는 없다. 또한 위 기간과는 상관없이 소멸시효가 진행할 수 있음은 현행법에서와 마찬가지이다.

검토위원회에서는 위와 같은 개정안에 대체로 찬성하였으나, '하자로 인한 손해배상', 특히 하자확대손해에 대해서는 수정이 필요하다는 의견을 제시하였다.[116] 물건의 하자로 인한 매수인의 생명, 신체 또는 매매 목적물 이외의 다른 재산에 확대되는 손해에 대해서는 매도인의 고의 또는 과실이 있는 한 제390조의 채무불이행책임 또는 제750조의 불법행위책임이 성립할 수 있다. 이러한 경우에도 개정안 제576조의 하자통지기간이 적용된다고 할 때에

114) 대법원 1985. 11. 12. 선고 84다카2344 판결; 대법원 2003. 6. 27. 선고 2003다20190 판결 참조.
115) 대법원 2011. 10. 13. 선고 2011다10266 판결 참조.
116) 법무부 민법개정위원회 검토위원회, 민법개정 예비초안에 대한 검토의견서(주 6), 90면 참조.

는 매수인은 현행 민법의 적용과 비교하여 권리행사의 제한을 받게 된다. 물론 개정안 제576조가 하자확대손해에 적용되는 경우에도 매수인은 이 기간을 통지 없이 도과하더라도 청구권경합의 법리에 따라 제750조의 불법행위를 근거로 한 손해배상청구권을 행사할 수는 있다. 그러나 하자확대손해에 대해서는 하자통지기간 규정이 적용되지 않도록 하여 불필요한 논의(즉, 개정안 제576조의 적용 여하에 따른 계약책임과 불법행위책임의 차이)를 야기하지 않도록 하는 것이 바람직하다.[117] 매수인이 물건의 하자를 알았다고 하더라도 그로 인한 확대손해가 어느 정도인지는 알 수 없는 경우도 많다. 이러한 경우에 하자가 있음을 안 날부터 1년 내에 매도인에게 그 통지를 발송하지 않으면 그러한 손해배상을 청구할 수 없도록 하는 것은 부당한 결과를 초래할 수 있다.

검토위원회는 개정안 제576조에서 열거한 매수인의 권리 가운데 손해배상의 경우에는 신뢰손해, 시가 상당의 손해에 관한 검토위원회안 제574조 제1항으로 표현하고 하자확대손해의 배상근거인 검토위원회안 제574조 제2항, 제390조, 제395조의2의 경우에는 하자통지기간의 적용을 받지 않도록 수정안을 제안하였다.[118] 그러나 이 제안은 받아들여지지 않았다.

	채무불이행책임	담보책임(하자책임)
현행법	권리행사기간에 관한 규정 없음 소멸시효 적용	권리행사기간(제척기간) 규정 소멸시효 적용
개정안	소멸시효 적용 물건 하자로 인한 확대손해배상에 권리행사기간 적용	권리 하자에 대해 권리행사기간 없음 물건 하자에 대해 권리행사기간 있음 소멸시효 적용

(9) 수급인의 하자책임

현행 민법은 수급인의 담보책임에 관하여 매도인의 담보책임과 구분하여 별도로 규정하고 있다. 그 책임의 성질에 관해서는 논란이 있지만 채무불이행책임의 일종으로 볼

117) 개정안 제576조와 관련이 있는 상법 제69조(하자의 검사와 통지의무)는 불완전이행으로 인한 손해배상책임에 적용되지 않는다는 것이 판례이다. 즉, 대법원 2015. 6. 24. 선고 2013다522 판결은 "상인 간의 매매에서 매수인이 목적물을 수령한 때에는 지체 없이 이를 검사하여 하자 또는 수량의 부족을 발견한 경우에는 즉시, 즉시 발견할 수 없는 하자가 있는 경우에는 6개월 내에 매수인이 매도인에게 그 통지를 발송하지 아니하면 그로 인한 계약해제, 대금감액 또는 손해배상을 청구하지 못하도록 규정하고 있는 상법 제69조 제1항은 민법상 매도인의 담보책임에 대한 특칙으로서, 채무불이행에 해당하는 이른바 불완전이행으로 인한 손해배상책임을 묻는 청구에는 적용되지 않는다."라고 판단하였다.

118) 법무부 민법개정위원회 검토위원회, 민법개정 예비초안에 대한 검토의견서(주 6), 90-91면 참조.

수 있다. 개정안은 매도인의 하자책임이 제567조에 따라 수급인에게도 준용되는 것을 전제로, 수급인의 담보책임에 관한 현재의 규정을 삭제하거나 수정하여 하자에 대한 수급인의 책임, 즉 수급인의 하자책임에 관한 몇몇 특칙만을 규정한다.[119] 이것은 일본 개정 민법과 마찬가지인데,[120] 수급인의 하자책임을 매도인의 하자책임을 통일적으로 규율하기 위한 것이다.

기초위원회에서는 수급인의 담보책임에 관한 제667조를 삭제할 것을 제시하였으나, 검토위원회에서는 수급인의 담보책임이 갖는 중요성, 민법 제667조가 "완성된 목적물" 이외에 "완성 전 성취된 부분"에 대한 담보책임을 뒷받침하고 있다는 점 등을 이유로 위 규정을 유지하는 방식을 제안하였다.[121] 최종안에서는 위 규정을 완성 전의 하자로 인한 수급인의 책임으로 축소하여 유지하기로 하였다. 또한 검토위원회에서는 매도인의 하자책임에서와 마찬가지로 수급인의 하자책임에서도 수급인에게 고의 또는 과실이 없더라도 일정한 범위에서 손해배상을 인정할 것을 제안하였으나, 이것은 받아들여지지 않았다.[122] 결국 수급인의 하자책임이 매도인의 하자책임과 마찬가지로 일반 채무불이행책임에 상당히 높은 수준으로 통합되었다고 볼 수 있다.

Ⅳ. 결론

민법은 채무불이행책임과 별개로 담보책임에 관한 규정을 두고 있어 그 법적 성질과 내용에 관하여 수많은 혼선이 초래되었다. 학설과 판례는 담보책임을 채무불이행책임의 일종으로 보고 채무불이행책임과 경합 또는 병존을 인정함으로써, 매수인이나 도급인의 권리구제를 넓게 인정하는 방향으로 전개되었다. 그러나 민법규정 자체에서 이와 같은 내용이 당연히 도출되는 것은 아니다. 학설에서 담보책임에 관한 민법규정의 해석을 놓고 상반되는 결론에 도달하는 경우가 너무나도 많았다. 담보책임에 관해서는 민법전에 쓰여 있는 조문이 거래현실에서 발생하는 문제를 적절하게 규율하는 데 실패하

119) 개정안은 수급인의 담보책임에 관한 제667조의 제목을 '완성 전의 하자로 인한 수급인의 책임'으로 수정하고 "수급인은 완성 전 성취된 부분에 하자가 있는 때에도 도급인에 대하여 그 하자로 인한 책임을 진다."라고 정하고 있으며, 그 밖에 제669조(도급인이 제공한 재료 또는 지시로 인한 하자), 제670조(권리행사기간), 제672조(책임 감면의 특약)를 두고 다른 조항은 모두 삭제하였다. 법무부 민법개정위원회, 계약법 개정이유서(주 6), 160-166면 참조.

120) 일본 민법에서는 매매법의 규정이 유상계약에 준용되므로(제559조), 도급에서 수급인의 하자책임에 대한 근거규정을 두지 않고 책임을 배제하는 사유만 규정하고 있다(제636조, 제637조).

121) 법무부 민법개정위원회 검토위원회, 민법개정 예비초안에 대한 검토의견서(주 6), 99-100면 참조. 이에 찬성하는 의견으로는 이상헌(주 93), 165-195면 참조.

122) 위 (6) 참조.

였다고 해도 틀린 말이 아니다. 따라서 담보책임에 관한 입법적 개선 없이는 민법전의 현실적합성을 획득하는 것이 불가능하다.

2025년 법무부가 입법예고한 계약법에 관한 민법개정안은 담보책임을 하자책임으로 바꾸고 중요한 개선방안을 제시하고 있다. 개정안은 담보책임, 즉 하자책임의 성질이 채무불이행책임이라는 데서 출발하여 두 책임을 통합적으로 구성하고자 한다. 그러나 두 책임을 완전히 통합한 것은 아니다. 매매 등에서 매도인이나 수급인의 하자책임에 관한 규정을 두되 채무불이행책임과 가급적 합치시키려고 하고 있다. 권리의 하자와 물건의 하자, 특정물매매와 종류매매, 매매계약과 도급계약 사이의 구별을 상당히 높은 수준에서 제거하고 있다. 또한 하자에 대한 매수인 등의 구제수단을 다양화하여 대금감액과 추완청구권을 추가로 인정하면서 현재의 판례를 수용하기도 하고 변경하기도 한다. 특히 하자책임으로 인한 손해배상에 관해서는 현행법과 달리 과실책임의 원칙을 채택한 것은 중대한 변화이다.

담보책임에 관한 논의가 다양했던 만큼, 두 책임의 통합을 어느 정도로 어떠한 방법으로 추구할 것인지, 현재의 법상황과 어느 정도로 달리 규율하는 것이 바람직한 것인지에 관해서는 여러 가지 논의가 있을 수 있다. 그러나 개정안은 현재의 혼란스러운 법상황을 개선하고 있다고 볼 수 있다. 이번에는 개정안에 관한 의견을 모아 민법개정으로 이어지기를 기대한다.

[매도인의 하자책임에 관한 개정안 비교표]

현행 민법	예비초안	검토위원회안	최종 개정안
第569條(他人의權利의賣買) 賣買의目的이된權利가他人에게屬한境遇에는賣渡人은그權利를取得하여買受人에게移轉하여야한다.	제569조(하자 없는 권리의 이전) ① 매매의 목적인 권리가 타인에게 속한 경우에는 매도인은 그 권리를 취득하여 매수인에게 이전하여야 한다.	예비초안 찬성	제569조(하자 없는 권리의 이전) ① 매매의 목적인 권리가 타인에게 속한 경우에 매도인은 그 권리를 취득하여 매수인에게 이전하여야 한다.
(신설)	② 제568조 제1항 제1문의 경우 매매 목적물에 관하여 매수인에게 대항할 수 있는 제3자의 권리는 있어서는 아니된다. 또한	② 매도인은 매매의 목적에 관하여 제한이나 부담이 없는 권리를 이전하여야 한다.	② 매도인은 매수인에게 대항할 수 있는 제3자의 권리가 없는 상태로 매매의 목적인 권리를 이전하여야 한다.

	매매 목적물인 부동산에 관한 효력 없는 권리가 등기되어 있어서는 아니된다.		
第570條(同前-賣渡人의擔保責任) 前條의境遇에賣渡人이그權利를取得하여買受人에게移轉할수없는때에는買受人은契約을解除할수있다. 그러나買受人이契約當時그權利가賣渡人에게屬하지아니함을안때에는損害賠償을請求하지못한다.	제570조(하자 없는 물건의 인도) 제568조 제1항 제2문의 경우, 매매 목적물은 종류, 수량, 품질 등에 관하여 합의된 성상(性狀)을 인도시에 갖추어야 한다. 성상이 합의되지 아니한 경우 계약의 전제가 되는 사용에 적합한 성상을 갖추어야 하며, 그러한 전제가 없는 때에는 사회관념에 비추어 통상적인 사용에 적합한 성상을 갖추어야 한다.	제570조(하자 없는 물건의 인도) ① 매매의 목적물이 물건인 경우에 매도인은 매수인에게 종류, 수량, 품질 등에 관하여 합의된 성상(性狀)을 갖춘 물건을 인도하여야 한다. 성상이 합의되지 아니한 경우에는 당사자가 전제하였거나 사회관념에 비추어 통상적인 사용에 적합한 성상을 갖춘 물건을 인도하여야 한다. ② 매도인이 제1항의 의무를 이행하였는지는 인도한 때를 기준으로 한다.	제570조(하자 없는 물건의 인도) 매도인은 매수인에게 종류, 수량, 품질 등에 관하여 합의된 성상(性狀)을 갖춘 매매 목적물을 인도하여야 한다. 그 성상이 합의되지 아니한 경우에는 계약의 전제가 되는 사용에 적합한 성상을 갖추어야 하며, 그러한 전제가 없는 경우에는 통상적인 사용에 적합한 성상을 갖추어야 한다.
第571條(同前-善意의賣渡人의擔保責任) ①賣渡人이契約當時에賣買의目的이된權利가自己에게屬하지아니함을알지못한境遇에그權利를取得하여買受人에게移轉할수없는때에는賣渡人은損害를賠償하고契約을解除할수있다. ②前項의境遇에買受人이契約當時그權利가賣渡人에게屬하지아니함을안때	제571조(추완이행) ① 제569조, 제570조에 반하여 매매 목적물에 하자가 있는 경우(이 법에서 전자를 '권리의 하자', 후자를 '물건의 하자'라고 한다), 매수인은 하자의 제거 또는 하자 없는 물건의 인도를 청구할 수 있다.	제571조(추완이행) ① 매매의 목적인 권리 또는 물건에 하자가 있는 경우 매수인은 하자의 제거, 하자 없는 권리의 이전이나 물건의 인도, 그 밖에 추완이행을 청구할 수 있다.	제571조(추완이행) ① 매매의 목적인 권리 또는 물건에 하자가 있는 경우에 매수인은 매도인에 대하여 하자의 제거 또는 하자 없는 권리의 이전이나 물건의 인도를 청구할 수 있다.
	② 매수인이 선택한 추완이행이 목적물의 가치, 하자의 정도, 다른 구제수단 등을 고려하여 매도인에게	② 매수인이 선택한 추완이행이 목적물의 가치, 하자의 정도, 다른 구제수단 등을 고려하여 매도인에게 과도한 부담	② 매수인이 청구하는 추완이행의 방법이 목적물의 가치, 하자의 정도 등을 고려하여 매도인에게

에는賣渡人은買受人에對하여그權利를移轉할수없음을通知하고契約을解除할수있다.	과도한 불이익을 야기하는 때에는 매수인은 이를 청구할 수 없다. 이 경우 매도인은 매수인이 선택하지 아니한 추완이행을 하여야 한다.	이 되는 때에는 매수인은 해당 추완이행의 방법을 선택할 수 없다.	과도한 불이익을 야기하는 때에는 매도인은 이를 거절할 수 있다.
	③ 매도인이 하자 없는 물건을 인도하는 경우, 매수인은 하자 있는 물건을 반환하여야 한다. 이 경우 제548조, 제549조의 규정을 준용한다.	전부 또는 제2문 삭제 제안	③ (삭제) ※ 신설하지 않음
第572條(權利의一部가他人에게屬한境遇와賣渡人의擔保責任) ①賣買의目的이된權利의一部가他人에게屬함으로因하여賣渡人이그權利를取得하여買受人에게移轉할수없는때에는買受人은그部分의比率로代金의減額을請求할수있다. ②前項의境遇에殘存한部分만이면買受人이이를買受하지아니하였을때에는善意의買受人은契約全部를解除할수있다. ③善意의買受人은減額請求또는契約解除外에損害賠償을請求할수있다.	제572조(해제) ① 매매 목적물에 권리 또는 물건의 하자가 있는 경우, 매수인은 제543조, 제544조에 의하여 계약을 해제할 수 있다. 이 경우 매도인의 추완이행이 적절히 행하여지지 아니한 때에도 제544조 제1항에 의한 최고를 요하지 아니한다.	제572조(해제) ① 매매의 목적인 권리 또는 물건에 하자가 있는 경우, 매수인은 제543조, 제544조에 의하여 계약을 해제할 수 있다. 이 경우 매도인의 추완이행이 적절히 행하여지지 아니한 때에는 제544조 제1항 본문에 의한 최고를 요하지 아니한다.	제572조(해제) ① 매매의 목적인 권리 또는 물건에 하자가 있는 경우에 매수인은 제543조, 제544조 및 제547조에 의하여 계약을 해제할 수 있다. 이 경우 매도인의 추완이행이 부적절하게 행하여진 때에는 매수인은 제544조 제1항 본문의 최고 없이 계약을 해제할 수 있다.
	② 매매 당시 매매의 목적이 된 권리의 일부가 타인에게 속한다는 사정을 알고 있었던 매수인은 제572조에 따른 해제를 할 수 없다. 매매의 목적물이 지상권, 지역권, 전세권, 질권, 유치권, 대항력 있는 임차권	② 매수인이 매매 당시 매매의 목적이 된 권리의 일부가 타인에게 속한다는 사정을 알고 있었던 때에는 계약을 해제할 수 없다. 매매의 목적물이 지상권, 지역권, 전세권, 질권, 유치권, 대항력 있는 임차권의 목적이 된 사정을 알	② 매수인이 매매 당시 그 목적인 권리의 일부가 타인에게 속한다는 사정을 알고 있었던 때에는 계약을 해제할 수 없다. 매매의 목적인 권리 또는 물건에 지상권, 지역권, 전세권, 질권, 유치권 또는 대

	의 목적이 된 사정을 알고 있었던 매수인도 같다.	고 있었던 때에도 같다.	항력 있는 임차권이 존재한다는 사정을 알고 있었던 때에도 같다.
第573條(前條의權利行使의期間) 前條의權利는買受人이善意인境遇에는事實을안날로부터,惡意인境遇에는契約한날로부터1年内에行使하여야한다.	제573조(대금감액) ① 매매 목적물에 권리 또는 물건의 하자가 있는 경우, 매수인은 대금의 감액을 청구할 수 있다. 이 경우 제543조, 제547조를 준용한다.	제573조(대금감액) ① 매매의 목적인 권리 또는 물건에 하자가 있는 경우, 매수인은 대금의 감액을 청구할 수 있다. 이 경우 제543조, 제547조를 준용한다.	제573조(대금감액) ① 매매의 목적인 권리 또는 물건에 하자가 있는 경우에 매수인은 대금의 감액을 청구할 수 있다. 이 경우 제543조, 제547조를 준용한다.
	② 대금의 감액을 청구한 매수인은 이후 추완이행을 청구할 수 없다.	② 제1항에 따라 대금이 감액된 경우에는 매수인은 추완이행을 청구할 수 없다.	② 제1항의 경우에 대금은 하자로 인하여 매매 당시 목적물의 가치가 감소되는 비율에 따라 감액된다.
	③ 제1항의 경우 대금은 매매 당시 하자가 그 목적물의 가치를 감소시키는 비율에 따라 감액되어야 한다.	③ 제1항의 경우 대금은 하자로 말미암아 매매 당시 목적물의 가치가 감소되는 비율에 따라 감액되어야 한다.	③ 상당하게 산정된 하자 제거 비용의 액은 제2항에 따라 감액되는 금액으로 추정한다.
	④ 상당하게 산정된 하자 제거 비용의 액수는 제3항에 따라 감액되어야 할 금액으로 추정한다.	(내용적 찬성 + 무과실의 배상 규정 도입시 필요성 검토)	④ 제1항에 따라 대금이 감액된 경우에는 매수인은 추완이행을 청구할 수 없다.
第574條(數量不足, 一部滅失의境遇와賣渡人의擔保責任) 前2條의規定은數量을指定한賣買의目的物이不足되는境遇와賣買目的物의一部가契約當時에이미滅失된境遇에買受人이그不足또는滅	제574조(손해배상) 매매 목적물에 권리 또는 물건의 하자가 있는 경우, 매수인은 제390조에 의하여 손해배상을 청구할 수 있다. 이 경우 매도인의 추완이행이 적절히 행하여지지 아니한 때에도 제395조	제574조(손해배상) ① 매매의 목적인 권리 또는 물건에 하자가 있는 때에는 매수인은 하자가 없다고 믿고 지출한 비용, 하자를 제거하는 데 필요한 비용, 또는 하자로 인해 매매의 목적인 권리나 물건을 상실한 경우 그 시가 상당	제574조(손해배상) 매매의 목적인 권리 또는 물건에 하자가 있는 경우에 매수인은 제390조에 의하여 손해배상을 청구할 수 있다. 이 경우 매도인의 추완이행이 부적절하게 행하여진 때에는 매수인

失을알지못한때에準用한다.	제1항에 따른 최고를 요하지 아니한다.	액을 청구할 수 있다. ② 제1항에 따른 청구는 제390조 및 제395조의2에 따른 권리의 행사에 영향을 미치지 아니한다.	은 제395조 제1항의 최고 없이 이행에 갈음하는 손해배상을 청구할 수 있다.
第575條(制限物權있는境遇와賣渡人의擔保責任) ①賣買의目的物이地上權,地役權,傳貰權,質權또는留置權의目的이된境遇에買受人이이를알지못한때에는이로因하여契約의目的을達成할수없는境遇에限하여買受人은契約을解除할수있다. 其他의境遇에는損害賠償만을請求할수있다. ②前項의規定은賣買의目的이된不動産을爲하여存在할地役權이없거나그不動産에登記된賃貸借契約이있는境遇에準用한다. ③前2項의權利는買受人이그事實을안날로부터1年內에行使하여야한다.	제575조(매수인의 악의) 매매 당시 그 목적물에 물건의 하자가 있다는 사정을 알았던 매수인은 제571조 내지 제574조에 따른 권리를 행사할 수 없다.	제575조(매수인의 악의 등) 매매 당시 그 목적물에 물건의 하자가 있다는 사정을 알았거나 알지 못한 데 중대한 과실이 있는 경우 매수인은 제571조부터 제573조까지 및 제574조 제1항에 따른 권리를 행사할 수 없다.	제575조(매수인의 악의) 매매 당시 그 목적물에 물건의 하자가 있다는 사정을 알았던 매수인은 제571조부터 제574조까지의 규정에 따른 권리를 행사할 수 없다.
第576條(抵當權,傳貰權의行使와賣渡人의擔保責任) ①賣買의目的이된不動産에設定된抵當權또는傳貰權의行使로因하여買受人이그所	제576조(권리행사기간) 매매 목적물에 물건의 하자가 있는 경우, 매수인이 그 사실을 안 날로부터 1년 내에 매도인에게 그 통지를 발송하지 아	제576조(하자통지의무) 매매 목적물에 물건의 하자가 있는 경우, 매수인이 그 사실을 안 날로부터 1년 내에 매도인에게 그 통지를 발송하지 아니하면 제571조부터	제576조(권리행사기간) 매매의 목적인 물건에 하자가 있는 경우에 매수인이 그 사실을 안 날부터 1년 내에 매도인에게 그 통지를 발송하지

有權을取得할수없거나取得한所有權을잃은때에는買受人은契約을解除할수있다. ②前項의境遇에買受人의出財로그所有權을保存한때에는賣渡人에對하여그償還을請求할수있다. ③前2項의境遇에買受人이損害를받은때에는그賠償을請求할수있다.	니하면 제571조 내지 제574조에 따른 권리를 행사할 수 없다. 다만 매도인이 하자를 알면서 고지하지 아니하였거나 중대한 과실로 알지 못한 때에는 그러하지 아니하다.	제573조까지 및 제574조 제1항에 따른 권리를 행사할 수 없다. 다만 매도인이 하자를 알면서 고지하지 아니하였거나 알지 못한 데 중대한 과실이 있는 때에는 그러하지 아니하다.	아니하면 제571조부터 제574조까지의 규정에 따른 권리를 행사할 수 없다. 그러나 매도인이 하자를 알면서 고지하지 아니하였거나 중대한 과실로 알지 못한 때에는 그러하지 아니하다.
第577條(抵當權의目的이된地上權,傳貰權의賣買와賣渡人의擔保責任) 前條의規定은抵當權의目的이된地上權또는傳貰權이賣買의目的이된境遇에準用한다.	제577조 (삭제)	예비초안 찬성	제577조 (삭제)
第580條(賣渡人의瑕疵擔保責任) ①賣買의目的物에瑕疵가있는때에는第575條第1項의規定을準用한다.그러나買受人이瑕疵있는것을알았거나過失로因하여이를알지못한때에는그러하지아니하다. ②前項의規定은競賣의境遇에適用하지아니한다.	제580조 (삭제)	예비초안 찬성	제580조 (삭제)
第581條(種類賣買와賣渡人의擔保責任) ①賣買의目的物을種類로指定한境遇	제581조 (삭제)	예비초안 찬성	제581조 (삭제)

에도그後特定된目的物에瑕疵가있는때에는前條의規定을準用한다. ②前項의境遇에買受人은契約의解除또는損害賠償의請求를하지아니하고瑕疵없는物件을請求할수있다.			
第582條(前2條의權利行使期間) 前2條에依한權利는買受人이그事實을안날로부터6月內에行使하여야한다.	제582조 (삭제)	예비초안 찬성	제582조 (삭제)

[수급인의 하자책임에 관한 개정안 비교표]

현행 민법	예비초안	검토위원회안	최종 개정안
第667條(受給人의擔保責任) ①完成된目的物또는完成前의成就된部分에瑕疵가있는때에는都給人은受給人에對하여相當한期間을定하여그瑕疵의補修를請求할수있다. 그러나瑕疵가重要하지아니한境遇에그補修에過多한費用을要할때에는그러하지아니하다. ②都給人은瑕疵의補修에갈음하여또는補修와함께損害賠	제667조 (삭제)	제667조(수급인의 담보책임) 완성된 목적물 또는 완성 전의 성취된 부분에 하자가 있는 때에는 도급인은 수급인에 대하여 제571조부터 제573조까지 및 제574조 제1항의 규정에 따른 권리를 행사할 수 있다.	제667조(완성 전의 하자로 인한 수급인의 책임) 수급인은 완성 전 성취된 부분에 하자가 있는 때에도 도급인에 대하여 그 하자로 인한 책임을 진다.

償을請求할수있다. ③前項의境遇에는第536條의規定을準用한다.			
第668條(同前-都給人의解除權) 都給人이完成된目的物의瑕疵로因하여契約의目的을達成할수없는때에는契約을解除할수있다.그러나建物其他土地의工作物에對하여는그러하지아니하다.	제668조 (삭제)	제668조(일부 해제) 하자를 이유로 계약을 해제할 수 있는 경우라도 완성된 부분이 도급인에게 이익이 되고 그 원상회복이 중대한 손실을 초래하는 때에는 도급인은 나머지 부분에 대해서만 계약을 해제할 수 있다.	제668조 (삭제)
第669條(同前-瑕疵가都給人의提供한材料또는指示에基因한境遇의免責) 前2條의規定은目的物의瑕疵가都給人이提供한材料의性質또는都給人의指示에基因한때에는適用하지아니한다.그러나受給人이그材料또는指示의不適當함을알고都給人에게告知하지아니한때에는그러하지아니하다.	제669조(하자가 도급인이 제공한 재료 또는 지시에 기인한 경우의 면책) 완성된 목적물이 인도될 때 또는 목적물의 인도를 요하지 아니하는 일은 그것이 완성될 때 그 목적물 또는 일에 있는 하자가 도급인이 제공한 재료의 성질 또는 도급인의 지시에 기인한 경우 도급인은 하자를 이유로 하는 권리를 행사할 수 없다. 그러나 수급인이 그 재료 또는 지시의 부적당함을 알고 도급인에게 고지하지 아니한 때에는 그러하지 아니하다.	제669조 (하자가 도급인이 제공한 재료 또는 지시에 기인한 경우의 면책) 완성된 목적물이 인도될 때 또는 목적물의 인도를 요하지 아니하는 일은 그것이 완성될 때 그 목적물 또는 일에 있는 목적물이나 일에 하자가 있는 경우 그 하자가 도급인이 제공한 재료의 성질 또는 도급인의 지시에 기인한 때에는 도급인은 하자를 이유로 하는 권리를 행사할 수 없다. 그러나 수급인이 그 재료 또는 지시의 부적당함을 알고 도급인에게 고지하지 아니한 때에는 그러하지 아니하다.	제669조(도급인이 제공한 재료 또는 지시로 인한 하자) 하자가 도급인이 제공한 재료 또는 도급인의 지시로 인한 경우에는 도급인은 하자를 이유로 하는 권리를 행사할 수 없다. 그러나 수급인이 그 재료 또는 지시의 부적당함을 알면서 도급인에게 고지하지 아니한 때에는 그러하지 아니하다.
第670條(擔保責任의存續期間) ①前3	제670조(권리행사기간) 완성된 목적물이	제670조(하자통지의무) 완성된 목적물이 인도	제670조(권리행사기간) ① 완성된 목적

條의規定에依한瑕疵의補修,損害賠償의請求및契約의解除는目的物의引渡를받은날로부터1年內에하여야한다. ②目的物의引渡를要하지아니하는境遇에는前項의期間은일의終了한날로부터起算한다.	인도될 때 또는 목적물의 인도를 요하지 아니하는 일은 그것이 완성될 때 그 목적물 또는 일에 하자가 있는 경우, 도급인이 그 사실을 안 날로부터 1년 내에 수급인에게 그 통지를 발송하지 아니하면 하자를 이유로 하는 권리를 행사할 수 없다. 다만 수급인이 하자를 알면서 고지하지 아니하였거나 중대한 과실로 알지 못한 때에는 그러하지 아니하다.	될 때 또는 목적물의 인도를 요하지 아니하는 일은 그것이 완성될 때 그 목적물 또는 일에 하자가 있는 경우, 도급인이 하자가 있다는 사실을 안 날로부터 1년 내에 수급인에게 그 통지를 발송하지 아니 한 경우 도급인은 제667조, 제571조부터 제573조까지 및 제574조 제1항에 따른 권리를 행사할 수 없다. 다만 수급인이 하자를 알면서 고지하지 아니하였거나 중대한 과실로 알지 못한 때에는 그러하지 아니하다.	물이 인도되는 때에 그 목적물에 하자가 있는 경우에는 도급인이 그 사실을 안 날로부터 1년 내에 수급인에게 그 통지를 발송하지 아니하면 하자를 이유로 하는 권리를 행사할 수 없다. 다만 수급인이 하자를 알면서 고지하지 아니하였거나 중대한 과실로 알지 못한 때에는 그러하지 아니하다. ② 목적물의 인도를 요하지 아니하는 일이 완성된 때에 그 일에 하자가 있는 경우에도 제1항과 같다.
第671條(受給人의擔保責任-土地,建物等에對한特則) ①土地,建物其他工作物의受給人은目的物또는地盤工事의瑕疵에對하여引渡後5年間擔保의責任이있다.그러나目的物이石造,石灰造,煉瓦造,金屬其他이와類似한材料로造成된것인때에는그期間을10年으로한다. ②前項의瑕疵로因하여目的物이滅失또는毁損된때에는都給人은그滅失또는毁損된날로부터1年內에第	제671조 (삭제)	예비초안 찬성	제671조 (삭제)

667條의權利를行使하여야한다.			
第672條(擔保責任免除의特約) 受給人은第667條,第668條의擔保責任이없음을約定한境遇에도알고告知하지아니한事實에對하여는그責任을免하지못한다.	**제672조(책임면제의 특약)** 수급인은 하자를 이유로 하는 책임이 없음을 약정한 경우에도 알고 고지하지 아니한 사실에 대하여는 그 책임을 면하지 못한다.	**제672조(책임감면의 특약)** 수급인은 하자로 인한 책임의 감면을 약정한 경우에도 알고 고지하지 아니한 사실에 대하여는 그 책임을 감면받지 못한다.	**제672조(책임 감면의 특약)** 수급인은 하자로 인한 책임을 감면하는 특약을 한 경우에도 자신이 알고 고지하지 아니한 사실에 대하여는 그 책임의 감면을 주장하지 못한다.

원시적 불능과 민법 제535조의 개정*

이계정**

국문초록

본 글에서는 원시적 불능에 관한 민법 제535조 개정 문제를 논하기 위하여 각국의 입법례, 국제모델법을 살펴봄으로써 원시적 불능의 법적 취급에 관한 국제적 흐름을 검토하고, 민법 제535조에 관한 2013년 개정안, 2024년 개정안을 설명하고 원시적 불능의 법적 취급과 관련된 쟁점을 논하였다. 본 글의 내용을 요약하면 다음과 같다.

첫째, 2024년 개정안은 2013년 개정안과 마찬가지로 원시적 불능 도그마를 폐기하였는바, 계약체결 전에 목적물이 멸실된 경우와 계약체결 후에 목적물이 멸실된 경우를 다르게 취급할 이유가 없고, 급부가 원시적으로 불능인지 여부는 계약의 유무효와 관련이 없다는 점에서 개정안의 입장은 타당하다.

둘째, 2024년 개정안은 2013년 개정안과 달리 원시적 불능에 관한 독자적인 손해배상 근거 규정을 두지 않았는바, 원시적 불능에서의 채무자의 정보의무 위반은 민법 제390조의 과실에 포섭될 수 있고, 원시적 불능으로 인한 이행불능도 민법 제390조의 「채무불이행」의 유형에 해당되므로 별도의 손해배상 근거 규정은 불필요하다는 점에서 2024년 개정안의 입장이 타당하다.

---

* 이 논문은 민사법학 제109호에 게재된 것을 수록하였다.
이 논문은 서울대학교 아시아태평양법연구소의 2024학년도 학술연구비 지원을 받았다(재단법인 서울대학교 발전기금 출연). 논문 발표 당시 소중한 토론을 하여 주신 이충훈 교수님(인천대), 논문 발전에 유익한 의견을 주신 정의진 교수님(이화여대), 최예영 변호사님, 박수지 재판연구원님, 그리고 귀중한 심사의견을 주신 익명의 심사위원님들께 깊은 감사의 말씀을 전한다. 이 논문에는 한국형사·법무정책연구원이 발주한 「글로벌스탠더드에 맞는 민법 개정방안 연구(I) – 계약법의 현대화」 연구용역 결과물이 반영되어 있음을 밝혀둔다. 연구용역을 세밀하게 기획한 김태훈 부연구위원님(한국형사·법무정책연구원)께도 감사의 뜻을 전하고 싶다.

** 서울대학교 법학전문대학원 교수, 민법학 박사.

셋째, 2024년 개정안은 2013년 개정안과는 달리 원시적 불능의 경우에 채권자가 이행이익을 구할 수 있음을 명확히 하고 있는바, 원시적 불능인 계약을 유효하다고 보는 이상 원시적 불능인 계약에서도 채권자의 채무 이행에 대한 기대는 정당하므로 채권자의 이행이익은 민법 제393조의 손해로서 포섭될 수 있다.

넷째, 2013년 개정안은 채권자가 원시적 불능이라는 점을 안 경우에 채무자는 면책되는 것으로 규정하고 있으나 2024년 개정안은 면책규정을 두지 않고 있는바, 채권자가 원시적 불능이라는 점을 알았다면 채권자는 원시적 불능으로 인한 위험을 감수하겠다는 의사가 있었다고 보아야 하고, 이러한 채권자에 대하여 채무자가 이행불가능하다는 점을 알리지 않았다고 하더라도 채무자에게 과실이 있다고 보기 어려우므로 2013년 개정안과 같이 면책규정을 두는 것이 타당하다.

Ⅰ. 서론

가. 민법 제535조는 목적이 불능인 계약을 체결한 경우에 채무자는 상대방에게 그 계약의 유효를 믿었음으로 인하여 받은 손해를 배상하여야 한다고 규정하고 있다. 여기서 「목적불능」은 계약성립시를 기준으로 계약 당사자는 물론 일반인에게도 계약의 실현이 불가능한 「원시적·객관적 불능」을 의미한다.[1] 원시적 불능인 계약을 체결한 경우에 명시적으로 무효라고 선언하고 있지는 않지만, 학설과 판례는 일치하여 원시적 불능인 계약은 무효라고 보고 있다.[2] 계약이 무효이므로 상대방에 대하여 계약이 유효하게 성립되었음을 전제로 이행이익의 배상을 구할 수는 없고, 신뢰이익의 배상을 구할 수 있을 뿐이며 이행이익의 한도 내에서 그 배상을 구할 수 있다.[3]

---

1) 양창수·김재형, 민법 Ⅰ(계약법), 2024, 63면. 본 논문에서 「원시적 불능」은 「원시적 ·객관적 불능」을 의미한다.

2) 편집대표 김용덕, 주석민법, 채권각칙 (1), 제5판, 2021, 111면(김미경 집필부분)(이하 편집대표 김용덕, 주석민법을 '주석민법'으로 약칭한다) 등; 대법원 2011. 7. 28. 선고 2010다1203, 1210 판결.

3) 개념상 신뢰이익의 손해는 크게 두 가지로 나누어 볼 수 있다. 하나는 무효인 계약을 유효하다고 믿음으로써 발생한 손해를 의미한다. 다른 하나는 계약이 이행되리라고 믿고 비용을 지출함으로써 발생한 손해로 신뢰의 대상이 계약의 유효성이 아니라 급부의 이행가능성이다. 민법 제535조의 손해는 전자에 해당하며, 이행이익 대신 구하는 신뢰이익은 후자에 해당한다(김동훈, "원시적 불능에 관한 민법 개정시안에 대한 고찰", 「법조」, 통권 제695호, 2014, 23-24면). 본 논문에서 「신뢰이익」이라는 표현은 전자의 의미로 사용하였음을 밝혀둔다. 민법 제535조의 신뢰이익의 손해에는 계약체결 비용, 제3자로부터 유리한 계약체결을 제안받고도 이미 체결한 계약을 준수하기

민법 제535조의 「계약체결상의 과실」이라는 표제에서 알 수 있듯이 위 조문은 독일의 계약체결상의 과실이론에 의하여 영향을 받아 입법이 되었다.[4] 의용민법에도 없었고 민법초안에도 없었으나 당시 학계의 의견을 반영하여 신설되었다. 당시 학계에서 "이 계약체결상의 과실에 관하여는, 일찍이 예에링이 제창하였으며, 그 후의 학자들의 찬동을 얻게 된 것이다. ... 계약의 내용의 전부가 불능한 경우에는 그것을 목적으로 하는 채무는 성립할 수 없으며 그 계약은 무효가 되지 않을 수 없다. ... 근자의 학설은, 거래에 있어서의 신의성실의 원칙을 이유로 하여, 계약체결상의 과실이 있는 자에게 손해배상의무를 부담시키는 데 거의 일치하고 있다."라는 의견서를 제출하면서 민법 제535조의 신설을 제안하였고,[5] 이러한 제안이 국회에서 그대로 받아들여진 것이다.[6] 구 독일민법 제306조, 제307조는 불능인 급부를 목적으로 하는 계약은 무효이고, 계약 당사자가 급부의 불능을 알았거나 알 수 있었을 경우에는 급부불능에 관하여 선의·무과실인 상대방에 대하여 신뢰이익을 배상할 책임이 있다고 규정하고 있었는데, 이러한 구 독일민법을 직접적으로 계수하였다고 평가할 수 있다.

나. 독일의 법학자 예링(Rudolf von Jhering)의 유명한 논문[7]에서 비롯된 계약체결상의 과실이론은 계약이 유효하게 성립되지 않은 경우에도 과실있는 당사자는 그 손해배상책임을 부담해야 한다는 것인바, 1900년부터 시행된 독일민법전에 그 이론이 폭넓게 반영되었다.[8] 2002년 개정 독일민법도 채권관계가 계약교섭 개시, 계약체결을 위한 접촉 등을 통해 성립한다고 규정함으로써 계약체결상의 과실이론을 수용하고 있다(독일민법 제311조 제2항). 우리나라의 경우 독일의 계약

위하여 이를 거절함으로써 발생한 손해 등이 이에 해당된다(양창수·김재형(주 1), 65면).

4) 입법과정에 대하여는 양창수, 민법전 제정자료 집성 – 총칙·물권·채권, 2023, 784– 786면; 김성수, "계약체결상의 과실책임", 「민사법학」, 제71호, 2015, 155–156면.

5) 민사법연구회 편, 민법안의견서, 일조각(1957), 161–162면(현승종 집필부분).

6) 법제사법위원장대리 장경근은 1957. 11. 27. 제3대 제48차 국회 본회의 민법안 제2독회에서 다음과 같이 민법 제535조를 설명하였다. "이것도 초안에 없는 조문인데 소위 독일의 유명한 학자 「예–링」이 말한 「쿨파 인 콘트라헨도」 계약의 체결에 있어서의 과실이 있는 때에 그 책임규정을 한 것입니다. 이것은 「예–링」이 제창한 이후에 학설상으로서도 그러한 해석이 나옵니다. 이것을 명문으로 하자는 것입니다." (https://likms.assembly.go.kr/record/mhs–60–010.do#none)

7) Rudolf von Jhering, *Culpa in contrahendo: oder Schadensersatz bei nichtigen oder nicht zur Perfection gelangten Verträgen*, Jherings Jahrbücher, Bd. 4. 1861.

8) 대표적으로 착오를 이유로 계약이 취소된 경우(제122조), 원시적 불능을 목적으로 계약이 무효인 경우(제306조, 제307조), 강행법규 위반으로 계약이 무효인 경우(제309조)에 신뢰이익 배상을 규정하고 있다. 세부적인 내용에 대하여는 편집대표 곽윤직, 민법주해(12), 채권(5), 1999, 244면(최흥섭 집필부분)(이하 편집대표 곽윤직, 민법주해를 '민법주해'로 약칭한다); 양창수, "원시적 불능론", 민법연구 제3권, 1995, 258면 이하.

체결상의 과실이론의 영향을 강하게 받아 원시적 불능의 경우 이외에 ① 계약 교섭단계에서 생명·신체·재산 등 계약외적 법익이 침해된 경우, ② 계약 교섭이 부당하게 파기된 경우와 같이 계약이 불성립한 경우, ③ 의사무능력, 제한능력, 착오 등의 이유로 계약이 무효 또는 취소된 경우, ④ 계약이 유효하게 성립하였지만 정확한 설명을 하지 않거나 정보를 제공하지 않은 경우에 대해서도 계약체결상의 과실을 인정해야 하는지 격렬한 학설 대립이 있었다.[9]

그러나 현재는 계약체결상의 과실이론 무용론이 점차 우세해지고 있다. 즉, 우리 민법은 독일과 달리 불법행위 규정이 포괄적이므로 ①, ② 경우는 불법행위로 규율하면 족하고, ③ 경우는 의사무능력자, 제한능력자 보호의 취지, 착오 취소를 인정하는 취지에 비추어 손해배상의무를 인정할 수 없으며, ④의 경우는 우리 민법의 포괄적인 채무불이행 규정의 해석론에 따라 해결하면 된다는 것이다.[10] 독일은 불법행위에 관한 일반조항을 두고 있지 않아 계약체결이나 교섭 단계에서 발생하는 손해에 대하여 피해자를 적절하게 구제하기 어려운바, 이를 극복하기 위하여 고안된 것이 계약체결상의 과실이론이다. 우리는 프랑스법을 계수하여 불법행위에 관하여 포괄적인 규정을 두고 있어서 위와 같은 피해자를 구제하는 것이 가능한바, 독일민법의 특수성에서 비롯된 계약체결상의 과실이론을 굳이 인정할 필요가 없다. 따라서 계약체결상의 과실이론 무용론이 타당하다고 할 것이다.

이에 따르면 우리 민법상 계약체결상의 과실이론의 흔적은 민법 제535조만 남게 된다. 뒤에서 보는 바와 같이 민법 제535조의 모델이 된 구 독일민법 제306조, 제307조는 2002년 「채권법의 현대화에 관한 법률(Gesetz zur Modernisierung des Schuldrechts)」에 따라 채권법이 대폭 개정되면서 삭제되었다. 원시적 불능인 계약은 무효라는 도그마가 정식으로 폐기된 것이다. 이런 상황에서 우리 민법 제535조를 개정해야 한다는 그동안의 학계의 주장은 강한 설득력을 얻게 되었다.

이에 본 논문은 민법 제535조 개정의 문제를 논하기 위하여 (1) 원시적 불능에 관한 각국의 입법례와 국제모델법을 살펴보고, (2) 민법 제535조에 관한 2013년 민법 개정안과 2024년 민법 개정안을 검토하고, (3) 2024년 민법 개정안을 중심으로 원시적 불능의 법적 취급과 관련된 쟁점을 세부적으로 논하고자 한다.

---

9) 그 학설 대립에 대하여는 이은영, "원시적 불능과 계약체결상 과실책임", 「외법논집」, 제7집, 1999, 21－27면; 김성수(주 4), 161－196면.

10) 양창수·김재형(주 1), 68－70면; 강봉석, "계약체결상의 과실", 「홍익법학」, 제10권 제1호, 2009, 63－ 64면; 김성수(주 4), 177면. 이에 반대하는 견해로는 이은영, 채권각론, 제5판, 2007, 125면 이하; 송덕수, 채권법각론, 제4판, 2019, 62－63면; 김상용, "계약체결상의 과실책임에 관한 비교고찰", 「법조」, 통권 제559호, 2003, 27면 이하.

Ⅱ. 비교법적 검토

1. 독일

앞서 본 바와 같이 구 독일민법 제306조, 제307조는 원시적 불능인 급부를 목적으로 하는 계약은 무효라는 「원시적 불능 도그마」를 명확히 하였고,[11] 원시적 불능임을 알았거나 알 수 있었던 계약 당사자는 선의·무과실인 상대방에 대하여 신뢰이익을 배상할 책임이 있다고 규정하고 있었다. 이에 대하여 원시적 불능과 후발적 불능을 달리 취급하는 것은 법정책적으로 잘못된 것이며, 급부가 원시적 불능에 해당하건 후발적 불능에 해당하건 간에 모두 계약을 유효하게 취급해야 한다는 주장이 유력하게 제기되었다.[12]

독일은 이러한 유력한 주장과 원시적 불능인 계약을 유효하게 보는 국제모델법의 태도를 고려하여 2002년 원시적 불능 도그마를 폐기하였는바, 현재의 독일민법 제311조의a는 다음과 같이 규정하고 있다.[13]

제311조의a [계약체결시의 급부장애]

① 채무자가 제275조 제1항 내지 제3항에 따라 급부할 필요가 없고 또 그 급부장애가 계약체결시 이미 존재하고 있었다는 사정은 계약의 유효에 영향을 미치지 아니한다.

② 채권자는 그의 선택에 좇아 급부에 갈음하는 손해배상 또는 제284조에서 정하여진 범위에서 그가 지출한 비용의 상환을 청구할 수 있다. 이는 채무자가 계약체결시에 급부장애를 알지 못하였고 또 그 부지에 대하여 책임 없는 경우에는 적용되지 아니한다. 제281조 제1항 제2문, 제3문 및 동조 제5항은 이에 준용된다.

독일민법 제311조의a의 내용에 관하여 구체적으로 설명하면 다음과 같다.

첫째, 원시적 불능을 급부로 하는 계약은 더는 무효가 아니다(독일민법 제311조의a 제1항 참조).[14] 따라서 특별한 사정이 없는 한 원시적 불능으로 인정되어도 후발적 불능과

---

11) 구 독일민법은 원시적·주관적 불능이 발생한 경우에 계약의 유효성을 인정하고 채무자는 이행이익에 관한 무과실의 보증책임을 지는 것으로 보았는바(구 독일민법 제440조 참조), 구 독일 민법 제306조의 불능은 「원시적·주관적 불능」이 아닌 「원시적·객관적 불능」으로 이해되었다.

12) Ulrich Huber, “Leistungsstörungen”, in: Bundesminister der Justiz (Hrsg.), *Gutachten und Vorschläge zur Überarbeitung des Schuldrechts,* Bd. I, 1981, S. 813 ff. ; Dieter Medicus, “Verschulden bei Vertragsverhandlungen”, in: Bundesminister der Justiz (Hrsg.), *Gutachten und Vorschläge zur Überarbeitung des Schuldrechts,* Bd. I, 1981, S. 510 f.; Barbara Grunewald, “Vorschläge für eine Neuregelung der anfänglichen Unmöglichkeit und des anfänglichen Unvermögens”, JZ 2001, S. 434. 이러한 주장을 소개한 우리나라 문헌으로는 최흥섭, “독일 채무불이행법의 개정과 원시적 불능”, 「저스티스」, 통권 제78호, 2004, 45면; 박영복, 현대계약법의 과제, 2009, 267면 이하.

13) 번역은 양창수 역, 2024년판 독일민법전, 2024, 189면을 따랐다.

14) 참고로 독일 민법 제311조의a는 주관적 불능의 경우에도 적용된다(Stürner in Prütting/Wegen/Weinreich (Hrsg.), *Kommentar zum BGB,* 16. Auflage, 2022, § 311a Rn. 1). 따라서 매도인은 목

같이 급부장애의 한 유형에 해당한다.

둘째, 원시적 불능을 급부로 하는 계약은 원칙적으로 유효하므로 채권자는 자신의 선택에 좇아 이행이익을 구하거나 자신이 지출한 비용의 배상을 구할 수 있다(독일민법 제311조의a 제2항 제1문 참조). 종전에는 원시적 불능인 계약을 무효로 보았으므로 채권자는 신뢰이익의 손해만을 구할 수 있었으나 이제는 후발적 불능과 마찬가지로 이행이익 또는 지출한 비용의 배상을 구할 수 있게 된 것이다. 다만, 원시적 불능에 해당하므로 채권자는 이행청구를 할 수 없고 채무자는 급부의무를 면한다(독일민법 제311조의a 제1항 참조).

셋째, 원시적 불능인 계약에 대해서 채무자는 무조건 손해배상책임을 지는 것이 아니며 채무자가 계약체결시에 원시적 불능을 안 경우 또는 알지 못하였으나 그 부지에 책임이 있는 경우에만 책임을 진다(독일민법 제311조의a 제2항 제2문 참조). 이에 대하여 연방정부초안(Regierungsentwurf)은, 보증책임원칙[15]은 공평의 관점에 비추어 납득할 수 없는 결과에 이르는 반면 과실책임원칙은 보증책임원칙에 비해 법적으로 윤리적으로 설득력이 높고 더 유연하므로 과실책임원칙에 따라 위와 같이 규정하였다고 설명하고 있다.[16] 나아가 위 연방정부초안은 예술작품이 계약체결 이전에 멸실된 경우에 예술작품의 매도인이 그 사실을 전혀 알 수 없었던 경우에 매수인에게 이행이익을 부담해야 할 이유가 불명확하다는 점을 부언하고 있다.[17] 한편, 원시적 불능인 계약에 대하여 채무자가 손해배상책임을 져야 하는 이유에 대해서는 채무자는 급부불능을 야기하였기 때문에 책임을 지는 것이 아니고 이행이 불가능하였음에도 계약체결시에 이를 제대로 알아보지 않은 정보의무 위반 때문에 책임을 지는 것이라고 설명된다.[18]

독일 개정민법의 가장 큰 특징은 급부장애 유형을 포괄하기 위한 개념으로 「의무위반(Pflichtverletzung)」이라는 용어를 사용하였다는 점에 있다. PICC(UNIDROIT Principles of International Commercial Contracts, 국제상사계약원칙), PECL(Principles of European Contract Law, 유럽계약법원칙), DCFR(Draft Common Frame of Reference, 유럽민사법 공통참조기준안) 등의 국제모델법은 채무불이행 유형을 포괄하기 위하여 「불이행(non- performance)」이라는 용어를 사용하는 것과 구별된다. 국제모델법의 「불이행(non- performance)」은 급부

적물이 제3자의 소유라는 것을 알았거나 알 수 있었던 경우에도 급부에 갈음하는 손해배상을 해야 할 의무가 있다.

15) 보증책임원칙이 적용되면 채무자는 귀책사유가 없어도 책임을 부담한다(주 71 참조).

16) Begründung der Bundesregierung, BT-Drs. 14/6040, S. 165. 연방정부초안(Regierungsentwurf)을 상세히 설명하고 있는 문헌으로는 박정기, "독일민법에 있어서 원시적 불능 법리의 폐지 - 제311조의a의 입법과정을 중심으로", 경북대학교 「법학논고」, 제50집, 2015, 76면 이하.

17) Begründung der Bundesregierung, BT-Drs. 14/6040, S. 165.

18) Claus-Wilhelm Canaris, "Die Reform des Rechts der Leistungsstörungen", JZ 2001, S. 507; 최흥섭(주 12), 46면.

가 이행되지 않은 결과 그 자체에 초점을 맞춘 결과관련적 개념인 반면 독일의 「의무위반」은 급부의무와 관련하여 채무자의 행위에 초점을 맞춘 행태관련적 개념이다.[19] 따라서 원시적 불능의 경우 채무자에게 급부의무를 인정할 수 없으므로 채무자에게 「의무위반」은 성립할 수 없는 문제가 발생하였다.[20] 「의무위반으로 인한 손해배상」에 관한 독일민법 제280조를 원시적 불능에 적용할 수 없게 된 것이다. 이에 따라 독일민법 제311조의a 제2항은 "채권자는 그의 선택에 좇아 급부에 갈음하는 손해배상 또는 제284조에서 정하여진 범위에서 그가 지출한 비용의 상환을 청구할 수 있다."라는 독자적인 손해배상청구권을 규정하게 되었다.[21]

관련하여 원시적 불능이 발생한 경우에 제311조의a에 기하여 이행이익을 구하지 않고 제311조 제2항,[22] 제241조 제2항[23]에 기하여 계약체결상의 과실을 주장하며 신뢰이익을 구할 수 있는지 문제가 된다. 이에 대하여는 제311조의a는 제311조 제2항, 제241조 제2항에 기한 계약체결상의 과실책임을 배제한다고 보는바,[24] 원시적 불능인 계약이라도 이제는 유효하게 취급하므로 원시적 불능으로 인한 책임은 더는 계약체결단계에서 발생한 책임의 문제가 아니라고 볼 수 있기 때문이다.

2. 프랑스

프랑스민법 제1128조는 계약이 유효하기 위해서는 「1. 당사자의 합의, 2. 당사자의 계약체결능력, 3. 적법하고 확정적인 내용」을 갖추어야 한다고 규정하고 있으며, 제1163조 제1항은 "채무는 현재 또는 장래의 급부를 목적으로 한다."라고 규정하고 있다. 여기

---

19) Jens Kleinschmidt, Art. 8:101, in: *Commentaries on European Contract Laws* (edited by N. Jansen & R. Zimmermann), Oxford (2018)(이하 위 책을 "*Commentaries on ECL*"이라고 약칭한다), [14]); 최흥섭(주 12), 49면.

20) 「의무위반」이라는 개념의 사용은 위와 같은 문제가 있기 때문에 국제모델법은 의무위반이 아닌 「불이행(non-performance)」이라는 개념을 사용하고 있다(Jens Kleinschmidt, Art. 8:101, in: *Commentaries on ECL,* [14]).

21) 이처럼 원시적 불능에 관한 독자적인 손해배상책임 규정을 두게 된 것은 카나리스(Canaris)에 의해 주도되었다. Canaris(주 18), S. 499 ff.

22) 독일민법 제311조 제2항은 "② 제241조 제2항에서 정하는 의무를 내용으로 하는 채권관계는 다음에 의하여서도 성립한다.
  1. 계약교섭을 개시하는 것
  2. 계약체결을 위한 접촉을 하면서, 그에 있어서 일방 당사자가 상대방 당사자에게 장차 성립할지도 모르는 법률행위적 관계와 관련하여 자신의 권리, 법익 및 이익에 영향을 미칠 가능성을 부여하거나 또는 이를 위탁하는 것, 또는
  3. 이들과 유사한 거래상 접촉을 하는 것"이라고 규정하고 있다.

23) 독일민법 제241조 제2항은 "채권관계는 그 내용에 좇아 각 당사자에 대하여 상대방의 권리, 법익 및 이익에 배려할 의무를 지울 수 있다."라고 규정하고 있다.

24) Ernst in *Münchener Kommentar zum BGB,* 9. Auflage, 2022, § 311a Rn 22.

서 현재의 급부란 의사 합치시에 계약의 목적인 급부가 존재함을 의미한다.[25] 계약체결 시부터 계약의 목적인 물건이 존재하지 않는 경우, 전통적 이론(théorie classique)에 따르면 계약의 중요한 사항이 누락된 것이므로 공공의 이익에 부합하지 않아 절대적 무효(nullité absolue)로 보나, 현대적 이론(théorie moderne)에 따르면 이는 공공의 이익이 아니라 당사자들 사이의 사적 이익을 보장하기 위한 법리이므로 상대적 무효(nullité relative)에 불과하다고 본다.[26] 다만, 예외적으로 사행계약(contrat aléatoire)으로 계약 당사자가 목적물이 존재하지 않을 위험을 감수한 경우에는 해당 계약은 유효하다.[27] 구별해야 할 점은 계약체결 이후 목적물이 인도 전에 멸실된 경우에는 그 계약은 유효하므로 이행불능으로 인한 계약불이행이 문제가 될 뿐이라는 점이다(프랑스민법 제1351조).[28]

이처럼 계약이 무효가 된 경우에 계약의 유효성을 신뢰하여 손해를 입은 사람은 불법행위를 청구원인으로 손해배상을 청구할 수 있다.[29] 계약상대방이 계약의 목적인 급부가 존재하지 않음을 알았거나 알 수 있었다는 점을 계약상대방의 과실로 증명해야 하며, 그 증명이 성공한 경우에 계약이 유효하다고 믿고 지출한 비용과 다른 유리한 계약을 체결할 기회를 잃음으로써 발생한 손해의 배상을 구할 수 있다.[30]

3. 일본

일본은 원래 우리 민법 제535조에 해당하는 조문이 없었다. 그러나 독일민법의 영향을 받아 원시적 불능의 급부를 목적으로 하는 계약은 무효라고 보는 것이 통설이자 판례였다.[31] 원시적 불능인 계약을 과실에 의하여 체결한 자는 신의칙상 상대방이 그

25) 한불민사법학회, 개정 프랑스채권법 해제, 2021, 175면.

26) Terré/Simler/Chénedé/Lequette, *Droit civil les obligations,* 13e édition, Dalloz(2022), n° 362. 개정 프랑스민법은 절대적 무효와 상대적 무효를 명시하고 있는데, 공공의 이익을 보호하고자 하는 목적을 가진 규정을 위반한 경우에 해당 계약은 절대적으로 무효이고 사적 이익을 보호하고자 하는 목적만을 가진 규정을 위반한 경우에 해당 계약은 상대적으로 무효이다(프랑스민법 제1179조). 이은희, "개정 프랑스민법전상 계약의 무효", 「비교사법」, 제24권 제2호, 2017, 570-571면.

27) Terré/Simler/Chénedé/Lequette(주 26), n° 363.

28) 이은희, "프랑스민법상 불가항력에 의한 이행불능", 서울대학교 「법학」, 제59권 제3호, 2018, 57면.

29) Sebastian Lohsse, Art. 4:102, in: *Commentaries on ECL,* [3].

30) Malaurie/Aynès/Stoffel-Munck, *Droit des obligations,* 11e édition, LGDJ(2020), n° 425.

31) 我妻榮, 債權各論 上卷, 岩波書店(1973), 80頁; 中川善之助, 債權各論, 靑林書院(1958), 27頁; 日最判 1950(昭和25年). 10. 26. 民集 第4卷10号497頁. 일본의 경우 우리나라의 학설과 마찬가지로 독일의 계약체결상의 과실이론에 의해 많은 영향을 받았다. 계약교섭 단계에서 신체 등이 침해된 경우, 계약교섭이 파기된 경우, 계약은 유효하나 설명의무 위반이 있는 경우 등에 대해서 독일과 마찬가지로 계약체결상의 과실이론이 인정되어야 하는지 학설 대립이 있었는바, 이에 대한 전반적인 소개는 池田清治, "日本における契約締結上の過失理論の生成､展開､そして､課題", 民法研究 第2集 第4号(2018. 3), 24頁 이하.

계약의 유효를 신뢰함으로써 입은 손해(이행이익을 한도로 한 신뢰이익)를 배상하여야 한다고 해석하였다.[32)]

이에 대하여는 여러 비판이 제기되었는데, 그중 원시적 불능이 문제가 되는 모든 경우를 일률적으로 무효로 할 필요성은 없고, 당사자 쌍방이 급부의 원시적 불능을 인식한 경우에는 통정허위표시에 준하여 무효이고, 이와 달리 당사자 쌍방이 급부의 원시적 불능을 인식하지 못한 경우에는 원시적 불능의 리스크를 감수할 의도로 계약을 체결하였다면 계약은 유효한 것으로 보아야 한다는 견해가 제시되었다.[33)] 즉 계약 당사자에 의한 위험분배를 존중하여 계약의 유무효를 결정하여야 한다는 입장이다. 「일본 채권법개정의 기본방침」은 위 견해를 채택하여 원시적 불능이라는 점만으로는 계약이 무효가 되지 않는다는 취지의 규정 신설을 제안하였다.[34)]

이에 따라 일본은 2017년 민법 개정을 통해 "계약에 기초한 채무의 이행이 그 계약의 성립시에 불능이었다는 사실은 제415조[35)]의 규정에 의한 그 이행의 불능에 의해 발생한 손해의 배상을 청구하는 것을 방해하지 않는다."라는 제412조의2 제2항을 신설하였다.[36)] 이처럼 일본민법 제412조의2 제2항은 급부가 원시적으로 불능이라는 점만으로는 계약이 무효가 되지 않는다는 사고방식을 기초로 하면서 그 대표적인 법적 효과로서 채무불이행을 이유로 한 손해배상, 즉 이행이익의 배상을 명확히 하고 있다.[37)] 결국 이

32) 中田裕康, 契約法, 新版, 有斐閣(2022), 136頁.
33) 潮見佳男, 新債權總論 I, 信山社(2017), 81頁.
34) 民法(債権法)改正検討委員会 編, 詳解 · 債権法改正の基本方針 II (契約および債権一般(1)), 商事法務(2009), 37頁.
35) 일본민법 제415조는 채무불이행으로 인한 손해배상에 관한 조문으로 그 내용은 아래와 같다.

> 제415조(채무불이행에 의한 손해배상) ① 채무자가 채무의 본지에 따른 이행을 하지 아니한 때 또는 채무의 이행이 불능인 때에는, 채권자는 그로 인하여 생긴 손해의 배상을 청구할 수 있다. 다만, 그 채무의 불이행이 계약 기타 채무의 발생원인 및 거래상의 사회통념에 비추어 채무자의 책임으로 돌릴 수 없는 사유로 인한 것일 때에는 그러하지 아니하다.
> ② 전항의 규정에 의해 손해배상의 청구를 할 수 있는 경우에 다음 중 어느 하나에 해당하는 때에는 채권자는 채무의 이행에 갈음한 손해배상의 청구를 할 수 있다.
> 1. 채무의 이행이 불능일 때.
> 2. 채무자가 그 채무의 이행을 거절하는 의사를 명확하게 표시한 때.
> 3. 채무가 계약에 의해 발생한 것인 경우에 그 계약이 해제되거나 또는 채무불이행에 의해 계약의 해제권이 발생한 때.

36) 일본민법 제412조의2 제2항 신설 경위에 대하여 자세히 논하고 있는 논문으로는 서희석, "일본 개정민법상 "채권의 효력: 채무불이행책임 등"에 관한 규율 – 채무불이행에 의한 손해배상책임의 요건과 효과를 중심으로", 경북대학교 「법학논고」, 제81집, 2023, 127–131면.
37) 潮見佳男(주 33), 82頁; 法制審議会 民法(債権関係) 部会資料 83–2, 35頁.

행이익 배상이 가능하다는 점을 통해 원시적 불능인 계약은 원칙적으로 유효하다는 점을 표현하고 있으며, 원시적 불능 사안도 채무불이행의 한 유형으로 통합되었다.

4. 국제모델법[38)]

가. CISG(United Nations Convention on Contracts for the International Sale of Goods, 국제물품매매계약에 관한 유엔협약)는 물품의 계약부적합에 관한 책임[39)]을 별도로 취급하지 않고 모두 「계약위반(breach of contract)」이라는 개념에 포섭함으로써 일원적인 채무불이행책임체계를 구축하고 있다. 계약위반이 성립하기 위한 요건으로 고의 또는 과실을 요구하지 않는 보증책임원칙을 채택하고 있는바, 매수인이 매도인의 계약위반에 따른 특정이행청구권, 손해배상청구권 등을 행사함에 있어 매도인의 귀책사유는 그 요건이 아니다(CISG 제45조 제1항).

CISG에서 원시적 불능을 목적으로 한 매매계약의 효력에 관하여 명시한 규정은 없다. 그러나 CISG가 적용되는 경우 원시적 불능인 급부를 목적으로 한 매매계약은 유효하게 성립하며 매매계약에 따른 의무를 불이행한 경우에 계약위반에 따른 책임을 부담한다고 해석된다.[40)] CISG 제68조 제3문은 "매도인이 매매계약의 체결시에 물품이 멸실 또는 훼손된 것을 알았거나 알았어야 했고, 매수인이 이를 밝히지 아니한 경우에는, 그 멸실 또는 훼손은 매도인의 위험으로 한다."라고 규정하고 있는바, 원시적 불능인 매매계약이 유효함을 전제로 한 규정이다.

나. PICC, PECL, DCFR은 모두 원시적 불능을 목적으로 한 계약의 유효성에 관하여 명시적으로 규정하고 있다.

구체적으로 보면, PICC 제3.1.3조는 "인수한 채무의 이행이 단지 계약체결시에 이미 불가능하였다는 사실은 계약의 유효성에 영향을 미치지 못한다."라고 규정하고 있다. PECL 제4:102조도 "인수한 채무의 이행이 계약체결시에 불능이었다는 이유만으로, 또는 당사자가 계약의 목적이 되는 재산을 처분할 권한이 없었다는 이유만으로 계약이 무효가 되지는 않는다."라고 규정하고 있다. 끝으로 DCFR Ⅱ.-7:102조도 "전체적으로 또는 부분적으로 인수한 채무의 이행이 계약체결시에 불능이었다는 이유만으로, 또는 계약의 목적이 되는 재산을 처분할 권리나 권

---

38) 국제모델법에서의 원시적 불능에 관한 규율에 대한 선행연구로는 이충훈, "원시적 불능론의 재검토", 「법조」, 통권 제615호, 2007, 196-199면.
39) 우리 민법상 매도인의 담보책임에 해당한다.
40) 석광현, 국제물품매매계약의 법리, 2010, 52면, 250면; 허해관·한병완, "국제물품매매계약상의 면책원칙에 관한 일고찰", 「통상법률」, 통권 제61호, 2005, 71면.

한이 없었다는 이유만으로 계약이 무효가 되지는 않는다."라고 규정하고 있다.

이러한 국제모델법의 입장은 이론적 결함이 많은 「원시적 불능 도그마」를 극복하고 있다는 점에서 우호적인 평가를 받고 있다.[41] 원시적 불능 도그마를 더는 인정하지 않는 독일민법, 일본민법의 태도도 이러한 국제모델법의 영향을 받은 것이다. 이러한 국제모델법에 따르면, 원시적 불능이 발생한 경우에 채무자는 불이행(non−performance)[42]을 야기한 것이므로 불이행으로 인한 손해를 배상할 책임이 있고(PICC 제7.4.1조, PECL 제9:501조, DCFR Ⅲ.−3:701조), 채무자가 원시적 불능이라는 점을 알았거나 알 수 있었던 경우에는 채무자는 자신이 약속했던 것에 대하여 책임을 져야 하므로 채권자는 이행이익을 구할 수 있다.[43]

Ⅲ. 2013년 개정안

1. 2013년 개정안의 내용

가. 우리 민법을 시대에 맞게 현대화하기 위하여 2004년, 2013년 두 차례 민법개정작업이 이루어졌다. 2004년 민법개정안을 마련함에 있어 민법 제535조는 계약당사자 의사에 부합하지 않고 법논리적으로 문제가 있으므로 삭제해야 한다는 견해, 민법 제535조는 표제와 내용이 불일치하므로 원시적 불능을 목적으로 하는 계약 이외에 계약체결을 위한 준비단계에서의 일방의 과실로 인한 책임도 포함하는 내용으로 전면개정해야 한다는 견해, 현재의 규정을 소폭 개정해야 한다는 견해가 대립되었다. 당시 개정위원회 전체회의에서는 이러한 의견 대립을 고려하여 개정대상에서 제외하였다.[44]

나. 2013년에는 원시적 불능 도그마에 대한 비판적인 견해[45]를 수용하여 원시적 불능 도그마를 공식적으로 폐기하기로 하고 이에 따라 민법 제535조의 표제와 내용을 다음과 같이 변경하는 내용의 개정안이 제시되었다(아래 표 참조).

---

41) Sebastian Lohsse, Art. 4:102, in: *Commentaries on ECL*, [5](국제모델법의 입장은 '현대적 흐름(modern trend)'에 부합한다고 평가하고 있다).

42) CISG는 채무불이행을 통합하여 설명하기 위한 개념으로 '계약위반(breach of contract)'이라는 용어를 사용하지만 PICC, PECL, DCFR은 '불이행(non−performance)'이라는 용어를 사용한다.

43) Sebastian Lohsse, Art. 4:102, in: *Commentaries on ECL*, [5].

44) 당시 논의내용은 법무부 민법개정자료발간팀 편, 2004년 법무부 민법 개정안(채권편 · 부록), 2004, 232면 이하.

45) 대표적으로 양창수(주 8), 162면 이하; 박영복, "민법상 「원시적 불능론」의 재검토," 「외법논집」, 제3집, 1996, 235면 이하; 최흥섭, "우리 법에서 「계약체결상의 과실」 책임의 문제점과 재구성," 「민사법학」, 제11 · 12호, 1995, 254면 이하.

현행	2013년 개정안
第535조(계약체결상의 과실) ① 목적이 불능한 계약을 체결할 때에 그 불능을 알았거나 알 수 있었을 자는 상대방이 그 계약의 유효를 믿었음으로 인하여 받은 손해를 배상하여야 한다. 그러나 그 배상액은 계약이 유효함으로 인하여 생길 이익액을 넘지 못한다. ② 전항의 규정은 상대방이 그 불능을 알았거나 알 수 있었을 경우에는 적용하지 아니한다.	第535조(계약체결시의 불능) ① 계약을 체결할 때에 이미 그 이행을 할 수 없다는 사정은 계약의 효력에 영향을 미치지 아니한다. ② 제1항의 경우에 채권자는 손해배상을 청구할 수 있다. 그러나 계약을 체결할 때에 채권자가 그 사정을 안 경우 또는 채무자가 그 사정을 알지 못하였고 알지 못한 데에 과실이 없는 경우에는 그러하지 아니하다.

민법 제535조에 관한 2013년 민법개정안을 구체적으로 분석하면 다음과 같다.

첫째, 제1항은 "계약을 체결할 때에 이미 그 이행을 할 수 없다는 사정은 계약의 효력에 영향을 미치지 아니한다."라고 규정함으로써 원시적 불능의 계약이라고 하더라도 원칙적으로 계약이 유효하다는 점을 명시하고 있다. 민법 제535조를 삭제하더라도 원시적 불능의 계약은 무효라고 해석론이 전개될 수 있으므로 이러한 해석 가능성을 봉쇄할 필요가 있는 점, 원시적 불능이 인정되는 경우의 특수한 법률관계에 대하여 별도로 규정할 필요가 있다는 점을 고려하여 마련된 것이다.[46)]

둘째, 제2항 본문은 "제1항의 경우에 채권자는 손해배상을 청구할 수 있다."라고 규정함으로써 당연해 보일 수 있는 사항을 규정하고 있다. 원시적 불능인 급부를 목적으로 하더라도 해당 계약을 유효하게 본다면, 채무자가 채권자에 대하여 채무불이행에 기한 책임을 지는 것이 당연해 보일 수 있다. 그러나 제2항 제2문에 있는 채무자의 책임제한 사유를 두기 위해서는 채무자가 손해배상책임을 진다는 원칙적인 사항을 먼저 규정하는 것이 논리적이라는 이유로 위 규정을 두었다고 한다.[47)]

셋째, 제2항 단서는 "계약을 체결할 때에 채권자가 그 사정을 안 경우 또는 채무자가 그 사정을 알지 못하였고 알지 못한 데에 과실이 없는 경우에는 그러하지 아니하다."라고 규정함으로써 채무자의 책임제한 사유에 관하여 규정하고 있다. 후발적 불능에서의 채무자의 과실은 급부 그 자체에 관한 것이지만 원시적 불능에서의 채무자의 과실은 이행가능성에 관한 것(부지 내지 착오)이므로 과실의 내용에 있어서 차이가 있는바, 제2항 단서는 이 점을 명확히 하기 위해 규정하였다고 한다.[48)] 원시적 불능에 대한 독자적인 책임근거

46) 송덕수, "채무불이행의 요건", 「민사법학」, 제65호, 2013, 223면.
47) 송덕수(주 46), 223면; 김성수(주 4), 183면.
48) 송덕수(주 46), 223면.

를 명시함으로써 민법 제535조는 별도의 청구권의 근거로 작용하게 되는바,[49] 앞서 본 독일민법의 입장과 일맥상통한다. 논의과정에서 원시적 불능인 계약이 유효로 인정되는 경우에는 원시적 불능에서의 채무자의 과실도 민법 제390조의 과실에 포섭할 수 있으므로 위 규정(제2항 단서)이 필요 없다는 의견도 개진되었으나, 다수는 해석론으로 처리하는 것은 무리라고 판단하여 위 규정을 두었다고 한다.[50] 한편, 원시적 불능을 알았던 채권자는 보호할 필요가 없다고 보아 악의의 채권자는 손해배상청구를 할 수 없음을 규정하였다. 현행 민법 제535조는 채권자가 원시적 불능을 알 수 있었던 경우에도 채무자에 대한 신뢰이익 배상을 청구할 수 없다고 규정하고 있는바, 이 부분을 삭제한 것으로 이에 따르면 채권자가 원시적 불능을 알 수 있었다고 하더라도 손해배상청구가 가능하다.

2. 2013년 개정안에 대한 평가

2013년 개정안은 원시적 불능에 관하여 국제모델법에서 제시한 현대적 관점을 반영하여 원시적 불능 도그마를 공식적으로 폐기하였다는 점에서 중요한 의의가 있다. 이로써 원시적 불능은 후발적 불능과 같이 취급하고, 원시적 불능이 발생한 경우에 채무자는 채무불이행책임을 지는 이론구성이 가능하게 되었다. 이러한 2013년 개정안의 입장은 뒤에서 보겠지만 매우 타당하다.

2013년 개정안은 채무자의 면책사유에 대하여도 새로운 관점을 제시하였다. 채권자가 원시적 불능을 안 경우에만 채무자는 면책되고 채권자가 원시적 불능을 알 수 있었던 경우에는 채무자는 면책되지 않는다는 점을 명시한 것이다. 현행 민법 제535조 제2항에 대하여는 채무자가 원시적 불능을 알고 있었거나 중과실로 모르고 있었음에도 불구하고 채권자가 그 사실을 경과실로 모르고 있었다는 이유로 채권자의 손해배상청구권을 박탈하는 것은 부당하다는 비판이 있었는데,[51] 이러한 부당함을 시정하였다는 점에서 중요한 의의가 있다.

다만, 원시적 불능에서의 채무자의 과실은 이행가능성에 대한 부지에 있다고 보아 원시적 불능에 대한 채무자의 책임근거를 명시하고 있는바, 과연 이러한 채무자의 과실이 민법 제390조의 과실에 포섭되지 않는 것인지 의문이 있다. 만약 이러한 채무자의 과실이 민법 제390조의 과실에 포섭된다면 원시적 불능에 대한 책임 근거를 별도로 명시할 필요는 없을 것이다. 뒤에서 보겠지만 원시적 불능의 경우에도 민법 제390조의 '채무

---

49) 김동훈(주 3), 20면. 원시적 불능으로 인한 손해배상책임의 근거는 채무불이행에 관한 일반조항인 민법 제390조가 아니라 제535조가 되는 것이다.

50) 김동훈(주 3), 10면.

51) 최흥섭, "원시적 불능론과 민법 제535조", 「재산법연구」, 제9권 제1호, 1992, 108면.

의 내용에 좇은 이행을 하지 아니한 때'에 포섭될 수 있는바, 원시적 불능에 대하여 별도의 손해배상책임 근거규정을 만들 필요가 있는지 상당한 의문이 든다. 이러한 의문들에 대하여는 아래에서 2024년 개정안을 평가하면서 검토하기로 한다.

Ⅳ. 2024년 개정안

1. 2024년 개정안의 핵심 내용

2023년 출범된 「민법 전면개정을 위한 법무부 민법개정위원회(위원장: 양창수 전 대법관)」는 1년간의 활동을 통해 민법개정안을 마련하였다. 3인으로 구성된 기초위원회에서 예비초안을 작성하면 검토위원회에서 이를 중점 검토하며, 민법개정위원 전부가 모이는 전체회의에서는 회부된 안건을 논의하는 형식으로 진행되었다. 민법 제535조에 대하여는 기초위원회 예비초안[52]에 대하여 검토위원회가 찬성함으로써 아래와 같은 2024년 개정안이 마련되었다.

현행	2013년 개정안	2024년 개정안
제535조(계약체결상의 과실) ① 목적이 불능한 계약을 체결할 때에 그 불능을 알았거나 알 수 있었을 자는 상대방이 그 계약의 유효를 믿었음으로 인하여 받은 손해를 배상하여야 한다. 그러나 그 배상액은 계약이 유효함으로 인하여 생길 이익액을 넘지 못한다. ② 전항의 규정은 상대방이 그 불능을 알았거나 알 수 있었을 경우에는 적용하지 아니한다.	제535조(계약체결시의 불능) ① 계약을 체결할 때에 이미 그 이행을 할 수 없다는 사정은 계약의 효력에 영향을 미치지 아니한다. ② 제1항의 경우에 채권자는 손해배상을 청구할 수 있다. 그러나 계약을 체결할 때에 채권자가 그 사정을 안 경우 또는 채무자가 그 사정을 알지 못하였고 알지 못한 데에 과실이 없는 경우에는 그러하지 아니하다.	제535조(계약체결시의 불능) 계약을 체결하는 때에 이미 그 이행을 할 수 없었다는 사정은 계약의 효력에 영향을 미치지 아니한다.

2. 2024년 개정안에 대한 설명

2024년 개정안은 2013년 개정안을 기초로 하여 마련되었다. 제535조의 개정과 관련해 기초위원회는 원시적 불능 도그마를 폐기하는 2013년 개정안 제1항이 타당하다고 보

52) 기초위원회 예비초안은 "제535조(계약체결시의 불능) 계약을 체결할 때에 이미 그 이행을 할 수 없었다는 사정은 계약의 효력에 영향을 미치지 아니한다."이며 2024년 개정안은 문구만 살짝 수정한 것이다.

았다. 다만, 기초위원회는 2013년 개정안의 제2항은 삭제하는 것이 타당하다고 보았는바 그 구체적인 논거는 다음과 같다.[53]

우선 "제1항의 경우에 채권자는 손해배상을 청구할 수 있다."라는 제1문은 불필요하며 마치 독자적인 손해배상 근거규정처럼 읽혀 오해의 소지가 있다고 판단하였다. 계약이 유효한 이상 일반 채무불이행 규정이 적용될 것이므로 손해배상은 채무자의 귀책사유에 따라 인정될 것이고, 손해배상으로 전보배상이나 지출비용[54]의 배상이 가능하다고 보았다. 2013년 개정안에는 원시적 불능의 경우에 채권자가 신뢰이익이 아닌 이행이익을 구할 수 있는지 여부에 관하여 불명확하였으나 2024년 개정안은 이행이익을 구할 수 있음을 명확히 하고자 한 것이다.

제2문인 "그러나 계약을 체결할 때에 채권자가 그 사정을 안 경우 또는 채무자가 그 사정을 알지 못하였고 알지 못한 데에 과실이 없는 경우에는 그러하지 아니하다."는 법정책적으로 타당하지 않다고 보았다. 제535조 제1항에 따라 원시적 불능 계약이 유효하다면, 그에 따른 손해배상은 일반규정에 따른 손해배상이고, 원시적 불능 사실을 알았거나 알 수 있었던 채권자의 과실은 과실상계로 고려하면 충분함에도 불구하고 획일적으로 채무자의 배상책임을 전부 배제하는 결과는 일반 원칙에 비추어 채권자에게 지나치게 가혹하다는 점을 들었다.

이러한 기초위원회의 제안에 대하여 검토위원회는 원시적 불능 도그마의 폐기는 최근의 학계 입장과 비교법적 경향에 비추어 이견이 많지 않을 것으로 판단하고 원시적 불능 도그마의 폐기를 찬성하였다. 아울러 "기초위원회 예비초안 제535조가 2013년 개정안 제535조 제2항과 같은 손해배상책임의 근거와 범위를 밝히지 않는 것에 대하여는 논의의 여지가 없지 않을 것으로 여겨짐. 이에 관하여 기초위원회의 입장은 이른바 원시적 불능이 계약의 유효에 영향을 주지 않는다는 점을 밝히면 족하고, 불능에 따른 손해배상에 관하여는 계약이 유효한 이상 일반 채무불이행 규정이 정한 바에 따라 채무자의 귀책사유를 요건으로 인정 여부를 결정하며 불능에 대한 채권자의 인식 또는 과실에 의한 부지(不知)에 대해서는 과실상계(민법 제396조) 사유로 고려하면 족하다고 하는데, 검

53) 이하의 내용은 서울대학교 산학협력단(책임연구원 김형석), 민법 개정안(계약법 총론) 예비초안 연구, 법무부 연구용역 보고서, 2023, 60면을 요약한 것이다.

54) 2024년 개정안 제395조의2는 "채권자는 이행에 갈음하는 손해배상 대신 채무가 이행될 것을 믿고 지출한 상당한 비용의 배상을 청구할 수 있다."라는 내용의 지출 비용의 배상규정을 제안하고 있다. 지출비용은 그 입증이 용이하기 때문에 지출 비용의 배상을 통해 이행이익의 배상을 꾀할 수 있다. 다만, 지출 비용의 배상은 이뿐만 아니라 계약체결 이전 상태로 돌리는 배상 방법으로 사용될 수 있다. 가령 예식장의 채무불이행으로 결혼식이 좌절된 신랑과 신부는 무용하게 지출된 비용의 배상을 구할 수 있는바, 이 경우에 지출된 비용의 배상은 이행이익의 배상이 아닌 계약체결 이전 상태로 돌리는 배상 방법이다(서울대학교 산학협력단(책임연구원 김형석)(주 53), 42면).

토위원회는 이 입장에 찬성함"이라고 의견을 밝힘으로써 기초위원회 예비초안을 그대로 유지하였다.[55)]

끝으로 2024년 개정안은 민법 제535조의 표제를 「계약체결상의 과실」에서 「계약체결시의 불능」으로 바꾸었다. 서론에서 밝혔듯이 계약체결상의 과실이론 무용론이 타당하다고 할 것인바, 민법 제535조의 표제의 변경은 종래의 계약체결상의 과실이론에 대한 비판적인 입장의 수용으로 평가할 수 있고, 본 개정안이 통과되면 계약체결상의 과실이론의 입지는 현저히 줄어들게 될 것이다. 특히 「착오로 인한 의사표시」에 관한 2024년 개정안에서는 2004년 개정안에 있던 취소자의 손해배상의무를 삭제하였는바,[56)] 계약체결상의 과실이론에 관한 부정적인 입장을 보여주고 있다.

V. 2024년 개정안에 대한 평가와 개정안에 따른 법률관계

1. 원시적 불능의 법적 취급과 관련된 쟁점

민법 제535조에 관한 2024년 개정안을 평가함에 있어 다음과 같은 쟁점이 중점적으로 검토되어야 한다.

첫째, 원시적 불능 도그마를 폐기하는 것이 타당한지, 둘째, 원시적 불능 도그마를 폐기한다면 원시적 불능인 급부를 목적으로 한 계약과 관련하여 독자적인 손해배상 근거규정을 둘 필요가 있는지, 셋째, 원시적 불능으로 판명이 된 경우 채권자가 손해배상으로 이행이익을 구할 수 있는지, 넷째, 채권자가 원시적 불능이라는 점을 알았거나 알 수 있었던 경우에 채무자가 면책되는지, 다섯째, 원시적 불능인 급부를 목적으로 하는 계약을 유효하다고 보는 경우에 채무자가 착오를 이유로 계약을 취소할 수 있는지 여부가 각 검토되어야 하는바, 이하에서 위 쟁점에 대하여 논하기로 한다.

2. 원시적 불능 도그마 폐기의 타당성 여부

원시적 불능 도그마를 지지하는 견해는 불능한 법률행위에 법률효과를 준다는 것은 불가능하고, 불능한 법률행위의 실현에 법률이 조력한다는 것은 무의미하다고 주장한다.[57)] 또한, 이행청구권은 채권의 핵심 내용이므로 이행청구권이 발생하지 않는 원시적

55) 법무부 민법개정위원회 검토위원회, 민법 개정 예비초안에 대한 검토의견서, 2024, 34면.

56) 2004년 개정안 제109조의2 제1항은 "제109조에 의하여 의사표시를 취소한 자는 그 착오를 알 수 있었던 경우에는 상대방이 그 의사표시의 유효함을 믿었음으로 인하여 받은 손해를 배상하여야 한다. 그러나 그 배상액은 의사표시가 유효함으로 인하여 생길 이익액을 넘지 못한다."라고 규정하고 있었다.

57) 곽윤직, 민법총칙, 신정판, 1996, 357면.

불능인 계약은 무효로 보는 것이 타당하다고 주장한다.[58)]

그러나 원시적 불능 도그마는 다음과 같은 이유로 타당하지 않다.

첫째, 계약체결 전에 목적물이 멸실된 경우와 계약체결 후에 목적물이 멸실된 경우를 다르게 취급할 합리적 이유가 없다.[59)] 가령 건물에 관한 매매계약을 체결하였는데 계약체결 직전에 화재가 발생하여 건물이 멸실된 경우와 계약체결 직후에 화재가 발생하여 건물이 멸실된 경우 매수인의 입장에서는 모두 매도인이 건물에 관한 소유권을 이전하겠다는 약속을 위반하였다는 점에서 동일하다. 화재가 계약체결 직전에 발생하였는지 아니면 계약체결 직후에 발생하였는지는 우연적 사정에 불과하다.[60)] 그럼에도 불구하고 계약체결 전에 불능사유가 발생한 경우에는 계약이 무효라는 이유로 신뢰이익 손해만 청구하도록 하고 이행이익을 청구하지 못하도록 하는바, 이러한 현행 민법 제535조의 태도는 설득력이 약하다.

앞서 본 바와 같이 원시적 불능의 경우에 이행청구권이 발생하지 않으므로 원시적 불능과 후발적 불능을 다르게 취급하는 것이 정당화된다는 주장이 있다. 그러나 후발적 불능의 경우에도 그 사유가 발생하게 되면 이행청구권이 소멸하여 결국 손해배상청구권만 남게 되는바, 원시적 불능과 같은 결과를 발생시키므로 양자를 달리 취급하는 것이 정당화된다고 보기 어렵다. 더군다나 원시적 불능으로 인하여 발생하는 전보배상청구권은 원래의 이행청구권이 변형되어 존속하는 것인바, 원시적 불능도 개념상 이행청구권을 전제로 하고 있다는 점에서 원시적 불능을 후발적 불능과 다르게 취급할 이유가 없다.[61)]

둘째, 우리 법은 원시적 일부 불능인 계약을 유효로 보고 있는바, 원시적 일부 불능과 전부 불능을 달리 규율하기보다는 모두 유효로 보는 것이 더 논리적이다. 수량지정매매에서 매매 목적물의 수량이 부족한 경우 또는 계약 당시에 매매 목적물이 이미 멸실된 경우에 해당 매매계약은 유효하고 매도인은 단지 매수인에게 손해배상의무 등의 하

58) 이은영(주 9), 12면.

59) 최홍섭(주 51), 104-105면; 신국미, "민법개정과 「원시적 불능」의 법리", 「법학논총」, 제21집, 2009, 126면; 김학웅, "계약체결상의 과실과 원시적 불능", 「원광법학」, 제28집 제4호, 2012, 247면.

60) 대법원 2017. 8. 29. 선고 2016다212524 판결은 원시적 불능이 문제가 된 사안으로 1필지의 토지 중 일부를 특정하여 매매계약이 체결되었으나 계약체결 전부터 그 부분의 면적이 법령에 따라 분할이 제한되는 경우였다. 이에 대하여 대법원은 매도인으로서는 그 부분을 분할하여 소유권이전등기절차를 이행할 수 없는 원시적 불능에 해당하여 매수인은 민법 제535조에서 정한 계약체결상의 과실책임을 추궁할 수 있을 뿐이라고 판시하였다. 그러나 해당 법령이 계약체결 전에 발효된 것인지 계약체결 후에 발효된 것인지 관계없이 매도인은 소유권 이전의 약속을 위반한 것으로 평가할 수 있는바, 법령이 어느 시점에 발효된 것인지에 따라 매수인이 구할 수 있는 손해배상의 범위가 달라진다는 것은 타당하다고 보기 어렵다.

61) 양창수(주 8), 162면; 강봉석(주 10), 61면.

자담보책임을 부담할 뿐이다(민법 제574조 참조). 또한, 매매의 목적물에 원시적인 하자가 있는 경우에도 매매계약은 유효하고 매도인은 하자담보책임을 부담할 뿐이다(민법 제580조, 제575조 제1항 참조). 원래 법률행위의 일부가 무효이면 전부가 무효인 것이 원칙이나(민법 제137조), 그 예외에 해당한다. 이처럼 원시적 일부 불능이 있더라도 일단 계약이 유효하다는 것이 우리 법의 입장이라고 할 수 있는바, 유사한 성격을 띠는 원시적 전부 불능에 대해서도 같은 논리를 적용하는 것이 타당하다.

특히 CISG, PICC, PECL 등의 국제모델법과 일본민법이 국제적인 조류에 따라 채무불이행책임과 담보책임을 채무불이행책임(CISG는 계약위반책임, PICC, PECL은 불이행책임)으로 일원화하였고,[62] 우리의 2024년 개정안도 이러한 입장에 있다.[63] 원시적 불능 도그마 폐기를 통해 원시적 일부불능이 발생하였건 원시적 전부불능이 발생하였건 모두 채무불이행책임의 관점에서 통합적으로 설명할 수 있는 장점이 있는바, 이 점에서도 원시적 불능 도그마 폐기는 지지할 만하다.

셋째, 특별한 사정이 없는 한 계약은 유효한 청약과 승낙의 의사표시에 의하여 성립하는 것인바, 당사자의 유효한 합의 이외에 물건의 인도 기타 급부가 가능한지 여부의 사정은 계약의 성립에 영향을 미친다고 보기 어렵다.[64] 원래「불능은 채무를 무효로 한다(impossibilium nulla est obligatio)」는 원시적 불능 도그마는 로마 법률가인 켈수스의 언명(D.50.17.185 Cels. 8 dig.)에서 비롯된 것이다.[65] 그런데 로마법 발전의 초기단계에서는 매매가 주로 현실매매의 형태로 이루어져 매매 목적물에 대하여 즉각 대금을 지급하고 인도를 받는 방식으로 이루어졌다.[66] 매매 당시 매매 목적물이 이미 멸실되었다면 현실매매가 불가능하므로 당시 위 법언은 의미가 있었다.[67] 그러나 현대의 매매 성립 여부는 청약과 승낙의 관점에 의해 접근해야 하는바, 더는 위와 같은 법언에 구속될 이유가 없다. 어떻게 보면 원시적 불능 도그마는 켈수스의 언명에 대한 후대의 성급한 일반화의

---

62) 이러한 흐름에 대하여는 조인영, "계약책임에 관한 국제적 변화와 우리 민법의 향후 과제",「비교사법」, 제29권 제1호, 2022, 187면.

63) 서강대학교 산학협력단(책임연구원 이준현), 민법 개정안(계약법 각론) 예비초안 연구, 구용역 보고서, 2023, 21-25면.

64) 양창수(주 8), 163면; 이충훈(주 38), 204면.

65) Alfredo Mordechai Rabello, "The 'Impossible Contract': From Roman Law to the Unidroit Principles of International Commercial Contracts and the Principles of European Contract Law", *Fundamina* 16 (1) 2010, p.346.

66) 최병조, 로마법강의, 1999, 463면 이하.

67) Sebastian Lohsse, Art. 4:102, in: *Commentaries on ECL*, [2]. 한편「불능은 채무를 무효로 한다(impossibilium nulla est obligatio)」는 법언은 확정물(certum)의 인도를 위한 문답계약(stipulatio)에 적용되었다. 문답계약에서 목적물이 당초부터 존재하지 않는 경우에 그 가액을 평가할 수 없어서 유책판결(condemnatio)이 불가능하였으므로 위와 같은 법언이 탄생한 것이다.

오류의 결과인 것이다. 우리 민법에는 프랑스민법과 같이 "채무는 현재 또는 장래의 급부를 목적으로 한다."라는 규정이 없으므로 계약의 성립 여부는 낙성계약의 법리에 따라 판단해야 할 것이다.[68] 결국 로마법에 대한 오해에서 비롯된 원시적 불능 도그마는 타당하다고 보기 어렵고, 급부가 원시적으로 불능인지 여부는 계약의 유무효와 직접적인 관련이 없다고 할 것이다.

3. 원시적 불능 관련 독자적인 손해배상 근거규정 필요 여부

앞서 본 2013년 개정안과 2024년 개정안의 가장 큰 차이 중의 하나는 2024년 개정안은 2013년 개정안 중 제2항을 삭제함으로써 원시적 불능에 관한 독자적인 손해배상 근거규정을 두지 않았다는 점에 있다.

앞서 본 바와 같이 독일은 원시적 불능과 관련하여 독자적인 손해배상 근거규정으로 독일민법 제311조의a를 두고 있으며 우리의 2013년 개정안도 같은 입장에 있다.[69] 이러한 입장은 원시적 불능에서의 채무자의 과실은 정보의무 위반 내지 이행가능성에 대한 부지에 있는 것이고 급부 그 자체에 관한 것이 아니므로 채무자의 책임 근거에 대해서 별도로 규정할 필요가 있다는 점을 논거로 삼고 있다.

그런데 우리 민법 제390조 단서의 과실이 위와 같은 채무자의 정보의무 위반 내지 이행가능성에 대한 부지를 포섭할 수 없는 개념인지 검토가 필요하다. 「과실」은 채무불이행의 결과가 발생하리라는 점을 인식(예견)하고 또 나아가 이러한 결과를 회피하여야 함에도 불구하고, 이를 인식하지 못하거나 또는 인식하였어도 이를 회피하지 못함으로써 채무자의 작위 또는 부작위에 의하여 채무불이행의 결과가 발생한 경우를 의미한다.[70] 「과실」은 반드시 급부의무 그 자체와 관련될 필요는 없고 채무불이행의 결과가 예견가능함에도 이를 인식하지 못한 경우도 포함하는 것이다. 따라서 매매계약 체결 과정에서 매도인이 매매목적물의 사용방법에 대하여 제대로 알아보지 않고 잘못된 설명을 한 후 매매목적물을 인도한 경우에도 매도인에게 「과실」이 인정되는 것이고, 원시적 불능 사안과 같이 이행불능이 이미 예견가능함에도 매도인이 제대로 알아보지 않고 상대방과 계약체결을 한 경우에도 매도인의 「과실」을 인정할 수 있다. 이처럼 원시적 불능에서의 채무자의 과실(정보의무 위반 내지 이행가능성에 대한 부지)은 채무불이행 책임에 관한

68) 현재 민법총칙 교과서는 법률행위의 유효 요건으로 법률행위의 목적의 실현가능성을 언급하고 있는바(곽윤직 · 김재형, 민법총칙, 제9판, 2014, 272면 이하; 송덕수, 민법총칙, 제6판, 2021, 218면 이하), 2024년 개정안에 따르면 더는 위와 같은 기술은 정확하지 않게 된다.

69) 2013년 개정안의 입장에 찬성하는 견해로는 김동훈(주 3), 22면.

70) 민법주해(9), 채권(2), 357면(양창수 집필부분).

일반조항인 민법 제390조의 「과실」로 충분히 포섭될 수 있다. 원시적 불능 도그마를 폐기한 이상 원시적 불능으로 채무를 이행하지 못한 경우에는 민법 제390조의 채무불이행책임으로 통합하여 설명이 가능한바, 이러한 통합성을 해치면서까지 굳이 별도의 손해배상 근거규정을 둘 필요는 없다.

독일에서 별도의 손해배상 근거규정을 둔 것은 독일 채무불이행법의 특수한 사정에 상당 부분 기인한다. 앞서 본 바와 같이 독일은 급부장애 유형을 포괄하기 위한 개념으로 「의무위반(Pflichtverletzung)」이라는 개념을 사용하였다. 그런데 「의무위반」은 급부의무와 관련하여 채무자의 행위에 초점을 맞춘 행태관련적 개념으로 원시적 불능에서의 채무자의 「정보의무위반」을 포섭하기 어려웠다. 원시적 불능에서는 채무자의 급부의무가 인정되지 않으므로 개념상 「의무위반」을 도출하기 어려웠고, 따라서 채무자의 「정보의무위반」을 「의무위반」으로 설명할 수 없기 때문이다. 이에 원시적 불능과 관련된 별도의 손해배상 근거규정이 필요하였다. 그러나 우리나라는 "채무의 내용에 좇은 이행을 하지 아니한 때"라는 결과관련적인 「채무불이행」 개념을 사용하고 있는바, 원시적 불능으로 인한 이행불능도 「채무불이행」의 유형에 포섭될 수 있고, 원시적 불능에서의 채무자의 정보의무위반도 민법 제390조 단서의 「과실」의 개념에 포섭될 수 있다. 무엇보다 민법 제390조 단서의 「과실」의 개념은 같은 조 본문의 「채무불이행」의 개념과 연관지어 파악해야 하므로 독일과 달리 넓게 파악될 수 있는 것이다.

결국 「채무불이행」이라는 포괄적 개념을 사용하는 우리 민법에서 원시적 불능 관련 손해배상책임은 민법 제390조로 충분히 설명할 수 있으므로 별도의 손해배상 근거규정은 불필요하다고 할 것이다. 이 점에서 2024년 개정안의 입장이 타당하다.

독일의 경우 독일민법 제311조의a의 성격에 대하여 보증책임(Garantiehaftung)[71]으로 설명하는 견해, 과실책임(Verschuldenhaftung)으로 설명하는 견해가 대립되고 있다.[72] 그러나 2024년 민법개정안에 따르면 원시적 불능을 원인으로 한 손해배상은 민법 제390조에 따라 규율되어야 하고 독자적인 규정에 의해 규율되는 것이 아니므로 독일의 학설대립과 달리 「과실책임」의 범주에서 설명하는 것이 타당하다.[73] 따라서 채무자가 목적

71) '보증책임'은 채무자가 계약상 약속한 결과의 실현을 보증하였으므로 채무자는 불가항력이 인정되지 않는 한 책임을 부담한다는 관념으로 채무자의 책임에 있어서 채무자의 귀책사유는 그 요건이 아니다. 영미법, CISG는 '보증책임'의 체계로 구축되어 있다. 박영복(주 12), 237면 이하.

72) 보증책임으로 설명하는 견해로는 Herresthal in Gsell/Krüger/Lorenz/Reymann (Hrsg.), *beck-online GROSSKOMMENTAR, BGB,* § 311a Rn. 16, Stand: 01.04.2022. 과실책임으로 설명하는 견해로는 Grüneberg in *Grüneberg, BGB,* 83. Auflage, 2024, § 311a Rn. 2; Gehrlein in Hau/Poseck (Hrsg.), *BeckOK BGB,* 70. Edition, 2024, § 311a Rn. 1.

73) 이와 달리 원시적 불능인 급부를 목적으로 한 계약이 유효하여 채권자에게 이행이익의 손해배상을 인정해야 한다면 그러한 손해배상책임은 보증책임으로 보아야 한다는 견해로는 김영두, "원시적

물의 멸실을 전혀 알 수 없었던 경우에는 과실 없음을 주장하여 면책될 수 있고 이러한 결론은 우리 민법의 채무불이행의 일반 원리에 부합한다. 다만, 목적물의 멸실과 같은 불능 사유는 통상 채무자의 영역에서 발생한다는 점에서 채무자의 면책이 인정되는 경우는 많지 않을 것인바, 「과실책임」에 따른 결론은 「보증책임」에 따른 결론과 대부분 일치하게 될 것이다.[74)]

4. 원시적 불능의 경우 이행이익을 구할 수 있는지 여부

2024년 개정안은 2013년 개정안과는 달리 원시적 불능의 경우에 채권자가 이행이익을 구할 수 있음을 명확히 하고 있다. 이에 대하여 이행가능성에 대한 부지가 채무자의 책임 근거이므로 채무자로 하여금 이행이익까지 배상하도록 하는 것은 타당하지 않다는 견해가 있다.[75)]

현행 민법 제535조는 배상범위를 신뢰이익에 한정하고 있다. 원시적 불능인 급부를 목적으로 한 계약은 무효이므로 채권자는 계약이 유효한 것과 같은 법적 효과를 누릴 수 없다는 점에서 이행이익의 배상을 인정하지 않고 있는 것이다.[76)] 그러나 2024년 개정안에 따르면 원시적 불능인 급부를 목적으로 한 계약은 유효하므로 채권자에게 이행이익의 배상을 인정할 수 있는 법리적 토대가 마련된다. 다만, 채권자가 이행이익의 배상을 구할 수 있다는 점을 정당화하려면 보다 충분한 이론적 근거가 필요하다.

원시적 불능으로 인한 이행불능은 앞서 본 바와 같이 민법 제390조의 「채무불이행」에 포섭되므로 그로 인한 손해배상의 범위는 다른 채무불이행 유형과 마찬가지로 민법 제393조에 의해서 결정되어야 한다. 민법 제393조의 해석론에 대한 상당인과관계설에 따르면, 채무자는 사회 일반의 통념에 비추어 통상 발생하는 것으로 인정되는 손해인 통상손해를 배상할 의무가 있으나, 당사자들의 특수한 사정에 의하여 발생하는 손해인 특별손해는 채무자가 이행기에 알았거나 알 수 있었던 경우에만 배상할 의무가 있다.[77)]

불능에 관한 민법 제535조의 개정에 관한 연구", 「재산법연구」, 제27권 제1호, 2010, 262면 이하.

74) 독일에서 이러한 관점에서 설명하는 견해로는 MüKoBGB/Ernst(주 24), § 311a Rn. 68. 만약 예외적으로 채무자가 면책되어 채무불이행책임을 지지 않는 경우에 원시적 불능인 계약은 처음부터 효력이 없다고 보아야 하는지 문제가 된다. 채권자와 채무자의 귀책사유 없는 후발적 불능의 경우에 후발적 불능이 발생한 때에 계약이 종료된다고 보아야 하는바, 귀책사유 없는 원시적 불능의 경우에도 원시적 불능이 발생한 때에, 즉 처음부터 계약은 유효하지 않은 것으로 보아야 한다는 주장이 있을 수 있는바(심사위원이 제기한 주장이다), 일응 논리적이다.

75) 김동훈(주 3), 28－29면.

76) 김증한·김학동, 채권총론, 제6판, 2007, 104면(신뢰이익 배상만 인정하는 이유에 대해서 무효인 계약으로부터는 이행이익에 대한 청구권은 나오지 않는다는 사상에 기인한 것이라고 설명하고 있다).

77) 상당인과관계설이 다수설, 판례의 입장이다. 곽윤직·김재형, 채권총론(제7판), 2023, 121면 이하;

한편, 이행이익은 유효한 계약으로 인하여 발생하는 이익을 말하는바, 이행이익의 손해라 함은 이미 유효하게 성립된 계약을 전제로 하여 채무자가 채무의 내용에 좇은 이행을 하지 않았기 때문에 채권자가 입은 손해를 의미한다.[78] 원시적 불능인 계약의 경우 채권자의 이행청구권이 당초부터 성립하지 않으나 해당 계약이 유효한 이상 채권자의 채무 이행에 대한 기대는 정당하다고 할 수 있다. 이행이익은 약속에 의해 형성된 피약속자의 기대(약속 준수의 기대)를 보호하기 위하여 피약속자를 계약이 이행된 것과 같은 지위에 놓는 것을 의미하는바,[79] 원시적 불능인 계약에서도 피약속자인 채권자의 채무 이행에 대한 기대는 정당하므로 채권자의 이행이익은 사회 일반의 통념에 비추어 인정되는 통상손해로서 포섭될 수 있는 것이다.

원시적 불능인 계약의 불이행으로 인한 이행이익 손해는 특별손해로도 인정될 수 있다. 가령 매수인이 매매목적물을 취득하여 이를 전매하려고 하였고 매도인도 그러한 사정을 알고 있는 경우에 매매목적물이 매매계약 직전에 멸실되었다고 하자. 매매계약 직후에 매매목적물이 멸실된 경우와 비교하면 두 경우 매수인이 입게 되는 손해는 동일하고 두 경우를 달리 취급하는 것은 공평에 반한다.[80] 매수인은 모두 전매이익 상당의 손해를 입은 것인바, 원시적 불능 도그마를 폐기하는 이상 두 경우 모두 이행이익을 전제로 한 전매이익 상당의 손해를 특별손해로 인정할 수 있게 된다.

결국 원시적 불능으로 인하여 채무불이행이 발생한 경우에 채무자의 과실은 정보의무 위반의 점에 있다고 하더라도 채권자의 채무 이행에 대한 기대는 정당하고 민법 제393조가 적용되는 이상 이행이익 배상청구를 인정하는 것이 논리적으로 허용되며, 이런 의미에서 2024년 개정안의 입장을 지지할 수 있다.[81]

김상용, 채권총론(제3판), 2016, 169면; 이은영, "손해배상범위의 이론", 손해배상법의 제문제(성헌황적인박사화갑기념논문집), 1990, 61면 이하; 주석민법, 채권총칙 (1), 871면 이하(문주형 집필부분); 대법원 2009. 7. 9. 선고 2009다24842 판결 등 참조.

78) 주석민법, 채권총칙 (1), 838면(문주형 집필부분).

79) 이계정, "변호사 보수청구 제한의 근거로서 신의칙과 신인관계", 서울대학교「법학」, 제60권 제4호, 2019, 12면; Lon L. Fuller & William R. Perdue, "The Reliance Interest in Contract Damages: 1", 46 *Yale L. J.* 52, 53-54 (1936).

80) 김증한·김학동(주 76), 104면.

81) 위와 같은 경우 채무자의 정보의무 위반은 부수적 의무위반이 아닌 주된 의무위반이므로 채권자는 그에 상응하여 이행이익 청구가 허용되는 것인바, 주된 의무는 이루어졌으나 부수적으로 정보의무 위반이 있었던 경우(가령 매매계약에서 물건을 인도하였으나 물건의 사용방법을 제대로 알려주지 않은 경우)에 있어서 청구할 수 있는 손해배상범위와 준별된다.

5. 채권자가 원시적 불능이라는 점을 알았거나 알 수 있었던 경우에 채무자가 면책되는지 여부

현행 민법 제535조는 채권자가 원시적 불능이라는 점을 알았거나 알 수 있었던 경우에 채무자는 면책되는 것으로 규정하고 있다. 그러나 2013년 개정안은 채권자가 원시적 불능이라는 점을 안 경우에만 채무자는 면책되는 것으로 규정하고 있으며, 2024년 개정안은 면책규정을 두지 않고 있다. 2024년 개정안에서 면책규정을 두지 않은 이유를 다음과 같이 설명하고 있다. 즉 원시적 불능이라는 점을 알았거나 알 수 있었던 채권자의 과실은 과실상계(제396조)로 고려하면 충분하다는 점, 이러한 면책규정은 다른 입법이나 모델법에서 쉽게 찾아볼 수 없다는 점을 논거로 제시하고 있다.[82]

채권자가 원시적 불능이라는 점을 알 수 있었던 경우에 이를 과실상계로 고려하면 충분하다는 논리는 타당하다. 특히 채무자가 원시적 불능이라는 점을 알면서 계약을 체결한 경우에 채권자가 이를 알 수 있었다고 하여 채무자의 배상책임을 배제하는 것은 부당하다.

그러나 채권자가 원시적 불능이라는 점을 안 경우에 이러한 채권자를 보호할 필요성이 있는지 상당한 의문이 있다. 채권자가 원시적 불능이라는 점을 알았다면, 특별한 사정이 없는 한, 이러한 채권자에 대하여 원시적 불능으로 인한 위험을 감수하겠다는 의사를 충분히 인정할 수 있는바, 그 위험이 현실화된 경우에 채권자에게 배상청구권을 부여하는 것은 채권자에게 망외의 소득을 주는 것이어서 심히 불공평하다. 원시적 불능이라는 점을 안 채권자는 채무자에 대하여 약속 준수의 기대를 하지 않았던 자인바, 이러한 채권자에 대하여 이행이익 상당의 손해배상청구를 허용하는 것은 이행이익의 인정범위를 유월하는 해석이다. 또한, 이러한 채권자가 비용을 지출하였다고 하더라도 계약이 이행되리라고 믿고 지출한 것으로 보기 어려운바, 신뢰이익의 손해도 주장할 수 없다고 보아야 한다.

우리 법상 원시적 일부불능에 해당하는 수량지정매매에서의 수량 부족이나 계약 당시에 매매 목적물의 일부가 이미 멸실된 경우에 매수인이 그 사실을 이미 알고 있었던 경우에는 하자담보책임을 구할 수 없다(민법 제575조). 그리고 2024년 민법 개정안은 매수인이 악의인 경우에는 물건의 하자에 대하여 하자담보책임을 구할 수 없다는 입장에 있다.[83] 이처럼 원시적 일부불능에 대하여 매수인이 악의인 경우에 매도인의 책임을 배

---

82) 서울대학교 산학협력단(책임연구원 김형석), 민법 개정안(계약법 총론) 예비초안 연구, 법무부 연구용역 보고서, 2023, 60면.

83) 2024년 민법 개정안은 "매도인은 매수인에게 종류, 수량, 품질 등에 관하여 합의된 성상(性狀)을 갖춘 매매 목적물을 인도하여야 한다. 그 성상이 합의되지 아니한 경우에는 계약의 전제가 되는 사용에 적합한 성상을 갖추어야 하며, 그러한 전제가 없는 경우에는 통상적인 사용에 적합한 성상을 갖추어야 한다."라고 규정하여 물건의 하자의 정의규정을 두었고(제570조), "매매 당시 그 목적물에 물건의 하자가 있다는 사정을 알았던 매수인은 제571조부터 제574조까지의 규정에 따른

제하였듯이 원시적 전부불능에 대하여도 채권자가 악의라면 채무자의 배상책임을 배제하는 것이 타당하다. 특히, 원시적 불능에서의 채무자의 과실은 이행불가능한 계약임에도 이를 제대로 알아보지 않고 채권자에게 알리지 않은 점에 있는바, 채권자가 이러한 사정을 이미 알고 있는 경우에 채무자에게 과실을 인정하여 채무불이행책임을 지우는 것은 논리적으로 맞지 않다.

결국 채권자가 원시적 불능이라는 점을 알았던 경우에는 채무자의 배상책임은 배제된다고 볼 것이며, 이러한 점은 해석론에 의해서도 도출될 수 있지만 민법 제535조에 반영한다면 아래와 같이 규정할 수 있을 것이다.

현행	2013년 개정안	2024년 개정안	개정제안
제535조(계약체결상의 과실) ① 목적이 불능한 계약을 체결할 때에 그 불능을 알았거나 알 수 있었을 자는 상대방이 그 계약의 유효를 믿었음으로 인하여 받은 손해를 배상하여야 한다. 그러나 그 배상액은 계약이 유효함으로 인하여 생길 이익액을 넘지 못한다. ② 전항의 규정은 상대방이 그 불능을 알았거나 알 수 있었을 경우에는 적용하지 아니한다.	제535조(계약체결시의 불능) ① 계약을 체결할 때에 이미 그 이행을 할 수 없다는 사정은 계약의 효력에 영향을 미치지 아니한다. ② 제1항의 경우에 채권자는 손해배상을 청구할 수 있다. 그러나 계약을 체결할 때에 채권자가 그 사정을 안 경우 또는 채무자가 그 사정을 알지 못하였고 알지 못한 데에 과실이 없는 경우에는 그러하지 아니하다.	제535조(계약체결시의 불능) 계약을 체결하는 때에 이미 그 이행을 할 수 없었다는 사정은 계약의 효력에 영향을 미치지 아니한다.	제535조(계약체결시의 불능) ① 계약을 체결할 때에 이미 그 이행을 할 수 없었다는 사정은 계약의 효력에 영향을 미치지 아니한다. **② 제1항의 경우에 채권자는 민법 제390조에 따라 손해배상을 청구할 수 있다.**[84] **그러나 계약을 체결할 때에 채권자가 그 사정을 안 경우에는 그러하지 아니하다.**

권리를 행사할 수 없다."라고 규정하여(밑줄-필자) 매수인이 악의인 경우에는 수량 부족, 목적물의 일부 멸실 등 물건의 하자에 대하여 하자담보책임을 청구할 수 없음을 규정하고 있다(제575조). 물건의 하자로 인한 담보책임을 구함에 있어 매수인의 무과실을 요건으로 하는 현행규정(현행 민법 제580조 제1항 단서)이 가혹하다는 평가를 반영하였다.

84) 민법 제535조가 원시적 불능과 관련하여 독자적인 손해배상 근거규정이 아니고 민법 제390조가 근거규정이라는 점을 밝히기 위하여 위와 같이 수정하였다. 채무자의 면책사유를 규율하기 위해서는 원칙에 해당하는 사항을 먼저 규정해야 하므로 "제1항의 경우에 채권자는 민법 제390조에 따라 손해배상을 청구할 수 있다."라는 문구를 앞에 넣은 것이다.

6. 원시적 불능인 계약에 대하여 채무자가 착오를 이유로 취소할 수 있는지 여부

2024년 개정안에 따라 원시적 불능인 계약을 유효하게 보는 경우에 채권자는 채무자에게 채무불이행책임을 통해 이행이익을 구할 수 있다. 이에 대하여 채무자가 「착오로 원시적 불능임을 알지 못하였다」는 점을 주장하여 계약을 취소함으로써 이행이익의 배상을 면할 수 있는지 문제가 된다.[85]

독일의 경우 이 점을 명확하게 규율하고 있지는 않으나 채무자는 원시적 불능인 계약에 대하여 착오를 이유로 계약을 취소할 수 없다는 주장이 유력하다.[86] 일본의 경우 원시적 불능이라도 계약은 유효하므로 급부가 계약체결시에 가능한지 불가능한지 여부는 「법률행위의 목적 및 거래상의 사회통념에 비추어 중요」하다고 볼 수 없으므로 착오취소를 인정하지 않는 견해가 주장되고 있다.[87] DCFR은 불능임을 알았어야 하는 당사자는 불능으로 인한 위험을 감수해야 하므로 착오를 이유로 취소할 수 없다고 해설하고 있다.[88]

착오는 본질적으로 예상하지 못한 사정이 발생한 경우에 위험을 배분하는 문제이다.[89] 그런데 당사자 사이에 그 위험을 미리 배분하였다면 착오규정이 배제된다고 할 것이다. 2024년 개정안은 원시적 불능이 발생한 경우에 채무자에게 과실이 있는 경우에 채무불이행책임을 진다는 점을 명확히 함으로써 원시적 불능이라는 사정에 대하여 사전에 위험을 배분한 조항을 이해할 수 있다. 따라서 앞서 본 비교법적 입장은 우리 법에 있어서도 그대로 타당하고, 원시적 불능인 계약에 대하여 채무자가 착오를 이유로 계약을 취소할 수 없다고 보아야 할 것이다.

---

85) 판례는 착오를 이유로 계약을 취소하는 경우에 착오자의 불법행위로 인한 손해배상책임을 부인하고 있는바(대법원 1997. 8. 22. 선고 97다13023 판결), 이러한 판례의 입장에 따르면 착오자는 착오 취소가 인정되면 이행이익의 배상뿐만 아니라 신뢰이익의 배상도 지지 않게 된다.

86) MüKoBGB/Ernst(주 24), § 311a Rn. 84. 다만, 독일은 채무자의 착오로 계약이 취소된 경우에 채무자는 신뢰이익을 배상하여야 한다는 점(독일 민법 제122조 제1항)에서 우리와 다르다.

87) 潮見佳男(주 33), 84頁. 참고로 착오 취소에 관한 일본민법 제95조 제1항은 다음과 같이 규정하고 있다. "의사표시는 다음의 착오에 기한 것으로 그 착오가 법률행위의 목적 및 거래상의 사회통념에 비추어 중요한 것인 때에는 취소할 수 있다.
1. 의사표시에 대응하는 의사를 결여한 착오
2. 표의자가 법률행위의 기초로 삼은 사정에 대한 인식이 진실에 반하는 착오"

88) Christian von Bar & Eric Cilve (eds.), *Principles, Definitions and Model Rules of European Private Law: Draft Common Frame of Reference (DCFR),* Oxford (2010), Ⅱ.–7:201, Comment J.

89) 이계정, "민법 제392조와 이행지체 중 가격하락으로 인한 손해의 귀속 – 계약에서의 위험배분의 원리와 관련하여", 「법조」, 통권 제762호, 2023, 14면.

Ⅵ. 결론

본 글에서는 원시적 불능에 관한 민법 제535조 개정 문제를 논하기 위하여 각국의 입법례, 국제모델법을 살펴봄으로써 원시적 불능의 법적 취급에 관한 국제적 흐름을 검토하고, 민법 제535조에 관한 2013년 개정안, 2024년 개정안을 설명하고 원시적 불능의 법적 취급과 관련된 쟁점을 논하였다. 본 논문의 결론은 다음과 같다.

첫째, 2024년 개정안은 2013년 개정안과 마찬가지로 원시적 불능 도그마를 폐기하였는바, 계약체결 전에 목적물이 멸실된 경우와 계약체결 후에 목적물이 멸실된 경우를 다르게 취급할 이유가 없고, 급부가 원시적으로 불능인지 여부는 계약의 유무효와 관련이 없다는 점에서 개정안의 입장은 타당하다.

둘째, 2024년 개정안은 2013년 개정안과 달리 원시적 불능에 관한 독자적인 손해배상 근거규정을 두지 않았는바, 원시적 불능에서의 채무자의 정보의무 위반은 민법 제390조의 과실에 포섭될 수 있고, 원시적 불능으로 인한 이행불능도 민법 제390조의 「채무불이행」의 유형에 해당되므로 별도의 손해배상 근거규정은 불필요하다는 점에서 2024년 개정안의 입장이 타당하다.

셋째, 2024년 개정안은 2013년 개정안과는 달리 원시적 불능의 경우에 채권자가 이행이익을 구할 수 있음을 명확히 하고 있는바, 원시적 불능인 계약을 유효하다고 보는 이상 원시적 불능인 계약에서도 채권자의 채무 이행에 대한 기대는 정당하므로 채권자의 이행이익은 민법 제393조의 손해로서 포섭될 수 있다.

넷째, 2013년 개정안은 채권자가 원시적 불능이라는 점을 안 경우에 채무자는 면책되는 것으로 규정하고 있으나 2024년 개정안은 면책규정을 두지 않고 있는바, 채권자가 원시적 불능이라는 점을 알았다면 채권자는 원시적 불능으로 인한 위험을 감수하겠다는 의사가 있었다고 보아야 하고, 이러한 채권자에 대하여 채무자가 이행불가능하다는 점을 알리지 않았다고 하더라도 채무자에게 과실이 있다고 보기 어려우므로 2013년 개정안과 같이 면책규정을 두는 것이 타당하다.

단기간에 경제적 성장과 정치적 민주화를 일구어낸 대한민국의 힘은 역동성(dynamic force)에 있다. 우리나라는 다양한 측면에서 역동성을 보여주고 있으며, 이제는 전 세계가 주목하는 나라가 되었다. 그런데 유독 민법 개정에 있어서는 역동성이 아니라 무기력함을 보이고 있어 안타까운 상황이다. 시민의 삶의 근거가 되는 민법이 1958년 제정된 이래 정체되어 있다. 이제 민법 개정의 영역에서도 역동적인 모습이 현출되기를 바라며, 본 논문이 민법 개정의 실현에 자그마한 도움이 되었으면 하는 바람이다.

추완청구권과 민법 개정*

이계정**

국문초록

본 논문에서는 불완전이행에 관한 채권자의 구제수단인 추완청구권을 상세하게 논하면서 이를 우리나라의 민법에 어떻게 수용해야 하는지 검토하였다. 본 논문의 내용을 요약하면 다음과 같다.

첫째, 추완청구권은 채권자의 이익과 채무자의 이익의 조화를 꾀할 수 있으면서도 계약법의 핵심 원칙인 「계약 준수의 원칙」을 실현하는 수단이라는 점에서 이를 명문으로 인정하는 것이 필요하다. 특히 비교법적 검토를 통해 알 수 있듯이 독일, 일본이 민법을 현대화하면서 추완청구권을 적극적으로 규정하고 있고, 국제모델법에서도 널리 인정되고 있는 점을 적극적으로 고려할 필요가 있다.

둘째, 추완청구권은 채권각론에 규정된 전형계약 전반에 적용된다는 점, 추완청구권은 채무불이행에 대한 일반적인 구제수단이라는 점에 비추어 채권총칙에도 이를 규정하는 것이 타당하다. 다만, 그 내용에 있어서 추완청구권 제한사유로 불비례성을 규정하고, 단기의 권리행사기

---

* 이 논문은 민사법학 제105호에 게재된 것을 수록하였다.
민사법학회는 민법 개정을 준비하면서 2022년부터 민법개정검토위원회를 조직하여 필자는 채권총론 분과에서 활동하였는데, 해당 분과에서 논의된 내용을 발전시켜 본 논문을 작성하였다. 채권총론 분과에 소속된 이성범 교수님, 박근웅 교수님, 고유강 교수님, 전우정 교수님께서는 비교법적 연구에 필요한 자료를 제공하여 주셨는바, 깊은 감사의 말씀을 전한다. 2023. 12. 16. 한국민사법학회에서 발표할 당시 소중한 토론을 하여 주신 이창현 교수님, 김화 교수님, 논문 발전에 유익한 의견을 준 장명 교수님, 귀중한 심사의견을 주신 익명의 심사위원님들께도 감사의 뜻을 전하고 싶다. 이 논문은 서울대학교 아시아태평양법연구소의 2023학년도 학술연구비 지원을 받았다(재단법인 서울대학교 발전기금 출연).

** 서울대학교 법과대학/법학대학원 교수, 민법학 박사.

간과 추완비용은 채무자가 부담한다는 점도 명확히 하는 것이 바람직하다.

셋째, 채무자의 불완전이행이 문제가 되는 전형적인 예인 하자담보책임에 추완청구권을 구체적으로 규정하는 것이 요청된다. 하자담보책임에서 추완청구권을 규율함에 있어 매도인에게 추완방법의 선택권을 인정할지 문제가 되는바, 이미 매도인에 의한 불완전이행이 발생한 상황에서 매도인에게 추완방법의 선택권이라는 적극적인 권리를 인정할 필요는 없다. 또한, 매수인이 추완청구권을 행사함이 없이 바로 추완에 갈음하는 손해배상을 청구할 수 있는지 문제가 되는바, 추완청구권의 사상적 기초와 민법 제395조의 취지에 비추어 매도인에게 상당한 기간 동안 추완의 기회를 부여한 다음 추완에 갈음하는 손해배상을 청구할 수 있다고 규정하는 것이 타당하다. 이러한 추완 우선의 원칙은 매수인이 대금감액청구권, 해제의 구제수단을 취함에 있어서도 관철되어야 한다. 이를 통해 채무자(매도인)가 추완에 관하여 가지는 이익을 보호할 수 있는바, 별도로 채무자(매도인)의 추완권을 민법에 규정할 필요는 없다.

Ⅰ. 들어가며

추완청구권은 '채무자가 채무를 이행하였으나 채무의 내용에 좇은 이행이 아닌 경우에, 완전한 이행을 청구할 수 있는 채권자의 권리'로 정의할 수 있다.[1] 구체적으로 추완에는 어떤 것이 있는지 견해의 대립이 있을 수 있으나, 이행한 목적물에 하자가 있는 경우에 하자보수, 하자 없는 물건의 인도, 이행을 하였으나 수량이 부족한 경우에 부족분의 인도가 이에 포함된다.[2] 그 외에 의료계약의 경우 완전하지 않은 수술에 대하여 의사가 재수술을 하는 것이, 디지털콘텐츠계약의 경우 디지털콘텐츠의 재생이 제대로 이루어지지 않는 경우에 재생 불량의 원인 제거가, 여행계약의 경우에는 부실한 여행 일정의 변경이 각 추완이 될 수 있는바,[3] 추완에 해당하는 내용은 다양하다고 할 수 있다.

---

1) 유럽계약법 통합을 위한 그동안의 노력을 집대성한 유럽계약법 코멘터리는 추완에 대하여 '계약에서 요구되는 기준에 미치지 못하는 이행을 바로잡는 채무자의 행위(action by the [debtor] that corrects a performance falling short of the standard required by the contract)'라고 정의하고 있는바, 위에서 본 추완청구권 정의와 다르지 않다(Jens Kleinschmidt, Art. 8:104, in: *Commentaries on European Contract Laws* (edited by N. Jansen & R. Zimmermann), Oxford (2018)(이하 위 책을 "*Commentaries on ECL*"이라고 약칭한다), [1]).

2) PECL에서는 보수, 빠진 부분의 인도, 대체물의 인도를 추완의 예로 언급하고 있으며(Ole Lando & Hugh Beale (eds.), 김재형 역, 유럽계약법원칙, 2013, 599면), 일본 민법은 목적물의 보수, 대체물의 인도, 부족분의 인도를 추완의 예로 규정하고 있다(일본 민법 제562조).

3) 여행주최자의 하자담보책임을 규정한 민법 제674조의6은 여행자는 여행주최자에 대하여 하자이

현행 민법에는 추완청구권을 인정하는 일반규정이 없고, 매매에서의 불특정물매매에서의 완전물급부청구권(제581조 제2항), 도급에서의 도급인의 하자보수청구권(제667조 제1항), 여행계약에서의 시정청구권(제674조의6)을 통하여 추완청구권을 개별적으로 인정하고 있다. 그러나 불완전이행에 대하여 강학상 추완청구권을 인정하는 것이 지배적이다.[4] 이에 따라 2014년 마련된 민법 개정안 제388조의2는 「추완청구권」이라는 표제 하에 "채무자가 채무를 불완전하게 이행한 때에는 채권자는 채무이행의 추완을 청구할 수 있다. 그러나 추완에 과다한 비용을 요하거나 그 밖에 추완을 합리적으로 기대할 수 없는 경우에는 그러하지 아니하다."라고 규정함으로써 추완청구권을 명문으로 인정하였다. 위 개정안에 대하여 그동안의 연구와 비판이 있지만,[5] 무엇보다 위 개정안의 문제점은 하자담보책임과 연계하지 않고 제시되었다는 점에 있다.

2023년 6월 민법 전면 개정 추진을 위한 「법무부 민법개정위원회」가 구성되었는바, 현 시점에서 추완청구권에 대하여 어떠한 내용으로 민법개정을 추진할지 다시 한 번 구체적으로 검토할 필요가 있다. 무엇보다 하자담보책임과 연계하여 검토를 할 필요가 있다. 이에 본 논문은 추완청구권을 어떻게 민법에 수용할지에 관하여 논하고자 (1) 다른 나라와 국제모델법은 추완청구권을 어떻게 규정하고 있는지 비교법적으로 검토하고, (2) 추완청구권을 채권총칙에 규정할지 여부, 규정하는 경우에 구체적으로 어떤 내용으로 규정해야 하는지 해당 쟁점을 살펴보고, (3) 채권각칙에서의 추완청구권을 어떻게 규율해야 하는지 매매에서의 하자담보책임을 중심으로 검토하여 구체적인 개정안을 제시하고자 한다.

시정을 청구할 수 있다고 규정하고 있다. 이에 대한 설명으로는 백태승, "여행계약 입법안", 「민사법학」, 제62호, 2013, 156면 이하.

4) 편집대표 곽윤직, 민법주해(9), 채권(2), 1999, 310－311면(양창수 집필부분); 편집대표 김용덕, 주석민법(채권총칙 1)(제5판), 2020, 735－736면(김상중 집필부분); 김형배, 채권총론, 229면; 이은영, 채권총론, 제4판, 2009, 242면; 양창수·김재형, 민법 I (계약법), 제3판, 418면 이하; 오종근, "추완청구권－민법개정논의를 중심으로", 「법학논집」, 제22권 제3호, 2018, 4－5면. 불완전이행에 있어서 추완청구권을 인정한 판례로는 대법원 1996. 11. 26. 선고 96다27148 판결(공 1997하, 47). 추완청구권을 반대하는 견해로는 송덕수, 채권법총론, 제6판, 2021, 158면.

5) 추완청구권에 관한 2014년 민법개정안에 대한 연구로는 김재형, "민법상 구제수단의 다양화: 이행·추완·금지청구권에 관한 민법개정안", 민법개정안 연구, 2019, 126면 이하; 김영두, "추완청구에 관한 민법개정시안의 검토", 법학연구 제24권 제1호, 2014, 49면 이하; 오종근(주 4), 9면 이하; 김상중, "한국 민법 개정시안의 채권총론 주요 개정내용", 「토지법학」, 제34권 제2호, 2018, 50면 이하. 위 개정안에 대한 비판으로는 김대정, "2013년 「채무불이행법 개정안」에 관한 약간의 검토", 「중앙법학」, 제17집 제4호, 2015, 290－291면; 이진기, "민법개정안 채무불이행법에 관한 검토", 「민사법학」, 제68호, 2014, 207면 이하.

Ⅱ. 추완청구권에 관한 비교법적 검토[6)]

1. 독일

독일은 2002년 채권법을 개정하기 전에는 불특정물매매에 대해서 매수인의 완전물 급부청구권을 인정하였을 뿐 추완청구권을 전면적으로 규정하지는 않았다.[7)] 그러나 2002년 채권법의 현대화에 관한 법률(Gesetz zur Modernisierung des Schuldrechts)에 따라 채권법을 대폭 개정하면서 추완청구권에 관한 내용이 신설되었다.

채권총칙에는 추완청구권에 관한 일반규정은 없으나, 추완청구권이 인정됨을 전제로 한 규정이 있는데 독일민법 제281조 제1항 제1문, 제323조 제1항이 그것이다.[8)]

독일민법은 매매의 하자담보책임에 추완청구권을 구체적으로 규정하고 있는데 매매계약의 매수인은 물건에 하자가 있는 경우에 추완청구권이 있음을 명시하고 있다(독일민법 제437조, 제439조). 이에 따라 매수인은 자신의 선택에 따라 하자의 제거 또는 하자 없는 물건의 인도를 청구할 수 있으며, 추완에 필요한 비용은 매도인이 부담해야 한다. 특히 매도인이 하자 있는 물건을 제공하여 선의의 매수인이 이를 부착한 경우에, 매수인이 매도인으로부터 인도받은 새로운 하자 없는 물건을 부착하는 데 드는 비용과 그 부착을 위해 종전의 하자 있는 물건을 제거하는 데 드는 비용 모두를 매도인이 부담해야 한다(독일민법 제439조 제3항).[9)] 하자 보수를 요구할지, 완전물을 요구할지 등의 추완방법

6) 아래에서 설명하는 독일, 일본, 프랑스, 국제모델법의 추완청구권 관련 조문에 대한 번역은 별지 추완청구권에 관한 입법례 참조.

7) 로마법에서는 추완청구권을 인정하지 않았는바, 이에 영향을 받은 것이다(Hein Kötz, *European Contract Law* (Mertens & Weir trans.), 2nd ed., Oxford (2017), p.210).

8) 독일민법 제281조 제1항 제1문, 제323조 제1항은 나음과 같나(번역은 양창수 역, 2018년판 독일민법전, 2018을 참조하였음을 밝혀둔다. 그 외의 독일민법에 대한 번역도 같다).
제281조 [급부의 불이행 또는 채무에 좇지 아니한 이행으로 인한 전보배상]
① 채무자가 이행기가 도래한 급부를 실행하지 아니하거나 채무에 좇아 실행하지 아니한 경우에, 채권자가 채무자에 대하여 급부 또는 추완을 위하여 상당한 기간을 정하였으나 그 기간이 도과된 때에는, 그는 제280조 제1항에서 정하는 요건 아래서 급부에 갈음하는 손해배상을 청구할 수 있다.
제323조 [급부의 불이행 또는 계약에 좇지 아니한 이행으로 인한 해제]
① 쌍무계약에서 채무자가 이행기가 도래한 급부를 실행하지 아니하거나 계약에 좇아 실행하지 아니한 경우에, 채권자는 채무자에 대하여 급부 또는 추완을 위하여 상당한 기간을 정하였으나 그 기간이 도과된 때에는 계약을 해제할 수 있다.

9) 유럽사법재판소의 Weber und Putz 판결(EuGH, Urteil v. 16.6.2011, verbundene Rs. C−65/09 und C−87/09)에 근거한 것이다. 소비자가 바닥타일(floor tile, Bodenfliesen)을 매수하여 자신의 집에 부착하였는데, 하자가 발견되어 타일을 전면 교체해야 하는 상황에서 매도인은 하자 있는 타일의 제거와 새로운 타일의 설치 비용을 부담해야 한다고 유럽사법재판소는 결론을 내렸다(위 판결에 대한 자세한 분석은 김화, "매수인의 추완청구권에 있어서 그 이행범위의 확정 − 최근의 유럽사법재판소와 독일연방대법원의 판결의 중심으로", 「비교사법」, 제22권 제3호, 2015, 973면 이하). 위 사안은 소비재매매에 관한 것이었으나 독일은 2017년 민법개정을 통해 소비재매매뿐만 아니라 일

과 관련하여 매수인에게 추완방법의 선택권을 인정하면서도 매도인에게 추완거절권을 인정하고 있다. 즉 매수인이 선택한 추완방법이 ① 매수인의 급부이익에 대하여 현저히 불균형을 이루는 비용지출을 요구하는 경우, ② 매도인의 급부를 어렵게 하는 장애사유를 매수인의 급부이익에 비하여 형량하면 매도인에게 그 급부를 기대할 수 없는 때, ③ 과도한 비용으로만 가능한 경우에 매도인은 그 추완방법을 거절할 수 있으며, 이 경우 매수인의 추완청구권은 그 추완의 다른 방법으로 제한된다(독일민법 제439조 제4항, 제275조 제2항, 제3항).[10]

다만, 독일민법은 적극적으로 매도인의 추완방법 선택권을 인정하고 있지는 않은바, 매도인의 추완권 인정과 관련하여 적극적인 입장은 아니다.[11] 그러나 추완에 갈음하는 손해배상을 청구하거나 추완 불이행을 이유로 해제를 하는 경우에 매수인은 원칙적으로 상당한 기간에 걸쳐서 최고를 해야 하는바(독일민법 제281조 제1항 제1문, 제323조 제1항), 그러한 부가기간(Nachfrist) 부여를 통해 매도인에게 추완의 기회를 부여함으로써 매도인의 이익을 적정하게 보호하고 있다.

2. 일본

일본민법은 종전에는 추완청구권에 관한 규정을 두지 않았으나 2017년 민법개정을 통해 추완청구권을 명문으로 규정하였다. 위 개정민법은 종래 쓰던 「하자」라는 용어를 삭제하고 「계약부적합」이라는 용어를 창설함으로써 종래 하자담보책임은 「계약부적합책임」으로 변경되었는바,[12] 「계약부적합책임」에 관한 민법 제562조에 매수인의 추완청구권에 관한 규정을 신설하였다. 다만, 채권총칙에는 추완청구권에 관한 일반규정을 두

반매매에 대해서도 위 원칙이 적용된다고 규정하였다(서종희, "독일민법상 추완청구권에 관한 소고", 「법학논총」, 제26집 제2호, 2019, 286면; 김종현, "매수인의 추완청구권에 관한 독일매매법상의 주요 개정내용", 「재산법연구」, 제35권 제4호, 2019, 118면 이하 참조).

10) 다만, 매도인은 남아있는 추완방법에 대해서도 여전히 과도한 비용을 이유로 거절할 수 있다(독일 민법 제439조 제3항 제4문). 이에 대한 설명으로는 김화, "매수인의 추완이행청구권의 제한원칙에 관한 고찰", 「민사법학」, 제70호, 2015, 535면 이하.

11) 본 논문에서는 채권자(매수인)의 추완청구권과 구별하여 채무자(매도인)가 불완전이행을 치유하여 이행을 완전하게 할 수 있는 권리를 「추완권」이라고 칭하기로 한다.

12) 「하자」 대신 「계약부적합」이라는 용어를 사용한 이유에 대하여 중간시안(中間試案)은 「하자」라는 말이 난해하고, 계약의 내용과는 별개로 객관적으로 결정되는 것으로 이해될 수 있고, 물리적 흠결만을 상기시켜 심리적·환경적 하자는 포함하지 않는 것으로 이해될 수 있기 때문이라고 밝히고 있다(商事法務 編, 民法(債權關係)の改正に關する中間試案の補足說明, 商事法務(2013), 400-401頁). 이에 비추어 보면 「계약부적합」 개념이 종래의 「하자」 개념과 매우 다르다고 볼 수 없다. 다만, 개정 전 민법에는 「숨은 하자」를 요구하였으나(개정 전 일본민법 제570조), 개정 과정에서 이 부분이 삭제되었으므로, 계약부적합이 숨어 있을 필요는 없다는 점에서 차이가 있다(中田裕康, 契約法, 新版, 有斐閣(2015), 301頁 참조).

지는 않았다.[13)]

매수인은 인도된 목적물이 종류, 품질 또는 수량에 관하여 계약의 내용에 부적합한 경우에 추완청구권을 행사할 수 있는데,[14)] 추완청구권의 내용으로 목적물의 보수, 대체물의 인도, 부족분의 인도를 구체적으로 명시하고 있다(일본민법 제562조 제1항). 추완방법과 관련하여 매수인에게 1차적으로 추완방법의 선택권을 인정하면서도 매도인에게도 추완방법 선택권을 인정하고 있다. 즉 매수인이 선택한 추완방법에 대하여 매도인은 매수인에게 상당하지 않은 부담을 부과하지 않는 것임을 요건으로 매수인이 청구한 것과 다른 방법에 의한 추완을 할 수 있다(일본민법 제562조 제1항). 매도인이 이에 따라 추완을 한 경우에는 변제의 제공으로서 효력이 생기고 매수인은 당초 선택한 추완방법에 의한 추완청구를 할 수 없다.[15)]

매수인의 추완청구권의 제한사유에 대하여 계약부적합책임에서 직접 규율하지 않고 이행불능에 관한 일본민법 제412조의2 제1항을 적용하고 있다.[16)] 따라서 추완이 계약 기타 채무의 발생원인 및 거래상의 사회통념에 비추어 불능인 때에는 추완을 청구할 수 없다. 그리고 매수인이 종류 또는 품질에 관하여 계약의 내용에 부적합한 목적물을 인도받아 그 부적합을 알았을 때부터 1년 이내에 매도인에게 그 취지를 통지하지 아니한 때에는 추완청구권을 행사할 수 없다(일본민법 제566조).[17)] 이러한 기간제한은 소멸시효규정을 배제하지 않으므로 위 기간 내의 통지에 의해 보존된 매수인의 권리는 소멸시효의 일반원칙이 적용된다.[18)] 따라서 매도인이 추완청구권을 행사할 수 있는 때(매매 목

---

13) 심의과정에서 전형계약 중 어디에도 해당하지 않는 새로운 계약이 등장할 수 있으므로 추완청구권에 관한 일반규정을 둘 필요성이 있다는 의견이 개진되었으나, 추완청구권에 관한 일반적·추상적 규정의 유용성 등에 관하여 충분한 합의가 이루어지지 않아 추완청구권에 관한 일반 규정 신설 여부가 논의에서 제외되었다고 한다(田中洋, 売買における買主の追完請求権の基礎づけと内容確定, 商事法務(2019), 241頁; 潮見佳男, "追完請求権に関する法制審議会民法（債権関係）部会審議の回顧", 日本民法学の新たな時代, 有斐閣(2015), 675頁).

14) 계약내용 부적합 여부의 판단 시점에 관하여 '목적물의 멸실·손상에 관한 위험은 목적물의 인도에 의해 매도인에서 매수인 앞으로 이전된다.'는 일본민법 제567조의 취지에 비추어 「인도시」가 기준이 된다고 한다(田中洋(주 13), 261頁). 우리나라는 하자 유무의 판단 시점에 관하여 계약체결시설과 인도시설의 견해 대립이 있는바(김형석, "매도인의 하자담보책임에서 하자의 개념", 민법 이론의 새로운 시각(여암송덕수교수정년기념논문집), 2021, 958면 이하), 하자담보책임에 관한 입법 시에 이를 명확히 하는 것이 요청된다.

15) 商事法務 編(주 12), 406頁.

16) 法制審議会 民法(債権関係) 部会資料 75A, 13頁(https://www.moj.go.jp/content/000121259.pdf). 일본 민법 제412조의2 제1항은 "채무의 이행이 계약 기타 채무의 발생원인 및 거래상의 사회통념에 비추어 불능인 때에는 채권자는 그 채무의 이행을 청구할 수 없다."라고 규정하고 있다.

17) 수량에 관한 계약부적합의 경우에 위와 같은 기간제한은 적용되지 않는다.

18) 法制審議会 民法(債権関係) 部会資料 75A, 24頁; 潮見佳男, 民法(債権関係)改正法の概要, 金融財政事情研究会(2015), 268頁; 中田裕康(주 12), 318−319頁; 박성기, "일본 개정민법상 매수인의 추

적물을 인도받은 때)로부터 10년이 경과한 때, 추완청구권을 행사할 수 있음을 안 때로부터 5년이 경과한 때 추완청구권은 시효로 소멸한다(일본민법 제166조 제1항 참조).

지금까지 설명한 「목적물의 계약부적합으로 인한 추완청구권」은 매수인에게 이전된 권리(權利)가 계약의 내용에 부적합한 경우에 준용된다(일본민법 제565조). 그리고 매수인의 추완청구권은 다른 유상계약에 준용되므로, 도급인의 하자보수청구권을 규정한 종전 제634조는 불필요한 규정이 되어 삭제되었다.[19] 매매에서 이미 하자보수청구권을 포함한 추완청구권에 관하여 규율하고 있는 이상, 종전의 도급에서의 하자담보책임의 독자성이 반감되었기 때문이다.

3. 프랑스

프랑스민법은 추완청구권을 채권자의 일반적 구제수단으로 규정하고 있지 않다. 프랑스민법에서는 인도된 물건에 대하여 문제가 있는 경우에 매수인은 두 개의 별개의 원인에 기한 구제수단을 취할 수 있다. 하나는 「매도인의 담보책임」을 주장하여 계약해제권(action rédhibitoire) 또는 대금감액청구권(action estimatoire)을 주장할 수 있고, 이와 함께 또는 별개로 손해배상을 청구할 수 있다(프랑스민법 제1644조, 제1645조).[20] 이는 로마법상 고등안찰관 고시(법)에서 구제수단으로 계약해제소권과 대금감액소권만을 인정하고 추완에 관하여 별도의 소권을 인정하지 않았던 점을 계승한 것으로 볼 수 있다. 다른 하나는 「계약불이행(l'inexécution du contrat)」을 원인으로 특정이행청구권(droit à l'exécution en nature),[21] 대금감액권, 해제권, 손해배상청구권을 주장할 수 있다(프랑스민법 제1217조 ~ 제1231-7조). 프랑스는 2016년 채권법을 개정하면서 계약불이행에 관한 일반적 효과를 위와 같이 정비한 것인데, 그 과정에서도 추완청구권을 명문으로 규정하지 않았다. 따라서 추완청구권이 프랑스에서 채권자의 일반적 구제수단으로 인정된다고 보기 어렵다.[22]

완청구권에 관한 고찰", 「법학논고」, 제70집, 2020, 149-150면.

19) 개정 전 일본민법 제634조는 "① 일의 목적물에 하자가 있는 때에는 도급인은 수급인에 대하여 상당한 기간을 정하여 그 하자의 보수를 청구할 수 있다. 다만, 하자가 중요하지 아니한 경우에 그 보수에 과다한 비용을 요할 때에는 그러하지 아니하다.
② 도급인은 하자의 보수에 갈음하여 또는 보수와 함께 손해배상의 청구를 할 수 있다. 이 경우에는 제533조의 규정을 준용한다."라고 규정하고 있었다.

20) 프랑스의 하자담보책임의 구체적 내용에 대하여는 박수곤, "프랑스법상 물건의 하자에 대한 매도인의 담보책임", 「한양법학」, 제24권 제3집, 2013, 479면 이하.

21) '현실이행'이라고 번역하기도 하며(한불민사법학회, 개정 프랑스채권법 해제, 2021, 316면(남효순 집필)), 우리 법의 이행청구권, 영어식 표현으로는 right to performance in kind, right to performance(PICC), right to enforce specific performance(DCFR)에 해당한다. 본 논문에서는 같은 의미인 '이행청구권', '특정이행청구권'을 가급적 '특정이행청구권'으로 쓰되, 맥락에 따라 '이행청구권'이라는 용어도 같이 사용하였다.

다만 개정 전부터 매수인의 추완청구권은 명문의 근거규정은 없으나 특정이행청구권(droit à l'exécution en nature)으로부터 도출되어 인정된다는 것이 일반적인 견해였고,[23] 판례도 마찬가지 입장으로 볼 수 있다.[24] 한편 프랑스에서는 손해배상을 금전배상(réparation pécuniaire)이 아닌 원상회복(réparation en nature)으로도 명할 수 있고, 그 선택은 원칙적으로 사실심 법원의 재량인바,[25] 원상회복에는 보수 등이 포함된다는 점에서 추완이 제한적으로 인정된다고 할 수 있다.[26]

프랑스민법에서 예외적으로 일정한 유형의 매매에서 매도인의 추완이 가능하다는 점을 명문화하였는데, 건축 예정인 건물의 매도인은 보수를 약속하여 매수인의 계약해제 또는 대금감액청구를 차단할 수 있음을 규정하고 있다(제1642-1조 제2항).

한편, 2019. 5. 20.자 물품매매의 계약법적 측면에 관한 EU 입법지침(이하 'EU 물품매매지침'이라고만 한다)을 반영하여 2021년에 개정된 프랑스 소비자법은 추완청구권을 명시적으로 규정하였다.[27] 프랑스 소비자법은 부적합한 물건의 급부에 따른 소비자가 추완(mise en conformité)을 구할 수 있음을 명시하였는바, 부적합한 물건이 급부된 경우, 소비자는 추완청구로서 원칙적으로 보수나 교체를 구할 수 있고, 불가능할 경우에는 대금감액이나 계약해제를 구할 수 있음을 규정하고 있다(제L217-8조).

4. 영미법

영미법상 특정이행(performance in kind)은 손해배상의 구제수단이 불충분하다거나 손해를 산정하기 어렵다는 등의 특별한 사정이 없는 한 원칙적으로 인정되지 않는다.[28]

---

22) Jens Kleinschmidt, Art. 9:102 (1), in: *Commentaries on ECL*, [33], [34].

23) J.-S. Borghetti, "À la recherche d'une sanction méconnue de l'inexécution contractuelle", *Mélanges en l'honneur de François Collar Dutilleul*, Dalloz (2019), n° 13; 남효순, "프랑스 민법에서의 매도인의 담보책임(II)", 서울대학교「법학」, 제34권 제2호, 1993, 285-286면, 김태훈, "불완전이행책임의 현대화에 대한 연구", 박사학위논문, 2021, 102면.

24) Civ. 3e, 16 juin 2015, n° 14-14.612.

25) G. Viney, "Le régime de la responsabilité contractuelle: le choix entre réparation en nature et dommages-intérêts en cas d'inexécution d'une obligation contractuelle de faire ou de ne pas faire", *RDC* (2006), p. 818.

26) J. Huet, G. Decocq, C. Grimaldi, H. Lécuyer & J. Morel-Maroger, *Traité de droit civil: Les principaux contrats spéciaux*, 3e édition, L.G.D.J (2012), n° 11367.

27) EU 물품매매지침에 대한 전반적인 설명으로는 김진우, "유럽연합(EU)의 물품매매에 관한 새로운 담보책임법 – 물품매매지침의 주요 내용과 우리 법에의 입법론적 시사점", 「저스티스」, 통권 제180호, 2020, 181면 이하. EU 물품매매지침에 따르면 EU 회원국은 2021. 7. 1.까지 물품매매지침의 국내법 전환을 위한 법률을 제정·공포해야 하며, EU 물품매매지침 제13조에서 추완에 대하여 상세히 규정을 하고 있다.

채권자는 원칙적으로 손해배상만을 구할 수 있기 때문이다. 뒤에서 보는 바와 같이 추완청구권은 이행청구권에서 파생되는 것인바, 영미법에서는 특별한 사정이 없는 한 이행청구권을 인정하지 않으므로 채권자의 추완청구권이 인정된다고 보기 어렵다.[29] CISG, PECL, DCFR, PICC와 같은 국제모델법이 채권자의 추완청구권을 인정하면서도 이를 이행청구권의 틀에서 설명하지 않고 채무불이행의 구제수단으로 설명하는 것은 위와 같은 영미법의 입장과 충돌을 피하려는 노력의 일환으로 평가할 수 있다.

다만, 미국의 UCC(Uniform Commercial Code, 통일상법전)에서는 매도인의 추완권을 규정하고 있다. 미국의 UCC는 물품매매에 있어서 완전제공의 원칙(perfect tender rule)을 채택하고 있다. 매도인이 계약부적합한 물품을 제공한 경우 매수인은 완전제공의 원칙을 이유로 그 물품의 수령을 거절할 수 있는바,[30] 이러한 완전제공의 원칙의 엄격성에 대응하여 매도인에게 불완전한 제공을 치유하고 계약을 유지할 수 있는 권리를 부여한 것이 바로 매도인의 추완권이다.[31]

매도인의 추완권은 이행기 전과 이행기 후에 그 요건이 상이하다. 「이행기 전 매도인의 추완권」을 설명하면, 매수인이 계약부적합을 이유로 물품수령을 거절하는 경우 매도인은 적절한 기간 내에 계약부적합을 추완하겠다고 통지하고 이행기 내에 계약부적합을 추완하여 물품을 인도할 권리가 있다(UCC §2-508 (1)). 매도인은 이행기가 도과하지 않은 경우에는 제한 없이 추완권을 행사할 수 있는 것이다. 다음으로 「이행기 후 매도인의 추완권」을 설명하면, 매도인이 ① 제공한 물품이 계약부적합하지만, 매도인으로서는 이행 당시 매수인이 수령할 만한 이행을 하였다고 믿을 합리적인 이유가 있고, ② 적절한 기간 내에 매수인에게 계약부적합을 추완하겠다는 통지를 한 경우에는 매도인은 추

28) Edwin Peel, *Trietel on The Law of Contract*, 15th ed., Sweet & Maxwell (2020), [21-018]-[21-030]; Oliver W. Holmes, *The Common Law*, Boston (1923), p.301("법적으로 구속력이 있는 약속으로부터 유일하게 보편적으로 발생하는 효과는 약속이 이행되지 않은 경우에 약속자에게 손해배상을 지급하도록 법이 명하는 것이다.")

29) 다만, 영국에서는 실무에 있어서 매매계약 당사자가 매수인의 추완청구권, 매도인의 추완권 부여에 합의하는 경우가 많은바, 그 경우에는 계약의 효력으로 매수인의 추완청구권이 인정된다. Jens Kleinschmidt, Art. 9:102 (1), in: *Commentaries on ECL*, [36].

30) 매수인은 계약부적법한 물품을 수령하였더라도 그 부적합이 매수인에게 중대한 가치의 침해를 발생시키는 경우에는 그 수령을 철회할 수 있는바(UCC §2-608), 완전제공의 원칙이 관철된 결과이다.

31) 김영주, "미국 통일상법전(UCC)상 매도인의 추완권", 「국제상학」, 제28권 제2호, 2013, 11면; 가정준, "'매도인의 추완권' v. '매수인의 추완청구권'", 「국제거래법연구」, 제24집 제2호, 2015, 130면. 한편, 매도인의 추완권은 Restatement Second of Contract (§237, 242)에도 채택되었다. 관련 설명으로는 William H. Lawrence, "Cure after Breach of Contract under the Restatement (Second) of Contracts: An Analytical Comparison with the Uniform Commercial Code", 70 *Minn. L. Rev.* 713, 735-751 (1986).

가적인 합리적 기간 내에 계약부적합을 추완할 수 있다(UCC §2－508 (2)). 이에 따라 매도인은 이행기가 도과하더라도 추완을 할 수 있는 추가적인 기간을 확보하게 되는 것이다.

UCC의 추완권은 아래에서 보는 CISG, PICC, PECL, DCFR과 같은 국제모델법에 영향을 미쳐 위 국제모델법은 채무자(매도인)에게 추완권을 인정하기에 이르렀다.

5. 국제모델법

가. CISG(United Nations Convention on Contracts for the International Sale of Goods, 국제물품매매계약에 관한 유엔협약), PICC(UNIDROIT Principles of International Commercial Contracts, 국제상사계약원칙), PECL(Principles of European Contract Law, 유럽계약법원칙), DCFR(Draft Common Frame of Reference, 유럽민사법 공통참조기준안)은 모두 추완청구권에 대하여 규정하고 있다. 추완청구권은 아래 표와 같이 채무불이행에 대한 구제수단에서 규정하고 있는데, 이행청구권을 채권의 기본적 효력으로 보지 않는 영미법계 국가가 불편함을 느끼지 않도록 구제수단으로 규정하였음은 앞에서 언급한 바와 같다.

[표 1 – 국제모델법과 추완청구권 규정의 위치]

국제 모델법	추완청구권 규정의 위치
CISG	제3편 제2장 제3절 매도인의 계약위반에 대한 구제수단 중 제46조에서 규정 (매도인의 추완권은 같은 절 제48조에서 별도로 규정)
PICC	제7장 채무불이행 제2절 이행청구권 중 제7.2.3조에서 규정 (채무자의 추완권은 같은 장 제1절 채무불이행 일반 중 제7.1.4조에서 별도로 규정)
PECL	제9장 채무불이행에 대한 개별적 구제수단 제1절 이행청구권 중 제9:102조 제1항에서 규정 (채무자의 추완권은 제8장 채무불이행과 구제수단 일반 제8:104조에서 규정)
DCFR	제3권 제3장 채무불이행에 대한 구제수단 제3절 이행청구권 중 Ⅲ.–3:302조에서 규정(채무자의 추완권은 같은 장 제2절 불완전이행에 대한 채무자의 추완 중 Ⅲ–3:202조에서 규정[32])

나. CISG 제46조는 물품이 계약에 부적합한 경우에 매수인의 대체물인도청구권과 보수청구권을 인정하고 있다. 대체물인도청구권은 그 계약부적합이 본질적 계약위반에 해당하고 물품의 계약부적합을 발견한 때 또는 발견할 수 있었던 때

32) 매매계약에서 매도인의 추완권은 Ⅳ.A.－2:203조에서 규정하고 있다.

로부터 합리적 기간 내에 행사된 경우에 한하여 인정된다. 한편, 보수청구권은 모든 상황을 고려하여 보수청구가 불합리하지 않은 경우에 한하여 인정되며, 대체물인도청구권과 마찬가지로 물품의 계약부적합을 발견한 때 또는 발견했어야 했던 때로부터 합리적 기간 내에 행사된 경우에 인정된다.

한편, CISG 제48조는 매도인의 추완권을 인정하는데, 불합리하게 지체하지 아니하고 매수인에게 불합리한 불편 또는 매수인의 선급 비용을 매도인으로부터 상환받는 데 대한 불안을 초래하지 않는 경우에 한하여 인정된다. 매도인의 추완권이 우선하는지 매수인의 추완청구권(대체물인도청구권)이 우선하는지에 대하여는 논란이 있다.[33]

다. PICC도 채권자의 추완청구권, 채무자의 추완권을 모두 규정하고 있다. 우선 불완전한 이행에 대한 이행청구권에는 불완전한 이행의 보수, 대체물인도 그 밖의 추완을 청구할 권리를 포함한다고 규정함으로써 채권자의 추완청구권을 인정하고 있다(PICC 제7.2.3조). 추완청구권의 제한사유와 관련하여 독자적인 규정이 없으므로 이행청구를 할 수 없는 예외사유가 적용된다. 따라서 추완이 법률상·사실상 불능인 경우 이외에 추완 강제가 불합리한 부담이나 비용을 야기하는 경우, 채권자가 대체거래를 할 수 있는 경우, 이행이 배타적으로 인적 성질(exclusively personal character)을 갖는 경우[34] 등에는 추완을 청구할 수 없다(PICC 제7.2.2조). 채권자가 추완을 청구하였으나 지정된 기간 내에 또는 합리적인 기간 내에 추완을 받지 못한 경우에 다른 구제수단(해제, 손해배상 등)을 취할 수 있다(PICC 제7.2.5조).

한편, PICC 제7.1.4.조는 채무자의 추완권을 규정하고 있는데, 그 요건이 비교적 상세하다. 즉 ① 불이행자가 부당하게 지체함이 없이 그 추완의 방법과 시기를 제시하여 통지할 것, ② 제반사정으로 보아 추완이 적절할 것, ③ 피해당사자가 치유를 거절하는 데 적법한 이익을 갖지 않을 것, ④ 치유가 즉시 실행될 것을 요건으로 채무자의 추완권 행사가 가능하다. 채무자가 유효한 추완통지를 한 경우에 추완이 실행되지 않고 장차 실행되지도 않을 것임이 명백하게 될 때까지는 채권자는 해제, 손해배상을 청구할 수 없다.[35]

33) 그 견해 대립에 대하여는 석광현, 국제물품매매계약의 법리, 2010, 182면.

34) 이행의 위임이 불가능하고 이행에 개인의 예술적 또는 과학적 성질의 기술이 요구되는 경우나 인적 신임관계가 수반되는 경우에 「이행이 배타적으로 인적 성질을 가진다」고 설명한다(PICC §7.2.2. cmt 3.d(https://www.unidroit.org/instruments/commercial-contracts/unidroit-principles-2010/chapter-7-section-2/#1623694323415-30641944-9988).

35) UNIDROIT, 오원석·최준선·석광현·허해관 공역, 국제상사계약원칙 2016, 2018, 230면.

라. PECL 제9:102조는 채무불이행의 상대방에 대하여 특정이행을 구할 권리가 있으며 여기에는 결함 있는 이행의 추완청구가 포함된다고 하여 채권자의 추완청구권을 규정하고 있다. PECL은 추완청구권을 인정해야 하는 이유에 대하여 '불이행의 상대방은 원래 계약을 통해 얻으려고 한 것을 얻을 수 있고, 불이행자는 결과적으로 대금 전액을 받을 수 있기 때문'에 양 당사자에게 모두 유리할 수 있음을 언급하고 있다.[36] PECL에는 추완청구권의 제한사유와 관련하여 독자적인 규정이 없으므로 이행청구를 할 수 없는 예외사유가 적용된다. 따라서 추완이 불법이거나 추완불능인 경우, 추완이 채무자에게 불합리한 노력이나 비용을 야기하는 경우, 이행이 인적 성질(personal character)이 있는 경우,[37] 채권자가 다른 곳으로부터 합리적으로 이행의 보완을 받을 수 있는 경우 등에는 채권자는 추완을 청구할 수 없다(PECL 제9:102조 제2항).

PECL 제8:104조는 채무자의 추완권을 규정하고 있는데, 이행기가 아직 도래하지 아니하였거나 이행지체가 본질적 불이행이 되지 않는 때에 채무자는 추완을 할 수 있다. 채무자가 추완권을 적법하게 행사하는 경우에 또는 채권자가 해제를 위하여 부가기간(additional period)을 정하여 통지를 한 경우에 채권자는 곧바로 해제를 할 수 없는바, 그 범위에서 추완이 해제보다 우위에 서는 구제수단이 된다.[38]

마. DCFR은 PICC, PECL과 마찬가지로 채권자의 추완청구권, 채무자의 추완권을 모두 규정하고 있다. DCFR III.－3:302조는 채권자의 특정이행청구권을 규정하면서 특정이행에는 무료로(free of charge) 채무의 내용과 합치되지 않는 이행을 시정하는 것이 포함된다고 규정함으로써 채권자의 추완청구권을 규정하고 있다. DCFR에는 추완청구권의 제한사유와 관련하여 독자적인 규정이 없으므로 이행청구를 할 수 없는 예외사유가 적용된다. 따라서 추완의 불법·추완불능 이외에 추완에 불합리한 부담이나 비용이 소요되는 경우, 이행이 인적 성질이 있어서 이를 강제하는 것이 불합리한 경우 등에는 채권자는 추완청구를 할 수 없다(DCFR III.－3:302조 제3항).

DCFR III.－3:202조는 채무자의 추완권을 규정하고 있는데, 채무자는 불완전

36) Ole Lando & Hugh Beale(주 2), 599면.

37) PECL은 「이행이 인적 성질이 있는 경우」에 대해서 앞서 본 PICC(주 34)와 대동소이한 설명을 하고 있다(Ole Lando & Hugh Beale(주 2), 601면).

38) Jens Kleinschmidt, Art. 9:102 (1), in *Commentaries on ECL*, [46]. 채권자가 부가기간을 정한 경우에 채무자는 추완을 할 수 있는 기회를 얻게 되고 추완이 이루어지면 채권자는 해제권을 행사할 수 없게 된다.

이행의 통지를 받은 후 즉시 합리적인 기간 내에 채무자의 비용으로 추완을 제의함으로써 채무자는 불완전한 이행을 추완할 수 있다. 이 경우에 채권자는 채무자에게 불완전한 이행을 추완할 수 있는 합리적인 기간을 허여하여야 한다. 다만, ① 이행지체가 본질적 채무불이행에 해당하는 경우, ② 합리적인 기간 내에 추완을 할 수 없으며 추완으로 인하여 채권자에게 중대한 불편을 야기할 것이라고 채권자가 믿을 만한 이유가 있는 경우 등에는 채무자는 추완권을 행사할 수 없다(DCFR III.−3:203조). 채무자가 적법하게 추완권을 행사하면 채권자는 이행의 유보(withholding performance)를 제외한 다른 구제수단을 취할 수 없다(DCFR III.−3:204조 제1항).

[표 2 − 국제모델법의 구체적 내용]

	매수인의 추완청구권	매도인의 추완권	추완청구권 제한사유
CISG	있음	있음	대체물인도청구는 부적합이 본질적 계약위반을 구성해야 가능/보수청구는 모든 상황 고려하여 불합리하지 않은 경우에 가능
PICC	있음	있음	추완이 법률상·사실상 불능인 경우, 추완 강제가 불합리한 부담이나 비용을 야기하는 경우, 채권자가 대체거래를 할 수 있는 경우, 이행이 배타적으로 인적 성질을 갖는 경우
PECL	있음	있음	추완이 불법이거나 불능인 경우, 추완이 채무자에게 불합리한 노력이나 비용을 야기하는 경우, 이행이 인적 성질이 있는 경우, 채권자가 다른 곳으로부터 합리적으로 이행의 보완을 받을 수 있는 경우
DCFR	있음	있음	추완이 불법이거나 불능인 경우, 추완에 불합리한 부담이나 비용이 소요되는 경우, 이행이 인적 성질이 있는 경우

Ⅲ. 개정민법과 추완청구권의 내용 - 채권총칙에서의 규율

1. 추완청구권의 사상적 기초

위에서 검토한 바와 같이 불완전이행에 있어서 추완청구권은 대금감액청구나 해제와 같은 전통적인 구제수단은 아니지만 채권법을 현대화한 독일, 일본은 이를 명문의 규정으로 인정하고 있고, 국제모델법에서는 추완청구권뿐만 아니라 채무자의 추완권까지 적극적으로 인정하고 있다는 점을 주목할 필요가 있다.

이와 같이 추완청구권을 인정하는 이유가 무엇인지 그 사상적 기초를 검토할 필요가 있다.

첫째, 채무자가 계약에 따른 급부를 완전하게 이행하도록 하는 것이 채권자가 계약에서 의도한 바를 얻게 하는 방법이라는 점에서 추완청구권이 정당화될 수 있다. 채권자가 채무자로부터 손해배상을 받아 대체거래(cover transaction)를 할 수도 있으나 물건에 따라 대체거래가 불가능한 경우도 있으므로 채권자는 해당 계약에서 추완을 통해 원하는 성상의 물건을 인도받는 것이 꼭 필요할 수 있다.

둘째, 추완청구권 행사에 의해 채무자의 추완이 이루어지면 계약 해제를 방지할 수 있어서 계약법의 핵심원칙인 「계약 준수의 원칙(pacta sunt servanda)」을 강화할 수 있다. 그리고 추완에 의해 해제가 방지되는 경우에 계약 당사자는 해제가 초래하는 적지 않은 비용과 위험을 피할 수 있다.[39] 추완청구권 행사에 의해 계약이 유지될 수 있음에도 이를 인정하지 않아 계약이 해제되는 경우에 그 원상회복 내지 계약관계 청산이 초래할 비용과 불편함이 상당한바, 이를 회피할 수 있는 것이다.

셋째, 추완청구권 인정을 통해 채권자의 이익(완전한 물품을 인도받음)과 채무자의 이익(계약상 반대급부를 온전히 청구할 수 있고, 해제로 인한 원상회복 의무나 손해배상 의무를 피할 수 있음)의 조화를 꾀할 수 있다.

넷째, 추완청구권 대신 채권자에게 손해배상을 인정하는 방법이 있으나 손해배상이라는 구제수단은 손해배상 산정이라는 어려운 문제가 발생하며, 산정한 손해배상액이 물건의 하자에 상응하는지 여부가 불분명할 수 있다.[40]

이처럼 추완청구권을 인정하는 사상적 기초는 상당한 설득력이 있는바, 우리 민법의 개정에 있어서도 추완청구권을 명문으로 인정하는 것을 적극적으로 검토해야 한다. 무엇보다 민법개정에 있어서 가장 중요한 기조는 「민법의 현대화」에 있는바, 각국이 민법을 현대화하면서 추완청구권을 적극적으로 규정하고 있는 점을 본보기로 삼을 필요가 있다.

2. 추완청구권의 법적 성질과 특징

추완청구권의 법적 성질에 대하여 이행청구권으로 보는 견해와 채무불이행에 대한

39) Peter Huber, "Comparative Sales Law", *The Oxford Handbook of Comparative Law* (edited by Reinman & Zimmermann), 2nd ed., Oxford (2019), p.955. 계약법의 현대적 경향은 하자 있는 물건의 인도에 대해서 해제를 제한하는 데 있다고 설명한다.

40) 특정이행청구권을 인정해야 하는 사상적 기초이기도 하다(Marc−Philippe Weller, *Vertragstreue*, Mohr Siebeck (2009), S. 328ff).

구제수단의 일종으로 보는 견해가 대립하고 있으며,[41] 우리나라에서는 대체로 이행청구권으로 보고 있다.[42]

이행청구권은 '채권의 본질적 효력으로서 채무자에 대하여 특정의 행위(급부)를 하도록 청구할 수 있는 권능'을 의미한다. 이행청구권의 이러한 권능에는 채무자가 이미 특정의 행위(급부)를 하였으나 그 행위가 불완전한 경우에 완전이행을 구할 수 있는 권능까지 포함한다고 할 것이다. 따라서 추완청구권의 법적 성질을 이행청구권으로 이해하는 것이 타당하다. 따라서 불완전이행에 대한 채무자의 고의·과실은 추완청구권의 요건이 아니고, 객관적으로 불완전이행으로 인정되면 추완청구권이 성립한다.

그런데 추완청구권은 이행청구권과는 구별되는 다음과 같은 특징이 있다. 첫째, 추완청구권에서는 이미 한 차례 이행을 한 채무자에 대하여 추가 기회(second chance)를 부여할지 여부가 쟁점이 되는바, 이행이 아예 없었던 상황에서의 이행청구권과는 구별된다. 둘째, 이행청구권에서 이행방법의 선택은 원칙적으로 매도인에게 있지만, 추완청구권에서는 이행방법의 선택권은 원칙적으로 매수인에게 있다는 점에서 구별된다.[43] 셋째, 추완청구권에는 독자적인 제한사유(예, 추완에 과도한 비용이 요하거나 채권자가 얻게 되는 이익에 비하여 채무자의 부담이 과도한 경우)가 있을 수 있는바, 이행청구권의 제한사유와 추완청구권의 제한사유가 반드시 같은 것은 아니라는 점에서 구별된다.[44] 넷째, 추완청구권은 이행청구권과는 달리 권리행사에 있어서 통상 단기의 제척기간이 적용된다. 다섯째, 민법의 부가기간(민법 제395조 「상당한 기간」을 정하여 최고 후 전보 배상 청구, 민법 제544조 「상당한 기간」을 정하여 최고 후 해제)은 이행지체를 전제로 한 것이므로 추완청구권에 직접적으로 적용되는 것으로 보기 어렵다.[45]

따라서 개정민법에서 이행청구권에 관한 조문을 신설한다고 하더라도 여전히 추완

---

41) 독일의 견해 대립에 대하여는 MacQueen, Dauner-Lieb and Tettinger, "Specific Performance and Right to Cure", *The Common European Sales Law in Context* (edited by Dannemann & Vogenauer), Oxford (2013), pp.624-625. 일본의 견해 대립에 대하여는 潮見佳男, 新債權總論 I, 信山社(2017), 329-331頁.

42) 편집대표 곽윤직, 민법주해(9), 채권(2), 1999, 310면(양창수 집필부분, "원래의 이행청구권이 신의칙에 의하여 수정된 형태"); 편집대표 김용덕, 주석민법(채권총칙 1)(제5판), 2020, 736면(김상중 집필부분, "본래의 급부를 실현하기 위한 이행청구권의 연장된 모습"); 김재형(주 5), 127면.

43) 송영민, "일본 개정민법상의 계약부적합 개념과 책임에 관한 고찰", 민사법의 이론과 실무, 2019, 17면.

44) 불완전이행의 경우 채권자는 추완청구권 이외에도 손해배상 또는 대금감액 등 다른 방법으로 구제를 받을 수 있으므로 추완청구권의 제한사유는 이행청구권의 제한사유에 비하여 완화하여 인정할 수 있다는 점에 대하여는 김화(주 10), 553면.

45) 민법 제395조의 연혁에 대한 설명으로는 김형석, "이행에 갈음한 손해배상", 「비교사법」, 제28권 제2호, 2021, 101-110면.

청구권에 관하여 독자적으로 조문을 신설하는 것은 의미가 있으며, 이를 통해 위와 같은 추완청구권의 특징을 명확하게 하는 것이 요청된다.[46)]

3. 추완청구권의 조문의 위치

추완청구권을 신설하는 경우에 해당 조문을 어디에 신설해야 하는지 문제가 된다. 이에 대해서는 크게 두 가지 안이 있을 수 있다.

1안은 채권총칙에는 추완청구권의 핵심이 되는 내용만을 기재하고, 채권각칙의 하자담보책임에 추완의 방법, 매도인의 추완거절권, 추완청구권 행사기간 등 세부적인 내용을 기재하는 방안이다. 2014년 마련된 민법 개정안에서는 채권총칙에 추완청구권을 신설하였는데, 1안에 따른 것으로 이해할 수 있다. 1안의 장점은 추완청구권이 계약법 전반에 통용되는 보편적인 채권자의 권리라는 점을 명확히 할 수 있다는 데 있다.

2안은 채권각칙의 하자담보책임에만 추완청구권을 규정하는 안이다. 추완청구권은 특히 매매에서 문제가 되므로 매매의 하자담보책임에 이를 규정하고 유상계약에 이를 준용하는 방안이다. 독일민법, 일본민법이 이런 입장에 있다. 추완청구권을 채권총칙, 채권각칙 모두에 두는 경우에 중복에 따른 해석상의 문제점을 피할 수 있다는 점에서 장점이 있다.

각각의 안이 나름의 장단점이 있지만 추완청구권의 적용범위와 관련하여 이 문제를 검토할 필요가 있다. 추완청구권이 주로 문제가 되는 것은 매매, 도급과 같은 유상계약이지만 위임, 증여와 같은 무상계약에서도 적용될 수 있는바,[47)] 추완청구권은 채권각론에 규정된 전형계약 전반에 적용된다는 점을 중시할 필요가 있다. 또한, 이행청구권은 채권의 본질적 효력에 해당하는바, 이행청구권의 연장선상에 있는 추완청구권도 채권의 본질적 효력으로 이해할 수 있다. 이러한 점을 고려하면 이행청구권과 마찬가지로 채권총칙에 추완청구권 규정을 두되, 주로 문제가 되는 채권각칙의 매매, 도급에 세부적인 내용을 두는 1안을 우선적으로 고려하는 것이 타당하다. 최근에는 디지털콘텐츠계약법 도입을 위한 민법개정안이 추진되고 있고 위 개정안에는 추완청구권이 포함되어 있는바,[48)] 추완청구권이 가지는 보편성을 방증하고 있다. 보편적인 내용은 가급적 각칙보다

46) 참고로 2014년 마련된 민법개정안 제386조의2는 「채권자의 이행청구」라는 표제 하에 "채권자는 채무자에 대하여 채무의 이행을 청구할 수 있다."라는 내용으로 이행청구권을 명문화하는 개정안이 제시된 바 있다.

47) 민법 제559조는 증여자는 물권의 하자나 흠결에 대하여 이를 알고 수증자에게 고지하지 않은 경우에 한하여 담보책임을 진다고 규정하고 있다. 추완청구권이 유상계약 이외의 원인에 기한 채무에도 적용될 수 있다는 점에 대하여는 潮見佳男(주 41), 331-332頁.

48) https://www.moj.go.kr/bbs/moj/182/565282/artclView.do.

는 총칙에 규정을 둠으로써 세부적인 법리가 총칙이라는 큰 우산 안에서 전개되도록 하는 것이 바람직한바, 이를 통해 법리의 통합성(integrity)을 기할 수 있다.

나아가 채무불이행에 대한 일반적인 구제수단으로서 추완청구권이 가지는 지위도 무시할 수 없는바, 채무불이행에 대한 구제수단은 가급적 채권총칙에 같이 규정하는 것이 체계적이다. 추완청구권에 관한 일반규정을 위와 같이 신설함으로써 추완청구권은 특정물에 관한 것이건 불특정물에 관한 것이건 모두 적용되는 구제수단임이 명확해지는바, 특정물도그마[49]가 더는 인정되지 않음을 밝히는 의미가 있다. 추완청구권을 채권총칙과 채권각칙의 하자담보책임에 같이 규정함으로써 채무불이행과 하자담보책임을 일원적인 관점에서, 즉 채무불이행의 관점에서 통합할 수 있는 기초가 형성될 수 있는 것이다.[50]

그런데 1안에 따라 채권총칙에 추완청구권을 두는 경우에 추완청구권의 행사기간이 지나치게 장기간이 되는 문제가 있다. 즉, 2014년 민법 개정안에 따라 채권총칙에 '채무자가 채무를 불완전하게 이행한 때에는 채권자는 채무이행의 추완을 청구할 수 있다. 그러나 추완에 과다한 비용을 요하거나 그 밖에 추완을 합리적으로 기대할 수 없는 경우에는 그러하지 아니하다.'는 규정을 두게 되면, 추완청구권 행사기간에 제한이 없어 일반적인 소멸시효기간만이 적용되는 문제가 있다.[51] 추완청구권 규율에 있어서는 채무자

디지털콘텐츠계약법 도입을 위한 민법개정안 제733조의4 [제공자의 하자담보 책임]

① 제공된 디지털제품에 하자가 있는 경우 이용자는 제공자에게 하자의 시정을 청구할 수 있다.

② 제공자가 정당한 이유 없이 하자의 시정을 거절하거나 하자의 시정에 지나치게 많은 비용이 들거나 그 밖에 시정을 합리적으로 기대할 수 없는 경우에는 이용자는 제공자에 대해 대금감액을 청구하거나 계약을 해제 또는 해지할 수 있다. 다만, 하자가 중대하지 않은 때에는 이용자는 대금감액만을 청구할 수 있다.

③ 제1항 및 제2항에 따른 권리는 다음 각 호의 때로부터 2년 내에 행사하여야 한다.

1. 계속적 제공을 목적으로 하는 경우에는 그 제공기간이 종료한 때
2. 일회적 제공의 경우에는 디지털제품이 제공된 때
3. 제733조의3제3항에 따른 보완조치 의무를 위반하여 하자가 있는 경우에는 그 의무의 존속기간이 종료한 때

④ 제3항의 기간은 디지털제품 제공에 관하여 민법상 다른 전형계약의 규정이 적용되는 경우에도 적용된다.

49) 특정물도그마는 특정물채권의 경우 특정물에 하자가 있다고 하더라도 그 특정물을 인도하면 채권의 내용에 따른 채무를 이행한 것이고, 따라서 그 하자에 대해 채무불이행책임을 지지 않는다는 이론이다(윤용석, "특정물채권과 특정물도그마", 「재산법연구」, 제31권 제4호, 2015, 206면). 하자담보책임에 대하여 법정책임설의 논거가 된다.

50) 김재형(주 5), 138면. CISG, PICC, PECL 등의 국제모델법과 일본 민법이 국제적인 조류에 따라 채무불이행책임과 담보책임을 채무불이행책임(CISG는 계약위반책임, PICC, PECL은 불이행책임)으로 일원화하였다는 점에 대하여는 양창수, "최근의 일본민법 개정: 계약법 및 소멸시효법", 민법연구 제10권, 2019, 530면 이하; 조인영, "계약책임에 관한 국제적 변화와 우리 민법의 향후 과제", 「비교사법」, 제29권 제1호, 2022, 187면 이하.

에 의하여 이미 한 차례 이행이 있었다는 점을 중시해야 한다. 추완청구권 행사기간을 단기로 정하지 않으면 채무자의 이행 전에 이미 있었던 하자인지 아니면 채권자가 인도를 받은 후 사용으로 인해 발생한 문제인지를 판단하기 어렵게 된다. 또한, 인도 후 상당 기간이 경과한 경우에는 채무자는 채무의 내용에 좇아 적합하게 이행을 완료하였다는 신뢰를 가지게 되는바, 이러한 채무자의 신뢰를 보호할 필요성이 있다.

결국 추완청구권에 대하여는 이행청구권과 달리 권리행사기간을 단기로 정하여야 한다는 점은 정당화될 수 있다.[52] 따라서 채권총칙에 '다른 규정이 없으면, 추완청구권은 채권자가 불완전한 이행이 있음을 안 날부터 6개월(1년) 내에 행사하여야 한다.'는 권리행사기간(제척기간)을 두는 것이 필요하다.[53]

4. 추완청구권 제한사유의 명확화

추완청구권을 신설함에 있어 추완청구권 제한사유를 명확하게 규정하는 것이 필요하다. 이에 대해서는 다음과 같은 세 가지 안이 있을 수 있다.

1안은 추완청구권은 이행청구권의 성질을 가지므로 이행청구권의 제한사유를 그대로 적용하는 것이다. 앞서 본 바와 같이 일본민법은 이행불능에 관한 일본민법 제412조의2 제1항이 추완청구권에도 적용된다고 보아 추완청구권만의 독자적인 제한사유를 규정하지 않았는바, 1안을 채택하였다. 앞서 본 PICC, PECL, DCFR도 같은 입장이다.

2안은 「추완에 과다한 비용을 요하거나 그 밖에 추완을 합리적으로 기대할 수 없는 경우」로 추완청구권의 제한사유를 독자적으로 규정하는 방식이다. 2014년 민법개정안의

---

51) 이 점에 대한 지적으로는 이진기(주 5), 210면.

52) 판례는 매도인의 하자담보책임으로 인한 손해배상청구권과 관련하여 "민법 제582조의 제척기간 규정으로 인하여 소멸시효 규정의 적용이 배제된다고 볼 수 없으며, 이때 다른 특별한 사정이 없는 한 무엇보다도 매수인이 매매 목적물을 인도받은 때부터 소멸시효가 진행한다고 해석함이 타당하다."고 하였는바(대법원 2011. 10. 13. 선고 2011다10266 판결(공 2011하, 2339)), 추완청구권에 대해서도 권리행사기간(제척기간)과 소멸시효가 중복해서 적용된다고 볼 수 있다.

53) 행사기간을 6개월 내지 1년으로 한 것은 민법 개정시 민법 제582조의 기간을 그대로 둘지 아니면 1년으로 연장할지는 추가 논의를 해야 할 부분이기 때문이다. 위 조문이 신설되는 경우에, 다른 규정이 있으면 추완청구권은 그에 따라 권리행사기간이 정해진다. 대표적인 다른 규정에는 수급인의 담보책임에 관한 민법 제670조, 제671조 등이 있다. 한편, 일본의 경우 개정 전에는 '매수인이 사실을 안 때부터 1년 이내 하자담보책임에 기한 권리를 행사하여야 한다'고 정하였으나(구 일본민법 제570조, 제566조 제3항), 개정 후에는 '매수인은 그 부적합을 알았을 때부터 1년 이내에 그 취지를 통지'할 것만을 요건으로 함으로써 매수인은 부적합만을 통지하면 되고 권리행사까지 나아갈 필요는 없다(일본민법 제566조). 이 점에서 매수인의 통지 부담이 다소 경감되었다. 만약 우리 민법이 이러한 입장을 취한다면, "다른 규정이 없으면, 추완청구권은 채권자가 불완전한 이행이 있음을 안 날부터 1년 내에 채무자에게 통지를 발송하지 않으면 그 권리를 행사할 수 없다." 라고 권리행사기간을 규정할 수 있다.

방식이며, 이에 영향을 받아 여행주최자의 담보책임에 관한 민법 제674조의6도 이러한 제한사유를 두었다.[54)]

3안은 「추완에 과도한 비용을 요하거나 채무자의 부담이나 비용이 채권자가 얻게 되는 이익에 비하여 과도한 경우」로 추완청구권의 제한사유를 규정하는 방식이다. 2안과 달리 추완청구권의 제한사유로 불비례성(disproportionality)을 전면적으로 규정하는 것으로 추완으로 얻게 되는 채권자의 이익과 추완의무 이행에 따른 채무자의 부담 사이에 현저한 불비례가 있는 경우를 그 제한사유로 규정하는 것이다. PICC,[55)] CESL(Common European Sales Law, 보통유럽매매법)[56)]에서 이를 규정하고 있다.

검토하건대, 추완청구권을 이행청구권으로 보는 이상 추완청구권에도 이행불능의 원리가 적용되는바, 추완불능 사유가 발생한 경우에는 추완청구권을 행사할 수 없다. 그러나 추완청구권은 불완전하게나마 채무자의 이행이 있었으므로 이행불능의 원리에 의해서 추완청구권 제한사유를 전부 설명할 수는 없다. 채무자가 1차 이행을 하는 과정에서 이미 상당한 비용을 지출하였다고 보는 것이 통상적이기 때문이다. 따라서 채무자가 추완을 위해 추가 이행을 하는 경우에 소요되는 비용과 그로 인하여 채권자가 얻는 이익 사이에 「불비례성」이 있는지 추가로 검토되어야 하는 것이다.[57)] 대법원도 매도인에게 완전물급부의무를 지우는 경우에 다른 구제방법에 비하여 지나치게 큰 불이익이 매도인에게 발생하는 경우에는 완전물급부청구권의 행사를 제한함이 타당하다고 하였는데, 추완청구권 제한사유인 불비례성을 적용한 것으로 평가할 수 있다.[58)] 결국 「불비례성」은

---

54) 민법 제674조의6 제1항은 "여행에 하자가 있는 경우에는 여행자는 여행주최자에게 하자의 시정 또는 대금의 감액을 청구할 수 있다. 다만, 그 시정에 지나치게 많은 비용이 들거나 그 밖에 시정을 합리적으로 기대할 수 없는 경우에는 시정을 청구할 수 없다."라고 규정하고 있다. 민법 제674조의6의 위와 같은 입법연혁에 대한 설명으로는 백태승(주 3), 158-159면.

55) PICC 7.2.2는 이행강제가 불합리한 부담이나 비용을 야기하는 경우(enforcement is unreasonably burdensome or expensive)에는 이행을 청구할 수 없다고 규정하고 있다.

56) CESL 제110조 제3항은 채무이행의 부담이나 비용이 채무이행으로 매수인이 얻게 될 이익과 비교하여 과도한 경우에는 채무의 이행을 청구할 수 없다고 규정하고 있다.

57) 이 때문에 추완청구권에서 추완이 불가능한지를 이행불능보다 완화해서 평가해야 한다(山野日章夫, "民法の債権関係の規定の見直しにおける売買契約の新しい規律の構想", 法曹時報 68巻 1号(2016), 7頁; 오종근(주 4), 15면).

58) 대법원 2014. 5. 16. 선고 2012다72582 판결(공 2014상, 1188). 위 판결은 추완청구권 제한사유로서 불비례성의 근거를 공평의 원칙에서 찾고 있는바, 이에 따르면 불비례성이 이행불능의 범주에 포함된다고 보기 어렵다. 학설도 단순히 채무이행 비용이 현저히 증가한 것만으로는 이행불능을 인정할 수 없고, 그것이 비상한 곤란과 결합하여 채무자를 실제로 경제적 파멸로 이끄는 결과가 된 경우에 이행불능을 인정할 수 있다고 한다(양창수·김재형, 민법 I (계약법), 405면; 권영준, "코비드 19와 계약법", 「민사법학」, 제94호, 2021, 239면). 한편, 일본의 경우에는 이행불능에 관한 조문(일본 민법 제412조의2 제1항)을 신설하였는바, 불비례성을 이행불능의 범주에서 설명하면서도 불비례성은 추완불능 판단에 있어서 독특하게 고려해야 하는 요인으로 이해한다(潮見佳男(주

매우 중요한 추완청구권의 제한사유인바, 이를 전면적으로 규정하는 것이 요청된다.[59]

2014년 민법개정안에서는 「추완에 과다한 비용을 요하거나 그 밖에 추완을 합리적으로 기대할 수 없는 경우」라고만 규정하여 추완청구권 제한사유가 지나치게 넓다는 비판이 있었다.[60] 추완청구권 제한사유가 지나치게 넓게 되면 추완청구권이 유명무실화될 위험이 있다. 또한, 「추완을 합리적으로 기대할 수 없는 경우」는 매우 모호하므로 구체적인 재판규범이 되기에는 부족하다고 사료된다. 나아가 「추완을 합리적으로 기대할 수 없는 경우」는 사실상 불능에 포섭되는 경우가 많아 독자적인 추완청구권 제한사유로 보기 어려울 수 있다. 따라서 3안과 같이 불비례성을 명기하는 것이 타당하다.[61]

3안과 같이 규정하는 경우에 해석론을 전개하면 다음과 같다. 채권자가 추완청구권을 행사하는 경우에 추완방법을 정하여 청구를 하게 된다. 가령 건축 자재를 매수한 채권자는 불완전이행이라고 판단되는 경우 수리, 완전물급부청구 중에서 선택하여 추완청구를 할 수 있다. 채권자가 완전물급부청구를 하는 경우에 채권자가 얻는 이익에 비하여 채무자가 완전물급부의무를 부담함으로써 치러야 하는 비용이 과도한 경우에는 채권자의 완전물급부청구는 제한된다. 그렇다고 하여 채권자의 다른 추완청구권, 즉 수리를 청구할 수 없는 것은 아니다. 즉 위 제한사유는 추완청구권을 절대적으로 소멸하게 하는 사유가 아니라 채권자로 하여금 채무자의 부담이 덜한 다른 추완방법을 택하도록 하는 사유인 것이다.[62]

5. 추완비용 부담의 명확화

추완청구권을 신설하는 경우에 추완비용을 부담할 자를 명기할지 여부가 문제가 된다. 이에 대해서는 다음과 같은 안이 있을 수 있다.

1안은 추완에 드는 비용을 채무자가 부담한다는 점을 명확히 하는 안이다. 추완에 드는 비용을 채무자가 부담한다는 점을 명확히 함으로써 향후 추완에 드는 비용에 관한 분쟁에 있어서 개정민법이 명확한 해결기준을 제시할 수 있다는 점에서 장점이 있다. DCFR[63], EU 소비재매매 및 관련 보증에 관한 지침(1999/44/EC)[64] 및 EU 물품매매지침[65]

---

41), 336－337頁).

59) 불비례성 외에 「추완에 과다한 비용을 요하는 경우」도 추완청구권 제한사유인바, 이는 민법 제667조 제1항 단서 등에서 규정하고 있고 그 독자적인 의의가 있으므로 이를 별도의 제한사유로 둠이 타당하다.

60) 이진기(주 5), 207면.

61) 유럽계약법 코멘터리에서도 추완청구권(이행청구권) 제한사유로 불비례성을 명기하고 있다(Jens Kleinschmidt, Art. 9:102 (1), in: *Commentaries on ECL*, p. 1241).

62) 다만, 남아 있는 다른 추완방법도 모두 「불비례성」의 사유를 충족한다고 판단되는 경우에는 추완청구권은 「절대적으로」 소멸하게 된다.

은 모두 채무자가 무료(free of charge)로 추완을 해야 함을 규정하고 있다.

2안은 추완에 드는 비용을 채무자가 부담한다는 점을 기재하지 않는 안이다. 변제비용은 다른 의사표시가 없으면 채무자가 부담한다는 변제비용에 관한 규정이 있으므로(민법 제473조), 별도로 규정할 필요는 없다는 점을 논거로 삼을 수 있다.

검토하건대, 추완에 드는 비용과 관련하여 향후 분쟁이 있을 수 있다. 가령 철근을 매수하여 매수인이 이를 사용하여 건물을 지었는데, 철근에 하자가 발견되어 이를 교체해야 하는 상황에서 기존의 하자 있는 철근을 분리하고 하자 없는 철근을 새롭게 시공하는 비용을 누가 부담해야 하는지 문제가 될 수 있다. 이와 유사한 사안에서 앞서 본 바와 같이 유럽사법재판소는 Weber und Putz 판결을 통해 매도인이 부담해야 한다고 판시한 바 있고 이는 독일민법의 개정으로 이어졌다. 향후 우리에게도 위와 같은 분쟁이 발생할 수 있는바, 이에 대한 해결기준을 제시하기 위하여 '채무자의 비용으로' 추완을 해야 한다는 점을 명확히 할 필요가 있다. 추완비용 부담을 명확히 하는 것은 국제적인 흐름에도 부합한다. 1안에 찬성한다.

6. 채무자의 추완권 포함 여부

채권자의 추완청구권과 더불어 채무자의 추완권도 포함하여 개정민법에 규정할 필요가 있는지 문제가 된다. 이에 대해서는 다음과 같은 안이 있을 수 있다.

1안은 채무자의 추완권을 별도로 인정할 필요가 없으므로 이를 규정하지 않는 안이다. 채무자의 추완권을 인정하는 별도의 규정을 두지 않아도, 채무의 변제제공에 관한 민법 제460조에 의하여 동일한 결론이 도출된다는 점이 논거가 될 수 있다. 2014년 민법 개정안, 독일민법, 일본민법은 1안의 입장에 있다.

2안은 채무자의 추완권을 독자적으로 인정해야 하므로 이를 규정해야 한다는 안이다. 채무자에게 이행기 전이나 이행기 후나 추완할 수 있는 기회를 제한된 요건하에 부여하는 것이 타당하고, 채무자의 추완권을 인정하면 채무자가 채무의 내용에 좇은 이행을 할 수 있어 오히려 채권자에게 이익이 된다는 점이 논거가 될 수 있다. 앞서 본 바와 같이 국제모델법(CISG, PICC, PECL, DCFR)은 2안의 입장에 있다.

---

63) DCFR III.-3:302조 제2항은 "특정이행은 이행이 채무의 내용과 합치하지 아니하는 경우 무료로(free of charge) 이를 시정하는 것을 포함한다"고 규정하고 있다.

64) EU 소비재매매 및 관련 보증에 관한 지침 제3조 제2항은 "적합성이 결여된 경우 소비자는 제3항에 따라 보수 또는 교환에 의해 **무료로(free of charge)** 물품이 적합한 상태가 되도록 하는 청구를 할 수 있고, 제5항과 제6항에 따라 해당 물품에 관하여 대금의 적정한 감액이나 계약의 해제를 청구할 수 있다."라고 규정하고 있다.

65) EU 물품매매지침은 제14조 제1항에서 수리와 교체는 무료로 행해져야 함을 규정하고 있다.

검토하건대, 채권자의 추완청구권과 더불어 채무자의 추완권을 같이 규정하면 누구의 권리가 우선하는지 충돌할 수밖에 없다. 가령 인도된 목적물에 하자가 있는 경우에 채권자는 완전물급부청구를 하고 채무자는 추완권을 통해 수리를 하려고 하는 경우에 누구의 권리가 우선하는지 새로운 분쟁이 야기될 수 있다.[66] 이 때문에 채무자의 추완권을 별도로 인정하는 것을 주저할 수밖에 없다. 채무자가 실제 추완의 의사가 없음에도 시간을 끌기 위해서 추완권을 악용할 수 있다. 더군다나 불완전이행을 이미 한 채무자에 대하여 별도의 권리를 부여하는 것은 대륙법계에서 매우 어색하다.[67] 채무자에게 추완권을 부여하는 방식은 채권자의 추완청구권만을 규정하는 방식에 비하여 채무자에게 주도권을 주는 방식인데,[68] 이미 불완전이행이 발생한 상황에서는 채무자가 아닌 채권자에게 우선적인 지위를 부여하는 것이 형평에 부합한다. 결국 채무자의 추완권을 독자적으로 인정할 필요는 없다고 할 것이다.

다만, 채무자가 추완에 대하여 가지는 이익도 보호할 필요할 있다. 채무자가 추완을 통해 채무의 내용에 적합한 이행을 하겠다고 하는데 이를 봉쇄할 이유가 없으며 채무자의 추완은 채권자의 이익 증진에도 기여한다. 따라서 채무자에게 별도의 추완권은 인정하지 않더라도 추완할 수 있는 기회(second chance)를 부여하는 방안이 고려되어야 한다. 이를 위해서는 뒤에서 보는 바와 같이 채권자의 다양한 구제수단의 우열을 정함에 있어 「추완 우선(Vorrang der Nacherfüllung)의 원칙」을 취하는 것이 필요하다. 「추완우선의 원칙」이라 함은 불완전이행을 이유로 채권자가 대금감액, 해제, 추완에 갈음하는 손해배상청구 등을 함에 있어 채무자에게 추완할 수 있는 기회를 부여한 다음 추완이 이루어지지 않는 경우에 위 구제수단을 취하도록 하는 것이다.[69] 가령 채권자가 대금감액을 청구함에 있어 하자가 발견되는 즉시 대금감액청구권을 행사할 수 있는 것이 아니라 상당한 기간에 걸쳐서 추완을 최고한 후에야 대금감액청구권을 행사하도록 하는 것이다. 이러한 추완우선의 원칙은 대금감액, 해제, 추완에 갈음하는 손해배상청구 등을 규율하는 채권각칙에서 규정하여야 할 것이다.

요컨대 채무자의 추완권을 별도로 개정민법에 규정하지 않는 안이 타당하나, 추완우선의 원칙을 통해 채무자에게 추완할 수 있는 기회를 부여함으로써 채권자와 채무자 사이에 이익균형을 도모하는 것이 필요하다.

---

66) 2안을 택한 CISG에서 누구의 권리가 우선하는지에 대한 견해 대립에 대하여는 석광현(주 33), 182면.

67) 채무자의 추완권과 관련하여 자주 언급되는 판례는 영국의 판례인 Borrowman Phillips & Co v. Free & Hollis [1878] 4 QBD 500으로 채무자의 추완권은 영미법과 관련이 깊다고 할 수 있다.

68) Peter Huber(주 39), p.956.

69) 이러한 방식은 부가기간(Nachfrist) 부여의 강제를 통해 채무자에게 추완할 수 있는 기회를 주어 채권자의 해제권 등의 권리를 제한하는 방식이라고 설명할 수 있다.

7. 소결

위에서 본 바와 같이 필자는 채권총칙에 추완청구권의 일반적 내용, 권리행사기간, 추완청구권 제한사유, 추완비용의 주체를 명확히 할 것을 제안하였는바, 이를 2014년 민법개정안과 비교하면 [표 3]과 같다.

[표 3 – 추완청구권의 채권총칙에서의 규율]

2014년 민법개정안	개정 제안(채권총칙)
제388조의2(추완청구권) 채무자가 채무를 불완전하게 이행한 때에는 채권자는 채무이행의 추완을 청구할 수 있다. 그러나 추완에 과다한 비용을 요하거나 그 밖에 추완을 합리적으로 기대할 수 없는 경우에는 그러하지 아니하다.	제388조의2(추완청구권) ① 채무자가 채무를 불완전하게 이행한 때에는 채권자는 채무자의 비용으로 채무이행을 추완할 것을 청구할 수 있다. 그러나 추완에 과다한 비용을 요하거나 채권자가 얻게 되는 이익에 비하여 채무자의 부담이 과도한 경우에는 그러하지 아니하다. ② 다른 규정이 없으면, 제1항의 권리는 채권자가 불완전한 이행이 있음을 안 날부터 6개월(1년) 내에 행사하여야 한다.

Ⅳ. 개정민법과 추완청구권의 내용 - 채권각칙에서의 규율

1. 문제점

추완청구권을 민법에 도입하면서 하자담보책임의 영역에서도 추완청구권을 도입하여야 할 것이다. 하자담보책임이야말로 채무자의 불완전이행이 문제가 되는 가장 전형적인 예이기 때문이다. 하자담보책임의 체계를 보면, 매매를 중심으로 규율한 다음 이를 다른 유상계약에 준용하므로 매매를 중심으로 살펴보고자 한다.

하자담보책임에서 추완청구권을 규율함에 있어 가장 문제가 되는 쟁점은 첫째, 매도인에게 추완방법의 선택권을 인정할지 여부, 둘째, 추완에 갈음하는 손해배상을 채권자가 추완청구를 하지 않고 즉시 청구할 수 있는지 여부에 있는바, 이하에서 두 쟁점을 중심으로 채권각칙에서 추완청구권을 어떻게 규율하여야 할지 검토하고자 한다.

2. 매도인의 추완방법 선택권 인정 여부

앞서 본 바와 같이 매도인에게 추완권을 인정하기 어렵다고 할 것이지만, 매수인의 추완청구에 대하여 매도인의 이익 보호를 위하여 매도인의 추완방법 선택권을 인정할지 여부가 문제가 된다. 이에 대해서는 다음과 같은 안이 있을 수 있다.

1안은 매수인이 추완방법을 정하여 추완청구를 하는 경우에 일정한 요건하에 매도인은 매수인이 청구한 방법과 다른 방법에 의한 추완을 긍정하는 안이다(긍정설(肯定說)). 효율적인 추완방법에 대하여는 매수인보다 매도인이 더 잘 알 수 있는 점, 채권자가 이행청구권을 행사하면 이행 방법은 채무자가 정할 수 있듯이 이행청구권의 성격을 띠는 추완청구권과 관련하여서 채무자가 추완 방법을 정할 수 있다고 보는 것이 논리적이라는 점을 논거로 들 수 있다. 일본민법은 명확하게 긍정설을 취하고 있으며,[70] PECL,[71] DCFR[72]도 긍정설을 취하고 있다고 해석할 수 있다.

2안은 매수인이 추완방법을 정하여 추완청구를 하는 경우에 매도인에게 추완방법의 선택권을 인정하지 않는 안이다(부정설(否定說)). 이미 매도인의 불완전한 이행이 있었기 때문에 추완방법의 결정은 그 불완전이행으로 손해를 입고 있는 매수인에게만 부여하는 것이 바람직하고, 매도인의 추완방법의 선택권을 인정하면 사실상 매도인의 추완권을 인정하는 것과 다름없다는 점을 논거로 들 수 있다.[73] 독일민법은 매도인의 추완거절권만을 인정하고, 그 경우에 매수인의 청구권은 그 추완의 다른 방법으로 제한된다고만 규정하고 있는바, 매도인의 추완방법 선택권 자체는 인정하지 않고 있다.[74]

검토하건대, 이미 매도인에 의한 불완전이행이 발생한 상황에서 매도인에게 추완방법의 선택권이라는 적극적인 권리를 인정할 필요가 있는지 의문이 든다. 소비자 보호의 관점에서도 매도인에게 추완방법의 선택권을 부여하여 사실상 매도인의 추완권을 인정하는 것이 정책상 타당한지도 의문이다. 매도인에게 추완방법의 선택권을 인정하게 되면 매도인이 자체적으로 추가로 비용을 들여 매수인이 원하지 않는 다른 방법으로 추완을 할 가능성이 있는데, 매수인이 이를 수용하지 않는 경우에 추가로 비용을 들인

---

70) 일본민법 제562조 제1항 단서는 매도인은 매수인에게 상당하지 않은 부담을 부과하지 않는 때에는 매수인이 청구한 방법과 다른 방법에 의한 이행의 추완을 할 수 있다고 규정하고 있다.

71) PECL 7:105조는 둘 이상의 선택지 중 어느 하나의 방법으로 채무가 이행될 수 있는 경우에 그 선택권은 이행해야 하는 당사자에게 속한다고 규정하고 있다.

72) DCFR Ⅲ.－2:105조 제1항은 채무자가 하나의 채무를 둘 이상의 방법 중 하나의 방법으로 이행하여야 하는 경우에 달리 정함이 없는 한 채무자가 선택권을 갖는다고 규정하고 있다.

73) 潮見佳男 교수는 매도인에게 다른 방법에 의한 이행의 추완을 허용한 일본민법 제562조 제1항 단서를 「매도인의 추완권」을 정한 것이라고 표현하고 있다(潮見佳男(주 41), 334頁).

74) 독일민법 제439조 제4항은 "매수인이 선택한 추완방법이 과도한 비용으로만 가능한 경우에는, 매도인은 제275조 제2항과 제3항과 관계없이 그 추완방법을 거절할 수 있다. 그에 있어서는 특히, 하자가 없는 상태에서의 물건의 가치, 하자의 중요성 그리고 매수인에게 현저한 불이익을 가함이 없이 다른 추완방법에 의할 수 있는지 여부를 고려하여야 한다. 이 경우 매수인의 청구권은 그 다른 추완방법으로 제한된다; 제1문의 요건 아래 이를 거절할 수 있는 매도인의 권리에는 영향이 없다."라고 규율하고 있다(밑줄－필자). 그러나 도급에서는 도급인이 추완청구권을 행사한 경우에 수급인에 대하여 하자의 제거와 일의 새로운 완성 사이의 선택권을 인정하고 있다(독일민법 제635조 제1항).

매도인과 매수인 사이의 분쟁을 피할 수 없게 된다. 매수인이 추완방법을 선택하도록 하고 매도인에게는 그에 대한 거절권만을 부여함으로써 매도인이 매수인 의사와 상관없이 비용을 들여 자신의 추완방법을 매수인에게 사실상 강제하지 않도록 하는 것이 타당하다.

다만, 추완방법과 관련된 매도인과 매수인 사이의 이익균형을 도모하는 것이 필요한데 매도인에게 추완방법의 선택권이 아닌 거절권 부여를 통해서도 이를 도모할 수 있다. 매도인은 추완청구권 제한사유를 주장하여 매수인이 선택한 추완방법을 거절할 수 있는바, 이를 통해 매도인의 이익을 보호할 수 있는 것이다. 앞서 본 대법원 2014. 5. 16. 선고 2012다72582 판결 사안에 비추어 설명하면, BMW 신차를 구매한 매수인은 계기판의 하자에 대하여 신차 교환이라는 추완방법을 선택할 수 있고, 이에 대하여 매도인은 앞서 본 추완청구권 제한사유를 주장하여 그 추완방법을 거절할 수 있다. 추완방법 거절이 정당한 경우에는 매수인으로서는 남아 있는 다른 추완방법(계기판 전체의 교환 또는 계기판에서 문제가 되는 부분만의 수리)을 선택할 수밖에 없게 된다. 2안(부정설)에 찬성한다.[75]

3. 추완청구권과 추완에 갈음하는 손해배상청구권과의 관계

매도인의 불완전이행으로 하자담보책임이 발생하는 경우에 매수인이 추완청구권을 행사함이 없이 바로 추완에 갈음하는 손해배상을 청구할 수 있는지 문제가 된다. 이에 대해서는 다음과 같은 안이 있을 수 있다.

1안은 추완에 갈음하는 손해배상을 추완을 청구함이 없이 바로 청구할 수 있다는 안이다(즉시 손해배상청구설). 이미 불완전이행이 있는 상황에서 매수인이 추완청구를 한 이후에 비로소 추완에 갈음하는 손해배상청구를 할 수 있다고 규정하는 것은 매수인에게 지나치게 불이익하다는 점을 논거로 들 수 있다. 현재 우리 민법의 입장이다.[76] 일본 민법의 경우 제564조에서 추완청구권 규정은 손해배상청구를 방해하지 않는다고 규정하고 있는데 「즉시 손해배상청구설」을 취한 것인지에 대해서는 견해가 나뉘고 있다.[77]

2안은 특별한 사정이 없는 한 매수인이 추완청구권을 먼저 행사한 이후에 비로소 추완에 갈음하는 손해배상을 청구할 수 있다는 안이다(선추완청구설). 추완청구권은 이행청구권이므로 이행청구권의 법리에 따라야 하는데, 전보배상을 위해서는 상당한 기간을 정하여 이행을 최고하도록 되어 있으므로(민법 제395조 참조) 추완에 갈음하는 손해배상도 마찬가지로 추완을 최고한 후에 손해배상을 할 수 있다고 보는 것이 논리적이라는

75) 2안(부정설)은 위에서 본 대법원 2014. 5. 16. 선고 2012다72582 판결의 판시와 모순되지 않는다.
76) 민법 제581조 제2항, 제667조 제2항, 제674조의6 제3항 참조.
77) 中田裕康(주 12), 313頁(즉시 손해배상청구설 지지). 潮見佳男(주 41), 483頁(선추완청구설 지지).

점을 논거로 들 수 있다. 2014년 민법개정안,[78] 독일민법의 입장[79]이다.

검토하건대, 민법 제395조는 채권자가 이행청구와 전보배상을 자유롭게 선택할 수 있는 것을 제한하고 채무자에게 상당한 기간 동안 불이행을 치유할 수 있는 기회를 줄 것을 원칙으로 하고 있는바, 채권자의 이행청구권이 손해배상청구권에 일정한 우위를 가지고 있음을 명확히 하고 있다.[80] 앞서 본 바와 같이 추완청구권을 인정하는 이유는 채권자가 계약에서 의도한 바를 취득하도록 하고, 채무자로서는 온전히 반대급부를 청구할 수 있도록 함으로써 채권자·채무자 사이의 이익의 조화를 꾀할 수 있다는 점에 있다. 이러한 추완청구권의 사상적 기초와 추완청구권은 계약법의 핵심 원칙인 「계약 준수의 원칙」을 실현하는 수단이라는 점을 염두에 둔다면 추완청구가 손해배상청구에 일정한 우위를 가지고 있다고 말할 수 있다. 더군다나 추완청구권은 이행청구권의 성질을 가지므로 민법 제395조의 취지를 따라야 한다는 점, 고의·과실이 있는 이행지체에 대하여 이를 치유할 수 있는 기회를 부여하고 있는 이상 무과실책임인 하자담보책임에 대하여도 불완전한 이행을 치유할 수 있는 기회를 부여하는 것이 형평에 부합하는 점 등에 비추어 2안(선추완청구설)이 타당하다.

주의할 점은 위 논의는 추완청구권과 추완에 갈음하는 손해배상청구권과의 관계에 대한 논의로 추완청구권과 다른 손해배상청구권에는 적용되지 않는다는 점이다. 따라서 불완전하게 이행된 경우에 완전한 이행의 지체로 인한 손해, 확대손해 등에 대해서는 추완청구권을 행사함이 없이 바로 손해배상을 청구할 수 있다고 보아야 할 것이다.[81]

---

78) 2014년 민법개정안 제395조는 다음과 같이 규정하고 있다(밑줄－필자).
"제395조(전보배상) ① 채무자가 채무의 이행을 지체한 경우에 채권자는 다음 각 호의 사유가 있는 때에는 수령을 거절하고 이행에 갈음하는 손해배상을 청구할 수 있다.
1. 채권자가 상당한 기간을 정하여 이행을 최고하였으나 채무자가 그 기간 내에 이행하지 아니하는 경우
2. 채권자가 상당한 기간을 정하여 이행을 최고하더라도 그 기간 내에 이행되지 아니할 것이 명백한 경우
3. 지체 후 이행이 채권자에게 이익이 없거나 불합리한 부담을 주는 경우
② 채무자가 미리 이행하지 아니할 의사를 표시한 경우에는 채권자는 이행기 전에도 이행에 갈음하는 손해배상을 청구할 수 있다.
③ <u>채무자의 불완전이행에 대하여 채권자가 추완을 청구할 수 있는 경우에 제1항을 준용한다.</u>"

79) 독일민법 제281조 제1항 제1문은 "채무자가 이행기가 도래한 급부를 실행하지 아니하거나 채무에 좇아 실행하지 아니한 경우에, 채권자가 채무자에 대하여 급부 또는 추완을 위하여 상당한 기간을 정하였으나 그 기간이 도과된 때에는, 그는 제280조 제1항에서 정하는 요건 아래서 급부에 갈음하는 손해배상을 청구할 수 있다."라고 규정하고 있다.

80) 김형석(주 45), 99－100면.

81) 관련하여 DCFR Ⅲ.－3:204조는 "추완에도 불구하고, 채권자는 채무자의 최초의 또는 그 후의 불이행 또는 추완을 하는 과정에서 야기된 손실에 대한 손해배상을 청구할 권리를 보유한다."라고 규정하고 있고, PICC 제7.1.4.조 제5항은 "추완에도 불구하고, 피해당사자는 여전히 지연손해와

4. 선추완청구설의 확장 - 추완 우선의 원칙의 관철

선추완청구설은 대금감액청구권과의 관계에서도 확장해서 적용하는 것이 타당하다. 우리 법은 현재 물건의 하자에 대해서 매수인의 대금감액청구권을 인정하고 있지는 않지만,[82] 불완전이행의 효과로 대금감액청구권을 인정하는 것이 보편적이므로 민법 개정에서도 이를 도입하는 것이 필요하다.[83] 그런데 대금감액청구권은 그 본질이 계약의 일부 해제인바,[84] 계약 해제를 위해서는 상당한 기간에 걸쳐서 상대방에게 불이행을 치유할 수 있는 기회를 주어야 하므로 대금감액청구권에 있어서도 상당한 기간에 걸쳐서 매도인에게 추완을 최고하는 것이 논리적이다. 이 때문에 일본민법은 매수인은 상당한 기간을 정하여 이행의 최고를 하고, 그 기간 내에 이행의 추완이 없는 때에 대금감액청구를 할 수 있음을 명문으로 규정하고 있다(제563조 제1항). 독일민법도 매수인은 해제에 갈음하여 매도인에 대한 의사표시로써 매매대금을 감액할 수 있다고 규정하고 있는데(제441조 제1항 제1문), 대금감액청구권을 행사하기 위해서는 해제권을 행사하기 위한 모든 요건을 충족해야 하고, 여기에는 일반적으로 추완이행을 위한 적절한 기간설정이 포함된다고 해석하고 있다.[85] 결국 민법개정에 있어서 물건의 하자에 대하여 대금감액청구권을 규정하는 경우에 매수인은 먼저 추완청구를 한 이후에 대금감액청구를 할 수 있는 것으로 규정을 해야 할 것이다.

매수인은 불완전이행이 있는 경우에 대금감액청구권, 추완에 갈음하는 손해배상, 해제 등의 구제수단을 취할 수 있는데, 모두 매도인에게 상당한 기간 동안 추완의 기회를 부여한 다음 추완이 이루어지지 않는 경우에 위 구제수단을 취하는 것으로 규정해야 할 것인바, 「추완 우선(Vorrang der Nacherfüllung)의 원칙」의 관철을 통해 법의 통합성을 제고할 수 있다.[86]

추완에 의하여 야기되었거나 방지되지 않은 손해의 배상을 청구할 수 있다."라고 규정하고 있다.

82) 주지하다시피 권리의 하자의 담보책임에 관한 규정인 민법 제572조, 제574조에서 대금감액청구권을 규정하고 있으며, 여행주최자의 담보책임에 관한 민법 제674조의6에서도 대금감액청구권을 규정하고 있다.

83) 독일민법 제441조, 일본민법 제563조, 프랑스민법 제1642-1조 제2항, 프랑스 소비자법 제L217-8조, CISG 제50조, PECL 제9:401조, CESL 제120조에서 각 대금감액청구권을 규정하고 있다.

84) Ernst in *Münchener Kommentar zum BGB*, 9. Auflage, 2022, §323 Rn. 207.

85) Westermann in *Münchener Kommentar zum BGB*, 8. Auflage, 2019, §441 Rn. 1; Berger in Jauernig, *Kommentar zum BGB*, 19. Auflage, 2023, §441 Rn. 3.

86) 이러한 「추완 우선의 원칙」은 앞서 본 우리 법상 「이행청구권의 우위」의 법리와 일맥상통한다(Ⅳ. 3. 참조). 다만, 「추완 우선의 원칙」에 대해서는 소비자 보호에 역행할 수 있다는 우려도 있으나, 2014년 민법개정안 제395조 제1항 제3호 '지체 후 이행이 채권자에게 이익이 없거나 불합리한 부담을 주는 경우'(주 78 참조)를 탄력적으로 해석함으로써 위와 같은 우려를 불식시킬 수 있을 것이다. 해제에 있어서도 「추완 우선의 원칙」의 관철로 인하여 소비자가 지나치게 불이익을 입

5. 구체적인 민법개정안 제안

매도인의 추완방법의 선택권 인정 여부(긍정설과 부정설), 추완청구권과 추완에 갈음하는 손해배상청구권과의 관계(선추완청구설과 즉시 손해배상청구설)에 대하여 앞서 논한 견해 대립에 비추어 다음과 같은 네 가지 안이 있을 수 있는바, 필자는 매도인의 추완방법의 선택권을 인정하지 않는 부정설과 선추완청구설에 따르는 1안을 지지한다.

[표 4 – 추완청구권의 채권각칙에서의 규율]

현행 민법	개정 제안(채권각칙)
제580조(매도인의 하자담보책임) ① 매매의 목적물에 하자가 있는 때에는 제575조제1항의 규정을 준용한다. 그러나 매수인이 하자있는 것을 알았거나 과실로 인하여 이를 알지 못한 때에는 그러하지 아니하다. ② 전항의 규정은 경매의 경우에 적용하지 아니한다. 제581조(종류매매와 매도인의 담보책임) ① 매매의 목적물을 종류로 지정한 경우에도 그 후 특정된 목적물에 하자가 있는 때에는 전조의 규정을 준용한다. ② 전항의 경우에 매수인은 계약의 해제 또는 손해배상의 청구를 하지 아니하고 하자없는 물건을 청구할 수 있다. 제582조 (전2조의 권리행사기간) 전2조에 의한 권리는 매수인이 그 사실을 안 날로부터 6월내에 행사하여야 한다.	[1안] 부정설 + 선추완청구설 제580조(매수인의 추완청구권) ① 인도된 목적물에 하자가 있는 경우에는 매수인은 매도인에게 목적물의 보수, 완전물의 인도 또는 부족분의 인도 등 채무이행의 추완을 청구할 수 있다.[87] 제582조(매수인의 손해배상청구권 행사)[88] 매수인이 추완에 갈음하는 손해배상 청구를 하는 경우에 민법 제395조를 준용한다.[89] [2안] 부정설 + 즉시 손해배상청구설 제580조(매수인의 추완청구권) ① 인도된 목적물에 하자가 있는 경우에는 매수인은 매도인에게 목적물의 보수, 완전물의 인도 또는 부족분의 인도 등 채무이행의 추완을 청구할 수 있다. 제582조(매수인의 손해배상청구권 행사) 전 2조의 규정은 매수인의 손해배상의 청구에 영향을 미치지 아니한다.[90] [3안] 긍정설 + 선추완청구설 제580조(매수인의 추완청구권) ① 인도된 목적물에 하자가 있는 경우에는 매수인은 매도인에게 목적물의 보수, 완전물의 인도 또는 부족분의 인도 등 채무이행의 추완을 청구할 수 있다. 다만, 매도인에게 과도한 부담을 부과하는 경우에는 매도인은 매수인이 청구한 방법과 다른 방법에 의한 추완을 할 수 있다.[91] 제582조(매수인의 손해배상청구권 행사) 매수인이 추완에 갈음하는 손해배상 청구를 하는 경우에 민법 제395조를 준용한다. [4안] 긍정설 + 즉시 손해배상청구설 제580조(매수인의 추완청구권) ① 인도된 목적물에 하자가 있는 경우에는 매수인은 매도인에게 목적물의 보수, 완전물의 인도 또는 부족분의 인도 등 채무이행의 추완을 청구할 수 있다. 다만, 매

어서는 아니 된다는 점에 대하여는 Ⅳ. 6. 다에서 기술한다.

	도인에게 과도한 부담을 부과하는 경우에는 매도인은 매수인이 청구한 방법과 다른 방법에 의한 추완을 할 수 있다. 제582조(매수인의 손해배상청구권 행사) 전 2조의 규정은 매수인의 손해배상의 청구에 영향을 미치지 아니한다.

6. 추완청구권에 관한 민법개정 시 추가로 고려할 점

가. 추완청구권은 매매에서의 물건의 하자가 있는 경우뿐만 아니라 권리의 하자가 있는 경우에도 문제가 된다. 가령 특정 토지에 매매계약을 체결하고 매수인이 소유권이전등기를 경료받았으나 위 토지에 제3자가 유치권을 행사하여 매수인이 이를 사용·수익하지 못하고 있는 경우에 현재는 매수인은 손해배상청구권, 계약해제권만을 행사할 수 있다(민법 제575조 참조). 그러나 추완청구권이 신설되는 경우에 매수인은 추완청구권을 행사하여 매도인에게 유치권을 소멸시킬 것을 청구할 수 있다.

따라서 매매에서의 물건의 하자에 대해서뿐만 아니라 권리의 하자에 대하여도 추완청구권을 규정하는 것이 필요하다. 입법기술적인 측면에서 하자담보책임의

---

87) 필자가 제안한 채권총칙 제388조의2 제1항에서 정한 추완청구권 제한사유가 적용됨을 전제로 한 것이므로 별도로 추완청구권 제한사유를 규정하지 않았다. 한편, 하자담보책임을 채무불이행과 일원적인 관점, 즉 채무불이행의 관점에서 통합한다면 종전의 하자담보책임의 요건으로 매수인의 선의·무과실 요건은 삭제하는 것이 바람직하다. 특히 추완청구권은 이행청구권이므로 더욱 그렇게 보아야 할 것이다. 일본민법도 하자담보책임과 관련하여 매수인의 선의·무과실을 요건으로 하고 있지 않다(일본민법 제562조, 563조, 제564조, 관련 설명으로는 中田裕康(주 12), 315頁). 이와 다른 입장은 독일민법이다(독일민법 제442조, 관련 설명으로는 MüKoBGB/ Westermann(주 85), §442 Rn. 4).

88) 민법 제581조에서 대금감액청구권을 규정함을 전제로 한 것이며 대금감액청구권과 관련하여서도 앞서 본 바와 같이 선추완청구설에 따라야 한다. 다만, 구체적인 민법 제581조의 개정안에 대해서는 향후 하자담보책임 전반에 대한 개정안을 전반적으로 논하면서 다루는 것이 필요하여 본 논문에서는 구체적인 개정안을 제시하지는 않았다.

89) 2014년 민법개정안 제395조를 개정민법에 그대로 반영하면 불필요한 조항으로 볼 수 있다. 한편, 하자담보책임의 권리행사기간인 현행 민법 제582조는 필자가 제안한 채권총칙 제388조의2 제2항으로 대체됨을 전제로 하여 현행 민법 제582조는 삭제하였다.

90) 민법 제389조 제4항(전3항의 규정은 손해배상의 청구에 영향을 미치지 아니한다)의 문구를 참작하여 작성된 것이다. 여기의 '손해배상'에는 추완에 갈음하는 손해배상뿐만 아니라 완전한 이행의 지체로 인한 손해, 추완을 했지만 잔존하는 손해 등 불완전이행에 의하여 발생한 손해에 대한 배상을 의미한다.

91) 일본은 '매수인에게 상당하지 않은 부담을 부과하지 않은 때' 매도인이 추완방법을 선택할 수 있도록 규정하고 있는데(일본민법 제562조 제1항 단서), 위 개정안('매도인에게 과도한 부담을 부과하는 경우')과 차이가 있다. 일본민법과 같이 규율하면 매도인의 추완방법 선택이 지나치게 용이할 것으로 보여 이를 수용하지 않았다.

핵심이라고 할 수 있는 물건의 하자로 인한 하자담보책임에서 추완청구권, 대금감액청구권, 손해배상청구권 등의 효과를 규정하고, 권리의 하자로 인한 하자담보책임에서 이를 준용하도록 하는 것이 체계적으로 타당하다고 할 수 있다.[92)]

나. 채권각칙에서 하자담보책임에 관한 규정은 도급, 여행계약에도 있다. 따라서 매매에서의 하자담보책임에 관한 규정이 앞서 본 내용에 따라 개정된다면 도급, 여행계약에서의 하자담보책임에 관한 규정도 개정되어야 할 것이다.

우선 도급의 경우에 도급인의 하자보수청구권, 하자보수청구권의 제한사유, 하자 보수에 갈음하는 손해배상, 하자담보책임의 존속기간에 대하여 별도로 규정하고 있다. 그런데 매매의 하자담보책임에서 추완청구권을 신설하는 경우에 대표적인 추완청구권의 내용인 하자보수청구권을 도급에서 중복하여 규정할 이유가 없으며,[93)] 추완청구권의 제한사유를 채권총칙에서 신설하는 경우에 도급에서 그 제한사유를 독자적으로 중복하여 규정할 이유가 없다. 그리고 추완에 갈음하는 손해배상에 대해서 「선추완청구설」에 따라 매매에서 규정을 하게 되면, 도급도 이를 따르는 것이 논리적이므로 「즉시 손해배상청구설」에 따른 현재의 규정(민법 제667조 제2항)은 매매의 규정을 준용하는 것으로 개정되어야 할 것이다.[94)] 다만, 하자담보책임의 존속기간에 대해서는 도급의 경우 매매보다 장기로 해야 할 합리적인 이유가 있으므로 이에 관한 규정을 두는 것은 의미가 있다.[95)] 결국 추완청구권을 포함하여 매매에서의 하자담보책임에 관하여 개정이 이루어지면 도급의 하자담보책임은 책임의 존속기간을 제외하고는 독자적인 의의가 상실되므로 매매에서의 하자담보책임을 대폭 준용하는 것이 체계적이다.[96)]

다음으로 여행계약에 대하여 보면 하자담보책임의 효과로 시정청구권, 대금감액청구권, 손해배상청구, 계약해지를 인정하고 있다(민법 제674조의6, 제674조의7 참조). 추완청구권에 해당하는 시정청구권, 그리고 대금감액청구권, 손해배상청구권은 매매에서의 하자담보책임의 효과와 다를 바 없으므로 이를 준용하

92) 참고로 일본민법도 물건의 하자로 인한 하자담보책임을 먼저 규정한 다음 권리의 하자로 인한 하자담보책임은 위 규정을 준용하고 있다(일본민법 제565조 참조).

93) 다만, 도급과 매매는 그 계약의 내용이 다르므로 하자담보책임의 발생요건에 대해서는 도급에서 별도로 규정하는 것이 필요하다.

94) 설령 매매에서 추완에 갈음하는 손해배상과 관련하여 「즉시 손해배상청구설」을 취하더라도 도급은 이를 준용하는 것으로 개정하는 것이 논리적이다.

95) 토지, 건물 기타 공작물에 대하여 장기간의 존속기간을 인정하는 이유는 하자의 발견이 어렵고 또 하자 자체가 늦게 나타나는 경우가 많기 때문이다(편집대표 김용덕, 주석민법(채권각칙 3)(제5판), 2020, 886면(이준형 집필부분)).

96) 일본민법이 개정되면서 종전의 도급에 관한 규정이 대거 삭제된 이유가 여기에 있다.

는 것이 바람직하다. 여행계약에서는 추완청구권의 제한사유에 대하여 독자적으로 규정하고 있으나, 채권총칙에서 신설하는 경우에 여행계약에서 그 제한사유를 독자적으로 중복하여 규정할 이유가 없으므로 이를 삭제하는 것이 타당하다. 추완에 갈음하는 손해배상에 대해서는 현재 「즉시 손해배상청구설」을 따르고 있으나 「선추완청구설」에 따라 매매에서 규정을 하게 되면 여행계약도 이를 준용하는 것으로 개정되어야 할 것이다. 한편, 담보책임의 존속기간과 관련하여 여행 종료일부터 6개월 내에 행사하여야 한다는 특칙이 있는바(민법 제678조의 8), 채권총칙에서 담보책임의 존속기간에 대한 일반규정이 신설되는 경우에 그 관계가 문제가 된다. 그런데 앞서 본 바와 같이 제안한 민법 제388조의2 제2항은 "다른 규정이 없으면, 제1항의 권리는 채권자가 불완전한 이행이 있음을 안 날부터 6개월(1년) 내에 행사하여야 한다."라고 규정하고 있는바, 민법 제678조의8은 위에서 규정한 「다른 규정」에 해당하므로 특칙에 해당한다는 점은 명확하다고 할 것이다.

다. 현재 우리 민법의 하자담보책임에 관한 규정을 보면 하자담보책임의 효과로 해제에 관하여 규정하고 있다.[97] 그러나 민법 개정을 하면서 채무불이행과 하자담보책임을 일원적인 관점, 즉 채무불이행의 관점에서 통합함과 동시에 해제의 요건으로 귀책사유를 요구하지 않게 된다면, 하자담보책임에 규정된 해제에 관한 규정은 독자적인 의의가 반감된다.[98] 따라서 채무불이행의 해제에 관한 규정이 무과실책임인 하자담보책임에 그대로 적용된다고 개정하는 것이 체계적이다. 하자담보책임에 있어서의 현재의 해제에 관한 규정을 존치시키면 그 해제 요건과 채무불이행으로 인한 해제의 요건이 서로 달라져 혼란이 빚어질 수 있다.[99]

추완청구권에 관하여 설명하면, 채무자가 채권자의 추완청구에 응하지 않는 경우 채권자가 해당 계약을 해제할 수 있는지 여부에 관하여도 하자담보책임에 별도로 규정할 필요 없이 채무불이행의 해제에 관한 규정이 적용된다고 보아야 할 것이다. 채무불이행의 해제에 관한 2014년 민법 개정안에 따르면, '채무불이

---

97) 민법 제572조, 제575조, 제576조, 제582조 등.

98) 해제의 요건으로 귀책사유를 요구하지 않는 것이 국제적인 흐름이다. 독일민법 제323조, 일본민법 제542조, 프랑스민법 제1226조, PECL 제9:301조 모두 해제의 요건으로 채무자의 귀책사유를 요구하고 있지 않으며, 우리의 2014년 민법개정안 제544조에서도 마찬가지였다. 해제에 관한 2014년 민법개정안에 대한 설명으로는 김재형, "계약의 해제·해지, 위험부담, 사정변경에 관한 민법개정안", 서울대학교 「법학」, 제55권 제4호, 2014, 10면 이하.

99) 김영두, "계약해제에 관한 민법개정안의 검토", 「법학연구」, 2006, 34-35면. 가령 민법 제580조, 제581조는 하자담보책임의 효과로 해제를 규정하면서도 해제를 위하여 상당한 기간을 정하여 최고를 할 것을 규정하고 있지 않은바, 채무불이행으로 인한 해제 요건과 차이가 있게 된다.

행이 경미하여 계약의 목적달성에 지장이 없는 경우에는' 해제를 할 수 없는바, 위 개정안이 그대로 입법이 된다면 채무자의 추완의무 불이행에 대하여 채권자는 위 요건에 따라서만, 즉 추완하지 않은 부분이 경미하지 않아 계약의 목적달성에 지장이 있는 경우에 한하여 해제할 수 있다. 그리고 해제에 있어서도 「추완 우선의 원칙」의 관철되어야 하는바, 위 개정안은 현행 민법과 마찬가지로 원칙적으로 해제를 위해 채무자에게 상당한 기간에 걸쳐서 추완의 기회를 부여한 후에 해제할 수 있음을 규정함으로써 이를 명확히 하였다.[100] 다만, 위 개정안은 '지체 후의 추완이 채권자에게 이익이 없거나 불합리한 부담을 주는 때' 최고를 요하지 아니하고 계약을 해제할 수 있다는 내용을 제안하였는바,[101] 정기행위가 아니더라도 불완전이행이 발생한 경우에 채무자의 추완을 기다릴 필요 없이 즉시 해제할 수 있는 예외적인 경우를 규정하고 있다.[102] 이를 통해 「추완

100) 2014년 민법개정안 제544조는 다음과 같이 규정하고 있다.
제544조(채무불이행과 해제)
① 당사자 일방이 채무의 내용에 좇은 이행을 하지 아니한 때에는 상대방은 계약을 해제할 수 있다. 그러나 일방의 채무불이행이 경미하여 계약의 목적달성에 지장이 없는 경우에는 그러하지 아니하다.
② 제1항에 따라 계약을 해제하기 위해서는 상대방은 상당한 기간을 정하여 이행을 최고하고 그 기간 내에 이행이 되지 아니하여야 한다. 그러나 다음 각 호의 경우에는 최고를 요하지 아니한다.
1. 채무의 이행이 불능하게 된 때
2. 채무자가 미리 이행하지 아니할 의사를 표시하거나 채권자가 상당한 기간을 정하여 이행을 최고하더라도 그 기간 내에 이행되지 아니할 것이 명백한 때
3. 계약의 성질 또는 당사자의 의사표시에 의하여 일정한 시일 또는 일정한 기간 내에 이행하지 아니하면 계약의 목적을 달성할 수 없을 경우에 당사자의 일방이 그 시기에 이행하지 아니한 때
4. 지체 후의 이행 또는 추완이 채권자에게 이익이 없거나 불합리한 부담을 주는 때
③ 채무의 이행이 불능한 경우 또는 채무자가 미리 이행하지 아니할 의사를 표시하거나 이행기가 도래하더라도 채무가 이행되지 아니할 것이 명백한 경우에는 채권자는 이행기 전에도 계약을 해제할 수 있다.
④ 당사자 일방의 채무불이행이 채권자에게 주로 책임 있는 사유에 기한 경우에는 채권자는 계약을 해제할 수 없다. 채권자의 수령지체 중에 당사자 쌍방에게 책임 없는 사유로 채무불이행이 발생한 때에도 같다.
101) 2014년 민법개정안 제544조 제2항 제4호.
102) 위 조문은 전보배상에 관한 2014년 민법개정안 제395조 제1항 제3호에서 유래한 것으로 독일 민법 제323조 제2항 제3호를 참고하였다고 한다(김재형, "채무불이행으로 인한 손해배상에 관한 민법개정안 – 2013년 민법개정위원회에서 확정된 개정안을 중심으로", 「민사법학」, 제65호, 2013, 606–607면). 위 독일민법 제323조 제2항 제3호는 "계약에 좇지 아니한 급부가 행하여진 경우에는 당사자 쌍방의 이해를 형량할 때 즉시의 해제를 정당화하는 특별한 사정이 있는 때" 최고 없이 해제할 수 있다고 규정하고 있는데, 독일에서는 그 예로 '매도인이 물건의 하자를 기망의 의도로 은폐한 경우'를 들고 있다(Dubovitskaya in Dauner–Lieb/Langen (Hrsg.), *Bürgerliches Gesetzbuch: Schuldrecht*, Band 2/1, 2. Auflage, 2012, §323 Rn. 29; Stürner in Prütting/Wegen/

우선의 원칙」의 무조건적 관철로 인하여 채권자가 지나치게 불이익을 받아서는 아니 된다는 점을 명확히 하고 있다.

V. 결론

본 논문은 불완전이행에 관한 채권자의 구제수단인 추완청구권을 구체적으로 검토하면서 이를 우리의 민법에 어떻게 수용해야 하는지에 관하여 논하였는바, 그 내용을 요약하면 다음과 같다.

첫째, 추완청구권은 채권자의 이익과 채무자의 이익의 조화를 꾀할 수 있으면서도 계약법의 핵심 원칙인 「계약 준수의 원칙」을 실현하는 수단이라는 점에서 이를 명문으로 인정하는 것이 필요하다. 특히 비교법적 검토를 통해 알 수 있듯이 독일, 일본이 민법을 현대화하면서 추완청구권을 적극적으로 규정하고 있고, 국제모델법에서도 널리 인정되고 있는 점을 적극적으로 고려할 필요가 있다.

둘째, 추완청구권은 채권각론에 규정된 전형계약 전반에 적용된다는 점, 추완청구권은 채무불이행에 대한 일반적인 구제수단이라는 점에 비추어 채권총칙에도 이를 규정하는 것이 바람직하다. 다만, 그 내용에 있어서 추완청구권 제한사유로 불비례성을 규정하고, 단기의 권리행사기간과 추완비용은 채무자가 부담한다는 점도 명확히 하여야 할 것이다.

셋째, 채무자의 불완전이행이 문제가 되는 전형적인 예인 하자담보책임에 추완청구권을 구체적으로 규정하는 것이 요청된다. 하자담보책임에서 추완청구권을 규율함에 있어 매도인에게 추완방법의 선택권을 인정할지 문제가 되는바, 이미 매도인에 의한 불완전이행이 발생한 상황에서 매도인에게 추완방법의 선택권이라는 적극적인 권리를 인정할 필요는 없다. 또한, 매수인이 추완청구권을 행사함이 없이 바로 추완에 갈음하는 손해배상을 청구할 수 있는지 문제가 되는바, 추완청구권의 사상적 기초와 민법 제395조의 취지에 비추어 매도인에게 상당한 기간 동안 추완의 기회를 부여한 다음 추완에 갈음하는 손해배상을 청구할 수 있다고 규정하는 것이 타당하다. 이러한 추완 우선의 원칙은 매수인이 대금감액청구권, 해제의 구제수단을 취함에 있어서도 관철되어야 한다. 이를 통해 채무자가 추완에 관하여 가지는 이익을 보호할 수 있는바, 별도로 채무자의 추완권을 민법에 규정할 필요는 없다.

현재 대한민국의 모습은 우리 민법이 제정된 1958년의 모습과 크게 다르고 대한민국의 위상은 그때와 비교할 수 없을 정도로 격상되어 있다. 우리 민법의 현대화는 더는

Weinreich (Hrsg.), *Kommentar zum BGB*, 16. Auflage, 2021, §323 Rn. 36; MüKoBGB/Ernst(주 84), §323 Rn. 131; Grüneberg in Palandt, *BGB*, 79. Auflage, 2020, §323 Rn. 22).

지체할 수 없는 시대적 과제이며 대한민국 국격과 직결되는 과제이다. 민법학자 모두가 힘을 합쳐 후대에게 두고두고 음미할 수 있는 민법을 선물할 때이다. 강의실에서 입법자의 의사를 설명함에 있어 일본 학자가 아니라 우리나라 학자를 자랑스럽게 설명하는 날이 오기를 고대한다. 아무쪼록 본 논문이 숙명적 프로젝트의 완수에 일조하였으면 하는 바람이다.

별지 1	추완청구권에 관한 입법례

1. 독일[103)]

제281조 (급부의 불이행 또는 채무에 좇지 아니한 이행으로 인한 전보배상)

① 채무자가 이행기가 도래한 급부를 실행하지 아니하거나 채무에 좇아 실행하지 아니한 경우에, 채권자가 채무자에 대하여 급부 또는 추완을 위하여 상당한 기간을 정하였으나 그 기간이 도과된 때에는, 그는 제280조 제1항에서 정하는 요건 아래서 급부에 갈음하는 손해배상을 청구할 수 있다. 채무자가 일부급부를 실현한 경우에는, 채권자는 일부급부에 대하여 이익이 없는 때에만 급부 전부에 갈음하는 손해배상을 청구할 수 있다. 채무자가 채무에 좇지 아니한 급부를 실현한 경우에, 그 의무위반이 경미한 때에는, 채권자는 급부 전부에 갈음하는 손해배상을 청구할 수 없다.

제323조 (급부의 불이행 또는 계약에 좇지 아니한 이행으로 인한 해제)

① 쌍무계약에서 채무자가 이행기가 도래한 급부를 실행하지 아니하거나 계약에 좇아 실행하지 아니한 경우에, 채권자는 채무자에 대하여 급부 또는 추완을 위하여 상당한 기간을 정하였으나 그 기간이 도과된 때에는 계약을 해제할 수 있다.

제437조 [하자 있는 경우 매수인의 권리]

물건에 하자가 있는 경우에 다른 정함이 없으면 매수인은 다음의 각 규정의 요건이 충족되는 한 다음의 권리를 가진다.

1. 제439조에 따라 추완을 청구할 권리,

제439조 (추완)

① 매수인은 추완으로서 자신의 선택에 좇아 하자의 제거 또는 하자 없는 물건의 인도를 청구할 수 있다.

② 매도인은 추완에 필요한 비용, 특히 운송비, 도로비, 노무비 및 재료비를 부담하여야 한다.

③ 하자가 드러나기 전에 매수인이 하자 있는 물건을 그 종류와 용도에 맞게 다른 물건에 설치해 넣거나 다른 물건에 부착한 경우에 매도인은 추완의 범위에서 매수인에게 하자 있는 물건의 제거와 추후 개선된 물건 또는 인도된 하자 없는 물건의 설치 또는 부착을 위해 필요한 비용을 상환할 의무를 진다.

④ 매수인이 선택한 추완방법이 과도한 비용으로만 가능한 경우에는, 매도인은 제275조 제2항과 제3항과 관계없이 그 추완방법을 거절할 수 있다. 그에 있어서는 특히, 하자가 없는 상태에서의 물건의 가치, 하자의 중요성 그리고 매수인에게 현저한 불이익을 가함이 없이 다른 추완방법에 의할 수 있는지 여부를 고려하여야 한다. 이 경우 매수인의 청구권은 그 다른 추완방법으로 제한된다; 제1문의 요건 아래 이를 거절할

수 있는 매도인의 권리에는 영향이 없다.

⑤ 매수인은 매도인에게 물건을 추완의 목적으로 제공하여야 한다.

⑥ 매도인이 추완을 목적으로 하자 없는 물건을 인도하면, 매도인은 매수인에게 하자 있는 물건의 반환을 제346조 내지 제348조에 따라 청구할 수 있다. 매도인은 그 대체된 물건을 자신의 비용으로 회수해야 한다.

제634조 (하자 있는 경우 도급인의 권리)

일에 하자가 있는 경우에 다른 정함이 없으면 도급인은 다음의 각 규정의 요건을 충족하는 한 다음의 권리를 가진다.

1. 제635조에 따라 추완을 청구할 권리,

제635조 (추완)

① 도급인이 추완을 청구한 경우에는 수급인은 자신의 선택에 따라 하자를 제거하거나 새로운 일을 완성할 수 있다.

② 수급인은 추완에 필요한 비용, 특히 운송비, 도로비, 노무비 및 재료비를 부담하여야 한다.

③ 추완이 과도한 비용으로만 가능한 경우에는 수급인은 제275조 제2항과 제3항에 관계없이 이를 거절할 수 있다.

④ 수급인이 새로운 일을 완성하는 경우에는 도급인에게 하자 있는 일의 반환을 제346조 내지 제348조에 따라 청구할 수 있다.

2. 일본

제562조 (매수인의 추완청구권) ① 인도된 목적물이 종류, 품질 또는 수량에 관하여 계약의 내용에 적합하지 않은 것일 때에는, 매수인은 매도인에게 목적물의 보수, 대체물의 인도 또는 부족분의 인도에 의한 이행의 추완을 청구할 수 있다. 다만, 매도인은 매수인에게 상당하지 않은 부담을 부과하지 않는 때에는 매수인이 청구한 방법과 다른 방법에 의한 이행의 추완을 할 수 있다.

② 전항의 부적합이 매수인의 귀책사유에 의한 것일 때는, 매수인은 동항의 규정에 의한 이행추완청구를 할 수 없다.

제563조(매수인의 대금감액청구권) ① 전조 제1항 본문에 규정하는 경우에 있어서, 매수인이 상당한 기간을 정해 이행의 추완의 최고를 하고, 그 기간 내에 이행의 추완이 없는 때에는, 매수인은 그 부적합의 정도에 따라 대금의 감액을 청구할 수 있다.

② 전항의 규정에도 불구하고, 다음 각 호의 경우에는 매수인은 동항의 최고를 하지 않고 즉시 대금의 감액을 청구할 수 있다.

103) 번역은 양창수 역, 2018년판 독일민법전, 박영사(2018)를 참고하였음을 밝혀둔다.

1. 이행의 추완이 불능일 때
2. 매도인이 이행의 추완을 거절할 의사를 명확하게 표시했을 때
3. 계약의 성질 또는 당사자의 의사표시에 의해 특정일시 또는 일정 기간 내에 이행을 하지 않으면 계약의 목적을 달성할 수 없는 경우에 있어서 매도인이 이행을 추완하지 않고 그 시기를 경과하였을 때
4. 전 3호의 경우 외에, 매수인이 전항의 최고를 해도 이행의 추완을 받을 가망이 없는 것이 분명한 때

③ 제1항의 부적합이 매수인의 귀책사유로 인한 것일 때에는, 매수인은 전 2항의 규정에 의한 대금감액의 청구를 할 수 없다.

제564조(매수인의 손해배상청구권 및 해제권의 행사) 전2조의 규정은 제415조의 규정에 의한 손해배상의 청구 및 제541조 및 제542조의 규정에 의한 해제권의 행사를 방해하지 않는다.

제566조(목적물의 종류 또는 품질에 관한 담보 책임의 기간의 제한) 매도인이 종류 또는 품질에 관하여 계약의 내용에 적합하지 않은 목적물을 매수인에게 인도한 경우에, 매수인이 그 부적합을 알았을 때부터 1년 이내에 그 취지를 매도인에게 통지하지 아니한 때에는, 매수인은 그 부적합을 이유로 이행추완청구, 대금감액청구, 손해배상청구 및 계약해제를 할 수 없다. 다만, 매도인이 인도한 때 그 부적합을 알았거나 중대한 과실로 인하여 알지 못한 때에는 그러하지 아니하다.

제567조(목적물의 멸실 등에 대한 위험의 이전) ① 매도인이 매수인에게 목적물(매매의 목적으로 특정한 것에 한한다. 이하 이 조에서 같다)을 인도한 경우, 그 인도가 있었을 때 이후에 그 목적물이 당사자 쌍방의 책임으로 돌릴 수 없는 사유로 멸실 또는 손상된 때에는, 매수인은 그 멸실 또는 손상을 이유로 이행추완청구, 대금감액청구, 손해배상청구 및 계약해제를 할 수 없다. 이 경우, 매수인은 대금의 지급을 거절할 수 없다.

② 매도인이 계약 내용에 적합한 목적물로서 그 인도채무의 이행을 제공하였음에도 불구하고 매수인이 그 이행을 받기를 거부하거나 받을 수 없는 경우, 그 이행제공이 있었을 때 이후에 당사자 쌍방의 책임으로 돌릴 수 없는 사유로 인하여 그 목적물이 멸실되거나 손상된 때에도 전항과 같다.

제636조(수급인의 담보책임의 제한) 수급인이 종류 또는 품질에 관하여 계약의 내용에 적합하지 아니한 일의 목적물을 도급인에게 인도한 때(그 인도를 요하지 아니하는 경우에는 일이 종료한 때에 일의 목적물이 종류 또는 품질에 관하여 계약의 내용에 적합하지 아니한 때)에는, 도급인은 도급인이 제공한 재료의 성질 또는 도급인이 준 지시로 인하여 발생한 부적합을 이유로 이행추완청구, 보수감액청구, 손해배상청구 및 계약해제를 할 수 없다. 다만, 수급인이 그 재료 또는 지시가 부적당함을 알면서도 알

리지 아니한 때에는 그러하지 아니하다.
제637조(목적물의 종류 또는 품질에 관한 담보책임의 기간의 제한) ① 전조 본문에서 규정한 경우에, 도급인이 그 부적합을 안 때부터 1년 이내에 그 취지를 수급인에게 통지하지 아니하는 때에는 도급인은 그 부적합을 이유로 이행추완청구, 보수감액청구, 손해배상청구 및 계약해제를 할 수 없다.
② 전항의 규정은 일의 목적물을 도급인에게 인도한 때(그 인도를 요하지 않는 경우에는 일이 종료한 때)에 수급인이 같은 항의 부적합을 알았거나 중대한 과실로 알지 못한 때에는 적용하지 아니한다.

3. 프랑스

민법 제1641조 매매목적물상의 숨은 하자가 이를 그 정해진 용도에 따라 사용하기에 부적합하게 하는 것이거나, 매수인이 하자의 존재를 알았다면 이를 매수하지 않았거나 그 대금을 더 적게 지급하였을 만큼 그 용도를 상당히 감소시키는 것인 경우, 매도인은 그 하자에 대하여 담보책임을 진다.
제1642-1조 ① 건축 예정 건물의 매도인은 공사의 수령 전은 물론이고, 매수인이 점유를 취득한 이후 1개월의 기간이 경과하기 전에도 그 당시 명백한 하자 또는 적합성 결여에 대하여 담보책임을 면하지 못한다.
② 매도인이 보수(補修)를 약속하면, 계약해제 또는 대금감액이 성립하지 않는다.
소비자법 제L217-8조
① 적합성의 결여가 있을 경우, 소비자는 본 부속절이 정한 요건에 따라, 물건의 추완을 구할 권리(droit à la mise en conformité)로서 보수 또는 교체를 구할 수 있고, 그것이 불가능할 경우, 대금감액 또는 계약해제를 구할 수 있다.
② 소비자는, 그 밖에도, 민법 제1219조, 제1220조가 정한 조건하에서, 매도인이 본 장에서 부과된 의무를 이행할 때까지, 대금이나 자기 급부의 전부 또는 일부의 이행을 거절할 권리가 있다.
③ 본 장의 규정들은 손해배상을 인정하는 데에 방해가 되지 않는다.
소비자법 제L217-12조
① 매도인은, 소비자가 선택하여 요구한 추완이 불가능하거나, 특히 다음 각호를 고려할 때 불공평하게 과도한 비용을 수반하는 경우, 그에 따른 추완에 나아가지 않을 수 있다.
1. 해당 부적합이 없었을 경우의 물품이 지녔을 가치
2. 해당 부적합의 중요도
3. 소비자에게 큰 불편을 끼치지 않는 다른 선택지가 존재하였는지 여부

② 매도인은 추완이 불가능하거나, 전항 제1호, 제2호를 고려할 때 불공평하게 과도한 비용을 수반하는 경우, 추완을 거절할 수 있다.

③ 위 요건들이 충족되지 않는 경우, 소비자는 이행최고 후, 민법 제1221조 이하가 정하는 바에 따라, 처음 요구한 방식에 따른 특정이행을 강제할 수 있다.

④ 소비자의 선택이나 추완에 대한 매도인의 모든 거절은, 서면에 의하거나 내구도 있는 매체로 이루어져야 한다.

소비자법 제L217-14조

② 소비자는 부적합이 너무나 중하여 대금의 감액이나 계약의 해제가 즉시 이루어져야 할 것을 증명하는 경우, 대금의 감액이나 계약의 해제를 요구할 권리가 있다. 이 경우 소비자는 보수나 교체를 먼저 요구할 의무를 부담하지 않는다.

4. UCC(미국통일상법전)

UCC 2-508 (부적법한 제공 또는 인도를 한 매도인의 추완, 대체물인도)

① 이행기가 아직 도래하지 않은 상태에서 매도인의 제공 또는 인도가 부적합으로 인하여 거절되는 경우, 매도인은 매수인에게 이행의 부적합을 치유하겠다는 의사표시를 적절한 기간 내에 통지하고 이행기 내에 적합한 인도를 할 수 있다.

② 매수인이 부적합한 제공을 거절하였지만 금전비용의 발생 여부와 관계없이 매도인으로서는 매수인이 수령할 만한 제공을 하였다고 믿을 합리적인 이유가 있고, 매도인이 매수인에게 적절한 기간 내에 통지를 하는 것을 조건으로, 매도인은 적합한 제공을 할 수 있는 합리적 기간을 추가적으로 갖는다.

5. CISG(국제물품매매계약에 관한 국제연합협약)[104]

제46조

(1) 매수인은 매도인에게 의무의 이행을 청구할 수 있다. 다만, 매수인이 그 청구와 양립하지 아니하는 구제를 구한 경우에는 그러하지 아니하다.

(2) 물품이 계약에 부적합한 경우에, 매수인은 대체물의 인도를 청구할 수 있다. 다만, 그 부적합이 본질적 계약위반을 구성하고, 그 청구가 제39조의 통지와 동시에 또는 그 후 합리적인 기간 내에 행하여진 경우에 한한다.

(3) 물품이 계약에 부적합한 경우에, 매수인은 모든 상황을 고려하여 불합리한 경우를 제외하고, 매도인에게 수리에 의한 부적합의 치유를 청구할 수 있다. 수리 청구는 제

104) 번역은 석광현, 국제물품매매계약의 법리, 박영사(2010)를 참조하였음을 밝혀둔다.

39조의 통지와 동시에 또는 그 후 합리적인 기간 내에 행하여져야 한다.
제48조
(1) 제49조를 따를 것을 조건으로, 매도인은 인도기일 후에도 불합리하게 지체하지 아니하고 매수인에게 불합리한 불편 또는 매수인의 선급 비용을 매도인으로부터 상환받는 데 대한 불안을 초래하지 아니하는 경우에는, 자신의 비용으로 의무의 불이행을 치유할 수 있다. 다만, 매수인은 이 협약에서 정한 손해배상을 청구할 권리를 보유한다.
(2) 매도인이 매수인에게 이행의 수령 여부를 알려 달라고 요구하였으나 매수인이 합리적인 기간 내에 그 요구에 응하지 아니한 경우에는, 매도인은 그 요구에서 정한 기간 내에 이행을 할 수 있다. 매수인은 그 기간 중에는 매도인의 이행과 양립하지 아니하는 구제를 구할 수 없다.
(3) 특정한 기간 내에 이행을 하겠다는 매도인의 통지는 매수인이 그 결정을 알려야 한다는 제2항의 요구를 포함하는 것으로 추정한다.
(4) 이 조 제2항 또는 제3항의 매도인의 요구 또는 통지는 매수인에 의하여 수령되지 아니하는 한 그 효력이 발생하지 아니한다.

6. PECL(유럽계약법원칙)[105]

제8:104조 불이행자에 의한 추완
일방 당사자의 이행의 제공이 계약에 적합하지 않다는 이유로 상대방이 이를 받지 않는 경우에, 이행기가 아직 도래하지 아니하였거나 지연이 본질적 불이행이 되지 않는 때에, 그 당사자는 계약에 적합한 새로운 이행을 제공할 수 있다.
제9:102조 비금전채무
(1) 불이행의 상대방은 금전지급 이외의 채무에 대하여, 특정이행을 청구할 권리가 있으며, 여기에는 결함 있는 이행의 추완청구가 포함된다.
(2) 그러나 다음과 같은 경우에는 특정이행을 청구할 수 없다.
(a) 이행이 불법이거나 불가능한 경우, 또는
(b) 이행이 채무자에게 불합리한 노력이나 비용을 야기시키는 경우, 또는
(c) 이행이 인적 성질이 있는 용역 또는 작업의 제공을 내용으로 하거나 인적 관계에 의존하는 것인 경우, 또는
(d) 불이행의 상대방이 다른 곳으로부터 합리적으로 이행을 받을 수 있는 경우
(3) 불이행의 상대방은 그가 불이행을 알았거나 알았어야 할 때로부터 합리적 기간 내에 특정이행을 구하지 아니하면, 특정이행을 청구할 권리를 상실한다.

105) 번역은 Ole Lando & Hugh Beale, 김재형 역, 유럽계약법원칙, 박영사(2013)를 참조하였음을 밝혀둔다.

7. PICC[국제상사계약원칙][106)]

PICC 제7.1.4조: 불이행자에 의한 추완

(1) 다음 각호를 모두 충족하는 경우에, 불이행자는 자신의 비용으로 자신의 불이행을 추완할 수 있다.

(a) 불이행자가 부당하게 지체 없이 그 추완의 방법과 시기를 제시하여 통지할 것

(b) 제반사정으로 보아 추완이 적절할 것

(c) 피해당사자가 치유를 거절하는 데 적법한 이익을 갖지 않을 것

(d) 치유가 즉시 실행될 것

(2) 추완권은 계약해제의 통지에 의해 방해되지 아니한다.

(3) 유효한 추완통지가 있는 때에는, 불이행자의 이행에 반하는 피해당사자의 권리는 당해 추완을 위한 기간이 만료할 때까지 정지된다.

(4) 피해당사자는 추완이 있을 때까지 이행을 유보할 수 있다.

(5) 추완에도 불구하고, 피해당사자는 여전히 지연손해와 추완에 의하여 야기되었거나 방지되지 않은 손해의 배상을 청구할 수 있다.

제7.2.2조 (비금전채무의 이행)

금전지급 외의 의무를 지는 당사자가 이행을 하지 아니하는 경우에 상대방은 다음의 어느 하나의 경우를 제외하고는 이행을 청구할 수 있다.

(가) 이행이 법률상 또는 사실상 불가능한 경우

(나) 이행이나, 적절한 경우 그 강제가 불합리한 부담이나 비용을 야기하는 경우

(다) 이행청구를 할 수 있는 당사자가 합리적으로 다른 곳에서 이행을 획득할 수 있는 경우

(라) 이행이 배타적으로 인적 성질을 갖는 경우

(마) 이행청구를 할 수 있는 당사자가 불이행의 사실을 알았거나 알았어야 했던 때로부터 합리적인 기간 내에 이행청구를 하지 아니하는 경우

제7.2.3조 (불완전한 이행의 보수와 대체)

이행청구권은 적절한 경우에는 불완전한 이행의 보수, 대체 그 밖의 추완을 청구할 권리를 포함한다. 그에 관하여 제7.2.1조와 제7.2.2조의 규정이 적용된다.

---

106) 번역은 UNIDROIT, 오원석 · 최준선 · 석광현 · 허해관 공역, 국제상사계약원칙 2016, 삼영사(2018)를 참조하였음을 밝혀둔다.

8. DCFR[유럽민사법 공통참조기준안][107]

Ⅲ.–3:202: 채무자에 의한 추완: 일반 규정

(1) 채무자는 채무의 내용에 적합한 새로운 이행의 제공이 이행을 위해 허여된 기간 내에 가능한 때에는 그러한 이행의 제공을 하여야 한다.

(2) 채무자가 채무의 내용에 적합한 새로운 이행의 제공이 이행을 위해 허여된 기간 내에 할 수 없으나, 부적합이행의 통지를 받은 후 즉시 합리적인 기간 내에 채무자의 비용으로 이를 추완할 것을 제의한 때에는, 채권자는 채무자에게 부적합이행을 추완할 수 있는 합리적인 기간을 허여하기 전에는 이행의 유보를 제외한 불이행에 대한 여하한 구제수단을 강구할 수 없다.

(3) (2)항은 차조(次條)의 규정들에 따를 것을 조건으로 한다.

Ⅲ.–3:203: 채권자가 채무자에게 추완의 기회를 부여할 필요가 없는 경우

채권자는 전조 제2항 하에서 다음의 경우에는 채무자에게 추완할 수 있는 기간을 허여할 필요가 없다:

(a) 이행을 위하여 허여된 기간 내에 계약상 의무를 이행하지 않은 것이 본질적 채무불이행에 해당하는 경우

(b) 채무자가 부적합함을 알면서 이행을 하였으며 그것이 신의성실에 반한다고 채권자가 믿을 만한 이유가 있는 경우

(c) 채무자가 채권자에게 중대한 불편이나 채권자의 정당한 이익에 다른 해를 가하지 않고 합리적인 기간 내에 추완을 할 수 없을 것이라고 채권자가 믿을 만한 이유가 있는 경우, 또는

(d) 추완이 그 상황에서 적절하지 않은 경우

Ⅲ.–3:204: 채무자에게 추완 기회를 허용한 경우의 효과

(1) 추완을 위하여 허여된 기간 동안 채권자는 채권자의 쌍무적 채무의 이행을 유보할 수 있으나, 여하한 다른 구제수단을 행사할 수 없다.

(2) 채무자가 허여된 기간 내에 추완을 하지 못한 경우, 채권자는 가능한 구제수단을 행사할 수 있나.

(3) 추완에도 불구하고, 채권자는 채무자의 최초의 또는 그 후의 불이행 또는 추완을 하는 과정에서 야기된 손실에 대한 손해배상을 청구할 권리를 보유한다.

Ⅲ.–3:205: 대체된 물품의 교환

(1) 채무자가 자발적으로 또는 Ⅲ.–3:302(비금전채무의 이행청구)에 의한 명령에 따라 부적합이행을 대체물 인도로 치유(remedy)한 경우, 채무자는 채무자의 비용으로 교체된 종전 물품을 수거할 권리와 의무를 가진다.

(2) 채권자는 대체물을 인도받기 전까지 교체된 종전 물품의 사용에 대하여 대가를 지급할 의무가 없다.

Ⅳ.A.-2:203: 조기 인도의 경우 추완

(1) 매도인이 인도 시기 전에 물품을 인도한 경우 매도인은 그 시기까지 누락된 부분을 인도하거나 인도된 물품의 수량 부족을 보충하거나, 또한 인도된 부적합한 물품을 대체하는 물품을 인도하거나 또는 달리 인도된 물품의 부적합함을 치유(remedy)할 수 있다. 다만, 이 권리의 행사는 매수인에게 불합리한 불편 또는 불합리한 비용을 초래하여서는 안 된다.

(2) 매도인이 계약에서 요구하는 시기 이전에 문서를 이전한 경우 매도인은 그 시기까지 문서상 부적합을 추완할 수 있다. 다만, 이 권리의 행사는 매수인에게 불합리한 불편이나 비용을 초래하여서는 안 된다.

(3) 본조는 매수인이 매도인의 추완으로 치유되지 아니한 손실에 대하여 제3권, 제3장, 제7절(손해배상 및 이자)에 따라 손해배상을 청구하는 것을 방해하지 아니한다.

Ⅲ.-3:302 비금전채무의 이행강제

① 채권자는 금전의 지급 이외에 채무의 특정이행을 강제할 권리가 있다.

② 특정이행은 무료로 채무의 내용과 합치되지 않는 이행을 시정하는 것을 포함한다.

③ 다음의 경우에 특정이행을 청구할 수 없다.

(a) 이행이 불법이거나 불가능한 경우

(b) 이행에 불합리한 부담 또는 비용이 드는 경우, 또는

(c) 이행이 인적 성질이 있어서 이를 강제하는 것이 불합리한 경우

④ 채권자가 불이행을 알게 되었거나 또는 알게 되었다고 합리적으로 기대될 수 있은 후 합리적 기간 내에 이행을 요청하지 않은 경우, 채권자는 특정이행을 청구할 권리를 상실한다.

⑤ 채권자는 채권자가 중대한 노력이나 비용 없이 합리적인 대체거래를 할 수 있었을 상황에서 불합리하게 특정이행을 요청함으로써 손실 또는 지급액을 증가시킨 한도에서 불이행에 대한 손해배상 또는 배상예정액을 청구할 수 없다.

107) 번역은 Christian von Bar & Eric Cilve (eds.), 안태용 역, 유럽 민사법의 공통기준안(총칙 · 계약편), 법무부(2009)를 참조하였음을 밝혀둔다.

지출비용의 배상과 원시적 불능에 관한 민법개정안 검토

김영두*

국문초록

현행 민법은 채무불이행의 경우에 신뢰이익의 손해배상, 즉 지출비용의 배상에 관해 명문 규정을 두고 있지 않지만 판례는 채무불이행의 경우에도 신뢰이익의 손해배상을 허용하고 있다. 2024년 민법개정안은 채권자가 이행에 갈음하는 손해배상 대신 '채무가 이행될 것을 믿고 지출한 상당한 비용'의 배상을 청구할 수 있도록 제395조의2를 신설하여 기존에 판례에 의해서 인정되었던 신뢰이익의 손해배상을 지출비용의 배상 형태로 규정하고 있다. 이 개정안은 2013년 개정시안과 달리 이행이익의 한도로 지출비용의 배상을 제한하지 않고 있으며, 이행이익이 발생하지 않는 비영리 계약 등에서도 채권자가 지출비용의 배상을 청구하는 것이 가능하도록 하고 있다.

지출비용 배상을 허용하고 있다는 점에서 2024년 개정안은 의의가 있지만, 배상책임의 법적 성격을 손해배상으로 명확하게 규정하지 않기 때문에 손해배상액의 예정(제398조), 손해배상의 범위(제393조), 과실상계(제396조) 등 손해배상의 일반 법리가 이 규정에 직접 적용되는지 해석상 혼란이 발생할 수 있다. 또한 2024년 개정안은 배상청구권을 '이행에 갈음하는 손해배상' 대신 행사할 수 있도록 규정하였는데, 이로 인해 이행이익(이행에 갈음하는 손해배상)이 인정되지 않는 경우에는 결국 지출비용의 배상도 청구할 수 없다는 결론에 도달하여 이행이익의 한도를 삭제한 취지가 무색해질 수 있다.

한편, 2024년 개정안은 원시적 불능에 관한 제535조에 대해, 현행법이 계약을 무효로 보는 것과 달리 '계약의 효력에 영향을 미치지 아니한다'고 규정하여 원시적 불능인 계약을 유효한 것으로 전제하고 있다. 이는 원시적 불능의 경우에도 이행이익의 손해배상을 인정하려는 취지로

* 충남대학교 법학전문대학원 교수.

해석된다. 하지만 2024년 개정안은 2013년 시안과 달리 채무자가 불능을 알았거나 알 수 있었다는 손해배상책임의 발생요건을 규정하지 않아서 과실책임주의를 원칙으로 하는 우리 민법 체계하에서 채무자에게 과도한 보증책임을 지울 위험이 있다. 또한, 계약이 유효함에도 급부가 불가능한 경우, 채권자가 계약을 해제할 수 있는 근거 규정이 마련되지 않은 문제점도 존재한다.

이와 같이 2024년 민법개정안은 채무불이행으로 인한 손해배상에 있어서 그 동안 민법학계에서 논의되었던 쟁점을 입법하려는 의미있는 시도를 하고 있지만, 채무불이행으로 인한 손해배상책임의 다른 제도나 규정과의 관계를 좀더 명확히 할 필요가 있다.

Ⅰ. 서론

2009년 시작된 민법개정위원회는 2013년 개정시안을 발표하였다. 이 개정시안을 토대로 2023년에 다시 민법개정위원회가 구성되었고 2024년에 민법개정안을 법무부에 제출하였다. 이 개정안에는 지출비용의 배상과 원시적 불능으로 인한 책임에 관한 개정안이 포함되어 있다.

종래에 채무불이행의 경우에 신뢰이익의 손해배상을 청구할 수 있는지 여부가 문제되었다. 대법원 1992. 4. 28. 선고 91다29972 판결은 채무불이행으로 인해서 채권자가 지출한 비용의 배상을 청구할 수 있는 가능성을 인정하였다. 그리고 대법원 2002. 6. 11. 선고 2002다2539 판결에서 신뢰이익의 배상이라는 용어가 처음으로 사용되었다. 그리고 2002년 개정된 독일민법은 채무불이행으로 인한 신뢰이익의 손해배상과 관련하여 지출비용의 배상에 관하여 독일민법 제284조에서 규정하였다. 학설은 채무불이행으로 인한 신뢰이익의 손해배상의 허용여부에 대해서 견해의 대립이 있었는데, 2013년 개정시안에서는 제392조의2를 신설하여 독일민법과 마찬가지로 지출비용의 배상에 관한 규정을 신설하였다. 이 당시 개정안은 지출비용의 배상을 청구할 수 있다는 점과 단서에서 그러한 손해배상액은 이행이익의 손해배상액을 넘지 못한다고 규정하고 있었다. 그러나 2024년 개정안에서는 2013년의 개정시안 중에서 단서가 삭제되고 본문만 개정안에 반영되었다. 그리고 지출비용의 배상에 관한 규정을 제392조의2에서 제395조의2로 옮겨 규정하였다.

2013년 개정시안에서는 원시적 불능에 관한 제535조의 개정에 대한 제안을 하였다. 제1항에서는 원시적 불능의 경우에도 계약이 유효하다는 점을 규정하고, 제2항에서는 원시적 불능의 경우에도 채무불이행에 따른 손해배상을 청구할 수 있다는 점을 규정하였다. 다만 단서에서는 채권자가 원시적 불능을 알았거나 채무자가 과실없이 원시적 불능을 알지 못한 경우에는 손해배상을 청구할 수 없다는 점을 규정하였다. 2024년의 개정안도 제535조의 개정안을 포함하고 있었는데, 2013년과 비교해 볼 때 원시적 불능의 경우에도 계약이 유효하다는 점만 규정하고 있고 2013년 개정안의 제2항, 즉 원시적 불능의 경우에도 손해배상을 청구할 수 있고, 이러한 손해배상청구권이 배제되는 사유는 삭제되어 결과적으로 2013년 개정안의 제1항만 제535조에서 규정하게 되었다.

아래에서는 2013년과 2024년의 지출비용배상과 원시적 불능에 관한 민법개정안의 내용을 검토한다. 그리고 지출비용의 배상과 원시적 불능으로 인한 손해배상은 서로 연관되어 있으며, 이러한 계약책임은 계약의 해제나 담보책임과도 밀접하게 관련되어 있다. 따라서 지출비용의 배상과 원시적 불능으로 인한 책임이 다른 민법의 규정 또는 민법개정안과 어떠한 관계를 갖고 있는지 살펴본다.

Ⅱ. 지출비용배상에 관한 민법 개정안 제395조의2에 대한 검토

현행	2013년 개정시안	2024년 개정안
〈신설〉	제392조의2(지출비용의 배상) 채무불이행의 경우에 채권자는 채무가 이행될 것을 믿고 지출한 비용의 배상을 청구할 수 있다. 그러나 그 배상액은 채무가 이행되었더라면 받았을 이익액을 넘지 못한다.	제395조의2(지출 비용의 배상) 채권자는 이행에 갈음한 손해배상 대신 채무가 이행될 것을 믿고 지출한 상당한 비용의 배상을 청구할 수 있다.

1. 채무불이행으로 인한 신뢰이익의 손해배상의 인정 여부

(1) 이론적 검토

통상적으로 신뢰이익의 손해배상은 계약이 유효하다고 믿었기 때문에 입은 손해에 대한 배상을 의미한다.[1)] 이러한 신뢰이익의 손해배상은 계약이 체결되기 전의 상태로 만들어주는 손해배상이다. 신뢰이익의 손해는 계약 당사자가 재산의 지출을 통하여 발생한 적극적 손해와 유리한 계약을 통하여 얻을 수 있었던 이익과 같은 소극적 손해로 구분해 볼 수 있다. 계약이 체결되기 전의 상태로 만들어주는 손해배상이기 때문에 신뢰

1) 곽윤직, 채권총론, 2002, 139면; 김상용, 채권총론, 2004, 157면; 곽윤직(지원림집필), 민법주해 IX(채권 2), §393, 1995, 475면; 김형배, 채권총론, 1999, 243면; 김주수, 채권총론, 1999, 169면; 양창수, 민법입문, 2001, 227면; 김규완, "손해배상과 비용배상", 재산법연구 제21권 제1호, 2004, 172면. 그러나 신뢰이익과 이행이익의 구분에 대해서 비판적인 견해도 있다(곽윤직, 위의 책, 139면; 김형배, 위의 책, 243면).

이익의 손해배상은 주로 계약이 무효이거나 취소된 경우에 문제된다. 우리 민법은 제535조에서 원시적 불능으로 인해서 무효인 계약의 경우에 신뢰이익의 손해배상을 청구할 수 있다고 규정하고 있다. 다만 계약이 취소된 경우에 신뢰이익의 손해배상을 청구할 수 있다는 규정을 두고 있지는 않다. 민법 제551조는 계약의 해제 또는 해지는 손해배상의 청구에 영향을 미치지 않는다고 규정하고 있는데, 여기서 말하는 손해배상이란 신뢰이익의 손해배상이라고 보는 견해도 있다.[2)]

신뢰이익의 손해배상은 계약의 무효 또는 취소의 경우에 주로 문제가 되지만 채무불이행의 경우에도 신뢰이익의 손해배상이 문제되기도 한다. 채무불이행의 경우에 신뢰이익의 손해배상을 인정하는 견해는 채무불이행이 있는 경우에 원칙적으로 채권자는 이행이익의 손해배상을 통하여 계약이 정상적으로 이행되었을 재산상태를 추구하는 것도 가능하지만, 신뢰이익의 손해배상을 통하여 계약이 체결되기 전의 재산상태로 돌아가는 것도 인정할 필요가 있다고 한다.[3)] 신뢰이익의 손해배상이라는 용어 대신에 독일민법 제284조와 같이 "지출비용"이라는 개념을 사용하는 경우도 있다.[4)] 채무불이행의 경우에 신뢰이익의 손해배상을 인정하는 것에 대해서 비판적이면서 "지출비용"의 배상의 신설에 대해서는 가능성을 열어두는 견해도 있다.[5)]

반면에 채무불이행의 경우에 신뢰이익의 손해배상을 허용하는 것에 대해서 비판적인 견해도 있다.[6)] 비판적인 견해의 논거는 다음과 같다. 첫째, 채무불이행과 채권자가 지출한 비용 사이에는 인과관계가 없다는 것이다. 채권자는 채무가 정상적으로 이행되었다고 하더라도 이러한 비용을 지출하였을 것이기 때문이다.[7)] 둘째, 채무불이행의 경우에 신뢰이익의 손해라는 개념을 도입하게 되면 이행이익의 손해와 관련하여 복잡한 문제가 제기된다. 예를 들어 이행이익의 손해 속에는 신뢰이익의 손해가 중첩되는 부분

---

2) 김주수, 채권총론, 169면에서는 계약해제의 경우에 인정되는 손해배상은 신뢰이익의 손해배상이라고 한다.

3) 김동훈, 계약법의 주요문제, 2002, 222면; 고종영, "계약해제와 손해배상: 손해배상의 성질과 범위에 관한 실무적 고찰", 「법조」, 제558호, 2003, 20면에서도 채무불이행을 이유로 신뢰손해의 배상을 청구할 수 있다고 하지만 전체적으로 계약해제의 경우에 한정하고 있다.

4) 김동훈, "이행이익과 신뢰이익", 205면.

5) 김규완, "손해배상과 비용배상", 194면.

6) 김재형, "계약의 해제와 손해배상의 범위: 이행이익과 신뢰이익을 중심으로", 92면; 김규완, "손해배상과 비용배상", 194면.

7) 김규완, "손해배상과 비용배상", 186면; Hansjörg Otto, Staudigers Kommentar zum Bürgerlichen Gesetzbuch mit Einführungsgesetz und Nebengesetzen, Buch 2, Recht der Schuldverhältnisse(§§255-304), Neubearbeitung 2004, §284, Rdnr. 2; Peter Huber/Florian Faust, Schuldrechtsmodernisierung: Einführung in das neue Recht, München: C.H.Beck, 2002, S. 158; Abschlußbericht der Kommission zur Überarbeitung des Schuldrechts, hrsg. von Bundesministerium der Justiz, Bundesanzeiger, 1992, S. 175.

이 있으며, 신뢰이익과 이행이익의 구분의 모호함과 같은 문제들이 발생한다는 것이다. 셋째, 채권자는 이행이익의 손해배상을 통하여 충분히 보호될 수 있다는 것이다. 오히려 이행이익의 정확한 의미와 입증책임의 완화 문제를 통해서 이 문제를 해결해 나가야 한다는 견해도 있다.[8)]

(2) 판례의 입장

판례는 처음에는 다수의 견해와 같이 신뢰이익의 배상을 이해하였다.[9)] 그렇기 때문에 채무불이행의 경우에는 신뢰이익의 배상을 청구할 수 없다고 보았다.[10)] 그러나 그 후에는 입장을 바꾸어 채무불이행의 경우에도 신뢰이익의 배상이 인정될 수 있다고 판시하고 있다.[11)] 판례의 입장을 정리하면 다음과 같다.

첫째, 채무불이행의 경우에 이행이익의 손해배상이 인정되듯이 신뢰이익의 손해배상도 인정될 수 있다.[12)]

둘째, 신뢰이익의 손해배상은 이행이익의 손해배상에 갈음하여 청구할 수 있다.[13)] 하지만 일실이익과 신뢰이익의 손해배상을 동시에 청구할 수 있는 가능성을 인정한 경우도 있다. 즉 제반 비용을 공제한 순이익에 해당하는 일실이익의 손해배상을 청구하는

---

8) 김재형, "계약의 해제와 손해배상의 범위", 91, 92면.

9) "그러한 불법행위(부당한 계약교섭의 파기)로 인한 손해는 일방이 신의에 반하여 상당한 이유 없이 계약교섭을 파기함으로써 계약체결을 신뢰한 상대방이 입게 된 상당인과관계 있는 손해로서 계약이 유효하게 체결된다고 믿었던 것에 의하여 입었던 손해 즉 신뢰손해에 한정된다고 할 것이고, 이러한 신뢰손해란 예컨대, 그 계약의 성립을 기대하고 지출한 계약준비비용과 같이 그러한 신뢰가 없었더라면 통상 지출하지 아니하였을 비용상당의 손해라고 할 것이며"(대법원 2003. 4. 11. 선고 2001다53059 판결)

10) "채무불이행을 이유로 손해배상을 청구함에 있어서는 채권자가 받을 이익, 소위 이행이익을 산출하여 청구하여야 할 것이고, 그 계약이 유효하다고 믿음으로써 채권자가 헛되이 지출하게 된 금액인 소위 신뢰이익의 배상을 청구할 수 없는 것이다"(대법원 1962. 2. 22. 선고 4294민상667). 하급심 판결이지만 대법원에서 채무불이행의 경우에도 신뢰이익의 손해배상이 가능하다는 입장을 취한 이후에도 채무불이행으로 인한 신뢰이익의 손해배상을 부정한 경우도 있다. "계약해제로 인한 손해배상청구는 계약이 유효히 성립되었음에도 불구하고 채무자가 채무를 이행하지 아니함으로써 발생한 손해를 목적으로 하는 것이므로 채무불이행을 이유로 계약을 해제하고 손해배상을 청구함에 있어서는 채무자의 채무의 이행으로 인하여 채권자가 받을 이익 즉 이행이익을 산출하여 손해로서 청구하여야 하고, 그 계약이 유효하다고 믿음으로써 받은 손해의 배상 즉 신뢰이익의 배상은 청구할 수 없다 할 것인바"(서울고법 1998. 7. 15. 선고 97다36336 판결: 확정)

11) 대법원 1992. 4. 28. 선고 91다29972 판결; 대법원 1996. 2. 13. 선고 95다47619 판결; 대법원 1999. 2. 9. 선고 98다49104 판결; 대법원 1999. 7. 27. 선고 99다13621판결; 대법원 2002. 6. 11. 선고 2002다2539판결; 대법원 2003. 10. 23. 선고 2001다75295 판결.

12) 대법원 2002. 06. 11. 선고 2002다2539 판결; 대법원 1999. 2. 9. 선고 98다49104 판결; 대법원 2003. 10. 23. 선고 2001다75295 판결.

13) 대법원 2002. 06. 11. 선고 2002다2539 판결; 대법원 2007. 1. 25. 선고 2004다51825 판결.

경우에는 상대방의 이행을 믿고 지출한 비용의 배상도 청구할 수 있다고 보았다.[14)]

셋째, 신뢰이익의 손해배상에도 민법 제393조가 적용된다. 따라서 통상적으로 지출되는 비용은 상대방이 알았거나 알 수 있었는지 여부와 상관없이 배상을 구할 수 있지만, 이를 초과하는 손해는 특별한 사정으로 인한 손해에 해당하여 상대방이 그 사정을 알았거나 알 수 있었던 경우에만 배상을 청구할 수 있다.[15)]

넷째, 신뢰이익의 손해배상은 이행이익의 범위를 초과할 수 없다.[16)]

다섯째, 신뢰이익의 손해배상의 경우에도 과실상계의 법리가 적용될 수 있다.[17)]

(3) 비교법적 검토

영미법에서는 계약위반의 경우에 채권자가 지출한 비용을 신뢰이익으로 배상받을 수 있다. 영미법의 경우에는 주로 계약위반의 경우에 신뢰이익의 손해배상이 문제된다.

독일민법은 제284조에서 비용배상청구권에 대해서 규정하고 있다. 이 규정은 신뢰이익의 손해배상에 상응하는 규정이다.[18)] 독일의 1992년 채권법개정위원회의 채권법개정안(§327 Abs. 1 Satz 2 KE)에서는 신뢰손해라는 개념을 사용하고 있었다.[19)] 즉 채무불이행의 경우에도 신뢰이익의 손해배상을 허용하고 있었다. 2000년 8월의 토론용초안에서도 "손해의 배상(Ersatz des Schadens)"이라는 용어가 사용되었다. 그럼에도 불구하고 현행 독일민법은 제284조는 무익한 비용의 배상(Ersatz vergeblicher Aufwendungen)에 관한 규정을 통하여 사실상 신뢰이익의 손해배상을 허용하고 있다. 독일민법 제284조가 신뢰이익의 손해배상이라는 개념을 사용하지 않고 무익한 비용의 배상이라는 개념을 사용한 것은 신뢰이익의 손해배상이라는 표현을 사용하게 되면 채권자가 소극적 손해까지 신뢰이

---

14) 대법원 1992. 4. 28. 선고 91다29972 판결

15) 대법원 2002. 06. 11. 선고 2002다2539 판결; 대법원 1992. 4. 28. 선고 91다29972 판결; 대법원 1996. 2. 13. 선고 95다47619; 대법원 1999. 2. 9. 선고 98다49104 판결; 대법원 1999. 7. 27. 선고 99다13621판결; 대법원 2003. 10. 23. 선고 2001다75295 판결.

16) 대법원 2002. 06. 11. 선고 2002다2539 판결; 대법원 2007. 1. 25. 선고 2004다51825 판결; 대법원 1999. 7. 27. 선고 99다13621판결.

17) 대법원 2006. 2. 10. 선고 2003다15501 판결. 원심은 신뢰이익의 손해배상을 인정하면서 과실상계를 하였는데, 대법원은 신뢰이익의 손해배상을 인정한 원심의 판단에 문제가 없다고 보았으며, 과실상계의 문제는 사실인정이나 그 비율을 정하는 것은 형평의 원칙에 비추어 현저히 불합리하다고 인정되지 않는 한 사실심의 전권사항에 속하기 때문에 원심의 판단을 다투는 상고이유를 타당하지 않은 것으로 보았다.

18) Canaris(최봉경譯), "독일 개정 채권법상의 신급부장애론", 「법학연구」, 제12권 제3호, 2002, 309면.

19) 채권법개정위원회의 제327조 제1항 제2문에서는 "계약의 이행을 신뢰하여 발생한 손해의 배상(Ersatz des Schadens verlangen, der ihm daraus entsteht, daß er auf die Ausführung des Vertrags vertraut hat)"이라는 표현을 사용하고 있다(Abschlußbericht der Kommission zur Überarbeitung des Schuldrechts, hrsg. von Bundesministerium der Justiz, Bundesanzeiger, 1992, S. 172).

익의 손해로 배상받을 가능성이 있는데 이러한 가능성을 차단하기 위한 것이다.[20] 소극적 손해란 유리한 계약을 통해서 얻을 수 있었던 이익을 얻지 못한 손해를 말한다.[21] 즉 독일민법은 신뢰손해라는 표현 대신에 무익한 비용의 배상이라는 표현을 사용함으로써 채무불이행의 경우에 소극적 손해를 신뢰손해로 배상받지 못하도록 하고 있다. 채권자가 채무불이행을 통해서 부당한 행운을 얻는 것을 방지하기 위한 것이다. 독일민법 제284조는 다음과 같다.

> 독일민법 제284조(무익하게 지출된 비용의 배상) 채권자가 급부의 획득을 신뢰하여 비용을 지출하고 또 그 지출이 상당한 것인 경우에는 그는 급부에 갈음하는 손해배상 대신에 그 비용의 배상을 청구할 수 있다. 다만 채무자의 의무위반이 없더라도 급부의 목적이 달성될 수 없었을 때에는 그러하지 아니하다.

개정안 제395조의2를 검토함에 있어서 독일민법 제284조에서 참고할 만한 사항은 다음과 같다.

첫째, 독일민법 제284조가 신설되기 이전에도 독일의 판례는 "수익성 추정(Rentabilitätsvermutung)"의 법리를 통하여 간접적으로 신뢰이익의 손해배상을 인정하였다. 즉 채권자가 지출한 비용을 장래에 발생할 최소한의 수익으로 추정하는 입장을 취하였다.[22] 이러한 수익성 추정의 법리는 수익을 목적으로 하지 않는 계약이나 수익이 발생하지 않음을 입증하는 경우에는 적용되지 않았다.[23] 하지만 독일민법 제284조에 의해서

---

20) BT-Drucks 14/6040, S. 144. 현행 독일민법이 신뢰손해라는 표현을 사용하지 않고 비용의 배상이라는 용어를 사용하게 된 것은 채무불이행의 경우에 모든 소극적 이익(negative Interesse), 즉 신뢰이익(Vertrauensinteresse)의 배상을 허용하는 것이 타당하지 않기 때문이다. 만약 모든 신뢰손해의 배상을 허용하게 되면 채권자는 제3자와의 유리한 계약을 체결할 수 없었다는 손해를 배상받을 수 있게 되는데, 이러한 결과는 채무자의 의무위반으로 인해서 채권자가 부당하게 행운을 취하는 결과로 된다고 한다(BT-Drucks 14/6040, S. 144; Canaris, "Die Reform des Rechts der Leistungsstörungen", JZ 2001, 499(517), S. 517).

21) 더 유리한 청약을 거절하였기 때문에 얻을 수 있었던 이득을 얻지 못한 소극적 손해가 신뢰이익의 손해에 포함된다고 해서 채무불이행의 경우에 그러한 소극적 손해의 배상을 청구할 수 있는 것은 아니다. 즉 채무불이행의 경우에 신뢰이익의 손해배상을 허용하는 입장을 취한다고 해서 위에서 언급한 소극적 손해를 당연히 신뢰이익의 손해배상으로 청구할 수 있는 것은 아니다. 만약 그러한 소극적 손해의 배상을 허용하게 되면 채권자는 채무이행이 있는 경우보다 더 유리한 지위에 놓이게 되기 때문이다.

22) BT-Drucks 14/6040, S. 142.

23) 독일의 BGHZ 99, 182 판결은 정치적 집회를 개최하기 위해서 체육관을 임차하였지만 임대인의 귀책사유있는 채무불이행에 의해서 임차인이 체육관을 사용할 수 없게 된 경우이다. 이 사안에서 집회를 개최하기 위해서 임차인이 지출한 비용의 배상은 허용되지 않았다. 이러한 경우에는 수익

수익성 여부와 상관없이 채권자는 채무불이행의 경우에 무익하게 된 지출비용의 배상을 청구할 수 있게 되었다.

둘째, 지출비용배상에 관한 독일민법 제284조는 새로운 청구권의 근거규정이라는 의미를 갖는다. 독일민법 제284조가 신설되기 이전에는 "수익성 추정(Rentabilitätsvermutung)"의 법리에 따라 간접적으로만 신뢰이익의 손해배상이 고려되었다. 하지만 독일민법 제284조에 의해서 수익성 추정의 법리가 적용되지 않는 경우에도 채권자는 독일민법 제284조를 근거로 무익하게 된 비용의 배상을 청구할 수 있게 되었다. 이런 점에서 독일민법 제284조는 새로운 청구권의 근거규정이라고 할 수 있다.[24)]

셋째, 독일민법은 지출비용의 배상책임에 관한 규정을 다른 관련된 규정에서도 준용하고 있다. 원시적 불능에 관한 규정인 제311조의a 제2항, 하자있는 경우에 매수인의 구제수단에 관한 제437조 제3호, 하자있는 경우에 도급인의 권리에 관한 제634조 제4호에서 제284조에 따라 지출비용의 배상을 청구할 권리를 인정하고 있다.

넷째, 독일민법 제284조는 완결적인 구조를 갖고 있다. 즉 이 규정은 요건과 효과를 모두 규정하고 있다. 하나의 조문이 완결적인 구조를 갖다보니 추상적인 표현들도 포함되어 있다. 대표적인 것이 비용의 상당성이다. 이 규정은 비용배상의 규정을 손해배상이라고 본다면 불필요한 규정이라고 볼 수 있다. 공동과책에 관한 독일민법 제254조의 규정에 의해서 해결될 수 있는 규정이기 때문이다. 하지만 지출비용을 손해로 인정하지 않는 견해의 입장에서는 독일민법 제254조의 규정이 제284조에 당연히 적용된다고 할 수 없기 때문에 필요한 규정이다. 따라서 상당성이라는 포괄적인 개념은 지출비용의 배상범위를 정하기 위해서 필요한 손해배상에 관한 일반적인 이론을 담아낼 수 있는 용어이다.

2. 민법개정안 제395조의2의 의의

개정안 제395조의2가 갖고 있는 의의는 두 가지로 요약할 수 있다.

첫째, 현재 판례는 채무불이행의 경우에도 신뢰이익의 손해배상을 청구할 수 있다는 입장을 취하고 있으며 개정안 제395조의2는 이러한 판례의 입장을 입법화한 것이라고 볼 수 있다. 다만 채무불이행의 경우에 신뢰이익의 손해배상을 인정하지 않는 입장에서 본다면 개정안 제395조의2는 판례의 입장을 입법화한 것이 아니라 기존에 인정되지 않던 청구권을 새롭게 인정하는 청구권근거규범에 해당할 것이다. 반면에 채무불이행의 경우에 신뢰이익의 손해배상을 인정하는 견해에서는 개정안 제395조의2가 청구권근거

성추정(Rentabilitätsvermutung)의 이론이 적용되지 않기 때문이었다.

24) Faust, in Huber/Faust, Schuldrechtsmodernisierung, S. 158.

규범이기는 하지만 기존에 인정되지 않던 청구권을 새롭게 인정하는 규정이 아니라 판례에 의해서 이미 인정되고 있는 채무불이행으로 인한 신뢰이익의 손해배상청구권을 비용배상청구권의 형태로 입법적으로 명확히 한 것이라고 볼 수 있다. 다만 개정안 제395조의2는 판례와 달리 신뢰이익의 손해배상청구권의 근거규정을 민법 제395조의2로 변경하는 의미를 갖는다.

둘째, 개정안 제395조의2는 비용배상청구권이라는 표현을 사용함으로써 채무불이행의 경우에 소극적 손해에 해당하는 신뢰이익의 손해배상이 허용되지 않는다는 점을 명확히 하고 있다. 신뢰이익의 손해란 매수인이 매매계약의 효력을 신뢰하여 은행으로부터 대출을 받은 경우에 매수인이 지출한 대출금에 대한 이자 및 담보설정비용,[25] 매수인이 지출한 조사비용, 운송수단의 준비를 위한 비용,[26] 매도인이 매매계약을 이행하기 위해서 제3자의 유리한 청약을 거절한 경우에 그 제3자로부터 매도인이 얻을 수 있었던 이익을 얻지 못한 손해[27] 등을 말한다. 이러한 손해 중에서 이자, 담보설정비용, 조사비용, 운송비용 등은 기존의 재산을 감소시킨 것이므로 적극적 손해(dammum emergens)에 해당한다. 반면에 유리한 계약을 통해서 얻을 수 있었던 이익을 얻지 못한 손해는 얻을 수 있었던 이익을 얻지 못한 것이므로 소극적 손해(lucrum cessans)에 해당한다. 이와 같이 신뢰이익의 손해 중에는 적극적 손해도 있고 소극적 손해도 있다.

채무불이행의 경우에 신뢰이익의 손해배상을 인정하더라도 채권자가 더 유리한 계약을 체결하지 못한 소극적 손해를 신뢰이익의 손해에 포함시킬 것인지는 별개의 문제이다. 소극적 손해도 신뢰이익의 손해에 해당할 수 있지만 채무불이행과 소극적 손해 사이에 인과관계를 인정할 수 없기 때문이다. 비록 채무자가 채무를 제대로 이행하였다고 하더라도 채권자에게는 여전히 더 유리한 계약을 체결하지 못한 소극적 손해가 남아 있기 때문이다. 따라서 이러한 소극적 손해는 채무불이행과 상관없는 손해라고 할 수 있다.

결론적으로 개정안 제395조의2는 원칙적으로 신뢰이익의 손해배상을 청구할 수 있는 가능성을 열어주면서, 소극적 손해를 신뢰이익의 손해로 배상받는 것을 허용하지 않는 역할을 하고 있다. 기존의 판례 중에는 채무불이행의 경우에 신뢰이익의 손해배상을 청구할 수 있다는 점을 인정하였지만 이 신뢰이익의 손해배상 속에 소극적 손해가 포함되지 여부가 다투어진 경우는 없었다. 개정안 제395조의2는 이 점을 분명히 하였다.

---

25) 김상용, 앞의 책, 157면.

26) 김형배. 앞의 책, 244면; 지원림, 앞의 책, 475면.

27) 곽윤직, 앞의 책, 139면; 김형배, 앞의 책, 244면; 지원림, 앞의 책, 475면; 송덕수, "민법상 착오에 관한 연구", 서울대학교 대학원 법학박사학위논문, 1989, 207면.

3. 민법개정안 제395조의2의 검토의견

(1) 개정안 제395조의2의 법적 성격에 관련된 문제

(가) 개정안 제395조의2의 법적 성질

개정안 제395조의2에 따라 인정되는 배상책임의 법적 성격은 손해배상에 관한 이론과 규정들이 개정안 제395조의2에도 적용될 것인가 하는 점과 관련되어 있다. 만약 개정안 제395조의2의 법적 성질이 채무불이행으로 인한 손해배상이 아니라면 손해배상의 산정에 관련된 규정과 법리가 개정안 제395조의2에는 적용되지 않는다. 또한 개정안 제395조의2는 새로운 청구권 근거규정이 되며, 비용배상을 위한 요건, 효과, 다른 제도와의 관계가 명확히 규정되어야 한다. 반면에 개정안 제395조의2에 따른 배상책임이 본질적으로 채무불이행으로 인한 손해배상책임에 해당한다고 본다면 손해배상의 법리와 규정들이 적용되므로 배상책임을 위한 요건이나 효과 등에 관해서 개정안 제395조의2가 상세하게 규정할 필요는 없다.

민법개정위원회의 다수의견은 지출비용의 배상을 손해배상으로 파악하고 있다고 한다.[28] 따라서 손해배상에 관련된 규정들은 지출비용의 배상의 경우에도 그대로 적용될 수 있을 것이다. 하지만 개정위원회 내부에서도 개정안 제395조의2의 성격을 손해배상으로 보지 않는 견해가 있으며, 지출비용의 배상은 손해배상과 구분되기 때문에 손해배상에 관한 민법의 규정이 개정안 제395조의2에 직접 적용되는 것은 아니고 유추적용될 수 있다고 한다.[29] 개정위원회 내부의 의견이 다르다는 것은 결국 개정안에 대한 여러 해석론이 제기될 수 있다는 것을 의미한다. 개정안 제395조2의 법적 성격에 대한 해석상의 논란은 실제적으로 이 규정의 적용범위에 관한 논란으로 이어질 수밖에 없다.

(나) 민법 제398조(배상액의 예정)과 개정안 제395조의2의 관계

개정안 제395조의2의 법적 성격을 어떻게 볼 것인가에 따라서 개정안 제395조의2에 따라 지출비용의 배상을 청구하는 경우에 민법 제398조와 개정안 제395조의2의 관계가 문제될 수 있다. 만약 개정안 제395조의2의 법적 성질을 채무불이행으로 인한 손해배상으로 본다면 계약 당사자 사이에 배상액에 대한 합의가 있는 경우에 채권자는 예정된 배상액만을 청구할 수 있고, 특별한 사정이 없는 이상 그 이상의 손해가 발생했다고 하더라도 예정된 배상액만을 청구할 수 있다.[30] 그러나 개정위원회 내부의 다수의견과 달리 개정안 제395조의2의 배상책임은 손해배상책임이 아니라고 본다면 손해배상액 예정

---

28) 김재형, "채무불이행으로 인한 손해배상에 관한 민법개정안", 「민사법학」, 제65호, 2013, 598면.

29) 위의 논문, 598면.

30) 대법원 92다41719 판결; 대법원 89다카26250 판결; 대법원 87다카3101 판결 등. 곽윤직(양창수집필), 민법주해[IX] 채권(2), 제398조, 675면.

의 합의가 있더라도 개정안 제395조의2에 따른 지출비용의 배상을 청구할 수 있게 된다.

신뢰이익의 손해배상이 경제적인 이익을 목적으로 한 계약이 아닌 경우에 채권자가 활용할 수 있는 채무불이행에 대한 구제수단으로 기능할 수 있다는 점과 손해배상액의 예정도 이행이익의 손해가 없는 경우에 채권자가 의존할 수 있는 채무불이행에 대한 구제수단이라는 점을 고려한다면 개정안 제395조의2의 경우에도 손해배상액의 예정에 대한 합의의 법리가 적용된다고 보는 것이 타당하다. 현재 판례에 따르면 신뢰이익의 손해배상은 당연히 손해배상의 일종이기 때문에 만약에 신뢰이익의 손해를 배상해야 하는 당사자가 민법 제398조에 의해서 예정액만을 청구할 수 있다는 항변을 한다면 이러한 항변은 정당한 것으로 보아야 한다.

하지만 개정안 제395조의2의 법적 성질에 대해서 견해의 대립이 있다면, 민법 제398조가 적용될지 여부에 대한 논란도 피할 수 없다.

지출비용의 배상과 손해배상액의 예정의 관계에 관한 문제는 독일민법의 경우에는 발생하지 않는다. 다른 대부분의 대륙법계 국가들이 손해배상액의 예정이 있는 경우에 채권자는 이를 초과하는 손해가 발생하여도 예정된 배상액만을 청구할 수 있도록 규정하고 있지만,[31] 독일민법에 따르면 당사자들이 손해배상액을 예정하였더라도 그 배상액은 최소손해를 의미하고, 그 이상의 손해가 발생하였다면 그 손해에 대해서도 배상을 청구할 수 있다(독일민법 제340조 제2항). 따라서 손해배상액의 예정이 있었더라도 이를 초과하는 손해가 발생하였다면 채권자는 독일민법 제284조의 요건을 입증하여 지출비용의 배상을 받을 수 있다.

개정안 제395조의2를 신설한다면 이 규정과 배상액의 예정에 대한 민법 제398조의 관계를 명확히 할 필요가 있다.

(다) 손해배상범위, 과실상계, 손익상계와 개정안 제395조의2의 관계

채무불이행으로 인한 신뢰이익의 손해배상을 청구하는 경우에 민법 제393조가 적용된다. 예를 들어 분양아파트를 공급받기 위해서는 주택채권을 매입해야 하는데, 분양사의 채무불이행에 의해서 발생한 주택채권의 매입액과 매각액의 차액은 신뢰이익의 손해에 해당한다. 아파트를 공급받기 위해서는 법률의 규정에 따라 주택채권을 매입해야 하기 때문에 이러한 손해는 통상의 손해로서 배상받을 수 있다.[32] 반면에 계약의 이행을 위한 사채발행비 등 자본조달을 위한 비용은 특별한 사정으로 인한 손해에 해당할 수 있다. 따라서 채무자가 그러한 사정을 알았거나 알 수 있었던 경우에만 신뢰이익의 손해

31) Principles of European Contract Law, Part I and Part II, prepared by the Commission on European Contract Law, edited by Ole Lando and Hugh Beale, Art. 9:509, Note 2, p.455.

32) 대법원 2002. 6. 11. 선고 2002다2539 판결.

배상을 청구할 수 있다.[33]

채무불이행으로 인해서 채권자에게 신뢰이익의 손해가 발생했지만, 그로 인해서 채권자가 이익을 얻은 것이 있다면 그러한 이익은 신뢰이익의 손해배상액에서 공제되어야 한다. 대법원 2002. 5. 10. 선고 2000다37296,37302 판결은 도급인이 민법 제673조(완성의 도급인의 해제권)에 의해서 계약을 해제한 경우에, 재료의 구입을 위해서 지출한 수급인의 비용에 대한 배상이 문제되었다. 물론 손해배상의 근거는 민법 제673조이 근거이었지만, 본질적으로 신뢰이익의 손해배상이 문제된 경우이다. 대법원은 재료를 처분하여 얻을 수 있었던 대가를 손익상계의 법리에 따라 손해배상액에서 공제해야 한다는 판단을 하였다.

신뢰이익의 손해배상액을 확정하기 위해서는 민법 제396조(과실상계)도 고려해야 한다. 판례[34]도 신뢰이익의 손해배상이 인정되는 경우에 민법 제396조에 따라 채권자의 과실을 참작하여 손해액을 산정할 수 있다는 점을 인정하고 있다.

이와 같이 채무불이행의 경우에 신뢰이익의 손해배상을 인정하고 있는 판례는 손해배상에 관련된 이론이나 규정을 신뢰이익의 손해배상에도 그대로 적용하고 있다. 그렇다면 신뢰이익의 손해배상 대신에 개정안 제395조의2에 의해서 지출비용의 배상이 인정된다면 민법 제393조, 제396조, 손익상계의 법리가 그대로 적용되는지 여부가 문제될 수 있다. 이에 대해서도 두 가지 견해가 제기될 수 있다. 개정안 제395조의2의 비용배상책임은 손해배상책임이기 때문에 손해배상에 관한 법리나 규정이 그대로 적용될 수 있다는 견해와 이 개정안의 배상책임은 손해배상책임이 아니기 때문에 손해배상에 관한 법리나 규정이 그대로 적용될 수 없다는 견해가 제기될 수 있다.

합리적인 비용배상액을 결정하기 위해서는 필요한 범위 내에서 손해배상에 관한 규정이 직접 적용되거나[35] 이러한 내용을 반영한 문구들이 개정안 제395조의2에 포함되어야 한다.

지출비용의 배상책임을 인정하는 독일민법 제284조의 경우에도 지출비용의 배상의 범위, 손익상계, 공동과책에 관한 제254조의 적용여부가 문제될 수 있다. 독일민법 제284조는 지출이 상당한 경우에만 지출비용의 배상을 청구할 수 있음을 규정하고 있다. 따라서 공동과책에 관한 독일민법 제254조의 내용은 지출의 상당성 판단에 포함될 수 있다. 오히려 지출비용의 배상은 손해배상이기 때문에 독일민법 제254조가 적용될 수

33) 대법원 2006. 2. 10. 선고 2003다15501 판결.
34) 대법원 2006. 2. 10. 선고 2003다15501 판결.
35) 과실상계에 관한 규정이 제395조의2에 유추적용될 수 있다고 한다(김재형, "채무불이행으로 인한 손해배상에 관한 민법개정안", 598면).

있기 때문에 독일민법 제284조에서 규정하고 있는 비용의 상당성은 불필요하다는 견해도 있다.[36]

(2) 지출비용의 배상과 채무자의 귀책사유

민법 제390조는 표제에서 "채무불이행과 손해배상"이라는 표현을 사용하고 있다. 채무불이행의 경우에 채무자의 귀책사유가 없다면 채무자는 손해배상책임을 부담하지 않는다(민법 제390조 단서)는 점을 고려한다면 제390조의 표제에서 말하는 "채무불이행"은 귀책사유를 포함하는 개념이라고 볼 수 있다.

2013년 개정시안은 제392조의2에서 채무불이행의 경우에 지출비용의 배상을 청구할 수 있다고 규정하고 있는데, 이 규정에서 말하는 채무불이행은 귀책사유를 포함하는 개념인지 여부가 문제될 수 있다. 개정안 제392조의2는 제390조의 바로 뒤에 위치한다는 점을 고려한다면 개정안 제392조의2에서 말하는 "채무불이행"은 제390조의 표제가 말하는 "채무불이행"과 같이 단순히 채무가 이행되지 않은 상태가 아니라 채무자의 귀책사유까지 포함하는 개념으로 볼 수 있다. 그렇다면 "채무불이행"이라는 용어를 통하여 채무자의 귀책사유를 지출비용배상의 요건으로 규정한 것으로 해석할 수 있다.[37]

하지만 민법에서 "채무불이행"이라는 용어를 사용하면서 채무자의 귀책사유가 필요한지 여부가 문제되는 경우가 있는데 민법 제398조가 그러하다. 민법 제398조는 "채무불이행"에 관한 손해배상액을 예정할 수 있다고 규정하고 있다. 이러한 예정액을 청구하기 위해서 채무자의 귀책사유가 필요한지 여부에 대해서 견해가 나뉘고 있다. 다수설과 판례는 이를 긍정하고 있다.[38]

그리고 개정안 제544조 제1항 단서는 채무불이행이라는 용어를 사용하고 있다. 이 규정에서 말하는 채무불이행은 개정안 제544조 제1항 본문의 "채무의 내용에 좇은 이행을 하지 아니한 때"를 의미한다. 개정위원회의 검토의견 중에는 개정안 제544조에서 말하는 채무불이행이 귀책사유를 포함하지 않는 개념이므로 귀책사유를 포함하는 개념인 채권총론상의 "채무불이행"과 다르다는 것을 표시할 것인지 논의가 있었다.[39] 결과적으로는 "채무불이행"이라는 용어가 그대로 사용되었는데, 계약의 해제에 있어서 귀책사유를 요건에서 배제하는 것이 개정안 제544조의 가장 중요한 특징 중의 하나이므로[40] 이

---

36) Canaris, JZ 2001, 499(517).

37) "고의나 과실이 없는 경우에도 지출비용의 배상을 청구할 수 있는지 문제되나, 고의나 과실이 있는 경우에 한하여 이 규정이 적용된다고 보아야 할 것이다. 이 개정안은 제390조를 전제로 한 규정이기 때문이다."(김재형, "채무불이행으로 인한 손해배상에 관한 민법개정안", 596면)

38) 곽윤직(양창수집필), 민법주해[IX] 채권(2), §398, 669면.

39) 법무부, 2013년 법무부 민법개정시안, 채권편(상), 법무부 민법개정자료발간팀 편, 427면.

규정에서 말하는 "채무불이행"은 귀책사유를 포함하지 않은 개념이다.

이러한 점을 고려한다면 개정안 제392조의2의 "채무불이행"이라는 개념 속에는 채무자의 귀책사유가 포함되지 않은 것으로 해석할 여지가 있다. 특히 개정안 제392조의2의 책임이 손해배상책임이 아니라는 입장을 취한다면 지출비용의 배상책임에도 반드시 과실책임주의 원칙이 적용될 필요가 없다는 주장이 제기될 수도 있다.

예를 들어 매도인이 매수인에게 토지를 매도하였고 계약의 체결과 이행에 관한 비용이 지출되었지만, 토지가 수용되어 매도인이 수용보상금을 받은 경우에 매도인은 민법 제537조에 의해서 매수인에게 매매대금의 지급을 청구하지 못한다. 마찬가지로 매수인도 매도인에게 손해배상을 청구하지 못한다. 이행불능에 대해서 채무자의 귀책사유가 없기 때문이다. 이 경우에 매수인은 매도인에게 지출비용의 상환을 청구할 수 있는지 여부가 문제될 수 있다. 지출비용의 배상을 손해배상으로 이해한다면 이행불능에 대해서 매도인에게 귀책사유가 없으므로 지출비용의 배상도 허용되지 않을 것이다. 하지만 지출비용의 배상을 손해배상으로 보지 않는다면 이행불능의 경우에도 이러한 손해의 배상을 인정할 수 있다는 주장이 있을 수 있다. 특히 수용보상금이 지급되었고 매수인이 대상청구권을 행사하는 대신에 신뢰이익의 손해배상을 청구할 수 있는지 여부가 문제될 수 있다.

그리고 개정안 제392조의2의 채무불이행이 채무자의 귀책사유를 포함하는 개념이라면 민법 제390조와 달리 비용배상을 청구하기 위해서 채권자는 채무자의 채무불이행뿐만 아니라 귀책사유까지 입증해야 한다. 귀책사유를 포함하는 채무불이행이 본문에 규정되어 있기 때문이다. 물론 규정의 구조와 상관없이 제390조와 마찬가지로 개정안 제392조의2에서 채무가 이행되지 않은 것에 대해서 귀책사유가 없음을 채무자가 입증해야 한다는 논리를 전개하는 것도 가능하다. 그러나 지출비용의 배상이라는 새로운 규정을 신설한다면 제390조와 마찬가지로 채무불이행에 대해서 귀책사유가 없음을 채무자가 입증하도록 규정을 마련하거나, 제390조의 손해배상청구권이 성립한 경우에 지출비용의 배상을 청구할 수 있도록 규정을 마련할 필요가 있다.

독일민법 제284조는 급부에 갈음하는 손해배상을 대신하여 비용배상을 청구할 수 있다고 규정하고 있다. 채무불이행을 이유로 손해배상을 청구하기 위해서는 채무자의 귀책사유가 필요하기 때문에(독일민법 제280조제1항) 채권자가 급부에 갈음하는 손해배상을 청구하는 경우에도 채무자의 귀책사유가 필요하다. 따라서 채권자가 무익한 비용의 배상을 청구하기 위해서는 의무위반(Pflichtverletzung)에 대해서 채무자의 귀책사유가 인

---

40) 법무부 민법개정시안, 438, 441면.

정되어야 한다.[41)]

2013년 개정안과 달리 2024년 개정안은 채무불이행의 경우에 지출비용의 배상을 청구할 수 있다는 표현을 사용하지 않고 이행에 갈음하는 손해배상 대신에 지출비용의 배상을 청구할 수 있음을 규정하고 있다. 이와 같은 표현의 변경으로 인하여 지출비용의 배상을 청구하기 위해서는 이행에 갈음하는 손해배상을 청구하기 위한 요건을 갖추어야 한다는 해석을 할 수 있다. 이행에 갈음하는 손해배상은 민법 제395조에 따라 이행지체가 있는 경우 또는 채무불이행을 이유로 계약을 해제하는 경우에 청구 가능하다. 따라서 2024년 개정안에서는 이러한 경우에만 이행에 갈음하는 손해배상청구 대신에 지출비용의 배상을 청구할 수 있다.

(3) 채무불이행과 지출비용의 인과관계

원칙적으로 채권자가 지출한 비용 자체는 손해가 될 수 없다. 채권자가 지출한 비용은 자발적인 재산가치의 감소이며, 자발적인 재산가치의 감소를 손해가 되지 않기 때문이다. 하지만 비용을 지출하는 사람은 통상적으로 특정한 목적을 위하여 비용을 지출하며, 비용의 지출을 통한 재산가치의 감소를 감수하는 이유는 특정한 목적을 달성하기 위한 것이다. 그런데 만약 비용의 지출에 의해서 달성하고자 했던 특정한 목적이 타인의 행위에 의해서 달성될 수 없었다면 그러한 비용은 자발적인 재산가치의 감소라고 할 수 없기 때문에 지출된 비용에 해당하는 손해를 인정할 수 있다.[42)] 따라서 비용지출과 채무불이행 사이에 인과관계가 존재하지 않는 것은 사실이지만 지출한 비용이 무익하게 된 것과 채무불이행 사이의 인과관계는 인정할 수 있다. 즉 비용지출 자체는 신뢰이익의 손해가 될 수 없지만, 비용이 채무자의 행위에 의해서 무익하게 된다면 이는 신뢰이익의 손해에 해당하며 이러한 손해는 채무불이행과 인과관계가 있다. 이 경우에 채권자의 재산가치의 감소라는 불이익은 당연히 채무를 이행하지 않은 채무자가 부담해야 한다.[43)]

하지만 개정안 제395조의2는 지출비용의 배상이 인정되는 근거를 명시하지 않고 있다. 즉 지출비용의 배상책임이 인정되기 위해서는 채무불이행에 의해서 채권자가 지출

---

41) BT-Drucks 14/6040, S. 144.

42) Jan Filip Stoppel, Der Ersatz frustrierter Aufwednugen nach §284 BGB, Köl, Uni., Diss., S. 33. 그렇기 때문에 채무불이행이 있었더라도 채권자가 지출한 비용이 무익한 것으로 되지 않았다면 신뢰이익의 손해가 발생하지 않는다. 예를 들어 토지의 매수인이 건물을 건축하기 위해서 설계비를 지출한 경우에 이행불능에 의해서 목적토지의 소유권을 취득할 수 없더라도 매수인이 다른 토지를 취득하여 건물을 건축하려 한다면 매수인이 설계비를 지출하였더라도 신뢰이익의 손해를 입은 것은 아니다.

43) BT-Drucks 14/6040, S. 143.

한 비용이 무익한 것으로 되어야 하는데, 이에 대한 표현을 두고 있지 않다. 즉 2013년 개정안이나 2024년의 개정안은 지출비용의 배상을 청구하기 위해서 채권자가 지출한 비용이 무익한 것으로 되어야 한다는 점에 대한 규정을 두고 있지 않다.

독일민법 제284조는 단서에서 "채무자의 의무위반이 없더라도 급부의 목적이 달성될 수 없었을 때"에는 지출비용의 배상을 청구할 수 없도록 하고 있다. 즉 채권자가 지출한 비용의 목적이 달성될 수 없는 원인이 채무자의 의무위반이 아닌 경우에는 지출비용의 배상책임이 발생하지 않는다는 점을 분명히 하고 있다.

2013년 개정위원회의 분과위원회에서 작성한 개정안에서는 "그러나 채무를 이행하더라도 비용지출의 목적을 달성할 수 없었을 때에는 그러하지 아니하다"는 문구가 포함되어 있었다.[44] 그러나 분과위원장단 회의와 전체회의에서 통과된 개정안에서는 이러한 문구가 삭제되었다. 다음의 두 가지 경우에 2013년이나 2024년의 개정안을 적용하면 어떠한 결과가 될 것인지 검토해 볼 필요가 있다.

사례1

갑은 자신이 소유한 X 토지를 을에게 매도하였다. 을은 X 토지 위에 건물을 건축하기 위해서 병에게 설계를 의뢰하였다. 을은 설계비로 병에게 1,000만 원을 지출하였다. 갑의 책임있는 사유로 갑은 을에게 X 토지의 소유권을 이전하지 못하였다. 을은 X 토지 대신에 주변의 다른 토지를 구입하였고 병이 제작한 설계도에 따라 건물을 건축할 수 있었다. 채무불이행이 있었더라도 을이 지출한 설계비는 목적을 달성할 수 있으며, 을은 갑의 채무불이행을 이유로 설계비에 대한 지출비용의 배상을 청구할 수 없다.

사례2

위의 사례에서 갑이 X 토지를 인도하였더라도 건축규제로 인해서 그 지역에서는 병이 제작한 설계도에 따른 해당 건물의 건축이 불가능하였다. 따라서 을은 인근의 다른 토지를 구입하더라도 자신이 원하는 건물을 건축할 수는 없었고, 설계도를 더 이상 활용할 수 없었다. 따라서 채무불이행이 없었더라도 설계비는 무익하게 되었다.

<사례1>의 경우에는 비용의 목적이 좌절되지 않았기 때문에 채권자는 설계비의 배상을 청구할 수 없다. 독일민법 제284조는 표제에서 "무익하게 지출된"이라는 표현을 사용하고 있으므로 설계비가 무익하게 되지 않는다면 지출비용의 배상을 청구할 수 없다. <사례2>의 경우에 독일민법 제284조 단서에 따르면 을은 갑에게 설계비의 배상을

44) 김재형, "채무불이행으로 인한 손해배상에 관한 민법개정안", 594면.

청구할 수 없다. 채무불이행이 없었더라도 비용이 무익하게 되었을 것이기 때문이다. 반면에 갑의 채무불이행이 있었고 갑의 채무이행을 신뢰하고 을이 설계비를 지출하였다면 개정안 제395조의2에 따르면 <사례1>과 <사례2>의 경우에 을은 지출비용의 배상을 청구할 수 있다. 개정안 제395조의2에서는 지출비용의 배상청구권을 배제하거나 제한하는 표현이 없기 때문이다.

물론 개정안 제395조의2의 본질은 손해배상이라면 <사례1>과 <사례2>의 경우에 채무불이행과 지출한 비용이 무익하게 되었다는 점에 대해서 인과관계가 존재하지 않기 때문에 지출비용배상청구권이 인정되지 않을 수 있다. 채무불이행으로 인한 손해배상이 인정되기 위해서는 채무불이행과 손해 사이에 인과관계가 필요하기 때문이다. 그런데 개정안 제395조의2의 성격을 손해배상이 아니라고 한다면 <사례1>과 <사례2>의 경우에 인과관계를 이유로 비용배상청구를 부정할 수 없게 된다. 이와 같은 문제를 해결하기 위해서 개정안 제395조의2는 손해배상이기 때문에 손해배상에 관한 법리가 적용되며, 손해배상에 관한 요건이 그대로 적용된다고 설명할 수 있다. 하지만 이러한 설명이 가능하다고 하더라도 개정안 제395조의2의 법적 성격을 손해배상으로 본다면 굳이 이와 같은 규정을 둘 필요성이 있는지에 대한 의문이 제기될 수 있다. 그리고 인과관계와 관련한 개정안의 문제 중의 하나는 채권자가 지출한 비용이 무익하게 되었다는 점이 입증되어야 지출비용의 배상이 인정되는지, 만약에 이 점에 대한 입증이 필요하다면 채권자와 채무자 중에서 누가 입증할 것인지 하는 점이다. 지출비용이 무익하게 된 경우에만 지출비용의 배상을 청구할 수 있다면 다음의 두 가지 견해가 모두 가능할 것이다.

첫째, 개정안 제395조의2를 신뢰이익의 손해배상이라고 본다면, 채권자는 자신이 지출한 비용이 채무불이행에 의해서 무익하게 되었다는 점을 입증해야 지출비용의 배상을 청구할 수 있다고 볼 수 있다. 손해배상을 청구하는 자는 손해의 발생을 입증해야 하기 때문이다.

둘째, 개정안 제395조의2의 문언에 따라 채권자는 채무불이행이 있었고, 비용지출이 있었음을 입증하면 원칙적으로 비용배상을 청구할 수 있다고 볼 수 있다. 이렇게 되면 채무자가 채무불이행이 있더라도 비용이 무익하게 되었으리라는 점[45] 또는 채무불이행이 있었더라도 채권자가 지출한 비용이 무익하게 되지 않았다는 점을 입증하여 비용배상책임을 면할 수 있다고 볼 수 있다.

---

45) 독일민법 제284조의 경우에는 비용이 무익하게 된 것과 의무위반 사이에 인과관계가 없는 경우에 비용배상책임이 없다는 점이 단서로 규정되어 있기 때문에 이러한 사유는 채무자의 항변사유(Einwand)에 해당한다. 따라서 채무자가 주장/입증해야 한다(Hans Brox/Wolf−Dietrich Walker, Allgemeines Schuldrecht, 28.Aufl., 2003, S. 233).

개정안의 문구만으로는 어느 해결책을 취하는 것이 타당한지 불분명하다. 즉 지출비용의 배상을 위해서 비용이 무익하게 되었다는 점을 입증해야 하는지, 만약 입증해야 한다면 이를 채권자가 입증해야 하는지 아니면 채무자의 항변사유이기 때문에 채무자가 입증해야 하는지 불분명하다.

(4) 지출비용의 상당성

채권자가 지출한 비용의 배상을 인정하는 경우에 지출한 비용의 배상책임을 제한없이 인정할 수는 없다. 채권자에 따라 동일한 사정하에서 지출한 비용이 다를 수 있는데, 비용배상을 제한하지 않는다면 낭비를 한 채권자일수록 더 많은 배상을 받게 되기 때문이다. 따라서 채권자는 모든 비용을 배상받을 수 있는 없고 상당하게 지출된 비용의 배상만을 청구할 수 있다. 상당한 비용의 지출이 문제될 수 있는 경우는 다음과 같다.

사례3

갑은 계약을 체결하기 위해서 숙박을 하였다. 갑은 지나치게 비싼 숙소를 구했다.

사례4

갑은 계약을 체결하기 위해서 당일 왕복할 수 있는 거리임에도 불구하고 숙박을 하였다. 채권자가 통상적인 경우라면 지출하지 않았을 비용을 지출한 경우이다.

사례5

갑이 을에게 토지를 매도하였다. 을은 X 토지 위에 건물을 건축하려고 한다. 을은 설계를 의뢰하였고 순차적으로 설계비를 지급하기로 하였다. 갑이 을에게 X 토지의 소유권을 이전이 불능이 되었음에도 불구하고 을은 계속해서 설계비를 지급하였다. 을은 채무가 불이행될 것을 알았거나 알 수 있었음에도 불구하고 계속해서 비용을 지출한 경우이다.

사례6

갑은 숙소를 구하지 못해서 가격이 비싼 숙소를 구했지만, 그 후에 가격이 싼 숙소로 옮길 수 있음에도 불구하고 그렇게 하지 않았다. 채권자가 불필요하게 많은 비용을 지출하거나 비용을 절약할 수 있었음에도 절약하지 못한 경우도 있다.

위에서 언급된 비용은 비록 채무불이행에 의해서 그 지출의 목적을 달성할 수 없게 되더라도 그대로 배상받을 수는 없다. 그렇게 되면 채무불이행에 의해서 부당하게 채무자에게 부담을 주고 채권자에게 이익을 주는 결과가 발생하기 때문이다.

부당하게 지출된 비용을 배상범위에서 제외하는 방법으로 비용의 상당성을 요구하는 방법이 있다. 독일민법 제284조의 경우가 그러하다. 독일민법 제284조는 비용이 상당한(billigerweise) 경우에만 비용의 배상을 청구할 수 있다고 규정하고 있다.

2013년 민법개정위원회의 분과위원회 개정안도 "지출이 상당한 경우"라는 표현을 사용하였다. 분과위원회의 개정안에 따르면 위의 <사례>에서 상당하지 않은 비용은 배상범위에서 제외된다. 하지만 분과위원장단 회의와 전체 회의에서 통과된 개정안에서는 비용의 상당성 요건에서 삭제되었다. 상당성의 요건이 삭제되더라도 우리 민법 제393조가 적용되어 통상손해를 초과하는 손해는 채무자의 예견가능성을 요건으로 배상받을 수 있다고 한다.[46] 결과적으로 2013년 민법 개정안 제392조의2에 따르면 채권자가 지출한 비용의 상당성과 상관없이 지출비용의 배상이 인정되었다. 만약 2013년의 개정안 제392조의2도 손해배상의 일종이기 때문에 손해배상에 관련된 규정이나 이론들이 적용된다면 비용의 상당성이라는 문구가 없더라도 동일한 결과에 이를 수 있다.

위의 사례 중에서 <사례3>, <사례4>, <사례5>는 채권자가 부당하게 비용을 지출한 경우에 해당한다. 민법 제396조는 채무불이행에 관하여 채권자에게 과실이 있는 경우에 적용되는데, 채무불이행의 성립이나 손해의 발생 또는 확대에 관하여 채권자에게 과실이 있으면 이 규정이 적용된다.[47] 판례도 손해의 발생 및 확대에 채권자의 과실이 있는 경우에 과실상계에 관한 규정이 적용된다고 본다.[48] 따라서 <사례3>, <사례4>, <사례5>의 경우에 추가된 비용은 과실상계의 법리에 의해서 배상범위에서 제외될 것이다. <사례6>의 경우는 채권자가 손해의 경감의무를 이행하지 않은 경우이다. 손해경감의무를 위반하여 손해가 확대되었다면 과실상계의 법리가 적용된다는 견해[49]도 있고 손해경감의무를 과실상계와 구분하여 손해배상의 범위를 결정하는데 있어서 고려해야 한다는 견해[50]도 있다. 판례는 채권자가 손해경감의무를 이행하지 않은 경우에

---

46) 김재형, "채무불이행으로 인한 손해배상에 관한 민법개정안", 596면.

47) 김현태, 채권각론, 1975, 407면; 김석우, 채권각론, 1978, 561면; 김형배, 채권총론, 1992, 301면.

48) 대법원 2002. 2. 5. 선고 99다53674,53681 판결.

49) 오종근, 불법행위법상 과실상계의 적용요건에 관한 연구, 서울대학교 법학박사학위논문, 1995, 54면. 다만 이 견해는 손해가 확대되거나 감경되지 않는 경우에 그 범위에서 과실상계가 이루어진다. 반면에 채권자의 과실이 손해의 발생에 기여한 경우에는 전체 손해 중에서 일정 비율에 대해서만 손해배상책임이 발생한다고 한다.

50) 김동훈, "채권자의 손해경감의무", 고시연구(고시연구사, 2003. 7.), 36면. 이 견해는 한국민법 제396조는 손해의 발생 자체에 채권자의 과실이 기여하는 경우에 적용되는 것이며, 이미 발생한 손해를 감소시키는 합리적인 조치를 취하지 않는 경우에 적용되기 때문에 손해감경 법리를 과실상계 법리와 별도로 인정할 필요가 있다고 한다.

민법 제396조가 유추적용된다고 한다.[51] 따라서 <사례4>의 경우에도 민법 제396조의 직접적용이나 유추적용에 의해서 비용배상액이 감액될 수 있다.

<사례3>의 경우는 민법 제393조가 적용된다면 특별손해로서 배상범위에서 제외될 수 있다. 즉 해당 지역에서 계약체결을 위해서 숙박하는 것이 통상적인 경우가 아니라면 채무자가 숙박을 한다는 사정을 알았거나 알 수 있었고 그 비용이 상당한 경우에만 비용배상책임이 인정될 수 있다.

이와 같이 2013년 개정안 제392조의2의 비용배상의 본질이 손해배상이므로 비용의 상당성에 대한 요건을 두고 있지 않더라도 손해배상에 관한 이론과 규정들이 적용되면 상당한 비용만이 배상범위에 포함되는 것으로 개정안 제392조의2를 해석할 수 있다. 하지만 개정안 제392조의2의 비용배상을 손해배상이라고 본다면 이와 같은 규정을 신설하는 이유가 무엇인지 의문이 발생할 수밖에 없다. 그렇다고 비용배상과 손해배상은 다른 것이라고 보면서 손해배상에 관한 규정들이 지출비용의 배상에 유추적용된다는 주장을 할 수도 없다. 유추적용을 위해서는 법의 흠결이 인정되어야 하는데, 입법을 하면서 의도적으로 규율의 공백상태를 둘 수는 없기 때문이다. 이러한 경우에는 최소한 해당 조문을 준용해야 한다.

2013년의 개정안과 달리 2024년의 비용배상 청구권에 관한 제395조의2에서는 채권자가 지출한 비용이 상당한 경우에만 비용배상청구권을 허용하여 2013년 개정안 제392조의2와 같은 논란이 발생하지 않도록 규정을 하고 있다.

(5) 이행이익에 의한 지출비용배상의 제한

2013년 개정안 제392조의2 단서는 배상액을 이행이익의 손해배상액을 한도로 하고 있다. 따라서 채권자가 지출비용의 배상을 청구하는 경우에 채무자는 배상액이 이행이익을 초과한다는 항변을 할 수 있게 된다. 계약관계에서 채권자가 이행이익을 넘는 비용을 지출을 하였다는 것은 채권자가 자신에게 불리한 계약을 체결하였거나, 과다한 비용을 지출하였거나, 비효율적으로 행동하고 있다는 것을 의미할 가능성이 높다. 따라서 지출비용의 배상을 이행이익에 의해서 제한하는 것이 정당한 경우가 있다.

그러나 지출비용의 배상을 이행이익에 의해서 제한하는 것이 정당하지 않은 경우도 있다. 예를 들어 정치적인 집회나 종교적인 집회를 개최하기 위해서 강당을 임차하였는데 임대인의 채무불이행에 의해서 결국 강당을 사용할 수 없게 된 경우[52]에 채권자는 채

51) 대법원 2003. 7. 25. 선고 2003다22912 판결; 대법원 2003. 7. 25. 선고 2003다22912 판결.
52) 각주 26) 참조.

무자에게 이행이익의 손해배상을 청구할 수 없다. 정치집회나 종교집회를 개최하지 못하였다고 해서 재산적 손해가 발생하지 않기 때문이다. 만약 위약금에 대한 약정이 있으면 채권자는 채무자에게 위약금을 청구할 수 있겠지만 위약금 약정도 없다면 채권자는 채무자에게 강당을 사용하지 못한 것에 대해서 이행이익의 손해배상을 청구할 수 없다. 이 경우에 신뢰이익의 손해배상 또는 지출비용의 배상은 채권자에게 유용한 구제수단이 된다. 채권자는 자신이 지출하였지만 무의하게 된 비용을 배상받을 수 있기 때문이다. 그런데 개정안 제395조의2에 따르면 지출비용의 배상은 이행이익을 한도로 하기 때문에 이행이익의 손해배상이 인정되지 않으면 채권자는 비용배상을 청구할 수 없게 된다.

매수인이 전매의 의도없이 시가로 목적물을 구입한 경우에도 동일한 문제가 발생한다. 시가로 목적물을 구입하였기 때문에 시가의 변동이 없다면 채무자가 채무를 불이행을 하더라도 채권자는 결과적으로 이행이익의 손해배상을 청구할 수 없다. 그러나 비록 이행이익의 손해배상을 청구할 수 없더라도 지출비용의 배상을 통해서 채권자가 지출비용을 배상받을 수 있도록 할 필요가 있다.

이러한 점을 고려하여 독일민법 제284조도 지출비용의 배상을 이행이익에 의해서 제한하고 있지 않다.[53)]

2024년의 개정안 제395조의2는 2013년의 개정안과 달리 지출비용의 배상을 이행이익에 의해서 제한하고 있지 않다. 따라서 이행이익이 인정되지 않는 경우에도 지출비용의 배상을 청구할 수 있다. 다만 이행에 갈음하는 손해배상을 청구할 수 있는 경우에 지출비용의 배상을 청구할 수 있으므로 계약이 해제된 경우에 이행에 갈음하는 손해배상을 청구할 수 없는 경우, 즉 급부의 가치와 반대급부의 가치가 동일하거나 반대급부의 가치가 급부의 가치보다 높은 경우에는 이행에 갈음하는 손해배상을 청구할 수 없는데, 이러한 경우에는 지출비용의 배상을 청구할 수 없다는 논리에 도달하게 된다. 결과적으로 2024년의 개정안도 이행이익이 발생하지 않은 경우에 지출비용의 배상청구를 할 수 없다는 결론에 도달할 수 있다.

Ⅲ. 원시적 불능에 관한 민법개정안 제535조의 검토

현행 민법	2013년 개정시안	2024년 개정안
제535조(계약체결상의 과실) ①	제535조(계약체결시의 불능) ①	제535조(계약체결시의 불능)

53) BT-Drucks 14/6040, S. 143.

목적이 불능한 계약을 체결할 때에 그 불능을 알았거나 알 수 있었을 자는 상대방이 그 계약의 유효를 믿었음으로 인하여 받은 손해를 배상하여야 한다. 그러나 그 배상액은 계약이 유효함으로 인하여 생길 이익액을 넘지 못한다. ② 전항의 규정은 상대방이 그 불능을 알았거나 알 수 있었을 경우에는 적용하지 아니한다.	계약을 체결할 때에 이미 그 이행을 할 수 없다는 사정은 계약의 효력에 영향을 미치지 아니한다. ② 제1항의 경우에 채권자는 손해배상을 청구할 수 있다. 그러나 계약을 체결할 때에 채권자가 그 사정을 안 경우 또는 채무자가 그 사정을 알지 못하였고 알지 못한 데에 과실이 없는 경우에는 그러하지 아니하다.	계약을 체결할 때에 이미 그 채무를 이행할 수 없었다는 사정은 계약의 효력에 영향을 미치지 아니한다.

1. 원시적 불능에 관한 책임의 성질

2013년과 2024년 개정안은 원시적 불능으로 인한 계약을 유효한 것으로 보고 있다. 그리고 원시적 불능으로 인한 계약이 유효하다면 이행이익의 손해배상을 청구할 수 있다는 관점에서 규정을 마련하고 있다.

원시적 불능으로 인한 계약이 유효한 것으로 보고, 비록 급부의무는 인정될 수 없겠지만, 급부에 갈음하는 손해배상이라는 2차적 급부청구권에 의해서 비록 급부청구권이 존재하지 않다고 하더라도 계약관계가 존속한다고 이론 구성하는 것은 가능하다. 그러나 이러한 이론 구성은 계약책임에 대해서 보증책임주의를 취하는 경우에 가능한 이론 구성이다. 계약책임에 있어서 과실책임주의를 취하고 있는 경우에는 원시적 불능으로 인한 책임을 채무불이행책임으로 보기 어렵다. 이행불능이라는 채무불이행이 성립하기 위해서는 일단 채무가 발생하고 그 채무가 채무자의 행위에 의해서 불가능하게 되어야 하는데, 원시적 불능의 경우에는 채무 자체가 발생하지 않으며[54] 이러한 채무가 채무자의 행위에 의해서 불가능하게 되는 경우를 생각할 수 없기 때문이다.

원시적 불능의 경우에 채무자가 위반한 의무가 있다면 그것은 급부가 원시적으로 불가능하다는 점을 채무자가 알았거나 알 수 있었던 경우에 상대방에게 이를 알려주어야 할 의무 또는 계약을 체결하지 말아야 할 의무라고 볼 수 있다. 그러나 이러한 의무

54) 독일민법은 원시적 불능이 계약을 무효로 한다는 규정(§306 BGB a. F.)을 폐지하고 후발적 불능과 같이 채권자가 이행이익을 배상받을 수 있도록 하였다(§311a Abs. 1 BGB). 그러나 원시적 불능의 경우에도 계약이 유효하다는 입장을 취하였음에도 불구하고 원시적 불능으로 인한 손해배상은 의무위반(Pflichtverletzung)으로 인한 손해배상에 대해서 규정하고 있는 제280조를 근거로 하지 않고 제311a조 제2항을 근거로 하고 있다. 원시적 불능의 경우에는 의무위반이 인정되지 않기 때문이다.

는 계약관계의 내용이 되는 계약상의 의무가 아니며, 이 의무위반은 신뢰이익의 손해배상으로 연결될 수밖에 없다. 만약 이러한 의무위반이 없었다면 계약은 체결되지 않았을 것이기 때문에 채권자는 계약을 체결한 이후의 재산상태와 상대방이 의무를 이행했었다면 있었을 재산상태, 즉 계약을 체결하지 않았던 경우의 재산상태의 차이를 손해배상으로 청구할 수밖에 없고, 그러한 손해는 신뢰이익의 손해가 될 수밖에 없다. 이러한 손해는 계약체결비용, 더 유리한 계약을 체결할 기회의 상실, 무익하게 된 지출비용 등이 될 것이다.

그렇다면 원시적 불능의 경우에 이행이익의 손해배상을 인정한다면 그 근거는 채무자가 약속한 급부를 이행하지 못한 것에서 찾을 수밖에 없다. 원시적 불능의 경우에 이행이익의 손해배상을 허용하기 위해서는 급부약속이 이루어진 상태와 급부약속이 이루어지지 않은 상태의 재산상 차이를 손해로 파악해야 하는데, 이것은 채무자가 급부약속이 이루어지지 않은 것에 대해서 책임을 진다는 것을 의미한다. 즉 채무자는 원시적 불능의 경우에 급부가 이루어지지 않은 것에 대해서 보증책임을 진다는 것이다.[55] 그런데 원시적 불능의 경우에 발생하는 책임을 보증책임으로 보는 것은 채무불이행책임의 본질에 대해서 보증책임주의를 취하는 입법례의 입장에서는 별 문제가 되지 않는다. 보증책임주의에서는 채무자가 책임을 지는 근거를 채무자가 약속한 급부가 이루어지지 않았다는 점에서 찾기 때문이다.[56] 유럽계약법원칙은 보증책임주의를 취하고 있기 때문에 원

55) 독일민법 제311조a제2항도 원시적 불능의 경우에 이행이익의 손해배상청구권이 발생할 수 있다고 규정을 하고 있는데, 이 손해배상책임의 근거는 독일민법 제280조에서 말하는 의무위반(Pflichtverletzung)으로 인한 책임이 아니고 급부약속(Leistungsversprechen)의 불이행(Nichterfüllung)으로 인한 책임이라고 한다(BT-Drucks 14/6040, S. 165; Wolfgang Fikentscher, Schuldrecht, 10. Aufl., 2006, S. 206, Rn. 409; Zimmermann, "Remedies for Non-performance: The Revised Germ an Law of Obligations, Viewed against The Background of The Principles of European Contract Law", Edinburgh Law Review, 2002, 6(3), p.299; Dieter Medicus, Das neue Schuldrecht, C.H.Beck München 2002, S. 97; Huber/Faust, "Leistungsstörungen", in: Gutachten und Vorschläge zur Überarbeitung des Schuldrechts, Bd. I, 1981, S. 210, Rn. 12; Ernst Wolfgang, Müchner Kommentar zum Bürgerlichen Gesetzbuch, Band 2a, Schuldrecht Allgemeiner Teil, (§§323-327), 4 Aufl., (München: C.H.Beck'sche Verlagsbuchhandlung, 2003)), Rn. 15.

56) 그러나 보증책임주의를 취한다고 해서 원시적 불능이 계약책임으로 다루어져야 하는 것은 아니다. 예를 들면 영국법에서는 계약체결시에 급부가 불가능하면 계약이 무효라는 일반적인 원칙은 없다(P. D. V. Marsh, Comparative Contract Law: England, France, Germany, (Aldershot; Gower, 1994), p.88). 그러나 급부의 이행의 가능성이 선행조건(condition precedent)이 되는 경우에 상대방도 자신의 의무를 이행하지 않아도 된다. 따라서 이행가능성이 상대방 의무의 선행조건(condition precedent)이 되는 경우에는 프랑스민법이나 구 독일민법과 같이 급부의 원시적 불능은 계약을 무효로 만든다(Lando/Beale, Principles of European Contract Law, Art. 4:102, note, p.229). 영국의 물품매매법(1994) 제6조는 계약체결 당시 물건이 존재하지 않는다는 것을 매도인이 알지 못하였다면 계약은 무효라고 규정하고 있다. 그러나 급부가 원시적으로 불가능하더라도

시적 불능과 후발적 불능을 효과뿐만 아니라 요건면에서 통합시키는 것이 큰 문제가 되지 않는다. 유럽계약법원칙에서는 약속한 급부가 이루어지지 않은 것이 곧 책임을 발생시키는 책임근거가 되는데, 양자는 모두 채무자가 약속한 급부가 이루어지지 않았다는 점에서 차이가 없기 때문이다. 따라서 원시적 불능과 후발적 불능은 효과면에서 뿐만 아니라 요건면에서도 통합될 수 있고, 원시적 불능도 계약책임에 관한 일반조항에 포함되어 다루어질 수 있다. 보증책임주의를 취하고 있는 국제상사계약원칙이나 국제물품매매법도도 역시 불이행이나 계약위반에 원시적 불능을 포함하고 있다.

그러나 과실책임주의를 취하는 입법례에서 원시적 불능으로 인한 책임을 보증책임으로 본다면 과실책임에 대한 예외를 인정하는 결과로 되기 때문에 그러한 예외를 정당화할 수 있는 이유가 제시되어야 한다.

2. 원시적 불능의 경우에 보증책임을 인정할 필요성

(1) 이행이익의 손해배상청구권을 인정할 필요성

원시적 불능의 경우에 이행이익의 손해배상을 인정할 필요가 없다면 굳이 원시적 불능으로 인한 책임을 급부를 약속했음에도 불구하고 그 급부를 실현하지 못한 것에 대한 책임, 즉 보증책임으로 볼 필요는 없다. 그러나 원시적 불능의 경우에 채권자를 보호하기 위해서 이행이익의 손해배상을 인정해야 한다면 그러한 손해배상책임은 보증책임으로 볼 수밖에 없다.

(2) 채무자의 묵시적 보증의사

채무자는 계약체결 당시에 주관적으로 급부를 할 능력을 갖추었다는 보증을 한 것으로 볼 수 있다. 그렇기 때문에 원시적 주관적 불능의 경우에 민법 제535조가 적용되지 않는다고 보아야 한다. 구 독일민법의 경우에도 원시적 주관적 불능의 경우에 구 독일민법 제306조가 적용되지 않았다. 채무자는 계약을 이행할 수 있는 능력을 갖추고 있다는 점,

---

채무자가 급부의 이행가능성에 대해서 보증한(guaranteed) 경우에 계약은 무효가 되지 않고 채무자는 계약의 내용에 따라서 손해배상책임을 져야 한다. 즉 당사자의 명시적인 의사표시가 있는 경우에는 적용이 배제될 수 있다(Marsh, Comparative Contract Law, p.90). 원시적 불능으로 인해서 계약이 무효로 되는 경우에 그에 대한 책임은 고의의 不實表示(fraudulent misrepresentation)로 인한 소송이 문제될 뿐이다(Guenter H. Treitel, Remedies for Breach of Contract(Courses of Action Open to a Party Aggrieved), International Encyclopedia of Comparative Law, v.7: contract in general, (Tubingen: J. C. B. Mohr, 1982), p.28). 이 경우에 기대이익의 배상은 인정되지 않는다. 기대이익의 배상은 계약소송(contractual action)에서만 인정되기 때문이다(Ibid., p.28). 미국 대부분의 주도 보증책임주의를 취하고 있지만 원시적 불능의 경우에는 고의(fraud)로 인한 소송만을 인정한다(Ibid., p.31).

즉 급부능력(Leistungsvermögen)을 보증한 것이기 때문이다. 따라서 채무자는 귀책사유가 없더라도 원시적 주관적 불능의 경우에 책임을 져야 했다.[57] 영국법의 경우에도 매매목적물이 계약체결 당시에 멸실되었고(perished) 매도인이 선의인 경우에만 매매계약이 무효가 되며(SGA S. 6), 매도인이 목적물에 대한 권리를 갖고 있지 않다는 점은 계약의 효력에 영향을 주지 않는다. 매매계약에 있어서 매도인은 물건에 대한 권리가 있거나 이행기에 권리를 가질 것이라는 점에 대한 묵시적 계약내용(implied term)이 있기 때문이다(SGA S. 12(1)). 다만 매도인의 권리가 묵시적 계약내용(implied term)이 되는 경우에는 매수인은 매도인이 이행을 거절한(repudiated) 것으로 볼 수 있고, 계약이행거절(repudiation)에 따른 손해배상을 청구할 수 있다.[58] 그러나 이 경우에도 매수인은 계약의 효력을 주장하면서 손해배상을 청구할 수도 있다.[59] 그리고 Supply of Goods and Service Act 1982 S. 2(1)은 목적물을 양도하는 경우에 매도인은 자신에게 권리가 있다는 묵시적 계약내용(implied term)이 있는 것이고, 목적물을 양도하는 계약을 체결한 경우에는 장차 권리를 취득하여 이전하겠다는 묵시적 계약내용(implied term)이 있다고 규정하고 있다.

동일한 논리로 채무자는 계약을 체결할 당시에 급부의 이행이 가능하다는 점을 보증한 것으로 볼 수도 있다. 채무자는 계약을 체결하면서 급부의 이행이 가능한지에 대해서 잘 알고 있거나 충분히 확인할 수 있는 지위에 있기 때문이다. 특히 채무의 이행이 불가능하다는 점을 알면서 약속하였거나, 조금만 확인하면 계약의 이행이 가능한지 확인할 수 있는 상황이라면 채무자는 최소한 계약체결 당시에 이행이 가능하다는 점을 보증하였거나 불능으로 인한 위험을 인수하겠다는 의사가 있는 것으로 의제할 수 있다. 채무자가 원시적 불능의 사실을 알았거나 알 수 있었던 경우에 채무자에게 보증책임을 부담시킨다고 해서 크게 부당하지는 않기 때문이다.

(3) 보증책임의 제한을 통한 이해관계의 조절

원시적 불능으로 인한 책임을 보증책임으로 보는 경우에 후발적 불능과 비교해 볼 때 불능으로 인한 손해를 적절하게 분배하는 것인가 하는 의문이 발생할 수 있다. 현행 민법 제535조에 따르면 원시적 불능의 경우에 채무자는 그 불능을 알았거나 알 수 있는 경우에만 책임을 지며, 그 책임의 내용도 이행이익에 의해서 제한되는 신뢰이익이다. 그

57) Huber/Faust, Leistungsstörungen, S. 718.; Konrad Zweigert/Hein Kötz(양창수譯), 비교사법제도론, 1991, 345면. 그러나 개정된 독일민법은 원시적 주관적 불능의 경우도 제306조에 포함시킴으로써 과실책임주의의 적용을 받도록 하고 있다.

58) H. G. Beale, Chitty on Contracts, volume I, General Principles, 29th ed.(London; Sweet & Maxwell, 2004), para. 43-067.

59) Ibid, para. 43-067.

런데 원시적 불능의 경우에 보증책임을 인정한다면, 후발적 불능과 원시적 불능을 동일하게 취급하는 것을 넘어서 원시적 불능의 경우에 채무자에게 더 무거운 책임을 인정하는 것이 아닌가? 그러나 보증책임이라고 해서 언제나 채무자가 자신의 약속에 대해서 책임을 지는 것은 아니다. 보증책임주의를 취하는 영미법의 경우에도 채무자는 급부가 이루어지지 않은 것에 대해서 언제나 책임을 지는 것은 아니다. 계약상 의무가 이행되지 못했다고 해서 채무자가 언제나 책임을 지도록 하는 것은 급부장애로 인해서 발생한 손해를 계약관계에서 적절하게 분배하는 것이 아니기 때문이다.[60] 따라서 영미법의 경우에 목적부도달의 법리(doctrine of frustration)[61]에 의해서 채무자는 일정한 경우에 면책될 수 있다. 보증책임주의를 취하는 것으로 볼 수 있는 PECL, PICC, CISG도 채무자가 불이행으로 인한 책임에서 면책될 수 있는 면책사유에 대해서 규정하고 있다(Art. 8:108 PECL, Art. 7.1.7 PICC, Art. 49(1) CISG).

따라서 원시적 불능으로 인한 책임을 보증책임이라고 하더라도 일정한 경우에 채무자가 면책될 수 있도록 한다면 후발적 불능의 경우에 채무자가 과실책임을 부담하는 것과 비교하더라도 크게 부당하지 않을 것이다. 그리고 역사적으로 근대 이전의 계약책임은 엄격책임이었는데,[62] 영미법상의 목적부도달(frustration) 법리나 대륙법상의 과실책임주의 법리는 이러한 엄격책임을 완화하기 위한 동일한 목적을 갖고 있었다. 이것은 영미법상의 보증책임주의가 대륙법상의 과실책임주의보다 더 엄격한 계약책임을 인정하는 것은 아니라는 것을 의미한다. 그렇기 때문에 과실책임주의와 보증책임주의의 차이를 과장하는 것은 타당하지 않으며[63] 동일한 사안에서 서로 다른 계약책임을 인정할 가능성은 크지 않다.[64]

그렇다면 원시적 불능으로 인한 책임을 보증책임으로 본다면 어떠한 경우에 채무자의 책임을 제한할 것인가? 그 제한의 기준은 채무자의 원시적 불능에 대한 인식이나 인식가능성과 연결시킬 수밖에 없다. 그 이유는 다음과 같다.

첫째, 채무자가 급부가 원시적으로 불가능하다는 점을 알았다면 그럼에도 불구하고 채무자가 계약을 체결하여 급부약속을 한 행위를 비난할 수 있다. 그리고 계약책임에 있

60) H. Treitel, The Law of Contract 9th ed(London; Sweet & Maxwell, 1995), p.778.

61) 이 법리는 영국의 Taylor v. Caldwell 판결에서 기원한 것이며(Treitel, The Law of Contracts, p. 778), 이 법리에 의해서 계약상 의무가 이행되지 않은 경우에 채무자가 언제나 책임을 진다는 원칙(doctrine of absolute contract)이 변경된 것이다(Ibid, p.832).

62) 이 점에 대해서는 김영두, "유럽계약법원칙의 계약불이행에 관한 연구", 연세대학교 법학박사학위논문, 2004, 65~66면 참조.

63) Arthur von Mehren, A General View of Contract, International Encyclopedia of Comparative Law, V.7: Contract in general(Tubigen; J. C. B. Mohr, 1982), p.85.

64) Ibid, p. 85; Zweiger/Kötz, 비교사법제도론, 345면.

어서 과실을 고의와 동일하게 취급한다는 점을 고려한다면 채무자가 급부가 가능한지 여부를 충분히 확인할 수 있었음에도 불구하고 확인하지 못한 것은 알았던 경우와 동일하게 비난할 수 있을 것이다. 그러나 채무자가 과실없이 급부가 불가능한 것을 전혀 모르고 계약을 체결한 경우에는 채무자가 급부약속을 한 행위를 비난할 수 없다. 채무자가 계약을 체결한 행위 자체에서 급부가 이루어지지 않은 것에 대한 책임을 도출할 수는 없기 때문이다. 따라서 채무자는 원시적 불능을 알았거나 알 수 있었던 경우에 이행이익의 손해배상책임을 부담한다고 보아야 한다.

둘째, 원시적 불능으로 인한 책임을 보증책임이라고 본다면 채무자가 급부의 원시적 불능을 알았거나 알 수 있었던 경우에만 급부의 실현에 대한 묵시적 보증이나 불능으로 인한 손해를 인수하겠다는 묵시적인 의사가 있는 것으로 볼 수 있다. 원시적 주관적 불능의 경우에 언제나 채무자는 자신의 급부능력을 보증한 것으로 볼 수 있다. 채무자가 과실없이 자신이 급부할 수 있는 능력이 없다는 점을 모르는 경우를 생각하기 어렵기 때문이다. 하지만 객관적 불능의 경우에는 채무자가 급부가 불가능하다는 점을 과실없이 모를 수도 있기 때문에 알았거나 알 수 있었던 경우에만 급부의 실현을 보증한 것이라고 보는 것이 타당하다.

셋째, 비교법적으로도 원시적 불능의 경우에 채무자가 책임을 지는 것은 채무자가 급부의 원시적 불능을 알았거나 알 수 있었던 경우이다. 독일민법 제311조a제2항도 채무자가 급부의 불가능함을 알았거나 알 수 있었던 경우에 이행이익의 손해배상을 인정하고 있다. 영국의 SGA S.6도 매도인이 불능을 알았던 경우에 계약책임을 부담하도록 하고 있다. 그리고 알 수 있었던 경우도 알았던 경우와 동일하게 취급된다. 프랑스의 경우에도 급부가 원시적으로 불가능한 경우에 불법행위를 이유로 기대이익의 손해배상을 청구할 수 있다. 손해배상을 청구하기 위해서는 계약 당사자에게 faut가 인정되어야 하는데, 여기서 말하는 faut는 계약의 결함을 알고도 계약을 체결한 것을 의미한다.[65]

(4) 과실책임주의의 예외로서 보증책임

우리 민법이 계약책임에 있어서 과실책임주의를 취하고 있다는 점을 고려하면 원시적 불능으로 인한 책임을 보증책임으로 보는 것이 우리 법의 체계와 조화를 이룰 수 없지 않는가 하는 의문이 발생할 수 있다. 그러나 과실책임주의를 취하는 입법례의 경우에도 과실을 요건으로 하지 않는 책임의 예외를 인정할 수 있다.[66] 2002년 개정 이전의 독

65) François Terré/Philippe Simler/Yves Lequette, Droit Civil, Les Obligation, 5e éd., Paris: Dalloz, 1993, p.314.

66) “프랑스와 독일법에서 일반적으로 계약위반으로 인한 손해배상을 청구하기 위해서는 과실(fault)

일민법은 물건의 하자에 관하여 제463조 제2항에서 보증책임에 대한 규정을 두고 있는데, 손해배상청구권의 발생을 위해서 채무자의 고의 또는 과실이 요구되지 않는다.[67] 우리 민법은 타인권리의 매매의 경우에 매수인은 매도인에게 손해배상을 청구할 수 있는데, 이때의 손해배상은 이행이익의 손해배상이다. 하지만 채무자의 귀책사유를 요구하지 않고 있다. 금전채무불이행의 경우에도 채무자는 고의 또는 과실없이 채무불이행책임을 지게 된다. 이행보조자의 고의/과실의 경우에도 채무자는 고의 또는 과실 없이 책임을 지게 된다. 이러한 점을 고려한다면 과실책임주의라고 해도 필요한 경우에는 그 예외를 인정할 수 있다. 따라서 정책적으로 타당성에 대한 평가가 내려진다면 비록 우리 민법이 과실책임주의를 취하고 있더라도 예외적으로 원시적 불능으로 인한 책임을 보증책임으로 규정하는 것도 가능하다.

3. 원시적 불능과 과실책임주의 및 책임의 근거규정

원시적 불능의 경우에 이행이익의 손해배상책임을 인정한다면 원시적 불능으로 인한 책임을 보증책임으로 볼 수밖에 없다. 그러나 원시적 불능으로 인한 책임을 과실책임으로 볼 수는 없는가? 원시적 불능의 경우에도 급부에 갈음하는 손해배상을 청구할 수 있도록 하는 독일민법 제311조a제2항은 과실책임주의를 취한 것으로 이해된다. 원시적 불능의 경우에 이행이익의 손해배상을 청구하기 위해서 과책(Verschulden)을 요건으로 하는 것에 대해서 비판[68]이 있었으나, 과실책임주의(Verschuldenprinzip)가 법윤리적 설득력이 있고 유연성을 갖고 있으며 보증원칙(Garantieprinzip)은 납득할 수 없는 결과를 가져올 수 있기 때문에[69] 과실책임주의를 취하였다고 한다. 여러 문헌에서도 독일민법 제311조a제2항에 따라서 손해배상책임을 지기 위해서는 귀책사유(Vertretenmüssen)가 필요하며, 그것은 원시적 급부장애를 인식한 것이나 과실로 인식하지 못한 것과 연관되어 있다고 설명한다.[70] 그리고 그러한 입법태도가 타당한 것이라고 한다.[71] 즉 독일민법 제311조a

---

이 존재해야 한다. 이것은 로마법에서 유래한 것이다. 그러나 법원이 규정들의 해석을 통해서 이러한 과실요건들을 상당히 완화하였고, 영국보통법에 가깝게 운용하였다. . . . 더욱이 프랑스법이나 독일법에서 물건의 인도 또는 일의 수령에 있어서 숨겨진 하자에 대한 특정한 소송에서 과실을 요건으로 하지 않는다."(Marsh, Comparative Contract Law, p.140)

67) Huber/Faust, Leistungsstörungen, SS. 717－719.

68) 유책성의 원칙에 대해서 U.Huber가 비판하였다(Huber/Faust, Leistungsstörungen, S.122)

69) BT－Drucks 14/6040, S. 165. 여기서는 분실한 예술품의 매도인이 그 분실에 대해서 전혀 모른 상태에서 계약을 체결한 경우에 이행이익의 손해배상을 인정하는 것, 타인 소유의 부동산이지만 등기부상의 소유자로 된 사람이 임대차계약을 체결한 경우에 임차인에게 임대차기간 동안의 이행이익의 손해배상을 인정하는 것은 가혹하다고 한다.

70) Fikentscher, Schuldrecht, Rn. 410; Brox/Walker, Allgemeines Schuldrecht, S. 229. 그러나 Huber/Faust, Leistungsstörungen, S. 210에서는 독일민법 제311조a제2항의 책임이 유책성(Vertretenmüssen)을 책임

제2항의 책임에 있어서 채무자는 급부가 불가능한 것을 알았거나 과실로 알지 못했다는 점에 대해서 비난을 받는 것이라고 한다.[72] 원시적 불능의 경우에 보증책임을 인정한다면 불합리한 결과가 발생할 수 있기 때문에 보증책임주의보다는 과실책임주의가 타당하며, 입법자가 귀책사유(Verschulden)를 인정하려면 그것을 원시적 불능을 인식한 것이나 과실로 인식하지 못했다는 것에서 찾을 수밖에 없다고 한다.[73]

그러나 또 한편으로 독일민법 제311조a제2항의 책임은 의무위반(Pflichtverletzung)의 책임이 아니며 급부약속(Leistungsversprechen)이 이루어지지 않은 것에 대한 책임이라고 한다.[74] 그렇기 때문에 계약체결 당시에 이미 급부가 불가능하다면 급부를 불가능하게 만든 사유에 대한 고의·과실이라는 것은 논리적으로 생각할 수 없다고 한다.[75] 그리고 원시적 불능의 경우에 처음부터 계약상 의무가 발생하지 않기 때문에 의무위반이 인정될 수 없으며, 이러한 이유 때문에 제280조와 독립적으로 제311조a제2항의 책임이 규정되었다고 한다.[76]

독일민법 제311조a제2항의 책임은 의무위반(Pflichtverletzung)에 대한 책임이 아니라 급부약속이 이행되지 않은 것에 대한 책임이라는 설명과 독일민법 제311조a제2항의 책임은 과실책임이라는 설명이 양립가능한 것일까? 독일민법 제311조a제2항의 책임이 의무위반으로 인한 책임이 아니고 급부약속이 이루어지지 않은 것에 대한 책임이라는 것은 이 규정에 따른 책임이 보증책임이라는 것을 의미한다. 보증책임주의는 채무자의 약속 안에는 결과의 실현에 대한 보증이 포함되어 있기 때문에 보증한 약속이 실현되지 않으면 채무자가 이에 대해서 책임을 진다는 것[77]을 의미한다. 따라서 원시적 불능으로

근거로 하지 않고 급부장애에 대한 인식을 근거로 하고 있다는 설명을 한다.

71) Canaris, “Die Reform des Rechts der Leistungsstörungen”, S. 506.

72) Zimmermann, "Remedies for Non－performance", p.299.

73) Huber/Faust, Leistungsstörungen, S. 210.

74) Fikentscher, Schuldrecht, Rn. 409; Huber/Faust, Leistungsstörungen, S. 210; Ernst Wolfgang, Müchner Kommentar, §311a, Rn. 12.

75) Huber/Faust, Leistungsstörungen, S. 209. 계약체결 이전이나 체결 당시까지는 목적물 자체와 관련된 어떠한 계약상 의무도 성립하지 않기 때문이다(Canaris, “독일 개정 채권법상의 신급부장애론”, 310면). 그러나 원시적 불능의 경우에 귀책사유를 계약체결 전의 과실과 연결시킬 수 있다는 견해도 있다(박영복, “民法上「原始的 不能論 의 再檢討」”, 「외법논집」, 제3집, 1996, 249면). 이 견해는 불가능한 급부의 약속을 통해서 계약체결 전의 과실은 책임설정요건으로 승격된다고 한다(위의 논문, 249면).

76) Canaris, “Die Reform des Rechts der Leistungsstörungen”, S. 506; Barbara Grunewald, “Vorschläge für eine Neuregelung der anfänglichen Unmöglichkeit und des anfänglichen Unvermögens”, Juristen Zeitung, 9 56, Jahrgang 4. Mai 2001, S. 435.

77) Zweigert/Kötz, 비교사법제도론, 331면; Reinhard Zimmermann, The Law of Obligations(Roman Foundations of the Civilian Tradition)(Deventer; Kluwer Law and Taxation Pub, 1992), p.814; Mehren, “A General View of Contract”, p.84; BT－Drucks 14/6040, S. 131.

인한 책임을 보증책임이라고 보면서 다른 한편으로 과실책임주의를 취한 것이라고 설명하는 것은 타당하지 않다. 그 이유는 다음과 같다.

첫째, 채무자가 급부의 원시적 불능을 알았거나 알 수 있었다는 점을 귀책사유의 내용으로 한다면 그것은 채무자의 정보제공의무와 연관될 수밖에 없다. 즉 채권자에게 급부가 불가능하다는 점을 알면서도 고의로 알려주지 않았거나 알 수 있었음에도 불구하고 과실로 이를 알려주지 못한 것은 정보제공의무의 위반 또는 계약을 체결하지 않아야 할 의무의 위반에 대한 귀책사유(Verschulden)로 인정될 수 있다. 따라서 정보제공의무를 위반하였다거나, 계약을 체결하지 않아야 할 의무를 위반한 것에 대해서 채무자의 인식이나 과실로 인해서 인식하지 못한 것은 귀책사유로 작용할 수 있지만, 급부약속이 이루어지지 않은 것으로 인한 책임에 대한 귀책사유로 작용할 수는 없다.

둘째, 앞에서 살펴보았듯이 보증책임주의를 취하는 영국법의 경우에도 원시적 불능에 대해서 채무자가 과실 없이 인식하지 못했다면 채무자에게 계약책임이 있음을 인정하지 않는다. 즉 영국법은 과실책임주의를 취하지 않고 보증책임주의를 취하고 있으면서도 채무자가 원시적 불능을 알았거나 알 수 있었던 점을 원시적 불능으로 인한 계약책임의 기준으로 하고 있다. 이것은 채무자가 원시적 불능의 사실을 과실없이 인식하지 못한 것이 보증책임을 제한하는 하나의 요건이지, 원시적 불능으로 인한 이행이익의 손해배상책임에 있어서 귀책사유는 아니라는 것을 의미한다.

셋째, 과실책임의 경우에 의무의 위반행위와 그에 대한 귀책사유는 서로 분리될 수는 없다. 즉 귀책사유는 의무위반행위와 연결되어야 한다. 귀책사유라는 것은 고의 또는 과실로 하지 않아야 할 행위를 하였거나 해야 할 행위를 하지 못한 것을 의미하기 때문이다. 그런데 원시적 불능의 경우에는 채무자의 행위, 즉 채권자에게 손해를 가하는 채무자의 행위를 찾을 수가 없다. 만약 그러한 행위가 인정된다면 계약을 체결하지 말아야 함에도 불구하고 계약을 체결한 행위 또는 정보를 제공해야 함에도 불구하고 정보를 제공하지 않은 부작위가 행위로 인정될 수 있을 것이다. 그러나 이러한 의무위반행위는 신뢰이익과 연결될 수밖에 없다. 따라서 원시적 불능으로 인한 이행이익의 손해배상책임과 연결된 채무자의 의무위반행위를 인정할 수 없다면 원시적 불능으로 인한 책임을 과실책임으로 볼 수 없다.

2013년 민법 개정시안 제535조도 원시적 불능의 경우에 계약이 유효하다고 보고 있으며, 손해배상을 청구할 수 있다고 규정하여 채무불이행책임이 성립할 수 있다고 보고 있다. 그런데 민법 제390조의 개정시안에서는 여전히 채무불이행으로 인한 손해배상 책임에 있어서 과실책임주의를 유지하고 있다. 그렇다면 민법 제535조에 의한 손해배상책임은 민법 제390조를 근거로 할 수는 없다. 따라서 민법 제535조에서 원시적 불능으로 인한 계약이 유효한 것으로 보더라도 이 경우에 손해배상청구권의 근거규범은 민법 제390조가 될 수 없다. 따라서 제535조에서 과실책임주의의 예외를 인정하는, 즉 보증책임을 인정하는 근거규정을 마련하여야 하며, 제535조에는 별도로 손해배상을 청구할 수 있는 근거규정이 포함되어야 하고, 손해배상의 범위 등에 관한 내용이 기술되어야 하거나 해석론에 의해서 해결될 수 있는 근거가 마련되어야 한다.

4. 원시적 불능과 계약의 유효요건

원시적 불능의 경우에 이행이익의 손해배상을 인정하기 위해서는 원시적 불능의 경우에도 계약을 유효한 것으로 보아야 한다. 채무자에게 보증책임을 인정하기 위해서는 계약이 유효해야 하기 때문이다. 그리고 계약이 유효해야 채권자에게 이행에 갈음하는 손해배상청구권을 인정할 수 있다.

그러나 원시적 불능의 경우에 언제나 계약을 유효한 것으로 할 필요는 없다. 원시적 불능의 경우에 당사자가 합의한 급부의무가 발생하지 않더라도 이행에 갈음하는 손해배상의무를 인정할 수 있다면 그러한 계약관계를 유효한 것으로 볼 수 있다. 그런데 채무자가 원시적 불능을 알았거나 알 수 있었던 경우에만 이행에 갈음하는 손해배상의무를 부담하며 그렇지 않은 경우에는 아무런 책임이 없다면 계약관계를 유효한 것으로 볼 필요성이 없다. 채권자가 급부에 갈음하는 손해배상을 청구할 수 없는 경우에는 채권자의 반대급부의무도 소멸하는 것으로 보아야 하기 때문이다.

후발적 불능의 경우와 비교해 본다면 좀 더 명확해 진다. 우리 민법 제537조는 후발적 불능의 경우에 양 당사자에게 귀책사유가 없다면 채권자의 반대급부의무도 소멸한다고 규정하고 있다. 즉 채무자의 귀책사유 없이 급부가 불능이 되면 계약해제의 문제는 발생하지 않고 계약관계는 자동적으로 해소된다. 이 경우에 계약을 유효한 것으로 남겨둘 이유가 없기 때문이다. 원시적 불능의 경우도 마찬가지이다. 급부가 원시적으로 불능인 것에 대해서 채무자가 아무런 책임이 없다면 채권자도 반대급부의무를 부담하지 않아야 할 것이다. 그렇다면 채권자의 반대급부의무가 소멸하는 근거는 무엇인가? 이 근거를 민법 제537조에서 찾을 수는 없다. 민법 제537조는 “이행할 수 없게 된 때”라고 표현하고 있기 때문이다. 즉 “이행할 수 없는 경우”라면 원시적 불능과 후발적 불능을 모두 포함할 수 있지만, “이행할 수 없게 된 때”라고 표현하기 때문에 원시적으로 급부가 불가능한 경우를 포함할 수 없다. 따라서 모든 원시적 불능의 경우에 계약을 유효한 것으로 보더라도 채무자에게 손해배상책임이 발생하지 않는다면 채권자의 반대급부의무도 발생하지 않는다는 규정을 신설해야 한다. 이것은 원시적 불능의 경우에 원칙적으로 계약을 유효한 것으로 하면서 채무자에게 손해배상의 책임이 발생하지 않는 경우에는 예외적으로 채권자의 반대급부의무가 소멸한다고 접근하는 것이다. 그런데 이런 접근보다는 원시적 불능의 경우에 채무자에게 이행이익의 손해배상책임이 발생하지 않는다면 처음부터 계약관계가 효력이 없는 것으로 보는 접근방법이 타당할 것이다. 즉 원시적 불능의 경우에도 계약의 효력을 인정한다면 채무자에게 이행이익의 손해배상이 인정되는 경우로 한정하는 것이 타당하다.

Ⅳ. 지출비용배상·원시적 불능에 관한 민법개정안 및 다른 민법규정의 관계

1. 지출비용배상과 원시적 불능의 관계

민법 개정시안 제395조의2는 채무불이행의 경우에 지출비용의 배상을 허용하고 있다. 그렇다면 원시적 불능의 경우에 채무자가 이행이익의 손해배상책임을 부담한다고 민법을 개정한다면 이 경우에 지출비용배상을 허용할 필요가 있는지 여부가 문제된다.

원시적 불능의 경우에 이행이익의 손해배상을 인정하는 근거를 급부약속이 이루어지지 않은 것에서 찾는 경우에도 원시적 불능을 알고 있거나 알 수 있었던 계약 당사자가 정보제공의무 또는 계약을 체결하지 말아야 할 의무를 위반한 문제는 여전히 남아있을 수 있다. 원시적 불능의 경우에 이행이익의 손해배상을 인정한다고 해서 이러한 의무위반으로 인한 효과를 배제할 필요는 없다.

계약 당사자의 정보제공의무 또는 계약을 체결하지 말아야 의무와 관련하여 다음의 세 가지 경우를 생각해 볼 수 있다.

첫째, 채무자만이 원시적 불능을 알았거나 알 수 있었던 경우이다. 이 경우에 원시적 불능인 계약에서 이행이익의 손해배상이 허용된다면 채권자는 채무자에게 이행이익의 손해배상을 청구할 수 있다. 그렇다면 채권자가 채무자에게 지출비용의 배상을 청구할 수는 없는가? 견해의 대립이 있지만 우리 판례는 신뢰이익의 손해배상을 인정하고 있으며[78] 민법개정안은 지출비용의 배상을 허용하는 규정을 신설하고 있다. 만약 후발적 불능의 경우에도 지출비용의 배상을 청구할 수 있다면 원시적 불능의 경우에도 채권

78) 대법원 1992. 4. 28. 선고 91다29972 판결; 대법원 1996. 2. 13. 선고 95다47619 판결; 대법원 1999. 2. 9. 선고 98다49104 판결; 대법원 1999. 7. 27. 선고 99다13621판결; 대법원 2002. 6. 11. 선고 2002다2539판결; 대법원 2003. 10. 23. 선고 2001다75295 판결.

자가 이행이익의 손해배상 대신에 지출비용의 배상을 청구할 수 있도록 할 필요가 있다. 채권자가 이행이익의 손해를 입증하지 못하거나, 채권자가 수익을 얻을 목적으로 계약을 체결한 경우가 아니라면 지출비용의 배상은 채권자를 구제해 줄 수 있는 합당한 수단이 되기 때문이다.

둘째, 채무자가 원시적 불능을 알았거나 알 수 있었고 채권자 역시 원시적 불능을 알았거나 알 수 있었던 경우이다. 이 경우에 채권자는 이행이익의 손해배상뿐만 아니라 지출비용의 배상도 청구할 수 있다. 채권자가 급부의 불능을 알았거나 알 수 있었다는 점은 과실상계에 있어서 고려될 것이다. 독일민법 제311조a제2항의 경우에도 채권자가 알았거나 알 수 있었던 것은 공동과책(Mitverschulden)으로 취급된다.[79]

셋째, 채무자는 급부가 원시적으로 불가능하다는 점을 과실 없이 알지 못하였지만 채권자가 그 불능을 알았거나 알 수 있었던 경우이다. 이 경우에는 채무자가 급부가 불가능하다는 점을 과실 없이 알지 못하였기 때문에 계약은 효력을 발생할 수 없다고 보아야 한다. 따라서 채권자는 채무자에게 이행이익의 손해배상을 청구할 수 없다. 이 경우에 채권자는 채무자에게 지출비용의 배상도 청구할 수 없다고 보아야 한다. 다만 채권자는 정보제공의무나 계약을 체결하지 말아야 할 의무를 위반하였다고 볼 수 있고, 채무자가 채권자에게 계약의 유효함을 믿었기 때문에 입은 신뢰이익의 손해의 배상 또는 지출비용의 배상을 청구할 수 있는지 여부가 문제될 수 있다.

결론적으로 채무자가 원시적 불능을 알았거나 알 수 있었던 경우에 채권자는 이행이익의 손해배상을 청구할 수도 있지만, 지출비용의 배상도 청구할 수 있다고 보아야 한다.

다만 개정시안 제535조에 따른 책임의 근거규정은 민법 제390조라고 볼 수 없고, 민법 제535조가 과실책임의 예외인 보증책임을 규정하고 있다고 본다면 원시적 불능의 경우에도 지출비용의 배상을 청구할 수 있다는 근거규정을 별도로 마련할 필요가 있다. 예를 들어 독일민법 제311조a 제1항은 원시적 불능의 경우에도 계약이 유효함을 규정하면서 제2항에서는 급부에 갈음하는 손해배상을 청구할 수 있거나 독일민법 제284조에 따른 비용상환청구권을 행사할 수 있다고 규정하고 있다.

2. 지출비용배상과 담보책임의 관계

매도인의 담보책임을 이유로 채권자가 손해배상을 청구할 수 있는 경우에 매수인은 이행이익의 손해배상뿐만 아니라 신뢰이익의 손해배상도 청구할 수 있다고 보아야 한다. 현행 민법상 채무불이행으로 인한 손해배상은 이행이익의 손해배상을 의미하기 때

79) BT-Drucks 14/6040, S. 164.

문에 지출비용을 이와 같은 손해에 포함시킬 수는 없다[80]는 견해를 고려한다면 담보책임의 경우에도 지출비용에 관한 개정안 제395조의2가 적용된다는 점을 분명히 할 필요가 있다. 독일민법의 경우에도 매매목적물에 하자가 존재하는 경우에 채권자는 손해배상을 청구할 수도 있지만, 제284조에 따라서 지출비용의 배상을 청구할 수 있음을 명확히 규정하고 있다(독일민법 제437조제3호).

3. 원시적 불능과 담보책임의 관계

원시적 불능의 경우에 계약을 유효한 것으로 보고 이행이익의 손해배상을 인정한다면 원시적 주관적 불능도 원시적 객관적 불능의 경우와 동일하게 보아야 한다.[81]

그렇다면 타인권리의 매매에 관한 규정과 원시적 불능에 관한 규정의 관계는 어떻게 될 것인가? 민법 제570조 내지 제573조의 규정은 매도인이 처음부터 타인의 권리를 취득하여 매수인에게 이전할 수 없는 경우뿐만 아니라 계약체결 후에 매도인이 확정적으로 타인으로부터 권리를 취득하여 매수인에게 이전할 수 없는 경우에 적용된다. 그리고 여기서 말하는 취득불능은 이행불능에서 말하는 객관적 불능과 같이 엄격하게 해석할 필요는 없고 계약해제권과 손해배상청구권을 인정하는 것이 형평에 타당한 경우에 취득불능이 인정될 수 있다고 한다.[82] 또한 민법 제570조 내지 제573조는 매도인의 귀책사유를 요구하지 않고 있으며 판례는 이 경우에 인정되는 손해배상은 이행이익의 손해배상이라고 한다.[83] 이러한 점들을 고려한다면 타인권리의 매매에 있어서 불능의 문제는 민법 제570조 내지 제573조의 규정이 우선적으로 적용되는 것으로 보는 것이 타당할 것이다.[84]

민법 제574조는 원시적 일부불능의 경우에 관한 규정인데 원시적 불능의 경우에 이행이익의 손해배상을 인정하더라도 원시적 일부불능의 사안에 대해서는 민법 제574조의 규정이 우선적으로 적용되어야 할 것이다. 민법 제574조는 매도인이 수량부족이나 일부

80) 김재형, “채무불이행으로 인한 손해배상에 관한 민법개정안”, 597면.

81) 원시적 불능에 관한 독일민법 제311a조 제2항에서 말하는 불능은 객관적 불능뿐만 아니라 주관적 불능도 포함한다(Huber/Faust, Leistungsstörungen, S. 210).

82) 곽윤직, 채권각론, 1997, 233면. 대법원 1982. 12. 28. 선고 80다2750 판결

83) 대법원 1967. 5. 18. 선고 66다2618 판결; 대법원 1979. 4. 24. 선고 77다2290 판결; 대법원 1980. 3. 11. 선고 80다78 판결.

84) 다만 판례 중에는 타인권리의 매매의 경우에 매도인이 그 권리를 취득하여 매수인에게 이전하는 것이 계약 체결 당시에 이미 불가능한 경우에 민법 제535조를 적용하는 것이 타당하다고 본 경우가 있다(대법원 1979. 2. 10. 선고 74다584 판결; 대법원 1971. 6. 22. 선고 71다792 판결). 그러나 권리의 이전이 불가능하더라도 타인권리의 매매의 경우에 원시적 불능에 해당하지 않는다는 판결도 있다(대법원 1979. 4. 24. 선고 77다2290 판결 참조).

멸실을 알지 못한 경우에도 적용되며 계약해제권, 손해배상, 대금감액 등의 구제수단을 인정하고 있기 때문이다. 민법 제575조 내지 제579조의 규정은 원시적 불능에 관한 규정과 특별히 경합되는 경우는 없을 것이다.

원시적 불능의 계약이 유효하고 이행이익의 손해배상을 청구할 수 있다는 규정이 신설된다면 그 규정과 하자담보책임에 관한 제580조의 관계가 어떻게 되는지 문제될 수 있다. 우리 민법은 매도인의 완전물급부의무를 규정하고 있지 않으며 학설도 이에 대해서 견해가 대립하고 있다. 그러나 만약 원시적 불능으로 인한 계약을 유효한 것으로 볼 수 있다면 매도인의 완전물급부의무를 인정할 수 있는 중요한 근거가 될 것이다. 하자담보책임에 있어서 매도인의 완전물급부의무를 인정하지 않는 견해는 매도인이 하자없는 물건을 인도하는 것이 원시적으로 불가능하다는 것을 근거로 하기 때문이다.[85] 그러나 원시적 불능의 경우에 계약을 유효한 것으로 보고 이행이익의 손해배상을 인정한다고 해서 필연적으로 민법 제580조가 변경되어야 하는 것은 아니며 하자에 대해서는 여전히 민법 제580조가 적용되면 된다.

다만 2013년 개정안 제535조에 따르면 원시적 불능의 경우에 채무자가 그 불능을 알았거나 알 수 있었던 경우에만 손해배상책임이 인정된다면 그러한 책임과 계약체결 당시에 하자가 존재하고 그 하자가 제거불가능한 경우에 매도인이 부담하는 하자담보책임이 일관되지 못한 측면은 있다. 계약체결 당시에 존재하는 하자가 제거불가능한 것이라면 어떠한 경우에도 완전물을 급부할 의무가 인정될 수는 없다. 즉 매매계약에 있어서 매도인의 완전물급부의무를 인정한다고 하더라도 이 경우에 완전물급부의무는 원시적으로 불가능하기 때문에 그러한 의무를 인정할 수 없다. 따라서 제거가 불가능한 원시적 하자에 대해서 매도인이 책임을 져야 한다면 매노인이 원시적인 하자의 존재를 알았거나 알 수 있었음에도 불구하고 하자가 없는 것처럼 계약을 체결하였거나, 하자가 존재하지 않는 점을 보증하였다는 점에서 책임의 근거를 찾을 수밖에 없다. 이러한 논리는 원시적 불능의 경우에 채무자가 책임을 지는 논리와 동일하다. 그런데 우리 민법 제580조는 하자가 제거가능한지 여부나 하자의 존재를 매도인이 알았거나 알 수 있었다는 점을 매도인의 손해배상의무의 발생 요건으로 규정하고 있지 않다.[86] 결과적으로 제거불가능

85) 하자를 제거할 수 없는 경우에도 매도인에게 하자없는 물건의 인도의무를 인정하게 되면 그러한 의무는 원시적으로 불가능하다는 문제가 발생한다. 따라서 매도인의 급부의무가 원시적으로 불가능하기 때문에 논리적으로 본다면 계약은 무효가 된다. 그러나 하자담보책임에 관한 규정들은 계약의 유효를 전제로 하고 있기 때문에 논리적으로 모순이 발생한다. 실제로 이러한 이유는 하자담보책임을 법정책임으로 보는, 즉 매도인에게 완전물급부의무를 인정하지 않는 견해의 주된 논거이다(윤철홍, 요해채권총론, 1999, 32면의 특정물도그마에 대한 설명 참조). 그러나 원시적 불능으로 인한 계약도 유효하다고 한다면 법정책임설은 중요한 논거를 상실하게 될 것이다.

한 원시적 하자의 경우에도 민법 제580조에 따르면 별다른 요건 없이 하자의 존재만으로 책임을 지게 된다. 그러나 원시적 불능에 관한 민법 제535조를 개정한다면 그 논리와 유사하게 매도인은 원시적이며 제거불가능한 하자의 존재를 알았거나 알 수 있었던 경우 또는 하자가 없다는 점을 보증한 경우에만 책임을 지는 것으로 보는 것이 원시적 불능으로 인한 책임과 민법 제580조의 책임을 통일적으로 이해하는 방법이 된다.

2024년 개정안 제535조에 따르면 원시적 불능의 경우에 손해배상을 청구하기 위한 요건을 별도로 규정하고 있지 않으므로 원시적으로 급부가 불능이면 계약이 유효하고 후발적 불능과 마찬가지로 손해배상을 청구할 수 있는 것으로 규정하고 있다. 이 경우에 제535조의 요건과 하자담보책임의 요건에 있어서 원시적 불능이나 하자의 존재만으로 손해배상책임이 발생한다는 점에서 양 요건의 형평성 문제는 발생하지 않는다. 그러나 원시적 불능의 경우에 채무자가 무조건적으로 책임을 지게 된다고 규정하는 것은 타당하지 않다. 그렇다고 해석론에 의해서 후발적 불능과 마찬가지로 불능에 대한 채무자의 고의·과실을 인정할 수도 없다는 점을 고려한다면 규정의 형평성 문제는 발생하지 않지만, 원시적 불능으로 인한 손해배상청구권의 발생요건을 제한하지 않았다는 문제점이 존재한다.

4. 원시적 불능과 계약의 해제

채무자의 책임있는 사유에 의한 후발적 불능의 경우에 채권자는 계약을 해제하지 않고 이행에 갈음하는 손해배상을 청구하면서 자신의 반대급부의무를 이행할 수 있다. 그렇지 않으면 계약을 해제하여 자신의 반대급부의무를 면하고 채무자에게 손해배상을 청구할 수 있다.

원시적 불능의 경우에도 마찬가지로 계약이 유효하여 채무자가 이행이익의 손해배상책임을 지는 경우에 채권자는 계약관계를 계속 유지할 수도 있고 계약을 해제할 수도 있어야 한다.

그렇다면 채권자는 어느 규정을 근거로 원시적 불능의 경우에 계약을 해제할 수 있는지 문제된다. 먼저 민법 제546조를 근거로 생각해 볼 수 있다. 그러나 민법 제546조는 "채무자의 책임있는 사유로 이행이 불능하게 된 때"에 계약을 해제할 수 있다고 규정하고 있는데, 제546조의 법문에 따르면 이 규정을 원시적 불능의 경우에 해제권이 발생하는 근거규정으로 할 수 없다. 원시적 불능의 경우에는 "채무자의 책임있는 사유로 이행이 불능하게 된" 것이 인정될 수 없기 때문이다. 원시적 불능의 경우에 처음부터 이행이

86) 판례도 민법 제580조와 제581조의 하자담보책임은 법이 특별히 정하고 있는 무과실책임이라고 한다(대법원 1995. 6. 30. 선고 94다23920 판결).

불가능하였기 때문에 “이행이 불능하게 된” 것이라고 볼 수도 없고 그렇기 때문에 불능에 대한 “채무자의 책임있는 사유”가 인정될 수도 없다. 따라서 원시적 불능의 경우에 채무자가 불능을 알았거나 알 수 있었던 때에 계약을 유효한 것으로 보고 이행이익의 손해배상을 인정한다면 채권자가 계약을 해제할 있다는 규정도 마련해야 할 것이다.[87)]

Ⅴ. 결론

개정안 제395조의2의 신설과 관련하여 다음과 같은 점을 고려하여야 한다.

첫째, 2013년 개정안 제392조의2는 지출비용의 배상을 이행이익에 의해서 제한하는 규정을 두고 있다. 2024년 개정안 제395조의2는 이행이익에 의해서 지출비용의 배상을 제한하고 있지 않는데 이행이익의 손해배상을 청구할 수 없는 경우에도 지출비용의 배상을 허용할 필요성이 있는 경우가 존재하므로 2024년 개정안과 같이 지출비용의 배상을 제한하지 않는 것이 타당하다. 다만 2024년 개정안 제395조의2는 이행에 갈음하는 손해배상의 청구에 갈음하여 지출비용의 배상을 청구할 수 있다고 규정하고 있으므로 결과적으로 계약해제의 경우에 급부의 가치가 반대급부의 가치와 같거나 더 적기 때문에 이행에 갈음하는 손해배상을 청구할 수 없는 경우에는 지출비용의 배상을 청구할 수 없다는 결론에 도달할 수 있다. 이행에 갈음하는 손해배상 대신에 지출비용의 배상을 청구할 수 있다는 요건을 규정한 것이 결과적으로 이행이익에 의해서 지출비용의 배상을 제한한 것인지 알 수는 없으며, 이 개정안에 따르면 지출비용의 배상범위에 관한 논란이 발생할 수밖에 없다.

둘째, 개정안은 원시적 불능의 경우에도 계약을 유효한 것으로 보고 있다. 결과적으로 원시적 불능의 경우에도 손해배상청구가 가능하며, 원시적 불능의 경우에도 계약이 유효하다고 규정하는 취지는 이행이익의 손해배상을 허용하는 것이라고 볼 수 있다. 그렇다면 개정안 제395조의2의 법적 성질에 대한 논란이 발생할 수 있으므로 원시적 불능의 경우에도 지출비용의 배상을 청구할 수 있다는 점을 제535조에서 명시할 필요가 있다. 마찬가지로 하자로 인한 손해배상의 경우에 이행이익의 손해배상을 청구할 수 있는데, 개정안 제395조의2가 신설된다면 하자의 경우에도 지출비용의 배상청구가 가능하다

---

87) 독일민법의 경우에는 이러한 문제가 발생하지 않는다. 독일민법 제275조는 급부의무가 배제되는 경우를 규정하고 있다. 독일민법 제275조 제1항은 “급부가 불가능한 경우”라고 표현함으로써 원시적 불능의 경우를 포괄할 수 있다. 이 경우에 독일민법 제326조 제1항 제1문에서 독일민법 제275조에 의해서 급부의무가 배제되는 경우에 반대급부청구권은 소멸한다고 규정하고 있다. 따라서 원시적 불능의 경우에 급부에 갈음하는 손해배상이 인정되지 않으면 계약은 자동적으로 효력이 상실된다.

는 점을 규정할 필요가 있다.

셋째, 개정안에서 인정되는 비용배상청구권의 법적 성질을 둘러싸고 견해가 나뉠 가능성이 크다. 이러한 견해의 대립은 비용배상청구권의 내용을 확정하는 방식에 대한 견해의 대립으로 연결될 것이다. 구체적으로 손해배상액의 예정에 관한 민법 제398조의 규정이 개정안 제395조의2의 경우에도 적용될 것인가 하는 점은 지출비용배상청구권의 성질을 어떻게 보는가에 따라 판단이 달라질 수 있다. 그리고 손해배상의 범위에 관한 제393조, 과실상계에 관한 제396조가 지출비용의 배상의 경우에도 적용될 수 있는가 논란이 발생할 수 있다. 이 규정들이 직접 적용된다는 견해와 유추적용된다는 견해를 생각해 볼 수 있다. 하지만 유추적용된다는 견해를 취하기는 어렵다. 법조문이 신설되면서 유추적용의 문제가 발생한다는 것은 개정안이 처음부터 법의 흠결을 예정하고 만들어졌다는 것을 의미하기 때문이다. 그렇다면 개정안 제395조의2를 입법하는 단계에서는 민법 제393조, 제396조가 제395조의2의 경우에도 적용된다는 견해와 그렇지 않다는 견해를 정하고 입법을 추진할 수밖에 없다. 만약 전자의 입장을 취한다면, 즉 개정안 제395조의2에는 민법 제393조, 제396조가 직접 적용된다는 입장을 취한다면 개정안 제395조의2의 배상책임은 본질적으로 손해배상책임이며 손해배상에 관한 민법의 규정들이 개정안 제395조의2에 적용된다는 점을 명시할 필요가 있다. 만약 후자의 입장을 취한다면, 즉 손해배상에 관한 규정들이 민법 제395조의2에 적용되지 않는다면 개정안 제395조의2에서 지출비용의 배상을 위한 요건과 효과를 빠짐없이 규정해야 한다. 즉 인과관계의 문제, 배상범위에 포함되는 비용의 범위, 채무자의 귀책사유 등의 요건을 기술할 필요가 있다. 또한 과실상계와 손해배상액의 예정에 관한 규정들이 지출비용의 배상의 경우에도 준용되는가 여부를 명시할 필요가 있다. 2013년 개정안에서는 이러한 점에 대해서 규정을 두고 있지 않지만, 2024년 개정안은 지출비용의 상당성이라는 개념을 통해서 배상의 범위 등에 대한 문제가 상당부분 해결될 수 있다. 그렇다면 2024년 개정안은 지출비용의 배상에 관한 제395조의2가 손해배상청구권과 별도의 청구권을 규정한 것인지 논란이 발생할 수밖에 없다.

원시적 불능에 관한 민법 제535조의 개정과 관련하여 다음의 내용이 고려되어야 한다.

첫째, 2024년 개정안은 원시적 불능의 경우에도 계약이 유효하다는 점을 규정하고 있으며, 이행이익의 손해배상을 청구할 수 있다는 점을 규정하는 것으로 해석할 수 있다. 그러나 우리 민법이 과실책임주의를 취한다는 점을 고려한다면 원시적 불능으로 인한 손해배상은 일반적인 채무불이행으로 인한 손해배상에 관한 일반론이 적용될 수 없다. 따라서 원시적 불능의 경우에 이행이익의 손해배상을 허용한다면 어떠한 요건하에서 청구할 수 있는지 여부에 대한 규정을 두어야 한다. 원시적 불능의 경우에 채권자가 채무자에게 이행이익의 손해배상을 청구할 수 있다면 책임의 근거는 채무자가 원시적 불능의 사실을 알리지 않은 것이나 이행이 원시적으로 가능하다는 점을 보증하였다는 점에서 찾을 수밖에 없기 때문이다.

둘째, 개정안 제535조에 따라 원시적 불능의 경우에도 계약이 유효하다면 계약 당사자가 계약을 해제할 수 있는 근거규정을 마련할 필요가 있다. 이 경우에 민법 제544조에서 제546조에 따라 계약을 해제할 수는 없기 때문이다. 그리고 민법 제537조에 따라서 채무자의 책임없는 사유로 급부가 불능이 된 경우에 반대급부의무가 소멸하여 사실상 계약관계는 소멸하게 되는데, 이 규정에 따라서 원시적 불능인 계약관계가 소멸한다고 볼 수 없다. 그렇다면 원시적 불능의 경우라고 해서 채무자가 무제한 책임을 져야 한다는 것은 아니라는 점을 고려한다면 채무자에게 책임이 없는 경우에 또는 채무자에게 책임이 있더라도 채권자가 계약관계의 해소를 원하는 경우에 계약관계가 해소될 수 있는 규정을 마련할 필요가 있다.

셋째, 2024년 개정안 제535조는 손해배상청구권에 대해서 아무런 규정을 두고 있지 않기 때문에 원시적으로 불가능한 계약도 유효하다는 규정에 의해서 원시적 불능인 계약관계의 내용은 해석론을 통해서 보충할 수밖에 없다. 원시적 불능으로 인한 책임의 근거, 책임의 내용에 대해서 논란이 있는 상황에서 원시적 불능인 계약도 유효하다고 규정하게 되면 이로 인한 효과에 관한 혼란이 발생할 수밖에 없다. 따라서 원시적으로 불능인 계약이 유효하다면 그로 인한 책임의 발생근거, 발생요건, 책임의 내용에 대해서도 규정을 둘 필요가 있다.

지출비용의 배상과 원시적 불능으로 인한 계약책임은 계약법 분야에서 오래된 논의의 주제이며, 실제로 계약관계에 상당한 영향을 줄 수 있는 법리이다. 따라서 민법을 개정하면서 이에 관한 규정이 신설되거나 개정된 것은 바람직한 일이다. 다만 개정을 위한 논의과정에서 규정의 내용이나 책임의 법적 성질에 대한 내용이 보완될 필요가 있다. 특히 지출비용의 배상이나 원시적 불능으로 인한 계약책임은 채무불이행에 관한 손해배상액의 예정, 과실상계, 인과관계, 하자담보책임, 계약해제 등의 제도와 밀접하게 관련이 될 수밖에 없다. 이러한 관계를 개정 이후에 해석론에 맡기기보다 가능하면 개정 과정에서 이를 명확히 할 필요가 있다.

계약해제에 있어서 '중대한 불이행'과 '최고' 요건의 관계에 관한 비교법적 검토*

곽민희**

국문초록

CISG를 모델로 하는 해제 구성, 즉, 해제의 경우 귀책사유를 요건으로 하지 않는다는 점과 소위, 「본질적 혹은 중대한 계약위반(fundamental breach of contract)」을 중심으로 하는 해제 구성은 각국의 개정법에 직접 수용되었다. 특히, 최근 개정된 독일·프랑스·일본 등 주요한 각국의 개정법에서 귀책사유는 삭제되는 경향을 공통적으로 확인할 수 있다. 그 대신에, 「중대한 불이행」의 요건의 수용이 검토되고 있는데, 예컨대, 독일민법 개정에 있어서는 부가기간(Nachfrist) 설정의 해제를 원칙으로 모든 계약위반에 그 적용 범위를 확장하면서 「중대한 불이행(fundamental non-performance)」 개념을 예외로 인정한다. 일본민법 역시 최고 해제를 원칙으로 하면서 소위, 경미성 항변을 통해 소극적이기는 하지만 중대한 불이행 개념을 요건화하였다고 할 수 있다. 또한, 프랑스민법이 재판상 해제 이외에 채권자의 의사표시에 의한 해제를 인정하면서 불이행의 중대성 및 부지체(mise en demeur)를 요건으로 하고 있는 것도 동일한 맥락에서 이해할 수 있다. 「중대한 불이행」 요건의 도입과 관련해서는 비교법적으로도 공인되고 있는 상황이고, 우리 민법 개정에 있어서도 실무에서 그동안 논의되고 있던 내용을 기초로 그 도입이 예상된다. 문제는 「중대한 불이행(fundamental non-performance)」 요건을 도입하는 경우, 종래부터 해제의 요건으로 요구되어 왔던 「최고」 요건과의 관계를 고려해야

* 이 논문은 민사법학 제109호에 게재된 것을 수록하였다.
이 논문은 2024.7.4. 재산법학회 하계학술대회 및 2024.7.19. 한국형사·법무정책연구원 및 서울대학교 법학연구소 공동학술대회에서 발표한 내용을 기초로 작성한 한국형사·법무정책연구원 용역보고서 「글로벌 스탠더드에 맞는 민법개정방안 연구(1) – 계약법의 현대화」(2024)의 일부(저자 집필 부분)를 발췌·수정한 것이다.

** 숙명여자대학교 법과대학 교수, 법학박사.

한다. 전자는 영미법에 기원을 두는 것이고, 후자는 독일법의 부가기간(Nachfrist)에서 유래하는 것으로서, 각각 별개의 독립된 법제도에 기인하는 이질적 요건이기 때문이다. 이에 대해, CISG는「중대한 불이행」해제와「부가기간(additional period of time)」설정의 계약 해제를 '병렬적'-각각 독립적인 해제 요건-으로 인정하고 있는데, 이는 비교법적으로 별개의 제도를 성공적으로 융합한 것으로 평가받고 있다. 반면, 독일법이나 최근 개정된 일본법에서는 최고 해제를 원칙으로 하고 중대한 불이행 개념은 소극적으로 수용하고 양자를 병존적 요건으로 구성하였다. 우리 2013년 개정안에서도 중대한 불이행-경미성 항변- 및 최고를 각각 해제의 실질적 요건과 절차적 요건으로서 구성한 바 있다(2013년 개정안 제544조 제1항 및 제2항). 각국의 최근 입법이 두 가지의 이질적 제도를 수용하는 방식이 다른 만큼, 우리 법 개정논의에 있어서도 이들 요건 간의 관계를 어떻게 설정할 것인지에 대해서는 검토가 필요하다. 지금까지 이 점에 관해서는 그다지 논의가 적극적으로 이루어지지 않았다. 이 글은 연혁적·비교법적 관점에서 중대한 불이행 요건과 최고 요건의 관계에 관해서 검토하였다.

Ⅰ. 序

지금 우리 민법과 민법학은 민법 개정이라는 과제를 중심으로 변화의 시기에 직면해 있다. 민법 제정 이래 친족상속법 분야를 제외하고는 그동안 두 차례에 걸쳐 각각 2004년과 2013년에 개정안이 작성되었지만, 아쉽게도 결실을 맺지는 못하였다. 우리 민법에 영향을 주었던 독일민법(2002년) 및 프랑스민법의 개정(2016년)을 비롯하여 일본민법의 개정(2017년)까지 각국의 개정법이 보다 선진적이고 국제적인 조류에 부합하도록 크고 작은 변화를 수용하는 동안 우리 민법은 아쉽게도 다소 뒤쳐져 있는 상황이다. 다행히 2023년에는 세 번째 민법개정위원회가 구성되고 현재 그 개정작업이 진행되고 있다. 채권총론 분야에서는 계약해제 혹은 계약해소(termination)[1]와 관련해서 많은 논의가 있었는데, 예컨대, 2013년 개정안 제출과정에서 채무불이행을 이유로 하는 채권자의 법

1) 용어와 관련하여, 계약의 구속력으로부터의 해방은 CISG에서는 avoidance, PICC나 PECL에서는 termination이라는 용어로 표현되고, 종종 cancellation이나 nullification, repudiation, rescission 등 다양한 용어로 표현되고 있다. 각국 법체계에서 사용하는 각 용어가 다른 만큼 그 의미도 고유한 법제사적 배경에 따라 다소 차이가 있지만, 우리 법에서는「계약해제」혹은「계약해소」등으로 표현된다. 비교법상 '해제'에 관한 용어의 의미를 언급한 문헌으로 최봉경, "계약의 해제에 관한 소고-PACL 작업을 중심으로-",「비교사법」, 제19권 제1호, 2012, 99면부터 103면이 유용한 참조가 된다.

정해제권의 요건과 관련해서만 총 11개나 되는 안(案)이 제출·논의되었고, 이는 당시 민법개정위원회에서 가장 많은 안이 작성되었던 부분이라고 한다.[2] 각 개정안을 보면 정도의 차이는 있지만, 최근에 이루어진 각국 개정법에 수용된 소위 '국제적 조류'를 반영하는 것은 주요한 과제였음을 확인할 수 있다. 이러한 경향은 오늘날 국제거래에서 널리 통용되는 「국제물품매매계약에 관한 UN협약」(United Nations Convention on Contracts for the International Sales of Goods; 이하, CISG), 국제사법통일협회(UNIDROIT)의 국제상사계약원칙(Principles of International Commercial Contract; 이하, PICC) 및 유럽계약법위원회의 유럽계약법 원칙(Principles of European Contracts Law; 이하, PECL)과 같은 소위, 국제규범의 영향에 따른 것이라고 할 수 있다. 이들은 국제계약법제의 트로이카로 불리며 각국의 계약법 분야의 기본적인 입법 모델이 되었다. 대표적으로 CISG의 해제 모델은 PICC나 PECL에 계수되었고, 글로벌 기준에 부합하는 민법 개정모델로서 입법론적으로 그 중요성이 강조되고 있다.

즉, CISG를 모델로 하는 해제 구성, 상술하면 해제시 귀책사유를 요건으로 하지 않고, 「본질적 혹은 중대한 계약위반(fundamental breach of contract)」을 중심으로 하는 해제 구성은 각국의 개정법에 수용되었다. 최근 개정된 독일·프랑스·일본 등 주요한 각국의 개정법에서 귀책사유는 해제의 요건이 아니거나 삭제되는 경향을 확인할 수 있다. 「중대한 불이행(fundamental non-performance)」 요건도 대체로 수용되고 있는데, 예컨대, 독일민법 개정에 있어서는 부가기간(Nachfrist) 설정의 해제를 원칙으로 하여 모든 계약위반에 그 적용범위를 확장하면서도 중대한 불이행의 경우를 예외로 두었다. 일본민법 역시 최고 해제를 원칙으로 하면서 이른바 경미성 항변을 통해 소극적이기는 하지만 이를 요건화한 것으로 볼 수 있다. 또한, 프랑스민법이 재판상 해제 이외에 채권자의 의사표시에 의한 해제를 인정하면서 불이행의 중대성 및 부지체(mise en demeur)를 요건으로 하고 있는 것도 같은 맥락에서 이해할 수 있다. 이처럼, 「중대한 불이행」 요건의 도입과 관련해서는 비교법적으로도 긍인되고 있는 상황이고, 우리 민법 개정에 있어서도 실무에서 형성된 법리 등을 바탕으로 어떤 형태로든 도입이 예상된다.

그런데 이와 같은 「중대한 불이행」 요건의 도입을 전제로 할 때에는 「최고」 요건과의 관계를 고려하지 않을 수 없다. 후술하겠지만, 전자는 영미법에 기원을 두는 것인 한편, 후자는 독일법의 부가기간(Nachfrist)에서 유래하는 것으로서, 각각 별개의 독립된 법제도에서의 해제 요건을 모범으로 한 것이다. 사실, 독일에서도 Nachfrist의 도과가 왜

2) 김재형, "계약의 해제·해지, 위험부담, 사정변경에 관한 민법개정안", 서울대학교 「법학」, 제55권 제4호, 2014, 9면.

해제를 정당화하는지에 대해 그다지 만족할 만한 답이 이루어지지 않았다는 점이 지적[3] 되고 있는 것처럼, 양자가 연원을 달리하는 별개의 제도로서 원래 한쪽만으로 완결되는 독립된 제도라고 한다면, 이 양자의 관계에 대해 깊이 생각해 볼 필요가 있다. 즉, 근본적으로 최고 요건이 해제를 정당화하는 근거가 무엇인지, 중대한 불이행 요건의 도입으로 인해 최고 해제 원칙에 영향은 없는지, 양자는 어떤 관계에 있는지와 같은 문제이다. 이에 대해, CISG는 「중대한 불이행」 해제와 「부가기간(additional period of time)」 설정의 계약해제를 '병렬적'－각각 독립적인 해제 요건－으로 인정하고 있는데, 이는 비교법적으로 별개의 제도를 성공적으로 융합한 것으로 평가받고 있다. 반면, 독일법이나 최근 개정된 일본법에서는 최고 해제를 원칙으로 하고 중대한 불이행 개념은 소극적으로 수용하고 있다. 후자의 경우 양자는 독립적 관계에 있는 것이 아니라 병존적으로 요구되는 요건이다. 우리 2013년 개정안에서도 중대한 불이행 －보다 정확히는 경미·목적달성 불가－ 요건과 최고 요건을 각각 해제의 실질적 요건과 절차적 요건으로서 구성한 바 있다(2013년 개정안 제544조 제1항 및 제2항).[4] 이와 같이, 양자의 요건 간 관계를 달리하는 입법 태도와 그 근거에 대해서는 종래 충분한 분석과 논의가 이루어졌다고 볼 수 없다. 본고는 이하에서, 연혁적·비교법적 관점에서 중대한 불이행 요건과 최고 요건의 관계를 살펴보고, 우리 법과의 비교·검토를 통해 그 시사점을 도출하고자 한다.

Ⅱ. 「중대한 불이행」 및 「부가기간 설정」의 병렬적 해제 구성

1. 국제물품매매계약에 관한 UN협약(CISG)

(1) 일원적 책임체계와 귀책사유 요부

오늘날 CISG, PICC 및 PECL은 국제거래의 대표적 규범으로서 각국의 최근 개정에 직접적인 참고가 되었고, 우리 민법의 개정 논의에서도 그 중요성이 강조되고 있다. CISG는 국제상거래법위원회(UNCITRAL)가 작성한 협약으로서, 그 원형은 PICC를 기초한 국제사법통일협회의 「국제물품매매계약의 성립에 관한 통일법」(Uniform Law on the International Sale of Goods; 이하, ULIS)(1964년)에 바탕을 두고 있다. 따라서 PICC와 CISG는 매우 밀접한 유사성과 관련성을 가지고 PICC 및 PECL은 CISG에 대해 종종 보충적 역할(gap－filling role)을 한다.[5] CISG의 채무불이행책임 체계는 주지하는 바와 같이, 이른바 「

3) Canaris, *Teleologie und Systematik der Rüktrittrechte nach dem BGB*, FS Kropholler(2008), S.3.
4) 김재형(註2), 14면에서 15면까지에서 위와 같은 제안의 취지에 관한 설명 참조.
5) 심종석·오현석, "PICC상 계약해제의 요건과 효과에 관한 비교 연구", 「법학논총」, 제40권 제2호, 2016, 355면.

계약위반(breach of contract) 혹은 불이행(non-performance)」을 전제로 채권자에게 다양한 구제수단을 부여하는 일원적 책임체계에 기초하고 있다.[6] 여기서의 계약위반 또는 불이행[7]은 불능을 비롯하여 넓은 의미의 계약위반으로서 귀책사유를 전제로 하지 않는다. CISG나 PICC, PECL에서와 같은 일원적 계약위반 책임체계에서는 우리 민법에서와 같은 원시적·후발적 불능의 구별은 큰 의의가 없다. 문제의 초점은 위반의 이유를 불문하고 위반당사자의 상대방이 입은 불이익을 전보하기 위한 구제수단에 맞추고, 각 구제수단에 적합한 요건을 구상하는 것이 CISG, 나아가 PICC나 PECL의 책임 체계의 특징이라고 할 수 있다. 이러한 「구제적 접근(remedy approach)」은 협약에서 정한 의무의 위반에만 초점을 맞추기 때문에, 앞서 설명한 계약위반의 개념 뿐만 아니라 계약해제라는 구제수단의 요건으로서도 귀책사유를 요하지 않는다. CISG와 같은 일원적 계약책임 체계를 취하는 PICC나 PECL도 '불이행(non-performance)' 개념을 중심으로 규율되고 있고 여기서 '불이행'의 개념은 넓은 의미로 이해된다.[8] PICC나 PECL은 CISG와 마찬가지로 불능 개념이 후퇴하는 구조적 특징이 있고[9] 계약위반의 구제적 접근 방식과 동일한 문맥에서, 불이행 여부의 판단뿐만 아니라 그 구제수단인 해제 요건으로서도 귀책사유는 요건이 아니다.

CISG상 계약해제권[10]은 매도인(제64조) 또는 매수인(제49조)에게 모두 인정되는 권리로서, 다음의 두 가지 경우에 인정된다. (1) 원칙적으로 본질적 계약위반을 요건으로 하는 해제(제49조 제1항 (가)호 및 제64조 제1항 (나)호)와, (2) 예외적으로 부가기간의 설정을 통한 해제이다(제49조 제1항 (나)호, 제64조 제1항 (나)호). 주의할 것은 매도인의 계약위반에 있어서는 인도불이행의 경우에만 부가기간 설정의 계약해제가 인정되고 계약부적합에는 적용되지 않는다는 점이다.

---

6) 중대한 불이행을 해제 요건으로 하는 것은 영미법의 소위, 「구제 중심의 접근 방식(Remedy approach)」에 기초한 것이라고 할 수 있다. 반면, 대륙법계, 예컨대, 구독일법이나 현행 우리 민법과 같은 해제 구성은 「원인 중심의 접근 방식(cause apprach)」이라고 설명할 수 있는데, 의무의 위반 타입에 따라 구제수단이 개별적으로 정해진다. 이러한 접근 방식은 불이행의 원인을 명확히 해야 하고, 그 가운데 어디에 해당하는지 혹은 그 유형별 경계를 획정해야 한다는 복잡한 문제가 있다. 이러한 지적은 Eberhard, Les sanctions de l'execution du contra et les Principes, UNIDROIT(2005), p.77 et s.

7) 박상기·최준선, "CISG상의 계약위반과 UNIDROIT원칙의 계약 불이행에 관한 비교연구", 「무역학회지」, 제27권 제2호, 2002, 58면.

8) PICC의 「불이행(non-performance)」 개념은 당사자가 계약상 채무를 이행하지 않은 무이행(無履行, complete failure to perform)의 상태를 포함한 불완전한 이행(defective performance)을 의미한다(PICC 제7.1.1조). 따라서 예컨대, 상대방이 급부 수령 의무가 있음에도 이를 수령하지 않는 것도 여기의 불이행에 해당한다.

9) Official Comment to PICC Art.3.3.

10) CISG 계약해제 제도에 관한 설명은 곽민희, "일본 개정 민법상 CISG 계약해제 패러다임의 영향", 「국제거래와 법」, 제30호, 2020, 133면부터 147면 참조.

(2) 본질적 계약위반의 계약해제

CISG의 계약책임 체계상 계약해제는 채무자의 귀책사유를 전제로 하지 않는 일종의 급부장애의 청산제도로 설명된다.[11] 그러므로 계약해제라는 구제수단이 주어지기 위해서는 당사자의 귀책은 요건이 아니지만, 계약위반이 있다고 해서 곧바로 해제가 가능한 것은 아니다. CISG상 당사자의 계약해제권[12]은 원칙적으로 일방 당사자의 본질적 계약위반이 있는 경우와 같이 당사자 간의 신뢰가 심각하게 훼손된 경우에 계약의 구속력으로부터 이탈할 수 있는 기회를 부여하는 제도로 구상되었기 때문이다. 이처럼 CISG는 계약해제 요건으로서 통상의 계약위반을 넘는 「본질적 계약위반(fundamental breach of contract)」에 이를 것을 요구하는데, 이와 같은 소위 '본질적 계약위반'의 법리는 영미법에서 유래한다.[13] 이 법리의 근거는 다음과 같이 두 가지로 설명할 수 있다. 먼저, 본질적 계약위반의 사고방식은 「계약준수 원칙(pacta sunt servanda)」에 근거한 것이다. 계약해제는 다른 구제수단과 달리 계약의 해소 또는 계약으로부터의 해방을 의미하는 수단이다. 따라서 계약해제는 다른 구제수단과 비교하여 통상의 계약위반만으로는 인정할 수 없고 본질적 계약위반이라는 엄격한 요건 하에서만 허용함으로써, 계약존중(favor contract)에 그 바탕을 두고 있다. 이러한 의미에서 매수인의 계약해제에 관한 원칙규정인 CISG 제49조(매도인의 경우에는 제64조)는 '본질적인 계약위반' 요건을 매개로 그 해제를 제한하는 규정으로 이해할 수 있다. 다음으로, 국제거래를 규율하는 협약 차원에서 계약해제는 「정책적」으로 제한될 필요성에 근거하고 있다. 즉, 해제의 효과라는 측면에서 볼 때, 국제거래의 특성상 해제는 막대한 경제적 비용을 초래하고, 급부의 상호 반환과정에서 목적물의 멸실·훼손과 같은 추가적 위험부담 문제가 발생할 수 있다. 따라서 계약해제를 제한함으로써 위험부담의 문제를 회피하려는 정책적 고려가 작용하고 있는 것이다.[14] 이와 같이 본질적 계약위반 개념을 매개로 계약준수 원칙을 관철하려는 취지는 과거의 ULIS(제10조)에서부터 확인할 수 있다. CISG 성안과정에서 이러한 ULIS의 기조가 수용되었고, 이는 CISG를 통해 PICC나 PECL에 계수되었다. 즉, PECL(제9:301조)과 PICC(제7.3.1.조) 및 DCFR(제Ⅲ-3:502조)도 CISG와 마찬가지로 계약해제의 요건으로서 「본질

11) 석광현, 국제물품매매계약의 법리, 2010, 195면; 김형배, 채권각론(계약법), 2001, 205면 이하.

12) 여기에서 해제권은 계약이 일단 유효하게 성립한 이후에 당사자 일방의 의사표시에 의해 소멸시키는 권리로 이해된다. 우리 민법상 형성권으로서의 법정해제권과 유사한 이해이다.

13) 본질적 계약위반 법리의 유래에 대해서는 오석웅, "국제계약규범상 예견되는 계약위반에 있어서의 법적구제에 관한 비교법적 고찰-CISG, PICC 및 PECL을 중심으로-", 「원광법학」, 제30권 3호, 2014; 한낙현, "국제물품거래상 계약위반의 구제제도에 관한 고찰-영미법을 중심으로-", 「무역상무연구」, 제42권, 2009 참조.

14) Stefan Vogenauer and Jan Kleinheisterkamp, *Commentary on the UNIDROIT Principles of International Commercial Contracts(PICC)*, Oxford Univ. Press(2009), p.819.

적 불이행(fundamental non-performance)」을 규정하고 있다. 이는 2009년의 「유럽사법공통기준안」(Study Group on a European Civil Code and the Research Group on EC Private Law(Aquis Group), Principles, Definitions and Model Rules of European Private Law, Draft Common Frame of Reference, 이하, DCFR)에서도 동일하다. 커먼로 국가의 경우 물품의 부적합 사안에서 계약해제는 수령물품에 '충분하고도 심각한 부적합'이 존재할 것을 요구하는데, 이 역시 계약해제의 제한이라는 문맥에서 동일하게 파악할 수 있다.[15)]

한편, 본질적 계약위반의 개념은 상당히 추상적이므로 CISG는 그 판단의 기준에 관한 규정을 두고 있다.[16)] 즉 CISG 제25조는 당사자 일방의 계약위반으로 인해 상대방이 그 계약으로부터 기대할 수 있었던 것을 실질적으로 박탈할 정도의 손실을 가하는 경우를 「본질적」이라고 한다. 그러나 이 규정에 의하더라도 여전히 그 의미가 명확하다고는 할 수 없으므로[17)] 결국 개별 사건에 있어서 법원에 해석상 상당한 재량이 인정될 수밖에 없다. 또한, CISG는 본질적 계약위반 판단에 당사자의 예견가능성을 고려한다. 즉, 위반당사자가 위와 같이 상대방이 기대하는 바를 실질적으로 박탈하는 손실을 초래하는 결과를 예견하지 못했고, 같은 부류의 합리적인 사람이라도 그러한 상황에서 그와 같은 결과를 예견하지 못했을 때에는 본질적 계약위반이 아니라고 한다(CISG 제25조 단서). 주의할 것은 본질적 계약위반의 경우에는 조문 문언상 별도로 부가기간의 설정을 요하지 않는다(제25조 제1항 (가)호 및 제64조 제1항 (가)호)는 점이다. 이 점은 후술하는 우리 민법 개정안의 계약해제를 위해서 불이행이 경미하지 않을 것과 최고를 원칙적으로 동시에 요구하는 태도와 다른 점이다.

(3) 부가기간 설정의 계약해제

부가기간 설정의 계약해제는 독일법계의 입장을 반영한 것으로 불이행이 본질적 계약위반에 이른 것인지의 여부를 불문하고, 채권자가 부가기간(Nachfrist)을 설정하여 계약을 해제할 수 있게 한 것이다. 부가기간 설정의 계약해제를 하기 위해서는 우선 (i) CISG 제47조 제1항(·제63조 제1항)이 정하는 바에 따라 매수인(·매도인)이 부가기간을 설

---

15) Treitel, *Remedies for Breach of contract,* Oxford(1988), Sections 269.

16) 참고로 PICC, PECL이나 DCFR은 CISG와는 달리 「본질적 불이행」 판단을 위한 구체적 기준이나 유형을 열거하고 있다. PICC에 관한 상세는 곽민희, "국제상사계약원칙(PICC)상 계약해제 요건으로서 본질적 불이행 판단기준", 「국제거래와 법」, 제18호, 2017, 112면부터 115면. PECL에 관해서는 Lando/Beal 편(김재형 역), 유럽계약법원칙 제1부·제2부, 2013, 552면 이하; 최문기, "채무불이행을 이유로 하는 계약의 해제의 요건론", 「성균관법학」, 제24권 제3호(2012), 325면 이하.

17) 석광현, "국제물품매매계약에 관한 국제협약(CISG)상의 본질적 계약위반", 「법학논총」, 제23집 제2호, 2006, 8면.

정하여야 한다. (ⅱ) 그 정해진 부가기간 내에 매도인(·매수인)의 채무이행이 없거나 이행하지 않겠다고 선언한 경우이어야 한다. 부가기간 설정자도 자신이 설정한 부가기간 동안에는 손해배상을 제외하고 원칙적으로 계약위반을 이유로 하는 구제를 구할 수 없다(제47조 제2항 및 제63조 제2항). 부가기간 설정의 계약해제는 불이행이 통상의 계약위반에 그치더라도 채권자에게 계약을 해제할 수 있는 기회를 부여한다. 이러한 의미에서, CISG의 부가기간 설정은 비본질적 계약위반의 해제를 정당화하는 근거가 된다.[18] 다만, 부가기간 설정의 계약해제는 모든 불이행 사안에 적용되는 것은 아니다. 매도인의 계약위반 사안에서 인도의무 불이행의 경우에만 적용되므로 물품부적합 사안에는 부가기간 설정의 계약해제는 인정되지 않는다. 후술하겠지만, 이 점은 독일법과 다른 점이다.

2. 본질적 계약위반과 부가기간 설정의 계약해제와의 관계

CISG를 비롯하여 PICC, PECL 등의 국제규범에 있어서 본질적 계약위반과 부가기간 설정의 계약해제는 별개의 독립적인 해제 방법으로 구성되어 있다. 즉, 부가기간 설정의 계약해제는 본질적 계약위반의 해제를 위한 절차적 요건이 아니다. 따라서 채권자가 본질적 불이행의 증명이 가능한 경우에는 부가기간 설정을 요하지 않고 곧바로 해제를 할 수 있다. 다만, 이 경우에도 채권자는 곧바로 계약을 해제하지 않고 부가기간을 설정하고 그 기간 내 이행을 기다릴 수 있음은 물론이다. 이처럼 채권자는 본질적 계약위반이 있더라도 즉시 해제를 하는 대신, CISG 제47조 제1항 및 제63조 제1항에 따라 부가기간을 설정함으로써 채무자에게 다시 한번 재이행의 기회를 제공할 수 있는 선택권을 가진다. 한편, 본질적 계약위반의 개념은 매우 추상적이므로 채권자에게 있어서 그 증명에는 어려움이 있다. 그러므로 채권자는 채무자의 불이행이 본질적 계약위반에 해당하더라도 그 증명을 하지 못하는 경우에는 원칙적으로 계약을 해제할 수 없다. 이 때문에 CISG는 「인도불이행」의 사안에 한정되기는 하지만, 부가기간을 설정하는 것만으로 채권자가 계약해제를 할 수 있는 길을 열어 주고 있다. 이 점에서 CISG의 부가기간 설정의 계약해제는 본질적 계약위반이라는 채권자의 증명책임을 완화시키는 기능을 한다. 요컨대, CISG에서는 본질적 계약위반과 함께, 이러한 부가기간 설정의 해제를 병렬적으로 인정함으로써, 본질적 계약위반의 증명이 가능한 경우에는 채권자에게 선택권을 부여하고, 부가기간 설정은 그 증명책임을 완화하는 수단으로서 작용한다는 기능적 관점에서 양자의 관계를 설정하고 있다. 요컨대, CISG 및 PICC, PECL 등의 모델에 있어서 부가기간 설정

18) Stefan Vogenauer and Jan Kleinheisterkamp(註14), p.837에 따르면 이러한 부가기간 설정은 비본질적 계약위반이 계약해제가 가능한 계약위반으로 '업그레이드'한다고 한다.

의 계약해제는 통상의 계약위반을 「부가기간 설정」이라는 매개 행위를 통해서 「본질적 계약위반」으로 발전[19]시키는 기능을 한다는 점에서 의의를 찾을 수 있다.

Ⅲ. 「중대한 불이행」 원칙에 「부지체(mise en demeur)」 요건을 가미한 구성

1. 개정 프랑스민법상 해제 제도

(1) 계약해제 요건의 연혁적 배경

중대한 불이행 요건을 원칙으로 하면서 최고 요건을 부가하는 해제 제도로서는 2017년 개정 프랑스법을 들 수 있다. 프랑스는 주지하는 바와 같이, 2016년에 오르도낭스를 통해 채권법 대개정을 이루어 내었고 이후 2017년 추인법률에 의해 실로 200여 년 만의 개정이 비로소 안착되었다. 개정 프랑스법상 해제제도를 검토함에 있어서 유럽의 법경향(PECL, DCFR 등)의 영향과 CISG, PICC와 같은 국제규범에의 지향이라는 관점은 중요하다. 개정 프랑스민법은 채무불이행법 체계를 정리하였는데, 유럽 및 국제 레벨에서의 계약법 모델 초안에 기초하여 「계약의 효력」의 장(章) 하에 「계약의 불이행」의 절(節)을 두고(제3장 제5절) 제4부속절에서 불이행이 있는 경우에 채권자가 행사할 수 있는 모든 구제수단(sanctions)을 종합하여 규율하였다(제1217조 제1항). 보다 직관적인 규범 구조를 채택한 것이다. 본 절의 가장 첫머리에 채무불이행의 효과에 관한 일반적·포괄적 규정을 두었는데(프랑스민법 제1217조), 여기서 채권자의 구제수단으로서 열거하는 것은 총 다섯 가지이다. 즉, ① 자기 채무의 이행을 거절하거나 정지할 수 있는 동시이행의 항변권(exception d'inexécution)(제1219조부터 제1220조) ② 현실이행(exécution en nature)(제1221조부터 제1222조), ③ 대금감액권(rédution du prix)(제1223조), ④ 해제권(résolution)(제1224조부터 제1230조), ⑤ 손해배상청구권(dommages et intérêt)(제1231조)이다. 이들 구제수단은 각각 독립적이기는 하지만, 프랑스법상 채무불이행의 가장 원칙적인 구제수단은 현실이행, 즉 현실적 이행강제라고 할 수 있다. 프랑스법상 계약해제는 연혁적으로 쌍무계약상 동시이행항변권의 보충적 수단으로서 인정된 것이다. 그러나 실무를 통해 그 적용범위가 쌍무계약에 한정되지 않고 확장되어, 점차 동시이행항변권으로부터 독립한 구제수단으로서 인정된 것이다.

개정 전 프랑스민법상 계약해제와 비교하여, 개정법은 현저한 수정이 이루어졌는데

19) Honnold, John O., Uniform Law for International Sales, 3rd ed., Kluwer Law International(1998), §288.

우선 해제의 일반적·포괄적 규정에 해당하는 제1224조는 해제의 기본적 요건을 정하고, 해제 유형으로서 다음의 세 가지를 인정하고 있다. 즉, ① 「해제조항(clause résolutoire)」에 따른 당연해제와, 중대한 불이행에 있는 경우에 ② 「채권자의 의사표시에 의한 해제(résolution par notification du créancier 또는 résolution unilatérale)」 및 ③ 「재판상 해제(résolution judiciaire)」의 세 가지 유형의 해제를 인정하고 있다(동법 제1224조). 프랑스는 그동안 해제는 재판상 해제만 인정하였던 원칙을 엄격하게 고수하였는데, 개정법에서는 이러한 방침을 버리고 실무와 학설의 태도를 받아들여 두 가지의 해제 유형을 입법화한 것이다. 먼저, 해제조항은 우리 실무에서 말하는 '실권약권' 혹은 '자동해제조항'[20]에, 채권자의 의사표시에 의한 해제는 채무자의 채무불이행을 이유로 하는 형성권으로서의 법정해제권에 대응하는 것이라고 할 수 있다. 당사자 간 해제조항이 존재하더라도 채권자는 다른 구제수단에 대한 선택권을 가진다. 또한, 요건을 충족하는 한 채권자는 다른 해제 방법을 선택할 수 있다. 따라서 해제조항에서 정하는 해제사유가 발생하였더라도 해제조항에 의하지 않고 재판상 해제를 구할 수도 있다.[21]

(2) 귀책사유의 요부

종래 프랑스 실무는 재판상 해제를 위해서 채무자의 과책(faute)은 요구되지 않는다고 하였고,[22] 나아가 불가항력에 기인한 경우에도 해제가 선고될 수 있다고 한 바 있다.[23] 다만, 프랑스 파기원은 불이행이 불가항력에 의해 야기된 경우는 해제조항은 적용되지 않는다고 한다.[24] 개정 프랑스 민법규정에는 과책 여부에 대한 명문의 규정을 두지는 않았지만, 학설은 종래 실무의 입장을 고려하는 한편, 중대한 불이행을 요건화한 이상 채무자의 과책은 별도로 요구되지 않는다는 것이 대체적인 입장이라고 할 수 있다.[25] 이에 대해, 과책을 요구하지 않는 경우 위험부담과의 관계와 관련해서 논의[26]가 있지만, 개정 프랑스법 제1218조를 근거로 불가항력의 경우 해제에 관해서는 적어도 입법적으로는 해결되었다고 보는 시각이 있다.[27] 종전의 재판례에서는 해제를 위해서 과책을 요구하는

20) 대법원 1988. 12. 20.선고 88다카132; 대법원 2014. 2. 13.선고 2012다71930, 71947.

21) Cass. com., 7 mars 1984, *Bull civ.* Ⅳ, n° 93; Cass. civ. 3e, 8 juin 2006, *Bull. civ.* Ⅲ, n° 143.

22) Cass. Civ. 1re 2 juin 1982, n° 81-10.158.; Cass. Civ. 1re 12 mars 1985, n° 84-10.169 등.

23) Cass. Civ. 1re 13 nov. 2014, n° 13-24.1633.

24) Cass. civ. 3e, 17 fév. 2010, *Bull civ.* Ⅲ. n° 47.

25) 이에 대해 채무자의 과책(faute)이 요구된다는 견해에 대한 소개는 P.Malauire, L.Aynés et P. Stoffel-Munck, *Droit des obligation*, 8e éd., LDGJ(2016), n° 896(p.513).

26) Répertoire de droit civil, "Résolution-Résiliation" par Cécile CHABAS, n° 48. 해제요건에서 귀책을 삭제하는 경우 위험부담과의 관계에 대해서는 우리 민법 개정과정에서도 논의가 있다. 이에 대해서는 김재형(註2), 42면부터 48면; 일본민법 개정과정에서의 위험부담 논의에 대해서는 곽민희(註10), 157면부터 166면 참소.

대신 '행위의 중대성'을 요하고 있는데, 행위의 중대성을 판단함에 있어서는 주관적 요소가 고려되고 이때 채무자의 과책은 그 판단 자료가 될 수 있다고 한다. 따라서, 종래 판례에서의 '행위의 중대성'은 개정 프랑스민법상 '불이행의 중대성'으로 다소 수정하여 규정되기는 하였지만, 채무자의 귀책사유는 불이행의 중대성 판단에 용해되어 상당 부분 고려된다는 평가도 있다.[28] 게다가 불이행의 중대성은 판결 선고시까지의 사정을 모두 고려하여 판단하기 때문에, 해제 이전에 존재하는 과책이 해제 후에 밝혀졌더라도 이는 중대성 판단의 고려 요소가 된다. 결국 채무자의 귀책사유는 법률상·실무상 해제요건은 아니지만, 중대한 불이행을 입법화한 개정법의 해석상, 귀책사유는 중대한 불이행 판단을 매개로 사실상 해제요건으로서 기능하는 측면이 있는 것으로 보인다.

2. 채권자의 의사표시에 의한 해제권(résolution unilatérale)

「채권자의 의사표시에 의한 해제(résolution unilatérale)」는 채무자의 채무불이행이 있는 경우, 채권자가 스스로의 위험과 부담(risque et périls)하에서 일방적 의사표시를 함으로써 이루어지는 해제로서(프랑스민법 제1226조), 우리 민법상 형성권적으로 구성되는 법정해제권에 상응한다. 개정 전 프랑스민법은 재판상 해제만 인정하고 있었지만(구 프랑스민법 제1184조), 당시 실무에서는 이미 일반적 원칙으로서 채권자의 해제권을 인정하고 있었던 것을 이번 2016년 개정을 통해 입법한 것이라고 한다. 예컨대, 종래 실무에서는 "계약 당사자 일방의 '행위의 중대성(la gravité du comportment)'은 상대방 당사자가 스스로의 위험과 부담하에 계약 관계를 일방적으로 종료시키는 것을 정당화하고, 이 경우 계약기간의 정함이 있는지는 불문한다."고 하여 채권자의 해제권을 인정하는 취지의 파기원 판시[29]가 있었고, 이러한 취지는 이후 실무에서도 그 범위를 넓혀 재차 확인된 바 있다.[30] 이러한 판례의 취지는 문언 그대로 개정법에 수용되었다(제1226조 제1항). 개정법상, 이러한 채권자의 해제권은 먼저, (i) 채무자의 채무불이행이 있어야 하고, 그 불

---

27) C. Larroumet et S. Bros, *Traité de droit civil t3 Les obligation le contrat* 8e éd., Economica(2016), n° 709(p.803); P.Delebecque et F-J.Pansier, Droit des obligation-contrat et quasi-contra 7e éd., LexisNexis(2016), n° 475(p.343).

28) 여하윤, "프랑스 민법상 재판상 해제(résolution judiciaire) 요건 검토", 「재산법연구」, 제34권 제2호, 2017, 47면.

29) 대표적인 판결로는 Cass. 1re civ., 13 oct. 1998, *Bull civ.* I, n° 300.

30) Cass. 1re civ., 20 fév. 2001, *Bull civ.* I, n° 40; Cass. 1re civ., 28 oct. 2003, *Bull civ.* I, n° 211. 등 참조. 박수곤, "프랑스민법상 채무불이행의 효과에 관한 원칙", 「법학연구」, 제31권 제4호, 2023, 41면에 따르면, 구두에 의한 계약(Cass. com., 7 avril 2010, n° 01-15590)을 포함하여 예약단계의 합의(Cass. civ. 3e, 30 juin 2012, n° 11-20589)의 경우에도 동 판결의 취지가 적용되었다고 한다(위 판결은 해당 논문에서 재인용함).

이행의 정도가 중대한 불이행에 해당하여야 한다(제1224조). 그리고 채권자의 (ⅱ) 부지체(제1226조 제2항 및 제3항) 및 (ⅲ) 해제통지(제1226조 제4항)가 있어야 한다.

(1) 충분히 중대한 불이행(inexécution suffisamment grave)

우선 프랑스법상 채무자의 채무불이행(inexécution) 여부는 의무의 본질적 특성에 의해 판단되는데, 실무에서는 계약관계를 유지하는 것을 어렵게 하는 것으로서 특히 당사자 간 신뢰의 상실 등이 문제 되는 경우라고 할 수 있다.[31] 이러한 채무자의 불이행은 앞서 제1224조에서 규율하는 구제수단의 기본적 전제가 되지만, 해제권이 발생하기 위해서는 그 불이행의 정도가 통상의 위반에 그치는 것으로는 부족하다. 프랑스민법은 종래 재판상 해제만 인정하였던 것에서 해제조항의 적용과 채권자의 채무자에 대한 일방적 의사 통지에 의한 해제를 신설하면서, 중대한 불이행 요건을 적극적으로 도입하였다. 즉, 프랑스 실무에서 언급한 소위, '행위의 중대성(la gravité du comportment)' 요건은 개정법상 재판상 해제와 채권자의 일방적 의사표시에 의한 해제에 '충분히 중대한 불이행(inexécution suffisamment grave)' 요건으로 수정되어 명문화되었다.[32] 중대한 불이행의 개념은 추상적이므로 법원의 재량에 따라 자율적 판단에 의해서 구체화되는데, 프랑스 실무상 그 판단에는 당사자 간 계약의 내용이나 결과의 중대성과 같은 객관적 요소뿐만 아니라, 당사자의 과책(faute)[33]이나 선의·악의와 같은 주관적 요소가 모두 고려된다.[34] 중대한 불이행은 우리 실무와 달리 반드시 주된 채무의 불이행에 한정되는 것은 아니고, 부수적 채무의 불이행이더라도 계약 전체나 목적에 비추어 '충분히 중대한 것'으로 판단될 수 있다.[35] 중대성 판단은 이러한 요소를 기초로 이루어지지만, 일단 이는 채권자의

---

31) Cass. civ. 1re, 22 sept. 20160, *Bull civ.* Ⅰ, n° 01－15590; Cass. com., 15 sépt. 2009, n° 08－15872.

32) 종래 판결(Cass. 1re civ., 13 oct. 1998, *Bull civ.* Ⅰ, n° 300.)에서 언급한 '행위의 중대성'이 개정법상 명문화 된 '충분히 중대한 불이행'과 동일한 것으로 파악해야 하는지에 대해서는 논의의 여지가 있다고 한다. 양자가 동일하다는 견해는 Ph. STOFFEL－MUNK, *Le contrôle a posteriori de la La résiliation unilatérale, in Rupture unilatéral du contrat: vers un noveau pouvoir*, Dr. et parti－moine(2004), n° 45(p.375). 반면, 동일한 것으로 볼 수 없다는 해석으로는 A. Aynés, *Les remède unilatéraux, Réforme du droit des contrats et pratique des affaire,* Dalloz(2015), p.120.

33) Cass. 1re civ., 13 oct. 1998, *Bull civ.* Ⅰ, n° 300.에서 언급한 '행위의 중대성(la gravité du comport－ment)'은 계약 관계에의 영향이라는 객관적 측면과 채무자의 중대한 과책(grave faute)과 같은 주관적 측면을 고려한 개념으로 설명하는 경우가 있다(Ph. STOFFEL－MUNK(註32), n° 126(pp.72－74.). 이러한 해석, 특히 채무자의 중대한 과책이 행위의 중대성 판단 요소로 고려된다는 것은 계약해제 요건으로서 귀책사유를 요하지 않는 프랑스법에 있어서 사실상 귀책이 고려되는 결과를 이끈다.

34) C. Larroumet et S. Bros(註27), n° 710.

35) Cass. civ. 3e 6 oct. 2009, n° 08－18.990. Répertoire de droit civil(註26), n° 60·61.

자판(自判)에 맡겨져 있으므로 채권자는 불이행에 대한 중대성에 대한 사법적인 사전 심사 없이 스스로의 판단하에 해제권을 행사할 수 있다.

이러한 채권자의 일방적 해제권의 행사에 대해, 채무자는 언제든지 이를 다투기 위한 소를 제기할 수 있다(동조 제4항).[36] 이 경우 중대한 불이행에 관한 증명책임은 채권자에게 있다(제1226조 제4항). 즉, 채권자의 해제권 행사는 일응 스스로의 자율적 판단에 맡겨져 있지만, 채무자의 이의를 통해 이러한 일방적인 해제권 행사의 적법성이 사후적으로 법원에 의해 검증된다는 것을 의미한다. 채권자의 일방적 해제권 행사가 법원의 검증 결과 부적법하거나 남용으로 확인되면, 채권자는 경우에 따라 손해배상 등의 책임을 부담할 수 있다.[37] 개정법이 채권자의 일방적 의사표시 의한 해제가 채권자 '스스로의 위험과 부담(risque et périls)'으로 행사된다고 규정한 것은 바로 이러한 의미라고 할 수 있다. 이처럼 개정 프랑스법상 채권자의 의사표시에 의한 해제권 행사는 법원의 사후감독하에서 자율적으로 기능하는 것이라고 한다.[38]

(2) 부지체(mise en demeure)

채무자의 불이행의 중대성에 대한 채권자의 판단이 있더라도 채권자는 긴급한 경우가 아닌 한, 사전에 불이행 채무자에 대해 상당한 기간 내에 그 채무의 이행을 최고해야 한다. 즉, 최고를 통해 상대방을 지체에 빠뜨리는 절차, 소위 「부지체(mise en demeure)」 절차를 거쳐야 한다. 부지체는 원래 손해배상의 요건으로서 집행관의 송달증서에 의한 최고(sommation) 또는 집행력 있는 변제최고(commandement)에 의해서 행해지는 절차를 말하고, 이를 통해 채무자를 지체에 빠지게 한다는 의미에서 일본법에서는 소위, '부지체(付遲滯)'라는 용어로 번역된다.[39] 검토의 여지는 있지만, 프랑스민법상, 부지체를 '채권자는 미리 합리적 기간을 정하여 채무자에게 그 의무를 이행할 것을 최고함으로써 채무자를 지체에 빠뜨려야 한다'(제1226조 제1항)는 의미로 규정하고 있다는 점에서 독일법상 부가기간(Nachfrist) 설정 혹은 우리 법상 최고의 의미로 이해할 수 있는 측면이 있다. 이와 같은 사전적 부지체에는 채무자가 채권자가 설정한 상당한 기간 내에 채무가 이행

---

36) 채무자는 채권자의 부적법한 해제에 기인한 위험완화를 위해 급속심리를 통해 법원의 종국적 판단이 있기 전까지 임시적으로 계약의 유지를 청구할 수도 있다고 한다.

37) A Bénabent, *Droit des obligation* 15ᵉ éd., LDGJ(2016), n° 386(p.303).

38) A Bénabent(註37), n° 388(p.304).

39) 杉本好央『独仏法における法定解除の歴史と論理』有斐閣(2018)188頁. 우리 국내 문헌에서는 대체로 '최고'로 번역하는 것 같고, '지체부 최고'((사)한불민사법학회, 프랑스민법전, 2023, 717면)로 번역하는 경우도 있다. 본고에서는 프랑스민법 제1226조 제1항 후단에서 이를 통해 '채무자를 지체에 빠뜨려야 한다'는 의미를 살려 '부지체'라는 용어를 사용한다.

되지 않으면 채권자가 계약을 해제할 수 있다는 취지가 명시적으로 기재되어야 한다(동조 제2항).[40] 이러한 부지체는 채무자에게 재이행의 기회를 부여하고 채무불이행의 중대성을 보강하는 기능을 하지만, 부지체 요건을 절대적 요건으로 규정하는 태도에 대해서는 의문을 제시하는 견해도 있다.[41] 이러한 부지체에도 불구하고 (iii) 채무자의 불이행이 계속되는 경우에는 채권자는 계약해제의 의사와 해제사유를 통지하여야 한다(동조 제3항). 통지는 특별한 방식을 요하지 않지만,[42] 계약해제의 의사표시와 그 사유를 명시하여야 한다는 점에서 반드시 서면에 의해야 한다는 해석[43]이 있다.

(3) 해제조항에 의한 해제 및 재판상 해제와의 비교

참고로 프랑스민법 제1225조는 당사자 간 미리 약정한 사유의 발생으로 즉시 해제되는 해제조항(clause résolutoire)에 관해 규정하고 있는데,[44] 해제조항에 의한 해제는 (i) 해제조항이 존재하여야 하고, (ii) 채권자의 채무자에 대한 부지체를 거쳐 (iii) 채무자에 대한 해제의사의 통지로써 이루어진다. 해제 요건으로서 '중대한 불이행' 요건은 별도로 요구되지 않는다.[45] 이는 계약해제의 요건으로서 '중대한 불이행'을 요구하는 나머지 두 가지의 해제 유형, 즉 채권자의 일방적 의사표시에 의한 해제 및 재판상 해제와의 차이점이라고 할 수 있다. 주목할 점은 프랑스민법은 해제조항에 의한 해제권 행사의 경우에도 부지체를 요건으로 규정한다(동조 제2항 전단). 다만, 제1225조는 당사자 간 불이행 사실만으로도 효력을 발생한다는 합의가 있는 경우는 적용되지 않으므로 부지체 절차는 당사자 간 약정으로 생략할 수는 있다. 나아가, 부지체 절차 외에, (iii) 별도로 채권자의 해제의사의 통지가 필요한가에 대해서는 제1225조에서 명시하고 있지는 않지만 통지가 필요하다고 해석된다.

한편, 개정 전 프랑스민법이 유일한 해제 방법으로서 인정해 왔던 재판상 해제(제

---

40) 이러한 부지체 요건, 즉 채권자의 사전적 최고 요건은 앞서 언급한 Cass. 1re civ., 13 oct. 1998, *Bull civ.* I, n° 300 판결에서 요청된 것이라고 한다.
41) P.Stoffel-Munck(註32), n° 47(p.376).
42) Cass. com, 10 fév. 2009, n° 08-12415.
43) A Bénabent(註37), n° 388(p.304).
44) 이는 종래 프랑스 실무의 태도를 수용한 것이라고 할 수 있다. 해제조항에 의한 해제는 당사자 간 미리 해제를 발생하는 사유, 즉 채무불이행의 사유를 특정하고 그러한 사유가 발생하면 재판의 게재 없이 당연히 해제되는 것을 말한다(Ch. Paulin, *La clause résolutoire,* LGDJ(1996)). 박수곤(註30), 39면에 따르면 이는 채권자의 일방적 이익에 기초하여 채무자의 이행을 강제하는 수단으로서 법원의 허가 없이 계약관계를 당연종료시킨다는 실익이 있다고 한다.
45) 따라서 법원은 해제조항에 의한 해제가 소송상 문제 된 경우에는 별도로 중대한 불이행 심사를 할 필요는 없고 당연해제를 확인하는 소송인 급속심리(action en référées)에 의한다. Cass. civ. 3e, 2 avril 2003, Bull civ. III, n° 78.

1227조)는 앞에서 설명한 두 가지의 해제 요건을 충족하더라도 언제든 가능하다.[46] 개정법상 재판상 해제는 다음과 같은 요건과 절차에 따른다. 먼저, 채권자의 일방적 통지에 의한 해제와 마찬가지로 재판상 해제는 (ⅰ) 채무자의 채무불이행이 있어야 하고, 그 불이행의 정도가 중대한 것이어야 한다.[47] 불이행의 중대성 판단은 판결선고 시점까지의 사정을 고려하여 사실심 법원이 판단한다.[48] '충분히 중대한 불이행(inexécution suffisamment grave)' 심사는 사실심 법원의 전권에 속하지만, 법률심인 파기원은 법률행위 해석을 통해 사실심 법원의 중대성 심사를 통제할 수 있다고 한다. 중대한 불이행의 증명책임에 관해, 채권자의 일방적 통지에 의한 해제권의 경우에는 채권자에게 있다는 규정을 두고 있지만(제1226조 제3항), 재판상 해제의 경우에는 명문의 규정이 없다. 그러나 이 경우에도 제1226조 제4항의 유추적용하여 채권자에게 증명책임이 있다고 해석한다.[49] 다음으로, (ⅱ) 채권자의 부지체 요건은 재판상 해제의 경우에는 법원의 소장의 송달에 의한 법원의 출석 통지로 대체되므로 개정법상 채권자가 별도로 최고할 필요는 없다고 한다.[50] 이는 독일법상 최고가 해제시 채무자의 불이익을 고려하여 채무자에게 재이행의 기회를 부여하는 기능을 한다는 점과 비교하여, 프랑스법상 재판상 해제에 있어서는 그와 같은 최고의 기능적 의의가 제한되어 있는 것처럼 보인다. 그러나 이 경우, 프랑스 법원은 필요한 경우에는 채무자에게 기한을 허여하고 계약의 이행을 명할 수도 있고, 손해배상만을 인정할 수도 있으므로(제1228조), 채권자가 아니라 법원에 의해서 그와 같은 취지가 관철될 수 있는 여지가 존재한다는 점은 흥미롭다.

---

46) 개정법은 '어떠한 경우이든지 해제는 재판으로 청구할 수 있다'고 규정하고 있는데, 여기서 '어떤 경우이든지(en toute hypothèse)'의 의미에 대해, 우선 앞에서 규정한 두 가지의 해제 요건을 충족하더라도 재판상 해제는 언제든 가능하다는 의미로 파악된다. 다만, 특별법이나 당사자의 합의에 의해 예외가 인정되는 지에 대해서는 논의가 있다. 일정한 특별법상 재판상 해제가 허용되지 않는 경우도 있다고 한다. 예컨대, 박수곤(註30), 44면은 프랑스 상법전 제L622-21조를 예로 들면서, 이 규정에 따르면 집단절차(procédure collective)가 개시된 경우에는 금전채무 불이행을 근거로 재판상 해제를 청구하는 것은 허용되지 않는다고 설명한다(Cass. com, 26 oct. 1999, n° 96-12745).

47) 여하윤(註28), 46면.

48) B. Fages, *Droit des obligations,* 6e éd, LDGJ(2016), n° 307(p.261); C. Larroumet et S. Bros(註27), n° 710; Répertoire de droit civil(註26), n° 102~103.

49) A Bénabent(註37), n° 391(p.305).

50) A Bénabent(註37), n° 391(p.305); B. Fages(註48), n° 308(p.263); C. Larroumet et S. Bros(註27), n° 716(p.818); O.Deshayes et Th.Genicon et Y.M.Laithier, *Réforme du droit des contrats, du Régime général et de la preuve des obligations*, LexisNexis(2016), p.508; Répertoire de droit civil (註26), n° 67~68.

3. 충분히 중대한 불이행과 부지체 요건의 관계

채권자의 일방적 통지에 의한 해제 및 재판상 해제의 경우, '충분히 중대한 불이행(inexécution suffisamment grave)'을 요건으로 규정한다. 해제조항이 있는 경우에는 불이행이 중대할 것을 요건으로 하지 않는다. 이와 같은 중대한 불이행 요건은 다른 입법에서와 마찬가지로, 국제규범인 CISG, PICC, CESL 등의 직접적 영향을 받은 것으로서 이들 국제규범에서의 '본질적 불이행'에 비견하는 개념이라고 할 수 있다. '중대한 불이행'이 구체적으로 어떤 경우인지의 판단은 법원의 재량에 맡겨져 있다.[51] 나아가 프랑스법상 세 가지의 해제 유형, 즉, 해제조항, 재판상 해제, 채권자의 일방적 통지에 의한 해제의 모든 경우에 있어서, 소위 '부지체(mise en demeur)'가 기본적인 절차요건으로 설정되어 있다. 생각건대, 이러한 프랑스민법의 태도는 종래 재판상 해제만 인정하였던 것과 같이 계약준수 원칙을 매우 엄격하게 고수하는 경향이 있고, 이에 따라 재판상 해제를 제외하고 해제조항이나 채권자의 의사표시에 의한 해제에는 반드시 부지체를 거치도록 하거나 법원의 사후심사를 인정하고 있다는 점에서 여전히 보수적이라고 할 수 있다. 또한, 중대한 불이행을 요건으로 하는 해제, 즉 채권자 의사표시에 의한 해제의 경우에도 채권자는 부지체 절차를 거쳐야만 계약을 해제할 수 있다. 이러한 프랑스민법의 태도는 '부가기간 설정의 해제'라는 독립한 해제 유형(방식)의 하나로 규율하고, '중대한 불이행에 의한 해제'와 병렬적으로 혹은 선택적으로 인정하는 방식을 취하는 CISG의 규율 체계와는 다르다. CISG 의 경우, 본질적 불이행을 이유로 하는 해제에 있어서 최고는 별도로 거쳐야 하는 추가 요건으로 되어 있지 않다. 즉 채권자는 채무자의 불이행이 본질적 불이행에 해당한다는 사실을 증명하면, 별도로 최고를 거치지 않고 계약을 해제할 수 있다. 프랑스민법상 채권자의 해제권은 '불이행의 중대성'이 인정되더라도, 다시 부지체 절차를 거쳐야 한다는 점은 CISG와 비교할 때, 다소 엄격한 것으로 보인다.

한편, CISG에서 부가기간 설정의 해제는 본질적 불이행의 증명책임을 완화하는 기능을 하고 있는데, 앞서 프랑스법상 부지체의 기능을 생각하면 동일한 문맥에서 파악할 수 있는 부분도 있다고 생각된다. 다만, CISG와 프랑스민법의 결정적 차이는 채권자는 채무자의 불이행이 본질적 계약위반에 해당하면 즉시 해제가 가능하여 보다 간명하다는 점과 이 경우에도 여전히 부가기간 설정 해제에 대한 선택권을 부여하고 있다는 점에서는 합리적이다. 즉, 해제 또는 채무자의 이행을 여전히 구할 수 있는지의 선택권이 채권자에게 맡겨져 있다는 점은 프랑스민법과 다른 점이다. 이와 비교하여, 프랑스민법에서는 예컨대, 재판상 해제에 있어서 채권자의 해제 청구가 있더라도 법원이 채무자에게 유

51) Cass. Civ. 1re 15 juil. 1999, n° 97-16001.

예기간을 허여함으로써 계약의 이행을 명령할 수 있도록 하고 있어, 법원이 선택권을 가진다고 할 수 있다.

Ⅳ. 「최고(Nachfrist)」를 원칙으로 하는 해제 구성

1. 독일

(1) 계약해제 요건의 연혁적 배경

독일민법전 제정 당시 19세기 전중반의 독일은 프로이센일반란트법(Allemeines Landrecht für die preußichen Staaten, 「ALR」)(1794년), 오스트리아민법전(Allgemeines bürgerliches Gesetzbuch, 「ABGB」)(1811), 프랑스민법전(1804) 등이 적용되는 다양한 법역으로 나뉘어 있었고, 또한 그 근저에는 보통법학의 영향이 자리하고 있었다. 이러한 가운데, 1900년에 제정된 독일민법전보다 먼저 독일 일반상법전(Allgemeines Deutsches Handelsgesetzbuch, 이하, 「ADHGB」라고 한다)(1861년)이 제정되었고, ADHGB의 해제 제도는 독일 민법전 편찬에 직접적인 영향을 주었다. 우선, ADHGB의 해제 제도는 상사 매매를 적용 대상으로 하는 것이지만, 해제를 이행청구 및 손해배상과 병렬적이고 독립된 해제 수단으로 이해하고, 기본적으로 계약으로부터의 이탈을 그 주된 기능으로 하는 제도로서 구상하였다는 점에서 연혁적으로 큰 의미를 가진다. 즉, 상사거래의 특성에 기초하여, 해제는 '지체'가 있는 경우, 「부가기간(Nachfrist)」 설정을 원칙으로 계약관계로부터 간이하고 확실하게 이탈하는 것을 주요한 기능으로 하는 법적 수단으로서 규율되었다. 반면, 민사법적 책임체계에 있어 해제 제도는 보통법학에서 발전된 법리[52]에 그 기초를 두고 있었다. 독일 보통법에서는 "지체[53]에 의해서 급부가 무익하게 되는 경우에는 계약에 근거한 손해배상을 통해서 해제와 동일한 결론에 이를 수 있다."고 이해한다. 그러므로 계약해제는 원칙적으로 이행지체 사안에서의 「급부의 무익성(nutzlos)」을 요건으로 하고 독립된 구제수단이 아니라 손해배상과 결합하여 이해되고 있었다.[54] 이것이 소위, 「무익성 해제」[55]이다.

---

52) 보통법상의 법리에 관해서는 杉本好央(註39), 100頁 이하 참조.

53) 보통법학에서는 일반적으로 이행지체(mora solvendi)(채무자지체(mora debitoris))와 수령지체(mora accipiendi(채권자지체(mora creditoris)), 사람(人)에 의한 지체(mora ex persona)와 물(物)에 의한 지체(objektiver Verzug) 등을 구별하여 논하지만, 이하 설명에서는 이행지체만에 한정한다.

54) 이는 지체 사안에서 계약해제를 통해 얻을 수 있는 귀결, 즉 자신의 급부의무의 면제와 상대방의 이행을 거절하는 기능은 손해배상을 통해서 달성될 수 있으므로, 채권자의 계약해제권을 인정할 이유가 없다는 것이다. 요컨대, 독일 보통법학에서 채권자의 일방적 계약해소권 즉, 법정해제는 독립한 구제 수단 혹은 법제도로서 형성된 것이 아니고 손해배상과 결합하여 이해되고 있었던 것이다.

55) 「무익성 해제」라는 표현은 杉本好央(註39), 101頁에서 독일 보통법학에서의 해제를 설명하기 위해 사용된 개념이다. 본고에서도 이 용어를 차용한다.

이처럼 상법학과 민법학에서의 해제는 적용 영역뿐만 아니라 학리적 배경을 달리하고 있었기 때문에, 사실, 초기에 독일민법전 편찬에 있어서는 상사거래를 전제로 하는 ADHGB 해제 제도와의 구별을 의식하면서 논의가 진행되었다고 할 수 있다. 그러나 논의를 거듭하면서 보통법상의 해제 법리와 ADHGB의 해제 제도의 긴장이 완화되고 결론적으로 ADHGB 해제에 대한 기본적 구상은 독일민법전에도 수용된다. 그 결과, 1900년의 독일민법전의 법정해제 제도는 보통법상의 소위 「무익성 해제」로부터 탈피하여 ACHGB의 해제 제도에 가깝게 규정되었다. 즉, ① 보통법상 무익성 해제를 기초로 하는 해제권은 손해배상제도로부터 분리되었고 손해배상청구권과 병렬적으로 인정되었다. ② 해제의 무익성 요건은 ADHGB에서와 같은 채권자의 기간설정권(Nachfrist), 즉 최고 요건으로 대체되었고, ③ 귀책사유 요건이 추가되었다. 여기에서, 독일민법상 해제에 최고와 귀책사유가 요건으로 규정된 이유는 다음과 같이 설명할 수 있다. 연혁적으로 독일법상 계약해제권과 손해배상과의 관계를 분단(分斷)하는 과정에서, 채권자에게 일방적인 의사표시로 해제할 수 있는 권리를 부여하는 것은 상대적으로 채무자에게 있어서 불이익한 것으로 인식되었다. 따라서 이러한 채무자의 불이익을 정당화하기 위해, 소위, 그 대상(代償)으로서 채무자에게 귀책성이 요구된 것이라고 할 수 있다.[56] 즉, 법감정 혹은 거래상의 요청에 근거하여 계약의 당사자는 항시 해제의 가능성을 의식해야 하는데, 채무자의 귀책은 그러한 해제의 부당성을 감수해야 하는 근거가 된다.[57] 이에 더해, 최고 요건 역시 같은 취지에서, 해제로 인한 채무자의 불이익을 사전통지, 즉 최고라는 절차적 요건에 의해서 회피될 수 있도록 한 것이라고 할 수 있다. 이렇게 하여 제정된 독일민법전의 해제 제도의 내용은 오랫동안 유지되다 비로소 2002년에 독일채권법 현대화 법률에 의해서 채권법의 주요 사항에 대한 개정이 이루어졌다. 이 개정에서는 최고를 원칙적 요건으로 하는 계약해제(Rücktritt)의 기본 구조에는 큰 변화가 없었지만, 체계적으로 해제의 위치나 해제규정의 정서(整序)가 이루어졌고, 내용적으로는 부가기간 설정의 해제의 적용범위를 확장하는 등 보다 정치한 해제법 체계를 구축하였다. 계약해제의 요건으로서 의무위반(Pflichtverletzung)에는 채무자의 귀책사유를 요하지 않는다. 현행 독일민법전상 해제는 제2편 채권법의 제3장(계약상 채권관계) 아래 쌍무계약에 관한 제2절에서 그 요건을 규율하고 효과는 제5절에서 소비자계약의 철회권과 함께 규율하고 있다.

56) 사법청 수정안 제369a조. 이에 관해서는 H.H.Jakobs/W/Shchubert(hrsg), Die Beratung des Bürgerlichen Gesetwbuchs in systematischer Zusammenstellung der unveröffentlichten Quellen, Recht der Schuldverhältnisse Ⅰ, 1978, S.476(PrtRJA 341 f).

57) Mugdan(hrsg), Die gesamten Materialien zum Bürgerlichen Gesetzbuch fur das Deutsche Reich, 1899 (Neudruck 1979), S.646 f.(Protokolle, S.1307−1308).

(2) 부가기간 설정(Nachfrist) 해제의 원칙

해제, 즉 「계약으로부터의 해방」 제도가 독일민법전 제정 당시 미성숙한 제도인 채로 불이행의 법률효과로서 발전하는 데에 많은 시간이 걸렸던 이유는 로마법상 단편화된 계약제도에 기인하는 법률학에서의 관념의 한계 때문이기도 하지만, 당사자 간의 이익의 첨예한 대립에 의해 적정한 룰을 발전시키는 것이 어려웠다는 점에 기인한다고 한다. 해제는 채권자에게 있어서는 재판도 필요하지 않고 손해의 수치화(數値化)도 필요하지 않기 때문에 매우 매력적인 반면, 채무자에게 있어서는 계약이익의 상실을 상회하는 손실을 받을 불이익을 내포하는 것이기 때문이다.[58] 이는 계약 준수 원칙의 심각한 예외로 받아들여졌기 때문에, 독일민법은 부가기간(Nachfrist) 설정이라는 장치－영미법에서는 중대한 불이행을 중심으로 해제를 제한하는 방향－를 통해 이를 극복하고 해제의 정당성을 모색한 것이라고 할 수 있다. 이처럼 독일법상 부가기간의 절차는 채무자 보호를 목적으로 하는 것으로서, 그 의의를 채무자에 대한 「두 번째의 제공(zweite Andienung)」의 기회를 보장하는 데에서 찾고 있다. 계약 준수의 원칙에 기초한 것으로서 현존하는 쌍무계약의 보호라는 일반적인 법정책적 원칙에 비추어서도 정당화된다. 이러한 현행 개정 독일법의 구상은 대체로 ULIS를 모델로 한 후버(Huber)의 감정의견[59]에 기초한 것이라고 할 수 있는데, 부가기간 해제를 해제규정의 첫머리에 둠으로써(제323조) 모든 불이행의 경우에 원칙적으로 적용되는 것으로 규정하였다. 다만, 중대한 불이행은 기간설정을 요하지 않은 경우(독일민법 제323조 제2항)의 각호 사유에 용해되어 있고, 나아가 계속적 계약해지에 관한 규정(제314조)에서는 '중대한 사유(wichtigem Ground)'라는 요건으로서 규정되어 있다. 즉, 부가기간 설정 해제는 그 적용범위와 관련하여 이행불능 · 정기행위 · 이행거절, 적극적 채권침해의 경우에는 예외적으로 적용되지 않는다(독일민법 제323조 제2항). 사실, 독일법이 부가기간 설정 해제를 원칙으로 하고 중대한 불이행은 명문상 요건으로 명시하고 있지 않음에도, ULIS 나아가 CISG 해제 모델에 있어서의 중대한 불이행을 요건으로 수용하였다고 평가할 수 있는 것은 개정과정에서 제시된 「채무법개정위원회 최종보고서 위원회초안」[60](1992년)에서 간취할 수 있다. 즉, 부가기간 설정이 필요하지 않은 경우(위원회초안 제323조 제2항)는 「중대한 계약위반」인 경우에 해당하고, 해제

58) Zimmermann, Konturen eines Europäischen Vertragsrechts, Juristenzeitug(1995), S.484; Schlechtriem, Termination of Contracts under the Principles of International Commercial Contracts, in Bonell/Bonelli(éds), Contractti commerciali internazionalie Principle Unidroit(1997), at 249.

59) U.Huber, Leistungsstörungen, in Bundesminister der Justiz, Grutachten und Vorschuläge zur Überarbeitung des Shldrechts Band 1(1981), S.703f. 705ff.

60) Bundesminister der Juritz, Abschlußbericht der Kommission zur Überarbeitung des Schuldrechts(1992) S.162ff.

권이 배제되는 경우(동초안 제323조 제3항)란 「중대한 계약위반이 인정되지 않는 때」라고 설명하고 있기 때문이다. 즉, 독일 입법자는 부가기간 설정 해제를 원칙으로 하는 독일법 체제와 중대한 불이행을 적극적 요건으로 하는 체제와의 구별은 법기술적 의미만 있을 뿐 실제 귀결은 다르지 않으므로 양자의 의의는 같다고 평가한다.[61]

(3) 부가기간 설정과 중대한 의무위반의 관계

(가) 부적합 사안에서 부가기간 설정과 중대한 불이행

독일법과 같이 부가기간 설정 해제를 원칙으로 하는 경우에는 부적합 사안에서도 부가기간 설정을 통한 해제가 인정되는데, 이에 대해서는 중대한 불이행과의 관계에서 문제가 된다. 즉, CISG의 기초과정에서 지적된 바와 같이, 부적합 사안에서 부가기간 설정 해제를 인정하게 되면, 「경미한 하자」 혹은 사소한 하자가 있을 뿐인 경우에도 단순히 부가기간 설정에 의해서 경미한 하자가 중대한 하자로 격상된다는 문제가 있기 때문이다.[62] 이 때문에 CISG는 결론적으로 부가기간 설정의 해제를 불인도의 경우에만 한정하였다는 경위가 있다. 사실 개정 전 독일법도 연혁적으로 이행지체에 한해서 부가기간 설정이 문제 되었기 때문에 CISG와 같이 계약부적합의 경우는 규율하지 않았다. 그러나 2002년 개정법은 부가기간 설정 해제는 계약부적합의 경우를 포함하는 것으로 함으로써, 불이행 해제의 '원칙'으로서의 성격을 관철하였다(독일민법 제323조). 이처럼 부적합 사안의 경우에 부가기간 설정 해제가 문제 되는 구체적인 이유는 다음과 같다. 후버의 설명에 따르면, 우선, 부적합은 「본질적인 하자」와 「비본질적 하자」가 있고, 전자는 다시 「중대한 하자」와 「경미한 하자」로 분류할 수 있다고 한다(삼분법).[63] 비본질적 하자의 경우에는 애초에 해제권이 배제되므로, 본질적 하자의 경우에만 원칙적으로 해제가 문제 된다. 그런데, 본질적 하자이더라도 해제권을 인정할 수 있는 중대한 하자와 해제권이 보류되는 경미한 하자가 있을 수 있는데, 예컨대, 하자가 본질적이지만 하자에도 불구하고 사용이 가능한 경우나 손해배상이나 감액청구와 같은 다른 구제수단에 의해서 채권자가 계약이익을 만족할 수 있다면, 그와 같은 하자를 이유로 해서는 원칙적으로 계

---

61) Zimmermann(註58), S.485. Flensser, Befreiung vom Vertrag wegen Nichterfüllung, ZEup(1997), S.264.; Shlechtriem(註58), at 265; Schlechtriem, Rechtsvereinheitlichung in Europa und Schuldrechts reform in Deutschland, ZEup(1993), S.217－246; 계약유지 관점의 논의는 Weller, Die Vertragstreue－Vertragsbindung－Naturalerfüllungsgrundsatz－Leistungstreue(2009) 330ff. 496f.

62) 게다가 협약 체약국 중에는 독일과 같이 부가기간(Nachfrist) 설정 해제 제도에 익숙하지 않은 국가에 대한 위구도 그 이유로 작용하였던 것 같다.

63) 후버의 삼분법은 이후 정부초안(2002년)에서 채택되지 않았고, 단지 경미하여 해제할 수 없는 하자와 그 이외로 분류하고, 객관적인 하자의 정도에 의해 이를 판단하도록 하였다. Begründung der Bundesregierung zum Entwurf eines Gesetzes zur Modernisierung des Schuldrechts, S.432f.

약해제가 인정되지 않는 것인지의 문제가 있다고 한다.[64] 그러나 부가기간 설정 해제를 원칙으로 하는 경우에는 이러한 하자에 대해서도 부가기간 설정을 통해 그 기간 경과로 해제가 인정될 수 있다. 그 정당성에 대해 후버는 CISG 제49조의 해설을 통해 다음과 같이 설명한다. 즉, CISG 제49조의 「중대한 계약위반」의 평가에 있어서는 하자 자체의 중대성과 시간의 경과의 중대성이라는 두 가지의 요소가 있다고 분석한다.[65] 이를 기초로, 이행지체의 경우에는 부가기간 설정·도과에 의해서 그 시간의 중대성이 명백해지고 불이행의 중대성 판단이 곧 가능하다. 그러나 부적합 사안은 그러한 부가기간 설정·도과, 즉 시(時)적 중요성만으로는 중대한 불이행을 곧바로 도출하기 어렵다. 부적합 사안의 특성상, 불이행(하자)의 중대성은 시간적 요소뿐만 아니라, 실질적으로 하자 그 자체의 중대성을 문제 삼지 않을 수 없기 때문이다. 그러나 후버는 이 점에 대해, 부가기간 설정의 의미를 단지 시간적 요소로만 판단할 것이 아니고, 실질적인 불이행(하자) 그 자체의 평가도 포함된다고 이해한다. 즉, 부가기간 설정과 경과의 판단에는 매수인에게 아직 추완을 위한 시간적 여유가 인정되는지를 기초로, 부가기간 동안 매도인에 의해 이루어진 추완의 내용이나 매도인의 행태가 고려될 수 있다는 것이다. 요컨대, 후버의 기본적 생각은 부적합 사안에서도 부가기간 설정의 판단은 시간적 요소뿐만 아니라 객관적 하자의 요소(중대성)가 고려될 수 있으므로, 「중대한 하자」의 문맥에서도 부가기간 설정의 해제가 정당화된다는 의미로 이해된다. 결론적으로 독일법 개정과정에서 제기된 후버의 삼분법은 최종적으로는 채택되지는 않았지만,[66] 그 근저에 있는 문제의식, 즉 부적합 사안을 매개로 「중대한 불이행」과 「부가기간 설정」의 관계에 대한 독일법의 인식을 이해하는 데 도움이 된다. 어쨌든 현행 독일법은 불완전한 이행, 즉 부적합 사안에도 부가기간 설정 해제가 우선 원칙으로서 적용되고, 이 경우 하자는 「해제를 정당화하는 하자」와 「해제를 정당화하지 않는 경미한 하자」로 이분(二分)하여 이해하고 있다고 정리할 수 있다.

<u>(나) 중대한 불이행과 부가기간 설정 해제의 정당성</u>

앞서 살펴본 바와 같이, 독일법상 부적합 사안에의 부가기간 설정 해제의 적용 문제는 이를 원칙으로 삼는 법제도의 정당성과도 깊은 관련이 있다. 개정민법 시행 후 카나리스(Canaris)는 부가기간 도과라는 요건이 계약해제의 요건으로서 충분한지, 또는 그것

64) Schwenzer, Rechtsbehelfe und Rückabwicklungsmodelle im CISG, in dem European und UNIDROIT Principles, im Gandorfi－Entwurf sowie im Shuldrechtsmodernisierungsgesetz, in Schlechtriem(Hrsg.), Wandlungen des Schuldrechts(Schriften der Ernst von Cämmerer－Gedächtnisstiftung), Band 5(2002).

65) Huber, in: Schlechtriem(Hrsg.), Kommentar zum Einheitlichen UN－Kaufrecht 3.Auf(2000), Art.49 Rn.8－14, Rn. 17.

66) Begrüundung der Bundesregierung zum Entwurf eines Gesetzes zur Modernisierung des Schuldrechts, S.432f.

이 해제를 위해 필요한가에 대한 법적 근거 및 체계상의 관계 설정은 아직 충분히는 밝혀지지 않았다고 지적하였다.[67] 전술한 바와 같이, 부적합 사안에서 제기되는 중대한 불이행 요건과 부가기간 설정의 관계 문제도 있고, 이를 포함한 모든 불이행의 경우에 부가기간의 도과만으로 해제를 인정하는 체계는 「중대한 불이행」을 원칙으로 하는 경우에 비해 해제의 인정범위가 지나치게 넓어져서 공정성이 문제 될 수 있기 때문이다. CISG 성안과정에서 부가기간 설정 해제를 수용함에 있어, 해제의 남용을 운운하였던 것도 이러한 문제 의식과 일맥 상통한 지적이라고 생각된다. 이에 대해, 독일법상 부가기간 설정의 해제를 원칙으로 규정하는 제323조 제1항은 조건이 설정된 쌍무관계의 현출(Ausfluss des konditionellen synallagmas) 및 계약상의 교환적 정의의 구체화(Konkretisierung der vertraglichen Austauschgerechtigkeit)에 의해서 정당화된다고 한다.[68] 채무자가 원래의 이행기, 나아가 재이행의 기회를 부여하는 부가기간 설정의 경과 후에도 이행하지 않는다는 사실은 채권자로 하여금 자신의 급부로 인한 이행이익 위험성이 현재화될 수 있다는 설득력 있는 근거가 되고, 이로써 계약해소가 정당화된다는 취지로 이해된다.

요컨대, 문제의 핵심은 채권자 이익의 중대한 침해가 채권자의 해방을 정당화한다는 것이고, 이를 실질적 규준으로써 구성하는 것이 「중대한 위반」이고, 절차상의 수단으로서 구성하는 것이 「부가기간 설정」이다. 부가기간 설정은 중대한 위반 개념의 추상성과 구체화의 필요성이라는 단점을 보충한다. 이처럼 독일법상 부가기간 설정 해제의 원칙은 부가기간 설정의 기능적 측면을 중시한 것이라고 할 수 있다. 부가기간 설정을 통해 우선, 중대한 불이행의 시(時)적 차원의 문제를 명확히 할 수 있다는 점이 실익이라고 할 수 있다. 나아가 부적합 사안의 경우에도 부가기간 설정을 통해 해제 가부를 판단함에 있어서, 단순히 시간의 경과에만 초점을 두지 않고, 그 하자의 정도, 부가기간 동안의 채무자의 추완의 내용이나 행태 등의 요소에 의해 의무위반의 중대성(=경미한 하자)의 실질 판단이 이루어질 수 있다는 점을 강조한다. 이로써, 불완전 이행 사안-부적합 사안-의 경우에도 부가기간 설정과 중대한 계약위반의 양립이 가능하다는 점에서 독일법상 계약위반 전체에 최고 요건을 원칙으로 하는 의의를 찾을 수 있을 것이다.

---

67) Canaris(註3), S.3.

68) 즉, 이는 제326조 제1항 1호의 이행불능에 관한 규정(제275조 제1항~제3항)과 동일한 사고방식에 기인한 것으로서, 채무자가 부가기간을 도과하더라도 어떤 조달도 하지 않은 때에는 채권자로부터도 반대급부를 기대할 수 없고, 채권자에게 있어 무가치하게 된 계약을 유지하고 반대급부를 위한 캐퍼서티의 유지를 강요하는 것을 기대할 수는 없다는 사고방식이다. 다만, 제326조 제1항 1호와의 차이는 부가기간 설정의 경우에는 계약 구속력의 시간적 차원이 중심 문제로 나타나는 점뿐이라고 한다. 또한, 제323조는 불능의 경우와 달리, 아직 지체를 되돌 수 있는 가능성이 있고 그 상황에서 일방적인 형성적 의사표시에 의해서 계약이 해방되는 것은 계약준수의 원칙, 사적자치와의 모순이 생긴다는 점을 지적한다.

2. 일본

(1) 계약해제 요건의 연혁적 배경

일본에서는 2017년 6월 2일 민법의 일부를 개정하는 법률이 공포되었다. 1898년(메이지(明治) 31년)에 시행된 일본민법(이하, 「개정 전 민법」)이 거의 120년 만에 개정된 것이다. 민법개정 전 일본민법상 채무불이행책임의 체계는 우리와 마찬가지로 채무자의 귀책사유를 전제로 하는 행위의무 중심의 접근 방식을 취하고 있었다. 따라서 채무불이행의 상대방, 즉 채권자에게 주어지는 구제수단 역시 채무자의 행위의무 위반 및 그 유형에 따라 그 요건을 설정하였다. 이러한 의미에서 채무불이행은 채무자의 귀책을 요건으로 하고 귀책사유가 없는 불이행 또는 불능의 문제는 다른 법리, 예컨대, 위험부담이나 하자담보책임에 의해 규율되었다. 즉 불능 개념의 구별과 귀책사유에 의한 기능적 분담을 이끄는 이러한 행위의무 중심의 책임체계의 특징은 현행 우리 민법에서와 동일하다. 그러나 일본 개정민법은 이러한 국제규준에 상응하여 일본민법상 채무불이행책임체계를 설정하기로 하고, 당사자의 계약상 합의로부터 채권자의 채무자에 대한 행위요청이 도출된다는 기존 체계는 포기한 것이다.[69)]

해제 제도와 관련해서는 일본민법 제정 당시 일본 입법자의 해제에 관한 초기 구상은 개정 전의 프랑스민법(1894년)과 유사한 것이었다. 즉, 소위 보아소나드 초안에 기초한 1890년(메이지 23년)의 일본민법(이하, 「구민법」)에 따르면, 해제는 쌍무계약에 묵시적으로 포함된 해제조건으로서, 재판상 청구에 의해서만 인정된다(구민법 재산편 제421조 제1항). 이러한 재판상 해제 청구가 있는 경우에도 법원은 채무자에게 재이행의 기회를 부여하는 소위 은혜기간-유예기간-을 부과할 수 있었다(동조 제2항). 또한, 재판상 해제를 청구하거나 원용하는 당사자는 자기가 입은 손해에 대하여 해제와 동시에 손해배상을 청구할 수도 있다고 하였다(동조 제424조). 그런데 이러한 보아소나드 초안은 실제로 1898년에 시행된 일본민법에는 대부분 수용되지 않았고, 오히려 상당히 다른 제도, 즉 계약해제는 채무의 이행이 없을 것과 상당기간을 정한 최고를 요건으로 해제권을 가지는 자의 의사표시에 의해 행사하는 방법이 채용된 것이다(개정 전 민법 제541조). 이는 당시 독일의 일반상법전(ADHGB)(1861년) 및 민법전 초안을 모델로 한 것이라고 할 수 있다. 그러나 일본 입법자는 이러한 계수적 특징에도 불구하고 해제권 행사로써 손해배상에 영향이 없다는 규정(동법 제545조 제3항)을 둠으로써, 적어도 형식상으로는 일본 구민법 즉, 보아소나드 초안과 동일한 규율도 채택하는 등 프랑스민법의 입장도 일부 취사선택하였던 것이다.[70)] 이후, 일본민법 개정 방침은 특히, 민법의 현대화 및 글로벌화를 표

---

69) 潮見佳男『債権総論 I』信山社(2003)371頁 이하.

방한 것으로 채무불이행을 이유로 하는 해제 즉, 법정해제에 대해서는 매우 큰 변화가 있었다. 우선, 개정된 일본민법상 해제에 관한 조문은 제2장(계약) 제1절의 계약 총칙의 하부 규율로서 위치하고 「계약의 해제」라고 하는 독립된 관(款)(제4관)에서 규정하였는데 이는 개정 전 체계를 거의 그대로 답습한 것이다.[71] 그러나 해제의 규율 체계에는 상당한 변화가 있었는데, 먼저 종래 일본민법은 채무불이행의 효과로서 계약해제에 관한 일반적·포괄적 규정을 두고 있지는 않았고, 현행 우리 민법과 같이 채무불이행의 개별 유형에 따라 규정하고 있었다. 그러나 개정을 통해 해제는 크게 (i) 최고 해제와 (ii) 무최고 해제로 나누어 규율하고, 최고 해제를 계약해제의 일반적 원칙규정으로 하여 해제 요건을 일반화하였다(제541조).

(2) 귀책사유 요부

일본민법 개정에 있어서 종래의 행위 중심의 책임 체계를 포기함으로써 채권자 계약의 이익의 관점에서 구제수단을 바라보는 시각은 계약해제의 요건에서 채무자의 귀책사유를 삭제하는 방향으로 논의되었다. 계약해제 요건 가운데 귀책사유에 관해, 개정 전의 일본민법상 이행불능에 관한 규정(제542조)에서 이를 명시적으로 해제 요건으로 규정하였고, 일본의 종래 통설은 다른 채무불이행의 유형에 있어서도 이와 같은 법리를 적용하는 것으로 해석하였다.[72] 이에 대해, 채무불이행에 관하여 채무자의 귀책사유가 있는 경우에는 당해 계약상 채무의 내용이 금전적 가치인 '이행이익'의 손해배상청구권으로 전형(轉形)되거나, 종래의 계약관계가 청산되는 방향의 구제, 즉 계약해제로 나아갈 수 있는 택일적 관계에 있게 된다. 그러나 이 경우, 동일한 채무불이행을 이유로 채권자에게 주어지는 구제수단인 손해배상과 계약해제는 본질적으로 다른 법적 제도이므로 이에 관한 논의가 있었다. 개정의 결과, 결론적으로 계약해제에서 귀책사유를 삭제하는 방침은 대체로 수용되었다. 즉, 일본 개정민법은 채무자의 귀책사유 요건에 대해서는, 우선, 이행불능의 경우 귀책사유를 명시적으로 요구하였던 개정 전 민법 제543조 단서를 삭제하고, 위험부담에 관한 조문을 수정함으로써 귀책사유를 해제 요건에서 삭제하였다. 일본의 입법자가 위와 같은 입법적 결단을 하게 된 바탕에는 해제를 '계약의 구속력으로부

70) 杉本好央(註39), 7頁.

71) 다만 개정 전 일본민법은 계약의 성립(제1관), 계약의 효력(제2관) 뒤에 곧바로 계약해제(제3관)를 두었지만, 개정 후에는 계약상 지위의 이전(제3관)을 신설하면서 계약해제는 하나 뒤로 밀려서 제4관에 자리잡게 되었다.

72) 대표적으로 我妻栄, 『債権各論上巻』, 岩波書店(1964), 156頁. 이에 대해, 潮見佳男(註69), 429頁는 종래 일본의 통설적 견해는 구독일법의 이해를 기초로 이행불능과 채무자의 귀책을 중심으로 이행청구권의 전형(轉形)과 차난을 파악하는 태도에서 비롯된 것이라고 설명한다.

터의 당사자 해방'이라는 기능적 관점에서 파악하였기 때문이라고 한다. 즉, 계약해제를 채권자의 계약구속력으로부터의 해방이라는 관점에서 본다면 계약해제에 있어서 손해배상과 병렬적으로 요구되었던 귀책사유 요건은 그다지 적절한 것이라고 보기 어렵기 때문이다.[73]

(3) 최고 해제와 경미성 항변

채권자의 계약으로부터의 해방이라는 관점은 계약의 상대방에게 있어서는 그가 비록 불이행 당사자라고 하더라도 계약의 이익을 박탈당하는 것이 된다. 그러므로 불이행 당사자의 귀책을 해제 요건으로 하지 않는 경우에는 그의 계약적 이익 박탈을 정당화할 별도의 근거가 요청된다. 이에 관해, 개정 전 일본 실무에서도 귀책사유 보다는 소위「계약의 요소인 채무」나「계약목적 달성 불가」등의 요건에 의해 해제를 제한하는 판결례가 다수였기 때문에, 일본민법 개정과정에서 채무자의 계약적 이익 박탈의 근거로서「중대한 불이행」이라는 기술적 개념을 도입하려는 논의가 본격적으로 이루어질 수 있었던 것이다. 일본의 하자담보책임 규정이나, 종전 판례에서 언급되었던 '계약목적 달성 불가' 요건은 계약해제의 제한적 요건으로서 중간시안에서 제시되었고, 최종 요강안에서도 유지되었지만, 일본 개정민법은 '채무의 불이행이 경미한 때'[74]라는 표현으로 최종 수정되었고 이 경우에는 계약해제가 허용되지 않는다는 점을 명시하였다(제541조). 계약목적 달성 요건 대신 경미성 항변의 문구로 변경된 것은 전자의 해석상 그 사정범위에 포섭 불가한 문제, 즉, 종전 판례상 계약 목적 달성이 가능하더라도 채무내용의 중대성 여부에 따라 계약을 해제할 수 있는 경우도 있을 수 있다는 점이 지적되었기 때문이다. 개정민법에 따르면, 계약목적 달성이 가능하더라도 채무불이행의 중대성, 즉, 경미한 불이행이라고 볼 수 없는 경우에는 최고하여 해제를 할 수 있다. 결론적으로 개정 민법은 최고해제를 원칙으로 하는 개정 전 민법 제541조 본문[75]의 내용은 그대로 유지하였지만, 그 단서에서 "그 기간을 경과한 시점에서 채무불이행이 그 계약 및 거래상 사회통념에 비추어 경미한 경우"에는 해제할 수 없는 것으로 규율하였다. 이는 이른바,「경미성

73) 内田貴『民法Ⅱ債権各論』東京大学出版会(2011)89頁~90頁; 潮見佳男(註69), 429頁~433頁; 野澤正充『契約法』日本評論社(2009)76頁~77頁; 近江幸治『民法講義Ⅴ契約法』成文堂(2006)80頁; 藤岡康広ほか『民法Ⅳ債権各論』有斐閣(2005)40頁; 辰巳直彦「契約の解除と帰責事由」林良平・甲斐道太郎『谷口知平先生追悼論文集』(第2巻)信山社(1993)331頁.

74) 民法(債権関係)に関する要綱仮案の原案(その１)補充説明(民法(債権関係)部会資料79－3), 13頁.

75) 개정 전 일본민법 제541조(이행지체 등에 의한 해제권) 당사자 일방이 그 채무를 이행하지 않은 경우, 상대방이 상당한 기간을 정하여 그 이행을 최고하고, 그 기간 내에 이행하지 않은 때에는 상대방은 계약을 해제할 수 있다.

의 항변」이라고 하여, 경미한 불이행의 경우에만 최고해제가 부정된다는 취지를 명시한 것으로 이해된다.[76] 따라서 채무자는 종전 실무에서 언급되었던 계약목적 달성이 가능함을 증명하더라도 경미한 불이행이라는 점을 증명하지 못하면 채권자의 해제를 피하기 어렵다.[77] 다만, 일본 개정법상 경미성의 구체적 의미에 대해서는 문언상 언급이 없으므로 명확하지 않고 실무의 해석에 맡겨졌다. 입법과정에서 논의된 바로는 경미성의 대상은 불이행 태양 또는 위반된 의무에 관한 문제로서 파악하는 것 같지만,[78] 명문화된 것은 아니므로 해석의 여지를 남겼다. 그런데 이러한 관점에서 개정 조문을 생각해 보면, 중대한 불이행 개념의 추상성으로 인해 경미성 항변을 채택하였다고는 하지만, 같은 논리에서 경미성 개념의 추상성으로 인해 그 도입 근거가 약화된다고 하지 않을 수 없다.

(4) 무최고 해제와 계약목적 달성 불가 요건

전술한 바와 같이, 개정 일본민법 제541조가 최고 해제의 경우에는 경미성 항변, 즉 채무불이행이 경미한 경우에는 계약을 해제할 수 없다고 규정한 것에 상응하여, 최고 없는 해제, 즉 무최고 해제에 관해서는 중간시안에서 채택되었던 계약목적 달성이 불가한 경우를 요건으로 규정하였다(제542조).[79] 무최고 해제가 가능한 경우에 관한 제542조 각 호의 사유는 전부 이행불능(제1호), 채무자에 의한 명확한 이행거절(제2호), 일부 이행불능 또는 일부 이행거절이 계약목적 달성불능을 초래하는 경우(제3호), 정기행위에서 무이행의 경우(제4호), 계약목적 달성불능의 경우(제5호)이다. 제5호는 무최고 해제의 일반규정으로서 제1호부터 제4호는 제5호가 규정하는 계약목적의 달성이 불가능한 경우의 예시라고 볼 수 있다.[80] 이 요건은 종전의 일본 판례에서 제시되었던 것을 명문화한 것이지만, 앞서 살펴본 국제규범이나 비교법적 검토에 비추어 보면, 넓은 의미에서 본질적 혹은 중대한 계약위반의 유형으로 볼 수 있다.[81]

---

76) 潮見佳男(註69), 239頁.
77) 民法(債権関係)部会資料79－3, 14頁.
78) 民法(債権関係)に関する要綱仮案の原案(その1)補充説明(民法(債権関係)部会資料79－3), 13頁 참조.
79) 일본 개정민법은 토지매매계약에서 매도인이 매수인에 대하여 부수적 약관상 규정된 의무의 불이행을 이유로 계약해제를 구한 最判昭和43年2月23日民集22巻2号281頁의 판결을 참조한 것이라고 한다. 본 판결은 "해당 특별 약관에서 정해진 매수인의 의무는 매매계약 체결의 목적에 필요불가결한 것이라고 할 수는 없지만, 매도인에게는 완전한 대금지급을 확보받기 위한 중요한 의의가 있고, 매수인 역시 동일한 취지에서 그러한 합의에 이른 것이므로 이 약관은 「계약체결의 목적 달성에 중대한 영향」을 미치고, 특별 약관에서 정한 채무는 당해 매매계약의 「요소가 되는 채무(要素たる債務)」에 포함되고, 이 경우 매도인은 그와 같은 채무의 불이행을 이유로 매수인에 대하여 매매계약의 해제를 구할 수 있다"고 판시하였다.
80) 民法(債権関係)部会資料79－3, 14頁.
81) 潮見佳男(註69), 242頁.

(5) 경미성 항변과 최고 해제의 관계

일본민법 개정과정에서 최고 해제를 원칙으로 하는 전제에서, 해제를 제한하는 또 하나의 개념적 장치로서 비교법적으로 제안되는 중대한 불이행 요건을 입법기술적으로 어떻게 도입할 것인가가 주된 논의의 대상이 되었다. 입법과정에서 CISG와 같은 국제규범의 태도를 염두에 두고 중대한 불이행 요건의 도입시 최고 해제를 반드시 원칙으로 하는 것에 대한 이견도 있었지만, 결론적으로 일본민법은 종래와 같이 원칙적으로 최고 해제를 요건으로 하였다. 반면, '중대한 불이행' 혹은 '중대한 계약위반' 개념은 적극적인 요건으로서 도입된 것이 아니라, 단서에서 '경미한 불이행'을 계약해제 예외사유로서 제한하는 소극적 방식으로 규율하였다. 이에 따르면 경미한 불이행이 아닌 경우에는 원칙적으로 최고 해제가 적용되므로, 중대한 불이행에 해당하는 사안에서도 최고가 필요하다고 해석되고, 다만 예외에 해당하는 한 최고 없이 해제할 수 있다. 나아가 최고 없이 해제할 수 있는 경우라는 것은 제542조에서 규정하고 있는데, 일본민법은 이를 통해 중대한 불이행 요건을 고려하고 있다. 즉, 각호의 규정내용은 기존 일본 실무에서 언급하는 「계약목적 달성 불가」라는 요건을 입법화한 것으로서, 넓은 의미에서 보면, CISG적으로 말하면 「본질적 계약위반」 혹은 「중대한 불이행」의 한 유형이라고 한다.[82] 요컨대, 일본 개정민법상 최고해제 제도도 독일민법과 같이, 최고기간의 경과라고 하는 시간의 중요성에 당초의 채무불이행 후의 최고에 대한 무응답이라고 하는 채무자의 행태가 가미되어 계약위반의 중대성이 판단되는 구조라고 할 수 있다.

Ⅴ. 우리 민법에의 시사점

1. 현행 우리 민법의 규정 및 해석

(1) 귀책사유

우리 민법은 계약해제에 관해서는 채권에 관한 제3편 제2장 계약의 총칙(제1절) 제3관에서 11개의 조문(제543조부터 제553조)으로 규율하고 있다. 이 가운데 채무불이행으로 인한 해제의 요건에 관한 일반적·포괄적 규정은 두지 않았고, 이행지체(제544조)와 정기행위(제545조), 그리고 이행불능(제546조) 등 그 불이행의 유형에 따라 개별적으로 규율한다. 불완전 이행이나 이행거절 유형에 대해서는 별도로 규정이 없지만, 그 경우에도 판례나 실무의 법리에 의해 계약해제가 인정되고 있다. 그 요건과 관련하여, 이행불능의

---

82) 潮見佳男(註69), 241－242頁에 따르면 이와 같은 일본의 개정 입법은 채무불이행 해제에 CISG를 비롯하여 PICC, PECL과 같은 국제규범에서의 「본질적 또는 중대한 불이행」 관념을 도입한 것으로 평가한다.

경우에는 귀책사유를 명문으로 요하지만(제545조), 이행지체를 이유로 하는 해제에 관한 우리 민법 제544조에는 귀책사유에 대한 언급은 없다. 이에 대해 종래 다수설[83]은 귀책사유를 요한다고 해석하는데, 그 이유는 이행불능(제545조)과의 균형상 이행지체의 경우에도 마찬가지로 해석되어야 한다고 한다.[84] 또한, 채무불이행에 관한 민법 제390조가 채무불이행에 귀책사유를 요건으로 명시하고 있고, 이행지체는 채무불이행의 하부유형에 속하므로 이행지체의 효과에도 귀책사유가 당연히 요청된다고도 설명한다.[85] 그 외에도 계약해제는 채권자의 계약이익을 박탈하는 불이익을 초래한 데 대한 제재이므로, 손해배상책임과 마찬가지로 계약해제에도 과실책임주의가 타당하다[86]는 등을 근거로 한다. 한편, 이행불능의 경우에는 민법 제546조에서 채무자의 귀책사유가 요건으로 명시되어 있다. 판례도 마찬가지로 이행불능을 이유로 한 계약해제에는 채무자의 귀책사유가 요구되므로, 이를 묻지 않고 계약해제를 인정하는 것은 위법하다[87]고 함으로써, 조문의 문언에 충실한 해석을 하고 있다.

(2) 최고

현행 민법규정상 이행지체의 경우에는 채권자가 상당한 기간을 정하여 최고할 것이 요건임은 명백하다(제544조). 즉, 이행지체를 이유로 계약을 해제하기 위해서는 (i) 채무의 불이행이 있어야 하고, (ii) 채권자가 상당한 기간을 정하여 채무자에게 그 이행을 최고하여야 하고 기간 내에 이행이 없으면(제544조), (iii) 채권자는 상대방에게 해제의 의사를 표시하여야 한다(제543조 제1항). 여기서 최고 요건에 관해, 우리 판례는 "쌍무계약에 있어서 (명도)의무불이행을 이유로 하여 상당한 기간 내에 이행이 없으면 매매계약은 해제된 것으로 하겠다는 통지는 이행최고와 동시에 상당한 기간 내에 (명도)의무의 이행이 없을 것을 정지조건으로 하여 미리 해제의 의사표시를 한 것"이라고 설명한다.[88] 나아가 채무자가 이행을 지체한 경우, 채권자는 채무이행을 위해 상당한 기간을 정하여 최고를 하고 그 기간 내에 이행이 없으면 채권자가 동시이행관계에 있는 자기 채무를 이행하거나 이행의 제공이 있는 경우에 계약을 해제할 수 있다고 한다.[89] 단, 영구적 불수령의 경우, 채권자지체 책임의 성립을 위해서는 이행의 제공도 필요 없지만, 채권자 수령

83) 곽윤직, 채권각론, 1995, 145면; 김주수, 채권각론, 1992, 114면; 김상용, 채권각론(계약법), 1999, 141면; 김증한, 채권각론, 1988, 81면 등.
84) 김민중, "한국민법의 개정과 유엔매매법:계약해제의 경우를 중심으로", 「법학연구」, 제30집, 2010, 7면.
85) 김동훈, "계약해제의 요건에 관한 연구", 「법학논총」, 제12집, 2000, 183면.
86) 김민중(註85), 7－8면.
87) 대법원 1969. 2. 25. 선고 67다1338.
88) 대법원 1996. 11. 26. 선고 96다35590,35606 판결.
89) 대법원 1996. 11. 26. 선고 96다35590,35606 판결.

지체 중의 채무자의 채무불이행책임의 경감을 위해서는 현실제공 또는 구두제공을 요한다.[90] 불완전 이행의 경우에는 추완이 가능한 경우에는 기간을 정하여 추완청구를 하여야 하고 그 기간 내에 이행이 없으면 계약을 해제할 수 있다고 하여, 최고를 요건으로 하고 있다. 우리 민법은 이러한 최고 요건에 대한 예외로서, 채무자가 미리 이행하지 아니할 의사를 표시하거나 정기행위의 경우에는 최고 없이 계약을 해제할 수 있다고 규정한다(제54조 및 제545조). 여기서 '미리 이행하지 아니할 의사를 표시한 경우', 즉, 이행거절로 인한 계약해제의 경우에 관해, 우리 판례는 상대방의 최고나 동시이행관계에 있는 경우 자기 채무의 이행제공을 요하지 않는다고 하여, 이행지체의 경우의 계약해제와 비교할 때 그 요건을 완화하고 있다.[91]

(3) 주된 채무의 불이행·계약목적 달성 불가

이상과 같이, 우리 민법은 계약해제의 경우, 특히 이행지체에 있어서 채무자의 채무불이행 및 채권자의 최고를 요하는 외에 별도의 요건을 요구하고 있지 않다(제544조). 그러나 우리 판례는 이행지체의 경우, 계약해제는 「주된 채무」의 불이행에 한정된다. 여기서 주된 채무는 당해 채무가 계약 목적 달성에 필요불가결한 것으로 그 불이행이 있으면 계약목적이 달성되지 않아 채권자가 그와 같은 계약은 체결하지 않았을 것이라고 여겨질 정도의 채무를 의미하고, 계약해제는 이와 같은 주된 채무의 불이행일 것을 요한다.[92] 따라서 그렇지 않은 부수적인 채무를 불이행한 것에 불과한 때에는 계약을 해제할 수 없다. 나아가 이행불능의 경우, 일부 이행불능의 경우에는 계약목적 달성이라는 요건을 언급하는 등 최근에 이행불능 사안이더라도 채무자의 귀책사유만을 결정적 근거로 하여 해제 가부를 판단하는 판결은 찾아보기 힘들다. 또한, 불완전 이행의 경우에는 귀책사유가 있는 경우에는 불완전 이행으로 귀책사유가 있을 것을 요건으로 해제가 인정되지만, 귀책사유가 없는 경우에는 하자담보책임 규정에 의해 해제가 가능하다. 우리 민법은 하자담보책임을 근거로 해제하기 위해서는 '계약의 목적 달성이 불가능'한 경우에 한해서만 해제할 수 있다고 명시하고 있고, 그렇지 않으면 손해배상만 인정된다(제580조 및 제575조 제1항의 준용). 덧붙여, 계속적 계약이나 정기행위의 경우에는 해제권 발생 요건에 관해 우리 실무가 독자적인 해제 법리에 의하도록 하고 있다. 예컨대, 계속적 계약의 경우에는 신의칙상 「사정변경의 원칙」을 매개로 해제(해지)를 인정하거나, 임대차의 경우에는 임차인의 채무불이행에도 불구하고 임대인과의 신뢰관계를 해칠만한 배

90) 대법원 2004. 3. 12. 선고 2001다79013 판결.
91) 대법원 2011. 2. 10. 선고 2010다77385 판결.
92) 대법원 2001. 11. 13. 선고 2001다20394,20400 판결.

신행위가 아니면 해제할 수 없다는 소위, 「배신행위론」[93]에 따라 해제 여부를 결정하기도 한다. 최근 임대차에 관한 판결에서는 임대차계약의 해제 또는 해지를 위해서는 불이행한 채무가 임대차 계약의 주된 채무에 해당하여야 한다는 점을 명시한 바 있다.[94]

요컨대, 우리 실무는 법정해제권의 발생 여부를 판단함에 있어서, 불이행한 채무가 부수적 채무가 아닌 주된 채무인지의 여부나, 불이행의 양태(樣態), 즉 계약 목적에 비추어 불이행의 정도나 그 목적 달성 여부를 판단기준으로 하여 계약해제의 요건을 의도적으로 제한적으로 해석하고 있음을 확인할 수 있다.[95] 이러한 실무의 태도는 계약준수원칙에 근거하여 중대한 불이행 개념을 중심으로 해제를 제한하는 국제 경향이나 비교법적으로 최근 각국의 개정 방향과 궤를 같이하는 것으로 이해할 수 있다.

2. 2013년 민법개정안에 대한 평가

(1) 해제의 절차적 요건으로서 최고 원칙

2013년 개정안 논의에서는 우선, 채무불이행으로 인한 해제의 일반적·포괄적 규정을 두는 것으로 하고, 이 경우 채무자의 귀책사유는 요건으로 하지 않는다는 점에 관해서는 대체로 합의에 이르렀던 것으로 보인다.[96] 그러나 채무자의 귀책사유 요건을 삭제하는 대신 '중대한 불이행' 개념의 도입과 방식에 대해 논의가 있었다. 즉, 2013년 개정안의 경우, 제544조 제1항 단서에 따라 채무불이행이 있는 경우 해제를 위한 요건으로서 경미·목적달성의 항변을 통해 중대한 불이행 요건이 소극적으로 수용되었고, 이 경우 계약해제권이 배제되는 것으로 이해할 수 있다. 2013년 개정안의 경우, 제544조 제1항의 반대 해석으로 경미하지 않은 불이행의 경우에는 해제가 가능한데, 이 경우 제544조 제2항 문언에 따라 원칙적으로 최고가 필요하다(제544조 제2항). 즉, 2013년 민법개정안은 "「

93) 대법원 1993. 4. 27. 선고 92다45308 판결에 따르면, 임차인의 무단 전대의 경우 민법 제629조에 따른 임차인의 해지권은 임차인의 무단 전대 행위가 임대인에 대한 배신적 행위로 인정할 수 없는 특별한 사정이 있는 때에는 발생하지 않는다고 판시하고 있다.

94) 최근 판결(대법원 2018. 2. 8. 선고 2016다241805, 241812 판결)은 임대차계약에 있어서 채무불이행을 이유로 임대차계약을 해제 또는 해지하려면 해당 채무가 임대차계약의 주된 채무에 해당하여야 한다는 점을 명시하고, 해당 채무를 위반한 임차인으로 하여금 임대주택을 사용·수익하도록 용인하는 것이 구 임대주택법의 입법 취지에 반하거나 임대사업자의 임대인으로서의 권리를 본질적으로 침해하는 등 구 임대주택법 시행령(2010. 3. 26. 대통령령 제22102호로 개정되기 전의 것) 제26조 제1항 또는 표준임대차계약서 제10조 제1항에서 정한 그 밖의 해제 또는 해지사유와 동등하게 평가될 정도로 중대한 사유이어야 하고, 이에 이르지 못한 경우에는 임대차계약을 해제하거나 해지할 수 없다고 판시하고 있다.

95) 하경효, "채무불이행과 계약해제의 요건; 유책성 요건에 대한 비판적 검토를 중심으로", 「고려법학」, 제40호, 2003, 76면부터 77면.

96) 2013년 개정안 제544조 제1항 참조.

제1항에 따라 계약을 해제하기 위해서는」 상대방은 상당한 기간을 정하여 이행을 최고하여야 하고 그 기간 내에 이행이 되지 아니하여야 한다"고 하여, 일정한 예외(동항 각호)를 제외하고 채무불이행을 이유로 하는 해제를 위해서는 반드시 최고라는 절차적 요건을 거치도록 하고 있다.[97] 이 때문에 해제권이 배제되는 '불이행이 경미하여 계약의 목적달성에 지장이 없는 경우'가 아닌 경우, 통상의 불이행 나아가 중대한 불이행의 경우－나아가 채권자가 중대한 불이행을 증명하거나 혹은 채무자가 경미성 항변을 하지 않는 경우－라도, 동조 각호에서 정하는 최고의 예외에 해당하지 않으면, 원칙적으로 최고해야 해제할 수 있는 것처럼 해석된다. 동조에서 각호에서 규정하는 최고를 요하지 않는 사유는 그동안 우리 실무나 해석상 인정되었던 사유를 입법화한 것이다. 이는 중대한 불이행에 해당하는 몇 가지 사례로서 이해할 수 있지만, 규정 형식상 혹은 해석상 중대한 불이행이더라도 예외에 해당하지 않으면 최고가 필요한 것으로 해석된다. 이 점에서 본질적 계약위반은 부가기간 설정을 요하지 않는 것으로 이해하는 CISG와 다르고, 최고를 요건으로 하는 독일법의 연혁적 해석－중대한 불이행은 즉시 해제가 가능하다는 해석－에 비추어서도 다소 의문이 있다.

(2) 경미성 항변의 도입

중대한 불이행을 해제의 원칙으로 하고 부지체 절차를 가미하는 프랑스법의 태도와 비교해 볼 때, 일견 우리 민법개정안(2013년)은 비록 소극적이기는 하지만 중대한 불이행－경미성·계약목적달성 불가－ 요건을 실질적 요건으로, 최고를 절차적 요건으로 구성하는 것과 다소 닮아 있는 것으로 생각할 수 있다. 그러나 중대한 불이행을 적극적 요건으로서 규정하는 것과의 차이는 그 문언 이상으로 상당히 다른 결과를 이끈다고 생각한다. 그 이유는 프랑스법과 비교하여 다음과 같은 점에서 찾을 수 있다. 프랑스민법상 채권자의 의사표시에 의한 해제는 우리 민법에서와 같이, 채권자의 일방적 의사표시에 의한 것이지만, 프랑스는 중대한 불이행을 적극적 요건으로서 도입하였기 때문에, 채권자는 우선 '중대한 불이행'에 대한 자기 판단에 근거하여 계약을 해제한다. 그러나 채무자는 이에 대해 소로써 다툴 수 있는 권리가 명문으로 인정되어 있으므로, 이를 통해 채권자의 해제에 관한 임의적 판단은 법원의 심사를 받는다. 이 경우 즉 중대한 불이행에 대한 증명책임은 채권자에게 있으므로 법원의 심사를 통해 해제의 가부 및 그에 대한 채권자의 일방적 판단에 대한 책임－손해배상책임 등－이 부과될 수 있다. 이처럼 채권자는 자기책임과 위험하에서 '중대한 불이행' 요건의 자판(自判)을 행하는 것이다. 부지체

97) 김재형(註2), 14면에서 15면의 설명 참조.

는 이러한 해제 절차 중에 채권자에게 채무자에 대해 부지체를 통한 재이행의 기회를 주도록 함으로써, 법원의 사후심사(채권자의 일방적인 중대한 불이행 판단－自判)에 있어서 채권자의 증명책임을 경감하고 법원으로 하여금 채권자를 유리한 위치에 두게 만드는 기능을 한다. 즉, 채권자가 부지체 절차를 거쳤다는 사실은 채권자의 일방적인 주관적 판단에 대한 객관적 심증을 부여하는 근거가 될 수 있으므로 채권자의 증명책임은 이 한도에서는 경감되는 것이라고 할 수 있기 때문이다.

이와 비교해서, 우리 개정안에 따르면 중대한 불이행은 적극적인 해제요건이 아니므로 종래와 같이 채권자는 통상의 채무불이행 사실만 증명하면 일방적 의사표시에 의해 해제가 가능하고, 다만, 여기서 최고는 이러한 채권자의 일방적 해제를 제한하는 절차적 기능을 할 뿐이다. 문제는 채무자가 이를 다투기 위해서는 채무자 스스로 경미한 불이행에 대한 항변을 하도록 규정되어 있다. 따라서 채무자는 불이행의 경미성에 대한 증명책임을 부담한다. 이 때문에 일본에서는 이러한 규정 구조를 취하는 경우를 채무자의 '경미성 항변'이라고 한다. 이러한 항변이 있더라도 법원의 심사는 그 경미성에 대한 증명의 완수 여부에 초점이 있는 것이므로, 별도로 채권자가 그 이상의 사실, 즉 채무자의 '불이행이 중대하다'는 사실에 대해 증명할 필요가 없다. 바꾸어 말하면, 채무자의 경미한 항변이 성공하지 않는 한, 채무자의 채무불이행은 적법한 것, 나아가 '중대한 불이행'으로 추정되는 것이다. 요컨대, 채무자의 경미성 항변이 있는 경우, 법원은 '불이행의 경미성'에 대한 심사, 즉 채무자의 항변의 적부만을 심사할 수 있는 것이지, 나아가 적극적으로 채무자의 불이행이 중대한 불이행에 해당하는지 여부, 즉 해제권 행사의 적부까지 심사하여 결정할 수 있는지는 개정안 문언상 명확하지 않다. 이러한 결과는 오히려 경미성 항변에 대한 조문을 두지 않고 있는 현행 실무에서, 주된 채무, 부수적 채무, 계약목적 달성 등을 이유로 채권자의 해제권 가부를 결정함으로써 계약해제를 제한하는 맥락에서 볼 때 오히려 균형을 상실한 것으로 생각된다. 만약, 경미성 항변을 채택하는 구조로 가더라도, 이러한 불명확성과 불합리를 불식하기 위해서는 프랑스민법과 같이, 법원은 채권자의 해제권 행사 적부를 심사할 수 있다고 명문으로 규정하거나 채권자의 증명책임을 명문화함으로써 이러한 문제를 해결할 수밖에 없다. 이러한 점에서 부지체 절차를 중대한 불이행 요건과 연계함으로써 증명책임의 부담을 균형적으로 해결하고 있는 프랑스민법은 시사점이 있다.

한편, 우리 개정안 제544조 제1항 단서는 앞서 살펴본 개정된 일본민법에서와 같이, 경미성 항변과 닮아 있다. 사실 일본민법의 이러한 태도는 개정 작업과정에서 제기 되었던 '불이행의 중대성', '본질적 계약위반'이라는 추상적 개념의 도입에 대한 염려 때문이었는데, 이는 결국 '경미성 항변'이 채택되는 결정적 근거가 되었다. 그러나 생각건대, 불이행의 중대성의 개념이 '사회통념', '반사회질서', '계약목적 달성' 등과 같은 다른 법 문언에서 사용되는 여러 추상적 개념과 비교해서 더 불명확하고 추상적이라고 할 수는 없고, 반대로 경미성이 더 구체적 개념이라고 할 수도 없다. 중대한 불이행은 실무상 계약 목적에 비추어 당사자의 이익을 비교·형량하여 해석상의 기준이 확립될 수 있는 개념이다. 실제로 국제 규범에서 이러한 개념에 대해 이미 참고할 수 있는 기준이 정립되어 있고, PICC 등에서는 개별 사례 유형을 규율하는 방식을 채택하는 등 구체적 해석 기준이 존재한다. '경미성'은 입법적으로 허용가능한 개념으로 이해하면서 '중대성'의 개념은 추상적이라는 논리는 균형에 맞지 않는다. 게다가, 채무자의 항변사유로 구성되는 경미성 항변의 규정 형식은 원칙적으로 계약위반은 중대한 불이행으로 추정된다는 것을 의미하는 것이다. 이는 증명책임과 관련하여 채무자에게 경미성의 항변을 통한 불이행에 관한 증명책임을 전환하는 것으로서, 중대한 불이행에 대한 증명책임을 채권자에게 부과하는 비교법적 태도에 비추어서도 바람직하지 않다. 이러한 추정과 항변의 형식은 계약존중, 바꾸어 말해 계약해제 제한의 관점에서도 해제 제도의 본질에 부합한다고 보기 어렵다.

Ⅵ. 結語

2013년 민법개정안이 작성된 이후에, 다시 10여 년의 세월이 흐른 지금 그동안 독일의 개정민법의 정착과 일본·프랑스민법의 개정 성과를 지켜볼 수 있는 기회가 생겼다. 국제규범을 비롯하여 조문으로 규율되는 비교법적 자료는 우리 민법 개정에 있어 큰 도움이 된다. 계약해제 요건과 관련하여 문제 되는 쟁점은 귀책사유 요건의 삭제, 중대한 불이행 개념의 도입, 최고 요건과의 관계 설정이라고 할 수 있다. 이하에서는 그에 관한 이상의 검토를 기초로 몇 가지 제안을 통해 결론에 갈음하고자 한다.

(1) 귀책요건의 삭제

최근 비교법적인 추세인 구제수단 중심의 계약책임 체계에 있어서는 계약위반시 상대방의 구제수단으로서 해제는 당사자의 귀책사유를 요건으로 하지 않는다. 이는 전술한 바와 같이, 계약위반 중심의 일원적 규범 체계에서는 당사자(채권자)의 계약이익 내지 필요성에 따라 그 구제수단의 유형이나 요건이 결정되기 때문이다. 따라서 '해제' 역시 기본적으로는 당사자의 계약이익이나 계약 목적이라는 관점에서 규율되어야 하는데, 계약해제는 다른 구제수단과 달리 계약의 구속력이라는 법원칙의 예외로서 사후적 해방의 의미가 있는 구제수단이라는 점을 고려할 필요가 있다. 즉, 계약해제가 정당화되는 근거는 '계약이익의 실현 혹은 전보'에 있는 것이지 '채무자의 귀책'에서 찾아지는 것이 아니다. 이러한 의미에서 CISG 등 국제규범 및 최근 입법된 각국 개정민법은 위와 같은 사고방식을 전제로 해제의 요건에서 채무자의 귀책을 요건으로 하고 있지 않다. 이번 우리 개정과정에서도 이 점에 관해서는 큰 이견은 없을 것으로 생각된다.

(2) 중대한 불이행 요건의 법정화

트라이텔(Treitel)의 인상 깊은 비교법적 분석, 즉 해제요건을 지배하는 「당해 불이행이 중대성의 최소한의 단계에 이를 때에만 해제가 가능하다」는 분석[98]에 대해서는 국제적 조류뿐만 아니라 대부분 국가에서도 공감을 얻고 있다. 이러한 명제는 입법기술적으로 두 가지의 방향에서 접근이 가능한데, 먼저, 해제는 단순한 계약위반으로는 불충분하고 「중대한 계약위반」을 요건으로 하는 영미법의 접근 방식이라고 할 수 있고, 또 하나는 계약준수 원칙의 견지에서 가능하면 채무자에게 재이행의 기회를 부여하는 부가기간 설정을 원칙으로 하는 독일법의 접근 방식이다. 양자는 같은 것을 각각 다른 관점에서 바라보는 것일 뿐, 계약해제는 '본질적인 계약위반(fundamental non-performance)'을 매개로 제한되고, 이러한 제한은 계약준수의 원칙('pacta sunt servanda')이라는 계약존중(favor contract)의 이념에 기초하고 있다는 점에서 공통된다. 이와 같은 경향은 우리 실무에서도 제한적이기는 하지만 이행지체에서의 주된 채무불이행, 이행불능이나 하자담보책임에서의 계약목적 달성 불가 요건이나 특수한 계속적 계약에서 소위, 배신행위 법리 등을 통해 확인할 수 있다.[99] 그동안 우리 민법 개정 논의에서도 해제 요건으로서 귀책사유 요건의 삭제와 「중대한 불이행」 개념의 도입이 검토되어 온 만큼, 이번 개정에서도 적극적으로 참고할 필요가 있다. 개정 논의에서는 중대한 불이행 관념을 채택하는 전제에서 실제로 조문에서 이와 관련된 요건을 어떻게 현출할 것인가와 관련하여, 종래 우리 실무에서 혹은 담보책임에서 제시되는 '계약목적 달성 불가'나 '주된 채무의 불이행' 등의 문언의 구체적 수용 방식을 검토할 필요가 있다.

(3) 중대한 불이행 요건과 최고 요건의 관계 설정

종래 중대한 불이행을 요건화하는 논의에 있어서는 최고 요건과의 관계를 어떻게 설정할 것인가에 대해서는 충분한 논의가 이루어지고 있는 것 같지는 않다. 각국의 해제

---

98) Treitel, Remedies for Breach of Contract, un von Mehren, International Encyclopedia of Comparative Law, vol. Ⅷ(2008), no.158-161.

99) 대법원 2001. 11. 13. 선고 2001나20394 판결 등.

법제에서는 '최고'라는 요건이 도입된 연혁적 배경에는 차이가 있고 이에 기초하여 양자의 관계를 설정하는 태도도 각각 다르다. 우리의 경우에도 기존 민법규정에 최고 요건이 존재하는 만큼 보다 세심한 검토가 필요가 있다고 생각된다. 즉, 중대한 불이행 요건과 최고 요건의 관계에 대해서는 비교법적으로 다양한 구상이 이루어지고 있는데, 예컨대, 프랑스법은 중대한 불이행을 원칙으로 하고, 이에 최고 요건을 부수적 절차로 가미하는 방식을 취하고 있다. 이 경우에는 최고를 요하지 않은 불이행의 유형을 별도로 규율할 필요가 없다. 이에 대해 독일과 일본법은 최고 해제를 원칙으로 하고 중대한 불이행 요건은 무최고 해제, 즉 기간설정이 필요 없는 해제 사유에 의해 소극적으로 수용하는 방식을 취하고 있다고 할 수 있다. CISG나 PICC, PECL 등의 경우에는 원칙적으로 본질적 계약위반 혹은 중대한 불이행 해제와 부가기간 해제－인도불이행의 경우에 한정하기는 하지만－의 관계를 병렬적으로 설정하고 있다. 우리 민법개정에 있어서 CISG의 병렬적 규정 형식을 참고할 필요가 있다고 생각하는데, 그 이유는 다음과 같다.

(1) 사실, 2013년 우리 민법개정안 및 일본민법과 같이 최고해제를 원칙으로 경미성 항변의 규정 형식을 취하는 것은 앞에서 지적한 바와 같이 해제의 본질에 다소 부합하지 않고 규정내용이 까다로워 쉽게 접근하기 어렵다. CISG 등 국제 규범의 체계는 '계약은 원칙적으로 중대한 불이행의 경우에만 해제되고, 예외적으로 기간설정, 즉 최고를 통해 재이행의 기회를 부여하는 것을 조건으로 해제될 수 있다'는 단순한 명제에 근거한다. 일반 국민의 법적 접근성을 높이고 국제화의 흐름에 부합한다는 점을 고려하면, 이와 같은 CISG의 해제규정 방식이 상대적으로 간명하고 알기 쉽다. 이는 계약준수 원칙에도 부합한다.

(2) 중대한 불이행 요건을 도입하는 경우, 최고 요건과의 관계에 대해서는 CISG와 같은 병렬적 책임체계를 취하는 것이 합리적이라고 생각된다. 중대한 불이행 해제를 원칙으로 하는 체계에서는 채권자가 중대한 불이행을 증명할 수 있는 경우에는 그 불이행의 중대성을 고려할 때 최고라는 별도의 요건 설정은 필요하지 않다. 이에 대해 개정안과 같이 규정하는 경우에는 채권자가 본질적 계약위반임을 증명하였음에도 또다시 최고를 요건으로 요구하는 것으로 해석될 여지가 있다. 계약위반의 중대성에 비추어 채무자에게 재이행의 기회를 부여하는 의미나 설득력이 약화되는 반면, 채권자에게는 과중한 부담을 주는 것으로 재고의 여지가 있다. 또한, 중대한 불이행 요건을 입법화하는 방식으로서 경미성 항변의 규정 형식은 여전히 개념의 추상성이 문제 되고, 특히, 증명책임 등의 관점에서 문제의 소지가 있다.

(3) 비교법적으로 부가기간 설정 해제는 경미한 불이행이라고 하더라도 최고(부가기간 설정)를 통해 그와 같은 불이행이 중대한 불이행으로 발전하는 매개 기능을 한다는 점에서 시사점이 있다. 즉, 최고는 채권자의 증명책임의 부담을 완화하는 한편, 채무자에게는 재이행의 기회가 보장된다는 점에서 균형적이다. 한편, CISG와 같은 규정 형식 하에서는 채권자가 본질적 계약위반을 증명하더라도 채권자의 자유로운 의사에 따라 부가기간을 설정할 수도 있고 채무의 이행을 기다릴 수도 있으므로 굳이 본질적 계약위반의 경우에 별도로 최고를 절차적 요건화할 필요는 없다. 채권자에게 선택권을 주는 것이 더 합리적이다.

(4) 부가기간 설정 해제의 적용범위와 관련해서는 CISG는 부가기간 설정의 해제는 인도의무 불이행의 경우(이행지체)에만 인정함으로써 부적합 사안에는 적용되지 않는 것으로 규정하고 있다. 그러나 이에 대해서는 독일법의 검토에서도 살펴본 바와 같이, 부가기간 설정은 불완전 이행 혹은 부적합(하자)의 사안에서도 일정한 기능적 의미를 가지므로 이를 제외할 필요는 없다고 생각된다. 즉 부가기간 설정의 해제는 이행지체를 포함하여 부적합 사안 등의 채무불이행 일반에 적용될 수 있다. 다만, CISG가 지적하는 바와 같이 부적합 사안의 경우에는, 이행지체와 달리 불이행의 성질상 시간의 중요성이 아니라 하자 자체 혹은 채무자의 불이행 행태의 중대성에 초점이 있는 것이라는 점, 경미한 하자에 불과함에도 부가기간의 경과를 통해 해제권이 남용될 수 있다는 우려는 고려할 필요가 있다. 따라서 부적합 사안의 경우에는 부가기간 설정의 해제의 경우에도 별도로 중대한 불이행 혹은 계약목적 달성이라는 실체적 요건을 추가적으로 부가하거나, 일본법과 같이 기간설정으로 인한 해제 가부의 판단—즉 시적 요소의 판단—에 있어서 당사자의 불이행 혹은 하자의 중대성이 고려되는 등 해석상 배려가 필요할 것으로 생각된다.

민법 제390조(채무불이행과 손해배상) · 제393조 (손해배상의 범위) 개정방향에 관한 소고(小考)*

여하윤**

국문초록

민법 제393조(손해배상의 범위)의 개정 여부, 손해배상범위의 판단기준을 어떻게 설정할 것인가의 문제는 민법 제390조(채무불이행과 손해배상)를 어떠한 방향으로 개정하고 운영할 것인가와 체계적·구조적으로 연결되어 있다. 따라서 민법 제390조의 입법에 대한 방향 설정 없이 민법 제393조의 개정만을 따로 논하기는 어렵다. 이러한 측면에서 2024 계약법 개정안에서 민법 제390조 단서의 '채무자의 고의나 과실 없이'를 '채무자의 책임 없는 사유'로 문구를 수정하였음에도 불구하고 이에 대한 이유와 그 운영 방향이 조금 더 명확하게 제시되었더라면 하는 아쉬움이 있다.

당장 민법 제390조를 개정하는 것은 성급할 수 있다는 현실적인 측면도 이해될 수 있다. 그러나, 적어도 현재 시점에서 우리 민법 제390조와 다른 나라 민법과의 '체계적·구조적' 비교 점검 작업은 필요하다고 생각한다. 그렇게 하여야 현재 우리 민법 제390조가 비교법적으로 어떠한 위치에 있는지, 앞으로 운영 방향을 어떻게 설정해나갈 것인지를 그려볼 수 있다.

필자는 현재 2024 계약법 개정안에서 더 나아가 장기적인 관점에서 우리도 담보책임의 고유성을 해소하여 일반 채무불이행책임에 통합할 필요가 있다고 생각하며, 그렇다면 프랑스나 영미와 같이 계약책임에 있어서는 원칙적으로 채무자의 귀책사유를 요하지 않는 구조를 취하는 것이 바람직하다고 생각한다. 계약에 있어서는 불법행위와 달리 '자신이 말한 바에 따라' 채

* 이 논문은 비교사법 제32권 제1호에 게재된 것을 수록하였다.
이 글은 지난 2024년 12월 14일 경희대학교 법학전문대학원에서 개최된 한국민사법학회에서 발표한 것을 수정·보완한 것이다.
** 중앙대학교 법학전문대학원 교수.

무자에게 그 책임이 엄격하게 부과될 필요가 있고 이것이 사적자치의 원칙에 부합한다는 점, 대부분의 계약이 쌍무·유상계약이 현실인 우리나라에서도 이러한 취지는 무과실책임으로서의 담보책임에 의하여 사실상 관철되고 있다고 볼 수 있다는 점, 이미 우리 판례가 받아들이고 있는 수단채무론을 통하여 과실책임이 필요한 구체적인 사안들에서는 그 실질을 구현할 수 있다는 점 등에 비추어볼 때 그러하다.

Ⅰ. 들어가며

2025년 2월 7일 계약법 개정안이 입법예고되었다.[1] 필자는 이 글에서 민법 제390조(채무불이행과 손해배상)와 제393조(손해배상의 범위) 이유서에 대한 비판적 검토를 하고자 한다. 뒤에서 살펴보는 바와 같이 주요 입법례들을 살펴보면, 손해배상의 범위 기준(민법 제393조)은 채무불이행(계약불이행)으로 인한 손해배상책임 구조(민법 제390조)와 체계적으로 연결시켜서 이해할 필요가 있다고 생각되는데, 개정이유서에서는 이러한 관점이 드러나 있다고 생각되지 않는다. 필자는 프랑스민법 연구자로서 이러한 관점을 구체적으로 상기시키는 데에는 계약불이행책임과 불법행위책임에 관한 현행 프랑스민법 체계를 살펴보는 것이 적지 않은 도움이 된다고 생각하여 이 글을 집필하게 되었다.

이하의 글은, 첫째, 프랑스민법상 계약불이행으로 인한 손해배상책임의 구조를 살펴보고(Ⅱ.), 둘째, 우리 민법상 채무불이행으로 인한 손해배상책임 구조의 방향성을 특히 일본민법 내용과의 비교를 통해서 점검하고(Ⅲ.), 셋째, 체계적 고민의 관점에서 민법상 다른 채무불이행 구제책과의 정합성 문제에 대한 필자의 고민들을 제시하고(Ⅳ.), 마지막으로 우리 민법 제390조와 제393조가 나아갈 방향성에 대한 필자의 생각을 정리하였다(Ⅴ.).

---

1) https://www.moleg.go.kr/lawinfo/makingInfo.mo?mid=a10104010000&lawSeq=81672&lawCd=0&lawType=TYPE5&pageCnt=10¤tPage=1&keyField=lmNm&key-Word=%EB%AF%BC%EB%B2%95&stYdFmt=&edYdFmt=&lsClsCd=&cptOfiOrgCd

Ⅱ. 프랑스민법상 계약불이행으로 인한 손해배상책임

1. 결과책임적 구조

우리 민법 제390조에 상응하는 프랑스민법 제1231-1조는 다음과 같이 규정하고 있다.

프랑스민법 제1231-1조
채무자는 불가항력에 의하여 [채무의] 이행이 방해되었음을 증명하지 않는 한, 경우에 따라 불이행으로 인한[2] 또는 이행의 지체로 인한[3] 손해에 대하여 배상할 책임이 있다.

가. 위 규정은 우리 민법 제390조와 달리, 채무자의 귀책사유를 책임 발생의 요건으로 언급하고 있지 않다. 일반 불법행위 규정인 프랑스민법 제1240조[4](우리 민법 제750조에 상응)가 '과책(過責, faute)'을 명시하고 있는 것과 비교하여 보면, 계약불이행책임에는 채무자의 귀책사유를 요구하지 않는다는 것을 분명히 알 수 있다. 채무자는 자신의 채무불이행이 불가항력(force majeure)에 기한 것임을 증명하여야만 면책될 수 있으며, 자신이 가능한 주의를 모두 기울였음을 증명하더라도 손해배상책임의 성립에는 영향을 미치지 않는다.[5]

나. 프랑스 학설과 판례는 수단채무(obligation de moyens)론을 도입하고 있어서 계약불이행으로 인한 손해배상책임에 실질적으로 채무자의 귀책사유를 요구하는 영역들이 많이 등장하였으나,[6] 적어도 문언상으로는 결과책임적 구조를 취하고 있다. 채무를 이행하지 않은 것은 그 자체로 이를 약정한 채무자에게 귀책한 것으로 볼 수 있고, 약정한 급부를 이행해야 할 의무를 부담하는 채무자는 그 불이행의 결과에 대하여 책임을 지는 것이 사적자치의 원리, 자기책임의 원칙에 부합하기 때문이다. 프랑스민법 제1231-1조에 관한 다음의 설명은 이러한 취지를 잘 전달해주고 있다.

---

2) 전보배상을 의미함.
3) 지연배상을 의미함.
4) 프랑스민법 제1240조 자신의 과책(faute)에 기한 행위로 타인에게 손해를 발생시킨 사람은 이를 배상하여야 한다.
5) 여하윤, "프랑스 민법상 채무불이행으로 인한 손해배상책임의 구조", 「법조」, 제72권 제4호, 2023, 423면.
6) 자세한 내용은, 여하윤, "프랑스 민법상의 수단채무와 결과채무", 「법조」, 제73권 제3호, 2024, 47면 이하.

"…… 채무를 이행하지 않은 것은 [그 자체로] 이를 약정한 채무자에게 귀책하는 것으로 볼 수 있다. 약정한 급부를 이행해야 할 의무를 부담하는 채무자는 그 불이행의 결과에 대하여 책임을 져야 하는 것이 논리적이다. 용어의 편의상, 우리는 종종 채무자에게 책임 있는 불이행을 《계약상 과책(faute contractuelle)》 이라고 부르고는 있지만, 여기서 과책이라는 것은 계약외 배상책임(responsabilité ex-contractuelle)에서 도입한 용어일 뿐이고, 역사적으로 계약의 불이행과 관련하여 나타나고 있지는 않았다. 판례와 학설이 이 개념을 도입하고 사용하고 있는 것은, 계약관계에 있어서는 [위와 같은 의미에서] 채무자에게 귀책할 수 있는 계약채무의 불이행을 의미하는 것에 다름 아니다 ……"[7)]

뒤에서 살펴보는 바와 같이, 프랑스민법 제1231－1조의 이러한 태도가 계약불이행으로 인한 손해배상책임 범위의 기본적인 판단기준에도 논리체계상 연결되고 있다.

2. 계약불이행으로 인한 손해배상의 범위

가. 판단기준 – 채무자의 예견가능성

프랑스민법 제1231-3조
[계약]불이행이 중대한 또는 의도적 과책에 기하지 않는 한, 채무자는 계약 체결 당시에 예견하였던 또는 예견할 수 있었던 손해에 대하여만 배상할 책임이 있다.

위 규정에서 보는 바와 같이 프랑스민법은 채무자의 예견가능성을 계약불이행으로 인한 손해배상범위의 판단기준으로 하고 있다. 손해배상범위에 대하여 '통상의 손해'를 제시하고 있는 우리 민법 제393조 제1항과 이에 대한 우리 판례의 해석론(상당인과관계론)과는 판단 축(軸)을 달리하고 있다. 계약이라는 것은 근본적으로 예견할 수 있는 행위이므로, 계약 당사자는 그가 얻을 수 있는 이익과 불이익으로 처하게 될 위험을 비교형량할 수 있기 때문이다. 프랑스 판례는 여기에서의 손해는 '통상적으로(normalement)' 예견되는 것이어야 한다고 설시하고 있어서[8)] 실제의 구체적 사건 해결에 있어서 손해의 범위는 우리 민법상 통상 손해로 판단되는 경우와 크게 다르지 않을 수 있다. 그러나, 기본 구도에 있어서 ≪사적자치의 원리 → 자기책임 원칙의 관철 → 계약불이행책임의

7) L. Andreu et N. Thomassin, *Cours de droit des obligations 7ᵉ éd.*, Gualino Lextenso, 2022, n° 657(p.249).
8) Civ. 3ᵉ 22 mars 1989, n° 87－16.780.

결과책임적 구조 → 손해배상범위의 판단기준으로서의 채무자의 예견가능성≫ 이라는 체계일관된 논리가 구현되어 있음은 분명하다.[9)]

나. 중대한 과책 또는 의도적 과책에 기한 계약불이행의 경우

프랑스민법 제1231-4조
[계약]불이행이 중대한 또는 의도적 과책에 기인한 경우, 불이행으로 인하여 즉각적이고 직접적으로 발생한 손해에 대하여만 배상을 한다.

위 규정의 문언만을 보면 마치 중대한 과책 또는 의도적 과책의 경우에는 손해배상의 범위를 상당인과관계에 있는 범위보다 더 축소하여 직접적이고 즉각적인 손해로 한정을 하고 있는 것이 아닌가 하는 의문을 불러일으키기도 하나, 위 규정의 의미는 불법행위의 경우와 같이 채무불이행과 손해 간의 상당인과관계에 있는 손해배상을 의미하는 것으로 해석되고 있고[10)], 2020년 프랑스 손해배상법 개정안에는 이러한 취지가 반영되어 있다.[11)]

2020년 프랑스 손해배상법 개정안
제1239조 손해배상책임은 피고에게 기인한 행위와 손해 간의 인과관계를 전제로 한다.
제1250조 이행지체를 포함한 계약 불이행으로 채권자에게 손해가 발생한 경우, 채무자는 이를 배상하여야 한다.
제1251조 중대한 또는 의도적 과책의 경우를 제외하고, 채무자는 계약 체결 당시 합리적으로 예견할 수 있었던 불이행의 결과에 대하여 배상할 의무가 있다.

다. 불법행위로 인한 손해배상의 범위와의 구별

현재 프랑스민법은 불법행위로 인한 손해배상의 범위에 관한 규정을 두고 있지 않다. 프랑스 학설과 판례는 해석에 의하여 가해행위와 손해 간에 상당인과관계에 있는 범위에서 손해배상을 인정하고 있다. 즉, 계약불이행으로 인한 손해배상(채무자의 예견가능

9) 여하윤(주 5), 417면 이하.
10) 여하윤(주 5), 431면.
11) 프랑스는 2016년 채권법 개정을 단행한 이후, 채무불이행으로 인한 손해배상책임과 불법행위로 인한 손해배상책임에 관한 규정을 종합적으로 마련하는 개정작업을 진행하였고, 2017년 손해배상법 개정안이 제시된 바 있으나, 이후 많은 논의가 계속 중이어서 아직까지 개정을 이루지 못하고 있다. 필자가 아는 한 2020년 7월 29일 프랑스 상원에서 통과된 안이 가장 최근의 것이다. https://www.senat.fr/leg/ppl19-678.html

성)과 불법행위로 인한 손해배상(상당인과관계)의 범위에 대한 판단기준을 달리 설정하고 있는 것이다. 우리 민법 제763조가 채무불이행으로 인한 손해배상의 범위에 관한 민법 제393조를 불법행위에 준용함으로써 손해배상의 범위에 대하여 양자를 동일한 판단기준으로 규율하고 있는 것과 차이가 있다. 이로부터 우리는 손해배상책임의 성립에 채무자의 귀책사유를 명시하고 있는 경우(불법행위)의 손해배상범위의 판단기준(상당인과관계)과 그렇지 않은 경우(계약불이행)의 손해배상범위의 판단기준(채무자의 예견가능성)은 일정한 체계적 연관성이 있음을 알 수 있다.[12)]

3. 기타 입법례

다음에서 보는 바와 같이, 프랑스 이외의 다른 입법례들에서도 채무자의 예견가능성을 계약불이행책임의 손해배상범위의 기준으로 하는 경우, 과실책임주의 원칙에서는 탈피된 입법례들이고(영미, 캐나다 퀘벡주, 국제모델법 등), 계약불이행책임에 대해서도 과실책임주의 원칙을 취하고 있는 국가들에서는 손해배상범위의 판단기준으로 당사자의 예견가능성을 제시하고 있지는 않다.

가. 과실책임주의를 취하는 입법례

(1) 독일[13)]

독일민법 제249조(손해배상의 방법과 범위)
① 손해배상의무를 부담하는 사람은, 배상의무를 발생시키는 사정이 없었다면 있었을 상태를 회복하여야 한다.
② 사람의 침해 또는 물건의 훼손을 이유로 손해배상이 행하여지는 경우에는 채권자는 원상회복에 갈음하여 그에 필요한 금전을 청구할 수 있다. 물건이 훼손된 경우에 있어서 제1문에 의하여 정하여지는 금전에 거래세가 포함되는 것은 그것이 실제로 발생한 경우에 또는 그 금액범위로 제한된다.

---

12) 일본의 경우, 우리 민법 제393조 제2항에 상응하는 일본민법 제416조 제2항(예견가능성 기준)이 불법행위로 인한 손해배상에 준용되는 것은 적절하지 않다는 유력한 견해들이 있다. Hiroshi Oda, *Japanese Law* 4th ed., Oxford University Press(2021), p.151.
13) 양창수 역, 2018년판 독일민법전, 2018, 111면 참조.

(2) 스위스채무법

제97조
① 채무의 이행이 전혀 행하여질 수 없거나 적절하게 행하여질 수 없는 때에는, 채무자가 그에게 아무런 귀책사유가 없음을 증명하지 않는 한, 그로부터 발생한 손해를 배상하여야 한다.

제99조
① 채무자는 보통의 경우 그의 귀책사유에 대하여 책임이 있다.
② 위의 배상책임의 범위는 거래의 특유한 성질에 의하여 결정되고, 특히 채무자가 그러한 거래로부터 [이익을] 취득할 수 없는 경우에는 더 유연하게 판단될 수 있다.
③ 기타 부분에 대해서는, 불법행위의 손해배상책임에 관한 규정이 계약불이행에 준용된다.

나. 무과실책임주의를 취하는 입법례

(1) 미국 Restatement of Contracts (1981)

§351
① 위반 당사자가 계약체결시 위반의 결과를 예상할 이유가 없었던 손해에 대해서는 손해배상을 받을 수 없다.
② 손해는 위반으로 인해 다음과 같이 발생한 경우에는 위반의 개연적인 결과로 예상할 수 있다.
(a) 일반적인 사건과정에서 발생한 경우
(b) 일반적인 사건의 과정을 넘어 위반 당사자가 알 만한 이유가 있는 특별한 상황의 결과로 발생한 경우
③ 법원은 일실이익에 대한 배상을 배제하거나 신뢰로 인해 발생한 손해에 대해서만 배상을 허용하거나 상황에 따라 불균형한 보상을 피하기 위해 그렇게 하는 것이 공정하다고 판단하는 경우 예상가능한 손해에 대한 배상을 제한할 수 있다.

(2) 영국

1854년 Hadley vs. Baxendale 판결(9. EX. 341.)에서 특별손해에 대하여는 계약위반에 의하여 배상받을 수 있는 손해는 계약체결시에 당사자에 의하여 예견할 수 있었던 손해로 한정된다는 원칙이 확립되어 있다고 한다.

(3) 캐나다 퀘벡(Quebec)주 민법

제1590조
채권은 채권자에게 채무가 완전히, 적정하고 지체 없이 이행될 것을 요구할 수 있는 권리를 부여한다. 채무자가 자신에게 정당한 이유 없이 그의 채무를 이행하지 않음으로써 불이행상태에 있는 경우, 채권자는 채무의 전부 혹은 일부에 대하여 가액배상을 구하는 것 외에도
(1) 채무의 특정 이행을 강제할 수 있고;
(2) 계약상 채무불이행의 경우, 계약을 해제 또는 해지하거나 자신의 반대채무를 감액할 수 있고;
(3) 채무의 이행을 강제하기 위하여 법률에 규정된 기타 다른 조치들을 취할 수 있다.

제1613조
계약 관계에 있어서, 채무자는 그에게 의도적 혹은 중대한 과책에 기인하지 않은 채무불이행으로서 채무가 약정될 당시 예견되거나 예견될 수 있었던 손해에 대하여만 배상할 책임이 있다; 그 경우[의도적 혹은 중대한 과책의 경우] 불이행의 즉각적이고 직접적인 손해[14]에 대하여만 배상한다.

다. 국제모델법

(1) 국제물품매매계약에 관한 국제연합 협약(CISG)

제74조
......그 손해배상액은 위반 당사자가 계약체결시에 알았거나 알 수 있었던 사실과 사정에 비추어, 계약 위반의 가능한 결과로서 발생할 것을 예견하였거나 예견할 수 있었던 손해를 초과할 수 없다.

(2) UNIDROIT 국제상사원칙(PICC)

제7.4.4조
불이행 당사자는 자신의 불이행으로 인하여 발생할 수 있다고 계약체결시에 예견하였거나 합리적으로 예견할 수 있었던 손해에 대하여만 책임이 있다.

14) 이는 현재 프랑스민법 제1231-4조의 문구와 동일하다. 프랑스민법과 같이 '상당인과관계에 있는 손해'를 의미하는 것으로 보인다.

(3) 유럽계약법원칙(PECL)[15]

제8:101조 [可用한 구제수단]

(1) 당사자가 계약상의 의무를 이행하지 아니하고 그 불이행이 제8:108조에 따라 면책되는 것이 아닌 경우에는, 불이행 당한 당사자는 제9장에서 정하는 구제수단 중 어느 것도 원용할 수 있다.

(2) 당사자의 불이행이 제8:108조에 따라 면책되는 것인 경우에는, 불이행한 당사자는 제9장에서 정하는 구제수단 중 이행 및 손해배상을 청구하는 것을 제외하고는 어느 것도 원용할 수 있다.

(3) 생략

제8:108조 [장애사유로 인한 면책]

(1) 당사자가 그의 불이행이 그의 지배를 벗어난 장애사유로 인한 것이며 또 그 장애사유를 계약의 체결시에 고려하는 것이나 그 장애사유나 그 결과를 회피하거나 극복하는 것이 합리적으로 기대될 수 없었음을 증명하는 경우에는 그의 불이행은 면책된다.

(2) 장애사유가 일시적인 경우에는 이 조에서 정하는 면책은 그 장애사유가 존속하는 기간 동안 효력이 있다. 그러나 지연이 본질적 불이행에 해당하는 때에는, 채권자는 이를 본질적 불이행으로 취급할 수 있다.

(3) 불이행 당사자는, 장애사유 및 그것이 자신의 이행능력에 미치는 영향에 대한 통지가 그가 그러한 사정들을 알았거나 알았어야 했을 때로부터 합리적 기간 내에 수령되도록 하여야 한다. 상대방은 그러한 통지의 불수령으로 인하여 발생하는 모든 손해에 대하여 배상을 청구할 수 있다.

제9:502조 [손해배상의 일반적 산정]

일반적으로 손해배상은 불이행 당한 당사자를 계약이 적정하게 이행되었다면 그가 있었을 처지에 가능한 한 근접하게 하는 액으로 산정된다.

제9:503조 [예견가능성]

불이행 당사자는 그가 계약의 체결시에 그의 불이행의 개연적인 결과로 예견하였거나 합리적으로 예견할 수 있었던 손실에 대하여만 책임을 진다. 다만 불이행이 고의적이거나 중대한 과실로 인한 것인 경우에는 그러하지 아니하다.

(4) 유럽공통참조기준초안(DCFR)

제III-3:703조

계약이나 다른 법률행위에 의해 발생하는 채무를 부담하는 채무자는, 채무불이행이 의도적이거나 무모하였거나 중과실에 의한 것이 아닌 한, 그가 채무의 발생 당시에 채무불이행의 가능한 결과로서 예견하였거나 합리적으로 예견하였던 손실에 대해서만 책임이 있다.

15) 양창수, "「유럽契約法原則」에서의 債務不履行法理", 민법연구 제6권, 2007, 352면 이하.

4. 소결

이상의 내용을 정리하면 다음과 같다.

우선, 프랑스민법상 계약불이행으로 인한 손해배상의 논리 구도는 다음과 같다: 사적자치의 원리 → 자기책임 원칙의 강조 → 계약불이행책임의 결과책임적 구조(귀책사유가 문언상 요구되지 않음) → 손해배상범위의 판단기준으로서 채무자의 예견가능성. 반면, 가해자의 귀책사유를 요구하고 있는 불법행위책임의 손해배상범위의 판단기준은 계약불이행책임과 달리 상당인과관계론에 따라 판단되고 있다.

우리 민법상 채무불이행으로 인한 손해배상의 논리 구도는 다음과 같다: 채무불이행책임에서 채무자의 귀책사유의 요구(소극적 요건이기는 하지만) → 손해배상범위의 판단기준으로서 '통상의 손해(상당인과관계론)'. 그리고 불법행위로 인한 손해배상책임의 범위에도 동일한 판단기준이 적용되고 있다.

따라서 우리 민법 제393조는, 프랑스민법에 비하여 사적자치의 원칙, 자기책임의 원칙보다는 제3자의 객관적 시각에서 판단을 내리고자 하는 논리 구도라고 평가할 수 있다. 그렇다면, 민법 제393조 제2항 소정의 '특별한 사정으로 인한 손해'를 채무자가 알았거나 알 수 있었던 기준시점을 계약체결 당시로 한정하지 않고 채무자의 이행기까지를 기준으로 판단하는 판례[16]와 다수설의 입장[17]은 민법 제390조의 과실책임 원칙의 논리 체계와 정합적이라고 볼 수 있을 것이다.

Ⅲ. 우리 민법상 채무불이행으로 인한 손해배상책임

1. 2024 개정안의 경우

현행 민법	개정안
제390조(채무불이행과 손해배상) 채무자가 채무의 내용에 좇은 이행을 하지 아니한 때에는 채권자는 손해배상을 청구할 수 있다. 그러나 채무자의 <u>고의나 과실 없이</u> 이행할 수 없게 된 때에는 그러하지 아니하다.	제390조(채무불이행과 손해배상) ① 채무자가 채무의 내용에 좇은 이행을 하지 아니한 때에는 채권자는 손해배상을 청구할 수 있다. 그러나 <u>채무자에게 책임 없는 사유로 그 이행이 이루어지지 아니한</u> 때에는 그러하지 아니하다.

16) 대법원 1985. 9. 10. 선고 84다카1532 판결 "… 민법 제393조 제2항 소정의 특별사정으로 인한 손해배상에 있어서 채무자가 그 사정을 알았거나 알 수 있었는지의 여부를 가리는 시기는 계약체결 당시가 아니라 채무의 이행기까지를 기준으로 판단하여야 한다 …"

17) 양창수, "민법 제393조 제2항이 정하는 '특별한 사정'의 예견시기", 민법연구 제2권, 1998, 126면 이하 참소.

	② 법률 또는 당사자의 약정에 의하여 달리 정하여지지 아니하는 한 채무자는 자신의 고의 또는 과실에 대하여 책임이 있다.

2024 계약법 개정안 이유서는 민법 제390조 단서가 문언상 이행불능만을 언급하고 있는 것을 '이행이 이루어지지 아니한 때'로 하여 여러 유형의 채무불이행을 포괄하여 표현하고 있다고 하고 있다. 그러나, 민법 제390조 단서의 '고의나 과실 없이'라는 문구를 '책임 없는 사유로'라는 문구로 변경한 것에 대한 설명은 하고 있지 않다. 필자는 채무불이행으로 인한 손해배상범위의 판단기준에 대한 입법을 어떻게 할 것인가는 이 문구를 어떻게 수정하고 해석해서 나아갈 것인가와 체계논리상 밀접한 관련이 있다고 생각한다.

2. 일본민법의 경우

위와 같은 문제 의식에 대한 답을 찾아가기 위한 방법의 하나로서, 역사적으로 우리 민법에 지대한 영향을 미쳤던 일본민법이 관련한 규정에 대하여 어떠한 변화를 보였는지를 살펴보는 것이 필요하다고 생각된다. 2017년에 채권법 개정을 단행하여 2020년부터 시행되고 있는 일본민법은 다음과 같은 모습이다.

구 일본민법	현행 일본민법
제415조 채무자가 채무의 본지에 따른 이행을 하지 않은 경우, 채권자는 이로 인한 손해배상을 청구할 수 있다. 채무자의 책임 있는 사유로 이행할 수 없게 된 때에도 같다.	제415조 ① 채무자가 채무의 본지에 따른 이행을 하지 아니하거나 채무의 이행이 불가능할 때에는 채권자는 이로 인하여 발생한 손해의 배상을 청구할 수 있다. 다만, 그 채무의 불이행이 계약 그 외의 채무의 발생원인 및 거래상의 사회통념에 비추어 채무자의 책임으로 귀속시킬 수 없는 사유에 의한 것일 때에는 그러하지 아니하다. ② 전항의 규정에 의하여 손해배상의 청구를 할 수 있는 경우에 있어서, 채권자는, 다음 각 호의 경우에는, 채무의 이행에 갈음하는 손해배상을 청구할 수 있다. 1. 채무의 이행이 불능일 때.

	2. 채무자가 그 채무의 이행을 거절할 의사를 명확하게 표시했을 때. 3. 채무가 계약에 의하여 생긴 것인 경우에 있어서, 그 계약이 해제되거나, 또는 채무의 불이행에 의한 계약의 해제권이 발생했을 때.
제416조 ① 채무의 불이행에 대한 손해배상의 청구는, 이로 인해 통상 발생하는 손해의 배상을 하게 하는 것을 그 목적으로 한다. ② 특별한 사정에 의하여 발생한 손해라도 당사자가 그 사정을 예견하였거나 예견할 수 있었을 때에는 채권자는 그 배상을 청구할 수 있다.	제416조 ① 左同 ② 특별한 사정에 의하여 발생한 손해라도 당사자가 그 사정을 예견하였어야 했던 때에는 채권자는 그 배상을 청구할 수 있다.

가. 문제의 제기

우리 민법 제390조가 ⅰ) '채무자의 고의 또는 과실'이라고 명시하고 있는 것과 달리, 구 일본민법은 ⅱ) '채무자의 책임 없는 사유'라고 규정하고 있었다. 2017년 개정되어 2020년부터 시행되고 있는 현행 일본민법은 '채무자의 책임 없는 사유'를 ⅲ) '채무의 불이행이 계약 그 외의 채무의 발생원인 및 거래상의 사회통념에 비추어 채무자의 책임으로 귀속시킬 수 없는 사유에 의한 것일 때'로 더 구체화하고 있다.

여기서 ⅰ), ⅱ), ⅲ) 의 문구가 동일한 의미인지? 완전히 동일한 의미라면 2024 계약법 개정안이 아무런 설명도 없이 ⅰ) → ⅱ)으로 문구를 변화시키려는 이유는 무엇인가? 일본민법이 ⅱ) → ⅲ)으로 문구를 더 상세하게 변화시킨 이유는 어디에 있는가? 아니면, ⅰ) → ⅱ) → ⅲ)으로의 문구 변화가 영미법적 혹은 프랑스법적으로 결과책임적 구조로 가기 위한 중간적 내지 과도기적 입장인가? 등등의 의문이 제기된다.

나. 일본민법과의 비교

위 ⅰ), ⅱ), ⅲ) 의 문구가 동일한 의미라면 현행 민법 제393조의 입법적 변화는 필요하지 않아 보이지만, ⅰ) → ⅱ) → ⅲ) 의 문구 변화가 영미법적 혹은 프랑스법적으로 결과책임적 구조로 가기 위한 중간적 내지 과도기적 입장이라면 채무자의 예견가능성을 판단기준으로 변화시킬 여지도 있어 보인다. 다음에서 보는 바와 같이 현행 일본민법 제415조 제1항은 채무불이행책임에서의 과실책임주의를 폐기한 것이라고 한다.[18]

18) 송영민, "일본 민법상의 채무불이행에 의한 손해배상청구권의 발생요건", 「국제거래와 법」, 제33호, 2022, 35면 이하 & 39면 등; 정태윤, "일본 개정민법(채권관계) 중 주요 부분에 관한 개관", 「민사법학」, 제82호, 2018, 266면.

> "…… 채무불이행에 따른 손해배상책임의 귀책근거는 과실책임주의에 있지 않고, 자신의 의사에 따른 '계약의 구속력'에 있다. 이는 자신의 의사에 따라 계약을 체결함으로써 인수한 결과에 대해서는 의사결정 주체가 그 실현에 대한 책임을 부담하는 것이 사적자치의 원칙에 적합하므로, 그 결과를 실현할 수 없게 된 계약위반(채무불이행)의 존재 그 자체가 손해배상책임의 근거가 되며, 예외적으로 계약상이 위험 분배의 범위 이외에 있는 외재적인 장해에 따른 손해에 대해서만 채무자의 면책을 인정해야 한다는 것이다. 이는 계약상의 위험분배를 중시하지만 그러한 분배는 계약에서 명시할 필요는 없고, 계약에 관한 제반 사정을 종합적으로 참작하여 계약상의 모든 당사자의 위험분배라는 관점에서 판단하여야 한다 ……"

그리고 2017년 일본민법 개정 당시, 손해배상의 범위와 관련하여서는 종래 학설상 많은 논의가 있었으나, 최종적으로는 최소한의 문언 수정에 그쳤다고 한다. 개정 전 일본민법 제416조 규정 중에서 제2항의 '예견하거나 예견할 수 있었던'이라고 하는 표현을 '예견하였어야 했을'이라고 하는 규범적 개념으로 수정하는 것에 그치고, 그 외에는 개정 전 민법의 규정내용을 유지하였다.[19)]

3. 소결

지금까지의 논의를 정리하면 다음과 같다.

첫째, 민법 제393조(손해배상의 범위)의 개정 여부, 손해배상범위의 판단기준의 기본 축을 무엇으로 설정할 것인가의 문제는 민법 제390조(채무불이행과 손해배상)를 어떠한 방향으로 개정하고 운영할 것인가와 체계적·구조적으로 연결되어 있다. 따라서 민법 제390조의 입법에 대한 방향 설정 없이 민법 제393조의 개정만을 따로 논하기는 어렵다고 생각한다.

둘째, 이러한 측면에서 2024 계약법 개정안에서 민법 제390조 단서의 '채무자의 고의나 과실 없이'를 '채무자의 책임 없는 사유'로 문구를 수정하였음에도 불구하고 이에 대한 이유와 그 운영 방향이 조금 더 명확하게 제시되었더라면 하는 아쉬움이 있다. 민법 제390조가 민법의 기본 축을 이루는 중요한 조문임을 고려하면 더욱 그러하다.

셋째, 당장 민법 제390조를 개정하는 것은 성급할 수 있다는 현실적인 측면도 이해될 수 있다. 그러나, 적어도 현재 시점에서 우리 민법 제390조와 다른 나라 민법과의 '체계적·구조적' 비교 점검 작업은 필요하다고 생각한다. 그렇게 하여야 현재 우리 민법 제

19) 정태윤(주 18), 268면.

390조가 비교법적으로 어떠한 위치에 있는지, 앞으로 운영 방향을 어떻게 설정해나갈 것인지를 그려볼 수 있다. 이러한 논의에 따라 민법 제393조(손해배상의 범위)의 기본 축을 어떻게 설정할 것인지를 검토하여 체계적으로 정비할 필요가 있다.

Ⅳ. 민법상 다른 채무불이행 구제책과의 체계적 정합성의 문제

민법 제393조(손해배상의 범위)의 개정 방향이 민법 제390조(채무불이행과 손해배상)와 체계적으로나 논리적으로 밀접한 관련이 있다고 본다면, 이 문제는 필연적으로 민법상 다른 채무불이행 구제책과의 체계적 정합성 문제도 함께 생각해보지 않을 수 없다.

1. 담보책임법 개정안과의 관련성

가. 2024 계약법 개정안은 최근의 비교법적 흐름이라고 할 수 있는 담보책임의 고유성을 해소하여 일반 채무불이행책임에 통합하면서 매수인의 구제수단을 실효적으로 확충하려는 시도를 현재의 우리 상황에서 숙고하여 반영하고 있다. 즉, 담보책임 규정의 독자성을 해소하고 일반채무불이행책임의 체계에 따라 매수인의 구제가 이루어질 수 있도록 규정을 마련한다는 취지이다. 이에 따라 첫째, 현행 민법 제569조, 제572조, 제575조, 제576조, 제577조의 하자내용을 2024 계약법 개정안 제569조의 한 조문으로 일반화하고,[20] 둘째, 구제수단을 확충하여, 특히 대금감액청구권의 적용범위를 확대하고,[21] 셋째, 권리행사기간은 물건의 하자를 이유로 하는 책임에만 존속시키는 등이 그 주요 내용을 이루고 있다.

나. 위와 같은 개정 방향은, 현행 우리 민법상의 담보책임제도의 운영상의 문제점들을 보완하는 것으로서 매우 환영할 만한 것이라고 생각한다. 예를 들어, 첫째, 현행 우리 민법상의 매도인의 담보책임은 권리나 물건의 하자내용에 따라 구제적으로 몇 가지의 유형만 규정하고 있기 때문에, 현행 민법에 규정되지 않은 권

20) 2024 계약법 개정안 제569조(하자 없는 권리의 이전)
① 매매의 목적인 권리가 타인에게 속한 경우에 매도인은 그 권리를 취득하여 매수인에게 이전하여야 한다.
② 매도인은 매수인에게 대항할 수 있는 제3자의 권리가 없는 상태로 매매의 목적인 권리를 이전하여야 한다.

21) 2024 계약법 개정안 제573조(대금감액)
① 매매의 목적인 권리 또는 물건에 하자가 있는 경우에 매수인은 대금의 감액을 청구할 수 있다. 이 경우 제543조, 제547조를 준용한다.
② 제1항의 경우 대금은 하자로 인하여 매매 당시 목적물의 가치가 감소되는 비율에 따라 감액된다.
③ 상당하게 산정된 하자 제거의 비용은 제2항에 따라 감액되는 금액으로 추정한다.

리나 하자의 내용에 대하여는 현재 있는 규정들을 유추적용하여 매수인의 권리를 구제하는 판결례들이 등장하여 왔다.[22] 사회가 발전하는 만큼, 고전적인 유형의 하자에 들어맞지 않으면서도 매수인의 권리가 구제되어야 하는 상황들은 계속하여 나타날 것으로 예상되므로, 개정안 제569조에 따라 담보책임을 일반화하는 것은 바람직하다. 둘째, 채무불이행으로 인한 손해배상책임의 소멸시효기간과 담보책임의 권리행사기간이 상이함으로 인하여 쉽지 않은 법리적인 문제가 나타났었다는 점[23]을 생각해볼 때, 2024 계약법 개정안이 권리행사기간을 조정하여 담보책임과 관련한 종래의 단기 제척기간(민법 제573조, 제575조 제3항, 제582조)을 삭제한 것도 바람직하다고 생각한다. 다만, 개정안 제576조에서 하자담보책임에는 권리행사기간을 존속시키고 있으나 현행에서 6월에서 1년으로 연장하였고, 비교법적으로도 하자담보책임에 대한 권리행사기간을 존치시키고 있는 경우가 많다는 점을 고려해볼 때, 현재의 시점에서 이러한 규정을 두는 것은 설득력을 얻을 수 있다고 생각된다.

2. 계약해제 개정안과의 관련성

가. 2024 계약법 개정안 제544조(계약불이행과 해제)는 일반조항으로서의 계약해제 규정으로서 기능하면서 계약해제에 채무자의 귀책사유를 요구하지 않는 것으로 하였다.[24] 이러한 입법은 개정안 제390조가 과실책임주의를 유지하고 있는 것

22) 대법원 1992. 10. 27. 선고 92다21784 판결 "… 가등기의 목적이 된 부동산을 매수한 사람이 그 뒤 가등기에 기한 본등기가 경료됨으로써 그 부동산의 소유권을 상실하게 된 때에는 매매의 목적 부동산에 설정된 저당권 또는 전세권의 행사로 인하여 매수인이 취득한 소유권을 상실한 경우와 유사하므로, 이와 같은 경우 민법 제576조의 규정이 준용된다고 보아 같은 조 소정의 담보책임을 진다고 보는 것이 상당하고 민법 제570조에 의한 담보책임을 진다고 할 수 없다 …"; 대법원 2009. 7. 23. 선고 2009다33570 판결 "… 매매계약에서 건물과 그 대지가 계약의 목적물인데 건물의 일부가 경계를 침범하여 이웃 토지 위에 건립되어 있는 경우에 매도인이 그 경계 침범의 건물부분에 관한 대지부분을 취득하여 매수인에게 이전하지 못하는 때에는 매수인은 매도인에 대하여 민법 제572조를 유추적용하여 담보책임을 물을 수 있다. 그리고 그 경우에 이웃 토지의 소유자가 소유권에 기하여 그와 같은 방해상태의 배제를 구하는 소를 제기하여 승소의 확정판결을 받았으면, 다른 특별한 사정이 없는 한 매도인은 그 대지부분을 취득하여 매수인에게 이전할 수 없게 되었다고 봄이 상당하다 …" 등.

23) 예를 들어, 대법원 2011. 10. 13. 선고 2011다10266 판결 "… 매도인에 대한 하자담보에 기한 손해배상청구권에 대하여는 민법 제582조의 제척기간이 적용되고, 이는 법률관계의 조속한 안정을 도모하고자 하는 데에 취지가 있다. 그런데 하자담보에 기한 매수인의 손해배상청구권은 권리의 내용·성질 및 취지에 비추어 민법 제162조 제1항의 채권 소멸시효의 규정이 적용되고, 민법 제582조의 제척기간 규정으로 인하여 소멸시효 규정의 적용이 배제된다고 볼 수 없으며, 이때 다른 특별한 사정이 없는 한 무엇보다도 매수인이 매매 목적물을 인도받은 때부터 소멸시효가 진행한다고 해석함이 타당하다 …"

과 조화될 수 있는 것인가 하는 의문이 제기된다.

나. 이미 알려진 바와 같이, 2016년 개정 전의 프랑스민법은 계약해제에 법원의 허가를 얻어야 하는 것으로 규정하고 있었다(재판상 해제).[25] 그 이유는, 계약에 있어서는 이행이 우선되어야 하는 것이므로 해제는 예외적인 최후의 수단이라는 사고가 지배하고 있었고,[26] 이러한 사고의 연장에서 계약 당사자로 하여금 법원의 허가 없이 계약으로부터 벗어날 수 있게 한다는 것은 계약의 구속력 원칙(principe de la force obligatoire du contrat)과 계약 윤리(moralisme contractuel)에 어긋난다고 보아왔기 때문이다.[27] 현행 프랑스민법은 재판상 해제 외에 자동해제약정, 해제권 행사에 의한 해제 등 3가지 형식의 해제를 모두 명문화하고 있는데, 자동해제약정에 의한 해제를 제외한 나머지 해제의 경우 채무자의 '충분히 중대한 채무불이행'이 있을 것을 요구하고 있다.[28]

다. 채무불이행이 충분히 중대한 경우

자동해제약정에 의한 해제가 아닌 한, 재판상 해제, 일방적 의사표시에 의한 해제가 인정되기 위해서는 '채무자의 채무불이행이 충분히 중대할 것'이 요구되고 있다(제1224조). 어느 정도가 되어야 계약해제가 정당화될 수 있을 정도로 채무불이행이 충분히 중대한 것인가에 대해서는 법문에 전혀 나타나 있지 않고, 결국 사실심 법원의 판단 사항으로 남게 되어 거래의 확실성에 기여하지 못하고 있다는 평가를 받기도 한다. 현재로서는 기존 프랑스 판례에서 고려되었던 사항들이 판단기준으로 고려될 것으로 보인다. 계약 위반의 결과, 계약이 본래 의도했던 목적대로 기능하고 있는지 여부, 계약의 성질, 채무 전체가 불이행된 것인지 부분만 불이행된 것인지, 계약 당사자의 행동, 특히 선의인지 악의인지 여부 등이다.[29]

라. 채무자의 귀책사유와 계약해제

위 다.와 관련하여 생각하여 볼 것은, 프랑스에서는 계약 해제에 있어서 채무자의 귀책사유가 요구되는가 하는 점이다. 구 프랑스 민법과 현행 프랑스 민법은

---

24) 2024 계약법 개정안(주 1), 89면.

25) 구 프랑스민법 제1184조 제3항 <u>해제는 법원에 청구하여야 하고</u>, 경우에 따라서 상대방에게 기한이 부여될 수 있다.

26) 채무불이행에 대한 구제책으로서 손해배상이 아니라 본래 채무의 이행을 원칙적인 제1의 구제책으로 인식하고 있는 프랑스법의 사고방식과 일맥상통하고 있다.

27) S. Rowan, *The New French Law of Obligations*, Oxford University Press(2022), p.217–218.

28) 프랑스민법 제1224조 해제는 자동해제조항, 중대한 채무불이행의 경우에는 채권자의 채무자에 대한 [해제] 통지, 법원의 재판 등에 의하여 이루어진다.

29) S. Rowan(주 27), p.216.

이에 관한 언급을 하지 않고 있다. 계약 해제의 경우 채무자의 귀책사유를 요하지 않고 채무자의 계약 위반이나 불이행이 있으면 해제할 수 있는 것이 국제상사계약에 관한 원칙(PICC), 유럽계약법원칙(PECL) 등의 입장이라고 이해되는 것으로 보인다.[30] 프랑스민법도 채무자의 귀책사유를 요구하고 있지는 않지만, 앞에서도 언급한 것처럼 중대한 채무불이행인지 여부를 판단함에 있어서 불이행의 객관적인 측면뿐만 아니라 채무자의 태도 등 주관적인 측면도 중요한 고려요소인 것만은 분명하다.[31]

마. 그렇다면, 다시 우리 민법으로 돌아와서, 일반 채무불이행책임의 손해배상책임에는 채무자의 귀책사유를 요구하고 있고(제390조) 계약해제에는 채무자의 귀책사유를 요구하지 않는 것(제544조)은 어떻게 조화될 수 있고 어떻게 정당성을 찾을 수 있을 것인가? 채무불이행에 채무자의 귀책사유가 없더라도 채권자가 계약을 해제할 수 있음과 동시에 필요할 경우 여전히 손해배상은 청구할 수 있을 것인데,[32] 손해배상청구에 채무자의 귀책사유를 요구하고 있는 제390조의 구제책과 균형에 맞는 구제책이 될 수 있을 것인가? 계약은 지켜져야 한다(*pacta sunt servanda*)는 고전적인 법리, 따라서 채무불이행에 대한 구제책으로서 손해배상책임 추궁보다는 해제권 행사에 신중을 기하여야 한다는 프랑스민법의 논리 체계가 우리 민법의 개정안에 대하여 의문을 제기할 때, 우리는 어떠한 정당성을 획득할 수 있을 것인가?

Ⅴ. 나가며

필자는 현재 2024 계약법 개정안에서 더 나아가 장기적인 관점에서 우리도 담보책임의 고유성을 해소하여 일반 채무불이행책임에 통합할 필요가 있다고 생각하며, 그렇다면 프랑스나 영미와 같이 계약책임에 있어서는 원칙적으로 채무자의 귀책사유를 요하지 않는 구조를 취하는 것이 바람직하다고 생각한다. 그 이유를 정리하면 다음과 같다.

첫째, 계약에 있어서는 불법행위와 달리 '자신이 말한 바에 따라' 채무자에게 그 책임이 엄격하게 부과될 필요가 있고 이것이 사적자치의 원칙에 부합한다는 점, 대부분의 계약이 쌍무·유상계약이 현실인 우리나라에서도 이러한 취지는 무과실책임으로서의 담

---

30) 조인영, "계약책임에 관한 국제적 변화와 우리 민법의 향후 과제", 「비교사법」, 제29권 제1호, 2022, 201−202면.

31) 여하윤, "프랑스 민법상 해제권에 관하여", 「법과정책연구」, 제17집 제3호, 2017, 375면.

32) 2024 계약법 개정안 제551조(해제 · 해지와 손해배상) 계약의 해제 또는 해지는 손해배상의 청구에 영향을 미치지 아니한다.

보책임에 의하여 사실상 관철되고 있다고 볼 수 있다는 점, 이미 우리 판례가 받아들이고 있는 수단채무론[33]을 통하여 과실책임이 필요한 구체적인 사안들에서는 그 실질을 구현할 수 있다는 점 등에 비추어볼 때 그러하다.[34]

둘째, 더 나아가 계약책임에 관하여 엄격한 과실책임주의를 고수한다면, 우리나라 기업이나 국가가 당사자가 된 국제분쟁에 있어서 우리 민법이 준거법으로 선호되는 데에 어려움이 있을 수 있다는 점, 위험사회에서 나타나는 사건들이 계약책임의 결과책임적 구조를 통하여 채무자에게 손해배상책임을 인정할 수 있는 방법을 요청하고 있지 않은가 하는 점 등도 적극적으로 고려할 만한 요소라고 생각한다.

셋째, 현재 2024 계약법 개정안은 물건의 하자담보책임은 과실책임주의를 유지하고 있기는 하나, 담보책임의 독자성을 해소하고 계약책임으로 규정한다는 방향에 주관적 하자 개념을 기본으로 하여 출발하고 있고,[35] 앞에서 살펴본 바와 같이 계약해제에 있어서도 채무자의 귀책사유를 요구하지도 않고 있다. 사적 자치라고 하는 계약책임의 철학적 기초(불법행위책임과는 사뭇 다른)와 우리 민법전 전체의 체계적 정합이라는 관점에서 보더라도 계약불이행책임에 채무자의 귀책사유를 원칙적으로는 요구하지 않는 입법이 바람직하다. 이를 통한 담보책임과의 통합, 그리고 손해배상범위의 판단기준으로서의 채무자의 예견가능성까지 체계논리적으로 설득력을 가질 수 있을 것이라고 생각한다.[36]

2024 계약법 개정안도 후발주자로서의 이익을 최대한으로 살려 우리 사회의 실제적

---

33) 대법원 1988. 12. 13. 선고 85다카1491 판결 "… 의사가 환자에게 부담하는 진료채무는 질병의 치유와 같은 결과를 반드시 달성해야 할 결과채무가 아니라 환자의 치유를 위하여 선량한 관리자의 주의의무를 가지고 현재의 의학수준에 비추어 필요하고 적절한 진료조치를 다해야 할 책무 이른바 수단채무라고 보아야 하므로 진료의 결과를 가지고 바로 진료채무불이행 사실을 추정할 수는 없으며 이러한 이치는 진료를 위한 검사행위에 있어서도 마찬가지다 …"; 그 밖에 대법원 2001. 11. 9. 선고 2001다52568 판결; 대법원 2015. 10. 15. 선고 2015다21295 판결 등.

34) 프랑스는 채무불이행으로 인한 손해배상책임에 명문으로 귀책사유를 요구하고 있지는 않으나 학설과 판례에 의하여 수단채무론이 도입되어 있어서, 채무불이행으로 인한 손해배상책임에 귀책사유를 요구하는 독일과 이를 요구하지 않는 영미법의 중간적인 입장을 취하고 있는 것으로 평가된다. G. H. Treitel, *Remedies for Breach of Contract - A Comparative Account*, Oxford University Press(2011), n° 11(p.9-10).

35) 2024 계약법 개정안(주 1), 117면.

36) 2014년 민법 개정안 작업 당시 매매와 도급에 관한 담보책임에 관한 분과위원회의 개정안이 마련되었으나 채택되지 않았다. 이에 대한 다음의 평가도 참조. "… 분과위 개정시안은 이른 바 담보책임과 채무불이행책임의 일원화에 기초하였고, 특히 담보책임에 기한 손해배상이 민법 제390조에 따른 손해배상임을 명시하였다. 그러나 이는 국제적인 추세와는 반대되고, 담보책임의 존재의의와도 모순된다. 일반적인 입법의 추세는 담보책임과 채무불이행책임을 통합하는 방향으로 나아가고 있다. 그러나 이는 채무불이행책임에서 전통적인 과실책임주의를 약화시키는 것과 함께 이루어졌고, 담보책임에서 일방적으로 과실책임주의를 관철하는 것은 아니었다 …", 윤진수, "2014년 민법 개정안의 평가와 회고", 「민사법학」, 제99호, 2022.

법 문제에 적절한 해결을 제시하여 가는[37] 노력의 일환이라고 생각한다. 다만, 일찍 근대화를 이루어 차근차근히 법이론과 제도가 쌓여진 선발주자인 국가들의 법체제가 가지고 있는 저력 내지는 장점들 중의 하나로 체계적 정합성을 꼽을 수 있을 것이다. 개별 제도들의 장단점과 우리의 현실을 비교 분석하여 하나하나씩 정비하면서도, 우리 민법 전체를 조감하면서 근대법 국가로서의 역사가 오랜 국가들의 민법이 가지는 체계적 정합성에 대하여 우리는 수시로 눈을 돌려 우리 법과 비교하고 음미해볼 필요가 있다.[38]

37) 양창수, "우리 법 이야기(3) 우리 법 또는 법학의 대외 의존성에 대하여 - 어느 법학교수의 삶을 돌아보며", 「본질과 현상」, 가을 49호, 2017. 142－143면.

38) 독일의 법학자 폰 캐머러(Ernst von Caememerer)의 다음의 조언은 항상 경청할 필요가 있다. "… 법전을 편찬하는 것은 어느 경우에나 법의 발전을 얼어붙게 하고, 일정한 시대 상황을 배경으로 하여서만 설명될 수 있는 우연적인 규범, 불완전한 규범을 영구화하며, 그러한 것에 계속 붙잡혀 있게 됨으로 말미암아 인근의 법문화에 공통적으로 일어난 법 발전에 대한 고려를 하지 못하게 할 위험을 내포하고 있다 …", 양창수, "最近의 韓國民法典改正作業", 민법연구 제7권, 2005, 35면에서 재인용.

연대채무자 중 1인에게 발생한 사유 및 연대채무자 사이의 구상관계*

– 민법 개정 필요성에 관한 검토를 중심으로 –

조인영**

국문초록

우리 민법상 연대채무에 관한 규정은 민법 제정 이후 한 번도 개정된 바 없이 그대로 유지되어 왔다. 그러나 이 중 연대채무자 1인에 대하여 생긴 사유가 다른 채무자들에게 미치는 효력 및 연대채무자 사이의 구상관계에 대해서는 종래 몇 가지 지점에서 입법론적 비판이 제기된 바 있고, 민법 개정과정에서 몇 차례 그 논의의 필요성이 제기된 바도 있다. 연대채무자 중 1인과 채권자 사이에 발생한 사유의 효력 중에서는 종래 상계, 면제, 경개, 시효완성과 관련하여 주로 비판이 제기되어 왔는데, 이는 연대채무의 인적 담보로서의 기능과 순환구상의 방지를 통한 구상관계의 신속한 해결 필요성 등을 합리적으로 저울질하여 법정책적으로 결정해야 할 문제로서, 우리 민법과 각국의 법제를 종합적으로 검토해 볼 때, 상계, 경개에 관해서는 현행 민법을 그대로 유지하고, 면제에 관해서는 일부 면제의 효력을 구체화하며, 시효완성은 상대효로 변경함이 바람직할 것으로 보인다. 다음으로 대내적인 효력(구상관계)과 관련하여서는 연대채무자 1인의 부담부분을 초과하지 않는 변제시에도 구상권을 인정할 것인지의 문제가 논의되는데, 우리 판례와 다수설은 연대채무자의 변제액이 자신의 부담부분을 초과하지 않더라도 그 부담비율에 따라 구상권을 행사할 수 있다고 보고 있는바, 민법에 그 의미를 보다 명확히 규정하는 방안도 고려해 볼 수 있다. 마지막으로 현행 민법은 채권자가 연대채무자 중 1인에게 연대를 면제

* 이 글은 2023. 3. 29. 한국민사법학회 민법개정검토위원회 채권총론 분과 제12차 회의에서 발표하였던 내용을 수정보완한 것으로, 민사법학 제106호에 게재되었다. 비교법 검토에 도움을 주신 강혜림, 성대규, 이계정, 이상헌, 이소은 교수님, 토론에 참여해 주신 분과위원회 교수님들, 익명의 심사위원님들께 감사드린다.

** 연세대학교 법학전문대학원 부교수.

해 주었다면 상환의무자가 무자력일 경우 채권자가 그 구상의무를 분담하도록 하고 있는데, 이에 대해서도 일부 입법적 비판이 제기되나, 당사자의 실질적 의사를 고려하면 현행 민법의 태도를 유지하는 것이 타당할 것이다.

Ⅰ. 서론

연대채무는 다수의 채무 사이에 주종의 구별이 없고 채권자는 연대채무자 중 자력 있는 자라면 그 누구를 상대로도 채무의 이행을 요구할 수 있으므로, 채권자를 위한 인적 담보 수단의 기능을 갖는다.[1] 실제 거래에서도 연대보증을 요구하거나 연대채무를 부담하도록 약정하는 것은 이와 같이 인적 담보를 확충하기 위한 채권자의 요구에 의한 경우가 대부분이다. 그런데 만일 연대채무의 이러한 인적 담보 기능에 집중한다면, 연대채무자 중 1인과 채권자 사이에 발생한 채권 포기, 면제, 이행청구나 시효완성 등의 사유가 다른 연대채무자에게도 당연히 미친다고 보는 것은 채권자의 지위를 약화시키는 결과가 된다.[2] 반면, 연대채무도 본래 같은 내용의 급부를 목적으로 하는 채무라는 점에 집중한다면, 연대채무자 중 1인에게 생긴 사유라 하더라도 결국 같은 내용의 급부에 영향을 미친다고 보는 것이 채무자들의 기대에 부합한다.[3] 그렇다면 상충하는 위 가치들 사이에서 어떤 태도를 취하는 것이 바람직한가? 이는 결국 연대채무의 성질과 채권자와 채무자의 이익, 당사자 사이에 발생할 구상관계의 신속한 해결 필요성 등을 합리적으로 저울질하여 법정책적으로 결정해야 할 문제이다.[4] 우리 민법은 이에 관하여 제415조부터 제423조의 조문을 두어 무효와 취소, 이행청구, 경개, 상계, 면제, 혼동, 소멸시효, 채

1) 곽윤직 · 김재형, 채권총론(민법강의 III, 제7판), 2023, 200, 201면; 양창수 · 김형석, 민법 III, 권리의 보전과 담보(제4판), 2021년, 250면.

2) 박종권, "연대채무", 「외법논집」, 제24호, 2006, 30면.

3) 연대채무의 성격과 관련하여, 연대채무자 상호 간에는 공동관계의 의식이 존재한다는 주관적 공동관계설에 의하면 통상 1인에게 생긴 사유의 절대적 효력이 인정될 것이고, 연대채무자가 자기 부담부분에 대해서는 고유의무를 부담하고 다른 연대채무자의 부담 부분에 대해서는 보증인의 지위에 있다고 보는 상호보증관계설에 의하면 통상 부담부분 절대효가 인정될 것이다. 우리 통설은 주관적 공동관계설을 취하고 있다. 지원림, 민법강의(제20판), 2023, 919면; 곽윤직 · 김재형, 전게서, 202면; 송덕수, 채권법총론(제5판), 2020, 317면 등 다수.

4) 제철웅, "수인의 채무자 있는 채권관계의 이해에 대한 비판적 검토", 「비교사법」, 통권 제40호, 2008, 30면은 절대효는 연대채무의 목적 실현과의 관련성, 의사표시의 효력, 형평과 실무상의 편의, 채권자와 채무자 간의 이익조정이라는 네 가지 유형의 관점에서 설명해야 한다고 한다.

권자지체 등의 경우 연대채무자 중 1인에게 발생한 효력이 다른 연대채무자에게도 미치는 효력을 규정하고 있는데, 위 규정들은 민법 제정 당시부터 존재하였던 것으로서[5] 몇 차례에 걸친 민법 개정 논의과정에서 이에 관한 개정 필요성이 논의된 바 있으나, 특별한 관심의 대상이 되지는 아니하였다.

한편, 연대채무자 중 1인이 채무 이행을 위해 자신의 재산을 출연하였을 경우 나머지 연대채무자들이 어떠한 범위에서 실제 출재한 채무자에게 구상의무를 부담하는지가 문제될 수 있는데, 소위 '대내적 효력'이라 불리는 이 문제에 관하여 민법은 제424조에서 427조의 규정을 두어 규율하고 있다. 이 중 제425조의 '부담부분'이 '내부적인 부담부분'을 의미하는 것인지 '부담비율'을 의미하는 것인지에 대해서 종래 견해가 대립되어 왔는데, 이후 대법원은 이는 '부담비율'을 의미한다는 취지로 판시하여 판례의 입장을 정리한 바 있다. 나아가, 구상의무자 중 1인이 무자력일 경우의 위험부담 문제에 대해서도 민법 개정 필요성이 제기된 바 있다.[6]

이 글은 다수당사자의 채권관계에 관하여 민법이 규율하는 세 가지 틀이라 할 수 있는 대외적 효력, 당사자 1인에게 발생한 사유의 효력, 대내적 효력 중 앞서 살펴본 연대채무에서의 당사자 1인에게 발생한 사유의 효력 및 대내적 효력에 관한 우리 민법의 내용을 구체적으로 검토하는 것을 목적으로 한다. 이를 위하여 먼저 연대채무자 중 1인에게 발생한 사유의 효력 중 가장 문제가 되는 부분들을 사유별로 고찰하고(II항), 다음으로 대내적 효력과 관련한 민법의 의미와 실제 적용과정에서 발생할 수 있는 문제에 관하여 살펴본다(III). 최근 법무부 산하 민법개정위원회가 다시 구성되어 민법개정에 대한 기대감도 높아지고 있는바, 본고는 위와 같은 검토과정에서 타국의 입법례와 현행 규정의 타당성을 검토함으로써 민법 개정의 필요성에 관한 견해도 함께 제시하고 이상의 논의를 요약함과 동시에, 한국민사법학회 민법개정검토위원회 분과위원회의 논의 내용을 기록으로 남김으로써 결론에 갈음하고자 한다(IV).

5) 민법 제정 당시에도 의용 민법의 규정을 그대로 채택한 것으로 보일 뿐, 특별한 이견이나 논의가 제기된 것으로 보이지는 아니한다. 양창수 편, 민법전 제정자료 집성(총칙·물권·채권), 2023, 681−690면; 메이지민법과 우리 민법과의 규정 비교는 곽민희, "메이지시대의 연대채무개념의 형성", 「민사법학」, 제64호, 2013, 427면 이하 참조.

6) 대법원 2013. 11. 14. 선고 2013다46023 판결(위 판결에 대해서는 이하 III항에서 상술한다).

Ⅱ. 연대채무자 중 1인에게 발생한 사유의 효력

1. 현행규정의 개관

우리 민법은 제415조부터 제423조에서 연대채무자 중 1인과 채권자 사이에 발생한 사유가 다른 연대채무자와의 사이에 갖는 효력에 관하여 규정하고 있다. 그중 변제(제413조), 이행청구(제416조)[7], 경개(제417조)[8], 연대채무자의 자신의 채권에 의한 상계(제418조 제1항)[9], 채권자지체(제422조)[10]의 경우에는 1인의 행위가 다른 모든 연대채무자의 이익을 위하여 효력을 갖기 때문에 이를 '절대적 효력'이라 하고, 연대채무자의 다른 연대채무자의 채권에 의한 상계(제418조 제2항)[11], 면제(제419조)[12], 혼동(제420조)[13], 소멸시효(제421조)[14] 등은 그러한 사유를 가진 연대채무자 1인의 부담부분에 대해서만 다른 연대채무자에게도 효력을 갖기 때문에 '부담부분 절대적 효력'이라고 통상 칭한다. 민법은 그 외 법률행위의 무효나 취소, 기타 연대채무자 1인에게 생긴 사유는 다른 연대채무자에게 효력이 없는 '상대적 효력'만을 갖는다고 규정한다(제415조, 제423조).[15]

연대채무자들 중 1인에게 발생한 사유의 효력에 대하여, 비교법적으로 독일법계는 상대적 효력을, 프랑스법계는 절대적 효력을 넓게 인정하는 경향이 있으나,[16] 변제, 대

---

7) 제416조(이행청구의 절대적 효력) 어느 연대채무자에 대한 이행청구는 다른 연대채무자에게도 효력이 있다.

8) 제417조(경개의 절대적 효력) 어느 연대채무자와 채권자간에 채무의 경개가 있는 때에는 채권은 모든 연대채무자의 이익을 위하여 소멸한다.

9) 제418조(상계의 절대적 효력) ① 어느 연대채무자가 채권자에 대하여 채권이 있는 경우에 그 채무자가 상계한 때에는 채권은 모든 연대채무자의 이익을 위하여 소멸한다.

10) 제422조(채권자지체의 절대적 효력) 어느 연대채무자에 대한 채권자의 지체는 다른 연대채무자에게도 효력이 있다.

11) 제418조 ② 상계할 채권이 있는 연대채무자가 상계하지 아니한 때에는 그 채무자의 부담부분에 한하여 다른 연대채무자가 상계할 수 있다.

12) 제419조(면제의 절대적 효력) 어느 연대채무자에 대한 채무면제는 그 채무자의 부담부분에 한하여 다른 연대채무자의 이익을 위하여 효력이 있다.

13) 제420조(혼동의 절대적 효력) 어느 연대채무자와 채권자간에 혼동이 있는 때에는 그 채무자의 부담부분에 한하여 다른 연대채무자도 의무를 면한다.

14) 제421조(소멸시효의 절대적 효력) 어느 연대채무자에 대하여 소멸시효가 완성한 때에는 그 부담부분에 한하여 다른 연대채무자도 의무를 면한다.

15) 제415조(채무자에 생긴 무효, 취소) 어느 연대채무자에 대한 법률행위의 무효나 취소의 원인은 다른 연대채무자의 채무에 영향을 미치지 아니한다.
제423조(효력의 상대성의 원칙) 전7조의 사항외에는 어느 연대채무자에 관한 사항은 다른 연대채무자에게 효력이 없다.

16) 독일은 변제, 대물변제, 공탁, 상계(제422조 제1항), 면제(전체의 소멸을 원했던 경우, 제423조), 채권자지체(제424조)의 절대효를 인정하고 그 외는 모두 상대효로 하고 있다(제425조 제1항). 프랑스는 변제(제1313조), 이행청구 및 이자청구(제1314조), 상계, 시효중단(제2245조), 재판종결을 위한 선서(제1385-4조), 집행권원의 임의교부(제1342-9조)에는 절대효를, 혼동(제1349-1조),

물변제, 공탁, 연대채무자 1인의 자기 채권에 의한 상계에 절대적 효력을 인정하는 것에는 입법례가 대부분 통일되어 있다. 변제, 대물변제, 공탁, 연대채무자 1인의 자기 채권에 의한 상계는 결국 채권의 종국적인 만족을 가져오는 사유로서 그 절대적 효력을 인정하지 않을 경우 채권자가 이중으로 이익을 취득할 가능성이 크고 당사자들 사이의 구상관계만 복잡해질 수 있다는 점에서 절대적 효력을 인정하는 것에 특별한 문제가 없다.[17] 그러나 나머지 사유들은, 연대채무자들의 주관적 공동관계를 강조하여 절대적 효력을 인정할 것인지, 채권자를 위한 인적 담보의 기능을 강조하여 상대적 효력만을 인정할 것인지 중에서 선택을 해야 하는 문제로서, 종래 이 중 상계, 면제, 경개, 소멸시효와 관련하여 주로 입법론적 비판이 제기되어 왔다. 2013년 민법개정 논의과정에서는 그 중 면제 및 다른 연대채무자의 채권에 의한 상계의 효력과 관련하여 검토가 이루어진 바도 있으나, 결국 현행규정을 유지하는 방향으로 결정되었다. 이하에서 사유별로 구체적으로 살펴본다.

2. 상계

가. 현행규정 및 학설

(1) 연대채무자 중 1인이 채권자에 대한 채권을 자동채권으로 하여 상계를 하는 경우에는 앞서 살펴본 바와 같이 채권의 종국적 만족이라는 측면에서 변제와 다를 바가 없으므로 현행 민법 제418조 제1항이 규정하듯 그 절대적 효력을 인정하는 데에 특별한 문제가 없다. 예컨대 채권자 A에 대해 연대채무자 B, C, D가 3,000만 원의 대여금채무를 부담하고 있는데 그중 B가 A에 대한 3,000만 원의 물품대금채권을 자동채권으로 하여 상계를 하였다면, A는 채권 전액을 변제받았으므로 C, D에 대해 더이상 이행을 청구할 필요가 없고, B와 C, D 사이의 구상 문제만 남을 뿐이다.

(2) 그러나 채권을 가지고 있는 연대채무자가 상계를 하고 있지 않을 경우, 다른 연대채무자가 대신 그러한 상계권을 행사할 수 있는지, 그 경우 다른 연대채무자에 대해서도 절대적 효력을 인정할 것인지에 대해서는 논의의 여지가 있다. 우리 민법은 이 경우 '그 채무자의 부담부분에 한하여 다른 연대채무자가 상계할 수 있다'고 정한다(제418조 제2항). 즉, 위의 예에서 B가 물품대금채권으로 대여금채무와 상계를 하고 있지 않다면, A가 C나 D에게 대여금채권을 청구할 경우, C나 D는 B의 부담부분에 해당하는 1,000만

면제(제1350-1조), 타인의 채권에 의한 상계(제1347-6조)에는 지분범위 절대효를 인정하고 있다.; 제철웅, 전게논문, 5-10면; 곽윤직 · 김재형, 전게서, 205면.

17) 곽윤직 · 김재형, 전게서, 206면; 양창수 · 김형석, 전게서, 318, 319면; 송덕수, 전게서, 313면; 제철웅, 전게논문, 30면; 박종권, 전게논문, 59면.

원(=3000만 원÷3명)[18]의 범위에서 대여금채권과 상계하고, 나머지 2,000만 원만을 변제하겠다고 항변할 수 있다. 일부 학설은, 이와 같이 채권의 보유자(B)가 아닌 다른 연대채무자(C 또는 D)로 하여금 해당 채권에 기한 상계권을 행사할 수 있도록 하는 현행 민법은, 본인이 아닌 타인에게 채권에 대한 처분권을 인정하고, 연대채무관계에서의 채권자(A)에게는 별도 채권에 대한 일부 변제의 수령을 강제하는 결과가 되어 채권의 담보적 효력을 약화시키므로 부당하다고 비판한다.[19] 반면, 연대채무자들은 채무변제를 위해 상호협력할 의무가 있을 뿐 아니라, 다른 연대채무자라 하더라도 상계권을 행사할 수 있도록 하는 것이 반대채권을 가진 채무자를 보호하고 당사자 간의 구상관계를 간편화할 수 있다고 설명하는 견해도 있다.[20]

나. 비교법적 검토

사실 타인에 의한 상계를 명문으로 허용하는 우리 민법의 태도가 보편적인 입법례라고 보기는 어렵다. 독일은 민법 제422조 제2항은 '연대채무자 중 1인이 가지는 채권으로 다른 채무자가 상계할 수 없다'고 하여 명문규정으로 타인에 의한 상계권의 행사를 불허한다.[21] 다만, 독일에서도 연대채무를 부담하는 공동상속인(제2058조)과 같이 연대채무자 간의 관계가 밀접한 경우에는 제422조 제2항에도 불구하고 제770조 제2항을 유추적용하여 연대채무자 중 1인이 채권자에 대해서 갖는 채권을 이유로 한 이행거절권능을 인정한다.[22]

일본민법은 과거에는 우리 민법과 같이 다른 연대채무자에 의한 상계와 부담부분의 절대효를 인정하고 있었으나, 2017년 개정 이후에는 이행거절의 항변권만을 인정하고 있다. 즉, 일본의 구 민법 제436조는 '연대채무자 중 1인에 의한 상계 등'이라는 표제하에 '연대채무자 중 1인이 채권자에 대하여 채권을 가진 경우에 그 연대채무자가 상계를 원용한 때에는 채권은 모든 연대채무자의 이익을 위하여 소멸'하는 것으로 하고(제1항), '전항의 채권을 가진 연대채무자가 상계를 원용하지 않은 동안에는 그 연대채무자의 부담부분에 대하여만 다른 연대채무자가 상계를 원용할 수 있'는 것으로 하면서(제2항), 일

18) 연대채무자들 사이에 부담 부분에 관하여 특별한 약정이 없는 한 부담부분은 균등한 비율로 추정한다(민법 제424조).

19) 조승현, "유럽 사법에 있어서 연대채무의 효력에 관한 고찰－DCFR과 PECL을 중심으로－", 「경영법학」, 2017, 628면.

20) 곽윤직·김재형, 전게서, 207면.

21) 이하 독일 민법의 번역은 양창수 역, 독일민법전(2021년판), 2021에 의하였다.

22) Gerhard Dannemann, Reiner Schulze, German Civil Code(BGB), Vol I: Book 1－3, Article－by－Article Commentary, C.H. Beck, Nomos, 2020, p.713.

본 판례상 위 상계의 원용은 부담부분의 범위에서 채권 소멸의 효과를 가져온다고 하고 있었다.[23] 그러나 일본 내 학설은 타인의 채권을 제3자가 처분할 수 있는 것으로 한 것은 과도한 개입이고 연대채무자에게도 너무나도 강한 권한을 주는 것이 된다는 강한 비판을 제기하면서, 다른 연대채무자는 채권을 갖는 연대채무자의 부담부분의 비율의 한도로 변제를 거절할 수 있는 효과(이행거절권의 항변권)를 가질 뿐이라고 해석해 왔다.[24] 이후 일본은 민법 개정과정에서 연대채무에 절대적 효력을 다수 인정하는 것은 인적 담보로서의 기능을 약화시키는 문제가 있다고 보고 연대채무에 관한 절대적 효력 사유를 상당 부분 감소시켰는데,[25] 그 결과 2017년 개정된 민법에서는 구 민법 제436조 제2항에 해당하는 제439조 제2항을 '전항의 채권을 가진 연대채무자가 상계를 원용하지 않은 동안에는 그 연대채무자의 부담부분의 한도에서 다른 연대채무자는 채권자에 대하여 채무의 이행을 거절할 수 있다'고 규정함으로써, 연대채무자는 다른 연대채무자의 채권에 대한 처분권능을 갖는 것이 아니라 이행거절의 항변권만을 행사할 수 있음을 명시하고 있다.[26]

유럽계약법원칙(이하 'PECL'이라 한다)[27]이나 유럽공통참조기준초안(이하 'DCFR'이라 한다),[28] UNIDROIT 국제상사계약원칙(이하 'PICC'라 한다)[29]은 연대채무자들 중 1인이나 연대채권자에 의한 상계가 절대효를 갖는 것으로 규정하고 있을 뿐, 연대채무자들 중 1인이 다른 연대채무자의 채권으로 상계를 할 수 있는 경우에 대해서는 규정하지 않고 있다.

반면, 프랑스의 경우 개정 전 민법전에는 연대채무자 중 1인에 의한 상계의 원용을

---

23) 大判昭和 12.12.11, 民集16卷 24号 1945頁.

24) 中田裕康, 債權總論(第4版), 岩波書店, 2020, 533頁.

25) 潮見佳男, 新債權総論II, 信山社, 2017, 586, 587頁, 591頁; 김성수, "일본 개정민법(채권법)(2017년)의 다수당사자의 채권관계 - 주요 개정내용과 우리 법의 시사점을 중심으로", 「법학연구」, 제30권 제1호, 2020, 159면.

26) 김성수, 전게논문, 167면.

27) PECL 10:107: 연대채무에서의 이행, 상계, 혼동
(1) 연대채무자들 중의 1인에 의한 이행이나 상계 또는 채권자의 연대채무자들 중의 1인에 대한 상계는 채권자에 대한 관계에서 그 이행 또는 상계의 한도에서 다른 채무자들을 면책한다.
(2) 연대채무자들 중의 1인과 채권자 간의 채무의 혼동은 관련 채무자의 분담부분에 대해서만 다른 채무자들을 면책한다.

28) DCFR III.-4:108: 연대채무의 이행, 상계 및 혼동
(1) 연대채무자들 중의 1인에 의한 이행이나 상계 또는 채권자의 연대채무자들 중의 1인에 대한 상계는 채권자에 대한 관계에서 그 이행 또는 상계의 한도에서 다른 채무자들을 면책한다.
(2) 연대채무자들 중의 1인과 채권자 간의 채무의 혼동은 관련 채무자의 분담부분에 대해서만 다른 채무자들을 면책한다.

29) PICC 11.1.5 (이행 또는 상계의 효력)
어느 연대채무자의 이행이나 상계 또는 어느 연대채무자에 대한 채권자의 상계는 채권자와의 관계에서 그 이행이나 상계를 한도로 다른 연대채무자들의 채무를 소멸시킨다. 이하 PICC의 번역은 UNIDROIT 국문 공식 번역본(https://www.unidroit.org/wp-content/uploads/2021/06/Unidroit-Principles-2016-Korean-bl.pdf)에 의하였다.

금지하는 규정을 두고 있었으나(제1294조 제3항), 개정된 프랑스민법전 제1347－6조 제2항에서는 '공동연대채무자는 채무 전부에서 어느 공동채무자의 부담 부분을 소멸시키기 위하여 채권자가 그 공동채무자에 진 채무의 상계를 주장할 수 있다'고 하여 우리 민법

과 같이 부담부분에 대해 다른 연대채무자가 상계권을 행사할 수 있고, 그 경우 상계의 효과는 부담부분에 대해 절대적인 효력을 갖는 것으로 규정하고 있다.[30]

다. 검토

연대채무관계에 있다는 이유만으로 연대채무자 중 1인에게 타인의 채권에 대한 처분권까지 부여하는 것은 이론적으로 다소 근거가 빈약하고, 비교법적으로도 그러한 처분권까지는 인정하지 않는 입법례가 다수인 것으로 보인다. 그러나 다른 연대채무자의 상계권을 인정하지 않는다면 자동채권을 갖는 연대채무자(위의 사안에서의 B)는 채권자가 다른 연대채무자(C 또는 D)에게 이행청구를 한 경우 자신의 채권으로 상계권을 행사할 기회를 잃게 되고, C는 채무 전부를 이행해야 하며, 이후 C가 B에게 구상을 할 경우 B는 자신의 부담부분을 상환한 다음 다시 채권자 A에게 본래 자신이 A에 대하여 가지고 있던 채권을 행사해야 한다. 결국 C에게 B의 부담 부분에 대한 상계권을 인정하는 것은 B의 권리를 마음대로 처분하거나 침해하는 것이라기 보다는 오히려 B가 번거로운 절차를 거치지 않도록 C를 통하여 B의 상계권을 보장해주고, 당사자 간의 정산관계를 간편하게 하며, 공평의 요청에도 부응하는 측면이 있음을 부정할 수 없다.[31] 위 규정으로 인해 부작용이나 부당한 결과가 초래된 사안이 특별히 문제된 바도 없다. 따라서 상계에 관해서는 현행 민법규정을 그대로 유지하는 것이 바람직하다고 생각된다. 만일 굳이 개정을 한다면, 이를 당사자들 사이의 효력 문제가 아니라 독일이나 일본과 같이 연대채무자와 채권자와의 관계(이행거절의 항변권)로 구성하는 것도 방법일 것이다.

3. 면제

가. 부담부분 절대효의 타당성 여부

(1) 현행규정의 검토

현행 민법은 순환 구상의 문제를 해결하기 위하여 면제에 부담부분 절대효를 인정

---

30) 이하 프랑스민법전의 번역은 한불민사법학회, 프랑스 민법전, 2023에 의하였다.

31) 편집대표 곽윤직, 민법주해(X), 채권(3), 2002, 111면(차한성 집필부분); 편집대표 김용덕, 주석 민법(채권총칙, 제5판), 2020, 778면; 지원림, 민법강의(제17판), 2020, 1221면; 곽윤직 · 김재형, 전게서, 205면.

하고 있다(제419조). 예컨대, A, B, C가 90만 원의 연대채무를 부담하고 채권자가 A의 채무를 면제해 준 경우, 면제의 상대적 효력만을 인정한다면 채권자가 B를 상대로 채권을 청구할 때 B는 90만 원을 전액 변제해야 하고, 이후 A, C에게 각 30만 원씩을 구상하게 된다. A가 B에게 30만 원을 상환하고 나면, A는 채권자로부터 채권을 면제받았음에도 불구하고 30만 원을 그의 부담으로 변제한 것과 같은 셈이 되므로, 채권자를 상대로 다시 30만 원에 대해 부당이득반환을 청구할 수 있다.[32] 그 경우 채권자는 A에게 30만 원을 반환해주고, 30만 원은 여전히 변제되지 아니하였음을 이유로 B에게 이를 다시 청구할 수 있다. B는 30만 원을 변제 후 다시 A, C에게 구상을 청구할 수 있고, 그 경우 위와 같은 구상, 부당이득반환, 본래 채권의 청구 관계가 계속 반복되게 된다. 그러나 부담부분의 절대적 효력을 인정하면 A에 대한 면제시 B, C에 대한 채권도 30만 원의 범위에서 소멸하므로, B는 채권자에게 60만 원만 변제하고 C에게 30만 원의 구상을 청구하는 것으로 정산 관계가 종료되어 훨씬 간편하다.[33]

그러나 이에 대해서는, 면제의 부담부분 절대효를 인정하는 것은 결국 연대채무자 사이에 분별의 이익을 인정하는 셈이 되어 그만큼 연대채무의 담보력을 감소시키고 채권자의 지위를 약화시킨다는 비판론도 존재한다.[34] 2011년 제3기 법무부 민법개정위원회 논의 당시에도 면제를 상대효로 개정하자는 견해가 제기된 바 있었다.[35] 이러한 견해에 의하면, 면제의 효력은 결국 채권자가 1인에 대해 면제를 하면서 나머지 채무자들에 대한 면제 의사가 불분명할 때 무엇을 채권자의 의사로 추정할 것인가(default rule)의 문제로 볼 수 있는데, 채권자가 어느 연대채무자에 대해 채무면제의 의사를 표시할 때 그 의사는 통상 '너에 대해서는 채무를 면제해 주지만, 나머지 채무자들에게는 여전히 청구할 수 있다'는 의사(소위 '상대적 면제')라고 보아야 하는 것이지, '나머지 채무자들이 채무를 변제한 후 너에게 부담부분을 구상할 경우, 그 구상의무에 대한 부담까지도 덜어주겠다'는 의사로 보기는 어렵다는 것이다.[36]

---

32) 단, 일본에서는 채권자가 면제받지 않은 다른 연대채무자로부터 변제를 받았다고 해도 법률상 원인 없는 이익이라거나 채권자가 다른 연대채무자의 손실로 이득을 얻었다고 볼 수 없고, 채권자가 연대채무자 중 1인에게 채무를 면제하더라도 통상 다른 연대채무자로부터는 변제를 받을 수 있을 것이라고 생각할 것이므로, 채권자에 대하여 반환청구를 인정하는 것은 채권자의 의사에 반한다고 본다. 潮見佳男, 전게서, 596, 597頁; 김성수, 전게논문, 170면.

33) 편집대표 곽윤직, 전게서, 111면; 임병석, "연대채무에서의 일부 면제와 잔존채무 및 구상관계", 「법학논총」, 제40권 제3호, 2020, 86면; 제철웅, 전게논문, 31면은 채권자가 A에게 다시 반환할 것을 B에게 청구하는 것은 신의성실의 원칙에 반한다고 설명한다.

34) 편집대표 곽윤직, 전게서, 111면.

35) 법무부, 법무부 민법개정위원회 회의속기록 9(2011년 제3기위원회 5·6분과회의·위원장단·전체회의), 2012, 182－184면.

36) 潮見佳男, 전게서, 597頁.

(2) 비교법적 검토

이에 대한 각국의 입법례는 다양하다. 독일은 계약의 해석에 따라 당사자들이 채무 전체의 소멸을 원했던 경우 절대효를 갖는 것으로 보고 있는 반면,[37] 프랑스[38]나 각종 국제규범들[39]은 부담부분에 한하여 절대효를 갖는 것으로 규정한다. 일본은 종전에는 구 민법 제437조에서 '연대채무자 중 1인에 대한 채무의 면제는 그 연대채무자의 부담부분에 대해서만 다른 연대채무자의 이익을 위해서도 그 효력을 발생한다'고 하여 우리와 마찬가지로 부담부분 절대효를 규정하고 있었으나, 이를 절대효로 하는 것은 채권자의 통상적인 의사에 반하여 연대채무의 담보적 기능을 약화시킨다는 비판을 받아들여 이를 삭제하고 상대효를 갖는 것으로 개정하였다.[40] 이에 따라 일본민법은 제445조에서 '연대채무자 중 1인에 대해 채무가 면제되거나 연대채무자 중 1인을 위하여 시효가 완성된 경우에도 다른 연대채무자는 그 1인의 연대채무자에 대하여 제442조 제1항(연대채무

---

37) 독일민법 제423조는 "연대채무자 중 1인과 채권자 사이에 체결된 면제계약은 계약당사자들이 채권관계 전부의 소멸을 원하였던 경우에는 다른 채무자에게도 효력을 가진다"고 규정한다. 그러나 독일의 통설은 전채무를 소멸시키기를 원하는 경우는 예외적이고 이를 주장하는 자에게 입증책임이 있다고 보아, 실제에 있어서는 상대적 효력과 같이 운용되고 있다. 대표편집 곽윤직, 전게서, 112면; 대표편집 김용덕, 전게서, 783면; Münchener Kommentar zum BürgerlichesGesetzbuch, 9 Auflage, C.H Beck München, 2022(이하 'MüKo'라 한다), §423 Rn. 2 ff.; §426 Rn. 61; Gerhard Dannemann, Reiner Schulze, opt. cit., p.714; BGH 21.3.2000 – IX ZR 39/99, NJW 2000, 1942.

38) 제1350–1조 제1항 연대채무자중 1인과 합의된 채무면제는 그의 부담부분에 한하여 다른 연대채무자를 면책시킨다; 연대채무자와 채권자가 절대적 효력을 갖는 것으로 합의하는 것은 가능하다. 황재훈, "프랑스법상 연대채권·채무", 「저스티스」, 통권 제175호, 2019, 174면.

39) PECL 10:108: 연대채무에서의 면제, 화해 (1) 채권자가 연대채무자들 중의 1인을 면제하거나 그와 합의한 경우에는 다른 채무자들은 그 채무자의 분담부분에 대하여 면책된다. (2) 면제나 합의의 내용이 연대채무자 전원을 면책시키는 내용인 것인 경우에는, 연대채무자 전원이 면책된다. (3) 연대채무자들 상호 간에는, 분담부분에 대하여 면책된 채무자는 그러한 면책 시의 분담부분의 한도에서만 면책되며, 그 채무자가 10:106(3)에 따라 그 이후에 책임을 부담하게 되는 여하한 보충적 부담부분에 대하여 면책되지 아니한다.

DCFR II. – 4: 109: 연대채무의 면제 또는 화해 (1) 채권자가 연대채무자들 중의 1인을 면제하거나 그와 합의한 경우에는 다른 채무자들은 그 채무자의 분담부분에 대하여 면책된다. (2) 연대채무자들 상호 간에는, 분담부분에 대하여 면책된 채무자는 그러한 면책 시의 분담부분의 한도에서만 면책되며, 그 채무자가 III. – 4:107(연대채무자들 간의 구상) 제3항에 따라 그 이후에 책임을 부담하게 되는 여하한 보충적 부담부분에 대하여 면책되지 아니한다. (3) 채무자들이 동일한 손해에 대하여 연대책임을 부담하는 경우에는, 제1항에 따른 면책은 오직 채권자가 완전한 배상 이상으로 회복하는 것을 방지하는데 필요한 한도까지만 인정되며, 다른 채무자들은 면제되거나 합의하는 채무자에 대하여 그 채무자가 이행하지 않은 분담부분의 한도에서 구상권을 보유한다.

PICC 11.1.6 (면제 또는 화해의 효력) (1) 일인의 연대채무자의 면제 또는 일인의 연대채무자와의 화해는 다른 사정이 없다면 그 면제를 받은 채무자 또는 화해를 한 채무자의 부담부분에 한하여 다른 모든 채무자의 채무를 면하게 한다. (2) 면제받은 채무자의 부담부분만큼 채무를 면한 다른 채무자는 그 면제를 받은 채무자에 대하여 제11.1.10조에 따른 구상권을 갖지 못한다.

40) 김성수, 전게논문, 169, 170면.

자간의 구상권)의 구상권을 행사할 수 있다'고 하여 다른 연대채무자는 면제를 받은 연대채무자에 대하여 구상권을 행사할 수 있도록 명시하고 있다.[41]

(3) 검토

다양한 입법례가 보여주듯, 연대채무자 1인에 대한 면제의 효력이 어느 범위에서 다른 연대채무자들 사이에도 미칠 것인가 하는 문제는 채권자의 합리적 의사 해석과 거래 관행에 대한 입법적 결단의 문제로 보일 뿐, 반드시 필연적인 논리나 법리적 정합성이 작용하는 부분은 아니다.[42] 그렇다면 우리나라에서는 이를 어떻게 규정하는 것이 바람직한가? 생각건대, 면제의 기본적 효력을 상대적인 것으로 한다면 채권자와 연대채무자 중 1인의 계약만으로는 연대채무자 간의 내부관계에 영향을 미치지 못하기 때문에, 채무 전부를 이행한 다른 연대채무자는 면제받은 연대채무자에게 구상권을 행사할 수 있게 되고, 따라서 면제를 받은 연대채무자의 입장에서는 실질적으로 아무런 혜택이나 차이도 없게 된다. 따라서 채권자의 면제는 직접적인 변제의무든 구상의무든, 일체의 부담관계로부터 면제시켜 주겠다는 의사로 추정하는 것이 합리적일 것이다.[43] 그렇다고 면제를 절대적 효력을 갖는 것으로 구성하는 것은, 통상 채권자의 의사가 해당 연대채무자 1인과의 관계에서 그에 대한 채무를 면제하고자 하는 것임에 비추어 지나치게 채권자에게 가혹하다. 결국, 단순 절대효가 아닌 '지분범위 절대효'는 상대효와 절대효의 절충적 모색으로 순환 구상관계를 방지하는 것에 불과하여 특별히 채권자에게도, 채무자에게도 부당하지 않다. 뿐만 아니라, 민법 제419조는 임의규정이어서 당사자들이 원할 경우 특약으로 이를 상대효나 절대효로 구성하는 것도 언제든지 가능하다.[44] 따라서 면제를 부담부분에 한해서 절대적인 효력을 갖는 것으로 구성하는 현행 민법의 태도는 그대로 유지하는 것이 바람직할 것이다.

---

41) 김성수, 전게논문, 152, 169면.

42) Nils Jansen, Reinhard Zimmermann, Commentaries on European Contract Laws, Oxford, 2018, p.1591 역시 어떤 효력을 취하더라도 각각의 장단점이 있으며 특정한 효력만이 설득력을 갖지는 않는다는 점을 지적한다.

43) 편집대표 김용덕, 주석 민법(제5판), 2020, 784면.

44) 절대효로 구성할 경우 이는 일종의 제3자를 위한 계약으로서 채무소멸의 이익을 얻는 다른 연대채무자의 수익의 의사표시가 필요하다. 潮見佳男, 전게서, 598頁.

나. 일부 면제의 효과

(1) 현행규정 및 판례의 검토

앞서 가.항에서는 연대채무자 중 1인에 대해 채무 전부를 면제하는 경우에 대해 살펴보았다. 그러나 실제에 있어서는 채권자가 채무의 전부를 면제하는 경우보다는 일부만을 면제해 주는 경우가 대다수일 것인데, 우리 민법은 이에 대해서는 별개의 명시적인 규정을 두지 않고 있다. 때문에 이러한 일부 면제의 효력에 대해서는 학설이 대립하고 있는데, 1설은 전부 면제이든 일부 면제이든 면제된 금액은 면제받은 채무자의 부담부분 한도에서 절대효를 갖는다는 것이고(내측설),[45] 2설은 일부 면제 후 잔존채무와 피면제자의 부담 부분을 비교하여 전자가 후자를 초과하는 부분은 감소하지 아니하나, 후자가 전자를 초과하는 경우에는 그 차액에 대해 절대효를 갖는다는 것이며(외측설), 3설은 면제를 받은 채무자의 부담부분 중 채무금액에 대한 면제액의 비율만큼 절대효를 갖는다는 것이다(안분설).[46]

이러한 학설의 차이를 A, B, C, D, E가 채권자 甲에 대해 1000만 원의 연대채무를 부담하는 경우를 전제로 구체적으로 살펴보면 다음과 같다. ① 먼저 1설에 의할 때, 甲이 A에 대해 600만 원을 면제해 준 경우, 甲의 면제는 A의 부담 부분인 200만 원(=1000만 원 * 1/5)의 범위에서 절대효를 가지므로, 甲은 B, C, D, E를 상대로 나머지 800만 원만을 청구할 수 있다. 甲이 A에 대해 900만 원을 면제해 준 경우에도 甲의 면제는 A의 부담 부분 중 200만 원의 범위에서만 절대효를 가지므로, 甲은 B, C, D, E를 상대로 여전히 나머지 800만 원을 청구할 수 있다.

② 2설에 의하면 A가 600만 원을 면제받은 경우 잔존채무 400만 원은 A의 부담부분 200만 원을 초과하므로 A의 부담부분은 감소하지 않는다. 따라서 B, C, D, E는 甲에게 여전히 1000만 원 전부를 변제할 의무가 있다. 그러나 만일 A가 900만 원을 면제받았다면 잔존채무 100만 원은 A의 부담부분 200만 원을 100만 원만큼 초과하므로 그 차액인 100만 원의 범위에서 B, C, D, E의 채무도 소멸하여 연대채무는 900만 원(=1000만 원−100만 원)만이 남게 된다.

③ 3설에 의하면, A가 600만 원을 면제받은 경우, 그 면제는 A의 부담부분인 200만 원 중 전체 채무액에 대한 면제율의 비율인 60%(=600만 원/1000만 원)에 해당하는 120만 원에 대해서만 절대효를 가지므로, B, C, D, E는 나머지 880만 원(=1000만 원−120만 원)을 변제할 의무가 있으며, 900만 원을 면제해 준 경우에는 820만 원(=1000만 원−200만

45) 송덕수, 전게서, 315면.

46) 편집대표 김용덕, 전게서, 792면, 편집대표 곽윤직, 전게서, 117, 118면; 임병석, 전게논문, 86면 이하.

원 * 900만 원/1000만 원)만을 변제할 의무가 있다.

이하 위 구체적인 사례에서 연대채무자 중 1인에 대한 일부 면제시 나머지 연대채무자들이 부담하게 되는 잔존 채무액이 학설상 어떻게 차이가 나는지를 표로 정리해 보면 다음과 같다.

	1설	2설	3설
A에 대해 600만원 면제시	800만원	1000만원	880만원
A에 대해 900만원 면제시	800만원	900만원	820만원

판례는 이 중 2설을 취하고 있다.[47] 대법원은, "민법 제419조는 (중략) 당사자들 사이에 구상의 순환을 피하여 구상에 관한 법률관계를 간략히 하려는 데 취지가 있는바, (중략) 연대채무자 중 1인에 대한 채무의 일부 면제에 상대적 효력만 있다고 볼 특별한 사정이 없는 한 일부 면제의 경우에도 면제된 부담부분에 한하여 면제의 절대적 효력이 인정된다고 보아야 한다. 구체적으로 연대채무자 중 1인이 채무 일부를 면제받는 경우에 그 연대채무자가 지급해야 할 잔존 채무액이 부담부분을 초과하는 경우에는 그 연대채무자의 부담부분이 감소한 것은 아니므로 다른 연대채무자의 채무에도 영향을 주지 않아 다른 연대채무자는 채무 전액을 부담하여야 한다. 반대로 일부 면제에 의한 피면제자의 잔존 채무액이 부담부분보다 적은 경우에는 차액(부담부분 − 잔존 채무액)만큼 피면제자의 부담부분이 감소하였으므로, 차액의 범위에서 면제의 절대적 효력이 발생하여 다른 연대채무자의 채무도 차액만큼 감소한다."고 판시한 바 있다.

(2) 검토

학설은, 일부 면제는 통상 '100만 원만 변제하면 나머지는 면제해 주겠다'와 같이 일부 변제와 동시에 이루어지는 경우가 많은데, 그 경우 채권자의 의사는 변제하고 남은 잔액에 대한 부제소합의로 보는 것이 타당하다는 점,[48] 1 내지 3설 모두 반드시 논리필연적인 것은 아니므로 채권 강화를 위해서는 절대적 효력의 범위를 최소한으로 하는 것이 바람직하다는 점[49] 등에서 2설에 찬동하는 견해가 다수이다. 반면, 최근에는 1설 또는 2설의 경우, 변제와 일부 면제가 동시에 이루어졌을 때 변제 후 일부 면제가 이루어

47) 대법원 2019. 8. 14. 선고 2019다216435 판결.
48) 편집대표 김용덕, 전게서, 792면.
49) 편집대표 곽윤직, 전게서, 118면.

진 것으로 볼 것인지, 일부 면제 후 변제가 이루어진 것으로 볼 것인지에 따라 최종적인 계산결과가 달라지는 문제가 있으므로, 변제와 면제의 순서 또는 면제받은 채무액의 다과와는 무관하게 계산 결과가 동일한 제3설이 타당하다는 견해도 제기된다.[50)]

생각건대, 1설에 의하면 일부 면제는 언제나 지분범위에서 절대효를 갖기 때문에 전부 면제의 경우와 그 효과가 같게 된다. 그러나 채권자가 A에 대해서 '채무 전부를 면제해 주겠다'고 할 때와 '절반을 면제해 주겠다'고 할 때 그 효과가 언제나 동일하다고 보는 것은, 물론 당사자인 A가 아닌 나머지 연대채무자에 대한 것이라 하더라도 선뜻 이해하기 어렵다. 면제의 범위와 무관하게 항상 채무 소멸의 효력을 가져오게 하는 것은 연대채무자의 이익에 지나치게 치중하는 면이 있다는 점에서도 부당하다.[51)] 한편 일부 면제의 효력은 결국 일부 면제를 해주는 채권자의 의사를 어떻게 해석할 것인지의 문제와도 결부될 것인데, 3설과 같이 이를 '피면제자의 부담부분 중 채무금액에 대한 면제액의 비율만큼 나머지 연대채무자의 채무도 소멸시키는 것으로 하겠다'는 의사로 추정하는 것은 지나치게 기교적인 측면이 있다.[52)]

우리 민법이 연대채무에 있어서 면제의 효과를 지분범위 절대효로 구성한 것은, 순환구상의 문제를 방지할 뿐만 아니라 채권자를 위한 연대채무의 인적 담보로서의 기능과 연대채무자들의 면제 이익 사이에 절충적인 균형점을 추구하기 위한 것임은 이미 살펴본 바와 같다. 인적담보로서의 기능을 확보하고자 하는 채권자의 이익을 고려한다면 1인에 대한 면제는 '너에 대해서는 면제한 잔액만 청구하겠다'는 의사로 보고 나머지 연대채무자들에 대해서는 여전히 전액을 다 청구할 수 있는 것으로 봄이 타당하겠지만, 그 경우 전액을 변제한 연대채무자는 면제받은 연대채무자에게 구상권을 행사할 수 있고, 일부 면제를 받은 연대채무자는 자신의 부담부분을 초과하여 구상의무를 부담한 부분이 있다면 그에 대해 채권자에게 다시 부당이득반환청구를 할 수 있으며, 이 경우 채권자는 다시 나머지 연대채무자들에게 잔존 채무를 행사하게 되어 순환구상의 문제가 발생한다. 따라서 일부 면제의 절대효는 일부 면제를 받은 연대채무자의 부당이득반환을 차단하는 범위, 즉 일부 면제에 의한 피면제자의 잔존 채무액이 부담부분보다 적은 경우 그 차액(부담부분 − 잔존 채무액)의 범위에서만 절대효가 발생한다고 보는 2설이 가장 절충적이고 합리적인 모색이라고 생각된다.

---

50) 변제 후 일부 면제로 계산하는 경우와 일부 면제 후 변제로 계산하는 경우의 계산 결과의 차이에 대한 구체적인 예시로는 임병석, 전게논문, 88면 이하 참조(이 논문은 안분설만이 양 방식에 의한 계산 결과에 차이가 없으므로 타당하다는 점을 지적하고 있다).

51) 곽윤직, 전게서, 117면; 임병석, 전게논문, 86면.

52) 편집대표 곽윤직, 전게서, 118면.

이처럼 일부 면제는 실제 활용되는 경우도 많고 학설에 따른 차이가 큼에도 면제에 관한 현행규정만을 보아서는 그 내용을 이해하기 어려우므로, 민법을 개정한다면 다수설과 판례를 고려하여 아래와 같이 제419조에 일부 면제의 효과에 관한 규정을 2항으로 추가하는 방법을 고려해 볼 수 있을 것이다.

현행 민법	개정 제안
제419조(면제의 절대적 효력) 어느 연대채무자에 대한 채무면제는 그 채무자의 부담부분에 한하여 다른 연대채무자의 이익을 위하여 효력이 있다.	제419조(면제의 절대적 효력) ① 어느 연대채무자에 대한 채무면제는 그 채무자의 부담부분에 한하여 다른 연대채무자의 이익을 위하여 효력이 있다. ② 전항의 면제가 채무 중 일부에 관한 것인 경우, 그 일부 면제는 피면제자의 잔존 채무액이 부담부분보다 적은 경우에만 그 차액의 범위에서 다른 연대채무자의 이익을 위하여 효력이 있다.

4. 경개

가. 현행규정 및 학설

민법은 경개에 대해서도 절대적인 효력을 인정한다(제417조). 이는 당사자간의 법률관계를 간편히 처리할 수 있고 당사자의 의사에도 합치한다는 점에 근거를 두고 있다.학설 중에는, 경개는 신채무의 인정을 통해 구채무를 소멸시키는 효과가 있으므로 변제와 마찬가지로 당연히 절대효가 있다고 보아야 하고,[53] 채권자가 다른 연대채무자의 일반재산도 책임재산으로 삼고자 한다면 경개계약을 할 때 다른 연대채무자의 동의를 조건으로 했어야 한다는 이유로 현행 민법의 태도를 지지하는 견해도 있다.[54] 반면, 현행 민법의 태도는 연대채무의 담보적 기능을 약화시키므로, 경개에는 상대적 효력만을 인정해야 한다는 견해도 존재한다. 이러한 견해에 의하면, 1인과의 경개계약에 절대적 효력을 인정하면 연대채무자에 대한 인적 담보의 기능이 소멸할 뿐만 아니라 연대채무 자체까지 파괴되어 이중으로 연대채권의 본질적 성격에 반하므로, 이를 상대효로 규정하는 것이 타당하다는 것이다.[55]

53) 편집대표 김용덕, 전게서, 770면; 김성룡, "연대채무에 있어서 결합관계의 실체와 일본민법 개정안의 시사점", 「한양법학」, 2016, 251면.
54) 편집대표 김용덕, 전게서, 771면.
55) 편집대표 곽윤식, 선게서, 104년; 송덕수, 전세서, 315면.

나. 비교법적 검토

비교법적으로 경개의 절대적 효력을 명문으로 인정하는 입법례는 많지 않다. 우리나라 외에 이를 명문상 절대적 효력으로 규정하는 입법례는 일본 정도이다. 그러나 일본에서도 종래 경개를 절대적인 효력으로 구성하는 것에 대해서는 비판적인 견해가 존재하였고, 2017년 민법 개정 논의 당시 연대채무의 절대적 효력 사유를 전면 재검토하는 과정에서 이를 상대적인 효력으로 변경하자는 시안이 제기되기도 하였다.[56] 그러나 결과적으로는 경개를 절대적 효력으로 하고 있던 구 민법 제435조[57]의 태도가 현행 민법 제438조[58]에서도 그대로 유지되었다. 경개는 구채무의 소멸이라는 점에서 변제와 동일하다고 보아야 하므로 경개 후 다른 연대채무자의 채무가 소멸한다고 보는 것은 경개의 성질과 양립할 수 없고, 경개계약을 하는 당사자의 의사 역시 모든 채무자에 대한 채무를 소멸시키고 새로운 채무가 이를 대신하는 것으로 하는 것이라고 봄이 통상적이라는 이유에서, 결론적으로는 절대적 효력을 유지하기로 한 것이다.[59]

독일에서는 연대채무에 관하여 명문으로 절대적 효력 사유로 규정하는 것 외에는 모두 상대적인 효력만을 갖는 것으로 규정하고 있는데(제425조), 경개에 대해서는 별도의 명문규정을 두고 있지 않으므로 경개 역시 상대적 효력을 갖는 것으로 해석될 수 있으나, 독일의 통설은 경개는 대물변제와 마찬가지로 구채무 소멸의 효력을 가지므로, 대물변제의 특수한 형태로서 독일민법 제422조에 따른 절대효가 인정된다고 보고 있다.[60] 프랑스 역시 채권자와 어느 공동연대채무자 사이에 합의한 경개는 다른 공동연대채무자의 채무를 면하는 효력을 갖는다고 규정한다.[61]

---

56) 경개는 통상 변제가 이루어질 때까지는 다른 연대채무자의 채무까지 소멸하게 할 의사는 아니라는 이유에서 상대효로 하는 안이 검토되었으나, 만일 다른 채무를 그대로 유지시키고 싶다면 대물변제 제도를 이용하면 된다는 이유로 현행안이 유지되었다. 中田裕康, 債權總論(第4版), 岩波書店, 2020, 532頁; 潮見佳男, 전게서, 590면; 김성수, 전게논문, 161면.

57) 舊 일본 민법 제435조 (이행의 청구) 연대채무자 중 1인과 채권자 사이에 경개가 있을 때에는 채권은 모든 연대채무자의 이익을 위하여 소멸한다.

58) 일본 민법 제438조 연대채무자 중 1인과 채무자 사이에 채무의 경개가 있은 때에는 채권은 모든 연대채무자의 이익을 위하여 소멸한다.

59) 김성수, 전게논문, 161면; 我妻榮, 有泉亨, 清水誠, 田山輝明, 我妻 · 有泉 コンメンタール 民法(第7版)－総則 · 物権 · 債権, 日本評論社, 2021, 862頁.

60) 편집대표 김용덕, 전게서, 770면.

61) 프랑스민법전 제1335조 제1항. 그러나 다른 공동연대채무자들이 승낙하는 경우, 다른 공동연대채무자들이 신채무를 부담할 것을 조건으로 채권자과 공동연대채무자들 중 1인과 경개에 합의하는 것도 가능하다. Deshayes, Olivier, Genicon, Thomas et Laithier, Yve－Marie, *Réforme du droit des contrats, du régime général et de la preuve des obligations, commentaire article par article*(2e éd－ition), LexisNexis, 2018, p.785.

다. 검토

경개에 절대적 효력을 인정하는 견해는 경개가 구채무를 소멸시키는 효력을 갖는다는 점에서(민법 제500조) 변제와 동일한 효력이 있음을 전제로 한다. 현행 민법이 정하는 경개의 변제적 효력 자체만을 놓고 보면 이러한 논리는 타당하다. 그러나 경개 당사자인 1인의 연대채무자가 경개로 인하여 변경된 신채무의 변제를 마치기 전에는, 경개계약이 있었다는 이유만으로 채권자가 실질적이고 종국적인 채권의 만족을 얻었다고 보기 어려운 측면이 있음을 부정할 수 없다. 나아가 1인에 대해 채무의 소멸을 가져오는 것은 경개뿐만 아니라 면제나 타인의 채권에 의한 상계, 혼동 등의 경우도 마찬가지인바, 경개 역시 이와 유사하게 지분범위 내 절대효로 구성하는 것이 보다 더 일관적인 해법으로 보일 수도 있다.[62]

그러나 경개는 당사자 변경을 인정하지 않았던 로마법에서 중요한 제도였을 뿐 실제에 있어서는 그 활용도가 많지 않다. 근대 민법에서는 채권양도, 채무인수, 합의에 의한 계약내용 변경 등을 모두 인정하고 있어서, 굳이 복잡한 권리관계의 변동을 초래하는 경개 제도를 이용할 필요가 없기 때문이다.[63] 이처럼 제도의 활용도를 고려할 때 경개에 대해서는 변경의 실익이 크지 않은바, 학설이 대립하는 상황에서 경개의 변제적 효력에 대한 예외를 인정하면서까지 굳이 연대채무자에 대한 경개의 효력에 관하여 근본적인 개정을 할 필요는 없다고 생각된다.

5. 시효완성

우리 민법은 연대채무자 중 1인에 대한 소멸시효 완성시 부담부분 절대효를 인정하고 있다(민법 제421조). 우리 민법이 부담부분 절대효를 인정하는 취지는 구상관계의 간략화 또는 시효완성자의 이익확보라고 설명된다.[64] 그러나 비교법적으로 시효완성에 부담부분 절대적 효력을 인정하는 입법례는 주요 국가 중에는 우리나라뿐이고, 다수의 국가는 이를 모두 상대효로 규정하고 있다. 일본의 구 민법 제439조는 '연대채무자 중 1인을 위하여 시효가 완성된 때에는 그 연대채무자의 부담 부분에 대해서는 다른 연대채무자도 그 의무를 면한다'고 하여 우리나라와 마찬가지로 지분범위 절대효를 인정하고 있었으나, 2017년 민법 개정 당시 연대채무의 인적 담보 기능 강화라는 측면에서 위 규정

62) 연대채무자 중 1인의 경개에 절대적 효력을 인정하는 일본 민법도 연대채권자 중 1인의 경개에대해서는 부담부분 절대적 효력을 인정한다(일본 민법 제433조 연대채권자 중 1인과 채무자 사이에 경개 또는 면제가 있는 때에는 그 연대채권자가 그 권리를 상실하지 않았으면 분여하여야 할 이익에 관한 부분에 대하여는 다른 연대채권자는 채무자에게 이행을 청구할 수 없다).

63) 채권양도, 전부 등은 모두 상대적 효력만이 있다. 편집대표 김용덕, 전게서, 826면.

64) 편집대표 곽윤직, 전게서, 121면.

은 삭제되었고, 결과적으로 시효완성은 상대효로 변경되었다.[65] 독일민법전 제425조 제2항 역시 시효완성을 상대효로 규정하고 있으며,[66] PECL, DCFR, PICC 등의 각종 국제규범도 시효완성에 상대효만을 인정하고 있다.[67]

이처럼 시효완성에 지분범위 절대효를 인정하는 우리 민법의 태도는 예외적인 것이라고 할 수 있는데, 이러한 예외적 입법례를 유지할 필요가 있는지는 의문이다. 시효완성에 관한 부담부분 절대효를 지지하는 견해는 이것이 구상관계의 간략화를 위한 것이라고 설명하는데, 순환구상의 문제는 시효가 완성되지 아니한 연대채무자(A)가 채권자에게 잔존 채무를 변제하고 난 뒤 시효가 완성된 연대채무자(B)에 대하여 내부적 부담부분에 대한 구상권을 행사하면, 시효완성의 이익을 받은 연대채무자(B)가 채권자에게 이를 부당이득으로 반환청구할 수 있음을 전제로 한다. 그런데 과연 채권자가 다른 연대채무자(A)로부터 받은 이익을 부당이득이라고 할 수 있을까? 채권자는 법률에 정해진 소멸시효의 효과에 따라 B에 대한 채권을 상실하였을 뿐이고, A에 대해서는 법률상 적법한 권원에 의하여 채권을 변제받은 것이다. 따라서 B가 나중에 A에게 일정 부분을 상환하였다고 하더라도 채권자의 이익이 '법률상 원인 없는' 것이라거나, 채권자의 이익과 B의 손실 사이에 직접적 인과관계가 있다고 보기는 어렵다.[68] 이처럼 B의 채권자에 대한 부당이득반환청구가 인정되지 않는다고 본다면 순환구상의 문제는 발생하지 아니하여, 이를 상대효로 구성하더라도 구상관계에는 아무런 영향이 없다. 현행 민법의 타당성을 지지하는 견해에서는 시효완성자의 이익확보를 논거로 들기도 하나, 시효완성자의 이익을 위해 채권자의 권리를 상실시키는 것은 특별한 이유 없이 대립하는 이익 중 시효완

---

65) 我妻榮, 有泉亨, 清水誠, 田山輝明, 전게서, 864頁.

66) 독일민법 제425조 [기타 사실의 효력] ① 제422조 내지 제424조에 정하여진 것 이외의 사실은, 채권관계로부터 달리 해석되지 아니하는 한, 그 사실이 발생한 연대채무자에 대하여만 효력을 가진다. ② 제1항은 특히 해지, 이행지체, 과책 및 연대채무자 중 1인에 관한 급부불능, 소멸시효의 완성과 그 갱신, 정지 및 완성유예, 채권채무의 혼동, 그리고 확정판결에 대하여 적용된다.

67) PECL 10:110: 연대채무에서의 소멸시효 채권자가 연대채무자들 중의 1인에 대하여 가지는 이행에 관한 권리의 시효는 (a) 다른 연대채무자들의 채권자에 대한 책임 또는 (b) 10:106에 따른 연대채무자들 간의 구상권에 영향을 미치지 아니한다.

DCFR III.－4: 111: 연대채무의 시효 채권자가 연대채무자들 중의 1인에 대하여 가지는 이행에 관한 권리의 시효는 (a) 다른 연대채무자들의 채권자에 대한 책임 또는 (b) III.－4:107(연대채무자들 간의 구상)에 따른 연대채무자들 간의 구상권에 영향을 미치지 아니한다.

PICC 제11.1.7조 (시효기간의 만료 또는 정지의 효력) (1) 일인의 연대채무자에 대한 채권자의 권리의 시효기간이 만료되더라도 이는 다음 각호에 대하여 효력이 없다. (가) 다른 연대채무자의 채권자에 대한 채무 또는 (나) 제11.1.10조에 따른 연대채무자 사이의 구상권 (2) 채권자가 제10.5조, 제10.6조 또는 제10.7조에 따라 일인의 연대채무자를 상대로 절차를 개시하는 경우에 다른 연대채무자에 대하여도 시효기간의 진행이 정지된다.

68) 이 점에서 면제와 차이가 있다고 한다. 편집대표 곽윤직, 전게서, 121면.

성자의 이익을 일방적으로 우선시키자는 것이므로 설득력이 약하다.[69)]

따라서 연대채무에 있어서 시효완성에 지분범위 절대효를 인정하는 현행 민법 제421조는 삭제하는 것이 바람직하다고 생각한다.[70)] 이는 원칙론적으로는 다소 급진적인 개정으로 보일 수 있으나, 연대채무자 1인에 대한 이행청구는 다른 연대채무자에게도 효과가 있고(제416조), 연대보증에 있어서 주채무자에 대한 시효중단은 연대보증인에게도 효력이 있으므로(제440조), 상대효로 구성하더라도 실제 1인의 연대채무자에 대해서만 시효가 완성되는 경우는 많지 않을 것이다.[71)]

참고로, 우리 민법 제416조는 이행청구에 절대효를 인정하고 있으나, 시효중단에 대해서는 아무런 규정이 없어 상대효만이 인정된다. 이에 의하면 1인에 대한 재판상 청구 외의 시효중단 조치는 상대효만을 갖게 된다.[72)] 판례 역시 같은 태도이다.[73)] 즉, 채권자가 연대채무자 A, B 중 A 소유 재산에 대해서만 압류를 하였다면 그 압류는 B에 대해서는 이행청구(최고)로서의 효력만 가지므로 6개월 내에 B에 대해 재판상 청구 등 별도의 확정적 시효중단 조치를 취하지 아니하면 A에 대해서만 시효가 중단되고, B에 대해서는 시효가 완성되어 결국 B의 부담부분만큼 A의 채무도 소멸하는 결과가 발생한다. 이러한 결론은 A에 대해 분명히 시효중단조치를 취했던 채권자에게 다소 불합리한 결론일 수 있는데, 만일 시효완성을 상대효로 구성한다면 이러한 불합리도 해결될 수 있을 것이다.[74)]

---

69) 편집대표 곽윤직, 전게서, 122면; 편집대표 김용덕, 전게서, 810면; 곽윤직·김재형, 전게서, 209면; 김성룡, 전게논문, 254면.

70) 同旨, 편집대표 곽윤직, 전게서, 122면; 김성룡, 전게논문, 282면.

71) 편집대표 곽윤직, 전게서, 122면; 학설상 연대채무자 중 1인만이 채무를 승인한 경우, 소멸시효기간을 채무자별로 각각 다르게 합의한 경우 등이 연대채무자 중 1인에 대해서만 시효가 완성되는 사례로 제시되고 있다.

72) 편집대표 곽윤직, 전게서, 122면; 편집대표 김용덕, 765, 766, 823면.

73) 대법원 2001. 8. 21. 선고 2001다22840 판결 등 참조.

74) 참고로, 일본은 2017년 민법개정 당시 이행청구의 효과를 절대효에서 상대효로 변경하였고, 우리나라에서도 이행청구를 상대효로 변경해야 한다는 견해가 있는데(서종희, "연대채무자 1인에 대한 압류와 시효중단의 절대효", 「안암법학」, 제59권, 2019, 166면), 이러한 방식으로도 위와 같이 A에 대한 시효중단 조치에도 불구하고 A의 채무가 소멸하는 불합리한 결과를 방지할 수 있다. 그러나 이행청구 자체를 상대효로 하면 채권자는 반드시 연대채무자 모두에게 이행을 청구해야 하는 어려움이 있고 이는 연대채무에 대한 통상의 거래관행이나 인식과도 다소 간극이 있어 보인다. 일본 개정민법 제441조 단서에서도 당사자 간의 합의가 있는 경우에는 이행청구의 절대적 효력을 인정하고 있는데, 실제에서는 단서의 경우가 본문보다 많을 것이어서 당사자들의 번거로움만 증대시킨다는 비판이 있다. 반면 이행청구의 절대효를 인정하는 프랑스민법(제1314조)은 시효중단에도 절대효를 인정하고 있어서(제2245조), A에 대한 시효중단이 B에 대해서도 효력을 미치도록 하고 있다.

Ⅲ. 대내적 효력

1. 구상권의 행사범위

가. 현행규정, 학설 및 판례

민법은 연대채무자의 부담부분을 균등한 것으로 추정하고(제424조), 어느 연대채무자가 변제 기타 자기의 출재로 공동면책이 된 때에는 다른 연대채무자의 부담부분과 면책된 날 이후의 법정이자 및 피할 수 없는 비용에 대해 구상권을 행사할 수 있고 기타 손해배상도 청구할 수 있도록 하고 있다(제425조).

그런데 제425조에서 규정하는 '부담부분'이 내부적인 '부담비율'을 의미하는 것인지, 아니면 자신의 '종국적인 부담부분'을 의미하는 것인지에 대해서는 특히 일부변제의 경우와 관련하여 종래 견해가 대립되어 왔다. 위 부담부분이 '부담비율'을 의미한다는 전자의 견해에 의하면, 90만 원의 채무에 대한 연대채무자 총 3명 중 1인이 채무의 일부인 30만 원을 변제한 경우, 그는 자신이 변제한 30만 원 중 각 연대채무자들의 부담비율에 해당하는 10만 원씩을 나머지 2명의 연대채무자에게 구상할 수 있다. 그러나 후자의 견해에 의하면, 1인의 연대채무자가 30만 원을 변제하였다고 하더라도 그는 자신의 내부적 부담부분인 30만 원을 초과하여서는 변제한 부분이 없으므로 다른 나머지 2명의 연대채무자에게 구상권을 행사할 수 없다.[75]

독일의 통설과 판례는 후자를 취하고 있고,[76] 프랑스민법전 제1317조 제1항 역시 '자기부담부분을 넘어서 변제한 공동연대채무자는 다른 공동연대채무자에 대하여 그들의 고유한 부담부분에 비례하여 구상할 수 있다'고 하여 연대채무자의 변제액이 부담부분을 초과하는 경우에만 구상권을 행사할 수 있도록 하고 있다. 국제규범들 역시 후자와 같은 태도를 취한다.[77] 반면 일본의 종래 학설과 판례[78]는 전자를 따르고 있었고, 개정 일본민법 제442조 제1항은 채무를 변제하거나 소멸시킨 연대채무자는 그 액수가 부담부분을 초과하지 않는 경우에도 부담비율에 따라 다른 연대채무자에게 구상권을 행사할 수 있음을 명문으로 규정하고 있다.[79]

---

75) 각 학설의 상세에 대해서는 편집대표 곽윤직, 전게서, 140면 참조.
76) MüKo, §426, Rn. 24.
77) PECL Art 10:106, DCFR III－4:107, PICC 11.1.10.
78) 日最判 1988. 7. 1.(民集 42권 제6호 제451항).
79) 일본민법 제442조 제1항 연대채무자 중 1인이 변제를 하거나 그 밖에 자기 재산으로 공동의 면책을 얻은 경우, 면책된 액수가 그 연대채무자의 부담부분을 초과하는지 여부와 관계없이, 그 연대채무자는 면책을 얻기 위하여 지출된 재산액(그 재산의 액수가 공동면책액을 초과하는 경우에는, 그 면책액) 중 각 연대채무자의 부담부분에 비례하는 금액에 대하여 다른 연대채무자에게 구상권을 행사할 수 있다.

우리 학설 역시 전자의 견해를 취하는 견해가 다수이다.[80] 판례는 부진정연대채무의 경우에는 자기 부담부분 이상을 변제하였을 때에만 다른 부진정연대채무자에게 그 부담 부분의 비율에 따른 구상권을 행사할 수 있다고 판시하였으나,[81] 연대채무의 경우에는 자기 부담부분의 초과 변제가 아니라도 구상권을 행사할 수 있다고 하여 통설과 같은 견해를 취한 바 있다.[82] 즉, 민법이 연대보증인들 사이에서는 '자기의 부담부분을 넘은' 변제를 한 경우 구상권을 행사할 수 있다고 규정하면서(제448조 제2항), 일반적인 연대채무의 경우에는 그러한 제한없이 '부담부분'에 대하여 구상권을 행사할 수 있도록 한 것은 종국적인 부담부분이 아닌 부담비율을 전제로 하는 것이라고 판시한 것이다.

나. 검토

위 2013년 대법원 판례가 나오기 전 2011년 민법 개정 논의 당시에는 제425조의 '분담부분'의 의미를 통설과 같은 태도로 명확하게 하기 위해 민법 제425조 제1항에 '자기가 부담하는 금액의 범위 내에서 공동면책이 된 때에도 같다'는 내용의 후문을 추가하는 개정안이 논의되기도 하였다. 그러나 이는 해석으로 해결할 수 있는 문제라는 이유로 최종안에는 반영되지 아니하였다. 마찬가지로 현재도 위 규정에 의미에 대해서는 견해의 대립이 그다지 크지 않고, 실무적인 해석 문제는 대법원 판례로 일단락되었으므로 굳이 개정을 할 필요는 없을 것으로 보인다. 다만, 개정을 한다면 현행 민법 제425조 제1항을 '어느 연대채무자가 변제 기타 자기의 출재로 다른 연대채무자들을 공동면책시킨 때에는 <u>그 변제 기타 출재액 중 다른 연대채무자의 내부적 분담 비율에 해당하는 금액</u>에 대하여 구상권을 행사할 수 있다'는 정도로 구체화할 수 있을 것이다.[83]

2. 상환무자력자의 부담부분에 관한 효력

현행 민법은 연대채무자 중에 상환할 자력이 없는 자가 있는 때에는 그 채무자의 부담부분은 구상권자 및 다른 자력이 있는 채무자가 그 부담부분에 비례하여 분담하도록 하고 있다(제427조 제1항). 또한 민법 제427조 제2항은 '전항의 경우에 상환할 자력이 없는 채무자의 부담부분을 분담할 다른 채무자가 채권자로부터 연대의 면제[84]를 받은

80) 지원림, 전게서, 925면; 곽윤직·김재형, 전게서, 212면; 송덕수, 전게서, 318, 310면 등; 이에 반대하는 견해로는 편집대표 김용덕, 전게서, 837-839면.

81) 대법원 1989. 9. 26. 선고 88다카27232 판결 등

82) 대법원 2013. 11. 14. 선고 2013다46023 판결.

83) 밑줄 친 부분이 현행 민법과 다른 부분이다(현행 민법은 '어느 연대채무자가 변제 기타 자기의 출재로 공동면책이 된 때에는 다른 연대채무자의 부담 부분에 대하여 구상권을 행사할 수 있다'고 규정하고 있다).

84) 연대의 면제란 연대채무의 면제와 달리 연대채무자의 채무액을 그의 부담부분 한도로 줄여주는

때에는 그 채무자의 분담할 부분은 채권자의 부담으로 한다'고 규정한다. 예컨대, 90만 원의 연대채무를 부담하는 A, B, C 중 B가 90만 원을 변제했다면 B는 본래 A, C에게 30만 원(90만 원÷3명)씩을 구상할 수 있지만, C가 무자력이라면 제427조 제1항에 따라 B는 15만 원(30만 원÷2명)을 A에게 추가로 구상할 수 있다. 그런데 만일 채권자가 A에게 연대의 면제를 하였다면 제427조 2항에 의해 A가 아닌 채권자가 15만 원을 부담하게 된다. DCFR III-4:109 제2항도 '면책된 채무자라도 그 밖의 채무자 중 한 명이 지급불능이 되어 할당된 추가적 부담을 져야한다'고 규정한다.

그중 제2항과 관련하여, 연대의 면제는 채권자와 연대채무자 중 1인 사이의 대외관계에 관한 것인데 민법 제427조 제2항과 같이 그 효력을 대내관계(구상관계)에까지 미치게 하는 것은 채권자의 통상의 의사에 반하여 채권자에게 지나치게 불리하다는 비판이 종래 제기되어 온 바 있다.[85] 채권자는 A에게 연대를 면제해 줄 의사일 뿐, A의 구상금까지 책임지려는 의사는 아니라는 것이다. 프랑스민법 역시 연대채무자 중 1인의 무자력은 연대의 면제가 있는 경우에도 채권자가 아니라 자력이 있는 공동연대채무자들이 부담하도록 하고 있고,[86] 일본에서도 마찬가지 이유로 구법 제445조의 해당 내용이 삭제되어 자력이 있는 연대채무자들이 무자력자의 부담부분에 대해 책임을 지도록 하고 있다.[87] 우리나라에서도 2004년 민법개정 논의 당시에는 2항을 삭제하기로 논의되었다가,[88] 2011년 개정 논의 당시에는 현행 민법을 유지하기로 정한바 있다.[89]

채권자의 일방적 의사표시로서, 절대적 면제(모든 채무자에 대하여 연대를 면제하여 연대채무가 분할채무가 되는 것)와 상대적 면제(면제받은 채무자만이 분할채무를 부담하고 다른 채무자의 연대관계에는 변함이 없는 것)가 있다. 곽윤직·김재형, 전게서, 216면; 지원림, 전게서, 922면. 절대적 면제에는 구상문제가 발생하지 않으므로 이하에서는 상대적 면제를 전제로 논한다.

85) 편집대표 곽윤직, 전게서, 159면.

86) 프랑스민법전 제1317조 제3항 "공동연대채무자 중 1인이 자력이 없다면, 그의 부담부분은 변제를 하였거나 연대 면제의 이익을 받은 자를 포함하여 자력이 있는 공동연대채무자들 사이에 그 분담분에 따라 분배된다."(이하 프랑스 민법전의 번역은 한불민사법학회, 프랑스민법전, 2023에 의하였다); 황재훈, 전게논문, 183면.

87) 潮見佳男, 전게서, 618頁.

88) 법무부, 전게서, 193면. 당시 삭제 논의의 배경에는, 위 조문은 개정전 프랑스민법 제1215조의 입법례를 받아들인 것인데, 프랑스에서도 연대면제를 받은 채무자가 자기 부담을 채권자에게 귀속시킬 수 없다는 것이 통설인 점을 고려한 것으로 보인다. 참고로, 현행 프랑스민법전 제1317조 제1항은 연대의 면제시 채권자가 아닌 다른 연대채무자들이 무자력 채무자의 부담 부분을 추가로 분담하는 것을 명시하고 있는데, 이는 개정 전 프랑스민법 제1215조(채권자가 연대채무자 1인에 대하여 연대소권을 포기한 경우, 만일 다른 공동채무자 중 1인이 변제자력이 없는 때에는 무자력자의 부담부분은 채권자에 의하여 이전에 연대의 면제를 받은 채무자까지 포함하여 모든 채무자들 사이에서 각자의 부담부분의 비율로 분배된다)를 승계한 것으로 설명되고 있다. 한불민사법학회, 개정 프랑스채권법 해제, 2021, 494면; Gaël Chantepie et Mathias Latina, *La réforme du droit des obligations* (2e édition), Dalloz, 2018, p.767.

이는 채권자의 연대면제 의사를 무엇으로 해석하는 것이 가장 타당한가의 관점에서 살펴볼 필요가 있다. 일반 사회인의 관점에서 어느 채권자가 연대채무자 중 1인과 연대면제의 합의를 할 때, 통상 채권자의 의사표시는 앞서 살펴본 면제의 경우와 마찬가지로, 직접적인 변제의무든 구상의무든 '너에 대해서는 연대의 면제를 받은 부분만 책임지도록 하겠다'라는 것으로 이해될 것이지, '나에 대한 직접적인 변제 의무 외에는 아무런 책임이 없다'는 것으로 추정하기는 어려울 것이다.[90] 그렇다면 그 연장선상에서, 만일 연대채무자 중 1인의 무자력으로 추가적인 구상의무가 발생한다고 하더라도, 그에 대해서는 채권자가 책임을 지도록 하는 것이 그 의사에 부합한다고 보인다. 따라서 현행 규정은 그대로 유지하는 것이 옳다. 물론 채권자가 연대면제 당시 구상관계에 대한 책임은 지지 않겠다는 의사를 명시적으로 표현하였다면 당연히 그에 따라야 할 것이다.[91]

Ⅳ. 결론

지금까지 연대채무자들 중 1인에게 발생한 사유의 효력 및 대내적 구상관계에 관한 우리 민법의 내용을 살펴보고, 그 중 비판이 제기되는 사유들을 중심으로 개정의 필요성 여부를 살펴보았다. 그 결과 현행 제도를 대부분 유지하되, 1인의 채무자에 대한 시효완성의 효력은 상대적인 것으로 하고, 일부 면제의 효과 및 연대채무자의 구상의무는 부담비율에 따른 것임을 명확히 하는 방향으로 개정할 것을 제안해 보았다. 이상의 내용을 표로 정리해 보면 아래와 같다.

현행 민법	개정 제안
제419조(면제의 절대적 효력) 어느 연대채무자에 대한 채무면제는 그 채무자의 부담부분에 한하여 다른 연대채무자의 이익을 위하여 효력이 있다.	제419조(면제의 절대적 효력) ① 어느 연대채무자에 대한 채무면제는 그 채무자의 부담부분에 한하여 다른 연대채무자의 이익을 위하여 효력이 있다. ② 전항의 면제가 채무 중 일부에 관한 것인 경우, 그 일부 면제는 피면제자의 잔존 채무액이 피면제자의 부담부분보다 적은 경우에만 그 차액

89) 법무부, 전게서, 195면(2011년 법무부 제3기 민법개정위원회 5분과위원회의 위원 중 2인은 삭제에 찬성하였고, 나머지 위원들은 연대의 면제를 한 채권자가 불이익을 감수하는 것이 타당하다는 이유로 현행 유지에 찬성하였다).

90) 제427조 제2항은 채권자의 연대면제의 의사표시에 무자력자의 구상의무에 대한 책임도 채권자가 부담하겠다는 내용이 포함되어 있다고 추정하는 규정이라는 견해로, 제철웅, 전게논문, 33면 참조.

91) 편집대표 김용덕, 전게서, 894면.

	의 범위에서 다른 연대채무자의 이익을 위하여 효력이 있다.
제421조(소멸시효의 절대적 효력) 어느 연대채무자에 대하여 소멸시효가 완성한 때에는 그 부담부분에 한하여 다른 연대채무자도 의무를 면한다.	삭제
제425조(출재채무자의 구상권) ① 어느 연대채무자가 변제 기타 자기의 출재로 공동면책이 된 때에는 다른 연대채무자의 부담부분에 대하여 구상권을 행사할 수 있다.	(※검토안은 현행 유지 의견이나, 만일 일부 문구 명확화하는 취지라면 아래와 같은 개정안을 검토해 볼 수 있음) 제425조(출재채무자의 구상권) ① 어느 연대채무자가 변제 기타 자기의 출재로 다른 연대채무자들을 공동면책시킨 때에는 그 변제 기타 출재액 중 다른 연대채무자의 내부적 분담 비율에 해당하는 금액에 대하여 구상권을 행사할 수 있다.

참고로, 위와 같이 일부 면제의 효과를 구체화하는 안(제410조)에 대하여 한국민사법학회 민법개정검토위원회 제3분과위원회 위원 중 8인은 개정에 찬성하고, 1인은 현행유지에 찬성하였으며, 소멸시효의 절대적 효력을 삭제(제421조)하는 안에는 10인이 찬성하고, 2인이 반대하였다. 그리고 구상권을 부담비율로 구체화하는 안(제425조)에 대해서는 8인이 현행유지에 찬성하고, 1인이 개정에 찬성하였다. 나아가 본문에서는 다루지 아니하였으나, 보증채무에 관한 규정 중 전자적 형태의 보증 의사는 효력이 없는 것으로 규정하는 민법 제428조의2 제1항 단서규정 역시 삭제하는 것이 바람직하다는 데에 다수가 찬성하였음도 밝혀둔다.[92] 본문의 내용이 향후 민법 개정 검토시 유용한 자료로 활용되기를 바라는 바이다.

92) 현행 민법 제428조의2의 단서규정은 독일민법 제766조(보증계약이 유효하기 위하여는 보증의 의사표시가 서면으로 행하여질 것을 요한다. 보증의 의사표시를 전자방식으로 하는 것은 배제된다. 보증인이 주채무를 이행한 한도에서 방식의 하자는 치유된다)를 따른 것으로 신중한 보증의사의 확인을 위한 것이나, 전자계약이 보편화되어 있는 우리 현실을 고려할 때 더 이상 필요가 없으므로 삭제해야 한다는 견해가 다수(5인)였고, 전자문서의 경우 전자문서법에 의하여 보증계약 체결이 가능하므로 현행 민법을 유지하더라도 거래의 안전이나 당사자 보호에 큰 문제가 없고, 부주의한 보증계약 체결로 인한 피해를 방지할 필요성이 아직은 크다는 이유로 반대하는 견해(3인)도 있었다(1인은 견해 유보).

손해배상액의 예정에 관한 민법개정안 제398조 검토의견

김영두*

국문초록

현행 민법은 당사자가 약정한 위약금을 손해배상액의 예정으로 추정하고 있다. 이 경우 법원은 부당하게 과다한 예정액을 직권으로 감액할 수 있으나, 채권자는 실제 손해가 예정액을 초과하더라도 그 초과손해를 별도로 청구할 수 없는 것이 원칙이다. 반대로 해당 위약금이 위약벌로 해석되는 경우에는 초과손해의 배상을 청구할 수 있지만, 법원이 그 액수를 감액할 수 없고 오직 공서양속 위반으로 무효가 되는지 여부만 판단할 수 있다. 이처럼 손해배상액의 예정과 위약벌을 이분법적으로 구분하고 법적 효과를 달리하는 현행법의 입장은 위약금 감액의 필요성과 초과손해 배상의 필요성이 동시에 발생하는 경우에 해결방안을 제시하지 못한다.

이러한 문제를 해결하기 위해 민법개정안은 제398조의 표제를 "배상액의 예정"에서 "위약금"으로 변경하였다. 이는 위약벌의 성격을 가지는 위약금의 경우에도 법원이 직권으로 적당히 감액할 수 있도록 허용하려는 취지로 해석된다. 개정안이 시행되면 법원은 위약금을 위약벌로 인정하여 채권자의 추가적인 손해배상청구를 허용하면서도, 동시에 그 위약벌의 액수가 과다하다고 판단될 경우 이를 적절히 감액할 수 있게 되어 현행법상의 문제점을 해결할 수 있을 것으로 기대된다.

그러나 민법개정안 역시 몇 가지 점에서 보완이 필요하다. 첫째, 개정안은 위약벌의 감액을 통해 초과손해의 배상 문제를 간접적으로 해결하려 하나, 손해배상액의 예정 자체를 최소손해의 합의로 명확히 규정하지 않았다. 독일민법, PECL 등 비교법적 관점과 일부 판례의 결론을 고려한다면 손해배상의 예정액을 최소한의 손해로 보고 채권자가 이를 초과하는 손해를 입증하여 배상받을 수 있는 가능성을 명문으로 인정할 필요가 있다. 둘째, 개정안은 위약금 약정이 이행청구에 영향을 미치지 않는다고 규정하고 있으나, 만약 당사자가 합의한 위약금이 이행에 갈음하는 손해

* 충남대학교 법학전문대학원 교수.

배상(전보배상)을 예정한 것이라면 그 예정액을 청구하는 경우에는 이행청구권이 배제되는 것으로 해석해야 한다. 따라서 해당 조항에 이에 관한 예외를 명시적으로 규정할 필요가 있다.

현행	2013년 개정안	2023년 개정제안
제398조(배상액의 예정) ① 당사자는 채무불이행에 관한 손해배상액을 예정할 수 있다.	제398조(위약금) ① 당사자는 채무불이행에 관하여 위약금을 약정할 수 있다.	제398조(위약금) ① 당사자는 채무불이행에 관하여 위약금을 약정할 수 있다.
② 손해배상의 예정액이 부당히 과다한 경우에는 법원은 적당히 감액할 수 있다.	② 위약금의 약정은 당사자들이 채무불이행으로 인한 손해배상액을 예정한 것으로 추정한다.	② 위약금의 약정은 당사자들이 채무자의 책임 있는 채무불이행으로 인한 손해배상액을 예정한 것으로 추정한다. 이 경우 다른 의사표시가 없으면 채권자는 실제 손해와 관계없이 예정된 손해배상액만을 청구할 수 있다.
③ 손해배상액의 예정은 이행의 청구나 계약의 해제에 영향을 미치지 아니한다.	③ 위약금이 부당히 과다한 경우에는 법원은 적당히 감액할 수 있다.	③ 위약금이 부당히 과다한 경우에는 법원은 적당히 감액할 수 있다.
④ 위약금의 약정은 손해배상액의 예정으로 추정한다.	④ 위약금의 약정은 이행의 청구나 계약의 해제에 영향을 미치지 아니한다.	④ 위약금의 약정은 이행의 청구나 계약의 해제에 영향을 미치지 아니한다.
⑤ 당사자가 금전이 아닌 것으로써 손해배상에 충당할 것으로 예정한 경우에도 전4항의 규정을 준용한다.	⑤ 당사자가 금전이 아닌 것으로써 손해배상에 충당하기로 예정한 경우에도 제1항 내지 제4항의 규정을 준용한다.	⑤ 당사자가 금전이 아닌 것으로써 손해배상에 충당하기로 예정한 경우에도 제1항 내지 제4항의 규정을 준용한다.

Ⅰ. 우리나라의 손해배상액 예정 제도

1. 손해배상예정, 위약금, 위약벌의 관계

손해배상액에 대한 약정이 있는 경우 채권자는 채무불이행이 있으면 손해의 발생과 상관없이 예정액을 청구할 수 있다. 그러나 예정액을 초과하는 손해의 배상을 청구할 수 없다.[2] 그리고 손해배상의 예정액이 부당하게 과다한 경우에 법원은 직권으로 적당히 감액할 수 있다(제398조 제2항).

당사자가 위약금을 약정한 경우에 그 위약금은 손해배상의 예정으로 추정된다(민법 제398조제4항). 당사자가 손해배상의 예정이 아니라는 점을 입증한다면 위약금은 위약벌

2) 대법원 1975. 3. 25. 선고 74다296 판결; 대법원 1993. 4. 23. 선고 92다41719 판결.

로 인정될 수 있다. 위약금이 위약벌로 인정되는 경우에 위약벌을 감액할 수 없으며, 다만 위약벌이 과도한 경우에는 공서양속에 반하여 무효로 될 수는 있다.3) 위약벌의 약정이 있다면 별도로 손해배상도 청구할 수 있다. 따라서 위약금의 약정을 하면서 별도로 손해배상액에 대한 약정이 있거나 실손해의 배상을 전제로 하는 조항이 있다면 위약금은 위약벌로 보게 된다. 그러나 여러 손해에 대한 배상액을 약정하는 것도 가능하고, 예정액을 초과하는 손해를 입증한 경우에 그 초과손해에 대한 배상을 허용하는 것에 대해서 당사자가 합의할 수도 있으므로 위약금 약정과 별도로 손해배상액의 예정에 대한 합의가 있다는 이유만으로 위약금을 당연히 위약벌로 보아야 하는 것은 아니다. 중요하게 고려되어야 할 점은 이중배상의 문제이다. 즉 손해배상의 예정에 관한 약정과 위약금에 관한 약정이 동시에 존재하는 경우에 이중배상의 문제가 발생한다면 위약금은 위약벌로 해석하게 된다.4)

영미법의 경우에는 위약벌의 약정이 허용되지 않는다. 즉 손해배상의 예정만이 가능하다. 일본민법이나 우리 민법에서도 위약벌에 대한 규정을 두고 있지 않다.

위약벌에 대한 규정을 두고 있는 경우에도 위약벌을 최소손해의 약정으로 본다거나(독일민법 제340조), 법원이 감액을 할 수 있도록 한다거나(독일민법 제343조, 프랑스민법 제1231조), 위약벌 약정이 공서양속에 위반되어 무효일 가능성이 늘 제기된다는 점과 위약벌이 인정된다면 손해의 이중배상이 문제될 수 있다는 점 등을 고려한다면 손해배상의 예정과 위약벌의 약정을 엄격하게 구분하고, 법적 효과를 달리하는 현행법의 입장에 대해서 재검토가 필요하다.

우리나라에서도 손해배상의 예정과 위약벌을 구분하는 것에 대해서 비판이 있다.5) 이러한 비판을 고려하여 2013년 민법개정안은 민법 제398조의 표제를 배상액의 예정에서 위약금으로 수정하였다.6)

---

3) 대법원 1993. 3. 23. 선고 92다46905 판결.

4) 대법원 2016. 7. 14. 선고 2013다82944, 82951 판결: 당사자 사이에 채무불이행이 있으면 위약금을 지급하기로 하는 약정이 있는 경우에 그 위약금이 손해배상액의 예정인지 위약벌인지는 계약서 등 처분문서의 내용과 계약의 체결 경위 등을 종합하여 구체적 사건에서 개별적으로 판단할 의사해석의 문제이고, 위약금은 민법 제398조 제4항에 의하여 손해배상액의 예정으로 추정되지만, 당사자 사이의 위약금 약정이 채무불이행으로 인한 손해의 배상이나 전보를 위한 것이라고 보기 어려운 특별한 사정, 특히 하나의 계약에 채무불이행으로 인한 손해의 배상에 관하여 손해배상예정에 관한 조항이 따로 있다거나 실손해의 배상을 전제로 하는 조항이 있고 그와 별도로 위약금 조항을 두고 있어서 그 위약금 조항을 손해배상액의 예정으로 해석하게 되면 이중배상이 이루어지는 등의 사정이 있을 때에는 그 위약금은 위약벌로 보아야 한다.

5) 이에 관해서는 김동훈, 민법상 위약벌 제도의 운용방향, 「인권과 정의」, 제465호, 2017, 100~104면 참조.

6) 개정경과에 대해서는 송덕수, 채무불이행에 관한 민법개정시안, 「민사법학」, 제60호, 2012,

2. 위약금의 이중적 지위(손해배상 예정 · 위약벌) 인정

위약금은 손해배상의 예정의 성격과 동시에 위약벌의 성격을 가질 수 있다.[7] 대법원 2013. 04. 11. 선고 2011다112032 판결은 전기공급계약에서 전기요금을 면탈한 경우에 면탈금액의 2배에 해당하는 위약금을 부과하도록 규정하고 있었다. 그리고 위약금 중에서 면탈금액에 해당하는 금액에 대해서만 부가가치세를 가산하도록 규정되어 있었다. 위약금 이외에 별도로 면탈한 전기요금 자체 또는 손해배상을 청구할 수 있도록 하는 규정은 없었다. 대법원은 위약금이 손해배상액의 예정과 위약벌의 성질을 함께 가지는 것으로 보았다. 사실상 이 사안에서 위약금은 면탈금액의 2배에 해당하는 금액이지만 그중에서 면탈금액은 원래 전기공급계약에 따라서 납부하여야 하는 금액이며, 나머지 금액이 위약금이라고 할 수 있다. 이와 유사한 사례로 매매계약에서 채무불이행으로 인해 계약이 해제될 경우에 매도인이 계약금의 배액을 위약금으로 지급하기로 약정한 경우가 있다.

3. 예정액을 초과하는 손해배상

원칙적으로 손해배상의 예정이 있다면 이를 초과하는 손해가 발생하더라도 별도로 손해배상을 청구할 수 없다. 그러나 대법원은 손해배상의 예정에 대한 약정이 있더라도 이를 초과하는 손해배상을 청구할 수 있다는 경우를 인정하고 있다.[8] 대법원 2002. 7. 12. 선고 2000다17810 판결에서는 도급계약에 있어서 하자보수보증금이 문제되었다. 대법원은 하자보수보증금은 손해배상액의 예정으로 볼 수 있지만, 당사자가 실손해를 입증하면 이를 초과하는 손해의 배상을 허용할 수 있다고 판시하였다. 비교법적으로 살펴

182~184면 참조.

7) 대법원 2013. 4. 11. 선고 2011다112032 판결: 다수의 전기수용가와 사이에 체결되는 전기공급계약에 적용되는 약관 등에, 계약종별 외의 용도로 전기를 사용하면 그로 인한 전기요금 면탈금액의 2배에 해당하는 위약금을 부과한다고 되어 있지만, 그와 별도로 면탈한 전기요금 자체 또는 손해배상을 청구할 수 있도록 하는 규정은 없고 면탈금액에 대해서만 부가가치세 상당을 가산하도록 되어 있는 등의 사정이 있는 경우, 위 약관에 의한 위약금은 손해배상액의 예정과 위약벌의 성질을 함께 가지는 것으로 봄이 상당하다.

8) 대법원 2002. 7. 12. 선고 2000다17810 판결: 그러나 공사도급계약서 또는 그 계약내용에 편입된 약관에 수급인이 하자담보책임기간 중 도급인으로부터 하자보수요구를 받고 이에 불응한 경우 하자보수보증금은 도급인에게 귀속한다는 조항이 있을 때 이 하자보수보증금은 특별한 사정이 없는 한 손해배상액의 예정으로 볼 것이고(대법원 2001. 9. 28. 선고 2001다14689 판결 참조), 다만 하자보수보증금의 특성상 실손해가 하자보수보증금을 초과하는 경우에는 그 초과액의 손해배상을 구할 수 있다는 명시규정이 없다고 하더라도 도급인은 수급인의 하자보수의무 불이행을 이유로 하자보수보증금의 몰취 외에 그 실손해액을 입증하여 수급인으로부터 그 초과액 상당의 손해배상을 받을 수도 있는 특수한 손해배상액의 예정으로 봄이 상당하다.

보더라도 손해배상의 예정을 최소손해에 대한 약정으로 이해하는 것이 타당하며, 이를 초과하는 손해를 입증한 경우에는 그 초과분에 대한 배상청구를 허용할 필요가 있으므로 대법원의 결론은 타당하다고 볼 수 있다.

손해배상액에 대한 약정이 어떠한 손해배상을 대상으로 한 것인지에 따라 해당 손해에 대해서만 적용된다고 해석해야 한다는 관점을 고려할 때에도 대법원 판결의 결론은 타당하다.

4. 금전채무불이행의 특칙과 손해배상의 예정

매수인이 계약을 위반하였다면 매도인은 계약을 해제하거나 민법 제397조에 의해서 약정이율에 따른 손해배상을 청구할 수 있다. 이행지체에 대비한 지연손해금 비율은 손해배상의 예정에 해당한다. 그러나 만약 매도인이 목적물을 인도하지 않았다면 민법 제587조에 의해서 매도인은 대금채무의 지체를 이유로 하는 지연손해배상을 청구할 수 없다.[9] 그런데 당사자가 매수인에게 지연이율을 약정하였음에도 불구하고 이를 초과하는 손해가 발생한 경우에 그러한 손해배상을 청구할 수 있는지 문제가 될 수 있는데, 판례 중에는 그러한 가능성을 인정하는 듯한 표현을 한 경우가 있고[10] 견해에 따라서는 금전채권자는 법정이율이나 약정이율 이외의 손해를 입증하면 손해배상의 일반원칙에 따라 손해를 배상받을 수 있는 가능성을 인정하기도 한다.[11]

매도인은 금전채권자이다. 따라서 금전채무의 불이행의 경우에 법정이율이나 약정이율에 따른 지연손해배상만을 청구할 수 있다면 매도인에게 구체적 · 추상적 손해산정은 별 의미가 없다. 따라서 매도인이 대체거래나 시가를 통해서 손해배상을 청구할 수 있기 위해서는 법정이율이나 약정이율에 따른 지연손해배상 이외의 손해에 대해서도 배상을 청구할 수 있다는 결론이 도출되어야 한다. 민법 제397조는 금전채권자의 손해배

---

9) 대법원 1995. 6. 30. 선고 95다14190 판결: 특정물이 매매에 있어서 매수인의 대금지급채무가 이행지체에 빠졌다 하더라도 그 목적물이 매수인에게 인도될 때까지는 매수인은 매매대금의 이자를 지급할 필요가 없는 것이므로(민법 제587조 참조), 그 목적물의 인도가 이루어지지 아니하는 한 매도인은 매수인의 대금지급의무 이행의 지체를 이유로 매매대금의 이자 상당액의 손해배상청구를 할 수 없다 할 것이다(당원 1981. 5. 26.선고 80다211 판결 참조). 민법 제587조에 대한 비판적인 견해에 대해서는 제철웅, "민법 제587조의 재해석", 「인권과 정의」, 제234호, 1996; 김창희, "민법 제587조에 대한 재검토", 「인권과 정의」, 제411호, 2010 참조.

10) 대법원 1991. 10. 11. 선고 91다25369 판결에서는 매매대금의 지체로 인해서 매도인에게 발생한 손해가 특별손해에 해당한다고 보았다. 결과적으로 매수인이 그러한 특별한 사정을 알았거나 알 수 없었기 때문에 손해배상청구가 인용되지는 않았지만 이 판결은 매도인은 법정이율 이외의 손해에 대해서도 배상을 청구할 수 있는 가능성을 열어둔 판결이라고 볼 수 있다.

11) 제철웅, "민법 제397조의 법적 지위에 관한 검토", 「한림법학」, 제5권, 1996, 205면; 최수정, "금전채무불이행의 특칙에 대한 재검토: 손해배상액을 중심으로", 「민사재판의 제문제」, 제19권, 2010, 219면

상에 대한 입증책임을 완화해주기 위한 규정이며, 법정이율이나 약정이율은 입증 여부와 상관이 배상해야 할 최소한의 손해라고 보는 것이 타당하다.[12] 따라서 매도인이 그 밖의 손해를 입증한다면 민법 제397조와 상관없이 그러한 손해배상의 일반원칙에 따라 배상을 청구할 수 있다고 보아야 한다.

독일민법은 금전채무불이행의 경우에 지연이자 이외의 손해를 주장하는 것이 금지되지 않는다(독일민법 제288조 제4항). 일본에서는 민법개정과정에서 금전채무불이행의 경우에 그 밖의 손해배상을 허용하는 중간시안이 발표되었다.[13]

매도인이 구체적·추상적 손해산정의 방법에 의해서 손해배상을 청구할 수 있기 위해서는 매도인이 매매대금에 대한 금전채권자이더라도 법정이율이나 약정이율 이외의 손해를 입증한다면 그러한 손해의 배상을 청구할 수 있다는 점이 인정되어야 한다.

Ⅱ. 손해배상액의 예정에 관한 비교법적 검토

1. 일본민법

2020년 개정 이전의 일본민법 제420조는 손해배상액의 예정에 대해서 규정하고 있었다. 그런데 개정 이전 일본민법 제420조 제1항은 법원에 의한 예정액의 증감을 허용하고 있지 않았다. 그러나 공서양속에 반하는 경우에는 손해배상의 예정이 무효로 될 수 있었다. 2020년부터 시행된 현행 일본민법은 기존의 제420조 제1항 후단을 삭제하였다. 즉 손해배상 예정액의 증감을 금지하는 단서를 삭제하였다. 개정 과정에서는 손해배상의 예정이 있더라도 채무자가 감액된 금액을 주장할 수 있도록 제3항에서 규정하였으나 이 부분은 개정에 반영되지 않았다.[14]

위약금의 약정이 있는 경우에 당사자들은 채무불이행이 있다면 위약금만을 청구할 수 있다. 그러나 당사자 사이에 위약금과 별도로 손해배상을 인정하는 경우에는 그러한 특약도 유효하다.[15] 일본민법의 기초자들은 손해배상의 예정에 해당하는 위약금과 위약벌에 해당하는 위약금의 차이를 다음과 같이 파악하였다.[16] 첫째, 예정액은 손해의 산정을 법원에 맡기는 것이 적절하지 않거나 입증이 곤란한 경우에 이용되고, 위약벌은 이행을 확실하게 하기 위한 목적으로 이용된다. 둘째, 손해배상의 예정은 손해배상의 목적을

---

12) 제철웅, 위의 논문, 205면; 최수정, 위의 논문, 219면

13) 民法(債権関係)の改正に関する中間試案, 金銭債務の特則(民法第４１９条関係), 17頁. 그러나 최종적으로 일본민법에 반영되지는 않았다.

14) 民法(債権関係)の改正に関する中間試案, 17頁

15) 강신웅, "위약금에 관한 비교연구", 「민사법학」, 1996, 28면.

16) 강신웅, 위의 논문, 21면.

갖고 있지만 위약벌은 私的인 罰이다. 셋째, 손해배상의 예정은 당연히 허용되지만 위약벌은 불법적일 수 있다. 넷째, 손해배상의 예정이 있으면 예정액만을 청구할 수 있지만, 위약벌의 경우에는 손해배상청구도 가능하다.

2. 유럽계약법원칙

유럽계약법원칙(Principles of European Contract Law; 이하 "PECL")은 유럽공동체 내에서 통용되기 위해서 유럽계약법위원회(Commission of European Contract Law)가 작성한 계약법에 관한 하나의 모범법(model law)이다. 계약당사자는 계약을 체결하면서 불이행이 있는 경우에 일정한 금액을 지급하기로 하는 합의를 하는 경우가 있다. 유럽계약법원칙 제9:509조는 이 경우를 다루고 있다. 이러한 합의금은 손해배상액에 대해서 미리 산정해 두는 것일 수도 있고, 계약위반에 대한 제재라는 의미에서 위약벌에 해당할 수도 있다. 유럽계약법원칙 제9:509조는 손해배상액에 대한 사전적 합의나 위약벌에 대한 합의가 모두 유효하다는 것을 전제로 한다.[17]

불이행이 면책되는 경우에는 합의금의 지급을 청구할 수 없다.[18] 손해배상액의 약정이 있다면 실제로 불이행이 발생하는 경우에 채권자는 이행청구를 할 수 없고 단지 약정된 손해배상만을 청구할 수 있는가? 당사자가 미리 손해배상에 대한 약정을 해두었다고 해서 이행청구권이 배제되는 것은 아니다. 따라서 채권자는 이행의 청구나 합의금의 청구를 선택적으로 할 수 있다.[19] 또한 채권자에게 실손해가 발생했는지 여부와 상관없이 합의금을 청구할 수 있다(Art. 9:509(1) PECL). 합의금을 넘는 손해가 발생한 경우에 합의금이 손해배상에 대한 최소한의 기준만을 설정한 것이라면 합의금을 넘는 손해에 대해서도 배상을 청구할 수 있다.[20]

당사자의 합의금이 부당하게 과도한 경우에 법원은 합리적인 금액으로 감액할 수 있다(Art. 9:509(2) PECL). 당사자들이 합의할 당시에는 합리적이었지만 나중에 부당하게 된 경우에도 이 규정이 적용된다.[21] 법원은 합의금이 실제 발생한 손해를 상당히 넘어

17) Principles of European Contract Law, Part I and Part II, prepared by the Commission on European Contract Law, edited by Ole Lando and Hugh Beale, (Netherland; Kluwer Law International, 2000)(이하 "Lando/Beale"로 인용), Art. 9:509, Note 1, p.455.

18) Lando/Beale, Art. 9:509, Note 1, p. 455. 우리나라에서는 채무자에게 귀책사유가 없는 경우에도 손해배상의 예정액을 청구할 수 있다는 견해(곽윤직, 채권총론, 2000, 162면; 김상용, 채권총론, 2004, 200면)와 귀책사유가 있는 경우에만 예정액을 청구할 수 있다는 견해(서민, "손해배상액의 예정", 「민사법학」, 제7호, 1988, 160-191면; 이창한, "손해배상의 예정에 관한 몇 가지 문제점", 「민사법연구」, 제3집, 1994, 181면)가 나뉘고 있다.

19) Lando/Beale, Art. 9:509, Note 2, p.456.

20) Lando/Beale, Art. 9:509, Comment A, p.454.

서는 경우에만 감액할 수 있다.[22] 그러나 불이행을 방지하고자 하는 당사자의 의사를 고려해서 합의금을 감액해야 한다. 따라서 단순히 실손해와 합의금의 차이만을 고려해

서는 안 되며 손해배상의 약정을 통하여 이행을 강제하고자 하는 당사자의 의사를 고려해야 한다.[23]

3. 유럽의 공통참고기준초안

"공통참조기준초안"(Draft of a Common Frame of Reference; 이하 "DCFR")에 따르면 당사자들은 손해의 발생을 입증하기 어려운 경우에 사전에 계약위반시에 일정한 금액을 지급하는 것을 약정할 수 있다. 그와 같은 약정은 채권자가 계약을 이행하도록 강제하는 기능도 수행한다. 즉 손해배상의 예정은 손해의 입증곤란을 덜어주며, 채무자에게 채무를 이행하도록 압력을 가하는 기능을 한다.

DCFR III. –제3:712조(1)은 이러한 손해배상의 예정이 유효함을 규정하고 있으며, 당사자는 손해의 발생을 입증하지 않더라도 불이행이 있는 경우에 약정한 금액을 청구할 수 있다. 채권자는 손해배상의 예정이 단순히 최소손해에 해당한다는 점을 명시하였다면, 예정액보다 더 많은 손해가 발생하였음을 입증하여 예정액을 초과하는 손해에 대해서도 배상을 청구할 수 있다.[24]

만약 발생한 손해를 고려하거나, 그 밖의 사정을 고려할 때 예정액이 지나치게 과다하다고 판단되면 법원은 합리적인 액수로 감액할 수 있다(DCFR III. –제3:712조(2)). 예정액이 지나치게 과다하는 판단을 함에 있어서 예정액과 실제 손해의 관계를 살펴보아야 한다.

4. 독일법

독일민법은 위약금(Vertragsstrafe)에 대해서 제339조 이하에서 규정하고 있다. 독일의 위약금제도는 장래에 발생될 것이라고 기대되는 손해를 배상하는 제도이기는 하지만, 계약상대방을 강제하여 계약상 의무를 이행하도록 압박하는 것을 주된 목적으로 삼고 있다.[25]

---

21) Lando/Beale, Art. 9:509, Comment B, p.454.
22) Lando/Beale, Art. 9:509, Comment B, p.454.
23) Lando/Beale, Art. 9:509, Comment B, p.454.
24) Study Group on a European Civil Code/Research Group on EC Private Law (Acquis Group) (ed.), Principles, Definitions and Model Rules of European Private Law: Draft Common Frame of Reference(Full Edition), Sellier European Law Publishers(October 20, 2009), p.977.
25) BGHZ 49, 84, 89; 105, 25, 27.

독일민법 제339조 1문에 따르면 채무자가 자신의 채무를 이행하지 않거나 적절한 방식으로 이행하지 아니하면 위약금을 지급하기로 약속한 경우에 채무자가 지체에 빠지게 되면 채권자는 위약금을 청구할 수 있다. 독일민법 제339조 1문은 임의규정이므로, 당사자는 귀책사유와 무관한 위약금을 합의할 수도 있다.

채무불이행을 이유로 위약금을 청구하는 경우에 채권자는 이행에 갈음하여 요구할 수 있다(독일민법 제340조 제1항). 따라서 위약금청구권을 행사한다면 채권자는 더 이상 이행청구권을 행사할 수 없고 이행에 갈음하는 전보배상청구권도 행사할 수 없다. 그러나 먼저 이행을 청구하더라도 그 이후에 위약금을 청구하는 것은 가능하다.[26] 위약금은 최소손해로 취급되며, 그 밖의 손해배상을 청구할 수 있다(독일민법 제340조제2항).

부적절한 이행(독일민법 제280조 제1항[27], 제286조와 연계된 제280조 제2항[28], 제437조 3호[29], 제634조[30])의 경우에, 독일민법 제341조 제1항에 따르면 채권자는 위약금을 청구하더라도 이행청구권을 행사할 수 있다. 하지만 채권자가 이행된 것을 수령하였다면 위약금을 유보하면서 수령한 경우에만 위약금을 청구할 수 있다(독일민법 제341조 제3항).

당사자가 합의하여 지급된 위약금의 액수는 통상적으로 손해배상액보다 높다. 채무자를 강제하기 위한 목적이 크기 때문에 그러하다. 그러나 채무자가 지급하여야 할 손해배상액이 1천만 원인데, 위약금으로 1억 원을 지급하도록 합의하는 것이 채무자에게 매우 불리할 수 있다. 따라서 독일민법은 채무자보호를 위하여 위약금을 배제하는 점과, 법원을 통한 위약금의 감액을 가능하도록 하는 내용을 규정하고 있다.[31]

채무자가 위약금을 지급하지 않는 상황에서, 독일민법 제343조 제1항 제1문에 따르면 위약금액이 부적절하게 높은 경우에, 위약금은 적절한 금액으로 감액될 수 있다. 독일민법 제343조 제1항 제2문은 적절함을 판단함에 있어서 단순히 재산적 이해관계만이 아니라 채권자의 모든 정당한 이해관계가 고려되어야만 한다고 규정하고 있다. 따라서 "적절성"에 대하여 채권자의 모든 이해관계, 특히 비재산적 이해관계도 고려되어야 한다. 이러한 이해관계가 적절성을 판단하는 기준이 된다.[32]

위약금액의 적절성을 판단함에 있어서 위반자의 위반행위의 중대성과 범위 및 위반자의 귀책사유는 중요하게 고려된다.[33] 그리고 이를 판단함에 있어서 개별사례들의 모

---

26) Medicus/Lorenz, S. 270.
27) 의무위반으로 인한 손해배상.
28) 채무자지체로 인한 손해배상.
29) 하자가 있는 경우 매수인의 권리.
30) 하자가 있는 경우 도급인의 권리.
31) Dieter Medicus/Stephan Lorenz: Schuldrecht I: Allgemeiner Teil, 21. Aufl., München (Beck) 2015, S. 269.
32) Medicus/Lorenz, S. 268.

든 상황이 고려되며, 강제수단 및 담보수단으로서 위약금의 기능 및 일괄손해배상으로서의 위약금의 기능, 행위방지에 대한 채권자의 이해관계, 채무자의 위반의 유형, 과책의 정도 및 경제적 상황이 고려된다. 특히 손해가 없다는 것만으로 감액을 요구할 수 없으며,[34] 계약위반이 어떠한 손해를 야기할 수 있었는지도 고려하여야 한다.[35] 이와 함께 위약금이 발생된 손해를 초과하지 않는다면, 위약금은 통상적으로 감액될 수 없다는 점[36]도 고려하여야 한다.

독일민법 제343조 제1항은 법적으로 유효한 계약에 법관이 개입할 권리에 관하여 규정하고 있으며, 우선적으로 위약금에 관한 합의가 공서양속위반에 관한 독일민법 제138조에 따라서 무효가 되는지가 검토가 되어야 한다. 위약금이 높다는 것만을 근거로 공서양속위반을 인정하지는 않는다. 그러나 위약금으로 인하여 채무자를 속박하는 것이라면, 공서양속위반이 될 수도 있다.[37]

5. 프랑스법

개정 이전의 프랑스법에서는 손해배상의 예정(프랑스민법 제1152조)과 위약금의 약정(프랑스민법 제1226조~1233조)을 별도로 규정하고 있었다. 그러나 2016년 개정된 프랑스민법은 손해배상액의 합의에 대해서 제1231−5조에서 하나의 조문으로 규정하고 있다. 이 규정의 성격이 손해배상액의 예정인지 위약벌인지에 대해서는 논란이 있지만 많은 학자들은 이를 손해배상액의 약정이라고 본다.[38]

계약 당사자가 손해배상금(dommages et intéês)을 약정한 경우에 채권자는 이 금액만을 청구할 수 있다(제1231−5조 제1항). 즉 당사자가 약정한 금액보다 더 많은 금액이나 더 적은 금액을 청구할 수 없다. 그러나 위약금이 과다한 경우에 법원은 감액하거나 과소한 경우에 증액할 수 있다(동조 제2항). 채무가 부분적으로 이행된 경우에 이행된 범위에서 위약금은 감액될 수 있다(동조 제3항). 위약금은 지체가 확정적인 경우가 아니라면 최고를 통하여 채무자를 지체에 빠뜨린 경우에만 청구할 수 있다(동조 제5항).

---

33) BGH NJW 94, 45; NJW−RR 02, 608.
34) RG 103, 99.
35) BGH LM § 339 Nr. 2.
36) Nürnberg MDR 68, 920.
37) Medicus/Lorenz, S. 268 f.
38) 박준혁, “프랑스 민법상 손해배상에 관한 합의”, 「법학논고」, 제84호, 2024, 311면.

6. 영미법

영미법에서는 손해배상액에 대한 당사자의 합의(liquidated damages clause)는 유효하지만, 위약벌에 대한 합의(penalty clause)는 효력이 없다.[39] 계약당사자가 사적인 제재를 가할 수는 없기 때문이다. 예정액 약정이 있는 경우에 당사자는 발생한 손해액의 크기와 상관없이 약정액(stipulated sum)을 청구할 수 있다. 우리나라와 달리 법원은 약정액을 감액할 수 없다. 그러나 약정액이 과도하거나 비양심적이라면 약정액은 위약벌에 해당하여 무효이다. 손해를 정확히 산정하기 어려운 경우라면 약정액은 위약벌이 아닌 손해배상 예정액(liquidated damages)으로 인정된다.

7. 소결

비교법적으로 검토해 볼 때 손해배상액의 예정과 관련한 쟁점을 다음과 같이 정리할 수 있다.

첫째, 초과손해의 배상을 허용할 것인지 여부가 문제된다. 유럽계약법원칙, DCFR, 독일민법은 초과손해를 입증하는 경우에 예정액을 넘어선 손해배상청구를 허용한다. 반면에 일본민법, 프랑스민법, 영미법에서는 초과손해의 배상을 청구할 수 없다. 우리나라에서는 손해배상액의 예정이 있는 경우에 채무불이행이 있더라도 예정액만을 청구할 수 있으며, 예정액을 초과하는 손해배상을 청구할 수 없다.

둘째, 예정액의 감액이나 증액이 허용될 것인지 여부가 문제된다. 대부분의 입법례는 예정액이 부당하게 과다하다면 감액할 수 있음을 규정하고 있다. 다만 프랑스민법의 경우에는 감액뿐만 아니라 증액도 가능하다. 이 점을 고려한다면 프랑스민법에서는 예정액을 넘는 초과손해의 배상을 청구하는 것이 가능하다고 볼 수도 있다. 우리 민법 제398조 제2항은 법원이 직권으로 예정액을 감액할 수 있음을 규정하고 있다.

셋째, 예정액을 청구하는 경우에 이행청구권도 행사할 수 있는지 여부가 문제된다. 일본민법, 유럽계약법원칙은 예정액에 대한 합의는 이행청구권에 영향을 미치지 않는다고 한다. 반면에 독일민법 제340조는 이행하지 않는 것에 대해서 위약금을 약정한 경우에 채권자는 이행에 갈음하여 위약금을 청구할 수 있고, 이 경우에 위약금을 청구하면 이행청구권은 배제된다. 2016년 개정 이전의 프랑스민법 제1229조제2항은 위약금이 이행지체에 대비한 것이 아니라면 위약금을 청구하면서 이행청구권을 행사할 수는 없다고 규정하고 있었다.

---

39) Lando/Beale, Art. 9:509, Note 4, p.456; Guenter H. Treitel, The Law of Contract(9th ed)(Sweet & Maxwell, 1995), 16-134.

이와 같이 예정액을 청구하는 경우에 이행청구권을 배제하는 이유는 예정액이 어떠한 손해배상을 대비한 것인지와 연관되어 있다. 만약 채권자가 급부와 반대급부의 차액에 해당하는 손해배상을 청구하는 경우에, 예를 들어 민법 제395조에 따라 전보배상을 청구하면서 매매계약과 전보배상금을 상계하고 차액만을 청구하거나 계약을 해제하고 손해배상을 청구하는 경우에 채권자는 상대방에게 이행청구권을 행사할 수 없다. 따라서 만약 급부와 반대급부의 차액에 해당하는 손해에 대해서 당사자가 배상액의 예정을 하였다면, 그러한 예정액을 청구하는 경우에 채권자는 더 이상 이행청구권을 행사할 수 없다고 보아야 한다. 그러나 손해배상액의 예정이 지연손해배상에 대한 예정이라고 한다면 예정액을 청구하는 것은 이행청구권을 배제하지 않는다. 마찬가지로 예정액이 부수의무의 위반이나 하자보수의 지연에 대한 손해배상액의 예정인 경우에도 예정액을 청구하는 것이 이행청구권을 배제하지 않는다.

Ⅲ. 개정안 제398조 검토의견

1. 개정안 제398조의 의의

개정안은 손해배상액의 예정에 관한 현행 제398조의 표제를 "배상액의 예정"에서 "위약금"으로 변경하였다. 위약금은 손해배상의 예정과 위약벌로 구분해 볼 수 있는데, 표제를 위약금으로 변경하였다는 것은 제398조가 위약벌에도 적용될 수 있다는 것을 의미한다. 따라서 개정안에 따르면 위약벌에 해당하는 위약금의 경우에도 법원은 직권으로 적당히 감액할 수 있다.[40] 위약금을 감액할 필요성이 있는 경우에 이를 손해배상의 예정으로 본다면 감액이 가능하지만 추가적인 손해의 배상을 허용할 수 없고, 별도의 손해배상을 허용하기 위해서 위약금을 위약벌로 본다면 감액을 할 수 없다는 문제가 있었는데, 개정안에 의해서 이러한 문제를 해결할 수 있게 되었다.

다만 현행 민법 제398조 제4항은 위약금을 손해배상액의 예정으로 추정하고 있는데 이러한 추정을 깨뜨리고 위약벌약정이 인정된다면 법원은 이를 감액할 수 없고 별도로 손해배상도 청구할 수 있다. 그러나 개정안과 같이 위약벌도 감액이 가능하다면 법원은 위약벌을 인정하여 별도의 손해배상청구를 허용하면서도, 위약벌과 손해배상의 액수를 고려하여 위약벌을 적절히 감액할 수 있게 된다. 따라서 손해배상액의 예정과 위약벌을 구분하는 큰 의미가 없게 되며, 개정안 제2항의 법률상 추정도 큰 의미가 없게 된다.

---

40) 김재형, "「손해배상액의 예정」에서 「위약금 약정」으로, -특히 위약벌의 감액을 인정할 수 있는지 여부를 중심으로-", 「비교사법」, 제21권 제2호, 2013, 648~649면.

2. 손해배상액의 예정과 초과손해

손해배상액을 예정한 경우에 채무불이행이 있게 되면 예정된 손해배상액만을 청구할 수 있다. 이러한 입장은 당사자가 약정한 채무불이행의 유형이나, 당사자가 손해가 발생하게 된 원인과 상관없이 예정된 손해배상액만을 청구하게 되면 채권자에게 불합리한 결과가 발생할 수 있다. 이러한 이유 때문에 판례는 손해배상액의 예정에도 불구하고 추가적인 손해의 배상청구를 허용하는 특수한 위약금 약정을 인정하고 있다. 만약 손해배상액의 예정에 대한 합의가 있는 경우에 추가손해의 배상을 허용한다면 손해배상액의 예정과 위약벌은 구별의 실익이 위약벌에 해당하는 금액에 대한 손해배상을 청구할 수 있는지 여부와 관련해서만 차이가 존재한다. 즉 추가손해의 배상청구를 허용한다면 손해배상액의 예정의 경우에는 해당 채무불이행으로 인해서 발생한 손해 중에서 예정액에 해당하는 손해는 배상받을 수 없고 이를 초과하는 손해만을 배상받을 수 있다. 반면에 위약벌의 약정에 해당한다면 위약벌에 해당하는 금액을 초과하는 손해뿐만 아니라 위약벌에 해당하는 손해액에 대해서도 손해배상을 청구할 수 있다.

민법 제398조를 개정한다면 손해배상액의 예정을 최소손해에 대한 합의로 파악하고, 채권자가 추가적인 손해를 입증한다면 그에 대한 손해배상을 허용하는 것을 인정할 필요가 있다. 다만 개정안에 따르면 위약벌도 감액할 수 있게 되었다. 따라서 위약금을 위약벌로 인정한다면 채권자는 별도로 손해배상을 받을 수 있게 되며, 만약 손해배상과 위약벌을 모두 지급받는 것이 과다하다면 위약벌을 감액할 수도 있다. 즉 위약금의 약정이 있는 경우에 추가손해의 배상이 필요하다면 법원은 위약금을 위약벌로 인정하고 필요에 따라서 위약벌을 감액할 수 있게 된다. 결과적으로 개정안 제398조는 위약벌의 감액을 허용함으로써 손해배상액 예정의 경우에 추가손해의 배상을 허용하는 것과 같은 결과를 가져올 수 있다.

3. 손해배상액의 예정과 이행청구권

개정안은 현행 민법과 마찬가지로 위약금의 약정이 계약의 해제나 이행청구에 영향을 미치지 않는다고 규정하고 있다. 그런데 계약 당사자가 민법 제395조에 따라서 급부에 갈음하는 손해배상, 즉 전보배상을 청구하는 경우에 전보배상액에 대해서 손해배상액의 예정을 하는 경우가 있다. 계약을 해제하는 경우에도 급부와 반대급부의 차액에 대한 손해배상을 청구하는 형태로 전보배상을 청구할 수 있는데, 이러한 경우에 손해배상액의 예정을 할 수 있다. 이와 같이 전보배상에 대한 손해배상액의 예정을 한 경우에는 상대방에 대해서 이행을 청구할 수 없다. 따라서 개정안 제4항에서 위약금의 약정이 이행청구에 영향을 미치지 않는다고 규정하고 있는데, 급부에 갈음하는 손해배상액을 예정한 경우를 제외한 나머지 경우에만 이행청구권이 배제된다고 규정할 필요가 있다.

불가분채무, 연대채무, 그리고 부진정연대채무*

이진기**

국문초록

급부의 성질 또는 당사자의 의사로 발생하는 불가분채무는 가장 강한 효력을 가지는 여러명의 채무관계(강학상 익숙한 '다수당사자의 채권관계'를 섞어 쓴다)로 언급된다. 그러나 이는 환상이다. 현행 민법에서 불가분채무는 급부가 가분으로 변경되는 때에는 가분[분할]채무로 전환되어(§412) 그 힘을 잃고 이행청구와 이행지체가 개별효만을 가지는 탓에(§411) 연대채무가 채권자에게 현저히 유리하다. 이와 같은 의외의 결과를 마주하는 상황 아래에서 불가분채무가 반드시 연대채무와 비교하여 강력한 담보력을 가진다고 단언하기 어렵고 따라서 채권자의 채권의 자력확보를 위하여 반드시 불가분채무에 집착하여야 할 정당한 이유도 없다.

§§418 II, 419–422에서 일부전체효[일부절대효]를 내용으로 하는 민법의 연대채무는 서구 민법전에 낯선 입법으로서 이는 일본화의 산물이다. 그렇지만 개별전체효의 효과를 과장할 것은 아니다. 이는 이행청구의 전체효[절대효]에 의하여 얼마든지 극복될 수 있는 성질의 것이다. 다른 한편 채권자[피해자]의 보호를 위하여 실무가 –특히 §760 II를 중심으로– 그 법리를 확립하여 규범화한 부진정연대채무는 민법에 아무런 근거가 없는 목적지향적 신기루이다. 이를 정식제도권화하는 입법적 노력이 선행되어야 한다. 그럼에도 실무는 날이 갈수록 부진정연대채무를 선호·확장하며, §411에 의하여 불가분채무에 준용되는 §413은 연대채무의 성립요건은 언급하지 않고 효력만을 규율대상으로 하기 때문에 일부전체효를 제외한 연대채무의 규정도 또한 그대로 부진정연대채무에 적용될 수 있다. 이러한 사정을 감안하면, 불가분채무, 연대채무와

---

* 이 글은 이진기, 불가분채무, 연대채무, 그리고 부진정연대채무, 민사법학 제110호(2025), 369–405면을수정·보완한 것입니다.

** 성균관대학교 법학전문대학원 교수, 법학박사.

부진정연대채무 모두를 위한 일반규정의 정립이 얼마든지 현실화될 수 있고, 이러한 한도에서 별도로 부진정연대채무의 관념을 승인할 정당한 사유가 존재하지 않는다.

앞으로 「연대하여 책임이 있다」 또는 「연대채무를 진다」 등 법문을 있는 그대로 해석 · 적용하고, 이를 뒷받침하기 위하여 1단계 입법론으로 개별전체효의 범위를 줄이거나 없애는 방법으로 연대채무를 재구성하고, 2단계 입법론으로 그 규정들을 불가분채무와 부진정연대채무에 옮겨 준용 또는 적용하는 단순화작업이 이루어져야 한다. 이것이 서로 얽혀서 꼬여 있는 여러 명의 채권 · 채무관계를 일목요연하게 정리하고 쉽고 편하게 이들의 법리에 다가갈 수 있도록 준비하기 위한 시작이다.

Ⅰ. 글을 시작하며

민법은 §§408－448에서 [제3절 수인의 채권자 및 채무자]의 채권관계의 제목 아래 분할채권 · 채무, 불가분채권 · 채무, 연대채무와 보증채무의 순서로 배치한다. 다만 교과서들[1)]이 거의 이론 없이 여러 명의 채권관계로 설명하는 보증채무는 －債權의 발생원인을 기준으로 채권의 同一性을 판단하는 민법학[2)]과 실무에 따르면－ 주채무와 발생원인을 달리하는 보증계약을 원인으로 하는 독립의 채무이므로 이를 다수당사자의 채권관계의 범주에 편제할 것이 아니다. 잘못된 것을 바로잡는 것은 민법학의 몫이다.

민법 §§408－427은 1958년에 제정되어 1960년에 시행된 민법전의 체계와 내용을 원형 그대로 보전하여 순수한 본래의 모습을 그대로 간직한 부분이다.[3)] 그 이유는 분명하지 않지만, [제3절 수인의 채권자 및 채무자]는 2003년, 2013년과 심지어 2024년의 민법 개정 준비작업에서도 관심의 외곽지대에 위치한다.[4)] 다수당사자의 채권 · 채무관계는 아직껏 제대로 다루어진 적이 없이 원시자연림으로 남은 마지막 영토의 하나로서 그 해명은 민법학의 해묵은 숙제이다.[5)]

1) 현승종, 채권총론, 1975, 257면 이하; 김증한, 채권총론, 1980, 201면 이하; 김형배, 채권총론, 1998, 426면; 곽윤직, 채권총론, 1999, [55], (200면 이하) 등. 비교. 다만 비교: 연대채무와 보증채무를 담보제도 아래 편제한 양창수 · 김형석, 민법 III (권리의 보전과 담보), 2018, 261면 이하.

2) 대판 2018.02.28., 2016다45779. 또한 R.Sohm, Institutionen, Geschichte und System des römischen Privatrechts, 17.Aufl., 1931, 360: "ein anderer Verpflichtungsgrund, eine andere Leistung."

3) 이는 조선민사령으로 시행된 1898년의 일본민법 §§427－445의 규정을 거의 그대로 답습한 것이다.

4) 또한 법무부 민법개정위원회 위원장 양창수의 [자료] 최근의 일본민법 개정: 계약법 및 소멸시효법, 민법연구 X, 2019, 489－587면도 불가분채무와 연대채무에 관하여 일언반구도 없다.

5) 단편적 연구로 제철웅, "'수인의 채무자 있는 채권관계'의 이해에 대한 비판적 검토", 「비교사법」,

현행 민법의 여러 명의 채권·채무관계, 특히 불가분채무와 연대채무는 이제 개정 일본민법의 시행으로 역설적으로 사실상 세계에서 유례를 찾을 수 없는 독창적 모습을 지닌 부분이다. 이밖에 −민법에 아무런 근거규정이 없음에도− 권리자의 보호를 들어 민법학과 실무가 창안하여 정착한(?) 부진정연대채무의 관념은 여러 명의 채무관계에 침입한 불청객이다. 한편 민법은 연대채권에 관한 규정을 알지 못하지만, 그 규율을 사적자치에 맡기면 충분할 것이다.

다음에서는 그 성질이 허용하는 범위에서 연대채무Gesamtschuld에 관한 독일민법학의 연구성과를 곁들여 현행 민법의 불가분채무와 연대채무, 그리고 부진정연대채무의 관계를 비판적으로 분석·검토하고 이들의 장래를 위한 개인의 의견을 제시한다.

Ⅱ. 현행 민법에서 여러 명의 채권·채무관계의 위치

프랑스법계와 독일법계를 계승한 현행 민법은 약간의 중세법의 잔재를 담은 근대민법전이다. 무엇보다 중세법의 유산은 법률생활을 활성화하고 단순하게 하는 윤활유로서 물권편과 채권편을 잇는 가교로 작용한다. 이러한 현상은 특히 물권구조와 유사하게 채권을 지배권으로 파악하여야 하는 여러 명의 채권·채무관계(§§408−427), 채권양도와 채무인수(§§449−459)에서 확연히 나타난다. 민법과 민법학에서 물권과 채권의 연결관계는 1. 채권[재산권]의 준점유(§210)를 매개로 하여, 2−1. 준공동소유(§278)와 그의 특별규정으로 여러 명의 채권·채무관계(§§449−459), 그리고 2−2. 준물권행위[채권양도·채무인수]의 순서로 체현된다.[6] 다음은 이를 도식화한 표이다:[7]

[표: 민법에서 공동소유와 다수당사자의 채권관계]

물권 (절대효, 대물효)	매개규정	채권 (상대효, 대인효)
공유 (§262)	준공동소유 (§278)	분할[가분]채권관계 (§408)[8]

제15권 제1호, 2008, 1−51면; 윤태영, "다수당사자 채권관계에서의 분할주의원칙 제한을 위한 합리적 모색 −'연대의 추정'에 대하여 비판적으로 검토하여−", 「재산법연구」, 제26권 제3호, 2010, 1−26면; 임건면, 부진정연대채무에 관련된 몇 가지 문제점과 유형화 시도, 「성균관법학」 재29권 제1호, 2017, 211−242면; 이정민, "가분채권, 대상재산과 상속재산분할: 대법원 2016. 5. 4.자 2014스122", 「민사판례연구」, 제40호, 2018, 775−804 등 참조.

6) 이진기, "준점유의 개념과 법적 의의", 「비교사법」, 제32호, 2006, 339−368면, 특히 362면 이하; 이진기, 물권법, 2020, 24면 이하 참조.

7) 총유와 준총유는 형식에서는 [준]공동소유이지만 실질에서는 단독소유이므로 여러 명의 채권·채무관계에서 함께 논의하지 않는다. 비슷한 취지로 이미 현승종, 채권총론, 223면 참조.

합유 (§271)	준공유와 준합유 (1) 다른 법률의 규정 (2) §§262–277 – 준점유(§210)를 매개로	1.	(1) 불가분채권 (§409) (2) 연대채권 (합의)	조합 (§703)
		2.	(1) 불가분채무 (§411) (2) 연대채무 (§413)	

흔히 §§408–427은 물권편의 공동소유관념을 채권편, 즉 채권·채무의 공동귀속에 투영한 §278의 특칙으로 해석된다.[9] 이는 점유를 요건으로 하는 공동소유의 법리[10]를 §210의 준점유, 즉 권리의 사실상의 행사를 매개로 재산권의 공동행사에 이식한 결과물이다. §278은 오스트리아일반민법(ABGB) §888[11]을 원형으로 하는 법률규정으로서,[12] 1. 다수당사자의 채권·채무관계와 2. 스스로 자기 채무에 대하여 담보를 제공한 채무자와 물상보증인 또는 동일한 채무를 담보하는 수인의 물상보증인의 관계를 적용대상으로 한다. 그런데 다수견해는 이론상 채권의 준공동소유관계가 성립하지만 불가분채권 등의 규정이 먼저 적용되어야 한다고 새긴다.[13] 이밖에 물건의 지배를 동반하는 임대차와 사용대차에서 채권의 준공동소유를 인정하여야 하고 그렇지 않으면 이를 긍정할 실익이 없다는 주장도 제기된다.[14] 하지만 이는 임대차와 사용대차가 점유를 성립요건으로 하지 않고 임차권과 사용차주의 권리가 관념상의 준점유의 대상임을 놓친 해석이다.

8) 민법은 일본민법을 본받아 分割채권·채무(§408)와 可分채권·채무(§412)을 병용한다. 불가분채권·채무와의 관계를 고려할 때 이들을 다른 뜻으로 사용하는 입법자의 의사가 확인되지 않으므로 –비록 音價는 좋지 않지만 만주국민법과 같이 가능하면 가분·불가분으로–일원화하는 것이 바람직하다.

9) 현승종, 채권총론, 221–223면; 김증한, 채권총론, 1981, 172–174면; 곽윤직, 채권총론, [56] (204면 이하); 김형배, 채권총론, 426–429면: "채권·채무의 공동적 귀속관계는 물권법상의 공동소유의 관념을 채권법에 투영시킨 것" 등. 참조.

10) 이들은 함께 준점유에서 출발하는 채권편의 [준]물권편을 형성한다. 다만 부동산물권과 등기·등록을 물권변동요건으로 하는 재산권에서는 등기·등록이 점유를 갈음한다.

11) 오스트리아일반민법 §888: "Wenn zwey oder mehrere Personen jemanden eben dasselbe Recht zu einer Sache versprechen, oder es von ihm annehmen; so wird sowohl die Forderung, als die Schuld nach den Grundsätzen der Gemeinschaft des Eigenthumes getheilt."(2인 이상의 사람이 어느 사람에게 동일한 물건에 대한 권리를 약정하거나 그로부터 수령하는 경우; 이때에는 채권과 채무는 공동소유의 원칙에 따라 분담된다.)

12) 초안 §265(현행 민법 §278)의 조문제목 [준공유](민법안심의록, 170)를 신설한 합유를 반영하여 [준공동소유]로 바꾼 것으로 추측된다.

13) 김증한, 물권법, 301면; 곽윤직, 채권총론, [56] (204면): "불가분채무가 생기게 하는 것과 큰 차이가 없다."

14) 이영준, 물권법, 2009, 643면.

현행 민법은 연대채권에 관한 규정을 알지 못하며, 심지어 이를 가진 근대민법전들[15]에서도 그 이용도가 현저히 낮다. 또한 법률문헌에서도 연대채권이 규정의 이익이 없다는 부정평가가 압도하며,[16] 심지어 '아득한 기억 속의 존재 또는 거의 사문화된 조항'이라는 낙인[17]까지 뚜렷하다. 연대채권은 대부분 채권자와 채무자의 합의로 발생하며, 그를 다룬 실무의 판결례[18]도 아주 드물다. 그에 관한 법률수요는 구태여 독립규범화하지 않더라도 사적자치를 기본으로 삼고 연대채권≒불가분채권의 공식에 따라 불가분채권의 규정을 유추적용하는 방법으로 충분히 충족될 것이다.[19]

민법학은 거의 일치하여 다수당사자의 채권관계를 '그 주체의 수만큼 다수의 채권 또는 채무'가 존재하는 복수의 채권관계로 새긴다.[20] 이를 따르면 제3자가 어느 채무자의 채무를 인수하는 행위는 그 채무자의 채무를 인수하는 것에 불과하므로 나머지 채무자들의 채무에 영향을 미치지 않는다고 하여야 한다. 이는 의문이다. 이때에는 인수인의 채무와 나머지 채무자들의 채무가 서로 다른 채권관계를 원인으로 한다고 볼 수도 있으므로 인수인이 채권을 만족하게 하거나 다른 채무자가 채권을 만족하게 한 경우 그의 구상권을 근거짓는 일이 쉽지 않게 된다. 아무튼 불가분채무와 특히 연대채무에 관한 현행 민법의 규정은 이른바 단순연대와 공동연대를 적절하게 절충한 형태를 보여준다.

---

15) 프랑스민법 §1320; 오스트리아일반민법 §895; 독일민법 §§428−430; 스위스채무법 §150; 이제는 또한 일본민법 §§432−435의2 등 참조. 또한 채무자가 채권자의 지분을 알기 어려운 경우로 제한 인정하는 사실상 유일한 독일민법 §2151(수인의 유증받은 사람이 있는 경우 지정권) III 참조.

16) R.J.Pothier, Traité des obligations, Tom.1, 1768, no.259: "Cette solidarité entre plesieurs créanciers est d'un usage très rare parmi nous"; 또한 Larenz, Lehrbuch des Schuldrechts I (AT), 14.Aufl., 1987, §36 I c (625): "Vertraglich werden Gesamtforderungen nur selten vereinbart, ..." 등.

17) Hans Otto de Boor, Die Kollision von Forderungsrechten, 1928, 96: "...,bekommt man fast den Eindruck, als ob niemand wisse, was eine Gesamtforderung sei."

18) 대결 1969.02.24., 68마1652(연대채권의 담보로 여러 개의 부동산에 근저당권을 설정한 사안). 그러나 비교. 대판 2006.04.13., 2005다77305(상법 §724 II에 따른 보험자에 대한 피해자의 직접청구권과 보험자에 대한 피보험자의 보험금청구권이 연대채권관계 또는 부진정연대채권관계에 있다는 사안).

19) 다만 개정 일본민법은 신디케이트 론 등을 들어 제3관 연대채권 §§432−435의2(전 5개조)의 과잉 신설로 입법의 흠결(?)을 보완하지만, 이는 상법의 규범자율영역에 맡겨야 하는 입법의 낭비이다.

20) Inst.3.16 pr.; 현승종, 채권총론, 219면; 곽윤직, 채권총론, [55] (200면 이하), [60] (213면); 김형배, 채권총론, 425면; 양창수 · 김형석, 민법 III, 314면: "연대채무자는 각자 독립한 채무를 부담한다" 등. 이와 달리 태도를 확정하지 않아 모호한 김증한, 채권총론, 169면: "다수당사자의 채권관계라 함은 한 개의 채권관계에 관하여 다수의 채권자 또는 다수의 채무자가 있는 경우를 말한다.", 180면: "불가분채권관계는 그 주체와 동수의 채권 또는 채무이다. 각 채권 또는 각 채무는 독립의 권리 또는 의무이며, 다만 그 목석이 불가분이기 때문에 서로 세약을 받는 데 시나시 않는다."

현행 민법의 입법은 공동소유－준공동소유－다수 당사자의 채권관계로 이어지는 틀을 제대로 관철하지 않는다. 예를 들어 조합의 재산소유는 합유(§704－§271)이지만 조합채권자는 각 조합원에게 출자액 또는 이익·손실의 비율로만 조합채권을 행사할 수 있으므로 조합채무는 분할채무이다(§712－§711). 이와 비교하여 합유에 관한 소송은, 다른 사정이 없으면, 필수적 공동소송이다.[21] 한편 §832는 불가분채무의 실질을 가지는 부부의 일상가사채무를 연대채무로 규정한다. 이러한 사실은 다수당사자의 채권관계를 정확한 민법이론에 머무르지 않고 입법정책과 절충하여 정비한 현실을 증명한다.

Ⅲ. 불가분채무, 연대채무와 부진정연대채무

불가분채무와 연대채무, 그리고 부진정연대채무는 모두 「수인의 채무자가 채무 전부를 각자 이행할 의무가 있고 채무자 1인의 이행으로 다른 채무자도 그 의무를 면」하는 것을 공동의 내용으로 한다(§413 참조): 이들은 각 채무자가 동순위에서 동일한 급부의무를 지는 채무이다. 그런데 최근 연이어 언론을 장식하는 '먹튀사건'에 관하여 함께 음식점에 와서 식사한 손님들이 대금을 지급하지 않고 도주한 경우 식당주인에 대한 그들의 채무를 단독채무와 분할채무, 불가분채무, 연대채무 또는 부진정연대채무 중 어느 것으로 판단하여야 하는가?[22]

먼저 대금채무는 금전채무이므로 민법의 원칙으로 돌아가서 §408의 분할채무에 해당한다고 새길 수 있다. 그러나 만일 손님 중 어느 손님이 나머지를 데리고 식당에 들어간 경우와 같이 실질상 그만이 계약 당사자로서 이익을 누리는 때에는 그는 단독채무를 부담한다. 반대로 식당주인의 보호를 위하여 채권의 담보력을 강화하기 위한 방편으로 §411에서 불가분의 의의를 확장하여 불가분채무로 구성할 수 있다. 그럼에도 많은 경우 채무자의 이해관계를 배려하고 무엇보다 그들 전원의 자력을 종합하여 고려하여야 할 사정이 있는 때에는 연대채무를 인정할 여지도 상당하다. 마지막으로 손님들이 처음부터 계약을 체결할 의사가 없다고 새길 수 있는 때에는 채권의 담보력을 강화하기 위하여 공동불법행위에 관한 §760 I 또는 II를 적용하여 부진정연대채무로 해결하는 방안도 가능하다.

이처럼 애매모호한 사정은 불가분채무, 연대채무와 불가분채무의 관계가 거기에서 거기에 지나지 않음을 증언하며, 심지어 단독채무와의 구별조차 쉽지 않다는 사실을 드러낸다. 이러한 이유에서 채무의 확정은 결국 －급부의 본래성질이 불가분이 아닌 이상

---

21) 대판 1966.10.04., 66다1079; 대판 1996.12.10., 96다23238 등; 이시윤, 신민사소송법, 2020, 743면 이하; 전원열, 민사소송법, 2024, 633면 이하 등.

22) 비슷한 사례는 이미 현승종, 채권총론, 224면 이하와 특히 주2 참조.

– 의사표시의 해석에 맡겨지고 이는 결국 판단자[법관]의 재량에 따른 선택과 결정으로 귀착할 수밖에 없다. 이처럼 동일사안을 두고 불확정의 결과귀속이 쟁점화하는 현상은 일정 부분 현행 민법의 애매한 입법태도에도 기인한다. 비슷한 문제상황이 또한 수인이 공동협력으로 건축공사를 수급하는 경우에도 발생하며, 이때 채무는 단독채무, 불가분채무 또는 연대채무일 수도 있고, 심지어 분할채무일 수도 있다.

채무의 확정은 정확한 법률효과를 부여하기 위한 기초이다. 그러나 현행 민법규정만으로는 다수당사자의 채권관계 사이의 구별이 어렵고 이를 위한 실질기준도 제대로 확인되지 않는다.[23] 또한 민법학과 실무가 제창하는 다수당사자의 채권관계에 관한 민법이론과 구조가 심지어 민법전공자조차 쉽게 납득할 수 없을 정도로 복잡하고 혼란스러워 이해를 힘겹게 하고 채무의 확정을 저해하는 결정적인 요인이 된다.

현행 민법은 분할채권·채무를 원칙으로 하고, 이에 해당하지 않거나 분명하지 않은 때에 비로소 불가분채권·채무관계와 연대채무관계가 쟁점화한다.[24] 다수견해는 분할채무가 채권의 효력을 약화하는 사실을 들어 급부가 가분일 때에도, 반대의 사정이 없으면, 불가분급부의 대가로 의미를 가지는 채무를 그 성질상 불가분채무 또는 연대채무로 새기거나 연대채무를 법정하는 「상법」 §57의 정신을 유추하는 등으로 불가분채무 또는 연대채무의 확장을 위하여 노력한다.[25] 그런데 일부전체효[일부상대효]를 확장한 현행 민법의 연대채무는 정작 서구 근대민법전에는 생소한, 변형된 제도이다.

1. 법제사에서 고유한 연대채무

채권을 인격과 동일시한 로마법에서 연대채권·채무의 관념은 존재할 수 없었다. 다만 로마법학자들은 유효하게 성립한 문답계약*stipulatio*에 이어지는 참가요약자*adstipulator*와 낙약자[채무자] 사이의 계약으로 낙약자가 참가요약자에게 요약자와 동일한 내용*idem*의 급부의무를 약속하거나 요약자[채권자]와 참가낙약자*adpromissaor*의 계약으로 참가낙약자가 요약자에게 채무자와 동일한 급부의무를 부담하는 참가문답계약*adstipulatio*을 창안하였고, 이것이 연대채권·채무의 기원이다.[26] 고전기에 이르러 본래 이행, 요식면제행위*ac-*

23) 비슷하게 곽윤직, 채권총론, [68] (236면).

24) 이와 달리 연대채무를 원칙화한 독일민법 §§427, 431(이에 관하여 S.Maier, Gesamtschulden, 2010, 127); PECL Part III 10(Plurality of Parties):102 I "If several debtors are bound to render one and the same performance to a creditor under the same contract, they are solidary liable, unless the contract or the law provides otherwise."(수인의 채무자가 동일한 계약 아래 동일한 채권자에게 동일한 제공을 하여야 하는 경우, 계약 또는 법이 달리 정하지 않으면, 그들은 연대하여 책임이 있다.); 비슷하게 DCFR Art.III–4:103 II 1 등 참조.

25) 현승종, 채권총론, 225면; 곽윤직, 채권총론, [58] (209면): "보다 넓게 분할채권관계의 성립을 제한하려고 노력"; 김형배, 채권총론, 433면.

ceptilatio, 급부불능과 경개에만 인정되었던 전체효*Gesamtwirkung*가 동일한 소송물*de eadem re*에 관한 수인의 소송을 위한 쟁점결정*litis contestatio*으로 확대되었다.[27]

현행 민법은 전체효를 확장하여 채권자의 지위를 약화한 개정 전의 일본민법[28]과 만주국민법에 특유한 연대채무의 법률규정을 공유한다: 특히 불가분채무에 관한 §§411, 412는 만주국민법 §§399, 400을, 그리고 연대채무에 관한 §§413−427은 만주국민법 §§401−415를 그대로 답습한 것이다. 이밖에 민법입법자는 독일민법 §431을 §409의 근거로, 그리고 독일민법 §432 I을 §410의 근거입법례로 제시하고, 독일민법 §431을 다시 §411과 §412의 입법자료로 소개한다.[29] 그러나 독일민법 §431은 [수인의 불가분급부의 채무자]를 제목으로 하는 법률규정이므로 §§409, 410과 어울리지 않는다.

연대채무와 불가분채무의 입법은 계약으로 성립하는 연대채무의 규정을 기본으로 하고 불가분채무를 이에 연계하는 방식과 급부목적의 불가분을 중시하여 분할채무의 규정을 배제하는 방식으로 나누어진다.[30] §409를 준용하는 §411은 「그 성질 또는 당사자의 의사표시에 의하여」라고 하여 이들을 절충·융합하는 입법태도를 보인다. 따라서 의사가 개입되는 한도에서 객관적인 급부의 분할가능은 뒷전으로 물러난 상태이다. 불가분채무와 연대채무의 관념은 원칙적으로 각 채무자가 단독으로 채무를 실현할 수 있는 경우에만 승인될 수 있다.[31]

---

26) 현승종·조규창, 로마법, 1996, 713, 888, 897면; M.Kaser·R.Knütel, Römisches Privatrecht, 19.Aufl., 2008, §56 Rn.6ff.

27) Kaser·Knütel, RPR, §56 Rn.7.

28) 민법안심의록, 253−260면 참조. 다만 소멸시효완성의 일부전체효에 관한 §421은 §409 I만을 반복하고 다른 연대채무자는 소멸시효가 완성한 어느 연대채무자의 부담부분에 관하여 항변할 수 있다는 내용의 II를 수용하지 않는다.

29) 민법안심의록, 251 이하. 그리고 여기에 같이 언급된 프랑스민법 §1222도 또한 이른바 불가분채무에 관한 법률규정이다.

30) Meier, Gesamtschulden, 109, 129ff. 한편 민법입법자는 공동협력으로만 급부 전부를 실현할 수 있는 채무*gemeinschaftliche Schuld, Gesamthandschuld*를 버리고 불가분채무와 연대채무만을 제한수용한 결단을 보인다. 이 때문에 민법은 합주단의 연주, 건물의 완성 또는 특정물의 인도행위 등 개별채무에 관하여 그 성질을 반영하는 이행방법을 전혀 알지 못하며, 이는 명백한 법률의 흠결이다. 이러한 채무의 불이행에 대한 구제는 「민사소송법」 §67 I의 필수적 공동소송의 방법에 따른다(이시윤, 신민사소송법, 741면 이하; 전원열, 민사소송법, 633면 이하).

31) 민사소송에서 불가분채무의 청구취지와 주문은 일반적으로 '공동으로'를, 그리고 연대채무는 '연대하여'를 포함한다.

어느 연대채무자에 생긴 사유의 효력에 관하여 민법은 절대적 효력[절대효]과 상대적 효력[상대효]을 기본개념으로 하고 절대효를 다시 전부절대효와 부담부분의 범위에서의 일부절대효로 구분한다. 그러나 '절대적 · 상대적'은 연대채무자 사이에서 발생하는 효력을 논의하는 개념으로 부적절하다. 이글에서는 이들을 전부전체효와 일부전체효로 나누어지는 전체효 Gesamtwirkung와 개별효Einzelwirkung로 대체 · 사용한다.

일부전체효의 범위를 확장한 현행민법의 연대채무는 서구의 근대민법전에는 낯설다. 예컨대 연대채무Gesamtschuld에 관한 독일민법 §§421에서 채권만족사유(§422 I, §424)를 제외하면 어느 채무자에 관한 사유는 원칙적으로 개별효만을 가진다(§425[32]). 그리고 채권자와 어느 연대채무자가 체결하는 면제계약은 그들이 채무관계 전부를 소멸하게 할 의사가 있을 때에만 전체효를 가진다. 또한 독일민법 §431은 불가분채무자를 연대채무자로 취급하므로 법률효과에서 연대채무와 불가분채무는 차이가 없다. 이는 수인이 공동으로gemeinschaftlich 가분의 급부의무를 부담하는 때에도 마찬가지이다(§427). 기능적 측면에서 독일민법 §431과 §427을 급부의 성질에 의한 불가분채무와 당사자의 의사에 의한 불가분채무를 아우르는 현행 민법 §§411-409와 겹치는 규정으로 볼 수 있다. 그럼에도 독일민법의 연대채무는 현행 민법과 연대채무의 이름을 공유함에도 전혀 다른 실질을 가진 법률제도이다.

오스트리아일반민법은 현행민법과 유사하게 분할채권 · 채무와 불가분채권 · 채무의 규정 다음에 연대Korrealität채무에 관한 규정을 둔다. 그런데 오스트리아일반민법 §§894, 893은 변제Entrichtung 외에 어느 연대채무자에게 생긴 사유에는 개별효만을 주고 스위스채무법OR §147 I도 채무 전부의 변제Zahlung와 상계Verrechnung에만 전부전체효[33]를 법정하므로 오스트리아일반민법의 연대채무Mitschuld zur ungeteilten Hand와 스위스채무법의 연대채무Solidarschuld는 법률효과에서 현행 민법의 불가분채무와 동일하다. 이들이 근대민법전이 연대채권 · 채무를 기본으로 하고 그 규정을 불가분채권 · 채무에 적용하는 편제를 가능하게 한 배경이다.

---

32) 비교. 현행 민법 §423.

33) 다만 스위스채무법 §147 II 1 Soweit ein Solidarschuldner durch Zahlung oder Verrechnung den Gläubiger befriedigt hat, sind auch die übrigen befreit. 2 Wird ein Solidarschuldner ohne Befriedigung des Gläubigers befreit, so wirkt die Befreiung zugunsten der andern nur so weit, als die Umstände oder die Natur der Verbindlichkeit es rechtfertigen(1. 어느 연대채무자가 변제 또는 상계로 채권자를 만족하게 한 경우 다른 채권자는 채무를 면한다. 2. 어느 연대채무자가 채권자에 대한 변제 없이 채무를 면하는 경우, 면책은 사정 또는 채무의 성질이 정당화하는 범위에서 다른 연대채무자에게 효력이 있다).

한편 2020년 시행된 개정 일본민법은 불가분채무와 연대채무를 분리규정하는 형식을 유지하면서 불가분채무에 관하여 「또는 당사자의 의사표시에 의하여」를 삭제하여 '의사의 힘'으로 가분급부를 불가분채무로 전용하는 기회를 봉쇄하여 불가분채무를 수인이 그 성질상 불가분인 급부의무를 부담하는 경우(§430)로 제한하고, 연대채무를 수인이 법령의 규정 또는 당사자의 의사표시로 가분의 급부를 연대하여 채무를 부담하는 경우(§432)로 분별한다. 이와 더불어 일본민법 개정자는 전체효에 관한 §434(이행의 청구), §437(1인에 대한 면제)와 §439(1인에 대한 시효의 완성), 그리고 현행 민법의 입법자가 이미 「파산법」 §24를 들어 수용을 거부[34]한 §441(파산절차의 개시)과 면제와 시효완성의 일부전체효(구 §437, 구 §439)를 삭제하는 등 위축된 상대효를 복구함으로써 연대채무의 효력을 강화하는 방향으로 이동한다. 이는, 비록 불완전하지만 외형에서는, 기존의 프랑스민법의 틀을 보전하면서 그 내용에서는 오스트리아, 독일과 스위스민법을 참작한 입법방향을 채택한 개정으로 평가된다. 개정 일본민법은 1898년 제정된 일본민법의 입법자가 왜곡한 연대채무를 기꺼이 포기하고 근대민법전에 고유한 연대채무의 본래모습으로 돌아가는 일본민법학의 성과를 확인한다.[35] 즉, 일본민법의 개정은 120여 년 만에 일본화의 껍질을 벗고 다시 근대민법전의 대오로 회귀한 결과물이다.[36] 이는 동시에 말 많은 부진정연대채무를 없애는 단초로 작용한다. 그럼에도 개정 일본민법은 보증채무를 다수당사자의 채권관계에서 빼내지 못하는 등 완전하고 철저한 개정이 되기에 모자란다.

2. '연대'의 본래 의미

현행 민법이 모방한 개정전 일본민법의 연대채무는 서구민법전에서 유례없는 독창적인(?) 제도이다. 연대채무의 입법은 일본민법 제정과정에서 근대민법전에 관한 이해부족과 무엇보다 日本化[37]의 산물로 추측된다. 개별효를 강조한 근대민법전의 연대채무는 본래 그 효력에서 현행 민법의 불가분채무에 가깝다.

연대채무관계Gesamtschuldverhältnis에서 連帶의 의미 · 내용: '연대'[38]는 본래 여럿이 [특

34) 민법안심의록, 1957, 260면.

35) 다수당사자의 채권관계에 관하여 개정 일본민법이 마침내 합리와 법이론에서 출발한 근대민법전에 굴복한 사실은 우리 민법학에서 일본민법과 일본민법학의 역할을 재고하도록 한다.

36) 자세한 소개는 김성수, "일본 개정민법(채권법)(2017년)의 다수당사자의 채권관계 −주요 개정내용과 우리 법의 시사점을 중심으로−", 「연세대학교 법학연구」 제30권 제1호, 2020, 147−224면, 특히 155면 이하와 164면 참조.

37) 우치다 타카시 저 · 정종휴 역, 법학의 탄생, 2022, 44, 180면 이하 참조. 이와 달리 1930년의 중화민국민법의 연대채무(§§273−293)는 독일민법을 재현한 것이다.

정목적을 위하여] 하나로 묶인, 즉 '단일체를 형성하는 행위' 또는 '서로 연계되어 하나가 된 상태'로서, 법률의 세계에서 이는 의사의 힘으로 함께 권리를 가지거나 함께 의무를 부담하는 형태를 말한다. 이는 '통합된, 합체된, 뭉쳐서 하나가 된, 예외 없이 전체를 아우르는'을 뜻하는 라틴어의 *in solidum*, 독일어의 Gesamt−, Solidar−, Correalität[또는 zur ungeteilten Hand] 또는 프랑스어의 solidaire의 번역어이다.[39] 그러므로 연대는 마땅히 共同 또는 合手로 번역되었어야 할 개념이다.[40] 이처럼 근대민법전의 연대채무는 의사에 기한 불가분채무, 즉 의사로 불가분급부화된 채무로서 §409의 「의사표시에 의하여 불가분인 경우」와 다르지 않다.

오스트리아일반민법은 성질상 불가분의 급부를 불가분채무의 객체로 하고(§890), 공동으로 채무지는 의사가 있는 때에 연대Correalität를 인용하는 입법태도를 채택한다(§891). 이를 계승한 독일민법은 수인의 채무자가 각자 채무 전부를 급부할 의무를 부담하는 경우 이를 연대채무로 하고Gesamtschuld(§421), 불가분급부를 부담하는 수인을 연대채무자로 의제한다(§431). 또한 스위스채무법은 소박하게 법률의 규정 또는 −§§409, 411와 비슷하게− 채권자에 대한 의사표시로 여러 채무자의 연대Solidarität unter mehreren Schuldnern가 성립한다고 규정한다(§143 I). 이와 비교하여 프랑스민법은 -법문의 표현에서 현행 민법과 거의 유사하게− 여러 채무자가 각자 채무 전부를 이행할 의무를 부담하는 경우를 연대 la solidarité로 하면서(§1313), 불가분채무에 관하여 별도의 규정(§1320 II)을 둔다.

3. 불가분채무와 연대채무

불가분채무와 연대채무는 모두 채권의 완전한 만족을 가져오는 이행 또는 그와 동등한 법률사실을 실현할 때까지 채무자들 사이에서 분별의 이익이 가로막힌 채무이다. 불가분채무는 성질상 급부의 객관적 불가분 또는 보충적으로 의사에 의한 주관적 불가분으로 유효하게 성립하며(§411→§409),[41] 그 부담에 관한 채무자들의 의사합치를 발생요

---

38) 국립국어원 표준국어대사전, <連帶>: 1. 여럿이 함께 무슨 일을 하거나 함께 책임을 짐. 2. 한 덩어리로 서로 연결되어 있음.

39) *in solidum*, solidarisch, korreal, zur gesamten Hand, ungeteilt, zur ungeteilten Hand, un−geschieden, samt und sonders, samtverbindlich, alle für einen und einer für alle는 모두 연대채무 Gesamtschuld와 연관된 낱말이다. 자세한 내용은 Meier, Gesamtenschuld, 10 m.Fn.33.

40) 독일민법상 gesamt−는 제각기 번역된다. Gesamtgrundschuld(§2168)와 Gesamthypothek(§1132조)을 공동토지채무(이진기 편역, 한국·독일 민법전 상속편, 2019, 227면)와 공동저당(§368과 양창수 역, 2021년판 독일민법전, 832면)으로, Gesamtgut(§1446)를 공동재산(§830 II 비교)으로 번역한 사례 등.

41) §410 I의 「전조의 규정에 의하여」가 확정이 힘든 부분이지만, §413을 준용하는 §411을 감안하면 「계약의 목적이 그 성질 또는 당사자의 의사표시에 의하여 불가분인 경우에는」만을 가리키는 것으로 해석하여야 한다.

건으로 하지 않는다. 불가분급부는 공동상속과 연대관계의 약정이 없는 계약에서도 인정될 수 있다.[42] 다만 「당사자의 의사표시에 의하여」가 개입하는 탓에 급부가 반드시 분할할 수 없을 것까지는 요구되지 않는다.[43]

그런데 불가분채무에 준용되는 §413은 연대채무의 발생원인과 성립요건을 언급하지 않고 채무내용과 구조표지만을 담은 일반 연대채무규정generelle Gesamtschuldanordnung이다.[44] 이 때문에 연대채무로의 분류가 전적으로 法學과 實務의 해석에 맡겨진 상태이다. 적어도 §413의 법문에서 급부의 가분 여부는 특별한 의미가 없다. 이는 연대가 권리 또는 의무를 중심으로 하는 채권자들 또는 채무자들의 의사행위에 의한 合體로서 처음부터 급부의 가분·불가분과 여하한 접점도 가지지 않기 때문으로 추측된다. 그러므로 §413은 비록 연대채무의 성립요건으로 의사를 명문화하지는 않지만,[45] 합체를 인정하기 위한 여러 채무자들 사이의 連帶意思 또는 連帶加入意思가 있어야 하며, 다수견해도 §413의 법문이 알지 못하는 채무자들의 주관적 인식 또는 공동목적을 요건화한다.[46] 이는 연대채무를 분할채무(§408)와 특히 불가분채무(§411)의 餘集合으로 파악한 결과로 짐작된다.

하지만 연대의사를 요건화할 경우에는 어느 연대채무자의 행위의 효력이 부담부분의 범위로 제한되는 일부전체효에 관한 인식의 존부가 불가분채무와 연대채무를 판가름하는 결정적인 기준으로 적용되어야 할 것이지만, 이를 일반인에게 바라는 것은 무리이다. 아무튼 §411과 §413을 대비하면 연대채무는 원칙적으로 가분의 급부를 대상으로 하는 채무로 제한인정되어야 하고,[47] 이를 근거짓기 위하여 법률의 규정 또는 −주관적 공동인식까지는 아니더라도− 각 채무자의 의사개입이 전제되어야 한다.

---

42) Meier, Gesamtschulden, 107.

43) Meier, Gesamtschulden, 107.

44) 또한 §413에 대응하는 독일민법 §421도 연대채무를 완전히 정의하지는 않는다(Larenz, SchR I, §37 I [634]; D.Medicus, Lehrbuch des Schuldrechts I [AT], 10.Aufl., 1998, Rn.798). 이를 근거로 연대채무와 부진정연대채무의 구별을 반대하는 Ph.Heck, Grundriß des Schuldrechts, 1929, §75 (231)과 §76 (234).

45) 이와 비교하여 意思要件을 명문화한 프랑스민법 §1310; 오스트리아일반민법 §891; 스위스채무법 §143 I 1. Solidarität unter mehreren Schuldnern entsteht, wenn sie erklären, dass dem Gläubiger gegenüber jeder einzeln für die Erfüllung der ganzen Schuld haften wolle. 2 Ohne solche Willenserklärung entsteht Solidarität nur in den vom Gesetze bestimmten Fällen(1. 수인의 채무자 사이의 연대는 그들이 채권자에 대하여 각자가 채무 전부의 이행을 책임지겠다는 의사를 표시한 때에 성립한다. 2. 그러한 의사표시가 없으면 연대는 법률에 의하여 규정된 경우에만 성립한다).

46) 현승종, 채권총론, 234, 236면; 김증한, 채권총론, 184면; 곽윤직, 채권총론, [64] (219면 이하); 김형배, 채권총론, 454면 이하 등. 다만 곽윤직, 채권총론, [63] (218면)은 이와 모순되게 이른바 상호보증관계설을 제기한다(비슷하게 김형배, 채권총론, 456면: 상보보증적 변제공동체관계).

47) 이미 可分의 給付로 제한해석한 현승종, 채권총론, 231면 참조.

흔히 연대채무관계는 「민법」 §832, 「상법」 §57[48] 등 법률의 규정과 법률행위, 즉 계약과 유언을 원인으로 발생한다고 설명된다.[49] 연대채무의 발생원인이 되는 계약은 반드시 동일한 의사표시 또는 공동의 계약일 필요가 없고, 당사자의 연대의사를 명백하게 확인할 수 있는 정도이면 충분하다. 그러므로 묵시적 연대의 의사표시도 유효하다.[50] 다만 이때에는 해석이 개입하지 않으면 주관적 공동목적의 확인이 쉽지 않다. 계약은 1. 앞으로 채권자가 될 사람과 장래 연대채무자가 될 여러 사람 사이의 합의 또는 2. 이미 유효하게 현존하는 채권관계의 채권자와 그 채권관계에 연대가입하려는 사람 사이의 합의[51]로 성립한다. 1.에서는 통일된 채권관계가 성립하나, 2.의 경우 발생원인을 달리하면서 같은 채무의 이행을 목적으로 하는 다원화된 채권관계가 인정된다.

그런데 다수견해는 연대의 부담이 채무자에게 불이익이 될 수 있으므로 연대가입을 위하여 그에 관한 채무자의 사전 또는 사후동의가 필요하다고 새긴다.[52] 하지만 이는 현실의 이익상황을 돌아보지 않는 탁상공론이다. 연대가입은 언제나 채권자에게 이익이 되고 또한 연대에 가입하는 사람도 현존채무의 범위에서만 채무를 지므로 이는 현재의 [연대]채무자에게 아무런 불이익도 되지 않는다.[53] 이와 관련하여 채권자가 채무자의 동의를 얻지 않고 연대에 가입한 채무자에게 이행을 청구하였으나 그가 이행하지 않는 경우 이행청구의 절대적 효력 때문에 본래의 채무자에게 불리하게 될 수 있다는 걱정이

48) 김형배, 채권총론, 455면은 「상법」 §57을 추정규정으로 새기지만, 「연대하여 변제할 책임이 있다」는 법문의 구성에서 이는 추정이 될 수 없다. 한편 「민법」 §§35 II와 65, §437 단, §616와 이를 준용하는 §654, 그리고 §760 I에서 「연대하여」의 의미·효과는 해석에 따라 제각기이다(다만, 「연대하여」에 충실하게 문리해석하는 박영규, 「민사법학」, 제48호, 2010, 289−309면 비교). 한편 현행민법상 연대이 추정이 명백히 배제된다고 하면서 담보력강화를 위하여 연대의 묵시적 약정을 인정할 것을 주장한 윤태영, "다수당사자 채권관계에서 분할주의 원칙 제한을 위한 합리적 모색−'연대의 추정'에 대하여 비판적으로 검토하며−", 「재산법연구」, 제26권 제3호, 2010 1−25면, 특히 21면 비교. 다만 묵시적 약정도 이를 긍정하기 위한 징표가 있어야 하지만 그러한 표지가 확인되지 않는다.

49) 곽윤직 대표편집, 민법주해 XIX, 채권 12, 1992, 제760조 [정태윤] (205면)는 증거제시 없이 민법의 연대채무는 계약으로 성립할 것을 예정하므로 공동불법행위는 모두 부진정연대채무로 보아야 한다고 하면서 고유의 부담부분을 당연하게 받아들일 수 있는 정도의 인적 결합관계가 있으면 일부전체효가 인정될 가능성이 충분하다고 새긴다.

50) 현승종, 채권총론, 235면 이하; 곽윤직, 채권총론, [64] (220면 이하) 등.

51) 예를 들어 채무자의 부탁으로 제3자가 채무를 병존적으로 인수한 사례를 판단한 대판 2009.08.20., 2009다32409 등. 이와 비교하여 Fikentscher, SchR, Rn.633은 BGHZ 17,214와 59,103을 제시하여 연대가입에는 연대채무의 규정이 유추적용된다고 하며, 상속 등으로 어느 연대채무자를 승계하는 경우도 이와 이익상황을 같이한다.

52) 현승종, 채권총론, 235면; 곽윤직, 채권총론, [65] (220면 이하); 민법주해/차한성, 제413조 (77면); 김형배, 채권총론, 456면 등.

53) 이와 관련하여 부탁없는 보증채무에 관한 §444 참조. 이때 제3자의 역할에 관하여는 이진기, "민법에서 채무자 아닌 제3자의 행위에 의한 채무변제제도의 연구", 「민사법학」, 제66권, 2014, 575−618면 참조.

생긴다. 그러나 이때에도 본래의 채무자는, 마치 연대가입이 없었던 것과 같이, 스스로 이행하여 채무를 면할 수 있으므로 동의없는 연대가입이 그에게 조금도 불리하지 않다. 실무는 그 성질상 연대가입이 될 수 있는 병존적 채무인수에 관하여 채무자의 부탁이 있으면 주관적 공동관계가 있는 연대채무로, 그렇지 않은 때에는 이를 부진정연대관계로 파악한다.[54]

이밖에 교과서[55]와 주석서는 거의 어김없이 여러 사용차주의 차용물보관의무와 반환의무에 관한 §616을 예시하여 계약 당사자들이 채무자 전원의 자력을 전체로 고려하여 채권관계를 맺는 경우 連帶의 推定을 인용한다[56]: 「수인이 공동하여 물건을 차용한 때에는 연대하여 그 의무를 부담한다.」[57] 하지만 §616은 추정이 아니라 공동의 행동에 신중을 기하도록 하고 채권자의 보호를 두텁게 하기 위하여 직접 연대채무를 지우는 조항이다.[58] 한편 채권자의 보호를 강조하는 실무와 연결하고 급부의 성질을 고려할 때에는 §616의 '연대'가 오히려 불가분채무의 실질을 가진다고 새길 여지도 상당하다. 사용·수익에 공동의 이익을 갖는 여러 사용차주가 그로부터 생기는 의무도 공동으로 부담하는 것이 옳고, 차용물은 特定物로서 통상 不可分物에 포함되기 때문이다. 다시 돌아가서, 현행 민법은 다수당사자의 채권관계에 관하여 연대채무의 성립을 추정하는 명문의 규정을 알지 못한다: 특별한 채권보호의 이익이 인정되지 않으면, 연대채무는 추정될 수 없고 추정되어서도 안 된다. 이와 관련하여 일부견해가 연대추정의 근거로 내미는 독일민법 §427[59]은 추정이 아니라 구체적 상황, 즉 '공동으로'gemeinschaftlich의 경우 명확하지 않으면 연대를 긍정하는 조항이다. 끝으로 민법이 기본으로 채용한 §408의 分割債權·債

---

54) 병존적 채무인수인의 상계에 §418 I을 적용한 대판 1997.04.22., 96다56443; 대판 2014.08.20., 2012다97420·97437 등 참조.

55) 현승종, 채권총론, 236면 ; 곽윤직, 채권총론, [64] (220면). 이와 반대로 연대채무의 추정을 반대하는 김형배, 채권총론, 455면.

56) 곽윤직, 채권총론, [58] (208 이하); 양창수·김형석, 민법 III, 314면 이하 등. 한편 곽윤직, 채권총론, [56] (204면)은 동일한 선상에서 채무의 공유적 귀속이 불가분채무를 발생하게 하는 것이라고 하지만, 이는 채무의 공유적 귀속과 공유물소유권에서 발생하는 채무의 불가분적 귀속을 혼동한 것이다. 이밖에 민법학자들은 흔히 채무자들 사이에 공동의 이해관계가 있으면 연대채무관계를 인정할 여지가 크다(양창수·김형석, 민법 III, 314면 이하)고 설명하지만, 함부로 연대채무를 인정할 것이 아니다.

57) 또한 프랑스민법 §1887 Si plusieurs ont conjointement emprunté la même chose, ils en sont solidairement responsables envers le prêteur (수인이 공동으로 동일한 물건을 차용한 경우 그들은 대주에 대하여 연대하여 책임이 있다).

58) 정확한 지적으로 이미 현승종, 채권총론, 234면 이하; 김형배, 채권총론, 456면 (법정연대채무).

59) 독일민법 §427 **Gemeinschaftliche vertragliche Verpflichtung** Verpflichten sich mehrere durch Vertrag gemeinschaftlich zu einer teilbaren Leistung, so haften sie im Zweifel als Gesamtschuldner (**공동의 계약상 의무** 계약에 의하여 수인이 공동으로 분할급부할 의무를 지는 경우, 명백하지 않으면, 그들은 연대채무자로 책임진다).

務의 原則을 억지로 부정하고 채무자들을 연대의 추정으로 묶으려는 시도는 채무자를 弱者로 설정한 민법의 기본태도와 충돌한다: 연대채무화는 채무자에게 부담되는 사실이므로 추정에 적합하지 않고 추정할 것도 아니다.[60]

명문규정이 없는 현행 민법 아래에서는 분할채무의 원칙[61]을 존중하여 채무자를 자유롭게 풀어놓아야 하고, 연대채무를 법률의 규정 또는 해석에 의하여 그 설정의사가 분명히 확인되는 경우로 제한인정하여야 한다.[62] 그럼에도 의사를 기준으로 하는 판단방식은 어떻게 하여도 불가분채무와 연대채무의 경계를 흐릿하게 만드는 부작용에서 자유롭지 않다.

4. 발생을 기준으로 하는 불가분채무와 연대채무의 구별

의사에 기한 불가분채무와 연대채무는 채권만족을 추구하는 주관적 공동목적과 상호보상의 기회를 공통으로 한다.[63] 이들은 목적공동체의 의미에서 책임근거의 내적 관련을 요건으로 하며,[64] 그를 위하여 급부내용에서 일치하는 동일한 급부이익Identität des Leistungsinteresses이 있어야 한다:「각자 이행할 의무가 있고 채무자 1인의 이행으로 다른 채무자도 그 의무를 면한다.」 민법학이 언급하는 공동목적은 연대채무에 관한 §413과 이를 불가분채무에 준용하는 §411의 법문에는 생소한 요건이지만 채권자의 만족을 추구하는 이행의 공동목적만으로 충분하다. 이러한 사실에 착안하여 이제는 채무의 同位Gleichstufigkeit, Gleichrangigkeit 또는 同義務Gleichpflichtigkeit를 주관적 목적공동체에 앞세우는 견해가 유력하다.[65] 이는 보증채무(§428)에서와 달리 채무자 중 어느 누구도 주된 의무자가 될 수 없음을 뜻한다. 다시 말하면 채무자들의 내부관계에서 상호상환이 가능하여야 한다. 다만 목적공동체와 동위의 이론은 이들이 모두 채무[책임]의 동일성과 보상기회를 요구한다는 사실에서 서로 유사한 결과에 이르게 된다.

현행 민법으로 논의를 돌리면, 불가분채무는 정의와 내용에서 연대채무와 같다(§411→§413). 그런데 불가분채무는 채권자에게 연대채무를 압도하는 강력한 힘을 주는 채무라

---

60) 프랑스민법 §1310 La solidarité est légale ou conventionnelle; elle ne se présume pas.(연대는 법정 또는 약정이다; 이는 추정되지 않는다). 이와 달리 독일민법 §§427, 431.

61) 그러나 이는 지역권(§295)과 같이 분할할 수 없는 재산권의 경우 이론적 난관에 봉착한다(이미 Pomp.D.8.1.17; Ulp.D.8.5.4.3 참조).

62) Meier, Gesamtschulden, 11.

63) Jauernig/Stürner, §421 Rn.1f.

64) BGHZ 59, 99ff.

65) BGHZ 176, 56f.; 2012, 1947; Larenz, SchR I, §37 I (635); 박영규,「민사법학」, 제48권, 2010, 22면 이하. 이와 비교하여 채무자의 1인에게 부담부분이 없을 수도 있으므로 동위만으로 충분하다는 W.Fikentscher, Lehrbuch des Schuldrechts, 9.Aufl., 1997, Rn.631

는 평가가 일반적이므로 불가분채무와 연대채무가 의사표시로 발생하는 경우 이들 사이의 관계정립이 요청된다. 불가분채무와 연대채무가 모두 채권의 효력을 확실히 하는 제도라는 사실을 고려할 때 個別效原則을 철저하게 관철하는 불가분채무를 기본제도(?)로 받아들일 수 있다. 이는 현행 민법이 불가분채권·채무를 연대채무에 선행규정하는 사실과 §411이 전제하는 §409의 법문 「당사자의 의사표시에 의하여」에서 확인된다. 다만 입법형식에서는 이들의 관계가 전도되어 主가 되는 §411은 補充이 되는 연대채무에 관한 법률규정을 불가분채무에 준용한다.

연대채무의 발생원인은 §411과 이 조항을 넘어 간접적용되는 §409에서 연역된다. 그리고 가분급부를 의사표시에 의하여 불가분으로 묶는 경우 불가분채무 또는 연대채무의 해당 여부는 의사해석의 문제로 정착한다.[66] 그러나 불분명한 의사에 기초하여 불가분채무와 연대채무의 경계를 설정하는 것은 결코 쉽지 않으며, 법률의 직접 개입하지 않는 현행 민법에서 의사표시의 해석만으로 이를 극복하기에 힘이 부친다. 무엇보다 수인이 특별한 의사표시 없이 단순히 가분급부를 불가분으로 부담하기로 약정하는 경우 불가분채무와 연대채무가 교차하는 灰色地帶의 확대를 막을 수 없다. 아무튼 지금까지의 민법학과 실무에 따르면 채권자는 개별효의 범위가 넓은 불가분채무를, 그리고 채무자는 전체효의 범위가 넓은 연대채무를 선호할 것이다.

이와 달리 독일민법을 비롯한 서구민법전에서와 같이 연대채무의 전체효를 좁게 법정하여 연대채무, 불가분채무와 부진정연대채무를 통일규율하는 입법에서는 별도로 의사표시로 발생하는 불가분채무를 인정할 실익이 거의 없다.[67] 개정 일본민법은 −종래의 체제를 유지하면서− §430에서 불가분채무를 그 성질상 불가분의 급부로 제한인정하고[68] 현행 민법 §413에 대응하는 §432의 신설과 함께 이전까지 현행 민법 §414와 법문에서 일치하였던 §436을 개정하여 연대채무의 목적물을 可分給付로 제한함으로써 불필요한 논란거리를 입법으로 말끔히 정리하였다: 「채권의 목적이 그 성질상 가분인 경우에」(債権の目的がその性質上可分である場合において)

실무가 '그 성질상' 불가분채무로 판단한 사안들은 공동전세권설정자의 전세금반환

---

66) 민법주해/허만, 제411조 (59)는 일본민법의 견해를 제시하여 가분급부에 관하여 불가분의 약정이 이루어진 경우 보통 연대채무의 발생을 의욕하는 것으로 보아야 한다고 덧붙인다.

67) 이는 J.Esser, Lehrbuch des Schuldrechts, 1.Aufl., 1949, Kap.29 (193)이 다수당사자의 채무관계를 여러 채무자가 하나의 동일한 급부를 이행하여야 하는 채무의 집합명칭Sammelname으로 정의하는 근거이다.

68) 일본민법 §430(不可分債務) 第四款(連帯債務)の規定(第四百四十条の規定を除く). は、債務の目的がその性質上不可分である場合において、数人の債務者があるときについて準用する。제4관(연대채무)의 규정(제440조의 규정[연대채무자의 1인과의 혼동]을 제외한다.)은 <u>채무의 목적이 그 성질상 불가분인 경우</u> 수인의 채무자에 있는 때에 준용한다.

채무,[69] 공동임대인 또는 임대인지위를 공동승계한 수인의 임차보증금반환채무,[70] 공유물관리를 수탁한 제3자에 대한 공유자의 관리비용상환채무,[71] 공동부당이득자 또는 공유자의 부당이득반환의무,[72] 토지공유자의 변호사비용지급채무[73] 등 분할채무의 전형을 이루는 金錢債務에 집중되고, 공동상속인의 건물철거의무[74]가 그 예외를 이룬다. 이들은 대부분 채권자 또는 피해자의 구제를 빌미로 채무의 객관적 성질을 벗어나 불가분을 확장한 것이다. 그럼에도 민법학과 실무[75]는 일상가사에 관하여 부부의 연대채무를 내용으로 하는 §832를 법문 그대로 적용하며, 부부가 공동으로 임대·임차하는 경우에도 이는 마찬가지이다. 하지만 침대와 식탁을 공유하는 부부관계의 실체(§826 I)에서 그들의 공동채무는 오히려 불가분채무에 가까운 성질을 가진다고 할 것이다. 하지만 이들은 힘이 약한 연대채무의 발생을 논외로 두고 일상가사에 해당하는 법률행위를 구명하는 작업만을 화두로 삼는다. 이처럼 불가분채무와 연대채무의 구별을 해석과 법원의 저울에 유보하는 방식은 일관적·체계적이지 않고 들쑥날쑥하는 법률효과의 위험으로부터 자유롭지 않다. 이들의 확정에 관한 판단을 온전히 법관의 해석재량에 맡길 것이 아니라 법률에 구체적 근거를 마련하여야 한다.

이밖에 대판 1981.02.24., 79다14를 예시하여 실무가 여러 명의 소유권이전등기의무를 가분급부로 보는 듯하다고 지적하는 견해가 있다.[76] 그러나 대판 79다14는 공유를 전제로 하는 판결례로 이해하여야 할 것이고, 그 근거로 공동의 목적달성을 위한 공유와 공동사업을 경영할 목적의 합유를 나누는 대판 (전) 2012.02.16., 2010다82530과 이를 그대로 계승한 대판 2012.08.30., 2010다39918[77]을 원용할 수 있다. 여기에 「등기법」 §48 IV도 부동산소유권의 공유지분등기를 법정한다. 한편 상속인이 여러 명인 경우 상속재산은 그 공유이므로(§1006) 이전등기청구권과 함께 이전등기의무도 공유가 되어야 하고 그 권리의 이전은 전원의 일치된 의사로만 하여야 한다(§265).[78]

69) 대판 2025.04.18., 2024다312566.
70) 대판 2017.05.30., 2017다205073; 공동승계인에 관하여 대판 2021.01.28., 2015다59801; 이미 대판 1967.04.25., 67다328 등.
71) 대판 2009.11.12, 2009다54034, 54041.
72) 대판 1981.08.20., 80다2587. 공유자의 반환의무에 관하여 대판 1981.08.20., 80다2587; 대판 2001.12.11., 2000다13948.
73) 대판 1985.04.09., 83다카1775.
74) 대판 1980.06.24., 80다756: "공동상속인들의 건물철거의무는 그 성질상 불가분채무라고 할 것이고 각자 그 지분의 한도 내에서 건물전체에 대한 철거의무를 지는 것이다." 이는 동시에 채무자들이 공동의gemeinschaftlich 협력으로만 이행할 수 있는 채무이다.
75) 예컨대 대판 2016.06.09., 2014다58139; 대판 (전) 2024.05.23., 2020므15896 등.
76) 곽윤직 편집대표, 민법주해 X (채권 3), 1992, 제411조 (57면 이하) [허만].
77) 비슷하게 예금채권의 준공유와 준합유에 관하여 대판 2004.10.14., 2002다55908 참조.
78) 대판 1979.02.27., 78다2281.

그런데 불가분채무의 약한 고리는 의외로 §411 자체가 아니라 –그 이유는 알 수 없지만 개정 일본민법도 §430과 동반개정하지 않고 그대로 둔 §431과 법문이 일치하는– §412의 毒素條項에서 발견된다. 교과서도 구체적인 설명 없이 "불가분채무가 가분채무로 변한 때에는, 불가분채권관계는 당연히 분할채권관계로 변한다."고만 설명한다.[79] 그러나 이는 '급부가 가분으로 전환되면 불가분채무가 가분(분할?)채무로 변경된다'의 의미·내용과 그 시기에 관하여 확정을 기다리는 애매모호한 열린 조항이다. 이는 채권자의 보호를 목적으로 애써 불가분채무로 꾸미는 민법학과 실무의 노력을 무력화하고 심지어 채권관계 당사자가 그의 의사로 분할가능한 급부목적물을 불가분채무로 약정한 때에는 그 의사마저 무시하는 커다란 잘못이 될 수 있다. 결론부터 말하면, 분할채무로의 변경을 담은 §412는 –그 자체의 입법의 옳고 그름은 별론으로 하고– 이행청구의 전체효를 담은 §416을 준용에서 제외하는 §411의 결단과 함께 불가분채무를 성립에 관한 §409를 사문화하고 불가분채무의 효력을 참탈하여 채권자가 일일이 채무자를 찾아다니게 함으로써 기껏 쌓아 올린 '공든 탑'을 일거에 무너뜨리는 몹쓸 조항이 아닐 수 없다. §412를 둘러싼 불편한 구조를 해명하기 위하여 일부 견해[80]는 본래의 채무가 손해배상의무로 전환되는 사례를 제시하면서 §412가 분할채권관계의 원칙에 따른 당연한 귀결이라고 애써 방어한다. 하지만 이는 채무불이행으로 인한 손해배상채무(2차적 급부의무)가 본래의 채무(1차적 급부의무)가 본래의 채무와 동일성을 유지하면서 연장되거나 그 내용이 변경된 것이라는 공인된 법리와 모순되는 주장이다. 이는 또한 불가분채무가 급부의 가분과 관계없이 의사로 발생할 수 있음을 외면하고[81] 채무를 이행하지 않은 불가분채무자가 불이행을 계기로 도리어 반사이익을 얻어 분할채무만을 부담하는 불합리한 결과를 묵인하는 전도된 논리이다.

현행 민법의 체제 아래에서는 불가분채무의 효력을 보장하기 위하여 §412를 객관적 가분급부로 제한적용하고 어느 채무자가 이행하지 않거나 그의 의사에 따른 주관적 불가분급부가 문제될 때에는 계속 불가분채무로 취급하여야 한다.[82] 같은 연장선에서 채권자의 지위를 현저히 떨어뜨리는 §412를 연대채무에 유추적용하려는 시도도 또한 경계하여야 한다.[83] 하지만 실무는 이런 사정을 전혀 살피지 않고 §412의 적용을 부진정연대채무의 구상관계[84]와 금전채무와 같은 분할채무의 상속[85]으로 연장한다.

---

79) 곽윤직, 채권총론, [60] (213면); 김형배, 채권총론, 439면.

80) 민법주해/허만, 제412조 (64면 이하)는 채권관계의 당사자가 그의 의사로 금전지급을 내용으로 하는 본래의 급부를 불가분으로 한 경우 그 손해배상채무는 불가분채무로 남는다고 덧붙이지만, 그 근거가 의문이다.

81) 또한 불가분은 급부가 반드시 분할할 수 없음을 의미하지 않는다는 Meier, Gesamtschulden, 107.

82) Jauernig/Stürner, §425 Rn.3, 4 참조.

83) 반면에 §430을 축소개정한 개정 일본민법에서는 §431이 연대채무에 적용되어야 할 것으로 보인다.

Ⅳ. 불가분채무와 연대채무의 효력에 관하여

1. 불가분채무와 연대채무의 효력

여러 명의 채무자의 비용으로 채권자를 지원하는 불가분채무와 연대채무는 모두 채권자를 위한 채무부담방식이다. 채무자의 공동의 의무부담은 채권자에게 유리하며, 채권자는 계약체결의 주도권을 가지고 그의 의도를 실현할 수 있다.[86] 그 결과 불가분채무와 연대채무의 채권자는 법률이 승인하는 暴君의 地位Paschastellung를 누린다.[87] 채권자는 급부 전부의 실현 등으로 채권의 만족을 얻을 때까지 임의로 어느 채무자를 동시에 또는 순차적으로 선택하여 그 부담부분을 묻지 않고 채무의 전부 또는 일부를 청구할 수 있고 그에게 상환청구의 위험을 지울 수 있다(§411, §413).[88] 이처럼 어느 채무자에 관한 위험이 다른 채무자에게 지워진다. 그러나 법률의 규정 또는 명확한 의사표시가 없는 경우, 채무의 성질상 급부가 불가분인 때에 원칙적으로 불가분채무가 발생한다는 사실과 전체효와 개별효에 관한 약간의 차이를 제외하면 불가분채무와 연대채무의 구별이 거의 불가능하다.

불가분채무와 연대채무의 법률효과는 1. 채권자가 채권의 만족을 얻을 때까지 임의로 각 채무자에게 청구하는 급부실현문제Zugriffsproblem(§§413, 414, 415), 2. 어느 채무자의 행위가 채권관계에서 가지는 효력의 문제로서 전체효, 즉 전부전체효와 일부전체효, 그리고 개별효로 분류되는 대항문제Abwehrproblem(§§416－423), 그리고 3. 그의 행위로 채무를 전부 또는 일부 만족하게 한 어느 채무자가 다른 채무자에 대하여 가지는 상환청구문제Regressproblem(§§424－427)를 중심으로 구성되며, 불가분채무와 연대채무의 차이는 주로 2.에서 확인된다. 그러나 2.에 해당하는 규정들이 모두 임의규정이므로 의사표시의 해석 외에 이들을 서로 차별하여 확정할 방법이 없다.[89] 이는, 서로 독립된 개념이라는

---

84) 대판 2024.09.27., 2024다249729.
85) 대판 1997.06.24., 97다8809; 대판 2014.07.10., 2012다26633.
86) Heck, SchR, §76 (233).
87) Heck, SchR, §76 (234): “ein juristischer Pascha”; D.Medicus, SchR I AT, 10.Aufl., 1998, Rn.793; Jauernig/Stürner, §421 Rn.10.
88) Larenz, SchR I, 36 II b (628); “ja praktisch die Regel.”
89) 불가분채무와 연대채무의 본질에 관한 단수채무와 복수채무의 논의는 2.의 문제로 귀결되며, 넓은 전체효는 결과에서 단수채무관계로 이어진다(Maier, Gesamtschulden, 7). 다수견해는 넓은 개별효를 들어 연대채무를 복수채무관계로 새긴다(대표적으로 곽윤직, 채권총론, [63] (216면 이하)와 이제는 곽윤직·김재형, 채권총론, 201면. 한편 김형배, 채권총론, 특히 450면은 판단을 유보하면서 연대채무자들 사이의 긴밀한 관계를 강조한다).

사실을 제외하면, 불가분채무와 연대채무를 분리한 현행 민법의 입법이 지극히 형식적인 보여주기식이고 실제 효용가치가 거의 없음을 말한다.[90)]

2. 개별효력의 요소와 내용

(1) 급부실현문제Zugriffproblem; 채권자와의 관계

불가분채무와 연대채무는 채권자를 위하여 강화된 안정성과 고도의 편리성을 가지는 제도이다.[91)] 채권자는 채무자에 대하여 채권의 전부 또는 일부를 청구할 수 있고 동시에 또는 순차로 청구할 수 있다(§411, §413). 이때 채무자들의 재산은 채권만족을 위한 최상의 단일체를 형성한다.

(2) 대항문제Abwehrproblem; 어느 채무자에게 발생한 사유의 효력 = 개별효[상대효]와 전체효[절대효]

이는 어느 채무자의 채권자에 대한 행위가 채권자와 다른 채무자의 관계에서 가지는 효력의 문제이다. 연대채무자의 1인에 관하여 발생한 사유의 효력을 내용으로 하는 §§414－423은 당사자의 합의로 달리 정할 수 있는 임의규정이다. §§413은 절대적 효력과 상대적 효력을 조문제목으로 하지만, 이는 몹시 불투명한 법률용어이며, 여기에서는 전체효와 개별효를 개념으로 사용한다. 전체효와 개별효는 순수한 민법이론만으로는 설명하기 어렵고 이론적으로 완결되기도 힘든 입법정책의 산물로 여겨진다.

1) 개별효의 원칙

개별효의 원칙이 불가분채무를 지배하며, 불완전하지만 연대채무의 경우에도 같다. 불가분채무의 경우 §411가 준용하는 불가분채권에 관한 §410을 따라 모든 채무자에게 효력이 있는 사항과 §422의 채권자지체의 전체효를 제외하면, 채무자 1인의 행위 또는 1인에 관한 사항은 다른 채무자에게 효력이 없다(§423). §410 I의 「모든 채권자[채무자]에게 효력이 있는 사항」은 이행이며, 이행은 채권의 완전한 만족을 주는 사유로 넓게 해석될 수 있다. 불가분채무의 개별효는, 당사자의 의사에 기초하는 연대채무에서와 달리, 급부의 성질 자체를 근거로 한다. 급부가 불가분이므로 채무자의 1인에게 발생한 사항은, 그것이 이행과 직접연관된 사유가 아니면, 당연히 다른 채무자에게 효력을 미칠 수 없고 없어야 한다. 그렇지 않으면 '자를 수 없는[불가분] 급부를 자를 수 있다[가분, 분

---

90) 분할채무관계의 발생을 제한하는 현승종, 채권총론, 224면 이하, 곽윤직, 채권총론, [58] (208면 이하)와 김형배, 채권총론, 433면 등도 특정하지 않고 막연히 가급적이면 불가분채무 또는 연대채무로 새겨야 한다고 할 뿐이다.

91) Fr.C.v.Savigny, Obligationenrecht, Bd.1, 1851, 155, 217ff.

할]'고 의제하는 것과 같게 될 것이기 때문이다. 그리고 비록 그 범위는 제한되지만 연대채무에서도 §423은 어느 연대채무자에 관한 사항은 다른 연대채무자에게 효력이 없다는 개별효를 원칙화한다.

개별효는 불가분채무관계 또는 연대채무관계가 성립한 후에 발생하는 사유의 효과이다. 개별효의 원칙에 따라 어느 채무자에 대한 청구권은 서로 다른 법적 운명으로 가지므로 그는 소송에서 단순한 공동소송인에 그친다.[92] 그러므로 어느 채무자와 체결한 부제소의 약정*pactum de non petendo*은 개별효만을 가진다. 그리고 압류는 압류결정이 송달된 연대채무자에게만 효력을 미친다.[93]

2) 예외로서 전체효

a) **전부전체효**: 전부전체효는 채권자가 오직 1회만 급부를 취득하여야 한다는 의식의 산물이다.[94] 채권만족사유Befriedigungsgründe, 즉 변제, 대물변제, 공탁과 상계는 불가분채무와 연대채무, 그리고 심지어 부진정연대채무에서도 전체효를 가진다. 변제는 채무의 내용이 되는 급부가 실현되고 이로써 채권이 그 목적을 달성하는 소멸하는 것을 의미한다.[95] 어느 채무자가 채권자를 만족하게 한 때에는 채권이 그에게 법정양도된다(§481). [96] 또한 어느 부진정연대채무자가 채권자에 대한 반대채권으로 상계하는 경우 채권자는 현실만족을 얻어 목적을 달성하고 그 채무소멸의 효력은 다른 부진정연대채무자에게 미치고, 이는 채권자와 상계계약을 체결하는 때에도 같다.[97] 이 법리는 상계할 때 또는 상계계약을 체결할 때에 부진정연대채무의 성립, 즉 다른 부진정연대채무자의 존재에 관한 채권자의 지·부지에 의하여 영향을 받지 않는다. 다만 전체효를 가지는 상계를 위하여 자동채권이 수동채권보다 커야 한다. 여기에 현행 민법이 당사자의사의 추측과 법률관계의 간결한 처리를 이유[98]로 연대채무에만 전체효를 주는(§417, 비교. §411)

---

92) Jauernig/Stürner, §425 Rn.1.

93) BGH NJW 1998, 2904.

94) 김형배, 채권총론, 458면은 목적도달 사유 이에도 채무자 사이에 긴밀한 관계가 인정될 때에는 전체효가 주어질 수가 있다고 한다.

95) 대판 2019.02.14., 2017다274703.

96) Jauernig/Stürner, Anm. zu §§422–424 Rn.1. 한편 제철웅, 「비교사법」, 제40권, 2008, 38면은 §485(채권자의 담보상실, 감소행위의 법정대위자의 면책) 등으로 §419의 소멸시효의 일부전체효와 유사한 결과가 발생할 수 있다고 하지만, 소멸시효의 완성을 저지할 채권자의 의무를 먼저 검토하여야 한다.

97) 대판 (전) 2010.09.16., 2008다97218: "부진정연대채무자 중 1인이 자신의 채권자에 대한 반대채권으로 상계를 한 경우에도 채권은 변제, 대물변제, 또는 공탁이 행하여진 경우와 동일하게 현실적으로 만족을 얻어 그 목적을 달성하는 것이므로, 그 상계로 인한 채무소멸의 효력은 소멸한 채무 전액에 관하여 다른 부진정연대채무자에 대하여도 미친다고 보아야 한다. 이는 부진정연대채무자 중 1인이 채권자와 상계계약을 체결한 경우에도 마찬가지이다."; 또한 대판 2019.04.25., 2018다47694.

경개*navatio*를 불가분채무의 일반 채권만족사유에 추가하여야 한다. 경개의 전체효는 경개의 성질에서 당연히 추론될 수 있다: 「구 채무는 경개로 인하여 소멸한다.」(§500). 또한 불가분채무와 연대채무에 관한 민법의 규정은 채권자와 채무자의 합의에 양보하는 임의규정(§105)이고 변제는 엄연히 구채권의 소멸과 신채무의 발생을 목적으로 하는 채권자와 어느 채무자의 처분행위[계약]이기 때문에 사적자치도 또한 경개의 전체효를 정당화한다. 채권만족의 대용이 되는 경개가 채권만족사유에서 빠진 이유는 경개를 모르는 독일민법을 형식적으로 재생한 결과로 추측된다.[99)]

한편 어느 채무자가 채권자에게 완전한 만족이 아니라 일부만족만을 제공하는 경우 그 효력이 문제된다. 연대채무에 관하여 일정한 사유가 존재하는 경우에 면제의 일부전체효(§§419－421)와 어느 채무자가 상계하지 않는 경우 다른 채무자가 대위상계하고 그 부담부분에 관한 일부전체효(§418 II)를 법정한 민법의 규율태도에서 일부변제도 이를 수령하는 채권자의 의사를 존중하여 그 범위에서 전체효를 가진다고 하는 것이 형평에 맞아 보인다. 이와 달리 일부전체효와 친하지 않은 불가분채무에 관하여는 전체효를 부정하여야 할 것이다(§411→§410 II 참조).

민법학은 연대채무에 이행청구와 그에 따르는 이행지체에 전체효를 법정하는 §416이 민법이 채권만족사유 외에 시효완성에 전체효를 부여하는 것에 대응하여 채권의 효력을 강화하는 것을 목적으로 한다고 설명한다.[100)] 하지만 그 이상이다: 채권자는 어느 연대채무자를 선택하여 이행청구를 하여 채권의 만족을 얻을 수 있고, 이행 등이 없으면 모든 채무자에게 채무불이행책임을 물을 수 있다. 다시 말하면 채권의 만족만이 각 채무자가 채무불이행의 불이익에서 벗어날 수 있는 유일한 해방책이다. 따라서 §416은 합리적인 범위를 넘어 채무자를 너무나 압박하여 채권자를 無所不爲의 權力者로 만드는 이상한 조항이다.[101)] 이처럼 §416으로 말미암아, 일반의 先判斷과 다르게, 연대채무와 이 규정이 준용되지 않는 불가분채무의 처지가 역전된 셈이다.

---

98) 곽윤직, 채권총론, [66] (225면); 김형배, 채권총론, 444, 461면 이하. 한편 민법주해/차한성, 제417조 (103면)는 경개는 채권만족이 아니라 그 가능성을 줄 뿐이므로 그 변제성을 인정하는 것은 채권소멸에 관한 형식적 사고에 기인하는 것이라고 한다.

99) 같은 취지에서 경개의 전체효도 역시 의사표시의 효력에 의해 인정되는 것이라는 제철웅, 「비교사법」, 제40권, 2008, 35면; 비슷하게 MünchKomm/Bydlinski, §423 Rn.5와 §420 Rn.6(다만 연대채권의 경우 경개는 개별효만을 가지고 채무자와 다른 연대채권자와 채권관계에 영향을 미치지 않는다). 그리고 경개의 의미·내용에 관하여 대판 (전) 2019.10.23., 2012다46170 참조.

100) 곽윤직, 채권총론, [66] (225면); 김형배, 채권총론, 461면; 민법주해/차한성, 제413조 (70면) 등.

101) 현승종, 채권총론, 240면, 곽윤직, 채권총론, [66] (224면 이하)와 김형배, 채권총론, 460면 등은 §416의 입법적 문제를 지적하면서 이는 채권의 효력을 강하게 하고 소멸시효완성과 조화를 이루기 위한 것이라고 덧붙이지만, 일부전체효만을 가진 소멸시효완성과 이행청구는 직접적인 연결관계가 없다.

그러나 연대채무의 부담이 연대채무자들을 한 몸으로 만들지는 않는다. 채권자가 그의 선택으로 순차적 또는 동시에 채무자에게 이행을 청구할 수 있다고 하여(§414) 청구받지 않은 다른 채무자들에게 어느 채무자에게 청구한 사실까지 알 것을 요구하고 그 불이행에 관한 책임을 지우는 것은 무리이다.[102] 그리고 §416의 규정취지는 연대채무자를 필수적 공동소송인으로 하지 않고 확정판결에 상대효만을 허용하는 민사소송의 법리(「민사소송법」 §§66, 218)와도 조화되지 않는다.[103] 재판상의 청구도 이행청구이다. 그렇다고 하여 이 상황을 단순히 실체법과 절차법의 차이로 단정짓는 것도 어색하다. 필요한 경우 채권자가 모든 연대채무자를 상대로 재판상 이행을 청구하게 하는 것이 오히려 §414의 규범목적과 합치하는 해결방법이 될 수 있다.

나아가 §411은 불가분채무에 §416을 준용하지 않으므로 이행청구와 그 청구를 받은 어느 불가분채무자의 이행지체, 그리고 시효중단은 개별효만을 가진다. 이 때문에 법이론과 법감정상 채권자의 권리가 더욱 강력하여야 하는 불가분채무에서 이행청구의 힘이 정작 연대채무에 미치지 못하는 예상하지 못한 부정효를 피할 수 없다는 비판이 지배한다.[104] 그러나 이행청구의 성질과 §414의 입법목적에서 고려할 때 §416을 준용에서 제외하는 §411을 결코 '입법상의 오류'[105]로 나무랄 것이 아니고 오히려 다행스러운 현명한 입법으로 평가하여야 한다. 다만 '있는 법률규정'을 무시할 수 없으므로 현재 상태에서는 §416을 일단 연대채무에 특유한 조항으로 제한수용하고 긴 안목으로 삭제하는 지혜가 요구된다.

b) 일부(=부담부분 범위의)전체효: 연대채무를 특징짓는 표지

일부전체효는 어느 채무자의 행위가 그 부담부분을 한도로 전체효를 가지는 경우이다. 연대채무의 입법목적에서 일부전체효도 최대한 연대채무의 담보적 기능을 강화하는 방향으로 이를 해석하여야 한다.[106] 이는 그 성질상 전부이행을 전제하는 불가분채무와 친할 수 없다.

§§460 이하에서와 달리 §419는 면제를 채권만족사유로 전제하지 아니므로 그 정도가 반드시 채무 전부의 정도에 이를 필요가 없다.[107] 그리고 심지어 채무 전부를 면제받

102) 같은 뜻으로 이미 독일민법 §425 II 참조.
103) 특히 전원열, 민사소송법, 636면: "민법상 수인의 채권자 및 채무자 관련 규정(§406이하)은 필수적 공동소송과 관련이 없다."
104) 김형배, 채권총론, 443면: "제410조의 준용과 모순되는 것으로서, 입법상의 오류"; 민법주해/허만, 제411조 (63면).
105) 김형배, 채권총론, 443면.
106) 민법주해/차한성, 제413조 (70면). 이와 비교하여 담보기능을 강화하는 방향으로 해석하는 것이 유일하게 고려하여야 할 사항이 아니라는 김형배, 채권총론, 453면 이하 참조.
107) 한편 민법주해/차한성, 제419조 (116면 이하)와 김형배, 채권총론, 465면 이하의 채권자가 어느

은 어느 연대채무자도 연대채무관계에서부터 탈락하지 않고[108] 그 내부관계에서는 계속 그의 부담부분의 비율로 상환능력이 없는 연대채무자의 부담부분을 분담하여야 한다(§427 I 본). 이 때문에 면제받은 연대채무자와 다른 연대채무자 사이의 관계가 채권이 완전히 소멸할 때까지 존속하는 것으로 보아야 한다. 나아가 어느 연대채무자에 대한 면제부분이 그의 부담부분에 미치지 못하는 때에도 그 부분은 일부전체효를 가진다. 소멸시효와 함께 면제에 관하여 부담부분의 범위에서 전체효를 인정하는 이유는 상환에 관한 법률관계를 간이하게 하기 위함이다. 실무는 어느 연대채무자가 면제받는 경우 그가 지급하여야 하는 잔존채무가 부담부분을 초과하는 때에는 그 연대채무자의 부담부분이 감소한 것이 아니어서 다른 연대채무자의 채무에 영향을 주지 않으므로 다른 연대채무자는 채무 전부를 부담하여야 하지만, 반대의 경우에는 부담부분에서 잔존채무를 공제한 차액의 정도로 면제받은 연대채무자의 부담부분이 감소하였으므로 그 범위에서 면제의 전체효가 발생하고 다른 연대채무자의 채무도 감소한다고 새긴다.[109] 이와 비교하여 §425와 대판 2013.11.14., 2013다46023은 출재채무자와 다른 연대채무자 사이의 구상관계에 관한 것이다.

한편 면제의 일부전체효는 면제하는 채권자가 연대채무자의 부담부분을 알았거나 알 수 있었던 경우로 제한적용되어야 하고 그러한 사정의 부존재에 관한 증명책임은 채권자에게 있다는 주장도 유력하다.[110] 그러나 부담부분의 지·부지에 관한 위험은 마땅히 채권자에게 귀속되어야 하므로 그 인식가능성에 맡길 것이 아니다.[111]

그런데 일부전체효가 연대채무의 효력에 미치는 영향이 과대포장되는 느낌이 현저하다. 면제와 혼동 그리고 소멸시효의 완성은 예외사정으로서 일반의 적용과 친하지 않아 실질적인 의미를 가지기 어렵기 때문에 그 의미를 부풀릴 것이 아니다. 오히려 §416에 따라 각 채무자에게 이행을 청구할 수 있고 그 채무자가 이행을 지체하는 경우 각 채

연대채무자에게 그가 채무의 일부를 이행하면 나머지 채무를 면제한다고 의사표시한 사안에 관하여 일부변제는 전체효는 물론 개별효도 없기 때문에, 다른 합의가 없으면, 면책부분만을 기준으로 §419에 따른 전체효를 판단하면 충분하다고 한다. 이와 달리 곽윤직, 채권총론, [66] (226면 이하)는 일부면제도 부담부분의 한도에서 전체효를 가진다고 한다.

108) 김형배, 채권총론, 463면 이하.

109) 대판 2019.08.14., 2019다216435(이에 반대하여 면제받은 연대채무자는 면제금액과 관계없이 면제로 인한 이익을 누려야 한다는 임병석, "연대채무에서의 일부 면제와 잔존채무 및 구상 관계", 전남대학교 「법학논총」, 제40권 제3호, 2020, 81-115면). 이는 부진정연대채무에서 다액 채무자가 일부변제하는 경우 그가 단독으로 채무를 부담하는 부분이 먼저 소멸한다는 대판 (전) 2018.03.22., 2012다74236의 연장으로 이해된다.

110) 민법주해/차한성, 제419조 (112면); 곽윤직, 채권총론, [66] (226면); 김형배, 채권총론, 464면.

111) 이미 현승종, 채권총론, 241면. 또한 채권자가 채무자들 사이의 관계를 통제할 수 없음을 들어 Heck, SchR., §76 (235).

무자에게 채무불이행책임을 물을 수 있는 채권자의 권리가 일부전체효를 압도한다. 더욱이 가분채무로의 전환을 법정하는 §412 때문에 불가분채무의 효력이 연대채무와 비교할 수 없이 약화된 상태이다. 그 결과 실제로는 연대채무가 불가분채무를 압도하는 효력을 가진다고 하여도 잘못이 아니다.

마지막으로 일부전체효를 도입한 연대채무에 관하여 이는 채권자의 보호에 앞서 연대채무자 사이의 공동관계를 중시하여 법률관계의 간편한 결제에 치우친 것이므로 입법론으로 재검토하여야 한다는 비판[112]이 유력하다. 하지만 이는 분별하기 어려운 기준을 설정하여 억지로 연대채무와 불가분채무를 떼어놓은 현행 민법전과 개정 전의 일본민법전에서 파생하는 피할 수 없는 부작용으로서 연대채무와 불가분채무의 통합으로 자연히 해소될 수 있는 성질의 것이다. 이밖에도 연대채무가 법현실에서 가지는 기능이 그다지 크지 않다는 지적이 있고,[113] 이에 대하여 §416을 제외하면 일부전체효에 관한 규정을 포함한 연대채무의 규정은 우수하여 저평가할 일이 아니라는 주장마저 제기된다.[114] 하지만 이들은 다수당사자의 채권관계에 관한 민법이론이 아니라 순수한 입법정책의 시각에서 연대채무규정을 조명한 견해로 짐작된다. 아무튼 왜곡된 연대채무의 입법과 일부전체효로 인하여 불가분채무가 그 효력에서 연대채무를 압도한다는 −법률규정의 해석이 아니라 거의 신앙에 가까운 상상에서 출발한− 민법학과 실무의 先判斷이 불가분채무, 연대채무와 부진정연대채무를 둘러싼 혼란을 빚은 원인제공자임을 잊지 않아야 한다.

(3) 상환청구문제Regressproblem; 채무자들 사이의 비용부담

불가분채무자의 내부관계, 즉 구상관계에는 연대채무에 관한 §§424−427의 규정이 준용되므로 연대채무에 관한 설명이 그대로 전이된다. 채무자 사이의 주관적 공동관계를 포섭하는 것을 본질로 하는 연대채무에서 비용상환청구관계, 즉 구상관계는 그 성질상 당연하고,[115] 그 연장선에서 어느 채무자가 부담부분을 초과하여 지급할 것을 구상권의 성립요건으로 하지 않는다.[116] 이와 관련하여 구상범위에 관하여 출자액과 공동면책액 중 작은 것에 따라야 한다는 주장이 유력하다. 그러나 출자액이 채무의 범위를 변경하지는 않기 때문에 공동면책액이 기준이 되어야 한다.

---

112) 곽윤직, 채권총론, [66] (223면); 김형배, 채권총론, 460면.

113) 보증, 특히 연대보증의 선호와 부진정연대채무의 관행을 그 원인으로 제시한 민법주해/차한성, 제413조 (67면)과 연결하여 김형배, 채권총론, 448면.

114) 제철웅, 「비교사법」, 제40호, 2008, 29면 이하. 그러나 이는 불가분채무와 연대채무를 구분할 필요가 없다는 제철웅, 39면 이하와 조화되지 않는다.

115) 현승종, 채권총론, 245면; 곽윤직, 채권총론, [67] (299면); 김형배, 채권총론, 470면 등.

116) 현승종, 채권총론, 247면, 곽윤직, 채권총론, [67] (231면); 김형배, 채권총론, 473면.

채무자의 부담부분은 불가분채무와 연대채무의 내부관계에서 각 채무자가 부담하여야 하는 채무의 비율이다. 부담부분의 본질은 아직 충분히 밝혀지지 않은 상태이지만, 불가분채무와 연대채무에서 전체의 이행의무를 담보의무로, 그리고 부담부분을 고유의무라고 하여도 틀리지 않다.[117] 부담부분의 결정은 채무자들의 의사를 기준으로 하고, 의사가 없으면 각 채무자가 채무를 부담하는 대가로 취득하는 이익의 비율을 반영하여야 하며, 그렇지 않으면 부담부분의 균등을 추정하는 §424를 따른다.

불가분채무와 연대채무의 정의에서 어느 채무자의 부담부분은 원칙적으로 채권자를 구속하는 효력이 전혀 없고 이는 §424의 경우에도 같다. 그런데 교과서는 흔히 부담부분이 다르고 그것이 면제 또는 소멸시효의 완성과 같이 전체효에 영향을 미치는 경우 관계되는 어느 연대채무자는 채권자가 이를 알거나 알 수 있다는 사실을 증명하여 이를 주장할 수 있다고 설명한다.[118] 그러나 이는 잘못이다: 어느 채무자의 부담부분을 모르는 사정을 채권자의 위험으로 귀속하면 그만이다. 구상채권의 담보를 위하여 §481은 채권의 만족을 실현한 어느 채무자에 대한 채권의 법정양도를 인정한다.[119] 다만 §481의 변제자대위권은 구상권과 다른 권리임을 주의하여야 한다.[120]

마지막으로 상환무능력자의 부담부분에 관한 §427은 채무자 사이의 형평을 목적으로 한다. 다만 어느 채무자가 자력을 회복하는 경우 구상관계는 재조정되어야 한다.

(4) 불가분채무와 연대채무의 앞으로의 길

순수하게 법이론과 법률효과만을 중심으로 하는 민법의 해석이 불가분채무와 연대채무의 우열관계를 판가름하는 기준이 되어야 한다. 그러나 현행 민법상 −급부의 객관적 성질로 말미암아 불가분채무가 되는 경우를 제외하면− 그 발생원인을 기준으로 불가분채무와 연대채무를 구분하는 것은 사실상 불가능하다. 이때 외관의 법률효과에서 채권만족사유를 넘는 일부전체효를 담은 연대채무가 채권자에게 불리하게 보일 뿐이다. 그러나 불가분채무가 연대채무보다 효력이 강하다는 일반의 평가는 민법규정을 정확히 이해·반영하지 않은 선판단에 지나지 않는다. 지금까지 논의의 주변에서 맴돌던, 급부가 가분이 되는 때에 불가분채무가 분할채무가 전환된다는 §412와 이행청구와 이행지체에 절대효를 인정하는 §416가 이를 확인하는 조항이다.

117) 곽윤직, 채권총론, [67] (229면); 같은 취지에서 김형배, 채권총론, 470면.
118) 현승종, 채권총론, 245면; 곽윤직, 채권총론, [67] (230면); 김형배, 채권총론, 472면.
119) 김형배, 채권총론, 706면. 또한 독일민법 §426 II 참조.
120) 대판 2009.02.26., 2005다32418; 또한 대판 2022.04.28., 2019다200843와 「상법」 §724 II의 구상권과 §682의 보험자대위권은 별개의 권리라는 대판 2024.09.27., 2024다249729 등.

앞으로 연대채무에서 전체효의 범위를 축소하고 개별효의 원칙에 보다 충실한 방향으로 정비하여 연대채무를 일반제도화하고 불가분채무와 아래에서 논의하는 부진정연대채무를 그 안에 일괄포섭하는 입법적 결단이 요구된다. 실무도 불가분채무의 발생사유인 급부의 성질을 객관적 성질로 한정하지 않기 때문에 이러한 법리의 구성을 방해하지 않는다. 또한 일반시민은 섬세한 불가분채무와 연대채무의 차이를 알 수 없고 알 것을 바라는 것은 과욕이다. 이처럼 불가분채무와 연대채무, 그리고 부진정연대채무를 아우르는 통합설정은 또한 민법의 피적용자에게 조금도 잘못될 것이 없다.

V. 부진정연대채무의 의의와 평가

1. 현행 민법에서 부진정연대채무

부진정연대채무unechte Gesamtschuld는 수인의 채무자가 동일한 내용의 급부에 관하여 각자 전부 급부할 의무를 지고 어느 채무자가 채권을 만족하게 하는 경우 채무가 소멸하는 채무로서 불가분채무 또는 연대채무가 아닌 채무이다.[121] 다시 말하면 부진정연대채무는 주관적 공동― 또는 연대의식이 없는 채무이다.

민법의 *死角*에 위치하는 '부진정연대채무'는 연대채무를 기본유형으로 하는 독일민법학에서 기원하는 법률제도이다. 그러나 이는 불가분채무와 연대채무의 효력을 분리·구성하는 현행 민법의 법률개념으로 부적절하다. 더욱이 부진정연대채무는 채권자에 대한 어느 채무자의 행위의 법률효과에 관하여 불가분채무와 사실상 다르지 않다. 다수견해도 부진정연대채무는 어느 채무자에 관하여 일어난 사유가 다른 채무자에게 영향을 주지 않으므로 개별효에서는 불가분채무와 같지만 내부관계에서는 불가분채무와 다르기 때문에 이를 부진정불가분채무라고 하더라도 잘못이 아니라고 한다.[122] 그러나 부진정연대채무는 민법에 실체가 없는 幽靈이다.[123] 이는 현행 민법의 입법자가 근대민법전의 기본입법을 비켜나서 연대채무에 지나치게 넓은 전제효를 불어넣은 탓에 불가피하게 실무에 도입된 파행적인 제도로서[124] 민법이 *母法*으로 삼은 개정 전의 일본민법과 이를

121) 사례를 열거하여 현승종, 채권총론, 253면; 김증한, 채권총론, 198면 이하; 곽윤직, 채권총론, [68] (236면); 김형배, 채권총론, 479면 이하; 양창수·김형석, 민법 III, 325면 등.

122) 곽윤직, 채권총론, [68] (236면); 이제는 곽윤직·김재형, 채권총론, 217; 김형배, 채권총론, 479면 이하, 특히 481면 등. 이밖에 급부의 불가분성에 비롯하는 차이와 §§416(이행청구의 전체효), 421면(소멸시효의 일부전체효)을 제외하면 불가분채무와 연대채무를 구별할 실익이 없다는 제철웅, 「비교사법」, 제40권, 2008, 39면 이하.

123) 박영규, "'부진정 연대채무' 이론 비판", 「민사법학」, 제48권, 2010, 283―309면, 특히 306면 이하: "법문에 반하는 부진정 연대채무 개념"과 "부진정 민법학의 산물."

124) 양창수·김형석, 민법 III, 327면은 특히 사회국가 이념의 진출로 각 채무자가 가분급부를 실현할

모방한 만주국민법이 그 원인제공자이다.

부진정연대채무는 공동불법행위(§760) 또는 상이한 이른바 위험책임구성요건에서 생기는 손해배상책임, 동일한 이익을 목적으로 하는 채무불이행과 불법행위에 기한 손해배상책임 또는 서로 다른 계약에서 발생하는 손해배상책임, 그리고 여러 사람의 사무관리행위(§734) 등을 원인으로 한다. 실무에서 이는 직무에 관하여 불법행위를 저지른 법인이사와 법인의 채무(§35), 불법행위를 한 업무사용보조자와 본인의 채무(§§750, 756), 불법행위를 저지른 이행보조자와 채무자의 채무(§§390-391, 750)와 공동불법행위채무(§760) 등 주로 불법행위의 영역에 집중된다. 부진정연대채무를 뒷받침하기 위하여 실무는 심지어 피해자[채권자]보호의 목적달성을 위하여 법문에서는 의심의 여지가 없는 「연대하여」 또는 「연대책임」을 비트는 變則解釋까지 강행·규범화한다.

현재 부진정연대채무에 관하여 부담부분이 없고 따라서 구상관계[상환청구관계]가 존재하지 않는다는 설명이 지배한다. 그러면서도 이들은 채무자들 사이의 계약관계 또는 본인과 업무집행보조자관계(§756) 등 특별한 관계가 있으면 구상관계가 생긴다고 한다.[125] 그러나 계약관계는 비용상환관계의 직접근거가 될 수 없다. 부진정연대채무에서 고유한 의미의 부담부분은 존재하기 어렵다. 그럼에도 그 채무자들 사이에서는 엄연히 자기책임부분이 존재할 수 있고 이는 사실상 부담부분과 같기 때문에 이를 부담부분으로 취급하더라도 잘못될 것이 없다. 다만 이는 연대채무의 구상관계와 발생원인과 존재양식을 달리할 뿐이다. 교과서와 실무도 거의 제한없이 부담부분을 언급한다.[126]

또한 비록 직접 상환청구권을 근거짓는 조항은 없으나 채무를 이행한 어느 채무자는 손해배상자의 대위를 원용(§763→§399)하거나 사무관리자의 지위에서 비용상환을 청구(§§734, 739)할 수 있다. 이와 관련하여 공동불법행위에 관하여 그 부담부분을 넘는 공동면책을 구상요건으로 요구하고 다른 채무자의 구상의무를 분할채무로 판단한 대판 2002.09.27., 2002다15917과 대판 2023.06.29., 2022다309474 등은 의문이다. 공동면책하는 채무자도 그 피해자에 대하여만 불법행위자이고 다른 채무자와의 관계에서는 평범한

채무를 부담하는 경우가 많고 민법의 연대채무규정이 적용에 적합하지 않음을 지적한다.

125) 김증한, 채권총론, 199 이하. 한편 곽윤직, 채권총론, [68] (237면)은 구상관계가 없다고 하면서도 (239면)에서는 공동불법행위에 관한 대판 1971.02.09., 70다2508과 대판 1989.09.26., 88다카27232를 제시하여 다른 채무자가 부담하였을 비율에 따른 구상관계와 비슷한 관계가 생긴다고 하는 등 일관되지 않는다.

126) 대판 1989.09.26., 88다카27232; 또한 대판 2006.01.27., 2005다19378: "... 내부관계에 있어서는 형평의 원칙상 일정한 부담부분이 있을 수 있으며, ..." 등; 또한 결과에서 민법주해/차한성, 제413조 (86면): "부진정연대채무에 있어서 구상관계가 생기는 것을 전면적으로 부정하는 입장은 전혀 없다"; 이밖에 구상관계가 연대채무에서와 같이 당연한 내용이 되는 것은 아니라는 양창수·김형석, 민법 III, 337면 등.

동순위의 채무자이다. 더욱이 이를 요건화하는 것은 오히려 어느 공동불법행위자의 변제의욕을 꺾는 자극제가 될 위험도 상당하다. 공동면책에 관한 사전·후의 통지의무는 부진정연대채무에는 그 성질상 적용 또는 유추적용될 수 없다.[127)]

2. 부진정연대채무의 함정: 공동불법행위를 중심으로

§760은 2인 이상이 공동으로 불법행위를 저지른 경우 공동불법행위를 기본유형으로 한다. 그런데 §760 I의 「공동의 불법행위」의 의미에 관하여 1. 수인 사이에 의사의 공통 또는 행위공동의 인식, 즉 주관적 공동에 무게를 두는 소수해석(주관적 행위공동설)과 그렇지 않고 2. 객관적으로 보아 피해자에 대한 권리침해가 공동으로 행하여지고 그것이 손해발생의 공통원인이라고 인정되면 충분하다는 다수해석(이른바 客觀的 行爲共同說 또는 관련공동설)[128)]이 대립한다.

「공동의」를 존중하여 문리해석하는 1.의 경우 불법행위자들이 위법행위를 한다는 공동의 인식을 가져야 하므로 각 행위자의 고의 또는 미필적 고의를 공동불법행위의 요건으로 하고 공동의 행위와 손해 사이에 인과관계가 인정되면 개별 불법행위자의 행위와 발생손해 사이에 직접 인과관계가 증명되지 않더라도 공동불법행위가 성립한다.[129)] 다만 어느 공동불법행위자의 중지 등의 사유로 인과관계가 단절될 때에는 그의 불법행위는 인정될 수 없다. 1.에 따르면 위법행위가 선의를 전제하는 과실로 이루어진 경우 보충적으로 §760 II가 동원되어야 한다.

반면에 주관적 공동인식을 요구하지 않는 2.의 경우 일반불법행위의 성립요건을 충족하는 각 행위자의 행위를 독립적으로 평가하여야 하므로 각 불법행위가 공동으로 이루어진 것으로 충분하다. 이때에는 어느 행위가 과실로 이루어지더라도 무방하다. 실무도 공동불법행위는 객관적으로 관련공동성이 있는 수인의 행위로 타인에게 손해를 가하면 성립하고 행위자 상호 간의 공모는 물론 의사공동 또는 공동인식을 필요로 하지 않는다는 객관적 행위공동설을 채용한다.[130)] 하지만 2.는 구성요건이 아니라 결론, 즉 법률효과의 눈으로 바라보는 주장이다. 한편 II에 관하여 수인의 행위가 객관적 공동관계에 있어야 한다고 하면서 침해행위 자체에는 객관적 공동성이 없다는 측면에서 협의의 공동불법행위와 다르다는 설명도 유력하다.[131)] 그러나 '객관적'과 '가해자 불명'이 중복

---

127) 대판 1976.07.13., 74다746.

128) 대판 1963.10.31., 63다573.

129) 같은 취지에서 박영규, 「민사법학」, 제48권, 2010, 286면: "협의의 공동불법행위는 형법상의 공동정범과 같이 공모한 경우에 성립하는 것."

130) 대판 2013.04.11., 2012다44969.

131) 곽윤식, 채권각론, [246] (529면 이하).

될 수 있어 이들을 경계짓는 기준이 불명확하다.

2.에 따르면 불법행위자의 고의·과실에 의한 피해자에 대한 권리침해가 행하여지고 그 행위가 손해발생의 공동원인이 되는 것으로 인정되면 공동불법행위가 성립한다.[132] 이를 위하여 각 행위는 독립하여 불법행위의 요건을 갖추어야 한다. 이 때문에 공동불법행위는 객관적으로 관련공동성이 있는 수인의 행위로 타인에게 손해를 가한 경우 성립하고, 이는 (1) 불법행위 자체를 공동으로 하거나 (2) 교사·방조하는 경우와 (3) 횡령행위로 인한 장물을 취득하는 등 피해의 발생에 공동으로 관련된 경우에도 인정된다.[133] 여기에 실무는 §760 I의 공동불법행위의 구성범위를 한계지우기 위하여 객관적 관련공동을 판단할 때에 독립행위의 경합에 관한 II와 교사·방조행위에 관한 III을 공동불법행위의 범주에 넣어 동일한 법률효과를 부여하는 것과 균형이 맞도록 해석하여야 한다고 덧붙인다.[134] 그리고 공동불법행위자들은 법문과 달리 연대채무가 아니라 불가분채무와 법률효과가 동일한 부진정연대채무를 진다. 고의의 위법행위를 기본요건으로 하는 1.과 비교하여 2.의 객관적 공동행위설은 불법행위를 제재하여야 한다는 법률정책과 피해자구제의 실현이라는 효율적·기능적 측면에서 접근할 때에는 일응 설득력을 가진다. 하지만 2.는 예외를 정당화하기 위하여 법문을 비튼 대표사례에 해당한다.

수인의 행위가 객관적으로 공동이라는 사실이 결코 개별 위법행위와 발생손해 사이의 인과관계를 증명하지는 않는다. 그럼에도 실무는 §760 II를 수인의 행위가 경합하여 손해가 생겼으나 I의 공동불법행위로 보기에 부족한 경우 피해자에게 증명책임을 덜어주어 그를 보호하여야 한다는 입법정책의 고려에 따라 법률로 각 행위와 발생손해 사이의 인과관계를 추정하는 조항으로 새긴다.[135] 그러나 II는 추정조항이 아니라 인과관계의 존재를 전제하는 조항이다. 따라서 객관적 공동은 II의 「어느 자의 행위가 그 손해를 가한 것인지 알 수 없는 때」를 느슨하게 새겨서 이를 인과관계의 승인으로 인식할 때에만 비로소 정당화될 수 있다. 어느 행위자는 그의 행위와 손해 사이의 상당인과관계의 부존재 또는 손해의 일부가 그의 행위로 인한 것이 아님을 증명하여 책임을 면하거나 이를 감축할 수 있다.[136]

132) 대판 1998.02.13., 96다7854(수혈로 에이즈 바이러스에 감염된 경우 헌혈자의 감염 여부를 확인하지 않은 헌혈혈액원과 설명의무를 위반한 의사의 공동불법행위를 인정한 사안); 대판 2008.04.24., 2007다44774.

133) 대판 2013.04.11., 2012다44969(소비대주가 불법행위자가 양도성 예금증서의 횡령사실을 미필적으로 인식하면서 채권담보로 이를 취득한 사안); 대판 2016.04.12., 2013다31137(법률이 정하는 특정범죄로 취득한 재산임을 인식하면서 은닉·보존 등에 협력한 사안) 등.

134) 대판 1998.09.25., 98다9205;

135) 양창수·권영준, 민법 II (권리의 변동과 구제), 2017, 689면; 대판 2008.04.10., 2007다76306; 대판 2012.08.17., 2010다28390.

인과관계를 의제하는 §760 II와 그렇지 않은 I은 구분되어야 한다: I을 본래 행위자의 주관적 공동과 그에 따른 고의를 요건으로 하는 고유한 의미의 공동불법행위를 법정하는 조항으로 읽어야 한다. 반면에 §760 II는 공동이 없어 가해자가 불명하고 피해자가 어느 행위자의 위법행위와 손해 사이의 인과관계가 증명되지 않는 경우에도 이를 승인하고 불법행위에 관여한 사람 모두에게 공동으로 손해배상의무를 지우는 보충규정이다: 「공동 아닌 수인의 행위 중 어느 자의 행위가 그 손해를 가한 것인지를 알 수 없는 때에도 전항[제1항]과 같다.」

「교사자나 방조자는 공동행위자로 본다.」(§760 III). 여기에서 교사는 타인으로 하여금 불법행위의 의사결정을 하게 하는 것이고, 방조는 불법행위를 보조하거나 용이하게 하는 모든 직·간접의 행위(「형법」 §§31, 32 참조)를 말한다.[137] 교사와 방조의 방법과 수단에 관하여는 작위와 부작위 등 제한이 없다.[138] 그런데 실무는 손해전보를 목적으로 과실을 원칙적으로 고의와 동일시하는 민사법의 영역에서는 형법에서와 달리 과실에 의한 방조도 가능하다고 한다.[139] 이때 과실은 불법행위에 도움을 주지 말아야 할 법적 주의의무의 위반으로서 단순한 도덕 또는 종교적 의무는 이에 포함되지 않는다. 과실은 법령, 법률행위 또는 선행행위로 인한 경우는 물론 신의칙과 사회상규, 그리고 조리상 의무가 기대되는 경우에도 인정될 수 있고, 그러한 의무는 상대방의 법익을 보호하거나 그의 법익에 대한 침해를 방지하여야 할 특별한 지위에 있는 사람에게만 부과된다고 한다. 과실에 의한 방조책임을 묻기 위하여는 방조행위와 발생손해 사이에 상당인과관계가 인정되어야 한다.

결론적으로 §760 I의 「공동의 불법행위」에서 공동을 主觀的 共同으로 제한해석하여야 한다. 의사의 공유가 없는 '공동'은 존재할 수 없으며, 이것이 「공동의」의 의미이다. 주관적 공동이 없을 때에는 인과관계의 존재를 예정하는 II가 자동개입한다. 그렇지 않고 2.와 같이 해석할 때에는 §760 II의 구성요건이 이미 I의 구성요건을 함축할 것이므로 I은 그 존재가치를 잃을 수밖에 없게 된다.

---

136) 대판 2015.06.24., 2014다231224.

137) 대판 2016.05.12., 2015다234985; 기상형 광고를 게재하여 독자가 광고주와 상거래를 체결하는 손해를 입은 경우 방조를 인용한 대판 2018.01.25., 2015다210231.

138) 부작위의 방조로 대판 2010.03.11., 2009다4343; 비슷하게 이미 대판 2007.01.25., 2005다11626(소리바다 사건); 또한 대판 2018.01.25., 2015다24904·24911·24928·24935 등.

139) 대판 2007.06.14., 2005다32999; 대판 2014.03.27., 2013다91597 등. 그러나 실무의 과실방조사례들은 대부분 不作爲에 의한 불법행위(§750)로 충분히 대처할 수 있을 것으로 보인다. 그리고 과실에 의한 교사는 애당초 불가능하다.

3. 공동불법행위자의 연대채무 또는 부진정연대채무?

공동불법행위는 각 가해자에게 그 개인의 행위에 대하여 그로 인한 손해를 개별적으로 구하는 것이 아니라 그들이 공동으로 가한 불법행위의 책임을 추궁하는 것이다.[140] 공동불법행위자는 공동으로 불법행위를 한 사람으로서 손해배상에 관하여 연대채무를 부담한다(§760 I). 이는 공동불법행위자의 주관적 의사공동, 즉 고의에 근거하며, §760 I의 「공동의」가 이를 확인한다. 주관적 공동은 채무부담에 관한 채무부담에 관한 인식의 공동과 부담의사로 이어지며, 이를 연대채무의 발생을 정당화하는 사유로 구성한다. 그러므로 §760 I에서 「연대하여」는 지극히 당연하다.

그리고 2.를 받아들일 때에도 불법행위의 성립을 둘러싼 주관적 공동과 객관적 공동은 구분될 수 있고 되어야 한다. 다만 이러한 사정과 관계없이 공동불법행위자들을 일괄하여 부진정연대채무의 우산 아래 묶는 다수견해[141]와 실무는 민법이론의 차원에서는 받아들이기 어렵지만 기능적·편의적인 해결방안이 될 수 있다. 그러나 이는 부진정연대채무의 담보력의 강화를 주관적 공동관계가 없어 연대채무에 관한 규정을 적용하지 않는 반사효라는 설명[142]과의 모순상황에서 자유로울 수 없다. 이처럼 불편한 결과는 연대채무에 관하여 일부전체효를 확장한 결과에서 유래하는 것이고 §760의 입법을 나무랄 것은 아니다. 또한 기존의 해석에 따를 경우, §760 I을 있는 그대로 적용하여 주관적 공동이 있으면 연대채무를 묻고 그렇지 않으면 부진정연대채무를 묻는 것은 형평에 어긋난다:[143] 주관적 공동에 무거운 채무를 귀속하는 것이 자연스럽다. 그러나 이미 언급한 내용과 같이, §416와 §412로 인하여 실제로는 연대채무가 불가분채무를 압도하는 힘을 가지므로 §760 I을 있는 그대로 적용하여 공동불법행위자에게 연대책임을 지우고 이를 II와 III로 연장하여 적용하는 것은 조금도 잘못될 것이 없다.

마지막으로 공동불법행위에서 가해자들 사이에서 부담부분의 배분은 가해행위에 관한 원인의 몫Ursachenanteile과 책임의 몫Schuldanteile에 따라 확정된다. 실무는 불가분채무와 연대채무에서와 달리 어느 채무자가 그 부담부분 이상으로 채권을 만족하게 한 때에만 다른 채무자에게 구상할 수 있다고 한다.[144] 다만 과실이 없어 내부관계에서 부담부분이 전혀 없는 어느 채무자가 채무를 이행하는 경우 그의 구상관계는 분할채무관계가 아니라 부진정연대관계라고 한다.[145] 하지만 이때에도 연대채무를 인정하지 않을 이유가 없다.

140) 대판 2022.07.28., 2017다16747·16754.
141) 현승종, 채권총론, 255면; 곽윤직, 채권각론, 1995, [247] (530면); 민법주해/정태윤, 제760조 (205면) 등.
142) 김형배, 채권총론, 483면.
143) 예를 들어 곽윤직, 채권총론, [68] (236면)과 채권각론, [247] (530면).
144) 대판 2024.09.27., 2024다249729.

4. 포기하여야 하는 부진정연대채무

부진정연대채무는 민법이 전혀 예정하지 않은 제도로서 채권자의 보호라는 의무의식에서 창출된 정체불명의 괴물이며 민법이론의 혼란을 부르는 犯人이다. 그렇다고 하여 이를 법률의 흠결로 비난할 것은 아니다.

다수견해는 법률이 수인에게 동일한 급부에 관하여 전부급부를 의무지우는 경우 그들 사이에 내부적·주관적 공동관계가 없는 때에 이를 부진정연대채무로 새긴다. 그렇지만 다수견해는 §760 I 등에서와 같이 행위자들 사이에 주관적 공동이 있는 경우까지 연대채무의 발생을 부정하는 근거를 제대로 해명하지 않으며, 교과서도 정작 채무자 등 사이에 주관적 공동이 존재하는 경우마저도 부진정연대채무를 긍정하는 모순된 태도를 보인다.[146] 그러나 부진정연대채무도 -불가분채무와 연대채무와 같이- 채권자와의 관계에서 채권의 만족을 본질로 하며, 민법의 입법자도 §413과 §411 등 이른바 부진정연대채무의 규율대상에 [유추]적용할 수 있는 법률규정을 미리 준비한 상태이다.

이미 앞에서 설명한 것과 같이 -아무리 채권자보호의 구호를 높이 제창하더라도- 주관적 공동이 있으면 가벼운 연대채무를, 그렇지 않으면 무거운 부진정연대채무를 지우기 위하여는 이를 정당화하는 사유가 있어야 할 것이지만 그 근거가 불명확하다. 실무는 별다른 근거를 제시함이 없이 심지어 민법이 「연대하여」라고 명문으로 규정하는 때에도 부진정연대채무로 승격하는 경우도 빈번하다. 그렇지만 교과서와 실무는 채권자의 보호를 목적으로 불가분채무의 성립요건이 되는 급부의 성질을 넓게 인용하는 경향이 현저한 탓에[147] 구태여 부진정연대채무의 관념을 승인하여야 할 필연적인 이유가 없다. 반면에 -앞의 불가분채무에 관한 판결례를 참조하면- 부진정연대채무의 실질을 인정할 수 있는 경우에도 채권자의 이익을 위하여 성질상 불가분으로 판단한 경우가 압도한다.[148]

이러한 실정을 감안하면 부자연스러운 부진정연대채무를 논리필연적으로 당연히 인정할 것이 아니고 더 이상 고집할 것도 아니다. 이를 수용한 동기가 입법자의 과욕이거나 부족한 민법학 또는 사실상 규범화된 실무의 관행이라는 사실은 전혀 중요하지 않다. 현행 민법과 합치하지 않는 인위적인 부진정연대채무의 관념을 과감하게 포기하고 일부전체효를 과감하게 배제하여 연대채무에 관한 규정을 적용하거나[149] 급부의 성질을 유연하게 해석하여 불가분채무를 유추적용하는 방법으로도 얼마든지 부진정연대채무를

145) 대판 2005.10.13., 2003다24147.

146) 현승종, 채권총론, 235면; 김증한, 채권총론, 186면; 곽윤직, 채권각론, [245] (525면 이하) 등.

147) 앞의 주 67)부터 71)과 그 본문 부분 참조.

148) 대판 2008.04.10., 2007다76306; 대판 2012.08.17., 2010다28390.

149) 예컨대 문리해석을 근간으로 §760의 경우 일원화하여 연대채무의 발생을 긍정한 박영규, 「민사법학」, 제48권, 2010, 283-309면; 비슷하게 송덕수, 채권법각론, 2019, 563면 이하 참조.

대체할 수 있다. 그 시작은 동일한 급부이익과 동순위만을 법정하는 §413의 법문이다. 이때 불가분채무, 연대채무와 부진정연대채무의 발생원인이 정확히 분별되지 않는다는 사실이 그 전제임을 잊지 않아야 한다. 이밖에 구태여 전부전체효를 본질로 하는 불가분채무가 아니더라도 연대채무에 관한 규정도 이미 −적어도 법률규정에서는− 불가분채무를 현저히 약화하게 하는 §412와 이행청구의 전체효를 법정하는 §416을 바탕으로 채권자에게 불가분채무를 훨씬 능가하는 강한 위력을 가진다.

Ⅵ. 글을 마치며

법률의 적용을 위하여 해석이 선행되어야 하고 해석은 법문을 기준으로 하는 문리해석에서 시작하여야 한다. 그러나 서로 제대로 구분되지 않는 불가분채무와 연대채무, 그리고 실무가 정립한 부진정연대채무가 서로 얽히고 교차하는 混沌의 無秩序가 현행민법을 지배한다. 그럼에도 이들은 경계짓는 것은 지나치게 기교적·현학적이어서 전혀 효율적·실용적이지 않다. 구분할 수 없거나 사실상 불가능한 것을 구분하려는 것이 바로 낭비이고 헛된 노력이다. 이러한 상황은 단순히 다수당사자의 채권관계를 난해하고 다가서기 어려운 민법분야로 낙인찍는 것을 넘어 민법교육에서부터 민법의 해석·적용에 이르기까지 得보다 失을 수반한다. 긴 호흡에서 보면, 자연스러운 것이 살아남고 부자연스러운 것은 도태되기 마련이다.

불가분채무, 연대채무와 인위개념으로서 부진정연대채무에 관한 불필요한 혼란상태와 오해를 제거하여야 한다. 현행 민법에서는 §423로 말미암아 생기는 외관과 달리 연대채무의 힘이 불가분채무를 압도한다. 이를 있는 그대로 받아들여 연대채무를 기본규정화하고 그 규정을 불가분채무와 부진정연대채무의 법률효과에 통합적용하는 입법[개정]에 의한 單純化作業으로 불가분채무, 연대채무와 부진정연대채무를 하나의 틀 안에 배치하는 것이 일반 시민의 이해를 쉽게 하는 실행가능한 해결안이다.

이를 위한 첫단계는 연대채무에 관하여 채권만족사유 외에 [일부]전체효를 표상하는 법률규정을 걷어내는 작업이다. 다음 단계로 준비된 연대채무의 규정을 불가분채무와 부진정연대채무에 직접 적용하거나 준용하는 근거조항을 마련하여야 한다. 이는 이들이 모두 각 채무자가 동순위에서 동일한 급부를 부담하는 것을 이론적 기초로 하고 어느 채무자의 이행으로 다른 채무자의 채무도 소멸하는 법률효과를 배경으로 한다. 그리고 연대채무에 관한 법률규정은 강행규정이 될 수 없으므로, 개별사항에 관하여 전체효를 수용하는 등 법률의 규정과 다른 의사가 있는 때에는 그 규율을 사적자치에 맡기면 그만이다.

작은 것에 덧붙이는 것[개별효의 추가]보다 큰 것에서 빼내는 것[전체효의 제한]이 훨씬 편리하고 능률적이기 때문이다. 이러한 방향설정으로 다수당사자의 채권관계를 단순화하여 민법교육을 쉽게 하고 실무의 부담을 덜어야 한다. 어떠한 입법기술도 민법이론과 단순·명쾌하게 축조된 법문을 능가하는 합리성과 설득력을 누릴 수 없다.

Simple is beautiful!

미국법과 2024년 법무부 민법개정안*

- 제2차 계약법 리스테이트먼트와의 비교법적 검토를 중심으로 -

이소은**

국문초록

2023. 6.부터 활동을 시작한 법무부 민법개정위원회가 2024. 10. 계약법 분야의 개정안 작업을 마치고 계약법 개정이유서를 공개하였다. 민법개정위원회의 설명에 따르면, ① 확립된 해석을 문언에 반영하고, ② 종래 규정으로 판단하기 어려웠던 문제를 입법적으로 해결하는 새로운 규범을 도입하며, ③ 국제적인 입법 동향에 부응하여 규율 내용을 전반적으로 현대화하는 것이 이번 계약법 개정안 작업의 목적이었다고 한다. 이번 계약법 개정안은 법률행위, 채무불이행, 담보책임에 관한 현행 민법규정을 대상으로 하여, 기초위원회의 초안 작업, 검토위원회의 검토, 전체위원회의 자문과 심의를 거쳐 마련되었다. 그리고 그 과정에서 미국을 포함한 여러 국가의 입법례가 검토되었다.

이 글은 한국민사법학회 미국법연구회의 연구 결과물을 토대로, 미국 계약법과의 비교법적 검토를 통하여 계약법 개정안에 관한 시사점을 도출하고자 작성되었다. 구체적으로는 법률행위 분야의 개정안 제104조(불공정한 법률행위), 제110조의2(부당한 간섭에 의한 의사표시), 제137조(법률행위의 일부무효), 채권총칙 분야의 개정안 제395조의2(지출 비용의 배상), 제398조(위약금), 계약총칙 분야의 개정안 제529조(청약의 철회), 제533조(변경된 승낙), 제538조의2(사정변경) 등을 미국 계약법의 관점에서 검토하고 의견을 제시하였다.

---

* 이 논문은 민사법학 제110호에 게재된 것을 수록하였다.
논문 작성에 큰 도움을 주신 미국법연구회 회원 선생님들께 감사드린다. 특히 본문에서 제2차 계약법 리스테이트먼트 조문의 번역은 대부분 미국법연구회 회원들의 공동 작업물을 인용하거나 참고하였음을 밝혀둔다. 또한 필자가 미처 발견하지 못한 오류, 오타 등을 세심하게 지적해주시고, 미처 생각하지 못하였던 부분에 관하여 수정 제안까지 해주신 익명의 심사위원들께 마음 깊이 감사드린다.

** 영남대학교 법학전문대학원 조교수, 법학박사, 변호사.

Ⅰ. 연구의 배경

2023. 6.부터 활동을 시작한 법무부 민법개정위원회(이하 '민법개정위원회'라고 한다)가 2024. 10. 계약법 분야의 개정안(이하 '계약법 개정안'이라고 한다) 작업을 마치고 계약법 개정이유서를 공개하였다.[1] 민법개정위원회의 설명에 따르면, ① 확립된 해석을 문언에 반영하고, ② 종래 규정으로 판단하기 어려웠던 문제를 입법적으로 해결하는 새로운 규범을 도입하며, ③ 국제적인 입법 동향에 부응하여 규율내용을 전반적으로 현대화하는 것이 이번 계약법 개정안 작업의 목적이었다고 한다.[2] 이번 계약법 개정안은 법률행위, 채무불이행, 담보책임에 관한 현행 민법규정을 대상으로 하여, 기초위원회의 초안작업, 검토위원회의 검토, 전체위원회의 자문과 심의를 거쳐 마련되었다.[3] 그리고 그 과정에서 미국을 포함한 여러 국가의 입법례가 검토되었다.

이 글은 한국민사법학회 미국법연구회(이하 '미국법연구회'라고 한다)의 연구 결과물을 토대로, 미국 계약법과의 비교법적 검토를 통하여 계약법 개정안에 관한 시사점을 도출하고자 작성되었다. 2011년 엄동섭 당시 서강대학교 법학전문대학원 교수[4]의 주도로 구성된 미국법연구회는, 2024년 한 해 동안 제2차 계약법 리스테이트먼트(The Restatement 2nd of Contracts)의 번역 작업을 진행하였고, 법무부의 의뢰로 계약법 개정안에 관한 비교법적 연구를 수행하기도 하였다. 아래에서는 먼저 제2차 계약법 리스테이트먼트의 성격과 내용을 전반적으로 소개한 뒤(II), 법률행위(III), 채권총칙(IV), 계약총칙(V)으로 나누어, 제2차 계약법 리스테이트먼트를 주된 비교법적 연구 대상으로 삼아 계약법 개정안에 관한 의견을 개진하고자 한다. 끝으로 민법개정 작업에서 미국법에 대한 비교법적 연구가 가지는 의미를 되새겨보며, 글을 마치고자 한다(V).

Ⅱ. 제2차 계약법 리스테이트먼트

미국법에서 제2차 계약법 리스테이트먼트가 가지는 의미를 이해하기 위해서는, 우선 '리스테이트먼트'가 무엇인지를 이해할 필요가 있다.[5] 리스테이트먼트는 미국법률협회

---

1) 법무부 민법개정위원회 홈페이지(https://civillawrevision.co.kr/board/news/33, 참조. 이후 위 개정안은 2025. 2. 7. 법무부공고 제2025-35호로 입법예고되었다.
2) 법무부 민법개정위원회, 계약법 개정이유서 (2024), 2면.
3) 법무부 민법개정위원회, 계약법 개정이유서 (2024), 2면.
4) 현재 서강대학교 법학전문대학원 명예교수.
5) '리스테이트먼트'를 '보통법전집'이라고 번역하는 문헌도 있으나(고세일, "미국 계약법의 사정변경 법리", 「재산법연구」, 제31권 제2호, 2014, 39면), 이 글에서는 국내 문헌에서 좀 더 널리 사용되고 있다고 보이는 '리스테이트먼트'라는 용어를 사용하기로 한다.

(American Law Institute)가 미국 사법(私法)의 여러 부분을 미국 로스쿨의 고전적인 커리큘럼에 따라 '다시 서술'(restate)한 텍스트이다.[6] 리스테이트먼트는 공통적으로 판례 법리를 정리한 조문을 제시한 뒤, 주석(comment)과 사례(illustration)를 부가하는 형식을 취하고 있다.[7] 계약법 리스테이트먼트를 시작으로, 대리법, 신탁법, 불법행위법, 국제사법, 물권법, 부당이득법 등의 리스테이트먼트가 발간된 바 있다. 미국법률협회는 이러한 리스테이트먼트를 통하여 주마다 다른 판례법을 정리하고, 일종의 통일된 미국법(unified American law)을 만들고자 하였다.[8] 주제에 따라서는 종전의 판례법을 정리하는 데 그치지 않고, 당시의 판례법보다 좀 더 현대적이며 합리적인 법리를 제시하는 데까지 나아가기도 하였다.[9]

미국법률협회의 계약법 리스테이트먼트는 1932년 5월에 발간되었다.[10] 계약법 리스테이트먼트의 성공에 힘입어, 미국법률협회는 1962년 제2차 계약법 리스테이트먼트 작성 작업에 착수하였다. 제2차 계약법 리스테이트먼트 작업의 전반부는 하버드 로스쿨의 로버트 브라우셔(Robert Braucher) 교수가, 후반부는 콜롬비아 로스쿨 E. 앨런 판즈워스(E. Allan Farnsworth) 교수가 주도하였다고 한다.[11] 1979년 완성되어 발간된 제2차 계약법 리스테이트먼트는, 용어의 정의(제1장), 계약의 성립(제2장-제4장), 사기방지법(Statute of Frauds)(제5장), 착오(제6장), 부실표시, 강박, 부당위압(제7장), 공공정책을 이유로 한 강제불가능성(제8장), 계약상 의무의 범위(제9장), 이행과 불이행(제10장), 이행의 곤란 및 계약 목적의 실현 불가능(제11장), 동의 또는 변경에 의한 면책(제12장), 연대채권자 및 연대채무자(제13장), 계약의 수익자(제14장), 양도 및 위임(제15장), 구제수단(제16장) 등의 내

---

6) Mitchell Franklin, The Historic Function of the American Law Institute: Restatement As Transitional to Codification, 47 HARV. L. REV. 1367, 1368 (June 1934). 위 문헌은, 형식을 갖춘 텍스트로 법을 서술하는 것이 가능하고 또한 바람직하게 인식되기 시작하였다는 점에서 리스테이트먼트의 등장은 영미법의 새로운 출발을 의미하였다고 평가한다.

7) 법 조문 형태로 표현되어 있다는 점에서는 '법'에 가까우나, 주석과 사례가 부가되었다는 점에서는 '주해'에 가가깝다는 평가로 권영준·조인영 편저, 미국사법의 이해, 2023, 15면(권영준 집필부분). 참고로 이러한 형식적 측면은 유럽 계약법 원칙(Principles of European Contract Law, 이하 "PECL"이라고 한다)의 작성과정에서도 크게 참조되었다고 한다. Ole Lando, How the Principles of European Contract Law (PECL) Were Prepared, 8 EUR. J.L. REFORM 477, 480 (2006).

8) Franklin(주 6), p.1372.

9) Gregory E. Maggs, Ipse Dixit: The Restatement (Second) of Contracts and the Modern Development of Contract Law, 66 GEO. WASH. L. REV. 508, 510-511 (March 1998). 이 점에서 리스테이트먼트는 '있는 법'이 아니라 '있어야 할 법'의 내용을 제시한 텍스트라고도 볼 수 있다. 권영준·조인영(주 7), 17면(권영준 집필부분).

10) 위 리스테이트먼트 작성 작업에서는 특히 새뮤얼 윌리스턴(Samuel Williston) 교수와 아서 L. 코빈(Arthur L. Corbin) 교수가 중요한 역할을 하였다고 한다. The Restatement 2nd of Contracts Foreword.

11) The Restatement 2nd of Contracts Foreword. 브라우셔 교수는 1971년 매사추세츠 주 대법원의 대법관으로 임명되어, 그 무렵 리스테이트먼트 작업을 그만둘 수밖에 없었다고 한다.

용을 담고 있다.

제2차 계약법 리스테이트먼트에서 두드러지는 특징은, 계약법 리스테이트먼트와 비교하여 계약자유를 더욱 강조하였다는 점이다.[12] 이러한 특징은 제2차 계약법 리스테이트먼트의 여러 조문에서 발견되는 "(당사자가) 달리 합의하지 않은 한(unless otherwise agreed)", "(당사자가) 그와 다른 의사를 표시하지 않은 한(unless a contrary intention is manifested)" 등의 표현에서도 나타난다.[13] 다른 한편으로 제2차 계약법 리스테이트먼트는 계약의 공정성도 고려하여, 법원에 일정한 재량을 부여함으로써 법원이 계약내용의 불공정성으로 인하여 발생할 수 있는 부당한 결과를 막을 수 있도록 하였다.[14] 그러나 제2차 계약법 리스테이트먼트를 전반적으로 살펴보면 계약자유, 나아가 사적자치에 좀 더 무게를 두고 있다고 평가된다.[15]

Ⅲ. 법률행위

법률행위 부분의 개정안 중에서는, 제104조(불공정한 법률행위), 제110조의2(부당한 간섭에 의한 의사표시), 제137조(법률행위의 일부무효), 위 3개 조문에 관하여 살펴본다.

1. 제104조(불공정한 법률행위)

현행 민법	기초위원회 예비초안	검토위원회 의견	개정안[16]
제104조(불공정한 법률행위) 당사자의 궁박, 경솔 또는 무경험으로 인하여 현저하게 공정성을 잃은 법률행위는 무효로 한다.	제104조(불공정한 법률행위) 당사자의 급박한 곤궁 상태 또는 판단력 내지 경험의 부족 등을 이용함으로써 현저하게 공정을 잃은 법률행위는 무효로 한다.	제104조(불공정한 법률행위) 당사자의 곤궁하고 절박한 사정, 판단력 또는 경험의 부족 그 밖의 사정으로 인하여 현저하게 공정을 잃은 법률행위는 무효로 한다.	제104조(불공정한 법률행위) 당사자의 곤궁하고 절박한 사정, 판단력 또는 경험의 부족, 그 밖의 사정으로 인하여 현저하게 공정을 잃은 법률행위는 무효로 한다.

12) Robert Braucher, Freedom of Contract and the Second Restatement, 78 YALE L.J. 598, 598 (March 1969).
13) Braucher(주 12), p.598.
14) Braucher(주 12), p.599.
15) Braucher(주 12), p.615. 제2차 계약법 리스테이트먼트가 신 고전주의 계약법을 반영한 결과라는 평가로 권영준·조인영(주 7), 24면(권영준 집필부분).
16) 내체로 검토위원회 의견과 같으나, '경험의 부족' 뒤에 쉼표가 추가된 부분만이 다르다.

(1) 미국법상 비양심성 법리

우리 민법의 '불공정한 법률행위' 법리에 상응하는 미국 계약법 법리로는 비양심성(unconscionability) 법리가 있다.[17] 비양심성 법리는 절차적·실체적 비양심성 여부에 기초하여 계약의 강제 가능성(enforceability)[18]을 부정한다. 제2차 계약법 리스테이트먼트는 제208조에서 '계약 또는 계약내용이 계약체결 당시에 비양심적인 경우, 법원은 해당 계약의 강제를 거부하거나, 비양심적인 내용을 제외한 나머지 부분에 대한 강제를 명하거나, 비양심적인 결과를 방지하기 위하여 비양심적인 계약내용의 적용을 제한할 수 있다.'라고 규정한다.[19]

'비양심성' 개념은 가치 판단을 포함하는 모호한 개념인 만큼, 이에 관해서는 미국에서 적지 않은 논의가 이루어져 왔다.[20] 제2차 계약법 리스테이트먼트는 비양심성 법리를 적용할 때 고려할 요소로서 ⓐ 전반적 불균형(overall imbalance), ⓑ 계약절차에서의 취약성(weakness in the bargaining process, 절차적 비양심성), ⓒ 비양심적 계약내용(unconscionable terms, 실체적 비양심성)을 규정한다. 먼저 ⓐ 전반적 불균형은 교환(bargain)의 대상 사이에 중대한 차이가 존재하는 것을 의미한다.[21] ⓑ 계약절차에서의 취약성은 계약 당사자 사이에 현저한 협상력의 차이가 존재하고, 협상력이 큰 당사자에게 비합리적으로 유리하게 계약이 체결된 것을 가리킨다.[22] ⓒ 비양심적 계약내용은 비

---

17) 비양심성 법리의 기원과 전개에 관한 설명으로 김영주, "미국 판례법상 비양심성 법리의 전개", 「기업법연구」, 제27권 제2호, 2013, 87-96면. 통일상법전(Uniform Commercial Code)이 대부분의 주에서 채택되면서 비양심성 법리가 널리 영향력을 가지기 시작하였다는 평가로 John E. Murray Jr., Unconscionability: Unconscionability, 31 U. PITT. L. REV. 1, 5-6 (Fall 1969).

18) 강제 불가능한(unenforceable) 계약의 당사자는 상대방 당사자에 대하여 계약상 의무의 이행을 구할 수 없으며, 계약상 의무위반을 이유로 손해배상을 청구할 수도 없다. 미국법상 강제 가능성 개념에 관한 설명으로 권영준·조인영(주 7), 27면(권영준 집필부분).

19) 통일상법전은 비양심성 법리를 아래와 같이 규정한다. 번역은 김현수, "계약의 공정성에 관한 소고-미국법상 비양심성 법리를 소재로-", 정태윤·지원림교수논문집 새봄을 여는 민법학, 홍문사(2023), 183면을 참고하였다.

§2-302(비양심적인 계약 또는 계약조항) (1) 법원이 법률문제로서 계약체결시에 계약 또는 계약조항이 비양심적이라고 인정한 경우, 법원은 당해 계약의 강제를 거부하거나 비양심적 조항을 제외한 계약의 잔존 부분을 강제할 수 있거나, 또는 비양심적인 결과를 회피하기 위하여 비양심적인 조항의 적용을 제한할 수 있다.

(2) 법원에 계약 또는 계약조항이 비양심적일 수 있다고 주장되는 경우, 또는 법원이 비양심성을 인정하는 경우 계약의 당사자들은 법원이 그러한 결정을 내리는 것을 돕기 위하여 당해 계약의 거래상 배경, 목적 및 효과에 관한 증거를 제출할 합리적인 기회를 부여받아야 한다.

20) Arthur Allen Leff, Thomist Unconscionability, 4 CAN. BUS. L.J. 424, 424 (September, 1980).

21) The Restatement 2nd of Contracts §208, Comment c.

22) The Restatement 2nd of Contracts §208, Comment d. 구체적으로는 취약한 지위에 있는 당사자가 계약에 따른 의무를 온전히 이행하는 것이 합리적으로 가능하지 않다는 것을 폭리자가 알았던 경우, 해당 당사자가 그 계약으로부터 상당한 이익을 얻는 것이 불가능하다는 것을 폭리자가 알았

합리적으로 과다한 손해배상액의 예정, 채무자의 담보상환권 제한 등, 계약내용이 일방 당사자에게 지나치게 불리한 것을 가리킨다.[23)]

비양심성 법리의 적용과 관련하여 특기할 만한 점은 다음 두 가지이다. ① 미국 법원은 절차적 비양심성과 실체적 비양심성을 상관적으로 판단하고 있다.[24)] 즉 절차적 비양심성이 강한 경우에는 실체적 비양심성이 약하더라도 해당 계약의 비양심성이 인정될 수 있고, 반대로 실체적 비양심성이 강한 경우에는 절차적 비양심성이 약하더라도 해당 계약의 비양심성이 인정될 수 있다. 이와 같은 판단 방식을 '슬라이딩 스케일(sliding scale)' 접근법이라고 한다.[25)] ② 비양심성 법리는 뒤에서 보는 부당위압 법리와 중첩하여 적용될 수 있다. 가령 당사자의 동의 표시가 부당한 영향력에 의하여 유도되었고, 해당 당사자가 동의한 계약내용이 비양심적인 경우가 그러하다.

(2) 개정안에 대한 시사점

<u>(가) 주관적 요건과 객관적 요건 사이의 상관관계에 기초한 판단</u>

미국법상 비양심성 법리를 적용함에 있어 법원이 절차적 비양심성과 실체적 비양심성을 상관적으로 판단하고 있는 부분은 우리 법에서도 참고할 만한 가치가 있다고 생각된다. 계약법 개정안에 따르면 제104조가 적용되기 위한 요건은 ① 주관적 요건으로서 곤궁하고 절박한 사정, 판단력 또는 경험의 부족, 그 밖의 사정, ② 객관적 요건으로서 현저하게 공정을 잃은 법률행위, ③ 위 ①과 ② 사이의 인과관계("인하여")로 이해된다. 비양심성 법리와 비교하여 보면, 주관적 요건은 '절차적 비양심성'에, 객관적 요건은 '실체적 비양심성'에 각각 상응한다고 볼 수 있다. 한편 제104조는 당사자의 실질적 자기결정이 이루어지지 못한 것(주관적 요건)과 계약내용이 불공정하게 형성된 것(객관적 요건)을 공히 불법으로 규정한 것으로 이해된다.[26)] 그렇다면 주관적 요건과 객관적 요건 사이의 상관관계를 고려하여, 당사자의 실질적 자기결정이 중대하게 방해되어 주관적 요건 측면에서의 불법이 강하게 나타난다면 계약내용의 불공정성이 다소 약하게 나타나더라도 제104조 위반을 인정하고, 계약내용에 중대하고 현저한 불공정성이 발견되어 객관적 요건 측면에서의 불법이 강하게 나타난다면 당사자의 실질적 자기결정이 방해된 정

던 경우, 해당 당사자가 신체적·정신적 제약, 무지(ignorance), 계약내용을 이해할 수 있는 능력의 부족 등으로 인하여 자신의 이익을 합리적으로 보호할 수 없다는 것을 폭리자가 알았던 경우 등이 이에 해당한다.

23) The Restatement 2nd of Contracts §208, Comment e.

24) 미국 판례의 경향에 관한 상세한 설명으로 김현수(주 19), 188-190면.

25) 우리 불법행위법에서 위법성 판단에 관한 상관관계설과 유사한 접근법이라고 생각된다.

26) 편집대표 김용덕, 주석 민법 총칙 제2권 제5판, 2019, 507면(이동진 집필부분).

도가 다소 약하더라도 제104조 위반을 인정하는 해석론도 충분히 타당하다고 본다.[27)]

위와 같은 사고방식은 우리 법에도 그다지 낯선 것이 아니다.[28)] 또한 주관적 요건과 객관적 요건 각각의 증명책임과 관련하여, 몇몇 판결례는 두 요건 사이의 상관관계를 고려한 듯 보인다. 가령 대법원은 "대물변제 예약의 기본되는 채무와 목적물의 가격이 현저하게 공정을 잃은 때에는 채무자의 궁박 경솔 또는 무경험으로 인한 법률행위라는 추정을 받는다"라고 하여 객관적 요건으로부터 주관적 요건이 추정될 수 있다고 판시하기도 하였고,[29)] 아파트 공급계약에 포함되어 있는 비품공급계약이 "쌍방의 급부 사이에 현저하게 균형을 잃[었다]"라고 판단한 뒤 피고 회사의 분양안내, 분양계약 체결에 이른 경위, 주택건설업자가 제시하는 대금의 액수 등에 관하여 일반인은 상당한 신뢰를 갖는 점 등을 근거로 하여 "위 계약은 입주자들의 궁박, 경솔 또는 무경험으로 인하여 체결된 것"이라고 하여 객관적 요건이 인정되는 사안에서 주관적 요건의 증명을 좀 더 쉽게 인정하기도 하였다.[30)]

다만 개정안 제104조의 문언으로부터 위와 같은 해석론을 도출하는 것도 가능하므로, 이를 명문으로 규정할 필요는 크지 않다고 생각된다. 향후 제104조의 적용과 해석에서 적절히 참고하는 것이 바람직하다고 본다.

(나) 부당위압 규정(개정안 제110조의2)과의 관계

미국법에서 비양심성 법리와 부당위압 법리가 중첩하여 적용될 수 있는 것처럼, 계약법 개정안과 관련해서도 불공정한 법률행위 규정(제104조)과 부당한 간섭에 의한 의사표시 규정(제110조의2)의 중첩 적용 문제를 검토할 필요가 있다.[31)]

개정안 제110조의2는 '심리적 의존 상태 또는 긴밀한 신뢰관계에 의하여 부당한 영향을 받아 행하여진 의사표시'는 의사표시자가 취소할 수 있다고 규정한다. 제104조는 의사표시자의 취약 상태를 이용한 폭리행위에 초점을 맞추고 있는 반면, 제110조의2는 의사표시자의 의사에 대한 부당한 간섭에 초점을 맞추고 있다는 차이가 있기는 하다.[32)]

---

27) 김현수(주 19), 194－195면.

28) 제104조의 적용 요건들이 상관적으로 작용한다고 해석하는 견해로 편집대표 양창수, 민법주해[III] 총칙(3) 제2판, 2022, 184면(권영준 집필부분); 곽윤직 · 김재형, 민법총칙 [민법강의 I] 제9판, 2013, 290면; 김재형, "계약의 공정성－불공정한 법률행위를 중심으로－", 민법론 IV, 2011, 124면.

29) 대법원 1962. 11. 8. 선고 62다599 판결.

30) 대법원 1995. 12. 5. 선고 94다39451 판결.

31) 편집대표 김용덕(주 26), 507면(이동진 집필부분)은 우리 민법 제104조에 상응하는 미국 계약법의 법리로 비양심성 법리와 부당위압 법리를 든다.

32) 김형석, "민법 개정안에서 의사표시의 유효성", 「민사법학」, 제108호, 2024, 107면. 또한 Leff(주 20), p.427도 비양심성 법리는 공공정책(public policy) 법리와 가깝고, 당사자의 선택의 자유가 제한되었음을 이유로 계약의 효력이나 강제 가능성을 제한하는 법리(강박, 부당위압 등)와는 다소 거리가 있다고 설명한다.

제104조는 급부와 반대급부의 존재를 요건으로 하나,[33] 제110조의2는 증여계약과 같이 반대급부가 존재하지 않는 법률행위, 유언과 같은 단독행위에도 적용될 수 있어[34] 그 적용범위에도 차이가 있다. 그러나 현실에서는 제104조와 제110조의2가 중첩하여 적용되는 경우가 적지 않을 것으로 생각된다. 특히 개정안은 현행 민법이 '당사자의 궁박, 경솔 또는 무경험'이라고 하여 피해자의 주관적 요건을 제한적으로 규정하였던 것과 달리, '그 밖의 사정'이라는 표현을 덧붙여 피해자의 주관적 요건을 더욱 포괄적으로 규정하였다.[35] 이러한 '그 밖의 사정'에 제110조의2가 규정하는 '심리적 의존 상태 또는 긴밀한 신뢰관계에 의한 부당한 영향'도 포함될 수 있음은 물론이다.[36] 요컨대 개정안에 따르면 제104조와 제110조의2의 중첩 적용의 문제가 더욱 심화될 수 있다고 본다.

한편 제104조를 위반한 법률행위는 무효이며, 제110조의2를 위반한 법률행위는 취소의 대상이라는 점에서, 제104조의 적용 요건을 다소 엄격하게 설정할 필요도 있다고 생각된다. 개정안이 제104조의 적용 요건에 '그밖의 사정'을 추가함으로써 제104조의 적용 문턱을 낮춘 부분에는 찬성하기 어렵다.

2. 제110조의2(부당한 간섭에 의한 의사표시)

현행 민법	기초위원회 예비초안	검토위원회 의견	개정안
〈신설〉	(제1안) 제110조의2(부당한 영향력의 행사) ① 강한 심적인 의	제110조의2 (부당한 영향으로 인한 의사표시)	제110조의2 (부당한 간섭에 의한 의사표시)

33) 대법원 1993. 10. 26. 선고 93다6409 판결; 대법원 1997. 3. 11. 선고 96다49650 판결; 대법원 2000. 2. 11. 선고 99다56833 판결 등.

34) 엄동섭, 미국계약법 II, 2012, 86면.

35) 이에 관한 설명은 검토위원회의 검토의견서에만 드러나 있다. 검토의견서에 따르면 이와 같은 개정은 궁박, 경솔, 무경험 이외의 사유로 불공정한 경우를 포섭하기 위한 것이고, 피해자의 주관적 요건을 현행 민법보다 포괄적으로 규정하더라도 '현저한 불공정' 요건이 추가적으로 요구되기 때문에 그에 따른 남용의 우려는 적을 것이라고 한다. 법무부 민법개정위원회 검토위원회, 민법 개정 예비초안에 대한 검토의견서 (2024. 4), 126면. 한편 현행 민법 제104조의 해석론으로서는, '피해자의 궁박, 경솔 또는 무경험'은 예시적 열거라고 보는 것이 통설의 입장이다(편집대표 김용덕 (주 26), 515면(이동진 집필부분); 김천수, "폭리행위의 무효요건: 스위스채무법 제21조의 해석론과 비교하면서", 이십일세기 한국민사법학의 과제와 전망: 심당 송상현교수화갑기념논문집, 2002). 위와 같은 견해에 따르면, 현행법의 해석으로도 '그밖의 사정'을 이유로 폭리행위를 인정할 수 있으므로, 개정안은 이러한 이해를 명문화한 것일 뿐 주관적 사유의 범위를 넓힌 것은 아니라고 볼 여지가 있다. 그러나 사견으로는 법조문에 '그밖의 사정'이라는 문언이 있는 경우와 없는 경우를 비교하여, 후자의 경우 법원이 '그밖의 사정'을 이유로 폭리행위를 인정할 가능성이 높아질 것이라고 생각한다. 이 점을 지적해주신 심사위원께 다시 한 번 감사드린다.

36) 법무부 민법개정위원회, 계약법 개정이유서 (2024), 220면도 개정안 제104조와 제110조의2의 중첩 적용 가능성을 인정한다.

	존 상태 또는 긴밀한 신뢰관계에 의하여 의사의 형성에 부당한 간섭을 받아 행해진 의사표시는 그러한 간섭이 없었다면 표의자가 이를 하지 않았을 것이라고 합리적으로 인정되는 때에는 취소할 수 있다. ② 제1항의 경우 제110조 제2항, 제3항의 규정을 준용한다. (제2안) 제110조의2(부당한 영향력의 행사) ① 상대방이 표의자의 강한 심적인 의존상태 또는 자신과의 사이에 있는 긴밀한 신뢰관계를 이용하여 표의자의 의사에 간섭하여 의사표시를 하게 한 경우, 그러한 간섭이 없었다면 표의자가 이를 하지 않았을 것이라고 합리적으로 인정되는 때에는 취소할 수 있다. ② 제1항의 경우 제110조 제2항, 제3항의 규정을 준용한다.	① 심리적 의존 상태 또는 긴밀한 신뢰관계로 인하여 부당한 영향을 받은 의사표시는, 그러한 영향이 없었다면 표의자가 이를 하지 않았을 때에는 취소할 수 있다. ② 제1항의 경우 제110조 제2항, 제3항을 준용한다.	① 심리적 의존 상태 또는 긴밀한 신뢰관계에 의하여 의사의 형성에 부당한 영향을 받아 행하여진 의사표시는 그러한 간섭이 없었다면 이를 하지 아니하였을 것이라고 합리적으로 인정되는 때에는 취소할 수 있다. ② 제1항의 경우 제110조 제2항, 제3항을 준용한다.

(1) 미국법상 부당위압(undue influence) 법리

미국법상 부당위압 법리는 부당한 영향력에 의하여 일방 당사자가 동의 의사를 표시한 경우, 해당 당사자가 계약을 취소할 수 있도록 한다.[37] 이와 관련하여 제2차 계약법 리스테이트먼트는[38] ⓐ 부당한 영향력(undue influence)이란[39] '설득을 행사하는 사람

37) 부당위압 법리의 적용범위가 아주 명확한 것은 아니다. 과거에는 부당위압이 강박(duress) 또는 사기(fraud)의 한 모습으로 여겨지기도 하였다. Milton D. Green, Fraud, Undue Influence and Mental Incompetency, 43 COLUM. L. REV. 176, 179–180 (March 1943). 현재에도 부당위압 법리는 사안에 따라 위 법리들과 중첩하여 적용될 수 있다.

38) 참고로 제2차 계약법 리스테이트먼트는 부당위압을 부실표시(misrepresentation), 강박(duress)과 같은 장(章)에서 다루고 있다. 그 이유는 위 세 가지 법리 모두 계약 당사자가 자신의 자유로운 의사에 기초하여, 상대방과의 합의를 통하여 법적으로 강제 가능한 계약을 체결할 수 있어야 한다는 전통적인 계약법의 전제를 무너뜨리는 것이기 때문이라고 한다. The Restatement 2nd of Contracts Introductory Note to Chapter 7 (Misrepresentation, Duress and Undue Influence).

39) "Undue influence"는 '부당위압'으로도, '부당한 영향력'으로도 번역될 수 있다. 이하 본문에서는 해당 법리를 가리킬 때에는 '부당위압'이라는 표현을, 해당 법리가 적용되기 위한 요건을 가리킬 때에는 '부당한 영향력'이라는 표현을 사용하기로 한다.

의 지배하에 있거나 그들 사이의 관계로 인하여 그 사람이 자신의 복리(welfare)에 반하지 않게 행동하지 않을 것이라고 추정하는 것이 정당화되는 당사자에 의한 불공정한 설득'을 의미한다고 정의한 뒤(제177조 제1항), ⓑ 당사자의 동의의 표시가 상대방의 부당한 영향력에 의하여 유도된 경우 그 계약은 피해자에 의하여 취소될 수 있고(제177조 제2항), ⓒ 당사자의 동의의 표시가 거래 상대방이 아닌 사람에 의하여 유도된 경우, 거래의 상대방이 신의성실하게, 또한 그 부당한 영향력을 알지 못한 상태에서 피해자에게 일정한 가치를 제공하였거나 해당 거래에 중대하게 의존한 경우가 아니라면, 피해자는 그 계약을 취소할 수 있다고(제177조 제3항) 규정한다.[40]

부당위압 법리에서 의사표시자와 상대방 사이의 관계는, 상대방이 의사표시자를 지배하고 있는 관계이거나, 혹은 그들 사이의 관계로 미루어보아 상대방이 의사표시자의 복리에 어긋나는 행동을 하지 않을 것이라고 인정되는 관계라야 한다.[41] 가령 부모와 자녀, 남편과 아내, 목사와 그 교구의 신자, 의사와 환자 등의 관계가 이에 해당한다.[42] 여기서 중요한 것은 상대방의 의사표시자에 대한 설득에 부당한 영향력이 실려 있는지 여부이다. 의사표시자가 병약하다거나, 고령이라는 이유만으로는 부당한 영향력 요건이 인정되지 않으나, 그러한 사실은 부당한 영향력이 존재하였음을 인정하는 근거가 될 수 있다.[43]

부당위압 법리는 상대방이 부당한 영향력을 행사하여 의사표시자를 불공정하게 설득한 경우 그 계약의 취소 가능성을 인정하는 것으로, 강박 법리나 부실표시 법리가 적용될 수 없는 사안에서 중요한 역할을 할 수 있다.[44] '불공정한 설득'이 존재하였는지는 구체적 사안에 따라 달리 판단될 문제이나, 가장 중요한 것은 의사표시자의 자유로운 의사에 기한 판단능력이 심각하게 방해된 상태에서 그의 동의가 표시되었는지 여부이다. 거래내용의 불공정성, 독립된 제3로부터의 조언을 받을 기회의 박탈, 의사표시자의 설득용이성(susceptibility) 등은 '불공정한 설득' 판단에서 고려될 수 있으나, 위 각각의 고려요소가 불공정한 설득이 있었는지를 판단하는 결정적인 요소가 될 수는 없다.[45]

---

40) 번역은 이지은, "미국 계약법상 부당위압(Undue Influence)에 관한 소고", 미국법연구회 공동학술세미나 자료집(미간행), 2024, 60면을 참고하였다.

41) The Restatement 2nd of Contracts §177, Comment a.

42) The Restatement 2nd of Contracts §177, Comment a.

43) The Restatement 2nd of Contracts §177, Comment a. 또한 A. J. White Hutton, Undue Influence and Fraud in Wills, 37 DICK. L. REV. 16, 19 (November 1932).

44) The Restatement 2nd of Contracts §177, Comment b.

45) The Restatement 2nd of Contracts §177, Comment b.

(2) 개정안에 대한 시사점

미국법상 부당위압 법리에서 특기할 만한 점은 부당한 영향력을 행사하는 자의 이용의사를 요구하지 않는다는 점이다. 개정안도 기초위원회 예비초안 제2안이 이용의사를 요구하였던 것("이용하여")과 달리, 이용의사를 요구하지 않고 있다.[46] 이는 개정이유서가 개정안 제104조에서 명문으로 이용의사를 요구하지 않되,[47] 해석을 통하여 이용의사를 요구하면 족하다고 보는 것과 대비된다.[48] 부당위압 규정에서 이용의사를 요구하지 않는 태도는 부당위압 규정의 적용범위를 넓혀 부당한 영향력 아래 있는 사회적 약자의 보호를 도모할 수 있다는 점에서 바람직하다고 볼 수 있다.[49]

다만 필자는 이에 관하여 몇 가지 의문점을 가지고 있다. 우선 개정안 제104조의 문언(…… 사정으로 인하여)과 제110조의2의 문언(…… 신뢰관계에 의하여)만 놓고 보면, 전자에서는 폭리자의 이용의사가 요구되고, 후자에서는 부당한 영향력을 행사하는 자의 이용의사가 요구되지 않는다는 해석이 과연 타당한지 의문이 든다. 가령 제2차 계약법 리스테이트먼트는 비양심성에 관한 제208조, 부당위압에 관한 제177조 모두 이용의사를 명문으로 규정하고 있지 않다. 해석상으로도 비양심성 법리, 부당위압 법리를 적용할 때 공히 이용의사를 요구하지 않는다.[50] 개정안 제104조 및 제110조의2에서 명문으로 이용의사를 규정하지 않으면서도, 전자의 경우에만 해석상 이용의사가 요구된다고 보는 것이 체계적으로 일관성 있는 해석론이라고는 생각되지 않는다.

부당위압 법리를 폭리행위의 연장선상에서 규율하지 않고 의사 형성에 대한 부당한 간섭이라는 요소를 전면에 내세워 사기 · 강박과 같은 선상에서 규율하기로 한 이상,[51] 2

46) 이와 관련하여 검토위원회는, 영미법상 부당위압 법리에서도 부당한 영향력을 행사하는 자와 의사표시자 사이의 관계를 중점적으로 판단하고 상대방의 이용의사를 요구하지 않는 점을 고려할 때, 이용의사를 요구하지 않는 것이 타당하다는 의견을 제시하였다. 법무부 민법개정위원회 검토위원회, 민법 개정 예비초안에 대한 검토의견서 (2024. 4), 140면.

47) 기초위원회 예비초안은 제104조에서도 이용의사를 명문으로 규정("이용함으로써")하고 있었다.

48) 법무부 민법개정위원회, 계약법 개정이유서 (2024), 193−194면. 현행 민법 제104조의 해석과 관련하여서는 폭리자의 이용의사가 요구된다는 것이 좀 더 일반적인 견해이다. 편집대표 곽윤직, 민법주해[II] 총칙(2), 1992, 248−249면(민일영 집필부분); 편집대표 김용덕(주 26), 525면(이동진 집필부분); 편집대표 양창수(주 28), 202면(권영준 집필부분); 지원림, 민법강의 제21판, 2024, 112면; 송덕수, 민법총칙 제7판, 2024, 257면; 박수곤, "계약의 하자에 관한 최근 대법원판결의 동향: 적법성 및 사회적 타당성 요건의 충족여부를 중심으로", 「비교사법」, 제21권 제1호, 2014, 65면; 성준호, "민법 제104조 불공정한 법률행위에 관한 연구", 「민사법학」, 제55호, 2011, 490−491면. 이와 달리 현행 민법 제104조의 문언에서 이용의사 요건을 도출할 수 없다는 점을 들어 위와 같은 해석에 반대하는 견해로 곽윤직 · 김재형(주 28), 294면; 양창수 · 김재형, 민법 I 계약법 제4판, 2024, 751면; 김재형(주 28), 134−137면.

49) 이지은(주 40), 74면.

50) 비양심성 법리의 경우 폭리자의 '인식'만을 요구한다. The Restatement 2nd of Contracts §208, Comment d.

단계의 고의까지는 아니더라도 '부당한 영향력을 이용하여 의사표시자로 하여금 일정한 법률행위 의사를 결정하게 할 고의'는 요구하여야 하지 않을까 하는 의문도 든다. 또한 이용의사를 전혀 요구하지 않을 경우, 가령 평소에 의사표시자에게 부당한 영향력을 미치고 있는 자와 의사표시자 사이에 체결되는 모든 계약은, 실제로 부당한 영향력을 이용하여 의사표시자로 하여금 일정한 법률행위 의사를 결정하게 할 의사가 전혀 없었다고 하더라도 제110조의2 위반이 될 수 있다. 이로 인하여 제110조의2의 적용범위가 지나치게 넓어지는 문제가 있지는 않을지, 재고가 필요한 부분이라고 생각된다.

한편 미국에서는 부당한 영향력을 행사하였다고 주장되는 자와 의사표시자 사이에 특별한 관계(개정안의 표현에 따르면 '긴밀한 신뢰관계')가 존재하였다는 사실이 증명되면 부당한 영향력의 존재를 추정(presumption)하는 판례 법리가 축적되어왔다.[52] 개정안 제110조의2와 관련하여 위와 같은 추정 법리를 도입할 것인지도 생각해볼 문제이나, 실제로 법원에 의하여 제110조의2가 해석되고 적용되는 모습을 지켜본 뒤에 논의하여도 늦지 않을 것으로 생각된다.[53]

3. 제137조(법률행위의 일부무효)

현행 민법	기초위원회 예비초안	검토위원회 의견	개정안
제137조(법률행위의 일부무효) 법률행위의 일부분이 무효인 때에는 그 전부를 무효로 한다. 그러나 그 무효부분이 없더라도 법률행위를 하였을 것이라고 인정될 때에는 나머지 부분은 무효가 되지 아니한다.	제137조(법률행위의 일부무효) 법률행위의 일부분이 무효인 때에도 나머지 부분은 효력이 있다. 그러나 그 나머지 부분만으로는 법률행위를 하지 아니하였을 것이라고 인정될 때에는 전부를 무효로 한다.	제137조(법률행위의 일부무효) 법률행위의 일부분이 무효인 때에는 나머지 부분은 효력이 있다. 그러나 그 나머지 부분만으로는 법률행위를 하지 아니하였을 것이라고 인정될 때에는 전부를 무효로 한다.	제137조(법률행위의 일부무효) 법률행위의 일부분이 무효인 때에는 나머지 부분은 효력이 있다. 다만, 그 나머지 부분만으로는 법률행위를 하지 아니하였을 것이라고 인정될 때에는 전부를 무효로 한다.

51) 법무부 민법개정위원회, 계약법 개정이유서 (2024), 218면. 또한 김형석(주 32), 115면은, 부당위압은 무상행위에서도 문제 될 수 있다는 점, 부당위압의 효과로서 절대적 무효보다는 취소가 타당하다는 점에서 이러한 입법 방향에 찬성한다.

52) 이에 관한 설명으로 Hutton(주 43), pp.41-42.

53) 이지은(주 40), 74-75면은 부당한 영향력의 경우 간접사실에 의한 증명을 폭넓게 인정할 필요가 있다고 한다.

(1) 미국법상 '일부만 강제할 수 없는 계약' 법리[54)]

(가) 개관

계약의 효력과 관련하여, 제2차 계약법 리스테이트먼트는 계약을 무효(void)인 계약 또는 취소할 수 있는(voidable)[55)] 계약으로 구분한다. 무효인 계약은 계약 위반에 대하여 법이 구제수단을 제공하지도 않고, 약속자의 이행의무를 승인하지도 않는 약속을 가리킨다.[56)] 다만 제2차 계약법 리스테이트먼트에서 말하는 '무효인 계약'이란 계약이 성립하였으되 무효인 경우를 가리키는 것이 아니라, 처음부터 계약으로서의 효력이 인정되지 않는 약속 또는 합의를 가리킨다.[57)] 이 점에서 미국법상 계약이 '무효'라는 것은 우리 법에서 말하는 법률행위의 '무효' 개념과는 상당히 거리가 있다고 보인다. 한편 취소할 수 있는 계약은 '당사자가 계약을 무효로 한다는(avoid) 취지의 선택을 표시함으로써 계약에 의하여 형성된 법률관계를 취소하는 권한[58)] 또는 계약의 추인(ratification)에 의하여 취소 권한을 소멸시키는 권한을 가지는 경우의 계약'이라고 정의된다.[59)] 취소할 수 있는 계약에 해당하는 유형으로는, 미성년자와 사이에 체결된 계약, 부당한 영향력 아래 체결된 계약(앞의 III. 2.), 사기·착오·강박에 의한 계약 등이 대표적이다.

한편 우리 법에서 말하는 법률행위의 '무효'와 가까운 개념은, 계약의 강제 불가능성(unenforceability)이다. 제2차 계약법 리스테이트먼트에 따르면, 강제할 수 없는 계약(unenforceable contracts)이란 의무자의 이행의무는 인정되지만, 의무자가 이행의무를 이행하지 않았을 때 권리자가 그 위반에 대하여 손해배상이나 특정이행을 구할 수 없는 계약을 의미한다.[60)] 취소할 수 있는 계약의 경우 취소 권한을 가지는 당사자가 계약을 취소하거나 추인함으로써 이행의무의 발생 여부를 선택할 수 있는 반면, 강제할 수 없는 계약의 경우에는 당사자의 선택과 무관하게 일단 의무자의 이행의무가 발생한다는 차이점이 있다.[61)] 강제할 수 없는 계약에 해당하는 유형으로는, 공공정책(public policy)[62)]을

---

54) 이 부분의 작성과 관련하여서는 진도왕 교수님(인천대학교)께 많은 도움을 받았다.

55) 원문의 표현(voidable)에서 알 수 있듯이, 이를 '무효로 할 수 있는 계약'이라고 번역하는 것도 가능하다.

56) The Restatement 2nd of Contracts §7, Comment a.

57) The Restatement 2nd of Contracts §7, Comment a. 바꾸어 말하면, 합의는 존재하지만 계약은 존재하지 않는 경우를 가리킨다. 엄동섭, 미국계약법 I, 2010, 10면.

58) 원문은 'power to avoid'이다. 우리 법에서 말하는 형성권으로서의 취소권과는 다소 성격이 다르다고 판단되어 '취소 권한'이라고 번역하였다.

59) The Restatement 2nd of Contracts §7.

60) The Restatement 2nd of Contracts §8.

61) The Restatement 2nd of Contracts §8, Comment a.

62) 제2차 계약법 리스테이트먼트에서 말하는 'public policy'는 우리 법의 강행규정에 해당하는 개념도 포함하는 표현이다(제178조). 이를 '공서양속'으로 번역한 문헌도 있으나(예컨대 엄동섭(주 34), 89면 이하), 우리 법의 '공서양속'보다는 더 넓은 개념이라고 생각되어 직역에 해당하는 '공

위반한 계약, 비양심적인 계약(앞의 III. 1.) 등이 대표적이다.63) 요컨대 미국 계약법상 계약의 '강제 불가능성' 개념은 우리 민법상 법률행위의 '무효' 개념에 상응한다고 할 수 있겠다.64)

(나) 계약의 일부만 강제할 수 없는 경우

제2차 계약법 리스테이트먼트는 ⓐ 거래상 하나의 약속만 존재하였던 경우와 ⓑ 거래상 여러 개의 약속이 존재하였던 경우를 나누어 서술한다.65) ⓐ의 경우에는 단일한 약속의 강제 가능성을 부정하면 되므로, 나머지 약속의 강제 가능성을 논의할 필요가 없다. 반면 ⓑ의 경우에는 원칙적으로 여러 개의 약속 모두가 강제 불가능하게 된다.66) 즉 제2차 계약법 리스테이트먼트는 계약의 일부가 무효인 경우 전부무효를 원칙으로, 잔부유효를 예외로 설정하고 있는 것으로 보인다.

잔부 유효가 인정되는 예외는 다음 두 가지이다. ① 첫째, 급부가 가분적인 경우로서 계약 당사자(A · B)가 급부와 반대급부를 등가물(equivalents)로 합의하였다고 인정되는 경우에, 심각한 불법에 가담하지 않은 당사자 A가 급부를 일부 이행하였다면 A는 B에게 자신이 이행한 부분에 상응하는 반대급부를 이행하도록 청구할 수 있다.67) 이러한 예외가 인정되는 이유는, 이미 급부를 일부 이행한 A로 하여금 그 반대급부가 불법적인 것이라고 하여 B에게 반대급부의 이행을 청구하지 못하게 하는 것은 불공정하다고 여겨지기 때문이다.68) 이때 A가 B에게 이행한 급부는 불법적인 것이 아니어야 한다.69)

② 둘째, 계약상 의무이행을 구하는 당사자가 해당 의무에 상응하는 권리를 신의성실하게 또한 공정거래(fair dealing)의 합리적 기준에 따라 취득한 경우, 법원은 계약의 일부만이 강제 불가능하다고 판단할 수 있다.70) 이때 강제 불가능한 부분이 해당 거래의

공정책'이라는 표현을 사용하였다.

63) 우리 민법이 제103조 위반, 제104조 위반의 각 효과를 '무효'로 규정하는 것과 유사하나.

64) 진도왕, "미국 계약법상 무효", 미국법연구회 공동학술세미나 자료집(미간행), 2024, 49면.

65) The Restatement 2nd of Contracts §178, Comment f.

66) 다만 가령 일방 당사자의 약속이 공공정책 위반에 해당하지만 상대방의 반대 약속(return promise)을 강제하는 것이 바로 그 공공정책의 목적에 부합하는 경우에는 일방 당사자의 약속만 강제가능성이 부정될 수 있다. 구체적으로는, 보험회사가 제안한 화재보험계약의 내용이 공공정책을 위반한 것으로 인정되는 사안에서 보험계약자는 여전히 화재보험금을 청구할 수 있다거나, 근로계약이 법정 근로시간보다 훨씬 긴 근로시간을 규정하고 그 대가로 더 높은 급여를 약속하는 내용으로서 공공정책을 위반한 것으로 인정되는 사안에서 근로자는 여전히 해당 급여를 청구할 수 있다고 설명된다. The Restatement 2nd of Contracts §179, Illustration 4-5.

67) The Restatement 2nd of Contracts §183.

68) The Restatement 2nd of Contracts §183, Comment a.

69) The Restatement 2nd of Contracts §183, Comment a. 만약 급부와 반대급부가 모두 불법성을 띠고 있다면 급부와 반대급부 모두 강제 불가능한 것으로 보아야 한다.

70) The Restatement 2nd of Contracts §184(2).

본질적인 부분(essential part)을 구성하지 않는다면, 당사자가 심각한 불법에 가담하지 않은 이상 상대방에 대하여 그 의무이행을 강제할 수 있다.[71] 가령 근로계약이 공공정책에 반하는 경업금지 약정을 포함하고 있는 경우, 경업금지 약정의 강제 불가능성에도 불구하고 나머지 근로계약은 유효하고 강제 가능하다. 반면 강제 불가능한 부분이 해당 거래의 본질적인 부분에 해당한다면, 일방 당사자로 하여금 의무이행을 강제할 수 있도록 하는 것은 중대한 불공정성을 띠므로, 계약 전체가 강제 불가능하다고 보아야 한다.[72]

(2) 개정안에 대한 시사점

개정안 제137조는 현행 민법이 전부무효를 원칙으로, 잔부 유효를 예외로 설정하였던 것과 반대로, 잔부 유효를 원칙으로, 전부무효를 예외로 설정하고 있다.[73] 이러한 개정 방향에 관하여는, 법률행위 일부가 무효라도 일단 나머지 부분을 유효하게 존속시키려고 하는 것이 당사자의 일반적인 (가정적) 의사라는 점,[74] 법률행위 전부를 무효로 한 다음 새롭게 법률행위를 하도록 하는 것은 비용 측면에서 효율적이지 않다는 점,[75] 비교법적으로 잔부 유효 원칙을 채택하고 있는 국가가 많다는 점[76]에서 찬성하는 견해가 다수일 것으로 짐작된다.[77] 한편 법률행위가 일부무효인 경우 나머지 부분이라도 유효하게 존속시키고자 하는 것이 당사자의 일반적인 의사라고 볼 근거가 부족하다는 점,[78] 전부무효를 선언하는 것이 반드시 비용 측면에서 효율적이지 않다는 점, 미국 계약법과 같이 전부무효를 원칙으로 삼는 입법례도 있다는 점 등을 들어 반대하는 견해도 있을 수 있다.[79]

---

71) The Restatement 2nd of Contracts §184(1).

72) The Restatement 2nd of Contracts §184, Comment a.

73) 책임연구원 안병하, 민법 개정안(계약법 법률행위) 예비초안 연구 (2023년 법무부 연구용역 보고서)(2023. 12), 88면은 법률행위의 효력을 가급적 유지하고 법률행위가 전부무효로 되는 것을 억제한다는 점에서 위와 같은 개정 방향이 타당하다고 설명한다.

74) 편집대표 김용덕(주 26), 411면(권순민 집필부분); 김천수, "일부무효에 관한 민법 제137조의 해석 및 적용범위", 「비교사법」, 제7권 제1호, 2000, 133면.

75) 편집대표 김용덕(주 26), 411−412면(권순민 집필부분); 김천수(주 74), 129−130면.

76) 편집대표 김용덕(주 26), 412면(권순민 집필부분); 편집대표 양창수, 민법주해[IV] 총칙(4) 제2판, 2022, 18면(이동진 집필부분). 후자의 문헌은 잔부 유효 원칙을 채택한 입법례로 스위스채무법, 그리스민법, 이탈리아민법, 네덜란드민법, 프랑스민법 등을, 국제모델법으로 PICC, 유럽 민사법의 공통기준안(Draft of Common Frame of Reference, 이하 "DCFR"이라고 한다)을 든다.

77) 한편 현행 민법 제137조를 실제로 해석·적용하는 국면에서 제137조 단서가 폭넓게 적용되어, 사실상 잔부 유효가 원칙인 것처럼 운용되고 있다는 분석으로 곽윤직·김재형(주 28), 385면.

78) 김천수(주 74), 148면은, 법률행위 전체를 부효로 보아 당사자로 하여금 다시 법률행위를 하도록 하는 것이 사적자치의 원칙에 부합한다고 설명한다.

79) 진도왕, 민법 개정안 자문서(제137조)(미간행)2024, 2−3면.

전부무효를 원칙으로 할 것인지, 잔부 유효를 원칙으로 할 것인지는 논리필연적인 문제가 아니라 입법정책적인 문제이다.[80] 또한 제137조는 임의규정이므로 당사자가 그와 반대되는 약정을 함으로써 제137조의 적용을 배제하는 것도 가능하다.[81] 이러한 점에 비추어, 필자는 개정안 제137조의 입법 방향도 충분히 타당하다고 생각한다.[82] 다만 예외적으로 법률행위 전부가 무효가 되는 사유인 '나머지 부분만으로는 법률행위를 하지 아니하였을 것이라고 인정될 때' 부분과 관련해서는 좀 더 구체적인 규정을 둘 필요가 있다고 본다.[83] 개정안 제137조 단서는 당사자의 가정적 의사만을 들고 있으나, 법률행위의 성질상 잔부 유효를 인정하기 어려운 경우에 관해서도 규정하는 것이 바람직하다고 생각된다. 가령 판례는 "여러 개의 계약이 전부가 하나의 계약인 것과 같은 불가분의 관계에 있는 경우"에는 그 일부만 무효로 볼 수 없다는 태도를 취하고 있다.[84] 이에 따르면 법률행위가 일체적으로 이루어졌으며 그 내용이 불가분적인 경우에는 당사자가 법률행위의 일체성 및 불가분성에 관하여 잘못 판단하고 잔부 유효를 의욕하였다고 하더라도 잔부 유효를 인정할 수 없다.[85] 위와 같은 판례는 개정안 제137조 아래에서도 여전히 유효할 것으로 생각된다. 그렇다면 위 판례 법리를 포함하여, 법률행위의 '성질상' 잔부 유효를 인정하기 어려운 경우에 관해서도 제137조 단서에서 규정하는 편이 바람직하다고 생각된다.

Ⅳ. 채권총칙

채권총칙 부분의 개정안 중에서는, 제395조의2(지출 비용의 배상), 제398조(위약금), 위 2개 조문에 관하여 살펴본다.

---

80) 편집대표 김용덕(주 26), 410면(권순민 집필부분).

81) 대법원 2010. 3. 25. 선고 2009다41465 판결. 또한 편집대표 김용덕(주 26), 411면(권순민 집필부분); 박동진, 계약법강의 제3판, 2024, 958면; 김천수(주 74), 132면.

82) 어느 쪽으로 규정하건 실제에 있어서는 별다른 차이가 없다는 지적으로 편집대표 양창수(주 76), 18면(이동진 집필부분).

83) 앞에서 살펴본 것처럼 제2차 계약법 리스테이트먼트는 전무 무효를 원칙으로, 잔부 유효를 예외로 각각 규정하면서, 예외 사유를 상세히 규정하고 있다.

84) 대법원 2013. 5. 9. 선고 2012다115120 판결; 대법원 2017. 7. 11. 선고 2016다261175 판결(이상 임차권양도계약과 권리금계약의 일체성을 인정한 사례); 대법원 2017. 7. 11. 선고 2016다261175 판결(지역주택조합가입계약과 안심보장증서상 환불보장 약정의 일체성을 인정한 사례) 등.

85) 편집대표 김용덕(주 26), 424면(권순민 집필부분).

1. 제395조의2(지출 비용의 배상)

현행 민법	기초위원회 예비초안	검토위원회 의견	개정안[86]
〈신설〉	제395조의2(지출 비용의 배상) 채권자는 이행에 갈음한 손해배상 대신 채무가 이행될 것을 믿고 지출한 상당한 비용의 배상을 청구할 수 있다.	제395조의2(지출 비용의 배상) 채권자는 이행을 갈음한 손해배상 대신 채무가 이행될 것을 믿고 지출한 비용의 배상을 청구할 수 있다. 그러나 그 배상액은 채무가 이행되었더라면 받았을 이익액을 넘지 못한다.	제395조의2(지출 비용의 배상) 채권자는 이행에 갈음한 손해배상 대신 채무가 이행될 것을 믿고 지출한 상당한 비용의 배상을 청구할 수 있다. 〈단서 삭제〉

(1) 미국법상 신뢰이익(reliance interest) 법리

제2차 계약법 리스테이트먼트는 기대이익과 신뢰이익을 다음과 같이 정의한다(제344조).[87] 기대이익(expectation interest)은 '계약이 이행되었더라면 수약자(promisee)가 처했을 지위에 놓이게 됨으로써 그가 해당 거래로 인하여 얻었을 수익(benefit)에 대하여 가지는 이익'을 의미한다. 신뢰이익은 '계약이 체결되지 않았으면 채권자가 처했을 지위에 놓이게 됨으로써 그 계약을 신뢰하여 입은 손실에 대한 상환(reimbursement)에 관하여 가지는 이익'을 의미한다.[88]

제2차 계약법 리스테이트먼트는 기대이익에 기초한 손해배상을 원칙으로 규정한다.[89] 그러나 채권자는 기대이익에 기초한 손해배상 대신, 신뢰이익에 기초한 손해배상을 청구할 수도 있다.[90] 이때 신뢰이익은 주로 채권자가 자신의 채무이행을 준비하거나

86) 기초위원회 예비초안과 동일하다.

87) 이 부분의 번역은 조인영, "채무불이행으로 인한 손해배상액 산정에 있어서 신뢰이익과 지출비용에 관하여", 「선진상사법률연구」, 제101호, 2023, 275면을 참고하였다.

88) 기대이익과 신뢰이익의 정의를 좀 더 쉽게 번역하는 것이 좋겠다는 심사의견이 있었으나, 정의 규정인 만큼 직역이 좀 더 바람직하다고 생각되어 수정하지 않았음을 밝혀둔다.

89) The Restatement 2nd of Contracts §347. 기대이익은 (a) 채무자의 채무불이행으로 인하여 채권자가 상실한 재산적 이익에 (b) 부수적(incidental) 손해 및 결과적(consequential) 손해를 더하고, (c) 채권자가 자신의 채무를 이행할 의무에서 벗어남으로써 지출을 면하게 된 비용 및 기타 손실을 빼는 방식으로 그 크기를 산정한다.

90) The Restatement 2nd of Contracts §349. 미국 계약법에서 신뢰이익의 배상 법리는 론 풀러(Lon Fuller)의 저명한 논문(L. L. Fuller & William R. Perdue Jr., Reliance Interest in Contract Damages: 1, 46 YALE L. J. 52 (November 1936); L. L. Fuller & William R. Perdue Jr., The Reliance Interest in Contract Damages: 2, 46 YALE L. J. 373 (January 1937))을 계기로 주목받기 시작하였다고 한다. 위 두 편의 논문은 '기대이익'과 '신뢰이익' 개념을 처음으로 제시하였다는 점에서 중요한 의미를 가진다. 물론 기대이익/신뢰이익 개념에 대한 비판도 없지 않다. 예컨대 Daniel Friedmann, A Comment on Fuller and Perdue, the Reliance interest in Contract Damages, 1 ISSUES LEGAL

채무를 이행하는 데 지출한 비용을 의미한다.[91] 채권자가 자신의 채무를 이행할 의무에서 벗어남으로써 일정한 손실을 피할 수 있었음을 채무자가 합리적인 정도로 확실하게 증명할 수 있다면, 그 손실 액수는 손해배상액에서 제외된다. 이러한 신뢰이익 배상의 법리는, 기대이익에 기초한 손해를 증명하기 어려운 경우에 채권자가 손해배상을 받을 수 있도록 하는 역할을 한다.[92] 한편 계약에서 정한 대가를 초과하는 신뢰이익은 배상될 수 없다.[93]

(2) 개정안에 대한 시사점

개정안 제395조의2는 판례가 인정하고 있는 신뢰이익(지출비용) 배상을 명문화한 것으로서,[94] 개정의 필요성에 대해서는 찬성한다.[95] 개정안 제395조의2의 성안과정을 살펴보면, 기초위원회 예비초안은 "상당한" 비용의 배상이라고 규정한 반면, 검토위원회 의견은 "상당한"을 삭제하고 판례 법리를 그대로 명문화하였다("그 배상액은 채무가 이행되었더라면 받았을 이익액을 넘지 못한다"). 최종 개정안은 다시 기초위원회 예비초안과 같이 "상당한" 비용의 배상이라고 규정한다. "상당한"이라는 표현에 대해서는 재고가 필요하다고 생각한다.

SCHOLARSHIP [i] (2001).

91) 이 점에서 제2차 계약법 리스테이트먼트 제349조의 '신뢰이익'은 개정안 제395조의2의 '지출비용'과 유사한 개념이라고 할 수 있다.

92) The Restatement 2nd of Contracts §349, Comment (a).

93) The Restatement 2nd of Contracts §349, Comment (a).

94) 판례는 채무불이행의 맥락에서 신뢰이익을 '그 계약이 제대로 이행되리라고 믿었음으로 인하여 받은 손해'라고 정의한다(대법원 1992. 4. 28. 선고 91다29972 판결 등). 한편 지출비용과 신뢰이익이 서로 일치하는 개념인 것은 아니다. 신뢰이익은 계약 체결에 소요된 비용, 계약의 이행을 위한 준비 비용, 대체거래를 통한 수익 가능성 등을 포함하는 더 넓은 개념이기 때문이다. 편집대표 곽윤직, 민법주해[IX] 채권(2), 1995, 475면(지원림 집필부분); 편집대표 김용덕, 주석 민법 채권총칙 제1권 제5판, 2020, 840면(문주형 집필부분); 지원림(주 48), 848면; 양창수 · 김재형(주 48), 480면; 박동진(주 81), 616면; 김재형, "채무불이행으로 인한 손해배상의 기준과 범위에 관한 개정방안", 민법론 V, 2015, 136면; 서종희, "신뢰이익 손해배상과 원상회복적 손해배상: 이행이익과 신뢰이익의 이분법적 사고의 문제점", 「강원법학」, 제36권, 2012, 197−198면. 다만 신뢰이익의 배상을 인정한 판례는 '계약의 일방 당사자가 상대방의 이행을 믿고 지출한 비용'이 곧 신뢰이익인 것처럼 판시하고 있다. 대법원 1999. 7. 27. 선고 99다13621 판결; 대법원 2002. 6. 11. 선고 2002다2539 판결. 김영희, "계약이론사에서 신뢰이익 배상과 지출비용 배상", 「법조」, 제69권 제2호, 2020, 147면은 판례가 신뢰이익 배상에 대한 개념적 혼란을 줄이기 위하여 위와 같은 표현을 사용한 것이라고 설명한다.

95) 조인영(주 87), 291면도 이러한 개정에 찬성한다. 반대로 지출비용을 독자적인 손해로 볼 수 없고, 지출비용은 이행이익을 산정하는 요소로 보면 충분하다는 이유에서 이러한 개정에 소극적인 견해로 김재형, "채무불이행으로 인한 손해배상에 관한 민법개정안−2013년 민법개정위원회에서 확정된 개정안을 중심으로−", 민법론 V, 2015, 197면.

개정이유서는 기존 판례가 인정하는 수익성 추정 법리[96]를 넘어서 지출비용의 배상을 보다 일반적인 구제수단으로 명시할 필요가 있다는 이유에서, 비용배상의 상한을 이행이익으로 한정하지 않았다고 설명한다.[97] 또한 합리적 비용지출, 즉 전형적인 비용지출로서 계약의 목적과 직접적 관련을 가지는 비용지출에 한하여 배상청구가 가능하다는 점을 규정할 필요가 있다고 한다.[98] 그런데 기존 판례는 지출비용 상당의 배상에 관하여 제393조를 적용하고 있었고,[99] 개정이유서도 제395조의2의 손해배상과 관련하여 제393조가 적용될 수 있다는 입장에 서 있는 것으로 보인다.[100] 그렇다면 제393조를 적용하여 합리적 비용지출로 손해배상청구의 대상을 제한하면 족하고, 굳이 제395조의2에서 "상당한"이라는 표현을 쓸 필요가 있는지 의문이다. 제395조의2의 문언에 "상당한"이라는 표현이 없더라도, 제393조를 적용하여 같은 결론을 도출할 수 있다고 생각되기 때문이다. 앞서 살펴본 것과 같이 제2차 계약법 리스테이트먼트도 조문상으로는 신뢰이익에 기초한 손해배상을 청구할 수 있다고만 규정하고, 주석에서 '계약에서 정한 대가를 초과하는 신뢰이익은 배상될 수 없다'라고 설명하고 있을 뿐이다. 더구나 민법에서 말하는 "상당한"이라는 표현은 일상생활에서 사용하는 "상당한"의 의미와 다소 거리가 있어,[101] 가령 '적지 않은' 비용의 배상을 청구할 수 있다는 것으로 잘못 이해될 소지도 있다. 요컨대 개정안 제395조의2에서 "상당한"이라는 표현은 삭제하는 것이 바람직하다고 생각된다.

수익이 비용을 초과할 것이라는 추정을 말한다. 지원림(주 48), 847면; 권영준, "이행이익, 신뢰이익, 중복배상-지출비용과 일실이익의 배상청구와 관련하여-", 「인권과 정의」, 통권 제491호, 2020, 132면. 이러한 수익성 추정 법리는 독일의 영향 아래 형성된 것으로 보인다. 독일의 판례법리에 관한 설명으로 서종희(주 93), 173면.

법무부 민법개정위원회, 계약법 개정이유서 (2024), 45면. 이러한 개정 방향에 찬성하는 견해로 김현수, "손해배상에 관한 민법 개정 예비초안 검토", 「민사법학」, 제108호, 2024, 197면.

법무부 민법개정위원회, 계약법 개정이유서 (2024), 45면.

99) 대법원 1999. 7. 27. 선고 99다13621 판결; 대법원 2002. 6. 11. 선고 2002다2539 판결; 대법원 2006. 2. 10. 선고 2003다15501 판결 등. 예컨대 위 2006년 판결은 "지출비용 중 계약의 체결과 이행을 위하여 통상적으로 지출되는 비용은 통상의 손해로서 상대방이 알았거나 알 수 있었는지의 여부와는 관계없이 그 배상을 구할 수 있고, 이를 초과하여 지출되는 비용은 특별한 사정으로 인한 손해로서 상대방이 이를 알았거나 알 수 있었던 경우에 한하여 그 배상을 구할 수 있다"라고 판시하였다.

100) 법무부 민법개정위원회, 계약법 개정이유서 (2024), 44면. 이와 달리 지출비용 배상에 관한 별도의 조문을 둘 경우 지출비용 배상에 제393조가 당연히 적용된다고 보기는 어렵다는 견해로 김재형(주 94), 151면.

101) '상당하다'라는 형용사는 ① 어느 정도에 가깝거나 알맞다는 의미와 ② 수준이 꽤 높다거나 어지간히 많다는 의미로 사용되는데(국립국어원 표준국어대사전), 민법전의 '상당하다'는 ①의 의미로 쓰이는 반면 일상생활에서 '상당하다'는 ②의 의미로 쓰이는 경우가 많다.

2. 제398조(위약금)

현행 민법	기초위원회 예비초안	검토위원회 의견	개정안
제398조(배상액의 예정) ① 당사자는 채무불이행에 관한 손해배상액을 예정할 수 있다.	제398조(위약금) ① 당사자는 채무불이행에 관하여 위약금을 약정할 수 있다.	(기초위원회 예비초안 찬성)	(기초위원회 예비초안 찬성)
② 손해배상액의 예정액이 부당히 과다한 경우에는 법원은 적당히 감액할 수 있다.	② 위약금의 약정은 당사자들이 채무자의 책임 있는 채무불이행으로 인한 손해배상액을 예정한 것으로 추정한다. 이 경우 다른 의사표시가 없으면 채권자는 실제 손해와 관계없이 예정된 손해배상액만을 청구할 수 있다.	② 위약금 약정은 채무불이행으로 인한 손해배상액을 예정한 것으로 추정한다. 이 경우 다른 의사표시가 없으면 채권자는 실제 손해와 관계없이 예정된 손해배상액을 청구할 수 있다.	② 위약금 약정은 채무자에게 책임 있는 채무불이행으로 인한 손해배상액을 예정한 것으로 추정한다. 이 경우 다른 의사표시가 없으면 채권자는 실제의 손해와 관계없이 예정된 위약금액을 청구할 수 있다.
③ 손해배상액의 예정은 이행의 청구나 계약의 해제에 영향을 미치지 아니한다.	③ 위약금이 부당히 과다한 경우에는 법원은 적당히 감액할 수 있다.	(기초위원회 예비초안 찬성)	③ 위약금이 부당하게 과다한 경우에는 법원은 적당히 감액할 수 있다.
④ 위약금의 약정은 손해배상액의 예정으로 추정한다.	④ 위약금의 약정은 이행의 청구나 계약의 해제에 영향을 미치지 아니한다.	④ 위약금 약정은 이행의 청구나 계약의 해제에 영향을 미치지 아니한다.	④ 위약금 약정은 이행 청구나 계약 해제에 영향을 미치지 아니한다.
⑤ 당사자가 금전이 아닌 것으로써 손해의 배상에 충당할 것을 예정한 경우에도 전4항의 규정을 준용한다.	⑤ 당사자가 금전이 아닌 것으로써 손해배상에 충당하기로 예정한 경우에도 제1항 내지 제4항의 규정을 준용한다.	(기초위원회 예비초안 찬성)	⑤ 당사자가 금전이 아닌 것을 손해배상에 충당하기로 예정한 경우에도 제1항부터 제4항까지의 규정을 준용한다.

(1) 미국법상 위약금 법리[102)]

미국법은 손해배상액의 예정(liquidated damages)과 위약벌(penalties)을 구분하고, 후

102) 이 부분의 작성과 관련하여서는 서종희 교수님(연세대학교)께 많은 도움을 받았다.

자의 경우 실제 손해를 초과하는 부분은 강제 불가능(unenforceable)하다는 태도를 취한다.[103] 제2차 계약법 리스테이트먼트는 계약 당사자가 사전에 손해배상액의 예정 약정을 할 수 있다고 하면서도, 그 액수는 해당 계약 위반행위로 인하여 발생할 것으로 예상되는 손해의 크기 또는 실제로 발생한 손해의 크기, 실제 손해 증명의 어려움을 고려할 때 '합리적'이라고 판단되는 액수여야 한다고 규정한다. 또한 제2차 계약법 레스테이트먼트에 따르면, 불합리하게 과다한 손해배상액의 예정은 '위약벌'로서, 공공정책 위반으로 강제 불가능하다.[104] 위와 같이 미국법이 위약벌의 강제 가능성을 부정하는 가장 중요한 근거는, 계약 위반으로 인한 구제수단은 손해의 전보(compensation)를 목적으로 하고, 계약을 위반한 당사자에 대한 제재를 목적으로 하지 않는다는 점이다.[105]

손해배상액의 예정과 위약벌을 구분하는 기준은 ⓐ 합리적인 액수인지, ⓑ 실제 손해 증명이 어느 정도로 어려운지, 위 두 가지이다.[106][107] 후자의 경우, 실제 손해의 발생 사실이나 실제 손해 액수의 증명이 어려울수록, 당초 약정한 액수가 합리적인 것으로 판단될 가능성이 높다.[108] 즉 증명의 어려움이 큰 경우에는 액수의 합리성 판단을 비교적 유연하게 할 수 있는 반면, 증명의 어려움이 적은 경우에는 액수의 합리성 판단을 엄격하게 행하여야 한다.[109] 만약 실제 손해가 아예 발생하지 않았다면, 상당한 액수의 위약금[110] 약정은 강제 불가능하다.[111] 반면 당사자의 실제 의사는 손해배상액의 예정과 위

103) 이러한 법리의 연혁에 관한 설명으로 엄동섭, "미국 계약법상 손해배상액의 예정과 위약벌 - 우리 민법상 두 제도의 통합을 위한 제언", 「민사법학」, 제78호, 2017, 209−211면. 이처럼 위약벌의 강제 가능성을 부정하는 법리에 대해서는 1970년대 이후 법경제학적 관점에서 적지 않은 비판이 이루어져왔다. 해당 주제에 관한 대표적인 논문으로 Charles J. Goetz & Robert E. Scott, Liquidated Damages, Penalties and the Just Compensation Principle: Some Notes on an Enforcement Model and a Theoty of Efficient Breach, 77 COLUM. L. REV. 554 (1977).

104) The Restatement 2nd of Contracts §356 (1); Larry A. DiMatteo, A Theory of Efficient Penalty: Eliminating the Law of Liquidated Damages, 38 AM. BUS. L.J. 633, 635 (Summer 2001).

105) The Restatement 2nd of Contracts §356, Comment a; DiMatteo(주 104), p.635. 또한 제2차 계약법 리스테이트먼트는, 계약 위반을 이유로 한 징벌적 손해배상은 해당 계약 위반 행위가 동시에 징벌적 손해배상이 허용되는 불법행위에 해당하는 경우에만 허용될 수 있다고 규정한다. The Restatement 2nd of Contracts §355.

106) 두 가지 고려 요소 중에서는 ⓐ의 고려 요소가 훨씬 중요하게 다루어진다고 한다. 엄동섭(주 103), 235면.

107) 우리 판례는 계약에서 위약금과 별도로 실제 손해의 배상을 구할 수 있다고 규정하는 경우에는 해당 위약금 조항을 위약벌로 보고 있다. 즉 손해배상액의 예정과 위약벌을 구별하는 주된 기준은 '실제 손해의 배상을 구하는 것이 가능한지' 여부이다. 대법원 2016. 7. 14. 선고 2013다82944, 82951 판결; 대법원 2020. 11. 12. 선고 2017다275270 판결; 대법원 2022. 7. 21. 선고 2018다248855, 248862 전원합의체 판결.

108) The Restatement 2nd of Contracts §356, Comment b.

109) The Restatement 2nd of Contracts §356, Comment b.

110) 제2차 계약법 리스테이트먼트는 '위약금'이라는 표현을 사용하고 있지 않다. 본문에서는 손해배

약벌을 구별하는 기준이 되지 못한다.112) 당사자가 손해배상액의 예정을 의도하였더라도, 그 액수가 합리적이지 않고 실제 손해의 증명이 그다지 어렵지 않은 경우라면 그 위약금 약정은 위약벌로 해석된다.

(2) 개정안에 대한 시사점

개정안 제398조에서 현행 민법 제398조와 가장 큰 차이가 나는 부분은 ① '손해배상액의 예정'을 '위약금'으로 개정하여 손해배상액의 예정은 물론 위약벌에도 제398조의 규율이 적용되도록 한 부분, ② 다른 의사표시가 없으면 실제 손해와 관계없이 위약금액만을 청구할 수 있다고 규정한 부분이다. 이 글에서는 위에서 소개한 미국법상 위약금 법리와 직접적으로 관련이 있는 ① 부분에 관하여만 검토하기로 한다.

현행 민법 제398조의 해석과 관련하여, 대법원은 '손해배상액의 예정'과 '위약벌'을 구별하고, 전자의 경우 현행 민법 제398조 제2항을 적용하여 법원이 적당히 감액할 수 있지만, 후자의 경우 위 조문을 유추 적용할 수 없다는 입장을 유지하여 왔다.113) 대법원 2022. 7. 21. 선고 2018다248855, 248862 전원합의체 판결의 다수의견은 종전의 판례를 유지하는 것이 타당하다고 하면서, 그 근거로 손해배상액의 예정과 위약벌은 그 기능이 같지 않다는 점, 위약벌 약정을 체결한 당사자의 의사를 존중하여야 한다는 점(사적자치의 원칙)을 제시하였다. 한편 대법원은, 채무자에 대한 의무의 강제로 얻는 채권자의 이익에 비하여 약정된 위약벌이 과도하게 무거운 경우에는 위약벌 약정의 일부 또는 전부가 공서양속에 반하여 무효라고 보아왔다.114)

위와 같은 대법원의 해석론에 관하여는 많은 비판이 있었다. 손해배상액의 예정과 위약벌을 구분하기 어려운 경우도 많다는 점,115) 제398조 제2항에 의한 감액은 비교적

상액의 예정과 위약벌을 아우르는 개념으로 '위약금'이라는 단어를 사용하였다.

111) The Restatement 2nd of Contracts §356, Comment b.

112) The Restatement 2nd of Contracts §356, Comment c.

113) 대법원 2015. 12. 10. 선고 2014다14511 판결; 대법원 2016. 1. 28. 선고 2015다239324 판결; 대법원 2022. 7. 21. 선고 2018다248855, 248862 전원합의체 판결 등.

114) 대법원 2015. 12. 10. 선고 2014다14511 판결; 대법원 2016. 1. 28. 선고 2015다239324 판결; 대법원 2022. 7. 21. 선고 2018다248855, 248862 전원합의체 판결 등. 위 2016년 판결은 공서양속 위반을 이유로 위약벌 약정의 일부 또는 전부를 무효로 하는 것은 가급적 자제하여야 한다고 하면서, 공서양속 위반 여부를 판단할 때에는 "당사자 일방이 독점적 지위 내지 우월한 지위를 이용하여 체결한 것인지 등 당사자의 지위, 계약의 체결 경위와 내용, 위약벌 약정을 하게 된 동기와 경위, 계약 위반과정 등을 고려하는 등 신중을 기하여야 하고, 단순히 위약벌 액수가 많다는 이유만으로 섣불리 무효라고 판단할 일은 아니"라고 하였다.

115) 편집대표 곽윤직(주 94), 687면(양창수 집필부분); 양창수·김재형(주 48), 534면; 김재형, "손해배상액의 예정에서 위약금 약정으로", 「비교사법」, 제21권 제2호, 2014, 627면; 엄동섭(주 103), 232면; 권영준, "위약벌과 손해배상액 예정—직권감액 규정의 유추 적용 문제를 중심으로—",

널리 이루어지는 반면 제103조 위반은 쉽게 인정되지 않는다는 점,[116] 감액의 필요성은 위약벌에서 더욱 강하게 나타난다는 점,[117] 손해배상액의 예정과 위약벌을 구별하지 않고 '위약금'으로 취급하는 입법례가 오히려 일반적이라는 점[118] 등을 지적하면서, 위약벌에 대하여 제398조 제2항을 유추 적용하여야 한다는 견해가 유력하였다.[119]

위약벌 문제를 해결하는 입법 방향으로는 크게 두 가지를 생각해볼 수 있다. 첫 번째는 미국법과 같이 위약벌의 효력을 전면적으로 부정하는 방향이다. 두 번째는 대륙법계 국가의 많은 입법례 및 국제모델법(PICC, PECL, DCFR)의 경향을 참고하여 손해배상액의 예정과 위약벌을 '위약금'으로 통합하여 규정하는 방향이다. 우리 민법은 손해배상 예정액의 직권감액을 인정하고 있으므로, 후자의 개정 방향을 택하여 위약벌의 직권감액도 인정하는 것이 간명하다고 생각된다.[120] 다만 개정에 있어서 위약벌의 강제 가능성을 부정하는 미국 법의 태도는 중요한 참고 자료가 될 수 있다고 생각한다.[121] 개정안 제398조는 미국 법을 포함한 여러 입법례를 참고하고 위와 같은 비판을 수용한 결과로서, 타당한 개정이라고 생각된다.

Ⅴ. 계약총칙

계약총칙 부분의 개정안 중에서는, 제529조(청약의 철회), 제533조(변경된 승낙), 제538조의2(사정변경), 위 3개 조문에 관하여 살펴본다.

「저스티스」, 통권 제155호, 2016, 224면; 법무부 민법개정위원회 검토위원회, 민법 개정 예비초안에 대한 검토의견서 (2024. 4), 23면. 한편 대법원 판결 중에는 위약금 약정이 손해배상액의 예정과 위약벌의 성질을 함께 가진다고 본 것도 있다(대법원 2013. 4. 11. 선고 2011다112032 판결). 이는 구체적인 사안에서 손해배상액의 예정과 위약벌의 구별이 결코 쉽지 않음을 보여준다. 김재형, 위의 논문, 636면.

116) 김재형(주 115), 665면; 권영준(주 115), 201면. 한편 개정이유서는 제398조 제2항을 적용하는 것과 제103조를 적용하는 것 사이에 결과적으로 큰 차이가 없다고 하나(법무부 민법개정위원회, 계약법 개정이유서 (2024), 193면), 판례는 제103조 적용을 신중하게 하여야 한다는 입장이므로, 결과에 있어 큰 차이가 없다고 보기는 어렵다.

117) 편집대표 곽윤직(주 94), 687면(양창수 집필부분); 양창수·김재형(주 48), 534면; 지원림(주 48), 865면; 지원림, "위약금에 관한 약간의 고찰 - 위약금의 법적 성질 및 위약벌의 감액을 중심으로 −", 「인권과 정의」, 제430호, 2012, 36면.

118) 엄동섭(주 103), 209면; 권영준(주 115), 214면.

119) 곽윤직·김재형, 채권총론 〔민법강의 III〕 제7판(전면개정), 2023, 154면; 김재형(주 115), 645−646면; 권영준(주 115), 225−227면; 지원림(주 117), 38면.

120) 이와 달리 첫 번째 입법 방향에 찬성하는 견해로 엄동섭(주 103), 234면.

121) 엄동섭(주 103), 233−234면도 같은 취지이다.

1. 제529조(청약의 철회)

현행 민법	기초위원회 예비초안	검토위원회 의견	개정안
제527조(계약의 청약의 구속력) 계약의 청약은 이를 철회하지 못한다.	제529조(청약의 철회) 청약의 철회는 승낙의 의사표시가 발송되기 전에 상대방에게 도달하면 그 효력이 있다. 그러나 청약자가 승낙기간을 정하였거나 그 밖에 상대방에게 청약을 철회하지 아니하겠다는 정당한 신뢰를 부여한 때에는 청약은 철회할 수 없다.	제529조(청약의 철회) ① 청약은 계약이 체결되기까지 철회할 수 있다. 다만, 이러한 의사표시는 상대방이 승낙의 의사표시를 발송하기 전에 상대방에게 도달하여야 한다. ② 다음 각호의 경우에는 청약을 철회할 수 없다. 1. 청약자가 승낙기간을 정하였거나 그 밖의 방법으로 청약을 철회하지 않겠다고 표시한 경우 (1안) 2. 상대방에게 청약이 철회되지 않으리라 믿을 만한 정당한 이유가 있고, 상대방이 이를 기초로 행위한 경우 (2안) 2. 상대방에게 청약이 철회되지 않으리라 믿고, 이를 기초로 행위할 만한 정당한 이유가 있는 경우	제529조(청약의 철회) ① 청약은 계약이 성립하기까지 철회할 수 있다. 철회의 의사표시는 상대방이 승낙의 의사표시를 발송하기 전에 상대방에게 도달하여야 한다. ② 다음 각 호의 경우에는 청약을 철회할 수 없다. 1. 청약자가 승낙기간을 정하였거나 철회하지 아니하겠다고 표시한 경우 2. 청약이 철회되지 아니하리라고 믿을 만한 정당한 이유가 상대방에게 있는 경우

(1) 미국법상 청약의 철회 법리[122]

제2차 계약법 리스테이트먼트는 청약을 '교환거래를 체결하려는 의사의 표시로 상대방으로 하여금 그 교환거래에 대한 자신의 동의가 요청되고 있나는 점과 그 동의가 교환거래를 성립시킨다는 것을 인식하는 데 정당성을 부여하기 위한 것'이라고 정의한다.[123] 이러한 청약은 피청약자의 승낙이 이루어지기 전까지 자유롭게 철회될 수 있는 것이 원칙이다.[124] 청약 철회는 청약자(offeror)가 피청약자(offeree)에게 철회 의사를 표시함으로써 이루어질 수도 있고,[125] 청약자가 해당 계약을 체결하려는 의사와 양립할 수

122) 이 부분의 작성과 관련하여서는 김현수 교수님(부산대학교), 이지은 교수님(경북대학교)께 많은 도움을 받았다.

123) The Restatement 2nd of Contracts §24.

124) The Restatement 2nd of Contracts §42, Comment a.

없는 확정적(definite) 행위를 하고 그 사실이 피청약자에게 알려짐으로써 이루어질 수도 있다. 전자의 경우에는 피청약자가 승낙을 통하여 계약을 체결할 권한을 행사하기 전에 철회 통지가 이루어져야 한다.[126] 가령 우편에 의한 승낙이 그 우편 발송시에 효력을 발생하는 경우에는 그 우편이 발송되기 전에 피청약자가 철회 통지를 수령하였어야만 청약이 유효하게 철회될 수 있다.

청약의 철회가 허용되지 않는 경우는 다음 세 가지이다. ① 특정 기간 내 피청약자가 청약을 승낙할 수 있도록 청약자가 청약을 유지하겠다고 약속한 옵션계약(option contract)의 경우이다. 옵션계약에서는 청약자가 그 청약에 명시된 기간 동안 청약을 철회할 수 없다.[127] ② 제정법에 의하여 청약 철회가 불가능한 경우이다.[128] 예컨대 통일상법전 §2-205는 '서명된 기록에서 조건에 따라 유지될 것임을 보장(assurance)하는 상인의 물품 매매 청약은, 명시된 기간 동안 또는 명시된 기간이 없을 경우 합리적인 기간 동안 약인이 없어도 철회할 수 없다'라고 규정하는데,[129] 이러한 제정법 조항이 있는 경우에는 청약을 자유롭게 철회할 수 없다. ③ 청약자가 피청약자에게 신뢰를 부여한 경우이다. 청약의 내용이 피청약자로 하여금 승낙 이전에 실질적인 행위나 부작위를 하도록 유인하는 것인 경우, 피청약자가 청약에 대한 승낙 권한을 가지기 위하여 상당한 비용을 지출하거나, 상당한 약속을 하거나, 대안을 포기하여야 하는 경우로서 피청약자의 신뢰가 형성된 경우 등에는 청약자가 청약을 철회하는 것이 정의관념상 허용되지 않는다.[130]

(2) 개정안에 대한 시사점

현행 민법 제527조가 청약의 구속력을 규정하고 있는 것과 달리, 개정안은 청약의 구속력을 원칙적으로 배제하면서 예외적으로 청약을 철회할 수 없는 경우를 규정한다. 개정이유서에 따르면 청약의 구속력을 인정하는 것은 독일법계의 특징적 규율이라고 한다.[131] 비교법적으로는 미국법뿐 아니라 국제모델법도[132] 청약의 철회 가능성을 원칙으로 규정하고 있다. 현행 민법이 청약의 구속력을 규정하는 것은 상대방의 신뢰를 보호하

---

125) The Restatement 2nd of Contracts §42.
126) The Restatement 2nd of Contracts §42, Comment c.
127) The Restatement 2nd of Contracts §37.
128) The Restatement 2nd of Contracts §87. 이 경우 철회 불가능한 청약을 확정 청약(firm offer)이라고 한다. 엄동섭(주 57), 122면.
129) 다만 그 철회 불가능한 기간은 최대 3개월을 초과할 수 없다.
130) The Restatement 2nd of Contracts §87(2).
131) 법무부 민법개정위원회, 계약법 개정이유서 (2024), 65면.
132) 「국제물품매매계약에 관한 국제연합 협약」(United Nations Convention on Contracts for the International Sale of Goods, CISG) 제16조; PECL 제2:202조 등.

기 위한 것이라고 하나,[133] 청약 상대방은 승낙 여부를 자유롭게 결정할 수 있는 반면 청약자는 청약을 철회할 수 없다고 규정하는 것은 균형에 맞지 않는다고 생각된다.[134] 현행 민법 제527조와 같이 청약자가 일반적으로 청약을 철회할 수 없다고 규정하는 것보다는 청약의 철회를 원칙적으로 인정하되 예외적으로 청약의 구속력을 인정하는 것이 사적자치의 원칙, 계약 자유의 원칙에 더욱 부합하는 입법 태도이기도 하다.[135]

개정안 제529조는 예외적으로 청약을 철회할 수 없는 경우로서 청약자가 승낙기간을 정하였거나 철회하지 아니하겠다고 표시한 경우(제1호)와 청약이 철회되지 아니하리라고 믿을 만한 정당한 이유가 상대방에게 있는 경우(제2호)를 들고 있다. 제1호는 미국법상 옵션계약의 경우와 유사하고, 제2호는 제2차 계약법 리스테이트먼트 제87조 제2항의 경우와 유사하다고 생각된다. 개정안 제529조는 청약 철회의 가능성을 인정할 현실적 필요성과 함께 미국법을 포함한 여러 입법례를 고려한 조문으로서, 바람직한 개정이라고 생각된다.

2. 제533조(변경된 승낙)

현행 민법	기초위원회 예비초안	검토위원회 의견	개정안
제534조(변경을 가한 승낙) 승낙자가 청약에 대하여 조건을 붙이거나 변경을 가하여 승낙한 때에는 그 청약의 거절과 동시에 새로 청약한 것으로 본다.	제533조(변경된 승낙) ① 승낙자가 청약에 대하여 조건을 붙이거나 변경을 가하여 승낙한 때에는 그 청약의 거절과 동시에 새로 청약한 것으로 본다. ② 제1항에도 불구하고 그 조건이나 변경이 부수적인 사항에 관한 때에는 다음 각 호에 해당하지 않는 한 승낙으로 본다. 1. 청약자가 청약의 변경이나 조건을 허용하	제533조(변경된 승낙) ① 승낙자가 청약에 대하여 조건을 붙이거나 변경을 가하여 승낙한 때에는 그 청약의 거절과 동시에 새로 청약한 것으로 본다. ② 제1항에도 불구하고 그 조건이나 변경으로 인하여 청약의 내용이 실질적으로 변경되지 않는 때에는 다음 각 호에 해당하지 않는 한 승낙으로 본다. 1. 청약자가 청약의 변	제533조(변경된 승낙) ① 승낙자가 청약에 대하여 조건을 붙이거나 변경을 가하여 승낙한 때에는 그 청약의 거절과 동시에 새로 청약한 것으로 본다. ② 제1항에도 불구하고 그 조건이나 변경으로 인하여 청약의 내용이 실질적으로 변경되지 아니하는 경우에는 다음 각 호에 해당하지 아니하는 한 승낙으로 본다.

133) 편집대표 곽윤직, 민법주해[XII] 채권(5), 1997, 200면(지원림 집필부분); 곽윤직, 채권각론[민법강의 IV] 제6판, 2003, 38면.
134) 편집대표 김용덕, 주석 민법 채권각칙 제1권 제5판, 2021, 76-77면(김미경 집필부분).
135) 이지은, 민법 개정안 자문서(제529조)(미간행), 2024.

	지 않겠다고 미리 표시한 경우 2. 청약자가 그 조건이나 변경에 대해 지체 없이 이의를 제기한 경우	경이나 조건을 허용하지 않겠다고 미리 표시한 경우 2. 청약자가 그 조건이나 변경에 대해 지체 없이 이의를 제기한 경우 ③ 제2항의 경우 추가되거나 변경된 내용으로 계약이 성립한다.	1. 청약자가 그 조건이나 변경을 허용하지 아니하겠다고 미리 표시한 때 2. 청약자가 그 조건이나 변경에 대하여 지체 없이 이의를 제기한 때 〈삭제〉

(1) 미국법상 반대청약(counter-offer) 법리[136)]

제2차 계약법 리스테이트먼트는 승낙을 '청약 상대방이 청약내용에 대하여 청약상 유인된 또는 요청된 방식으로 하는 동의의 의사표시'라고 정의한다.[137)] 이러한 승낙은 동의의 의사를 표시함으로써 이루어질 수도 있지만, 이행에 의하여 혹은 약속에 의하여 승낙을 하는 것도 가능하다.[138)]

청약에 대한 회신이 청약자가 제안한 계약내용에 다른 내용을 추가하거나 그 내용을 변경할 것을 '조건으로 하여' 청약을 승낙하는 내용인 경우(이른바 제한적 승낙(qualified acceptance)), 미국법은 이를 승낙으로 보지 않고 반대청약으로 본다.[139)] 이 경우 최초의 청약에 대한 피청약자의 승낙 권한이 소멸하며, 계약이 성립하지 않는다.[140)] 반면 청약에 대한 회신이 청약자가 제안한 계약내용의 변경이나 추가를 '요청하면서' 청약을 승낙하는 내용인 경우에는 반대청약으로 보지 않는다.[141)] 즉 피청약자가 계약 내용의 변경이나 추가를 제안하면서 청약자가 반드시 그에 동의하지 않더라도 승낙의 효력이 발생할 수 있도록 하였다면, 이는 승낙으로서 기능할 수 있다.[142)]

---

136) 이 부분의 작성과 관련하여서는 김현수 교수님(부산대학교)께 많은 도움을 받았다.

137) The Restatement 2nd of Contracts §50 (1).

138) The Restatement 2nd of Contracts §50 (2), (3).

139) The Restatement 2nd of Contracts §§39 (1), 59.

140) The Restatement 2nd of Contracts §39 (2). 이를 '거울상 원칙(mirror image rule)'이라고도 한다. 엄동섭(주 57), 118면. 한편 미국 계약법에서 말하는 '거울상 원칙'은 당사자의 실제 의사가 어떠하였는지보다 당사자의 의사가 어떻게 표현되었는지에 중점을 둔다는 점에서, 우리 계약법에서 말하는 '객관적 합치'보다 좀 더 형식적인 측면이 강조되는 개념이라고 생각된다. 영미법계 국가의 경우 표현된 의사를 중시하는 반면 대륙법계 국가의 경우 실제 의사를 중시하며, 이러한 차이가 계약성립에 관한 법리에도 드러난다는 분석으로 Allan Beever, Agreements, Mistakes, and Contract Formation, 20 K.L.J. 20, 20－21 (2009).

141) The Restatement 2nd of Contracts §61.

142) The Restatement 2nd of Contracts §59, Comment a.

(2) 개정안에 대한 시사점

개정안 제533조는 승낙자가 청약에 대하여 조건을 붙이거나 변경을 가한 경우, 이를 새로운 청약으로 보아 계약의 성립을 부정하는 현행 민법 제534조의 규정을 그대로 유지하면서, 조건이나 변경이 사소한 사항에 관한 것인 경우 계약이 성립될 수 있도록 하였다.[143] 이는 전체 계약의 성립을 좌절시키는 것보다, 계약성립을 인정하되 불일치하는 부분을 별도의 법적 장치로 해결하도록 하는 것이 당사자의 의사나 이해관계에 부합한다는 고려에서 비롯된 것이라고 한다.[144] 위와 같은 개정안의 태도는, 피청약자가 계약내용의 변경이나 추가를 요청하면서 청약을 승낙한 경우에는 계약이 성립되었다고 보는 미국 계약법의 태도와 크게 동떨어져 있지 않다.

다만 개정안 제533조 제2항에 따르면, 승낙자가 '조건을 붙이거나 변경을 가한' 부분을 어떻게 처리할 것인지가 문제 될 수 있다. 승낙자가 조건을 붙이거나 변경을 가한 부분은 청약과 일치하지 않으므로 계약의 내용이 될 수 없다. 개정이유서는 이에 관하여 '여러 법적 장치에 의하여 처리'하면 된다고만 언급할 뿐, 구체적인 지침은 제공하고 있지 않다.[145] 결국 판례와 학설의 축적에 의하여 해결될 문제이겠으나, 이를 개정안에서 명시적으로 규정함으로써 해석상 혼란을 줄일 필요도 있었다고 생각된다.[146] 이 점에서 "제2항의 경우 추가되거나 변경된 내용으로 계약이 성립한다"라는 조항을 더한 검토위원회 의견에 찬성한다.[147]

---

143) 법무부 민법개정위원회, 계약법 개정이유서 (2024), 66-67면. 현행 민법 제534조의 해석론으로서도 이와 같은 결과를 도출할 수 있다는 견해로 편집대표 김용덕(주 134), 95면(김미경 집필부분); 박동진(주 81), 124면.

144) 법무부 민법개정위원회, 계약법 개정이유서 (2024), 67면.

145) 법무부 민법개정위원회, 계약법 개정이유서 (2024), 67면.

146) 김현수, "미국 계약법상 계약의 성립", 미국법연구회 공동학술세미나 자료집(미간행), 2024, 37면도 같은 취지이다.

147) 미국에서 위 쟁점은 이른바 '서식의 전쟁(battle of forms)'이라고 불린다. 미국 계약법은 조건을 붙이거나 변경을 가한 부분은 계약의 내용이 되지 못하고, 해당 부분은 임의규정으로 보충된다고 본다(이른바 'knock-out rule', 통일상법전 §2-207). 청약과 승낙에서 서로 일치하지 않는 부분이 서로를 'knock-out'하고, 남는 부분만으로 계약이 성립된다는 것이다. 이에 관한 설명으로 John D. Wladis, The Contract Formation Sections of the Proposed Revisions to U.C.C. Article 2, 54 S.M.U. L. REV. 997, 1011 (Spring 2001). 한편 미국의 판결례 중에는 이 경우 청약의 내용이 우선한다고 본 사례도 있다(Northrop Corp. v. Litronic Indus., 29 F.3d 1173, 1178 (7th Cir. 1994)). 이와 달리 PECL 제2:208조는 해당 부분이 원칙적으로 계약의 내용이 된다고 규정한다.

3. 제538조의2(사정변경)

현행 민법	기초위원회 예비초안	검토위원회 의견	개정안
〈신설〉	제538조의2(사정변경) 계약 성립의 기초가 된 사정이 현저히 변경되었고 당사자가 계약 성립 당시 이를 합리적으로 예견할 수 없었던 경우에, 그로 인하여 계약을 그대로 유지하는 것이 당사자의 이해에 중대한 불균형을 초래하거나 계약을 체결한 목적을 달성할 수 없는 때에는 당사자는 계약의 수정을 청구할 수 있고, 계약의 수정이 가능하지 않거나 부적절한 때에는 계약을 해제 또는 해지할 수 있다.	제538조의2(사정변경) ① 계약 성립의 기초가 된 사정이 현저히 변경되었고 당사자가 계약 성립 당시 이를 합리적으로 예견할 수 없었던 경우에, 그로 인하여 계약을 그대로 유지하는 것이 당사자의 이해에 중대한 불균형을 초래하거나 계약을 체결한 목적을 달성할 수 없는 때에는 당사자는 계약의 수정 또는 해제·해지하기 위하여 교섭을 하여야 한다. (1안) ② 제1항에도 불구하고 상당한 기간 내에 협의가 이루어지지 아니한 때에는 법원은 당사자의 신청에 따라 다음 각호의 어느 하나를 결정할 수 있다 (어느 경우이든 법원은 신의성실에 반하여 협상을 거부하거나 협상을 결렬시킨 당사자에 대하여 상대방의 손해를 배상하도록 명할 수 있다.) 1. 법원이 정한 날짜와 조건으로 계약을 해제·해지하는 것 2. 사정변경에 따른 손실과 이익을 정당하고 공평하게 당사자 사이에 배분하기 위하여 계약을 수정하는 것 (2안) ② 제1항에도 불구하고 상당한 기간 내에 협의가 이루어지지 아니한 때에는 당사자는 계약을 수정하거나 해제·해지할 수 있다. (3안) ② 제1항에도 불구하고 상당한 기간 내에 협의가 이루어지지 아니한 때에는 당사자는 계약을 해제·해지할 수 있다.	제538조의2(사정변경) ① 계약 성립의 기초가 된 사정이 현저히 변경되었고 당사자가 계약 성립 당시 이를 합리적으로 예견할 수 없었던 경우에, 그로 인하여 계약을 그대로 유지하는 것이 당사자의 이해에 중대한 불균형을 초래하는 〈삭제〉 때에는 당사자 일방은 상대방에 대하여 계약의 수정을 청구할 수 있다. ② 계약의 수정이 가능하지 아니한 때 또는 그 수정이 변경된 사정 아래에서 사회관념상 당사자에게 기대될 수 없는 때에는 당사자는 계약을 해제 또는 해지할 수 있다.

(1) 미국법상 이행곤란(impracticability)[148] 및 목적의 실현 불가능(frustration)[149] 법리

미국 계약법은 특별한(extraordinary) 사정이 발생하여 원래 계약에서 정한 의무이행의 성질이 계약체결 당시에 합리적으로 예견하였던 것과 완전히 달라진 경우, 예외적으로 법원에 의하여 채무자가 그러한 의무이행을 면할 수 있게 된다고 본다.[150] 채무자가 의무이행을 면하게 되는 근거는 다음 두 가지이다. ① 일정한 사정으로 인하여 의무이행이 현실적으로 곤란하게(impracticable) 된 경우이다. ② 일정한 사정으로 인하여 상대방의 의무이행이 당사자에게 가지는 가치가 무의미하게 되어, 당사자가 당초 계약을 체결한 목적을 실현하는 것이 불가능하게(frustrate) 된 경우이다.[151] 이행곤란 법리와 목적의 실현 불가능 법리는 계약의 기본 전제가 되지 않았던 사건이 발생함으로써 계약의 목적을 달성할 수 없게 된 경우에 계약 당사자가 의무이행으로부터 벗어날 수 있도록 한다는 점에서 공통된다.[152]

(가) 이행곤란

계약체결 당시 일정한 상황의 불발생을 기본적 전제(basic assumption)로 하였으나 그 상황이 발생함에 따라 일방 당사자의 의무이행이 그의 귀책사유(fault) 없이 곤란하게 된 경우, 해당 당사자는 그 의무이행을 면할 수 있다.[153] 그러한 상황이 발생할 수 있다는 것을 계약체결 당시 당사자가 예견할 수 있었다고 하여, 이행곤란을 이유로 하여 의무이

148) 이를 '실행 곤란'이라고 번역한 문헌도 있다(엄동섭(주 34), 138면 이하). 이 글에서는 이행(performance)이 곤란하게 되었다는 제2차 계약법 리스테이트먼트 원문의 의미를 살려 '이행곤란'이라는 표현을 사용하였다. 국내 문헌 중에서는 이를 '이행곤란'이라고 번역하는 문헌이 조금 더 다수인 것으로 보인다. 예컨대 가정준, "계약은 얼마나 좌절될 수 있는가?－사정변경의 원칙에 대한 새로운 패러다임 제시－", 「외법논집」, 제48권 제1호, 2024, 6면 이하; 고세일(주 5), 32면 이하.

149) 'Frustration'의 번역어로는 '목적달성 불능'(편집대표 곽윤직, 민법주해[XIII] 채권(6), 1997, 246면(김용덕 집필부분); 편집대표 김용덕(주 133), 336면(김형진 집필부분); 엄동섭(주 34), 144면 이하; 고세일(주 5), 32면), '목적 좌절'(권영준·조인영(주 7), 36－37면(권영준 집필부분); 권영준, "위험배분의 관점에서 본 사정변경의 원칙", 「민사법학」, 제51호, 2010, 231면; 가정준(주 148), 4면), '목적 부도달'(김형석, 계약자유와 계약책임, 2024, 149면) 등이 제시된 바 있다. '목적달성 불능'은 목적을 달성하기 위한 당사자의 노력을 전제로 한 듯한 어감이 있고, '목적 좌절'이나 '목적 부도달'은 우리말 표현으로서는 어색하다고 생각되어, 객관적이고 중립적이면서도 이해하기 쉬운 '목적의 실현 불가능'이라는 표현을 사용하였음을 밝혀둔다.

150) The Restatement 2nd of Contracts Introductory Note to Chapter 11 (Impracticability of Performance and Frustration of Purpose).

151) 이러한 법리의 전개과정에 관하여는 고세일(주 5), 33－35면 참조.

152) 가정준(주 148), 10면. 이 점에서 이들 법리를 아울러 '예상하지 못한 사정(unexpected circumstances) 법리'로 지칭하는 문헌으로 Melvin A. Eisenberg, Impossibility, Impracticability, and Frustration, 1 J. LEGAL ANALYSIS 207, 208 (Winter 2009).

153) The Restatement 2nd of Contracts §261. 한편 이러한 이행곤란 법리는 통일상법전 §2－615의 영향을 받은 것이라고 한다. 가정준(주 148), 7면.

행을 면할 수 없는 것은 아니다.[154] 당사자가 이행곤란에도 불구하고 이행의무를 면할 수 없다고 명시적·묵시적으로 약정한 경우에는 의무이행을 면할 수 없고, 의무자는 상대방에게 손해배상을 하여야 한다.[155] 이행곤란은 이행이 완전히 불가능한 경우뿐 아니라, 이행에 극도로 비합리적인 어려움, 비용지출, 손실 등이 수반되는 경우를 포함하는 개념이다.[156] 가령 이행에 필수적인 주요 원자재의 공급이 완전히 차단된 경우가 이에 해당한다. 반면 주요 원자재의 가격이 일반적인 범위에서 상승한 경우는 이행곤란으로 볼 수 없다.[157] 그러한 위험은 이행에 대한 반대급부가 정액(fixed price)으로 되어 있는 계약에서 일반적으로 일방 당사자가 부담할 것이 기대되는 성격의 것이기 때문이다. 또한 해당 당사자에게만 이행이 곤란한 경우, 즉 주관적 이행곤란을 이유로 해서는 이행의무를 면할 수 없다. 이러한 주관적 이행곤란에 관해서는 해당 당사자가 그 위험을 부담하여야 하기 때문이다.[158]

이행곤란이 인정되는 가장 전형적인 사안 유형은 다음과 같다. ① 첫 번째는 의무이행을 위하여 특정인의 존재가 반드시 요구되는 계약 유형에서 그 특정인이 사망한 경우이다.[159] ② 두 번째는 의무이행을 위하여 특정 물건의 존재가 반드시 요구되는 계약 유형에서 그 물건이 만들어지지 않았거나, 파손되어 소멸된 경우이다.[160] ③ 세 번째는 자국 또는 외국 정부의 규제나 명령을 위반하지 않고서는 의무를 이행하는 것이 곤란한 경우이다.[161]

(나) 목적의 실현 불가능

계약체결 당시 일정한 상황의 불발생을 기본적 전제로 하였으나 그 상황이 발생함에 따라 일방 당사자가 계약을 체결한 주된 목적이 그의 귀책사유 없이 실현 불가능하게 된 경우, 해당 당사자는 그 의무이행을 면할 수 있다.[162] 앞서 살펴본 이행곤란 법리와 달리, 목적의 실현 불가능 법리는 당사자가 계약상 의무를 이행하는 데에는 아무런 문제가 없지만, 계약 체결의 목적이 실현 불가능해짐으로써 그 의무이행이 아무런 의미를 가지지 못하게 된 경우에 적용된다.[163] 목적의 실현 불가능 법리가 적용되기 위한 요

154) The Restatement 2nd of Contracts §261, Comment b.
155) The Restatement 2nd of Contracts §261, Comment c.
156) The Restatement 2nd of Contracts §261, Comment d.
157) The Restatement 2nd of Contracts §261, Comment d.
158) The Restatement 2nd of Contracts §261, Comment e.
159) The Restatement 2nd of Contracts §261, Comment e.
160) The Restatement 2nd of Contracts §261, Comment e.
161) The Restatement 2nd of Contracts §261, Comment e.
162) The Restatement 2nd of Contracts §265.
163) The Restatement 2nd of Contracts §265, Comment a.

건은 다음과 같다.

ⓐ 계약체결의 '주된' 목적이 실현 불가능해진 경우여야 한다.[164] 가령 일방 당사자가 계약체결 당시 어떤 구체적인 목표를 염두에 두고 있었던 것만으로는 '주된 목적'으로 볼 수 없다. 그 목적은 해당 계약체결의 기초(basis)로서, 그 목적이 없이는 해당 거래가 아무런 의미를 가지지 못한다고 양 당사자가 이해하였던 것이어야 한다. ⓑ 목적이 '중대하게' 실현 불가능해진 경우여야 한다.[165] 일방 당사자 입장에서 단순히 해당 거래의 수익성이 줄어들었다거나, 해당 거래로 인하여 손실을 입게 되었다는 정도로는 중대한 실현 불가능으로 볼 수 없다. 계약 당시 해당 당사자가 부담하기로 하였던 위험의 범위를 불공정하게(not fairly) 넘어설 만큼 목적의 실현 가능성이 심각하게 저해되었어야 한다. ⓒ 목적을 실현 불가능하게 만든 상황의 불발생이 계약체결시 기본적 전제를 이루었어야 한다.[166]

(2) 개정안에 대한 시사점

개정안 제538조의2는 사정변경 법리를 명문으로 규정한다. 이는 판례에 의하여 인정되던 사정변경 법리를 명문화한 것으로서,[167] 타당한 개정이라고 생각된다.[168] 개정안에 따르면, 사정변경 법리가 적용되기 위해서는 ⓐ 계약 성립의 기초가 된 사정이 현저히 변경되었고, ⓑ 당사자가 계약 성립 당시 이를 합리적으로 예견할 수 없었으며, ⓒ 계약을 유지하는 것이 당사자의 이해에 중대한 불균형을 초래하는 경우여야 한다.[169] 개정안은 사정변경의 효과로서 계약의 수정과 계약의 해제·해지를 인정하되, 전자가 후자에 우선하는 것으로 규정하였다.[170] 종전 판례가 사정변경 법리를 적용하기 위한 요건으로 제시하였던 '계약을 그대로 유지하는 것이 당사자의 이해에 중대한 불균형을 초

164) The Restatement 2nd of Contracts §265, Comment a.

165) The Restatement 2nd of Contracts §265, Comment a.

166) The Restatement 2nd of Contracts §265, Comment a.

167) 대법원 2013. 9. 26. 선고 2012다13637 전원합의체 판결; 대법원 2020. 5. 14. 선고 2016다12175 판결; 대법원 2020. 12. 10. 선고 2020다254846 판결; 대법원 2021. 6. 30. 선고 2019다276338 판결 등. 위 판결 가운데 뒤의 두 판결은 실제로 사정변경 법리를 적용하여 계약 해지를 인정하였다. 해당 판결에 대한 비판으로 김형석(주 149), 163면 이하.

168) 이와 달리 사정변경 법리를 민법에 규정하는 데 신중할 필요가 있다는 견해로 고세일(주 5), 48면.

169) 책임연구원 김형석, 민법 개정안(계약법 총론) 예비초안 연구 (2023년 법무부 연구용역 보고서)(2023. 12), 90−91면은, 이는 엄밀한 의미의 '요건'이라기보다는 '불확정개념, 가치평가가 필요한 개념을 포함하는 서술적 규범'이라고 설명한다.

170) 검토위원회는 이에 더하여 재교섭의무를 명문으로 규정하였으나, 개정이유서는 재교섭의무를 명문화하는 것은 법률관계를 복잡하게 할 뿐 그 실익이 크지 않다는 점을 들어, 재교섭 문제는 당사자의 자율에 맡기는 것이 타당하다는 입장을 취하고 있다. 법무부 민법개정위원회, 계약법 개정이유서 (2024), 80면.

래하거나 계약을 체결한 목적을 달성할 수 없는 경우' 중에서 뒷부분(계약을 체결한 목적을 달성할 수 없는 경우)이 문언에 포함되지 않았다는 점이 특기할 만하다.[171)]

이러한 개정안의 태도는 미국법상 이행곤란 법리와 다소 차이가 있다. 이행곤란 법리에서는 당사자의 예견 불가능성이 반드시 요구되지는 않기 때문이다. 한편 목적의 실현 불가능 법리는 개정안 제538조의2에서 '계약을 체결한 목적을 달성할 수 없는 때' 부분이 삭제됨으로써, 개정안에 반영되지 못하였다. 필자는 이행이 현저히 어려워져 계약을 유지하는 것이 당사자의 이해에 중대한 불균형을 초래하는 경우뿐 아니라, 계약체결의 주된 목적이 실현 불가능하게 됨으로써 계약을 유지하고 계약상 의무를 이행하도록 하는 것이 당사자에게 아무런 의미를 가지지 못하는 경우도 사정변경 법리에 포함시키는 것이 타당하다고 생각한다.[172)]

사정변경 법리를 인정한 초기의 판결은 '계약내용대로의 구속력을 인정한다면 신의칙에 현저히 반하는 결과가 생기는 경우'라는 표현을 사용하였으나,[173)] 이후의 판결들은 이를 두 가지 유형으로 구체화하여, '당사자의 이해에 중대한 불균형을 초래하는 경우'와 '계약을 체결한 목적을 달성할 수 없는 경우'에 사정변경 법리가 적용될 수 있다고 판시하고 있다.[174)] 기존 판례 법리를 명문화하는 것이 개정안의 의도였다면, 최근의 대법원 판결들이 '신의칙에 현저히 반하는 결과'의 하위 유형으로 제시한 두 가지 상황을 모두 문언에 반영하는 것이 바람직하다고 보인다.[175)]

Ⅵ. 결론

이 글에서는 미국 계약법, 특히 제2차 계약법 리스테이트먼트의 내용을 비교법적 연구 대상으로 삼아, 계약법 개정안의 일부 조문을 검토·분석하였다. 계약법 개정작업에서 다른 국가의 입법례와 함께 미국법과의 비교법적 검토가 이루어지기는 하였으나, 독일,

---

171) 앞의 표에서 알 수 있듯이 이 부분은 전체위원회의 심의과정에서 삭제된 것으로 보이는데, 개정이유서는 그 이유를 밝히고 있지 않다.

172) 권영준(주 149), 235면은 후자의 유형을 사정변경에 포함시키는 것이 국제적인 경향이라고 한다.

173) 예컨대 대법원 2007. 3. 29. 선고 2004다31302 판결.

174) 예컨대 대법원 2017. 6. 8. 선고 2016다249557 판결; 대법원 2021. 6. 30. 선고 2019다276338 판결. 이러한 판시는 2013년 민법 개정시안 제538조의2의 영향을 받은 것으로 보인다. 권영준, 민법판례연구 I, 2019, 219면.

175) 참고로 2013년 민법 개정시안의 경우 '계약을 유지하는 것이 명백하게 부당한 결과를 가져오는 경우'의 하위 개념으로서 등가관계 파괴("당사자의 이해에 중대한 불균형을 초래")와 목적달성불능("계약을 체결한 목적을 달성할 수 없는 때")을 명문으로 규정하고 있었다. 이에 관한 설명으로 김재형, "계약의 해제·해지, 위험부담, 사정변경에 관한 민법개정안", 서울대학교 「법학」, 통권 제173호, 2014, 52면.

프랑스, 스위스, 네덜란드 등 대륙법계 국가의 입법례, PICC, PECL, DCFR 등의 국제모델법과 비교하면, 비교법적 검토 대상으로서 미국법이 그다지 큰 비중을 차지하지는 못하였던 것으로 보인다. 이는 아마도 우리나라가 대륙법계에 속한다는 점, 민법 제정 당시 미국법을 크게 참고하지 않아 현행 민법이 일본이나 독일의 그것과 훨씬 닮아 있다는 점 때문이라고 생각된다.[176] 약인(consideration), 사기방지법, 부실표시(misrepresentation) 등과 같이 우리 법에서는 찾아볼 수 없는 특유한 법리, 채무불이행시 손해배상을 원칙적인 구제수단으로 삼고 이른바 '효율적 계약 위반(efficient breach of contract)'[177] 개념을 인정하는 태도 등, 미국 계약법은 실제로 우리 계약법과 상당히 이질적인 내용을 담고 있기도 하다.

필자는 이처럼 미국 계약법이 일견 우리 계약법과 이질적으로 보임에도 불구하고,[178] 미국 계약법에 대한 비교법적 검토가 우리 계약법 연구에 큰 도움을 줄 수 있다고 생각한다. 이러한 미국 계약법의 '이질적'인 성격은, 완전히 새로운 시각에서 우리 법을 바라볼 수 있게 해주기 때문이다. 현행 민법의 규정을 해석할 때에는 일본민법이나 독일민법을 참고하는 것이 유용하지만, 민법규정 배후에 있는 이론을 연구할 때에는 보편적인 관점과 시각을 제공하는 미국계약법을 참고하는 것이 유용할 수 있다.[179] 특히 현행 민법의 규정내용을 떠나 새로운 입법을 마련하고자 할 때에는 더욱 그러하다.[180] 이 글이 민법개정 작업에서 미국법에 대한 비교법적 연구가 더욱 중요하게 다루어지는 계기 중 아주 작은 하나의 계기가 되기를 기대하며, 글을 마친다.

---

176) 가령 영미법의 영향을 크게 받았다고 여겨지는 제393조와 관련하여서도 영미법은 입법 당시 참고한 외국 입법례에 포함되어 있지 않다. 양창수, 민법전 제정자료 집성 (총칙·물권·채권), 2023, 660–661면.

177) 계약상 의무를 이행하는 것보다 이를 이행하지 않는 것이 채무자에게 이익이 되는 경우, 채무자가 효율성에 관한 판단을 통하여 계약상 의무를 이행하지 않기로 하는 것을 말한다. 효율적 계약 위반 개념에 관한 설명으로 Peter Linzer, On the Amorality of Contract Remedies–Efficiency, Equity, and the Second Restatement, 81 COLUM. L. REV. 111, 114–116 (January 1981).

178) 미국 계약법의 내용은 국제모델법에 상당 부분 녹아들어 있고, 대륙법계 국가에서도 미국 계약법의 요소를 입법에 반영하는 경우가 적지 않아, 미국 계약법의 이질성은 과거와 비교하여 상당히 약해졌다고도 볼 수 있다. 엄동섭(주 57), iii면.

179) 권영준·조인영(주 7), 5면(권영준 집필부분). 또한 엄동섭(주 57), iii면은 특히 어려운 사건(hard case)의 해결에 있어 미국법에 대한 비교법적 연구가 중요한 역할을 할 수 있다고 한다.

180) 권영준·조인영(주 7), 5면(권영준 집필부분)은, "실용주의의 영향 아래 어떤 문제의 실질을 포착하고 이를 광범위하고 다양한 관점에서 논의해 나가다가 결국은 합리적인 해결책에 이르는" 것이 미국법의 장점이라고 설명한다.

「수급인의 담보책임」 개정논의에 대한 검토*

이상헌**

국문초록

한국은 현재 민법개정작업이 한창이다. 특히 계약법중 도급계약에서 수급인의 담보책임을 둘러싼 내용은 채무불이행책임 규정의 개정과 함께 검토되고 있다. 개정작업은 예비초안으로부터 검토위원회안을 거쳐 법무부 개정안에 이르기까지 논의가 계속되어 왔다. 아래에서는 이들 검토결과를 둘러싼 논의를 정리해보고자 한다.

첫째, 개정안은 수급인이 부담하는 책임을 담보책임으로 규율해오던 태도를 버리고 수급인이 부담하는 일반 채무불이행책임과의 차이를 제거하고 있다. 개정안은 도급인의 계약해제권, 하자보수청구권, 대금감액청구권 외에 손해배상청구권에 이르기까지 수급인의 책임을 일반 채무불이행책임과 일치시키고 있다. 그런데 우리 민법에서 채무불이행책임은 채무자의 고의, 과실이라는 귀책사유를 전제로 하고 있는 반면, 수급인은 일을 완성할 의무라는 결과채무를 부담하고, 도급계약을 이행하기 위해 자신에게 주어진 일의 완성에 대한 통제권을 가지는 자로서 완성된 일에 대해서는 무거운 책임(적어도, 완성된 결과상태와 계약에 따른 당위적 상태 사이의 불일치를 배상하는 책임)을 부담하는 것으로 규율되어 왔다. 이점은 수급인이 수임인과 차이가 있다는 점을 의미한다. 이런 점을 감안하면 법무부개정안과는 달리 개정 수급인에게 무과실의 손해배상책임을 존속시키는 것은 의미를 가지는 것으로 생각한다.

둘째, 수급인의 담보책임이 일반 채무불이행책임과는 그 내용에 있어서 차등을 두는 것이 좋다는 점에서 그 명칭 역시 수급인의 담보책임이라는 내용으로 존치시키는 것이 좋다고 생각한다.

---

* 이 논문은 민사법학 제109호에 게재된 것을 수록하였다.
이 글은 지난 2024년 6월 열린 한국민사법학회 하계학술대회에서 발제한 내용을 수정하고 보완한 것입니다. 당시 학술대회에서 토론자로서 귀중한 의견을 주신 박수곤 교수님, 김태관 교수님께 감사드리며, 이 논문에 대해 애정어린 조언을 주신 익명의 심사위원님들께도 깊은 감사의 마음을 전합니다.
** 경북대학교 법학전문대학원 부교수.

셋째, 종래 수급인의 담보책임으로 논의되어 오던 도급인의 계약해제권, 하자보수청구권 및 손해배상청구권 외에 학설상 논의되어 오던 대금감액청구권을 포함시키고 있으며, 이들 규정들을 일반 채무불이행책임과 일치시키고 있다는 점에서 적절한 제안으로 생각된다.

넷째, 도급인의 귀책으로 인하여 수급인이 완성한 일에 하자가 발생한 경우에 수급인을 면책시키는 것은 타당하다. 개정안에서는 개정전의 민법과 마찬가지로 "도급인이 제공한 재료 또는 지시로 인하여 하자가 발생한 경우"에 수급인을 면책시키고 있으나, 이를 일반화시켜서 도급인의 귀책사유로 인하여 하자가 발생한 경우에 수급인을 면책시키는 것이 타당하다고 본다.

다섯째, 담보책임의 존속기간을 도급인이 하자를 발견한 때로부터 기산하는 것으로 규정하는 것은 타당한 입법방향이라고 생각한다.

Ⅰ. 서론

도급계약은 매매계약과 마찬가지로 유상계약이라는 점에서 수급인의 담보책임은 계약의 유상성을 유지하기 위한 규정으로서 이해되어 왔다.[1] 또한 수급인의 담보책임은 수급인이 완성한 일의 하자가 일을 완성하는 과정상의 잘못에 의하여 생길 수 있다는 점에 기반한 것으로서,[2] 무과실책임을 지우는 특별한 규정으로 설명된다.[3]

한편, 매도인의 담보책임과 수급인의 담보책임의 내용으로서 매수인 내지 도급인이 가지는 계약해제권, 대금감액청구권, 하자보수청구권은 물론 손해배상청구권까지도 무과실책임으로 할 것인지를 두고 논의가 지속되어 왔다. 이를 두고 매도인의 담보책임 내지 수급인의 담보책임의 본질은 채무불이행책임에 있다고 보는 이상, 담보책임과 채무불이행책임을 일치시켜야 한다는 논의가 계속되어 왔다.[4] 실제로 2002년 독일 민법개

1) 송덕수, 채권각론. 2023, 357면. 이에 관하여 김형배, 채권각론, 2001, 622면의 "현실적으로 완성된 결과의 상태가 당위적 상태와 불일치함으로써 도급인에게 불이익을 가져온 때에는 수급인은 과책의 유무에 불구하고 담보책임을 부담한다"는 설명은 수급인의 담보책임이 유상계약에 기인한다는 점을 설명해 준다.

2) 곽윤직, 채권각론, 311면. 송덕수, 채권각론, 2023, 357면.

3) 특히, 수급인이 계약에 의해 약정된 결과채무를 부담한다는 점에 기반하여 담보책임을 부담한다는 설명으로, 김용덕 편집대표, 주석민법 채권각칙(4), 제4판(2016), 211면, 290면(이준형 집필부분).

4) 하자담보책임이 매매, 도급과 같은 계약유형에 적용되는 것이어서 일반 채무불이행법과 통합하는 것이 적절하지 않다고 하는 설명으로, 이은영, "UN통일매매법의 계약책임과 민법개정의견", 「민사법학」, 제15호, 1997, 70－72면. 이에 반하여, 국제적 상거래법 체제와 우리법과의 조화 내지 통일성 확보측면에서 일반 채무불이행책임법과 하자담보책임법의 통합이 필요하다는 설명으로, 오현석, "국제상거래법 체제상 하자담보책임에 관한 비교연구", 「한양법학」, 제35호, 2011, 325면 등.

정[5])과 2016년 일본 민법개정에서는 매도인의 담보책임, 수급인의 담보책임과 일반 채무불이행책임을 접근시키는 개정이 이루어졌다.

현재 우리 민법의 개정작업은 2023.12.에 법무부 연구용역 보고서로서 "예비초안연구[6])"(이하 "예비초안")가 발표되었고, 이후 2024.4.경 법무부 민법개정위원회 검토위원회에서 검토위원회안(이하 "검토위원회안"[7]))이 발표되었으며, 2024. 10.경에 법무부 민법개정위원회에서 민법개정의견서[8])(이하 "법무부개정안")가 발표되었다. 이들 예비초안, 검토위원회안 및 법무부개정안은, 도급계약상 수급인의 담보책임에 관하여 여러 가지 제안을 하고 있다. 그 요지를 살펴보면 ① 수급인의 담보책임을 수급인이 도급계약상 부담하는 채무불이행책임과 일치시키면서, 궁극적으로 '담보책임'이라는 표현까지 개정하고자 하는 점, ② 수급인의 담보책임을 매매계약상 매도인의 담보책임과 일치시키는 점, ③ 현행 민법상 수급인의 담보책임으로 규정된 계약해제권, 하자보수청구권, 손해배상청구권 이외에 보수감액청구권을 규정하는 점, ④ 수급인이 하는 일의 하자로 인해 도급인이 계약을 해제하는 경우에 수급인의 기성고 채권을 규정하는 점, ⑤ 수급인의 담보책임에 관한 면책규정을 수정하는 점, ⑥ 수급인의 담보책임에 관한 존속기간 및 그 기산점을 수정하는 것을 들 수 있다.

이 중에서도 종래 수급인의 담보책임제도에 관한 중요한 변화를 가져오는 제도로서 중점을 둘 것이 있다. 특히 ①의 경우는, 현재 개정작업에서 채무자의 채무불이행책임으로서의 계약해제권, 대금감액청구권, 추완청구권 및 손해배상청구권을 수급인의 담보책임에서도 동일하게 규정하고자 하는 노력에서 찾을 수 있다. ②의 경우는, 수급인의 담보책임을 매도인의 담보책임과 일치시킬 것인지에 관한 문제로 다루고 있다. 특히 채무자의 채무불이행책임으로서의 채권자의 계약해제권, 대금감액청구권, 추완청구권을 채무자의 귀책을 요하지 않는 것으로 규정하면서, 매도인과 수급인의 담보책임으로서의 계약해제권, 대금감액청구권, 추완청구권과 일치시키고 있다. 이와 같은 입장은 개정 일본민법상 일반 채무불이행책임으로서의 계약해제권, 대금감액청구권, 추완청구권을 매매계약 및 도급계약상 담보책임에도 일치시키는 것과 아울러, 일반 채무불이행책임법상

---

5) 김규완, 독일 개정 도급계약법의 체계:, 독일채권법의 현대화, 2003, 108면 이하. 이에 따르면, 독일 민법은 도급계약상 수급인의 하자담보책임에 관한 규정을 두고 있으면서도(제633조부터 제640조), 채무불이행책임에 관한 규정(예를 들어, 계약해제에 관한 제323조, 제326조 제5항, 손해배상에 관한 제280조, 제281조, 제283조, 제311조의a)를 준용하고 있다.

6) 서강대학교 산학협력단(이준현 교수 책임연구원), 2023년 법무부 연구용역 보고서, 민법 개정안(계약법 각론) 예비초안 연구, 2023.12. 74면.

7) 법무부 민법개정위원회 검토위원회, 민법 개정 예비초안에 대한 검토의견서, 2024. 4.

8) 이 논문을 한국민사법학회에서 발표한 이후에, 법무부에서 개정안이 나왔는데, 그 내용은 주로 예비초안과 내용이 유사하다. 아래에서는 이를 "법무부개정안"으로 함께 정리하였다.

의 손해배상청구권까지도 매도인의 담보책임과 수급인의 담보책임에서도 일관하여 규정한 입장과 동일하게 우리 민법도 개정할 것인지에 관한 논의를 부르고 있다. ③의 경우는, 특히 계약해제권과 관련하여 종래 담보책임의 내용으로서 논의되어 온 계약해제 이외에 계약의 일부 불이행을 이유로 하는 계약해제권을 별도로 규율할 것인지의 문제가 중요하게 다루어지고 있다.

아래에서는, 수급인의 담보책임에 관한 각 조문별로 예비초안, 검토위원회안 및 법무부개정안이 제안한 각 내용을 검토하고, 그에 관한 검토의견을 밝히고자 한다.

Ⅱ. 각 규정의 검토

1. 제667조

현행	기초위원회 예비초안 및 법무부개정안	검토위원회 의견
제667조 (受給人의 擔保責任) ① 완성된 목적물 또는 완성전의 성취된 부분에 하자가 있는 때에는 도급인은 수급인에 대하여 상당한 기간을 정하여 그 하자의 보수를 청구할 수 있다. 그러나 하자가 중요하지 아니한 경우에 그 보수에 과다한 비용을 요할 때에는 그러하지 아니하다. ② 도급인은 하자의 보수에 갈음하여 또는 보수와 함께 손해배상을 청구할 수 있다. ③ 전항의 경우에는 제536조의 규정을 준용한다.	제667조(완성전의 하자로 인한 수급인의 책임) 수급인은 완성전 성취된 부분에 하자가 있는 때에도 도급인에 대하여 그 하자로 인한 책임을 진다.	제667조(수급인의 담보책임) 완성된 목적물 또는 완성전 성취된 부분에 하자가 있는 때에는 도급인은 수급인에 대하여 제571조부터 제573조까지 및 제574조 제1항의 규정에 따른 권리를 행사할 수 있다.

[2004년] 제667조(수급인의 담보책임)
① 완성된 목적물 또는 완성전의 성취된 부분에 하자가 있는 때에는 도급인은 수급인에 대하여 보수의 감액을 청구하거나 상당한 기간을 정하여 그 하자의 보수를 청구할 수 있다. 그러나 그 하자가 중요하지 아니한 경우에 그 보수에 과다한 비용을 요할 때에는 하자보수를 청구할 수 없다.
② 도급인은 보수감액청구 또는 하자보수청구 외에 손해배상을 청구할 수 있다.
③ 제2항의 경우에는 제536조의 규정을 준용한다.
[2013년] 없음

(1) 2004년과 2013년 개정 논의

2004년 개정논의에서 도급에서의 수급인의 담보책임으로 하자보수청구와 손해배상청구를 규정하는 외에 대금감액청구권을 규정하는 것이 좀 더 간편하고 직접적인 해결책이라는 점이 지적된 이래로,[9] 2013년 개정논의에서도 수급인의 담보책임으로 도급인의 대금감액청구권을 두는 것이 하자발생에 대한 구제책으로서 국민의 법감정에 부합한다는 점이 부각되는 등,[10] 대금감액청구권을 수급인의 담보책임으로서 개정민법에 반영하자는 논의가 적극적으로 개진되어 왔다.

(2) 기초위원회 예비초안

민법개정을 위한 기초위원회(이하 "기초위원회")가 제안한 예비초안은 제567조에 의하여 매매의 담보책임 규정이 도급에도 준용되므로, 현행 민법 제668조, 제671조는 삭제하고, 제667조는 '완성전의 하자로 인한 수급인의 책임'에 관한 규정으로만 존속하는 것으로 하며, 도급의 특칙인 제669조(책임배제사유), 제670조(책임의 존속기간), 제672조(책임감면의 특약)는 존치하되 일부 내용을 개정하는 방안을 제시하였다.

이와 같이 매매의 담보책임 규정을 도급에 준용함으로써 도급에서의 담보책임 규정을 삭제하는 방식은 개정 일본민법과 유사한데, 개정 일본민법은 수급인의 담보책임의 근거규정(개정전 일본민법 제634조,[11] 제635조[12])은 모두 삭제하고,[13] 그 책임의 제한 규정(일본 개정민법 제636조)과 담보책임기간의 제한 규정(일본 개정민법 제637조)만을 남기고 있다.

(3) 검토위원회안

(가) 규정의 형식 관련

법무부 민법 개정 검토위원회안(이하 "검토위원회안")은 도급인이 목적물의 하자에 따라 하자보수청구(추완이행청구), 대금감액청구, 손해배상청구, 계약해제권 등의 권한을 가진다는 예비초안의 기본적인 방향에 동의하고 있다. 하지만 예비초안이 매매에 관한 제557조 규정이 도급에도 준용됨을 이유로 담보책임의 내용에 해당하는 현행 제667조, 제668조를 삭제하는 안을 제시하는 것과 관련하여, 검토위원회는 현행 민법 제667조가

9) 법무부, 2004년 법무부 민법개정안(채권편, 부록), 407면.
10) 법무부, 2013년 법무부 민법개정시안(채권편 하), 144면-145면.
11) 하자보수청구권과 손해배상청구권에 관한 내용으로서, 우리의 현행 민법 제667조와 유사함.
12) 계약해제권에 관한 내용으로서, 우리의 현행 민법 제668조와 유사함.
13) 이에 대해서, 일본 민법 제559조에 의하여 일본 민법 제562조(추완청구권), 제563조(대금감액청구권), 제564조(채무불이행을 이유로 하는 손해배상청구권, 해제권)가 준용된다는 점에서, 도급에 관한 제634조와 제645조가 필요가 없게 된 것이라는 설명으로, 潮見佳男, 民法(債權關係) 改正法の概要, 金融財政事情硏究會, 314頁.

도급의 특성에 따라 "완성된 목적물" 이외에 "완성전의 성취된 부분"에 대한 담보책임 추급을 뒷받침하고 있다는 점에서 존속되어야 할 필요성이 있고, 예비초안의 제안대로 민법 제667조(수급인의 담보책임) 규정을 삭제한 바로 그 다음에 수급인의 담보책임 면제 규정인 제669조를 두는 것은 조문의 순서를 어색하게 한다는 점을 지적하고 있다.

결국, 검토위원회는 수급인의 담보책임의 근거로서 매매의 준용규정인 제567조를 준용하는 방식보다는 현행 민법과 같이 담보책임 근거규정을 유지하는 방식이 바람직하다는 의견을 제시하고 있다.

(나) 규정의 내용 관련

1) 요건 관련

검토위원회는 "완성된 목적물"의 하자 외에 "완성전 성취부분'에 하자가 있는 때를 규정하는 것은 여전히 타당하다고 보고 있다.

2) 효력 관련

검토위원회는 수급인의 담보책임을 개별적으로 규정하는 대신에, 매매에서의 담보책임 규정인 "제571조부터 제573조까지 및 제574조 제1항의 규정에 따른 권리를 행사할 수 있다."고 제안하고 있다.

(4) 법무부 개정안

법무부 개정안은 제667조를 기초위원회 예비초안과 같은 내용으로 제시하였다.

(5) 검토의견

(가) 규정의 형식 관련

위에서 검토위원회가 지적한 이유 외에도 수급인의 담보책임은 매도인의 담보책임과 완전히 동일하다고 볼 수는 없다는 점에서 매도인의 담보책임 규정을 수급인의 담보책임에 준용하는 형식으로 규정하는 것보나는 별도의 규정으로 두는 것이 좋다고 생각된다. 즉, 매매에서는 매도인이 매매 목적물의 완성에 전혀 관여하지 않은 경우에도 담보책임을 지우고 있고, 매도인이 권리의 하자 내지 목적물의 하자를 이유로도 담보책임을 부담하는데 비해서, 도급에서는 수급인이 일을 완성할 의무를 지는 이상 일의 완성에 전혀 관여하지 않는 경우는 고려할 수 없고, 수급인이 도급목적물(유형)과 일(무형)의 하자를 이유로 담보책임을 부담한다는 점에서 차이를 보인다. 이런 차이점에도 불구하고 매도인의 담보책임 규정을 전적으로 수급인의 담보책임으로 준용하는 것은 재고해야 한다고 본다.

(나) 규정의 내용 관련

1) 요건 관련

현행 민법 제667조는 "완성된 목적물 또는 완성전 성취된 부분에 하자가 있는 때에는"을 수급인의 담보책임의 요건으로 규정하고 있고, 이 점에 관해서 여전히 의미를 가진다고 생각한다. 그런데 제667조와 같이 수급인의 담보책임의 요건으로서 "완성된 목적물 또는 완성전 성취된 부분에 하자가 있는 경우"만 규율하면 충분할 것일까? 즉, 현행 민법상 도급의 정의규정(제664조)은 "어느 일을 완성"할 것을 약정하도록 하고 있고, 우리 학설[14] 역시 도급계약은 유형물을 도급의 목적으로 하는 경우와 무형의 일을 도급의 목적으로 하는 경우를 모두 포함하는 것으로 해석하고 있는 만큼, 수급인의 담보책임에 관한 규정에서도 이러한 내용을 반영하는 것이 좋다고 생각한다. 이에 따라 동조를 '완성된 일 또는 완성전 성취된 일에 하자가 있는 때에는'으로 수정하는 것이 좋다고 생각한다.

2) 효력 관련

검토위원회안에 의하면 "도급인은 수급인에 대하여 제571조부터 제573조까지 및 제574조 제1항의 규정에 따른 권리를 행사할 수 있다"고 하고 있다. 이에 따르면 도급인은 수급인의 담보책임으로서 매매계약에서의 추완청구권(제571조), 해제권(제572조), 대금감액청구권(제573조), 손해배상청구권(제574조 제1항)을 행사할 수 있다. 이는 매도인의 담보책임과 수급인의 담보책임을 완전히 일치시키는 것을 의미한다. 아래에서 각 청구들에 관해서 살펴본다.

① 하자보수청구

예비초안은 매매계약상 매매목적물에 하자가 있는 경우에 1차적인 매수인의 구제수단으로서 추완이행청구권을 제안[15]하면서 동 규정을 수급인의 담보책임에 준용하고 있고, 검토위원회도 같은 취지의 제안[16]을 하고 있다. 도급계약상 완성된 일에 하자가 있는 경우에 도급인의 추완이행청구가 필요하다는 점에서는 이견이 없다. 더욱이 수급인의 담보책임으로서 하자보수청구를 두고 있는 현행 규정은 무형도급의 경우에는 적절하지 않은 표현으로서, 검토위원회안과 같이 이를 추완이행청구로 하는 것이 보다 적확한

---

14) 곽윤직, 채권각론, 2006, 250면. 김형배, 채권각론(계약법), 2001, 611면, 박준서 편집대표, 주석민법 채권각칙(4), 제3판, 1999, 177면(정종휴 집필부분).

15) 예비초안 제571조 제1항: 제569조, 제570조에 반하여 매매 목적물에 하자가 있는 경우(이 법에서 전자를 '권리의 하자', 후자를 '물건의 하자'라고 한다), 매수인은 하자의 제거 또는 하자 없는 물건의 인도를 청구할 수 있다.

16) 검토위원회안 제571조 제1항: 매매의 목적인 권리 또는 물건에 하자가 있는 경우 매수인은 하자의 제거, 하자 없는 권리의 이전이나 물건의 인도, 그 밖에 추완 이행을 청구할 수 있다.

표현이 될 것이라고 생각된다.[17)]

종래 매매계약상 매수인의 하자보수청구권에 대해서는 그 하자보수청구권의 제한 문제가 중요한 문제로서 다루어져 왔다. 가령, 매매계약상 매도인이 하자를 보수하거나 대금을 감액해 줌으로써 매수인의 이익이 보호될 정도의 하자가 있는 경우에도 매수인에게 완전물 급부청구를 허용할 것인지를 두고 논의[18)]가 이루어졌으며, 판례는 경미한 하자가 있는 경우에는 대금감액이나 하자보수로 만족하고 중대한 하자에 한하여 완전물 급부청구를 허용하는 입장을 가지고 있다.[19)] 예비초안 제571조 제2항은 이와 같은 점을 감안하여 "..매도인에게 과도한 불이익을 야기하는 때에는 매도인은 이[20)]를 거절할 수 있다."고 하고 있고, 검토위원회 역시 이와 같은 취지의 안을 두고 있다.[21)]

한편, 수급인의 담보책임에 관해서도 이미 현행 민법에서 이와 같은 취지의 규정을 두고 있다. 즉, 현행 민법 제667조 제1항 단서는 "그러나 하자가 중요하지 아니한 경우에 그 보수에 과다한 비용을 요할 때에는 그러하지 아니하다"고 하고 있다. 이에 관해서는 예비초안과 검토위원회안이 매도인의 담보책임에 관한 제571조를 준용하고 있는데, 이들 규정은 현행 민법 제667조 제1항 단서가 "하자의 중요성"이나 "보수에 드는 비용의 과다성"을 가지고 하자보수청구를 제한하는 것에 비하여 보다 일반적인 규정을 둘 것을 제안하고 있다. 즉, 검토위원회는 "목적물의 가치, 하자의 정도, 다른 구제수단"을 고려하여 추완이행청구를 제한하고자 하는 반면(검토위원회안 제571조), 예비초안은 "목적물의 가치, 하자의 정도"를 고려할 것을 제안하고 있다(예비초안 제571조). 이점에 관해서는 도급인이 청구하는 추완방법이 목적물의 가치나 하자의 정도를 고려할 때 가장 적정한 것이라고 하더라도 다른 추완방법에서 소요되는 비용 등도 고려대상으로 포함시키는 것이 적절하다는 점에서, 검토위원회안과 같이 "목적물의 가치, 하자의 정도, 다른 구제수단"을 고려대상으로 하는 것이 더 좋다고 생각된다.

---

17) 우리 민법은 이미 제647조의2의 여행계약상 여행주최자의 담보책임으로서 '하자의 시정'이라는 표현을 사용한 바 있다. 도급에서도 '추완이행청구'로 개정하는 경우에는 여행계약에서도 추완이행청구로 일관하는 것도 고려하는 것이 좋다고 생각한다.

18) 경미한 하자는 대금감액이나 하자보수에 의하여 처리하고 중대한 하자에 한하여 완전물급부청구를 허용할 것이라는 견해로, 이은영, 채권각론 제5판, 2007, 340－341면, 장지용, "완전물급부청구권의 제한", 민사판례연구[XXXVII], 2015, 300면 이하, 이에 반하여 신의칙에 의해 제한되는 외에는 원칙적으로 완전물급부청구를 인용하는 견해로 사동천, "최근 국제적 동향에서 바라본 우리 민법상의 매도인의 하자담보책임에 관한 연구", 「민사법학」, 제24호, 2003, 27면.

19) 대법원 2014. 5. 16. 선고 2012다72582판결.

20) 예비초안 동조 제1항에 의하면 "이"는 하자의 제거 또는 하자 없는 권리의 이전이나 물건의 인도를 말한다.

21) 검토위원회안 제571조 제2항: 추완이행이 목적물의 가치, 하자의 정도, 다른 구제수단 등을 고려하여 매도인에게 과도한 부담이 되는 때에는 매수인은 해당 추완이행의 방법을 선택할 수 없다.

또한, 검토위원회안에서는 추완이행이 매도인에게 과도한 부담이 되는 때에는 매수인이 해당 추완이행방법을 "선택할 수 없다"고 하는 것에 비하여, 예비초안에서는 추완이행이 매도인에게 과도한 불이익을 야기하는 때에는 매도인은 이를 "거절할 수 있다"고 하고 있다. 예비초안과 같이 우선 매수인으로서는 추완이행방법을 선택하여 청구하도록 하고, 매도인이 추완이행 제한사유가 충족되었음을 들어 거절할 수 있는 권한을 주는 것이 매도인과 매수인의 이익을 조절(가령, 예비초안의 경우에는 매도인이 추완이행 제한사유에 해당함을 증명하게 될 것이다)하는데 보다 좋은 방안으로 생각된다.

결국, 수급인에 대한 추완이행청구권을 다음과 같이 정리할 수 있겠다.

第667조(수급인의 담보책임)
① 완성된 일 또는 완성전 성취된 일에 하자가 있는 때에는 도급인은 수급인에 대하여 하자의 제거, 하자없는 물건의 인도 그 밖에 추완이행을 청구할 수 있다.
② 추완이행이 일의 가치, 하자의 정도, 다른 구제수단 등을 고려하여 수급인에게 과도한 부담이 되는 때에는 수급인은 이를 거절할 수 있다.

② 대금감액청구

민법 제667조 제2항의 하자의 보수에 갈음하는 손해배상청구권은 보수 감액을 청구할 수 있는 권리와 경제적인 의미에 있어서는 유사할 수는 있지만,[22] 보수 감액은 계약체결시에 가졌던 급부와 반대급부 간의 등가성을 회복시켜 준다는 의미를 가지고 있다는 점에서 손해배상청구와는 구분된다.[23] 이런 점에서 예비초안과 검토위원회안은 수급인의 담보책임으로서 도급인의 대금감액청구권을 규정하는데 의견이 일치된다. 또한, 예비초안과 검토위원회안이 도급인의 대금감액청구권의 내용으로 민법상 해제의 의사표시 규정(제543조)과 해제의 불가분성 규정(제547조)을 준용할 것을 제안하는 점에 관해서는, 대금감액청구가 계약의 일부 해제의 실질을 가진다는 점[24]을 감안할 때 타당한 제안으로 본다.

한편, 법무부개정안은 대금감액청구와 추완이행청구의 관계에 관하여 대금감액은 추완이행이 최고를 전제로 하지 않는 것으로 하였다.[25] 예비초안과 검토위원회안은 매

22) 민법 제575조, 제580조, 제581조의 손해배상이 하자손해에 상응하는 대금감액적 성질을 가지고 있다는 해석으로, 김용덕 편집대표, 주석민법 채권각칙(2), 제5판(2021), 510－512면(이동진 집필부분).
23) 김제완, "판례연구: 도급계약상 담보책임으로서의 손해배상청구권의 법적 성격－판례상 '하자보수에 갈음한 손해배상'과 하자로 인한 손해배상'을 중심으로", 「고려 법학」, 제38호, 2002, 308면.
24) 송덕수, 채권각론, 2023, 376면.
25) 법무부 민법개정위원회, 계약법 개정이유서, 2024, 110면.

도인의 담보책임으로서의 대금감액 조항(예비초안 및 검토위원회안 제573조) 제안에서 "제1항에 따라 대금이 감액된 경우에는 매수인은 추완이행을 청구할 수 없다"고 함으로써, 법무부개정의견과는 다른 방향을 가지고 있었고, 이 규정을 준용하는 도급인의 대금감액청구에 관해서도, 대금이 감액된 이후에는 도급인이 추완이행을 청구할 수 없다고 함으로써, 도급인이 대금감액과 추완이행이라는 중복적 구제를 받을 수 없다는 입장을 가지고 있었다.[26] 하지만, 법무부개정의견은 적어도 대금감액은 추완이행청구와 무관하게 바로 행사하도록 하는 것이 간이하게 분쟁을 해결하고자 하는 채권자의 이익을 존중할 수 있다는 점을 들어 예비초안과 검토위원회안과는 다른 입장을 정하였다.[27] 이는 현행 민법상 여행주최자의 담보책임으로서 여행자는 여행주최자에게 하자의 시정 또는 대금의 감액을 청구할 수 있다고 함으로써, 추완청구와 대금감액을 선택할 수 있도록 하고 있는 것과도 일관성을 가지는 입장이라고 할 수 있다.

대금감액청구를 하는 경우에 감액될 금액의 산정방법에 관해서 살펴본다. 감액될 대금의 산정방법에 관하여 예비초안[28]과 검토위원회안[29], 법무부개정안[30] 모두 하자가 목적물의 가치를 감소시키는 비율에 따라 정해지는 액수를 감액하는 방안을 제시하고 있다. 이 방법은 CISG[31]와 PECL[32]등 비교법적으로도 지배적으로 채택되어 있는 방식이다.[33] 다만, CISG와 PECL은 목적물이 인도된 시점을 기준으로 하자로 인하여 목적물의 가치가 감소되는 비율에 따라 감액하는데 비해서, 예비초안, 검토위원회안 및 법무부개정안은 당사자들이 계약에 반영한 사항을 고려해야 한다는 점을 들어 도급계약 시점[34]을 기준으로 하자로 인하여 목적물의 가치가 감소되는 비율에 따라 감액할 것을 제안하고 있다. 수급인의 담보책임으로서의 도급계약에 반영된 등가에 관한 고려를 반영하는 의미에서[35] 도급계약 체결 당시에 일이 가지는 가치에서 실제 완성된 일이 가지는 가치를 뺀

26) 법무부 민법개정위원회 검토위원회, 민법 개성 예비초안에 대한 검토의견서, 2024. 4. 80면.
27) 법무부 민법개정위원회, 계약법 개정이유서, 2024, 110면.
28) 예비초안 제573조 제3항: 제1항의 대금은 매매 당시 하자가 그 목적물의 가치를 감소시키는 비율에 따라 감액되어야 한다.
29) 검토위원회안 제573조 제3항: 제1항의 경우 대금은 하자로 말미암아 매매 당시 목적물의 가치가 감소되는 비율에 따라 감액되어야 한다.
30) 법무부개정안 제573조 제2항: 제1항의 경우에 대금은 하자로 인하여 매매 당시 목적물의 가치가 감소되는 비율에 따라 감액된다.
31) CISG 제50조: 매수인은 실제로 인도된 물품이 인도시에 가지고 있던 가액이 계약에 일치하는 물품이 그 당시에 가지고 있었을 가액에 대하여 가지는 비율에 따라 대금을 감액할 수 있다.
32) PECL 제9:401조 제1항:감액은 이행이 제공될 당시를 기준으로 원래의 계약대로 이행이 제공되었다면 가졌을 가치와 실제 이행이 되었을 때의 가치를 비교하여 그 감소비율에 따라 행해진다.
33) 반대로, 독일 민법은 매매시점을 기준으로 한다(동법 제441조 제3항).
34) 도급의 경우에도 매매에 관한 제573조 규정이 제567조에 의하여 준용된다.
35) 서강대학교 산학협력단(이준현 교수 책임연구원), 2023년 법무부 연구용역 보고서, 민법 개정안

부분의 비율만큼 감액하는 예비초안이나 검토위원회안의 제안은 타당하다고 본다.[36]

한편, 예비초안 및 법무부개정안은 "상당하게 산정된 하자제거비용은 감액되어야 할 금액으로 추정한다"는 규정을 제안한다(예비초안 제573조 제3항). 이에 관하여 검토위원회안은 하자제거비용 이야말로 수급인의 귀책을 요하지 않는 손해배상범위에 포함시킬 것을 제안하면서, 이를 손해배상청구에 관한 담보책임 규정과 함께 논의할 것을 제안하고 있다.[37] 위에서 본 바와 같이 대금감액청구의 전제는 당사자들이 도급계약 체결 당시에 상정한 일이 가지는 가치와 실제 완성된 일의 가치의 등가성을 지키기 위한 것임을 감안할 때, 대금감액은 도급계약 체결 당시에 일이 가지는 가치에서 실제 완성된 일이 가지는 가치를 뺀 부분의 비율만큼 감액하는 것으로 규정하되, 하자제거비용은 대금감액으로 해결하기보다는 손해배상으로 해결하는 검토위원회안이 논리적으로 일관되는 방향인 것으로 생각된다.

이렇게 보는 경우, 수급인의 담보책임으로서의 도급인의 대금감액청구권은 다음과 같이 정리할 수 있겠다.

제667조(수급인의 담보책임)
③ 완성된 일 또는 완성전 성취된 일에 하자가 있는 때에는 도급인은 수급인에 대하여 대금감액을 청구할 수 있다. 이 경우 제543조, 제547조를 준용한다.
④ 제3항에 따라 대금이 감액된 경우에는 도급인은 추완이행을 청구할 수 없다.
⑤ 제3항의 경우 대금은 하자로 말미암아 도급계약 당시 목적물의 가치가 감소되는 비율에 따라 감액되어야 한다.

③ 계약해제권

도급인의 계약해제권과 관련하여, 예비초안은 "물건의 하자가 있는 경우, 도급인은 제543조, 제544조에 의하여 계약을 해제할 수 있다. 이 경우 수급인의 추완이행이 적절히 행하여지지 아니한 때에도 제544조 제1항에 의한 최고를 요하지 아니한다"고 하고(도급계약에 예비초안 제572조를 준용), 검토위원회 역시 "완성된 목적물 또는 완성전 성취된 부분에 하자가 있는 경우"에는 예비초안과 같은 내용을 제안하고 있으며(검토위원회안 제667조, 제572조), 법무부개정안은 예비초안과 같은 입장을 가지고 있다.

현행 민법 제668조의 계약해제 규정은 "완성된 목적물의 하자로 인하여 계약의 목적을 달성할 수 없음"을 가지고 도급인의 계약해제권을 제한하는데 비하여 예비초안, 법

(계약법 각론) 예비초안 연구, 2023.12. 41면.

36) 여행주최자의 책임에 관한 해석으로서, 송덕수, 채권각론, 376면.

37) 법무부 민법개정위원회 검토위원회, 민법 개정 예비초안에 대한 검토의견서, 2024. 4. 80면.

무부개정안과 검토위원회안은 모두 예비초안, 법무부개정안 및 검토위원회안 제544조에 따라 계약해제를 할 수 있다고 제안함으로써(예비초안, 법무부개정안은 567조, 제572조에 의함으로써, 검토위원회안은 제667조, 제572조에 의함으로써) "불이행이 경미하여 계약의 목적을 달성할 수 있는 경우에는" 계약을 해제할 수 없도록 규정하고 있다. 이는 도급인이 완성된 일의 하자를 이유로 계약을 해제할 수 있도록 하되, 수급인이 계약해제 제한사유, 즉, "불이행이 경미[38]하여 계약의 목적을 달성할 수 있음[39]"을 주장, 증명하도록 하는 형태로 운영될 것이라는 점에서 타당한 입장으로 생각된다.

이렇게 보는 경우, 수급인의 담보책임으로서의 계약해제권은 다음과 같이 정리할 수 있겠다.

第668조(도급인의 해제권)

① 완성된 일에 하자가 있는 때에는 도급인은 제543조, 제544조에 의하여 계약을 해제할 수 있다. 이 경우 수급인의 추완이행이 적절히 행하여지지 아니한 때에는 제544조 제1항 본문에 의한 최고를 요하지 아니한다.

④ 손해배상청구

예비초안(및 법무부개정안, 이하 이 항에서 같음)은 매도인의 담보책임에 관한 손해배상책임 규정인 제574조를 수급인의 담보책임에서도 준용할 것을 제안하고, 검토위원회안 역시 매도인의 담보책임에 관한 손해배상책임 규정 중 제574조 제1항만을 수급인의 담보책임에 준용할 것을 제안하고 있다.

예비초안(및 법무부개정안)에서 수급인의 담보책임으로서 준용하는 매도인의 담보책임으로서의 손해배상책임에 관한 제574조는 다음과 같다.

"매매 목적인 권리 또는 물건의 하자가 있는 경우, 매수인은 제390조에 의하여 손해

38) 동조에서 무엇이 경미한 하자인지에 관해서는 해석상 논의가 필요하다는 설명으로, 潮見佳男, 民法(債權關係) 改正法の概要, 金融財政事情硏究會, 240頁. 이에 따르면 불이행이 경미한 것인지 여부는 채무자의 추완이행에 소요되는 비용과 상당기간 경과후 본 취지에 따른 이행을 받지 못함에 따른 채권자의 불이익을 비례원칙의 관점에서 비교형량하여 추완이행에 과도한 비용이 필요한 경우에는 해제주장이 과대하다고 판단한다.

39) 개정 일본민법이 "계약 및 거래상의 사회통념에 비추어 계약부적합이 경미한 경우에는 계약을 해제할 수 없다"(일본민법 제541조)고 하고, CISG가 매도인의 계약위반이 본질적인 경우에 한하여 계약을 해제할 수 있도록 하거나(CISG 제25조, 제49조 제1항a호, 제64조 제1항 a호), PICC 7.3.1.조와 PECL 제9:301조, 제9:302조, 제9:304조가 "채무자의 본질적인 채무불이행이 있으면 채무자에게 귀책사유가 있는지 여부를 불문하고 계약을 해제할 수 있다"고 하는 것이나 CESL 제115조 제1항이 "매도인의 채무불이행이 본질적 불이행인 경우"에 계약을 해제할 수 있도록 한 것과 같은 입장이다. 구체적인 표현은 '본질적 계약위반' 또는 '경미한 불이행' 등등 차이가 다소 있지만, 예비초안이나 검토위원회안 모두 타당한 제안으로 생각된다.

배상을 청구할 수 있다. 이 경우 매도인의 추완이행이 부적절하게 행하여진 때에는 매수인은 제395조 제1항의 최고 없이 이행에 갈음하는 손해배상을 청구할 수 있다."

한편, 검토위원회안에서 수급인의 담보책임으로서 준용하는 매도인의 담보책임으로서의 손해배상책임에 관한 제574조 제1항은 다음과 같다.

"매매의 목적인 권리 또는 물건에 하자가 있는 때에는 매수인은 하자가 없다고 믿고 지출한 비용, 하자를 제거하는데 필요한 비용, 또는 하자로 인해 매매의 목적인 권리나 물건을 상실한 경우 그 시가 상당액을 청구할 수 있다."

예비초안(및 법무부개정안)과 검토위원회안에서 볼 수 있는 가장 큰 차이점은 예비초안의 경우에는 수급인이 제공한 완성된 일에 하자가 있는 경우, 도급인이 제390조에 의한 손해배상을 청구할 수 있다는 것이고, 검토위원회안의 경우에는 도급인이 하자가 없다고 믿고 지출한 비용, 하자를 제거하는데 필요한 비용 또는 하자로 인해 도급의 목적인 완성된 일이 상실된 경우 그 시가 상당액을 청구할 수 있도록 하는 것이다.

즉, 예비초안(및 법무부개정안)은 하자로 인한 손해배상책임에 관하여 제390조를 준용함으로써 하자로 인한 손해배상에서 유책성의 법리를 선언하는 동시에 채무자의 과실요건을 따르는데서 불합리한 결과가 발생하는 경우에는 제390조 제2항의 무하자의 보장(garantie)에 의해서 해결하고자 하는 것으로 설명한다.[40] 또한, 법무부개정안은 개정안 제390조 제2항에 "법률 또는 당사자의 약정에 의하여 달리 정하여지지 않는 한" 채무자는 자신의 고의 또는 과실에 대하여 책임이 있다고 규정하면서, 담보책임의 경우를 동항의 "법률"에 의하여 채무자의 귀책을 가중하는 경우라는 취지로 설명하고 있다.[41] 이와 같은 예비초안과 법무부개정안은 채무불이행책임과 담보책임의 통합적 구성을 실현하고자 하는 것으로 이해된다.[42]

이에 비하여, 검토위원회는 기본적으로 채무불이행책임과 하자담보책임을 일원화하여 규정하는 원칙에 찬성하지만 하자로 인한 모든 손해에 대하여 채무자의 과실을 기본요건으로 하는 것은 현행 민법상의 하자담보책임에 비해 상당한 차이점을 보인다는 점에서 신중론을 제시하고 있다. 즉, 검토위원회안은 현행 민법상 매도인의 손해배상책임을 크게 ① 하자로 해제됨으로써 무익하게 된 계약비용, ② 하자제거에 필요한 비용, ③ 하자로 인해 목적물을 취득하지 못하는 경우 가액의 차이인 이행이익의 배상,[43] ④ 하

40) 법무부 민법개정위원회 검토위원회, 민법 개정 예비초안에 대한 검토의견서, 2024. 4. 81면. 이와 관련하여, 매도인의 과실이 없더라도 계약체결비용과 하자보수비용, 급부가치는 추완청구권이나 대금감액청구권으로 충분히 보상받을 수 있다는 설명으로 백경일, "매도인의 담보책임에 관한 민법개정안 검토", 「민사법학」, 제108호, 2024, 248면.

41) 법무부 민법개정위원회, 계약법 개정이유서, 2024, 25면.

42) 법무부 민법개정위원회 검토위원회, 민법 개정 예비초안에 대한 검토의견서, 2024. 4. 81면.

자로 인해 매수인의 생명, 신체, 영업이익 등의 다른 재산상 손해에 미치는 하자확대 손해로 구분하면서, 예비초안에 의하는 경우에는 현행 민법 해석상 무과실책임으로 해석해오던 ① ② ③의 책임을 채무자의 유책성에 기반하게 되는 결과를 우려하고 있다.[44] 물론 예비초안은 이와 같은 단점을 보완하기 위해 제390조 제2항에 의해 해결할 것을 제안하고 있지만, 현행 민법에 비해 무과실책임의 범위를 좁히는 결과를 피하기는 어렵다. 더욱이 법무부개정안의 설명과 같이 동 개정안 제390조 제2항에서 "법률에 달리 정한 경우" 중 하나로서 담보책임을 예로 든다면, 담보책임은 결국 법정책임으로 보게 되는 것이냐는 논란에 다시 빠지는 것은 아닌가라는 우려가 들기도 한다. 이에 반하여, 검토위원회는 하자에 대한 매도인의 귀책사유가 없는 경우에는 매수인이 하자가 없다고 믿고 지출한 비용, 하자를 제거하는데 필요한 비용, 하자로 인해 매매의 목적인 권리나 물건을 상실한 경우 그 시가 상당액에 대해서 배상하도록 하되, 매도인의 귀책사유가 있는 경우에는 제390조, 제395조의2에 따른 배상책임의 가능성을 열어둠으로써 하자로 인한 확대손해를 규율하는 방식을 제안하고 있다. 결국, 도급계약에도 매도인의 손해배상책임 규정을 준용하는 검토위원회로서는, 수급인에게 귀책이 없는 경우에는 제574조 제1항의 책임을, 수급인에게 귀책이 있는 경우에는 제574조 제1항의 책임과 함께 확대손해에 대한 배상책임까지 묻도록 하는 제안을 하고 있다.[45]

그렇다면 과연 예비초안 및 법무부개정안의 취지와 같이 현행 민법의 해석방향에 대한 변화가 타당할 것인가 아니면 검토위원회안의 취지와 같이 현행 민법의 해석방향을 살리는 방향이 타당할 것인가.

먼저, 현행 민법 제667조의 해석을 살펴보자. 현행 제667조의 수급인의 담보책임으로서의 손해배상책임을 무과실책임으로 해석하면서도 확대손해에 관해서는 수급인의 귀책사유를 요하는 것으로 해석하는 것이 판례의 태도이다.[46] 또한 현행 민법의 해석상 하자보수에 갈음하는 손해배상(하자보수가 가능한 경우에는 하자보수에 필요한 비용 또

---

43) 검토위원회는, 적어도 권리의 하자가 문제되는 경우에는 매도인의 과실 여부를 묻지않고 이행이익의 배상을 인정해왔음을 들고 있다(법무부 민법개정위원회 검토위원회, 민법 개정 예비초안에 대한 검토의견서, 2024. 4. 82면).

44) *Ibid.*, 82－83면.

45) *Ibid.*, 82－83면.

46) 대법원 2004. 8. 20.선고 2001다70337 판결은 "액젓 저장탱크의 제작, 설치공사 도급계약에 의하여 완성된 저장탱크에 균열이 발생한 경우, 보수비용은 민법 제667조 제2항에 의한 수급인의 하자담보책임 중 하자보수에 갈음하는 손해배상이고, 액젓 변질로 인한 손해배상은 위 하자담보책임을 넘어서 수급인이 도급계약의 내용에 따른 의무를 제대로 이행하지 못함으로 인하여 도급인의 신체, 재산에 발생한 손해에 대한 배상으로서 양자는 별개의 권원에 의하여 경합적으로 인정된다."고 하였다.

는 하자로 인한 가치 감소액을 배상범위로 하고, 하자보수가 불가능한 경우에는 하자없이 시공했을 경우의 목적물의 교환가치와 하자가 있는 상태로의 교환가치의 차액을 배상범위로 한다) 또는 하자보수와 함께 하는 손해배상(하자보수에도 불구하고 남는 손해로서, 하자감정비용이나 작업기간 동안 목적물을 사용수익하지 못함에 따라 발생한 손해)을 하는 것으로 새기는 것이 가능하고 이를 넘어서는 확대손해에 대해서는 수급인의 귀책을 요하는 것으로 해석하는 것이 가능하다.[47)]

예비초안의 입장을 살펴보자. 예비초안은 개정 일본민법의 입장과 유사한 것으로 이해된다. 즉 개정 일본민법 제415조 제1항은 "채무자가 그 채무의 본지에 따른 이행을 하지 않을 때 또는 채무이행이 불가능한 때에는 채권자는 이에 따라 생긴 손해배상을 청구할 수 있다. 다만 그 채무불이행이 계약 그 외의 채무발생 원인 및 거래상의 사회통념에 비추어 채무자의 책임으로 돌릴 수 없는 사유에 의한 것인 때에는 그러하지 아니하다."고 규정하고 있고, 이 규정은 매도인의 담보책임에 관한 564조에서 준용되고, 이는 다시 수급인의 담보책임에서도 준용되고 있다(제559조에 의한 제564조, 제415조 준용). 그런데 제415조 제1항 단서의 "채무불이행이 계약 그 외의 채무발생 원인 및 거래상의 사회통념에 비추어 채무자의 책임으로 돌릴 수 없는 사유"에 관해서, 일본에서는 채무자가 "고의, 과실이 없을 것"을 면책사유로서 인정받는 것 이외에, 계약의 취지에 비추어 채무자의 면책사유를 주장할 수 있는 것으로 해석되고 있다.[48)] 결국 개정 일본민법상 수급인의 손해배상책임에 있어서 자신에게 고의, 과실이 없다는 것을 포함하여 계약의 취지에 따른 면책사유를 주장할 수 있음을 의미한다. 개정 일본민법과 같은 취지의 규정을 두고자 하는 예비초안에 의하면, 결국 수급인은 자신에게 고의, 과실이 없거나 기타 계약의 취지에 따른 면책사유를 주장할 수 있는 것으로 해석될 것이다.

이에 대하여, 검토위원회는 ① 종래 우리 민법상 매도인의 담보책임에 관한 해석상으로도 매매목적물의 하자로 인하여 계약을 해제함에 따라 무익하게 된 계약비용이나 하자제거에 필요한 비용은 매도인의 귀책을 요하지 않고서도 책임을 인정해 왔고, ② 매매계약에서 권리의 하자가 문제되는 경우에는 매도인의 과실 여부를 묻지 않고 이행이익의 배상을 인정해 왔으며,[49)] ③ 이와 같이 기존에 매도인의 무과실 담보책임으로서 손해배상책임을 인정해 온 것에 대한 정책적 평가가 충분히 인정되어야 하고, ④ 예비초안이 매도인의 담보책임으로서의 무과실 손해배상책임을 과실책임의 법리로 전환하면

47) 김규완, "일의 하자에 대한 수급인의 이행책임과 손해배상책임", 「안암법학」, 제15호, 2002, 78면.
48) 潮見佳男, 民法(債權關係) 改正法の概要, 金融財政事情研究會, 68頁.
49) 법무부 민법개정위원회 검토위원회, 민법 개정 예비초안에 대한 검토의견서, 2024. 4. 82면. 대법원 1993. 4. 9. 선고 92다25946판결.

서 '보증의 인수'라는 법리를 이용함으로써 법규범의 이해와 적용에 어려움을 초래할 우려가 있다는 점을 지적하고 있다.

이밖에도 수급인은 자신의 책임으로 계약상 일을 완성하여야 하는 결과채무를 부담한다는 점에서 계약이행에 관한 무거운 책임을 지는 것으로 해석되어 왔다는 점에서[50)] 수급인의 손해배상책임을 무과실책임으로 구성하는 것은 여전히 의미를 가진다고 본다. 가령 위임계약상 수임인이 선량한 관리자의 주의의무를 이행하지 않은 경우에 손해배상책임을 지는 것은 수임인이 단지 수단채무를 부담하는 것에 기인한데 비하여,[51)] 도급계약상 수급인으로서는 하자 없이 일을 완성하여야 하고, 이를 완성하지 못한 경우에는 완성된 일의 하자에 대한 무과실의 책임을 부담하도록 하는 것이 도급계약의 유상성에도 부합하는 것이라고 볼 것이다. 이와 같은 결론은 수급인의 담보책임을 채무불이행책임으로 본다고 하더라도 적어도 수단채무를 부담하는 수임인의 책임과는 구분되어야 함을 의미한다.[52)] 더욱이 이미 판례상으로도 수급인의 확대손해를 제외한 손해배상책임에 관해서 무과실책임을 전제로 한 해석론이 자리를 잡고 있다는 점을 감안하면 예비초안 및 법무부개정안과 같은 전환에 대해서는 다소 우려가 따르는 것이 사실이다.

다만 검토위원회안에 의하더라도, 매도인의 담보책임에 관하여 매도인에게 귀책이 있는 경우를 규정한 제574조 제2항(제1항에 따른 청구는 제390조 및 제395조의2에 따른 권리의 행사에 영향을 미치지 아니한다)이 수급인의 책임에서도 적용된다는 점을 명시하는 것이 좋다고 생각한다.

이와 같은 점을 감안하면 수급인의 손해배상책임과 관련해서는 검토위원회안에 따라 규정하는 방향이 더욱 적절하다고 생각되며 이를 반영하면 다음과 같다.

제667조(수급인의 담보책임)
⑥ 완성된 일 또는 완성전 성취된 일에 하자가 있는 때에는 도급인은 제574조 제1항의 규정에

---

50) 김용덕 편집대표, 주석민법 채권각칙(4), 제4판, 2016, 290면(이준형 집필부분).

51) 대법원 2012. 11. 15. 선고 2010다20228 판결은 "금융주간사인 피고가 본대출을 주선하는 금융자문용역의 조건, 범위 등을 원고에게 확인시켜준 것으로서 그로 인해 피고가 부담하는 의무는 수단채무로서의 성격을 가지므로 피고가 이 사건 본대출을 실행할 의무는 없다."고 판단하였고, 대법원 1996. 12. 23. 선고 96다30465, 30472 판결은 "대출기관 임원이 회사에 대해 부담하는 대출금 회수의무는... 미회수금 손해 등의 결과가 전혀 발생하지 않도록 하여야 할 결과채무가 아니라, 회사의 이익을 위하여 선량한 관리자로서의 주의의무를 가지고 필요하고 적절한 조치를 다해야 할 채무이므로 회사에게 대출금 중 미회수금 손해가 발생하였다는 결과만을 가지고 곧바로 채무불이행사실을 추정할 수 없다."고 하였다.

52) 필자는 이와 같은 결론이, 결과채무를 부담하는 매매에서의 담보책임 규정에 관해서도 마찬가지로 적용되는 것이 타당하다고 생각한다.

따른 손해배상청구를 할 수 있다. 이때, 도급인의 손해배상청구는 제390조 및 제395조의2에 따른 권리의 행사에 영향을 미치지 아니한다.

(다) '담보책임' 용어 삭제 등 제안 관련

검토위원회안에 의하면, 매매계약에서 매도인의 담보책임을 규정한 것이나 여행계약에서 여행주최자의 담보책임을 규정한 것을 개정할 것을 제안하면서 '담보책임'이라는 용어를 삭제하는 제안을 하고 있다.

개정 일본민법이 매매계약에서 의도적으로 '하자'라는 용어를 피하면서 '계약의 내용에 적합하지 않는 경우'로 개정한 것과 관련하여 담보책임이라는 범주는 더 이상 특별한 의미를 가지지 않게 되었다는 설명이 있기는 하지만,[53] 여전히 개정 일본민법전에서도 청부인의 담보책임의 제한(일본민법 제636조)이나 담보책임의 기간의 제한(일본민법 제637조)이라고 함으로써 담보책임이라는 표현을 여전히 사용하고 있음을 확인할 수 있다.[54]

담보책임이라는 용어와 완전히 결별하는 것은 종래 논의되어 오던 담보책임과 일반 채무불이행책임과의 통합을 명칭에서부터 이루고자 하는 의도로 생각되며 일면 공감되는 점이 있다. 다만 위에서 본 바와 같이 ① 수급인이 결과채무를 부담한다는 점에서 수단채무를 부담하는 수임인의 책임과는 구분하는 것이 필요하다는 점에서 이를 담보책임이라고 명칭하여 구분하는 것도 의미가 있다는 점, ② 위에서 본 바와 같이 수급인의 손해배상책임 등에 있어서 여전히 채무불이행책임에서의 손해배상책임 등과의 차이를 두는 것이 타당하다는 점에서 여전히 수급인의 담보책임이라는 용어는 존치시키는 것이 타당하다고 생각한다.

2. 668조

현행 민법	기초위원회 예비초안 및 법무부개정안	검토위원회 의견
제668조(同前-都給人의 解除權) 도급인이 완성된 목적물의 하자로 인하여 계약의 목적을 달	**제668조(삭제)** **제673조의2(일부 불이행과 도급인의 해제권)** 도급인이 일의 하자 기타 수급인의 채무불이행을 이유로 계약을 해	**제668조(일부 해제)** 하자를 이유로 계약을 해제할 수 있는 경우라도 완성된 부분이 도급인에게 이익이

53) 潮見佳男, 民法(債權關係) 改正法の概要, 金融財政事情硏究會, 259頁.

54) 潮見佳男, 民法(債權關係) 改正法の概要, 金融財政事情硏究會, 259頁에 의하면, 주로, 계약부적합에 대한 매수인의 권리와 매도인의 의무의 관점이 아니라, 계약부적합함을 이유로 하는 매도인의 책임의 관점에서 규율하는 경우에는 "담보책임"이라는 용어를 사용하는 것으로 설명한다. 또한 일본민법상 담보책임이라고 하는 용어를 존속시키는 의미에 관하여 "각종 전형계약의 특질에 결부시켜서 일정한 채무불이행유형에 관한 디폴트 룰을 가리킨다는 설명으로", 中田裕康, 『契約法』, 有斐閣, 2017年, 312頁·315頁.

성할 수 없는 때에는 계약을 해제할 수 있다. 그러나 건물 기타 토지의 공작물에 대하여는 그러하지 아니하다.	제할 수 있는 경우에 일의 완성된 부분이 도급인에게 이익이 되고 그 원상회복이 사회관념에 비추어 상당하지 아니한 때에는 도급인은 나머지 부분의 계약만을 해제할 권리만을 가진다.	되고 그 원상회복이 중대한 손실을 초래하는 때에는 도급인은 나머지 부분에 대해서만 계약을 해제할 수 있다.

[2004]/[2013] 제668조(동전-도급인의 해제권) 도급인이 완성된 목적물의 하자로 인하여 계약의 목적을 달성할 수 없는 때에는 계약을 해제할 수 있다. 〈단서 삭제〉

(1) 2003년과 2013년 개정논의

2003년과 2013년에는 동조 단서를 삭제하는 문제가 주로 대두되었다. 동조 단서의 문제점은 이미 판례와 학설에 의해서 논의되어 왔다. 즉, 대법원은 집합건물 수분양자가 집합건물 완공후 목적물의 하자로 인하여 계약의 목적을 달성할 수 없는 때에는 분양계약을 해제할 수 있다고 판단함으로써, 집합건물법이 적용되는 집합건물 분양계약에 있어서 동조 단서를 준용하지 않는 해석을 하기도 하였다.55) 또한, 사회경제적 가치가 없는 조잡한 시공에서는 건물 기타 공작물에 관한 도급계약이더라도 계약 해제를 인용하는 것이 타당하다는 해석론이 제기되었고, 나아가 동조 단서를 삭제하더라도 동조 본문의 "목적을 달성할 수 없는 때"의 요건을 강화한다면 무분별한 계약해제를 방지할 수 있다는 대안이 제기되기도 하였다.56)

(2) 예비초안

예비초안은 현행 민법 제668조 단서를 삭제하는 것 외에 동조 본문까지 개정하는 안을 제안하고 있다. 즉, 예비초안은 현행 민법 제668조 전단을 매매계약에서의 수급인의 담보책임 규정을 준용함으로써 이를 삭제하고, 대신에 제673조의2(일부 불이행과 도급인의 해지권) 규정을 신설할 것을 제안하고 있다. 예비초안이 제안하는 제673조의2(일부 불이행과 도급인의 해지권)는 "도급인이 수급인의 채무불이행을 이유로 계약을 해제할 수

55) 대법원 2003. 11. 14. 선고 2002다2485 판결: 통상 대단위 집합건물의 경우 분양자는 대규모 건설업체임에 비하여 수분양자는 경제적 약자로서 수분양자를 보호할 필요성이 높다는 점, 집합건물이 완공된 후 개별 분양계약이 해제되더라도 분양자가 집합건물의 부지사용권을 보유하고 있으므로 계약해제에 의하여 건물을 철거하여야 하는 문제가 발생하지 않을 뿐만 아니라 분양자는 제3자와 새로 분양계약을 체결함으로써 그 집합건물 건축의 목적을 충분히 달성할 수 있는 점 등에 비추어 볼 때, 집합건물법 제9조 제1항이 적용되는 집합건물의 분양계약에 있어서는 민법 제668조 단서가 준용되지 않고 따라서 수분양자는 집합건물의 완공 후에도 분양 목적물의 하자로 인하여 계약의 목적을 달성할 수 없는 때에는 분양계약을 해제할 수 있다.

56) 법무부, 2013년 법무부 민법개정시안(채권편 하), 144면-145면.

있는 경우에 일의 완성된 부분이 도급인에게 이익이 되고 그 원상회복이 사회관념에 비추어 상당하지 아니한 때에는 도급인은 나머지 부분의 계약을 해제할 권리만을 가진다." 고 규정한다. 종래 대법원은 수급인이 일부 미완성한 부분이 있어서 계약을 해제하더라도 이미 완성된 부분에 대한 수급인의 보수청구권을 인정함으로써(대법원 2023.3.30.선고 2022다289174판결[57]) 도급계약의 효력을 소급적으로 무효로 하지 않는 해석을 해오고 있다.[58] 예비초안은 제673조의2를 둠으로써 수급인의 채무불이행으로 인한 도급인의 계약해제에 장래효가 있음을 규율하고자 하는 것으로서 개정 일본민법 제634조[59]도 같은 취지를 담고 있다.

한편, 예비초안은 현행 민법 제673조가 도급인이 건물을 완성하기 전에 도급계약을 해제함으로써 효율적인 계약파기의 기능을 하는 것에 이어서 제673조의2를 둠으로써 도급인이 수급인의 채무불이행을 이유로 계약을 파기하는 것을 규율하고자 한다고 밝히고 있다.[60]

(3) 검토위원회안

검토위원회 역시 예비초안이 수급인의 채무불이행을 이유로 도급인이 계약을 일부 해제하도록 하는 규정을 두는 취지에 동의한다.[61] 다만, 검토위원회는 예비초안과 달리, 현행 민법 제673조는 수급인이 일을 완성하기 전에 도급인이 수급인에게 발생할 손해를 배상하면서 계약해제하는 것을 허용하는 규정으로서, 수급인의 계약불이행을 전제로 계약해제를 규정하는 것과는 발생하는 상황이 다르다는 점을 들면서, 예비초안 제673조의

---

57) 대법원 2023. 3. 30. 선고 2022다289174 판결: 당해 도급계약에 따라 수급인이 일부 미완성한 부분이 있더라도 계약해제를 이유로 이를 전부 원상회복하는 것이 신의성실의 원칙 등에 비추어 공평·타당하지 않다고 평가되는 특별한 경우라면 예외적으로 이미 완성된 부분에 대한 수급인의 보수청구권이 인정될 수 있고, 그와 같은 경우에 해당하는지는 도급인과 수급인의 관계, 당해 도급계약의 목적·유형·내용 및 성질, 수급인이 도급계약을 이행함에 있어 도급인의 관여 여부, 수급인이 도급계약에 따라 이행한 결과의 정도 및 그로 인해 도급인이 얻을 수 있는 실질적인 이익의 존부, 계약해제에 따른 원상회복 시 사회적·경제적 손실의 발생 여부 등을 종합적으로 고려하여 판단하여야 한다.

58) 예비초안, 77면.

59) **개정 일본민법 제634조**

다음에 열거하는 경우, 수급인이 이미 한 일의 결과 중 가분한 부분의 급부에 의하여 도급인이 이익을 받는 때에는 그 부분을 업무의 완성으로 본다. 이 경우, 수급인은 도급인이 받는 이익의 비율에 따라 보수를 청구할 수 있다.

1. 도급인의 책임으로 돌릴 수 없는 사유로 인하여 일을 완성할 수 없게 된 때.
2. 도급이 일의 완성 전에 해제되었을 때.

60) 예비초안, 76면.

61) 법무부 민법개정위원회 검토위원회, 민법 개정 예비초안에 대한 검토의견서, 2024. 4. 100면.

2는 현행 민법 제667조의 수급인의 담보책임 규정에 이어서 두는 것이 좋다는 의견을 제시하고 있다.[62)]

(4) 법무부개정안

법무부개정안은 예비초안과 마찬가지 이유를 들어 제668조를 삭제하고[63)], 673조의2를 신설하는 안을 제안하고 있다.[64)]

(5) 검토의견

(가) 채무불이행을 이유로 한 계약해제 규율

예비초안(및 법무부개정안) 제673조의2와 검토위원회 제668조가 제안하는 수급인의 일부 채무불이행을 이유로 하는 도급인의 계약해제권에 관한 규정은, 종래 대법원이 인정해 온 계약해제의 비소급효의 근거를 둔다는 점에서 의미있는 제안으로 생각된다.

(나) 수급인의 담보책임으로서의 계약해제권과의 관계

위에서 본 바와 같이 예비초안(및 법무부개정안, 이하 이 항에서 같음)과 검토위원회안은 수급인의 담보책임으로서 도급인이 민법 제543조, 제544조에 의한 계약해제권을 행사할 수 있다고 제안하고 있는데, 이 규정과 예비초안 제673조의2(검토위원회안 제668조)와의 관계를 정립해 둘 필요가 있다.

즉, 예비초안 제673조의2(검토위원회안 제668조)가 "하자를 이유로 계약을 해제할 수 있는 경우라도 완성된 부분이 도급인에게 이익이 되고 그 원상회복이 중대한 손실을 초래하는 때에는 도급인이 나머지 부분에 대해서만 계약을 해제할 수 있다."고 함으로써, 일부 하자에 따른 일부 계약해제를 명시하는 것이 된다. 그런데 이 규정을 현행 민법 제673조인 수급인이 일을 완성하기 전에 도급인이 수급인에게 발생할 손해를 배상하면서 계약해제하는 것을 허용하는 규정에 바로 이어서 두는 경우에는 서로 이질적인 두 개의 규정을 함께 누는 결과가 된다.

한편, 검토위원회안에 의하는 경우에는 완성된 일의 하자에 따른 계약해제는 제667조에 의하고, 완성된 일의 일부 하자의 경우에는 제668조에 의하는 결과가 되어 계약해제에 관해서는 두 조항으로 규정하는 결과가 되기도 한다.

그렇다면 앞에서 본 바와 같이 수급인의 담보책임으로서의 도급인의 계약해제권 규정을 현행 민법과 마찬가지로 제668조 제1항에 두되 수급인의 채무불이행을 이유로 하

62) *Ibid.,* 100면－101면.
63) 법무부 민법개정위원회, 계약법 개정이유서, 2024, 161면.
64) 법무부 민법개정위원회, 계약법 개정이유서, 2024, 167면.

는 도급인의 일부 계약 해제규정을 제2항으로 규정하는 것이 더욱 좋아 보인다.

한편, 예비초안 제673조의2(검토위원회안 제668조)는 도급인이 수급인의 채무불이행을 이유로 계약을 장래적으로 종결하는 것으로서 내용상은 계약해지로 보는 것이 타당할 것이지만, 예비초안에서 지적한 바와 같이 종래에 사용하던 '해제'를 '해지'로 변경하는 것이 불필요한 혼란을 가져온다는 점에서 해제라는 표현을 사용하는 것도 무난하다고 생각한다.[65] 결국 그와 같은 취지를 정리해 보면 다음과 같다.

제668조(도급인의 해제권)
① 완성된 일에 하자가 있는 때에는 도급인은 제543조, 제544조에 의하여 계약을 해제할 수 있다. 이 경우 수급인의 추완이행이 적절히 행하여지지 아니한 때에는 제544조 제1항 본문에 의한 최고를 요하지 아니한다.
② 도급인이 일의 하자 기타 수급인의 채무불이행을 이유로 계약을 해제할 수 있는 경우에 일의 완성된 부분이 도급인에게 이익이 되고 그 원상회복이 사회관념에 비추어 상당하지 아니한 때에는 도급인은 나머지 부분의 계약만을 해제할 권리만을 가진다

3. 제669조

현행 민법	기초위원회 예비초안 및 법무부개정안[66]	검토위원회 의견
제669조(同前-瑕疵가 都給人의 제공한 材料 또는 指示에 기인한 경우의 免責) 전2조의 규정은 목적물의 하자가 도급인이 제공한 재료의 성질 또는 도급인의 지시에 기인한 때에는 적용하지 아니한다. 그러나 수급인이 그 재료 또는 지시의 부적당함을 알고 도급인에게 고지하지 아니한 때에는 그러하지 아니하다.	제669조(도급인이 제공한 재료 또는 지시로 인한 하자) 하자가 도급인이 제공한 재료 또는 도급인의 지시로 인한 경우에는 도급인은 하자를 이유로 하는 권리를 행사할 수 없다. 그러나 수급인이 그 재료 또는 지시의 부적당함을 알면서 도급인에게 고지하지 아니한 때에는 그러하지 아니하다.	제669조(하자가 도급인이 제공한 재료 또는 지시에 기인한 경우의 면책) 목적물이나 일에 하자가 있는 경우 그 하자가 도급인이 제공한 재료의 성질 또는 도급인의 지시에 기인한 때에는 도급인은 하자를 이유로 하는 권리를 행사할 수 없다. 그러나 수급인이 그 재료 또는 지시의 부적당함을 알고 도급인에게 고지하지 아니한 때에는 그러하지 아니하다.
[2004]/[2013] 없음		

(1) 2003년 및 2013년 개정논의

없음.

65) 예비초안, 77면.

66) 법무부개정안은 동조에서 "그러나"를 "다만"으로 한 것 이외에는 예비초안과 내용을 같이한다.

(2) 예비초안, 검토위원회안 및 법무부개정안

예비초안 및 법무부개정안은 현행 제669조에서 도급인이 제공한 재료의 성질 또는 도급인의 지시에 의하여 하자가 발생한 경우에 수급인을 면책하도록 규정한 것에서 "재료 또는 도급인의 지시"에 의하여 하자가 발생한 경우로 개정할 것을 제안하고 있다. 검토위원회는 예비초안 및 법무부개정안에 대체적으로 동감하면서 일부 문구에 있어서만 차이를 보이고 있다.

(3) 검토의견

예비초안(및 법무부개정안, 이하 이 항에서 같음)과 검토위원회안은 수급인의 면책사유로서, 현행 민법과 마찬가지로 "도급인이 제공한 재료의 성질 또는 도급인의 지시에 기인한 때"를 두고 있다. 그런데 동 조항을 두는 취지가 완성된 목적물 내지 완성된 일의 하자발생의 원인이 수급인에게 있지 않고 도급인에게 있는 경우를 규정하고자 하는 취지라는 점에서, 도급인에게 귀책사유가 있는 경우를 "도급인이 제공한 재료의 성질 또는 도급인의 지시"로 국한할 이유는 없다고 본다. 오히려, 수급인의 담보책임이라고 하는 것이 수급인이 일을 완성할 때까지 일의 완성 과정을 통제하고 관리하는 역할을 수급인이 맡고 있다는 점에서 이에 대한 중한 책임을 부담하는데 있다고 본다면, 수급인의 담보책임을 면책하는 사유 역시 수급인이 일의 완성과정 전체를 통제, 관리하는 것으로 볼 수 없다고 인정되는 사유로 규정하는 것이 타당하다고 본다.[67] 검토위원회안 제545조는 "채무불이행이 채권자의 책임있는 사유에 의한 경우 채권자는 해제를 할 수 없다."고 규정함으로써, 채무자의 귀책을 요하지 않는 채권자의 계약해제에 관하여 채권자에게 책임있는 사유가 있다면 계약해제를 인정하지 않는 제안을 하고 있다. 이 규정과의 균형을 고려한다는 점에서도 수급인의 담보책임의 면책사유로서 "채권자의 귀책이 있는 경우"를 규정하는 것이 타당하다고 생각한다.[68] 참고적으로 CISG,[69] PICC,[70] PECL,[71] DCF

---

67) 이런 점에서 프랑스민법상 건축도급에서 도급인이 설계 및 건축행위에 부당하게 관여한 경우와 같이 도급인에게 귀책사유가 있는 경우에는 수급인의 하자담보책임을 면책한다는 설명으로, J.-B. Auby et al., Droit de l'urbanisme et de la construction, 11e ed., LGDJ(2017), n° 1347.

68) 일본에서도 도급인의 책임으로 돌릴 수 있는 사유에 의하여 계약부적합이 발생한 경우에 대해서도 수급인의 계약부적합에 따른 책임을 물을 수 없다고 보는 견해(山本敬三, 民法5(契約), 有斐閣, 2023, 239頁)는 도급의 경우에도 매매의 경우와 달리볼 이유가 없다고 설명한다. 더욱이 일본 개정민법에서는 매수인이 담보책임으로서 매도인에 대해 추완청구 내지 대금감액을 청구할 수 있는 경우에도 매수인의 귀책에 의해 계약 부적합이 발생한 경우에는 추완청구 내지 대금감액을 청구할 수 없다고 규정하고 있다(제562조 2항, 제563조 제3항).

69) CISG 제80조: 채권자의 작위 또는 부작위에 기하여 채무자의 채무불이행이 있으면 채권자는 채무자의 채무불이행을 원용할 수 없다.

70) PICC 제7.1.2.조: 채무불이행이 채권자의 작위나 부작위에 기인한 경우에는 채권자는 채무자의 불

R,[72] 및 일본민법 제559조, 제562조, 제563조, 제564조도 채권자의 귀책에 기인한 채무자의 채무불이행책임을 물을 수 없도록 하는 일반 규정을 두고 있다.

4. 제670조

현행규정	기초위원회 예비초안 및 법무부개정안	검토위원회 의견
제670조(擔保責任의 存續期間) ① 전3조의 규정에 의한 하자의 보수, 손해배상의 청구 및 계약의 해제는 목적물의 인도를 받은 날로부터 1년 내에 하여야 한다. ② 목적물의 인도를 요하지 아니하는 경우에는 전항의 기간은 일의 종료한 날로부터 기산한다.	**제670조(권리행사기간)** ①완성된 목적물이 인도될 때에 그 목적물에 하자가 있는 경우에는 도급인이 그 사실을 안 날로부터 1년 내에 수급인에게 그 통지를 발송하지 아니하면 하자를 이유로 하는 권리를 행사할 수 없다. 다만 수급인이 하자를 알면서 고지하지 아니하였거나 중대한 과실로 알지 못한 때에는 그러하지 아니하다. ② 목적물의 인도를 요하지 아니하는 일이 완성된 때에 그 일에 하자가 있는 경우에도 제1항과 같다.	**제670조(하자통지의무)** 도급인은 하자가 있다는 사실을 안 날부터 1년 내에 수급인에게 그 통지를 발송하지 아니한 경우 도급인은 제667조, 제571조부터 제573조까지 및 제574조 제1항에 따른 권리를 행사할 수 없다. 다만 수급인이 하자를 알면서 고지하지 아니하였거나 중대한 과실로 알지 못한 때에는 그러하지 아니하다.
[2004] **제670조(담보책임의 존속기간)** ① 제667조 내지 제669조의 규정에 의한 보수의 감액, 하자의 보수, 손해배상의 청구 및 계약의 해제는 목적물을 인도받은 날로부터 1년 내에 하여야 한다. ② 목적물의 인도를 요하지 아니하는 경우에는 전항의 기간은 일의 종료한 날로부터 기산한다. [2013] 없음		

(1) 2004년과 2013년 개정논의

2004년에는 보수감액 규정을 두는 것을 전제로 보수감액청구의 존속기간을 추가하는 논의가 있었다.

(2) 예비초안

예비초안은 상법 제69조(매수인의 목적물의 검사와 하자통지의무)가 매수인이 매도인으로부터 수령한 목적물을 검사하고 하자있음을 통지하는 기간을 정하고 있는 것과 균형을 맞추어 종래 제척기간의 형태로 규정된 내용을 하자통지기간으로 규율하는 방안을 제시

이행을 원용할 수 없다.

71) PECL 제8;101(3): 자신의 작위 또는 부작위로 채무자의 불이행을 야기한 경우 그 범위에서는 채권자는 구제수단을 행사할 수 없다.

72) DCFR III－3:101 제3항: 채권자는 자신에 의해 기인한 채무불이행에 대해서 채무불이행을 원용할 수 없다.

하고 있다. 이에 따라 완성된 목적물이 인도될 때 또는 일이 완성될 때로부터 1년의 통지기간을 두고 있고, 다만 수급인이 하자를 알면서 고지하지 않았거나 중대한 과실로 알지 못한 경우에는 도급인이 하자를 이유로 하는 권리행사를 할 수 있도록 하고 있다.[73)]

(3) 검토위원회안

검토위원회 역시 기초위원회의 제안에 동감하면서, 다만 도급인이 1년 내에 하자를 통지하는 기간의 법적 성격을 제척기간이 아닌 하자통지의무가 부과되는 기간이라는 점에서 동 조항의 제목을 "하자통지의무"로 하는 방안을 제시하고 있다.

(4) 법무부개정안

법무부개정안은 위의 예비초안과 같은 취지로 개정안을 제안하고 있다.

(5) 검토의견

현행 민법은 제670조와 제671조에서 수급인의 담보책임의 존속기간을 규정하고 있다. 이 중에서 제670조가 수급인의 담보책임의 존속기한으로서 목적물의 인도의 시점부터 1년의 제척기간을 규정하는 것과 관련해서는 목적물을 인도받고 나서 1년 이내에 하자를 발견하도록 기대하는 것이 지나치게 가혹하다는 비판이 있어 왔다.[74)] 이와 함께 제671조가 토지, 건물 등의 담보책임 존속기간에 관한 특칙을 두어 도급계약상 공정의 중요성, 자재의 견고성을 기준으로 담보기간을 달리하는 것은, 동일한 목적물에 대하여 원인은 동일하나 하자의 발생지점이 다를 경우 담보책임을 물을 수 없는 경우가 발생할 수 있다는 점 등의 비판이 제기되어 있다.[75)][76)]

먼저 수급인의 담보책임의 존속기간으로서 목적물의 인도시점으로부터 1년의 제척기간을 규정하는 것이 도급인에게 지나치게 가혹하다는 지적에 동감한다. 이런 점에서 예비초인 및 검토위원회안이 도급인에게 하자통지의무를 부과하는 태도를 취하는 것은

---

73) 예비초안 75면. 참고적으로 개정 일본민법 제637조 역시 같은 취지를 반영하고 있다.
즉, 제637조 제1항: 전조 본문에서 규정하는 경우, 주문자가 그 부적합을 안 때부터 1년 이내에 그 취지를 도급인에게 통지하지 아니하는 때에는 주문자는 그 부적합을 이유로 이행의 추완의 청구, 보수의 감액의 청구, 손해배상의 청구 및 계약의 해제를 할 수 없다.
제2항: 전항의 규정은 업무의 목적물을 주문자에게 인도한 때(그 인도를 요하지 아니하는 경우에는 업무가 종료한 때), 도급인이 같은 항의 부적합을 알았거나 중대한 과실에 의하여 알지 못한 경우에는 적용하지 아니한다.

74) 김증한 · 김학동, 채권각론, 2006, 526면.

75) 법무부, 2013년 법무부 민법개정시안(채권편 하), 147면.

76) 예비초인 75면.

타당한 제안이라고 생각된다. 다만, 검토위원회안과 같이 '하자통지의무'라는 제목보다는 '하자통지기간 등'으로 두는 것이 도급인이 일정한 기간동안 하자통지를 하도록 한 기간이라는 규정의 취지에 부합한다고 생각된다.

5. 제671조

현행	기초위원회 예비초안 및 법무부개정안	검토위원회 의견
제671조(수급인의 담보책임-토지, 건물 등에 대한 특칙) ① 토지, 건물 기타 공작물의 수급인은 목적물 또는 지반공사의 하자에 대하여 인도후 5년간 담보의 책임이 있다. 그러나 목적물이 석조, 석회조, 연와조, 금속 기타 이와 유사한 재료로 조성된 것인 때에는 그 기간을 10년으로 한다. ② 전항의 하자로 인하여 목적물이 멸실 또는 훼손된 때에는 도급인은 그 멸실 또는 훼손된 날로부터 1년 내에 제667조의 권리를 행사하여야 한다.	제671조(삭제)	(기초위원회 예비초안 찬성)
[2004]/[2013] 없음		

(1) 규정의 취지

현행 민법 제671조가 공정의 중요성, 자재의 견고성을 기준으로 담보기간을 달리 규정하고 있는 것을 비판하는 견해[77]는, 동일한 목적물에 대하여 원인은 동일하나 하자의 발생지점이 다를 경우 담보책임을 물을 수 없는 경우가 발생한다는 점을 지적하고 있다. 이와 관련하여 주택법은 공종별[78], 건설산업기본법은 자재별로[79] 담보책임기간을 달리하고 있다.

(2) 예비초안, 검토위원회안 및 법무부개정안

예비초안, 검토위원회안 및 법무부개정안은 이미 건설산업기본법 등에서 하자의 내용에 따라 5년, 10년의 하자보수기간을 두고 있다는 점에서 동조를 삭제하는 것이 타당

---

77) 법무부, 2013년 법무부 민법개정시안(채권편 하), 147면.

78) 주택법 제46조: 공동주택의 내력구조부별 및 시설공사별로 담보책임기간을 달리함.

79) 건설산업기본법 제28조; 벽돌쌓기식구조, 철근콘크리트구조, 철골구조, 철골철근콘크리트 구조 기타 이와 유사한 구조로 된 경우와 기타 구조로 된 경우를 구분함.

하다고 해석하고 있다.[80] 또한 동조 제2항에서 “하자로 인하여 목적물이 멸실 또는 훼손된 때” 멸실 또는 훼손된 날로부터 1년 내에 담보책임을 행사할 수 있도록 한 규정은 개정안 제670조의 취지와 실제로 동일하다는 점을 들어 동조를 둘 실익이 많지 않음을 지적하고 있다.[81]

(3) 검토의견

일본 개정민법도 우리 민법 제671조와 유사한 내용을 가지고 있던 개정 전 일본민법 제638조를 삭제하고 있다. 그 이유로서 개정 전 민법 제637조를 개정함으로써 도급인이 계약부적합을 알고서 1년 이내에 통지하지 않으면 수급인에 대한 권리를 상실하는 것으로 규정한 이상, 별도로 제638조를 둘 필요는 없다는 것이었다.[82] 우리의 경우에도 이와 같은 제안취지는 동일하게 고려할 이유가 있다고 생각한다.

한편, 검토위원회는 현행 민법 제671조를 삭제하는 것과 아울러 개정이 필요한 다른 법률로서 집합건물의 소유 및 관리에 관한 법률, 공동주택관리법, 건설산업기본법을 들고 있다.[83] 이 중에서 공사 수급인의 발주자에 대한 책임을 규정하고 있는 건설산업기본법 제28조 제3항은 건설공사의 하자담보책임기간에 관하여 다른 법령에 특별하게 규정되어 있는 경우에는 그 법령에서 정한 바에 따르도록 하면서도, 민법 제670조 및 제671조는 제외하고 있다. 이에 따라 현행 민법 제670조와 제671조는 건설산업기본법 적용에서 배제되어 왔으므로, 제671조를 삭제하는 경우에도 건설관련한 하자담보책임기간에는 큰 영향이 없을 것으로 보인다.

현재 예비초안과 검토위원회안에 따른 집합건물법, 공동주택관리법, 건설산업기본법의 개정 제안을 보면, 크게 민법에서의 담보책임 규정의 개정내용을 반영하는 것과 함께 민법상의 담보책임 규정 개정에 따른 명칭 변화를 반영하는 것으로 나누어 볼 수 있다. 첫째, 집합건물법 제9조 제1항에서 민법 제667조 및 제668조를 준용한다는 내용을, “민법 제667조, 제571조부터 제573조까지 및 제574조 제1항에 따라 책임을 진다.”로 개정하는 제안(검토위원회안 제9조 제1항)이다. 결국 이 내용은 민법상 수급인의 담보책임 규정을 어떤 형식으로 개정할 것인지에 따라 개정 내용이 정해질 것이다. 위에서 본 예

---

80) 법무부 민법개정위원회 검토위원회, 민법 개정 예비초안에 대한 검토의견서, 2024. 4. 105면.

81) *Ibid.*, 105면.

82) 潮見佳男, 民法(債権関係) 改正法の概要, 金融財政事情研究會, 318頁.

83) 집합건물의 소유 및 관리에 관한 법률은 분양자 및 시공자가 구분소유자에 부담하는 책임을 대상으로 하고(제9조), 공동주택관리법은 사업주체 및 시공자가 입주자대표회의 등에게 부담하는 책임을 대상으로 하며(동법 제36조, 제37조), 건설산업기본법은 공사 수급인의 발주자에 대한 책임 대상으로 한다(동법 제28조).

비초안의 제안대로 개정하는 경우에는 "민법에 따른 수급인의 책임"을 사업주체와 시공자가 부담하는 것으로 정할 것이고, 검토위원회안의 제안대로 개정하는 경우에는 "민법 제667조에 따른 수급인의 책임"을 사업주체와 시공자가 부담하는 것으로 정하게 될 것이다. 둘째, 공동주택관리법상 "사업주체가 공동주택의 하자에 대하여 분양에 따른 담보책임(제3호 및 제4호의 시공자는 수급인의 담보책임을 말한다)을 진다"는 내용의 제36조를, "사업주체는 공동주택의 하자에 대하여 책임(제3호 및 제4호의 시공자는 민법 제667조에 따른 책임"을 진다는 내용으로 개정하는 안(검토위원회안 제36조 제1항))을 제안한 것이다. 이에 따르면 각 규정에서 "담보책임"이라는 용어를 삭제하고 있다. 이는 여행주최자의 담보책임을 규정하는 민법 제674조의6의 제목을 "여행주최자의 책임"으로 개정하는 데서도 찾아볼 수 있다.

다만, 예비초안과 검토위원회안이 수급인의 책임과 관련하여 "담보책임"이라는 용어를 전면 삭제하는 것이 필연적이라고 해야 할까? 매도인과 수급인이 부담하는 "담보책임"이라는 용어를 삭제함으로써 얻는 실익은 종래 "담보"라는 용어가 우리 민법상 사용되는 "채권의 담보"(민법 제333조, 제356조)에서 사용되는 "담보"와 혼동되는 점을 고려하고, 매도인과 수급인의 담보책임을 채무불이행책임으로 해석하는 이상 더 이상 "담보"라는 용어를 사용할 이유가 없다는 점을 고려한 것으로 생각된다. 하지만, 매도인과 수급인은 소유권 이전의무, 목적물 인도의무, 일을 완성할 의무 등을 부담하는 자로서, 채권자인 매수인 내지 도급인에게 결과채무를 부담하는 자에 해당한다는 점에서 여타의 채무(가령 수단채무)와는 차이점을 보인다. 매도인과 수급인이 부담하는 무과실책임 역시 매도인과 수급인이 결과채무를 부담한다는 점에 기인한다는 점에서, 일반적인 채무불이행책임과 달리 담보책임이라는 용어를 그대로 존속하는 것이 타당하다고 생각한다. 더욱이 위에서 본 바와 같이 도급계약의 경우에는 다른 계약과 달리 수급인이 채무를 이행하는 과정에서 일의 완성에 대한 통제권을 가지고 있다는 점에서 무거운 책임을 부과시킬 수 있다는 점을 감안한다면 수급인의 담보책임이라는 표현은 존속되는 것이 타당하다고 본다.

6. 제672조(책임면제의 특약)

현행 민법	기초위원회 예비초안 및 법무부개정안	검토위원회 의견
제672조(擔保責任免除의 特約) 수급인은 제667조, 제	제672조(<u>책임 감면</u>의 특약) 수급인은 <u>하자로 인한 책임을 감</u>	제672조(<u>책임감면</u>의 특약) 수급인은 <u>하자로 인한 책임의 감</u>

668조의 담보책임이 없음을 약정한 경우에도 알고 고지하지 아니한 사실에 대하여는 그 책임을 면하지 못한다.	면하는 특약을 한 경우에도 자신이 알고 고지하지 아니한 사실에 대하여는 그 책임의 감면을 주장하지 못한다.	면을 약정한 경우에도 알고 고지하지 아니한 사실에 대하여는 그 책임을 감면받지 못한다.
[2004]/[2013] 없음		

(1) 예비초안, 검토위원회안 및 법무부개정안

예비초안, 검토위원회안 및 법무부개정안은 동조의 "담보책임"이라는 표현을 "하자로 인한 책임"으로 개정할 것을 제안하고, "하자로 인한 면책" 외에 책임의 감경을 포함할 것을 제안하고 있다.

(2) 검토의견

예비초안, 검토위원회안 및 법무부개정안과 같이 종래 담보책임면제의 특약의 내용에 책임감경 역시 포함하는 것은 타당하다고 생각한다. 다만 위에서 논한 바와 같이 담보책임이라는 표현을 존속하는 것을 제안한다.

Ⅲ. 결론

이상으로 예비초안, 검토위원회안 및 법무부개정안을 중심으로 수급인의 담보책임에 관한 개정안을 살펴보았다. 이번 예비초안, 검토위원회안 및 법무부개정안에 대한 검토의견을 정리하면 다음과 같다.

첫째, 수급인이 부담하는 책임을 담보책임으로 규율해오던 태도를 버리고 수급인이 부담하는 일반 채무불이행책임과의 차이를 제기하고 있다. 예비초안(및 법무부개정안)은 이와 같은 태도를 일관하여 도급인의 계약해제권, 하자보수청구권, 대금감액청구권 외에 손해배상청구권에 이르기까지 수급인의 책임을 일반 채무불이행책임과 일치시키고 있다. 이에 관해서 검토위원회안은 종래 수급인이 부담하던 무과실책임으로서의 손해배상책임에 관한 논의에 지나친 변화가 발생하는 데에 우려를 표시하고 수급인의 손해배상책임은 일반 채무불이행책임과 달리 무과실책임 규정을 두되 수급인에게 귀책사유가 있는 경우에 발생하는 확대손해 등에 대해서는 일반 채무불이행책임을 적용할 것을 제안하고 있다. 위에서 논의한 바와 같이 수급인은 일을 완성할 의무라는 결과채무를 부담하고, 도급계약을 이행하기 위해 자신에게 주어진 일의 완성에 대한 통제권을 가지는 자로서 완성된 일에 대해서는 무거운 책임(적어도, 완성된 결과상태와 계약에 따른 당위적 상태 사이의 불일치를 배상하는 책임)을 부담하는 것으로 규율되어 왔다. 이점은 수급인이 부담하는 담보책임이 채무불이행책임이라는 본질을 가지고 있다고 해서 달라질 것은 아니라고 생각되며, 이와 같이 규정함으로써 위임계약상 수임인이 수단채무를 이행하지 않은 데 따른 손해배상책임을 지는 것과 차등을 둘 수 있다고 생각된다. 결국 이러한 점을 감안할 때 수급인에게 무과실의 손해배상책임 규정을 두는 것은 의미를 가진다고 본다.

둘째, 수급인의 담보책임이 일반 채무불이행책임과는 그 내용에 있어서 차등을 두는 것이 타당한 만큼 그 명칭 역시 수급인의 담보책임이라는 내용으로 존치시키는 것이 좋다고 생각한다. 수급인의 담보책임이 일반 채무불이행책임과 완전히 동일한 것이라면 그 책임의 존속기간 내지 도급인이 하자 사실을 일정한 기간 동안 수급인에게 통지할 기간을 정해두고 이를 경과하는 경우 권리를 행사하지 못하게 할 이유를 설명하기 어렵다. 수급인의 책임을 가중하지 않으면서 일반 채무불이행책임과 동일한 내용의 책임만을 물을 수 있게 하면서 그 책임을 묻는 기간 내지 그 전제가 되는 하자통지기간을 제한한다면 오히려 일반 채무불이행책임에 비해서 더욱 약화된 책임만을 물을 수 있다는 결론이 되기 때문이다.

셋째, 종래 수급인의 담보책임으로 논의되어 오던 도급인의 계약해제권, 하자보수청구권 및 손해배상청구권 외에 학설상 논의되어 오던 대금감액청구권을 포함시키고 있으며, 이들 규정들을 일반 채무불이행책임과 일치시키고 있다는 점에서 적절한 제안으로 생각된다.

넷째, 도급인의 귀책으로 인한 수급인의 면책규정으로서 예비초안(및 법무부개정안)과 검토위원회안 모두 도급인이 제공한 재료 또는 지시로 인하여 하자가 발생한 경우에 수급인을 면책시키고 있으나, 이에 관해서는 도급인의 귀책사유로 인하여 하자가 발생한 경우로 규정하는 것이 타당하다고 본다.

다섯째, 담보책임의 존속기간을 도급인의 주관적인 인식시점을 기산점으로 하는 것은 종래 제안되어온 개정론을 수용한 것으로서 타당한 제안으로 생각한다. 다만 그 규정의 제목으로는 도급인이 일정한 기간동안 하자사실을 통지할 의무가 있는 기간으로 정하는 것이 더 바람직하다고 생각된다.

개정론 관점에서의 민법상 조합 규정*

김세준**

국문초록

민법상 조합의 규율은 대외적 관계와 내부적 관계를 구별하여 파악하는 관점에서 이루어져야 한다. 이에 관하여 당사자능력 및 부동산등기능력은 입법 차원에서 긍정적으로 고려할 수 있을 것인데, 그것이 가능하다고 보는 이유는 민법상 조합의 법률행위 기타 법률관계에서 대외적 안정성을 확보할 필요가 있기 때문이다. 동시에 조합은 계약이므로 그 내용에 있어서는 당사자의 사적자치가 충분히 보장되어야 한다. 그렇다면 조합계약의 내용은 당사자들이 자유롭게 정할 수 있도록 하면서, 그에 따라 조합재산의 귀속관계가 정해진다면 그것은 물권의 대세효에 맞게 규율되어야 한다. 그러나 현행 민법 제704조와 제271조 제2항은 이와 같은 규율체계를 뒷받침하지 못한다.

이에 이 글에서는 제271조의 개정을 전제로, 제704조의 개정방안을 제안하였다. 즉 이 개정 제안은 제271조 제2항을 삭제함으로써 합유를 강행규정화 하고, 제271조에 합수성을 명시하는 것을 전제로 한다. 제704조에 의하여 조합재산이 조합원의 합유가 되면 그 합유의 내용에 관해서는 당사자가 달리 약정할 수 없으나, 다만 조합계약의 당사자들은 조합의 소유관계를 합유가 아닌 다른 것으로 정할 수 있도록 하는 근거규정을 마련하고자 하는 것이 기본 취지이다.

* 이 논문은 민사법학 제109호에 게재된 것을 수록하였다.
** 성신여자대학교 법과대학 부교수, 법학박사.

Ⅰ. 서론

2023년 6월 16일 구성된 법무부 민법개정위원회는 계약법을 중심으로 개정예비안 작업을 수행하여 왔는데, 그중에서도 일반적 의미를 가지는 법률행위, 채무불이행, 담보책임 등의 규정에 초점을 맞춘 것이 특징이다. 따라서 일부 규정을 제외한 계약각론상의 제 규정에 대한 개정작업은 당장에 예정되어 있지 않다. 이 글에서 다루는 민법상 조합 관련 규정 역시 개정작업의 범위에 포함되어 있지 않다. 물론 계획에 따라 순차적으로 개정작업이 수행되는 경우 단체법에 관한 검토가 이루어질 것이므로, 그 기회에 사단과의 관계 등 민법상 조합에 관한 직·간접적인 논의를 기대하여 볼 수는 있다. 다만 현재 조합법에 관한 개정예비안 또는 시안이 나와 있지 않은 이상 직접적으로 검토할 대상은 존재하지 않는다.

그럼에도 불구하고 민법상 조합에 관한 개정논의는 꾸준히 있어 왔다. 대표적으로 2013년 민법개정위원회 제2분과에서는 물권법 분야에 관한 개정시안을 마련하면서, 모순이나 충돌 없는 물권과 채권관계의 규율을 위하여 합유와 조합에 관해 논의한 바 있다.[1] 또한 조합 또는 조합계약에 관한 비교입법례 차원에서도 최근 많은 변화가 있었다. 특히 독일의 경우, 2021년 8월 17일 공포된 '인적회사법의 현대화를 위한 법률(Gesetz zur Modernisierung des Personengesellschaftsrechts)'에 따라 조합에 관한 규정을 대대적으로 개정한 독일민법이 2024년 1월 1일부터 시행되고 있다.

법률의 개정에는 다양한 고려에 따른 우선순위가 있을 수 있다. 그러나 그 우선순위가 특정 법규정이 가지는 중요도를 말하는 것은 아닐 것이다. 또한 법개정을 통해 종래 존재하여 온 법률상의 공백이나 미비 등 모든 문제점을 해결할 수 있는 것도 아니다. 다만 물권법상 합유 규정을 포함하여 조합법의 해석과 입법에 시도되어 온 노력들이 계속 이어져나가야 함은 물론이다. 따라서 이 글에서는 현재 본격적인 개정작업이 수행되고 있지 않음에도, 조합법에 관한 종래 논의를 검토하고 특히 개정론의 관점에서 접근해 보고자 한다.

조합법은 상당히 방대한 영역에 걸쳐 있는 분야이므로 그에 관한 모든 쟁점을 망라하여 검토하는 것은 한계가 있다. 이에 본고에서는 해석론 차원에서 논의되어 온 것들을 중심으로 몇 가지 쟁점에 대하여 입법론의 관점에서 검토하고자 한다.

---

1) 최수정, "조합재산에 관한 민법개정 방향–합유와 조합의 사무집행 방법을 중심으로–", 「민사법학」, 제62호, 2013, 4면 참고.

Ⅱ. 조합, 사단, 권리능력

1. 민법상 조합의 법체계상 위치

(1) 사단과 조합의 구별

조합관계는 단체적 결합을 통하여 공동사업을 경영하는 당사자(조합원) 상호 간의 권리·의무를 주된 내용으로 하는데, 그 관계는 채권관계이며 발생원인은 조합계약이다.[2] 그리고 조합계약은 2인 이상이 상호출자에 의한 공동사업을 일정한 방법으로 경영하기 위하여 권리·의무를 발생하도록 하는 계약이다(제703조[3]). 한편으로 조합은 공동재산을 가지는 재산공동체로서의 성격도 가진다.[4] 즉 일단, 조합은 단체다.[5]

그런데 민법상 단체에는 법인과 사단도 있는바, 조합은 단체성 면에서 그것들과 엄밀하게 구별된다. 학설은 전통적으로 민법이 사단－조합 준별론에 따른다고 보는 입장이다.[6] 판례 역시 유사한 입장이다. 즉 "민법상의 조합과 법인격은 없으나 사단성이 인정되는 비법인사단을 구별함에 있어서는 일반적으로 그 단체성의 강약을 기준으로 판단하여야 하는바, 조합은 2인 이상이 상호간에 금전 기타 재산 또는 노무를 출자하여 공동사업을 경영할 것을 약정하는 계약관계에 의하여 성립하므로(민법 제703조) 어느 정도 단체성에서 오는 제약을 받게 되는 것이지만 구성원의 개인성이 강하게 드러나는 인적 결합체인 데 비하여 비법인사단은 구성원의 개인성과는 별개로 권리의무의 주체가 될 수 있는 독자적 존재로서의 단체적 조직을 가지는 특성이 있다"고 한다.[7]

민사법연구회에서 발간한 1957년 민법안의견서[8] 수정제안[66][9]에서는 단체의 유형에 관해 다음과 같이 서술하고 있다. "인간은 서로 천태만상의 결합관계를 맺고 사는 것이며 사회에는 천태만상의 인적결합체가 존재하는 것이어서, 이 모든 인적결합체를 법인과 조합이라는 두 개의 범주로 파악해 버릴 수는 없다. 「게르만」법학자들은 법인과 조합이라는 두 형태의 중간에 위치하는 천태만상의 인적 결합체를 「권리능력없는 사단」과 「합수적 조합」이라는 두 개의 유형으로 나누었다. 그리고 이 「권리능력없는 사단」과 「합수적 조합」이라는 유형은 현대사회에도 무수히 많다는 것을 학자들은 모두 시인하고

---

2) 김형배, 채권각론[계약법], 신정판, 2001, 733면.
3) 이하에서 「민법」의 조문은 법명을 생략한다.
4) 김형배, 앞의 책, 733면.
5) 김재형, 민법주해[XVI]－채권(9), 편집대표 곽윤직, 2009, 30면; 김형배, 앞의 책, 732－733면.
6) 대표적으로 곽윤직/김재형, 민법총칙, 제9판, 2013, 161－162면.
7) 대법원 1992. 7. 10. 선고 92다2431 판결.
8) 민법안의견서는 당시 국회에 제출된 민법초안과 그 수정안에 대하여 각 대학의 민법교수들이 중심이 된 수정의견을 담고 있다.
9) 이에 관해서 자세한 것은, 권철, "'사단·조합 준별론' 재검토 小考－단체·법인론의 기본 문제－", 「비교사법」, 제27권 1호, 2020, 129면 이하 잠고.

있다. (중략) 그러므로 인적결합 형태는 ① 법인 ② 권리능력없는 사단 ③ 합수적 조합 ④ 조합의 4유형으로 나누어진다."[10] 이는 법인 외에 권리능력 없는 사단이 규범적으로 인정되어야 할 당위성을 언급하는 것이지만, 동시에 조합 역시 단체이며, 법인 또는 사단과 구별되는 것임을 분명히 밝히고 있는 것이기도 하다.

(2) 상법상 조합과의 성질 비교

상법은 두 가지 유형의 조합을 규정한다. 하나는 익명조합[11], 또 하나는 합자조합[12]이다. 이들은 법인격이 없다는 점에서 민법상 조합과 공통점이 있다.[13]

우선, 익명조합은 대외적 관계에서는 영업자의 단독기업으로 다루어진다.[14] 즉 익명조합의 영업은 영업자의 단독영업이라는 점에서 민법상 조합이 공동사업을 경영하기 위한 형태를 가지는 것과 다르다.[15] 다만 익명조합은 대내적으로는 민법상 조합의 성질을 가진다. 익명조합의 공동기업으로서의 성질은 대내적인 법률관계에서 나타나기 때문에 익명조합계약으로 정하지 않은 내부관계에 대해서는 민법상 조합의 규정이 유추적용된다.[16] 익명조합은 대외적 관계에서는 조합의 실질을 갖추지 못하였으므로 특수한 기업형태에 해당하지만,[17] 내부관계에서는 민법상 조합의 성질을 가지기 때문에 조합원들 사이의 채권채무관계에 관해서는 성질상 차이가 없다.[18]

합자조합은 조합의 업무집행자로서 조합의 채무에 대하여 무한책임을 지는 조합원과 출자가액을 한도로 하여 유한책임을 지는 조합원이 상호출자하여 공동사업을 경영할 것을 약정함으로써 성립한다. 세부적으로는 차이가 있으나, 조합계약의 형식에 의하여 성립한다는 점, 그리고 실질이 기업조직이지만 법인격이 없다는 점에서 민법상 조합과

---

10) 민사법연구회, 민법안의견서, 1957, 96면 이하.

11) 상법 제78조(의의) 익명조합은 당사자의 일방이 상대방의 영업을 위하여 출자하고 상대방은 그 영업으로 인한 이익을 분배할 것을 약정함으로써 그 효력이 생긴다.

12) 상법 제86조의2(의의) 합자조합은 조합의 업무집행자로서 조합의 채무에 대하여 무한책임을 지는 조합원과 출자가액을 한도로 하여 유한책임을 지는 조합원이 상호출자하여 공동사업을 경영할 것을 약정함으로써 그 효력이 생긴다.

13) 이들 조합에 관한 규정의 상법전 내 위치가 잘못되었다는 지적이 있다. 즉 기업조직에 관한 규정을 상행위법에 두는 것은 바람직하지 않으므로 논리적으로는 회사법에서 다루는 것이 타당하지만, 회사법상 회사는 법인격을 전제로 하므로 법인격이 없는 조합형태의 기업조직을 함께 다룰 수 없다는 이유에서 어쩔 수 없이 상행위법에 규정되었다고 설명한다. 이상, 송옥렬, 『상법강의』, 제8판, 홍문사, 2018, 137면.

14) 송옥렬, 위의 책, 138면.

15) 정찬형, 상법강의(상), 제20판, 2017, 263면.

16) 송옥렬, 앞의 책, 138면.

17) 송덕수, 채권법각론, 제6판, 2023, 417면.

18) 물론 익명조합의 당사자는 두 명이라는 점에서, 당사자가 2인 이상인 민법상 조합과 차이는 있다.

다를 바가 없다. 따라서 합자조합은 원칙적으로 민법상 조합의 법률관계를 기초로 하고 있다.[19]

그런데 이와 같은 상법상 조합에 대해서는 그 형태상의 특수성에 기인하여 민법상 조합에 대한 특별규정이 적용된다는 의미를 가질 뿐이며, 그 본질이 조합이라는 점은 같다. 따라서 상법상 조합 역시 회사는 물론 사단과도 구별된다.

한편 상법상 합명회사는 다른 회사와 마찬가지로 그 형식은 법인으로 규정되어 있으나, 실질은 조합으로서의 성질을 가지므로 내부관계에서는 민법상 조합에 관한 규정을 준용한다.[20] 또한 합자회사는 무한책임사원과 유한책임사원으로 구성되는 회사로서 다른 종류의 사원으로 구성된다는 점에서 여타의 회사와는 다른 특징이 있다. 특히 무한책임사원이 있다는 점에서 사원의 개성이 드러나고 인적 요소에 중점이 있는 인적 회사로 볼 수 있는 결과 조합의 성질을 가진다고 볼 수 있는데, 이렇게 보면 합자회사는 합명회사의 변형이라고 할 수 있다. 그리고 합자회사는 이원적인 구성원으로 조직되어 있다는 점에서 앞선 익명조합 및 합자조합과 유사하지만, 합자회사는 법인이라는 점에서 근본적으로 다르다.[21] 정리하자면, 상법에서는 민법상 조합의 성질을 가지면서도 법인인 단체를 규정하고 있다. 다만 합자회사가 존재함에도 2011년에 상법전에 합자조합을 도입한 것에 대하여 비판적인 시각도 있다.[22]

(3) 비판론

전통적인 사단－조합 준별론에 대해서는 유력한 비판론들이 등장한 바 있다.[23] 이들 학설은 사단과 조합의 준별은 이념적인 것일 뿐이며, 사회에서 실제로 존재하는 단체들은 사단적 색채가 짙은 것부터 조합의 색채가 짙은 것까지 매우 다양한 단계로 존재하므로 이를 어느 특정 지점에서 구분 지을 수 없다고 한다.

이와 같은 비판론은 (법인격 유무와 무관하게) 사단과 조합이 가지는 단체라는 성질에 주목한다. 구체적으로는 대표와 조합대리, 사원총회와 조합원총회 사이에 본질적인 차이가 없으며, 조합원의 탈퇴가 조합의 해산에 영향을 미치지 않는다는 점에서 구성원의 변동 측면에서도 사단과 특별한 차이가 없다는 등의 관점으로 이어진다.[24]

---

19) 송옥렬, 앞의 책, 144면.
20) 상법 제195조(준용법규) 합명회사의 내부관계에 관하여는 정관 또는 본법에 다른 규정이 없으면 조합에 관한 민법의 규정을 준용한다.
21) 정찬형, 앞의 책, 600면.
22) 유주선, “독일 실정법상 ‘인적 결합체’에 대한 고찰과 시사점”, 「일감법학」, 제25호, 2013, 114면.
23) 김용한, 민법총칙론, 재전정판, 1993, 209면; 고상룡, 민법총칙, 1990, 262면(이상 권철, 앞의 논문, 136면 이하에서 재인용)
24) 임채웅, 주석 민법[채권각칙(4)], 제4판, 편집대표 김용담, 2016, 44면 참고.

조합법의 개정에 관해서는 비판론 차원의 접근도 필요한데, 이는 결국 사단에 가까운 혹은 사단과 본질에 있어서 큰 차이가 없는 조합의 단체성을 부각하는 방향의 논의로 연결된다.

(4) 소결

전형계약의 하나로 제703조 이하에서 조합을 규정하고 있는 민법의 태도를 고려하면 조합은 계약 당사자 사이의 채권·채무관계이지만, 그럼에도 불구하고 단체임은 분명하다. 동시에 법인격의 존부와 상관없이 사단과는 구별되는 단체로 보아야 한다. 조합계약으로써 성립하는 민법상 조합의 규율은 이와 같은 체계상의 지위를 전제로 이루어져야 한다. 그러나 조합의 단체성에 주목한다면 조합의 권리의무, 그리고 조합의 상대방에 대한 책임 기타 거래안정성의 관점으로 접근해야 하는 필요성이 도출된다.

비교입법례로서 가령 독일민법의 경우, 제1초안에서는 로마법의 충실한 계수를 통해 조합을 오직 조합원 간의 계약상 채권·채무관계로 봄에 따라 조합의 재산을 조합원의 재산과 분리하여 규율하지 않았다.[25] 그 후 제2차 위원회에서 조합의 합수적 재산(Gesamthandsvermögen)에 관해 구성하였음에도 불구하고 그 효과를 규정하지 않음으로써 조합에 관한 법률관계가 본질적으로는 계약상 채권·채무관계로 남게 되었다.[26] 이는 오랜 기간 학설상 논의로 이어졌는데, 최근 개정된 독일민법은 조합원들이 그들 사이의 약정에 따라 외부적 조합(Außengesellschaft)으로서 법률관계에 참여하고자 하는지, 아니면 내부적 조합(Innengesellschaft)으로서 조합원 상호 간 권리의무관계의 설정으로 제한하고자 하는지 구분하는 사고를 전제로 한다.[27] 이를 통하여 민법상 조합 관계에서 발생하는 모순을 제거함과 동시에, 그 법적 성격에 대한 확립된 인식을 법률에 반영하고 영리 목적의 조합과 비영리 조합의 차이를 유지하면서 통합하고자 하였다.[28] 이와 같은 과정 역시 조합의 단체적 실체를 어떻게 구현할 것인가에 목적을 두고 이루어져 온 것이라고 할 수 있다. 동시에 조합의 성립이 조합원들 사이의 계약관계에 기초하고 있으며, 그 효력 역시 계약에 기초하고 있다는 점을 분명히 고려하는 태도를 보여준다.

---

25) Mugdan, Die gesammten Materialien zum Bürgerlichen Gesetzbuch für das Deutsche Reich, II.Band: Recht der Schuldverhältnisse, Berlin 1899, S.330.

26) Mugdan, a.a.O., S.990.

27) Schäfer, Gesellschaft bürgerliches Rechts und Partnerschaftsgesellschaft Kommentar, 9.Aufl., C.H.Beck, 2023, Vorbemerkung (Vor §705), Rn.96.

28) BT-Drucksache 19/27635, S.101.

2. 민법상 조합의 권리능력에 관련된 문제

민법상 조합에 이른바 부분권리능력[29]을 인정하자는 입법론적 주장들도 존재한다. 이들은 다층위에서 주장되고 있으나, 공통적으로는 조합의 소송상 당사자능력과 부동산등기능력을 인정하는 것에 대한 필요성과 가능성을 중심으로 하는 것이 대부분이다.[30] 즉 당사자능력의 인정은 조합이 소송의 당사자가 됨으로써 가령 고유필수적 공동소송에서 야기되는 번거로움을 불식시킬 수 있으며, 또한 조합이 부동산을 취득하여 그 명의로 등기할 수 있도록 함으로써 거래의 편리를 도모하고 효율을 증진시킬 수 있다고 한다.[31]

조합의 권리능력 문제 역시 입법론 차원에서 다루어야 하는 주제다. 다만 권리능력 혹은 부분권리능력을 민법상 조합과의 관계에서 따져보기 위해서는 입법론 이전에 개념적 고찰이 필요하므로, 여기에서는 입법론으로서 주장되어 온 조합의 당사자능력과 부동산등기능력에 중점을 두고 논한다.

(1) 민법상 조합의 당사자능력

(가) 학설과 판례

법인격이 없음에도 불구하고 법인 아닌 사단은 소송상 당사자능력이 있다.[32] 일단 민법상 조합은 각 조합원과 독립된 권리주체가 아닌 이상, 조합이 그 자체의 이름으로 소송행위를 할 수 있는 당사자능력을 가지지 못한다.[33] 나아가 전통적인 사단－조합 준별론의 입장에 의하면 법인 아닌 사단과 조합은 모두 권리능력이 없음에도 불구하고, 법인 아닌 사단이 가지는 당사자능력을 조합은 가질 수 없다. 조합은 사단과 다른 단체이므로 법인 아닌 사단에 적용되는 당사자능력에 관한 규정이 조합에 유추적용될 수 없기 때문이다.[34] 통설은 이와 같이 조합의 당사자능력을 부인한다.

이에 반하여, 업무집행조합원 등 조합의 대표자에 해당하는 사람이 있고 그를 통하여 대외적 관계를 형성하는 때에는 당사자능력을 인정할 수 있다는 견해도 예외적으로

---

29) 이 개념에 관해서는, 김세준, “민법상 조합의 부분권리능력－개념 및 수용가능성을 중심으로－”, 「민사법학」, 제86호, 2019, 95면 이하 참고.

30) 물론 민법상 조합의 대외적 관계를 중심으로 제한적인 권리능력을 규정하는 방안도 고려해 볼 수 있다. 이에 관해서는, 김세준, 위의 논문, 126면 이하 참고.

31) 유주선, “독일 실정법상 민법상 조합(GbR)의 권리능력 인정과 법정책적 함의”, 「법과 정책연구」, 제24집 제1호, 2024, 237면; 윤진수, "민법상 조합의 권리능력에 관한 독일의 동향", 「법조」, 제72권 제1호, 2023, 53면; 김세준, 앞의 논문, 127면.

32) 민사소송법 제52조(법인이 아닌 사단 등의 당사자능력) 법인이 아닌 사단이나 재단은 대표자 또는 관리인이 있는 경우에는 그 사단이나 재단의 이름으로 당사자가 될 수 있다.

33) 김형배, 앞의 책, 752면.

34) 송덕수, 앞의 책, 425면.

주장된 바 있다. 이들 견해는 조합의 단체성과 거래 상대방에 대한 배려를 근거로 든다.[35] 이는 일본의 판례 입장과 유사하다. 일본의 판례는 대표자를 정한 조합에는 그 내부관계와 상관없이 일본 민사소송법 제29조[36]가 적용되어 당사자능력이 있다고 한다.[37] 물론 이러한 결론은 해당 조항의 입법 당시에 조합은 법인 아닌 사단과 구별되지 않는 것으로 이해한 결과, 그 단체의 성질과 상관없이 규정상 요건에 해당하면 모두 적용 가능한 것으로 보는 점에서 기인한다.[38]

한편 판례도 통설과 마찬가지로 민법상 조합은 당사자능력이 없다고 한다.[39] 따라서 민법상 조합이 원고가 되거나 피고가 되는 경우에는 조합원 전원의 이름으로 하여야 한다.[40]

(나) 한계

1) 조합원 전원의 이름으로 소를 제기할 수 없는 경우의 문제

그런데 통설과 판례의 입장에 따라 조합에 당사자능력을 부인하게 되면 다음과 같은 문제를 해결할 수 없게 된다. 가령 수인의 조합원 중 1인이 조합 혹은 조합재산에 대하여 불법행위를 한 결과 손해가 발생한 경우, 누가 원고가 되어 그 조합원에게 손해배상을 청구하여야 하는지 문제된다. 이때 원고가 되는 자는 불법행위를 한 조합원을 제외한 나머지 조합원 중 1인이거나, 아니면 조합원 전원인 경우 두 가지 밖에 없다. 각각 살펴본다.

첫째, 조합원 중 1인이 원고가 되는 것은 그 조합원이 개인의 지위에서 소를 제기하는 것을 의미한다. 합유재산에 발생한 손해는 합유자 1인의 손해이기도 하므로 일단 그에게 배상을 구할 수 있는 지위는 인정될 것이다. 그러나 판례는, "조합원이 조합재산을 횡령하는 행위로 인하여 손해를 입은 주체는 조합재산을 상실한 조합이므로, 이로 인하여 조합원이 조합재산에 대한 합유지분을 상실하였다고 하더라도 이는 조합원의 지위에서 입은 손해에 지나지 않는다. 따라서 조합원으로서는 조합관계를 벗어난 개인의 지위에서 손해배상을 구할 수는 없"다고 한다.[41] 이러한 취지는 특별재산(Sondervermögen)으

35) 김주수, 채권각론, 제2판, 1997, 474면; 김현태, 신고채권법각론, 1969, 295면.
36) 일본 민사소송법 제29조(법인 아닌 사단 등의 당사자능력) 법인이 아닌 사단이나 재단은 대표자 또는 관리인이 있는 경우 그 이름으로 제소하거나 제소당할 수 있다.
37) 最高裁判所 昭和37年12月18日 第三小法廷判決, 昭和34(オ)130(民集16巻, 12号2422頁).
38) 임상혁, "민사법체계에서 조합의 당사자능력에 관한 검토", 「민사소송」, 제13권 제1호, 2009, 129면.
39) 대법원 1991. 6. 25. 선고 88다카6358 판결.
40) 대법원 2012. 11. 29. 선고 2012다44471 판결. "조합재산은 조합의 합유에 속하므로 조합재산에 속하는 채권에 관한 소송은 합유물에 관한 소송으로서 특별한 사정이 없는 한 조합원들이 공동으로 제기하여야 하는 고유필수적 공동소송에 해당한다."
41) 대법원 2022. 12. 29. 선고 2022다263448 판결; 대법원 2005. 12. 8 선고 2004다30682 판결.

로서의 조합재산의 성질을 고려할 때 타당한 결론이다. 그렇다면 조합재산의 손해에 대하여 조합원 중 1인이 가해자인 조합원에게 손해배상청구소송을 제기하는 것은 허용되지 않는다.

둘째, 조합이 당사자가 되는 경우도 생각해볼 수 있다. 그런데 조합에는 당사자능력이 없는 결과, 조합이 원고가 되기 위해서는 조합원들이 공동으로 소를 제기하여야 한다. 즉 조합원 전원의 이름으로 가해자인 조합원에게 손해배상을 청구하여야 한다. 그렇다면 이 소제기는 불가능하다. 피고가 되는 조합원이 동시에 원고가 될 수 없을 뿐만 아니라, 이해가 충돌하는 조합원 사이에서 조합을 위한 소제기에 가해자인 조합원이 동의할 리가 없기 때문이다.

따라서 위 두 가지 경우 모두 소제기가 허용되지 않으므로, 조합원 1인이 조합에 대하여 불법행위를 한 경우 조합은 그 가해자에게 손해배상을 청구할 수 없게 된다.

또한 이때의 소제기는 보존행위도 아니다. 만일 이것이 보존행위라면 제272조 단서에 따라 조합원 1인이 단독으로 할 수 있거나, 가해자인 조합원을 제외한 나머지 조합원만으로도 손해배상을 구할 수 있을 것이다. 그러나 손해배상을 청구하는 행위는 보존행위가 아니며, "그 손해배상채권은 조합원 전원의 준합유"에 속하는 것으로서 "원칙적으로 전 조합원이 고유필수적 공동소송에 의하여만 구할 수 있다."[42]

그 결과, 이와 같은 경우에 조합에 당사자능력이 없다면 조합 또는 조합재산에 대한 손해를 배상받지 못하는 문제가 생긴다.

2) 조합에 대하여 소를 제기하는 경우의 문제

학설은 조합에 당사자능력을 인정하지 않더라도 선정당사자제도 또는 임의적 소송신탁을 통하여 소송을 수행할 수 있으므로 고유필수적 공동소송으로부터 초래되는 불편함을 해소할 수 있다고 한다.[43] 판례 역시 이와 같은 형태를 인정한다.[44] 그러나 이와 같은 방식은 조합이 원고가 되는 경우에는 유용한 방법이 될 수 있으나, 조합이 피고가 되는 경우에는 큰 실익이 없다. 특히 조합에 업무집행조합원이 없는 경우 상대방은 누구에 대하여 소를 제기하여야 하는지 알 수 없거나, 조합원 전원에 대하여 소를 제기하는 것이 불가능한 상황에 처하게 될 수도 있다.

---

42) 대법원 2022. 12. 29. 선고 2022다263448 판결.

43) 지원림, 민법강의, 제20판, 2023, 1240면; 김형배, 앞의 책, 753면.

44) 대법원 1984. 2. 14. 선고 83다카1815 판결. "민법상의 조합에 있어서 조합규약이나 조합결의에 의하여 자기 이름으로 조합재산을 관리하고 대외적 업무를 집행할 권한을 수여받은 업무집행 조합원은 조합재산에 관한 소송에 관하여 조합원으로부터 임의적 소송신탁을 받아 자기 이름으로 소송을 수행하는 것이 허용된다고 할 것이다."

(다) 개정의 필요성 및 방식

1) 고유필수적 공동소송의 법률상 근거와 해석론

여기에서 들 수 있는 근본적인 의문은, 과연 민법상 조합에 당사자능력을 인정하지 않는 법률상의 근거가 무엇인가 하는 점이다. 이에 대해서는, 그 근거를 소송법상의 규정에서 찾을 수 있는지, 아니면 실체법상 규정으로부터 찾을 수 있는지에 대한 문제로 나누어 검토해볼 수 있다.

우선, 소송법상의 근거로서 민사소송법 제52조의 의미를 파악해보아야 한다. 동법 제52조는 법인 아닌 사단에 대해서도 일정한 요건을 갖춘 경우(대표자 또는 관리인이 있는 경우)에 당사자 능력을 인정하는 규정이다. 그러나 이 조항은 민법상 조합의 당사자능력을 직접적으로 불허하는 규정이 아니다. 단지 사단 또는 재단에게 당사자능력을 부여하는 근거규정이다. 조합의 단체성에 주목하여 본질적으로 사단과 구별되지 않는다는 입장, 즉 사단과 조합은 단체로서는 동일한 본질을 가지므로 사단(법인)에 관한 규정을 조합에도 유추적용할 수 있다고 본다면,[45] 현행 민사소송법 규정만으로도 민법상 조합에 당사자능력을 인정할 수 있다. 즉 반드시 명문 규정에 의해서만 당사자능력을 부여해야 하는 것은 아니므로 개정이 불가피하다고 할 수는 없다. 해석론으로도 극복할 수 있는 문제이다.

다음으로, 실체법상 근거에서 이유를 찾는다면 민법 제272조를 고려해보아야 한다. 이에 따르면 합유물의 처분 또는 변경에는 합유자 전원의 동의가 필요한데, 이는 소송행위에도 근거가 된다. 따라서 이 규정에 의하는 경우 조합은 당사자능력을 가질 수 없으며, 조합원 전원이 소송행위를 하여야 한다. 이때 제272조를 개정함으로써 민법상 조합의 당사자능력을 인정하는 명시적인 근거를 마련하는 방안도 생각해 볼 수 있다. 예를 들면, 합유재산에 대하여 조합원 과반수의 동의를 통하여 처분 또는 변경할 수 있도록 개정할 수도 있을 것이다. 다만 제271조 제2항에서 합유의 내용을 계약으로 달리 정할 수 있음을 규정하고 있기 때문에 제272조를 개정하더라도 그 실익은 크지 않을 수 있다.

그러나 통설과 판례는 조합의 당사자능력에서 제271조 제2항을 전제로 하고 있지는 않은 것으로 보인다. 이는 민사소송법 제52조를 기초로 하기 때문일 수도 있고, 적어도 소송관계에서는 조합을 단체가 아니라 일정한 소유관계 혹은 권리의무관계로 파악하기 때문일 수도 있다. 이러한 점에 있어서는 제272조의 개정을 통하여 단체성을 강화하는 방안이 의미를 가질 것이다.[46]

---

45) 이에 관해서는, 제철웅, “단체와 법인: 사회적 기능의 유사성과 적용법리의 相異의 합리적 조정을 위한 試論”, 「민사법학」, 제36권, 2007, 104면 참고.

46) 그럼에도 불구하고 제271조에 의하여 합유물의 처분 및 변경에 관해 달리 정할 수 있는바, 조합의

2) 입법의 방향

조합에 당사자능력을 인정하는 것에만 한정한다면 민사소송법을 개정하는 것이 가장 확실하면서도 간편한 방법이 될 것이다. 그러나 이러한 입법을 위해서는, 앞서 언급한 실체법상 단체의 성격에 관한 문제가 선결되어야 한다. 사단과 조합이 준별되는 관점에서 본다면 소송법의 개정이 정당화되기 어렵기 때문이다. 그러나 두 단체가 실질에 관해서 차이가 없다고 한다면 소송법의 개정으로 당사자능력을 인정하는 것도 가능하다. 과거 입법 당시의 해석론을 유지하고 있기는 하지만 일본판례가 일본 민사소송법 제29조에 있어서 사단에 조합도 포함된다고 하는 것은 두 단체의 실질에 차이가 없다는 점을 뒷받침하는 근거가 될 수 있다. 또한 독일에서 민법상 조합의 성질을 파악하는 경향의 변화를 참작할 때도 그러하다. 물론 독일민법이 최근의 개정을 통해 민법상 조합에 권리능력을 제한적으로 인정하게 된 것은, 우리 상법과 달리 독일 상법에서는 합명회사(OHG)와 합자회사(KG)가 민법상 조합의 성질을 가진다고 규정하고 있는데 이에 대하여 별개의 규정으로 권리능력을 부여하고 있는 것, 즉 민법상 조합이지만 권리능력이 있음을 명시적으로 규정하는 상법의 태도와 조화를 이루기 위한 목적에 따른 것이다. 설사 그러하더라도 이미 최근 독일에서 조합을 보는 시각은 단체성을 강화하고, 특히 대외적 관계에서의 권리의무와 책임을 부각하는 방향에 초점을 두고 있다. 이러한 점에 근거한다면, 오직 대외관계에 해당할 뿐인 소송에 있어서는 당사자능력을 입법으로 명문화하기에 무리가 없을 것이다.

(2) 민법상 조합의 부동산등기능력

(가) 민법상 조합의 등기 일반론

부동산등기법은 합유관계에서 부동산등기의 방법을 규정한다. 동법 제48조 제4항[47]에서는 권리자가 2인 이상인 경우 권리자별로 기록하여야 한다고 하며, 동시에 등기할 권리가 합유인 경우에는 그 뜻을 기록하여야 한다고 하고 있다. 그러나 이러한 기록은 해당 부동산의 소유관계가 합유임을 나타내는 것일 뿐이며 그에 대한 개별 합유자의 지분을 드러내는 것은 아니다.[48]

부동산등기법의 이러한 태도 역시 민법상 조합의 단체성보다는 그 구성원 사이의

대외적 관계에서는 단체로서 조합의 법률행위에 일정한 한계를 야기할 수 있다. 동시에 거래 안전에 있어서도 해가 될 수 있다. 이에 관해서는 Ⅲ.이하에서 다시 논한다.

47) 부동산등기법 제48조(등기사항) ④ 제1항제5호의 권리자가 2인 이상인 경우에는 권리자별 지분을 기록하여야 하고 등기할 권리가 합유(合有)인 때에는 그 뜻을 기록하여야 한다.

48) 한승수, "민법상 組合의 부동산 취득 및 처분에 관한 小考－조합원 1인 명의의 등기에 관한 판례의 태도를 중심으로－", 「재산법연구」, 제39권 제3호, 2022, 235면.

소유관계에 기초하고 있는 것이다. 조합에 등기능력을 인정하지 않는 이유 역시 같은 취지에서 비롯된다. 따라서 해석에 의하여 민법상 조합의 부동산등기능력을 인정하는 것은 한계가 있다.

(나) 독일에서 조합의 부동산등기능력이 인정되어 온 과정

과거 독일 법원은 민법상 조합의 등기능력을 인정하지 않았다.[49] 그러나 이후 2008년 12월 4일 독일연방대법원 판결에서는 민법상 조합이 부동산등기부에 그 조합 자신의 이름으로 등기할 수 있음을 인정하였다.[50] 이 판결의 주요 내용은 다음과 같다.

첫째, 민법상 조합의 독자적인 부동산등기능력을 인정하였다. 즉 민법상 조합에 권리능력은 없지만, 특정 요건을 만족하는 경우에는 조합 자체의 이름으로 부동산에 관한 권리를 등기할 수 있다고 인정하였다. 이로써 민법상 조합은 조합원들의 이름이 아니라 조합의 명의로 부동산소유권을 취득할 수 있게 되었다.

둘째, 다만 조합의 이름으로 부동산에 관한 권리를 등기하기 위해서는 상업등기부(Gesellschaftsregister)에 등기가 되어야 한다. 이는 법률관계에서 조합의 신뢰성을 높이고, 거래 상대방이 조합의 상태를 확인할 수 있도록 하기 위한 목적에서 요구된다.

셋째, 조합원 변경에 따른 소유권의 안정성 문제도 판단하였다. 즉 조합원의 변동이 잦은 민법상 조합의 특성상, 조합 명의로 소유권을 등기하는 경우 확보될 수 있는 소유권 안정성 문제에 대해서도 판단했다. 조합 명의의 등기는 조합원의 개별적인 변경에도 영향을 받지 않도록 함으로써 소유권의 안정성을 강화하고자 하는 취지이다.

이 판결 이후에 2009년 8월 18일부터 시행된 독일 부동산등기규칙(GBO, Grundbuchordnung)에는 제47조 제2항이 신설되었다.[51] 이로써 법률상 명문으로 민법상 조합의 부동산등기능력을 인정하게 되었다.

(다) 소결

민법상 조합에 부동산등기능력을 인정하는 것은 입법정책적 문제이다. 동시에 마치 권리능력 없는 사단에서와 마찬가지로 명문으로 그것을 정하는 것은 편리한 일이기도 하다. 그리고 그 과정에서는 조합의 등기에 관한 공시제도가 보완되어야 함은 물론이다.

부동산등기능력은 조합의 동일성에 기여하기도 한다. 현행의 합유등기와 조합명의의 등기를 비교해보면, 과연 합유등기가 그 부동산의 권리주체에 관하여 더 많고 더 정

49) BayObLG NJW 2003, 70. 민법상 조합의 등기능력에 대한 독일의 학설상 논의에 관해서는, 김세준, "독일의 논의를 중심으로 한 민법상 조합의 등기능력", 「법학논총」, 제33권 제3호, 2013 참고.

50) BGH NJW 2009, 594.

51) 독일 부동산등기규칙 제47조 (2) 민법상 조합은 상업등기부에 등기되어 있어야만 권리를 등기할 수 있다.

확한 정보를 제공한다고 할 수 있는지 쉽게 답하기 어렵다. 조합원의 변동에 따라 그 등기명의인에 있어서 확정적인 종결이 이루어지는 것이 아니기 때문이다. 조합원의 변동에도 불구하고 그것을 등기하지 않으면 권리관계에 관해 적절한 공시가 되지 않는 결과, 조합명의의 등기는 동일성 차원에서는 더욱 적절한 공시의 방안이 될 수 있다.[52] 공시를 위하여 해당 조합을 다른 주체와 구별할 수 있는 기준을 입법적으로 마련할 수 있다는 점도 이를 뒷받침한다. 실무적으로는 매번 합유자의 변동사항을 등기하여야 하는 등기공무원의 업무부담을 완화하는데도 기여한다.

한편 조합의 부동산등기에 관하여 일정한 우회적 수단을 인정하는 입장이 있다. 즉 조합재산에 속하는 부동산이 조합원 중 1인의 명의로 등기된 경우 명의신탁에 해당할 우려가 있는데, 예외적으로 그 등기가 조합업무의 수행을 위하여 조합원들이 합의한 것이라면 다르게 볼 수 있다는 것이다. 이 경우에는 조합원들 간의 합의에 기하여 조합의 업무수행에 관해 유효하게 등기한 것으로 볼 수 있다는 입장이다.[53] 이와 같은 예외적 법리의 고려는 현행법 하에서 일정한 대안이 될 수 있겠으나, 조합원 간 합의의 존부를 등기 차원에서 어떻게 판별할 수 있을지 선결되어야 할 문제를 남기기도 한다.

Ⅲ. 조합, 합유, 사적자치

1. 합유규정과 계약자유

(1) 현행법상 조합계약과 합유

조합계약은 합유관계를 발생시키는 기본법률행위로서, 사적자치로 합유가 성립하는 근거가 된다.[54] 이는 원칙적으로 조합관계의 내용을 결정하는 것 역시 계약자유에 맡겨져 있다는 것을 의미한다. 그러나 조합재산은 조합원의 합유로 하여야 한다(제271조 제1항).

제271조 제2항은 합유의 내용을 계약으로 정할 수 있음을 전제하고 있다.[55] 만일 조합원들이 조합계약으로 제272조부터 제274조의 내용과 달리 합의하는 경우, 그 조합재산은 합유이면서도 민법상 합유규정의 적용이 배제된다. 즉 공유와 달리 합유에서는 계약이 우선적인 기준이 된다. 그러나 물권의 내용을 당사자 합의에 따라 정하도록 하는

52) 김세준, 각주 49)의 논문, 151면.

53) 한승수, 앞의 논문, 255면.

54) 이진기, 물권법, 2020, 289면.

55) 그런데 제271조 제2항에서 말하는 “전항의 규정 또는 계약에 의하는 외에”의 의미를 “전항의 규정 또는 계약과 더불어”로 해석할 여지도 있다. 이렇게 해석하는 경우에는 본 조항을 규정할 가치가 없게 된다. 따라서 “법률의 규정 또는 계약으로 정하지 않으면”과 같은 식으로 개정하는 것이 의미상 너욱 명확하나(이진기, 읽기 쉬운 민법, 2022, 116면).

것은 일반적이지 않다. 물론 제271조 제2항에서 그 가능성을 명시하고 있는 이상 물권법정주의에 반한다고 볼 수는 없으나, 합유가 물권인 이상 그 합유관계의 당사자 사이의 합의만으로 공동소유의 형태를 나타내는 징표를 정하도록 하는 것은 거래 안전에 해가 될 수 있다. 가령 합유등기 된 부동산에 관하여 이해관계가 있는 사람은 합유의 기재만으로 그 내용을 파악할 수 없고 합유자들 간의 구체적인 합의사항을 확인하여야 하는 문제가 있다.[56)]

한편 판례는 공동이행방식의 공동수급체가 기본적으로 민법상 조합의 성질을 가진다고 하면서 다음과 같이 판시하고 있다.

"공동이행방식의 공동수급체 구성원들이 기성대가 또는 준공대가를 공동수급체 구성원별로 직접 지급받기로 하는 공동수급협정은 특별한 사정이 없는 한 도급인에 대한 관계에서 공사대금채권을 공동수급체 구성원 각자가 출자지분 비율에 따라 구분하여 취득하기로 하는 구성원 상호 간의 합의라고 보는 것이 타당하고, 나아가 공동수급체 대표자가 1996. 1. 8. 개정된 공동도급계약운용요령 제11조에 따라 공동수급체 구성원 각자에게 공사대금채권을 지급할 것을 예정하고 있는 도급인에게 위와 같은 공사대금채권의 구분 귀속에 관한 공동수급체 구성원들의 합의가 담긴 공동수급협정서를 입찰참가 신청서류와 함께 제출하고 도급인이 별다른 이의를 유보하지 않은 채 이를 수령한 다음 공동도급계약을 체결하게 되면 공동수급체와 도급인 사이에서 공동수급체의 개별 구성원으로 하여금 공사대금채권에 관하여 출자지분 비율에 따라 직접 도급인에 대하여 권리를 취득하게 하는 묵시적인 약정이 이루어졌다고 보는 것이 타당하다."[57)]

이는 조합원 사이의 합의가 어떻게 합유의 내용을 결정하는지, 그리고 그 합의된 내용이 거래상대방에게 어떻게 효력을 미치는 지에 관해 보여주는 하나의 사례다.[58)]

조합계약에서는 당사자들의 사적자치가 최대한 보장되어야 할 것이지만, 조합계약에 의하여 조합이 성립된 이후에는 그 조합과 상대방 사이의 외적 관계도 문제된다. 합유는 조합원들 사이에서보다는 조합과 조합의 거래상대방 사이에서 의미를 가지므로, 합유의 내용을 현행법과 달리 강행규정으로 정하더라도 조합원들의 사적자치를 해치는 것은 아니다.[59)] 오히려 거래의 안전과 상대방 보호에 기여한다.

56) 최수정, 앞의 논문, 8면.
57) 대법원 2012. 5. 17. 선고 2009다105406 전원합의체 판결.
58) 다만 이 판례가 합유규정의 예외를 인정한 것은 아니라는 주장으로, 김세준, "민법상 조합계약과 사적자치의 효력－대법원 2012.5.17. 선고 2009다105406 전원합의체 판결－", 「비교사법」, 제20권 제2호, 2013 참고.
59) 최민수, "민법상 합유에 관한 법적 고찰－합유 규정에 관한 민법 개정안을 중심으로－", 「토지법학」, 제37권 제1호, 2021, 71면도 같은 취지.

(2) 개정의 방향성

(가) 2013년 민법개정위원회 개정시안

① 합유와 관련하여 2013년 민법개정위원회 개정시안을 살펴보면 다음과 같다.

현행	개정시안
제271조 (물건의 합유) ① 법률의 규정 또는 계약에 의하여 수인이 조합체로서 물건을 소유하는 때에는 합유로 한다. 합유자의 권리는 합유물 전부에 미친다. ② 합유에 관하여는 전항의 규정 또는 계약에 의하는 외에 다음 3조의 규정에 의한다.	**제271조 (물건의 합유)** 법률의 규정 또는 계약에 의하여 수인이 합수적으로 물건을 소유하는 때에는 합유로 한다. 합유자의 권리는 합유물 전부에 미친다. 〈 삭 제 〉
제272조 (합유물의 처분, 변경과 보존) 합유물을 처분 또는 변경함에는 합유자 전원의 동의가 있어야 한다. 그러나 보존행위는 각자가 할 수 있다.	**제272조 (합유물의 처분, 변경, 관리와 보존)** 합유물을 처분 또는 변경함에는 합유자 전원의 동의가 있어야 한다. 합유물의 관리에 관한 사항은 합유자의 과반수로써 결정한다. 그러나 보존행위는 각자가 할 수 있다.

위 개정시안에서 주목되는 것은 다음과 같다.

첫째, 합유에 관한 일반규정을 존치하고자 한다. 소유권 유형 및 내용에 관한 기본적인 규율은 물권편에서 이루어지는 것이 체계정합적이며, 합유규정과 충돌문제는 합유에 관한 일반규정을 물권편에 둔다고 하여 발생하는 것이 아니므로 개별 규정의 개정을 통해 해결할 수 있다는 점을 이유로 든다.[60)]

둘째, 제271조에 합수성을 명시하였다. 공유에서 '지분에 의하여' 소유하는 것에 상응하여, 소유의 주체가 아니라 소유의 방법에 따라 '합수적으로' 소유할 것을 요건으로 정하는 취지다.[61)]

셋째, 합유를 강행규정화 하고자 한다. 개정시안 제271조는 현행 동조 제2항을 삭제함으로써 강행규정으로 합유의 본래적 내용을 정하려고 한다. 또한 이에는 합유에 관한 규정이 민법 내에서 무용한 것이 되거나 공시의 원칙을 잠탈하는 것을 방지하고자 하는 이유도 있다.[62)]

넷째, 합유물의 관리에 관한 기준을 제시한다. 이는 공유물의 관리에 상응하여, 합유물의 관리에 관해 합유자의 과반수에 의하여 결정하도록 하는 취지다. 이때 지분의 과반수가 아니라 합유자의 과반수로 하는 것은 합수성의 의미와 함께 합유지분의 잠재성

60) 최수정, 앞의 논문, 10면.
61) 최수정, 앞의 논문, 12면.
62) 최수정, 앞의 논문, 13-14면.

에 기인한다.[63]

② 한편 조합계약, 특히 조합재산의 소유형태에 관한 2013년 민법개정위원회 개정시안은 다음과 같다.

현행	개정시안
제704조 (조합재산의 합유) 조합원의 출자 기타 조합재산은 조합원의 합유로 한다.	**제704조 (조합재산의 귀속)** 조합원의 출자 기타 조합재산은 조합원의 합유로 한다. 그러나 다른 약정이 있는 때에는 조합원의 공유로 할 수 있다.

위 개정시안은 조합계약에 의한 조합의 소유형태가 반드시 합유에 한정될 이유는 없으므로 다양한 형태의 가능성에 따라 다른 공동소유방식을 택할 수 있도록 하여야 한다는 취지에서 제안되었다. 그리고 이때 다른 약정은 공유 외에는 생각할 수 없는 결과, 조합재산을 조합원의 공유로 할 수 있다고 규정하였다.[64]

③ 그리고 과거로부터 해석에 관해 다양한 학설이 존재하여 온 조합의 사무집행 방법에 관해서도 2013년 민법개정위원회는 개정시안을 제안하였다. 아래와 같다.

현행	개정시안
제706조 (사무집행의 방법) ① 조합계약으로 업무집행자를 정하지 아니한 경우에는 조합원의 3분의 2이상의 찬성으로써 이를 선임한다.	**제706조 (사무집행의 방법)** ① (현행과 동일)
② 조합의 업무집행은 조합원의 과반수로써 결정한다. 업무집행자가 수인인 때에는 그 과반수로써 결정한다.	② (현행과 동일)
③ 조합의 통상사무는 전항의 규정에 불구하고 각 조합원 또는 각 업무집행자가 전행할 수 있다. 그러나 그 사무의 완료 전에 다른 조합원 또는 다른 업무집행자의 이의가 있는 때에는 즉시 중지하여야 한다.	③ 조합의 통상사무는 제2항의 규정에 불구하고 각 조합원 또는 각 업무집행자가 단독으로 할 수 있다. 그러나 그 사무의 완료전에 다른 조합원 또는 다른 업무집행자의 이의가 있는 때에는 즉시 중지하여야 한다.
〈신설〉	④ 조합재산의 처분, 변경, 관리와 보존에 관하여는 제2항 및 제3항 본문에도 불구하고 제264조, 제265조 또는 제272조에 의한다.

위 개정시안은, 합유물의 처분에는 제272조가 적용되고 제706조는 조합업무의 내부적 수임관계 및 대리권 수여관계를 규율하는 것으로 대상이 다르기 때문에 합유물의 처분에는 합유자 전원의 의사표시가 필요하다고 하는 학설[65]을 따르는 것으로 이해된다.

63) 최수정, 앞의 논문, 14–15면.
64) 최수정, 앞의 논문, 20–21면.
65) 이은영, 채권각론, 제5판, 2007, 611면.

즉 조합계약에 의해 조합의 업무집행 방법을 달리 정한 바가 없는 경우는 물론이고 조합원의 과반수에 의하기로 한 경우에도 조합재산의 처분, 변경에 있어서는 제272조 등 합유에 관한 물권법 규정[66]이 우선 적용되어야 한다는 것이다.[67]

(나) 검토

기본적으로 2013년 민법개정위원회 개정시안의 방향성은 바람직하다. 합유가 물권으로서는 물론 조합재산의 소유형태로서도 그 본질에 부합하도록 개정하는 방안이기 때문이다. 또한 조합계약에 있어서 당사자의 계약자유를 충실하게 보장한다는 면에서도 그러하다. 이에 더하여 조합의 내부관계와 대외적 관계를 구별하여 규율할 수 있는 법리적 토대를 제공한다는 점도 의미가 있다.

특히 현행 제271조 제2항을 삭제하는 개정시안은, 합유가 민법상 조합이라는 단체를 전제로 하므로 계약에 따라 조합이 성립된다고 하더라도 단체성의 제약을 받을 수밖에 없는데, 이러한 단체성의 제약에 관한 규정들이 바로 제272조부터 제274조의 규정이라는 점에서 해당 규정들을 강행규정으로 하는 태도는 옳다.[68]

다만 제704조의 개정시안에서 "다른 약정이 있는 때에는 조합원의 공유로 할 수 있다"는 내용은 개정의 실익이 크지 않은 것으로 보인다. 제704조가 임의규정인 이상 개정시안의 본문과 다른 약정이 있는 경우에는 그것이 우선할 것이고, 제271조의 개정시안에서 "조합체" 대신 "합수적"이라는 표현으로 변경한 이상, 조합재산을 반드시 합유로 하지 않아도 되는 길이 열려 있다. 이에 따라 굳이 명문으로 규정하지 않더라도[69] 조합계약으로 조합재산을 조합원의 공유로 귀속시킬 수도 있다. 하지만 그 경우 대외적으로 조합은 민법이 예정하고 있는 합수적 조합으로서의 단체가 아니라 일반적인 공유관계에 가깝게 되는 것으로 보아야 한다. 즉 계약자유에 따라 재산의 귀속방식을 정할 수 있으나 그것을 정한 경우에는 단체성의 유무가 달라진다고 할 것이다.

궁극적으로는 민법상 조합에도 부분적 권리능력을 인정하는 것이 옳다. 다만 현행법이 그것을 예정하고 있지 않은 결과(해석론으로 가능한 범위가 있는지의 검토는 논외로 하더라도), 대대적인 개정을 통해 이를 수용하는 것은 먼 미래의 과제가 될 수밖에 없다. 단체법 전반의 개정을 수반하기 때문이기도 하다. 그러한 점에서 2013년 민법개정위원회 개정시안의 기본적인 태도는 민법상 조합의 대외적 관계와 내부관계를 구별하는데

66) 이 개정시안에서는 제704조의 개정시안에 따라 공유에 관한 규정도 적용됨을 명시하고 있다.
67) 최수정, 앞의 논문, 28면.
68) 최민수, 앞의 논문, 71면.
69) 이 경우 개정시안 제706조 제4항에서 공유에 관한 제264조와 제265조를 규정하는 부분도 삭제하여야 한다.

법률상의 기초를 제공한다는 점에서 중요한 의미가 있다. 특히 조합 내부적으로는 조합원 간의 수권 등에 따라 조합원 전원의 동의에 대한 효율적 절차를 자유롭게 마련할 수 있는 반면, 대외적으로는 조합재산에 합유의 내용을 관철하게 되어 거래 안전을 도모할 수 있다는 점이 그러하다. 그러므로 합유 및 조합계약에 관한 몇 가지 조항의 개정만으로도 민법상 조합의 단체성을 법률상 더욱 명확히 하고 동시에 조합의 법률행위 등에 있어서 거래 안전의 토대를 마련할 수 있다. 이러한 점에서 2013년 민법개정위원회 개정시안의 태도에는 원칙적으로 찬동한다.

2. 조합의 대외적 관계와 조합계약

적어도 대외적 관계에서는 조합이 단체로서 파악되어야 한다는 점에서 조합의 권리능력에 대한 논의가 필요한데, 이는 앞서 언급한 바와 같이 개정 독일민법이 취하고 있는 태도에서 시사점을 찾아볼 수 있다. 민법상 조합을 권리능력 유무에 따라 구분하여 규율하면서, 그것에 관해 대외적 관계와 내부관계를 전제로 하는 개정 독일민법의 태도는 다음과 같다.

개정 독일민법은 민법상 조합이 내부관계로 제한되는 것과 대외적으로 드러나는 것 모두가 존재한다는 인식을 기초로 하여 그러한 두 가지 형태로 구분하여 규정한다. 이에 결부하여 민법상 조합의 권리능력도 명시적으로 인정한다.[70] 즉 민법상 조합은 '권리능력 있는 조합'과 '권리능력 없는 조합'으로 분리 규율된다. 이는 조합원들이 조합의 이름으로 법률행위를 통해 거래에 참여하는지(외적 조합), 아니면 단순히 조합원 상호 간 권리의무관계의 형성만을 목적으로 하는지(내적 조합)에 따라 구별된다. 조합이 조합원들의 공동의 의사에 기하여 법률관계에 참여하는 경우 그 조합에는 권리능력이 있다.[71]

각각의 조합 형태로부터 어떠한 법률효과가 발생하는지, 책임문제는 어떻게 되는지 등에 관한 개정 독일민법의 내용은 여기에서 직접적으로 다루지 않더라도, 민법에서 조합을 규율하는 태도가 어떠한 방향으로 나아가야 하는지에 관해서는 그와 같은 입법례를 참고할 수 있다. 이는 권리능력의 인정 여부에 관한 문제 이전에, 단체로서의 조합과 조합계약으로부터의 법률효과 사이의 관계를 어떻게 설정할 것인지, 그리고 단체로서의 조합을 (특히 사단과의 관계에서) 어떠한 범주로서 이해할 것인지 과제를 남긴다. 적어도 입법론에 있어서는 조합재산의 귀속관계로서 합유가 관철되어야 하며,[72] 조합계약의 내

70) 윤주희, “독일의 개정 민법상 조합에 관한 소고”, 「민사법학」, 제102호, 2023, 51면.

71) 독일민법 제705조(조합의 법적성질) (2) 조합은 조합원들의 공동의 의사에 따라 법률관계에 참여하기 위해 스스로 권리를 취득하고 의무를 부담할 수 있는 경우(권리능력 있는 조합)와 조합원 간의 법률관계를 형성하는 데 기여할 수 있는 경우(권리능력 없는 조합)로 구분될 수 있다.

용에 따라 단체성 혹은 합수성의 정도 및 내부적 관계를 정할 수 있도록 하는 것에서 논의를 출발하여야 한다.

Ⅳ. 결론에 갈음하여

민법상 조합의 규율은 대외적 관계와 내부적 관계를 각각 파악하는 관점에서 이루어져야 한다. 당사자능력 및 부동산등기능력을 입법 차원에서 긍정적으로 고려할 수 있으며, 또한 그것이 가능하다고 보는 이유 역시 민법상 조합의 법률행위 기타 법률관계에서 대외적 안정성을 확보할 필요가 있기 때문이다. 동시에 조합은 계약이므로 그 내용에 있어서는 당사자의 사적자치가 충분히 보장되어야 한다. 그렇다면 조합계약의 내용은 당사자들이 자유롭게 정하도록 하면서, 그에 따라 조합재산의 귀속관계가 정해진다면 그것은 물권의 대세효에 맞게 규율되어야 한다. 그러나 현행 민법 제704조와 제271조 제2항은 이와 같은 규율체계를 뒷받침하지 못한다. 이에 다음과 같은 개정제안과 함께 논의를 마무리한다.

현행	2013년 민법개정위원회 개정시안	개정제안
제704조 (조합재산의 합유) 조합원의 출자 기타 조합재산은 조합원의 합유로 한다.	**제704조 (조합재산의 귀속)** 조합원의 출자 기타 조합재산은 조합원의 합유로 한다. 그러나 다른 약정이 있는 때에는 조합원의 공유로 할 수 있다.	**제704조 (조합재산의 귀속)** 조합원의 출자 기타 조합재산은 조합원의 합유로 한다. 그러나 다른 약정이 있는 때에는 그러하지 아니하다.

위 개정제안은 제271조 제2항을 삭제함으로써 합유를 강행규정화 하고, 제271조에 합수성을 명시하는 것을 전제로 한다.[73] 즉 제704조에 의하여 조합재산이 조합원의 합유가 되면 그 합유의 내용에 관해서는 당사자가 달리 약정할 수 없다. 다만 조합계약의 당사자들은 조합의 소유관계를 합유가 아닌 다른 것으로 정할 수 있다. 그 근거규정이 위의 개정제안이다. 그러나 굳이 명문으로 규정하지 않더라도 조합계약을 통하여 조합재산을 조합원의 공유 혹은 그 외의 관계로 귀속시킬 수도 있기 때문에, 제704조의 표제를 조합재산의 "귀속"으로 변경하고, 단서를 신설하여 "그러나 다른 약정이 있는 때에는 그러하지 아니하다"고 함으로써 합유가 아닌 다른 관계를 정할 수 있음을 규정하는 것으로 충분하다.

72) 앞서 언급한 민법상 조합의 부동산등기능력 문제는 현행의 합유등기를 대신하는 입법방안으로서, 이 경우와 맞닿아 있다.

73) 2013년 민법개정위원회의 제271조 개정시안과 같다.

일본 개정민법상 매도인의 담보책임의 규율*

– 법무부 민법개정위원회안(2024)과의 비교를 겸하여 –

서희석**

국문초록

본고는 2020년 4월 1일부터 시행되고 있는 일본의 개정민법(채권법) 중 매도인의 담보책임에 관한 규율을 검토하기 위한 것이다. 필자가 이 주제를 검토하게 된 이유는 개정 조문의 구체적 내용에 대한 호기심 외에도 상당한 분량의 매도인의 담보책임에 관한 규율내용을 어떻게 '계약책임설'의 입장에서 삭제·통합·조정하여 일관된 체계로 수정할 것인가라는 입법기술적인 측면에서의 관심이 컸기 때문이다. 일본 개정 전 민법상 매도인의 담보책임에 관한 규율은 우리 민법의 그것과 마찬가지로 상당히 복잡한 체계와 내용으로 구성되어 있어서 이를 새로운 이론적 관점에 따라 재편한다는 것이 입법기술적으로 결코 쉬운 일은 아니었을 것이다. 그런 점에서 본고는 개정의 결과에 대한 분석뿐만 아니라 규율내용의 단순화가 실현되어 가는 과정을 가능한 한 추적해보고자 하였다. 일본의 개정민법은 한마디로 매도인의 담보책임을 계약책임설에 입각하여 채무불이행의 특칙으로 재편성한 것으로, 물건과 권리에 관하여 (하자가 아니라) 계약부적합이 인정되는 경우 그 효과로서 매수인에게 추완청구권과 대금감액청구권 외에 채무불이행의 일반원칙에 따른 손해배상청구권과 계약해제권이 인정된다는 점을 명문화한 것이다. 개정의 결과 개별적으로 산재해있던 개정 전 민법상 매도인의 담보책임에 관한 규율은 계약부적합을 이유로 하는 채무불이행책임으로 그 체계와 내용이 단순화되었다.

마침 우리나라에서도 2023년에 출범한 법무부 민법개정위원회로부터 우선 계약법 분야를

* 이 논문은 민사법학 제109호에 게재된 것을 수록하였다.
본고는 '2024년도 3개 거점국립대 법학연구소(원) 공동학술대회'(2024.10.25., 경북대학교)에서 발표한 원고에 수정 가필한 것이다. 위 발표에서 지정토론자로서 유익한 토론을 해주신 이상헌 교수님(경북대 법전원)과 황원재 교수님(전남대 법전원)께 감사의 말씀을 드린다.

** 부산대학교 법학전문대학원 교수.

전면적으로 개정하는 작업이 진행되어 최근에 그 개정안의 내용이 공개된 상황이다. 이 개정안 역시 계약책임설에 입각하여 다양한 담보책임의 유형을 권리의 하자와 물건의 하자로 구분하여 통합적으로 재편성하고, 매수인의 구제수단으로서 추완이행청구권과 대금감액청구권, 손해배상청구권, 계약해제권을 인정하며, 물건의 하자가 있는 경우에 권리행사기간의 특칙을 두고 있다는 점 등에서 일본의 개정민법과의 유사성이 발견된다. 다만, 하자 개념을 유지하고 있고, 매수인의 주관적 요건으로서 매수인의 악의를 매수인의 권리행사를 배제하는 요건으로 규정하고 있으며, 매수인의 구제수단에 대해 추완이행, 해제, 대금감액, 손해배상의 순으로 규정하고 있다는 점 등에서 일본 개정민법과의 차별성도 발견된다. 일본 개정민법은 우리 민법개정위원회안을 이해하고 검토하는데 있어서도 좋은 비교법적 자료가 될 것이다. 향후에 매도인의 담보책임에 관하여 민법개정위원회안(또는 한국 개정민법)과 일본 개정민법을 비교하는 연구가 심화되기를 기대해본다.

Ⅰ. 서론

본고는 2017년에 개정되어 2020년 4월 1일부터 시행되고 있는 일본의 개정민법 중 매도인의 담보책임에 관한 규율을 검토하기 위한 것이다. 그런데 이 주제에 관하여는 이미 여러 편의 선행연구가 국문으로 공간되어 있는 상황이다.[1] 이들 연구 등으로부터 밝혀진 바와 같이 일본 개정민법상 매도인의 담보책임에 관한 규율의 핵심적인 내용은 다른 입법례나 모델법 등을 참조하여 매도인의 담보책임의 법적성격을 '법정책임에서 계약책임(채무불이행책임)으로', '하자담보책임에서 계약부적합책임으로' 바꾸는 것이다.[2]

그럼에도 불구하고 필자가 이 주제를 검토하게 된 이유는 개정 조문의 구체적 내용에 대한 호기심 외에도 상당한 분량의 매도인의 담보책임에 관한 규율내용을 어떻게 계약책임설의 입장에서 삭제·통합·조정하여 일관된 체계로 수정할 것인가라는 입법기술

1) 김철수, "일본민법 개정안에서의 매도인의 담보책임과 한국민법 개정에의 시사", 법학연구(충북대), 제28권 제1호, 2017, 217~301면; 송영민, "일본 개정민법상의 계약부적합 개념과 책임에 관한 고찰", 「민사법의 이론과 실무」, 제22권 제3호, 2019, 1~37면; 이재목, "일본 하자담보책임법의 개정과 입법적 시사점", 「홍익법학」, 제21권 제4호, 2020, 1~26면: 박정기, "일본 개정민법상 매수인의 추완청구권에 관한 고찰", 「법학논고」, 제70집, 2020, 133~160면 등. 그밖에 일본 개정민법 전반에 관한 문헌으로서, 서희석, "일본 민법(채권관계) 개정요강안의 검토", 2014년도 법무부 연구용역 과제 보고서(2014), 1~323면; 서희석, "일본 민법(채권법) 개정조문 시역(試譯)", 「민사법학」, 제79호, 2017 등이 있다.

2) 김철수, 앞의 논문, 273~276면; 송영민, 앞의 논문, 4~14면; 이재목, 앞의 논문, 11~13면 등.

적인 측면에서의 관심이 컸기 때문이다. 일본 개정 전 민법상 매도인의 담보책임에 관한 규율은 우리 민법의 그것과 마찬가지로 상당히 복잡한 체계와 내용으로 구성되어 있어서 이를 새로운 이론적 관점에 따라 재편한다는 것이 입법기술적으로 결코 쉬운 일은 아니었을 것이다.

마침 우리나라에서도 2023년에 출범한 법무부 민법개정위원회로부터 우선 계약법 분야를 전면적으로 개정하는 작업이 진행되어 최근에 그 개정안(계약법 개정안)의 내용이 공개된 상황이다.[3] 담보책임에 관한 규율은 민법개정위원회가 계약법 분야 중 가장 먼저 검토해야 할 사항으로 방침을 정한 부분이기도 하다. 계약법 개정안 역시 계약책임설에 입각하여 체계를 재구성한 것이기 때문에,[4] 일본의 민법개정 과정에서와 마찬가지로 개정 조문을 마련하는 것이 결코 쉬운 작업은 아니었을 것으로 능히 짐작할 수 있다. 그런 점에서 일본 개정민법은 우리의 계약법 개정안을 이해하고 검토하는데 있어서도 좋은 비교법적 자료를 제공해줄 것으로 생각한다.

이러한 문제의식을 배경으로 하여 본문에서는 일본 개정민법상 매도인의 담보책임에 관한 규율을 검토하고자 한다. 검토순서로서는 우선 개정 전 민법상 매도인의 담보책임에 관한 규정의 내용과 담보책임의 법적 성질에 관한 논의를 개관한 후(Ⅱ), 입법에 이르기까지의 논의와 경과를 검토하여 개정민법이 탄생하기까지의 과정을 추적해본다(Ⅲ). 이어서 총론적인 관점에서 개정민법상 매도인의 담보책임의 특징을 몇 가지 항목으로 나누어 제시한 후(Ⅳ), 이를 바탕으로 개정민법상 매도인의 담보책임에 관한 개별적 규정내용을 신구조문 비교 형태로 검토한다(Ⅴ). 마지막으로 일본 개정민법의 비교법적 특징을 개관한 후, 법무부 민법개정위원회안과 개략적으로 비교하는 작업을 시도해본다(Ⅵ).

Ⅱ. 개정 전 민법상 매도인의 담보책임

1. 매도인의 담보책임에 관한 규정 개관

매매에서 매도인의 담보책임에 관한 일본의 개정 전 민법[5]의 구조는 다음과 같다.

---

3) 양창수, "민법 중 계약 관련 규정에 대한 개정안 개요[Ⅰ~Ⅵ]", 법률신문 2024.9.7.~10.12. 연재 칼럼 참조. 아울러 "계약법 개정이유서"가 법무부 민법개정위원회 명의로 공개되어 있다.

4) 양창수, 위 칼럼을 참조.

5) 이하 다른 한정이 없는 한 '개정 전 민법' 및 '개정민법'은 일본의 그것을 의미한다(다만 각주에서 이들을 인용할 경우에는 '개정 전 제OO조', '개정 제OO조'로 표기한다). 한편 2017년의 개정에 의해서도 그 내용에 변화가 없는 경우에는 단지 '민법' 또는 '민법 제OO조'로 인용하기로 한다(한국민법과의 구별이 필요한 경우에는 '일본민법 (제OO조)'로 표기). 한국민법을 인용할 때에는 '한

[표 1] 개정 전 민법상 매도인의 담보책임의 구조

목적물	하자의 대상	하자의 태양		조문
물건 (物)	권리의 하자	① 타인에의 권리 귀속 (타인의 권리의 매매)	권리 전부의 타인 귀속	제561 · 제562조
			권리 일부의 타인 귀속	제563 · 제564조
		② 양적 하자	수량부족 · 일부멸실	제565조
		③ 타인의 권리의 부착	목적물의 이용 제한	제566조
			타인의 담보권 부착	제567조
	물건의 하자	질적 하자	물건의 숨은 하자 = 하자담보책임	제570조
	강제경매 (물건의 질적 하자는 제외)			제568조
채권	채무자의 자력의 하자			제569조

출처: 山本敬三, "売主の担保責任に関する日本民法の改正", 법학논총(전남대) 제36권 제1호(2016), 201면의 표를 기초로 필자의 관점에서 약간의 수정을 가한 것임.

우선 목적물이 무엇인지에 따라 물건에 관한 담보책임과 채권에 관한 담보책임으로 나누어진다. 채권에 대해서는 채권의 매매에서 채무자의 자력에 하자가 있는 경우에 관한 담보책임이 규정되어 있다. 반면 물건에 관해서는 하자의 대상, 즉 하자가 어디에 있는지에 따라 권리의 하자와 물건의 하자에 대한 담보책임으로 나뉜다. 한편 매매의 특수한 경우로서 강제경매에서의 권리의 하자에 대한 담보책임을 별도로 규정한다.[6)]

'권리의 하자' 즉 이전된 재산권에 하자가 있는 경우는, ① 그 권리가 타인에게 귀속되어 있었다는 의미의 하자, ② 양적 하자, ③ 그 권리에 타인의 권리가 부착되어 있었다는 의미의 하자로 나누어진다. 이 중 ① 권리가 타인에게 귀속되어 있던 경우는 그 권리가 전부 타인에게 귀속되어 있었던 경우와 일부가 타인에게 귀속되어 있었던 경우로 나누어진다. 다음으로 ② 양적 하자, 즉 인도된 물건의 수량이 부족한 경우에는 애초에 수량이 부족하였던 경우와 일부가 멸실된 경우가 포함된다. 그 수량이나 멸실된 부분만큼 권리가 결여되어 있는 것(권리의 하자)으로 이해할 수도 있지만,[7)] 수량부족이나 일부

민 제OO조'로 표기한다.

6) 山本敬三, "売主の担保責任に関する日本民法の改正", 「법학논총」(전남대), 제36권 제1호, 2016, 201면. 아울러 위 논문은 야마모토 케이조 저=박주영 번역, "매도인의 「담보책임」에 관한 일본 민법 개정"이라는 제목으로, 현대 민법학의 진로(정종휴선생 정년퇴임 기념논문집), 2016, 195~215면에 한국어로 번역되어 수록되어 있다.

7) 山本敬三, 앞의 논문, 201면.

멸실은 그 성질상 '물건의 하자'에 속하는 것으로서 다만 대금감액의 효과를 인정하기 쉽고 권리의 일부가 타인에게 속하는 경우(제563조, 제564조)와 그 성질이 유사하다는 점에서 그 다음 조문에서 앞선 두 조문을 준용하는 형태로 규정된 것으로 이해되기도 한다(제565조).[8] 또한 ③ 타인의 권리가 부착한 경우에는 타인의 권리가 부착되어 있기 때문에 목적물의 이용이 제한되는 경우와 타인의 담보권이 부착된 경우로 나누어진다.[9] 이에 대해 '물건의 하자', 즉 인도된 물건에 질적인 하자가 있었던(물건의 성질에 하자가 있었던) 경우에 대한 책임이 하자담보책임(제570조)이다.[10]

개정 전 민법상 매도인의 담보책임에 관한 규정은 현행 한국민법의 그것과 그 내용 및 규율체계가 거의 같다.[11]

2. 담보책임의 법적 성질에 관한 논의

이상의 담보책임에 대해서는 개개의 요건·효과도 문제가 되지만 그 전체를 관통하고 있는 문제가 존재하고 있었다. 즉 담보책임의 법적 성질에 관한 이해가 일치하지 않고 있었다는 점이다. 다시 말하면 담보책임은 통상의 채무불이행책임과 어떠한 관계에 있느냐는 점이 문제되었다. 그러나 개정 전 민법상 담보책임과 채무불이행의 일반원칙과의 관계는 규정상으로는 그 파악이 쉽지 않다. 담보책임의 효과로서의 손해배상책임이나 해제는 채무불이행의 일반원칙에 의해서도 인정된다는 점에서 그러하다. 따라서 양자는 어떠한 관계에 서는 것인지, 구체적으로 양자는 관계가 없는 것인지 있는 것인지, 관계가 있다고 하면 담보책임은 채무불이행책임의 특칙에 해당하는지 등 담보책임의 법적 성질에 관한 논의가 일본의 개정 전 민법에 있어서 담보책임에 관한 논의의 중

---

8) 가령, 内田貴『民法Ⅱ[第２版] 債権各論』(東京大学出版会, 2007) 122頁.
9) 山本敬三, 앞의 논문, 201면.
10) 山本敬三, 앞의 논문, 202면.
11) 매도인의 담보책임에 관한 규정에서 일본의 개정 전 민법과 한국의 현행민법은 그 내용 및 규율체계가 거의 같지만 차이점도 존재한다. 양자의 차이점을 정리하면 다음과 같다. ① 매매의 효력에 관한 일반규정은 한국민법에만 존재한다(한민 제568조). ② 매매의 목적이 된 부동산에 부착된 타인의 담보권으로서 개정 전 민법은 저당권 외에 '선취특권'을 규정하고 있었으나(개정 전 제567조), 한국민법은 '전세권'을 규정하고 있고, 나아가 한국민법에는 저당권 등으로 소유권을 잃는 경우뿐만 아니라 '소유권을 취득할 수 없는 경우'가 추가되어 있다(한민 제576조제1항). ③ '저당권의 목적이 된 지상권·전세권의 매매와 담보책임'에 관한 규정은 한국민법에만 존재한다(한민 제577조). ④ 매도인의 하자담보책임에 관하여 개정 전 민법이 '숨은 (하자)'를 요건으로 규정하고 있었음에 반해(개정 전 제570조), 한국민법은 '매수인의 선의 무과실'을 매도인의 담보책임의 요건으로 직접 규정하고 있다(한민 제580조). 다만 양자의 의미는 같은 것으로 해석된다. ⑤ 한국민법은 종류물의 하자담보책임에 관한 규정을 두고 있음에 반해(한민 제581조) 개정 전 민법에는 관련 규정이 존재하지 않았다. ⑥ 매도인의 하자담보책임의 권리행사기간은 개정 전 민법이 '사실을 안 날부터' 1년임에 반해(개정 전 제570조, 제566조 제3항), 한국민법은 6개월이다(한민 제582조).

심적인 테마였다.[12)]

(1) 물건의 하자에 대한 담보책임(하자담보책임)의 법적 성질

특히 물건의 (질적) 하자에 대한 담보책임(하자담보책임. 개정 전 제570조)에 관하여는 그 법적 성질에 대한 이해의 대립을 전제로 하자의 보수(補修)나 대체물의 인도와 같은 이행의 추완을 구하는 권리가 매수인에게 인정되는지, 대금감액은 인정되는지 등을 둘러싸고 학설은 다양하게 전개되었고,[13)] 판례의 경우 그 입장에 대한 일관적인 이해가 반드시 용이한 것은 아니었다.[14)]

하자담보책임의 법적 성질에 관한 이해는 특히 다음 네 가지 논점—① 불특정물(종류물)매매에의 적용여부 및 (적용시) 요건, ② 하자의 존재시점, ③ 추완청구권 행사의 가부, ④ 제570조에 따른 손해배상의 내용(신뢰이익 또는 이행이익 여부)—을 둘러싸고 그 결론에서 차이를 보였다.[15)]

(가) 학설

하자담보책임의 법적 성질에 관하여는 기본적으로 법정책임설과 계약책임설이 대립되었다. **'법정책임설'**은, 특정물매매에 있어서는 물건의 개성에 입각하여 매매의 목적물을 선택하기 때문에 당사자가 선택한 '이 물건' 이외의 것은 있을 수 없고 결국 목적물의 품질·성능 등은 계약내용(채무내용)이 되지 않기 때문에 매도인의 의무는 당해 특정물을 현상대로 인도하는 것으로 충분하고 따라서 하자가 있어도 채무불이행이 성립하지 않는다는 점(특정물도그마)을 전제로, 다만 대가와의 불균형이 생긴다는 점에서 계약당사자 간의 형평의 관점에서 이를 시정하여 매수인의 신뢰를 보호하기 위하여 법이 특정물의 매도인에 대하여 특별히 인정한 책임을 하자담보책임으로 이해하는 견해로,[16)] 종래의 통설이었다.[17)] 이 견해에 의하면 하자있는 물건의 매매는 채무불이행에 해당하지 않기 때문에 하자담보책임이 인정되는 경우에 채무불이행에 관한 규정을 적용할 수

12) 山本敬三, 앞의 논문, 202면.

13) 학설의 상황에 대해서는 특히 山本敬三『民法講義Ⅳ－1契約』(有斐閣, 2005) 238頁以下·262頁以下를 참조.

14) 大村敦志＝道垣内弘人編『解說·民法改正のポイント』(有斐閣, 2017) 398頁 (石川博康 집필).

15) 民法(債権関係)部会資料15－2 (「民法(債権関係)の改正に関する検討事項 (10) 詳細版」) (이하 "部会資料15－2"로 인용) 9頁.

16) 법정책임설의 또 다른 설명방법으로 '원시적불능론'이 있다. 이 견해는 특정물매매의 목적물이 계약체결 전부터 하자가 있는 경우는 매도인의 채무는 '원시적 일부불능'의 상태에 있는 것이기 때문에 그 부분에 대한 매매계약은 무효인바, 결과적으로 하자 있는 물건을 급부해도 매도인은 채무불이행책임을 지지 않고, 따라서 매수인의 보호를 위한 입법적 배려로서 담보책임을 이해할 수 있다는 점을 법정책임설을 취하는 근거로 설명한다. 部会資料15－2, 10면.

17) 柚木馨『売主瑕疵担保責任の研究』(有斐閣, 1963年) 166頁以下; 我妻栄『債権各論·中巻一』(岩波書店, 1957年) 270頁以下等.

는 없게 된다.[18]

이 견해는 앞의 4가지 논점에 대해 다음과 같이 이해한다. 즉, ① 하자 없는 물건의 조달이 가능한 불특정물매매에는 제570조가 적용되지 않는다. ② 하자는 계약체결시에 존재하여야 하며, 계약체결 후에 생긴 하자는 보관의무 위반에 의한 채무불이행책임 또는 위험부담의 문제가 된다. ③ 하자가 없는 '이 물건'을 관념하기 어렵기 때문에 대체물급부청구권이나 하자보수청구권과 같은 추완청구권은 인정되지 않는다. ④ 손해배상의 내용 내지 범위에 관하여서는 신뢰이익(매수인의 신뢰보호를 위한 제도) 또는 매매대금과 하자 있는 물건의 객관적 가치의 차액(대가적 불균형의 시정을 위한 제도)의 배상만이 인정될 뿐이다.[19]

그러나 최근에는 학설상으로는 **'계약책임설'**이 오히려 지배적인 위치를 차지하였는데,[20] 이 견해는 특정물도그마(또는 원시적불능론)를 부정하면서, 매도인은 특정물·불특정물을 묻지 않고 당해 계약에서 합의된 성능·품질 등을 갖춘 목적물을 인도할 채무를 부담하기 때문에, 그러한 채무에 위반하여 합의되지 아니한(하자 있는) 성능·품질 등을 갖춘 목적물을 인도하면 채무불이행이 성립한다고 이해한다. 하자담보책임은 그러한 의무위반에 의해 생기는 매매에 있어서의 채무불이행의 특칙을 정한 것이다.[21] 이 견해에 의하면 하자담보책임에 관하여 특칙이 없는 부분에 대해서는 채무불이행의 일반원칙이 적용된다.[22]

이 견해는 앞의 4가지 논점에 대해 다음과 같이 이해한다. 즉, ① 불특정물매매에의 적용을 긍정한다(적용장면의 한정도 없다). ② 하자가 반드시 계약체결시에 존재할 필요는 없으며, 매도인으로부터 매수인으로 위험이 이전한 시점(통상은 인도시)에 하자가 존재할 필요가 있다(다수). ③ 담보책임의 특칙이 없는 부분은 채무불이행의 일반원칙에 의하기 때문에 추완청구권의 행사를 인정한다. ④ 채무불이행책임으로 구성하기 때문에 이행이익의 배상을 긍정한다.[23]

이와 같은 법정책임설과 계약책임설에 대하여는 각각 반대되는 입장에서의 비판이 제기되었고, 또한 이를 반영하여 각 입장을 수정하는 견해가 제기되었는바(법정책임설의 수정설, 계약책임설의 수정설 등), 논자에 따라 그 논리전개는 다양하다.[24]

---

18) 山本敬三, 앞의 논문, 202면.
19) 部会資料15－2, 10면.
20) 大村敦志＝道垣内弘人, 앞의 책, 399면(石川博康 집필).
21) 北川善太郎『契約責任の研究』(有斐閣, 1963年) 168頁以下; 星野英一「瑕疵担保の研究ー日本」同『民法論集 第3巻』(有斐閣, 1972年) 211頁以下; 森田宏樹『契約責任の帰責構造』(有斐閣, 2002年) 241頁以下; 潮見佳男『契約各論 I』(信山社, 2002年) 190頁以下等.
22) 山本敬三, 앞의 논문, 202면.
23) 部会資料15－2, 11면.
24) 계약책임설의 수정설의 대표적인 예로서 '귀책사유구별설'과 '위험부담적 대금감액청구권설'이 있

(나) 판례

학설이 개정 전 민법 제570조에 관하여 채무불이행의 일반원칙과의 관계 및 하자담보책임의 법적 성질을 둘러싸고 법정책임설과 계약책임설의 대립에 따라 동조의 적용범위나 책임의 내용에 대해 다른 결론을 도출하고 있는 것과 마찬가지로 판례도 명확한 규범을 제시하고 있다고는 할 수 없었다.

판례는 하자담보책임의 법적 성질에 대해 직접적인 판단을 하고 있지는 않지만, 불특정물매매에서의 매도인의 하자담보책임을 긍정하는 판단을 하고 있다.[25] 즉, ① 채권자는 하자의 존재를 인식한 위에 이것을 이행으로 인정(認容)하여 하자담보책임을 물을 수도 있지만, ② 그 외의 경우에는 채권자는 수령 후라도 완전이행청구권과 채무불이행에 기초한 손해배상청구권 및 해제권을 갖는다고 판시하고 있다. 이에 대하여는 불특정물의 경우에도 하자담보책임의 성립을 긍정하는 것이어서(①) 불특정물매매에 관하여서는 하자담보책임의 규정이 적용되지 않는다고 하는 전형적인 법정책임설의 입장과는 다른 판단(=계약책임설)을 하고 있다는 점을 분명히 하고 있다는 해석도 있지만,[26] 판례의 법리구성에 의하면 불특정물매매에서 하자담보책임의 범위는 신뢰이익에 한정되고 추완청구는 할 수 없으며 게다가 1년의 단기 기간제한의 적용을 받는 것이어서, 이러한 불이익을 각오하고 하자를 인식한 위에 이행으로 인정하여 수령한다는 것이 가능한 것일지 의문이라는 점에서 하자담보책임이 기능할 여지가 거의 없다는 비판도 있다.[27]

이와 같이 개정 전 민법상 하자담보책임에 대하여는 그 법적 성질을 둘러싼 학설의 대립이 심하였고, 판례의 입장도 결코 명확한 규범을 제시하고 있다고는 할 수 없는 불안정한 상황이 지속되고 있었다고 할 것이다.[28]

다. 전자는 귀책사유를 근거로 채무불이행책임과 구별되는 하자담보책임의 특칙성(이질성)을 발견하고자 하는 견해로, 매도인은 하자없는 물건의 급부의무를 부담한다는 점을 전제로(즉, 법정책임설의 전제인 원시적불능론·특정물도그마를 부정한 위에), 다만 매도인의 담보책임이 무과실책임이라는 것을 중시하여 일반 채무불이행책임과의 이질성을 발견하고자 하는 견해이다. 후자는 특정물의 하자보수 등이 불가능한 경우에는 그 한도에서 이행불능이 되기 때문에 불능에 대해 매도인에게 귀책사유가 있는 경우에는 채무불이행책임이, 귀책사유가 없는 경우에는 위험부담의 문제가 되며 이 경우 불능부분에 대응한 대금감액이 필요하게 된다고 이해한다. 이때 하자담보책임으로서의 손해배상청구권은 이와 같은 대금감액청구권의 실질을 갖는 것이고, 이러한 대가적 균형의 확보자체는 매도인의 귀책성이라는 주관적 요건과는 관계없는 것이므로 하자담보책임이 무과실책임이라는 것에도 합리성이 있다고 한다(部会資料15-2, 12면). 위험부담적 대금감액청구권설 및 이에 대한 비판적 견해를 소개하는 국내문헌으로, 김철수, 앞의 논문, 274면 각주 8) 및 9)도 참조.

25) 最判昭和36[1961]年12月15日民集15巻11号2852頁.

26) 大村敦志=道垣内弘人, 앞의 책, 399면(石川博康 집필).

27) 部会資料15-2, 14~15면.

28) 部会資料15-2, 9면.

(2) 권리의 하자에 대한 담보책임의 법적 성질

권리의 하자에 대한 담보책임의 법적 성질에 관하여는 주로 '타인의 권리의 매매'에서의 매도인의 담보책임(개정 전 제561조)을 염두에 둔 논의가 진행되었는데, 여기서도 법정책임설과 계약책임설의 대립이 있었다.

(가) 학설

법정책임설은 권리의 하자에 대한 담보책임을 채무불이행책임과는 다른 법정의 책임으로 이해한다. 그 이론적 근거를 어디에서 구할 것인지가 문제되는데 하자담보책임에서와 마찬가지로 원시적불능론에서 구하는 견해가 일반적이지만, 로마법 유래의 담보책임제도의 연혁적 이유에서 구하는 견해도 있었다. 원시적불능론에서 구하는 견해는 계약체결시에 목적물의 소유권이 매도인에게 귀속되지 않은 경우 당해 타인물매매는 원시적으로 불능한 계약이므로 본래 계약은 무효로 해석하여야 하지만 개정 전 민법 제560조[29]는 매매계약의 신용유지를 위해 법이 특별히 계약을 유효로 정한 것이라는 점에서 타인의 권리의 매매에서의 담보책임에 관한 규정(개정 전 제561~제564조)은 법이 정한 특별한 법정책임으로 이해하여야 한다고 한다.[30] 판례도 원시적으로 불능인 계약인 타인물매매를 유효로 하는 특별규정을 설정한 것이라는 이해를 표명한다.[31] 한편 로마법 유래의 담보책임제도의 연혁적 이유에서 법정책임설의 근거를 구하는 견해는, 로마법상 매도인은 매매목적물의 점유의 이전의무를 부담할 뿐 소유권이라는 관념적인 권리의 이전의무를 부담하는 것은 아니었기 때문에 매도인은 목적물의 점유를 이전하면 채무를 이행한 것이 되고 그 후에 목적물의 진정한 소유자가 추탈하는 경우에도 매도인은 채무불이행책임을 부담하지 않게 된다. 그러나 이 경우 매수인 보호에 문제가 발생하기 때문에 법이 정책적으로 인정한 것이 매도인의 담보책임으로서 일본민법의 담보책임도 이러한 발상을 기초로 하여야 한다고 이해한다. 위의 어느 견해도 권리의 하자에 대한 담보책임의 존재의의를 권리가 이전된다고 기대한 매수인의 신뢰보호에 있다고 이해하기 때문에 개정 전 민법 제561조(한민 제570조에 상당: 필자 주)에 의한 매도인의 손해배상의 범위도 신뢰이익에 한정된다고 해석한다.[32]

이에 대해 **계약책임설**은 (원시적불능론과 특정물도그마에 대한 비판에 더하여) 일본민법은 매매에서 관념적인 권리의 이전의무를 당연히 긍정하고 있고(제555조),[33] 타인의 권

29) 개정 전 제560조(타인의 권리의 매매에서 매도인의 의무) 타인의 권리를 매매의 목적으로 한 때에는 매도인은 그 권리를 취득하여 매수인에게 이전할 의무를 진다.

30) 松岡久和＝松本恒雄＝鹿野菜穂子＝中井康之編『改正債権法コンメンタール』(法律文化社, 2020) (이하 "松岡久和＝松本恒雄, 앞의 책"으로 인용) 716頁(北居功 집필).

31) 最判昭和25[1950]年10月26日民集4巻10号497頁.

32) 松岡久和＝松本恒雄, 앞의 책, 716면(北居功 집필); 部会資料15－2, 31면.

리의 매매에 관한 개정 전 민법 제560조는 목적물의 소유권을 매수인에게 이전할 의무를 명확히 규정하고 있기 때문에 매도인이 목적물의 소유권을 매수인에게 이전하지 못하는 경우에는 소유권이전의무의 위반으로서 채무불이행 그 자체로 해석하여야 한다고 법정책임설을 비판하면서, 권리의 하자에 대한 담보책임을 채무불이행책임의 특칙으로서 무과실책임을 정한 것으로 이해하여야 한다고 한다.[34] 손해배상의 내용에 관하여는 채무불이행의 일반원칙(개정 전 민법 제416조)[35]이 적용된다는 견해와, 권리이전이라는 결과의 실현을 보증한 것에 의한 채무불이행책임이라는 이해를 전제로 권리이전에 의해 취득할 수 있었던 가치상당분(목적물의 현재가치와 계약상 예정된 가치의 차액)에 한정된다는 견해가 있다.[36] 그러나 계약책임설에 대해서는 권리의 하자에 대한 담보책임을 정한 개정 전 민법 제561조~제567조에 한하여 무과실책임의 특칙을 정한 것으로 이해할 필연성이 있는지 의문이라는 비판이 있고, (타인의 권리의 매매에서 악의의 매수인의 손해배상책임을 부정하는 개정 전 민법 제561조 단서를 둘러싼 아래 판례의 해석과 이에 대한 비판론에서 보는 것처럼) 채무불이행의 일반원칙과의 적용관계의 불명확성은 여전히 남는다는 문제가 지적되고 있었다.[37]

(나) 판례

매도인이 자신이 임차하고 있는 토지를 토지소유자로부터 취득하여 이전할 것을 전제로 매수인과 매매계약을 체결하였으나 매도인이 토지소유자와 다투는 바람에 토지를 취득할 수 없었고 결국 매수인이 토지소유자로부터 토지를 구입하였는바 매수인이 그 구입 비용과 매도인과의 매매대금의 차액을 손해배상으로 청구한 사안에서, 매도인이 매수인은 타인물이라는 점에 대해 악의이므로 선의의 매수인에게만 손해배상청구를 인정하는 개정 전 민법 제561조[38]에 기초하여 매수인은 손해배상을 청구할 수 없다고 항변하였다. 이에 대해 최고재판소는 "그 이행불능이 매도인의 귀책사유에 의한 것이라면 매수인은 매도인의 담보책임에 관한 민법 제561조의 규정에 불구하고 채무불이행에 관

33) 일본민법 제555조(매매) 매매는 당사자의 일방이 어느 재산권을 상대방에게 이전할 것을 약정하고 상대방이 이에 대해 그 대금을 지급할 것을 약정함으로써 그 효력이 생긴다.

34) 部会資料15-2, 31~32면.

35) 개정 전 제416조(손해배상의 범위) ① 채무불이행에 대한 손해배상의 청구는 통상 생길 손해의 배상을 하게 하는 것을 그 목적으로 한다. ② 특별한 사정에 의해 생긴 손해라도 당사자가 그 사정을 예견하거나 예견할 수 있었던 때에는 채권자는 그 배상을 청구할 수 있다.

36) 部会資料15-2, 32면.

37) 部会資料15-2, 32면.

38) 개정 전 제561조(타인의 권리의 매매에서 매도인의 담보책임) 전조[타인의 권리의 매매에서 매도인의 의무]의 경우에 매도인이 그 매각한 권리를 취득하여 매수인에게 이전할 수 없을 때에는 매수인은 계약을 해제할 수 있다. 이 경우 [매수인이] 계약시에 그 권리가 매도인에게 속하지 아니함을 알고 있었던 때에는 손해배상의 청구를 할 수 없다.

한 일반규정(개정 전 제543조, 개정 전 제415조)에 따라 계약을 해제하고 손해배상의 청구를 할 수 있다고 해석하는 것이 상당하다"고 하여 개정 전 민법 제415조에 의한 손해배상을 인정하였다.[39] 이 판례는 타인물매매에서 매도인의 귀책사유가 있다면 여전히 채무불이행에 따른 손해배상책임을 부담한다는 것으로 학설은 일반적으로 이 판례의 결론을 지지하고 있었다(통설).[40] 그러나 위 판례의 결론을 따른다고 하더라도 실무에서 귀책사유가 없음을 매도인이 입증하는 것이 사실상 어렵다는 점을 고려하면 개정 전 민법 제561조 단서가 악의의 매수인의 손해배상책임을 부정한 취지가 실질적으로 공동화된다는 점에서 개정 전 민법 제561조의 담보책임과 채무불이행의 일반원칙과의 적용관계의 불명확성은 여전히 남는다는 점을 지적하는 견해도 있었다.[41] 이 견해는 궁극적으로 매매의 목적물이 타인물인 경우에 매수인이 악의라고 하더라도 매매계약의 합의내용에 따라 매도인이 권리이전의무를 부담하는 한은 그 의무위반이 있으면 매도인은 채무불이행의 일반원칙에 따른 책임을 부담한다고 해석하여야지 매수인이 악의라는 점만으로 채무불이행책임이 당연히 배제된다고는 할 수 없고 매도인의 책임은 매도인이 타인으로부터 권리를 취득하여 매수인에게 이전할 의무를 어느 범위에서 인수하였는지에 의존하는 것인바, 개정 전 민법 제561조 단서(후단)의 규정은 이를 삭제하는 것이 타당하다는 점을 지적하는 것이었다(후술하는 '채무불이행 일원론').[42]

Ⅲ. 개정 논의와 경과

1. 개관: 채무불이행 일원론에 따른 개정논의의 주도

이와 같이 매도인의 담보책임의 규율에 관하여는 학설상 활발한 논의가 전개되었고 판례도 일정한 해결책을 제시하였지만, 이미 조문의 해석론에 의해서는 법적 안정성을 구축하기가 곤란한 상황이 계속되고 있었다고 할 것이다. 이에 따라 입법론적 관점에서 근본적인 해결을 추구하고자 하는 생각이 개정논의의 초기단계(「채권법개정의 기본방침」)부터 제창되었는바, 이것은 특정물도그마와 원시적불능론을 부정하는 계약책임설의 입

39) 最判昭和41[1966]年9月8日民集20巻7号1325頁.
40) 松岡久和＝松本恒雄, 앞의 책, 717면(北居功 집필); 民法(債権法)改正検討委員会編『詳解 · 債権法改正の基本方針Ⅳ[各種の契約(1)]』(商事法務, 2010) (이하 "詳解 · 基本方針Ⅳ"로 인용) 51頁.
41) 部会資料15－2, 32면; 詳解 · 基本方針Ⅳ, 51면.
42) 이러한 생각은 일본채권법 개정의 실질적인 원동력이 되었다고 평가할 수 있는 「채권법개정의 기본방침」【3.2.1.A】에 표현되어 있다(「채권법개정의 기본방침」【3.2.1.A】 타인의 권리를 목적으로 하는 매매계약에서 매수인이 악의인 경우에도 권리이전의무의 불이행에 의한 일반적 효과가 발생하는 것으로 이해하여, 현행민법 제561조 후단에 대응하는 규정을 두지 않는 것으로(삭제하기로) 한다). 「채권법개정의 기본방침」에 대해서는 후술하는 Ⅲ.2.도 참조.

장을 기본으로 하되 물건이나 권리의 하자에 대한 담보책임을 '가급적' 채무불이행의 일반원칙에 일원화하려는 시도('채무불이행 일원론')로서,[43] 이러한 입장이 채권법 개정과정 전체의 논의를 주도하였다고 할 수 있다.[44]

채무불이행 일원론에 의하면 개개의 계약의 해석에 의해 매도인이 부담하는 이행의무의 구체적 내용을 확정하고 이에 위반하는 사실이 있으면 채무불이행의 일반원칙에 의해 원칙적으로 손해배상책임이나 해제 등이 인정되고 이후에는 면책사유의 유무를 판단하면 충분하기 때문에 채무불이행의 일반원칙과의 적용범위의 불명확성의 문제가 해소되고 채무불이행법의 체계가 간명하고 명쾌하게 되는 메리트가 있다고 설명된다.[45] 이러한 입장은 담보책임을 채무불이행책임에 따라 일원적으로 규율하고자 하는 국제적 동향도 참고한 것이지만,[46] 구제수단으로 손해배상청구권이나 해제권 외에 무엇을 인정할 것이고 이들 상호 간의 관계는 어떻게 규율할 것인지, 제척기간에 관한 규율을 어떻게 할 것인지 등에 관한 특칙을 아울러 두는 것을 부정하는 것은 아니었다.[47] 오히려 복잡한 담보책임 규정을 채무불이행의 일반원칙으로 단순화하면서도 이러한 특칙을 어떻게 둘 것인지의 조율이 입법기술적으로 쉽지만은 않은 문제였다고 할 것이다. 담보책임을 '가급적' 채무불이행의 일반원칙에 일원화한다는 표현의 의미는 이러한 것이었다.[48]

2. 개정 경과

일본민법의 개정(2017)은 실질적으로는 私的인 학자그룹인 '민법(채권법) 개정검토위원회'에 의한 개정제안(「채권법개정의 기본방침」)의 작성(2009)에서부터 시작되었다고 볼

43) 部会資料15－2, 15면, 32면.

44) 이것은 (결과론이기는 하지만) 「채권법개정의 기본방침」의 규율내용이 기본적으로 계약책임설에 입각하여 입안된 것이고, 이후 법제심의회에 의한 채권법개정의 공식적인 논의과정에서도 이러한 입장에 따라 개정논의가 진행되었음을 확인할 수 있고(후술하는 중간시안, 요강안의 내용), 그 결과로서 도출된 개정민법도 결국 계약책임설의 입장이 반영된 것이라는 점으로부터 유추할 수 있는 결론이다.

45) 채무불이행 일원론은 물건의 하자에 대한 담보책임(하자담보책임)을 둘러싼 4가지 논점에 관하여 다음과 같이 해석한다. ① 불특정물매매의 경우 채무불이행의 일반원칙의 적용을 검토하면 충분하고, ② 매도인으로부터 매수인으로의 위험이전시기(통상은 인도시)에 하자가 존재하는지 여부가 판단되어야 하며, ③ 채무불이행의 일반원칙에 따라 추완청구권을 행사할 수 있고, ④ 손해배상의 내용 내지 범위에 관하여서는 채무불이행의 일반원칙에 따라 처리한다.

46) 개정논의에서 참고한 매도인의 담보책임에 관한 입법례로서, CISG, 독일민법, 스위스채무법, 프랑스민법·소비법전, 네덜란드민법, 미국통일상사법전, 영국동산매매법(the Sale of Goods Act 1979), 유럽계약법원칙(PECL), UNIDROIT 국제상사계약원칙(PICC 2004), DCFR 등이 있다(部会資料15－2【참고】).

47) 部会資料15－2, 15면.

48) 部会資料15－2, 15면.

수 있는바,[49] '법제심의회 민법(채권관계)부회'(이하 '법제심의회'로 약칭한다)에 의한 공식적인 개정작업이 시작(2009.11.)된 이후에도 위 개정제안은 개정논의의 중요한 시발점이 되었다.[50] 법제심의회에서의 민법개정 작업은 시기적으로 3단계의 논의를 거쳐 이루어졌는바,[51] 이하 그 순서대로 매도인의 담보책임에 관한 부분의 개략적인 논의상황을 정리하기로 한다.

(1) 제1단계: 법제심의회 시작 이후 「중간적인 논점정리」 (2011.4.)까지

제1단계에서는 개정 전 민법의 현황 및 문제점으로부터 시작하여 개정방향과 논점에 대한 광범위한 논의가 이루어졌다. 이 기간 중 논의의 결과는 「중간적인 논점정리」[52]로 공표되었다.

먼저 **물건의 하자에 대한 담보책임**(하자담보책임)에 대해서는 채무불이행의 일반원칙과의 관계(하자담보책임의 법적 성질)를 계약책임설을 기초로 구성할 것인지 여부, '하자'의 정의규정을 둘 것인지 또는 이를 '계약부적합' 개념으로 수정할 것인지 여부, '대금감액청구권'을 인정할 것인지 여부, 매수인에게 인정되는 권리(추완청구권, 대금감액청구권, 손해배상청구권, 해제권)의 상호관계를 명확하게 규율할 필요성 여부, 제척기간에 의한 권리행사 제한의 수정 필요성 여부 등에 관하여 논의가 이루어졌다. 논의의 결과 의견의 일치를 본 논점은 거의 없었고, 다음 단계에서 논의를 심화시키는 것으로 정리되었다.[53]

다음으로 **권리의 하자에 대한 담보책임**에 대해서는 공통논점과 개별논점으로 나뉘어 논의가 진행되었다. 먼저 **공통논점**으로, 권리의 하자에 대한 담보책임에 관하여 채무불이행의 일반원칙과의 관계(권리의 하자에 대한 담보책임의 법적 성질), 매수인의 주관적 요건의 요부, 매수인에게 인정되는 권리의 상호관계의 명확화 및 제척기간에 의한 권리행사 제한의 수정 필요성 등에 관하여 논의가 이루어졌는데, 하자담보책임에 대응하는

49) 민법(채권법) 개정검토위원회의 발족과 활동에 관하여는, 서희석, "일본 민법(채권법) 주요 개정사항 개관－민법총칙을 중심으로－", 「비교사법」, 제24권 제3호, 2017, 1072~1073면을 참조. 또한 民法(債権法)改正検討委員会編『債権法改正の基本方針(別冊NBL No.126)』(商事法務, 2009)도 참조.

50) 서희석, 위 논문, 1074~1075면 참조.

51) "법제심의회 민법(채권관계)부회 부회자료 항목일람 (法制審議会民法(債権関係)部会 部会資料項目一覧)"에 의한 시기구분이다(법무성 홈페이지 https://www.moj.go.jp/content/000108371.pdf 참조). 법제심의회에서의 민법개정의 논의와 경과(단계)에 관하여는, 서희석, 위 논문, 1075~1078면을 참조.

52) 정식명칭은 「民法(債権関係)の改正に関する中間的な論点整理」이다. 자료로서는 각 논점정리에 관한 법제심의회에서의 논의상황까지 정리하여 기술한 法務省民事局参事官室 「民法(債権関係)の改正に関する中間的な論点整理の補足説明」 (이하 "中間的な論点整理の補足説明"으로 인용)을 참조하는 것이 유익하다.

53) 中間的な論点整理の補足説明, 292~299면 참조.

각 논점에 관한 논의에 정합적인 방향의 검토가 필요한 것으로 정리되었다.[54] 한편 **개별논점**으로, 타인의 권리의 매매에서 선의의 매도인의 해제권(개정 전 제562조; 한민 571조 대응)의 삭제 필요성, 수량부족·일부멸실의 경우의 매도인의 담보책임(개정 전 제565조; 한민 574조 대응)에 관하여 특히 수량부족·일부멸실을 하자담보책임(개정 전 제570조; 한민 제580조~제582조 대응)의 하자에 포함되는 것으로 규정을 정리할 필요가 있는지 여부, 지상권 등이 부착된 경우의 매도인의 담보책임(개정 전 제566조; 한민 제575조 대응)과 저당권 등이 부착된 경우의 매도인의 담보책임(개정 전 제567조; 한민 제576조 대응)에 관하여 채무불이행의 일반원칙에 맡기면 충분하므로 이를 삭제할 것인지 또는 채무불이행책임이 발생하는 구체적인 경우로서 이를 확인하는 취지의 규정으로 유지할 것인지 여부 등이 논의되었다. 논의의 결과 다음 단계에서 논의를 심화시키는 것으로 정리되었다.[55]

그 밖에 강제경매에서의 담보책임(개정 전 제568조, 제570조 단서; 한민 제578조, 제580조제2항 대응), 매도인의 담보책임과 동시이행(개정 전 제571조; 한민 제583조 대응), 담보책임면제의 특약(개정 전 제572조; 한민 제584조 대응)의 개정 필요성 여부 등이 논의되었고, 다음 단계에서 논의를 심화시키는 것으로 정리되었다.[56]

(2) 제2단계: 「중간적인 논점정리」 이후 「중간시안」 (2013.2.)까지

「중간적인 논점정리」가 공표된 이후에는 의견수렴(public comment)의 과정을 거쳤는데, 제2단계에서는 이 의견수렴의 결과를 반영한 심의를 통하여 「중간시안」을 결정 공표하기에 이르렀다. 「중간시안」은 「중간적인 논점정리」를 통하여 부각된 논점에 관한 집중적인 검토를 통하여 개정민법의 방향성을 명확하게 제시하는 내용으로 구성되었다. 중간시안에서는 매도인의 담보책임을 계약책임설(채무불이행 일원론)에 입각하여 개정한다는 점이 선명하게 부각되었다.

매도인의 담보책임에 관한 중간시안의 내용은 **'제35 매매'**에서 매매에 관한 다른 개정제안과 함께 제시되었는데, 매매에 관한 개정제안의 중심적인 부분은 역시 담보책임에 관한 것이었다. 중간시안에서 제안된 담보책임에 관한 개정내용은 다음과 같이 크게 4부분으로 나누어진다.[57]

(가) 매도인의 의무(매도인의 담보책임의 요건)

매도인의 담보책임의 요건에 관한 내용으로 중간시안은 먼저 **매도인이 계약에서 부**

54) 中間的な論点整理の補足説明, 300면 참조.
55) 中間的な論点整理の補足説明, 300~302면 참조.
56) 中間的な論点整理の補足説明, 302~307면 참조.
57) 제35 매매는 모두 15개의 항목으로 구성되었는데, 이 중 담보책임에 관한 항목은 모두 8개이고 이를 내용적으로 재분류하면 다시 4부분으로 나누어진다.

담하는 기본적인 의무로서 재산권을 이전할 의무(일본민법 제555조) 외에 매매의 내용에 따라 매수인에게 목적물을 인도할 의무와 권리의 이전에 등기 등의 대항요건을 구비하여야 할 의무를 부담한다는 점을 명확히 하였다.[58]

다음으로 **목적물의 인도에 관한 매도인의 의무** 내지 **물건의 하자에 대한 담보책임의 요건**에 관하여 매도인이 매수인에게 인도하여야 할 목적물은 종류, 품질 및 수량에 관하여 당해 매매계약의 취지에 적합한 것이어야 한다는 점이 명시되었다.[59] 이 제안은 하자담보책임에 관한 개정 전 제570조 외에도 수량부족·일부멸실의 경우의 매도인의 담보책임에 관한 개정 전 제565조와도 관련된 것이다.[60] 매도인이 '계약의 취지에 적합한 목적물을 인도할 의무'[61]에 위반하면 채무불이행을 구성하게 된다.[62]

이어서 **권리의 이전에 관한 매도인의 의무 내지 권리의 하자에 대한 담보책임(개정 전 제566조 및 제567조)의 요건**에 관하여 매도인이 매수인에게 이전하여야 하는 권리는 당해 매매계약의 취지에 적합하지 아니한 타인의 지상권, 저당권, 기타 권리에 의한 부담 또는 당해 매매계약의 취지에 적합하지 아니한 법령의 제한이 없는 것이어야 한다는 점이 명시되었다.[63] 이전하여야 하는 권리에 매매계약의 취지에 반하는 타인의 권리에 의한 부담 등이 존재하는 것은 매도인의 채무불이행을 구성하게 된다.[64]

마지막으로 **타인의 권리의 매매에서의 매도인의 의무**에 관하여 매도인은 그 권리를 취득해서 매수인에게 이전할 의무를 부담한다는 개정 전 제560조의 내용을 유지하면서 여기서의 권리에 '권리의 일부가 타인에게 속하는 경우'(개정 전 제563조 참조)도 포함한다는 점을 괄호로써 명시하였다.[65]

---

58) 중간시안 제35 매매 3. 매도인의 의무 (1) 매도인은 재산권을 매수인에게 이전할 의무를 지는 외에, 매매의 내용에 따라 다음 의무를 진다. 가. 매수인에게 매매의 목적물을 인도할 의무, 나. 매수인에게 등기, 등록, 기타 매매의 내용인 권리의 이전을 제3자에게 대항하기 위한 요건을 구비시킬 의무.

59) 중간시안 제35 매매 3. 매도인의 의무 (2) 매도인이 매수인에게 인도하여야 할 목적물은 종류, 품질 및 수량에 관하여 당해 매매계약의 취지에 적합한 것이어야 한다.

60) 商事法務編 「民法(債権関係)の改正に関する中間試案の補足説明」 (2013) (이하 "中間試案の補足説明"으로 인용), 398면.

61) 개정 전 민법의 용어를 사용할 경우 '하자 없는 목적물을 인도할 의무'가 될 것이다. 이와 같이 중간시안에서는 '하자' 개념을 '계약부적합' 개념으로 수정할 것이 제안된 셈인데, '하자' 개념을 유지한다는 선택지가 있다는 점도 주(注)에서 부기되었다(제35 매매 3.(주)). 한편 인도된 목적물이 '계약의 취지'에 적합하여야 한다는 점은 최종개정에서는 '계약의 내용'에 적합하여야 한다는 점으로 결착되었다(개정 제562조).

62) 中間試案の補足説明, 398頁.

63) 중간시안 제35 매매 3. 매도인의 의무 (3) 매도인이 매수인에게 이전하여야 할 권리는 당해 매매계약의 취지에 적합하지 아니한 타인의 지상권, 저당권, 기타 권리에 의한 부담 또는 당해 매매계약의 취지에 적합하지 아니한 법령의 제한이 없는 것이어야 한다.

64) 中間試案の補足説明, 398면.

(나) 물건의 계약부적합에 대한 담보책임의 효과

목적물이 종류, 품질 및 수량에 관하여 계약의 취지에 적합하지 아니한 경우의 매도인의 책임(개정 전 제565조, 제570조)을 다음과 같이 규율할 것이 제안되었다.[66]

먼저, 매수인은 매도인에게 목적물의 보수, 부족분의 인도 또는 대체물의 인도에 의한 **'이행의 추완'**을 청구할 수 있고(다만 그 권리에 대해 이행청구권의 한계사유가 있을 때에는 예외),[67] 매수인은 매도인에 대하여 채무불이행의 일반원칙에 따라 그 불이행에 의한 **손해의 배상**을 청구하거나 **계약을 해제**할 수 있도록 한다.[68] 다만 매도인이 제공하는 이행의 추완방법이 매수인이 청구하는 방법과 다른 경우에는 매도인이 제공하는 방법이 계약의 취지에 적합하고 또한 매수인에게 상당하지 아니한 부담을 제공하는 것이 아닌 한 이행의 추완은 매도인이 제공하는 방법에 의하도록 한다.[69]

한편 위와 같은 구제수단 외에 매수인에게 **대금감액청구권**이 부여된다는 점도 명시되었는데,[70] 인도된 목적물이 종류, 품질 및 수량에 관하여 계약의 취지에 적합하지 아니한 경우 매수인이 상당한 기간을 정하여 이행의 추완의 최고를 하였으나 매도인이 그 기간 내에 이행의 추완을 하지 아니한 때에는 매수인은 '의사표시'로써 그 부적합의 정도에 따른 대금의 감액을 청구할 수 있도록 한다(다만 일정한 경우에는 추완의 최고는 필요하지 않다).[71]

---

65) 중간시안 제35 매매 3. 매도인의 의무 (4) 타인의 권리를 매매의 내용으로 한 때(권리의 일부가 타인에 속하는 때를 포함한다)에는 매도인은 그 권리를 취득해서 매수인에게 이전할 의무를 진다.

66) 중간시안 제35 매매 4. 목적물이 계약의 취지에 적합하지 아니한 경우의 매도인의 책임: 민법 제565조(수량부족 또는 물건의 일부멸실에서의 매도인의 담보책임) 및 제570조(매도인의 하자담보책임) 본문의 규율(대금감액청구 기간제한에 관한 것은 제외)을 다음과 같이 개정한다.

67) 중간시안 제35 매매 4. 목적물이 계약의 취지에 적합하지 아니한 경우의 매도인의 책임 (1) 인도된 목적물이 위 3.(2)에 위반하여 계약의 취지에 적합하지 아니할 때에는 매수인은 그 내용에 따라 매도인에 대하여 목적물의 보수(修補), 부족분의 인도 또는 대체물의 인도에 의한 이행의 추완을 청구할 수 있다. 다만, 그 권리에 대해 이행청구권의 한계사유가 있을 때에는 그러하지 아니하다.

68) 중간시안 제35 매매 4. 목적물이 계약의 취지에 적합하지 아니한 경우의 매도인의 책임 (2) 인도된 목적물이 위 3.(2)에 위반하여 계약의 취지에 적합하지 아니한 때에는 매수인은 매도인에 대하여 채무불이행의 일반원칙에 따라 그 불이행에 의한 손해의 배상을 청구하거나 그 계약을 해제할 수 있다.

69) 중간시안 제35 매매 4. 목적물이 계약의 취지에 적합하지 아니한 경우의 매도인의 책임 (3) 매도인이 제공하는 이행의 추완의 방법이 매수인이 청구하는 방법과 다른 경우에는 매도인이 제공하는 방법이 계약의 취지에 적합하고 또한 매수인에게 상당하지 아니한 부담을 부과하는 것이 아닌 때에 한하여 이행의 추완은 매도인이 제공하는 방법에 의한다.

70) 중간시안 제35 매매 5. 목적물이 계약의 취지에 적합하지 아니한 경우의 매수인의 대금감액청구권: 위 4(민법 제565조 · 제570조 관계)에 다음의 규율을 부가한다.

71) 중간시안 제35 매매 5. 목적물이 계약의 취지에 적합하지 아니한 경우의 매수인의 대금감액청구권 (1) 인도된 목적물이 위 3.(2)에 위반하여 계약의 취지에 적합하지 아니한 경우 매수인이 상당한 기간을 정하여 이행의 추완의 최고를 하였으나 매도인이 그 기간 내에 이행의 추완을 하지 아

이와 같이 인도된 목적물에 하자가 있는 경우의 효과로서 매수인에게 추완청구권과 대금감액청구권이 인정된다는 점 외에 채무불이행의 일반원칙에 따른 손해배상청구권과 계약해제권이 인정된다는 점이 명시되었는데, 개정 전 민법상 매수인의 **권리의 행사기간**에 관한 규정(하자를 안 때부터 1년. 제570조 및 제566조3항)을 어떻게 할 것인지에 관해서도 일정한 제안이 이루어졌다. 다만 여기서는 두 가지 선택지가 제안되었다. 【갑안】은 권리행사기간은 소멸시효의 일반원칙에 맡기면 충분하므로 별도의 기간제한에 관한 규정을 삭제할 것을 제안하는 것이고,[72] 【을안】은 소멸시효의 일반원칙과는 별도로 인도된 목적물이 계약의 취지에 적합하지 아니하다는 것을 매수인이 안 때부터 [1년] 이내에 매도인에게 통지하지 아니하면 매수인은 전술한 추완청구권 등의 권리를 행사할 수 없는 것으로 하되, 다만 매도인이 계약의 취지에 적합하지 않다는 사실을 알거나 중대한 과실로 알지 못한 때에는 그 예외(권리행사)를 인정하자는 제안이다.[73]

한편 물건의 하자에 대한 담보책임과 관련하여 중간시안은 **목적물의 멸실 또는 손상에 의한 위험의 이전**에 관한 규율을 새롭게 둘 것을 제안하였다.[74] 이것은 위험의 이전시기에 관한 규율을 가장 적용장면이 많은 매매의 부분에 신설하는 것으로,[75] 이른바

니한 때에는 매수인은 '의사표시'로써 그 부적합의 정도에 따른 대금의 감액을 청구할 수 있다. (2) 다음의 경우에는 위 (1)의 최고는 필요하지 않다. 가. 이행의 추완을 청구하는 권리에 있어서 이행청구권의 한계사유가 있는 때, 나. 매도인이 이행의 추완을 할 의사가 없음을 표시하거나 다른 사유로 인해 매도인이 이행의 추완을 할 가능성이 없음이 명백할 때. (3) 위 대금감액의 의사표시(5. (1))는 이행의 추완을 청구하는 권리(이행의 추완에 갈음하는 손해배상을 청구할 권리를 포함) 및 계약해제권을 포기하는 의사표시도 동시에 하지 아니하면 효력이 생기지 않는다.

72) 중간시안 제35 매매 6. 목적물이 계약의 취지에 적합하지 아니한 경우의 매수인의 권리의 기간제한【갑안】 인도된 목적물이 위 3.(2)에 위반하여 계약의 취지에 적합하지 아니한 경우의 매수인의 권리에 대해 소멸시효의 일반원칙과는 별도의 기간제한(민법 제564조, 제566조 제3항 참조)을 두는 것을 폐지한다.

73) 중간시안 제35 매매 6. 목적물이 계약의 취지에 적합하지 아니한 경우의 매수인의 권리의 기간제한【을안】 소멸시효의 일반원칙과는 별도로 인도된 목적물이 위 3.(2)에 위반하여 계약의 취지에 적합하지 아니하다는 것을 매수인이 안 때부터 [1년] 이내에 매도인에게 통지하지 아니하면 매수인은 위 4 또는 5의 권리(추완청구권, 대금감액청구권)를 행사할 수 없다. 다만 매도인이 인도시에 목적물이 위 3.(2)에 위반하여 계약의 취지에 적합하지 않다는 사실을 알거나 중대한 과실로 알지 못한 때에는 그러하지 아니하다.

74) 중간시안 제35. 매매 14. 목적물의 멸실 또는 손상에 관한 위험의 이전 (1) 매도인이 매수인에게 목적물을 인도한 때에는 매수인은 그 이후에 생긴 목적물의 멸실 또는 손상을 이유로 하는 위 4 또는 5의 권리를 갖지 않는다. 다만, 그 멸실 또는 손상이 매도인의 채무불이행에 의해 생긴 때에는 그러하지 아니하다. (2) 매도인이 당해 매매계약의 취지에 적합한 목적물의 인도를 제공했음에도 불구하고 매수인이 이를 수취하지 아니한 경우에 그 목적물이 매수인에게 인도하여야 하는 것으로 계속하여 특정되어 있는 때에는 인도의 제공을 한 때 이후에 생긴 그 목적물의 멸실 또는 손상에 대해서도 위 (1)과 같다.

75) 中間試案の補足説明, 428면.

목적물의 지배가 이전하기 이전에 채무자의 이행이 불가능하게 된 경우의 반대급부의 위험부담주의에 관한 규율(개정 전 제534조~제536조)과 달리 목적물이 인도된 이후의 목적물의 멸실 또는 손상에 관한 위험이 매수인(채권자)에게 이전한다는 원칙을 정하기 위한 것이다.[76)]

(다) 권리의 계약부적합에 대한 담보책임의 효과

권리이전의무의 불이행에 의한 매도인의 책임(개정 전 제561조~제567조. 단 제565조는 제외)을 다음과 같이 규율할 것이 제안되었다.

우선 매도인이 매수인에게 매매의 내용인 권리의 전부 또는 일부를 이전하지 않거나, 매도인이 이전한 권리에 매매계약의 취지에 적합하지 아니한 타인의 권리에 의한 부담 또는 법령의 제한이 있을 때에는 매수인은 매도인에 대하여 일반원칙에 따라 그 이행을 청구하거나, 또는 그 불이행에 의한 손해배상을 청구하거나 계약해제를 할 수 있도록 한다.[77)] 또한 위 채무불이행이 있는 경우(권리 전부가 이전되지 않는 경우는 제외)에 매수인이 상당한 기간을 정하여 그 이행의 최고를 하였으나 매도인이 그 기간 내에 이행을 하지 아니한 때에는 매수인은 '의사표시'로써 불이행의 정도에 따른 대금의 감액을 청구할 수 있도록 한다(다만 일정한 경우에 최고는 불요).[78)]

(라) 경매에서의 담보책임

마지막으로 경매에서의 담보책임(개정 전 제568조, 제570조 단서)에 관한 규율을 다음과 같이 매수인의 권리의 특칙으로 수정할 것이 제안되었다.

우선, 개정 전 민법과 같이 '강제경매'에 한정하지 않고 민사집행법 기타 법률의 규정에 기초한 '경매' 일반으로 담보책임의 규율범위를 확장한다. 다음으로 물건의 하자에 대한 담보책임이 강제경매에는 적용되지 않는다는 규정(개정 전 제570조 단서)을 삭제한

---

76) 大村敦志=道垣内弘人, 앞의 책, 414면(石川博康 집필).

77) 중간시안 제35 매매 8. 권리이전의무의 불이행에 관한 매도인의 책임 등 (1) 매도인이 매수인에게 매매의 내용인 권리의 전부 또는 일부를 이전하지 않거나, 위 3.(3)에 위반하여 타인의 권리에 의한 부담 또는 법령의 제한이 있을 때에는 매수인은 매도인에 대하여 일반원칙에 따라 그 이행을 청구하거나, 또는 그 불이행에 의한 손해배상을 청구하거나 계약해제를 할 수 있다.

78) 중간시안 제35 매매 8. 권리이전의무의 불이행에 관한 매도인의 책임 등 (2) 위 (1)의 채무불이행이 있는 경우(권리 전부가 이전되지 않는 경우는 제외)에 매수인이 상당한 기간을 정하여 그 이행의 최고를 하였으나 매도인이 그 기간 내에 이행을 하지 아니한 때에는 매수인은 '의사표시'로써 불이행의 정도에 따른 대금의 감액을 청구할 수 있다. (3) 다음의 경우에는 위 (2)의 최고를 요하지 아니한다. 가. 이행을 청구하는 권리에 있어서 이행청구권의 한계사유가 있는 때, 나. 매도인이 이행을 할 의사가 없음을 표시하거나 다른 사유로 인해 매도인이 이행할 가능성이 없음이 명백할 때. (4) 위 (2)의 대금감액의 의사표시는 이행을 청구하는 권리(이행에 갈음하는 손해배상을 청구할 권리를 포함) 및 계약해제권을 포기하는 의사표시와 동시에 하지 아니하면 효력이 생기지 않는다.

다. 따라서 경매를 통해 매수한 목적물에 권리의 하자뿐만 아니라 물건의 하자('손상 등')가 있는 경우에도 담보책임이 인정될 수 있다. 물건에 하자가 있는 경우에도 매수인에 의해 권리의 하자와 비견할 만한 중대한 불이익이 되는 경우가 있을 수 있다는 점을 고려한 것이다.[79] 다만 매수인의 구제가 확장되기 위한 요건으로서 손상 등에 의해 매수인이 매수한 목적을 달성할 수 없어야 하고, 매수인에게 중대한 과실이 없어야 한다. 이러한 요건을 충족하는 경우 매수인은 채무자에 대하여 계약해제 또는 그 손상 등의 정도에 따른 대금의 감액을 청구할 수 있다(다만 추완청구권은 경매의 특성상 인정되지 않는다).[80]

위의 경우에 채무자가 무자력인 때에는 매수인은 대금의 배당을 받은 채권자에 대하여 그 대금의 전부 또는 일부의 반환을 청구할 수 있도록 하고,[81] 이 경우 채무자가 목적물 또는 권리의 부존재를 알면서도 고지하지 아니하거나 채권자가 이를 알면서 경매를 청구한 때에는 매수인은 이들에 대하여 손해배상을 청구할 수 있도록 한다.[82] 이 두 가지 규율은 개정 전 민법 568조의 제2항과 제3항의 규율을 유지하는 것이다.[83]

한편 개정 전 민법에서는 경매에서의 매수인의 권리행사에 기간제한이 존재하고 있었는데(개정 전 제568조, 제564조, 제566조제3항), 중간시안에서도 실질적으로 이를 유지한다.[84] 다만 손상 등이 있음을 안 때부터 1년 이내에 (권리를 행사할 것에서) 그 취지를 '통지'할 것으로 수정하였는데 이것은 물건의 계약부적합에 대한 담보책임에서의 권리행사기간에 대한 수정제안(【을안】)과 보조를 맞추기 위한 것이다.[85]

이와 같은 제안(특히 물건의 하자에 대한 매수인의 구제의 확대)에 대하여는 현상을 유

---

79) 中間試案の補足説明, 420~421면.

80) 중간시안 제35 매매 9. 경매에서 매수인의 권리의 특칙 (1) 민사집행법 기타 법률의 규정에 기초한 경매에서 매수인은 매수한 목적물 또는 권리에 대해 매수신청시에 알지 못한 손상, 타인의 권리에 의한 부담 기타 사정(이하 "손상 등")이 있는 경우에 그 손상 등에 의해 매수한 목적을 달성할 수 없는 때에는 채무자에 대하여 계약해제 또는 그 손상 등의 정도에 따른 대금의 감액을 청구할 수 있다. 다만 매수인이 중대한 과실로 그 손상 등을 알지 못한 때에는 그러하지 아니하다.

81) 중간시안 제35 매매 9. 경매에서 매수인의 권리의 특칙 (2) 위 (1)에서 채무자가 무자력인 때에는 매수인은 대금의 배당을 받은 채권자에 대하여 그 대금의 전부 또는 일부의 반환을 청구할 수 있다(개정 전 제568조제2항과 같음).

82) 중간시안 제35 매매 9. 경매에서 매수인의 권리의 특칙 (3) 위 (1) 또는 (2)에서 채무자가 목적물 또는 권리의 부존재를 알면서도 고지하지 아니하거나 채권자가 이를 알면서 경매를 청구한 때에는 매수인은 이들에 대하여 손해배상을 청구할 수 있다(개정 전 제568조제3항과 같음).

83) 中間試案の補足説明, 421면.

84) 중간시안 제35 매매 9. 경매에서 매수인의 권리의 특칙 (4) 매수인은 매수한 목적물 또는 권리에 손상 등이 있음을 안 때부터 1년 이내에 그 손상등을 채무자 또는 배당을 수령한 채권자에게 통지하지 아니하면 위 (1)~(3)의 권리를 상실한다. 다만, 매수한 권리의 전부가 타인에게 속한 경우에는 그러하지 아니하다.

85) 中間試案の補足説明, 421면.

지하여야 한다는 견해도 존재하는바, 이 생각은 주(注)로 표기되었다.[86] 이 견해는 경매절차의 결과가 실질적으로 복멸되는 장면이 현행법보다 확대됨으로써 배당수령자의 지위가 불안정하게 될 염려가 있고 집행법원이 이를 우려하여 경매절차를 신중하게 운영할 수밖에 없게 되는바 절차의 원활을 해할 가능성이 있다는 점 등을 그 이유로 한다.[87]

(3) 제3단계: 「중간시안」 이후 「요강안」(2015.2.)의 작성까지

중간시안에 대해서는 약 3개월 정도의 의견수렴을 거쳐 그 찬반의견을 조회하고 그 결과를 반영한 최종적인 심의를 거쳐 「민법개정 요강안」이 작성되었다. 이 요강안은 (구체적인 조문번호는 제시되지 않았지만) 개정 전 민법의 개별 조문에 대응하는 형태의 최종적인 개정안으로서, 이 요강안은 법제심의회의 총회에서 원안대로 전원일치로 통과되어(2015.2.24.) 「민법(채권관계)의 개정에 관한 요강」으로서 법무대신의 자문(諮問)에 답신(答申)하기에 이르렀다. 이후 정부(법무성)가 이 요강을 바탕으로 민법개정법률안을 작성하여 국회에 제출하는 형태로 개정이 진행되었다.

요강안은 중간시안에서 제시된 내용을 조문화하는 형태로 제시되었는데 매도인의 담보책임에 관하여는 매도인의 의무, 매도인의 추완의무(매수인의 추완청구권), 매수인의 대금감액청구권, 손해배상의 청구 및 계약해제, 권리이전의무의 불이행에 관한 매도인의 책임 등, 매수인의 권리의 기간제한, 경매에서 매수인의 권리의 특칙, 매도인의 담보책임과 동시이행, 목적물의 멸실 또는 손상에 관한 위험의 이전 등 9개 항목에 관한 조문안의 제시가 이루어졌다. 요강안의 내용은 (조문번호가 부여되지 않은 상태이지만) 이후 법무성의 법률안 작성을 통해 거의 그대로 개정민법으로 연결되었다(다만 요강안에서 제시되지 않은 일부 내용이 법률안 작성과정에서 추가적으로 포함된 경우가 있다).

그렇다면 요강안은 중간시안과 비교해볼 때 어떤 점에서 차이가 있을까? 전술한 중간시안의 4가지 부분에 대응하는 형태로 나누어 비교해보기로 한다.[88]

(가) 매도인의 의무(매도인의 담보책임의 요건)

매도인의 의무에 관한 중간시안의 제안 중에서는 매도인의 기본적 의무 중 '매수인에게 매매의 목적물을 인도할 의무'가 삭제된 외에 다른 제안은 요강안에서도 그대로 유지되어 개정민법으로 연결되었다. 즉 대항요건을 구비시킬 의무와 타인의 권리의 매매

---

86) 중간시안 제35 매매 9. 경매에서 매수인의 권리의 특칙 (주) 경매에 있어서의 담보책임에 관하여 현상을 유지한다는 생각이 있다. 또한 위 (2)의 규율은 위(3)의 요건을 충족하는 채권자에 대해서만 적용하여야 한다는 생각이 있다.

87) 中間試案の補足説明, 421면.

88) 이하 각주에서 인용하는 요강안의 조문번호(꺾은 괄호)는 법무성이 요강을 바탕으로 법률안을 작성할 때 부가한 것으로 개정민법의 그것과 같다.

에서 매도인의 의무는 요강안에서도 그대로 유지되었고,[89] 계약의 취지에 적합한 물건의 인도의무 및 권리의 이전의무는 삭제되었으나 대신 담보책임의 효과(매수인의 구제수단)에 관한 규정 속에서 요건으로 통합되었다(제30.3, 제30.6).

(나) 물건의 계약부적합에 대한 담보책임의 효과

물건의 계약부적합에 대한 담보책임의 효과로서 매수인에게 추완청구권, 대금감액청구권, 채무불이행의 일반원칙에 따른 손해배상청구권 및 계약해제권을 인정하자는 중간시안의 제안은 일부 표현의 수정이 있는 외에는 요강안에서도 기본적으로 그대로 유지되어 개정민법으로 연결되었다.[90]

한편 물건의 계약부적합에 관한 규정 내용 중 '매수인의 권리의 기간제한'에 관한 중간시안의 제안(제35.6) 중에서는 【을안】이 채택되었고,[91] '목적물의 멸실 또는 손상에

89) **요강안 제30 매매 2. 매도인의 의무** (1) [개정 제561조] 타인의 권리(권리의 일부가 타인에 속하는 경우에 있어서의 그 권리의 일부를 포함한다)를 매매의 목적으로 한 때에는, 매도인은 그 권리를 취득하여 매수인에게 이전할 의무를 진다. (2) [개정 제560조] 매도인은 매수인에 대하여 등기, 등록, 기타 매매의 목적인 권리의 이전에 관한 대항요건을 구비시킬 의무를 진다.

90) **요강안 제30 매매 3. 매도인의 추완의무** [개정 제562조] (1) 인도된 목적물이 종류, 품질 또는 수량에 관하여 계약의 내용에 적합하지 않은 때에는, 매수인은 매도인에 대해서 목적물의 補修, 대체물의 인도 또는 부족분의 인도에 의한 이행의 추완을 청구할 수 있다. 다만, 매도인은 매수인에게 상당하지 않은 부담을 가하는 것이 아닌 한, 매수인이 청구한 방법과 다른 방법에 의한 이행의 추완을 할 수 있다. (2) (1)의 부적합이 매수인의 책임으로 돌릴 사유[귀책사유]에 의한 것인 때에는 매수인은 (1)의 규정에 의한 이행의 추완의 청구를 할 수 없다.

요강안 제30 매매 4. 매수인의 대금감액청구권 [개정 제563조] (1) 인도된 목적물이 종류, 품질 또는 수량에 관하여 계약의 내용에 적합하지 않은 경우에 있어서, 매수인이 상당한 기간을 정하여 이행의 추완의 최고를 하고, 그 기간 내에 이행의 추완이 없은 때에는, 매수인은 그 부적합의 정도에 따라 대금의 감액을 청구할 수 있다. (2) (1)의 규정에 관계없이 다음에 제시하는 경우에는 매수인은 (1)의 최고를 하지 않고 바로 대금의 감액을 청구할 수 있다. 가. 이행의 추완이 불능인 때, 나. 매도인이 이행의 추완을 거절하는 의사를 명확하게 표시한 때, 다. 계약의 성질 또는 당사자의 의사표시에 의해 특정의 일시 또는 일정한 기간 내에 이행을 하지 않으면 계약을 한 목적을 달성할 수 없는 경우에, 매도인이 이행을 하지 않고 그 시기를 경과한 때, 라. 가~다의 경우 외에, 매수인이 (1)의 최고를 하여도 이행의 추완을 받을 가능성이 명백히 없을 때. (3) (1)의 부적합이 매수인의 책임으로 돌릴 사유[귀책사유]에 의한 것인 때에는, 매수인은 (1) 및 (2)의 규정에 의한 대금의 감액을 청구할 수 없다.

요강안 제30 매매 5. 손해배상의 청구 및 계약해제 [개정 제564조] 3 및 4의 규정은 제11의1 및 2의 규정에 의한 손해배상의 청구 및 제12의 1부터 3까지의 규정에 의한 해제권의 행사를 방해하지 않는다.

91) **요강안 제30 매매 7. 매수인의 권리의 기간제한** [개정 제566조] 매도인이 종류 또는 품질에 관하여 계약의 내용에 적합하지 않은 목적물을 매수인에게 인도한 경우에, 매수인이 그 부적합을 안 때로부터 1년 이내에 그 취지를 매도인에게 통지하지 않은 때에는, 매수인은 그 부적합을 이유로 하는 이행의 추완의 청구, 대금의 감액의 청구, 손해배상의 청구 및 계약의 해제를 할 수 없다. 다만, 매도인이 인도 시에 그 부적합을 알았거나 중대한 과실로 알지 못했을 때에는 그러하지 아니하다.

관한 위험의 이전'에 관한 중간시안의 제안(제35.14)은 표현의 수정은 있으나 기본적으로 그 내용을 유지하여 개정민법으로 연결되었다(규정의 위치(조문번호)는 매수인의 권리의 기간제한에 관한 규정의 다음(제567조)으로 결정되었다).[92)]

(다) 권리의 계약부적합에 대한 담보책임의 효과

중간시안에서는 권리의 계약부적합(이전한 권리가 계약의 취지에 적합하지 아니한 경우)의 의미에 관하여 개정 전 민법에 따른 타인의 권리의 전부(개정 전 제561조, 제562조)나 일부(개정 전 제563조)를 이전하지 않는 경우와 지상권 등(개정 전 제566조)이나 저당권 등(개정 전 제567조) 타인의 권리에 의한 부담이 있는 경우 외에도 법령의 제한이 있는 경우까지 포괄하여 규정하고, 이러한 계약부적합이 있는 경우의 담보책임으로서 물건의 계약부적합의 경우와 같이 매수인에게 4가지 구제수단 내지 권리가 인정된다는 취지를 직접 규정하고 있었다(제35.8).

요강안은 '매도인이 매수인에게 이전한 권리가 계약 내용에 적합하지 아니한 경우'에 물건의 계약부적합에 대한 4가지 구제수단에 관한 규정이 준용된다는 취지를 규정함으로써 규정내용을 더욱 단순화하였다.[93)] 다만 권리의 계약부적합의 의미에 관한 부분에 괄호표기('권리의 일부가 타인에게 속하는 경우에 그 권리의 일부를 이전하지 않은 때를 포함한다')를 추가하였는데, 이것은 이른바 일부 타인의 권리(개정 전 제563조)의 경우만이 권리의 계약부적합에 대한 담보책임의 규율에 포함되고 이른바 전부 타인의 권리(개정 전 제561조)의 경우는 담보책임의 규율에서 제외된다는 것을 의미하는 것이다. 전부 타인의 권리는 채무불이행의 일반원칙에 따라 규율되면 충분하다고 판단되었기 때문이다.[94)]

(라) 경매에서의 담보책임

경매에서의 담보책임에 관한 중간시안(제35.9)의 취지는 요컨대 물건의 하자에 대하여도 담보책임을 확대하자는 것이었다(특히 (1)). 요강안에서는 경매절차의 안정성 유지

---

92) **요강안 제30 매매 11. 목적물의 멸실 또는 손상에 관한 위험의 이전** [개정 제567조] (1) 매도인이 매수인에게 목적물(매매의 목적으로서 특정한 것에 한한다. 이하 이 11에 있어서 같다)을 인도한 경우에, 그 인도 이후에 그 목적물이 당사자 쌍방의 책임으로 돌릴 수 없는 사유에 의하여 멸실 또는 손상된 때에는, 매수인은 그 멸실 또는 손상을 이유로 하는 이행의 추완청구, 대금의 감액청구, 손해배상의 청구 및 계약의 해제를 할 수 없다. 이 경우에 매수인은 대금의 지급을 거절할 수 없다. (2) 매도인이 계약의 내용에 적합한 목적물으로써 그 인도의 채무의 이행을 제공했음에도 매수인이 그 이행을 수령하는 것을 거부하거나 수령할 수 없는 경우에, 그 이행의 제공이 있은 때 이후에, 당사자 쌍방의 책임으로 돌릴 수 없는 사유에 의하여 그 목적물이 멸실 또는 손상된 때에도 (1)과 같다.

93) **요강안 제30 매매 6. 권리이전의무의 불이행에 관한 매도인의 책임 등** [개정 제565조] 3부터 5까지의 규정은, 매도인이 매수인에게 이전한 권리가 계약의 내용에 적합하지 아니한 경우(권리의 일부가 타인에게 속하는 경우에 그 권리의 일부를 이전하지 않은 때를 포함한다)에 준용한다.

94) 大村敦志＝道垣内弘人, 앞의 책, 403면(石川博康 집필).

라는 측면에서 이에 반대하는 견해가 많다는 점을 감안하여 위의 제안은 삭제되고((주)의 채택), 대신 목적물의 종류·품질에 관한 부적합에 대해서는 경매에서의 담보책임에 관한 규정을 적용하지 않는다는 취지가 추가되었다(기간제한에 관한 (4)의 제안도 삭제).[95] 이것은 개정 전 민법 제570조 단서의 취지(물건의 하자에 대한 담보책임 규정이 강제경매에는 적용되지 아니한다)가 실질적으로 유지된 것을 의미한다.

이상, 요강안의 내용을 요약하면 매도인의 담보책임에 관한 중간시안의 제안은 (특히 경매에서의 담보책임과 같이 중대한 변화가 이루어진 경우도 있었으나) 요강안에서도 기본적으로는 거의 그대로 유지되어 개정민법으로 연결되었다고 정리할 수 있을 것이다.

Ⅳ. 개정민법상 매도인의 담보책임에 관한 규율의 특징 및 개요

이상의 논의를 거쳐 제정·시행된 개정민법상 매도인의 담보책임에 관한 규율은 계약책임설의 입장에서 물건·권리에 관한 '계약부적합'을 이유로 한 '채무불이행책임'의 특칙으로 일원적으로 정리·통합되었고, 매수인의 구제수단은 추완청구권과 대금감액청구권 외에 채무불이행의 일반규정에 따른 효과(손해배상청구권, 계약해제권)까지 인정되는 것으로 확충·재편되었다. 아래에서는 개정민법상 매도인의 담보책임에 관한 규율의 특징을 몇 가지 항목으로 나누어 정리함으로써 규율의 전체상을 조감해보기로 한다.

1. 법적 성질: 계약책임설의 채택

개정민법은 매도인에게 계약내용에 적합한 권리의 이전·목적물의 인도를 하여야 할 의무를 승인하는 것을 전제로 하여, 그 의무의 불이행에 대한 책임으로서(계약책임설의 채택) 매수인의 구제수단에 관하여 통일적인 규정을 둠으로써 담보책임의 규율에 근본적인 변경을 가하였다.[96] 계약책임설을 채택한 이유에 대해서는 다음과 같이 설명된다.

첫째, 특정물에 하자가 있어도 채무불이행이 성립하지 않고, (개정 전 민법 제570조에 의하면) 매도인의 추완의무는 일률적으로 부정된다고 보는 전형적인 법정책임설의 생각은 공업제품 등의 종류물이 매매목적물의 중심이 되고 있는 현대의 거래실무에 부합하

95) **요강안 제30 매매 8. 경매에서 매수인의 권리의 특칙** [개정 제568조] (1) 민사집행법 기타 법률의 규정에 따른 경매(이하 이 8에서 단순히 「경매」라고 한다)에서의 매수인은, 제12의 1부터 3까지의 규정 및 4(6에 준용하는 경우를 포함한다)의 규정에 의하여 채무자에 대하여 계약의 해제를 하거나 대금의 감액을 청구할 수 있다. (2) (1) 및 민법 제568조 제2항·제3항의 규정은 경매의 목적물의 종류 또는 품질에 관한 부적합에 대해서는 적용하지 않는다. *개정 전 제568조 제2항과 제3항은 개정민법에서도 유지

96) 大村敦志=道垣内弘人, 앞의 책, 399면(石川博康 집필).

지 않는다.[97] 계약책임설의 채택은 '특정물도그마', 즉 특정물매매에서 목적물의 성질은 계약내용이 되지 않는다는 생각을 부정하는 것을 의미한다(특정물도그마의 부정). 실제로 특정물의 매매계약에서도 특정물의 성질에 대해서 당사자는 공통의 관념을 갖는 경우가 많으며, 오히려 어떠한 성질인지에 관한 생각이 없다면 대금도 결정될 수 없다. 그렇다면 그 관념을 의사, 즉 계약내용에 포함하는 것이야말로 사적자치·자기결정의 존중으로 연결되는 것이다.[98] 특정물도그마는 로마법하에서의 가축 또는 노예를 매매하는 경우나 현대의 벼룩시장이나 바겐세일과 같은 장면에서 매수인 쪽에서 물건이 일정한 성질을 구비하고 있는지에 관하여 주의할 수밖에 없는 경우에 적합할 여지는 있으나, 현대의 고도화된 시장경제의 요청에는 부합하지 않는 이론이다. 구매한 물건이 예정대로의 성질을 갖고 있지 않다면 거래에 대한 합리적인 계산이 성립할 수 없고 따라서 경제활동에 지장이 생기고 만다.[99] 특정물도그마는 냉정하게 생각해보면 대단히 부자연스러운 것이다. 목적물의 성질도 계약내용이 될 수 있다는 생각이 자연스러운 것이며 그것이 세계적인 경향에도 부합한다. 2002년 독일채권법의 개정도 이와 같은 경향에 따른 것이다. 특정물도그마, 따라서 또한 이를 기초로 한 법정책임설은 현대사회의 요청에 부합하지 않는 것이다. 이것이 개정민법이 계약책임설을 채택한 이유이다.[100]

둘째, 이른바 **권리의 하자**에 관한 매도인의 책임에 대해서는 매도인이 권리의 이전을 어디까지 인수하고 있었는지에 관한 계약해석이 중요하다는 점을 감안하여, 당사자가 인수한 계약내용에 적합한 권리를 이전할 의무에 대한 불이행으로서 (계약책임설의 관점에서) 그 규율을 정비하여야 할 필요가 있다.[101] 권리의 하자에 관한 개정 전 민법 제561조 이하의 규정군에 대해서는 물건의 하자에 관한 개정 전 민법 제570조와 마찬가지로 채무불이행의 일반원칙과의 관계가 반드시 명확하지 않다는 점이 지적되어 왔고, 이론적으로도 법정책임설과 계약책임설이 대립하는 등 규정내용의 이해가 곤란한 영역의 하나로 이해되고 있었다.[102] 이런 상황에서 판례는 타인의 권리의 매매에서의 매도인의 담보책임에 관하여 개정 전 민법 제561조(필자 주: 한국민법 제570조에 상당)에 불구하고 매수인이 타인물매매라는 점에 대해 악의인 경우라도 매도인에게 타인의 권리를 이전하지 않은 것에 대해 귀책사유가 있는 한 채무불이행책임을 추급할 수 있다고 판시하고 있다.[103] 이것은 매도인이 매매의 목적인 권리의 이전을 어디까지 인수하고 있었는가에 관

97) 中間試案の補足説明, 399면; 大村敦志＝道垣内弘人, 앞의 책, 399~400면(石川博康 집필).
98) 山本敬三, 앞의 논문, 203면.
99) 山本敬三, 앞의 논문, 203~204면.
100) 山本敬三, 앞의 논문, 204면.
101) 中間試案の補足説明, 401~402면; 大村敦志＝道垣内弘人, 앞의 책, 400면(石川博康 집필).
102) 中間試案の補足説明, 401면.

한 계약해석이 중요한 의미를 갖는다는 인식이 재판실무에 이미 수용되어 있다는 점을 의미하는 것이고 그 타당성에 대해서는 큰 異論은 없다고 생각된다.[104] 또한 계약실무에 있어서도 저당권 등의 담보권, 임차권 등의 용익권 등 매수인의 완전한 소유권의 행사를 저해하는 일체의 부담을 배제하는 등의 약정이 부동산매매를 중심으로 널리 활용되고 있다.[105] 이러한 점을 감안하여 당해 매매계약의 내용에 적합하지 아니한 타인의 권리에 의한 부담, 저당권 등의 담보권이나 임차권 등의 용익권의 부담이 존재하지 아니할 의무를 기본적으로 매도인의 계약상의 의무로 위치시킨 후 그 의무위반에 대한 책임(=채무불이행책임)으로 권리의 하자에 대한 담보책임의 법적 성질을 명확히 할 필요가 있다.[106]

이러한 이유에서 개정 전 민법에서 물건의 하자와 권리의 하자를 구분한 후 그 법적 성질에 관하여는 법정책임설의 입장에서 일반 채무불이행책임과는 이질적인 것으로 이해되기도 하였던 매도인의 담보책임에 관한 규율은 계약책임설의 입장에서 물건과 권리에 관한 계약내용에 적합하지 아니한 경우의 채무불이행책임(계약책임)에 관한 규율로서 일원적으로 정리·통합되기에 이르렀다.[107]

한편, 이상의 개정에 수반하여 특정물채권에 있어서는 품질·성상은 계약내용이 되지 않으며 현상대로 인도하면 충분하다고 하는 '특정물도그마'에 관한 규정으로 이해될 수 있었던 개정 전 민법 제483조(필자 주: 한국민법 제462조에 상당)에 대해서도, 물건의 품질이 계약상의 의무내용이 되는 매매계약 등에 제483조의 규정은 적용되지 않는다는 점을 명확하게 하기 위하여 "인도를 하여야 할 때의 품질을 정할 수 없을 때"라는 요건이 추가되었다(개정 제483조[108]).[109]

2. 일반 채무불이행책임과의 관계: 채무불이행책임의 특칙

이와 같이 개정민법은 매도인의 담보책임을 물건과 권리에 관한 계약내용에 적합하지 아니한 경우의 채무불이행책임이라는 점을 전제로 하고 있는데, 그렇다면 일반 채무불이행책임과 담보책임의 관계가 문제된다. 계약내용에 적합하지 아니한 물건의 인도나

---

103) 最判昭和41[1966]年9月8日民集20巻7号1325頁.
104) 中間試案の補足説明, 401면.
105) 中間試案の補足説明 401~402면.
106) 中間試案の補足説明 402면.
107) 大村敦志=道垣内弘人, 앞의 책, 400면(石川博康 집필).
108) 개정 제483조(특정물의 현상인도) 채권의 목적이 특정물의 인도인 경우에 계약 기타 채권의 발생원인 및 거래상의 사회통념에 비추어 그 인도를 하여야 할 때의 품질을 정할 수 없을 때에는 변제를 하는 자는 그 인도를 하여야 할 때의 현상으로 그 물건을 인도하여야 한다(하선이 추가된 부분임: 필자 주).
109) 大村敦志=道垣内弘人, 앞의 책, 400면(石川博康 집필).

권리의 이전은 채무불이행 그 자체이기 때문에,[110] 담보책임에 관한 규율이 별도로 필요하지 않다는 입론도 가능하기 때문이다.

이점에 관해 개정민법은 담보책임에 관한 규율을 채무불이행의 일반원칙으로 통합하여 규율하거나 관련 규정을 삭제하는 선택을 하지는 않았다. 즉, 매매의 절에서는 매매계약의 특질을 감안하여 채무불이행의 일반적인 규율(손해배상, 해제)에 대한 특칙을 마련하는 것이 적절하다고 생각되는 문제에 대처하는 규율을 두기로 한 것이다(채무불이행의 특칙).[111]

다만 계약내용에 적합하지 아니한 물건의 인도나 권리의 이전이 채무불이행 그 자체라면 어느 경우에도 계약부적합은 채무불이행이라는 점에 변함이 없기 때문에, 개별적으로 (경우에 따라 복잡하게) 규정되어 있었던 규율내용은 이를 계약부적합으로 통합하여 규정하는 것이 가능하게 된다. 이러한 이유에서 개정민법은 계약부적합을 물건에 대한 그것과 권리에 대한 그것으로 나눈 후, 물건의 계약부적합에 대한 책임으로서 매수인에게 추완청구권(제562조)과 대금감액청구권(제563조)을 인정하고 나아가 채무불이행에 관한 일반규정에 따라 손해배상청구권과 계약해제권이 인정된다는 점을 명확히 함으로써(제564조) 물건의 계약부적합에 대한 책임(매수인의 구제수단)을 유형화한 후, 이들 규정을 권리의 계약부적합에 관하여 준용하도록 함으로써(제565조) 복잡한 규율내용을 체계적으로 통일화·단순화할 수 있게 되었다.

요컨대 매도인의 담보책임에 관한 개정 전 민법 제561조 이하의 규율은 물건·권리의 하자에 대한 '개별적인 (법정) 담보책임'에서 계약내용에 적합한 물건의 인도·권리의 이전을 하여야 할 의무의 불이행(=계약부적합)에 대한 '채무불이행책임의 특칙'으로 재편되었다고 할 것이다. 매도인이 이 의무를 이행하지 않을 때에는 통상의 채무불이행이 성립하는 것이고, 다만 매매계약의 절에 설정된 채무불이행에 대한 특칙이 우선적으로 적용될 것이다.[112] 채무불이행에 대한 특칙으로서의 매도인의 책임을 어떻게 명명할 것인지가 문제될 수 있으나 '담보책임(担保責任)'이라는 용어자체는 그대로 존속하는 것으로 결정되었다(개정 제565조, 제568조, 제569조, 제572조 등 참조).[113]

---

110) 山本敬三, 앞의 논문, 204면.

111) 山本敬三, 앞의 논문, 204면.

112) 山本敬三, 앞의 논문, 204면.

113) '담보책임(担保責任)'이라는 용어를 존치시킨 선택을 한 이유에 관하여, 담보책임의 규정에는 각종 전형계약의 특질에 따라 분쟁이 생기기 쉬운 유형의 채무불이행에 대하여 그 시대·사회의 거래상황에 적합한 디폴트룰을 설정한다는 의미가 있기 때문이라고 설명하는 견해가 유력하다(内田貴, 小粥太郎, 森田宏樹 등. 상세는 中田裕康『契約法〔新版〕』(有斐閣, 2021) 300頁 참조). 이러한 입장에서는 '채무불이행책임의 특칙'으로서의 담보책임의 의의가 강조된다. 이에 반해 개정민법에서는 담보책임은 해제되어 채무불이행책임에 일원화되었기 때문에 담보책임 규정은

개정민법상 매도인의 담보책임에 관한 규정을 표로 정리하면 다음과 같다.

[표 2] 개정민법상 매도인의 담보책임의 구조

목적물	불이행의 대상	효과	조문
물건(物)	물건의 계약부적합	매수인의 추완청구권	제562조
		매수인의 대금감액청구권	제563조
		손해배상청구권, 계약해제권	제564조
		기간제한(물건의 종류 · 품질의 부적합)	제566조
		목적물의 멸실 등에 의한 위험의 이전	제567조
	권리의 계약부적합 (권리의 일부 불이전을 포함)	물건의 계약부적합 규정(제562조~제564조)을 준용	제565조
	경매 (물건의 종류 · 품질의 계약부적합을 제외)		제568조
채권	채무자의 자력의 하자(수정 없음)		제569조

출처: 山本敬三, 앞의 논문, 205면의 표를 기초로 필자가 약간의 수정을 부가한 것임.

3. 요건: '하자담보책임'에서 '계약부적합책임'으로

이와 같이 물건과 권리의 하자에 대한 담보책임은 물건과 권리의 계약부적합에 대한 채무불이행책임의 특칙으로 재편되었다. 담보책임의 요건론과 관련하여서는 '하자' 개념이 '계약부적합' 개념으로 대체되었다는 점이 중요하다.

이에 관해 물건의 계약부적합책임에 관한 제562조(제1항 본문)에서는 "(인도된 목적물이 종류, 품질 또는 수량에 관해서) 계약의 내용에 적합하지 아니한 (것)"일 때에는 매수인은 매도인에 대해 추완을 청구할 권리가 있음을 규정한다. 그리고 이 요건은 대금감액청구권을 인정하는 제563조와 손해배상청구권 및 계약해제권을 인정하는 제564조에서도 그대로 유지된다.[114] 한편 권리의 계약부적합책임에 관한 제565조에서도 "(매도인이 매수인에게 이전한 권리가) 계약의 내용에 적합하지 아니한 (것)"일 때에 매수인에게 추완청구권 등이 인정된다는 취지를 규정한다. 요컨대 매수인에게 인도된 목적물이나 매수인에게 이전한 권리가 "계약내용에 적합하지 아니한(계약부적합의) 경우"에 매도인의 담보책임이 인정되는 구조라 할 것이다.

특별한 의미를 상실했다는 평가도 있다(潮見佳男『新契約各論 I』(信山社出版, 2021) 115頁以下). 이러한 입장에서는 '담보책임'이라는 용어를 삭제해도 무방하고 따라서 이를 존치시킨 선택에 큰 의미를 부여하지는 않게 될 것이다.

114) 조문의 표현은 후술하는 V.를 참조.

그렇다면 종래의 하자 개념을 계약부적합 개념으로 대체한 이유는 무엇인가? 계약부적합 개념의 채택에 의해 종래의 해석이 변경되는 것인지가 문제된다.

개정 전 민법에서 하자의 개념에 관하여는 이른바 객관설, 주관설 등이 대립하였는데,[115] 개정민법하의 "계약내용에 적합하지 아니한 (물건 또는 권리)"라는 요건은 계약에서 예정된 성질이 하자 판단의 기준이라고 이해하는, 계약책임설이 주장하는 주관설(주관적 하자개념)에 대응하는 것이라는 견해가 유력하다.[116] 그러나 하자에 대해 객관적 하자개념과 주관적 하자개념의 대립이 있다 하더라도 양자를 대립적으로 이해할 이유는 없고, 하자 판단은 결국 계약의 내용(취지)을 고려하여 목적물이 갖추어야 할 품질·성상 등을 확정한 위에 인도된 목적물이 그 갖추어야 할 품질 등에 적합한지 여부에 대한 객관적·규범적 판단에 귀착하며, 이것이 판례[117]의 일반적인 태도라는 견해도 있다(절충설).[118] 이 견해에 의하면 ('거래상의 사회통념'과 같은 객관적 요소를 포함하여) 계약을 둘러싼 제사정으로부터 인정되는 '계약의 취지(내용)'에 비추어 '계약부적합' 여부를 판단하게 된다. 어느 견해에 의하든 종래의 하자 개념을 계약부적합 개념으로 대체한 것은 종래의 하자에 대한 해석을 변경하는 것이 아니라, 하자 개념의 실질적인 판단기준을 조문상 명확히 하였다는 점에서 그 의의를 발견할 수 있다.[119] 입법기술적으로는 중간시안의 매도인의 의무에 관한 부분의 '(주)'에서 표기된 것처럼[120] 하자 개념을 유지한 위에 그 정의를 구체적으로 나타내는 방안도 하나의 선택지가 될 수 있지만, 개정민법은 하자 개념을 삭제하고 이를 계약부적합 개념으로 대체하는 선택을 하였다. 이는 '하자(瑕疵)'라는 표현이 계약과 분리되어 절대적·객관적인 기준에 미치지 못한다는 인상을 주기 쉽고,[121] 또한 표현 자체가 갖는 난해함에 더하여 재판실무상으로는 물리적 하자뿐만 아니라 이른바 환경적 하자, 심리적 하자와 같은 개념도 포함된다는 해석이 등장하는 등 일반적으로 이해되는 하자 개념(물리적 하자)과는 괴리가 있어서 이해가 어렵다는 점을 감안하였기 때문이라고 설명된다.[122]

115) 개정 전 민법하의 하자 개념에 대한 논의상황으로는, 山本敬三『民法講義Ⅳ－1契約』(有斐閣, 2005) 231頁을 참조.

116) 山本敬三, 앞의 논문, 206면; 潮見佳男『基本講義 債権各論Ⅰ[第4版]』(新世社, 2022) 90~91頁.

117) 最判平成22[2010]年6月1日民集64巻4号953頁 등.

118) 中間試案の補足説明, 400면; 債権法研究会編『詳説 改正債権法』(金融財政事情研究会, 2017) 440～441頁(大澤加奈子 집필).

119) 中間試案の補足説明, 400~401면; 債権法研究会, 위의 책, 440～441면(大澤加奈子 집필).

120) 중간시안 제35 매매 3. 매도인의 의무 (주) 상기(2)[목적물은 계약의 취지에 적합하여야 한다]에 대해서는 민법 제570조의 '하자'라는 문언을 유지하여 표현하는 것이 타당하다는 생각이 있다.

121) 中田裕康·大村敦志·道垣内弘人·沖野眞已『講義·債権法改正』(商事法務, 2017) 277頁(中田裕康 집필).

122) 中間試案の補足説明, 400~401년.

이와 같이 하자 개념은 계약부적합 개념으로 대체되었는데, 이와 더불어 종래 제570조에서 하자담보책임의 요건으로 규정된 '숨은 (하자)'의 요건도 삭제되었다. 종래 '숨은 하자'는 (매수인이 하자의 존재에 대해 선의 무과실임에도 불구하고 발견되지 아니한 하자라는 의미에서) 계약체결 시점에서의 매수인의 선의 무과실을 의미하는 것으로 이해되었다.[123] 이것은 적절한 조사를 하였음에도 하자를 발견하지 못한 매수인의 신뢰를 보호하기 위한 요건으로 설명되었는데, 개정민법에서는 이 '숨은 (하자)'의 요건을 삭제한 것이다. 위 요건을 유지한다면 적절한 조사를 하지 못한(과실 있는) 매수인은 구제가 부정된다는 귀결이 되는데 이것은 매수인에게 가혹할 뿐만 아니라 매수인에게 목적물의 수령시에 검사의무를 부과하는 것과 같은 결론이 되어 부당하기 때문이다.[124]

한편 권리나 물건의 하자에 관하여 매수인의 선의·악의와 같은 주관적 요건에 따라 구제를 획일적으로 배제 또는 제한하는 개정 전 민법의 제규정(제561조, 563조, 제566조, 제570조 등)에 대해서도, 계약부적합에 관한 매도인의 책임은 매도인이 어떠한 내용의 의무를 인수(합의)하였는지에 의해 정해진다는 개정민법의 규율방침에 부합하지 않기 때문에 매수인의 선의·악의와 같은 주관적 요건은 개정민법에서는 삭제되었다.[125] 물론 이러한 취급이 계약에 적합한 이행으로서 요구되는 행위의무의 내용이나 매도인·매수인의 귀책사유 등에 대해 구체적으로 판단할 경우, 계약당사자의 인식내용이나 주관적 사정이 중요한 고려요소가 될 수 있다는 점을 부정하는 취지는 아니다.[126] 예를 들어 타인물의 매도인이 부담하는 권리취득이전의무에 관하여서는 목적물이 타인의 물건이라는 것을 당사자 쌍방이 인식한 경우와 그렇지 아니한 경우에서는 그 의무의 내용이 정형적으로 다르다는 것을 기본적으로 전제한 위에 구체적인 계약해석에 의해 그 의무내용이나 귀책사유의 유무에 관한 판단이 이루어지게 될 것이다.[127]

4. 효과: 매수인의 구제수단의 보완 및 통일적인 규율

전술한 것처럼 개정민법상 매도인의 담보책임에 관한 규율은 인도된 목적물이나 이전된 권리가 계약내용에 적합하지 아니한 경우에 대한 채무불이행책임의 특칙으로 재편되었다. 그렇다면 계약부적합 요건이 충족될 경우 그 효과로서 매수인에게는 어떠한 권리가 인정되는가? 다시 말하면 매수인의 구제수단이 무엇인지가 문제된다.

이에 관하여 개정 전 민법에서는 권리의 하자나 물건의 하자에 관한 개별 규정에서

123) 中間試案の補足說明, 407면.
124) 中間試案の補足說明, 407면.
125) 中間試案の補足說明, 418면; 大村敦志＝道垣内弘人, 앞의 책, 404면(石川博康 집필).
126) 大村敦志＝道垣内弘人, 앞의 책, 404면(石川博康 집필).
127) 大村敦志＝道垣内弘人, 앞의 책, 404~405면(石川博康 집필).

그 효과규정을 별도로 두는 방식을 채택했기 때문에 그 규율내용은 복잡한 반면 구제수단은 개별적 요건 하에 손해배상청구권이나 계약해제권, 대금감액청구권으로 한정되어 있었다. 특히 물건의 하자에 관하여는 하자보수나 대체물의 인도와 같은 이행의 추완을 청구하는 권리가 명문으로 인정되지 않고 있는 문제가 있었다. 개정민법에서는 담보책임을 '물건의 계약부적합'에 대한 담보책임과 '권리의 계약부적합'에 대한 담보책임의 두 가지 유형으로 통합한 후, 각각의 경우에 매수인의 구제수단에 관한 규정을 두도록 구성되었다. 다만 권리의 계약부적합에 대한 구제수단은 물건의 계약부적합에 대한 구제수단(개정 제562조~제564조)을 준용하는 형태이기 때문에(개정 제565조) '물건'의 계약부적합과 '권리'의 계약부적합이라는 점에 차이가 있는 외에 그 효과에 관하여는 동일한 규율이 이루어지게 되었는바,[128] 담보책임의 구조는 개정 전 민법에 비해 크게 단순화되었다고 할 수 있다.

주의할 점은 권리의 계약부적합의 경우 '권리의 일부가 타인에게 속하는 경우'도 포함되어 담보책임의 규율을 받는데 반해(개정 제565조 괄호표기), 권리의 전부가 타인에게 속하는 경우는 권리의 계약부적합에 대한 담보책임의 규정은 적용되지 않는다는 점이다.[129] 전부 타인물매매에 있어서 매도인이 그 권리의 전부를 이전하지 않은 경우에는 (물건이나 권리의 '불완전이행'과는 달리) 권리이전의무의 '무이행'으로서 채무불이행의 일반규정을 그대로 적용하면 족하다고 생각되었기 때문이다.[130]

(물건 및 권리의 양자에 있어서) 계약부적합에 대한 담보책임으로서 매수인에게 인정된 구제수단은, ① 추완청구권, ② 대금감액청구권, ③ 손해배상청구권 및 ④ 계약해제권의 4가지이다. ① 추완청구권에 관해서는 채무불이행의 일반에 있어서의 구제수단으로서 규정을 두는 것도 검토되었지만, 최종적으로는 그러한 일반규정을 두는 것은 단념되었기 때문에,[131] 개정민법 제562조의 규정은 추완청구권에 관한 불문(不文)의 일반적 규율에 대한 매매의 특칙으로서의 의미를 갖는다.[132] 개정민법은 '추완'의 방법으로서 목적물의 보수, 대체물의 인도 및 부족분의 인도 등 3가지 유형을 인정하고 있는데(개정 제562조제1항), 매수인이 추완의 방법을 선택할 수 있지만 매도인 입장에서 매수인에게

128) 大村敦志＝道垣内弘人, 앞의 책, 403면(石川博康 집필).
129) '타인의 권리의 매매'에서 매도인의 의무에 관하여 규정하는 개정 전 민법 제560조는 내용을 일부 수정("권리의 일부가 타인에게 속하는 경우에 있어서의 그 권리의 일부를 포함한다"는 표현을 타인의 권리에 괄호표기로 추가)한 점 외에는 개정민법에서도 그대로 유지되고 있다(개정 제561조). 이것은 타인의 권리의 매매에서 '매도인의 의무'를 규정한 것일 뿐 담보책임을 규정한 것은 아니다.
130) 部会資料84－3, 13면; 大村敦志＝道垣内弘人, 앞의 책, 403면(石川博康 집필).
131) 大村敦志＝道垣内弘人, 앞의 책, 405면(石川博康 집필).
132) 大村敦志＝道垣内弘人, 앞의 책, 405면(石川博康 집필).

상당하지 아니한 부담을 주는 것이 아닌 한 이와 다른 방법의 추완을 하는 것이 가능하다는 취지(매도인의 추완권)를 함께 규정하였다(동 단서). 한편 계약부적합이 매수인의 귀책사유에 의한 경우에는 추완청구권은 인정되지 않는다(개정 제562조제2항).

② 대금감액청구권에 관해서는 개정 전 민법에서는 일부 타인의 권리의 매매(개정 전 제563조)나 수량부족·일부멸실(개정 전 제565조)의 경우에 한하여 인정되고 있었으나, 개정민법에서는 대금감액청구권을 인정함으로써 대가적 균형을 유지할 필요성은 위의 경우에 한정되지 않는다고 보아[133] 대금감액청구권을 물건의 계약부적합과 권리의 계약부적합 일반에 있어서의 구제수단으로 인정하게 되었다(개정 제563조, 제565조). 대금감액청구권은 추완청구권이 배제되는 경우(이행불능. 개정 제412조의2제1항)나 손해배상청구권이 배제되는 경우(매도인에게 귀책사유가 없는 경우. 개정 제415조제1항 단서)에도 행사가능하다는 점에 그 존재의의가 인정된다.[134] 다만 계약부적합이 매수인의 귀책사유에 의한 경우에는 대금감액청구권은 인정되지 않는다(개정 제563조제3항). 대금감액청구권은 일부해제로서의 성질을 갖는다는 점에서 해제와 마찬가지로(개정 제541조, 제542조 참조) 그 행사요건으로서 (추완의) 최고가 필요한 경우(개정 제563조 제1항)와 (추완의) 최고가 필요하지 않은 경우(동 제2항)로 나누어 규정되었다.

한편, ③ 손해배상청구권 및 ④ 계약해제권에 관해서는 물건이나 권리의 계약부적합의 경우에 채무불이행의 일반규정에 따른 권리행사가 방해받지 않는다는 점만이 규정되었고 다른 특칙은 존재하지 않는다(개정 제564조, 제565조). 따라서 매도인에게 귀책사유가 없는 경우에는 손해배상청구는 인정되지 않으며(제415조제1항 단서), 손해배상의 범위로서는 이행이익까지 미칠 수 있다.[135] 해제권에 관하여는 최고가 필요한 경우(개정 제541조)와 필요하지 아니한 경우(개정 제542조)에 따라 각각 그 행사요건이 달리 정해진다.

이들 4가지 구제수단의 상호관계에 관하여는 이를 적극적으로 요건화하는 방안이 검토되기도 하였으나, 오히려 당사자간의 유연한 분쟁해결의 방해가 될 수도 있다는 점에서 최종적으로는 적극적인 규정을 두지 않는 것으로 결정되었다.[136]

5. 권리행사기간: 담보책임의 단기 기간제한

개정 전 민법에서는 물건이나 권리의 하자를 이유로 한 매도인의 담보책임에서 매수인의 권리행사기간으로 1년의 기간제한(제척기간)을 부과하는 경우가 있었다. 즉, ① 권리

133) 中間試案の補足説明, 409면.
134) 大村敦志＝道垣内弘人, 앞의 책, 405면(石川博康 집필).
135) 大村敦志＝道垣内弘人, 앞의 책, 407면(石川博康 집필).
136) 部会資料75A, 第3, 4.

의 일부가 타인에게 속하는 경우 및 수량부족·일부멸실의 경우, 매수인이 선의라면 사실을 안 날부터 1년, 악의라면 계약시부터 1년(개정 전 제564조, 제565조), ② 목적물에 용익물권 등이 부착된 경우, 사실을 안 날부터 1년(개정 전 제566조제3항), ③ 목적물에 숨은 하자가 있는 경우, 사실을 안 날부터 1년(개정 전 제570조, 제566조제3항)의 각 기간 이내에 매수인이 권리행사를 하여야 한다는 취지가 규정되어 있었다. 그 외의 경우(권리의 전부가 타인에게 속하는 경우 등)에는 채권의 소멸시효에 관한 일반규정(개정 전 제167조 제1항)에 따라 10년의 소멸시효만이 적용되는 것으로 이해되고 있었다.[137)]

판례는 하자담보책임(개정 전 제570조)에 관한 기간제한에 대하여 ① 매수인이 권리를 보존하기 위해서는 재판상의 권리행사까지는 필요하지 않고, 기간 내에 "매도인의 담보책임을 묻는 의사를 재판 외에서 명확하게 고지하는 것"으로 충분하며, "매도인에 대하여 구체적으로 하자의 내용과 그에 기초한 손해배상청구를 한다는 취지를 표명하고 청구하는 손해액 산정의 근거를 제시"할 필요가 있다고 판시하는 것과,[138)] ② 하자담보책임을 이유로 하는 권리에 대해서는 1년 이내에 권리를 보존할 필요가 있다는 점에 덧붙여 일반 채권과 마찬가지로 목적물의 인도시부터 10년의 소멸시효에 걸린다고 판시하는 것[139)]이 있었다.

개정민법에서는 매도인의 담보책임에 관하여 계약책임설에 입각한 규율을 두기로 한 방침에 따라 소멸시효의 일반원칙과는 다른 단기의 기간제한을 둘 필요가 없다는 제안도 있었으나(중간시안 제35.6【갑안】),[140)] 이행이 완료하였다고 생각하는 매도인의 지위를 장기간 불안정하게 하고, 부적합을 빠른 시기에 알지 못하는 매도인에게 추완비용이 불필요하게 늘어날 가능성이 있다는 등의 반대의견에 따라 채택되지 못하고,[141)] 최종적으로는 소멸시효의 일반원칙과는 별도로 '매수인이 부적합을 안 때부터 1년'의 기간제한을 유지하는 것으로 결정되었다. 즉, 개정민법 제566조에 '목적물의 종류 또는 품질에 관한 담보책임의 기간의 제한'이라는 표제하에 "매도인이 종류 또는 품질에 관하여 계약의 내용에 적합하지 않은 목적물을 매수인에게 인도한 경우에, 매수인이 그 <u>부적합을 안 때로부터 1년 이내에 그 취지를 매도인에게 통지하지 않은 때</u>에는, 매수인은 그 부적합을 이유로 하는 이행의 추완의 청구, 대금의 감액의 청구, 손해배상의 청구 및 계약의 해제를 할 수 없다."(하선은 필자)고 규정하게 되었다. 그 이유로서 매도인의 이행완료에 대한 기대의 보호와 단기의 기간제한에 의해 조기에 법률관계를 안정화시킬 필요가 있다는

137) 이상, 大村敦志＝道垣内弘人, 앞의 책, 409면(石川博康 집필).
138) 最判平成4[1992]年10月20日民集46巻7号1129頁.
139) 最判平成13[2001]年11月27日民集55巻6号1311頁.
140) 각주 72) 참조.
141) 部会資料75A, 23면.

점 등이 지적되었다.[142] 이러한 개정은 부적합이 있다는 취지를 '통지'하기만 하면 매수인의 권리가 보존된다는 것이므로, 담보책임에 기초한 손해배상청구를 한다는 취지를 재판 외에서 명확히 표명하고 청구하는 손해액 산정의 근거를 제시할 필요가 있다고 함으로써 말하자면 '소 제기 직전의 행위'[143]까지를 요구하는 종래의 판례의 입장보다 매수인의 권리보존에 있어 보다 완화된 태도라 할 수 있다.[144] 다만, 매수인의 통지의무를 기초로 한 이러한 1년의 기간제한(제566조 본문)에 대해서는 일정한 경우에는 그 적용이 배제된다는 취지가 그 단서에서 아울러 규정되었다. 즉, "매도인이 인도시에 그 부적합을 알았거나 중대한 과실로 알지 못했을 때"에는 위 본문의 규정은 적용되지 않는다. 이러한 경우에는 매도인을 단기의 기간제한에 의해 보호할 필요성은 인정되지 않기 때문이다.[145]

한편 단기 기간제한과 소멸시효의 일반원칙과의 관계가 문제되는바, 단기의 기간제한에 관한 규율은 소멸시효의 일반원칙의 적용을 배제하지 않으며, 따라서 기간 내의 통지에 의해 매수인의 권리가 보존된다 하더라도 채권의 소멸시효에 관한 일반원칙이 아울러 적용된다는 점이 지적되고 있다.[146] 즉 물건의 종류·품질에 관한 계약부적합을 이유로 하는 매수인의 권리는 인도시부터 10년 또는 부적합을 안 때부터 5년간 행사하지 않으면 시효에 의해 소멸한다(개정 제166조제1항).[147]

단기 기간제한과 관련하여 주의할 점은 위와 같은 규율은 물건의 '<u>종류 또는 품질</u>'에 관하여 계약부적합이 있는 경우에만 적용되며 물건의 '<u>수량</u>'에 관하여 계약부적합이 있는 경우에는 애초에 적용이 배제되는 것으로 설계되었다는 점이다(개정 제566조 참조). 수량부족은 외형상 명백하여 이행이 종료하였다는 기대가 매도인에게 생긴다고 할 수 없고 매수인의 권리행사기간을 제한해서까지 매도인을 보호할 필요는 없다는 점이 그 이유이다.[148] 가령 부동산매매에서 면적을 가격산정의 기준으로 하여 일정한 면적이 확실하다는 점을 전제로 가격을 결정하게 되는 '수량지시(지정)매매'에서 수량이 부족하다는 것은 객관적으로 명확하며 시간이 경과함에 따라 하자의 존부가 불명료하게 될 우려도 없고 객관적으로 증명은 용이하다는 점에서, 개정 전 민법에서 단기의 기간제한을 두어(개정 전 제565조) 매수인의 권리를 제한한 것과는 달리 개정민법에서는 그러한 제한은 삭제되었다.[149]

---

142) 部会資料75A, 23면.
143) 内田貴『改正民法のはなし』民事法務協会(2020) 92頁.
144) 大村敦志＝道垣内弘人, 앞의 책, 411면(石川博康 집필).
145) 大村敦志＝道垣内弘人, 앞의 책, 411면(石川博康 집필).
146) 部会資料75A, 24면.
147) 大村敦志＝道垣内弘人, 앞의 책, 411면(石川博康 집필).
148) 部会資料75A, 24면 이하.
149) 内田貴, 앞의 책(改正民法のはなし), 93면.

또한 단기 기간제한은 '물건'(종류 또는 품질)에 계약부적합이 있는 경우만을 대상으로 하며, '권리'의 계약부적합의 경우에는 별도의 특칙을 두지 않았다는 점에도 주의가 필요하다. 권리에 관한 계약부적합의 경우에는 (물건에 관한 계약부적합의 경우와는 달리) 사용이나 시간 경과에 의한 소모 등에 의해 비교적 단기간에 권리이전의무의 불이행에 관한 판단이 곤란해진다고 할 수 없어서, 소멸시효의 일반원칙과 다른 단기의 기간제한을 필요로 하는 근거가 반드시 명확하다고 할 수는 없다는 점이 그 이유이다.[150] 따라서 이 경우에는 소멸시효의 일반원칙만이 적용된다.[151]

6. 매매 이외의 계약유형에서의 담보책임: 계약책임설의 관철

계약내용에 적합한 물건 · 권리를 인도 · 이전할 의무를 승인한 위에 그 채무불이행책임의 문제로서 담보책임을 새롭게 규율한다는 개정민법의 방침은 매매뿐만 아니라 다른 계약유형(증여,[152], 소비대차,[153] 사용대차,[154] 도급[155][156] 등)에서의 담보책임과의 관계에서도 관철되고 있다.[157] 즉, 각 계약유형에서의 담보책임의 내용으로서 종래 취급되었던

---

150) 中間試案の補足說明, 419면.

151) 大村敦志＝道垣内弘人, 앞의 책, 411면(石川博康 집필).

152) 개정 제551조[한민 제559조 상당] (증여자의 인도의무 등) ① 증여자는 증여의 목적인 물건 또는 권리를 증여의 목적으로서 특정한 때의 상태로 인도하거나 이전할 것을 약정한 것으로 추정한다.

153) 개정 제590조[한민 제602조 상당] (대주의 인도의무 등) ① 제551조의 규정은 전조 제1항의 특약[이자부특약]이 없는 소비대차에 준용한다. ② 전조 제1항의 특약의 유무에 관계없이 대주로부터 인도된 물건이 종류 또는 품질에 관하여 계약의 내용에 적합하지 않은 때에는, 차주는 그 물건의 가액을 반환할 수 있다.

154) 개정 제596조[한민 제612조 상당] (대주의 인도의무 등) 제551조의 규정은 사용대차에 준용한다.

155) 개정 제636조[한민 제669조 상당] (수급인의 담보책임의 제한) 수급인이 종류 또는 품질에 관하여 계약의 내용에 적합하지 않은 일의 목적물을 도급인에게 인도한 때(그 인도를 요하지 않는 경우에는 일이 종료한 때에 일의 목적물이 종류 또는 품질에 관하여 계약의 내용에 적합하지 않은 때)에는, 도급인은, 도급인이 제공한 재료의 성질 또는 도급인이 한 지시에 의하여 생긴 부적합을 이유로 하는 이행의 추완의 청구, 보수의 감액의 청구, 손해배상의 청구 및 계약의 해제를 할 수 없다. 다만, 수급인이 그 재료 또는 지시가 부적당하다는 것을 알면서 고지하지 아니한 때에는 그러하지 아니하다.

개정 제637조[한민 제670조 상당] (목적물의 종류 또는 품질에 관한 담보책임의 기간제한) ① 전조 본문에 규정하는 경우에 있어서, 도급인이 그 부적합을 안 때로부터 1년 이내에 그 취지를 수급인에게 통지하지 않은 때에는, 도급인은 그 부적합을 이유로 하는 이행의 추완의 청구, 보수의 감액청구, 손해배상의 청구 및 계약의 해제를 할 수 없다.

② 전항의 규정은 일의 목적물을 도급인에게 인도한 때(그 인도를 요하지 않는 경우에는 일이 종료한 때)에 수급인이 동항의 부적합을 알고 있거나 중대한 과실에 의해 알지 못한 때에는 적용하지 않는다.

156) 일본 개정민법상 수급인의 담보책임에 관하여는, 송영민, "일본 개정민법상의 도급의 계약부적합 책임에 관한 고찰", 국제거래와 법(동아대학교) 제27호(2019), 1~28면; 이재목, 앞의 문헌, 13~16면 등도 아울러 참조.

문제에 대해서는 계약내용에 적합한 물건·권리를 인도·이전할 의무에 대한 채무불이행의 문제로서 위치지운 후에 각 계약유형의 특징을 감안하여 채무불이행의 일반규정과 다른 내용의 규율이 필요한 경우에 한하여, 또한 유상계약에는 매매의 규정이 포괄적으로 준용된다는 점을 전제로 하더라도 여전히 일정한 규율이 필요한 경우에 개별의 담보책임에 관한 규정을 두게 되었다.[158] 관련하여 매매 이외의 계약유형에서의 담보책임에 관한 규정에서도 '하자'는 '계약 내용에 적합하지 아니한 (물건, 일)'으로 그 표현이 대체되었다.[159]

이와 같이 개정민법에서는 매매뿐만 아니라 기타 계약유형에 대해서도 계약책임설에 기초한 규율이 관철되어, 민법전 전체로서 계약부적합에 대하여 책임의 구조와 규율의 통합화가 시도되고 있다.[160]

V. 개정민법상 매도인의 담보책임에 관한 개별적 고찰: 신구조문 비교와 규율상 특징

1. 매도인의 의무

개정 전 민법	개정민법
(신설)	**第560조(권리이전의 대항요건에 관한 매도인의 의무)** 매도인은 매수인에 대하여 등기, 등록, 기타 매매의 목적인 권리의 이전에 관한 대항요건을 구비시킬 의무를 진다.
第560조(타인의 권리의 매매에서 매도인의 의무) 타인의 권리를 매매의 목적으로 한 때에는 매도인은 그 권리를 취득하여 매수인에게 이전할 의무를 진다.	**第561조(타인의 권리의 매매에서 매도인의 의무)** 타인의 권리(권리의 일부가 타인에 속하는 경우에 있어서의 그 권리의 일부를 포함한다)를 매매의 목적으로 한 때에는, 매도인은 그 권리를 취득하여 매수인에게 이전할 의무를 진다.
第561조(타인의 권리의 매매에서 매도인의 담보책임) 第562조(타인의 권리의 매매에서 선의의 매도인의 해제권)	(삭제)

157) 大村敦志=道垣内弘人, 앞의 책, 400면(石川博康 집필).
158) 大村敦志=道垣内弘人, 앞의 책, 400~401면(石川博康 집필).
159) 소비대차에 관한 개정민법 제590조, 도급(請負)에 관한 개정민법 제636조 참조.
160) 大村敦志=道垣内弘人, 앞의 책, 401면(石川博康 집필).

일본민법은 매도인이 재산권을 이전할 의무를 부담한다는 점을 매매의 정의규정인 제555조(필자 주: 한민 제563조에 상당)에 두는 외에 매매의 효력으로서는 '타인의 권리의 매매'에서 매도인에게 권리취득이전의무(개정 전 제560조)를 부과하고 있을 뿐이었다. 이에 대해 중간시안에서는 매도인의 기본적 의무로서 '목적물을 인도할 의무'와 '대항요건을 구비시킬 의무'를 규정할 것과, 나아가 물건의 계약부적합에 대한 담보책임의 전제로서 '계약의 취지에 적합한 목적물을 인도할 의무'와 권리의 계약부적합에 대한 담보책임의 전제로서 '계약의 취지에 적합한 권리를 이전할 의무'를 규정할 것을 제안하고 있었다(중간시안 제35. 3. 매도인의 의무 (1)~(3)). 한편 타인의 권리의 매매에서 매도인의 의무에 관한 규정(개정 전 제560조)은 유지하되 '타인의 권리'에 권리의 일부가 타인에 속하는 경우도 포함된다는 취지를 괄호표기로 규정할 것을 제안하고 있었다(동 (4)).

개정민법에서는 중간시안의 제안 중 매도인의 기본적 의무로서 제안된 '목적물을 인도할 의무'가 삭제된 외에 다른 제안은 그대로 유지되었다. 즉, '대항요건을 구비시킬' 의무가 개정민법 제560조에 신설되었고, '계약의 취지에 적합한 목적물을 인도할 의무'와 '계약의 취지에 적합한 권리를 이전할 의무'는 (중간시안처럼 의무와 그 의무위반에 따른 효과를 분리하여 규정하지 않고) 물건의 계약부적합에 대한 담보책임(개정 제562조~제564조)과 권리의 계약부적합에 대한 담보책임(개정 제565조)에 관한 규정에서 담보책임의 발생요건("인도된 목적물이 종류, 품질 또는 수량에 관하여 계약의 내용에 적합하지 아니한 때", "이전한 권리가 계약의 내용에 적합하지 아니한 경우")으로 통합되어 규정되었다.

한편 '타인의 권리의 매매'에 관하여는 타인의 권리의 매매에서 매도인의 의무에 관한 기존 규정(개정 전 제560조)을 유지하되(개정 제561조) 괄호표기로 타인의 권리 속에 권리의 일부가 타인에 속하는 경우(일부 타인의 권리의 매매)가 포함된다는 취지를 추가하였다. 또한 후술하는 것처럼 타인의 권리의 매매에서의 매도인의 '담보책임'에 관한 규정(개정 전 제561조, 제562조)은 삭제되었는데, 이는 타인의 권리의 매매(일부 타인의 권리의 매매는 제외)에서 매도인의 권리취득이전의무 위반은 이를 채무불이행의 일반원칙으로 규율하면 충분하다고 생각되었기 때문이다.

2. 물건의 계약부적합에 대한 담보책임

(1) 매수인의 구제수단

개정 전 민법	개정민법
제570조(매도인의 하자담보책임) 매매의 목적물에 숨은 하자가 있은 때에는 제566조의 규정을 준용한다. 다만, 강제경매의 경우는 그러하지 아니하다. *제566조(지상권 등이 있는 경우 등의 매도인의 담보책임) ① 매매의 목적물이 지상권, 영소작권(永小作權), 지역권, 유치권 또는 질권의 목적인 경우에 매수인이 이를 알지 못하고 또한 이 때문에 계약을 한 목적을 달성할 수 없을 때에는 매수인은 계약을 해제할 수 있다. 이 경우에 계약의 해제를 할 수 없을 때에는 손해배상의 청구만을 할 수 있다. ② 전항의 규정은 매매의 목적인 부동산을 위하여 존재할 지역권이 존재하지 않았던 경우 및 그 부동산에 등기한 임차권이 있었던 경우에 준용한다. ③ 전 2항의 경우에 계약의 해제 또는 손해배상의 청구는 매수인이 사실을 안 때부터 1년 이내에 하여야 한다. **제565조(수량부족 또는 물건의 일부멸실의 경우의 매도인의 담보책임)** 前 2조의 규정은 수량을 지시하여 매매를 한 물건에 부족이 있는 경우 또는 물건의 일부가 계약시에 이미 멸실하고 있었던 경우에 매수인이 그 부족 또는 멸실을 알지 못했던 때에 준용한다. *제563조(권리의 일부가 타인에 속하는 경우의 매도인의 담보책임) ① 매매의 목적인 권리의 일부가 타인에 속함으로 인하여 매도인이 이를 매수인에게 이전할 수 없는 때에는 매수인은 그 부족분의 비율에 따라 대금의 감액을 청구할 수 있다. ② 전항의 경우에 잔존한 부분만이라면 매수인이 이를 매수하지 아니하였을 때에는 선의의	**제562조(매수인의 추완청구권)** ① 인도된 목적물이 종류, 품질 또는 수량에 관하여 계약의 내용에 적합하지 아니한 때에는, 매수인은 매도인에 대해서 목적물의 보수(補修), 대체물의 인도 또는 부족분의 인도에 의한 이행의 추완을 청구할 수 있다. 다만, 매도인은 매수인에게 상당하지 않은 부담을 가하는 것이 아닌 한, 매수인이 청구한 방법과 다른 방법에 의한 이행의 추완을 할 수 있다. ② 전항의 부적합이 매수인의 책임으로 돌릴 사유[귀책사유]에 의한 것인 때에는 매수인은 동항의 규정에 의한 이행의 추완을 청구할 수 없다. **제563조(매수인의 대금감액청구권)** ① 전조 제1항 본문에 규정하는 경우에 매수인이 상당한 기간을 정하여 이행의 추완의 최고를 하고, 그 기간 내에 이행의 추완이 없는 때에는 매수인은 그 부적합의 정도에 따라 대금의 감액을 청구할 수 있다. ② 전항의 규정에 불구하고 다음의 경우에는 매수인은 동항의 최고를 하지 않고 바로 대금의 감액을 청구할 수 있다. 1. 이행의 추완이 불능인 때. 2. 매도인이 이행의 추완을 거절하는 의사를 명확하게 표시한 때. 3. 계약의 성질 또는 당사자의 의사표시에 의해 특정의 일시 또는 일정한 기간 내에 이행을 하지 않으면 계약을 한 목적을 달성할 수 없는 경우에, 매도인이 이행을 하지 않고 그 시기를 경과한 때. 4. 전3호의 경우 외에 매수인이 전항의 최고를 하여도 이행의 추완을 받을 가능성이 명백히 없을 때. ③ 제1항의 부적합이 매수인의 책임으로 돌릴

매수인은 계약의 해제를 할 수 있다. ③ 대금감액의 청구 또는 계약의 해제는 선의의 매수인이 손해배상의 청구를 하는 것을 방해하지 않는다. *제564조(동상) 전조의 규정에 의한 권리는 매수인이 선의인 때에는 사실을 안 때부터, 악의인 때에는 계약시부터 각 1년 이내에 행사하여야 한다.	사유[귀책사유]에 의한 것인 때에는, 매수인은 전2항의 규정에 의한 대금의 감액을 청구할 수 없다. **제564조(매수인의 손해배상청구 및 해제권의 행사)** 전2조의 규정은 제415조[161]의 규정에 의한 손해배상의 청구 및 제541조[162] 및 제542조[163]의 규정에 의한 해제권의 행사를 방해하지 않는다.

물건의 하자에 대한 담보책임에 관한 개정 전 제570조(하자담보책임)와 제565조(수량부족·일부멸실의 경우의 담보책임)는 개정민법에서는 물건의 계약부적합에 대한 담보책임으로 통합되었다. 담보책임의 요건은 "인도된 목적물이 종류, 품질 또는 수량에 관하여

161) **개정 제415조(채무불이행에 의한 손해배상)** ① 채무자가 그 채무의 본지에 따른 이행을 하지 아니한 때 또는 채무의 이행이 불능인 때에는, 채권자는 그로 인하여 생긴 손해의 배상을 청구할 수 있다. 다만, 그 채무의 불이행이 계약 기타 채무의 발생원인 및 거래상의 사회통념에 비추어 채무자의 책임으로 돌릴 수 없는 사유로 인한 것일 때에는 그러하지 아니하다.
② 전항의 규정에 의해 손해배상의 청구를 할 수 있는 경우에, 다음 중 어느 하나에 해당하는 때에는, 채권자는 채무의 이행에 갈음한 손해배상의 청구를 할 수 있다.
1. 채무의 이행이 불능일 때.
2. 채무자가 그 채무의 이행을 거절하는 의사를 명확하게 표시한 때.
3. 채무가 계약에 의해 발생한 것인 경우에 그 계약이 해제되거나 또는 채무의 불이행에 의한 계약의 해제권이 발생한 때.

162) **개정 제541조(최고에 의한 해제)** 당사자의 일방이 그 채무를 이행하지 않은 경우에 상대방이 상당한 기간을 정하여 그 이행을 최고하고 그 기간 내에 이행이 없는 때에는 상대방은 계약을 해제할 수 있다. 다만, 그 기간을 경과한 때의 채무의 불이행이 그 계약 및 거래상의 사회통념에 비추어 경미한 때에는 그러하지 아니하다.

163) **개정 제542조(무최고해제)** ① 다음의 경우에는 채권자는 전조의 최고를 하지 않고 즉시 계약을 해제할 수 있다.
1. 채무의 전부의 이행이 불능인 때.
2. 채무자가 그 채무의 전부의 이행을 거절하는 의사를 명확하게 표시한 때.
3. 채무의 일부의 이행이 불능인 경우 또는 채무자가 그 채무의 일부의 이행을 거절하는 의사를 명확하게 표시한 경우에, 잔존하는 부분만으로는 계약을 한 목적을 달성할 수 없을 때.
4. 계약의 성질 또는 당사자의 의사표시에 의해 특정의 일시 또는 일정한 기간 내에 이행을 하지 않으면 계약을 한 목적을 달성할 수 없는 경우에 채무자가 이행을 하지 않고 그 시기를 경과한 때.
5. 前 1호부터 4호까지의 경우 외에, 채무자가 그 채무의 이행을 하지 않고, 채권자가 전조의 최고를 하여도 계약을 한 목적을 달성하기에 족한 이행이 될 가망이 없는 것이 분명한 때.
② 다음의 경우에는 채권자는 제541조의 최고를 하지 않고 즉시 계약의 일부의 해제를 할 수 있다.
1. 채무의 일부의 이행이 불능인 때.
2. 채무자가 그 채무의 일부의 이행을 거절하는 의사를 명확하게 표시한 때.

계약의 내용에 적합하지 아니한 때"로 설정되었고, 이를 공통요건으로 하여 그 효과로서 매수인의 구제수단을 권리별로 유형화하여 별도의 조문을 두는 형태로 재편되었다(개정 제562조, 제563조, 제564조).

매수인의 구제수단으로서는 새롭게 추완청구권(개정 제562조)과 대금감액청구권(개정 제563조)이 물건의 계약부적합에 대한 구제수단으로 신설되었고, 그 밖에 채무불이행의 일반원칙에 따른 손해배상청구권과 계약해제권의 행사가 가능하다는 취지도 신설되었다(개정 제564조). 손해배상청구권과 계약해제권은 매도인의 담보책임의 법적 성질이 채무불이행책임의 특칙이라는 점을 감안하면 별도의 규정이 없다 하더라도 일반원칙에 따라 당연히 인정된다고 볼 수도 있으나, 매도인의 담보책임과 채무불이행책임의 관계(특칙과 일반원칙) 및 위 두 권리가 매수인의 구제수단이 된다는 점을 명확히 하기 위하여 이를 별도의 조문으로 규정한 것으로 이해할 것이다.

추완청구권과 관련하여서는 추완청구의 방법으로서 목적물의 보수(補修), 대체물의 인도 및 부족분의 인도의 3가지가 인정되었고, 이 경우 매도인은 매수인에게 상당하지 아니한 부담을 주는 것이 아닌 한 매수인이 청구한 방법과 다른 방법에 의한 추완이 가능하다는 점(매도인의 추완권)이 아울러 규정되었다(개정 제562조제1항). **대금감액청구권**과 관련하여서는 그 행사를 위하여 추완이 필요한 경우와 추완이 필요하지 아니한 경우의 두 가지 유형이 규정된 점이 특징이다. 이것은 대금감액청구권이 일부해제로서의 성질을 갖고 있다는 점에서 해제와 같은 요건이 설정되었기 때문이다.[164] 즉 원칙적으로는 매수인에 의한 상당한 기간을 정한 추완의 최고와 그 기간 내에 추완이 없을 것을 요건으로 하여 부적합의 정도에 따른 대금감액의 청구가 가능하지만(개정 제563조제1항),[165] 이행의 추완이 불가능하거나 매도인이 이행의 추완을 거절하는 의사를 명확하게 표시한 경우 등에는 최고 없이 바로 대금감액의 청구가 가능하다(동 제2항). 한편 물건의 계약부적합이 매수인의 귀책사유에 의한 것인 때에는 추완청구권과 대금감액청구권은 인정되지 아니한다(개정 제562조제2항, 제563조제3항).[166]

---

164) 大村敦志＝道垣内弘人, 앞의 책, 406면(石川博康 집필).

165) 이것은 매도인으로 하여금 대금감액보다는 추완을 하도록 하고 대금 전액을 지급받을 수 있는 기회를 부여받도록 하기 위함이다. 内田貴, 앞의 책(改正民法のはなし), 90면.

166) 이것은 계약부적합이 매수인의 귀책사유에 의한 경우에까지 매수인에게 특별한 권리를 부여하는 것은 매도인에게 가혹하다는 점을 고려하고, 채무불이행이 채권자의 귀책사유에 의한 것인 때에는 채권자는 제541조와 제542조에 의한 계약의 해제를 할 수 없다는 개정민법 제543조와 보조를 맞추기 위한 것이다(部会資料81－3, 第5, 3 참조).

(2) 담보책임의 기간제한, 위험의 이전

개정 전 민법	개정민법
제570조(매도인의 하자담보책임) *매수인이 사실을 안 때부터 1년 이내에 행사(제566조제3항 준용) **제565조(수량부족 또는 물건의 일부멸실의 경우의 매도인의 담보책임)** *매수인이 선의인 때에는 사실을 안 때부터, 악의인 때에는 계약시부터 각 1년 이내에 행사(제564조 준용)	**제566조(목적물의 종류 또는 품질에 관한 담보책임의 기간의 제한)** 매도인이 종류 또는 품질에 관하여 계약의 내용에 적합하지 않은 목적물을 매수인에게 인도한 경우에, 매수인이 그 부적합을 안 때로부터 1년 이내에 그 취지를 매도인에게 통지하지 않은 때에는, 매수인은 그 부적합을 이유로 하는 이행의 추완의 청구, 대금의 감액의 청구, 손해배상의 청구 및 계약의 해제를 할 수 없다. 다만, 매도인이 인도 시에 그 부적합을 알았거나 중대한 과실로 알지 못했을 때에는 그러하지 아니하다.
(신설)	**제567조(목적물의 멸실 등에 관한 위험의 이전)** ① 매도인이 매수인에게 목적물(매매의 목적으로서 특정한 것에 한한다. 이하 이 조에 있어서 같다)을 인도한 경우에, 그 인도 이후에 그 목적물이 당사자 쌍방의 책임으로 돌릴 수 없는 사유에 의하여 멸실 또는 손상된 때에는, 매수인은 그 멸실 또는 손상을 이유로 하는 이행의 추완청구, 대금의 감액청구, 손해배상의 청구 및 계약의 해제를 할 수 없다. 이 경우에 매수인은 대금의 지급을 거절할 수 없다. ② 매도인이 계약의 내용에 적합한 목적물으로써 그 인도 채무의 이행을 제공했음에도 매수인이 그 이행의 수령을 거절하거나 수령할 수 없는 경우에, 그 이행의 제공이 있은 때 이후에 당사자 쌍방의 책임으로 돌릴 수 없는 사유에 의하여 그 목적물이 멸실 또는 손상된 때에도 전항과 같다.

전술한 바와 같이 개정민법상 물건의 계약부적합에 대한 담보책임은 개정 전 민법상 물건의 하자에 대한 담보책임(개정 전 제570조, 제565조)을 통합하되 매수인의 구제수단에 관한 3개의 조문을 신설하는 것으로 재편되었고(개정 제562조~제564조), 이들 3개의 구제수단은 권리의 계약부적합에 대한 담보책임의 경우에도 준용되기 때문에 매수인의 구제수단은 물건의 계약부적합과 권리의 계약부적합에 의한 구분 없이 통일적으로 파악된다. 그런데 물건의 계약부적합의 경우에는 권리의 계약부적합에서는 인정되지 않는

두 가지 특칙이 아울러 규정되었는데, 권리행사의 단기 기간제한에 관한 개정민법 제566조와 목적물의 멸실 등에 의한 위험의 이전에 관한 개정민법 제567조가 그것이다.

개정 전 민법에서는 물건이나 권리의 하자를 이유로 한 매도인의 담보책임에서 매수인의 권리행사기간으로 1년의 기간제한(제척기간)을 부과하는 경우가 있었는데(개정 전 제564조, 제565조, 제566조제3항, 제570조), 개정민법에서는 물건의 '종류 또는 품질'에 관하여 계약부적합이 있는 경우에 한하여 1년의 단기 기간제한을 두는 특칙을 새롭게 규정하였다. 그 이유는 물건의 종류 또는 품질의 계약부적합의 경우에는 매도인의 이행완료에 대한 기대의 보호와 단기의 기간제한에 의해 조기에 법률관계를 안정화시킬 필요가 있기 때문이다. 그 밖의 경우(물건의 '수량'에 관한 계약부적합, 권리에 관한 계약부적합)에는 이와 같은 필요성이 인정되지 않는다는 점에서 단기 기간제한의 특칙의 설정에서 제외되었다. 따라서 이러한 경우에는 소멸시효의 일반원칙만이 적용된다. 다만, 단기의 기간제한의 특칙이 적용되는 경우에도 소멸시효의 일반원칙의 적용을 배제하지 않으며, 따라서 기간 내의 통지에 의해 매수인의 권리가 보존된다 하더라도 채권의 소멸시효에 관한 일반원칙이 아울러 적용된다(단기 기간제한에 관한 상세는 전술한 Ⅳ. 5.를 참조).

한편 목적물의 멸실 등에 의한 위험의 이전에 관한 개정민법 제567조는 목적물의 지배가 이전하기 이전에 채무자의 이행이 불가능하게 된 경우의 반대급부의 위험부담주의에 관한 규율과 달리 목적물이 '인도'된 이후의 목적물의 멸실 또는 손상에 관한 위험이 매수인(채권자)에게 이전한다는 원칙을 정한 것이다.[167] 계약실무에서는 목적물의 인도시에 목적물의 멸실 등의 위험이 매도인으로부터 매수인에게 이전한다는 생각이 정착되어 있다는 점 등을 고려하여 목적물의 '인도시'를 목적물의 멸실·손상에 관한 위험의 이전시기로 새롭게 정한 것이다.[168] 그 결과 목적물의 인도시 이후에 당사자 쌍방의 귀책사유 없이 목적물이 멸실·손상된 경우에는 매수인은 그 멸실·손상을 이유로 하는 구제수단(추완청구, 대금감액청구, 손해배상청구, 해제)을 행사할 수 없고, 또한 대금의 지급을 거절할 수 없다는 취지가 규정되었다(개정 제567조제1항). 여기서는 인도에 의한 위험이전의 효과로서 추완청구권 등의 배제라는 급부위험의 이전에 관한 효과뿐만 아니라 반대채무의 이행거절권의 배제라는 대가위험의 이전에 관한 효과도 포함되어 있다는 점에 주의를 요한다.[169] 또한 목적물은 특정된 것에 한정되므로(괄호표기) 특정물 또는 특정된 종류물이 본조의 대상이 된다.[170]

---

167) 大村敦志=道垣内弘人, 앞의 책, 414면(石川博康 집필).
168) 中間試案の補足説明, 428면; 大村敦志=道垣内弘人, 앞의 책, 414면(石川博康 집필).
169) 大村敦志=道垣内弘人, 앞의 책, 415면(石川博康 집필).
170) 大村敦志=道垣内弘人, 앞의 책, 415면(石川博康 집필).

한편 개정민법 제567조 제2항에서는 매수인의 수령지체 중의 목적물의 멸실·손상에 관한 위험의 이전에 대해서도 규정한다. 즉 매도인이 계약의 내용에 적합한 목적물의 인도채무의 이행을 제공했음에도 불구하고 매수인측에 수령거절·수령불능이 있는 경우에는 그 이행제공 이후에 당사자 쌍방의 귀책사유 없이 목적물이 멸실·손상되면 매수인에게 위험이 이전하여 제1항과 같은 효과가 발생한다(개정 제567조제2항).

3. 권리의 계약부적합에 대한 담보책임

개정 전 민법	개정민법
第561条(타인의 권리의 매매에서 매도인의 담보책임) 전조의 경우에 있어서 매도인이 그 매각한 권리를 취득하여 매수인에게 이전할 수 없을 때에는 매수인은 계약의 해제를 할 수 있다. 이 경우에 있어서 계약시에 그 권리가 매도인에게 속하지 않는 것을 알고 있었을 때에는 손해배상의 청구를 할 수 없다. **第562条(타인의 권리의 매매에서 선의의 매도인의 해제권)** ① 매도인이 계약시에 그 매각한 권리가 자기에게 속하지 아니함을 몰랐던 경우에 그 권리를 취득하여 매수인에게 이전할 수 없을 때에는 매도인은 손해를 배상하고 계약을 해제할 수 있다. ② 전항의 경우에 매수인이 계약시에 그 매수한 권리가 매도인에게 속하지 아니함을 알고 있었던 때에는 매도인은 매수인에게 단지 그 매각한 권리를 이전할 수 없다는 취지를 통지하고 계약을 해제할 수 있다.	(삭제)
第563条(권리의 일부가 타인에 속하는 경우의 매도인의 담보책임) ① 매매의 목적인 권리의 일부가 타인에 속함으로 인하여 매도인이 이를 매수인에게 이전할 수 없는 때에는 매수인은 그 부족분의 비율에 따라 대금의 감액을 청구할 수 있다. ② 전항의 경우에 잔존한 부분만이라면 매수인이 이를 매수하지 아니하였을 때에는 선의의 매수인은 계약의 해제를 할 수 있다. ③ 대금감액의 청구 또는 계약의 해제는 선의의 매수인이 손해배상의 청구를 하는 것을 방해하지 않는다. **第566条(지상권 등이 있는 경우 등의 매도인의 담보책임)** ① 매매의 목적물이 지상권, 영소작권(永小作	**第565条(이전한 권리가 계약의 내용에 적합하지 아니한 경우의 매도인의 담보책임)** 전3조의 규정은, 매도인이 매수인에게 이전한 권리가 계약의 내용에 적합하지 아니한 경우(권리의 일부가 타인에게 속하는 경우에 그 권리의 일부를 이전하지 않은 때를 포함한다)에 준용한다.

權), 지역권, 유치권 또는 질권의 목적인 경우에 매수인이 이를 알지 못하고 또한 이 때문에 계약을 한 목적을 달성할 수 없을 때에는 매수인은 계약을 해제할 수 있다. 이 경우에 계약의 해제를 할 수 없을 때에는 손해배상의 청구만을 할 수 있다. ② 전항의 규정은 매매의 목적인 부동산을 위하여 존재할 지역권이 존재하지 않았던 경우 및 그 부동산에 등기한 임차권이 있었던 경우에 준용한다. ③ 전 2항의 경우에 계약의 해제 또는 손해배상의 청구는 매수인이 사실을 안 때부터 1년 이내에 하여야 한다.	
제567조(저당권 등이 있는 경우의 매도인의 담보책임) ① 매매의 목적인 부동산에 존재하는 선취특권 또는 저당권의 행사에 의해 매수인이 그 소유권을 잃은 때에는 매수인은 계약을 해제할 수 있다. ② 매수인이 비용을 지출하여 그 소유권을 보존한 때에는 매도인에게 대하여 그 비용의 상환을 청구할 수 있다. ③ 전2항의 경우에 매수인이 손해를 입은 때에는 그 배상을 청구할 수 있다.	**제570조(저당권등이 있는 경우의 매수인에 의한 비용의 상환청구)** 매수한 부동산에 대해 계약의 내용에 적합하지 아니한 선취특권, 질권 또는 저당권이 존재하고 있었던 경우에, 매수인이 비용을 지출하여 그 부동산의 소유권을 보존한 때에는 매수인은 매도인에 대하여 그 비용의 상환을 청구할 수 있다.

권리의 하자에 대한 담보책임에 관하여 개정 전 민법에서는 타인의 권리의 매매(제561조, 제562조), 일부 타인의 권리의 매매(제563조), 지상권 등이 부착된 경우(제566조), 저당권 등이 부착된 경우(제567조) 등 권리의 하자로 인정되는 개별적 유형에 따라 담보책임에 관한 규정이 산재해 있었다. 개정민법에서는 "매도인이 매수인에게 이전한 권리가 계약의 내용에 적합하지 아니한 경우"에 물건의 계약부적합에 대한 담보책임의 규정(개정 제562조~제564조)이 준용된다는 취지로 규정함으로써 요건을 통합하였고, 효과도 보다 단순한 형태가 되도록 조율하였다. 다만 타인의 권리의 매매 중에서는 일부 타인의 권리의 매매만이 담보책임으로 규율되고 전부 타인의 권리의 매매는 채무불이행의 일반원칙에 따라 규율된다는 취지를 명확히 하기 위하여 '괄호표기'를 추가하였다.

한편 개정민법 제570조는 법제심의회의 요강(안) 단계에서는 신설이 예정되지 않은 조항이었기 때문에 그 취지가 문제된다. 즉 법제심의회가 법무성에 요강을 제출할 때까지는 개정 전 민법 제567조는 전부 삭제되어 개정민법 제565조로 통합되는 것이 예정되어 있었으나 법무성이 최종적으로 마련한 법률안에는 개정민법 제570조가 추가되었고,[171] 이것이 그대로 개정민법으로 연결된 것이다. 신설조문은 개정 전 민법 제567조 제

2항의 내용과 같은 것으로 설명되는데,[172] 조문을 신설한 취지가 반드시 명확한 것은 아니다. 중간시안 단계에서는 개정 전 민법 제567조 제2항은 채무불이행에 의한 손해배상 또는 제3자변제에 의한 구상의 일반규정에 의해 해결이 가능하다고 보아 삭제가 제안된 것인데, 그 후의 심의과정에서 물상보증인·제3취득자로부터 매수한 매수인은 물상보증인 등에 대하여 손해배상은 청구할 수 있으나 구상권의 상대방은 채무자이기 때문에 (매도인으로부터 매수한 경우와 달리) 손해배상청구권과 구상권이 중복적으로 인정되지 않는 차이가 발생한다는 점이 지적되었다. 사무국에서도 이러한 취지에 따라 개정 전 제567조 제2항을 유지한다는 설명이 뒤따랐다.[173] 따라서 저당권 등을 소멸시킨 매수인이 매도인에 대하여 (제3자변제에 의한) '구상권'을 행사할 수 있는 근거로서의 의의를 갖는다는 이해가 개정 전 민법 제567조 제2항의 유지로 연결되었다고 볼 수 있다.[174]

다만 이러한 이해에 대하여는 반대하는 견해가 유력하다. 본래 저당권 등이 존재하지 않는 토지로 매매하였으나 저당권 등이 존재하는 경우에 매수인은 추완청구권을 행사하여야 하고(개정 제565조, 제562조제1항), 그럼에도 불구하고 매도인이 추완을 하지 아니하였기 때문에 매수인 스스로 저당권 등을 제거하였다면 그에 소요된 비용의 상환을 매도인에게 청구할 수 있다(개정 제570조)고 하여야 한다. 따라서 개정민법 제570조는 (저당권 등이 존재하는 등의) 계약부적합을 매수인이 적정하게 제거한 경우에 소요된 비용의 상환을 매도인에게 청구할 수 있는 근거를 정하는 규정으로 이해해야 하고, 계약부적합 일반에서 매도인이 추완하지 않는 경우의 매수인의 비용상환청구에 대한 근거규정으로서 널리 유추적용될 필요가 있다는 것이다.[175]

4. 경매에서의 담보책임, 기타

개정 전 민법	개정민법
第568조(강제경매에서의 담보책임) ① 강제경매에서의 매수인은 제561조부터 전조까지의 규정에 의하여 채무자에 대하여 계약의 해제를 하거나 대금의 감액을 청구할 수 있다.	**第568조(경매에서의 담보책임 등)** ① 민사집행법 기타 법률의 규정에 따른 경매(이하 이 조에서 단순히 「경매」라고 한다)에서의 매수인은 제541조, 제542조의 규정 및 제563조(제565조에서 준용하는 경우를 포함한다)의 규정에 의하여 채무자에 대하여 계약의 해제를 하거나 대금의

171) 「民法の一部を改正する法律案新旧対照条文」 117면 참조 (https://www.moj.go.jp/content/00124 2222.pdf).
172) 松岡久和＝松本恒雄, 앞의 책, 782면(北居功 집필).
173) 이상 松岡久和＝松本恒雄, 앞의 책, 782~783면(北居功 집필).
174) 松岡久和＝松本恒雄, 앞의 책, 783면(北居功 집필).
175) 松岡久和＝松本恒雄, 앞의 책, 783~784면(北居功 집필).

② 전항의 경우에 채무자가 무자력인 때에는 매수인은 대금의 배당을 받은 채권자에 대하여 그 대금의 전부 또는 일부의 반환을 청구할 수 있다. ③ 전2항의 경우에 채무자가 물건 또는 권리의 부존재를 알면서 알리지 않거나 채권자가 이를 알면서 경매를 청구한 때에는 매수인은 이들에게 손해배상의 청구를 할 수 있다. (신설)	감액을 청구할 수 있다. ② (좌동) ③ (좌동) ④ 전3항의 규정은 경매의 목적물의 종류 또는 품질에 관한 부적합에는 적용하지 않는다.
제571조(매도인의 담보책임과 동시이행) 제533조의 규정은 제563조~566조 및 제570조의 경우에 준용한다.	(삭제) → 제533조(동시이행의 항변)에서 포괄적으로 규정 * **개정 제533조(동시이행의 항변)** 쌍무계약의 당사자 일방은 상대방이 그 채무의 이행(채무의 이행에 갈음하는 손해배상 채무의 이행을 포함한다)을 제공할 때까지 자기의 채무의 이행을 거절할 수 있다. 다만 상대방의 채무가 변제기에 있지 않을 때에는 그러하지 아니하다. (괄호 추가)

경매에서의 담보책임에 관하여 중간시안에서는 물건의 (질적) 하자에 대해서도 매수인의 구제를 확대할 것을 제안하였으나(개정 전 제570조 단서의 삭제), 경매절차의 안정성이라는 관점에서 요강안에서는 이 제안은 삭제되었고, 대신 경매의 목적물의 종류 또는 품질에 관한 부적합에 대해서는 경매에서의 담보책임에 관한 규정을 적용하지 않는다는 취지가 추가되어 이것이 그대로 개정민법으로 연결되었다(개정 제568조제4항의 추가). 그 결과 경매에서의 담보책임에 관한 개정민법의 규율은 강제경매를 경매 일반으로 확대한 점(제1항) 이외에 개정 전 민법 제568조의 구조를 그대로 계승하고 있다.[176] 즉, 개정민법 하에서 채무자 소유의 재산을 경매로 취득한 매수인은 그 재산에 대해 '수량'이나 이전된 '권리'가 계약의 내용에 적합하지 아니한 경우에는 채무자에 대하여 해제 또는 대금의 감액을 청구할 수 있다(개정 제568조제1항, 동 제4항). 또한 채무자가 무자력인 때에는 대금의 배당을 받은 채권자에 대하여 그 대금의 전부 또는 일부의 반환을 청구할 수 있고(동 제2항), 나아가 채무자가 물건 또는 권리의 부존재를 알면서 고지하지 않거나 채

176) 松岡久和＝松本恒雄, 앞의 책, 777면(北居功 집필).

권자가 이를 알면서 경매를 청구한 때에는 매수인은 이들에게 손해배상의 청구를 할 수 있다(동 제3항).

다만 개정민법 제568조 제1항은 계약의 해제와 대금감액 이외에 추완청구에 관한 제562조를 지시하고 있지 않는데, 이것은 경매절차에서 채무자에게 추완의무를 부과하는 것은 상당하지 않다는 점을 고려한 것이고, 따라서 매수인이 대금감액청구 또는 계약의 해제를 할 때에도 이에 앞선 (이행의 추완의) '최고'는 필요하지 않다.[177)]

한편 매도인의 담보책임과 동시이행에 관한 개정 전 민법 제571조는 개정민법에서는 삭제되었다. 이것은 동시이행의 항변에 관한 개정민법 제533조가 계약에 기초한 채무의 동시이행관계를 규율하는 일반규정이기 때문에 이를 직접 적용하면 충분하다고 생각했기 때문이다.[178)] 또한 개정민법 제533조는 '채무의 이행에 갈음하는 손해배상 채무의 이행'의 경우에도 동시이행의 항변이 인정된다는 점을 추가적으로 규정하였기 때문에(괄호표기) 가령 매수인의 이행에 갈음하는 손해배상청구권과 매도인의 대금청구권과의 동시이행관계도 규율할 수 있게 되었다.[179)]

Ⅵ. 일본 개정민법의 비교법적 특징: 법무부 민법개정위원회안(2024)과의 비교

1. 개관

일본 개정민법상 매도인의 담보책임에 관한 규율은 계약책임설의 입장에서 **채무불이행책임과의 일원화**를 시도했다는 점에서 최근의 국제적인 계약규범 내지 원칙, 특히 **CISG**(UN 국제물품매매계약에 관한 협약)나 **PICC**(UNIDROIT 국제상사계약원칙), **PECL**(유럽계약법원칙) 등의 영향을 받은 입법으로 평가할 만하다. 이들 국제적인 계약규범이나 원칙이 모두 (하자)담보책임을 별도의 책임체계로 파악하지 않고 계약위반(breach of contract) 또는 불이행(non-perfomance)에 대한 책임으로 일원적으로 구성하고 있다는 점은 주지의 사실이다.[180)] 일본 민법의 담보책임에 관한 규율의 개정과정에서 이른바 '채무불이행

177) 部会資料75A · 27면; 潮見佳男『民法(債権関係)改正法案の概要』(金融財政事情研究会, 2015) 244頁; 筒井健夫 = 村松秀樹編著『一問一答 民法(債権関係)改正』(商事法務, 2018) 288頁.

178) 筒井健夫 = 村松秀樹, 위의 책, 281면.

179) 潮見佳男, 앞의 책, 213면.

180) 이점에 관한 최근의 논고로서 특히, 조인영, "계약책임에 관한 국제적 변화와 우리 민법의 향후 과제", 「비교사법」, 제29권 제1호, 2022, 187~192면; 이재목, 앞의 문헌, 5~6면; 김성연, "하자담보책임과 채무불이행책임의 관계에 관한 비교법적 동향", 「법학연구」, 제26권 제2호, 2016, 11면 이하 등을 참조.

일원론'이 전체적인 논의를 주도하였다는 점은 전술한 바와 같으나, 이것은 그러한 논의가 국제적인 계약규범 등의 영향을 받았음을 의미하는 것이다.[181]

한편, 그럼에도 불구하고 일본 개정민법상 매도인의 담보책임에 관한 규율은 일반 채무불이행책임으로의 완전한 통합 내지 일원화가 아니라 채무불이행책임의 일반적인 규율(손해배상 및 해제)에 복종한다는 점을 분명히 하는 외에 추완청구권이나 대금감액청구권 등의 특칙을 두는 구성(채무불이행책임의 특칙 구성)을 채택하고 있다는 점에서 독일 개정민법과의 유사성이 발견된다. 독일 민법의 경우 2002년의 채권법현대화법에서 담보책임을 일반 급부장애법으로 일원화하였지만, 일반 채무불이행책임과 담보책임의 이원적 책임구조를 완전히 폐지하지는 않고 담보책임을 일반 채무불이행책임과 연계시키는 구성을 채택하였는바,[182] 매매목적물에 하자가 있는 경우 일반 채무불이행책임 규정에 따라 해제나 손해배상을 구할 수 있도록 하는 한편(독민 제437조), 일반 채무불이행책임과 구별되는 특칙으로서 추완이행청구권(독민 제439조)[183]이나 대금감액청구권(독민 제441조)에 관한 규정 등을 별도로 두는 선택을 하였다. 일본 개정민법도 물건 · 권리의 계약부적합의 경우에 손해배상청구나 해제권의 행사에 관하여는 일반 채무불이행책임에 관한 규정이 적용된다는 점을 명확히 하면서(제564조, 제565조), 나아가 추완청구권(제562조, 제565조)이나 대금감액청구권(제563조, 제565조) 등 채무불이행책임의 특칙을 별도로 두는 체계라는 점에서 독일 개정민법과 유사한 선택을 한 것으로 볼 것이다.

그러나 독일 개정민법이 '하자'의 개념을 유지하면서 그 의미에 관한 상세한 규정(제434조, 제435조)을 두고 있는 것과는 달리 일본 개정민법은 하자 개념을 버리고 '**계약부적합**' 개념을 채택하고 있다는 점에서는 독일 개정민법과의 차별성이 발견되고, CISG의 계약부적합(non-conformity of the goods) 법리의 영향을 읽어낼 수 있다.[184] 전술한 것처럼 일본 민법의 개정과정에서는 '하자' 개념을 유지하고 그 의미에 관한 정의규정을 둔다는 제안도 고려되었으나(각주 61) 참조), 최종적으로는 계약부적합 개념을 채택하는

181) 野澤正充『契約法の新たな展開ー瑕疵担保責任から契約不適合責任へー』(日本評論社, 2022) 452頁은 일본 개정민법상 담보책임에 관한 규율의 특징을 "글로벌 스탠다드의 채용"으로 표현한다.

182) 이 점을 지적하는 견해로 조인영, 앞의 논문 194면을 참조(다만 담보책임을 일반 채무불이행책임과 연계시키는 구성으로 인해 담보책임과 일반 채무불이행책임의 엄격한 구분은 사실상 특별한 의미를 상실하였다는 점을 강조한다). 독일 개정채권법상 담보책임에 관하여는, 사동천, "독일 개정민법상 매도인의 하자담보책임에 관한 고찰", 「중앙법학」, 제4권 제1호, 2002, 239면 이하; 이병준, "독일채권법개정에서 일반채무불이행법의 변화", 「재산법연구」, 제19권 제1호, 2002, 46면; Claus-Wilhelm Canaris, 김재형 역, "독일의 채권법 개정: 새로운 매매법", 서울대학교 「법학」, 제43권 제4호, 2002, 349 · 356면; Claus-Wilhelm Canaris, 최봉경 역, "독일 개정 채권법상의 신급부장애론", 「법학연구」, 제12권 제3호, 2002, 306면 등을 참조.

183) 이 추완이행청구권을 일반 채무불이행책임의 특칙으로 보기 어렵다는 견해도 있을 수 있다.

184) 森田修『債権法改正の文脈—新旧両規定の架橋のために—』(有斐閣, 2020) 340頁.

것으로 결정되었다. 종래의 하자 개념을 계약부적합 개념으로 대체한 것은 하자에 관한 해석의 축적 등을 반영하여 하자의 실질적인 판단기준을 조문상 직접적으로 표현한 것에 불과하다고 설명되고 있지만,[185] 실질적으로는 계약의 해석을 통해 탐구한 '계약내용'에 적합한지 여부(계약내용 적합성)를 기준으로 매도인의 책임을 판단하고자 하는 취지라는 점에서, 일본 민법개정의 전 과정에서 개정논의를 주도했던, 계약책임의 귀책구조에서 당사자의 합의 내용에 의미를 부여하는 이른바 '규범적 합의주의'[186]가 관철된 것으로 이해할 수 있을 것으로 생각된다.

2. 법무부 민법개정위원회안(2024)과의 비교

최근에 공개된 법무부 민법개정위원회의 계약법 개정안(이하 "민법개정위원회안"이라 한다)의 매도인의 담보책임에 관한 규율 내용은 계약책임설에 입각하여 다양한 담보책임의 유형을 권리의 하자와 물건의 하자로 통합·재편성하고, 매수인의 구제수단으로서 추완청구권과 대금감액청구권을 인정하는 외에 일반 채무불이행책임으로서 손해배상청구권과 계약해제권에 관한 규정의 적용을 긍정하며, 물건의 하자가 있는 경우에 권리행사기간의 특칙을 두고 있다는 점 등에서 일본의 개정민법의 구조 및 내용과 유사한 측면이 있다.[187]

그러나 민법개정위원회안과 일본 개정민법에는 여러 가지 점에서 차이점이 발견된다. 이하, 지극히 피상적이지만 양자를 개략적으로 비교하기로 한다.

첫째, 민법개정위원회안은 일본 개정민법이 '계약부적합' 개념을 채택한 것과는 달리 '하자' 개념을 유지하고 있다(제569조, 제570조). 또한 하자 없는 권리·물건의 이전·인도를 매도인의 의무로 명시한다(제569조, 제570조). 이들은 독일 개정민법의 태도와 같은 것이다. 반면에 일본 개정민법은 하자 개념 대신에 계약부적합 개념을 채택하였고, 또한 하자 없는(계약에 적합한) 권리·물건의 이전·인도의무를 명시하지는 않고, 다만 담보책임의 효과로서의 매수인의 구제수단에 관한 규정(제562~제564조, 제565조)에서 이를 요건으로("인도된 목적물이~계약내용에 적합하지 아니한 때", "이전된 권리가 계약내용에 적합하지 아니한 경우") 통합하여 규정하는 선택을 하였다.

둘째, 매수인의 구제수단에 대해 일본 개정민법이 추완이행, 대금감액, 손해배상,

185) 中間試案の補足說明, 400~401면; 債権法研究会, 위의 책, 440~441면(大澤加奈子 집필).

186) '규범적 합의주의'에 관하여는 森田修, 앞의 책, 58·339면; 서희석, "일본 개정민법상 채권의 효력: 채무불이행책임 등에 관한 규율", 「법학논고」, 제81집, 2023, 170면; 서희석, "일본 개정채권법 개관: 채권총칙(1)－채권의 목적을 중심으로－", 「민사법학」, 제100호, 2022, 409면 등을 참조.

187) 민법개정위원회안의 구체적 내용과 그 이유에 대해서는, 법무부 민법개정위원회, 계약법 개정이유서(이하 "계약법 개정이유서"로 약칭한다)를 참조.

해제의 순으로 규정하는 것과는 달리(제562조~제565조), 민법개정위원회안은 추완이행, 해제, 대금감액, 손해배상의 순으로 규정하고 있다(제571조~제574조). 그 이유에 대해서는 개정이유서에서도 명확한 단서를 발견하기 어렵다. 다만, 담보책임에 관한 규율의 '개정배경'으로서 "매도인의 담보책임에 관한 특별 규정을 삭제하고 이를 일반 계약책임으로 통합한다"는 점만이 유일하게 설시되고 있고,[188] 또한 '개정방향'에 대한 설명 부분에서 "담보책임 규정의 독자성을 해소하고 일반 채무불이행 책임의 체계에 따라 매수인의 구제가 이루어질 수 있도록 규정을 마련한다"는 점이 강조되고 있다는 점에서(첫째 개정방향),[189] 채무불이행에 대한 매수인의 구제수단에 대해 일반 채무불이행책임에 따른 구제수단을 제공한다는 점에 방점이 놓여 있을 뿐 조문의 순서에 관해서는 특별히 의식하지는 않고 있는 것으로 이해된다. 이에 반해 일본 개정민법의 경우 매매에서의 채무불이행책임의 특칙인 추완청구권과 대금감액청구권을 먼저 규정하고(제562조, 제563조) 이어서 일반 채무불이행에 따른 규율(손해배상, 해제)은 해당 조문으로의 연결규정을 통해 이루어진다는 취지를 규정하고 있다(제564조). 이것은 담보책임을 채무불이행책임으로 완전히 일원화하기보다는 '채무불이행책임의 특칙'으로 이해하려는 지향(전술 Ⅳ.2 참조)과도 관련되는 것이라고 생각된다. 일본 개정민법에서 '담보책임'이라는 용어를 삭제하지 않은 것은 이와 같은 이유 때문으로 이해할 것이다(각주 113)도 참조).

셋째, 일본 개정민법의 경우 '전부 타인의 권리'의 매매에 관하여는 담보책임의 특칙이 적용되지 않고 일반 채무불이행책임으로 규율됨에 반해, 민법개정위원회안에서는 여기에서도 담보책임의 특칙(추완이행청구권, 대금감액청구권)이 적용될 수 있음을 인정한다. 즉, 이 경우에도 타인의 권리를 취득하여 이전하는 것은 제한물권을 소멸시키는 것과 마찬가지로 추완이행의 태양으로서의 '하자의 제거'에 해당한다고 설명된다.[190] 일본의 경우에도 애초에는 전부 타인의 권리의 매매를 담보책임으로 규율하는 방향으로 검토되었으나, 담보책임은 불완전한 이행이 이루어진 경우의 규율인 반면, 전혀 이행이 없는(목적물의 인도나 권리의 이전이 없는) 경우에는 단순한 불이행으로서 채무불이행의 일반 원칙이 적용되어야 한다는 점에서 최종단계에서 담보책임의 범위에서 제외되었다.[191] 전부 타인의 권리의 매매의 경우 추완이행, 대금감액 청구는 사실상 의미가 없다는 점에서 이를 일반 채무불이행책임의 규율을 받는 것으로 규정하고 권리의 일부가 타인에 속하는 경우에 이를 이전하지 않는 때에만 담보책임의 특칙이 적용된다는 점(제565조 괄호

188) 계약법 개정이유서, 108면.
189) 계약법 개정이유서, 108면.
190) 계약법 개정이유서, 119면.
191) 部会資料84－3, 第30, 6; 中田裕康, 앞의 책(契約法), 296면.

표기)을 명확히 한 것이다.

넷째, 추완(이행)청구권과 관련하여, 일본 개정민법에서는 (매수인에게 불상당한 부담을 부여하는 것이 아닌 한) 매도인에게 매수인이 청구한 방법과 다른 방법에 의한 이행의 추완을 할 수 있다는 취지의 규정(매도인의 추완권)을 두고 있음에 반해(제562조제1항 단서), 민법개정위원회안에서는 "매수인이 청구하는 추완이행의 방법이 목적물의 가치, 하자의 정도 등을 고려하여 매도인에게 과도한 불이익을 야기하는 때에는 매도인은 이를 거절할 수 있다."고 규정함으로써(제571조제2항) '매도인의 거절권' 형태로 추완이행청구를 제한하고 있다는 차이가 있다. 매도인의 추완권과 매수인의 추완(이행)청구권이 충돌하는 경우에 어떻게 이를 해결할 것인가를 고려하면, 하자있는 물건이나 권리가 인도·이전되는 경우(계약부적합의 경우)에 매도인에게 거절권만을 인정하는 민법개정위원회안이 매수인에게 추완의 선택권을 부여하는 효과로 연결될 수 있다는 점에서 매도인의 책임(=매수인의 구제수단)을 더 강조한 선택지라고 생각된다.

다섯째, 일본 개정민법의 경우 추완청구권의 대금감액청구권에 대한 우위성을 인정하여 대금감액은 원칙적으로 추완이행의 최고를 전제로 하여 청구할 수 있음(제562조제1항, 제563조제1항·제2항 참조)에 반해, 민법개정위원회안은 이러한 관계를 인정하지 않는다. 추완이행 없이 대금감액을 통하여 간이하게 분쟁을 해결하려는 매수인의 이익을 보호할 필요가 있고, 현행 민법상 도급(제667조제2항)과 여행계약(제674조의6 제3항)의 규율과도 보조를 맞출 필요가 있다는 점이 그 이유이다.[192] 따라서 민법개정위원회안에 의하면 대금감액의 청구는 추완이행의 최고(청구)를 전제로 하지 않고 행사할 수 있다(제573조제1항).

여섯째, 일본 개정민법이 매수인의 '귀책사유'를 추완청구권 또는 대금감액청구권의 배제사유로 규정하고(제562조제2항, 제563조제3항) 있음에 반해, 민법개정위원회안에서는 매수인의 '악의'를 매수인의 권리(제571조~제574조) 행사의 배제사유로 규정하고 있다는 점(제575조)에 차이가 있다. 일본 개정민법의 경우 채무불이행이 채권자의 귀책사유에 의한 것일 때에 계약해제권이 배제된다는 취지를 규정하고 있는 것(제543조)[193]과 보조를 맞추기 위해 또한 계약부적합이 매수인의 귀책사유에 의한 경우에까지 매수인에게 특별한 권리를 부여하는 것은 매도인에게 가혹하다는 점을 고려하여 추완청구권(제562

192) 계약법 개정이유서, 109~110면.

193) 한편 일본 개정민법에서 채무불이행에 의한 손해배상청구의 경우에도 채무자가 귀책사유 없음을 입증하면 면책되는바(제415조 제1항 단서), 채무자에게 귀책사유가 없는 경우로서 '채권자에게 귀책사유가 있는 경우'가 포함될 수 있을 것이다(가령 이행을 방해하는 채권자의 행위가 있는 경우). 中田裕康, 『債権総論[第4版]』(岩波書店, 2020) 160頁 참소.

조)과 (계약의 일부해제의 성격을 갖는) 대금감액청구권(제563조)에서도 같은 취지의 규정을 둔 것으로 설명된다.[194] 이에 대해 민법개정위원회안의 경우 악의의 매수인에게 굳이 민법이 정하는 권리를 부여할 이유가 없으므로 법적 안정성을 위하여 명확한 규율로 해결하는 것이 바람직하다는 이유에서 기존의 규율(제572조제2항 · 제3항, 제575조1항, 제580조1항 단서 등)을 유지하기 위한 선택이라고 설명된다.[195] 매수인의 귀책사유와 매수인의 악의는 경우에 따라 중복될 수도 있으나 반드시 같은 차원의 개념은 아니다. 특히 일본 개정민법의 경우 계약부적합에 대한 매도인의 책임은 기본적으로 매도인이 어떠한 내용의 의무를 인수(합의)하였는지에 따라 정해진다는 개정민법의 규율방침에 부합하지 않는다는 이유에서 매수인의 선의 · 악의와 같은 주관적 요건을 일률적으로 삭제하는 선택을 하였다는 점(Ⅳ. 3. 참조)에서 민법개정위원회안과는 차별성이 발견된다.

일곱째, 해제권의 행사 또는 손해배상의 청구는 채무불이행의 일반규정에 의해 할 수 있다는 점은 일본 개정민법(제564조)과 민법개정위원회안(제572조, 제574조)에서 같지만, 민법개정위원회안에서는 매도인의 추완이행이 부적절한 경우에 '최고 없이' 계약을 해제할 수 있고(제572조제1항 단서) 또한 '최고 없이' 이행에 갈음한 손해배상(제395조제1항)을 청구할 수 있다는 점(제574조 단서)을 추가하였다는 점에서 일본 개정민법의 태도와 다르다. 이것은 추완이행청구의 우위성을 인정하면서도 (추완이행의) 최고를 면제하는 요건에 의해 계약해제와 전보배상을 청구할 매수인의 이익이 충분히 보호될 수 있다는 관점에서 설명된다.[196]

Ⅶ. 결어

본고는 일본의 개정민법에 관하여 상당한 분량의 매도인의 담보책임에 관한 규율내용을 어떻게 계약책임설의 입장에서 삭제 · 통합 · 조정하여 일관된 체계로 수정을 실현하였는지라는 입법론적 관심에서 시작된 것이다. 일본 개정 전 민법상 매도인의 담보책임에 관한 규율은 우리 민법의 그것과 마찬가지로 상당히 복잡한 체계와 내용으로 구성되어 있어서 이를 새로운 이론적 관점에 따라 재편한다는 것이 입법기술적으로 결코 쉬운 일은 아니었을 것이다. 이러한 문제의식에 따라 본고에서는 개정의 결과에 대한 분석뿐만 아니라 체계와 내용의 단순화가 실현되어 가는 과정을 가능한 한 추적해보고자 하였다.

일본의 개정민법상 매도인의 담보책임의 규율은 계약책임설에 입각하여 채무불이

194) 中田裕康, 앞의 책(契約法), 309頁.
195) 계약법 개정이유서, 123면, 134~135면.
196) 계약법 개정이유서, 109면.

행책임의 특칙으로 재편성된 것으로서, 물건과 권리에 관한 계약부적합에 대한 효과로서 매수인에게 추완청구권과 대금감액청구권을 인정하는 외에 채무불이행의 일반원칙에 따른 손해배상청구권과 계약해제권이 적용된다는 점을 명문화한 것이다. 개정의 결과, 개별적으로 복잡하게 산재해 있던 매도인의 담보책임에 관한 규율은 우선 '물건의 계약부적합'에 대한 구제수단을 규율하는 세 개의 조문(제562~564조)으로 통합·재편되었고, 이들을 다시 (일부 타인의 권리의 매매, 용익권의 부착, 담보권의 부착 등을 포괄하는) '권리의 계약부적합'의 경우에 준용되도록 함으로써(제565조), 전체적으로 계약부적합을 이유로 하는 채무불이행책임으로 그 체계와 내용이 단순화되었다.[197)]

한편 본고에서는 매도인의 담보책임에 관하여 일본 개정민법과 최근에 공개된 법무부 민법개정위원회안(계약법 개정안)을 개략적으로나마 비교해보았다. 일본 개정민법은 법무부 민법개정위원회안의 매도인의 담보책임에 관한 규율내용을 이해하고 검토하는 데 있어서도 좋은 비교법적 자료가 될 것이다. 향후에 매도인의 담보책임에 관하여 법무부 민법개정위원회안(또는 한국 개정민법)과 일본 개정민법을 비교법적으로 검토하는 연구가 심화되기를 기대해본다.

---

197) 개정민법에 대하여 담보책임의 구조가 단순화되고 실효적으로 재편되었다는 점을 높이 평가하는 문헌으로서, 野澤正充, 앞의 책, 454면을 참조.

의료계약의 민법편입에 관하여*

- 3기 민법개정위원회의 2011년 개정시안을 중심으로 -

이재경**

국문초록

1960년에 시행되어 실질적인 개정 없이 유지되어 온 민법의 개정논의가 활발히 진행되고 있다. 이 글은 민법개정 논의에서 신종계약으로서 의료계약의 민법편입에 관한 것이다.

의료계약은 모든 사람이 평생에 걸쳐 가장 빈번하게 체결하는 계약 유형 중 하나임에도 불구하고 민법은 의료계약에 관한 규정을 두고 있지 않다. 의료현장에서 주로 작동하는 법은 의료법이다. 그러나 의료법은 계약당사자로서 의료제공자와 환자의 법률관계를 대상으로 하는 것이 아니라 의료인과 의료기관을 수범자로 하여 이들에게 의무를 부과함으로써 간접적으로 환자를 보호한다. 의료제공자와 환자를 당사자로 하는 의료계약관계는 의료손해배상책임과 관련하여 판례에 의존한다. 또한 2024년 정부가 추진하고 있는 의료개혁에서도 형사처벌 특례를 통한 의료인의 안정적인 진료환경 조성, 배상보험과 조정을 통한 환자 권리보호 외에 민법적 접근은 거의 이루어지지 않고 있다.

그리하여 이 글에서는 의료제공자와 환자의 권리 · 의무를 명확히 하고, 의료손해배상책임의 구조를 불법행위책임에서 계약상 의무위반에 따른 손해배상책임으로 전환시키기 위하여 의료계약의 민법편입에 관하여 검토하였다. 우리의 민법개정 논의에서 의료계약에 관한 규정이 구체적으로 논의된 것은 2009년 법무부가 구성하여 운영한 제3기 민법개정위원회 제5분과의 의료계약 개정시안이다. 개정시안은 개정안으로 이어지지는 못하였지만, 의료계약에 관한 구체적 규정이 처음으로 마련되었다는 점에서 의미가 있다. 그리하여 이 글에서는 개정시안 및 당시의 논의를 검토하고, 개정시안을 바탕으로 하여 의료계약의 구체적 규정에 관한 의견을 개진

* 이 논문은 민사법학 제109호에 게재된 것을 수록하였다.
** 법학박사, 원광대학교 법학전문대학원 교수.

하였다. 특히 의료계약의 민법편입에서 가장 중요한 과제 중 하나인 증명책임에 대해서는 판례 법리를 기초로 구체적 규정을 제안하였다.

Ⅰ. 서론

1960년 1월 1일 시행된 후 실질적인 개정이 이루어지지 않은 채 유지되어 온 민법의 개정 논의가 활기를 띠고 있다. 민법개정 논의는 민법의 전분야에 걸쳐 광범위하게 이루어지고 있고, 법무부는 2025년 2월에 그중 계약법 규정에 관한 민법개정안을 입법예고하였다. 개정안은 정부가 민법개정을 위하여 2023년 6월 16일 세 번째로 구성한 민법개정위원회의 개정작업 중 첫 번째 과제로, 개정안에 포함되지 않은 총칙, 물권, 채권 전반에 걸친 개정논의도 현재 진행형으로 이루어지고 있다. 그중 채권각론의 신종계약에서는 디지털계약, 의료계약 등이 논의의 대상이 되고 있기는 하나, 의료계약은 상대적으로 소홀히 다루어지고 있는 것이 사실이다.

그런데 의료계약은 모든 사람이 일생에 걸쳐 다른 어떤 계약보다 빈번하게 체결하고 있고, 사람의 생명과 신체를 대상으로 한다는 점에서 매우 중요하게 다루어질 필요가 있다. 그러나 우리 민법은 의료계약에 관한 근거 규정을 두고 있지 않다. 의료과오책임이 현행 민법의 계약책임으로는 충분히 규율되지 못하는 한계가 드러나고 있음에도 불구하고 그 문제는 전적으로 판례에 맡겨져 있다.

의료현장은 주로 행정법규로서 의료법의 적용을 받지만, 의료법은 의료인과 의료기관의 공적의무를 주된 내용으로 하여 그 위반에 대한 제재를 통해 환자를 보호하고자 한다. 이 때문에 의료인은 의료법상의 의무를 규제로 인식하여, 그러한 규제를 피하기 위한 방어적·소극적 태도를 취하게 된다. 환자는 의료법의 직접적인 수범자가 아니고, 의료법상 의료인 및 의료기관의 국가에 대한 의무조항을 통해 자신의 권리를 간접적으로 실현할 수 있는 소극적 지위에 놓여질 뿐이다. 그리하여 의료법이 환자 보호라는 명목 아래 의료인에게 여러 의무를 부과하는 조항을 계속해서 만들어내고 있음에도 불구하고 의료법을 통한 환자 보호는 구호에 불과한 일이 되고 있다.

한편 민법이 이 문제에 손놓고 있는 사이 의료의 법률관계는 의료인에 대한 형사처벌 면제나, 불가항력 사고에 대한 국가보상 확대, 공제조합이나 보험 확대와 같이 정부가 주도하는 분쟁해결의 대상이 되었고, 그 과정에서 의료제공자와 환자측 모두 사적자치의 실현, 계약상 의무이행을 통한 권리 보호의 길은 점점 멀어지고 있다.

그리하여 의료의 법률관계를 국가와 의료인의 공적 관계가 아니라 의료인 측과 환자 측의 사적 관계에서 출발하여 공적 제재와는 별개로 사적 자치를 기반으로 한 계약상 권리·의무를 중심으로 구성하고자 하는 것이 의료계약 민법편입 논의의 핵심이다.

우리는 법무부가 구성하여 운영한 2009년 제3기 민법개정위원회 제5분과 위원회에서 의료계약에 관한 개정시안을 마련한 바 있지만, 이후의 민법개정 논의에서 의료계약은 상대적으로 소홀히 다루어져 왔다. 그러나 의료의 당사자를 중심으로 한 법률관계의 구성이라는 측면에서 이제는 의료계약에 관한 논의를 더 이상 뒤로 밀어두지 말고 적극적으로 다룰 필요가 있다. 이미 2013년에 의료계약을 민법전에 편입시킨 독일도 1978년 제52회 독일법률가대회 의료법분과에서 의료계약에 관한 민법규정이 필요한지에 대한 논의가 시작된 이래 1981년 Deutsch교수의 최초 입법안을 거쳐 약 35년의 시간이 경과한 뒤에야 비로소 의료계약에 관한 8개의 민법 조문을 신설할 수 있었다. 이에 우리의 의료계약 민법편입에 관한 논의 현황, 특히 법무부가 2009년 구성하여 운영한 제3기 민법개정위원회 제5분과 위원회의 의료계약에 관한 개정시안을 구체적으로 검토하여 관련 논의를 촉발시키고자 한다.

Ⅱ. 민법전의 전형계약으로서 의료계약 신설에 관한 논의

1. 민법개정위원회의 개정안

1960년 1월 1일 민법이 시행된 이래 친족상속법 영역 외에 재산법 영역의 민법개정은 거의 이루어지지 않았다. 그러나 사회의 급속한 변화와 발전으로 민법개정은 더 이상 미룰 수 없는 시급한 과제가 되었다. 이에 정부는 1999년부터 2003년까지, 그리고 2009년부터 2014년까지 두 차례에 걸쳐 법무부 산하에 민법개정위원회를 구성하여 민법개정 작업을 수행한 바 있다.

1999년 구성된 민법개정위원회는 민법개정안이라는 성과를 만들어냈고, 이를 국회에 제출하기까지 하였으나 국회의 임기만료로 폐기되었다.[1] 2009년 구성된 민법개정위원회는 2014년 민법 개정시안을 마련하여 법무부가 민법개정총서로 발간하기도 하였으나,[2] 그 역시 민법개정의 결실을 맺지는 못하였다.

1) 1999년 구성된 민법개정위원회의 개정작업 과정에 대해서는 송덕수, “사회변화와 민법 개정－그 방법과 방향<계약편(채권 총칙 포함)>－”, 「민사법학」, 제85호, 2018, 183~184면 참조.

2) 2009년 구성된 법무부 민법개정위원회의 활동에 대해서는 윤진수, “2014년 민법 개정안의 평가와 회고”, 「민사법학」, 제99호, 2022, 4~7면 참조.

이 두 번의 민법개정위원회 활동에서 의료계약은 개정의 주된 과제로 다루어지지는 않았다. 앞서 언급한 바와 같이 두 번의 민법개정위원회는 모두 민법 제정 이후 거의 개정이 없었던 민법 전반의 개정을 목표로 운영되었고, 현행 민법의 재산법 관련 조문의 개정이 시급했기 때문에 신종계약으로서 의료계약은 상대적으로 소홀히 다루어진 측면이 있다. 물론 의료계약에 관한 개정안을 준비하지 않았던 1999년 민법개정위원회와 달리 2009년 구성된 민법개정위원회의 2011년 제3기 개정위원회 제5분과위원회[3]에서는 의료계약을 내용으로 하는 개정시안이 제안되었고, 분과위원회의 의료계약 신설에 대하여 실무위원회도 찬성함에 따라 위원장단회의에서 개정안이 검토되기도 하였으나, 전체회의에서 최종적으로 의료계약을 신설하지 않기로 결정하였다.[4] 당시 의료계약에 관한 연구가 충분하지 않다는 인식과 의료계약을 민법의 전형계약으로 규정한 나라가 별로 없었다는 것이 그 이유 중 하나였다.[5]

2025년 2월 법무부는 2023년부터 운영 중인 세 번째 민법개정위원회의 민법개정 예비초안에 기초하여 민법개정안을 입법예고하였다. 그러나 개정안은 계약법 중 일반적인 의미를 가지는 규정, 즉 총칙편의 법률행위, 채권편 총칙의 채무불이행, 담보책임을 등을 포함하는 것으로 채권각론의 전형계약 중 신종계약의 하나로서 다루어지고 있는 의료계약에 관한 내용은 포함되지 않았다.

2. 의료계약의 민법편입에 관한 논의

의료계약의 민법편입에 관한 논의는 의료계약의 법적 성질에 관한 논의에 기초한다. 의료계약을 민법의 전형계약에 포섭되지 않는 독립된 계약 유형으로 보고, 계약의 빈도와 생명·신체를 대상으로 하는 계약의 특수성 등을 이유로 민법전에 의료계약에 관한 규정을 둘 필요가 있다는 것이다.[6]

---

3) 2009년 구성된 민법개정위원회는 2011년까지 6개의 분과위원회를 두었는데, 이 때의 민법 개정위원회가 소위 3기 민법개정위원회이다. 그리고 2010년부터는 분과위원회와 별도로 실무위원회가 활동하였다.

4) 윤진수, 위의 글, 34면.

5) 윤진수, 위의 글, 35면.

6) 김병일, "의료계약의 본질과 법적성질", 「재산법연구」, 제21권 제2호, 2005, 6~14면; 김민중, "진료계약: 판례로 형성된 원칙에서 전형계약으로", 「사법」, 제1권 제28호, 41~96면; 민국현·김동환, "의료계약 법제화의 필요성에 관한 연구－환자의 입증책임 문제를 중심으로－", 「비교법연구」, 제24권 제1호, 2024, 77~111면; 윤석찬, "의료계약의 민법전 도입 가능성" 「비교법연구」, 제24권 제1호, 2019, 45~67면; 이재경, "의료계약의 민법전 편입을 위한 논의에서 검토하여야 할 법적쟁점들", 「민사법학」, 제95권, 2021, 337~379면 등. 한편 송영민, "의료계약", 「의생명과학과 법」, 제28권, 2022, 61~87면에서는 공법적 요소가 강한 의료계약을 민법전에 편입하는 것은 적절하지 않다고 하면서 의료계약의 입법 형식은 민사특별법 제정의 모습이 타당하다고 한다.

이러한 논의는 이미 오래 전부터 있어 왔지만[7] 구체적인 개정 논의로 이어지지는 못하였다. 2009년 구성된 법무부 산하 민법개정위원회 제3기 위원회의 2011년 개정시안에서 의료계약에 관한 규정이 마련되어 관련 논의가 활기를 띠는 듯 하였으나 개정시안이 개정안으로 채택되지 못하면서 의료계약의 민법편입은 민법개정의 주된 논의 대상에서 밀려나게 되었다.

그러다가 2013년 독일이 의료계약을 민법전에 편입시키고, 이를 소개하는 국내 문헌[8]이 많아지면서 의료계약의 민법전 편입의 필요성이 다시 주장되기 시작하였다.[9] 2022년부터 한국민사법학회가 발족한 민법개정검토위원회[10]의 채권각론 특히 신종계약 파트를 담당하는 4분과에서는 민법전의 신종계약으로서 의료계약을 검토하기도 하였다. 최근에는 변화된 의료환경과 의료과실에 관한 판례의 집적 등을 배경으로 환자의 권리보호와 더불어 안정적인 의료환경 조성의 측면에서 의료계약에 관한 민법편입이 논의되기도 한다.[11]

그럼에도 불구하고 2024년 정부가 추진하고 있는 소위 "의료개혁"에서 환자와 의료진 모두의 의료사고 안전망 구축을 위하여 의료인의 배상보험·공제 가입을 전제로 한 의료사고에 대한 형사처벌 특례법안에 대해 논의하면서 의료계약의 민법편입과 같은 민사법적 논의가 이루어지지 않고 있다는 점은 아쉽다. 2024년 2월 정부가 발표한 「의료사고 처리특례법(안)」은 의료행위의 특수성과 전문성을 존중하여 의료사고에 대한 형사적 개입의 여지를 최소화하고 피해의 회복을 보다 우선시하는 정책[12]임에도 불구하고 환자

7) 김천수, "진료계약", 「민사법학」, 제15호, 1997, 147~171면.

8) 김기영, "독일 환자권리법 정부안(RegE PatRG)에 관한 고찰−의료계약의 입법화와 환자안전을 중심으로−", 「한국의료법학회지」, 제20권 제2호, 2012, 295~317면; 김중길, "민법상 전형계약으로서 의료계약−독일법과의 비교를 중심으로−", 「법제연구」, 제47호, 2014, 339~371면; 김화, "의료계약의 입법화와 추정규정−독일민법 제630조의h를 중심으로−", 「경희법학」, 제57권 제3호, 2022, 37~74면; 이재경, "독일민법의 의료계약에 관한 연구", 「중앙법학」, 제19권 제2호, 2017, 7~39면.

9) 송덕수, 앞의 글, 206면; 윤진수, 앞의 글, 35면; 이재경, 위의 글(각주 6), 377면, 윤석찬, 위의 글(각주 6), 65면; 민국현·김동환, 앞의 글, 109면 등.

10) 한국민사법학회는 민법개정검토위원회에서 진행된 연구를 정기학술대회에서 발표하도록 하여 학회원의 의견을 수렴하고 법무부 민법개정위원회와도 소통하면서 학회 명의의 민법 개정 의견을 충실히 만들어나가고자 하는 계획하에 2022년 민법개정검토위원회를 발족하였다. 학회의 수석부회장을 위원장으로 하는 위원회는 1분과 민법총칙, 2분과 물권, 3분과 채권총론, 4분과 채권각론 I (전형계약 및 신종계약), 5분과 채권각론 II (계약총론 및 법정채권)의 총 5개 분과로 운영되다가 디지털계약, 인공지능과 법 등 장기과제를 대상으로 하는 6분과를 추가하여 2024년부터 총 6개의 분과로 운영되고 있다.

11) 이재경, "의료계약의 당사자로서 의료기관의 손해배상책임", 「재산법연구」, 제41권 제2호, 2024, 67~95면.

12) 류부곤, "의료사고처리 특례법(안)의 형사처벌 특례규정에 대한 검토", 「의생명과학과 법」, 제32

의 피해보상을 위한 논의는 주로 배상보험의 측면에서 이루어지고 있다. 그리고 환자의 권리보호는 의료분쟁조정 및 감정절차의 개편을 중심으로 논의되는 등 민법을 통해 환자의 권리보호 및 의료의 법률관계를 해결하려는 노력은 보이지 않는다.

법안의 목적이 환자가 의료사고로 인한 피해를 보다 용이하게 배상받을 수 있도록 하고, 그러한 배상이 가능하다면 의료인의 형사처벌을 면하게 해주는 것이라면 배상보험이나 공제가입의 확대에 앞서 의료과실에 대한 책임에서 형사책임이 아닌 민사책임이 주가 되도록 책임 구조를 변화시킬 필요가 있다. 의료사고를 형사사건으로 다루는 경우가 비단 사망과 같은 중대한 결과 발생의 경우로 한정되지 않고, 의료사고를 형사사건으로 다루고자 하는 이유 역시 비단 의료인의 처벌을 원하는 환자 측의 감정과 욕구에 기인하는 것이라고만 단정하기는 어렵다. 민사소송에서 의료과실 및 인과관계에 대한 증명의 어려움을 수사기관의 도움을 받아 해결하고자 하는 것도 환자 측이 의료인을 형사고소하는 중요한 이유 중 하나라고 할 것이다. 그리하여 「의료사고 처리특례법(안)」과 같이 의료인의 형사책임을 제한하는 논의에 앞서 혹은 적어도 그와 병행하여 민사소송에서 증명곤란을 해결하기 위한 논의가 이루어질 필요가 있다. 구체적으로 민사책임에서 증명곤란을 해결하기 위하여 학설과 판례가 전개해 온 증명완화의 법리를 법률에 규정하고, 의료손해배상책임의 구조를 의사 개인의 과실에 기초한 위법행위를 요건으로 하는 불법행위책임에서 의료기관을 의무이행의 주체로 하는 계약책임으로 변화시켜 의료인 개인에게 귀속되지 않는 의료기관 시스템상 잘못으로 인한 손해를 의료기관측이 부담하도록 하여야 한다. 그 밖에 환자가 행정법규인 의료법을 통해 보호되는 대상으로 한정되지 않고, 계약 당사자로서 적극적으로 자신의 권리를 행사할 수 있도록 이들 법률관계를 민법에 규정할 필요가 있다.

3. 의료계약의 민법편입 필요성

의료계약의 민법전 편입 논의는 의료계약이 오늘날 널리 체결되는 가장 흔한 계약유형 중 하나라는 점에서 출발한다. 대부분의 사람이 계약체결의 당사자가 되고, 출생에서 사망까지 전생애에 걸쳐 다수의 의료계약을 체결함에도 불구하고 민법상 근거가 없다는 점,[13] 의료의 법률관계에는 현행 민법의 위임계약 규정으로 해결할 수 없는 특수

권, 2024, 174면.

13) 신현호, "민법 전형계약으로서의 의료계약이 조속히 입법되어야 한다", 「고시계」, 2023년 9월호, 2~3면에서는 우리나라 5천 2백만 명의 국민이 2022년 기준으로 건강보험환자는 약 13억회, 의료급여환자는 약 8천만 건, 교통사고환자는 약 2천만 건, 그 밖에 산업재해환자, 상이군경환자, 장기요양급여환자, 미용성형환자 등 연간 15억회 이상 의료인과 계약을 체결하고 있음에도 의료계약(에 관한 규정－필자 첨부－)이 없이 환자의 권리는 심각한 침해를 받고 있다"고 한다.

성이 존재한다는 점[14]에서부터 의료계약에 관한 민법규정의 필요성이 지적되기 시작하였다. 미용수술과 같이 그 목적이 질병 치료에 있는 것이 아니라 특정한 미용목적의 달성에 있어 도급계약을 유추적용하거나,[15] 입원계약과 같이 치료, 식사, 숙박 등을 포함하는 혼합계약의 유형이 존재하는 등 의료계약은 현행 민법의 전형계약으로는 도저히 포섭할 수 없는 계약 유형이라는 점이 지적되기도 한다.[16]

그러나 무엇보다 의료계약의 민법규정 필요성은 의료계약이 사람의 생명과 신체를 대상으로 하는 특수성을 가지고, 발전과정에 있는 의학에 기초한다는 점에 있다.

의료는 국가로부터 면허를 발급받은 의료인에 의하여 독점적으로 행해지기 때문에 의료인과 의료기관을 수범자로 하는 행정법규인 의료법의 규율대상이 된다. 그러나 의료법은 "모든 국민이 수준 높은 의료 혜택을 받을 수 있도록 국민의료에 필요한 사항을 규정함으로써 국민 건강을 보호하고 증진하는" 것을 목적으로 하여 의료인과 의료기관, 의료기술 및 이에 대한 감독, 벌칙규정을 통한 규제를 그 내용으로 하며, 의료제공자와 환자 측의 법률관계 그 자체를 대상으로 하지 않는다. 결국 환자는 의료법에 따른 의료인과 의료기관의 국가에 대한 의무이행을 통해 보호될 수 있을 뿐 의료법에 근거하여 환자가 직접 의료인이나 의료기관과의 법률관계에서 당사자가 되어 의무이행을 청구하거나 그러한 의무위반에 대한 손해배상책임을 물을 수는 없다. 의료법이 아무리 환자보호를 강조한다 하더라도 어디까지나 환자는 의료법상 의무를 위반한 의료인이나 의료기관을 신고하여 행정처분이 내려지거나 벌칙에 처해지기를 기다릴 수 밖에 없는 소극적 지위를 가질 뿐이다.

그러나 환자는 의료의 법률관계에서 일방 당사자가 되어 상대방인 의료인 혹은 의료기관에 자신의 권리를 행사함으로써 보호될 수 있어야 한다. 의료제공자 측에서도 환자와의 사적 관계에서 다루어져야 할 문제들이 전적으로 행정법인 의료법에 맡겨져 규제의 대상으로만 취급되는 문제를 해소할 필요가 있다. 구체적으로 극도로 전문적이고 폐쇄된 진료실, 수술실 등에서 행해져 환자의 생명과 신체에 그 결과가 기록되는 의료의 영역에서 판례와 학설을 통해 전개되어 온 증명책임의 법리를 입법함으로써 환자 측의 정보비대칭 문제를 완화할 필요가 있다. 의사 1인 개원의 형태가 줄고 다수 의사의 공동개원이나 대형병원에 소속되어 의료기관의 인적·물적 시스템에 따라 의료를 제공하는

14) 의료계약에 관한 위임계약 규정의 한계에 대해서는 김천수, "진료계약", 「민사법학」, 제8호, 1990, 167면 이하; 박수곤, "의료계약의 민법편입과 과제", 「민사법학」, 제60호, 2012, 197~200면; 이재경, "환자의 권리보호와 의료계약의 입법에 관한 검토", 「법학연구」, 제53집, 2014, 97~99면 참조.
15) 김형배, 채권각론(신정판), 2001, 682면.
16) 윤석찬, 앞의 글(각주 6), 47면.

형태가 의료제공의 일반적인 모습으로 정착함에 따라 의료기관의 시스템적 오류로 인한 진료위험이 오롯이 의료인 개인이나 환자 개인에게 전가되는 불합리도 개선할 필요가 있다. 이를 위하여 의료손해배상책임을 불법행위책임에서 계약책임으로 전환하기 위한 노력이 있어야 할 것이다. 그렇게 된다면 환자에게 발생한 악결과에 대한 책임이 일차적으로 의료행위를 한 의사 개인을 향하고 의료기관은 단지 사용자로서 책임을 지는 것이 아니라, 의료기관이 계약 당사자로서 계약상 의무 위반에 따른 손해배상책임의 선두에 서게 되어 의료인의 안정적인 진료환경 조성뿐만 아니라 인적·물적 설비와 시스템 개선을 위한 노력을 하게 됨으로써 환자 권리보호에도 기여하게 될 것이다.

Ⅲ. 2011년 제3기 민법개정위원회 제5분과 위원회 의료계약 신설방안

2011년 제3기 민법개정위원회 제5분과 위원회는 의료계약을 위임계약의 하위계약으로 두고, 의료계약의 의의(안 제692조의 2), 의료제공자의 주의의무(안 제692조의 3), 의료제공자의 설명의무(안 제692조의 4), 보수(안 제692조의 5), 손해배상(안 제692조의 6) 다섯 개 조문 외에 동의에 관한 조문을 제안하였다. 이 조문들은 개정안에 반영되지는 않았지만 충분한 논의와 검토를 거친 구체적 조문의 형태라는 점에서 그 내용을 자세히 살펴볼 필요가 있다.

1. 안 제692조의 2 의료계약의 의의

분과위원회 안	실무위원회 안
제692조의 2 (의료계약의 의의) 의료계약은 당사자 일방이 진단, 치료 기타 의료적 처치를 행할 것을 약정하고 상대방이 이에 대하여 보수를 지급할 것을 약정함으로써 그 효력이 생긴다.	제692조의 2 (의료계약의 의의) 의료계약은 당사자 일방이 의료행위를 할 수 있는 상대방에 대하여 자기 또는 제3자에게 의료행위를 할 것을 위탁하고 상대방이 이를 승낙함으로써 그 효력이 생긴다.

의료계약에 관한 의의와 관련하여 주로 논의가 된 것은 의료계약을 유상·쌍무계약으로 전제할 것인지, 의료계약의 정의에서 의료제공자에게 의료인 면허가 있음을 전제로 할 것인지에 관한 것이었다. 먼저 의료계약의 유상성에 대해서는 무상으로 의료적 처치를 제공하는 자에게까지 의료계약에서 설명의무나 손해배상책임에 관한 규정을 적용하는 것은 적절하지 않다는 이유로 그 대상을 유상계약으로 한정하였다.[17] 그리하여 의

17) 박수곤, 앞의 글, 207면.

료계약은 환자 측이 의료적 처치를 위탁하고 의료제공자 측이 이를 승낙함으로써 성립하는 것이 아니라 의료제공자 측이 의료적 처치를 행할 것을 약정하고 환자 측이 이에 대하여 보수를 지급할 것을 약정함으로써 그 효력이 생기는 것으로 하였다.

계약 당사자 일방이 상대방에 대하여 사무처리나 물건 등의 보관을 위탁, 즉 맡기는 것을 내용으로 하는 위임계약과 임치에서는 일방이 "위탁하고", 상대방이 "승낙함으로써" 효력이 생긴다고 규정하고 있다. 그 밖에 매매나 교환, 소비대차, 사용대차, 임대차, 고용, 도급, 여행계약 등은 당사자 쌍방이 계약의 내용을 약정함으로써 계약의 효력이 생긴다고 규정하고 있다. 애초에 의료계약을 위임계약으로 보기 어렵다는 견해가 사람의 신체를 대상으로 하는 의료를 사무처리로 보기 어렵다는 것[18]이기 때문에 그 점에서 보면 환자가 의료제공을 요청하는 것을 위탁으로 표현하는 것은 적절해 보이지 않는다. 사무처리를 위탁한다는 것은 자신의 사무를 타인에게 맡긴다는 것이고, 위탁자 본인이 할 수 있는 사무를 사무의 편리성, 전문성 등을 이유로 타인에게 맡긴다는 측면이 강하다. 그러나 의료는 환자의 신체를 대상으로 할 뿐 환자 본인의 사무를 의료인에게 맡기는 것이라고 보기 어렵다. 오히려 의료인은 국가로부터 인정받은 독점적 권한으로 환자를 치료해야 할 의무를 부담하는데, 그러한 의무가 환자와의 사적 관계에 기초하여 성립하는 것이라고 보아야 할 것이다. 따라서 분과위원회안과 같이 계약 당사자 쌍방의 약정으로 계약이 성립한다고 규정하는 것이 적절하다.

유상계약을 전제로 한 것도 타당하다고 생각된다. 무료로 의료를 제공하는 자에게 함께 신설될 설명의무나 손해배상책임 등을 그대로 적용하는 것이 어렵다는 점뿐만 아니라 우리의 의료체계에서 의료제공은 기본적으로 의료법에 따라 개설된 의료기관 내에서(의료법 제33조 제1항) 국민건강보험을 통한 유상제공이 전제되어 있다는 점이 그 이유이다(국민건강보험법 제5조 및 제42조).

의료계약의 대상은 분과위원회가 제안한 "진단과 치료 기타 의료적 처치" 보다 실무위원회의 "의료행위"로 규정하는 것이 질병치료에서 건강관리 일체로 변화하는 의료서비스 일체를 포함할 수 있다는 점에서 더 타당해 보인다. 다만 판례가 의료행위를 "의학적 전문지식을 기초로 하는 경험과 기능으로 진찰, 검안, 처방, 투약 또는 외과적 시술을 시행하여 하는 질병의 예방 또는 치료행위 및 그 밖에 의료인이 행하지 않으면 보건위생상 위해가 생길 우려가 있는 행위"로 정의하고 있고, 의료법 등에서 의료행위에 관한 별도의 규정을 두지 않고, 의료인 종별 임무로서만 의료의 개념을 규정하고 있어(의료법 제2조 제1항) 의료행위가 구체적으로 무엇을 의미하는지가 불분명하다는 점은 문제

18) 김민중, "의료계약", 「사법행정」, 제361호, 1991, 62면.

이다. 의료행위가 무엇인지 정의하고 있는 판례가 대부분 비의료인의 의료뿐만 아니라 의료인의 면허범위를 벗어난 의료행위로서 무면허 의료행위에 관한 처벌이나 행정처분에 관한 판례라는 점을 고려하면 그러한 정의가 사인간의 법률관계에서도 동일하게 적용될 수 있는지도 의문이다.

민법의 의료계약 규정이 무엇보다 환자의 권리보호를 위한 것이라면 의료법상 의료인에 의한 치료행위나 의학적 처치뿐만 아니라 예컨대 심리치료사, 심리상담사, 미술치료사, 음악치료사, 놀이치료사, 재활치료사 등의 타이틀을 걸고 신체나 정신건강의 치료목적으로 행하는 일체의 행위를 의료계약 규정으로 포섭할 수 있어야 할 것이다.

이와 관련하여 민법의 의료계약 규정이 의료법상 의료인 면허를 전제로 하는 것인지도 논의의 대상이 되었다. 분과위원회에서는 특별히 이를 제한하지 않았으나 실무위원회는 의료인 자격이 없는 자는 의료기관을 개설할 수 없도록 한 의료법 규정은 강행법규로 이에 위반하여 이루어진 약정은 무효라는 판례[19]의 태도를 고려하여 의료제공자를 의료행위를 할 수 있는 자로 한정하였다. 그러나 의료계약에 관한 민법규정을 통해 환자의 권리보호에 기여하고자 하는 측면에서 본다면 의료제공자측의 면허 유무가 아닌 계약의 목적에 따라 의료계약 조문을 적용하도록 하는 것이 타당하다.

개정제안
제692조의 2 (의료계약의 의의) 의료계약은 당사자 일방이 의료를 행할 것을 약정하고, 상대방이 이에 대하여 보수를 지급할 것을 약정함으로써 그 효력이 생긴다.

2. 안 제692조의 3 의료제공자의 주의의무

분과위원회 안	실무위원회 안
제692조의 3 (의료제공자의 주의의무) 의료제공자는 선량한 관리자의 주의로써 환자의 구체적인 증상이나 상황에 따라 의료적 처치 당시의 의료수준에 비추어 필요하고 적절한 조치를 취하여야 한다.	제692조의 5 (의료제공자의 주의의무, 손해배상책임) ① 의료제공자는 선량한 관리자의 주의를 다하여 수의료자의 구체적인 증상과 상황에 따라 의료행위 당시의 의료수준에 비추어 필요하고 적절한 조치를 취하여야 한다. ② 의료제공자는 선량한 관리자의 주의의무를 위반하여 생긴 손해를 배상하여야 한다.

본래 개정시안에서는 의료계약의 당사자로서 의료제공자의 선관주의의무와 환자측의 보수지급의무 그리고 환자측의 협력의무를 명시하고자 하였다.[20] 그러나 환자가 의

19) 대법원 2003. 4. 22. 선고 2003다2390, 2406 판결; 대법원 2011. 1. 13. 선고 2010다67890 판결.

사의 합리적 지시에 따르는 것은 당연하고, 현행 민법의 계약 유형에 협력의무에 관한 규정을 두는 경우가 없을 뿐만 아니라 이를 명시하게 되면 주된 의무처럼 보일 우려가 있다는 지적 등이 있어 협력의무는 별도의 규정을 두지 않는 것으로 하였다.[21] 우리는 의료인의 과실과 환자의 협력의무 위반을 공동과책사유로 보는 것이 아니라 의료인의 과실 있는 행위에 대하여 손해배상의 산정단계에서 고려사항으로 파악하기 때문에 그것을 의료계약에 따른 환자의 의무로 명시할 필요는 없어 보인다.[22] 더구나 우리는 채권자에게 과실 있는 때에는 이를 참작할 수 있다는 민법 제396조에 근거하여 과실상계를 할 때 환자의 과실은 주의의무 위반이 아닌 단순한 부주의를 의미한다고 하고[23], 그 밖에 환자의 체질적 소인이나 기왕증 등도 과실상계의 사유로 삼고 있어 산정단계에서 고려되는 여러 요인 중 협력의무만을 별도의 규정으로 둘 필요는 없어 보인다.

의료계약에 따른 의료제공자의 의료제공의무의 내용을 구체화하는 조문은 필요해 보인다. 그러나 그 내용으로 "선량한 관리자의 주의"를 명시적으로 규정한 것은 재고되어야 한다. 일반적으로 의료인의 채무는 결과채무가 아닌 수단채무라고 설명되고, 그렇기 때문에 계약책임에 근거하든 불법행위책임에 근거하든 환자측은 의료인이 선량한 관리자의 주의를 다하여 진료를 하지 않았음을 증명하여야 한다고 한다.[24] 그러나 의료과오책임을 계약책임으로 구성하는 경우 환자측이 의료제공자의 의료계약에 좇지 않은 이행, 그로 인하여 손해가 발생하였음을 증명하면 의료제공자 측이 고의 또는 과실 없음을 증명하여 면책되는 민법 제390조가 적용된다. 물론 환자 측이 의료계약의 당사자인 의료기관에 소속되어 자신에게 의료를 행한 의료인을 특정하고, 그의 주의의무 위반을 증명하면 의료제공자의 계약상 의무위반과 과실이 모두 증명되어 의료제공자측은 계약상 손해배상책임을 지게 될 것이다. 그러나 환자 측이 자신에게 발생한 손해의 원인이 된 행위 혹은 그러한 행위의 주체를 특정하지 못하더라도 예컨대 유통기한이 지난 수액제재가 투약되거나, 혈액형이 다른 혈액이 수혈되거나, 이미 사용된 주사기가 재사용된 경우 등에 있어서 그러한 행위를 통해 계약상 의무위반이 증명되었다고 할 수 있고, 계약

20) 박수곤, 앞의 글, 211면.
21) 박수곤, 앞의 글, 218면.
22) 독일의 경우 독일민법 제253조에 따라 피해자의 과책이 공동으로 작용한 경우 배상의무 및 배상범위를 정할 때 어느 당사자가 어떠한 범위에서 주로 손해를 야기하였는가에 따라 정하도록 하고 의료과오의 경우 환자의 협력의무 위반을 피해자 과책으로 보고 의사의 배상범위를 제한한다. 그 밖에 기왕증이나 체질적 소인 등은 배상범위의 고려요소가 아니다.
23) 대법원 2010. 8. 26. 선고 2010다37479 판결.
24) 서광민, "의료과오책임의 법적 구성", 「민사법학」, 제8호, 1990, 327~329면; 이수경 · 윤석찬, "의료과오소송에서의 증명책임에 대한 소고 -전주지방법원 2017. 7. 21. 선고2017나9346 판결-", 「의료법학」, 제22권 제2호, 2021, 55~57면.

상 의무위반에 따른 손해에 대해 의료제공자측이 선량한 관리자의 주의를 다하였음 즉 과실없음을 증명하지 못하는 한 손해배상책임에서 벗어날 수 없다. 당사자가 약속한 수준의 자격을 갖춘 의료인을 배치하지 않았거나, 약속된 의료제공을 위하여 요구되는 최소한의 물적 설비를 갖추지 못한 경우 등도 그 자체로 의무 위반이라고 할 것이다. 요컨대 의료제공이 비록 결과채무가 아닌 수단채무라 하더라도 의료계약에 따른 의무위반이 반드시 선량한 관리자의 주의의무를 다하였는지 즉, 행위자의 예견가능성과 회피가능성을 전제로 하는 과실과 일치하는 것은 아니라고 할 것이다. 따라서 선량한 관리자의 주의의무를 다하였는지를 의료계약에 따른 의료제공자 측의 의무로 명시하는 것은 옳지 않다. 이것은 민법 제390조와도 모순된다.

그리하여 의료제공자의 주의의무를 위한 별도의 규정을 두지 않고, 의료계약의 의의에 관한 조문으로부터 의료인 측의 의무를 "의료를 행"하는 것으로 정하고, 그 구체적 내용 및 의료제공의 기준은 해석의 영역으로 남겨두되, 현행법상 요구되는 의료제공의 기준을 충족하지 못하였다면 충분한 의료제공을 하지 않은 것으로 추정하는 등 증명 내지 추정규정을 통해 의료인측의 의무를 도출해 내는 방안을 제안한다.

이와 관련하여 독일 역시 증명책임에 관한 독일민법 제630조 h는 기본적으로 의무위반으로 인한 손해배상에 관한 독일민법 제280조에 기초한다고 한다. 그리하여 제630조 h 제1항에 따라 환자의 생명, 신체 또는 건강 침해에 대한 일반적인 진료위험으로, 의료제공자가 그것을 충분히 통제할 수 있었던 경우에 진료상 과오 내지 잘못을 추정하면서도, 진료상 과오 내지 잘못을 독일민법 제280조 제1항 제1문의 의무위반으로 보고 의료제공자는 그러한 의무위반이 유책하지 않음을 증명하여 면책될 수 있다고 한다.[25)]

개정제안

제692조의 6 (의료제공 의무위반에 대한 책임에서 증명)
O항 의료제공자가 의료제공에 필요한 인력 및 시설을 갖추지 못하였거나, 의료인이 의료제공을 위하여 요구되는 자격을 갖추지 못한 때에는 그러한 흠결을 환자의 생명, 신체, 건강에 발생한 손해의 원인으로 추정한다.

25) MükoBGB/ Wagner, 9.Aufl., 2023, BGB §630 h Rn. 22.

3. 안 제692조의 4 의료제공자의 설명의무

분과위원회 안	실무위원회 안
제692조의 4 (의료제공자의 설명의무) ① 의료제공자는 의료적 처치에 앞서 환자에게 의료적 처치의 내용 및 필요성, 질병의 증상, 처치 이후의 전망, 발생이 예상되는 위험 등에 관하여 당시의 의료수준에 비추어 상당하다고 인정되는 사항을 설명하여야 한다. 다만, 환자에게 설명할 수 없는 경우 환자의 대리인, 가족 또는 의료계약의 상대방에게 설명하여야 한다. ② 긴급한 경우나 환자에게 다른 특별한 사정이 있는 때에는 의료제공자는 제1항의 설명을 하지 않을 수 있다.	제692조의 4 (의료제공자의 설명의무) ① 의료제공자는 의료행위에 대한 동의를 받기 위하여 수의료자에게 의료행위의 내용 및 필요성, 그로 인한 비용 및 예견할 수 있는 위험 등 수의료자가 동의 여부에 관한 결정을 함에 있어서 중요한 것으로서 당시의 의료수준에 비추어 상당하다고 인정되는 사항을 설명하여야 한다. ② 수의료자에게 설명할 수 없거나 설명이 수의료자에게 중대하게 불리한 영향을 가져올 것이 예견되는 경우에는 제692조의3 제2항 및 제3항을 준용한다.

분과위원회 안과 실무위원회 안 모두 설명의무의 주체를 의사가 아닌 의료제공자로 규정하고 있다. 그런데 개정시안의 의료제공자는 의료계약의 내용으로 의료를 행하는 구체적 의료제공자 즉, 의료인이 아닌 의료계약의 당사자로서 의료기관을 의미하는 것으로 생각된다. 그리고 진료의무나 설명의무 모두 의료계약의 내용이기 때문에 그 이행주체는 계약 당사자로서 의료기관이라고 한다면 개정시안 제692조의 4와 같이 설명의무를 의료제공자에게 부과되는 의무라고 규정하여도 무방할 것이다.

그러나 설명의무는 환자의 자기결정권에 기여하기 위한 것으로 설명의무위반 그 자체로 진료과오와는 별개로 자기결정권 침해에 따른 선택기회 상실에 대한 위자료 배상책임이 인정되고, 적법한 주체에 의해 적법한 방법으로, 적법한 상대방에게, 적시에 실시되었는지를 고려하여 의무위반 여부가 판단된다. 따라서 의료계약의 설명의무 규정에서 설명의무를 계약 당사자로서 의료제공자 측의 의무로 규정하는 것을 넘어 설명의무 이행의 구체적 방법을 규정할 필요가 있다. 요컨대 의료계약의 당사자로서 의료제공자와 구별되는 의무이행을 위한 구체적 행위자를 명시해 주어야 할 것이다. 참고로 2016년 신설된 의료법 제24조의 2 의료행위에 관한 설명에서는 설명의 주체를 의사, 치과의사, 한의사로 제한하였다. 설명의 시기와 설명에 관한 기록의무나 설명의 이행에 관한 증명에 관해서도 명시적인 규정을 둘 필요가 있다.

분과위원회 안은 원칙적으로 환자를 설명의 상대방으로 한다. 그리고 환자에게 설명할 수 없는 때에는 대리인, 가족, 의료계약의 상대방에게 설명할 수 있다고 하여 환자 본인이 의료계약의 당사자가 아닌 때에도 설명은 환자 본인에게 행해질 것을 요구한다. 그러나 환자 본인에게 설명할 수 없는 때가 언제인지 분명하지 않다.[26] 환자 본인에 대한 설명을 대신할 수 있는 자로 대리인, 가족, 의료계약의 상대방을 정하고 있지만, 환자를 대신하여 설명을 들을 수 있는 권한이 있는 자가 누구인지는 개개 경우마다 다를 것이다. 대리인, 가족, 의료계약의 상대방 사이에 순위도 분명하지 않다. 환자의 법정대리인인 성년후견인이라 하더라도 의료행위에 대해서는 환자의 동의를 대행할 권한이 없을 수 있고, 가족은 그 범위가 불분명하며, 환자를 위하여 의료계약을 체결하였다고 하여 당연히 설명의 상대방이 된다고 할 수도 없다. 따라서 일괄적으로 대리인, 가족, 의료계약의 상대방으로 정하기 보다는 동의의 권한 있는 사람에게 할 수 있다고 규정하고, 그러한 권한이 있는 자가 누군지는 해석에 맡겨 개개 사안마다 개별적으로 판단하도록 하는 것이 바람직할 것이다.

그 밖에 설명의무가 환자의 자기결정권뿐만 아니라 자신의 신체에 행해진 행위의 과정과 결과를 알 권리라는 점, 의료제공자의 의무위반으로 발생한 악결과가 바로 치유되었다 하더라도 그것이 환자의 신체에 계속적으로 미치게 될 영향을 고려할 때 위험의 회피를 위하여 그러한 내용을 환자에게 알려야 할 것인지에 대해서도 논의가 필요하다. 이때 의료제공자가 환자에게 알리는 것은 자기결정권에 기여하기 위한 설명이라기 보다는 단순한 고지의 의미를 갖기 때문에 그것을 설명의무에 관한 규정에 둘 것인지, 의료제공자의 의무에 관한 규정에 둘 것인지도 검토가 필요하다.[27] 이때 설명의 대상은 의료인의 과실을 전제로 하지 않는다는 점에서 이러한 설명이 향후 형사절차나 행정절차 등에서 의료인의 동의 없이 의료인에게 불리한 증명으로 활용되지 않음을 명시해 줄 필요가 있다.

개정제안

제692조의 4 (의료제공자의 설명의무)

①항 환자에 대하여 의료를 수행하는 자는 그 환자가 자신의 생명, 신체에 행해지는 의료의 실시에 관하여 스스로 결정할 수 있도록 의료적 처치의 필요성, 긴급성, 성공가능성을 포함하여 제공되는 의료의 종류, 내용, 범위, 기대되는 효과, 예상되는 위험 등에 관하여 환자에게 설명하여야 한다. 다

---

26) 분과위원회의 최초 예시안에서는 제한능력자나 의식불명 등의 사유를 환자가 설명을 들을 수 없는 사유로 규정하였으나, 논의과정에서 이 부분을 삭제하자는 제안이 있었고, 최종적으로 개정시안에서는 이 부분이 삭제되었다.

27) 독일은 독일민법 제630조의 e 설명의무 규정과는 별개로 독일민법 제630조의 c에서 양 당사자의 협력으로서 정보제공의무에 관한 규정을 두어, 의료인이 진료상 과오를 수긍하도록 하는 사정을 인식할 수 있었던 경우에는 문의를 받아 또는 건강상 위험의 회피를 위하여 이를 환자에게 알려 수도록 하고 있다.

만 환자가 설명의 내용을 이해할 수 없거나 의료의 실시에 관하여 단독으로 결정할 수 없는 때에는 환자에게 실시되는 의료행위에 대하여 동의할 수 있는 권한이 있는 자에게 설명하여야 한다.
OO항 전항의 설명은 의료의 제공에 앞서 이루어져야 한다. 다만 설명으로 의료행위가 지체되어 환자의 생명에 위험을 초래하거나 심신상의 중대한 장애를 초래할 때에는 그러하지 아니하다.

4. 안 제692조의 5 보수

분과위원회 안	실무위원회 안
제692조의 5 (보수) 보수는 약정한 시기에 지급하여야 하며, 시기의 약정이 없으면 관습에 의하고 관습이 없으면 의료적 처치가 완료된 후 지체없이 지급하여야 한다.	제692조의 6 (보수) 보수의 약정이 있는 경우 그 보수는 약정한 시기에 지급하여야 하며, 시기의 약정이 없으면 관습에 의하고 관습이 없으면 의료행위가 완료된 후 지체없이 지급하여야 한다.

분과위원회와 실무위원회의 보수에 관한 규정은 보수 지급시기를 그 내용으로 한다. 그러나 의료계약에 따른 환자 측 의무로서 보수는 한편으로는 불완전한 의료에 대해 환자는 보수를 지급할 의무가 없다는 권리로서의 측면도 갖기 때문에 지급시기보다는 그 내용에 관한 것을 분명히 해 둘 필요가 있다. “의료과실로 환자의 신체기능이 회복불가능하게 손상되었고, 손상 이후 후유증세의 치유 또는 더 이상의 악화를 방지하는 정도의 치료만이 계속되어 온 것뿐이라면 의사의 치료행위는 진료채무의 본지에 따른 것이 되지 못하거나 손해전보의 일환으로 행하여진 것에 불과하여 병원 측으로서는 환자에 대하여 수술비와 치료비의 지급을 청구할 수 없다.”고 하면서 “손해의 발생이나 확대에 피해자 측의 귀책사유가 없는데도 공평의 원칙상 피해자의 체질적 소인이나 질병과 수술 등 치료의 위험도 등을 고려하여 의사의 손해배상책임을 제한하는 경우에도 마찬가지이다”라고 하여 진료과실 이후에도 계속해서 의료가 제공된 경우 계약상 급부로 보수의 지급을 청구할 수 없다는 판례 법리[28]를 명문화하는 방안도 생각해 보아야 할 것이다.

전국민 건강보험 당연가입으로 모든 국민이 건강보험이나 의료급여의 대상이 되는 우리의 의료 시스템상 대부분의 경우 의료비의 일부가 건강보험공단을 통해 병원에 직접 지급된다는 점도 보수에 관한 규정에서 고려하여야 할 부분이다. “제3자가 그 지급을 할 의무를 지지 아니하는 한” 환자측은 의료제공자에게 약정된 대가를 지급하도록 한 독일민법 제630조의 a (진료계약에서의 전형적 의무) 제1항을 참고할 수 있겠다.

개정시안의 보수 지급시기와 관련하여서는 아마도 고용계약의 보수액과 그 지급시

28) 대법원 2019. 4. 3. 선고 2015다64551 판결.

기(민법 제656조) 및 이를 준용하도록 한 도급계약의 보수지급시기에 관한 규정(민법 제665조)을 따른 것으로 생각된다. 그러나 의료계약에서 의료제공의무는 환자의 생명·신체에 관한 것으로 보수를 지급하지 않았다고 하여 의료제공을 거절하거나 진료계약을 해제하고 환자에 대한 진료를 일방적으로 종료하는 것은 허용되지 않는다. 의료현장에서는 의료처치나 수술 등을 시행하기 전에 수납을 먼저 요구하고 수납을 확인한 후에야 의료가 개시되는 경우가 적지 않지만, 이것이 관습인지 관행인지도 분명하지 않다. 입원치료 등의 경우에는 의료가 개시되는 시점에 의료비를 확정할 수 없고, 의료의 과정에서 개개 행위마다 의료비는 계속해서 발생한다. 이 점을 고려하면 의료제공에 따른 보수는 오히려 도급계약에서처럼 의료가 제공된 후 지급하도록 하는 것이 보수지급 시기뿐만 아니라 보수의 내용확정까지 포함하는 것이다. 다만 이때에도 의료의 전과정이 끝난 후가 아니라 개개 의료가 제공된 때에 그 행위에 대한 진료비 지급의무가 발생한다고 할 것이다.

개정제안
제692조의 5 (보수) ① 환자측은 제3자가 보수를 지급할 의무를 지지 않는 한 의료행위가 종료된 때에 보수를 지급하여야 한다. ② 의료과실로 환자의 신체기능이 회복불가능하게 손상되었고, 손상 이후 후유증세의 치유 또는 더 이상의 악화를 방지하는 정도의 치료만이 계속되어 온 때에는 의료제공자측은 환자측에 대하여 수술비와 치료비의 지급을 청구하지 못한다.

5. 안 제692조의 6 손해배상

분과위원회 안	실무위원회 안
제692조의 6 (손해배상) ① 의료제공자는 의료상 과실로 인한 손해를 배상하여야 한다. ② 의료적 처치 과정에 일반인의 관점에서 과실 있는 행위가 있는 경우에는 의료상 과실이 있는 것으로 추정한다. 다만 의료제공자가 제692조의3에서 정한 주의의무를 다한 경우에는 그러하지 아니하다. ③ 의료상 과실이 손해를 야기하기에 적합한 경우에는 그 손해가 의료상 과실에 의해 야기된 것으로 추정한다. 다만 그 손해가 의료상의 과실이 아닌 다른 원인으로 발생한 경우에는 그러하지 아니하다.	제692조의 5 (의료제공자의 주의의무, 손해배상책임) ① 의료제공자는 선량한 관리자의 주의를 다하여 수의료자의 구체적인 증상과 상황에 따라 의료행위 당시의 의료수준에 비추어 필요하고 적절한 조치를 취하여야 한다. ② 의료제공자는 선량한 관리자의 주의의무를 위반하여 생긴 손해를 배상하여야 한다.

의료계약의 민법편입에서 가장 중요하게 다루어질 조문이 바로 이 손해배상에 관한 것이다. 그 중에서도 판례를 통해 정립된 증명책임에 관한 법리가 가장 핵심적인 내용이 될 것이다. 따라서 개정시안이 그러한 판례 법리를 얼만큼 반영하고 있는지 살펴볼 필요가 있다.

먼저 의료제공자는 의료상 과실로 인한 손해를 배상하여야 한다는 제1항의 규정은 삭제하여도 무방할 것이다. 우리 민법의 전형계약에 관한 규정 중 무과실책임으로서 담보책임이 아닌 과실책임으로서 손해배상책임에 관하여 별도의 조문을 두고 있는 규정은 없다. 개정안의 제1항이 없어도 의료상 과실로 인하여 손해가 발생하였다면 민법 제390조에 의하여 채무불이행책임이 인정될 것이기 때문이다. 오히려 민법 제390조는 채권자에게 채무의 내용에 좇지 않은 이행과 그로 인한 손해를 증명하도록 하고, 채무자에게 고의 또는 과실이 없음을 증명하도록 하고 있는데 반하여 개정시안 제1항은 채무의 내용에 좇지 않은 이행뿐만 아니라 예견가능성과 회피가능성을 내용으로 하는 행위자의 과실까지 채권자에게 증명할 것을 요구하는 것으로 이해될 수 있다. 따라서 제1항은 삭제하는 것이 바람직하다.

오히려 개정시안 제692조의 6 손해배상 조문은 판례를 통해 전개된 증명완화의 법리를 명문화함으로써 의미를 갖는다고 할 것이다. 분과위원회는 개정시안 제2항을 일반인의 상식에 바탕을 둔 의료행위의 증명을 통해 과실을 추정하는 규정으로 구성하였다. 그리고 제3항을 통해 인과관계의 추정에 관한 내용을 규정하고자 하였다.[29] 그런데 판례는 과실추정과 인과관계 추정을 구분하지 않는다. 판례가 전개하고 있는 증명에 관한 법리는 일반인의 상식에 바탕을 둔 과실있는 의료행위를 증명하고, 그 의료행위와 결과 사이에 다른 원인이 개입할 수 없었다는 정도의 증명으로 인과관계를 추정하는 법리(이하 "일반인의 상식 법리")[30]와 간접사실을 통한 과실과 인과관계 동시추정의 법리(이하 "간접사실을 통한 동시추정 법리")[31]로 구분할 수 있다.

일반인의 상식 법리는 과실에 대해서는 증명을 요구하지만, 증명의 정도를 일반인의 상식에 바탕을 둔 정도로 완화한다. 이에 따르면 일반인의 상식 정도에서 과실이 증명되면 의료행위 전에 환자에게 발생한 악결과의 원인이 될 만한 건강상 결함이 없었다는 사정, 예컨대 의료행위와 결과 사이에 다른 원인이 개입할 수 없었다는 정도의 증명을 통해 인과관계가 추정된다.[32] 이러한 판례 법리는 행위와 손해 사이 조건적 인과관

29) 박수곤, 앞의 글, 260면.
30) 대법원 1995. 2. 10. 선고 93다52402 판결.
31) 대법원 2000. 7. 7. 선고 99다66328 판결.
32) 대법원 1995. 2. 10. 선고 93다52402 판결.

계 증명에 관하여 환자 측 부담을 크게 덜어주어, 사실상 증명책임의 전환에 가까운 것으로 평가된다.[33] 그럼에도 일반인 상식 법리는 적어도 손해의 원인이 된 잘못된 행위는 특정되어야 한다는 점에서 간접사실을 통한 동시추정 법리와 구별된다.

간접사실을 통한 동시추정 법리는 환자가 의료행위 후 사망하였고, 의료행의 이외에 다른 원인으로 사망할 가능성이 없는 경우에 의료행위의 과정에서 의사의 잘못된 행위가 무엇인지를 특정하지 않고 여러 가지 간접사실을 통해 과실과 인과관계를 동시에 추정하는 법리이다.[34] 이때 과실과 인과관계 추정의 기준이 되는 것은 경험칙이다. 예컨대 환자에게 발생한 악결과가 의료의 수행과정에서 잘못으로 발생할 수 있고, 그러한 악결과의 또 다른 원인이 될 수도 있는 환자의 신체 소인이나 기왕증이 관찰되지 않았다면 환자에게 행해진 의료의 과정에서 구체적으로 어떤 행위가 악결과의 원인이 되었는지, 그러한 행위상 잘못이 있었는지를 증명하지 못하더라도 과실과 인과관계를 동시에 추정한다.[35]

이 두 개의 판례 법리는 독일민법 제630조의 h 의료과오 내지는 의료제공자의 잘못에 대한 증명책임 제1항 및 제5항과 매우 유사한 구조를 이룬다. 조문은 명시적으로 전환이라고 표현하지 않지만, 제1항과 제5항은 사실상 증명책임을 전환한 것이라고 평가된다.[36] 그중 제1항은 의료제공자가 환자의 생명, 신체 또는 건강에 해가 되고, 의료제공자에 의해 완전히 통제가능한 일반적인 진료위험[37]이 발생한 경우 의료제공자의 잘못(Fehler)을 추정한다. 환자의 생명, 신체 또는 건강에 대한 침해는 의료 수행과정에서 잘못으로 발생할 수 있는 진료위험과, 의료제공자에 의해 완전히 통제가능한 진료위험은 시간적 근접성, 타원인 게재 불가능성을 고려요소로 하는 개연성에 대한 판단과 공통점이 있다. 예컨대 폐쇄병실에 혼자 격리되어 입원해 있는 환자에게 감염이 발생하였을 때 통상 출입하는 의료인이나 의료기구의 소독조치가 잘못되거나 감염관리시설에 잘못이 있으면 감염이 발생할 수 있고, 환자는 폐쇄병실에 격리되어 있었기 때문에 의료제공자 측에 그러한 잘못이 없다면 환자가 감염되지 않았을 가능성이 높은 경우 독일민법 제630조 h 제1항에 따른 의료제공자의 잘못 추정, 우리 판례의 과실과 인과관계 동시 추정 법리에 따른 과실 및 인과관계 추정이 가능할 것이다.

독일민법 제630조의 h 제5항은 중대한 치료과오 내지는 심각한 치료상 잘못[38]이 존

33) 김천수(김용담 편), 의료계약, 주석 민법: 채권각칙(5), 2016, 360면.
34) 김태봉, "의료과오소송에서 증명책임의 경감", 「법학논총」, 제39권 제4호, 2019, 362~363면.
35) 대법원 2004. 10. 28. 선고 2002다45184 판결.
36) MüKoBGB/Wagner, 9.Aufl., 2023, BGB §630 h Rn. 21 ff.
37) 이러한 위험은 주로 의료기관의 조직영역에 존재하는 위험의 경우에 인정된다: MüKoBGB/Wagner, 9.Aufl., 2023, BGB §630 h Rn. 21.

재하고 그러한 잘못이 환자에게 실제 발생한 생명, 건강, 신체 침해를 야기하기에 적합한 것이라면 그러한 침해의 결과와 의료제공자의 치료상 잘못 사이에 인과관계를 추정한다. 이때 심각한 치료상 잘못은 의료행위 당시 의학수준에 따라 의료평균인에게 요구되는 주의의무를 다하지 않은 과실과는 구분되는 개념[39]으로 우리의 일반인 상식에 따른 과실 증명과 닮아 있다. 독일민법 제630조의 h 제5항에 따르면 의료제공자가 준수하여야 하는 의학적 행위준칙 혹은 의료지식에 저촉되는 행위를 하였고, 그것이 객관적으로 볼 때 잘못이라고 인정되면 그 중대성이 인정된다는 점에서 적어도 손해의 원인이 된 행위는 증명하되, 그 행위가 당연히 준수되어야 할 의학준칙을 위반하여 행해졌다면 오류의 중대성 내지는 잘못의 심각성을 인정하고, 그러한 잘못과 손해 사이에 인과관계를 추정한다. 이때 중대한 오류나 심각한 잘못은 의료제공자의 주관적 관점, 혹은 행위자가 실제로 잘못을 하였는에 관한 것이 아니라 의학적인 기준에서 벗어난 잘못된 행위 그 자체로 판단된다. 그리고 오류나 잘못의 심각성은 의학적 기준에서 벗어난 정도가 중대하다는 것이지, 그것이 유책성의 정도를 의미하는 것은 아니다.[40]

이처럼 우리의 의료계약 개정안에서도 손해배상책임에 관한 규정은 증명책임을 중심으로 규정하되, 판례 법리를 반영하여 조문을 마련하고자 할 때에는 먼저 판례 법리에 대한 정확한 분석이 필요하다. 예컨대 민법개정위원회의 개정시안에서처럼 과실 추정 조문, 인과관계 추정 조문이 아닌 일반인 상식 법리에 관한 규정, 과실 및 인과관계 동시추정에 관한 규정을 두되, 이때 추정되는 것이 행위자에 대한 평가로서 과실이 아닌 의료계약상 의무위반으로서 진료상 잘못 내지는 과오임을 분명히 할 필요가 있다.

물론 증명책임은 실체법이 아닌 절차법의 문제이고, 절차법에서는 그 요건을 본문과 단서의 형식으로 규정함으로써 증명책임을 분배시키지만, 의료의 법률관계에서 가장 중요한 의미를 갖는 것이 바로 이 증명책임이라는 점을 생각할 때 민법의 규정으로 증명책임을 명문화하는 것이 타당해 보인다. 이를 위하여 다음과 같은 개정안을 제안한다.

38) 독일민법 제630조의 h 제5항의 ein grober Behandlungsfehler는 국내에서 종종 중대한 과실로 번역되어 소개되고 있다. 그러나 여기서 Fehler는 행위자의 예견가능성과 회피가능성을 전제로 하는 과실로서 Fahrläßigkeit와는 구별되는 가치중립적인 개념으로 도급계약에서 오류, 흠결, 의료과오에서 과오 등과 동일한 개념이다. 따라서 과실의 구분에서 경과실과 대비되는 개념인 중과실로 번역하여서는 안될 것이다.

39) MüKoBGB/ Wagner, 9.Aufl., 2023, BGB §630 h Rn. 96.

40) 이재경, 앞의 글(각주 8), 23면.

개정제안
第692조의 6 (의료제공 의무위반에 대한 책임에서 증명) ① 일반인의 상식에 비추어 볼 때 의료제공에 잘못이 있는 경우에는 의료제공자의 의무위반으로 인하여 손해가 발생한 것으로 추정한다. 다만 의료제공자가 민법 제692조의 3에서 정한 주의의무를 다하였음을 증명한 경우에는 그러하지 아니하다. ② 의료제공자의 의료제공 후 환자가 사망하였거나 신체에 중대한 악결과가 발생한 경우, 의료상 잘못이 그러한 손해를 야기하기에 적합한 때에는 의료상 잘못으로 인하여 손해가 발생한 것으로 추정한다. 다만 그 손해가 의료상의 과실이 아닌 다른 원인으로 발생한 경우에는 그러하지 아니하다.

6. 예시안 第692조의 00 동의

분과위원회 최초 예시안	실무위원회 개정시안
第692조의 OO ① 의료제공자가 의료계약에 의하여 환자에게 의료적 처치를 하기 위해서는 사전에 그의 동의를 받아야 한다. ② 전조(또는 第692조의 3) 제2항의 경우에는 환자의 대리인 또는 의료계약 상대방의 동의를 받아야 한다. ③ 동의권자는 (또는 의료이용자는) 언제든지 위 동의를 철회할 수 있다.	第692조의 3 (의료행위의 동의) ① 의료제공자는 개별 의료행위에 대하여 수의료자(受醫療者)의 동의를 받아야 한다. ② 수의료자가 동의를 할 수 없는 때에는 그 친권자나 동의권한 있는 후견인의 동의를 받아야 한다. 친권자나 동의권한 있는 후견인이 없거나 동의를 할 수 없는 때로서 긴급한 경우에는 가족의 동의를 받아야 한다. ③ 제2항에 의한 가족의 동의를 받을 수 없는 때에는 의료제공자는 동의 없이 의료행위를 할 수 있다.

분과위원회는 최초에 동의에 대한 위의 예시안을 제시하였으나 개정시안에서는 동의에 관하여 별도의 조항을 두지 않았다. 예시안은 의료처치를 할 때 환자측의 동의가 당연한 전제일 수 있지만, 동의권자의 범위나 설명의 범위 등을 명확히 한다는 측면에서 조문을 신설하는 것이 의미가 있을 것이라는 제안에 기초한다. 이에 대하여 환자의 동의는 개정시안 第692조의 4 설명의무와 중복되는 내용일 것이므로 第692조의 4에서 함께 규정하는 것이 적절하다는 지적도 있었다.[41] 그러한 차원에서 第692조의 4가 이미 "의료적 처치에 앞서" 설명하도록 하고 있다는 점도 지적되었다.[42]

한편 의료행위에 대한 동의가 전단적 의료행위에 대한 위법성 조각사유에 관한 근거를 규정하는 것이라면 별도의 조문이 필요없을 것이라는 분과위원회의 지적과 달리

41) 박수곤, 앞의 글, 241면 참조.
42) 박수곤, 위의 글, 242면 참조.

실무위원회는 설명의무와는 별개로 의료행위에 대하여 동의를 얻는 것이 1차적 의무이고, 동의가 유효하기 위한 조건으로 설명이 필요하다는 취지에서 동의에 관한 규정이 필요한 것으로 보았다.[43]

이와 관련하여서는 먼저 우리의 의료과오책임에서 설명과 동의의 의미를 확인할 필요가 있다. 이것은 설명의무 위반에 대한 손해배상책임의 대상과 관련되는 논의로 설명의무를 자기결정권에 기여하기 위한 것으로 보면서도 설명과 동의를 통한 자기결정권 행사가 독자적인 의미를 갖는지, 아니면 설명과 동의를 통한 자기결정권이 결국 신체에 대한 권리로 귀결되는지에 관한 것이다.

설명의무를 자기결정권에 기여하기 위한 것으로 보는 경우에 동의는 설명에 기초한 자기결정권 행사로서의 의미를 갖는다. 이때에는 설명과 동의는 분리될 수 없고, 설명의무 위반과 동의없이 행해진 의료행위의 효과 역시 자기결정권 침해에 따른 선택기회 상실의 손해배상으로 동일하다. 판례는 설명을 침습적 의료행위에 대한 승낙의 전제라고 하면서도, 설명의무를 위반한 경우에 원칙적으로 자기결정권 침해에 따른 위자료 배상을 인정하여,[44] 설명의무 위반으로 침해된 자기결정권을 신체적 법익에 포섭시키지 않는다. 반면 설명의무를 위법한 신체침습의 위법성 조각사유로서 동의의 유효성의 조건으로 본다면 설명의무를 다하지 않은 채 행해진 의료는 그 자체로 위법한 침습이 된다. 따라서 의료상 과실이 없더라도 환자의 승낙 없이 행해진 의료의 결과로 환자의 생명·신체·건강이 침해되었다면 재산적 손해와 비재산적 손해 일체를 배상하여야 한다.

일반적으로 우리의 학설과 판례는 인격적 법익침해론의 입장에, 독일의 학설과 판례는 신체적 법익침해론의 입장에 있는 것으로 평가된다.[45] 독일의 신체적 법익침해론은 설명과오가 있는 경우 환자의 유효한 동의 없이 행해진 의료로 환자의 신체완전성이라고 하는 신체적 법익이 침해된 것으로 본다.[46] 환자의 자기결정권은 신체 완전성에 관한 환자의 결정 자유를 보호하기 위한 것으로, 결국에는 환자의 신체법익 보호로 포섭된다고 한다.[47] 요컨대 독일민법의 설명의무는 환자의 자기결정권에 기여하기 위한 것이고, 의사가 설명의무를 위반하여 환자의 자기결정권이 침해되면 그것은 결국 동의의

---

43) 박수곤, 앞의 글, 242면 참조.

44) 대법원 2019. 8. 30. 선고 2017다239960 판결.

45) 우리의 인격적 법익침해론, 신체적 법익침해론과 독일의 인격적 법익침해론, 신체적 법익침해론이 그 내용에서 완전히 일치하는 것은 아니다. 이에 관한 자세한 소개는 이재경, "의료행위에서 설명의무의 보호법익과 설명의무 위반에 따른 위자료 배상", 「의료법학」, 제21권 제2호, 2020, 45~57면 참조.

46) Spickhoff, Medizinrecht, 3.Aufl., 2018, BGB §823~839 Rn. 202.

47) MüKoBGB/ Wagner, 9.Aufl., 2023, BGB §630 e Rn. 73.

유효성을 깨뜨려 환자의 동의 없는 위법한 신체침습에 대한 전손해 배상이 인정된다. 이 때 손해배상의 대상이 되는 신체침습으로 인한 악결과는 설명의 대상이 된 악결과에 한정하지 않는다. 충분한 설명에 기초하지 않은 동의로 신체침습 일체의 위법성이 조각되지 않기 때문이다. 그렇기 때문에 독일에서는 자기결정권을 위한 설명의무와 신체적 법익 침해에 대한 위법성 조각사유로서 동의를 구분하여 규정할 필요성이 인정된다.

그러나 우리의 경우 자기결정권에 기여하기 위한 설명과 설명을 기초로 한 동의는 분리되지 않는다. 설명의무는 환자의 자기결정권 보호를 위한 의료인의 의무이고, 동의는 환자의 자기결정권 행사의 방법이다. 유효한 동의 없이 행해진 의료로 악결과가 발생하였다고 하여 언제나 배상책임이 성립하는 것이 아니라 그러한 악결과가 설명의 대상이었음에도 불구하고 설명하지 않은 위험이 실현된 결과일 때에만 손해배상책임이 인정된다.[48] 이 때에도 배상의 대상은 원칙적으로 신체적 법익침해에 따른 전손해가 아니라 선택기회 상실에 따른 위자료 배상으로 한정된다.

따라서 우리의 경우에는 독일과 달리 설명의무와 동의 모두 신체적 법익침해와는 별개로 독자적 의미를 갖는 자기결정권에 관한 것으로 이 둘을 별도의 조문에서 규정할 필요가 없다. 환자의 동의는 의사의 설명의무에 관한 개정시안 제692조의 4에서 함께 규정하되 표제를 의료제공자의 설명의무와 환자의 동의 등으로 바꾸어 그 구체적 조문을 두는 것이 바람직할 것이다.

Ⅳ. 결론

이상으로 의료계약의 민법전 편입을 위한 논의의 현황 및 민법전 편입의 필요성, 그리고 2011년 제3기 민법개정위원회 제5분과 위원회의 개정시안을 검토하고, 몇몇 개정안을 제안하였다. 다만 아직까지 논의되어야 할 부분이 많아 모든 부분 개정안을 제안하지는 못하였으나, 제안한 개정안도 향후 계속해서 검토, 수정이 필요할 것이다.

의료계약이 위임계약으로 완전히 규율되지 못한다는 인식에 따라 민법전에 전형계약으로 의료계약에 관한 조문을 두어야 한다는 논의는 이미 오래전부터 있어왔고, 제3기 민법개정위원회 제5분과위원회의 개정시안 제안 후에는 그 필요성이 좀 더 구체적으

48) 독일의 인격적 법익침해론은 설명의 대상임에도 설명하지 않은 위험이 실현된 때에만, 신체적 법익침해론은 설명의 대상이는지에 상관없이 설명없이, 즉 유효한 동의 없이 행해진 의료로 인한 신체적 법익침해의 결과가 발생한 때에 손해배상책임을 인정한다. 다만 독일의 인격적 법익침해론과 신체적 법익침해론 모두 일단 손해배상책임이 인정되면 배상의 대상은 우리와 같이 선택기회 상실에 따른 위자료로 제한하지 않고 신체적 법익 침해로 인한 전손해를 대상으로 한다.

로 인식되어 왔다. 그리하여 이제는 의료계약의 필요성은 충분히 인식되었다고 할 것이다. 다만 의료계약의 필요성과 더불어 그 구체적 실익이 무엇인지에 대해서는 아직까지 확신하지 못하는 측면이 있는 것으로 보인다.

그럼에도 불구하고 정부 주도하의 의료개혁 논의에서 민법적 대응이 완전히 빠지고, 학설과 판례를 통해 전개되어 온 의료손해배상책임 법리가 변화하는 의료환경을 따라가지 못하는 등 이제는 의료계약의 민법편입을 통한 의료의 법률관계 해결이 필요한 단계에 이르렀다고 할 것이다. 그 구체적 논의과정에서 제3기 개정위원회 제5분과 위원회의 개정시안이 기초가 될 것임은 분명하다. 다만 그 조문의 구체적 내용에 있어서는 향후 계속적인 논의와 수정이 필요하다. 또 최초로 개정시안이 제안된 때부터 벌써 10년 넘는 시간이 지나 그동안 변화한 의료환경과 판례 법리 등이 반영되어야 할 부분도 적지 않다.

개정시안의 검토와 더불어 향후 입법논의에서 고민하여야 할 부분도 있다. 먼저 의료과오책임을 불법행위책임이 아닌 계약책임으로 다루는 경우 의료계약의 당사자가 아닌 환자 가족의 위자료 배상이 문제된다. 환자에게 의료로 악결과가 발생하였을 때 계약 당사자인 환자 본인 혹은 계약 당사자인 환자 가족은 계약책임에 근거하여 손해배상을 청구하고, 의료계약 당사자가 아닌 환자 가족은 다시 불법행위책임에 근거하여 손해배상을 청구하여야 하는지, 아니면 제3자 보호효 있는 계약 등의 법리를 도입하여 가족의 위자료 배상을 인정할 수 있는지 논의가 필요하다.

의료실무에서 의료관련 법률관계는 건강보험법이나 의료법 등 공적 관계를 중심으로 전개되는데 이들 법률에 위반하는 계약은 그 효력이 부정되는지, 의료의 법률관계를 계약관계로 이동시켜 환자의 권리를 보호하고자 하는 본래의 목적에 충실하자면 그러한 경우에도 환자 측에서는 계약의 유효를 주장할 수 있도록 하여야 하는 것은 아닌지에 대해서도 논의할 필요가 있다. 예컨대 의료법상 무면허 의료를 내용으로 한 계약은 민법의 의료계약 규정이 적용되지 않는가 하는 점이다. 비의료인 개인과 상대방이 상호 간에 자격이 없음을 알면서 치료를 목적으로 하는 행위의 제공을 약속한 경우는 의료계약의 효력을 부정하는 데에 큰 어려움이 없을 것이다. 그러나 우리의 무면허 의료는 비단 비의료인이 계약 당사자가 되는 경우뿐만 아니라 의료인이 계약 당사자가 되어 비의료인으로 하여금 의료를 행하게 하는 경우, 의료인이 자신의 면허범위를 넘는 의료를 하는 경우 등 다양한 형태로 존재한다. 또 건강보험법상 급여기준에 맞지 않는 의료를 목적으로 하는 의료계약 역시 계약의 효력을 부정할 것인지 논의가 필요하다. 예컨대 임의비급여 의료를 실시하였다면 건강보험법상 의료기관은 환자에게 진료비를 지급받을 수 없고, 설사 환자로부터 진료비를 지급받았더라도 국민건강보험공단이 이를 환수하여 환자에게 돌려주게 되어 있다. 그렇다면 임의비급여 의료를 목적으로 하여 의료가 행해진 경우 그러한 내용의 계약은 비단 진료비뿐만 아니라 의료과오소송에서 증명책임, 설명의무, 동의 등 환자의 권리보호를 위한 의료계약 조문 일체의 적용을 받지 못하는 것인지 논의가 필요하다. 그 밖에 의료법이나 응급의료법상 진료거부금지 규정과 관련하여 의료계약의 체결이 강제되는지, 의료계약 해지의 자유가 제한되는지와 같이 사적자치가 존중되어야 하는 민법상 계약의 영역과 국가가 부여한 독점적 권한을 통한 국민의 건강보호라는 공적 영역의 관계도 검토의 대상이 된다. 그리하여 공적 영역에 남겨두어야 할 문제, 계약법의 영역으로 옮겨와야 할 문제, 이 두 영역 모두에 모두 존재하면서 서로 보완하고 견제하여야 할 문제 등을 정리할 필요가 있다.

구체적 입법논의에서는 오랜 시간에 걸쳐 정립된 판례 법리의 정리가 선행되어야 한다. 외국의 입법례 특히 우리의 입법에 기초자료로 활용될 가능성이 높은 독일의 입법례를 참고하고자 할 때에는 독일과 우리의 차이를 분명히 인지하고 그 전제에서 개개 규정의 도입을 논하여야 할 것이다.[49] 마지막으로 의료계약의 민법편입의 목적을 환자의 권리보호와 의료인의 안정적인 진료환경 조성에 두고 이해관계가 첨예하게 대립하는 의료영역에서 관련 당사자들을 설득하여 개정작업이 현실화 될 수 있도록 하는 노력이 필요하다.

49) 예컨대 독일은 의료를 규율하는 행정법으로서 의료법이 없고 의료계약이 의료에 관한 단일법의 첫걸음이 될 것이라고 평가하는데 반하여 우리는 의료의 법률관계를 행정법인 의료법에 의지하고 있어 오히려 행정법적 규제의 대상에서 사적자치의 영역으로 의료의 법률관계를 이동시키는 것이 필요하다.

제4편

물권법

물권의 새로운 패러다임에 의한 (준)공동소유권론* **

– (준)공동소유권의 의의와 법적 성격, 채권 · 채무의 준공동소유권과 다수당사자의 채권관계, 채권 · 채무의 공동상속과 분할 · 불가분채권관계 및 (준)공동소유권에서의 물권법정주의 –

– (준)공동소유권이란 '소유권 기타 재산권'을 객체로 하여 지배권과 물권적 청구권을 구성요소로 하는 공동의 물권으로서, '일정한 비율에 따른 지배권과 물권적 청구권'인 지분권이 (준)공동소유자들에게 공동으로 귀속하고(공동귀속), (준)공동소유자들이 지분권을 공동으로 행사하여 의사를 결정하고(공동결정), 지분권의 공동결정에 원칙적으로 공동으로 구속되는(공동구속) 법률관계 –

남효순***

국문초록

(준)공동소유권(공동소유권+준공동소유권)의 법적 성격은 무엇인가? 물권인가? 우리 통설

* 이 논문은 민사법학 제110호에 게재된 것을 견해를 일부 수정하고 보완한 것이다.
이 글은 발간예정인 "새로운 패러다임에 의한 (준)공동소유권론"("물권의 새로운 패러다임을 향한 여정 2")의 내용의 일부를 요약한 것이다. 그 밖의 (준)공동소유권의 중요한 주제인 (준)총유, 특별법상의 (준)공동소유권, (준)공동소유권과 개인의 책임, 공동체의 업무에 관한 규율과 (준)공동소유권에 관한규율의 충돌 여부 등에 대해서는 "새로운 패러다임에 의한 (준)공동소유권론"에서 자세하게 다룬다.

** 이 논문을 완성하는 데에는 박의근 박사의 도움을 받았기에 감사의 뜻을 전하는 바이다. 박의근 박사는 2013년 경북대학교 법학전문대학원에서 "공동소유론"(2013. 2)으로 박사학위를 취득하였다. 그 후 박의근 박사는 독일로 유학을 떠나, 독일의 프라이부르크대학(Universität Freiburg)과 스위스의 프리부르대학(Université de Fribourg) 등에서 연구하여 "공동소유(공유, 합유 및 총유) – 스위스법, 영미법 및 동아시아법의 비교(Gemeinschaftliches Eigentum(Mieigentum, Gesamteigentum und Körperschaftliches Gesamteigentum) – Ein Vergleich des schweizerichen Rechts mit angloa–meri–kanischen und mit ostasiatichen Rechtsordnungen –)"라는 주제로 박사학위를 취득하였다. 필자는 박의근 박사가 국내 학술지에 게재한 (준)공동소유권에 관한 여러 편의 논문을 참조하였다. 그리고 필자는 박의근 박사가 박사학위를 취득하고 2023년 귀국한 후에는 2016년 개정 전의 독일의 조합법과 합유의 법상황에 대하여 유익한 의견을 교환할 수 있었다.

*** 서울대학교 법학전문대학원 명예교수.

과 판례는 (준)공동소유권을 재산권의 공동(권리공동)으로 보고 있기 때문에 물권이라고 할 수 없다. (준)공동소유권의 법적 성격은 공동재산권의 종류에 따라서 달라질 뿐이다. 또 통설과 판례는 (준)공동소유권의 지분도 재산권의 분량적 일부라고 본다. 따라서 채권·채무의 준공동소유는 채권관계가 될 뿐이다. 비교법적으로 보면, 독일민법이 권리공동을 채권법에서 규율하고 있고, 이에 반하여 스위스민법과 아시아의 대륙법계 민법의 경우는 물권법에서 (준)공동소유권을 규율하고 있다. 이러한 법상황은 (준)공동소유권 또는 권리공동이 채권법에서 규율되든 물권법에서 규율되든 그것은 편의적인 것에 지나지 않는다는 것을 말하는 것이 된다. 한편 채권·채무의 공동소유는 다수당사자의 채권관계와 어떠한 관계에 있는가? 통설과 판례는 다수당사자의 채권관계는 채권·채무의 준공동소유 내지는 준공유의 특칙이 된다고 본다. 물권법 제278조 단서를 그 근거로 한다. 다른 한편 (준)공동소유권에서는 물권법정주의가 준수되는가? 통설은 제271조(제2항)와 제275조(제2항)를 근거로 하여 (준)합유와 (준)총유에서 물권법정주의를 인정하지 않고 있다. 계약 또는 정관으로 (준)합유에 관한 규정(제273조~제274)과 (준)총유에 관한 규정(제276~제277조)을 배제할 수 있다고 해석한다. 따라서 (준)합유규정과 (준)총유규정은 임의규정이 된다. 또 통설에 의하면 채권·채무의 준공유와 형성권의 준공유에서도 물권법정주의는 준수되지 않는다. 이러한 법상황에서는 (준)공동소유권을 물권 일반으로 포섭할 수 없다. 특히 우리 민법의 경우 독일, 스위스 및 아시아의 대륙법계 민법에서는 알지 못하는 제271조와 제275조가 신설됨으로써 더욱더 그렇다고 할 것이다. 이상의 법상황을 비추어 볼 때, (준)공동소유권은 물권법에서 이단아적인 권리라고 할 수밖에 없다.

(준)공동소유권의 법적 성격은 마땅히 물권으로서 물권적 규율을 받아야 한다. 그것은 (준)공동소유권에서 일반 물권의 경우와 마찬가지로 지배권이라는 요소를 발견할 수 있기 때문이다. (준)공동소유권에는 공동의사의 형성을 위한 의사의 지배가 인정된다. (준)공동소유권의 경우도 물권 일반의 경우에서와 마찬가지로 물권적 청구권이라는 요소도 발견할 수 있기 때문이다. 필자는 새로운 물권의 패러다임을 통하여 물권에는 지배권으로 구성되는 물권뿐 아니라 지배권과 물권적 청구권으로 구성되는 물권도 있음을 규명하였다. (준)공동소유권도 물권 일반의 경우와 마찬가지로 공동재산권에 대한 지배권과 물권적 청구권으로 구성되는 물권이다. 그리고 물권적 청구권은 공동재산권에 대한 지배권과 결합성이 인정된다는 점에서 물권 일반과 동일하다. 이러한 점에서 (준)공동소유권은 일반의 단독물권과 같은 물권에 속하지만, 단독물권과는 달리 공동재산권을 객체로 하여 성립하는 공동의 물권이라고 할 것이다. 다른 한편 우리 통설과 판례가 제271조(제2항)와 제275조(제2항)를 계약 또는 정관으로 보는 것은 물권법정주의에서의 약정 즉, 물권약정이 갖는 기능을 전혀 이해하지 못하는 것이라 하지 않을 수 없다. 또 그것은 우리의 통설과 판례가 독일채권법이 조합법에서 조합재산에 관한 규정과 조합의 조직, 운영 등에 관한 규정을 두고 있는 것에 대하여 잘못 해석하는 것이라 하지 않을 수 없다. 비록 독일과 일본의 조합법이 조합재산에 관한 규정을 두고 있지만, 이러한 조항은 채권규정이 아니라 물권규정이라고 보아야 한다. 이것은 우리 통설과 판례가 물권법정주의에서 물권규정이

갖는 기능을 잘 이해하지 못한 것에서 비롯되는 것이라 하지 않을 수 없다. 물권규정은 강행규정이다. 물권규정에는 약정이 허용되지 않는 강행규정이 있고 또 약정이 허용되는 강행규정이 있다. 후자의 경우 물권약정은 물권규정을 보충하는 기능을 가질 뿐이다. 이에 비추어 볼 때, 제271조(제2항)와 제275조(제2항)는 합유규정(제272조~제274조)과 총유규정(제276조~제277)을 배제하는 것이 아니라 보충하는 의미를 갖는 것일 뿐이다. 따라서 위 두 규정은 폐지하거나 또는 대륙법계의 민법에서도 인정되는 바와 같이, 물권규정을 보충하는 물권약정으로 개정하는 것이 필요하다.

우리 민법이 제정된지 어언 60여 년이 지났다. 그러나 우리는 그동안 (준)공동소유권에 대한 물권법규정을 명확히 분석하지 못한 채 (준)공동소유권에 대하여 마땅한 규율을 찾지 못하였다. 그러나 이제는 (준)공동소유권의 법적 성격이 공동물권이고, (준)공동소유권에서도 물권법정주의가 준수되어야 한다는 것이 규명됨으로써 (준)공동소유권도 물권 일반과 함께 일관되게 설명될 수 있게 되었다.

Ⅰ. 서론: (준)공동소유권의 문제점

필자는 이 글에서 새로운 패러다임에 의한 물권론의 연구성과에 기초하여 (준)공동소유권의 제반 문제를 검토하고자 한다. 필자는 출간된 저서("새로운 패러다임에 의한 물권일반론")에서 물권이 침해되어 발생하는 물권적 청구권뿐 아니라 물권법상의 모든 청구권은 채권적 청구권과는 본질적으로 다른 법적 성격을 갖는다는 것을 규명하였다. 이러한 물권법상의 청구권을 물권적 청구권이라고 부른다. 종래 이러한 물권적 청구권을 채권적 청구권으로 취급하는 것은 사물의 본성에 반하는 것이다. 또 필자는 대부분의 물권적 청구권은 지배권과 결합하여 물권을 구성한다는 특징(물적 결합성)을 갖는다는 것도 규명하였다. 이제 필자는 새로운 패러다임에 의한 물권론에 기초하여, (준)공동소유권의 법적 성격과 의의, 채권·채무의 준공동소유권과 다수당사자의 채권관계, 채권·채무의 공동상속과 분할·불가분채권관계 및 (준)공동소유권에서의 물권법정주의의 문제를 다루고자 한다.

(준)공동소유권(공동소유권 + 준공동소유권)의 법적 성격은 무엇인가?[1] 우리 민법은 (준)공동소유권을 물권법에서 규율하고 있다. 스위스와 아시아 대륙법계의 민법도 마찬

1) 소유권의 공동소유와 기타 재산권의 준공동소유를 합하여 (준)공동소유로 한다.

가지이다. 이에 반하여 독일민법은 (준)공동소유에 해당하는 권리공동을 채권법에서 규율하고 있다. 이처럼 물권법에도 또는 채권법에도 각각 규율되고 있는 (준)공동소유권의 법적 성격이 과연 무엇이라고 보아야 하는지가 문제다. 이를 규명하는 데에 어려움이 따른다. 무엇보다도 채권·채무의 준공동소유권이 많은 어려움을 야기한다. 채권·채무의 준공동소유권의 경우 공동의 권리자들은 채권·채무를 가지고 채권을 행사하거나 채무를 이행하는 것이므로, 공동의 채권자·채무자임에는 틀림없기 때문이다. 이는 형성권의 준공동소유권의 경우도 마찬가지이다. 기존의 물권이론에 의하면, 채권·채무 또는 형성권의 준공동소유권에서는 도무지 지배권 내지는 물권이라는 개념을 찾기가 어렵다. 따라서 독일민법이 권리공동을 채권법에서 규율하는 것이나 스위스를 비롯한 아시아 대륙법계의 민법이 (준)공동소유권을 물권법에서 각각 규율하는 것은 편의적인 것이거나 아니면 자의적인 것에 불과하다고 볼 수가 있다. 이런 점에서 볼 때 우리의 통설과 판례가 (준)합유와 (준)총유에서 물권법정주의를 인정하지 않는 것도 이해가 되지 않는 것도 아니다. (준)공동소유권은 우리의 물권편에는 규정되고는 있지만, 물권 일반의 경우와 같이 물권의 체계 내로 완전히 편입되고 있지 못하다.

한편 다수당사자의 채권관계와 채권·채무의 공동소유권이 어떠한 관계에 있는지가 문제이다. 독일의 경우 다수당사자의 채권관계도 채권·채무의 공동과 함께 채권법에 규정되어 있다. 스위스민법은 물권의 공동만을 물권법으로 변경하면서, 채권·채무의 공동에 대한 법적 규율은 존재하지 않는다. 그러나 스위스민법의 경우에도 역시 다수당사자의 채권관계와 채권·채무의 공동소유권의 관계가 문제가 된다. 일본의 민법제정자들은 이 문제를 입법적으로 해결하려고 물권법 제264조를 신설하였다. 제264조 본문에서 소유권 이외의 재산권의 하나인 채권·채무에 대해서도 준공동소유권의 성립을 인정하면서 동시에 단서에는 "법령에 다른 정함이 있는 경우에는 그러하지 아니하다."라는 규정을 두었다. 일본의 통설과 판례는 이 단서를 근거로 하여, 다수당사자의 채권관계는 채권·채무의 준공동소유권의 특칙이 된다고 해석하고 있는 것이다. 우리 물권법도 일본 물권법 제264조를 모델로 하여 제278조를 신설하였다. 우리의 통설과 판례는 일본의 통설과 판례를 그대로 따르고 있다. 또 이러한 문제의 연장선에 있는 것으로서, 채권·채무가 공동상속의 문제가 있다. 일본의 통설과 판례는 명문의 규정(제898조)에도 불구하고 채권·채무가 공동상속되는 경우 분할채권관계 또는 불가분채권관계의 성립을 인정하고 있다. 우리 민법에도 상속재산의 내용을 불문하고 (준)공유의 성립을 인정하는 명문의 규정(1006조)이 있음에도 불구하고, 통설과 판례는 일본의 통설과 판례를 그대로 답습하고 있다. 이에 대해서는 우선 다수당사자의 채권관계는 수인 사이에 수 개의 채권관계가 성립하여 단독의 법률관계라고 할 수 있지만, 채권·채무의 준공동소유권의 경우에는 수인을 공동의 권리자로 하는 공동체에서 성립하는 공동의 법률관계라 할 수 있으므로, 과연 전자를 후자의 특칙이라고 볼 수 있는지가 의문이라 하지 않을 수 없다.

다른 한편 (준)공동소유권에서 물권법정주의는 준수되는가? 물권 일반의 경우 물권법정주의는 물권법이 인정하는 대원칙이다. 따라서 물권법정주의의 준수 여부는 해당 법률관계가 물권이냐 채권이냐를 결정짓는 중요한 요소가 된다. 그런데 우리의 통설과 판례는 제271조(제2항)와 제275조(제2항)를 근거로 하여, (준)합유와 (준)총유에서 물권법정주의를 부정하고 있다. 제271조(제2항)의 조문은 다른 대륙법계 물권법 어디에서도 존재하지 않는 규정이다. 통설과 판례는 제271조 제2항의 계약을 조합계약인 채권계약으로 보아, 이 계약으로 (준)합유에 관한 규정을 배제할 수 있다고 보아 물권법정주의를 부정하는 것이다. 그러나 이에 대해서는 조합원들이 사회의 기본질서에 해당하는 합유를 정한다는 것이 과연 타당한 것인가 하는 근본적인 의문이 제기된다. 또 통설과 판례의 입장이 어디에서 비롯되었는지도 의문이라 하지 않을 수 없다. 통설과 판례에 대해서는 근본적인 검토가 필요하다고 하지 않을 수 없다.

이하에서 먼저 (준)공동소유권에 관한 비교법(Ⅱ)을 살펴보고 이어서 (준)공동소유권의 법적 성격, 지분권과 의의(Ⅲ), 채권·채무 준공동소유권과 다수당사자의 채권관계(Ⅳ), 채권·채무의 공동상속과 분할·불가분채권관계(Ⅴ) 그리고 (준)공동소유권과 물권법정주의(Ⅵ)에 대해서 살펴보기로 한다.

Ⅱ. (준)공동소유권에 관한 비교법[2)]

대륙법계 국가에서 (준)공동소유권을 어떻게 취급하고 있는지는 나라마다 매우 상이하다.

1. 프랑스민법

프랑스민법은 공동소유의 형태 중에서 공유(l'indivision, la propriété indivise)만을 규정하고 있다.[3)] 공유란 특별한 단체적 목적이 있는 것이 아니라 권리자가 다수 있게 되었

2) 합유에 관한 비교법은 필자의 논문(남효순, "우리 민법상 합유와 준합유의 강제－학설과 판례의 문제점 해결을 위한 합유의 새로운 해석－물권 및 물권적 청구권 개념에 대한 새로운 이해의 단초 4－", 「저스티스」, 통권 제159호)에서 자세히 다루고 있다. 여기서는 합유를 포함한 (준)공동소유 전반에 대하여 서술하고자 한다.

3) 프랑스민법상의 공유에 대하여 자세한 사항은, 남효순, "프랑스 민법상의 공동소유－공유를 중심으로－", 서울대학교 「법학」, 제39권 제1호 참조.

다는 우연한 사정 또는 사물의 성질상 공동으로 소유할 수밖에 없는 경우에 의하여 성립하는 공동소유의 형태이다. 이러한 공유는 채권을 제외한 모든 권리에 인정되고 있다. 프랑스민법은 채권에 대하여는 처음부터 공유를 인정하지 않고 다수당사자의 채권관계를 인정하는 결과, 채권·채무의 공동상속에 대해서도 원칙적으로 분할채권관계가 성립하고 예외적으로 불가분채권관계가 성립한다(제1309조, 제1320조).

프랑스민법은 법정공유(제815-2조~제815-8조)와 약정공유(제1873-1조~제1873-18조)를 따로 규정하고 있다. 상속재산의 공유가 법정공유 일반에 해당한다. 약정공유란 당사자가 임의로 약정하는 공유를 말한다(제1873~1조). 약정공유는 법정공유와 분리되어 별도로 "공유권에 관한 약정(Des conventions relatives à l'exercice des droits indivis)"(제9편의 乙)(제1873-1조~제1873-18조)에 규정되어 있다. 한편 공유와 비교되는 것으로 공동재산(la communauté)이 있다. 부부공동재산(la communauté conjugale)이 이에 해당한다.[4] 공동재산에 대하여는 일반 공유와 구별하여 특수공유로 보기도 하고 또는 별도의 법률관계로 보기도 한다. 가장 큰 차이점은 지분(la quote-part)이 인정되지 않는다는 점이다.

2. 독일민법

독일물권법은 소유권의 공유에 관하여 4개의 조문만 두고 있다(제1008조~제1011조). 물권법 제1008조에 의하면, "하나의 물건에 대한 소유권이 지분으로 수인에게 귀속되는 때에는 제1009조 내지 제1011조가 적용된다."라고 규정하고 있다. 공유물에 대한 부담의 설정(제1009조), 공유자의 특정승계인에 대한 효력(제1010조), 공유에 기초한 물권적 청구권(제1011조)이 그것이다.[5] 그런데 독일물권법의 소유권의 공유는 공유에 관한 특별한 규정에 해당한다.[6] 소유권의 공유도 독일채권법상의 권리공동의 하나인바, 일반적으로 권리공동에 의하여 규율되고 있기 때문이다. 독일채권법은 소유권뿐 아니라 제한물권, 채권 등의 권리 일반에 대하여 권리공동으로 규율하고 있다.[7] 독일채권법 제741조는 "하나의 권리가 수인에게 귀속되는 때에는 법률로 달리 해석되지 아니하는 한 제742조 내지 제758조가 적용된다."라고 규정하고 있다. 따라서 소유권의 공유에 관하여 물권법에 규율되고 있는 사항 이외는 채권법의 규율을 받는다.

개정 전 독일의 조합법은 조합재산은 구성원들의 공동재산이었다(제718조). 조합원

---

4) 부부공동재산에 대하여는 남효순, "프랑스 민법상의 공동소유-공유를 중심으로-", 139면 참조.
5) 여기서 물권적 청구권이란 침해 물권적 청구권을 말하는 것이다.
6) 김민주, "독일조합법 개정과 단체의 소유형태에 관한 고찰-우리 민법에 대한 시사점을 중심으로-", 「민사법학」, 제105호, 76면.
7) 박의근, "공유의 법적 성질에 관한 비교법적 검토", 「강원법학」, 제63권, 282면.

은 지분을 처분할 수 없었고, 분할청구가 금지되고, 조합채무자의 조합원에 대하여 가지는 채권에 의한 상계가 금지되었다(개정 전 독일민법 제719조). 이를 합수적 구속이라고 하였다. 한편 조합의 업무집행에 대해서도 조합원 전원의 동의를 요구하였다(제709조). 따라서 독일의 경우 조합재산뿐 아니라 조합의 업무집행에 대해서도 합수적 구속을 요구한 점이 특이하다.

2021년 6월 조합법에 대하여 개정이 단행되었다.[8] 그 중요 내용은 조합에 권리능력을 인정하고, 조합등기부를 도입하고, 합수(Geshamthand)규정을 폐지하는 것이다.[9] 따라서 독일민법상 조합재산은 더 이상 공동소유에 속하지 않는다. 그 결과 조합채무는 조합재산으로 변제하고(개정 제733조 제1항) 또 조합채무에 대하여 조합원의 연대채무도 인정하고, 이에 반하는 조합계약은 효력을 갖지 못하게 되었다(개정 제721조). 개정 전에는 채권법(개정 전 제718조 이하)에서 조합재산의 합유가 규정되었다.[10] 그 밖에 부부공동재산(제1437조 이하), 공동상속재산(제2032조 이하)에서 합유를 개별적으로 규정하고 있었다.

3. 스위스민법

스위스민법은 물권법에서 공유를 규율하고 있다. 스위스민법 제646조는 "수인이 외부적 분할 없이 지분에 의하여 한 개의 물건을 소유한 때는 공유로 한다."라고 규정하고 있다. 스위스채무법은 권리공동 내지 권리공동체에 대한 규정을 두고 있지 않다. 그러나 학설은 하나의 권리가 수인에게 공동으로 귀속하는 권리공동체를 인정하고 지분적 권리공동체와 합수적 권리공동체의 구분을 인정한다. 양자는 권리행사의 방법에서 차이가 존재한다. 전자의 경우에는 개별 공유자에게 지분이 귀속하고 각 공유자는 자신의 지분을 행사할 수 있지만, 후자의 경우에는 공동체를 통해서 권리의 행사가 가능하다고 한다. 스위스민법의 경우 공유와 합유의 법적 성질에 대하여 권한분할이론이 지배적 학설이라고 한다.[11]

4. 일본민법

일본민법은 공동소유로서 공유(제249조~제263조)만을 규정하고 있다. 구체적으로 조

---

8) 이하 2021년 6월에 개정된 독일조합법의 개정에 관하여는 김민주, 전게논문, 73~99면 참조.
9) 독일법상 법인격과 권리능력의 차이에 대하여는 김민주, 전게논문, 84면 참조.
10) 독일민법은 총유에 관하여는 규정을 두고 있지 않았다(개정 전의 독일의 조합법에 대해서는 남효순, "우리 민법상 합유와 준합유의 강제－학설과 판례의 문제점 해결을 위한 합유의 새로운 해석－물권 및 물권적 청구권 개념에 대한 새로운 이해의 단초4－", 「저스티스」, 통권 제159호, 234~235면 참조).
11) 박의근, "공유의 법적 성질에 관한 비교법적 검토", 275~328면 참조.

합재산(제668조), 부부공동재산(제762조 이하), 공동상속재산(제898조 이하)도 공유로 규정하고 있다. 그러나 조합에 관한 제676조가 조합재산의 경우 공유와는 달리 지분처분의 금지(제1항)와 분할금지(제2항)를 규정하고 있는바,[12] 통설과 판례는 이를 공유와 구별되는 합유로 보고 있다. 즉, 일본민법은 '조합재산의 관리 · 처분 · 변경'에 대해서는 침묵하고 있는바, 여기서 조합에서의 공유와 물권법상의 공유가 어떠한 관계에 있는지에 대해서는 학설이 대립한다. 특칙이 없는 한 물권법의 공유에 관한 규정(처분을 포함한 변경에 관한 제251조, 관리에 관한 제252조)이 준용된다고 보아 조합재산을 공유라고 보는 견해와 조합의 업무집행에 관한 규정(제670조, 과반수)이 적용된다고 보아 조합재산을 합유로 보는 견해가 대립하고 있다. 그런데 조합법은 조합지분의 처분금지와 분할금지에 관한 규정(제676조)을 두고 있는바, 조합재산을 공유(제668조)로 규정하고 있음에도 불구하고 조합재산은 합유 내지는 특별한 공유로 보는 것이 합리적이다. 한편 일본민법은 입회권을 공유(제263조)로 규정하고 있지만, 학설은 이를 총유로 보고 있다.

한편 소유권 이외의 재산권의 경우 준공유를 인정하고 있다(제264조). 그런데 제264조는 이 절의 규정(공유의 규정)은 수인이 소유권 이외의 재산권을 가지는 경우에 준용하지만 '법령'에 특별한 정함이 있는 때에는 그러하지 않다고 규정하고 있다.[13] 일본의 통설과 판례는 이 '법령'이 민법과 다른 법률을 모두 포함하고 있는 것으로 보아, 다수당사자의 채권관계가 준공유에 대한 특칙이 된다고 보고 있다. 다수당사자의 채권관계가 채권 · 채무의 준공유에 대한 특칙이 되는 이유가 무엇인지가 중요한 문제라고 할 수 있다.

5. 대만민법

대만민법은 공유(共有)에 관한 규정(제817조~제830조)을 두고 있다. 대만민법상의 공유는 우리 민법의 공유와 합유를 칭하는 것으로, 분별공유(제817조~제826조)와 공동공유(제827조~제830조)가 존재한다.[14] 분별공유의 경우에는 지분이 인정되므로 우리의 공유에 해당하고, 공동공유의 경우에는 공동공유물 전부에 권리가 인정될 뿐이므로 지분이 인정되지 않는 합유에 해당하는 것이다. 합유에 관한 규정으로 제827조(합유물의 관리), 제828조 제1항 · 제2항(합유자의 권리 · 의무), 제828조 제3항(합유물의 처분 및 기타 권리행사는 전원의 동의), 제829조(합유물 분할청구금지), 제830조(합유관계의 종료)가 있다.

한편 제831조는 "본 절의 규정은 소유권 이외의 재산권에 관하여 수인이 공유하거나

12) 이는 개정 전 독일 조합법 제719조와 동일한 조문이다.
13) 일본민법 제264조 "이 절의 규정은 수인이 소유권 이외의재산권을 갖는 경우에 대하여 준용된다. 다만, 법령에 특별한 정함이 있는 한 그러하지 아니하다."
14) 자세한 사항은 법무부, 대만민법전(김성수 역), 411면 주6) 참조.

합유하는 경우에 이를 준용한다."라고 규정하고 있다. 그런데 제831조는 법률에 특별한 정함이 있으면 그러하지 아니하다는 단서규정을 두고 있지 않다. 대만민법의 경우는 소유권 이외의 재산권에도 준공유(準共有)라 하지 않고 공유(共有)라는 명칭이 유지되고 있다.

6. 우리 민법

우리 물권법은 공동소유의 형태로 공유(제262조~제270조) 이외에 합유(제271조~제274조)와 총유(제275조~제277조)도 인정하고 있다. 민법제정자들은 과거 독일민법과 스위스민법이 제정되기 전부터 학설로서 인정되어 오던 공유, 합유와 총유의 공동소유의 형태를 처음으로 법률로 제정한 것에서 대단히 중요하고 의의가 있는 것이라 밝히고 있다[15]. 또 물권법은 소유권 이외의 재산권을 대상으로하는 준공동소유(제278조)도 인정하고 있다. 우리 물권법은 다양한 (준)공동소유의 형태를 인정하고 있고 모든 (준)공동소유의 형태를 물권법에서 규정하고 있다는 점에서 유럽의 대륙법계 민법 보다도 체계적이라 할 수 있다. 이는 스위스민법, 일본민법과 같고, 프랑스와 독일의 민법과 다른 점이다.

7. 결어

대륙법계 민법에서 권리공동 또는 (준)공동소유권을 법적으로 어떻게 취급하고 있는지는 나라마다 다르다. 일반적으로 어느 권리가 물권법과 채권법 중에서 어디에서 규율되느냐에 따라서 그에 적용될 법리가 달라진다.[16] 예를 들면, (준)공동소유권이 물권이라고 하면 물권법정주의의 원칙이 적용되고 그에 관한 규정은 강행규정이 된다. 이에 반하여 (준)공동소유권이 채권이라면, 계약자유원칙이 적용되고 그에 관한 규정은 임의규정이 된다. 우리 물권법은 물권법정주의와 관련하여 (준)합유와 (준)총유의 경우 대륙법계에서는 볼 수 없는 규정(제271조 제2항과 제275조 제2항)을 두고 있다. 우리 통설과 판례는 계약 또는 정관으로 (준)합유에 관한 규정(제272조~제274)과 (준)총유에 관한 규정(제276~제277조)을 배제할 수 있다고 해석한다. 이러한 해석은 독일과 일본의 채권법에서 조합계약에 의하여 합유에 대한 규율을 하고 있는 것과 동일한 것이라 할 수 있다. 이에 대해서는 물권법상의 (준)합유와 (준)총유에 관한 규정은 소유권의 기본적 질서에 관한 규정인데, 당사자들의 채권계약으로 이를 배제하는 것이 과연 타당한가 하는 근본적인 의문이 제기된다. 또 개인주의적 공동체인 (준)공유에서는 물권 일반의 경우와 마

---

15) 양창수, 민법전 제정자료 집성, 498면.

16) 이 글의 목적도 (준)공동소유권은 물권 일반과 동일한 법적 규율, 즉 물권적 규율이 따른다는 것을 밝히려는 데에 있다. 이로써 물권법에 의한 물권적 규율과 채권법에 의한 채권적 규율의 체계가 명확히 구별될 수 있다.

찬가지로 물권법정주의가 인정된다고 할 수밖에 없는데, 조직적이고 단체주의적인 공동체에서는 왜 물권법정주의가 부정되어야 하는가 하는 의문이 발생한다. 통설과 판례에 의하면, (준)공동소유권은 물권 일반으로 포섭될 수가 없어 물권 일반과 동일하게 취급할 수 없는 외로운 섬과 같은 존재가 되어버렸다고 하지 않을 수 없다.

한편 수인이 관여하는 법률관계로서 물권법상의 채권·채무의 공동소유권과 채권법의 '수인의 채권자 및 채무자(제408조~제448조)'가 존재한다. 양자는 각각 물권법과 채권법상의 제도이다. 그런데 우리의 통설과 판례는 양자는 본질적으로 채권관계로 보는 것을 전제로, 혹은 다수당사자의 채권관계를 채권·채무의 준공동소유권의 특칙으로 혹은 채권·채무의 준공유권의 특칙으로 본다. 후자의 경우 혹은 임대차, 사용대차 등과 같이 물건의 지배를 수반하는 채권에 관해서는 준공유가 성립한다고 하거나, 혹은 채권의 내용·효력 등에 관해서는 불가분채권이 적용되어야 하나 채권에 대한 지배를 통해 발생하는 과실 기타의 수익의 분배, 비용의 부담, 처분 등에 대하여는 준공유가 성립한다고 한다. 이러한 학설에 대해서는 물권과 채권을 준별하지 않고 또 자의적이라는 비판이 제기된다.

(준)공동소유권에 관한 각국 민법의 변천사를 보면, (준)공동소유권의 편제가 채권법에서 물권법으로 변경되었음을 알 수가 있다. 또한 (준)합유가 독일과 일본의 경우는 채권법에서 규율되고 있지만 우리나라에서는 물권법에서 규율되고 있다. 이러한 편제의 변경은 단순히 규율 장소의 이동만을 의미하지는 않는다. 그러나 독일뿐 아니라 스위스 이래의 민법에서도 (준)공동소유권을 독일법상의 권리공동과 동일하게 해석하고 있는 것에서 규율 장소의 변경이 갖는 본질적인 의미를 파악하고 있지 못함이 잘 드러나고 있다고 할 것이다. 그러나 이제는 이러한 편제의 변경이 갖는 법적 의미를 규명되하여야 할 때이다.

기술한 바와 같이, 필자는 (준)공동소유권이 물권법으로 편제가 되어 물권법의 규율을 받게 된 것은 결코 우연이 아니라고 생각한다. 이제 채권·채무의 준공동소유권을 포함한 (준)공동소유권이 갖는 법적 성격, 다수당사자의 채권관계와 채권·채무의 준공동소유권과의 관계를 밝히고 또 (준)공동소유권에서 물권법정주의가 어떻게 준수되고 있는지를 명확하게 밝혀야 할 때이다.

Ⅲ. (준)공동소유권의 의의와 법적 성격

(준)공동소유권의 법적 성격은 무엇인가? 통설과 판례상으로 어떠한 문제점이 있었기에 이를 해결하기 위해서 새로운 패러다임에 의한 (준)공동소유권이 필요한지에 대하여 살펴본다. 또 (준)공동소유권에서의 지분권이란 무엇인가? 역시 통설과 판례상으로

어떠한 문제점이 있었기에 새로운 패러다임에 의한 지분권의 개념이 필요한지를 검토한다. 이어서 공동물권이라는 (준)공동소유권의 의의에 대하여 살펴본다. 마지막으로 소유권의 공동소유에 관한 규정이 기타 재산권에 준용되는 경우 어떠한 규정이 준용되는지에 대해서 살펴본다. 이를 통하여 (준)공동소유권의 개념이 명확하게 밝혀질 수 있다.

1. 통설과 판례에 의한 (준)공동소유권의 법적 성격과 지분권과 의의

통설과 판례는 (준)공동소유권을 공동재산권과 구별하지 않고 양자를 동일한 것으로 본다. 이것이 독일의 채권법상의 권리공동론이다. 독일의 권리공동론은 스위스민법이래 아시아계의 대륙법의 민법을 지배하고 있다고 해도 과언이 아니다. 우리의 통설과 판례도 독일의 권리공동론의 영향을 받아서, (준)공동소유권을 권리공동 내지는 공동재산권과 동일하게 보고 있는 것이다. 이하에서 소유권을 중심으로 재산권공동 내지는 권리공동에 대하여 살펴본다.

우선 (준)공동소유권자들에게 하나의 재산권만 존재하는지 (준)공동소유권자들 수만큼의 재산권이 존재하는지에 대해서는 소유권의 공동소유에 대해서 논의가 있다. 우선 소유권의 양적분할설은 공유자들에게는 하나의 소유권만 인정되고, 이 하나의 소유권이 각 공유자들에게 분할된다고 본다.17) 즉, 각 공유자들에게는 온전한 소유권자로서의 지위가 인정되지 않는다. 우리의 소유권의 양적분할설은 독일에서 형성된 양적분할설을 수용한 것이다.18) 이에 반하여 소유권의 경합설은 각 공유자들에게 하나의 소유권이 인정되지만, 각 공유자들의 소유권은 다른 공유자들의 소유권에 의한 제한을 받는다고 한다. 각 공유자들에게 온전한 소유권자로서의 지위가 인정되지 않는다는 것은 양설에서 매한가지이다. 이러한 점에서 소유권의 양적분할설과 소유권의 경합설은 실익이 없는 학설의 대립이라고 보는 지적도 존재한다. 그러나 소유권의 양적분할설과 소유권의 경합설은 공유자들에게 '하나의 소유권이 인정되느냐' 아니면 '수개의 소유권이 인정되느냐'의 여부에 대해서는 여전히 차이가 있다.

독일채권법의 경우 19세기에서 20세기에 걸쳐서 물건의 관념적 분할이론, 권리의 실제적 분할이론, 일체이론, 권한분할이론과 가치복제이론 등 다양한 견해가 제시되어 왔다고 한다.19) 이러한 학설의 대립은 분할되는 것이 물건이냐, 소유권이냐, 권한이냐

17) 곽윤직 · 김재형, 물권법, 283면; 오시영, 물권법, 386면.

18) 독일을 비롯한 스위스와 일본에서의 공유의 법적 성질에 관한 논의는 박의근, "공유의 법적 성질에 관한 비교법적 검토", 281~293면 참조.

19) 독일채권법상의 학설을 간단히 살펴보면 다음과 같다. 우선 물건의 관념적 분할이론은 물건이 분할되고 분할된 물건에 대한 1개의 독립된 권리가 각각의 공유자에게 귀속된다는 견해이다. 공동체가 해소되기 전까지는 물건은 실제로 분할되지는 않으므로 물건의 관념적 분할이라고 하는 것

아니면 가치가 복제되는 것이냐에 따른 대립이다.

판례는 소유권의 공유에서, "공유는 물건에 대한 공동소유의 한 형태로서 물건에 대한 1개의 소유권이 분량적으로 분할되어 여러 사람에게 속하는 것이므로,"라고 판시하고 있다.[20] 또 "공유자가 공유물에 대하여 가지는 공유지분권은 소유권의 분량적 일부분이지만 하나의 독립된 소유권과 같은 성질을 가지므로, 공유자는 소유권의 권능에 속하는 사용·수익권을 갖는다. 민법 제263조는 이러한 사용·수익권이 소유권인 공유지분권의 내용을 구성하되, 1개의 소유권이 여러 공유자에게 나뉘어 귀속됨에 따라 소유권을 행사하는 데 일정한 제약이 따른다는 것을 뜻한다."라고 판시하고 있다.[21] 우리 판례는 소유권의 양적분할설을 취하고 있다.[22]

이상에서 살펴본 통설과 판례의 핵심적 문제는 (준)공동소유권을 공동재산권으로 간주함으로써, (준)공동소유권에 대하여 동일한 법적 성격을 인정하지 못한다는 데에 있다. 통설과 판례는 왜 (준)공동소유권을 물권법에서 규율하여야 하는지를 설명할 수가 없다. 이는 독일민법의 경우에도 왜 권리공동을 채권법에서 규율하는지를 설명할 수 없는 것과 마찬가지이다.

2. 새로운 패러다임에 의한 (준)공동소유권의 법적 성격: 지배권과 물권적 청구권이 인정되는 공동의 물권

물권은 '지배권' 또는 '지배권과 물권적 청구권'으로 구성된다.[23] 이것이 새로운 패러다임에 의한 물권론이다. 이러한 물권론이 (준)공동소유권에서도 인정될 수 있는지가 문제이다. 새로운 패러다임에 의한 (준)공동소유권론에서 지배권과 물권적 청구권이 어떻게 인정될 수 있는지에 대해서 살펴본다.

이다. 또 권리의 실제적 분할이론은 물건이 분할되는 것이 아니라 다수의 주체에 의한 공동의 권리가 실제로 분할된다는 견해이다. 또 권한분할이론은 물건 또는 권리가 분할되는 것이 아니라 권한이 분할된다는 것이다. 여기서 권한이란 권리의 내용인 사용권, 수익권, 처분권, 관리권에 대하여 각각의 공유자가 갖는 법률상의 지위를 말하고, 이것이 바로 각 공유자의 지분이라고 한다. 그리고 완전한 권리복제이론은 공유에서는 권리의 객체가 분할됨이 없이 공유자의 수만큼 공유물의 복제가 일어나고, 각 공유자는 복제된 각 공유물에 대한 각자가 완전한 소유권을 취득한다는 견해이다. 자세한 내용은 박의근, "공유의 법적 성질에 관한 비교법적 검토", 283~291면 참조.

20) 대법원 1991. 11. 12. 선고 91다27228 판결; 대법원 2020. 5. 21. 선고 2018다287522 전원합의체 판결; 대법원 2023. 6. 29. 선고 2023다217916 판결.

21) 대법원 2020. 5. 21. 선고 2018다287522 전원합의체 판결.

22) 종전에는 소유권의 경합설을 취하는 판결도 있었다(대법원 1965. 11. 9. 선고 65다1646 판결).

23) 남효순, 새로운 패러다임에 의한 물권론 일반, 361~376면 참조.

(1) 새로운 패러다임에 의한 (준)공동소유권에서의 지배권

권리자가 수인인 (준)공동소유권의 경우에도 공동의사의 결정이라는 지배권이 인정된다. 여기서 지배권이란 의사의 지배라는 관념적 지배를 말한다.

(가) 단독의 재산권에서 인정되는 지배권: 객체를 지배하여 일정한 이익을 누리는 힘

권리자가 1인인 단독재산권의 경우에는 재산권의 내용이 무엇이냐에 관계 없이 혼자 만으로 재산권의 행사에 관한 구체적 내용을 사전에 단독으로 결정하고(단독결정) 그에 따라 단독으로 재산권을 행사하면 된다(단독행사). 단독의 재산권자는 자신의 재산권에 대하여 마음대로 결정할 수 있다. 이러한 단독결정은 재산권의 내용이 물권이냐, 채권이냐 관계없이 모든 재산권자에게 인정된다. 따라서 모든 재산권자에게 인정되는 이러한 결정권을 굳이 지배권을 단독지배권의 요소로 파악할 필요가 없다. 또 이는 내적인 권리로서 타인에게 표시되지도 않기에 더욱 그러하다.

단독재산권의 경우 이를 구별하기 위한 요소로서 지배권이 있다. 지배권이란 우선 단독물권의 경우 일정한 객체를 지배할 수 있는 힘을 말한다. 지배권은 물권 이외에 준물권, 지식재산권에서도 인정된다. 그리고 지배권은 단독의 비재산권에서도 인정된다. 예를 들면, 인격권, 친족권, 후견권 등의 경우가 그러하다.

(나) (준)공동소유권에서 인정되는 지배권: 공동재산권을 지배하여 일정한 이익을 누리는 힘

1) 단독재산권과 공동재산권의 차이

권리자가 수인인 공동재산권의 경우 각 재산권자는 권리의 행사에 앞서 권리행사의 구체적인 내용을 단독으로 결정하지 못한다. 재산권자가 수인이기 때문에 누구도 자신의 마음대로 결정하여 권리를 행사할 수가 없다. 어느 공동의 재산권자는 '다른 공동의 재산권자와 협력하여' 공동재산권의 행사에 관한 내용을 결정한 후(공동결정)에야 비로소 공동재산권을 행사할 수 있게 된다(공동행사). 이러한 공동결정은 공동물권에서뿐 아니라 모든 공동재산권의 경우에 인정된다. 그것은 공동재산권의 공통적 요소가 된다.

공동재산권자는 자신에게 귀속되는 재산권에 대해서만 부분적으로 의사결정을 할 수 있을 뿐이고, 다른 공동재산권자의 재산권의 부분에 대해서는 의사결정을 할 수가 없다. 여기서 공동재산권의 경우에는 단독으로는 의사결정이라는 지배권을 인정할 수 없다. 즉, 공동재산권자는 다른 공동재산권자의 의사결정의 지배권의 제한을 받으면서, 공동의사의 형성에 참여하게 된다. 이러한 의미의 공동지배권이란 물권 이외의 기타 재산권에서도 당연히 인정된다. 즉, 채권·채무와 형성권의 공동에서도 인정된다.

우리 물권법은 공동재산권의 경우에는 단독재산권과는 달리 공동의사의 지배권이라는 공통적 요소가 있음을 파악하고, 이러한 공동의사의 지배권에 대하여 (준)공동소유

권이라는 별개의 물권을 인정하고 있는 것이다. 여기에서 독일민법과 달리 스위스민법 이래 아시아 대륙법계 민법의 제정자들이 (준)공동소유권을 물권으로 편제한 근거를 발견할 수 있다. 즉, (준)공동소유권을 물권으로 편제한 정당화의 요소를 발견할 수 있다. 이것이 바로 (준)공동소유권의 새로운 패러다임의 출발점이다.

단독결정은 단독의 재산권자의 내적인 결정에 머무르고 외부에 표시되지 않는다. 그러나 (준)공동소유권의 경우는 공동결정은 반드시 다른 (준)공동소유권자들에 대하여 표시되어야 한다. 이러한 점에서 (준)공동소유권이라는 별개의 공동의 물권을 인정할 수 있는 것이다. 물론 후술하는 바와 같이, 공동의사가 단독의 의사로 족한 경우에는 표시가 없어도 의제된다.

2) 공동결정의 지배권: 공동의사의 지배권

(준)공동소유권자들이 공동의사를 형성하여야 한다는 것은 반드시 전원이 참여하여야 한다는 것을 의미하지 않는다. 어느 부분에서 또 어느 정도의 (준)공동소유권자가 참여하여야 공동의사를 인정할 것인지는 입법정책의 문제이다. 우리 물권법은 공동재산권의 보존, 사용, 수익, 관리, 변경과 처분에서 각각 참여하는 (준)공동소유권자의 수를 달리 정하고 있다. 우리 물권법은 공동의 의사로서 전원의 의사, 과반수의 의사 또는 단독의 의사를 요구한다.

① 전원의 의사

(준)공유물의 처분·변경에 대하여 (준)공유자 전원의 의사를 요구한다(제264조 및 제278조). 또 (준)합유물을 처분·변경에 대하여도 (준)합유자 전원의 동의가 있어야 한다(제272조 본문 및 제278),

② 과반수의 의사

(준)공유물의 관리에 대하여 (준)공유자의 지분의 과반수를 요구한다(제265조 및 제278조). 또 (준)총유물의 관리 및 처분에는 사원총회의 결의를 요구함으로써 (준)총유자 과반수의 의사가 요구된다(제276조 제1항 및 제278조),

③ 단독의 의사

(준)공유물의 사용·수익에 대하여 (준)공유자의 단독 의사를 요구하고 있다(제263조 및 제278조 참조). 또 (준)공유물의 보존(제265조 단서 및 제278조 참조)과 (준)합유물의 보존(제272조 단서 및 제278조 참조)에서도 단독의 의사를 요구한다. 그리고 (준)총유물의 사용, 수익에 대해서 (준)총유자의 단독 의사를 전제로 하고 있다(제276조 제2항, 제278조).

(다) 공동지배권의 객체: 공동재산권

지배권인 (준)공동소유권은 공동재산권(또는 권리공동)을 객체로 한다. 공동재산권은

(준)공동소유권이 아니고 (준)공동소유권의 객체일 뿐이다. 예를 들면, 채권질권이 채권을 객체로 하여 성립하듯이, (준)공동소유권도 공동재산권을 객체로 하여 성립한다. 채권질권의 경우 채권은 질권의 객체이기는 하지만 채권을 질권이라고 할 수 없는 것과 마찬가지로, 공동재산권도 (준)공동소유권의 객체일 뿐 공동재산권을 (준)공동소유권이라 할 수는 없는 것이다. 채권질권이든 (준)공동소유권이든 권리를 객체로 한다는 점에서 동일하다.

1) 공동재산권에 대한 규율

(준)공동소유권은 물권으로서 물권법의 규율을 받지만, 공동재산권은 공동재산권의 내용에 따라서 각각 규율하는 법이 달라진다. 예를 들면, 공동재산권이 채권이라면 채권법의 규율을 받는다.

2) 공동재산권의 종류

공동재산권에는 그 내용에 따라 공동물권(공동소유권,[24] 공동제한소유권과 공동제한물권), 공동준물권, 공동지식재산권, 공동채권·채무와 공동형성권이 있다. 전술한 바와 같이, (준)공동소유권이란 공동의사의 지배를 말하는 것이므로, 권리뿐 아니라 의무에 대해서도 성립할 수 있다. 또 채권관계뿐 아니라 개별적인 채권 또는 채무에 대해서도 성립할 수 있다. 예를 들면, 피상속인의 채권 또는 채무를 승계한 경우가 이에 해당한다.

우선 물권의 새로운 패러다임에 의하면, 물권에는 지배권과 물권적 청구권으로 구성되는 물권이 있다. 이 경우 지배권과 물권적 청구권 전부에 대하여 (준)공동소유권이 성립한다. 예를 들면, 전세권을 대상으로 하는 (준)공동소유권의 경우 용익지배권·처분지배권과 약정 또는 법정의 물권적 청구권 전체에 대하여 하나의 준공동소유권이 성립한다. 이 경우 물권은 지배권이라는 도그마에 의하면, 지배권에 대해서만 준공동소유권이 성립하고, 물권법상의 청구권에 대해서는 채권의 준공동소유권이 성립하게 된다. 이는 물권이라는 전세권 자체를 형해화하는 것이라 하지 않을 수 없다. 여기서도 물권은 지배권이라는 도그마의 파탄을 목도하게 된다. 또 점유권의 효력으로서 인정되는 부동산점유취득시효에 의한 소유권이전청구권인 등기청구권에 대해서도 점유권 자체의 준공동소유권 외에 소유권이전청구권인 등기청구권에 대하여 준공동소유권이 성립한다. 또 부동산점유취득시효가 완성된 부동산의 소유자가 수인인 경우에는 부동산소유권이전의무에 대하여 역시 준공동소유권이 성립하게 된다. 한편 공동의 임대차가 성립한 경우에는, 개별의 채권 또는 채무가 아니라 임대인과 임차인의 포괄적 지위에 대하여 준공

24) 공동소유권에는 이중적 의미가 있다. (준)공동소유권의 하나인 공동소유권과 공동재산권에 해당하는 공동소유권이 있다.

동소유가 성립한다.

3) 공동재산권의 분할 여부

(준)공동소유권자가 수인이라고 해서 공동재산권이 분할되는 것은 아니다. 단독소유권의 경우 하나의 물건이 분할되지 않듯이, (준)공동소유권의 객체인 소유권 및 기타 재산권도 분할되지 않고 하나의 공동재산권으로서 존재하는 것이다.

(라) 소결: 지배권의 새로운 패러다임

독일채권법은 권리공동을 권리가 모여 있는 하나의 법적 상태로 보았을 뿐이고, 이를 권리공동 이외에 별개의 권리로서 인정하지 않았다. 권리공동은 물권, 준물권, 채권, 형성권이 공동으로 존재하는 하나의 법적 상태였을 뿐이다. 독일은 지배권은 물건 또는 사람을 객체로 한다는 개념을 벗어날 수 없었기 때문에, 공동의 권리자에게 권리의 공동을 인정하면서도 의사형성이라는 지배권의 개념을 인정할 수 없었다. 이러한 상황에서 독일의 채권법은 물권도 아니고 채권도 아닌 재산권의 공동을 채권법에서 권리공동으로 규율하게 된 것이다. 또 스위스와 아시아 대륙법계의 민법도 비록 (준)공동소유권에 대하여 물권법으로 편제를 변경하였음에도 불구하고, 여전히 이러한 권리공동의 법적 사고에서 벗어날 수가 없었다.

(준)공동소유권에서는 공동재산권을 객체로 하여 공동의사의 형성을 위한 지배권이 인정된다. 그것은 단독물권에서의 지배권과 본질적으로 동일한 것이다.[25] 다만, 차이가 있다면 그것은 공동재산권을 대상으로 한다는 점이다. 즉, 단독물권에서의 지배권이란 물건(유형물과 무형물)을 대상으로 하여 '마음대로' 사용, 수익, 처분할 수 있는 물적 지배라면,[26] (준)공동소유권에서의 지배권이란 공동재산권을 대상으로 하여 '마음대로' 의사를 결정할 수 있는 관념적 지배를 말하는 것이다. 이것이 바로 (준)공동소유권에서 지배권의 새로운 패러다임이다.

25) 지배권은 단독물권에서만 인정되는 것이 아니다. 단독의 비재산권에서도 지배권이 인정된다. 비재산권인 인격권, 친족권과 후견권의 경우 지배권은 물건을 대상으로 하지 않고 사람을 대상으로 지배권이 인정될 수 있다는 점에서, 지배권의 개념이 확대되었다고 할 수 있다. 한편 형성권을 지배권으로 인정하지는 않는다. 형성권은 지배권도 아니고 청구권도 아닌, 제3의 권리로 분류된다. 그러나 물건이나 사람에 대한 지배는 아니지만 일정한 이익의 실현이 권리자의 의사에 달려 있다는 점에서는 지배의 요소를 인정할 수 있다.

26) 단독물권의 경우는 단독의 비재산권의 경우와는 달리 물건을 '직접' 대상으로 하여 일정한 이익을 실현할 수 있다는 점에 차이가 있다.

(2) 새로운 패러다임에 의한 (준)공동소유권에서의 물권적 청구권·형성권[27]

(준)공동소유권에서도 물권적 청구권이 인정될 수 있다. 그리고 (준)공동소유권에서의 물권적 청구권이란 본질적으로 '새로운 패러다임에 의한 물권론 일반'에서의 물권적 청구권과 동일하다. (준)공동소유권에서의 물권적 청구권을 이해하기 위한 범위에서 물권은 지배권이라는 도그마에 의한 물권론의 문제점이 무엇이었고 또 이 문제점을 극복하기 위해서는 왜 새로운 패러다임에 의한 물권론이 필요하게 되었는지를 살펴보고, 마지막으로 (준)공동소유권에서는 어떠한 물권적 청구권이 인정되는지에 대하여 살펴본다.

(가) 물권은 지배권이라는 도그마에 의한 물권론의 문제점

물권은 지배권이라는 도그마는 물권법상의 청구권을 지배권의 내용 또는 효력이라 보고 또 이를 지배권과 인위적으로 분리하여 채권적 청구권으로 취급하는 문제가 있다.[28]

1) 물권법상의 청구권을 지배권의 내용, 효력 또는 소멸의 효과로 취급

물권은 지배권이라는 도그마는 물권을 구성하는 물권법상의 청구권을 지배권, 즉 물권의 내용 또는 효력이라고 본다. 상린권은 토지소유권의 내용의 제한 내지는 확장으로 본다. 또 제한소유권과 제한물권의 경우 물권적 청구권을 지배권의 내용, 효력 또는 소멸의 효과로 설명하고 있다.

2) 물권법상 청구권을 채권적 청구권이라 하여 지배권과 분리하여 취급

물권은 지배권이라는 도그마에 의하면, 물권법상의 청구권은 모두 채권적 청구권에 지나지 않는다. 그것은 특정인이 다른 특정인에 대하여 일정한 행위를 청구할 수 있는 권리를 의미한다.[29] 다만, 종래 물권을 침해하여 발생하는 물건의 반환청구권, 방해배제청구권과 방해예방청구권만을 물권적 청구권(이하 침해 물권적 청구권)이라 불렀다. 침해 물권적 청구권은 물권의 실현이 방해 받는 때에 발생하는 청구권이기 때문에 '물권적'이라고 부를 수 있었다. 그러나 침해 물권적 청구권도 채권적 청구권과 본질적으로 다른 것으로 이해되지는 않는다. 또 침해 물권적 청구권을 청구권이라고 하는 경우에도 채권적 청구권과 본질적으로 다른 청구권으로 이해되는 것은 아니다.

채권은 특정의 채권자가 특정의 채무자에 대하여 행위를 청구할 수 있는 권리이다. 채무자가 부담하는 사람의 행위에는 여러 가지가 있지만, 이곳에서는 물건과 관련된 급부를 예로 들어본다. 임대차관계는 특정의 임차인이 특정의 임대인에 대하여 물건의 사

---

27) 지배권과 결합된 권리에는 물권적 청구권에 한하지 않고 물권적 형성권도 존재한다. 이하에서 물권적 청구권에 대한 설명은 물권적 형성권에도 그대로 타당하다. 이하에서는 물권적 청구권이라는 용어로 물권적 청구권과 물권적 형성권을 대신하기로 한다.

28) 자세한 것은 남효순, 전게서, 325~326면 참조.

29) 곽윤직·김재형, 전게서, 64면.

용을 허용할 것을 청구할 수 있는 권리가 있고, 특정의 임대인은 그 대가로서 특정의 임차인에 대하여 차임을 청구할 수 있는 권리가 있다. 만약 임대인이 임차인이 사용하고 있는 임차물을 제3자에게 양도하는 경우, 임차인의 동의가 없이 이전되는 경우(물론 임차물의 양수인의 동의도 필요하다) 임차인은 더 이상 제3자에게 임차물의 용익을 청구할 수 없다(상대방 동의 없는 비양도성 · 비이전성). 따라서 특정의 임차인은 특정의 임대인에 대하여 채무불이행책임을 추궁할 수 있을 뿐이다(특정적 대인성).

사회적 약자인 임차인을 보호하기 위하여 예외적으로 임차물의 양수인에 대하여 임대인의 지위를 의제하여 제3자에 대한 임차권의 대항력이 인정되는 경우가 있다(예외적 대항력). 민법에 의하여 부동산임대차등기(제622조 제1항)가 등기된 경우가 그러하다. 또 주택임대차보호법(제3조 제4항)과 상가임대차보호법(제3조 제2항)에 의하여 제3자가 임대인의 지위를 양수하는 경우에도 그러하다. 요컨대 채권적 청구권은 특정의 채권자가 특정의 채무자에 대한 청구권으로서(인적 결합성 있는 청구권), 상대방 동의 없이는 이전될 수 없고(상대방 동의 없이는 비이전성과 특정적 대인성) 또 예외적으로만 제3자에 대한 대항력이 인정된다.

(나) 새로운 패러다임에 의한 물권적 청구권론과 물권론[30]

물권법에 규정된 모든 청구권, 즉 물권법상의 청구권은 채권적 청구권과는 본질적으로 다른 특징이 존재한다. 이러한 특징을 갖는 물권법상의 청구권을 채권적 청구권과는 달리 취급하여 물권적 청구권이라고 부른다. 이하에서 물권적 청구권에 대해서 살펴본다.

1) 물권법상의 청구권(물권적 청구권)은 지배권의 내용, 효력이 아님

물권법상의 청구권은 결코 지배권의 내용 내지는 지배권의 효력이라고 할 수 없다. 첫째, 지배권이란 물건을 직접 지배하는 권리로서 타인의 행위를 필요로 하지 않는다. 물권적 청구권이 지배권의 내용, 효력이라고 하기 위해서는 물권적 청구권도 역시 물건을 대상으로 하는 권리여야 하지만, 타인의 행위를 급부의 내용으로 하는 물권적 청구권을 지배권의 내용, 효력이라고 할 수는 없다. 둘째, 동산소유권과 건물소유권은 물권적 청구권이 존재하지 않는 물권이지만, 이 경우에도 지배권은 당연히 지배권의 내용, 효력이 인정된다. 예를 들면, 물건의 과실수취권(제201조, 제359조)이 이에 해당한다. 따라서 물권적 청구권은 지배권의 내용, 효력이 될 수가 없다. 셋째, 물권적 청구권이 발생하여 효력을 갖기 위해서는 지배권과는 별개의 성립요건이나 효력요건이 갖추어져야만 한다. 예를 들면, 비용상환청구권은 물건에 대하여 비용을 지출하여야 성립하고 물권의 소멸

30) 자세한 것은 남효순, 전게서, 324~351면 참조.

당시의 물권자에게 발생한다. 또 부속물매수청구권은 물건에 물건을 부속시켜야만 성립하고 물권의 소멸 당시의 물권자에게 발생한다. 넷째, 물권적 청구권 중에는 지배권의 대가를 구성하는 물권적 청구권이 존재하는바, 이는 지배권의 내용이라고는 보는 것은 불가하다. 지료청구권과 전세금반환청구권이 그러하다. 이상에서 보는 바와 같이 물권적 청구권은 지배권의 내용, 효력이 아니고 또 물권적 의무 역시 지배권의 내용, 효력과는 무관한 것이다.[31)]

2) 물권법상의 청구권(물권적 청구권)의 다양한 종류

물권법상의 청구권에는 다양한 종류가 존재한다. 따라서 이를 일률적으로 채권적 청구권과 동일하게 취급할 수는 없다. 첫째, 지배권과 결합하여 물권을 구성하는 청구권이 있다. 상린권(제216조~제244조), 제한물권에서의 갱신청구권(제283조), 비용상환청구권(제310조), 전세권자의 전세권소멸청구권(제311조), 전세권자의 계약과 용법에 따른 용익의무(제311조), 부속물매수청구권(제316조 제2항), 유치권소멸청구권(제324조 제3항, 제327조), 저당물보충청구권(제362조) 등의 법정의 물권적 청구권이 이에 해당한다. 둘째, 지배권의 대가를 구성하여 지배권과 결합하여 물권을 구성하는 청구권이 있다. 유상의 지상권을 설정해준 지상권설정자의 지료청구권(제268조)과 전세권에서의 전세금반환청구권(제303조)의 약정의 물권적 청구권이 이에 해당한다. 지료청구권과 전세금반환청구권은 설정된 지배권의 대가를 구성하는 청구권으로서, 경제적으로는 지배권과 완전히 동일한 값어치를 갖는 대등한 청구권이다. 다만 지배권과 물권적 청구권은 동등한 권리이지만 법적으로 지배권과 청구권이라는 다른 형식을 가질 뿐이다. 이러한 물권적 청구권을 지배권의 내용 또는 효력이라 할 수 없다. 셋째, 점유권의 효력으로서 인정되는 청구권이 있다. 부동산점유취득시효완성으로 인한 등기청구권(제245조 제1항조)이 이에 해당한다.

한편 물권적 청구권에는 침해 물권적 청구권(제213조~제214조)과 자력구제권(제209조)이 존재한다. 점유자의 자력구제권(제209조)도 침해 물권적 청구권의 일종이다. 침해 물권적 청구권은 물권의 침해로 발생하는 물권적 청구권이라는 점에서 다른 물권적 청구권과 구별된다. 또 침해 물권적 청구권의 주체는 물권자이나 상대방은 물권적 의무자가 되는 것이 아니다. 물권적 청구권은 물권을 침해받은 당사자에게만 발생하고, 상대방은 물권의 침해자일 뿐이므로 일방적 물권적 청구권이라고 할 수 있다. 또 침해 물권적 청구권은 물권과 결합되어 있어서 물권자가 그 침해자에게 청구하는 권리이기는 하지만, 양도성과 이전성은 인정되지 않는다. 종래 침해 물권적 청구권의 특징으로서 논의되었던 소멸시효 등의 제반 문제는 당연히 물권적 청구권의 특징의 예표라고 할 것이다.

---

31) 자세한 것은 남효순, 전게서, 12~13면 참조.

3) 물권법상의 청구권(물권적 청구권)의 특징: 물권적 청구권의 결합성

모든 물권적 청구권은 지배권 또는 물권과 결합이 되어 있다. 이를 물권적 청구권의 특징인 물적 결합성이라 부른다.

① 물적 결합성의 종류

일체적 물적 결합성: 일체적 물적 결합성이란 지배권과 함께 물권을 구성하는 물권적 청구권에 인정되는 물적 결합성이다. 일체적 물적 결합성이란 하나의 물건을 중심으로 하여 인정되는 물적 결합성이다. 일체적 물적 결합성은 지배권과 함께 물권을 구성하는 물권적 청구권에 인정되는 물적 결합성이다. 일체적 물적 결합성이 인정되는 물권적 청구권은 지배권과 함께(동반성), 상대방인 물권적 의무자의 동의 없이 양도될 수 있는 성질(상대방 동의 없는 양도성)과 상대방인 물권적 의무자의 양수인들에 대해서도 주장할 수 있는 성질(대물적 대인성)이 인정된다.

병존적 물적 결합성: 상린권에서 인정되는 물적 결합성이다. 병존적 물적 결합성이란 이웃토지소유자들 사이에서 상린권이 둘 이상의 토지를 중심으로 각 토지에 대한 지배과 결합되어 있는 물적 결합성이다. 이러한 점에서 어느 토지소유자의 지배권의 양도되더라도 상린권은 지배권과 함께 양도될 수 없다(비동반성). 즉, 이웃토지소유자들의 상린권은 상대방 이웃토지소유자의 동의에 의해서도 양도될 수 없다(비양도성). 그 결과 어느 이웃토지소유자의 지배권이 양도되는 경우 그 양수인은 상대방 이웃토지소유자에 대해서는 상린권을 갖지 못한다. 어느 이웃토지소유자의 양수인인 양수받은 지배권에 기초하여 비로소 상대방 이웃토지소유자에 대해서 새롭게 상린권을 취득하게 된다(비대물적 대인성).

일방적 물적 결합성: 일방적 물적 결합성이란 침해 물권적 청구권에서 인정되는 물적 결합성이다. 일방적 물적 결합성은 물권의 침해를 받는 물권자에게만 발생하고, 상대방에게는 물권적 의무가 발생하지 않는다는 점에서 다른 물권적 결합성과 구별된다. 따라서 침해 물권적 청구권의 경우 지배권과 동반하지 않는 성질(비동반성)과 침해자의 동의에 의해서도 양도될 수 없는 성질(비양도성)이 인정된다. 따라서 대물적 대인성도 인정되지 않는다.

② 일체적 물적 결합성이 있는 물권적 청구권과 채권적 청구권의 차이: 지료지급청구권과 차임청구권을 중심으로

토지의 소유자 甲이 유상의 지상권을 A에게 설정하여 주었다. 이 경우 甲이 자신의 토지에 대한 처분지배권을 乙에게 양도하거나 또는 A가 설정받은 용익지배권을 B에게

양도한다고 가정해 보자. 甲과 A는 지배권자로서 상대방의 동의 없이도 토지에 대한 처분지배권과 용익지배권을 乙과 B에게 양도할 수 있다(상대방의 동의 없는 지배권의 이전성·양도성). 甲의 지위를 양수한 乙은 토지에 대한 용익지배권을 A에게 설정한 자로서의 지위를 갖기 때문에 당연히 A에게 그 대가인 지료를 청구할 수 있고(대물적 대인성) 또 B는 토지에 대한 용익지배권을 갖는 대가로서 당연히 甲에게 지료지급의무를 부담하게 된다(대물적 대인성).

토지에 대한 용익지배권을 설정해준 甲과 이를 양수한 乙이 지료지급청구권을 갖고 또 토지에 대한 용익지배권을 갖는 A와 이를 양수한 B가 지료지급의무를 부담한다는 사실은 누구도 부정할 수 없다. 왜 이처럼 물권법상의 청구권관계는 상대방 동의가 없는 경우에도 당연히 이전되어 대물적 대인성을 갖는 것일까? 그것은 물건에 대한 지배권이 물권적 청구권과 결합되어 있기 때문이다. 종래 판례는 "목적물의 신소유자는 구소유자와 전세권자 사이에 성립한 '전세권의 내용'에 따른 권리의무의 '직접적인 당사자'가 된다고만 하였다.[32] 그러나 판례는 그 법적 근거에 대해서는 침묵을 지키고 있다. 그 법적 근거란 바로 지료지급청구권관계는 토지에 대한 처분지배권 또는 용익지배권과 결합되어 있다는 성질(물적 결합성)이 있기 때문이다. 이러한 물적 결합성에 의하여 지배권이 자유롭게 양도될 때 물권법상의 청구권도 상대방 동의 없이도 함께(동반성) 양도되거나 이전된다는 특징(상대방 동의 없는 양도성·이전성)과 상대방의 양수인에 대해서도 당연히 효력을 갖는다는 특징(대물적 대인성)을 갖는 것이다. 이에 반하여 특정의 임차인과 임대인 사이의 차임지급청구권관계와 임차물에 대한 용익허용청권구권관계는 임차물 또는 임차물에 대한 지배권과 결합되어 있지 않다. 특정의 채권자와 특정의 채무자는 서로에 대하여 청구권관계가 존재할 뿐이다(인적 결합성). 따라서 특정의 임차인과 특정의 임대인 사이에서만 물건의 용익을 청구하고 또 차임을 청구할 권리가 있을 뿐이고(특정적 대인성), 상대방 동의 없이는 양도되거나 이전될 수 없다(상대방 동의 없는 비양도성·비이전성).

물건에 대한 지배권과 결합되어 있는 물권법상의 청구권을 지배권과 분리할 수는 없다. 물권법상의 청구권을 채권적 청구권과 동일하게 법적 취급할 수는 없다. 이러한 물권법상의 청구권을 채권적 청구권과 구별하여 물권적 청구권이라고 부르는 것이다. 요컨대 채권적 청구권이란 특정의 채권자가 특정의 채무자에 대하여 청구할 수 있는 인적 결합성이 있으나 물적 결합성이 없어 특정적 대인성과 상대방 동의 없는 양도성·비이전성의 인적 권리임에 반하여, 물권적 청구권은 물권자가 물권적 의무자와 그 양수인들에게 청구할 수 있는 인적 결합성이 없으나 물적 결합성이 있어 대물적 대인성과 상

32) 대법원 2006. 6. 9 선고 99다15122 판결.

대방 동의 없는 양도성·이전성이 인정되는 인적 권리이다.

물권적 청구권의 물적 결합성은 지료청구권 또는 전세금반환청구권이라는 일부의 물권법상의 청구권에서만 인정되는 것이 아니라, 지배권과 함께 물권을 구성하는 모든 물권적 청구권에 인정되는 특징이다.

4) 채권적 청구권과 동일한 명칭을 갖지만 법적 성격이 다른 물권법상의 청구권(물권적 청구권): 채권법상의 부속물매수청구권, 갱신·매수청구권과 물권법상의 부속물매수청구권, 갱신·매수청구권

동일한 명칭의 청구권이 각각 물권법과 채권법에 규정되어 있는 경우에도 그 법적 성격은 동일하지 않다. 예를 들면, 임차인의 갱신·매수청구권(제643조~제283조 준용), 임차인의 부속물매수청구권(제646조, 제647조)과 전세권자의 갱신·매수청구권(제283조)과 전세권자·전세권설정자의 부속물매수청구권(제316조 제1항)은 각각 채권법과 물권법에 규정되어 있지만, 명칭만 동일할 뿐 결코 동일한 청구권이라 할 수가 없다. 동일한 명칭의 청구권이더라도, 채권법에서 규율이 되면 특정인인 채권자가 특정인인 채무자에 대하여 청구할 수 있는 인적 결합성이 있을 뿐 물적 결합성이 없는 채권적 청구권이지만, 물권법에서 규율이 되면 물권자가 물권적 의무자와 그 양수인들에 대하여 청구할 수 있는 물적 결합성이 인정되고 인적 결합성이 없는 물권적 청구권으로 존재한다. 요컨대 청구권은 물권법과 채권법 중 어디에 규율되느냐에 따라 법적 규율이 달라지는 것이다.

5) 채권적 청구권과 물권법상의 청구권(물권적 청구권)을 포괄하는 청구권이라는 새로운 개념의 발견

채권법상의 채권적 청구권과 물권법상의 물권적 청구권은 같으면서도 다르다. 우선 채권적 청구권과 물권적 청구권은 사람이 사람에 대하여 일정한 행위를 청구할 수 있는 권리라는 점에서 동일하다, 다시 말하면 채권적 청구권과 물권적 청구권은 모두 인적 권리인 청구권이라는 점에서 동일하게 취급되어야 한다(평균적 정의). 채권적 청구권과 물권적 청구권을 포섭하는 상위개념인 청구권이라는 개념이 도출될 수 있다.[33] 반대로 인적 권리인 청구권은 인적 결합성이 있는 채권적 청구권과 물적 결합성이 있는 물권적 청구권으로 분류될 수 있다. 채권적 청구권과 물권적 청구권은 법적 성질이 다르다는 점에서 달리 취급되어야 한다(배분적 정의). 채권적 청구권과 물권적 청구권은 인적 권리인 청구권의 하위개념을 구성한다.

6) 물권은 지배권이라는 도그마에 의한 물권론과 새로운 패러다임에 의한 물권적 청구권론·물권론의 비교: 새로운 패러다임에 의한 물권적 청구권론·물권론에 의한 물권법의 회복

33) 자세한 것은 남효순, 전게서, 331~332면 참조.

종래 대륙법의 물권은 지배권이라는 도그마에 기초한 물권론은 물권법상의 청구권이 법적 성질이 다름에도 불구하고 채권적 청구권으로 취급하고 있다. 따라서 종래의 물권론은 물권법상의 청구권이 채권적 청구권의 성질을 갖는다는 허구(fiction)에 기초하고, 지배권과 뗄 수 없는 물권법상의 청구권을 인위적으로 억지로 지배권으로부터 떼어 놓아 사물의 본성에 반하고, 지배권(뼈)과 물권법상의 청구권(살)을 분리하여 물권법에서 생명력을 박탈하고, 물권법상의 청구권의 시효, 물권적 의무의 불이행 등의 제반 문제를 채권법으로 다룸으로써 물권법의 영역을 부당하게 축소시키고, 로마법상의 인적 소송과 물적 소송, 대륙법상의 인적 권리와 물적 권리를 대립시키는 잘못된 전통을 답습하는 물권론이다. 이에 반하여 새로운 패러다임에 의한 물권론은 물권법상의 청구권을 법적 성질이 다른 채권적 청구권과 구별하여 물권을 구성하는 것으로 취급한다. 이 패러다임은 물권법상의 청구권은 지배권과 물적으로 결합되어 있다는 사실에 기초하고, 물권법상의 청구권이 지배권과 결합되어 있다는 사실에 기반하여 사물의 본성에 부합하고, 지배권(뼈)과 물권법상의 청구권(살)을 분리하지 않고 본래대로 결합하여 물권법에 생명력을 부여하고, 물권법상의 청구권의 시효, 물권적 의무의 불이행 등의 제반 문제를 물권법으로 다룸으로써 물권법의 영역을 복원하여 확장시키고, 로마법의 인적 소송과 물적 소송, 대륙법의 인적 권리와 물적 권리를 대립시키는 잘못된 전통을 폐기, 극복하는 물권론이다.

새로운 패러다임에 의한 물권론에 의하면, 물적 권리인 물권에는 지배권뿐 아니라 물권적 청구권도 존재한다. 그 결과 새로운 패러다임에 의한 물권론에 의할 때, 비로소 물권법은 지배권뿐 아니라 물권적 청구권도 물권으로 포섭할 수 있어 온전한 물권법으로서의 위치를 회복하게 된다.

7) 새로운 패러다임에 의한 물권적 청구권론과 물권론에 의한 물권의 제반이론과 판례의 변경

대륙법의 물권은 지배권이라는 도그마에 기초한 물권론은 물권법상의 청구권의 본질과 특징에 반하는 것이라 하지 않을 수 없다. 따라서 물권은 지배권이라는 대륙법의 도그마에 기초하여 형성된 물권의 제반이론은 마땅히 수정되어야 한다. 또 이를 기초하여 내려진 판례도 물권적 청구권자 내지는 물권자를 합당하게 법적 보호를 주지 못하는 범위에서 마땅히 변경되어야 한다.

① 물권의 새로운 패러다임에 의한 제반 물권이론의 변경[34]

새로운 패러다임에 의할 때, 물권의 개념, 물권의 분류, 물권의 절대성, 물권법정주의, 물권적 합의론과 물권변동론, 부동산등기의 의의에 대한 제반이론의 수정은 불가피하다고 할 것이다.[35] 그중 수정되어야 할 중요한 물권이론 몇 가지를 살펴본다.

---

34) 자세한 것은 남효순, 전게서, 408~477면 참조.

물권의 의의: 물권은 물건을 매개로 하는 권리이다. 지배권도 물건을 대상으로 한다는 점에서 물건을 매개로 하는 권리이고, 물권적 청구권도 물건 내지는 물건에 대한 지배권과 결합되어 있다는 점에서 물건을 매개로 하는 권리이다.[36] 이에 반하여 물건과 관련된 급부를 목적으로 하여 채권이 성립하고 있는 경우에도, 채권은 물건을 매개로 하는 권리라 할 수가 없다. 예를 들면, 임대인이 임대물의 소유권이 양도되는 경우, 채권은 물권과 분리된다. 즉, 임대인이 임대물의 소유자(물권자)인 경우에도 임대인은 임대물에 대한 지배권을 이전할 의무가 없고, 용익청구를 허용할 의무만을 부담하게 된다.

물권의 분류: 물권의 분류로서 물권에는 완전소유권과 제한물권 외에 제한소유권이 존재한다. 완전소유권이란 제한물권이 설정되지 않았기 때문에, 아무런 제한을 받지 않는 소유권을 말한다. 이에 반하여 제한소유권이란 제한물권이 설정되는 경우, 제한물권에 대응하여 제한물권에 의하여 제한을 받는 소유권을 말한다. 제한물권이 독립성이 있는 물권이라면, 제한소유권도 당연히 독립성이 인정되는 물권인 것이다. 완전소유권에 용익물권을 설정하는 경우 지상제한소유권, 지역제한소유권과 전세제한소유권이 존재하고, 담보물권을 설정하는 경우 질제한소유권과 저당제한소유권이 존재한다. 한편 물건에 대하여 사실상의 지배를 하는 자에게 인정되는 점유권도 지배권과 물권적 청구권으로 구성되는 물권이다.[37] 예를 들면, 물권적 청구권으로서 점유자의 과실수취권과 비용상환청구권(제201조, 제203조)이 있다.

물권의 절대성과 상대성: 물권에는 상대성이 인정되는 물권도 존재한다.[38] 지배권으로만 구성되는 동산소유권과 건물소유권은 절대권의 성질만 인정되지만, 물권적 청구권과 지배권으로 구성되는 토지소유권, 제한소유권과 제한물권은 절대성뿐 아니라 상대성도 인정된다. 이웃하는 토지소유자들은 서로에 대하여 또 제한소유권자와 제한물권자는 서로에 대하여 일정한 물권적 급부의무를 진다는 점에서 상대권의 속성이 인정된다. 즉, 토지소유권자, 제한소유권자와 제한물권자의 물권도 상대방 물적 의무자에 의하여 침해될 수 있는 상대권이다. 이 점에서는 채권이 채무자에 의하여 침해될 수 있는 것과 마찬가지이다. 그러나 물권의 경우 상대성이란 대물적 대인성을 의미한다는 점에서 특정적 대인성이 인정되는 채권의 특정적 대인성과는 다르다.

부동산물권의 등기[39]: 부동산등기법상의 부동산등기란 완전소유권, 제한소유권과 제한물권을 공시하는 것이다. 건물과 토지의 완전소유권의 등기란 乙구에 제한물권이

35) 자세한 것은 남효순, 전게서, 408~435면 참조.
36) 자세한 것은 남효순, 전게서, 408~415면 참조.
37) 지배권과 물권적 청구권에 관한 설명은 사실상의 지배권과 물권적 청구권에도 그대로 타당하다.
38) 자세한 것은 남효순, 전게서, 351~376면 참조.
39) 자세한 것은 남효순, 전게서, 429~435면 참조.

설정되지 않은 등기를 말한다. 따라서 건물과 토지에 대하여 甲구의 기재만이 존재하는 등기는 완전소유권의 보존등기에 해당한다. 또 제한물권인 용익물권과 담보물권에 관한 등기는 동시에 제한소유권의 등기이기도 하다. 이것은 민법이 제한물권을 규율함에 있어서 제한물권을 설정하는 자(지상제한소유권자)의 권리·의무에 대하여도 함께 규정하고 있는 것에서도 드러난다. 이와 같은 이유에서 판례와는 달리 지료약정은 유상의 지상제한소유권과 유상의 지상권의 성립등기사항이자 존속등기사항을 구성한다. 또 전세금의 지급이 없이는 전세권이 성립하고 존속할 수 없다는 점에서 약정된 전세금의 기재는 전세제한소유권과 전세권의 성립등기사항이자 존속등기사항이 되는 것이다.

② 물권의 새로운 패러다임에 의한 물권 일반에 관한 판례의 변경[40]

물권의 새로운 패러다임에 의할 때 변경되어야 할 판례로서 부동산점유취득시효완성으로 인한 등기청구권을 채권적 청구권으로 보는 판례,[41] 유상의 지상권에서 지료청구권을 채권적 청구권으로 보아서 지료약정의 등기를 대항등기로 보는 판례,[42] 전세기간 만료 후 전세금반환청구권을 채권적 청구권으로 보아서 채권양도절차를 요구하는 판례,[43] 전세금반환청구권을 채권적 청구권으로 보아서 전세권의 용익기간이 종료된 후에는 전세권을 저당권과 동일하게 보는 판례,[44] 채권적 청구권인 전세금반환청구권은 저당권의 객체가 될 수 없으므로 용익기간이 종료되면 전세권을 객체로 하는 저당권도 당연히 소멸한다는 판례,[45] 전세금반환청구권을 채권적 청구권으로 보아서 전세권의 용익기간이 종료한 후 전세권저당권의 실행을 위하여 물상대위를 준용하여 압류절차를 요구하는 판례,[46] 등을 들 수 있다. 이 중에서 중요한 판례 몇 가지만 살펴본다.

부동산점유취득시효완성자의 지위에 관한 판례: 판례는 취득시효가 완성된 점유자가 그 부동산에 대한 점유를 상실한 때로부터 10년간 이를 행사하지 아니하면 소멸시효

---

40) 자세한 것은 남효순, 전게서, 408~477면 참조.

41) 대법원 1967. 10. 31. 선고 67다1635 판결; 대법원 1994. 4. 12. 선고 93다50666,50673 판결 등. 이에 대한 평석으로는 참조.

42) 대법원 1999. 9. 3. 선고 99다24874 판결. 이 판례에 대한 평석은 남효순, 전게서, 441~446면 참조.

43) 대법원 2005. 3. 25. 선고 2003다35659 판결.

44) 대법원 2005. 3. 25. 선고 2003다35659 판결. 이 판례에 대한 평석으로 남효순, "전세권의 법적 성질과 본질", 참조.

45) 대법원 1999. 9. 17. 선고 98다31301 판결; 대법원 2008. 4. 10. 선고 2005다47663 판결. 이에 대한 평석으로는 남효순, "전세권의 본질에 비추어 본 전세권저당권의 제반문제의 검토-전세권저당권의 객체, 전세권저당권의 실행, 담보권부 전세금반환채권에 대한 반대채권의 상계-물권 및 물권적 청구권 개념에 대한 새로운 이해의 단초8-" 참조.

46) 대법원 2014. 10. 27. 선고 2013다91672 판결 등. 이에 대한 평석으로는 남효순, "전세권의 본질에 비추어 본 전세권저당권의 제반문제의 검토-전세권저당권의 객체, 전세권저당권의 실행, 담보권부 전세금반환채권에 대한 반대채권의 상계-물권 및 물권적 청구권 개념에 대한 새로운 이해의 단초8-" 참조.

가 완성된다고 한다.[47] 또 판례는 부동산점유취득시효완성자의 등기청구권의 경우 취득시효완성자의 점유가 계속되는 한 소멸시효는 진행되지 않는다고 한다. 또 부동산의 점유자가 20년 이상을 점유하더라도 이를 등기하지 않고 있는 사이에 그 부동산에 관하여 제3자에게 소유권이전등기가 경료되면, 소유자와의 사이에서 소유자의 소유권이전등기의무를 제3자가 인수하여 이행하기로 묵시적 또는 명시적으로 약정하였다는 등의 특별한 사정이 인정되지 않는 한, 위의 의무를 승계한다고 볼 수 없다고 한다.[48] 그러나 물권의 새로운 패러다임에 의하면, 부동산점유취득시효완성자에게 인정되는 등기청구권은 점유권이라는 사실상의 지배권에 기초하여 물건의 소유자에 대하여 주장할 수 있는 물권적 청구권이다(대물적 대인성).[49] 따라서 등기청구권은 취득시효완성 당시의 소유자에게만 주장할 수 있는 채권적 청구권이 아니라, 신소유자 누구에게나 주장할 수 있는 물권적 청구권이다.[50] 또 원소유자뿐 아니라 그 양수인은 누구나 물권자의 지위에서 물권적 의무를 부담하는 것이다. 등기청구권은 20년 이상의 점유에 의하여 발생하는 물권적 청구권으로서 점유가 계속되고 있는 한 끊임 없이 발생하므로 소멸시효의 대상이 되지 않는다. 부동산점유는 등기청구권의 발생요건이자 동시에 존속요건이다. 점유권 자체가 소멸시효에 걸리지 않듯이. 등기청구권도 소멸시효의 대상이 되지 않는 것이다. 그러나 취득시효자가 부동산점유권을 상실하면 등기청구권은 당연히 소멸한다.[51]

지료약정의 등기에 관한 판례: 판례는 지상권에 있어서 지료의 지급은 그의 요소가 아니어서 지료에 관한 유상 약정이 없는 이상 지료의 지급을 구할 수 없다고 판시하고 있다.[52] 즉, 지상권에 있어서 유상인 지료에 관하여 지료액 또는 그 지급시기 등의 약정은 이를 등기하여야만 그 뒤에 토지소유권 또는 지상권을 양수한 사람 등 제3자에게 대항할 수 있고, 지료에 관하여 등기되지 않은 경우에는 무상의 지상권으로서 지료증액청구권도 발생할 수 없다고 한다. 그러나 지료청구권은 용익지배권의 대가를 구성하는 요소로서 지료약정이 있는 지상권은 유상의 물권이 된다. 지료의 약정이 등기되지 않으면

---

47) 대법원 1995. 12. 5. 선고 95다24241 판결.

48) 대법원 1994. 4. 12. 선고 93다50666, 50673 판결; 대법원 1996. 3. 22. 선고 95다53768 판결.

49) 필자의 부동산점유취득시효완성자에게 인정되는 등기청구권은 채권적 청구권이 아니라 물권적 청구권이라는 물권론을 지지하는 후속 논문이 발표되었다. 박해선 · 김제완, "점유시효취득을 원인으로 한 소유권이전등기청구권의 법적 성격–남효순 교수의 '새로운 패러다임에 의한 물권론'에 기초하여–", 「법조」, 제74권 제1호, 2025 참조.

50) 남효순, 전게서, 439면; 박해선 · 김제완, 전게논문, 68면.

51) 종전에 필자는 부동산점유취득시효완성의 등기청구권은 채권과 달리 20년의 소멸시효(제162조 제2항)의 대상이 된다고 하였다(남효순, 전게서, 26, 439면). 그러나 필자의 견해를 본문과 같이 변경한다.

52) 대법원 1995. 2. 28. 선고 94다37912 판결; 대법원 1999. 9. 3. 선고 99다24874 판결.

유상의 지상권 자체가 성립할 수 없다. 따라서 유상의 지상권의 경우 지료의 약정은 유료의 지상권의 성립등기사항이 되는 것이다.[53)]

용익기간의 종료 후 담보물권성의 전세권에 관한 판례: 판례는 담보물권인 전세권을 저당권과 또 전세금반환청구권을 피담보채권과 완전히 동일시한다. 그리하여 첫째, 판례는 전세권과 함께 전세금반환청구권을 양도하는 경우 전세권이전등기와는 별도로 채권양도절차를 요구하고 있다. 즉, 전세금반환청구권과 함께 전세권이 양도되는 경우 전세권이전의 부기등기가 이루어진 것만으로는 전세금반환채권의 양도에 관하여 확정일자 있는 통지나 승낙이 있었다고 볼 수 없어 이로써 제3자인 전세금반환청구권의 압류·전부 채권자에게 대항할 수 없다고 한다.[54)] 그러나 전세금은 용익지배권의 요소가 아니라 전세권의 요소이다. 저당권의 피담보채권은 외재적인 채권으로서 저당권 없이도 존재할 수 있지만, 전세금반환청구권은 전세권에 내재하는 물권적 청구권이다. 전세금은 용익기간 중이든 용익기간이 종료되는 경우이든 전세권의 요소이다.[55)] 따라서 용익기간이 종료한다고 해서 전세금반환청구권을 피담보채권으로 취급하여 담보물권성의 전세권을 저당권과 동일시할 수는 없다.

전세권저당권의 객체에 관한 판례: 판례는 전세권저당권의 목적물은 물권인 '전세권 자체'이지 전세금반환채권은 아니고, 전세권의 용익기간이 종료되면 물권인 전세권이 소멸하는 결과 전세권도 소멸한다고 한다.[56)] 그러나 전세권저당권의 객체가 되는 전세권(제371조)이란 물권적 청구권인 전세금반환청구권을 포함하는 용익물권성과 담보물권성을 겸유한 전세권이다. 이것이 한편으로 전세권저당권의 객체인 전세권의 본질에 부합하는 것이고 다른 한편으로 전세권저당권에 대하여 통일적인 체계를 부여하는 것이 된다. 따라서 용익기간 종료 전에는 용익물권성과 담보물권성의 전세권에 대하여 전세권저당권이 성립하여 존속하고, 용익기간의 종료 후에는 담보권부 전세금반환청구권에 대하여 전세권저당권이 존속하게 된다.

용익기간의 종료 후 전세권에 대한 전세권저당권의 실행에 관한 판례: 판례는 전세권의 용익기간이 종료하면 피담보채권의 변제기의 도래 여부를 불문하고 전세권이 소멸하는 결과 전세권저당권도 소멸된다고 하고 따라서 전세권저당권자는 전세권의 목적물인 부동산의 소유자에게 더 이상 전세권저당권을 주장할 수 없다고 한다.[57)] 또 판례는

53) 남효순, 전게서, 444면.
54) 대법원 2005. 3. 25. 선고 2003다35659 판결: 대법원 2015. 11. 17. 선고 2014다10694 판결
55) 남효순, 전게서, 450면.
56) 대법원 1999. 9. 17. 선고 98다31301 판결.
57) 대법원 1995. 9. 18. 자 95마684 결정; 대법원 1999. 9. 17. 선고 98다31301 판결; 대법원 2008. 3. 13. 선고 2006다29372,29389 판결; 대법원 2008. 4. 10. 선고 2005다47663판결.

저당권의 목적물인 전세권에 갈음하여 존속하는 것으로 볼 수 있는 전세금반환채권에 대하여 물상대위권을 행사하여야 하고, 전세권저당권자는 물상대위권을 행사하여 전세권설정자가 전세권자에게 전세금을 지급하기 전에 이를 압류 및 추심명령 또는 전부명령을 받거나 또는 제3자가 전세금반환채권에 대하여 실시한 강제집행절차에서 배당요구를 하는 등의 방법으로 자신의 권리를 행사할 수 있을 뿐이라고 한다.[58] 그러나 전세권의 본질에 비추어 볼 때 채권적 청구권이 아니라 물권적 청구권인 전세금반환청구권에 대해서는 전세권저당권 자체의 성립을 인정하여야 한다.[59] 우선 용익기간 존속 중에는 용익물권성과 담보물권성의 전세권에 대하여 전세권저당권이 성립하고, 용익기간의 종료 후에는 담보물권성의 전세권을 대상으로 하는 전세권저당권이 성립하는 것이다. 따라서 용익기간 중에 전세권저당권의 실행이 있는 경우에는 전세권저당권자는 '잔여 용익기간 중'의 용익물권성과 담보물권성의 전세권의 교환가치로부터 우선변제를 받게 된다. 또 용익기간 종료 후에 전세권저당권의 실행이 있는 경우에는 전세권저당권자는 전세금반환청구권을 직접 행사하여 받은 전세금으로부터 우선변제를 받게 된다. 후자의 경우 전세금반환청구권은 저당권등기시부터 저당권의 객체가 되므로, 전세권저당권자는 물상대위에 따르는 압류가 없이도 당연히 저당권등기 후에 전세금반환청구권을 압류하거나 또는 이에 대하여 질권을 설정하는 자보다 우선적 지위를 가지게 된다.

(다) (준)공동소유권에서의 물권적 청구권

(준)공동소유권에서도 새로운 패러다임에 의한 물권 일반에서와 마찬가지로 물권적 청구권이 인정된다. 그러한 물권적 청구권으로 분할청구권이 있다. 이러한 분할청구권은 채권적 청구권이 아니라 물권적 청구권으로서, 공동재산권에 대한 지배권과 결합하여 (준)공동소유권을 구성한다.

1) 물권적 청구권의 종류: 물권적 분할청구권

물권법은 (준)공유의 경우 물권적 청구권으로서 공유물분할청구권(제268조 및 제278조)을 인정하고 있다. 또 (준)합유의 경우에도 (준)합유가 종료된 후에는 합유물분할청구권(제273조 제2항 및 제278조)이 인정된다. (준)합유의 경우에는 조합체가 존속하는 중에는 합유물분할청구권이 인정되지 않을 뿐이다. 한편 물권법은 (준)총유의 경우에는 비법인사단의 해산 후에도 분할청구권을 인정하지 않는다.[60]

58) 대법원 1995. 9. 18. 자 95마684 결정; 대법원 2008. 3. 13. 선고 2006다29372,29389 판결; 대법원 2014. 10. 27. 선고 2013다91672 판결.

59) 남효순, 전게서, 266면.

60) 법인사단의 경우 정관 또는 사원총회의 결의로 비법인사단의 재산을 사원에게 분배할 수 있는 규정을 신설하자는 의견이 있다. (준)총유재산의 분배권은 사원이 갖는 분할청구권과는 법적 성격이 (준)총유재산의 분배권이 아니라 분할청구권을 인정할 수도 있다.

2) 물권적 분할청구권의 성질

물권적 분할청구권은 그 명칭과 달리 분할형성권의 성질을 갖는다.[61] (준)공동소유권자가 물권적 분할형성권을 행사하면, (준)공동소유권자들 사이에는 분할청구권관계라는 물권적 청구권관계가 성립한다.

물권적 분할청구권은 법률의 규정에 의하여 성립하는 법정의 물권적 청구권이다. 물권법은 약정의 물권적 청구권을 인정하지는 않는다.

3) 물권적 분할청구권의 특징

물권적 분할청구권은 공동재산권 내지는 공동재산권에 대한 '지배권'과 결합된 물권적 청구권이다. 따라서 물권적 분할청구권은 지분권이 이전되거나 양도되는 경우 그 양수인과 승계인에게도 당연히 형성력·청구력을 갖는다(대물적 대인성). 또 물권적 분할청구권은 상대방 동의 없는 이전성 · 양도성이 인정된다(상대방 동의 없는 양도성 · 이전성).

4) 물권적 분할청구권에 대한 약정

물권적 분할청구권은 언제나 행사할 수 있는 것이 원칙이다(제268조 제1항 본문). 그러나 당사자들은 약정으로 5년 내의 기간으로 분할하지 아니할 것을 약정할 수 있다(제268조 제1항 단서). 물권적 분할청구권에 관한 규정도 물권에 관한 규정으로서 강행규정이지만, 약정이 허용되는 강행규정이다. 그리고 이러한 약정은 반드시 등기하여야 한다(부동산등기법 제70조 제4호).

5) 새로운 패러다임에 의한 (준)공동소유권에 의한 판례의 변경

새로운 패러다임에 의한 (준)공동소유권론에 따르면 종래 (준)공동소유권을 공동재산권으로 보는 통설에 기초하여 형성된 (준)공동소유권에 관한 이론과 판례는 마땅히 변경되어야 한다.[62]

6) 물권적 분할청구권의 행사에는 단독의사에 의한 결정 인정

물권적 분할청구권의 행사는 다른 (준)공동소유권자와 협의가 필요 없는 단독의 의사에 의한 결정에 따른다.

3. 새로운 패러다임에 의한 (준)공동소유권의 지분권: 지분권이란 일정한 비율에 의한 지배권과 물권적 청구권

(준)공동소유권에서의 지분권의 개념에 대하여 살펴본다.

61) 이하에서 물권적 청구권으로 물권적 형성권을 대신한다.
62) 자세한 사항은 발간 예정인 "새로운 패러다임에 의한 (준)공동소유권론"에서 다룬다.

(1) 통설과 판례에 의한 (준)공동소유권의 지분권

통설에서 인정하는 (준)공동소유권에서의 지분권이란 (준)공동소유권의 객체인 공동재산에서의 지분권을 말한다. 우선 소유권의 공동소유권에서의 지분권이란 '소유권의 분량적 일부'라고 한다.[63] 그런데 '소유권의 분량적 일부'가 공동소유권의 지분권이라고 한다면, 준공동소유권에서의 지분권이란 제한물권, 준물권, 형성권의 분량적 일부가 된다. 또 채권·채무의 분량적 일부가 채권·채무의 준공동소유권에서의 지분권이 될 것이다. 따라서 재산권의 내용이 무엇이냐에 따라서 지분권의 개념은 달라질 것이므로, 통일적인 지분권의 개념이 인정될 수가 없다. 이러한 해석은 독일의 권리공동에서의 지분권과 동일한 개념이다. 한편 채권·채무의 공동소유권의 경우 채권·채무의 분량적 일부를 지분권이라고 한다면, 채권·채무의 준공동소유권은 본질적으로 다수당사자의 채권관계와 다를 바가 없게 된다.

판례도 예를 들면, 소유권의 공동소유의 경우 소유권의 분량적 일부를,[64] 임금채권의 준공동소유권의 경우 임금채권의 분량적 일부를[65] 지분권이라 본다.

(2) 새로운 패러다임에 의한 (준)공동소유권의 지분권: 일정한 비율에 의한 지배권과 물권적 청구권

지분권이란 (준)공동소유권자들이 '지배권과 물권적 청구권에 대하여 갖는 일정한 비율' 또는 (준)공동소유권자들이 갖는 '일정한 비율에 의한 지배권과 물권적 청구권'을 말한다. 따라서 채권·채무와 형성권의 준공동소유권에서도 동일한 지분권이 인정된다. 즉, (준)공동소유권의 객체인 공동재산권의 내용이 무엇이든지 상관없이 통일적인 지분권의 개념이 인정될 수가 있다. 따라서 (준)공동소유권을 하나의 범주로 물권법에서 통일적으로 규율할 수 있는 것이다. 이것이 (준)공동소유권에서 지분권의 새로운 패러다임이다. 요컨대 (준)공동소유권이란 '일정한 비율에 따른 지배권과 물권적 청구권'인 지분권이 (준)공동소유자들에게 공동으로 귀속되고(공동귀속), (준)공동소유자들이 원칙적으로 지분권을 공동으로 행사하여 공동으로 의사를 결정하고(공동결정), (준)공동소유자들이 공동결정에 공동으로 구속되는(공동구속) 법률관계이다.

4. 새로운 패러다임에 의한 (준)공동소유권의 의의: (준)공동소유권은 공동의 물권

우리 물권법은 (준)공동소유권을 물권법에 통일적으로 규율함으로써, 공동물권이라는 독립된 물권을 창설하였다. 공동물권이라는 개념은 이중적인 의미가 있다. (준)공동

---

63) 곽윤직·김재형, 물권법, 284면; 오시영, 물권법, 388면.
64) 대법원 2020. 5. 21. 선고 2018다287522 전원합의체 판결.
65) 대법원 2008. 10. 9. 선고 2005다72430 판결

소유권으로서의 공동물권과 공동재산권에 해당하는 공동물권이 있다. (준)공동소유권을 공동물권이라 하는 경우 그것은 전자를 가리킨다.

(1) (준)공동소유권은 공동의 물권

(준)공동소유권이 물권법에 규율됨으로써 소유권, 제한물권 등의 단독물권에 대비되는 공동물권이라는 독립된 물권이라는 개념이 탄생하게 되었다. 이제 공동물권인 (준)공동소유권을 주체, 객체, 지배권, 물권적 청구권, 지분권이라는 요소에 따라서 살펴본다. 첫째, (준)공동소유권은 수인의 공동의 권리자가 주체가 되는 공동의 물권이다. 단독물권은 1인의 권리자가 있는 반면에, (준)공동소유권의 경우는 수인의 공동의 권리자가 존재한다. 둘째, (준)공동소유권은 공동재산권을 객체로 하는 공동의 물권이다. 공동재산권은 (준)공동소유권의 객체일 뿐 (준)공동소유권 자체는 아니다. 공동재산권은 재산권의 내용에 따라 공동의 물권, 채권, 형성권 등으로 존재하는바, 공동재산권 그 자체는 물권도 채권도 형성권도 아니다. 셋째, (준)공동소유권은 '자신들의' 재산권인 공동재산권에 대한 공동의 물권이다. 이 점에서 '자신의' 물건에 대한 권리인 단독의 '소유권'과 유사하다. (준)'공동'소유권이라는 명칭은 단독의 소유권에서 유래한 것이다. 단독물권의 경우에 완전소유권, 제한소유권과 제한물권이 각각 독립된 물권으로서 존재한다면, 공동물권은 완전소유권, 제한소유권과 제한물권을 대상으로 하여 소유권의 공동소유, 제한소유권의 준공동소유, 제한물권의 준공동소유뿐 아니라, 준물권, 지식재산권, 채권, 형성권을 대상으로 하여서도 준공동소유가 독립된 물권으로서 존재한다. 넷째, (준)공동소유권은 지배권과 물권적 청구권이 인정되는 공동의 물권이다. 다섯째, (준)공동소유권은 (준)공동소유자 각자에게는 일정한 비율에 의한 지분권이 인정되는 공동의 물권이다. 각자에게는 지분권만 인정되기 때문에 공동의 권리자 각자에게는 온전한 1인의 권리자로서의 지위가 인정되지 않는다. 이러한 점에서 (준)공동소유권은 지분권의 공동귀속, 지분권에 행사에 의한 공동결정과 지분권의 공동결정에 의한 공동구속을 내용으로 하는 법률관계라고 할 수 있다.

(2) (준)공동소유권과 공동후견권, 공동친족권, 공동양육권 등의 차이점

공동물권인 (준)공동소유권과 유사한 공동의 권리로서 공동후견권, 공동친족권, 공동양육권 등이 존재한다. 이들의 경우에도 구성원들에게 의사결정의 지배권이 인정된다는 점에서 그러하다. 이들이 구체적으로 어떠한 공동의 권리로서 성립할 것인지는 입법정책의 문제이다. 그러나 이들을 공동물권 또는 (준)공동소유권이라고 부르지는 않는다.

그것은 물권법은 조합 또는 비법인사단 등의 공동체가 성립하는 경우에 그리고 공동재산권을 객체로 하는 경우에만 (준)공동소유권의 성립을 인정하기 때문이다.

사단법인의 경우에도 비법인사단의 경우와 동일하게 사원들은 공동의 사원권을 갖는다. 예를 들면, 사원들은 공동의 자익권을 가지고 사단법인의 물건을 공동으로 사용하고 수익할 수 있다. 또 어느 경우나 사원들은 사원총회를 통하여 지배권을 공동으로 행사하여 공익권을 행사하고 또 그 결과에 사원들은 공동으로 구속된다. 그러나 사단법인의 경우 소유권 기타 물권은 오로지 법인에게만 단독으로 귀속되므로, 이에 대해서 사원들의 (준)공동소유권이 성립될 여지가 없다. 이에 반하여 (준)총유가 성립하는 비법인사단의 경우는 비법인사단은 권리주체가 될 수 없다. 소유권 기타 재산권은 오로지 사원에게만 공동으로 귀속되는 것이다.

5. 소유권의 공동소유에 관한 규정의 기타 재산권의 준공동소유에의 준용

물권법 제278조는 "본절(제3절)의 규정은 소유권 이외의 재산권에 준용한다."라고 규정하고 있다. 이하에서 소유권의 공동소유에 관한 규정을 채권의 준공동소유에 준용하는 데에 대하여 살펴본다.

(1) 준용되는 규정은 공동의사의 지배와 분할청구권에 관한 규정

소유권의 공동소유에 관한 규정으로서 준용되는 규정은 공동의사의 형성에 관한 규정과 분할청구권에 관한 규정이다. 이들 규정의 내용이 바로 (준)공동소유권의 내용을 구성하게 된다. 즉, (준)공동소유권에서 문제되는 것은 공동재산권이 아니라는 것을 역설적으로 말하여 주는 것이다.

(2) 소유권의 공동소유에 관한 규정의 문언

소유권의 공동소유에 관한 규정의 문언은 공동물권에 관한 문언으로만 구성되어 있지만은 않다. 문언은 다시 공동지배권에 관한 문언과 공동재산권인 공동소유권에 대한 문언으로 나누어진다. 예를 들면, 제264조는 "공유자는 다른 공유자의 동의없이 공유물을 처분하거나 변경하지 못한다."라는 문언 중, '다른 공유자의 동의없이'라는 문언은 공동물권인 공동소유권에 관한 규정이고, '공유물을 처분하거나 변경할 수 있다.'라는 규정은 공동재산권인 소유권에 관한 규정이다. 소유권의 공동소유의 경우에는 공동재산권인 소유권도 물권에 해당하기 때문에 제264조에서 함께 물권법에 규율되고 있는 것일 뿐이다. 따라서 제264조를 채권의 준공유에 준용하면, "준공유자는 다른 준공유자의 동의없이 채권을 처분하거나 변경하지 못한다."라는 규정이 성립한다. '준공유자는 다른 준공유자의 동의없이'라는 문언이 공동물권인 준공유권에 관한 규정이고, '채권을 처분하거나 변경할 수 없다.'라는 문언은 공동채권에 관한 관한 규정이 된다. 채권의 처분과 변경은 채권법의 규율에 따른다.

마찬가지로 단독의 의사에 관한 제263조의 경우도 그러하다. 제263조는 "공유자는... 공유물 전부를 지분의 비율로 사용, 수익할 수 있다."라는 규정이 준용되면, "준공유자는 그 지분을 처분할 수 있고 채권 전부를 지분의 비율로 사용, 수익할 수 있다."라는 채권의 준공유에 관한 규정이 성립하게 된다. 이 경우 채권의 지분의 처분과 채권의 사용, 수익은 채권법의 규율에 따른다.

(3) 소유권의 공유에 관한 규정의 채권의 준공유에의 준용

물권법상 소유권의 공유에 관한 규정으로서 채권의 준공유에 준용되는 규정은 공동의사에 관한 규정(제263조, 제264조, 제265조, 제267조)과 공유물분할청구권에 관한 규정(제268조)에 한하지 않는다. 소유권의 공유에 대한 정의, 비용부담과 담보책임에 관한 규정(제262조, 제266조, 제270조)도 준용되어야 한다.

우선 제262조의 준용에 의하여, "채권이 지분에 의하여 수인의 소유로 된 때에는 채권의 준공유로 한다."라는 채권의 공동에 대한 정의가 성립하고, 제266조의 준용에 의하여, "채권의 준공유자는 지분의 비율로 채권의 관리비용 기타 비용을 부담한다."라는 비용부담이 정해지고, 제270조의 준용에 의하여, "채권의 준공유자는 다른 채권의 준공유자가 분할로 인하여 취득한 채권에 대하여 그 지분의 비율로 매도인과 동일한 담보책임이 있다."라는 담보책임이 성립한다.

나머지는 공동의사결정에 관한 규정으로서, 제263조의 준용에 의하여, "채권의 준공유자는 지분을 처분할 수 있고, 채권의 준공유자는 채권 전부에 대하여 지분의 비율로 권리가 있다."라는 단독의사에 관한 규정이 성립하고, 제264조의 준용에 의하여, "채권을 처분, 변경함에는 다른 채권의 준공유자의 동의가 있어야 한다."라는 전원의 의사에 관한 규정이 성립하고, 제265조의 준용에 의하여, "채권의 관리에 관한 사항은 채권의 준공유자의 지분의 과반수로써 결정한다. 그러나 보존행위는 채권의 준공유자 각자 할 수 있다."라는 지분 과반수와 단독의사에 관한 규정이 성립하고, 제267조의 준용에 의하여, "채권의 준공유자는 그 지분을 포기하거나 상속인 없이 사망한 때에는 그 지분은 다른 공유자에게 각 지분의 비율로 귀속한다."라는 단독의사에 관한 규정이 성립하고, 제268조(제1항)의 준용에 의하여, "채권의 준공유자는 채권의 성질이 허용하는 경우 분할을 청구할 수 있다. 그러나 5년의 기간으로 분할하지 않을 것을 약정할 수 있다."라는 단독의사에 관한 규정이 성립한다.

6. 소결

독일채권법상의 권리공동은 권리의 내용에 따라 물권과 기타 재산권의 공동이 될 뿐이어서, 권리공동에 대해서는 통일적인 법적 성격을 부여할 수 없다. 예를 들면, 물권의 공동도 채권의 공동과 동일하게 권리공동으로 채권법에서 규율되고 있기 때문이다. 또 스위스민법 이래로 권리공동이 채권법에서 물권법으로 편제가 변경되어 (준)공동소유권이라는 명칭을 부여받았음에도 불구하고, 이들 나라에서도 역시 재산권의 공동으로 간주되고 있을 뿐이다. 그러나 (준)공동소유권에서는 의사형성의 지배권과 물권적 청구권의 존재를 인정할 수 있기에 물권법에의 편제가 정당화될 수 있는 것이다. 또 일정한 비율에 의한 지배권 또는 물권적 청구권이라는 동일한 지분권의 개념도 인정할 수 있다. 그리하여 (준)공동소유권도 물권 일반으로 포섭되어 물권적 규율을 받을 수 있게 된다.

Ⅳ. 채권 · 채무의 준공동소유와 다수당사자의 채권관계

통설은 다수당사자의 채권관계가 채권·채무의 준공동소유의 특칙이라고 한다. 이러한 언명은 가히 도그마라 할 수 있을 정도로 고착되었다.[66] 그리하여 채권·채무의 준공동소유는 '물권법의 공동소유의 법리를 채권법에 그대로 적용한 채권관계'라거나,[67] '다수당사자의 채권관계는 채권·채무의 준공동소유권의 특칙' 또는 '다수당사자의 채권관계는 채권·채무의 공동적 귀속의 유형'이라는 도그마가 형성되어 있다.

1. 비교법

프랑스민법은 채권·채무의 준공동소유의 성립을 인정하지 않고, 분할채권관계 불가분채권관계의 성립을 인정한다. 채권·채무의 공동상속의 경우에 공동상속인들 사이에 채권관계는 당연히 분할된다(제1309조 제1항 제1문). 또 채권관계가 연대인 경우에도, 공동상속인들 사이에는 마찬가지로 분할이 발생한다(제1309조 제1항 제2문). 그러나 부담하는 급부가 불가분인 경우에는 불가분채권관계(제1320조 제3항)가 성립한다. 프랑스민법

66) 이러한 견해는 독일에서 스위스로 이어서 일본의 입법으로 발전되어 온 것으로 추측된다. 독일과 스위스에서 다수당사자의 채권관계와 채권·채무의 권리공동의 관계에 관한 학설이 어떠하였는지에 대해서는 추가적인 연구가 필요하다.

67) 민법주해 [X], 채권(3), 12면.

의 경우는 입법적으로 해결하고 있으므로, 채권·채무의 준공유와 다수당사자의 채권관계의 관계가 어떠한 것인지는 전혀 문제가 되지 않는다.

독일민법은 채권·채무의 공동(제741조 이하)과 다수당사자의 채권관계(제420조 이하)를 채권법에서 규율하고 있다. 양자는 채권법상의 별개의 제도로서 존재한다. 따라서 양자가 어떠한 관계에 있는지 또 양자는 각각 어느 경우에 성립하는 것인지가 중요한 문제가 된다.[68]

스위스민법은 소유권의 공유와 합유를 물권법으로 옮기면서, 채권·채무의 공동은 규정하지 않고 있다. 그러나 여전히 채권·채무의 공동과 다수당사자의 채권관계의 관계가 중요한 문제가 되고 있다.

일본물권법은 소유권의 공유에 관한 규정을 소유권 이외의 재산권에 준용하는 규정을 신설하였다(제264조). 이는 독일과 스위스의 민법과는 달리 기타 재산권에 대하여도 준공동소유권을 인정하는 것이다. 그런데 제264조 단서는 '법령'에 특별한 정함이 있는 때에는 준용하지 않는다고 하는 규정을 두고 있다.[69] 한편 일본채권법(제427조 이하)에서 다수당사자의 채권관계를 두고 있다. 일본은 제264조 단서를 통하여 독일채권법상의 권리공동과 다수당사자의 채권관계의 관계에 관한 논의를 입법적으로 해결하려고 하였다. 즉, 일본의 통설과 판례는 제264조 단서를 통하여 다수당사자의 채권관계를 채권·채무의 공동의 특칙으로 해석하고 있다.[70]

우리 물권법(제278조)은 일본의 물권법(제264조)을 수용하여 기타 재산권에 대하여 준공동소유권을 인정하고 있다. 또 제278조 단서는 "그러나 다른 법률에 특별한 규정이 있으면 그에 의한다."라고 규정하고 있다. 또 채권법(제408조 이하)은 다수당사자의 채권관계를 규율하고 있다. 우리의 통설과 판례도 제278조 단서에 의하여 다수당사자의 채권관계가 채권·채무의 공동의 특칙이 된다고 해석하고 있다. 이는 일본의 통설과 판례를 그대로 수용한 것이다.

2. 일본의 통설과 판례

일본의 통설은 채권·채무의 준공동소유의 법률관계는 준공동소유 주체 사이에 결합의 유무 또는 강약에 의하여 공유, 합유 또는 총유 중 어느 형태에 속하느냐가 결정되

---

68) 독일의 학설상황에 대해서는 추가적인 연구가 필요하다.

69) 일본민법 제264조 "본절의 규정은 수인으로서 소유권 이외의 재산권을 갖는 경우에도 준용된다. 다만, 번령에 특별한 정함이 있는 경우에는 그러하지 아니하다."

70) 대만민법도 일본과 마찬가지로 소유권 이외의 재산권에 대하여 공동소유를 준용하는 제831조를 신설하였다. 그러나 제831조에 단서는 두지 않았다. 그럼에도 불구하고 채권·채무의 준공동소유와 다수당사자의 채권관계가 여전히 문제된다. 추가적 연구가 연구가 필요하다.

듯이, 다수당사자의 채권관계도 다수당사자 사이에 결합의 유무 또는 강약에 의하여 총유, 합유와 공유가 구분된다고 한다.[71] 주체 사이의 결합관계의 강도는 총유적 채권관계에서 가장 강하고, 공유적 채권관계에서 가장 약하고, 합유적 채권관계는 그 중간이라고 한다. 이러한 일본의 통설은 我妻榮 교수의 견해에 따른 것이다.[72] 혹은 다수당사자의 채권관계는 채권관계의 공유적 귀속에 속하지만, 그중에는 분할채권관계, 불가분채권관계, 연대채무, 보증채무의 4종류가 있고, 주체의 결합관계의 강한 정도는 다르다고 한다.[73] 결합의 강약에 의하여 채권의 준총유 또는 준합유가 성립하고, 그런 정도의 결합관계가 없을 때에는 채권의 준공유의 특칙인 제427조 이하의 채권관계가 된다고 한다.[74] 그런데 이에 대해서는 왜 채권·채무의 준합유와 준총유가 성립하는 경우에는 제427조 이하의 채권관계가 성립될 수 없고, 반대로 채권자들 간에 강한 정도의 결합관계가 없어 채권·채무의 준공유가 성립할 수 있는 경우에는 제427조 이하의 채권관계가 특칙이 된다고 보는 것인가 하는 반문이 제기된다. 결국 일본의 통설과 판례는 다수당사자의 채권관계가 채권·채무의 준공동소유 또는 준공유의 특칙이라고 하면서도 결합의 유무와 강약이라는 기준을 추가로 인정하는 것이라고 볼 수 있다.

3. 우리의 통설과 판례

우리의 통설은 채권·채무의 준공동소유가 다수당사자의 채권관계와는 별개로 성립할 수 있음을 인정한다. 그러나 통설과 판례는 양자를 모두 채권관계로 보고 또 사실상 채권·채무의 준공동소유의 성립을 부정하게 된다.

(1) 통설

채권·채무의 준공동소유와 다수당사자의 채권관계의 비교는 그 법적 성격, 양자의 관계와 양자의 구체적 성립을 나누어서 살펴보아야 한다.

(가) 채권·채무의 준공동소유와 다수당사자의 채권관계의 법적 성질

통설은 채권·채무의 준공동소유와 다수당사자의 채권관계의 법적 성격을 모두 채권관계로 보고 있다. 채권·채무의 공동적 귀속은 '물권법의 공동소유의 관념을 채권법에 그대로 적용한 채권관계'라는 설명이 이를 잘 말해주고 있다.[75] 그런데 통설은 이와 모순되게 다수당사자의 채권관계는 하나의 동일한 급부를 목적으로 하여 채권자 또는

71) 注釋民法(11), 債権(2), 5頁.
72) 我妻榮, 新訂 債権總論(民法講義 IV), 岩波書店, 1964, 375~376頁.
73) 注釋民法(11), 債権(2), 5頁.
74) 注釋民法(11), 債権(2), 5頁.
75) 민법주해[X], 채권(3), 3면.

채무자 수만큼의 채권관계가 성립하나, 채권·채무의 공동의 경우에는 하나의 채권 또는 채무가 일체를 이루어 복수의 주체에 공동으로 귀속된다고 하여 양자를 구분하여 설명하기도 한다.[76]

(나) 채권 · 채무의 준공동소유와 다수당사자의 채권관계의 관계

통설은 민법이 공동소유의 모습으로 공유, 합유와 총유의 세 가지를 인정하고 있는 것과 같이, 이에 대응하여 다수당사자의 채권관계에서도 준공유적 귀속, 준합유적 귀속과 준총유적 귀속의 세 모습이 있다고 한다.[77] 우리 통설은 채권·채무의 준공동소유와 다수당사자의 채권관계가 어떠한 관계에 있는지에 대해서는 일본의 통설을 그대로 답습하고 있다.[78] 통설은 제278조의 단서를 일본물권법 제264조 단서와 동일하게 해석하여 다수당사자의 채권관계가 채권·채무의 준공동소유 또는 준공유의 특칙이 된다고 본다.[79]

실제로 채권·채무의 준공동소유와 다수당사자의 채권관계가 구체적으로 어떤 관계에 있는지에 대해서는 학설마다 설명하는 바가 다르다. 혹은 다수당사자의 채권관계에 관한 규정은 채권·채무의 준공동소유에 관한 규정의 특칙이 되므로, 당사자가 이를 채권·채무의 준공동소유로 한다는 특약이 없으면 다수당사자의 채권관계 중 어느 한 유형이 된다고 한다.[80] 혹은 채권·채무의 준공유의 경우에만 다수당사자의 채권관계가 특칙을 이루고 있다고 한다.[81] 물론 이 경우에도 당사자의 특약으로 채권·채무의 준공유가 성립하는 것도 가능하지만, 실제로는 불가분채무가 발생하는 경우와 큰 차이가 없다고 한다.[82] 그러나 채권·채무의 준합유와 준총유가 성립하는 경우에는 다수당사자의 채권관계가 성립할 수 없다고 한다.

(다) 채권·채무의 준공동소유와 다수당사자의채권관계의 구체적 성립

통설 중에는 채권·채무의 준공유가 성립할 가능성이 거의 없다고 하면서도, 예외적으로 채권의 종류 또는 채권의 내용·효력에 따라서는 다수당사자의 채권관계가 아니라 채권·채무의 준공유의 성립을 인정하기도 한다. 첫째, 임차권, 사용대차 등과 같이 물건의 지배를 수반하는 채권에 관하여는 준공유가 가능하나, 그렇지 않을 경우에는 불가분채권에 관한 규정이 우선 적용되어 준공유를 인정할 실익이 없다는 견해가 있다.[83] 이

---

76) 지원림, 민법강의, 915면; 양형우, 민법의 세계, 1022면; 민법주해[X], 채권(3), 3면.

77) 곽윤직, 채권총론, 159면; 곽윤직·김재형, 채권총론, 191면.

78) 채권의 준합유와 다수당사자의 채권관계의 관계에 대해서는 남효순, "우리 민법상 합유와 준합유의 강제", 266~73면 참조.

79) 양형우, 전게서, 1022면; 민법주해[X], 채권(3), 3면; 주석민법, 채권총칙(2), 381면.

80) 지원림, 전게서, 915면; 양형우, 전게서, 602면.

81) 곽윤직, 채권총론, 159면; 곽윤직·김재형, 채권총론, 191면; 송덕수, 민법강의, 909면; 민법주해[X], 채권(3), 3면.

82) 곽윤직, 채권총론, 159면; 곽윤직·김재형, 채권총론, 192면.

에 대해서는 물건의 지배를 수반하는 공동임차에 대해서 채권법(제616조)은 준공유를 인정하지 않고 연대채무의 성립을 인정하고 있다는 비판이 가능하다. 또 임차권, 사용대차 등의 채권은 물건을 용익하는 것을 채무자에 대하여 청구하는 권리일 뿐 물건을 지배하는 권리가 아니라는 비판이 가능하다. 둘째, 채권의 내용·효력 등에 관해서는 불가분채권이 적용되어야 하나, 채권에 대한 지배를 통해 발생하는 과실 기타의 수익의 분배, 비용의 부담, 처분 등에 대하여는 준공동소유에 관한 규정을 적용하여야 한다는 견해가 있다.[84] 이에 대해서는 채권의 내용·효력과 채권에 대한 지배를 통해 발생하는 과실 기타의 수익의 분배 등을 구분할 근거가 무엇이냐는 비판이 가능하다.

(2) 판례

판례는 당사자의 특별한 의사가 존재하지 않는 경우에는 원칙적으로 분할채권관계의 성립을 인정한다. 판례는 금전채무의 경우 각자라든가 연대라든가의 표시가 없는 이상 분할채무임을 인정하고 있다.[85] 또 금전채권·채무의 준공유의 경우에도 분할채권이 성립한다고 한다. 그리하여 공유물의 매도에 의한 대금채권, 공유물의 임대에 의한 차임채권, 공동불법행위자의 내부관계에서 발생하는 구상의무의 경우에 분할채권관계가 성립한다고 판시하고 있다.[86]

한편 판례는 통설과 마찬가지로 성질상 불가분채무를 확대하여 적용하고 있다. 판례는 불가분적으로 향유하는 이익의 대가이거나, 불가분급부에 대한 대가 또는 손해배상이거나 또는 다수의 의사나 능력이 일체로 고려된 경우 등에는 불가분채무의 성립을 확대하여 인정하고 있다. 예를 들면, 판례는 공유물에 대한 부합으로 인한 부당이득반환의무,[87] 공유자들의 부당이득반환의무,[88] 공유자들의 전세금반환채무,[89] 공동상속인들의 임차보증금반환채무와,[90] 철거의무[91] 등에 대하여 불가분채무의 성립을 인정하고 있다. 또 판례는 건물의 공유자들이 공동으로 건물을 임대하고 임차보증금을 수령한 경우

---

83) 강태성, 물권법, 628면; 이영준, 물권법. 634면.

84) 곽윤직·김재형, 물권법, 310면; 김상용, 물권법, 422면; 오시영, 채권총칙, 415면.

85) 대법원 1963. 9. 5. 선고 63다370 판결.

86) 대법원 2002. 9. 27. 선고 2002다15917 판결). 같은 취지의 판결 대법원 1999. 2. 26. 선고 98다52469 판결.

87) 대법원 1980. 7. 22, 선고 80다649 판결.

88) 대법원 1997. 5. 16. 선고 97다7356 판결.

89) 대법원 1967. 4. 25. 선고 67다328 판결). 같은 취지의 판결, 대법원 1993. 11. 23. 선고 93다4083 판결.

90) 대법원 2021. 1. 28. 선고 2015다59801 판결; 대법원 2017. 5. 30. 선고 2017다205073 판결.

91) 판례는 채권자들은 불가문채무자 전원에 대하여서가 아니라 일부의 채무자에게 상속분의 한도에서만 반대청구를 할 수 있다고 하여(대법원 1968. 7. 31 판결 68다1102 선고), 필요적 공동소송이 아니라고 한다(대법원 1969. 7. 22, 선고 69다609 판결).

에도 특별한 사정이 없는 한 임차보증금반환채무는 성질상 불가분채무에 해당한다고 한다.[92] 공동소유자들의 공유지분을 임대한 것이 아니라 임대목적물을 다수의 당사자로서 공동으로 임대한 것이라고 보는 것이다.

다른 한편 판례는 채권·채무의 준합유의 경우도 제271조(제2항)에 근거하여 당사자의 특약으로 정함이 있음을 이유로 분할채권관계의 성립을 인정하고 있다. 대법원은 전원합의체판결로 '조합'으로 인정되는 공동수급체가 개별 구성원으로 하여금 그 지분비율에 따라 직접 도급인에 대하여 권리를 취득하게 하는 약정을 하는 경우에는 개별 구성원에게 귀속되는 분할채권관계를 인정할 수 있다고 한다.[93]

4. 일본민법 제264조 단서와 우리 민법 제278조 단서의 비교

우리 민법 제278조 단서는 일본민법 제264조 단서를 모델로 하여 제정된 것이다. 일본민법 제264조 단서는 독일과 스위스에서 다수당사자의 채권관계가 채권·채무의 준공동소유의 특칙이 된다는 학설을 입법화한 것으로 보인다. 그러나 우리 민법 제278조의 단서와 일본민법 제264조의 단서는 문언이 다른바, 동일하게 해석할 수 없다.

(1) 일본민법 제264조 단서

일본민법 제264조 단서는 "그러나 법령에 특별한 정함이 있는 때에는 그러하지 아니하다."라고 규정하고 있다. 일본민법의 '법령'이라는 용어가 사용되는 용례를 찾아보면, 법령에는 민법이 당연히 포함된다. 임의규정과 다른 의사표시에 관한 제91조, 기간계산의 통칙에 관한 제138조, 소유권의 내용에 관한 제206조의 경우가 그러하다. 또 일본민법은 민법을 가리킬 경우에는 '법령'이라 하지 않고 '이 법률'이라는 용어를 사용한다. 예를 들면, 일본민법 제85조는 "이 법률에서 '물건'이라 함은 유체물을 말한다."라고 규정하고 있다. 또 일본민법은 민법 이외의 법률은 '그 밖의 법률'이라고 명시한다. 예를 들면, 일본민법 제175조는 "물권은 이 법률과 그 밖의 법률에 정하는 것 외에는 창설하지 못한다."라고 규정하고 있다. 따라서 일본의 통설은 다수당사자의 채권관계에 관한 규정(제427조 이하)이 제264조(단서)의 '법령에 특별한 정함'이 된다고 보는 것이다. 즉, 일본의 통설과 판례는 그 당부는 별론으로 하고, 다수당사자의 채권관계가 채권·채무의 준공동소유 또는 채무·채무의 준공유에 대한 특칙이 된다고 보기 때문에, 후자는 성립하지 않는다고 보는 것이다.

---

92) 대법원 2017. 5. 30. 선고 2017다205073 판결; 대법원 2021. 1. 28. 선고 2015다59801 판결.

93) 대법원 2012. 5. 17 판결 2009다105406 전원합의체판결. 이 판결에 대한 평석은 남효순, "조합인 공동이행방식의 공동수급체의 채권의 귀속형태—채권의 준합유", 「법조」, 통권 제720호, 2016, 448~484면을 참조.

(2) 우리 민법 제278조 단서

우리 민법 제278조 단서는 일본민법 제264조 단서와는 다르게 규정되고 있다 "그러나 다른 법률에 특별한 규정이 있으면 그에 의한다."라고 규정하고 있다. 우리 민법 제278조 단서상의 '다른 법률'의 무엇을 가리키는지를 민법상 사용되고 있는 '법령', '다른 법령', '이 법률', '본법', '이 법' 등의 용어의 사용례와 비교하여 살펴보면 명확하게 드러난다. 첫째, 우리 민법도 '법령'이라는 용어는 민법뿐 아니라 법률 일반을 가리킨다. 예를 들면, 기간의 계산에 관한 제155조, 금전채무불이행에 대한 특칙에 관한 제397조, 혼인신고의 심사에 관한 제813조, 입양 신고의 심사에 관한 제881조, 파양 신고의 심사에 관한 제903조에서 '법령'이라는 용어가 그러하다.[94] 둘째, 우리 민법에서 '다른 법령'이라는 용어는 민법 이외의 다른 법률을 가리키는 경우에 사용한다. 예를 들면, 민법 1990. 1. 13.자 부칙(법률 제4199호)의 제13조(다른 법령과의 관계)는 "이 법 시행당시 다른 법령에서 호주상속 또는 호주상속인을 인용한 경우에는 호주승계 또는 호주승계인을, 재산상속 또는 재산상속인을 인용한 경우에는 상속 또는 상속인을 각 인용한 것으로 본다."라는 규정이 그러하다. 셋째, 우리 민법에서 민법을 가리킬 때는 '본법' 또는 '이 법'이라는 용어를 사용한다.[95] 넷째, 민법에서 '다른 법률'이라고 하는 경우 그것은 민법 이외의 법률을 가리킨다. 예를 들면, 제344조, 제372조, 제379조, 제380조, 제777조, 부칙 제7조에서 '다른 법률'이라고 하는 경우 그것은 민법 이외의 특별법을 가리킨다.

우리 민법제정자들이 제278조 단서에서 '법령'이라는 용어 대신에 '다른 법률'이라는 용어를 사용한 것은 결코 단순한 입법상의 착오로 볼 수는 없다. 첫째, 제278조 단서에 '다른 법률'이라는 용어를 택한 것은 제408조 이하의 규정은 제278조 단서상의 '다른 법률의 특별한 규정'에 해당하지 않는다는 것을 전제로 하는 것이다. 둘째, 우리 민법 제278조 단서가 "다른 법률에 특별한 규정이 있으면 그에 의한다."라고 하는 것은 "본절의 규정은 다른 법률에 특별한 규정이 있으면 그에 의하고, 특별한 규정이 없으면 본절의 규정이 적용된다."라는 것을 의미한다. 즉, 일반법인 민법과 민사특별법과의 관계로서 (준)공동소유에 관한 민법과 다른 민사특별법의 관계를 말하는 것이다.

한편 '준공동소유에 관한 다른 법률'로는 주식의 공유에 관한 상법(제333조), 특허권의 공유에 관한 특허법(제37조), 공동저작물의 저작재산권의 공유에 관한 저작권법(제48조), 집합건물의 공유에 관한 '집합건물의 소유 및 관리에 관한 법률'(이하 집합건물법)(제

---

94) 우리 민법의 경우 법령이라는 용어를 사용하는 조문의 수는 일본의 경우보다 훨씬 적다.

95) 이에 대해서 상세한 것은 남효순, "우리 민법상 합유와 준합유의 강제－학설과 판례의 문제점 해결을 위한 합유의 새로운 해석 －물권 및 물권적 청구권개념에 대한 새로운 이해의 단초4 －", 268~9 참조.

10조),[96] 광업권의 공동소유에 관한 광업법(제17조 제5항)과 합유에 관한 신탁법(제50조 제1항), 상표권의 공유에 관한 상표법(제93조 제2항), 디자인보호권의 공유에 관한 디자인보호법(제96조 제2항) 등이 있다. 다른 법률상의 특별규정 외에는 당연히 물권법의 (준)공동소유권에 관한 일반규정이 적용된다.

다른 한편 같은 민법 내에도 (준)공동소유권에 관한 특별규정이 존재할 수 있다. 물권법, 친족법과 상속법상의 (준)공동소유권의 경우가 그러하다. 전술한 바와 같이, 이러한 특별규정은 제278조 단서의 '다른 법률의 특별한 정함'에는 해당하지 않는다. 민법은 다른 법률에 해당하지 않기 때문이다. 예를 들면, 민법 제1006조에 의한 상속재산의 (준)공유가 그러하다. 제1006조 이하는 물권법상의 (준)공유에 해당하지만, 예외적으로 상속법 자체에서 (준)공유에 대한 특칙을 많이 두고 있다. 요컨대 민법 내의 특별규정 외에는 당연히 물권법의 (준)공동소유권에 관한 일반규정이 적용된다.

(3) 소결

이상에서 살펴본 바와 같이 우리 민법 제278조의 단서와 일본민법 제264조의 단서는 전혀 다른 의미를 갖는바, 동일하게 해석할 수 없다. 우리 민법은 제278조 단서에 의하여 '법령'이라는 용어 대신에 '다른 법률'이라는 용어를 사용함으로써 제278조 단서가 말하고자 하는 바가 명백해졌다고 할 것이다. 이러한 점에서 다수당사자의 채권관계가 채권·채무의 '준공유'에 대한 특칙이 된다고 보는 견해,[97] 또는 다수당사자의 채권관계에 관한 규정이 채권의 공유적 귀속에 대한 특별규정이 된다고 보는 견해는,[98] 모두 타당하지 않다고 할 것이다.

5. '다수당사자의 채권관계는 채권 · 채무의 준공동소유권의 특칙'이라는 도그마에 대한 검토: 다수당사자의 채권관계가 채권 · 채무의 공동의 특칙이 될 수 없는 이유

채권·채무의 준공동소유자들이 공동의사를 결정하여 공동으로 채권을 행사하거나 채무를 이행하는 경우, 이제 당사자들은 이제 물권자로서의 지위가 아니라 공동의 채권자 또는 채무자의 지위를 갖는다.[99] 이는 채권의 준공유, 준합유 또는 준총유 중 어느

---

96) 집합건물법은 비법인사단인 관리단의 당연성립을 인정하고 있다(제23조). 민법 제275조(제1항)에 의하면 비법인사단의 경우 (준)총유가 성립한다. 따라서 집합건물법상 공유와 총유의 성립하는 문제에 대해서는 추가적 연구를 요한다.

97) 김상용, 채권총론, 319면; 김형배, 전게서, 475면; 김증한·김학동, 채권총론, 법문사, 212~2면; 전원열, 채권의 공동상속, 232면; 민법주해[X] 채권(3), 4; 주석민법, 채권(2), 381면.

98) 민법주해[X] 채권(3), 13면.

99) 조합의 경우 "적어도 대외적 관계에서는 조합이 단체로서 파악하여야 한다는 점에서 조합의 권

것이 성립하든 매한가지이다. 따라서 다수당사자의 채권관계가 채권·채무의 준공동소유권과 어떠한 관계에 있는가 하는 문제는 공동의사의 결정 전과 후로 구분하여 살펴보아야 한다. 전자의 경우에는 공동의 물권이 되고 후자의 경우는 채권·채무의 공동이 되기 때문이다. 그런데 통설과 판례는 물권인 채권·채무의 준공동소유권과 그 객체인 채권·채무의 공동을 구분하지 않는다. 이는 양자의 용어를 구분하여 사용하지 않는 것에서 잘 알 수가 있다. 한편 채권·채무의 공동과 다수당사자의 채권관계는 모두 수인의 채권자·채무자가 관여하는 법률관계이다. 그러나 채권·채무의 공동은 다수당사자의 채권관계와는 비록 같은 채권관계라고 하더라도 그 법적 구조가 동일하지 않다.

(1) 채권관계인 다수당사자의 채권관계 vs 공동의 물권인 채권·채무의 준공동소유권

다수당사자의 채권관계를 채권·채무의 준공동소유권의 특칙이 된다고 하는 도그마는 그 전제부터가 잘못된 도그마라 하지 않을 수 없다. 첫째, 채권·채무의 준공동소유권은 채권·채무의 공동인 공동재산권과 동일하다는 전제이다. 그러나 (준)공동소유권은 공동재산권이 아니다. 채권·채무의 공동은 (준)공동소유권의 객체일 뿐이다. 둘째, (준)공동소유권에서 인정하는 지분권의 개념을 채권·채무의 공동인 공동재산권에서의 지분권과 동일하다는 전제이다. 통설과 판례는 채권·채무의 준공동소유권의 경우 채권의 분량적 일부를 지분권이라고 보기 때문에, 채권관계인 다수당사자의 채권관계와 동일하게 보는 것이다. 그러나 다수당사자의 채권관계의 경우 부담부분 또는 권리부분은 공동체를 전제로 하지 않는 것으로서 공동체를 전제로 하는 지분권의 개념과는 전혀 다른 것이다. 요컨대 채권·채무의 준공동소유권의 지분권이란 일정 비율에 의한 지배권과 분할청구권이지, 채권·채무의 분량적 일부가 아니다.

'다수당사자의 채권관계는 채권·채무의 준공동소유권의 특칙'이라는 도그마는 새로운 패러다임에 의한 (준)공동소유권론에서는 결코 수용될 수 없다. (준)공동소유권은 지배권과 물권적 청구권으로 구성되는 공동의 물권이기 때문이다. 달리 말하면, 채권·채무의 준공동소유권과 다수당사자의 채권관계는 모두 수인이 관여하는 법률관계이기는 하지만, 다수당사자의 채권관계가 수인이 관여하는 채권관계라면, 채권·채무의 준공동소유권은 수인이 관여하는 공동의 물권이기 때문이다. 따라서 양자는 결코 서로에 대

리능력에 대한 논의가 필요한데, 이는 앞서 언급한 바와 같이 개정 독일민법이 취하고 있는 태도에서 시사점을 찾을 수 있다."라는 견해가 있다(김세준, "개정론 관점에서의 민법상 조합 규정", 280-281면). 그러나 채권·채무의 준공동소유자들이 공동의사를 결정하는 것을 대내적 관계로, 공동으로 채권을 행사하거나 채무를 이행하는 것을 대외적 관계로 보는 것으로 해결이 가능하다고 할 것이다.

한 특칙이 될 수가 없다. 이는 물건을 사용·수익하는 법률관계로서 물권인 지상권 및 전세권과 채권관계인 임대차가 서로에 대하여 특칙이 될 수는 없는 것과 마찬가지이다.

(2) 단독의 채권관계인 다수당사자의 채권관계 vs 공동의 채권관계인 채권·채무의 공동

채권·채무의 공동은 공동의 채권관계인 반면에 다수당사자의 채권관계는 단독의 채권관계이다.[100)]

(가) 단독의 채권관계가 복수로 존재하는 다수당사자의 채권관계

다수당사자의 채권관계에서는 권리자의 수에 따른 복수의 채권관계가 존재한다. 즉, 다수당사자의 채권관계는 수인이 각자 권리자가 되는 '단독'의 채권관계이다. 또 수인 각자가 갖는 채권관계는 상대방과의 관계에서는 모두 동일한 채권관계의 의미를 갖는다. 따라서 다수당사자와 상대방 사이에 불가분채권관계, 연대채권관계가 존재하는 경우에는 상대방과 다른 다수당사자 사이에 존재하는 사유가 채권의 행사와 채무의 이행에 대하여 당연히 영향을 미치게 된다. 예를 들면 연대채무의 경우에는 존재하는 일정한 사유에는 다른 다수당사자에게도 절대적 효력이 있는 사유가 된다(제416조~422조). 그 이외의 사유는 당사자들 사이에서만 상대적 효력이 있는 사유가 되므로(제423조), 채권을 행사하거나 채무를 이행하는 당사자에게 주장할 수 없다. 그 외의 사유는 동일한 채권관계로 보는 데에 방해가 되기 때문이다.

(나) 공동의 채권관계인 채권 · 채무의 공동

채권·채무의 공동은 수인이 공동의 권리자가 되는 '공동'의 채권관계이다. 채권·채무의 공동의 경우에는 상대방과의 사이에 '하나의' 채권관계만 존재할 뿐이다. 따라서 수인의 공동의 권리자들은 원칙적으로 공동으로 채권을 행사하고 또 채무를 이행하여야 한다. 이러한 경우 어느 공동의 채권자 또는 채무자와 상대방 사이에 존재하는 사유는 공동의 권리행사와 의무이행에 있어서 영향을 미칠 수 없다. 즉, 상대방은 어느 공동의 권리자 사이에 존재하는 사유로서 대항할 수 없다. 이는 채권·채무의 공동이라는 채권관계의 본성(사물의 본성)에 반하는 것이기 때문이다. 이를 확인하여 주는 규정이 조합법 제715조이다. 그러나 이러한 사유는 상계에 한하지 않고 경개, 면제 등의 경우에도 마찬가지이다.

(다) 공동의 채권관계인 채권 · 채무의 공동과 채권법 제712조

조합의 경우 채무가 공동인 경우 조합은 조합재산으로 채권자에게 채무를 이행하게 된다. 조합원은 본래 채권자에 대하여 조합재산으로 책임(공동책임)을 진다. 그런데 채권

---

100) 채권·채무의 공동의 경우 채권·채무의 공동귀속, 공동행사와 공동구속의 법률관계가 존재하는 바, 이는 채권·채무의 공동의 징표로서 채권·채무의 사물의 본성에 해당한다고 할 것이다.

법 제712조는 '조합원에 대한 채권자의 권리행사'라는 표제하에 "조합채권자는 그 채권 발생 당시에 조합원의 손실부담의 비율을 알지 못한 때에는 각 조합원에게 균분하여 그 권리를 행사할 수 있다."라고 규정하고 있다. 이어서 무자력조합원의 채무와 타 조합원의 변제책임(제713조), 지분에 대한 압류의 효력(제714조)과 조합채무자의 상계의 금지(제715조)에 관하여 규정을 두고 있다. 채권법 제712조는 문언상 조합원이 고유재산으로 개인책임을 지는 것을 규정하고 있는 것으로 볼 수가 있다. 여기서 조합원의 공동책임과 개인책임이 어떠한 관계에 있는지가 문제이다. 이에 대해서 양 책임은 병존적 책임이라는 견해와,[101] 조합원의 개인책임은 보충책임이라는 견해가 있다.[102] 판례도 병존적 책임이라고 본다.[103] 생각건대 조합의 경우 채무가 공동인 경우 조합원은 본래 채권자에 대하여 조합재산으로 책임(공동책임)을 진다는 점에서 보충책임이라고 보아야 할 것이다. 그런데 채권법 제712조에 대해서는 많은 의문이 존재한다. 이 조문이 규정된 배경이 무엇인지, 보충책임은 조합의 존속 중에 발생하는 것인지 아니면 조합의 해산 후에 발생하는 것인지, 채권이란 금전채권에 한하는지 아니면 일반 채권도 포함하는지, 채무초과의 상태에 있어야 하는지 또 손실부담의 비율을 알지 못한 때란 무엇을 말하는지 등의 의문이 그것이다.[104]

(3) 공동체가 존재하지 않는 다수당사자의 채권관계 vs 공동체가 존재하는 채권·채무의 공동

채권·채무의 공동은 공동체에서 성립하는 채권관계이나 다수당사자의 채권관계는 공동체가 인정되지 않는 경우에 성립하는 채권관계이다.

(가) 공동체가 성립하지 않는 다수당사자의 채권관계

다수당사자의 채권관계의 경우 어느 채권자가 수령하거나 어느 채무자가 변제한 것에 대하여 다른 채권자에게 분급하거나 또는 다른 채무자에게 구상하는 관계가 존재한다. 당사자 사이에는 공동체가 존재하지 않으므로, 당연히 각자에게 분급하거나 구상하여야 하는 것이다.

(나) 공동체가 성립하는 채권 · 채무의 공동

채권·채무의 공동에서는 공동의 채권을 행사하거나 채무를 이행한 후에도 공동체가 존재한다. 따라서 수령 받은 것과 변제한 것에 대하여 분급관계 또는 구상관계는 발생하지 않는다. 수령한 것은 공동체에서 공유재산, 조합재산 또는 총유재산으로 귀속된다. 이

101) 김재형, 전게서; 민법주해[XVI], 채권(9), 115면 이하; 주석민법 채권각칙(5), 114면 이하.
102) 김형석, "조합채무를 변제한 조합원의 구상－대법원 2022. 5. 26. 선고 2022다211416 판결－", 「법조」, 제73권 제2호, 237~258면.
103) 대법원 2022. 5. 26. 선고 2022다211416 판결.
104) 사세한 내용은 "새로운 패러다임에 의한 (준)공동소유권론"에서 다룬다.

는 채무가 발생한 경우에도 매한가지이다. 즉, 채권·채무의 준공동소유권이 성립하게 된다. 다만, 공유체는 소멸을 전제로 분할청구가 인정되고, 합유체(조합)는 종료시에 분할청구가 인정되고, 총유체(비법인사단)의 종료시에도 분할청구는 인정되지 않는다.

한편 공동으로 채무를 이행한 경우, 그것이 공동체에서 성립한 유일한 채무의 이행이라고 하더라도 공동체는 소멸하지 않는다. 이것이 다수당사자의 채권관계와 다른 점이다. 당사자들이 공동체를 소멸시킬 의사에 의하여 비로소 공동체가 소멸되는 것이다.

6. 소결

독일채권법과 그 후 스위스와 아시아의 대륙법계가 국가가 채권관계인 다수당사자의 채권관계를 공동의 물권인 채권·채무의 준공동소유권의 특칙이 된다거나 또는 단독의 채권관계인 다수당사자의 채권관계를 공동체에서 성립하는 공동의 채권관계인 채권·채무의 공동을 구별하지 않고 동일하게 취급하는 것은 타당하다고 할 수 없다. 다수당사자의 채권관계가 채권·채무의 준공동소유권의 특칙이라는 도그마는 더 이상 유지될 수가 없다.

V. 채권·채무의 공동상속과 분할·불가분채권관계

채권·채무가 공동상속되는 경우에도 준공유가 성립한다(제1006조). 우리 상속법은 상속재산이 소유권인지 제한물권인지 아니면 채권·채무인지를 구분하지 않는다. 그런데 통설과 판례는 채권·채무가 공동상속재산인 경우 분할채권관계 또는 불가분채권관계가 성립한다고 한다. 이에 대해서는 채권·채무의 공동상속의 경우에는 왜 준공유의 법적 규율에 따르지 않고 분할채권관계 또는 불가분채권관계를 성립을 인정하여야 하는지를 상속법 교과서나 논문에서는 구체적으로 다루지는 않고 있다는 비판이 제기되고 있다.[105] 또 채권·채무의 공동상속에 의한 준공유라는 주제는 늪과 같아서 빠지면 나오기가 어렵고 또 명쾌한 결론도 나오기 어려워 때로는 학설의 내용조차도 그 구체적인 결론을 이해하기 어렵다는 비판도 제기되고 있다.[106]

1. 비교법

프랑스민법은 명문의 규정으로 채권·채무의 공동상속의 경우 분할채권관계 또는 불가분채권관계의 성립을 인정하고 있다. 채권·채무가 공동상속되는 경우 제1309조(제1

105) 전원열, "채권의 공동상속", 「일감법학」, 제35호, 2016, 228, 230면
106) 전원열, 전게논문, 227면.

항)는 "공동상속인들 사이에 채권관계는 분할된다."라고 또 제1320조(제3항)는 "부담하는 급부가 불가분인 경우에는 불가분채권관계가 발생한다."라고 규정하고 있다. 프랑스민법은 로마법의 전통을 이어받아서 채권·채무가 공동상속은 분할채권관계 또는 불가분채권관계를 인정하고 있다.

독일, 스위스와 아시아의 대륙계 민법은 모두 상속법은 상속재산이 채권·채무이냐 아니냐를 구분하지 않고 일률적으로 준공유 또는 준합유를 인정한다.[107] 독일민법 제2058조, 대만민법(제1151조), 우리 민법 제1006조가 그러하다.

일본민법의 경우는 통설이 조합에 관한 제676조가 조합재산의 경우 공유와는 달리 처분자유의 금지와 분할금지를 규정하고 있는바, 통설과 판례는 이를 공유와 구별되는 합유로 보고 있다. 그럼에도 불구하고 일본과 우리의 통설과 판례는 채권·채무를 다른 상속재산과 구분하여 공동상속인들 사이에서 분할채권관계 또는 불가분채권관계의 성립을 인정하고 있다. 그 근거가 무엇인지가 의문이라고 하지 않을 수 없다. 생각건대 일본의 경우는 구민법시대부터 채권·채무의 공동상속에서 분할채권관계·불가분채권관계를 인정하는 프랑스민법의 영향을 받은 것으로 보인다. 그러나 민법에서 명문의 규정으로 공유를 인정하고 있음에도 불구하고 이를 부정하는 것은 물권법정주의에 반한다는 비판을 면할 수가 없다.

2. 통설과 판례는 분할채권관계 또는 불가분채권관계 인정

통설과 판례는 채권·채무가 공동으로 상속되는 경우 분할채권관계 또는 불가분채권관계를 인정하고 있다.

(가) 학설

통설은 채권·채무의 준공유에서 분할채권관계 또는 불가분채권관계를 인정하는 근거로서 우리 민법 제278조 단서를 들고 있다. 즉, 분할채권관계·불가분채권관계가 채권·채무의 준공유의 특칙이 된다는 것이다.[108] 통설의 입장을 견지하지만, 준공유를 인정하는 입법자의 의사에 반한다는 의문을 제기하는 견해도 있다.[109]

한편 채권·채무의 공동상속의 경우 분할채권관계 또는 불가분채권관계 중 어느 것

107) 독일 민법상의 공동상속에 대하여 자세한 사항은 김형석, 전게논문, 91~93면; 전원열, 전게논문, 219~220면 참조.
108) 윤진수, 친족상속법, 405면 참조.
109) 김병선, "소유권이전등기의무의 공동상속에 관한 판례의 태도-대판 1979. 2. 27, 78다2281 판결 및 대판 1991. 8. 27. 90다8237 판결을 중심으로-", 61면.

이 성립하는지에 대해서는 학설의 내용이 상이하다. 우리의 통설은 상속 채권·채무가 가분급부냐 아니면 불가분급부냐에 따라 분할채권관계 또는 불가분채권관계가 성립한다고 한다. 불가분채권·채무를 공동상속하는 경우에는 불가분채권·채무는 공동상속인들 전원에게 불가분적으로 귀속되므로 다수당사자의 채권관계인 불가분채권·채무의 법리에 따르면 된다고 한다.[110] 또 연대채무를 공동상속하는 경우에는 각 공동상속인은 각자의 상속분에 따라 승계한 범위의 채무를 부담부분으로 하여 다른 연대채무자와 연대하여 채무를 진다고 한다.[111] 또 학설 중에도 공동상속관계를 기본적으로 공유로 이해하고 있으므로, 그에 따라 가분채권·채무의 경우 공동상속으로 분할된다고 해석하는 것이 자연스럽고 또 제1007조를 공동상속인은 자신의 상속분의 비율에 따라 분할된 범위의 권리의무를 승계한다는 의미로 해석하면 되기 때문이라고 한다.[112] 즉, 공동상속인들 사이의 관계를 지분적 공동관계로 파악하면서 제1007조가 공동상속인은 상속분의 비율에 따라 분할된 범위의 권리의무를 승계한다고 규정하는 것이라고 한다.[113] 이러한 통설은 다수당사자의 채권관계가 채권·채무의 준공유에 대한 특칙이라는 도그마에서 비롯된 것이라고 할 수 있다.

한편 가분채권·채무가 공동상속되는 구체적인 모습에 대해서는 여러 견해가 있다. 혹자는 채무의 경우 준공유의 특약이 존재할 가능성은 거의 없으므로, 합의의 해석을 통하여, 채무자들 간에 분할채무, 불가분채무 또는 연대채무가 성립하는 것으로 판단할 수 있다고 한다.[114] 그 결과 채권이 금전채권 등 가분채권이면 특별한 사정이 없는 한 공동상속인들은 분할채권관계에 놓이게 된다고 본다.[115] 혹자는 공동상속의 경우 준공유설을 취하면서도, 가분채권·채무의 공동상속의 경우에는 분할채권관계가 성립한다고 한다.[116] 혹자는 공동상속의 경우 준공유설을 취하면서도, 채권자의 보호와 관련하여 특별한 해석을 하여야 한다고 한다.[117] 가분채권이 공동상속되는 경우 상대방인 상속채무자는 공동상속인 전원에 대하여서만 이행할 수 있고 각 공동상속인은 채무자에게 공동상속인 전원에게 이행을 하라고 할 수 있을 뿐이며 또 가분채무의 공동상속의 경우 공동상속인들은 불가분채무 또는 연대채무를 부담한다고 한다.[118] 또 혹자는 가분채권과 가분채무를 구별하

110) 오시영, 채권총칙, 547면.
111) 오시영, 채권총칙, 547면.
112) 김형석, "우리 상속법의 비교법적 위치", 94~95면.
113) 김형석, 전게논문, 95면.
114) 전원열, 전게논문, 229~231면.
115) 전원열, 전게논문, 231면.
116) 김형석, 전게논문, 96면; 박동섭·양경승, 친족상속법, 666면.
117) 김주수·김상용, 친족·상속법, 701면.
118) 김세준, "상속재산의 특별재산성과 단체로서의 공동상속인", 155면; 김주수·김상용, 전게서, 703

여, 후자는 공동상속인들 전원에게 불가분적으로 귀속되어야 한다고 한다.[119)]

이상에서 살펴본 바와 같이 학설은 채권·채무가 가분급부냐 아니면 불가분급부냐에 따라 분할채권관계 또는 불가분채권관계가 성립한다고 하면서도, 상속되는 채권과 채무의 상대방을 보호한다는 구실 아래 자의적인 해석을 한다는 비판을 면할 수가 없다. 이처럼 학설이 다양한 것은 왜 준공유가 아니라 분할채권관계 또는 불가분채권관계를 인정하여야 하는 이유를 학설마다 다르게 보기 때문이다.

(나) 판례

판례는 금전채권관계가 공동상속되는 경우에는 원칙적으로 분할채권관계의 성립을 인정한다.[120)] 또 금전채권관계는 상속개시와 동시에 당연히 법정상속분에 따라 공동상속인들에게 분할되어 귀속되므로, 상속재산분할의 대상이 될 수 없다고 한다.[121)] 그러나 금전채권을 일률적으로 상속재산분할의 대상에서 제외하면 부당한 결과가 발생할 수 있는 경우에는 그러하지 않다고 한다. 예를 들면, 공동상속인들 중에 초과특별수익자가 있는 경우 초과특별수익자는 초과분을 반환하지 아니하면서도 가분채권은 법정상속분대로 상속받게 되는 부당한 결과가 나타나는 경우라고 한다. 그 외에도 특별수익이 존재하거나 기여분이 인정되어 구체적인 상속분이 법정상속분과 달라질 수 있는 상황에서 상속재산으로 가분채권만이 있는 경우에는 모든 상속재산이 법정상속분에 따라 승계되므로 수증재산과 기여분을 참작한 구체적 상속분에 따라 상속을 받도록 함으로써 공동상속인들 사이의 공평을 도모하려는 민법 제1008조, 제1008조의2의 취지에 어긋나므로, 가분채권도 예외적으로 상속재산분할의 대상이 되지 않는다고 한다.[122)] 그러나 판례는 금전채무가 불가분채무인 경우에는 공동상속인들은 불가분채무를 부담한다고 본다. 예를 들면, 임차보증금반환채무를 공동으로 상속한 경우에도 불가분채무를 부담한다고 한다.[123)]

판례는 금전 이외의 채무에 대하여도 원칙적으로 분할채무를 인정한다. 예를 들면, 공유물을 매각한 후 공동상속된 동산인도의무,[124)] 소유권이전의무[125)]의 경우에는 분할

면~704면.

119) 곽윤직, 친족상속법, 233면.

120) 대법원 1997. 6. 24. 선고 97다8809 판결; 법원 2014. 7. 10. 선고 2012다26633 판결.

121) 대법원 2014. 7. 10. 선고 2012다26633 판결.

122) 대법원 2006. 7. 24.자 2005스83 결정; 대법원 2016. 5. 4.자 2014스122 결정.

123) "소유권 변동의 원인이 매매 등 법률행위든 상속·경매 등 법률의 규정이든 상관없이 이 규정(상가건물 임대차보호법 제3조)이 적용되므로, 상속에 따라 임차건물의 소유권을 취득한 자도 위 조항에서 말하는 임차건물의 양수인에 해당한다. 임대인 지위를 공동으로 승계한 공동임대인들의 임차보증금 반환채무는 성질상 불가분채무에 해당한다."(대법원 2021. 1. 28. 선고 2015다59801 판결)

124) 김운호, "채무상속", 상속법의 제문제(재판자료 78집), 1998, 696면.

125) 대법원 1979. 2. 27. 선고 78나2281 판결. 일본의 판례는 소유권이전등기의무를 불가분채무로 보

채무를 인정하고 있다. 그러나 판례는 공동상속인들의 건물철거의무는 그 성질상 불가분채무라고 한다.[126] 대법원은 "피고들의 원고에 대한 건물철거의 의무가 그 성질상 불가분채무에 속하는 것이라고 판단하였음은 법리상 정당한 것으로 인정이 되며, 또 원심이 이러한 경우 피고들은 각자가 건물 전체에 관하여 철거의무를 부담하는 것이라고 판단하고 있는 것은 피고들은 각자 그 지분의 한도 내에서 건물 전체에 관한 철거의무를 진다는 취지이지(본원 1968. 7. 31. 선고 68다1102판결, 1969. 7. 22. 선고 69다609 판결 등 참조), 결코 피고들에게 공동상속인들의 다른 한 사람인 소외 2의 고유지분에 관하여서까지 그 철거의무를 부담시키고 있는 것은 아니라고 할 것이므로 원심이 피고들에게 위 소외 2의 지분에 관하여서까지 철거의무를 부담시킨 것이라고 전제하여 원심판결에 불가분 채무 등에 관한 법리오해가 있다고 주장하는 상고논지는 채용할 수가 없다."라고 판시하고 있다. 이 판례에 대해서는 공동상속인에 대한 철거소송이 필요적 공동소송에 속하지 않는다는 근거로 삼기 위하여 건물철거의무를 불가분채무로 구성한 것이라는 비판적 평석이 존재한다.[127] 상속채권자의 상대방은 불가분채무자 전원에 대하여서가 아니라 일부의 채무자에게 반대청구를 할 수 있다고 한다.[128]

3. 채권 · 채무의 공동상속에서 분할채권관계 · 불가분채권관계가 아니라 (준)공유의 성립을 인정하여야 하는 이유

채권·채무가 공동상속되는 경우 공동상속인들 사이에는 채권·채무의 준공유가 성립하고, 분할채권관계·불가분채권관계가 성립할 수 없다. 그 근거는 다음과 같다. 첫째, 채권·채무의 공동상속에서 분할채권관계·불가분채권관계의 성립을 인정하는 것은 채권·채무의 (준)공유를 인정하고 있는 민법의 규정(제1006조~제1008조의2, 제278조)에 반하는 것이다. 후술하는 바와 같이, 그것은 우리 물권법이 재산권의 (준)공동소유권에 대해서 법률로 (준)공유를 규율하고 있는 물권법정주의(제262조~제271조, 제278조, 제1006조)에 반하는 것이다. 둘째, 상대방의 유불리를 이유로 해서 공동체가 존재하지 않는 단독의 채권관계를 공동체가 존재하는 공동의 채권관계의 특칙이라고 할 수는 없다. 단독의 채

고 있다[昭和36年(1961年) 12月 15日 最高裁判所第二小法廷(東京都) 事件番号 : 昭和33(オ) 517].

126) 대법원 1980. 6. 24. 선고 80다756 판결.

127) 민법주해[X], 채권(10), 60면.

128) "건물의 공동상속인 전원을 피고로 하여서만 건물의 철거청구를 할 수 있는 것은 아니고 공동상속인 중의 한 사람만을 상대로 그 상속분의 한도에서만 건물의 철거를 청구할 수 있다."(대법원 1968. 7. 31 판결 68다1102 선고)
"공유물의 반환 또는 철거에 관한 소송은 필요적 공동소송이 아니다."(대법원 1969. 7. 22. 선고 69다609 판결)

권관계와 공동의 채권관계는 그 법률관계의 특징이 다른바, 상대방에 대한 유불리를 이유로 그 특징을 부정할 수는 없는 것이다. 그러나 상대방 채권자를 보호해야 하는 문제는 분할채권관계 또는 불가분채권관계를 인정하기 때문에 발생하는 것이고 채권·채무의 준공유를 인정하면 처음부터 발생하지 않는다. 즉, 채권·채무의 공동상속을 인정할 때 상속되는 채권과 채무의 상대방을 보호받을 수 있게 된다. 셋째, 기술한 바와 같이, 채권·채무의 준공유는 지배권을 내용으로 하는 물권이고, 분할채권관계·불가분채권관계는 채권관계이므로, 분할채권관계·불가분채권관계가 채권·채무의 준공유의 특칙이 될 수는 없다. 채권·채무의 준공유의 경우에는 채권·채무의 공동행사 이전에 전원의 의사에 의하거나, 지분 과반수의 의사에 의하거나 또는 단독의 의사에 의하는 공동결정의 절차가 있지만, 분할채권관계 또는 불가분채권관계에서는 이러한 절차가 애초부터 성립할 수 없다. 다섯째, 채권·채무의 공동과 분할채권관계·불가분채권관계도 서로 양립할 수 없는 법률관계이다. 우선 분할채권관계·불가분채권관계는 단독의 채권관계이나 채권·채무의 공동은 공동의 채권관계이다. 수인이 권리자가 있는 경우에 당사자들이 수인을 공동의 권리자로 하는 (준)공동소유가 성립하게 되고, 각자에게 권리자로서의 지위를 인정하는 경우에는 다수당사자의 채권관계가 성립하는 것이다. 양자는 배타적인 관계이다. 또 분할채권관계·불가분채권관계는 공유체가 존재하지 않는 채권관계이나, 채권·채무의 공동은 공유체가 존재하는 채권관계이다.

4. 제1006조의 개정

제1006조(공동상속과 재산의 공유)
상속인이 수인인 때에는 상속재산은 그 공유 또는 준공유로 한다.

5. 소결

전술한 바와 같이, 재산권의 공동상속의 경우 상속재산이 채권·채무라고 해서 채권·채무의 준공유가 성립을 부정할 법률상의 근거도 또 합리적인 이유도 존재하지 않는다.

Ⅵ. (준)공동소유권과 물권법정주의

기술한 바와 같이, (준)공동소유권의 법적 성질은 공동의 물권이다. 따라서 (준)공동소유권에서도 물권 일반의 경우와 같이 당연히 물권법정주의가 준수되어야 한다. 그러나 우리 통설과 판례는 제271조(제2항)과 제275조(제2항)를 근거로 하여 물권의 (준)합유와 (준)총유에서 물권법정주의를 부정하고 있다. 이들 규정은 대륙법계 다른 민법 어디에서도 찾아볼 수 없는 규정이다.

1. 비교법

프랑스민법에서는 물권법정주의는 인정되지 않는다. 프랑스민법은 물권법정주의를 인정하는 명문의 규정을 두고 있지 않다. 학설상으로는 다툼이 있지만, 판례는 물권법정주의를 부정한다. 파기원은 당사자들의 의사에 의하여 프랑스민법 제544조와 제1134조와는 달리 자신의 물건에 대하여 특별한 권리를 부여하는 것을 인정하지 않는 원심판결을 파기하면서 물권법정주의를 부정하였다.[129)]

독일물권법도 물권법정주의에 대하여 명시적 규정을 두고 있지 않다. 그러나 물권법에서 물권법정주의는 당연히 준수되는 것으로 인정된다. 그런데 물권법상의 소유권의 공유는 채권법상으로 권리공동(제741조~758조)에 의하여 규율되고 있다. 그러나 이것이 물권의 공동이 물권이 아니라는 것을 말하는 것은 아니다. 물권법은 소유권의 공유에 대하여 특별규정(제1008조~제1011조)을 두고 있다. 이 경우 물권법정주의가 인정됨에는 의문이 없다. 따라서 그 밖의 채권법상의 권리공동에 의하여 규율이 되는 물권의 공동이 경우에 물권법정주의가 준수되는지가 문제이다. 또 개정 전 조합법은 합유에 관한 규정을 채권법(개정 전 제718조 이하)에서 규정하고 있었다.[130)] 따라서 합유에서도 물권법정주의가 준수되는지가 역시 문제가 될 수 있다.

스위스민법도 물권법정주의에 대한 명시적 규정을 두고 있지 않다. 그러나 소유권의 공유와 합유가 물권법에 규정되고 있는바, 물권법정주의는 당연히 준수되고 있다. 스위스민법은 공유의 경우 분할청구의 자유원칙에 대하여 분할금지의 약정을 허용하고 있을 뿐이다. 또 합유의 경우는 합유물의 분할과 지분권의 처분(제654조 제3항), 합유물의 양도와 합유체의 종료(제654조 제1항)에 관한 사항을 제외하고는 합유의 내용 또는 합유자의 권리·의무에 대하여 당사자들이 약정을 둘 수 있다. 합유규정이 당사자의 약정을 허용한다고 해서 물권법정주의를 배제하는 것이 아님은 물론이다.

일본물권법(제175조)은 물권은 민법과 그 밖의 법률에 정하는 것 외에는 창설할 수

---

129) Cass. 3^{e} civ., 31 octobre 2012.

130) 개정 전 조합원은 지분을 처분할 수 없었고, 분할청구가 금지되고, 조합채무자의 조합원에 대하여 가지는 채권에 의한 상계가 금지되었다(개정 전 독일민법 제718조). 조합재산은 구성원들의 공동재산이었다(제718조). 조합과 공동상속의 경우에는 추상적 지분(Anteil)을 인정하였다. 한편 독일 민법은 총유에 관하여는 규정을 두고 있지 않았다(개정 전의 독일의 조합법에 대하여는 남효순, "우리 민법상 합유와 준합유의 강제－학설과 판례의 문제점 해결을 위한 합유의 새로운 해석－물권 및 물권적 청구권 개념에 대한 새로운 이해의 단초4－", 234~235면 참조).

없다고 규정하여 물권법정주의를 인정하는 명시적 규정을 두고 있다. 일본민법(제256조 제1항)은 (준)공유의 경우 5년을 넘지 아니하는 기간에 공유물의 분할을 금지하는 약정을 두고 있을 뿐이다(제256조 제1항 단서). 이 경우에도 역시 물권법정주의가 준수됨은 물론이다. 따라서 그 외의 경우에는 약정을 둘 수 없는 강행규정으로서 당연히 물권법정주의가 인정된다. 이는 합유의 경우에도 마찬가지이다. 그런데 조합재산의 합유에 대한 규정을 채권법에 두고 있기 때문에 물권법정주의가 문제될 수 있다.

대만물권법(제757조)도 물권은 민법 또는 관습에 의하는 외에는 창설할 수 없다고 규정하여 역시 물권법정주의를 인정하고 있다. 우선 공유물의 사용·수익(제818조 제1항), 공유물의 관리(제820조 제1항), 공유물의 관리비 및 기타의 부담에 대하여 당사자가 약정을 둘 수 있다(제822조 제1항). 그 외의 공유에 관한 규정들은 약정을 두지 않는 강행규정이다. 또 대만 물권법(제828조 제1항)은 합유에 관한 규정은 원칙적으로 약정을 허용하지 않고, 합유자의 권리의무에 대해서 약정을 두는 것을 허용하고 있다. 약정을 둔다고 해서 물권규정이 강행규정의 성격을 잃지 않으므로 물권법정주의는 준수된다.

우리 물권법의 경우도 일본과 대만의 물권법과 마찬가지로 물권법정주의에 관한 명문이 규정을 두고 있다. 우선 물권법정주의는 (준)공유에서 준수되고 있다. 그런데 (준)합유와 (준)총유에서는 제271조(제2항)와 제275조(제2항)의 규정을 두고 있다. 이 규정들은 독일과 스위스뿐 아니라 다른 아시아의 대륙계 민법에는 찾아볼 수 없는 규정이다. 통설과 판례는 계약, 즉 채권계약으로 합유에 관한 규정(제272조~제274조)과 총유에 관한 규정(제276조~제277조)을 배제할 수 있다고 하여, 물권법정주의를 부정하고 있다.

2. 물권법정주의

(준)공동소유권에서의 물권법정주의를 살펴보기 전에 먼저 물권 일반에서의 물권법정주의에 대하여 살펴보는 것이 필요하다.[131] 물권법 제185조에 의하면, 물권은 법률 또는 관습법에 의하는 외에는 임의로 창설하지 못한다. 물권법정주의란 물권의 종류와 내용을 법률로 정한다는 원칙을 말한다. 그런데 일정한 경우 물권법은 스스로 예외적으로 당사자의 약정으로 물권의 내용을 정할 수 있도록 규정하고 있다. 이러한 약정은 물권약정에 해당한다. 이처럼 물권의 내용을 정함에 있어서 당사자의 의사도 관여할 수 있다는 것이 물권법정주의의 실질적 의미이다.

필자의 '새로운 패러다임에 의한 물권론 일반론'에 의하면 물권약정은 지배권과 물권적 청구권관계에 관한 약정으로 구성된다. 이하에서 물권법정주의에서 물권약정, 물

131) 자세한 것은 남효순, 전게서, 415~420면 참조.

권약정과 물권규정의 관계, 물권약정의 종류, 물권약정과 등기가 채권약정, 채권약정과 채권규정의 관계 등과 비교하여 어떠한 의미를 갖는지에 대해서 살펴보기로 한다.

(1) 물권약정, 물권약정과 물권규정의 관계와 물권약정의 등기(성립등기)

물권규정에는 약정이 허용되지 않는 물권규정(대부분의 물권규정)과 예외적으로 약정이 허용되는 물권규정(소수의 물권규정)이 있다. 후자의 경우, 약정이 허용되더라도 물권규정은 강행규정임에는 변함이 없다. 예를 들면, 저당권의 효력의 범위에 관한 제358조는 "저당권의 효력은 저당부동산에 부합된 물건과 종물에 미친다. 그러나 ... 설정행위에 다른 약정이 있으면 그러하지 아니하다."라고 규정하고 있다. 따라서 "저당권의 효력은 원칙적으로 저당부동산에 부합된 물건과 종물에 미치나, 설정행위에 다른 약정으로 정할 수 있다."라는 것이 제358조라는 물권규정의 실질적 의미가 된다. 즉, "저당권의 효력은 저당부동산에 부합된 물건과 종물에 미친다."라는 규정만이 물권규정이 아니다. 당사자의 물권약정을 포함하여 제358조의 물권규정이 되는 것이다. 즉, 제358조 단서가 정하는 물권약정이 제358조 본문의 물권규정을 보충하는바, 물권약정은 물권규정의 일부를 구성한다. 또 물권약정이 허용되는 경우 물권약정은 반드시 등기하여 공시하여야 한다. 그 결과 이러한 약정의 등기는 당사자 사이에서뿐 아니라 그 승계인인 제3자 사이에서도 물권의 내용을 공시하는 성립등기의 기능을 갖는 것이다.

물권약정에는 지배권에 관한 것과 물권적 청구권에 관한 약정이 있다. 우선 지배권에 관한 약정으로서, 지상권의 존속기간(제280조), 지역권의 부종성(제292조 제1항 단서, 부동산등기법제70조 제4호), 용수지역권의 수량(제297조 제1항 단서, 부동산등기법 제70조 제4호), 전세권의 존속기간(제312조 제1항, 부동산등기법 제72조 제1항 제3호), 저당권의 효력범위(제358조 단서, 부동산등기법 제75조 제1항 제7호)(보충) 등에 관한 약정이 있다. 한편 물권적 청구권에 관한 약정으로 승역지소유자의 공작물설치 · 수선의무에 관한 약정(제298조, 부동산등기법제70조 제4호), 지료청구권에 관한 약정(제286조, 부동산등기법제69조 제4항), 전세금반환청구권(제302조, 제312조의2, 부동산등기법제72조 제1호) 등을 들 수 있다. 또 (준)공유에서 인정되는 공유물분할청구권(제268조 제1항, 부동산등기법제67조)에 관한 약정도 물권적 청구권에 관한 약정에 해당한다.

(2) 채권약정, 채권약정과 채권규정의 관계

채권법의 경우 계약자유의 원칙이 인정되므로, 개별 채권규정이 특별히 언급하지 않더라도 당연히 채권약정이 허용된다. 예를 들면, 채권법상의 약정이 있으면(제380조),

약정이 없으면(제379조, 제380조) 또는 약정이 없는 한(제565조) 등의 문구는 채권약정이 허용된다는 것을 나타낸다는 점에서는 동일하다. 채권약정이 있으면 그것이 채권규정에 앞서 적용되므로, 채권규정은 적용이 배제되는 임의규정이 된다. 예를 들면, 이자부소비대차(제600조)의 경우 약정이자는 법정이자를 배제하고, 이자약정이 없을 경우에만 법정이자가 적용된다. 따라서 당사자의 약정이 존재하는 한 채권규정의 전부 또는 일부가 배제된다. 이런 점에서 채권약정이 채권규정의 일부를 구성한다고 할 수는 없다. 또 채권규정은 당사자 약정의 의미가 불분명한 경우에도 당사자의 의사를 보충하기 위하여 적용된다. 즉, 채권규정은 당사자 약정을 보충하는 보충규정의 역할을 한다. 이 경우에도 채권규정이 채권약정을 보충하는 것일 뿐이지, 채권약정이 채권규정의 일부를 구성한다고 할 수는 없다.

한편 채권규정에도 약정이 허용되는 임의규정(대부분의 채권규정)과 예외적으로 약정이 허용되지 않는 강행규정(소수의 채권규정)이 존재한다. 강행규정으로서의 채권규정에는 당사자 일방에게만 적용되는 편면적 강행규정(제652조)과 당사자 쌍방에게 적용되는 쌍방적 강행규정이 존재한다. 우선 제627조, 제628조, 제631조, 제635조, 제638조, 제640조, 제641조, 제643조 내지 제647조에 위반하는 약정으로 임차인이나 전차인에게 불리한 것은 그 효력이 없다. 이것이 이른바 편면적 강행규정이다. 한편 쌍방적 강행규정으로는 계약의 의의에 관한 규정들을 들 수 있다. 예를 들면, 채권법은 임대차의 의의(제618조)에서 임대차계약을 유상의 계약으로 규정하고 있으므로, 임대차가 유상의 계약이라는 규정은 임대인과 임차인 모두에게 적용되는 쌍방적 강행규정이다. 또 채권약정은 당사자 사이에서만 효력이 있으므로, 이를 등기하여 제3자에게 공시할 필요가 없다. 다만, 예외적으로 임대인과 임차인의 약정에 기하여 임대차계약을 등기하면 제3자에게 대항할 수 있는 대항력이 인정된다(제621조, 제2항).

3. 통설과 판례에 의한 (준)공동소유권과 물권법징주의

통설과 판례는 (준)공동소유권을 독일채권법상의 권리공동 내지는 재산권공동과 동일한 것으로 간주한다. 이는 독일법 이후의 스위스 그리고 아시아계의 대륙법계 민법의 경우도 마찬가지이다. 따라서 통설과 판례에 의하면, (준)공동소유권에서의 물권법정주의란 곧 재산권공동에서의 물권법정주의를 의미한다. 또 이 경우 재산권이 물권인 경우와 그렇지 않은 경우를 구분하여 살펴보아야 한다. 우선 채권·채무와 형성권의 공동에서는 물권법정주의 자체가 문제 되지 않는다. 그러나 소유권과 제한물권 공동의 경우에서는 물권법정주의가 당연히 준수되어야 한다.[132] 그러나 통설과 판례는 소유권과 제한

물권의 경우에도 (준)합유와 (준)총유에서는 물권법정주의를 부정한다.

(1) 물권의 (준)공동소유권에서의 물권법정주의의 인정과 부정

통설과 판례는 소유권과 제한물권의 (준)공유에서는 물권법정주의를 인정하지만 물권의 (준)합유와 (준)총유에서는 물권법정주의를 부정한다.[133]

(가) 물권의 (준)공유에서의 물권법정주의의 인정

소유권의 공유에서는 제271조(제2항)와 제275조(제2항)와 같은 규정이 존재하지 않는다. 통설과 판례에 의하더라도 소유권(제262조)과 제한물권(제278조)의 (준)공유에서는 당연히 물권법정주의가 인정된다.

(나) 물권의 (준)합유와 (준)총유에서의 물권법정주의의 부정

통설은 제271조(제2항)의 "전항의 계약에 의하는 외에 다음 3조에 의한다."라는 문언을 "전항의 계약(A)의 정함이 있으면 그에 의하고, 계약(A)의 정함이 없으면 '다음 3조의 규정'(B)에 의한다."라고 해석하고 있다.[134] 즉, 사적자치라는 이름 아래 소유권의 합유의 내용은 합유자 사이의 계약으로 정할 수 있다고 한다.[135] 또 조합에서 인정되는 합유에 관한 계약은 당연히 조합계약인 채권계약이라고 본다. 채권계약의 정함이 있으면 채권계약에 의하여야 하므로, 합유규정은 배제될 수 있는 임의규정이 된다.[136] 따라서 통설과 판례에 의하면 (준)합유의 소유권과 제한물권의 공동에서는 채권계약인 조합계약에 의하여 물권법정주의는 전면적으로 부정된다. 또 통설과 판례는 제271조(제2항)와 동일한 규정 형식을 취하고 있는 (준)총유에 관한 규정(제275조 제2항)에서도 동일한 해석론을 전개하게 된다.

(2) 물권의 (준)합유·(준)총유에서 물권법 제272조(본문)와 채권법 제706조(제2항)의 충돌 여부

통설은 (준)합유에서 채권계약인 조합계약으로 합유에 관한 규정을 배제하여 물권법정주의를 부정하는 결과, 합유물의 처분 또는 변경에 합유자 전원의 동의를 요구하는 제272조(본문)와 조합의 사무집행에 관하여 조합원 또는 업무집행사원의 과반수를 요구

---

132) 준물권, 지식재산권의 경우에도 마찬가지이다.

133) 통설과 판례에 의하여 물권법정주의를 부정하여 근거가 되는 (준)합유에 관한 규정(제272조~제274조)과 (준)총유에 관한 규정(제276조~제277조)은 공동의사의 지배, 분할청구권에 관한 규정들이다. 통설과 판례에 의하더라도 이 경우에는 공동재산권의 문제가 아니다.

134) 김상용, 물권법, 417면; 송덕수, 신민법강의, 360; 오시영, 물권법, 413면; 이영준, 전게서, 579면; 민법주해 [V], 물권(2), 605면; 주석민법, 물권(2), 107면.

135) 곽윤직·김재형, 물권법, 305면; 송덕수, 신민법강의, 556면; 김세준, "개정론 관점에서의 민법상 조합 규정", 275면.

136) 송덕수, 신민법강의, 556면.

하는 제706조는 모두 채권규정으로서 당연히 충돌하게 된다. 이러한 충돌을 어떻게 해결할 것인지에 대해서는, 조합의 사무집행의 방법에 관한 제706조는 합유물의 처분에 관한 제272조의 특별규정이라는 견해, 제272조의 전원의 동의규정은 제706조 제2항 전단의 업무집행자를 선임하지 않은 경우에만 적용되는 특별규정이라는 견해, 제272조는 대외적 관계를 규율하는 규정이고 제706조는 대내적 관계를 규율하는 규정이라는 다양한 학설이 제기되고 있다.[137] 판례는 조합재산의 처분 · 변경은 조합의 특별사무(제706조 제2항)에 해당한다고 보아서, 제706조에 의하여 제272조(본문)를 배제하고 있다.[138] 따라서 일부의 학설과 판례에 의하면 제272조(본문)는 당사자의 다른 조합계약이 있으면 이에 의하여 배제될 수 있을 뿐 아니라, 조합계약이 없더라도 제706조에 의하여 당연히 배제될 수밖에 없는 문제점이 있다.

(3) 물권의 (준)합유 · (준)총유에서 제271조(제1항 제1문)에 의한 종류강제의 부정

통설과 판례는 조합과 비법인사단에서의 소유권과 제한물권의 공동에서도 당사자의 약정으로 합유규정(제271조 제1항 제1문)을 배제할 수 있다고 하여, 분할채권관계의 성립을 인정하고 있다.[139] 이는 (준)합유에서의 종류강제를 인정하지 않는 것이 된다.

(4) 소결

통설과 판례에 대해서는 다음과 같은 의문이 제기된다. 첫째, 개인주의적 (준)공동소유의 형태인 소유권과 제한물권의 (준)공유에서도 물권법정주의가 준수되는데, 집단적이고 단체적인 물권의 (준)합유와 (준)총유에서는 물권법정주의를 인정하지 않는 것이 과연 타당한 것인가 하는 것이다. 둘째, 제271조(제2항)의 계약을 조합계약인 채권계약이라고 본다면 조합원들이 사적인 채권계약으로서 사회의 기본질서에 해당하는 물권의 질서를 정한다는 것을 인정하는 것이 되는데, 과연 타당한 것인가 하는 것이다. 또 그러한 채권계약은 등기도 되지 않는다. 따라서 조합과 물권에 관한 거래를 하고자 하는 제3자는 조합계약의 내용을 일일이 조사해야 해서 거래의 안전을 해치게 된다. 또 조합계약은 제3자가 모르는 사이에 수시로 변경될 수 있다. 이러한 사정은 제3자와 조합의 거래의 안전에 심각한 장애가 된다고 하지 않을 수 없다. 이는 비법인사단의 경우에도 마찬가지이다. 셋째, 채권법상의 제706조가 물권법 제272조(본문)에 우선하여 적용된다는 것이 과

137) 자세한 내용은 남효순, "우리 민법상 합유와 준합유의 강제 – 학설과 판례의 문제점 해결을 위한 합유의 새로운 해석 – 물권 및 물권적 청구권개념에 대한 새로운 이해의 단초4 –", 참조.

138) 대법원 2000. 10. 10. 선고 2000다28506 판결; 대법원 2010. 4. 29. 선고 2007다18911 판결.

139) 대법원 2012. 5. 17. 선고 2009다105406 전원합의체 판결.

연 타당한 것인가 하는 것이다. 그렇게 되면 제272조(본문)은 사문화되어 버리고 만다. 넷째, 판례가 조합의 경우 당사자의 약정으로 분할채권관계를 인정하는 것은 '조합=합유'(제271조 제1항 본문)라는 합유의 종류강제를 부정하는 것이 되는바, 이것이 과연 타당한 것인가 하는 것이다. 그것은 물권법정주에 의하여 인정되는 종류강제에 대한 중대한 예외가 되기 때문이다. 이는 비법인사단의 경우에도 마찬가지이다.

4. 새로운 패러다임에 의한 (준)공동소유권과 물권법정주의

새로운 패러다임에 의한 (준)공동소유권에 의하면 (준)공동소유권은 공동의사의 형성을 위한 지배권과 분할청구권이 인정되는 공동의 물권이다. (준)공동소유권에서의 물권법정주의란 공동재산권에서의 물권법정주의와 구별되어야 한다. 공동재산권은 (준)공동소유권의 객체이다. 공동재산권을 구성하는 물권의 종류와 내용은 법률로 정한다. 이 경우 물권이 (준)공유의 객체이든 (준)합유와 (준)총유의 객체이든 구분 없이 물권의 종류와 내용은 당연히 법률로 정한다. 따라서 공동재산권의 경우에는 물권법정주의는 당연히 준수된다.

(1) (준)공유와 (준)합유·(준)총유에서의 물권법정주의

(준)공유에 대해서는 물권약정이 허용되지 않는 것이 원칙이다. 그러나 예외적으로 공유물분할청구에 관한 규정(제268조 제1항 단서)은 물권약정이 허용된다. 또 이러한 당사자의 물권약정은 등기되어야 한다(부동산등기법 제67조). 이는 물권 일반의 경우와 마찬가지로 (준)공유에서도 물권법정주의는 당연히 준수된다는 것을 말한다.

(2) (준)합유와 (준)총유에서의 물권법정주의

(준)합유와 (준)총유에서의 물권법정주의와 관련하여 제271조 제1항의 계약과 제271조 제2항의 계약이 동일한 의미의 계약인지를 먼저 검토할 필요가 있다.

(가) 제271조 제1항의 계약의 의미: 약정합유를 성립시키는 약정

제271조 제1항은 "법률의 규정 또는 계약에 의하여 수인이 조합체로서 물건을 소유하는 때에는 합유로 한다."라고 규정하고 있다. 그리고 제271조 제2항은 '전항의 규정과 계약'이라고 하여 제1항과 제2항의 계약이 동일한 계약임을 전제로 하고 있다.

1) 제271조(제1항)의 계약의 의미: 합유의 선택에 관한 물권약정

제271조 제1항(제1문)은 '법정의 합유'와 '약정의 합유'가 성립하는 경우에 관한 규정이다. 우선 법정 합유로 신탁법, 광업법상의 합유가 있다. 따라서 '법률의 규정에 의하

여 수인이 조합체로서 물건을 소유하는 때'란 '법정의 합유'가 성립하는 경우를 가리킨다. 또 '계약'에 의하여 수인이 조합체로서 물건을 소유하는 때란 '약정의 합유'가 성립하는 경우를 가리킨다. 조합체의 경우 약정의 (준)합유가 성립하는 것은 당사자들이 조합계약을 체결하면, 물권법이 (준)공동소유의 형태로서 (준)합유를 규정하고 있기 때문이다(제271조 제1항 제1문). 즉, 당사자들이 조합계약을 결성하여 조합을 결성하면, 물권법은 합유(제272조~제274조)를 인정하여 합유를 강제한다는 것을 말한다.

2) 第271조(제1항)상의 (준)합유의 종류강제의 의미

물권 일반의 경우 종류강제란 물권의 종류는 법률로 정하고, 당사자들은 정해진 물권 중 어느 것을 선택할 것인지는 당사자들의 자유에 맡겨져 있다는 것을 말한다. 어느 경우에 법정물권이 성립하는지는 법률로 정한다. 또 어느 경우에 약정물권이 성립하는지는 당사자들이 선택하도록 하고 있다. 예를 들면, 당사자들이 일정액의 금전(전세금)을 지급하고 부동산을 용익하는 계약을 체결하면, 그것은 물권법이 규정하고 있는 전세권(제303조)이라는 물권을 선택하는 것이 된다. 그런데 약정 합유가 성립하는 것은 당사자들이 조합계약을 체결하면, 물권법이 조합의 경우에는 (준)공동소유의 형태로서 (준)합유를 규정하고 있기 때문이다(제271조 제1항 제1문). 이처럼 (준)공동소유의 경우에는 (준)공동소유의 형태의 선택이 간접적으로 이루어진다고 볼 수 있다. 요컨대 물권 일반의 경우에는 약정물권의 경우 종류강제는 직접적으로 이루어진다면, (준)공동소유권의 경우는 당사자들이 조합체를 결성하는 채권계약을 체결하면 물권법이 (준)합유를 강제한다는 점에서 종류강제는 간접적으로 이루어진다.

3) 第271조(제1항)에 의하여 조합의 경우 당사자 약정에 의하여 합유를 배제하는 것은 불가

통설은 조합의 경우 당사자의 약정으로 합유 이외에 다수당사자의 채권관계를 정할 수 있다고 한다. 판례도 마찬가지이다.[140] 그것은 '조합=합유'라는 종류강제(제271조 제1항 제1문)를 인정하지 않는 것이 된다. 그러나 물권법(제271조 제1항 제1문)이 '조합=합유'를 규정하고 있는 한, 조합원들은 합유 이외에 어떠한 약정도 할 수 없다고 할 것이다.

4) 소결

요컨대 조합계약으로 합유를 정하는 것이 아니라, 어디까지나 제271조(제1항)이라는 물권규정에 의하여 조합의 경우 합유를 인정하는 것일 뿐이다. 우리 물권법 제271조 제1항(제1문)의 문언을 형식적으로 본다면, 당사자들이 조합을 결성하는 조합계약을 통하여 합유를 마음대로 정할 수 있다는 의미로 읽힐 수가 있다. 이를 전제로 하여, 우리 물권법 제271조(제1항 제1문)가 당사자의 계약, 즉 채권계약으로 (준)합유를 정하도록 하

140) 대법원 2012. 5. 17. 선고 2009다105406 전원합의체 판결.

는 것은 근본적으로 잘못된 입법이라는 주장이 있다.141) 이는 통설이 (준)합유를 당사자의 채권계약으로 정할 수 있다고 하는 것을 전제로 하여 통설을 비판하는 것이다. 그러나 제271조(1항)의 계약이란 결코 조합계약이 될 수가 없다. 당사자들이 조합을 결성하는 조합계약으로 합유를 정할 수 있다고 하면 물권의 종류는 물권법으로 정한다는 물권법정주의를 정면으로 부정하는 것이 되고 만다.

한편 제271조 제1항(제1문)의 '법률의 규정 또는 계약에 의하여'란 당연한 규정으로서, 물권 일반의 경우에도 이러한 규정을 두고 있지 않는다. (준)총유에 관한 제275조(제1항)의 경우도 마찬가지이다. 따라서 이러한 문구는 삭제하는 것이 바람직하다.

(나) 제271조 제2항의 계약의 의미: 물권규정을 보충하는 물권약정

제271조 제2항은 "합유에 관하여는 전항의 규정 또는 계약에 의하는 외에 다음 3조의 규정에 의한다."라고 규정하고 있다. 또 제275조 제2항은 "총유에 관하여는 사단의 정관 기타 계약에 의하는 외에 다음 2조의 규정에 의한다."라고 규정하고 있다. 이들 규정은 조합계약과 비법인사단의 정관으로 합유규정과 총유규정을 배제한다는 것을 의미하는 것이 아니라, 물권약정으로 합유규정과 총유규정을 보충할 수 있다는 것을 말한다. 그 이유 내지는 근거에 대하여 살펴본다.

1) 합유규정(제272조~제274조)은 (준)공동소유권의 질서에 관한 물권규정으로서 강행규정

독일과 일본의 합유규정과 스위스, 대만 및 한국의 합유규정을 비교하여 살펴본다.

① 독일과 일본의 채권법상의 합유규정

개정 전 독일민법의 경우 조합재산에 관한 사항도 일률적으로 조합법인 채권법에서 규정을 두고 있다. 독일채권법의 조합은 조합재산을 합유로 하는 규정(제718조)과 합유지분 처분금지에 관한(제719조) 규정을 두고 있다. 그런데 이들 규정은 비록 채권법에 규정되어 있더라도 (준)공동소유권의 기본질서에 해당하는 규정으로서 물권규정의 성질을 갖는다. 이에 반하여 조합의 결성, 운영, 해산 등(제705조~제717조, 제720조~제740조)에 관한 규정은 채권규정에 해당한다. 또 일본의 경우에도 조합법은 조합재산의 공유(제668조)에 관한 규정을 두고 있다. 이러한 독일과 일본의 채권법의 태도는 채권법과 물권법의 분화가 이루어지지 않은 입법이라 할 수 있다.

개정 전 독일채권법(제709조)은 조합의 업무집행에 관해서도 조합원 전원의 의사에 의하도록 규정하고 있다. 조합의 업무집행에 있어서도 조합재산의 경우처럼 '합수적 조합'을 규정하고 있는 것이다. 이처럼 조합재산과 조합의 업무집행에 대하여 따로 규정을 두고 있는 것은 각각 적용되는 대상이 다르다는 것을 말하는 것이다. 또 이는 전자는 합

141) 김상용, 물권법, 418면

유재산에 관한 물권규정이고 후자는 조합에 관한 채권규정이라는 것을 말한다. 이는 일본의 채권법상의 조합에서도 동일하게 말할 수 있다.

한편 독일의 경우 업무집행에 관하여는 당사자가 약정으로 전원의 의사에 의하지 않는 것이 허용되는지가 문제이다. 업무에 관한 규정은 채권규정이므로 당연히 약정을 허용하는 임의규정이라 보아야 할 것이다.

② 스위스, 대만 및 한국의 물권법상의 합유규정

스위스민법, 대만의 민법과 우리 민법은 조합재산에 관한 합유규정을 모두 물권법에 두고 있다. 스위스민법 제654조(제1항, 제3항), 대만물권법 제827조~제830조와 우리 물권법 제272조~제274조가 그러하다. 이를 통하여 (준)합유에 관한 규정은 소유권의 일반 질서에 관한 규정으로서 물권규정이라는 것이 명백해진 것이다. 그리하여 합유도 공유와 함께 등기되는 소유권에 해당한다(부동산등기법 제48조 제4항). 이 점에서 우리 민법에서는 독일과 일본의 경우와는 달리 물권법과 채권법의 분화가 이루어진 입법이라 할 수 있다.

③ 합유규정은 배제될 수 있는 채권규정이 아니라 배제될 수 없는 물권규정

물권법정주의에 의한 물권약정과 채권약정의 구별에 의하면, 합유규정(제272조~제274조)은 배제될 수 있는 채권규정이 아니라 배제될 수 없는 물권규정이다. 합유규정(제272조~제274조)은 공동체에서의 소유권의 질서를 정하는 물권규정이기 때문이다.

2) 합유규정(제272조~제274조)은 배제될 수 없는 합수적 조합의 본질적 사항

우리 민법상의 합유규정은 합유물의 처분 · 변경금지(제272조), 합유지분의 처분금지(제273조 제1항), 합유물의 분할청구금지(제273조 제2항), 조합체의 해산과 합유의 종료(제274조)에 관한 규정으로서 합수적 조합의 본질에 해당하는 규정이다. 합유에 관한 대륙법계 규정들과 비교하여 보면, 이러한 규정들은 모두 배제될 수가 없다. 만약 배제될 수 있다면 그것은 합유의 파탄을 의미하기 때문이다. 공유물의 처분, 변경에 관한 규정(제264조)도 공유의 본질적 규정에 해당하므로 배제가 되지 않는데, 하물며 합유물의 처분, 변경에 관한 규정(제272조)이 배제될 수 있다는 것은 타당하지 않다.

3) 제271조 제2항의 계약은 합유규정(제272조~제274조)을 보충하는 물권약정

합유에 관한 대륙법계 규정들을 살펴보면, 개별 합유규정에서 합유규정을 보충하는 약정을 두고 있을 뿐이다. 이는 우리 민법에서 물권 일반의 경우도 마찬가지이다. 또 (준)공유의 공유물분할청구의 경우에도 마찬가지이다(제268조 제1항 단서). 따라서 제271조(제2항)는 계약으로 합유규정 전체(제272조~제274조)에 대하여 보충하는 약정을 둘 수 있다는 것을 의미하는 것이다. 따라서 우리 민법은 합유물의 관리에 관하여 규정하고 있

지 않는데, 제271조(제2항)의 계약으로 이를 정할 수 있다.

4) 제271조 제2항의 "계약에 의하는 외에는 다음 3조(제272조~제274조)의 규정에 의한다." 라는 문언의 의미

제271조(제2항)의 계약은 합유에 관한 규정(제272조~제274조)을 배제하는 규정이 아니라는 것은 제271조(제2항)와 동일한 형식을 취하는 규정(제302조, 제354, 제355조 등) 또는 유사한 형식을 취하는 규정(제128조, 제561조, 제572조 제3항, 제806조 제2항 등)과의 비교에서도 잘 드러난다. 이들 규정을 분석하면, 계약(A)과 '다음 3조의 규정'(B)이 함께 적용된다.[142] 즉, A가 B를 배제하는 것이 아니고, A와 B 모두가 함께 적용된다는 의미이다. 따라서 합유규정(제272조~제274조)은 결코 배제될 수가 없다.

한편 A와 B 중에서 어느 것이 기본적 사항이고 또 보충적 사항인지는 각 조문의 규정 내용이 무엇이냐에 따라 달라진다. 많은 경우 A가 기본적 사항에 해당하고 B가 보충적 사항에 해당한다. 그러나 제354조의 경우에는 그렇지가 않다. 제354조는 "질권자는 전조(A)의 규정에 의하는 외에 민사집행법에 정하는 집행방법(B)에 의하여 질권을 실행할 수 있다."라고 규정하고 있다. 민사집행법이 정하는 집행방법(B)을 정하는 기본법임에 비추어 볼 때, 집행방법은 민사집행법이 정하는 것이 기본적인 사항에 해당하고, 제353조가 정하는 채권의 실행방법은 보충적 사항에 해당하는 것임이 자명하다. 이는 특수지역권에 관한 제302조의 경우도 마찬가지이다. 특수지역권의 경우 관습(A)은 특수지역권의 보충적인 사항을 규율하고, 지역권에 관한 절(節)(B)이 기본적인 사항을 규율하는 것이다.[143] 이상의 점에 비추어 볼 때, 제271조(제2항)의 "A에 의하는 외에 B에 의한다."라는 문언은 합유규정(B)이 기본적 사항이고 계약(A)이 보충적 사항이라는 것을 의미한다. 이것은 물권규정과 물권약정의 관계에 비추어 볼 때 타당한 것이다.

5) 결어

통설과 판례가 제271조(제2항)의 계약을 채권계약인 조합계약으로 해석하여, 합유규정이 배제될 수 있으므로 임의규정이 되어 물권법정주의가 준수되지 않는다고 하는 해석은 결코 타당할 수가 없다. 전술한 1)에서 4)까지의 근거에 의하면, 제271조(제2항)의 계약은 합유규정이 정하지 않은 사항(합유물의 관리 등)을 보충할 수 있을 뿐인 물권약정을 의미한다. 첫째, 통설과 판례가 독일채권법과 일본채권법이 조합재산에 관한 규정도

---

142) 상세한 것은 남효순, "우리 민법상 합유와 준합유의 강제 – 학설과 판례의 문제점 해결을 위한 합유의 새로운 해석 ~ 물권 및 물권적 청구권개념에 대한 새로운 이해의 단초4 –", 175~176면 참조.

143) 관습법에 변경적 효력을 인정하는 경우에는 특수지역권에 관한 장(章)은 보충적 사항을 규율하는 것이 된다.

채권법에 함께 두고 있다는 사실만을 보고, 합유에 관한 규정을 채권규정인 임의규정으로 잘못 해석하는 것은 타당하지 않다. 둘째, (준)공유의 경우와 마찬가지로 (준)합유와 (준)총유의 내용은 당사자들이 약정하는 것이 아니라 물권법이 정하는 것이다. 셋째, 합유에 관한 물권규정(제272조~제274조)은 물권법정주의 일반원칙에 따라서 물권약정에 의하여 보충되는 것일 뿐이다. 넷째, 통설과 판례가 개인주의적 (준)공유의 경우에 물권법정주의가 준수된다고 하면서, 그보다 더 엄격한 집단적인 조합이나 단체적인 비법인사단에서 물권법정주의를 부정하는 것은 타당하지 않다. 이상에서 보는 바와 같이, 물권법정의는 물권 일반에서뿐 아니라 (준)공동소유권에서도 일관되게 준수되어야 한다.

(다) 물권법 제272조(본문)와 채권법 제706조의 충돌 여부

일본의 경우 조합재산의 '관리 · 처분 · 변경'에 대해서 규정을 두고 있지 않다. 따라서 이를 어떻게 처리할 것인지가 중요한 문제가 될 수밖에 없다. 이를 해결하기 위해서 일본의 경우 물권법상의 공유에 관한 규정(제251조와 제252조)을 준용하는 해석론과 조합의 업무집행에 관한 규정(제670조)을 준용하는 해석론이 대립하고 있다.[144] 즉, 외관상으로는 채권법의 규정과 물권법의 규정의 충돌하는 문제처럼 보인다. 그러나 우리는 조합재산의 '처분 · 변경'에 대하여 명시적인 규정(제272조 본문)을 두고 있다. 따라서 규정의 흠결로 인한 충돌 자체가 문제가 되지 않는다. 우리 물권법은 이러한 충돌의 논의가 발생하는 것을 차단하기 위하여 명시적인 규정(제272조 본문)을 두고 있는 것이다. 이러한 사정을 고려하지 않고 통설과 판례가 제272조(본문)와 채권법 제706조의 충돌을 논하는 것은 타당할 수 없다. 한편 조합 업무에 관한 조항과 조합재산에 관한 조항은 적용되는 대상이 다르므로, 충돌 여부를 문제삼는 것 또한 타당하지 않다고 할 것이다. 요컨대 우리 물권법의 경우에는 제272조(본문)과 제706조가 충돌하는 문제는 애초에 발생할 여지가 없는 것이다.

(3) 제271조 · 제275조와 부동산등기법의 개정

제271조 제1항(제1문)의 계약으로 당사자들이 조합을 결성하는 조합계약을 통하여 합유를 마음대로 정할 수 있고 또 제271조(제2항) · 제275조(제2항)의 채권계약 또는 정관(단체행위)에 의하여 합유규정과 총유규정이 무도 배제될 수 있다고 하는 오해를 불식시키기 위해서는 그에 대한 개정이 필요하다. 또 물권약정의 등기에 관하여 부동산등기법도 당연히 개정되어야 한다. 합유에 관하여 개정을 하는 방법에는 두 가지 방법이 있을 수 있다. 첫째, 제271조 제2항을 삭제하는 방법이다. 그리고 합유물의 관리에 관한 규정

144) 자세한 것은 "새로운 패러다임에 의한 (준)공동소유권론"에서 다룬다.

을 신설하는 방법이다.[145] 이는 2013년 민법개정안이 마련한 방법이다.[146] 둘째, 제271조 제2항이 실질적 의미를 살려서, 보충적인 물권약정으로 개정하는 방법이다. 이에 후자의 방법을 살펴보기로 한다.

(가) 제271조의 개정

제271조(제1항)의 '법률의 규정 또는 계약'이라는 문구는 삭제하는 것이 타당하다. 물권 일반의 경우 이러한 문구는 존재하지 않는다. 물권이 법률의 규정 또는 약정으로 성립한다는 것은 물권법정주의가 당연히 전제로 하는 바이기 때문이다. 총유에 관한 제275조(제1항)에서도 이러한 문구를 사용하지 않는다는 점에서 더욱 그러하다.

한편 우리 물권법은 합유물의 관리에 대해서는 아무런 규정을 두고 있지 않다. 따라서 제271조 제2항에 "그러나 다음 3조의 규정으로 정하지 않은 사항에 대해서는 약정으로 정할 수 있다."라는 문언을 추가한다. 이는 (준)총유의 경우도 마찬가지이다.

제271조(물건의 합유) ① 수인이 조합체로서 물건을 소유하는 때에는 합유로 한다. 합유자의 권리는 합유물 전부에 미친다.

② 합유에 관하여는 다음 3조의 규정에 의한다. 그러나 다음 3조의 규정으로 정하지 않은 사항에 대해서는 약정으로 정할 수 있다.

제275조(물건의 총유) ① 법인이 아닌 사단의 사원이 집합체로서 물건을 소유할 때에는 총유로한다.

② 총유에 관하여는 다음 2조의 규정에 의한다. 그러나 다음 2조의 규정으로 정하지 않은 사항은 사단의 정관으로 정할 수 있다.

(나) 부동산등기법 제48조의 개정

물권법상의 물권약정은 반드시 등기하여야 한다. 그렇게 하여야만 물권의 내용을 공시할 수 있기 때문이다. 이는 물권 일반의 경우에는 예외 없이 물권약정에 대하여 등기가 인정되고 있다.[147] 따라서 (준)합유의 경우에도 (준)공유(제268조 제1항 단서, 제278조)의 경우와 마찬가지로 물권약정은 반드시 등기하여야 한다.

제48조(등기사항) ③ 제26조에 따라 법인 아닌 사단이나 재단 명의의 등기를 할 때에는 그 대표자나 관리인의 성명, 주소 및 주민등록번호를 함께 기록하여야 한다. 민법 제275조 제2항 단서의 약정이 있을 때에는 이를 등기하여야 한다.

---

145) 제271조 제2항에 관한 2013년의 개정방향을 긍정적으로 평가한 학자도 있다. 예를 들면, 김세준, "개정론 관점에서의 민법상 조합 규정", 277~278면 참조.

146) 이에 대해서 자세한 것은 최수정, "조합재산에 관한 민법개정 방향-합유와 조합의 사무집행 방법을 중심으로-" 참조.

147) 동산의 경우에는 질권의 피담보채권에 관한 물권약정(제334조 단서)은 등기할 수가 없다.

④ 제1항 제5호의 권리자가 2인 이상인 경우에는 권리자별 지분을 기록하여야 하고 등기할 권리가 합유(合有)인 때에는 그 뜻을 기록하여야 한다. 민법 제271조 제2항 단서의 약정이 있을 때에는 이를 등기하여야 한다.

5. 새로운 패러다임에 의한 (준)공동소유권에서 종류강제와 종류선택의 자유

(준)공동소유권에서의 종류강제란 (준)공동소유권의 종류는 법률로 정하고(종류강제), 그 종류 중에서 어느 것을 선택할지는 당사자의 자유(종류선택의 자유)에 맡긴다는 원칙을 말한다. 이는 물권 일반에서의 종류강제와 마찬가지로 (준)공동소유권의 형태는 법률로 정하더라도, 이를 선택하는 것은 당사자의 의사에 맡긴다는 것을 말하는 것이다. 일부 학설에 의하면 당사자 사이의 '결합의 유무 또는 강약'이라는 객관적 사정에 의하여 (준)공유, (준)합유와 (준)총유가 성립된다고 한다.[148] 그 결과 채권·채무의 (준)합유와 (준)총유는 무의미하다고 한다.[149] 그렇게 되면 (준)공동소유의 형태가 당사자의 의사가 아니라 객관적인 요소에 의하여 정하여지게 된다는 것을 말하는 것이다. 그것은 종류강제를 부정하는 것이나 다름이 없다. 또 나아가 당사자들의 약정이 있으면, (준)공동소유의 형태를 부정하고 불가분채권·채무관계가 성립할 수 있다는 것을 말하는 것이 된다. 이 또한 (준)공동소유에서 물권법정주의에 의한 종류강제를 전면적으로 부정하는 것이 되어 버린다. 다만, 물권 일반의 경우에는 약정물권의 경우 당사자들이 스스로 약정물권을 선택하는 것이 된다. 그러나 (준)공동소유권에서 물권법정주의란 당사자들이 채권계약인 조합계약을 통하여 조합을 결성하면, 물권법은 조합의 경우에는 합유(제272조~제274조)를 강제한다는 점에서, (준)공동소유의 경우에는 (준)공동소유의 형태의 선택이 간접적으로 이루어진다고 할 수 있다.

(1) (준)공유의 강제

물권법은 (준)공유가 성립하는 공동체(공유체)로서 특별한 명칭의 공동체를 전제하지 않는다. 따라서 (준)공유에서도 종류강제가 허용되는지가 문제될 수 있다. 그러나 조합과 비법인사단이 아닌 공유체에서는 (준)공유가 강제되므로(종류강제), 당사자들이 조합과 비법인사단을 결성하지 않고 '수인을 공동의 권리자'로 하는 약정이 있다면(종류선택의 자유), 당사자들은 (준)공유를 선택하는 것이 된다. 이것이 바로 공유체에서 성립하

148) 주석민법, 채권총칙(2), 379면.

149) 박철, "공동명의예금과 다수당사자의 채권관계의 법리", 민사판례연구(XXIV), 2002, 317면. 또 채권의 준공유에 관한 규정은 다수당사자의 채권관계에 준용될 수 없어서, 채권·채무의 준공동소유를 인정할 필요가 없다고 한다(박철, 전게논문, 317면).

는 (준)공유의 삼단논법이다. 즉, 당사자들이 조합이나 비법인사단을 결성하지 않고 '수인을 공동의 권리자'로 하는 약정을 한다면(대전제), 물권법은 이러한 공유체에서는 (준)공유(제262조, 제278조)를 강제하고 있으므로(소전제, 종류강제), 당사자들은 약정으로 (준)공유를 선택하는 것이 된다(결론).

(2) (준)합유의 강제

조합에서 (준)합유의 강제가 이루어지는지에 대해서 학설이 대립하고 있다. 소수설은 조합계약을 전제로 하지 않는 (준)합유의 성립도 얼마든지 가능하다고 본다.[150] 조합계약을 체결하지 않은 수인이 어떤 부동산에 대하여 그들 사이에 합유로 약정하고 합유로 등기한 경우, 이러한 합의는 합유에 관한 규정만이 적용될 뿐이라는 견해가 있다.[151] 따라서 조합계약이 체결되면 조합원 사이의 법률관계는 조합계약의 내용에 의하여 규율되므로 조합의 물적 재산을 합유로 하는 것이 원칙적인 모습이겠지만, 조합계약에 의하여 물적 재산의 소유형태를 공유로 하는 경우 심지어는 조합원 중 1인의 단독소유로 하는 경우도 얼마든지 있을 수 있다고 한다.[152] 한편 판례는 소유권의 공동소유의 경우 조합체를 전제로 하지 않은 (준)합유를 인정하지는 않는다. 그러나 판례는 조합이 성립하고 있는 경우에도 당사자의 약정으로 분할채권관계의 성립을 인정한다.[153]

물권법(제271조 제1항 본문)은 (준)합유가 성립하는 합유체로서 조합을 전제로 하고 있다. 즉, 물권법은 조합의 경우에는 (준)합유를 강제하므로(종류강제), 당사자들이 '수인을 공동의 권리자'로 하는 조합을 결성하면(종류선택의 자유) 그것은 바로 당사자들이 (준)합유를 선택하는 것이 된다. 이것이 바로 조합이라는 공동체에서 성립하는 (준)합유의 삼단논법이다. 즉, 당사자들이 약정으로 조합을 결성하면(대전제), 물권법은 조합에서는 (준)합유(제271조, 제278조)를 강제하므로(소전제, 종류강제), 당사자의 약정으로 (준)합유를 선택한 것이 된다(결론).

(3) (준)총유의 강제

현재 (준)총유의 경우에 비법인사단을 전제로 하지 않는 (준)총유가 존재할 수 있는지에 대해서는 학설상 논의가 존재하지 않는다. 또 이에 관한 판례도 존재하지 않는다. 그러나 통설은 제271조(제2항)의 해석을 제275조에서도 적용하므로 당연한 것으로 보고 있다.

---

150) 박철, 전게논문, 317면.
151) 박철, 전게논문, 317면.
152) 박철, 전게논문, 317면.
153) 대법원 2013. 7. 11. 선고 2011다60759 판결.

물권법(제275조 제1항 본문)은 (준)총유가 성립하는 총유체로서 비법인사단을 전제로 한다. 즉, 물권법은 비법인사단의 경우에는 (준)총유를 강제하므로(종류강제), 당사자들이 '수인을 공동의 권리자'로 하는 비법인사단을 결성하면(종류선택의 자유) 그것은 바로 당사자들이 (준)총유를 선택하는 것이 된다. 이것이 비법인사단이라는 공동체에서 성립하는 (준)총유의 삼단논법이다. 즉, 당사자들이 정관으로 비법인사단을 결성하면(대전제), 물권법은 비법인사단에서는 (준)총유(제275조, 제278조)를 강제하므로(소전제, 종류강제), 당사자의 약정으로 (준)총유를 선택한 것이 된다(결론).

6. 소결

우리의 경우 다른 대륙법계 민법과는 달리 (준)합유와 (준)총유의 경우 제271조(제2항)와 제275조(제2항)를 두고 있다. 우리의 통설과 판례는 독일채권법상의 조합계약의 대상에 대한 오해로 인하여 제271조(제2항)와 제275조(제2항)에 의하여 합유규정과 총유규정이 배제될 수 있는 임의규정이 된다고 하여, (준)합유와 (준)총유에서 물권법정주의의 원칙을 부정하고 있다. 그러나 채권계약의 기능과 채권약정의 역할에 비추어 볼 때, 제271조(제2항)의 계약과 제275조(제2항)의 정관은 합유규정과 총유규정을 보충하는 물권약정으로 이해되어야 한다. 또 (준)공동소유권의 경우에도 (준)공동소유의 형태는 당사자의 약정에 의하여 선택된다는 의미의 종류선택도 그대로 인정된다. (준)공동소유권도 물권이라는 본질상 당연히 (준)공동소유의 형태의 결정에서 종류강제는 인정되어야 한다. 그것은 물권법정주의의 원칙의 당연한 요청이라 할 것이다. 다만 (준)공동소유권의 경우에는 종류강제는 공유체, 조합 또는 비법인사단을 결정하는 의사가 있으면, 물권법은 각 공동체에 대하여 (준)공유, (준)합유와 (준)총유를 강제한다는 점에서 약정의 (준)공동소유의 형태에 대한 선택은 간접적 선택이라 할 수 있다. 요컨대 (준)공동소유권에서도 일관되게 물권법정주의가 준수되어야 한다는 점에서 (준)공동소유권은 물권 일반으로 포섭될 수 있는 것이다.

Ⅶ. 결어

필자는 "새로운 패러다임에 의한 물권론 일반"이라는 저서를 통하여 물권은 지배권이라는 대륙법의 도그마의 문제점을 적시 또 비판하여 물권법상의 청구권 즉, 물권적 청구권은 채권적 청구권과는 다른 법적 성격을 갖는 청구권임을 규명하였다. 물권적 청구권은 물건에 대한 지배권 또는 물권과 결합된 권리로서, 인적 권리이기는 하지만 특정의

의무자를 전제로 하지 않는 대물적 대인성을 가지고 또 상대방 동의가 필요없이 양도성이 인정되는 권리이다. 이에 반하여 채권적 청구권은 인적 결합이 있는 청구권으로서, 특정의 채무자에게만 청구할 수 있는 특정적 대인성을 가지고 또 상대방 동의 없이는 양도성이 인정되지 않는 권리이다. 같은 것은 같게 다른 것은 다르게 취급하는 것이 정의의 요구이다. 따라서 채권적 청구권과 물권적 청구권은 사람에 대한 인적 권리라는 점에서는 동일하게 취급할 수 있지만, 양자는 물적 결합성의 유무에 따라 전혀 다른 법적 성격을 가지므로 마땅히 달리 취급되어야 한다. 즉, 물권적 청구권은 물권자가 물권적 의무자와 그 양수인들에 대하여 갖는 청구권으로서 물적 결합성은 있으나 인적 결합성이 없는 청구권이지만, 채권적 청구권은 특정의 채권자가 특정의 채무자에 대하여 갖는 청구권으로서 인적 결합성은 있으나 물적 결합성이 없는 청구권이다. 한편 물권법상의 청구권을 채권적 청구권으로 보아서 형성된 기존의 물권이론은 모두 수정될 수밖에 없다. 또 이러한 물권이론에 기초하여 형성된 판례도 마땅히 변경되어야 한다. 그것은 물권적 청구권자 또는 물권자를 합당한 법적 보호할 수 없기 때문이다. 이상이 대륙법의 물권은 지배권이라는 도그마에서 벗어나 정립된 '새로운 패러다임에 의한 물권론'의 중요 내용이다.

한편 필자는 이 글을 통하여 (준)공동소유권도 물권 일반의 경우와 마찬가지로 지배권과 물권적 청구권으로 구성되는 물권, 즉 공동의 물권임을 규명하였다. 물권에 대한 (준)공동소유권뿐 아니라 채권·채무와 형성권에 대한 준공동소유권도 공동의 물권이다. 즉, (준)공동소유권은 공동재산권을 대상으로 하여 공동의사의 지배권이 인정된다. 이러한 (준)공동소유권은 지배권의 객체에 지나지 않는 공동재산권과는 구별되어야 한다. 한편 (준)공동소유권에서의 물권적 청구권도 공동재산권에 대한 지배권과 결합성이 있는 청구권으로서, 대물적 대인성과 상대방 동의가 필요 없는 양도성·이전성이 인정된다. 이것이 대륙법계의 민법이 (준)공동소유권과 권리공동 내지는 공동재산권을 동일한 차원의 법적 권리로 보는 것과 다른 점이다. 따라서 다수당사자의 채권관계는 물권의 성질을 갖는 채권·채무의 준공동소유권과 결코 동일하게 취급할 수 없다. 또 다수당사자의 채권관계는 채권·채무의 '공동'과 마찬가지로 채권관계이기는 하지만, 법률관계의 구조가 전혀 다른 채권관계이다. 따라서 다수당사자의 채권관계는 채권·채무의 준공동소유권의 특칙이라 할 수 없다. 또 채권·채무의 공동상속의 경우에도 (준)공유가 성립하는 것이지, 분할채권관계 또는 불가분채권관계의 성립을 인정할 수 없다. 한편 (준)공동소유권에서도 물권법정주의는 당연히 준수되어야 한다. 우리의 통설과 판례가 제271조(제2항)과 제275조(제2항)을 근거로 하여 (준)합유와 (준)총유에서 물권법정주의를 부정하는 것은 타당하지 않다. 통설과 판례가 제271조(제2항)의 약정이 (준)합유에 관한 규정(제272조~제274조)을 배제할 수 있고 그 결과 합유에 관한 규정이 임의규정이라고 하여 물권법정주의를 부정하는 것은 타당할 수 없다. 이러한 통설과 판례의 태도는 소유권을 비롯한 물권에 관한 질서는 사회의 기본질서에 해당하는 것이므로 이를 정하는 물권규정은 강행규정이라는 물권법정주의의 요청에 반하는 것이다. 또 통설과 판례의 태도는 물권 일반의 경우에 성립하는 물권법정주의에 있어서 물권약정과 채권약정이 갖는 성질에도 반하는 것이다. 또 조합재산은 합유로 한다는 합유강제의 원칙(제271조 제1항)에도 부합하지 않는 것이다. 그리고 조합 업무에 관한 조항(제706조)과 조합재산에 관한 조항(제272조)의 충돌을 전제로 하여 제706조가 우선적용된다고 보는 것은 제272조에 대한 자해행위가 된다고 하지 않을 수 없다. 우리 민법의 경우에는 양자는 각각 물권법과 채권법의 규정으로서 적용대상이 다르므로 충돌의 문제는 애초에 발생할 여지가 없는 것이다. (준)공동소유권에서 물권법정주의를 부정한 상태가 민법제정 이후 이토록 오랫동안 계속되었던 것은, 독일과 일본의 채권법상의 조합에 대한 규율을 잘못 이해하였기 때문이다. 구 독일민법의 경우 채권법상의 조합계약은 조합의 결성, 운영 등에 대한 채권계약일 뿐이다. 조합재산의 합유에 관한 규정은 비록 채권법에 규정되어 있지만, 그것은 물권규정이다. 이는 일본의 경우도 마찬가지이다. 독일채권법은 물권법의 규정을 형식적으로 채권법에 두고 있을 뿐이다. 이러한 점에서 독일민법은 물권법과 채권법의 분화가 진화 중인 법이라 할 수 있다. 이는 스위스민법과 기타 아시아의 대륙법계 민법들이 (준)공동소유권을 물권법에 규율함으로써 적어도 형식적으로 물권법과 채권법의 분화가 완성된 것과는 대조적이다. 요컨대 (준)공동소유권도 물권의 성질을 가지고 물권법에 규율되고 있는 이상 물권 일반의 경우와 마찬가지로 마땅히 물권적 규율을 받는다. 법적 편제가 달라지면 법적 규율도 달라지는 것이다.

이 글을 통하여 필자는 (준)공동소유권의 법적 성격이 공동물권이고, 채권·채무의 준공동소유권도 공동물권이고 또 (준)공동소유권에서도 물권법정주의가 당연히 준수되어야 한다는 것을 규명하였다. 이것이 바로 (준)공동소유권의 새로운 패러다임이다. 이를 통하여 이제 (준)공동소유권은 물권 일반론과 유리된 법적 상태를 극복하고 물권의 체제로 온전하게 편입될 수 있게 되었다. 또 (준)공동소유권을 포함한 물권 전반에 대하여 일관된 물권론을 정립할 수 있게 되었다. 그리하여 우리는 한편으로 대륙법의 물권은 지배권이라는 도그마로부터 벗어날 수 있게 되었을 뿐 아니라, 다른 한편으로 (준)공동소유권을 물권 일반으로 온전히 포섭할 수 있게 되었다. 이제 우리는 물권법을 온전히 물권법이라 부를 수 있게 되었다. 이것이 바로 우리 민법이 제정된지 60여년이 경과된 시점에 완성된 한국적 물권론의 모습이라 할 것이다. 이러한 한국적 물권론은 물권법상의 청구권과 지배권에 대한 실제적 분석에 기초함으로써 사물의 본성에 부합하고, 실증적이고 물권법의 영역을 회복하는 과학적인 물권론이다. 이것이 물권은 지배권이라는 대륙법의 도그마의 내재적 한계를 극복하여 이를 뛰어넘는 새로운 패러다임에 의한 물권이라 할 것이다.

전세권 제도의 현황과 개정 방향*

장보은**

국문초록

전세권은 우리 사회에서 채권계약으로서 관행적으로 있었던 전세제도에서 연원을 찾을 수 있는데, 여러 논의 끝에 민법 제정시에 물권으로 입법화되었다. 전세권에 관한 민법규정은 이후 1984년 개정시 전세금의 우선변제권이 추가된 이래, 별다른 개정 없이 유지되고 있다.

이러한 전세권에 대한 개정 방향을 검토하기 위해서는 전세권의 법적 성질에 대한 이해가 선행되어야 한다. 특히 전세권이 물권으로서의 이론적인 논의에 뿌리를 두었다기보다는 관습에서 출발하였다는 점에 비추어 볼 때, 실제 전세권이 이용되는 현실을 정확히 파악하고 향후 활용 방안에 대한 충분한 검토와 합의가 필요할 것이다.

이를 위해 법원의 판례를 통해 민법상 전세권이 활용되는 유형들을 살펴보고, 혼재되어 사용되는 채권적 전세 또는 임대차와의 관계를 비롯하여 채권 담보 목적의 전세권에 대한 취급 등 실무상 쟁점들을 분석하였다. 이를 토대로 현실을 우선 반영하는 선에서 전세권 관련 민법규정의 개정 방향을 제안하고자 하였는바, 향후 전세권에 관한 다각적이고 충분한 논의가 이루어지기를 바란다.

---

* 이 논문은 민사법학 제110호에 게재된 것을 수정 보완한 것이다.

** 한국외국어대학교 법학전문대학원 교수, 법학박사, 변호사.

Ⅰ. 문제의 제기

민법 제303조 이하에서 규정하는 전세권은 전세금을 지급하고 타인의 부동산을 그 용도에 좇아 사용·수익하는 용익물권이고, 전세권이 소멸하면 목적부동산으로부터 전세금의 우선변제를 받을 수 있는 담보물권의 성격도 가진다. 이는 물권법의 다른 제도와는 달리, 외국 입법례와는 다른 우리 민법의 특유한 제도라고 설명된다.[1] 이처럼 전세권은 민법에의 도입 연혁부터가 다른 물권과는 차이가 있고, 용익물권과 담보물권의 성질을 겸유하는 특수성이 있으므로 전세권의 본질을 파악하는 것이 쉽지 않다.

전세권은 우리 사회에서 채권계약으로서 관행적으로 있었던 전세제도에서 연원을 찾을 수 있는데, 여러 논의 끝에 민법 제정시에 부동산 용익물권으로 입법화되었고, 이후 전세금의 우선변제권이 추가되면서 용익물권과 담보물권의 성질을 가지는 특수한 물권으로 규정되었다.[2] 그런데 여전히 물권으로서의 전세권보다는 채권적인 전세제도가 압도적으로 많이 활용되고 있고, 거래 현실에서는 전세권, 채권적 전세, 임대차의 각 제도의 활용이 명확하게 구별되기보다 경계가 불명확하거나 심지어는 동시에 이용되는 경우도 많아 각 제도들에 대한 이해를 한층 더 어렵게 한다.

특히 전세권설정등기를 요하는 전세권은 상대적으로 이용 빈도가 낮고, 부동산 용익을 위해서라기보다는 전세금반환청구권을 담보하기 위한 목적으로 활용되는 경우가 많다. 이러한 전세권이 저당권의 목적으로 활용되면서, 최근에는 학계의 논의가 전세권저당권에 집중되어 있는 것이 사실이다.[3] 그런데 민법상 전세권에 관한 개정 방향을 고민함에 있어서는 그 선결문제로서 전세권의 법적 성질에 대한 이해가 필요하다. 특히 전세권이 애초부터 관습에 기초하고 있고 다른 물권과는 성질을 달리한다는 점에서, 전세권의 모습이 관념적으로 어떠해야 한다는 이론적인 논의만을 정리할 것은 아니고, 실제 거래계에서 전세권이 이용되는 현실을 기초로 그 활용 방향에 대한 사회적인 합의가 있어야 할 것이다.

이하에서는 민법상 전세권의 법적 성질에 대한 논의를 간단히 살펴보고, 실제 이 제

---

1) 곽윤직·김재형, 물권법, 2024, 350면; 양창수·김형석, 민법Ⅲ－권리의 보전과 담보, 2023, 750면.
2) 전세권의 연혁에 대해서는 아래 II. 1. 참조.
3) 전세권저당권에 대한 최근의 선행연구로는 박근웅, “임대차보증금반환채권의 담보를 위한 전세권 설정합의의 효력－대법원 2021. 12. 30. 선고 2018다268538 판결을 중심으로－”, 「재산법연구」, 제40권 제2호, 2023; 임윤한, “임대차보증금반환채권 담보 목적의 전세권에 저당권이 설정된 경우 통정허위표시 법리의 적용 여부”, 「민사판례연구」, 제45권, 2023; 최수정, “임대차보증금반환채권을 담보하기 위한 전세권의 효력과 효과”, 「민사법학」, 제99호, 2022; 이봉민, “임대차보증금반환채권 담보 목적의 전세권에 저당권이 설정된 경우 전세권의 효력과 전세권설정자와 전세권저당권자 사이의 법률관계”, 「대법원판례해설」, 제129호, 2022; 윤나리, “현행 전세권저당권의 집행방법의 문제점과 개선방안”, 「재산법연구」, 제38권 제4호, 2022 등 참조.

도의 활용 현황과 실무상 쟁점들을 조망한 다음, 이를 규율하기 위해서 필요한 관련 규정의 개정 방향에 대해 생각해 보고자 한다.

Ⅱ. 전세권의 도입과 실제

1. 민법상 전세권의 연혁과 법적 성질

전세권은 일종의 채권계약으로서 관행적으로 있었던 전세제도를 민법전 제정 과정에서 물권의 일종으로 성문화한 것이다. 특히 조선 후기의 관습으로 가사전당(家舍典當)은 금전소비대차의 담보나 채무의 변제를 위하여 가옥을 채권자에게 잡히고, 채권자는 그 가옥을 점유하여 수용수익하며 채무자가 변제를 하지 못하면 가옥의 소유권을 취득하는 것으로서,[4] 가옥임대차형 물적 담보제도로 활용되었다. 이를 통해 채무자는 가옥을 담보로 금전의 융통을 받고, 채권자는 그 가옥을 사용·수익함으로써 금전의 이자에 충당하는 한편, 채무자가 변제하지 않으면 가옥의 소유권을 잃게 되므로 채권회수를 강하게 담보할 수 있었다.[5] 민법 제정 당시 이러한 관습을 기초로, 전세권을 물권으로 입법화하여 '전세금을 지급하고 타인의 부동산을 그 용도에 좇아 사용·수익할 수 있는 권리'를 인정하게 되었다.

이후 1984년 민법이 개정되면서, "그 부동산 전부에 대하여 후순위권리자 기타 채권자보다 전세금의 우선변제를 받을 수 있다"는 내용이 추가되어, 전세권자가 전세금에 대해 우선변제권을 가진다는 점이 명시되었다. 이러한 전세권의 법적인 성질에 대해 판례는 "용익물권과 담보물권의 성질을 겸비하는 것으로서 목적물의 사용가치와 교환가치의 우선적 파악을 목적으로 하는 권리"라고 한다.[6] 학설은 대체로 전세권의 용익물권과 담보물권 가운데 어느 것이 더 강조되는지에 따라 용익물권으로서의 성질을 기본으로 파악하는 견해[7]와 양자의 성질을 동등하게 인정하는 견해[8]로 나눌 수 있다.[9]

---

4) 조선총독부 취조국, 관습조사보고서, 1913, 243면; 민의원법제사법위원회민법안심의소위원회, 민법심의록(상권), 1957, 182－183면.

5) 김용덕 편, 주석 민법 (물권 3), 2019, 235면 이하(조용현 집필부분). 민법 제정 이전의 전세제도와 관련된 관습에 대해서는 윤대성, "전세권의 입법과 법리", 「민법전시행30주년기념논문집 민법학의 회고와 전망」, 1993, 397면 참조. 전세에 관한 관습에 대한 자세한 소개는 이홍민, "채권적 전세의 법적 규율", 「고려법학」, 제66호, 2012, 90면 이하 참조.

6) 대법원 1989. 9. 26. 선고 87다카2515 판결 등.

7) 곽윤직·김재형, 위의 책, 356면; 이영준, 물권법, 2002, 668면; 김상용, 물권법, 2003, 538면; 박동진, 물권법강의, 2022, 349면; 송덕수, 물권법, 2019, 421면; 지원림, 민법강의, 2022, 727면.

8) 고상룡, 물권법, 2001, 471면; 이은영, 물권법, 2002, 628면; 박순성, "전세권에 관한 판례의 동향과 전망－전세권의 담보물권성을 중심으로", 송상현 교수 정년기념논문집(21세기한국민사법학의 과제와 전망), 2002, 84면.

2. 전세권과 채권적 전세

민법상 전세권이 물권으로 규정되었으나, 실제로는 여전히 전세권 등기를 하지 않고 당사자의 계약으로 전세금을 교부하고 다른 사람의 주택에 거주하는 이른바 채권적 전세가 이용되는 경우가 훨씬 많다. 부동산 소유자가 자신의 권리를 제한하는 전세권의 설정을 선호하지 않고, 등기 설정에 추가적인 비용과 절차적인 노력이 따르기 때문이다. 뿐만 아니라, 주택임대차보호법이나 상가건물임대차보호법이 적용되는 경우에는, 이들 법률에 따라 대항력, 우선변제권 등의 보호가 충분하고 소액임차인의 우선특권 등이 인정되어 임차인으로서는 오히려 전세권보다 유리한 면도 있으므로 현실에서 물권적 전세권이 이용되는 것은 매우 제한적이다.[10)]

전세권 입법 당시부터 종래 등기 없이도 전세제도가 광범위하게 활용되어 왔던 점에 비추어 민법 제정에도 불구하고 전세권 등기가 잘 이루어지지 않을 수도 있다는 점이 우려되었는데, 이에 대해서는 전세권 등기를 하지 않더라도 종래 관행의 전세계약으로서는 그 효력이 있다는 것이 대체적인 의견이었다.[11)] 현실적으로도 당사자들이 전세 약정을 맺고 이에 따라 주택 등을 사용·수익하는 경우, 전세권으로 등기하지 않았다고 하여 그 약정의 효력을 부정하기는 어렵고 만일 그렇게 된다면 큰 혼란을 야기할 수 있다.

이러한 상황에서 실제로는 유사한 목적을 달성하기 위해 전세권, 채권적 전세, 임대차 등이 혼재되어 이용되는 실정이다. 이들 간의 관계는 명확하게 구분되지 않는 것이 현실인바, 이를 논리적으로 이해하는 것이 쉽지 않고, 이는 뒤에서 보는 바와 같이 실무상 여러 쟁점을 낳고 있다.

3. 전세권 활용의 실제 모습

(1) 부동산 대차를 위한 전세권 설정

기존에 민법이 예정했던 것과는 다르게 전세권이 제한적으로 이용되고 있다면, 실제 전세권이 이용되는 현실을 파악하고 가능한 범위에서 법에 반영할 필요가 있을 것이다. 그렇다면 전세권은 언제, 어떻게 활용되고 있을까?

전세권이 문제되었던 판결들을 통해 당사자들이 전세권을 설정하는 대표적인 사안들을 살펴보자면, 우선 민법 제303조에서 예정한 대로 부동산을 소유하지 않은 자가 타

---

9) 그 외에 전세권자에게 우선변제권이 인정되는 점을 들어 전세권을 부동산질권으로서 담보물권이라고 하는 견해도 있었다. 김기선, 한국물권법, 1985, 299면 이하; 윤대성, 한국전세권법연구, 1988, 246면 이하.

10) 곽윤직·김재형, 위의 책, 351면 이하; 양창수·김형석, 위의 책, 750면 이하 등.

11) 민의원법제사법위원회민법안심의소위원회, 위의 자료, 183면.

인의 부동산을 사용·수익하면서 전세권 종료시에 전세금반환청구권을 담보하기 위하여 전세권을 설정하는 경우가 있다. 주택이나 상가건물 이외의 건물이나 토지의 대차 관계에서 전세권이 더욱 활발하게 활용될 것이라는 예상이 있으나,[12] 건물과 별도로 토지에만 전세권을 설정하거나 주택이나 상가건물 이외의 건물에 전세권을 설정하는 실례를 확인하기는 쉽지 않다. 또한 위에서 본 바와 같이 주택에 대해 전세권을 설정하는 것은 일반적이지 않으나,[13] 이에 비해 협상력이 있고 전세권 설정 비용의 부담이 상대적으로 적은 법인이나 정부기관이 점포나 사무실을 빌리면서 전세권을 설정하는 경우가 있다.[14] 참고로 대상 부동산이 건물 전체가 아닌 때에는 구분등기 없이 건물의 일부에 대해 전세권이 설정되는 경우도 있는데, 전세권의 목적물이 아닌 나머지 건물부분에 대하여는 우선변제권은 별론으로 하고 경매신청권은 없다는 것이 판례의 태도이다.[15]

이론적으로는 임대차계약과 전세권을 엄밀하게 구별하여 당사자들이 임대차계약을 체결할 것인지, 전세권을 설정할 것인지를 자유롭게 선택할 수 있다고도 할 수 있지만,[16] 실제로는 임대차계약을 체결한 후 추가적으로 또는 임대차계약에 대신하여 전세권을 설정하기도 하고,[17] 전세권을 설정하면서도 월차임에 대한 약정을 하는 경우도 있다.[18] 임대차보증금을 대출받기 위해 전세권설정을 하고, 이를 담보로 금융기관에 금원을 대출받은 사안도 확인할 수 있다.[19]

(2) 보증금반환채권을 담보하기 위한 전세권 설정

주택의 경우에는 주택임대차보호법에서 임차인 보호를 위한 견고한 장치들을 마련하고 있으므로, 전세권을 설정하기보다는 임대차계약 내지 채권적 전세를 하는 것이 일반적이다. 실제로 2024년 9월 기준 임대차신고 또는 확정일자로 파악되는 주택의 전월세 거래량은 190,146건으로, 이 가운데 월세(보증부월세, 반전세 등 포함)를 제외한 전세,

12) 곽윤직·김재형, 위의 책, 352면.
13) 주택에 대해 전세권을 설정하는 경우도 확인할 수 있다. 대법원 2013. 6. 27 선고 2012다102940 판결 참조. 실무상으로는 채권적 전세나 반전세에서 보증금을 올리면서 전세권을 설정해주거나, 보증금반환채권을 보다 확실하게 담보하기 위한 목적으로 전세권을 설정하는 경우들이 있다.
14) 대법원 1989. 7. 11 선고 88다카21029 판결; 대법원 1992. 3. 10 자 91마256,91마257 결정; 대법원 2001. 7. 2 자 2001마212 결정; 대법원 2002. 2. 5 선고 2001다62091 판결; 대법원 2007. 8. 24 선고 2006다14684 판결.
15) 대법원 1992. 3. 10 자 91마256,91마257 결정; 대법원 1997. 8. 22 선고 96다53628 판결; 대법원 2000. 2. 25 선고 98다50869 판결; 대법원 2001. 7. 2 자 2001마212 결정.
16) 김용덕 편, 위의 책, 242면(조용현 집필부분).
17) 대법원 1999. 9. 17 선고 98다31301 판결 등.
18) 대법원 1999. 2. 5 선고 97다33997 판결 등.
19) 대법원 2008. 3. 13 선고 2006다58912 판결 등.

즉 채권적 전세가 81,595건이었다.[20] 같은 기간 전세권 등기를 한 건수는 그 목적물의 종류를 불문하고 3,806건에 불과한데, 목적물별로는 집합건물에 관한 전세권이 2,935건, 토지는 137건, 건물은 734건이 접수되었다.[21] 이 가운데 주거 목적의 대차관계에서 전세권을 설정한 것은 훨씬 적은 수치일 것으로 예상된다.[22]

주택에 관한 전세권설정등기를 하는 때에도 임대차계약 대신 전세권을 설정하는 것보다는 임대차계약을 전제로 하되, 추후에 또는 이와 동시에 전세권을 설정하는 경우가 대부분이다.[23] 이러한 점은 주택에만 한정되는 것은 아니고, 상가건물에 대해서도 임대차계약을 체결하고 추가로 전세권을 설정하기도 한다.[24] 이러한 경우에는 특히 임대차계약과 전세권의 관계를 어떻게 볼 것인지, 양자의 효력을 모두 인정할 수 있는지 등이 문제될 수 있다.[25]

(3) 별도 채권의 담보를 위한 전세권 설정

전세권을 설정하는 주된 목적이 해당 부동산을 용익하면서 전세금반환을 담보하기 위한 것이 아니라, 해당 부동산과 무관한 별도의 채권을 담보하기 위한 경우도 있다. 판례

---

20) 2024. 10. 31.자 국토교통부 보도자료, "'24년 9월 주택 통계" 참조. 여기에서 말하는 전월세 거래량은 국가승인통계가 아니라, 확정일자를 받은 일부 전월세계약 건을 집계한 수치이다. 참고로 연도별로 매년 1~9월까지의 전월세 중 월세거래량의 비중은 2020년 40.4%, 2021년 43.0%, 2022년 51.8%, 2023년 55.1%, 2024년 57.4%로 거래계에서 전세의 비중이 줄어들고 있는 추세임도 알 수 있다.

21) 대한민국법원 등기정보광장, 전세권설정등기 신청 부동산 현황 참조. (https://data.iros.go.kr/cr/rs/selectRgsCsDetl.do)

22) 최근에는 전세사기 사건이 문제가 되면서 이에 대한 대책으로 전세권 등기를 의무화하는 방안이 논의되기도 한다. 실제로 전세권 등기를 지원하는 지자체의 조례(서울특별시 은평구 전세사기 피해예방 및 전세권 설정 등기 비용 지원 조례 등)가 마련되기도 하였으나, 그렇다고 하여 주택에 대한 전세권 설정 사례가 증가하지는 않은 것으로 보인다. 조선비즈, "여전히 기승하는 전세사기에도... 전세권 설정등기는 줄어든 이유", 2024. 3. 4.자 기사; 아주경제, "전세사기 막는 '전세권 설정 등기' 3% 그쳐... 전셋집 강제경매 1년 만에 90% 급증", 2024. 7. 1.자 기사 참조. 전세권을 설정하는 경우 주택임대차보호법상 대항력 및 우선변제권 인정과 비교하여 하루 정도의 차이가 있을 뿐이고, 번거로움과 비용을 감수하고 전세권 등기를 한다고 하더라도 주택 가액이 보증금을 담보하기에 부족하거나 선순위 채권이 존재하는 경우 등에는 전세권 설정이 전세사기의 근본적인 대책이 되기는 어려울 것이다. 전세사기의 피해자 보호 등을 위한 선행 연구로는 박세훈, "전세사기 피해지원 법제 및 정책에 대한 토지공법적 검토—전세사기피해자 지원 및 주거안정에 관한 특별법, 전세사기 피해자 지원제도—", 「토지공법연구」, 제107권, 2024; 김제완, "임대주택 양도시 임차인의 지위와 임대인의 통지의무—깡통주택·전세사기로부터 주택임차인을 보호하기 위한 법제 개선방안—", 「법조」, 제72권 제4호, 2023 등 참조.

23) 대법원 1993. 11. 23 선고 93다10552 판결; 대법원 1993. 12. 24 선고 93다39676 판결; 대법원 2002. 11. 8 선고 2001다51725 판결; 대법원 2007. 6. 28 선고 2004다69741 판결; 대법원 2010. 6. 24 선고 2009다40790 판결; 대법원 2010. 7. 26 자 2010마900 결정.

24) 대법원 2002. 8. 23 선고 2001다69122 판결; 대법원 2021. 12. 30 선고 2018다268538 판결.

25) 관련 논의는 아래 Ⅲ. 3. 참조.

중에는 건축주가 건설회사의 공사대금채권을 담보하기 위해 건물에 전세권을 설정해 주거나,[26] 임차인의 채권자가 가지는 채권을 담보하기 위해 임대차목적물에 대해 제3자 명의의 전세권을 설정해 준 것도 있고,[27] 미등기상태의 부동산의 임대차보증금반환채권을 담보하기 위해 임대인의 다른 부동산에 대해 전세권을 설정해 준 경우도 확인할 수 있다.[28]

이러한 경우에는 특히 채권담보를 위한 전세권을 유효하다고 할 수 있는지, 세부적으로는 전세금이 현실적으로 수수된 적이 없다는 점이나 전세권자가 부동산을 인도받은 바가 없다는 점이 전세권의 효력에 영향을 주는 것인지 등이 쟁점이 되었다.[29]

4. 전세권 현황과 그 의의

다수의 학설들은 전세권이 용익물권과 담보물권의 두 가지 성격을 겸비한다고 하면서도 이 가운데 기본이 되는 것은 용익물권이고 담보물권성은 부수적인 것이라고 한다.[30] 전세권의 연혁이나 민법전의 편제, 최우선순위 전세권의 경매 실무 등을 고려하면 용익물권이 위주가 된다는 견해가 이론적으로 타당할 수 있다. 그런데 실제 물권으로서 전세권이 이용되는 경우들을 살펴보면, 채권을 담보하기 위한 담보물권적 성격에 보다 무게가 실리는 것을 부정하기 어렵다.

부동산의 용익만을 위해서라면 임대차계약만으로도 그 목적을 달성하는 데에 큰 어려움이 없고, 전세권이 아닌 임대차 등기도 가능한 데에다 특별법에 따라 보호받을 수 있는 방안도 마련되어 있으므로, 전세권을 등기하는 것은 채권을 담보하기 위한 목적이 큰 것이 사실이다. 실제 사례들에서 소유자가 자신의 소유권을 제한하면서 상대방에게 전세권을 설정해주는 이유는 임차인의 협상력 등을 고려하여 임대차보증금반환의 담보를 더욱 확실하게 해 줄 필요가 있거나, 전세권을 담보로 대출을 받을 수 있게 하거나[31] 임대차보증금반환채권을 담보로 활용하는 데에 용이하도록 하려는 것[32] 등으로 이해된다.

---

26) 대법원 1995. 2. 10. 선고 94다18508 판결.

27) 대법원 1998. 9. 4. 선고 98다20981 판결; 대법원 2005. 5. 26 2003다12311 판결.

28) 대법원 2009. 1. 30 선고 2008다67217 판결.

29) 관련 논의는 아래 Ⅲ. 2. 참조.

30) 곽윤직·김재형, 위의 책, 356면; 박동진, 위의 책, 2022, 349면; 송덕수, 위의 책, 421면; 양창수·김형석, 위의 책, 751면.

31) 대법원 2008. 3. 13 선고 2006다58912 판결; 대법원 2010. 3. 25 선고 2009다35743 판결 등. 이러한 전세권에 대해서는 전세권저당권이 설정되는 경우가 많다.

32) 대출금채권을 담보하기 위해 건물에 대한 전세권을 설정하도록 하고 이를 양수받아 전세권이전의 부기등기를 마친 사안도 있다. 대법원 2000. 6. 9 선고 99다15122 판결; 대법원 2006. 5. 11 선고 2006다6072 판결. 이에 대해 법원은 전세권의 용익물권적 기능은 전세권자가 보유하도록 하되, 전세권이 장래에 소멸하여 전세금반환채권이 발생하는 것을 조건으로 하여 장래의 조건부채권을 양수한 것이라고 하면서, 이를 전세권과 분리하여 전세보증금반환채권만을 양수한 것이라고 할 수

이처럼 전세권의 본질을 어떻게 이해할 것인지, 실무에서 상용되는 전세권의 효력을 어디까지 인정할 것인지 등에 대한 보다 구체적이고 실질적인 논의가 필요한 상황이다. 이하에서는 이러한 전세권의 현황을 염두에 두고, 전세권과 관련된 쟁점들을 하나씩 살펴보기로 한다.

Ⅲ. 전세권 관련 실무상 쟁점

1. 임대차 혹은 채권적 전세와 전세권의 관계는 어떻게 이해해야 할까?

(1) 채권적 전세의 법적 성질과 전세권과의 관계

앞서 언급한 바와 같이 당사자들이 전세약정을 하면서 전세권등기를 하지 않는 경우를 통상 채권적 전세라고 하는데, 전세제도를 물권으로서의 전세권과 채권적 전세권으로 나누어 이해하는 것이 일반적이다. 타인의 부동산을 이용하는 법률적 방법으로서 용익물권과 임대차가 있는데, 물권으로서의 전세권이 전자, 채권적 전세는 후자라고 한다.[33] 즉, 채권적 전세의 실질은 부동산임차권에 불과하다는 것이다.[34]

이러한 다수의 학설과는 달리, 전세권을 미등기전세권과 등기된 전세권으로 나누되, 양자는 등기 여부가 다를 뿐 동일한 실질을 갖는다는 견해도 있다. 이에 따르면, 전세권과 본질적으로 동일한 미등기전세를 채권계약으로 보는 것은 무리이고, 미등기전세에 대해서는 민법상 전세권 규정을 유추적용하여야 하며, 다만 등기를 갖추지 못하였으므로 대항력에 관한 규정은 적용할 수 없다고 한다.[35]

또 다른 견해는 등기를 갖추지 않은 채권적 전세는 물권이라고 할 수 없고 채권관계에 머무는 것이 명백하지만, 연혁이나 사회적 기능, 계약내용에 비추어 민법상 전형계약인 임대차와는 다르다고 한다. 따라서 이에 대해서는 전세권에 관한 규정을 우선적으로 유추적용하되 그중 물권으로서의 특성에 기한 규정들은 적용이 배제된다고 한다.[36]

우선 성립요건주의를 택하는 우리 민법의 기본원칙상 미등기전세를 물권으로 볼 수는 없으므로 이에 대해 전세권 규정을 그대로 적용할 수는 없을 것이다. 그러나 채권적 전세가 본질적으로 민법상 물권으로 규정된 전세권과 다르지 않다는 점에서, 물권의 특수성에 기한 것이 아니라면 전세권의 규정을 유추적용할 수 있다는 견해는 설득력이 있다. 그런데 다른 한편으로는 주택임대차보호법 제12조와 상가건물임대차보호법 제17조

없다고 판단하였다.

33) 곽윤직·김재형, 위의 책, 350면.

34) 박동진, 위의 책, 347면.

35) 윤대성, 위의 책, 264면 이하.

36) 곽윤직 편, 민법주해[Ⅵ] 물권(3), 1992, 162면 이하(박병대 집필부분).

에서 이 법이 미등기전세에도 준용된다고 하는바, 이는 채권적 전세가 임대차 관계라는 것을 전제로 하는 것처럼 보이기도 한다. 이러한 견해들은 상호 모순되는 것처럼 보이지만, 전세권의 모태가 되었던 종래의 전세에 관한 관습이 전세권자가 전세금을 교부하되 월세를 지급하지 않는 형태의 주택의 임대차를 전제로 하는 것이었으므로, 그 법적 성격이 모호하고 전세권과 임대차 사이에 교차되는 지점에 있는 것은 태생적으로 불가피한 면이 있다.

법원은 "차임에 관하여 별도의 약정이 없는 이른바 채권적 전세계약에 있어서는 특별한 사정이 없는 한 전세금에 대한 이자 상당액이 점유·사용에 따른 임료 상당액과 대가관계에 있다고 봄이 상당하다."[37]고 하여 채권적 전세의 개념을 인정하고 있는데, 이에 대해서는 전세권에 관한 규정을 근거규정으로 한 경우도 있고,[38] 임대차관계를 전제로 판단한 것도 있다.[39]

(2) 전세와 임대차의 관계

당사자들이 전세약정을 하는 경우, 통상 전세권자가 상대방에게 전세금을 교부하고 일정 기간 상대방 소유의 부동산을 점유·사용하고, 부동산의 소유자는 그 수령한 전세금의 이자에 해당되는 금원을 그 부동산의 사용료에 충당시키고 전세계약종료시 그 수령한 전세금을 반환하게 된다.[40] 이는 물권으로서 전세권이든 채권적 전세이든 마찬가지이다. 임대차는 임대인이 임차인에게 목적물을 사용, 수익하게 하고 임차인이 이에 대하여 차임을 지급하는 것인데(민법 제618조), 전세제도는 전세금의 이자로 차임 지급에 갈음하는 것일 뿐, 그 실질은 임대차와 근본적으로 다르지 않다.

나아가 부동산임대차에서는 관습적으로 상당한 규모의 보증금이 교부되는 경우가 많다. 민법에는 임대차보증금에 관한 명문의 규정이 없지만, 주택임대차보호법과 상가건물임대차보호법에서 보증금과 관련하여 임차인의 지위를 보장하기 위한 규정을 두는 것은 이 때문이다. 이러한 임대차보증금은 차임채무, 목적물의 멸실과 훼손 등으로 인한 손해배상채무 등 임대차에 따른 임차인의 모든 채무를 담보하는 동시에,[41] 그 이자가 차임 지급에 갈음되는 것이기도 하다.[42] 그렇다면 보증금이 클수록 그러한 임대차관계

37) 대법원 2010. 9. 30. 선고 2009다65942, 65959 판결.

38) 대법원 1969. 12. 23 선고 69다1745 판결.

39) 대법원 1979. 9. 25 선고 79다762 판결.

40) 대법원 1958. 4. 24. 선고 4290민상867 판결; 대법원 1961. 2. 23. 선고 4293민상274 판결; 대법원 1976. 10. 26. 선고 76다1184 판결; 대법원 1979. 9. 25. 선고 79다762 판결; 대법원 1987. 11. 24. 선고 87다카1708 판결.

41) 대법원 2016. 7. 27. 선고 2015다230020 판결.

42) 양창수·김형석, 위의 책, 697면; 이은영, 위의 책, 460면; 김용덕 편, 주석 민법 (채권각칙 3),

는 전세에 근접한다. 최근에는 이자율이 높고 주택가격의 상승이 지속되었던 예전에 비해 전세 수요가 낮아지면서 이른바 반전세의 비중도 높아지고 있는 상황인바, 이는 엄밀한 의미에서 전세는 아니지만 보증금 금액에 따라서는 일반적인 임대차보다 전세에 가깝다고 인식될 수도 있다.

그런데 임대차보증금에 대한 판례 법리들을 보면, 임대차보증금과 전세금은 그 취급을 달리하는 면이 있다. 우선 임대차보증금은 차임채무, 임대차목적물의 멸실 또는 훼손 등으로 인한 손해배상채무 등 임대차에 따른 임차인의 모든 채무를 담보한다.[43] 임차인이 임대차목적물을 사용, 수익하는 동안 사용, 수익을 위하여 그 목적물에 관하여 발생한 관리비, 수도요금, 전기요금 등 용익에 관한 채무까지도 임대차계약에서 달리 약정하였다는 등의 특별한 사정이 없는 한 임대차관계의 성질상 임대차보증금에 의하여 담보되는 임차인의 채무에 속한다고 한다.[44] 이들 채무 상당액은 임대차 종료시 별도의 의사표시 없이 당연히 공제된다.

또한 임대차보증금이 임대인에게 교부되어 있더라도 임대인은 임대차관계가 계속되고 있는 동안에는 임대차보증금에서 연체차임을 충당할 것인지를 자유로이 선택할 수 있다고 한다. 다만, 임대차종료 전에는 연체차임이 공제 등 별도의 의사표시 없이 임대차보증금에서 당연히 공제되는 것은 아니다.[45]

이에 반해 전세금의 경우 민법 제315조에 따라 전세금으로 목적물 멸실과 관련된 전세권자의 손해배상에 충당할 수 있을 뿐이고, 이와 별개로 전세금반환시 전세권자의 채무를 상계하는 것이 가능하기는 하지만[46] 전세권이 종료되기 전에 전세권설정자가 공제 또는 상계를 선택할 수 있는 것은 아니므로, 이 점에서 전세권과 임대차보증금은 달리 취급된다.

(3) 구체적 사안에서 개별 약정의 의미

타인의 부동산을 용익하기 위해서 임대차 또는 전세약정을 하는 경우, 그 약정의 의미가 무엇인지를 해석하기는 쉽지 않다. 민법상 물권으로 규정된 전세권과 전세권 등기를 전제하지 않는 채권적 전세, 민법상 전형계약의 하나인 임대차계약이 연혁적으로도, 실질적으로도 상당한 유사성을 가지고 있고, 뚜렷하게 구별되기보다 상호 중첩적이고 모호한 면이 있기 때문이다. 특히 주택이나 상가가 목적물인 경우, 전세권자로서보다 특별법의 임

2016, 764면(박해식 집필부분).

43) 대법원 2016. 7. 27. 선고 2015다230020 판결.

44) 대법원 2012. 6. 28. 선고 2012다19154 판결.

45) 대법원 2013. 2. 28 선고 2011다49608,49615 판결.

46) 곽윤직·김재형, 위의 책, 354면.

차인으로서 보호를 받는 편이 더 유리할 수 있다는 점은 상황을 더욱 복잡하게 한다.

나아가 당사자 사이의 약정은 필요에 따라 전형적인 전세 또는 임대차의 모습에서 변형된 모습으로 형성되기도 하고, 당사자들의 관계가 장기간 계속되면서 계약의 내용이나 성질이 변경되기도 한다. 채권적 전세의 모습으로 시작하였다가 추후에 전세권이 설정되거나, 임대차약정을 기본으로 하였는데 추가적으로 전세권을 설정하는 경우도 어렵지 않게 찾아볼 수 있다.

따라서 구체적인 사안에서 약정의 의미를 파악하기 위해서는, 각각의 제도에 대한 이론적인구별을 기준으로 그 약정이 어디에 속하는지를 따지기에 앞서 당사자들의 의사해석이 우선되어야 한다.[47] 판례는 계약의 해석에 관해 일반적으로, 계약의 형식과 내용, 계약이 체결된 동기와 경위, 계약으로 달성하려는 목적, 당사자의 진정한 의사, 거래관행 등을 종합적으로 고려해서 논리와 경험의 법칙, 그리고 사회일반의 상식과 거래의 통념에 따라 합리적으로 해석해야 한다고 하였다.[48] 당사자들이 어떤 관계를 설정하기를 원하였는지를 확인했다면, 당사자들의 의사와 법체계 및 거래 관행 등에 비추어 개별 약정의 효력을 어떻게 이해해야 하는지, 그 효력을 인정할 수 있는지 등을 검토해야 할 것이다.

2. 채권의 담보를 목적으로 하는 전세권은 유효한가?

(1) 판례의 태도

현실적으로 당사자들이 전세권을 등기하는 것은 이를 통해 부동산의 용익을 보장받기 위해서라기보다는 전세금반환채권의 담보를 위한 목적이 크다. 그런데 전세권이 담보물권적인 성격을 가진다는 점을 인정한다고 하더라도, 해당 부동산의 사용·수익을 전제로 하지 않거나 나아가 이를 배제하는 경우까지도 전세권을 유효하다고 할 것인지는 검토가 필요하다.

이에 대해 판례는 "전세권이 용익물권적 성격과 담보물권적 성격을 모두 갖추고 있고, 목적물의 인도는 전세권의 성립요건이 아닌 점 등에 비추어 볼 때, 당사자가 주로 채권담보의 목적으로 전세권을 설정하였고, 그 설정과 동시에 목적물을 인도하지 아니한 경우라 하더라도, 장차 전세권자가 목적물을 사용·수익하는 것을 완전히 배제하는

---

47) 대전지방법원 1999. 2. 25. 선고 98가합2948 판결에서는 갑이 건물신축에 소요되는 자금조달을 위하여 그 신축건물에 관하여 을과 계약기간 20년, 보증금 외에 차임은 없는 것으로 약정하여 임대차계약이라는 제목으로 계약을 체결하고 을에게 전세권설정등기와 보증금의 담보를 위한 근저당권설정등기를 경료한 경우, 당사자들의 의사는 전세권 설정계약으로 보아야 한다고 판단하였다.

48) 대법원 2017. 2. 15. 선고 2014다19776, 19783 판결; 대법원 2017. 9. 26. 선고 2015다245145 판결 등.

것이 아니라면 그 전세권의 효력을 부인할 수는 없다. 전세금의 지급 전세권 성립의 요소가 되는 것이지만 그렇다고 하여 전세금의 지급이 반드시 현실적으로 수수되어야만 하는 것은 아니고 기존의 채권으로 전세금 지급을 대신할 수도 있다."고 하여, 원칙적으로 채권의 담보를 주된 목적으로 하는 전세권이 유효하다고 하는 입장이다.[49]

그렇지만 "전세권 설정의 동기와 경위, 전세권 설정으로 달성하려는 목적, 채권의 발생 원인과 목적물의 관계, 전세권자의 사용·수익 여부와 그 가능성, 당사자의 진정한 의사 등에 비추어 전세권설정계약의 당사자가 전세권의 핵심인 사용·수익 권능을 배제하고 채권담보만을 위해 전세권을 설정하였다면, 법률이 정하지 않은 새로운 내용의 전세권을 창설하는 것으로서 물권법정주의에 반하여 허용되지 않고 이러한 전세권설정등기는 무효라고 보아야 한다."고 하여 해당 부동산의 사용·수익 권능을 배제하고 채권담보만을 위해 전세권을 설정하는 경우까지도 전세권이 유효가 되는 것은 아니라고 한다.[50]

(2) 해당 부동산의 용익이 전제되지 않는 전세권의 유효성

채권담보를 위한 전세권의 효력을 인정한 대표적인 판례로는 대법원 1995. 2. 10. 선고 94다18508 판결이 있다. 이 사안에서는 건축도급공사와 관련하여 공사대금채권을 가진 채권자를 위해 다세대 주택 1세대에 관한 전세권설정등기를 마쳐준 것이 문제가 되었는데, 이에 대해 대법원은 "당사자가 주로 채권담보의 목적으로 전세권을 설정하였고, 그 설정과 동시에 목적물을 인도하지 아니한 경우라 하더라도, 장차 전세권자가 목적물을 사용·수익하는 것을 완전히 배제하는 것이 아니라면, 그 전세권의 효력을 부인할 수는 없다"고 하였다. 전세권자가 그 부동산의 용익을 할 수 있는 가능성이 있는 이상 전세권이 유효하게 성립한다는 취지였다.

나아가 대법원은 "전세금의 지급은 전세권 성립의 요소가 되는 것이지만 그렇다고 하여 전세금의 지급이 반드시 현실적으로 수수되어야만 하는 것은 아니고 기존의 채권으로 전세금의 지급에 갈음할 수도 있다."고 하면서, "전세권이 담보물권적 성격도 가지는 이상 부종성과 수반성이 있는 것이기는 하지만, 채권담보를 위하여 담보권을 설정하는 경우 채권자와 채무자 및 제3자 사이에 합의가 있으면 채권자가 그 담보권의 명의를 제3자로 하는 것도 가능하고, 이와 같은 경우에는 채무자와 담보권명의자인 제3자 사이에 담보계약관계가 성립하는 것으로 그 담보권명의자는 그 피담보채권을 수령하고 그 담보권을 실행하는 등의 담보계약상의 권한을 가진다."고 하여 전세권을 담보물권의 하

49) 대법원 2021. 12. 30 선고 2018다268538 판결.

50) 대법원 2021. 12. 30 선고 2018다40235, 40242 판결.

나로 취급하는 듯한 판단을 하였다.

그런데 이 사안에서는 전세권을 설정한 이후에도 원고가 경매를 통해 이를 매수하기까지 목적 부동산에서는 전세권을 설정해준 건축주의 아들이 거주해 왔다는 점에서 전세권자로서는 부동산의 사용·수익이 아닌 전세권반환청구권의 담보적 가치에만 관심이 있었던 것으로 보인다. 판례는 전세권의 유효성 여부를 따지기 위해 전세금이 현실적으로 수수되어야만 하는지, 목적물이 인도되어야 하는지 등의 세부 쟁점들을 검토한 후, 채권의 담보만을 위한 전세권도 유효하다는 결론에 이르렀으나, 이러한 형태의 전세권이 민법이 예정한 모습이 아님은 분명하다.

전세권이 용익물권이자 담보물권으로서의 성질을 가진다는 다수설과 판례의 태도에 따르거나, 일종의 부동산 질권으로서 담보물권으로서의 성질을 가진다는 소수설에 의하더라도, 전세권에서 목적 부동산의 점유 내지 사용·수익과 전세금 교부 및 반환은 밀접한 관련이 있음은 물론이다. 이들을 절연시키고, 부동산의 점유나 용익을 전제로 하지 않는, 그 부동산과 무관한 다른 채권의 담보를 위한 전세권을 인정하는 것은 민법이 예정하지 않았던 새로운 담보물권을 창설하는 것으로 볼 수 있다. 이러한 형태의 전세권이 우리 사회에서 일종의 관습법으로서 용인될 정도의 것인지는 의문이다.[51]

이러한 취지에서 비교적 최근의 판례인 대법원 2021. 12. 30 선고 2018다40235, 40242 판결은 "전세권설정계약의 당사자가 전세권의 핵심인 사용·수익 권능을 배제하고 채권담보만을 위해 전세권을 설정하였다면, 법률이 정하지 않은 새로운 내용의 전세권을 창설하는 것으로서 물권법정주의에 반하여 허용되지 않고 이러한 전세권설정등기는 무효라고 보아야 한다."고 하면서, 그러한 전세권의 효력을 부정한 바 있다.[52]

(3) 검토

전세권에서 부동산의 용익과 전세금의 교부·반환은 상호 밀접한 관련성이 있다. 판례는 채권담보 목적의 전세권의 효력과 관련하여 부동산의 사용·수익을 배제하고 채권담보만을 목적으로 하는 정도가 되어야 무효가 되는 것으로 설시하고 있지만, 향후의 부

51) 윤진수, 민법기본판례, 2020, 239면.

52) 이 판결의 사실관계는 피고가 임차인과의 임대차보증금반환채권을 담보하기 위해 다른 식당에 관해 임차인을 전세권자로 하는 전세권을 설정해 준 것이다. 이후 전세권이 전전 양도되어 피고 직원이 전세권자가 되었으나, 실질적으로는 피고가 2013. 12.경까지 해당 식당을 직접 운영하는 등 계속 관리하였다. 피고의 채권자인 원고는 피고 및 피고 직원과 전세권 이전을 약정하고, 2012. 9. 13. 원고 앞으로 전세권의 이전을 명하는 판결을 선고받았으나, 2015. 6. 18.에야 전세권이전등기를 하면서 비로소 사용·수익권을 주장하였다. 이에 대해 법원은 이 사건 전세권은 전세권자가 목적물인 이 사건 식당을 사용·수익하는 것을 배제하고 채권담보만을 목적으로 설정된 것이므로, 이 사건 전세권설정등기는 무효라고 판단하였다.

동산의 사용·수익 가능성을 완전히 배제하였다고 볼 수 없더라도 대상 부동산의 용익을 예정하지 않은 채로 그 부동산과는 무관한 전혀 다른 채권을 담보하기 위한 전세권을 인정하는 것은 민법이 전제하는 전세권의 모습이라고 하기 어렵다.

다수의 학설들은 채권담보 목적의 전세권에 대해 그 유효성을 인정하고 있지만, 그것이 전세권자의 사용·수익을 배제하는 것까지도 유효하다는 의미는 아니어 보인다.[53] 또한 채권의 담보를 위해 설정된 전세권이 유효한지가 쟁점이 되었던 다수의 판례들은 부동산에 대한 임대차 약정을 전제로 하여 임대차보증금반환채권의 담보를 위해 전세권이 설정된 사안이었다.[54] 이는 대상 부동산의 용익을 전제로 이와 관련된 임대차보증금반환채권을 담보하기 위한 것이므로, 부동산의 점유 내지 사용·수익과 무관한 채권을 담보하기 위해 설정된 전세권과 동일하게 볼 것은 아니다.[55]

입법론적으로 이러한 전세권을 인정할 필요가 있는지에 대해서는 전세금을 현실적으로 수수하여야 하는지, 목적물의 인도가 필수적인지 하는 이론적인 검증보다는 부동산의 용익과 전세금반환채권의 담보를 별개로 인식하는 것이 타당한지, 그럴 필요성이 있는지, 사회경제적으로 어떤 영향을 미칠 것인지 등에 대해 보다 진지하고 다각적인 검토가 필요하다. 이러한 전세권을 인정하면 전세금반환채권의 담보가치를 활용하기에 유리하고, 대체로 전세권자의 재산 가운데 전세금반환채권이 차지하는 비중이 높다는 점을 고려하면 이러한 담보를 활용할 실익이 있는 것도 사실이다. 그런데 이러한 전세권은 전세금을 지급하고 타인의 부동산을 용익하는 전세권자에게 물권적 지위를 부여하여 보호하고자 하였던 도입 취지와는 거리가 있고, 전세권이 존속하는 동안 전세권을 그 담보하는 전세금반환채권과 분리하여 양도하는 것은 허용되지 않는다고 하는 판례의 태도[56]와는 모순되는 것은 아닌가 하는 의문이 든다.[57]

---

53) 강대성, "전세권저당권의 우선변제적 효력", 「토지법학」, 제24권 제1호, 2008, 34면; 최준규, "전세권과 허위표시: 대법원 2010. 3. 25. 선고 2009다35743 판결", 「민사법학」, 제63권 제1호, 2013, 369－370면; 박근웅, "채권담보를 위한 전세권의 법률관계", 연대 「법학연구」, 제26권 제4호, 2016, 115－120면.

54) 2011. 3. 24. 선고 2010다95062 판결, 2018. 3. 15. 선고 2015다217324 판결, 대법원 2018. 7. 20. 선고 2014다83937 판결 등.

55) 이에 대해서는 아래 Ⅲ. 3.에서 검토하기로 한다.

56) 대법원 1966. 7. 5. 선고 66다850 판결; 대법원 1997. 11. 25. 선고 97다29790 판결; 대법원 1999. 2. 5. 선고 97다33997 판결; 대법원 2002. 8. 23. 선고 2001다69122 판결; 대법원 2018. 7. 20 선고 2014다83937 판결 등.

57) 이러한 판례의 태도에 대한 비판적인 입장으로는 남효순, "전세금과 전세권의 관계", 서울대학교 「법학」, 제49권 제3호, 2008, 181면 이하 참조.

3. 채권적 전세 또는 임대차와 전세권이 병존하는 경우의 법률관계는 어떻게 정리할 것인가?

(1) 채권적 권리와 물권적 권리의 병존 가능성

채권적 전세와 민법상 물권으로서의 전세권이 본질적으로 다르지 않다면, 채권적 전세관계에 있다가 전세권설정등기를 마치면 민법상 전세권이 된다고 할 수 있다.[58] 채권과 물권을 엄격하게 준별하는 우리 민법의 체계상 그렇게 볼 수 없다는 견해도 있으나,[59] 전세권이라는 제도의 도입 연혁과 특수성에 비추어 본다면 등기를 하지 않은 채 전세관계를 맺은 당사자들의 관계가 전세권 등기로써 물권적인 관계가 된다고 보는 것이 아주 부자연스러운 것은 아니다.

이때 종래의 채권적 전세가 잔존하는 것인지에 대해서는 학설의 대립이 있으나, 판례는 대체로 채권적 전세가 계속 존속한다는 입장이어서[60] 채권적 전세와 물권으로서의 전세권이 함께 성립할 수 있다는 취지이다. 논리적으로 새긴다면, 부동산의 용익을 목적으로 하는 채권적 전세와 물권으로서의 전세권이 같은 부동산에 관해 동시에 성립한다고 보기는 어렵다. 그러나 특히 주택이나 상가건물임대차보호법이 준용되는 채권적 전세의 경우, 전세권자 또는 임차인이 협상력이 있어서 전세권설정등기를 하였더라도 임대차보호법에 따른 보호를 포기할 의사는 아니었을 것이고, 물권인 전세권자가 되었을 때의 보호 수준이 특별법상 채권자에 비해 낮아지는 권리의 역전 현상이 발생할 우려도 있으므로, 정책적인 이유로 채권적 전세와 전세권의 병존을 인정하는 것으로 이해된다.

나아가 부동산 임대차에서 전세가 아니라 월차임이 있는 경우라도 상당한 정도의 보증금이 교부될 수 있으므로, 임대차보증금반환채권을 담보하기 위한 수단으로 전세권을 설정하기도 한다.[61] 이 경우에도 당사자들의 의사는 임대차보호법의 적용을 배제하려는 의사라고 보기는 어렵고, 임대차보증금반환채권을 보다 두텁게 보호하거나 이를 담보수단으로 활용하기 위한 것으로 이해할 수 있다. 판례는 전세권을 설정했다고 하여 부동산임대차의 효력을 부정하지 않고, 오히려 "주택임차인으로서의 우선변제를 받을 수 있는 권리와 전세권자로서 우선변제를 받을 수 있는 권리는 근거규정 및 성립요건을 달리하는 별개의 것이므로, 피고가 위 근저당권설정등기보다 앞서 주택임대차보호법상

---

58) 이은영, 위의 책, 667면.

59) 강태성, "물권인 전세권의 성립에 관한 검토", 「민사법의 이론과 실무」, 제21권 제1호, 2017, 7면 이하. 다만, 이에 따르더라도 채권적 전세권이 있는 경우 전세권설정등기를 할 수 없다는 것이 아니라, 다시 물권인 전세권을 설정하겠다는 계약을 하고 이에 따라 전세권설정등기를 하면 물권인 전세권이 성립한다고 한다. 강태성, 앞의 논문, 28－29면.

60) 대법원 1993. 11. 23. 선고 93다10552 등.

61) 대법원 2011. 3. 24 선고 2010다95062 판결; 대법원 2018. 7. 20 선고 2014다83937 판결.

의 대항력을 갖추었음에도 별도로 이 사건 주택에 관하여 전세권설정등기를 경료하였다거나 전세권자로서 배당절차에 참가하여 전세금의 일부에 대하여 우선변제를 받은 사유만으로는 변제받지 못한 나머지 보증금에 기한 대항력 행사에 어떤 장애가 있다고 볼 수 없"다고 하여[62] 임차인과 전세권자로서의 지위를 겸유할 수 있음을 분명히 한다.

(2) 실제 약정과 다른 내용의 전세권 설정

채권적 전세와 동일한 내용으로 전세권설정등기를 하는 경우에는 등기된 대로 전세권의 효력을 그대로 인정하는 것에 별다른 문제가 없을 것이다. 그런데 당사자들의 실제 약정과 다른 내용으로 전세권을 설정하는 경우, 그 전세권의 효력을 어떻게 인정할 것인지에 대해서는 검토가 필요하다. 특히 월차임이 있는 임대차에서 임대차보증금반환채권을 담보하기 위해 전세권을 설정하는 경우에는 필연적으로 실제 임대차관계와 전세권등기 사이에는 불일치가 생기게 된다.

판례는 이러한 전세권에 대해 통정허위표시 법리를 적용하되, 일부무효의 법리로써[63] 그 범위와 적용 대상을 제한하고 있다.[64] 즉, 임대차계약에 따른 임대차보증금반환채권을 담보할 목적으로 임대인과 임차인 사이의 합의에 따라 임차인 명의로 전세권설정등기를 마친 경우, 그러한 전세권설정등기가 유효하다는 것을 전제한 다음, "임대차보증금에서 연체차임 등을 공제하고 남은 돈을 전세금으로 하는 것이 임대인과 임차인의 합치된 의사라고 볼 수 있"지만, "그 전세권설정계약은 외관상으로는 그 내용에 차임지급 약정이 존재하지 않고 이에 따라 전세금이 연체차임으로 공제되지 않는 등 임대인과 임차인의 진의와 일치하지 않는 부분이 존재"하는데, 그러한 전세권설정계약은 임대차계약과 양립할 수 없는 범위에서 통정허위표시에 해당하여 무효라고 하였다. 실제로 이러한 전세권의 효력이 문제가 된 사안들은 대부분 전세권에 저당권이 설정되어 전세권설정자와 전세권저당권자 사이의 이해조정이 문제가 되었는데, 판례는 이처럼 전세권설정계약이 임대차계약과 양립할 수 없는 범위에서 무효가 된다고 하면서도, "다만 그러한 전세권설정계약에 의하여 형성된 법률관계에 기초하여 새로이 법률상 이해관계를 가

62) 대법원 1993. 12. 24. 선고 93다39676 판결 등.
63) 이봉민, 위의 논문, 142면 참조.
64) 대법원 2021. 12. 30 선고 2018다268538 판결. 이 판결 이전에 판례는 이러한 전세권의 효력을 당연히 유효한 것을 전제로 판단하거나(대법원 1993. 12. 24. 선고 93다39676 판결; 대법원 2007. 6. 28. 선고 2004다69741 판결 등), 가정적인 표현으로 통정허위표시에 해당하여 무효라고 하더라도 이를 토대로 새로운 법률상 이해관계를 가지게 된 제3자에게 대항할 수 없다는 식으로 판단한 바 있다(대법원 1998. 9. 4. 선고 98다20981 판결; 대법원 2008. 3. 13. 선고 2006다29372, 29389 판결; 대법원 2013. 2. 15. 선고 2012다49292 판결 등).

지게 된 제3자에 대하여는 그 제3자가 그와 같은 사정을 알고 있었던 경우에만 그 무효를 주장할 수 있다"는 점을 덧붙여서 이들의 이해관계를 조정하고자 한다.[65]

이에 대해 학설은 판례의 태도와 같이 통정허위표시를 적용하거나 유추적용하여 전세권이 무효가 된다거나 전세권에 대하여 이해관계를 새롭게 이해관계를 가지게 된 제3자에 대해서는 악의인지 여부에 따라 달리 효력을 정해야 한다는 견해[66]와 채권담보 목적의 전세권은 원칙적으로 유효하고 통정허위표시임을 들어 그 유효성을 제한할 수 없다는 견해[67]로 나뉜다.

(3) 검토

당사자들이 임대차 관계를 전제로 하면서 임대차보증금반환채권을 담보하기 위해 전세권을 설정하는 경우와 같이 당사자들이 생각하는 법률관계와 전세권의 내용이 상이하다면, 특히 임대차보호법과의 관계에서 이러한 전세권의 효력을 인정하지 않는 것은 부당한 결과를 초래할 수 있다. 판례나 학설이 이러한 전세권을 전면적으로 무효로 보지 않는 것은 이러한 측면에서 이해할 수 있다. 이처럼 부동산에 대한 용익과 관련한 실제 약정과 상이한 내용으로 설정된 전세권을 무효로 보지 않는 이상, 여러 이해관계를 합리적으로 조정할 수 있도록 제도를 운용할 필요가 있다.

임대차보증금반환채권을 담보하기 위해 전세권을 설정하는 것은 임차인을 더 두텁게 보호하거나, 임대차보증금반환채권의 담보를 더 용이하게 하기 위함이다. 통상 부동산의 소유자가 자신의 부동산에 전세권을 설정하는 것을 꺼린다는 점을 고려하면, 전세권을 설정하는 임차인은 어느 정도 협상력을 가진다고 보는 것이 합리적이다. 임대인이 전세권을 설정해주는 것은 임차인이 보증금반환에 대해 안심할 수 있도록 하거나 전세권을 담보로 하여 자금을 융통할 수 있도록 해 주는 것이다. 특히 전세권이 일단 설정되면 이후에 임대인의 의사와는 무관하게 전세권이 양도되거나 전세권저당권이 설정될 수 있다는 점에서[68] 임대인의 권리가 제한될 가능성이 생긴다. 문제는 임대인이 전세권을 설정해 주면서 임대차와 전세권의 차이를 정확히 인식하지 못했을 가능성이

65) 이 사안에서는 전세권저당권자가 저당권 설정 당시 그 전세권설정등기가 임대차보증금반환채권을 담보할 목적으로 마쳐진 것임을 알고 있었다면 전세권설정자가 그 임대차계약에 따른 연체차임 등의 공제 주장으로 대항할 수 있다고 하였다.

66) 최준규, 위의 논문, 368-369면; 황경웅, "전세권 저당권의 등기의 효력과 그 실행방법: 대법원 2008. 3. 13. 선고 2006다29373, 29389 판결의 평석", 「중앙법학」, 제15집 제3호, 2013, 118면 이하 등

67) 이승훈, "전세권저당권의 실행방법과 전세권설정자의 공제 및 상계주장 가부", 「민사판례연구」, 제38권2016, 202면 이하; 최수정, 위의 논문, 388면 이하; 임윤한, 위의 논문, 72면 이하.

68) 실제 사례에서는 전세권이 존속하는 동안 전세권 자체가 양도되는 경우보다는 전세권저당권이 설정되는 경우가 많다.

있다는 점이다.[69)]

한편, 부동산 거래 현실을 고려할 때 전세권저당권자 등 전세권을 기초로 새롭게 법률관계를 형성한 제3자는, 특히 대상 부동산이 주택이나 상가 등의 건물인 경우, 물권인 전세권과는 다른 내용의 임대차가 존재할 수 있다는 점을 어렵지 않게 짐작할 수 있다. 전세권이 단순히 당사자 사이에 신용수수와 그 담보로서 기능하는 것이 아니라 부동산의 용익을 전제로 하는 권리라는 점을 상기한다면, 그 담보적인 가치를 평가하는 데에도 이러한 점을 고려하는 것이 자연스럽다.[70)] 이에 대해 전세권설정자가 전세권을 설정할 때 설정행위로 양도나 담보제공을 금지하지 않았다면, 전세권설정자 등 제3자에 대해 채권관계인 임대차의 효력을 주장할 수 없는 결과를 감수한 것으로 보아야 한다는 견해도 있다.[71)] 그런데 자기 소유 부동산에 대해 전세권설정등기를 꺼리는 것이 일반적이라는 점을 고려하면, 임대인이 임차인에 비해 협상력이 약하거나, 임차인에 대해 호의로 전세권등기를 해 주는 경우도 있을 것이므로, 이러한 특약을 하고 이를 등기하지 않았다고 하여 전세권설정자를 보호할 가치가 없다고 단정할 것은 아니다.

이는 근본적으로 전세권의 성질을 어떻게 이해할 것인지의 문제와 맞닿아 있다. 판례는 당사자들의 약정과 다른 전세권설정을 통정허위표시로 무효가 된다고 하면서도 그 자체를 무효로 보는 것이 아니라 당사자들의 약정과 다른 범위에서 무효가 되는 것이라고 하였고, 나아가 상대방이 이러한 사정에 대해 선의인 경우에만 그러한 무효로써 대항하지 못하는 것이라고 하여 당사자들의 이해관계를 조정하고 있다. 이는 부동산의 용익을 전제로 상당한 금액의 전세금 또는 보증금을 교부하는 거래상의 관습과 관련하여, 전세금 또는 보증금의 반환을 담보하기 위한 범위에서 담보권을 인정하는 것을 전제로 한다.

---

69) 통상적인 부동산 거래에서 전세금을 임대차보증금과 본질적으로 다르지 않다고 생각하는 것이 무리는 아닐 것이다. 참고로 대법원 2011. 3. 24 선고 2010다95062 판결은 "임대인과 임차인이 임대차계약을 체결하면서 임대차보증금을 전세금으로 하는 전세권설정등기를 경료한 경우 임대차보증금은 전세금의 성질을 겸하게" 된다고 하면서, 임대차보증금 반환의무는 민법 제317조에 따라 전세권설정등기의 말소의무와도 동시이행관계에 있다고 한 바 있다.

70) 전세권이 통상의 다른 담보권과는 달리, 부동산 가액 등과 비교하여 전세금반환채권이 적정한 금액인지, 전세권설정자가 충분한 신용을 보유하였는지 등 담보가치에 대한 평가나 검증 없이 담보권으로 널리 활용되는 것이 바람직한지는 의문이다.

71) 임윤한, 위의 논문, 76면.

Ⅳ. 전세권의 개정 방안 - 결론에 갈음하여

1. 전세권 규정의 개정 방향

전세제도는 과거 민간 금융이 발달하지 못했던 시절부터 경제적인 상황에 힘입어 폭넓게 이용되면서, 우리 사회에서 자신의 집을 마련하지 못한 사람들의 주거 사다리이자 금융권에 접근하기 어려운 민간의 사금융수단으로 기능하여 왔다.[72] 다만, 위에서 살펴본 바와 같이 민법의 규정에도 불구하고 실제로는 물권으로서의 전세권이 잘 활용되지 못하고 있는데, 전세권이 주로 채권담보를 위해 제한적으로 활용되고 있고, 임대차관계를 전제하는 경우가 많다는 점에서, 이를 어디까지 인정할 것인지에 대해 사회적인 합의가 필요한 상황이다.

민법상 전세권에 대한 논의에서 이러한 합의가 전제되지 않은 상태로 '물권법정주의'라는 용어가 다소 편의적으로 이용되는 경우가 많은데, 전세권의 연혁이나 운용실태 등에 비추어 물권법정주의가 손쉬운 논거가 되어서는 곤란하다. 법 개정까지도 열어두고 전세권에 대해 논의한다면, 법적인 정합성이나 전세권 내용에 대한 당위보다는 전세권의 실제 활용이나 그로 인한 사회경제적 영향을 포함한 검토가 수반되어야 할 것이다.

이러한 숙고를 생략한 채, 섣불리 방향성을 정하고 혁신적인 제도를 마련하는 것은 위험한 접근이 될 수 있다. 지금까지의 일련의 판례들은 전세권을 그 담보물권적인 특성을 정면으로 내세워 부동산 용익과도 무관한 담보권으로 인정하기보다는, 부동산의 용익을 전제로 상당한 금액의 전세금 또는 보증금을 교부하는 거래상의 관습과 관련하여, 그 반환을 담보하기 위한 범위에서 담보물권으로서의 역할을 하는 것으로 이해하고 있다. 더욱이 과거에 비해 이사율이나 주택 가액의 상승폭이 낮아지는 데에다 최근의 전세사기 사건들까지 더해져 전세제도 자체의 이용 비율이 점차 낮아지고 있고, 이 가운데 전세권 등기를 하는 비율은 훨씬 더 낮은 상황이므로, 논의가 더 필요한 부분에 대한 개정 방향을 제시하기보다는 현실을 반영하는 선에서 민법규정을 검토하고자 한다.[73] 특히 전세권이 물권이기는 하지만 본질적으로 임대차와 완전히 다르지 않고, 임대차를 전제로 전세권이 설정되는 경우가 많다는 점을 고려하여, 가능한 범위에서는 임대차와 규정을 통일하는 방안을 고려해 볼 수 있다.

---

72) 김제완, 위의 논문, 39면.

73) 2004년 및 2014년에 전세권 관련 민법 개정안이 마련된 바 있는데, 여기에는 일부전세권의 효력이나 전세권저당권의 실행방안 등 여러 쟁점이 포함되어 있었다. 관련 사항은 법무부, 민법(재산편) 개정자료집, 2004 참조. 다만, 해당 내용들은 현재 실무와는 상이하거나 방향성에 대한 추가적인 논의가 필요하다고 보이는바, 이 논문에서는 자세히 다루지 않는다.

2. 개별규정의 검토

(1) 제309조, 제310조

1) 전세권과 임대차의 수선의무 비교

전세권과 임차권은 본질적으로 유사성이 크지만, 강학상으로는 각각 물권과 채권으로서의 특성에서 기인하는 차이점이 있다고 설명된다. 대표적으로, 전세권자는 배타적인 지배권으로서 목적물에 대한 사용·수익권이 있고, 전세권설정자의 권리는 그 한도에서 제한되는데, 이러한 전세권설정자의 의무는 소극적인 인용의무일 뿐이고, 목적부동산을 사용·수익하기에 적합한 상태에 둔다는 적극적인 의무는 없다고 설명된다. 이는 임대차기간 중 임차인이 그 임대목적물을 사용·수익하는데 필요한 상태를 유지해야 하는 임대인의 의무와는 구별된다(민법 제623조). 따라서 전세권자는 목적물의 현상을 유지하고 그 통상의 관리에 속한 수선을 해야 하지만(민법 제309조), 임대차관계에서는 목적물의 수선의무는 임대인이 부담하는 것이 된다.[74]

그렇다면 당사자들의 관계가 전세권에 근거한 것인지, 임대차계약에 근거한 것인지에 따라 수선의무의 주체가 달라지게 되고, 채권적 전세에 대해 어떤 규정을 적용하는지도 실익이 큰 논의가 될 수 있다. 그런데 판례는 우선 채권적 전세에 대해서는 대체로 임대차에 관한 민법 제623조를 적용하고 있고,[75] 부동산 거래 실무에서는 특약으로 수선의무의 내용과 주체를 명확하게 하는 경우가 많고, 관행에 따르더라도 물권으로서의 전세권인지, 채권적 전세 또는 임대차인지에 따라 결론에 있어 큰 차이가 나지 않는다.[76]

2) 민법 제309조의 연혁과 활용 여부

민법 제309조는 전세에 관한 관행 및 전권(典權)에 관한 만주민법을 참조하여 제정된 것으로 설명된다.[77] 우선 만주민법 제298조는 "전권자는 관리비용 기타 부동산의 부담을 맡는다."라고 되어 있는데, 이는 만주의 전권은 이른바 유매제도에 의해 전권자가 전물의 소유권을 취득할 기대권을 가지기 때문인바, 목적물에 대한 소유권 취득과는 관련이 없는 전세권자에게 관리 및 수선의무를 부담시키는 근거가 되기는 어렵다.[78] 또한 민법 제정 당시의 우리의 전세관행이라는 설명도 근거가 없다. 이는 1943년 조사의 하나의 사례에 불과하고, 다른 조사에서는 가옥의 수선은 대주의 부담이지만 소수선은 차주

---

74) 곽윤직·김재형, 위의 책, 361면 이하.

75) 대법원 1978. 1. 24. 선고 77도3465 판결; 서울고법 1965. 8. 20. 선고 65나652 판결.

76) 관행적으로 통상 생길 수 있는 파손의 수선 등 소규모 수선은 전세권자 또는 임차인이, 대파손의 수리, 건물의 주요 구성부분에 대한 대수선, 기본적 설비부분의 교체 등과 같은 대규모 수선은 전세권설정자 또는 임대인이 부담한다.

77) 명순구, 실록 대한민국 민법 2, 2010, 344-346면.

78) 이홍민, 위의 논문, 121면 이하.

의 부담이라는 결과도 있다는 것이다. 따라서 이를 근거로 민법 제309조를 입법한 것은 근거가 미미하다.[79] 실제로 이 문제는 당사자들의 특약이나 관행에 따라 해결하는바, 민법 제309조를 적용하는 경우는 거의 없고, 민법 시행 이후 민법 제309조를 적용한 판례도 찾아볼 수 없다.

이처럼 전세권자가 목적물에 대해 일체의 수선의무를 부담한다는 것은 실무와도 맞지 않을뿐더러, 채권자인 임차권자에 비해 물권자인 전세권자의 부담이 크게 되는 것이 합리적이지도 않다. 따라서 민법 제309조는 삭제하는 것이 불필요한 혼란을 막기 위해 바람직하다.[80]

3) 민법 제310조

이처럼 민법 제309조를 삭제한다면, 전세권자가 목적물에 대한 대규모의 수선을 하였을 때 이것이 필요비에 해당한다고 하더라도 그 비용의 상환을 청구할 수 있어야 할 것이다. 설사 민법 제309조를 존치한다고 하더라도, 이를 임의규정으로 보아 당사자들이 그와 다른 약정을 하는 것이 유효하다는 것이 대체적인 학설의 태도이므로,[81] 이 점은 마찬가지이다.

따라서 민법 제310조는 임대차와 유사하게 필요비 상환청구권을 인정하는 방안을 고려해 볼 수 있다.

현행	개정안
제309조(전세권자의 유지, 수선의무) 전세권자는 목적물의 현상을 유지하고 그 통상의 관리에 속한 수선을 하여야 한다. 제310조(전세권자의 상환청구권) ①전세권자가 목적물을 개량하기 위하여 지출한 금액 기타 유익비에 관하여는 그 가액의 증가가 현존한 경우에 한하여 소유자의 선택에 좇아 그 지출액이나 증가액의 상환을 청구할 수 있다. ②전항의 경우에 법원은 소유자의 청구에 의하여 상당한 상환기간을 허여할 수 있다.	제309조 삭제 제310조(전세권자의 상환청구권) ①전세권자가 목적물의 보존에 관한 필요비를 지출한 때에는 소유자에 대하여 그 상환을 청구할 수 있다. 다만, 통상 생길 수 있는 소규모의 수선의 경우에는 그러하지 아니하다. ②전세권자가 목적물을 개량하기 위하여 지출한 금액 기타 유익비에 관하여는 그 가액의 증가가 현존한 경우에 한하여 소유자의 선택에 좇아 그 지출액이나 증가액의 상환을 청구할 수 있다. 이 경우에 법원은 소유자의 청구에 의하여 상당한 상환기간을 허여할 수 있다.

79) 이홍민, 위의 논문, 122면; 강태성, "민법 제309조와 제310조에 대한 검토 및 개정방향", 「토지법학」, 제34권 제1호, 2018, 111면.
80) 이홍민, 위의 논문, 122면 이하; 강태성, 앞의 논문, 113면.
81) 곽윤직 편, 위의 책, 219면(박병대 집필부분); 김용담 편, 주석민법 물권(3), 329면(박순성 집필부분) 등.

(2) 제312조 제2항

이 규정은 1984년 민법개정으로 도입되었고, 특히 주택임대차보호법과의 관계에서 건물전세권자를 보호하기 위한 것이었다. 즉, 그 이전에는 전세권에 관해 최장존속기간만을 규정하고 있으나, 타인의 건물을 이용하는 용익권자는 기간이 너무 짧은 경우에는 불안을 느낄 위험성이 있기 때문에 이를 보호하기 위하여 최단존속기간을 설정한 것이고, 주택임대차보호법 제4조가 적용되는 주거용건물의 임차권자 외에도 일반적으로 건물의 전세권자도 보호할 필요가 있다는 것이 개정 취지였다.[82)]

그런데 1989년 주택임대차보호법이 개정되면서, 그 최소존속기간이 2년으로 연장되었고, 주택에 관한 한 물권인 전세권에 비해 임차권자의 보호 정도가 높은 불균형이 발생하고 있다. 따라서 민법 제312조 제2항은 그 취지에 맞게 다음과 같이 개정하는 것이 바람직하다.

현행	개정안
민법 제312조(전세권의 존속기간) ② 건물에 대한 전세권의 존속기간을 1년 미만으로 정한 때에는 이를 1년으로 한다.	민법 제312조(전세권의 존속기간) ② 건물에 대한 전세권의 존속기간을 1년 미만으로 정한 때에는 이를 1년으로 한다. 다만, 주거용 건물에 대한 전세권의 경우, 그 존속기간을 2년 미만으로 정한 때에는 이를 2년으로 한다.

(3) 제315조

1) 민법 제315조에 관한 판례의 태도

판례는 이 조항을 근거로 "전세금은 그 성격에 비추어 민법 제315조에서 정한 전세권설정자의 전세권자에 대한 손해배상채권 외 다른 채권까지 담보한다고 볼 수 없"다고 하면서, 특히 전세권저당권자와의 관계에서, "전세권설정자가 전세권자에 대하여 위 손해배상채권 외 다른 채권을 가지고 있더라도 다른 특별한 사정이 없는 한 이를 가지고 전세금반환채권에 대하여 물상대위권을 행사한 전세권저당권자에게 상계 등으로 대항할 수 없다."고 한 바 있다.[83)]

그런데 다른 한편으로 임대차보증금에 대해서는 "부동산 임대차에서 수수된 보증금은 차임채무, 목적물의 멸실·훼손 등으로 인한 손해배상채무 등 임대차에 따른 임차인의 모든 채무를 담보하는 것으로서 이와 같은 피담보채무 상당액은 임대차관계 종료 후 목적물이 반환될 때에 특별한 사정이 없는 한 별도의 의사표시 없이 보증금에서 당연히

82) 한국민사법학회, 민사법개정의견서, 1982, 40-41면; 대한민국국회사무처, 제119회 국회법제사법위원회회의록 제10호, 1983, 6면.

83) 대법원 2008. 3. 13 선고 2006다29372 판결.

공제된다."고 하므로,[84] 전세권설정과 함께 임대차계약이 전제되어 있는 경우라면 반환해야 하는 전세권 또는 보증금의 범위가 불명확해지는 문제가 발생한다.

이와 관련하여 비교적 최근의 판례는 이런 경우의 전세권설정계약은 임대차계약과 양립할 수 없는 범위에서 통정허위표시에 해당하여 무효라고 하였고, 전세권저당권자가 이를 알지 못했다면 전세권설정계약의 외관상 차임지급 약정이 존재하지 않는다고 할 것이어서 연체차임의 공제를 주장할 수 없을 것이지만, 전세권저당권자가 악의인 경우에는 이를 주장할 수 있다는 취지로 판단하였다는 점은 이미 살펴본 바와 같다.

2) 전세금의 성질과 개정 방안

그런데 민법 제315조의 해석상 전세금이 목적물의 멸실과 관련된 손해배상채무를 제외한 전세권자의 다른 채무를 담보하지 않는다고 단언할 것은 아니다. 민법 제315조 제1항은 전세권자가 부동산을 점유하며 용익하는 자이므로, 그의 고의 또는 과실로 목적물의 전부 또는 일부가 멸실된 때 손해배상책임을 진다는 것에 불과하고, 심지어 이 규정이 없다고 하더라도 채무불이행책임이나 불법행위책임으로 의율할 수 있다.[85] 목적물 멸실 이외의 사유로 전세권자가 부담하는 손해배상채무에 관해서도, 전세권설정자는 전세금반환채무와 손해배상채권을 상계할 수 있으므로, 전세금은 사실상 전세권자의 모든 채무를 담보한다고 설명하기도 한다.[86]

그런데 전세금에서 연체차임을 공제할 수 있는지에 대해서는, 전세권에는 전세금이 차임을 충당하는 것으로 별도로 월차임 등은 없는 것이 일반적이기 때문에 당사자 사이에 설사 월차임에 대한 약정이 있다고 하더라도 전세금에서 연체차임을 공제할 수는 없다는 견해도 있고,[87] 임대차계약의 당사자들이 임대차보증금의 반환을 담보하기 위해 전세권을 설정했다면 전세금의 성질을 겸하는 임대차보증금으로부터 연체차임을 공제할 수 있다는 견해도 있다.[88] 이는 전세권저당권이 설정된 경우와 같이 제3자의 이해관계가 개입되었을 경우 특히 문제될 수 있다. 판례는 이를 통정허위표시의 이론으로 해결하고자 하였고, 판례를 비판하는 입장에서는 담보물권을 취득한 전세권저당권자에게는

---

84) 대법원 1987. 6. 23. 선고 86다카2865 판결, 대법원 1999. 12. 7. 선고 99다50729 판결, 대법원 2004. 12. 23. 선고 2004다56554, 56561, 56578, 56585, 56592, 56608, 56615, 56622, 56639, 56646, 56653, 56660 판결, 대법원 2005. 9. 28. 선고 2005다8323, 8330 판결, 대법원 2014. 2. 27. 선고 2009다39233 판결, 대법원 2016. 7. 27. 선고 2015다230020 판결 등.

85) 강태성, "민법 제315조·제317조·제318조에 대한 검토 및 개정안", 「토지법학」, 제34권 제2호, 2018, 172면.

86) 곽윤직·김재형, 위의 책, 354면; 곽윤직 편, 위의 책, 192면(박병대 집필부분); 양창수·김형석, 위의 책, 758면; 지원림, 위의 책, 732면.

87) 임윤한, 위의 논문, 74면 이하.

88) 최순규, 위의 논문, 369면 이하, 최수정, 위의 논문, 389면 이하.

선악의를 불문하고 연체차임의 공제주장을 할 수 없다고 한다.[89]

이는 결국 전세권의 성질을 어떻게 이해하는지의 문제이다. 만일 전세권의 담보물권적인 성질을 정면으로 인정한다면, 담보물권자인 전세권저당권자에게 임대차계약에 따라 발생한 연체차임 등의 공제를 주장할 수 없다는 결론에 이르게 될 것이다. 그러나 부동산의 점유 및 사용·수익을 전제로 하는 전세제도의 범위에서 전세권을 인정한다면, 전세금이 전세권자가 대상 부동산을 점유하고 사용·수익하는 것과 관련하여 발생한 일체의 채무를 담보한다는 것이 부당하거나 예측불가능한 사정이라고 보기는 어렵다. 오히려 전세금이 전세권과 관련하여 발생하는 모든 채무를 담보한다고 보는 것이 전세권을 설정하는 당사자들의 의사나 거래계의 관행에 부합한다고도 할 수 있다.

또한 전세제도가 일종의 사금융으로서 기능을 하여 왔고, 나아가 전세권을 담보로 저당권을 설정하는 예가 많아지고 있다는 점을 고려한다면, 전세권저당권자가 그 담보가치를 충분히 활용할 수 있도록 하는 것만 고려할 것이 아니라,[90] 전세권의 담보가치를 평가할 것을 기대할 수도 있다. 임대차보증금을 담보하기 위해 전세권이 설정되는 경우가 많다는 점을 고려하면 전세권저당권자는 당사자들 사이에는 전세권 내용과는 다른 임대차관계가 전제되어 있을 수 있다는 점을 예상할 수 있을 것이고, 통상 금융기관에서 담보를 평가하는 것과 비교한다면 당사자 사이에 어떤 약정이 있는지를 확인하는 것이 과도한 요구는 아닐 것이다.

나아가 판례가 통정허위표시 법리를 적용하여 전세권저당권자에 대해서도 전세금에서 연체차임 등을 공제할 수 있는 가능성을 열어두고 있다면, 이러한 점을 분명하게 하는 방식으로 해당 규정을 개정하는 것을 고려해 볼 수 있다.

---

89) 임윤한, 위의 논문, 74면 이하. 최수정, 위의 논문, 396면.

90) 참고로 임윤한, 위의 논문, 73면 이하에서는 전세금은 임대차와는 무관한 신용수수액이므로 임대차계약에 따른 연체차임을 공제해서는 안 된다고 한다.

현행	개정안
민법 제315조 (전세권자의 손해배상책임) ① 전세권의 목적물의 전부 또는 일부가 전세권자에 책임있는 사유로 인하여 멸실된 때에는 전세권자는 손해를 배상할 책임이 있다. ② 전항의 경우에 전세권설정자는 전세권이 소멸된 후 전세금으로써 손해의 배상에 충당하고 잉여가 있으면 반환하여야 하며 부족이 있으면 다시 청구할 수 있다.	민법 제315조 (전세금의 반환범위) ① 전세금은 목적물의 멸실·훼손 등으로 인한 손해배상채무 등 전세권과 관련된 전세권자의 모든 채무를 담보한다. ② 전세권설정자는 전세권 종료 후 목적물을 인도받을 때까지 전세금으로써 전항의 채무에 충당할 수 있다.[91]

91) 현행 민법 제315조 제2항은 "잉여가 있으면 반환하여야 하며 부족이 있으면 다시 청구할 수 있다."고 하는데, 책임범위가 한정되지 않은 우리 민법에서는 이를 명시하지 않더라도 당연한 내용에 해당한다. 강태성, 위의 논문, 180면.

공동저당에 관한 민법 제368조의 개정 제안*

윤진수**

국문초록

공동저당에 관하여 규정하고 있는 민법 제368조는 공동저당의 목적물이 누구의 소유인가에 대하여는 따로 정하고 있지 않다. 그리하여 위 규정의 문언만을 본다면 공동저당을 설정한 소유자가 서로 다른 경우에도 위 규정이 그대로 적용될 수 있는 것처럼 보인다. 그러나 대법원의 판례는 실제로 공동저당의 목적물 소유자가 동일인인 경우에 한하여 제368조를 적용하고 있다. 우선 대법원의 판례는 공동저당에서의 이시배당에 관한 제368조 제2항에 관하여, 공동저당의 목적물이 일부는 채무자의 소유이고 다른 일부는 물상보증인의 소유이고, 채무자 소유의 부동산에 관하여는 후순위 저당권이 설정된 경우에, 제368조 제2항 제2문은 이러한 경우에는 적용되지 않고, 제482조에 의하여 물상보증인이 우선한다는 변제자대위 우선설을 따르면서, 이 경우에도 제368조 제2항 제2문이 적용되므로 후순위 저당권자가 선순위 저당권을 대위행사할 수 있다는 후순위 저당권자 대위 우선설을 따르지 않고 있다.

또 공동저당에서의 동시배당에 관한 제368조 제1항에 관하여도, 공동저당권이 설정되어 있는 수개의 부동산 중 일부는 채무자 소유이고 일부는 물상보증인의 소유인 경우 위 각 부동산의 경매대가를 동시에 배당하는 때에는, 물상보증인이 민법 제481조, 제482조의 규정에 의한 변제자대위에 의하여 채무자 소유 부동산에 대하여 담보권을 행사할 수 있는 지위에 있는 점 등을 고려할 때, 제368조 제1항은 적용되지 아니하고, 경매법원으로서는 채무자 소유 부동산의

* 이 논문은 민사법학 제110호에 게재된 것을 수록하였다.
이 글은 2024. 12. 24. 경희대학교에서 개최된 한국민사법학회 동계학술대회에서 발표한 글을 보완한 것이다. 당시 지정토론을 맡아 주셨던 박근웅 교수(부산대), 진도왕 교수(인천대)님께 감사의 뜻을 표한다. 그리고 개선을 권고하여 주신 익명의 심사위원들께도 감사를 드린다. 위 심사의견 중 개정안 제368조 제3항의 수정 제안은 반영하였다.
** 서울대학교 법학전문대학원 명예교수 · 법학박사.

경매대가에서 공동저당권자에게 우선적으로 배당을 하고, 부족분이 있는 경우에 한하여 물상보증인 소유 부동산의 경매대가에서 추가로 배당을 하여야 한다고 봄이 상당하다는 것이다.

현재 이 문제에 관하여는 판례를 지지하는 견해가 다수설이지만, 판례를 비판하는 견해도 존재한다. 필자는 판례가 합리적이라고 생각한다. 이시배당의 경우에는 물상보증인은 채무자가 제공한 담보물의 담보력을 신뢰하고 변제자대위에 관한 규정에 의하여 최종적인 책임을 채무자에게 귀속시킬 수 있다는 기대에서 담보를 제공하는 것이므로, 그 후에 채무자 소유의 부동산에 후순위 저당권이 설정되었다고 하여 그 기대이익을 박탈할 수는 없다는 논거가 설득력이 있다. 그리고 동시배당의 경우에 공동저당의 목적물이 각 채무자와 물상보증인의 소유이면 후순위 저당권자가 없는 경우에도 제368조 제1항은 적용되지 않고, 채무자 소유 부동산의 경매대가에서 공동저당권자에게 우선적으로 배당을 하고, 부족분이 있는 경우에 한하여 물상보증인 소유 부동산의 경매대가에서 추가로 배당을 하는 것이 타당하다.

그러나 이러한 결론을 현행 제368조에서 도출하기는 쉽지 않다. 그러므로 이러한 판례를 명문화하는 것으로 제368조를 개정하여야 한다.

Ⅰ. 서론

공동저당을 규정하고 있는 민법 제368조[1]의 적용에 관하여, 대법원은 몇 가지 중요한 판례를 남겼다. 판례는 대체로 위 조문의 적용범위를 제한하고 있다. 이러한 판례에 대하여는 이를 지지하는 학설과 반대하는 학설이 대립하고 있으나, 판례를 지지하는 견해가 다수설인 것으로 보인다.

필자도 이러한 판례가 타당하다고 보지만, 위 조문의 문언으로부터 판례와 같은 결론이 쉽게 도출되지는 않는다. 따라서 이러한 판례를 뒷받침하는 방향으로 위 조문을 개정할 필요가 있다. 이하에서는 이 문제에 관한 종래의 판례와 학설을 살펴보고, 외국에서의 논의를 소개한 다음 필자의 개정안을 제시하고자 한다.

1) 이하에서는 민법의 조문은 조문만으로 인용한다.

Ⅱ. 종래의 판례와 학설

1. 문제의 소재

민법 제368조의 규정은 다음과 같다.

제368조 (공동저당과 대가의 배당, 차순위자의 대위) ① 동일한 채권의 담보로 수개의 부동산에 저당권을 설정한 경우에 그 부동산의 경매대가를 동시에 배당하는 때에는 각 부동산의 경매대가에 비례하여 그 채권의 분담을 정한다.

② 전항의 저당부동산중 일부의 경매대가를 먼저 배당하는 경우에는 그 대가에서 그 채권전부의 변제를 받을 수 있다. 이 경우에 그 경매한 부동산의 차순위 저당권자는 선순위 저당권자가 전항의 규정에 의하여 다른 부동산의 경매대가에서 변제를 받을 수 있는 금액의 한도에서 선순위자를 대위하여 저당권을 행사할 수 있다.

이 규정의 취지는, 채권자가 공동저당의 어느 목적물로부터 임의로 채권 전부 또는 일부의 우선변제를 받을 수 있게 한다면, 특히 후순위 권리자나 저당부동산의 소유자 등에게 불리한 결과를 가져올 수 있기 때문에 이해관계의 공평한 조정을 꾀하려는 데 있다.[2)]

판례는, "공동저당권의 목적인 수개의 부동산이 동시에 경매된 경우 공동저당권자로서는 어느 부동산의 경매대가로부터 배당받든 우선변제권이 충족되기만 하면 되지만, 각 부동산의 소유자나 차순위 담보권자 기타의 채권자에게는 어느 부동산의 경매대가가 공동저당권자에게 배당되는지에 관하여 중대한 이해관계를 갖게 되므로, 민법 제368조 제1항은 공동저당권의 목적물의 전체 환가대금을 동시에 배당하는 이른바 동시배당의 경우에 공동저당권자의 실행선택권과 우선변제권을 침해하지 않는 범위 내에서 각 부동산의 책임을 안분시킴으로써 각 부동산상의 소유자와 차순위 저당권자 기타의 채권자의 이해관계를 조절하고, 같은 조 제2항은 대위제도를 규정하여 공동저당권의 목적 부동산 중 일부의 경매대가를 먼저 배당하는 이른바 이시배당의 경우에도 최종적인 배당의 결과가 동시배당의 경우와 같게 함으로써 공동저당권자의 실행선택권 행사로 인하여 불이익을 입은 차순위 저당권자를 보호하는 데에 그 취지가 있다"고 설명한다.[3)]

그런데 이 규정은 공동저당의 목적물이 누구의 소유인가에 대하여는 따로 정하고 있지 않다. 그리하여 위 규정의 문언만을 본다면 공동저당을 설정한 소유자가 서로 다른 경우에도 위 규정이 그대로 적용될 수 있는 것처럼 보인다. 그러나 이에 대하여는 공동저당을 설정한 소유자가 서로 다른 경우에는 위 규정을 그대로 적용할 수 없다는 반론이 제기되었다.

---

2) 곽윤직·김재형, 물권법, 제9판, 2024, 501면; 양창수·김형석, 민법 Ⅲ, 제5판, 2023, 507-508면 등 참조.

3) 대법원 2006. 10. 27. 선고 2005다14502 판결 등.

구체적으로는 예컨대 공동저당의 목적물이 동일인의 소유가 아니라 소유자가 다른 경우, 즉 일부는 채무자의 소유이고 다른 일부는 물상보증인의 소유이고, 채무자 소유의 부동산에 관하여는 후순위 저당권[4]이 설정되었는데, 채무자 소유의 부동산에 관하여 먼저 저당권이 실행되었다면, 후순위 저당권자는 제368조 제2항 제2문[5]에 따라 물상보증인 소유의 부동산에 설정된 선순위 저당권자의 저당권을 대위행사할 수 있는가 하는 점이다. 반대로 물상보증인 소유의 부동산에 관하여 먼저 저당권이 실행되었다면, 물상보증인은 변제자대위(민법 제482조)의 규정에 의하여 채무자 소유 부동산에 관하여 설정된 저당권을 대위행사할 수 있는가, 이 경우에는 후순위 저당권자의 지위는 어떻게 되는가도 문제된다.

이를 표로 나타내면 다음과 같다.

부동산	1순위 저당권	2순위 저당권
1번(채무자 A 소유)	저당권자 X	저당권자 Y
2번(물상보증인 B 소유)	저당권자 X	

이 경우 1번 부동산에 대하여만 1순위 저당권자 X의 저당권이 실행되면, 2순위 저당권자 Y는 2번 부동산에 관한 1순위 저당권자 X의 저당권을 대위행사할 수 있는가? 반대로 2번 부동산에 대하여 저당권자 X의 저당권이 실행되면, 물상보증인 B는 변제자대위의 규정에 의하여 1번 부동산에 관한 1순위 저당권자 X의 저당권을 대위행사할 수 있는가?

이에 관하여는 제368조 제2항 제2문이 제482조에 우선하여 적용되므로, 후순위 저당권자가 선순위 저당권을 대위행사할 수 있다는 후순위 저당권자 대위 우선설과, 제368조 제2항 제2문은 이러한 경우에는 적용되지 않고, 제482조에 의하여 물상보증인이 우선한다는 변제자대위 우선설이 대립한다.

한편 제368조 제1항의 적용범위에 관하여도 논란이 있다. 즉 위 조항의 문언에 따르면 공동저당의 목적물의 소유자가 동일한지 다른지를 묻지 않고, 각 부동산의 경매대가에 비례하여 채권의 분담을 정하여야 할 것으로 보이지만, 한 부동산은 채무자의 소유이고, 다른 부동산은 물상보증인의 소유라면, 과연 이렇게 각 부동산의 경매대가에 비례하여 채권의 분담을 정하는 것이 합리적인가 하는 점도 문제된다.

---

4) 민법은 차순위 저당권자라고 하고 있으나, 여기서는 후순위 저당권자라는 표현도 아울러 쓰기로 한다.

5) 판례는 이를 제368조 제2항 후단이라고 표시하고 있으나, 여기서는 제368조 제2항 2문이라고 표기한다.

2. 판례

가. 이시배당의 경우

(1) 대법원 1994. 5. 10. 선고 93다25417 판결

이 판결은 이 문제에 관한 리딩 케이스라고 할 수 있다.

이 사건의 사실관계는 다소 복잡하지만, 그 요지는 다음과 같다.

"공동저당의 목적인 채무자 소유의 부동산과 물상보증인 소유의 부동산에 각각 채권자를 달리하는 후순위 저당권이 설정되어 있는 경우에 있어서, 물상보증인 소유의 부동산에 대하여 먼저 경매가 이루어져 그 경매대금의 교부에 의하여 1번저당권자가 변제를 받은 때에는 물상보증인은 채무자에 대하여 구상권을 취득함과 동시에, 민법 제481조, 제482조의 규정에 의한 변제자대위에 의하여 채무자 소유의 부동산에 대한 1번저당권을 취득한다고 봄이 상당하다. 또한 이러한 경우 물상보증인 소유의 부동산에 대한 후순위 저당권자는 물상보증인에게 이전한 위 1번저당권으로부터 우선하여 변제를 받을 수 있다고 봄이 상당한바, 물상보증인 소유의 부동산이 먼저 경매된 경우에 있어서는 민법 제368조 제2항 후단이 후순위 저당권자의 보호를 기하고 있는 취지를 고려하여 물상보증인에게 이전한 1번저당권은 위 후순위 저당권자의 피담보채권을 담보하는 것으로 되어, 위 후순위 저당권자는 마치 위 1번저당권상에 민법 제370조, 제342조의 규정에 의하여 물상대위를 하는 것과 같이 그 순위에 따라 물상보증인이 취득한 1번저당권으로부터 우선하여 변제를 받을 수 있다고 보아야 하기 때문이다.

그리고 이러한 법리는 물상보증인이 수인인 경우에도 마찬가지이므로, 자기 소유의 부동산이 먼저 경매되어 1번저당권자에게 대위변제를 한 물상보증인은 위 1번저당권을 대위취득하였고, 그 물상보증인 소유의 부동산의 후순위 저당권자는 위 1번저당권에 대하여 물상대위를 할 수 있다 할 것이므로, 그 1번저당권설정등기는 말소등기가 경료될 것이 아니라 위 물상보증인 앞으로 대위에 의한 저당권이전의 부기등기가 경료되어야 할 성질의 것이며, 따라서 아직 경매되지 아니한 공동저당물의 소유자로서는 위 1번저당권자에 대한 피담보채무가 소멸하였다는 사정만으로는 그 말소등기를 청구할 수 없다."

즉 이 판결은 공동저당의 목적물이 각각 채무자와 물상보증인 소유인 경우에, 물상보증인 소유의 부동산에 대하여 저당권이 먼저 실행되면 물상보증인은 변제자대위에 의하여 채무자 소유의 부동산에 대한 저당권을 취득한다고 하여, 이 한도에서는 변제자대위 우선설을 채택하였다. 그러나 이 사건에서는 채무자 소유의 부동산에 관하여 후순위 저당권을 가진 채권자가 물상보증인 소유의 부동산에 관하여도 후순위 저당권을 가지고 있었으므로, 후순위 저당권자는 민법 제370조, 제342조의 규정에 의하여 물상대위를 하는 것과 같이 채무자 소유 부동산에 설정된 선순위 저당권도 대위행사할 수 있다고 한 것이다.

이후에도 대법원 판례는 변제자대위 우선설을 따르고 있다.6)

(2) 대법원 1995. 6. 13. 자 95마500 결정

이 판결은, 공동저당의 목적인 채무자 소유의 부동산과 물상보증인 소유의 부동산 중 채무자 소유의 부동산에 대하여 먼저 경매가 이루어져 그 경매대금의 교부에 의하여 1번 공동저당권자가 변제를 받더라도 채무자 소유의 부동산에 대한 후순위 저당권자는 민법 제368조 제2항 후단에 의하여 1번 공동저당권자를 대위하여 물상보증인 소유의 부동산에 대하여 저당권을 행사할 수 없다고 하면서, 근거로서 위 대법원 1994. 5. 10. 선고 93다25417 판결을 들고 있다.

그리고 대법원 2014. 1. 23. 선고 2013다207996 판결은, 이러한 법리는 채무자 소유의 부동산에 후순위 저당권이 설정된 후에 물상보증인 소유의 부동산이 추가로 공동저당의 목적으로 된 경우에도 마찬가지로 적용된다고 하였다.

(3) 대법원 2011. 10. 13 선고 2010다99132 판결

이 사건에서는 채무자 소유의 각 부동산에 관하여 선순위 저당권과 후순위 저당권이 설정된 후 공동저당 부동산의 일부가 제3자에게 양도된 경우 후순위 저당권자와 제3취득자와의 관계가 문제되었다.

이 판결은, 채무자 소유의 수개 부동산에 관하여 공동저당권이 설정된 경우 후순위 저당권자로서는 선순위 공동저당권자가 피담보채권을 변제받지 않은 상태에서도 추후 공동저당 목적 부동산 중 일부에 관한 경매절차에서 선순위 공동저당권자가 그 부동산의 책임분담액을 초과하는 경매대가를 배당받는 경우 다른 공동저당 목적 부동산에 관하여 선순위 공동저당권자를 대위하여 저당권을 행사할 수 있다는 대위의 기대를 가진다고 보아야 할 것이고, 후순위 저당권자의 이와 같은 대위에 관한 정당한 기대는 보호되어야 할 것이며, 위와 같이 민법 제368조 제2항에 의하여 공동저당 부동산의 후순위 저당권자에게 인정되는 대위를 할 수 있는 지위 내지 그와 같은 대위에 관한 정당한 기

---

6) 대법원 2001. 6. 1. 선고 2001다21854 판결; 대법원 2009. 5. 28.자 2008마109 결정; 대법원2011. 8. 18. 선고 2011다30666, 30673 판결; 대법원 2012. 7. 26. 선고 2010다78708 판결; 대법원 2015. 11. 27. 선고 2013다41097, 41103 판결; 대법원 2017. 4. 26. 선고 2014다221777, 221784 판결; 대법원 2018. 7. 11. 선고 2017다292756 판결 등.

대를 보호할 필요성은 그 후 공동저당 부동산이 제3자에게 양도되었다는 이유로 달라지지 않는다고 하였다.

즉 공동저당 부동산의 일부를 취득하는 제3자로서는 공동저당 부동산에 관하여 후순위 저당권자 등 이해관계인들이 갖고 있는 기존의 지위를 전제로 하여 공동저당권의 부담을 인수한 것으로 보아야 하기 때문에 공동저당 부동산의 후순위 저당권자의 대위에 관한 법적 지위 및 기대는 공동저당 부동산의 일부가 제3자에게 양도되었다는 사정에 의해 영향을 받지 않는다는 것이다.

(4) 대법원 2021. 12. 16. 선고 2021다247258 판결

이 판결은, 공동저당이 설정된 복수의 부동산이 같은 물상보증인의 소유에 속하는 경우에 제368조 제2항이 적용되는가 하는 점에 관하여 이를 긍정하였다. 즉 공동저당이 설정된 복수의 부동산이 같은 물상보증인의 소유에 속하고 그중 하나의 부동산에 후순위 저당권이 설정되어 있는 경우에, 그 부동산의 대가만이 배당되는 때에는 후순위 저당권자는 민법 제368조 제2항에 따라 선순위 공동저당권자가 같은 조 제1항에 따라 공동저당이 설정된 다른 부동산으로부터 변제를 받을 수 있었던 금액에 이르기까지 선순위 공동저당권자를 대위하여 그 부동산에 대한 저당권을 행사할 수 있다는 것이다.

나아가 같은 물상보증인이 소유하는 복수의 부동산에 공동저당이 설정되고 그중 한 부동산에 후순위 저당권이 설정된 다음에 그 부동산이 채무자에게 양도됨으로써 채무자 소유의 부동산과 물상보증인 소유의 부동산에 대해 공동저당이 설정된 상태에 있게 된 경우에는 물상보증인의 변제자대위는 후순위 저당권자의 지위에 영향을 주지 않는 범위에서 성립한다고 보아야 하고, 이는 물상보증인으로부터 부동산을 양수한 제3취득자가 변제자대위를 하는 경우에도 마찬가지라고 하였다. 이 경우 물상보증인이 자신이 변제한 채권 전부에 대해 변제자대위를 할 수 있다고 본다면, 후순위 저당권자는 저당부동산이 채무자에게 이전되었다는 우연한 사정으로 대위를 할 수 있는 지위를 박탈당하는 반면, 물상보증인 또는 그로부터 부동산을 양수한 제3취득자는 뜻하지 않은 이득을 얻게 되어 부당하고, 같은 물상보증인이 소유하는 복수의 부동산에 공동저당이 설정된 경우 그 부동산 중 일부에 대한 후순위 저당권자는 선순위 공동저당권자가 공동저당이 설정된 부동산의 가액에 비례하여 배당받는 것을 전제로 부동산의 담보가치가 남아있다고 기대하여 저당권을 설정받는 것이 일반적이고, 이러한 기대를 보호하는 것이 민법 제368조의 취지에 부합한다는 것이다.[7]

---

7) 실제로 이 사건에서는 후순위 저당권이 설정된 것이 아니라 후순위의 전세권이 설정되었으나, 대

나. 동시배당의 경우

대법원 2010. 4. 15. 선고 2008다41475 판결은, 공동저당권의 목적물인 채무자 소유의 부동산과 물상보증인 소유의 부동산이 함께 경매되어 그 경매대가를 동시에 배당하는 경우, 민법 제368조 제1항이 적용되는지 여부에 관하여 다음과 같이 판시하였다. 즉 공동저당권이 설정되어 있는 수개의 부동산 중 일부는 채무자 소유이고 일부는 물상보증인의 소유인 경우 위 각 부동산의 경매대가를 동시에 배당하는 때에는, 물상보증인이 민법 제481조, 제482조의 규정에 의한 변제자대위에 의하여 채무자 소유 부동산에 대하여 담보권을 행사할 수 있는 지위에 있는 점 등을 고려할 때, "동일한 채권의 담보로 수개의 부동산에 저당권을 설정한 경우에 그 부동산의 경매대가를 동시에 배당하는 때에는 각 부동산의 경매대가에 비례하여 그 채권의 분담을 정한다"고 규정하고 있는 민법 제368조 제1항은 적용되지 아니하므로, 경매법원으로서는 채무자 소유 부동산의 경매대가에서 공동저당권자에게 우선적으로 배당을 하고, 부족분이 있는 경우에 한하여 물상보증인 소유 부동산의 경매대가에서 추가로 배당을 하여야 한다고 봄이 상당하다는 것이다.[8)]

다. 채권자취소권 행사에서 피담보채권액의 산정

대법원 2013. 7. 18. 선고 2012다5643 전원합의체 판결에서는 채무자와 물상보증인의 공유인 부동산에 관하여 저당권이 설정되어 있고, 채무자가 그 부동산 중 자신의 지분을 양도하여 그 양도가 사해행위에 해당하는지를 판단할 때 채무자 소유의 부동산 지분이 부담하는 피담보채권액을 어떻게 산정할 것인지가 문제되었다.

대법원은, 수 개의 부동산에 공동저당권이 설정되어 있는 경우 책임재산을 산정함에 있어 각 부동산이 부담하는 피담보채권액은 특별한 사정이 없는 한 민법 제368조의 규정 취지에 비추어 공동저당권의 목적으로 된 각 부동산의 가액에 비례하여 공동저당권의 피담보채권액을 안분한 금액이라고 보아야 하지만, 그 수 개의 부동산 중 일부는 채무자의 소유이고 다른 일부는 물상보증인의 소유인 경우에는, 물상보증인이 민법 제481조, 제482조의 규정에 따른 변제자대위에 의하여 채무자 소유의 부동산에 대하여 저당권을 행사할 수 있는 지위에 있는 점 등을 고려할 때, 그 물상보증인이 채무자에 대하여 구상권을 행사할 수 없는 특별한 사정이 없는 한 채무자 소유의 부동산에 관한 피담보채권액은 공동저당권의 피담보채권액 전액으로

법원은 이 경우에도 마찬가지라고 하였다.

8) 대법원 2016. 3. 10. 선고 2014다231965 판결도 같은 취지로서, 이러한 이치는 물상보증인이 채무자를 위한 연대보증인의 지위를 겸하고 있는 경우에도 마찬가지라고 하였다.

봄이 상당하다고 하였다. 그리고 이러한 법리는 하나의 공유부동산 중 일부 지분이 채무자의 소유이고, 다른 일부 지분이 물상보증인의 소유인 경우에도 마찬가지로 적용된다고 하였다. 그리하여 채무자와 물상보증인의 공유인 부동산에 관하여 저당권이 설정되어 있고, 채무자가 그 부동산 중 자신의 지분을 양도하여 그 양도가 사해행위에 해당하는지를 판단할 때 채무자 소유의 부동산 지분이 부담하는 피담보채권액은 원칙적으로 각 공유지분의 비율에 따라 분담된 금액이라는 취지의 대법원 2002. 12. 6. 선고 2002다39715 판결과 대법원 2005. 12. 9. 선고 2005다39068 판결을 변경하였다.

이 판결은 직접적으로는 민법 제368조에 관한 것은 아니지만, 공동저당의 목적물이 각각 채무자와 물상보증인 경우에 채권자취소권 행사에서 피담보채권액을 산정함에 있어서 위 2008다41475 판결 등 종래의 제368조에 관한 판례를 근거로 삼아 이러한 결론에 이른 것으로 보인다.[9)]

라. 소결

결국 판례는 민법 제368조 제1항과 제2항이 적용되는 경우를 공동저당의 목적물인 부동산의 소유자가 동일한 경우로 제한하고 있다고 말할 수 있다.

3. 학설

학설상으로는 주로 공동저당의 목적물 소유자가 각각 채무자와 물상보증인 소유이고 이시배당이 이루어지는 경우에 관하여 앞에서 언급한 것처럼 변제자대위 우선설과 후순위 저당권자 우선설이 많이 논의되었다. 이외에 선등기자 우선설이라는 것도 주장된다. 그러나 뒤에서 설명하는 것처럼 선등기자 우선설을 변제자대위 우선설과 구별할 필요는 없다.

9) 김상훈, “채무자와 물상보증인의 공유인 부동산에 관하여 저당권이 설정된 후 채무자가 자신의 지분을 양도한 경우 사해행위 성립 여부의 판단 기준”, 「대법원판례해설」, 제97호, 2014, 93면 참조.

가. 변제자대위 우선설[10)]

(1) 내용 및 근거

이 설은 다음과 같이 설명한다. 즉 제368조 제2항 후문의 규정에 의한 후순위 저당권자의 대위는 공동저당의 목적물이 모두 채무자의 소유에 속하는 경우에만 인정되고, 공동저당의 목적물 중 일부는 채무자의 소유이고, 일부는 물상보증인의 소유인 경우에는 적용되지 않는다고 한다. 이 견해에 따르면, 물상보증인 소유의 부동산이 먼저 경매된 경우에 물상보증인은 민법 제481조, 제482조에 의하여 채무자 소유의 부동산에 대하여 대위권을 행사할 수 있고, 채무자 소유 부동산의 후순위 저당권자는 물상보증인이 대위권을 행사한 나머지 금액에 대하여만 권리를 행사할 수 있다. 또한 채무자 소유의 부동산이 먼저 경매된 경우에는 그 부동산의 후순위 저당권자는 선순위 공동저당권자의 물상보증인 소유 부동산에 대한 저당권을 대위하여 행사할 수 없다.

물상보증인은 채무자가 제공한 담보물의 담보력을 신뢰하고 변제자대위에 관한 규정에 의하여 최종적인 책임을 채무자에게 귀속시킬 수 있다는 기대에서 담보를 제공하는 것이므로, 그 후에 채무자 소유의 부동산에 후순위 저당권이 설정되었다고 하여 그 기대이익을 박탈할 수는 없고, 채무자 소유의 부동산에 후순위 저당권이 설정된 후에 물상보증인 소유의 부동산이 추가로 공동저당의 목적으로 된 경우에는 채무자 소유의 부동산에 설정된 후순위 저당권은 원래 제368조 제2항의 규정에 의한 보호를 기대하지 않고 설정된 것이므로, 나중에 물상보증인 소유의 부동산이 공동저당의 목적으로 추가되었다고 하여 새삼스럽게 보호해 줄 필요가 없다는 것이다. 공동저당권보다 후순위의 저당권을 취득하는 자로서는 등기를 통하여 선순위의 공동저당권이 장래의 변제자대위에 의하여 물상보증인에게 이전될 수도 있음을 알 수 있으므로, 후순위 저당권자에게 예상하지 못한 손해를 입힌 것은 아니라고 한다.[11)]

---

10) 고상룡, 물권법, 2001, 700－702면; 곽윤직·김재형(주 2), 507－508면; 김순한, "공동저당에 있어서 후순위 저당권자 대위와 물상보증인의 변제자대위의 우열관계", 신영철 대법관 퇴임기념 고요한 정의의 울림, 2015, 183면 이하; 김증한·김학동, 물권법, 제9판, 2004, 561－562면; 김형석, "공동저당의 실행과 이해관계의 조정", 서울대학교 「법학」, 제57권 제4호, 2016, 81면 이하; 서기석, "공동저당에 있어서 후순위근저당권자의 대위와 물상보증인의 변제자대위의 충돌", 「법조」, 제44권 제1호, 1995, 141－142면; 송덕수, 물권법, 제6판, 2023, 577면; 신원일, "공동저당에서 변제자대위와 후순위대위의 상호관계와 제3자 또는 채무자의 저당물 취득에 따른 이해조정", 「민사재판의 제문제」, 제29권, 2022, 617면 이하; 양창수, "후순위 저당권자 있는 공동저당 부동산에 대한 경매와 물상보증인의 지위", 민법연구 제4권, 1997, 311면 이하; 윤진수, 민법기본판례, 제3판, 2024, 294－295면; 이은영, 물권법, 박영사, 제4판, 2006, 826면; 이진기, 물권법, 2020, 572－573면; 홍성재, 물권법, 신정판, 개정판, 2010, 529－530면 등. 김병선, "물상보증인 소유의 공동저당 부동산이 채무자에게 양도된 경우 변제자대위의 법률관계", 이화여자대학교 「법학논집」, 제28권 제4호, 2024, 15면 이하도 변제자대위 우선설을 지지하는 것으로 보인다.

한편 물상보증인이 다른 부동산상의 공동저당권에 변제자대위를 하는 경우에 물상보증인 소유 부동산의 후순위 저당권자가 그 저당권에 물상대위를 하는데 별도의 압류를 할 필요는 없다.[12)]

이 설에 따르면 구체적으로는 다음과 같은 결과가 된다.

부동산	1순위 저당권	2순위 저당권
1번(채무자 A 소유)	저당권자 X (피담보채권액 500만 원)	저당권자 Y (피담보채권액 500만 원)
2번(물상보증인 B 소유)	저당권자 X	

위의 사례에서 1번 부동산이 먼저 600만 원에 매각되어 1순위 저당권자 X가 전액 변제를 받았다면, 1번 부동산에 대한 2순위 저당권자 Y는 2번 부동산에 대한 X의 1순위 저당권을 대위하지 못한다.

반면 2번 부동산이 먼저 600만 원에 경매되어 1순위 저당권자 X가 전액 경매를 받았다면, 물상보증인 B는 변제자대위 규정에 의하여 1번 부동산에 관한 X의 1순위 저당권을 대위할 수 있고, Y는 B 다음의 후순위 저당권만을 행사할 수 있다.

한편 공동저당의 목적물인 각 부동산이 동일한 물상보증인 소유인 경우에는 각 부동산이 모두 채무자 소유인 경우와 마찬가지로 취급한다. 따라서 이 경우에는 제368조 제2항이 그대로 적용된다.[13)]

그리고 변제자대위 우선설은 물상보증인이 채무자 소유 부동산에 관하여 설정된 선순위 저당권자의 저당권을 변제자대위에 근거하여 대위하더라도, 그 물상보증인 소유의 부동산에 후순위 저당권이 설정되었을 때에는 후순위 저당권자가 물상보증인이 행사할 수 있는 선순위 저당권을 물상대위의 법리에 의하여 대위할 수 있다고 하는 판례를 모두 지지한다.

---

11) 김형석(주 10), 81−83면은, 물상보증인은 채무자로부터의 제3취득자에 대해서 변제자대위를 할 수 있지만, 반대로 채무자로부터의 제3취득자는 물상보증인에게 변제자대위를 할 수 없고, 제3취득자의 대위가 부정되고 있는 이유는 후순위 저당권자의 대위에 대해서도 그대로 인정되어야 할 것이라고 주장한다.

12) 양창수(주 10), 315−316면은 일본 판례를 인용하면서, 물상대위에서 압류의 요구가 목적물의 특정성을 유지하기 위한 것이라는 판례와 통설의 정당한 입장에 비추어 보면, 물상대위의 목적이 되는 저당권이 등기에 의하여 특정되어 있는 한 별도의 압류를 필요로 하지 않는다고 한다.

13) 김형석(주 10), 87면; 김병선(주 10), 26, 27면; 신원일(주 10), 634면 등.

(2) 선등기자 우선설

그런데 변제자대위가 우선한다고 하면서, 다만 후순위 저당권이 설정될 때까지는 공동저당 부동산이 모두 채무자의 소유였으나, 그 후에 일부의 소유권이 제3자에게 이전된 경우에도 변제자대위를 우선시킨다면 후순위 저당권자로서는 그 설정 후에 이루어진 우연한 사정에 의하여 제368조 제2항에 의한 대위권을 박탈당하는 결과가 되므로, 이러한 경우에는 후순위 저당권자의 대위를 우선시켜야 한다고 주장하는 이른바 선등기자 우선설도 있다.[14]

그러나 종래의 변제자대위 우선설도 대체로 이러한 결과를 인정하고 있기 때문에[15], 이러한 학설을 변제자대위 우선설과 대립하는 별개의 학설로 볼 필요가 있는지는 의문이다.[16]

(3) 개별적인 쟁점

(가) 채무자 소유의 부동산에 후순위 저당권이 설정된 후 물상보증인 소유의 부동산에 공동저당권이 설정된 경우

앞에서 본 것처럼, 대법원 2014. 1. 23. 선고 2013다207996 판결은, 공동저당의 목적인 채무자 소유의 부동산과 물상보증인 소유의 부동산 중 채무자 소유의 부동산에 대하여 먼저 경매가 이루어져 그 경매대금의 교부에 의하여 1번 공동저당권자가 변제를 받더라도 채무자 소유의 부동산에 대한 후순위 저당권자는 민법 제368조 제2항 후단에 의하여 1번 공동저당권자를 대위하여 물상보증인 소유의 부동산에 대하여 저당권을 행사할 수 없고, 이러한 법리는 채무자 소유의 부동산에 후순위 저당권이 설정된 후에 물상보증인 소유의 부동산이 추가로 공동저당의 목적으로 된 경우에도 마찬가지로 적용된다고 하였다.

이를 지지하는 견해도 있다. 이 견해는, 채무자 소유의 부동산에 후순위 저당권이 설정된 후에 물상보증인 소유의 부동산이 추가로 공동저당의 목적으로 된 경우에는, 후순위 저당권자는 후순위 저당권 설정 당시 물상보증인 소유 부동산의 담보가치를 전혀

14) 주석민법 물권 4, 제5판, 2019, 218-219면(오민석 집필부분). 송덕수(주 10), 574면은 선등기자 우선설을 물상보증인의 저당권설정등기·제3취득자의 소유권이전등기와 후순위저당권자의 저당권등기 가운데 어느 것이 먼저 행하여졌는가에 따라 선등기자의 대위를 우선시킨다는 것이라고 소개하면서, 김증한·김학동(주 10), 562면을 인용하고 있으나, 일반적으로 선등기자 우선설이 모두 이와 같이 주장하는 것은 아니다.

15) 서기석(주 10), 144-145면; 양창수(주 10), 319-320면 등.

16) 김순한(주 10), 178면; 윤진수(주 10), 294면. 오민석(주 14), 214면 주 95)도, 변제자대위 우선설을 주장하는 문헌은 공동저당 부동산이 제3자에게 양도되는 경우에 관해서 언급하지 않고 있어서, 선등기자 우선설과 다르지 않다고 볼 여지도 있다고 한다.

고려하지 않았고, 이에 후순위 저당권자는 당초 민법 제368조 제2항에 의한 대위권을 행사할 수 있다는 기대 내지 법적 지위 자체가 없었으므로, 후순위 저당권자 대위를 인정할 필요성이나 정당성을 찾기 어렵다고 한다. 또한 물상보증인이 후순위 저당권자의 존재를 알면서 선순위 저당권자에게 자신 소유의 부동산을 공동저당의 목적물로 제공하였더라도, 최종적인 책임을 채무자에게 귀속시킬 수 있는 권리를 기대하고 담보를 제공한다는 물상보증인의 기대 자체에는 차이가 없다는 것이다.[17)]

그런데 이에 대하여는 변제자대위 우선설 가운데에도 반대하는 견해가 있다. 즉 물상보증인의 변제자대위권은 후순위 저당권자와 사이의 등기의 선후관계에 따라 물상보증인이 후순위 저당권자보다 먼저 등기된 경우에는 민법 제368조 제2항 후단에 의하여 그 변제자대위권이 제한받지 않지만 나중에 등기된 경우에는 그 제한을 받는다는 것이다. 그 근거는, 부동산등기는 공시적 기능을 가지고 있으므로 물상보증인은 등기부만 면밀히 검토하면 그 취득시점의 등기부상에 나타난 부담을 예견할 수 있으며, 계약자유의 원칙상 어떠한 법률행위를 하는가는 각자의 자유이나 이로 인하여 다른 사람의 권리를 해하여서는 아니 되고, 부동산의 담보가치를 충분히 이용하여야 한다는 것은 채무자의 부동산이나 물상보증인 또는 모두에 동등하게 요구되고, 법률전문가가 아닌 일반인에게는 누구든지 현재 나타난 요건에 의하여 법률효과를 판단할 의무만을 부담하도록 하는 것이 합리적이며 장래에 나타날 부담까지 고려하여야 한다는 것은 지나친 요구로서 담보물의 담보가치를 떨어뜨려 사회경제상 불이익을 초래할 염려가 있다는 것이다.[18)]

(나) 후순위 저당권자와 제3취득자 사이의 관계

종래의 다수설은, 채무자 소유의 각 부동산에 공동저당권이 설정된 후 한 부동산이 제3자에게 양도된 다음 다른 부동산에 관하여 후순위 저당권이 설정된 경우에는, 후순위 저당권자에 의한 제368조 제2항의 대위는 인정되지 않는다고 한다. 제3취득자는 공동저당권이 자기가 취득한 부동산에 대하여 실행되더라도 자신이 변제자대위의 규정에 의하여 다른 부동산에 대한 저당권을 대위행사할 수 있다는 것을 예상하고 부동산을 취득하는데, 이러한 기대적 지위가 그 후에 설정된 다른 부동산에 설정된 후순위 저당권에 의하여 영향을 받을 이유는 없다는 것이다.[19)]

그러나 이에 대하여는 다음과 같은 반대 견해가 있다. 즉 제482조 제2항 제3호는 제3취득자들 사이의 관계에 대해 가액에 비례해 부담을 분담하여 대위하도록 규정하고 있

17) 김순한(주 10), 186면. 같은 취지, 김형석(주 10), 84면.
18) 김제식(주 10), 58－59면. 같은 취지, 김증한 · 김학동(주 10), 562면 주 68).
19) 양창수(주 10), 319면. 같은 취지, 김제식(주 10), 58－59면; 김증한 · 김학동(주 10), 562면 주 68); 오민석(주 14), 219면 등.

는데, 제3취득자가 먼저 등장한 경우에는 후순위 저당권자도 제3취득자에 준하는 것으로 보아, 제3취득자와 후순위 저당권자 사이에서는 제368조 제2항, 제482조 제2항 제3호의 취지에 따라 부동산 가액에 비례하여 분담을 정해야 한다는 것이다.[20]

나. 후순위 저당권자 우선설[21]

이 설은 다음과 같이 설명한다. 즉 제368조 제2항 후문의 규정에 따라 물상보증인이 공동저당의 목적물로 제공한 부동산의 가액에 비례한 책임분담액의 한도 내에서 후순위 저당권자의 대위가 우선하고 변제자대위는 그 잔액에 대해서만 인정된다고 한다. 타인의 채무를 담보하기 위하여 물상보증인으로 된 자나 공동저당의 목적인 부동산을 취득한 제3취득자는 적어도 각 담보물의 가액에 비례한 범위에서는 책임질 것을 각오한 자이므로 그 한도 내에서는 후순위 저당권자에게 우선하지 않는 것으로 해석함이 타당하다고 한다. 또한 제368조 제2항에 따른 후순위 저당권자의 대위를 우선함으로써 후순위 저당권자의 지위를 강화시키는 것이 물상보증인과 후순위 저당권자 사이를 공평하게 보호하고 부동산의 담보가치를 충분히 이용한다는 공동저당의 목적에 적합하다고 한다. 공동저당물의 일부가 제3자에게 양도된 경우에는 이러한 우연한 사정에 의하여 후순위 저당권자가 갑자기 불리한 지위에 떨어지는 것은 부당하며, 물상보증인과 후순위 저당권자의 공평한 보호 및 부동산의 담보가치의 충분한 활용이라는 면에서 후순위 저당권자의 대위를 우선시켜야 한다고 한다.

또한 이 설은, 변제자대위 우선설을 취하는 대법원의 입장은 실정법적 근거가 희박한데, 제368조는 저당물의 소유자가 누구인가에 대한 명시적 구별을 하고 있지 않다고 한다.[22][23] 그리고 변제자대위 우선설이 물상보증인의 대위 기대를 강조하는 것은 제368

---

20) 김형석(주 10), 91면 이하.

21) 김규완, "공동저당과 후순위권리자들의 이익교량–물상보증인 "특혜"설에 대한 비판–", 「고려법학」, 제49권, 2006, 446면, 470–473면; 명순구, "공동저당에 있어서 후순위 저당권자와 물상보증인의 대위권", 「고려대학교 판례연구」, 제8호, 1994, 263–267면; 양형우, "공동저당 부동산이 양도되어 소유자가 다르게 된 경우 후순위 저당권자의 대위와 변제자대위의 관계", 「홍익법학」, 제23권 제2호, 2022, 149–150면; 이영준, 한국민법론 물권편, 신정2판, 2004, 867면; 전장헌, "공동저당 부동산에 있어서 이해관계의 조정에 관한 소고", 단국대학교 「법학논총」, 제44권 제1호, 2020, 342면 이하; 최창렬, "공동저당대위에서의 이익조절 법리", 「토지법학」, 제29–2호, 2013, 115면 이하.

22) 명순구(주 21), 264면. 여기서는 제368조 제2항을 채무자 소유의 여러 부동산에 저당권이 설정된 경우에 한하여 적용되는 것으로 하면 저당물의 소유자가 누구인가에 따라 저당권의 효력내용이 달라지게 되어 저당권의 본질에 배치된다고도 한다. 같은 취지, 최창렬(주 21), 118면.

23) 다만 최창렬(주 21), 121면은, 물상보증인의 공동저당 설정 이후에 성립한 후순위 저당권자나 제3취득자의 양도 이후에 설정된 채무자 소유부동산의 후순위 저당권자가 있는 경우에도 후순위 저당권 대위를 우선시키면 결과적으로 채무자 소유부동산을 담보가치로 하는 기대이익을 침해할 소지가 있고 합리적이라고 할 수 없으므로 이 경우에는 물상보증인이나 제3취득자의 대위를 우선히

조 제2항은 공동저당물 중 일부가 물상보증인 소유인 경우에는 적용이 없다는 결론을 부당하게 선취하였다(petitio principii)고도 주장한다.

이 설에 따르면 다음과 같은 결과가 된다. 앞의 사례를 다시 살펴본다.

부동산	1순위 저당권	2순위 저당권
1번(채무자 A 소유)	저당권자 X (피담보채권액 500만 원)	저당권자 Y (피담보채권액 500만 원)
2번(물상보증인 B 소유)	저당권자 X	

여기서 1번 부동산이 먼저 경매되어 600만 원에 매각되면 1순위 저당권자 X는 500만 원을 전액 배당받고, 2순위 저당권자 Y는 100만 원만을 배당받으므로 나머지 400만 원의 범위에서 2번 부동산에 관하여 X의 1순위 저당권을 대위행사할 수 있다.

그리고 2번 부동산이 먼저 경매되어 600만 원에 메각되면, 1순위 저당권자 X는 500만 원을 전액 배당받는다. 그리고 1번 부동산이 경매되어 600만 원에 매각되면 2순위 저당권자는 500만 원을 배당받고, 물상보증인 B는 그 잔액 100만 원에 대하여만 변제자대위에 의하여 배당을 받는다.[24)]

한편 이 견해는, 제368조 제1항의 적용에서도 공동저당의 목적물이 각각 채무자와 물상보증인 소유인 경우에도, 각 부동산의 경매대가에 비례하여 그 채권의 분담을 정한다고 한다.[25)]

Ⅲ. 해석론적 검토

1. 일본에서의 논의

사실 이러한 논쟁은 일본민법에서 이미 있었던 것이다. 즉 공동저당에 관한 일본민법 제392조는 우리나라 민법 제368조와 같고, 변제자대위에 관한 2017년 개정 전의 일본

는 방안이 타당하다고 주장한다.

24) 오민석(주 14), 217–218면의 설명 참조. 명순구(주 21), 275면 이하는 이러한 경우에 제482조 제2항을 유추하여, 물상보증인과 후순위 저당권자는 그 부동산의 가액에 비례하여 대위하는데, 이 경우 후순위 저당권자의 대위 한도는 1번 저당권자가 공동저당권을 동시에 실행하였을 경우에 물상보증인 소유의 부동산이 분담하였을 금액이라고 한다. 이는 결과적으로 我妻榮, "共同抵當－數人の物上保證人相互間の代位と後順位抵當權者の代位との關係", 法學協會雜誌 제55권 5호(1937), 1041면과 같은 취지이다. 김규완(주 21), 460면은 이를 수정된 변제자대위 우선설로 보아야 한다고 주장한다.

25) 김규완(주 21), 453면; 최창렬(주 21), 121면 이하 등.

민법 제501조도 우리나라 민법 제482조와 거의 같은 내용이다.[26)]

일본의 판례는 기본적으로 변제자대위 우선설을 채택하고 있다.[27)] 즉 일본 대심원(大審院) 1929(昭和 4). 1. 30. 판결[28)]은, 물상보증인의 소유에 속하는 공동저당목적물이 경매되어 공동저당권자가 일부 변제를 받았고, 채무자 소유의 부동산에 관하여는 2번저당권이 설정되어 있었던 경우에, 저당목적물이 모두 채무자에게 속하는 경우에만 일본 민법 제392조 제2항이 적용되고, 위 사안과 같은 경우에는 물상보증인의 변제자대위가 우선한다고 하였다. 또한 일본 대심원 1936(昭和 11). 12. 9. 판결[29)]은, 선순위의 공동저당 목적물이 각각 다른 물상보증인 A와 B 소유였고, A 소유 부동산에 관하여는 후순위 저당권자 C를 위한 후순위 저당권이 설정되어 있었는데, A 소유 부동산에 관하여 선순위 저당권이 실행된 경우에, A는 B 소유 부동산에 대하여 변제자대위에 의하여 선순위 저당권자의 저당권을 대위할 수 있지만, C는 물상대위에 근거하여 A의 저당권을 대위행사할 수 있다는 것이다.

그리고 최고재판소 1992(平成 4). 11. 6. 판결[30)]은 공동저당의 목적물이 모두 동일한 물상보증인의 소유인 경우에 일본민법 제392조 제2항 후단이 적용된다고 하였다.

일본의 학설은 초기에는 후순위 저당권자 우선설도 주장된 바 있으나, 그 논자[31)]도 그 후 모두 변제자대위 우선설로 바꾸어, 현재로서는 변제자대위 우선설이 지배적이고 이견은 없는 것으로 보인다.[32)]

한편 채무자 소유인 부동산과 물상보증인 소유인 부동산에 공동저당권이 설정되었고, 그 공동저당권이 동시에 실행되어 동시에 배당이 이루어지는 경우에 일본민법 제392조 제1항(우리나라 민법 제368조 제1항에 해당)의 규정에 따라 채무자 소유의 부동산과 물상보증인 소유의 부동산의 경매대가에 비례하여 그 채권의 분담을 정할 것인지(제392조 제1항 적용 긍정설), 아니면 채무자 소유 부동산의 경매대가에서 공동저당권자에게 우선적으로 배당을 하고, 부족분이 있는 경우에 한하여 물상보증인 소유 부동산의 경매대

---

26) 다만 2017년 개정된 일본민법 제501조에서는 보증인이 대위의 부기등기를 하지 않으면 제3취득자에 대하여 채권자를 대위할 수 없다는 규정이 삭제되는 등의 변경이 있었다.

27) 이를 소개하는 국내 문헌으로는 서기석(주 10), 139면 이하; 양창수(주 10), 293면 이하 등 참조. 일본의 문헌으로서는 新版 注釋民法 (9) 物權 (4), 改訂版, 有斐閣, 2015, 439면 이하(高木多喜男 집필부분); 滝澤孝臣, "共同抵当権の目的不動産が同一の物上保証人の所有に属する場合と後順位抵当権者の代位", 最高裁判所判例解説 民事篇 平成4年度 451면 이하 등 참조.

28) LEX/DB 27551270.

29) LEX/DB 27500668.

30) LEX/DB 27813802.

31) 我妻 榮, 鈴木祿彌 등.

32) 양창수(주 10), 302면 이하의 서술 참조.

가에서 추가로 배당을 하여야 하는지(제392조 제1항 적용 부정설)에 관하여 명시적으로 판시한 최고재판소 판례는 없고, 하급심 판례는 나누어져 있다.[33] 이에 관하여 학설은 대립하지만, 근래의 기본서는 적용부정설을 따르는 것이 많다고 한다.[34]

2. 제368조 제2항의 적용범위

사견으로는 현행 민법의 해석론으로도 민법 제368조 제2항의 적용범위에 관하여는 변제자대위 우선설이 타당하다고 본다. 우선 공동저당 목적물이 각각 채무자와 물상보증인 소유이고, 공동저당이 성립한 후 채무자 소유의 부동산에 관하여 후순위 저당권이 설정된 경우를 살펴본다.

변제자대위 우선설의 핵심적인 근거는, 물상보증인은 채무자가 제공한 담보물의 담보력을 신뢰하고 변제자대위에 관한 규정에 의하여 최종적인 책임을 채무자에게 귀속시킬 수 있다는 기대에서 담보를 제공하는 것이므로, 그 후에 채무자 소유의 부동산에 후순위 저당권이 설정되었다고 하여 그 기대이익을 박탈할 수는 없다는 것이다. 이러한 논거는 설득력이 있다.

이에 대하여는, 변제자대위 우선설이 물상보증인의 대위 기대를 강조하는 것은 제368조 제2항이 공동저당물 중 일부가 물상보증인 소유인 경우에는 적용이 없다는 결론을 부당하게 선취하였다는 비판이 있다. 그러나 물상보증인이 자기의 부동산에 채무자 소유의 부동산과 함께 공동저당을 설정할 때에는, 자기의 부동산에 설정된 저당권이 먼저 실행되더라도 채무자에 대하여 구상권을 가지게 되므로, 그 구상권에 근거하여 채무자 소유의 부동산에 대한 저당권자의 저당권을 대위행사할 수 있다는 기대를 가지는 것은 당연하다. 그런데 그 후 채무자 소유 부동산에 후순위 저당권이 설정되었다고 하여 그러한 기대가 깨어져야 할 이유는 없다.

후순위 저당권자 우선설은, 타인의 채무를 담보하기 위하여 물상보증인으로 된 자나 공동저당의 목적인 부동산을 취득한 제3취득자는 적어도 각 담보물의 가액에 비례한 범위에서는 책임질 것을 각오한 자이므로 그 한도 내에서는 후순위 저당권자에게 우선하지 않는 것으로 해석함이 타당하다고 한다. 그러나 물상보증인이 채무자 소유의 부동

---

33) 제392조 제1항 적용 긍정설: 東京地方裁判所 2013(平成 25). 6. 6. 판결(LEX/DB 25513512). 제392조 제1항 적용 부정설: 大阪地方裁判所 2010(平成 22.6.30. 판결(LEX/DB 25464228); 大阪地方裁判所 2014(平成 26). 12. 4. 판결(LEX/DB 25541015).

34) 下村信江, “債務者所有不動産と物上保証人所有不動産上の共同抵当権の同時配当と民法三九二条一項の適用の可否 (消極)”, 私法判例リマークス 53号[2016/7/25], 12−13면 참조. 부정설을 따르는 기본서의 예로서는 內田 貴, 民法 Ⅲ, 제3판, 東京大學出版會, 2005, 470면; 道垣內弘人, 擔保物權法, 제4판, 有斐閣, 2017, 211면 등이 있다.

산에 대하여 후순위 저당권이 설정되는 경우까지 미리 예상하여 이것까지 감수하였을 것이라고는 말할 수 없을 것이다.

반대설은 이처럼 제368조 제2항을 공동저당의 목적물이 소유자가 동일한 경우로 한정하는 것은 법문에 어긋난다고 한다. 그러나 이는 목적론적 축소(teleologische Reduktion)의 한 예라고 충분히 설명할 수 있다. 후순위 저당권자 우선설에 의하면 제368조 제2항을 근거로 하여 변제자대위에 관한 규정을 적용하지 않는 것이 되므로, 법문과 반드시 일치하지 않는 것은 마찬가지이다.

그런데 채무자 소유의 부동산에 관하여 1순위와 2순위 저당권이 각각 설정된 다음 물상보증인 소유의 부동산에 관하여 1순위 저당권자가 저당권을 취득한 경우는 어떠한가? 앞에서 본 것처럼 판례(대법원 2014. 1. 23. 선고 2013다207996 판결)는 이 경우에도 변제자대위 우선설을 관철하여, 채무자 소유의 부동산과 물상보증인 소유의 부동산 중 채무자 소유의 부동산에 대하여 먼저 경매가 이루어진 경우에도 채무자 소유의 부동산에 대한 후순위 저당권자는 민법 제368조 제2항 후단에 의하여 1번 공동저당권자를 대위하여 물상보증인 소유의 부동산에 대하여 저당권을 행사할 수 없다고 하였다.

그런데 이에 대한 반대설은, 후순위 저당권이 먼저 등기된 후 물상보증인이 등장한 경우에는, 물상보증인은 그 취득시점의 등기부상에 나타난 부담을 예견할 수 있으므로, 후순위 저당권자에 우선할 수 없다고 주장한다. 즉 물상보증인은 채무자 소유의 부동산에 후순위 저당권의 존재를 알 수 있었으므로, 후순위 저당권자의 대위 가능성을 충분히 고려할 수 있다는 것이다.

생각건대 이 경우는 물상보증인이 후순위 저당권자보다 먼저 등장한 경우와 차이가 있는 것은 사실이다. 앞의 경우에는 물상보증인이 자신의 부동산이 먼저 경매되더라도 채무자 소유의 부동산에 관하여 제한 없이 선순위 저당권자의 저당권을 대위할 수 있다는 기대를 가지는 것이 당연하지는 않으며, 이때에는 물상보증인도 후순위 저당권자의 대위를 예상할 수 있었다고도 볼 수 있기 때문이다. 그러나 반대로 후순위 저당권자는 후순위 저당권 설정 당시 물상보증인 소유 부동산의 담보가치를 전혀 고려하지 않았으므로, 후순위 저당권자의 기대를 보호할 필요가 없다고 볼 수도 있다.[35] 기본적으로 제368조 제2항의 취지는 후순위 저당권자의 기대를 보호하는 데 있으므로, 보호할 후순위 저당권자의 기대가 존재하지 않았다면 나중에 물상보증인 소유의 부동산에 선순위 저당권이 설정되었다고 하여 갑자기 후순위 저당권자를 보호할 필요가 생겨나게 된다고는 할 수 없다.

---

35) 위 주 17)의 설명 참조.

이 경우에도 물상보증인이 우선하는 것으로 규칙을 정한다면, 물상보증인으로서는 물상보증을 설정할 당시에 자신의 부동산에 대한 저당권이 실행된다면 채무자 소유의 부동산에 관하여 설정된 선순위 저당권을 대위할 수 있다는 기대를 가지게 될 것이고, 그러한 기대가 불합리하다고는 말할 수 없을 것이다.

다른 한편 채무자 소유의 각 부동산에 공동저당권이 설정된 후 한 부동산이 제3자에게 양도된 다음 다른 부동산에 관하여 후순위 저당권이 설정된 경우는 어떠한가? 이 때에는 종래의 다수설은, 채무자 소유의 각 부동산에 공동저당권이 설정된 후 한 부동산이 제3자에게 양도된 다음 다른 부동산에 관하여 후순위 저당권이 설정된 경우에는, 후순위 저당권자에 의한 제368조 제2항의 대위는 인정되지 않는다고 보고 있다. 그러나 이에 대한 반대설은, 제482조 제2항 제3호는 제3취득자들 사이의 관계에 대해 가액에 비례해 부담을 분담하여 대위하도록 규정하고 있는데, 후순위 저당권자도 제3취득자에 준하는 것으로 보아, 제3취득자와 후순위 저당권자 사이에서는 제368조 제2항, 제482조 제2항 제3호의 취지에 따라 부동산 가액에 비례하여 분담을 정해야 한다고 주장한다.[36]

그러나 이미 성립한 당사자의 지위가 사후의 다른 이해관계인의 출현에 의하여 영향을 받아서는 안 된다는 것은 제3취득자가 있는 경우에도 마찬가지이다. 이 경우의 제3취득자는 물상보증인과 마찬가지로 취급하여야 한다. 다시 말하여 선순위의 공동저당권이 성립할 당시에 한 부동산은 채무자 소유이고, 다른 부동산은 물상보증인 소유였는데, 채무자 소유의 부동산에 후순위 저당권이 설정되었다면, 이 후순위 저당권자는 물상보증인에 대하여 제368조 제2항 2문에 의한 대위를 주장할 수 없다. 그런데 공동저당의 목적물이 모두 채무자 소유였다가 그중 한 부동산은 제3자가 취득하였는데, 그 후 다른 부동산에 후순위 저당권이 설정된 경우에는 앞의 경우와 달라질 이유가 없다.

이론적으로도 후순위 저당권자를 제3취득자와 같이 볼 수 있는지가 의심스럽다. 후순위 저당권자는 구상권을 가지지 않으므로 구상권을 전제로 하는 변제자대위 규정을 유추할 근거가 박약하다.[37] 또 이 논자는 이는 결과적으로 후순위 저당권자가 먼저 등장한 경우와도 같은 결론이며, 여기에서 제3취득자가 가액 비례로 분담하는 것과 균형을 이룬다고 한다. 그러나 후순위 저당권자가 먼저 등장한 경우에는 제368조 제2항에 의하여 후순위 저당권자가 선순위 저당권을 대위하고, 그 잔액이 있으면 제3취득자가 배당받을 수 있을 뿐이며, 가액 비례에 의한 분담이 이루어지는 것은 아니다.

---

36) 위 주 20) 참조.

37) 윤진수(주 10), 295면 참조.

3. 제368조 제1항의 적용범위

제368조 제1항의 적용에 관하여는, 공동저당의 목적물이 각 채무자와 물상보증인의 소유인 경우에는 후순위 저당권자가 없는 경우에도 제368조 제1항은 적용되지 않고, 채무자 소유 부동산의 경매대가에서 공동저당권자에게 우선적으로 배당을 하고, 부족분이 있는 경우에 한하여 물상보증인 소유 부동산의 경매대가에서 추가로 배당을 하는 것이 타당하다. 구체적인 예를 들어 본다.

부동산	공동저당권
1번(채무자 A 소유)	저당권자 X(피담보채권액 500만 원)
2번(물상보증인 B 소유)	저당권자 X

이 경우에 X가 1번과 2번 부동산에 대하여 동시에 저당권을 실행하여, 1번 부동산과 2번 부동산이 각 400만 원에 매각되었다고 하자. 만일 이러한 경우에도 제368조 제1항을 그대로 적용한다면, 1번 부동산의 매각대금과 2번 부동산의 매각대금은 각 250만 원씩 저당권자에게 배당될 것이다. 그러면 물상보증인 B는 250만 원에 대하여 A에게 구상권을 가지게 된다. 그러나 A가 무자력이라면 B는 그만큼의 손실을 입게 된다. 그렇지만 이러한 경우에 1번 부동산의 매각대금에서 400만 원 전액을 배당하고, 2번 부동산의 매각대금에서는 100만 원을 배당한다면, B가 가지는 구상권 금액은 100만 원에 그치게 될 것이고, A가 무자력이라고 하더라도 B가 입는 손실은 100만 원에 그치게 된다. 이러한 결과가 합리적임은 명백하다. 이처럼 공동저당권의 실행 결과 물상보증인에 의한 구상이나 대위의 문제가 생기지 않게 하거나, 생기더라도 이를 최소화함으로써 물상보증인이 손해를 줄일 수 있도록 하는 것이 바람직하다. 나아가 이는 공동저당의 목적물에 관하여 채무자로부터의 제3취득자가 생긴 경우도 마찬가지이다.

Ⅳ. 입법론적 제안

1. 개정안의 제시

현행	개정안
제368조 (공동저당과 대가의 배당, 차순위자의 대위) ① 동일한 채권의 담보로 수개의 부동산에	제368조 (공동저당과 대가의 배당, 차순위자의 대위) ① 동일한 채권의 담보로 수개의 부동산에 저당권을 설정한 경우에 그 부동산의 경매대가를 동시에 배당하는 때에는 각 부동산의 경매

저당권을 설정한 경우에 그 부동산의 경매대가를 동시에 배당하는 때에는 각부동산의 경매대가에 비례하여 그 채권의 분담을 정한다. ②전항의 저당부동산중 일부의 경매대가를 먼저 배당하는 경우에는 그 대가에서 그 채권전부의 변제를 받을 수 있다. 이 경우에 그 경매한 부동산의 차순위 저당권자는 선순위 저당권자가 전항의 규정에 의하여 다른 부동산의 경매대가에서 변제를 받을 수 있는 금액의 한도에서 선순위자를 대위하여 저당권을 행사할 수 있다.	대가에 비례하여 그 채권의 분담을 정한다. 그러나 배당 당시에 수 개의 부동산 중 일부가 채무자 소유인 때에는 그 부동산의 경매대가에서 먼저 저당권자에게 배당하여야 한다. 채무자로부터 부동산을 취득한 자는 자기의 부동산을 타인의 채무의 담보로 제공한 자에 대하여는 채무자와 같은 것으로 본다. ② 전항의 저당부동산중 일부의 경매대가를 먼저 배당하는 경우에는 그 대가에서 그 채권 전부의 변제를 받을 수 있다. ③ 제2항의 경우에 그 부동산의 차순위저당권자가 전항의 규정에 의하여 차순위 저당권자가 저당권을 취득할 당시에 다른 부동산에 선순위 저당권이 설정되어 있었고, 각 부동산의 소유자가 같은 경우 또는 차순위 저당권자가 저당권을 취득한 후 그 부동산의 소유자가 다른 부동산에 선순위 저당권을 설정한 때에는 그 경매한 부동산의 차순위 저당권자는 선순위 저당권자가 제1항의 규정에 의하여 다른 부동산의 경매대가에서 변제를 받을 수 있었던 금액의 한도에서 선순위자를 대위하여 저당권을 행사할 수 있다.

2. 제368조 제1항 개정안에 대하여

현행 제368조 제1항은 공동저당권이 설정된 각 부동산의 소유자가 모두 동일한 경우에는 그대로 적용하여도 문제가 없다. 나아가 각 부동산의 소유자가 다르다고 하더라도, 그들이 대등한 관계에 있다면 현행규정을 그대로 적용하여도 된다. 예컨대 각 부동산의 소유자가 서로 다른 물상보증인이거나 서로 다른 제3취득자인 경우. 이때에는 저당권이 실행되더라도 어느 일방만이 타방에 대하여 구상의무를 부담하는 것은 아니고, 각 부동산의 가액에 비례하여 서로간에 대위를 할 수 있다(제482조 제2항 제3, 4호 참조). 따라서 공동저당권이 동시에 실행되어 동시배당을 하는 경우에는 각 부동산의 경매대가에 비례하여 배당을 하면 된다.

문제는 각 부동산의 소유자가 채무자와 물상보증인이거나, 채무자와 제3취득자인 경우에 공동저당권이 동시에 실행되어 동시배당을 하는 경우이다. 이때에는 물상보증인이나 제3취득자는 채무자에 대하여 구상을 할 수 있지만, 그 역은 성립하지 않는다. 따라서 이 경우에는 채무자 소유인 부동산의 경매대가에서 먼저 저당권자에게 배당하고, 그것으로도 부족하면 비로소 물상보증인이나 제3취득자 소유인 부동산의 경매대가에서 저당권자에게 배당하여야 한다.

한 부동산은 물상보증인 소유이고, 다른 부동산은 채무자로부터의 부동산을 취득한 제3자 소유인 경우에는 어떠한가? 물상보증인과 제3취득자 사이의 변제자대위의 우열에 관해서는 민법에 명확한 규정이 없다. 그러나 판례는, 보증인과 제3취득자 사이의 변제자대위에 관하여 민법 제482조 제2항 제1호는 "보증인은 미리 전세권이나 저당권의 등기에 그 대위를 부기하지 아니하면 전세물이나 저당물에 권리를 취득한 제3자에 대하여 채권자를 대위하지 못한다."라고 규정하고, 같은 항 제2호는 "제3취득자는 보증인에 대하여 채권자를 대위하지 못한다."라고 규정하고 있으며, 한편 민법 제370조, 제341조에 의하면 물상보증인이 채무를 변제하거나 담보권의 실행으로 소유권을 잃은 때에는 '보증채무'에 관한 규정에 의하여 채무자에 대한 구상권을 가지고, 민법 제482조 제2항 제5호에 따르면 물상보증인과 보증인 상호 간에는 그 인원수에 비례하여 채권자를 대위하게 되어 있을 뿐 이들 사이의 우열은 인정하고 있지 아니하므로, 물상보증인이 채무를 변제하거나 담보권의 실행으로 소유권을 잃은 때에는 보증채무를 이행한 보증인과 마찬가지로 채무자로부터 담보부동산을 취득한 제3자에 대하여 구상권의 범위 내에서 출재한 전액에 관하여 채권자를 대위할 수 있는 반면, 채무자로부터 담보부동산을 취득한 제3자는 채무를 변제하거나 담보권의 실행으로 소유권을 잃더라도 물상보증인에 대하여 채권자를 대위할 수 없다고 판시하였다.[38] 현재 이 판례는 일반적으로 지지를 받고 있는 것으로 보인다.[39] 그러므로 이때에도 채무자로부터 부동산을 취득한 제3자는 채무자와 같이 취급하여야 할 것이다. 그러나 물상보증인으로부터 부동산을 취득한 제3자는 물상보증인과 마찬가지로 보아야 할 것이다.[40] 제482조를 개정한다면 이 점을 명확히 하여야 할 것이다.

개정 제안은 이러한 생각을 표현한 것이다.

3. 제368조 제2항 개정안

제368조 제2항 개정안은 현행 제368조 제2항 제1문을 그대로 옮긴 것이고, 특별한 변화는 없다.

---

38) 대법원 2014. 12. 18. 선고 2011다50233 전원합의체 판결. 이 판결은 반대 취지인 대법원 1974. 12. 10. 선고 74다1419 판결을 변경하였다.

39) 홍춘의·이상래, "물상보증인과 채무자로부터 담보부동산을 취득한 제3자 사이의 대위관계", 전북대 「법학연구」, 제46집, 2015, 55면 이하; 주대성, "변제자대위에 있어 이해관계의 조정", 「민사판례연구」, 제40권, 2018, 407면 이하 등 참조.

40) 홍춘의·이상래(주 39), 71면 이하; 주대성(주 39), 422면 이하 참조. 2017년 개정된 일본 민법 제501조 제3항은 채무자로부터의 제3취득자와 물상보증인으로부터의 제3취득자를 명확하게 구분하였다.

4. 第368조 第3항

앞에서 살펴본 바에 따른다면 다음과 같이 말할 수 있다. 우선 현행 제368조 제2항 2문은 차순위 저당권자가 저당권을 취득할 당시에 다른 부동산에 선순위 저당권이 설정되어 있었고, 각 부동산의 소유자가 같은 경우, 예컨대 채무자나 동일한 물상보증인인 경우에는 적용된다. 그러나 차순위 저당권자가 저당권을 취득할 당시에 그 부동산의 소유자는 채무자이지만, 다른 부동산의 소유자는 채무자가 아니라 물상보증인이나 제3취득자라면 이때에는 변제자대위 우선설이 적용되어 차순위 저당권자는 선순위 저당권자의 저당권을 대위하지 못한다. 그러므로 1차적인 기준은 차순위 저당권이 설정될 당시에 공동저당의 목적물 소유자가 동일한가 하는 점이 된다.

따라서 채무자 소유의 부동산에 후순위 저당권이 성립한 후에 선순위 저당권자를 위하여 채무자 아닌 제3자, 즉 물상보증인 소유의 다른 부동산에 공동저당권이 성립하였다고 하더라도, 후순위 저당권은 원래 제368조 제2항의 규정에 의한 보호를 기대하지 않고 설정된 것이므로, 새삼스럽게 제368조 제2항의 규정에 의한 보호를 할 필요가 없다.

그러나 채무자 소유의 부동산에 후순위 저당권이 설정된 후 채무자 소유의 다른 부동산에 선순위 저당권자를 위한 저당권이 설정되었다면, 이때에는 후순위 저당권자가 다른 부동산에 설정된 선순위 저당권자를 위한 저당권을 대위할 수 있다고 보아야 할 것이다. 그렇지 않으면 그 소유자가 다른 부동산에 관하여 지고 있던 부담을 면하는 결과가 되기 때문이다. 이는 물상보증인 소유의 부동산에 후순위 저당권이 설정된 후 물상보증인 소유의 다른 부동산에 선순위 저당권자를 위한 저당권이 설정된 경우도 마찬가지이다. 다만 이 점은 이제까지 별로 논의되지는 않았던 것으로 보인다.

한편 후순위 저당권 성립 당시에 공동저당의 목적물이 모두 동일한 소유자였는데, 후순위 저당권이 설정된 부동산 아닌 다른 부동산의 제3취득자가 나타난 경우에는, 후순위 저당권자의 지위에 영향을 주지 못하고, 후순위 저당권자는 다른 부동산에 설정된 선순위 저당권자의 저당권을 대위행사할 수 있게 된다.

이처럼 후순위 저당권자의 대위가 가능한 경우를 후순위 저당권자가 저당권을 취득할 당시에 다른 부동산에 선순위 저당권이 설정되어 있었고, 각 부동산의 소유자가 같은 경우 또는 차순위 저당권자가 저당권을 취득한 후 그 부동산의 소유자가 다른 부동산에 선순위 저당권을 설정한 경우로 한정한다면 종래의 여러 가지 문제되었던 경우는 모두 해결될 수 있다.

즉 공동저당의 목적물이 일부는 채무자 소유이고 다른 일부는 물상보증인 소유인 경우에, 채무자 소유의 부동산이 선순위 저당권자에 의하여 경매되면, 채무자 소유의 부동산의 차순위 저당권자는 물상보증인 소유의 부동산에 설정된 선순위 저당권자의 저당권을 대위행사할 수 없다. 이는 채무자 소유의 부동산에 관하여 1순위와 2순위 저당권이 각각 설정된 다음 물상보증인 소유의 부동산에 관하여 1순위 저당권자가 저당권을 취득한 경우도 마찬가지이다. 후순위 저당권자는 후순위 저당권 설정 당시 물상보증인 소유 부동산의 담보가치를 전혀 고려하지 않았으므로, 후순위 저당권자의 기대를 보호할 필요가 없는 것이다.

다만 물상보증인 소유의 부동산에 차순위 저당권이 설정되었는데, 물상보증인 소유의 부동산이 선순위 저당권자에 의하여 경매되면, 물상보증인은 채무자 소유의 부동산에 설정된 선순위 저당권자의 저당권을 변제자대위 법리에 의하여 대위할 수 있는데, 차순위 저당권자는 이를 물상대위의 법리에 의하여 다시 대위할 수 있으나, 이는 별개의 문제이다.

그리고 채무자 소유의 각 부동산에 공동저당권이 설정된 후 한 부동산이 제3자에게 양도된 다음 다른 부동산에 관하여 후순위 저당권이 설정된 경우에는 소유자가 동일하지 않으므로 후순위 저당권자가 대위할 수 없다.

Ⅴ. 결론

앞에서 언급한 것처럼, 민법 제368조의 적용범위에 관하여 대법원의 판례는 합리적인 결론을 내고 있다. 그러나 이에 관하여 논란이 계속되고 있으므로, 이 규정을 개정하여 논란을 해소하는 것이 바람직하다. 또 법 규정만으로는 판례와 같은 결론을 이끌어내기가 쉽지 않으므로, 일반 시민들을 위하여도 이러한 법 개정은 필요하다. 현행 판례에 대하여 반대하는 주장의 제일 큰 근거는 법 문언과 부합하지 않는다는 것인데, 법 문언을 판례에 부합되게 개정하는 것을 반대할 이유는 없을 것이다.

부동산 민사유치권의 개정방향*

서종희**

국문초록

민사집행법 제91조 제5항에 의해 민법 제320조에 의한 유치권은 다른 제한물권과 달리 시간적 순서와 무관하게 경매에서의 매수인에게 유치권을 주장할 수 있다는 점에서, 시간에 있어 앞서면 권리에 있어서 강하다(prior tempore potior iure)는 법언(maxim)의 예외에 해당한다. 이로 인하여 부동산 경매에서 복잡다기한 문제를 만들어 내고 있다.

이러한 문제점을 해소하기 위해 판례는 압류의 효력 발생 후 성립한 유치권으로는 경락인에게 대항할 수 없다는 예외적인 법리를 통해 유치권의 대항력을 제한하거나 신의칙에 의해 유치권의 행사를 제한하기도 한다. 그러나 이러한 해석론은 한계가 있다는 지적과 함께 유치권 규정에 대한 개정이 필요하다는 주장은 오래전부터 제기되었다. 본고에서는 유치권의 개정방향으로 세 가지를 제시하였다.

첫째, 부동산 등기부에 공시되지 않는 유치권을 매수인에게 인수하게 하는 것은 매수인에게 큰 부담이 된다. 물론 매수인이 민법 제575조 및 제578조에 기하여 채무자 등에게 담보책임을 주장할 수는 있으나 채무자 등의 자력이 보장되지 않는다는 점을 고려하면 담보책임을 통해 매수인을 보호하는 것은 한계가 있다. 이에 유치권자에게 우선변제권을 인정하고 유치권에 대한 소멸주의를 채택하는 개정을 통해 매수인을 보호하면서 경매시장의 안정화를 도모할 필요가 있다. 물론 ① 유치권과 여타 담보권의 우열관계를 어떻게 고려할 것인지, ② 경매절차에서의 배당에 있어 유치권의 증명을 어떻게 할 것인가 등 새롭게 해결해야 하는 문제가 발생한다. 유치권 개정에 있어서 두 가지 문제를 얼마나 정합적으로 해소할 것인지가 개정에 있어서 가장 고민되는 지점이며 중요한 난제일 것이다.

---

* 본고는 2024년 12월 14일에 개최한 한국민사법학회 동계학술대회에서의 발표문을 수정·보완한 것이다.
** 연세대학교 법학전문대학원 교수.

둘째, 유치권에 우선변제청구권을 인정한 경우, 유치권자에게 담보권실행으로서의 경매신청권을 인정해야 한다. 유치권에 우선변제청구권을 인정한다면 담보권 실행으로서의 경매를 인정하는 것이 더 자연스럽다는 점, 유치권자는 점유를 통해 그 권리를 행사하고 있음에도 불구하고 피담보채권의 소멸시효가 진행하므로 담보권 실행으로서의 경매신청권을 인정하는 것이 유치권자의 편의에 적합하다는 점 등에서 다른 담보권과 마찬가지로 담보권실행으로서의 경매신청권까지 인정해야 한다. 유치권의 피담보채권액이 비교적 소액임에도 불구하고 담보권실행으로서의 경매를 조건 없이 인정하는 것은 채무자 또는 저당권자 등의 이익을 현저히 해할 수 있다는 비판을 받을 수는 있다. 그러나 저당권자의 이러한 위험은 소액의 채권을 가진 후순위저당권자 및 일반채권자의 경매신청에 의해서도 발생할 수 있다는 점, 채무자는 민법 제327조에 의해 유치권의 소멸을 청구할 수 있다는 점 등을 고려하면 유치권자의 경매신청권을 인정하는 결단 또한 가능할 것이다.

셋째, 유치권자에게 우선변제권을 인정할 것인지는 민사집행법상 인수주의와 밀접한 연관이 있다. 현행 법제에서는 유치권에 우선변제권이 인정되지 않았기 때문에 매수인에게 이를 인수하도록 하였다. 그런데 유치권에 우선변제권을 인정한다면 경매에 의해 유치권은 소멸해야 한다(민사집행법 제91조 제5항 삭제). 인수주의를 폐지하고 경매 과정에서 유치권도 저당권과 같이 소멸하도록 하면 매수인이 불측의 손해를 입게 될 가능성도 줄어들고, 유치권으로 인한 매각대금의 하락이나 유찰 등의 문제도 해결될 수 있다.

Ⅰ. 들어가는 말

민법상 유치권이란 타인의 물건 또는 유가증권을 점유한 자가 그 물건이나 유가증권에 관하여 생긴 채권을 갖는 경우 그 채권의 변제를 받을 때까지 그 물건이나 유가증권을 유치할 수 있는 담보물권이다(민법 제320조 제1항). 그러나 유치권은 직접적으로 목적물의 교환가치로부터 우선변제를 받을 것을 내용으로 하는 권리가 아니라, 피담보채권의 변제를 받을 때까지 목적물의 인도를 거절하여 간접적으로 변제를 강제함으로써 사실상 우선변제를 받을 수 있는 권리일 뿐 우선변제권은 없다는 점, 일정한 요건이 존재하면 당사자의 의사와는 관계없이 법률상 당연히 설립하는 법정담보물권이라는 점에서 다른 담보물권과는 다르다.

한편 민사유치권(이하 '유치권')은 다른 제한물권과 달리 시간적 순서와 무관하게 경매에서의 매수인에게 유치권을 주장할 수 있다는 점에서, 시간에 있어 앞서면 권리에 있어서 강하다(prior tempore potior iure)[1]는 법언(maxim)의 예외에 해당한다. 예컨대 민법 제320조 제1항의 유치권은 타인의 물건을 점유한 자가 그 물건에 관하여 생긴 채권을 가지는 경우에 법률상 당연히 성립하는 (법정)담보물권으로서 어떤 부동산에 이미 저당권과 같은 담보권이 설정되어 있는 상태에서도 그 부동산에 관하여 유치권이 성립될 수 있다.

민사집행법은 경매절차에서 저당권 설정 후에 성립한 용익물권은 매각으로 소멸된다고 규정하면서도(민사집행법 제91조 제3항), 유치권에 관하여는 그와 달리 저당권 설정과의 선후를 구별하지 아니하고 경매절차의 매수인이 유치권의 부담을 인수하는 것으로 규정하고 있다(민사집행법 제91조 제5항). 따라서 저당권 설정 후에 유치권을 취득한 자는 경매절차의 매수인에게 유치권을 행사할 수 있다. 우리 판례는 이러한 이유를 공평의 원칙에서 찾는다.[2] 즉, 판례는 "점유하는 물건에 관하여 생긴 채권이라는 유치권의 피담보채권이 가지는 특수한 성격을 고려하여 공평의 원칙상 그 피담보채권의 우선적 만족을 확보해 주기 위해서 저당권 이후에 성립한 유치권의 소멸을 인정하지 않는다."고 본다. 유치권은 공평의 견지에서 그 목적물 점유자의 채권을 특히 보호하여 채권자 평등의 원칙을 깨뜨리는데 그 취지가 있다. 즉, 타인의 물건 또는 유가증권을 점유하고 있는 사람이, 그 물건 또는 유가증권에 관하여 생긴 채권을 갖고 있는 경우에 해당 채권의 변제를 받기도 전에 먼저 이를 반환하여야 한다면 향후 채권을 변제받기 어렵게 되어 불공평하게 되기 때문이다. 우리 민법은 유치권을 물권의 하나로 구성함으로써 목적물의 점유자가 가진 채권을 특히 보호함으로써, 채권자평등의 원칙을 사실상 무너뜨리고 유치권자의 채권을 다른 채권자들보다 우선적으로 보호하는 입장을 취하고 있다.[3]

그런데 이러한 유치권은 채권자의 보호에 충실하지만, 특히 부동산 유치권에서는 폐해가 상당히 크다는 비판이 제기되었고 이에 대한 해석론상 입법론상 폐해를 해소하기 위한 방안이 모색되었다. 이에 본고에서는 먼저 유치권제도의 문제점과 그 해소방안을 살펴보고(II), 입법론으로서 유치권 개정 방향을 모색하기 위해 메이지민법 제정 경위 및 개정 논의를 검토해 보고자 한다(III, IV). 다음으로 2013년 법무부 개정안을 검토한 후(V) 맺음말에 갈음하여 개정 방향을 제시하고자 한다(VI).

---

1) Ant. (Car.) C. 8.17.3; Hendrik Verhagen, "The (lack of) protection of bona fide pledgees in classical Roman law", *Fundamina (Pretoria) vol.20 no.2,* Pretoria, 2014, p.982, Fn. 1에서 재인용.

2) 대법원 2014. 3. 20. 선고 2009다60336 전원합의체 판결.

3) 김용덕 편집대표(홍동기 집필부분), 주석민법 [물권3] (제5판), 2019, 437－438면.

Ⅱ. 현행 유치권제도의 문제점과 그 해소를 위한 움직임

1. 유치권자의 경매신청과 우선변제받을 권리

우리 민법은 유치권자에게 목적물로부터의 우선변제받을 권리를 인정하지 않는다.[4] 물론 채무자나 경락인을 포함한 제3자가 목적물을 인도받으려면 유치권자에게 채권을 변제하여야 하므로, 유치권자는 사실상 우선변제권을 가진다.[5] 목적물의 교환가치에 대하여 지배권을 가지는 담보권자(예: 저당권자)가 신청하는 경매는 원래 그들 담보권자가 실체법상 가지고 있던 목적물의 교환가치에서 채권의 변제를 받을 수 있었던 권리를 현실적으로 실현시키는 절차로 볼 수 있다. 반면, 우리 민법은 유치권자에게 목적물의 교환가치에 대한 지배권은 인정하지 않으면서도, 단지 채권의 변제가 있을 때까지 목적물을 계속 유치할 수 있는 권리만을 부여할 수 있음에도 불구하고, 유치권자에게 경매신청권을 인정하고 있다(민법 제322조 제1항).[6]

이와 같이 유치권자의 경매신청은 담보권실행을 위한 경매신청이 아니라는 점에서 실질적 경매가 아닌 형식적 경매[7]에 불과한데,[8] 유치권자의 경매신청이 유치권의 소멸을 가져오는지가 문제된다.[9] 종래에는 이에 대해 별다른 논의 없이 유치권자가 경매를 신청하더라도 민사집행법 제91조 제5항에 의해 유치권은 소멸하지 않는다고 보았으나, 우리 판례는 대법원 2011. 6. 15.자 2010마1059 결정에서 「민사집행법 제91조 제2항, 제3항, 제268조는 경매의 대부분을 차지하는 강제경매와 담보권 실행을 위한 경매에서 소멸주의를 원칙으로 하고 있을 뿐만 아니라 이를 전제로 하여 배당요구의 종기결정이나 채권신고의 최고, 배당요구, 배당절차 등에 관하여 상세히 규정하고 있는 점, 민법 제322조 제1항에 "유치권자는 채권의 변제를 받기 위하여 유치물을 경매할 수 있다."고 규

4) 다른 담보물권에 관한 규정들, 즉 질권에 관한 민법 제329조, 저당권에 관한 민법 제356조가 우선변제를 받을 권리가 있음을 밝히고 있으나, 유치권에 관한 민법 제320조는 이를 언급하고 있지 않다.

5) 대법원 2001. 5. 8. 선고 2000다66089 판결.

6) 유치권자는 예외적으로 과실을 수취하여 변제에 충당할 수 있으며(민법 제323조), 정당한 이유 있는 때에는 감정인의 평가에 의하여 유치물로 직접 간이변제충당할 수 있다(민법 제322조 제2항).

7) 일반적으로 담보권실행 경매와 같이 채권자가 자기의 채권의 만족을 얻기 위한 경매를 실질적 경매라고 부르고 재산의 가격보전 또는 정리를 위한 경매를 형식적 경매라고 부른다. 사법연수원, 법원실무제요 민사집행[Ⅰ], 2020, 15면.

8) 구 경매법은 유치권에 의한 경매를 담보권실행을 위한 경매절차에 따라 실시하도록 하였으나, 1990년 개정민사소송법에서는 유치권이 다른 담보물권과 달리 우선변제권이 없다는 점을 고려하여 유치권에 의한 경매절차를 위한 별개의 규정을 마련하였다. 현재 민사집행법 제274조에서도 이러한 태도를 유지한다.

9) 유치권자는 우선변제청구권이 없으므로 유치권 자체만으로 배당요구를 할 수 없다. 사법연수원, 법원실무제요 민사집행[Ⅳ], 2020, 108면.

정하고 있는데, 유치권에 의한 경매에도 채권자와 채무자의 존재를 전제로 하고 채권의 실현·만족을 위한 경매를 상정하고 있는 점, 반면에 인수주의를 취할 경우에는 필요하다고 판단되는 목적부동산 위의 부담의 존부 및 내용을 조사·확정하는 절차에 관한 규정이 없고, 인수되는 부담의 범위를 제한하는 규정도 마련되어 있지 않아, 유치권에 의한 경매를 인수주의에 따라 진행하게 되면 매수인의 법적 지위가 매우 불안정한 상태에 놓이게 되는 점, 인수되는 부담의 범위를 어떻게 설정하느냐에 따라 인수주의를 취하는 것이 오히려 유치권자에게 불리해질 수 있는 점 등을 함께 고려하면, 유치권에 의한 경매도 강제경매나 담보권 실행을 위한 경매와 마찬가지로 목적부동산 위의 부담을 소멸시키는 것을 법정매각조건으로 하여 실시되고 우선채권자뿐만 아니라 일반채권자의 배당요구도 허용되며, 유치권자는 일반채권자와 동일한 순위로 배당을 받을 수 있다고 보아야 한다.」고 하여 소멸주의를 취하였다. 동 판결에서 판례는 "다만 집행법원은 부동산 위의 이해관계를 살펴 위와 같은 법정매각조건과는 달리 매각조건 변경결정을 통하여 목적부동산 위의 부담을 소멸시키지 않고 매수인으로 하여금 인수하도록 정할 수 있다." 고 보았다. 이러한 판례의 입장은 원칙상 유치권자가 신청한 경매의 경우에 유치권에 대해서도 소멸주의를 적용하고, 다만 예외적으로 법원이 특별매각조건으로 인수주의를 취할 수 있다는 것으로 이해된다. 이러한 판례의 결정으로, 유치권자가 스스로 경매를 신청할 유인은 많이 줄어들 것으로 예상된다.

2. 유치권의 인수(민사집행법 제91조 제5항)와 유치권자의 대항력 제한

우리 민사집행법[10] 제91조는 잉여주의[11]를 취하고 있으며(제1항), 소멸주의[12]를 원칙으로 하면서 인수주의[13]를 병용한다(제2항 내지 제5항).[14] 먼저 압류채권자의 채권에 우선하는 채권에 관한 부동산의 부담을 매수인에게 인수하게 하거나, 매각대금으로 그 부담을 변제하는 데 부족하지 아니하다는 것이 인정된 경우가 아니면 그 부동산을 매각하지 못한다는 점에서 우리 민사집행법은 잉여주의를 취한다(제91조 제1항). 한편 우리 민사집행법은 소멸주의를 원칙으로 하여 경매부동산에 설정된 저당권은 순위에 상관없

10) 이하 법명 없이 조문만을 적시하는 경우에는 우리 민사집행법을 의미한다.
11) 매각대금으로 집행비용과 압류채권자의 채권에 우선하는 채권을 변제하는 데 부족하지 않을 것을 매각조건으로 하는 것을 잉여주의라고 한다. 이시윤, 신민사집행법, 2020, 292면.
12) 경매부동산 위의 모든 부담을 경매로 소멸시키는 것을 소멸주의라고 한다. 이시윤, 앞의 책, 277면.
13) 경매부동산 위의 부담을 소멸시키지 않고 매수인에게 그대로 인수시키는 것을 인수주의라고 한다. 이시윤, 앞의 책, 277면.
14) 민사집행법상 잉여주의 등에 대한 설명은 서종희, "부동산 경매와 소멸주의, 인수주의 그리고 잉여주의 —일본법과 독일법과의 비교고찰—", 「안암법학」, 제63호, 2021, 447면 이하.

이 소멸되고(제91조 제2항) 담보물권 등(저당권·압류채권·가압류채권)에 대항할 수 없는 용익물권 등은 매각에 의해 소멸된다(제91조 제3항). 반면에 소멸주의의 기준이 되는 저당권 등 보다 시간이 앞서는 권리로서 저당권 등에 대항할 수 있는 지상권, 지역권, 등기된 임차권 및 전세권(다만 경매신청 또는 배당요구 신청을 한 경우에는 예외)은 매수인이 인수한다(제91조 제4항)는 점에서 우리 민사집행법은 예외적으로 인수주의를 취한다. 같은 맥락에서 저당권등기보다 먼저 마쳐진 보존가등기, 환매등기, 가처분등기 또한 경매에 의해 소멸하지 않고 매수인에게 인수되며(제91조 제4항), 유치권은 성립시기와 무관하게 매수인에게 인수된다(제91조 제5항).[15] 즉, 민사집행법 제91조 제5항은 "매수인은 유치권자에게 그 유치권으로 담보하는 채권을 변제할 책임이 있다."고 규정하고 있다. 이 경우에 유치권자는 매수인에게 피담보채권의 변제를 청구할 수 있는 지위를 취득하는지가 문제된다.[16] 이에 대해 우리 판례는 대법원 1996. 8. 23. 선고 95다8713 판결 등에서 "민사소송법 제728조에 의하여 담보권의 실행을 위한 경매절차에 준용되는 같은 법 제608조 제3항(필자 주: 현행민사집행법 제91조 제5항에 해당)은 경락인은 유치권자에게 그 유치권으로 담보하는 채권을 변제할 책임이 있다고 규정하고 있는바, 여기에서 '변제할 책임이 있다'는 의미는 부동산상의 부담을 승계한다는 취지로서 인적 채무까지 인수한다는 취지는 아니므로, 유치권자는 경락인에 대하여 그 피담보채권의 변제가 있을 때까지 유치목적물인 부동산의 인도를 거절할 수 있을 뿐이고 그 피담보채권의 변제를 청구할 수는 없다(밑줄은 필자가 첨가)."고 본다. 즉, 판례에 의하면 유치목적물의 매수인은 유치권자에게 물적책임을 지므로(소위 '물적책임설') 매수인은 유치권자에 대한 채무를 직접 부담하지 않는다.[17] 반면에 일본의 판례는 민사집행법 제59조 제4항의 「변제할 책임」의

15) 참고로 일본 민사집행법은 기본적으로 잉여주의하에 소멸주의를 채용하였고다. 일본 내 학설에 대한 자세한 소개는 竹下守夫, "不動産競売における物上負担の取扱", 兼子博士還暦記念『裁判法の諸問題 下』, 有斐閣, 1970, 327頁 이하 참조. 개정 일본 민사집행법의 기본적 태도에 대한 설명은 福永有利, "不動産上の権利関係の解明と売却条件", 竹下守夫＝鈴木正裕編『民事執行法の基本構造』, 御茶の水書房, 1981, 370頁 참조. 반면에 독일법에서는 소멸주의를 채택하지 않고 인수주의와 잉여주의를 결합시켰다. Eickmann, Zwangsversteigerungs－und Zwangsverwaltungsrecht, 2. Aufl., 2004, S. 69ff.; Stöber, Zwangsvollstreckung in das unbewegliche Vermögen: ZVG－Handbuch (Handbuch der Rechtspraxis: HRP), 7. Aufl., 1999, S. 238ff.

16) 이는 구상권 인정여부와 연결된다. 예컨대 매수인이 변제하여 유치권자의 피담보채권을 소멸시킨 경우, 물적책임설에 의하면 타인의 채무를 변제한 것이므로 매수인은 채무자에 대하여 구상권을 취득하나 인적책임설에 의해 매수인이 채무를 면책적으로 인수하였다고 보는 한 매수인은 자신의 채무를 변제한 것이므로 구상권을 취득할 수 없다. 물론 인적책임설 중에 매수인과 채무자가 연대채무를 진다고 보는 견해에 의하면 부담비율에 의해 매수인이 채무자에게 구상권을 취득할 수는 있을 것이다.

17) 참고로 일본 판례는 인적책임설을 취한다. 最判 昭和 41(1966)年 12月 20日, 民集 20巻 10号 2139頁.

의미에 대해, “유치권 및 질권이 인수되는 경우의 매수인은 물적인 책임을 질 뿐만 아니라 집행채권자와 병존적으로 피담보채무를 부담한다고 보아 양자가 채권자에게 연대채무관계에 놓인다.”고 본다(소위 ‘인적책임설’).[18] 인적책임설과 물적책임설의 가장 큰 차이점은 유치권자가 매수인에 대한 이행청구권의 인정 여부 이외에 시효의 중단에서도 확인된다. 즉, 매수인이 유치권자를 상대로 채무부존재확인의 소를 제기한 경우에 유치권자가 적극적으로 응소한 경우 유치권자의 채권의 소멸시효가 중단되는지가 문제된다. 민법 제168조 제1호, 제170조 제1항에서 시효중단사유의 하나로 규정하고 있는 재판상의 청구라 함은, 권리자가 시효를 주장하는 자를 상대로 소로써 권리를 주장하는 경우뿐 아니라, 시효를 주장하는 자가 원고가 되어 소를 제기한 데 대하여 피고로서 응소하여 그 소송에서 적극적으로 권리를 주장하고 그것이 받아들여진 경우도 포함된다.[19] 그러나 우리 판례는 시효를 주장하는 자의 소제기에 대한 응소행위가 민법상 시효중단사유로서의 재판상 청구에 준하는 행위로 인정되려면 의무 있는 자가 제기한 소송에서 권리자가 의무 있는 자를 상대로 응소하여야 할 것이므로, 담보가등기가 설정된 후에 그 목적 부동산의 소유권을 취득한 제3취득자나 물상보증인 등 시효를 원용할 수 있는 지위에 있으나 직접 의무를 부담하지 아니하는 자가 제기한 소송에서의 응소행위는 권리자의 의무자에 대한 재판상 청구에 준하는 행위에 해당한다고 보지 않는다.[20] 따라서 물적책임설에 의하면 매수인은 직접 의무를 부담하지 않는 자에 해당하므로 이에 대한 응소는 소멸시효의 중단사유가 되지 않는 반면에, 인적책임설에 의하면 소멸시효의 중단사유가 된다.

우선변제권이 없는 유치권자를 보호하기 위해 입법자는 시간적 순위와 무관하게 경매에 의한 유치권 소멸을 인정하지 않고 매수인에게 인수하게 한 것은 결과적으로 유치권자를 보호하면서도 다른 채권자(저당권자 등)들의 이익을 침해하는 등 문제점이 드러나게 되었다. 예컨대 유치권자보다 선순위인 담보권자가 경매시 유치권신고(특히 고액의 공사대금채권이 피담보채권인 경우)로 인해 경매가격이 하락하여 불측의 손해를 입을 수 있다는 점,[21] 유치권이 점유라는 불완전한 공시방법에 의해 성립되는 물권이라는 점을

---

18) 最判 昭和41(1966)年 12月 20日, 民集 20巻 10号 2139頁. 일본 민사집행법 제59조 제4항 또한 “변제할 책임이 있다”고 규정되어 있어 우리와 마찬가지로 이 조항이 가지는 의미에 대해서 해석상 다툼이 있다.
19) 대법원 1993. 12. 21. 선고 92다47861 전원합의체 판결 참조.
20) 대법원 2004. 1. 16. 선고 2003다30890 판결 참조.
21) 한편 대법원 2011. 12. 22. 선고 2011다84298 판결 등. 대법원 2004. 9. 23. 선고 2004다32848 판결은 담보권 실행을 위한 경매절차에서 근저당권자가 유치권자로 권리신고를 한 자에 대하여 유치권부존재확인의 소를 제기할 수 있다고 보았다.

이용하여 채무자 등이 점유를 이전하는 등의 방법으로 경매절차를 방해할 수 있다는 점,[22] 경매절차에서 유치권 신고를 하지 않은 유치권자로 인하여 매수인에게 예측하지 못한 손해를 가할 수 있다는 점[23] 등[24]이 문제점으로 지적되었다. 이에 우리 판례는 유치권자의 보호와 다른 권리자의 이익을 보호하기 위한 중용을 모색하였다.

(1) 유치권자의 대항력 제한

종래부터 우리 판례는 저당권이 설정된 후에 유치권을 취득한 자는 그 유치목적물의 경매절차에서의 매수인에게 유치권으로 대항할 수 있다고 본다.[25] 그러나 이는 지나치게 매수인 및 다른 물권자에 비하여 유치권자를 강하게 보호한다는 비판을 받게 되었으며, 이에 판례는 일정한 요건하에 유치권의 대항력을 제한하여 유치목적물의 매수인의 법적 지위를 보호한다.[26] 즉, 판례는 "민사집행법 제91조 제3항이 '지상권·지역권·전세권 및 등기된 임차권은 저당권·압류채권·가압류채권에 대항할 수 없는 경우에는 매각으로 소멸된다.'라고 규정하고 있는 것과는 달리, 같은 조 제5항은 '매수인은 유치권자에게 그 유치권으로 담보하는 채권을 변제할 책임이 있다.'라고 규정하고 있으므로, 유치권은 특별한 사정이 없는 한 그 성립시기에 관계없이 경매절차에서 매각으로 인하여 소멸하지 않는 것이 원칙이지만, 예외적으로 부동산에 관하여 경매개시결정등기가 된 뒤에 비로소 부동산의 점유를 이전받거나 피담보채권이 발생하여 유치권을 취득한 경우에는 경매절차의 매수인에 대하여 유치권을 행사할 수 없다."라고 설시하였다. 이와 같은 예외 법리는 "집행절차의 법적 안정성을 보장할 목적에서 인정한 것"으로, 구체적인 이유로는 "부동산에 관하여 이미 경매절차가 개시되어 진행되고 있는 상태에서 비로소 그 부동산에 유치권을 취득한 경우에도 아무런 제한 없이 경매절차의 매수인에 대한 유치권의 행사를 허용하면 경매절차에 대한 신뢰와 절차적 안정성이 크게 위협받게 됨으로

---

22) 대법원 2006. 1. 27. 선고 2003다58454 판결.

23) 실무에서는 유치권 신고가 있는 경우 피담보채권액 등에 대한 평가를 하지 않은 채 최저매각가격을 정하게 된다. 즉, 감정인은 현황을 직접 육안으로 보고 점유관계에 대한 조사를 거치지 않고 형식적으로 감정평가액을 산정하기 때문에 유치권의 존재는 고려되지 않는다. 이정엽, "부동산경매와 유치권", 부동산소송 실무자료 제4집, 2010, 394면.

24) 부동산 유치권의 문제점에 대한 설명으로는 특히 김영두, "부동산유치권의 문제점에 관한 연구", 한국의 토지법의 이론과 실무: 지엄 이선영 박사 화갑기념논문집, 2006, 204–206면; 이정엽, 앞의 논문, 381–384면 참조.

25) 대법원 2009. 1. 15. 선고 2008다70763 판결.

26) 학설 또한 압류 및 가압류 후에 성립된 유치권의 효력제한 문제와 선순위 저당권이 존재하는 경우 유치권의 효력(대항력)을 제한하자는 주장이 있다. 차문호, "유치권의 성립과 경매", 「사법논집」, 제42호, 2006, 346면 이하; 박정기, "압류의 처분금지효에 저촉하여 취득한 유치권으로 경매절차의 매수인에게 대항할 수 있는지 여부", 재판실무연구 2005, 2006, 19–20면 등.

써 경매 목적 부동산을 신속하고 적정하게 환가하기가 매우 어렵게 되고 경매절차의 이해관계인에게 예상하지 못한 손해를 줄 수도 있으므로, 그러한 경우에까지 압류채권자를 비롯한 다른 이해관계인들의 희생 아래 유치권자만을 우선 보호하는 것은 집행절차의 법적 안정성이라는 측면에서 받아들일 수 없다."는 이것을 논거로 한다.

요컨대 우리 판례는 경매개시결정으로 경매부동산에 대하여 압류의 효력이 발생한 이후에 채무자로부터 그 부동산의 점유를 넘겨받음으로써 그 부동산에 관한 채권담보를 위한 유치권을 취득한 자에 대하여 매수인이 그 유치권의 대항력을 부인하고 유치권자에게 점유한 부동산의 인도를 청구할 수 있다고 판단하였다.[27] 한편, 이 경우에 판례는 유치권자가 경매개시결정의 기입등기가 되어 있음을 알았는지 여부 및 모르는 것에 대한 과실 여부는 묻지 않는다.[28] 다만 유치권의 성립시점이 경매개시결정의 기입등기 이전인지 이후인지만을 판단기준으로 삼는다.[29] 더 나아가 대법원 2014. 3. 20. 선고 2009다60336 전원합의체 판결에서는 "부동산에 관한 민사집행절차에서는 경매개시결정과 함께 압류를 명하므로 압류가 행하여짐과 동시에 매각 절차인 경매절차가 개시되는 반면, 국세징수법에 의한 체납처분절차에서는 그와 달리 체납처분에 의한 압류(이하 '체납처분 압류'라고 한다)와 동시에 매각 절차인 공매절차가 개시되는 것이 아닐 뿐만 아니라, 체납처분 압류가 반드시 공매절차로 이어지는 것도 아니다. 또한 체납처분절차와 민사집행절차는 서로 별개의 절차로서 공매 절차와 경매절차가 별도로 진행되는 것이므로, 부동산에 관하여 체납처분 압류가 되어 있다고 하여 경매절차에서 이를 그 부동산에 관하여 경매개시결정에 따른 압류가 행하여진 경우와 마찬가지로 볼 수는 없다. 따라서 체납처분 압류가 되어 있는 부동산이라고 하더라도 그러한 사정만으로 경매절차가 개시되어 경매개시결정 등기가 되기 전에 부동산에 관하여 민사유치권을 취득한 유치권자가 경매절차의 매수인에게 유치권을 행사할 수 없다고 볼 것은 아니다(밑줄은 필자가 첨가)." 고 보아 체납처분 압류 이후에 성립한 부동산도 경매개시결정 등기 이전에 유치권이 성립하였다면 매수인에게 대항할 수 있다고 판단하였다.[30]

---

27) 대법원 2005. 8. 19. 선고 2005다22688 판결 등. 그러나 가압류 후 압류 이전에 유치권의 성립요건을 갖춘 경우에는 압류와 달리 유치권자의 대항력을 인정한다. 대법원 2011. 11. 24. 선고 2009다19246 판결.

28) 대법원 2006. 8. 25. 선고 2006다22050 판결 등.

29) 즉, 점유의 이전 및 피담보채권의 변제기 도래 중 하나가 경매개시결정의 기입등기 이후에 충족된 경우라면, 유치권자는 경매의 매수인에게 유치권을 가지고 대항할 수 없다. 대법원 2011. 10. 13. 선고 2011다55214 판결(채권의 취득시기가 늦은 경우); 대법원 2005. 8. 19. 선고 2005다22688 판결(점유의 이전이 늦은 경우); 대법원 2006. 8. 25. 선고 2006다22050 판결(채권의 취득 및 점유의 인도 모두 늦은 경우).

30) 체납처분압류에 이어 공매절차가 개시되거나 경매절차가 개시된 이후의 유치권자는 공매절차의

그런데 최근 대법원 2022. 12. 29. 선고 2021다253710 판결[31]은 "피고가 경매개시결정 전후로 계속하여 경매 목적물을 점유해 온 것으로서 피고의 공사대금채권의 변제기가 변제기 유예 이전에 이미 도래하여 피고가 이 사건 경매개시결정 등기 전에 유치권을 취득하였을 경우, 이 사건 경매개시결정 이후 변제기가 재차 도래함으로써 피고가 다시 유치권을 취득하였다고 볼 여지가 있다."는 점을 지적하였다. 그 구체적인 이유로는, ① 경매개시결정 전후로 유치권자가 부동산을 계속 점유하면서 집행법원에 유치권을 신고하였고 현황조사보고서에 이러한 사정이 기재되기도 하였으며 유치권의 존재를 확인하는 판결까지 확정되어 매수인 등이 유치권이 존재한다는 점을 알고 있었고, 달리 거래당사자가 유치권을 자신의 이익을 위하여 고의로 작출 하였다는 사정을 찾아볼 수 없는 점, ② 이 사건에서는 유치권의 행사를 허용하더라도 경매절차의 이해관계인에게 예상하지 못한 손해를 주지 않고 집행절차의 법적 안정성을 해치지 않아 유치권의 행사를 제한할 필요가 없는 점 등을 들었다. 요컨대 대법원은 변제기 유예 전에 공사대금채권의 변제기가 도래하여 피고가 이 사건 경매개시결정 등기 전에 유치권을 취득한 적이 있고 이 사건 경매개시결정 이후 변제기가 재차 도래함으로써 다시 유치권을 취득한 것인지 등을 더 심리하여 피고가 경매절차의 매수인인 원고에게 유치권을 행사할 수 있는지를 판단하였어야 한다."는 이유로 원심을 파기환송하였다.[32]

매수인 등에게 대항할 수 없을 것이다. 사법연수원, 법원실무제요 민사집행[Ⅱ], 389면.

31) 사실관계는 다음과 같다. 甲은 소외 신평건설과 이 사건 건물에 대한 인테리어 공사계약체결 후 계약에 따라 공사를 완료하였음에도 약정한 공사대금을 받지 못하게 되자, 2010. 8.경부터 이 사건 부동산을 포함한 구분건물 5채의 출입구에 유치권 행사 및 점유 사실에 대한 안내문을 부착하고 시정장치를 한 후 점유를 시작하였다. 그 후 甲과 신평건설은 2010. 8. 6. 공사대금채권의 변제기를 2010. 9. 6.로 유예하기로 합의하였다. 그런데 그 후 2010. 8. 24. 한국자산관리공사의 신청으로 이 사건 부동산에 관하여 경매개시결정등기가 경료되자, 甲은 공사대금채권을 피담보채권으로 하여 유치권을 신고하였다. 이후 경기저축은행과 영남저축은행의 파산관재인인 예금보험공사가 2012. 9. 7. 甲 회사를 상대로 유치권부존재확인의 소를 제기하였고, 경매절차는 정지되었다. 유치권부존재확인의 소에서 甲 회사에 유치권이 존재한다는 취지의 甲 승소 판결이 2017. 2. 7. 선고되었고, 위 판결이 2017. 2. 25. 확정되었다. 위 판결 선고 후 경매절차가 속행되었고, 속행된 경매절차에서 甲은 다시 유치권 신고를 하였다. 그 후 2019. 3. 12. 진행된 매각기일에서 乙이 최고가 매수신고인이 되었으며, 대금을 납입하고 부동산의 소유권을 취득한 乙이 甲 회사를 상대로 부동산 인도와 임료 상당의 부당이득반환을 청구하여 소를 제기하였다. 피고 甲은 원고 乙의 청구에 대해 유치권의 항변을 하였고, 이에 대해 乙은 甲의 유치권이 경매개시결정 이후 취득된 것으로서 인정될 수 없다는 취지로 재항변하였다.

32) 이 판결에 대한 평석으로는 박영목. "부동산 경매 시 유치권의 대항력 제한 법리에 대한 검토－대법원 2022. 12. 29. 선고 2021다253710 판결을 계기로 하여－", 「한국집합건물법학」, 제49호, 2024, 63면 이하.

(2) 검토

현행법에 의하면 유치권자에 비하여 다른 권리자의 이익의 침해가 중대할 수 있다는 점에서 입법론을 차치하더라도 해석론으로 유치권자와 다른 권리자의 이익의 보호를 적절하게 조정하기 위한 노력은 바람직하다고 할 수 있다.[33] 그러나 신의칙으로 유치권자의 권리를 제한하는 것은 법관의 형평감각에 의해 결정될 것이라는 점에서 당사자에게 예측할 수 없게 하며, 신의칙에 의한 제한은 지극히 제한적이라는 점에서 유치권자와 다른 권리자의 이익을 조정하는 방법으로서 한계가 있다. 한편 유치권의 대항력 제한과 관련하여 자세히 살펴보면, 우리 판례는 부동산에 관하여 경매개시결정 등기가 된 뒤에 비로소 부동산의 점유를 이전받거나 피담보채권이 발생하여 유치권을 취득한 경우에는 경매절차의 매수인에 대하여 유치권을 행사할 수 없다고 본다.[34] 이러한 경우에도 아무런 제한 없이 유치권자에게 경매절차의 매수인에 대한 유치권의 행사를 허용하면 경매절차에 대한 신뢰와 절차적 안정성이 크게 위협받게 됨으로써 경매 목적 부동산을 신속하고 적정하게 환가하기가 매우 어렵게 되고 경매절차의 이해관계인에게 예상하지 못한 손해를 줄 수도 있기 때문이다. 생각건대, 압류의 효력이 발생한 후의 유치권자에게도 유치권의 행사를 인정하게 되면, 압류채권자를 비롯한 다른 이해관계인들의 희생 하에 유치권자만을 우선 보호하여 결국 집행절차의 법적 안정성을 침해하는 것이므로 유치권의 대항력을 제한하는 것은 그 결과에 있어서 타당하다고 본다.[35] 다만 판례는 압류의 효력이 발생한 이후에 성립한 유치권의 대항력만을 제한하고 있다는 점에서 재고를 요한다. 예컨대 판례는 집행절차의 법적 안정성을 보장할 목적으로 매각 절차인 경매절차가 개시된 뒤에 유치권을 취득한 경우에는 그 유치권을 경매절차의 매수인에게 행사할 수 없다고 보는 것이므로, "부동산에 가압류등기가 된 뒤에 유치권을 취득하였더라도 경매개시결정 등기가 되기 전에 유치권을 취득하였다면 경매절차의 매수인에게 유치권을 행사할 수 있다."고 본다.[36] 그러나 이는 다음과 같은 비판으로부터 자유로울 수 없을 것이다. 첫째, 압류의 효력 발생 이전에 성립한 유치권의 매수인에 대한 대항력을 제한

---

33) 일본에서 유치권과 관련된 문제점을 지적하는 견해로는 松岡久和, "留置権に関する立法論－不動産留置権と抵当権の関係を中心に", 福永有利編『倒産実体法』, 別冊NBL 69号, 商事法務, 2002, 91頁 참조.

34) 대법원 2005. 8. 19. 선고 2005다22688 판결; 대법원 2006. 8. 25. 선고 2006다22050 판결 등 참조.

35) 학설 또한 다수의 입장은 이러한 판례의 입장에 긍정적이다. 강민성, "민사집행과 유치권", 사법논집 제36집, 2003, 76면; 김기찬 · 이춘섭, "부동산경매에서 유치권의 한계에 관한 연구", 「부동산학연구」, 제13집 제2호, 2007, 85면.

36) 대법원 2009. 1. 15. 선고 2008다70763 판결; 대법원 2011. 11. 24. 선고 2009다19246 판결 등 참조. 차문호, 앞의 논문, 403면에서는 가압류 이후에 점유가 이전되어 유치권을 취득한 자 또한 대항력을 제한해야 한다고 본다.

하지 않는 것은 매수인 이외에 다른 권리자, 즉, 저당권자 및 가압류 채권자 등의 이익을 보호할 수 없다.[37] 둘째, 권리영역에 대한 법원의 후견은 지양되어야 한다. 유치권의 대항력 제한의 법리는 명문에 없는 판례에 의해 형성된 것이다. 형사법과 달리 민사법의 영역에서는 명문의 규정이 없는 경우에도 판례에 의해 법리가 만들어질 수도 있다. 그러나 우리 입법자는 유치권에 우선변제권을 인정하지 않는 대신에 경매 후에도 소멸되지 않고 매수인에게 인수되어 유치권으로 매수인에게 대항하여 사실상 우선변제를 받을 수 있도록 하였다. 그럼에도 불구하고 경매개시결정등기 이후에 성립하였다는 것을 이유로 유치권의 대항력을 제한하는 것은 해석의 한계를 넘었다는 비판을 받을 수 있다.[38] 더욱이 유치권의 성립에 피담보채권의 변제기의 도래가 필요하다는 점을 감안하면, 기초적인 사실관계 및 채권의 성립은 압류의 효력 발생 이전이었음에도 불구하고 변제기 도래가 경매개시등기 이후에 성립하였다고 하여 유치권에 기한 대항을 할 수 없다고 한다면 그 자체로 평가모순을 발생시킨다고 할 수 있다. 같은 맥락에서 체납처분 압류 이후에 유치권이 성립했음에도 불구하고 경매개시결정등기 이전에 변제기가 도래한 경우에는 유치권으로 매수인에게 대항할 수 있게 되는데 이는 경매개시결정등기라는 획일적인 기준에 의해 이해관계자의 권리가 정반대가 된다는 점에서 문제가 있을 수 있다.[39] 마지막으로, 판례가 만든 예외 법리는 대법원 2022. 12. 29. 선고 2021다253710 판결에서 '예외의 예외'를 만들고 있어 사실상 형평 법리에 의한 운영이라고 할 수 있는데, 신의성실의 원칙에 반한다고 평가되는 유치권의 남용은 허용될 수 없다고 본 대법원 2011. 12. 22. 선고 2011다84298 판결과 가까워지게 된다는 점에서 재고가 필요하다.[40]

요컨대 해석론에 의해 유치권의 대항력 등을 제한하는 것보다는 유치권에 관한 규정을 개정하여 현행법이 가지는 한계를 극복하는 것이 합리적이면서 효율적일 것이다.[41] 그러한 이유 때문에 종래부터 유치권과 관련된 민법 및 민사집행법을 개정하자는

37) 이에 해석론으로 저당권 성립 이후의 유치권 또한 대항력을 제한하자는 견해가 존재한다. 이신희, "부동산 유치권의 대항력 제한", 「민사법학」, 제72호, 2015, 215면 이하, 253면.

38) 이러한 고민에서 대항력 제한이 아닌 유치권 성립을 부인하는 것을 통해 다른 권리자의 이익을 보호하려는 문헌으로는 서종희, "부동산 유치권의 대항력제한에서 불법점유를 원인으로 하는 유치권 성립제한으로의 재전환", 「성균관법학」, 제24권 제4호, 2012, 153면 이하 참조. 반면에 이선희, 앞의 논문, 234면 이하에서는 성립요건이 아닌 대항력 제한으로 해결하는 것이 더 타당하다고 본다.

39) 대법원 2014. 3. 20. 선고 2009다60336 전원합의체 판결 반대의견 참조.

40) 물론 이는 상사유치권에 대한 판결이나 통설은 신의칙에 의한 제한은 상사유치권뿐만 아니라, 민사유치권에서도 가능할 것이라고 본다. 사법연수원, 법원실무제요 민사집행[Ⅱ], 2020, 391면. 참고로 독일의 경우에도 채권적 권리에 불과한 유치권을 신의칙으로 제한하는 것에 대해서는 긍정적인 입장을 취한다. 구체적으로는 MüKoBGB/Krüger, 9. Aufl., 2022, BGB § 273 Rn. 72ff. 참조.

41) 실무에서 주로 문제되는 경우는 상법 제58조에서 정하는 상사유치권이 아닌 민사유치권이다. 따라서 이하에서 말하는 유치권은 특별한 언급이 없는 한 민법상 인정되는 유치권을 의미하는 것으

주장이 강하게 제기되었다.[42]

Ⅲ. 메이지민법의 제정경위

1. 메이지민법 제295조 입법 경위

의용민법 제295조는 유치권을 담보물권으로 인정한다. 다만 그 기초가 되었던 일본 舊민법(1890년 공포·1893년 시행 예정)은 채권담보편 제92조에서 유치권을 규정하였다.

프랑스민법전에는 유치권에 관한 일반적인 규정이 없는데, Boissonade는 민법전에 유치권의 일반적 규정을 마련하고 채권담보라고 평가하였다. 유치권은 동산질권, 부동산질권, 선취특권, 저당권과 함께 물적담보로서 보증, 연대 등의 인적 담보와 함께 채권담보편에 규정되었다(제4편「채권담보편」 제1부「대인담보」 제2부「물상담보」). 그리고 이는 지역권과 함께「종된 물권」 중 하나로 여겨졌다(舊민법 재산편 제2조 제3항 및 제4항). 舊민법 채권담보편 제92조부터 제96조까지가 유치권의 규정이다.

Boissonade에 의하면, 프랑스민법에는 유치권에 대한 일반적인 규정이 없어 그에 대한 논쟁이 있어, 이를 명확히 하기 위해 유치권에 관한 일반 원칙의 규정을 두었다고 한다.[43] 또한 그는 "통일적으로 파악한다고 하더라도 기존의 담보물권인 질권과 유사한

로 본다. 참고로 상법 제58조에서 정하는 상사유치권은 단지 상인 간의 상행위에 기하여 채권을 가지는 사람이 채무자와의 상행위(그 상행위가 채권발생의 원인이 된 상행위일 것이 요구되지 아니한다)에 기하여 채무자 소유의 물건을 점유하는 것만으로 바로 성립하는 것으로서, 피담보채권의 보호가치라는 측면에서 보면 목적물과 피담보채권사이의 이른바 견련관계를 요구하는 민사유치권보다 그 인정범위가 현저하게 광범위하다. 대법원 2011. 12. 22. 선고 2011다84298 판결 참조. 부동산에 대해서도 상사유치권이 인정된다는 점에서 민사유치권과 상사유치권의 구분은 중요하다. 부동산에 대한 상사유치권의 인정에 대한 일본 학설에 대한 평가는 原弘明, "不動産に対する商人間留置権の成否: 最判平成29年12月14日をふまえた抵当権者と留置権者との関係の再検討", 関西大学法学論集 69巻 3号, 関西大学法学会, 2019, 215頁 이하 참조.

42) 오시영, "부동산 유치권 강제집행에 대한 문제점과 입법론적 고찰",「토지법학」, 제23권 제2호, 2007, 215면 이하; 김영두, 앞의 논문, 213면 이하; 이상현, "부동산 경매과정에서의 유치권의 진정성립(허위유치권)에 관한 제 문제",「민사법연구」, 제18집, 2010, 177면 이하; 황종술/민규식, "부동산 경매절차상 허위·과장유치권 근절을 위한 대책",「주거환경」, 제6권 제2호, 2008, 110면 이하 등. 주로 논해지는 입법론적 제안으로는 "1.유치권등기 제도의 도입, 2.소멸주의의 도입(민사집행법 제95조 제5항 삭제), 3.유치권 신고의무 제도의 도입, 4.유치권의 법정저당권화, 5.물권적 유치권에서 채권적 유치권으로의 전환, 6.공탁금납부제도도입, 7.부동산 유치권의 부정 등"이다. 한편 유치권에 관한 개정시안 및 개정방향에 대해서는 정준영/이동진, "부동산 유치권의 개선에 관한 연구", 법무부 연구용역과제보고서, 2009, 110면 이하; 전장헌, "부동산경매에서 유치권의 문제점과 개선방안에 대한 입법론적 검토",「법제연구」, 제41호, 2011, 263면 이하 참조.

43) 前田達明/古積健三郎/高橋眞,「〈史料〉留置権法 (一)」, 民商法雑誌 118巻 2号 271頁(前田達明); 平井一雄編著,『史料 · 明治担保物権法』, 信山社, 2016, 5−6頁 이하.

것이라는 법 감각으로 통일하였음을 제시한다."라고 설시한다.[44)]

한편 舊민법에는 일반조항 이외의 개별규정에서 유치권을 인정하였다.[45)] 민법 재산편과 재산취득편에서 유치권을 규정한 조항은 재산편 제31조 제1항(소유권), 제70조 제4항(용익권), 제114조(임차권, 제70조를 유추), 제170조 2항(영차권永借權, 제114조 유추), 제177조 제2항(지상권, 제70조를 유추), 제197조(점유권), 제455조 제4항(변제), 재산취득편 제47조(동시이행의 항변권), 제88조 제4항(환매), 제205조(사용대차), 제219조 제2항(임의기탁), 제248조(대리), 제283조(업무청부계약) 등이다.[46)] 개개의 규정을 남긴 이유는 세 가지이다.[47)]

첫째, 법률가가 아닌 국민에게 있어 개별적이고 구체적인 규정이 있는 편이 이해가 용이하다.

둘째, 유치권은 유치물을 반환하면 그 즉시 소멸하므로 권리자에게 있어 용이하게 발견할 수 있는 부분에 각각 규정해 둘 필요가 있다.

셋째, 유치권의 사정거리는 반드시 모든 경우와 동일하지는 않으므로 개별조항에서 이를 규정할 필요가 있다. 예를 들어 유익비상환청구권을 피담보채권으로 하는 유치권을 인정하는 경우와 인정하지 않는 경우가 있다.

다만 Boissonade는 왜 유치권을 채권이 아닌 「물권」으로 보았는지에 대해서는 설명하지 않았다.[48)]

호즈미 노부시게(穂積陳重) 기초위원은 유치권은 물건상에 존재하는 하나의 담보물권이므로 이를 물권편에 둔 것에 대해 긍정한다.[49)] 이에 메이지明治 민법(1898년 시행)에서는 「대인담보」는 채권편에, 「물적담보」는 물권편에 편입된다. 여기에서 유치권은 명확히 「물권」으로서의 성격이 부여되었다.[50)] 또한 유치권의 개별규정을 배제하고 동시이행의 항변권이 유치권으로부터 분리되었으며, 유치권은 독립적인 「담보물권」으로서 자리를 잡았다.[51)]

호즈미 위원의 설명에 의하면, 舊민법 제92조에서는 피담보채권에 대해 물건의 양도 혹은 보존 혹은 물건으로부터 발생한 손해배상에 그치며, 물건의 개량 등의 경우에는 유치권을 부여하지 않으며, 제2항에서는 사무관리의 경우에는 필요한 비용과 보존의 비용을 위한 것이 아니면 유치권은 없다고 규정하나, 「본조에 있어서는 이러한 세밀한 구

44) 前田達明/古積健三郎/髙橋眞, 前掲論文, 272頁(前田達明).
45) 前田達明/古積健三郎/髙橋眞, 前掲論文, 271頁(前田達明).
46) 平井一雄, 前掲論文, 3頁.
47) 前田達明/古積健三郎/髙橋眞, 前掲論文, 271頁(前田達明).
48) 前田達明/古積健三郎/髙橋眞, 前掲論文, 271頁(前田達明).
49) 前田達明/古積健三郎/髙橋眞, 前掲論文, 273頁(古積健三郎).
50) 平井一雄, 前掲論文, 8頁.
51) 前田達明/古積健三郎/髙橋眞, 前掲論文, 272頁(前田達明).

별을 둘 필요성은 인정되지 않는다. 적어도 법률이 채권을 부여한다고 인정한 이상은 보존의 채권이든, 개량의 채권이든, 양도의 채권이든, 그 여타 채권이든, 구별할 필요는 없다」고 하며, 개량과 사무관리의 경우를 포함하여 간단히 「채권」이라 작성하였다. 요컨대 舊민법에 비해 메이지민법은 피담보채권의 범위를 확장하였다(표 1).[52]

[표 1] 舊민법 채권담보편 제92조

舊민법 채권담보편 제92조	조사회 원안 제295조	메이지민법 제295조
유치권은 재산권 및 재산취득편에 있어서 특별히 이를 규정한 경우 외 채권자가 이미 정당한 원인에 의하여 그 채무자의 동산 또는 부동산을 점유하고 또 그 채권이 그 물건의 양도에 의하여 혹은 그 물건의 보존의 비용으로 인하여 혹은 그 물건으로부터 발생한 손해배상으로 인하여 그 물건에 관하여 또는 그 점유에 견련하여 발생한 때는 그 점유한 물건에 대하여 채권자에 속한다.	제1항 「타인의 물건을 점유하고 또 그 물건에 관하여 발생한 채권을 가지는 자는 그 채권의 변제를 받을 때까지 그 물건을 유치할 수 있다. 다만 그 채권이 변제기에 있지 않는 때는 그러하지 아니하다」 제2항 「전항의 규정은 점유가 불법행위로 인하여 시작된 경우에는 이를 적용하지 않는다」	제1항 「타인의 물건의 점유자가 그 물건에 관하여 발생한 채권을 가지는 때는 그 채권의 변제를 받을 때까지 그 물건을 유치할 수 있다. 다만 그 채권이 변제기에 있지 않은 때는 그러하지 아니하다」 제2항 「전항의 규정은 점유가 불법행위로 인하여 시작된 경우에는 이를 적용하지 않는다」

2. 메이지민법 제297조 입법 경위

舊민법상의 유치권에는 우선변제권이 없음을 명시하는 규정이 존재하였다. 舊민법 채권담보편 제94조 제1항은 「유치권은 유치물의 가치에 대하여 채권자에게 선취특권을 부여하지 않는다」고 규정한다. 「선취특권」은 담보권으로서의 선취특권의 의미와 우선변제권의 의미라는 두 가지 종류로 사용되며, 여기에서는 Projet[53] 제1098조의 주석에서의 용어(droit de preférence)를 보아도 우선변제권(우선권)의 의미에서 사용되었던 것이 분명하다.

Projet 제1098조의 주석에 의하면,[54] 이는 질권과 유치권의 차이를 제시하기 위한

---

52) 前田達明/古積健三郎/髙橋眞, 前揭論文, 286頁(古積健三郎).

53) M.G. Boissonade; Projet de Code Civil pour L'Empire du Japon accompagné d'un commentaire" t.4 (1889) .

54) Projet 제1098조 주석은 "질권은 질권자 또는 여타 채권자가 그 목적물을 매각한 경우에는 그 가액에 대해 선취특권 혹은 여타 채권자에 우선하는 권리를 부여하나, 유치권에는 이러한 우선적 권리는 없으며 목적물을 단순히 유치할 수 있을 뿐이다. 법률(본조 제1항)이 이를 제시하는 이유는 유치권과 질권 간에 극히 용이하게 발생하는 오해를 사전에 방지하기 위함이다. 제2항은 유치

조문으로서 마련되었으며, 질권에는 우선변제권이 인정되나, 유치권에는 「목적물의 가액에 대한 선취특권」, 즉, 우선변제권이 없으며 목적물을 단순히 유치할 수 있을 뿐이라고 한다. 다만 동조 제2항에서 물상담보라는 성질로 인해 목적물로부터 발생하는 과실에 대해서는 유치권자에게 우선변제권이 인정된다고 하였다. 이는 메이지민법 제297조 제1항으로 이어지는 규정으로서 남아 있다.

호즈미의 기초 취지의 설명에 의하면,[55] 조사회 원안 제298조는 기성법전인 舊민법 채권담보편 제94조에 다소 수정을 가한 것으로써, 제1항의 「유치권은 유치물의 가액에 대하여 채권자에 선취특권을 부여하지 않는다」라는 내용이 삭제되었다. 우선변제권을 부여하지 않는다는 조문을 삭제한 이유는, 우선변제권을 부여한다는 취지의 규정이 없다면 그러한 효력은 인정되지 않으므로 특별히 필요가 없다는 것이다. 명문의 규정이 없으면 유치권에 우선변제권을 인정하지 않는다는 초안 기초자의 사고가 명료하게 드러나 있다고 할 수 있다.[56] 그리고 조사회 원안 제298조는 메이지민법 제297조에 계승되었다(표 2).

[표 2] 舊민법 채권담보편 제94조

舊민법 채권담보편 제94조	조사회 원안 제298조	메이지민법 제297조
제1항 「유치권은 유치물의 가액에 대하여 채권자에 선취특권을 부여하지 않는다」 제2항 「그러나 유치물로부터 천연 또는 법정의 과실 또는 산출물이 발생한 때는 유치권자는 여타 채권자에 앞서 그를 수취할 수 있다. 다만 그 과실 또는 산출물은 그 채권의 이자에 충당하고 유여분이 있는 때	제1항 「유치권자는 유치물으로부터 발생하는 과실을 수취하고 여타 채권자에 앞서 이를 그 채권의 변제에 충당할 수 있다」 제2항 「전항의 과실은 먼저 이를 채권의 이자에 충당하고 유여분이 있는 때는 이를 원금에 충분할 수 있다」	제1항 「유치권자는 유치물로부터 발생하는 과실을 수취하고 여타 채권자에 앞서 이를 그 채권의 변제에 충당할 수 있다」 제2항 「전항의 과실은 먼저 이를 채권의 이자에 충당하고 너욱 잉여 있는 때는 이를 원금에 충당하여야 한다」

권자가 목적물의 과실 및 산출물에 우선권을 부여받는 것에 관해, 질권과 유사함을 제시하는 것이다. 이는 이자에, 보조적으로는 원금에 편입된다. 이는 목적물의 관리와 보존에 있어서의 고통과 주의에 대한 공정한 상계이다."라고 서술한다. 平井一雄, 前揭論文, 12頁.

55) 石田剛/亀岡倫史/浦野由紀子, 「〈史料〉留置權法 (二 · 完) 」, 民商法雜誌 118巻 3号 106頁 이하(石田剛). "본조는 舊민법 채권담보편 제94조를 다소 수정한 것이다. 먼저 舊민법 채권담보편 제94조 제1항(의) 「유치권은 유치물의 가액에 대하여 채권자에 선취특권을 부여하지 않는다」를 삭제하였다. 사견으로는 선취특권이라는 것은 특별히 명문이 없으면 등장하지 않는다. 없는 것을 없다고 할 이유가 없다. 그대로 두면 선취특권이 발생하는 결과는 발생하지 않을 것이라 판단하여 삭제하였다."

56) 平井一雄, 前揭論文, 14頁.

는 원금에 충당하여야 한다」 제3항「유치권자는 그 수취를 태만한 과실 또는 산출물에 대하여 그 책임을 진다」		

3. 舊민법 채권담보편 제95조 제2항

舊민법 채권담보편 제95조 제1항은「유치권은 채무자가 유치물을 양도하거나 여타 채권자가 이를 압류 및 매각하는 것을 방해하지 않는다」, 제2항은「그러나 어떠한 경우에 있어서도 취득자는 유치권자에 일절 변제하지 않고 그 물건을 점유하지 못한다」고 규정하였다. 제2항에서는 압류 또는 매각의 경우에 취득자에게 유치권자는 채권 전액을 변제해야 함을 요구하였다.[57] '일절 변제하지 않고'란 완전한 변제 없이 전액의 변제 없다(sans désintéresser entiérment)는 의미로 판단된다.[58] 舊민법 제95조 제2항은 사실상의 우선변제권을 실정법상으로 인정하는 규정이라고 할 수 있다.[59]

그러나 이러한 영향을 받은 법전조사회 원안 제297조는「유치권은 유치물의 양도, 압류, 가압류 또는 가처분으로 인하여 그 효력을 잃지 않는다」로 수정되었으며, 舊민법 채권담보편 제95조 제2항은 특별한 설명 없이 삭제되었다. 그리고 원안 제297조도 논의 끝에 삭제되었다.[60]

그 당시 이미 시행되고 있던 민사소송법 제567조[61]에는 동산의 압류에 관해 목적 동산을 제3자가 점유하는 때는 그 자가 제출을 거부하지 않는 때에 한하여 압류할 수 있다는 취지의 규정이 있었다. 원안 제297조는 민사소송법 제567조의 특칙으로, 유치권자가 제출을 거절하더라도 압류할 수 있으며, 유치권은 그 때에도 효력을 상실하지 않는다. 그러나 이때의 유치권의 효력에 대해 기초자인 호즈미 위원과 우메 겐지로(梅謙次郎) 위원의 견해가 나뉘었다. 호즈미 위원은 유치권자는 여타 담보권자에 우선할 수 없다고 하였으나, 우메 위원은 최우선이라고 하였다. 한편 하세가와(長谷川) 위원은 삭제하자는 의견을 제출하였는데 다카기(高木) 위원의 찬성을 얻어 결국 원안 제297조는 삭제되었다.[62]

---

57) 平井一雄, 前揭論文, 15頁.

58) 平井一雄, 前揭論文, 16頁.

59) 椿寿夫,「強制執行法案における留置権」,『民法研究Ⅱ』, 第一法規 , 1983, 39頁.

60) 鈴木正裕, 「留置権小史」, 『会社法・金融取引法の理論と実務（河合伸一判事退官・古稀記念）』, 商事法務, 2002, 196頁; 前田達明/古積健三郎/髙橋眞, 前揭論文, 296頁 이하(髙橋眞).

61) 舊민사소송법 제567조「전조의 규정은 채권자 또는 물건의 제출을 거부하지 않은 제3자가 점유하는 물건의 압류에 대하여서도 이를 준용한다」

4. 법전조사회 원안 제303조

법전조사회의 원안 제303조는 「유치권자는 유치권의 행사를 채무자에 통지하여 변제의 최고를 행한 후 상당한 시간 내에 변제 또는 담보를 받지 못한 때는 질권에 관한 규정에 따라 유치물의 경매를 청구하고 그 대금으로써 변제에 충당할 수 있다.」라고 규정한다.[63] 유치권자에 경매신청권과 그 환가금(경매대금)의 변제수령권을 인정하는 규정이다.

법전조사회 원안의 호즈미 위원의 설명에 의하면, 본조는 舊민법의 유치권에 관한 규정에는 없으나 상법에는 이와 거의 동일한 규정이 있으며, 또한 스위스채무법 제228조 및 그 외의 국가의 상법에서도 찾아볼 수 있는 규정이라고 한다.[64] 동조의 참조 조문으로 인용되는 것은 채권담보편 제111조로, 이는 채무자의 채무불이행의 경우에는 질권자는 질물을 경매할 수 있으며 그 가액으로부터 우선변제를 받을 수 있다는 규정이다.

> **"유치권이 오랜 기간 계속되는 것은 공익상 바람직하지 않다.** ....채권자는 이미 변제기에 달한 채무의 변제를 청구하는 것이 상당하며, 법률이 이를 허용하는 것도 상당하며, 법률이 일정한 방법으로써 그 변제를 신속하게 하여 그 자[채권자]에 조금이라도 불이익이 없도록 해야 한다. 즉, 변제하는 것이 상당하며 변제하지 않고 기다리는 것이 부당한 것이다. 때문에 유치권에 일정한 결과를 부여하는 것은 조금도 채무자의 불이익이 되지 않는다. …… 후에 이를 압류하여 매각하는 결과를 부여하지 않는 것은 실제상 불이익이므로, 이러한 구제방법을 마련하는 것이 바람직하다. .... 「갑작스레 유치권자가 그 유치물의 경매를 청구하는 것은 채무자의 예상 밖일 수 있으므로, 그 적용은 유치권자가 채무자에게 최고하도록 한다. ....**어찌 되었든 이 유치권에 결말을 낼 필요가 있어 본조를 두었다.**"[65]

이 유치물에 대해 선취특권을 가지는 자가 있더라도 그 자에 앞서 유치권자가 변제를 받을 수 있는 것인지에 대한 이소베 위원의 질문에 대해 호즈미 위원은 유치권은 선취특권에 후순위라고 대답하였다. 그러나 이소베 위원은 원안의 삭제를 주장하였다. 본조에 의하면, 유치권은 질권보다 한층 더 우등한 권리가 되고 만다. 유치권은 자신이 이를 경매하여 환가하여 가져올 수 없으므로, 가장 불안한 권리이다. 그 가장 약한 것이 본

---

62) 前田達明/古積健三郎/髙橋眞, 前掲論文, 311頁(髙橋眞).

63) 石田剛/亀岡倫史/浦野由紀子, 前掲論文, 440頁 이하(浦野由紀子); 平井一雄, 前掲論文, 28頁.

64) 호즈미 노부시게(穂積陳重)는 유치권에 질권 유사의 우선변제권을 인정하였던 것으로 판단된다. 松岡久和, 「留置權に關する立法論」, NBL 730号, 2002, 26頁.

65) 石田剛/亀岡倫史/浦野由紀子, 前掲論文, 441－442頁(浦野由紀子).

조에 의하면 질권보다 한층 더 우수해진다는 것이다. 하세가와 위원도 이소베 위원의 삭제안에 찬성하였으며, 경매를 청구하는 데 그칠지, 변제에까지 이를지에 대해 해석이 어렵다고 하였다. 이에 대해, 우메 위원은 경매를 청구하는 데 그치고, 변제를 허용할 것은 없다는 느낌으로는 보이지 않는다.「그렇지 않으면 상당히 기묘하며, 유치권자는 보통의 권리보다 약하므로 매각할 수 없다고 한다면 유치권자는 그러한 무익한 행동은 하지 않는다…….」라고 한다. 나아가 대금을 유치하더라도 우선할 수 없다면 실제로 박약한 권리로, 상법의 규정은 그렇지 않으며, 어찌 되었든 우선하여 취할 수 있다고 설명한다.

기초위원인 호즈미 위원과 우메 위원 간에 견해가 나뉘고, 이소베 위원의 삭제설은 하세가와 위원의 찬성을 얻어 案으로서 성립하였으나, 찬성 소수로 부결되었다. 이후 제3회 민법정리회(1894년 12월 5일)에서 본조는 삭제되었다.[66] 그 논의에서 우메 위원은「본조의 결과로서 유치권자가 우선권을 얻는지에 대해 여러 차례 상담한 결과, 아무래도 유치권은 상당히 폭넓게 인정되는데, 즉, 일정 이유에 의해 타인의 물건을 점유하는 자가 그와 견련하는 채권을 가지면 유치권이 있는 정도이므로 그저 유치하는 동안은 여타 채권자가 요구하더라도 넘겨주지 않아도 무방하나, 매각하여 그 대가에서 우선권으로써 이를 취할 필요는 없다는 데에 우리 기초위원 3인 간에 협의가 정리되었다.」[67] 우선권을 부여하지 않게 되면, 본조의 의미를 경매의 절차가 보통의 수단보다 다소 간략해지는 정도이며, 경매를 하더라도 그로부터 1원도 취할 수 없는 경우에는 이익이 되지 않으므로 본조에 작성하지 않는다. 여기에 작성하면 질권, 선취특권 또는 저당권과 정합하지 않는다는 이유에서 삭제하였다고 설명하였다.

더 나아가「경매법을 작성할 때에 만약 기초위원뿐만 아니라 의장의 의향이 유치권자에도 다소 간단한 경매법에 의하게 하는 편이 바람직하다는 것이라면, 그에 유치권자를 더하면 충분하다. 그러나 만약 경매법에 이를 더하지 않으면 유치권자가 유치물을 매각하고자 할 때는 그저 보통의 채권자로서 매각하는 것이므로, 이는 보통의 강제집행법에 의해야 한다고 하면 그로도 충분하다. 이는 여기에서는 결정하지 않기로 하였다.」[68]

5. 법전조사회 원안 제301조

조사회 원안 제301조는「유치권의 행사는 채권의 소멸시효를 정지하지 않는다.」고 규정하였다. 호즈미 위원은「유치권은 앞서 설명한 바와 같이 채권자의 특별한 보호이다. 때문에 이 채권의 행사를, 즉 스스로 행하는 것은 유치권이 있다고 해서 언제까지고

66) 石田剛/亀岡倫史/浦野由紀子, 前掲論文, 440頁(浦野由紀子).
67) 石田剛/亀岡倫史/浦野由紀子, 前掲論文, 449頁(浦野由紀子).
68) 石田剛/亀岡倫史/浦野由紀子, 前掲論文, 449-450頁(浦野由紀子).

태만해서는 안 된다. 특히 제303조에 이르러서는, 유치권자에게 자신의 채권에 대한 변제를 확보하기 위한 강한 권리를 부여하고 있다. 그러나 이러한 강한 권리를 부여하면서, 유치의 상태가 지속되는 한 채권의 소멸시효가 진행되지 않는 이익까지도 함께 인정하는 것은, 유치권자를 과도하게 보호하는 결과가 될 수 있다.」고 본다.[69] 이러한 이유에서 본조에서는 Boissonade와 마찬가지로 채권의 소멸시효의 정지를 인정하지 않는다.

원안 제301조는 메이지민법 제300조「유치권의 행사는 채권의 소멸시효의 진행을 방해하지 않는다」로 수정되어 계승되었으나, 조사회 원안의 제303조는 메이지민법에서는 삭제되어, 유치권자의 경매권과 환가금으로부터의 변제수령권은 메이지민법의 규정에서 삭제되었다.

6. 민법시행법 제51조

민법시행법정리회의에서, 우메는 인수주의를 채용한 것은 유치적 효력의 결과라는 취지를 논하였으나, 코마츠 미호마츠(小松三保松) 위원은 인수주의가 채용되는 것은 우선변제청구권이 없음이 그 전제일 것이라는 취지로 우메의 견해를 반박하였다.[70] 경락인이 유치권을 인수한다고 하는 규정은 일본 舊 민사소송법 제649조 제3항으로 이어졌고 일본 민사집행법 제59조 제4항으로 남아 있다. 일반적으로 일본 내에서도 민법에서 유치권에 법률상 우선변제권을 인정하지 않아, 유치권자가 배당에 참가할 수 없기 때문에 민사집행법 제59조 제4항에 의해 유치권의 부담을 경매목적물의 매수인이 지도록 한 것으로 이해한다.[71]

7. 검토

일본 舊민법은 유치권에 대해 포괄적인 규정을 마련하였고, 유치권을 채권담보로 규정한 것이 특징이다. 우선변제권이 없는 점에 대해서는 舊민법 채권담보편 제94조 제1항에서「선취특권을 부여하지 않는다」라고 명문으로 규정하였다. 그러나 동시에 舊민법 채권담보편 제95조 제2항에서는 압류 또는 매각의 경우에 취득자가 유치권자에 대해 채권 전반의 변제를 해야 함을 요구하였다. 이는 사실상의 우선변제권을 인정한 것이다. 또한 舊민법에서는 조문의 순서와는 반대로 질권의 규정을 유치권에 준용하였다.

법전조사회에서는 舊민법전을 계승하였으나, 유치권은 담보물권 중 하나로 여겨져

69) 石田剛/亀岡倫史/浦野由紀子, 前揭論文, 433頁(亀岡倫史).
70) 法務大臣官房司法法制調査部, 『法典調査會 民法施行法整理會議事速記録』, 日本近代立法資料叢書 14, 商事法務研究会, 1988, 51頁.
71) 鈴木忠一＝三ケ月章編〔竹下守夫 執筆〕, 『注解民事執行法(2)』, 第一法規, 1984, 253頁.

물권 편에 마련되었다. 채권담보편 제94조 제1항에 해당하는 규정은, 명문규정이 없으면 「선취특권」(우선변제권의 의미)이 인정되지 않는 것은 당연하다며 조사회 원안 제298조에서는 삭제되었다. 舊민법 채권담보편 제95조 제2항은 특별한 이유 없이 법전조사회 원안에서 삭제되었다. 그리고 舊민법 채권담보편 제95조 제1항은 원안 제297조로서 남았으나, 유치권자가 제출을 거부하더라도 동산의 압류가 가능하다(민소법 567조의 특칙)는 이해로 일치하였으나, 유치권의 효력에 대해 우선권을 인정할지에 대해 기초위원인 호즈미와 우메 간에 의견이 나뉜 일도 있어 삭제 제안이 있었으며 결과적으로 삭제되었다.

조사회 원안 제303조에서 채무자가 변제를 하지 않는 경우에는 상당한 기간을 정하여 최고하고 그럼에도 변제가 없는 때는 경매를 청구하여 대금을 충당할 수 있다는 규정이 마련되었다. 소멸시효와의 관계에서도 피담보채권의 행사 방법에 기초를 부여한 것으로, 유치권자에 경매권뿐만 아니라 변제수령권(변제충당권)도 인정한 규정이라고 보아도 무방하다. 그러나 원안 제303조에 의해 유치권자가 경매대금의 우선권을 가지는지에 대해서는 의견이 나뉘었다. 결국 원안에서는 남았으나 민법정리회에서 우선권을 인정하지 않기로 하여 삭제되었다. 이러한 입법경위에 의해 현재 일본 민사집행법 195조에서 유치권에 의한 경매는 인정되나, 민법상의 경매권 및 변제수령권에 대해서는 여전히 논의가 남게 되는 결과가 초래되었다. 호즈미 위원과 우메 위원 간에는 우선권을 인정할 것인지에 대해 견해가 나뉘었으며, 우선권을 인정하지 않기로 하는 정리회에서의 합의를 통해 이를 삭제한 것일 뿐, 경매권 및 변제수령권을 부정하는 취지는 아니었다. 경매권은 인정하나 변제수령권을 인정하지 않는 것은 기묘하며, 그렇다면 경매하는 무익한 행동은 하지 않을 것이라는 취지의 우메 위원의 발언은 현행법의 유치권에 의한 경매의 논의에서도 많은 참고가 된다. 이러한 균열은 우선변제권의 이해의 차이에 의거하는 것으로 해석된다.

Ⅳ. 메이지민법제정 이후의 일본에서의 유치권 개정논의

현행 일본민법하에서는 유치권자는 유치물에 대해 우선변제를 받을 권리를 가지지 않으며(민법 제295조), 담보권의 실행으로서의 경매의 신청도 할 수 없다. 한편, 유치물에 대해 여타 채권자가 경매를 신청하는 경우 유치권자는 변제를 받을 때까지는 유치권을 상실하지 않는다. 즉, 유치권자는 유치물이 부동산인 경우에는 경매 후에도 유치권을 상실하지 않으며(민사집행법 제59조 및 제188조)[72], 유치물이 동산인 경우에는 변제를 받을

72) 민사집행법 제정시에는 원래 인수주의가 아닌 소멸주의를 채택하려고도 하였으나 실체법상 유치권에 우선변제권이 없다는 장애요인으로 인하여 인수주의를 채택하였다. 松岡久和, 前掲論文, 25頁.

때까지는 목적물을 유치함으로써 경매의 개시를 저지할 수 있다(민사집행법 제124조 및 제190조 참조). 이러한 이른바 공격시와 방어시에 있어서의 유치권의 효력의 차이에 대해서는 균형을 상실하고 있다는 지적이 있다.[73] 이러한 불균형을 완화하기 위해 부동산의 유치권에 대해서는, 당해 부동산과 관련하는 경매절차에 있어서의 매각에 의해 소멸하는 것으로 삼음과 동시에, 당해 경매절차에 있어서 유치권자는 우선변제를 받을 수 있도록 해야 한다는 사고가 강하게 주장되었고[74], 이러한 사고를 입법을 통해 반영하려는 움직임이 일어났다.

1. 국제징수법에서의 유치권자의 우선변제권 인정

국세징수법 제21조는 실체법인 민법에서는 우선변제권의 규정이 없음에도 불구하고 소멸주의를 취하며(국세징수법 제124조 제1항), 유치권자를 최선순위로 삼는 사고를 취한다(지방세법 제14조의 15).

그 이유로서는 유치권의 피담보채권이 그 물건의 가치의 보존 내지 증가와 밀접한 비용인 경우가 많은 점, 그 경우 소액의 채권인 때가 많아 징세상의 지장이 없기 때문이라는 것이다.[75]

그러나 이는 어디까지나 체납처분의 절차에 관한 것으로, 제3자가 점유하는 동산의 압류 절차도 인도명령을 발하는 것을 요한다고 하더라도 가능하다는 점에서, 유치권 있는 재산에 대해 집행하는 것을 전제로, 체납처분의 절차에 한하여 담보되는 채권과의 우선열후를 정한 것이다. 그리고 유치권에 의해 담보되는 채권은 국세에 앞선다는 점을 명확한 것임과 동시에, 인수주의에 의하면 유치권에 의해 담보되는 채권의 존부, 금액 등에 대해 다툼이 있는 경우 적확한 집행을 할 수 없게 되므로, 소제주의를 취하여 다툼이 있는 경우에도 체납처분의 집행이 가능하며, 그 다툼은 일반의 배당 절차에서의 이의로서 처리할 수 있게 되었다.[76]

---

73) 일본민법상 유치권은 목적물의 사용가치, 교환가치 모두를 지배하지 않아 담보물권이라기보다는 오히려 물권적 대항권이라 평가하기도 한다. 鈴木禄弥, 『物権法講義〔5訂版〕』, 創文社, 2007, 418頁 이하, 430頁 이하.

74) 法務省民事局参事官室, 「担保・執行法制の見直しに関する要綱中間試案補足説明」, NBL 735号, 2002, 9頁.

75) 吉国二郎ほか編, 『国税徴収法精解(令和3年改定)』, 大蔵財務協会, 1928, 225頁; 松岡久和, 前掲論文, 25頁.

76) 吉国二郎ほか編, 前掲書, 227頁－228頁.

2. 昭和46(1971)年 강제집행법 요강안

昭和46年 강제집행법 요강안(제1차 시안) 제28과 강제집행법 요강안(제2차 시안) 제72에서도 실현되지는 않았으나 국세징수법과 동일한 취지의 제안이 있었다.[77] 부동산상의 유치권자는 스스로 압류하여 환가할 권리는 없으나, 유치권자는 실질상 최우선순위로 배당을 받을 수 있다는 것이다.[78]

참고로 다케시타 모리오(竹下守夫)는 국세징수법에서는 체납처분의 절차라는 특수성이 있다고는 하나, 실체법에서 우선변제권을 인정하지 않더라도 절차법에서 사실상의 우선변제권이 실현될 수 있다는 것이다. 다케시타 논문에서는 그러한 입법도 가능하다고 논한다. 소멸주의를 취해야 한다는 입법론 중에서, 국세징수법의 예를 들며「이와 같이 유치권자에 우선변제 하는 것은 언뜻 실체법에 모순되는 듯 보이나, 유치권은 누구에게도 대항할 수 있다고 여겨지며, 그 반사적인 효과로서 인수주의를 채용하는 현행법하에서도 결국에는 우선변제를 받는 것과 동일한 결과가 야기되므로, 현행법 질서 전체에서 볼 때 개별 집행의 분야에서는 유치권자에게 우선변제 하는 것도 결코 사리에 어긋나지는 않다고 할 수 있을 것이다.」라고 논한다.[79] 그리고 그는「소멸주의·인수주의의 선택은 권리의 성질, 이해관계인의 이익, 토지 금융의 양태 등, 다각적인 요소를 비교 형량하여 이루어져야 하는 합목적적 판단으로, 소멸주의를 소멸하는 담보권의 실행과 관련시켜 이해하는 것은 잘못」이라고 논한다.[80]

3. 2002년의 담보·집행법 개정 중간시안

일본에서도 인수주의에 대해서는 우선변제권을 가지지 않는 유치권이 왜 이러한 강력한 효력을 인정받을 수 있는가 하는 원리적인 의문 외에, 여러 문제점이 지적되었다. 현황 조사 후에도 새로이 유치권이 발생하거나 피담보채권액이 증가하는 경우가 있어 매수인은 예상 밖의 부담을 안게 된다. 매수인이 인수한 부담의 성질과 한도에 대해서는 논의가 나뉘고 있으며, 제도로서의 투명성·안정성이 결여되어 있다. 인수주의에서는 동일 부동산에 대해 경매가 반복되는 경우도 있어 전체적으로 불필요한 비용이 소모되는 경우가 많아진다. 이러한 문제로 인해 인수주의에서는 매수인이 등장하기 어려워 목적물의 매각 자체가 곤란해진다.[81] 이에 2002년의 담보·집행법 개정 중간시안에서는 유치

---

77) 松本財団,「強制執行法案要綱案 (第1 次試案) 法務省民事局参事官室 (昭和46年12月) 」, ジュリスト517号, 1972, 142頁, 144頁.

78) 鈴木正裕,「留置権小史」, 河合伸一判事退官 · 古稀記念『会社法 · 金融取引法の理論と実務』, 商事法務, 2002, 220頁.

79) 竹下守夫,『不動産執行法の研究』, 有斐閣, 1977, 156頁.

80) 竹下守夫, 前掲書, 160頁.

권 일반의 효력을 재검토하고 유치권자에 우선변제권을 부여할지, 부동산 경매에 있어서 유치권을 매각에 의해 소멸시킬지에 대해 검토하였다.[82] 즉 유치권에 대해 소멸주의를 채용하는 것을 전제로 우선변제권을 인정하는 案이 제시되었으나, 개정에는 이르지 못하였다.[83] 민사유치권과 관련된 주요 개정논의를 살펴보면 세 가지이다.

첫째, 유치권자에 우선변제권을 부여하는 경우, 유치권과 여타 경합하는 담보권 간의 우선열후관계에 대해서는 유치권을 최우선으로 한다, 이는 대항력을 구비한 시기의 선후를 기준으로 한다. 이 사고에 의하면, 예를 들어 부동산의 유치권과 저당권이 경합하는 경우에는 유치권의 성립 시기와 저당권 설정의 등기의 선후에 의해 순위가 결정된다. 이 사고에 대해서는 유치물의 보존 비용 등, 실로 보호해야 할 채권이 보호받지 못하는 결과를 낳는 것은 아니냐는 비판도 예상된다.[84]

둘째, 유치권자에 우선변제권을 부여하는 것으로 경우, 부동산상에 존재하는 유치권은 당해 부동산에 대한 절차에 있어서의 매각에 의해 소멸하는 것으로 삼는다. 소제주의로의 일원화에 의해 신속·적절한 환가 처분의 촉진하고 국세징수법 등과의 정합성을 도모하여 법률관계의 간명화를 도모하기 위함이다.[85] 소멸주의를 채용하는 경우에는, 현행법이 부동산의 유치권을 등기할 수 있는 권리로 보지 않고 있어, 유치권자에 대한 배당을 어떠한 절차에 의해 행해야 하는가 하는 문제가 발생한다(민사집행법 제87조 제1항 제4호 참조). 이에 대해서는, 예를 들어 유치권자가 배당 요구의 종기까지 스스로의 권리를 명확히 하며 배당 요구를 하지 않는 한, 유치권은 매각에 의해 소멸하는 것으로 삼는 것도 고려되는 바이나, 그러한 사고의 당부에 대해서는 유치권자에 대한 절차 보장의 양태 및 소멸주의의 채용에 의한 이익 등에 입각하여 검토가 요구된다. 또한 그러한 사고를 채용한 경우에, 배당 요구의 종기 이후에 성립할 수 있는 유치권을 어떻게 다룰지의

---

81) 松岡久和, 前掲論文, 25頁.

82) 「担保・執行法制の見直しに関する要綱中間試案」, ジュリスト1221号 186頁, NBL 734号 68頁. 法務省民事局参事官室, 「担保・執行法制の見直しに関する要綱中間試案補足説明」, ジュリスト1223号, 2002, 120頁 이하, NBL 735号, 2002, 9頁 이하.

83) 法務省民事局参事官室, 「担保・執行法制の見直しに関する要綱中間試案補足説明」, NBL 735号, 2002, 9頁 이하. 부회는 10회에 걸친 심의를 거쳐 2002년 3월 19일의 회의에서, 「담보·집행법제의 재검토에 과한 요강 중간시안」(이하 「중간시안」)을 정리함과 동시에, 이를 사무당국에서 공표하고 의견 조회를 행하는 것을 승낙하였다. 위 보충 설명은 지금까지의 부회에서의 심의에 입각하여, 중간시안의 각 항목에 대해 그 내용의 취지 등을 사무당국인 법무성 민사국 참사관실의 문책文責에 있어서 보충적으로 설명한 것이다. 이 보충 설명은 어디까지나 의견 조회의 대상인 중간시안의 내용에 대한 검토에 있어 이해를 돕기 위한 참고 자료로서 작성된 것이다.

84) 法務省民事局参事官室, 「担保・執行法制の見直しに関する要綱中間試案補足説明」, NBL 735号, 2002, 9頁.

85) 松岡久和, 前掲論文, 26頁.

문제에 대해서도 더욱 검토가 요구된다.[86] 소제주의에 대해서는 담보권자가 그 의사에 반하여 조기에 채권을 회수할 수밖에 없다는 비판이 있으나, 약정담보물권과 달리, 법정담보물권에서는 채권 회수라는 목적만 달성할 수 있다면 불측의 손해는 없다. 또 회수의 전망이 없는 후순위담보권자의 경매 신청은 모조리 취소되므로, 본래 그러한 후순위의 담보권자에는 문제 삼을 손해가 없다.[87]

마지막으로, 유치권자에 우선변제권을 부여하는 경우에 유치권자에 그 실행으로서의 경매의 신청권을 부여할 것인지에 대해서는 더욱 검토가 필요하다. 유치권자에 경매의 신청권을 부여하도록 하는 경우 유치권자는 유치권이 성립한 후 그 즉시 경매를 신청할 수 있게 된다. 그러나 유치권이 유치물의 소유자의 의사와 상관없이 성립하는 담보물권인 점 및 그 피담보채권액이 극히 근소할 가능성도 있다는 점을 볼 때, 유치권자에 경매의 신청권을 부여하는 것은 소유자 및 여타 담보권자에 대한 부담에 비추어 반드시 상당하지는 않다는 점을 고려해야 한다.

이에 대한 대응으로서, 먼저 일본변호사연합회는 찬성하였다. 그 이유로는 유치권에는 우선변제청구권이 없으며 유치적 효력만이 있을 뿐임에도 사실상 최우선으로 변제를 받는, 제도 본래의 효과 이상의 취급을 하고 있으므로, 개별집행에서 소제해 나갈 필요성이 강조되었다.[88] 이와 같은 논의가 이루어졌음에도 불구하고 법제심의회의 담보·집행법제부회에서의 논의가 정리되지 않아 결국 유치권에 대한 개정은 보류되었다.[89]

4. 파산법 등의 재검토에 관한 중간시안

2002년 제출된 파산법 등의 검토에 관한 중간시안에서도「유치권의 도산 절차상의 취급에 대해, 민사 유치권은 재생 절차 및 갱생 절차의 개시에 의해 효력을 상실하는 것으로 삼는 사고(파산법 제93조 제2항 참조)의 당부(當否)에 대해서는 담보·집행법제부회의 유치권의 효력에 관한 검토 상황에 입각하여 검토한다.」라고 하였으나,[90] 시한이 만료

---

86) 法務省民事局参事官室,「担保・執行法制の見直しに関する要綱中間試案補足説明」, NBL 735号, 2002, 9-10頁.

87) 松岡久和, 前揭論文, 26頁.

88) 日本弁護士連合会, "担保・執行法制の見直しに関する要綱中間試案に対する意見書", 判例タイムズ1094号, 判例タイムズ社, 2002, 86頁.

89) 最高裁判所事務総局民事局, "担保・執行法制の見直しに関する要綱中間試案に対する各高等裁判所及び各地方裁判所の意見", 判例タイムズ1094号, 判例タイムズ社, 2002, 66頁에서도 유치권자에 대한 우선변제권 인정에 대해서 각 지방재판소·고등재판소의 찬부를 소개하고 있다. 위 자료에 의해 확인되는 최고재판소 사무총국 민사국이 집계한 바에 따르면, '찬성 49, 반대 4, 의견 없음 기타 5'로 찬성의견이 지배적이다.

90)「破産法等の見直しに関する中間試案（平成14年9月27日法制審議会総会決定）」, 金融法務事情 1656号（2002）, 16頁 이하, 36頁.

됨에 따라, 이 역시 개정에 이르지 못하였다.[91] 의견 조회의 결과에 의하면 절차개시로 유치권이 소멸된다는 사고에 찬성하는 의견이 있었으나 오히려 전체적으로 보면 반대 의견이 많았다.[92]

Ⅴ. 우리 민법에서의 부동산 유치권 개정논의

유치권과 관련된 문제를 해결하기 위한 판례의 해석론은 타당하지만, 해석론만으로는 현행법이 가지는 한계를 극복하는 것이 쉽지 않아 학계에서는 다양한 입법론적인 방안들이 제시되었다. 입법론의 방향은 다양하지만 크게 두 가지로 나누어 살펴볼 수 있다. 하나는 부동산 유치권을 폐지하는 입장이고, 다른 하나는 부동산 유치권을 유지하면서 관련 제도를 보완하는 입장이다. 2013년 민법개정위원회가 마련하여 국회에 제출한 유치권 개정안(이하 '개정안')은 전자의 입장이며, 아쉽게도 개정안은 2016년 5월 말경 제19대 국회의원의 임기가 만료됨으로써 위 개정안은 폐기되었다.

이미 언급한 것과 같이 부동산 유치권 제도의 개정방향은 크게 두 가지로 나누어 볼 수 있다. 하나는 개정안이 선택한 것처럼 부동산 유치권을 원칙적으로 폐지하는 방향이고, 다른 하나는 부동산 유치권을 존치시키면서 유치권 제도의 폐해를 시정하기 위한 범위 내에서 관련 제도를 개정하는 방향이다.

개정안은 ① 부동산 유치권을 원칙적으로 폐지하고 그 대안으로 저당권설정청구권(개정안 제320조, 제369조의3)[93]을 인정하고, ② 미등기 부동산에 대해서는 예외적으로 유치권을 인정하되, 미등기 부동산이 등기될 경우 유치권자는 등기일로부터 6개월 이내에 저당권설정청구권(개정안 제320조의2, 제369조의2)[94]을 행사할 수 있으며, ③ 부동산에 대

---

91) 山本克己/小川秀樹/田原睦夫/花村良一/松下淳一/山本和彦, 「否認権、担保権等の倒産手続上の取扱い」, ジュリスト1321号, 2006, 203頁〔松下 발언〕.

92) 山本克己/小川秀樹/田原睦夫/花村良一/松下淳一/山本和彦, 前揭論文, 202頁〔小川 발언〕.

93) 개정안 제320조(유치권의 내용) ① 타인의 동산 또는 유가증권을 점유한 자는 그 동산 또는 유가증권에 대한 비용 지출로 인한 채권이나 그 동산 또는 유가증권으로 인한 손해배상채권이 변제기에 이른 경우에는 변제를 받을 때까지 그 동산 또는 유가증권을 유치할 권리가 있다.
② 제1항은 그 점유가 불법행위로 인한 경우에는 적용하지 아니한다.
개정안 제369조의3(유치권자 아닌 채권자의 저당권설정청구권) ① 타인의 등기된 부동산에 대한 비용 지출로 인한 채권이나 그 부동산으로 인한 손해배상채권을 가진 자는 그 채권을 담보하기 위하여 변제기에 이르지 아니한 경우에도 부동산 소유자에 대하여 그 부동산을 목적으로 한 저당권의 설정을 청구할 수 있다. 다만, 저당권설정청구권이 성립한 후 그 부동산에 대한 소유권을 취득한 제3자에 대하여는 그러하지 아니하다.
② 제1항에 따른 청구권은 제320조의2제2항제2호 또는 제328조에 따라 유치권이 소멸된 채권자도 행사할 수 있다.

94) 개정안 제320조의2(미등기 부동산에 대한 유치권의 성립 및 소멸에 관한 특례) ① 타인의 미등기

한 강제집행시 소멸주의를 채택하는 것을 주요 내용으로 한다.

반면에 개정안에 반대하는 견해는 현행 부동산 유치권을 존치시키되 ① 소멸주의를 채택하고, ② 유치권에 담보권실행을 위한 경매신청권과 우선변제권을 인정하며, ③ 유치권등기제도나 유치권등기명령제도의 도입을 통한 공시제도의 보완 등을 주요 내용으로 한다.

1. 개정안의 중요 내용

(1) 부동산 유치권의 원칙적 폐지와 저당권설정청구권 도입

개정안의 가장 큰 특징은 동산 및 유가증권에 대한 유치권만 존치하고, 부동산 유치권을 원칙적으로 폐지한 것이다. 후술하듯이 미등기 부동산에 관하여는 예외적으로 부동산 유치권을 인정하였기 때문에 전면적 폐지가 아닌 원칙적 폐지라고 평가할 수 있다. 앞에서 언급한 부동산 유치권의 폐해를 막기 위해 등기 부동산에 대한 유치권을 폐지하였고, 대신 채권자를 보호하기 위해 저당권설정청구권을 도입하였다.[95] 유치권자를 일반 채권자의 지위로 전락시키는 것은 너무 급격한 변화이고, 부동산에 관한 비용지출채권이나 그 부동산으로 인한 손해배상채권을 가진 자를 일반 채권자보다 강하게 보호하기 위해 유치권을 폐지하되 저당권설정청구권을 도입하였다. 유치권 제도가 가진 공평의 원칙을 고려할 때, 유치권자인 채권자를 일반 채권자와 동일하게 취급하는 것은 타당하지 않다는 고려에서 비롯된 것으로 판단된다.

개정안 제369조의3에 따른 저당권설정청구권은 등기된 부동산에만 적용되고, 등기된 부동산에 관하여 부동산에 대한 비용지출채권이나 부동산으로 인한 손해배상채권을

부동산을 점유한 자에 대하여도 유치권의 성립에 관한 제320조를 적용한다.
② 제1항에 따른 미등기 부동산에 대한 유치권은 다음 각 호의 어느 하나에 해당하는 사유가 있는 경우에도 소멸한다.
1. 제369조의2제1항에 따른 저당권설정 등기의 완료
2. 제369조의2제2항에 따른 저당권설정청구권의 소멸
개정안 제369조의2(미등기 부동산에 대한 유치권자의 저당권설정청구권) ① 제320조의2제1항에 따른 미등기 부동산에 대한 유치권자는 그 부동산이 등기되면 제320조제1항에 따른 채권을 담보하기 위하여 부동산 소유자에 대하여 그 부동산을 목적으로 한 저당권의 설정을 청구할 수 있다. 유치권이 성립한 후 부동산의 소유권을 취득한 자에 대하여도 또한 같다.
② 제1항에 따른 청구권은 유치권자가 부동산이 등기된 날부터 6개월 내에 소(訴)로써 행사하지 아니하면 소멸한다.
③ 제1항에 따른 저당권은 그 채권의 변제기에 설정된 것으로 본다.

95) 권영준, "유치권에 관한 민법 개정안 소개와 분석", 서울대학교 「법학」, 제57권 제2호, 2016, 150면에서는 유치권 제도를 저당권 제도로 대체한다고 하여 피담보채권자의 보호를 포기한 것은 아니며, 유치권의 문제점과 이해관계인들 사이의 이익 조정을 위해 피담보채권자의 보호가 한걸음 물러난 결과라고 하면서 유치권을 '폐지'한다기보다는 유치권의 대용방안을 '마련'한다는 표현이 더 어울린다고 하였다.

갖는 채권자에게만 인정된다. 유치권과 다르게 채권의 변제기가 도래하지 않아도, 그리고 해당 부동산을 점유하고 있지 않아도 저당권설정청구권을 행사할 수 있다. 저당권설정청구권의 상대방은 부동산 소유자이고, 저당권설정청구권이 성립한 후 부동산을 취득한 제3자에게는 저당권설정청구권을 행사할 수 없도록 하였다. 저당권설정청구권에 의하여 설정된 저당권은 일반 저당권과 효력이 동일하므로 등기시점에 따라 우선순위가 결정된다.[96] 이러한 사고는 독일민법상 수급인의 보전저당권 설정청구권과 유사하다. 즉, 독일민법상 수급인은 우선변제권을 가지지 않으나 부동산에 대해서는 보전저당권(Sicherungshypothek)설정청구권을 행사할 수 있다(독일민법 제650조의e).[97] 위 보전저당권 설정청구는 도급인이 토지 소유자인 경우에만 인정되므로 도급인이 토지소유권을 제3자에게 매각한 경우에 수급인은 새로운 토지소유자에게 보전저당권을 행사할 수 없다.[98] 즉, 보전저당권 설정청구권은 단지 채권에 불과할 뿐이다. 더 나아가 보전저당권의 등기가 경료된 경우에도 순위의 원칙이 적용되기 때문에 수급인보다 먼저 저당권을 취득한 자에게 순위가 밀리며, 수급인이 여러 명인 결과 다수가 보전저당권 설정청구권을 행사한 경우에 먼저 등기를 마친 수급인이 우선변제권을 가지게 된다.[99]

한편 미등기 부동산의 유치권자는 부동산이 등기된 후 6개월 이내에 개정안 제369조의2에 따른 저당권설정청구권을 행사하지 않으면 유치권을 상실하게 된다. 다만 유치권을 상실한 채권자도 본 규정의 저당권설정청구권을 행사할 수 있다. 개정안 제369조의3이 마련되면서 민법 제666조의 존치 필요성에 대한 논의가 있었으나[100], 삭제하지 않고 존치시켰다.

96) 후술하는 미등기 부동산의 유치권자가 가지는 저당권설정청구권에 의하여 설정된 저당권과 달리 피담보채권의 변제기로 저당권의 효력이 소급하지는 않는다.
97) MüKoBGB/Busche, 9. Aufl., 2023, BGB §647 Rn. 4; MüKoBGB/Busche, 9. Aufl., 2023, BGB §650e Rn. 1. 참고로 건설계약법 개정에 관한 법률(Gesetz zur Reform des Bauvertragsrechts)에 의해 종전의 독일민법 제648조가 제650조의e로 개정되었고(2018년 1월 1일), 종전 독일민법 제648조의a는 제650조의f로 개정되었다. Art. 229 §39 EGBGB, MüKoBGB/Busche(2023), BGB §650e Rn. 1, 4.
98) Groß, Bauhandwerkersicherungshypothek, 1978, S. 56ff.
99) Groß, a.a.O., S. 7ff.; Peters, Die Bauhandwerkerssicherungshypothek bei Mängel der Werkleistung, NJW 1981, 2550 ff.; Staudinger/Peters/Jacoby(2014), BGB §648, Rn. 6.
100) 부동산 유치권이 문제되는 대부분의 사건은 건축공사와 관련된 것으로서 수급인이나 하수급인이 비용을 지출하여 목적물의 가치를 증가시킨 경우에 그로 인한 공사대금채권을 담보하기 위하여 유치권을 주장하는 경우이다. 윤진수, "유치권 및 저당권설정청구권에 관한 민법개정안", 「민사법학」, 제63호, 2013, 198, 199면.

(2) 미등기 부동산에 대한 예외적인 유치권 인정과 저당권설정청구권

개정안은 미등기 부동산에 대한 유치권을 폐지하지 않았다. 미등기 부동산에서 유치권의 폐해가 더 많이 나타나고 있음에도 불구하고,[101] 미등기 부동산에 대해서는 등기 부동산과 달리 저당권설정등기를 하는 것이 곤란하므로 채권자 보호가 미흡해진다는 현실을 고려하여 유치권을 존치시켰다.

미등기 부동산이 등기된 경우에는 그 부동산이 등기된 날로부터 6개월 동안만 한시적으로 유치권을 존속시키고 그 기간 동안 유치권의 연장선상에서 개정안 제369조의2에서 규정한 저당권설정청구권을 행사하여 저당권을 설정하도록 하였다. 따라서 개정안 제369조의2 저당권설정청구권은 앞서 살펴본 개정안 제369조의3 저당권설정청구권과는 효력 등이 조금 다르다.

개정안 제369조의2에 따른 저당권설정등기 청구권자는 미등기 부동산에 대한 유치권자이고, 그 상대방은 부동산 소유자이다. 여기서 부동산 소유자는 채무자에 국한되지 않으며 모든 부동산 소유자를 의미한다. 유치권의 변형으로 인정되는 것이므로 부동산 소유자가 채무자일 것으로 요구하지 않았다.

저당권설정청구권의 법적 성질은 청구권이고, 저당권설정청구권은 유치권자가 부동산이 등기된 날로부터 6개월 내에 소로써 행사하지 않으면 소멸한다. 미등기 부동산에 대해 등기가 마쳐진 후에도 계속적으로 유치권을 인정하게 되면 등기된 부동산과의 형평에 맞지 않고, 부동산 유치권을 폐지하는 취지도 몰각되기 때문이다.

저당권설정청구권의 행사에 따라 이루어진 저당권설정등기가 이루어지면 유치권은 소멸하고 그 저당권의 효력은 피담보채권의 변제기로 소급한다. 이는 부동산등기의 순위는 등기시점을 기준으로 정한다는 일반 원칙에 대한 예외로서 개정안의 특징이자 가장 논란이 되는 부분이기도 했다.[102]

(3) 민사집행법 개정안

개정안은 민사집행법 제91조 제5항을 삭제하고 같은 조 제2항에 유치권을 포함시켜 인수주의를 폐지하고 소멸주의를 채택하였다. 이는 유치권 제도에 있어서 가장 큰 폐해로 작용한 인수주의를 폐지함으로써 부동산 경매가 원활하게 이루어지지 못한 기존의

---

101) 권영준, 앞의 논문, 151면; 김상찬 · 강창보, "부동산 유치권제도의 개선방안－2012년 민법개정안의 검토를 중심으로－", 「법과 정의」, 제19권 제2호, 2013, 80－81면; 조윤아, "유치권제도의 개선을 위한 입법방향", 「일감법학」, 제35호, 2016, 319면; 한상곤, "민사집행절차에서 본 유치권의 개정안에 대한 고찰", 「경희법학」, 제50권 제1호, 2015. 168면.

102) 이에 대한 상세한 내용은 권영준, 앞의 논문, 162－165면 참조.

폐해를 수정하고 법리적으로 복잡했던 유치권의 대항력 문제를 해결하기 위한 것이다.

인수주의가 폐지됨에 따라 유치권은 매각으로 인해 소멸한다. 따라서 유치권자가 경매절차 내에서 피담보채권을 실현할 수 있도록 하기 위해 민사집행법 개정안은 제88조 제1항의 배당요구권자에 "저당권설정청구의 소를 제기한 유치권자"를 추가하고, 제90조의 이해관계인에 "저당권설정청구의 소를 제기한 유치권자로서 배당을 요구한 채권자"를 추가하였다. 만약 배당시까지 저당권설정등기가 마쳐지지 않은 경우 집행법원은 유치권자가 주장하는 변제기에 따라 우선순위를 매겨 공탁금을 계산하고 이후 유치권자가 확정판결 등을 받으면 그 공탁금을 유치권자에게 지급하도록 하였다(민사집행법 개정안 제160조, 161조).

2. 개정안에 대한 검토

개정안은 유치권의 가장 큰 폐해인 인수주의를 폐지하였다는 점, 등기 부동산의 경우 유치권을 폐지하고 그로 인한 채권자의 불이익을 보호하기 위해 저당권설정청구권 제도를 신설한 점, 미등기 부동산의 경우 저당권설정청구가 불가능하므로 채권자를 보호하기 위해 예외적으로 유치권을 인정하여 채권자와 이해관계인의 이익 조정을 염두에 둔 점 등에서 나름 타당한 측면이 있다. 법정담보물권이 약정담보물권의 보충적인 물권으로서 기능하고 있는 현실이나 근대법에 있어서 법정담보물권 배척의 경향 등을 고려하면,[103] 법정담보물권에 의존하지 않고 적절한 약정담보권의 설정을 촉진하는 개정안은 법제도로서도 타당하다. 그러나 개정안은 다음과 같은 문제점이 있다.

첫째, 등기 부동산의 유치권을 폐지하고 그에 대한 채권자보호방안으로 개정안 제369조의3 저당권설정청구권만을 규정함으로써 유치권이 존재할 때보다 채권자의 보호에 취약해졌다. 유치권의 의의는 점유하는 물건에 관하여 생긴 채권이라는 민사유치권의 피담보채권이 가지는 특수한 성격을 고려하여 공평의 원칙상 그 피담보채권의 우선적 만족을 확보하여 주려는 것에 있다.[104] 그런데 개정안은 등기 부동산에 있어서 유치권을 폐지하여 위와 같은 공평의 원칙의 실현에 어려움을 가져오게 하였다. 물론 저당권설정청구를 통하여 저당권으로서 보호하려고는 하지만, 저당권설정청구권 행사에 따라 설정된 저당권의 우선순위는 등기 순위에 따르게 되어 채권자는 유치권이 인정되던 때와 달리 선행저당권보다 후순위에 위치하게 된다. 무엇보다 공사업자의 공사로 인해 건물의 가치가 증가할 경우, 해당 증가분은 공평의 원칙상 채권자에게 돌아가도록 하는 것

103) 서종희, "부동산 민사유치권과 우선변제권-유치권의 우선변제권을 인정하자는 개정논의에 대한 검토-", 「일감부동산법학」, 제25호, 2022, 141면, 169면.

104) 대법원 2014. 3. 20. 선고 2009다60336 전원합의체 판결.

이 타당한데, 개정안에 따르면 공사로 인한 가치 증가분 역시 선행저당권자에게 돌아갈 확률이 높게 되었다. 공평의 원칙상 당연하게 보호받아야 할 채권자가 보호대상에서 불합리하게 제외되고, 선행저당권자는 저당권 설정 당시 자신이 예측하였던 건물의 가치보다 더 높은 가치를 취득하게 된 것이다.[105]

또한 저당권설정청구권이 성립한 후 부동산의 소유권을 취득한 제3자에 대해서는 저당권설정청구를 할 수 없다는 점에서도 기존의 유치권보다 채권자에게 불리하다.[106]

나아가 저당권설정청구권을 행사하려면 채권자가 타인의 등기된 부동산에 비용을 지출하여야 한다. 그런데 비용상환청구권의 경우에 점유자와 회복자 사이에 계약관계가 존재한다면 점유자는 계약관계에 의하여 비용상환청구권을 행사할 수 있을 뿐이고, 제3자에게는 비용상환청구권을 행사할 수 없다. 유효한 도급계약에 기하여 수급인이 도급인으로부터 제3자 소유 물건의 점유를 이전받아 이를 수리한 결과 그 물건의 가치가 증가한 경우, 도급인 이외에 수급인은 민법 제203조에 의한 비용상환청구권을 행사할 수 있는 비용지출자에 해당하지 않는다.[107] 따라서 기존에는 수급인이 도급인에 대한 보수채권을 근거로 목적물에 대해 유치권을 행사할 수 있었지만, 개정안 제369조의3에 의하면 수급인은 비용지출자가 아니므로 소유자인 제3자에 대하여 저당권설정청구권을 행사할 수 없게 될 수도 있다.[108] 이는 건설공사의 거래현실을 제대로 반영하지 못한 것이며, 기존의 유치권보다 정당한 채권자의 권리보호에 미흡하게 된다.

둘째, 부동산 유치권의 폐해가 가장 많이 나타나는 부분은 등기 부동산보다는 미등기 건물과 관련된 부분이다. 개정안은 미등기 부동산과 관련된 유치권을 존치시킴으로써 실질적으로 유치권과 관련된 폐해를 상당 부분 해소하지 못하게 되었다.[109] 미등기 부동산에 대해 유치권을 인정하기 위해서는 결국 현행처럼 점유를 유치권의 성립요건과 존속요건으로 할 수밖에 없는데, 이는 부동산 물권에 있어서 점유라는 불완전한 공시수

105) 양형우, “부동산 유치권에 관한 민법전 개정안에 대한 평가와 향후 개정방향－개정안 제369조의2, 제369조의3을 중심으로－”, 「민사법학」, 제99호, 2022, 145면; 이찬양, “부동산유치권 개정안 중 저당권설정청구권 제도 도입에 관한 고찰－부동산 경매절차에서 선행저당권에 관한 유치권의 우열 논제를 중심으로－”, 「법학논총」, 제26집 제2호, 2019, 324－325면; 조윤아, 앞의 논문, 335면.

106) 이에 대해 권영준, 앞의 논문, 168면에 의하면, 피담보채권자는 처분금지가처분을 하거나 가등기가처분에 의하여 가등기를 함으로써 부동산의 소유권 변동에도 불구하고 자신의 권리를 보장받을 수 있다는 의견도 있다.

107) 대법원 2002. 8. 23. 선고 99다66564, 66571 판결.

108) 양형우, 앞의 논문, 143면.

109) 권영준, 앞의 논문, 151면에서는 개정안에 대해서 기본적으로 찬성하면서도 미등기 부동산에 대한 이러한 절충적 접근은 부동산 유치권의 폐해를 전면적으로 극복하는데 이르지 못한 개정안의 현실적인 한계를 보여주는 것이라고 평가하였다.

단을 여전히 유지하게 만든 것이고 이로 인해 제3자에게 불측의 손해를 줄 위험은 여전히 존재한다. 또한 점유를 공시수단으로 하는 유치권의 특성상 유치권을 행사하는 동안 부동산을 사용·수익할 수 없게 되어 부동산의 효용을 해친다는 유치권의 폐해 역시 시정되지 않고 남아 있게 된다.[110]

셋째, 개정안은 유치권자의 저당권설정청구에 따라 성립되는 저당권(개정안 제369조의2)과 관련하여 그 순위를 일반적인 저당권과 다르게 등기시점이 아닌 채권의 변제기로 소급하게 하였다. 이는 개정안 제369조의2에 따른 저당권은 일반적인 저당권과 달리 그 본질이 유치권에 있기 때문에[111] 저당권의 성립시기를 단순히 등기시점으로 할 경우 유치권자의 지위를 악화시킬 수 있으므로 유치권자의 이익과 이해관계인의 이익을 조절하기 위한 조치인 것으로 해석된다. 그러나 위와 같은 내용으로 인해 등기부상의 기재 내용을 신뢰한 선행저당권자 등은 예상치 못한 손해를 입을 수 있다.[112] 선행저당권자 등은 저당권으로 전환되는 유치권이 존재하는지 여부를 미리 따져보아야만 자신의 이익을 온전히 지킬 수 있는데, 이는 저당권자에게 지나치게 가혹하다. 또한 유치권을 저당권으로 전환하려는 것은 허위·과장유치권과 같은 유치권의 폐해를 시정하기 위함인데, 개정안 제369조의2에 따라 유치권이 저당권으로 전환되는 경우 변제기에 그 저당권이 성립한 것으로 보게 된다면 그 저당권(유치권에서 전환된 저당권을 의미한다)은 선행저당권보다 우선순위에 있을 수 있게 되므로, 오히려 허위·과장유치권을 만들어낼 유인이 더 커질 수도 있다.[113] 기존에는 허위·과장 유치권을 작출하더라도 인도 거절만 가능할 뿐이었지만 개정안에 의하면 변제기를 조작한 허위·과장유치권을 작출할 경우 허위·과장채권으로 선행저당권보다 확실하게 우선변제를 받아갈 수 있게 된다. 결국 유치권 제도의 개정을 통해 얻으려던 이해관계인의 이해조절, 허위·과장유치권의 방지 등의 목적을 원활하게 달성할 수 없게 된다.

넷째, 개정안에 따르면 저당권설정청구권의 행사에 따라 설정되는 저당권은 개정안 제369조의2 저당권, 개정안 제369조의3 저당권, 민법 제666조의 저당권의 3가지 유형이 존재하게 된다. 각 저당권마다 성립요건이나 효력 등이 서로 다른데, 이로 인해 저당권 설정 시에 그 등기번호에 의해 권리의 선후관계가 결정된다는 담보물권의 원칙을 훼손하게 되어 혼란을 야기시킬 우려도 있다.[114]

---

110) 한상곤, 앞의 논문, 168면.
111) 윤철홍, "유치권의 문제점과 개정 법률안에 대한 소고", 「민사법학」, 제82호, 2018, 186면.
112) 성민섭, "부동산 유치권 제도의 개선을 위한 민법 등 개정법률안에 대하여 – 등기 부동산에 대한 유치권 폐지(안) 등의 재고를 기대하며 –", 「외법논집」, 제38권 제1호, 2014, 199면.
113) 양형우, 앞의 논문, 136면.
114) 이찬양, 앞의 논문, 325면.

Ⅵ. 개정방향에 대한 단견(短見)

민법 제정 당시부터 존재하던 담보물권을 삭제하는 것보다는 그 제도를 존치하되 제도의 문제점을 극복하는 방안이 더 합리적이라고 할 수 있다. 제도 그 자체를 전제로 하여 형성된 이익관계와 법적안정성 등을 고려하면 부동산 유치권의 폐지를 전제로 하는 개정안은 우리사회의 관용을 얻기가 어려울 것이다. 따라서 본고에서는 그 중간단계의 개정작업으로서 유치권을 존치하면서 관련된 폐해 등을 개선할 수 있는 개정방향을 제시해 보고자 한다.

1. 유치권자의 우선변제권 인정

국내 및 일본의 입법경위 등에서 알 수 있듯이, 유치권자에게 우선변제청구권을 인정할 것인지는 민사집행법상 인수주의와 밀접한 연관성을 가진다고 할 수 있다. 요컨대 유치권자가 우선변제권을 가졌다면 유치목적물로부터 우선변제를 받을 수 있을 것이나 우선변제청구권이 인정되지 않았기 때문에 매수인에게 이를 인수하도록 한 것이다. 따라서 매수인이 유치권을 인수한 경우, 매수인의 유치권자에 대한 책임은 유치권자에게 우선변제권이 인정되는 것보다 더 가중되어서는 안 된다.

먼저 민사집행법 제91조 제5항에 의해 매수인이 채무자의 채무를 인수한 것으로 보게 되면, 유치권자에게 우선변제권이 인정되는 것보다 더 유리한 결과를 가져온다는 점에서 이는 타당하지 않기 때문이다. 예컨대 인적책임설에 의하면 매수인이 유치권자에게 채무를 부담하므로, 유치권자는 집행권원을 얻어 매수인이 매수한 목적물 이외의 다른 재산에 대해서도 강제집행을 할 수 있다. 그런데 이는 결과적으로 유치권자에게 우선변제권을 인정한 것보다 유치권자에게 유리하다는 점에서 문제가 있다.[115] 따라서 매수인에게 물적책임만을 부담시키는 것이 매수인과 유치권자의 이익을 적절하게 중용한 것으로 볼 수 있다.[116] 이런 이유에서 보면 일본보다는 우리 판례의 태도가 바람직하다고 할 수 있다.[117]

그러나 유치목적물의 매수인에게 물상보증인과 같은 지위를 부여하는 것이 타당한지는 의문이다. 부동산 등기부에 공시되지 않는 유치권을 인수하게 하는 것은 매수인에

---

115) 물론 일반적으로는 피담보채권액이 유치목적물의 가액보다 적기 때문에 문제되지 않을 것이나, 물가 변동 등에 의하여 피담보채권액이 많아지는 경우도 있으므로(overloan), 이 경우에는 지나치게 매수인에게 불리하다.

116) 서종희, "유치권자와 경매절차에서의 유치목적물 매수인의 법적 관계", 「일감부동산법학」, 제18호, 2019, 14면.

117) 이에 대한 단면(單面)만 놓고 본다면, 유치권과 관련된 민법개정에 대한 니즈(needs)는 일본이 우리보다 강할 것이다.

게 큰 부담이 된다. 물론 매수인이 민법 제575조 및 제578조에 기하여 채무자 등에게 담보책임을 주장할 수는 있으나 채무자 등의 자력이 보장되지 않는다는 점을 고려하면 담보책임을 통해 매수인을 보호하는 것은 한계가 있다. 이에 유치권자에게 우선변제권을 인정하고 유치권에 대한 소멸주의를 채택하는 개정을 통해 매수인을 보호하면서 경매시장의 안정화를 도모할 필요가 있다고 본다.

한편 유치권에 우선변제청구권을 인정하여 배당에 가입하도록 하면, ① 유치권과 여타 담보권의 우열관계를 어떻게 고려할 것인지, ② 담보권 실행으로서의 경매신청권을 인정할 것인지 인정하지 않을 것인지, ③ 경매절차에서의 배당에 있어 유치권의 증명을 어떻게 할 것인가 등 새롭게 해결해야 하는 문제가 발생한다. 먼저 ③ 경매절차에서의 배당에 있어 유치권의 증명을 어떻게 할 것인가와 관련하여 부동산 유치권을 공시할 수 있는 등기제도는 현행법상 존재하지 않으므로, 등기제도를 창설하지 않는 한 목적물의 점유를 성립요건, 대항요건(공시)으로 보아야 할 것이다(피담보채권의 변제기는 도래한 것으로 봄).[118] 더 나아가, 유치권이 성립하지 않은 시점을 기준으로 유치권을 대항하는 것은 고려할 수 없으므로, 유치권이 성립한 시점에 있어서의 점유를 기준으로 대항문제를 처리하게 되는 이상, 유치권의 대항력의 구비시점은 유치권의 성립시점이 될 것이다. 민법상의 유치권의 성립에는 ① 목적물과 견련성을 가지는 채권이 존재하고 그 변제기가 도래하였을 것과 ② 목적물의 점유가 필요하다(민법 제320조). 따라서 유치권의 성립시기의 증명에는 변제기와 점유개시시점의 증명이 필수불가결할 것이다. 일본의 유력한 견해는 유치권에 우선변제권을 인정하더라도 ① 그 범위는 여타의 채권자의 권리를 부당하게 해하지 않는 경우 및 ② 해한다고 하더라도 부득이한 정당한 이유가 있는 경우로 한정할 필요가 있다고 본다.[119] 예컨대 유치권자의 급부 등에 의해 채무자의 재산이 증가한 경우에 그 증가분에 대해서 유치권자의 우선변제권을 인정한다고 하여 다른 권

---

118) 법정담보물권인 선취특권에 대해서는 그것이 부동산에 성립하는 것인 경우에는 등기해야 하므로, 부동산에 성립하는 법정담보물권에 공통의 규율로서 부동산 선취특권과 동일하게 부동산 유치권에도 등기를 요하는 것으로 개정할 수도 있을 것이다. 그러나 부동산 선취특권은 등기를 필요로 함으로써 거의 이용되지 않는 것이 현상이다. 이는 등기가 공동신청을 요구하므로 등기를 하기 위해서는 선취특권의 물적 부담을 지는 자의 협력이 필요하나, 그 협력을 얻기가 쉽지 않다는 현실이 존재하기 때문이다. 이에 부동산 선취특권 대신 그 부담을 부동산 유치권에 귀착시키는 형태가 되었으며(특히 그 부담은 유치권 중에서도 상사유치권에 부담된다), 그것이 현실적으로 타당하지 않아, 부동산으로의 상사유치권의 성부를 문제 삼는 논의가 활발하게 이루어지고 있다. 결국 법정담보물권에 등기제도를 창설함으로써, 이용의 곤란함으로 인해 이를 우회하는 별개의 방법이 고찰되어 사실상 무의미한 법정담보물권이 되기에 이르렀으며, 이 전철을 밟지 않기 위해서라도 부동산 유치권에 등기를 필요로 하는 것을 회피함이 타당할 것으로 보인다.

119) 松岡久和, 前揭論文, 26頁.

리자에게 부당하다고 할 수 없을 것이다. 또한 ②는 묵시의 담보 의사를 근거로 하는 동산 선취특권(민법 312조~318조·320조)과 마찬가지로, 목적물이 유치권자의 점유 지배하에 있음으로써 그를 피담보채권의 특별한 저당으로 삼는 것이 양 당사자의 의사에 반하지 않을 뿐 아니라 여타의 채권자의 입장에서도 부득이하다고 평가되는 경우이다(표 3).

다음으로 중요한 것은 배당에 있어서 다른 담보권과의 우열문제이다. 현행 민사집행법에서 유치권은 사실상 최우선의 담보물권으로서 다루어지고 있으며, 또 유치권자에게는 배당이 이루어지지 않으므로 유치권과 여타 담보권의 조정이라는 문제는 발생하지 않는다. 그러나 유치권에 우선변제청구권을 인정하여 배당에 참가시킬 경우, 여타 담보권과의 관계를 법률상 규율할 필요가 있다. 유치권과 여타 담보권과의 관계에 대해서는 다양한 사고가 가능하다(소위 '최우선모델'). 먼저 하나의 사고로서, 유치권을 모든 담보권에 우선하여 다루는 사고가 가능할 것이다. 이 사고는 ① 대항력을 구비한 시점의 선후관계로 우열을 결정하면 대부분의 경우 저당권 등에 유치권이 열후하여 유치권자의 보호가 결여된다는 점, ② 유치권은 피담보채권의 변제기가 도래할 때까지 성립하지 않는다는 점에서 변제기도래가 아닌 채권성립과 동시에 등기할 수 있는 저당권과 동일한 출발선에서 우열관계를 결정하는 것은 부당하다는 점, ③ 민사유치권에는 물건과 피담보채권 간에 견련성이 요구되며, 민사유치권은 물건의 가치의 유지나 증가에 소요된 비용에 대해 인정되는 경우가 많다는 점에서 공익적 성격이 강하다는 점, ④ 시간이나 자료가 한정되어 있는 민사집행절차에서는 유치권자의 대항력 구비 시기를 정확하게 조사하기 곤란한 경우가 있을 수 있다는 점 등을 주요 논거로 한다.[120] 반면에 유치권과 여타 경합하는 담보권의 우열은 대항력을 구비한 시기의 선후에 의한다는 사고도 가능할 것이다(소위 '대항력모델').[121] 이 사고는 유치권에는 공시가 없다는 점에서 최우선으로 변제권을 인정하는 것은 타당하지 않으며, 대항력의 구비의 선후관계로 결정하는 것이 공평하다고 본다.

먼저, 전자인 최우선모델에는 상대적으로 저당권의 효력이 약화되는 결과, 유치권이 저당권의 실행 방해에 이용될 우려가 있으며, 민사집행법에 있어서 유치권이 사실상 최우선의 담보권으로서 다루어지는 문제가 해결되지 않는다. 또한 견련 관계 있는 채권이 항상 공익적인 성격이 강하다고는 할 수 없다는 문제도 있다. 반면에 후자인 대항력

120) 이러한 사고는 일본의 森田浩美, 「担保 · 執行法制の見直しに関する要綱中間試案に対する各高等裁判所及び各地方裁判所の意見と今後の検討課題」, 判例タイムズ1094号, 判例タイムズ社, 2002, 57頁 이하 및 古賀正治, 「担保 · 執行法制の見直しに関する要綱中間試案に対する日弁連意見の取りまとめ状況」, 判例タイムズ1094号, 判例タイムズ社, 2002, 79頁에서도 확인된다.

121) 대표적으로 森田浩美, 前掲論文, 79頁.

모델은 유치권의 피담보채권에는 공익적인 것도 있으므로, 항상 대항력 구비의 선후로 우선변제권을 결정하는 것이 타당하지 않을 수 있다는 문제가 있다. 예컨대 점유자의 비용상환청구권과 같은 목적물의 객관적 가치를 유지·증가시키는 채권(공익적 채권)은 당해 목적물의 집행절차에 있어서 저당권자 등 배당을 받는 자가 공동하여 이를 부담해야 하는 것으로 판단할 수 있다. **왜냐하면 같은 목적물에 저당권과 같은 담보권을 가지고 있던 자는 유치권자에 의해 목적물의 가치가 증가하기 전의 상태로 담보가치를 파악하였을 것이기 때문에 유치권자에 의해 증가된 가치는 유치권자에게 귀속시키기는 것이 타당하기 때문이다.** 따라서 유치권과 여타 담보권의 관계를 항상 대항력모델로 이해해서도 안 될 것이다. 이상에 비추어, 유치권과 여타 담보권과의 이익조정은 유치권을 일률적으로 최우선으로 다루거나 단순히 여타 담보권의 대항요건의 구비와의 선후관계로 우열을 결정하면 해결되는 그러한 단순한 문제가 아니라고 할 수 있다.

유치권자에 의해 증가된 가치부분에 대해서는 유치권자의 우선변제권을 인정하는 사고는 스위스민법을 통해 유사한 사고를 확인할 수 있다. 스위스민법 제895조 제1항은 '동산이나 유가증권을 점유하고 있는 경우에 그 동산이나 유가증권에 관하여 생긴 채권이 이행될 때까지 이를 유치할 수 있다.'고 규정한다. 위 규정은 규정 체계상 질권에 관한 규정의 일부로 되어 있을 뿐 아니라 이론적으로도 질권의 일종으로 이해되고 있다. 그리하여 처분 및 거래할 수 있는 물건에 대하여만 성립하고, 유치적 효력 외에 경매청구권과 우선변제권도 갖는다.[122] 그러나 위 규정은 동산에만 적용되었기 때문에[123] 수급인은 도급인에게 가지는 채권을 담보하기 위하여 토지소유자에게 법정저당권 설정청구권(스위스민법 제837조 제1항 제3호)[124]을 행사할 수 있다. 위 청구권은 물권적 성질을 가지므로 도급인이 아닌 토지 소유자에게도 주장할 수 있었기 때문에[125] 도급인이 토지를 제3자에게 매각하더라도 수급인 새로운 소유자에게 법정저당권의 설정등기를 마쳐줄 것을 요구할 수 있다.[126] 더 나아가 수급인이 여러 명인 결과 다수가 보전저당권 설

---

122) Riemer, Die beschränkten dinglichen Rechte, 2 Aufl., 2000, S. 170.

123) Lorandi, Sicherungsgeschäfte in der Insolvenz des Sicherungsgebers, AJP 11/2005, 1299, 1301, 1304ff.

124) 스위스민법 제837조 ① <u>법정저당권의 설정을 위한 청구권은 다음 각 호의 경우에 존재한다.</u>
1. 매도인이 매각한 토지에 관하여 갖는 채권(...)
3. <u>수공업자 또는 수급인이 토지 위에 건축물 또는 그 외 공작물을 위하여 재료와 노무 또는 노무만을 제공하여서 그 토지에 대하여 갖는 채권, 그 채권의 채무자가 토지소유자 또는 수급인인지는 문제되지 않는다.</u>
② 권리자는 제1항의 법정저당권을 사전에 포기하지 못한다.

125) BGE 95 Ⅱ 31, 33, 34.

126) 즉 토지 소유자는 물적채무(Realobligation)를 부담하게 된다.

정청구권을 행사한 경우에 등기순서에 관계없이 모든 수급인을 동순위로 인정한다(스위스민법 제840조).[127)] 다만 보전저당권보다 먼저 마쳐진 저당권이 있는 경우에는 순위에 따라 우선변제권을 인정하나, 수급인에 의해 증가된 토지의 가치증가는 기존의 저당권자에 예상하지 않았던 담보가치의 증가라는 점에서 일정한 요건을 갖추면 수급인에 의해 증가된 토지의 가치에 대해서는 수급인이 우선특권(Vorrecht)을 가진다(스위스민법 제841조 제1항).[128)] 요컨대 이를 통하여 수급인은 자신의 도급인에 대한 채권에 대한 우선변제권을 취득하게 된다.

[표 3] 민법 제320조 개정시안

현행 민법	개정시안
제320조(유치권의 내용) ①타인의 물건 또는 유가증권을 점유한 자는 그 물건이나 유가증권에 관하여 생긴 채권이 변제기에 있는 경우에는 변제를 받을 때까지 그 물건 또는 유가증권을 유치할 권리가 있다. ②전항의 규정은 그 점유가 불법행위로 인한 경우에 적용하지 아니한다.	**제320조(유치권의 내용)** ①타인의 물건 또는 유가증권을 점유한 자는 그 물건이나 유가증권에 관하여 생긴 채권이 변제기에 있는 경우에는 변제를 받을 때까지 그 물건 또는 유가증권을 유치할 권리가 있다. **유치권자는 다른 채권자보다 자기채권의 우선변제를 받을 권리가 있다.** ②전항의 규정은 그 점유가 불법행위로 인한 경우에 적용하지 아니한다.

2. 담보권실행으로서의 경매신청권 인정 여부

유치권에 우선변제청구권을 인정한 경우에 유치권자에게 담보권 실행으로서의 경매신청권을 인정할 것인지의 문제는 지금까지 별다른 논의가 없었다. 참고로 일본은 법

127) 스위스민법 제840조 다수의 수공업자 또는 수급인이 각자의 법정저당권설정 등기를 신청하는 경우 이들 저당권은 일자가 다른 경우에도 저당 목적물로부터 균분하여 만족을 받을 효력을 갖는다. 이 조항에 대한 상세한 분석은 Zobl, Das Bauhandwerkerpfandrecht de lege lata und de lege ferenda, in: ZSR 101/1982 Ⅱ, S. 164f.; Zobl, Bauhandwerkerpfandrecht: Das Gleichbehandlungsprinzip des Baukreditgebers bei der Auszahlung von Baukrediten - Entscheid des Bundesgerichtes (Ⅱ. Zivilabteilung) vom 21. April 1989 in Sachen Basler Kantonalbank c. Paul Welker AG: BGE 115 Ⅱ 136ff. = Pra 1989 Nr. 205, in: BR 1990/4, S. 94ff.; Basler/Thurnherr(2019), N 14 zu Art. 839/840 ZGB.

128) 제841조 ① **수공업자 또는 수급인의 채권이 저당물의 집행절차에서 만족을 받지 못한 경우 그 부족분은, 목적물 위에 법정저당권에 앞서서 수공업자 또는 수급인에게 불이익이 되도록 저당권이 설정되고 이를 그 저당권자가 인식할 수 있었던 때에는 그 앞선 저당권자에게 대지의 가치를 초과하여 배당하는 가액으로부터 보상되어야 한다.** 이이 대해서는 Zobl, ZSR 101/1982 Ⅱ, S. 168f.; Thurnherr, Das revidierte Bauhandwerkerpfandrecht - zu wenig Neues, aber noch mehr Problematisches?, ZBGR 2/2012, S. 83f.; Schumacher, Bauhandwerkerpfandrecht: Besondere Herausforderungen an die Anwaltschaft, Anwaltsrevue 3/2014, S. 112.

제심의회의 담보·집행법제부회의 논의를 토대로 작성된 법무성 민사국에 의한「담보·집행법제의 재검토에 관한 요망 중간시안」(이하「중간시안」)에서, 유치권에 대해 우선변제청구권을 부여하였더라도 경매신청권을 부여할 것인가에 대해서는 더욱 검토가 요구된다고 하며,「담보·집행법제의 재검토에 관한 요망 중간시안 보충설명」(이하「보충설명」)에서는「유치권자에게 경매신청권을 부여하는 경우에 유치권자는 유치권이 성립한 후 그 즉시 경매를 신청할 수 있게 된다. 그러나 유치권이 유치물의 소유자의 의사를 불문하고 성립하는 담보물권인 점이나 그 피담보채권액이 극히 소액일 가능성도 있다는 점에 비추어, 유치권자에 경매신청권을 부여하는 것은 소유권자 및 여타 담보권자에 대한 부담이 될 수 있다는 점을 감안하면 반드시 인정되어야 한다고 판단되지 않는다.」고 논하였다.[129] 유치권에 우선변제청구권을 인정하였다고 할지라도 담보권 실행으로서의 경매신청권까지는 인정하지 않는다는 견해(부정설)는 다음과 같은 이유를 고려할 것이다.「보충설명」에서도 지적하는 바와 같이, 유치권의 피담보채권액은 비교적 소액이므로 사회적 필요성은 그리 크지 않다는 점에서[130] 유치권자의 담보권 실행으로서의 경매를 조건 없이 인정하는 것은 저당권자 등의 이익을 현저히 해할 수 있다. 이는 유치권자의 보호에 비하여 저당권자의 권리를 침해하여 불균형한 결과를 초래한다. 더욱이 유치권의 기능은 통상의 국면에서는 인도거절권으로서의 기능이 유일하며, 인도를 거절함으로써 피담보채권 전액의 변제를 간접적으로 강제하는 권리로서 설계되었으므로, 유치권자의 경매신청권을 인정하여 유치권에 적극적인 환가 기능을 부여하는 것은 오로지 이행거절권으로서 기능해 온 유치권의 연혁에도 적합하지 않다고 볼 수도 있다. 우리 판례가 유치권자의 경매신청시에 민사집행법 제91조 제5항을 적용하여 유치권을 소멸시킨 것도 유치권자의 경매신청권 행사를 신중하게 하는 것에 기여하는데 만약 우선변제권까지 인정하는 경우라면 더욱더 경매신청권 행사가 많아질 것이라는 점에서 재고를 요한다. 반면에 유치권에 우선변제청구권을 인정한다면 담보권 실행으로서의 경매를 인정하는 것이 더 자연스럽다는 점, 유치권자는 점유를 통해 그 권리를 행사하고 있음에도 불구하고 피담보채권의 소멸시효가 진행하므로 담보권 실행으로서의 경매신청권을 인정하는 것이 유치권자의 편의에 적합하다는 점에서, 여타 담보권과 마찬가지로 담보권 실행으로서의 경매신청권까지 인정해야 한다고도 고려할 수 있다(긍정설).

생각건대, 담보권 실행으로서의 경매신청권을 인정할 것인가는 입법 정책의 문제이므로 반드시 부정설이 고려하는 유치권의 연혁적 기능에 구애받을 필요가 없으며, 우선

---

129) 法務省民事参事官室,「担保・執行法制の見直しに関する要綱中間試案補足説明」, ジュリスト1223号, 有斐閣, 2002, 113頁.

130) 法務省民事参事官室, 前掲論文, 113頁.

변제권을 인정되는 담보권으로서의 유치권은 종전의 유치권의 기능과의 단절을 시도한 것이라고 볼 여지도 있다는 점에서 유치권자의 경매신청권을 인정하는 결단 또한 가능할 것이다. 또한 부정설이 고려하는 유치권자의 피담보책임이 소액이라는 전제는 도급계약에서의 공사대금과 같이 피담보채권액이 다액인 경우도 있다는 점에서 전제 자체에 대한 오류를 범했다는 비판을 받을 수 있다. 다만 피담보채권액의 많고 적음을 불문하고 부정설이 고려하는 것과 같이 소유자 및 여타 담보권자[131]의 이익(특히 경매시기선택권)을 고려할 필요는 있을 것이다. 이에 담보권 실행으로서의 유치권자의 경매신청권을 긍정하기 위해서는 피담보채권의 채무자, 소유자 및 여타 담보권자에 변제의 기회나 담보의 제공에 의한 유치권의 소멸청구의 기회를 부여하는 제도를 마련하는 것이 필요할 것이다. 요컨대 이러한 제도적 보완은 소유자 및 여타 담보권자의 이익을 보호할 수도 있으며 대담보의 제공의 기회를 부여하는 것은 피담보채권에 알맞은 적절한 약정담보권으로 전환하는 것을 촉진하는 효과를 가져오게 한다. 법정담보물권이 약정담보물권의 보충적인 물권으로서 기능하고 있는 현실이나 근대법에 있어서의 법정담보물권 배척의 경향 등을 고려하면, 법정담보물권에 과도하게 의존하지 않고 적절한 약정담보권의 설정을 촉진하는 것은 법제도로서도 타당할 것이다. 또한 실제로도 소유권자 및 여타 담보권자에게 이와 같은 기회를 부여하면 목적물에 성립한 유치권과 관련한 문제는 많은 경우 해결되므로, 진정 필요한 경우를 제외하고는 특별한 사정이 없는 한 유치권자가 경매를 신청하는 경우는 적을 것이다. 요컨대 유치권에 의한 집행절차에 있어서 우선변제청구권을 인정하고자 하는 것은 개별집행의 국면에서 사실상 유치권이 최우선적으로 다루어지는 데 의한 폐해를 시정하는 데 있으며, 집행 단계에서 인도거절권과 우선변제권을 가진 배당수령권으로 전환함으로써 이를 방지하는 것으로 충분할 것이다. 한편 경매신청권을 인정할 것인지 여부는 선택의 문제라고 할 수 있을 것이나, 담보권 실행으로서의 경매신청권을 인정하더라도 유치권을 저당권 등 다른 담보권으로 전환하는 효과를 유인할 수 있게 한다면, 부정설이 걱정하는 국면은 해소할 수 있을 것이다.

집행절차로서의 부동산 경매에 있어 담보권의 존재는 공정증서, 담보권의 등기사항증명서 등으로 증명된다. 유치권의 성립 시기는 피담보채권의 변제기 도래 시점과 점유 시점을 증명하는 것과 연결되므로 유치권자는 변제기 도래와 점유개시 시점을 증명해야 한다. 그렇다면 유치권의 증명을 어떠한 방법으로 할 것인가? 유치권의 존재를 증명하는 확정판결(혹은 공정증서[132])에 의하여야 할 것이다. ① 피담보채권에 관한 공정증서

131) 여타 담보권자에 관해서는 유치권이 최우선으로 여겨지는 경우가 아니라면, 잉여주의에 의해 반사적으로 그 선순위담보권자의 이익은 지켜지는 경우가 많을 것이나, 유치권이 최우선으로 여겨지는 경우는 그 이익을 보호할 필요가 있을 것이다.

나 유치목적물의 점유개시시점을 추인할 수 있는 공정증서가 있으면 충분할 것이다. 한편 그러한 내용을 담은 공정증서가 작성되지 않았다면, ② 유치권존재확인소송을 제기하여 확정판결을 얻거나 ③ 피담보채권에 관한 인정이나 유치목적물의 점유개시시점의 인정이 주요사실과 관련한 인정으로서 이유 중의 판단으로 제시된 확정판결을 얻어야 할 것이다.[133)]

먼저 ②를 요구하는 경우에는 담보권의 실행에 대해 집행권원을 필요로 하지 않다고 판단한 입법자의 결단이 무시되며[134)], 피담보채권의 지급청구소송에 담보권의 확인청구를 사실상 병합강제하는 것은 현실문제로서 타당하지 않다.[135)] 특히 우열문제와 관련하여 유치권의 성립 시점을 전제로 우열을 판단한다면, 구두변론 종결시점에 있어서의 유치권의 존재의 확인으로는 충분치 않으므로 성립 시점에 있어서의 유치권의 존재의 확인을 받을 필요가 있으나, 이를 강제하는 것은 구두변론 종결시점의 권리 관계를 확정한다는 민사소송의 기본적인 사고에 반드시 적합하지는 않을 것이다.[136)] 또한 ③에 대해서는, 피담보채권에 관한 인정은 차치하더라도 점유개시시점의 인정이 주요사실과 관련한 인정으로서 제시되는 판결은 상정하기 상당히 어려울 것이다.[137)] 결국 ②·③에 의할 수 없다면 ①에 의하게 되나, 이는 배당을 받고자 하는 유치권자에게 소송의 제기나 공정증서의 작성을 강제하여 타당하지 않다는 비판을 받을 수도 있다. 한편 민사집행법은 주로 저당권을 염두에 둔 규정으로, 이를 유치권에 그대로 준용하는 것은 입법론적으로는 재검토가 필요한 부분이기도 하다.[138)] 따라서 이러한 관점에서는, 최소한 점유의 성립 시기에 관하여서는 소거법적으로 사문서를 포함하는 문서로 충분한 것으로 해결해

---

132) 유치권 자체를 확인하는 공정증서가 작성된다는 것은 이례적이라고 판단되나(이런 지적은 山本克己, "平成18年度重要判例解説", ジュリスト1332号, 有斐閣, 2007, 143頁에서도 확인이 가능하다), 피담보채권에 관한 공정증서나 점유개시시점을 추인할 수 있는 공정증서면 상정이 가능할 것이나.

133) 最判 平成18(2006)年 10月 27日, 民集 60巻 8号 3234頁에서는 유치권의 성립요건이 되는 사실(의 전부 또는 일부)이 주요사실로서 인정되는 것이라면, 「담보권의 존재를 증명하는 확정판결」에 해당한다고 논한다.

134) 和田吉弘, "留置権に基づく登録自動車の競売申立て", 法学セミナー629号, 日本評論社, 2007, 126頁; 山本克己, 前掲論文, 143頁.

135) 中島弘雅, 前掲論文, 107頁.

136) 물론 과거의 법률관계의 확인이라도 확인의 이익이 인정된다면 적법하나, 민사소송의 기본적인 사고에 반하면서까지 배당액의 결정을 위해 확인소송을 강제해서는 안 될 것이다.

137) 점유개시시점이 주요사실로서 인정될 수 있는 경우로는 취득시효를 주장하는 경우가 고려되나, 승소한다면 유치권은 무의미하며 패소한다면 점유개시시점이 인정된다고 단언할 수 없다. 또한 소송에서 유치권을 주장하는 경우를 고려하더라도 통상의 소송에서 유치권은 항변으로 주장되며, 그 유치권은 구두변론 종결시점에 존재하는 것이 인정되면 족하므로 유치권의 성립시기가 유치권의 항변과 관련한 인정으로서 제시되는 경우는 없을 것이다.

138) 山本克己, 前掲論文, 143頁.

도 무방하다고 볼 수도 있을 것이다.[139] 물론 이러한 경우에는 집행법원에게 실체적 권리의 판단을 하도록 하므로 신속한 집행절차의 장애가 된다는 비판이 있을 수 있을 것이다. 그러나 유치권의 존부에 관한 실체적 권리 판단만큼 복잡하지 않을 뿐만 아니라, 유치권의 존재로 인해 집행 개시가 사실상 방해되는 현상에 비추어 보면, 이 정도의 절차적 번거로움은 감수할 수 있는 수준이라 평가된다(표 4 및 표 5 참조).

[표 4] 민법 제322조 개정시안

현행 민법	개정시안
제322조(경매, 간이변제충당) ①유치권자는 채권의 변제를 받기 위하여 유치물을 경매할 수 있다. ②정당한 이유있는 때에는 유치권자는 감정인의 평가에 의하여 유치물로 직접 변제에 충당할 것을 법원에 청구할 수 있다. 이 경우에는 유치권자는 미리 채무자에게 통지하여야 한다.	**제322조(경매, 간이변제충당)** ①유치권자는 채권의 변제를 받기 위하여 유치물을 경매할 수 있다. **이 경우에 민법 제363조를 준용한다.** ②정당한 이유있는 때에는 유치권자는 감정인의 평가에 의하여 유치물로 직접 변제에 충당할 것을 법원에 청구할 수 있다. 이 경우에는 유치권자는 미리 채무자에게 통지하여야 한다.

[표 5] 민사집행법 제274조 개정시안

현행 민사집행법	개정시안
제274조(유치권 등에 의한 경매) ①유치권에 의한 경매와 민법·상법, 그 밖의 법률이 규정하는 바에 따른 경매(이하 "유치권등에 의한 경매"라 한다)는 담보권 실행을 위한 경매의 예에 따라 실시한다. ②**유치권 등에 의한 경매절차**는 목적물에 대하여 강제경매 또는 담보권 실행을 위한 경매절차가 개시된 경우에는 이를 정지하고, 채권자 또는 담보권자를 위하여 그 절차를 계속하여 진행한다. ③제2항의 경우에 강제경매 또는 담보권 실행을 위한 경매가 취소되면 **유치권 등에 의한 경매절차**를 계속하여 진행하여야 한다.	제274조(다른 법률의 규정에 의한 경매) ①**유치권에 의한 경매**와 민법·상법, 그 밖의 법률이 규정하는 바에 따른 경매(이하 "다른 법률에 의한 경매"라 한다)는 담보권 실행을 위한 경매의 예에 따라 실시한다. ②**다른 법률에 의한 경매절차**는 목적물에 대하여 강제경매 또는 담보권 실행을 위한 경매절차가 개시된 경우에는 이를 정지하고, 채권자 또는 담보권자를 위하여 그 절차를 계속하여 진행한다. ③제2항의 경우에 강제경매 또는 담보권 실행을 위한 경매가 취소되면 **다른 법률에 의한 경매절차**를 계속하여 진행하여야 한다.

139) 鈴木忠一＝三ケ月章編〔近藤崇晴 執筆〕, 『注解民事執行法(5)』, 第一法規, 1985, 371頁; 中野貞一郎, 『民事執行法〔増補新訂5版〕』, 青林書院, 2006, 276頁; 鈴木正裕, 前揭論文, 266頁도 동일한 취지로 보인다. 반대견해로는 斎藤和夫, 前揭論文, 99頁.

3. 민사집행법 제91조 제5항의 삭제

학설은 유치권을 인수하게 하여 발생하는 문제점을 해결하기 위해 유치권에 우선변제권을 인정하고 경매에 의해 유치권을 소멸(민사집행법 제91조 제5항 삭제)하게 하는 입법개정이 필요하다는 주장을 강하게 제기하였다.[140)]

부동산 유치권을 유지하자는 견해도 유치권 제도의 가장 큰 문제점이 인수주의에 있음을 인지하고 있다. 따라서 부동산 유치권 존치 견해들도 개정안과 같이 인수주의의 폐지를 공통으로 언급하고 있다.[141)] 인수주의를 폐지하고 경매과정에서 유치권도 저당권과 같이 소멸하도록 하면 매수인이 불측의 손해를 입게 될 가능성도 줄어들고, 유치권으로 인한 매각대금의 하락이나 유찰 등의 문제도 해결될 수 있다. 유치권자에게 우선변제권을 인정할 것인지는 민사집행법상 인수주의와 밀접한 연관이 있다. 현행 법제에서는 유치권에 우선변제권이 인정되지 않았기 때문에 매수인에게 이를 인수하도록 하였다고 볼 수도 있다. 따라서 인수주의를 폐지하고 소멸주의를 도입하기 위해서는 유치권자에게 우선변제권을 인정해야 한다(표 6 참조).[142)]

[표 6] 민사집행법 제91조 개정시안

현행 민사집행법	개정시안
제91조(인수주의와 잉여주의의 선택 등) ①압류채권자의 채권에 우선하는 채권에 관한 부동산의 부담을 매수인에게 인수하게 하거나, 매각대금으로 그 부담을 변제하는 데 부족하지 아니하다는 것이 인정된 경우가 아니면 그 부동산을 매각하지못한다.	**제91조(인수주의와 잉여주의의 선택 등)** ①압류채권자의 채권에 우선하는 채권에 관한 부동산의 부담을 매수인에게 인수하게 하거나, 매각대금으로 그 부담을 변제하는 데 부족하지 아니하다는 것이 인정된 경우가 아니면 그 부동산을 매각하지못한다.

140) 오시영, "유치권 관련 민법개정안에 대한 검토", 「강원법학」, 제38권, 2013, 281면; 오시영, "부동산 유치권 강제집행에 대한 문제점과 입법론적 고찰", 281면; 김영두, 앞의 논문, 231면; 조윤아, "유치권 제도의 개선을 위한 입법방향", 「일감법학」, 제35권, 2016, 329면; 노한장/유정석, "부동산 경매에 있어서 유치권의 우선변제권 인정 및 대항력 제한", 「부동산학보」, 제52권, 2013, 329면; 성민섭, "부동산 유치권 제도의 개선을 위한 민법 등 개정법률안에 대하여: 등기 부동산에 대한 유치권 폐지(안) 등의 재고를 기재하며", 「외법논집」, 제38권 제1호, 2014, 203면; 장건, "유치권에 기한 경매의 효용성 제고에 관한 검토", 「민사집행법연구」, 제17권, 2021, 57면 이하; 임세훈, "부동산 경매절차상 유치권의 법적지위 및 비판적 고찰－소멸주의와 인수주의를 중심으로－", 「민사집행법연구」, 제14권, 2018, 13면 이하, 59면.

141) 양형우, 앞의 논문, 151면; 조윤아, 앞의 논문, 329－330면.

142) 서종희, "부동산 민사유치권과 우선변제권－유치권의 우선변제권을 인정하자는 개정논의에 대한 검토－", 「일감부동산법학」, 제25권, 2022, 163면; 양형우, 앞의 논문 152면; 조윤아, 앞의 논문, 330면.

②매각부동산 위의 모든 **저당권**은 매각으로 소멸된다.	②매각부동산 위의 모든 **담보물권**은 매각으로 소멸된다.
③지상권 · 지역권 · 전세권 및 등기된 임차권은 **저당권** · 압류채권 · 가압류채권에 대항할 수 없는 경우에는 매각으로 소멸된다.	③지상권 · 지역권 · 전세권 및 등기된 임차권은 **담보물권** · 압류채권 · 가압류채권에 대항할 수 없는 경우에는 매각으로 소멸된다.
④제3항의 경우 외의 지상권 · 지역권 · 전세권 및 등기된 임차권은 매수인이 인수한다. 다만, 그중 전세권의 경우에는 전세권자가 제88조에 따라 배당요구를 하면 매각으로 소멸된다.	④제3항의 경우 외의 지상권 · 지역권 · 전세권 및 등기된 임차권은 매수인이 인수한다. 다만, 그중 전세권의 경우에는 전세권자가 제88조에 따라 배당요구를 하면 매각으로 소멸된다.
⑤매수인은 유치권자(留置權者)에게 그 유치권(留置權)으로 담보하는 채권을 변제할 책임이 있다.	~~⑤매수인은 유치권자(留置權者)에게 그 유치권(留置權)으로 담보하는 채권을 변제할 책임이 있다.~~

부록

2025년 법무부 민법 일부개정법률안(계약법)

* 이 개정안은 2025. 11. 6. 법제처 심사를 마친 것임.

1. 제안이유

국민 생활의 기본법인 「민법」이 1958년 제정된 이후 재산법에 해당하는 총칙 · 물권 · 채권 편은 거의 개정이 이루어지지 않아 그동안의 급격한 사회 · 경제적 변화를 반영하지 못하여, 여러 문제를 판례와 학설의 해석에 의존하여 해결하거나 현행 「민법」으로는 해결하기 어려운 법적 쟁점이 지속적으로 발생하는 문제가 있었음.

「민법」의 현대화를 위하여 1999년 이후 두 차례에 걸쳐 총칙 · 물권 · 채권 편에 대한 전면적인 개정을 시도하였으나, 그러한 전면 개정이 지연되는 사이 다른 나라에서는 민법을 대대적으로 개정하는 등 세계 각국에서 민법의 현대화가 진행되고 있음.

법적 안정성을 높이고 우리 사회와 경제의 안정적 발전을 도모하기 위해서는 국민 생활과 경제활동의 기본법인 「민법」의 전면적 개정은 더 이상 미룰 수 없는 중대한 국가적 과제인바, 우선 국민 생활과 가장 밀접하게 관련된 법률행위 · 채무불이행 · 담보책임 등 일반 계약법 규정들을 대상으로 하여 '국민이 쉽고 유용하게 쓸 수 있는 민법'을 만들기 위한 개정을 추진할 필요가 있음.

이를 위하여 그동안 판례와 학설을 통하여 확립된 해석과 법리를 조문에 반영하여 「민법」의 규범력을 높이고, 종래 규정으로는 판단하기 쉽지 않았던 문제를 입법적으로 해결하는 새로운 규범을 도입하며, 그 과정에서 세계적 입법 동향에 부응하여 규율 내용을 전반적으로 현대화하고, 법문에 '쉬운 글, 바른 말'을 사용하여 국민의 접근성과 신뢰성을 높이려는 것임.

2. 주요 내용

가. 의사능력 관련 규정의 신설 및 정비(안 제3조의2 신설, 안 제748조제3항)

의사표시가 유효하려면 의사표시자에게 의사능력이 있어야 한다는 원칙을 명시적으로 선언하고, 의사무능력자의 현존이익 반환의무에 관한 판례의 법리를 제한능력자와 함께 부당이득 관련 규정에 반영함.

나. 법률행위의 해석에 관한 규정 신설(안 제106조)

종래에는 법률행위의 해석 기준 중 "사실인 관습"만을 규율하고 있었으나, 판례와 학설이 일반적으로 제시하고 있는 "주관적 해석(자연적 해석)", "객관적 해석(규범적 해석)" 등의 법원칙을 명문화하여 「민법」이 법률행위의 일반적인 해석 기준을 제시할 수 있도록 함.

다. 착오로 인한 의사표시 규정의 확충(안 제109조)

종전에는 착오로 인한 의사표시 취소의 구체적인 요건을 특정하지 아니하고 "법률행위의 내용의 중요부분"에 착오가 있을 것만을 정하고 있었으나, 기초가 된 사정에 관한 착오, 상대방이 유발한 착오를 명시하는 등 판례와 학설을 통하여 허용되어 온 착오로 인한 의사표시 취소의 요건을 구체적으로 정하고, 착오가 의사표시자의 중과실로 생긴 경우에도 의사표시의 상대방이 의사표시자의 착오를 알았거나 중과실로 알지 못한 경우에는 의사표시자가 취소할 수 있도록 함.

라. 부당한 간섭에 의한 의사표시 취소 인정(안 제110조의2 신설)

심리적으로 취약한 상태인 자가 특정인에게 심리적으로 의존하고 있거나 그와 긴밀한 신뢰관계에 있는 경우 그 영향으로 사기나 강박 등 직접적 영향력의 행사 없이도 부당한 간섭을 받아 자기에게 불리한 의사표시를 할 수 있으므로, "부당위압(undue influence)" 법리를 도입하여 부당한 간섭에 의한 의사표시를 취소할 수 있도록 함.

마. 자기계약 및 쌍방대리에 관한 규정 보완(안 제124조)

종전에는 자기계약과 쌍방대리 금지의 예외 사유로 "채무의 이행"만을 규정하고 있었으나, 자기계약과 쌍방대리인 경우에도 본인의 이익에 반하지 않으면 유효한 것으로 인정하던 판례와 학설을 반영하여 "본인이 권리만을 얻거나 의무만을 면하는 행위"도 자기계약과 쌍방대리 금지의 예외 사유로 규정함.

바. 대리권의 남용에 관한 규정 신설(안 제124조의2 신설)

현행 「민법」에는 "대리권 남용"에 관한 명문 규정이 없어, 판례와 통설은 「민법」 제107조제1항 단서를 유추적용하여 "상대방이 대리권 남용을 알았거나 알 수 있었던 경우"에는 본인에 대한 효력을 부정하고 있었는바, 실무·학설·비교법적 상황을 고려하여 "대리권 남용"에 대한 명문 규정을 신설하여 상대방이 대리권 남용을 알았거나 중과실로 알지 못한 경우 무권대리에 준하는 법률효과를 인정하는 한편, 선의의 제3자를 보호하고자 함.

사. 외화채권의 경우 채권자의 급부대용권 인정(안 제378조)

외화채권의 경우 채무자 외에 채권자도 급부대용권을 가진다는 판례의 법리에 따라 채권자가 우리나라 통화로 지급할 것을 청구할 수 있도록 명문화하고, 환율은 지급할 때의 이행지 환율에 따르도록 함.

아. 법정이율에 변동이율제 도입(안 제379조)

현행 「민법」과 「상법」은 고정된 법정이율을 규정하고 있는데, 경제 상황의 변동에도 불구하고 법정이율을 고정하는 것은 채권관계 당사자의 이익을 적절하게 반영할 수 없는 문제가 있으므로, 국제적 추세를 고려하여 금리, 물가 등 경제 사정의 변동에 따라 법정이율을 대통령령으로 정하도록 함.

자. 채권자의 이행청구권에 관한 규정 신설(안 제386조의2 신설)

채권자가 채무자를 상대로 이행을 청구할 수 있는 권리를 가진다는 채권의 기본적 효력으로서 채권자의 이행청구권을 명문으로 규정함.

차. 손해배상의 방법으로 예외적 원상회복 허용(안 제394조, 현행 제764조 삭제)

종전에는 손해배상은 원칙적으로 금전으로 하여야 하고, 불법행위로 인한 명예훼손의 경우 법원이 예외적으로 금전배상을 갈음하거나 금전배상과 함께 "명예회복에 적당한 처분"을 명할 수 있도록 하고 있었으나, 명예훼손의 경우 외에도 금전배상만으로 손해가 충분히 전보(塡補)될 수 없는 경우가 있으므로 손해배상에 관한 일반규정에 예외적인 원상회복에 의한 배상 규정을 두어 금전배상 외의 원상회복 청구를 일반적으로 인정함.

카. 전보배상 및 계약 해제 사유에 관한 규정의 정비(안 제395조 및 제544조)

1) 현행 규정에 따르면 채무자가 채무를 이행하지 아니한 경우 채권자는 계약을 유지하면서 전보배상을 청구하거나 계약을 해제하고 원상회복과 함께 그 외의 손해에 대한 배상을 청구할 수 있는데, 어느 방법에 따르더라도 채권자의 배상 이익은 기본적으로 동일하고 전보배상이나 계약 해제를 위하여 원칙적으로 상당한 기간을 정하여 그 이행을 최고하도록 하는 점도 동일하게 규율하고 있으나, 예외적으로 최고가 필요 없는 경우에 대해서는 양자의 규정이 일치하지 않는 문제가 있었음.

2) 판례와 학설을 반영하여 계약불이행 시 전보배상과 계약 해제에서 예외적으로 최고가 필요 없는 사유를 이행불능, 확정적·종국적 이행거절, 지체 후의 이행이 채권자에게 이익이 없는 경우로 통일적으로 규정함.

타. 지출 비용의 배상에 관한 규정 신설(안 제395조의2 신설)

판례가 채무불이행의 경우 이행을 갈음한 손해배상(이행이익의 배상)에 대신하여 인정하던 "채무가 이행될 것으로 믿고 지출한 비용의 배상(신뢰이익의 배상)"을 명문화하여, 채권자가 지출한 비용의 배상을 청구하여 채무불이행으로 인한 손해를 간이하게 배상받을 수 있도록 함.

파. 과실상계에서 손해경감의무의 확인(안 제396조)

채무불이행으로 인한 손해의 발생에 채권자의 과실이 있는 경우뿐만 아니라 손해의 확대에 채권자의 과실이 있는 경우, 이른바 "손해경감의무" 위반의 경우에도 과실상계가 이루어진다는 판례와 통설을 명문화함.

하. 금전채무 불이행에 대한 손해배상 규정의 정비(안 제397조)

현행 규정은 금전채무 불이행의 손해배상액은 법정이율에 의하는 것을 원칙으로 하되, 약정이율이 있으면 그 약정이율에 따르도록 하고 있었으나, 약정이율이 법정이율보다 낮은 경우에는 법정이율에 따르도록 하는 판례의 법리를 규정에 반영하고, 채무자의 고의나 중대한 과실로 인한 금전채무 불이행의 경우에는 법정이율을 초과하는 손해배상 청구를 허용함.

거. 위약금에 관한 규정 정비(안 제398조)

배상액의 예정에 관한 현행 규정을 위약벌과 손해배상액의 예정을 포괄하는 위약금 규정으로 변경하여 위약벌에 대하여도 부당하게 과다한 경우에는 법원이 감액할 수 있도록 하고, 판례의 법리를 반영하여 위약금의 약정은 채무자에게 책임 있는 채무불이행으로 인한 손해배상액을 예정한 것으로 추정하되, 채권자는 실제의 손해와 관계없이 예정된 위약금액을 청구할 수 있고 추가적 손해배상 청구는 할 수 없다는 점을 명확히 규정함.

너. 이행불능의 효과로서 대상청구권의 인정(안 제399조의2 신설)

판례와 통설은 이행불능의 효과로 채무자가 권리를 취득하거나 이익을 받은 경우 채권자는 그 권리의 이전이나 받은 이익의 상환을 청구할 수 있다는 "대상청구권(代償請求權)"을 인정한바, 이에 관한 사항을 명시적으로 규정함.

더. 계약 성립에 관한 규정의 정비(안 제528조부터 제533조까지)

1) 청약은 원칙적으로 계약이 성립될 때까지 철회할 수 있도록 하되, 청약자가 승낙기간을 정한 경우, 청약을 철회하지 아니하겠다고 표시한 경우 또는 청약이 철회되지 아니할 것으로 믿을 만한 정당한 이유가 상대방에게 있는 경우에는 청약을 철회할 수 없도록 하고, 대화자 사이의 청약의 효력에 관한 근거를 「민법」에 직접 규정함.

2) 승낙에 대해서도 도달주의가 적용된다는 점을 명확히 규정하고, 청약에 조건을 붙이거나 청약의 내용을 변경하여 승낙한 경우에도 승낙으로 인하여 청약의 내용이 실질적으로 변경되지 아니하는 경우에는 원칙적으로 유효한 승낙으로서 계약이 성립함을 규정함.

러. 원시적 불능 법리의 폐지(안 제535조)

현행 규정은 목적이 불능한 계약은 무효임을 전제로 그 불능을 알았거나 알 수 있었던 당사자는 상대방에게 그 계약이 유효하다고 믿음으로써 발생한 손해를 배상하도록 하고 있었으나, 국제적 경향을 반영하여 계약을 체결할 때 이미 그 채무를 이행할 수 없었다는 사정은 계약의 효력에 영향을 미치지 않도록 하고 채권자가 일반적인 계약책임 법리에 따라 이행을 갈음한 배상을 청구할 수 있도록 함.

머. 불안의 항변권에 관한 규정 정비(안 제536조제2항)

쌍무계약에서 먼저 채무를 이행할 의무가 있는 자가 상대방의 이행이 곤란한 현저한 사유가 있음을 이유로 의무 이행을 거절할 수 있는 "불안의 항변권"이 인정되는 사유에, 계약 성립 후에 발생한 사유 외에 계약 성립 전에 있었던 사유도 포함된다는 점을 명시적으로 규정함.

버. 사정 변경에 따른 계약 수정 및 해제 · 해지 허용(안 제538조의2 신설)

사정 변경으로 인한 계약의 해제·해지에 관한 판례의 법리를 명문화하고 다수 해외 입법례와 국제규범 등에서 수용된 계약 수정 청구권을 함께 반영하여, 계약 성립의 기초가 된 사정이 현저히 변경되었고 당사자가 계약 성립 당시 이를 합리적으로 예견할 수 없었던 경우에 그로 인하여 계약을 그대로 유지하는 것이 당사자의 이해에 중대한 불균형을 초래하는 때에는 당사자 한쪽이 상대방에게 계약의 수정을 청구할 수 있도록 하고, 계약의 수정이 불가능하거나 당사자에게 계약의 수정을 기대할 수 없는 경우에는 계약을 해제하거나 해지할 수 있도록 함.

서. 제3자를 위한 계약에 관한 규정 보완(안 제539조, 안 제542조의2 신설)

1) 당사자 한쪽이 제3자에게 이행할 것을 약정한 제3자를 위한 계약은 장래에 특정될 수 있는 자를 위하여서도 할 수 있고, 제3자가 채무자에게 계약의 이익을 받겠다는 의사를 표시하더라도 제3자의 권리는 계약 당사자 사이의 권리·의무에 영향을 미치지 아니한다는 판례와 통설의 법리를 명문화함.

2) 판례와 학설을 반영하여 제3자가 채무자에 대한 관계에서 이행청구권 외의 다른 권리를 취득하거나 의무를 면하는 경우에도 제3자를 위한 계약 관련 규정을 준용하도록 함.

어. 계속적 계약의 해지에 관한 일반 규정 신설(안 제546조)

계속적 계약의 해지는 빈번하게 사용되는 법리임에도 현행 「민법」에는 이에 관한 일반 규정이 없고 개별 계약에서 해지권을 인정하는 규정만 두고 있는바, 판례를 통하여 확립된 법리를 반영하여 계약불이행으로 인하여 신뢰관계가 파괴되어 계약을 유지하는 것을 기대할 수 없는 경우에는 계약을 즉시 해지할 수 있도록 하고, 계속적 계약에서 존속기간을 정하지 않은 경우에는 당사자 한쪽은 언제든지 계약을 해지할 수 있도록 하면서 상당한 기간이 경과하면 해지의 효력이 생기도록 함.

저. 계약 해제의 효과에 관한 규정 정비(안 제548조)

현행 규정에서는 계약 해제의 효과로서 금전을 반환할 경우 그 받은 날부터 이자를 붙여 반환하여야 한다고 규정하고 있을 뿐, 금전이 아닌 물건을 반환하는 경우 또는 원물반환이 불가능한 경우에 관한 규정을 두고 있지 않은바, 판례와 학설을 반영하여 원상회복으로 물건을 반환하여야 할 경우에는 그로부터 수취한 과실도 반환하도록 하고, 원물반환 불능의 경우에는 그 가액을 반환하도록 함.

처. 담보책임 규정의 전면적인 계약책임화(안 제569조부터 제576조까지, 제667조, 제670조 및 제674조의6부터 제674조의8까지, 현행 제577조, 제580조부터 제582조까지, 제668조 및 제671조 삭제)

1) 현행 「민법」상 담보책임의 법적 성격에 관하여 판례와 학설은 담보책임이 계약책임의 성격을 가진다고 보고 있으나, 「민법」에는 일반 계약책임 규정과는 구별되는 독자적인 규율을 두고 있어 이론적 혼란이 있었는바, 판례·학설 및 국제적 경향을 반영하여 매매의 목적인 권리나 물건에 하자가 있는 경우 일반 채무불이행 규정 및 일반 해제 규정에 따라 매수인의 구제가 이루어지도록 함으로써 담보책임의 독자적 규율 문제를 해소함.

2) 현행 담보책임 규정에 대해서는 그 체계가 복잡하고 요건이 불명확하여 국민이 쉽게 이해하기 어렵다는 평가가 있으므로, 하자의 정의 규정을 두고, 하자를 "권리의 하자"와 "물건의 하자"로만 나누어 구제수단별로 조문을 구성함으로써 담보책임 규정을 단순화·합리화함.

3) 국제적 경향에 맞추어 매수인의 원칙적인 구제수단으로 매도인에게 하자의 제거 또는 하자 없는 권리의 이전 등을 청구할 수 있는 추완이행청구권을 도입하고, 대금감액청구권의 적용 범위를 확대하며, 대금감액청구권은 추완이행의 청구와 무관하게 바로 행사할 수 있도록 하는 등 매수인의 구제수단을 확대함.

4) 현행 담보책임 규정은 권리행사기간이 지나치게 짧다는 지적이 있으므로 매수인의 권리행사기간을 재조정하여 물건의 하자를 이유로 하는 책임에 대해서만 권리행사기간의 제한을 존속시키되, 매수인이 매매의 목적인 물건에 하자가 있다는 사실을 안 날부터 1년 내에 매도인에게 그 통지를 발송하여 권리를 행사할 수 있도록 함.

5) 도급계약의 특수성을 고려하여 완성 전 성취된 부분에 하자가 있는 경우 수급인이 도급인에 대하여 그 하자로 인한 책임을 지도록 하는 특칙을 유지하고, 도급인은 완성된 목적물이 인도되는 때에 그 목적물에 하자가 있는 경우 및 목적물의 인도를 요하지 않는 일이 완성된 때에 그 일에 하자가 있는 경우 그 사실을 안 날부터 1년 내에 수급인에게 그 통지를 발송하여 권리를 행사할 수 있도록 함.

6) 여행계약의 특수성을 고려하여 여행자가 여행의 하자를 이유로 상당한 기간을 정하여 추완이행으로서 그 시정을 청구하도록 하고, 여행계약이 해지된 경우 여행주최자가 여행계약의 해지로 인하여 필요하게 된 조치를 할 의무를 지도록 하는 특칙을 유지하며, 여행자는 여행 종료일부터 6개월 내에 여행주최자에게 하자의 통지를 발송하여 하자를 이유로 하는 권리를 행사할 수 있도록 함.

3. 개정안 신 · 구조문대비표

현행	개정안
〈신 설〉	제3조의2(의사능력) 의사능력이 없는 사람의 의사표시는 무효로 한다.
第25條(管理人의 權限) 法院이 選任한 財産管理人이 第118條에 規定한 權限을 넘는 行爲를 함에는 法院의 許可를 얻어야 한다. 不在者의 生死가 分明하지 아니한 境遇에 不在者가 定한 財産管理人이 權限을 넘는 行爲를 할 때에도 같다.	제25조(관리인의 권한) 법원이 선임한 재산관리인이 제118조제2항에 규정된 권한을 넘는 행위를 할 때에는 법원의 허가를 받아야 한다. 부재자의 생사가 분명하지 아니한 경우에 부재자가 정한 재산관리인이 권한을 넘는 행위를 할 때에도 같다.
第5章 法律行爲	제5장 법률행위
第1節 總則	제1절 총칙
第103條(反社會秩序의 法律行爲) 善良한 風俗 其他 社會秩序에 違反한 事項을 內容으로 하는 法律行爲는 無效로 한다.	제103조(사회질서에 반하는 법률행위) 선량한 풍속, 그 밖의 사회질서에 반하는 법률행위는 무효로 한다.
第104條(不公正한 法律行爲) 當事者의 窮迫, 輕率 또는 無經驗으로 因하여 顯著하게 公正을 잃은 法律行爲는 無效로 한다.	제104조(불공정한 법률행위) 당사자의 곤궁하고 절박한 사정, 판단력이나 경험의 부족 또는 그 밖의 사정으로 현저하게 공정을 잃은 법률행위는 무효로 한다.
第105條(任意規定) 法律行爲의 當事者가 法令中의 善良한 風俗 其他 社會秩序에 關係없는 規定과 다른 意思를 表示한 때에는 그 意思에 依한다.	제105조(강행규정과 임의규정) ① 법률행위가 법령 중 강행규정을 위반하는 경우에는 법령에 달리 정한 바가 없으면 그 법률행위를 무효로 한다. ② 법률행위의 당사자가 법령 중 강행규정이 아닌 규정과 다른 의사를 표시한 경우에는 그 의사에 따른다.
第106條(事實인 慣習) 法令 中의 善良한 風俗 其他 社會秩序에 關係없는 規定과 다른 慣習이 있는 境遇에 當事者의 意思가 明確하지 아니한 때에는 그 慣習에 依한다.	제106조(법률행위의 해석) ① 당사자가 합의한 공통의 의사가 있는 경우 그 의사와 다른 표시는 법률행위의 내용에 영향을 미치지 아니한다. ② 상대방이 있는 의사표시는 상대방이 알았거나 알 수 있었을 의사표시자의 의사에 따라

	해석하여야 한다. 의사표시자의 의사를 알 수 없는 경우에는 상대방이 합리적으로 이해하였을 내용에 따라 해석하여야 한다. ③ 법률행위는 그 성질, 목적과 경위, 당사자의 언행, 거래관행 및 그 밖의 사정을 고려하여 신의성실에 좇아 해석하여야 한다.
第2節 意思表示	제2절 의사표시
第107條(眞意 아닌 意思表示) ①意思表示는 表意者가 眞意아님을 알고 한 것이라도 그 效力이 있다. 그러나 相對方이 表意者의 眞意아님을 알았거나 이를 알 수 있었을 境遇에는 無效로 한다. ②前項의 意思表示의 無效는 善意의 第三者에게 對抗하지 못한다.	제107조[진의(眞意) 아닌 의사표시] ① 의사표시는 의사표시자가 진의 아님을 알고 한 것이라도 효력이 있다. 다만, 상대방이 그 진의 아님을 알았거나 알 수 있었을 경우에는 무효로 한다. ② 제1항 단서에 따라 의사표시가 무효인 경우에도 그 무효로써 선의의 제3자에게 대항하지 못한다.
第108條(通情한 虛僞의 意思表示) ①相對方과 通情한 虛僞의 意思表示는 無效로 한다. ②前項의 意思表示의 無效는 善意의 第三者에게 對抗하지 못한다.	제108조[통정(通情)허위표시] ① 상대방과 짜고 허위로 한 의사표시는 무효로 한다. ② 제1항에 따라 의사표시가 무효인 경우에도 그 무효로써 선의의 제3자에게 대항하지 못한다.
第109條(錯誤로 因한 意思表示) ①意思表示는 法律行爲의 內容의 重要部分에 錯誤가 있는 때에는 取消할 수 있다. 그러나 그 錯誤가 表意者의 重大한 過失로 因한 때에는 取消하지 못한다. ②前項의 意思表示의 取消는 善意의 第三者에게 對抗하지 못한다.	제109조(착오로 인한 의사표시) ① 다음 각 호의 착오로 인한 의사표시는 의사표시자가 착오 없이 사실을 알았다면 그러한 의사표시를 하지 아니하였을 것이라고 합리적으로 인정되는 경우에는 취소할 수 있다. 1. 의사표시의 내용에 상응하는 의사가 없는 경우 2. 법률행위의 필수적인 기초가 된 사정에 관한 착오로 인한 의사표시 3. 상대방이 유발한 착오로 인한 의사표시 ② 제1항의 의사표시는 그 착오가 의사표시자의 중대한 과실로 생긴 경우에는 취소하지 못한다. 다만, 상대방이 그 착오를 알았거나 중대한 과실로 알지 못한 경우에는 그러하지 아니하다. ③ 제1항에 따라 의사표시가 취소된 경우에도 그 취소로써 선의의 제3자에게 대항하지 못한다.

第110條(詐欺, 强迫에 依한 意思表示) ①詐欺나 强迫에 依한 意思表示는 取消할 수 있다. ②相對方있는 意思表示에 關하여 第三者가 詐欺나 强迫을 行한 境遇에는 相對方이 그 事實을 알았거나 알 수 있었을 境遇에 限하여 그 意思表示를 取消할 수 있다. ③前2項의 意思表示의 取消는 善意의 第三者에게 對抗하지 못한다.	제110조[사기나 강박(强迫)에 의한 의사표시] ① 사기나 강박에 의한 의사표시는 취소할 수 있다. ② 상대방이 있는 의사표시에서 제3자가 사기나 강박을 행한 경우에는 상대방이 그 사실을 알았거나 알 수 있었을 경우에만 그 의사표시를 취소할 수 있다. ③ 제1항 또는 제2항에 따라 의사표시가 취소된 경우에도 그 취소로써 선의의 제3자에게 대항하지 못한다.
〈신 설〉	제110조의2(부당한 간섭에 의한 의사표시) ① 심리적 의존 상태나 긴밀한 신뢰관계에 의하여 의사의 형성에 부당한 간섭을 받아 행하여진 의사표시는 그러한 간섭이 없었다면 의사표시를 하지 아니하였을 것이라고 합리적으로 인정되는 경우에는 취소할 수 있다. ② 상대방이 있는 의사표시에서 제3자가 의사의 형성에 부당한 간섭을 한 경우에는 상대방이 그 사실을 알았거나 알 수 있었을 경우에만 그 의사표시를 취소할 수 있다. ③ 제1항 또는 제2항에 따라 의사표시가 취소된 경우에도 그 취소로써 선의의 제3자에게 대항하지 못한다.
제111조(의사표시의 효력발생시기) ① 상대방이 있는 의사표시는 상대방에게 도달한 때에 그 효력이 생긴다. ② 의사표시자가 그 통지를 발송한 후 사망하거나 제한능력자가 되어도 의사표시의 효력에 영향을 미치지 아니한다.	제111조(의사표시의 효력 발생 시기) ① 상대방이 있는 의사표시는 상대방에게 도달한 때에 효력이 생긴다. 다만, 의사표시가 상대방에게 도달하기 전에 또는 그 도달과 동시에 철회가 상대방에게 도달하는 때에는 그러하지 아니하다. ② 의사표시자가 그 통지를 발송한 후 사망한 경우, 의사능력을 상실한 경우 또는 제한능력자가 된 경우에도 의사표시의 효력에 영향을 미치지 아니한다.
제112조(제한능력자에 대한 의사표시의 효력) 의사표시의 상대방이 의사표시를 받은 때에 제한능력자인 경우에는 의사표시자는 그 의사표시로써 대항할 수 없다. 다만, 그 상대방의 법정대리인이 의사표시가 도달한 사실을 안 후에는 그러	제112조(의사무능력자 · 제한능력자에 대한 의사표시의 효력) 의사표시의 상대방이 의사표시를 받은 때에 의사능력이 없는 사람이거나 제한능력자인 경우에는 의사표시자는 그 의사표시로써 대항할 수 없다. 다만, 의사표시의 상대

하지 아니하다.	방이 의사능력을 회복하거나 행위능력자가 되어 의사표시가 도달한 사실을 안 후 또는 그 상대방의 법정대리인이 의사표시가 도달한 사실을 안 후에는 그러하지 아니하다.
第113條(意思表示의 公示送達) 表意者가 過失없이 相對方을 알지 못하거나 相對方의 所在를 알지 못하는 境遇에는 意思表示는 民事訴訟法 公示送達의 規定에 依하여 送達할 수 있다.	제113조(의사표시의 공시송달) 의사표시자가 과실 없이 상대방을 알지 못하거나 상대방의 소재를 알지 못하는 경우에는 「민사소송법」의 공시송달 규정에 따라 의사표시를 송달할 수 있다.
第3節 代理	제3절 대리
第114條(代理行爲의 效力) ①代理人이 그 權限內에서 本人을 爲한 것임을 表示한 意思表示는 直接 本人에게 對하여 效力이 생긴다. ②前項의 規定은 代理人에게 對한 第三者의 意思表示에 準用한다.	제114조(대리행위의 효력) ① 대리인이 그의 권한 내에서 본인의 이름으로 한 의사표시는 직접 본인에게 효력이 생긴다. ② 제3자가 대리인에게 한 의사표시에 관하여는 제1항을 준용한다.
第115條(本人을 爲한 것임을 表示하지 아니한 行爲) 代理人이 本人을 爲한 것임을 表示하지 아니한 때에는 그 意思表示는 自己를 爲한 것으로 본다. 그러나 相對方이 代理人으로서 한 것임을 알았거나 알 수 있었을 때에는 前條第1項의 規定을 準用한다.	제115조(본인의 이름으로 하지 아니한 행위) 대리인이 의사표시를 본인의 이름으로 하지 아니한 경우에는 그 의사표시는 대리인 자신의 이름으로 한 것으로 본다. 다만, 대리인으로서 한 의사표시임을 상대방이 알았거나 알 수 있었을 경우에는 제114조제1항을 준용한다.
第116條(代理行爲의 瑕疵) ①意思表示의 效力이 意思의 欠缺, 詐欺, 强迫 또는 어느 事情을 알았거나 過失로 알지 못한 것으로 因하여 影響을 받을 境遇에 그 事實의 有無는 代理人을 標準하여 決定한다. ②特定한 法律行爲를 委任한 境遇에 代理人이 本人의 指示에 좇아 그 行爲를 한 때에는 本人은 自己가 안 事情 또는 過失로 因하여 알지 못한 事情에 關하여 代理人의 不知를 主張하지 못한다.	제116조(대리행위의 하자) ① 의사표시의 효력이 진의 아닌 의사표시, 허위표시, 착오, 사기, 강박, 부당한 간섭 또는 어느 사정을 알았거나 과실로 알지 못한 것으로 인하여 영향을 받을 경우에 그 사실의 유무는 대리인을 기준으로 하여 결정한다. ② 특정한 법률행위를 위임한 경우에 대리인이 본인의 지시에 따라 그 행위를 한 때에는 본인은 자기가 안 사정이나 과실로 알지 못한 사정에 관하여 대리인이 알지 못하였다거나 과실 없이 알지 못하였다고 주장하지 못한다.
第117條(代理人의 行爲能力) 代理人은 行爲能力者임을 要하지 아니한다.	제117조(대리인의 행위능력) 대리인은 행위능력자임을 필요로 하지 아니한다.

第118條(代理權의 範圍) 權限을 定하지 아니한 代理人은 다음 各號의 行爲만을 할 수 있다. 1. 保存行爲 2. 代理의 目的인 物件이나 權利의 性質을 變하지 아니하는 範圍에서 그 利用 또는 改良하는 行爲	제118조(임의대리권과 그 범위) ① 임의대리권은 대리인이 될 자에 대한 본인의 의사표시에 따라 수여(授與)된다. ② 권한의 범위가 정하여지지 아니한 대리인은 다음 각 호의 행위만을 할 수 있다. 1. 보존행위 2. 대리의 목적인 물건이나 권리의 성질을 변하게 하지 아니하는 범위에서 이를 이용하거나 개량하는 행위
第119條(各自代理) 代理人이 數人인 때에는 各自가 本人을 代理한다. 그러나 法律 또는 授權行爲에 다른 定한 바가 있는 때에는 그러하지 아니하다.	제119조(각자대리) 대리인이 여럿인 경우에는 각자가 본인을 대리한다. 다만, 법률 또는 수권행위(授權行爲)에서 다르게 정한 경우에는 그러하지 아니하다.
第120條(任意代理人의 復任權) 代理權이 法律行爲에 依하여 付與된 境遇에는 代理人은 本人의 承諾이 있거나 不得已한 事由있는 때가 아니면 復代理人을 選任하지 못한다.	제120조[임의대리인의 복대리인(復代理人) 선임권] 임의대리인은 본인의 승낙이 있거나 부득이한 사유가 있는 경우가 아니면 복대리인을 선임하지 못한다.
第121條(任意代理人의 復代理人選任의 責任) ① 前條의 規定에 依하여 代理人이 復代理人을 選任한 때에는 本人에게 對하여 그 選任監督에 關한 責任이 있다. ②代理人이 本人의 指名에 依하여 復代理人을 選任한 境遇에는 그 不適任 또는 不誠實함을 알고 本人에게 對한 通知나 그 解任을 怠慢한 때가 아니면 責任이 없다.	제121조(임의대리인의 복대리인 선임에 따른 책임) ① 제120조에 따라 대리인이 복대리인을 선임한 경우에는 대리인은 본인에 대하여 선임·감독에 관한 책임이 있다. ② 대리인이 본인의 지명으로 복대리인을 선임한 경우에는 대리인은 제1항의 책임이 없다. 다만, 선임된 복대리인이 사무에 적합하지 아니하거나 불성실함을 알면서도 본인에 대한 통지를 게을리하거나 복대리인의 해임을 게을리한 경우에는 제1항의 책임이 있다.
第122條(法定代理人의 復任權과 그 責任) 法定代理人은 그 責任으로 復代理人을 選任할 수 있다. 그러나 不得已한 事由로 因한 때에는 前條第1項에 定한 責任만이 있다.	제122조(법정대리인의 복대리인 선임권과 책임) 법정대리인은 자기의 책임으로 복대리인을 선임할 수 있다. 다만, 부득이한 사유로 복대리인을 선임한 경우에는 제121조제1항에 따른 책임만 있다.
第123條(復代理人의 權限) ①復代理人은 그 權限內에서 本人을 代理한다. ②復代理人은 本人이나 第三者에 對하여 代理人과 同一한 權利義務가 있다.	제123조(복대리인의 권한) ① 복대리인은 대리인으로부터 수여받은 권한 내에서 본인을 대리한다. ② 복대리인은 본인이나 제3자에 대하여 그의 권한 내에서 대리인과 동일한 권리와 의무

	가 있다.
第124條(自己契約, 雙方代理) 代理人은 本人의 許諾이 없으면 本人을 爲하여 自己와 法律行爲를 하거나 同一한 法律行爲에 關하여 當事者雙方을 代理하지 못한다. 그러나 債務의 履行은 할 수 있다.	제124조(자기계약과 쌍방대리) 대리인은 본인의 허락이 없으면 본인의 이름으로 대리인 자신과 법률행위를 하거나 동일한 법률행위에 관하여 당사자 양쪽을 대리하지 못한다. 다만, 채무의 이행을 하는 경우 또는 본인이 권리만을 얻거나 의무만을 면하는 행위를 하는 경우에는 그러하지 아니하다.
〈신 설〉	제124조의2(대리권의 남용) ① 대리인이 대리인 자신 또는 제3자의 이익을 위하여 그 권한을 남용하여 대리행위를 한 경우에 상대방이 그 사정을 알았거나 중대한 과실로 알지 못한 경우에는 대리행위는 본인에 대하여 효력이 생기지 아니한다. ② 제1항의 경우에는 제130조부터 제133조까지의 규정을 준용한다. ③ 제1항에 따라 대리행위가 무효인 경우에도 그 무효로써 선의의 제3자에게 대항하지 못한다.
第125條(代理權授與의 表示에 依한 表見代理) 第三者에 對하여 他人에게 代理權을 授與함을 表示한 者는 그 代理權의 範圍內에서 行한 그 他人과 그 第三者間의 法律行爲에 對하여 責任이 있다. 그러나 第三者가 代理權없음을 알았거나 알 수 있었을 때에는 그러하지 아니하다.	제125조(대리권 수여의 표시에 의한 외관대리) 제3자에 대하여 타인에게 대리권을 수여함을 표시한 자는 그 대리권의 범위에서 한 그 타인과 그 제3자 사이의 법률행위에 대하여 책임이 있다. 다만, 그 타인에게 대리권이 없다는 사실을 제3자가 알았거나 알 수 있었을 경우에는 그러하지 아니하다.
第126條(權限을 넘은 表見代理) 代理人이 그 權限外의 法律行爲를 한 境遇에 第三者가 그 權限이 있다고 믿을 만한 正當한 理由가 있는 때에는 本人은 그 行爲에 對하여 責任이 있다.	제126조(권한을 넘은 외관대리) 대리인이 그 권한 밖의 법률행위를 한 경우에 제3자가 대리인에게 그 권한이 있다고 믿을 만한 정당한 이유가 있는 경우에는 본인은 그 행위에 대하여 책임이 있다.
제127조(대리권의 소멸사유) 대리권은 다음 각 호의 어느 하나에 해당하는 사유가 있으면 소멸된다.	제127조(대리권의 소멸사유) 법률 또는 수권행위에 달리 정한 바가 없으면 대리권은 다음 각 호의 경우에 소멸한다.
1.·2. (생 략)	1.·2. (현행과 같음)
第128條(任意代理의 終了) 法律行爲에 依하여	제128조(임의대리의 종료) 임의대리권은 달리

授與된 代理權은 前條의 境遇外에 그 原因된 法律關係의 終了에 依하여 消滅한다. 法律關係의 終了前에 本人이 授權行爲를 撤回한 境遇에도 같다.	정한 바가 없으면 제127조의 경우 외에도 다음 각 호의 경우에 소멸한다. 1. 대리권의 원인이 된 법률관계가 종료된 경우 2. 대리권의 원인이 된 법률관계가 종료되기 전에 본인이 수권행위를 철회한 경우
第129條(代理權消滅後의 表見代理) 代理權의 消滅은 善意의 第三者에게 對抗하지 못한다. 그러나 第三者가 過失로 因하여 그 事實을 알지 못한 때에는 그러하지 아니하다.	제129조(대리권 소멸 후의 외관대리) 대리권의 소멸은 선의의 제3자에게 대항하지 못한다. 다만, 제3자가 대리권이 소멸된 사실을 과실로 알지 못한 경우에는 그러하지 아니하다.
第130條(無權代理) 代理權없는 者가 他人의 代理人으로 한 契約은 本人이 이를 追認하지 아니하면 本人에 對하여 效力이 없다.	제130조(무권대리) 대리권이 없는 자가 타인의 대리인으로서 한 계약은 본인이 추인하지 아니하면 본인에게 효력이 없다.
第131條(相對方의 催告權) 代理權없는 者가 他人의 代理人으로 契約을 한 境遇에 相對方은 相當한 期間을 定하여 本人에게 그 追認與否의 確答을 催告할 수 있다. 本人이 그 期間內에 確答을 發하지 아니한 때에는 追認을 拒絶한 것으로 본다.	제131조(본인의 확답을 촉구할 상대방의 권리) 대리권이 없는 자가 타인의 대리인으로서 계약을 한 경우에 상대방은 상당한 기간을 정하여 본인에게 그 추인 여부의 확답을 촉구할 수 있다. 이 경우 본인이 그 기간 내에 확답을 발송하지 아니한 때에는 추인을 거절한 것으로 본다.
第132條(追認, 拒絶의 相對方) 追認 또는 拒絶의 意思表示는 相對方에 對하여 하지 아니하면 그 相對方에 對抗하지 못한다. 그러나 相對方이 그 事實을 안 때에는 그러하지 아니하다.	제132조(추인 · 거절의 상대방) 추인 또는 거절의 의사표시는 상대방에게 하지 아니하면 그 상대방에게 대항하지 못한다. 다만, 그 의사표시를 한 사실을 상대방이 안 경우에는 그러하지 아니하다.
第133條(追認의 效力) 追認은 다른 意思表示가 없는 때에는 契約時에 遡及하여 그 效力이 생긴다. 그러나 第三者의 權利를 害하지 못한다.	제133조(추인의 효력) 추인은 다른 의사표시가 없는 경우에는 계약을 맺은 때로 소급(遡及)하여 효력이 생긴다. 다만, 이로써 제3자의 권리를 해치지 못한다.
第134條(相對方의 撤回權) 代理權없는 者가 한 契約은 本人의 追認이 있을 때까지 相對方은 本人이나 그 代理人에 對하여 이를 撤回할 수 있다. 그러나 契約當時에 相對方이 代理權 없음을 안 때에는 그러하지 아니하다.	제134조(상대방의 철회권) 대리권이 없는 자가 한 계약의 상대방은 본인의 추인이 있을 때까지 본인이나 그 대리인에 대하여 그 계약을 철회할 수 있다. 다만, 그 대리인에게 대리권이 없음을 계약 당시에 상대방이 안 경우에는 그러하지 아니하다.
제135조(상대방에 대한 무권대리인의 책임) ① 다른 자의 대리인으로서 계약을 맺은 자가 그	제135조(상대방에 대한 무권대리인의 책임) ① 타 인

대리권을 증명하지 못하고 또 본인의 추인을 받지 못한 경우에는 그는 상대방의 선택에 따라 계약을 이행할 책임 또는 손해를 배상할 책임이 있다.	———————— 본인의 추인 도 ————————.
② (생 략)	② (현행과 같음)
第136條(單獨行爲와 無權代理) 單獨行爲에는 그 行爲當時에 相對方이 代理人이라 稱하는 者의 代理權없는 行爲에 同意하거나 그 代理權을 다투지 아니한 때에 限하여 前6條의 規定을 準用한다. 代理權없는 者에 對하여 그 同意를 얻어 單獨行爲를 한 때에도 같다.	제136조(단독행위와 무권대리) 단독행위에 관하여는 그 행위 당시에 상대방이 대리인이라 칭하는 자가 대리권 없이 한 행위에 동의하거나 그의 대리권을 다투지 아니한 경우에만 제130조부터 제135조까지의 규정을 준용한다. 대리권이 없는 자에게 그의 동의를 받아 단독행위를 한 경우에도 같다.
第4節 無效와 取消	제4절 무효와 취소
第137條(法律行爲의 一部無效) 法律行爲의 一部分이 無效인 때에는 그 全部를 無效로 한다. 그러나 그 無效部分이 없더라도 法律行爲를 하였을 것이라고 認定될 때에는 나머지 部分은 無效가 되지 아니한다.	제137조(법률행위의 일부무효) 법률행위의 일부분이 무효인 경우에는 나머지 부분은 효력이 있다. 다만, 그 나머지 부분만으로는 법률행위를 하지 아니하였을 것이라고 인정될 경우에는 전부를 무효로 한다.
第138條(無效行爲의 轉換) 無效인 法律行爲가 다른 法律行爲의 要件을 具備하고 當事者가 그 無效를 알았더라면 다른 法律行爲를 하는 것을 意慾하였으리라고 認定될 때에는 다른 法律行爲로서 效力을 가진다.	제138조(무효행위의 전환) 무효인 법률행위가 다른 법률행위의 요건을 갖추었고 당사자가 그 법률행위가 무효임을 알았더라면 다른 법률행위를 하였을 것이라고 인정되는 경우에는 다른 법률행위로서 효력을 가진다.
第139條(無效行爲의 追認) 無效인 法律行爲는 追認하여도 그 效力이 생기지 아니한다. 그러나 當事者가 그 無效임을 알고 追認한 때에는 새로운 法律行爲로 본다.	제139조(무효행위의 추인) 무효인 법률행위는 당사자가 추인하여도 효력이 생기지 아니한다. 다만, 당사자가 그 법률행위가 무효임을 알고 추인한 경우에는 새로운 법률행위를 한 것으로 본다.
〈신 설〉	제139조의2(무권리자의 처분) ① 무권리자가 권리자의 동의를 얻어 한 처분은 효력이 있다. ② 권리자가 무권리자의 처분을 추인하면 그 처분은 소급하여 효력이 있다. 다만, 제3자의 권리를 해치지 못한다.
제140조(법률행위의 취소권자) 취소할 수 있는	제140조(법률행위의 취소권자) 취소할 수 있는

법률행위는 제한능력자, 착오로 인하거나 사기 · 강박에 의하여 의사표시를 한 자, 그의 대리인 또는 승계인만이 취소할 수 있다.	법률행위는 제한능력자, 착오 · 사기 · 강박 · 부당한 간섭에 의하여 의사표시를 한 자, 그의 대리인, 승계인 또는 동의권이 있는 한정후견인만이 취소할 수 있다.
제141조(취소의 효과) 취소된 법률행위는 처음부터 무효인 것으로 본다. 다만, 제한능력자는 그 행위로 인하여 받은 이익이 현존하는 한도에서 상환(償還)할 책임이 있다.	제141조(취소의 효과) ① 취소한 법률행위는 처음부터 무효인 것으로 본다. ② 법률행위의 일부분이 취소된 경우에는 제137조를 준용한다.
第142條(取消의 相對方) 取消할 수 있는 法律行爲의 相對方이 確定한 境遇에는 그 取消는 그 相對方에 對한 意思表示로 하여야 한다.	제142조(취소의 상대방) 취소할 수 있는 법률행위의 상대방이 확정되어 있는 경우에는 그 법률행위의 취소는 그 상대방에 대한 의사표시로써 하여야 한다.
第143條(追認의 方法, 效果) ①取消할 수 있는 法律行爲는 第140條에 規定한 者가 追認할 수 있고 追認後에는 取消하지 못한다. ②前條의 規定은 前項의 境遇에 準用한다.	제143조(추인의 방법 · 효과) ① 취소할 수 있는 법률행위는 제140조에 규정된 취소권자가 추인할 수 있고, 추인한 후에는 취소하지 못한다. ② 제1항의 경우에는 제142조를 준용한다.
제144조(추인의 요건) ① 추인은 취소의 원인이 소멸된 후에 하여야만 효력이 있다. ② 제1항은 법정대리인 또는 후견인이 추인하는 경우에는 적용하지 아니한다.	제144조(추인의 요건) ① 추인은 취소의 원인이 된 상태에서 벗어난 후 추인권자가 취소할 수 있음을 알고 하지 아니하면 효력이 없다. ② 법정대리인 또는 동의권이 있는 한정후견인은 의사표시자가 취소의 원인이 된 상태에서 벗어나기 전에도 추인할 수 있다.
第145條(法定追認) 取消할 수 있는 法律行爲에 關하여 前條의 規定에 依하여 追認할 수 있는 後에 다음 各號의 事由가 있으면 追認한 것으로 본다. 그러나 異議를 保留한 때에는 그러하지 아니하다. 1. 全部나 一部의 履行 2. 履行의 請求 3. 更改 4. 擔保의 提供 5. 取消할 수 있는 行爲로 取得한 權利의 全部나 一部의 讓渡 6. 强制執行	제145조(법정추인) 취소할 수 있는 법률행위를 제144조에 따라 추인할 수 있게 된 후에 다음 각 호의 사유가 있으면 추인한 것으로 본다. 다만, 이의(異議)를 유보한 경우에는 그러하지 아니하다. 1. 전부나 일부의 이행 또는 그 수령 2. 이행의 청구 3. 경개(更改) 4. 담보의 제공 또는 그 수령 5. 취소할 수 있는 행위로 취득한 권리의 전부나 일부의 양도 6. 강제집행
第146條(取消權의 消滅) 取消權은 追認할 수 있는 날로부터 3年內에 法律行爲를 한 날로부터 10年內에 行使하여야 한다.	제146조(권리행사기간) 취소권은 추인할 수 있는 날부터 3년 내에, 법률행위를 한 날부터 10년 내에 행사하여야 한다.

第5節 條件과 期限	제5절 조건과 기한
第147條(條件成就의 效果) ①停止條件있는 法律行爲는 條件이 成就한 때로부터 그 效力이 생긴다. ②解除條件있는 法律行爲는 條件이 成就한 때로부터 그 效力을 잃는다. ③當事者가 條件成就의 效力을 그 成就前에 遡及하게 할 意思를 表示한 때에는 그 意思에 依한다.	제147조(조건 성취의 효과) ① 정지조건(停止條件)이 붙어 있는 법률행위는 조건이 성취된 때부터 효력이 생긴다. ② 해제조건(解除條件)이 붙어 있는 법률행위는 조건이 성취된 때부터 효력을 잃는다. ③ 당사자가 조건 성취의 효력 발생 시기를 그 성취 시점 전으로 소급시킬 의사를 표시한 경우에는 그 의사에 따른다.
第148條(條件附權利의 侵害禁止) 條件있는 法律行爲의 當事者는 條件의 成否가 未定한 동안에 條件의 成就로 因하여 생길 相對方의 利益을 害하지 못한다.	제148조(조건부 권리의 침해 금지) 조건이 붙어 있는 법률행위의 당사자는 조건의 성취 여부가 확정되지 아니한 동안에 조건의 성취로 생길 상대방의 이익을 해치지 못한다.
第149條(條件附權利의 處分 等) 條件의 成就가 未定한 權利義務는 一般規定에 依하여 處分, 相續, 保存 또는 擔保로 할 수 있다.	제149조(조건부 권리의 처분 등) 조건의 성취 여부가 확정되지 아니한 권리와 의무는 일반규정에 따라 처분 · 상속 · 보존하거나 담보로 할 수 있다.
第150條(條件成就, 不成就에 對한 反信義行爲) ①條件의 成就로 因하여 不利益을 받을 當事者가 信義誠實에 反하여 條件의 成就를 妨害한 때에는 相對方은 그 條件이 成就한 것으로 主張할 수 있다. ②條件의 成就로 因하여 利益을 받을 當事者가 信義誠實에 反하여 條件을 成就시킨 때에는 相對方은 그 條件이 成就하지 아니한 것으로 主張할 수 있다.	제150조(조건의 성취 · 불성취에 대한 신의성실 위반행위) ① 조건의 성취로 불이익을 받을 당사자가 신의성실에 반하여 조건의 성취를 방해한 경우에는 상대방은 그 조건이 성취된 것으로 주장할 수 있다. ② 조건의 성취로 이익을 받을 당사자가 신의성실에 반하여 조건을 성취시킨 경우에는 상대방은 그 조건이 성취되지 아니한 것으로 주장할 수 있다.
第151條(不法條件, 旣成條件) ①條件이 善良한 風俗 其他 社會秩序에 違反한 것인 때에는 그 法律行爲는 無效로 한다. ②條件이 法律行爲의 當時 이미 成就한 것인 境遇에는 그 條件이 停止條件이면 條件없는 法律行爲로 하고 解除條件이면 그 法律行爲는 無效로 한다. ③條件이 法律行爲의 當時에 이미 成就할 수 없는 것인 境遇에는 그 條件이 解除條件이면 條件없는 法律行爲로 하고 停止條件이면 그 法律行爲는 無效로 한다.	제151조[불법조건과 기성조건(旣成條件)] ① 법률행위의 조건이 선량한 풍속, 그 밖의 사회질서에 반하는 것인 경우에는 그 법률행위는 무효로 한다. ② 법률행위의 조건이 법률행위 당시 이미 성취된 경우에는 그 조건이 정지조건이면 조건 없는 법률행위로 하고, 해제조건이면 그 법률행위는 무효로 한다. ③ 법률행위의 조건이 법률행위 당시 이미 성취될 수 없는 것인 경우에는 그 조건이 해제조건이면 조건 없는 법률행위로 하고, 정지조

	건이면 그 법률행위는 무효로 한다.
第152條(期限到來의 效果) ①始期있는 法律行爲는 期限이 到來한 때로부터 그 效力이 생긴다. ②終期있는 法律行爲는 期限이 到來한 때로부터 그 效力을 잃는다.	제152조(기한 도래의 효과) ① 시기(始期)가 있는 법률행위는 기한이 도래한 때부터 효력이 생긴다. ② 종기(終期)가 있는 법률행위는 기한이 도래한 때부터 효력을 잃는다.
第153條(期限의 利益과 그 抛棄) ①期限은 債務者의 利益을 爲한 것으로 推定한다. ②期限의 利益은 이를 抛棄할 수 있다. 그러나 相對方의 利益을 害하지 못한다.	〈삭 제〉
第154條(期限附權利와 準用規定) 第148條와 第149條의 規定은 期限있는 法律行爲에 準用한다.	제154조(기한부 권리와 준용규정) 기한이 있는 법률행위에 관하여는 제148조 및 제149조를 준용한다.
第270條(分割로 因한 擔保責任) 共有者는 다른 共有者가 分割로 因하여 取得한 物件에 對하여 그 持分의 比率로 賣渡人과 同一한 擔保責任이 있다.	제270조(공유물 분할 시 하자로 인한 책임) 공유자가 분할로 취득한 물건에 하자가 있는 경우에는 다른 공유자는 그의 지분 비율에 따라 매도인과 같은 책임이 있다.
第3編 債權	제3편 채권
第1章 總則	제1장 총칙
第1節 債權의 目的	제1절 채권의 목적
第373條(債權의 目的) 金錢으로 價額을 算定할 수 없는 것이라도 債權의 目的으로 할 수 있다.	제373조(채권의 목적) 금전으로 가액을 산정할 수 없는 것이라도 채권의 목적으로 할 수 있다.
第374條(特定物引渡債務者의 善管義務) 特定物의 引渡가 債權의 目的인 때에는 債務者는 그 物件을 引渡하기까지 善良한 管理者의 注意로 保存하여야 한다.	제374조(특정물 인도 채무자의 선관의무) 특정물의 인도가 채권의 목적인 경우에는 채무자는 그 물건을 인도할 때까지 선량한 관리자의 주의로 보존하여야 한다.
第375條(種類債權) ①債權의 目的을 種類로만 指定한 境遇에 法律行爲의 性質이나 當事者의 意思에 依하여 品質을 定할 수 없는 때에는 債務者는 中等品質의 物件으로 履行하여야 한다. ②前項의 境遇에 債務者가 履行에 必要한 行爲를 完了하거나 債權者의 同意를 얻어 履行할 物件을 指定한 때에는 그때로부터 그 物件을 債權의 目的物로 한다.	제375조(종류물채권) ① 채권의 목적물을 종류로만 지정한 경우에 법률행위의 성질이나 당사자의 의사에 따라 품질을 정할 수 없을 때에는 채무자는 중등 품질의 물건으로 채무를 이행하여야 한다. ② 제1항의 경우 채무자가 이행에 필요한 행위를 완료하거나 채권자의 동의를 받아 이행할 물건을 지정한 때에는 그때부터 그 물건이 채권의 목적물로 된다.

第376條(金錢債權) 債權의 目的이 어느 種類의 通貨로 支給할 것인 境遇에 그 通貨가 辨濟期에 强制通用力을 잃은 때에는 債務者는 다른 通貨로 辨濟하여야 한다.	제376조(금전채권) 채권의 목적이 어느 종류의 통화(通貨)로 지급하여야 할 것인 경우에 그 통화가 변제기에 강제통용력을 잃은 때에는 채무자는 다른 종류의 통화로 변제하여야 한다.
第377條(外貨債權) ①債權의 目的이 다른 나라 通貨로 支給할 것인 境遇에는 債務者는 自己가 選擇한 그 나라의 各 種類의 通貨로 辨濟할 수 있다. ②債權의 目的이 어느 種類의 다른 나라 通貨로 支給할 것인 境遇에 그 通貨가 辨濟期에 强制通用力을 잃은 때에는 그 나라의 다른 通貨로 辨濟하여야 한다.	제377조(외화채권) ① 채권의 목적이 다른 나라 통화로 지급하여야 하는 것인 경우에는 채무자는 자기가 선택한 그 나라의 각 종류의 통화로 변제할 수 있다. ② 채권의 목적이 어느 종류의 다른 나라 통화로 지급하여야 하는 것인 경우에 그 통화가 변제기에 강제통용력을 잃은 때에는 그 나라의 다른 종류의 통화로 변제하여야 한다.
第378條(同前) 債權額이 다른 나라 通貨로 指定된 때에는 債務者는 支給할 때에 있어서의 履行地의 換金市價에 依하여 우리나라 通貨로 辨濟할 수 있다.	제378조(외화채권) 채권액이 다른 나라 통화로 지정된 경우에는 채무자는 지급할 때의 이행지(履行地) 환율에 따라 우리나라 통화로 변제할 수 있고, 채권자는 우리나라 통화로 지급할 것을 청구할 수 있다.
第379條(法定利率) 利子있는 債權의 利率은 다른 法律의 規定이나 當事者의 約定이 없으면 年 5分으로 한다.	제379조(법정이율) 이자 있는 채권의 이율은 다른 법률의 규정이나 당사자의 약정이 없으면 한국은행이 정하는 기준금리, 시장에서 통용되는 이율, 물가상승률 및 그 밖의 경제 사정의 변동을 고려하여 대통령령으로 정한다.
第380條(選擇債權) 債權의 目的이 數個의 行爲中에서 選擇에 좇아 確定될 境遇에 다른 法律의 規定이나 當事者의 約定이 없으면 選擇權은 債務者에게 있다.	제380조(선택채권) 채권의 목적이 여러 행위 중에서 선택에 따라 확정될 경우에 다른 법률의 규정이나 당사자의 약정이 없으면 채무자가 선택권을 가진다.
第381條(選擇權의 移轉) ①選擇權行使의 期間이 있는 境遇에 選擇權者가 그 期間內에 選擇權을 行使하지 아니하는 때에는 相對方은 相當한 期間을 定하여 그 選擇을 催告할 수 있고 選擇權者가 그 期間內에 選擇하지 아니하면 選擇權은 相對方에게 있다. ②選擇權行使의 期間이 없는 境遇에 債權의 期限이 到來한 後 相對方이 相當한 期間을 定하여 그 選擇을 催告하여도 選擇權者가 그 期間內에 選擇하지 아니할 때에도 前項과 같다.	제381조(선택권의 이전) ① 선택권의 행사 기간이 있는 경우에 선택권자가 그 기간 내에 선택권을 행사하지 아니하는 때에는 상대방은 상당한 기간을 정하여 선택을 촉구할 수 있고, 선택권자가 그 기간 내에 선택하지 아니하면 상대방이 선택권을 가진다. ② 선택권의 행사 기간이 없는 경우에 채권의 기한이 도래한 후 상대방이 상당한 기간을 정하여 그 선택을 촉구하여도 선택권자가 그 기간 내에 선택하지 아니할 때에도 제1항과 같다.

第382條(當事者의 選擇權의 行使) ①債權者나 債務者가 選擇하는 境遇에는 그 選擇은 相對方에 對한 意思表示로 한다. ②前項의 意思表示는 相對方의 同意가 없으면 撤回하지 못한다.	제382조(당사자의 선택권 행사) ① 채권자나 채무자가 선택하는 경우에는 그 선택은 상대방에 대한 의사표시로써 한다. ② 제1항의 의사표시는 상대방의 동의가 없으면 철회하지 못한다.
第383條(第三者의 選擇權의 行使) ①第三者가 選擇하는 境遇에는 그 選擇은 債務者 및 債權者에 對한 意思表示로 한다. ②前項의 意思表示는 債權者 및 債務者의 同意가 없으면 撤回하지 못한다.	제383조(제3자의 선택권 행사) ① 제3자가 선택하는 경우에는 그 선택은 채무자와 채권자에 대한 의사표시로써 한다. ② 제1항의 의사표시는 채권자와 채무자의 동의가 없으면 철회하지 못한다.
第384條(第三者의 選擇權의 移轉) ①選擇할 第三者가 選擇할 수 없는 境遇에는 選擇權은 債務者에게 있다. ②第三者가 選擇하지 아니하는 境遇에는 債權者나 債務者는 相當한 期間을 定하여 그 選擇을 催告할 수 있고 第三者가 그 期間內에 選擇하지 아니하면 選擇權은 債務者에게 있다.	제384조(제3자의 선택권 이전) ① 선택권을 가진 제3자가 선택할 수 없는 경우에는 채무자가 선택권을 가진다. ② 선택권을 가진 제3자가 선택하지 아니하는 경우에는 채권자나 채무자가 상당한 기간을 정하여 선택을 촉구할 수 있고, 제3자가 그 기간 내에 선택하지 아니하면 채무자가 선택권을 가진다.
第385條(不能으로 因한 選擇債權의 特定) ①債權의 目的으로 選擇할 數個의 行爲 中에 처음부터 不能한 것이나 또는 後에 履行不能하게 된 것이 있으면 債權의 目的은 殘存한 것에 存在한다. ②選擇權없는 當事者의 過失로 因하여 履行不能이 된 때에는 前項의 規定을 適用하지 아니한다.	제385조(불능으로 인한 선택채권의 특정) ① 채권의 목적으로 선택할 수 있는 여러 행위 중에 처음부터 이행이 불능한 것이나 나중에 이행이 불능하게 된 것이 있으면 그 나머지의 행위가 채권의 목적이 된다. ② 선택권이 없는 당사자의 과실로 이행이 불능하게 된 경우에는 제1항을 적용하지 아니한다.
第386條(選擇의 遡及效) 選擇의 效力은 그 債權이 發生한 때에 遡及한다. 그러나 第三者의 權利를 害하지 못한다.	제386조(선택의 소급효) 선택의 효력은 그 채권이 발생한 때로 소급한다.
第2節 債權의 效力	제2절 채권의 효력
〈신 설〉	제386조의2(채권자의 이행청구권) 채권자는 채무자에게 채무의 이행을 청구할 수 있다.
第387條(履行期와 履行遲滯) ①債務履行의 確定한 期限이 있는 境遇에는 債務者는 期限이	제387조(이행기와 이행지체) ① 채무 이행에 확정된 기한이 있는 경우에는 채무자는 기한이

到來한 때로부터 遲滯責任이 있다. 債務履行의 不確定한 期限이 있는 境遇에는 債務者는 期限이 到來함을 안 때로부터 遲滯責任이 있다. ②債務履行의 期限이 없는 境遇에는 債務者는 履行請求를 받은 때로부터 遲滯責任이 있다.	도래한 때부터 지체책임이 있다. ② 채무 이행에 확정되지 아니한 기한이 있는 경우에는 채무자는 다음 각 호의 시점부터 지체책임이 있다. 1. 채무자가 기한이 도래함을 안 때 2. 기한이 도래한 후에 채무자가 채권자의 이행청구를 받은 때 ③ 채무 이행에 기한이 없는 경우에는 채무자는 이행청구를 받은 때부터 지체책임이 있다.
第388條(期限의 利益의 喪失) 債務者는 다음 各號의 境遇에는 期限의 利益을 主張하지 못한다. 1. 債務者가 擔保를 損傷, 減少 또는 滅失하게 한 때 2. 債務者가 擔保提供의 義務를 履行하지 아니한 때	제388조(변제기한 이익의 상실) 채무자는 다음 각 호의 경우에는 변제기한의 이익을 주장하지 못한다. 1. 채무자에게 책임 있는 사유로 담보가 손상, 감소 또는 멸실된 경우 2. 채무자가 책임 있는 사유로 담보를 제공할 의무를 이행하지 아니한 경우
第389條(强制履行) ①債務者가 任意로 債務를 履行하지 아니한 때에는 債權者는 그 强制履行을 法院에 請求할 수 있다. 그러나 債務의 性質이 强制履行을 하지 못할 것인 때에는 그러하지 아니하다. ②前項의 債務가 法律行爲를 目的으로 한 때에는 債務者의 意思表示에 갈음할 裁判을 請求할 수 있고 債務者의 一身에 專屬하지 아니한 作爲를 目的으로 한 때에는 債務者의 費用으로 第三者에게 이를 하게 할 것을 法院에 請求할 수 있다. ③그 債務가 不作爲를 目的으로 한 境遇에 債務者가 이에 違反한 때에는 債務者의 費用으로써 그 違反한 것을 除却하고 將來에 對한 適當한 處分을 法院에 請求할 수 있다. ④前3項의 規定은 損害賠償의 請求에 影響을 미치지 아니한다.	제389조(강제이행) ① 채무자가 임의로 채무를 이행하지 아니한 경우에는 채권자는 강제이행을 법원에 청구할 수 있다. 다만, 채무의 성질이 강제이행을 하지 못할 것인 경우에는 그러하지 아니하다. ② 제1항은 손해배상의 청구에 영향을 미치지 아니한다.
第390條(債務不履行과 損害賠償) 債務者가 債務의 內容에 좇은 履行을 하지 아니한 때에는 債權者는 損害賠償을 請求할 수 있다. 그러나 債務者의 故意나 過失없이 履行할 수 없게 된 때에는 그러하지 아니하다.	제390조(채무불이행과 손해배상) ① 채무자가 채무의 내용에 따른 이행을 하지 아니한 경우에는 채권자는 손해배상을 청구할 수 있다. 다만, 채무자에게 책임 없는 사유로 그 이행이 이루어지지 아니한 경우에는 그러하지 아니하다.

	② 법률 또는 당사자의 약정으로 다르게 정하지 아니한 이상 채무자는 자신의 고의나 과실에 대하여 책임이 있다.
第391條(履行補助者의 故意, 過失) 債務者의 法定代理人이 債務者를 爲하여 履行하거나 債務者가 他人을 使用하여 履行하는 境遇에는 法定代理人 또는 被用者의 故意나 過失은 債務者의 故意나 過失로 본다.	제391조(이행보조자의 고의·과실) 채무자의 법정대리인이 채무자를 위하여 이행하거나 채무자가 타인을 사용하여 이행하는 경우에는 법정대리인이나 그 타인의 고의나 과실은 채무자의 고의나 과실로 본다.
第392條(履行遲滯 中의 損害賠償) 債務者는 自己에게 過失이 없는 境遇에도 그 履行遲滯 中에 생긴 損害를 賠償하여야 한다. 그러나 債務者가 履行期에 履行하여도 損害를 免할 수 없는 境遇에는 그러하지 아니하다.	제392조(이행지체 중의 손해배상) 채무자는 자기에게 과실이 없는 경우에도 그 이행지체 중에 생긴 손해를 배상하여야 한다. 다만, 채무자가 이행기에 채무를 이행하더라도 손해를 피할 수 없는 경우에는 그러하지 아니하다.
第393條(損害賠償의 範圍) ①債務不履行으로 因한 損害賠償은 通常의 損害를 그 限度로 한다. ②特別한 事情으로 因한 損害는 債務者가 그 事情을 알았거나 알 수 있었을 때에 限하여 賠償의 責任이 있다.	제393조(손해배상의 범위) ① 채무불이행으로 인한 손해배상은 통상의 손해를 그 한도로 한다. ② 특별한 사정으로 인한 손해는 채무자가 그 사정을 알았거나 알 수 있었을 경우에만 배상할 책임이 있다.
第394條(損害賠償의 方法) 다른 意思表示가 없으면 損害는 金錢으로 賠償한다.	제394조(손해배상의 방법) ① 다른 의사표시가 없으면 손해는 금전으로 배상한다. 다만, 손해가 금전배상만으로 전보(塡補)되지 아니하는 경우에는 채권자는 금전배상을 갈음하여 또는 금전배상과 함께 손해의 전보에 적절한 작위나 부작위를 청구할 수 있다. ② 법원은 신체나 건강이 침해된 경우 또는 그 밖에 필요한 경우에는 손해를 정기금으로 배상할 것을 명할 수 있고 그 이행을 확보하기 위하여 상당한 담보를 제공하게 할 수 있다.
第395條(履行遲滯와 塡補賠償) 債務者가 債務의 履行을 遲滯한 境遇에 債權者가 相當한 期間을 定하여 履行을 催告하여도 그 期間內에 履行하지 아니하거나 遲滯後의 履行이 債權者에게 利益이 없는 때에는 債權者는 受領을 拒絕하고 履行에 갈음한 損害賠償을 請求할 수 있다.	제395조[전보배상(塡補賠償)] ① 채무자가 채무의 내용에 따른 이행을 하지 아니한 경우에 채권자가 상당한 기간을 정하여 이행을 최고(催告)하여도 채무자가 그 기간 내에 이행하지 아니한 때에는 채권자는 이행을 갈음하는 손해배상을 청구할 수 있다. ② 다음 각 호의 경우에는 제1항의 최고가 필요하지 아니하다.

	1. 채무를 이행할 수 없는 경우 2. 제1항의 최고에도 불구하고 기간 내에 이행되지 아니할 것이 명백한 경우 3. 채무자가 미리 이행을 거절하는 경우 4. 지체 후의 이행이 채권자에게 이익이 없는 경우 ③ 제2항제1호부터 제3호까지의 규정에 해당하는 경우 채권자는 이행기가 도래하기 전이라도 이행을 갈음하는 손해배상을 청구할 수 있다. ④ 채권자가 이행을 갈음하는 손해배상을 청구한 경우에는 이로써 이행청구권은 소멸한다.
〈신 설〉	제395조의2(지출 비용의 배상) 채권자는 이행을 갈음하는 손해배상 대신 채무가 이행될 것을 믿고 지출한 상당한 비용의 배상을 청구할 수 있다.
第396條(過失相計) 債務不履行에 關하여 債權者에게 過失이 있는 때에는 法院은 損害賠償의 責任 및 그 金額을 定함에 이를 參酌하여야 한다.	제396조[과실상계(過失相計)] 채무불이행으로 인한 손해의 발생 또는 확대에 채권자의 과실이 있는 경우에는 손해배상의 책임과 범위는 그 과실과 기여 정도를 참작하여 정한다.
第397條(金錢債務不履行에 對한 特則) ①金錢債務不履行의 損害賠償額은 法定利率에 依한다. 그러나 法令의 制限에 違反하지 아니한 約定利率이 있으면 그 利率에 依한다. ②前項의 損害賠償에 關하여는 債權者는 損害의 證明을 要하지 아니하고 債務者는 過失없음을 抗辯하지 못한다.	제397조(금전채무 불이행에 대한 특칙) ① 금전채무 불이행의 손해배상액은 법정이율에 따른다. 다만, 법정이율을 초과하는 약정이율이 있으면 법령의 제한을 위반하지 아니하는 범위에서 그 약정이율에 따른다. ② 제1항의 손해배상에 관하여는 채권자는 손해를 증명할 필요가 없고, 채무자는 과실이 없다고 항변하지 못한다. ③ 채무자의 고의나 중대한 과실로 인한 채무불이행의 경우 제1항의 손해배상은 채권자의 추가적인 손해배상 청구에 영향을 미치지 아니한다.
第398條(賠償額의 豫定) ①當事者는 債務不履行에 關한 損害賠償額을 豫定할 수 있다. ②損害賠償의 豫定額이 不當히 過多한 境遇에는 法院은 適當히 減額할 수 있다. ③損害賠償額의 豫定은 履行의 請求나 契約의 解除에 影響을 미치지 아니한다. ④違約金의 約定은 損害賠償額의 豫定으로 推	제398조(위약금) ① 당사자는 채무불이행에 관한 위약금을 약정할 수 있다. ② 위약금의 약정은 채무자에게 책임 있는 채무불이행으로 인한 손해배상액을 예정한 것으로 추정한다. 이 경우 다른 의사표시가 없으면 채권자는 실제의 손해와 관계없이 예정된 위약금액을 청구할 수 있다.

定한다. ⑤當事者가 金錢이 아닌 것으로써 損害의 賠償에 充當할 것을 豫定한 境遇에도 前4項의 規定을 準用한다.	③ 법원은 위약금이 부당하게 과다한 경우 이를 적당히 감액할 수 있다. ④ 위약금의 약정은 이행의 청구나 계약의 해제에 영향을 미치지 아니한다. ⑤ 당사자가 금전이 아닌 것으로 손해배상에 충당할 것을 예정한 경우에도 제1항부터 제4항까지의 규정을 준용한다.
第399條(損害賠償者의 代位) 債權者가 그 債權의 目的인 物件 또는 權利의 價額全部를 損害賠償으로 받은 때에는 債務者는 그 物件 또는 權利에 關하여 當然히 債權者를 代位한다.	제399조(손해배상자의 대위) 채권자가 채권의 목적인 물건 또는 권리의 가액 전부를 손해배상으로 받은 경우에는 채무자는 그 물건이나 권리에 관하여 당연히 채권자를 대위한다.
〈신 설〉	제399조의2[대상청구권(代償請求權)] ① 이행을 할 수 없게 하는 원인에 의하여 채무자가 채권의 목적을 갈음하여 권리를 취득하거나 이익을 받은 경우에는 채권자는 그 권리의 이전이나 받은 이익의 상환을 청구할 수 있다. ② 채권자가 제1항에 따라 권리를 이전받거나 이익을 상환받는 경우 채무불이행으로 인한 손해배상의 액수는 그 가액만큼 감축된다.
第400條(債權者遲滯) 債權者가 履行을 받을 수 없거나 받지 아니한 때에는 履行의 提供있는 때로부터 遲滯責任이 있다.	제400조(채권자지체) 채권자가 이행을 받을 수 없거나 받지 아니한 경우에는 변제의 제공이 있는 때부터 지체책임이 있다.
第401條(債權者遲滯와 債務者의 責任) 債權者遲滯 中에는 債務者는 故意 또는 重大한 過失이 없으면 不履行으로 因한 모든 責任이 없다.	제401조(채권자지체와 채무자의 책임) 채권자지체 중에는 채무자는 고의나 중대한 과실이 없으면 이행불능으로 인한 모든 책임이 없다.
第402條(同前) 債權者遲滯 中에는 利子있는 債權이라도 債務者는 利子를 支給할 義務가 없다.	제402조(채권자지체와 이자) 채권자지체 중에는 이자가 있는 채권이라도 채무자는 이자를 지급할 의무가 없다.
第403條(債權者遲滯와 債權者의 責任) 債權者遲滯로 因하여 그 目的物의 保管 또는 辨濟의 費用이 增加된 때에는 그 增加額은 債權者의 負擔으로 한다.	제403조(채권자지체와 채권자의 책임) 채권자지체로 목적물의 보관비용이나 채무의 변제비용이 증가된 경우에는 채권자가 그 증가액을 부담한다.
第468條(辨濟期前의 辨濟) 當事者의 特別한 意思表示가 없으면 辨濟期前이라도 債務者는 辨濟할 수 있다. 그러나 相對方의 損害는 賠償하여야 한다.	제468조(변제기 전의 변제) ① 채무의 변제기한은 채무자의 이익을 위한 것으로 추정한다. ② 당사자의 특별한 의사표시가 없으면 채무자는 제1항의 이익을 포기하고 변제기 전이라도

	변제할 수 있다. 다만, 그로 인하여 상대방에게 생긴 손해는 배상하여야 한다.
第2章 契約	제2장 계약
第1節 總則	제1절 총칙
第1款 契約의 成立	제1관 계약의 성립
第527條(契約의 請約의 拘束力) 契約의 請約은 이를 撤回하지 못한다.	제527조(계약의 성립) 계약은 당사자가 법적 구속을 받을 의사로 그 내용을 확정할 수 있는 합의에 이르면 성립한다.
第528條(承諾期間을 定한 契約의 請約) ①承諾의 期間을 定한 契約의 請約은 請約者가 그 期間 內에 承諾의 通知를 받지 못한 때에는 그 效力을 잃는다. ②承諾의 通知가 前項의 期間後에 到達한 境遇에 普通 그 期間內에 到達할 수 있는 發送인 때에는 請約者는 遲滯없이 相對方에게 그 延着의 通知를 하여야 한다. 그러나 그 到達前에 遲延의 通知를 發送한 때에는 그러하지 아니하다. ③請約者가 前項의 通知를 하지 아니한 때에는 承諾의 通知는 延着되지 아니한 것으로 본다.	제528조(청약의 철회) ① 청약은 계약이 성립될 때까지 철회할 수 있다. 이 경우 철회의 의사표시는 상대방이 승낙의 의사표시를 발송하기 전에 상대방에게 도달하여야 한다. ② 제1항에도 불구하고 다음 각 호의 경우에는 청약을 철회할 수 없다. 1. 청약자가 승낙기간을 정한 경우 2. 청약자가 청약을 철회하지 아니하겠다고 표시한 경우 3. 청약이 철회되지 아니할 것이라고 믿을 만한 정당한 이유가 상대방에게 있는 경우
第529條(承諾期間을 定하지 아니한 契約의 請約) 承諾의 期間을 定하지 아니한 契約의 請約은 請約者가 相當한 期間內에 承諾의 通知를 받지 못한 때에는 그 效力을 잃는다.	제529조[격지자(隔地者) 사이의 청약의 실효] ① 청약은 그에 대한 거절이 청약자에게 도달하면 그 효력을 잃는다. ② 청약은 청약자가 승낙기간을 정한 경우에는 그 승낙기간 내에, 청약자가 승낙기간을 정하지 아니한 경우에는 상당한 기간 내에 승낙이 청약자에게 도달하지 아니하면 그 효력을 잃는다.
第530條(延着된 承諾의 效力) 前2條의 境遇에 延着된 承諾은 請約者가 이를 새 請約으로 볼 수 있다.	제530조(대화자 사이의 청약의 실효) 대화자 사이에서 계약의 청약은 상대방이 즉시 승낙하지 아니하면 효력을 잃는다. 다만, 청약자가 다른 의사표시를 한 경우에는 그러하지 아니하다.

第531條(隔地者間의 契約成立時期) 隔地者間의 契約은 承諾의 通知를 發送한 때에 成立한다.	제531조(연착한 승낙) ① 승낙이 연착하였어도 청약자가 그 승낙이 승낙의 효력이 있다는 뜻을 상대방에게 지체 없이 통지한 경우에는 승낙은 연착하지 아니한 것으로 본다. ② 연착한 승낙이라도 통상적으로 제529조제2항의 기간 내에 도달할 수 있도록 발송된 경우에는 그 승낙은 연착하지 아니한 것으로 본다. 다만, 청약자가 청약이 효력을 잃었음을 상대방에게 지체 없이 통지한 경우에는 그러하지 아니하다.
第532條(意思實現에 依한 契約成立) 請約者의 意思表示나 慣習에 依하여 承諾의 通知가 必要하지 아니한 境遇에는 契約은 承諾의 意思表示로 認定되는 事實이 있는 때에 成立한다.	제532조(변경된 승낙) ① 승낙자가 청약에 조건을 붙이거나 청약의 내용을 변경하여 승낙한 경우에는 그 청약을 거절함과 동시에 새로 청약한 것으로 본다. ② 제1항에도 불구하고 그 조건이나 변경으로 인하여 청약의 내용이 실질적으로 변경되지 아니하는 경우에는 다음 각 호에 해당하지 아니하는 이상 승낙한 것으로 본다. 1. 청약자가 그 조건이나 변경을 허용하지 아니하겠다고 미리 표시한 경우 2. 청약자가 그 조건이나 변경에 대하여 지체 없이 이의를 제기한 경우
第533條(交叉請約) 當事者間에 同一한 內容의 請約이 相互交叉된 境遇에는 兩請約이 相對方에게 到達한 때에 契約이 成立한다.	제533조(계약의 성립 시기) ① 계약은 승낙이 청약자에게 도달한 때에 성립한다. ② 청약자의 의사표시나 관습에 따라 승낙의 통지가 필요하지 아니한 경우에는 계약은 승낙의 의사표시로 인정되는 사실이 있는 때에 성립한다. ③ 당사자 사이에 동일한 내용의 청약이 서로 교차된 경우에는 각 청약이 상대방에게 모두 도달한 때에 계약이 성립한다.
第534條(變更을 加한 承諾) 承諾者가 請約에 對하여 條件을 붙이거나 變更을 加하여 承諾한 때에는 그 請約의 拒絶과 同時에 새로 請約한 것으로 본다.	제534조(예약) ① 당사자는 장래 체결할 계약에 관하여 예약을 할 수 있다. ② 당사자는 계약을 완결할 의사를 표시하여 일방적으로 계약을 성립시킬 수 있는 권리를 당사자 한쪽 또는 양쪽에 부여하는 예약을 할 수 있다. ③ 제2항의 의사표시의 기간을 정하지 아니한

	경우에는 예약자는 상당한 기간을 정하여 계약을 완결할 것인지 여부의 확답을 상대방에게 촉구할 수 있다. 이 경우 예약자가 기간 내에 확답을 받지 못한 때에는 그 예약은 효력을 잃는다. ④ 예약에 따라 성립되는 계약에 방식이 필요한 경우 그 방식은 예약에도 적용된다.
第535條(契約締結上의 過失) ①目的이 不能한 契約을 締結할 때에 그 不能을 알았거나 알 수 있었을 者는 相對方이 그 契約의 有效를 믿었음으로 因하여 받은 損害를 賠償하여야 한다. 그러나 그 賠償額은 契約이 有效함으로 因하여 생길 利益額을 넘지 못한다. ②前項의 規定은 相對方이 그 不能을 알았거나 알 수 있었을 境遇에는 適用하지 아니한다.	제535조(계약체결 시의 불능) 계약을 체결할 때에 이미 그 채무를 이행할 수 없었다는 사정은 계약의 효력에 영향을 미치지 아니한다.
第2款 契約의 效力	제2관 계약의 효력
第536條(同時履行의 抗辯權) ①雙務契約의 當事者 一方은 相對方이 그 債務履行을 提供할 때 까지 自己의 債務履行을 拒絶할 수 있다. 그러나 相對方의 債務가 辨濟期에 있지 아니하는 때에는 그러하지 아니하다. ②當事者 一方이 相對方에게 먼저 履行하여야 할 境遇에 相對方의 履行이 困難할 顯著한 事由가 있는 때에는 前項 本文과 같다.	제536조(동시이행의 항변권) ① 쌍무계약(雙務契約)의 당사자 한쪽은 상대방이 채무 이행을 제공할 때까지 자기의 채무 이행을 거절할 수 있다. 다만, 상대방의 채무가 변제기에 이르지 아니한 경우에는 그러하지 아니하다. ② 당사자 한쪽이 상대방에게 먼저 채무를 이행하여야 할 경우에 상대방에게 이행이 곤란한 현저한 사유가 있음을 계약 성립 전에 과실 없이 알 수 없었을 때에는 자기의 채무 이행을 거절할 수 있다. 다만, 상대방이 상당한 담보를 제공한 경우에는 그러하지 아니하다.
第537條(債務者危險負擔主義) 雙務契約의 當事者 一方의 債務가 當事者雙方의 責任없는 事由로 履行할 수 없게 된 때에는 債務者는 相對方의 履行을 請求하지 못한다.	제537조(채무자의 위험부담) ① 쌍무계약의 당사자 한쪽의 채무가 당사자 양쪽에게 책임이 없는 사유로 이행할 수 없게 된 경우에는 채무자는 상대방의 이행을 청구하지 못한다. ② 제1항에 따른 당사자의 원상회복의무에 관하여는 제536조 및 제548조를 준용한다. ③ 상대방이 제399조의2제1항에 따라 권리의 이전이나 받은 이익의 상환을 청구하는 경우에는 채무자는 상대방의 이행을 청구할 수 있다. 이 경우 이전할 권리나 상환할 이익의 가치가 본래의 채무의 가치보다 작으면 상대방의 채무는 그에 비례하여 감소한다.

第538條(債權者歸責事由로 因한 履行不能) ① 雙務契約의 當事者 一方의 債務가 債權者의 責任있는 事由로 履行할 수 없게 된 때에는 債務者는 相對方의 履行을 請求할 수 있다. 債權者의 受領遲滯 中에 當事者雙方의 責任없는 事由로 履行할 수 없게 된 때에도 같다. ②前項의 境遇에 債務者는 自己의 債務를 免함으로써 利益을 얻은 때에는 이를 債權者에게 償還하여야 한다.	제538조(채권자의 위험부담) ① 쌍무계약의 당사자 한쪽의 채무가 채권자에게 책임이 있는 사유로 이행할 수 없게 된 경우에는 채무자는 상대방의 이행을 청구할 수 있다. 채권자의 수령지체(受領遲滯) 중에 당사자 양쪽에게 책임이 없는 사유로 이행할 수 없게 된 경우에도 같다. ② 제1항의 경우 채무자는 자기의 채무를 면함으로써 이익을 얻었을 때에는 채권자에게 그 이익을 상환하여야 한다.
〈신 설〉	제538조의2(사정 변경) ① 계약 성립의 기초가 된 사정이 현저히 변경되었고 당사자가 계약 성립 당시 이를 합리적으로 예견할 수 없었던 경우에 그로 인하여 계약을 그대로 유지하는 것이 당사자의 이해관계에 중대한 불균형을 초래하는 때에는 당사자 한쪽은 상대방에게 계약의 수정을 청구할 수 있다. ② 계약의 수정이 불가능한 경우 또는 변경된 사정에서 사회관념상 당사자에게 계약의 수정을 기대할 수 없는 경우에는 당사자는 계약을 해제하거나 해지할 수 있다.
第539條(第三者를 爲한 契約) ①契約에 依하여 當事者 一方이 第三者에게 履行할 것을 約定한 때에는 그 第三者는 債務者에게 直接 그 履行을 請求할 수 있다. ②前項의 境遇에 第三者의 權利는 그 第三者가 債務者에 對하여 契約의 利益을 받을 意思를 表示한 때에 생긴다.	제539조(제3자를 위한 계약) ① 계약에 의하여 당사자 한쪽이 제3자에게 이행할 것을 약정한 경우에는 그 제3자는 채무자에게 직접 이행을 청구할 수 있다. ② 제1항의 계약은 장래에 특정될 수 있는 자를 위하여서도 할 수 있다. ③ 제1항의 경우 제3자의 권리는 그 제3자가 채무자에게 계약의 이익을 받겠다는 의사를 표시한 때에 발생한다. 이 경우 제3자의 권리는 제1항의 계약에 관한 당사자 사이의 권리와 의무에 영향을 미치지 아니한다.
第540條(債務者의 第三者에 對한 催告權) 前條의 境遇에 債務者는 相當한 期間을 定하여 契約의 利益의 享受與否의 確答을 第三者에게 催告할 수 있다. 債務者가 그 期間內에 確答을 받지 못한 때에는 第三者가 契約의 利益을 받을 것을 拒絕한 것으로 본다.	제540조(채무자의 제3자에 대한 확답을 촉구할 권리) 제539조의 경우 채무자는 상당한 기간을 정하여 계약의 이익을 받을지 여부의 확답을 제3자에게 촉구할 수 있다. 채무자가 그 기간 내에 확답을 받지 못한 경우에는 제3자가 계약의 이익을 받기를 거절한 것으로 본다.

第541條(第三者의 權利의 確定) 第539條의 規定에 依하여 第三者의 權利가 생긴 後에는 當事者는 이를 變更 또는 消滅시키지 못한다.	제541조(제3자의 권리의 확정) 제539조에 따라 제3자의 권리가 발생한 후에는 당사자는 그 권리를 변경하거나 소멸시키지 못한다.
第542條(債務者의 抗辯權) 債務者는 第539條의 契約에 基한 抗辯으로 그 契約의 利益을 받을 第三者에게 對抗할 수 있다.	제542조(채무자의 항변권) 채무자는 제539조의 계약에 기초한 항변으로써 그 계약의 이익을 받을 제3자에게 대항할 수 있다.
〈신 설〉	제542조의2(준용규정) 제3자가 채무자에 대한 관계에서 이행청구권 외의 다른 권리를 취득하거나 의무를 면하는 경우에는 제539조부터 제542조까지의 규정을 준용한다.
第3款 契約의 解止, 解除	제3관 계약의 해제 · 해지
第543條(解止, 解除權) ①契約 또는 法律의 規定에 依하여 當事者의 一方이나 雙方이 解止 또는 解除의 權利가 있는 때에는 그 解止 또는 解除는 相對方에 對한 意思表示로 한다. ②前項의 意思表示는 撤回하지 못한다.	제543조(해제와 해지) ① 계약 또는 법률의 규정에 따라 당사자 한쪽이나 양쪽에 해제 또는 해지의 권리가 있는 경우에는 그 해제나 해지는 상대방에 대한 의사표시로써 한다. ② 제1항의 의사표시는 철회하지 못한다.
第544條(履行遲滯와 解除) 當事者 一方이 그 債務를 履行하지 아니하는 때에는 相對方은 相當한 期間을 定하여 그 履行을 催告하고 그 期間內에 履行하지 아니한 때에는 契約을 解除할 수 있다. 그러나 債務者가 미리 履行하지 아니할 意思를 表示한 境遇에는 催告를 要하지 아니한다.	제544조(계약불이행과 해제) ① 채무자가 채무의 내용에 따른 이행을 하지 아니한 경우에는 채권자는 상당한 기간을 정하여 그 이행을 최고하고 그 기간 내에 이행하지 아니한 때에는 계약을 해제할 수 있다. 다만, 그 불이행이 경미하여 계약의 목적을 달성할 수 있는 경우에는 그러하지 아니하다. ② 다음 각 호의 경우에는 제1항 본문의 최고가 필요하지 아니하다. 1. 채무를 이행할 수 없는 경우 2. 제1항 본문의 최고에도 불구하고 기간 내에 이행되지 아니할 것이 명백한 경우 3. 채무자가 미리 이행을 거절하는 경우 4. 일정한 시일 또는 기간 내에 이행하지 아니하면 그 목적을 달성할 수 없는 계약에서 채무자가 그 시기에 이행하지 아니하는 등 지체 후의 이행이 채권자에게 이익이 없는 경우 ③ 제2항제1호부터 제3호까지의 규정에 해당하는 경우 채권자는 이행기가 도래하기 전이라도 계약을 해제할 수 있다.

第545條(定期行爲와 解除) 契約의 性質 또는 當事者의 意思表示에 依하여 一定한 時日 또는 一定한 期間內에 履行하지 아니하면 契約의 目的을 達成할 수 없을 境遇에 當事者 一方이 그 時期에 履行하지 아니한 때에는 相對方은 前條의 催告를 하지 아니하고 契約을 解除할 수 있다.	제545조(채권자에게 책임 있는 경우) 계약불이행이 채권자의 책임 있는 사유에 의한 경우에는 채권자는 제544조에 따른 해제를 할 수 없다.
第546條(履行不能과 解除) 債務者의 責任있는 事由로 履行이 不能하게 된 때에는 債權者는 契約을 解除할 수 있다.	제546조(계속적 계약의 해지) ① 계속적 계약에서 당사자 한쪽이 계약상 의무를 위반하여 상대방이 계약을 그대로 유지할 것을 기대하기 어려운 경우에는 상대방은 즉시 계약을 해지할 수 있다. ② 계속적 계약에서 존속기간을 정하지 아니한 경우에는 당사자 한쪽은 언제든지 계약을 해지할 수 있다. 이 경우 상대방이 해지의 통고를 받은 날부터 상당한 기간이 경과하면 해지의 효력이 생긴다.
第547條(解止, 解除權의 不可分性) ①當事者의 一方 또는 雙方이 數人인 境遇에는 契約의 解止나 解除는 그 全員으로부터 또는 全員에 對하여 하여야 한다. ②前項의 境遇에 解止나 解除의 權利가 當事者 1人에 對하여 消滅한 때에는 다른 當事者에 對하여도 消滅한다.	제547조(해제ㆍ해지의 불가분성) ① 당사자의 한쪽 또는 양쪽이 여럿인 경우에는 계약의 해제나 해지는 그 전원으로부터 또는 전원에 대하여 하여야 한다. ② 제1항의 경우 해제나 해지의 권리가 당사자 1인에 대하여 소멸된 때에는 다른 당사자에 대해서도 소멸한다.
第548條(解除의 效果, 原狀回復義務) ①當事者 一方이 契約을 解除한 때에는 各 當事者는 그 相對方에 對하여 原狀回復의 義務가 있다. 그러나 第三者의 權利를 害하지 못한다. ②前項의 境遇에 返還할 金錢에는 그 받은 날로부터 利子를 加하여야 한다.	제548조(해제의 효과와 원상회복의무) ① 당사자 한쪽이 계약을 해제한 때에는 각 당사자는 상대방에게 원상회복의 의무가 있다. 다만, 제3자의 권리를 해치지 못한다. ② 제1항에 따라 금전을 반환하여야 할 경우에는 그 받은 날부터 이자를 붙여 반환하여야 하고, 목적물을 반환하여야 할 경우에는 그로부터 수취한 과실도 반환하여야 한다. ③ 각 당사자가 상대방으로부터 받은 목적물 또는 그로부터 수취한 과실을 반환할 수 없는 경우에는 그 가액을 반환하여야 한다. 다만, 상대방에게 책임이 있는 사유로 반환할 수 없는 범위에서는 그러하지 아니하다.
第549條(原狀回復義務와 同時履行) 第536條의 規定은 前條의 境遇에 準用한다.	제549조(원상회복의무와 동시이행) 제548조에 따른 원상회복의무에 관하여는 제536조를 준

	용한다.
第550條(解止의 效果) 當事者 一方이 契約을 解止한 때에는 契約은 將來에 對하여 그 效力을 잃는다.	제550조(해지의 효과) 당사자 한쪽이 계약을 해지한 경우에는 그 계약은 장래에 대하여 효력을 잃는다.
第551條(解止, 解除와 損害賠償) 契約의 解止 또는 解除는 損害賠償의 請求에 影響을 미치지 아니한다.	제551조(해제 · 해지와 손해배상) 계약의 해제나 해지는 손해배상의 청구에 영향을 미치지 아니한다.
第552條(解除權行使與否의 催告權) ①解除權의 行使의 期間을 定하지 아니한 때에는 相對方은 相當한 期間을 定하여 解除權行使與否의 確答을 解除權者에게 催告할 수 있다. ②前項의 期間內에 解除의 通知를 받지 못한 때에는 解除權은 消滅한다.	제552조(해제권자의 확답을 촉구할 상대방의 권리) ① 해제권을 행사할 수 있는 기간을 정하지 아니한 경우에는 상대방은 상당한 기간을 정하여 해제권을 행사할 것인지 여부의 확답을 해제권자에게 촉구할 수 있다. ② 제1항의 기간 내에 해제의 통지를 받지 못한 경우에는 해제권이 소멸된다.
第553條(毁損 等으로 因한 解除權의 消滅) 解除權者의 故意나 過失로 因하여 契約의 目的物이 顯著히 毁損되거나 이를 返還할 수 없게 된 때 또는 加工이나 改造로 因하여 다른 種類의 物件으로 變更된 때에는 解除權은 消滅한다.	〈삭 제〉
第559條(贈與者의 擔保責任) ①贈與者는 贈與의 目的인 物件 또는 權利의 瑕疵나 欠缺에 對하여 責任을 지지 아니한다. 그러나 贈與者가 그 瑕疵나 欠缺을 알고 受贈者에게 告知하지 아니한 때에는 그러하지 아니하다. ②相對負擔있는 贈與에 對하여는 贈與者는 그 負擔의 限度에서 賣渡人과 같은 擔保의 責任이 있다.	제559조(증여자의 책임) ① 증여자는 증여의 목적인 권리나 물건의 하자에 대하여 책임을 지지 아니한다. 다만, 증여자가 그 하자를 알면서 수증자에게 고지하지 아니한 경우에는 그러하지 아니하다. ② 상대방에게 부담이 있는 증여의 경우에는 증여자는 그 부담의 한도에서 매도인과 같은 책임이 있다.
第3節 賣買	제3절 매매
第1款 總則	제1관 총칙
第563條(賣買의 意義) 賣買는 當事者 一方이 財産權을 相對方에게 移轉할 것을 約定하고 相對方이 그 代金을 支給할 것을 約定함으로써 그 效力이 생긴다.	제563조(매매의 의의) 매매는 당사자 한쪽이 재산권을 상대방에게 이전할 것을 약정하고, 상대방이 그 대금을 지급할 것을 약정함으로써 효력이 생긴다.

第564條(賣買의 一方豫約) ①賣買의 一方豫約은 相對方이 賣買를 完結할 意思를 表示하는 때에 賣買의 效力이 생긴다. ②前項의 意思表示의 期間을 定하지 아니한 때에는 豫約者는 相當한 期間을 定하여 賣買完結與否의 確答을 相對方에게 催告할 수 있다. ③豫約者가 前項의 期間內에 確答을 받지 못한 때에는 豫約은 그 效力을 잃는다.	〈삭 제〉
第565條(解約金) ①賣買의 當事者 一方이 契約當時에 金錢 其他 物件을 契約金, 保證金等의 名目으로 相對方에게 交付한 때에는 當事者間에 다른 約定이 없는 限 當事者의 一方이 履行에 着手할 때까지 交付者는 이를 抛棄하고 受領者는 그 倍額을 償還하여 賣買契約을 解除할 수 있다. ②第551條의 規定은 前項의 境遇에 이를 適用하지 아니한다.	제565조(해약금) ① 매매의 당사자 한쪽이 계약 당시에 금전이나 그 밖의 물건을 계약금, 보증금 등의 명목으로 상대방에게 교부한 경우에는 당사자 사이에 다른 약정이 없으면 교부자는 이를 포기하고 수령자는 그 배액의 상환을 제공하여 매매계약을 해제할 수 있다. 다만, 당사자 한쪽이 이행에 착수한 후에는 그러하지 아니하다. ② 제1항의 경우에는 제551조를 적용하지 아니한다.
第566條(賣買契約의 費用의 負擔) 賣買契約에 關한 費用은 當事者 雙方이 均分하여 負擔한다.	제566조(매매계약 비용의 부담) 매매계약에 관한 비용은 당사자 양쪽이 똑같이 나누어 부담한다.
第567條(有償契約에의 準用) 本節의 規定은 賣買 以外의 有償契約에 準用한다. 그러나 그 契約의 性質이 이를 許容하지 아니하는 때에는 그러하지 아니하다.	제567조(유상계약에의 준용) 매매 외의 유상계약에 관하여는 이 절의 규정을 준용한다. 다만, 계약의 성질이 준용을 허용하지 아니하는 경우에는 그러하지 아니하다.
第2款 賣買의 效力	제2관 매매의 효력
第568條(賣買의 效力) ①賣渡人은 買受人에 對하여 賣買의 目的이 된 權利를 移轉하여야 하며 買受人은 賣渡人에게 그 代金을 支給하여야 한다. ②前項의 雙方義務는 特別한 約定이나 慣習이 없으면 同時에 履行하여야 한다.	제568조(매매의 효력) ① 매도인은 매수인에게 매매의 목적인 권리를 이전하여야 하며, 매수인은 매도인에게 대금을 지급하여야 한다. 이 경우 물건의 매도인은 매수인에게 그 물건을 인도하여야 한다. ② 제1항의 쌍방의무는 특별한 약정이나 관습이 없으면 동시에 이행하여야 한다.
第569條(他人의 權利의 賣買) 賣買의 目的이 된 權利가 他人에게 屬한 境遇에는 賣渡人은 그 權	제569조(하자 없는 권리의 이전) ① 매매의 목적인 권리가 타인의 권리인 경우에는 매도인은 그

利를 取得하여 買受人에게 移轉하여야 한다.	권리를 취득하여 매수인에게 이전하여야 한다. ② 매도인은 매수인에게 대항할 수 있는 제3자의 권리가 없는 상태로 매매의 목적인 권리를 이전하여야 한다.
第570條(同前-賣渡人의 擔保責任) 前條의 境遇에 賣渡人이 그 權利를 取得하여 買受人에게 移轉할 수 없는 때에는 買受人은 契約을 解除할 수 있다. 그러나 買受人이 契約當時 그 權利가 賣渡人에게 屬하지 아니함을 안 때에는 損害賠償을 請求하지 못한다.	제570조(하자 없는 물건의 인도) 매도인은 매수인에게 종류, 수량, 품질 등에 관하여 합의된 성질 및 상태를 갖춘 매매 목적물을 인도하여야 한다. 이 경우 그 성질 및 상태가 합의되지 아니한 때에는 계약의 전제가 되는 사용에 적합한 성질 및 상태를 갖추어야 하며, 그러한 전제가 없는 경우에는 통상적인 사용에 적합한 성질 및 상태를 갖추어야 한다.
第571條(同前-善意의 賣渡人의 擔保責任) ①賣渡人이 契約當時에 賣買의 目的이 된 權利가 自己에게 屬하지 아니함을 알지 못한 境遇에 그 權利를 取得하여 買受人에게 移轉할 수 없는 때에는 賣渡人은 損害를 賠償하고 契約을 解除할 수 있다. ②前項의 境遇에 買受人이 契約當時 그 權利가 賣渡人에게 屬하지 아니함을 안 때에는 賣渡人은 買受人에 對하여 그 權利를 移轉할 수 없음을 通知하고 契約을 解除할 수 있다.	제571조[추완이행(追完履行)] ① 매매의 목적인 권리 또는 물건에 하자가 있는 경우에 매수인은 매도인에 대하여 하자의 제거 또는 하자 없는 권리의 이전이나 물건의 인도를 청구할 수 있다. ② 매수인이 청구하는 추완이행의 방법이 목적물의 가치, 하자의 정도 등을 고려할 때 매도인에게 과도한 불이익을 발생하게 하는 경우에는 매도인은 이를 거절할 수 있다.
第572條(權利의 一部가 他人에게 屬한 境遇와 賣渡人의 擔保責任) ①賣買의 目的이 된 權利의 一部가 他人에게 屬함으로 因하여 賣渡人이 그 權利를 取得하여 買受人에게 移轉할 수 없는 때에는 買受人은 그 部分의 比率로 代金의 減額을 請求할 수 있다. ②前項의 境遇에 殘存한 部分만이면 買受人이 이를 買受하지 아니하였을 때에는 善意의 買受人은 契約全部를 解除할 수 있다. ③善意의 買受人은 減額請求 또는 契約解除 外에 損害賠償을 請求할 수 있다.	제572조(해제) ① 매매의 목적인 권리 또는 물건에 하자가 있는 경우에 매수인은 제543조, 제544조 및 제547조에 따라 계약을 해제할 수 있다. 이 경우 매도인의 추완이행이 부적절하게 행하여진 때에는 매수인은 제544조제1항 본문의 최고 없이 계약을 해제할 수 있다. ② 매수인이 매매 당시 그 목적인 권리의 일부가 타인에게 속한다는 사정을 알고 있었던 경우에는 계약을 해제할 수 없다. 매매의 목적인 권리 또는 물건에 지상권, 지역권, 전세권, 질권, 유치권 또는 대항력 있는 임차권이 존재한다는 사정을 알고 있었던 경우에도 같다.
第573條(前條의 權利行使의 期間) 前條의 權利는 買受人이 善意인 境遇에는 事實을 안 날로부터, 惡意인 境遇에는 契約한 날로부터 1年內에 行使하여야 한다.	제573조(대금감액) ① 매매의 목적인 권리 또는 물건에 하자가 있는 경우에 매수인은 매도인에 대하여 대금감액을 할 수 있다. 이 경우 제543조 및 제547조를 준용한다.

	② 제1항의 경우 대금은 하자로 인하여 매매 당시 목적물의 가치가 감소되는 비율에 따라 감액된다. ③ 상당하게 산정된 하자 제거의 비용은 제2항에 따라 감액되는 금액으로 추정한다.
第574條(數量不足, 一部滅失의 境遇와 賣渡人의 擔保責任) 前2條의 規定은 數量을 指定한 賣買의 目的物이 不足되는 境遇와 賣買目的物의 一部가 契約當時에 이미 滅失된 境遇에 買受人이 그 不足 또는 滅失을 알지 못한 때에 準用한다.	제574조(손해배상) 매매의 목적인 권리나 물건에 하자가 있는 경우에 매수인은 제390조에 따라 손해배상을 청구할 수 있다. 이 경우 매도인의 추완이행이 부적절하게 행하여진 때에는 매수인은 제395조제1항의 최고 없이 이행을 갈음하는 손해배상을 청구할 수 있다.
第575條(制限物權있는 境遇와 賣渡人의 擔保責任) ①賣買의 目的物이 地上權, 地役權, 傳貰權, 質權 또는 留置權의 目的이 된 境遇에 買受人이 이를 알지 못한 때에는 이로 因하여 契約의 目的을 達成할 수 없는 境遇에 限하여 買受人은 契約을 解除할 수 있다. 其他의 境遇에는 損害賠償만을 請求할 수 있다. ②前項의 規定은 賣買의 目的이 된 不動産을 爲하여 存在할 地役權이 없거나 그 不動産에 登記된 賃貸借契約이 있는 境遇에 準用한다. ③前2項의 權利는 買受人이 그 事實을 안 날로부터 1年內에 行使하여야 한다.	제575조(매수인의 악의) 매매 당시 그 목적물에 물건의 하자가 있다는 사정을 알았던 매수인은 제571조부터 제574조까지의 규정에 따른 권리를 행사할 수 없다.
第576條(抵當權, 傳貰權의 行使와 賣渡人의 擔保責任) ①賣買의 目的이 된 不動産에 設定된 抵當權 또는 傳貰權의 行使로 因하여 買受人이 그 所有權을 取得할 수 없거나 取得한 所有權을 잃은 때에는 買受人은 契約을 解除할 수 있다. ②前項의 境遇에 買受人의 出財로 그 所有權을 保存한 때에는 賣渡人에 對하여 그 償還을 請求할 수 있다. ③前2項의 境遇에 買受人이 損害를 받은 때에는 그 賠償을 請求할 수 있다.	제576조(권리행사기간) 매매의 목적인 물건에 하자가 있는 경우에 매수인이 그 사실을 안 날부터 1년 내에 매도인에게 그 통지를 발송하지 아니하면 제571조부터 제574조까지의 규정에 따른 권리를 행사할 수 없다. 다만, 매도인이 하자를 알면서 고지하지 아니하였거나 중대한 과실로 알지 못한 경우에는 그러하지 아니하다.
第577條(抵當權의 目的이 된 地上權, 傳貰權의 賣買와 賣渡人의 擔保責任) 前條의 規定은 抵當權의 目的이 된 地上權 또는 傳貰權이 賣買의 目的이 된 境遇에 準用한다.	〈삭 제〉

第578條(競賣와 賣渡人의 擔保責任) ①競賣의 境遇에는 競落人은 前8條의 規定에 依하여 債務者에게 契約의 解除 또는 代金減額의 請求를 할 수 있다. ②前項의 境遇에 債務者가 資力이 없는 때에는 競落人은 代金의 配當을 받은 債權者에 對하여 그 代金全部나 一部의 返還을 請求할 수 있다. ③前2項의 境遇에 債務者가 物件 또는 權利의 欠缺을 알고 告知하지 아니하거나 債權者가 이를 알고 競賣를 請求한 때에는 競落人은 그 欠缺을 안 債務者나 債權者에 對하여 損害賠償을 請求할 수 있다.	제578조(경매와 매도인의 책임) ① 「민사집행법」이나 그 밖의 법률에 따른 경매의 경우에 경매의 목적인 권리에 하자가 있는 때에는 매수인은 채무자에 대하여 제572조에 따라 계약을 해제하거나 제573조에 따라 대금감액을 할 수 있다. ② 제1항의 경우 채무자가 자력이 없는 때에는 매수인은 대금의 배당을 받은 채권자에게 그 대금 전부나 일부의 반환을 청구할 수 있다. ③ 제1항과 제2항의 경우 채무자가 권리의 하자를 알면서 고지하지 아니하거나 채권자가 이를 알면서 경매를 신청한 때에는 매수인은 그 하자를 안 채무자나 채권자에게 손해배상을 청구할 수 있다.
第579條(債權賣買와 賣渡人의 擔保責任) ①債權의 賣渡人이 債務者의 資力을 擔保한 때에는 賣買契約當時의 資力을 擔保한 것으로 推定한다. ②辨濟期에 到達하지 아니한 債權의 賣渡人이 債務者의 資力을 擔保한 때에는 辨濟期의 資力을 擔保한 것으로 推定한다.	제579조(채권매매와 매도인의 책임) ① 채권의 매도인이 채무자의 자력을 담보한 경우에는 매매계약 당시의 자력을 담보한 것으로 추정한다. ② 변제기에 이르지 아니한 채권의 매도인이 채무자의 자력을 담보한 경우에는 변제기의 자력을 담보한 것으로 추정한다.
第580條(賣渡人의 瑕疵擔保責任) ①賣買의 目的物에 瑕疵가 있는 때에는 第575條第1項의 規定을 準用한다. 그러나 買受人이 瑕疵있는 것을 알았거나 過失로 因하여 이를 알지 못한 때에는 그러하지 아니하다. ②前項의 規定은 競賣의 境遇에 適用하지 아니한다.	〈삭 제〉
第581條(種類賣買와 賣渡人의 擔保責任) ①賣買의 目的物을 種類로 指定한 境遇에도 그 後特定된 目的物에 瑕疵가 있는 때에는 前條의 規定을 準用한다. ②前項의 境遇에 買受人은 契約의 解除 또는 損害賠償의 請求를 하지 아니하고 瑕疵없는 物件을 請求할 수 있다.	〈삭 제〉
第582條(前2條의 權利行使期間) 前2條에 依한 權利는 買受人이 그 事實을 안 날로부터 6月內에 行使하여야 한다.	〈삭 제〉

第583條(擔保責任과 同時履行) 第536條의 規定은 第572條 乃至 第575條, 第580條 및 第581條의 境遇에 準用한다.	제583조(동시이행) 제571조부터 제574조까지의 규정에 따른 추완이행, 계약의 해제, 대금감액 또는 손해배상에 관하여는 제536조를 준용한다.
第584條(擔保責任免除의 特約) 賣渡人은 前15條에 依한 擔保責任을 免하는 特約을 한 境遇에도 賣渡人이 알고 告知하지 아니한 事實 및 第三者에게 權利를 設定 또는 讓渡한 行爲에 對하여는 責任을 免하지 못한다.	제584조(책임 감면의 특약) 매도인은 제571조부터 제574조까지의 규정에 따른 책임을 감면하는 특약을 한 경우에도 매도인이 알면서 고지하지 아니한 하자 및 제3자에게 권리를 설정하거나 양도한 행위에 대해서는 책임의 감면을 주장하지 못한다.
第585條(同一期限의 推定) 賣買의 當事者 一方에 對한 義務履行의 期限이 있는 때에는 相對方의 義務履行에 對하여도 同一한 期限이 있는 것으로 推定한다.	제585조(동일기한의 추정) 매매 당사자 한쪽의 의무에 대하여 이행의 기한이 있는 경우에는 상대방의 의무에 대해서도 동일한 기한이 있는 것으로 추정한다.
第586條(代金支給場所) 賣買의 目的物의 引渡와 同時에 代金을 支給할 境遇에는 그 引渡場所에서 이를 支給하여야 한다.	제586조(대금지급장소) 매매 목적물의 인도와 동시에 대금을 지급할 경우에는 그 인도 장소에서 대금을 지급하여야 한다.
第587條(果實의 歸屬, 代金의 利子) 賣買契約있은 後에도 引渡하지 아니한 目的物로부터 생긴 果實은 賣渡人에게 屬한다. 買受人은 目的物의 引渡를 받은 날로부터 代金의 利子를 支給하여야 한다. 그러나 代金의 支給에 對하여 期限이 있는 때에는 그러하지 아니하다.	제587조(위험의 이전 및 과실과 비용) ① 매매 목적물이 인도된 후에 매도인과 매수인 양쪽에게 책임이 없는 사유로 그 물건이 멸실 또는 훼손된 경우에도 매수인은 매매대금을 지급하여야 한다. ② 매매 목적물이 인도된 때부터 과실은 매수인에게 속하며, 그때부터 매수인은 물건의 비용을 부담한다.
第588條(權利主張者가 있는 境遇와 代金支給拒絶權) 賣買의 目的物에 對하여 權利를 主張하는 者가 있는 境遇에 買受人이 買受한 權利의 全部나 一部를 잃을 念慮가 있는 때에는 買受人은 그 危險의 限度에서 代金의 全部나 一部의 支給을 拒絶할 수 있다. 그러나 賣渡人이 相當한 擔保를 提供한 때에는 그러하지 아니하다.	제588조(권리주장자가 있는 경우와 대금지급거절권) 매매의 목적인 권리 또는 물건에 대하여 권리를 주장하는 자가 있는 경우에 매수인이 매수한 권리의 전부나 일부를 잃을 염려가 있는 때에는 매수인은 그 위험의 한도에서 대금의 전부나 일부의 지급을 거절할 수 있다. 다만, 매도인이 상당한 담보를 제공한 경우에는 그러하지 아니하다.
第589條(代金供託請求權) 前條의 境遇에 賣渡人은 買受人에 對하여 代金의 供託을 請求할 수 있다.	제589조(대금공탁청구권) 제588조의 경우에 매도인은 매수인에게 대금을 공탁할 것을 청구할 수 있다.

第602條(貸主의 擔保責任) ①利子있는 消費貸借의 目的物에 瑕疵가 있는 境遇에는 第580條乃至 第582條의 規定을 準用한다. ②利子없는 消費貸借의 境遇에는 借主는 瑕疵있는 物件의 價額으로 返還할 수 있다. 그러나 貸主가 그 瑕疵를 알고 借主에게 告知하지 아니한 때에는 前項과 같다.	제602조(대주의 책임) 이자가 없는 소비대차의 목적인 물건에 하자가 있는 경우에는 차주는 하자가 있는 물건의 가액으로 반환할 수 있다. 다만, 대주가 그 하자를 알면서 차주에게 고지하지 아니한 경우에는 제571조부터 제576조까지의 규정을 준용한다.
第9節 都給	제9절 도급
第664條(都給의 意義) 都給은 當事者 一方이 어느 일을 完成할 것을 約定하고 相對方이 그 일의 結果에 對하여 報酬를 支給할 것을 約定함으로써 그 效力이 생긴다.	제664조(도급의 의의) 도급은 당사자 한쪽이 어떤 일을 완성할 것을 약정하고, 상대방이 그 일의 결과에 대하여 보수를 지급할 것을 약정함으로써 효력이 생긴다.
第665條(報酬의 支給時期) ①報酬는 그 完成된 目的物의 引渡와 同時에 支給하여야 한다. 그러나 目的物의 引渡를 要하지 아니하는 境遇에는 그 일을 完成한 後 遲滯없이 支給하여야 한다. ②前項의 報酬에 關하여는 第656條第2項의 規定을 準用한다.	제665조(보수의 지급 시기) ① 보수는 약정한 시기에 지급하여야 하며, 그 시기의 약정이 없으면 관습에 따른다. ② 보수의 지급 시기에 관하여 약정이나 관습이 없는 경우 보수는 완성된 목적물의 인도와 동시에 지급하여야 한다. 다만, 목적물을 인도할 필요가 없는 경우에는 그 일을 완성한 후 지체 없이 지급하여야 한다.
第666條(受給人의 目的不動産에 對한 抵當權設定請求權) 不動産工事의 受給人은 前條의 報酬에 關한 債權을 擔保하기 爲하여 그 不動産을 目的으로 한 抵當權의 設定을 請求할 수 있다.	제666조(수급인의 목적부동산에 대한 저당권설정청구권) 부동산 공사의 수급인은 제665조의 보수에 관한 채권을 담보하기 위하여 그 부동산을 목적으로 한 저당권의 설정을 청구할 수 있다.
第667條(受給人의 擔保責任) ①完成된 目的物 또는 完成前의 成就된 部分에 瑕疵가 있는 때에는 都給人은 受給人에 對하여 相當한 期間을 定하여 그 瑕疵의 補修를 請求할 수 있다. 그러나 瑕疵가 重要하지 아니한 境遇에 그 補修에 過多한 費用을 要할 때에는 그러하지 아니하다. ②都給人은 瑕疵의 補修에 갈음하여 또는 補修와 함께 損害賠償을 請求할 수 있다. ③前項의 境遇에는 第536條의 規定을 準用한다.	제667조(완성 전의 하자로 인한 수급인의 책임) 수급인은 완성 전 성취된 부분에 하자가 있는 경우에도 도급인에게 그 하자로 인한 책임을 진다.
第668條(同前-都給人의 解除權) 都給人이 完	〈삭 제〉

成된 目的物의 瑕疵로 因하여 契約의 目的을 達成할 수 없는 때에는 契約을 解除할 수 있다. 그러나 建物 其他 土地의 工作物에 對하여는 그러하지 아니하다.	
第669條(同前-瑕疵가 都給人의 提供한 材料 또는 指示에 基因한 境遇의 免責) 前2條의 規定은 目的物의 瑕疵가 都給人이 提供한 材料의 性質 또는 都給人의 指示에 基因한 때에는 適用하지 아니한다. 그러나 受給人이 그 材料 또는 指示의 不適當함을 알고 都給人에게 告知하지 아니한 때에는 그러하지 아니하다.	제669조(도급인이 제공한 재료 또는 지시로 인한 하자) 하자가 도급인이 제공한 재료의 성질이나 도급인의 지시로 인한 경우에는 도급인은 하자를 이유로 하는 권리를 행사할 수 없다. 다만, 수급인이 그 재료나 지시의 부적당함을 알면서 도급인에게 고지하지 아니한 경우에는 그러하지 아니하다.
第670條(擔保責任의 存續期間) ①前3條의 規定에 依한 瑕疵의 補修, 損害賠償의 請求 및 契約의 解除는 目的物의 引渡를 받은 날로부터 1年內에 하여야 한다. ②目的物의 引渡를 要하지 아니하는 境遇에는 前項의 期間은 일의 終了한 날로부터 起算한다.	제670조(권리행사기간) ① 완성된 목적물이 인도되는 때에 그 목적물에 하자가 있는 경우에는 도급인이 그 사실을 안 날부터 1년 내에 수급인에게 그 통지를 발송하지 아니하면 하자를 이유로 하는 권리를 행사할 수 없다. 다만, 수급인이 하자를 알면서 고지하지 아니하였거나 중대한 과실로 알지 못한 경우에는 그러하지 아니하다. ② 목적물을 인도할 필요가 없는 일이 완성된 때에 그 일에 하자가 있는 경우에도 제1항과 같다.
第671條(受給人의 擔保責任-土地, 建物 等에 對한 特則) ①土地, 建物 其他 工作物의 受給人은 目的物 또는 地盤工事의 瑕疵에 對하여 引渡後 5年間 擔保의 責任이 있다. 그러나 目的物이 石造, 石灰造, 煉瓦造, 金屬 其他 이와 類似한 材料로 造成된 것인 때에는 그 期間을 10年으로 한다. ②前項의 瑕疵로 因하여 目的物이 滅失 또는 毁損된 때에는 都給人은 그 滅失 또는 毁損된 날로부터 1年內에 第667條의 權利를 行使하여야 한다.	〈삭 제〉
第672條(擔保責任免除의 特約) 受給人은 第667條, 第668條의 擔保責任이 없음을 約定한 境遇에도 알고 告知하지 아니한 事實에 對하여는 그 責任을 免하지 못한다.	제672조(책임 감면의 특약) 수급인은 하자로 인한 책임을 감면하는 특약을 한 경우에도 자신이 알면서 고지하지 아니한 사실에 대해서는 책임의 감면을 주장하지 못한다.

第673條(完成前의 都給人의 解除權) 受給人이 일을 完成하기 前에는 都給人은 損害를 賠償하고 契約을 解除할 수 있다.	제673조(완성 전 도급인의 해제권) 수급인이 일을 완성하기 전에는 도급인은 손해를 배상하고 계약을 해제할 수 있다.
第674條(都給人의 破産과 解除權) ①都給人이 破産宣告를 받은 때에는 受給人 또는 破産管財人은 契約을 解除할 수 있다. 이 境遇에는 受給人은 일의 完成된 部分에 對한 報酬 및 報酬에 包含되지 아니한 費用에 對하여 破産財團의 配當에 加入할 수 있다. ②前項의 境遇에는 各 當事者는 相對方에 對하여 契約解除로 因한 損害의 賠償을 請求하지 못한다.	제674조(일부 불이행과 도급인의 해제권) 도급인이 일의 하자나 그 밖에 수급인의 채무불이행을 이유로 계약을 해제할 수 있는 경우에 일의 완성된 부분이 도급인에게 이익이 되고 그 원상회복이 사회관념에 비추어 상당하지 아니한 때에는 도급인은 나머지 부분의 계약만을 해제할 권리를 가진다.
제674조의6(여행주최자의 담보책임) ① 여행에 하자가 있는 경우에는 여행자는 여행주최자에게 하자의 시정 또는 대금의 감액을 청구할 수 있다. 다만, 그 시정에 지나치게 많은 비용이 들거나 그 밖에 시정을 합리적으로 기대할 수 없는 경우에는 시정을 청구할 수 없다. ② 제1항의 시정 청구는 상당한 기간을 정하여 하여야 한다. 다만, 즉시 시정할 필요가 있는 경우에는 그러하지 아니하다. ③ 여행자는 시정 청구, 감액 청구를 갈음하여 손해배상을 청구하거나 시정 청구, 감액 청구와 함께 손해배상을 청구할 수 있다.	제674조의6(여행 하자의 시정 청구) 여행자가 여행의 하자를 이유로 하여 추완이행으로서 그 시정을 청구하는 경우에는 상당한 기간을 정하여 청구하여야 한다. 다만, 즉시 시정할 필요가 있는 경우에는 그러하지 아니하다.
제674조의7(여행주최자의 담보책임과 여행자의 해지권) ① 여행자는 여행에 중대한 하자가 있는 경우에 그 시정이 이루어지지 아니하거나 계약의 내용에 따른 이행을 기대할 수 없는 경우에는 계약을 해지할 수 있다. ② 계약이 해지된 경우에는 여행주최자는 대금청구권을 상실한다. 다만, 여행자가 실행된 여행으로 이익을 얻은 경우에는 그 이익을 여행주최자에게 상환하여야 한다. ③ 여행주최자는 계약의 해지로 인하여 필요하게 된 조치를 할 의무를 지며, 계약상 귀환운송 의무가 있으면 여행자를 귀환운송하여야 한다. 이 경우 상당한 이유가 있는 때에는 여행주최자는 여행자에게 그 비용의 일부를 청구할 수 있다.	제674조의7(여행자의 해지와 여행주최자의 의무) 여행주최자는 계약의 해지로 인하여 필요하게 된 조치를 할 의무를 지며, 계약상 귀환운송 의무가 있으면 여행자를 귀환운송하여야 한다. 이 경우 여행주최자는 상당한 이유가 있는 때에는 여행자에게 그 비용의 일부를 청구할 수 있다.

第674조의8(담보책임의 존속기간) 第674조의6과 第674조의7에 따른 권리는 여행 기간 중에도 행사할 수 있으며, 계약에서 정한 여행 종료일부터 6개월 내에 행사하여야 한다.	第674조의8(권리행사기간) ① 여행의 하자를 이유로 하는 권리는 여행 기간 중에도 행사할 수 있다. ② 여행에 하자가 있는 경우에 여행자가 계약에서 정한 여행 종료일부터 6개월 내에 여행주최자에게 그 통지를 발송하지 아니하면 하자를 이유로 하는 권리를 행사할 수 없다. 다만, 여행주최자가 하자를 알면서 고지하지 아니하였거나 중대한 과실로 알지 못한 경우에는 그러하지 아니하다.
第748條(受益者의 返還範圍) ①善意의 受益者는 그 받은 利益이 現存한 限度에서 前條의 責任이 있다. ②惡意의 受益者는 그 받은 利益에 利子를 붙여 返還하고 損害가 있으면 이를 賠償하여야 한다.	제748조(수익자의 반환 범위) ① 선의의 수익자는 받은 이익이 현존하는 한도에서 제747조의 책임이 있다. ② 악의의 수익자는 받은 이익에 이자를 붙여 반환하고, 손해가 있으면 배상하여야 한다. ③ 의사능력이 없는 사람과 제한능력자는 그 행위로 인하여 받은 이익이 현존하는 한도에서 제747조의 책임이 있다.
第751條(財産 以外의 損害의 賠償) ①他人의 身體, 自由 또는 名譽를 害하거나 其他 精神上苦痛을 加한 者는 財産 以外의 損害에 對하여도 賠償할 責任이 있다. ②法院은 前項의 損害賠償을 定期金債務로 支給할 것을 命할 수 있고 그 履行을 確保하기 爲하여 相當한 擔保의 提供을 命할 수 있다.	제751조(재산 이외의 손해의 배상) 타인의 신체, 자유 또는 명예를 침해하거나 그 밖에 정신상의 고통을 준 자는 재산 이외의 손해도 배상할 책임이 있다.
第764條(名譽毁損의 境遇의 特則) 他人의 名譽를 毁損한 者에 對하여는 法院은 被害者의 請求에 依하여 損害賠償에 갈음하거나 損害賠償과 함께 名譽回復에 適當한 處分을 命할 수 있다.	〈삭 제〉
第1016條(共同相續人의 擔保責任) 共同相續人은 다른 共同相續人이 分割로 因하여 取得한 財産에 對하여 그 相續分에 應하여 賣渡人과 같은 擔保責任이 있다.	제1016조(상속재산의 분할 시 하자로 인한 책임) 공동상속인은 다른 공동상속인이 분할로 취득한 재산의 하자에 대하여 그의 상속분에 따라 매도인과 같은 책임이 있다.
第1017條(相續債務者의 資力에 對한 擔保責任) ①共同相續人은 다른 相續人이 分割로 因하여 取得한 債權에 對하여 分割當時의 債務者의 資力을 擔保한다.	제1017조(상속채무자의 자력에 대한 책임) ① 공동상속인은 다른 상속인이 분할로 취득한 채권에 대하여 분할 당시의 채무자의 자력을 담보한다.

②辨濟期에 達하지 아니한 債權이나 停止條件있는 債權에 對하여는 辨濟를 請求할 수 있는 때의 債務者의 資力을 擔保한다.	② 변제기에 이르지 아니한 채권이나 정지조건이 붙어 있는 채권에 대해서는 변제를 청구할 수 있는 때의 채무자의 자력을 담보한다.
第1018條(無資力共同相續人의 擔保責任의 分擔) 擔保責任있는 共同相續人 中에 償還의 資力이 없는 者가 있는 때에는 그 負擔部分은 求償權者와 資力있는 다른 共同相續人이 그 相續分에 應하여 分擔한다. 그러나 求償權者의 過失로 因하여 償還을 받지 못한 때에는 다른 共同相續人에게 分擔을 請求하지 못한다.	제1018조(자력이 없는 공동상속인의 책임 분담) 제1016조 및 제1017조의 경우에 공동상속인 중에 상환의 자력이 없는 사람이 있는 때에는 그의 부담부분은 구상권자와 자력이 있는 다른 공동상속인이 각자의 상속분에 따라 분담한다. 다만, 구상권자가 자신의 과실로 상환을 받지 못한 경우에는 다른 공동상속인에게 분담을 청구하지 못한다.
第1082條(不特定物遺贈義務者의 擔保責任) ① 不特定物을 遺贈의 目的으로 한 境遇에는 遺贈義務者는 그 目的物에 對하여 賣渡人과 같은 擔保責任이 있다. ②前項의 境遇에 目的物에 瑕疵가 있는 때에는 遺贈義務者는 瑕疵없는 物件으로 引渡하여야 한다.	제1082조(불특정물 유증의무자의 책임) 불특정물을 유증의 목적으로 한 경우에 그 목적물에 하자가 있는 때에는 유증의무자는 매도인과 같은 책임이 있다.

집필진

곽민희 숙명여자대학교 법과대학 교수
김기환 서울시립대학교 법학전문대학원 부교수
김병선 이화여자대학교 법학전문대학원 교수
김세준 성신여자대학교 법과대학 부교수
김영두 충남대학교 법학전문대학원 교수
김은아 숭실대학교 법학과 교수
김재형 서울대학교 법학전문대학원 교수, 전 대법관
김현진 인하대학교 법학전문대학원 교수
김형석 서울대학교 법학전문대학원 교수
남효순 서울대학교 법학전문대학원 명예교수
류일현 성균관대학교 동아시아법정치연구소 연구원
박인환 인하대학교 법학전문대학원 교수
박희호 한국외국어대학교 법학전문대학원 교수
서종희 연세대학교 법학전문대학원 교수
서희석 부산대학교 법학전문대학원 교수
송재일 명지대학교 법학과 교수
신지혜 한국외국어대학교 법학전문대학원 교수
안병하 강원대학교 법학전문대학원 교수
여하윤 중앙대학교 법학전문대학원 교수
윤진수 서울대학교 법학전문대학원 명예교수
윤태영 아주대학교 법학전문대학원 교수
이계정 서울대학교 법학전문대학원 교수
이동진 서울대학교 법학전문대학원 교수
이병준 고려대학교 법학전문대학원 교수
이상헌 경북대학교 법학전문대학원 부교수
이소은 영남대학교 법학전문대학원 조교수
이재경 원광대학교 법학전문대학원 교수
이진기 성균관대학교 법학전문대학원 교수
장보은 한국외국어대학교 법학전문대학원 교수
정다영 충남대학교 법학전문대학원 부교수
조경임 충남대학교 법학전문대학원 교수
조인영 연세대학교 법학전문대학원 부교수

편저자 약력

김재형

약력

- 서울대학교 법과대학 졸업
- 법학박사(서울대학교)
- 서울지방법원 등 판사
- 서울대학교 법과대학·법학전문대학원 교수
- 대법관
- (현) 서울대학교 법학전문대학원 교수

주요 저서·역서

민법론 Ⅰ, Ⅱ(2004), Ⅲ(2007), Ⅳ(2011), Ⅴ(2015), 근저당권연구(2000), 언론과 인격권(제2판, 2023), 민법판례분석(증판 2021), 민법총칙(제9판, 2015, 공저), 물권법(제9판, 2024, 공저), 채권총론(제7판, 2023, 공저), 계약법(제4판, 2024, 공저), 민법주해 제16권(1997, 분담집필), 주석 민법－물권(4)(2011, 분담집필), 주석 민법－채권각칙(6)(2016, 분담집필), 기업회생을 위한 제도개선방향(2001), 민법개정안 연구(2019, 공저), 채무불이행과 부당이득의 최근 동향(2013, 공편), 금융거래법강의Ⅱ(2001, 공편), 도산법강의(2005, 공편), 통합도산법(2006, 공편), 한국법과 세계화(2006, 공편), 판례민법전(제5판, 2025), 란도·빌 편, 유럽계약법원칙 제1·2부(2013, 번역), 란도·클라이브·프룀·짐머만 편, 유럽계약법원칙 제3부(2025, 번역)

박인환

약력

- 연세대학교 법과대학 졸업
- 법학박사(서울대학교)
- 일본 학습원대학 법학부 객원연구원
- (현) 인하대학교 법학전문대학원 교수

주요 저서

민법주해 제2권(제2판, 2022, 분담집필), 민법주해 제4권(제2판, 2022, 분담집필), 한국 성년후견제 10년: 평가와 전망(2022, 공저), 정신건강과 법(2022, 공저), 임차인의 권리 연구(2025, 공저), 로스쿨 계약법(2014, 공저), 로스쿨 채권총론(2012, 공저), 로스쿨 물권법(2011, 공저), 家族法の現在と未来(2024, 공저), 高齢社会における民法·信託法の展開(2022, 공저), 比較民法学の未来像(2020, 공저), 高齢者支援の新たな枠組みを求めて(2016, 공저), Adult Guardianship Law for the 21st Century(2013, 공저)

민법개정과 민법학

초판발행 2025년 12월 9일

편저자 김재형 · 박인환
펴낸이 안종만 · 안상준

편 집 나세현
기획/마케팅 조성호
표지디자인 BEN STORY
제 작 고철민 · 김원표

펴낸곳 (주) 박영사
서울특별시 금천구 가산디지털2로 53, 210호(가산동, 한라시그마밸리)
등록 1959. 3. 11. 제300-1959-1호(倫)
전 화 02)733-6771
f a x 02)736-4818
e-mail pys@pybook.co.kr
homepage www.pybook.co.kr
ISBN 979-11-303-9884-6 93360

정 가 76,000원